D1732616

Illustrirtes

Deutsches Militär-Lexikon.

MELCHIOR
Historischer Verlag

Das außergewöhnliche Werk

Illustrirtes Deutsches Militär-Lexikon

von J. Scheibert

erscheint im Rahmen ausgewählter Literatur
als exklusive Reprint-Ausgabe in der
Historischen Bibliothek des Melchior Verlages.

Die Historische Bibliothek enthält wichtige
sowie interessante Bücher zur Geschichte
und lässt anhand dieser eindrucksvollen Zeitzeugen
bedeutende Ereignisse, Begebenheiten und Personen
aus längst vergangener Zeit wieder lebendig erscheinen.

Nachdruck der Originalausgabe von 1897
nach einem Exemplar aus Privatbesitz.

M
Reprint
© Melchior Verlag
Wolfenbüttel
2013
ISBN: 978-3-944289-27-4
www.melchior-verlag.de

Illustrirtes
Deutsches Militär-Lexikon

unter Mitwirkung von

Kgl. Pr. General a. D. Wille, Kgl. Pr. General a. D. von Zepelin

und anderen Fachmännern

herausgegeben von

J. SCHEIBERT

Kgl. Pr. Major z. D.

Mit ca. 550 Abbildungen
und einem Anhang: **Militär-Litteratur.**

MELCHIOR
Historischer Verlag

Vorwort.
(Bitte vor dem Gebrauch des Lexikons zu lesen.)

Das vorliegende „Illustrirte Militär-Lexikon" ist ein gedrängt gefasstes praktisches Hilfs- und Nachschlagebuch für den täglichen Gebrauch. Kein rein wissenschaftliches Werk wie das tüchtige grosse Lexikon von Poten.

Die Kenntnisse der Reglements und die in den Händen aller Offiziere befindlichen dienstlichen Vorschriften voraussetzend, breitet sich das Lexikon besonders über die dem Offizier weniger zugänglichen Bestimmungen aus. Ausser den dienstlichen Anordnungen in Bezug auf Märsche, Dienst im Krieg und Frieden, Anzugsbestimmungen, Biwaks enthält es die nicht überall bekannten Bestimmungen über den Dienst des Aufnehmens, des Generalstabes, des Etapen- und Eisenbahnwesens, der Telegraphie u. s. w.

Was das Festungswesen anbetrifft, so sind die Befestigungen Frankreichs, unter Zugrundelegung der französischen Original-Generalstabskarte, hier veröffentlicht. Wenn auch die Forts nur im allgemeinen die in den Zeichnungen angegebenen Formen haben mögen, so ist doch die genaue Kenntniss des Geländes um die Festungen herum jedem Offizier von Interesse.

Die modernen Waffen sind von dem als Autorität bekannten General z. D. Wille beschrieben und durch zahlreiche Zeichnungen erläutert.

Die wichtigsten Bestimmungen über sämmtliche Militär-Anstalten, Witwen- und Waisen-Angelegenheiten, über Gehälter und Pensionen sind kurz zusammengetragen. Besonders aber finden die Offiziere der Reserve und des Beurlaubtenstandes Auskunft über alle Fragen von dem Eintritte in die Armee bis zum Uebergange in den Landsturm.

Was den **geschichtlichen** und **biographischen** Theil anbetrifft, sind nur kurze skizzenhafte Angaben gemacht; weil ohne solche Anordnung das Lexikon einen Umfang erhalten hätte, dass es eben für den Offizier nicht zu erstehen gewesen wäre. Schliesslich wird es Niemandem einfallen, in einem Lexikon sich geschichtliche Kenntniss zu holen. Dagegen fehlen in den meisten Geschichtswerken die Pläne, weshalb die wichtigsten Repräsentanten der neueren und fast sämmtliche Schlachtpläne der neuesten Kämpfe hier veröffentlicht wurden.

Will Jemand eine Schlacht studiren, so schlage er deren Namen im Lexikon auf, suche dann unter dem Artikel „Kriege" die Periode, in der die Schlacht geschlagen wurde, und wird nun mit Leichtigkeit in dem militär-litterarischen Anhange die Quellen finden, aus denen er seine Kenntnisse schöpfen kann.

Diese vom General z. D. von Zepelin verfasste „Militär-Litteratur" überschreitet bei Weitem den Rahmen allen früheren Militär-Lexika. Dieselbe ist in erster Linie bestimmt, dem Offizier einen Hinweis auf das für seine Arbeiten und Studien geeignete Quellenmaterial zu geben; sie wird aber auch dem ausserhalb der Armee Stehenden ein willkommenes Hilfsmittel für seine Orientirung auf jenem heute so mächtig angewachsenen Gebiete sein.

Die Auswahl der Quellen ist daher wesentlich von diesem praktischen Standpunkte aus geschehen (z. B. Kriegsgeschichte der neueren Zeit — vom dreissigjährigen Kriege ab — in der Waffenlehre, der Befestigungskunst u. s. w. zumeist das für die Kenntniss des gegenwärtigen Standpunktes der Technik und Wissenschaft Zutreffende u. s. w.). Um aber auch denjenigen, welcher sich zum Zwecke von Spezialstudien in ganz eingehender Weise belehren will, hierzu in den Stand zu setzen, ist eine nach allen Richtungen hin orientirende Uebersicht über „Die Bibliographie der Kriegswissenschaften" aufgenommen worden. Mit Hilfe derselben wird nicht allein eine erschöpfende Orientirung ermöglicht, sondern auch Kenntniss von den Handbüchern etc. gegeben, welche über die neuesten Veröffentlichungen im Laufenden erhalten und periodische Nachweise des Inhaltes der Militär-Zeitschriften des In- und Auslandes geben.

Ein Verzeichniss der bairischen und sächsischen Garnisonen ist angefügt.

Bitte den Nachtrag Seite 726 zu beachten!

A.

A. Uebung A. Erste 8wöchentl. Uebung der als Offizier-Aspiranten entlassenen Einjährigen im Standort des Stabes des Truppentheiles. Die Aspiranten thun Unteroffizierdienste und werden weiter ausgebildet. Gute Führung und Prüfung am Schlusse. Ist diese „erfolgreich", ergeht Beförderung zum Vicefeldwebel etc. vom Truppen-Kommandeur. (Prüfung in Taktik, Kartenzeichnen etc., Waffenkenntniss, Pionirdienst, Heereseintheilung und Briefstil. Bei Berittenen Pferde-Kenntniss.)

Aach. Städtchen b. Constanz. Dort 25./3. 1799 blutiges Gefecht zwischen Oesterreichern und Preussen. (S. Stöckach.)

Aachen. Dort stehen: Stab d. 29. Inf.-Brig., Füs.-Regt. Fürst Anton v. Hohenzoll. (Hohenz.) Nr. 40, Bez.-Kom., Garnis.-Verw. u. Lazareth. — 1. Servisklasse. — Bad. Im Karlsbade zu A. (Burtscheid) kann alljährlich 1 Subaltern-Offiz. des VII. und 1 des VIII. Armeekorps auf je 4 Wochen freie Bäder und Wohnung — oder statt letzterer den tarifmässigen Servis zur Selbstbeschaffung des Quartieres — erhalten. Offiziere, welche die Bäder A.-Burtscheid gebrauchen, haben sich beim Garnisonältesten von A. auch dann zu melden, wenn sie in B. Wohnung nehmen.

Aachener Friedensschlüsse. 2./5. 1668 zw. Frankr. (erhielt Franche Comté) u. Spanien (erhielt Flandern). Ferner 18./10. 1748 zur Beendigung des Erbfolgekrieges.

Aachener Kongress. 30./9. bis 21./11. 1818, war Grundlage für die h. Allianz; fand in Gegenwart der drei Monarchen statt. Die Ergebnisse waren mehr politischer Natur.

Aalborg. Am 27./9. 1627, also im 30jährigen Kriege, schlug daselbst der Wallensteinsche Oberst Schlick das dänische Heer unter dem Markgrafen von Baden.

Aarhuus. Dort bestanden am 31./5. 1849 die Preussen unter General v. Hirschfeld ein siegreiches Gefecht gegen den dänischen General Rye. 1864 war Aarhuus der Sitz des Gouvernements der Verbündeten unter General Vogel von Falckenstein.

Abadia, that sich während der französischen Occupation von Spanien 1808—1814 als Insurgentenführer hervor und wurde später spanischer Kriegsminister. Er starb 1830.

Abalak, kleine Festung in Sibirien, etwa 15 Km. von Tobolsk entfernt.

Abancourt d', hat sich seiner Zeit in milit. Kreisen durch seine Karten der Türkei, Schweiz und topographischen Arbeiten über Bayern bekannt gemacht. Er war Genie-General in Frankreich und starb 1801 in München.

Abascál, Don, Marques de la Concordia. Vicekönig von Peru (lebte 1743—1821), tüchtiger Soldat, kämpfte in spanischen Diensten (seit 1762); gegen Algier 1775; von Peru aus, das er 1804—1816 verwaltete, unterstützte er die spanische Regierung im Kampfe gegen Napoleon I.

Abbâs-âbâd ist der Name einer russischen Festung in Armenien.

Abbas Mirza (1783—1833), kämpfte tapfer, wenn auch erfolglos, als Schah von Persien gegen die Russen. Die Feldzüge 1813 und 1828 schlossen mit den nachtheiligen Friedensschlüssen von bzw. Gulistân und Turkmântschai. 1831 stand A. an der Spitze der erfolgreichen Expedition gegen die Kurden in Khurassân, starb während des Feldzuges 1833.

Abbatucci. 1. der ältere, Giacomo (1726—1812), betheiligte sich an den Unabhängigkeitskämpfen der Korsikaner gegen Genua u. Frankreich.

2. Der jüngere Bruder Carlo (1770—1796) trat in französische Dienste, war im Stabe von Pichegru im Kriege in Holland und wurde wegen seiner hervorragenden Thätigkeit 1796 beim Rheinübergange trotz seiner grossen Jugend Divisionsgeneral. Am Hüninger Brückenkopfe schwer verwundet, starb er in demselben Jahre.

Abbau, heisst der Rückbau der Minengallerien.

Abbiegen. Dient zum Lockermachen der Ganaschen und zum Geschmeidigmachen des ganzen Körpers des Pferdes.

Abblasen. Zeichen zur Beendigung der Manöver.

Abböschen. Das Reguliren des Abfalles einer Erdschüttung. „Sich abböschen" bezeichnet den natürlichen Abfall des Geländes.

Abbot, Charles (1798—1867), war 1854 englischer Contre-Admiral, ohne besonders hervorgetreten zu sein.

Abbrechen ist eine Uebung zur Lockermachung der Ganaschen des Pferdes; Abbiegen ist eine Vorübung zur Dehnung der Halsmuskeln. Beide Uebungen sind mit Vorsicht auszuführen und können, ohne Verständnis gemacht, mehr schaden als nutzen.

In der Taktik bezeichnet man damit das Einnehmen der Tiefengliederung aus der breiten Gliederung in der Bewegung.

Im Felde ist A. des Gefechtes meist schwierig, kaum ohne einen den Feind abschüttelnden Offensivstoss durchzuführen.

Im Manöver sucht man, wenn es geht, das A. des Gefechtes kriegsmässig zu gestalten, besonders wenn nach dem Manöver Biwaks bezogen werden.

Abdachung im Gelände ist flacher Abfall. Bei der Befestigungskunst z. B. der Fall der Brustwehrkrone.

Abdichtung s. Liderung.

Abd-el-Kader (1807—1883), wurde 1832 von den aufständischen Arabern zum Führer erwählt, zwang die Franzosen, ihn anzuerkennen und 1837 mit ihm Frieden zu schliessen. Aber schon 1839 begannen die Kämpfe von Neuem, musste sich 1847 den Franzosen ergeben; bis 1852 gefangen gehalten, von Napoleon III. auf freien Fuss gesetzt. Er lebte dann im Orient u. rettete durch sein Dazwischentreten bei den Metzeleien in Damaskus (1866) vielen Christen das Leben.

Abdrücken. Die Art des A. hat Einfluss auf das Treffen und besteht aus dem Druckpunktnehmen und Abziehen (Abkrümmen [s. d.]).

Abd-ul-Kerim, Pascha (1807—1885), wurde beim Ausbruche des russisch-türkischen Krieges zum Oberfeldherrn ernannt, war jedoch der Stellung nicht gewachsen, wurde abberufen und starb im Exil.

Abendgebet. Beim Wachtdienst nach dem Zapfenstreich. Ist das Biwak entfernt vom Feinde, lässt der Biwaks-Kommandant zu einer von ihm zu bestimmenden Zeit Retraite etc. spielen. Die Kompagnien, Escadron, Batterien etc. treten zum Apell an und halten das A., worauf sich alles zur Ruhe begiebt.

Abendkost wird nur auf Märschen gewährt, besteht aus ⅓ der Tages-Brotportion und Gemüse. Den Quartiergebern sind dafür 25 bis 29 Pfg. — ohne Brot 5 Pfg. weniger — zu vergüten. Preisfestsetzung alljährlich im A.V.Bl.

Für die an Offiziere gewährte A. sind 75 Pfg. zu bezahlen.

Abendroth, v., Sächs. G.Lt. (1810—1889), führte 1866 Bat. bei Problus. 1870 bei Roncourt verwundet, führte die 48. Brig. bei Villers, Pferd erschossen und durch Sturz schwer verletzt. Als Mil.-Schriftsteller bekannt.

Abercromby, Sir Ralph, engl. Gen. (1734—1801), kämpfte 1793 unter dem Herzoge von York in den Niederlanden, 1795 in Westindien gegen die Franzosen, 1799 in Holland, 1800 führte er die Expedition gegen Cadix und 1801 die in Egypten, wobei er die Franzosen bei Abukir vollständig schlug. Schwer verwundet in dieser Schlacht starb er und wurde auf Malta begraben. In der Pauls-Kirche Denkmal.

Abensberg in Niederbayern, bekannt durch die in der Nähe stattgefundenen heissen Gefechte am 20. April 1809, in denen Napoleon den linken Flügel der Oesterreicher zum Weichen zwang.

Abensberg und Treuen, Graf v., österr. F.M. (1677—1748), hat 18 Feldzüge mitgemacht.

Abessinien. Zerfällt in 3 Reiche: Tigre, Amhara und Schoa. Geschichte beginnt mit Einmischung Englands, als Theodor II, der in den 60er Jahren alle 3 Reiche als Negus von A. vereinigte, aus Erbitterung gegen die Grossmächte, die ihn nicht anerkannten, englische Missionare in der Bergfeste Magdala einkerkerte. Zug des englischen Heeres (16000 M. mit grossartigem Tross) von Zula (Rothes Meer) nach Magdala unter Napier. Sturm der Feste Magdala. Theodor entleibte sich.

1876 schlug Negus Johannes die egyptischen Heere, die auf Abessinien Ansprüche machten.

1882 besetzte Italien Suakim, 1884 Massaua und dehnte sich aus. Kolonie Erythrea. (1887 empfindliche Schlappe durch Ras Alula). Johannes fiel in einer der siegreichen Schlachten gegen die Mahdisten. Menelik Nachfolger. 1893 nahmen die Italiener Kassalah, stehen jetzt im Kampfe mit Menelik, mussten 1896 das vorgeschobene Fort Makalle aufgeben, und erlitten bei Adua (s. d.) am 1./3. 96 eine vernichtende Niederlage. Vorläufig Friede.

Abfall ist die Neigung des Geländes. Ein Plateau fällt nach O. ab, heisst, dass eine Nivellirung dorthin eine Senkung zeigen würde.

Abfieren (nicht „abführen") heisst das Nachlassen von Tauen im Schiffsdienst; auch bei Ankertauen beim Pontoniren.

Abgaben. Die öffentlichen direkten A. zerfallen in Staatssteuern (Einkommensteuer, Ergänzungssteuer, Grund- und Gebäudesteuer, Gewerbesteuer), Gemeindesteuern und Kirchensteuer (s. d. betreff. Artikel).

Wegen Einbehaltung vom Gehalt s. Abzüge.

Abgangsfehler. Der Unterschied zwischen Erhöhungswinkel und Abgangswinkel entsteht dadurch, dass es nicht möglich ist, das Rohr der Feuerwaffe beim Schuss vollkommen festzustellen, und dass das Geschoss den Bewegungen des Laufes bis zum Verlassen desselben folgen muss. Der A. entsteht: a) bei Handfeuerwaffen: 1. Durch das Vibriren des Laufes; 2. Durch Verlegung des Schwerpunktes ausserhalb der Seelenachse (Aufpflanzen des Seitengewehres); 3. dadurch, dass die Handfeuerwaffen eine Unterstützung in der Verlängerung des Laufes entweder ganz entbehren, oder dass der vordere Lauf nicht genügend unterstützt sein kann; daher dreht sich die Waffe beim Rückstoss um diesen Unterstützungspunkt und schlägt nach oben und nach der Seite aus. b) bei Geschützen dadurch, dass die Rückstossarbeit ein Durchbiegen der Richtmaschine und der Lafette nach unten bewirkt, deren Zurückfedern demnächst wieder ein Heben des Rohrbodenstückes hervorruft (Bucken). Der A. beträgt beispielshalber bei der deutschen Feldkanone $+ 22,5$ Minuten, dem türkischen Gewehr m/90 $+ 6,7$ Min., dem 6,5 mm Mannlicher Gewehr $+ 14,5$ Minuten.

Abgangsprüfung. Für die Einjährig-Freiwilligen in Deutschland: vor Beendigung aktiver Dienstzeit werden die sich zu Reserveoffizier-Aspiranten Eignenden einer Prüfung unterworfen. Sie erfolgt durch eine Kommission und besteht in dem Vorexerziren, der Voninstruktion, dem Führen eines Zuges, der Lösung einer Felddienstaufgabe mit Gegner, nebst einfacher Skizze. Die theoretische Prüfung zerfällt in eine schriftliche und eine mündliche. Die schriftliche Prüfung besteht aus dem Exerzier-Reglement, der Felddienstordnung, der Schiessvorschrift, allgemeiner Dienstkenntniss, einer die bezügliche Waffe betreffenden Aufgabe. Die Arbeiten werden von der Kommission als „hinreichend" oder „nicht hinreichend" bezeichnet. Die mündliche Prüfung folgt. Das Schlussurtheil sagt, ob die Prüfung bestanden ist oder nicht.

Abgangswinkel. Winkel, den die Berührungslinie der Geschossbahn an der Mündung mit der Wagerechten bildet. Er ist abhängig vom Erhöhungswinkel und der Grösse des Abgangsfehlers — s. d.

Abhang. Beim Gebäude-Aufnehmen werden die Abhänge durch Horizontalen genau bezeichnet, deren Auseinanderstellung den Grad der Böschung erkennen lässt. Für den Feldgebrauch ist das Hineinlegen von Bergstrichen oder Abtuschen (bezw. Wischen mit Kreide) der Hänge vorzuziehen.

Abhänge, Reiten über. Man sucht das Pferd bei sehr steilen Abhängen etwas quer zu stellen und legt den Oberleib nach dem Abhange hinüber und giebt dem Pferde Freiheit, den Weg zu sehen.

Abhängen des Gepäcks s. Feldwache.

Abholen. 1. Der Fahnen geschieht gemeiniglich durch eine vollständige Kompagnie mit Bataillons-Musik.

Nur bei grösseren Märschen etc. genügt eine Sektion, die von einem Offizier kommandirt wird.

2. Der Naturalien. Für Verladen der Truppen selbst sorgen. Prüfung des Naturals am Empfangsorte; deshalb ist Offizier oder Zahlmeister zugegen. Befund in Buch einzutragen.

Abholzen heisst Niederlegen der Waldungen.

Abkämmen = Zerstören des oberen Theiles der Brustwehr durch Geschützfeuer, um die Deckung für die dahinter stehenden Streitmittel des Feindes zu verringern; ohne erhebliche Verschwendung von Schiessbedarf nur durch Spreng- oder Minengranaten unter günstigen Umständen erreichbar.

Abkochen ist das Bereiten der Mahlzeiten im Biwak. Bei Vorposten in Deutschland giebt der Kommandeur stets über das Abkochen besondere Befehle. Auf Märschen in grossen Verbänden möglichst nach Beendigung derselben abzukochen, damit die Nachtruhe sich dem A. anschliesst.

Quartiergeber haben Benutzung des Kochfeuers und Essgeschirrs zu gestatten.

In der Garnison A. gemeinsam (s. Menage).

Abkommen. Punkt am Ziel, der dem Schützen im Augenblick des Losgehens des Schusses in der verlängerten Visirlinie erschien, auf den also jene Linie beim Abfeuern thatsächlich gerichtet war. Das genaue und richtige Erkennen des A. fördert die Verbesserung der eigenen Fehler des Schützen und ist Vorbedingung für sicheres Schiessen, da nur dann der Eigenart des Gewehrs Rechnung getragen werden kann.

Abkommandirte. Sollen die A. befördert werden, so ist ausser den eigenen Vorgesetzten auch das Urtheil des Truppentheils etc. zu berücksichtigen, dem sie zugetheilt sind.

Aus dem praktischen Truppendienst, zur Anstellung auf Probe, zur Probedienstleistung etc. A. dürfen zu Feldwebeln oder Vizefeldwebeln nicht befördert werden, wenn sie nicht in den Truppendienst zurücktreten.

Abkömmlichkeit s. Ersatzwesen.

Abkrümmen. Die Thätigkeit der beiden Vorderglieder des Zeigefingers nach dem Druckpunktnehmen ohne Bewegung der übrigen Handtheile, die bis zur Handwurzel am Kolbenhals liegen; das A. besteht in dem unausgesetzten, allmählichen und gleichmässigen Krümmen der zwei vorderen Fingerglieder. Zum Lehren dieses Verfahrens hat neuerdings Hauptmann Krafft vom Inf.-Reg. 14 eine sinnreiche Vorrichtung erfunden und sich patentiren lassen.

Abkühlen. Nach den Märschen vor dem Waschen bezw. kalten Trinken erforderlich. Auf dem Marsche ist Trinken kalten Wassers mit Vorsicht zu gestatten.

Abkürzungen. 1. A. sind im Felde zulässig: für Datum 2./5. 96 etc.; bei Nacht zu schreiben: Nacht 2./3. Mai 96; ferner statt Stab: St. — I.-Brig. — I.-Rgt. — Füs.Btl. — Ul. 13 — II. Abth. Fd.Art. — Kp. — Bttr. etc. Adressen auf den Meldekarten kurz: An Generallieutenant A. (Feld-O. 74, 79, 81).

2. In den geschriebenen Ranglisten dürfen die seither üblichen Abkürzungen in der Bezeichnung der Truppen beibehalten werden (z. B. Gr R. 8). In allen anderen Fällen muss auch bei Abkürzung der Truppenbenennung deren Herrscher- oder Familiennamen genannt werden.

3. A. finden sich im früheren Schriftverkehr folgende: a. u. s. (actum ut supra) verhandelt wie oben; — ad gen. (ad generalia) zu den allgemeinen Verhältnissen; — ad marg. (ad marginem) am Rande; — a. a. O. an anderen Orten; — a. c. (anni currentis) dieses Jahres, d. J.; — a. f. (anni futuri) künftigen Jahres, k. J.; — a. p. (anni präteriti) vorigen Jahres, v. J.; — a. B. auf Befehl; — Av.G. Avantgarde; — Arr.G. Arrièregarde; — br. m. (brevi manu) kurzer Hand; — I. V. In Vertretung; — J.N. Journal-Nummer; — M.U. Marsch-Unterkunft; — O U. Orts-Unterkunft; — P.M. (Promemoria) Denkschrift; — qu. (quaestionirt) fragliche, vorliegende (Sache); — v. (verte) wende um; — v. c. (vi commissionis) im Auftrage; — V.R.W. von Rechtswegen; — v. g. u. vorgelesen, gelesen, unterschrieben; — z. Z. zur Zeit.

4. A. beim Schiessen der Feldartillerie. Es bedeutet: Sch.V. Schiessvorschrift; — G! r. Battr. 3.Gsch. Granaten rechts auf die Batterie, 3. Geschütz; — r. (l.) Fl. F. vom rechten (linken) Flügel Feuer! — Rb. Rfl. 20! mit dem Richtbogen Richtfläche 20! — H! Schr. (Sp.-G.) Bz! lag. H—a—l—t! Schrapnels (Sprenggranaten) Brennzünder! lagenweise; — n. L. nächste Lage; — 1. Pl. t. (h.) eine Platte tiefer (höher)! — Drchld.! Durchladen! — Az.! Aufschlagzünder! — H.! Krt.! gr. Kav. V. u. K. H—a—l—t! Kartätschen! Geradeaus Kavallerie, Visier und Korn! — Lg. (Gw., Gschw., Zgw., Schn.) F.! Langsames (Gewöhnliches, Geschützweises, Zugweises, Schnell-) Feuer! — Wtf.! Weiterfeuern! — richt. Brlg. richtige Brennlänge; — gel. Gesch. geladene Geschütze; — kürz. Fpsn.! kürzere Feuerpausen.

5. Bei Waffen im Allgemeinen: M/88 Modell aus dem Jahre 1888; — C/73/88 Construction aus dem Jahre 1873 mit im Jahre 1888 angebrachten Aenderungen; — L/35 der gezogene Theil hat eine Länge von 35 Kalibern oder Seelendurchmessern.

6. Bei der Fussartillerie bedeutet: B. Belagerungsartillerie; — F.A. Fussartillerie mit Bespannung; — Fst. Festungsartillerie; — K. Küstenartillerie; — Br. Bronzekanone; — Fl. Flachkeil; — Fk. Feldkanone; — H. Haubitze; — m. Klb. mit Kolbenverschluss; — K.St. Kanone aus Hartbronze mit Stahlseele; — m. Fl. mit Flachkeil; — Mrs. Mörser; — Mrs. St. Bronze- oder Hartbronzemörser mit Stahlseele; — Mtl.K. Mantelkanone; — R.K. Ringkanone; — Rev.K. Revolverkanone; — St.K. Stahlkanone; — Th.H.St. Thurmhaubitze (Hart-Bronze) mit Stahlseele.

7. Wegen der im Schriftverkehr zulässigen A. des Titels einzelner neueren Dienstvorschriften etc. s. d. betr. Stellen.

Ablassen von Festungsgräben geschieht im Frieden nur zur Reparatur resp. Reinigung der Grabensohle etc. Im Kriege wird durch abwechselndes Ablassen und Zuströmenlassen des Wassers bei einigen alten Festungen ein Wasserspiel ermöglicht, das den Uebergang über den Graben seitens des Belagerers verhindern soll.

Ablenkung der Geschosse. (Ständige Seiten-Abweichung; Derivation) Abweichung der Geschossflugbahn aus der Schussebene in der Richtung des Dralls der Züge. Die A. wird durch den Einfluss des Luftwiderstandes auf das sich drehende Geschoss hervorgebracht. Sie wächst bei gleichen Geschosgeschwindigkeiten mit der Schussweite und Flugzeit und fällt um so grösser aus, je steiler der Abgangswinkel und der Drall, je grösser die Geschosslänge und je kleiner die Geschossgeschwindigkeit ist. (Ausgleich der Seitenabweichuug bei Geschützen durch die Seitenverschiebung des Aufsatzes).

Ablis bei Rambouillet. Dort wurde 4. Esk. Hus. 16 7./10. 1870 von Franktireurs überfallen und meist getödtet. Ort wurde von den Deutschen niedergebrannt.

Ablösung. 1. Der Wache (nach Garnisondienstvorschrift § 11).

2. Der Posten (ebendaselbst. § 13).

3. A. der Vorposten im Felde etc. wird vom Wachthabenden geregelt (F.O. 169).

4. A. der Feldwachen erfolgt still und verdeckt, ev. unter Sicherung, unter Absendung von Patrouillen zur Uebernahme (F.O. 177) vor Festungen (F.O. 221 und 222). (Auch F.O. 301 bzgl. der Kavallerie.)

5. Das A. der Truppen im Gefecht spielte früher auch bei den Uebungen eine grössere Rolle. Jetzt brennt eine in der Front stehende Truppe zur Asche und wird höchstens von rückwärts her verstärkt. Sie ist im Gefechte schon deshalb schwer durchführbar, weil eine Rückbewegung der Abgelösten meist fast gefährlicher ist, als das Liegenbleiben.

Nur bei grösseren Stellungen und in Festungen, sowie beim Belagerer findet eine Ablösung in grösserem Maase statt; am besten in der Stunde vor Aufgang der Sonne.

6. Der Batterie-Besatzung. Alle 24 Stunden. Alle Gruppen nicht gleichzeitig. Meist in der Dunkelheit. Genaueste Uebergabe, wo möglich schon bei Tageslicht, an die Führer. (Die Einzelheiten stehen im Ex.Regl.)

Abmarsch. In heissen Tagen so früh wie möglich, doch empfiehlt sich nicht vor 4 Uhr, da sonst die Leute nicht ausgeschlafen haben. Bei grösseren Massen ist die Regelung der Abmarschzeiten zu beachten. Es gebraucht 1 Regiment mit groser Bagage zum Uebergang vom Sammelplatz zur Marschordnung (1500 m lang) etwa eine Viertelstunde etc.

Rechts oder links abmarschirt heisst bekanntlich eine Kolonne bei der der rechte bezw. linke Flügel an der Spitze marschirt. In früheren Zeiten wurden hiermit viele Künsteleien getrieben.

Abmelden. Wenn nicht persönlich, so wird wie bei den Offizieren des Beurlaubtenstandes die Abmeldung schriftlich, auf gebrochenem Papierbogen, links Adresse, rechts Abmeldung und Grund zu derselben bewirkt. Besondere Abmeldung vom Urlaubsorte ist nur nothwendig, wenn der Urlaub länger als 8 Tage dauert.

Abolitionisten war in Nordamerika der Name der politischen Partei, die die Abschaffung der Sklaverei forderte, sie drängte zu dem Sezessionskriege 1861—65; auch wurden die Soldaten der Nord-Armee hier und da mit diesem Namen bezeichnet.

Abome, Hauptstadt von Dahome, ehemalige Residenz des Königs. Sie bestand aus Lehmhäusern und war durch dichte Verhaue, Pallisaden etc. geschützt. (S. Dahome.)

Abprallen. Fortsetzung des Geschossfluges nach dem ersten Aufschlage, abhängig vom Fallwinkel, der Gestalt und Beschaffenheit des getroffenen Gegenstandes und der Geschossform. Je kleiner der Einfallwinkel, desto sicherer tritt das A. ein, desgleichen je härter und elastischer der getroffene Gegenstand ist. Die Kugelform ist den A. günstiger als die des Langgeschosses.

Abprallwinkel. Winkel, unter dem das Geschoss nach dem Aufschlag abprallt. Im Allgemeinen ist der A. grösser als der Fallwinkel.

Abprotzen. Man protzt nach vorwärts, nach rückwärts, nach links oder nach rechts ab. (Vorn ist hierbei in der Zugrichtung gedacht.) Die Lafette ist beim A. so zu drehen, dass die Rohrmündung in die Richtung zeigt, nach welcher das A. befohlen ist. Die Protzen werden hinter das Geschütz gefahren und zumeist, nach Entnahme der ersten Schüsse, durch Munitionswagen ersetzt. Die Protzen gehen in Deckung zur I. Staffel zurück. A. bei anderen (Transport-) Fahrzeugen heisst das Abhängen des Hinter- von dem Vorder-Wagen.

Für die taktische Leistungsfähigkeit der Feldartillerie ist es von besonderem Werth, dass die Einrichtungen der Geschütze und die reglementarischen Vorschriften ein möglichst beschleunigtes A. und Aufprotzen (s. d.) begünstigen.

Abrahamson 1789-1847, dänischer Artillerist, Gründer der milit. Hochschule in Kopenhagen.

Abrantes, alte Festung am Tajo, an der Mündung des Passes über das Estrellagebirge, einer früher sehr belebten Strasse nach Lissabon.

Abreiten von Entfernungen. Jeder Reiter muss auf grössere Entfernungen hin mit seinem Pferde Versuche gemacht haben, um dessen Gangart zu kennen. Der Galoppsprung hat eine Länge von etwa 2—3 Metern. In ruhigem Trabe macht das Pferd in der Minute etwa 250 Meter, den Kilometer in 4 Minuten; in leichtem Galopp in $2^{1}/_{2}$ Minuten.

Abri. Der Name des französischen Schutzzeltes, das aus 2 zusammenzuknöpfenden Leinwandstücken besteht, ähnlich aufzustellen wie das deutsche.

Absatteln. Im Felde darf bei Relais höchstens $^{1}/_{3}$ A.

Die Meldereiter etc. beim Vorposten-Gros dürfen nicht A. Ebenso nicht Unteroffizierposten.

In Kavallerie-Biwaks A. besonders befohlen.

Beim Eisenbahntransport werden die Pferde gesattelt bezw. geschirrt verladen, erst in den Waggons bei grösseren Fahrten A.

Abschied. a) Aktive Offiziere müssen zur Einreichung des A.-Gesuches nachweisen, dass sie dienstunfähig sind. Nur Offiziere über 60 Jahre sind befreit davon. Der Nachweis der Invalidität ist von den unmittelbaren Vorgesetzten zu bestätigen. Die Erklärung der Dienstunfähigkeit ist durch mehrere Offiziere nächst höherer Charge zu beglaubigen.

b) Im Beurlaubtenstande. 1. Für Offiziere, Sanitätsoffiziere und obere Militärbeamte, die ausser Europa feste Stellung erworben haben, ist der A. nachzusuchen. 2. Verabschiedete Offiziere werden nicht mehr eingezogen. Ebenso die mit schlichtem A. entlassenen Offiziere. 3. Ueberführung der Offiziere etc. zum Landsturm findet nur nach Genehmigung des A.-'sgesuches statt. 4. Die Verabschiedung wird durch das Bez.-Kom. mittelst Gesuchsliste beantragt. 5. Die Offiziere z. D. sind verpflichtet, bei den Bez.-Kom's. den Aufenthaltswechsel zu melden. Im Uebrigen s. auch Abschiedsgesuche.

Abschiedsgesuche. Die Bestimmungen in der aktiven Armee sind bekannt. Für den Beurlaubtenstand ist zu erwähnen, dass A. für Offiziere in Folge Auswanderung nur vorzulegen ist, wenn die Offiziere zu der letzteren die Erlaubniss vorher nachgesucht und erhalten haben. Die Entlassung aus der Staatsangehörigkeit darf nur nach Genehmigung des A. ertheilt werden (s. Auswanderung).

Die Verabschiedung ist durch den Bezirks-Kommandeur mittelst Gesuchsliste zu beantragen und zwar:

für Offiziere auf dem Waffendienstwege,
„ Sanitätsoffiziere durch den Korps-Generalarzt und den Generalstabsarzt der Armee,
„ obere Militärbeamten beim Kriegsministerium.

Für Geistliche, die Offiziere sind, muss die Verabschiedung „behufs Uebertritts zum Sanitätspersonal" Allerhöchsten Ortes beantragt werden. (S. auch Abschied.)

Abschlagen. Bald nach dem Betreten der Landstrasse wird bei der Infanterie das Signal „A." gegeben, dann darf ohne Tritt marschirt, geraucht etc. werden. „Abschlagen" bezeichnet auch die Zurückweisung eines feindlichen Angriffes.

Abschlussnummer heisst diejenige Loosnummer, deren Inhaber in einem Bezirk zuletzt ausgehoben ist. Festsetzen derselben in den Listen.

Abschneiden des Rückzuges ist taktisch nur bei grosser numerischer Ueberlegenheit von Erfolg. Strategisch führt es zu Schlachten mit verkehrter Front, die dem Umgehenden sehr gefärlich werden können, die aber Feldmarschall Moltke bei Gravelotte und Sedan so meisterlich geschlagen hat.

Ein A. des Rückzuges findet bei jeder völligen Umzingelung (Cernirung) eines Platzes oder einer Stellung statt.

Abschnitte heissen in der Befestigungskunst die inneren Nebenwerke, die dem Angreifer als neue Vertheidigungslinien entgegenstehen. Detachirte Werke werden derart angeordnet, dass beim Falle einzelner Objecte die neben- und zurückliegenden Werke neue Vertheidigungsfronten bilden. Die Einschliessungslinien im Festungskriege werden in A. getheilt, ebenso grössere Orte oder Wälder, Flusslinien, Gebirgszüge behufs Vertheidigung, so auch Vorposten. Terrain-A. bieten dem Vertheidiger Gelegenheit, dem vordringenden Gegner erneuerten Widerstand zu leisten, so Gewässer, Terrainerhebungen etc.

Abschreiten. Der gewöhnliche Schritt, den man zu diesem Zwecke leicht selbst regeln kann, macht die frühere Meile in 10000 Schritten = 7500 Meter, d. h. 4 Schritt sind gleich 3 Metern.

Abschwenken von Truppen, die um einen Flügel sich bewegen. Bei Brücken wurden ehemals die sämmtlichen Fahrzeuge durch starke Taue verbunden, und an diesen die Brücke in beliebiger Länge a., d. h. an das diesseitige Ufer treiben lassen, wo sie festgelegt wurde. Zur Wiederherstellung war nur das Wiederaufrichten erforderlich.

Absitzen. Untergebene sitzen etwa 20 Schritt vor einem abgesessenen Vorgesetzen, dem Meldung zu machen ist, ab, führen das Pferd bis auf 2 Schritt an denselben heran und melden.

Im Felde ist bei Meldereitern das Absitzen nicht nöthig.

Abstand ist die Entfernung zwischen Truppentheilen nach vorwärts und rückwärts. 1. Bei Avantgarde ist der A. vom Gros abhängig von der Nähe des Feindes, dem Gelände etc., beim Vorgehen zum Angriff wird er verringert. Je geringer die Kenntnisse der gegnerischen Bewegungen sind, desto grösser der A. 2. Im Biwak (Lager etc.) bei grösseren Tiefen sind die Latrinen ev. seitwärts anzulegen. 3. Bei markirtem Feind sind die A. wie bei vollzähligen Truppen zu halten. 4. Auf dem Marsche A. zwischen den Komp.: 8 m. — Btln., Esk., Battr.: 16 m. — Zwischen Rgt. u. betr. Abth.; 30 m. — Brigade: 60 m. — Division: 250 m.

Abstecken ist das Bezeichnen von Linien mit sichtbaren festgelegten Zeichen, wie Pfähle, Baken, Stangen. Es muss geschehen vor jedem Bau von Schützengräben, Batterien, Schanzen, Lagern etc. — wenn irgend Zeit dazu vorhanden ist.

Im Felde geschieht es Seitens der Truppen nach Schritten; bei Befestigungs- und Batteriebauten nach den gegebenen Vorschriften.

Absteifen. Zu Minengallerien erforderlich gegen Einsturz des Bodens, durch Bohlen, die man mittelst Pfählen gegen die gefährdeten Stellen drückt.

Absteigender Ast. Theil der Geschossbahn von ihrem höchsten Punkt (Scheitel- oder Kulminationspunkt) bis zum Treffpunkt, ersten Aufschlage oder Sprengpunkt. Er ist kürzer und steiler als der andere Theil der Flugbahn (der aufsteigende Ast), weil die Geschwindigkeit des Geschosses infolge des Luftwiderstandes stetig ab- und damit der Einfluss der Schwerkraft zunimmt.

Abstimmung s. Ehrengericht.

Absuchen ist das Durchsuchen des Geländes durch vorangeschickte Spitzen, Patrouillen oder Abtheilungen, die zu diesem Zwecke abgezweigt sind.

Abteufen heisst das vertikale Herabgehen mit einem Schachte.

Abtheilungen oder Detachements sind Truppenkörper, die zu besonderen Zwecken gebildet sind.

Bei der Artillerie ein Kadre von 2—3 Batterien.

Geschlossene Infanterie-Abtheilungen dürfen einem gut geleiteten Feuer gegenüber in 800—1000 m Abstand vom Feinde nicht mehr halten bleiben. Von 800 m ab vermögen A. das Gelände nur in Bewegung vor- oder rückwärts zu durchschreiten.

Innerhalb 400 m ist das Feuergefecht dahin zu bringen, dass man entweder vorstösst oder zurückgeht.

Abtheilungskommandeur. 1. Der Kommandeur einer Artillerie-Abth. (Er ist für das rechtzeitige Heranziehen der 2. Staffel verantwortlich.)

Abtönen heisst den Raum zwischen den Horizontalen beim Geländezeichnen mit Tusche oder mit dem Wischer so zu tönen, dass der Abfall des Geländes deutlich erkennbar ist; je steiler die Böschung, desto dunkler geschieht das A.

Abtreiben. Eine Gallerie vorbauen.

Abtretung, Verpfändung oder Uebertragung des Anspruches auf Diensteinkünfte, Wartegelder oder Pensionen (auch Unfallpensionen) der Militärpersonen und Heeresbeamten hat rechtliche Wirkung nur in so weit, als eine Beschlagnahme im Falle einer Zwangsvollstreckung zulässig gewesen wäre.

Ferner A. des Wittwen- und Waisengeldes hat **keine** rechtliche Wirkung.

Abtritte s. Latrinen.

Abtrupp schlagen ist ein Hornsignal im deutschen Heere. — Eine Trauerparade macht sein Honneur bis A. geschlagen.

Abukir. 1. Berühmte Seeschlacht, in der Nelson die französische Flotte am 1./8. 1798 glänzend schlug.

Schlacht am 25./7. 1799, in der Bonaparte die Türken schlug.

Abwässerung. 1. Beim Strassenbau durch kleine Gräben, die die tieferen Stellen mit den Seitengräben verbinden und Abführungen des Wassers an den niedrigsten Stellen.

2. Bei befestigten Linien sind die Schützengräben so zu legen, dass sie wenn irgend möglich etwas Hang nach einem Flügel haben. An den tiefsten Stellen ist durch Abzugsgräben, auch wohl Schächte, für A. zu sorgen.

3. Bei Exerzier- und Schiessplätzen geschieht die A. meist unterirdisch, durch Drainage, Sickerbrunnen u. dergl.

Abweichung. Jener Winkel, dem eine horizontale, um eine senkrechte Axe frei drehbare Magnetnadel mit dem geographischen Meridian des Ortes bildet.

Abwehr ist ein günstiger Abschnitt in der Thätigkeit der Vertheidigung. A. von Viehseuchen. S. Seuchen.

Abweichung der Geschosse: siehe Streuung.

Abweisung Einjährig-Freiwilliger geschieht, wenn sie nicht für diensttauglich befunden werden.

Abwesende Militärpflichtige. Für solche haben Eltern, Vormünder. Brotherren etc. die Pflicht, sie vom 15. Januar bis 1. Februar des Jahres anzumelden. in welchem sie in das 20. Lebensjahr treten. Für die nicht Erschienenen wird bei der Losung durch ein Mitglied der Ersatzkommission geloost.

Abzeichen. Preussische.

Bei den A. werden unterschieden:

A. Rangabzeichen.

Offiz.-A.: Schärpe, Epauletten oder Achselstücke, Offiz.-Degen od. Säbel — bei den Fusstruppen mit Ausnahme der Fussartillerie am Tressenkoppel — mit Portepee von Silber und schwarzer Seide, bei berittenen Truppen silbernes od. goldenes Kartusche-Bandelier, bei Kürassiren u. Husaren an Koller u. Attila silb. od. gold. Tressen statt Borten, bei d. Husar. auch Schnurbesatz v. Gold od. Silber — nach der Farbe der Knöpfe. Kokarde u. Feldzeichen v. Silber m. schwarz. Bei brandenburg. Aermelaufschlägen unterster Knopf nicht zugeknöpft. An Stelle der Litzen gold. u. silb. Stickerei. Letztere ausserdem v. sämmtl. Ingen.-, Pionier- u. Sanitäts-Offiz. — Zeugoffiz. u. Sanitätsoffiz. tragen Stichdegen am Unterkoppel mit Infant.-Portepee alter Art. Bei den Sanit.-Offiz. kommt Schärpe, Tornister etc. in Wegfall. Offiz. d. Res. u. Landwehr tragen die A. d. Linie, ausserdem an Mütze, Helm etc. das Landwehrkreuz. Adler ohne Devisenband. Epauletten u. Achselstücke: Gard.-Ldw.-Inf. ohne Namenszug, Provz.-Ldw.-Inf.: Felder in d. Farbe d. Schulterkl. d. Armeekorps, die arab. No. d. Inf.-Brig. I.—IV. Berlin ohne Nr. — Landw.-Kav. wie Drag., aber dunkelblauer Waffenrock u. roth mit Goldtresse besetzt. Krag. u. spitz. schwed. Aufschlägen (wie Ulanka), Garde mit je einer gold. Litze.

Zur Unif. verabschied. Offiz. gehört Schärpe u. Kartusche nicht. Die silb. Epauletthalter Verabsch. sind mit schwarz. Seide geschildert.

Generale, Lederhelm mit vergold. Beschlag u. sechskantig ausgekehlter Aufsatzspitze (Art.-G. d. Aufs. Kugel), Gardeadler mit Stern, Hahnenfederbusch aussen weiss, innen schwarz; gestickter Waffenrock mit schrägem Stehkragen, schwedische Aufschl. u. Taschenleisten mit gold. Stickerei; auf linker Schulter zwei verschlungene Krauskandillen v. Silberdraht mit schwarzseid. Querstreifen, rechte Schulter ein achselstückart. gold. Geflecht mit Rangabzeichen in Silber, 4 herabhäng. in 2 Spitzen endend. Goldschnüren. Dieser wie auch d. Int.-Mantel u. Paletot im Brusttheil roth gefüttert. Int.-Waffenrock mit 12 Knöpfen. wovon 4 auf Rockschoss offen bleiben; i. W. übrigens wie bei Inf.-Offiz.; Epaulett mit steifen silb. Raupen, silb. Felder; Gen.-Feldmarsch.: Feldmarsch-Stäbe v. Silb. kreuzweise, Generaloberst u. Gen.-Feldzeugmeist. auss. 3 Sterne, charg. G.-F.-M. die Stäbe u. 2 Sterne, Gen. d. Inf., Kav., Art. 2 Sterne, Gen.-Lt. 1 Stern, die Sterne sämmtl. in Gold; Achselstücke (s. d.) mit den gleichen A. in Silber; Beinkleider mit je 2 br. ponceaurothen Streifen zu beiden Seiten d. roth. Vorstosses.

Stabsoffiz. An den Epaul. hängende lose silb. Fransen; Oberst 2, Oberstl. 1 Stern; auf Achselst. (s. d.) dies. A. Husaren keine Epaul. Die Flügeladjut. Sr. Maj. d. Kais. tragen d. Generalsunif. sehr ähnl. A., aber statt d. gold. Knöpfe, Beschläge, Schnüre, Stickerei, solche v. Silb. u. weiss. Haarbusch.

Hauptleute resp. Lieut. Epaul. mit Halbmonden v. Metall nach d. Farbe d. Knöpfe, vergold. u. versilb., Feld v. Tuch in d. Farbe d. Mannsch.-Schulterkl., Schieb mit Silbertresse eingefasst. Hauptl. u. Rittm. 2, Pr-Lt. 1 Stern. (Hus.-Offiz. statt Epaul. Schulterstücke.) Achselst. (s. d.) mit gleichen A. — Rgts.No. etc. von geringerer Grösse.

Feldw.-Lieut. bei Ersatztr.-, Landw.- u. Landsturm-Format. tragen die Uniform d. Feldw. od. Wachtm. d. Truppenth., Feldachselstück der Lieut., Offiz.-Kopfbeckg., Offiz.-Tornister, Offiz.-Degen am Offiz.-Koppel, Revolver, Fernglas, kein Brotbeutel.

Unteroffiziere. Tressen an Kragen und Aermel-Aufschl. des Waffenrocks etc. am Mantelkragen eine schwarz-weisse Borte auf d. Patten und je ein Metallknopf auf d. Aussenseiten d. Krag. An der Litewka nur A. am linken Aermel durch nach unten spitze Sparren in — je nach Rang — verschied. Zahl v. Tressen od. Borte. Am Drillichrock etc. — beim Landst· auch an Litewka — nur schwarz-weisse Borte um ob. Kragenrand. Hus. u Ul. am weiss. Haarbusch ein Büschel schwarz. Haare u. an Fangschnur schwarz. Durchflechtung.

Feldwebel. Wachtm., Vicefeldw., Oberfeuerw., Stabshoboist u. Zahlm.-Asp. mit Feldw.-Rang tragen d. silberne Portepee, Offiy.-Seitengewehr am Ueberschnallkoppel, Kokard. v. schwarz. Blech mit weissmetall. Ring, Feldz. v. Silb. mit schwarz. Sammet, an den Kragenseiten d. Waffenrocks etc., d. Litewka b. Landst. u. des Mantels grosse Knöpfe mit Wappenadler, bei Leib-G.-Hus. u. G.-Ulan. silb. durchflocht. Fangschnüre v. schwarzweiss. Seide. An Litewka d. Lin.- u. Landw.-Inf. 2 Sparren v. gold. u. silb. Tressen.

Die etatsmäss. Feldw., Wachtm., Stabs-Hoboist., -Hornist. u. -Trompt. haben ausserd. an beiden Waffenrock- etc. Aermeln noch eine zweite, schmälere Tresse. an der Kragenpatte des Mantels eine zweite Borte, an den Aermeln der Drillichrocks inf. und Landsturm-Litewka eine Borte, bei Lin.-Inf. und Landw. einen 3. Sparren.

Portepeefähnriche trag. Portepee, Kok. u. Feldzeich. wie Feldw. Haben sie die Berechtig. zum Anleg. d. Offiz.-Seitengew., so tragen sie dies bei der Inf. etc. an dem Offiz.-Unterschnallkoppel mit Tressenbesatz u. Offiziertornister. Zu kleinem Dienst ist Ueberrock mit Schulterklapp. zulässig.

Die übrig. Unteroffiz. etc. trag. Säbeltroddel od. Faustriemen mit Quaste v. schwarzweiss. Wolle, — bei d. Jäg. u. Schütz. v. grüner Seide mit silb. Fransen —. am link. Aerm. d. Litewka einen Sparren v. Tresse u. die mit Lanzen bewaffneten Unteroffiz. Flaggen v. bes. Form. Sergeanten u. Feuerw. trag. d. gross. Wappenknöpfe d. Feldw. an d. Kragenseit. d. Waffenr. etc. u. Mantels u. an der Litewka einen 2. Sparren v. schw.-weiss. Borte.

Mannschaften. Obergefreite d. Fussart. hab. am Waffenr. u. Litewka an Kragenseit. die Auszeich.-Knöpfe d. Feldw.. ausserd. d. Säbeltroddel der Unteroffiz.

Gefreite tragen kleinere Auszeich.-Knöpfe mit Wappenadler an den Kragenseiten, Drillichjacke schwarzwoll. Schnur am unter. Kragenrand; Litewka ein Sparren v. schw.-weiss. Borte.

Offizier-Stellvertreter. Die im Mobilmach.-Falle mit Offizierstelle belieh. Unteroffiz. tragen Portepee, Offiz.-Deg. od. Säbel — bei Inf. etc. am Tressenkoppel d. Offiz. unter d. Waffenr., bei d. übrig. Waff. wie die Feldw. etc., b. d. Fusstr. d. Offiz.-Tornister u. allg. d. A. d. Offiz.-Stellv., besteh. aus Tresseneinfass. d. Schulterklappen — b. d. Ulanka d. Epaulettschiebers — b. d. Hus. nur Tuchachselstück m. Tressenbesatz, d. unter Achselschnur gelegt wird. No. u. Namenszug auf Schulterkl. v. gelb. Metall in Grösse d. A. f. Stabsoffiz.-Achselstücke.

Beamte trag. im Allg. die f. Inf.-Offiz. vorgeschr. Unif., aber keine Schärpe u. Tornister; an Mütze über d. Kokarde klein. herald. Adler. Epaul. mit gepresst. silb. od. gold. Halbmond, in d. Feldern u. auf Achselstücken Wappenschilder, Stichdegen am Unterkoppel u. Portepee a/Art; die Mil.-Beamt. (s. d.) von Silber mit blauer Seide. Zivilbeamte der Mil.-Verw. (s. d.) v. Gold mit blauer Seide. Das rossärztl. Personal trägt d. Kavall.-Offiz.-Säbel mit Blanklederkoppel u. Faustriemen v. Silber mit blauer Seide. Wegen d. Unterscheidungszeichen s. d. Artikel über d. verschied. Beamtenkategorien. Ueber d. Dienstanzug der Milit.-Geistlichen s. Geistliche.

Beamten-Stellvertreter. Im Mobilmach.-Fall mit Wahrnehmung v. Zahlmeister-Aspiranten mit den Rangabzeichen der Feldw. Wegen der übrigen Beamten-Stellv. vergl. K. Bes. V. S. 96 u. 97.

B. Abzeichen für besondere Dienststellungen.

Spielleute trag. Schwalbennester a. Waffenrock etc. u. Litewka v. d. Kragenfarbe mit Besatz: Tamb., Pfeiff. u. Signalhornist. v. woll. weiss oder gelb. Borte, Hoboisteu, Hülfshob. Hornist. u. Tromp. v. Tresse. Die Haarbüsche d. Sp. s. v. roth. Farbe (Hus. 17 weiss m. roth. Einfass.) — Bei einigen Garde- etc. Rgt. trag. Hoboist. etc. an d. Schwalbennstr. kurze gold. od. silb., die Tamb. etc. leinene weisse od. halbkanelgarn. Fransen. Stabshoboisten, St.-Hornisten u. St.-Trompet, die Musikleit. b. Inf.-Bat., der Pauker d. Rgts. G. du corps u. d. Regts.- und Battl.-Tamb. tragen allg. läng. Fransen v. Gold. od. Silb.

Oberfahnenschmiede tragen ein doppeltes, Fahnenschmiede ein einfaches Hufeisen v. Tresse, Beschlagschmiede ein solches von Borte — nach d. Farbe d. Knöpfe — am linken unt. Aermel d. Waffenrocks etc. Am Drillichrock wird d. A. v. schwarz. durchwirkter weisswoll. Borte nur v. d. beid. Erstgenannt. getragen.

Oberfeuerwerker, Feuerw. führen neben ihrem Chargenabzeich. auf den Schulterkl. d. Waffenr. u. Mant. d. Buchst. F. über der Regiments-No.

Stabsordonnanzen. Uniform ähnl. derj. d. Leibgendarmerie; b. d. Prov.-Armeekorps mit Eisenhelm der Lin.-Kürass. und arab. No. der Armeekorps auf d. Epaul. etc.. beim Gardekorps ohne No., mit Helm d. G.-Kürass.-Rgts. u. als Paradestück weiss. Haarbusch.

Zahlmstr.-Asprt. trg. dunkelblau. Waffenr. m. gleich. Bes. u. weiss. Vorstoss, Mantel mit dunkelbl. Patten, weisse Schulterkl. u. Knöpfe.

Helm mit neusilb. Beschlg. u. gleich. gewölbter Schuppenk. Die sonstig. Bekl.- u. Ausrüst.-St. richten sich nach denj. d. Untffz. d. betr. Truppenth. — aber keine Kartusche. Bei Kav. allg. Reithos. u. Kav.-Stief. mit Anschlagsporn. auch **Tuchhos.** mit roth. Vorstoss, Schulterkl. b. Garde keine, b. d. übrig. A.-Korps die arab. Korps-No. v. roth. Schnur-Chargenabzeich. wie bei Unteroffizieren.

Lazarethgehülfen. Dunkelbl. Waffenr. u. Besatz, p. roth. Vorstösse, gelb. Knöpfe; Helm d. Lin.-Inf. mit Helmzier ohne Devise. Bes. A. an Helmzier (Sterne etc.) nicht, aber Landwehrkreuz. A. auf Schulterkl. wie Zahlm.-Asp.

Oekonomie-Handwerker d. Trupp. Unif. d. Gem. d. betr. Truppthls. ohne Paradestücke; bei Kav. ohne Kartusche u. Bandelier. nur Tuchhosen u. Int.-Stiefel ohne Sporen; bei Feldart. u. Train werden sie als Fussmannsch. eingekl. u. ausgerüstet. Handw.-Abth. d. Korps-Bekleid.-Armat. trag. Linien-Inf.-Unif. u. schwarz. Lederzeug. Schulterkl. an Waffenr. u. Vorstoss denj. d. Mantels bei Garde weiss mit „G.", beim XIV. A.-Korps hellgelb, bei d. übrig. A.-Korps d. Farbe d. Inf.-Trupp. entsp. mit d. Korps-No. in römisch. Ziffern. Vorarbeiter haben auf d. link. Unterarm ein „V".

Zeug-Unterpersonal trägt den Artilleriehelm u. — soweit dass. z. Trag. d. Offiz.-Seitengew. berechtigt ist, den Stichdegen.

C. **Besondere Abzeichen und Auszeichnungen.**

Wegen der A. ganzer Truppentheile — d. badischen, oldenburgischen, braunschweigischen, thüringischen Regimenter, welche der preuss. abweichende Hoheitsabzeichen an Helm, Portepee u. Lanzenflaggen tragen, ferner wegen der Auszeichnungen der älteren preuss. Linien-Truppenth. im Wappenadler des Helms, der Namenszüge einer gröss. Anzahl v. Truppen auf den Schulterklappen etc., der Grenadiermützen beim 1. G.-R. z. F. u. Alex.-G.-R. No. 1, der jucht. Riemen anstatt d. Band. am Troddel d. 7. u. 8. Comp. letzt. ged. Rgts. etc. vergl. die Best. im §§ 159—162 Bekl.-O. II.

A. u. Auszeich. einzelner Pers. 1. **Kapitulanten:** Unteroffiziertroddel (Faustriemen) am Bande (Riemen) d. Gem., schwarz-weisse Borde am unt. Rande d. Schulterklappen, bei Ulanen auf dem Epauletthalter. bei Husaren Schnur zu beid. Seit. der Achselschnur.

Schützen- u. Schiess-Ausz., eine schwarz-weiss-rothe Fangschnur, welche allg. von der rechten, bei den Küraas., Drag. u. Hus. v. der linken Schulter nach der Mitte der Brust getragen wird. — Kompagnien- u. Batl.-Kaiserabzeichen auf recht. Oberarm sehr lang.

Richtkanoniere d. Feldart. 3 flammige Rundgranate, d. Fussart. 1 flammige Rundgranate von gelbem Tuch auf dem linken Unterärmel des Waffenrockes.

Fechterabzeichen d. Kavall.: Sparren m. nach unten gerichteter Spitze, 1., 2. u. 3. aus Borde neben einander. bei 4 malig. Auszeich. eine goldene oder silberne Tresse etc. am rechten Oberarm.

A. für Kommandos: 1. **zum Lehr-Inf.-Batl.** eine rothe od. gelbe Schnur am unteren Rande der Schulterklappen etc.:

2. **zum Mil.-Reit-Instit.** Schnur in d. Farbe d. Kragenpatten od. Knöpfe — wie zu 1 angebracht. Husaren tragen breitere Achselschnüre v. Kantenschnur. Für zweijähr. Kursus eine breite leinene Borde wie vor angebracht;

3. **zur Schiessschule:** Pattenknöpfe mit Wappenadler;

4. **zu d. Unteroffizierschulen und Vorschulen** blaue od. weisse Schnur wie bei 1 befestigt;

5. **zur Mil.-Telegraphen-Schule** weiss-schwarze Borde am oberen Rande der Schulterklappen, bei Hus. mitten auf den Achselschnüren in der ganzen Länge, bei Ulan. zwischen Epaul.-Schuppen;

6. **zur Stabswache d. Gr. Hauptquart.** 1866 u. 1870/71: schwarz-weisswollene Schnur gedreht. vom Schulterknopfloch über die Schulterklappe bis zur Achselnaht. Hus. die Achselschnüre in dieser Farbe.

Einjährig-Freiwillige: schwarz-weiss-wollene Schnur um die Schulterklappe (bei Ulan um die Epaulettschieber. bei Hus. um die Achselschnüre) des Waffenrocks etc., des Mantels u. der Litewka, auf der Drillichjacke vom Kragen bis Achselnaht.

Armbinden s. d.
Helmüberzug s. d.
Trauerabzeichen s. d.

Abziehen siehe Abdrücken und Abkrümmen.

Abzüge. a) Vom Gehalt:

1. A. zur Kleiderkasse zwangsweise für alle Offiziere bis einschliesslich Hauptmann hinauf u. das Zeugpersonal, u. zwar für Offiziere d. Kavall. 30 M., sonst 24 M., für Zeugfeldwebel 12 M., Zeugsergeanten 6 M. monatl.;

2. Wittwenkassenbeiträge u. Prämien f. d. Lebensversicherungs-Anstalt d. Armee u. Marine sowie sonstige A. sind nur auf Wunsch der Betheiligten abzuziehen;

3. zu öffentlichen Abgaben etc. sind A. ebenfalls statthaft;

4. die im Wege gerichtlicher Zwangsvollstreckung etwa stattfindenden A. vom Diensteinkommen sind nach Massgabe des Pfändungsbeschlusses abzuführen;

5. Offiziere, welche ein Darlehn aus der Offiziersdarlehnskasse nachsuchen, müssen sich zur Tilgung durch monatlich. A. verpflichten;

b) Von der Löhnung:

Jedem Manne werden 13 Pf. täglich für Naturalverpflegung abgezogen.

Abzugsgraben heisst jeder unmittelbar dem Zwecke der Entwässerung dienende Graben.

Abzugsschleuse ist die den Eintritt des Wassers in einen Abzugsgraben regelnde Schleuse; so auch bei Festungswerken.

Abgangs- und **Zugangs-Nachweisungen** (*Deutschl.*) über Pensionen oder gesetzliche Beihülfen aus dem Kriegsverhältnisse theilen sich die Regierungen gegenseitig mit. Die Abgänge bei den Wittwen- und Waisengeld-Empfängern haben die Regierungen vierteljährlich der Unterstützungs-Abtheilung anzumelden.

Abzugsschnur zum Abziehen der Schlagröhre. Sie ist etwa 1 m lang, an einem Ende mit einem Haken zum einhaken in die Oese des Reiberdrahts der Schlagröhre, am anderen Ende mit einer Handschlaufe und einem Holzknebel (Griff) versehen.

Abzugsvorrichtung beim Gewehr dient zum Abziehen (Abdrücken), wirkt aber auch beim Spannen des Schlosses mit. Ihre einzelnen Theile sind: Abzugsgabel mit Feder, Abzugsstollen und Abzug. untereinander durch Stifte verbunden. Der Abzug besteht aus: Zunge, Range und Druckstück. Das Druckstück hat zwei Drucknasen, deren erste durch die Feder gegen die Hülse gedrückt wird, während die zweite diese erst beim Abziehen berührt (siehe Druckpunkt). Abbildg. der A. s. u. Gewehr.

Accolade ist die feierliche Umarmung, die den Neuaufgenommenen eines Ritterordens durch den Grossmeister zu Theil wird u. die auch bei der Aufnahme der Offiziere in das Korps des Pr. Leib-Kürassier-Regiments Nr. 1 üblich ist.

Accotement (veraltet) der Seitenweg neben der Landstrasse.

Achal Kalaki, kleine Festung im Gouvernement Tiflis an dem rechten Nebenflusse des Kur.

Achalzik, an einem Nebenflusse des Kur, ist eine von den Russen erbaute Grenzfestung in Georgien.

Achard, Baron Jacques (1778—1865), kämpfte unter Napoleon I. und wurde unter Louis Philipp Divisionsgeneral.

Acheval, rittlings; veralteter militärischer Ausdruck für taktische Stellungen. Eine Truppe steht à ch. der Strasse oder des Flusses hiess: rechts u. links derselben, so dass die Front senkrecht zu der Strasse etc. lief.

Achse der Fahrzeuge von Flussstahl oder Schweisseisen zerfällt in Mittelachse und Achsschenkel. Letztere sind kegelförmig und schwach nach unten geneigt (Sturz der Achsschenkel). An ihren äusseren Enden befinden sich die Lünsenlöcher zur Aufnahme der Lünsen (Vorstecker); diese halten die Röhrscheiben. An dem Absatz zwischen Mittel-A. und A.-Schenkel (Stoss) befinden sich die Stossscheiben. Zwischen der Röhr- und Stossscheibe läuft das Rad. Der Spielraum, welchen das Rad in der Längsrichtung zwischen beiden Scheiben hat, heisst **Anlauf**. Die Mittel-A. hat einen kreisrunden oder vierseitigen Querschnitt; für ihre Beanspruchung ist es günstig. wenn sie sich von den Lafettenwänden ab nach dem Stoss zu verjüngt. Neuerdings Verwendung des Rohrs an Stelle der Mittelachse bei Schnellfeuergeschützen zur Erhöhung der Widerstandsfähigkeit der Lafette beim Schuss. (Schneiders 7,5 cm Schnellfeuerkanone — s. d.) — Abbildung s. Lafette.

Achse der Seele, die durch den hohlen cylindrischen Raum eines Gewehrlaufs oder Geschützrohres gedachte Mittellinie.

Achselband wird von Hofbeamten getragen.

Achselklappe — dienstlich Schulterklappe — s. d. Eine Tuchklappe verschiedener Farbe auf den Schultern für alle preussischen Truppen (ausser Ulanen, Husaren, Leib-Gensdarmen) mit der Bezeichnung der Regimenter auf denselben, bei einem Theil der Gardetruppen, Kürassieren, Unteroffiziersschulen ohne Bezeichnung. — Auf den Mänteln tragen auch die Ulanen, Husaren etc. Schulterklappen.

Achselschnüre — gelb oder weiss — haben die Husaren (am Attila auf den Schultern) die Hus.-Offiziere silberne.

Achselstücke sind silberne etc. Schnurbänder, welche in Preussen von Offizieren (Husaren s. Schulterstücke) u. Beamten zum Feld- u. gewöhnlichen Dienst an Stelle der Epaulettes auf den Schultern getragen werden. Sie bestehen bei Lieutenants u. Hauptleuten (Rittmeister) aus 4 dicht nebeneinander liegenden Plattschnüren von Silber mit schwarzer Seide; bei Stabsoffizieren aus silberner mit schwarzer Seide durchwirkter vierkantiger Drahtschnur, mit je 2 Strängen nebeneinander geflochten; bei Generalen aus je einer silbernen zwischen 2 goldenen Strängen liegenden Drahtschnur zum Geflechte vereinigt. Die Plattschnur oder das Flechtwerk ist auf einer Tuchunterlage angebracht, welche bei Lieut., Hauptleuten u. Stabsoffizieren der Farbe der Epaulettenfelder entspricht, bei Generalen roth ist. A. der Beamten sind anstatt mit schwarzer mit blauer Seide durchwirkt. Bis zum Range der Räthe 4. Klasse — ausschliesslich — aufwärts besteht das Band aus silberner oder goldener Tresse.

Auf den A. werden dieselben Rangabzeichen angebracht wie auf den Epaulettes.

Achsenzahl ist die Zahl der Achsen bei Eisenbahnzügen; das Maximum beladener Züge ist als 100—110 angenommen. Bei Militärzügen sucht man möglichst geschlossene Truppenkörper zu befördern. Ein Waggon kann aufnehmen je 24 Offiziere oder Beamte — 36 Mann — je 6 bis 10 Krankenbetten — 24 sitzende Kranke — 6 Pferde mit 2 Wärtern — 1 grosses — 2 kleine Fahrzeuge. Daher kann mit einem Zuge nur befördert werden: 1 Inf.-Bat. — 1 Jäger-Bat. — 1 Esk. mit Stab — 1½ Esk. — 1 fahrende Batt. — ¾ reit. Batt. — 1½ Pionier-Kompagnien mit 1 Div. Brücken-Train.

Achspfanne, Beschlag der Lafettenwände zur Anbringung der Achse mittels Achszwingen und Bolzen. Für die Beanspruchung der Lafette ist es vortheilhafter, die Mittelachse durch die Lafettenwände zu führen und sie mit diesen durch Halslagerbüchsen zu verbinden (deutsche 15 cm Haubitz-Lafette).

Achsschwenkung ist eine veraltete Uebung, indem ein Bataillon in Linie, dessen rechte bezw. linke Hälfte (ober oder unter der Fahne) kehrt machte, um die Fahne herumschwenkte

Achtelschwenkung ist eine Schwenkung die 45° beträgt.

Achssitze, Sitze über der Achse von Feldlafetten zwischen Lafettenwand und Rad zum Fortschaffen von Bedienungsmannschaften. Sie bestehen in der Hauptsache aus einem Sitzblech auf elastischen Trägern, einer Rücken- und Seitenlehne mit Handgriff und dem Fusstritt zum Auf- und Absitzen. — Abbildung s. Lafette.

Achszwingen s. Achspfanne.

Achtungswidriges Benehmen (Kriegs-Artikel). Die einschlagenden Strafbestimmungen befinden sich im deutschen und im österreichischen Mil.-Straf-Ges.

Fehlt die innere Achtung, helfen alle Strafbestimmungen nicht, sie zu erziehen, ist einer der wichtigsten Hebel der Kriegszucht.

Achtyrka. Befestigte Stadt im russ. Gouv. Charkow.

Achulko, die kleine Bergfeste, in der sich Schamyl 1839 so tapfer gegen die Russen vertheidigte. Sie liegt am Sulkafluss im Kaukasus.

Acker, (altes sächsisches Feldmaas) = 55,31 a. Im Terrainzeichnen wird Ackerland weiss gelassen.

Acs. Dort fanden in dem ungarischen Insurrectionskriege 1849 verschiedene Gefechte statt. A. liegt im Komitate Komorn nicht weit von Szöny.

Adam, 1. Albrecht (1786—1862), einer der berühmtesten deutschen Schlachtenmaler, der seit 1815 in München lebte.

2. Victor ist der bekannte französische Schlachtenmaler, der fast zu derselben Zeit (1801—1867), wie 1., in Paris lebte und einen Theil der berühmten Gemälde im Schlosse zu Versailles malte.

Adalbert, Prinz von Preussen (29./10. 1811— 6./6. 1873). Begründer der deutschen Marine. Griff 1856 mit der jungen Marinebesatzung die Riffpiraten bei Kap Tres Forcas an und wurde dabei verwundet.

Adamsfeld bei Quebek. Dort fiel der englische General Wolf (1759) im siegreichen Kampf gegen die Franzosen.

Ada Waleh, kleine Donau-Insel und Festung bei Orsova, bis zum Jahre 1878 türk. Enklave, seither österreichisch.

Adel. Der A. ist ursprünglich ein Waffenadel. Die Bedeutung desselben ist hauptsächlich politischer Natur.

Adelaer ein berühmter Seeheld der Dänen (1622—1675), der in den Kriegen gegen die Türken sich einen Namen machte.

Adelsfahne hiessen die angeworbenen Kriegsknechte und Reisige, die im Mittelalter der schwedische Adel stellte, um sich dem persönlichen Kriegsdienste zu entziehen. Diese Organisation hat niemals festen Fuss gefasst, da der Staat, der ohnehin die Führer stellte, die Sache schliesslich selbst in die Hand nahm.

Aden, englische Festung und Kohlenstaiton am Rothen Meere, mit der. sie jenes heute so wichtige Gewässer fast beherrschen.

Adjutant. Seine Stellung. die meist auch eine Vertrauensstellung ist, und Takt wie Charakter, gute Auffassungsgabe. Sicherheit im Reiten und Schriftgewandheit erfordert, ist lediglich eine unterstützende. Er soll. wenn er nicht direkte Aufträge hat. nur stets im Sinne seines Kommandeurs handeln und anordnen.

Besonders zu bemerken ist, dass der Brigade-A. zum Aushebungspersonal gehört und dass der Brigade-Kommandeur den Brigade-A. mit der Führung der Vorstellungslisten im Aushebetermin betrauen kann.

A. tragen die Schärpe über die rechte Schulter zur linken Hüfte; die A. der Kürassiere über dem Kürass, die Husaren-A. unter der Husarenschärpe.

Adler. Die Adler sind alte Heereszeichen. Napoleon I. verlieh den Regimentern an Stelle der Fahnen wieder die alten Adler der Römer. Sie verschwanden nach dessen Sturz und lebten unter Napoleon III. wieder auf.

Adlerberg I., Graf, russ. Gen.-Adj. u. Gen. d. Inf. (1792—1884), tüchtiger Soldat, Rathgeber des Zaren Nikolaus I., auch am preussischen Hofe angesehen.

Adlercreutz, Graf, schwed. General. diente gegen Russland 1788. vertheidigte 1808 ruhmvoll, wenn auch erfolglos Finnland, arretirte 13. März 1809 Gustav IV.; 1813 Generalstabschef Bernadotte's.

Ad manus auch „a. m. pr." (veraltet) heisst zu Händen des Empfängers.

Ad marginem auch „ad marg." (veraltet) heisst am Rande.

Admiral steht im Range des kommandirenden Generals. Er hisst die Admiralsflagge am Grosstopp, die nach dem internationalen Salut-Reglement mit 17 Schuss begrüsst wird.

Adoptivsöhne. Die Bestimmungen über Reklamationen wegen Zurückstellung Militärpflichtiger finden auf A. Anwendung.

Die A.-Kinder haben keinen unbedingten Anspruch auf Gnadengebührnisse; ebensowenig auf gesetzliche Erziehungsbeihülfen aus dem Kriegsverhältnisse; auf kein Waisengeld; auf keine Waisenrenten infolge Betriebsunfalles; nur unter Umständen auf Familienunterstützung. (Näheres Buhrke.)

Ad referendum auch ad. ref. (veraltet) zum Bericht.

Adresse. In Preussen. Beispiele: Auf dem Couvert: „An des Kaisers und Königs Majestät" oder „An Seine Majestät den Deutschen Kaiser und König von Preussen." „An Seine Kaiserliche und Königliche Hoheit den Kronprinzen des Deutschen Reiches und von Preussen." „An Seine Königliche Hoheit den Prinzen Friedrich Leopold von Preussen." „An den Königlichen General der Infanterie und kommandirenden General des 10. Armee-Korps, Ritter höchster (beim Schwarzen Adlerorden wörtlich angeführt) Orden Herrn v. N., Exzellenz. Hannover." etc.

Bei Behörden: „An das Königliche Infanterie-Regiment No. X. zu L." An Vorgesetzte und vorgesetzte Behörden wird bei Dienstbriefen die Adresse im Briefe auf der linken Seite des gebrochenen Bogens wiederholt. In Privatbriefen nicht.

An gleichgestellte Behörden etc. wird die Adresse gemeinhin quer über den Bogen geschrieben. Bei Meldungen im Felde wird die Adresse kurz auf die Meldekarte geschrieben: „An Generallieutenant N." (F.-O. 81.)

Adrianopel wurde erst im letzten russisch-türkischen Kriege (1877/78) befestigt mit einem Gürtel detachirter Forts. Die Russen besetzten die Stadt und schlossen daselbst Waffenstillstand.

Adschur, befestigtes Küstenstädtchen am Kaspischen Meere.

Ad separatum auch ad sep. (veraltet), zum Besonderen.

Ad specialia „ad spec." zu den Einzelheiten übergehend (veraltet).

Adua, Schlacht bei, 1./3. 1896. General Baratieri beschloss, da er mit seiner Armee zu weit vorgestossen war, sich durch einen Offensivstoss die Abessinier unter König Menelik abzuwehren. Er ging in 3 Kolonnen (1 Reserve) gegen eine 10fache Uebermacht vor. Die isolirte Spitze des Generals Albertino wurde plötzlich von allen Seiten attackirt und in den Pass geworfen. Da das Gelände weder eine Entwicklung der Seiten- noch der Reserve-Batterien gestattete, so artete die Schlacht in eine furchtbare Niederlage der Italiener aus, in der sie ihre ganze Artillerie einbüssten.

Aegypten. Neuere Geschichte beginnt mit Khedive Mehemed (1839), starb 1848. Nachfolger Abbas 1854 ermordet. Saïd bis 1863. Ismail (Suez-Kanal) 1879 abgesetzt u. Tewsik ernannt. 1882 Eingreifen Englands wegen Unruhen unter Arabi. Bombardement Alexandrias u. Zug Wolseley's bis Tel el kebir. Zugleich Mahdi-Aufstand im Sudan, der die Engländer schlug (nahm Karthum, vernichtete die Armee Hicks-Pascha bei St. Obeid. Versuch Gordons die Angelegenheiten friedlich zu enden. Wird in Khartum gefangen gehalten, Wolseley rückte zum Entsatze heran. Zu spät! Gordon war ermordet.

Augenblicklich begegnen sich in Aegypten die Einflüsse Englands, Frankreichs und Italiens, das seine Besitzung am Rothen Meere Erythräa ausdehnt. Auch russische Strömungen beginnen dort sich geltend zu machen. S. Abessinien.

AEIOU, Monogramm, besagend: „Austria Est Imperium Orbis Universi", auch: „Aquila Electa Justo Omnia vincit", oder: „Austria erit in orbi ultima".

Aequatorhöhe ist der Winkel, den der Himmels-Ae. mit dem Horizont bildet. Sie wird durch den Bogen des Meridians gemessen. der zwischen Ae. und Horizont liegt. Ebenso ist der Abstand des Poles vom Zenith gleich der Ae.

Aërostiers. Schon zur Zeit der französischen Revolution versuchte man durch Luftballons zu erkunden, so entstand 1794 die Truppe der A., die aber nur 10 Jahre bestanden hat.

Affenhelme nennt man die Helme des 16. Jahrhunderts, die das Visier in Form eines Affenkopfes hatten. Auch wurden die Helme der Bückeburger Leibgarde häufig so genannt.

Afghanistan. Selbständig unter Dost Mohammed, wurde dieser 1839—49 durch Kriege von England zur Einstellung der Unruhen gezwungen. 1853 Bündniss zwischen beiden. Die Russen eroberten 1855—84: Taschkend, Chokand, Samarkand, Chiva und Merw. Seit 1873 russischer Einfluss auf A. und Eifersucht Englands. 1878 Krieg zwischen A. und England. Sieg Englands unter Gen. Roberts in Karramthale. Gladstones schlaffe Politik liess alle Vortheile aus der Hand geben. Gen. Burrow wurde mit seiner Armee fast vernichtet. Gen. Roberts schlug bald darauf das Heer A's. unter Ejub Khan. Drohender Ausbruch des Krieges 1886 zwischen England und Russland wegen des Einflusses in A. Geschlichtet durch Grenzregulirung im Norden von A. 1887. Bau der transkaspischen Bahn und dadurch starke Stellung Russlands im Norden von A., wachsende Beunruhigung Englands, für dessen indischen Besitz A. der Pufferstaat ist.

Afridi, ein Bergstamm in Afghanistan, der vielfach Krieg mit Britannien führte und erst 1878 unterworfen wurde.

Afrikanische Kolonien. (*Deutschl.*) Nach Ablehnung des Erwerbes von Samoa 1880 wurde 1884 die Küste von Togo und Kamerun (von Nachtigall), S.-W.-Afrika (durch Lüderitz) und Ost-Afrika (durch Peters) gewonnen. Regelung der Verhältnisse mit dem Sultan von Sansibar 1885. Abtreten an England eines Theils des Besitzes der Kolonien und gänzlicher Verzicht auf Sansibar, für Eintausch von Helgoland. Togo wurde 1895 bis über den Niger ausgedehnt.

Afschar, ein turkmenischer Stamm in Persien, der gegen 20000 Reiter ins Feld stellen kann.

Aggregirt ist ein Offizier, der einer Truppe über deren Etat zugetheilt ist. Ein solcher Offizier erhält sein Gehalt für Rechnung des Etatskapitels 21 („Offiziere in besonderen Stellungen").

Aghrim in Irland (Grafschaft Galway). Dort schlug das Heer Wilhelm III. unter St. Ruthe of Ginkle das Heer Jakob II. (S. Ranke, engl. Geschichte.)

Agiren, handeln, wirken, ein militärisch oft und gern gebrauchter Ausdruck für alle Bewegungen; wird bald veralten.

Agitiren, beunruhigen, aufwiegeln, aufhetzen; davon Agitator.

Agnadello (unweit Lodi in Italien). Dort 16./8. 1705 Sieg des Herzogs von Vendôme über den Prinzen Eugen im spanischen Erbfolgekriege, bekanntlich die einzige Niederlage, die der Prinz in seiner Laufbahn erfuhr.

Agosta bei Syracus auf Sizilien. Dort 3 grosse Seeschlachten im Jahre 1676 und zwar zwischen der verbündeten spanisch-holländischen Flotte unter den Admiralen Prinz Montesarchio und de Ruyter und der französischen Flotte unter Admiral Duquesne; die ersten beiden blieben unentschieden, in der 3. siegten die Franzosen, da in der 2. der berühmte Admiral de Ruyter so schwer verwundet wurde, dass er bald darauf in Syracusa starb. Die Schlachten fanden satt am 8./1.. 22./4. und 2./7. 1676.

Aiguebelle, frz. Marine-Offizier, nahm im Kriege gegen die Taiping-Rebellen Hang-Tschan-Fu, trat dann in chinesische Dienste, errichtete ein grosses Arsenal, liess 1869 das erste nach europ. Muster erbaute chinesische Schiff vom Stapel laufen und ward Gross-Admiral der chines. Flotte.

Agressiv verfahren ist dasselbe wie angreifend bezw. offensiv vorgehen. (Veralteter Ausdruck.)

Aguero (1626—70), berühmter spanischer Schlachtenmaler.

Aire, französische Grenzfestung an der Lys. 1641 und 1676 von den Franzosen erobert. 1710 von den Preussen unter Leopold von Dessau erstürmt. Heute aufgegeben.

Airolo an der Gotthardbahn. Dort 13./9. 1799 Sieg Suwarows über die Franzosen.

Ajan, kleiner Garnisons-(Hafen-)Ort in Sibirien am Ochotzkischen Meere.

Akabah, kleine befestigte türkische Hafenstadt am Rothen Meere.

Akademien. S. Militär-Akademien.

Akademische Hochschule für Musik hat die Aufgabe, Stabshoboisten auszubilden. Die Anwärter müssen zwischen 25 und 27 Jahre alt, unverheirathet, 3 Jahre dienend, hervorragend musikalisch sein, sich tadellos geführt haben, Autorität und Bildung besitzen. Der Kursus dauert 3 Jahre und muss jedes Jahr desselben später mit 2 Dienstjahren abgedient werden. Die Anwärter werden einberufen und geprüft, dürfen

Zivilkleider tragen und erhalten vom Regimente 15 M. Zulage monatlich. Die Gewährung einer weiteren Zulage ist gestattet. — Die Ausgebildeten haben sich einer Prüfung zu unterziehen und erhalten sodann ein Befähigungs-Zeugniss, das sich über ihre praktische Brauchbarkeit ausspricht. S. Artikel „Armee-Musik-Inspizient".

Akademische Legionen bildeten sich 1848 in Stuttgart und auf den öster. Universitäten aus den Studenten. Einige dieser Legionen betheiligten sich auch an der Revolution.

Akabarabad, englische Festung bei Agrah am Dschammah, Nebenfluss des Ganges.

Akjab, Militärstation in Hinter-Indien.

Akjerman (Bessarabien). Dort Friede von 1826, dessen Verletzung den russisch-türkischen Krieg von 1828/29 zur Folge hatte. A. ist als Festung aufgegeben.

Akka eine feste Hafenstadt in Palästina; wurde 1799 von Bonaparte vergeblich belagert. 1832 wurde es von Ibrahim mit den ägyptischen Truppen erstürmt. 1840 aber durch die englisch-österreichisch-türkische Flotte für die Türkei zurück erobert.

Akmetschet, feste Stadt in Turan, heisst jetzt Fort Perowssei (russisch).

Akmollinsk, kleine Festung in Sibirien, am Ischin (Nebenfluss der Irtysch.)

Ak-Palanka, in Serbien, bekannt durch die im letzten türk.-serb. Kriege stattgehabten Kämpfe.

Akschinsk, russische Grenzfestung im Bezirk Irkutsk.

Aktennummer des Personalbogens muss in den Veränderungs-Nachweisungen zur Rangliste stets verwendet werden. (H.-O. § 27. 5.)

Aktion ist jeder Kampf. Der Ausdruck wurde hier und da auch zur Bezeichnung grösserer Bewegungen gebraucht. Die neuere Militärschriftsprache vermeidet den Ausdruck, indem sie die besondere Art der A. in deutscher Sprache zum Vortheile der Deutlichkeit zum Ausdruck bringt.

Aktive Dienstpflicht. S. Dienstpflicht.

Aktive Vertheidigung ist eine solche, bei der der Vertheidiger Vorstösse aus den Werken oder aus seiner Stellung macht. Sie ist die Seele der Vertheidigung, wenn sie auch den Nachtheil hat, dass die Defensive sich, im Zeitraume der aktiven Vertheidigung, des Vorzuges der deckenden Bauwerke und der Geländegunst entäussert. Eine Vertheidigung, die positive Erfolge erzielen will, muss aber stets mit dem angriffsweisen Verfahren verbunden sein. Der Gegenangriff des Vertheidigers soll mit Macht erfolgen, vereinzelte Offensivstösse sind zu vermeiden.

Aktives Heer. Zu demselben gehören:

A) Die Militärpersonen des Friedensstandes und zwar: (S. W.-O.)
a) Die Offiziere, Aerzte und Militär-Beamte des Friedensstandes vom Tage ihrer Anstellung bis zum Zeitpunkte ihrer Entlassung.
b) Die Kapitulanten während der Zeit der Kapitulation.
c) Die Freiwilligen und ausgehobenen Rekruten von dem Tage, mit dem ihre Verpflegung durch die Militär-Verwaltung beginnt; Einjährig-Freiwillige von dem Zeitpunkte ihrer Einstellung — sämmtlich bis zum Ablaufe des Tages ihrer Entlassung.

B. a) Die aus dem Beurlaubten-Stande zum Dienste einberufenen Offiziere, Aerzte oder Militär-Beamten und Mannschaften von dem Tage, zu dem sie einberufen sind, bis zum Ablaufe des Tages der Wiederentlassung.
b) Alle in Kriegszeiten zum aktiven Dienste aufgerufenen oder freiwillig eingetretenen Offiziere, Aerzte, Militär- und Zivilbeamte und Mannschaften vom Tage der Einziehung bis zu dem der Entlassung.

Alabama, ein Kreuzer, den die conföderirten Staaten während des Secessionskrieges 1861—1865, in England hatten bauen lassen. Vor Cherbourg bohrte er ein Unionsschiff in den Grund. Die Union beschwerte sich über diesen Vorgang und es schien, als ob die A.-Frage zu einem ernsten Konflikt zwischen der Union und England führen sollte. Erst den 14. September 1871 wurde die Sache durch ein Schiedsgericht gelöst, welches Britannien zu einer Entschädigung von 5 Millionen Pfund Sterling verurtheilte.

Aladscha Dagh, der Berg, an dem Grossfürst Michael im russisch-türkischen Kriege (15. Okt. 1877) die Türken unter Mukhtar Pascha schlug.

Alai heissen in der Türkei die Schwadronen bezw. Bataillone.

Alands Inseln. Die Hauptinsel Aland wurde von den Russen 1835 befestigt. S. Bomarsund.

Alarmbatterien wurden in Festungen oder befestigten Stellungen hier und da zum Alarmiren benutzt.

Alarmhaus s. Alarmquartiere.

Alarm. Im Felde darf beim Vorposten-Gros ausser A. kein Spiel gerührt oder Signal gegeben werden. Erkennt der Posten in der Postenlinie, dass Gefahr im Verzuge ist, so schiesst er zum A. mehrere Male. In Ortsunterkünften wird zum A. „das Ganze" geblasen mit dem Alarmsignal der Waffe; die Tambours schlagen Generalmarsch. Den Befehl ertheilt der Orts-Kommandant, nur bei schwebender Gefahr kann jede Wache bezw. jeder Offizier alarmiren. Unter Umständen empfiehlt es sich, die Truppe einer Ortschaft durch stillen A. zu sammeln; hierzu ist Vorbereitung nöthig. Beim Alarm sammeln sich alle Truppen auf den A.-Plätzen in voller Ausrüstung.

Im Biwak hängt bei der Inf. etc. jeder Mann sein Gepäck um und eilt zu den Gewehren (Helm auf!), Fahrzeuge werden bespannt; Kav. sattelt, sitzt auf und begiebt sich zum A.-Platze; Art. sattelt, schirrt und bespannt. Aussenwachen warten auf Befehl oder gehen gegen den Feind vor; Innenwachen bleiben, ordnen das Biwack, verladen und folgen nach.

Alarmquartiere. In grösseren Orten, ebenso in der Nähe des Feindes, werden nach Bedarf Truppentheile in erhöhter Bereitschaft gehalten, indem sie in dazu geeigneten Häusern oder Gehöften (Alarmhäuser) vereinigt werden.

Sind Ueberfälle zu besorgen, so müssen nöthigenfalls die Mannschaften sämmtlich in der Nacht in A. behalten werden, in denen einige Leute wachen und Licht gebrannt wird.

Alarmplätze sind die für die Truppen vorherbestimmten Plätze für den Fall der Alarmirung. Bei Ortsunterkunft müssen die A. möglichst in der Mitte der Belegungsgruppen liegen.

Der A. der Artillerie ist der Geschützpark. Auch werden bezw. Alarm-Sammelplätze bestimmt, auf welchen grössere Truppenverbände sich sammeln.

Alarmsignale sind die sichtbaren oder hörbaren Mittel, durch welche die Truppen alarmirt werden. In erster Linie gehören dahin die regiementarisch festgesetzten Trommel- und Horn-Zeichen. Zur Alarmirung grösserer, nicht auf einem Lagerplatze vereinigter Körper oder wenn ganze Werke, Flussläufe etc. alarmirt werden sollen: Schüsse von Batterien, Läuten der Glocken, Entzünden von Rauch-, bei Nacht von Leucht-Fanalen, Signal-Raketen, Anbrennen hochliegender Gebäude u. dergl.

A la suite. Offiziere, die à la suite (z. B. General à l. s.) eines Fürsten stehen, haben eine ähnliche Funktion wie die Adjutanten. S. Kaiserliches Hauptquartier. Ferner stehen höhere Befehlhaber, auch fürstliche Personen häufig ehrenthalber à l. s. eines Regiments. Offiziere, die höhere Chargen bekleiden und noch nicht General sind, auch solche, die dauernd abkommandirt sind, werden à l. s. ihres Truppentheils gestellt. Auch solche, die ihre Güter übernehmen wollen, aber noch nicht definitiv sich entscheiden können, werden gewöhnlich auf ein Jahr à l. s. gestellt (und beziehen während der Zeit kein Gehalt).

Offiziere à l. s., die Etatsstellen nicht innehaben, empfangen Gehalt nur, wenn dies ausdrücklich bestimmt ist. Die ohne Gehalt beurlaubten Offiz. à l. s. sind auch nach Ablauf des Urlaubs bis zu einer neuen im Wege der Gesuchslisten zu beantragenden Allerhöchsten Entscheidung als weiter beurlaubt zu behandeln. Scheiden dieselben sodann aus dem Dienst, so wird ihnen ein weiteres Gehalt (Gnadengehalt) nicht gezahlt.

Alava, d', spanischer General (1771—1843). Ursprünglich Seeoffizier, machte er 1811 die Feldzüge in Spanien im Stabe Wellingtons mit und zeichnete sich bei der Erstürmung Victorias aus, führte später ein unstetes Leben, da er sich den Revolutionen in Spanien anschloss.

Alba von Toledo, Herzog von, (1508—1582). Er zeichnete sich schon 1542 bei der Vertheidigung von Perpignan aus, war Anstifter ungerechter und grausamer Massregeln schon im schmalkaldischen Kriege. 1552 vor Metz musste er von der Belagerung abstehen. Mit Erfolg operirte er 1556 und 1557 gegen den Papst Paul IV. Er befleckte seinen Namen durch seine Massnahmen in den Niederlanden; als Feldherr geschickt. 1572 erhoben sich die Geusen und ihnen nach das ganze Land. Wenn sie auch anfangs keinen Erfolg hatten, ermüdeten sie die spanische Krone, die 1573 A. zurückrief. Später rettete er noch einmal den spanischen Thron gegen eine Revolution. A. liebte nicht grosse glänzende Schlachten, sondern suchte seine Gegner durch fortwährende kleine Schläge lahm zu legen.

Albedinski (1827—1883), russ. General-Adj. u. Gen. d. Kav. Ein Vertrauensmann des russischen Zaren Alexander II.

Albemarle, Earl of, engl. Gen. (1799—1891). Einer der letzten Mitkämpfer von Waterloo.

Albert, König von Sachsen. Geboren 1828, trat 1843 in die Armee und machte 1849 als Hauptmann der Artillerie im Stabe des Oberbefehlshabers der deutschen Reichstruppen, General-Lieutenants von Prittwitz, den Feldzug gegen Dänemark. besonders den Sturm auf Düppel, mit Auszeichnung mit, sodass Friedrich Wilhelm IV. ihm schon damals den Orden pour le mérite verlieh. 1857 Chef des 1. Reiter-Regiments.

Im Jahre 1866 führte der Kronprinz das sächsische Korps in der Schlacht bei Königgrätz, in den Kämpfen bei Przim und Problus, unvergängliche Lorbeeren sammelnd.

Die Führung des Kronprinzen A. im Kriege 1870/71 gehört der Weltgeschichte an. Ihm wurde im August auch der Oberbefehl über die 4. (Maas-) Armee übertragen, mit welcher, nachdem die Sachsen bei Roncourt und St. Privat Schulter an Schulter mit der preussischen Garde sich glänzend geschlagen hatten, er den berühmten Rechtsabmarsch nach Sedan einleitete, indem seine Armee gewissermassen das Pivot bildete, um welches die Schwenkung sich vollzog.

Die Schlachten bei Beaumont und Sedan waren die glänzendsten Mark- und Schlusssteine dieser Bewegung.

Nach dem Kriege wurde der Kronprinz zum General-Inspecteur der 1. deutschen Armee-Inspektion und bald darauf, am 11. Juli 1871, zum General-Feldmarschall ernannt. Das Fort Nr. 7 bei Strassburg im Elsass erhielt 1873 den Namen „Fort Kronprinz von Sachsen". Als er den Thron des Königreichs Sachsen 1873 bestieg, legte er seine militärischen Aemter nieder. König Albert ist zur Führung einer der deutschen Armeen bestimmt.

Albertville (in Savoyen). Wie die beiliegende Uebersichtskarte zeigt (s. auch Befestigungen), hat Frankreich grosse Aufmerksamkeit auf den Schutz der italienischen Grenze gelenkt und dort fast jeden Pass von irgend welcher Bedeutung durch Forts gesperrt.

Besonders ist es die Bahn durch den Mont Cénis (s. dort auch Grenoble), die durch die stärksten Befestigungen geschützt ist. Allein auch die Nebenthäler, die durch Pässe zugänglich sind (s. auch Briançon), haben starke Festungsanlagen erhalten, wie Albertville, das Bahnhaupt einer Zweigbahn, die sich an der Isère von der Mont Cénis-Bahn abzweigt. In Albertville gabeln sich die Strassen; rechts hinauf ins Tarantaisethal führt die Hauptstrasse, nach Norden eine Seitenstrasse geringerer Bedeutung die über Ugines nach Genf führt

Das Tarantaisethal wird durch das starke Fort du Mont und die Batterien bei Constans (Vorstadt von Albertville) beherrscht. Das Fort hat als Vorposten zwei feste Blockhäuser du Ladelet und des Têtes.

Das nach Ugines führende Thal ist durch das starke Werk Fort Villard Dessous und die Batterie Lançon geschützt, zwischen denen die kleine Batterie des Granges am Château Vieux liegt. Bei Ugines selbst liegt noch das Fort Lestal. Man hofft so mit wenig Mitteln diese Seitenthäler beherrschen zu können. Die Vertheidigung des Abschnittes liegt im Bereiche des 14. Korps (Lyon) und sind zur Besatzung von Albertville im Frieden bestimmt: das 22. Jägerbataillon und die 1. Batterie des 11. Fuss-Artillerie-Bataillons. Plan s. nächste Seite.

Albignac, Graf, frz. Marschall, diente unter Condé, bei den Oestr. in der Armee Napoleons, dann unter Jérôme von Westfalen als Kriegsminister, vernichtete 1809 das Schill'sche Korps in Stralsund, machte im Dienste Frankreichs den Feldzug 1812 als Generalstabschef St. Cyr's mit, diente später den Bourbonen und war schliesslich Gouverneur der Schule von St. Cyr.

Albori, Eugen, öster. F.-M.-L., Kommandant des 1. Korps und kom. General in Krakau, ent-

Albertville.

wickelte im Feldzuge 1878 eine hervorragende Thätigkeit.

Albrecht Friedrich Rudolf, Erzherzog von Oesterreich, geb. 1817, gest. 1895, Feldmarschall und General-Inspektor des k. u. k. Heeres, trat 1830 als Oberst in das Infant.-Regmt. Nr. 13, 1839 in das 4. Kürrass.-Regmt. und stieg 1845 bis zum kommand. General von Ober- und Niederösterreich auf, zog sich den Hass der Revolutionspartei zu. Er legte 1848 das Kommando nieder. Unter Radetzky in Italien wieder aktiv, erwarb sich der E.-H. in dem Angriffe auf Mortara das Theresienkreuz. Im Feldzuge 1866 erwarb er sich als Feldherr der österreich. Süd-Armee Lorbeeren, indem er die übermächtige italienische Armee bei Custozza den 24. Juni vollständig auf das Haupt schlug. Der deutsche Kaiser ernannte den E.-H. zum General-F.-M. des deutschen Heeres.

A. suchte nach jeder Hinsicht die österr.-ungar. Armee auf den ersten Stand zu heben. Sein gastfreies Zelt war in den Tagen der Manöver der Sammelpunkt aller militärischen Grössen und der Mittelpunkt, von dem aus der Fortschritt der Armee sich sichtbar ausbreitete. Sein Andenken gehört der Geschichte an!

Albrecht, Prinz von Preussen. Prinzregent von Braunschweig, Preuss. Gen.-Feldmarschall. Geboren 1837. 1847 Secondelieutenant im 1. Garde-Reg. z. F., 1854 Premier-Lieutenant, 1857 Hauptmann. 1860 Major, im folgenden Jahre Oberst und 1862 Commandeur des 1. Garde-Dragoner-Regiments.

Den Krieg gegen Dänemark machte er im Hauptquartier des Prinzen Friedrich Karl mit. Der Prinz führte 1866 die 1. Garde-Kav.-Brig., im Kriege gegen Frankreich 1870 die 1. und 2. Garde-Kavallerie-Brigade und nahm an den Schlachten bei Beaumont, Sedan und der Einschliessung von Paris regen Antheil.

Ende Dezember stiess er mit beiden Brigaden zur Armee, folgte dann mit dem VIII. Armee-Korps dem französischen General Faidherbe, nahm an den Kämpfen bei Bapaume theil und führte danach die 3. Reserve-Division in den Kämpfen bei Amiens.

Nach dem Kriege erhielt er den Befehl über die 20. Division, wurde im nächsten Jahre zum kommandirenden General des X. Korps ernannt, 1881 Chef des Füsilier-Regimentes No. 75, welches seit 1889 den Namen „Füsilier-Regiment General-Feldmarschall Prinz Albrecht von Preussen No. 75 führt. 1888 wurde der Prinz zum General-Feldmarschall ernannt, und 1890 à la suite des Dragoner-Reg. Prinz Albrecht v. Preussen No. 1 gestellt.

Albrecht, Prinz von Preussen (4./10. 1809 bis 14./10. 1872), ein Kavallerist vom Kopf bis zur Zehe, führte, jüngeren Führern in vornehmer Gesinnung sich freiwillig unterordnend, im Feldzug 1866 das zur Armee des Kronprinzen gehörende Kavallerie-Corps, ebenso die 4. Kavallerie-Division im französischen Feldzuge. Mit ihm starb einer der beliebtesten Führer in der preussischen Armee. Das Drag.-Reg. Prinz A. v. Preussen (Litthauisches) No. 1 trägt den Namen des unerschrockenen Hohenzollern.

Albrecht, Kasimir, Herzog von Sachsen-Teschen (1738—1822) spielte, nachdem er den 7jähr. Krieg mitgemacht, eine Rolle in den Kriegen in den Niederlanden und als Oberfeldherr im Koalitionskriege 1794, ohne jedoch Hervorragendes geleistet zu haben. Er hatte die einzige Tochter Maria Theresia zur Gattin.

Albrechtsorden, sächs., gestiftet vom Könige Friedrich August II. im Jahre 1850.

Albreda, kleine Festung an der Mündung des Gambia (W.-Afrika) in englischem Besitz.

Albuera, Dorf südlich Badajoz. Sieg der Engländer über die Franzosen unter Soult, 16./5. 1811.

Alcantara-Orden wurde als Ritter-Orden für den Kampf gegen die Mauren gegründet. 1874 mit neuen Statuten versehen.

Alcolea in Andalusien. Dort siegten 1808 die Franzosen unter Dupont über die Spanier unter Echevarria, und dort wurde 1868 durch den Sieg Terranos über die königlichen Truppen die Regierung der Königin Isabella gestürzt.

Aldenhoven zwischen Aachen und Jülich gelegen. Gefecht 1./3. 1793. Hier that sich besonders der noch jugendliche E.-H. Karl hervor, indem er, als Kommandant der Avantgarde Koburgs, die französ. Vortruppen Dumouriez's schlug; dagegen siegte hier den 2./11. 94 Jourdan gegen die Oesterreicher unter Clerfait.

Aldershot, stehendes Feldlager der Engländer, welches zur Zeit des Krimmkrieges errichtet wurde. Es liegt 70—80 Km. südwestlich von London. Dort finden die bekannten Oster-Manöver der Freiwilligen und Milizen statt.

Aldringen, Graf (1591—1634), ein Führer im 30jähr. Kriege, der unter Tilly, Wallenstein und Colatto focht. Früher Wallensteins Vertrauter war er einer der ersten, der ihn verliess.

Alençon. Bei der Verfolgung der Franzosen nach der Schlacht von Le Mans kam es südlich von A. zwischen der 22. Division und den französischen Heerestrümmern am 15./1. 71 zu einem hartnäckigen Gefechte, dem letzten hier im Süden.

Alessandria, am Tanaro in Ober-Italien, wurde 1522 vom Herzog Pforza. 1707 von Prinz Eugen erobert, 1713 von Oesterreich an Savoyen abgetreten u. 1799 vom russischen General Suwarow eingenommen. Jetzt italienische Festung ersten Ranges.

Alexander-Newsky-Orden durch Ukas (1855) wurde bestimmt, dass der Orden auch für Verdienste im Felde verliehen und durch gekreuzte Schwerter geziert werde.

Alexander-Orden. Ein bulgarischer Orden für Kriegsverdienste ist vom Fürsten Alexander 1881 gestiftet worden. 1888 wurde er durch den Fürsten Ferdinand erweitert. Er hat die Form eines Sternes und wird am rothen Bande getragen. Die ersten 4 Klassen sind von Gold, die 2. u. 3. Klasse haben eine Krone mit flatterndem Bande über dem Stern; die 5. Klasse ist von Silber.

Alexander, Prinz von Hessen (1823—1888). 1843 zum russischen Generalmajor befördert, erwarb gegen die Tscherkessen 1845 das Georgenkreuz. 1852 trat er in das österreichische Heer, zeichnete sich 1859, namentlich im Gefecht von Montebello aus. Der Feldzug 1866 nöthigte den Prinzen an die Spitze des 8. Bundes-Armee-Corps zu treten und, unter dem Oberbefehl des Prinzen Carl von Bayern, den Feldzug gegen die preussische Mainarmee zu führen. Damit opferte er seinen wohlerworbenen Kriegsruhm einer Sache, deren Unhaltbarkeit er vollkommen erkannt hatte.

Alexander Battenberg (1857—1893). machte 1877 den russ.-türk. Krieg im Hauptquartier Alexander II. mit und ward dann preuss. Gardeoffizier. 1879 wurde A. von der bulgar. Nationalversammlung zum Fürsten gewählt. Im Jahre 1885 siegte A. in den glänzenden Offensiv-Gefechten bei Slivniza — am 17., 18. und 19./11. — gegen die Serben. Russland nöthigte ihn, dem Throne zu entsagen. Er nahm den Namen „Graf Hartenau" an, trat als Oberst in österreichische Dienste und starb 1893.

Alexandria spielte in der alten Kriegsgeschichte eine bedeutende Rolle. 1882 fand die Beschiessung

Alexandrias durch die englische Flotte statt. S. Aegypten.

Alexandropol, Festung im russischen Armenien.

Alexinac, befestigte Stadt in Serbien an der Morava, an der Operat.-Linie Nisch-Sofia. Basispunkt der serb. Offensive nach der Bulgarei. Hartnäckige Kämpfe der Serben gegen die Türken 1876.

Algerien. 1830 von Frankreich erobert. 1832 Widerstand Ab del Kaders, der bis 1847 dauerte, als letzterer vom Sultan Abd ur Rahmann gefangen und an Frankreich ausgeliefert wurde. Dort in den Kämpfen machten sich die französ. Generale Bugeaud, Bedeau, Herzog von Aumale, Lamoricière. Cavaignac, Changarnier, Pelissier, Bosquet u. A. einen Namen. 1871 fanden neue Erhebungen der Araber statt, durch Chanzy unterdrückt. 1881 stellte Saussier bei neuen Aufständen die Ruhe wieder her; mit der Annexion von Tunis erst scheint Algeriens Besitz für Frankreich gesichert.

Algesiras. Dort 6. u. 11./7. 1801 Seetreffen zwischen der englischen und französischen Flotte, wobei im ersten die Franzosen, im letzten die Engländer siegten.

Algier. Dort steht der Stab des 19. französischen Armee-Korps, dem die Truppen der Provinzen Algier, Oran und Constantine unterstehen. Die Division Algier besteht aus 2 Rgt. und 2 Bat. Infanterie, 3 Rgt. Kavallerie und 4 Batterien mit den nöthigen Nebenwaffen.

Ali. Zur Zeit der Kalifen zeichneten sich Männer dieses Namens vielfach aus. Unter neueren Kriegsleuten dieses Namens seien genannt: 1. Ali Pascha von Janina (1741—1822) schwang sich Anfang dieses Jahrhunderts zum Herrscher von Albanien auf. 1822 wurde er geschlagen und Janina erobert. Er wurde niedergehauen.

2. Ali Bey (1728—1773) eroberte 1768 Mekka und Syrien; vertrieben nahm er 1772 Antiochia, Jerusalem und Jaffa und drang in Aegypten ein, wurde aber 1773 bei Salalich geschlagen, und starb bald in der Gefangenschaft.

Alicante, eine spanische Festung und Hafen. In dem spanischen Erbfolgekriege wurde 1709 die Zitadelle mit dem englischen Kommandanten in die Luft gesprengt. 1812 wurde es im Laufe des Befreiungskrieges von den Franzosen belagert. 1873 vertheidigte sich A. gegen die Zentralregierung von Madrid, unterwarf sich aber und wurde deswegen von der aufständigen Flotte bombardirt, zum Theil mit Sprenggranaten. Weitere Ausschreitungen wurden auch durch das Eingreifen der deutschen Marine verhindert.

Alignement heisst die Lage eines Punktes in der Verlängerung einer Linie. Alignement nehmen bedeutet militärisch daher, sich auf eine gegebene Linie einrichten; im A. bleiben, also in der Verlängerung einer (taktischen oder strategischen) Linie bleiben.

Ali Mehmed, türk. General (in Magdeburg geboren), führte 1875 in Bosnien das Kommando, kommandirte im türk.-serb. Kriege im Distrikt Novibazar, 1877—78 am Lom. Es gelang A. im August die Russen zum Rückzuge über den Kerra-Lom zu zwingen; am 21. September warfen die Russen aber die Türken in ihre frühere Stellung zurück. Dieser Misserfolg machte der türk. Offensive auf lange ein Ende.

Alimentiren (veraltet) heisst im militärischen Sinne mit Lebensmitteln versorgen.

Al Katif, Festung am persischen Golfe.

Allard, Jean, napoleonischer Offizier, bereiste 1815 Aegypten und Persien und organisirte sodann als Oberbefehlshaber die Armee von Lahore nach europäischen Mustern.

Allemand, Fritz, L', Schlachtenmaler, s. L'A.

Allenstein. Dort stehen die Stäbe der 3. Inf. und 2. Kav.-Brigade; das Gren.-Regt. König Friedrich II. (3. Ostpr.) No. 4; Drag.-Regt. König Albert von Sachsen (Ostpr.) No. 10; 2. Abth. Westpr. Feldart.-Regt. No. 16; Bez.-Kom.; Filiale d. Art.-Dep. in Königsberg i. Pr.; Prov.-Amt; Garnison-Verwaltung u. Lazareth. 2. Servisklasse.

Allerchristlichster König, einst Titel der Könige von Frankreich.

Allerdurchlauchtigster Kaiser und König, Anrede an die deutschen Monarchen.

Allergetreuester Sohn der Kirche, Titel der Könige von Portugal.

Allerheim bei Nördlingen, Schlacht 3./8. 1645 Verlust der Aliirten 3000 Mann, 2000 Gefangene, grösster Theil der Artillerie.

Allerheim am Ries, 9 km von Nördlingen in Bayern. Dort war die Schlacht im 30jährigen Kriege, in der Merry fiel, als die Franzosen über die Bayern siegten (3./8. 1645).

Allgemeine Militär-Zeitung erscheint in Darmstadt (Zernin).

Allerhöchste Gnaden-Unterstützungen und Gnaden-Pensionen können gewährt werden:
1. Aus dem Allerhöchsten Dispositionsfonds bei der Militär-Pensionskasse — für Offizierswittwen, für Hinterbliebene verstorbener aktiver Offiziere, Sanitätsoffiziere und oberer Heeresbeamten, Karenzunterstützungen und zu Pflege- und Erziehungsbeihülfen. — Immediatgesuch erforderlich.
2. Aus dem Kaiserlichen Dispositionsfonds bei der Reichs-Hauptkasse und beim Reichs-Invalidenfonds. Anträge an das Invaliden-Departement.

Von Gnaden-Unterstützungen kann der Gnadenmonat nicht gewährt werden, wohl aber von Gnaden-Pensionen.

Allgemeines Kriegs-Departement im Kriegsministerium. Es zerfällt in 7 Abtheilungen: 1. Armee-Abtheil, 2. Infant.-Abtheil., 3. Kavall.-Abtheil., 4. Feldart.-Abtheil., 5. Fussart.-Abtheil., 6. Festungs-Abtheil., 7. Technische Abtheil. S. d.

Allgemeine Wehrpflicht s. Wehrpflicht.

Alma, der Fluss nahe Sebastopol in der Krim, an welchem die bei Eupatoria gelandeten verbündeten Türken, Engländer und Franzosen, (unter Raglan bezw. St. Arnaud) die Russen unter Menschikoff schlugen. 20. 9. 52.

Almada, kleine Festung am Tajo, gegenüber von Lissabon.

Almanza. In der Ebene von A. siegten (25./4. 1707) die Spanier und Franzosen unter Berwick über die verbündeten Britten, Portugiesen und Holländer.

Almeida, eine starke Festung in Portugal. Sie wurde von den Spaniern 1762 erobert, aber wieder abgetreten. 1810 übergab der englische General Fox die Festung an General Massena.

1811 siegte Wellington dort über letzteren in zweitägigem Kampfe.

Almeida, Don Francesco de, (1450—1510) war ein berühmter portugiesischer Seeheld.

Almenara, siegreiches Treffen der Oesterreicher 27. Juli 1710. Feindlicher Verlust: Todt oder verwundet 600 Mann, gefangen 1 General, 21 Offiziere, 300 Mann.

Almeria, spanische halb verfallene Festung gegenüber der afrikanischen Küste.

Almonacid, am Tajo in Neu-Kastilien. Hier siegten die Franzosen (11./8. 1809) unter König Joseph über die Spanier.

Almonde, van, niederländischer Admiral (1646—1711). Ein Zeitgenosse de Ruyters, den er 1672 in der Seeschlacht bei Soulsby aus Gefahr zu befreien vermochte. Er wurde nach mancherlei Kämpfen Nachfolger de Ruyters und schlug als solcher 1692 die französche Flotte unter Touville bei Cap la Hogue; er zeichnete sich auch im spanischen Erbfolgekriege aus.

Alpen-Artillerie s. Gebirgs-Artillerie.

Alpenjäger. Diese Truppe ist in den Staaten zu finden, die viel gebirgiges Gelände besitzen. Auf dem Continent haben Oesterreich-Ungarn, Frankreich und Italien solche Truppen, die durch Bekleidung und Ausrüstung sich für den Krieg im Hochgebirge eignen, statt der fahrbaren Geschütze, Gebirgsgeschütze (s. daselbst) auf Maulthieren mit sich führen und statt der Trainfahrzeuge ebenfalls von Saumthieren zum Befördern der Lasten begleitet werden.

Oesterreich-Ungarn hat keine Alpenjäger sondern wie Deutschland Feldjäger-Bataillone und zwar vom 1—32, und nur ein, das sogenannte Tiroler Jäger-Regiment, welches 10 Feldbataillone (1—10) zählt und zwei Ersatzbataillone hat. Jedes Feldbataillon hat 4 Feldkompagnien, die Ersatzbataillone 5 Ersatzkompagnien; vertritt nach jeder Seite hin eine Alpenjäger-Truppe. Die Bataillone sind im Felde 913 Mann stark. Die Trains der Bataillone bestehen aus 6 zweispännigen Wagen, die im Falle eines Gebirgskrieges durch Tragthiere ersetzt werden.

Die Franzosen haben seit 1888 12 Jäger-Bataillone (beim 14. und 15. Armeekorps), die die Bezeichnung „chasseurs dits de montagne" führen. (23 Gebirgsbatterien sind verfügbar.)

Die Italiener haben die „Alpinis", d. h. Alpenjäger-Kompagnien, die, weil sie den Dienst an der Grenze haben, schon im Frieden auf vollem Kriegsetat sich befinden. Sie rekrutiren sich nur aus den Gebirgsbewohnern und sind nach einstimmigem Urtheil für den Dienst sehr befähigt und gut durchgebildet. Sie tragen Hut mit aufrechtstehender Feder, dunkelblauen Waffenrock mit weissen Knöpfen und rothen Besätzen, schwarze Kragenpatten mit weissem Stern, blaugraue Beinkleider.

Es sind vorhanden: 6 Alpen-Regimenter, in Bataillone und 72 Kompagnien à 135 Mann getheilt.

Alpenkompagnien s. Alpenjäger.

Alphabetisches Sachregister. Der Wehr- und Heer-Ordnung ist bei Mittler (Berlin) zu haben und erleichtert das Aufsuchen der Paragraphen.

Alsen, die preussische Insel am Kl. Belt, berühmt durch den Uebergang der preussischer Truppen am 29. Juni 1864.

General v. Herwarth und das I. Korps wurde mit dem kühnen Unternehmen betraut. Aus je 2 Pontons wurden Fahrmaschinen gebaut. Zum Uebersetzen wurden noch die Pontonierkompagnien des 2., 4. und 5 Bataillons nach Sundewitt befördert. Die Kähne wurden in 3 Kolonnen nach Blans und Satrupholz gebracht. Die Batterien wurden armirt, bezw. neu erbaut. Alle im Rudern geübten Leute (640 Mann) wurden aus den Divisionen herausgezogen. Der Uebergang sollte von Satrupholz her ausgeführt werden. Rolf Krake ankerte in den letzten Tagen am nördlichen Ausgange des Alsen-Sundes. In der Nacht zum 28. wurden noch 5 Batterien gebaut und mit 12- bezw. 24-Pfündern armirt.

Auf dänischer Seite waren im Sunde 70 See-Minen gelegt; ferner Schützengräben längs der Küste und Einschnitte für 65 Geschütze erbaut worden. Besonders hatte man sich bei der Kjarwig verschanzt. Die Uebergangspunkte waren (s. Plan): A. B. C. D.

Das Wetter in der Nacht war hell und der Sund ruhig.

Der Uebergang (29. Juni 2 Uhr früh). Die 2. Staffel A und B erreichten schon um 2½ Uhr das Ufer von Alsen.

Um diese Zeit erschien auch der Rolf Krake, schoss aber nur auf 1200 m einige unwirksame Schüsse.

General v. Manstein liess gegen 4 Uhr die beiden Brigaden auf beiden Seiten der Strasse nach Rönhof vorgehen. Bei der Wegnahme des Dorfes wurden viele Gefangene gemacht. Dann erfolgte der Vormarsch nach Kjär.

Hier und südlich des Gehölzes der „Grossen Moose" fand man hartnäckigen Widerstand, indem jetzt die dänischen Reserven einzugreifen begannen.

Die Angriffe der Dänen wurden unter grossen Verlusten derselben zurückgeworfen.

General Steinmann befahl gegen 6 Uhr den Rückzug, zu dessen Sicherung General Kaufmann, der bei Bagmoose gekämpft hatte, eine Stellung zwischen Augustenburg und Sundsmark nehmen musste.

Da auf Sonderburg auch vom Brückenkopf aus mit Gewehr- und Geschützfeuer gewirkt wurde, so war der Widerstand der Dänen dort bald gebrochen, und um 6 Uhr die Stadt genommen. Während General von Goeben hier beschäftigt war, versuchten die Brigaden von Röder mit der eingetroffenen Division v. Wintzingerode die Dänen auf der Insel abzuschneiden und gingen deshalb letztere auf Ulkebüll und Wollerup, erstere an der Westküste entlang auf Hörup vor, doch waren die Dänen so schnell wie möglich und rechtzeitig nach der Halbinsel Kekenis geflohen.

So war die Insel etwas nach 9 Uhr völlig in den Händen der Preussen: dis sämmtlichen nicht gefangenen Dänen hatten sich auf Kekenis zurückgezogen, wohin auch die Transport-Dampfer bestellt worden waren.

Am 1. Juli beendeten die Dänen die Einschiffung der Truppen nach Fünen.

Alsenkreuz, ein Kreuz aus Bronze, das alle diejenigen erhielten, die an der Waffenthat am 29. Juni 1864 betheiligt waren. S. Alsen.

Alt-Breisach. St. der 1. B., 1., 2. und 3. Komp. Bad. Fussart.-Reg. No. 14. 3. Servisklasse.

Alt-Bunzlau. Dort Gefecht im 7jährigen Kriege am 3./5. 1757.

Alten, Graf von, (1764—1840) er zeichnete sich als Führer in der englisch-deutschen Legion 1808—1809 in Portugal und Spanien aus; focht 1811 und 12 unter Wellington und erhielt 1814 den Befehl über die hannover'schen Truppen in den Niederlanden und befehligte die 3. Division in den Schlachten bei Quatre-Bras und Waterloo, wo er schwer verwundet wurde; wurde später Kriegs- und Staatsminister in Hannover.

Altenburg. St. 1. u. 4. Bat. 7. Thür. Inf.-

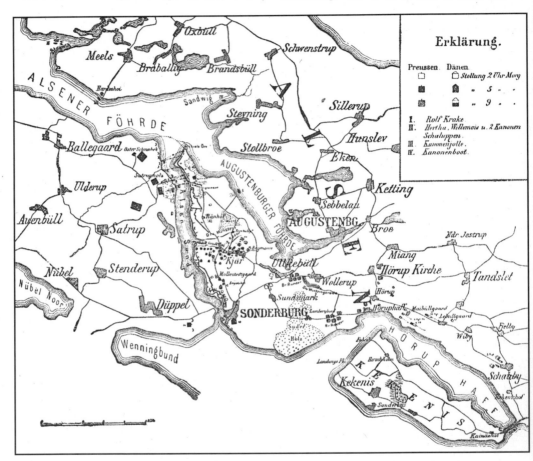

Plan zum Uebergang nach Alsen, am 29. Juli 1864.

Regts. No. 96; Bez.-Kom.; Garn.-Verw. u. Lazareth. 2. Servisklasse. Das oben genannte Rgt. No. 96 rekrutirt nach besonderer Bestimmung (II. O. § 2) aus dem Herzogthum Sachsen-Altenburg u. d. Fürstenthümern Schwarzb.-Rudolstadt, Reuss ält. u. j. Linie. 4. Serv.-Kl.

Altenkirchen. Dort siegten 4./6. 1796 die Franzosen unter Kleber über die Oesterreicher unter Prinz Ferdinand von Würtemberg; dagegen am 19./9. schlug umgekehrt der öster. Erzherzog Karl die Franzosen, die Jourdan kommandirte.

Altenheim, siegr. Schlacht der Oester. 1./8. 1675. Feindl. Verl.: 4 Gen. todt, 7 verw., 3000 M., 14 Standarten, 5 Fahn., 2 Pauken.

Altenzaun. Dort fand am 26. Okt. 1806 ein Gefecht statt, in welchem Oberst von York beim Rückzuge den Elbübergang für das Corps des Herzogs von Sachsen-Weimar gegen Marschall Soult deckte.

Alter. Bei moralischer und körperlicher Befähigung können in Deutschland und in Oest.-Ung. jeder männliche Staatsangehörige mit dem vollendeten 17. Lebensjahre in die Armee eintreten. Die Verpflichtung zum Eintritt in die Armee beginnt vom 1. Januar des Jahres, in welchem der „Stellungspflichtige das 21. Lebensjahr vollendete und dauert 3 Jahre, die Wehrpflicht währt bis zum Beginne des 46. Lebensjahres. Jeder Einjähr.-Freiwillige muss sich bis zum 1. Februar des Jahres melden, in dem er das 20. Lebensjahr vollendet, wenn er nicht die Berechtigung verlieren will; es ist ihm aber die Wahl des Jahres für den einjährigen Präsenzdienst gestattet, der Aufschub ist jedoch nicht über das 24. Lebensjahr zulässig. Bei Bestrafungen nimmt das deutsche Mil.-Straf-Ges. keine Rücksicht auf das Alter, das öster.-ung. Straf-Ges. enthält diese Bestimmungen in ihrer Schärfe nicht.

Altersgrenze. Sie soll dienen zur Verjüngung der Armee; wir finden sie heute in republikanischen Armeen, z. B. Frankreich. Dort wird der Marschallstab nur noch im Kriege verliehen, es giebt deshalb als höchster Rang, selbst des kommandirenden General, nur den des géneral de division. Derselbe General darf nur drei Jahre an der Spitze eines Armee-Korps bleiben, und muss dann wieder eine Division übernehmen. Da die Ernennung der kom. Generale nicht nach der Ancienetät erfolgt, so ist dem Nepotismus Thor und Thüre geöffnet. Die Altersgrenze für die Offiziere ist das 65. Lebensjahr, nur ausnahmsweise kann das 70. abgewartet werden. Frkr. kann daher keinen Blücher, Moltke, Steinmetz haben.

Altersunterschied der Eheleute wenn er mehr als 15 Jahre beträgt, hat die Kürzung des Wittwengeldes um je $^1/_{20}$ zur Folge, ist aber ohne Einfluss auf das Waisengeld.

Althan, Graf, österr. Feldmarschall (1574-1638), zeichnete sich in den Türkenkriegen aus u. galt als geschickter Staatsmann.

Altona. Dort stehen Gen.-Kom. IX. Armee-Korps. Stäbe der 33. Inf.-, 18. Kav.- und 9. Feld-Art.-Brig; Kommandtr.; Inf.-Rgt. 1. Thür. Graf Bose No. 31; 4. Abth. Holst. Feld.-Art.-Rgts. No. 24; Bez.-Kom. I u. II Altona; Prov.-Amt; Garn.-Verw. u. Lazareth. Servisklasse A.

Aluminium - Bronze enthält 8—11 Prozent Aluminium. Die Legirung hat etwa 50 kg Zerreissfestigkeit, ist hart und verändert sich wenig in der Luft etc. Da die A. auch gegen Druck viel Festigkeit zeigt, so wird sie heute als die beste Bronze angesehen, da ihre Haltbarkeit zwischen der des Stahles und Schmiedeeisens liegt. Spez.-Gewicht 7,26.

Aluminium = Al. Kommt mit Sauerstoff verbunden als Bestandtheil vieler Gesteine und Mineralien vor; silberweisses Metall, sehr geschmeidig, lässt sich zu Draht ziehen, in Blech walzen und mit den verschiedensten Werkzeugen bearbeiten. Wegen seines geringen Gewichts wird es, um die Belastung des Soldaten zu verringern, zu Kochgeschirren und Feldflaschen verwandt, ebenso als A.-Bronze (Legirung von Kupfer und A.) zu Helmbeschlägen. Die Festigkeit des A. ist gering; Bruchgrenze im gewalzten Zustand = 13 kg auf das qmm. Die Dichte beträgt, nach den Bestimmungen von Neuhausen. gegossen: 2,64, gewalzt: 2,68, gezogen: 2,70. Der früher sehr hohe Preis ist durch die neuere elektrolytische Darstellung (Neuhausen) wesentlich ermässigt worden. Versuche, Patronenhülsen und ähnliche stark beanspruchte Gegenstände aus A.-Legierungen herzustellen, haben bisher noch kein günstiges Ergebniss gehabt. Das Abfärben des A. und seine Empfindlichkeit gegen chemische Einflüsse wird durch eine von Prof. Dr. Göttig erfundene Beize beseitigt, welche einen bräunlichen Ueberzug von ähnlichem Aussehen wie japan. Bronze bildet, der nicht abfärbt, das A. widerstandsfähiger macht und gegen Regen- und anderes salzfreies Wasser unempfindlich ist.

Alvarez ist der berühmte tapfere Vertheidiger der kleinen Festung Gerona 1809 gegen die Franzosen. Er wurde nach dem Sturm der Festung wahrscheinlich von seinen Feinden erdrosselt.

Alvensleben, von, 1. Johann (1778—1831), zuletzt Komdr. der 2. Garde-Div. zeichnete sich besonders in den Feldzügen 1813/14 aus.

2. Gebhard (1798—1867), war General der Kavallerie.

3. Hermann (1798—1866) führte im Kriege gegen Oesterreich die Garde-Kavallerie-Division.

4. Gustav, preuss. Gen. d. Inf. (1803-81). Eintritt ins Alex.-Rgt. 1866 im Kgl. Hauptquartier. 1870 führte er das 4. A.-K. bei Beaumont, Sedan u. vor Paris. (Orden p. l. m. m. Dotation.)

5. Konstantin, preuss. Gen. d. Inf. (1809-92). Eintritt ins Alex.-Rgt. Kämpfte 1849 in Dresden. Im Kr.-Min. 1860. 1866 führte er 2. Garde-Inf.-Brig. (Orden p. l. m.), 1870 führte er d. 3. Korps, von Metz bis Le Mans, unvergänglicher Ruhm bei Vionville-Mars la Tour erworben (Eichenlaub z. O. p. l. m.). Rgt. No. 52 führt seinen Namen. ebenso ein Fort bei Metz. 1892 Schwarzer A.-O. Bewährter Rathgeber (auch in pol. Dingen) des Königs Wilhelm I.

6. Gustav, 1827 zu Rathenow geboren, machte als Generalstabs-Offiz. der Garde-Division den Feldzug 1864 mit, gerieth gleich im Beginn in ein Faustgefecht mit einer dänischen Patrouille. 1870/71. Er galt als tüchtiger Kavallerieführer. Zuletzt war er komdr. General des 13. (Württg.) Armee-Korps

Alvinczy, Frhr., öster. F.-M. (1735-1810). Im 7 jähr. Kr. zeichnete er sich aus, Theresienkreuz beim Ueberfall bei Habelschwerdt. Im Türkenkriege focht er unter Laudon, zeichnete sich in den Koalitionskriege 1794 aus. Der Entsatz von Charleroi brachte ihm das Grosskreuz des Th.-Ordens. Napoleon war ihm ein zu mächtiger Gegner, so dass er in dem Feldzuge in Italien, wenn auch rühmlich, so doch erfolglos kämpfte.

Amand St. Am 6. Januar 1871 wurde die Abth. des Generals Baumgarth (57er u. 2. Kav.-Brig., so wie die 6. Kav.-Div.) südlich St. A. angegriffen. Herzog Wilh. von Mecklenburg, der das Kommando übernommen hatte, liess missverständlich St. A. ohne Widerstand räumen, dasselbe wurde auf Befehl des Prinzen Friedrich Karl am 7. Januar durch die 19. Division wieder genommen.

Amanvillers war eines der Dörfer, um die die Schlacht bei Gravelotte (18./8. 70) wüthete; A. lag zwischen dem 9. preuss. Korps v. Manstein und dem 4. franz. Korps L'Admirault. Die Franzosen nennen hier und da die Schlacht von Gravelotte nach jenem Orte. (S. Gravelotte.)

Amazonen. Ein mystisches kriegerisches Heer, das sich aus Frauen rekrutirte. Eine Nachahmung hat der König von Dahome gegen die Franzosen ins Feld geführt 1893/94.

Amberg. Hier siegte 24./8. 1796 Erzherzog Karl von Oesterreich über Jourdan.

Ambos des Zündhütchens, ein Theil der Zündglocke, die in der Mitte des Bodens der Patronenhülse liegt. Er enthält zwei Zündöffnungen, durch welche der Zündstrahl in das Innere der Hülse dringt.

Amherst, Lord, (1717—1797) that sich in den

Kriegen Englands in Kanada hervor und ist als eigentlicher Begründer dieser Kolonie anzusehen. Er starb allseitig geehrt und wurde zum Peer und Feldmarschall ernannt.

Amidpulver, Bezeichnung für die Ammonsalpeter (Salpetersaures Ammoniak oder Ammoniumnitrat = $(H_4 N) N O_3$) enthaltende Pulverarten, bei deren Verbrennung sich ein aus Kalium, Stickstoff und Wasserstoff zusammengesetzter Körper, das Kaliumamid, bildet, welches flüchtig und bei hoher Wärme explosiv ist, so dass sie die Kraftäusserung des Pulvers steigert. In diesen Pulversorten ist der Kalisalpeter zum Theil durch Ammonsalpeter ersetzt, was eine Verzögerung der Verbrennung, aber den Nachtheil der grösseren Feuchtigkeitsanziehung zur Folge hat (s. auch Ammonpulver); in Geschützladungen bedürfen die A. einer Beiladung (s. d.).

Amiens, Schlacht bei A. (27./11. 1870). Im Norden Frankreichs hatten Truppen-Ansammlungen stattgefunden, die Mitte November sich fühlbar machten und die deutsche Heeresleitung veranlassten, auch im Norden eine besondere Armee zu bilden. Diese Aufgabe fiel dem General v. Manteuffel zu, welcher Verfügung über das 8. Korps und die 3. Brig. des 1. Korps hatte.

Als das I. Korps auf Amiens über die Lure vorging, erhielt es bei den Dörfern Gentelles und Cachy lebhaftes Feuer. Die Versuche, welche der Feind machte, vorzugehen, wurden aber abgewehrt. Trotz dieses Erfolges auf dem rechten Flügel der Deutschen wurde die Lage in der Front immer schwieriger. Dem VIII. Korps wurde daher Befehl gegeben, sich mehr nach Osten heranzuziehen und auf die Höhen vorzugehen. Den herbeigeeilten Geschützen, die auf ihren Protzen eine Kompagnie des Regiments Kronprinz mitführten, gelang es, den Feind aus dem Holz von Hangard zurückzutreiben.

In der Front wechselte indess der Erfolg noch immer hin und her; selbst Gentelles blieb bis zur Nacht im Besitz der Franzosen.

Auf dem linken Flügel wurde der Ruinenberg westlich Boves gestürmt und damit das Dorf genommen, während die Franzosen in eiliger Flucht nach Amiens liefen. Die Preussen verfolgten bis gegen Cagny.

Auf dem äussersten linken Flügel ging die 16. Division vor, griff das stark besetzte Hébecourt an, dessen Besatzung sich in den Wald nördlich des Ortes zurückzog. Von allen Seiten angegriffen, räumte sie jedoch auch diesen nach kurzem Kampfe. Die Deutschen verloren 1300, die Franzosen 2500 Mann (1000 Gefangene).

Als am 28./11. Gen. v. Manteuffel die Schlacht erneuern wollte, fand sich, dass die Stellung vom Feinde verlassen und die Somme vom Feinde überschritten sei, da die völlige Niederlage des linken Flügels seine Stellung unhaltbar gemacht hatte. Der Rückzug geschah auf Arras zu. Die Zitadelle von Amiens, deren Uebergabe anfänglich verweigert wurde, kapitulirte am 29.

Plan von A. siehe Seite 21.

Amirante, romanische Form für Admiral.

Ammoniakpulver, ein Sprengstoff, zur Klasse der Dynamite gehörig, besteht aus Nitroglycerin und Ammoniumnitrat (Salpetersaures Ammoniak, Ammonsalpeter) und Kohle.

Ammonpulver, rauchschwaches Pulver, für die Schnellfeuerkanonen der österreichisch-ungarischen Flotte zur Einführung gelangt, besteht für die 47 mm und 7 cm Schnellfeuerkanone aus 85 % Ammonsalpeter und 15 % Kohle, für das 12 und 15 cm Kaliber aus 37 % Ammonsalpeter, 49 % Kalisalpeter und 14 % Kohle. Es wird in Form von Hohlcylindern verwendet, die man aus dem feingekörnten Pulver presst. A. besitzt grosse Unempfindlichkeit gegen Stoss, Schlag, Reibung und Erschütterung, daher Anfertigung, Handhabung und Aufbewahrung ungefährlich. Die träge Entzündlichkeit macht eine Beiladung (s. d.) erforderlich. Die durch das Ammoniumnitrat bedingte Eigenschaft, begierig Feuchtigkeit aus der Luft anzuziehen, verlangt Aufbewahrung und Versandt in luftdichten Packgefässen und Verwendung in Metallkartuschen oder sonstigen luftdichten Kartuschhülsen. Bei freiem Luftzutritt verdirbt A. ohne sich chemisch zu zersetzen. Die Verbrennung erfolgt unter kurzer Flamme und dünner Raucherscheinung von bläulicher Farbe, die nur in der Nähe wahrzunehmen ist; Rückstand gering und leicht zu entfernen.

Amnestie, Straferlass; wird meist gebraucht bei politischen grösseren Straferlassen.

Ampfing. Sieg des Erzherzogs Johann von Oesterreich über die Franzosen, 1. Dez. 1800.

Amputation darf nur mit Einwilligung des Kranken vorgenommen werden.

Amt. Das Mil.-Straf-G.-B. für das Deutsche Reich sagt § 145: „Eine Person des Soldatenstandes, welche bei einem ihr übertragenen Geschäfte der Heeres- oder Marine-Verwaltung eine Handlung begeht, welche im Sinne der allgemeinen Strafgesetze ein Verbrechen oder ein Vergehen im Amte darstellt, ist nach den in jenen Gesetzen für Beamte gegebenen Bestimmungen zu bestrafen." — Es sind dies auch die Bestimmungen des d. St.-G.-B.

Amulets sind in älteren und neueren Heeren gebräuchliche Talismane, die vor Verwundung und Tod schützen sollen. Das Unwesen blühte besonders im Mittelalter. Aberglaubische Soldaten — wie viele Franzosen — tragen es heute noch.

Amusetten. Eine Art von Regiments- bezw. Bataillonsgeschützen kleinen Kalibers, theils durch Mannschaften, theils von Pferden gezogen. Seit der Mitte des vorigen Jahrhunderts fast in allen Armeen eingeführt, haben sie sich in einzelnen Heeren bis in die erste Hälfte dieses Jahrhunderts gehalten.

Abbildung s. Seite 22.

Anaklija war eine russische Festung am Schwarzen Meere, die im Laufe des Krimkriegs 1855 zerstört wurde.

Anamaboe, englisches Fort an der Goldküste Neu-Guineas.

Anapa, russische Hafenstadt an dem Schwarzen Meere, spielte früher als Festung eine Rolle. Die Franzosen befestigten die Stadt, als sie noch türkisch war 1784 gegen die Russen, und mannigfache Kämpfe spielten sich um dieselbe ab, bis sie 1828 endgültig von den Russen erobert, erweitert und zum Stapelplatz für Kriegszwecke gemacht wurde. 1855 aber zerstörten die Russen die exponirt liegende Festung selbst.

Anbinden. Im Heere eine Strafe nur im Felde, wenn keine Gelegenheit zur Vollstreckung strenger

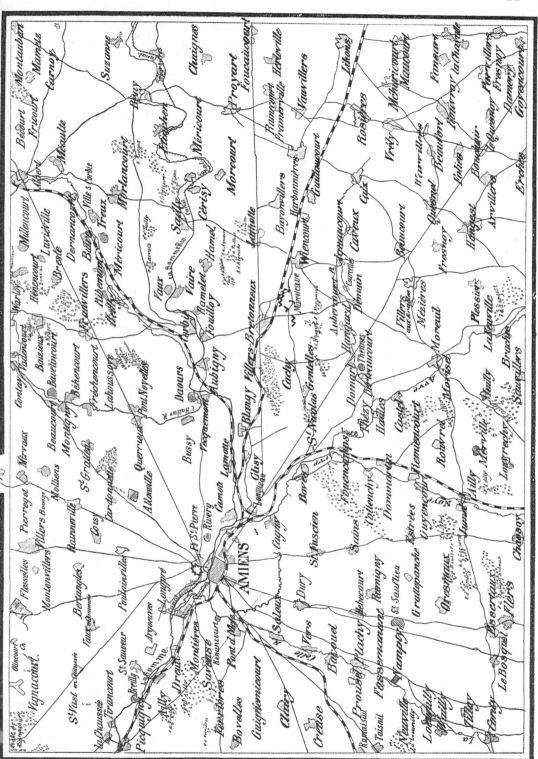

Plan der Schlacht bei Amiens am 27./11. 1870.

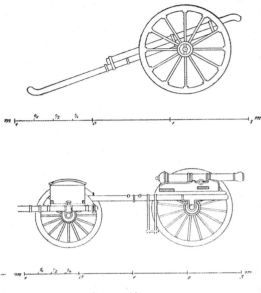

Amusetten.

Arreststrafen vorhanden ist. Zweistündig entspricht dem strengen Arrest von 24 Stunden.

Anciennetät, Dienstalter. Innerhalb der Grade der Offiziere wird der Rang durch die Anciennetät, d. h. die in Deutschland durch die Patente, in Oesterr. durch die Allerh. Entschliessung geregelte Reihenfolge bestimmt. Charakterisirte Offiziere stehen allen Offizieren nach, welche ein Patent ihrer Charge besitzen, gehen aber allen Off. niederen Grades vor. Dieser Grundsatz wird jedoch durch einzelne Bestimmungen eingeschränkt, so dass z. B. Brigade- über Regts.-Kommandeure etc. das Kommando selbst dann führen, wenn letztere älteres Patent haben.

Ancona. Einschliessung und Geschützkampf 24. Mai bis 18. Juni 1849, Flotten-Rekognoscirung 27. Juli 1866. — Den 29. Septbr. 1860 ward Lamoricière in A. mit der päpstl. Armee nach zweitägigem Bombardement von den Piemontesen zur Kapitulation gezwungen.

Andelnans, Gefecht am 13. Dezbr. 1870.

Andernach. Dort steht vorläufig die 4. Batt. 2. Rhein. Feld-Art.-Regt. 23 und Bez.-Kom. 4. Servisklasse.

An der Göhrde. Gefecht 2./5. 1814. (S. Göhrde.)

An der Hallue. (S. Hallue.) Schlacht vom 23.—24. Dzbr. 1870.

Andreas-Orden, St., ist ein russ. Militär-Orden, den Zar Peter I. 1698 für Auszeichnung im Türkenkriege und im Kampfe gegen die Strelitzen gestiftet. Der Orden verleiht den Rang als General-Lieutenant. Seit 1855 auch mit gekreuzten Schwertern getragen. Die Dekoration besteht aus himmelblauem grossem Ordensband mit Kette. Das Kreuz ist blau, goldbordirt, darauf der gekreuzigte St. Andreas; an den 4 Enden die Buchstaben S. A. P. R. (Sanctus Andreas patronus Russiae.)

Andujar in Andalusien. Dort Gefechte (18. und 20./7. 1808) zwischen den Spaniern und den Franzosen unter Dupont.

Anfangsladung s. Beiladung.

Anfangsgeschwindigkeit der Geschosse. Geschwindigkeit, welche das Geschoss beim Verlassen der Mündung (daher auch Mündungsgeschwindigkeit) besitzt, ausgedrückt durch die Länge des Weges (in m), den das Geschoss in einer Sekunde zurücklegen würde, wenn es seine Geschwindigkeit unvermindert beibehielte. Je grösser die A., desto gestreckter (bei genügender Querdichte des Geschosses) die Flugbahn, desto grösser die Schussweite, desto stetiger die Drehungsachse und desto geringer die Einwirkung störender Einflüsse. Die A. hängt ab: 1. Von dem Ladungsverhältniss (Pulvergewicht zum Geschossgewicht); 2. Von der Art der Kraftäusserung des Pulvers; 3. Von der Beschaffenheit der Seele der Waffe und zwar von der Grösse des anfänglichen Verbrennungsraumes, der Länge des Führungstheils und der Beschaffenheit der Seelenwände (Querschnitt und Drall der Züge); 4. Von der Beschaffenheit des Geschosses (Gewicht und Führung). Die Fluggeschwindigkeit misst man in einem bestimmten Abstand von der Mündung mit dem Flugzeitenmesser (Chronographen) und ermittelt daraus durch Rechnung die Mündungsgeschwindigkeit. Die A. beträgt bei Gewehren 600—800, bei Feldgeschützen 400—500, bei Schnellfeuerkanonen bis zu 800 und mehr m.

Anfeuerung, eine leicht entzündliche Masse, mit welcher brennbare (Feuerwerks-) Körper überzogen werden, um die Aufnahme der Entzündung zu sichern. Man verwendet trockene und nasse Anfeuerung. Sie besteht aus Mehlpulver, das als nasse A. in Spiritus und Klebestoff aufgelöst wird. Die trockene A. wird aufgepresst, die nasse aufgestrichen.

Angel ist der obere Theil der Klinge, der in den Griff reicht und dort vernietet wird. Sie wird aus weichem Eisen an die Klinge geschweisst.

Angeli, öst. Oberst, langjähriger Mitarbeiter des Bureaus für Kriegsgeschichte, angesehener Historiograph.

Angermünde. Dort stehen 3. Bat. Inf.-Rgt. Gen.-Feldmarschall Pr. Friedr. Karl v. Pr. (8. Brand.) No. 64; Garn.-Laz. 3. Servisklasse. A. wurde 1631 von den Schweden erstürmt.

Angers in Anjou. Dort 18./9. 1793 Sieg der Royalisten unter Charette gegen die Republikaner unter Kleber.

Angespann. Art der Bespannung bei den Feldfahrzeugen. Nach Art und Bestimmung des Fahrzeugs verschieden. Grundsätze: Geringe Breite und Tiefe zur besseren Beweglichkeit im Gelände und zur günstigeren Ausnutzung der Zugkraft, möglichste Entlastung der Stangenpferde, Möglichkeit schnellen Ab- und Anspannens. Abgesehen von einspännigen Karren sind die Feldfahrzeuge mit zwei bis sechs Pferden bespannt, meist zwei nebeneinander. Die Feldgeschütze der grösseren europäischen Heere haben, bis auf das mit vier Pferden bespannte leichte italienische Feldgeschütz (7,5 cm), sämmtlich sechs Zugpferde. Die an der Deichsel oder Stange gehenden Pferde heissen Stangen-, die vorn gehenden Vorder- und die zwischen beiden gehenden Mittelpferde. Jedes linke Pferd heisst Sattel-, jedes rechte Handpferd. (Auf ersterem reitet gegebenenfalls der Fahrer.) Die Stangenpferde ziehen an einer Hinterbracke und tragen entweder die Deichsel vermittelst Steuerketten (Baiancirsystem — Deutschland) oder mit einem Targehorn (Unabhängigkeitssystem — Frankreich) oder das Stangenhandpferd geht in einer Gabeldeichsel (England). Im ersteren Falle ziehen die Vorder- und Mittelpferde an einer an der Deichselspitze befindlichen Vorderbracke und verhindern dadurch das heftige Schlagen der Deichsel. bei dem Unabhängigkeitssystem ist es möglich, die Vorder- und Mittelpferde an den Tauen der Stangenpferde anzuspannen. Die Vorderpferde ziehen entweder an den Tauen der Mittelpferde, oder sind mit langen Tauen an derselben Stelle (Vorderbracke), wie die Mittelpferde angespannt (Deutschland). Zu Stangenpferden wählt man die kräftigsten, zu Vorderpferden die grössten und gewandtesten, zu Mittelpferden die weniger brauchbaren Thiere.

Angriffswaffen sind die blanken Waffen, die man wieder in Hiebwaffen, Stichwaffen und Waffen für Hieb- und Stich, Handfeuerwaffen und Geschütze einteilt.

Angra Pequena. Guter Hafen in unserer Westafrikanischen Kolonie. Faktorei Lüderitz 1883 gegründet; war der Anfang zur ersten deutschen Kolonie 1884.

Angriff oder Offensive. Der Endzweck alles Kämpfens ist, die Streitmacht des Feindes unbrauchbar zu machen (Angriff) oder sich des Unbrauchbargemachtwerdens zu erwehren (Vertheidigung). Der Angriff vernichtet, um zu vernichten, ohne Grenzen. Die Vertheidigung vernichtet, um nicht selbst vernichtet zu werden, und wird Angriff, sobald sie den Gegner schwächer gemacht hat, als sie selbst ist.

Angreifen kann daher nur der, der moralisch oder numerisch oder physisch einen Ueberschus an Stosskraft hat.

Daher kann von einem Siege nicht die Rede sein, wenn sie sich nicht durch schliesslichen Angriff bethätigt.

Der Angriff hat, abgesehen von diesem allgemeinen Begriff den unschätzbaren Werth, dass er politisch, strategisch, taktisch, moralisch Alles mit sich fortreisst; drum hat es keinen Feldherrn ersten Ranges gegeben, der zur Defensiv-Kriegführung angelegt war, und alle Prophezeiungen bei jeder neuen technischen Verbesserung der Feuerwaffen, dass die Offensive ihre Rolle nunmehr ausgespielt habe, sind stets von Stürmen der Wirklichkeit als Rauch verweht. (Näheres v. Scherff, Lehre von der Truppenverwendung.)

Jeder Angriff, selbst ein misslungener, zählt in der Summe der Erfolge, die sich aus den einzelnen Thaten zusammensetzt, die geschehen sind. So haben die misslungenen Reiter-Attacken bei Mars la Tour und der scheinbar vergebliche Nachtangriff des 2. Korps bei Gravelotte auf das Schlussdrama bei Metz entscheidend gewirkt, weil sie beide grossen moralischen Eindruck auf die Truppen Bazaines machten.

Der Angriff hat die grossen Vortheile der Initiative der Zeit und des Raumes, der Ueberraschung in Bezug auf den Beginn und den Einbruchsort.

Angriff auf befestigte Stellungen. Dazu giebt es keine Rezepte. Das Sicherste bleibt, solche Stellungen strategisch oder taktisch zu umgehen. Für den Angriffsakt: wenn er nicht zu umgehen ist, sind folgende Grundlagen massgebend:

Die Macht des Angriffes liegt in seiner moralischen Wirkung; diese steigert sich mit der Dauer (Continuität) der Durchführung, sie wächst im Brande des Gefechtes in geometrischer Progression mit der Dauer und Hartnäckigkeit desselben, bis zuletzt Minuten genügen, um die Erschütterung des Gegners und dessen Auflösung zu erzeugen.

Die neueste Kriegsgeschichte lehrt wiederholt, dass oft nur ein letztes, zuversichtliches Auftreten in der schwersten Krisis des Kampfes genügt, um den Wagen über den Berggipfel zu bringen, von dem er dann oft mit dem Gegner zugleich den jenseitigen Abhang hinunterrollt.

Sobald aber ein Angriff innehält, sei es früher oder später, giebt er meist alles wieder verloren, was er soeben an Ueberkraft gewonnen hatte. Er muss bei erneutem Ansatze gewissermassen die ganze Kette moralischer Steigerungen von vorn beginnen, weil der Vertheidiger das sittliche Gleichgewicht, die Ruhe und eine Art Vertrauen wiedergewonnen hat.

Der Führer des Angriffes muss daher sich vor Allem hüten, versuchsweise Anläufe machen zu wollen, sondern von vornherein — wie alle grossenFeldherren, die dieses gethan — den Angriff mit der festen Absicht unternehmen, Alles dran und drauf zu setzen, das letzte Endziel mit dem ersten Sturm zu erreichen. Ein kleinster Impuls (wie das Ergreifen einer Fahne der verwirrten Bataillone, als bei Aspern die Schlacht schon verloren schien, seitens des Erzherzogs Karl, und dadurch erwirkte Wiederbelebung des Muthes der erschöpften Truppen) trägt, wie diesem tapferen Führer, sehr häufig den Sieg ein.

Die Durchführung des Angriffs muss eben dem Ernste der Anlage entsprechen.

Eine Feuerüberlegenheit ist anzustreben. Nebel, Nacht, Dämmerungen u. s. w. sind auszunutzen.

Angriff auf Festungen. Dieser ist in ein neues Stadium getreten, seit die Nachbarn ihre Grenzen mit Festungen und Forts verbaut und deshalb den Angreifer gezwungen haben, erst durch diese Grenzlinie eine Oeffung zu stossen, ehe man weiter marschiren kann, da ohne Bahnverbindung nach rückwärts die strategischen Operationen gefährlich werden können — auch in Hinblick auf Verpflegung. Deshalb wird man suchen, diese Bauten so schnell wie möglich zu nehmen und sind zu diesem Zwecke in allen Armeen mobile Belagerungstrains ausgeschieden und vorgesehen worden.

Wie dieser Angriff auf Festungen geschieht, ist von Umständen abhängig; seine Dauer wird einzeln gelegenen Forts gegenüber auf den Zeitraum von 3—8 Tagen beschränkt sein.

Die Festungen, die man nicht mit gewaltsamen Mitteln bezwingen kann, wird man förmlich belagern müssen und sind die hierzu erforderlichen Vorbereitungen und Durchführungen in dem Artikel „Förmliche Belagerungen" zu finden.

Angriffsfront heisst diejenige Front einer geschlossenen Festung bezw. stärkeren Befestigung, gegen die der Belagerer den förmlichen Angriff ansetzen will. Die Wahl derselben ist eine der wichtigsten Vorarbeiten jedes grösseren Festungsangriffes, weil ein Versehen in dieser Hinsicht sich straft, ja bis zum Misslingen der Belagerung führen kann.

Auf die Wahl der A. haben folgende Umstände Einfluss: 1. Die Art der anzugreifenden Werke, 2. die Gestalt des Vorgeländes, 3. die Anmarschlinien bezw. Bahnhäuser oder die Möglichkeit der Anlage von Ortsbahnen oder sonstiger Annäherungswege, 4. die Anlage der Parks, 5. die Möglichkeit gedeckt in die Angriffsstellung zu gelangen.

Anhalt, Grafen und Herren von, waren im 7jährigen Kriege hervorragende Offiziere.

1. Leopold. Fürst von Anhalt-Dessau (der alte Dessauer genannt) (1676—1747), nahm als preussischer Oberst an der Eroberung von Namur theil, zeichnete sich als preuss. General 1702, 1703 und 1704 am Rhein, bei Kaiserswörth und Höchstädt besonders aus, that sich 1706 mit seinen Preussen bei Cassano hervor, focht 1707 unter Eugen in Südfrankreich, führte 1709 den Oberbefehl in den Niederlanden, wurde 1712 Feldmarschall und eroberte 1715 Rügen und Stralsund gegen Karl XII., siegte 1745 bei Neustadt, Jägerndorf und Neustadtl in Oberschlesien.

2. Wilhelm (1722—60), fiel als Flügel-Adj. Friedrich des Grossen bei Torgau.

3. Leopold (1729—95), starb hoch betagt als General der Infanterie und Ritter des Schwarzen Adler-Ordens.

4. Gustav (1730—57), fiel bei Breslau.

5. Friedrich (1732—94), Flügeladjutant des Königs, erhielt den Orden pour le mérite bei Zorndorf. Er starb in Petersburg.

6. Albrecht (1735—1802), Generalmajor. Das Geschlecht ist 1823 ausgestorben.

7. Anhalt, von; unehelicher Sohn des Erbprinzen v. A. (1734—1801), wurde bei Torgau geadelt, 1765 Generalquartiermeister, 1768 Generaladjutant, hat sich grosse Verdienste um die Organisation des Heeres erworben.

Anhöhe s. Vertheidigung und Stellung.

Anilin s Diphenylamin.

Anker. Die Schiffsanker und Taue halten beim Brückenbau die Pontons in ihrer Lage. Bei schwachströmenden Flussläufen sind ober- und unterstrom gleichviel A. erforderlich, da der Wind die Brücke auf und ab treibt. Bei stark fliessenden Gewässern sind nur einige A. unterstrom nöthig, um Manöver mit den Brücken unternehmen, sie auch bei heftigem Sturm regieren zu können.

Strauchwerk. Ferner verankert man die Körbe, Hürden, auch Bretterwände, welche man gegen Erdböschungen bzw. Brustwehren legt, auch Holzkreuze, die man vermittelst Draht oder Strauchbänder mit dem zu Haltenden verbindet. Die Kreuze werden im Boden festgestampft, hier und da auch noch besonders verpfählt.

Bei Mauern legt man starke Eisenanker ein, die die gefährdeten Wände mit dem Hauptbau, oder mit ihresgleichen verbinden.

Ankerbremse (bèche d'essieu). Ein unter dem Vordertheil der Lafette hängendes Grabscheit, in dessen Zugstange zugleich Federn eingeschaltet sind, die durch den Rücklauf gespannt werden und das Geschütz wieder nach vorn ziehen sollen; vor dem Sporn (s. d.) hat die A. namentlich den Vortheil, dass die Lafette günstiger beansprucht und Aenderungen der Seitenrichtung weniger erschwert werden. Eine Art A. ist neuerdings bei den russischen Feldlafetten eingeführt worden.

Ankjer (1820—1892). Dänischer General-Lt. Derselbe war 1864 Generalstabs-Chef beim nordjütischen Korps.

Anklam. Dort befinden sich eine Kriegs-Schule und ein Bez.-Kom. 3. Servisklasse.

Anlage nennt man den Grad des Abfalles von Erdböschungen im Befestigungsbau. „Ganze Anlage" ist ein Abfall von 45°, in der Grundlinie gleich Höhe ist. Bei „halber Anlage" ist die Grundlinie halb, bei „Viertel-Anlage" den 4. Theil so gross als die Höhe. Bei „doppelter" oder „dreifacher Anlage" ist die Grundlinie 2 bzw. 3 mal so gross als die Höhe.

Unter A. versteht man auch die jeder Felddienstübung zu Grunde liegende, die Kriegslage vertretende Annahme.

Anlauf des Rades ist bei den Fahrzeugen der Spielraum der Nabe zwischen der Stoss- und Rohrscheibe. Zur Verringerung des A. dienen Lederringe, welche in die Stoss- bezw. Rohrscheiben eingelegt werden.

A. heisst auch der letzte Akt des Angriffes, der Einbruch in die feindliche Stellung mit dem Bajonett.

Anlauffarben. Aeussere Kennzeichen verschiedener Härten des künstlich gehärteten Stahls. Das Härten geschieht durch Erhitzen des Stahls und Abkühlen in Wasser, Bleibad, Sand u. a., worauf die verschiedene Härtegrade durch Anlassen, d. h. abermaliges Erwärmen bis zum Eintritt einer bestimmten A. erzielt werden. Der Reihenfolge der Härtegrade vom höheren zum niedrigeren entsprechen die Farben Gelb, Orange, Violett, Blau.

Anlehnung. In der Taktik der vergangenen Zeiten, in denen der sogenannte „Situations-Krieg" eine Rolle spielte, war auch die Sicherung der Flügel durch Geländebildungen eine der ersten Fürsorge der Aufstellung von Armeen, besonders in Vertheidigungsstellungen. Man sagte: der r. oder l. Flügel lehnt sich an den Sumpf, den Fluss, See, Abhang u. s. w. Auch heute kann eine solche A. augenblicklich von Werth sein, besonders wenn die A. eine solche Breitenausdehnung hat, dass das feindliche Feuer bedeutend geschwächt, und eine solche Tiefenausdehnung, dass jeder Flügelangriff als Umgehung wirkt.

Die heutige beweglichere Taktik (auch Strategie) und die Aufbietung grösserer Massen machen solche A. minder wichtig, da man solche feste Stellungen leichter ganz umgehen kann, auch die Vertheidigung beweglicher ist und sein muss, als ehedem. Man liebt deshalb die Flügel-A. durch Aufstellung und Bereithaltung anderer Truppen. Dies führt zur Treffen- und Reserve-Gliederung; und meist wird es Artillerie- oder Kavallerie sein, die die meist passive A. an das Gelände durch die aktive A. durch lebendige Kräfte ersetzt.

A. nennt man beim Reiten den Druck, den der Zügel auf die Hand des Reiters ausübt, andererseits die Fühlung, die dadurch das Pferd am Gebisse mit dem Reiter hat. Ist die A. richtig, so steht das Pferd am Zügel, kaut aus am Gebiss ab und schäumt. Wird die A. zu stark, so legt sich das Pferd auf, ist sie zu gering, so kriecht das Pferd hinter die Hand.

Anmeldeschein s. Meldeschein.

Anmeldung. Alle Offiziere, die sich bei Seiner Majestät melden wollen, haben sich bei den Kommandanten des Allerhöchsten Hoflagers spätestens bis zum vorhergehenden Mittag zu melden. (Berlin und Potsdam, regelmässig Dienstags und Sonnabends 1 Uhr.) S. auch Meldepflicht.

Anmusterung nennt man den mit Schiffern abgeschlossenen Heuervertrag.

Annaburg. Dort ist ein Mil.-Knaben-Erziehungs-Institut nebst Unteroffz.-Vorschule.

a) **Knabenschule.** Aufnahmefähig die Söhne zum Friedensstande gehöriger oder im akt. Dienste gestorbener Unteroffz. und Gemeinen; ferner die Söhne solcher Unteroffz. und Gemeinen, die mit Invaliden-Versorgung ausgeschieden oder nach 9jähr. Dienst zur Gensd. oder Schutzmannschaft übergetreten sind. Nicht unter 11 und über 12 Jahre alt. Aus einer Familie höchstens 2 Knaben. Angemeldeter muss wenigstens 10 Jahre alt sein. (Tauf-, Impf- und Gesundheits-Schein, Schulzeugniss, Familienverhältnisse des Knaben einreichen.) Michaelis Hauptaufnahmetermin.

b) **Unteroffizier-Vorschule**, die aus a sich meldenden Zöglinge. Die Angemeldeten unter a, die zu alt waren, auch andere Zöglinge. 5. ServiskIasse.

Annäherungs-Hindernisse. S. Hindernisse.

Annahme-Bedingungen für die Offizier-Laufbahn s. „Avantageure", für die verschiedenen Zweige der Militärverwaltung s. die betreffenden Artikel.

Annahmeschein. Die Freiwilligen, die ein Truppentheil angenommen hat, erhalten zum Ausweis den A. Ebenso erhalten die für eine Unteroffizierschule geprüften und angenommenen Zöglinge einen A. (W.-O.35, 85 und 87.)

Annam. Siehe Tonking.

Annenorden, geg. 1735 vom Herzog Karl Friedrich von Schleswig-Holstein-Gottorp zum Andenken an seine Gemahlin Herzogin Anna, wurde durch Kaiser Paul I. russischer Orden.

Annexion. Völlige Einverleibung eines anderen Staatstheiles in den eigenen Staatsverband. Der Ausdruck ist erst nach 1850 erstanden.

Annunziaten-Orden war ursprünglich ein Ritterorden, der um den Hals getragen wurde. Sein Stifter ist Graf Amadeus IV. von Savoyen. Erst 1518 wurde er vom Herzog Carl III. als der Verkündigung Mariä geweiht.

Ansuppung. S. Anstauung.

Anschiessen. Erprobung der Feuerwaffen durch den ersten Schiessgebrauch oder nach innerer Reparatur. Zweck: 1. Das Erkennen von Fehlern der Anfertigung bezw. des Werkstoffs, welche die Kriegsbrauchbarkeit in Frage stellen, und die bei nur äusserlicher Untersuchung nicht zu Tage treten. 2. Die Feststellung von Mängeln, welche die Trefffähigkeit beeinträchtigen. 3. Erste Prüfung des guten Zusammenwirkens der Verschluss- und Ladevorrichtungen. 4. Bei Handfeuerwaffen die Prüfung der Visire.

Auch bei der Erprobung von Lafetten und einzelnen Geschützrohrtheilen (Verschlüsse und Liderungen) sowie bei Prüfung der Widerstandsfähigkeit der Schusswaffen (Panzerplatten) gegen die Wirkung der Geschosse spricht man von A.

Anschiessen ist eine Probe, die jedes aus der Fabrik entstandene Gewehr (bezw. Geschütz) durchmachen muss, ehe solche verausgabt werden. Anwendung stärkster Ladung etc. wird dabei beobachtet. Es giebt darüber besondere Vorschriften, die von den Prüfungskommissionen gehandhabt werden müssen.

Bei den Truppen wird nach jeder Ausbesserung ein A. vorgenommen; zeigen sich Visirfehler, ist Büchsenmacher heranzuziehen. A. vom besten Schützen unter besten Bedingungen, auf 100 m. Schütze legt Sandsack auf Tisch, stützt die Ellenbogen auf und giebt 5 Schuss ab. Sitzen 4 im Rechteck, ist das Gewehr gut, sonst in die Fabrik.

Revolver-A. ähnlich; nur auf 20 m und 5 Treffer auf 5 Schuss.

Anschlag. Stellung des Mannes und Haltung des in die Schulter eingezogenen Gewehres in schussfertigem Zustande (s. a. Abkommen und Abkrümmen).

Anschlussbatterien. Batterien im Anschluss an die Kehllinie vorgeschobener Festungswerke. Infolge geringeren Aufzugs weniger sichtbar als die Werke selbst, sind sie die Haupt-Artilleriestellungen derselben, dem entsprechend Ausrüstung. A. im Frieden meist nur vorbereitet durch Herstellung des Walles mit Graben und der Schutzhohlräume. Der Ausbau der A. ist Sache der Armirung.

Ansetzen des Mineurs nennt man die erste Eröffnung einer neuen Gallerie.

Ansetzen der Ladung heisst das Vorschieben derselben in den Ladungsraum des Rohrs. Bei Handfeuerwaffen bedient man sich dazu der Hand oder der Verschlusseinrichtung, desgleichen bei Geschützen, welche mit Metallkartuschen feuern. Bei den übrigen Geschützen werden Geschoss und Kartusche mit einem Lader oder Geschosssetzer angesetzt. Das A. des Geschosses ist von Einfluss auf die Grösse des Verbrennungsraumes und somit auf die Flugbahn des Geschosses. Ungleichmässiges A. vermehrt die Streuungen.

Ansetzer (Geschosssetzer): kurzer Kolben zum Ansetzen des Geschosses und der Kartusche. Gehört zu dem Geschützzubehör.

Anson, Lord. Englischer Seeheld (1697 bis 1762). Er zeichnete sich als Führer eines Geschwaders aus, das (1740—44) nach mancherlei Unfällen Payta in Peru eroberte, und in den Philippinen eine kostbare Gallione der Spanier erbeutete. 1747 erfocht er an der Spitze einer grösseren Flotte bei Kap Finisterre einen grossen Sieg über die französische Flotte, und kommandirte später die Blokade von Brest.

Anspruch auf Reitpferde. (S. Pferdegelder u. Remonten.)

Anstalten. (S. betr. Artikel.)

Anstauungen im Felde sind nur in schmalen Thälern oder sonst günstigen Verhältnissen der

Ufer möglich. Die vorhandenen Wehre, Brücken etc. werden häufig zu diesem Zwecke benutzt. Eine A. ist erst völlig wirksam, wenn sie an der tiefsten Stelle, Mannstiefe erreicht, und wenn sie nicht abgelassen werden kann, als Stauwerk also unter Feuer gehalten wird. Aber auch geringere Tiefen genügen oft (sogenannte Ansuppungen), den Gegner vom Angriffe abzuhalten, da er nicht wissen kann, wie tief das Wasser in der Mitte der Ueberschwemmung ist.

Bei moorigem, sumpfigen Boden genügt oft eine kleine A., um das ohnehin schwer zugängliche Gelände fast ganz ungangbar zu machen. Diese Vorrichtung nennt man Ansumpfung.

Allgemein ist zu bemerken, dass man in vielen Fällen die Arbeit der A. unterschätzt; ob sie eine völlige Ungangbarkeit oder die geringeren Abarten bewirken soll, weil bei etwas steiler abfallenden Thälern die Wirkung des Staudammes nur geringe Breite haben und, wo bei breiten langsam fliessenden Läufen die Arbeit der Dammschüttung nur selten mit dem Nutzen derselben für die Vertheidigung in Einklang steht. Ein genaues Nivelliren und Ueberschlagen der Arbeit muss daher vorausgehen, ehe man an solche vielfach unnütze Arbeit herangeht.

Ansteckende Krankheiten sind, abgesehen von der Syphilis, die ärgsten Feinde der Armeen. Wenn es auch kein Mittel giebt, sie durchaus zu verhüten, so zeigt die Kriegsgeschichte, dass man ihr entgegentreten kann 1. durch geordnete Nahrung; 2. durch Reinlichkeit sowohl am Leibe der Soldaten wie in den Kantinen, den Aborten, Latrinen etc.; 3. durch Ortsveränderung, da die Lagerung auf demselben Raume die Ansteckungsstoffe vermehrt; 4. durch Lüftung etwa geschlossener Räume; 5. durch sofortige energische sanitätliche Massregeln. Die Sanitäts-Vorschriften aller europ. Armeen bestimmen Sonderung der mit a. K. Behafteten in besondere Unterkünfte. Besondere Stuben, Häuser, auch wohl Stationen, Baracken, Zelte, grosse Sorgfalt in Untersuchung, bezw. sogar Anlage von Beobachtungsstationen; bei grösseren Epidemien besonderes Wart- und Sanitätspersonal für die Kranken.

Anstellung auf Probezeit. Sie währt 6 Monate bis 1. Jahr. Während der A. auf P. ist den Militär-Anwärtern das Stelleneinkommen voll, während der Probedienstleistung wenigstens $^3/_4$ zu gewähren.

Anstellungsberechtigung. Offiziere.
1. Zur Gendarmerie: Ehrenwerth verabschiedete, höchstens Halbinvalide; völlig geeignete Offiziere können dazu sich melden. Gehalt 3000 bis 5100 M., Reisegebühren, Wohnungsgeldzuschuss, Rationen.
2. Zum Zivildienst: wird nur bei geordneten Vermögensverhältnissen ertheilt. Näheres darüber s. Litt.

Im Allg. ist für das deutsche Reich zu bemerken, dass ältere Offz., die als Stabsoffz. verabschiedet sind, besser thun, sich nicht erst um Civilanstellung zu bemühen, sondern versuchen müssen, sich irgend wie nützlich zu machen, oder ihre Talente und ihr Wissen zu verwerthen; für sie ist die Civilanstellungsberechtigung fast werthlos; die Unteroffiziere stehen sich in dieser Beziehung weit besser. Letztere s. Militäranwärter.

Anstellungs-Abtheilung im preuss. Kriegsministerium. Geschäftskreis: Anstellung inaktiver Offiziere und Mannschaften, Ueberweisung pens. Offiziere an die Postbehörde, Angel. d. Invalid.-Instit., Etatskapitel 84, Kriegervereine, Strafvollstreckung, Arbeiter-Abtheil., Milit.-Kirchenwesen, Milit.-Justiz, ehrengerichtl. Angel., Disziplinar-, Begnadigungs-, Auslieferungs-, Besteuerungs-, Heiraths-, Wahl-Angel., Stammlisten, Fahnen, Festversorgung.

Anstellungsbescheinigung. Dieselbe wird an Stelle des Civilversorgungsscheines verliehen, wenn die Führung zwar eine ehrliebende, aber nicht fortgesetzt gute war.

Anstellungsentschädigung ist auch für den Gnadenmonat zuständig, bleibt aber auf die Höhe des Wittwen- und Waisengeldes ohne Einfluss.

Anstiftung. Das deutsche Milit.-Straf-Ges. hat in den §§ 72, 107 und 109 besondere Strafverschärfungen für diejenigen, welche zu einem militärischen Verbrechen anstiften.

Antagonismus, Gegnerschaft. Es ist eine etwas herbere Färbung der Gegnerschaft.

Antibes, Legion von, war die im päpstlichen Dienste stehende, grösstentheils aus Franzosen gebildete Fremden-Legion. Sie wurde in der Hafenstadt Antibes gebildet.

Antietam, Nebenfluss des Potomac in Nord-Amerika. Hier fand eine Schlacht statt (17./9. 1862), die auch die bei Sharpsburg genannt wird. Als General Lee im September 1862 nach den erfolgreichen Schlägen in Virginien in Maryland einrücken wollte, trat ihm General Mc Clellan mit der Nord-Armee entgegen. Die blutige Schlacht blieb unentschieden. Da man sich im Norden eingebildet hatte, dass sie gewonnen sei, so wurde Mc Clellan abgesetzt, weil er Lee nicht verfolgte, wozu er eben nicht im Stande war.

Antimon kommt selten gediegen, häufiger in Verbindung mit Schwefel und auch mit Sauerstoff vor. Das reine Metall ist silberweiss, glänzend und körnig gebaut, hart, spröde und leicht zu zerkleinern. Dichte 6,71, Schmelzpunkt 425° C. In der Waffentechnik dient es zur Erhöhung der Härte von Zinn und Blei (Hartblei). A.sulfid oder Schwefela. wird als Zusatz zu Leucht- und Zündmassen gebraucht.

Anträge. Anträge auf Gewährung:
1. Von Darlehen aus der Offiziers-Darlehnskasse sind durch Vermittelung der Regimentskommandeure oder der entsprechenden Vorgesetzten an das Zentral-Departement des Kriegsministeriums zu richten. (s. O.U.V.)
2. der Gnadengebührnisse verstorbener Offiziere, Mannschaften, Beamten, an deren zuletzt vorgesetzten Dienstbehörde;
3. des Gnadenmonats der Militärpensionäre — mit Ausnahme pensionirter Beamter — an die Regierung, aus deren Hauptkasse die Pension zuletzt gezahlt wurde, in den Reichslanden an das Kaiserliche Ministerium für Elsass-Lothringen, im Grossherzogthum Baden an die Königliche Intendantur des XIV. Armeekorps in Karlsruhe.
4. der gesetzlichen Beihülfen für Hinterbliebene aus dem Kriegsverhältniss: von Offizieren und Aerzten der Feldarmee beim Preussi-

schen Kriegsministerium, Departement für das Invaliden-Wesen; von Mannschaften vom Feldwebel abwärts: in Preussen und Reichsland bei den Ortsbehörden etc., in den übrigen Bundesstaaten bei dem betreffenden Landesministerium, in Berlin beim Polizei-Präsidium;

5. von Wittwen- und Waisengeld: für die Hinterbliebenen der im aktiven Dienst verstorbenen Offiziere, Aerzte und Beamte durch deren vorgesetzte Dienststelle, für diejenigen von Pensions- und Wartegeldempfängern wie zu 3, für solche Pensions- etc. Empfänger, welche ihre Gebührnisse aus der Militär-Pensionskasse Berlin erhielten, an das Kriegsministerium, Unterstützungsabtheilung;

6. von Betriebs-Unfallrenten für Militärpersonen auf dem Dienstwege an das Generalkommando, für Hinterbliebene an die Kriegs-Intendantur;

7. von Unterstützung von Familien einberufener Mannschaften an die Ortsbehörde des gewöhnlichen Aufenthaltsortes des Berechtigten;

8. von Unterstützung an Invalide aus den Kriegen von 1870 und deren Hinterbliebene an die unter 4 bezeichneten Stellen;

9. sonstiger Unterstützungen an Seine Majestät den Kaiser und König — oder Kriegsministerium, Unterstützung-Abtheilung.

(Näheres Buhrke — Mittler.)

Antwerpen. In neuerer Zeit wurde Antwerpen durch General Brialmont durch Werke moderner Art befestigt und galten die dort errichteten Bauwerke bis 1870 für Muster neuerer Befestigung. Die Befestigungen bestanden in einer fortlaufenden Befestigungsenceinte und nur wenig vorgeschobenen Forts, die bei der Regelmässigkeit des Geländes auch eine ziemlich regelmässige Lage und Anordnung erfahren konnten.

Nachdem die neuen Sprengstoffe die Wirkungen der Artillerie erhöhten, mussten auch die Festungswerke um Antwerpen umgebaut bezw. die Mauerdecken mit Beton umhüllt werden. Die auf S. 33 abgedruckte Zeichnung giebt eine ungefähre Idee von dem Baue der Festung, der durch die Neubauten nach 1871, besonders durch die Bauten der Befestigungen an der Maass, die General Brialmont selbst projektirte, wieder überholt wird. S. belgische Befestigungen.

Antwerpener Feuer, so hiess der Sprengstoff, mit dem die Schiffe gefüllt waren, die gegen eine über die Schelde geführte Brücke der Spanier losgelassen wurden, als diese unter Alexander von Parma Antwerpen belagerten.

Antwerpener Brieftaube ist in Deutschland beliebt. (S. Brieftauben.)

Anwachsungsrecht bei Wittwen- und Waisengeld. Bei dem Ausscheiden eines Wittwen- und Waisengeldberechtigten erhöht sich das Wittwen- und Waisengeld der verbleibenden Berechtigten von dem nächstfolgenden Monat an insoweit, als sie sich noch nicht im vollen Genuss der ihnen gesetzlich gebührenden Höchstbeträge befinden.

Anwurf heisst in der Befestigungskunst die an Mauern und Blockwänden und dergleichen bewirkte Erdanschüttung. In Oester.-Ung. Erdvorlagen genannt.

Anziehungskraft der Erde (Schwerkraft). Bewirkt die Krümmung der Geschossbahnen in senkrechtem Sinne. Die Beschleunigung frei fallender Körper durch die Pendelschwere $= g$ beträgt in der Meeresoberfläche

am Aequator 9,781 m
unter dem 45. Breitengrad 9,806 „
am Pol 9,831 „

Die Beschleunigung durch die A., auf welche die Achsendrehung des Erdballes nicht einwirkt, ist naturgemäss durchweg grösser als g, das von dieser Drehung beeinflusst wird; der grösste Unterschied beider (im 45. Breitengrade) beträgt 0,018 m.

Ein frei fallender Körper erlangt nach 1 Sekunde 9,8 m, nach 2 Sekunden 2.9,8 m, nach 3 Sekunden 3.9,8 m u. s. w. Fallgeschwindigkeit. Da seine Geschwindigkeit bei Beginn der Bewegung $=$ Null ist, so legt er in 1 Sekunde $\frac{0 + 9,8}{2} = 4,9$ m,

in 2 Sekunden $4,9 + \frac{9,8 + 2.9,8}{2} = 19,6$ m,

in 3 Sekunden $19,6 + \frac{9,8 + 3.9,8}{2} = 44,1$ m,

u. s. w. Fallweg zurück.

Anzug des Soldaten nennt man die Gesammtheit derjenigen Bekleidungs- und Ausrüstungsstücke, welche der Soldat bei den verschiedenen Gelegenheiten zum Dienst anzulegen hat.

Anzugsbestimmungen heisst der erste Theil einer Bekleidungsvorschrift für Offiziere und Sanitätsoffiziere. Die durch die A. festgelegten verschiedenen Anzugsarten sind: Dienstanzug, kleiner Dienstanzug, Paradeanzug, kleine Uniform, Galaanzug, Hofballanzug für Tänzer und Nichttänzer, Hofgartenanzug.

Wegen der Einzelheiten des Anzuges und der Gelegenheiten, bei welchen derselbe zur Anwendung kommt, s. d. betr. Artikel. — Im Allgemeinen legen zu jedem Dienst in Gegenwart Sr. Majestät des Kaisers und Königs sämmtliche Offiziere die Schärpe an. Wenn „angezogener Paletot" befohlen ist, stets Achselstücke, Schärpe (ausser Husarenschärpe) und Kartusche über den Paletot. Mantel — an Stelle des Paletots — ist gestattet zur Kirche, ausser Dienst und zum kleinen Dienstanzug, berittenen Offizieren ausserdem bei allen feldmässigen Uebungen. Bei Paraden als Augengläser nur Brillen. Hemdenkragen, Manschetten, Uhrketten dürfen nicht sichtbar sein. Stöcke und Gerten dürfen nur beim Reiten ausser Dienst mitgeführt werden. Handschuhe sind im Dienst und ausser Dienst anzuziehen, sobald die Waffe zum Anzuge gehört; graue Handschuhe nur im Felde, Glacé-Handschuhe nur auf Bällen und zu Gesellschaften; Sporen gehören nur zum Anzuge der rationsberechtigten Offiziere und Sanitätsoffiziere und Lieutenants der Fussartillerie, für Vertreter nur zum Reiten; Degen wird im Dienst und auf der Strasse stets angelegt, Ausnahmen: Turn-, Fecht-, Reitunterricht, Schwimmanstalt, im Hörsaal und Geschäftszimmer.

Aoni Pascha, türk. Gen. und Kriegsminister (1820—1876), leitete das Kriegsministerium tüchtig, war ein Repräsentant türk. Korruption und ein Feind Oesterreichs. Er ward im Juni 1876 ermordet.

Apostolische Partei war der ursprüngliche Name der Karlisten in Spanien.

Antwerpen (Typus der Fort-Befestigung vor 1870).

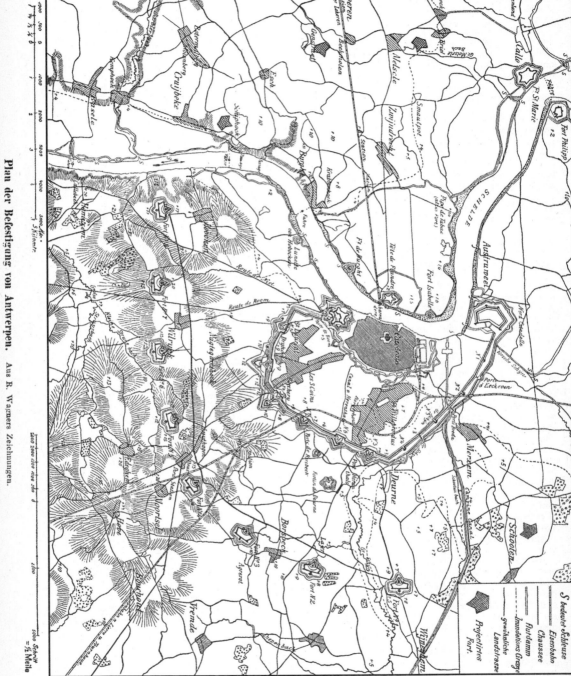

Plan der Befestigung von Antwerpen. Aus R. Wagners Zeichnungen.

Apotheker, als solche nur Einjährig-Freiwillige zugelassen, die Approbation als A. haben. Körpermass gleichgültig; Militäruntüchtige können als A. zum Landsturme überwiesen werden. Korps-Generalarzt vermittelt Eintritt der Einj.-Freiw.-A. Sie thun den Dienst in der Apotheke, erhalten bei bestandener Prüfung zum Ober-A. den Rang als Unter-A., wenn sie zur Reserve übertreten. Sie werden Ober-A. nach 2 jähriger tadelloser Führung in der Reserve.

Appell, ein Signal zum Versammeln der Truppe (in der österr.-ungar. Armee „Vergatterung" benannt). In manchen Armeen versteht man unter A. die Versammlung der Truppen zur Ausgabe des Befehles. Unter A. begreift man auch die Eigenschaft der Truppen, Befehle und Anordnungen rasch aufzufassen und schnell und pünktich auszuführen. In der Fechtkunst bedeutet A. einen lebhaften Tritt mit dem vorgesetzten Fusse.

Appel, Frhr. v., österr. F.-Z.-M., Kmdt. des 15. Korps u. komd. Gen. in Sarajevo (1826 geb.), bestand 1859 siegreiches Gefecht bei Castel Venzago; in der Schlacht bei Solferino verwundet am Auge, deckte er Rückzug (Frhrr. v. M.-Th.-Ord.), zeichnete sich 1866 bei Gitschin aus, aus dem er die doppelte Anzahl der Gegner vertrieb, deckte bei Königgrätz den Rückzug des linken Flügels glänzend. Er hat grosse Verdienste um die Kultur in Bosnien.

Applicatorisch, belehrend. Dieses Wort ist heute dadurch von Bedeutung geworden, dass General von Verdy durch seine fingirten, bezw. an wirkliche Vorgänge anknüpfenden Durchführungen von Kriegshandlungen eine so interessante Art der Belehrung der Studirenden eröffnete, dass er bereits Nachahmer in Menge gefunden hat. Seine A.-Methode bedeutet eine neue Stufe der Entwickelung der Militär-Literatur.

Applikationsschulen heissen in Frankreich die Art.- u. Jäg.-, sowie die Generalstabsschulen.

Appomattox, an diesem Flüsschen, welches westlich von Richmond V^a liegt. General R. E. Lee kapitulirte hier am 5./4. 1865 mit den Resten seiner Armee (6—7000 unter Waffen), da er in den Wäldern von allen Zufuhren abgeschnitten, die Truppen nicht mehr zu verpflegen vermochte. Er übergab die Armee an den General U. S. Grant der Nordstaaten.

Approchen, siehe Laufgräben.

Appui, veralteter Ausdruck für Stützpunkt.

Apraxin, 1. Feodor, Schöpfer der russ. Marine; 2. Stefan, russ. Feldmarschall, diente gegen die Türken und schlug die Preussen bei Gross-Jägerndorf 30. Aug. 1757, verfolgte den Sieg nicht, abberufen, vor ein Kriegsgericht gestellt, starb aber vor dessen Urtheil.

Apyrit („Graupulver"), rauchschwaches Pulver des Ingenieurs Skoglund, 1889 in Schweden eingeführt. Es ergiebt bei mässigem Gasdruck bedeutende Leistung, besteht aus hochnitrirter Schiesswolle und Ammonsalpeter in dreikantigen prismatischen Körnern von 1 mm Basis mit etwas geringerer Höhe. A. ist wenig empfindlich gegen Hitze, verbrennt frei angezündet ohne Explosion, giebt geringere Hitzegrade als Schwarzpulver, aber einen schwer zu entfernenden Rückstand.

Ar, ein Flächenmass = 278 Qu.-Klft. oder 100 Qu.-Mtr.

Arabi Pascha (ägyptischer General) rebellirte 1879 gegen Nubar Pascha. 1882 ägyptischer Kriegsminister, widersetzte sich der englischen Besatzung. Daher wurde Alexandria 11./7. 82 bombartirt, A. P. von den Britten bei Tel el Kabir geschlagen und nach Ceylon verbannt.

Arad, Festung in Ungarn, ward, von F.-M.-L. Berger vertheidigt, 23./10. 1848 von den Ungarn eingeschlossen und musste sich, fast ganz zerstört, am 1. 7. 1849 dem Insurgenten-General Vecsey ergeben; 17./8. desselben Jahres fiel sie in russische Hände. Nach Unterdrückung des Aufstandes 1848/49 wurden hier 13 Insurgenten-Generale hingerichtet. Hier garnisoniren: der Stab der 48. Inf.-Brig., 3 Bat. des Inf.-Regts. 33, das Ergzgs.-Bez.-Kommando 33, der Regimentsstab des Hus.-Regts. 3, 1 Division und der Ersatz-Kadre dieses Regts., 1 Bat. des Inf.-Regts. 46, 3 Bat. des 8. Landwehr-Inf.-Regts., 1. Division des 3. Landwehr-Hus.-Regts.

Araktschejew, Graf, (1769—1834). Unter Alexander I., dessen Günstling der tüchtige Soldat war, 1806 russ. Kriegsminister. Das Kadetten-Korps in Nowgorod, das er aus seinen Mitteln gründete, führt noch heute seinen Namen.

Arapiles, Ort nahe von Salamanca, wo Wellington am 22./7. 1812 seinen grossen Sieg über Marmont erfocht, der den Thron des Königs Joseph stürzte. Die Schlacht heisst auch die von Salamanca.

Arbeit. Zur Unterhaltung des Planums der Exerzierhäuser und Reitbahnen, der Uebungs-, Reitplätze und Schiessstände haben die Truppen die benöthigten Arbeitskräfte, — die berittenen auch die Krümpergespanne — unentgeltlich zu gestellen. Inwieweit bei umfassenden Arbeiten den Truppen Arbeitszulagen — s. d. — gewährt werden dürfen, entscheidet das Generalkommando nach Vortrag des Korps-Intendanten.

Arbeiter-Abtheilungen. In diese werden eingestellt:
a) die tauglichen Mannschaften, welche gemäss §§ 30^4 u. 43^2 W.-O. wegen Verlustes der bürgerlichen Ehrenrechte als Arbeitssoldaten ausgehoben worden sind;
b) diejenigen Mannschaften des aktiven Heeres, Rekruten, Reservisten etc., welche wegen Selbstverstümmelung bestraft, zu Arbeiten für militärische Zwecke aber noch fähig geblieben sind;
c) Gemeine, welche auf Grund der A.-K.-O. v. 8./12. 87 (ehrlose Gesinnung, wiederholte Bestrafungen wegen Diebstahls, Bettelei, Landstreicherei) vom kommandirenden General den A. überwiesen sind.

Die 4 A. befinden sich in Königsberg i/P., Magdeburg, Mainz und Ehrenbreitstein. Sie unterstehen dem Inspekteur der militärischen Strafanstalten. Der Vorstand wird Allerh. Orts ernannt. Der Gouverneur etc. bestimmt einen Stabsoffizier, welcher den Dienst der A. zu beaufsichtigen hat.

Arbeitshäuser, Straf-, Besserungs- und Heil-Anstalten. Die Vorsteher dieser Anstalten haben die in ihnen befindlichen Insassen rechtzeitig zur Stammrolle anzumelden etc. Diese werden im Musterungstermine vorgeführt, ebenso im Aushebungstermine. Die Aufnahme von Leuten in obige Anstalten gilt nicht als ein Verziehen an fremde Orte.

Arbeitssoldaten sind taugliche Mannschaften, welche unwürdig sind, in der Truppe zu dienen und deshalb in eine Arbeiter-Abtheilung (s. d.) eingestellt werden.

Arbeitszulagen. Bei umfangreichen Arbeiten ausnahmsweise an Truppen gewährt, und zwar bei einer täglich zehnstündigen Arbeitszeit einschliesslich Hin- und Rückmarsch in der Regel: 50 Pf. für den Unteroffizier, 25 Pf. für den Gemeinen.

Arberg, Karl, Graf, öst. F.-Z.-M. (1705—1768), kommandirte im öst. Erbfolgekriege 1742 als Oberst das 1. wallonische Hus.-Regt, hatte 22./11. 1757 grossen Antheil an dem Siege bei Breslau.

Arbesau, ein Dörfchen, bei dem in der Schlacht bei Kulm (30./8. 1813) die Preussen, besonders Prinz August von Pr. an der Spitze einiger hundert Mann des 2. schles. Inf.-Rgts. sich hervorthaten, denen er mit der Fahne in der Hand voranging und das Gefecht wieder herstellte.

Archenholz, Johann v. (1743—1829). Er machte als preussischer Offizier den 7j. Krieg von 1759 ab mit. Sein Geschichtswerk über denselben war lange Zeit eine der besten Quellen.

Archiv. Ein A. befindet sich beim K.M. Anträge auf Einsichtnahme etc. sind an das Central-Departement des Kriegsministeriums zu richten. Die Bestimmungen über Benutzung des Kriegsarchivs des Generalstabes sind im A.V.Bl. für 1873 S. 82 veröffentlicht.

Arcièren-Leibgarde des Kaisers von Oesterreich (auch deutsche Garde genannt), wurde 1763 errichtet, besteht aus 3 Generalen, 43 Stabs- und Oberoffizieren, die vor dem Feinde oder im Frieden mit Auszeichnung gedient haben und das öst. Staatsbürgerrecht besitzen.

Arcis s. Aube. Hier fand am 20 und 21./3. 1814 die grosse Schlacht zwischen den Verbündeten unter Fürst Schwarzenberg und Napoleon statt, die zu Gunsten der Alliirten ausfiel. Napoleon griff mit 20 000 Mann am 20./3. Nachmittags die 3fache Uebermacht der Verbündeten an. Ohne Entscheidung. Die Verbündeten erhielten in der Nacht 30000, Napoleon nur 10000 Mann Unterstützung, in Folge dessen Rückzug der Franzosen. Die Verbündeten stürmten A. gegen Audinot, nutzten jedoch den Sieg nicht aus.

Plan hierzu s. Seite 31.

Arco, Graf von, (1683—1715), war Oberbefehlshaber der bayrischen Armee im span. Erbfolgekriege, und ausser Max Emanuel der einzige hervorragende bayrische Führer jener kriegerischen Zeit.

Arcole, Dorf am Alpone. Hier wüthete die 3tägige Schlacht zwischen dem Entsatzheer, welches der öster. F.Z.M. Alvinczy führte, und dem General Bonaparte, der Mantua belagerte, und die mit dem Rückzuge der Oesterr. auf Villanuova endete. Eine höchst interessante Studie von C. v. B. r. R. „Zur Psychologie des grossen Krieges", Braumüller, Wien 1892, behandelt die Schlacht von Arcole im besonderen.

Arcon baute einst berühmte schwimmende Batterien, die 1782 bei den Belagerungen von Gibraltar gebraucht wurden.

Ardabil, Festung in der persischen Provinz Aderbeidschan.

Ardahan, eine kleine, starke türkische Festung zwischen Kurs und Battum, auf wichtiger Strasse gelegen, war ebenso wie Kurs ein Gegenstand heisser und blutiger Kämpfe im Kriege 1877. Die Russen machten sich zu Herren und blieben auch im Besitz der strateg. wichtigen Veste.

Ardenay. Gefecht am 9./1. 1871. Auf dem Marsche von Vendôme nach Le Mans ging das 3. Korps von dem Loir nach Westen auf Le Mans zu und stiess bei A. auf eine befestigte Stellung der Franzosen. Die Artillerie fand bei dem Zustande der Strasse keine Aufstellung; kurz entschlossen gingen die 24er und 64er zum Angriff vor und erstürmten trotz des Widerstandes der Feinde erst das Schloss und dann mit Hurrah das Dorf Ardenay und das daran stossende La Butte.

Arenberg, Herzog, öster. F.M. (1690—1754), zeichnete sich in den Feldzügen Eugens aus und führte mit Auszeichnung 1743 die Oesterreicher bei Dettingen.

Arentsschildt, von, preuss. G.Lt. (1806—1881). Letzter komd. General der Hann. Armee.

Argenteau, Eugen, Graf (1741—1819), österr. F.Z.M., hervorragender Heerführer, der 1796 gegen Bonaparte, allerdings ohne Erfolg, kämpfte und die Reserven in der Schlacht bei Caldiero (1805) führte.

Argentinisches Gewehr m/91. Mauser Modelo argentino 91, mit Säbelbajonett, Kaliber 7,65 mm, konzentrische, rechts gewundene Züge, Rahmenvisir, Kolbenverschluss mit Drehbewegung und zwei senkrechten Stützwarzen, Mehrladevorrichtung mit Kastenmagazin im Mittelschaft für 5 Patronen, die in den Kasten hinabgedrückt und der Ladestreifen abgestreift werden. Die Patrone mit Messinghülse und Zentralzündung hat dicht am Hülsenboden eine Eindrehung für den Auszieher, ist mit rauchschwachem Schiesswollblättchenpulver gefüllt und hat ein Geschoss mit Hartbleikern mit Mantel aus Nickelkupferlegirung. Die Geschossgeschwindigkeit an der Mündung ist 652 m, 25 m vor derselben 630 m. Die Feuergeschwindigkeit beträgt unter Benutzung der Mehrladevorrichtung 20—25 gezielte Schüsse in der Minute. (S. a. u. Gewehr.)

Argentinischer Karabiner m/91. Mauser Modelo Argentino 91, Kaliber 7,65 mm, hat die gleichen charakteristischen Eigenschaften wie das Gewehr m/91 und dieselbe Munition; er ist mit hölzernem Handschutz versehen. (Abmessungen u. a. s. u. Karabiner.)

Arisch, El, ist eine ägyptische Grenzfestung gegen Palästina, die auf einem Felsen am Mittelmeere liegt.

Arkansas Point. Schlacht der Conföderirten gegen die Unionisten im Secessionskriege, in der Mc. Clellan mit den letzteren siegte und die Stadt eroberte. 11./1. 1863.

Arkebuse war eine von Tilly eingeführte Reiterwaffe mit Radschloss. In Deutschland nannte man die ersten Büchsen mit Radschloss A. Sie kam von 1515 an in Gebrauch.

Arkebusirer waren alle Soldaten, die die Arkebuse führten. Die Reiter trugen die A. am

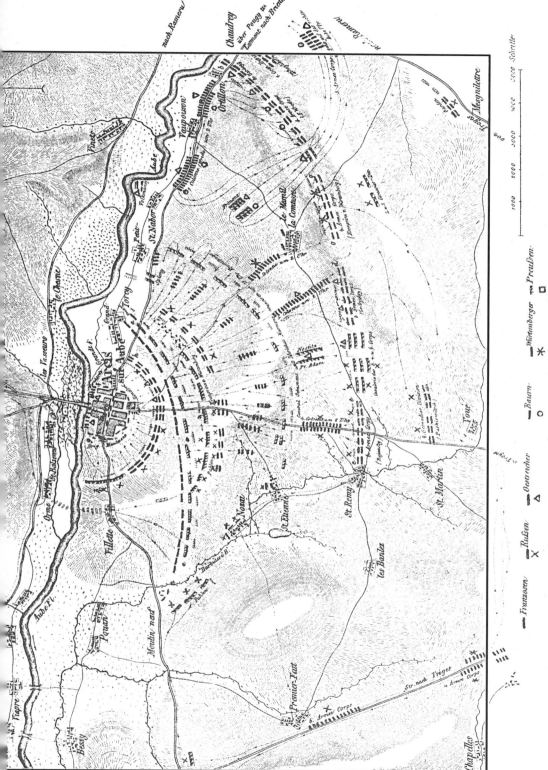

Bandelier. Die Fusssoldaten trugen Eisenhaube und Stossdegen. Jeder A. trug eine Anzahl (Patronen) Ladungen in hölzernen. am Bandelier hängenden Röhrchen. Kugeln, Pulverflasche und Lunte bei sich. Das Laden nahm mehrere Minuten in Anspruch. Die Kugeln wogen 30 gr.

Arkeley war der Sammelname für Art.- und Ing.-Wesen vom 14.—17. Jahrhundert.

Arkona, Seetreffen. S. Jasmund.

Armada war der Name der „unüberwindlichen Kriegsflotte", die König Philipp II. von Spanien im Mai 1558 aussandte, um die brittische Seemacht zu zerstören. Sie wurde am 8. Aug. von der englischen Flotte bei Plymouth angegriffen. nach unentschiedenem Kampfe aber von einem Sturm fast gänzlich vernichtet.

Armadilla, kleines Geschwader (spanisch).

Armatolen hiessen die griechischen Milizen, die im 17. Jahrhundert als Gegengewicht gegen die Janitscharen eine Rolle auch bei der Pforte spielten, bis sie Ende des 18. Jahrhunderts misstrauisch geworden, sich in fortwährenden Kämpfen mit den Türken jene Kampferfahrungen holten, die sie in den Aufständen der Hellenen 1821 wohl zu verwerthen wussten.

Armatur bezeichnet die Verstärkung von Balken, Hochöfen. Magneten etc. Früher nannte man im Deutschen auch die Ausrüstung des Mannes mit Waffen die A.

Armbinden tragen in den Manövern (weisse) die Schiedsrichter; ferner die Mitglieder der freiwilligen Krankenpflege im Kriege (mit dem rothen Kreuze). Sie haben dazu eine Ausweiskarte. Trainsoldaten der nicht anzeunitirten Offiziere und Beamten tragen im Kriege als Abzeichen eine hellblaue Binde am linken Aermel des Waffenrockes und Mantels. Als Neutralitäts-Abzeichen für das gesammte Personal der leichten und Hauptfeldlazarethe, sowie der Feldgeistlichen gilt nach Art. 2 und 7 der Genfer Konvention eine weisse Armbinde mit rothem Kreuz.

Bei jeder Kompagnie tragen 4 als Hülfskrankenträger ausgebildete Mannschaften eine rothe Binde um den linken Oberarm. Diese Leute stehen nicht unter dem Schutze der Genfer Konvention.

Im Kriege gegen Dänemark trugen die Verbündeten die weisse A. um sich gegenseitig zu erkennen.

Armee. Im Allgemeinen das ganze Heer eines Reiches oder Staates. Im Besonderen nennt man Armee eine Truppeneinheit, die aus mehreren Korps zusammengesetzt ist. Die Befehlsbehörde einer A. ist im Kriege das „Ober-Kommando", im Frieden für das deutsche Reichsheer die Armee-Inspektion.

Armee-Abtheilung im preussischen Kriegsministerium. Geschäftskreis: Organisation der Armee, Etatskapitel 24, Ersatzwesen, Angel. des Beurlaubtenstandes und Landsturmes, gr. Truppenübungen und Uebung. d. Ers.-Res., Dislokationen, Eisenbahnwesen, Chaussee- und Wasserbauten, Etappen-Angel., Mil.-Konventionen, Fahrräder, allg. Urlaubs- und Beförderungs-Angel., spez. Dienstangel. d. Generalstabes und Landesvermessungswesens, der Eisenbahntruppen mit Feldgeräth., Luftschiffer, Halbinvaliden, Kolonialtruppen, Truppenübungsplätze.

Armée belge, belgisches Militärblatt.

Armeeblatt, öst.-ung. Militär-Wochenblatt.

Armee-Eintheilung, s. Heeres-Eintheilung.

Armee-Fahrräder, s. Fahrräder.

Armee-Festung ist eine solche, die eine grössere Zahl Vertheidiger resp. Truppen beherbergen kann, d. h. über 30000 Mann.

Armee-Inspektionen (s. Armee). Die Armeekorps des deutschen Reichsheeres sind 5 A.I. zugetheilt und zwar:

1. A.I. Hannover: I., II., IX., X. und XVII.
2. A.I. Dresden: V., VI. und XII. (Kgl. Sächsisches)
3. A.I. Berlin: VII., VIII., XI. und XIII. (Kgl. Württemberg.)
4. A.I. München: III., IV., (1. und 2. Bayerisches)
5. A.I. Karlsruhe: XIV., XV. und XVI.

} Armeekorps.

Die Armee-Inspekteure führen den Titel „General-Inspekteur". Die „Truppen in den Marken" unterstehen einem „Oberkommando".

Armeekorps heisst in Oest.-Ung. „Korps". Die Organisation fast aller grossen Heere basirt auf der Eintheilung in A.-K. Es ist dies eine Schöpfung neuerer Zeit. (Napoleon, und Preussen in den Befreiungskriegen.)

Das Armee-Korps besteht in der Regel aus a) zwei Infant.-Trupp.-Divisionen. Jede derselben bildet sich der Regel nach aus zwei Infant.-Brigaden (zu 2 Regimentern mit je 3 oder 4 Bataillonen) und 1 oder 2 Jäger-Bat. In Deutschland erhält jede Infant.-Div. ein Kavallerie-Rgt., ein Feld-Artill.-Rgt von 2 Abtheilungen zu je 3 fahrenden Batterien = 36 Geschützen, in Oest.-Ung. ein Div. Artill.-Rgt. zu 4 Batterien = 32 Geschützen, die Div. Kavall. im Deutschen Reiche besteht aus einem Kavall.-Rgt. zu 4 Eskad., in Oest.-Ung. aus 2—3 Eskad. Ausserdem hat die Infant.-Div. im deutschen Heere eine bis zwei Feldpion.-Komp. und eine Div. Brückentrain, während in Oest.-Ung. jedes Korps 1 Pion.-Bat. sammt Brückentrain besitzt, das dem K.-Kommando untersteht. Jede Div. hat in Deutschland eine Feld-Telegraphen-Abtheilung und ein Sanitäts-Detachement, in Oest.-Ung. eine Sanitätsanstalt und eine Feld-Sanitäts-Kolonne des deutschen Ritterordens. Ausserdem gehören zur Infant.-Div. in Oest.-Ung. eine Div. Munitionspark, eine Infant.-Verpflegs-Kolonne und eine Train-Eskadron.

b) Der Korps-Artillerie. In Deutschland: Rgt. 2—3 Abtheilungen zu je 2—3 Batterien (einschliesslich der nicht bei Kavall.-Div. eingetheilten reitenden Artillerie) = 24—42 Geschützen, in Oest.-Ung. ein Korps-Artill.-Rgt. zu 4 Bat. = 32 Geschützen.

c) Den Munitionskolonnen in Deutschland. Dieselben bilden 2 Abtheilungen, jede aus 2 Infant.- und 3 Artill.-Munit.-Kolonnen bestehend. Sie unterstehen dem Kommandeur der Artill. des Armeekorps. In Oest.-Ung. Korps.-Munit.-Park aus einer Infant.- und zwei Artill.-Munit.-Kolonnen bestehend.

d) Dem Train-Bataillon in Deutschland, welches sich aus 3 Proviantkolonnen, 7 Fuhrparkkolonnen, dem Pferdedepot, der Feldbäckereikolonne und 12 Feldlazarethen zusammensetzt. Der Korps-Brückentrain wird dem Train-Bat. zugetheilt. In Oest.-Ung. nennt man dies alles Trains oder Reserve-Anstalten. Dahin gehören der Korps-Munit.-Park, eine leichte Kriegsbrücken-Abtheilung, eine Schanzzeug-Kolonne, ein Korps Trainpark, eine Korps-Verpflegs-Kolonne und eine Train-Eskadron.

e) Der Korps-Telegraphen-Abtheilung.

Alle Geschäfte des Armee-Korps in Deutschland werden in 4 Sektionen eingetheilt: Sektion I Generalstab, Sektion II Adjutantur, Sektion III Gerichtswesen, Sektion IV Verwaltung, ärztl. und rossärztl. Angelegenheiten, Seelsorge.

Armée militaire et maritime, französ. Militär-Zeitung.

Armee-Munitions-Felddepots (*Oest.-Ung.*) heissen jene Depots, die nur dann errichtet werden, wenn die operirenden Armeen von den Haupt-Ausrüstungsplätzen der Monarchie zu weit entfernt und wenig für den Nachschub geeignete Kommunikationen vorhanden sind. Sie dienen zur Ergänzung der Munition und des Artillerie-Materials bei den vorderen Artillerie-Reserve-Anstalten.

Armee-Musik-Inspizient ist oberer Militärbeamter, hat die Aufgabe, dem Kriegsministerium als Berather in Fragen der Armeemusik zu dienen, sowie die zur Hochschule kommandirten Hoboisten etc. in der Militärmusik zu unterrichten. Er gehört als ordentlicher Lehrer der Abtheilung für Orchester-Instrumente der akademischen Hochschule für Musik an. Der A. hat im Dienste stets in Uniform zu erscheinen. Anzug: Helm mit gelben Beschlägen; dunkelblauer Waffenrock, am karmoisinrothem Tuchkragen fünf waagerecht rundumgehende goldgestickte Linien, schwedische Aufschläge — karmoisinroth — mit je zwei in Gold gestickten, von einem Adler gekrönten Lyren; Epaulettes mit gepresstem goldenen Kranz, karmoisinrothem Futter mit goldener Lyra, Einfassung von Silbertresse; Stichdegen, Portépee von Silber mit blauer Seide.

Armee-Postdirektor wird bei der Mobilmachung ernannt. Ihm liegt die Herstellung und Erhaltung der Postverbindungen der Armee mit der Heimath etc. nach näherer Anordnung des Feld-Ober-Postmeisters ob. Er leitet die Post bis in die Hauptquartiere der Armeekorps oder bis in deren Nähe, und führt sie von dort zurück.

Der Armee-Postdirektor hält sich in ununterbrochener Verbindung mit dem Oberkommando der betreffenden Armee. Seinen Sitz hat er je nach den Verhältnissen bei dem Oberkommando selbst oder bei der Etappen-Inspektion zu wählen.

Behufs rechtzeitiger Herstellung der Postverbindungen werden ihm über die bevorstehenden Dispositionen und Marschbewegungen, sobald dies mit dem Interesse der Geheimhaltung derselben vereinbar ist, im Oberkommando die nöthigen Mittheilungen gemacht. Von den im Bereiche der Armee vorkommenden Veränderungen im taktischen Verbande der einzelnen Truppentheile etc. hat der Armee-Postdirektor, insoweit diese Veränderungen auf die Versendung der Feldpost-Sendungen von Einfluss sind, unverzüglich dem Reichs-Postamte genaue Meldung zu machen, nachdem er sich durch Anfrage beim Stabschef in jedem einzelnen Falle darüber Sicherheit verschafft hat, dass Bedenken in Bezug auf die Geheimhaltung dem nicht entgegenstehen.

Armee-Verordnungsblatt. Erscheint bei Mittler, Berlin.

Armirung, artilleristische, fortifikatorische, Arbeiten zur Ueberführung von Festungswerken in den Kriegszustand soweit sie die Geschützaufstellung, die Bereitstellung der Munition, deren Ergänzung und Zuführung, die Anlage von Beobachtungs-, Beleuchtungs- und Fernsprechposten betrifft. Die A. wird nach Eintritt der Mobilmachung auf besonderen Befehl ausgeführt.

Armirung heisst heute noch die Ueberführung einer Festung in den Vertheidigungszustand

1. durch Besetzung der Wälle, Kasematten, Hohlräume, Thürme etc. mit Geschütz, die Füllung der Pulver-Magazine, Munitionsräume etc. mit dem nöthigen Material; dazu Bau der Armirungs- und Anschlussbatterien. Alles dies ist vorher bearbeitet im sogenannten artilleristischen Armirungs-Entwurfe und Plane;

2. ferner die Herstellung der Verbindungen, Abstechen der Brustwehren, Bau von Unterkunftsräumen für Wachen, Personal, Munition etc., die im Frieden noch nicht vorhanden sind, Freimachen des Vorterrains, Bauen von A.-Werken, die alle ebenfalls in fortifikatorischen A.-Entwurfe und Plane vorgesehen sind;

3. die Herbeiziehung, Unterbringung und Eintheilung der Besatzung aller Waffen;

4. die Verproviantirung der Festung für einen bestimmten Zeitraum;

5. die Sanitäts-A., der die Einrichtung der Spitäler, Baracken, Apotheken, Vorräthe an chirurgischen und medizinischen Materialien und Werkzeuge zufällt.

Man versteht unter Armirung auch die Besetzung einer provisorischen Befestigungs-Anlage mit Geschütz.

Armirungsbatterien sind einzelne, im Kriegsfalle gebaute Batterien der Vertheidigung in Festungen, die solche Geländetheile bestreichen, die von der Festung aus nicht fassbar sind.

Armirungsentwurf, artilleristischer. Im Frieden vorbereitete Zusammenstellung der im Falle einer Armirung für die Artillerie auszuführenden Arbeiten. Er enthält Angaben über die hierfür bereiten und noch zu beschaffenden Mittel, die Reihenfolge der Arbeiten, die Zahl der nothwendigen Arbeiter und Gespanne.

Armstrong-Geschütze. Nach ihrem Konstrukteur William Armstrong benannt, seit 1859 in England verwendet. Die A.-G. sind gezogene

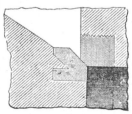

Liderungsflächen.

Verschlussstück mit Zündloch.

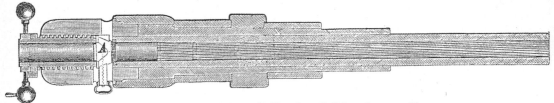

Armstrong-Hinterlader mit Kegel und Schraubenverschluss.

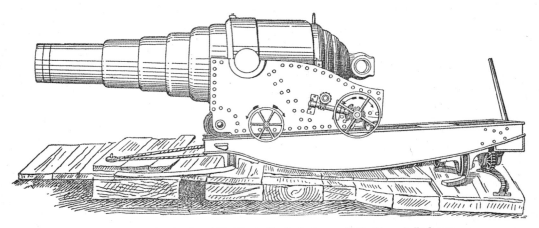

Armstrong-600 pfünder (13 zöller) Vorderlader auf Fischbauch-Rahmen.

Vorder- bezw. Hinterlader mit künstlicher Metallkonstruktion des Rohres, anfangs von Schweisseisen, später von Stahl. Trotz guter Trefffähigkeit wurden die älteren Hinterlader wegen ihrer schwierigen Bedienung und des ungünstigen Verschlusses vielfach angegriffen und später durch die Woolwich-Geschütze (s. d.) verdrängt.

Armstrong - Schnellfeuerkanonen. Die aus Martinstahl hergestellten Ringrohre haben mit Ausnahme der 7,6 cm Kanone (mit kegelförmigem Schraubenverschluss) einen Schraubenvorschluss der vorn kegel- hinten walzenförmig ist und mit einer Bewegung geöffnet bezw. geschlossen wird. Metallkartuschen mit Ausnahme der 20,3 cm Kanone, welche deshalb mit de Bange-Liderung versehen ist. Zum Abfeuern dient ein Schlagbolzen bezw. (für elektrische Zünder im Boden der Kartuschhülse) eine Pistole. Hydraulische Rohrbremse mit Federn, die als Vorbringer dienen. Lafette des 7,6 und 8,4 cm Feldgeschützes mit Ankerbremse. S. a. Schnellfeuerkanonen.

Gegenstand:		7,6 cm	8,4 cm	10,16 cm	12,0 cm	15,24 cm	Bemerkung.
Seelenweite	cm	7,6	8,4	10,16	12,0	15,24 [1]	[1] Ausser diesen ist noch ein 20,3 und ein 30,5 cm Schnellfeuergeschütz vorhanden.
Rohrlänge	m	2,403	1,935	3,947	4,930	6,331	
Rohrgewicht	kg	406	368	1676	2083	5842	
Geschossgewicht	kg	5,67	6,80	11,34	20,4	45,36	
Sprengladung gewöhnl. Gran.		283	411	—	—	—	
Sprengladung Stahl-Gran.		680	766	—	—	—	
Füllkugeln im Schrapnel		180	220	—	—	—	
Ladung	kg	0,560	0,511	2,268	3,54	6,804	
Mündungsgeschwindigkeit	m	613	494	740	670	673	
Feuergeschwindigkeit. Schuss in der Minute		10	10	13	10	6	
Schusszahl in der Protze		36	36	—	—	—	

Army- and Navy-Gazette, englische Militär-Zeitung.

Army Book for the British Empire, unter Mitwirkung zahlreicher engl. Offiziere herausgegeben, giebt Auskunft über Alles, was die britischen Streitkräfte betrifft.

Arnaud, St., franz. Marschall (1796—1854) kämpfte 1848 gegen die Revolution in Paris, erklärte sich aber nach des Königs Flucht für die neue Regierung, wirkte für die Wahl Napoleons zum Präsidenten, ward 1851 Kriegsminister und leitete nun den Staatsstreich für Napoleons Kaiserthum ein. Er kommandirte den 26. Septbr. 1854 die alliirte Armee an der Alma, und starb schon am 29. Septbr.

Arneth, Ritter v., österreich. Militär-Schriftsteller (1819 geb.) schrieb das Leben Starhembergs, Wien 1853. Prinz Eugen von Savoyen (3. Bd.) 1858—59. Geschichte der Maria Theresia (10 Bd.) 1863—79. Briefwechsel zwischen Maria Theresia und Maria Antoinette 1866. Marie Antoinette, Joseph II. und Leopold II., Briefwechsel (3 Bd.) 1867. Briefwechsel zwischen Joseph II. und Katharina von Russland etc. (S. Litt.)

Arnim. 1. Hans Georg v. (1581—1641) kaiserl. General während des 30jährigen Krieges, zuerst in schwed., dann in poln., endlich in kaiserl. Diensten. War Protestant, wie viele andere Offiziere des kaiserl. Heeres, aber Wallensteins Freund, gleich diesem ein Feind der überkatholischen Politik und nahm nach Erlass des Restitutionediktes 1631 seine Entlassung aus dem kaiserl. Heere und trat in die Dienste des Kurfürsten Georg von Sachsen.

2. Georg v. (1651—1734), preuss. General-Feldmarschall, focht mit Auszeichnung unter dem Kurfürsten von Brandenburg 1672—1679 gegen die Schweden und Franzosen; 1686 gegen die Türken; 1688—1697 gegen die Franzosen und führte später den Oberbefehl über preussische Truppen-Abtheilungen.

Arnis an der Schlei. Dort schlugen die Preussen im Winter 1864 (6./2.) eine Pontonbrücke über den Fluss und überschritten denselben zur Umgehung der Dannewerke.

Arnheim am unteren Rhein war früher Festung, wurde 1672 und 1794 von den Franzosen und am 25./11. 1813 von den Preussen erobert.

Arnulf, Prinz von Bayern, General der Inf. wurde 1852 geboren, machte als Ordonnanzoffizier im Stabe des 1. Bayr. Armeekorps die vielfachen Kämpfe mit, an welchen jenes Korps in dem Kriege gegen Frankreich 1870—71 theilnahmen. Als solcher machte er 1877 im kaiserlich russischen Hauptquartier den Krieg in der Türkei mit. 1884 wurde er zum General, 1892 zum kommandirenden General des 1. bayrischen Armeekorps ernannt.

Arolsen. Dort stehen 3. Batail. Infant.-Regt. v. Wittich (3. Hess.) No. 83; Bezirks-Kommando; Garn.-Verwalt. und Lazareth. 3. Servisklasse.

Arras, Festung an der oberen Schelde und Ufer des Scarpe ist seit 1870 ausgebaut. 1640 von den Franzosen genommen, wurde es 1654 vergebens von den Spaniern belagert.

Arrest. Die A.-strafen für die Armee sind bekannt. Personen des Beurlaubtenstandes, Reserve-Offiziere können nur während der Zeit ihrer Dienstleistung mit A. bestraft werden. Sonst Haft- oder Geldstrafen.

Arrestanten-Verpflegung. 1. Bei Untersuchungs- und gelindem Arrest, sowie Haft werden die Löhnungs- und Naturalverpflegungs-Gebührnisse unverkürzt fortgewährt.

2. bei Verbüssung von Gefängnissstrafen in Garnisongefängnissen wird ohne Rücksicht auf die Charge eine tägliche Löhnung von 30 Pfg. und die leichte Brotportion,

3. bei strengem und mittlerem Arrest eine Löhnung von 15 Pfg. und die schwere Brotportion gewährt.

4. Aus dem Etat bereits ausgeschiedene Fahnenflüchtige erhalten bei ihrer Wiederergreifung auf dem Marsche täglich 50 Pfg. ohne Brot. Während der weiteren Untersuchung werden sie nach Nr. 2 verpflegt.

Arrièregarde, (Nachhut) die Truppenabtheilung, die eine marschirende Truppe im Rücken zu sichern hat. Die Thätigkeit der A. gewinnt besonders während des Rückmarsches an Bedeutung, wenn der Feind drängt. Ihre Pflichten sind dann: den Feind unausgesetzt beobachten, Widerstand leisten, dem Gros Zeit zum Rückzuge schaffen, dem Gegner Hindernisse legen, Brücken abbrechen etc.

Arrighi, (Herzog von Padua) (1778—1853), Verwandter der Bonapartes, kämpfte mit Auszeichnung in Aegypten und unter Napoleon in den Kriegen 1805 und 1809. 1813 erhielt er das 3. Kavallerie-Korps, focht ruhmvoll bei Leipzig und auf den Feldern in Frankreich. 1808 wurde er Herzog, 1815 verbannt, kehrte 1848 nach Paris zurück.

Ars a. d. M., ein wichtiger Uebergangspunkt südlich von Metz, der in den Augusttagen 1870 eine Rolle spielte.

Artenay, Gefecht 10./10. 1870.

Der Kommandeur des französischen XV. Korps hatte Orléans und das Gelände nördlich desselben, hauptsächlich den Wald von Orléans, besetzt. Als die Bayern auf der grossen Strasse vorrückten, zeigten sich bei Artenay geschlossene Massen Infanterie und Kavallerie und eine 1000 Schritt nördlich des Dorfes aufgefahrene Geschützaufstellung. Auch die Dörfer um Vilchat waren von den Franzosen besetzt.

Als die Bayern sich diesen Truppen gegenüber entwickelten, wichen die Franzosen auf Artenay zurück. General v. d. Tann liess neun Batterien auffahren, um die feindliche Stellung zu beschiessen. Zwei Batterien stellten sich dann noch bei Vilchat auf. Die 2. und 6. Kavallerie-Division umfassten den Feind von beiden Seiten, der sich dadurch zum Aufgeben seines Postens veranlasst sah. Theile des 1. bayerischen Regiments nahmen dann das Dorf Artenay, und damit die Stellung. Der Rückzug der Franzosen wurde, da die Bayern nachfolgten, immer eiliger, so dass der Kavallerie Gelegenheit zum Einhauen gegeben wurde, welche die 8. und 10. Brigade sowie die bayerischen Kürassiere sich nicht entgehen liessen. Es wurden (auch von den 2. Ulanen) eine Anzahl bespannter Geschütze und eine Menge Gefangener erbeutet, der Feind aber bis in den Wald von Orléans zurückgetrieben.

S. Plan auf Seite 36.

Arthur, Herzog von Connaught und Strathearn, Sohn der Königin Victoria (geb 1850, vermählt 1879 mit einer Tochter des † Prinzen Friedrich Karl v. Pr.) nahm mit seiner Brigade theil an der Schlacht bei Tel el Kebir. S. Aegypten.

Artillerie. Das Wort wird in verschiedenster Weise abgeleitet (Ars tirare, arcus tollere — Artollerei — Arkeley, artiller, artilla, artiglio). Man bezeichnet mit A. nicht nur die Truppe, sondern auch das gesammte von ihr gebrauchte Material und die Wissenschaft, welche sich mit

Artilleriemaassstab — Arznei-Abtheilung

Letzterem und seiner Verwendung beschäftigt. Eintheilung, Bewaffnung u. s. w. a. O. a. O.

Artilleriemaassstab. Ein veralteter Gebrauch die Maasse von Geschütztheilen in „Kalibern" bezw. für die Lafette in „Bohlenbreiten" anzugeben. Ist für die meisten Theile des Geschützes unzweckmässig und daher aufgegeben worden; nur bei solchen Maassen, die in unmittelbarer Beziehung zum Kaliber stehen (Länge des Rohres, der Seele, des Dralls, des gezogenen Theiles u. dergl.) ist er neben dem sonst gebräuchlichen Längenmaasse beibehalten worden.

Artilleriepark. Artillerie-Material (Geschütze, Fahrzeug, Munition, Batterie-Baugeräth, Zubehör und sonstige Ausrüstungsstücke), das zu einem bestimmten Zwecke vereinigt ist. Insbesondere nennt man die Vereinigung von allem zur Belagerung einer Festung nothwendigem Artillerie-Material einen Artillerie-Belagerungspark.

Artillerieschulen. Schulen zur Weiterbildung der Artillerie-Offiziere, theils für den theoretischen, theils für den praktischen Unterricht. Letztere heissen Artillerieschiessschulen.

Die Offiziere der Feldartillerie besuchen die

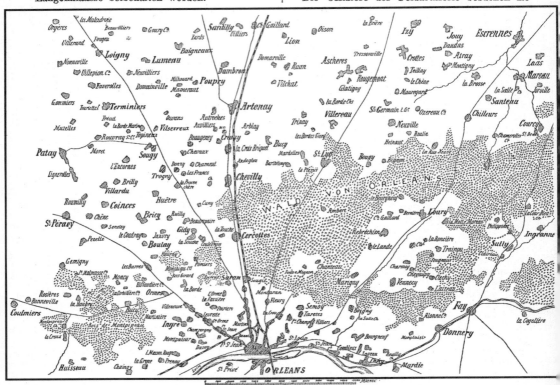

Plan zum Gefecht bei Artenay am 10./10. 1870.

Feldartillerie-Schiessschule bei Jüterbog. Es werden dort Kurse für Stabsoffiziere, Hauptleute und Premierleutnants und für Sekondleutnants abgehalten. Der erstere bezweckt Weiterbildung im kriegsmässigen Schiessen und der taktischen Verwerthung der Waffe; im letzteren wird Unterricht im praktischen Schiessen und — theoretisch — über Schiesslehre, Taktik und Material ertheilt. Die Offiziere der Fussartillerie besuchen die Artillerieschulen zu Charlottenburg bezw. München und erhalten dort einen ausschliesslich theoretischen Unterricht.

Artillerie-Werkstätten. Fabriken der Heeresverwaltung, welche Lafetten, Fahrzeuge und Truppengeräthe herstellen. Es werden nur Civilarbeiter beschäftigt; die Direktion besteht aus Artillerie-Offizieren. In Deutschland sind A.-W. in Spandau, Deutz, Strassburg, Danzig, München, Dresden und Ludwigsburg.

Artilleristisches Zeichnen, Darstellung der gesammten Bewaffnungs- und Ausrüstungsstücke der Artillerie in einer für die Anfertigung und Abnahme der Gegenstände geeigneten Weise. Die Zeichnungen sind linear und in den gebräuchlichen Materialfarben ausgeführt und enthalten alle nothwendigen Maasse.

Arys, dort ist ein Truppen-Uebungsplatz, an der Spitze desselben eine Komdtr., Garn.-Verw. und Baracken-Lazareth.

Arznei empfangen alle Mannschaften und Chargen, auch Familienglieder der Unterchargen, ausgenommen Offiziere und Einjährig-Freiw., die ausser der Verpflegung stehen. Revierkranke Einj.-Freiw. können gegen Zahlung von täglich 10 Pf. die A. und Verbandmittel (ausschliesslich chirurg. Apparate) geliefert erhalten.

Arznei-Abtheilung. A. und Verbandmittelanstalt s. Lazarethapotheken.

Arznei- und Bandagetasche — Aschaffenburg

Arznei- und Bandagetasche. Diese führt jeder Lazarethgehilfe, der kleinere Truppen-Verbände begleitet, bei sich. Die Taschen werden von den Garn.-Lazarethen verwaltet und gefüllt. Sie wiegt mit Arzneien 4,5 kg.

Arznei und Verbandmittel im Felde verwaltet der Feld-Apotheker, der eine vorschriftsmässige Feld-Apotheke einrichtet.

Arznei- und Verbandmittelanstalten erhalten die Lazarethe mit einer Normalkrankenzahl von 71. (Die grösseren erhalten Lazareth-Apotheken, s. Art.) Sie bereiten nur die einfachen häufiger gebrauchten Mittel nach Massgabe der vorhandenen Geräthe. Die übrigen A.-Mittel etc. werden Civil-Apotheken entnommen. Vorstand ist ein Arzt.

Aerzte. s. Sanitätsoffiziere, S.-wesen, für den Krieg Feld-Sanitätswesen.

Aerztliche Zeugnisse (s. Zeugnisse).

Ascendentenbeihülfe, gesetzliche, aus dem Kriegsverhältniss vor 1870 steht in gleicher Stufe mit dem von 1870 (s. Hinterbliebene). Was die Renten infolge von Betriebsunfällen betrifft, so bekommen die Ascendenten des Ver-

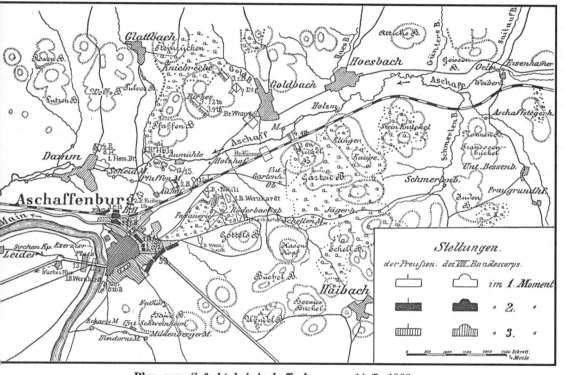

Plan zum Gefecht bei Aschaffenburg am 14./7. 1866.

storbenen 20 Prozent des Diensteinkommens des Verstorbenen, jedoch nicht unter 160 Mark und nicht mehr als 1600 Mark, (Eltern gehen den Grosseltern vor). Auf Familien-Unterstützungen der eingezogenen verheiratheten Mannschaften haben Recht: Ehefrauen im Sommer 6, im Winter 9 Mark pro Monat, für jedes Kind unter 15 Jahren, Verwandte in absteigender Linie und Geschwister 4 Mark. Bei Einziehungen zu Friedensübungen die Ehefrau 30 Prozent des ortsüblichen Tagelohnes erwachsener männlicher Arbeiter am Aufenthaltsorte des Einberufenen, für die übrigen Personen je 10 Prozent, zusammen aber nicht mehr als 60 Prozent. Unterstützungen für Hinterbliebene aus dem Kriegsverhältniss von 1864 gewährt die Kronprinzstiftung; für 1866 und 70/71 der König Wilhelm-Verein; für 1866 die Victoria-National-Invalidenstiftung; für 1870/71 der Kaiserliche Dispositionsfonds; Kaiser Wilhelm-Stiftung für deutsche Invaliden. (Näheres Buhrke, Mittler.)

Ascendentinnen. Sich wieder verheirathende A. verlieren die ihnen gewährten Gnadenbewilligungen nicht ohne Weiteres. Die den A. aus dem Allerhöchsten Dispositionsfonds bewilligten Gnadenunterstützungen sind fortzugewähren so lange die Hülfsbedürftigkeit nach der Verheirathung fortbesteht.

Aschaffenburg. Gefecht am 14./7. 1866. — In der Nacht vom 14. waren in A. die österreichische Brigade Hahn und die hessische Division des 8. Bundeskorps vereinigt worden, erstere nahm östlich der Stadt à cheval der Bahn nach Laufach Stellung, die Hessen aber zogen gegen Frankfurt ab. Die Oesterreicher wurden von ihren Stellungen zurückgedrängt, die Stadt mit Sturm genommen und eine Anzahl Gefangene gemacht. Das Bundeskorps sammelte sich bei Darmstadt.

Aschanti-Krieg. Als die holländische Regierung Elmina und andere Orte der Goldküste an die Engländer abtrat, waren die A. dagegen und hielten einige gefangene Missionare fest. 1873 nahm General Garnet mit geringen Kräften den A. durch geschickte Manöver einige Ortschaften ab und rückte im nächsten Jahre kühn bis nach Kumassi, der Hauptstadt der A., vor, die er besetzte. Aus Mangel an Proviant musste er sich nach Niederbrennung der Stadt wieder zurückziehen. Die A. aber schickten dem General Boten nach und unterwarfen sich den englischen Forderungen, ebenso wie 1895.

Aschersleben. Dort befindet sich ein Bez.-Kom. 2. Servisklasse.

Asfeld, Bidal d'. (1667—1743), that sich im spanischen Erbfolgekriege besonders bei der Belagerung von Philippsburg hervor.

Ashby (Turner), führte die ersten Kavallerie-Kadres der Konföderirten im Sezessionskriege mit grosser Auszeichnung; geborener Reiterführer legte er den ersten Grundstein zu der später so berühmten Kavallerie Stuarts. Er unterstützte Jackson in seinem Virginienthal-Feldzuge wesentlich und fiel in siegreichem Gefechte 5. Juli 1862.

Aspern. Schlacht am 21. und 22. Mai 1809, die Erzherzog Karl von Oesterreich gegen Napoleon schlug; der erste deutsche Sieg über den französischen Kaiser.

Plan von A. siehe S. 39.

Die französische Armee hatte am 20. die Brücke von Albern bis Lobau beendigt, durch Batterien geschützt und stellte sich nun zwischen Simmering und Kaiser-Ebersdorf auf. Einige Bataillone Infanterie und die Kavallerie-Division Lassalle waren über die Brücke gezogen als Hochwasser dieselbe zerstörte. Die Division hatte nachtheilige Gefechte mit den Oesterreichern zu bestehen, die Nachts die Stellung Bisamberg bis Russbach einzog. Die französische Armee begann am 21. früh von Neuem den Uebergang und nahm, so weit sie über die Donau gekommen war, zwischen A. und Esslingen Stellung mit starker Vorhut gegen Hirschstetten und Stadlau. Erzherzog Karl ergriff sofort die Offensive, die nun präzise 12 Uhr Mittags ihren Anfang nahm. Die französische Armee hatte den Auftrag, das gewonnene Ufer mit aller Kraft zu behaupten, Lannes hatte zu dem Zwecke das zur Vertheidigung starke Esslingen besetzt, die nachfolgenden Truppen konnten meist gedeckt in die Schlachtlinie kommen. Die vordersten Treffen der Oesterreicher drückten die Franzosen aus Hirschstetten und Stadlau zurück, hinter diesen marschirten die Korps auf. Die Oesterreicher gingen dann vor, entrissen den Franzosen das Dorf A., das aber wiederholt wieder verloren ging. Während dieses Kampfes versuchte Napoleon das Zentrum des Erzherzogs mit 44 Schwadronen zu durchbrechen, aber dieses gelang so wenig, wie Reiterangriffe auf den rechten Flügel der Oesterreicher, die Napoleon selbst führte. Esslingen wurde aber von Lannes zähe behauptet. Abends war A. von den Oesterreichern stark besetzt. Ein nun plötzlich einbrechender neuer Reiterangriff der Franzosen endete mit dessen völliger Auflösung. Bis in die Nacht dauerte der Kampf um A. Es gelang auch, durch treibende Zerstörungsmittel die Schiffbrücke der Franzosen über die Donau theilweise zu zerstören.

Am Morgen des 22. wurde A. von der französischen Garde gestürmt und behauptet, der Kampf der Oesterreicher um den Besitz von Esslingen war ein vergeblicher. Um 7 Uhr nahm Napoleon seine ganze, zum Theil frische Infanterie zur gemeinsamen Attacke vor und drängte die Oesterreicher zurück, die vom Kampfe erschöpft waren; da ergriff Erzherzog Karl die Fahne des Regiments Zach, und begeistert folgten ihm die Linien zu erneuerten Angriffe, dem die Franzosen auswichen. A. wurde wieder genommen, Esslingen vergeblich bestürmt, allein ein französischer Reiterangriff, der hier die Lücke zum Durchbruch benutzen wollte, wurde abgewiesen. Napoleon benutzte die blutige Vertheidigung von Esslingen, um sich unter dessen Schutze zurückzuziehen, erst auf die Lobau, dann über die Donau. Auf Lobau liess der Kaiser einen Brückenkopf erbauen.

Aspirant. A. heissen die sich um militärische Stellungen Bewerbenden; die sich um Zivil-Stellungen Bewerbenden nennt man gemeinhin „Militär-Anwärter".

Offiziers-A. des Beurlaubtenstandes. Die Einjährig-Freiwilligen, die sich tüchtig etc. erweisen, werden zu Reserve-Offiziers-A. ernannt, erhalten besondere Befähigungszeugnisse und werden Unteroffizier. Ihnen steht die Wahl frei, in welchem Kontingente sie Beförderung wünschen. Wer 2 Jahre von den Uebungen (A und B) sich frei macht, wird aus der Liste der A. gestrichen, ebenso solche, die sich (S. A und B) als ungeeignet erweisen. Zur Wahl zugelassen werden nur solche A., die Lebensstellung oder gesicherte Existenz haben, die die Chargen Vizefeldwebel oder Vizewachtmeister bekleiden und sich 3 Jahre zum Reservedienst verpflichten.

Die nicht Befähigten aber gut geführten werden zu Offizierstellvertretern oder zu Unteroffiziers-A. ernannt. (S. B. Uebung.) Entsprechend sind auch die Bestimmungen für die Sanitäts-Offiziers-A. S. auch „Reserve-Offizier".

Wegen der Zahlmeister-A., Proviantamts-A. etc. s. die betreffenden Artikel.

Aspre, d', Frhr. v., öster. F.Z.M. (1789—1850), machte 1809 den Feldzug im Quartiermeisterstabe mit, focht 1813—1815 in Illirien und Italien, überfiel 1815 mit nur 2 Kompagnien und 2 Eskadrons das 6000 Mann zählende neapolit. Lager bei Mignano, wodurch den Oesterreichern der Weg nach Neapel gebahnt wurde; A. erhielt hierfür das Theresienkreuz. A. trug 1848 viel zu den Siegen von Sona, Sommacampagna, Custozza und Volta bei, erstürmte 1848 Mortara und erwarb sich in der Schlacht bei Novara neue Lorbeeren.

Aspremont, Vicomte d', Freund und Studiengenosse Vaubans, berühmter Festungsbauer, der einen Theil der Festungswerke von Toulon schuf. Ausserdem zeichnete er sich im Belagerungskriege aus. († 1678.)

Aspremonte. Hier wurde 29./8. 1862 Garibaldi in einem Gefechte von einem königlich italienischen Detachement an seinem Zuge nach

Plan zur Schlacht bei Aspern am 21. und 22./5. 1809.

Rom gehindert und verwundet gefangen genommen.

Assagai, ein zum Wurf und Stoss gebrauchter kurzer Spiess der Bantu-Neger, unter dem auch Louis Napoleon, Sohn Napoleons III., sein Leben aushauchte.

Ast (Geschossbahn). Unter „aufsteigender Ast" versteht man in der Ballistik den vorderen, aufwärts gehenden Theil einer Geschossflugbahn bis zu deren Scheitelpunkt, unter „absteigender Ast" den Theil der Flugbahn vom Scheitelpunkt bis zum Aufschlagen des Geschosses.

Aster, 1. Friedr., chursächs. General und Kom. des Ing.-Korps (1732—1804), brachte das Ingenieur- und Pionierwesen Sachsens auf hohe Stufe.

2. Ernst von A. (1778—1855), Ingenieur, ging mit Thielmann 1813 von Torgau zu den Verbündeten über, wurde 1815 Stabschef beim 2. Korps Ziethen. A. war später Chef des preuss. Ingenieur-Korps und Begründer der neuen preussischen Befestigungsmethode. Er baute nach diesen Grundsätzen die Festungen Koblenz und Ehrenbreitenstein. Nach ihm heisst ein Werk desselben der Asterstein.

3. Karl A., sächs. Artillerist (1782—1855), hat sich durch Schriften einen Namen gemacht.

Asterabad, eine persische Stadt am Kaspischen Meere, jetzt in russischen Händen, die bei der Unterwerfung der transkaspischen Länder eine Rolle spielte.

Astverhau wird aus armstarken Bäumen als liegender oder stehender A. gefertigt, nach beifolgender Figur. Die Bäume werden mit

Astverhau.

Hakenpfählchen an den Boden festgelegt. Der stehende A. ist in der Figur abgebildet.

Vielfach nennt man den aus an Ort und Stelle wachsenden Bäumen verfertigten Verhau „natürlicher Verhau" den aus zugetragenem oder zugeführtem Material hergestellten Verhau „Schleppverhau".

Aszod. Gefecht 21./6. 1849.

Athen. Von 1456—1821 war es türkischer Besitz und wurde das alte Athen vom Harem des Sultan bezw. obersten Eunuchen beherrscht, nur die Venezianer machten der Stadt in dieser Zeit verwüstende Besuche.

Erst seit dem Aufstande (hellenischer) in Peloponnes (1821) ermannten sich die Griechen und traten wieder in der Geschichte hervor. 1822 eroberten sie die Akropolis, doch die Türken unter Kintagi, nahmen trotz heldenhafter Vertheidigung Guras 1826 die Stadt und 1827 die Burg zurück. 1833 gingen Stadt und Burg an die Bayern über. Der König Otto macht 1834 A. zur Residenzstadt Griechenlands.

Atmosphäre. Die Grösse ihres Druckes, auf 1 qcm durchschnittlich 1,033 kg wird in der Technik „eine A." genannt und dient als Massstab für die Spannung gasförmiger und tropfbarer Flüssigkeiten. (Dampfkessel, hydraulische Pressen, Feuerwaffen etc.)

Atmosphärische Einflüsse. 1. Beim Entfernungsschätzen. Man schätzt zu kurz bei grellem Sonnenschein, bei reiner Luft, bei Stand der Sonne im Rücken des Schätzenden, auf gleichförmigen Flächen, über Wasser, bei hellem Hintergrund, aus dem Dunkeln ins Helle, bei welligem Gelände, besonders wenn Teile desselben nicht einzusehen sind. Man schätzt zu weit bei flimmernder Luft, dunklem Hintergrund, bei Stand des Schätzenden gegen die Sonne, bei trübem nebligem Wetter, aus dem Hellen ins Dunkle, in der Dämmerung und im Walde.

2. Beim Schiessen. Wind von der Seite bewirkt ein seitliches Abweichen des Geschosses, in der Schussrichtung einen Hochschuss, gegen die Schussrichtung einen Kurzschuss. Der Luftwiderstand wechselt mit dem Luftgewicht, das abhängig von Luftdruck, Wärme und Feuchtigkeitsgehalt ist. Je grösser der Luftdruck, je niedriger die Luftwärme und je grösser der Feuchtigkeitsgehalt ist, desto grösser wird der Luftwiderstand, desto kleiner die Schussweite; im allgemeinen ist also letztere im Sommer grösser, im Winter kleiner. Gewicht eines cbm Luft von 75% Feuchtigkeit bei + 10° C. Luftwärme und 735 mm Barometerstand = 1,205 kg (Mittelwerth). bei + 30° C. und 700 mm = 1,064 kg, bei — 20° C. und 785 mm = 1,451 kg.

Atschin (Atjin). Nach der Entdeckung portugiesisch, 1641 wurden die Portugiesen von den Holländern aus Malakka vertrieben. Fortwährende Reibereien bewogen die Holländer 1873 den Atschinesen den Krieg zu erklären, jedoch empfindlich geschlagen. Eine zweite grössere Expedition unter General (van Swieten) im Dezember 1873 gelangte nach blutigen Kämpfen zwar bis zur befestigten Hauptstadt Kraton, des Sultans und eroberten sie, ebenso wie 1875 das feste Lohong im Innern des Staates, jedoch ganz sind die Holländer niemals Herren des Landes geworden. 1884 zwangen neue Ueberfälle der Eingeborenen die Holländer, den grössten Theil A.'s wieder zu räumen, welches also fast unabhängig ist. Neuerdings werden die Kämpfe fortgesetzt.

Attaché. (S. Militär-Attaché.)

Attacke, auch Choc genannt. Sie ist dasselbe wie Sturmangriff. Die Attacke der Infanterie wird mit aufgestecktem Bajonnet bezw. Seitengewehr ausgeführt, nachdem man die Feuerüberlegenheit erreicht hat, mit A. ist also der Kampf mit der blanken Waffe gemeint.

Da die entscheidende Waffe der Kavallerie aber die Lanze bezw. der Säbel in der Faust ist, so bleibt die A. die Grundlage des Kampfes der Kavallerie. Sie ist eine mit wachsender Schnelligkeit ausgeführte Vorbewegung der Kavalleriemassen, um in der höchsten Steigerung des Laufes der Rosse in den Gegner einzubrechen und ihn mit der blanken Waffe zu bekämpfen. Die Stärke der A. legt zum grossen Theile in der moralischen Gewalt, die sie über eine erschütterte Infanterie oder eine entgegentretende Kavallerie ausübt. Gegenüber den neuen Waffen müssen die Attacken länger ausgeholt werden als früher.

Die Kavallerie-Division wird bei Attacken auf Kavallerie meist in drei ungleich starke Treffen formirt. Die schweren Regimenter im möglichst starken ersten Treffen, das 2. bis 300 Schritt Abstand zur Unterstützung auf den Flügeln debordirend, das 3. etwa 500 dahinter als Reserve, ist das schwächste. Gegen Infanterie werden gewöhnlich 3 Treffen von gleicher Stärke mit 200 Schritt Abstand gebildet.

Attila heisst ein mit kurzen Schössen versehener anschliessender Rock, der mit Schnüren besetzt ist. In den meisten Armeen haben die Husaren Attilas, in Ungarn zeigen die meisten der Nationaltrachten die Attilaform.

Atzbüll bei Sonderburg. Gefechte am 8./5. 1848 und 3. u. 6./4. 1864.

Audienzen. Alte verabschiedete Offiziere, sowie die à la suite bei etwaigen Meldungen bei Sr. Maj. um eine A. an das Hofmarschallamt zu wenden.

Aktive Offiziere, die A. nachsuchen, wenden sich nach Meldung bei Vorgesetzten schriftlich an den Chef des Mil.-Kabinets.

Auditoriat. (Die Ergänzung des A. im Beurlaubtenstande ist Sache des General.-A.)

Es besteht in Preussen aus dem General-A. (s. dort), ferner aus den Korps-, Gouvernements-Divisions- und Garnison-Auditeuren (s. Justizbeamte).

Auenbüll, nahe Sonderburg. Dort Gefecht 6./4. 1849.

Auersperg. 1. Frh., Herbard, öster. General (1528—1575). Zeichnete sich in den Türkenkriegen aus, fiel in der Schlacht bei Budasckli 22./9. 1575. Der Keyer Ferrath Bey liess als kostbarstes Beutestück den Kopf des Generals beim Einzuge in Konstantinopel vorantragen. (Näheres Radics, Wien 1862).

2. Andreas, Frhr. zu A. (öster.) 1557—94) einst der „christliche Achilles" oder „Schrecken der Türken" genannt, ist berühmt durch seinen Sieg über die Türken unter Hassan Pascha bei Sissek an der Kulpa (22./6. 1593).

3. Franz, Fürst A. († 1713) führte die erfolgreiche Expedition gegen Bihatsch, war schliesslich F. Z. M.

4. Franz, Graf A., (1779—1808) zeichnete sich in den Feldzügen 1799—1800 in Italien aus, wo er sich den Maria Theresia-Orden erkämpfte.

5. Karl, Fürst A.-Trautson, (1750—1822) zeichnete sich in den Türkenkriegen 1788—90 besonders in der Schlacht von N. Orsava aus. Er liess sich 1805 als Führer der Arrrièregarde von den französischen Marschällen Lannes und Mürat, die ihm einen geschlossenen Waffenstillstand vorspiegelten, zur Aufgabe des Donau-Ueberganges verführen, den er als Führer der Nachhut zu vertheidigen hatte, wurde abgesetzt, später rehabilitirt, starb als F. M. L. und Ritter des goldenen Fliesses.

6. Maximilian, Graf A. (1771—1850), zeichnete sich in den Türkenkriegen 1788—90 aus, holte sich bei Leipzig das Theresienkreuz und war zuletzt k. und k. General der Kavallerie.

7. Graf, öster. F.Z.M. (1818—1893), machte 1848, als Kommandant des 2. steier. Schützen-Batls.,

die Cernierung und Belagerung von Malghera, den Fall Venedigs und während desselben 50 meist blutige Gefechte mit, unternahm am 7. Juli 1849 einen kühnen Ueberfall der Batterien an der Eisenbahnbrücke von Venedig. Im Feldzuge 1864 bestand er als Regts.-Kom. das Gefecht bei Loepstedt, nahm an der Berennung von Fridericia theil und war der erste, der die von den Dänen geräumte Festung besetzte. Im Jahre 1866 hielt sich sein Regt. bei Königgraetz und Biskupitz hervorragend tapfer. Im Jahre 1869 mit dem Kommando der zur Bekämpfung des Aufstandes in Dalmatien befindlichen Truppen betraut, verproviantirte er nach blutigen Gefechten Dragalj und Cerkvice; 1870 war er Kom. der Schützenschule, die er in's Leben gerufen hatte.

Auerstädt. Dort Schlacht am 14. Okt. 1806 zwischen der preussischen Hauptarmee unter Herzog von Braunschweig und dem französischen Korps Davoust.

Die Preussen verfügten über 3 Divisionen, das französische Korps war fast ebenso stark an Infanterie, schwächer an Kavallerie. Der Herzog marschirte am 13 10 in einer Kolonne von Weimar nach Jena, um sich mit der Armee des Fürsten Hohenlohe zu vereinen. Die vorderste preussische Division (Graf Schmettow) erreichte Abends die Höhe zwischen A. und Gernstädt. Davoust liess eine Division noch in der Nacht nach Kösen gehen und die Vorhut bei der Saale überschreiten. Die Division Schmettow besetzte am 14./10. Hassenhausen, als Davoust mit seiner Spitze auf die Marschkolonne vorging. Die anderen Divisionen folgten. Bald waren die vordersten Divisionen beider Parteien im heftigen Kampfe. Da aber der Herzog fiel, die Grafen Schmettow und Wartensleben, die Führer der beiden preussischen Divisionen, verwundet waren, auch die 3. Division (Oranien) die Schlacht nicht wieder herstellen konnte, auch die französische 3. Division den linken Flügel der Preussen stark bedrohte, so befahl der auf dem Schlachtfelde anwesende König den Abbruch der Schlacht und den Rückzug nach Weimar. Durch die gleichzeitige Niederlage bei Jena war Preussens Hauptmacht fast vernichtet. Plan hierzu siehe S. 42.

Auerstädt, Herzog von (s. Davoust).

Auffahren. Stellungnehmen der Feldartillerie zur Eröffnung des Feuers. Grundsätze: Auf gedecktes Einnehmen der Stellung, wo es unbeschadet der Wirkung geschehen kann, und auf überraschende Feuereröffnung ist besonderer Werth zu legen. Wo Deckung fehlt oder nicht vollständig ausgenutzt werdenkann, muss Schnelligkeit den Ersatz bieten. (Ex.-R. d. F.-A. 285). Später in den Kampf eintretende Batterien haben in ebenem Gelände thunlichst zu vermeiden, dicht neben oder in gleicher Höhe mit einem Ziel in Stellung zu gehen, auf welches sich der Feind bereits eingeschossen hat (Ex.-R. d. F.-A. 291).

Aufenthaltsort. Die Personen des Beurlaubtenstandes sind in der Wahl ihres Aufenthaltes nicht beschränkt: nur ab- und anmelden. Jeder Militärpflichtige hat sich bei der Ortsbehörde zu melden, bei der er sich aufhält. Die Res.-Off. bleiben auch beim A.-Wechsel bei der Reserve ihres Truppentheiles und leisten auch die Uebungen bei diesem ab.

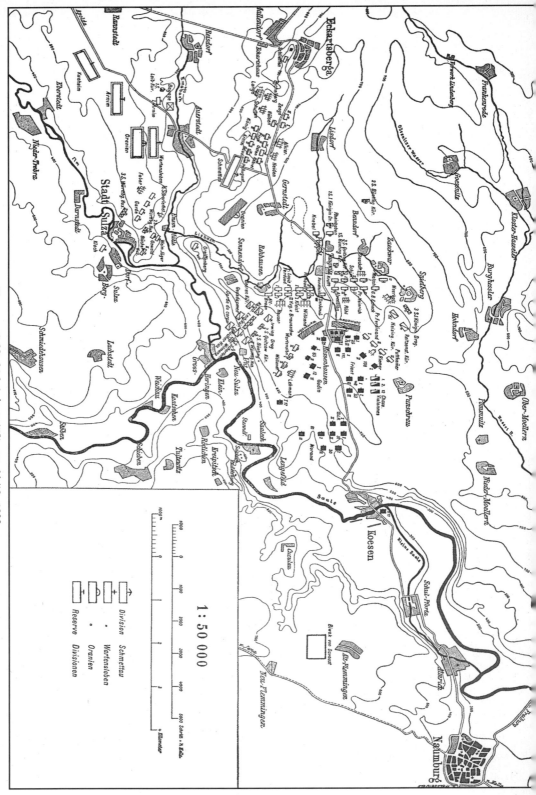

Plan zur Schlacht bei Auerstädt, am 14./10. 1806.

Auffenberg, von, öster. General (1760—1827), kämpfte mit Auszeichnung in den französischen Revolutionskriegen und erhielt 1805 ein höheres Kommando unter Mack.

Aufgaben (s. Offizier-, Felddienst- etc. Aufgaben).

Aufgeben einer Stellung kann aus unzähligen Rücksichten stattfinden. Ist man genöthigt, dieses im Kampfe zu thun, so ist ein letzter energischer Vorstoss das beste Mittel, sicher heraus zu kommen. Blücher gab seine Stellung 1813 am Queiss selbst nach der siegreichen Schlacht an der Katzbach auf, als Napoleon ihm mit der ganzen Armee auf den Leib rückte, und verwirrte hierdurch die Pläne des Kaisers etc.

Aufgebot heisst Einziehen waffenfähiger Mannschaften. Wir finden es bei den Juden, bei den Römern, Galliern, Germanen. Bei den Deutschen besonders zur Zeit der Kreuzzüge. Die französische Republik brachte die levée en masse in neue Formen. In Preussen geschah ein A. 1813. Nach den Befreiungskriegen ist das A. organisch geregelt. S. Allgemeine Wehrpflicht.

Aufgelöste Ordnung. Je mehr die Technik fortschreitet, umsomehr sucht sich die Inf. im Gelände Schutz zu suchen, desto geschmeidiger müssen ihre Formen werden, deren äusserste Elastizitätsgrenze die a. O. ist. Diese zu einer organisierten, leistungsfähigen Form zu machen ist die Bemühung der neuesten Praktiker. Selten wird man mit Truppen in a. O. den letzten Sturm ausführen können, hierzu wird das Heranführen frischer geschlossener Linien meist nothwendig sein. Daher führen die Truppen der a. O. hauptsächlich das Feuergefecht, dessen erfolgreiche Durchführung heute allerdings die Vorbedingung zu einem Gelingen des letzten Angriffs zu sein pflegt.

Man bezeichnet die a. O. auch mit „zerstreute Fechtart."

Aufheben einer Belagerung. S. Aufgeben

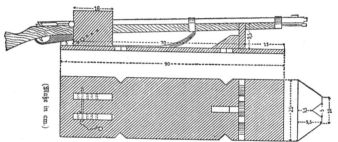

Auflegegestell.

einer Stellung. Die berühmteste ist das A. Napoleons der Belagerung von Mantua, um wichtigere Schläge an anderen Orten zu thun. Unter gewöhnlichen Verhältnissen wird man versuchen, die Geschütze etc. unter dem Schutze des Belagerungsheeres in Sicherheit zu bringen.

Aufhellen s. Aufklären.

Aufklären, den Feind oder das Gelände erforschen und über das Gesehene berichten.

Aufklärung. Die A liegt fast ausschliesslich in den Händen der Kavallerie. Alle Eigenschaften der Führer wie der Truppe sind dabei in Anspruch genommen. Für Armeen und bei weiterer Entfernung vom Feinde fällt die A. der (selbstständigen) Kav.-Div. zu, die event. mit voraus eilt und zugleich den Schleier der Armeen bildet. Die Div.-Kav. (die den einzelnen Div. beigegebene Reiterei) hat nicht so weite Ziele, muss sich dafür bis in's Gefecht hinein erstrecken und dort mit Aufbietung aller Kräfte die A. zu erreichen suchen. Sie hat auf den Flanken und die eigene Artillerie zu sichern. Kein selbstständig auftretender Truppentheil darf deshalb ohne Kavallerie gelassen werden. Das Machen von Gefangenen unterstützt die A. Sehen ist die Hauptsache, das Gefecht soll nur zum Mittel für das Sehen dienen.

Hierzu sind besonders Offiziere geeignet. Die beschränkte Zahl derselben begrenzt auch oft die Zahl der wichtigen Offizierpatrouillen, die auch von Generalstabs-Offizieren etc. geführt werden können. Die Stärke derselben richtet sich nach Umständen. Die Beweglichkeit der Patrouillen ist die Hauptsache. Die Offiziere, die Patrouillen führen, werden nur über die allgemeine Lage verständigt, sonst möglichst selbstständig gelassen. Vorsicht und Kühnheit gepaart müssen zum Ziele führen. Ortschaften in Feindeshand sind zu vermeiden. Oefteres Vorreiten mit wenig Begleitern zu empfehlen. Kann sich eine Offizierpatrouille an den Feind hängen, desto besser. Nur viel Meldungen zurückschicken! (F.-O. 82—96). Diese bilden die Hauptsache, doch sind sie verfehlt, wenn sie verspätet zum Führer zurückkommen.

Bei Nähe des Feindes werden auch grössere Inf.-Abth. zur A. vorgeschickt, um sie zur Entwickelung zu bringen. Auch Luftschiffe tragen bei günstigen Verhältnissen zur A. bei.

Gute A. ist beste Sicherung.

S. auch Aufklärungsdienst.

Aufklärungsdienst. Uebungen im A. oder Sicherheitsdienst sind vorzugsweise geeignet, das Verständniss der Soldaten und der unteren Führung zu wecken. Die Kavallerie soll ihre Märsche zu und während der Herbstübungen zweckmässig zum A. verwenden. Auch die Anlage der Uebungen von mehreren Divisionen soll mit dem A. in grösserem Massstabe verbunden werden.

Auflauf. Nach dem Strafgesetzbuch gewinnt der A. einer Menschenmenge dann die Bedeutung einer strafbaren Handlung, wenn „die auf öffentlichen Wegen, Strassen oder Plätzen versammelte Menschenmenge" sich trotz dreimaliger Aufforderung des Beamten oder Befehlshabers der bewaffneten Macht nicht entfernt.

Auflaufen lassen heisst in *Deutschl.* in starker Defensivstellung einen Angriff erwarten und mit intensivem Feuergebrauch ev. mit nachfolgendem Angriffsstosse abwehren.

Auflegegestell wird zum Schiessen stehend aufgelegt benutzt, dessen zum Auflegen des Gewehrs bestimmte Stufen mit Zahlen bezeichnet sind. (S. Zeichnungen auf S. 45.)

Auflegepfähle haben im Festungs- und Positionskrieg den Zweck, während der Nacht die Gewehre in richtiger Lage gegen wichtige Punkte zu erhalten.

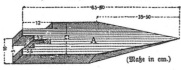
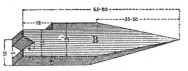

Auflegepfähle.

Aufmarsch ist jeder Uebergang von der Tief- zur Breitgliederung. Sei dieser (strategischer A.) der Uebergang von der Friedens-Dislocation der Armeen zur Kriegs-Gliederung nahe den Grenzen, (A. zur Schlacht) der Uebergang von der Marsch- zur Gefechts-Ordnung oder endlich (taktischer A.) der Uebergang kleiner oder grosser Truppenverbände zur breiteren Entfaltung der Massen, bis hinunter zu dem A. einer Section.

Die strategischen Aufmärsche sind seit Beginn der Kriege nothwendig geworden und zu ihrer schnellsten Ermöglichung sind seit den ältesten Zeiten grosse Militär-Strassen erbaut worden, bis man heute die Eisenbahnlinien zu ihrem Zwecke ausbaut und ausnützt. Zu ihrer Durchführung dient der Linienplan.

Die taktischen Aufmärsche haben erst mit der Einführung der Feuerwaffen an Werth gewonnen. Da die Feuerwaffe nur in der Linie in Wirksamkeit treten können, so ist mit der Güte der Waffen auch das Bestreben gewachsen, die ersten Treffen nicht nur möglichst breit zu machen, sondern auch möglichst schnell zu ihnen überzugehen und hat man erst in neuester Zeit, durch Aufmärsche aus der Mitte nach beiden Flügeln, durch die Uebung der Inversion, auch breiteren Formen beim Herangehen zum Kampfe den A. zu einer grössten Vollkommenheit gebracht.

Noch bis in das heutige Jahrhundert hinein waren die Aufmärsche oft umständlicher Natur. Um z. B. aus der Marschordnung in die Schlachtordnung überzugehen, mussten die Marschkolonnen nach der richtigen Seite in links oder rechts abmarschirter Kolonne formirt sein, ebenso wenn man aus den Kolonnen vorzüglich bei Flankenbewegungen in die Linie übergehen wollte. Man denke an die Aufmärsche der Armeen im 7jähr. Kriege. Man zog es damals deshalb vor, ausserhalb des feindlichen Feuers, womöglich noch in gedeckter Entfernung förmlich in Schlachtlinie aufzumarschiren, wie dieses bei den weniger formgeübten Heeren der amerikanischen Armeen z. B. noch im Sezessionskriege 1861-65 geschah.

Schon mit der beweglicheren Taktik, die Napoleon einführte, die von den Verbündeten noch ausgestaltet wurde, beginnt eine leichtere Art der Uebergänge von der Tiefen- zur Breiten-Gliederung, die wie erwähnt, heute zur Virtuosität in allen Waffen durchgeführt ist. Näheres ist aus den Reglements bekannt.

Aufnahme bedeutet: 1. im takt. Sinne die vor dem Feinde zurückgehende Truppe durch eine andere seit- oder rückwärts befindliche Truppe aufnehmen, und den nachdringenden Feind zum Stehen zu bringen und ersterer Gelegenheit zur Wiederherstellung der Ordnung zu bieten.

2. A. in die verschiedenen milit. Anstalten. S. die einzelnen Artikel.

3. A. in die Verpflegung und Quartier der Einj.-Frw. darf in Deutschland mit Genehmigung des Kriegsminist., in Oest.-Ung. mit Zustimmung des zuständigen Ergänzungs-Bezirks-Kommandos bewilligt werden. Die Gesuche sind von den Eltern der Einj.-Freiw. an das General-Kommando, von den Einj.-Freiw. selbst im Dienstwege einzureichen.

4. Herstellung militärisch-topograph. Skizzen, Pläne oder Karten. S. Geländeaufnahmen, Landesaufnahmen.

Aufnahme-Stellung, ist eine zumeist seitrückwärts der vorne Kämpfenden gelegene Stellung von defensiver Stärke, bestimmt zurückgehende Truppen aufzunehmen. Es ist nicht gut, von den für den Kampf verfügbaren Truppen zu viel in A.-St. zu belassen, weil man damit die vordere Kampflinie schwächt.

Aufnehmen von Geschützen. Feststellung der Beschaffenheit und der Abmessungen von Geschützrohren und ihrer zugehörigen Stücke. Bei neugefertigten Rohren soll das A. die vorschriftsmässige Ausführung feststellen. Das Ergebniss wird in Aufnahme-Masstafeln eingetragen. Gebrauchte Rohre werden jährlich von Neuem aufgenommen, um ihre Kriegsbrauchbarkeit zu prüfen. Die hierbei vervollständigten Aufnahme-Masstafeln geben über etwa eingetretene Veränderungen Aufschluss.

Aufnehmen der Truppe, die zurückgeht, geschieht am besten durch eine Stellungnahme der rückwärtigen Staffel, auf dem Flügel der geschlagenen Truppe, da diese sonst die Front markiren würde. Noch empfehlenswerther ist ein starker offensiver Vorstoss auf einen der Flügel.

Aufpflanzen des Bajonnets. S. Bajonnet.

Aufprotzen. Verbindung von Protze und Lafette beim Uebergang aus der Feuerstellung zur Bewegung. (Vergl. Abprotzen.)

Aufrichten umgeworfener Geschütze oder Fuhrwerke. Ausheben der Bracke oder Vorauszugwage, Ausspannen der Stangenpferde, Aufrichten des Fuhrwerkes durch Eingreifen in die Räder oder mittelst Hebebäumen und Wagenwinden, Abprotzen und Aufrichten des Vorder- und Hintergestelles für sich, Ausladen der Fuhrwerke.

Aufrollen — Aufsatzplatten

Aufrollen heisst eine feindliche Linie, Stellung oder sonstige Aufstellung von einem Flügel aus in einander zu werfen. Dieses ist nur möglich, wenn die Front zugleich in Kampf verwickelt wird, und wird erleichtert, wenn man auch den Rücken bedroht. Bei den heute beliebten tieferen Gliederungen und der grossen Beweglichkeit, die den modernen Armeen inne wohnt, ist das A. kaum mehr in's Auge zu fassen; nur Laienschriftsteller wenden dies Wort hin und wieder auch heute noch an, um der Darstellung mehr Sensation zu geben.

Aufruf. S. Tagesbefehl.

Aufruhr. Der militärische A. ist dann schon vollendet, wenn mehrere zusammengerottet es unternehmen, mit vereinten Kräften dem Vorgesetzten den Gehorsam zu verweigern, sich ihm zu widersetzen oder Thätlichkeiten gegen ihn zu begehen. Beim Zurücktreten ehe Gewaltthätigkeit erfolgt, treten mildere Strafen in Kraft. Schwerer wird A. im Felde, am schwersten vor dem Feinde geahndet. Anstifter und Rädelsführer werden besonders scharf bestraft, ebenso solche, welche ausdrücklich den Gehorsam verweigern oder militärische Signale etc. zur Beförderung des A. missbrauchen.

Aufsatz. Vorrichtung an Geschützrohren zum direkten Nehmen der Höhen- und Seitenrichtung. In der Hauptsache besteht der A. aus der A.-Stange und der Visirvorrichtung. Die A.-Stange ist mit Grad- und Metereintheilung versehen. Die Gradeintheilung — unerlässlich für Geschütz mit wechselndem Ladungsverhältniss — erfordert die Benutzung der Schusstafel. Die Metereintheilung giebt die Erhöhung für die verschiedenen Entfernungen (Schussweiten) an, ist daher für den Gebrauch vortheilhafter. Verschiedene Geschossgewichte (Flugbahnen) erfordern mehrere Metereintheilungen bezw. A.-Stangen. — Die Visirvorrichtung mit der Visirkimme bildet zur A.-Stange einen rechten Winkel. Die Visirkimme ist seitlich verschiebbar zum Ausgleich der durch den Drall der Züge bezw. Seitenwind bedingten seitlichen Abweichungen der Geschosse. (Für ersteren Zweck wählt man auch eine schräge Stellung der A.-Stange.) Man unterscheidet lose und feste Aufsätze; erstere — meist aus Holz gefertigt — werden beim Gebrauch in eine quer auf dem Rohre angebrachte Aufsatz- oder Visirplatte eingeschoben. Die festen, aus Messing oder Stahl gefertigten A. sind senkrecht in einer Durchbohrung des Rohres (A.-Hülse) verstellbar. Fernrohr-A. sind für das genauere Richten auf grosse Entfernungen bestimmt. (England).

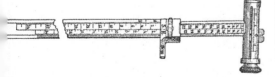

Aufsatz des österreich.-ungar. Feldgeschützes.

Der Aufsatz C/82 des deutschen Feldgeschützes (siehe Abbildung) hat links eine Schrapneleintheilung (von 300 bis 3500 m), vorn eine

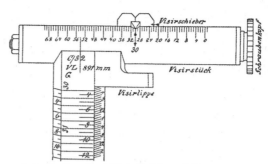

Aufsatz des deutschen Feldgeschützes.

solche für den Granatschuss (von 300 bis 4200 m) und rechts eine Gradeintheilung (bis 13 Grad). Die Unterabtheilungen reichen bei den beiden ersteren bis 50 m, bei der Gradeintheilung bis $1/16$ Grad. Die Zahlen für die zum Ausgleich der Rechtsabweichung der Geschosse in Folge des Dralls zu nehmende Seitenverschiebung sind quer und über dem Theilstrich der zugehörigen kleinsten Entfernung eingeschnitten. Das Visirstück mit dem durch die Leitschraube bewegbaren Visirschieber hat eine Eintheilung in Tausendstel der Visirlinie ($\frac{891}{1000}$ mm) von 0 bis 70 reichend. Durch den Theilstrich 30 läuft die Visirebene. Da die jetzigen Geschosse (Schrapnel C/91 und Sprenggranate) annähernd dieselbe Flugbahn wie die frühere Granate haben, ist die Schrapneleintheilung am Aufsatz C/82 entbehrlich geworden.

Neuerdings wird vielfach eine Vereinigung des A. mit der Libelle (Quadrant, Richtbogen) angestrebt (italien. Quadranten-A. Pedrazzoli).

Aufsatzplatten. Kleine stählerne Platten mit einem dem Querschnitt der Aufsatzstange entsprechenden Ausschnitt. Sie dienen beim Feuer mit Bz. zum Ausgleich von Unterschieden zwischen Aufsatz und Zündertheilung infolge unnormalen Brennens des Satzringes. (Flugbahn des Geschosses und Brennlänge des Zünders). Sie werden auf die zum Einstellen des Aufsatzes dienende Fläche gelegt, der Aufsatz auf ihre obere Fläche eingestellt und dadurch beim Richten des Rohrs mit jeder Platte die Erhöhung des Rohrs um $3/16°$ grösser als die befohlene Entfernung genommen, während die Zünderstellung dieselbe wie die befohlene Entfernung bleibt. Beim deutschen Feldgeschütz ergiebt eine Korrektur von 1 Platte eine Aenderung der Schussweite (auf mittleren Entfernungen) um 50 m. Brennt z. B. ein Zünder infolge feuchter Witterung zu langsam, so wird das auf 2000 m verfeuerte Geschoss nicht in der Luft, sondern als Az. nach dem Aufschlag zerspringen. Legt man daraufhin eine Platte unter (Kdo.: „Eine Platte höher!"), so wird der Aufsatz auf 2000 + 1 Pl. = 2050 m gestellt und das mit seinem Bz. auf 2000 m eingestellte Geschoss wird mit 2050 m Schussweite in der Luft zerspringen. Genügt eine Platte nicht, so nimmt man weitere Platten „höher". Umgekehrt verfährt man bei zu hohen Sprengpunkten; naturgemäss ist entsprechend den Plattenkorrekturen eine Aufsatzänderung nothwendig. Liegen keine Platten zum Fortnehmen unter bezw. will man mehr als 6 Platten unterlegen, so gebraucht man den Richtbogen. An Stelle der A. nehmen andere Artillerien (z. B. die österreichisch-ungarische) Brennlängen-Korrekturen vor, d. h. Entfernung und Brennlänge getrennt befohlen, z. B. „2250! — Tempirung 2300!" oder „2250! — Tempirung 2350;" Es würde dies bei uns dem Kdo.: „2300! (bezw. 2350! eine (bezw. zwei) Platten tiefer!" entsprechen.

Aufschlag der Geschosse. Zusammenstoss des Geschosses mit einem Gegenstande (Ziel, Erdboden und dergl.) oder die getroffene Stelle selbst. Ueber Fortsetzung der Flugbahn nach dem A. vergl. „Abprallen". Artillerie-Geschosse mit einem Zünder, der sie durch den A. zum Zerspringen bringen soll, nennt man Aufschlag-Geschosse

Aufschlagzünder. Abgekürzt Az., auch Perkusionszünder genannt, soll bei dem Aufschlag des Geschosses eintretende Unterbrechung der fortschreitenden Bewegung wirksam werden und die Sprengladung entzünden. Ein lose im Zünder gelagerter Bolzen (Nadelbolzen, Schlagbolzen) fliegt infolge seines Beharrungsvermögens, sobald die Geschossgeschwindigkeit sich plötzlich verringert, nach vorn und sticht ein Zündhütchen an. Oft enthält auch der Bolzen das Zündhütchen, während bei letzterem die Nadel vor letzterem befestigt ist. Um eine unbeabsichtigte, vorzeitige Entzündung (beim Laden und Abfeuern) zu verhüten, ist eine Sicherung des losen Bolzens erforderlich, die durch den Stoss der Pulvergase, welche das Geschoss in Bewegung setzen, ausgelöst wird.

Die deutsche Feldartillerie führt in ihrer kriegsmässigen Ausrüstung nur Doppelzünder (s. d.); die Fussartillerie ist noch mit dem Feldgranatzünder C/80 und dem Granatzünder C/82 (beide A.) ausgerüstet. Abbildung des A. s. u. Doppelzünder.

Aufschliessen geschieht jedesmal, wenn die Seiten-Abstände durch Bewegungen der hinteren Staffeln, Linien etc. verringert werden.

Aufschrift s. Adresse.

Aufsetzen der Pferde. (S. Krippensetzen.)

Aufsitzenlassen des Ziels heisst das Zielobjekt so auf das gestrichene Korn zu setzen, dass man den unteren Rand desselben zum Ziele nimmt.

Aufstand s. Aufruhr und Meuterei.

Aufsteigender Ast, der Theil der Geschossbahn, welcher sich von der Mündung der Waffe bis zum höchsten Punkte der Flugbahn, dem Kulminations- oder Scheitelpunkte, erhebt. Er ist länger und flacher als der zweite Theil der Geschossbahn, der absteigende Ast (s. d.)

Aufstellung der Truppen. Die strategische ist die Anordnung der Armeen, Korps und Detachements. Die taktische A. diejenige, welche auf Sammelplätzen, bezw. vor dem Beginne der Aktion von den Truppen genommen war. Je kleiner die Verbände sind, über deren Aufstellung berichtet wird, desto mehr kann in die Einzelheiten des Standes der kleineren Kadres gegangen werden.

Die Normalstellung eines Truppentheils für bestimmte Zwecke s. Ordre de bataille.

Auftrag s. Ausgabe von Befehlen.

Auftreffwinkel heisst der Winkel, unter welchem ein Geschoss das Ziel trifft,

Auftritt, auch Banket, ist so hoch zu bemessen, dass der Mann 1.3 m Anschlagshöhe behält. Breite 1 m, Tiefe für 1 Mann ausreichend.

Aufwiegelung (s. auch Aufruhr) ist ein milit. Verbrechen, das sich als Aufreizung mehrerer Soldaten zur gemeinsamen Gehorsamsverweigerung, Widersetzlichkeit oder Thätlichkeit gegen den Vorgesetzten zeigt. Der Erfolg der Handlung ist unwesentlich, er verstärkt nur die Strafe; 5—10 Jahre; im Felde lebenslängliche Gefängnissstrafe.

Aufziehen der Wache. Der Gouverneur etc. bestimmt die Reihenfolge der Wachen bei der Wachparade. Die Kommandeure, die im Range unter dem Gouverneur etc. stehen, begleiten die vorbeimarschirenden Wachen, salutiren und begeben sich rechts neben den Gouverneur etc. Ist der Regts.- oder Bat.-Kommandeur älter als der letztere, so tritt er ohne die Wache zu begleiten rechts neben denselben. (Die Einzelheiten s. Garn.-Dienst-Vorschrift 13./9. 88 § 10.) Mit dem Signal oder, wenn kein Spielmann da ist, dem Kommando „Vergatterung" tritt die neue Wache unter den Befehl der Vorgesetzten der Wachen.

Augendre-Pulver. Aelteres Schiessmittel, das sich im Verhältniss von 1:2:2 aus gelbem Blutlaugensalz, Rohrzucker und chlorsaurem Kali zusammensetzte.

Augusta, Marie Luise Katharina, deutsche Kaiserin, Königin von Preussen (30. September 1811—1889), Herzogin zu Sachsen-Weimar, seit 1829 vermählt mit Kaiser Wilhelm I, ist Begründerin der grossartigen Kranken- und Verwundetenpflege in Preussen-Deutschland, des Vaterländischen Frauen-Vereins, des Augustahospitals, Beschützerin und Anregerin aller in das Feld der Wohlthätigkeit schlagenden Reformen und Unternehmungen. Ohne die hochherzige Thätigkeit und Energie Kaiser Wilhelms und der Kaiserin A. wäre die Genfer Konvention nie zur Ausführung gelangt. Nach ihr ist das Königin Augusta Garde-Grenadier-Regiment No. 4 genannt.

Augustin, Frhr. v., österr. F.Z.M. (1780—1861), zeichnete sich von 1794 ab schon als Soldat in den Revolutionskriegen aus, ebenso später bei Kulm und Dresden und bei Leipzig im Stabe des Kronprinzen von Schweden. Er ist besonders als Techniker (verbesserte Racketen etc.) berühmt geworden.

Augenglas (s. Fernrohr).

Bei Paraden dürfen während der Aufstellung und beim Vorbeimarsch keine anderen Augengläser als Brillen getragen werden.

Augenkrankheiten. Beim Ausbruch von A. in den Kasernen ist jedem Manne ein besonderes Waschbecken zu liefern.

Augereau, Herzog von Castiglione (1757—1816), zeichnete sich als Divisionsgeneral unter Bonaparte bei Lodi, Arcole u. a. Gelegenheiten durch energisches Handeln aus. Mit Napoleon halb zerfallen, wurde er erst 1805 wieder in der Front verwendet und erwarb sich bei Pr. Eylau neuen Ruhm. Während des Feldzuges 1812 war er in Berlin Kommandeur einer Reserve-Armee; entsprach den Erwartungen Napoleons auch im Feldzuge 1813/14 nicht, war einer der ersten, der zu den Bourbonen überging. Roh, falsch, habsüchtig, jedes edleren Gefühles baar, unfähig zu jeder höheren Truppenführung, war er nur ein tüchtiger „Troupier".

August, Prinz von Württemberg, preuss. General-Oberst der Kavallerie (1831—1885).

Aus württemberg. Diensten trat der Prinz im April 1831 als Rittmeister in die preuss. Gardes du Corps. Im Feldzuge 1866 drang der Prinz mit dem Garde-Korps nach den siegreichen Gefechten von Burkersdorf, Soor und Königinhof in Böhmen ein. Das entschlossene Eingreifen der Garden auf dem Schlachtfelde von Königgrätz, namentlich der unter den Augen des Prinzen ausgeführte Sturm auf die Höhen von Chlum, trug wesentlich zur Erringung des Sieges vom 3. Juli 1866 bei. (Orden pour le mérite.) 1870 führte der Prinz das Garde-Korps nach Frankreich, wo ihm harte Kämpfe bei St. Privat, la Montagne, bei Sedan, vor Paris (Le Bourget) bevorstanden. 1873 erhielt das Fort St. Privat bei Metz den Namen „Prinz August von Württemberg". Im folgenden Jahre wurde der Prinz zum General-Oberst der Kavallerie ernannt. Nach dem am 1. November 1877 erfolgten Tode des Generalfeldmarschalls Grafen Wrangel fand am 13. Juli 1878 seine Betrauung mit den Funktionen des Oberbefehlshabers in den Marken statt.

August der Starke (1670—1733) hat als Soldat sich durch die Führung des Feldzuges 1704 gegen Karl XII. von Schweden einen Namen gemacht; an den übrigen Kämpfen war er mehr als Kriegsherr betheiligt. Er arbeitete fleissig an der Tüchtigkeit seiner Armee, die bei der Revue im Jahre 1730 die Bewunderung seiner Zeitgenossen erregte.

August, Prinz von Preussen, Bruder Friedrich des Grossen (9./8. 1722 — 12./6. 1758), zeichnete sich bei Hohenfriedberg, wo er 6 Bataillone führte, aus. Als ihm aber der Verlust Gabels und Zittaus, die er gegen den überlegenen Feind räumte, die Ungnade seines hohen Bruders und Königs zuzog, kehrte er gebrochenen Herzens nach Berlin zurück. (S. Schöning, 7j. Krieg.)

August, Prinz von Preussen, Neffe Friedrich des Grossen (19./9. 1779 — 19./7. 1843), kämpfte mit Auszeichnung bei Auerstädt, wurde aber in die Kapitulation von Prenzlau verwickelt, 1808 Chef der Artillerie, für deren Hebung er seine ganze Kraft einsetzte, so dass schon 1813 die Folgen zu spüren waren. In der Schlacht bei Kulm focht er mit Auszeichnung bei Arbesau (s. dort). Bei Leipzig vertheidigte er 16./10. Markkleeberg mit Erfolg und zeigte bei den Kämpfen um Probstheida zwei Tage später eine grosse Energie; auch in den Gefechten bei Vauchamps und Champaubert 1814 war er ruhmvoll betheiligt.

1815 erhielt er den Auftrag, die meist im Rücken der Armee liegenden französischen Festungen zu belagern und zeigte dabei so eigenartige, den bisherigen Ueberlieferungen widersprechende Methoden, dass er binnen Kurzem Maubeuge, Landrecy, Marienburg, Philippeville, Rooroy u. a. einnahm.

Die Geschichte der Entwickelung der preussischen Artillerie ist aufs engste mit dessen Namen verknüpft.

Aulich, ungar. Revolutions-General (1792—1849), ging 1848 als Oberstlt. zu den Insurgenten über, nahm an den Kämpfen gegen die österr. Truppen besonders in der Schlacht bei Isaszegh (9./4. 1849) und der Einnahme von Ofen regen Antheil, musste bei Vilagos die Waffen strecken und wurde hingerichtet.

Aumale, Herzog v., französischer Divisions-General (1822 geb.), zeichnete sich in den Kriegen in Algier aus, dessen General-Gouverneur er 1847 wurde. 1872 Präses des Kriegsgerichts über Bazaine. Später 8. A. K. in Besançon.

Aurelle de Paladines, (1803—1877), französischer General, diente lange in Afrika, als Divisions-General in der Krim. Im Jahre 1870 Oberbefehlshaber der Loire-Armee siegte er 9. November bei Coulmiers, erhielt aber dann wegen Differenzen mit Gambetta seine Entlassung. Er schrieb: „Campagne de 1870—71; La première armée de la Loire".

Aurich. Dort stehen das 3. Bat. Inf.-Rgt. Herzog Fr. Wilh. v. Braunschweig (Ostfries.) No. 78; Bez.-Kom.; Garnison-Lazareth. 3. Servisklasse.

Ausarbeitung von schriftlichen Aufgaben.

Im Allgemeinen: Gebrochener Formatbogen. Links die Aufgabe mit Namen und Charge des Auftragstellers; ebenso dort Bestimmung des Sammelplatzes, Markiren von Truppen, Beginn der Uebung etc. Der Text der Ausarbeitung kommt auf die rechte Seite und fängt in der Höhe der Zeile an, in welcher links die Aufgabe schliesst. Die Arbeit wird von dem Verfertiger mit Angabe der Charge unterschrieben. Datum rechts oben.

Ausblasen, das Misslingen der Sprengwirkung einer Mine durch Entweichen der Explosionsgase in einer derselben keinen Widerstand darbietenden Richtung, durch Oeffnungen.

Ausbleiben über Zapfenstreich. Abends müssen alle Mannschaften rechtzeitig zu Hause sein, Unteroffiziere eine Stunde später. (Unteroffiziere, die das Offizier-Seitengewehr tragen, sind an keine Zeit gebunden.) Die zu spät Kommenden muss der Stubenälteste melden.

Ausbrennungen. Verletzungen (Abschmelzen) des Rohres, des Verschlusses und der Liderung durch die glühenden Pulvergase. Treten besonders rasch und häufig auf bei leicht schmelzbaren Metallen (Bronze), bei unvollkommener Liderung und bei Pulverarten, die eine sehr hohe Verbrennungswärme entwickeln (Nitroglycerinpulver). A. sind namentlich dann sehr schädlich, wenn sie die gute Abdichtung des Verschlusses in Frage stellen, eine merkliche Verlängerung des Verbrennungsraumes zur Folge haben oder sogar die dauernde Haltbarkeit der Waffe gefährden. Um die Grösse festgestellter A. in der Rohrseele zu messen, fertigt man Abdrücke (Wachs, Kautschuk) derselben an.

Ausbruch von Feuer (s. Feuerlärm).

Ausdehnung der Pulvergase. Die Eigenschaft der Pulvergase, welche den Gasdruck (s. d.) erzeugt, somit also die treibende Kraft für die Feuerwaffen liefert. Die A. ist abhängig von der Menge, den physikalischen und chemischen

Eigenschaften des verbrannten Pulvers, dem Ort und der Art der Entzündung, der Grösse, Form und Festigkeit der Einschliessung.

Ausfall, 1. im **Festungskriege** ist eines der stärksten Mittel der Vertheidigung. Vortheil desselben ist die Ueberraschung, besonders wenn man auch auf die Flanken des Belagerers kommen kann. Fortwährende Ausfälle lähmen die Wachkraft und damit die Stärke des Angreifers. Die Hauptsache ist, dass sie ganz bestimmte Ziele im Auge haben. Ob man Ausfälle im grossen oder kleinen Stile unternimmt, hängt von der Gefechtstüchtigkeit und Grösse der Besatzung gegenüber beider Eigenschaften des Belagerungsheeres ab.

Nachteile sind, dass der Vertheidiger sich der Vortheile der schützenden Werke begiebt und den Angreifern im offenen Feldkampfe gegenübertritt.

2. In der **Fechtkunst** bedeutet A. den durch schnelles Vorsetzen des Fusses auch wohl Vorspringen verstärkten Angriff auf den Gegner.

Ausfallbatterien sind die bespannten leichten Batterien (ohne Munitionswagen), die den Festungen zum Zwecke der Unterstützung von Ausfällen zugetheilt werden. Stücke und Zahl richten sich nach den Umständen.

Ausfallstufen sind über die Brustwehren der Schützengräben geführte Treppen aus Faschinen, die dazu dienen, aus Befestigungslinien bezw. aus den Angriffslinien gegen eine Festung, (auch aus Parallelen) zur Offensive vorzugehen. Sie werden meist in der Breite eines Infanteriezuges angelegt.

Ausfallthore waren besonders in den engeren Werken der früheren, geschlosseneren Befestigungsarten ziemlich häufig, heute findet man sie seltener.

Ausfertigung der Befehle etc. (s. Dienst in den Stäben).

Ausflammen. Abgabe blinder Schüsse aus Geschützrohren vor dem Scharfschiessen, um alle Feuchtigkeit u. dergl. aus der Seele zu entfernen, die Rohrwandungen anzuwärmen und so die möglichste Gleichmässigkeit der Pulverwirkung bei den scharfen Schüssen herbeizuführen (vor Schiessversuchen u. dergl.).

Ausflug. S. Fangkasten im Artikel Brieftauben.

Ausgehen. 1. Bei **Arrest**:
a) bei Stubenarrest ist das Ausgehen dem Verurtheilten erst nach einer Strafdauer von 14 Tagen, —
b) bei strengem Arrest am 4., 8. und demnächst jedem 3. Tage, —
c) bei mittlerem Arrest am 4., 8., 12. und sodann jedem 3. Tage, —
d) bei gelindem Arrest nach 14 Tagen ist Bewegung in freier Luft, —
e) ausserdem in allen Fällen, wenn der Gesundheitszustand des Verurtheilten dies erfordert —

täglich eine Stunde unter Aufsicht gestattet.

2. Bei **Krankheit**: Kranke Offiziere gehen nur auf ärztlichen Rath und nachdem der Vorgesetzte davon Kenntniss erhalten hat, aus — ev. in Zivil und nicht in öffentliche Lokale. — Bei revierkranken Mannschaften regelt der Arzt das etwa nothwendige A.

Ausgeschossen ist ein Lauf, wenn die Züge oder andere Theile der Seele eines Rohres nicht mehr die Form haben, die das Geschoss richtig führt, und dadurch die Sicherheit des Schusses verloren geht.

Aushebung. Sie erfolgt zum Dienste mit oder ohne Waffe oder als Arbeitssoldat, zu letzterem werden die zum Dienste mit der Waffe Unwerthen oder Untauglichen bestimmt. Versuchsweise Aushebung, wenn angeblich vorhandene Gebrechen nicht nachweisbar sind. Ein bei der Rückstellung Berücksichtigter, der sich der Erfüllung des Zweckes der Rückstellung entzieht, kann vor dem 25. Lebensjahre nachträglich ausgehoben werden.

Aushebungs-Bezirke. (S. auch Ersatz-Bezirke.) Die Landwehrbezirke sind in Rücksicht auf die Ersatzangelegenheiten in Aushebungs-Bezirke und diese hier in Musterungs-Bezirke eingetheilt. Umfang und Grösse der A. hängt von der Eintheilung der Zivil-Verw. ab. Gewöhnlich für jeden Kreis ein A. Wo keine Kreise bestehen, werden Bezirke von 30—70000 Seelen in einen A. vereinigt. Festsetzung der A. unterliegt den Ersatzbehörden 3. Instanz.

Jeder Militärpflichtige ist in dem A. gestellungspflichtig, in welchem er sich zur Rekrutirungsstammrolle anzumelden hat.

Aushebungsorte. (Musterungsorte.) Sie sind so zu wählen, dass die zu Musternden möglichst nicht länger als einen Tag ihren Geschäften entzogen werden, möglichst an den Orten, an denen die Zivil-Vorsitzenden der Ersatz-Kommissionen ihren Amtssitz haben.

Aushülfe an Rekruten. Kann ein Bundesstaat die ihm gebührende Zahl der Rekruten nicht aufbringen, so helfen die anderen Bundesstaaten nach Verhältniss der Bevölkerung aus. Vermag ein Armeekorpsbezirk seinen Rekrutenantheil nicht aufzubringen, so wird der Ausfall auf die anderen Bezirke desselben Reichsmilitärkontingents nach Massgabe der vorhandenen Ueberzähligen vertheilt.

Aushülfepferde nennt man diejenigen, die en Offizieren, welche zur Theilnahme an dem Offizier-Unterstützungsfonds berechtigt sind, überwiesen werden, wenn sie einen Verlust von eigenen Pferden zu beklagen haben. Es sind dies mit Makeln behaftete Remonten.

Ausgabe, 1. von Befehlen in den Manövern. Der leitende Befehlshaber giebt beiden Parteien dieselbe General-Idee (Kriegslage) und jeder Partei eine Spezial-Idee, um ihr die Aufgabe zu stellen; auch hier und da einen besonderen Auftrag. (In kleinen Verhältnissen beschränkt sich das Befehlgeben auf den Auftrag.) Die General-Idee ist möglichst einfach zu halten. Beim Einrücken in die Quartiere ist der Aufenthalt zur A. von Befehlen zu vermeiden; kann meist unterwegs abgemacht werden.

2. von **Verpflegungs- und Biwaksbedürfnissen** wird bei den Herbstübungen in der Regel bereits im Voraus durch besondere „Verpflegungs-Bestimmungen" des Leitenden festgestellt.

Ausladen. Die Ankunft eines Militärzuges ist in der Ausladestelle (Etappe etc.) bekannt, dort einigen sich Führer der Truppe und Vorsteher des Bahnhofes (Etappe) über die Maassnahmen (Wachen, Verpflegung etc.). Wachen etc. steigen zuerst aus, Arbeitertrupps stellen Rampen auf, dann erst Aussteigen der Soldaten auf Kommando oder Signal. Schliessen der rückwärtigen Thüren bei Pferde-Waggons nöthig. Dann Ueberlegen der Ladebrücke, Wegnehmen von Schutzbrett und Vorlegebaum aus der Thüröffnung, Futtersäcke, Schemel, Eimer etc. herausgeben, Querbaum auf einer Waggonseite lösen, Pferde losbinden, vorsichtig herunterführen und von der Rampe abführen. Mannschaften steigen in 10—15 Min., Pferde 10—20 Min. aus, Fahrzeuge zu entladen in 20—30 Min. Alle Kav., Art., Trains etc. noch 10—20 Min. zum Anspannen und Räumen der Station. Alles aufzubieten, um rasches Freimachen der Station zu erwirken.

Ausladen auf freier Strecke ist für Infanterie leicht, aber für Pferde schwierig. Ein Mann springt voran aus dem Waggon, hält das Thier am Halfter (mit Fouragierleine) fest, zwei Mann geben sich die Hände und schieben das Pferd mit starkem Ruck vorwärts, wenn es sich zum Sprunge anschickt, damit es nicht am Trittbrett hängen bleibt. Unfälle dabei sind nicht zu vermeiden.

Auslage beim Fechten Die Füsse einen kleinen Schritt auseinander, die Spitzen nach aussen, Kniee gebeugt, Oberkörper elastisch und frei. Beim Hiebfechten ist in der Armee die gerade A. gebräuchlich mit gestrecktem Vorderarm, Knöchel in Schulterhöhe. Die in Verbindungen beliebte **verhangene** A. bedingt einen durch Bandagen geschützten Unterarm, indem derselbe mit zur Deckung benutzt wird. Die A. beim Bayonnetfechten ist aus der Instruktion bekannt. Die Oesterreicher stützen den linken Ellbogen auf die Hüfte.

Auslagen, baare. A. welche den Truppen für Ausbesserung von Geräthen, Fahrzeugen etc. in Folge der Arbeiten an den Uebungsplätzen entstehen, dürfen mit Genehmigung des Generalkommandos erstattet werden.

Ausland s. Auswanderung.

Im Auslande haben sich sowohl die aktiven, als die nichtaktiven Militär-Personen der Zivilkleidung zu bedienen. Das Tragen der Uniform im Auslande ist nur jenen Militär-Gagisten gestattet, welche sich dort in einer offiziellen Mission aufhalten. Zu Ausnahmen ist in Deutschland allerhöchste Genehmigung einzuholen. Die kommandirenden Generale dürfen das Uniformtragen innerhalb der nächsten Grenzgebiete — mit Ausnahme der Schweiz — gestatten. In Oest.-Ung. ertheilt zum Uniformtragen im Auslande das k. Kriegsministerium die Bewilligung.

Ausländer. A. werden zur Bevölkerung der einzelnen Bundesstaaten nicht gerechnet.

A., welche die Reichsangehörigkeit erwerben, werden nach Maassgabe ihres Lebensalters wehrpflichtig. Angehörige fremder Staaten bedürfen zum Eintritt in das Heer der Genehmigung des Kontingentsherrn, in die Marine Kaiserlicher Genehmigung. Sind sie irrthümlich zum Militärdienste eingestellt, so hat sofort Entlassung zu erfolgen, wenn sie nicht ihre Naturalisation beantragen.

Auslieferung von Gefangenen. Darüber giebt es keine besonderen Gesetze, sie findet in Form von Verhandlungen statt. S. auch Auswechselung.

Auslösen Gefangener. Es war früher üblich, Kriegsgefangene durch Erlegung eines Lösegeldes aus der Gefangenschaft zu befreien.

Ausmusterung. Untaugliche werden von der Militärpflicht entbunden. Selbstverstümmler nach dem Strafgesetze bestraft und wenn sie dazu tauglich sind, in die Landwehr, zur Sanitätstruppe oder zum Spitaldienste eingereiht, haben überdies 2 Jahre über die gesetzliche Dienstzeit präsent zu dienen. In Deutschland ist die Herbeiführung der gerichtlichen Untersuchung Sache des Zivilvorsitzenden der Ersatz-Kommission.

Ausnahme von der Wehrpflicht. S. Zurückstellung, auch Wehrpflicht.

Ausrücken. A. von Truppen nennt man das Verlassen der Garnison, des Lagers. Man spricht, wenn besondere Abtheilungen gebildet sind oder von geschlossenen Kadres, von deren „Ausrückestärke".

Ausrüstung mit Schiessbedarf, von grosser Bedeutung für die taktische Leistungsfähigkeit der Feldtruppen. Der deutsche Infanterist hat an Taschenmunition 150 Patronen (künftig 120); in den Kompagnie-Patronenwagen befinden sich für das Gewehr 50, in den Munitionskolonnen weitere 100 Schuss, sodass im Ganzen 300 Patronen für jeden Mann mitgeführt werden. In den Feldmunitionsdepots sind noch etwa 20 Patronen für den Kopf vorhanden. Bei anderen Heeren stellt sich die Patronenzahl in den Taschen des Mannes: Belgien 120, England 115, Frankreich 112 (im Kompagniewagen 16384, im Bataillons-Packwagen 1920 Patronen), Oesterreich Ungarn 100, Russland 150, Schweiz 150, Türkei 150, Italien 162, Niederlande 160, Norwegen 150, Vereinigte Staaten 200 (Flotte). Der durch die Mehrlader gesteigerte Bedarf an Taschenmunition findet seine Grenze nur in der noch zulässigen Belastung des Infanteristen (s. d.). S. nächste Seite.

Ausrüstung kann sich auf Material wie auf Personal beziehen. (S. auch Feld-Ausrüstung.) Man versteht meist die Ausrüstung für den Krieg, doch giebt es auch Friedensausrüstung zu Manövern, besonderen Kommandos etc.

Bei den schweren Geschützen ist zu beachten: Verschlüsse bleiben stets im Rohre. Ueberall, wo Bunde auf scharfen Kanten liegen, Haardecken einlegen, bezw. zu ersetzen, wo durchgerieben. Auch wichtige Lafettentheile mit Haardecken schonen. Alles von Zeit zu Zeit nachziehen und nachschnallen.

Ausrüstungsnachweis wird bei allen Ausrüstungen von Fahrzeugen, besonders Werkzeug-Munitionswagen etc. mitgegeben, bezw. im Bureau deponirt.

Ausschachten ist Ausgraben.

Ausscheeren ist das Herausziehen eines Taues aus den Blöcken eines Faschenzuges.

Ausschiessen der Gewehre oder Geschützrohre entsteht durch fehlerhafte Munition oder durch gewöhnlichen Gebrauch.

Ausschlagen der Pferde. Dabei sind die Ursachen (Kitzel, Sattellage, Hintergepäck, Rock-

Zu Ausrüstung mit Schiessbedarf: Feld-Artillerie.

Gegenstand		Deutsches Reich	England	Frankreich[10] 80 mm / 90 mm Kanone		Italien 7 cm / 9 cm Kanone		Oest.-Ungarn Reitd. Batterien	Oest.-Ungarn Feld-Batterien	Russland[11] Kaval.-Gesch.	Russland[11] leicht. Gesch.	Russland[11] schweres Geschütz	Bemerkungen
am Geschütz { An der Lafette	Schrapnels	2	2[3]	2[3]	2[3]	2[5]	—	—	—	—	—	—	[1] Ausserdem in jedem Hinterwagen 2 Leuchtgeschosse. [2] Ausserdem 12 Leuchtgeschosse. [3] Werden beim Umhängen aus der Protze entnommen. [4] Die Batterien selbständiger Kavallerie-Divisionen haben nur 8 Munitionsausrüstung und dementsprechend eine geringere Munitionsausrüstung. [5] Nur die Geschütze der reitenden Batterien. [6] Die Geschütze der reitenden Batterien (R) haben 10 Granaten. [7] Die Batterien können im Bedarfsfalle mit Stahlgranaten ausgerüstet werden. [8] Die Einführung von 15 Ekrasit-Granaten an Stelle einer gleichen Zahl Pulvergranaten pro Geschütz steht bevor. [9] Der Munitionswagen C/89 nimmt 48 Schuss auf. [10] Die kurze 12 cm Kanone (Feldgeschütz) führt in der Protze 16, im Hinterwagen 32 bei der Batterie (5 Geschütze, 9 Munitionswagen) 528 Schuss = 288 Schrapnels, 240 Melinit-Granaten; Jedes Geschütz = 88 Schuss. [11] Der an Stelle des schweren Geschützes eingestellte 6 zöllige Feldmörser führt in der Protze 12, im Munitionswagen 26, in dem Munitionskarren 2, die Batterie zusammen 552 Schuss (386 Schrapnels, 166 Minengranaten), jedes Geschütz = 92 Schuss.
	Kartätschen	—	2[2]	—	—	—	—	—	—	—	—	—	
am Geschütz { in der Protze	Schrapnels	30	22	26	25	30	24	20	20	10	15	9	
	Granaten	—	10	4	2	8[6]	8	10	10	7	13	7	
	Kartätschen	—	4	—	—	2	2	4	4	3	2	2	
zusammen		32	36	30	27	R:42	36	24	34	20	30	18	
						R:46							
im Munitionswagen { in der Protze	Schrapnels	—	—	—	8 Wag. je 25	R:45	48	30	30	15	25	—	
	Sprenggran.	—	—	—	—	8[6]	8	15	15	12	13	—	
	Kartätschen	—	26	8 Wag. je 56	—	—	2	—	—	3	—	—	
im Munitionswagen { im hintern Wagen	Schrapnels	1.—7. Wag. je 45	—	7 bezw. 8 Wag. je 56	8 Wag. je 50	—	—	—	—	2	7	1-8.Wag. je15 9.-16. „ 12
	Sprenggran.	8. u. 9. Wag. je 45	—	—	—	—	—	—	—	—	—	9.-16. „ 15	
	Granaten	—	—	—	2	8[6]	—	—	—	—	—	—	
	Kartätschen	2	10	—	—	—	12	4	4	—	—	—	
zusammen		77	72[1]	84	77	R:97 F:100	94	94[7]	94[7]	55	80	45[9]	
Schussz. bei der Batterie { Schrapnels		705	420	828[4]	750	R:674 F:672	576	360	560	360	600	432	
Schussz. bei der Batterie { Sprenggran.		150	—	84	75	R:190 F:144	168	300	400	366	560	384	
Schussz. bei der Batterie { Granaten		—	180	—	—								
Schussz. bei der Batterie { Kartätschen		30	48	24	29	R:30 F:40	36	48	64	54	40	48	
zusammen		885	648[2]	936	854	R:852 F:904	780	708	1024	780	1200	864	
für ein Geschütz		147½	108	156	142⅓	R:150[2]/[3] F:142	130	118	128	130	150	108	
Schusszahl bei der Gefechtsbatterie für ein Geschütz		83⅓	—	72	65½	R:95 F:92	83	86⅔	81	75	70	52½	

schösse, Sporen etc.) zu erforschen. Im Uebrigen: Oberleib zurück, Gesäss in den Sattel, Aufrichten des Pferdes zwischen Schenkel und Zügel. Bei Geschirren Anbinden des Schweifes an die Seite.

Ausschnitte (oder **Echancrüren**) nannte man die in den älteren Befestigungswerken zu findenden Durchgänge zwischen den Traverhen und Glacisbrustwehren im gedeckten Wege.

Ausschwärmen s. Infanterie. Man nennt den Uebergang der Linie in die Schützenlinie A.

Aussenwerke heissen bei den älteren Befestigungsmethoden die Werke, welche vor dem Hauptwalle, jedoch noch innerhalb der Glaciswerke liegen, wie Grabenscheeren, Ravelins, Lünetten u. s. w. Sie bestrichen oft den Raum vor den anderen Werken recht wirksam, waren dafür aber gewöhnlich die Hauptangriffspunkte des Belagerers.

Aussenwachen. Die Vorpostengros sichern sich durch A. (bei denen kein Spiel gerührt wird). Für sie gelten die Bestimmungen des Feldwachdienstes. Auch die Biwaks sichern sich durch A. Die Kavallerie stellt solche besser zu Fuss aus. Bei Alarm bleiben die A. auf ihrem Platze oder werfen sich dem Feinde entgegen.

Ausserdienstliches Verhalten. Die Offiziere des deutschen Heeres finden, ausser in ihrem Takte, in der Kabinets-Ordre vom 2./5. 1874 den besten Führer für ihr Verhalten. Die Einjährig-Freiwilligen sollen sich nach dieser zu mustern suchen, gegen Unteroffiziere Gehorsam zeigen, ohne mit ihnen allzu intim zu werden. Unteroffiziere sollen bei allem Wohlwollen eine übermässige Vertraulichkeit ihrer Untergebenen nicht zulassen.

Bei der Uebung B. der Reserve-Offiziers-Aspiranten des deutschen Heeres wird das A.-V. besonders beobachtet.

Aeussere Linien sind diejenigen Operations-Linien, die von mehreren Seiten konzentrisch zum Operations-Objekt führen. Operationen der Preussen 1866 gegen Böhmen, 1870 III. und IV. deutsche Armee gegen Mac Mahon.

Ausserebeliche Kinder haben keinen Anspruch auf Gnadengebührnisse, ebensowenig auf Erziehungsbeihülfen aus dem Kriegsverhältnisse, auch nicht auf Waisen-Geld oder -Rente oder Familienunterstützung.

Ausser Gefechtsetzen. Im Kriege selbstverständlich. Im Frieden werden in den Manövern Truppen ausser G. gesetzt, die in Wirklichkeit kampfunfähig geworden wären, besonders wenn dieses in Folge falscher Maassregeln seitens der Führer geschehen ist. Dies geschieht durch die Schiedsrichter.

Ausspringende Winkel sind diejenigen, welche mit der Spitze des Winkels feindwärts sehen, deren Schenkel also ein exzentrisches Feuer geben, So bei einer geschlossenen Festungsumgürtung. (Enceinte) bei Wäldern, Höhen, Ortschaften etc. Abbildung siehe oben.

Ausquartierung der Soldaten von Hausbesitzern ist gestattet, wenn das Miethsquartier den gesetzlichen Bestimmungen entspricht und in demselben Quartierbezirk liegt.

Ausrüstungsstücke. A. im Sinne der Bkl.O. heissen im Gegensatz zu den Bekleidungsstücken

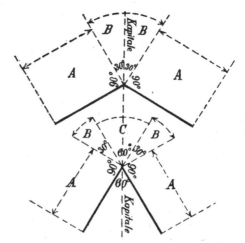

Ausspringender Winkel.

(Waffenrock, Tuchhosen, Mantel u. s. w.) die sonstigen zur Feldausrüstung des Soldaten etc. gehörigen Gegenstände, wie Helm, Tornister, Leibriemen, Kochgeschirr etc. mit Ausnahme der Waffen.

Ausschliessung. Militärpflichtige, die wegen Verbrechen mit Zuchthaus oder mit Verlust bürgerlicher Ehrenrechte bestraft werden, sind zeitweilig von der Aushebung auszuschliessen, ebenso vom Aufruf des Landsturmes. Nach 5 Jahren erhalten die betr. Personen den Ausschliessungsschein, der, von der Ober-Ersatz-Kommission unterschrieben, von der Ersatz-Kommission ausgehändigt wird.

Ausschweifung ist nach den Kriegsartikeln strafbar.

Aussendetachements. Beim Festungskriege wird der Vertheidiger vor der eigentlichen Einschliessung sich von dem Anmarsche und der Stärke des Geschützparkes des Angreifers zu unterrichten suchen. Zur Aufnahme der weit vorausgeschickten Kavallerie wird man dazu stärkere A.-D. vorschicken, die sich schliesslich auch in die Festung hineinziehen.

Austerlitz bei Brünn in Mähren. Dort fand am 2./12 1805 die Schlacht zwischen Napoleon und den verbündeten Russen und Oesterreichern statt. Beide Parteien waren etwa gleich stark (zwischen 80 und 90 000 Mann).

Plan hierzu s. Seite 52.

Am 1. Dezember Abends standen sich beide Heere so nahe gegenüber, dass sich ohne Kampf Niemand bewegen konnte. Die Stellung der Verbündeten auf den vor Pratzen sich hinziehenden Höhen, den rechten Flügel etwas zurückgezogen, den linken an Teiche gelehnt, mit gutem Schussfeld für die Artillerie. Napoleon beschloss den Angriff der Verbündeten abzuwarten, und ihnen dann in die Parade zu fahren. Seine Armee stand auf den Höhen östlich Brünn. Die Verbündeten gingen mit 4 Kolonnen auf dem linken Flügel vor, um zwischen dem Gehölze von Turas und dem Dorfe Schlapanitz, den rechten Flügel Napoleons hinter den Defileen zu treffen. Doch der war bereits vorgerückt, sein linker Flügel

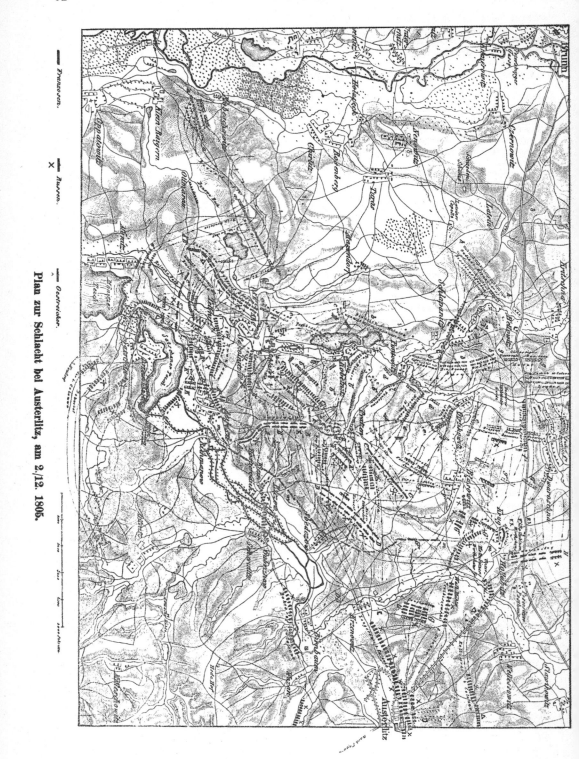

Plan zur Schlacht bei Austerlitz, am 2./12. 1805.

(Lannes) lag an Bellowitz, rechts an der grossen Strasse, rechts davon die Kavallerie; das Zentrum (Bernadotte) vor Schlapanitz mit besetztem Dorfe Girzikowitz vor der Front; rechter Flügel (Soult) hinter dem besetzten Pontowitz; äusserster rechter Flügel zwischen Kobelnitz und Tellnitz. Sobald die Kolonnen der Verbündeten in den Defileen verwickelt waren, in die hinein Napoleon sie ruhig marschiren liess, gab er Befehl zum Angriff und zwar auf das Zentrum der Stellung, auf die Höhen von Pratzen. Der Hauptkampf bewegte sich um diese Höhen. Doch waren die Kolonnen der Verbündeten durch den beabsichtigten Flankenangriff ganz auseinandergekommen. Trotz der hingebendsten Tapferkeit, die Stellung zu halten bezw. wieder zu erobern, blieb sie in den Händen der mit gesammelter Macht auf sie losdrängenden Franzosen. In zwei Stunden war die Schlacht entschieden und hätte zu noch schwereren Resultaten geführt, wenn die Kaiserlichen Truppen ihre Vortheile mehr ausgebeutet hätten; so gelang es dem Zentrum der Russen den Rückzug nach Alt-Rausnitz in ziemlicher Ordnung zu bewerkstelligen. Schlimmer ging es dem in den Defileen auseinandergekommenen linken Flügel der Verbündeten, sie wurden theils zusammengeschossen, theils gefangen, und verloren viele Geschütze; der Rest ging in aufgelöster Ordnung über Augesd zurück.

Australische Kolonien. 1884 in Besitz genommen: der Nord-Osten von Neu-Guinea, Neu-Britannien, Neu-Irland und kleinere australische Inselgruppen.

Austritt aus der Militär- oder Landes-Wittwenkasse ist erlaubt.

Auswahl. Bei A. der Dienstpflichtigen wird entschieden ob tauglich mit oder ohne Waffe. Letztere werden Handwerker oder Krankenpfleger. Ferner für die Garde begabte, gut gewachsene mit guter Führung. Infanterie etc. gesund sein und Körpermaass haben. Für Kavallerie nicht zu grosse und mit Pferden vertraute Leute. (Meldereiter besonders gewandte Leute mit guten Augen und Schulbildung). Für Artillerie etwas stärker. Für Pioniere Techniker und kräftige Leute. Für Eisenbahntruppe ebensolche die nicht farbenblind sind. Für Luftschiffer nur unter 70 kg schwere, aber kräftige und gewandte Leute.

Kleinstes Maass ist für Garde 170 cm, Infanterie 154, Artillerie 162, Pioniere etc. 157.

Bei den Dienstpflichtigen ohne Waffe ist das Maass gleichgültig, auch kleine Gebrechen. Betreff. bedingte Tauglichkeit siehe Diensttauglichkeit.

Auswanderung. Personen, die ausgewandert die Reichsangehörigkeit verloren, fremde Bürgerrechte nicht erworben, sind gestellungspflichtig bis zum 31. Lebensjahre im Frieden. Dasselbe gilt von den Söhnen solcher Leute. Die Erlaubniss zur A. wird nicht ertheilt: Wehrpflichtigen vom 17.—25. Lebensjahre, wenn sie nicht ein Zeugniss der Ersatz-Kommission beibringen, dass sie sich nicht der Wehrpflicht entziehen wollen. Offizieren und Sanitätsoffizieren der Reserve ist die Genehmigung zur A. nur durch die Militärbehörde zu ertheilen. Dawiderhandelnde der Reserve werden bis 3000 M., der Landwehr 2.

Aufgebots mit 150 M. (bezw. Haft) bestraft. Mannschaften der Reserve und 1. Aufgebots darf die Erlaubniss zur A. nicht verweigert werden. die des 2. Aufgebots bedürfen keiner Erlaubniss, nur Anzeige machen. Dagegenhandelnde werden bestraft. Rückkehr ist zu melden bis zum 39. Lebensjahre.

Auswechseln der Gefangenen geschieht bei zivilisirten Mächten Mann gegen Mann, Charge gegen Charge. Eigenthümlich war es, dass im Sezessionskriege in Amerika der Norden 1864 die Gefangenen nicht auswechseln wollte, in der Annahme, dass der Conföderirte ein besserer Soldat sei als der Soldat der Unionsarmee.

Auswerfer. A. ist der Schloss- bezw. Verschlusstheil, welcher nach Abgabe des Schusses das Auswerfen der Hülse aus der Patroneneinlage bezw. der hinteren Rohröffnung bei Gewehren und Geschützen bewirkt. Abbild. s. u. Gewehr.

Auszeichnung vor dem Feinde. Offizier-Aspiranten, selbst Mannschaften, die sich vor dem Feinde ausgezeichnet haben, können zu Offizieren bezw. solchen des Beurlaubtenstandes ernannt werden. Im aktiven Dienste alle mit Portepee versehenen Chargen. Dem Vorschlage zum Offizier muss die Offizierwahl vorangehen.

Auszieher. Der Theil des Schlosses oder Verschlusses, welcher die Hülse nach Abgabe des Schusses beim Oeffnen des Verschlusses aus dem Lauf bezw. Rohr der Gewehre und Geschütze entfernt, die Metallpatronen verfeuern. Abbildung s. u. Gewehr.

Ausziehvisir gehört zur Klasse der Schiebervisire und besteht aus zwei auf einander verschiebbaren Rahmen. Freies Gesichtsfeld haben sie nur bei genügender Breite oder wenn über die obere Kante gezielt wird, also auf weitere Entfernungen; für die näheren Entfernungen verwendet man besser Stand- und Klappen- oder ähnliche Visire. Zur Zeit ist das A. ausser Gebrauch.

Aution (ligne de l') s. Nizza.

Automatische Feuerwaffen s. Selbstspanner.

Auvours, Gefecht um die Höhen, 11./1. 1871. S. Le Mans.

Auxiliar-Offiziere heissen in Frankreich die Offiziere des Beurlaubtenstandes im Sprachgebrauch. Die dienstliche Bezeichnung ist Officiers de reserve.

Avancement heisst das Aufrücken in höhere Chargen.

Avanciren. 1. Das Aufrücken in höhere Chargen. 2. Das Vorrücken von Truppen. Früher nannte man speziell das sich Vorwärtsbewegen eines Bataillons in Linie mit voraufmarschirender Fahne in Preussen „Avancirmarsch". Heute nennt man die Bewegung der Schützenlinie, die früher „Avanciren" hiess, Vorgehen.

Avantageure heissen in der deutschen Armee diejenigen jungen Leute, die vom Regiments-Kommandeur ausdrücklich als Offizier-Aspiranten aufgenommen worden sind. Dieselben müssen vor ihrer Einstellung ihre Reife zum Portepeefähnrich (Abiturienten-Examen oder Fähnrichsprüfung) dargethan haben. Zur Fähnrichsprüfung werden sie nur zugelassen, wenn sie von einem Truppentheil als A. angenommen sind. Der Beförderung zum Offizier geht Besuch der

Kriegsschule voraus, von dem nur Aspiranten entbunden werden können, die 1 Jahr eine deutsche Universität besuchten. Bedingung zum Besuch der Kriegsschule ist eine 6 monatliche praktische Dienstzeit mit guten Zeugnissen. Die Selektaner des Kadetten-Korps legen die Offiziersprüfung ohne Besuch der Kriegsschule ab. Nach bestandener Prüfung Wahl zum Offzier. (S. Offizierswahl.)

Auszeichnung vor dem Feinde befreit von allen Prüfungen. In Bezug auf Verpflegung werden A. wie 2, 3 bezw. 4 jähr. Freiwillige behandelt.

Avantgarde, (neuerdings „Vorhut"). Siehe Märsche. Stärke und Zusammensetzung richten sich nach Umständen ($1/6 - 1/3$). Möglichst keine Verbände zerreissen, darf sich nur dort fest engagiren, wo die Hauptmacht sich zu schlagen gedenkt.

A.V.Bl., Abkürzung für „Armee-Verordnungs-Blatt."

Avenir militaire, franz. Militär-Wochenblatt.

Aventuriers hiessen im Mittelalter die Miethstruppen, mit denen die Könige Frankreichs von Mitte des 12. Jahrhunderts an die Kriege zu führen pflegten. Man nennt in diesem Jahrhundert noch Offiziere so, die in vielerlei Herren Länder dienten, also unsichere Charaktere waren.

Avertissement soll die Aufmerksamkeit der Truppe auf das folgende mit erhöhter Stimme abzugebende Ausführungs-Kommando lenken.

Avesnes, le sec. Gefecht am 12./9. 1793. Dort vernichteten 2000 deutsche Reiter unter Fürst Hohenlohe 7000 Mann französische Infanterie. erbeuteten 20 Geschütze, 3 Fahnen und nahmen 2000 Mann gefangen, so dass nur 30 Mann entkamen. Es ist eines der glänzendsten Reifergefechte der Neuzeit. Dort fand auch am 21. Januar 1871 ein Gefecht zwischen den Truppen Goebens und Faidherbes statt.

Aviso, leichte Kreuzer oder Dampfer zum Ueberbringen von Nachrichten, Meldungen. Im Kriegsfalle werden schnellgehende Dampfer der Handelsmarine zu diesem Dienste gechartert.

Aviz-Orden. 1789 als Verdienstorden für Portugal gestiftet. Er wird nicht für militärische Verdienste verliehen, daher hier nur erwähnt. Er hat Grosskreuze, Komthure und Ritter.

Avold, St. Dort stehen St., 1., 3., 4. und 5. Esk. 2. hann. Ul.-Rgts. No. 14; 2. und 4. (vorläufig) Abth. Feld-Art.-Rgts. No. 33; Prov.-Amt; Garnison-Verw. und -Lazareth. 3. Servisklasse. Schlacht s. Spicheren.

Avni Pascha (1820—1876), tüchtiger türk. General und Krieger, aber politischer Intriguant, der schliesslich ermordet wurde.

Avron, Mont. 1870 befestigte Höhe auf der Ostfront von Paris (r. Marne-Ufer), von der aus Ducrot beim Ausfall 2.—3./12. die Marne überschritt. 27./12. eröffneten die Deutschen aus 70 Geschützen den Angriff und vertrieben die Gegner durch das Artillerie-Feuer.

Ayamonte, spanische Festung an der portugiesischen Grenze.

Ayasafa, Graf v. (1713—1779), ein tüchtiger österr. Reitergeneral, der sich schon bei Kolin 1757 das Theresienkreuz erkämpfte, sich bei Hochkirch 1758 von Neuem auszeichnete und als General der Kavallerie starb.

Aymard, Baron, französischer Divisions-General (1820—1880). Er zeichnete sich im Kriege in Mexico in hervorragender Weise aus. Beim Kriegsausbruche 1870 kommandirte er die 1. Brigade der 1. Infanteri-Division des 3. Korps der Rhein-Armee und nach seiner im August erfolgten Ernennung zum Divisionär die 4. Division des 3. Korps. In Folge der Kapitulation von Metz am 28. Oktober Kriegsgefangener, kehrte er 1871 nach Paris zurück, um einige Zeit in Disponibilität zu bleiben. 1873 wurde er an die Spitze des 16. Armee-Korps gestellt, im Februar 1878 wurde ihm die wichtige Stellung des Militärgouverneurs von Paris übertragen, die er bis zu seinem Tode bekleidete.

Aysenhoff, Cornelius v. (1733—1819), österr. F.M.Lt., auch als Dichter bekannt.

Az., abgekürzte Bezeichnung für Aufschlagzünder (s. d.).

Azay-Mazange. (Treffen am 6./1 1871). Als auf dem Vormarsch nach Le Mans die Vorhut Friedrich Karls gegen Chateau Renault vordrang, suchten die Franzosen diese Stellung durch einen Angriff auf Vendome zu entlasten, gerade in der Zeit, als das 3. Korps das 10. ablösen sollte. Sofort ging die 6. Division gegen den Azaygrund angriffsweise vor und warf die Franzosen aus dem Dorfe Azay hinaus. Auf dem linken Flügel war inzwischen die 5. Division den Loir hinaufgegangen, stürmte mit den 48^{ern} Villers und die übrigen Orte im Grunde und hielt Gegenstösse aus. Inzwischen war eine grosse Batterie gebildet worden, unter deren Wirkung die 10. Brigade auch Mazan erstürmte. Nur die Dunkelheit rettete die Franzosen vor grösseren Verlusten.

Aziz-Pascha, türkischer General, diente in der preussischen und österreichischen Armee, führte Krupp in der Türkei ein, zeichnete sich 1876 im Kriege mit Serbien aus.

Azotin, ein dem Schwarzpulver ähnliches in Ungarn erzeugtes Sprengmittel; noch Patentgeheimniss der Erfinder.

B.

B. Uebung B ist zu leisten nach erfolgter Uebung A (s. dort), behufs Erwerbung des Einverständnisses des Truppenbefehlshabers für den Vorschlag zum Reserve- bezw. Landwehr-Offizier; sie ist im Allgemeinen bei demselben Truppentheile abzuhalten, wie Uebung A.

Während der Uebung B thun die zu Vizefeldwebeln etc. beförderten Aspiranten Offizierdienst zu ihrer praktischen Ausbildung; daneben ist theoretischer Unterricht. Nach dieser Uebung entscheidet der Kommandeur, ob Aspirant fähig ist, zum Offizier in Vorschlag gebracht zu werden. (Ausserdienstliches Benehmen, Prüfung.) Im Falle Bestehens s. Offizierwahl.

Babadagh in der Dobrudscha nahe der Donaumündungen, spielte in allen Türkenkriegen eine Rolle. Am 25./10. 77 wurde es von den Russen mit Sturm genommen.

Babolna in der Pussta. Dort 28./12. 1848 siegreiches Gefecht der österreichischen Reiterei Oettingers gegen die Nachhut der Ungarn. Kgl. ungar. Staatsgestüte.

Backmeister s. Garnison-Backmeister.

Backofen. Im Felde gebraucht man entweder eiserne Feldbacköfen oder gemauerte, die man aus Ziegeln (ev. Abbruchsziegeln) und Lehm herstellt. Sie haben folgende Gestalt (siehe Abbildung):

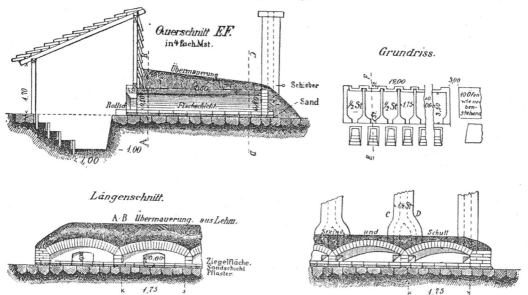

Backofen.

Man braucht zur Herstellung von 20 Oefen etwa 6 Tage; 100 Mann zum Sand- und Lehmholen und 30 Wagen für die Ziegel (für den Ofen etwa 1200 Stück Ziegel).

Diese 20 Backöfen ernähren 1 Armee-Korps und leisten à 140 Brote bei dreimaliger Beschickung 8400 Brote; später bei sechsmaliger Beschickung 16800 Brode à 1,5 kg.

Badajoz in Kastilien, spanische Festung gegen Portugal am Einfluss des Rivilla in den Guadiana, wurde 1658 von den Portugiesen, 1705 von den Verbündeten belagert, aber nicht genommen. — Bekannt ist die ruhmvolle Vertheidigung von B. durch den Kommandanten Menacho gegen Soult, der 28./1. 1811 die Parallelen eröffnete, 19./2 das Kronwerk stürmte. Die völlig dezimirte Besatzung streckte nach dem Falle des Kommandanten im März die Waffen. Ein Entsatz-Korps wurde von der Reiterei Soults total geschlagen und versprengt. Zwei Monate später wurde B. von den Verbündeten belagert, wobei Beresford den zum Entsatze herbeirückenden Soult bei Albuera (16./5. 1811) schlägt. Die nun versuchten Stürme scheiterten und musste, da ein grösseres Entsatzheer unter Marmont und Soult heranrückte, die Belagerung aufgegeben werden.

Nach den Stürmen am 25./3. und 6./4. 1812 durch Wellington wurde B. genommen. Vertheidiger General Phillipon.

Baden der Mannschaften. Zur Verhütung von Unglücksfällen bei dem dienstlich angeordneten gemeinsamen B. d. M. sind die Vorgesetzten verantwortlich, dass eine sorgfältige Beaufsichtigung und wohlüberwachte Anwendung von Sicherungsmaassregeln stattfindet.

Baden, Ludwig Wilh. Markgraf v. (1655—1707), kais. F.M., focht 1683 vor Wien, hatte 1689 den Oberbefehl in Ungarn, kämpfte siegreich gegen Türken und Franzosen, hinterliess eine Sammlung werthvoller handschriftlicher Nachrichten, herausgegeben von General v. Röder.

Badeplätze. Wo neben den Schwimmanstalten noch besondere Garnison-Badeplätze bestehen, dürfen die zur Unterhaltung der letzteren nothwendigen Kosten von der Intendantur auf den Garnisonverwaltungs-Fonds übernommen werden.

Bade- und Brunnenkuren.

Verzeichniss der Badeorte, an welchen Fürsorge für die Aufnahme von Militärkurgästen getroffen ist.

Nummer	Badeorte	Generalkommando, welchem das Bad unterstellt ist.	Für Mannschaften aus dem Bezirk des Armeekorps													Kurzeit für Mannschaften	Anzahl der unterzubringenden oder aufzunehmenden Mannschaften
			Gardekorps	I.	II.	III.	IV.	V.	VI.	VII.	VIII.	IX.	X.	XI.	XIV.	XV.		
1	Aachen	VIII.	.	.	.	.	.	.	.	×	×	×	×	.	.	.	1. Mai bis Ende September	im Ganzen 38 Mann.
2	Baden-Baden	XIV.	.	.	.	.	.	×	.	.	.	.	.	.	×	×	Mai bis September	unbeschränkt.
3	Charlottenbrunn	VI.	×	.	.	×	.	×	.	.	.	.	.	.	.	.	15. Mai bis 15. Juni und 15. August bis Ende September	gleichzeitig 10 Mann.
4	Dürrheim	XIV.	.	.	.	.	.	.	.	.	.	.	.	.	×	×	Mai bis September	unbeschränkt.
5	Elmen	IV.	×	.	.	×	×	.	.	.	.	.	.	.	.	.	15. Mai bis 15. September	unbeschränkt.
6	Ems	XI.	×	×	×	×	×	×	×	×	×	×	×	×	.	.	Mai bis Ende September	im Ganzen 200 Mann.
7	Freienwalde a. O.	III.	×	×	×	×	.	.	.	.	.	.	.	.	.	.	15. Mai bis 30. Juni und 15. August bis 30. September	im Ganzen 3 Mann auf je 30 Tage.
8	Goczalkowitz	VI.	.	.	.	.	.	×	.	.	.	.	.	.	.	.	15. Mai bis 20. September	unbeschränkt.
9	Johannisbadi. Böhm.	VI.	.	.	.	.	.	.	.	.	.	.	.	.	.	.	Mai, Juni	jährlich 1 Mann.
10	Kolberg	II.	×	×	×	×	.	×	.	.	.	.	.	.	.	.	15. Juni bis 15. September	gleichzeitig 8, im Bedürfnissfalle 23 Mann.
11	Kreuznach	VIII.	×	×	×	×	×	×	×	×	×	×	×	×	.	×	Mai bis September	im Ganzen 30 Mann.
12	Kudowa	VI.	×	.	×	×	×	.	.	.	.	.	.	.	.	.	1. Mai bis 15. Juni und 15. August bis Ende September	unbeschränkt.
13	Königsdorf-Jastrzemb	VI.	.	.	.	×	×	×	.	.	.	.	.	.	.	.	15. Mai bis Ende September	unbeschränkt.
14	Landeck	VI.	×	×	×	×	×	×	.	.	.	.	.	.	.	.	1. Mai bis Ende September	gleichzeitig 43 Mann.

Bade- und Brunnenkuren.

Nummer	Badeorte	Generalkommando, welchem das Bad unterstellt ist	Für Mannschaften aus dem Bezirk des														Kurzeit für Mannschaften	Anzahl der unterzubringenden oder aufzunehmenden Mannschaften
			Gardekorps	I.	II.	III.	IV.	V.	VI.	VII.	VIII.	IX.	X.	XI.	XIV.	XV.		
15	Langenschwalbach	XI.	×	×	×	.	×	×	×	×	×	×	×	×	×	×	10. Mai bis Ende September	unbeschränkt.
16	Lippspringe	VII.	.	.	.	.	.	.	.	×	×	.	.	.	.	.	15. Mai bis 15. September	40 Mann.
17	Lüneburg	X.	.	.	.	.	×	.	.	×	.	.	×	.	.	.	15. Mai bis Ende September	gleichzeitig bis 20 Mann.
18	Nauheim	XI.	.	.	.	.	×	.	.	.	×	.	.	×	.	.	April bis September	im Juli bis 100, in den übrigen Monaten bis 200 Mann.
19	Nenndorf	XI.	.	.	.	.	×	.	.	×	×	×	×	×	.	.	Mai, Juni, August und Septbr.	im Ganzen 20 Mann.
20	Neuenahr	VIII.	.	.	.	×	.	.	.	.	×	.	.	.	.	.	Mai bis Ende August	im Ganzen 30 Mann.
21	Nordernay	X.	.	.	.	.	.	.	.	×	×	×	×	.	.	.	15. Juni bis Ende September	gleichzeitig 4 Mann frei Quartier.
22	Oeynhausen	VII.	×	×	×	×	.	×	×	×	×	×	×	×	×	×	15. Mai bis Ende September	unbeschränkt.
23	Pyrmont	VII.	×	×	×	×	×	×	×	×	×	×	×	×	×	×	Anfang Mai bis 10. Oktober	gleichzeitig bis 30 Mann.
24	Rappenau	XIV.	.	.	.	.	.	.	.	×	.	.	×	.	×	×	Mai bis September	unbeschränkt.
25	Rehburg	X.	.	.	.	.	.	.	.	.	.	.	×	.	.	.	Juni und Juli	im Juni und Juli gleichzeitig bis 10 Mann.
26	Reinerz	VI.	.	.	.	.	.	×	×	.	.	.	.	.	.	.	Mai, Juni, August bis Oktober	unbeschränkt.
27	Salzbrunn	VI.	×	×	.	×	.	×	×	.	×	×	.	.	.	.	1. Mai bis Ende September	unbeschränkt.
28	Teplitz	IV.	×	×	×	×	×	×	×	×	×	×	×	×	×	×	15. Mai bis Ende September	gleichzeitig 64 Mann.
29	Wiesbaden	XI.	×	×	×	×	×	×	×	×	×	×	×	×	×	×	das ganze Jahr hindurch	gleichzeitig bis 85 Mann.
30	Wildungen	VII.	×	×	×	×	×	×	×	×	×	×	×	×	×	×	1. Mai bis 10. Oktober	im Ganzen 12 Mann.

Badeanstalten in Kasernen s. Brause-Badeanstalten.

Bade- und Brunnenkuren. (Näheres in „Bestimmungen über B. und B.-Kuren", Mittler, Berlin 1889).

Bade- und Brunnenkuren werden Mannschaften nur dann verordnet, wenn andere Behandlungsweisen keinen Erfolg gehabt haben.

Der Gebrauch der Kuren findet entweder in den Bade- und Kurorten selbst oder in der Garnison statt.

Anspruch auf kostenfreie Zulassung zu Bade- und Brunnenkuren haben nur die im aktiven Dienst befindlichen Mannschaften vom Feldwebel abwärts.

Ausserdem kann einer bestimmten Anzahl von unbemittelten, als invalide anerkannten Mannschaften, deren Leiden zweifellos aus einem Kriege oder einer Friedens-Dienstbeschädigung herrührt, freie Badekur von dem zuständigen Generalkommando bewilligt werden.

Die Kurorte zeigt das Verzeichniss auf Seite 66 und 67.

Die preussische Militär-Verwaltung besitzt 3 Militär-Bade-Institute: Wilhelms-Heilanstalt zu Wiesbaden (XI. A.-Korps), Militär-Kurhaus Landeck (VI. A.-Korps) und Militär-Bade-Institut zu Teplitz (IV. A.-Korps). Dauer der Kur 4—6 Wochen, ausnahmsweise 8 Wochen.

Mannschaften erhalten neben Löhnung und Brotgeld eine Verpflegungszulage von 1,50 M. — in Ems 1,70 M. — täglich, verheirathete aktive Unteroffiziere ausserdem 50 Pf. täglich für die Familie.

Für Offiziere sind vorhanden:

1. Wiesbaden, 21 Stuben (Quartier, Bäder, Arzt frei); für Wäsche, Heizung und sonstige Kleinigkeiten etwa 58 Pf. täglich zu zahlen. Bedienung durch Ordonnanzen; Pflege durch Lazarethgehülfen.

2. Zu Landeck, für 10 Offiziere. Schwefelbäder 50 Pf., Moorbäder den gewöhnlichen Preis von 3 M., Douche 25 Pf. — Subalternoffiziere, Aerzte und Beamte, welche im Kurhause wohnen, haben auch die Bäder frei.

3. Zu Teplitz, für 3 Offiziere. 1 fl. 50 kr. Kurtaxe; Bäder 60 kr. ausschl. Wäsche; Beköstigung nach Verabredung; Arzt 2 fl. für Kurzeit; Bedienung 9 M. für je 4 Wochen.

Ferner sind fast in allen Badeorten Erleichterungen für aktive Offiziere vorgesehen, die in dem anfänglich angeführten Büchlein einzusehen sind. — Vergleiche Beilage 4 zur F.S.O. —

Bäcker. Im Kriege sind die B. zu benutzen, um möglichst oft frisches Brot zu beschaffen, sobald Mehl vorhanden ist. Erforderlichen Falles das Getreide in den nächsten Mühlen mahlen lassen.

Im Frieden wird mit B. in solchen Garnisonen, wo Mil.-Bäckereien fehlen, wegen Herstellung des Brotbedarfs Vertrag geschlossen.

Baert (1650—1702), frz. Seeheld, richtete 1691 mit 6 schnell segelnden Fregatten fast den ganzen Handel der Gegner zu Grunde. 1694 besiegte er das holländische Geschwader unter Admiral de Vries. 1695 vertheidigte er ein Fort. Er wurde geadelt.

Baeyer, v., preuss. G.-L., (1794—1885). D. trat als Freiw. in den Krieg 1813/14 ein, zeichnete sich durch seine Thätigkeit in der Landesvermessung aus. (Schriften s. Litt.)

Bagage. Die Handpferde und etatsmässigen Fahrzeuge bilden die B. Sie werden vermehrt durch Fahrzeuge zur Fortschaffung nöthigen Kriegsmaterials, Kranker, Lebensmittel nud durch Schlachtvieh etc. Ferner durch zeitweise vorgezogene Trains und Munitionskolonnen. Eine weitere eigenmächtige Vermehrung der B. ist untersagt!

Die B. bleibt, wenn der Feind nicht nahe, bei der Truppe.

Sobald Gefecht, wird B. getheilt in kleine Bagage, und zwar:

für 1 Inf.-Regt.: 4 Handpferde; Bataillon: 7 Handpferde, 1 zweisp. Mediziner, 4 zweisp. Patronenwagen; (einzelne Komp.: 1 Handpferd und 1 zweisp. Patronenwagen);

bei dem Kavall.-Regt.: 56 Handpferde, 1 zweisp. Medizinwagen, 1 zweisp. Feldbrotwagen; (einzelne Eskadron: 12 Handpferde);

bei dem Feldartillerie-Regt.: 5 Handpferde; Abth.: 4 Handpferde; Batt.: erste und zweite Staffel;

bei den Pionieren: 1 Handpferd, 1 viersp. Schanz- und Werkzeugwagen, 1 viersp. Feldmineurwagen; — diese kleine B. wird mitgenommen — und in grosse B. Sie besteht bei der Inf. aus dem zweisp. Regts.- und Batl.-Stabs-Park, dem Kompagnie-Park und Lebensmittelwagen;

bei der Kavall.: 1 viersp. Stabs-Packwagen, 4 zweisp. Packwagen, 5 zweisp. Lebensmittelwagen, 5 viersp. Futterwagen; (einzelne Eskadr.: 1 zweisp. Packwagen, 1 zweisp. Lebensmittelwagen, 1 viersp. Futterwagen);

bei der Feld-Art.: 1 zweisp. Regts.- und 1 zweisp. Abth.-Packwagen; (die Batt.: 1 sechssp. Vorrathswagen, 1 sechssp. Feldschmiede, 1 zweisp. Lebensmittelwagen, 1 viersp. Futterwagen);

bei den Pionieren: 1 zweisp. Komp.-Packwagen, 1 zweisp. Lebensmittelwagen jede Kompanie.

Die grosse B. wird meist Divisionsweise gesammelt und je nach Umständen besonders dirigirt. Nach den Gefechten treten die B. wieder in die Marschordnung. Die B. muss unter strengster Handhabung der Manneszucht gehalten werden, weil sie Quelle vieler Stockungen und Unregelmässigkeiten ist.

Stellung der Bagagen in den Biwaks. S. daselbst.

Ueber die Bagagen im Manöver. Die Bagagen sind in allen Manövern als neutral zu betrachten.

S. auch Feldfahrzeuge.

Bagneux, Gefecht bei, s. Paris.

Bagni vecchi di Barmio, siegreicher Vertheidiger des Stilfser Joches durch die Oesterreicher 2., 3. und 4./7. 1859.

Bagozzi, 18./4. 1706, siegreiches Gefecht der Oesterreicher.

Bagration, Peter, Fürst, russ. Genr. d. Inf. (1762—1812), that sich in der Schweiz und in Italien, besonders bei Novi, unter Suwarow hervor, wurde zweimal verwundet, führte 1805 die Arrièrgarde Vatusows und schlug sich mit derselben gegen die fünffach überlegene Macht Murat's durch, hierfür zum G.-Lt. ernannt; bei Austerlitz deckte er den Rückzug der Russen, nahm 1807 hervorragenden Antheil an den Schlachten bei Eylau, Heilsberg und Friedland; 1808 eroberte er durch einen Marsch über den gefrorenen finnländischen Meerbusen die Alands-Inseln. Im Jahre 1809 wurde B. bei Silistria geschlagen, 1812 Befehlshaber der 2. Westarmee schlug er Davoust bei Mohilew; bei Borodino den linken Flügel kommandirend, wurde er, bei heldenmüthiger Vertheidigung der B.-Schanzen schwer verwundet; erlag nach einem Monat der Wunde.

Bahnhof und Kommandanturen. S. Militär-Eisenbahnwesen.

Bajonett, jetzt allgemein in der Scheide getragen und erst in den letzten Stadien des Kampfes (Anlauf zum Sturm; Abwehr des feindlichen Sturmangriffs) aufgepflanzt, was um so mehr zu empfehlen ist, als das B. beim Schiessen das Geschoss aus der normalen Bahn ablenkt, also die Trefffähigkeit schädigt. Um diesem Uebelstand abzuhelfen, sitzt das Korn zuweilen (z. B. bei dem russischen Gewehr m/91) nicht senkrecht über der Seelenachse, sondern ist um eine Kleinigkeit seitwärts verschoben. Die gegenwärtig gebräuchlichsten Formen des B. sind Dolch-, Säbel- und Degen-B.

Bajonettfechten. Viele Stimmen sind gegen dasselbe eingenommen, so dass es schwankend war, ob es nicht abgeschafft werden sollte. Doch es ist definitiv als Uebung wieder eingeführt, da es zur physischen Gewandtheit und zum Selbstbewusstsein des Mannes beiträgt.

Bailer d'Albe, Baron v. (1762—1824), war der Topograph im Stabe Napoleons bis 1813.

Balaguer, 27./8. 1709, Bestürmung und Kapitulation, siegreiches Gefecht der Oesterreicher.

Balaklava bei Sebastopol, mit Hafen, war 1854 der Sammel- und Depotplatz der verbündeten Franzosen, Engländer und Türken bei der Belagerung von Sebastopol; deshalb geschützt durch Forts, die meist von den Türken gebaut und besetzt waren. Sie wurden von den Russen am 23./9. unter Liprandi gestürmt, allein nach Demolirung wieder verlassen. In der Schlacht bei B. brach die russische Reiterei tapfer durch den Zwischenraum zwischen zwei Forts hindurch und sprengte auf die englischen 93er Hochländer ein, sie wurde durch das ruhige Salvenfeuer der Linien abgewiesen und die Reiterbrigade Scarlett warf sie vollends. Durch Missverständniss wurde die englische leichte Brig.-Kav. des Lord Cardigan zur Verfolgung vorgeschickt, sie stürmte auf die feindlichen Massen los, jedoch durch Kreuzfeuer der russischen Quarrees empfangen, von russischen Ulanen-Regt. in der Flanke angegriffen, von russischer Flankenbatterie beschossen, kamen nur Trümmer der englischen Kav. aus dem Gefechte zurück.

Balancier-System s. Fahrzeuge.

Baldo Monte 29./7. 1796. Vertreibung der Franzosen von den verschanzten Höhen; 1600 Franzosen gefangen, 9 Kanonen erobert; 8. und 9./8. siegreiches Gefecht der Oesterreicher.

Balken, freiliegende. Tragfähigkeit:
1. Bei leichteren Kolonnenbrücken von 3 m Breite mit 5—10 Balken ist die Höhe eines quadratischen Balkens ⊠h folgendermassen zu bestimmen:

Die Höhe ist an Centimetern
$$= \frac{25 - \text{Anzahl der Balken}}{20} \times \left(6 + \frac{\text{Länge d. Balkens in cm}}{50}\right)$$

2. bei schweren Brücken muss h sein (in Centimetern)
$$= 14 + \frac{\text{Länge der Balken in cm}}{38}$$

Hat man Balken bestimmter Stärke h, so darf die Länge von Joch zu Joch nur sein (bei 5 Balken)

Länge in cm = 38. h — 532 cm

Balken, veraltete Bezeichnung der Felder (s. d.) im gezogenen Teil der Handfeuerwaffen.

Ballistik, Schiesslehre. Die innere B. beschäftigt sich mit der Verbrennung und Kraftäusserung des Pulvers und seiner Wirkung auf Geschoss und Waffe, bezw. mit der Geschossbewegung in der Seele. Die äussere B. behandelt die Gestaltung der Flugbahn in der Luft bezw. im leeren Raum (ballistische Kurve bezw. Parabel, s. d.), die Bedingungen der Trefffähigkeit, Geschossarbeit und -wirkung. Noch lange nach Erfindung des Schiesspulvers herrschten über B. die verworrensten Anschauungen, welche erst in neuester Zeit einer, auf rationell durchgeführten Versuchen begründeten wissenschaftlichen Behandlung gewichen sind; immerhin bleibt die vollständige Klärung mancher wesentlicher Punkte noch von der Zukunft zu erwarten.

Ballistit, 1890 in Italien eingeführtes rauchschwaches Stickstoffpulver; setzt sich aus gleichen Gewichtsteilen Collodiumwolle und Nytroglycerin nebst 0,5 % Anilin zusammen, besitzt grosse Unempfindlichkeit gegen Stoss, Schlag und Reibung und brennt ohne Einschliessung ruhig unter schwacher Rauchentwickelung ab. In trockenem Zustande wird es durch Berührung mit Metall nicht schädlich beeinflusst. Laut Erlass vom 13./5. 91 ist es bei den italienischen Feld- und Gebirgsgeschützen eingeführt und findet Verwendung bei der 4,2 Schnellfeuerkanone, während seine Annahme für die anderen Hinterladungsgeschütze bevorsteht. Zu Geschützladungen wird es in Fadenform, daher Filit (von filo = Faden) dargestellt, während das B. für Gewehrladungen aus kleinen Körnern, von denen 750—850 auf ein Gramm gehen, besteht.

Ballistische Kurve, Linie, welche das durch die Kraft der Pulvergase fortgeschleuderte Geschoss in der Luft beschreibt und deren Gestalt durch die fortschreitende Geschwindigkeit, Drehungsgeschwindigkeit, Gestalt und Querdichte (Querschnittbelastung) des Geschosses, die Schwerkraft (Anziehungskraft der Erde), den Luftwiderstand und die Richtung der Seelenachse im Augenblick des Schusses bedingt wird. Das Zusammenwirken dieser Kräfte ergiebt eine Linie von doppelter Krümmung; sie setzt sich in senkrechtem Sinne aus dem auf- und dem absteigendem Ast der Flugbahn (s. d.) zusammen, während ihre Krümmung in wagerechtem Sinne dadurch entsteht, dass sie die Schussebene (s. d.) von der Mündung an in der dem Drall der Züge entsprechenden Richtung verlässt, um die Visirebene (s. d.) im Treffpunkt zu schneiden. Die charak-

teristischen Unterschiede der B. und der parabolischen Bahn s. u. Parabel.
Ballon de Servance (s. Belfort).
Balmaseda de, spanischer General (1796—1842), der sich als Karlistenführer auszeichnete. (S. Rahden.)
Baltimore in Maryland, Nord-Am. Dort 12. und 13./9. 1814 Sieg der Amerikaner über die Engländer. 19./4. 1861 Kampf zwischen den Unionstruppen und den conföderirt gesinnten Bürgern.
Bandelier (Bandoulier). Die jetzigen Leibriemen wurden früher von der Schulter quer über die Brust hängend getragen. In Oest.-Ung. tragen noch der Regiments-Tambour (Bandaführer) und die Feldgendarmen Bandoulier; ersteres ist nur Zierde, letzteres dient zum Einhängen einer Tasche, in welcher eine Handlaterne, Schliessen und ein Notizbuch enthalten sind.
Banden war ehemals ein Name für geschlossene, gut disziplinirte und geübte Kadres, die sich diesem oder jenem Kriegsherrn gegen Sold zur Verfügung stellten. Schliesslich entarteten sie derart, dass sie überall aufgelöst wurden. Darum bildet der Ausdruck heute einen groben Tadel. Die letzten B. wurden 1517 aufgerieben.

Plan zum Treffen bei Bapaume am 3./1. 1871.

Banderium hiessen in Ungarn die berittenen Dienstmannen der Edelleute und Städte, die dem König in das Feld zu folgen verpflichtet waren. Heute hat das B. nur mehr die Bedeutung eines berittenen Ehrengefolges.
Banderole, früherer Ausdruck für Patronentaschen bezw. Gewehr-Trageriemen.
Banderoll, schwarz- u. weissgeflochtene starke Wollschnur mit silbertroddelähnlichen Quasten als Umwickelung der Trompeten — zum Unterschied der Signalhörner, deren Umwickelung aus rothen Tuchleisten besteht.
Banjaluka, siegr. Gefecht der Oest. 18./9. 1878. Hier garnisoniren 40. Inf.-Brig.-Kommando, 2. bosn. Inf.-Regt.
Banér, Johann (1595—1641). Ein Zögling Gustav Adolphs. Berühmt sind seine Thaten nach dem Tode Gustav Adolphs. Er zog (1535) nach Pommern, brach von da mit Torstenson nach Berlin, Magdeburg und Naumburg vor, wich 1636 nach Werben zurück, schlug dann mit Wrangel die Gegner bei Wittstock, ging durch ganz Sachsen bis Gallas ihn wieder nach Pommern drängte. machte einen Vorstoss bis nach Regensburg, in der Absicht den Reichstag zu sprengen. Er musste aber wieder nach Sachsen zurück, wo er starb.
Banfi-Hangad. 16., 17./8. 1849 siegreiches Gefecht der Oesterreicher.
Bann (Heerbann), die auf Grund der Lehenspflicht zusammengezogene Truppe.
Banner, Feldzeichen. Zur Zeit der Befreiungskriege auch der Name für gewisse geschlossene Aufgebote. Heute nur noch in der Schriftsprache gebräuchlich. Bezeichnete auch die Etappe des Heerbannes.
Banner-Herr hiess der Vasall, der seinem Lehnsherrn Dienstmannen zuführte.
Banjani an der Grenze Montenegros, Hauptherd der Aufständischen 1875/76.
Bankalari, Gustav, Oberst, angesehener österreichischer Militär-Schriftsteller.

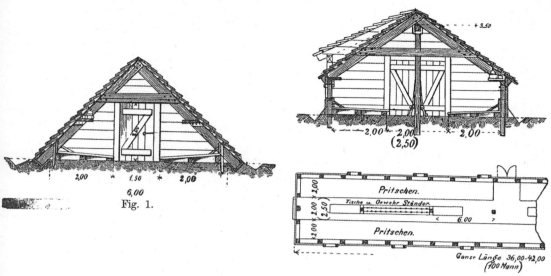

Fig. 1.

Fig. 2.

Fig. 3.

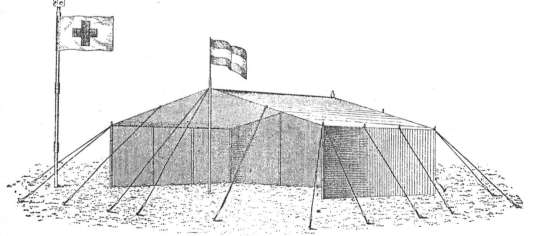

Fig. 4.

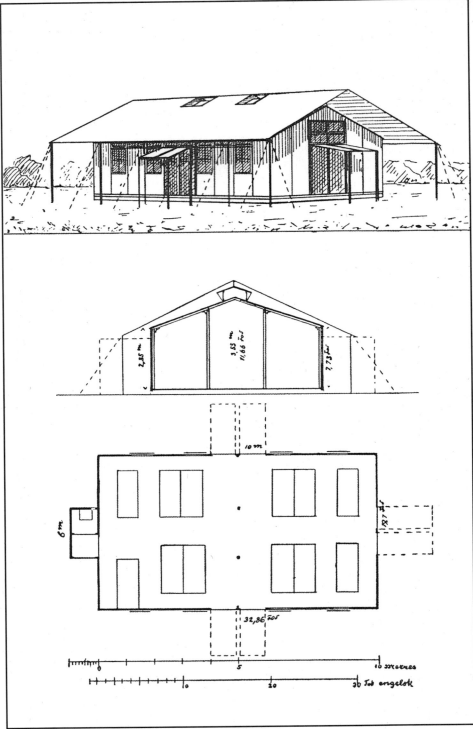

Fig. 5.

Banks, nordam. Gen. (1816—1894.) Erst Advokat und Geschäftsmann, wurde er 1861 im Sezessionskriege General, von Stonewall Jackson 1862 im Virginienthale geschlagen, stürmte im Frühjahr 1863 vergeblich gegen Vicksburg, wurde im April 1864 von Taylor und Kirby Smith völlig überwunden und musste sein Kommando niederlegen.

Bapaume, im Departement Pas de Calais, 3./1. 1871, Treffen. Plan s. Seite 60.

Baracke nennt man einen transportablen oder feststehenden Bau aus leichtem Material, sei es Holz, Eisen, Wellblech, Gypsplatten, Filz oder Leinewand, der heizbar ist und dem Klima widersteht.

1. Sie werden gebaut für Heerlager, grosse Uebungsplätze, Unterbringung von Mannschaften bei Mangel an Ortsunterkunft oder bei Ausbruch von Epidemien für **Mannschaften,**

2. oder für **Lazarethe,** Kranken- und Isoliranstalten,

3. oder für **Pferde** zu Stallungen, oder auch

4. für **Materialien.**

Die einfachste Art (S. Fig. 1) ist dort ersichtlich: Brettlänge 4,5 m., Abstand der Sparren 1,5 m., Wohnlichere Bauart ist schon folgende, wenn man einige Kreuzhölzer zur Hand hat. (S. Fig. 2.)

Die besten Typen für Baracken sind in den auf Seite 61—63 abgedruckten Figuren gegeben. Ebenso die Zelte.

Aufbewahrt und transportirt werden die Baracken in Kisten. Für Zelte, welche die häufige Veränderung des Standpunktes zu erleiden haben, wie Feldlazarethe, sind die Verpackungskisten so

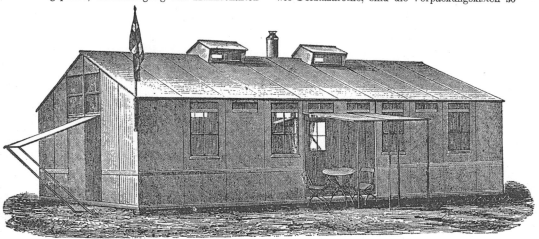

Baracke. Fig. 6.

konstruirt, dass sie gleichzeitig als Unterbau' und Fussboden benutzt werden.

Der Raum, den ein so verpacktes Gebäude einnimmt, ist verhältnissmässig klein und das Gewicht ein sehr geringes. Es kann beispielsweise eine Baracke auf einem mit zwei Pferden bespannten Rollwagen oder zwei derselben in einem Waggon verladen, bequem fortgeschafft werden.

Infolge der Gleichmässigkeit der einzelnen Theile ist auch die Aufstellung höchst einfach, so dass selbst ungeübte Leute nur 6—10 Stunden, je nach der Grösse der Häuser, dazu gebrauchen. Mit geübten Arbeitern wurde eine Baracke nach Herstellung des Unterbaues in nur 3 Stunden zur Benutzung fertig aufgeschlagen. Das Auseinandernehmen und Verpacken erfordert einen entsprechend geringeren Zeitaufwand.

Barackenlager. Offiziere, Sanitätsoffiziere und obere Militär-Beamte erhalten bei Unterbringung in B. die Kommandozulage. Mannschaften ist in B. allgemein die grosse Viktualienportion zuständig, ohne Rücksicht darauf, welcher Umstand zu dieser Unterbringungsart Veranlassung gegeben hat.

Baraguey d'Hillers, Achilles Graf, Marschall von Frankr. (1795—1878), trat 12 Jahre alt in die Armee, verlor bei Leipzig die linke Hand, zeichnete sich 1814 in Spanien, später in Algier aus; 1844 Gen.-Insp. der Inf., 1851 Kommandant von Paris, 1853 Gesandter bei der Pforte, 1854 Befehlshaber des Expeditionskorps in der Ostsee. Die Eroberung von Bomarsund 23./8. 1854 brachte ihm den Marschallstab.

Barbara, Sta., (Oest.-Ung.) Schutzpatronin der Artillerie.

Barbette. Ausdruck für Geschützbank (s. d.). B.-Thürme auf Schiffen sind oben offene Panzerthürme, über deren Brüstung die Geschütze hinwegfeuern.

Barbonnet (Fort de) liegt nördlich von Nizza bei dem Städtchen Sospel, hat Panzerthürme und beherrscht die Strasse, die aus Italien über den Col de Brouis nach Frankreich (Savoyen) hinüberführt. Plan s. Seite 64.

Barcellonette, 19./9. 1747, 4000 Oesterreicher und Piemontesen vertreiben 12 000 Franzosen aus den Verschanzungen.

Barcelona. Spanische Stadt. Vertheidigt durch das auf hohem Rücken stehende Fort Monjuich. Die Zitadelle ist bedeutungslos. B. wurde 1713 durch Marschall Berwick belagert. 1808 von den Franzosen durch List erobert und bis 1814 gehalten.

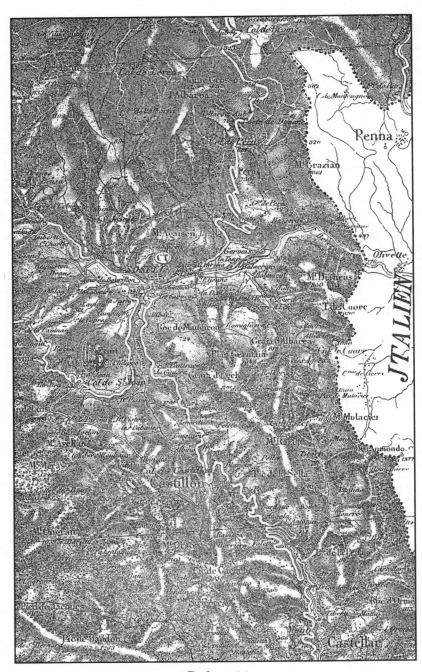

Barbonnet.

Barclay de Tolly, Michael Fürst, russ. F.-M. (1759—1818), Sohn eines Kaufmannes, trat schon im 10. Lebensjahre in russ. Dienste, zeichnete sich in den Kriegen 1788—1789 gegen die Türken und im pol. Kriege 1792—1794 aus, that sich besonders hervor durch die Vertheidigung des Wkra-Ueberganges bei Nostelsk 24./12. 1806, wurde in Folge dessen General; in der mörderischen Schlacht von Eylau wurde ihm die rechte Hand zerschmettert; 1808 Gen.-Lt. eroberte er Umea durch einen kühnen Marsch über den gefrorenen baltischen Meerbusen, wurde dafür Gen. der Inf. und Gouv. von Finland, reorganisirte 1810 als Kriegsminister die Armee. Anfangs 1812 Kommandeur der russ. Westarmee wurde er seiner zögernden Taktik wegen durch Kutusow ersetzt, führte dann bei Borodino den rechten Flügel; 1813 belagerte er Thorn, kämpfte bei

Barraux.

Bautzen, Dresden wacker; übernahm den Befehl über die preuss.-russ. Truppen, die unter Schwarzenberg standen, wurde für die Schlacht bei Leipzig Graf, für die bei Paris Feldmarschall; 1815 Fürst.

Bard, kl. Fort am St. Bernhard-Passe, im Aosta-Thale; bekannt durch seine heldenmüthige Vertheidigung 20.—27./9. 1799. Im Jahre 1800 den 19./5. mit 2 Komp. und 8 Geschützen besetzt, kapitulirte es an Bonaparte 1./6. 1800.

Bardolino, 20/5. 1848 siegr. Gefecht und Erstürmung durch die Oest.

Barfuss, Reichsgraf, brandenburg-preuss. Feldmarschall (1624—1704), berühmt durch seinen Antheil am Türkenkriege.

Barjatinski, Fürst (1814—1879), russ. G.-F.-M., kämpfte 1845 gegen Schamyl; 1853—55 Chef des Stabes der Kaukasus-Armee. Während des Krimkrieges befehligte er die Truppen in Nicolajew, 1856 Statthalter im Kaukasus, 1859 Generalfeldmarschall und Chef des Kabardinschen Inf.-Regts.

Barmen, dort steht ein Bez.-Kom. — Servisklasse 1.

Barnekow, v., preuss. Gen. der Inf. (1809—95), trat beim 1. Inf.-Reg. ein, führte 1866 bei Trautenau 2. Inf.-Brig. (pour le mérite), 1870 die 16. Div. bei Vionville, Gravelotte, Amiens, an der Hallue, bei Peronne und St. Quentin. Zuletzt 1. Armee-K.

Barometer, in der Landesvermessung zu Höhenmessungen gebraucht. Mit Aneroïd-B. Höhen fast annähernd zu bestimmen mit einfacher Formel. (S. Neumayer, Anl. zu wissenschaftl. Beob., Berlin 1895.)

Barraux (Fort). Älteres grösseres Fort an der Isère, nördlich von Grenoble, ist noch besetzt. Plan s. Seite 65.

Barrikaden legt man an bei schleuniger Vertheidigung von Orten namentlich gegen Kavallerie-Ueberfälle, zu welchem Zwecke Möbel, zusammenfahrene Wagen, Waaren, Balken, Schienen, Thorflügel genügen. Gegen Infantriefeuer nützen sie nichts mehr, da müssen Schutzwälle gebaut werden.

Barrikadenkampf ist zu umgehen, sobald man Artillerie hat. B. schützen gegen das neue Gewehr nicht mehr. Sind die Strassen durch dichte Wälle geschlossen, empfiehlt sich bei Mangel an Artillerie Durchschlagen der Mauern bezw. Dynamit durch Pioniere etc.

Bar sur Aube. Siegreiches Treffen der Oester-

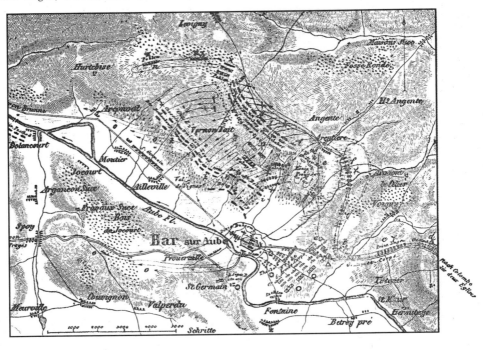

Plan der Schlacht bei Bar sur Aube am 26. und 27./2. 1814.

reicher 24./1. 1814. Schlacht am 26. und 27./2. 1814. Fürst Schwarzenberg beschloss die von den Franzosen unter Oudinot genommene Stadt B. s. A., die zugleich den Übergang über den Fluss sicherte, wieder zu nehmen. (Er stand mit 41 000 gegen deren 36 000 Mann). Er schickte das Korps Wittgenstein über den Fluss, um die Stadt zu umgehen, worauf das Korps Wrede sie in der Front angreifen sollte. Der Übergang über den Fluss wurde aber hartnäckig vertheidigt, so dass es dort nur zu einem wechselnden schweren Kampfe kam. Als aber das Korps Wrede in der Front auch energisch eingriff, gelang es den Verbündeten unter ziemlich schweren Verlusten, B. s. A. einzunehmen, welches zähe verteidigt wurde. Erst bei der Verfolgung wurden zahlreiche Gefangene gemacht und 73 Kanonen erobert. Plan hierzu s. oben.

Bartenstein. Dort steht ein Bez.-Kom. — Servisklasse 3.

Barytpulver, Schwarzpulver, bei welchem zur Erzielung einer langsameren Verbrennung der Kalisalpeter ganz oder teilweise durch salpetersauren Baryt ersetzt wurde. Es war stark hygroskopisch und entsprach den Erwartungen hinsichtlich Ermässigung des Gasdrucks nur wenig.

Baschi Bozuks ist türkische Infanterie, die von der Regierung angeworben wird. Schon Omar Pascha löste sie in dem Heere auf und Gordon, der sie im Sudan als Begleiter hatte, bezeichnet sie als seine grösste Plage. Ausser Plündern, Brennen und Fouragieren verstanden sie nichts und waren überdies feige.

Baschkiren, ein am Ural wohnender tartarischer Stamm, ist ein Reitervolk, dessen Unterwerfung viel Opfer kostete. Russland sucht sie in der Armee nutzbar zu machen, indem es ihre Eigenart schont.

Basel, Friedensschluss 22./9. 1499.

Basismessung (s. Trigonometrische Abteilung.

Bassano. Dort schlug Bonaparte 8./7. 1796 den zum Ersatz von Mantua herbeikommenden

General Wurmser. Er belehnte Maret mit dem Herzogthum B., das er selbst erst schuf. Am 6./11. 1797 siegreiches Treffen der Oesterreicher.

Basses Perches. Fort bei Belfort. (Näheres s. dort).

Basta, Georg, Graf, kaiserlicher General, bekämpfte 1600 den Fürsten der Walachei, siegte 1601 über Bathory, vertheidigte 1605 das Lager von Komorn erfolgreich gegen die Türken.

Basteien hiessen die Rundthürme zum Theil mit Plattform, die Dürer zur Flankirung der Festungsmauern anlegte. Aus ihnen entstanden die Bastione.

Bastia auf Korsika, Festung am nördlichen Theil der Ostküste gelegen. Sie besteht aus einer Zentralstellung und mehreren Forts. Der Hafen ist nicht wichtig aber mit Leuchtthurm versehen. Im Jahre 1731 wurde B. von den Insurgenten bestürmt, diese aber von 6000 zum Ersatz angerückten Kaiserlichen geschlagen; vom 10. bis 27./5. 1748 durch Oesterreicher belagert. Den 17./11. räumten diese die Insel.

Bastion heissen im Bastionair-Tracé die vorspringenden Theile, die bei der früheren Befestigungsmethode Raum zur Aufstellung oder Frontwirkung gaben und die Flankirung der Front mit Hilfe der zwischen den B. liegenden Ravelins übernahmen. Seit die Flankirung durch die weittragenden Geschütze, die den Kampf ins Vorgelände tragen, nicht mehr die Bedeutung von ehemals hat, diese vielmehr durch die Frontwirkung ersetzt wird, ist man von dieser Konstruktion der Grundlinien abgekommen.

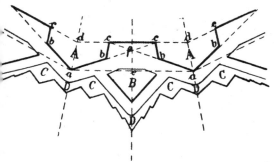

Bastionair-Tracé.

Bataille, franz. Div.-Gen. (1816—82), nahm an den Kämpfen in Algier theil. 1859 führte er eine Brigade im Korps Canrobert. 1870/71 führte er die 2. Division bei Saarbrücken und Metz (gefangen). Nach dem Kriege war er Kommandeur des 2. und 5. Armee-Korps.

Bataillon ist in den europäischen Armeen im Durchschnitt gegen 800—1000 Mann stark. In Deutschland, Russland und Rumänien 1000, in Oesterreich und Frankreich 900, Italien 950 Mann. Die Friedensstärken gehen bedeutend herunter. (S. die verschiedenen Armeen.)

Batardeau, ein gemauerter Staudamm quer durch den Festungsgraben zur Zurückhaltung des Wassers; wird auch zur Grabenbestreichung benützt.

Bath-Orden, engl. Orden. Der B. für Offiziere hat einen Lorbeerkranz um die Devise „Ich dien'."

Batotschina, (auch Patacin), 30./8. 1689, siegreiche Schlacht der Oesterreicher. Kaiserl. Heer 17815 Mann, darunter 9000 Reiter. Feind 40000, dessen Verlust: 3000 Mann, 108 Kanonen, 3 Mörser, das ganze Lager und Bagage.

Batterie. Die Gefechtseinheit der Artillerie. Die B. der Feldartillerie zergliedern sich in Gefechts-B., die II. Stafel und die Grosse Bagage. Die Gefechtsbatterie besteht aus den Geschützen und der I. Staffel (6—8 Geschütze, mehrere Munitionswagen und in einigen Artillerien auch Verwaltungsfahrzeuge), die II. Staffel umfasst den Rest der Munitionswagen und einen Theil der Verwaltungs-Fahrzeuge, die Grosse Bagage enthält den Rest der letzteren. Man unterscheidet nach den Kalibern bezw. der Verwendung „leichte" und „schwere", „fahrende" und „reitende" B.

Die B. der Fussartillerie sind die zur Aufstellung und Deckung der Geschütze hergestellten Bauten mit ihrer Geschützausrüstung. Nach den Geschützarten und den Zwecken giebt es Kanonen-, Haubitz-, Mörser-, Anschluss-, Zwischen-, Demontir-, Enfilir-B u. a. m. Die B. bestehen aus der Brustwehr, dem Graben, dem Batteriehof mit den Geschützständen (Bettungen, Rampen), Kartuschräumen, Sitznischen, Bereitschafts-, Fernsprech-, Beobachtungs- und Kommandeurständen, Splitterwehren, Traversen, Masken, Verbindungsgräben und Hindernissen in Front und Flanken.

Batterie-Division ist in Oestr., was in Deutschland „Artillerie-Abtheilung" ist; sie besteht aus 3 schweren bezw. 2 leichten Batterien und wird von einem Stabsoffz. kommandirt.

Batteriemagazin. Munitionsräume der Belagerungs-, Festungs- oder Küstenbatterien, gewöhnlich mit einem eintägigen Munitionsbedarf ausgerüstet. Batteriebaumagazin: die an einer Stelle vereinigten, zum Bau einer Batterie nothwendigen Geräthe und Werkstoffe.

Batthyany, eine vornehme ungarische Familie, deren Haupt schon Heerführer der Hunnen war, und der viele tüchtige Soldaten entwuchsen.

1. Balthasar (1530—1590) zeichnete sich in den Türkenkriegen jener Zeit aus, schlug den Pascha von Szigeth. Er hatte die Tochter Zrinys zur Gattin.

2. Adam (1650—1703) machte sich berühmt in den Kämpfen gegen denselben Erbfeind. Er eroberte 1688 Stuhlweissenburg und 1690 Kanischa. Es gelang seiner Energie die Heiden aus den öst. Ländern zu vertreiben.

3. Karl Joseph, Fürst (1697—1772). Er kämpfte tapfer und mit Erfolg bei Peterwardein und in den Feldzügen Eugens; wurde 1745 Feldmarschall; siegte bei Pfaffenhofen über die vereinten Bayern und Franzosen unter Segur und führte alle seine Feldzüge mit Geschick durch. Als Erzieher Joseph II. wurde er später gefürstet. Die späteren Nachkommen machten fruchtlose Versuche in der ungarischen Revolution.

Batzdorf bei Bielitz, 9./7. 1866, Vorpostengefecht.

Bau. (Schleswig.) Unentschiedenes Treffen zwischen Dänen und Freikorps (9./4. 1848).

Bau-Abtheilung. Die fünfte Abtheilung im Militär-Oekonomie-Departement des Kriegsminister. Geschäftskreis: Die auf den technischen Theil des Garnison-Bauwesens bezüglichen Angelegenheiten,

Personalien der Garnison-Baubeamten und Ueberwachung deren Thätigkeit, Etatskapitel 28.

Bau-Beamte werden eingetheilt in Garnisonbaubeamte und Festungsbaubeamte s. d.

Baudissin, v. (1597—1646), dänischer Offizier, trat 1626 als General in die Armee Gustav Adolphs, zeichnete sich bei Breitenfeld aus, übernahm nach dem Tode des Königs den Befehl über die schwedischen Truppen in Niedersachsen, durchzog die Länder am Niederrhein, nahm Bingen, schlug die Spanier bei Nymwegen und entsetzte 1636 Andernach. Entzweit mit dem schwedischen Reichsrath trat er in kursächsische Dienste, wurde aber von seinen früheren Soldaten bei Dömitz geschlagen.

Bauer, Ferdinand Freih. v., k. u. k. F.-Z.-M. (1825—1893), zeichnete sich als Major bei Solferino aus, erhielt für Custozza den Leopold-Orden. Seit 1888 Reichskriegsminister.

Bauernkrieg, 1525. Die unzufriedenen Bauern erhoben sich erst in Schwaben, dann in ganz Süd- und Mitteldeutschland von Tyrol bis nach dem Elsass und verübten die schrecklichsten Greuelthaten. Sie wurden im Mai und Juni völlig geschlagen.

Als Bauernkrieg bezeichnet man auch den gegen die Rekatholisirung gerichteten Aufstand der oberöst. Bauern, der 1626 in drei blutigen Schlachten bei Efferding, Gmunden und Wolfsegg niedergeworfen und schwer bestraft wurde.

Bautzen, Stadt in Sachsen, litt viel im Hussiten-, 30 jäh. und 7 jäh. Kriege; 20. und 21. Mai 1813 Schlacht.

Bautzen. Nach dem Verluste der Gross-Görschener Schlacht waren die verbündeten Preussen und Russen zwar nicht ganz kampffähig eine neue Schlacht zu schlagen, aber um den Muth der Bevölkerung zu heben und Oesterreich zum Beitritt zu bewegen, wurde bei B. noch einmal Stand gehalten, obgleich nur 85 gegen 163 Tausend Mann standen. Die Verbündeten standen östlich B. auf den Höhen, rechts durch Teiche geschützt. Napoleon schickte Ney um den rechten Flügel der Verbündeten herum und griff dann in der Front an. Er siegte, aber das Resultat war kein glänzendes; die zähe Tapferkeit der Preussen und Russen machte jeden Schritt blutig und die Beute war eine geringe. (Napoleon in Sachsen von v. Schimpff, 1894.) S. Plan Seite 69.

Bauwarte s. Festungsbaubeamte.

Bayern. (S. auch Militär-Konvention. Die Heeresstärke u. s. w. S. Deutsches Heer.) Die Ersatzangelegenheiten B. stehen unter der Leitung des Kriegsministeriums und es fungiren als Ersatzbehörde 3. Instanz die General-Kommandos mit 1 Zivil-Kommissar.

Dort besteht für jeden Inf.-Brig.-Bez. eine Prüfungs-Kommission für Einjährig-Freiw. Die nach B. eingezogenen Gardisten werden bei Mobilmachung der Garde zugetheilt; im übrigen die Dispositionsurlauber einschliesslich des E.-Kontingents zu denjenigen Truppen einberufen, die ihre Ergänzungsmannsch. aus dem Bezirke erhält.

Bayersdorf, 18./2. 1849, siegr. Gefecht der Oest. 450 Mann und 4 Offz. gefangen, 3 Kanonen und 2 Fahnen gewonnen.

Baylen. Dort Schlacht am 19./7. 1808. Die Spanier unter General Reding verboten dem von Penna verfolgten General Dupont, der zwei französische Divisionen befehligte, bei B. den Weg und zwangen die erschöpften Truppen, 17000 Mann stark, nach heftigem Kampfe, zur Kapitulation. Mit der reichen Beute an Kriegsmaterial konnten sie neu aufgestellte Truppen bewaffnen.

Bayonne ist eine grössere Festung älteren Styls an dem Adour, mit einer hochliegenden Zitadelle und verschanztem Lager. Dort Stab der 36. Inf.-Div. 49. Inf.-Regt. und Art.

Bayrische Armee. S. deutsches Heer.

Bayrischer Erbfolgekrieg. S. Kriege.

Bazan de, Marquis de Santa Cruz, spanischer Admiral (1500?—1588) zeichnete sich in den Kämpfen gegen die Korsaren aus, schlug die Franzosen 1582, nahm Fort Angra; siegte über die englische Flotte bei Kap Helena und nahm Drake gefangen 1586. Als er, zum Führer der berühmten „Armada" bestimmt, verlangte, dass man sich erst in Besitz eines holländischen Hafens setzen müsste, wurde er abgesetzt und starb aus Kummer.

Bazancourt, baron de (1810—65) auch bei uns beliebter französischer Milit.-Schriftsteller. (S. Lit.)

Bazaine, François, Marschall von Frankreich trat 1831 als Gemeiner in die Armee, nahm theil am Karlistenkriege, kämpfte in Algier, zeichnete sich vor Sebastopol aus, befehligte die Div. der Exped.-Armee in Mexiko, spielte, 1863 dort Oberbefehlshaber geworden, eine zweideutige Rolle gegen Kaiser Maximilian, kommandirte 1870 das 1. A.-K., vom 12./8. an die Rheinarmee, wurde in Metz eingeschlossen, kapitulierte am 29./10. Im Jahre 1873 kriegsrechtlich verurteilt und seiner Würden entsetzt; mit Hilfe seiner Frau gelang es ihm, aus seinem Gefängnis auf der Insel St. Marguerite nach Belgien zu entfliehen. Starb elend in Madrid 1888.

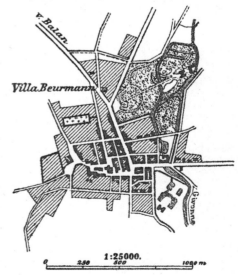

Bazeilles in der Schlacht bei Sedan.

Plan der Schlacht bei Bautzen am 20. und 21./5. 1813

Bazeilles. 31./8. bis 1./9. 1870/71 fanden dort hartnäckige Kämpfe zwischen den Bayern und Franzosen während der Schlacht bei Sedan statt. Da auch die Bewohner sich beteiligt hatten, so kam es zu blutigen Szenen. Haus für Haus musste in dem brennenden Orte erobert werden.

Beachy Head lag an der Südküste Grossbritanniens. Dort schlug Tourville am 29. 6. 1690 mit der französischen die englisch-holländische Flotte unter Torrington und Evertsen.

Beamte. Die B. der Mil.-Verw. gehören sämtlich zum aktiven Heere und sind Reichsbeamte. Sie zerfallen in

a) **Militärbeamte.** Diese gehören zu den Militärpersonen, haben unbestimmten Militärrang (die oberen Offizierrang, die unteren Rang der Mannsch. v. Feldw. abw.), beziehen Servis, sind bezüglich des Diensteinkommens von allen direkten Gemeindeauflagen befreit (s. Gemeindesteuern) und tragen zum Offizier-Seitengewehr das Portepee (Faustriemen) von Silber mit blauer Seide, glatte Knöpfe.

b) **Zivilbeamte der Mil.-Verw.** Hierher gehören alle unter a nicht fallenden Beamten der Mil.-Verw. Zum Stichdegen der etwaigen Uniform tragen sie Portepee von Gold mit blauer

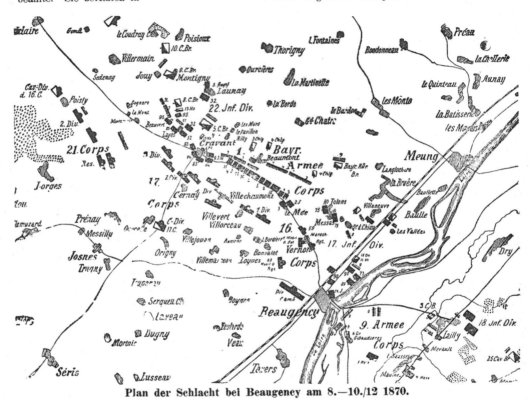

Plan der Schlacht bei Beaugency am 8.—10./12 1870.

Seide. Knöpfe mit Wappenschild. Im Kriege und während des mobilen Zustandes gehören diejenigen Zivilb., welche dem mobilen Heere folgen, als Feldbeamte ebenfalls zu den Mil.-B. Letztere werden eingeteilt in solche, die nur Militär-Befehlshabern, ferner solchen, die MilitärBefehlshabern und vorgesetzten Beamten oder Behörden und solche, die nur den vorgesetzten Beamten oder Behörden untergeordnet sind. Näheres s. Klasseneinteilung der Mil.-B. des Reichsheeres u. s. w. — Die Anstellung, Disziplinarverhältnisse, Pensionirung u. s. w. der B. wird durch das Reichs-B.-Ges. geregelt. Für Mil.-B. kommt ausserdem die Disziplinar-Strafordnung für das Heer in Anwendung. Im Uebrigen s. die einzelnen Dienstzweige.

Was die B. des Beurlaubtenstandes anbetrifft, so weisen sie sich durch ihre Bestallungen aus.

Dem Beurlaubtenstande angehörige Reichs- und Staatsbeamte, die dienstlichen Aufenthalt im Auslande haben, sind von den gewöhnlichen Friedens-Dienstobliegenheiten mit Ausnahme der Übungen auf ihren Antrag durch die Bez.-Kom. zu befreien. Die bürgerlichen Dienstverhältnisse der öffentlichen Beamten sind zu berücksichtigen. Zum Landsturm melden sich ehemalige obere Beamte, — auch solche, welche sich freiwillig stellen wollen — beim Bez.-Komm. an. Unabkömmliche B. werden zurückgestellt, dürfen sich ev. nur mit Erlaubniss ihrer Behörden melden, ebenso das dienstpflichtige Eisenbahnpersonal. Die Einberufung der unabkömmlichen Beamten bestimmt das Kriegsministerium.

Die als Feldbeamte bestimmten Personen sind von den Waffenübungen befreit. Die Einberufung der dem Beurlaubtenstande angehörigen Personen erfolgt — auch zum Dienst in Beamtenstellen — durch die Bez.-Kom. Die übrigen Beamten werden bei der Mobilmachung durch ihre Vorgesetzten einberufen.

Die Hinterbliebenen der B. erhalten volles Gnadenquartal beim Absterben. Wo keine Hinterbliebenen sind, auch bedürftige Verwandte, deren Ernährer die B. waren. Ebenso 3 Monate Dienstwohnung. Für pensionirte B. nur 1 Monat.

Die Hinterbliebenen der im Kriege gebliebenen Mil.-B. werden ähnlich versorgt, wie für das Reichsheer bestimmt. Die Hinterbliebenen der Zivil-B. der Mil.-Verw., sowie der nicht etatsmässigen Funktionäre im Gefolge des Feldheeres haben hierauf keinen Anspruch. Beihilfen können im Gnadenwege bewilligt werden.

Beaugency. Schlacht am 8.—10./12. 1870. 8. griffen die Franzosen (17. Korps) Cravant an, von der 44. Brig. abgewiesen, ebenso Angriff auf Layes von 43. Brig. Vergeblicher Angriff der Bayern auf die franz. Linie. B. wurde von der 17. Div. genommen. 9. allgemeiner Angriff der Franzosen abgeschlagen. Auch deren Vorstoss auf den linken Flügel geschickt abgewehrt. 22. Div.

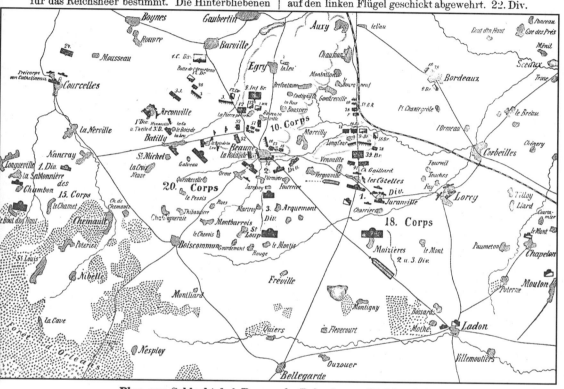

Plan zur Schlacht bei Beaune la Rolande am 28./11. 1870.

kam zu Hilfe. 10. Widerum Angriff der Franzosen auch durch das eintreffende 10. deutsche Korps abgeschlagen. Die französische Armee war ganz zerrüttet. Plan s. Seite 70.

Beauharnais, Vicomte de (1760—94). Seeoffizier, schloss sich der französischen Revolution an, 1793 Oberbefehl über Rheinarmee, konnte Entsatz von Mainz nicht bewerkstelligen, nahm Abschied, wurde 1794 hingerichtet. Seine Wittwe (geb. Pascher de la Pagerie) war die spätere Gattin Napoleons, Josephine. Sein Sohn Eugen, Vizekönig von Italien.

Beaulieu, Frhr., oesterr. F.-Z.-M. (1725—1819), machte den 7jähr. Krieg mit und kämpfte in Belgien 1790. In den franz. Revolutionskriegen lieferte er glänzende Gefechte bei Jemappes, schlug 1793 Houchard an der Marque, operirte 1794 glücklich gegen Jourdan, und als Stabschef von Clerfayd, unterlag aber dem Genie Napoleons in Italien 1796. (Oesterr. mil. Zeitschrift 1820.)

Beaumont. Schlacht am 30./8. 1870. General de Failly, Korps unter Mac Mahon führend, ruht bei B., wird überrascht durch Maass-Armee unter Kronprinz Albert. Trotz heftiger Gegenwehr Lager und Stadt B. erstürmt. (4. u. 12. deutsches Korps.) Als diese sich auf den Höhen festzusetzen begannen, wurden auch die auf dem linken Flügel vormarschirenden Bayern vom 7. französischen Korps in der Flanke angegriffen, stürmten aber die Pachthöfe La Thibaudine und La Harnoterie. Gemeinsamer Sturm auf die starke Stellung auf den Höhen von Sartelle und Mont de Brune trotz eines französischen Reiterangriffes. Endlich wurden die Franzosen bis in die Vorstadt Mouzon und aus Villemontry getrieben. Verlust der Franzosen 1800 Verwundete und Todte und 3000 Vermisste, der Deutschen 3500 Mann. Der Erfolg war ein erschütterndes Vorspiel zu Sedan.

Beaune la Rolande. Schlacht 28./11. 1870.

B. 1. R. war von 38. Brig. besetzt; links davon 39. Brig. bei Les Cotelles. Die ?7. Brig. ging auf Marsilly; 5. Div. benachrichtigt. Stellung wurde flüchtig befestigt. Linke Flügel ging bis Venouille und Long Cour zurück, schlug 18. franz. Korps ab, räumten dann aber Venouille gegen überlegenen Angriff. 19. u. 20. franz. Korps gegen B. 1 R. Schwerer Kampf der 16er (auch 57 er) gegen überlegene Kräfte. Die 5. Div. brachte zur rechten Zeit Hilfe. Zwei deutsche Brig. hatten sich gegen drei franz. Korps erfolgreich gewehrt. Verlust der Deutschen 900, der Franzosen incl. Gefangene 4900 Mann.

Plan s. Seite 71.

Beauregard, Peter, conföd. General (1817 bis 1893). In Westpoint erzogen, übernahm er den Befehl über die Truppen, die sich bei Charleston sammelten, nahm 1861 Fort Sumter und erhielt sodann das Oberkommando der Hauptarmee, mit welcher er am 21./7. den Angriff der Gegner am Bull-run zurückwies. Am 6. und 7./5. 1862 wurde er bei Shiloh (auch Schlacht bei Corinth genannt) von Grant geschlagen; am 24./9. desselben Jahres übernahm er den Oberbefehl in Süd-Carolina und in Georgien und damit die Sorge für die Behauptung der wichtigen Hafen-Stadt Charleston. Nach dem Kriege stand General B. an der Spitze einer Eisenbahngesellschaft.

Bebutow, Wassily, Fürst, russischer General der Infanterie (1792—1858) Georgier, focht mit Auszeichnung im Kaukasus, vertheidigte Achalzik 1828—29, schlug Schamyl bei Kutischi und die Türken während des Krimkrieges in mehreren Schlachten. Sein Name ist mit den Kämpfen im Kaukasus auf das engste verknüpft.

Bechtolsheim, Anton Freiherr v., k. und k. General der Kavallerie, geb. 1834, Kommandant des 13. Korps und kommandirender General in Agram. (Im Feldzuge 1866 Maria-Theresienorden.)

Beck, Friedrich Freiherr v., k. und k. Feldzeugmeister, Chef des Generalstabes, geb. 1830; that sich im Jahre 1859 als Generalstabschef der Division Reischach durch Umsicht und Tapferkeit hervor, wurde bei Magenta schwer verwundet; erhielt für diesen Feldzug das Militär-Verdienstkreuz und den Kronenorden. Von 1859—1861 bei der Bundes-Militärkommission in Frankfurt, dann Flügeladjutant des Feldzeugmeisters Hess. Seit 1863 Flügeladjutant, dann General-Adjutant Sr. Maj. des Kaisers; seit 1881 Chef des Generalstabes. Hervorragender Heerführer.

Bedecktes Gelände nennt man ein mit Strauch oder Wald bewachsenes Land.

Nachtheile sind Behinderung der Bewegung und der Einheit des Kommandos. Vortheile Deckung gegen Sicht und gesundere Lagerung.

Im Ganzen vermeidet, wegen der Einbusse der Einheit des Kommandos, die neue Taktik den Kampf in den Wäldern (nur im Sezessionskriege liebten die als Jäger gross gewordenen Konförderirten den Kampf im Walde, aus dem sie grosse Vortheile zogen). In Zukunft werden aber die Wälder deshalb eine grössere Rolle spielen, weil einmal die Deckung gegen Sicht immer mächtiger wird und ferner, weil beim rauchlosen Pulver eine im Waldrand gedeckte Schützenlinie von grosser Stärke ist.

Bedeckung, die Personalbedeckung besteht aus eigens kommandirten Truppen, bezw. Stabswache. Die Spezialbedeckungen werden in jedem Falle besonders abgetheilt und instruirt. Ihre Stärke zum Transporte, Trains, Etappen, Bahnlinien, Artillerie-Stellungen richten sich lediglich nach den Umständen.

Bedienung der Geschütze. Die zum Ab- und Aufprotzen, zum Laden, Richten und Abfeuern nöthigen Kanoniere bez. diese Verrichtungen selbst. Zur Geschützbedienung des Feldgeschützes gehören der Geschützführer und 5 Kanoniere, deren Plätze am abgeprotzten bezw. aufgeprotzten Geschütz aus den folgenden Abbildungen zu entnehmen sind.

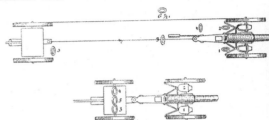

Dem Geschützführer (G) liegt die Beaufsichtigung der B., dem Kanonier 1 das Richten, dem Kanonier 2 das Laden und Abfeuern dem Kanonier 4 das Zubringen und Ladefertigmachen der Munition ob. Kanonier 3 unterstützt den Kanonier 1 beim Nehmen der Seitenrichtung, indem er den Lafettenschwanz handhabt, Kanonier 5 hält die Munition zur Ausgabe bereit und unterstützt den Kanonier 4.

Beerdigung. Beerdigungen mit militärischen Ehrenbezeugungen stehen zu: allen aktiven Offizieren der deutschen Armee und fremder Armeen, sowie denjenigen Unteroffizieren und Gemeinen der deutschen Armee, welche einen Feldzug mitgemacht haben und sich bei der Fahne befinden. (Zweite Klasse des Soldatenstandes nicht!) Befinden sich Hoboisten etc. am Orte, so werden dieselben zu den Leichenparaden für obenbezeichnete Offiziere stets kommandirt, zu denen für Unteroffiziere und Gemeine dagegen nur dann, wenn die Verstorbenen vor dem Feinde Ehrenzeichen erworben hatten. Vorstehende Bestimmungen gelten in gleicher Weise für die Bestattung von Mitgliedern des Beurlaubtenstandes, insoweit dieselben bei Gelegenheit ihrer Einziehung zum aktiven Dienst verstorben sind. (Bei B. der Sanitätsoffiziere und Beamten finden keine militärischen Ehrenbezeugungen statt.) Die Trauerparade wird still dem Trauerhause gegenüber aufgestellt. Wenn die Leiche aus dem Hause gebracht wird, wird das Gewehr über genommen und präsentirt. Die Tamboure schlagen Marsch mit gedämpften Trommeln, die Pfeifer blasen nicht, die Hoboisten Choral, ohne die Instrumente zu dämpfen. Wenn die Leiche auf dem Trauerwagen niedergesetzt worden, wird das Gewehr über genommen und wie gewöhnlich abmarschirt. Wenn die Trauerparade antritt und während des Marsches schlagen die Tamboure den vorgeschriebenen Todtenmarsch, die Hoboisten blasen Choräle. Die Trauerparade macht von dem Augenblick an, wo sie vor dem Sterbehause aufmarschirt ist, bis der Abtrupp der Wachen geschlagen ist, ausser den vorstehend gedachten keine Ehrenbezeugungen. Dieselbe marschirt unmittelbar vor dem Leichenwagen. Wenn die Kommandirten vor der Kirche oder dem Kirchhofe aufmarschirt sind, hören die Hoboisten zu blasen und die Tamboure zu schlagen auf. Der kommandirende Offizier lässt das Gewehr präsentiren und so lange präsentirt halten, bis die Leiche vom Wagen abgehoben und weiter getragen ist, worauf Gewehr ab genommen wird. Wenn die Leiche in das Grab gesenkt und der Schlusssegen gesprochen worden oder die Feierlichkeit anderweitig beendet ist, werden von der Infanterie etc. drei Salven gegeben, wobei hoch anzuschlagen ist. Nach der letzten Salve wird in der gewöhnlichen Art abmarschirt und dabei der Abtrupp der Wachen geschlagen. Erst einige Hundert Schritt von der Grabstätte gehen die Tamboure und die Musik in die gewöhnlichen Musikstücke über. Bei Beerdigungen ohne Ehrenbezeugungen muss bei Unteroffizieren und Gemeinen eine entsprechende Anzahl Mannschaften aus den Kompagnien etc. bestimmt werden, dem Sarge zu folgen. Bei Beerdigung mit Trauerparaden erscheinen auch diejenigen Offiziere, welche sich am Leichenbegängnisse betheiligen, ohne in der Parade zu stehen, im Paradeanzug.

Beerdigungskosten für Mannschaften, welche auf kostenfreie Lazarethverpflegung Anspruch haben, trägt der Militärfonds, und zwar: für den Sarg mit Sterbehemd, Leichenwagenmiethe, Grabstelle, Grabmachen, für leihweise Benutzung von Beerdigungs-Geräthen und für Bezeichnung des Grabes durch ein einfaches Holzkreuz. Ist die Beerdigung auf Urlaub etc. verstorbener Mannschaften durch Ortsbehörde oder Angehörige veranlasst, so können ausser vorbezeichneten Vergütungen auch noch etwaige Kosten der Träger, Leichenfrauen, Geistlichen und unteren Kirchendiener auf Militärfonds übernommen werden. Anforderung bei derjenigen Korps-Intendantur, in deren Bezirk die Beerdigung stattfand.

Beerenhorst von, ein unehelicher Sohn des Fürsten Leopold von Anh.-Dess. (1733—1814), war ein talentvoller Offizier, wurde in dem 7 jähr. Kriege Adjutant des Königs und nahm nach dem Kriege den Abschied. Er war ein fruchtbarer und interessanter Militär-Schriftsteller.

Beeskow. Dort stehen 3. u. 5. Esk. Ul.-Regts. Kaiser Alex. II. v. Russl. (1. Brand.) Nr. 3 und ein Prov.-Amt. — Serviskasse 3.

Befähigung, wissenschaftliche, zum . Einjährig-Freiwilligen-Dienst" s. daselbst.

Befähigungszeugnisse für Einjährig-Freiwillige Unterärzte, Apotheker etc. s. die betreffenden Artikel.

Befehle. Operationsbefehle werden von allen Kommandostellen mit deren Titel bezeichnet. (Korps-, Divisions-, Avantgarde-, Vorposten-Befehle etc.) Bezeichnungen wie „Disposition" und „Instruktion" sind veraltet.

Für die Abfassung der Operationsbefehle empfiehlt sich folgende Bedingung: Nachrichten über den Feind, eigene Absicht, die Aufgabe der einzelnen Truppen, Stellung aller Trains und eigener Aufenthalt während des Gefechtes. Folgt Truppeneintheilung. Alle Befehle, die sich nicht auf die Operation beziehen, werden getrennt von diesen gegeben.

Vorpostenbefehle. Spätestens beim Befehl zum Halten empfängt der Kommandeur der Vorhut die Mittheilung, wo das Gros und der Haupttrupp für die Nacht bleiben sollen etc. Hierauf ertheilt er dem Vorposten-Kommandeur nach der Karte sobald als möglich die Befehle, wie unter den Verhältnissen die Sicherung gebildet werden muss, welche Abschnitte gewählt sind u. s. w. Schon während des Marsches giebt der Vorposten-Kommandeur die Befehle aus, die alsbald auszuführen sind. Erst bei späterer spezieller Erkundigung der Verhältnisse werden nothwendige Aenderungen getroffen.

Befehlsausgabe. Bei Märschen sind alle Befehle, die sich auf das Verhalten in den Quartieren, Apell etc. beziehen, möglichst vor dem Einmarsche bezw. nach demselben schnell zu erledigen, da erfahrungsmässig die meisten Leute am Ende ihrer Kräfte angelangt zu sein pflegen, sobald das Halt erklingt. Bei einiger Routine kann man auch die Quartierbillets schon auf dem Marsche ausgeben.

Befestigungen in *Oestr.-Ung.* sind Alt-Gradisca, Arad, Brod (Depotfestung), Cattaro mit Castel nuovo (Kriegshafen), Esseg (Depotfestung), Komorn (Depotfestung), Krakau (Lagerfestung), Peterwardein (Depotfestung), Pola (Haupt-Kriegshafen), Przemysl (verschanztes Lager), Temesvar (Depotfestung), Trient (leicht befestigt).

Uebersicht der B. Deutschlands. An Festungen besitzt das Deutsche Reich die folgenden: Im Westen: Wesel, Coblenz u. Ehrenbreitstein, Cöln, Mainz, Diedenhofen, Metz, Bitsch, Strassburg i. E., Neu-Breisach, Germersheim. Im Osten: Pillau, Königsberg, Feste Boyen, Danzig, Graudenz, Thorn, Küstrin, Glogau, Posen, Glatz. Im Zentrum: Magdeburg, Spandau, Ulm, Ingolstadt. An der See sind Befestigungen: bei Cuxhaven, Helgoland, Friedrichsort, Geestemünde, Wilhelmshaven und Swinemünde.

B. Frankreichs. Diese sind vielfach nach dem letzten französischen Kriege entstanden, und bestehen im Grossen aus alten aufgebesserten oder neuen einfachen Enceinten und vorgeschobenen Forts. Diese haben in der Front eine Anzahl Geschütze, und eine doppelte Brustwehr, in der die Infanterie eine Aufstellung findet. Im Allgemeinen ist das Profil etwa eingerichtet wie die deutschen Forts, nur mit Infanterie-Vertheidigung, durch die doppelte Brustwehr. Der Hof ist von Kasematten umgeben, die unter dem Wallgange liegen. Gemauerte Tunnel führen zu den Infanteriestellungen, die die deutschen Forts nicht besitzen. In den Flanken befinden sich Pulver-Magazine und Munitionsräume. Die Gräben sind durch Grabenkoffer vertheidigt, zu denen ebenfalls Tunnel führen.

Die Forts liegen 3—7000 Meter vor den Kernbefestigungen (s. die Skizzen der einzelnen Festungen) bezw. 500—3000 Meter unter sich entfernt.

Wegen des bedeutenden Zieles, welche diese Forts den neuen Geschützen, besonders den Sprengbomben derselben, geben, ist die Haupt-

Artillerie-Vertheidigung — wie bei uns — aus den Forts herausgenommen und in die Zwischenräume gelegt, so dass also die eigentliche Alarmirung der Festung erst während des Anmarsches zur Belagerung geschehen kann; ein Umstand den ein etwaiger Gegner wohl ausnützen könne.

Ausser diesen mit Fortgürteln umgebenen grösseren Plätzen, die alle einzeln in Skizzen wiedergegeben sind, (s. betr. Artikel!) hat man besonders Deutschland gegenüber eine Anzahl Forts gebaut, die den Zweck haben, den feindlichen Durchmarsch zu erschweren bezw. wichtige Bahnen an Defileen (Tunneln, Brücken u. s. w.) zu sperren, weshalb diese Forts auch den Namen **Sperrforts** erhalten haben. Diese sind nach allen Seiten mit starken Brustwehren versehen und so geräumig, dass sie etwa 1 Bataillon Vertheidiger aufnehmen können; auch haben sie natürlich

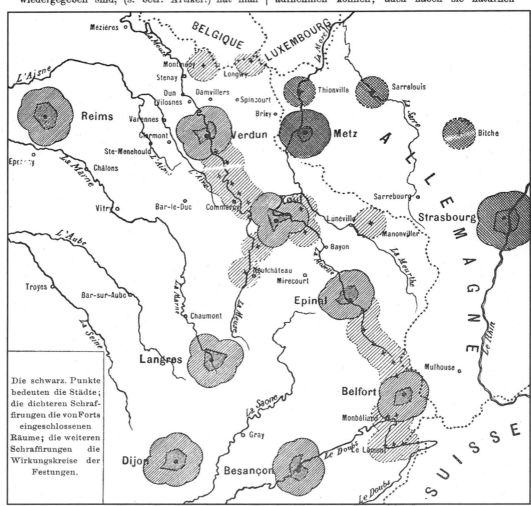

Karte der Befestigungen Frankreichs gegen Deutschland.

grössere Geschützafmirung. Sofern diese von allen Seiten zugänglich sind, können sie natürlich in zu berechnender Zeit genommen werden.

Die Franzosen glauben durch diese grosse Festungssperre die Zeit zu gewinnen, ihre Mobilmachung in Ruhe und Ordnung ganz durchführen zu können, an deren schneller Ausführung sie Zweifel zu haben scheinen.

Ausser den Küstenbefestigungen, die an allen irgend wie wichtigen Häfen (vergl. die Artikel) in dichter Menge angelegt sind, haben die Franzosen alle ihre Landgrenzen dicht gepanzert, wovon unsere Karte der B. Frankreichs ein deutliches Bild giebt. S. auch d. Plan zu Frankreich.

Beginnen wir diese Landgrenze von Norden ab zu skizziren, so fällt vor Allem auf, dass eine Unmasse kleiner fester Plätze, die allerdings zum Theil noch aus den Kriegen des vorigen Jahrhunderts stammen, in denen der Festungskampf die Hauptrolle gerade an jenen Grenzen spielte, gestrichen sind. Es sind deren etwa 30 aufgehoben worden. Dafür hat man andrerseits allerdings gegen Belgien Lille und Maubeuge (s. daselbst) und in zweiter Linie La Fère

(s. daselbst) und Reims (s. daselbst) erweitert bezw. neu gebaut; zwischen ihnen die in der Karte angedeuteten Sperrforts erbaut bezw. alte kleine Festen neu aufgebaut.

Sobald aber die deutsche Grenze beginnt, reiht sich wie an einer Perlenschnur Fort an Fort, verstärkt durch grosse Lagerplätze und unterbrochen durch das grosse „Trouée" nördlich von Verdun, in der man die deutsche Armee mit den Waffen in der Hand empfangen will.

Von Verdun (s. Artikel), das eine grossartig angelegte Lagerfestung ist, die selbst an der Maass liegt, deren östliche Forts schon über die Maassgebirge hinweg in die Ebene wirken, beginnt die französische Mauer, die in Gestalt von Sperrforts sich von dort bis Toul (s. daselbst) hinzieht, das ebenfalls zu einer Lagerfestung ersten Ranges ausgebaut ist. Ein zweites Trouée findet sich zwischen Toul und Epinal, mit der Festung Langres im Hintergrunde, während Reims in zweiter Linie die Oeffnung nördlich von Verdun schützen soll.

Von Epinal, das ebenfalls (s. Artikel) in grossem Style erbaut ist, zieht, trotzdem die Vogesen schon in der Front ein schweres Hinderniss bilden, wieder eine Kette mächtiger Sperrwerke die Mosel hinauf bis nach Belfort (s. dort), das jetzt einem durch Burgen und Zinnen geschützten Kessel vergleichbar ist, in dessen Mitte die felsigen Befestigungen des grossen Waffenplatzes hervorragen. Selbst die Grenzen der Schweiz sind an allen wichtigen Punkten durch Wälle gesichert, während starke Forts bei Monbéliard (s. daselbst) und eine grosse Lagerfestung Besançon (s. daselbst) neuer Entstehung, und Dijon (s. d.) im Rücken, den Schweizern die Lust nehmen sollen, über den Jura hinweg in Frankreich einzufallen.

Auch die Hochalpen (s. Albertville, Grenoble, Maurienne etc.) sind den Franzosen noch keine Garantie für die offensiven Gelüste des kriegsgierigen Italiens. Mit der grossen Lagerfestung Grenoble im Zentrum hat man die Alpen noch durch enorme kostspielige Werke in den Alpenregionen bei Albertville, Briançon (s. daselbst) bis hinunter nach Nizza (s. daselbst) schützen zu müssen geglaubt und längs der Küste bis Toulon (s. daselbst) Fort neben Fort gelegt. Lyon dient dieser ausgedehnten Vertheidigungsstellung als Reduit, indem man auch hier eine weit ausgedehnte Gürtel-Befestigung angelegt hat.

Die Hafenbefestigungen sind in ausgedehntestem Maasse ausgebaut (s. betr. Häfen) und nichts versäumt, die Annäherung zu Lande wie zu Wasser zu erschweren.

Das Nähere ist in den einzelnen Artikeln zu ersehen. Das zuverlässigste Werk ist: Ténot „La Frontière". Paris, Rouam & Comp. (Doch sind die Pläne in dem Werke bedeutend schlechter als die in unserem Lexikon.)

Die B. Russlands. Die Russen haben ihre Grenze zwar nicht so mächtig gesichert wie die Franzosen, aber dennoch keine Mühe geschont, ihre etwas schwerfällige Mobilmachung, wenigstens in der 2. Staffel hinter dem Schutze ihrer Festungen vollenden zu können, da die vorderste Staffel besonders die Kavallerie, Schützen-Brigade und die zu beiden gehörige Artillerie fast kriegsbereit ist, wenigstens in vollen Kadres vorhanden ist.

Die Russen haben in ihrem unwegsamen Lande hauptsächlich die Bahnen und deren Knotenpunkte durch grosse Festungen gesperrt, die ähnlich den französischen aus geschlossenen Festungskernen mit Fortgürteln bestehen.

Meist sind diese Festungen noch durch die Beschaffenheit der Umgegend geschützt, indem an vielen derselben die Sümpfe bis in das Vorgelände hineinreichen. (S. die einzelnen Festungen.)

General Zabotkin, Chef des russischen Ingenieur-Korps, giebt folgendes kurze Bild der B. R.

Das nach 1870 angenommene System umfasst die Festungen Nowogeorgiewsk, Ivangorod, Brest und ausserdem die neu hinzugekommenen Warschau, Zegrie, Ossowetz, Kowno und das Fort Dubno. Die in dieser Art angenommene Vertheidigungs-Zone stellt ein grosses Viereck vor, welches die vier Spitzen Nowogeorgiewsk, Ivangorod, Brest und Ossowetz aufweist. Zwei Seiten desselben werden durch Wasserläufe begrenzt, von der Weichsel und dem Narew An dem Narew befinden sich als Moment-Stellungen Pultusk, Rojan, Ostrolenka und Lomja. Im äusseren Theil dieser Vertheidigungs-Zone bilden die Festungen Nowogeorgiewsk, Warschau und Zegrie ein strategisches befestigtes Pivot, welches ein Netz von durchgehenden Eisenbahnen beherrscht und Ausrüstungs-Depots für Krieg und Verpflegung in sich schliesst. Dieses strategische Pivot hat für die Festungs-Armee eine bedeutende Wichtigkeit sowohl für Angriffs- wie für Vertheidigungszwecke.

Jene äusere Vertheidigungs-Zone wird auf der rechten Flanke durch befestigte Stellungen am Niemen begrenzt. Dort sind die Werke ersten Ranges von Kowno und weiter die vorübergehenden Stellungen von Grodno und Alitta errichtet. Auf der linken Flanke haben wir die Sperrfeste Dubno und die befestigten Stellungen von Lutzk und Rowno.

Die Gefahr eines feindlichen, zu Lande und zu Wasser vereinigten Auftretens unter der Form einer Landung an den Küsten der Ostsee hat den Anlass (im Jahre 1889) zur Errichtung des Kriegshafens Libau geführt. Damit verhindert man den Feind an der Besetzung, und die Anwesenheit eines verhältnissmässig kleinen Geschwaders an diesem Punkt wird die Wirkung haben, dass die Thätigkeit der feindlichen Marinekräfte auf die Ufer von Riga und Finnland beschränkt wird.

Auf anderen Grenzen haben die Russen, abgesehen von den befestigten Posten von Zentral-Asien, im Süden nur noch eine weitere Festung, Kars, die im letzten Kriege mit der Türkei erobert wurde. Was die Meeresgrenzen betrifft, so hat Russland die Arbeiten von Kronstadt, Kertsch und Otschakow vervollständigt.

In Uebereinstimmung mit dem nach dem Krimkrieg bestimmt angenommenen System, das einen rein vertheidigungsmässigen Charakter trug, haben die Wiedererrichtung der schwarzen Meer-Flotte und die Entwickelung unserer Marine die Nothwendigkeit hervorgerufen, bestimmte Plätze zu befestigen. Es sind dies: für die Ostsee Liebau, für das schwarze Meer Sebastopol, für den grossen Ocean Wladiwostok.

Die Vertheidigung der Landesgrenzen gestattet ein Zusammenwirken der Streitkräfte zur Offensive. Zu diesem Zweck errichtete man neue Festungen und gestaltete die älteren Dünaburg, Bobruisk und Kiew um in Depotplätze. Zur Vertheidigung der Seegrenzen hat man im ersten Entwurf die Errichtung von befestigten Punkten als offensive Operationsbasen der Flotte vorgesehen, und obwohl darin noch viel zu thun ist, so ist der Plan bereits festgestellt, der Zweck und seine Mittel liegen klar vor Augen.

Was die Beschaffenheit der Vertheidigungs-Anlagen betrifft, so sind diese in der letzten Zeit in Folge der Brisanz-Geschosse einer völligen Umgestaltung unterzogen worden. Die Anfertigungen von Beton-Bauten können allein der zerstörenden Wirkung der neuen Explosivstoffe Widerstand leisten. Bis gegen das Jahr 1885 beruhte die Vertheidigung der Festungen vornämlich auf der Vertheidigung der äusseren Forts. Gegenwärtig sind die Forts nicht mehr im Stande, sich mit der feindlichen Artillerie zu messen, die Vertheidigung wird hauptsächlich in den Intervallen der Forts geführt, wo man schon in Friedenszeiten Batterien und Beton-Schutzmittel versuchsweise errichten muss. Ausserdem hat man in der Zentralfestung Beton-Schutzmittel zur Unterkunft der Besatzung, Erprobung der Munition u. s. w.

Die Erdbrustwehren sind durch Betonwälle ersetzt, die Traversen aus Beton und Eisen hergestellt worden.

Die Anlage im Grossen ist aus jeder grösseren Karte von Russland zu ersehen, die einzelnen Festungen sind bei den betr. Artikeln einzeln näher beleuchtet. Es rangiren nach Grösse und Wichtigkeit die russischen Festungen etwa in folgender Ordnung:

Warschau mit 4 (Stamm) Bat. Fest.-Inf. und 6 Bat. Fest.-Art.

Nowogeorgiewsk mit ebensoviel.

Brest-Litowsk mit 3 (Stamm) Bat. Fest.-Inf. und 4 Bat. Fest.-Art.

Iwangorod mit 2 (Stamm) Bat. Fest.-Inf. und 4 Bat. Fest.-Art.

Kronstadt mit 2 Bat. Fest.-Inf. und 6 Bat. Fest.-Art.

Kowno mit 2 Bat. Fest.-Inf. und 2 Bat. Fest.-Art.

Dann folgen die übrigen Festungen etwa gleicher Bedeutung, von denen im Osten Ossowez und Bobruisk, wenn auch nicht stark, so doch wichtig sind.

Was nun die Planung der deutsch-russischen Grenze im Einzelnen betrifft, so ist am weitesten vorgeschoben die grossartige Anlage an der mittleren Weichsel, wo sie zwischen dieser und dem Bug ein grosses △ bildet, dessen Basis Nowogeorgiewsk-Iwangorod an der Weichsel liegt, während die Spitze Brest-Litowsk in die grossen Rokitno-Sümpfe hineinragt. Zu diesem Bezirke gehört die kleine Sperrfestung Goniasz am Bober und Kowno am unteren Niemen, so wie auch die Anlagen bei Luzk an der galizischen Grenze. Botruisk ist nur eine Sperre geringeren Werthes und Kiew ist nicht weiter ausgebaut.

Den Mittelpunkt, wenn auch nicht den geometrischen, so doch taktischen dieser Grenzbefestigung gegen Deutschland bildet Warschau, das durch eine Anzahl vorgeschobener Forts verstärkt ist. (S. Warschau.) Fast zusammenhängend mit diesem Waffenplatze (35 km entfernt) ist Nowogeorgiewsk gebaut. Den linken Flügel der Weichselstellung bildet das oben erwähnte Iwangorod, etwa 90 km oberhalb Warschau, an der Mündung des Wieprz in die Weichsel, liegend.

Hinter dieser Front liegt in zweiter Staffel Brest-Litowsk, dessen Befestigungen russischerseits eine grosse Wichtigkeit beigelegt wird. Bekanntlich werden von Russland grosse Anstrengungen gemacht, die Rokitno-Sümpfe durch Entwässerung in fruchtbares und bewohnbares Land zu verwandeln.

Jenseits dieser Festungen ist das Land fast unbeschützt.

Sie scheinen den Sinn zu haben, dass Russland bei Beginn des Krieges das Land bis zur Weichsel preisgiebt, um dahinter den Aufmarsch zu vollenden. Da aber Heisssporne von Raids etc. sprechen, so ist die Möglichkeit vorhanden, dass es an der Front eher rege wird ehe die Festungen jenen Zweck erfüllt haben.

Um eine Vorstellung von der Art zu geben, in der Russland seine Befestigungen angelegt hat, bringen wir unter Kronstadt (nach englischen, uns gütigst überlassenen Privatquellen) eine Skizze der dort angelegten Forts. (S. Kronstadt.)

B. Belgiens. (S. auch Antwerpen.)

Die Vertheidigung Belgiens beschränkte sich bisherauf die Vertheidigung Antwerpens, des grossen, durch vorgeschobene Forts noch erweiterten befestigten Lagers. Diese Vertheidigung konnte keineswegs genügen, um die Neutralität Belgiens aufrecht zu halten, da das ganze übrige Land dem Einbrecher oder durchpassirenden Truppen freilag.

Man beschloss daher, den Hauptkriegspfad, den oft beschrittenen, zwischen Frankreich und Deutschland, nämlich das Maassthal, abzusperren, und hat zu dem Zwecke die Städte Namur und Lüttich (s. Uebersichtsplan auf Seite 78 und 79) zu grossen Waffenplätzen umgeschaffen und zwischen beiden ein grösseres, schon vorhandenes Fort, bei Huy ausgebaut. (Grundriss der „Forts" s. daselbst.)

Der Uebersichtsplan giebt eine Idee von den fast vollendeten Bauten, und die Spezialpläne von Namur und Lüttich zeigen die genauere Lage der einzelnen grösseren und kleineren Forts, mit denen die Städte durch den Meister der militärischen Baukunst, General Brialmont, umgürtet wurden. (Näheres s. Heeresverfassung und Maass-Befestigung in Belgien. Mittler, Berlin 1887.)

Um einen Begriff zu geben, wie die älteren Bauten im Einzelnen ausgeführt sind, geben wir auf Seite 77 einige Skizzen.

B. Hollands sind aus der dem Artikel Holland beigegebenen Uebersichtsskizze ersichtlich.

Befestigungsmanieren bezw. Befestigungssysteme.

Befestigungsrecht ist das Recht aller souveränen Staaten. Damit hängt zusammen das Enteignungs- und Rayonrecht (s. daselbst).

Befestigungs-Tracé — Befreiung

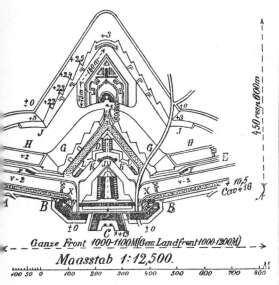

Befestigung von Antwerpen vor 1870.

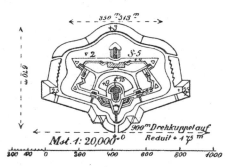

Belgisches Fort.

Befestigungs-Tracé heisst die Figur, welche die auf den Baugrund projektirt gedachte Brustwehrkante bildet.

Beförderung in der aktiven Armee. (S. auch Avantageure.) Die dienstliche Befähigung eines Avantageurs zur weiteren B. ist durch Dienstzeugniss seiner Vorgesetzten nachzuweisen; (frühestens nach 5 monatlicher Dienstzeit auszustellen); die wissenschaftliche Befähigung durch Abiturientenzeugniss oder Fähnrichsprüfung. Zur Zulassung zur letzteren ist Reife für Prima nachzuweisen. Kann durch Immediatgesuch erlassen werden. Die Prüfung findet erst statt, wenn ein Regiment den Examinand als Avantageur angenommen hat; die Einstellung ins Regiment erst, wenn die Prüfung bestanden ist. Von der Kriegsschule können Fähnriche dispensirt werden, die ein Jahr studirt haben; die übrigen sind zum Besuche derselben verpflichtet und machen dann das Offiziers-Examen.

Jeder Fähnrich wird nach bestandener Prüfung Sr. Majestät zum Offizier vorgeschlagen, wenn er vom Offizierkorps dazu würdig erklärt ist. Darüber entscheidet die Offizier-Wahl. Bei Minorität der Stimmen für ihn, wird ohne Weiteres von seiner B. Abstand genommen, ist eine solche aber gegen ihn, wird besonderer Bericht etc. verlangt.

Offiziere des Beurlaubtenstandes, denen Allerhöchsten Orts der Uebertritt in den aktiven Dienst gestattet ist, können alsbald zur Offiziers-Prüfung zugelassen werden.

Die weitere Beförderung ist in den monarchischen Staaten abhängig von dem obersten Kriegsherrn, in Staaten mit freieren Verfassungen von Prüfungen oder Kommissionsverhandlungen. An einem Beispiele möge die Unzulänglichkeit der letzten Methode gezeigt werden: Weder ein Blücher noch ein Moltke wäre über die Klippe der Kommission gekommen; der Eine hätte wissenschaftlich, der andere in der speziellen Truppenführung versagt. Nur das Mittelgut kommt nach Oben. (S. auch Altersgrenze.) — Der grösste Feind der gerechten B. ist der Nepotismus und das mit ihm verwandte Streberthum. —

Im Beurlaubtenstande. Die Einjährig-Freiwilligen können bei guter Führung etc. nach 6 monatlicher Dienstzeit zu Gefreiten, nach 9 monatlicher zum Unteroffizier befördert werden und nach guter Ableistung der Uebung A (s. daselbst) zu Vizefeldwebeln etc. vom Kommandeur ernannt werden.

Solche Einjährig-Freiwillige, die auch nicht zu Offizier-Aspiranten (s. Aspirant) ernannt sind, können zu Unteroffizieren herangebildet und zu solchen ernannt werden, bei guter Führung etc. Reserve- und Landwehr-Offiziere, welche zu höheren Chargen hinaufrücken wollen, müssen besonders sorgfältig ausgebildet werden.

Für B. der Unteroffiziere sind in erster Linie die Verpflegungs-Etats massgebend.

Die Unteroffiziersstellen der zur Probedienstleistung abkommandirten Chargen werden erst nach Ausscheiden derselben besetzt. Sie kommen bei informatorischer Beschäftigung nur auf den Etat der Unteroffiziere — nicht Sergeanten — in Anrechnung. Bei Entlassung zur Reserve ist erst abzuwarten, wieviel Unteroffiziere von den Unteroffizier-Schulen eingehen. Die zur Probe Abkommandirten können in ihrer Charge ersetzt werden. Die Registratoren der General-Kommandos etc. können zu Feldwebeln etc. ernannt werden. Das Kriegsministerium bestimmt, wieviel ausseretatsmässige Vizefeldwebel als Offizierdienstthuer ernannt werden können.

Ueber den Etat aber ohne Gebührnisse können ernannt werden zu Vizefeldwebeln etc. die etatsmässigen Schreiber, Zeichner, Leibgendarmen, Regiments- und Bataillons-Tambours etc. (s. Vers.) nach 9 jähriger Dienstzeit. Sergeanten, die sich auszeichneten, nach 18 jähriger Dienstzeit. Zu Unteroffizieren: Spielleute, Avantageure etc.

Die Feldwebel, Portepee-Unteroffiziere und Sergeanten etc. erhalten über ihre Ernennung eine Bestallung ausgefertigt.

(Beförderung der Befehle. S. „Dienst in den Stäben".)

Befreiung. (S. auch Zurückstellung.) B. der Einjährig-Freiwilligen (s. daselbst) von der Verpflichtung, sich zu bekleiden etc. — B. von den Kontrolversammlungen können die Bezirks-Kommandos aussprechen; in plötzlichen Krankheitsfällen und bei dringenden Geschäften ist

Befestigungen.

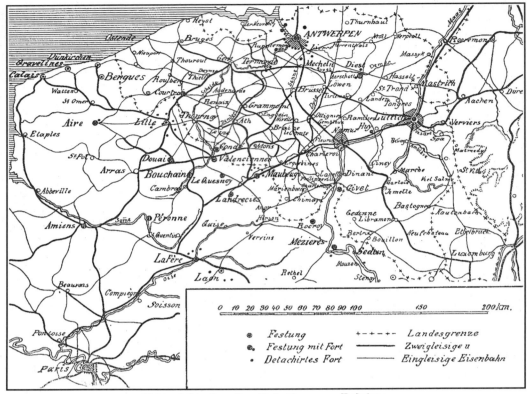

Uebersichtsplan der Befestigungen Belgiens.

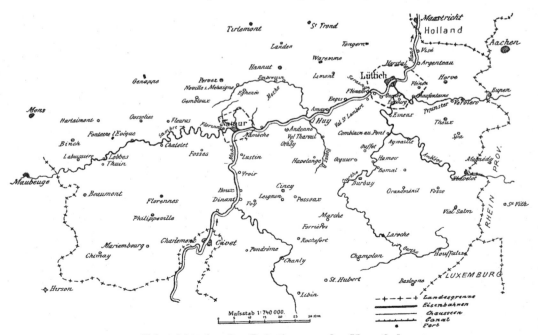

Uebersichtsplan der Befestigungen des Maassthales.

Befestigungen — Befreiung

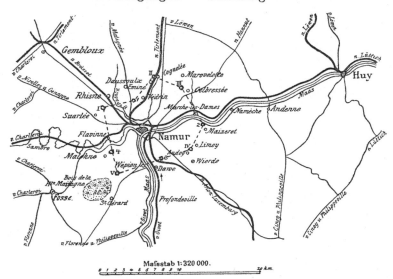

Skizze der Befestigungen von Namur.

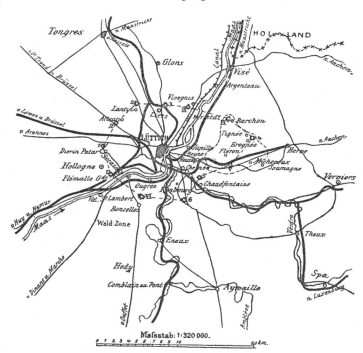

Skizze der Befestigungen von Lüttich.

Bescheinigung der Ortsbehörde spätestens zur Stunde der Versammlung beizubringen. Landsturmpflichtige brauchen keine Kontrolversammlung zu besuchen. — B. von den Uebungen. Die Ober-Ersatz-Kommission bezeichnet die zu befreienden Ersatzreservisten; sonstige Mannschaften können auf Grund häuslicher, gewerblicher oder amtlicher Verhältnisse durch die Bezirks-Kommandos von Uebungen befreit werden. Nach dem 34. Jahre nur ausnahmsweise einzuziehen. Landwehr 2. Aufgebots befreit davon. Befreiung von Uebungen für Offiziere und Offiziersaspiranten nur durch General-Kommando. Offiziere, die höhere Chargen erreichen wollen, haben eine Uebung (nicht freiwillige) durchzumachen. B. von der Theilnahme an der Offizierswahl nur gestattet für Offiziere im Auslande, bezw. durch Bezirks-Kommando.

Begleitkommando zu den Bagagen im Manöver sind auf das Engste zu beschränken. Die Mannschaft legt Tornister auf den Wagen. Aufsitzen nur bei schnellerer Gangart und nur wenn Führer es gestatten.

Begovo Dolje am Wozaracer Gebirge, siegr. Gefecht der Oesterreicher 27./11. 1789.

Begorstan, Berg bei Dublica, 9./8. 1788 Ueberfall und Eroberung des türk. Lagers.

Begräbniss s. Beerdigung.

Begünstigungen heissen in Oest.-Ung. die Vorbedingungen, die in Deutschland zur Zurückstellung der jungen Leute führen. (S. Zurückstellung.) Die verschiedene Benennung desselben Gegenstandes ist charakteristisch für die Auffassung der Wehrpflicht in beiden Reichen.

Behandlung gestürzter Pferde: Niederhalten des Kopfes, von allen das Aufstehen behindernden Gegenständen befreien, vom Fuhrwerke trennen, dann heben bei den Zügeln und zum Aufstehen aufmuntern.

Behelfsbrücken erhalten eine Breite von 0,5 bis 1 m für einzelne Leute zu Fuss (Brückenstege), 2 m für Infanterie in Reihen und Kavallerie abgesessen (Laufbrücken), 3 m für alle Truppen (Kolonnenbrücken). Wegen Herstellung s. B.-Vorschrift (B.-V.) Mittler, Berlin 1894. — S. auch Brücken.

Beherrschen. Dies Wort wird meist gebraucht, wenn ausgedrückt werden soll, dass eine **Feuerwaffe** ein Gelände so bestreicht, dass ein Vorwärtskommen auf demselben nicht ungestraft stattfinden kann. Ein höheres Ufer beherrscht meist das niedere u. s. w.

Dieselben Grundlagen bilden auch das Beherrschen von einer Befestigungslinie (Werk) über andere bezw. über das Vorgelände.

Behörden. (S. einzelne Artikel, wie Ersatzbehörden, Landwehrbehörden, Kommunalbehörden, Verwaltungsbehörden.) Alle Reichs-, Staats- und Kommunal-B. haben die Verpflichtung, die Ersatz- und Landw.-Behörden bei der Kontrole und Einberufung zu unterstützen.

Behorchen muss man im Minenkriege die Arbeit des Gegners, aus der Fortleitung des Schalles die Richtung und die Fortschritte der feindlichen Minenarbeiten beurtheilen. Vorbereitete Minen-Systeme besitzen Horch-Galerien.

Beiladung. Die Kartuschen mit Blättchen- und Würfelpulver erhalten zur besseren Feueraufnahme eine B. (Anfangsladung) aus Schwarzpulver, die entsprechend der Lage des Zündlochs auf dem Boden oder dem Mantel der Kartusche angebracht ist. — Bei den Feld-Geschützen wird eine gleiche Wirkung durch die stärkere Ladung der Feldschlagröhren erreicht.

Beile, Beilpicken. Jede Kompagnie führt tragbar 10 Beilpicken, 5 Beile, jede Eskadron 12 Beile.

Bein, künstliches. Jeder Amputirte, welcher auf kostenfreie Lazareth-(Spital-)Verpflegung Anspruch hat, erhält, wenn er im Dienst verunglückt, entweder ein künstliches Bein und zur Reserve einen Stelzfuss, oder ein Stelzbein mit Thamm'schen Fuss und ein zweites gleichartiges zur Reserve für Rechnung des Militär-Medizinalfonds. Die spätere Instandsetzung ist für inaktive Mannschaften beim Bezirksfeldwebel zu beantragen.

Beinkleider der Offiziere sind: Stiefelhosen, lange Tuchhosen, weissleinene Hosen, aus weissem Kasimir;

der Mannschaften: Tuchhose, Reithose, lederne Paradehose für Leibgendarmen, weissleinene Hose, Stallhose, Turnhose und Unterhose.

Welche Hosenart die Offiziere bei den verschiedenen dienstlichen etc. Veranlassungen zu tragen haben s. d.; — vergl. auch Anzugsbestimmungen.

Beirut. 11.—13./9. 1840, Beschiessung. Drei österr. Kriegsschiffe bei der verbündeten engl.-türk. Flotte.

Beisitzer. Die B. im Gerichtsdienst erscheinen im Dienstanzug (s. d.).

Beitreibungen. B. im Reichsgebiet werden gemäss des Kriegsleistungsgesetzes ausgeführt. Nur im Falle der äussersten Not wird davon Gebrauch gemacht.

In Feindesland sind B. die ergiebigste Art des Unterhaltes, doch sind B. durch die Truppen möglichst zu vermeiden und auch nur Notbehelf; jedoch ist dann ohne Zögern davon Gebrauch zu machen. Sie müssen in strengster Form und unter strenger Aufsicht ausgeführt werden, weil die Mannszucht zu leicht verletzt wird. Wenn irgend möglich sind Offiziere zu beauftragen und Quittungen auszustellen; auch kann der Ortsvorstand oder angesehene Einwohner beauftragt werden.

Beitzke, Major a. D. (1798—1867) ist bekannt durch seine Geschichte der Kriege 1812—1815 (s. Lit.), die lange die einzige Quelle bildete. Militärisch enthalten sie viele Ungenauigkeiten und Mängel.

Bekleidung der Brustwehren. Die innere Brustwehr bekleidet man, wenn Zeit vorhanden ist, mit Rasen (0,3 im Quadrat), mit den Rasenseiten nach unten aufeinander gelegt und kleinen Holznägeln befestigt.

Schneller geschieht es, wenn sie vorhanden sind, mit Brettern oder Bohlen, die man durch Pfähle befestigt, die wieder durch Drähte mit Anker in der Brustwehr verbunden sind.

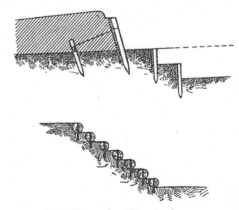

Bekleidung der Brustwehren.

Auch kann man statt der Bretter Strauchwerk hinter die Pfähle stecken, die aber dann bedeutend dichter (etwa 0,5 m von einander) entfernt stehen müssen.

Die Bekleidung mit **Gurten** und **Faschinen** wird ähnlich ausgeführt.

Faschinen braucht man um Stufen anzulegen.

Bekleidung. Zur Gestellung der Rekruten sind erforderlich: Oberkleider, Stiefeln und Hemde; bei Bedürftigkeit hilft die Ortsbehörde oder das Bez.-Kom. aus. Die entlassenen Reservisten erhalten nur bei nachgewiesener Bedürftigkeit den sog. Reserveanzug.

Einjährig-Freiwillige müssen sich während ihrer 1 jährigen aktiven Dienstzeit auf eigene Kosten bekleiden etc.

Bekleidungs-Abtheilung. Die 3. Abtheilung des Mil.-Oekonomie-Depart. im Kriegsministerium. Geschäftskreis: Bekleidung des Heeres, Proben, Korps-Bekleidungsämter, Personalien der Zahlmeister und Aspiranten, Geldverpflegungs- und Kassenwesen der Truppen, Unterstützungsfonds für Offiziere und Offizier-Aspiranten des Friedensstandes, Wohnungsgeldzuschuss, Rekruten- und Reserve-Verpflegung, Reise-, Umzugs-, Vorspann- und Transportkosten.

Bekleidungsamt (s. Korps-Bekleidungsamt).

Bekleidungsstücke im Sinne der Bekl.-O. sind die nicht zu den Ausrüstungsstücken (s. d.) gehörigen Theile des Anzuges eines Soldaten.

Beköstigung in den Lazarethen geschieht in 4 Formen, die der Ordinirende bestimmt.

In allen 4 Formen **Frühstück** gleich: Kaffee oder Thee, Milch Suppe.

Mittag 175 g Fleisch; Gemüse richtet sich nach der Form, bei der 1. am meisten, bei der 4. ausser Spinat kein Gemüse.

Abend ist nach der Form mehr oder weniger Suppe. Ausserdem kann der Ordinirende zur Stärkung Besonderes anordnen.

Belag auf Brücken, heissen die auf die Balken festgenagelten oder gerödelten Bretter.

Der Belag der Brücken, die durch schweres Fuhrwerk befahren werden sollen, ist stets **quer** zu den Streckbalken anzuordnen. Die Stärke desselben ist abhängig von der Auseinanderstellung der Streckbalken, auch von dem Gewichte der übergehenden Lasten. Die Balken müssen eingekämmt oder sehr stark mit Klammern verbunden werden. Sind die Pfahljoche stark, so werden die Balken an den Bahnen auch noch durch verschraubte und mit Klammern festgemachte Sattelhölzer verstärkt.

B. heisst im Rechnungs- und Kassenverkehr ein Schriftstück (Bescheinigung u. s. w.), durch welches die Richtigkeit oder Zulässigkeit einer Ausgabe oder Einnahme nachgewiesen wird.

Belagerungspark. Jeder B. wird in den Geschütz- und Munitionspark, die Reparaturwerkstätten, das Batterie-Baumaterial-, Feldbahn- und Schanzzeug-Depot eingetheilt.

Belagerungsgeschütze werden in der Regel in Betreff der Geschützarten und Kaliber nach bestimmten taktischen Gesichtspunkten ausgewählt, schon im Frieden zu entsprechend gegliederten Belagerungs-Trains (Parks) zusammengestellt und zu beschleunigter Mobilmachung vorbereitet.

Die wesentlichsten Fortschritte auf dem Gebiet der B. beruhen vorwiegend in Folgendem:

1. Zweckmässige Ausbildung und vermehrte Anwendung des Steilbahnfeuers.
2. Vervollkommnung des Schrapnelschusses — grössere Geschosswirkung und erweiterter Wirkungsbereich (längere Brenndauer und Verwendung des Doppelzünders).
3. Vergrösserung der Schussweiten.
4. Ausgedehnte Verwendung von Spreng- oder Minengranaten.
5. Erhöhung der Feuergeschwindigkeit (Schnellfeuer- und Maschinengeschütze, Rücklaufbremsen).
6. Bewegliche Panzerlafetten.

An Geschützarten verwendet die Belagerungsartillerie lange Kanonen, Haubitzen, kurze Kanonen, Mörser und kleinkalibrige Schnellfeuerkanonen (in Fahrpanzern), deren Kaliber meist in folgenden Grenzen liegen:

Lange Kanonen: 9 bis 18 cm.
Kurze Kanonen und Haubitzen: 15 cm.
Mörser: 15 bis 21 cm.

Die B. des deutschen Reichs sind folgende:

Geschütz (Abgekürzte Bezeichnung.)	Seelenweite cm	Rohrgewicht m. Verschl. kg	Lafett.-Gewicht kg	Art des Verschlusses	Gewicht (fertig) der Granate kg	Gewicht (fertig) d.Shrapnels kg	Ladung Art des Pulvers	Ladung Gewicht[4] kg	Mündungs-Geschwindigkeit[5]	Grösste Schussweite[5] der Granate Az.	Grösste Schussweite[5] d.Shrapnels Bz.
5 cm Kanone[1] (5 cm-K.)	5,3	143,0	2240[2]	Fallblock	1,67	—	W. P.[3] (2×2×3/4)	0,11	457	3000	—
Schwere 12 cm-Kanone mit Stahlseelenrohr (s. 12 cm-K. St.)	12,03	1300,0	1000	Rundkeil	16,50	20,20	Gesch. Bl. P.	1,40	445	7250	6000
Lange 15 cm-Kanone (lg. 15 cm-K.)	14,97	3365,0	2667	Desgl.	42,30	41,20	Gr. Bl. P.	4,00	497	10200	7350
15 cm. Haubitze (15 cm-H.)	14,97	1075,0	1113,5	Flachkeil	42,30	—	W. P. (2)	0,85	276	6050	—
21 cm Mörser mit Stahlseelenrohr (21 cm-Mrs. St.)	20,93	3078,0	1920	Desgl.	146,60	—	Desgl.	2,40	214	4200	—

Bemerkungen: 1) In besonderen Fällen. 2) Panzerlafette. 3) W. P. = Würfel-Pulver. Die eingeklammerten Zahlen geben die Seitenlängen der Würfel in mm. Bl. P. = Blättchen-Pulver. Gr. = Grobes. Gesch. = Geschütz. 4) Gebrauchs- bezw. grösste Ladung. 5) Bei Anwendung der Gebrauchs- oder grössten Ladung.

Frankreich führt folgende B.:
Kanonen: 95, 120, 155, 220 mm.
Kurze Kanonen: 155 mm.
Mörser: 220 und 270 mm.
Ein 170 cm Mörser soll demnächst eingestellt werden. Geschosse: Granate, Minengranate (für die 155 mm Kanonen eine Panzergranate), Shrapnel und für alle Geschütze bis einschliesslich 155 mm Kaliber Kartätschen.

Oesterreich's B. sind:
12, 15, 18 cm Belagerungs-Kanonen C/80.
15 cm Batterie-Haubitze.
9, 15, 21 cm Belagerungs-Mörser C/80.
Sämmtliche Rohre sind von Stahlbronce. An Stelle des 21 cm-Mörser soll ein leichter 21 cm-Mörser treten. Die Geschosse sind: Pulver- und Ekrasit-Granate, Shrapnel und für die 12 cm-Belagerungskanone eine Kartätsche, für die 15 cm-Belagerungskanonen eine Brandgranate.

Russland führt
4,2 (10,67)*
Leichte 6 (15,24   } -Zöller
Schwere 6   } Kanone
Leichte 8 (20,32) } C/77.
3, 42 (8,69) } -Zöller
8   } Mörser
9 (22,86)   } C/77.

Belagerungstrain vergl. auch Belagerungsgeschütze.
Zusammensetzung einiger Belagerungstrains:
a) Frankreich: 5 B's. zu je 176 Geschützen. Jeder der B. wird in zwei Halbparks (1 leichten, 1 schweren) eingetheilt, diese zerfallen in je drei Abtheilungen. Jeder Train ist ausserdem mit Feldbahn-, Telegraphen- und Fernsprechgeräth, Baracken, beweglichen Rampen etc. ausgestattet und erhält je nach Bedarf auch Schnellfeuer- und Maschinen-Geschütze.
Sämmtliche Geschütze (50 % Flachbahn- und 50 % Steilfeuer-Geschütze) sind in Batterien zu vier eingetheilt.
Von den 10 Halbparks befinden sich 4 in Paris, je 2 in Lyon und Clermont-Ferraud, je 1 in Dijon und Langres.
Die Trains werden für jedes Geschütz mit 600 bis 1300 Schuss ausgerüstet.
b) Italien: Im Frieden 9-, 12- und 15 cm Kanonen, 15- und 21 cm Haubitzen, 15- und 24 cm Mörser zu Batterien von vier Geschützen vereinigt und zu B's. zusammengestellt.
c) Russland: Drei Belagerungsparks (Trains) mit zusammen 1168 Geschützen. Der erste (224 Geschütze) in Brest-Litowsk und Dünaburg, der zweite (424 Geschütze) in Kiew, der dritte (320 Geschütze) in Alexandropol. Jeder Park zerfällt in halbe und viertel Parks, in denen die gleichen Kaliber zu Batterien von 4, 6 oder 8 Geschützen zusammengestellt sind.
An Schiessbedarf erhalten die (vergl. Belag.-Geschütze) 8 zöller-Geschütze je 700 Schuss, die 9 zöller-Mörser je 500 Schuss, alle anderen Geschütze je 1000 Schuss.

Belagerungszustand. Durch dessen Verhängung über eine Stadt, eine Festung oder einen Landestheil tritt die ausübende Gewalt auf den Militär-Befehlshaber über; alle Behörden fungiren in seinem Auftrage. B. wird verhängt während eines Krieges auf dem Operationsfeld, in belagerten Festungen, im Frieden bei Aufruhr etc.

Belastung des Infanteristen setzt sich im Felde zusammen aus Bekleidung, Ausrüstung, Gepäck, Zelt, Waffen, Schiessbedarf, Schanzzeug, Nahrungs- und Genussmitteln. Ihr Gewicht beträgt für den deutschen Infanteristen (mit 150 Patronen in den Taschen) durchschnittl. 33,028 kg, in Russland 29,5, Oesterreich-Ungarn 29,43, Frankreich 28,5 (nach dem neuesten Aide-mém. de l'off. d'état major nur 26,5), Italien 26 kg. Sie muss so leicht wie möglich sein, um Kraft und Ausdauer des Mannes bei anstrengenden Märschen, rascher Bewegung in schwierigem Gelände und im Gefecht nicht vorzeitig zu erschöpfen. Ein deutscher Infanterist von 154—160 cm Grösse und 57,5—62,5 kg mittlerem Körpergewicht hatte bisher über 50 % des letzteren an B. zu tragen. In Zukunft soll seine B. (durch Fortfall von 30 Patronen u. a. m.) um 6,89 kg = reichlich 20 % ermässigt und auf 26,138 kg gebracht werden.

Beleidigung. Gegen Vorgesetzten oder im Range höher Stehende Freiheitsstrafe von 2—3 Jahren. In Schriften, Abbildungen etc. bis 5 Jahre. Fast dieselbe Strafe bis 2 Jahren trifft den Vorgesetzten, der einen Untergebenen beleidigt; bei Verleumdung bis 5 Jahre. In Oesterr. wird die B., wenn sie nicht gegen einen direkten Vorgesetzten geschieht, mit 8 Tagen ev. strengen Arrest bis 6 Monate, im anderen Falle strenger bestraft; bei Unteroffizieren mit Degradation, bei Offizieren mit Entlassung. Umgekehrt wird die Beleidigung mit 3 Tagen bis 1 Monat Arrest bestraft. Wörtliche B. ist im Disziplinarwege zu erledigen. (Mil.-Strf.-G.) B. zwischen Offizieren s. Ehrengerichte und Ehrenrath.

Beleuchtung des Quartiers hat jeder Soldat bis 10 Uhr Abends zu fordern.
Kasernirte Offiziere haben sich das Beleuchtungsmaterial aus der ihnen gewährten Kasernen-Servisquote selbst zu beschaffen.
B. der Pferdeställe und bedeckten Reitbahnen muss aus dem Erlös für den Stalldünger bestritten werden. Für bedeckte Reitbahnen darf ausnahmsweise der Garnison-Verwaltungs-Fonds eintreten, wenn die Mittel nicht ausreichen und mindestens 250 Pferde auf eine Reitbahn angewiesen sind.

Beleuchtungs-Abtheilungen (Oest.-Ung.) sind zur Bedienung der in festen Plätzen verwendeten Apparate für elektrische Beleuchtung des Vorfeldes bestimmt; im Frieden bestehen sie nur im Cadre.

Beleuchtungsmittel, heute das elektrische Licht. Es giebt 3 Typen von elektrischen Beleuchtungs-Apparaten: Fahrbare Festungs-B.-A., stabile B.-A. für Küstenforts und transportable Gebirgs-B.-A. Im Prinzip besteht jeder B.-A. aus einer maschinellen Einrichtung zur Erzeugung von Elektrizität, der Bogenlampe und dem Reflektor.

Belfort. Plan der Festung von heute. (S. auch „Befestigungen Frankreichs".)

---
*) Die eingeklammerten Zahlen sind die Seelenweiten in cm.

Belfort — Belgien

B. ist seit 1871 umgebaut, mit 9 vorgeschobenen Forts, mit Anschlussbatterien, sowie 15 selbstständigen Batterien versehen worden.

Die Enceinte liegt oben auf hohem Felsrücken, davor die von 1870/71 her bekannten Forts Miotte und Justice, die Batterien Perouse und Haut Taillis, die ebenso wie die Hautes und Basses Perches nach neueren Grundsätzen umgebaut wurden. Auf dem linken Ufer der Savoureuse befinden sich auf höheren Kuppen die Forts Roppe, Bessoncurt, Red. Chevremont, Fort Bosmont; weiter hinaus Fort Vezelois und 3 Batterien.

Auf dem rechten Ufer liegen 3 Batterien südlich im Thale und nördlich hinauf gehend.

Die Forts Bois d'Oye, Haut Bois, Pilon und Urcerey (Charme), ferner La Côte d'Essert. Nach Westen vorgeschoben ist Fort Mont Vaudois, im Norden Fort Salbert, fast selbstständig von seinen Werken und Batterien geschützt. Im Norden schliesst sich die Linie von Sperrforts (längs der „Mosellinie" (s. dort), im Süden Montbéliard etc. an (s. dort).

Dort stehen: 28. Infanterie-Brigade, das 35., 42. und 151. Infanterie-Regiment, das 11. Husaren-

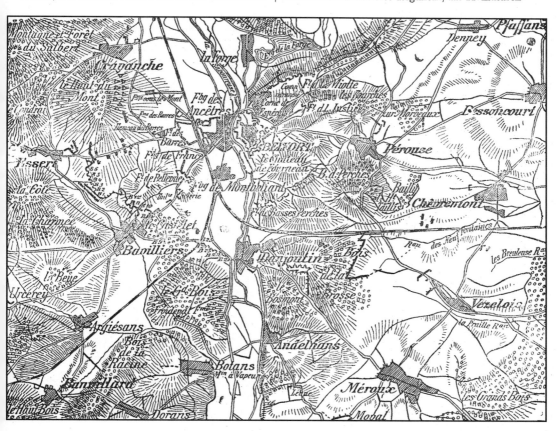

Plan der Belagerung von Belfort im Kriege 1870/71.

Regiment. 2 Batterien des 5. Artillerie-Regiments, 9. Festungs-Artilleriebataillon, 1 Genie-Kompagnie.

B. Treffen 24./6. 1637, Berennung 7./1. 1814. Plan der Belagerung von Belfort s. Seite 84. Belagerung 22./11 1870.— 18./2. 71. Am 22.—28./11. Einschliessung mit Gefechten. 2./12. Bau der ersten 7 Batterien zwischen Bavillers und Essert. 13./12. Einnahme von Adelnans, Le Bosmont und Froidevat. Bis Ende Dezember 20 Batterien gebaut. 8./1. 1871 Wegnahme von Danjoutin. 21.—22./1. erste Parallele dort. Sturm auf die Perches misslang. 8./2. gelungene Einnahme der Perches. Vorschreiten der Belagerung. 18./2. Kapitulation B. in Folge Waffenstillstandes. Festung wurde deutscherseits in Stand gesetzt.

Belgard. Dort stehen die reit. Abth. 1. pom. Feld-Art.-Rgts. No. 2, ein Bez.-Kom., Prov.-Amt und Garn.-Lazareth. — Servisklasse 3.

Belgien. (Armee im Frieden:) **Infanterie.** zu 4 Div. à 2 Brig. zu 2 Rgt. Rgt zu 3 akt. und 2 Res.-Bat. (Bat. zu 4 Komp.)

Im Einzelnen:

1. Div. (Gent) mit 2 Brig., 48 akt., 32 Res.-, 4 Depot-Komp.
2. Div. (Antwerpen) mit 2 Brig., 48 akt., 32 Res.-, 4 Depot-Komp.
3. Div. (Lüttich) mit 2 Brig., 48 akt., 32 Res.-, 4 Depot-Komp.
4. Div. (Brüssel) mit 3 Brig., 88 akt., 60 Res.-, 7 Depot-Komp.

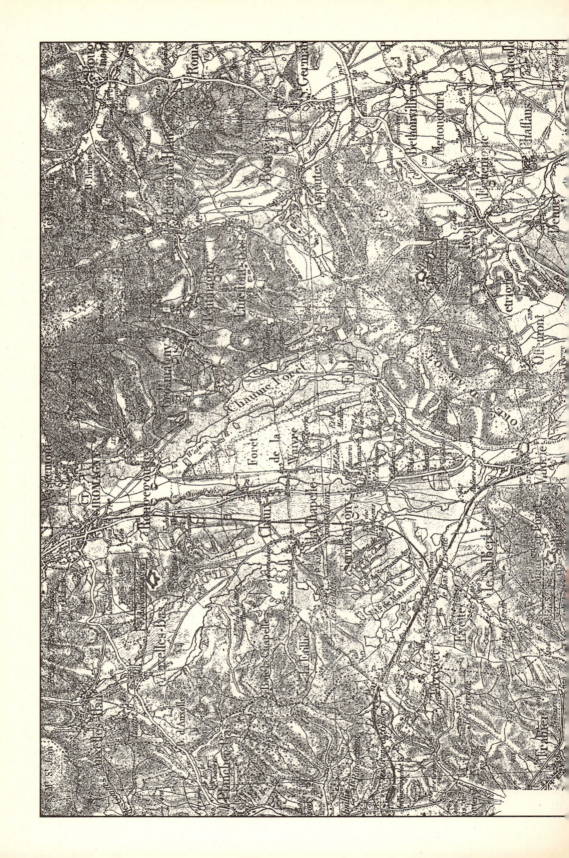

Lagerfestung Belfort mit dem Sperrfort Giromagny (der Moselbefestigung).
(An diese Karte schliesst sich südlich die der Festung Mombéliard an. S. dort.)

Summa: 19 Rgt. — 232 akt., 156 Res.-, 19 Depot-Komp.
Kavallerie: Rgt. à 5 Esk. und 1 Depots-Esk.
1. Div. (Brüssel) mit 2 Brig. (2 Rgt. Guiden, 2 Rgt. Lanciers)
2. Div. (Gent) mit 2 Brig. (2 Rgt. Jäger, 2 Rgt. Lanciers)
Summa: 8 Rgt., 40 akt., 8 Depot-Esk.
Feld-Artillerie:
1. Brig. (Gent) 15 akt., 5 Res.-, 2 reit. und 2 Depot-Batt.
2. Brig. (Brüssel) 15 akt., 5 Res.-, 2 reit. und 2 Depot-Batt.
Summa: 4 Rgt., 30 akt., 10 Res.-, 4 reit. und 4 Depot-Batt.
Festungs-Artillerie:
3. Brig. (Antwerpen) zu 2 Rgt., 28 akt., 4 Res.-, 2 Depot-Bat.
4. Brig. (Namur) zu 2 Rgt., 30 akt., 4 Res.-, 2 Depot-Bat.
Summa: 4 Rgt., 58 akt., 8 Res.-, 4 Depot-Bat. Genie:
1 Rgt. (Antwerpen) zu 12 akt., 4 Res. und 1 Depot-Komp.
Train (Antwerpen) 7 akt. und 1 Depot-Komp.
Friedensstärke:
Infanterie 1921 Offz. 28810 M.
Kavallerie 368 „ 5744 „
Artillerie 616 „ 8309 „ 204 Geschütze
Genie 152 „ 1433 „
3057 Offz. 54296 M. 204 Geschütze

Dazu treten noch technische Waffen, Branchen etc. Die Kriegstärke ist unbestimmt, und zu 120—130000 M. berechnet.
Nach den Jahresberichten von v. Löbell wird aufgestellt:
Feld-Armee von 72932 M., fast dieselbe Gliederung (4 Div.) wie die Friedens-Armee.
Ersatztruppen gegen 4000 Mann.
Festungstruppen. Hier erhalten die 3 grösseren Festungen feste Stämme zur Besatzung und eine mobile Abtheilung und zwar:

Antwerpen { 20833 Besatzung / 10083 mobile
Lüttich { 4843 Besatzung / 4106 mobile
Namur { 4810 Besatzung / 2072 mobile.
Termonde hat 4427 M. }
Döst „ 2642 „ } Besatzung.
Juy „ 586 „ }

Das Heerwesen Belgiens krankt an dem Söldnerwesen, das nur die untersten Volksschichten in die Reihen bringt. Die Mobilmachung ist schwerfällig. Die Stärke kaum ausreichend, die vielen festen Plätze nachhaltig zu vertheidigen. Festungen s. Befestigungen B.

Belgisches Gewehr m/89, System Mauser, 7,65 mm Kaliber, mit Dolchmesser und Laufmantel aus Stahlblech; konzentrische, rechts gewundene Züge, Rahmen- und Treppen-Visir, Kolbenverschluss mit Drehbewegung und zwei senkrechten Stützwarzen; Mehrladevorrichtung; Kastenmagazin im Mittelschaft, für 5 Patronen, welche in den Kasten hinabgedrückt und vom Ladestreifen abgestreift werden. Die Patrone mit einer Eindrehung am Hülsenboden für den Auszieher ist mit rauchschwachem Schiesswollpulver Wetteren L. 3 (Libbrecht) geladen und hat ein Geschoss mit Weichbleikern und Mantel aus Nickelkupferlegierung. Die Geschossgeschwindigkeit an der Mündung ist 600 m, 25 m vor derselben 575+15 m. Die Feuergeschwindigkeit beträgt unter Benutzung der Mehrladevorrichtung 17 gezielte Schuss in der Minute. S. u. Gewehr.

Belgrad, der berühmte Zankapfel in den türkischen Kriegen. Es hielt sich trotz wiederholter Belagerung durch die Türken von 1440 bis 1520, als es durch Verrath in die Hände der Türken überging. Den 6. Sept 1688 nahmen östr. und Reichstruppen B. mit Sturm. Der Feind verlor 7000 Mann. Den 8. Okt. 1690 eroberten es die Moslems wieder. Vom 31. Juli bis 17. Sept. 1631 durch die Kaiserl. belagert, blieb B. doch bis 29. Juni 1717 in türkischem Besitze. An diesem Tage nahm Prinz Eugen, nachdem er ein Entsatzheer abgeschlagen hatte, die Festung wieder. Verlust der Türken 20000 Mann. 59 Fahnen, 131 Kanonen, 35 Mörser, 9 Rossschweife. In dieser Schlacht kämpften 40000 Kaiserl. gegen 120000 Türken. Nachdem es 1739 wieder abgetreten wurde, brachte es Laudon 1789 wieder in die Hände Oesterreichs; 1791 wurde es der Pforte zurückgegeben. Im Jahre 1807 eroberten die Serben B., blieben aber tributpflichtig und mussten türkische Besatzung annehmen. Jetzt ist B. die Hauptstadt des selbstständigen Serbiens, als Festung gegen die neuen Geschütze von sehr geringer Bedeutung. S. Plan Seite 87.

Belidor de, franz. General (1693—1761). Erfinder der Quetschminen und Verfasser fruchtbarer fortifikatorischer und artilleristischer Werke. (Die besten sind von Schneller übersetzt.)

Belle Alliance, Schlacht 18./6. 1815; auch Waterloo genannt. Blücher, obgleich 16./6. bei Ligny geschlagen, kam durch Gewaltmarsch auf Wawre dem Feldmarschall Wellington zu Hülfe, der vorwärts Mont St. Jean Stellung genommen hatte und dort von Napoleon am 18./6. von Infanterie und Kavallerie wüthend angegriffen wurde; besonders der linke englische Flügel war Hauptziel der Attacke. An der Festigkeit der Linien der englischen Infanterie und dem Widerstande der ummauerten Gehöfte brachen sich die Wogen des Angriffes. Im Augenblicke der höchsten Bedrängniss der Engländer erscheinen die Preussen auf deren linken Flügel, drängen trotz hartnäckigsten Widerstandes, bei dem die alte Garde sich opferte, unaufhaltsam vor und standen nach Einnahme des Dorfes Planchenoit im Zentrum der französischen Armee, die in wildester Auflösung, heftig verfolgt von Gneisenau und einigen Tambours, nach Paris zu eilte. Damit war das Schicksal Napoleons entschieden! Siehe Plan Seite 88.

Bellegarde, Heinrich Graf (1756—1845). Oest. Feldmarschall. Er erwarb sich schon früh im Türkenkriege und bei Avesnes le Sec Anerkennung und holte sich bei Fournay das Theresienkreuz. In den Stäben Wurmsers und des Erzherzogs Karl leistete er hervorragende Dienste. Weniger Glück hatte er 1801 gegen Brune in Italien. Bei Caldiero 1805 errang er sich das Kommandeurkreuz des Theresienordens. 1809 führte er zwei Armeekorps bei Wagram, 1813 die Armee in Italien. (Hertenfeldt, auch Smota.)

Belgrad

Plan der Schlacht bei Belgrad am 29. Juni 1717.

Plan der Schlacht bei Belle Alliance am 18./6. 1815.

Bellegarde, kleine Veste in den östlichen Pyrenäen, noch nach altem System gebaut. Sie sperrt den Pass, der bei Perpignan mündet.

Belleisle, Christian Graf, später Herzog von, Marschall von Frankr. (1684—1761). Zeichnete sich jung schon bei Turin und bei Lille aus. Im öst. Erbfolgekriege 1741—43 führte er höchst geschickt den Rückzug von Prag nach Eger, entsetzte 1746 Genua, wurde 1757 Kriegsminister. In Metz stand seine Verwaltung in gutem Andenken, da er von 1733 bis zu seinem Ende Gouverneur der drei Erzbisthümer Metz, Toul und Verdun war.

Belle-Isle war früher durch eine grössere Zahl von Forts und Batterien sehr stark befestigt, ebenso die in zweiter Linie liegenden Inseln **Houat** und **Hoedic**. Durch das Gesetz vom 2./5. 1889 sind die Befestigungen bis auf kleine Reste sämmtlich kassirt.

Bei B. siegte die englische Flotte unter Admiral Howe (20./11. 1759) über die französische unter Constans.

Belling, von (1719—1779), machte in den schlesischen Kriegen eine gute Schule durch, die den lebhaften Husaren befähigte — bereits 1758 mit dem Orden pour le mérite geschmückt — an der Spitze der Husaren Treffliches zu leisten. Bei Barbery nahm er mit einigen Hundert Reitern zwei Kaiserliche Regimenter. Die grössten Lorbeeren pflückte er aber in Pommern. Er hielt 1760—1761 mit 5000 Mann 1.000 Schweden in Schach und leistete dann mit seinem Freikorps dem Prinzen Heinrich wesentliche Dienste in seinen schwierigen Aufgaben. 1776 erhielt er den Schwarzen Adler-Orden. Von seinen Leuten wurde er angebetet. — (Gesch. Blüchers Husaren-Regt.)

Bellit, Sprengstoff, besteht im Wesentlichen ebenso wie Securit aus Ammoniumnitrat und Dinitrobenzol.

Belluno, Victor, Herzog v., Marschall v. Frankreich (1764—1841), trat als Tambour in die Artill., 1793 bei Toulon schwer verwundet, erhielt 1797 den Oberbefehl in der Vendée, 1806 K.-Kommandant bei Marengo, 1806 bei Jena und Pultusk, wurde 1807 von Schill gefangen, erhielt für Friedland den Marschallstab, dann Gouv. von Berlin. B. zeichnete sich an der Beresina aus, führte 1813 bei Dresden siegreich ein Korps gegen den linken Flügel der Oesterreicher, vertheidigte 1814 die Vogesenpässe gegen die Russen.

Belmontylöl. Zum Einfetten von Geschützrohren u. a. bei längerem Nichtgebrauch, besteht aus Mineralöl und Kautschuk, welcher letztere, nachdem das in dünner Schicht aufgetragene Mineralöl allmählich verdunstet ist, einen luft- und wasserdichten Ueberzug auf den Metallflächen bildet. Zum Reinigen und Einfetten der im Gebrauch befindlichen Rohre ist B. deshalb nicht geeignet.

Belohnungen. Abgesehen von Orden und Beförderungen gab es in Preussen und Oesterreich in früheren Zeiten (auch zur Zeit Friedrichs d. Gr., Maria Theresias) Belohnungen an Geld oder Gütern. Dies kam immer mehr ausser Gebrauch und wurde erst durch Wilhelm I. in Preussen wieder eingeführt, auch die sogenannten Dotationen an die hervorragendsten Heerführer.

Napoleon überschüttete seine Marschälle mit Herzogtiteln und Fürstenthümern, auch mit Gaben, die er reichlich an seine Getreuen verausgabte. Dieses „Zuviel" demoralisirte schliesslich die Armeeführer, die sich darnach sehnten, die ihnen übertragenen Gaben auch geniessen zu können.

B. neben Erstattung der baaren Ausgaben erhält derjenige, welcher eine für erfroren, ertrunken, erstickt, erdrosselt oder durch Hitzschlag scheintodt erachtete Militärperson zuerst zu retten sucht und unterbringt, wenn die Rettung gelingt 15 Mk., wenn sie misslingt, 7,50 Mk. Aerzte erhalten bei Rettung 30 Mk., der dabei etwa thätig gewesene Laie 15 Mk.

Belovár. 16. Inf.-Reg.

Bem, Josef, ung. Insurrekt.-Gen. (1790—1850) war russ. Art.-Hauptmann, trat 1830 als Major in die poln. Revolutions-Armee und zog sich nach dem Falle Warschaus nach Paris zurück; 1848 stellte er sich der ung. Regierung zur Verfügung, that sich in dem ung. Insur.-Kriege mehrfach hervor, trat endlich unter dem Namen Amurat-Pascha in türk. Dienste.

Bender, russische Festung am Dniepr in Bessarabien, bekannt durch Karl XII. von Schweden, der sich dort nach der Niederlage von Pultava aufhielt. Sie spielt in den russischen Kriegen eine Rolle.

Bender, Frhr., oester. F.-M. (1713—1798) machte sich in dem belgischen Revolutionskampfe einen Namen. 1790 unterwarf er als Oberbefehlshaber binnen kurzer Zeit den ganzen Aufstand in Belgien, und vertheidigte Luxemburg acht Monate lang auf das tapferste gegen die Franzosen. Er kapitulirte 1795.

Benedek, Ludwig Ritter von (1804—88) österr. F.-Z.-M., erkämpfte sich 1848 bei Curtatone den Maria-Theresia-Orden, wurde 1859 Chef des wundet worden, erhielt er die Stelle eines Generalstabes bei der 2. Armee in Italien. Im Feldzuge 1859 war B. Kommandeur des 8. Armee Korps und einer der glänzendsten Zeitpunkte des Krieges war die Niederlage, welche er auf dem rechten Flügel der öster. Armee den gegenüberstehenden Italienern bei San Martino beibrachte. Kurze Zeit vor Ausbruch des Krieges 1866 mit Preussen wurde ihm das Kommando der Armee in Böhmen übertragen, doch fielen die Operationen derselben so unglücklich aus, dass der Oberste Mil.-Justizsenat über ihn die kriegsrechtliche Untersuchung verhängte, welche aber auf Befehl des Kaisers eingestellt wurde. Seitdem lebte B. in Pension in stillster Zurückgezogenheit in Graz.

Benkendorf, von, (1711—1801). Kursachs. General zeichnete sich in der Schlacht bei Kolin als kühner Reiterführer aus (er nahm 15 Fahnen). Auch bei Leuthen, Domstadel 1758, bei Neisse 1759 und bei Freiberg 1762 that er sich durch Kühnheit und Besonnenheit hervor.

Benkendorf, russ. Gen.-Lt. (1785—1829) hat sich in dem Kriege gegen Persien und 1828 gegen die Türkei hervorgethan.

Bennigsen, Graf, russ. Gen. der Kav. nahm unter Herzog von Braunschweig theil am 7 jähr. Kriege, war seit 1762 inaktiv, trat 1773 in russ. Dienste, zeichnete sich als Stabsoffizier in den Türkenkriegen mehrfach aus, kom. 1796 die Kav. in Persien, gehörte 1801 als General-Lt. zu den Verschworenen, die Kaiser Paul stürzten; 1805

Befehlshaber eines russ. A.-K., 1806 Oberbefehlshaber der russ. Armee, kom. er bei Pultusk, im Jahre 1807 bei Pr. Eylau und Heilsberg und wurde bei Friedland geschlagen; 1812 war B. bei Borodino, 1813 ging er bei Leipzig mit der 50000 Mann starken 3. Kolonne am 18./10. gegen den linken feindlichen Flügel vor; 1816 Gouverneur in Bessarabien.

Benrath. Dort steht die 2. Esk. des 2. westphäl. Husaren-Regts. No. 11. — Servisklasse 4.

Bensberg. Dort befindet sich ein Kadettenhaus. Servisklasse 4.

Bentheim, von, preuss. Gen. d. Inf. (1807 bis 1884), trat in das Alexander-Regt., machte als Hauptmann den Feldzug 1848 in Schleswig mit, kämpfte 1849 gegen den Pöbel in Dresden. 1864 wurde er Kom. der Gren.-Brig. der kombin. Garde-Inf.-Div. Mit dieser Brig. war er bei der Belagerung der Düppelposition, bei der die Reg. der Brigade die Schanzen 1, 6 und 7 erstürmten. Während des Feldzuges 1866 war er Kom. der 1. kombin. Landw.-Inf.-Div. 1866 zum Kom. der 1. Div. ernannt, führte er diese im Feldzuge 1870—1871 vor Metz und Mézières und später für den abkommandierten General Manteuffel das 1. Armee-Korps in der Schlacht bei Amiens, zuletzt Gouverneur von Metz.

Bentheim-Steinfurt, Fürst, österr. F.-M.-L. (1782—1839), führte bei Aspern die Sturmkolonnen ins Feuer und brachte bei Wagram mit der Fahne in der Hand sein wankendes Regiment gegen den Feind, sich das Theresienkreuz erwerbend. Er führte 1813 die österreichisch-deutsche Legion, mit der er bei Montmeillant sich hervorthat.

Beobachtung. (S. auch Erkundigung.) Früher stellte man B.-Korps oder -Detachements auf. Man sucht deren Dienst jetzt durch Kav. zu ersetzen. Nur bei befestigten Stellungen wird man einzelne Beobachtungsposten auf höher gelegenen Punkten aufstellen. In den Kriegen mit wilden Völkern werden auch wohl eigene Gestelle erbaut, von denen aus die Posten beobachten können. Sie waren bei den Russen beliebt im Kaukasus, auch die Franzosen in Algier haben von solchen Posten Gebrauch gemacht.

Beobachtungen in der trigonometrischen Aufnahme s. Trigonometrische Abtheilung.

Beobachtung der Schüsse. Bei den Geschossen der Artillerie ermöglicht die Rauchwolke der Sprengladung eine gute B. B. der Az- und Bz-Schüsse verschieden.

B. der Az-Schüsse: Verdeckt die Rauchwolke des krepirenden Geschosses das Ziel, so liegt der Schuss „davor", hebt sich dagegen das Ziel vor der Rauchwolke ab, so liegt der Schuss „dahinter". Steht man seitlich der Batterie und zwar rechts, so erscheint ein Kurzschuss links, ein Weitschuss rechts des Zieles. Steht man links der Batterie, so ist es umgekehrt.

B. der Bz-Schüsse: Die B. erstreckt sich hier auf die Sprenghöhen und demnächst auf die Sprengweiten. Es ist für das Schiessverfahren wichtig, zu erkennen, ob man zu hohe Sprengpunkte oder Aufschläge und (bei Zielen auf höher) Sprengpunkte unter dem Ziel erhält. Auf zu hohe Sprengpunkte kann man schliessen, wenn man einige aussergewöhnlich hohe oder dauernd nur hohe, nicht auch einzelne tiefe Sprengpunkte oder vereinzelte Aufschläge erhält.

Zur Beurtheilung der Sprengweiten dient als Anhalt das Ergebniss einer seitlichen B., Wirkung im Ziel. und das Einschlagen von Sprengtheilen. Bei niedrigen Sprengpunkten lassen sich diese auch direkt in Verbindung mit dem Ziel bringen und dann beoachten.

Zur Unterstützung des Batterieführers kann dieser vor- und seitwärts Hülfsbeobachter entsenden, die durch Zeichen die Lage der einzelnen Schüsse bezw. durch Meldung nach einzelnen Schiessabschnitten ihre allgemeine B. mittheilen.

Beobachtungsposten sind Kirchthürme, Mühlen, hohe Bäume, erforderlichen Falls durch Leitern und oben Bretterbühne zugänglich zu machen. Sonst baut man auf hochgelegenen Stellen besondere B. aus 3—4 Gerüststangen, die man mit Sprossen versieht, oder mit Leitern ersteigt.

Beobachtungsstand (gepanzerter). S. Abbildung auf Seite 91.

Beobachtungs-Stationen (ärztliche) werden eingerichtet, wenn in Zeiten der Epidemien Kranke sich einfinden, deren Krankheitserscheinungen zur Diagnose noch der näheren Untersuchung bedürfen.

Beorderung zur Musterung (s. Einberufung).

Beplattung der Zünder (veraltet). Luftdichter Abschluss der früheren Säulenzünder an der äusseren Mündung der Satzsäule zu deren Schutz gegen Feuchtigkeit.

Beraun, siegreiches Gefecht der Oesterreicher 12./9. 1744.

Berauhwehrung ist die Bepflanzung einer Böschung mit Weidenpflänzlingen; man wendet diese besonders bei solchen Uferbauten gern an, bei denen der Strom nicht reissend ist.

Berbir, 23./6. 1789, Belagerung; Belagerungs-Korps 15600 M., 300 Reiter, 22 Kanonen, 12 Mörser.

Berdan I. M. 1867 Transformationsmodell des russischen und spanischen Gewehres. B. II. M. 1871. Ordonnanzmodell des russischen Gewehres.

Berechnung der aktiven Dienstzeit wird nach der geleisteten Zeit gerechnet, ausser bei unsicheren Dienstpflichtigen, Brotlosen etc., die ausser den Anfangsterminen eingestellt werden. Festungshaft über 6 Wochen muss nachgedient werden, ebenso unerlaubte Entfernung (Fahnenflucht). Untersuchungshaft wird nicht nachgedient. Die Reservepflicht wird von demselben Zeitpunkt an gerechnet, wie die aktive Dienstpflicht. Denen, die sich von Uebungen etc. gedrückt haben, kann ihre Reservepflicht verlängert werden. — Die Landwehrpflicht wird gerechnet vom Tage der abgeleisteten Dienstpflicht, dauert beim 1. Aufgebot 5 Jahre (ausgenommen 4 jährig freiwillige Kavalleristen). Die Landwehrpflicht für 2. Aufgebot dauert bis 31. März des Jahres, in dem das 39. Lebensjahr vollendet wird; Uebergang zum Landsturm erfolgt ohne Weiteres.

Berechnung der trigonometrischen Punkte s. Trigonometrische Abtheilung.

Berechtigung zum Einj.-Freiw.-Dienst. (S. Einj.-Freiw.)

Beresina. Der Uebergang über die B. war eine der schrecklichsten Katastrophen, die eine grosse Armee überfallen kann. Die mit Eisgang gehende B. wurde bei Studjänka durch Pontoniere am 26./11. bei grimmiger Kälte mit zwei aus erbeutetem Balkenholze gefertigten Bockbrücken überbrückt. Die B. war 100 m breit und über Mannstiefe. Die Brücken brachen, nachdem die Franzosen unter Oudinot sich der jenseitigen Ufers bemächtigt hatten, mehrmals durch. Dennoch ging bis zum 27. gegen Abend alles in Ordnung von Statten. Als aber die disziplinlosen Nachzügler kamen und auch die Russen angriffen, riss eine furchtbare Verwirrung ein, bei der viele Leute ertranken und zertreten wurden; diese stieg, als das 9. Korps am 28. übergehen musste und nach dem Uebergange die Brücke angesteckt wurde, während noch ein Theil der Armee auf dem anderen Ufer war.

Bergen op Zoom, jetzt offene Stadt, war in den Unabhängigkeitskriegen eine starke und wichtige Festung. Sie wies mehrmals die Angriffe der Spanier (1588 u. 1622) siegreich zurück. Im öst. Erbfolgekriege stürmten die Franzosen 1747

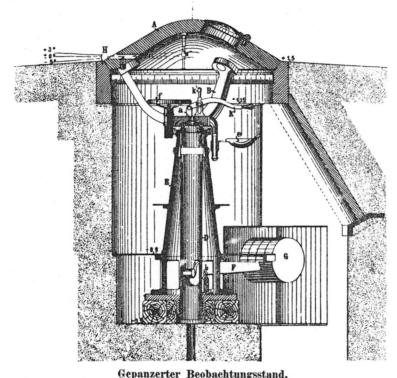

Gepanzerter Beobachtungsstand.
A = Panzerdecke; B = dreiarmiger Gabelträger der Decke; a = Spurlager, mit welcher B auf Pivotsäule D balancirt; E = Führungsbock für D; F = Traghebel mit Gegengewicht G; H = Vorpanzer; e = Sitz. Soll A gedreht werden, so wird auf K gedrückt. K (Handhebel) hebt vermittelst G B und somit A etwas an. Durch drehen des Handrades f setzt die Drehvorrichtung A in Bewegung.

die Festung. 1795 wurde sie durch Kapitulation genommen. 1813—14 wurde B. von den Engländern vergeblich belagert.

Bereitschaft. Die Kriegs-B. ist eine Stufe zur Mobilmachung, meist durch Komplettirung der Kadres an Menschen und Pferden.
Bei Stellungen auf längere Dauer, bezw. bei Belagerungen, bildet man B.-Abtheilungen, die regelmässig abgelöst werden, da diese in der Zeit der B. sich in völligem Alarmzustande befinden.

Bereitschaftsstellung. (S. Stellung.)

Berennung ist die erste Umzingelung, Zernirung einer Festung, um sie vom Aussenverkehr abzuschneiden.

Beresford, Viscount, Herzog von Elvas; engl. Gen. d. Inf., führte in der Jugend ein vielbewegtes Kriegsleben, wurde 1809 Generalissimus der portugiesischen Armee, schlug Soult 1811 bei Albuera, und führte unter Wellington im Kriege in Spanien sein Korps mit Auszeichnung.

Berg, Graf, russ. G.-F.-M. (1793—1874) zeichnete sich in der Jugend durch Tapferkeit aus berühmt als Regenerator des russ. Generalstabes und als Statthalter von Polen, dessen Interessen er wahrnahm, ohne die Russlands zu vernachlässigen.

Bergen (Hessen) 1. Dort Schlacht am 13./4. 1759, zwischen dem Herzog von Braunschweig mit 26,000 Mann, 67 Geschützen und dem Herzog von Broglie mit 36000 Mann und 135 Geschützen. Die Schlacht blieb unentschieden, doch wurde dem Herzog auf seinen vorzüglichen Bericht hin der Marschallstab verliehen.

2. Gefecht am 18./11. 1792. Dort griff ein Theil der Div. Graf Kalkreuth die Franzosen an und warf sie aus B. nach hartnäckiger Gegenwehr.

3. Gefecht am 1./11. 1813. Nachhutgefecht zwischen der nach der Schlacht bei Leipzig abziehenden französischen Armee und den Russen, die dabei Gefangene und Geschütze erbeuteten.

Berger, Frhr. v. d. Pleisse, österr. F.-Z.-M. (1768—1849). Schon bei Leipzig erwarb er sich als Oberst den Frhrn.-Titel, und 1814 bei Les Lupittes das Theresienkreuz. Seine letzte That als 80jähriger General war die zähe Vertheidigung von Arad, das 1849 kapitulirte.

Bergmann-Selbstspanner s. Selbstspanner.

Bergzeichnen ist ein Theil des Geländezeichnens. Der Generalstab nimmt die Karten in Horizontalen auf. Für die kleineren Maassstäbe wie auch für den Feldgebrauch werden die Böschungen durch stärker oder schwächer gezogene Bergstriche (Schraffiren) — wie bekannt — fürs Auge sichtbarer bezeichnet, hier und da auch gewischt. (Geschummert.) Die Horizontalen geben den einzig absolut zuverlässign Anhalte für die Beurtheilung der Neigungen des Geländes. Die Höhen werden neuerdings in Metern nach dem Normalpegel bezeichnet. (Höhen-Côte.) Für Atlas oder Geländeskizzen bedient man sich fast nur der Schraffir- oder Wisch-Manier.

Berichte. Für die Abfassung der regelmässigen B. in den Bureaux etc. giebt es überall besondere Vorschriften, Schema's etc. (S. „Gefechtsbericht," „Tagesbericht.")

Berittenmachung der Pionier-Offiziere ist im Manöver anzustreben.

Der Infanterie-Offiziere s. Pferdegelder.

Berittenmachung der Einjährig-Freiwilligen geschieht durch die Truppentheile, dafür bezahlt derselbe bei Kavallerie und reitender Artillerie je 400, bei fahrender Artillerie und Train 150 Mk. und ein Pauschquantum für Hufbeschlag etc. Dazu monatlich den Rationssatz. Einj.-Freiw. Rossärzte vergüten nichts.

Berlin. Die besonderen Bestimmungen über Anzug, Meldungen etc. in Berlin sind im Taschenkalender von Fircks sämmtlich zu ersehen.

Berlin. An militärischen Stäben und Verwaltungen befinden sich daselbst, das Hauptquartier Seiner Majestät des Kaisers und Königs mit dem Militär-Kabinet; das Kriegs-Ministerium; das Direktorium des Potsdamer Mil.-Waisenhauses; Gen.-Mil.-Kasse; Armee-Musikinspizient; Generalstab der Armee mit allen Zweigen; Reitendes Feldjäger-Korps; Schloss-Garde-Komp.; Obere Kom. in den Marken; 3. Armee-Insp.; Landes-Verth.-Kom.; Stäbe des Garde-Korps, der 1., 2. Garde-Inf. und der Garde-Kav.-Division, der 2., 3. und 4. Garde-Inf.- wie der 1. und 3. Garde-Kav.-Brig., der Garde-Feld-Art.-Brig., des General-Kommandos des 3. Armee-Korps, der Landw.-Insp. Berlin, der 3. Feld-Art.-Brig., der 1. und 2. Kav.-Insp., der Insp. der Feld-Art., der Gen.-Insp. der Fuss-Art. mit der 1. Fuss-Art.-Insp. und dem Kom. der 1. Fuss-Art.-Brig., der Gen.-Insp. des Ingenieur- und Pionier-Korps und der Festungen mit der 1. und 2. Ingenieur-, der 1. Pionier-Insp. und dem Ingenieur-Komité, der Inspektion der Jäger und Schützen, des Gouvernements und der Kommandantur der Insp. der Inf.-Schulen, der Insp. der Gewehr- und Munitionsfabriken; die Kav.-Kom.; Art.-Prüfungs-Kom.; Zeughaus-Verw.; die Insp. der Mil.-Telegraphie; die Eisenb.-Brig.; Direktion der Mil.-Eisenb.; Train-Depot-Insp.; Stäbe der Chefs der Land-Gendarmerie und 3. Gend.-Brig.; die Gen.-Insp. des Mil.-Erziehungs- und Bildungswesens; Ober-Mil.-Studien- und Ober-Mil.-Exam.-Kom.; Inspektion der Kriegsschulen, des Mil.-Veterinärwesens und der Mil.-Straf-Anstalten; General-Auditoriat; Prüf.-Kom. für Ober-Mil.-Aerzte; ev. und kath. Feldprobstei; Kom. des Kad.-Korps.

An Truppen: 2., 3. und 4. Garde-Regt. z. F.; Kaiser Alex.-Garde-Gren.-Regt. No. 1; Kaiser Franz-Garde-Gren.-Regt. No. 2; Garde-Füs.-Regt.; Garde-Kürassier-Regt.; 1.Garde-Drag.-(Königin von Grossbr. und Irl.), 2. Garde-Drag.-(Kaiserin Alexander von Russland) Regt; 2. Garde-Ul.-Regt.; 1. Garde-Feld-Art.-Regt.; Eisenb.-Regt. No. 1; 2, mit einem württbg. und zwei sächsisch. Komp., und 3; Garde-Pionier-Bat.; Luftschiffer-Abtheil.; Garde-Train-Bat.

An Instituten: Militär-Turn-Anstalt; Ober-Feuerw.-Schule; Festungs-Bauschule; Mil.-Telegr.-Schule; Inv.-Haus; Kriegs-Akademie; ver. Art.- und Ingenieur-Schule; Militär-Rossarzt-Schule; Militär-Lehrschmiede; Bekleidungs-Amt des Garde-Korps; med.-chir. Friedrich-Wilhelm-Institut; med.-chir. Akademie für Mil.; Bez.-Kom. I., II. und III. Berlin; Art.-Dep.; Train.-Dep.; Prov.-Amt; Garn.-Verw. I, II und Schöneberg-Lichterfelde; Garn.-Laz. I und II. — Servisklasse A.

Streifzug des F.-M.-L. Graf Hadik mit 3650 Mann und 4 Kanonen, 11. bis 16. Okt. 1757 Ueberrumplung von Berlin.

Berme ist ein Streifen gewachsenen Bodens, den man bei Feldschanzen zwischen äusserer Brustwehr und der Grabenböschung stehen lässt, damit der Wallkörper nicht bei Unwetter oder Schüssen in den Graben rollt.

Bernburg. Dort stehen 2. Bat. Anh. Inf.-Regt. No. 93; Bez.-Komd.; Garn.-Verw.; Garn.-Laz. — Servisklasse 2.

Berneck, Gustav v. (1803—1871), preuss. Major und Schriftsteller, hat zahlreiche vorzügliche Schriften herausgegeben; er war als Lehrer im Kadetten-Korps und bei der Art.- und Ing.-Schule hervorragend thätig.

Als belletristischer Autor nannte er sich Bern von Gusek.

Bernhard, Erbprinz von Sachsen-Meiningen, General der Infanterie (Schwager des Kaisers Wilhelm II).

Geboren 1851, 1867 wurde er als Sekond-Lieutenant à la suite des 6. thüringischen Infanterie-Regiments No. 95 eingestellt. Den Krieg gegen Frankreich machte der Erbprinz anfänglich als Ordonnanzoffizier bei seinem Regiment, vom 25./8. ab aber bei der 4. Kavallerie-Division mit. 1882 in den Generalstab versetzt; 1885 Kommandeur des Kaiser Franz-Garde-Grenadier-Regiments, dann der 4. Garde-Infanterie-Brigade; 1892 der 2. Garde-Infanterie-Division und 1895 des 6. Armeekorps.

Bernhard, Herzog von Sachsen-Weimar (1604-1639). Im 30jährigen Kriege unter Gustav Adolf, nahm an den Schlachten 1631—32 Antheil und übernahm in der Schlacht bei Lützen nach des Königs Tod die Leitung der Schlacht. Er brach mit Horn in Bayern ein, drängte Aldringen an der Donau zurück, nahm Regensburg und erstürmte 1634 Landshut, wurde aber in der Schlacht bei Nördlingen im September desselben Jahres geschlagen.

Er näherte sich Frankreich, empfing von diesem Subsidien und führte einige höchst erfolgreiche Züge, bis er 1638 Breisach für seine Person eroberte. Als er 1639 nach Böhmen aufbrach, um sich mit Baner zu vereinen, starb er, wahrscheinlich an Gift.

Bernstadt. Dort steht die 3. Eskadron Dragoner-Regiment König Friedrich III. (2. Schles.) No. 8; Garnison-Lazareth. — Servis-Klasse 4.

Bersaglieri, so heissen die italienischen 1836 formirten Jägertruppen.

Berthier, Louis (1753—1815), Fürst von Neufchâtel, Herzog von Wagram, Marschall der französischen Armee, kämpfte unter Lafayette in Amerika, in den Rheinfeldzügen Chef des Generalstabes, 1796 Stabschef unter Bonaparte, von da an rechte Hand Napoleons bei Ausführung seiner Entwürfe bis 1800, wo er Kriegsminister wurde. Für Wagram wurde er zum Herzoge ernannt. Das Ruhmreichste leistete B. 1813—1814; dann trat er, um sich sein Herzogthum Neufchâtel zu erhalten, zu den Bourbonen über und stürzte sich, als er am 1. Juli 1815 russische Truppen nach Frankreich marschiren sah, aus dem Fenster und starb. Napoleon sagt über ihn: „Er war der vollendetste Generalstabschef, aber unfähig zu einem selbständigen Kommando."

Berthollet-Pulver. Erfindung des französischen Chemikers Berthollet, der den Salpeter im Schiesspulver durch chlorsaures Kali ersetzte. Zu gefährlich bei der Anfertigung und Handhabung, zu heftig und ungleichmässig in der Kraftäusserung, erwies sich das B.-P. als Schussmittel unbrauchbar. Das 1787 von B. entdeckte Knallsilber wurde nach ihm B.-Knallpulver genannt.

Bertole-Viale, italienischer General-Lieutenant (1829—92), war 1867—69 unter Menabrea, von 1887—1891 unter Crispi Kriegsminister.

Bertoletti, Frhr., österreichischer Feldzeugmeister (1775—1846), ist bekannt wegen seiner tapferen Vertheidigungen Tarragonas in Catalonien, 1811—12, als er noch in französischen Diensten stand. Erst 1814 trat er in österreichische Dienste.

Bertrand, Graf v. (1715—1844), ist bekannt durch seine Treue, in der er Napoleon nach Elba und St. Helena begleitete.

Berufung zur Musterung. (S. auch Einberufung.) Wer bei der Kontrollversammlung fehlt, ist nach der Kontrollstelle etc. zur Rechtfertigung zu berufen (Z. O. 39,7). B. gegen die Entscheidung der Ersatzkommission gehen an die höhere Instanz; der kommandirende General etc. entscheidet.

Besançon am Doubs ist als Festung ersten Ranges ausgebaut worden. S. Plan Seite 94.

Der Umfang des neuen Fortgürtels beträgt 42 Kilometer. Im Einzelnen ist zu bemerken, dass eine alte Zitadelle den Felsen krönt, auf dem Besançon zum Theil liegt. Die Stadt-Enceinte ist bastionirt, das Wasser des Doubs füllt die Gräben derselben. Die Vorstadt Battant wird durch ein Mauerwerk älteren Styls geschützt. Die Forts de Bregille und de Chaudanne flankiren die Zitadelle. Seit dem Kriege hat man auch die weitere Umgegend geschützt durch Werke, die zwei Gruppen bilden, zu denen erstere der genannten Forts die Stadt auf dem linken Ufer unmittelbar schützen, südlich der Stadt thun dasselbe die beiden Forts du Mont, des Buis, die 2000 Meter vor der Zitadelle liegen, dann die Forts Alt- und Neu- de Montauçon östlich der Stadt. Im Süden vorgeschoben liegt das Fort Fontain mit der Batterie Rolland. Auf dem rechten Ufer des Doubs liegen, unmittelbar auf der Mitte am Flusse, die Forts Rosemont und Planoise, im Nordwest auf dem Vorberg das Fort Bénoit. Auf dem Plateau zwischen dem Doubs und dem Ognon sind die Forts des Justices und die monts Boucons mit der Batterie du Calvaire erbaut worden. Man sieht, dass die Thalenge hinlänglich geschützt ist.

Dort stehen die Stäbe des 7. Armeekorps, der 14. Infanterie-Division und 7. Artillerie-Brigade, Gouv., 60. Infanterie-Regiment und 1 Bataillon 44. Infanterie-Regiment (Forts), 3 Jäger-Bataillone, 6 Batterien des 5. und 4. Artillerie-Regiments, 10. Fussartillerie-Bataillon, 1 Genie-Kompagnie.

Besatzung. Die B.-frage ist eine schwer zu lösende geworden, seit die Kriege sich so schnell entwickeln. Lässt man Truppen in Festungen, die mit dem Dienste vertraut und bald kriegsbereit sind (aktive Armee), so entzieht man der Feld-Armee vielleicht schlachtentscheidende Kräfte. Besetzt man die Grenzfestungen mit späteren Staffeln der Aushebung, so wird die B. nicht kampfbereit sein, wenn die Belagerung schon vor dem Thore steht. An den Grenzfestungen wird deshalb das gemischte System angewandt.

Grossen Festungen giebt man in manchen Staaten mobile Truppenkörper für offensive Zwecke bei.

Die Grösse der B. richtet sich natürlich nach der Ausdehnung der Werke, sie muss mindestens so stark sein, dass sie die Bewachung der Fronten mit Sicherheit (3fache Ablösung) übernehmen und dazu eine starke Reserve ausscheiden kann. Man rechnet pro Meter Gürtel-Ausdehnung etwa 1 Mann.

Besatzungsarmee umfasst denjenigen Theil des Heeres, welcher bei einer Mobilmachung zunächst in der Heimath zurückbleibt. Sie gliedert sich in oberste Verwaltungs- und stellvertretende Kommando- und Verwaltungsbehörden, Ersatztruppen, Besatzungstruppen und Landsturmtruppen.

Beschäftigung. Müssiggang ist aller Laster auch Krankheiten Anfang, daher ist es im Felde bei längerer Lagerung angezeigt, die Truppen irgend wie zu beschäftigen, um sie im körperlichen und geistigen Training zu erhalten. Die Art der B. richtet sich völlig nach den obwaltenden Verhältnissen.

Beschirrung der Artillerie-Zugpferde. Das im Bespannungszuge links befindliche Pferd heisst das Sattel-, das andere das Handpferd. Die an

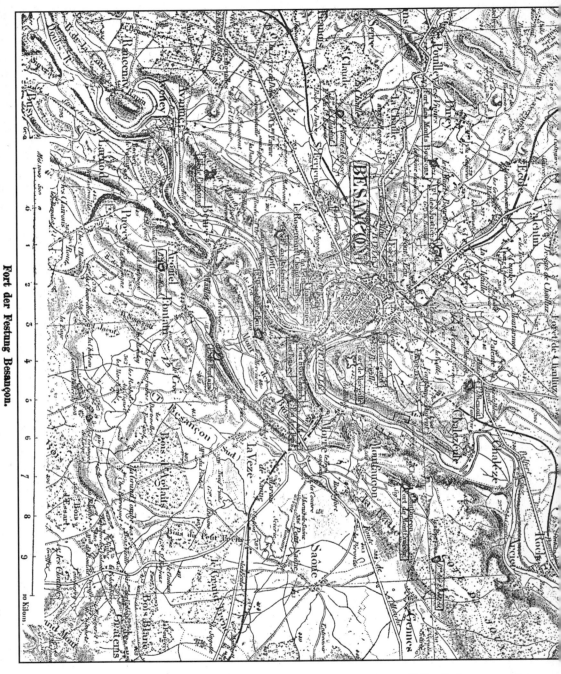

Fort der Festung Besançon.

der Deichsel angespannten Pferde heissen Stangen-, die vordersten Voraus- und die zwischen beiden befindlichen Mittelpferde; daher auch die Bezeichnung Stangen-, Vor- und Mittelreiter.

Beschlag dient beim deutschen Gewehr 88 zur Verbindung der Metalltheile mit dem Schaft, zur Anbringung des Gewehrriemens und zum Schutz der unteren Kolbenfläche gegen Beschädigungen. Zum B. gehören: Oberring mit Schraube und Seitengewehrwarze, Ringfeder, Unterring mit Riembügel, Stockhalter mit Muttergewinde, Zapfenlager mit Mutter, Verbindungsschraube, Kreuzschraube mit Röhrchen, Klammerfuss mit zwei Schrauben, Kolbenkappe mit zwei Schrauben.

Beschlag s. Hufbeschlag.

Beschläge. Die B. an den Geschützen und Feldfahrzeugen dienen zur Verbindung der Theile untereinander, zur Verstärkung einzelner besonders beanspruchter Theile (Lafettenwände), zur Verbindung von Protze und Lafette, zum Fortschaffen von Geschützzubehör, Munition und Mannschaften und zur Erleichterung der Bedienung. Die B. bestehen aus: Bolzen, Schrauben, Blechen, Zwingen, Schienen, Protzösen und Haken, Lafettenkasten, Kartätschfutteralen, Achssitzen und Trittbrettern.

Beschleunigungen der Märsche werden am besten durch eine gute Disposition gegeben, ferner durch Freihalten der festen Strassen für die Infanterie; durch Fahren des Gepäckes; erforderlichen Falles durch auf Wagen sitzen der Mannschaften, aber auch Sorge für Beköstigung und rechtzeitiges Wassernehmen erhält die Kräfte frisch.

Beschwerden der Offiziere und Sanitätsoffiziere sind auf dem Dienstwege zu befördern. Leichtfertige oder wider besseres Wissen auf unwahre Behauptungen gestützte B. werden bis 1 Jahr Festung bestraft. Sie dürfen erst am Morgen nach dem Vorfall eingereicht werden; es muss dies jedoch vor Ablauf von 3 Tagen geschehen.

Zunächst findet dienstliche Vermittelung statt. Als Vermittler ist ein im Range mehr unter dem Verklagten stehender Offizier (Sanitätsoffizier etc.). womöglich desselben Truppenverbandes, zu wählen. Dieser darf nicht ablehnen, ausser wenn er die Beschwerde für unbegründet, oder für eine so schwer wiegende hält, dass er die Beseitigung derselben im Wege der Vermittelung für unthunlich hält. Grosser Takt und Festigkeit sind nöthig.

Hat die Vermittelung nicht zum Ausgleich geführt, muss die Beschwerde unverzüglich weitergeleitet werden, wenn Beschwerdeführer sie nicht etwa zurückzieht, in diesem Falle muss Beschwerdeführer seine Sache dem zur Entscheidung zuständigen Vorgesetzten selbst, mündlich oder schriftlich vortragen. Die Beschwerdeschrift muss ruhig und rein sachlich gehalten werden. Hält der Entscheidende die Beschwerde für begründet, muss er den Beschwerdeführenden selbst vernehmen bezw. kann er auch, wenn er es für förderlich hält, dem Verklagten die Klageschrift selbst zur Kenntniss geben. Nichtinnehaltung der Beschwerdefristen wird disziplinarisch bestraft.

B. der Beamten sind ähnlich zu behandeln. Nur ist es freigestellt, die Vermittelung in Anspruch zu nehmen, oder nicht. Milit. Vorgesetzte können vor Entscheidung von B. das Gutachten der dem Beschwerdeführer vorgesetzten Verwaltungsbehörde einholen.

B. der Mannschaften. Jeder Mann vom Feldwebel abwärts, der glaubt, dass ihm unwürdige Behandlung zu Theil geworden ist, kann sich unmittelbar beim Kompagniechef und wenn B. gegen diesen selbst gerichtet ist, bei dem nächstältesten Offizier der Kompagnie nicht vor dem nächsten Tage, aber innerhalb 5 Tagen, mündlich beschweren. Nur wenn dies unmöglich ist, schriftlich. Gemeinschaftliche Beschwerden sind unzulässig. Jede Beschwerde ist sachlich zu untersuchen und bald Entscheidung zu treffen. Ein Vorgesetzter, der durch Drohungen und sonstige unerlaubte Mittel eine Beschwerde zu unterdrücken sucht, kann mit Freiheitsstrafe bis 5 Jahre, sogar zugleich mit Dienstentlassung bestraft werden.

Besichtigungen im Exerziren und Abtheilungsschiessen: Dienstanzug (s. d.) mit Fernglas und Signalpfeife; bei B. in der Einzelausbildung ausschliesslich Exerziren: kleiner Dienstanzug (s. d.).

Besikabei. Bucht nahe der Dardanellen, 1853 Stationsplatz der engl.-franz., 1876/77 der engl. Flotte.

Besondere Kriegsfeuer: 1. Leuchtfeuer (Leuchtraketen und Leuchtfackeln, vergl. Leuchtfeuer), 2. Signalfeuer (Fanale), 3. Sturmfeuer (Feuerballen und Brandröhren zum Anzünden von Holzbauten und zur Erzeugung von erstickendem Rauch. Die Signalfeuer neuerdings meist durch Telegraph und Fernsprecher, die Leuchtfeuer durch elektrische Beleuchtungs-Vorrichtungen ersetzt.

Bespannung s. Angespann.

Besprechungen nach dem Manöver sollen einen Ueberblick geben, kurz und genau, aber belehrend; nicht nur tadeln, sondern auch ein bestimmtes Urtheil geben, wie es hätte gemacht werden müssen. Persönliche Sachen sind möglichst unter vier Augen abzuthun.

Besserungs-Anstalten s. Arbeitshäuser.

Bessières, Jean, Herzog von Istrien, Marschall, einer der bedeutendsten Reitergenerale Napoleons I., trat als Gemeiner in die Garde Ludwigs XVI., Dann als gem. Reiter in die Legion der Pyrenäen, wurde 1794 nach erst 3jähr. Dienstzeit Kapitän, focht mit Auszeichnung bei Rivoli, bei Acre und Abukir, entschied bei Marengo durch einen Reiterangriff die Niederlage der Oesterreicher; 1805 Kom. der Kaisergarde eroberte er durch eine kühne Attacke auf die Nachhut Kutusows 27 Geschütze, zeichnete sich mehrfach auch bei Jena, in den Kämpfen in Spanien, bei Landshut und Aspern, wie 1812 und 1813 aus; fiel 1. Mai 1813 am Tage vor der Schlacht bei Lützen.

Bestallung heisst die für die Offiziere „Patent" genannte Urkunde über Anstellung oder Beförderung von Beamten, sowie über die Ernennung von Feldwebeln, Vicefeldwebeln und Serganten.

Bestreichen. Beherrschen eines Geländes oder Befestigungstheils durch Feuer. Wenn die feindliche Stellung von der Seite her unter Feuer genommen werden kann, erhält sie flankirendes oder Enfilirfeuer.

Bestrichener Raum. Strecke am Ziel, innerhalb deren sich das Geschoss nicht über Zielhöhe erhebt. Die Grösse des B. R. hängt ab von der Gestalt der Flugbahn, der Zielhöhe und der Neigung des Geländes am Ziel. Je flacher gekrümmt die Flugbahn im absteigenden Ast und je höher das Ziel, desto grösser der B. R.; er verringert sich, wenn das Gelände am Ziel in der Schussrichtung ansteigt, und nimmt im entgegengesetzten Falle zu. Beim Infanteriefeuer kommt auf Entfernungen unter 400 m wesentlich die Anschlaghöhe des Schützen in Betracht; mit ihrer Abnahme vergrössert sich der B. R. Ebenso ist in gewissen Grenzen auch der Haltepunkt von Einfluss; bei Haltepunkt „Mitte des Ziels" ist der B. R. kleiner als bei „Ziel aufsitzen".

Betrachtet man den letzten Theil des absteigenden Bahnastes als gerade Linie (was bei grösseren Entfernungen und steileren Fallwinkeln praktisch zulässig ist), so ergiebt sich der B. R. (= B) aus $B = \dfrac{h}{\operatorname{tg} \varphi} = h \cdot \operatorname{cotg} \varphi$ (h : Zielhöhe, φ : Fallwinkel) Bei den neuesten Gewehren reicht der vollständig bestrichene Raum gegen 1,7 m Zielhöhe von der Mündung bis 500—600 m. (S. auch Trefffähigkeit.)

Besuche der Kranken im Lazareth. (S. „Krankenbesuche".

Besuchsanzug, bei offiziellem Charakter kleine Uniform, sonst Helm und Ueberrock.

Bethlen Gábor, Fürst von Siebenbürgen (1580—1626) nahm lebhaft theil am 30jährigen Kriege, als Feind Oesterreichs.

Béthune. 28./8. 1710, Einnahme durch die Verbündeten.

Beton ist eine harte Masse, die durch Erstarrung einer Mischung von 1 Theil hydraulischem Mörtel mit 2 Theilen geschlagenen Ziegel- oder Steinstücken entsteht. Die Grösse der Steinstücke muss etwa die einer kleinen Kinderfaust sein. Da die Masse ursprünglich dickflüssig ist, so kann sie in beliebige Formen gebracht werden und dann erstarren. Man braucht dieses billige Baumaterial daher zur Anlage von Fundamentmauerwerk, Kellersohlen, Hintermauerungen etc. Neuerdings hat es sich gezeigt, dass die Brisanzgeschosse auf B. nur eine minimale Wirkung ausüben; aus diesem Grunde sind alle Bombendecken der Forts etc. mit solchen Extrahüllen gesichert worden, was allerdings zur Erhöhung der Ruämlichkeiten in den Werken wenig beigetragen hat.

Betriebsunfall. Beamte des Reichsheeres, die völlig erwerbsunfähig werden in Folge von B., erhalten als Pension — wenn ihnen nach anderweiter reichsgesetzlicher Vorschrift nicht etwa ein höherer Betrag zusteht — $2/3$ ihres Einkommens, bei theilweiser Unfähigkeit entsprechend weniger. Die Ansprüche sind sofort anzumelden und von denjenigen örtlichen Verwaltungsbehörden, welchen die Betriebe unterstellt sind, genau zu untersuchen.

Betrunkene dürfen, um weitere Exzesse zu vermeiden, in das Lazareth bis zu ihrer Ernüchterrung aufgenommen werden.

Auf der Strasse, bezw. in Lokalen befindliche B. werden von Vorgesetzten zu meiden, und ihre Wegschaffung durch einige nüchterne Leute ihrer Charge zu vermitteln sein.

Bett. In Bürgerquartieren für jede Person eine Bettstelle, nebst Stroh, Unterbett oder Matratze, Kopfkissen, Betttuch, warme Decke mit Ueberzug oder Deckbett.

Im engen Kantonnement: Lagerstätte aus frischem Stroh in gesichertem Obdach.

Bettung. Zusammenhängende Dielung der Geschützstände als feste, wagerechte Unterlage für Geschütze der Belagerungs- und Festungsartillerie. Die B. besteht aus Rippenhölzern, Faschinenpfählen und Bohlen. Die Rippen werden mittelst der Faschinenpfähle festgelegt, die Bohlen auf die Rippen genagelt.

Beurlaubung. S. Urlaub.

Beurlaubtenstand. Zum B. gehören die Offiziere, Aerzte, Beamten und Mannschaften der Reserve, Landwehr, die in die Heimath beurlaubten Rekruten etc., die zur Disposition der Ersatzbehörde entlassenen Mannschaften.

Während der Einberufung zu Uebungen etc. gehören diese sämmtliche Personen dem aktiven Heere an.

Die Beorderung und Entscheidung über deren Militär-Angelegenheiten liegen dem Bezirks-Kommando ob.

Disziplinarstrafmittel ausserhalb der Einberufung bestehen in Arrest, Geldbussen bis zu 60 Mk. event. Haft bis zu 8 Tagen. Arreststrafen werden von der Militärbehörde vollstreckt. Vollstreckung von Geld- und Haftstrafen durch die Zivilbehörde für Rechnung des Militärfonds.

In allen Armeen herrscht der Grundsatz, dass die aus dem B. zum Dienste einberufenen Personen, so lange sie im aktiven Dienste sind, dem M.-Str.-G. unterworfen sind.

Beurnonville, Marquis von, Marschall von Frankreich, (1752—1821) ergriff die Partei der Revolution und spielte in den Kriegen 1790—92 eine beiläufige Rolle. Er wurde 1793 Kriegsminister und zur Armee Dumouriez geschickt, um diesen zu ersetzen, wurde von diesem aber verhaftet und den Oestreichern ausgeliefert. Napoleon liess ihn in unbedeutenden Kommandos. Unter Ludwig XVIII. wurde er Marschall.

Beute bezeichnet alles, was als früheres Eigenthum der feindlichen Armee in die Hände des Siegers fällt. Das Privateigenthum der feindlichen Soldaten und das Eigenthum der Landeseinwohner soll nicht Gegenstand der Beute sein. Das persönliche Beuterecht der Soldaten ist heute ausgeschlossen.

Beuthen in O.-Schl. Dort stehen das 3. Bat. Inf.-Reg. Keith (1.·O.-Schles.) No. 22, Bezirks-Kommando, Garnison-Verwaltung und Lazarath. Servisklasse 1.

Beverloo ist das grosse Uebungslager für die belgische Armee bei Limburg; mit luxuriöser Ausstattung für alle Arten der Unterkunft, Magazine, Schiessplätze etc.

Bevern, Herzog von Braunschweig-Lüneburg. Bevern (1715—1781), ein bekannter Führer Friedrich d. Gr. im 7jährigen Kriege, zeichnete sich bei Hohenfriedberg aus, führte bei Lowositz (1./10. 1756) den linken Flügel erfolgreich, schlug bei Reichenberg (21./4. 1857) den Graf Königsegg; erstürmte in der Schlacht bei Prag (6./5. 57) die Höhen von Kayge, rettete durch die energische Führung des rechten Flügels der Armee den König bei Kolin vor Vernichtung. Er verlor am 22./11. die Schlacht bei Breslau, nach der er bei einem Erkundigungsritte gefangen wurde. In dem späteren Feldzuge war er noch bei der Belagerung von Schweidnitz thätig und führte in Abwesenheit des Königs von Sachsen die Truppen in Schlesien und Lausitz. Zuletzt war er Gouverneur von Stettin. Er war hochgeschätzt vom Könige.

Bewaffnete Macht. Darunter werden die organisirten, ausgerüsteten und geschulten Streitkräfte zu Wasser und zu Lande verstanden, welche der Staat zur Erhaltung seines Bestandes, sowie zur Wahrung seiner Rechte und Interessen bedarf.

Bewaffnung. A. Die Infanterie sämmtlicher zivilisirter Staaten ist mit Mehrlade-Gewehren (Magazin: Kasten im Mittelschaft, nur Frankreich und Portugal Röhre im Vorderschaft) von 6 bis 8 mm Kaliber ausgerüstet. Die Konstruktionen liegen in den Jahren 1886 (Frankreich m/86/93) bis 1895 (Vereinigte Staaten, Flotte). Als blanke Waffe ist meist ein Säbel-Bajonett (Deutschland, Russland u. s. w.), bei einigen ein Dolch (Oesterreich) bezw. ein Degen (Frankreich) angenommen. Die nicht mit dem Gewehr ausgerüsteten Chargen tragen einen Revolver (Deutschland: Revolver 83). S. auch Gewehr.

B. Die Kavallerie ist in den meisten Staaten für das Gefecht zu Fuss mit einem Karabiner (s. d.) versehen. Einrichtung u. s. w. entsprechend den Infanteriegewehren. (Deutschland: Karabiner 88, Russland: Dragonergewehr m/91.) An Stelle des Karabiners tritt bei einem Theil der Revolver. Als blanke Waffe führt die deutsche Kavallerie den Kavalleriedegen 89 bezw. Kürassierdegen 54 und die Lanze n/A. Die ausserdeutschen Kavallerien sind mit dem Säbel oder Degen bezw. Pallasch, aber nur zum Theil mit Lanzen ausgerüstet.

C. Die Feldartillerie (s. unter Feldgeschütze) führt in den meisten Staaten zwei Kaliber (Russland: Kavallerie-, leichte und Mörser-Batterien). Einige, z. B. Deutschland, England und Oesterreich-Ungarn haben ein einheitliches Kaliber, bezw. Einheits-Feldgeschütz. Ausser mit der blanken Waffe (Säbel oder Seitengewehr) sind die Mannschaften in einigen Heeren noch mit einer Schusswaffe (Deutschland: Revolver 79 oder 83, Frankreich: Karabiner) versehen.

D. Ausser der deutschen führen sämmtliche europäischen Artillerien Gebirgsgeschütze.

E. Die Geschütze der Fussartillerie, s. dort, sowie Festungs- und Belagerungsgeschütze. Die Mannschaften sind mit einem Seitengewehr und der Infanterie- bezw. Kavallerie-Feuerwaffe (Deutschland: Karabiner 88, Gewehr 91) bewaffnet.

F. Die Mannschaften der technischen Truppen tragen ein Faschinenmesser und ein Gewehr (Deutschland: Infanteriegewehr 88).

G. Die Mannschaften des Trains sind mit dem Säbel und einem Karabiner oder Revolver ausgerüstet.

Bewegen, Bewegungen ausführen sagt man heut statt operiren, agiren, manövriren.

Es kann nicht stark genug betont werden, dass die Bewegung die Hauptkraft für alle Kämpfe und Gefechte bildet. Schon jeder Stoss in der Mechanik ist ein Produkt aus Masse und Geschwindigkeit; da aber jeder Kampf (von dem der Knittel bis zu dem grosser Armeemassen) aus Stössen besteht, und der Stoss ohne Bewegung kein Stoss ist, so ist auch der Kampf ohne Bewegung nicht denkbar.

Wie man mit kleiner Masse einen starken Stoss nur ausführen kann, wenn man die Bewegung um so viel vergrössert, als die Masse dann geringer sein sollte, so ist es logisch klar und durch die Kriegsgeschichte hundertfach erhärtet, dass eine schwächere Truppe nur dann überlegen sein kann, wenn sie die Gegnerin in der Kraft (der Bewegung) des Stosses überlegen ist. Nichts ist daher falscher, als einer Truppe zu rathen, sich defensiv zu verhalten, wenn sie sich schwächer fühlt, sondern dass dieses im Gegentheil sie reizen, ja zwingen sollte offensiv zu werden.

(Am klarsten sind die Verhältnisse zwischen Bewegung und Stillstand in Scherffs Lehre von der Truppenführung, s. Lit., dargelegt).

Beweglichkeit, eine der wichtigsten Eigenschaften jeder Truppe, ist abhängig von der Ausbildung der Bekleidung Ausrüstung und Ernährung.

Bewegungsarbeit der Geschosse, fälschlich auch „lebendige Kraft" genannt. Abhängig vom Geschossgewicht (p), der Mündungsgeschwindigkeit (v) und der Beschleunigung durch die Schwere (rund 9,8 m; s. a. Anziehungskraft der Erde). $B = \frac{p v^2}{2 g}$. Für B. wird auch zuweilen der Ausdruck „kinetische Energie" gebraucht.

Beyer, Gustav v., preuss. G. d. I. (1812—89), nahm 1866 Kurfürst Wilhelm von Hessen gefangen, siegte 10./7. bei Hammelburg, am 24./7. an der Tauber, am 25./7. bei Helmstadt, übernahm 1868 das bad. Kriegsministerium, führte 1870/71 die bad. Div., wurde dann Gouverneur von Koblenz.

Bezirks-Adjutant wird auf 2—3 Jahre aus der aktiven Armee kommandirt. Er vertritt in Abwesenheit des Bezirks-Kommandeurs dessen Stelle in Leitung der laufenden Geschäfte; ist meist auch untersuchungsführender Offizier. Doch die Befugnisse des Gerichtsherrn können auf ihn nicht übergehen.

Bezirks-Kommando sind die Schleusen, durch welche die grossen Vorräthe des Beurlaubtenstandes in die Kanäle der einzelnen Truppenabtheilungen geleitet werden, d. h. die den Uebergang des ganzen Personals vom Friedensstand zum Krieg ausführen. Dazu ist im Frieden gründlichste Listenführung nöthig.

Kommandeur: Stabsoffizier z. D., dazu Adjutant, ein auf 2—3 Jahre kommandirter Lieutenant, dazu einige Bezirks-Kontrol-Offz. Er steht unter der aktiven Inf.-Brig. und besitzt Strafbefugnisse eines Bat.-Kommandeurs. Sucht persönliche Berührung mit Offz. und Mannschaften, regt unter Ersteren wenn möglich Ausbildung und Gesellligkeit an, Kriegsspiele, Vorträge u. s. w. Er muss über die Gesinnung der Untergebenen orientirt sein; dieserhalb die Ehrengerichte, ist Mit-Vorsitzender der Ersatz-Kommission. (Näh. Dienst des Bezirks-Kommandos von Felix, Berlin, 1894.)

Bezirks-Offiziere sind Haupt- oder auch Melde-Aemter (s. dort) vorgesetzt; vertreten das gesammte Kontrolwesen in ihrem Bezirk, halten Kontrol-Versammlungen ab. Sie bilden keine Dienststelle zwischen Bezirks-Kommando und Offizier des Beurlaubtenstandes. Sie werden durch Kabinetsordre ernannt. (S. auch Kontrol-Offiziere.)

Bhurtpur, eine Festung in der Provinz Agra in Ostindien. Ihre Erstürmung 1826 sicherte den Engländern den Besitz jener Gegend.

Bianchi, Frhr., Herzog von Casa-Lanza (1768—1855), österr. F.-M.-Lt., zeichnete sich in den Türkenkriegen wie in den Koalitionskriegen aus, sowie bei den Tagen von Aspern, besonders bei der Vertheidigung des Brückenkopfes von Pressburg. 1813 führte er eine Division in den Schlachten bei Dresden, Kulm und Leipzig, erhielt das Theresienkreuz; führte den rechten Flügel der Armee Schwarzenbergs mit Auszeichnung. 1815 schlug er Murat bei Tolentino und zerstreute dessen Heer. (Hirtenfeld.) Auch der Sohn desselben (F.-M.-Lt.) zeichnete sich in den Kämpfen in Italien 1848 und 49 aus, starb schon vor seinem Vater (1854).

Biberach. Dort steht ein württemberg. Bez.-Kom. 2./10. 1796 siegte Moreau über die verfolgenden Oestr. unter Latona. 35 000 Franzosen gegen 23 000 Oestr. 9./5. 1800 erfolgreiches Gefecht der Franzosen gegen die Oestr. unter Kray.

Bieberich. Dort befinden sich eine Unteroffizier-Schule und Garn.-Laz. — Servisklasse 2.

Biebersburg (Vörösko) 11./8. 1705 siegreiches Treffen der Oestr.

Bibliothek. Die Beschaffung von Büchern für die Lazareth-B. soll nur im Einvernehmen mit dem Mil.-Geistlichen stattfinden. Erbauliche und patriotische Bücher sind zu bevorzugen.

Regimentsbibliothek. Sie wird durch eine vom Kommandeur ernannte Kommission verwaltet. Der Kommandeur entscheidet über den Ankauf von Büchern.

Div.-B., s. d.

Biegsamkeit der Fahrzeuge. Beweglichkeit in senkrechter Richtung, abhängig von der Art der Verbindung des Vorder- und Hinterwagens und dem Angespann. B. ist von Bedeutung für die gesamte Beweglichkeit des Fahrzeuges im Gelände, besonders für die Ueberwindung von Hindernissen. Grösse der B. = Summe des Steigungs- und Senkungswinkels, d. h. der Winkel, um welche die Deichsel sich heben bezw. senken lässt. Die B. der Feldgeschütze ist sehr verschieden; sie beträgt z. B. bei den deutschen + 70 und über — 90 Grad, bei den russischen dagegen durchschnittlich nur + 20 und — 12 Grad.

Biegsamkeit der Flugbahn s. Flugbahn.

Biehler, von, preuss. Gen. der Inf. und Chef des Ingenieur-Korps etc. (1818—1886). Nahm an den Kriegen 1866 und 70/71 theil; bei letzterem besonders thätig bei den Arbeiten zur Einschliessung von Metz. Er wurde geadelt und 1873 mit Führung des Ingenieur-Korps betraut, das er 1884 an General von Brandenstein unter

Bielefeld. Dort steht das 2. Bat. Inf.-Reg. Graf Bülow v. Dennewitz (6. Westph.) No. 55; Bez.-Kom., Garn.-Verw. und Lazareth. — Servisklasse 2.

Big Black, Flüsschen, das bei Vicksburg in den Mississippi fliesst. Hier Kampf zwischen Konföderirten und Unionstruppen am 17./5. 1863, der zur Vollziehung der Berennung von Vicksburg führte, in welche befestigte Stellung General Pemberton mit den Konf. durch Grant eingeschlossen wurde.

Bihacz, Festung in Bosnien, jetzt bedeutungslos. Siegreiche Gefechte der Oesterreicher am 7. und 18./9. 1878.

Bilbao (Bask. Prov.) 7./11. 1808 schlugen die Franzosen dort die engl. Armee unter Blake und nahmen die Festung. Auch in den Karlistenkriegen bildete B. (befestigt) wiederholt ein Streitobjekt.

Bildt, Frhr. von, schwed. Reichsmarschall und Gen.-Lieut. (1820—1894). 1870/71 Gesandter in Berlin. 1888 und 89 Minister.

Birago. Brücken, nach ihrem Erfinder, einem k. k. Oberst (1792—1845), so genannt, beruhen auf drei Grundsätzen: 1. Die Pfähle stehen fest im Grunde, da sie spitz sind, und versinken nicht, da sie Schuhe (Brettstücke) haben; 2. sie können seitwärts nicht überfallen, da sie schräge im Holme in einer Kulisse laufen; 3. sie können nicht uferwärts fallen, da sie durch Balken (mit festen Knaggen) den Holm mit dem Uferbalken bezw. wieder mit dem nächsten Holme verbinden. Damit ist ein System geschaffen, das nach allen Seiten fest ist, und sich in Krieg und Frieden bewährt hat.

Ein Nachtheil ist das nothwendige Anheben einiger Bockbeine, da die Schuhe leicht unterspült werden; dafür geht der Bau sehr schnell von statten.

Bisamberg bei Wien. 24./8. 1683 siegreicher Ueberfall des türk. Lagers.

Bischofsmütze. Name eines Aussenwerkes, das die Form einer doppelten Tenaille hatte; nur noch in älteren Enceinten zu finden.

Bischweiler. Dort steht die reitende Abtheilung Feld-Art.-Reg. No. 31; Prov.-Amt, Garn. Verw. — Servisklasse 3.

Bise wird der farbige Vorstoss an den Uniformröcken und der Hosennaht genannt.

Bistritz (Siebenbürgen). 1.—24./2. 1602 Belagerung durch die Oesterreicher, dann Uebergabe. Niederlage der Ungarn durch die Oesterreicher 19./2. 1849, am 10./7. desselben Jahres durch die Russen.

Bitonto. Schlacht 25./5. 1734, 14 600 Spanier und 6230 Oesterreicher unter Graf Montemar gegen Italiener unter Graf Visconti; letztere vollständig geschlagen, ihnen fast das ganze Geschützmaterial abgenommen und Neapel besetzt.

Bitsch. Kleine Festung auf Felskegel in Lothringen, wurde 1870 71 beschossen, aber nicht eingenommen; ging erst im Frieden an Deutschland über.

Dort stehen ausser einer Kom. das 2. Bat. Inf.-Reg. Markgraf Karl (7. brand.) No. 60 Fil. des Art.-Reg. Strassburg, Fortif., Garn.-Verw und Laz. — Servisklasse 4.

Bitterfeld. Dort steht Bez.-Kom. — Servisklasse 3.

Biwaks sind in taktischer Beziehung das Bequemste, in schlechter Jahreszeit gefährlich für die Gesundheit. Daher Grundsatz „schlechtestes Quartier besser als das beste Biwak". Nur ein besonders hochgespannter Grad der Gefechtsbereitschaft (namentlich bei den Vorposten) nöthige dazu.

Infanterie biwakirt in Kompagniekolonnen im Bataillonsverbande nebeneinander, Kavallerie in nach der Flanke abgeschwenkten Eskadronskolonnen.

Man rechnet in runden Zahlen:
Für ein Bataillon   200 m Front, 200 m Tiefe
„ „ Kav.-Regt.   120 „   250 „   „

Bei der Artillerie:
Für eine Batterie 100 m Front, 200 m Tiefe
„ einen Divisions-Brückentrain . 50 „ „ 200 „ „
„ ein Korps-Brückentrain . . 100 „ „ 200 „ „
„ eine Korps-Telegr.-Abtheilung . . 50 „ „ 200 „
„ ein Sanitätsdetachement . . . . . 60 „ „ 170 „ „
„ ein Feldlazareth 30 „ „ 170 „ „
„ eine Munitionskolonne und eine Proviantkolonne 160 „ „ 200 „ „
für etwa 5 Meter (gleich der Breite der Zelte).

Ein Infanterie-Regiment bedarf hiernach einschliesslich der Regimentszwischenräume von je 8 Metern einer Frontlänge von etwa 164 Metern, bei einer Tiefe von etwa 450 Metern; von letzter Ausdehnung kommen etwa 200 Meter auf die Zeltreihen; der Rest wird beansprucht für Alarmplatz, Brunnenanlagen, Kochheerde, Marketender, Brandwachen und Latrinen etc.

Die Lagerzelte der Infanterie haben eine runde Grundform.

Man unterscheidet: Kommandeurzelte (Doppelzelte von 5 m Durchmesser, $3^2/_3$ m Höhe, 43 kg Gewicht); Offizierzelte (Doppelzelte von $4^1/_3$ m Durchmesser, $3^2/_3$ m Höhe, 32 kg Gewicht); Mannschaftszelte ($5^1/_2$ m Durchmesser, $3^2/_3$ m Höhe, 30 kg Gewicht); Burschenzelte ($2^2/_3$ m Durchmesser, 3 m Höhe, 18 kg Gewicht); Montirungszelte ($5^1/_3$ m Durchmesser, $3^2/_3$ m Höhe, 32 kg Gewicht); Trommelzelte ($5^2/_3$ m Durchmesser, $3^2/_3$ m Höhe, mit 2 Ausgängen).

Ein Mannschaftszelt fasst 15 Mann.

Man rechnet, dass ein Zelt in 5 Minuten von 24 Mann aufgeschlagen werden kann.

Das Abbrechen und Verladen der Zelte eines Infanterie-Regiments durch 7 Pioniere und 42 Mann nimmt 5—6 Stunden in Anspruch.

Kavallerie lagert stets in Linie.

Der für das Zeltlager eines Kavallerie-Regiments erforderliche Raum beträgt 212 m Front und 376 m Tiefe, von welch letzterer Ausdehnung die Zeltreihen etwa 130 m beanspruchen.

Artillerie lagert stets in Linie unter Benutzung von Kavallerie-Zelten. Die Geschütze stehen in der Regel vor der Front mit 16 m Zwischenraum, Munitionswagen in zweiter Linie.

Bei vorschriftsmässiger Anordnung bedarf eine reitende Batterie zu 4 Geschützen eines Raumes von 64 m Front und 368 m Tiefe; letztere Ausdehnung verringert sich bei einer Feldbatterie bis auf 348 m; auf die Zeltreihen kommen hiervon 56 bezw. 32 m, oder bei verkürzter Frontlinie das Doppelte letzterer Maasse.

Pioniere lagern entsprechend der Infanterie.
Train lagert entsprechend der Artillerie.

In Ermangelung von Zelten kann auch Lagerung unter Strauch- oder Strohhütten eintreten. (S. Biwakshütten.)

Die tragbare Zeltausrüstung ist augenblicklich in fast allen Armeen eingeführt. In Deutschland trägt Unteroffizier und Mann eine Zeltbahn. Sie kann auch als Regenmantel im Stehen, z. B. auf Posten, benutzt werden.

Lager- und Biwacksplätze. Der Platz an sich, sowie seine Umgebungen dürfen keine unmittelbar gesundheitsgefährlichen Eigenschaften besitzen, und es muss gutes Wasser in ausreichender Menge vorhanden sein.

Man rechnet für den Mann (einschl. Kochwasser u. s. w.) täglich 3 Quart (= $3^1/_2$ Liter) oder auf je 250 Mann einen Brunnen.

Bei dem Lager grösserer Kavalleriemassen empfiehlt sich die Aufstellung von Trögen zu etwa 10—12 m Länge, wobei vermittelst eines Troges 100 Pferde in einer Viertelstunde getränkt werden können.

Biwaksbedürfnisse. a) An Lagerstroh:
Für einen General, Stabsoffizier, Hauptmann, Rittmeister, Kompagnie- u. s. w. Führer . . . . 40 kg,
Für einen Lieutenant . . . . . 10 „
Für einen Mann vom Feldwebel abwärts 5 „

Bei stehenden Lagern wird für die ersten fünf Tage derselbe Satz gewährt; dann erfolgen von fünf zu fünf Tagen die Auffrischung mit der Hälfte obiger Sätze.

b) An Wärmeholz (worin das Kochholz mitenthalten ist), und zwar bei Gewährung von weichem Holz:

Für den Stab eines Generalkommandos . . . . . . 1,2 cbm,
Für einen Divisionsstab . . . 0,9 „
„ „ Brigadestab . . . 0,5 „
„ „ Regimentsstab der Artillerie . . . . 0,5 „
„ ein Infanterie-Bataillon 10,0—11,6 „
„ ein Kavallerie-Regiment 12,5—14,1 „
„ einen allein oder nur mit 1—2 Kompagnien oder Batt. biwackirenden Bataillon oder Abtheilungsstab . . . . 0,4 „
„ eine Batterie oder Train-Kompagnie . . . . 3,0—3,3 „
„ eine Kompagnie oder Eskadron . . . . 2,5—2,9 „
„ eine einzelne Wache . . 0,5 „
„ Train-Detachement bis $^1/_2$ Kompagnie höchstens 1,5 „

Kochholz wird nur in Lagern gewährt, wenn kein Wärmeholz zur Ausgabe gelangt. Es erhalten:
Ein Divisionskommandeur   ⎫
„ Brigadekommandeur   ⎬ je 4 Kloben.
„ Regimentskommandeur, Stabsoffizier oder Hauptmann ⎭

Ein Lieutenant 2 Kloben, je 5 Mann 1 Kloben, (Sanitätsoffiziere und Beamte wie Offiziere), jede Wache 6 Kloben.

Betreffs Einrichtungen s. „Windschirme, „Lagerhütten", „Biwackhütten", „Latrinen".

(Man rechnet 120 Kloben zu 3 Fuss Länge auf 1 Klafter; letztere ist 3,34 cbm.)

Haben die Truppen die Mittagsportion in den Quartieren abgekocht und beziehen erst Abends das Biwak, so wird das Koch- und Wärmeholz nur mit $^3/_4$ obiger Sätze gewährt.

Biwakshütten. (S. auch Windschirm). Für 10 Mann 3 m lang. Dazu 12 Stangen 5 cm stark und 36 dünne Bohnenstangen, beide Arten 3,5 m lang, 12 Bund Stroh (auch Strauch) und 75 Bindeweiden oder ähnliches Bindezeug.

Da 6 Mann an solcher Hütte 4—5 Stunden bauen, lohnt sich der Bau nur bei längeren Lagerungen.

Biwakshütten — Blättchenpulver

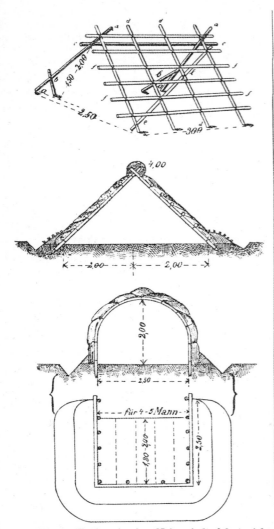

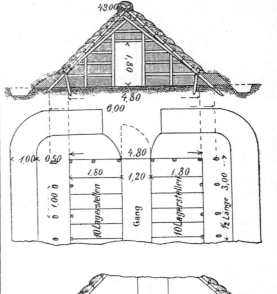

Biwakshütte.

Wenn Weiden in der Nähe sind, lohnt sich der Bau kleinerer Hütten für 4—5 Mann aus gebogenen stärkeren 3 m langen Ruthen, die man gewölbeartig biegt und mit Längsstangen verbindet. 10 Bund Stroh, Strauch oder Schilf genügen. Die Insassen können, wenn das Material zur Hand ist, solche Hütten in 2 Stunden bauen.

Bixio, ital. General (1821—1873), ursprünglich Seemann, focht 1859 unter Garibaldi; deckte 1866 mit seiner Division den Rückzug von Custozza.

Bkl. D. Abkürzung für „Dienstanweisung für die Korps-Bekleidungsämter." 1890.

Bkl. O. Abkürzung für „Bekleidungsordnung". I. Th. 1888, II. Th. 1893.

Bjelina wurde im türkisch-serbischen Kriege von den Türken befestigt und gegen Alimpito erfolgreich vertheidigt. 1876.

Blake (1598—1757) berühmter Seemann Englands, der sich den Gegnern des Königs Karl I. (1640) anschloss. Er focht unter Cromwell in hervorragender Weise, eroberte sogar mit der Flotte die Festung Santa Cruz. (Näheres R. Pauli, Aufsätze zur engl. Gesch. 1869.)

Blamont, Fort. S. Befestigungen Frankreichs. Liegt an der Strasse Besançon-Basel. S. Lomond.

Blanchard, franz. Div.-G. (1805—1876), führte 1870 eine Division des Korps Vinoy, das von Mèzieres nach Paris entkam und führte das 1. Korps dort. Er war wegen seiner Tüchtigkeit hoch geachtet.

Blankenburg. Dort steht das 3. (Leib-)Bat. Braunschw. Inf.-Reg. No. 92; Garnison-Lazareth. Servisklasse 3.

Blankenstein, Graf, österr. General der Kav. (1733—1816), focht mit Auszeichnung im 7jährigen Kriege; führte 1793 unter Coburg ein Korps und 1794 eine grössere Abtheilung unter Cherfayt in den Niederlanden.

Blanke Waffen, s. Angriffswaffen.

Blasen an den Füssen, nicht abreissen, nicht mit Wollfaden zu durchziehen, sondern seitwärts aufstechen.

Blasinstrumente, s. Musik.

Blatt (an Beschlägen): Flacher, schienenförmiger Beschlagtheil mit einer Anzahl Durchbohrungen für Bolzen, Nieten oder Schrauben; tritt bei den zu Eckverbindungen dienenden Blattbolzen an die Stelle des Bolzenkopfes.

Blättchenpulver, rauchschwaches Schiesswollpulver in Form kleiner Blättchen. Schiesswolle in Flockenform von 12,7—12,9% Stickstoff und 25—30% Wassergehalt wird mit Essigäther oder Aceton vermischt und in Knetmaschinen kräftig durchgearbeitet. Die entstehende zähe, breiartige Masse, der man zuweilen noch andere Stoffe, wie Kampfer und salpetersaure Salze zusetzt, um die Entzündlichkeit und Kraftäusserung zu regeln, wird zu Platten ausgewalzt und diesen, sobald die verlangte Dicke erreicht ist, durch Schneidemaschinen in Streifen und dann in quadratische Blättchen zerschnitten, die man trocknet, polirt, ausstaubt und häufig noch mit einem Graphitüberzug versieht. Die Abmessungen des deutschen Bl. sind:

	Seite des Quadrats mm	Dicke mm
Gewehrblättchenpulver	1,5	0,2
Geschützblättchenpulver	2,7	0,4—0,5
Grobes Blättchenpulver	5.3	0,7

Blechinstrumente, s. Musik.

Blei (Weichblei). Wegen seiner hohen Dichte (11,445) und des verhältnissmässig geringen Preises zu Geschossen verwendet. aber sehr weich, dehnbar und von geringer Festigkeit; um letztere zu steigern wird es häufig mit Zinn und Antimon (Hartblei) versetzt und bei modernen Handfeuerwaffen mit einem papierdünnen Mantel (Geschossmantel) umgeben; früher allgemein zu den Geschossen der Handfeuerwaffen und auch zu dem Führungstheil (s. Bleimantel) der Geschosse für gezogene Hinterladungsgeschütze verwendet. Da aber Härte und Festigkeit der nackten Weichbleigeschosse für die hohe Mündungsgeschwindigkeit und scharfe Führung der heutigen Gewehre nicht mehr genügen, werden in diesen fast ausschliesslich (Ausnahme: Schweiz. Gewehr m/89) Mantelgeschosse (s. d.) verwendet, deren Kern meist aus Hartblei besteht: Legirung von Blei und Antimon (gegen 3%) bezw. Zinn.

Bleimantel. Führungstheil an den älteren Geschossen der gezogenen Hinterladungsgeschütze, in dessen Wülste sich die Felder der Züge beim Schuss einschneiden. Der dicke B. (Weichblei) wurde um den mit Quer- und Längsrinnen versehenen Eisenkern in Formen herumgegossen (s. Bild). Sein Gewicht betrug reichlich 30% des Geschossgewichts; er beschränkte den Rauminhalt der inneren Höhlung (besonders nachtheilig für Shrapnels), beinträchtigte die Haltbarkeit des Geschosses (durch die tiefen Rinnen im Eisenkern) und verringerte seine Durchschlagleistung (Panzergeschosse), flog bei grösserer Drehungsgeschwindigkeit leicht ab, verbleite die Züge, lieferte wenig Sprengstücke und ergab bei starken Ladungen mangelhafte Führung, also schlechte Trefffähigkeit. An seine Stelle trat zunächst der dünne Weich-B., der an den glatten Geschosskern angelöthet wurde; statt des Weich- wählte man bald Hartblei (s. d.) und ersetzte den B. später durch die ihm in jeder Hinsicht überlegene Kupferführung (s. Führung der Geschosse).

Blendung. Schutzvorrichtung der Oeffnungen von Schutzhohlräumen gegen Gewehrgeschosse, Geschosssplitter und Sprengtheile. Man blendet Scharten, Fenster, Thüren durch Holz-, Erd-, Mauer-, Tau- und Eisen- (Stahl-) Blenden.

Blenheim (Schwaben) 13./8. 1704 grosser Sieg Eugens und Marlboroughs über die Franzosen und Bayern unter Pallard und Kurfürst Max Emanuel.

Blenker, nordamerikanischer General (1812—1863), badischer Insurgent und Unionsgeneral im Sezessionskrieg. Wurde, nachdem er mehrmals geschlagen war und Plünderungen vollführte, abgesetzt.

Blesson, (1790—1861), preuss. Ing.-Offiz. und thätiger Mil.-Schriftsteller.

Blicksignale (s. Landesaufnahme).

Blinde Patronen (s. Platzpatronen).

Blinde Schüsse. Schüsse, die ohne Geschosse nur mit der Pulverladung (Platzpatrone, Manöverkartusche) abgegeben werden. Sie werden bei Friedensübungen und zum Salutschiessen verwendet. In Oest.-Ung. heissen sie Exercir-Patronen.

Blocken (s. Schrägwalzen).

Blockade ist die Absperrung eines Hafens durch eine Flotte. Die Frage ist sehr komplicirt. S. B.recht i. Bhft. z. Mar.-Ver.-Bl. 1874 (12). Jede Blockade kann von schnell dampfenden Handelsschiffen bei gutem Lootsen und kaltblütigem Kapitän fast gefahrlos gebrochen werden, was der Sezessionskrieg in Amerika bewiesen hat.

Blockhaus dient zur Vertheidigung und feldmässiger Unterkunft im Gebirge für selbstständige Posten, (Herzegowina und Dalmatien) als Reduit oder zur Kehlbestreichung in Schanzen, als fester Vertheidigungspunkt in Linienverschanzungen, als provisorische Caponière zur Grabenbestreichung etc.

Blocklafette, im Gegensatz zur Wandlafette, heisst jene Lafettenkonstruktion, bei der die Unterlage für das Rohr aus einem massiven oder aus zwei Theilen zusammengesetzten Blocke besteht.

Blockwagen. Niedriger, stark gebauter Wagen zum Fortschaffen schwerer Geschützrohre auf kurze Entfernungen.

Blockverschluss. (Fallblock, senkrechter Keilverschluss) kommt bis jetzt nur an leichten Schnellfeuerkanonen (deutsche 5 cm-Kanone) vor; bei diesen lässt er sich schnell und leicht bedienen.

Deutsche 9 cm-Granate c/61 mit dickem Bleimantel.

a Mundloch mit Mundlochschraube und Vorsteckerloch zur Aufnahme des Zünders; b Eisenkern; c Bleimantel.

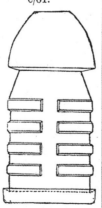

Eisenkern der 9 cm-Granate c/61.

In der einfachsten Form (Grusonwerk) besteht er aus einem Block (B), der senkrecht im Verschlussstück des Rohres beweglich ist. Er wird gehoben bezw. gesenkt durch eine Schubkurbel (c), welche ihrerseits durch einen Handhebel (A) gedreht wird. Beim Senken des Blocks drückt seine vordere Fläche gegen den unteren kurzen Hebelarm m_3 des Auswerfers, dessen oberer langer Arm m_2 infolgedessen zurückschlägt und die mit zwei Krallen gefasste Patronenhülse auswirft. Im Block ist um eine Welle drehbar der Schlaghammer (b) angebracht, der durch das Hintergewicht seines oberen Armes soweit zurückfällt, wie es die Stellung des Blocks gestattet. Zur Entzündung des Zündhütchens der Patrone wird der kürzere, untere Arm vermittelst einer Abzugsschnur (e = Oeffnung zum Einhaken der Abzugsschnur) nach hinten gezogen und somit die Spitze des Hammers nach vorn geschlagen. Die meisten B. sind weniger einfach konstruirt; bei der Mehrzahl besteht die Abfeuer-Vorrichtung aus Schlagbolzen und Feder, die sich beim Oeffnen oder Schliessen des Verschlusses von selbst spannt.

Blockverschluss.

$f_1 - f_2$ Richtung, in welcher die Nase der Schubkurbel sich bewegt; dadurch, dass Nuthe $d - d_1$ dieser Bewegungsvorrichtung der Nase widersteht, wird bei Drehung der Kurbel rückwärts der Block gesenkt, bei Vorwärts-Drehung der Block gehoben. a = Welle der Schubkurbel.

Blücher, Leberecht v., Fürst von Wahlstadt, (16./12. 1742—12./8. 1819) wurde als schwedischer Junker 1760 gefangen, von Belling in die Husaren gesteckt. 1770—87 Gutsbesitzer in Pommern (Gr. Raddow), holte sich in Holland den pour le mérite, machte die Rheinfeldzüge mit. 1806 bei Auerstaedt Führer der Kavallerie ohne grossen Erfolg, führte Hohenlohes Nachhut, entkam der Kapitulation von Prenzlau, musste in Lübeck aber mit 6000 Mann kapituliren. War 1813 die Seele und der moralische Träger des Aufstandes Preussens; überfiel nach Gross-Görschen und Bautzen die französische Kavallerie bei Haynau. Nach dem Waffenstillstand schlug er Macdonald an der Katzbach, Marmont bei Möckern (16./10.), drang zuerst (19,) in Leipzig ein. Am 1./1. 1814 ging er bei Caub über den Rhein, schlug Napoleon 1./2. 1814 bei La Rothière. Theile seiner Armee wurden bei Champaubert geschlagen. Er siegte am 9./3. bei Laon; erstürmte am 30. den Mont Martre. 1815 wurde Bl. an der Spitze der preussischen Armee (150 000 Mann) bei Ligny geschlagen, entging mit Mühe der Gefangenschaft, führte sein Heer nach Wavre und hieb in die Flanke der gegen Wellington kämpfenden Armee Napoleons bei Belle Alliance zu rechter Zeit ein, um sie zu erschüttern und dann durch eine energische Verfolgung zu Paaren zu treiben.

Blume, v., preuss. General der Infanterie (1835 geb.), nahm als Hauptmann im Kriegsministerium am Feldzuge 1866 theil. Als Major machte er im General-stabe des Hauptquartiers des Königs den Feldzug 1870 mit. Nachher war er wieder im Kriegsministerium, wo er mit Unterbrechung bis 1889 verblieb. Dann erhielt er die 8. Division sowie 1892 das 15. Armeekorps, und 1896 den Abschied.

Blumenau bei Pressburg, 22./7. 1866, durch Waffenruhe unterbrochenes, unentschieden gebliebenes Gefecht. Bei weiterer Entwickelung desselben würde die österreichische Brigade Mondel kaum der Vernichtung entgangen sein. Plan s. Seite 103.

Blumenthal, Graf v., Generalfeldmarschall 30./7.)1827), war schon 1849 Generalstabschef der schleswig-holsteinischen Armee. Den Feldzug 1864 machte er in derselben Stellung unter Prinz Friedrich Karl mit. In den Feldzügen 1866 und 1870/71 war er Chef des Generalstabes der II. bezw. III. Armee, die bekanntlich der Kronprinz Friedrich Wilhelm führte. Er ist Inspekteur der III. Armee-Inspektion. Schwarzer Adler-Orden, p. l. mérite mit Eichenlaub. Chef des 36. Reg. und reitenden Feldjäger-Korps.

Bochnia. 13. österreich. Feldjäger-Bataillon.

Bochum. Dort stehen Bezirk-Kommando I. und II. Bochum. Servisklasse I.

Bockbrücken (s. auch Birago). Man stellt hier und da Brücken aus Böcken her, die ähnlich gezimmert sind, wie die auf Werften, Zimmerplätzen u. s. w. üblichen, aus einem Holm und vier schräge angesetzten Beinen, die man gegenseitig mit Schwertern und Latten verstrebt. Sie haben den Nachtheil, dass sie auf dem Grunde bez. dem Flussbette selten fest stehen, sondern fast immer hin und her wanken, auch bei Unterspülung eines Beines, selbst wenn wirklich der Bock steht, überaus schwer nachzubessern sind. Man zieht deshalb den Bau von Pfahlbrücken (s. Feldbrücken) vor.

Bocksattel. Offiziere, der mit B. berittenen Truppen bedienen sich solcher bei Uebungen vom Regiment aufwärt, oder wenn sie mit Schärpe bezw. Kartusche erscheinen oder die Mannschaften Schabracken auflegen. Sonst Pritsche erlaubt.

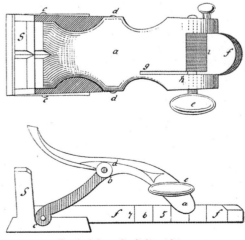

Bockvisir. S. Seite 104.

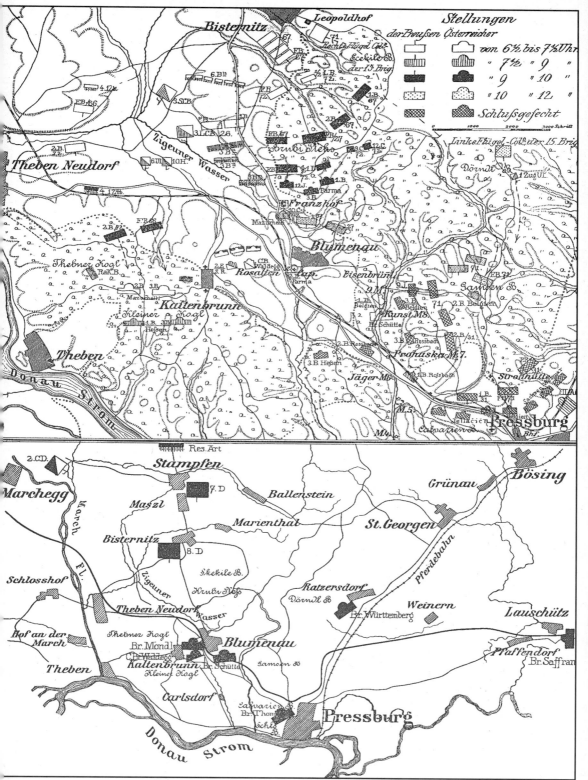

Plan zum Gefecht bei Blumenau am 22./7. 1866.

Bockvisir. Veraltetes dänisches Klappvisir. Eine nach vorn geneigte Klappe war in der Mitte gelenkig mit einer drehbaren Stütze verbunden. Schob man das auf dem mit einer Entfernungstheilung versehenen Visirfuss aufliegende Ende der Klappe nach vorn, so wurde die Stütze dadurch nach oben gedrückt und hob den im vorderen Theile der Klappe befindlichen Visireinschnitt in die der Entfernung entsprechende Erhöhung.

Abbildung s. Seite 102.

Boden der Seele: Hintere Grenzfläche der Seele, welche durch den Verschluss (bezw. die Patronenhülse) abgeschlossen wird.

Bodenfläche. Hintere Grenzfläche der Geschützrohre. In der B. mündet das Ladeloch und sind Fabrikationszeichen. sowie Linien zur Festlegung des hinteren Endpunktes der Seelenachse angebracht.

Bodenstück (Verschlussstück). Hinterer Theil des Geschützrohres; zur Aufnahme des Verschlusses und der Visirvorrichtungen; es wird hinten von der Bodenfläche (s. d.) begrenzt, geht vorn in das Zapfenstück über und hat, da es den höchsten Gasdruck ertragen muss, in der Regel bedeutend grössere Wandstärken als der übrige Rohrkörper.

Bodenweit nennt man die fehlerhafte Aussenstellung der Vorderbeine bei Pferden, die eine regelmässige Gangart verhindert.

Boeger, Dr., preuss. Gen.-Arzt und Leibarzt Kaiser Wilhelm I (1813—75) war ein hervorragender Beförderer des Sanitätswesens vor und in den Feldzügen 1866 und 1870/71.

Boeuf, le, Marschall von Frankreich (1808—88) nahm als Artillerie-Offizier an den Kriegen in Algier und der Belagerung von Sebastopol 1854/55 Theil, war 1859 Chef der Artillerie in Italien, und bei Beginn des Krieges 1870 Kriegsminister; stand bis zum 10./8. 1870 der Rhein-Armee als Generalstabschef vor und führte das 3. Korps in den Schlachten um Metz (gefangen), zog sich nach der Rückkehr in Frankreich aus dem Dienst zurück.

Böhle i. N. (s. Mil.-Waisenhäuser).

Böschungen (s. Abhänge). In der Befestigungskunst nennt man alle eine Bodenaufschüttung oder Ausgrabung nach den Vertikalen zu begrenzenden Abfälle „Böschungen". Die in der horizontalen Richtung begrenzenden Ebenen heissen „Kronen" bezw. „Sohlen".

Bohrpatrone. Mit Sprengstoff gefüllte Hülse (B. C/88 = 3 cm Durchmesser, 7 cm Höhe und 73,5 g Gewicht; Füllung: gepresste Granatfüllung C/88). Im Gegensatze zu der bei ihrer Verwendung frei aufgelegten Sprengpatrone wird die B. in Bohrlöchern gebraucht. Der Sprengwagen einer Pionier-Komp. enthält 250 B. C/88.

Bohrung heisst die Ausbohrung des Rohres. Die B. des Feldgeschützes hat 24 seichte rechtsgängige Züge.

Boisot. Bekannter Held aus den niederländischen Rev.-Kriegen, der sich bei der Vertheidigung von Middleburg 1573, dem Entsatz von Leyden 1574 u. a. O. hervorthat. Er verlor sein Leben bei einem Versuch, Zinkzee auf der Insel Schouwen zu entsetzen. (S. Litt. Niederl. Rev.-Kriege.)

Bogdanowitsch, russ. Gen.-Lt., war ein tüchtiger und parteiloser Kriegsgeschichtsschreiber, der besonders die Napoleonischen Feldzüge beschrieben hat. (S. Litt.)

Bogenschuss. Früher unterschied man den „flachen" B., d. h. grösste Ladung und kleiner Abgangswinkel und den „hohen" B., d. h. verminderte Ladung und grösserer Abgangswinkel; jetzt wird der flache B. einfach „Schuss", der hohe „Wurf" genannt.

Bogovic in der Herzegovina, siegr. Gefecht der Oest. 14./2. 1882.

Boguslawski, v., Generalleutnant z. D., bekannter preuss. Mil.-Schriftsteller.

Bohlenbahnen macht man, wenn schwere Geschütze über freies Feld geschafft werden sollen, auch auf Sumpfgelände für Feldstücke. In letzterem Falle legt man Strauchwerk quer unter die Bohlen.

Böhmisch Brod. Dort wurden die das Land verwüstenden Kriegsrotten am 30./5. 1434 vernichtet. (S. Polacky, Gesch. v. Böhmen).

Böller heissen heute die alten Mörser, mit denen hier und da bei Festlichkeiten seitens Civilisten geknallt wird. Im 16. Jahrhundert wurden die Steinmörser so genannt.

Bolivar (1783—1830). Befreite 1813 Venezuela von der Herrschaft der Spanier, verlor es jedoch 1814 wieder. Durch siegreiche Züge von 1816—1819 eroberte er Venezuela wieder, säuberte Neu-Granada, und vereinigte beide Staaten als Präsident der Republik Columbia. In weiterem trieb er die Spanier aus Ecuador und sogar Peru. Ober-Peru, das sich selbständig machte, nannte sich ihm zu Ehren Bolivia. Seine Absicht war ganz Südamerika der spanischen Regierung zu entreissen. Aber innere Unruhen zerstörten den Frieden der Staaten und Undank war sein Lohn, sodass er sich von allen Aemtern zurückzog. (Näheres Röding. S. Litt.)

Bolzen. Beschlagmittel zur Vereinigung hölzerner und eiserner Geschütz-, Fahrzeug- und anderer Theile durch eine jederzeit lösbare Schraubenverbindung. Der B. besteht aus Kopf (halbrund, flach oder sechskantig), walzenförmigem Schaft und Gewindetheil, auf den die Mutter aufgeschraubt wird; am oberen Ende des Schaftes zunächst dem Kopf befindet sich ein Vierkant oder eine Nase, um das Drehen des B. beim Anziehen und Lösen der Mutter (mittelst Schraubenschlüssel) zu verhindern.

Blattb. s. Blatt.

Drehb. (Pivotb.) an Rahmenlafetten dient zur gelenkigen Verbindung des in wagerechtem Sinne — zum Nehmen der Seitenrichtung — drehbaren Rahmens mit dem im Unterbau des Geschützstandes befestigten Drehblock (Pivot).

Bomarsund, eine russ. Festung auf den Alands-Inseln wurde am 8./8. 1854 (im Krimkriege) von den Verbündeten unter General Niel belagert, bis 15./8. alle Werke in Bresche geschossen und B. kapituliren musste. Sie wurde dann von den Verbündeten geschleift.

Bombardement. Angriffsart des Festungskrieges, die durch massenhafte und gesteigerte Artillerie-Verwendung sowohl die Besatzung als auch die Einwohner moralisch erschüttern, Werke und Vorräthe vernichten und dadurch die Uebergabe der Festung beschleunigen soll. Bei modernen Fortsfestungen von bedeutender Ausdehnung und bombensicheren Unterkunftsräumen wird das B. allein wenig Erfolg haben, dagegen zur Abkürzung des planmässigen Angriffs als ein Theil desselben von Bedeutung sein.

Bombardier. Früher die unterste Unteroffiziercharge der preussischen Artillerie, für welche 1859 die Obergefreitencharge geschaffen wurde. Als Abzeichen trugen die B. Aermeltressen (keine Kragentressen) und Unteroffizierfaustriemen.

Bombe, Kugelförmiges Hohlgeschoss mit Sprengladung und Säulenzünder zur Verwendung aus glatten Mörsern und Bombenkanonen; dieselben Geschosse hiessen Granaten, wenn sie für glatte kurze Kanonen und Haubitzen bestimmt waren. Bei exzentrischen B. oder Granaten war der Schwerpunkt dadurch nach einer Seite verschoben, dass die Mittelpunkte der oberen Kugeloberfläche und der inneren Höhlung (Kammer) nicht zusammenfielen; die Exzentrizität bewirkte eine Achsendrehung des fliegenden Geschosses und beeinflusste daher die Flugbahn; mit Schwerpunkt oben verfeuert, ergaben die B. grössere Schussweiten, aber geringere Trefffähigkeit; Schwerpunkt unten hatte die entgegengesetzte Wirkung.

Bombenkanone, schwere, glatte, gusseiserne Kanonen mit grosser Schussweite und bedeutender Geschosswirkung. Sie verschossen Bomben mit starken Ladungen und waren bis zur Einführung der gezogenen Geschütze die wirksamsten Bombardementsgeschütze. Gebräuchliche Kaliber waren 23 und 28 cm („25- und 50-Pfünder") wie bei den schweren glatten Haubitzen und Mörsern.

Bombenminen waren eine Art Land-Torpedos, versteckte Bomben mit Zündleitung, die man auch in die Breschen legte.

Bombensicher ist ein Raum, dessen Decke so stark ist, dass die feindlichen Geschosse, selbst die Brisanggranaten, dieselbe nicht durchschlagen können. Neuerdings wird hauptsächlich Beton (s. dort) zur Sicherung verwendet.

Bonaparte (Buonaparte), korsische Familie, der Napoleon I., Jérome, König von Westfalen, Louis, König von Holland und Napoleon III. entstammen.

Bonchamps, Marquis v. (1760—1793), hatte seine ersten Sporen in Amerika verdient und war dann einer der hervorragendsten Führer im Vendéekriege 1793, der leider schon in Oct. d. J. tödtlich verwundet wurde.

Bonie, französischer Oberst und kavalleristischer Schriftsteller, geb. 1828. (S. Litt.)

Bonin, 1) Eduard v., preuss. General der Inf., (1793—1865), führte 1848 in Schleswig die preussische Linien-Brigade, nahm 1849 Kolding mit Sturm, belagerte Fredericia, wurde aber überfallen und zurückgedrängt, kehrte nach Preussen zurück, war dort zweimal Kriegsminister, trat 1859 zurück, weil er mit den Reorganisationsplänen des Prinzregenten nicht einverstanden war.

2) Adolf v., preussischer General der Infanterie (1803—1872), Adjutan dreier preussischer Könige, verlor mit dem 1. Armeekorps die Schlacht bei Trautenau, 27./6. 1866.

Bonn, Belagerung 16. September, Bestürmung 9. Oktober, Kapitulation 12. Oktober 1689. Kaiserliche und Brandenburger. Dort stehen das 2. Bataillon des Infanterie-Regiments v. Goeben (2. Rhein.) No. 28; das Husaren-Regiment König Wilhelm I. (1. Rhein.) No. 7; Bezirks-Kommando, Proviant-Amt, Garnison-Verwaltungund Lazareth. — Servisklasse 1.

Bonnemains Vicomte de, französisch. Divisions-General (1814—1885). Im Feldzuge 1870 befehligte er die aus vier Kürassier-Regimentern bestehende 2. Kavallerie-Division der Reserve, an deren Spitze er die bekannte Attacke bei Fröschweiler am 6. August 1870 leitete. Auch bei Sedan hatten einige Eskadrons seiner Division Gelegenheit, mit Bravour, aber ohne Erfolg in das Gefecht bei Floing einzugreifen. In Folge der Kapitulation von Sedan kriegsgefangen, kehrte er nach dem Friedensschluss nach Frankreich zurück, übernahm das Kommando der 4. Kavallerie-Division und fungirte bis 1879 als permanenter General-Inspekteur.

Bonnet ist eine Erhöhung der Brustwehr in den ausspringenden Winkeln, die eine Art von Traverse bildet.

Bonneval, Graf v. (1675—1747), ein begabter Soldat, unruhiger, spottlustiger und rachedurstiger Offizier, der erst in französischen, dann in österreichischen und endlich in türkischen Diensten (Achmed Pascha) stand.

Borchardt-Selbstspanner, siehe Selbstspanner.

Bordesoulle, Graf (1771—1831). Ein verwegen tapfrer Kavallerist, der die napoleonischen Feldzüge mit Auszeichnung mitmachte, bei Dresden eine Division, 1814 ein Kavallerie-Korps erfolgreich führte. Nach der Restauration ging er zu den Bourbonen.

Bordone, bekannt als Stabschef Garibaldis bei Dijon 1870.

Borghetto, am Mincio. Dort schlug 30. 5. 1796 Bonaparte die Oesterreicher unter Beaulieu.

Borgoforte. Dort siegreiches Gefecht der Franzosen gegen die Oesterreicher 1796. 3200 Franzosen gegen 650 Oesterreicher.

Borny, französische Bezeichnung für die Schlacht bei Colombey-Nouilly. 14./8. 1870. (S. dort.)

Borodino. Schlacht von den Franzosen an der Moskwa genannt) 7/9. 1812. Hier hatte Kutusow mit 136 000 Mann und 600 Geschützen Aufstellung genommen und die Front mit mehreren Werken befestigt. Nachdem Borodino und die grosse Schanze daselbst nach hartnäckigem Kampfe durch Napoleons Truppen genommen waren, zog sich Kutusow zurück, und Moskau fiel in die Hände der Franzosen.

Borstell, v., (1773—1844) erfocht sich schon mit 20 Jahren in den Rheinfeldzügen den Orden pour le mérite. Ein schroffer, aber braver Chaıakter, der auf den Krieg gegen Frankreich drang. Er machte sich durch das selbstständige Auftreten gegen den Kronprinzen von Schweden und den Sturm auf Göhlsdorf in der Schlacht bei Dennewitz einen Namen, und stürmte mit seinen Pommern Leipzig. Als er sich weigerte, die Fahnen meuterischer Sachsen verbrennen und deren Führer erschiessen zu lassen, wurde er auf Festung gesetzt. Später führte er das 1. und 8. Armeekorps.

Bose, Julius Graf v. (1809—94), preuss. General d. Int., vertheidigte 1861 im Landtage als Regierungskommissar die Armee-Reorganisation, zeichnete sich 1866 bei Podol, Königgrätz und Blumenau aus, kommandirte 1870 das 11. Armeekorps, wurde bei Wörth zweimal verwundet und übernahm erst 1871 wieder sein Korps. p. l. mérite und Schw. Adlerorden. Chef des Inf.-Reg. Graf B. (1. Thür.) 31.

Bosniaken. Leichte. den Kosaken ähnliche Reiter, die Friedrich d. Gr. 1745 dem schwarzen Husarenregiment unter v. Rüsch zutheilte. Sie waren mit Lanzen bewaffnet. Ihre guten Leistungen im 7jährigen Kriege veranlassten den König sie auf 1000 Pferde zu vermehren. (Näheres Gesch des Ul.-Regts. v. Katzler [Schles.] No. 2.)

Unter „Bosniaken" begreift man jetzt im Volksmunde die aus Bosnien und Herzegowina assentirten Regimenter.

Bosquet Pierre, Marschall von Frankreich (1810-1861), kämpfte 1851 als Brigade-General ruhmvoll gegen die Kabylen, führte als Divisions-General 20./9 1854 in der Schlacht an der Alma den rechten Flügel, erstürmte die steilen Höhen der russischen Stellung, fiel dieser in die Flanke, that sich als Korps-Kommandant beim Sturm auf den Malakoff hervor, wo er schwer verwundet wurde.

Boston war der militärische Mittelpunkt während des ersten nordamerikanischen Unabhängigkeits-Krieges. In der Stadt fanden Kämpfe statt; bei der Stadt die entscheidende Schlacht bei Bunkers Hill (17./6. 1775). Im Hafen fand 1813 ein Seegefecht zwischen den Amerikanern und Engländern statt.

Bothwell-Bridge bei Glasgow. Dort siegreiche Schlacht zwischen Herzog von Monmonth und den schottischen Covenanters.

Botruisk, russische Festung an der Beresina, an der Bahn gelegen, die von Kowno über Wilna nach SO. führt. Dort stehen das 117. und 118. Infanterie-Regiment und die nöthige Festungs-Artillerie etc.

Bouchain, kleine Festung an der Schelde. 1676 und 1711 von den Franzosen, 1711 von den Verbündeten erobert.

Bouchotte (1754—1840), war in der Revolutionszeit 1793-94 Kriegsminister, entging mit Mühe dem Schaffot.

Boucquoi s. Buquoi.

Bouet Willaumez, Graf, franz. Admiral (1808 bis 1871) war im Krimkriege Stabschef der Ostseeflotte und 1870/71 Befehlshaber der Flotte im Kriege gegen Deutschland. Seine Leistungen waren schwach.

Boufflers, Louis Herzog von, franz. Feldherr (1644—1711), stieg schnell von Stufe zu Stufe. 1695 zum Herzog erhoben, warf er sich nach Namur, das er tapfer gegen Wilhelm III. von England vertheidigte; ebenso 1708 Lille gegen Eugen und Marlborough. Auch bei Malplaquet rettete er durch seine Energie einen grossen Theil der Armee.

Bouillons heissen die dicken Raupen von Gold oder Silber an den Epauletten der Generale.

Boulanger (1837—1891), franz. General, der sich schon 1859 in Italien auszeichnete (bei Turbigo durch die Brust geschossen), kämpfte in China, war nachher Militärlehrer; führte 1870 ein Bataillon, später ein Regiment, wurde bei Champagny verwundet und focht schliesslich gegen die Kommune.

Im Kabinet Freycinet übernahm er 7./1. 1886 das Kriegsministerium. wurde politisch unmöglich, auch wegen schwerer Vergehen gegen die Disziplin abgesetzt. Er schloss sich den radikalen Parteien und der Patrioten-Liga an. Erschoss sich 1891 auf dem Grabe seiner Maitresse.

Bourbaki. Franz. General (geb. 1816) zeichnete sich bereits im Krimkriege bei Inkerman aus. Nach dem Kriege 1854 Gen.-Gouv. von Algier; 1859 bei Solferino Kom. der 1. Div., 1870 führte B. das Garde-Korps bei Vionville und Gravelotte. Er wurde von Metz wegen der Kapitulation an Kaiserin Eugenie gesandt; erhielt 1871 das Kom. über die franz. Ost-Armee, die Belfort entsetzen sollte. An der Lisaine 15.—17./1. geschlagen und zwischen Werders und der inzwischen angerückten Armee Manteuffels eingezwängt, blieb ihm nichts übrig, als seine völlig demoralisirten Schaaren über den schneebedeckten Jura nach der Schweiz zu überführen. Er machte in den Tagen einen Selbstmordversuch und führte im Frieden erst das 1., dann das 14. Korps. 1881 trat er aus dem Dienste.

Bourmont, de, Graf von Ghaisnes, Marschall von Frankreich (1773—1846). Er kämpfte erst als Legitimist am Rhein, trat aber in die Armee Napoleons und führte mit Auszeichnung in Russland, bei Dresden, Leipzig und Hanau. Er trat 1815 wieder zu Napoleon, entwich aber vor der Schlacht bei Ligny. 1829 wurde er Kriegsminister, führte 1830 die Expedition in Algier und wurde dafür Marschall von Frankreich. Er war kein Charakter.

Bousmard (1768—1807) wanderte aus Abneigung gegen die Revolution aus Frankreich und fiel als preuss. Major bei der Vertheidigung von Danzig gegen seine Landsleute. Seine Befestigungsmethode ist nicht in's Leben getreten. Er war ein Anhänger des Bastionairsystems.

Box, eine Stalleinrichtung, in der die Pferde unangebunden sich frei bewegen können; leicht aus jedem Stalle herzustellen. Für Offizierspferde höchst empfehlenswerth.

Boyaux wurden ehemals die einzelnen Schläge bei den Zickzacks der Laufgräben genannt.

Boyen, Feste dicht bei Lötzen. 1844 erbaut, sperrt den Zugang zwischen dem Löwentin- und Kissain-See. Dort Komand., Art.-Dep. und Fort. Garnison s. Lötzen.

Boyen, Leop. v., preuss. Gen.-Feldm. (1771—1848). Bei Auerstädt verwundet, nahm hervorragenden Antheil an der Armee-Reorganisation unter Scharnhorst, trat 1812 in russ. Dienste, um gegen Napoleon zu wirken, 1813 wurde B. wieder in die preuss. Armee übernommen und machte als Generalstabschef des 3. A.-V. die Kämpfe von Luckau, Grossbeeren, Dennewitz, Leipzig, Laon und Paris mit; 1814—1819 Kriegsminister, führte als solcher das Gesetz über die allg. Wehrpflicht durch; 1819 nahm B. seinen Abschied und lebte nur liter. Beschäftigung, 1811 wieder Kriegsminister.

Boyne. Fluss auf Irland. Dort Schlacht 1./7. 1690. Hier siegte Wilhelm III. von England über die Anhänger des vertriebenen Königs Jacob und befestigte damit seine Herrschaft auch in Irland.

B.-Pulver. Das in Frankreich eingeführte Blättchen-Pulver (seit 1886). B. bedeutet Boulanger. BF (Fusil) = Gewehr-Bl.-P., BC (Campagne) = Feldgeschütz-Bl.-P., BSP (Siege et Place) = Bl.-P. für Festungs- und Belagerungsgeschütze und BN (nouvelle) = neues rauchschwaches P.

Das für Geschütze bestimmte B.-P. besteht aus rechteckigen Streifen (s. Abb.), deren Länge, Breite und Stärke mit der Art des P. wechselt, für dieselbe Ladung aber stets die gleiche bleibt. Die Stärke der Streifen (von Einfluss auf Verbrennungsdauer und Kraftäusserung des P.) beträgt bei BC-P. gegen 0,5 mm, bei BSP-P. 0,9 mm. Die Ladungen werden aus Bündeln solcher Streifen hergestellt. Jede Kartusche nimmt eine gewisse, vom Gewicht der Ladung abhängige Anzahl dieser Bündel, sowie eine kleine Anfangsladung von 10 oder 25 g Schwarzpulver auf.

Das BF-P. besteht aus quadratischen Blättchen von glänzend bräunlicher Farbe, die 2 mm Seite und $^1/_3$ mm Stärke haben; 500 Blättchen wiegen 1 g.

B.-Pulver.

Bracke. Dient zur Verbindung der Zugtaue mit dem Fahrzeug. Die Hinter-B. ist am Protzgestell fest angebracht, ihre Endkappen tragen die gelenkig befestigten Ortscheite (mit Oesen für die Tauhaken).

Die Vorder-B. (bei Vier- und Sechsgespannen) ist ein vergrössertes Ortscheit und wird in den Zughaken der Deichselspitze eingehängt.

Brackenbury, engl. Gen. (1831—90), machte als Berichterstatter die Belagerung von Sebastopol, die Feldzüge 1866 und 70 im Hauptquartier des Prinzen Friedrich Karl mit, sowie den Feldzug 1877 in der Türkei im Stabe Gurko's. Er war überall ein gern gesehener Gast; auch als Mil.-Schriftsteller bekannt.

Brandenburg a. H. Dort stehen die Stäbe der 6. Div., 11. Inf.-Brig., 12. Inf.-Brig. und 6. Kav.-Brig.; das Füs.-Reg. Prinz Heinrich von Preussen (Brand.) No. 35, das Kür.-Reg. Kaiser Nikolaus I. v. Russland (Brand.) No. 6. St. 1, 2, und reit. Abth. Feld-Art.-Reg. Gen.-Feldz.-M. (1. Brand.) No. 3 (1. Abth. vorl. in Perleberg); Bez.-Kom., Art.-Dep., Prov.-Amt, Garn.-Verw. und Laz. — Servisklasse 2.

Brandenburg II, Graf von, preuss. Gen. der Kav. (1819—92), Sohn des Ministerpräsidenten B., trat 1836 beim Garde-Kür.-Reg. ein, 1861 Flügeladjutant König Wilhelms I., nahm als solcher am Kriege von 1866 Theil, erhielt 5. Kav.-Brig. 1868 2. Garde-Kav.-Brig. Letztere befehligte er während des Kriegs gegen Frankreich. Am 16./8. nahm er in der Schlacht von Vionville, Mars la Tour persönlich an der von drei Eskadrons des 1. Garde-Drag.-Reg. gerittenen Attacke, demnächst an der Einschliessung von Paris Theil. 1872 zum Gen.-Lt. befördert, ward er zum Kom. der Garde-Kav.-Div., 1882 zum kom. Gen. des Garde-Korps ernannt und nahm 1884 Abschied.

B., Graf Friedrich I., des Obigen älterer Zwillingsbruder, trat beim Reg. der Garde du Corps ein, 1861 Flügeladjutant König Wilhelm I. Den Krieg gegen Oesterreich machte er als Flügeladjutant, den gegen Frankreich als Kom. der 1. Garde-Kav.-Brig. mit. Am 11./10. 1871 zum Kom. der 11. Div. ernannt, trat er am 13./1. 1880 in den Ruhestand.

Brandenstein, von, preuss. Gen.-Lt., Chef des Ing.-Korps (1831—86). Er trat beim Alexander-Reg. ein, war während des Feldzuges 1866 im Stabe des Oberkommandos der Elb-Armee, in den beiden Jahren bis zum Ausbruch des deutschfranz. Krieges thätig, die Eisenbahnen für die militärische Verwendung nutzbar zu machen und die Fahrpläne für den Aufmarsch und die Konzentration der Armee vorzubereiten; Folge war, dass 1870 der Aufmarsch der deutschen Armee sich mit einer Schnelligkeit vollzog, die zu den späteren Erfolgen den ersten Grund legte. Während des Feldzuges gehörte er zu den nächsten Gehülfen, mit denen der Chef des Generalstabes der Armee umgeben war. Seine rastlose Arbeitsthätigkeit hatte seine Körperkraft gebrochen, so dass er 1876 zur Disposition gestellt wurde. Nachdem er 1883 die 31. Div. eine Zeit lang geführt, wurde er 1884 zum Chef des Ingenieur-Korps und der Pioniere und zum Generalinspekteur der Festungen ernannt. Doch der Grösse der Arbeitslast, erlag der nur äusserlich genesene Körper 1886.

Brandenstein, von, oestr. F.-Z.-M., (1808—1884) zeichnete sich im Aufstande in Ungarn 1848 aus. Den Feldzug 1859 machte er als Divisionär im VII. Korps mit und kämpfte mit Auszeichnung bei Solferino. 1866 übernahm er das Kommando einer Brigade des VI. Korps Graf Festetics und führte dieselbe bei Schweinschädel und Königgrätz; in letzterer Schlacht wurde er schwer verwundet.

Brandröhren. Mit stark rauchendem Satz gefüllte Metallröhren, welche die Hohlräume feindlicher Werke mit erstickendem Rauch erfüllen sollen. (Vor dem Sturm zum Unschädlichmachen der Grabenflankirung angewendet.)

Brandsätze. Scharf brennende Pulversätze, die bei Herstellung von Leitfeuern (Zündschnur, Zündwurst) und Brandkörpern Verwendung finden.

Brandschatzen, ist das Eintreiben von Geld oder Lebensmitteln im Feindeslande unter Androhung von Gewalt. Heute nennt man dies „beitreiben" bezw. „requiriren".

Brandt, Heinrich von, preuss. Gen. (1789 bis 1868). In poln. Diensten bis 1816, machte er Kriege in Spanien und Russland mit und wurde zweimal verwundet. 1816 preuss. Hauptmann, wurde er als Lehrer in Mil.-Schulen, 1831 als Major beim preuss. Observat.-Korps in Polen verwendet, 1838 Chef des Generalstabes des II. A.-K., 1849 Abgeordneter, 1850 Kom. der 10. Division. Angesehener Mil.-Schriftsteller.

Brandwachen hiessen früher die Innenwachen im Lager und Biwack.

Branchen. Unter diesen bezeichnet man gemeinhin das Lazareth-, Proviant- und Magazinwesen etc.

Brandeis a. d. Elbe. Treffen 19./5. 1639. Hier garnisonirt 7. Drag.-Reg.

Brander hiessen die Schiffskörper, die man, mit Brennstoffen gefüllt, brennend gegen Brücken, Schiffe etc. losliess, um solche in Brand zu stecken. Man liess sie mit dem Strome oder Winde schwimmen, wohl auch durch Steuerleute führen, die sie erst im letzten Augenblicke in Brand setzten und verliessen.

Brander, mit Brandsatz gefüllte Metallhülsen zur Füllung von Brandgeschossen, deren Sprengladung sie beim Krepiren in Brand setzen. Die scharfe Stichflamme der B. soll das Feuer leicht auf brennbare Gegenstände übertragen.

Brandgeschosse, mit Brandsatz (Brandkörpern, Brandern (s. d.) gefüllte Hohlgschosse, welche das Ziel in Brand setzen sollen. Da dieselbe Wirkung sich neuerdings auch mit anderen Geschossen erreichen lässt, so haben die B. ihre frühere Bedeutung verloren. Aus den Feldartillerien der europäischen Heere sind die B. ausgeschieden. Nur Oesterreich hat noch Brandgeschosse.

Branntwein beeinträchtigt die Widerstandskraft des Körpers, die er nur auf Minuten belebt, befördert den Hitzschlag.

Brasilianisches Gewehr (s. Spanisches Gewehr).

Braunsberg. Dort steht vorläufig das zur G. Königsberg i. Pr. gehörige Füsilier-Bataillon Grenadier-Regiments König Friedrich Wilhelm I. (2. Ostpreuss.) No. 3; Bezirks-Kommando, Garnison-Verwaltung. — Servisklasse 3

Braunschweig. Dort stehen Stab der 40. Infanterie-Brigade, Stab 1., 2. und 4. Bataillon braunschweig. Infanterie-Regiment No. 92. das braunschweig. Husaren-Regiment No. 17. Bezirks-Kommando I und II Br., Proviant-Amt. Garnison-Verwaltung und Lazareth. — Servisklasse 1.

Braunschweig. 1. Herzog Christian, v., protest. Heerführer des 30jährigen Krieges. — 2. Ferdinand, Herzog v., preussischer General der Infanterie (1721—1792), zeichnete sich 1756 bei Peterswalde aus, führte bei Rossbach den rechten Flügel, schlug die Franzosen 23/6. 1758 bei Crefeld, besiegte sie entscheidend bei Minden 1./8. 1759. 3. Ferdinand Carl, preussischer Generallieutenant (1735—1806), kommandirte im Anfange des 7jährigen Krieges als Erbprinz der braunschweigischen Truppen, schlug ein französisches Korps bei Hoya 23./2. 1758, befehligte 1787 die preussische Armee in Holland, 1792 Oberbefehlshaber der alliirt. Armee gegen Frankreich, erstürmte 1793 mit Wurmser die Weissenburger Linien, kommandirte 1806 die preussische Armee bei Auerstädt und wurde tödtlich verwundet. — 4. Friedrich Wilhelm, formirte 1809 ein schwarz uniformirtes Freikorps, eroberte Zittau, drängte Marschall Gunot bis Bamberg zurück, kommandirte 1815, zu Wellingtons Armee gehörend, bei Quatre-Bras gegen Marschall Ney, wurde hier schwer verwundet und starb am Schlachttage.

Brause-Badeanstalten dürfen für Rechnung des Garnison-Verwaltungs-Fonds in Kasernen eingerichtet werden.

Breda, niederl. Festung, 25./2. 1793 von Dumouriez genommen, 4./4. wieder geräumt, 1795 wieder von den Franzosen erobert, 1813 den Russen von der Bevölkerung überliefert.

Breisach. 1632 von den Schweden. 1638 von Bernhard von Weimar belagert, 1793 von den Franzosen zerstört, 1871 mit Elsass an Deutschland abgetreten. Im Feldzuge 1870 von 7./10. bis 7./11. belagert, dann kapitulirt.

Breitenfeld bei Leipzig. Dort glänzender, wenn auch blutiger Sieg der verbündeten Schweden und Sachsen unter Gustav Adolf gegen das kaiserlich-liguistische Heer unter Tilly am 7./9. 1631. Hier siegte auch Torstenson gegen die kaiserlichen und sächsischen Truppen unter dem Erzherzog Leopold Wilhelm und Piccolomini 2./11. 1642. Verlust der Kaiserlichen 5000 Todte oder Verwundete, darunter 3 Generäle, 10 Oberste, 119 Offiziere, Gefangene 4438 Mann, 46 Kanonen, 180 Fahnen und Standarten. Plan s. Seite 109.

Breitseite. Bezeichnung für eine Seite des Schiffes. Das gleichzeitige Abfeuern der Geschütze einer Seite nennt man das „Abgeben einer Breitseite". Konzentrirt auf einen kleinen Raum von grossem Vortheile. „Konzentrirte Breitseiten" bei Lissa.

Breka, 12., 13. und 14. September Beschiessung, 17./9. 1878 Einnahme durch die Oesterreicher.

Bremen. Dort Stab, 1. 2, und 4. Bataillon hanseat. Infanterie-Regiments No. 75, Bezirks-Kommando I und II Br., Garnison-Verwaltung und Lazareth. — Servisklasse A.

Bremse. Man unterscheidet Fahr-B. und Schiess-B., an den Feldlafetten sind beide meist vereinigt. Die Fahr-B. soll die Umdrehung der Räder hemmen. Dies wird entweder durch Bremsklötze, welche sich fest gegen die Radreifen pressen, erreicht, oder durch Hemmschuhe, die, unter das Rad gelegt, die Drehung desselben aufheben. Mit der Wirkung der Bremsklötze am Radreifen kann man auch das Bremsen der Nabe verbinden. Dies geschieht z. B. bei der Seilbremse des deutschen Feldgeschützes. Längs der Achse hängt eine federnde Schiene; durch Zurückdrücken eines Hebels wird die Schiene vorgedrückt und spannt dadurch zwei an ihren Enden angebrachte Drahtseile. Diese laufen auf einer Seiltrommel um die Nabe und sind mit ihrem anderen Ende mit den Bremsklötzen am Radreifen verbunden. Drehen sich die Räder nach rückwärts, so wickeln sich die Drahtseile auf, werden gegen die Trommel gedrückt und hemmen infolge der Reibung die Umdrehung der Naben, während gleichzeitig die Bremsklötze gegen den Radreifen gezogen werden. (Abbildung siehe Lafette.) — Vielfach genügt jedoch die Wirkung der Radbremse allein gegenüber der erheblich verstärkten Leistung der Geschütze nicht, besonders bei schnellem Feuer und bei dem Bestreben, vor der gesteigerten Feuerwirkung des Gegners Deckung auf dem rückwärtigen Hang von Anhöhen zu suchen, wodurch der Rücklauf der Geschütze befördert wird. Man wendet deshalb als Schiess-B auch hydraulische Rohrbremsen und besondere Vorrichtungen an der Lafette an. Im ersteren Falle ist die Lafette zweitheilig. Im oberen schlittenartigen Theil ruht das Rohr.

Der Schlitten gleitet, durch eine hydraulische Rohrbremse gehemmt, auf der Unterlafette zurück und spannt hierbei eine Schraubenfeder, deren Gegendruck das Rohr nach dem Schuss wieder vorschiebt. Zu den besonderen Bremsvorrichtungen gehört der Sporn, ein starkes unter dem Lafettenschwanz befestigtes Grabscheit, dass sich beim Rücklauf in weichem Erdboden eingräbt. Aehnlich wirkt die Ankerbremse. (S. dort.)

Die hydraulischen Bremsen bestehen im Allgemeinen aus einem Bremszylinder (a), an beiden Enden durch aufgeschraubte Kappen (d u. g) ge-

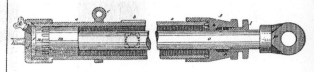

Bremse.

schlossen und bis auf einen Luftraum mit Glyzerin gefüllt. Der Kolben (m), vorn mit Gummipuffer (n), hinten mit Kolbenstange (o) versehen, die

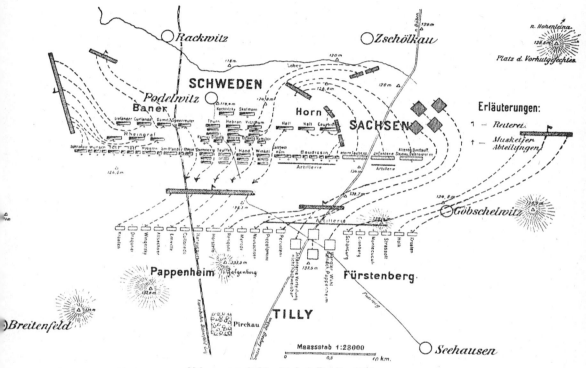

Skizze zur Schlacht bei Breitenfeld.

in der auswärtigen Kappe abgedichtet ist. Der Zylinder ist entweder mit der Unterlafette oder mit der Bettung verbunden, der Kolben mit dem Obertheil der Lafette. Beim Zurückgleiten zwingt der Kolben die hinter ihm befindliche Glyzerinfüllung nach vorn abzufliessen. Da dies durch sehr enge keilförmige Rinnen in der Wand des Bremszylinders geschieht, so wird ein bedeutender Bewegungswiderstand hervorgerufen.

Brennzünder = Bz., auch Zeitzünder genannt, soll nach einer bestimmten Brennzeit des Satzes thätig werden und das Zerspringen des Geschosses im letzten Theil der Flugbahn vor dem Ziel herbeiführen. — Durch den Stoss, den das Geschoss beim Eintritt in die Züge erhält, wird (ähnlich wie beim Aufschlagzünder, s. d.) ein Nadelbolzen gegen ein Zündhütchen — oder auch umgekehrt — geschleudert. Der erzeugte Feuerstrahl überträgt sich auf einen verdichteten ring- oder auch schraubenförmigen Pulversatz, von dem in bestimmter Zeit eine bestimmte Strecke verbrennt. Unter dem Satzring befindet sich an einer Stelle eine Schlagladung, die den Feuerstrahl des Satzringes auf die Sprengladung des Geschosses überleitet. Je weiter die Schlagladung von dem Entzündungspunkt des Satzringes entfernt ist, eine desto längere Brenndauer hat der Zünder. Das Satzstück ist drehbar, die Schlagladung, aussen am Zünder durch eine Marke kenntlich, fest. An der äusseren Fläche des Satzstücks befindet sich ferner eine Eintheilung (Meter oder Sekunden), welche z. B. mit dem 2000 m-Strich auf die Marke der Schlagladung am Zünderteller eingestellt werden kann. Dann wird der bei Null entzündete Satzring in der Zeit, in welcher das Geschoss 1950 m durchfliegt, bis zur Schlagladung verbrannt sein, und das Geschoss in der Luft (normal 50 m vor dem Aufschlag) zerspringen.

Reicht ein Satzring für die grösste beabsichtigte Brenndauer nicht aus, so erhält der Zünder zwei übereinander (oder auch ineinander — Russland) liegende Satzstücke. Abb. des B. s. unter Doppelzünder.

Brentano-Cimarolli, östr. F.-M.-L. (1718 bis 1764) zeichnete sich im 7 jähr. Kriege aus, holte sich bei Hochkirch den Theresienorden, war bei Maxen hervorragend thätig.

Breschbatterie. Batterie zur Herstellung einer Bresche, d. h. einer den Sturmangriff ermöglichenden Mauerlücke in der Umwallung einer belagerten Festung. Ausrüstung der B. mit Geschützen und Schiessbedarf s. unter Breschiren.

Breschiren. Herstellen einer Bresche durch Geschosse oder Minen, im ersteren Falle durch Ausbildung des indirekten Schusses und der Minenwirkung der Brisanz-Geschosse begünstigt. Vorbedingungen: Steilbahngeschütze schweren Kalibers (15 und 21 cm kurze Kanonen, Haubitzen und Mörser), ausreichende Versorgung mit Schiessbedarf, Kenntnis des Profils der zu breschirenden Stelle, möglichst geringe Streuungen der Flugbahnen. Für Mörser ist es zweckmässig, die Treffpunkte in den Wall hinter der zu zerstörenden Mauer zu legen, um diese durch die Sprengwirkung der Minengranaten von rückwärts in den Graben zu werfen.

Brese-Winiary, von, preuss. Gen. der Inf. (1787—1878), Chef des Ing.-Korps etc. 1805 in des Ing.-Korps getreten, machte er 1807 die Vertheidigung von Danzig mit Auszeichnung mit. 1813 war er bei der Belagerung derselben Festung thätig. Er war Schöpfer eines neuen Befestigungssystems und wirkte klärend auf das Ingenieurwesen besonders auch durch seine 1844 herausgegebenen Vorträge in der Mil.-Ges. in Berlin. Er war von 1849—60 Chef des Ingenieur-Korps etc. und stellte eine Epoche desselben dar. Nach ihm heisst ein Werk in Posen Fort „W".

Breslau. Dort wurden 22./11. 1757 die Preussen unter Herz. von Bevern von den Oestr. unter Herz. von Lothringen geschlagen, aber in demselben Jahre von ersteren wieder genommen. Ein Angriff Laudons 1760 wurde von Tauentzien abgewiesen. 7./1. 1807 ergab sich B. an die Franzosen, die die Festung schleiften. Dort stehen Gen.-Kom. VI. Armee-Korps, die Stäbe der 11. Div., 21. und 22. Inf.-Brig., der 11. Kav.- und 6. Feld-Art.-Brig., Kom., Stab, 1., 2. und 4. Bat. Gren.-Reg. König Friedrich Wilhelm II. (1. Schles.) No. 10; Gren.-Reg. Kronprinz Friedrich Wilhelm (2. Schles.) No. 11; 1 Bat. 4. Niederschles. Inf.-Reg. No. 51; Leib-Kür.-Reg. Grosser Kurfürst (Schles.) No. 1; Stab, 1. u. 2. Abth. Feld-Art.-Reg. v. Peucker (Schles.) No. 6; Schles. Train-Bat. No. 6; Militär-Lehrschmiede; Bez.-Kom. I und II Br; Art.-Dep.; Dep.-Bau-Verw.; Traindepot; Prov.-Amt; Garn.-Verw. und Laz. — Servisklasse 1.

Mil.-Waisenhaus s. d.

Brest. Grosser franz. Kriegshafen, der nach dem Kriege 1871 stark befestigt wurde. Die Anlagen sind aus dem beistehenden Plane zu ersehen. Ob alle dort verzeichneten einst projektirten Forts wirklich ausgeführt wurden, konnte diesseits nicht festgestellt werden. Doch giebt die Zeichnung ein allgemeines Bild der Anlagen.

Dort stehen das 19. Inf.-Reg., 3 Bat. Fuss-Art., das 2. u. 6. Marine-Inf.-Reg. (à 14 Komp.) und 3 Bat. des Marine-Art.-Reg.

Brest.

Bei B. wurde 1./11. 1794 der franz. Admiral Villaret-Joyeuse vom engl. Admiral Howe geschlagen, doch war auch die engl. Flotte durch Verluste so geschwächt, dass sie aus dem Siege keine weiteren Früchte zu ziehen vermochte.

Brest-Litowsk, eine neuerdings in grossem Stile ausgebaute russ. Festung am Bug, dort, wo die Muchowecz in denselben mündet. Sie ist wichtig als Knotenpunkt von 6 grösseren Bahnen und wird in den Kriegen mit Russland eine wichtige Rolle spielen. Die von den beiden Flüssen rings umspülte Zitadelle bildet den Kern der Festung, während an den Flussufern des 40 m breiten Bug und 40 m breiten Muchowecz weitläufige Anlagen modernen Styls angebracht sind; ein Kranz detachirter Forts sichert die Festung, die rings von Sümpfen umgeben ist.

Ihre Bedeutung ergiebt sich aus ihrer Lage inmitten der polnischen und der zum eigentlichen Russland gelegenen Landestheile und aus der Beherrschung der grossen Eisenbahnlinie Moskau-Warschau und der grossen Reichs-Chaussée.

Die Festung heisst nach der alten Stadt B.-L., die niedergebrannt und erst neuerdings wieder aufgebaut ist. Sie ist daher lediglich ein Heerlager.

Ausserhalb der Kernfestung liegt das alte grössere Werk „Fort Graf Berg", welches die Eisenbahnstrecke direkt schützt. Der Fortgürtel ist etwa 5 km vorgeschoben und liegen davon 4 Forts auf rechter, 2 auf linker Seite des Bug.

Breteuil. Dort 12./10. 1870 siegreiches Gefecht sächs. Kav. gegen franz. Mobilgarden.

Bretschneider, Frhr., oestr. F.-M.-L. (1771 bis 1845) sich in den türkischen und niederländischen Kriegen hervor, schlug die Franzosen bei Bassano 1813 und zeichnete sich in den Kriegen bis 1821 aus.

Breuner, 1. Philipp, Frhr., östr. F.-Z.-M. (1601 bis 1638) ein tapferer Führer der Kaiserlichen im 30 jähr. Kriege, eroberte 1635 Heidelberg und starb bei der Belagerung von Warnemünde.

2. Siegfried, Graf, östr. F.-M.-L., wurde am Schlachttage von Peterwardein als Gefangener von den Türken ermordet. (Schweigerd.)

Brevet. Der B.-Rang ist eine englische Einrichtung, die in Amerika die höchsten Blüthen trieb und noch treibt. Er ist nur ein Titel und hat nichts mit den Funktionen einer Charge zu thun. Wer z. B. Kapitän und B.-Major ist, ist **nur** Kapitän in der Truppe. In England giebts noch einen **Honorary-Rang**, ähnlich unser Chef des Regiments, **Relative-Rang**, ist der Rang von Zivilbeamten nach der Hofordnung; Temporary entspricht etwa unseren „überzähligen". Supernumerary unserem à la suite, Lokalrang ist in Indien nöthig, damit die englischen Offiziere über die Eingeborenen hinwegkommen können; er wird in England abgelegt. Der B.-Rang erlischt natürlich mit der nächsten Beförderung.

Brevillers. 11. bis 20. Januar 1871 Hauptquartier des Generals Werder, während der Operationen Bourbakis gegen die Lisaine.

Brialmont (1821). Meister auf dem Gebiete der Befestigungskunst; baute Antwerpen und die belgischen Maassbefestigungen, die Linien um Bukarest, und zeichnete sich als hervorragender Schriftsteller auf diesem Gebiete aus. (S. Litt.) Er gehört einer eigenen Richtung der Befestigungskunst an.

Briançon ist eine ältere Festung in Savoyen, die ihre Geschichte hat. 1709 wurden dort die Oesterr. von den Franzosen geschlagen. Die Verbündeten belagerten es 1815 vergeblich. Neuerdings ist B. (s. Albertville Uebersichtsplan) in grossartiger Ausdehnung befestigt worden, obgleich die Strasse über den Mont Genèvre nach Susa unschwer zu sperren und die über Cervières führenden Wege nur elende Gebirgspfade sind. S. Plan auf Seite 112.

B. selbst, auf einem Felskegel liegend, ist von alten Befestigungen umzingelt. Der Festung zur Seite stehen die mächtigen Forts Dauphin und des Trois Têtes auf felsigen Kuppen, dahinter die Forts Randouillet und Anjou. Diese 4 Forts sperren beide Strassen, die grosse, längs der Durance nach Susa und den Maulthierweg die Cervierette hinauf. Das Durancethal wird überdies noch von dem Fort Croix de Toulouse und der Redoute des Salettes direkt gesperrt, während das Fort l'Infernet den Abfall beherrscht und das Fort Goudran und eine Anzahl Batterien die Höhen der Goudran- und Janus-Kette völlig schützen. Ebenso ist die südlichere, des Cervitte-Thales sich hinstreckende Alpenkette La Grande Maye durch das starke Fort Croix de la Bretagne und eine Anzahl Batterien geschützt.

In B. stehen das 159. Infanterie-Regiment und 3 Batterien des 12. Fuss-Artillerie-Regiments. (Näheres s. Thénot.)

Briare an der Loire. Dort wurde 1870 ein hess. Det. unter General Graf Rantzau von frz. Division umzingelt, schlug sich aber durch.

Bricolschuss, veraltet; früher zuweilen mit Rundkugeln gegen bastionäre Befestigungen ohne nennenswerthe Erfolge angewendet. Der Schuss, unter spitzem Winkel gegen die Kurtine abgegeben, sollte dort abprallen und die dem direkten Schuss entzogenen Geschütze der benachbarten Bastionsflanken demontiren.

Brieftauben. Seit alter Zeit sind die Tauben als Boten verwendet worden. Ihre Verwendung 1870/71 als Depeschenträgerin aus Paris hat sie zu einem modernen Werkzeug der Kriegskunst gemacht. Ausser der grossen Flugkraft sind angeborenes Heimathsgefühl, scharfes Auge und gutes Gedächtniss die Dinge, auf die der Gebrauch der B. sich gründet; doch ist es der B. nicht angeboren, aus jeder beliebigen Richtung ihren Schlag wiederzufinden, sondern sie muss sorgfältig dazu erzogen werden, indem man die Entfernungen, aus denen sie herbeikommt, stetig vergrössert, aber möglichst nicht die Richtungen wechselt.

In den deutschen B.-Schlägen werden hauptsächlich die Antwerpener und die Lütticher B. zu dem beregten Dienste verwendet.

Die richtige Züchtung ist die Hauptsache zur Erzielung eines tüchtigen Schlages. Der schwächere junge Nachwuchs muss aus den Schlägen entfernt werden.

In den Militär-Stationen sind die Taubenschläge etwa wie nachstehend eingerichtet.

Zum Nisten werden besondere Nistkästen in dem Schlage angebracht, die jedoch zum Herausnehmen sind (behufs Reinigung etc.)

Um die einkommenden Tauben kontrolliren zu können, bezw. bequem einzufangen, sind die Ausflüge an den Giebeln mit sogenannten Fangkästen versehen, die die Thierchen hereinlassen.

Brieftaubenverkehr ist, da die Luftschifffahrt noch in der Kindheit liegt, das einzige Mittel, sich aus Festungen heraus mit der Aussenwelt in Verbindung zu setzen.

Die chiffrirten Depeschen werden auf Kollodiumhäutchen photographisch verkleinert niedergelegt, in Gummihülse gesteckt und sorgsam an einer der Schwanzfedern der Taube angebracht. Die Tauben sind so auszulassen, dass sie noch bei Tageslicht ihre Heimathstation erreichen. Dort geht ein Läutewerk in Bewegung, sobald die Taube den Stab berührt. Sie wird dann eingelassen und die Depesche angenommen.

Näheres hierüber findet man in dem Büchlein von Stadelmann (s. Litt.).

Wird eine Armirung befohlen, so müssen für den Wechselverkehr die Tauben vertauscht und mit allen Zuthaten etc. gegenseitig überführt werden. Natürlich ist hier Isolirung und Gefangenschaft nöthige Bedingung. Die Festung kann die eingekommenen Tauben gelegentlich mit Ballon wieder hinauschicken, aber niemals die ausgelassenen Tauben wieder erhalten, daher ist sparsam mit denselben umzugehen.

Die Erziehung der jungen Tauben geschieht dadurch, dass man sie in Transportkörben erst 1 km, dann 2, 4, 8, 16 km etc., immer doppelt so weit hinausträgt, um sie dann ihren Schlag suchen zu lassen. Zu diesem Transport bedient man sich eigener Transportkörbe.

Bei der Einschulung auf weitere Entfernungen ist es gut, wenn man dieselben (älteren) Tauben auf bestimmten Strecken schult, die sie allmählich gründlich kennen lernen. Zwischen den verschiedenen Ausflügen behalte man die B. einige Tage im Schlage.

Militär-Brieftauben-Stationen befinden sich in Köln, Mainz, Metz, Strassburg, Posen, Thorn, in Wilhemshaven, Kiel und Danzig; in Komorn und Krakau.

Beispiele einiger Flugübungen, bei welchen die Tauben gewöhnlich in einer Minute einen Kilometer zurückgelegt haben: 1. von Lyon nach Brüssel in 10 St. 14 Min., 2. von Linz nach

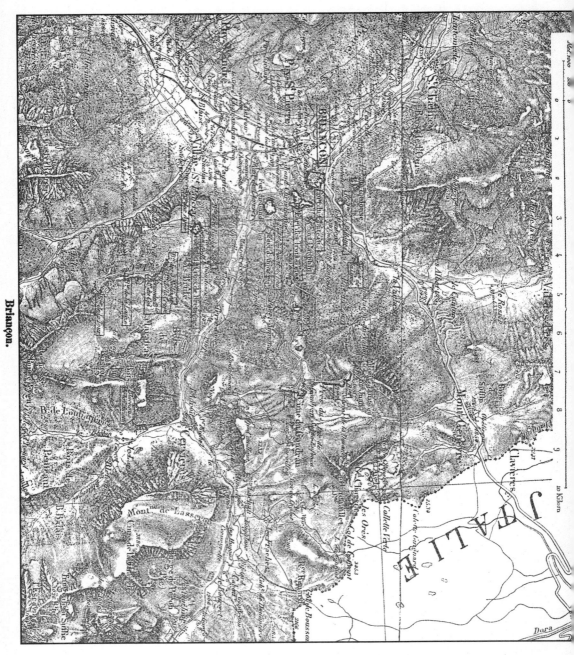

Briançon.

Soltingen in 11 St. 12 Min., 3. von Wien nach Komorn in 2 St. 30 Min., 4. von Graz nach Wien in 2 St. 30 Min., 5. von Olmütz nach Komorn 3 St. 20 Min., 6. von Semmering nach Wien 1 St. 20 Min.

Brieg, früher Festung, 1642 von den Schweden belagert (aber nicht genommen), 1741 von den Preussen beschossen und erobert, ebenso 1806 von den Franzosen, die die Festung schleiften.

Dort stehen Stab, 2., 3. und 4. Bataillon 4. Niederschlesisch. Infant.-Regts. No. 51, Bezirks-Kommando, Proviant-Amt, Garnison-Verwaltung und Lazareth. — Servisklasse 2.

Brienne. Dort 29./1. 1814 Kampf zwischen dem russischen Korps Asmarin unter Blücher und den Franzosen unter Napoleon. Heftiger Kampf. Die Russen ernteten Erfolge durch eine glänzende Reiterattacke, die Blücher ansetzte.

Gegen Abend stürmten die Franzosen das Schloss, das Napoleon als seine einstige Kriegsschule genau kannte. Blücher und Gneisenau wurden beinahe gefangen; ebenso Napoleon. Die Schlacht war von keinen grossen Folgen.

Brigade. Sie ist eine Erfindung Gustav Adolfs, durch ihre leichtere Gliederung den kaiserlichen Terciós überlegen waren.
Eine schwedische Halbbrigade sah so aus:
96 M. 216 P. 96 96 216 96 Musketiere
                              216 Pikeniere.

Je 96 Musketiere und 216 Pikeniere gemischt. (S. Art. Musketiere und Pikeniere. (S. v. Brandt. Litt.)

Später wurden die Brigaden aus gemischten Massen zusammengesetzt. Neuerdings bestehen sie in den Armeen der Grossmächte nur aus einer Masse, und zwar ist heute in allen grösseren Armeen 1) eine Brigade aus 6—7 Bataillonen (Frk. 8) Infanterie oder aus 2—3 Regimentern Kavallerie oder aus 2 Regimentern Artillerie zusammengestellt.

Die Gendarmerie-B. steht in Preussen an der Spitze der Gendarmen in jeder Provinz.

Brigade-Bezirk. Jeder Ersatzbezirk zerfällt in der Regel in 4 B.-B. Jeder derselben besteht aus den dazu gehörigen Landwehr-Bezirken.

Brigade-Exerziren jährlich bei der Infanterie 5, bei der Kavallerie 6 Tage bezw. unter Mitnahme von 1—2 Batterien möglichst auf den vorhandenen Exerzir- bezw. Schiessplätzen. Unter Umständen sind andere Plätze dafür zu miethen. Dabei sind zur Infanterie- und Kavallerie-Brigade 1500 □m zu berechnen. Bei den grossen (Kaiser-) Manövern s. daselbst.

Ein B. im Sinne des im deutschen Heere gebräuchlichen besteht in Oesterreich-Ungarn nicht.

Brigadier ist in der französischen Armee der Gefreite der Kavallerie, der aber Vorgesetzter des Kavalleristen ist.

Brillen dürfen auch bei Paraden getragen werden, andere Augengläser aber nicht.

Bripac, Graf v., Marschall von Frankreich, zeichnete sich in den Kriegen in Italien 1528—50 aus. Er starb 1563.

Brisanz, s. Pulver und Sprengstoffe.

Brisanzgeschosse (Spreng- und Minengranaten — s. d.), Hohlgeschosse, welche mit detonirendem Sprengstoff geladen werden. Meist aus Stahl, einerseits um durch dünne Geschosswandung einen möglichst grossen Hohlraum zur Aufnahme einer bedeutenden Menge von Brennstoff zu erhalten (Minenwirkung), andererseits (mit starker Stahlwandung), wenn eine Wirkung durch Sprengstücke beabsichtigt ist, um der Gewalt der Detonation genügenden Widerstand entgegenzusetzen und viele, hinlänglich grosse Sprengstücke zu erhalten. Als Sprengstoff wird in Deutschland Granatfüllung C/88 (oder nasse Schiesswolle), in anderen Staaten Melinit und Cresylit (Frankreich), Evrasit (Oesterreich-Ungarn), Lyddit (England) u. a. m. verwendet, die im wesentlichen fast sämmtlich aus Pikrinsäure (s. d.) bestehen.

Broadwellring. Liderungsring von nachstehender Form:

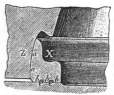

a, a fugelige Fläche; b hintere Dichtungsfläche
e Schmutzrinnen; X Ausfehlung; Z Rohrkörper.

Die Pulvergase drücken gegen die Auskehlung und bewirken dadurch den gasdichten Abschluss im Rohr und an der Stahlplatte (s. Liderung). Um gut zu lidern, bedarf der B. starker Gasspannungen, daher für schwere Kaliber und grosse Ladungen geeignet.

Brod in Bosnien. Siegreiche Gefechte der Oesterreicher 4., 23. Februar 1882.

Brodfeld. 1479 glänzender Sieg Bàthory's über die Türken auf dem Brodfelde bei Karlsburg.

Broglie, ein altes Soldatengeschlecht in Frankreich. Herzog Victor (1718—1804) führte mit Geschick im 7jährigen Kriege. Er schlug 1758 die Hessen bei Sondershausen, am 13./4. 1759 bei Bergen Ferdinand von Braunschweig, verlor 1./8. die Schlacht bei Minden, wurde 15. u. 16./7. bei Villinghausen geschlagen. Bei Ausbruch der Revolution Kriegsminister, wanderte er aus und befehligte ein Emigrantenkorps.

Bromberg. Dort stehen die Stäbe der 4. Division, der 7. Infanterie- und 4. Kavallerie-Brigade, das pomm. Füsilir-Regiment No. 34, Stab, 1., 2., und 4. Bataillon Infanterie-Regiments No. 129, Dragoner-Regiment Frhr. v. Derfflinger (Neumärk.) No. 3, Stab, 1., 2., 3. Bataillon 2. pomm. Feld-Artillerie-Regiments No. 17. Bezirks-Kommando, Art.-Depot, Proviant-Amt. Garnison-Verwaltung und Lazareth. — Serviskl asse 1.

Bronnzell bei Fulda. Dort drohte 8./11. 1850 ein Zusammenstoss zwischen Hessen und den österreichischen 14. Jäger-Bat. einerseits und den Preussen andererseits. Der Krieg zwischen den damals kriegsbereiten Oesterreichern und den ungerüsteten Preussen wurde durch den Vertrag von Olmütz verhindert.

Bronsart von Schellendorff, 1. **Paul,** preuss. Gen. der Inf. (1832—1891), trat im Kaiser Franz-Reg. ein, machte den Krieg 1870/71 als Abtheilungschef im Grossen Generalstabe mit. Nach dem Feldzuge zum Chef des Generalstabes des Garde-Korps ernannt, erhielt er 1878 das Kom. der 1. Garde-Infant.-Brig., das er 1881 mit dem der 2. Garde-Infant.-Div. vertauschte. Bald darauf wurde er (1883) zum Kriegsminister ernannt, welchem Amte er über sechs Jahre lang unter schwierigen Verhältnissen vorstand. 1889 wurde B. zum kom. General des 1. Armeekorps ernannt. Auch als Militärschriftsteller hat er sich hervorgethan.

2. **Walter,** preuss. Gen. d. Inf. (1835 geb.), Bruder des vorigen, trat in Inf.-Regts. No. 1. 1862 in preuss. Gen.-St., 1870 Chef des Gen.-St. 9. Armeekorps; 1875—81 im prakt. Dienst; dann Chef des Gen.-St. des 10. Armeekorps; 1884 Kom. der 17. Div.; 1888 kom. Gen. des 3. und 1890 des 10. Armeekorps; 1893 Abschied; 1894 Kriegsminister. Ritter des Schwarzen Adler-Ordens. Genial und energisch.

Bronze. Legirung aus Kupfer (Zugfestigkeit 17 kg) und Zinn (Z. 4 kg); Dichte 8,4 bis 8,7; Schmelzpunkt 1200⁰ C. Aeltere Legirung: 100 Thle. Kupfer, 10 Thle. Zinn. Neuere (Hart-) B. hat einen geringeren Zinngehalt (gegen 8%) und wird in eisernen (früher Lehm-) Formen gegossen, dadurch schneller abgekühlt (vermindert die Entmischung der B.) und durch Aufweiten der Seele mittelst hindurchgepresster stählerner Kolben verdichtet. Die Zugfestigkeit und Elasticität der Hartbronze ist wesentlich grösser als die der gewöhnlichen B. Vorzüge der B. bei Verwendung als Rohrmetall sind Billigkeit (Umgiessen veralteter und unbrauchbarer Rohre) und grosse Zähigkeit. Ihre geringe Festigkeit und Härte und ihr niedriger Schmelzpunkt machen sie indessen für hohe Gasspannungen und beträchtliche Wärmeentwicklung (starke Ladungen, rauchschwaches Pulver) ungeeignet. Hartbronzerohre mit Stahlseelenrohr (eingepresstem stählernem Kernrohr) für kurze Kanonen, Haubitzen und Mörser. Versuche, die mangelhaften physikalischen Eigenschaften der B. durch Zusätze von Phosphor, Mangan, Aluminium zu heben, waren bisher ohne befriedigendes Ergebniss.

Brot. Das vorschriftsmässige Soldatenbrot wird zu 3 kg Sollgewicht = 4 Portionen à 750 g erbacken; unter besonderen Verhältnissen auch Brote zu 1,5 kg = 2 Portionen à 750 g. Das B. muss kräftigen angenehmen Geruch und Geschmack haben, darf zwischen den Zähnen nicht knirschen, und muss frei von unaufgelösten Mehltheilen, nicht teigig und wasserstreifig sein; Krume darf beim Schneiden am Messer nicht kleben bleiben. Gewichtsverlust gut ausgebackenen Brotes darf am 1. und 2. Tage nach Erbackung 34 g. am 3. Tage 56 g und später 72 g nicht übersteigen. Randbrote verdunsten stärker und fallen deshalb etwas leichter aus ohne Verlust an Nährwerth. Bei der Ausgabe darf B. nicht unter 24 Stunden und nicht über 3—4 Tage alt sein. Tag der Erbackung muss auf B. deutlich zu erkennen sein.

Brotlose Rekruten können im Frieden nur unter Beistimmung der Inf.-Brig. eingestellt werden; während des Krieges zu jeder Zeit.

Brotreste kranker Soldaten, welche von diesen in das Lazareth mitgebracht und dort abgeliefert werden, sind vom Lazareth zu verkaufen; von Schwindsüchtigen, Syphilitischen und von Kranken mit anderen ansteckenden oder mit Ekel erregenden Leiden aber zu vernichten.

Brown, engl. General (1790—1865), kämpfte in allen Kriegen von 1806—15, führte bei Alma 1854 auf dem linken Flügel, nahm später (1855) Janikale und Kertsch. Sein Sturm am 18./6. auf den Redan (Bast. 3) misslang. Er war später bis 1760 Oberkommandeur der engl. Armee.

Browne, Maximilian Ulysses, Reichsgraf von, östr. F.-M. (1705—1757), hervorragender Führer gegen Friedrich d. Gr., bei Mollwitz und Chotusitz verwendet, nimmt 1743 Deggendorf und vertreibt die Franzosen aus Baiern, führt 1746 den linken Flügel in der Schlacht bei Piacenza. Im 7jähr. Kriege führte B. bei Lobositz, wurde von Friedrich d. Gr. geschlagen; 26. Juni 1757 schlug er den ersten Angriff Schwerin's zurück, wurde aber, heroisch kämpfend, schwer verwundet.

Bruat, Armand, franz. Vice-Admiral (1796 bis 1855) nahm Theil an der Schlacht von Navarin, 1854 Befehlshaber der franz. Flotte im schwarzen Meere.

Bruchband wird auf Anordnung des ordinirenden Arztes geliefert. Wenn Beschaffung des B. durch Dienstbeschädigung nothwendig geworden ist, kann auch nach der Entlassung Ersatz für Rechnung des Militärfonds beansprucht werden. Anträge des Invaliden an Bez.-Feldw. zu richten.

Bruchgrenze. Grenze der Beanspruchung, bis zu welcher ein Körper widerstandsfähig gegen Zerbrechen ist. Abhängig von dem der physikalischen Beschaffenheit und Querschnitt des Körpers und von dem Abstand zwischen dem Angriffspunkt der Kraft und dem Unterstützungspunkt des beanspruchten Theils. Mit der Höhe des Querschnitts (in der Angriffsrichtung der Kraft) wächst die Tragfähigkeit im quadratischen, mit der Breite (senkrecht zur Kraftrichtung) im einfachen Verhältniss.

Bruchsal. Dort stehen Stab, 1., 2., 3. und 5. Eskadron 2. Bad. Dragoner-Regiments No. 21. Bezirks-Kommando, Proviant-Amt, Garnison-Verwaltung und Lazareth. — Servisklasse 3.

Brücken sind wünschenswerth, wo die Mannschaft im Wasser waten muss, nothwendig dort, wo das Wasser brusttief ist, oder der Strom oder bezw. schlammiges Bett den Durchgang unmöglich macht.

Bei Erkundung der Brückenstelle ist, abgesehen von den strategischen und taktischen Erwägungen, hauptsächlich auf die Zu- und Abgangswege zu achten; die technischen Schwierigkeiten des Baues sind eher zu überwinden, als die des Marsches.

Hat man einen Pontontrain verfügbar, so baut man in Verbindung mit den ihm beigegebenen Borkstrecken bei hinreichendem Wasser am besten Pontonbrücken. (S. Brückentrain.) Ist das Wasser tief und schnell fliessend, so baut man Schiffsbrücken (s. daselbst); ist es langsam fliessend und nicht zu tief, so greift man in Ermangelung eines Bockbrückentrains zum Feldbrückenbau(s.daselbst). Für Eisenbahnen und Belagerungen baut man feldmässige B. für grössere Lasten. Wenn auch der Brückenbau meist im Herstellen gesprengter Brücken bestehen wird, zu denen Techniker herangezogen werden müssen, so kann jeder Offizier in die Lage kommen, Brücken für schwerere Lasten zu bauen, dazu eignet sich am besten die Pfahljochbrücke, die bei genügender Stärke der Pfähle (24 cm) und nicht zu grosser Spannung leichtere Bahnzüge zu tragen vermögen. (S. Behelfsbrücken-Vorschrift.)

Ruderfähren. Das Uebersetzen von Truppen findet durch aus dem Brückengeräth erbaute Ruderfähren statt. (Deutschland.)

Eine aus zwei Pontons zusammengesetzte Ruderfähre bietet Raum für 35 bis 40 Mann Infanterie bei starkem Strom, Wind oder Wellenschlag für 30 bis 35. Zwei gekoppelte Pontons können aufnehmen 8—9 Pferde und ebensoviel Mann oder ein Feldgeschütz mit beladener Protze, 4 Pferde und 8 Mann. Ein Divisions-Brückentrain kann 3, ein Korpsbrückentrain 13 Ruderfähren herstellen

Bei starkem Sturm fliegende Brücken am Giertau; die Fähre ist dann aus 8 oder 13, bisweilen nur aus 5 Pontons zusammengesetzt. Sind

Brückenbau — Brückenmanöver

nur wenig Pontons verfügbar, so kann bei Flüssen von geringer Breite (100 bis 120 Meter) eine Maschine von vier bis fünf Pontons am Fährtau zum Uebersetzen verwendet worden.

Der **Fassungsgehalt** derartiger Maschinen beträgt bei der Zusammensetzung: aus 4 Pontons 80—90 Mann Infanterie oder 16 bis 18 Pferde, nebst gleicher Anzahl Mann oder 2 Feldgeschütze, 8 Pferde und 16 Mann; aus 5 Pontons 100—110 Mann Infanterie oder 20—22 Pferde nebst Mannschaft oder 2 Feldgeschütze mit voller Bespannung und Bedienung; aus 8 Pontons 160—180 Mann oder 32—36 Pferde nebst Mannschaft oder 4 Feldgeschütze mit voller Bespannung und Bedienung; aus 13 Pontons 260—290 Mann oder 52—58 Pferde mit Mannschaft oder 5 Feldgeschütze mit voller Bespannung und Bedienung. (S. unter Feldbrückenbau.)

Brückenmanöver sind die mit der fertigen Brücke gemachten Manöver (bezw. in Verbindung mit anderen Waffen) wie Aus- und Einfahren der Glieder, Oeffnen des Durchlasses etc.

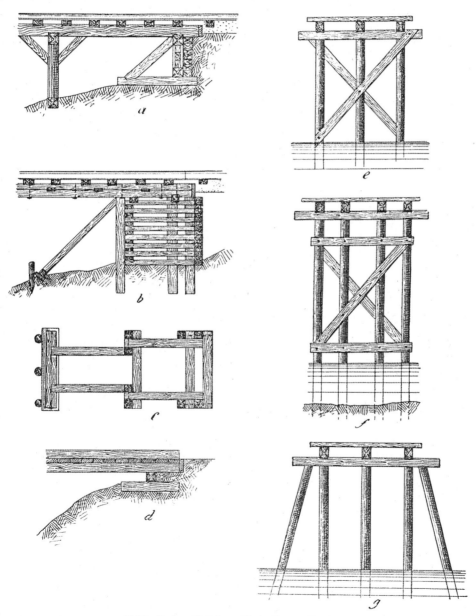

Feldmässige Brücken für grössere Lasten.

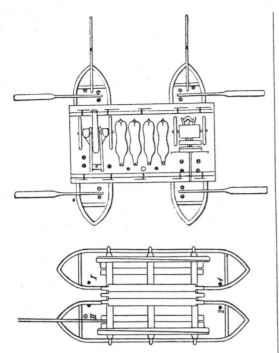

Brückenbau (Ruderfähren).

Brückenkopf. So heisst die Befestigung zum Schutz der Brücken. Man wird sie bei den weittragenden Geschützen nur anwenden um die Brücke gegen Reiterei oder fliegende Korps zu sichern, als defensive Brücke. Die einst beliebten offensiven Brücken sind zwecklos.

Brückenstege. S. Feldbrückenbau für einzelne Infanteristen (1 m breit).

Brückentrain eines mobilen Armeekorps besteht aus zwei Divisions-Brückentrains und einem Korps-Brückentrain, welche die Bezeichnung der betreffenden Inf.-Div. bezw. des Armee-Korps führen.

Ein Korps-Brückentrain ist zusammengesetzt aus:
2 sechsspännigen Bockhakets (4 Strecken),
26 „ „ Pontonhakets (26 Strecken),
2 vierspännigen Werkzeugwagen,
2 „ „ Vorrathswagen,
1 „ „ Sprengmunitionswagen,
1 zweispännigen Packwagen.

Der Korps-Brückentrain mit Pionier-Begleit-Kommando marschirt meist bei der zweiten Staffel, wird aber nach Bedarf bis zur Avantgarde vorgezogen.

Der Korps-Brückentrain wird mit einer Kompagnie vereinigt. Das Geräth beider Arten von Trains ist gleichartig, ermöglicht gemeinsame Verwendung.

Unter gewöhnlichen Verhältnissen überbrückt ein Divisions-Brückentrain eine Strecke von 40 Meter, ein Korps-Brückentrain 122 Meter, so dass die Brückentrains eines Armeekorps zusammen eine Brückenlänge von etwa 200 Metern herstellen können. Bei Brücken für schweres Fuhrwerk (schwere Artillerie) verkürzt sich die Brückenlänge um ein Drittel bis zur Hälfte.

Ein Divisions-Brückentrain ist zusammengesetzt aus:
2 sechsspännigen Bockhakets (4 Strecken),
2 „ Pontonhakets mit Knaggenbalken (2 Strecken),
4 „ Pontonhakets mit Streckbalken (4 Strecken),
1 vierspännigen Werkzeugwagen,
1 „ Vorrathswagen,
3 „ Schanzzeugwagen,
1 zweispännigen Packwagen.

Kom. des Div.-Brückentrains ist der Führer derjenigen Pionier-Komp., welcher der Brückentrain zugetheilt ist. Das Begleit-Kom. besteht aus 2 Offizieren, 61 Pionieren und 87 Pferden. Kann 40—50 m breite Flüsse überbrücken.

Laufbrücken kann ein Divisions-Brückentrain bis zu 68 Metern herstellen.

Brueys de (1753—98) führte als Admiral die französische Flotte nach Egypten und kommandirte in der Schlacht bei Abukir, in der Nelson den Sieg davon trug. Er wurde auf seinem Linienschiff L'Orient tödtlich verwundet und starb. Das Schiff gerieth in Brand und flog in die Luft.

Brügge, einst befestigt, spielte in den Kriegen der Niederlande wiederholt eine Rolle. (1745 und 1794 von den Franzosen genommen.)

Brune Guillaume, kämpfte als General unter Houchard, wurde in den Feldzügen 1795—1798 verwundet, schlug die Engländer 1799 bei Bergen, beendet den Bürgerkrieg in der Vendée, erhielt nach Marengo den Oberbefehl über die italienische Armee und warf die Oesterreicher über den Mincio zurück, 1803 Gesandter bei der Pforte, 1806 Generalgouverneur der Hansestädte, zog sich hier die Unzufriedenheit Napoleons zu, trat zurück, erklärte sich 1815 wieder für Napoleon, wurde am 2. August 1815 in Avignon vom Volke, das ihn für den Mörder der Prinzessin Lamballe hielt, ermordet.

Brünieren (Bräunen): Ueberziehen eiserner und stählerner Gegenstände mit einer künstlichen Rostschicht, um die Bildung des natürlichen Rostes beim Gebrauch und der Aufbewahrung zu verhindern. Als gebräuchliches Mittel dient ein Gemenge (Beize) von Eisenvitriol (52,50 g), Eisenchlorid (28,125 g), salpetersaurem Kupfer (5 g) und destilliertem Wasser (327,25 g). Die zu brünierenden Stellen müssen vollkommen entfettet und peinlich sauber sein. Hierzu werden sie mit einer Lösung von Schlemmkreide in Wasser bestrichen und nach vollständigem Trocknen mit einem wollenen Lappen wieder abgerieben. Dann mehrmaliges Auftragen der Beize in dünnen Lagen, die vor dem Aufbringen der nächsten Schicht jedesmal getrocknet und mit Lappen Drahtbürsten und dergleichen abgerieben werden.

Brünn. 1428 von den Hussiten, 1467 vom König Georg von Böhmen, 1645 von den Schweden unter Torstenson, 1742 von den Preussen belagert, am 13./7. 1866 Hauptquartier König Wilhelm I. von Preussen. Hier garnisoniren: 8. Inf.-Brig.-Kommando, 8. Inf.-Regmt., 17. u. 21. Feld-Jäger-Bat., 6. Drag.-Regmt., Filiale des Artill.-Haupt-Depots, Inf.-Kadettenschule, Landw.-Inf.-Regmt. No. 14.

Brunnen. Im Felde brauchbare B. sind, bei nicht zu tiefem Grundwasser: die abessinischen B., bestehend aus Röhren mit durchlöchertem Boden und Spitze. Sie werden eingebohrt und als Pumpe gebraucht. Auch versenkte Fässer ohne Boden, die man unten mit einer Kiesschicht anfüllt, entsprechen dem Zwecke. Zu grösseren Anlagen gehören Techniker.

Brunnenkuren. (S. Badekuren.)

Brunner, G., Moriz von, angesehener österreichischer Militär-Schriftsteller, seine Schriften über Befestigungskunst sind in alle Sprachen übersetzt.

Brüssel war einst befestigt, spielte in den Kriegen Anfangs des 18. und Ende des 17. Jahrhunderts eine Rolle (1695 und 1708 von den Franzosen vergeblich belagert, 1746 vom Marschall von Sachsen genommen.)

Brüsseler Konferenz war ein vom Kaiser Alexander II. 1874 angeregter Versuch, ein internationales Kriegsrecht zu Stande zu bringen. Sie hatte im Grossen mehr den Erfolg einer gegenseitigen wohlthätigen Aussprache. Das ablehnende Verhalten Englands und das Zuviel der festzusetzenden Punkte waren die Klippen, an denen eine endgültige Vereinbarung auf diesem schwierigsten Gebiete scheiterte.

Brustwehr heisst jede künstliche Deckung, welche Truppen bei Abgabe ihres Feuers mindestens von vorn Schutz gewährt. Sie wird meistens aus Erde erzeugt, es können jedoch z. B. bei Küstenbatterien auch Panzer gebraucht werden. Sehr empfehlenswert sind — wegen Kleinheit des Zieles — in die Erde eingeschnittene Brustwehren. Die Breite der B. soll betragen: Gegen Gewehrfeuer 1—1,50 m, gegen Feldgeschütze 2,75—5,60 m, gegen Positionsgeschütze 7—8 m; je nach Beschaffenheit des Erdreiches.

Brustwehrstärken sind gegen das neue Gewehr 88 erforderlich: Erdbrustwehren 80 cm, Sandwehren 100 cm, Tannenholz 80 cm, Ziegelmauern 1 Stein, Eisen und Stahl 1 cm.

Brzežány: Ergänzungs-Bezirks-Kommando Inf.-Regmts. No. 55, 9. Drag.-Regmt.

Buchara. Krieg der Russen mit B. 1866—1870.

Büchse. Allgemeine Bezeichnung der gezogenen Gewehre im Gegensatz zu den glatten Flinten, die noch bis zur Mitte des 19. Jahrhunderts bei den meisten Heeren in weit überwiegender Zahl vertreten waren. Auch nach Bewaffnung seiner gesammten Infanterie mit Zündnadelgewehren (s. d.) führte Preussen noch eine besondere Zündnadelbüchse 60 für Jäger und Schützen. Mit der Jägerbüchse 71 waren bis zur Einführung des Gewehrs 71/84 die Jäger, Fussartillerie, Munitionskolonnen, (Fussmannschaften) Pioniere, Matrosen-Division und Schiffsjungenabteilungen bewaffnet. Sie glich im Allgemeinen dem Infanteriegewehr 71, war aber nur 1,1 m lang und wog 4,41 kg.

Büchsenkartätsche, s. Kartätsche.

Buchy, 4./12. 1870 ging der rechte Flügel — Korps Göben — der I. deutschen Armee, beim Vormarsche gegen Rouen, unweit B. gegen die französiche Aufstellung vor und delogirte sie.

Budanj, 10./2. 1882 in der Herzogowina siegreiches Gefecht der Oesterreicher.

Buddenbrock, v., preuss. F.-M. (1672—1757), focht in den beiden Schlesischen Kriegen mit Auszeichnung und hatte grosse Verdienste um die Ausbildung der Reiterei. ebenso wie sein Sohn sich um die Hebung der Militär-Anstalten verdient machte, der 1781 als Generallieutenant starb.

Budritzki, v., preuss. General d. Infanterie (1812—76). Er trat in das Alexander-Regiment, machte den Strassenkampf am 18. März 1848 in Berlin mit, ging dann nach Holstein, wo er an der Schlacht bei Schleswig mitwirkte. Zum Kompagniechef ernannt, zeichnete er sich am 6. Mai 1849 im Strassenkampf zu Dresden aus. B. trat 1864 an die Spitze des Regiments Augusta. Das selbe kommandirte er 1866 in seiner Brigade, 1870 in den Schlachten des 18. August, 1. September und 30. Oktober als Generallieutenant in seiner Division. Während des Sturmes auf Le Bourget nahm er persönlich die Fahne des 2. Bataillons des Regiments Elisabeth dem verwundet niedersinkenden Träger ab. 1875 z. D. gestellt. (p. l. mérite.)

Buffalora. 1./6. 1800 schlugen die Italiener hier die Oesterreicher zurück; 1848 und 1849 ward hier mehrfach gekämpft, in der Schlacht von Magenta durch Mac Mahon erstürmt.

Bug ist die Schulter des Pferdes. Bei B.-lähme nehme man sofort einen verständigen Thierarzt, weil Ursache und Sitz der Krankheit schwer festzustellen sind.

Bugeaud de la Piconnerie. Herzog von Isly (1784—1849), Marschall von Frankreich, kämpfte bei Austerlitz und Pultusk, zeichnete sich in Spanien aus, trat 1815 zu Napoleon über. Seine Hauptverdienste liegen in seiner Bekämpfung der Araber in Algier, durch welche er sich einen europäischen Namen machte und seinen Grafentitel erwarb.

Bugsiren, das Schleppen eines Schiffes durch ein anderes.

Büchsenmacher werden von den Gewehrfabriken überwiesen.

Büchsenmeister hiessen die mit dem Geschützwesen vertrauten Leute. die früher eine Art Innung bildeten, und zu den Kriegsherren meist in kontraktlichem Verhältniss standen. Sie besorgten auch den Mineurdienst, Sprengungen u. s. w.

Bückeburg. Dort stehen das westfäl. Jäger-Bataillon No. 7 und Garn.-Laz. Serviskasse 3.

Bülow, Friedr., Graf, preuss. G.-L. (1755—1816), kämpfte 1806 bei L'Estocq, war 1812 als Vertreter Yorks Gouverneur von Ost- und Westpreussen, lieferte 1813 das erste siegreiche Gefecht bei Möckern, nahm am 2. Mai Halle, siegte am 4. Juni bei Luckau, auch am 23. August bei Grossbeeren, 6. September bei Dennewitz, eroberte Westfalen und besetzte Holland, nahm 1814 La Fère ein, stürmte den Montmartre bei Paris, nahm 1815 als Kommandant des 4. A.-K. rühmlichen Antheil an der Schlacht von Waterloo.

Bülow, Adam, Freiherr (1757—1805), angesehener Militär-Schriftsteller.

Burg, v. d., preussischer General der Infanterie (1831 geb.) trat in die Garde-Artillerie ein. 1862—64 Krieg in Mexiko; 1866 Militär-Attaché in Florenz; 1870 Chef des Generalstabs des 1. Armeekorps; 1884 Gouverneur in Strassburg; 1887—91 2. Armeekorps.

Bürgerliche Ehrenrechte. Sind solche verloren, schliessen sie von der Ehre Landsturm zu bilden aus. Solche Leute werden in die aktive Armee erst eingestellt, wenn die Zeit des Verlustes abgelaufen ist, sonst in die Arbeiterabtheilungen eingereiht.

Bürgerquartiere werden gewährt gegen die nach den lokalen Verhältnissen geregelte Entschädigung (s. Servis). Wegen der an B. zu stellenden Ansprüche s. Quartierleistungsgesetz.

Bürgerliche Verhältnisse. (S. Zurückstellung).

Bürgerwehr wird hier und da in unruhigen Zeiten zusammengerufen. Die Institution scheint sich überlebt zu haben.

Bujanovics von Aggteleck, österreichischer F.M.L. (1815—1894), errang sich grossen Ruhm bei Custozza.

Bulgarien. (Armee.)
Im Frieden. (Inf.-Regt. à 2 Bat. u. 4 Komp.)
1. Div. (Sofia) 4 Regt. Inf., 5 Esk., 7½ Batt. Art., 1 Sotnie Kav.
2. Div. (Philipopel) 1 Regt. Inf., 4 Esk., 7½ Batt. Art., 1 Sotnie Kav.
3. Div. (Slivno) 4 Regt. Inf., 4 Esk., 7½ Batt. Art., 1 Sotnie Kav.
4. Div. (Schumla) 4 Regt. Inf., 7½ Batt. Art., 1 Sotnie Kav.
5. Div. (Rustschuk) 4 Regt. Inf., 6½ Batt. Art., 1 Sotnie Kav.
6. Div. (Widin) 4 Regt. Inf., 4 Esk., 7½ Batt. Art., 1 Sotnie Kav.

Summa 192 Komp., 17 Esk., 44 Batt. 6 Sotnien Kav. Dazu treten Spezial-Truppen: 6 Komp. Fest.-Art., 6 Train-Komp., 6 Sanitäts-Abth.

Friedensstärke:
23210 Mann Inf., 3393 Kav., 6303 Art. mit allen Branchen etc. Summa 35919 Mann.

Kriegsstärke:
1. Feldarmee 90500 Inf., 4700 Kav. 252 Gesch., 2. Reservearmee 61000 Inf., 2300 Kav., 168 Gesch., 3. Landsturm 28500 Inf. Summa 180000 Inf., 7000 Kav., 420 Gesch.

Bull-Run. Flüsschen in Virginien. Hier zwei Schlachten im amerikanischen Sezessions-Kriege. 21. Juli 1861 und 29. und 30. August 1862; beide zum Nachtheile der Unionstruppen.

Bundesfestungen hiessen seit dem Pariser Frieden 1815 die Festungen, welche gemeinschaftlich von den deutschen Bundestruppen besetzt wurden. Es waren dieses Mainz, Luxemburg, Landau, Rastatt; bekanntlich gingen diese Festungen nach dem Kriege 1866 in die Hände der Staaten über, die sie jetzt noch besitzen.

Bundesrath-Ausschuss für Landheer und Festungen regelt den Ersatz der Armeen. Der Kaiser bestimmt jährlich die Zahl der einzuziehenden Rekruten. Der B.-A. vertheilt die Rekruten auf die einzelnen Bundesstaaten. Den erforderlichen Ausgleich regeln die Kriegsministerien unter einander. (W.O. 52.)

Bunker Hill, 17./6. 1757, Sieg der Engländer über die Amerikaner.

Bunzlau bei Liegnitz, 30./8. 1813, Treffen zwischen Alliirten und Franzosen.

Burg. Dort stehen 2. Abth. Magd. Feld.-Art.-Reg. No. 4. Bezirks-Kom., Garn.-Laz. Servisk1. 3.

Burgos, Festung in Alt-Castilien. Sieg der Franzosen unter Soult 10./11. 1808. Vergebliche Belagerung der von den Franzosen besetzten Festung durch Wellington am 10./9. bis 21./10. 1812.

Burgoyne Sir John, engl., F.-M. (1782—1871), betheiligte sich an vielen Kriegen, belagerte 1845 unter Wellington Burgos und San Sebastian; 1851 General-Inspekteur der Fortifikationen, begab sich 1853 nach Konstantinopel, um Vorbereitungen für dessen Vertheidigung zu treffen, nahm 1853 an der Belagerung von Sebastopol theil.

Burkersdorf bei Schweidnitz. Gefecht bei B. und Leutmannsdorf 21./7. 1762. Daun hatte sich bei Leutmannsdorf an der Weistritz verschanzt, um eine Belagerung von Schweidnitz zu verhüten. Friedrich der Grosse liess ihn von den Generalen Neuwied und Möllendorf angreifen, deren Truppen die steilen Höhen erklommen und auch die rechte Flanke der Oesterreicher tapfer angriffen. Daun musste weichen und der König konnte zur Belagerung schreiten.

Burnside, Ambrose, 1847 Artillerie-Offizier, 1853—1858 Gewehr-Fabrikant, in der Schlacht bei Bull-Run General, betheiligte sich an der Reorganisation der Potomac-Armee, eroberte 1862 die Insel Roanoke, half Lee aus Maryland vertreiben, kommandierte bei Antietam den linken Flügel mit Erfolg, erhielt bei Friedrichsburg eine Schlappe, legte 1863 den Oberbefehl nieder, diente dann unter Grant in Tennessee und nahm Knoxville.

Busaco. Dort Schlacht (27./9. 1810), in der Wellington den General Massena schlug, der ihn in seiner festen Stellung mit überlegenen Kräften (64 gegen 53000 Mann) angriff. Die Franzosen erlitten die fünffacheen Verluste der Verbündeten.

Busancy in den Ardennen. Dort glückliches Gefecht der sächsischen Kavallerie gegen die französische Reiterei. 27./8. 1870.

Butler, amerikanischer General, nahm Annapolis und Baltimore. eroberte 1862 die wichtige Stellung von Hatteras an der Küste von Nord-Carolina, landete 1863 mit 15000 Mann auf Ship Island, nahm Neu-Orleans und Fort Montroe; leitete 1866 die Anklage gegen den Präsidenten Johnson.

Buturlin, Dimitri (1790—1849), 1829 G.Q.M. der russischen Armee im Türkenkriege, angesehener Militär-Schriftsteller.

Butzbach. Dort stehen 3. und 4. Eskadron 2. Grossherzoglich Hessischen Dragoner-Regiments (Leib-Dragoner-Regiment) No. 24; Proviant-Amt. — Servisklasse 3.

Buxhöwden, Friedrich, Graf (14./9. 1750 bis 23./8. 1811), General-Gouverneur von Livland und Kurland, befehligte bei Austerlitz den linken Flügel der Russen, 1806 das. 2. Korps; 1808 Oberbefehlshaber gegen Schweden.

B. V. Abkürzung für „Behelfsbrücken-Vorschrift". 1894.

Byng, Sir, britt. Admiral. Berühmt durch seine entschlossene Handlungsweise bei Cap Passero, wo er am 11./8. 1718 die spanische Flotte fast vernichtete.

Bz. Abgekürzte Bezeichnung für Brennzünder, s. d.

C. (Siehe auch K.)

C. Abgekürzte Bezeichnung für Konstruktion, hauptsächlich bei Geschützen, Fahrzeugen, Geschossen, Zündern, Geschützpulver und anderen Ausrüstungsstücken der Artillerie im Verein mit der oder den Jahreszahlen der betreffenden Konstruktion angewendet, z. B. Schrapnel C/91, Feldkanone C/73/88.

Cabrera Don, Graf v. Morella (1810—1877). Karlistischer Generalkapitän. 1833 Guerillaführer in den Bergen bei Tortosa, schlug er 1834 und 1835 die Cristinos in verschiedenen Gefechten. Als man seine Mutter erschiessen liess, nahm er Rache. Bald war er Herr (1836) des Gebietes um Madrid. Dann diente er unter Gomez, trennte sich jedoch bald von ihn, vernichtete 1837 mehrere Kolonnen der Gegner und wurde von Don Carlos zum Kommandanten mehrerer Provinzen ernannt. 1838 nahm er u. a. das feste Morella und andere Orte. Nachdem 1839 Don Carlos nach Frankreich übergegangen war ging auch C. hinüber.

Cacadores eine portugiesische und spanische Fusstruppe. (Zu Deutsch Jäger.)

Cadiz (Cadix), wichtigste Seefestung Spaniens, auf der Nordwestspitze der Insel Leon, 1702 von den Engländern, 1810 von den Franzosen erfolglos belagert, öffnete 1823 in Folge politischer Intriguen seine Thore.

Cadondal, George führte die Aufständischen in der Vendée, musste 1796 gedrängt durch General Hoche seine Truppen entlassen, zettelte ein Komplot gegen den Konsul Bonaparte an, wurde 9./3. 1804 hingerichtet.

Cadre-System. Bei diesem System sind die einzelnen Theile der Kriegsmacht schon im Frieden organisirt, jedoch nicht mit dem vollen Personalstande versehen. Bei jedem Bestandtheile ist gleichsam nur der Rahmen (Cadre) oder der Namen, d. h. Berufs-Offizier und Unteroffizier, sowie ein Theil der wehrpflichtigen Mannschaften vorhanden. Letztere wird nach mehrjähriger Ausbildung durch neue Mannschaften ersetzt. Im Kriegsfalle werden dann die übrigen Wehrpflichtigen in diese Rahmen eingefügt. Das C. besteht in allen Staaten, welche die allgemeine Wehrpflicht angenommen haben. Durch die Friedensdienstzeit der Soldaten bildet die Armee eine vorzügliche Schule für die wehrpflichtige Bevölkerung.

Caesarlager (Camp de Caesar), erobert 7./8. 1793. Dort hatte sich die französische Armee unter General Kilmaine verschanzt, (am Scheldeufer bei Bouchain) mit 55000 Mann. Coburg liess das Lager von mehreren Seiten angreifen, jedoch gelang es den Franzosen sich in der Nacht aus der Schlinge zu ziehen.

Calais wurde 1347 von den Engländern erobert. 1558 von den Franzosen unter Herzog v. Guise wiedergenommen. 1595 nahm es Erzherzog Albrecht für Spanien. 1639 vernichtete der holländische Admiral van Tromp dort die spanische Silberflotte. C. ist heute noch befestigt, aber nicht nach dem neuen System.

Calatafimi. Dort erster Sieg Garibaldis (1860) gegen die Neapolitaner.

Calau. Dort steht Bez.-Kommando. Servisklasse 4.

Caldiero. Dort fand am 12./11. 1796 ein Treffen statt, in dem F.-Z.-M. Alvinczy mit dem österreichischen Heere die französischen Divisionen Augerau und Massena zurückwarf.

Zwischen denselben Gegnern fand daselbst die 3tägige Schlacht vom 29—31./10. 1805 statt. Erzherzog Carl stellte den r. Flügel seiner Armee auf die Höhe von Colognola, die Mitte hinter C., den l. Flügel bei Madonna di Stra bis an die Etsch auf. Dahinter Reserven. Massena beschloss, den Erzherzog in der Front anzugreifen und ihn mit der Division Verdier zu umgehen. Dieses Vorhaben wurde entdeckt; es entspann sich auf der ganzen Linie ein erbitterter Kampf, der nach Einsetzung der letzten Reserve die Franzosen zum Weichen brachte. Am 31. erfolgte noch ein Angriff der Division Verdier auf die Schanze bei Chiarica del Cristo (auf dem l. Flügel der Oesterreicher). Derselbe wurde durch F.-M.-Lt. Fürst Reuss abgeschlagen. Die französische Armee zog sich nach Verona zurück.

Plan s. nächste Seite.

Calenzana auf Corsica. 23./4. 1732 siegreiches Gefecht der österreichischen Hilfstruppen.

Callao, Hafenstadt in Peru. Seegefecht der Chilenen über die Spanier. C. wurde vom spanischen General Rodil erst nach 2jähriger Belagerung an Peru übergeben.

Calw. Dort steht Bez.-Kommando.

Cambray, einst Festung, neuerdings aufgegeben, wurde 1544 von Karl V., 1677 von den Franzosen erobert, 1815 von den Engländern erstürmt.

Cambridge, Herzog von, geb. 1819, war schon im Krimkriege thätig, wurde 1856 Ober-Kommandeur der brittischen Armee, die er bis 1895 führte; er hat viel zu ihrer Reorganisation beigetragen.

Camisarden (camise, Hemd), franz. Protest. der Cevennen, nach mehrfachen Siegen der königl. Truppen von Herzog v. Berwick 1705 unterworfen.

Campbell Lord Clyde, engl. F.-M. (1792—1863), Sohn eines Schiffers, kämpfte in Spanien, Amerika, China und Indien, an der Alma und bei Balaklava, schlug 1857 die indischen Rebellen bei Cawnpore, eroberte 1858 Lucknow und vernichtete den Aufstand.

Camperduin (Nord-Holland) dort 11./10. 1797 eine Seeschlacht, in der Admiral Duncan die holländische Flotte unter de Winter schlug und so den Engländern die unbestrittene Oberhand zur See erwarb.

Campo Formio. Friede zwischen Oesterreich und Frankreich 18./10. 1797.

Campofreddo. 15./10. 1743 siegreiches Gefecht der Oesterreicher.

Campo Santo. Dort am 8./2. 1744 siegte der österreichische F.M. Traun über die Spanier.

Campos Martinez, spanischer General, rief 29./12. 1874 den Prinzen Alfonso zum König von Spanien aus; trug wesentlich zur Besiegung der Karlisten bei.

Canet-Geschütze. Ausgezeichnet durch ihre grossen Mündungsgeschwindigkeiten. Eine 5,7- und eine 10 cm Schnellfeuerkanone (Frankreich, Forges et Chantiers de la Méditerranée), beide

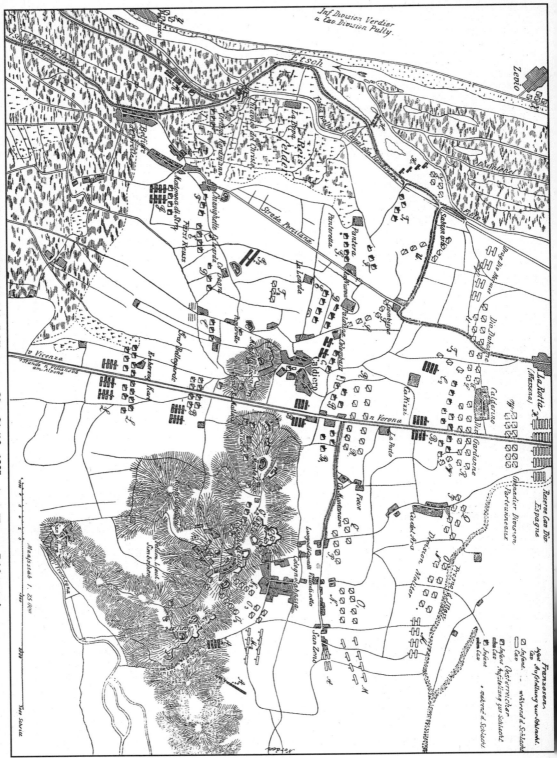

Plan zur Schlacht bei Caldiero, am 29.—31./10. 1805 (nach Wagners Zeichnungen).

L/80, ergaben 1005 bis 1026 m Mündungsgeschwindigkeit. Die 5,7 cm Kanone hatte bei V = 1005 m eine so flache Flugbahn, dass man gegen ein 6 m hohes Ziel bis auf 1650 m Entfernung über Visir und Korn, ohne jede Erhöhung, feuern konnte. Im Uebrigen siehe Schnellfeuerkanonen.

Canon, s. Kartätschgeschütze.

Canrobert de, französischer Marschall. Geb. 1809, zeichnete sich früh in den Kämpfen in Algerien aus. Er erhielt im Krimkriege 1854 die Führung einer Division, löste St. Amands im Lager an der Tschornaja ab, führte dann das 1. Korps bei der Belagerungsarmee bei Sebastopol bis August. 1859 führte er das 3. Korps (als Marschall), zeichnete sich bei Magenta (s. dort) aus. 1870 führte er in der Schlacht bei Gravelotte den rechten Flügel bei St. Privat.

Canstein, Freiherr von, preussischer General der Infanterie. (1804—1877). Er trat beim 2. Infanterie-Regiment ein. 1863 wurde er zum Kommandeur des preussischen Reservekorps in Holstein ernannt und machte mit Auszeichnung den Feldzug von 1864 gegen Dänemark mit, (pour le mérite); Missunde, Sturm auf Düppel, Alsen. 1866 Kommandeur der 15. Division geworden, führte er dieselbe im Feldzuge bei Münchengrätz, Königsgrätz u. s. w. (Eichenlaub zum pour le mérite.) Später zum Gouverneur von Magdeburg ernannt, war er während des Feldzuges 1870—71 mit den Funktionen des Gouverneurs von Berlin betraut.

Carabiniers hiessen die mit Karabinern bewaffneten Scharfschützen zu Pferde; als leichte Reiterei verwendet. In Italien führen die Gendarmen den Namen Carabinieri. 1876 hat das Königreich Sachsen ein Carabinier-Regiment errichtet.

Caracole. Die Kunst, ein Pferd mittelst häufiger halber Wendungen herumzutummeln, um dem Gegner die linke Seite abzugewinnen. „Caracoliren" wurde früher auch bei der Infanterie gegen Reiter geübt.

Canton-System. In Preussen wurde ehemals das Land zum Zwecke der Heeresergänzung in „Cantone" getheilt und jedem Regiment ein Canton zur Aushebung der Rekruten zugewiesen. Dementsprechend nannte man das Consignationssystem in Preussen auch „Canton-System."

Capitulation. Die militärische Dienstzeit wurde ehemals mit den Angeworbenen durch einen Vertrag — die „Capitulation" — vereinbart. In Oesterreich wurde 1802 die lebenslängliche Dienstzeit aufgehoben und eine C. von 10 Jahren für Infanterie, 12 für Kavallerie, 14 für Artillerie und Genie bewilligt; 1811 wurde die C. für alle Waffen auf 14 Jahre festgesetzt. C. heisst auch die Uebergabe eines festen Platzes.

Caponnièren. (Koffer.) Bauten aus Erde, Holz oder Mauerwerk, zu gesicherter Kommunikation über den Graben von Befestigungen, auch zu flankirender Vertheidigung des Grabens bestimmt.

Caprivi, Graf (geb. 1831), trat 1849 in das Kaiser Franz-Regiment ein; 1861 in den Generalstab; im Kriege 1866 beim Ober-Kommando; 1870/71 Chef des Generalstabes beim 10. Armeekorps. 1883 Chef der Admiralität; kommandirender General des 10. Armeekorps, 1890—94 Reichskanzler; Begründer der zweijährigen Dienstzeit und der bald als unbrauchbar anerkannten 4. Bataillone. Seit 1889 ist er Chef des Infanterie-Regiments No. 78.

Captiv (Ballon), ein in der Luft schwebender, auf der Erde gefesselter Ballon, zur Beobachtung von Gelände und Truppenbewegung. (S. näheres Luftschifffahrt.) Neuerdings hat man dieselben durch besondere Konstruktion so gebaut, dass sie eine stetige Richtung behalten, sich nicht drehen.

Capua. 21./3. 1821 Uebergabe an die Kaiserlichen.

Carascosa, siegreiches Gefecht der Oesterreicher 1820 gegen Insurgenten, nach welchem der österreichische General Frimont Neapel und Sizilien besetzte.

Caravaggio. Schlacht am 13./9. 1448. C. war Festung, wurde von den Venetianern unter Franz Sforza 35 Tage belagert und durch das Lager des letzteren vom Entsatzheer erstürmt.

Cardignan, Earl von (1797—1875), war der Anführer des misslungenen Angriffes der englischen leichten Reiterbrigade bei Balaklava. Da er sich mit den Trümmern des 1. Treffens zurückzog, während noch 2 Treffen attackirten, ist er vielfach angegriffen. (Er gehörte nicht ins 1. Treffen.)

Carbodynamit, Sprengstoff, aus Nitroglycerin und Nitrocellulose zusammengesetzt.

Carlos, Don Maria de Borbon, (1788—1855) hatte Ansprüche auf den spanischen Thron, die er 1833 geltend machte. Bei energischem und stetigem Charakter hätte er auch seine Ansprüche durchgesetzt. Zumala Carregny (s. dort) und Cabrera (s. dort) wagten für ihn grosse Thaten und hatten Erfolge. Alles scheiterte an seinen Extravaganzen und mannigfachen Charakterschwächen. Er wurde nach harten Kämpfen 1839 nach Frankreich hinüber gedrängt.

Don Luis Maria (1818—61) machte ebenfalls Versuche 1845, 49 und 66, wurde schliesslich gefangen.

Don Juan (1848 geb.) fiel 1872 in Spanien ein, wurde aber geschlagen, 1873 siegte er über die Truppen der Regierung in mehreren Schlachten. Erst das Auftreten Alfonso XII., dem viele Führer zufielen, endete die Sachlage. Nach mannigfachen Kämpfen und Schlachten, bei denen sich Marschall Serrano (s. dort) hervorthat, wurde D. C. gezwungen, über die Grenze zu gehen. Er lebt seitdem in England.

Carlshafen. Dort befindet sich ein Invalidenhaus.

Carignan, siegreiches Treffen der Oesterreicher im November 1543.

Carl von Bayern, Feldmarschall. (1795—1875) Der Prinz bewies während des Feldzuges 1814 in Frankreich in der Schlacht bei Brienne bei Erstürmung von Ronay, Arcis-sur-Aube Bravour. Während des Feldzuges 1815 kommandirte er eine Kavallerie-Division, kam aber wegen rascher Beendigung der Feindseligkeiten zu keiner weiteren Aktion. Im Feldzuge 1866 wurde ihm das Oberkommando der Westdeutschen Bundes-Armee übergeben.

Carnot, Graf, (1753—1823) ein begeisterter Republikaner, hatte er ein bewegtes politisches Leben, das in der Verbannung endete. Er ist bekannt durch sein Befestigungssystem mit den Glacis en contrepente und den neuerdings hier und da angenommenen freistehenden Schanzenmauern im Graben. Sein Enkel war Präsident der Republik Frankreich.

Carpi (bei Legnago). Hier überfiel Prinz Eugen am 9./7. 1701 den General Casinet mit 5000 Reitern und zwang ihn dadurch. den Rückzug anzutreten. Eugen verwundet. C. 9./4. 1815 Einnahme durch die Oesterreicher.

Carra-St.-Cyr (1756—1834) kämpfte bei Marengo und Hohenlinden, führte bei Eylau eine Division mit Geschick. Zog sich 1813 mit seiner 32. Militär-Division aus Hamburg vor den Russen zurück und fiel dadurch in Ungunst bei Napoleon.

Carré, siehe Quarré.

Carrera. Drei Brüder zeichneten sich in den Kriegen zur Befreiung Chilis 1813—14 aus, wurden nach der verlorenen Schlacht von Rancagua alle drei hingerichtet.

Ein anderer C. (1814—1865) kämpfte in Guatemala mit Auszeichnung gegen Salvador und Honduras und wurde nach mancherlei Wechselfällen Präsident von Guatemala, welche Stellung er 1847—1865 inne gehabt hat.

Carronaden waren Ende vorigen Jahrhunderts ein beliebtes Schiffsgeschütz. Es gab deren von 12—68 Pfünder.

Cartagena. Seefestung in der Provinz Murcia, 2./9. 1643 Seesieg der Franzosen gegen die Spanier, 1706 von der Flotte der Alliirten genommen, 5./11. 1823 von den Franzosen erobert, 1844 Schauplatz revolutionärer Kämpfe.

C. in Columbia, 1588 von Drake, 1697 von den Franzosen zerstört, 1741 von den Engländern belagert, 5./12. 1815 von den Spaniern genommen, 1821 unabhängig geworden.

Cassano (auf dem rechten Adda-Ufer) ist Schauplatz von zwei Schlachten:

16./8. 1705 begegneten sich hier Prinz Eugen mit dem stärkeren französischen und spanischen Heere unter Vendôme, der in starker Stellung hier stand. Eugen (mit 42 Bataill., 61 Schwadronen und 20 Geschützen) griff die Stellung an, die Schlacht blieb nach grossen Verlusten beiderseits unentschieden.

26. und 27. 4. 1799. Die französische Armee (zusammengeschmolzen) unt. Moreau hatte Stellung bei C. genommen, den rechten Flügel bis Lodi, den linken bis Como ausdehnend. Suwarow liess 5 Bataillone und eben so viel Schwadronen über die Adda setzen und den linken Flügel der Franzosen zurückwerfen.

Cassel. Dort befindet sich das General-Kommando des XI. Armeekorps. Ferner die Stäbe der 22. Division, der 43. und 44. Inf.-, der 22. Kav.- und der 11. Feld-Art.-Brig. Der Stab, 1., 2. und 4. Bat. Inf.-Rgt. v. Wittich (3. Hess.) No. 83; das 3. Bat. 2. Thür. Inf.-Rgts. No. 32; das Husaren-Rgt. Landgraf Friedrich II. von Hessen-Homb. (2. Hess.) No. 14; das Hess. Feld-Art.-Rgt. No. 11 (2. Abtheil. vorläufig in Fritzlar); Hess. Train-Bat. No. 11; Detach. der Schlossgarde-Komp.; Stab der 11. Gendarmerie-Brig.; Kriegsschule; Bezirks-Kom. I u. II Cassel. Art.-, Train-Depot; Proviantamt, Garnison-Verwaltung und Lazareth; Servisklasse 1.

Castanos Francisco Graf, span. G.-Lt. (1743 bis 1836), studierte in Preussen Kriegswissenschaft, nahm 1808 die Div. Dupont und Wedel gefangen, verlor aber die Schlacht von Tudela; hatte 1811, die Engländer unterstützend, grossen Antheil am Siege von Vittoria.

Casteggio bei Piacenza, 9./6. 1800 Sieg der Franzosen unter Lannes über die Oesterreicher unter Ott. Die Franzosen nennen das Gefecht nach dem Dorfe Montebello; Lannes erhielt hier den Titel Herzog v. Montebello.

Castel, der rechtufrige Brückenkopf von Mainz. Im Bastionstracé mit Reduit erbaut, schliesst es sich an die übrigen Befestigungen auf dem rechten Ufer an (auch Kastel geschrieben).

Castelfidardo. Das daselbst stattgefundene Treffen am 18./9. 1860 machte dem päpstl. Territorialbesitz ein Ende. An jenem Tage hatten die Italiener unter Cialdini auf den Höhen bei C. Stellung genommen. Der päpstliche General Lamoricière stand mit 5000 Mann bei Loreto. Der Angriff gegen den 4fach überlegenen Feind misslang. 7500 Mann päpstlicher Truppen wurden abgeschnitten und gefangen, der Rest löste sich auf.

Castelfranco bei Treviso. 23./11. 1805 Sieg der Franzosen unter St. Cyr über die aus Tirol zum Entsatze Venedigs anmarschirten Oesterreicher unter Fürst Rohan.

Castel San Giovanni bei Piacenza, 17./6. 1799 Sieg der Oesterreicher und Russen unter Melas und Suwarow.

Castellamare kleiner ital. Kriegshafen, nahe Neapel, mit verfallenden Festungswerken.

Castelnuovo bei Verona wurde in den Schlachten bei Rivoli 1797 (wie Custozza) stark umstritten.

Castenedolo, 19./6. 1859 siegreiches Gefecht der Oesterreicher.

Castiglione war früher eine feste Stadt. Sie war berühmt durch die heldenmüthige Vertheidigung des österreichischen Kommandanten Obstl. Salzen im Schlosse 1702, im Kriege zwischen Prinz Eugen und Vendome.

In demselben Kriege fand ein Treffen 9./9. 1706 bei C. statt, in welchem C. vom General Medavi erstürmt wurde, wodurch der Prinz Eugen gezwungen wurde, nach dem Po zurückzugehen.

In dem italienischen Feldzuge kam es am 3./8. 1796 zum Gefecht zwischen der unter Wurmser zum Entsatze von Mantua herankommenden Armee und Bonaparte. Letzterer hob die Belagerung auf, warf den r. Fl. Wurmsers und dieser nahm dafür C. Am 3./8. kam es zum neuen Kampfe bei C., den Wurmser nur begonnen hatte, um Zeit zu gewinnen Mantua zu verstärken und Material der Franzosen in Sicherheit zu bringen. Bonaparte beschäftigte ihn am 5./8., verlockte ihn zur Ausdehnung seines l. Flügels und fiel ihm dann mit ganzer Macht auf die Flanke und in den Rücken, so dass Wurmser sich nach dem Mincio zurückziehen musste.

Castiglione Mantovano. 9./9. 1706 Treffen. Verlust der Kaiserlichen: 7600 Mann. 20 Kanonen, 4 Mörser.

Castiglione delle Stiviere, 5./8. 1796 Schlacht. Oesterreicher 20000. Franzosen 40000 Mann.

Castrezzato, 24./9. 1701 siegreiches Gefecht der Oesterreicher.

Castries, de la Croix. Marquis von, (1721—1801) zeichnete sich als franz. General im 7jährigen Kriege aus. War später 1780 Marineminister.

Cateau Cambrèsis und Cattillon, 26./4. 1794 siegreiche Schlacht der Oesterreicher.

Cathcart, Graf (1755—1843), war der englische General, der 1807 bei Kopenhagen landete, die Stadt einschloss und durch Bombardement zur Uebergabe der ganzen dänischen Flotte zwang. England hatte sich der Stellung durch Hinterlist bemächtigt. Sein Sohn. geb. 1794, führte eine englische Division bei Inkermann, doch so fehlerhaft, dass eine Lücke entstand, in die die Russen eindrangen. Als er die Stellung zurückerobern wollte, fand er (1857) seinen Tod.

Cathelineau (1759—1793) war einer der heldenmüthigen Vorkämpfer in der Vendée. Er erhielt nach der Einnahme von Taumur 13./6. 1793 den Oberbefehl über die sog. „grosse Armee". Er fiel bei dem Angriff auf Nantes.

Catinat, de, franz. Feldherr unter Louis XIV. (1637—1712). Er unterwarf die Waldenser, führte 1690 den Krieg in Italien, schlug dort den Herzog v. Savoyen bei Staffarda, und siegte 1693 bei Marsaglia. Dem Prinzen Eugen war er nicht gewachsen; er wurde mehrmals geschlagen, zum Rückzuge genöthigt und büsste dadurch allmählich seinen Ein.

Cattaro, 9./6. 1814 siegreiches Gefecht der Oesterreicher. Garnison: 94. Inf.-Brig.-Kom., vom 22., 61., 72., 75., 92 Inf.-Regt., je ein Bat., eine Komp. Pion. Bat. 13, Sanitäts-Abth. 24, Regimentsstab des 5. Festungs-Art.-Reg., Art.-Zeugs-Depot, ein Bat. Landw. Inf.-Regt. No. 23.

Catty, Adolf Freiherr. östr. F.-Z.-M., nahm Theil an den Feldzügen 1849, 1859 als Generalstabschef des 3. Korps und 1883 erhielt er das 5. Korps.

Caulaincourt, de, Herzog v. Vizenza, franz. General (1773—1827), begleitete den Kaiser Napoleon in den meisten seiner Feldzüge als Oberstallmeister. Sein Bruder, Graf Auguste (1777—1812), führte im Feldzuge 1812 die 2. Kav.-Div. und fiel in der Schlacht an der Moskwa.

Caoriana, Dorf, war 24./6. 1859 in der Schlacht bei Solferino ein wichtiger Punkt des Kampfes.

Cavaignac (1802—1857), zeichnete sich in Algier aus, besonders aber durch seine energische Handlungsweise als Kriegsminister und Diktator 1848, indem er den Aufstand des Pöbels mit grosser Umsicht und Energie unterdrückte. Er unterlag als Gegenkandidat von Louis Napoleon bei der Wahl zur Präsidentschaft.

Cawnpore, berühmt aus dem indischen Aufstande 1859, sowohl durch die Schandthaten der Sepoys als durch die kühnen Thaten Havelocks und Campbells.

Cazias, Herzog v., bras. F.-M. (1803—1880). Er kämpfte mit Erfolg 1851 gegen General Rosas, den Diktator von Argentinien, wofür er Marschall und Marquis wurde. Er führte 1867 mit Erfolg den Oberbefehl über die verbündete Armee Brasiliens, Argentiniens und Uruguay gegen Paraguay und eroberte 1869 den Kern des Widerstands des Generals Lopez die Stadt Asuncion.

Cedar mountain. Hier schlug (9./8. 1862) der General der Konföderirten, Stonewall Jackson, den ihm an Zahl überlegenen General Banks gründlich und bereitete dadurch die 2. Schlacht bei Mannassas im Sezessionskriege vor.

Celebió in der Herzegowina, 12./6. 1882 Nachtgefecht.

Celle. Dort steht das 2. Hann. Inf.-Regt. No. 77, 3. Abth. Feld-Art.-Regt. v. Scharnhorst (1. Hann.) Nr. 10. Bez.-Kommando, Garn.-Verw. und Laz Servisklasse 2.

Celluloid. Gemenge von Kampfer und Kollodiumwolle, welche in Aether aufgelöst ist. Die Masse ist im feuchten Zustande knetbar und erstarrt zu bedeutender Härte. Für militärische Zwecke wird C. neuerdings zur Erleichterung einzelner unwichtigerer Gewehrtheile s. z. B. als Kugel des Kammerknopfes verwendet. Versuche, luftdichte Patronen- und Kartuschhülsen aus C. herzustellen, welche beim Schuss verbrennen und zugleich einen Theil der Betriebskraft liefern sollten, sind bisher ohne befriedigenden Erfolg geblieben, weil das C. bei längerer Aufbewahrung einen Theil seines Kampfgehalts ausscheidet und Feuchtigkeit aus der Luft aufnimmt bezw. der Ladung mittheilt.

Cellulose. Pflanzenzellstoff, Holzfaser ($C_6 H_{10} O_5$), eine der neutralsten und beständigsten organischen Verbindungen. Sie ist rein weiss, geruch- und geschmacklos und hat 1,5 Dichte. C. ist in verdünnten Säuren, Alkalien, Weingeist u. a. unauflöslich. Bei Erhitzung auf 200^0 C. beginnt sie, sich zu bräunen, bei höherer Temperatur und Luftzutritt verbrennt sie allmählich. Chemisch fast rein ist die C. in der Baumwolle vorhanden. Sie verbindet sich mit Salpetersäure, aus der sie Stickstoff aufnimmt, zu Nitrocellulose. (S. d.)

Cellulose-Dynamit. Sprengstoff 70 bis 75 % Nitroglycerin vermengt mit Holzstoff, der unter luftdichtem Abschluss erhitzt (nahezu verkohlt) und dann zermahlen wird.

Cent-gardes von Ludwig XI. 1474 errichtet, machten mancherlei Wandlungen durch. Nach der Republik wurden sie durch Napoleon III. erneuert, auf 200 Mann gebracht, und bildeten seine Leibgarde. Es waren ausgesucht schöne Leute auf Vollblutpferden. Karabiner, Kürasse, und Stahlhelme mit Rossschweifen bildeten ihre Ausrüstung.

Central-Departement, siehe Central-Departement im Kriegs-Ministerium des preussischen Heeres.

Central-Kadetten-Anstalt zu Lichterfelde im grossen Stile angelegt; kann bis 2400 Köpfe aufnehmen. Organisation s. Kadettenkorps. Heisst jetzt „Haupt"-K.-A.

Central-Nachweise-Bureau, siehe Zentral-Nachweise-Bureau.

Centralstellung ist der Gegensatz zu Cordonstellung. Sie bietet Gelegenheit, unter Ausnutzung der kürzesten Wege nach allen Seiten hin Offensivstösse machen zu können; hat aber den Nachtheil der Möglichkeit des Umfasstwerdens, bezw. des Preisgebens der Verbindungen nach vielen Richtungen.

Central-Turn-Anstalt. S. Militär-Turnanstalt, die erstere Bezeichnung ist nicht mehr die amtliche.

Centralzündung. Die in der Mitte des Patronen- bezw. Kartuschbodens wirksam werdende

Zündung findet bei allen neueren Metallpatronen für Kriegswaffen Verwendung. Bei den Geschützen unterscheidet man schräge und achsiale C. Im ersteren Falle ist ein Zündkanal schräg von oben durch Rohr und Verschluss geführt,

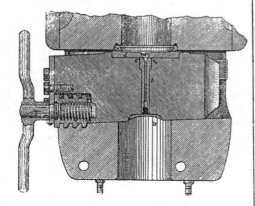

im zweiten Falle verläuft die Zündung wagerecht durch den Verschluss in Richtung der Rohrachse. Sie schont den Rohrkörper, der bei C. kein Zündloch über dem Ladungsraum bedarf, erfordert aber meist eine umständliche und empfindliche Abdichtung (Liderung) der vom Zündkanal durchschnittenen Verschlussflächen.

Centrum ist die „Mitte". Das Durchbrechen des C. einer Schlachtlinie wird um so schwieriger, je besser die Waffenwirkung ist. Napoleon durchbrach das C. bei Austerlitz, doch bewogen ihn hierzu besondere Umstände, wie das getrennte Vorgehen des linken russischen Flügels. Es war daher kein reiner Frontalkampf.

Cerignola in der Nähe des Ofanto in Apulien. Dort siegten nach hartnäckiger blutiger Schlacht 28./4. 1503 die Spanier unter Gonsalvo de Cordova die ein Lager bezogen hatten, über die Franzosen unter dem Herzoge von Nemours, die das Lager angriffen und Apulien räumen mussten.

Cerisola bei Turin. Dort schlug 11./4. 1544 Franz von Bourbon, Graf von Enghien, die Kaiserlichen unter Marquis del Vasto nach schweren Kämpfen, die besonders im Centrum wütheten. Die Schlacht bildet den Uebergang zum Feuergefecht. Auf beiden Seiten kämpften im vorderen Treffen Pikeniere, hinter denen die Kaiserlichen Pistolen, die Franzosen Büchsen führten. (S. Daniel, Litt.)

Cernat, rumänischer General (1828—1894), führte die rumänischen Truppen im Kriege 1877/78 unter dem Fürsten Carol mit Auszeichnung; war auch Kriegsminister in jener Zeit.

Cernica in der Herzegowina, 1875/76 häufige Kämpfe zwischen Insurgenten und Türken.

Cernirung. S. Einschliessung.

Cerrini de Monte Varchi (1740—1823) kommandirte bei Jena die sächsische Reserve-Brigade. Sein Neffe Clemens (1785—1852), zuletzt sächsischer General der Infanterie und Chef des Generalstabes, zeichnete sich in allen Feldzügen in unteren Führerchargen aus.

Cette. Kriegshafen, doch ohne grössere Bedeutung. S. oben.

Chaffois, Departement Doubs. 29./1. 1871 Gefecht zwischen der Avantgarde der preussischen 14. und der französischen Division Thornton des 20. Korps. Regiment 53 stürmt C. und macht zahlreiche Gefangene.

Chalons, s. Marne. berühmt durch das französische Lager daselbst; gegründet 1857 von Napoleon III., liegt 20 km von der Stadt und umfasst 10000 Hektar und 6 Dörfer. 25000 Mann können in Baracken in demselben liegen. Es sollte die französische Armee kriegerisch erziehen, führte aber zu Künsteleien, verschrobenen Ansichten über Verpflegung, Felddienst u. s. w., hielt die Offiziere vom Studium ab und brachte alle Schattenseiten des Lagerlebens, auch die entsittlichenden Vergnügungen zum Ausbruche. Nach dem Kriege dient es mehr zu vorübergehenden Uebungen, für die es beste Gelegenheit bietet.

Chamade (Trommelsignal) schlagen war früher das Zeichen der Kapitulation eines Platzes. Der Vertheidiger erklärte sich damit für besiegt. Heute zeigt der Feind seine Bereitwilligkeit zur Uebergabe durch weisse Fahnen.

Chamilly, Marquis de. französischer Marschall (1638—1715). Er machte sich einen Namen durch die Vertheidigung der Festung Grave, in der er ohne bombensichere Unterkunft sich mit 4000 Mann drei Monate gegen die Angriffe der kaiserlichen und holländischen Truppen wehrte. 16000 Mann liess der Belagerer vor der Festung liegen, und erst auf Befehl Louis XIV. übergab Ch. die Festung, deren Besatzung freier Abzug gewährt wurde. 1691 eroberte er Heidelberg und nahm 1694, nachdem er angesichts des Feindes den Neckar überschritten hatte, Ladenburg.

Chamousset. (Gebirgsbefestigungen an der Isère in Savoyen.) S. Albertville.

Champagné. Gefecht 10./1. 1871. S. Le Mans.

Champeaubert. Dort fand ein Gefecht zwischen Napoleon und einem Theile von Blüchers Armee statt. Am 10./2. 1814. (Näheres Beiheft 1893 Mil.-W.-Bl.) Napoleon hatte es auf die Vernichtung der Armee Blüchers abgesehen, die sich von der Hauptarmee getrennt hatte. Er stiess aber nur auf das schwache Infanterie-Korps Olsuwiew, das 24 Geschütze aber keine Kavallerie hatte. Es wurde von allen Seiten angegriffen und fast vernichtet, da nur 1500 Mann und 15 Geschütze nach Vertus entkamen. Olsuwiew selbst gerieth in Gefangenschaft.

Champigny-Villiers. Schlacht 30./11.—3./12. 1870, Ausfall aus Paris unter General Ducrot über die Marne bei Joinville. Nogent s. M. und Neuilly. Stellung bei Ch.-V. von den Württem-

Champion Hill — Chancellorsville

bergern besetzt, Sachsen eben im Begriffe sie abzulösen. Die Franzosen besetzen Le Plant und Bry, die Deutschen weichen auf Noisyle Grand. Franzosen stürmen auf Champigny mit starker Artillerie-Entwickelung. Hartnäckige Gegenwehr der Württemberger und Sachsen. Nachmittags Angriff der Franzosen auf Noisy und Villiers scheiterte ebenfalls. Am 1./12. befestigte Ducrot die gewonnene Stellung. Am 2./12. griff das 2. preussische Armeekorps in den Kampf, Bry und Champigny wurde wieder erobert. Am 3. versuchten die Franzosen die Dörfer Ch. und V. wieder zu nehmen, doch misslang der Angriff vollständig. In der Nacht verliessen sie das eroberte Gelände und zogen sich nach Paris zurück.

Champion Hill, in Tennessee. Dort im nordamerikanischen Sezessionskriege Schlacht am 16./5. 1863 zwischen Grant und Punberton. Letzterer, der eine Stellung eingenommen hatte, wurde mit Verlust von 4000 Mann geschlagen und ging gegen den Befehl des General J. O. E. Johnston nach Vicksburg, das er zum befestigten Lager eingerichtet hatte. Er wurde

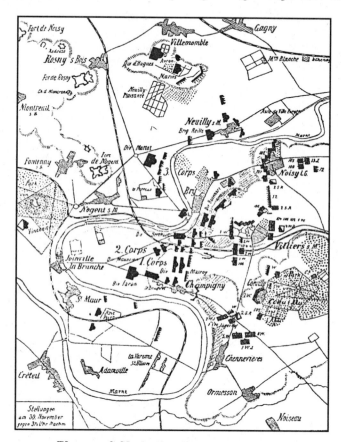

Plan zur Schlacht bei Champigny-Villiers.

dort von Grant eingeschlossen, belagert und musste mit seiner ganzen Armee kapituliren.

Championnet (1762—1800) focht in der Revolutionsarmee 1793—94 als Divisionär an der Sambre und bei Fleurus; schlug 1798 Mack in Italien; kam in Konflikt mit dem Direktorium; wurde bei Genola 1799 geschlagen, nachdem er wieder angestellt war, starb 1800.

Chancellorsville. Dort besiegten im amerikanischen Sezessionskriege die Conföderirten unter General R. E. Lee die Föderirten unter Hooker, 1.—3./5. 1863.

General Lee hatte eine Stellung südlich Fredericksburg am Rappahannock inne, in der er im Dezember 1862 den General Burnside gründlich geschlagen hatte. Dessen Nachfolger Hooker, suchte nun mit gegen 160 gegen die 51 000 Mann Lees, denselben in der Front durch Ledawick festzuhalten und in der linken Flanke mit der Hauptmacht anzugreifen. Am 1. Mai liess Lee am Rappahannock eine Maske stehen und ging Hooker in den dichten Wäldern entgegen. Am 2. Mai überfiel General Jackson den linken Flügel Hookers bei Wilderness und schlug ihn gänzlich; wurde dabei tödtlich verwundet. Am 3. Mai griff Lee die verschanzte Front des Gegners bei Chancellorsville an, und schlug ihn in die Flucht. Plan s. Seite 126.

Changarnier (1793—1877) französischer General, zeichnete sich in Algier aus, als Orleanist verbannt, bot er 1870 seine Dienste an, wurde dem Hauptquartier Bazaines zugetheilt und theilte das Schicksal der Rheinarmee.

Changé. Gefecht 10./1. 1871. S. Le Mans.

Chanteloup. Gefecht 10./1. 1871. S. Le Mans.

Chanzy, französischer Divisions-General (1823—1883) zeichnete sich in Algerien aus, 1870 erhielt er Befehl über das neu errichtete 16. Armeekorps, das er bei Villepion und Loigny führte; dann über die 2. Loirearmee (16., 17. und 21. Korps), die er bei Beaugenry und Le Mans führte. 1879—81 war er Gesandter am russischen Hofe. Er galt als Führer der zukünftigen Revanche-Armee.

Charakter. Im Gegensatz zum Patent, bedeutet das Verleihen des Ch.'s nur den Titel, nicht das Gehalt einer Charge.

Charaktererhöhung der Offiziere wird hinsichtlich der Wittwenbeihülfe aus dem Kriegsverhältniss, der mit Patent verliehenen Chargenerhöhung gleich geachtet.

Charette de la Contrie (1763—1796) zeichnete sich in den Kämpfen in der Vendée als Führer aus. Er führte nach dem Friedensschlusse die Fehden weiter, wurde aber, gefangen und erschossen.

Charge wird der Kavallerie-Angriff genannt. Ch bezeichnet auch den militärischen Rang, die Stellung.

Chargenpferde erhalten alle in Etatsstellen der Truppen befindlichen und Leutnantsgehalt be-

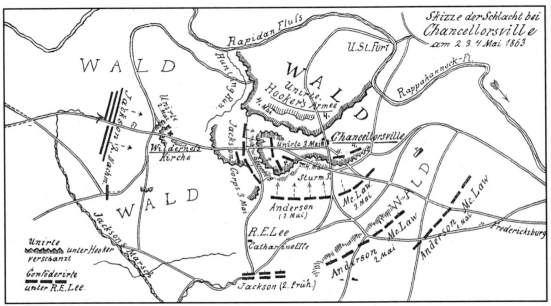

Chancellorsville.

ziehenden Offiziere der Kavallerie und der reitenden Artillerie, deren Eigenthum es nach 4 Jahren wird. Sie sind zum dienstlichen Gebrauch und dürfen zu Rennen und Tourritten um Geldpreise nicht gebraucht werden. Reiten im Freien und in der Bahn, sowie Reitübungen im Gelände und zu Dauerritten ohne Geldpreise erlaubt. Die Auswahl geschieht durch Kommandos aus sämmtlichen Remonten, die mindestens 2 volle Jahre im Etat des Regiments gestanden haben und zugeritten sind. Die Wahl bestätigt der Regiments-Kommandeur. Bei schweren Reitern auch Tausch mit anderen Regimentern gestattet. Die Zutheilung geschieht am Tage der Einstellung der Remonten.

Neu ernannte Offiziere werden nach besonderen Bestimmungen abgefunden. Vorbesitz etc. wird mit monatlich 13,75 M. berechnet; ebenso, wenn Aufschübe bewilligt werden. Einmaliger Umtausch ist mit Genehmigung des Kommandeurs gestattet. Die Ch. gehen nicht mit in den Gnadenmonat hinüber. Ohne Verschulden der Besitzer unbrauchbare Ch. werden abgeschätzt und dem Offiziere auf irgend eine Weise abgerechnet, ebenso beim Verenden der Ch.

Bei Versetzungen kann Besitzer sein Ch. mitnehmen, unter gegenseitiger Verrechnung der Regimenter. Wird er abkommandirt (Generalstab etc.) so kann er gegen Vergütigung des Restes das Ch. behalten etc., sonst erhält er für jeden Monat des Besitzes $1/48$ des Schätzungswerthes herausbezahlt, ebenso bei Verabschiedung, Todesfall etc. Bis 6 Monat Urlaub behält Besitzer das Chargenpferd, bei längerem Urlaub nur dann, wenn er auch das Gehalt weiter bezieht. (So auch Aushülfspferde.)

In der öst.-ung. Armee erhalten bei der Kavallerie die Offiziere vom Oberstlieutenant und bei der Artillerie vom Hauptmann abwärts Ch., auch aus ům erhöhten Preis angekauften Remonten. Nach 8 Jahren erst Eigenthum.

Chargiren heisst das Laden und Feuern.

Charix. 4./7. 1815 [siegreiches Gefecht der Oesterreicher.

Charleston. (Belagerung von 1863—64.) In Charleston wurde der erste Anstoss zu dem Sezessionskriege 1861—65 in Nordamerika gegeben, indem die Süd-Karoliner das im Hafen liegende Fort Sumter zur Kapitulation zwangen. Dieser Funke fiel in ein Pulverfass, es trennten sich die Staaten (13 fielen ab) und der Bürgerkrieg begann. Der Hafen von Ch. wurde sofort blockirt, aber die Belagerung begann erst im Juli 1863, nachdem die Conföderirten ihre Werke vollständig ausgebaut hatten, in der schmalen Sanddüne von Sumter das wichtige, aus Sand gebaute Fort Wagner.

Es gelang den Angreifern mit heimlichem Angriff schliesslich Fort Wagner im September zu nehmen, allein alle Versuche auch Sumter und damit Ch. zu nehmen, misslangen, obgleich das Fort (s. Sumter) völlig in Ruinen geschossen

Charleston.

wurde. Erst als Sherman durch Georgien in den Rücken von Ch. gelangt und dieses in Gefahr war, ganz abgeschlossen zu werden, wurde es freiwillig von den Vertheidigern geräumt. Für Diejenigen, welche sich für die Belagerung interessiren, ist empfehlenswerth: The defense of Ch. Harbour by J. Johnson, Walker, Charleston 1890.

Charleroi im Hennegau, 1794 von den Oesterreichern gegen 4 Angriffe der Franzosen vertheidigt, übergab sich erst nach beinahe vollständiger Vernichtung der Besatzung.

Charlottenburg. Dort steht das Füs.-Bat. Königin Elisabeth Garde-Gren.-Regt. Nr. 3 und Garn.-Laz. Servisklasse 1.

Chartres. Dort Gefecht am 19./10. 1870. S. Chateaudin.

Charras, Jean. (1810—1865.) In der Februar-Revolution 1848 stellvertretender Kriegsminister, bekämpfte die Wahl Napoleons III. zum Präsidenten, wurde beim Staatsstreich verhaftet und nach Belgien transportirt, schrieb das berühmte Werk „Campagne de 1815. Waterloo".

Chasillé Verfolgungsgefecht 14./1. 1871. S. Le Mans.

Chassé, David, Baron, niederl. Gen. d. Inf. (1765—1840), zeichnete sich schon in Spanien an der Spitze holländischer Truppen aus, ebenso bei Waterloo. Beim Ausbruch der Revolution 1830 zog er sich mit seinen holländischen Truppen in die Zitadelle von Antwerpen zurück und vertheidigte dieselbe heldenmüthig 2 Jahre lang, bis Frankreich und England sich verbündeten und Antwerpen (s. dort.) angriffen. Ohne Hoffnung auf Ersatz hielt Ch. die Zitadelle gegen 12fache Uebermacht 3 Wochen lang, den Angreifern nur einen Haufen Ruinen lassend. Aus der Gefangenschaft entlassen wurde der brave General vom Volk enthusiastisch und vom Könige mit grössten Ehren empfangen.

Chassepotgewehr war ein französisches Zündnadelgewehr, das dem deutschen an Schussweite überlegen war und deshalb den deutschen Truppen 1870/71 mancherlei Verluste beibrachte, ehe dieselben auf die Schussweite des Zündnadelgewehrs herankommen konnten. (1866–1888.)

Chasseurs (Jäger, Scharfschützen) in Frankreich. 30 Bat. zu Fuss 20 Regt. zu Pferde und 4 Regt. Ch. d'Afrique. Napoleon I. hegte für diese, vornehmlich zum Vorpostendienst und zum zerstreuten Gefechte bestimmte Waffe eine besondere Vorliebe.

Chasteler (im öster. Schatlär ausgesprochen), Marquis v., öster. F.-Z.-M. (1763—1852) war ein hervorragender Ingenieur, der 1794 vor verschiedenen niederländischen Festungen gelegen hat, sich bei der Vertheidigung von Mainz hervorthat; sich hervorragend am Siege bei Trebbia 1799 betheiligte, 1805—9 in Tyrol thätig war, auch 1813—14 ohne hervorzutreten sich an den Vorgängen betheiligte. Er war zuletzt Kommandant von Venedig, das er sorgfältig in Stand setzte. Ch. wurde 13 Mal verwundet.

Chateau Cambresis. Dort 26./4. 1794 Reitergefecht. Als Pichegru gegen die Alliirten zum Entsatze Landrecies vorrückte, wurde der von Cambray aus vorgehende Flügel des Generals Chapuis von der Reiterei des öster. F.-M.-Lt. v. Otto in 3 Treffen (Fürst Schwarzenberg, Mantel und Vyne) überfallen. Schwarzenberg, der schon Chapuis gefangen hatte, stand in dem herrschenden Nebel plötzlich vor Infanterie, die er sofort attackirte, warf, 2000 niederhieb, 300 Mann und 22 Geschütze erbeutend; auch eine andere Kolonne wurde zersprengt oder gefangen.

Chateauneuf, Dep. Eure et Loir, 18./11. 1870. Hier warf die preuss. Div. Wittich die Franzosen aus starker Wald- und Dorf-Position.

Chateau Renault wurde beim Vormarsch gegen Le Mans 1870 von Herzog Wilhelm von Mecklenburg durch Missverständniss aufgegeben und musste vom 10. Korps am nächsten Tage 9./1. 1871 wieder genommen und zur Sicherung der l. Flanke der Armee besetzt werden. Dadurch trat das 10. Korps etwas verspätet bei Le Mans auf.

Chateau-Thierry. Dort schlug Napoleon I. am 12./2. 1814 die Korps York und Sacken.

Chatham am Medway in England ist eine grosse Militär-Station mit Arsenal, jetzt durch Forts stark befestigt.

Chatillon s. Seine im Dep. Côte d'or. Dort 19./11. 1870 Ueberfall Ricciotti Garibaldis auf die deutsche Besatzung. Diese erlitt bedeutende Verluste, nahm aber am 22./11. die frühere Stellung wieder ein, wo sie sich irrtümlich bedroht hielt, bis Ende des Monats Truppen des 7. deutschen Armeekorps eintrafen.

Ch. s. Sèvres in der Vendee. Dort fanden mit wechselndem Glücke Kämpfe zwischen den Royalisten und den Konventstruppen statt.

Chattonooga in Tennessee. Dort grosse Kämpfe im Sezessionskriege 1863. General Rosenkranz der Nordarmee zwang den konföderirten General Bragg Ch. zu räumen, der sich auf die südöstlich der Stadt hinstreckenden Höhen (9./9.) zurückzog, von dort aus die Offensive ergriff und Rosenkranz bei Chikamauga (s. dort) entscheidend schlug. Sein Nachfolger Grant, der die Tenessee-Armee übernahm, holte alle Verstärkungen heran und stürmte mit sehr überlegenen Kräften die zu ausgedehnte und deshalb schwach besetzte Stellung auf den Höhen am 25./11. Nach dieser Niederlage war die Kraft der Konföderation im Westen gebrochen.

Chausseen werden hergestellt aus einer Packlage in der die grösseren Steine möglichst senkrecht gestellt werden, ausgefüllt von Steinschüttung, geebnet durch Kies und das ganze in Wölbung stark gewalzt; seitwärts Abzugsgräben mit Gefälle.

Chauvet, braunschw.-lüneb. F.-M. (starb 1696 hochbetagt), war ein berühmter Reiterführer, der besonders 1685 in Ungarn Hervorragendes leistete.

Chauvinismus ist abzuleiten von Chauvin, dem Namen einer Rolle in dem Scribe'schen Drama „le soldat laboureur", die einen echten Veteranen der Armee Napoleons darstellt, und der später durch den Zeichner Charlet typisch geworden ist.

Chazal, belg. Glt. und Kriegsminister (1808 bis 1892) hat grosse Verdienste um die Befestigung von Antwerpen; seine Bemühungen, die Armee zu reorganisiren, scheiterten jedoch an der Selbstsucht der oberen Klassen.

Chef (s. Generalstab) des Generalstabes der Armee ist der oberste Leiter des ganzen Generalstabes. Die ersten Generalstabsoffiziere bei den Armeekorps heissen „Chef des Generalstabes" des N. Armeekorps. (S. Armeekorps.)

Für die Manöver von Armeekorps gegeneinander hat der Chef des Generalstabes der Armee auch als oberster Schiedsrichter bis zum 15. April Seiner Majestät die General-Idee und Spezial-Idee vorzulegen und nach Allerh. Genehmigung die betr. General-Kommandos zu verständigen. An ihn sind auch bei den Manövern von Korps gegeneinander die Eingaben über die Manöver des nächsten Tages noch in der Nacht einzureichen, der Druck und Vertheilung veranlasst. Druck pp. -Kosten werden von den General-Kommandos erstattet.

Chefarzt. Die Militärlazarethe sind der Leitung und Verwaltung von Chefärzten unterstellt. Sie werden durch das Generalkommando auf Vorschlag des Kriegs-Generalarztes ernannt und dem Generalstabsarzte der Armee gemeldet. Bei der Wahl ist die Anciennetät massgebend. In Divisionsgarnisonen wird der Divisionsarzt

Ch. Er führt den Befehl über das Lazareth und ist der Vorgesetzte des gesammten militärischen, ärztlichen und Beamtenpersonals, sowie der im Lazareth befindlichen kranken Mannschaften. Derselbe trägt die volle Verantwortung für den Zustand des Lazareths als einer Heilanstalt.

Chef des Sanitätskorps s. Generalstabsarzt der Armee.

Chemiker der technischen Institute der Artillerie sind obere Zivilbeamte der Mil.-Verw., welche bei den Pulverfabriken und Feuerwerks-Laboratorien Verwendung finden.

Cherbourg ist unter Napoleon III. Kriegshafen I. Ranges geworden, der durch einen 3780 m langen Hafendamm geschützt ist; war im 17. Jahrhundert der Schauplatz der Kämpfe zwischen Engländern und Franzosen.

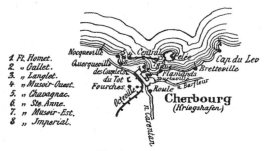

Cherbourg.

Chesney C. C., ein englischer geistvoller Militär-Schriftsteller, der durch seine Waterloo-Vorlesungen den übertriebenen Wellington-Mythus zerstörte, auch andere hervorragende Sachen geschrieben hat.

Cheveaux-legers heissen in Deutschland noch die bayrischen leichten Reiter-Regimenter. (S. deutsche Armee.) Kein anderes Heer besitzt noch Ch.

Chevert de (1695—1769), franz. Gen., zeichnete sich im 7jäh. Kriege bei Hastenberg 1757 und Lutternberg 1758 aus.

Chevilly, Gefecht bei, s. Paris.

Chiari in der Lombardei. Hier siegte Prinz Eugen 1./9. 1701 über Villeroi, der die Verbündeten führte.

Chiaviche am unteren Po, 10./4. 1704 siegreiches Gefecht der Oesterreicher.

Chiffriren heisst in einer Geheimschrift, gemeinhin Zahlensystem, schreiben, die der Uneingeweihte nicht kennt. Die Staaten haben mehrere Schlüssel, um das Entziffern zu erschweren. (Wer sich für die Technik interessirt, findet solches in Niethes telegraphischem Chiffrirsystem, Berlin 1874.)

Chikahominy, ein in sumpfigem Bette fliessender Strom in Virginien, der in den unteren James River mündet, an dem 1862 die sieben Schlachten um Richmond stattfanden, die unter „Richmond" näher beschrieben sind.

Chikamauga. (S. auch Chattanooga.) Nebenfluss des Tennessee. Dort wurde Rosenkranz am 19. und 20./9. 1863 durch den conföderirten General Bragg angegriffen und fast vernichtet.

Die Nordländer unter R. verloren 12 000 Mann mit 36 Geschützen.

Chile. Das stehende Heer belief sich 1886 auf 950 Offiziere, 5541 Mann; die Nationalgarde zählte zusammen 53 000 Mann, die Marine im Ganzen 2473 Mann. Die Flotte hatte zu derselben Zeit einen Bestand von 6 Panzerschiffen.

Seit 1895 sind eine Anzahl deutscher Offiziere nach Chile beurlaubt.

China-Armee. Die Angaben sind, wie der letzte Krieg zeigte, sehr unsicher. Man theilt die Armee in 1. die von Peking, 2. die der chinesischen, 3. der äusseren Provinzen.

Man rechnet:
1. Kaiserliches 8 Bannerheer mit 270 000 Mann, davon 165 000 in und um Peking;
2. Grünes Bannerheer der Gouverneure gegen 500 000;
3. Kaiserlich disziplinirte Truppen 57 000 Mann;
4. Gouverneur-Truppen, disziplinirt, 270 000 Mann;
5. Miliz 162 000 (nur lokal zu gebrauchen).

Diese Zahlen, die sich ähnlich in allen Lehrbüchern finden, bilden durchaus keinen Anhalt, sondern beweisen nur, dass die chinesische Armee an Zahl gross, auf dem Papier stark, in Wahrheit aber nur eine ganz unbedeutende Macht ist, die von wenigen Divisionen Japans zerschellt wurde. Nach dem Frieden wird China nicht unterlassen, auf neuen Grundlagen eine Armee zu bilden.

Chinesisches Feuer. Mischung aus 9 Th. Pulvermehl, 6 Th. Salpeter, 1 Th Schwefel, 1½ Th. Kohlenpulver und 5 Th. Eisenfeilspähnen. Es ist ein Sprühfeuer, das in längeren schlangenartig zuckenden Funken verbrennt.

Chinesische Mauer. Dieselbe einst 11 m hoch, oben 3 m breit, hat nur noch historische Bedeutung.

Chiusa a. d. Etsch. 1. u. 2./1. 1801 siegreiche Zurückweisung feindlicher Ueberfälle durch die Oesterreicher.

Chiusa-Veneta in der Flitscher Klause. 19. und 20./11. 1805 feindliche Angriffe durch die Oesterreicher abgeschlagen.

Chivasso, feindliche Cernirung; 18./6. 1705 viermaliger Versuch des Feindes es zu erstürmen, durch die Oesterreicher abgeschlagen.

Chiwa wurde 1872 durch eine beschwerliche Expedition von Taschkend aus endgültig durch den russischen General Kauffmann erobert.

Chlapowski war eine Zeit lang 1807 Ordonnanzoffizier bei Napoleon, der seinen Unwerth erkennend, ihn 1813 entliess. Ch. spielte in dem Aufstande in russisch Lithauen 1830 eine vorübergehende Rolle, wurde nach mehreren missglückten Affairen am 1. Juli mit seiner kleinen Schaar bei Gerdauen über die preussische Grenze gedrängt.

Chlopicki (1772—1851) zeichnete sich in den Feldzügen 1792, 94, 1807, 12 und 14 aus. 1830 spielte er in der polnischen Revolution eine hervorragende Rolle. Später that er sich in der Schlacht bei Wawre hervor, in der er schwer verwundet wurde.

Chlorsaures Kali, Kalichlorat ($KClO_3$) bildet durchsichtige glänzende Krystallblättchen, ist in Wasser löslich und wenn es zusammen mit Schwefel, Schwefelmetallen, Kohle, Zucker u. a. m.

trocken zerrieben wird, hochgradig explosiv; wird mit Schwefelantimon (muriatischer Satz) zu Zündmassen, die durch Reibung explodiren sollen (Schlagröhren), verarbeitet.

Choc ist ein kaum übersetzbares Wort, das den letzten Anprall eines Reiterangriffes gegen den Gegenstand desselben bezeichnet. Der Ch. ist die Quintessenz der Kavallerietaktik.

Choczim, eine verfallene Festung in Bessarabien, spielte in den Türkenkriegen eine grosse Rolle. Zuletzt wurde es 1806 von den Russen erobert.

Choisy le Roy auf dem linken Ufer der Seine, war 1870—71 von den Vortruppen des 6. preussischen Korps besetzt. Ausfälle der Franzosen wurden wiederholt zurückgewiesen.

Cholera ist eine erst in diesem Jahrhundert aufgetretene Epidemie, die in Feldzügen bei mangelnder Verpflegung leicht eintreten kann. Verhütung ist regelmässiges Leben, regelmässige Bewegung, bei den Truppen selbst in den Ruhetagen; gute Pflege der Erkrankten in den Quartieren durch die Kameraden, da die Krankheit viel psychologische Grundelemente in sich trägt.

Cholerazuschuss. Beim Auftreten der Cholera und sonstigen Epidemien sind die Generalkommandos befugt, zur besseren Verpflegung der Mannschaften bis zum Erlöschen der Epidemie u. s. w. ausserordentliche Zuschüsse von 2,5 Pfg. für den Kopf und Tag zu bewilligen. Von der Bewilligung und Einstellung ist dem Kriegsministerium Mittheilung zu machen.

Chotusitz. S. Csaslau.

Chouans oder Chouanerie waren die französischen Bezeichnungen für die Legitimisten bezw. royalistischen Bewegungen, die nach der Niedermachung der Vendée 1793 und der Erhebung in der Bretagne 1794 (Schlacht bei Granville) nur noch in einzelnem Wetterleuchten sich zeigten; so 1795 bei der Landung englischer Truppen und 1799 bei dem Versuche Cadoudals, die alle bald scheiterten.

Choumara (1787—1870) war französischer Genie-Offizier, der wegen seiner Ansichten mit den Vorgesetzten in Misshelligkeiten gerieth und den Abschied nahm. Er ist Erfinder der freistehenden Schanzenmauer, die beim Bau vieler neuerer Forts Anwendung gefunden hat.

Chriniki, 18./11. 1812, siegreiches Gefecht der Oesterreicher. Feindlicher Verlust: 600 Mann, das Gepäck und alle Kanonen.

Christian VIII, das schönste Linienschiff der dänischen Marine, wurde am 5./4. 1849 nach längerem Kampfe mit den Strandbatterien, bei Eckernförde in die Luft gesprengt.

Christophe- und Montigny-Kartätschgeschütz: Mitrailleuse mit 37 Läufen von 14 mm Kaliber, in Belgien ähnlich den französischen Canons à balles konstruirt und in den meisten grösseren Heeren Ende der 60er Jahre geprüft, 1869 von Oesterreich nach längeren Vergleichsversuchen mit dem Gatling-Geschütz eingeführt. Das C. und M.-K. zeigte sich dem Canon à balles an Feuergeschwindigkeit und dem Gatling besonders durch die grössere Zuverlässigkeit seines Mechanismus überlegen.

Die noch im Gebrauch befindliche 11 mm Mitrailleuse der österreich. Artillerie (Grabenflankirungs-Geschütz) gehört dem System M. an.

Chrom. Die Chrom-Batterie, bestehend aus verquicktem Zinn und aus Kohlenplatten, ist bei dem galvanischen Feldzündverfahren der französischen Armee gebräuchlich.

Chronograph. S. Flugzeitenmesser.

Chronoskop, elektrischer Zeitmesser (von Siemens, Noble u. a.) wird zur mittelbaren Bestimmung des Gasdruckes beim Schuss benutzt, indem man aus der Geschwindigkeit, die das Geschoss an beliebigen Stellen der Seele erlangt hat, die Kraft bezw. Gasspannung herleitet, welche erforderlich war, um diese Geschwindigkeit hervorzubringen. Quer durch die Seele sind an mehreren Punkten elektrische Leitungsdrähte geführt, die das Geschoss der Reihe nach zerreisst. Jede solche Stromunterbrechung bewirkt das Ueberspringen eines Funkens auf die walzenförmige Oberfläche einer Trommel, die sich mit grosser, aber gleichförmiger und bekannter Winkelgeschwindigkeit dreht. Aus dem Abstand zweier benachbarter Marken auf der Trommel erhält man also die Zeit, in der das Geschoss den Weg zwischen den zugehörigen beiden Drähten zurückgelegt hat.

Chrulew, russischer General, gestorben 1818, zeichnete sich als Artillerist aus und machte sich als Vertheidiger der Karabelnaja einen Namen.

Church war 1827—1830 Oberbefehlshaber der griechischen Armee im Befreiungskriege, wobei er wesentlich zu den Erfolgen der Griechen beitrug.

Cialdini Enrico, geboren 1811, italienischer Feldmarschall, Herzog von Gaëta, studirte zu Paris Philosophie und Medizin, focht 1831 mit Auszeichnung gegen Don Carlos, wurde nach Niederwerfung des Karlistenaufstandes Oberstlieutenant der spanischen Gendarmerie und trat dann in italienische Dienste, wo er an den Kriegen 1848, 1849 und 1854 Theil nahm; 1859 befehligte er eine Division, 1861 schlug er Lamoricière bei Castelfidarrdo, besiegte die neapolinischen Truppen und nahm Gaëta mit den von ihm zuerst in Gebrauch genommenen gezogenen Geschützen. 1866 führte er jenen Theil der italienischen Armee, der über den Po gegen das Festungsviereck operiren sollte, an, aber nicht zur Thätigkeit gelangte. C. spielte auch in der Politik Italiens eine bedeutende Rolle, ist jetzt Gesandter in Paris.

Cintra bei Lissabon, 30./8. 1808, Kapitulation Junots nach der unglücklichen Schlacht bei Torres Vedras. Auf Grund dieser Kapitulation wurden die Franzosen auf englischen Schiffen nach Frankreich gebracht.

Circularbefestigung, eine Befestigung, deren Grundriss die Kreisform hat, wurde wenig angewendet und ist heute ausser Gebrauch.

Circular-Schreiben heissen Rundschreiben, welche einer Anzahl von Behörden oder Personen in einer bestimmten Reihenfolge zugehen, um nach Kenntnissnahme der nächsten Stelle weitergegeben und zuletzt an den Absender zurückgereicht zu werden.

Circumvallation diente in älteren Zeiten zur Abwehr etwaiger Entsatzheere.

Cissey de, französischer General (1810—1882). Am Krimfeldzuge nahm er an den Schlachten an der Alma und bei Inkerman Theil und wurde 1855 zum Brigadegeneral befördert. Im Kriege 1870 führte er mit Auszeichnung die 1. Division des IV. Korps (Ladmirault) und nahm mit derselben an allen Schlachten dieses Korps bei Metz im August und September Theil. Er befürwortete im Kriegsrathe am 24. Oktober 1870 noch einen letzten Ausfall, leitete die Verhandlungen, welche zur Kapitulation führten, ein, stimmte aber gegen die letztere. Nach dem Frieden übernahm er das Kommando über das neu gebildete II. Korps der Armee von Versailles, nahm mit demselben an den Kämpfen gegen die Kommune Theil und bekleidete zweimal die Stellung des Kriegsministers.

Cisternenschiff, ein Trainschiff, bestimmt, der Flotte oder dem Kriegshafen Ausrüstung, Lebensmittel etc. zuzuführen.

Citadellen sind kleine, stärker umwallte, meist etwas höher gelegene Theile einer Gesammtfestung, die auch den Zweck haben, erforderlichen Falls die Einwohner im Zaum zu halten.

Ciudad Real in Neukastilien. 27./3. 1809 Sieg der Franzosen unter Sebastiani über die Spanier.

Ciudad Rodrigo, spanische Festung in Salamanca, besitzt eine einfache Umwallung, hat verschiedene Schicksale gehabt. Schon in den Kriegen 1706 und 1707 spielte sie die Rolle des Streitapfels zwischen Franzosen und Engländern. Hundert Jahre später im Halbinselkriege wurde C. zweimal belagert, tapfer von Hervasti vom 26./4. bis 11./6. vertheidigt, als es die Franzosen nach grossen Verlusten nahmen. Wellington liess es sofort energisch angreifen, nahm am 8. Januar 1812 eine Schanze auf dem nahen Berge Tison mit Sturm und ebenso liess er schon am 19. durch eine Bresche die Festung gewaltsam ersteigen. (Wellington wurde in Folge der Waffenthat Grande von Spanien.)

Civilkleidung können die kranken Offiziere tragen, die die Erlaubniss zum Ausgehen haben. Ferner die Offiziere auf Urlaubsreisen, Jagden, Maskenbällen, beim Radfahren und während der Dauer der Feldarbeiten für die zur Landesaufnahme kommandirten Offiziere. Beim Pferderennen einschliesslich der Reisen dahin, ist Offizieren wie Sanitätsoffizieren — Reitern wie Zuschauern — das Tragen von Civilkleidern verboten. Im Auslande müssen sie, wenn nicht besonders gestattet, Civilkleider tragen. Den Sanitätsoffizieren ist das Tragen von C. gestattet, wenn sie nicht im Dienste sind. Im Beurlaubtenstande wird Uniform nur bei Einziehungen, bei Kontrollversammlungen und bei feierlichen Gelegenheiten getragen. Mannschaften (einschliesslich Einjährig-Freiwillige) dürfen C. nur bei ausdrücklicher Erlaubniss des Kompagniechefs tragen.

Civil-Waisenhaus in Potsdam (Neue Königstrasse 122) ist bestimmt zur Erziehung und unentgeltlichen Erhaltung vaterloser Kinder von Staatsbeamten.

Civita vecchia, befestigte Hafenstadt bei Rom. Die Franzosen hielten sie zum Schutze des Kirchenstaates vom April 1849 bis Dez., 1866, dann vom Oktober 1867 bis August 1870 besetzt.

Clamart, Gefecht bei, s. Paris, Januar.

Claparede, Graf (1774—1841) schloss sich der franz. Revolution an; kämpfte erst in Westindien, dann in Europa in allen Kriegen Napoleons, nahm 1812 mit einer Division am Feldzuge Theil und wurde an der Beresina verwundet. Später hatte er keine Gelegenheit sich hervorzuthun.

Clarke, Graf (1765—1818) machte sich als Gouverneur von Berlin zur Zeit der Occupation (1806/7) sehr verhasst, wurde 1808 Graf von Hüneburg und 1809 Herzog von Feltre, wegen seiner Verdienste bei Walcheren. 1814 gab er als einer der ersten die Sache Napoleons auf, wurde 1817 Marschall.

Claxton-Geschütz. Eine Ende der 60er Jahre von Oberst Claxton konstruirte Mitrailleuse, die theils für leichte Feld- und Gebirgs-Artillerie (25 mm Kaliber, 8 bezw. 6 Läufe), theils für Infanterie („mechanische Infanterie", 11 mm Kaliber) bestimmt war. In Oesterreich angestellte Versuche ergaben, dass die Einrichtung des C.-G. unvollkommen und die Patronen für den Feldgebrauch ungeeignet waren.

Clausewitz von (1780—1831) ist der Herausgeber des berühmten Werkes „vom Kriege" und anderer, die den theoretischen Grund zu den Erfolgen unserer Armeen von 1864—71 legten. Er kämpfte 1812 im Dienste Russlands, machte die Befreiungskriege nicht mit, da er wegen seines Uebertritts nach Russland vom Könige im Kriege nicht angestellt wurde.

Clauzel, Bertrand, Graf, franz. Marschall. (1772—1842) Von Jugend auf sich in Kämpfen diesseits und jenseits des Ozeans auszeichnend, nahm er 1811 als Kommandeur der 11. Korps Illyriens, führte das 8. Korps mit Einsicht in Spanien und übernahm in der Schlacht bei den Arapilen den Oberbefehl aus Marmonts Händen. Er blieb bis zu Ende des Halbinselkrieges in Spanien. Später führte er in Algerien mit Geschick 1830—36, bis er wegen der verunglückten Expedition gegen Constantine abberufen wurde.

Clerfait de Croi, franz. Graf, öster. F.-M. (1733—1798), holte sich bereits im 7jährigen Kriege das Theresienkreuz, kämpfte gegen die Türken. Von 1792 führte er mit Auszeichnung in den Niederlanden, übernahm an Stelle des Prinzen Albert von Sachsen-Teschen das Kommando daselbst. Sein Rückzug erregte Bewunderung; er überfiel die Franzosen bei Aldenhoven und entschied die Schlacht bei Neerwinden. 1795 besiegte er Jourdan bei Höchst, erstürmte die Mainzer Verschanzungen und drängte die Franzosen über den Rhein.

Cleve. Dort steht das 3. Bat. Inf.-Regt. Vogel v. Falckenstein (7. Westf.) Nr. 56. Servisklasse 3.

Clinton, Sir Henry, engl. General (1750—1795), führte von 1780 die engl. Truppen in Amerika, nahm Charleston. Ein Entsatz Yorktowns, den er kommandirte, kam zu spät. Er kehrte 1782 nach England zurück.

Zwei Gebrüder C. waren amerikanische Generäle, die zu weiteren grösseren Kommandos nicht kamen. (1736—1812) und (1739—1812).

Clissa, vom 10./12 1813 belagert, kapitulirte 26./12. 1813 an die Oesterreicher.

Clive, Lord Robert, (1725—1774) einer der ersten Mitbegründer des engl. Besitzes in Indien, wo er durch kühne Expeditionen, rücksichtsloses

Verfahren, das Gebiet der ostindischen Kompagnie erweiterte, besonders in Bengalen weitere Eroberungen machend.

Clinchaut, franz. Div.-General 1820—1881, kämpfte an der Alma und beim Sturm auf den Malakoff, zeichnete sich ebenfalls in Mexiko aus; führte unter Bazaine 1870 eine Brigade und übernahm aus den Händen Bourbakis den Oberbefehl über die Ostarmee, aber nur um sie über den Jura nach der Schweiz zu führen.

Club. Es giebt in London eine Anzahl C.'s, um den Offizieren eine Unterkunft zu gewähren, in denen sie ausser Schlafstelle alle Annehmlichkeiten des Zusammenlebens, meist in sehr eleganter Ausstattung, geniessen können. Die berühmtesten der 7 Clubs sind der Army und Navy, sowie der Guards-C. Auch in den grösseren Städten Englands giebt es solche Einrichtungen.

Cluse du Doubs. (S. Pontarlier.)

Clyde, Lord, (als Soldat bekannt als John Campbell) engl. F.-M. (1792—1863). In seiner Jugend kämpfte er in Spanien, nachher in Indien. Einen Namen machte er sich als Kommandeur der Hochländer-Brigade in der Schlacht an der Alma. sowie bei Balaklawa. Berühmt aber wurde er durch seine Führung der brittischen Truppen im Aufstande der Sepoy's 1857. Seiner rastlosen Energie gelang binnen Kurzem die Niederwerfung der Gegner. Er wurde Pair und F.-M. Seine Asche wurde in der Westminister Abtei beigesetzt.

Coblenz. Dort steht Gen.-K. VIII. Armeekorps; die Stäbe der 30. Inf.- und 8. Feld.-Art.-Brig.; Kommandantur; 6. Rhein. Inf.-Regt. No. 68; Stab, 1., 2. und 4. Abth. des 2. Rhein. Feld.-Art.-Regts. No. 23; Rhein. Pionier-Bat. No. 8; 8. Gend.-Brig.; Bez.-Kommando; Art.-Depot; Fortif.; Prov.-Amt; Garn.-Verw. und Lazareth.

In Ehrenbreitenstein: Stab, 1., 3. und 4. Bat. Inf.-Regt. v. Göben (2. Rhein.) No. 28; Stab und 2. Bat. Schlesw.-Holst. Fuss-Art.-Regt. No. 9; Rhein. Train-Bat. No. 8; Arbeiter-Abth.; Train-Depot; Garnison-Lazareth; Servisklasse 1.

Coblenz wurde 1688 von den Franzosen belagert. 1795 von ihnen genommen, die 1799 die Festungswerke sprengten. 1814 kam es an Preussen, welches die Festung neu erbaute.

Coburg. Dort steht das 3. Bat. Thür. Inf.-Regts. No. 95; Garn.-Verw. und Lazareth; Servisklasse 2.

C. wurde 27./9. 1632 durch die Kaiserlichen eingenommen.

Cochinchina wurde 1860—62 von den Franzosen bekriegt und die starke Festung Quinhoa bei Saigon erobert. Erst 1879 gelang die völlige Unterwerfnng des Landes.

Cockburn, englischer Admiral (1801—1896) befehligte im englisch-amerikanischen Kriege die Flotte von Norfolk und nahm Hampton ein.

Cochrane, Sir, englischer Admiral (1748—1832) zeichnete sich im Kriege gegen Amerika aus, sein Versuch New-Orleans zu überrumpeln, scheiterte gänzlich. Sein Neffe, Earl Thomas, englischer Vize-Admiral (1775—1860) führte im englisch-amerikanischen Kriege einen Kreuzer mit Erfolg, kommandirte 1818 die chilenische Flotte gegen die Spanier, 1822 die brasilianische Flotte und 1827—28 die griechische; trat 1832 in englische Dienste.

Codrington, Sir, englischer Admiral (1770—1851), führte in der Schlacht bei Trafalgar den „Orion". 1827 führte er den Oberbefehl über die verbündete englisch-französische und russische Flotte; erlebte die Katastrophe von Navarin.

Coehorn, Baron von, (1641—1704) war nicht nur berühmter Festungsbauer, sondern auch Festungseroberer und Vertheidiger von Namur gegenüber Vaubans Angriff. Auch war er Erfinder der C.'schen kleinen Mörsers. In seinen Festungsanlagen begünstigte er die Offensive, auch die abschnittsweise Vertheidigung.

Cöln. Dort stehen die Stäbe der 15. Div., der 27. Inf.-, und 15. Kav.-Brigade; 2. Fuss.-Art.- und 7. Fest.-Insp.; Gouvernement und Kommandantur; Inf.-Rgt. Frhr. v. Sparr (3. Westf.) No. 16; 5. Westf. Inf.-Rgt. No. 53, 5. Rhein. Inf.-Rgt. No. 65, 3. Abth. Feld-Art.-Rgt. v. Holtzendorff (1. Rhein.) No. 8 (vorläufig, später Trier), 3. Abth. 2. Rhein. Feldart. Rgt. No. 23, 1. Westf. Fuss-Art.-Rgt. No. 7, 1. Bat. Schlesw.-Holst. Fuss-Art.-Rgt. No. 9, 3. Art.-Depot-Insp., Festungs-Gefängniss, Bezirks-Kommando, Art.-Depot, Fortifikation, Proviantamt, Garnison-Verwaltung und Lazareth.

In Deutz. Kür.-Rgt. Graf Gossler (Rhein.) No. 8, Art.-Werkstatt, Westf. Pion.-Bat. No. 7, Bezirks-Kommando, Garnison-Lazareth. — Servisklasse 1.

Coeslin. Dort steht das 3. Bat. Inf.-Rgt. von der Goltz (7. Pom.) No. 54, Kadettenhaus, Garnison-Lazareth. — Servisklasse 2.

Coigny, Herzog von, französischer Feldmarschall (1670—1759). Er war ein tüchtiger Soldat, vertrat de Villars in Ober-Italien und siegte 1719 bei Parma, nahm Mantua und siegte bei Guastala. Später führte er am Rhein, auch gegen Prinz Eugen, doch ohne zur Geltung zu kommen. Die Familie C. hat viele tüchtige Soldaten geliefert.

Coffinières de Nordeck, war 1870 Kommandant von Metz, dessen Bemühungen es mit zu verdanken war, dass Bazaine an der Festung zurückgehalten wurde.

Colberg. S. Kolberg.

Cold Harbor in Virginien bei Richmond. 3./6. 1864 verlustreiche doch unentschiedene Schlacht. General Grant gegen Lee.

Collalto, Raimbald Graf, österreichischer Feldmarschall (1575—1631) nahm, aus Venedig verbannt, kaiserliche Dienste, zeichnete sich im 30jährigen Kriege aus. war dann Präsident des Hofkriegsrathes, eroberte 1630 Mantua, ward wegen eines geschlossenen Waffenstillstandes in Anklagezustand versetzt und starb in Chur auf der Reise nach Regensburg, wohin er sich zu seiner Vertheidigung begeben wollte.

Collingwood, Lord, englischer Admiral (1750 bis 1810), war schon ein bekannter Seeheld, als er bei Trafalgar mit dem „Royal Sovereign" den Angriff begann und der „Santa Anna" zu Leibe ging, er musste sich gegen vier Schiffe wehren, die ihn allmählich umgaben. Er halt sich in der meisten der in der Schlacht, in welcher Nelson geblieben war, erbeuteten Schiffe versenken oder verbrennen.

Colloredo, Graf von Waldsee, österreichischer Feldmarschall (1585—1657), war ruhmloser Nachfolger Wallensteins 1643 in Schlesien; jedoch zeichnete er sich bei der Vertheidigung Prags 1648 aus. Ein anderer

2. **Graf Johann** (1601—1649), war erst in österreichischen Diensten, dann in venetianischen, vertheidigte Candia 1649, und fiel dabei.

3. **Graf Joseph** (1735—1818), Feldmarschall, hat grosse Verdienste um das österreichische Artilleriewesen.

4. **Graf Hieronymus** (1775—1822), holte sich nach den Kämpfen am Rhein 1805 bei Colloredo das Theresienkreuz; hielt 1809 Venzone gegen grosse Uebermacht, stürmte 1813, nach dem Einbruche in Sachsen, die Dippoldisschanze bei Dresden, ebenso 30./8. in der Schlacht bei Kulm das wichtige Dorf Arbesau, wodurch den Franzosen der letzte Rückzug abgeschnitten war. Am 17./9. eroberte er zum zweiten Male Arbesau von der Höhe bei Kulm aus, bei Leipzig kämpfte er und führte bei Dölitz und Probstheyda; 1814 bei Troyes verwundet, musste er das Feld aufgeben.

Colmar i./E. Dort steht der Stab der 29. Kav.-Brig., die Jäger-Bat. Magdeb. No. 4, Hannov. No. 10 und Grossh. Meckl. No. 14, das Kurmärk. Drag.-Rgt. No. 14, Bezirks-Kommando. Proviantamt, Garnison-Verwaltung und Lazareth. — Servisklasse 2.

Colomb, v., 1. preussischer General der Kavallerie (1775—1854), machte sich als Parteigänger 1813—14 einen Namen.

2. **Peter,** v., preussischer Generallieutenant (1812—1888), Sohn des vorigen, nahm 1866 als Kommandeur der 1. Garde-Ulanen theil und zwar in der Schlacht bei Königgrätz an der Zersprengung der österreichischen Kavallerie-Brigade Mengen bei Problus. Im Feldzuge 1870 führte er die 3. Kavallerie-Brigade. In der Schlacht bei Loigny—Poupry war es der 3. Kavallerie-Brigade vergönnt, durch zweimaliges Anreiten auf französische Infanterie den linken Flügel der 22. Division erfolgreich zu decken.

3. **Otto,** v., preussischer Generallieutenant (1815—91). Er trat bei den Gardeschützen ein, kämpfte 1848 in Polen, machte als Kommandeur der 4. Jäger den Feldzug 1866 (Podol. Münchengrätz und Wald von Maslowed) mit. Bei Wörth wurde er an der Spitze des 80. Regiments schwer verwundet. Wenn er auch geheilt wurde, so brach die Wunde doch bald wieder auf, so dass er 1875 sich vom Dienste zurückziehen musste.

Colombey-Nouilly. Schlacht 14./8. 1870. Marschall Bazaine marschirte durch Metz. Nachhut (2. Korps) bei Peltre. General von der Goltz bemerkte den Abgang. griff an (26. Inf.-Brig., 7. Jäger, 8. Husaren, 2 Batt.) meldete, begann den Kampf um La Planchette, Colombey, Montoy. 13. Division und im Norden das 1. Armeekorps trafen unterstützend ein. 1. Division nahm Lauvallier, 60 preussische Geschütze fuhren auf, 25. Brigade half bei Colombey. Im Norden wurde Nouilly und Mey genommen. Abends stürmten die Franzosen nach Lauvallier, wurden aber durch General von Bentheim wieder geworfen. Im äussersten Norden wurde Villers de l'orme genommen. Preussen verloren 222 Offiziere, 5000 Mann, die Franzosen 220 Offiziere, 3408 Mann. General Decaën fiel.

Plan s. Seite 134.

Coloniapulver. Sprengstoff, zur Klasse der Dynamite gehörig, besteht wie Nobels Sprengpulver aus Nitroglycerin und Schwarzpulver.

Comburg bei Hall. Dort steht Bez.-Kom. u. Ehren-Inv.-Korps.

Commandement ist das Maass der Ueberhöhung einer hinten liegenden Brustwehr über die vordere.

Commanden, höhere, werden in (*Oest.-Ung.*) die durch Generale repräsentirten Commanden genannt, vom Brigade- bis zum Armee-Ober-Commando.

Commandirender General heissen die Commandeure von Armeekorps.

Commines, 11./6. 1647, Eroberung durch E. H. Leopold.

Commission. (S. die betreffenden Artikel.)

Compiègne (Isle de Truna) Dort wurde 1430 die Jungfrau von Orleans gefangen. Am 27./6. 1815 Gefecht zwischen Preussen und Franzosen, in welchem letztere wichen.

Communikationen. Dazu gehören alle Eisenbahnen, Strassen und Wege, Ueberbrückungen und Uferverbindungen.

Concha, Don José de la, Marques de la Habana, spanischer General-Kapitän (1800—69), diente in Amerika und focht in den Karlisten-Kriegen. 1849 wurde er als General-Kapitän nach Cuba geschickt, abberufen, ging dann zur Opposition über, floh nach Frankreich, kehrte 1854 wieder nach Spanien zurück, wurde noch einmal General-Kapitän in Cuba, aber 1856 wieder abgesetzt; 1863—68 war er Kriegsminister, 1872—75 wieder Generalkapitän in Cuba, doch konnte er die Ruhe dort nicht herstellen. Mit dem Regierungsantritt Alfons XII. legte er seine Aemter nieder.

Don **Manuel,** sein Bruder (1808—1874), der schon 1840 in den Karlisten-Kriegen F.M. wurde, führte ein ebenso wechselvolles Leben. 1841 erhob er sich gegen Espartero und musste nach Florenz fliehen, doch 1843 drängte er Espartero zur Flucht; 1847 unterdrückte er den portugiesischen Aufstand in Kürze, wofür er Marques del Duero wurde; 1853 wurde er wegen liberaler Adresse an Königin Isabella nach den kanarischen Inseln verbannt, von wo er über Frankreich nach Spanien wieder zurückkam; 1874 kämpfte er nach mancherlei Schicksalen wieder gegen die Karlisten und fiel beim Sturm auf die Schanzen bei Estella.

Condé, eine kleine französische Festung 3. Ranges gegen Belgien.

Condé, Louis von Bourbon. Prinz von C. (1530—1569). Er trat an die Spitze der Hugenotten und fand in den Kriegen für dieselben den Tod. Zwei Söhne desselben spielten eine wenig rühmliche Rolle, um desto grössere sein Enkel, der grosse Condé (1621—1686); dieser siegte schon 1643 glänzend über die Spanier bei Rocroi und nahm Diedenhofen. 1644 schlug er, vereint mit Turenne den General Mercy in der 3 tägigen Schlacht bei Freiburg, siegte im nächsten Jahre in demselben Bunde zu Allersheim. 1648 siegte er in Flandern bei Lens, 1651 schloss er sich der Fronde an und kämpfte gegen den Hof. 1660 begnadigt, führte er noch unwesentliche Kriege gegen Turenne, Oranien pp. Er war eine der glänzendsten Erscheinungen seiner Zeit.

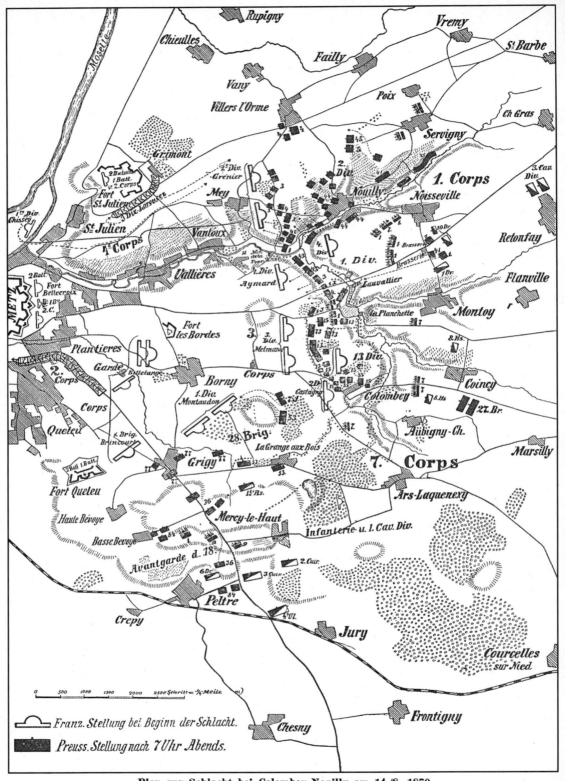

Plan zur Schlacht bei Colombey-Nouilly am 14./8. 1870.

Louis de Bourbon, Prinz von C. (1736 bis 1818). schlug im 7jährigen Krieg den Herzog von Braunschweig bei Nauheim. Der Revolution entweichend, ging er nach Oesterreich, focht in verschiedenen Schlachten, auch in englischen und russischen Diensten, und kehrte erst mit der Restauration nach Paris zurück.

Condottieri nannte man im 14. und 15. Jahrhundert in Italien die Söldner, die sich freiwillig jedem Führer verkauften, der Geld bot. Sie bildeten, wenn auch wenig zuverlässig, die Hauptstütze aller Staaten in Italien, waren aber eine Landplage.

Conduite-Listen werden die über die Fähigkeiten, Leistungen etc. der Offiziere geführten Listen genannt.

Congreve, William (1772—1828), Oberlieutenant und Aufseher in Woolwich, erfand Kriegsraketen und verbesserte das Schiesspulver.

Congrevesche Raketen spielten von Anfang bis Mitte dieses Jahrhunderts eine Rolle. Mit den gezogenen Geschützen verschwanden sie.

Conlie (an der Sarthe). Dort war das grosse französische Lager, in dem die Gambettaschen Neubildungen ausgebildet wurden; dazu waren grosse Befestigungen, Baracken etc. angelegt worden. Es wurde nach der Schlacht bei Le Mans am 14./1. 1871 von den Deutschen besetzt und eine grosse Menge Material vorgefunden.

Connétable, höchste militärische Würde in Frankreich von der Zeit der Capetinger ab bis in das 17. Jahrhundert.

Conrady, v., preussischer General der Infanterie (geb. 21./3. 1827) eingetreten im Infanterie-Regiment No. 6. 1866 war er Kommandeur des 1. Hohenzollerschen Füsilier-Regiment No. 40; 1870—71 Kommandeur des 2. Hannoverschen Infanterie-Regiments No. 77; zuletzt Gouverneur von Metz. Bedeutender Militär-Schriftsteller, S. Litt.

Conscriptions-System verdrängte das Werbe-System. Es galt zwar bei ersterem schon im allgemeinen der Grundsatz, dass jeder Staatsbürger zum Kriegsdienste verpflichtet sei; doch konnte man sich loskaufen oder sich vertreten lassen; auch waren zahlreiche Klassen, besonders die gebildeten und besitzenden, von der Wehrpflicht befreit. Die Wehrpflichtigen wurden eingeschrieben (conscribirt), daher der Name.

Constantine ist eine Festung in Algerien, deren Besitz den Franzosen blutige Köpfe gekostet hat. 1836 glaubte General Clausel sie durch einen Handstreich nehmen zu können; jedoch musste er nach vergeblichen Sturmanläufen umkehren. 1837 wurde eine grössere Expedition unter General Damrémont dahin ausgerüstet. Bei der Belagerung fiel dieser und erst nach blutigen Kämpfen gelang es die Festung zu nehmen, die jetzt Sitz der Militär-Division C. geworden ist.

Consultirender Chirurg hat im Kriegsfalle eine wissenschaftlich-technische Thätigkeit zu entwickeln — auf den Verbandsplätzen wie in den Lazarethen. Sie haben die Lazarethe ihres Bezirks möglichst oft zu inspiziren, unter eigener Verantwortung etwaige Missstände abzustellen, sowie etwaigen Repuisitionen wegen Ausführung von Operationen so bald als möglich zu entsprechen.

Contades, Marquis de, franz. Marschall (1704 bis 93). Nachfolger des Generals Graf Clermont in der Rhein-Armee, war ein vorsichtiger Führer, und verlor die Schlacht bei Minden 1759, namentlich durch die Schuld Broglies.

Conti, Seitenlinie der Bourbons.

Contreapprochen heissen die vor- und seitwärts der Festungswerke vom Vertheidiger ausgeführten Arbeiten, als Jägergräben, Laufgräben, Zickzacks und Batterien, von welchen der Angreifer enfilirt werden kann.

Contreescarpe ist die äussere Wand des Grabens einer Befestigung.

Contregarde sind flaschenartige Werke, welche im Graben vor den Bastionen, den Redans oder Ravelins angelegt werden.

Convoy, Geleit, Bedeckung eines Proviant- oder Armee-Material-Wagenzuges.

Conzer Brücke. 11./8. 1675 dort Schlacht in der die Franzosen unter Crequi, die zum Entsatz von Trier herbeieilten, gänzlich geschlagen wurden; sie verloren 70 Fahnen und Standarten und 3000 Mann. Trier wurde genommen.

Cooper, konföd. General (1798—1876), war General-Inspekteur der konföderirten Armee 1861—65 und hat als solcher zur Organisation derselben vieles beigetragen.

Coordinirte Behörden sind gleichgestellte Beh.

Coote, engl. General (1726—83), schlug Hyder Ali in zwei Schlachten und rettete dadurch Ostindien den Engländern. 1781.

Corbineau, (1776—1830) franz. Gen., ist in den Napoleonischen Zügen oft genannt, da er General-Adjutant des Kaisers war. nachdem er sich an der Beresina durch Entdeckung einer Furth ausgezeichnet hatte. 1813 Vandammes Reiterei führend, schlug er sich mit einem Theile derselben bei Kulm durch, und zeichnete sich 1814 bei Montmirail und Reims aus.

Cordit (franz. Kordeit): Englisches rauchschwaches Pulver, besteht aus 37 Theilen Schiesswolle, 58 Th. Nitroglyzerin und 5 Th. Vaseline (letztere meist nur bei den für scharfe Schüsse bestimmten Pulver). Zur Gelatinirung der Schiesswolle wird diesen 100 Gewichtstheilen noch 19,2 bis 19,5 Theile Essigäther hinzugefügt, das Gemenge gründlich durchknetet, die gleichförmige zähe Gallerte durch Pressen verdichtet. in Fadenform ausgestanzt (cord = Seil), die Fäden auf Trommeln gewickelt, getrocknet und in passende Längen geschnitten. Die Widerstandsfähigkeit des C. gegen klimatische Einflüsse ist eingehend erprobt worden; doch soll es die Waffen stark angreifen und in Bezug auf gleichförmige Wirkung zu wünschen übrig lassen. Endgültig eingeführt für das Inf.-Gewehr m/89, für sämmtliche Schnellfeuerkanonen und einige andere Geschütze, z. B. das neue 12zöllige (30,5 cm) Marinegeschütz, Drahtkanone System Longridge.

Cordova, Fernandez de (1792—1880) und Luis (1799—1840) waren beide General-Kapitäns und spielten in den Wirren hervorragende, aber wenig charaktervolle Rollen, so dass sie schliesslich von keiner Partei mehr geachtet, ruhmlos endeten.

Cordonsystem, das System, welches die Grenze, einen Fluss-Gebirgs-Abschnitt etc. durch eine zusammenhängende Reihe von Posten oder Heerestheilen sichert.

Cork. Englischer Hafen. S. Queenstown.

Cormontaigne, de. (1659—1752) ist Gründer einer Befestigungsmanier mit grossen geräumigen Bastionen, die vielen Anklang fand.

Corneille. (St.) Gefecht 12./1. 1871. S. Le Mans.

Cornet von „corneta" Reiterfahnen, veralteter Ausdruck für Fähnrich, Fahnenjunker oder jüngster Offizier.

Cornette im 16. und 17. Jahrh. eine Reiter-Kompagnie.

Corny südwestlich Metz. August 1870 Uebergangspunkt des linken Flügels der I. deutschen Armee über die Mosel. Im Sept. und Okt. Hauptquartier des Prinzen Friedrich Karl.

Cornwallis Marquis, engl. General. (1738 bis 1819) zeichnete sich in den Kämpfen in Nord-Amerika aus, wurde aber bei Yorktown vom General Washington zu Lande und zu Wasser eingeschlossen und musste am 19./8. 1781 mit 9000 M. kapituliren. 1786—93 nach Indien geschickt, unterwarf er den Aufstand unter Tippo Sahib, und organisirte das Land; unterdrückte 1798 in Irland die Unruhen, vertrieb die Franzosen und starb schliesslich in Indien.

Corps. S. Korps.

Coruna. 16./1. 1809. Treffen, in welchem General Moore über Soult und Ney siegte.

Cosel. Dort steht der Stab, 1., 2. und 4. Bataillon 3. Oberschlesischen Infanterie-Regiments No. 62 (das 3. Bataillon in Ratibor); Bezirks-Commando; Proviant-Amt; Garnison-Verwaltung und Lazareth. — Servisklasse 3.

(Bis 1873 Festung.)

Cosel, v., preussischer General der Cavallerie (1789—1876). trat ins Husaren-Regiment Prittwitz ein, focht 1807 beim Corps Lestocq, bei Eylau, attackirte bei Heilsberg das 55. französische Regiment, das ganz vernichtet wurde; war 1812 in Russland; 1813 Adjutant bei der Reserve-Cavallerie von Blüchers Corps bei Gross-Görschen und Bautzen, machte den schönen Reiterangriff bei Haynau mit, und wurde verwundet. Bei Dresden schwer an der Schulter verwundet, kam er in den Generalstab, machte die Schlacht bei Leipzig und Belle Alliance mit und wurde bei Versailles gefangen genommen beim unglücklichen Gefecht der Brigade Sohr, war zuletzt, 1840—48, Director des Militär-Oekonomie-Departements.

Cotoyiren. Wenn eine Truppe (Freund oder Feind) seitwärts einer anderen in gleicher Höhe marschirt. C. heisst das Begleiten der Truppen auf dem r. Flügel bei Paraden; geschieht seitens der nicht in Front stehenden Vorgesetzten, Chefs etc.

Cottbus. Dort steht Infanterie-Regiment von Alvensleben (6. brandenburgisches) No. 52 (nur 1 Bataillon in Crossen); Bezirks-Commando; Garnison-Verwaltung und Lazareth. — Servisklasse 2.

Coulmiers. Treffen 9./11. 1870. General v. d. Tann hatte La Rénardière und Coulmiers besetzt. General Graf zu Stolberg (2. Cavallerie-Division und Detachement Bayern) hatte in Westen überlegene französische Massen im Marsche erkundet. 16. französische Corps griff an gegen La Rénardière; die Division Jauré-giberry gegen Cheminiers, Division Barry gegen Coulmiers. Da der überlegene französische Angriff (2 Corps) immer umfassender wurde, entzog sich General v. d. Tann der Umschliessung durch Rückmarsch auf Artenay, wo die 22. Division ihm die Hand reichen konnte.

Plan s. Seite 137.

Coup, Hieb, Schlag, wird auch in Bezug auf eine gegen den Feind gerichtete Unternehmung, eine Ueberraschung gebraucht. C. de main, Handstreich. C. d'oeil, Augenmaass, schnelle gute Beurtheilung der Sachlage.

Coupirtes Terrain. Durchschnittenes Gelände.

Courbière, de l'Homme de, preussischer G.F.M. (1733—1811) ist der heldenmüthige und standhafte Vertheidiger von Graudenz, der die Festung 1807 vom Januar bis Juni trotz einer unzuverlässigen Besatzung seinem Kriegsherrn erhalten konnte. Seinen Namen trägt das preussische Infanterie-Regiment No. 19.

Courcelles, südöstlich Metz, 1870 Endpunkt der die Einschliessungs-Armee mit Deutschland verbindenden Eisenbahn; sorgsam geschützt.

Couronnement des Glacis hiess ehedem die letzte traversirte Sappe auf der Brustwehr des Glacis, von wo aus die Bresche geschossen bezw. der Grabenniedergang ausgeführt wurde.

Courtine. Der Mittelwall, jene Linie der Hauptumfassung des bastionirten Umrisses. welche die Flanken zweier Nachbar-Bastionen miteinander verbindet.

Courtray war früher eine mannigfach umstrittene Festung in Flandern. 15./9. 1793 siegreiches Treffen der Oesterreicher. Dort drängten 1794 die Franzosen unter Sonham die Oesterreicher unter Clerfayt zurück. Thielmann erfuhr hier 1814 eine Niederlage durch die Franzosen.

Cowes, ein stark befestigter Kriegshafen an der englischen Küste, im Norden der Insel Wight.

Cranach, Lucas von, preussischer General der Infanterie (1818—1894), focht 1866 im Corps Manteuffel, nahm Stade (Orden p. l. m.) focht bei Waldaschach, Uettingen und Rossbrunn. 1870/71 führte er die 57er bei Mars la Tour, Beaune la Rolande und an der Loire, dann die 38. Brigade von Villor-Pocher und Chateau-Renault bis Tours.

Craonne. Dort am 7./3. 1814 Schlacht zwischen Blücher und Napoleon. Ersterer hatte Stellung auf der Höhe westlich Craonne (linker Flügel Dorf Ailles am Abhange) genommen. Sacken und Langeron in Reserve. Er wollte mit den Russen den rechten Flügel Napoleons angreifen und hatte dazu 6. Abends ein Reiter-Corps unter Wintzingerode über die Lette abgeschickt, während York und Kleist bereit waren, den Uebergang zu schützen. Letzteres sollte zugleich in rechten Flügel und Rücken Napoleons fallen. Allein die Umgehung stiess auf Hindernisse. Napoleon griff mit aller Gewalt den linken Flügel der Alliirten an, der durch Artillerie stark geschützt war. Ney konnte trotz dreifachen Sturmes Ailles nicht einnehmen, erst als zwei Corps zur Unterstützung herbeikamen, wurde das Dorf nach furchtbaren Opfern genommen. Doch waren die Früchte des Sieges für Napoleon nur geringe.

Cravant, ein viel umstrittener Flecken in der Schlacht bei Beaugeancy 8.—10./12. 1870. (S. B.

Crefeld. Dort steht Bezirks-Commando. — Servisklasse 1.

Cremer (1840—76), wurde 1871 vom Hauptmann zum General befördert und zum Ober-Commandeur der Armee des Ostens ernannt, focht 18./12. mit geringem Erfolge bei Dijon und führte den linken Flügel der Armee Bourbakis an der Lisaine.

Creazzo, 7./10. 1513 siegreiches Gefecht der Kaiserlichen. Feindlicher Verlust 5000 Mann, 22 Geschütze. viele Fahnen und alles Gepäck.

Cremona, von den Kaiserlichen belagert 6. August bis 23. September 1526, dann erstürmt. 1./2. 1702 siegreicher Ueberfall durch Prinz

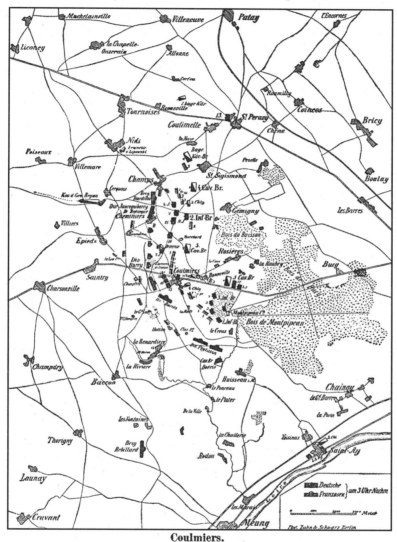

Coulmiers.

Eugen. Feindlicher Verlust: Marschall Villeroi gefangen; 4 Generale; 5 Obersten; 153 Offiziere; 1274 Mann; 7 Fahnen; 2 Pauken. Bei C. fand auch das Gefecht der piemontesischen Nachhut gegen die Oesterreicher statt, 30.—31./7. 1848.

Crequi, Marquis von, Marschall von Frankreich (1623—1684) zeichnete sich schon als selbstständiger Führer in den Kriegen in den Niederlanden 1667 aus, nahm Brügge und wurde dafür Marschall. 1670 besetzte er im tiefsten Frieden Lothringen. Er betheiligte sich 1673/75 an den Kriegen im Norden Frankreichs, wurde aber an der Conzer Brücke geschlagen und in Trier gefangen. Mit grosser Summe befreit, ging er nach Lothringen, wurde Nachfolger Turennes, nahm 1677 Freiburg und siegte 1678 bei Rheinfelde. Verwüstete die Pfalz, zwang 1679 den grossen Kurfürsten zum Frieden und eroberte Luxemburg. Sein Name steht in Süddeutschland in schlechtestem Angedenken.

Crespy. 18./9. 1544. Friedensschluss.

Cresylit. Sprengstoff, nitrirtes Cresol (Cressylalkohol; Bestandtheil des Creosot) bildet mit einer kleinen Menge Melinit (Zündladung?) die

Sprengladung der französischen Minengranaten für 80 und 90 mm Feldkanonen.

Crête, die Linie, in welcher die Brustwehrkrone mit der Brustwehrböschung sich schneidet. Aeussere und innere C.

Creuzot, grosse Panzerfabrik.

Crillon. 1. Louis (1541—1615) nahm Theil an den Kämpfen Heinrichs IV., hatte den Beinamen „le brave des braves." 2. Louis (1718—1796 machte die Feldzüge 1742—1746 mit, focht im 7jährigen Kriege mit Auszeichnung, wurde französischer Generallieutenant, trat 1762 in spanische Dienste über, eroberte 1782 die Insel Minorca von den Engländern, leitete später die Belagerung von Gibraltar

Croix (La). Gefecht 12./1. 1871. Siehe Le Mans.

Cromwell Oliver (1599—1658). Lord-Protektor von England (seit 1653), der sich dadurch auszeichnete, dass er ohne Vorkenntniss seine militärische Laufbahn in dem Alter begann, in welchem Napoleon die seinige bereits abgeschlossen hatte.

Croquis, ein nach dem Augenmasse und mit Hülfe des Abschreitens gezeichneter Plan einer Gegend, ein Handriss (Kroki).

Crossen. Dort stehen 1. Batt. Inf.-Rgt. von Alvensleben (6. Brandenb.) No. 52. Bez.-Kom. — Servisklasse 3.

Cross Keys. Dort schlug der conföderirte General Jackson in seinem Virginienthal-Feldzuge 8./6. 1862 erst Fremont, und dann kehrt machend Shields mit seinen geringen Kräften.

Croupe, der hintere Rückentheil des Pferdes.

Crouzat, französischer General (1811—79), Artillerist, führte das 20. neu gebildete Korps 1870 bei Beaune la Rolande.

Croy, Prinz, österreichischer General der Kavallerie (1827—1894). erst preussischer Offizier in den Gardes du Korps. 1853 in österreichische Dienste, zeichnete sich als Ordonnanzoffizier vom General Piret 1866 bei Custozza aus; zuletzt Kommandeur des 9. Armee-Korps.

Csorich de Monte Creto, Freiherr, österreichischer F.M.L. (1795—1860), war 1850 Kriegsminister in Wien.

Cugia Efisio, (1818—1872) befehligte 1866 als Generallieutenant bei Custozza die 8. italienische Division; dann Kriegsminister, endlich 1. Adjutant des Kronprinzen.

Cüstrin. Dort stehen: Kommandantur, Inf.-Rgt. von Stülpnagel (5. Brand.) No. 48, 2 Batt. Garde-Fuss-Art.-Rgt., Bezirks-Kom., Art.-Dep., Fortifikation, Prov.-Amt, Garn.-Verw. u. Laz. — Servisklasse 2. — Preussische Festung und Brückenkopf für grössere Uebergänge über die Oder, mit einzelnen vorgeschobenen Forts, auf beiden Oder- nnd Warthaufern. Wurde 1758 von den Russen vergeblich belagert; 1806 von den Franzosen, 1814 von den Alliirten durch Kapitulation gewonnen.

Culloden im nördl. Schottland, 27./4. 1746 Sieg über den Prätendenten Eduard von Schottland durch Herzog von Cumberland (s. dort).

Culm. Dort steht Pomm. Jäger-Bat. No. 2; Garn.-Verw. und Laz. Servisklasse 3.

Cumberland, Herzog von (1721—65), schlug 1746 die noch mit blanken Waffen versehenen Schotten durch einfaches Gewehrfeuer bei Culloden und endete damit die Versuche der Stuarts nach dem Throne Schottlands zu streben. C. hat sich durch seine Grausamkeit gegen die Besiegten einen üblen Namen geschaffen. Er wurde im 7jäh. Kriege bei Hastenbeck geschlagen und damit erlosch sein Ruhm gänzlich.

Cummersdorf, Schiessplatz. Dort steht die Versuchs-Komp. d. Art.-Prüf.-Kommission.

Curial, Graf (1774—1829), führte die franz. Garde-Division in Russland, that sich in der Schlacht bei Leipzig in den Angriffen auf Dölitz hervor.

Curtatone. Dort glänzender Sieg Radetzkys 29./5. 1848 über Laugier, der sich an der Osone-Linie zur Beobachtung von Mantua aufgestellt und bei C. verschanzt hatte. Oesterr. Verlust: 36 Offz., 639 Mann. Feindlicher Verlust: 86 Offz., 3784 Mann, 4 Kanonen, 4 Munitionswagen.

Custer, amerikan. General (1839—76). Er zeichnete sich im Heere der Nordstaaten im Sezessionskriege aus. Bei den Kämpfen im Juni 1876 am Little Horn River fiel er mit 5 Kompagnien des 7. Kavallerie-Regiments am 25. in einen Hinterhalt der Sioux-Indianer unter Sitting Bull und wurde mit seiner Truppe vernichtet.

Custine, Adam, Graf v. (1740—1794). Ging 1792 gegen Speyer und von da gegen Mainz vor, das am 23./10. kapitulirte. Der untere Main fiel in seine Hände. Friedrich Wilhelm II. rückte ihm entgegen, entriss ihm alle seine Eroberungen, auch Mainz. Er wurde Nachfolger des entwichenen Dumouriez; da er sich aber den Maassregeln der Konventbrüder nicht willig fügte, wurde er guillotinirt.

Custozza bei Verona. Hier wurden zwei berühmte Schlachten geschlagen. Am 23./7. 1848 durchbrach F.-M. Radetzky die Stellung des Königs Albert, die er zwischen Rivoli und Governolo eingenommen hatte, durch den Stoss auf das Zentrum bei Sommacampagna, und bemächtigte sich des Mincio-Uebergangs. Am 24. eroberte der König die Stellungen wieder. Am 25. machte Radetzky kehrt, und schlug die Italiener so völlig, dass sie einen ungeordneten Rückzug über den Mincio antraten.

Die grosse Schlacht des Jahres 1866 fand dort am 14./6. statt, in welcher der Erzherzog Albrecht an der Spitze der österreichischen Armee die italienische unter General La Marmora schlug.

Plan s. Seite 139.

Die Italiener hatten eine feste Stellung auf den Höhen um Custozza. Der Erzherzog beschloss einen Hauptangriff auf den linken Flügel; zugleich wurden die Höhenzüge auf dem rechten Flügel genommen und mit vereinten Kräften Custozza erstürmt, nebst dem starken Schloss des Dorfes. Damit war die Schlacht für die Italiener verloren.

Cuxhaven. Dort steht Kommandantur und Fortifikation.

Cylinder-Verschluss (Kolbenverschluss). Verschluss des preuss. Zündnadelgewehrs m/41, ist seither in vervollkommneter Gestalt für sämmtliche Hinterlader angenommen worden und hat alle anderen (Block-, Wellen- und Klappen-)Ver-

Plan der Schlacht bei Custozza, am 14./6. 1866.

schlüsse verdrängt. Das Oeffnen und Schliessen erfolgt theils durch Drehbewegung, theils durch Geradzug (Oesterreich-Ungarn, Schweiz). Näheres und Abbildung s. Gewehr.

Czapka, Kopfbedeckung der Ulanen; ursprünglich polnisch.

Czaslau in Böhmen. Hier wurden 14./9. 1618 die kaiserl. Truppen unter Dampièrre von den aufständischen Böhmen unter Graf Thurn geschlagen. 17 /5. 1742 Sieg Friedrich II. im ersten schles. Kriege über Karl v. Lothringen Oest. Stärke: 30500 Mann, 38 Kanonen; Verlust: 3 Gen., 235 Offz., 5953 Mann. 73 Pferde. Preuss. Stärke: 28000 Mann, 80 Kanonen; Verlust: 4 Gen., 151 Offz., 5051 Mann, 2 Fahnen, 15 Standarten, 3000 Pferde.

Czenstochau, Kloster in Russisch Polen, 1657 Einnahme durch die Oesterreicher.

Cyr, Gouvrian, Graf, Marschall von Frankreich (1764—1830), führte 1808 ein Armeekorps in Spanien, nahm Theil am Feldzuge 1812, zeichnete sich 1813 in der Schlacht bei Dresden aus, musste nach Leipzig kapituliren. Militär-Schriftsteller.

Cyr, St. berühmteste Militärschule Frankreichs; errichtet 1803.

Cyclostyle ein Vervielfältigungs-Apparat, der in einer Stunde bis 250 Kopien herstellt, was bei lithog. Handpressendruck nur in der vier- bis fünffachen Zeit möglich ist; eignet sich auch für Verwendung im Felde.

D.

D. A. Abkürzung für „Dienstanweisung zur Beurtheilung der Militär-Dienstfähigkeit und zur Ausstellung von militärärztlichen Zeugnissen".

Dabrowski, französischer und polnischer General (1755—1818). Errichtete mit Bonapartes Einverständniss polnische Legionen, mit denen er in Italien dem General wesentliche Dienste leistete. Dann organisirte er in Polen Kräfte, mit denen er 1807 bei Danzig, 1809 in Polen und 1812 noch an der Beresina tapfer kämpfte. 1813—14 zeichnete er sich mit denselben bei Gross-Beeren und bei der Vertheidigung der Hallischen Vorstadt in Leipzig aus. Seine Truppen führte er nach dem Sturze Napoleons nach Hause. Er hinterliess einige einst geschätzte Werke über jene Episoden.

Dachau in Böhmen, 13./10. 1744, siegreiches Gefecht der Oesterreicher.

Dagobert, französischer General, führte 1793 bis 1794 den Befehl über die Armee in den Ostpyrenäen.

Dahlberg, Graf, schwedischer Feldmarschall. (1625—1703), eine treue Stütze Carl X., der auch in Festungsbauten hervorragendes leistete.

Dahlgren, amerikanischer Admiral (1810 bis 1870), übernahm im April 1863 den Befehl über die unirte Angriffsflotte bei Charleston. Seine selbst konstruirten Geschütze (Dahlgren-guns), wurden im Sezessionskriege vielfach verwendet.

Dahlgren-Geschütze: Nach ihrem Konstrukteur dem amerikanischen Admiral Dahlgren (1810—1870) genannt. Die Dahlgren-Geschütze waren gusseiserne Vorderlader, die massiv gegossen und dann stufenförmig (ähnlich der Form der künstlichen Metallkonstruktion) abgedreht wurden. Sie bewährten sich nicht.

Dahme. Hier überfiel der preussische General von Wobeser die Nachhut Neys, nach der Schlacht bei Dennewitz am 6./9. 1813, und nahm nach hartnäckiger Gegenwehr 18 Offiziere und 2800 Mann gefangen.

Dahra-Grotten. In dieser erstickten die Franzosen unter Pelissier etwa 500 Kabylen durch nasses Feuer. Diese Schandthat erregte den allgemeinsten Unwillen bei allen menschlich fühlenden Armeen.

Dalrymple, Sir, englischer General (1750 bis 1830) war der Führer der englischen Expedition in Portugal 1808, schloss mit den Franzosen unter Junot nach der Schlacht bei Vimerio einen Vertrag, nach welchem jene Portugal räumten. Die Franzosen aber missbrauchten die ihnen gewährten Bedingungen, so dass Dalrymple abberufen und der Vertrag gekündigt wurde.

Damasciren: Ein nach dem angeblichen Ursprungsort Damascus benanntes Verfahren, Klingen und Gewehrläufe durch Zusammenschweissen einer grossen Zahl Eisen- oder Stahlstäbe von verschiedenen Härtegraden herzustellen. Die so gefertigten Stücke zeigen eigenthümliche wellenförmige oder flammenartige Linien, welche bei nachgeahmtem Damast nur an der Oberfläche durch Beizen hervorgebracht werden. Abgesehen von den hohen Kosten des Damascirens, ist die früher sehr gerühmte Festigkeit des Damaststahls durch guten Fluss- und namentlich durch Nickelstahl längst übertroffen; überdies geben die vielen Schweissstellen leicht zu Fehlern Anlass, die erst beim Gebrauch hervortreten.

Damm. Man stellt solchen über sumpfige Gründe her; im Felde durch Unterlage von Faschinen, deren Stärke sich nach der Beschaffenheit des Grundes richtet. Die oberste Schicht muss querweges liegen. Sand und Steine, wenn solche zu haben sind, füllen den recht fest zu stampfenden Körper aus; eine Kiesschüttung vollendet die Arbeit.

Damm (Alt-). Dort stehen das Pommersche Train-Bataillon No. 2; ein Train-Depot; Garnison-Verwaltung und Lazareth; Servisklasse 4.

Dampfabzüge werden in allen geschlossenen Räumen angelegt, aus denen heraus mit Geschützen gefeuert wird; sie werden im Mauerwerk als Abzug ausgelassen, in Erdwerken durch eiserne Rohre hergestellt.

Dämpfigkeit bei Pferden eine unheilbare chronische Lungenkrankheit; zeigt sich als

Pfeifen, Roaren, auch in Athembeschwerden nach heftigen Anstrengungen. Dämpfigkeit ist ein Gewährsfehler, der in Frankreich und den Reichslanden im Raume von 9, in Mittel- und Süddeutschland von 14, in Oesterreich und Sachsen von 15 und in Preussen, braunschweigische und norddeutsche Staaten von 28 Tagen einen Kauf rückgängig macht.

Dampfdesinfectoren (System Thoursfield) dienen zur Desinfection grösserer Ballen, Decken, Matratzen u. s. w.

Dampfgeschütze (-Gewehre): Schusswaffen, bei welchen als Treibmittel Wasserdampf von hoher Spannung (100—300 Atmosphären) benutzt werden soll. Versuche, die 1814 von dem französischen General Gérard, 1824 durch den Amerikaner Perkins und Anfang der 70er Jahre durch den Erfinder des Bessemerstahls, Heinrich Bessemer, angestellt wurden, führten zu keinem brauchbaren Ergebnis.

Dampierre, 1. Graf, österreichischer General (1580—1620) war bei den Kriegen Oesterreichs seiner Zeit betheiligt. 1620 nach Ungarn gegen Bethlen Gabor gesandt, fiel er bei dem Sturm auf das Schloss Pressburg.

2. Dampierre, August, zeichnete sich als Divisions-General bei Jemappes und Valmy aus, wurde 1793 von den Oesterreichern bei Aldenhoven (Erz-Herzog Carl) geschlagen, erhielt nach Dumouriez den Oberbefehl, wurde bei Quiévrain, wo er erfolglos kämpfte, verwundet und starb 2 Tage darauf.

Dänemark. Armee.

Sie besteht aus 2 Armee-Korps (Kopenhagen und Aarhus) zu 2 Brigaden Infanterie, 2 Regimentern Kavallerie (à 3 Eskadronen) und im Ganzen 2 Regimenter Artillerie, und ist im

Frieden stark:

Infanterie	495	Offiziere	8853 Mann
Kavallerie	88	„	1157 „
Feld-Artillerie	60	„	1242 „
Festungs-Artillerie	66	„	1369 „
Jäger	40	„	515 „
Summa	749	„	13136 „

Im Kriege:

Infanterie	799	Offiziere	33780 Mann
Kavallerie	138	„	2367 „
Artillerie	187	„	5084 „
Genie	61	„	1662 „
Summa	1185	„	42893 „

mit 96 Geschützen.

Ausbildung 6 Monate, nur ein kleiner Stamm bleibt noch 8 Monate. Die Armee ist deshalb in wenig kriegsbereitem Zustande.

Dänisches Gewehr m./89: System Krag-Törgensen; 8 mm Kaliber; Laufmantel aus Stahlblech; Züge von bogenförmigem Querschnitt; Rahmenvisir; Kolbenverschluss mit Drehbewegung und Verriegelung durch untere Stützwarze sowie rechts am Gehäuse; Mehrladevorrichtung: wagerechter Kasten im Mittelschaft mit seitlicher Thür, die sich nach vorn öffnet; Füllung des Kastens geschieht entweder durch Entleeren des Patronenbehälters, oder mit einzelnen Patronen (5 Stück). Die Patrone hat vorstehenden Rand für den Auszieher und ist mit rauchschwachem Schiesswoll-Blättchenpulver geladen; Geschoss besteht aus Hartbleikern und Mantel von Nickelkupferlegierung. Geschossgeschwindigkeit an der Mündung: 630 m, 25 m vor derselben 605 m. Im Uebrigen s. Gewehr.

Dannebrog heisst die dänische Flagge: weisses Kreuz in rothem Feld, welche nach der Sage 1219 vom Himmel auf das dänische Heer fiel, als es gegen die Esthen kämpfte, welche Heiden waren. Mit der sagenhaft entstandenen Flagge wurde auch der 1808 erweiterte D.-Orden gegründet.

Danjoutin. Dorf (s. Belfort), das in der Nacht vom 7.—8./1. 1871 von den Deutschen überfallen wurde.

Dannewerke hiessen die Linien, welche die dänische Halbinsel quer durchzogen von der Schley bis zur Treene. Dieselben spielten schon seit vorchristlicher Zeit eine Rolle in den dänischen Kriegen. Nach 1849 baute man die Linien völlig aus und setzte grosse Hoffnungen auf deren grosse Defensivkraft. Die Enttäuschung war daher gross, als General de Meza 1864 die Stellung verliess, ohne einen Schuss gefeuert zu haben.

Damiette, ältere Festung an der östlichen Nilmündung, wurde 1798 von den Franzosen erobert, auch dort die Türken durch Kleber 1799 geschlagen.

Danzer, Alfons, österreichischer Hauptmann und angesehener Militärschriftsteller.

Danzig (mit Langfahr- und Neufahrwasser). Dort stehen die Stäbe des General-Kommandos XVII. Armee-Korps, der 36. Div., der 71. Inf.-, 36 Kav.- und 17. Feld-Art.-Brig.; die Kommandtr: Gren.-Rgt. König Fr. I. (4. Ostpr.) No. 5; Inf.-Rgt. No. 128; Gewehr-Fabr.; das 1. Leib-Hus.-Rgt. No. 1; Stab 1., 2. und 4. Abth. Feld-Art.-Rgt. No. 36; Stab und 2. Bat. Fuss-Art.-Rgt. v. Hindersin (Pomm.) No. 2 (Stab vorläufig in Swinemünde); Art.-Werkst.; Train-Bat. No. 17; Kr.-Schule; Fest.-Gefängniss; Bez.-Kommando; Art.-Dep.; Fortifik.; Train-Dep.; Proviant-Amt; Garn.-Verw. und Laz. Verw. des Feld-Art.-Schiessplatzes Hammerstein. — Servisk1. 1.

Danzig wurde 1807 von General Lefèbre, Herzog von D., mit 20—50000 Mann belagert. In der Festung waren unzuverlässige Truppen. Nach einer Belagerung von 78 Tagen kapitulirte D. ehrenvoll am 24. Mai 1807 unter Graf Kalckreuth. 1813 wurde das von Gen. Rapp vertheidigte Danzig von den Verbündeten belagert. Am 23./4. 1813 übernahm der russische General Alex. v. Württemberg die Leitung des Angriffes. Die Engländer brachten dazu mit der Flotte 218 Geschütze nebst Munition. September begann erst die förmliche Belagerung. Am 29./11. kapitulirte D. unter den Bedingungen von 1807.

Seit 1873 ist der Hafen für Kriegszwecke ausgebaut und fortificatorisch verstärkt worden, die Landbefestigung dagegen eingezogen.

Danrémont, Graf, franz. Gen.-Lt. (1783—1837), machte in der Jugend die napoleonischen Feldzüge mit, war seit 1830 in Algerien thätig, dessen General-Gouverneur er 1837 wurde. Er fiel bei der Belagerung von Constantine noch in demselben Jahre.

Dardanellen decken den Zugang zu Konstantinopel von Westen her. Die Wasserstrasse liegt hier vollständig unter dem Feuer der türkischen Batterien.

Darkehmen. Dort stehen 2. Bat. Inf.-Rgt. Frhr. Hiller v. Gärtringen (4. Pos.) No. 59; Garn.-Verw. und Laz. — Servisklasse 4.

Darmstadt. Dort stehen die Stäbe der Grossh. Hess. (25.) Div.; 49. und 50. (1. u. 2. G. H.) Inf.- und 25. (G. H.) Kav.-Brig.; Kommdtr.; 1. Grossh. Hess. Inf.- (Leib-Garde) Rgt. No. 115; 1. Grossh. H. Drag.- (Garde-Drag.) Rgt. No. 23; Stab, Teil. 2. und 5. Esk. 2. Grossh. Drag.-Rgt. (Leib-Dragoner-Rgt.) No. 24; Grossh. H. Feld- Art.-Rgt. No. 25 (Grossh. Art.-Korps); Grossh. H. Train-Bat. No. 25; Bez.-Kommando I u. II. Grossh. H. Garde-Untffz.-Komp.; Train-Dep. der Grossh. H. (25.) Divis.; Art.-Dep., Proviant-Amt, Garn.-Verw. und Laz. — Servisklasse 1. D.-Truppen-Uebungsplatz mit Kommdtr. und Garnis.-Verw.

Daru, Pierre, Graf (1767—1829), Intendant Napoleons in dessen letzten Feldzügen, in Folge dessen bei allen Gegnern schwer gehasst.

Daudetoxu-Gewehre. Seit 1882 vom französischen Major D. konstruirte Gewehre von 9,5

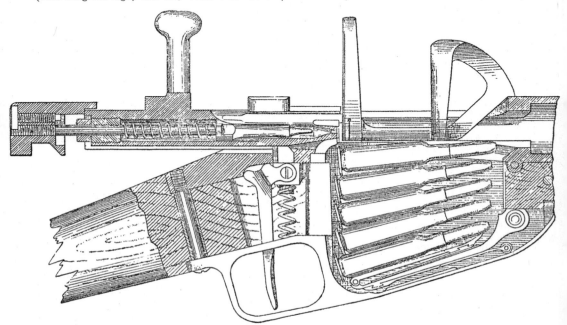

6,5 m/m Daudetoxu-Gewehr m 90, Magazinfüllung mit Ladestreifen.

bis 6,5 mm Kaliber, zum Theil mit Geradzugverschluss. Der neueste 6,5 mm D.-Mehrlader hat Kolbenverschluss mit Drehbewegung und 2 senkrechten Stützwarzen; am Schloss besondere Vorkehrungen zur Verhinderung des „Doppelladens", Füllung des Magazins im Mittelschaft mittels Ladestreifen; wurde von mehreren Staaten (Rumänien, Mexiko, Chile) geprüft. Bei dem 1892/93 von Chile in Paris und Brüssel veranstalteten Wettbewerb ergab das 6,5 mm D.-G. mit 10 g Geschossgewicht und 2,2 g Ladung 741 m Mündungsgeschwindigkeit (später auch gesteigert) bei 2600 kg Gasdruck und durchschlug 1,233 m Kiefernholz in Brettern; die Pfeilhöhe der Flugbahn für 500 m betrug auf 300 m 1,047 m.

Dauer der Feuerwaffen. Hauptsächlich von der Abnutzung der Läufe bez. Rohre durch den Schiessgebrauch abhängig. Je besser das Rohr dem zerstörenden Einfluss der Pulvergase (Ausbrennung, Risse) und der Geschossreibung (Quetschen, Abschleifen der Felder) widersteht, desto grösser die D. Sie wird daher begünstigt durch grosse Festigkeit, Elastizität und Zähigkeit, hohen Schmelzpunkt und genügende Härte des Rohrmetalls (Stahl, Nickelstahl), flachen Drall, seichte Züge, nicht zu harte Geschossführung (Kupfer), geringen Gasdruck und niedrige Verbrennungswärme des Pulvers, wenig ätzende Eigenschaften des Pulverrückstandes und durch eine rationelle, der örtlichen Beanspruchung durch den Gasdruck entsprechende Rohrkonstruktion, bei der auch in Betracht kommt, dass die Einrichtungen zur Aufnahme des Verschlusses und des Zündlochs den Rohrkörper möglichst wenig schwächen. Es ist nicht unwahrscheinlich, dass die Verwendung der rauchschwachen Stickstoffe, namentlich der Nitroglyzerinpulver, welche bei ihrer Zersetzung ausserordentlich hohe Hitzegrade entwickeln, die D. der Rohre künftig verringern wird. Deutsche Feldkanonen c/73 haben mehrfach 6000 und mehr Schuss mit Schwarzpulver ausgehalten, ohne unbrauchbar zu werden. Die D. schwerer Kaliber ist im Allgemeinen weit beschränkter. Von dem mit Nitroglyzerin (Cordit) feuernden englischen Gewehr m/89 erwartet man nach den bisherigen Erfahrungen nur eine D. von 2—3000 Schuss.

Dauer der Geschützrohre ist desto geringer, je mehr technische Sorgfalt der Ausführung die Schiesssicherheit bedingt; es bewirken die geringsten Stoffänderungen, Ausbrennen u. s. w. schon empfindliche Schäden in Bezug auf Treffsicherheit und Durchschlagskraft. Man rechnet, dass die schweren gezogenen Kolosse der Neuzeit schon nach 150—200 Schuss ihre wesentlichsten Eigenschaften verloren haben.

Die D. der Lafetten, Protzen und anderer Fahrzeuge ist dadurch wesentlich erhöht worden, dass man neuerdings fast alle Theile aus Stahl und Eisen fertigt, während das früher vorwiegend benutzte Holz durch seine geringe Festigkeit, Witterungseinflüsse und Insekten meist einer raschen Zerstörung unterworfen war.

D. der Wehrpflicht etc. (s. dort).

Daun. 1. Graf v., Fürst von Thiano, österr. F.-M. (1669—1741), Sohn eines F.-M.'s gleichen Namens, machte sich einen Namen durch die Vertheidigung von Turin 1706, belagerte 1707 das Kastell von Mailand, nahm Gaëta, vertrieb Villars und wurde gefürstet. Er war längere Zeit Vizekönig von Neapel.

2. Leopold, Graf (Sohn des Vorigen), österr. F.-M. (1705—1766), trat im 7jährigen Kriege 1757 führend auf und debutirte mit am Siege von Kolin, dem die Besiegung des Herzogs von Bevern bei Breslau folgte, wogegen er durch Friedrich II. bei Leuthen geschlagen wurde. 1758 überfiel er dafür den König bei Hochkirch; 1759 gelang ihm die Affaire bei Maxen. D. entsetzte 1760 Dresden, wurde aber 1761 bei Torgau geschlagen.

Davoust, Louis, Herzog von Auerstädt, Fürst von Eckmühl, Marschall von Frankreich (1770—1823). Ein Jugendkamerad Napoleons, zeigte sich in allen Schlachten als hervorragender Führer. Er hat durch seine brutale Handlungsweise in Hamburg seinen Namen befleckt.

Debouchiren ein noch heute gebrauchtes Wort, um das Herausgehen aus einem Defilee, sowie die damit verbundenen militärischen Massnahmen zu bezeichnen.

Debreczin. Dort wurden am 2./8. 1849 die Ungarn unter Nagy Sandor von den Russen unter Paskiewitsch geschlagen. Garnison: 39. Inf.-Rgt., 15. Hus.-Rgt., 80. Landwehr-Brig.-Kom., 3. Landwehr-Inf.-Rgt., 2. Landwehr-Hus.-Rgt., königl. ungar. Staats-Hengsten-Depot.

Decaen, Charles, Graf (1769—1832), zeichnete sich in der Vendée und bei der Rheinarmee aus, kämpfte 1799 unter Jourdan, griff 1800 als Divisions-General mit grossem Erfolge in die Schlacht von Hohenlinden ein; 1802 General-Gouverneur in Indien, 1811 Gouverneur in Katolonien. D. unterwarf sich den Bourbonen, ging aber während der 100 Tage zu Napoleon über, wurde angeklagt, aber frei gesprochen.

Decharge - Kasematten und Decharge - Gallerien sind bombensichere Räume, die längs der Eskarpemauer unter dem Walle hinlaufen; mit dem Inneren der Befestigung stehen sie durch „Poternen" in Verbindung. Je nachdem sie für Geschütz- oder Gewehrvertheidigung eingerichtet sind, heissen sie D.-K. oder D.-G.

Decimalwagen bestehen in den Feld-Verpflegsanstalten.

Decimiren, das Hinrichten des durch das Loos bestimmten zehnten Theiles einer Truppe wegen Feigheit oder Meuterei, stammt aus der römischen Disziplin, in der Neuzeit allmählich verschwunden.

Decisive, das Entscheidende, ist der Gegensatz zum Demonstrativen, dem nur drohenden Verhalten.

Decken, die wollenen D. in Kasernen und Naturalquartieren müssen nach Bedarf gereinigt werden. Das Walken der Decken hat nur stattzufinden, wenn es sich um Beseitigung von Ansteckungsstoffen handelt. Die Decken zum Reiten werden 6fach zusammengeschlagen, hinter dem Widerriss mit Decken- bzw. Obergurt befestigt; offene Enden links, hinten, zu unterst. Jeder Wagen der Bagagen hat Krankendecken ins Feld mitzunehmen.

Decker, von, preussischer General (1784—1844), (Artillerist) war ein fruchtbarer Schriftsteller.

Deckoffiziere rangiren vor dem Unteroffizier der Landarmee. Dazu gehören: der Bootsmann, der Feuerwerker, Maschinisten, Zimmermeister.

Deckung. Seit Einführung der Feuerwaffen gelten als natürliche D. die Erhebungen, Zufälligkeit und Bauten im Gelände. Sie decken bei den heutigen Waffen aber selten gegen die Geschosse, meist nur gegen Sicht.

Die künstlichen Deckungen sind neuerdings so zu bemessen, dass mindestens 1 Meter Erde, 30 cm Holz, ein Stein starke Mauer und 1,3 cm Eisen sich vor dem zu Deckenden befinden müssen.

Die D. brauchen nicht alle gleich stark zu sein, wenn sie auch von oben decken sollen, dann genügen die oben angegebenen Stärken für Gewehrfeuer, Granatsplitter und Shrapnels, nicht gegen volle Granaten, noch weniger Sprenggranaten. Man macht deshalb den Unterschied zwischen sicheren und granatsicheren Deckungen. Gegen die modernen grösseren Sprenggranaten bew. Bomben schützen nur die neuen Compound-Panzer und mit Beton umfasste Mauerklötze.

Seit der Einführung des rauchlosen Pulvers hat die D. gegen Sicht eine grössere Bedeutung gewonnen, da man den einzelnen Schützen nur schwer erkennen kann.

Die moderne Kriegführung drängt immer mehr dahin, bei Angriff und Vertheidigung das Streben nach D. überwuchern zu lassen durch das Streben nach Wirkung.

Als Deckungsmaterial ist in neuerer Zeit neben den bekannten Holzdeckungen (s. Feldbefestigungen) das Wellblech getreten, das eine genügende Widerstandskraft besitzt, stärkere Erddecken tragen zu können.

Defensionskasernen sind bombensichere zur Vertheidigung eingerichtete Kasernen, welche die Bestimmung haben, der Besatzung einen Zufluchtsort zu bieten, oder gegen Volksaufstände zu sichern; sie werden jetzt selten mehr angewendet.

Defensive ist die Aeusserung der Widerstandskraft im Gegensatz zur Offensive. Sie bezweckt die eigene Nichtvernichtung; was sie an Vernichtung thut, geschieht nur in der Absicht, nicht selbst vernichtet zu werden. Sie kann daher nur zum Siege führen, wenn sie schliesslich zum Angriffe übergeht, der allein den Gegner vernichtet, bzw. die Früchte von dieser Handlungsweise zieht. Die Defensive hat den grossen Nachtheil, dass sie niemals oder sehr selten einzelne Theile des Feindes schlagen oder sie überraschen kann, sondern dass der Gegner meist Zeit hat, seine ganze Kraft zu einer zu wählenden Zeit und auf einen zu wählenden Theil der Defensivstellung zu werfen.

Defileen sind Engwege (Brücken, Engpässe, Dämme u. s. w.). Ihre Durchschreitung hat bekanntlich eine solche Vertiefung der Kolonnen und dadurch Wehrlosigkeit derselben zur Folge, dass man besondere Vorkehrungen treffen muss, um in der Nähe oder gar vor dem Feinde die Ueberschreitungen solcher Engen ohne Gefahr vollziehen zu können.

Umgehung, oder schnelle Ueberwindung der Engwege und baldige Ausbreitung hinter denselben; auch Offensivstösse an anderen Stellen der Linie, sind Mittel zum Zweck, die in jeder verschiedenen Lage auch verschieden sind. Rezepte geben zu wollen, ist ein Unding. Jedenfalls sollte man es vermeiden, eine Schlacht mit einem Defilé im Rücken anzunehmen, wie die Oesterreicher bei Königgrätz oder Steinmetz bei Nachod.

Defilement, horizontales ist erreicht, wenn die Linien einer Befestigung nicht der Länge nach bestrichen werden können, vertikales, wenn das Profil der Anlagen so angeordnet ist, dass der innere Raum des Werkes nicht durch das direkte Feuer belästigt wird. Gegen Wurffeuer defiliren nur direkte Deckungen.

Degagiren (veraltet) durch irgend welche Mittel aus schwieriger Lage befreien; so also in ungünstiger Lage befindliche Truppen durch das Erscheinen einer Verstärkung vor Niederlage bewahren.

Degenfeld, von, (1599—1653) that sich in venetianischen Diensten, besonders bei der Vertheidigung Sebenicos durch die Türken 1645 hervor.

Sein Sohn (1648—1691) that sich, nachdem er in verschiedenen anderen Ländern gekämpft, ebenfalls in venetianischen Diensten hervor, in denen er G.F.M. wurde.

Der Enkel des ersteren (1689—1762), zuletzt preussischer General der Kavallerie, zeichnete sich im spanischen Erbfolgekriege aus.

Graf August v. D. (1798—1876), österreichischer F.Z.M., war 1860 Kriegsminister und hat durch hervorragende Reformen die Armee auf einen hohen Standpunkt gebracht.

Freiherr v. D., preussischer Generallieutenant, trat in Baden ein, führte das badische Leib-Grenadier-Regiment 1866 im Mainfeldzuge und die 2. Brigade vor Strassburg; nachher auf dem Zuge nach Dijon (Gefecht bei Nuits), an der Lisaine kommandirte er den rechten Flügel der Armee Werders.

Deggendorf. 27./5. 1743 Erstürmung durch die Oesterreicher.

Dego wurde am 21./9. 1794 vom General Graf Colloredo intensiv gegen Bonaparte vertheidigt. Am 14. und 15./4. 1796 fanden hier hartnäckige Gefechte zwischen den Oesterreichern unter Argenteau und Bonaparte statt, wobei ersterer aus seinen Stellungen geworfen und auch eine Abtheilung unter Führung des tapferen Vukassovich fast ganz vernichtet wurde.

Degradation findet in Deutschland und in Oesterreich nur gegen Unteroffiziere (in Frankreich in allen Chargen) statt. Die D. tritt ein bei Todesstrafe, bei Kerkerstrafe 1. und 2. Grades, oder bei Vergehen, die ein Belassen im Amte ausschliessen. Nur bei besonders mildernden Umständen kann bei Kerkerstrafe unter 5 Jahren von D. abgesehen werden.

Deichsel.

Deichsel. Mit dem Protzgestell fest verbunden, dient zur Führung und Lenkung der Protze, sowie zum Aufhalten und Zurückstossen des Fahrzeugs.

Man unterscheidet:

a) Stangendeichsel. Gerade Stange in der Mittellinie des Protzgestells. Vorn mit Zughaken (s. Bracke) und Steuerketten.

b) Gabeldeichsel. Für das Unabhängigkeits-System (englische Feldartillerie) und bei Karren im Gebrauch. 2 Gabelbäume, zwischen denen das Stangenhandpferd geht, das allein wenden und aufhalten muss. Die Benutzung einer Vorderbracke ist ausgeschlossen, das Angespann umständlich.

Man verwendet zur Anfertigung der D. ein möglichst zähes, biegsames und elastisches Holz, wie Hickory-, (deutsche Feldartillerie), Eschen-, Birken-Holz. Hohle Stahldeichseln (Krupp, Mannesmann) sind schon mehrfach versucht worden, aber bisher ohne günstigen und dauernden Erfolg.

Deklination. Horizontale Abweichung der Magnetnadel.

Deligrad, befestigter Platz bei Alexinatz in Serbien; der Schauplatz vieler Kämpfe.

Delle nächst der Schweizergrenze, Stützpunkt für die Cernirung von Belfort gegen S.W. 1870/71.

Dellinghausen, Baron von, russischer General der Infanterie (1824—88), zeichnete sich schon 1853 bei Silistria aus. Im letzten türkischen Kriege befand er sich an der Spitze der 26. Division und trug wesentlich zur Abwehr der türkischen Offensive bei. Nach dem Uebergang über den Balkan kommandirte er das IX. Armeekorps, das er im August 1878 mit dem III. und 1885 mit dem XIV. Armeekorps vertauschte.

Delogiren (veraltet) heisst verdrängen, vertreiben.

Delphine-Henkel (veraltet). Bügelförmige Griffe am Geschützrohre, welche über dem Schwerpunkt auf dem oberen Rohrtheil angebracht waren und zum Einhängen der Hebezeughaken beim Aus- und Einlegen der Rohre dienten. D. hiessen sie nach der ihnen als Zierde oft gegebenen Fischform. Sie waren für den Guss und die Bearbeitung der Rohre sehr störend und wurden meist nur bei Bronzerohren angewendet. Neuerdings durch lose Hebebügel ersetzt.

Delta, die in mehrere Arme verzweigte Mündung eines Flusses, z. B. des Po, der Donau.

Demarkationslinien werden gemeiniglich bei Waffenstillständen und zwar nach dem status quo vereinbart. Auch in Kolonien dort, wo die Besitzverhältnisse unsichere sind. Bei definitiver Vereinbarung werden die Demarkationslinien Landesgrenzen.

Demaskiren heisst denjenigen Gegenstand, der eine gebaute Batterie verdeckte, um die Einsicht der Feinde zu verwehren, wegnehmen,

Dembinsky, Henryk (1791 bis 1864) erst napoleonischer Offizier; erhielt 1830 als Major den Oberbefehl über die polnische Nationalgarde, hielt bei Kutlew mit 4000 Mann 60000 Feinde einen ganzen Tag auf, trat 1849 in die ungarische Armee. führte kurze Zeit deren Oberbefehl, leitete die Schlacht bei Kápolea, wurde bei Szöreg und Temesvàr besiegt. War Militär-Schriftsteller.

Demmin. Dort stehen 2. Pommersches Ulanen-Regiment No. 9, Proviant-Amt, Garnison-Lazareth. Servisklasse 3.

Demobilisirung. Die Rückkehr vom Kriegs- zum Friedensstande.

Demoliren. Zerstören von gedecktem Mauerwerk durch indirekte Beschiessung. Man verwendet hierzu vorwiegend Brisanzgeschosse schweren Kalibers. (Vergl. a. Breschieren).

Demolitionsbatterie. Batterie, welche ihrer Bestimmung zum Demoliren (s. dort) gemäss mit schweren Steilbahngeschützen und Brisanzgeschossen ausgerüstet ist.

Demonstrative ist erst mit der Einführung einer besseren Feuerwaffe eine besondere Kampfform geworden, sie ist nur eine drohende Haltung, aus der die Demonstrative unter günstigen Verhältnissen zum wirklichen Angriffe (Decisive) übergehen kann. (S. dort.)

Demontirbatterie. Batterie, welche ihrer Bestimmnng zum Demontiren (s. dort) gemäss mit Flachbahngeschützen von grosser Trefffähigkeit ausgerüstet ist. Kaliber und Munition je nach Art des zu demontirenden Ziels verschieden.

Demontiren. Zerstören feindlicher Geschütze, Geschützstände, Scharten, Brustwehren u. s. w. durch direktes Feuer. Zum Demontiren der Geschütze wird man kleinere Kaliber. zum Demontiren der Deckungen u. s. w. schwerere Kaliber verwenden. Gute Trefffähigkeit der Geschütze ist Haupterforderniss.

Denain an der Schelde. Dort 24./7. 1712 Schlacht, in der General Albemarle von dem Heere Villars, das seinen Truppen dreimal überlegen war. entscheidend geschlagen wurde. Albemarle selbst wurde gefangen.

Denvermonde. (S. Termonde.)

Denfert-Rochereau, franz. Oberst (1823—78), Genie-Offizier. 1860 ging er nach Algerien, 1864 wurde er zum Kommandanten des Genie in Belfort ernannt, eine Stellung, die er 1870 noch bekleidete. Entwickelte bei der Vertheidigung eine seltene Zähigkeit. Nach dem Friedensschluss erbat er sich vor erreichter Altersgrenze den Abschied.

Dennewitz, Schlacht am 6./9. 1813. Am 23./8. war Oudinot bei Grossbeeren entschieden geschlagen worden, doch hielt die zweideutige Kriegsführung des Kronprinzen von Schweden die Verfolgung unter Hemmung, so dass Ney 75000 Mann sammeln und nochmals die Armee des Kronprinzen angreifen konnte, die weit verzettelt war. Er ging in 3 Treffen vor. Bülow hatte keinen Befehl vom Kronprinzen. dennoch griff er nicht nur an, sondern er befahl auch Gen. Borstell trotz des Gegenbefehls einzugreifen und ebenso Tauentzien. Dieser wurde von Bertrand heftig und mit überlegenen Kräften angegriffen. doch gelang es dem Erscheinen Bülows und einer kräftigen Reiter-Attacke Tauentziens den Angriff abzuwehren. Bülow nahm N.-Görsdorf, sandte Tauentzien Hilfe; die über den Aabach gegangenen franz. Truppen wurden zurückgedrängt; auch Golsdorf wurde nach schweren Kämpfen genommen. Die Preussen waren erschöpft und das dritte Korps Neys Oudinot im Anzuge; doch kam nun auch Borstell ins Gefecht und nahm Golsdorf. Ney machte den Fehler, statt hier zu helfen, das Korps Oudinots auf seinen r. Fl. zu ziehen, wo es in die Flucht des Bertrandschen Korps verwickelt wurde. Hart gedrängt von Preussen und Russen, die nun Verstärkung erhielten, mussten die Franzosen in der Richtung auf Torgau ausweichen, nachdem sie 14000 Gefangene und 80 Geschütze verloren hatten. Bülow hatte die Schlacht mit 50000 gegen 75000 Mann siegreich durchgefochten.

Departement für das Invalidenwesen im Kriegsministerium enthält die Pensions-, Unterstützungs- und Anstellungs-Abtheilung. S. d.

Depeschen werden in kürzester Form unter Vermeidung aller Förmlichkeiten abgefasst.

Deployiren heisst der Aufmarsch aus Kolonnen in die Linie, wenn er nicht durch Einschwenken geschah; es wurden damit früher vielfache Künsteleien getrieben.

Depots sind Ansammlungen von Material, auch von Pferden. Sie werden bei den grossen Massen-Armeen wieder eine Rolle in der Verpflegung spielen. (Art.-D. siehe dort.) In früheren Kriegen fanden ganze Feldzüge zur Sicherung der D. (Magazine) statt.

Dépôt de la guerre war ursprünglich eine 1688 von Louvois gebildete Sammlung militärischer Werke, Archive, Karten u s. w. Das Institut gab die berühmte grosse Karte von Frankreich heraus und ist jetzt eine Abtheilung des franz. Kriegsministeriums. Es besteht aus einer Abtheilung für Landesvermessung und einer für Kriegsgeschichte.

Depotplätze heissen die Festungen, in denen man das Kriegsmaterial aufbewahrt und aufstapelt. Neuerdings zieht man es vor, hierzu ev. leicht befestigte Bahnhäupter im Innern des Landes zu nehmen, da die Festungen im Falle des Krieges ohnehin überlastet sind, und die Länge des Transportes, besonders in den rückwärtigen Verpflegungsstaffeln nicht mehr die Bedeutung von ehemals hat. Ist eine Festung feindlicherseits überschritten, so sind deren Depotsmaterialien für die Feld-Armee ohnehin verloren.

Depression. Bezeichnung für bedeutende Senkungen beim Richten von Festungs- und Gebirgsgeschützen zum Bestreichen steiler Abhänge. S. D.-Lafetten.

Depressionslafette. Zur Bestreichung steiler Abhänge im Vorgelände von Festungswerken. Die D. besteht aus einem Untergestell mit 4 niedrigen Rädern, vorn mit einer Welle. Um diese ist die Oberlafette senkrecht drehbar. Durch ein Windewerk hinten angehoben, giebt sie dem Rohr die erforderliche bedeutende Senkung. Oesterreich-Ungarn führt z. B. für die in Festungen verwendete 10 cm Feldkanone c/63 eine D. In anderen Staaten (Deutsches Reich) sind die D. abgeschafft.

Deputat derjenigen kommandirenden Generale u. s. w., welchen völlig eingerichtete Dienst-

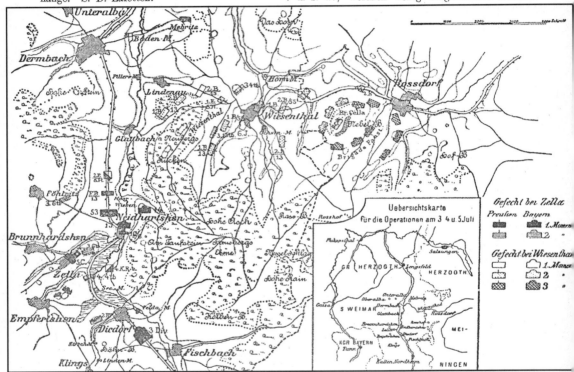

Plan zu den Gefechten bei Dermbach am 4./7. 1866.

wohnungen überwiesen werden, beträgt an Feuerungsmaterial jährlich: 200 cbm Weichholz, oder 133½ cbm Hartholz, oder die Geldvergütigung nach den ortsüblichen Preisen. Anfuhr und Zerkleinern ist Sache des Empfängers. — Wegen der D. der Beamten s. Dienstemolumente.

Deputationen zur Kirche werden an den hohen Festtagen von allen Truppentheilen der Garnison kommandirt.

Derbend in Bosnien. 5./9. 1688 siegreiches Treffen der Oesterreicher, 2000 Gefangene und 40 Fahnen erobert.

Derfflinger, Freiherr v. Brandenburg, F.-M. (1606—1695). Er war aus geringem Stande, diente schon mit Auszeichnung unter Baner und Torstenson im 30jähr. Kriege. Er förderte unter dem Grossen Kurfürsten das Reiterwesen, zeigte seine glänzenden Eigenschaften bei Rathenow und Fehrbellin, sowie in den ganzen Feldzügen

1675—79. Als 83jähriger Greis begleitete er noch Kaiser Friedrich III. zur Belagerung von Bonn.

Derivation, Ablenkung der Geschosse.

Dermbach. In der Nähe fanden die Gefechte bei Zella und Wiesenthal (4./7. 1866) der Division Goeben gegen die Bayern statt.

Es stiessen die beiden von Dermbach vorgehenden Brigaden Goebens auf je zwei verschiedene Divisionen:

1. Bei Zella die Brigade v. Kummer auf die Division Zoller. Die Bayern hielten die durch eine sumpfige Wiese in der Front verstärkte Stellung mit 3½ Bataillonen besetzt. Nach kurzem Artilleriegefecht wurde die Stellung erstürmt, die Bayern auf Diedorf zurückgedrängt. Ein Versuch, die Stellung wieder zu nehmen, misslang. Die Verluste der Preussen betrugen 4 Offiziere 70 Mann, die der Bayern 7 Offiziere 157 Mann.

2. In dem Nebenthale kam es bei Wiesenthal zu einem Gefechte zwischen der Brigade von Wrangel und der bayerischen Division v. Hartmann.

Wrangel fand beim Vorgehen Wiesenthal und dessen Vorland durch die Bayern besetzt. Erst wurde das Vorland, dann auch der Ort von den Bayern verlassen, letztere nahmen auf dem Nebelberge Aufstellung. Gegen diese ging nun die Infanterie der Preussen in Kompagniekolonnen vor, drang in das Holz und zwang, vereint mit der Artillerie, den Feind zum Verlassen des Berges. Der bayerische General von Hartmann suchte sich wieder in den Besitz des Berges zu setzen, doch wurde der Angriff durch das ruhige Feuer der preussischen Infanterie und Artillerie abgewiesen.

Deroy, Bernhard Graf, bayerischer General der Infanterie (1743–1800). Er war ein tüchtiger Soldat und kämpfte 1805 an der Spitze der bayerischen Truppen gegen Tyrol für Napoleon; 1806 gegen Preussen, zwang Brieg zur Uebergabe dann Glatz. Er war 1809 gegen Oesterreich während der Schlacht bei Abensberg hervorragend thätig und fiel im Feldzuge 1812 gegen Russland.

Derwisch, Pascha, 1862 Divisionär unter Omer Pascha; 1875 General-Gouverneur von Bosnien, erlitt hier manche Schlappe, siegte 1876 gegen die Montenegriner.

Desaix, de, französischer General (1768–1800), einer der edelsten Offiziere der französischen Armee fiel, nachdem er sich in Egypten ausgezeichnet hatte, bei Marengo.

Desarmiren heisst eine Festung aus der Armirungsepoche wieder in den Friedenszustand zurückbringen. Bei einer Batterie die Geschütze herausnehmen.

Descente (veraltet) ist ein unterirdischer Gang, der aus der Glacis-Krönung durch die Escarpe in den Graben zum Grabenübergang führt.

Desinfection. Verhinderung gesundheitsschädlicher Einwirkungen, welche die Zersetzungserscheinungen von Organismen begleiten. Für die Armee im Frieden und im Kriege wichtig.

Dessau. Dort steht Stab, 1. und 4. Bat Anh. Inf.-Regts. No. 93, Bez.-Kom., Garn.-Verw. und Laz. — Servisklasse 2.

Dessauer Brücke. 1./4. 1626 feindlicher Angriff auf das verschanzte Lager der Kaiserlichen, abgeschlagener Ausfall und siegreiches Gefecht. Feindlicher Verlust 3000 Mann, 9 Geschütze. Waldstein gegen Mansfeld.

Dessoles Jean, Marquis (1767–1828), erstieg 1799 mit 40000 Mann das Wurmser Joch, stürmte die österreichischen Schanzen bei Glarus, wurde hier Divisions-General; 1800 Chef des Generalstabes bei Moreau, kommandirte 1806–1810 ein Armeekorps in Spanien, 1812 Chef des Generalstabes bei Murat bis Smolensk, 1813 Kommandant der Pariser National-Garde, 1818 Conseils-Präsident.

Detachement hiess früher jede selbständigere Abtheilung, es wird auch heute hier und da noch so genannt.

Detachirte Werke ist ein veralteter Name für die vorgeschobenen Werke (Forts), die nicht in unmittelbarem Zusammenhange mit der Hauptbefestigung stehen.

Detonation. (Explosion erster Ordnung.) Augenblickliche Zersetzung der ganzen Masse eines Sprengkörpers unter Entwickelung sehr beträchtlicher Gasmengen. Schwarzpulver und andere mechanische Gemenge lassen sich überhaupt nicht detoniren; einige Sprengstoffe z. B. Knallquecksilber detoniren schon durch Stoss, Schlag und Entzündung, die meisten bedürfen dazu eines besonderen Detonators oder Knallzünders, zu dem ausschliesslich Knallquecksilber benutzt wird.

Detmold. Dort stehen Stab, 3. und 4. Bat. Inf.-Regt. Graf Bülow v. Dennewitz (6. Westf.) No. 55, Bez.-Kom, Garn.-Verw. und Lazareth. — Servisklasse 2.

Dettingen. 27./6. 1743, Sieg der verbündeten Engländer, Hannoveraner und Oesterreicher unter Georg II. von England über die Franzosen unter Noailles. Feindliche Verluste: 5 Generale, 240 Offiziere, 2419 Mann, 6 Fahnen.

Deutsch-Brod in Böhmen, 1443 Sieg der Hussiten über das deutsche Heer.

Deutsches Feldgeschütz s. Feldgeschütze.
Deutsches Gewehr 88 s. Gewehr.
Deutsches Gewehr 91 s. Karabiner.
Deutscher Karabiner 88 s. Karabiner.
Deutsches Heer.

Der König von Preussen, als Deutscher Kaiser, hat die Befugniss das Reich völkerrechtlich zu vertreten, Bündnisse und Verträge einzugehen, Krieg zu erklären und Frieden zu schliessen. Falls die Abwehr nicht genügend ist, erfordert die Kriegserklärung die Zustimmung des Bundesrathes.

Die gesammte Landmacht Deutschlands steht unter dem Befehl des Kaisers, als des Bundesfeldherrn.

Die bayrische Armee ist im Frieden selbstständig, tritt nur im Kriegsfalle unter den Befehl des Kaisers.

Die württembergische Armee ebenso, nur den Höchstkommandirenden ernennt der König mit Zustimmung des Kaisers, die Kommandanten ernennt der Kaiser im Einverständniss mit dem Könige. Württemberg nimmt Theil am grossen Generalstab, Prüfungs-Kommission und Lehranstalten, ist in die preussische Rangliste aufgenommen.

Aehnlich verhält es sich mit Sachsen. (Doch eigene Rangliste.)

Die übrigen Kontigente haben auf ihre militärische Selbstständigkeit verzichtet. In den Fahneneid wird dem Gelübde der Treue gegen den eigenen Landesherrn, das des Gehorsams gegen den Kaiser mit aufgenommen. Im bayrischen Heere nur im Falle des Krieges.

Der oberste Kriegsherr ist wie erwähnt der deutsche Kaiser und König von Preussen. (Gefolge, s. Hauptquartier.) Militärkabinet (S. daselbst).

An der Spitze der Verwaltung des Reichsheeres steht der Kriegsminister. (S. daselbst.)

An der Spitze der Heeresleitung der Generalstab. (S. daselbst.)

An hoher Verwaltung stehen oben an: Das Ober-Kommando in den Marken. (S. dort.) Die 5 Armee-Inspektionen. (S. dort.) Die Landes-Vertheidigungs-Kommission. (S. dort.)

Die Armee ist eingetheilt in 20 Armee-Korps. und zwar sind alle preussisch verwaltet ausser dem 12. (Sachsen), dem 13. (Württemberg) und dem 1. u. 2. bayerischen Korps.

Die Zusammensetzung der Armee-Korps s. dort; auch „General-Kommando."

Die Zusammensetzung der Armee ist aus der unten stehenden tabellarischer Uebersicht zu ersehen.

Die preussische Eisenbahn-Brigade mit 2 sächsischen Kompagnien und 1 württembergische Kompagnie gehört zum Garde-Korps und ist, ebenso wie das bayrische zu I. B. gehörige Eisenbahn-Bataillon nicht aufgeführt.

Ein Infanterie-Regiment 127 giebt es nicht. Darnach ist das deutsche Heer stark:
538 Bataillone mit 173 vierten Bataillonen,
465 Esk.,
494 Battr. Feld-Artillerie,
37 Bat. Fuss-Art.,
23 „ Pioniere,
7 „ Eisenbahntruppen,
21 „ Train.

Mit Friedensdurchschnittsstärke (u. ohne Einjährig-Freiwillige etwa 9—10000 Mann) von 479229 Mann.

Die Zusammensetzung der einzelnen Korps-Divisionen etc. S. die betreffenden Artikel.

An Truppen Inspektionen sind vorhanden:
Zwei Kavallerie-Divisionen. (S. dort.)
Inspektion der Feld-Artillerie. (S. dort.)
„ der Jäger und Schützen. (S. dort.)
General-Inspektion der Fuss-Art. (S. dort.)
„ „ des Ingenieur-Korps etc. (S. dort.)
General-Inspektion des Militär-Erziehungswesens. (S. dort.)
Gouvernements u. Kommandantur. (S. dort.)
Uebersicht der Standorte. (S. Garnisonen.)

Das Reichsheer kostet an jährlichen fortdauernden Ausgaben 480 Millionen, die einmaligen Ausgaben wechseln von Jahr zu Jahr. Die Marine gebraucht den 9. Theil dieser Summe. Vom Pensionsfonds erhält das Heer gegen 42 Millionen, die Marine gegen 1,8 Millionen.

Deutsch-Eylau. S. Eylau.
Deutsch-Krone. S. Krone.
Deutz. S. Cöln.
Diätarien erwerben für die Hinterbliebenen keinen Anspruch auf Wittwen- und Waisengeld, dagegen auf Unfallrenten und für sich Unfallpension.

Das Deutsche Heer.

Armee-Korps	Gesammtstärke							
	Bataill. Infantr. u. Jäger	Halb-bataill. Infantr.	Eskadr. Kav.	Fahrende Battr. Feld-Art.	Reitende Battr. Feld-Art.	Bataillone Fuss-Art.	Bataillone Pion.	Bataillone Train
G.	29	9	40	18	4	2	1	1
I.	25	8	30	23	2	2	2	1
II.	24	8	20	21	2	3	1	1
III.	25	8	20	23	2	—	1	1
IV.	24	8	20	21	2	2	1	1
V.	25	8	20	23	2	2	1	1
VI.	25	8	25	21	2	2	1	1
VII.	25	8	20	21	2	2	1	1
VIII.	24	8	20	21	2	2	1	1
IX.	25	8	20	21	2	—	1	1
X.	24	8	20	21	2	—	1	1
XI.	37	12	30	30	4	2	1	2
XII.	36	11	30	30	3	—	1	1
XIII.	21	7	20	23	—	—	1	1
XIV.	28	8	20	21	2	2	1	1
XV.	30	10	20	18	4	3	2	1
XVI.	24	8	20	20	2	4	2	1
XVII.	25	8	20	23	2	4	1	1
I. B.	25	8	20	21	2	2	1	1
II. B.	37	12	30	27	4	3	1	1
Zus.	538	173	465	447	47	37	23	21

Bemerkungen zur Tabelle.

1. In der 1. Längs- und 1. und 2. Querspalte bedeutet G. Garde-, in der 1. Längsspalte I. B. und II. B. 1. und 2. bayrisches Armee-Korps; in der 1. Längsspalte der Tabelle G. und I. B. und II. B. dieselbe Bedeutung.

2. In der 4. Längsspalte „Kürassiere" sind bei XII. die beiden schweren Regimenter (Garde-Reiter und Karabinier-Regiment) bei I. B. die beiden schweren Reiterregimenter aufgenommen.

3. In der 5. Längsspalte „Dragoner" sind bei I. B. und II. B. die Chevauxleger-Regimenter aufgenommen.

4. In der 9. Längsspalte „Fuss-Artillerie" bedeutet 13 (XV) Bataillon, die übrigen Regiment.

5. Infanterie-Regiment Nr. 105 (XV.) ist von XII., 126 (XV.) von XIII. Fuss-Artill.-Reg. 12 (XVI.) von XII. abkommandirt.

Intendantur-D. zählen zu den Zivilbeamten der Militärverwaltung. S. Intendantur.

Dichte (spezifisches Gewicht): Wird durch eine unbenannte Zahl ausgedrückt, welche angiebt, wieviel mal die Masseinheit eines beliebigen Körpers (ohne Zwischenräume) schwerer ist als die gleiche Maasseinheit destillierten Wassers bei 4^0 C.; 1 ccm Wasser wiegt 1 g; wiegt also 1 ccm Pulver 1,6 g, so hat letzteres eine D. von 1,6. Hohe D. ist besonders werthvoll für Geschossmetalle, um den Geschossen die durch die gesteigerte Geschwindigkeit bedingte grosse Querschnittbelastung (Querdichte) ohne übermässige Länge geben zu können. Die D. der heutigen Gewehrgeschosse mit Mantel und Bleikern beträgt durchschnittlich gegen 10,5.

Diebitsch Hans, Graf v., russischer Feldmarschall (1785—1831), Sohn eines Adjutanten Friedrichs des Gr., zeichnete sich schon in den Kriegen 1805 und 1807 so aus, dass er 1812 General wurde. Er schloss mit York die Konvention von Tauroggen, war 1813/14 Chef des Stabes bei Wittgenstein und Barclay de Tolly. 1829 kommandirte er selbstständig gegen die Türken, ging über den Balkan und erzwang den Frieden von Adrianopel. Weniger glücklich operirte er 1830 gegen die Polen.

Diebstahl wird in *Deutschl.* und *Frankreich* im Allgemeinen nach dem Zivil-Straf-Gesetzbuch bestraft, mit Ausnahme der Kameraden- und dienstlichen Diebstähle.

Diedenhofen (Thionville). Diese deutsche Festung hat eine wechselnde Geschichte. Sie wurde 7./6. 1639 von den Franzosen belagert, von Piccolimini entsetzt. Die Franzosen erlitten in der Schlacht bei D einen Verlust von 2 Gen., 300 Offz., 9000 Mann (darunter viele Gefangene), vielen Fahnen, Kriegsbeute und Bagage; doch schon 1643 eroberte Condé die Festung für Frankreich. 1792 wurde sie von den Oesterreichern belagert, 1813/14 von den Verbündeten blokirt und erst im November 1870 durch General v. Kamecke für Deutschland erzwungen. Dort stehen: Kmmdtr. I. f-Rgt. No. 135; Magd. Drag.-Rgt. No. 6; 8. Komp. Rhein. Fuss-Art.-Rgt. No. 8; Bez.-Kommando; Art.-Dep.: Fortif.; Prov.-Amt; Garn.-Verw. u. Laz. — Servisklasse 2.

Die Festung D. wurde 1870/71 durch ein unter Generallieutenant v. Bothmer stehendes Korps, zu dem das Regiment 65 trat, eingeschlossen. Dasselbe bestand aus 4 Bataillonen der Landwehrregimenter 28 und 68, den 4. Reservehusaren und einer schweren Reserve-Batterie.

Dienstalter. Innerhalb einer Charge entscheidet in Bezug auf den Rang das D. Die Pension berechnet sich nach dem D. Die Jubiläen aber nach der wirklich gedienten Zeit. S. Dienstzeit.

Dienstaltersstufen. Sämmtliche Militär-Beamten und Civil-Beamten der Militär-Verwaltung — soweit dieselben nicht Einzelgehälter beziehen — rücken im Gehalt nur nach D. auf. Das Aufrücken erfolgt nach bestimmten Grundsätzen und zwar in der Regel in 3 jährigen Zeiträumen. Die Vorenthaltung einer Gehaltszulage kann nur mit besonderer Genehmigung des Kriegsministeriums erfolgen. Einzelnen Beamtengattungen kann die über 5 jährige Diätarien-zeit auf die etatsmässige Dienstzeit angerechnet werden. Militär-Anwärter, welche nach dem 1. Januar 1892 angestellt sind, wird 1 Jahr auf die Beamtendienstzeit angerechnet.

Dienstalterszulagen. S. Dienstaltersstufen.

Dienstanzug besteht aus Waffenrock (Interimswaffenrock, Koller, Attila, Ulanka), Achselstücken (Ulanen-Epaulettes), Helm (Tschako, Pelzmütze mit Kolpak, Cpapka), Schärpe, Stiefelhosen, hohe Stiefel; bei der Kavallerie ausserdem Kartusche, bei den Husaren Säbeltasche. Angezogener Paletot (Mantel) gestattet; bei den Husaren vom 1. Oktober bis 31. März angezogener Pelz. Orden und Ehrenzeichen sind zu Besichtigungen und im Garnisondienst anzulegen, sonst ist es gestattet, nur Bänder zu tragen.

Der D. wird angelegt: im Feldverhältniss (s. ausserdem Feldausrüstung), im Manöver bei den Uebungen (dabei ausserdem Fernglas, Signalpfeife, Tornister, Marschhalfter und Satteltaschen, Kartentasche), Felddienst, Exerziren in grösseren Verbänden bis einschl. Bataillon, Exerzir-Besichtigungen (mit Fernglas, Signalpfeife), Garnisonwachdienst — soweit nicht Paradeanzug vorgeschrieben —. Gerichtsdienst (s. d.), Meldungen im Allgemeinen, Offizier- und Kirchendienst an Sonntagen und Busstag, zum Feldgottesdienst (wie im Feldverhältniss bez. Manöver). Vergl. auch „kleiner D."

Dienstauszeichnung. In Preussen: 1. 25 jähriges Dienstkreuz (Kriegsjahre doppelt), goldenes Kreuz am blauen Bande, für Offiziere; 2. für Unteroffiziere für 9-, 15-, 21 jährige Dienstzeit: Blaues Band mit Eisen-, Silber- oder Gold-Namenszuge, schwarz, weiss, oder gelb gerändert; 3. für Landwehr, 20 jähriges Dienstkreuz von Silber am blauen Bande für Offiziere; ferner L. D. für alle (auch Offiziere), die ihre Landwehrpflicht erfüllten oder zu ausserordentlichen Dienstleistungen (Krieg etc.) herangezogen wurden. 4 Endlich werden in der Armee alle zum 50 jährigen Jubiläum verliehenen Dekorationen mit der Zahl 50 versehen. Aehnlich in Sachsen.

Für Bayern: 1. Der Ludwigs-Orden für 50-jährige Dienstzeit; 2. Dienstkreuz I. und II. Kl. für 40-, bezw. 20 jährige Dienstzeit (Feldzugsjahre doppelt). Die II. Kl. wird nur an Offiziere und Beamte gegeben. 3. Die D. und Landw.-D. analog der preussischen Armee.

In Württemberg: 1. Das Dienstehrenzeichen I. Kl. Goldenes Kreuz am rothbraunen Bande für 25 jährige Dienstzeit bei Offizieren, für 30 jährige Dienstzeit bei Unteroffizieren II. Kl. Silbernes Kreuz am rothbraunen Bande für Unteroffiziere und Mannschaften nach 21-jähriger Dienstzeit. 2. Für 9- und 15 jährige Dienstzeit ähnliche Schnallen wie bei uns am Bande.

Diensteid. S. Fahneneid.

Diensteinkommen. Die Pfändung desselben erstreckt sich nur dann auch auf die Gnadenkompetenz der Hinterbliebenen, wenn diese zugleich die Erben des Verstorbenen sind.

Als D. gilt bei gerichtlichen Zwangsvollstreckungen nur der nach Abzug des Servises und der zur Bestreitung eines Dienstaufwandes bestimmten Einkünfte übrig bleibende Betrag.

Bis zur Höhe von 1500 Mk. ist dieser Betrag abzugsfrei; vom Rest ⅓ der Pfändung unterworfen.

Diensteintritt vor Beginn der Dienstpflicht (s. Freiwilliger Eintritt).

Dienstemolumente. Der Anspruch verschiedener Beamtenkategorien auf freie Dienstwohnung mit Feuerungs- und Erleuchtungs-materialien-Deputaten u. s. w. wird bei der Pensionirung berechnet für:

a) Garn.-Verw.-Direktoren mit jährlich 748 Mk.,
b) „ „ u. Laz.-Insp. „ „ 598 „
c) „ „ selbst. „ „ „ 538 „
d) „ „ nicht selbst. „ „ „ 478 „
e) Kas.- u. Laz.-Unterbeamt „ „ 186 „
f) Remonte-Depot-Administ. ⎱ einschl. ⎧ 1200 „
g) „ Rechngsführ. etc. ⎰ Natural- ⎨ 780 „
h) „ Futtermeister ⎱ deput. ⎩ 450 „
i) Kadettenhaus-Rendanten ., „ 600-815 „
k) „ Hausinspek. „ „ 600 „
l) „ Komp.- u. Hausverwalt. 450-600 „

Bei Berechnung der Pension der Korps- und Oberstabsärzte. Zahlmeister und Armee-Musikinspiz. wird für den Burschen 300 Mk. in Anrechnung gebracht.

Dienstentlassung. S. Entlassung, Pensionirung.

Dienst in den Stäben. Vor dem Feinde.

Offizier des Tagesdienstes
(heisst in *Oest.-Ung.* der Inspektor).

Der Dienst desselben währt 12 Stunden, mit Ablösung etwa von 6 Uhr abends und 6 Uhr morgens. Er muss stets auf dem Dienstzimmer oder in der Nähe desselben zu finden sein, eröffnet alle in der Nacht eingehenden Sachen und befindet darüber, ob die Wichtigkeit des Falles das Wecken des betreffenden Abtheilungschefs bezw. Chef des Generalstabes erfordert. In zweifelhaften Fällen hat er das Wecken zu veranlassen und sonstige ihm etwa aufgetragene Massregeln zu ergreifen.

Die Ausfertigung der Befehle
selbst unterliegt hierbei keinen Schwierigkeiten, da bei zweckmässiger Unterbringung der einzelnen Mitglieder des Stabes, gemeinsamer Anordnung der Mahlzeiten. mehrmaliger Versammlung der Offiziere am Tage zu denjenigen Stunden, an welchen erfahrungsmässig höhere Befehle oder Meldungen von untenher eingehen, nicht leicht eine Verlegenheit entstehen kann.

Beförderung der Befehle.
Die Schwierigkeit liegt vielmehr in der Beförderung einer Meldung. u. s. w. Die Mittel, welche sich für diesen Zweck darbieten, sind sofern es sich um weite Entfernungen handelt, der Telegraph, die Eisenbahn und die Brief-(Relais)-Linie; bei näheren Entfernungen wählt man vorzugsweise die Ueberbringung durch einzelne Personen, wenn auch in mehrfacher Ausfertigung, also durch Offiziere, Ordonnanzen und Feldjäger. Letztere finden, als besonders für den Depeschendienst ausgebildet und angestellt, auch auf weitere Entfernungen Verwendung.

Die Feldpost dient in der Regel nur zur Vermittelung des weniger wichtigen und nicht eiligen Briefverkehrs.

Der Telegraph arbeitet schnell und sicher, solange keine Betriebsstörung eintritt.

Die Beförderung eines Kuriers mit der Eisenbahn erfolgt, wenn es sich um ausführlichere Schriftstücke, namentlich eingehende Anweisungen (Instruktionen) handelt, deren Telegraphirung die Leitung zu lange in Anspruch nehmen würde; auch kann man sich der Eisenbahn bedienen, wenn die neben derselben befindliche telegraphische Leitung nicht im Betrieb ist.

Die Schnelligkeit, mit welcher Briefschaften etc. zu befördern sind, wird auf der Adresse dadurch kenntlich gemacht, dass ein auf derselben befindliches Kreuz bedeutet: Die Hälfte des Weges Schritt, die Hälfte Trab (ein Kilometer durchschnittlich in sechs Minuten); zwei Kreuze bedeuten durchweg Trab (ein Kilometer durchschnittlich in vier Minuten); drei Kreuze erfordern die mit den Kräften des Pferdes vereinbare stärkste Gangart.

Meldungen.
Auf nähere Entfernung. oder wenn keine Brieflinie vorhanden ist. erfolgt die Beförderung durch besonders abgeschickte Reiter. Die Wichtigkeit des zu überbringenden Befehls etc., die Schwierigkeit im Auffinden des richtigen und nächsten Weges, die Möglichkeit, mit dem Feinde in Berührung zu kommen, die Entfernung an und für sich entscheiden darüber, ob man einfache Stabsordonnanzen. einzelne Offiziere bezw. Feldjäger wählt und ob man Letztere durch Ordonnanzen oder gar durch stärkere Kavallerie-Abtheilungen begleiten lässt; ferner ist mit der steigenden Wichtigkeit oder Unsicherheit eine doppelte, selbst dreifache gleichzeitige Ausfertigung geboten; ebenso empfiehlt sich, wenn die Gefahr vorliegt, dass die Depesche etc. in feindliche Hände fällt, die Anwendung der Geheimschrift.

Befehle.
Nach Ausfertigung des Korps- (Divisions- etc.) Befehls ist es erforderlich, alle Offiziere des Stabes (auch die Ordonanzoffiziere) mit dem Inhalt genau bekannt zu machen; nur dann sind diese im Stande mit Sicherheit die ihnen im Laufe der Ausführung etwa übertragenen Aufträge zu erledigen, Bestellungen zu überbringen und auf hieran zuweilen sich knüpfende Fragen der Unterbefehlshaber genügende Auskunft zu ertheilen. In gleicher Weise sind der Intendant und der Generalarzt über den allgemeinen Inhalt des Korpsbefehls zu verständigen; ihnen wird hierdurch Gelegenheit zu Vorschlägen bezüglich Sicherstellung der Verpflegung, Leitung der Sanitätsanstalten u. s. w. geboten.

Dienstmützen der preussischen Offiziere und Unteroffiziere (steif 8,5 cm hoch in Form) haben Deckel der 5,2 cm breiter ist als Durchmesser der Kopfweite. Besatz 3,5 breit. Sitz: wagerecht auf dem Kopfe, unterer Rand 2 cm über den Ohren.

Beamte tragen über der Kokarde einen kleinen heraldischen Adler als Unterscheidungszeichen.

Dienstpflicht. Die Wehrpflicht (s. dort) zerfällt in D. und Landsturmpflicht (s. dort).

Während der Dauer der Wehrpflicht ist jeder Deutsche vom vollendeten 20. Lebensjahre bis

31. März desjenigen Kalenderjahres, in welchem er das 39. Lebensjahr vollendet, dienstpflichtig. Die D. zerfällt in:
1. aktive D.   } im stehenden
2. Reservepflicht } Heere.
3. Landwehrpflicht
4. Ersatzreservepflicht.

D. im stehenden Heere (aktive und Reservepflicht) dauert 7 Jahre. Davon dienen Kavallerie und reitende Artillerie 3, alle übrigen Mannschaften 2 Jahre. Jede Zurückbehaltung zählt als Uebung. Dann zur Reserve beurlaubt. D. der Einjährig-Freiwilligen (s. dort), der Volksschullehrer etc. (s. dort).

Aktive D. ehemaliger Zöglinge militärischer Bildungs-Anstalten haben für jedes Jahr, das sie die Anstalt besuchten, zwei Jahre länger zu dienen.

D. in der Reserve (Reservepflicht) wird von demselben Zeitpunkt an gerechnet, wie die aktive D., selbst bei Unterbrechungen derselben. Die Mannschaften werden in Jahresklassen eingetheilt. Die der Kontrolle sich Entziehenden werden in jüngere Klassen versetzt. Versetzung aus Reserve in Landwehr 1. Aufgebots erfolgt bei der nächsten auf Erfüllung der D. im stehenden Heere folgenden Frühjahrs-Kontrollversammlung (bezw. Herbst bei den nach dem 1. April Eingetretenen.)

D. bei der Landwehr. Die Landwehr wird in 2 Aufgebote eingetheilt. D. im ersten Aufgebot 5 Jahre. Die in der Kavallerie und Artillerie freiwillig 4 Jahr aktiv Gedienten nur 3 Jahre. Uebergang zum zweiten Aufgebot in der Kontrollversammlung nach vollendeter D.-dauer bis zum 31. März desjenigen Kalenderjahres, in welchem das 39. Lebensjahr vollendet wird. Die vor dem vollendeten 20. Jahre Eingetretenen, mit dem 31. März des 19. Dienstjahres.

Der Uebertritt zum Landsturm erfolgt ohne Weiteres. Durch Zurückversetzungen in Folge von Kontrollentziehungen darf die D. über das 45. Lebensjahr hinaus nicht ausgedehnt werden.

D. bei der Ersatzreserve. Derselben sind soviel Mannschaften zu überweisen, dass mit 7 Jahresklassen der erste Bedarf für die Mobilisirung des Heeres gedeckt wird. Dauert 12 Jahre, vom 1 Oktober des Jahres, in welchem das 20. Lebensjahr vollendet wird. Die Mannschaften werden in Jahresklassen eingetheilt, Zurückversetzung in jüngere Jahresklassen erfolgt wie in der Reserve. Ersatzreservisten, die geübt haben, treten nach Ablauf der Ersatzreservepflicht zur Landwehr 2. Aufgebotes, die übrigen zum Landsturm 1. Aufgebotes über und zwar bei der nächsten Frühjahrs-Kontrollversammlung.

D. im Kriege. Für die Dauer der Mobilmachung sind alle Bestimmungen, betr. Uebertritt zur Landwehr und zum Landsturm aufgehoben.

D. im Beurlaubtenstande. Die Mannschaften müssen Vorkehrungen treffen, dass Gestellungsbefehle sie jederzeit erreichen. Im Dienste oder in Uniform sind sie stets der militärischen Disciplin unterworfen. Bei eintretender Mobilmachung haben sie sofort in's Inland zu kommen. Im Frieden können Reservisten und Landwehr auf 2 Jahre in's Ausland beurlaubt werden. (Mannschaften durch das Bezirks-Kommando, Offiziere durch die Brigade.) Bei festen Anstellungen im Auslande (Konsulatsbescheinigung erforderlich) können Einzelne auch dauernd beurlaubt werden, nur nicht nach den Küsten des Mittelländischen und Schwarzen Meeres. (Offiziere Abschied nachsuchen! S. auch Ausland.)

Dienstprämie. Unteroffiziere — auch die ausseretatsmässigen — welche nach 12jähriger aktiver Dienstzeit mit dem Civilversorgungsschein ausscheiden, empfangen eine Dienstprämie von 1000 Mark. Die D. ist auch zahlbar bei Anstellung als Offizier oder Beamter der Militär-Verwaltung, beim Uebertritt in Landgendarmerie und Schutzmannschaft, wenn die sonstigen Bedingungen erfüllt sind. Stirbt ein Empfangsberechtigter vor seinem Ausscheiden, so wird die D. an den Empfänger der Gnadengebührnisse gezahlt. Verpfändung des Anspruches ist rechtlich wirkungslos.

Diensttauglichkeit. (S. Auswahl.) Bedingte D. wird bei solchen Fehlern ausgesprochen, die nur die Leistungsfähigkeit beschränken. Die waffenfähigen mit Mindermaass werden vorzugsweise der Ersatzreserve eventuell dem Landsturm zugewiesen.

Dienstunbrauchbarkeit. (S. Untauglichkeit.) Mannschaften, welche während kürzerer als 8jähriger Dienstzeit dienstunbrauchbar, oder bei kürzerer als 12jähriger Dienstzeit nur felddienstunfähig werden, ohne Dienstbeschädigung, werden nicht als invalide, sondern als dienstunbrauchbar entlassen. Die Pension wird nach dem Grade der D. bemessen.

Dienstunfähigkeit infolge von Betriebsunfällen ist gleichbedeutend mit Ganz-Invalidität.

Bei den aus dem Dienste scheidenden Beamten, welche das 65. Lebensjahr vollendet haben, ist D. nicht Vorbedingung des Anspruchs auf Pension. Ist die D. die Folge einer Krankheit, Verwundung oder sonstigen Dienstbeschädigung, so tritt die Pensionsberechtigung für Beamte auch bei kürzerer als 10jähriger Dienstzeit ein. Vor vollendetem 65. Lebensjahre muss die D. von der vorgesezten Dienstbehörde pflichtmässig bescheinigt werden, wenn Anspruch auf Pension erhoben wird.

Dienstverhältnisse, besondere. Die Rekruten müssen jede Ortsveränderung in 3 Tagen anzeigen, den Zeitpunkt der Gestellung bei Strafe nicht vergessen. Sie bedürfen zur Verheirathung der Genehmigung. Die zur Disposition der Ersatzbehörden entlassenen Soldaten gehören zu den Mannschaften des Beurlaubtenstandes (s. Dienstpflicht).

Dienstvorschriften. S. Druckvorschriften. Ersatz verloren gegangener D., welche im Buchhandel zu haben sind, ist aus den Bureaukosten zu beschaffen. Soweit D., welche sich in der Umarbeitung befinden, nicht mehr zu erlangen sind, dürfen die Truppen entsprechende Hülfsmittel, wie v. Helldorff's D. u. s. w. aus dem Unkostenfonds ankaufen. — Geheime D. sind stets unter Verschluss von Offizieren, Sanitäts-Offizieren und oberen Beamten zu halten, welche persönlich verantwortlich sind.

Dienstweg. S. Waffen-Dienstweg.

Dienstwohnung. Der Servis der D.-Inhaber beträgt 1/3 des ortsüblichen Wohnungsgeldes. Bei der Einkommensteuer-Veranlagung ist das Einkommen aus einer freien D. nach dem ortsüblichen Miethswerthe, jedoch nicht höher als mit 15%, des baaren Gehaltes in Ansatz zu bringen.

Dienstzeit. Die Dienstzeit wird vom Tage des Diensteintrittes oder der Vereidigung bis zum Entlassungs- etc. Tage berechnet. Bei Militärpersonen wird die Dienstzeit vom Beginn des 18. Lebensjahres ab gerechnet. Frühere D. nur während eines Krieges d. h. zwischen Mobil- und Demobilmachung. Kriegsjahre, d. h. Jahre, in welchen ein Offizier etc. vor den Feind gekommen, oder mit mobilen Truppen in's Feld gerückt ist, werden als D. doppelt gerechnet. Beamten wird die D. erst mit Beginn des 21. Lebensjahres berechnet. Nur die während eines Krieges abgeleistete Militär-Dienstzeit wird auch vor Beginn des 21. Lebensjahres nach obigen Grundsätzen berechnet.

Dienstzeugniss. Mediziner erhalten in Deutschland nach halbjährigem Dienste als Lazarethgehülfen statt des Führungszeugnisses ein D. (S. auch Mediziner.)

Dienstzulagen. Es erhalten monatlich:

die kommandirenden Generale	1500 M.
„ Divisions-Kommandeure	375 „
„ Brigade- „	75 „
„ Adjutanten als Lieutenant	18 „
„ „ einiger Bezirks-Kommd. einschliessl. für Rechnungsführung	30 „
„ Untersuchungsführende Offiziere	9 „
„ Bei der Versuchs- Kompagnie der Artillerie-Prüfungs-Kommission	4.5 „
„ Bezirks- Kommandeure, welche mit Bearbeitung der Versorgungs-Angelegenheiten beauftragt sind	25 „
„ Bezirks-Adjutanten desgleichen	15 „
„ Adjutanten der Bezirks-Kommandos, welchen die Halbinvaliden attachirt sind	9 „
„ Assistenzärzte bei den Korps-Generalärzten 30 M., 1 =	45 „
„ Zahlmeister als Mitglieder der Bekleidungs-Kommission:	
a) bei der Infanterie u. dem Fuss.-Artillerie-Regiment No. 2	30 „
b) bei der Kavallerie-, Feld-, der übrigen Fuss-Artillerie, Eisenbahn-Regimentern und Garde-Pionier-Bataillon	20 „
c) bei den übrigen Bataillons-Bekleidungs-Kommissionen	15 „

D. werden bei Urlaub, Krankheit u. s. w. fortbezogen, wenn auch das Gehalt weitergezahlt wird.

Diericke, v., preussischer General (1743-1819), zeichnete sich in dem 7jährigen Kriege aus und war seiner Zeit ein geschätzter Militärschriftsteller.

Diesbach, Graf v., Fürst v. St. Agatha, österreichischer F.Z.M. (1677—1751), vertheidigte 1719 Melazzo im Türkenkriege siegreich, stürmte zweimal bei dem Angriff auf Messina und wurde dafür gefürstet; bei Parma 1743 wieder verwundet, musste er sich zur Ruhe setzen.

Dieskau, preussischer Generallieutenant, Artillerist (1701—77), war im 7jährigen Kriege die Seele der Artillerie, machte 11 Feldzüge, 10 Schlachten und 9 Belagerungen mit. Besonders hervor that er sich in der Belagerung von Schweidnitz 1762. Er war auch Konstrukteur damals beliebter Kammergeschütze.

Dietl (Ritter von) 1813—1885), bayerischer Generallieutenant, führte 1866 mit Auszeichnung das 2. bayerische Infanterie-Regiment, war Beförderer der Infanterie-Taktik in Bayern. 1870 Kommandeur der 1. Infanterie-Brigade, führte er dieselbe mit Bravour bei Wörth, Beaumont und Sedan, dann vor Paris und an der Loire, bei Meung in der dreitägigen Schlacht bei Beaugency, und endlich bei der Belagerung von Paris. — Auch sein Sohn zeichnete sich an der Seite des Vaters bei den Kämpfen um Bazeilles aus.

Dietrich, Prinz zu Anhalt-Dessau, preussischer Feldmarschall (1702—69), dritter Sohn des alten Dessauer (s. Leopold), nahm hervorragenden Antheil an den schlesischen Kriegen, ohne selbstständig zu führen; wurde bei Mollwitz schwer verwundet.

Dietrichstein, Fürst (1767—1854), österreichischer General, holte sich beim Sturm auf Valenciennes (1793) das Theresienkreuz. Bekannter Diplomat.

Dieuze. Dort stehen: Infant.-Regt. No. 136; Prov.-Amt, Garn.-Verw. und Laz.; ferner Stab der bayr. 5. Kav.-Brig. und 3. bayr. Chevl.-Regt. Herzog Maximilian. — Servisklasse 3

Diez, Frhr. v., bayr. General (1769—1820), zeichnete sich als Reiter-General 1813—14 aus; nahm bei La Rothière eine franz. Batterie von 16 Geschützen. Er hat für die bayr. Reiterei hervorragend gewirkt.

Diez. Dort steht vorübergehend das 2. Bat. 2. Nass. Inf.-Regt. No. 88 (später in Mainz). Servisklasse 3.

Dijon war 1870 ein wichtiger Centralpunkt. Es wurde 31./10. 1870 von den Deutschen unter General v. Beyer in Besitz genommen, doch am Ende des Jahres geräumt, als Bourbaki heranrückte. Garibaldi schlug dort sein Hauptquartier auf. D. lag auf dem Wege, den Manteuffel auf seinem Marsche von Amiens nach dem Jura zu durchschreiten hatte. Jedoch wurde Garibaldi durch das kühne Vorgehen der Bataillone Kettlers (wobei die Fahne des 2. Bat. des 61. Regiments, in ehrenvollster Weise von Leichen bedeckt, verloren ging) so in Schach gehalten, dass der Vorbeimarsch der Armee vollständig gelang.

In Folge dessen ist D. zum befestigten Lager ersten Ranges umgebaut worden.

Wie der Plan zeigt, ist dieses durch eine Kette vorgeschobener Werke erreicht worden, von denen das grosse Fort de La Motte-Giron schon 1870 im Bau begriffen war.

Auf der Höhe des Côte d'or liegen 3 Forts: Das von Hauteville auf der Terrasse nördlich des Ouche-Einschnittes an der Pariser Strasse, das oben genannte Fort de La Motte-Giron mit anhängenden Batterien, welche das Thal, den Ouche-Kanal und die Bahn nach Paris schützt; das Fort du mont Afrique, das mit 4 Batterien die Tête des Höhenzuges krönt und 330 Meter über der Thalsohle liegt. (Die Entfernung zwischen diesem Fort und Hauteville ist 10 km.) Im nördlichen Thale decken die Forts d'Asnieres und Varois nebst Batterien die Strassen nach N. und N.O., während im Süden die starken Forts Sennecey und de Beauregard die drei dort einlaufenden Bahnlinien, auch die Chausseen sichern.

In Dijon stehen schon im Frieden die 15. Inf.-Div.; 8. Kav.-Insp.; 30. Inf.- und 8. Kav.-Brig.; 27. Inf.-Regt.; 5. Jäg.-Bat.; 26. Drag.- und 4 Batt. des 10. Fest.-Art.-Regts.

Plan s. Seite 154 und 155.

Diopterlineal braucht man zum Nivelliren. (S. dort.) Auf dem Lineal ist eine Libelle c,

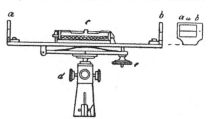

mit der man dasselbe wagerecht stellt, indem man für grobe Stellung die Schraube d gebraucht, für feine die Schraube e. Dann blickt man durch die Diopter a und b.

Diphenylamin (Phenylamin-Anilin) = $C_6 H_7 N$). Ein sauerstoffreies Alkaloid, welches in geringer Menge (1—2 %) einigen rauchschwachen Stickstoffpulvern zugesetzt wird, um deren chemische Beständigkeit zu sichern und ihre etwaige spätere Zersetzung zu verhüten bezw. zu verzögern. Demselben Zweck dient Kreide (kohlensaurer Kalk = $Ca CO_3$) und Sublimat (Quecksilberchlorid = $Hg Cl_2$).

Dippoldiswalde. Dort fand 28./8 1813 Rückzugsgefecht der Verbündeten statt.

Direkter Schuss. Schussart, bei welcher der Waffe durch Zielen über Visir-Aufsatz und Korn Seiten- und Höhenrichtung auf den beabsichtigten Treffpunkt gegeben wird. Der D. Sch gestattet ein schnelleres und einfacheres Schiessverfahren als der indirekte Sch., zumal mit ihm stets eine direkte Beobachtung verbunden ist. Die Vorbedingung — Sichtbarkeit des Ziels für den Schützen oder Richtkanonier über Visir und Korn — ist bei der grossen Treffähigkeit der heutigen Flachbahnwaffen von so bedeutendem Einfluss auf die Wirkung des D. Schusses, dass man immer mehr bemüht ist, sich durch gesteigerte Anwendung von Schutz- und Deckungsmitteln dem direkten Feuer des Gegners zu entziehen.

Direktion. S. Richtung.

Direktionsreiten. Die Truppen von der Eskadron aufwärts müssen geübt sein, die reglementarischen Bewegungen auf leises Kommando des Eskadronschefs oder auf Säbelzeichen der höheren Führer lautlos auszuführen und dem Führer nachzufolgen. Die Zeichen zum lautlosen Nachreiten werden mit dem Säbel (Pallasch) oder mit der Hand mit Hinweisung auf die Richtung gegeben und von den unteren Führern wiederholt. Als Zeichen zum Halten gilt das Senken des Reitergewehrs oder der Hand.

Direktiven (Richtschnur) werden statt der Befehle den selbstständigen Kommandeuren u. A. in dem Falle gegeben, in denen sie mehr oder minder auf eigene Verantwortung zu handeln haben. Besonders den Kavallerie-Korps bezw. Divisionen, selbst grösseren Patrouillen der Reiterei wird man meist D. geben. Die D. muss den Zweck betonen, auf den es ankommt.

Disciplin. Sie hat soviel Abstufungen, als es Menschen und Charaktere giebt.

Die niedrigste Stufe ist die Disciplin aus Furcht, für die niederen Naturen die geeignete. Die höchste D. ist der aus Liebe hervorgehende Gehorsam; für edle Menschen und für echte Christen die gegebene. Ein Gemisch aus Beiden ist für den Mittelschlag das beste Rezept.

Marschdisciplin ist nöthig, um die Marschlinien zu verkürzen d. h. die Zeit zum Aufmarsch zu begrenzen und damit im Kampfe einen Vorsprung zu gewinnen.

Feuerdisciplin ist erforderlich, um der Munitionsverschwendung vorzubeugen und durch einheitliche Feuerwirkungen allmählich den Gegner lahm zu legen.

Disciplinarbestrafung (s. auch Disciplinarstrafgewalt). Die D. tritt ein, bei Handlungen gegen die militärische Zucht und Ordnung, für die die Militärgesetze keine Strafe vorschreiben, bei Vergehen, bei denen D. gestattet ist, eine eigenmächtige Entfernung, Urlaubsüberschreitung, achtungswidriges Betragen, Belügen, Beleidigung, Ungehorsam, Missbrauch der Dienstgewalt, vorschriftswidrige Behandlung Untergebener. (Misshandlungen, wie Stossen und Schlagen wird kriegsgerichtlich behandelt.) Beschädigung pp. der Dienstsachen, Verletzung der Dienstpflicht, Verlassen der Wache oder des Gliedes, Trunkenheit im Dienste. Im Kriege sind der D. unterworfen alle Personen, die dem Heere folgen und die Kriegsgefangenen. Die Strafen selbst sind bekannt.

D. im Beurlaubtenstande ausserhalb der Dienstzeit Geldstrafen bis 60 Mk. und Haft bis 8 Tage. Vollstreckung durch Zivilbehörde. Eingezogene Mannschaften unterstehen den Militärgesetzen. S. oben.

Disciplinarstrafgewalt ist nicht an die Charge, sondern an die Dienststellung geknüpft.

1. Jeder mit Strafgewalt versehene Befehlshaber ist berechtigt: Gegen Offiziere einfache und förmliche Verweise, gegen Unteroffiziere Verweise aller Formen, Strafwachen und dergl., gegen Gemeine (Gefreite pp.) Strafdienst oder Appell. Entziehung der Verfügung über die Löhnung, und der Abendstunden zu verhängen.

2. Kompagnie-Chef, wie oben, ferner gegen Unteroffiziere und Gemeine gelinden Arrest bis 8. und Mittel-Arrest bis zu 5 Tagen; gegen Gemeine strengen Arrest bis 3 Tage.

3. Bataillons-Kommandeur, der nicht selbstständig ist: gegen Unteroffiziere und Gemeine gelinden Arrest bis 14, Mittel-Arrest bis 10, strengen Arrest bis zu 7 Tagen; gegen Offiziere gelinden Arrest, dessen Dauer vom Regiments-Kommandeur festzusetzen ist.

4. Regiments-Kommandeur bezw. selbstständiger Bataillons- oder Bezirks-Kommandeur:

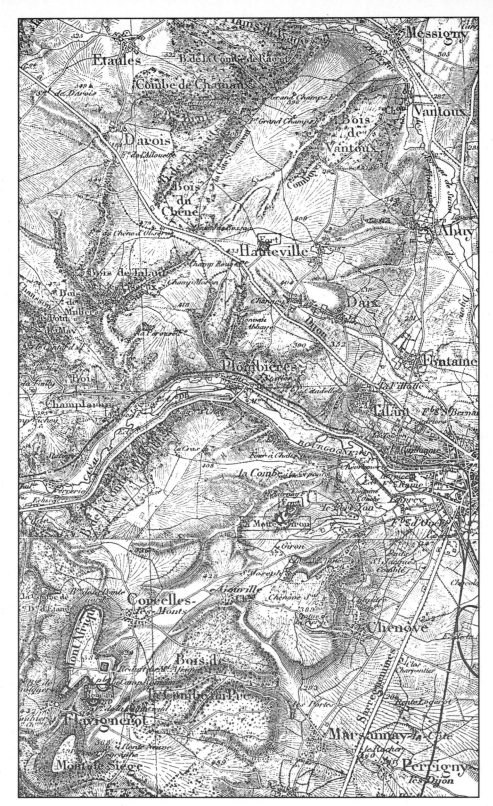

Dijon.

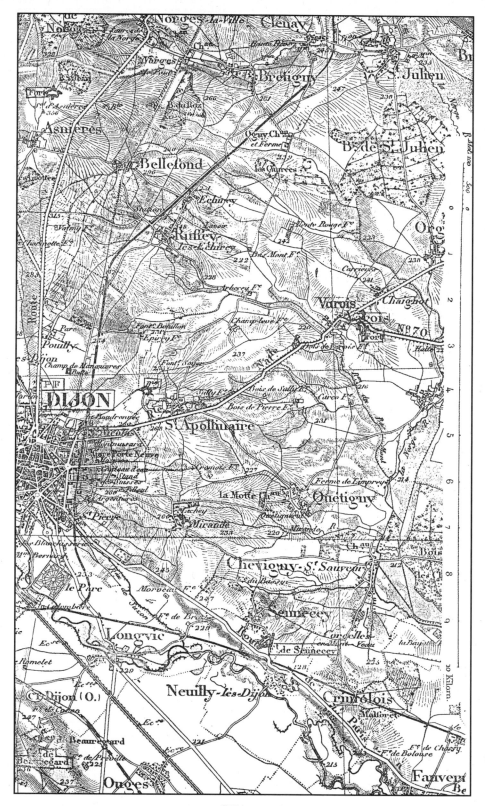

Dijon.

Gegen Offiziere strengen Verweis. Stuben-Arrest bis 6 Tage; gegen Unteroffiziere bezw. Gemeine Kasernen- pp. oder gelinden Arrest bis 4 Wochen; Mittel-Arrest bis 3 Wochen; strengen Arrest bis 14 Tage. Gefreite zu degradiren.

5. Die höheren Befehlshaber desgl.; doch kann kommandirender General seine Offiziere bis zu 14 Tagen. Divisions-Kommandeur bis 10, Brigade-Kommandeur pp. bis 8 Tage mit Stuben-Arrest bestrafen.

Disciplinartruppen. Solche sind die Arbeiter-Abtheilungen (s. dort) und Festungsgefangenen (s. dort). Sie unterstehen der Inspektion der Militär-Strafanstalten. D.-Truppen bestehen in Oest.-Ung. nicht.

Dislokation. Der deutsche Kaiser hat sich im Frieden im Allgemeinen des Dislokationsrechtes in den nichtpreussischen Bundesstaaten entäussert. (S. die Militär-Konventionen mit den verbündeten Staaten.) Nur bezüglich Mecklenburgs und Braunschweigs ist das D.'srecht des Kaisers auch im Frieden ein unbedingtes.

Disloziren, veralteter Ausdruck für Unterbringen, Einquartieren pp.

Dispensation von Kontroll-Versammlungen nur in Folge Krankheit mit Attest von Ortsbehörde. Gesuche um D. von den Einziehungen sind mit Gründen an das betreffende Bezirks-Kommando zu richten.

Disposition. Der Ausdruck kommt nur noch für die Friedensverhältnisse in Betracht. Man sagt heute Befehlsentwurf, auch Befehl. (S. Befehl.) Die zur Disposition stehenden Offiziere (z. D.) sind für den Ernstfall verfügbar, haben gegenüber den Offizieren a. D. keinerlei pekuniäre Vortheile, nur stehen sie in allen militärischen Sachen noch unter der Militär-Gerichtsbarkeit.

Dispositionsurlaub. S. Entlassung.

Distanz, veralteter Ausdruck für Abstand, Entfernung.

Distanzmesser sind Vorrichtungen, um die Entfernung des Beobachters von einem beliebigen Punkte zu ermitteln. Sie sind nicht nur für Geodäsie, sondern auch für den Militär im Felde, namentlich für Ermittlung weiterer Entfernungen, von grossem Werthe. Derlei Instrumente giebt es mehrere, die gebräuchlichsten sind die von Roksandic und von Klöckner.

Distanzritte sind von Werth, wenn zugleich die Kondition der Pferde dabei berücksichtigt wird.

Distanzschätzen, das Schätzen der Entfernungen nach Augenmass, dessen Uebung für jeden Soldaten sehr wichtig.

Diversion ist ein veralteter Ausdruck für Scheinbewegung.

Division ist eine höhere Truppeneinheit als die Brigade. Es giebt Kavallerie- und Infanterie-Divisionen. Die D. an und für sich ist die erste im Frieden bereits aus den 3 Waffen zusammengesetzte Truppeneinheit. Sie wurde in den Revolutionskriegen in Frankreich eingeführt. Die Kriegsstärke ist in Deutschland gegen 15000 Mann. Bei den übrigen Armeen schwankt die Zahl zwischen 10000 und 20000 Mann. Sie nimmt in der Kampffront eine Normalbreite von 3 Kilometern ein. Sie wird in Deutschland von einem General-Lieutenant, in Oesterreich vom Feld-Marschall-Lieutenant, befehligt. (S. auch Dienst in den Stäben).

Divisions-Artillerie: Die einer mobilen Infanterie-Division unterstellte Feld-Artillerie. Gliederung und Stärke der D.:

Deutschland: Ein Regiment zu 2 Abtheilungen zu je 3 Batterien zu je 6 Geschützen = 36 Geschütze.

Oesterreich: Ein Regiment zu 4 Batterien zu je 8 Geschützen = 32 Geschütze.

Italien: Eine Batterie-Brigade zu 4 Batterien zu je 6 Geschützen = 24 Geschütze.

Frankreich: Ein Regiment zu 2 Gruppen zu je 3 Batterien zu je 6 Geschützen = 36 Geschütze.

Russland: Eine Brigade zu 2 schweren und 4 leichten Batterien zu je 8 Geschützen = 48 Geschütze.

Die Divisions-Artillerie der Kavallerie-Truppen-Division besteht in den meisten Staaten aus 2 Batterien zu je 6 Geschützen = 12 Geschütze.

Divisionsarzt steht dem Divisions-Kommandeur zur Seite und füllt Dienststelle zwischen Korps- und Regimentsarzte aus. Sie haben kein Aufsichtsrecht über die Militär-Lazarethe, sind aber befugt, sich von dem Krankendienst in den Lazarethen Kenntniss zu verschaffen. In den Garnison-Lazarethen der Standorte der Divisionsstäbe werden die D. zu Chefärzten der Garnison-Lazarethe ernannt. Sie sind Vorgesetzte sämmtlicher in ihrem Dienstbereich gelegenen Lazarethe und der darin kommandirten Sanitätsoffiziere und Mannschaften und haben die Disziplinar-Strafgewalt eines nicht selbstständigen Bataillons-Kommandeurs.

Divisions-Bibliotheken befanden sich in den Standorten der Divisionsstäbe und waren bestimmt, den Offizieren, Sanitäts-Offizieren u. Milit.-Beamten, sowie den Offizieren des Beurlaubtenstandes im Bezirke der Division Gelegenheit zu geben, ihre Berufsbildung auf wissenschaftlichem Wege zu fördern. Seit dem Jahre 1890 führen die D.-B. ebenso wie die ehemaligen Provinzial-Bibliotheken der Artillerie den gemeinsamen Namen „Militär-Bibliotheken". (S. dort).

Divisions-Intendantur. Ihr Geschäftskreis umfasst alle auf die Gehalts-, Löhnungs-, Servis-, Reisekosten und ausserordentliche Gebührnisse Bezug habenden Angelegenheiten der zum Divisionsverbande gehörigen Truppen u. s. w., die Kontrole des Buch-, Kassen- und Rechnungswesens, Kassen-Revisionen, Bekleidungswirthschaft und Musterungen bei denselben. Sie besteht aus einem Int.-Mitgliede als Vorstand und einer Anzahl Sekretariatsbeamten. — Zu den Divisions-Kommandos nehmen die D. dieselbe Stellung ein, wie zu den General-Kommandos die Kriegs-Intendanturen.

Divisions-Kommando ist in Bezug auf Zusammenstellung seines Stabes und Zutheilung von Verwaltungsbehörden erheblich knapper bemessen als ein General-Kommando.

Der General-Stab wird gebildet durch einen Generalstabs-Offizier (meist ein Stabsoffizier), welchem die bedeutungsvolle Stellung eines Chefs des Generalstabes nicht eingeräumt ist, da der Divisionskommandeur die Einzelleitung der Geschäfte selbst übernehmen kann und muss.

Er steht den Erwägungen der grossen Operationen schon ferner und ist in dieser Beziehung mehr ausführendes als entwerfendes Organ. Für ihn ist es vortheilhaft und nothwendig, wenn er in seiner Beschäftigung mit den von unten heraufkommenden Fäden in steter Berührung bleibt. Der Generalstabsoffizier kann dann nicht die Stellung eines Chefs des Generalstabes, als zusammenfassende Spitze des Stabes haben; nichts destoweniger wird er, wenn seine Pflichten treu und gut erfüllt, sich das Vertrauen des Divisionskommandeurs in einem Grade erwerben, welcher ihm die erste Stelle im Stabe zuweist. Unter diesem Gesichtspunkt ist es gewiss nur vortheilhaft. wenn der Generalstabsoffizier der rangälteste Offizier des Stabes ist und ihm hierdurch ohne Weiteres die Befugnisse eines Vorstandes des Geschäftszimmers zufallen.

Dem Divisionsstabe gehören ferner an: zwei Adjutanten (ein Hauptmann, bezw. Rittmeister und ein Lieutenant), welche oft in die Lage kommen können, den Dienst eines Generalstabsoffiziers versehen zu müssen. Unter Umständen wird die Kommandirung von Ordonnanzoffizieren erforderlich.

Als Branchen sind dem Divisionskommando zugewiesen: eine Feldintendantur, ein Feld-Proviantamt, eine Feldpostexpedition, ein Divisionsarzt, ein Divisionsauditeur und zwei Feld-Divisionsgeistliche.

Bei einer Kavallerie-Division fällt ein Feld-Divisionsgeistlicher fort. (S. Kavallerie-Division). (S. Infanterie-Division im Kriege).

Die Geschäftseintheilung ist entsprechend der des Generalkommandos (N. B. Schon früher erwähnt); doch ist der Generalstabsoffizier hier lediglich Sektionsvorstand und wenn er im Rang bezw. Dienstalter dem Divisionsadjutanten voransteht, Vorstand des Geschäftszimmers, wodurch ihm die Verantwortlichkeit für den geordneten Betrieb des Dienstes zufällt, ohne dass ihm ein Einfluss auf die sachliche Behandlung der Geschäfte bei den anderen Sektionen zugewiesen wäre. (S. auch Dienst in Stäben).

Der Dienst der „Generalstabs-Abtheilung" der Truppen-Division ist in Oest.-Ung. ein ähnlicher. Die Abtheilung besteht aus dem Generalstabs-Chef und 2 Oberoffizieren des Generalstabes.

Divisionsschulen hiessen bis 1858 in Preussen die jetzigen Kriegsschulen. Aus 9 D. wurden damals 3 Kriegsschulen gebildet

Djunis, 23./10. 1876 wurde hier Horvatovic geschlagen und den Türken damit der Weg nach Krusarac eröffnet.

Dixmude, 13./10. 1647, vom Erz-Herzog Leopold genommen.

Doboj in Bosnien, 15./10. 1697. Einnahme der Stadt, 16./10. Einnahme des Schlosses durch die Kaiserlichen.

Dobre. Hier Gefecht 17./2. 1832 zwischen Russen unter General Rosen und polnischen Truppen unter General Skrzynecki, die sich nach Praga nach kurzem Gefechte zurückzogen. Die Russen verloren 750, die Polen 500 Mann.

Dobschütz, Wilhelm v., preuss. Gen. d. Kav. (1764—1836). That sich 1813 als Kommandeur der Reserve bei Grossbeeren und Dennewitz hervor, führte ein erfolgreiches Gefecht bei Mühlheim, nahm 1814 Wittenberg mit Sturm und Erfurt durch Kapitulation.

D. O. d. K. A. Abkürzurg für „Dienstordnung der Kriegs-Akademie". 1888.

Dode de la Brunerie, Wilhelm, Vicomte (1775—1851), Marschall von Frankreich, war Ingenieur und hat die Befestigungen von Paris 1840 nach dem Tode Rogniats zu Ende geführt.

Dodendorf, südlich Magdeburg. 5./5. siegreicher Zusammenstoss Schill's mit westfälischen Truppen.

Doeberitz. Truppenübungsplatz. Die Kommandantur befindet sich in Spandau, die Garn.-Verw. in Potsdam

D. O. f. M. R. Abkürzung für „Dienstordnung für das Militär-Reitinstitut". 1889.

Doggersbank. Hier eine unentschiedene Seeschlacht 5./8. 1781 zwischen der englischen Flotte unter Admiral Parker und der holländischen unter Zoutmann. Beide Theile waren nach mehrstündigem Kampfe nicht mehr fähig, diesen fortzusetzen.

Dohna, Christof, Graf (1702—1762), preuss. Gen., wurde als Avant-Garde-Kommandant in der Schlacht bei Jägerndorf verwundet, kommandirte bei Zorndorf den rechten Flügel, zwang die Russen, die Belagerung von Kolberg aufzuheben, focht dann gegen die Oesterreicher in Sachsen, 1739 gegen die Schweden in Pommern und gegen die Russen in der Neumark.

Dohna-Schlobitten, Graf v. (1784—1859), preussischer General-Feldmarschall, war tüchtiger Soldat und schneidiger Staatsmann, der sich 1848 in Preussen bewährte, vor den Staat vor dem Anschlusse an die Westmächte bewahrte.

Dôle am Doubs. 21./11. 1871 nahm dort Avant-Garde des 2. preuss. Korps Stadt, Bahnhof und 230 für die Armee Bourbaki's bestimmte Wagen mit Lebensmitteln.

Dolnja Tuzla in Bosnien, 9. u. 10./8. 1878 Gefechte.

Dombrowski, Jan (1755—1818), zuerst in sächs. Dienste, seit 1791 bei den poln. Insurrekten, zwang 1794 die Preussen zur Aufhebung der Belagerung von Warschau und nahm Bromberg; betheiligte sich mit einer von ihm errichteten poln. Legion an den Kriegen 1797—1800 in Italien, trat nach dem Frieden von Amilek in den Dienst der ital. Republik, war dann in den Neapels, 1806 war er bei der Erhebung Polens sehr thätig, deckte den Rückzug über die Berezina, führte die Polen bei Leipzig; 1815 General der Kavallerie in russ.-poln. Diensten.

Dominiren, beherrschen, überhöhen.

Domstadtl. Dort verlor 30./6. 1758 Friedrich II. bei der Belagerung von Olmütz seinen Zufuhr-Train von 4000 Fuhrwerken, der in die Hände des diesen angreifenden Daun fiel. Der König musste in Folge dessen die schon bis zur 3. Parallele vorgeschobene Belagerung aufgeben.

Donaueschingen. Dort steht Bez.-Kom. — Servisklasse 3.

Donjon heisst das kasemattirte, meist thurmartige Mittelwerk in älteren kleinen Befestigungen.

Doppelhaken (veraltet), eine besonders lange, schwere Art Hakenbüchse (s. d.) von grösserem Kaliber, die nicht aus freier Hand bedient werden konnte, sondern auf einem Dreifuss (Gabel) oder Bock lag.

Doppelkämpfer, Infanterist und Kavallerist, wie die berittene Infanterie, einst auch besonders die russischen Dragoner; sie spielen von Zeit zu Zeit in militärischen Kreisen eine Rolle; man nennt sie auch Zwitterkämpfer, die weder Fisch noch Vogel sind.

Doppelposten bei den Feldwachen. Dafür bestimmt die Felddienstordnung, dass es beim Aussetzen der Posten weniger auf eine geschlossene Kette, als darauf ankommt, die vom Feinde herführenden Wege zu besetzen, während das Zwischenfeld von Patrouillen überwacht wird. Diese werden theils als Unteroffizier-Posten, theils als D. ausgesetzt, doch sollen sie nicht weiter als 400 m von der Feldwache stehen. Im Festungskriege stehen sie in Deckungen und bedeutend enger, so dass Niemand unbemerkt durchschlüpfen kann. Beim Manöver kriegsmässig ausgesetzt. Bei den Aussenwachen gelten dieselben Bestimmungen wie bei den Feldwachen.

Ist die Vorposten-Kompagnie in gedeckten Räumen untergebracht, stellt sie zur eigenen Sicherung einen oder mehrere D. aus. (Im offenen Biwak nur Einzelposten.)

Doppelrotten nennt man vier Glieder der Rotten, die bei schmalen Wegen häufig gebildet wurden.

Doppelspione, von beiden Seiten bezahlte und benutzte Spione.

Doppelwaisen der Offiziere erhalten 225 M. jährliche, der Mannschaften 15 M. monatliche Erziehungsbeihilfe, sie erhalten $1/3$ des Wittwengelds. (Buhnke Litt.)

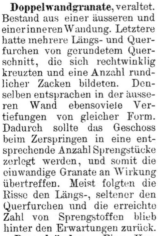

Deutsche schwere Feldgranate c/73. (Doppelwandgranate.)

Doppelwandgranate, veraltet. Bestand aus einer äusseren und einer inneren Wandung. Letztere hatte mehrere Längs- und Querfurchen von gerundetem Querschnitt, die sich rechtwinklig kreuzten und eine Anzahl rundlicher Zacken bildeten. Denselben entsprachen in der äusseren Wand ebensoviele Vertiefungen von gleicher Form. Dadurch sollte das Geschoss beim Zerspringen in eine entsprechende Anzahl Sprengstücke zerlegt werden, und somit die einwandige Granate an Wirkung übertreffen. Meist folgten die Risse den Längs-, seltener den Querfurchen und die erreichte Zahl von Sprengstoffen blieb hinter den Erwartungen zurück.

Doppelzünder. Eine Vereinigung von Aufschlag- und Brennzünder. Er kann je nach Bedarf als Az. oder als Bz. gebraucht werden, versagt der Bz., so wird der Zünder beim Aufschlage immer noch als Az. thätig.

Für die Verwendung als Az. wird der Bz. in „Todtstellung" gebracht, d. h. so eingestellt, dass die Flamme des Satzringes nicht in Berührung mit der Schlagladung kommen kann.

Der D. hat hauptsächlich folgende Vorzüge:

1. Blindgänger, die früher beim Versagen des Bz. eintreten mussten, sind ausgeschlossen.

2. Ein Wechsel der Geschossart für das Shrapnelfeuer ist unnöthig. Man schiesst sich mit Shrapnel-Az. ein und geht dann zum Shrapnel-Bz. über.

3. Eine auf grössere Entfernung feuernde Batterie kann jedem überraschenden Nah-Angriff mit den geladenen Shrapnels entgegentreten, da die Geschosse mit Az. auch auf den nächsten Entfernungen eine gute Wirkung ergeben.

4. Beim Uebergange auf Ziele in geringer Entfernung werden die geladenen Geschosse mit Bz. sofort von selbst Az.

Die Artillerien sämmtlicher Grossmächte führen jetzt D., die deutsche Feldartillerie den D. c/91, die deutsche Fussartillerie die D. c/85, c/88 und c/92.

D. c/92 (s. Bild): 1. Bz. Das untere Satzstück b lässt sich auf dem Zünderteller c drehen, während das obere Satzstück a durch den Stellring e mit c fest verbunden ist. Die innere Höhlung von a wird durch die Verschlussschraube f geschlossen; unter dieser liegt, von der Schraubenfeder g nach unten gedrückt, der Zündbolzen h mit der, das Zündhütchen x enthaltenden Zündschraube i; während der Aufbewahrung und Fortschaffung des Zünders wird der Zündbolzen von dem Vorstecker q gehalten bezw. getragen, der vor dem Laden des Geschosses herausgezogen werden muss. Der Zündbolzen sinkt dann auf den Sperring k hinab und drückt diesen beim Abfeuern des Schusses durch sein Beharrungsvermögen zusammen, so dass das Zündhütchen x von der im Nadelstück l sitzenden Nadel angestochen wird. Der Feuerstrahl trifft die in das Brandloch hineinragende Nase A des oberen Satzringes, deren Flamme sich, wenn Bz. auf Null gestellt ist, durch die 3 Pulverkörner des Zündschlages B im unteren Satzstück und das Pulverkorn D im Zünderteller unmittelbar auf die Schlagladung und von dieser durch die senkrechten Kanäle im Zünderteller auf die Sprengladung bzw. auf die Zündladung fortpflanzt.

2. Az. Besteht aus dem Schlagbolzen m, der für die Nadel n geschlitzt ist. Letztere sitzt auf einem quer durch das obere Satzstück a laufenden Steg. In den Schlagbolzen ist unten die Zündschraube o mit dem Zündhütchen x_1 eingeschraubt, und durch einen Stift befestigt. — Der Feuerstrahl des Zündhütchens x entzündet durch die Kanäle des Nadelstücks l auch das Pulverkorn w, dessen Abbrennen dem Schlagbolzen auch vorn Spielraum giebt und den Az. scharf macht, so dass beim Aufschlag der Schlagbolzen vorschnellt und das Zündhütchen von der Nadel angestochen wird.

Um ein willkürliches Wirken des Schlagbolzens, wie es durch starke Pendelungen des Geschosses während des Fluges herbeigeführt werden könnte, zu verhüten, ist noch eine besondere Sicherung des Schlagbolzens angeordnet: sein unterer Theil ruht in der durch eine Schraube am Boden des Az. festgehaltenen Sperrhülse p, welche mit den nach innen gekrümmten Enden ihrer 4 Arme in eine Rille am oberen Theil des Schlagbolzens eingreift. Die Hemmung, welche Letzterer dadurch erfährt, ist so schwach bemessen, dass sie sein Vorschnellen beim Geschossaufschlag nicht in Frage stellt.

Doppelzünder

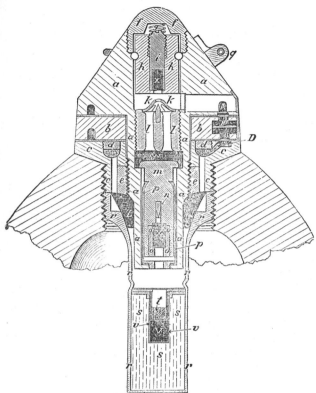

Doppelzünder C/92,
mit Zündladung mit Vergrösserung.

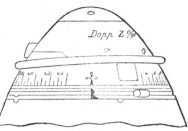

Doppelzünder C/91.

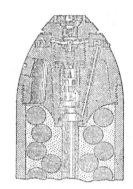

Doppelzünder der Schweiz.

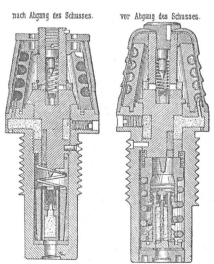

Doppelzünder Frankreichs.

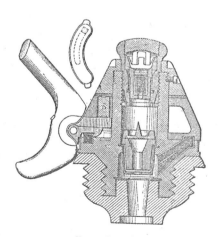

Doppelzünder Italiens.

Ueber die Zündladung s. dort.

Der D. c/91 (s. Bild): Ist für die Geschosse der Feldartillerie (Shrapnel c/91 und Sprenggranate c/88) bestimmt. Er hat nur ein Satzstück; in der inneren Einrichtung, deren Beschreibung und Bild hier nicht angegeben werden kann, besitzt er grosse Aehnlichkeit mit dem D. c/92. Er ist ebenso wie jener ein Fertigzünder und befindet sich stets im Gechoss. Die Theilung reicht von 300 bis 4500 m. Nullstellung des Bz. ist nicht vorgesehen; alle Zünder der in den Protzen befindlichen Geschosse sind von vornherein in Todtstellung. Ueber dem Satzstück liegt der Ring des Vorsteckers, der einerseits das unbeabsichtigte herausgleiten der Vorstecker-Schenkel verhindert, andererseits als Handhabe bei Entnahme der Geschosse aus den Geschosskasten und beim Entfernen des Vorsteckers dient.

Dormus, Josef Freih., österreichischer F.Z.M., erwarb sich 1859 bei Magenta für heldenmüthige Deckung des Rückzuges das Maria-Theresienkreuz.

Dörnberg, 1. v., Generallieutenant (1768—1850). Einer der patriotischen Helden der Befreiungskriege, der 1809 einen vergeblichen Zug mit den Hessen gegen die Franzosen unternahm. Er rettete sich nach Böhmen, war Generalstabschef beim Streifzuge des Herzogs von Braunschweig-Oels; zeichnete sich 2./4. 1813 im Treffen bei Lüneburg aus, focht bei Waterloo in der deutschenglischen Legion an der Spitze einer Kavallerie-Brigade.

2. Ferdinand, Freiherr (1768—1850) in Hessen, 1796 in preussischem Dienste, gerieth 1806 in Gefangenschaft, wurde unter König Jérôme Oberst der Gardejäger, versuchte 21./4. 1809 den König gefangen zu nehmen und flüchtete, von seinen Truppen verlassen, nach England; trat 1812 in russische Dienste, gewann 2./4. 1813 das Gefecht von Lüneburg, trat nach dem Frieden in hannoversche Dienste, 1842 als Generallieutenant in Petersburg.

Dornbirn in Tirol, 29./5. 1809, siegreiches Treffen der Oesterreicher.

Dorngewehr (veraltet), nach dem Erfinder, dem französischen Oberst Thouvenin auch Th.-Büchse genannt. Gezogener Vorderlader, bei dem das Geschoss nach dem Laden durch wiederholte Stösse mit dem Ladestock auf einen in die Mitte des Seelenbodens eingeschraubten Dorn derart gestaucht, d. h. in der Längsrichtung zusammengedrückt und im hinteren Umfang vergrössert wurde, dass es beim Schuss den Querschnitt des gezogenen Theiles der Seele hinlänglich ausfüllte.

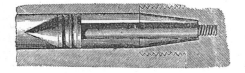

Dorngewehr.

Dorobanzen, die Infanterie der rumänischen Miliz; zeichnete sich vor Plewna sehr aus.

Dorregaray, Marquis von Friaul (1820—1876), war ein berühmter Karlistenführer, der 1873 den Regierungstruppen bei Los Arcos und Friaul tüchtige Schlappen beibrachte. In demselben Jahre schlug er die Generale Portilla, Castannos und St. Pau in verschiedenen Gefechten und bemächtigte sich der Hafenstadt Portugalete. 1874 focht er nochmals gegen Concha mit Erfolg, musste aber schliesslich vor der Uebermacht aus Bilbao von Navarra zurückweichen, wo er bis zu Ende des Krieges operirte. Er wurde mehrmals verwundet.

Dortmund. Dort steht Bezirks-Kommando. — Servisklasse 1.

Dosirung des Pulvers, s. Mengungsverhältniss des Pulvers.

Dotationen heissen die Geschenke, die hervorragende Führer für Kriegsleistungen erhalten. Aus ihnen ist früher häufig der Grossgrundbesitz des Adels entstanden. Nach dem Kriege 1871 stellte das deutsche Reich dem Kaiser Wilhelm dazu 4 Millionen zur Verfügung.

Douaniers, Zollwächter in Frankreich; im Kriegsfalle der Armee eingereiht.

Douay, eine alte französische Festung, spielte in den Kriegen zu Ende des 17. und Anfang des 18. Jahrhunderts eine Rolle.

Douay, Felix, französischer Divisions-General (1816—79). Er zeichnete sich schon bei der Expedition nach Rom, 1850—53 in Algier, 1854 in der Schlacht an der Tschernaja aus; ebenso in allen Schlachten 1859, wurde bei Solferino verwundet; kommandirte in Mexico 1862—64 eine Division, in steter Fehde mit Bazaine liegend. 1870 wurde er Kommandeur des 7. Armee-Korps. Die Niederlage von Wörth zwang ihn, sich eiligst über Paris nach dem Lager von Chalons zurückzuziehen. Er kämpfte bei Mouzon, und auf dem Plateau von Illy. Nach seiner Rückkehr aus der Kriegsgefangenschaft erhielt er das Kommando des 4. Korps der Armee von Versailles, mit dem er als der Erste Paris durch das Thor von St. Cloud betrat.

Doubs. Dort, wo der Doubs durch den Jura sich Bahn bricht, an der Cluse Mijou, dicht an der Schweizer Grenze, die den letzten Zug der Truppen Bourbakis über den Jura aufnahm, haben die Franzosen den Pass befestigt, 1. durch ein Werk am Chateau de Joux unten im Thale und 2. durch das die Zweige der Bahnlinie beherrschende Fort Larmont infr. Da letzteres von der Felskette du Larmont aus vortheilhaft beschossen, auch von der Strasse, die dort läuft, im Rücken gefasst werden kann, ist zur Deckung des unteren noch ein höheres Fort Larmont supr erbaut worden.

Douceurgelder. An D. erhält das Regiment, das ein Geschütz mit stürmender Hand im Kampf gewonnen hat, 60 Dukaten, für jede feindliche Fahne und Standarte 40 Dukaten. Die Zinsen des Kapitals werden zum Besten der Mannschaften und Offiziere verwendet. Summen unter 1500 M. meist vertheilt. Das im Etat des Regiments der Gardes du Corps ausgesetzte D. wird nach der Allerhöchsten Bestimmung Seiner Majestät des Kaisers und Königs verwendet.

Dragalj. Fort in Dalmatien. Heldenmüthige Vertheidigung durch schwache österreichische Besatzung, 7./10. 1869 bis 11./1. 1870.

Dragoner. Sie entstanden mit der Einführung der Feuerwaffen in Frankreich und waren lediglich auf Pferde gesetzte Infanteristen. Von Ende des 17. Jahrhunderts ab verschmolzen sie immer mehr mit der Reiterei. Gustav Adolph behandelte sie ebenfalls als Reiter, die Kaiserlichen dagegen mehr als berittene Fusskämpfer. Auch beim grossen Kurfürsten kämpften sie vielfach zu Fuss. Doch unter Friedrich dem Grossen kamen immer mehr die reiterlichen Seiten zum Durchbruch; ebenso in den übrigen Heeren. Nur Russland hielt längere Zeit an dem Doppelkämpferthum fest; ja Kaiser Nikolaus gründete noch 1825 ein grosses Dragoner-Korps, das auch zu Fuss kämpfen sollte (15 200 Reiter); doch ist es allmählig zur Kavallerie umgestaltet worden.

In Amerika kämpften die Kavalleristen vielfach zu Fuss, sie waren aber fern davon, Doppelkämpfer zu sein.

Zum preussischen Militärkontingente gehören — einschliesslich der Garde — 26 Dragoner-Regimenter.

Dragonergewehr. 1. Leichte Muskete, mit der im 17. Jahrhundert die Dragoner (berittene Infanterie) ausgerüstet waren.

2. Russisches D. m/91. Handfeuerwaffe der Dragoner und Kosaken, für erstere mit Bajonett versehen, unterscheidet sich von dem Infanteriegewehr m/91 nur dadurch, dass es rund 200 g leichter und 12 cm kürzer ist. (S. a. Gewehr und Russisches Gewehr.)

Drahtrohre. Geschützrohre nach den Konstruktionen von Longridge, Schultz, Wordbridge u. A. Das Kernrohr (s. d.) wird in mehreren Lagen mit Stahldraht bezw. Bandstahl von quadratischem oder rechteckigem Querschnitt umwickelt und dem Draht beim Aufwickeln eine solche Spannung gegeben, dass der Druck der äusseren Lagen auf die inneren den Gesetzen der künstlichen Metallkonstruktion (s. d.) entspricht; die äusserste Drahtschicht umschliesst ein Mantel, der die Schildzapfen trägt, während sich der Verschluss im Kernrohr oder Mantel befindet. Als Vorzüge der D. gegenüber den Ring- und Mantelrohren (s. d.) werden geltend gemacht: Durch die grosse Zahl der Drahtlagen nähern sich am meisten der theoretisch besten Form der künstlichen Metallkonstruktionen mit unendlich vielen Lagen. Dem Stahldraht kann eine erheblich höhere Festigkeit und Elastizität gegeben werden, als grossen Stahlblöcken. Unganze und fehlerhafte Stellen im Draht scheiden sich bei der Fabrikation von selbst aus. Daher sind die D. bei gleicher Wandstärke und gleichem Gewicht bedeutend höheren Gasspannungen gewachsen; überdies sollen sie wohlfeiler sein, obgleich ihre Fertigung umständlich und schwierig ist. Bisher hat man sich namentlich in England, Nordamerika, Frankreich und Russland mit der Ausbildung der D. beschäftigt; in England sind sie für Feld- (reitende) und für Schiffsartillerie (bis zu 30,5 cm Kaliber) eingeführt.

Drahtvisir. Die Aufsätze einiger Küstengeschütze (Deutschland: lange 15 cm Ringkanone und 21 cm Ringkanone) haben statt der Kimme ein D.: Hufeisenförmiger Bügel, in dem 2 senkrechte und 1 wagerechter Faden (Seidenkern mit Silberdraht umsponnen) aufgespannt sind.

Drake, Sir, Franz (1545—1596), war ursprünglich Kauffahrer, zeichnete sich als Führer von Kaperschiffen so aus, dass er, nachdem er den Spaniern in ihren amerikanischen Besitzungen vielen Schaden gethan hatte, englischer Admiral wurde und als solcher wesentlichen Antheil an der Vernichtung der spanischen Armada hatte.

Drall. Er soll eine Rotation der Geschosse bewirken, ohne sie aufzuhalten. Man hat gleichförmige und steigende oder abnehmende D. Ferner linken oder rechten D. Man bezeichnet den Gang des D. nach Winkelgraden. (Die Winkel betragen bei Geschützen bei gleichförmigem D. $3^5/_6 - 4^0$; bei zunehmendem D. $1/_2{}^0 - 7^0$.) Die Stärke des D. berechnet man nach x Seelenweiten, d. h. nach x Seelenweiten hat der D. eine Umdrehung gemacht (z. B. bei dem deutschen Feldgeschütz 50). Bei zunehmendem Drall findet man solchen bis von 370—40 Seelenweiten. Je grösser die Zahl der Seelenweiten ist, desto flacher natürlich der D.

Drall der Züge. Schraubenförmige Windung der Züge, welche dem Geschoss die für die Regelmässigkeit der Flugbahn erforderliche Drehung um seine Längsachse ertheilt. D.-länge: Längenmass, auf welches die Züge eine volle Umdrehung (Kreis) beschreiben; in m ausgedrückt: absolute D.-länge; in Kalibern ausgedrückt: relative D.-Länge. D.-winkel: Winkel, den die Züge (Führungskanten) mit der Seelenachse bilden. Je grösser der D.-Winkel (a), desto kleiner die (relative) D.-länge (l) und umgekehrt. Bezeichnet man die Seelenweite mit d, so ist $l = \dfrac{d\pi}{\operatorname{tg} a}$; $\operatorname{tg} a = \dfrac{d\pi}{l}$. Da $\operatorname{tg} 1^0 = 0{,}01746 =$ rund $\dfrac{1}{60}$, so ergiebt sich Näherungswerth: $d = \dfrac{60\, d\, \pi}{l}$ ($\pi = 3{,}14159$). Rechtsd. (rechtsgängiger D.): Die Windung geht von oben über rechts nach unten; Linksd.: entgegengesetzte Windung. Gleichförmiger (konstanter) D.: Drall (-winkel) ist im Beginn der Züge ebenso gross wie an der Mündung; zunehmender D. (steigender D., progress. D.): nach der Mündung hin nimmt die D.-länge ab, der D.-winkel also zu. Anfangsd.: am Patronenlager oder Ladungsraum; Endd.: an der Mündung. Der zunehmende D., welcher das Geschoss allmählich in die verlangte grösste Drehungsgeschwindigkeit überführt, wird bei Geschützen vorwiegend, bei Handfeuerwaffen nur ausnahmsweise (italienisches Gewehr m/91) angewendet. Je grösser die relative Geschosslänge und je kleiner die Mündungsgeschwindigkeit, desto steilerer D. erforderlich; etwas zu steiler D. im allgemeinen weniger schädlich als zu flacher. Theoretische Bestimmungen des D., der für gegebene Verhältnisse die beste Trefffähigkeit liefert, ist unmöglich; kann nur

Drahthindernisse. Dazu schlägt man 5—10 cm starke, 1,5—2 m lange Pfähle bis zur Hälfte fest in den Boden etwa 2 m von einander entfernt und umwickelt sie möglichst kreuz und

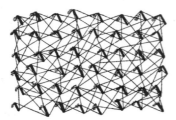

quer mit festem Draht (von den jetzt gebräuchlichen Drahtzäunen, bezw. überflüssigen Telegraphendraht). Das Drahthinderniss macht man gern 10 m breit und legt es versteckt, doch in guter Hör-, Seh- und Schussweite an.

Drehscheibe dient zum Umkehren oder Wenden der Lokomotive oder um Eisenbahnfuhrwerke auf Geleise mit Richtungsveränderung zu bringen.

Drehschiene kann nach Bedarf für das eine oder andere Geleise eingestellt werden, wird durch Vorsteckbolzen festgehalten, eignet sich nur für feldmässige Bahnen, wenn die nöthigen Herzstücke für die Kreuzungen mangeln.

Drehungsgeschwindigkeit. Alle Geschosse der üblichen Konstruktion bedürfen einer Drehung um ihre Längsachse, damit sie sich nicht in Folge des Luftwiderstandes überschlagen und somit eine völlig unregelmässige Flugbahn erhalten. Die D. ist gegeben durch Mündungsgeschwindigkeit und Drall (Enddrall); das Mass der D., welches erforderlich ist, um dem Geschoss die nöthige Schwungkraft bezw. genügende Stetigkeit zu ertheilen, hängt hauptsächlich ab von der relativen Geschosslänge und der fortschreitenden Geschwindigkeit (s. Drall). Die D. wird vom Luftwiderstand gar nicht, sondern nur von der geringfügigen Luftreibung beeinflusst und erfährt daher, im Gegensatz zur fortschreitenden Geschwindigkeit, während der ganzen Dauer des Geschossfluges keine nennenswerthe Verringerung. Zu unterscheiden: Umfangs- und Winkelgeschwindigkeit. Umfangsweg, den ein Oberflächenpunkt des zylindrischen Geschosstheils während einer Sekunde in der Drehrichtung zurücklegt; Winkelzahl der Geschossumdrehungen in 1 Sekunde. Bei gleicher relativer Dralllänge und Mündungsgeschwindigkeit wächst und fällt Winkelzahl im umgekehrten Verhältnis mit dem Kaliber; dagegen wird Umfangsgeschwindigkeit (c) vom Kaliber (d) gar nicht, sondern nur von der Mündungsgeschwindigkeit (v_0) und der Kaliberzahl (n) der Dralllänge beeinflusst.

$$c = \frac{v_0 \, d \, \pi}{dn} = \frac{v_0 \, \pi}{n} \quad (\pi = 3{,}14159)$$

Beispiele: Das Geschoss der deutschen Feldkanone macht in der Sekunde 100,5 Umdrehungen und hat 27,76 m Umfangsgeschwindigkeit, das Geschoss des französischen Gewehrs m/86/93 macht in der Sekunde 2542 Umdrehungen und hat 63,86 m Umfangsgeschwindigkeit.

Dreiecksnetz besteht aus den aus der Landestriangulation hervorgegangenen sphärischen Dreiecken, die zu Dreiecksketten zusammen gelegt werden. (S. Landes-Aufnahme.)

Dreikronenkrieg (1563—70) heisst der 7 jährige Krieg zwischen Dänemark und Schweden, der Dänemark unabhängig von Schweden machte.

Dresden, Schlacht bei, 26.—27./8 1813. Napoleon hatte D. befestigt, die Verbündeten griffen am 26. an, im Zentrum die Preussen, am rechten Flügel Russen, am linken Flügel die Oesterreicher. Fürst Schwarzenberg führte den Oberbefehl. Man war schon bis an die ersten Werke heran, als Napoleons Hauptheer eintraf und den Kampf Abends 6 Uhr erneute. Die Russen wurden zurückgeworfen und die isolierten Preussen ebenfalls; die gleichzeitig vordringenden Oesterreicher wurden auch abgedrängt. Am nächsten Tage griff Napoleon die Verbündeten energisch an und warf deren linken Flügel gänzlich zurück. Da Vandamme die Rückzugslinie der Verbündeten bedrohte, zog Schwarzenberg nach Böhmen ab.

Der Verlust der Verbündeten wird auf 40 bis 45000 Mann angegeben.

Plan s. Seite 163.

Dressur, das Zureiten der Pferde.

Driesen, von, preussischer Generallieutenant (1700—1758), tüchtiger Reiter, holte sich schon als Major bei Chotusitz den Pour le mérite; erfocht unsterbliche Lorbeeren an der Spitze von 50 Schwadronen bei Leuthen. 1758 kämpfte er unter Prinz Heinrich mit Auszeichnung und nahm auf einem Streifzuge Bamberg.

Dreux. Hier besiegte der Herzog von Guise die Hugenotten unter Condé (1562). Bei D. (in der Nähe von Luray stiess der Grossherzog von Mecklenburg (November 1870) auf die ersten Spitzen der neugebildeten Heere Gambettas.

Dreyse, Johann (1787—1867), Schlosser, lernte in Paris, legte schon 1827 erstes Gewehrmodell mit Knallpräparaten in Preussen vor, 1828 einen Vorderlader mit Zündnadel; 1836 einen Hinterlader, von dem König Friedrich Wilhelm IV. schon 60000 bestellte, und fertigte das erste Zündnadelgewehr M./1841. 1864 wurde er in den Adelstand erhoben.

Drillen, veraltetes Wort für Exerzieren, bezeichnete besonders die mechanische Abrichtung und hatte einen unangenehmen Klang, weil es an eine ältere Polizeistrafe gleicher Bezeichnung erinnerte.

Drontheim, ein Kriegshafen in Norwegen, an dessen Eingange die Inseln Christiansteen und Munkholm befestigt sind.

Drouot, Jean, Graf, franz. General-Lieutenant (1774—1847) war Artillerist und Mitbegründer der grossen Artilleriestellungen, die er in den grossen Schlachten 1813, wie auch 1814 bei Vauchamp und Craonne zu Ehren brachte; er war ein treuer Anhänger Napoleon's.

Antoine, franz. General (1774—1831), focht 1812 in Russland; 1813 General-Adjutant des Kaisers, wurde bei Bautzen Divisions-General, folgte dem Kaiser nach Elba, befehligte bei

Plan zur Schlacht bei Dresden am 26. und 27./8. 1813.

Waaterloo die Artillerie und zog sich nach der Einnahme von Paris mit dem Rest der Garde an die Loire zurück.

Druckvorschriften zerfallen in solche, welche dem Buchhandel freigegeben, in nur für den Dienstgebrauch bestimmte und geheime. Der D.-Etat regelt die Zahl, welche jeder Truppentheil u. s. w. bei Ausgabe einer neuen D. zum Dienstgebrauch überwiesen erhält. Die Ausgabe von Deckblättern und Nachträgen zu D. und die Bezugsquelle der dem Buchhandel freigegebenen D. wird in der Regel im A.V.Bl. bekannt gemacht. S. auch Dienstvorschriften.

Druckvorschriften-Verwaltung im preuss. Kriegsministerium hat den Zweck, den gesammten durch Ausgabe und Wiedereinziehung von D. erwachsenden Geschäftsverkehr zu vermitteln. Sie ist dem Central-Departement unterstellt.

Drüse ist eine Entzündung der Schleimhäute der Pferde mit öfter eiterigem Nasenfluss und Anschwellung der Kehldrüsen. Kommt nur bei Fohlen als Folge von Erkältung und Ansteckung vor.

Druschina (Freundschaft, Genossenschaft) die Benennung der Bataillone in der Reichswehr (opoltschënie).

Dualin, Sprengstoff, gehört zur Klasse der Dynamite (s. d.) und besteht aus Nitroglycerin mit Holzspänen oder -mehl.

Dubicza, eine Festung in Bosnien war wiederholt Gegenstand der Kämpfe zwischen Oesterreichern und Türken; musste sich 1788 an die Oesterreicher ergeben.

Dubienka. Nach den Niederlagen bei D. 1792 und Maciejovice 1793 war Polens Sshicksal besiegelt. Poniatovski dankte ab.

Ducrot, franz. Divisions-General (1816—1882). 1870 Kom. der 1. Inf.-Div., übernahm er an Stelle des Marschalls Mac Mahon am 17./8. das 1. Armee-Korps, gerieth nach der Schlacht bei Sedan, die er eine Zeit lang geleitet hatte, in Kriegsgefangenschaft, wusste sich aber derselben zu entziehen und stellte sich der Regierung der Nationalvertheidigung zur Disposition. Er erhielt zuerst das Oberkommando über das 13. und 14. Armee-Korps zu Paris, später das über die neuformirte 2. Armee und leitete die grossen Ausfallkämpfe. Vor der Kapitulation von Paris 1871 in Disponibilität versetzt, wurde ihm im März 1871 die Stelle eines Oberbefehlshabers der sich bei Cherbourg sammelnden Truppen übertragen.

Duhesme, Phillipp (1760—1815), französischer General, leitete die zweite Belagerung von Mastricht, nahm als Divisions-General Theil an den Kriegen 1795—1813, starb an einer bei Waterloo erhaltenen Wunde.

Du jour, in Preussen dasselbe, was man in Oest.-Ung. Korporal vom Tage, Inspections-Gefreiter u. f. nennt, kurz, Organe zur Handhabung des inneren Dienstes, insbesondere zur Aufrechterhaltung der Kasernen- und Quartier-Ordnung. Dieser Dienst wird mit 24 stündiger Ablösung versehen.

Düker, Graf, schwed. General-Feldmarschall (1663—1730) zeichnete sich in den Feldzügen Karl XII. aus, bekleidete nach dem Tode des Königs die Stellung eines Kriegsrathspräsidenten unter Königin Ulrike Eleonore, deren Thronbesteigung er befördert hatte.

Dumas, Matthieu, Graf, (1753—1839) franz. General, machte 1781 den amerikanischen Freiheitskrieg mit, organisirte dann die Pariser Nationalgarde, 1801 die für Italien bestimmten Reserve-Armeen; 1805 in Deutschland, 1806 neapolitanischer Kriegsminister, 1808 in Spanien, 1812 General-Intendant der Armeen, 1813 in die Kapitulation von Dresden eingeschlossen.

Dumme und kollerige Pferde. Man soll wenig von ihnen verlangen, Hitze vermeiden; man gestatte ihnen so weit die Zügel zu lehnen, rufe keine Widersetzlichkeit hervor. Kühler Stall, mässiges, auch Grünfutter, kalte Umschläge um den Kopf etc.

Dummkoller ist unheilbar, daher eine Gewährskrankheit, für die in Preussen und Hessen 28 Tage, in den andern deutschen Staaten 21 (mit Ausnahme von Sachsen 15), in Belgien 14 und in Elsass 9 Tage Gewährszeit bedungen ist.

Dumonceau, Graf, Marschall von Holland (1760-1821). Von Napoleon 1813 an die Spitze der 2. Mil.-Division gestellt, zeichnete er sich durch den Angriff auf die Russen bei Pirna, die er vertrieb und den vorzüglich geordneten Rückzug nach der Schlacht bei Kulm aus.

Dumouriez (1739—1823), ein Abenteurer voll grosser Talente und Gaben, schloss sich als General der Gironde an; war trotzdem unter Ludwig XVI. Minister des Aeusseren; trieb zu dem Kriege mit Oesterreich; liess sich, als seine Pläne missglückten, zum Befehlshaber der Nordarmee ernennen, siegte bei Valmy, wurde Kom. der Ardennen-Armee, siegte bei Genappes, eroberte Mons und nahm Brüssel ein. Doch war er den Jakobinern Feind, versuchte Separatfrieden mit Preussen zu schliessen, was ebenso misslang, wie seine Versuche den König Ludwig zu retten. Als er bei Neerwinden geschlagen wurde, ging er mit etwa 1500 Mann zu den Feinden über und starb in London. Auf seinen Kopf war vom Konvent eine Belohnung von 300 000 Frcs. gesetzt.

Dunant, Henri, Gründer der Genfer Konvention (1828 in Genf geboren), einer der edelsten Männer unserer Zeit; sah zufällig die Vorgänge bei Solferino und die gänzliche Unzulänglichkeit der sanitären Hilfsmittel. Er sorgte mit Aufbietung aller Mittel und Energie für Unterkunft und Pflege der bedauernswerthen Verwundeten und schrieb sein epochemachendes Buch „Un souvenir de Solferino", das zugleich hervorragende Vorschläge für eine neue Organisation des Kriegs-Krankenwesens gab. Er selbst bereiste die europäischen Höfe, fand überall schroffe Abweisung, nur nicht in Karlsruhe und Berlin, wo er warme Aufnahme fand und den Grundstein für das grosse menschenfreundliche Werk legen konnte.

Dunbar. Dort schlug Cromwell am 2./9. 1650 die Schotten unter D. Leslie.

Dünkirchen ist durch zwei grössere Forts Soëx und Quaëdypre südlich Bergues (an der Südbahn), sowie die Halbredouten Maison blanche und Broukerque nach dem Lande zu geschützt, während die Batterien Dunes, Est und Mardick nach der See zu angelegt sind. Auch sollen

Werke (Louis und Français) längs der Bahn D.-Bergues angelegt sein.

Duperré, Baron, (1785—1846). französischer Admiral. Nachdem er sich in früheren Kriegen als ausgezeichneter Seemann gezeigt, wurde er 1830 Befehlshaber der Flotte bei der Expedition nach Algier und war später mehrmals Marineminister.

Dupont, Pierre, Graf (1756—1828) nahm Theil an den Feldzügen 1792 bis 1798, war Divisions-General bei Marengo, erhielt 1808 den Oberbefehl in Spanien, drang bis Kordova vor, ward aber bei Baylen gefangen, dafür eingekerkert. Unter Ludwig XVIII. 1814 Kriegsminister. später Deputirter. D. war auch militärischer Schriftsteller.

Düppel. 1. Gefecht am 28. u. 29./5. 1848. Hier wurde General Halkett, der die Division des 10. Bundes-Armee-Korps kommandirte, plötzlich von General Hedemann angegriffen und musste auf Quars zurückgehen, wo die Hauptmacht unter Wrangel erwartet wurde. Die Dänen, die mit der Flotte operirt hatten, zogen sich gleichfalls zurück, als am 29. Wrangel herannahte.

2. Treffen am 5./6. 1848. Die Brigaden Bonin und Halkett, zusammen 11000 Mann, gingen über Satrup und Nübel vor und nahmen die Stellung Suurlücke-Werster D.-Freudenthal.

Gegen Abend ging General Hedemann mit 13 Bataillonen vor und nahm die Stellung wieder. Die Deutschen zogen auf Flensburg ab, Bonin bei Atzbüll in Stellung lassend.

3. Treffen am 13./4. 1849. Die Dänen hatten sich bei D. verschanzt. Im ersten Anlaufe wurden von den deutschen Truppen unter General von Prittwitz die ersten beiden Linien genommen. Als aber der dänische General von Bülow einen energischen Vorstoss machte, gingen trotz erneuter Gefechte, die Vortheile wieder verloren.

4. Belagerung 1864. Die Dänen hatten bei Düppel ein verschanztes Lager gebaut, das aus 10 geschlossenen mit Blockhäusern versehenen Schanzen bestand, die durch befestigte Schützenlinien verbunden waren, und sich mit beiden Flügeln an die See stützten. Im Zentrum des befestigten Kreises war ein Brückenkopf erbaut. Die Besatzung bestand aus 29 Bataillonen. Die Angreifer waren das preussische 1. Korps nebst der später eintreffenden kombinirten Garde-Division unter Führung des Prinzen Friedrich Karl. Vom 10.—29. Februar wurden Erkundungsgefechte geführt, vom 29. Februar bis 30. März die Belagerung vorbereitet, in der Nacht 30./31. März wurde gegen die linken 4 Schanzen die erste Parallele und damit der förmliche Angriff begonnen. Am 15. April war die 3. (erweiterte) Parallele ausgehoben. Aus dieser Stellung heraus erfolgte, nachdem den ganzen Morgen eine scharfe Beschiessung der Schanzen durchgeführt war, der Sturm um 10 Uhr des 18. April. Die 6 Sturm-Kolonnen gegen die 6 zu nehmenden Schanzen waren hinreichend stark bemessen, und jeder noch ein Zug Pioniere und eine kleine Artillerie-Abtheilung beigegeben. Vier Sturmkolonnen bestanden aus 6, eine aus 10 und eine aus 12 Kompagnien. Sämmtliche Kolonnen standen unter Befehl des Generals v. Manstein.

In der Nacht vom 17. zum 18. wurden sie zur 3. Parallele gebracht. Punkt 10 Uhr überstiegen die Kolonnen die Ausfallstufen. Im Laufe einer (man s. 1. Periode) Viertelstunde waren die meisten Schanzen genommen und unaufhaltsam stürmten (s. 2. Periode) die Truppen gegen die 2. Linie und das Gros der Dänen. Um 4 Uhr verstummte das Feuer überall. Die Preussen verloren 70 Offiziere und 1118 Mann. Die Dänen 5200 Mann, darunter 3400 Gefangene, 119 Geschütze fielen in die Hände der Sieger. Plan s. Seite 166.

Durando, italienischer General (1807—1894), befehligte 1848 die Freiwilligen in der nördlichen Lombardei. 1855 Kriegs- später Minister der auswärtigen Angelegenheiten und in höchsten Stellungen.

Durchgehen der Pferde. Ruhig, fester Sitz, rechte Hand zur Hülfe; kräftige Paraden; man suche Einfluss auf die Richtung des Laufes zu erhalten. Geht das Pferd mit die Nase in die Luft, sucht man den Kopf herunter zu reissen; schiebt es die Nase wagerecht vor, kräftige Anzüge, bezw. Versuche, ihn seitwärts zu bringen. Setzt es Kinn an die Brust, sucht man den Kopf mit der Trense in die Höhe zu bringen. Geht das Pferd in gefahrvolles Gelände, Abspringen.

Durchhaue werden in Wäldern gemacht, um Durchsicht zu haben oder Kolonnenwege anzulegen, letzteres ist sehr zeitraubend. Ersteres geschieht am besten durch Holzfäller bezw. durch Pioniere.

Durchlass. Die schwimmenden Brücken über verkehrsreiche oder schnellfliessende Gewässer müssen einen zu öffnenden Durchlass haben, welcher aus einer gewissen Anzahl Strecken besteht, die schnell gelöst und an langen Ankertauen stromab geführt und seitwärts der Oeffnung festgemacht werden können.

Durchlassposten werden an einzelnen Hauptstrassen aufgestellt und von Unteroffizieren kommandirt. Zweifelhafte Personen werden der Kompagnie zugeschickt, ebenso Parlamentäre und Ueberläufer, aber mit verbundenen Augen. Auch die Kavallerie setzt D. aus. Die herankommenden Leute, die keine Losung haben, werden ebenfalls zum D. geführt.

Durchlaufen (Wund-) der Füsse. Um dies zu verhindern, fleissiges Waschen, Abends einreiben mit Spiritus, morgens einfetten. Rothe Stellen und Blasen bestreicht man mit Branntwein, in den warmer Talg geträufelt ist. (S. auch Blasen.)

Durchmarsch durch fremdes Gebiet ist stets Neutralitätsverletzung, wenn nicht besondere Vereinbarungen getroffen werden. Bei neutralen Staaten gehört zur Erlaubniss des Durchmarsches sogar die Einstimmung der garantirenden Staaten. Aehnlich verhält es sich bei Durchfahrt (z. B. die Dardanellen etc.).

Durchschlagen ist eine Gefechtsthätigkeit, mittelst welcher eine Truppe den Feind, der sie eingeschlossen, zu durchbrechen sucht. Energie mit vereinter Kraft Bedingung. Zurücklassung des Trains.

Durchschlagsleistung der Geschosse. Abhängig von der Geschossarbeit, den physikalischen Eigenschaften des Geschossmetalls, der Gestalt des Geschosses und der Beschaffenheit des Ziels. Als Massstab der D. gilt die in widerstandsfähigen Mitteln erzielte Eindringungstiefe.

Die Geschossarbeit (A) (s. Bewegungsarbeit der Geschosse) ist bedingt vom Gewicht des Geschosses (p) und der Geschossgeschwindigkeit (v) $A = \dfrac{p v^2}{2 g}$. (g = 9,8 m, s.

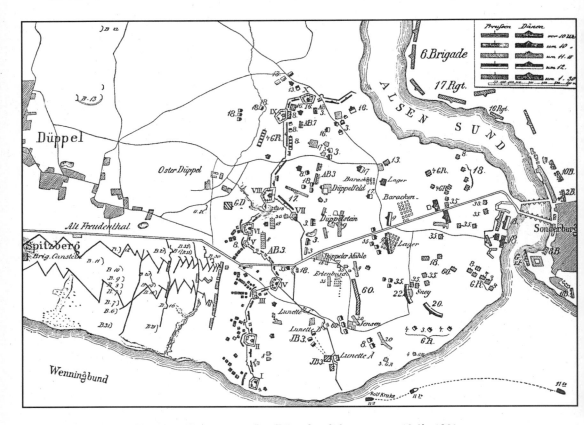

Plan zur Erstürmung der Düppeler Schanzen am 18./4. 1864.

Anziehungskraft der Erde). Sie wächst daher mit dem Geschossgewicht im einfachen, mit der Geschwindigkeit im quadratischen Verhältnis.

Von den physikalischen Eigenschaften des Geschossmetalls kommt hauptsächlich Härte und Festigkeit in Betracht. Je härter und fester die G. sind, desto geringer wird die kraftverzehrende Verschiebung bezw. Zerstörung ihres Gefüges, desto grösser ihre Leistung.

Die Gestalt des Geschosses ist für die D. in ähnlicher Weise wie für die Ueberwindung des Luftwiderstandes von Einfluss. Kleiner Geschossquerschnitt (bei relativ hohem Gewicht, also grosser Querdichte), schlanke, aber gegen das Abbrechen und Abgleiten bei schrägem Auftreffen gesicherte Form der Spitze und glatte Aussenfläche begünstigen die D.

Durchschlagsleistung einiger Gewehre:
Deutsches Gewehr und Karabiner 88.
Trockenes
Tannenholz von 80 cm auf 100 m ⎫
„ 45 „ „ 400 „ ⎬ Durch-
„ 25 „ „ 800 „ ⎭ schlagen
„ 5 „ „ 1800 „
Platten von
Schweisseisen „ 0,7 „ „ 300 „ desgleichen
Beste
Stahlplatten „ 0,95 „ 50 „ unbedeut. Eindrücke

Sand und Erde „ 90 „ „ 100 „ ⎫
„ „ 50 „ „ 400 „ ⎬ Durch-
„ „ 35 „ „ 800 „ ⎭ schlagen
„ „ 10 „ „ 1800 „
Ziegelmauer „ 12,5 „ „ 50 „ von einem
(½ Stein) Schuss durchschlagen
von 25 cm auf 50 „ von mehreren
(1 Stein) dieselbe Stelle treffenden Schüssen durchschlagen.

Oesterreichisch-ungarisches Gewehr m/88/90 und m/90.

In	Mittlere Eindringungstiefe cm	Auf Entfernung von m
Trockenes Tannenholz:	78	150
	60	300
	7—12	2250
Trockenes Eichenholz:	49	150
	37	300
Trockene gestampfte Gartenerde:	42	150
(In feuchter Erde sind die Eindringungstiefen 10 cm grösser)	37	300
Leicht getretenen Schnee:	240	150
Düngerhaufen:	130	150
Ziegelmauern:	20	150
Schweisseisenplatten:	0,8	150
Stahlplatten:	0,5	115—150
	0,8	75—115

Eine 20 cm starke Schicht Flussschotter zwischen 2 Bretterwänden ist auf alle Entfernungen vollkommen schusssicher.
Heuschober und Korngarben von 4—5 m Stärke werden auf 75 m noch durchschlagen.

Russisches Dreiliniengewehr m/91.
Im Allgemeinen dieselbe Leistung wie bei den vorgenannten Gewehren. Bemerkenswerth ist, dass der tragbare Schild des Hauptmanns Holstein von 40×40 cm Fläche und 0,33 cm (jede einzelne der zwei Schild-Platten) Stärke auf 71 cm durchschlagen wird. (Auf 142 m: Vordere Platte durchschlagen, in der hinteren tiefe Grube; auf 485 m: vordere Platte durchschlagen, in der hinteren leichte Spur).

Italienisches Gewehr m/91.

Art des Ziels	Entfernung m	Durchschlagen m
Schweisseisen		1,0
Trock. Fichtenholz	100	90,0
Sand		28,0
Lehmboden		69,0
Trock. Fichtenholz	200	71,7
Sand		40,8
Lehmboden		74,7
Desgleichen	300	60,6
		42,0
		56,5
Desgleichen	400	50,0
		45,0
		69,2
Desgleichen	500	39,0
		40,0
Trock. Fichtenholz	1000	64,0
		21,0

Französisches Gewehr m/86/93.
Durchgängig geringere Leistung wie bei dem deutschen Gewehr. Z. B. wird Erde auf 100 m nur bei einer Stärke von 60 cm durchschlagen. Man nimmt an, dass das Geschoss im Ernstfall durchschlagen würde:
auf 100 m 5 Glieder ⎫ selbst wenn die wider-
„ 400 „ 4 „ ⎬ standsfähigsten Knochen
„ 1200 „ 2 „ ⎭ getroffen werden.
Ueber D. der Geschütze der Feld- und Fussartillerie s. Geschosswirkung; D. der Küsten- und Schiffsgeschütze s. Panzer.

Durchziehen der Treffen war ein beliebtes Manöver, das jetzt nicht mehr angewandt wird, da die heutige Schlacht zu intensiv ist, um mit den einmal im Feuer befindlichen Truppen noch mannövriren zu können.

Dürkheim (bayr. Pfalz). Dort 1849 Gefecht der Preussen gegen die Aufständischen.

Durlach. Dort am 5./6. 1849 Gefecht der Preussen gegen die badischen Insurgenten. Dort steht das Bad. Train-Bat. No. 14. — Servisklasse 3.

Dürnstein in Niederösterreich, 26./3. 1645 erstürmt durch die Schweden; 11./11. 1805 siegreiches Gefecht des Russen und Oesterreicher; über 2000 Franzosen gefangen.

Duroc, Herzog v. Friaul, französischer Divisions-General (1772—1813), war unzertrennlicher Begleiter Napoleons; sein Tod durch eine Kanonenkugel auf dem Marsche nach Görlitz war ein grosser Verlust für den Kaiser.

Düsseldorf. Dort stehen die Stäbe der 14. Division; 28. Infanterie- und der 14. Kav.-Brigade; Niederrheinisches Füs.-Regt. No. 39; 2. Westfälisches Husaren-Regiment No. 11, (ausser 2. Eskadronen) Westfälischen Ulanen-Regiments No. 5; reitende Abtheilung 1. Westfälischen Feld-Artillerie-Regiments No. 7; Bez.-Kommando; Bekleidungsamt des VII. Armeekorps; Proviant-Amt; Garnison-Verwaltung und Lazareth. — Servisklasse 1.

Dv. f. d. Inf.-Sch. Abkürzung für „Dienstvorschrift für die Infanterieschulen." 1895.

D. V. E. Abkürzung für „Druckvorschriften-Etat."

Dwernicki (1779—1857), war einer der hervorragenderen polnischen Insurgentenführer, der 1830 vom General Rüdiger zur Uebergabe gezwungen wurde.

Dynamit. Sprengstoff, besteht aus Nitroglycerin und einem Aufsaugestoff oder Zumischpulver. Es bildet feste (knetbare) Körper, deren Sprengwirkung von ihrem Nitroglyceringehalt abhängt. Je nachdem der Aufsaugestoff unverbrennlich oder verbrennlich bezw. explosiv ist, unterscheidet man D. mit unwirksamer und mit wirksamer Grundmischung. Zu ersterem gehört das Guhr- (Kieselguhr-) D., zu letzterem das Cellulose-, das Gelatine-D., die Sprenggelatine u. a. m.

Zur Klasse der Dynamite gehören ferner: Nobelsche-D., Steinbrecher (Lithofraktuer), Lignose, Dualin, Sebastin, Nobels Sprengpulver und Koloniapulver, Pulminatin, Petralit, Ammoniakpulver, Extra-D., Karbo-D. und Petrazit.

Die eigentlichen D. mit wirksamer Grundmischung gefrieren schon bei weniger als + 8 Grad C. und lassen sich dann nicht ohne Weiteres zur Detonation bringen; nur das Cellulose-D. detonirt auch in gefrorenem Zustand. Wärme über 60 Grad C. bewirkt leicht eine Zersetzung des D. — Durch glühende Körper oder lodernde Flamme entzündet, brennen kleinere Mengen D., ohne zu explodiren, ruhig ab; bei Verbrennung grösserer Massen kann dagegen leicht eine Explosion eintreten.

Die D. können unbeschadet mehrere Stunden unter Wasser liegen, darüber hinaus werden sie jedoch mit Ausnahme der Sprenggelatine unbrauchbar. Durch einschlagende Gewehrgeschosse, sowie durch Schlag von Eisen auf Eisen explodiren sie; sie dürfen daher mit eisernen Gegenständen nicht in Berührung gebracht werden. Das Nitroglycerin sowie die eingeatmeten Explosionsgase des D. üben auf den menschlichen Körper eine vergiftende Wirkung aus.

Die Pioniere verwenden zu Sprengungen D.-Patronen von 3 bis 20 cm Länge und 2 bis 5 cm Durchmesser.

Dynamitgeschütze. Sollen schwere, mit beträchtlicher Dynamitladung gefüllte Geschosse mittels verdichteter Luft fortschleudern, um durch den schwächeren, allmählich zunehmenden Druck der Luft den heftigen Stoss der Pulvergase, der leicht eine Explosion des Geschosses im Rohr herbeiführen kann, zu ersetzen. Als Konstrukteure von D. haben sich Graydon und Zalinski hervorgethan. Das 38,1 cm-Geschütz des ersteren verfeuert 1,9 m lange Stahlgranaten von 590 kg Gewicht und einer Sprengladung von 272 kg Dynamit. Das Rohr ist nicht gezogen, die Geschosse sind an der Spitze mit schraubenförmigen Leisten, am Boden mit fernrohrartig ineinandergesteckten Messingzylindern versehen. Letztere schieben sich in der Luft nach rückwärts auseinander und bilden demnach mit der Granate eine Art Pfeilgeschoss, das durch die Einwirkung des Luftwiderstandes auf die schraubenförmigen Leisten der Spitze eine gewisse Achsendrehung erhalten soll; die Druckluft wird durch Druckpumpen bis auf 350 Atmosphären verdichtet, abgekühlt und zu beiden Seiten des Geschützes in walzenförmigen Behältern aufbewahrt und aus diesen die zu einem Schuss erforderliche Luftmenge der Seele zugeführt. Die grösste Schussweite soll 4800 m betragen. Graydon hat noch mehrere andere Modelle von D. entworfen. Ein 7,6 cm-D. ist als 5 läufige Revolverkanone gedacht.

Die bedeutende Betriebskraft und Maschinerie, deren die D. bedürfen, das grosse Ziel, das sie bieten, der beschränkte Wirkungsbereich und ihre unzulängliche Trefffähigkeit bilden vorläufig noch Hindernisse für ihre uneingeschränkte Verwendung im Küsten- und Seekriege; bisher sind die Vereinigten Staaten von Nord-Amerika (seit 1888) mit der Beschaffung und Aufstellung von 250 D. zur Küstenvertheidigung vorgegangen.

Dynamo, s. elektrische Beleuchtung.

Dynamometer, Kraftmesser zur Messung der Muskelkraft, der Festigkeit des Geschützmaterials und der Bekleidungsstoffe.

Dz. Abgekürzte Bezeichnung für Doppelzünder (Fussartillerie).

E.

Early, konföderirter General (1816—1894). In Westpoint erzogen, zeichnete sich im Kriege gegen Mexiko 1847/48 aus. Im Sezessionskriege führte er eine Brigade bei Bull Run, während der Schlachten bei Chancellorsville mit seiner Division den rechten selbstständigen Flügel bei Fredericksburg, und dieselbe Division bei Gettysburg. Glänzend leitete er mit seinem Korps gegen überlegene Massen 1864 die Vertheidigung des Virginienthales, musste schliesslich der Uebermacht weichen.

Ebelsberg. Dort Treffen am 3./5. 1809. Die Nachhut des Feldmarschalllieutenant Hiller, die der Hauptarmee unter Erzherzog Karl nachrückte, kam in ein Gefecht mit den nachdrängenden Divisionen Claparède und Legrand, das in E. zu erbittterten Kämpfen führte und den Oesterreichern schwere Opfer kostete. Hiller zog sich auf Enns zurück.

Eberstein, Graf von, Führer der hessischen Truppen im 30 jährigen Kriege, schlug die Kaiserlichen bei Kempen 17./1. 1640, kämpfte meist am Niederrhein und starb mitten in seinen Zügen 1644.

E., Feldmarschall, zuletzt Kursächsisch (1605—1676) trat 1648 in kaiserliche, ging 1657 in dänische Dienste und siegte 1659 (bei Nyborg) über die Schweden; trat 1665 wieder in die kursächsische Armee ein.

Eblé (1758—1812), französischer Divisions-General, tüchtiger Artillerist unter Napoleon, baute 1812 die Brücke über die Beresina, starb an den Folgen der Ueberanstrengung.

Echaffaudage, veralteter Ausdruck für Auftritt.

Echarpiren, veralteter Ausdruck für eine schräge Beschiessung.

Echec (Schach, veraltet), erleiden, heisst eine Schlappe erhalten.

Echelon (Staffel). Beim Angriffe vom Regiment aufwärts, kommen auch Echelon-Attacken vor. Beim Regiment avertirt der Kommandeur „Echelon-Attacke!" Die hinteren Echelons haben sich nach der vorderen zu regeln, wenn nichts besonderes angeordnet ist.

Echiquier, veraltete Aufstellung, bei der die hinteren Kolonnen (auch Quarree's) schachbrettförmig hinter den Lücken der Kadres des ersten Treffens standen, wodurch ein Durchziehen des Treffens, auch viele Friedenskünsteleien ermöglicht wurden.

Eckernförde. Dort Treffen am 5./4. 1849. Die dänischen Schiffe: Linienschiff Christian VIII., Fregatte Gefion, zwei Dampfer, Hekla und

Geyser, sowie 3 Transportschiffe wurden nach der Bucht von E. beordert, um dort die deutschen Batterien zu zerstören, bezw. Truppen zu landen. 4 deutsche Batterien eröffneten das Feuer. Christian VIII. brannte und musste er und die Gefion 5½ bis 6 Uhr die Flagge streichen. Während der Bergung der Verwundeten sprang das Linienschiff in die Luft (8 Uhr). Die Gefion wurde genommen.

Eckmühl (auch Eggmühl). Dort Schlacht am 23./4. 1809. Hier ging Erzherzog Karl gegen die französischen Marschälle Davoust und Lefèbvre offensiv vor, wurde aber von der heranrückenden Armee Napoleons auf dem linken Flügel heftig angegriffen. Trotz mannhafter Gegenwehr musste der Erzherzog an dem Platterbach zurückweichen.

Eclaireurs. (S. Eklaireur.)

Ecrasit. (*Oest.-Ung.*) Hier eingeführter Sprengstoff, dessen Hauptbestandtheil die Pikrinsäure (s. d.) bildet. Die Sprengwirkung des E. ist der des Dynamit weit überlegen. Es ist gegen Luftfeuchtigkeit fast unempfindlich, gegen Schlag und Stoss weniger empfindlich als Schwarzpulver und sowohl chemisch als auch physikalisch vollkommen beständig.

Es wird für freiliegende Ladungen und als Geschosssprengstoff verwendet. Die Sprengmunition der Genie-, Telegraphen-, Eisenbahntruppen und der Kavallerie besteht aus Sprengbüchsen (1½, 1 und ½ kg) und Sprengpatronen (100 g). E.-Geschosse führt das 9 cm Feld- und die 12-, 15-, 18- und 21 cm Festungs- und Belagerungsgeschütze.

Edelény. Garnison: 16. Divisions-Artillerie-Regiment.

Edelsheim-Gyulai, Leopold, Freiherr (1826 geb.), österreichischer General der Kavallerie, that sich als glänzender Reiterführer bei Magenta und Solferino hervor, deckte 1866 den Rückzug von Olmütz nach Wien, hat als General-Kavallerie-Inspektor viel für die Reitkunst und Reorganisation der österreichischen Kavallerie gethan.

Edgehill. Hier fand 23./10. 1642 der erste Zusammenstoss zwischen Karl I. und den Republikanern unter Graf Essex statt. Die blutige Schlacht blieb unentschieden.

Efferding 1626. In 3 blutigen Schlachten bei E., Gmunden und Wolfsegg wurden die protestantischen Bauern niedergeworfen und schwer bestraft.

Eger war einst eine Festung. 1631 von den Sachsen, 1632 von Wallenstein, 1647 von den Schweden erobert, bildete E., wo auch Wallenstein ermordet wurde, einen umstrittenen Zankapfel des 30jährigen Krieges. 1742 wurde es von den Franzosen, ein Jahr später von den Oesterreichern erobert.

Eggen sind Hindernissmittel, die aber moralischer Natur sind, da man sie ohne Weiteres überschreiten kann.

Egmont, Graf (1522—1568) machte sich berühmt durch die Siege bei St. Quentin und Gravelingen; er wurde, als die Unruhen in den Niederlanden begannen, gefangen genommen und hingerichtet.

Eguia, Graf von Casa-E. (1770—1834) spielte in den Karlistenkriegen eine nicht hervorragende Rolle, da er ein unentschlossener Charakter war.

Ehefrau, geschiedene, hat keinerlei Anrecht auf Pension, Gnadengebührnisse, Wittwengeld oder Familienunterstützung; wohl aber ihre ehelichen unversorgten Kinder.

Eheliche Nachkommen (S. auch Ascendenten) haben Ansprüche auf Gnadenmonate oder Gnadenquartal vom Diensteinkommen, vom Wartegelde oder der Pension auf Familienunterstützungen. (S. Buhrke, Litt.) (S. auch Gebühr der Familien).

Ehingen a. D. Dort steht Bezirks-Kommando. 4. Servisklasse.

Ehrenbezeugungen. Die Offiziere haben vor den regierenden Bundesfürsten und ihren Gemahlinnen innerhalb ihrer Länder Front zu machen. (Das Frontmachen vor preussischen Prinzen und Prinzessinen ist altes Herkommen). Die Wagen der Allerhöchsten und höchsten Herrschaften sind daran erkennbar, dass Kutscher und Diener breite Adlertresse am hohen schwarzen Hut tragen. (Die gewöhnlichen E. des Frontmachens und Grüssens sind bekannt). In Lazarethen treten die nicht im Bette liegenden Kranken bei Besuch von Herren im Offiziersrange an die Fussende ihrer Betten. Die im Offiziersrange stehenden oberen Militär-Beamten in Uniform — mit alleiniger Ausnahme der Intendantur-Subaltern-Beamten — sind zu grüssen.

Beim Hurrah für S. Maj. die Kopfbedeckung nicht abnehmen. Kadetten grüssen nur Offiziere. Die Zöglinge der Unteroffiziersschule alle Vorgesetzte. In Berlin vorsichtig reiten, um rechtzeitig Front machen zu können, wenn Platz dazu vorhanden ist. Offiziere der Schutzmannschaft und Feuerwehr wechseln Grüsse mit den Offizieren der Armee.

Radfahrer nehmen gerade Haltung an, blicken den Vorgesetzten an und mässigen das Tempo.

Auf allerhöchsten Reisen. Militär. E. vor Sr. Maj. werden auf Reisen nur auf besonderen Befehl erwiesen. Empfang nur bei Ziel-Stationen oder wenn Absteigequartier genommen wird. Berlin stets Zielpunkt. Nachts unterbleibt Empfang. Grosser und kleiner Empfang zu unterscheiden. Bei grossem ist kommandirender General auf der 1. Station seines Bezirks: (Rapport) begleitet den Kaiser durch den Korpsbezirk. Auf dem Bahnhofe des Zielpunktes ist Gouverneur oder Kommandant und ältester kommandirender Offizier des Ortes. (Rapport von Letzterem). Ehrenwache mit Musik, Fahne, Infanterie mit Gepäck. Vorgesetzte auf rechten Flügel, alle übrigen Offiziere auf linken Flügel. In Berlin nur die Regimentskommandeure. In Kavallerie-Garnisonen 1 Eskadron zu Pferde, 1 Zug vor, der andere hinter dem Wagen. Führer am rechten Hinterrad des Wagens des Kaisers. Ein Lieutenant als Ordonnanz-Offizier. (Ehrenwachen und Posten für auswärtige Fürstlichkeiten nur am 1. Tage im Parade-Anzuge). Am Absteigequartier 2 Ehrenwachen mit dem Bataillons und Regiments-Kommandeur, Unteroffizier-Doppelposten vor die Gemächer. 1 Unteroffizier und 1 Gemeinen als Ordonnanzen. Nur die Königlichen Prinzen und Vorgesetzten gehen die Front mit ab. Kein Hurrah! In Festungen 33 Kanonenschuss.

Kleiner Empfang. Nur Gouverneur etc. und Generäle in kleiner Uniform mit Schärpe. Rapport, Ehrenwache. Ordonnanzdienst fällt fort.

Bei längerem Aufenthalt giebt S. Majestät täglich die Parole, empfängt Rapport der Hauptwache durch den wachthabenden Offizier in Gegenwart des Gouverneurs etc. Die sämmtlichen Fahnen in das Absteigequartier mit Eskorte. Alle Mannschaften in Ordonnanzanzügen. Abreise entsprechend dem kleinen Empfang bei Ankunft. Bei der Kaiserin wie beim Kaiser (ausser den rein militärischen Dingen).

Grosser Empfang. Bei den Königlichen Prinzen versammeln sich Generäle und Offiziere (Rapport nur, wenn Prinz über 18 Jahre alt). Ehrenwache von 23 Rotten. 1 Hauptmann, 2 Lieutenants, Fahne, Musik. Ehrenwache giebt Doppelposten am Absteigequartier. In Festung 21 Kanonenschüsse. Die Prinzessinnen werden vom Gouverneur etc. und der Generalität im Paradeanzuge empfangen. Doppelposten.

Auswärtige Fürsten und Prinzen in ähnlicher Weise (keine Fahnen ins Quartier zu verbringen).

Wenn ein Feldmarschall in eine Festung kommt, auf Verlangen 9 Kanonenschuss; — Beim Fürsten von Hohenzollern oder einem andern regierenden Fürsten werden aber 12 Schuss gelöst.

Im Biwak keine E. Nur beim Ansprechen still stehen.

Posten auf Feldwachen keine; auch die vor dem Gewehr nicht, rufen auch nicht heraus.

Feldwachen keine. Nur der Feldwachhabende meldet.

Innenwachen verhalten sich wie im Garnisondienst.

Auf den Märschen: Nach dem Abschlagen keine E.

Ehrenbreitstein. (S. Coblenz). 1. Servisklasse.

Ehrengericht soll die Ehre der Offiziere reinigen, die Ehre des Standes wahren und bei allen Verletzungen einschreiten. Wohlwollen und Verschwiegenheit werden gefordert. Bei Duell schreitet das E. nur ein, wenn beim Austragen des Kampfes gegen die Standesehre gefehlt wurde. Dem E. sind unterworfen die Offiziere der Armee, des Beurlaubtenstandes, der Gensdarmerie und die mit Uniform verabschiedeten und Offiziere z. D.

Die E. sind 1. über Hauptleute und Lieutenants (bestehen aus dem Offizier-Korps des Regiments). 2. über Stabsoffiziere. (Die Mitglieder werden gewählt).

Geleitet werden die E. ad 1 durch die Regiments- bezw. Bezirks-Kommandeure.

Das E.-Verfahren wird ad 1 von den betreffenden Kommandeuren, ad 2 von den kommandirenden Generalen eingeleitet. Diese haben auch die näheren Bestimmungen zu treffen. Zum E.-Verfahren über einen Regiments-Kommandeur ist allerhöchste Entscheidung einzuholen. Das E.-Verfahren kann ohne einen E.-Spruch nicht aufgehoben werden. Voruntersuchung findet durch den Ehrenrath statt. Jeder Angeklagte darf sich vertheidigen; für eine etwaige Vertheidigungsschrift ist eine Frist von 8 Tagen zu gewähren. Stimmberechtigt sind alle Offiziere der Truppe einschliesslich Stabsoffiziere. Sind weniger als 9 stimmberechtigte Mitglieder anwesend, so ist die Urtheilssprechung einem andern E. zu überweisen. Mitglieder des E. werden nicht vereidigt. Akten und Vertheidigung vorgelesen. Berathung.

Mündliche Stimmabgaben: Diese kann lauten auf: 1. Unzuständigkeit des Gerichts. 2. Vervollständigung der Untersuchung. 3. Freisprechung. 4. Warnung. 5. Schlichten Abschied. 6. Entfernung aus dem Offiziers-Stande. 5 hat nur Verlust der Stelle, 6 den des Offizier-Titels im Gefolge. Bei Offizieren z. D. oder a. D., verliert der Betreffende bei 5 das Recht, die Uniform zu tragen.

Bei Abstimmung erst Ehrenrath, dann von unten nach oben. Gültig ist Spruch bei Majorität, sonst Zuzählung der Stimmen für härteste Ansicht zu denjenigen über nächstmildes Urtheil. (Gnadengesuch erlaubt seitens des E.) Spruch ist der allerhöchsten Kenntniss zu unterbreiten. Die allerhöchste Entscheidung wird bekanntgegeben. Diskretion.

Ehrenlegion ist der einzige franz. Orden, geschaffen von Napoleon 10. Mai 1802.

Ehrenschiessen. (S. Trauerparade).

Ehrenstrafen sind im Heere: die Entfernung aus demselben, die Dienstentlassung, die Degradation, Versetzung in die 2. Klasse des Soldatenstandes; gegen Militärbeamte ausserdem die Aberkennung der Fähigkeit zur Bekleidung öffentlicher Aemter.

Ehrenstreitigkeiten. (S. Ehrengericht). Sie sind stets Zeichen schlechten Geistes im Offizier-Korps.

Ehrenpreise. (S. Schiesspreise).

Ehrentroddel tragen in Deutschland diejenigen Gefreiten und Gemeinen, welche nach erfüllter aktiver Dienstpflicht freiwillig als Kapitulanten bei der Truppe verbleiben. Die E. besteht aus der am Bande oder Faustriemen der Gemeinen getragenen Unteroffiziertroddel.

Ehrenwache s. Ehrenbezeugung.

Ehrenwaffen werden von den Fürsten verliehen. Kaiser Wilhelm nahm als Prinz von Preussen Ehrendegen von den Offizieren der Armee an. Ehrenpauken und Trompeten wurden häufiger gegeben, auch von fremden Fürsten.

Ehrenwort ist jedes Wort des echten Edelmannes. Beim Offizier ist gebrochenes E. auch gebrochene Ehre. Grund zur Ausstossung. Bruch des E. bei Kriegsgefangenen bringt der betreffenden Armee Schande, nicht nur das Wort Brechenden.

Ehrenzulagen auf Lebenszeit erhalten:

a) monatlich 9 Mark die Inhaber des Militär-Verdienstkreuzes;

b) monatlich 6 Mark die Inhaber des Eisernen Kreuzes 1. Klasse, welche gleichzeitig das Eiserne Kreuz 2. Klasse und das Preussische Militär-Ehrenzeichen 2. Klasse oder eine gleiche Dienstauszeichnung besitzen;

c) monatlich 3 Mark die Inhaber des Militär-Ehrenzeichens 1. Klasse, oder des Eisernen Kreuzes 1. Klasse, oder des Eisernen Kreuzes 2. Klasse, wenn sie zugleich das Preussische Militär-Ehrenzeichen 2. Klasse besitzen.

Bedingung ist, dass diese Ehrenzeichen in den unteren Chargen bis einschliesslich Feldwebel erworben worden sind. Die E. unterliegen nicht der Beschlagnahme. Das Anrecht erlischt bei strafgerichtlichen Erkenntnissen, welche Verlust der Orden zur Folge hat, mit Eintritt der Rechtskraft.

Eid. S. Fahneneid.

Ejektor. S. Auswerfer.

Eilmärsche sind keine im Tempo überhastete, sondern grosse Tagesleistungen, die nur von marschgeübten Truppen geleistet werden; die grösste Leistung ist gegen 60 km für 24 Stunden, doch ruinirt man die Armee sehr leicht durch solche Leistungen, die nur dann rationell sind, wenn ein entscheidender Endzweck erreicht werden muss, nach dem beziehungsweise Ruhe eintreten kann. Gut einmarschirte Truppen können allerdings im Lauf der Feldzüge grosse Märsche leisten. Mit eben eingezogenen Reserven gleich E. machen ist ein Fehler.

Einäugige Pferde. Man vermehrt die Aufmerksamkeit beim Führen auf die blinde Seite; lässt auf dem Marsche dem Pferde Freiheit den Weg zu erspähen.

Einberufung der Reserve, Landwehr und Seewehr zu den Fahnen beziehungsweise zur Flotte erfolgt auf Befehl des Bundesfeldherrn. Durch die kommandirenden Generale erfolgt die E. nur zu den jährlichen Uebungen und wenn Theile des Reichsgebiets in Kriegszustand erklärt werden. Die Beorderung der Militärpflichtigen nach dem Aushebungsorte ist Sache der Landrathes etc. (Näh. §§ 8, 72, 116 und 118 W.-O.) Im Kriege kann das Generalkommando die Wehrpflichtigen nach einem anderen gesicherten Orte einberufen, falls der eigene Bezirk vom Feind besetzt ist. Die E. erfolgt entweder durch Gestellungsbefehle oder durch öffentlichen Aufruf oder auf sonstige der Kriegslage angemessene Weise.

Einbeck. Dort steht 3. Bat. 2. Hess. Inf.-Regts. No. 82. Garn.-Verw. und Laz. 3. Servis-Klasse.

Eindeckungen für Verschanzungen macht man nach den bei Feldbefestigungen gegebenen selbstverständlichen Mustern 7—14, wenn man die Feuerlinie nicht schmälern will. Kann man diese entbehren, etwa in (Fig. 19) rückwärtigen Parallelgräben, dann legt man die E. nach Fig. 15—18 an.

Zu E. mit Wellblech gehören Techniker (Pioniere); man muss solche E. halbkreisförmig biegen, auf schräge Schwellbalken festlegen, dann je 2 Bleche mit Klemmen verbinden. S. Fig. 22 und 23. Abbildungen s. Feldbefestigungen.

Eindringen der Geschosse. S. Durchschlagsleistung der Geschosse.

Einfache Kartuschen. Kartuschen für die Geschütze der Belagerungs-, Festungs- und Küsten-Artillerie, welche im Gegensatze zu den zusammengesetzten untheilbar sind. S. Kartuschen.

Einfallwinkel. S. Fallwinkel.

Eingaben (*Oest.-Ung.*) sind Meldungen, welche theils auf besondere Anordnung, theils auf Grund besonderer Vorschriften, fallweise oder in bestimmten Fristen, nach Mustern verfasst und vorgelegt werden. Die in regelmässigen Fristen einzusendenden Eingaben sind durch das „Eingaben-Repertorium" geregelt.

Eingliedrige Formation bei der Kavallerie wird auf Kommando: „Mit Interwalle auf 1 bezw. 2 oder 3 Schritt ein Glied formirt!" Das 1. Glied zieht sich so auseinander, dass das 2. Glied links eindoubliren kann. Zugführer doppelten Abstand. Fühlung nach der Mitte. In Oesterreich-Ungarn besteht diese F. nicht, hingegen der Schwarm.

Eingraben ist die einfachste Herstellung einer künstlichen Deckung, jeder Spatenstich mehr vertieft unten und erhöht bezw. verbreitert oben die Deckungsmarke.

Einhauen ist der Moment, in dem der Reiter-Angriff zum Kampfe mit der blanken Waffe übergeht.

Einhauen der Pferde. S. auch Greifen.

Einheit. Taktische E. ist das Element, aus dem die kämpfende Truppe zusammengestellt ist. Sie wird immer kleiner, je weiter die Technik der Schusswaffen vorschreitet. Im 30 jährigen Kriege war es die Brigade, das Terzio. Heute ist es die Kompagnie, Batterie, Eskadron.

Einheits-Kavallerie ist mehr ein theoretischer Wunsch, der kaum einen praktischen Nutzen hat. Im Grossen sind die heutigen Regimenter so gleichmässig ausgebildet, dass nur noch kleine Schattirungen vorhanden sind, die wegzunehmen keinen Zweck hat.

Einheitspatrone. Geschoss, Pulver und Zündmittel in einem Körper vereinigt; jetzt bei den Handfeuerwaffen ausschliesslich im Gebrauche.

Einhorn (Russland; veraltet), eine Art glatter Haubitzen von verschiedenen Kalibern.

Einjährig - Freiwillige. 1. Berechtigung: 1. Durch Nachweis der Schulbildung (die Anstalten sind bekannt); 2. durch einjährigen Besuch der 2. Klasse des Kadetten-Korps; 3. durch besondere Ausbildung in einem Zweige der Kunst oder Wissenschaft; 4. hervorragende kunstverständige oder mechanische Arbeiten; 5. die Mitglieder landesherrlicher Bühnen, die zu Kunstleistungen angestellt sind; 6. durch die Prüfung vor der Kommission. Nachsuchung der Berechtigung erst nach vollendetem 17. Lebensjahre, und spätestens bis zum 1. Februar des Jahres, in dem der Nachsuchende das 20. Lebensjahr vollendet. Meldung zwischen 1. Februar und 1. April nur ausnahmsweise zu berücksichtigen.

Zur Meldung: Geburtszeugniss, Erklärung des Vaters oder Vormundes, Bekleidung, Ausrüstung, Wohnung und Unterhalt zu übernehmen, Unbescholtenheitszeugniss von den Lehranstalten, und der Polizei. Befähigungsnachweis.

Einjährigen-Prüfung, vor der Prüfungskommission seines Bezirkes. (Frühjahr und Herbst.) Anmeldungen bis zum 1. Februar und 1. August.

a) schriftlich: Deutscher Aufsatz, zwei Uebersetzungen in zwei zu wählenden fremden Sprachen, Arithmetische Aufgabe. Nur wenn diese bestanden: b) mündliche Prüfung in Deutsch, Litteratur, Geschichte, Geographie, Arithmetik, Geometrie, Physik und den zwei Sprachen.

2. Pflichten. Die E.-F. können sich auf Grund des Berechtigungsscheines, den sie auf Nachsuchung bezw. nach bestandenem Examen erhalten, den Truppentheil wählen. Sie werden auf Grund des Berechtigungsscheines bis 1. Okt.

des Jahres der Vollendung des 23. Lebensjahres zurückgestellt. Zurückstellung bis zum 1. Okt. des 26. Lebensjahres ist nur ausnahmsweise und nur von Jahr zu Jahr gestattet; wird auf dem Berechtigungsschein vermerkt. Terminversäumniss hat Verlust der Berechtigung zur Folge.

3. Meldung. Eintritt ist 1. Okt., nur bei einzelnen Truppen der 1. April, Train 1. Nov.; muss bis dahin geschehen mit Berechtigungsschein und obrigkeitlichem Zeugniss über sittliche Führung etc. In grossen Garnisonen werden E.-F. an die Regimenter vertheilt. Untaugliche werden abgewiesen und wird dieses auf Berechtigungsschein vermerkt und dieser abgenommen; der Abgewiesene hat sich innerhalb 4 Wochen bei dem Civilvorsitzenden der Ersatz-Kommission seines Aufenthaltortes zu melden. Endgiltige Entscheidung über Tauglichkeit trifft dann die Ober-Ersatz-Kommission.

Bei Fusstruppen kann Unbemittelten ausnahmsweise durch Gen.-Kom. die Verpflegung, sogar auch Bekleidung, Ausrüstung, Quartier aus dem Etat des Truppentheils gewährt werden.

(Weiteres s. Aspiranten, „A" und „B" Uebung.) (Berittenmachung s. daselbst.)

Einkleidungsgeld (*Deutschl.*) im Beurlaubtenstande wird bei jeder Einziehung zur Uebung gewährt: dem Stabsoffizier und dem Rittmeister 210 M., dem Hauptmann und dem Kompagnie-Führer (ohne Rücksicht auf die Charge), dem Lieutenant der Kavallerie (auch bei Einziehung zum Train) 150 M., dem Lieutenant der Feldartillerie und des Trains 135 M., dem Lieutenant der Infanterie und der übrigen Waffen 120 M., Die Sanitätsoffiziere erhalten das Einkleidungsgeld der Infanterie-Offiziere ihrer Charge. Beamte im Range der Mitglieder der Reichsbehörden 150 M., im Range der Subalternbeamten 120 M. Durch den Antritt der Uebung wird der Anspruch auf das E. erworben; war die Bekleidung und Ausrüstung bereits beschafft, so kann der Brigadekommandeur das E. auch solchen Offizieren bewilligen, welche durch Krankheit oder sonstige berücksichtigenswerthe Gründe an der Uebung behindert sind.

Einkommensteuer. Bei Militärpersonen und Beamten ist der zur Bestreitung des Dienstaufwandes bestimmte Theil des Diensteinkommens ausser Ansatz zu lassen. Für die Regiments-Offiziere haben die Kassenverwaltungen die Steuern gesammelt an die Steuerbehörden abzuführen, falls einzelne Offiziere nicht ausdrücklich erklären, die Steuern selbst abführen zu wollen. Der aktive Offizier ist in *Oest.-Ung.*, sein Gehalt betreffend, von E. ganz befreit.

Einquartierung. (S. Ortsunterkunft.) Truppen dürfen in Garnisonen nur dann in Bürgerquartier untergebracht werden, wenn die Räume der Kasernen nicht ausreichen. Ueber die dafür zu bezahlende Entschädigung s. Servis.

Einschiessen. Ermittelung der Entfernung, sowie bei Geschützen der Brennlänge (für Bz.-Geschosse) und der nothwendigen Seitenverschiebung. Die Infanterie schiesst sich mit Salven ein; die Artillerie bedient sich zum E. meist solcher Az.-Geschosse, welche in Folge der beim Zerspringen entwickelten bedeutenden Raucherscheinung eine gute Beobachtung erwarten lassen. a) **Feldartillerie**: Die Entfernung wird durch das Gabelschiessen ermittelt. Man bildet die „weite Gabel" (ein Schuss vor und ein Schuss hinter dem Ziel) und verengt sie durch Halbiren bis auf das für die Fortsetzung des Schiessens nothwendige Maass (enge Gabel z. B. 50, 100, 200 m). Das „genaue Einschiessen" besteht in einer Prüfung der kurzen Gabelentfernung auf der das Feuer fortgesetzt wird. Erweisen sich hierbei $1/3$ bis $2/3$ der beobachteten Schüsse „davor", so gilt die Entfenung als ermittelt; man ist genau eingeschossen. — Die Brennlänge wird ebenfalls auf der kurzen Gabelentfernung ermittelt. Brennt der Bz. normal, so wird man auf der kurzen Gabelentfernung (eine 100 m Gabel vorausgesetzt) günstige Sprengpunkte erhalten, d. h. die Shrapnels werden im Mittel 50 m vor dem Ziel in einer Höhe von $1/3$ der Hunderte der Entfernung (bei 1800 m = 6 m) zerspringen; da dies aber in Folge von Witterungs- und anderen Einflüssen selten der Fall sein wird, so muss man das günstigste Verhältniss durch Korrekturen zu erreichen suchen. Zunächst bringt man in lagenweisen Feuer die Sprenghöhen auf das richtige Maass durch Platten (in einigen Staaten durch Brennlängen); Korrekturen (s. Aufsatzplatten). Zur Erlangung günstiger Sprengweiten legt man an Entfernung zu oder bricht ab. Während man für den Uebergang zum Shrapnel-Bz. gewöhnlich eine 100 m Gabel bildet, schiesst man sich für Sprenggranaten genau ein und sucht dann die Sprengpunkte des Bz. dicht vor und dicht über das Ziel zu legen.

Die nothwendige Seitenrichtung wird durch Korrekturen der Seitenverschiebung bezw. bei grösseren Abweichungen mit der Richtfläche (s. d.) gewonnen.

b. **Fussartillerie**: Man unterscheidet ein E. nach der Länge bei Az. und ein solches bei Bz. und Dz. (Doppelzünder). In beiden Fällen beginnt das E. mit Az.-Geschossen. Es wird eine Gabel von 100 m gebildet. Dem Gabelschiessen folgt ein Gruppenschiessen. Man ist eingeschossen, wenn in einer Gruppe von 6 Schüssen 2 bis 4 kurz beobachtet werden.

Beim Uebergang zum Bz. wird die Sprenghöhe durch Aenderung der Erhöhung auf 10 bis 15 m, bei Flachfeuer auf nahen Entfernungen auf 5 m im Mittel geregelt. Nach dem Regeln der Sprenghöhe ist auf der erschossenen, einer 50 m weiteren und einer 50 m kürzeren Entfernung lagenweise unregelmässig wechselnd zu schiessen. Das Streuen ist den Beobachtungen entsprechend einzuschränken, ganz einzustellen oder zu verlegen.

Das gleichzeitig erfolgende E. nach der Seite findet in der Regel geschützweise statt. Bei breiten Zielen besteht es in dem Heranschiessen an die Zielpunkte; bei schmalen Zielen ausserdem noch in dem Gruppenschiessen. Im ersteren Falle ist man eingeschossen, wenn alle Schüsse innerhalb der Zielbreite, im zweiten Falle, wenn von 6 Schüssen 2 bis 4 auf einer Seite des Zielpunktes liegen.

Einschiessen der Pferde geschieht bei den Remonten, während sie mit der Trense geritten werden.

Einschlagen der Hufe nach schwerer Arbeit mit Kuhmist, oder Lehm und Kuhmist (besonders in trockener Jahreszeit und längerem Reiten auf harten Wegen). Es erleichtert auch dem Hufschmiede die Arbeit. Der Einschlag ist abzunehmen, sobald er getrocknet ist. Einschmieren mit (nur thierischen) Fetten ist zweifelhafteren Werthes.

Einschliessungslinie der Festungen wird in Abschnitte getheilt, deren jeder seine besondere, in sich gegliederte Besatzung erhält. Etwa $1/3$ der Infanterie bedeckt die Vorposten des Abschnitts.

Einschneiden ist die erste Aufgabe, die der Topograph bei wechselnder Aufstellung seines Messtisches zu vollführen hat. Man stellt beim Rückwärts-E. den Messtisch so auf, dass er in der Mitte von 3 sichtbaren trigonometrischen Punkten steht, die Visirwinkel von mindestens 30^0 untereinander bilden. Die Platte wird horizontal gestellt, nach Magnetnadel orientirt. Ziehen der Visirlinien nach den 3 trigonometrischen Punkten. Schneiden sie sich in einem Punkte, so steht der Tisch genau orientirt. Entsteht (meist) ein Dreieck, so nennt man dieses das „fehlerzeigende." Nun sucht man in diesem Dreieck einen Punkt, dessen Senkrechte auf die 3 Dreiecksseiten sich verhalten, wie die Entfernungen des Messtisches von den 3 trigonometrischen Punkten. Dies wiederholt man so oft, bis die 3 Visirlinien sich in einem Punkt genau schneiden, den man mit ▣ bezeichnet. Dieser Punkt bezeichnet genau den Standpunkt des Messtisches im Gelände. Steht der Messtisch in der Verbindung oder Verlängerung zweier trigonometrischer oder bekannter Punkte, so ist der Stationspunkt einfach zu finden, indem man die Platte genau nach den gegebenen 2 Punkten orientirt und dann nach einem dritten visirt. Der Durchschnittspunkt giebt den Stationspunkt richtig an.

Einspringende Winkel in Befestigungen haben den Vortheil, kreuzweis Feuer zu geben, den Nachtheil, dass sie ausspringende Winkel zur Ergänzung haben müssen, in denen keine Feuerwirkung existirt. Bei den fernwirkenden Feuerwaffen sieht man deshalb von den Künsteleien ab und hält eine möglichst starke Entwickelung der Frontentwickelung für das Förderlichste.

Eintheilung der Eisenbahnen. Die Eisenbahnen können, von verschiedenen Gesichtspunkten beurtheilt, auch verschieden eingetheilt werden. Internationale oder Weltbahnen, Haupt-, Neben-, Sekundäre-, Tertiäre Bahnen, Strategiebahnen, Lokalbahnen, Bahnen mit 2 Geleisen, Bahnen mit einem, aber mit dem Unterbau für ein zweites erst im Gebrauchsfalle zu legendes Geleise, Bahnen mit einem Geleise, Lokomotiv-, Pferde- und elektrische Bahnen.

Einzellader. Handfeuerwaffen (Hinterlader), bei denen der Schütze jede Patrone einzeln mit der Hand in das Patronenlager des Laufes einführen muss und die daher den Mehrladern (s. d.) an Feuerbereitschaft und -geschwindigkeit erheblich nachstehen; sie sind deshalb als Kriegswaffen allgemein aufgegeben.

Eis. Reiten auf dem E. oder schlüpferigem Boden. Feste Schenkel- und lose Zügelführung; lose im Sattel; keine Seitenbewegungen; Bügel los beim Fallen; auch vorherige Abhänge geradeaus nehmen. Absteigen und Führen vorzuziehen.

E. ist ein Feind aller nassen Gräben als Hindernissmittel; ebenso der Frontdeckungen durch Gewässer; wie bei der Lisaine 1871.

Eismaschinen werden jetzt in allen grösseren Festungen angelegt, zur Erhaltung der Gesundheit und für die Lazarethe.

Eisdecken s. Eisübergänge.

Eisenach. Dort steht 2. Bat. 5. thür. Inf.-Rgts. No. 94 (Grossherzog von Sachsen); Bez.-Kom. und Garn.-Laz. — 2. Servisklasse.

Eisenbahn. Zum Einsteigen der Mannschaften waggonweise abgetheilt. Jeder Waggon erhält einen Führer. Hautboisten etc. in eigenen Abtheilungen.

Das Signal zum Einsteigen ist bei Fusstruppen „Ruf", bei berittenen Truppen „Appell". Das Einsteigen geschieht nach Anweisung der Führer, die ihre Plätze zuletzt, unmittelbar an der Thür einzunehmen haben. Gepäck etc. je nach Länge der Fahrt abgelegt.

Das Aussteigen erfolgt, wenn nicht auf Kommando, auf das Signal „Marsch". Vor dem Aussteigen werden die Waffen auf die Bänke gelegt.

Bei je zwei Pferdewagen hat ein Mann als Stallwache zurückzubleiben. Das Füllen und Zureichen der Gefässe mit Wasser ist durch Mannschaften des Transports auszuführen.

Das Einladen der Pferde geschieht gespannweise. Die Pferde werden gezäumt, gesattelt und geschirrt. Ob die Pferde gesattelt transportirt werden, hängt von der Länge der Fahrt ab. Das Ein- und Ausladen geschieht im Uebrigen nach den dafür gegebenen Bestimmungen.

(S. auch Feld-Eisenbahn und Etappenwesen, Militär-Eisenbahn.) Bei Erkundung von E. ist zu beachten: ob abweichende Geleisespur, zu welchem Netze gehörig, Steigungen, Kurven, ein- oder zweigeleisig, ob Blockstation, wie gross die Gebäude und die Entfernungen der Stationen sind, Tunnel, Brücken (Tragvermögen), Wasser- und Kohlenverhältnisse, rollendes Material. Ob Verwaltung, wie stark und wie gesinnt. Ob reparaturbedürftig etc. Bei wichtigen Strecken beim Vormarsch möglichst ein Techniker mitzunehmen.

Die Zerstörung wird sich meist auf die Kunstbauten erstrecken. Doch ist dabei die Möglichkeit einer späteren Selbstbenutzung nicht ausser Augen zu lassen.

Eisenbahn-Abtheilung s. Militär-Eisenbahnwesen.

Eisenbahnbeamte, die ständig angestellt sind, werden im Ernstfalle vom Waffendienst zurückgestellt, ausser Gepäckträger, Bahnsteigdiener, Schachtarbeiter, Schreiber etc. Sie werden aber zum Feld-Eisenbahndienste herangezogen, soweit es nöthig ist. Der Bedarf wird durch den Chef des Generalstabes der Armee festgestellt. Die Auswahl der geeigneten und felddienstfähigen Mannschaften ist den Bahnverwaltungen überlassen. Offiziere und Offizier-Stellvertreter aber können vom Chef der Armee namentlich beansprucht werden. Die Einberufung erfolgt durch Vermittelung des General-kommandos. Die etwa restirenden Leute dürfen nur auf Befehl des Kriegsministers eingezogen werden. Die zu der Kategorie der Eisenbahnbeamten gehörigen aber als solche zurückgestellten Offizier-Aspiranten können zur Wahl gestellt werden.

Der Eisenbahn-Brigade sind von den Bezirks-Kommandos Listen aller Beamten (und Offiziere) der Eisenbahnverwaltung etc. einzusenden. Die Listen über die Reserve-Offizier-Aspiranten, deren Uebungen etc. gehen durch die Eisenbahnregimenter auf dem Dienstwege an den Chef des Generalstabes der Armee.

Eisenbahn-Brückenbau. (S. Vorschrift über E.-B. bei Mittler, Berlin, kleines Heft.)

Eisenbahn-Oberbau umfasst alle Konstruktionen, welche zur Festhaltung der eigentlichen Fahrbahn auf dem Unterbaue erforderlich sind. Er besteht aus drei Haupttheilen, der Bettung, den Unterlagen und den Schienen sammt ihren Auflagen und Verbindungen. (Für Deutschland Vorschriften in Heftchen „E.-O." bei Mittler, Berlin.)

Eisenbahnpersonal. S. Eisenbahnbeamte.

Eisenbahn-Zerstörung kann auch von unteren Befehlshabern unter ganz besonderen Umständen

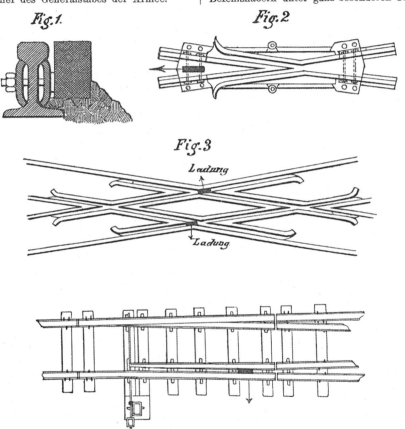

Eisenbahn-Zerstörungen.

veranlasst werden. Doch nachher verantwortlich. Im eigenen Operationsgebiet sind sie zu vermeiden. In Feindesland, besonders beim Rückzuge oft geboten. Herausnehmen von Schienen genügt nur bei Bewachung der Stelle. Auch jeder Kavallerie-Offizier muss die E.-Z. gründlich verstehen und zwar:

Eisenbahnschienen-Z. behufs Betriebs-Unterbrechung. Ladung aussen am Stoss, 3 Körper dicht an Lasche. Oberkante in Schienenkopfhöhe, mit Boden ohne Rasen festlegen, sprengt Schienen-Enden in Laschenlänge fort.

Um sicher bei allen Profilen 25 cm, wie erwünscht, von Schienenköpfen wegzusprengen eine Sprengpatrone oder fünf Körper nach Fig. 1; eiserne Schwelle, wenn nöthig, nachträglich durch besondere Ladung.

Stets 2—3 solcher Sprengungen besonders an äusserer Schiene, in Krümmungen mit 1 km Abstand; bei Doppel-Geleisen ein- wenigstens zweimal, anderes einmal sprengen; letztere Sprengung je 1 km von ersteren; auf Bahnhöfen: Herzstücke Fig. 2, Weichenzungen Fig. 3, Kreuzungsstücke Fig. 4, Einfahrts- und Ausfahrts-Weichen in erster Linie, demnächst solche zum Maschinenschuppen, Wasserkrahn und Kohlenbühne.

Eisenbahn-Ueberschreitungen sind im Frieden nur an den Uebergangsstellen gestattet.

Eisenbahn-Unterbau umfasst alle den Oberbau tragenden Erd- und Kunstbauten und besteht, wie bei den Strassen, hauptsächlich aus Aufdämmungen und Einschnitten, aus Brücken, Viadukten, Durchlässen, Durchfahrten, Tunnels. (Für Deutschland besondere Vorschrift bei Mittler, Berlin.)

Eisenbahn-Vorarbeiten (zum Bau.) Auskunft ertheilt ein kleines Heftchen „Vorarbeiten" bei Mittler, Berlin. Auch das Heftchen „Erdkörper" daselbst.

Eisenkern (Geschosskern) der Artillerie-Geschosse s. Geschosse und Bleimantel.

Eiserner Bestand s. Verpflegung.

Eisernes Kreuz. Von der Ehrenzulage (s. d.) der Inhaber des E. K. haben die Hinterbliebenen keinen Gnadenmonat.

Eiserne Krone, österreichischer Orden.

Eisernes Thor heisst die schmale, durch Felsenstücke behinderte Stelle, wo die Donau Ungarn verlässt; ist jetzt erweitert. 1603 siegreiches Gefecht der Kaiserlichen.

Eisübergänge. Liegt eine Eisdecke in ihrer ganzen Ausdehnung auf dem Wasserspiegel auf, so kann dieselbe überschritten werden: bei 8 cm Dicke von einzelnen Infanteristen, bei 10 cm von einzelnen Reitern und Fusstruppen in geöffneter Kolonne; bei 15 cm von allen drei Waffengattungen, bei 25 cm Dicke von den schwersten Fuhrwerken. E. können durch Ueberdeckung mit Stroh, Reisig und Uebergiessen mit Wasser verstärkt werden.

Eklaireurs sind bei der Kavallerie dazu bestimmt, die Gangbarkeit des Geländes zu erkunden. Auf den Befehl „Eklaireurs aus dem n^{ten} Zuge vor!" reiten zwei vorher dazu bestimmte Leute auf Sehweite vor, besichtigen das Gelände und geben durch Zeichen dessen Gangbarkeit oder das Gegentheil zu erkennen, bei Attacke machen sie seitwärts Platz und schliessen sich an.

Ekläriren (veraltet). S. Aufklären.

Elan, Schwung, Lebhaftigkeit beim Angriffe.

El Arisch, 1799 Kapitulation, mittelst welcher Kleber dem Grossvezier einen grossen Theil Aegyptens einräumte, das Napoleon erobert hatte.

Elastizitätsgrenze. Grenze der Fähigkeit der kleinsten Theilchen eines Körpers, ihre ursprüngliche gegenseitige Lage wieder anzunehmen, sobald die Beanspruchung durch Zug oder Druck aufhört, welche die Veränderung dieser Lage bewirkt hatte. Eine dauernde bezw. öfter wiederholte Ueberschreitung der E. führt die Zerstörung des Körpers herbei; daher von besonderer Bedeutung bei den zu Feuerwaffen verwendeten Metallen. Bester Geschützstahl ergab bisher höchstens 40 kg. E. an 1 qmm, d. h. ein Stab von 1 qcm Querschnitt durfte höchstens mit (40·100) 4000 kg auf Zug beansprucht werden, ohne eine bleibende Formveränderung zu erleiden; mit Nickelstahl sind bereits wesentlich höhere Werte erreicht worden.

Elba war vom 4./5. 1814 bis 26./3. 1815 Eigenthum und Aufenthalt Napoleons.

Elbée de, ein Hauptanführer der am 11./3. 1793 beginnenden Empörung in der Vendée, dem alten Adel des Landes angehörend, fiel 19./10. tödtlich verwundet in Gefangenschaft und wurde hingerichtet. Mit seinem Tode artete der Kampf in der Vendée in Morden, Rauben und Verheeren aus.

El Boden in Castilien. Dort Gefecht am 26./9. 1811. Hier wurde Wellington, der hinter der Agueda lag, auf beiden Flügeln angegriffen, und zwar von sehr überlegenen Kräften. Der Tapferkeit seiner Truppe, vor allem der fünf Schwadronen Kavallerie, die vierzig Mal attackirt haben sollen, war es zu verdanken, dass er in voller Ordnung sich in die Stellung bei Fuenteguinaldo zurückziehen konnte.

Elchingen, 14./10. 1805 unglückliches Gefecht der Oesterreicher, welches für die Kapitulation von Ulm so entscheidend war, dass Napoleon später dem Sieger, Marschall Ney, den Titel eines Herzogs von Elchingen ertheilt hat.

Elektrische Beleuchtung. Die für Kriegszwecke verwendeten Vorrichtungen für E. sind Theils fest (Küstenbatterien), Theils beweglich (Festungs- und Feldkrieg). Sie bestehen aus einer Kraft- (Dampf-) Maschine, welche die Licht- (Dynamo-) Maschine antreibt; diese erzeugt das elektrische Licht, dessen Strahlen durch einen Spiegel (Projektor) auf den zu beleuchtenden Geländetheil geworfen werden.

Die E. wird verwendet: 1. zur direkten Aufhellung des Vorgeländes, 2. zur Täuschung und Behinderung des aufklärenden gegnerischen Apparates, 3. zur Verdeckung eines Geländestreifens durch vorgelegtes Licht.

Die Leistungsfähigkeit der E.-Apparate wird nach ihrer Tragweite und der Helligkeit am beleuchteten Gegenstande beurtheilt. Je nach der Grösse der Apparate kann man bis 4500 m beleuchtete Flächen von 250 m Breite erhalten, in denen Ziele deutlich sichtbar werden. Die gewöhnliche Gebrauchsgrenze liegt jedoch zwischen 1500—2500 m.

Elektrische Zündung. Wird zur augenblicklichen Entzündung einzelner, sowie zur gleichzeitigen Entzündung mehrerer Geschütz- oder Sprengladungen (Minen, Torpedos) benutzt. Für Geschützladungen verwendet man sie in Gestalt von elektrischen Schlagröhren, für Minen und dergl. in Form von Funkenzündern. Beide bestehen aus einem Zündsatz, in dem mit geringem Abstand die nicht isolirten Enden zweier Kupferdrähte eingelagert sind. Springt zwischen beiden Drahtenden ein Funke über, so wird der Zündsatz entzündet und überträgt die Entzündung auf die Geschützladung bezw. die Sprengkapsel u. s. f. Zum Gebrauch der Funkenzünder bedient man sich des Minenzündapparates. Dieser besteht in der Hauptsache aus einer Induktions-Elektrisir-Maschine, einem Kondensator und einer Entladungsvorrichtung.

Elementarbewegungen sind die den einzelnen Manne durch das Ueben eigedrillten Bewegungen, in denen er sicher sein muss, um in grösseren Körpern marschiren zu können.

Elephanten-Orden, dänischer Orden. Weisser E.-O. siamesisch.

Elevation s. Erhöhung,

Elevationswinkel, der Winkel, dem die Seelenachse eines nach der Höhe gerichteten Geschützrohres mit der Horizontalen bildet.

Elio, spanischer Kapitän (1767—1822), wurde 1805 Gouverneur von Montevideo, das er von den Engländern erobert hatte. Von 1812 ab war er in Spanien, kämpfte gegen die Franzosen mit Erfolg; machte sich als General-Kapitän von Valencia durch Grausamkeit sehr verhasst, vor ein Kriegsgericht gestellt, schliesslich erdrosselt.

Sein Sohn war karlistischer General (1803 bis 1878), Schwiegersohn Cabreras. Er war Stabschef und leitete besonders geschickt die Operationen der Karlisten 1873, nachdem er schon an dem Kriege 1837 theilgenommen und ein wechselvolles Leben geführt hatte.

Elitetruppen giebt es in einer Armee, die aus der allgemeinen Wehrpflicht hervorgeht, nicht. Denn zu solcher gehört ausser hervorragendem Material eine längere Ausbildung. Es fragt sich, ob man bei der heutigen virtuosen Technik nicht mit virtuos ausgebildeten Truppen selbst gegen grosse Uebermacht grossartige Erfolge einzuheimsen im Stande wäre.

Elliot, Baronet, engl. General (1718—1790). Er ist der berühmte Vertheidiger von Gibraltar 1781—82.

Ellwangen. Dort steht Bezirks-Kommando. — 3. Servisklasse.

Elphinstone, engl. General (1780—1842), soll durch seine Sorglosigkeit das Unglück der englischen Armee 1842 in Afghanistan verschuldet haben. Er starb in Folge der dort erhaltenen Verwundung.

Elrichshausen, Frhr. v., österreich. F.-Z.-M. (1720—79), zeichnete sich durch sein Verhalten in der Stellung bei Troppau im bayrischen Erbfolgekriege aus. Er war schliesslich Gouverneur von Böhmen.

Elsass-Lothringen. Die vor 1851 geborenen Angehörigen E.-L.s sind nicht kriegsdienstpflichtig. — Die bei den Zuchthengststationen in E.-L. angestellten Wärter können auf Antrag des Institutsvorstehers für den Mobilmachungsfall von der Einberufung vorläufig befreit werden.

Elsenborn. Truppen-Uebungsplatz. Dort befindet sich eine Garnison-Verwaltung. — Kommandantur s. Malmedy.

Eltern verstorbener oder gebliebener Offiziere etc. haben nur bedingten Anspruch auf Gnaden-Gebührnisse aller Art. (S. Buhnke, Litt.)

Embuskade Hinterhalt. Bei Sebastopol hiessen die russischen kleinen Schützengräben ebenso.

Emil, Prinz von Hessen. Hess. General der Kavallerie österreichischer Feld-Zeug-Meister (1790—1856) focht mit Auszeichnung unter Napoleon 1812 und 1813; trat 1814 und 1815 weniger hervor, da es gegen seinen einstigen Führer ging.

Emmendingen. Dort Schlacht am 19. und 20./10. 1796, in der Erzherzog Karl den General Moreau aus dem Schwarzwalde heraus über den Rhein drängte, indem er ihn bei Waldkirch und E. schlug. Moreau zog sich bis Solingen zurück.

Emolumente. (S. Dienstemolumente).

Empfang Seiner Majestät. Anzug bei grossem E. Paradeanzug, bei kleinem E. kleine Uniform. Im Uebrigen s. Art. „Ehrenbezeugungen".

Emplacement. Eine Deckung für Feldgeschütze.

Enceinte ist derjenige Theil einer Festung, der die Stadt unmittelbar umschliesst. Bei den älteren Befestigungen, die in Abschnitte zerfielen, nannte man die meist bastionirte Umwallung der Stadt Haupt-E.

Endgeschwindigkeit der Geschosse. Streng genommen nur die Geschossgeschwindigkeit im Endpunkt der Flugbahn, wird aber allgemein auch für die Gg. in beliebigen Bahnpunkten, unter Hinzufügung des wagerechten Abstandes dieser Punkte von der Mündung gebraucht (z. B. E. auf 200 m). Sie hängt ab von der Anfangsg. (s. d.), Gestalt und Querdichte des Geschosses; je kleiner die Anfangs-, je schlanker die Spitze und je grösser die Querdichte, desto leichter vermag das Geschoss den Luftwiderstand zu überwinden, desto geringer wird also der Unterschied zwischen E. und Anfangsg. Die E. ist in erster Reihe massgebend für die Bewegungsarbeit der Geschosse (s. d.), sowie für die Gestaltung der Flugbahn und die Wirkungstiefe des Schrapnelschusses; je grösser die E., desto flacher fällt die Bahn im Verhältniss zum Abgangswinkel aus, desto grösser wird die Wirkungstiefe. Mit der wachsenden Schussweite nimmt die E. unter sonst gleichen Verhältnissen stetig ab; nur wenn bei Fallwinkeln über $45°$ die fortschreitende Geschwindigkeit des Geschosses im letzten Theil der Flugbahn von der Fallgeschwindigkeit überwogen wird, tritt wieder eine Zunahme der E. ein. Beispiel:

Deutsche Feldkanone.

Entfernung m	Fallwinkel Grad	E. m
5800	42,5	186
6000	46,1	188
6300	52,9	196
6500	59,9	207

Enfants de troupe, Soldatenkinder Frankreichs wurden früher bei den Truppen erzogen, seit 1895 in der école d'essai pour les E. d. tr. vereinigt mit 600 Zöglingen.

Enfantsperdus hiessen früher in Frankreich die zu besonders gefährlichen Aufträgen verwendeten leichten Truppen.

Enfilirbatterien. Batterien zur Längsbestreichung von Stellungen bestimmt. Sie liegen daher in Verlängerung der feindlichen Fronten, meist auf den Flügeln der eigenen Stellung und werden mit Geschützen von grosser Schussweite ausgerüstet.

Enfiliren. Indirektes Beschiessen von Linien oder Fronten feindlicher Befestigungen, welche durch Brustwehren oder Traversen gedeckt sind, in ihrer Längsrichtung.

Engagiren (sich) heisst, einen Kampf beginnen.

Engen. Dort Schlacht am 3./5. 1800 zwischen dem Prinzen von Lothringen und Moreau. Die österreichischen Vortruppen wurden zurückgedrängt und kam es auf der Linie Hohenhöven-Neuhausen-Ehingen zu einer erbitterten Schlacht, die Abends mit dem Siege Moreaus endete, den jener aber nicht ausnutzte, und deshalb zu nochmaliger Schlacht bei Moskirch gezwungen wurde.

Engers. Dort befindet sich eine Kriegsschule. — 3. Servisklasse.

Englisch-deutsche Legion. Am 5./7. 1803 war die kurhannoversche Armee aufgelöst. In Folge dessen liess England die ihm früher zugehörigen Mitglieder derselben anwerben. Die E.-d.-L. hat sich in den Kriegen in Spanien wie bei Waterloo durch die berühmte Vertheidigung des Ortes La Haye Sainte in geschichtlich bekannter Weise ausgezeichnet. Sie wurde bald nach Beendigung der Befreiungskriege aufgelöst.

Englisches Feldgeschütz s. Feldgeschütze.

Englisches Gewehr m/89. System Lee-Metford; Schwertbajonett; Handschutz; links gewundene Züge von bogenförmigem Querschnitt; Treppenvisir für 180—1650 m und seitliches Fernvisir mit Diopter für 1460—2650 m; Kolbenverschluss mit Drehbewegung und Verriegelung an der rechten Gehäusewand; Mehrladevorrichtung: abnehmbarer Kasten am Mittelschaft, der mit einzelnen Patronen (10 Stück in 2 Reihen) gefüllt wird. Die Patrone hat vorstehenden Bodenrand für den Auszieher und ist mit Cordit geladen; Geschoss mit Hartbleikern und Mantel aus Nickelkupferlegirung. Die Geschossgeschwindigkeit beträgt an der Mündung 610 m, 25 m vor derselben 588 m. S. auch Gewehr.

Englisch Traben, auch Leicht-Traben. Der Reiter, statt sich werfen zu lassen, hängt je einen Tritt auf Oberschenkel, Knie und Bügel sich stützend ab und sinkt erst bei dem folgenden weich auf den Sattel nieder, ohne das Gesäss mehr als früher aus dem Sattel zu heben oder die Haltung der Fäuste, Arme und Schultern zu ändern. Beim Niederlassen ist mit dem rechten und linken Fusse des Pferdes zu wechseln.

Engwege und Pässe. Vor allem ist es wichtig, zu erkunden, in welcher Breite die Truppe sie überschreiten kann, denn davon hängt die Schnelligkeit ab, mit der sie überwunden werden können; aus demselben Grunde ist die Länge wichtig und die Gangbarkeit. Zur Vertheidigung bezw. zur Ermöglichung des Aufmarsches ist erforderlich, festzustellen, welche Unterlagen das umliegende Gelände für gute Feuerstellungen, besonders der Artillerie, giebt. Ferner, ob nicht etwa Nebenwege das Aufmarschiren erleichtern, oder gar dem Feinde Gelegenheit geben, seinen Gegner zu übervortheilen.

Ems. Rgts.-Stab und 1 Div.-Drag.-Rgt. 15.

En parade. Siehe Galaanzug.

Enroliren hiess früher das Eintragen der Geworbenen in die Musterungs-Liste.

Entfernung aus dem Offizierstande entbindet von der ferneren Ableistung der Dienstpflicht. E. aus dem Heere und der Marine ist die härteste Ehrenstrafe im deutschen Heere (M.St.G. § 30—32). Unerlaubte E., ohne die Absicht, sich dauernd dem Dienste zu entziehen, wird mit Freiheitsstrafen bis zu 2 Jahren. im Felde bis zu 5 Jahren bestraft. S. Fahnenflucht.

Entladestock, diente beim preussischen Zündnadelgewehr und deutschem Gewehr 71 zum Entfernen stecken gebliebener Hülsen. S. Stock des Gewehrs.

Entlassung. 1. Aus der Reichsangehörigkeit (Auswanderung) ist nicht zu gestatten im 17.—25. Lebensjahre ohne Zeugniss der Ersatz-Kommission, dass die Betreffenden sich nicht der Dienspflicht entziehen wollen. Die E. der Reserve ist (im 3. Jahre der Dienstzeit) ebenfalls nur mit Erlaubniss wie oben zu geben, später kann ihnen die Erlaubniss nicht verweigert werden, ebenso wenig der Landwehr 1. Aufgebotes. — Die des 2. Aufgebotes bedürfen keiner Erlaubniss. Wandern sie aus, so haben sie dieses nur zu melden.

2. E. der Soldaten aus dem aktiven Dienste, sie treten zum Beurlaubtenstande über. Haben sich nach Einberufung der Soldaten Verhältnisse herausgestellt, die Zurückstellung (s. da) bedingen, können diese entlassen werden. Aus dem mobilen Verhältniss geschieht dies nur unter ganz besonderen Umständen. Zur Zuchthausstrafe verurtheilte und dauernd unfähig gewordene werden entlassen.

3. E. zur Disposition der Ersatz-Behörden; Dienstuntaugliche, Zurückzustellende, schwer Bestrafte, von Unteroffizierschulen Entlassene, Kriegs-Freiwillige werden bei der Demobilmachung zur Disposition der Ersatz-Behörden entlassen. Alle ad 3 bezeichneten Mannschaften werden in besonderen Listen geführt.

Entlassungspapiere erhält jeder entlassene Soldat in Form eines Militärpasses (Einjährig-Freiwillige s. dort), ausserdem ein Führungszeugniss. Mediziner statt dessen ein Dienstzeugniss. Einjährig-Freiwillige noch Befähigungszeugniss. Alle Einberufungen werden in den Militärpässen vermerkt.

Entlassungsgesuche in Folge bürgerlicher Verhältnisse (s. Zurückstellung) können berücksichtigt werden, im Kriege aber nur ganz ausnahmsweise.

Entsetzen ist eine Unternehmung im Festungskriege, mittelst welcher ein im freien Felde stehender Armeekörper seinen eingeschlossenen Freund zu befreien sucht.

Entweichen eines Gefangenen ist, wenn nicht Fahnenflucht vorliegt, standgerichtlich strafbar. Nur bei Zusammenrottungen, oder wenn Personen des Soldatenstandes, die arretirt sind, sich selbst befreien, sind die Uebertreter kriegsgerichtlich zu belangen. E. eines Kriegsgefangenen unter Bruch des Ehrenwortes wird mit dem Tode bestraft. Eigene Offiziere, die aus feindlicher Gefangenschaft mit Bruch des Ehrenwortes entweichen, werden aus dem Dienste entlassen. Vorsätzliche oder fahrlässige Beihülfe zum E. eines zur Bewachung anvertrauten Gefangenen wird mit Freiheitsstrafe bis zu 5 Jahren bestraft.

Enveloppe hiess ein mehr oder weniger zusammenhängendes Aussenwerk in einer Festung.

Enzheim. Dort unentschiedenes Gefecht am 4./10. 1674 zwischen Turenne und den Verbündeten unter Bournonville.

Epaulements sind Felddeckungen, die Kavallerie, Protzen etc. zu decken vermögen. Sie verlangen Grabentiefen von $1\frac{1}{2}$—2 m und Brustwehrhöhen von $1\frac{1}{2}$ m. Es sind einfache Aufwürfe, meist ohne Vertheidigungseinrichtung.

Epauletten werden nur noch zu Paraden und zum Kirchgange getragen; beim Anlegen von

Plan der Festung Epinal.

Die Festung charakterisirt sich als ein grosses Netz von vorgeschobenen Forts auf den umliegenden Höhen. Auf dem Plateau von Razimont ist das Fort gleichen Namens, ferner die Forts des Adelphes und de la Voivre erbaut; nördlich vorgeschoben sind die Werke und Batterien, deren Stützpunkte die Forts Dogneville und Longchamp sind. Die südliche Kette links der Mosel wird durch eine halbkreisförmige Reihe von Befestigungen gekrönt, deren Stützpunkte die Forts du Bambois, des Friches, du Routon, de Tichat, Girancourt und zwei starke Batterien bilden.

Die nordwestlichen Höhenkuppen sind von den Forts de la Grande Haye und Uxegney mit verbindenden Werken und Batterien (eine im Thal) vertheidigt. So sind alle Bahnen und Thalarme auf das Sorgfältigste befestigt. (S. auch den Artikel auf Seite 180.)

Paletots auch Achselstücke. Nur die Ulanen-Offiziere haben bei jedem Dienste E. zu tragen, zu welchem die Mannschaften in E. antreten.

Epernay. Dort stehen 4 französische Jäger-Bataillone (1., 4., 25. und 26.).

Epilepsie. Wer an E. zu leiden behauptet, hat auf eigene Kosten 3 glaubhafte Zeugen zu stellen, ausserdem Zeugniss eines beamteten Arztes beizubringen. Auch ist der Nachweis in anderer glaubwürdiger Weise zulässig.

Epinal ist neu als Festung ausgebaut als Hauptstützpunkt der Mosellinie (s. Befestigungen Frankreichs). Dort ist ein Gouverneur, stehen die 4. Jäger-Brig., je 2 Bat. des 149. und 152. Inf.-Regts., das 18. Jäger-Regt., 4 Batt. des 8. Festungs-Art.-Regts., 1 Genie-Komp. Plan hierzu s. Seite 178 und 179.

Epinay an der Seine, während der Cernirung von Paris 1870/71 ein Stützpunkt für das 4. preussische Korps. 30. November Zurückweisung eines feindlichen Ausfalles. S. Paris.

Equipage. S. Feldequipage.

Equipirung. Veralteter Ausdruck für die Ausrüstung des Offiziers. Deshalb hiessen die Kosten für Ausrüstung etc. auch fürs Feld: Equipirungsgelder und es wurden „E.-Beihülfen" gewährt.

Equipirungsgeld. S. Einkleidungsgeld.

Equitationen (Bayern) bei den Artillerie-Brigaden werden alljährlich vom 1. Oktober bis 1. April zusammengesetzt aus Offizieren, Unteroffizieren und Kadetten, zum Unterricht im Reiten, Fahren und Pferdekenntniss.

Equitations-Anstalt in München ertheilt Unterricht auch an die Schüler der Militär-Bildungs-Anstalten.

Erbach, Graf v. E.-Schönberg, österreichischer F.Z.M. (1732—1816), holte sich im siebenjährigen Krieg das Theresien-Kreuz. Zeichnete sich in den Kriegen in Belgien und am Niederrhein 1793—1894 als Führer grösserer Truppenmassen aus.

Erbach i. O. Dort steht ein Bez.-Kommando. — 4. Servis-Klasse.

Erdbekleidung. Dazu zählen:
a) Das „Plackwerk", die Bekleidung einer Schanze mit festgestampfter oder festgetretener Erde. Sie wird angewendet, um auf natürlich geböschten Flächen möglichst bald einen Graswuchs zu erzielen und um die Böschungen steiler halten zu können. Das vollendete Plackwerk kann auch besamt werden.
b) Rasenbekleidung.
c) Luftziegelbekleidung.
d) Bekleidung mit Sand- oder Erdsäcken.

Erdgattungen werden nach dem Grade der leichteren oder schwereren Bearbeitung mit Werkzeugen unterschieden:
a) Leichtes Erdreich ohne besondere Anstrengung, welches mit der Schaufel oder dem Spaten allein gewinnbar. (Moor, Sumpfboden, weicher Humus, Sand u. s. w.)
b) Mittleres Erdreich, welches vorwiegend die Schaufel, doch auch die Krampe nöthig macht. (Feste Dammerde, lehmiger Boden u. s. w.)
c) Schweres Erdreich, zu dessen Gewinnung vorwiegend die Krampe nöthig ist. (Lehm, Thon, Schotterlagerungen u. s. w.)

Bei a) werden Krampen höchstens zum Aufhauen der Rasendecke und in grösseren Tiefen nöthig, bei b) bedarf man auf drei Schaufeln zwei Krampen, bei c) auf zwei Schaufeln drei Krampen.

Erdhütten sind für kleinere Abtheilungen in trockenem, leicht zu bearbeitendem Boden für je 8 bis 10 Soldaten erbaute Lagerhütten.

Erdkorb wird zum Transport der Erde beim Miniren gebraucht; er ruht auf einem Schlitten.

Erdmörser. Schon Mitte des 17. Jahrhunderts gebräuchlich wurden die E. erst in der ersten Hälfte dieses Jahrhunderts durch den französischen Kapitain Savart zu einem wirksamen Sturmmittel ausgebildet, das vor Sebastopol mit Erfolg Verwendung fand.

Savartinen nennt man schräg in die Erde gegrabene Löcher von beträchtlichem Durchmesser, aus denen mittelst einer Pulverladung Tonnen geschleudert werden, die aus Holz und Eisen hergestellt und mit Pulver, Steinen, Sprenggeschossen u. s. w. gefüllt sind. Diese Tonnen haben einen Zünder, fliegen etwa 450 m weit und ergeben mitunter eine bedeutende minenartige Wirkung.

Aehnlich eingerichtet, doch von geringerer Grösse und Leistung, sind die Fugassen, kleinere E.

Die bedeutende Wirkung der modernen Feuerwaffen und die grosse Widerstandsfähigkeit der Befestigungen wird in Zukunft eine Benutzung von E. zur Ausnahme machen.

Erdwalze Ist der Feind so aufmerksam und feuerüberlegen, dass man ihn nicht mit der blanken Waffe vertreiben kann, so bleibt dem Angreifer gegen eine feste Stellung nur das Vorgehen mit der E., d. h. mit einem Erdwalle, den man in der Stärke von über 1 m Boden stets vor sich her rollt. Zu den Vorarbeiten gehören 4 Pioniere mit Spaten und Hacken; die vordersten Arbeiter kürzen die Stiele (zwei an der Spitze, zwei an der Erweiterung arbeitend). Die Zeichnung auf Seite 181 giebt die Art und Abmessungen der Arbeit.

Muss man gerade auf die feindliche Stellung losgraben, ist man genöthigt, sich der doppelten E. zu bedienen (s. Zeichnung), die nach beiden Seiten Deckung giebt. Ihre Vorarbeit erfordert doppelt so viel Pioniere. Man kann mit der doppelten E. alle Arten von traversirten Saggen herstellen.

Erdwerke sind solche, die keine Eskarpenmauern oder gemauerte Kasematten haben; sie sind bei improvisirten und Feldbefestigungen die gebräuchlichsten.

Erfrischungsstellen. S. Feld-Sanitätswesen (Schluss).

Erfrischungszuschüsse werden den Mannschaften auf längeren Eisenbahn- oder Dampferfahrten bewilligt und zwar für jede ununterbrochene Fahrt von 8—15 Stunden Dauer 25 Pf., über 15—31 Stunden 50 Pf., über 31—39 Stunden 75 Pf., über 39—47 Stunden 1 M., für jede weitere 8stündige Fahrt 25 Pf. mehr. Verlassen der Eisenbahn auf weniger als 4 Stunden gilt nicht als Fahrtunterbrechung.

Erfurt. Dort stehen die Stäbe der 8. Div., 15. Inf.- und 8. Kav.-Brig., 3. Thür. Inf-Regt. No. 71 (ausser 1. Bat.), Gewehr-Fabr., Thür. Feldart.-Regt. No. 19 (mit Ausnahme der 3. Abth.),

Bez.-Kom., Art.-Dep., Prov.-Amt., Garn.-Verw. und Lazareth. — 1. Servisklasse.

Es war bis nach dem Kriege 1870/71 eine Festung mit der starken Citadelle Petersberg und vorgeschobenem Fort Cyriaksburg. Im 30jähr. Kriege eroberten es die Schweden, 1664 der Erzherzog von Mainz, 1806 kapitulirte es ohne Schwertstreich; nach der Schlacht von Leipzig 1813 wurde es nach heftiger Beschiessung durch Kleist zur Uebergabe gezwungen.

Erfurter Waisenhaus ist Zweiganstalt für katholische Zöglinge des Militär-Knaben-Erziehungssintituts Annaburg (s. dort).

Ergänzungssteuer. Der E. unterliegt das gesammte bewegliche und unbewegliche Vermögen nach Abzug der Schulden. Dieselbe wird gleichzeitig mit der Einkommensteuer erhoben oder abgeführt.

Ergänzungswesen. S. Ersatzwesen.

Erhebungswinkel entsteht in Folge der Bewegungen des Rohres und der Lafette während des Schusses. Derselbe ist bei der Bestimmung der Aufsatzhöhe bezw. den in den Schiesstafeln angegebenen Elevationswinkels berücksichtigt.

Erhöhung. Neigung der Seelenachse einer Feuerwaffe gegen die Wagerechte im Augenblick

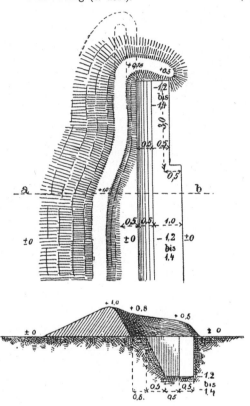

Einfache Erdwalze.

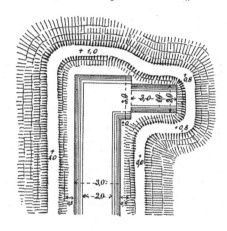

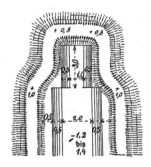

Doppelte Erdwalze.

des Schusses. Die Grösse der E. wird durch den E.-winkel ausgedrückt, der theoretisch gleich dem Abgangswinkel sein müsste. Mit der zunehmenden E. bezw. mit der Vergrösserung des Abgangswinkels wächst die Schussweite, so lange der Abgangswinkel weniger als rund 45 Grad beträgt. Bei Erhöhungen von 45 bis 90 Grad wird die Schussweite in demselben Maasse wieder stufenweise verkleinert, wie sie von 0 bis 45 Grad zugenommen hatte. Man schiesst also mit 20 Grad Abgangswinkel ungefähr ebenso weit wie mit 70 und mit 30 ebenso weit wie mit 60 Grad.

Die E. wird den Handfeuerwaffen über Visir und Korn, den Geschützen beim direkten Feuer in gleicher Weise, beim indirekten Feuer mit dem Richtbogen oder Libellenquadranten gegeben.

Erhöhungsvisir. Veralteter Ausdruck für alle Visire der Handfeuerwaffen, mit denen man grössere Erhöhungswinkel und Schussweiten als mit dem Standvisir erhielt. Hierher gehören die Klappen-, Quadranten-, Gabel- Leiter-, Zeiger-, Bork-, Bogen-, Schieber-, Treppen- und Rahmenvisire.

Erhöhungswinkel (Richtungsw.). S. Erhöhung.

Eriwan in Armenien wurde 1827 von den Russen unter Paskiewitsch gestürmt, der daher den Ehren-Namen „Eriwanski" bekam.

Erkelenz. Dort steht Bezirks-Kommando. — 3. Servis-Klasse.

Erkenntniss, das Urtheil eines Militärgerichts; stand- und kriegsgerichtliche Erkenntnisse.

Erkennungsmarke. Die Persönlichkeit eines getödteten oder bewusstlosen Mannes festzustellen, ermöglicht eine E. von Blech, die die Bezeichnung der Truppe und Stammrollen-Nummer des Mannes enthält und von jedem Soldaten an einer Schnur um den Hals auf dem blossen Leibe getragen wird.

Erkennungszeichen. Hierzu gehören: Feldruf, Losung und Parole.

Erkrankung. Offizier schickt zum Feldwebel etc., ihn auf den Krankenrapport aufzusetzen. Arzt ihm überlassen. Kommandeur kann ihm Truppenarzt zusenden. Bei gestattetem Ausgehen ist durch Militär-Arzt dem Kommandeur Anzeige zu machen; kann keine Gesellschaft besuchen. Auswärtig Erkrankte dürfen nur mit Genehmigung der Vorgesetzten Aufenthalt wechseln. Truppenärzte müssen unentgeltlich kuriren. Lazareth-Gehülfen ausser dem Lazareth erhalten Vergütung. Kranke Subaltern-Offiziere können im Lazareth aufgenommen werden. Täglich 1,50 M. inkl. Medizin.

Unteroffiziere und Mannschaft meldet Feldwebel dem Kompagnie- bezw. Eskadronchef. Leichtkranke, deren Heilung in wenigen Tagen zu erwarten ist, werden im Revier behandelt und sind täglich dem Militär-Arzt vorzuführen. Im Lazareth Verpflegung umsonst, mit Krankenlöhnung.

Familien erhalten während vorbenannte im Lazareth liegen, Unterstützung. Freier Arzt und freie Arznei.

E. der Pferde der Stallwache etc. zu melden und alsbald zum Rossarzt schicken.

Erkundungen. Allgemeines. Ein Kroki oder eine Skizze wird meist Zugabe des Berichtes bilden der letzteren selbst zu vertreten haben. Häufig wird mündlicher Bericht den schriftlichen ersetzen; erwünscht, dass der mündlich Berichtende durch Skizzirung des Gesehenen seine Angaben veranschauliche.

Der Erkundende muss das volle Verständniss seines Auftrages und der vorhandenen Kriegslage besitzen; soll nicht nur nach Anleitung sammeln, sondern selbstständig sichten. Sein Bericht schliesst meist die Entscheidung des Führers in sich.

Der Generalstabsoffizier erkundet im Kriegsfalle selten allein. Gewöhnlich ist er begleitet von kleiner Abtheilung Kavallerie oder von zwei bis drei gut berittenen orientirten Offizieren; bei technischen Fragen von Artillerie- oder Ingenieuroffizieren. Im Festungskriege treten diese überhaupt in den Vordergrund.

Erkundung gegen den Feind. Dieselbe kann stattfinden ausser der Gefechtszeit, vor dem Kampfe und in dem Kampfe.

Zu allen drei Arten gehören: scharfer Sinn, kühler Muth und vorzügliches Pferd.

Man kann in den Zeiträumen zwischen den Gefechten selten gute Erkundungen machen, ohne eine Begleitung, die stark genug ist, die kleinen Patrouillen des Gegners ohne Weiteres zu Paaren zu treiben, oder man muss in dem Land Weg und Steg kennen und auf die Bewohner sich verlassen können; dann kann man besonders des Nachts und in dicht bestandenem Gelände Vieles wagen.

Die E. in dem Kampfe ist heute bedeutend schwieriger als ehedem; es gehört eine grosse Routine dazu, die Feuerlinie zu erkennen und bedarf es einer dreifachen Zeit, um Sicheres zu ergründen als z. B. noch in dem letzten Kriege. Bei der grossen Schussgeschwindigkeit und Tragweite der neuen Waffen ist diese E. während des Kampfes nicht mehr so einfach als früher. Schon aus diesem Grunde muss heute der Unterführung Manches überlassen bleiben, das man besser einheitlich anordnen möchte. Das neue Reglement nimmt hierauf Rücksicht.

Hülfsmittel für die Ausführung von Erkundungen. Für gute Augen und helle Luft ist anzunehmen, dass gegen den Horizont erkannt werden:

Auf 15—20 km Kirchthürme und Schlösser,
„ 8—12 „ Windmühlen,
„ 3—4 „ helle Schornsteine,
„ 2 „ grosse Baumstämme,
„ 1 „ einzelne Pfähle.

Ferner unterscheidet man:

Auf ½ km die Fensterkreuze,
„ 200—300 m die Dachziegel eines Gebäudes.

Vor dem Kampfe ist meist der Gegner so nahe, auch seine ungefähre Stellung so bekannt, dass man besser thut, mit wenig auffälliger, vorzüglich berittener Begleitung hohe Punkte, auch Objekte, auszusuchen, um Ueberblicke zu gewinnen. Diese E. vor dem Gefechte sind die wichtigsten und werden von den Kommandeuren selbst ausgeführt, wenn irgend Gelegenheit dazu vorhanden ist. In beiden Fällen entledigt sich der Erkundende aller Notizen etc., die dem Gegner Auskunft geben könnten.

Von den Truppen sieht man:

Auf 1600 m die Bewegung von Massen, wobei Infanterie als schwarzer Strich mit blitzendem Saum, Kavallerie als breiter schwarzer Strich, oben ausgezackt, erscheint;

Auf 1200 m erscheint auch Infanterie als oben ausgezackter Strich, Kavallerie als berittene Mannschaft;

Auf 1000 m erkennt man die Rotten und die Zahl der Geschütze;

Auf 800 m wird die Bewegung einer in Linie befindlichen Truppe deutlich;

Auf 650 m ist der obere Umriss eines Infanteristen, das Pferd beim Kavalleristen erkennbar;

Auf 500 m unterscheidet sich der Kopf von der Kopfbedeckung, Leute und Pferde sind deutlich erkennbar.

Man erkennt ferner:

Auf 300 m helle Farben.
„ 160 „ Knöpfe und Tressen,
„ 80—120 m die Augen im Allgemeinen,
„ 65 m die Augen genau,
„ 20—25 m das Weisse im Auge.

Man hat auch die Schallgeschwindigkeit (durchschnittlich 360 m in 1 Sekunde) zum Messen der Entfernungen in der Art benutzen wollen, dass man den Zeitunterschied zwischen dem Sehen des Aufblitzens und dem Hören des Knalls eines Kanonenschusses an dem Sekundenzeiger einer Uhr abzulesen suchte. Die Theorie ist ganz richtig, aber die Beobachtungsfehler sind so gross dass man dies Verfahren wohl nur bei sehr grossen Entfernungen anwenden kann, da hier die Beobachtungsfehler an und für sich nicht grösser werden, sich aber durch Vertheilung auf grössere Räume verhältnissmässig verkleinern.

Für Erkundungen in Feindesland ist es endlich vielfach nöthig, eine sogenannte Meilentabelle bei sich zu führen, aus welcher das Verhältniss des dort gebräuchlichen Wegemasses gegenüber dem im Inland giltigen Masse ersichtlich ist.

Unter Zugrundelegung des Metermasses rechnet man:

1 belgische Post (lieue de poste) zu 4000 Toisen	= 7,8 km
1 dänische Meile	= 7,53 „
1 deutsche Meile	= 7,50 „
1 englische Meile zu 1760 Yards	= 1,61 „
1 französische lieue commune	= 4,44 „
1 französische lieue de poste zu 2000 Toisen	= 3,90 „
1 geographische Meile (15 auf 1° des Aequators)	= 7,42 „
1 italienische Meile	= 1,85 „
1 niederländische Uur	= 5,56 „
1 norwegische Meile zu 18 000 norwegischen Ellen	= 11,29 „
1 österreichische Meile zu 400 Wiener Klafter zu 6 Wiener Fuss	= 7,59 „
1 portugiesische Legua	= 6,18 „
1 russische Werft zu 1500 Arschinen	= 1,07 „
1 schwedische Meile zu 36 000 schwedischen Fuss	= 10,69 „
1 schweizer Stunde zu 16 000 schweizer Fuss	= 4,80 „
1 Seemeile*)	= 1,85 „
1 spanische Legua zu 8000 Vares	= 6,69 „
1 türkische Beri	= 1,67 „

S. auch die Artikel Kroki, Bericht, Gewässer, Wege, Flussübergang, Eisenbahn, Gebirge, Engwege und Pässe. Stellungen, Festungen.

Erlöschen 1. des Rechts auf Beihülfen aus den Kriegsverhältnissen: für Wittwen beim Ableben mit dem Ablauf des Monats, bei Wiederverheirathung nach Ablauf von 12 Monaten nach dem Monat, in dem die Wiederverehelichung erfolgt ist; für Waisen in dem Monat, in dem Offizierskinder das 17., Unteroffizierskinder das 15. Lebensjahr vollenden; bei Eltern und Grosseltern mit Aufhören der Bedürftigkeit oder nach Ablauf des Sterbemonats;

2. des Rechts auf den Bezug der Wittwenund Waisengelder für jeden Berechtigten mit Ablauf des Monats, in welchem er sich verheirathet oder stirbt, für jede Waise ausserdem mit Ablauf des Monats, in welchem sie das 18. Lebensjahr vollendet.

Ernestinischer Hausorden, herzoglich-sächsischer Orden.

Ernährer. Die einzigen E. hülfsloser Familien, erwerbsunfähiger Eltern, Grosseltern oder Geschwister dürfen vorläufig zurückgestellt werden.

Ernst, Herzog zu Sachsen-Gotha, geb. 1601, trat 1631 als Oberst in schwedische Dienste, trug entscheidend zum Siege von Lützen bei, betheiligte sich bei der Eroberung Prags.

---

*) 1 See-Lieue ist gleich 3 Seemeilen.

E., Markgraf zu Brandenburg-Kulmbach (1644—1712), war Nachfolger des Markgrafen von Baden in Franken, wirkte 1683 beim Entsatze von Wien, auch beim spanischen Erbfolgekriege 1707; zog sich später zurück.

E. II., Herzog von Sachsen-Koburg-Gotha. Preussischer General der Kavallerie (1818—1893), befehligte im deutschen Kriege 1849 gegen Dänemark die Reserve-Brigade des deutschen Heeres und führte das Kommando, als am 5./4. 1849 die dänische Flotte die Stellung seiner Truppen bei Eckernförde angriff und das Linienschiff Christian VIII. und die Fregatte Gefion einbüsste.

Ernstfeuerwerkerei s. Kriegsfeuerwerkerei.

Erolzheim an der Iller, 5./6. 1800 siegreiches Treffen der Franzosen.

Erosionen. In der Seele, an Verschlusstheilen und Zündlöchern der Feuerwaffen gleichbedeutend mit Ausbrennungen s. d.

Erpressung wird dem Raube gleich geachtet, wenn sie unter Anwendung von Drohungen mit Gefahr für Leib und Leben begangen wird. Im Kriege nimmt sie den Charakter der Plünderung an und wird demgemäss bestraft, sowohl in Deutschland wie in Oesterreich.

Erregung von Missvergnügen unter den Kameraden in Bezug auf den Dienst wird ohne Rücksicht auf Erfolg bis 3 Jahren, im Felde mit Arrest nicht unter 14 Tagen, oder mit Gefängniss oder Festungshaft bis zu 5 Jahren bestraft.

Ersatz (s. auch Munitions-Ersatz).

Ersatz von Mannschaften und Pferden.

Die Ersatz-Truppentheile aller Waffen werden bei Eintritt der Kriegsformation in einer solchen Stärke aufgestellt, und es wird ihre dauernde Ergänzung während des Kriegszustandes derart vorgesehen, dass der erfahrungsmässig im Laufe des Feldzuges eintretende Abgang an Mannschaften und Pferden aus ihnen gedeckt werden kann.

Ersatzmannschaften und Pferde für mobile Truppen gelangen stets vollständig bewaffnet und ausgerüstet (einschliesslich des Schiessbedarfs und des eisernen Bestandes an Verpflegung und Futter) zur Absendung. Die weitere Beförderung bis zum Etappen-Hauptort und demnächstige Zurechtweisung bis zu den Feld-Truppentheilen ist Sache der Etappenbehörden.

Ersatzbedarf an Rekruten wird für jedes Jahr durch den Kaiser bestimmt. Hiernach wird unter Abzug aller (2, 3, 4jährig) Freiwilligen der E. ermittelt und vom preussischen Kriegsministerium für alle deutschen Truppen und Marinetheile — mit Ausnahme der bayerischen Truppen — dem Ausschusse des Bundesrathes für das Landheer und die Festungen mitgetheilt. Der Letztere vertheilt den E. auf die einzelnen Bundesstaaten nach dem Verhältniss der Bevölkerung und giebt diese Vertheilung den Kriegsministerien bekannt. Die Kriegsministerien vertheilen sodann den E. auf die Ersatzbezirke ihres Bereichs, die Generalkommandos — im Einvernehmen mit den Civilverwaltungsbehörden — auf die Brigadebezirke nach dem Verhältniss der Bevölkerungsziffern. Bei plötzlich eintretendem E. werden besondere Musterungen abgehalten.

Ersatzbehörden zerfallen in E. der Ministerial-Instanz, E. der 3. Instanz, Ober-E.-Kommissionen

(2. Instanz), E.-Kommissionen (1. Instanz). Sämmtliche Ersatzangelegenheiten leitet das **Kriegs-Ministerium** mit den Civil-Verwaltungs-Behörden des betreffenden Bundesstaates. In den einzelnen Ersatzbezirken ist der **kommandirende General mit Ober-Präsident** etc. Ersatzbehörde 3. Instanz. In den Infanterie-Brigade-Bezirken bildet ein Brigade-General und höherer Beamte die „**Ober-Ersatz-Kommission im Bezirk der x. Infanterie-Brigade als E. 2. Instanz**" (s. auch Adjutant). In den einzelnen Aushebungs-Bezirken bilden die E. der Bezirks-Kommandeur und Landrath etc. die sogenannte **Ersatz-Kommission**. Ausserdem ist in jedem Bezirk eine „Prüfungs-Kommission für Einjährig-Freiwillige." Die **Ersatz-Kommission** arbeitet der Ober-Ersatz-Kommission vor.

Im **Kriege** geschieht der Ersatz durch die stellvertretenden Behörden in ähnlicher Weise mit gleichen Befugnissen.

Ersatzbezirke giebt es 19 (Armee-Korps-Bezirke.) Grossherzogthum Hessen bildet eine E. für sich (3. Instanz).

Jeder E. zerfällt in 4 (Hessen in 2) Infanterie-Brigade-Bezirke (2. Instanz).

Jeder Infanterie-Brigade-Bezirk besteht aus einer Anzahl Landwehr-Bezirke (1. Instanz).

Jeder Landwehrbezirk in Aushebungsbezirke (30—70000 Seelen), diese erforderlichen Falls in Musterungsbezirke.

Ersatzgeschäfte zerfallen: A) im **Frieden** in 3 Hauptabschnitte. 1. **Vorbereitung**: Rekrutirungs-Stammrollen, alphabetische Listen und Restantenlisten. 2. **Musterung und Rangirung**. 3. **Aushebung**. B) Im **Kriege** fällt 2 und 3 zusammen. Aus dem Auslande nicht zurückkehrende Wehrpflichtige können ihrer Staatsangehörigkeit verlustig erklärt werden. Alles ist möglichst zu beschleunigen, die Eingaben fallen fort.

Nach der Mobilmachung können von allen Truppen Freiwillige angenommen werden, besonders auch Kriegsfreiwillige (für die Dauer des Krieges), die Einjährig-Freiwilligen werden eingestellt. Alle Reklamationen bleiben unberücksichtigt.

Ersatz-Kommission. Die Ersatzbehörden zerfallen in die der Ministerial-Instanz als oberste, Ersatz-Behörden 3. Instanz, Ober-Ersatz-Kommissionen 2. Instanz, Ersatz-Kommissionen 1. Instanz. S. Ersatzbehörden. Die **verstärkte E.-K**, besteht neben ihren ständigen Mitgliedern aus 1 Offizier und 4 bürgerlichen Mitgliedern.

Ersatz-Reserve dient zur Ergänzung des Heeres bei Mobilmachungen und zur Bildung von Ersatz-Truppentheilen. Derselben sind jährlich so viel Mannschaften zu überweisen, dass mit 7 Jahresklassen der erste Bedarf für die Mobilmachung gedeckt ist. Die E.-pflicht dauert 12 Jahre. Uebungen der E.-R. sind 10 Wochen, 6 Wochen und 4 Wochen. Diejenigen E.-R., die im Besitze des Berechtigungsscheines für Einjährig-Freiwillige sind, können bei Selbstverpflegung etc. zur 1. Uebung sich den Truppentheil selbst wählen. Sie haben dieselben Papiere einzureichen binnen 14 Tagen nach ihrer Ueberweisung zur E.-R., wie die Einjährig-Freiwilligen (s. dort) beim Eintritt.

E.-R., die älter sind als 32 Jahre, werden nicht mehr eingezogen.

E.-R., die geübt haben, treten nach Ablauf der 12 Jahre zur Landwehr 2. Aufgebots, die übrigen zum Landsturm 1. Aufgebots über.

Leute mit geringen Gebrechen oder Mindermaass werden zur E.-R. geschrieben, ebenso zeitig untaugliche, wegen häuslicher Verhältnisse befreite taugliche und überzählige gestellungsfähige Mannschaften. (S. auch Dienstpflicht.)

Erschiessen ist die Vollstreckung der Todesstrafe bei militärischen Verbrechen, im Felde auch dann, wenn sie wegen eines nicht militärischen Verbrechens erkannt worden ist. In Deutschland bei nichtmilitärischen Verbrechen im Frieden Enthauptung.

Ersteigbarkeit ist dann vorhanden, wenn Gelände oder Baulichkeiten ohne Anwendung mechanischer Mittel erklommen werden können.

Erwerbsunfähigkeit in Folge von Betriebsunfällen kommt nur in Betracht, wenn der Betheiligte **dauernd** dienstunfähig ist und bei Halb-Invaliden.

Erythrea, die neue italienische Kolonie am Rothen Meere bei Massaua.

Erzerum ist eine neuerdings verstärkte Festung in Armenien, wurde 1829 von Paskiewitsch erobert, kam im Frieden von Adrianopel wieder an die Türkei.

Erziehungsanstalten, weibliche. S. Militär-E., auch Militär-Bildungs-Anstalten.

Erziehungsbeihülfen bei Offizieren etc. jährlich für Waise 150 Mark (Doppelwaisen 225 Mark) bis 17. Jahre. Hülfsbedürftiger Vater, Grossvater, Mutter oder Grossmutter je 150 Mark. Bei Unteroffizieren etc. monatlich bis 15. Jahre Waise 10,50 Mark (Doppelwaise 15 Mark); Vater etc. (s. oben) 10,50 Mark. (Ueber E. aus dem Allerhöchsten Dispositionsfonds bei der Reichshauptkasse s. Buhnke, Litt.)

Erzwingen von Gehorsam. In dringenden Fällen, wie im Kriege, selbst mit Waffe in der Hand, ist nach deutschem Militär-Straf-Gesetz nicht Missbrauch der Dienstgewalt.

Eskadre ist Geschwader (Flottenabtheilung).

Eskadron hiess früher eine Tiefen-Kolonne; auch der Infanterie. Jetzt bezeichnet das Wort fast in allen Armeen die bekannte Kavallerie-Einheit (Schwadron).

In *Deutschland:* Eine E. im Frieden: etwa 1 Rittmeister, 3—4 Lieutenants, 16 Unteroffiziere, 3 Trompeter, 1 Lazareth-Gehülfe, 116 Gemeine mit 135 Dienstpferden. (Im Kriege: 1 Rittmeister, 4 Lieutenants, 16 Unteroffiziere, 3 Trompeter, 132 Gemeine und 151 Dienstpferde. Dazu treten 6 Trainsoldaten, 1 Lazareth-Gehülfe, (Arzt und Rossarzt), 2 Wagenpferde.)

Eskadron-Kolonne. Es stehen in ihr die 5 Eskadrons nebeneinander, alle in Zugkolonnen mit Aufmarschdistanz von einander getrennt. Die Bewegungen geschehen so, dass stets der kürzeste Weg zum Aufmarsch gewählt wird, ohne Rücksicht auf Inversion.

Eskalade, Leiterersteigung. Sie wird bei den neueren Werken weniger angewandt, weil diese selten hohe Eskarpenmauern haben.

Eskarpe heisst der innere Grabenwand jeder Befestigung. Ihre Anlage richtet sich nach den Bodenverhältnissen. Neuerdings schützt man ihre leichte Ersteigung durch freistehende Mauern oder Drahtgitterwerk.

Eskorte heisst die Bedeckung einer hochgestellten Person oder eines Transportes. In ersterem Falle ist es meist Ehrendienst oder Ordonnanzdienst, im letzteren eine viel Umsicht erfordernde Aufgabe. Weite Aufklärung und rasche Entschlüsse sind zwei wichtige Hebel zur guten Durchführung einer Transportbegleitung.

Espartero, Herzog de la Victoria (1792—1879), kämpfte anfänglich in Amerika. Beim Ausbruch des Karlistenkrieges kämpfte er auf Seiten der Regierung anfänglich mit wenig Erfolg. 1836 zum Führer der Nordarmee ernannt, nahm er im Dezember nach mehreren vergeblichen Versuchen 1./1 37 Bilbao, wurde Kriegsminister. 1838 nahm er Pennacerrada, schlug die Karlisten 1839 bei Marato (wurde daher Herzog), drängte schliesslich Cabrera nach Frankreich 1840. Seine spätere hervorragende Thätigkeit als Staatsmann gehört der politischen Geschichte an. Er lehnte mehrmals ihm angebotene Thron-Kandidaturen ab.

Espinasse, französischer Divisions-General (1815—1859), führte im Krimkriege eine Brigade in der Dobrudscha, die fast aufgerieben wurde. Er war 1858 Minister des Innern, fiel als Kommandeur einer Division des Korps Mac Mahon bei Magenta

Espingols (veraltet). Geschütze (noch früher auch Handfeuerwaffen) mit einem oder mehreren Läufen von Gewehrkaliber, die von vorn mit einer grösseren Anzahl Schüsse hintereinander geladen wurden. Ein Leitfeuer übertrug die Flamme des von der Mündung aus zuerst abgefeuerten vordersten Schusses der Reihe nach auf alle folgenden Ladungen. Zuletzt wurden die E. 1864 von den Dänen in der Düppelstellung ohne nennenswerthen Erfolg verwendet.

Espinosa. Dort Gefecht 10. u. 11./11 1808, in welchem Marschall Lefebvre die Spanier unter Blake vollständig schlug.

Esplanade, ein im Kartätschenertrage liegender freier Platz zwischen einer Festung und den ihr vorliegenden Werken, auf welchem keinerlei Baulichkeit den Ausschuss hindern darf.

Esponton (Sponton) wurde noch Anfang dieses Jahrhunderts von den Infanterie-Offizieren getragen. Es war ein verzierter 2 m langer Spiess.

Esprit de corps (Korps- oder Gemeingeist), das Gefühl der Kameradschaft in einer Truppe, einem Offizierskorps, einer Armee, infolge dessen jeder Einzelne so handelt, als gelte es die Ehre Aller.

Essen. Dort steht Bezirks-Kommando. Dort befindet sich das berühmte Krupp'sche Etablissement. (S. Krupp.) — 1. Servisklasse.

Essex. 1. Robert, Graf (1567—1601), Günstling der Königin Elisabeth, kommandirte 1588 und 1596 gegen Spanien, unterstützte 1591 Heinrich IV., ward Grossmarschall von England, Vicekönig von Irland, fiel in Ungnade und ward hingerichtet. 2. E. Robert Earl (1592—1646), Sohn des vorigen, erhielt von Jakob I. alle Würden und Güter seines Vaters zurück, befehligte in Holland, Frankreich und Spanien, führte 1639 den Oberbefehl gegen die schottischen Rebellen, ging zu diesen über, als ihm der König wegen Ungehorsams seine Stellen entzog, schlug die Schlacht von Edgehill, eroberte Reading, entsetzte Glocester und gewann die Schlacht bei Hewburg.

Esslingen. Dort steht ein Bezirks-Kommando. — 2. Servisklasse.

Estaing, Charles, Graf, französischer Admiral (1729—1794), zeichnete sich im englisch-französischen Kriege 1778—83 wiederholt aus. Er starb auf der Guillotine.

Estaires. 19. 8. 1648 vom Erzherzog Leopold erobert.

Estella. Dort fiel Marschall Concha in einem siegreichen Gefechte gegen die Karlisten unter Dorregaray 27./7. 1874.

Estrées, Marquis de, die Familie hat Frankreich eine Anzahl tüchtiger Soldaten geliefert. Der Herzog Fr. Annibal befehligte als Marschall am Niederrhein, nahm 1632 Trier. César siegte bei Hastenbeck 1757. Jean, Sohn des Annibal (1624—1707), schlug 1677 als Admiral die holländische Flotte bei Binkes, nahm Tabagos. Dessen Sohn Victor (1660—1737) belagerte und nahm 1693 Las Rosas.

Estropirte Pferde reitet man mit grosser Aufmerksamkeit; beim Stolpern unterstützen mit Hand und Schenkeln; bei schwacher Hinterhand unterstützen durch Mundstück.

Etage (veraltet, Stockwerk), in taktischer Beziehung übereinander befindliche Vertheidigungs-Stellungen, Batterien, Schützengräben, daher der Name „Etagenfeuer".

Etamin. Wollenstoff, nach Art des Leinenzeuges gewebt, wurde früher zu Kartuschbeuteln verwendet.

Etat, Budget. S. Militär-Etat.

Etatsmässige Zulage. S. Gehalt und Dienstzulagen.

Etappenwesen. Organisation: Die Etappen-Verbindung erstreckt sich von den Armeen bis in die heimathlichen Bezirke und stützt sich, soweit als thunlich auf die Eisenbahnen.

Die oberste Heeresleitung setzt für die einzelnen Armeen bezw. selbstständigen Armeekorps bestimmte Etappenlinien und deren seitwärts gelegene Bezirke fest.

Zur Vereinfachung des Militärverkehrs ist es nothwendig, auf den Haupt-Eisenbahnstrecken die Transporte nahe deren Ursprung zu sammeln, möglichst in geschlossenen Zügen über die Bahn zu führen und an einer geeigneten Station in der Nähe des Ziels wieder zu zertheilen.

Demgemäss werden in den heimischen Bezirken Etappen-Anfangsorte bestimmt, an welchen die vorzuführenden Transporte zu sammeln, die zurückkehrenden zu zertheilen sind.

Von den verschiedenen Etappen-Anfangsorten aus fliesst der Nachschub zunächst noch in den Sammelstationen zusammen. Diese, den Bahnhofs-Kommandanturen unterstellt, dienen dazu, in nicht zu grosser Entfernung vom Kriegsschauplatze Vorräthe bereit zu halten und bilden einen Regulator für das Vorströmen der Güter.

Von diesen Stationen aus erfolgt das Vorschieben der Züge nach den Etappen-Hauptorten, welche der General-Inspekteur bestimmt.

An der Spitze jeder Armee oder eines selbstständig operirenden Armeekorps, steht als Etappen-Inspekteur ein General.

Die oberste Leitung des E. hat der **General-Inspekteur des Etappen- und Eisenbahnwesens**. Nach den Anweisungen des Chefs des Generalstabes leitet er das Etappen- und Eisenbahnwesen;

die Feld-Intendantur (s. General-Intendant) das Feld-Sanitätswesen (s. Sanitätswesen), die Etappen-Telegraphie, das Feldpostwesen und zwar jeder dieser Dienstzweige durch besondere Organe.

Finden Operationen gleichzeitig auf **mehreren** Kriegsschauplätzen statt, so kann für jeden derselben ein besonderer General-Inspekteur ernannt werden.

Behörden unter dem General-Inspekteur.

Für die Leitung des Etappenwesens sind:

ein Stab unter einem Chef des Stabes;

die **Etappen-Inspektionen** (s. d.), deren eine für jede Armee oder für jedes selbstständig operirende Armeekorps aufgestellt wird;

ferner für die militärische Leitung des Eisenbahnwesens auf dem Kriegsschauplatze und für die Regelung der Militärtransporte auf den inländischen Eisenbahnen **der Chef des Feldeisenbahnwesens;**

für die Leitung der Militär-Verwaltungs-Angelegenheiten auf dem Kriegsschauplatze **der General-Intendant der Feldarmee** (s. General-Intendant) als Chef des Feld-Intendanturwesens;

für die Leitung des Feld-Sanitätsdienstes auf dem Kriegsschauplatze **der Chef des Feld-Sanitätswesens;**

für die Leitung der Etappen-Telegraphie: **der Chef der Militär-Telegraphie;**

für die Herstellung und Erhaltung der Postverbindungen bis zum Wirkungskreise der inländischen Postanstalten, sowie für die Beaufsichtigung des Dienstbetriebes bei den Feldpost-Anstalten der **Feld-Oberpostmeister.**

Ausserdem verfügt der General-Inspekteur über alle preussischen, bayrischen, sächsischen und württembergischen Eisenbahnformationen, welche er je nach Bedarf dem Chef des Feld-Eisenbahnwesens überweist oder zur Herstellung und zum Betriebe flüchtiger Feldbahnen bestimmt.

Das E. hat die rückwärtigen Verbindungen der operirenden Armee mit der Heimath zu erhalten.

Die Aufgabe des E. besteht:

in der **Heranziehung** des Nachschubes aller Bedürfnisse für die Armee;

in der **Zurückführung** aller von der Armee abgehenden Menschen, Pferde und Gegenstände, z. B. der Kranken, Verwundeten, Kommandirten und Kriegsgefangenen, der schadhaft gewordenen oder überschiessenden Waffen, Bekleidungs- und Ausrüstungsgegenstände, sowie der gewonnenen Waffen und Kriegsbeute;

in der **Unterbringung, Verpflegung** bezw. **Wiederherstellung** der zu und von der Armee gehenden Personen, Pferde und Gegenstände, wenn und so lange deren Verbleib innerhalb des Bereichs der Etappenbehörde zu erfolgen hat;

in der Herstellung und dem Betriebe flüchtiger Feldbahnen;

in der Erhaltung und Sicherung der Verbindungslinien innerhalb des von den Etappenbehörden verwalteten Gebiets, also in der Erhaltung, Wiederherstellung und Neuherstellung von Land- und Wasserstrassen, Brücken, Telegraphenlinien und Postverbindungen, sowie in der militärischen Besetzung und Vertheidigung sämmtlicher Verbindungen, in der Handhabung der Polizei auf den Etappenlinien und in deren Bezirken;

in der **Organisation und Verwaltung** des in den Besitz genommenen feindlichen Gebietes, bis Allerhöchsten Orts für dasselbe ein General-Gouvernement eingesetzt ist.

Die Etappen-Inspektion nebst Feld-Verwaltungsbehörden besteht aus:

dem Etappen-Inspekteur mit dem Chef des Stabes, einem Adjutanten, zwei Hauptleuten der Artillerie bezw. des Ingenieur- und Pionierkorps, einem Zahlmeister und einem Ober-Rossarzt:

einem Feldgendarmerie-Detachement;

einer Feld-Intendantur;

einem Generalarzt;

einem Auditeur;

einem Armee-Postdirektor;

einer Civil-Verwaltung.

Der Etappen-Inspekteur verfügt sodann über:

die Etappen-Kommandanturen (s. daselbst).

Die Bahnhofs-Kommandanturen*) sind nur, insoweit sie etwa die Etappen-Geschäfte in dem betreffenden Orte zu versehen haben, in Bezug auf diese der Etappen-Inspektion (s. d.) unterstellt.

Etappen-Anfangsort.

Für jedes Armeekorps wird ein grösserer Ort, (eine Haupt-Eisenbahnstation), als Etappen-Anfangsort bestimmt, nach welchem Alles, was aus dem Bezirke zur Armee zu befördern ist, vereinigt, und von welchem aus alles von der Armee Ankommende, mit alleiniger Ausnahme der Kranken und Verwundeten, nach den Bestimmungsorten geleitet wird.

Für Kranke und Verwundete werden die Zielpunkte durch die Linien-Kommandanturen bestimmt.

Etappen-Civilverwaltungs-Beamte haben alle aus dem Verhältnisse des Etappen-Inspekteurs zu der Verwaltung des feindlichen Gebietes entspringenden Angelegenheiten zu bearbeiten.

Ihm ist ein Beamter der **politischen Polizei** beigegeben, um ihn in der Ausübung seiner Funktionen zu unterstützen und zwar:

Genaue Beobachtung der Einwohner, rechtzeitige Mittheilung aller verdächtigen Anzeichen in deren Haltung, die Organisation des politischen Dienstes im Hauptquartiere, die Eröffnung von Nachrichtenquellen über politische und militärische Maassregeln des Feindes, die Ueberwachung des Privatpostverkehrs, die Verhinderung feindlicher Spionage, die Beaufsichtigung der Presse, die Abhaltung der nothwendigen Haussuchungen. Kenntniss der Sprache des Kriegsschauplatzes ist ein Haupterforderniss.

Etappen-Inspektion.

Mit der Mobilmachung der Armee erfolgt auch die von Etappen-Inspektionen, welchen zur Aus-

---

*) Der General-Inspekteur ist befugt, bei Bahnhofs-Kommandanturen, welche den Dienst von Etappen-Kommandanturen mit versehen, die Berittmachung der Kommandanten anzuordnen.

(Aufgabeu des „Eisenbahnwesens" s. Militär-Eisenbahn.)

führung der den Inspektionen übertragenen anderweiten Aufgaben überwiesen werden:
  ein Kommandeur der Etappen-Trains;
  eine Etappen-Bäckerei-Kolonne;
  ein Lazareth-Reserve-Depot;
  eine Kranken-Transport-Kommission;
  eine Etappen-Telegraphen-Direktion;
  eine Baudirektion;
  ein Post-, Pferde- und Wagendepot;

ein Armee-Bekleidungs-Depot und im Falle der Beauftragung mit Herstellung flüchtiger Feldbahnen oder Arbeiten an Vollbahnen die erforderlichen Eisenbahntruppen.
  Ausserdem von jedem zur Armee gehörenden Armeekorps:
  die für Etappenzwecke aufgestellte Feldgendarmerie-Abtheilung (s. Feldgendarmerie-Ordnung);

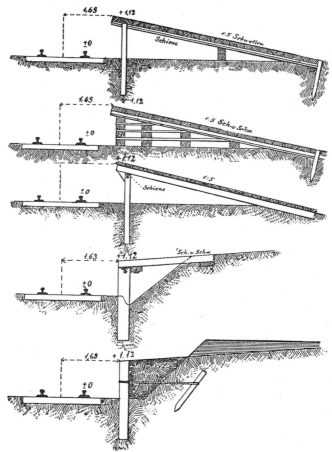

Innere Einrichtung der Etappen-Hauptorte (feste Rampen).

  die Etappen-Fuhrpark-Kolonnen,
  der Feldlazareth-Direktor;
  das Kriegs-Lazarethpersonal;
  das Reserve-Bäcker-Detachement;
  das Personal für 3 Etappen-Kommandanturen zur Verwendung im Etappendienste.
  Sanitätszüge werden den Etappen-Inspektionen je nach Bedarf durch den Chef des Feld-Sanitätswesens überwiesen.
  Die Etappen-Inspektion tritt so zeitig als möglich in Thätigkeit. Sie muss in Verbindung mit dem Ober-Kommando bleiben, über die Vorgänge bei der Armee sich auf dem Laufenden erhalten und deshalb ihr Quartier in möglichster Nähe des Oberkommandos wählen.

  Der Etappen-Inspekteur ist verantwortlich für die gesammte Thätigkeit der ihm unterstellten Behörden.
  Sicherung der Etappenbezirke durch geeignete Verwendung der zu seiner Verfügung stehenden Truppen, Einrichtung eines zuverlässigen Nachrichtendienstes etc.
  In Feindesland hat der Etappen-Inspekteur stets öffentlich bekannt machen zu lassen, dass für jede Beschädigung von Etappen-Verbindungen der betreffende Ort zur Verantwortung gezogen wird.
  So lange Etappentruppen nicht verfügbar sind, werden die Etappenorte und Etappen-Verbindungen im Rücken der operirenden Armee

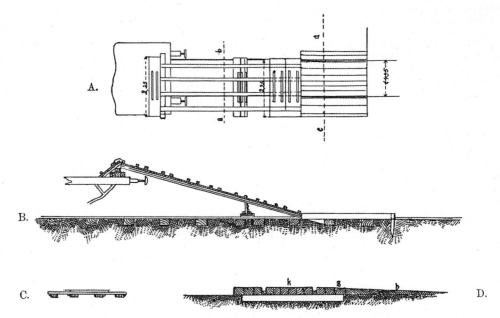

Kopframpe (**A** obere Ansicht, **B** Längenschnitt, **C** Querschnitt a—b, **D**-Querschnitt c—d).

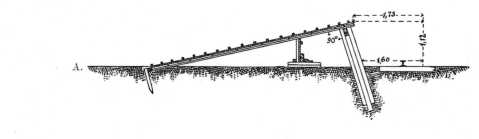

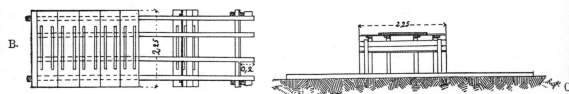

Stehende Rampe (A Querschnitt, B obere Ansicht, C vordere Ansicht).

Etappen-Hauptorte.

durch diese selbst gesichert, indem sie zu fraglichem Zweck entweder geschlossene Truppentheile abkommandirt oder aus geheilten, genesenen oder der Schonung bedürftigen Mannschaften Kommandos formiren lässt.

Auf der Etappenstrasse der Armee sind durch den Etappen-Inspekteur nach Bedürfniss **Depots für kranke Pferde** zu errichten.

Etappenorte und Kommandanturen. Jeder Etappenort erhält einen Stabsoffizier oder Hauptmann als Etappen-Kommandanten, dem ein Adjutant etc. beigegeben wird.

Er hat den ganzen Durchgangsverkehr von und zur Armee zu vermitteln, für die Sicherung der Verkehrswege und Telegraphenanlagen seines Bezirkes zu sorgen und Transportkommandos zu gestellen.

Die Vertheidigung gegen einen Angriff von aussen etc. ist Sache des Etappen-Kommandanten.

Die **Verpflegung** der durchgehenden Truppen wird auf den Bahnhöfen von dem Bahnhofs-Kommandanten sicher gestellt.

Etappen-Hauptorte. (S. auch Nothrampe.) Für jede Eisenbahnlinie, die zur Armee führt, ergiebt sich eine Endstation — Je nach dem Gange der Operationen wird die Lage dieser Orte wechseln.

Von dem Etappen-Hauptorte aus erfolgt die Vertheilung der Personen und Güter, des lebenden und todten Armee-Materials.

Hieraus ergeben sich für die Wahl des Hauptortes folgende Erfordernisse:
1. gute Strassenverbindungen,
2. reichliche Ausladevorrichtungen,
3. Güterschuppen, Schutzdächer oder Plätze zur Anlage derselben mit gepflasterter oder chaussirter Anfahrt,
4. Geräumigkeit und Erweiterungsfähigkeit des Bahnhofes,
5. Wasser zur Speisung der Menschen, der Thiere und Lokomotiven,
6. Lokomotivschuppen und eine Drehscheibe für Lokomotiven,
7. Quartier für Menschen und Pferde, Stallungsräume für die Einrichtung von Vieh-Depots,
8. geeignete Räumlichkeiten zur Anlage von Munitions-Depots.

Etappenorte. (Land.) Bestimmung ist auch, das feindliche Land durch Herbeischaffung von Geld und aller solcher Gegenstände, welche für das Heer brauchbar sind, auszunutzen.

Ist die Etappenstrasse länger als 3 oder 4 Märsche, so müssen womöglich grössere Etappenorte besonders bestimmt werden, in welchen die marschirenden Truppen Ruhetag halten können.

Innere Einrichtung der Etappenorte. An den Eingängen des Ortes sind Einrichtungen zu treffen, durch welche es ermöglicht wird, die Lage der Kommandantur bezw. des Lazareths und Magazins, der Post- und der Telegraphen-Anstalt zu erfahren. Jede Etappen-Kommandantur wird ausserdem bei Tage durch eine schwarz-weiss-rothe Fahne, bei Nacht durch eine rothe Laterne bezeichnet.

Für die Erleuchtung der Strassen bei Nacht ist zu sorgen (Wache).

Ein Patrouillendienst ist einzurichten und das schnelle und geräuschlose Versammeln der Besatzung auf dem Alarmplatz zu üben.

In Feindesland ist die Bevölkerung sogleich nach dem Eintreffen des Kommandanten zu entwaffnen.

Mit der Wache sind nach Umständen Briefrelais zu verbinden.

Ställe und Weideplätze für Vieh müssen vorgesehen sein, ebenso Lazareth-Lokalitäten.

Auf Errichtung eines Fuhrparks ist Bedacht zu nehmen.

Etappen-Lazarethe. Von Wichtigkeit ist die Einrichtung von Lazareth-Anstalten an solchen Etappenorten, an welchen ein Zuströmen von Verwundeten, die in den Feldlazarethen keine Aufnahme mehr finden konnten, zu erwarten steht.

Vorbereitungen zur Unterbringung durchpassirender Kranker etc. sind im Etappenorte jedenfalls erforderlich.

Zur Unterbringung einer grösseren Anzahl Leichtverwundeter etc. können im Anschluss an die Etappen-Lazarethe Leichtkranken-Sammelstellen eingerichtet werden.

Etappen-Telegraphen-Direktor. Er hat für die Neueinrichtung, die Wiederherstellung und Erhaltung der nöthigen Telegraphenleitungen zwischen dem Staats-Telegraphennetz und den Feld-Telegraphenlinien Sorge zu tragen und deren Betrieb zu regeln.

Das Personal tritt mit seiner Mobilmachung in die Kategorie der Militärbeamten. Seine Uniform ist die der Beamten des Reichspostamts.

Etappen-Wasser- und Strassen-Bau-Direktion. Der Baudirektion liegt die Lösung aller Aufgaben ob, welche sich beziehen auf die Erhaltung, Wiederherstellung, Verbesserung und den etwa erforderlich werdenden Neubau von Wasser- und Landverbindungen, sowie des Betriebes ob. Unter Umständen werden die Baudirektionen bei den Arbeiten an Vollbahnen Verwendung finden. In diesem Falle sorgt der Chef des Feld-Eisenbahnwesens für nähere Anweisungen und Zuweisung von Eisenbahnbau-Kompagnien.

Etappen-Verpflegung. S. Etappen.

Etival im Departement der Vogesen, 6./10. 1870 siegreiches Gefecht der badischen Brigade Degenfeld gegen französische Uebermacht.

Etoges. Gefecht am 14./2. 1814, in welchem Blücher, der von den Unfällen York's und Sackens bei Champaubert keine Kenntniss hatte, seine vorderen Truppen degagiren wollte, und offensiv gegen Napoleon vorging, der ihn indessen mit überlegenen Kräften zurückdrängte, ohne ihn jedoch vernichten zu können, Dank der guten Haltung der Truppen gegen die fortwährenden Kavallerie-Angriffe der Franzosen.

Étoile mobile. Veralteter Ausdruck für Stückseelenmesser s. d.

Etschmiadzin, kleine Festung bei Erivan. Hier wurden 1804 die Perser von den Russen geschlagen. 1827 wurde es von Paskiewitsch gestürmt.

Ettlingen. Hier am 9. und 10./7. 1796 eine sehr hartnäckige Schlacht zwischen dem Erzherzog Karl und dem Marschall Moreau, die unentschieden endete, doch zog sich der Erzherzog über den Schwarzwald zurück. Jetzt ist dort eine Unteroffizierschule. — 3. Servis-Klasse.

Eu Graf d'. Prinz von Orleans (Schwiegersohn des letzten Kaisers von Brasilien) zeichnete sich 1869 und 1870 durch seine Energie in den Kriegen gegen Lopez aus.

Eugen Beauharnais, Herzog von Leuchtenberg, Vizekönig von Italien (1781—1825) war der Sohn Josephine's aus erster Ehe, also Stiefsohn Bonaparte's. 1809 führte er den Oberbefehl in Italien mit Geschick und nahm am Feldzuge 1812 theil. Auch 1813 und 1814 in Italien zeigte er selbst überlegenen Gegnern sein militärisches Talent. Er legte 1814 seine Krone freiwillig nieder.

Eugen, 1. Herzog von Würtemberg (1788—1857) russischer General, zeichnete sich schon früher als Unterführer, bei Borodino als Führer einer Division aus, er erhielt das 2. Korps. 1813 war jedes Gefecht ruhmvoll, in dem er selbstständig führte, doch lähmte die Geistesschwachheit seines Oberkommandeurs Ostermann alle seine Anstrengungen. Ueberhaupt wurde ihm trotz seiner grossen Veranlagung zum Führer auch bis in sein Alter niemals ein selbstständiges Kommando anvertraut.

2. Prinz von Savoyen-Carignau, Markgraf v. Saluzzo, österreichischer General-Feld-

marschall (1663—1736). In der Weltgeschichte als **Prinz Eugen** bekannt, war ursprünglich seines schwächlichen Körpers wegen zum Geistlichen bestimmt.

Er trat in österreichische Dienste, zeichnete sich von 1683—1694 in allen Schlachten aus. Erst 1697 erhielt er ein selbstständiges Kommando in Ungarn, das er durch den Sieg bei Zenta 11./9. 1697 einweihte. Dann führte er den Oberbefehl in Italien: die Siege von Capri (9./7.) und Chiari (1./9.) 1701, der Fall von Cremona 1702, die Gefangennahme Villeroi's, die Siege von Luzzara waren die Marksteine seiner Thätigkeit.

Eine neue Aera von Erfolgen erkämpfte E. Hand in Hand mit Marlborough; der Sieg bei Hochstatt war der glänzendste Theil derselben. 1706 befreite er durch den Sieg bei Turin Italien von den Franzosen, 1708 siegte er mit Marlborough glänzend bei Oudenaarde und 1709 in der berühmten Schlacht bei Malplaquet.

Da wurde er gegen die immer heftiger vordringenden Türken nach dem Süden gerufen. Peterwardein (5./8. 1716) und Belgrad (16./8. 1717) liessen ganz Europa von den Thaten des „edlen Ritters" erklingen, der übrigens ein ebenso taktvoller Staatsmann und energischer Organisator, wie Heerführer, jeder Zoll ein Edelmann, war.

Eupatoria. Dort landete die alliirte Armee 1854 im Krimkriege. Die Türken errichteten dort im Winter ein verschanztes Lager, das die Russen vergeblich zu nehmen versuchten. Hier überfielen auch am 29./9. 1855 die Franzosen die Ulanen-Division v. Korff im Biwak.

Evakuation. Die Entleerung der an der Etappen-Linie errichteten Lazarethe (Spitäler) von transportfähigen Verwundeten und Kranken, indem diese, einem geregelten Krankenzerstreuungs-System gemäss, in die heimathlichen Anstalten befördert werden. Vortheile: Schaffung von Raum, sorgsamere Pflege, Vorbeugung von Epidemien.

Evans, Sir de Lacy, 1787—1870 focht in Amerika, in Spanien, bei Waterloo. Im Karlisten-Aufstande kämpfte er an der Spitze der englischen Legion gegen Don Carlos, ohne vielen Erfolg. In der Krim führte er die 2. englische Division. An der Alma stürmte er die Höhen; bei Balaklave wehrte er den Angriff der Russen ab, stürzte, und musste krank nach England zurück.

Evertsen ist eine niederländische Familie, die eine Anzahl Seehelden geliefert hat, deren Geschichte in der der Kriege der Niederländer ruhmvoll verflochten ist.

Evolutionen, veralteter Ausdruck für Formveränderungen in der Taktik.

Examinirtrupp, (veraltet) bestand in Preussen, ein aus einem Unteroffizier und 4 Mann bestehender Theil der Feldwache, vor ihm ein Doppelposten, wurde auf Wegkreuzungen aufgestellt, hatte alle die Postenkette Passirenden zu stellen.

Exelmans Rémy, französischer Marschall (1776—1852) ward 1807 als Brigade-General in Spanien gefangen, 1811 befreit, machte die Feldzüge 1812—1814 mit, schloss sich Napoleon bei dessen Rückkehr wieder an, kommandirte 1815 das 2. Armee-Korps, bereitete bei Versailles zwei preussischen Husaren-Regimentern eine Niederlage, wurde nach der 2. Restauration proskribirt, lebte dann in Deutschland, war später einer der ersten Anhänger L. Napoleons.

Excentrischer Schraubenverschluss (Nordenfelt). S. Schraubenverschluss.

Excentrisches Feuer ist zu vermeiden, da nur Konzentrirung der Feuergarben Erfolge erzielt.

Exekution, Vollstreckung der Todesstrafe.

Exekutionskrieg ist zur Erzwingung von Verpflichtungen innerhalb eines Bundes hier und da nöthig. Innerhalb des deutschen Reiches wird ein solcher vom Bundesrath beschlossen und vom Kaiser vollzogen.

Exerzieranzug im deutschen Heere wie beim Felddienst s. d.; in Oest.-Ung. nach jeweiliger Anordnung.

Exerzier-Haus, ein grosses Gebäude, scheunenartig, für Exerzierübungen bei ungünstigem Wetter.

Exerzierpatrone. Dient zum Ueben der Ladegriffe und des Zielens (ohne E. im Lauf darf das Gewehr nicht abgedrückt werden); gleicht in den äusseren Umrissen der scharfen Patrone, muss aber, um jede Verwechslung beider unbedingt auszuschliessen, mit auffallenden Unterscheidungszeichen versehen sein.

Exerzierpatrone.

Bei der deutschen E. 88 n. A. (s. Bild) ist die Spitze aus Messingblech (Geschoss) in die Hülse eingelöthet, während die E. n. A. in einem Stück aus Messing gefertigt und an dem, dem Pulverraum der Hülse entsprechenden Theil mit Längsrillen versehen ist.

Exerzier-Reglements. E.-R. für Infanterie, Kavallerie und Artillerie sind in dem Lexikon als bekannt vorausgesetzt.

Exerzierplatz. Die Felddienstordnung setzt bestimmte Mindestmaasse fest. Diese sind für das Infanterie-Regiment 1500 : 1000 m, die Infanterie-Brigade 1500 m im Geviert, das Kavallerie-Regiment 1000 m im Geviert, die Kavallerie-Brigade 1500 m, mit vier Regimentern 2500 m im Geviert, die Kavallerie-Division 2500 m im Geviert. Grössere Ausdehnungen sind natürlich sehr wünschenswerth und gestattet, sofern gar keine oder nur eine unerhebliche Entschädigung zu zahlen ist.

Exmouth Viscount (1757—1833) englischer Admiral. Schon früh ausgezeichnet erhielt er 1804 die Führung über die ostindische Station, wobei er die dänischen Besitzungen eroberte. 1816 nahm er die Batterien von Algier und die Flotte daselbst. Er war ein schlichter frommer Mann.

Expansion der Geschosse. Auf deren Prinzip beruht das Gascheik und Minié-Gewehr.

Expansion der Pulvergase. S. Gasdruck.

Expansionsführung (veraltet) bestand bei gezogenen Vorderladerwaffen darin, dass in Folge Druckes der Gase bei Handfeuerwaffen der cylindrische Führungstheil des Geschosses, bei Geschützen ein am Geschosse angebrachter Spiegel aus geschmeidigem Metall sich von innen nach aussen ausdehnt und sich in die Fugen presst, wodurch im Führungstheile des Geschosses bezw. dessen Spiegel, die die Rotation des Geschosses vermittelnden Leisten gebildet werden.

Expedition ist jedes selbstständige militärische Unternehmen, das auf weitere Entfernungen hin begonnen wird, vor Allem werden daher die überseeischen Kriegs-Unternehmen E. genannt.

Explosion. Plötzliche Zersetzung eines Körpers unter beträchtlicher, meist von Feuererscheinung und Knall begleiteter Gasentwickelung. Befand sich der explodirende Körper in fester Einschliessung, so kann die dadurch hervorgerufene hohe Spannung der Gase zu Schiess- oder Sprengzwecken verwerthet werden. Man unterscheidet E. 1. Ordnung (s. Detonation) und E. 2. Ordnung, bei der die Zersetzung nicht augenblicklich erfolgt, sondern ein gewisses, wenn auch sehr kleines Zeittheilchen beansprucht. Einige Explosivstoffe (z. B. Knallquecksilber) ergeben stets eine E. 1. Ordnung; bei anderen (z. B. Schiesswolle) findet je nach der Art und Stärke der Zündung eine E. 1. oder 2. Ordnung statt; noch andere endlich (z. B. Schwarzpulver) sind nur zu einer E. 2. Ordnung befähigt.

Explosionsgeschosse (Sprenggranaten). Hohle, mit Aufschlagzünder und Sprengladung versehene Gewehrgeschosse, welche dazu dienen sollten, Protzen und Munitionswagen in die Luft zu sprengen und leicht brennbare Gegenstände anzuzünden. v. Dreyse konstruirte ein Granatgewehr von 21 mm Kaliber, das gusseiserne E. (mit Spiegelführung) von 58 g Gewicht einschliesslich 2,5 g Sprengladung verfeuerte. Eine etwaige allgemeine Einführung von E. wurde durch die internationale Petersburger Uebereinkunft von 1868 vereitelt, welche das geringste zulässige Gewicht eines für Kriegszwecke bestimmten E. auf 400 g festsetzte.

Extincteur, ein Löschapparat. Hermetisch verschliessbare, cylindrische Büchse, aus welcher mit Kohlensäuere imprägnirtes salzhaltiges Wasser als löschender Strahl getrieben werden kann. Kohlensäure, Wasser und das die Luft abhaltende, die brennenden Körper inkrustirende Salz, konkurriren hier als Löscher.

Extradynamit. Sprengstoff, besteht aus einer Mischung von Nitroglycerin und Ammoniumnitrat mit Holzkohle bezw. Nitrocellulose.

Extraktor, s. Auszieher.

Eylau (Preussisch), 8./2. 1807, Russische Armee unter Bennigsen 58000 Mann, verstärkt durch das preussische Korps Lestocq, gegen Napoleon mit 69000 Mann. Der russische rechte Flügel unter Toutschkon wirft den linken französischen zurück. Murat erleidet gewaltige Verluste durch russische Kavallerie. Um Mittag erscheint Davoust und wirft den russischen linken Flügel unter Ostermann. Da greift Lestocq ein und bringt Davoust zum Weichen. Die französischen Angriffe, bis in die Nacht fortgesetzt, bringen die Schlacht nicht zur Entscheidung, das russisch-preussische Heer zieht aber ab. Auf beiden Seiten 20000 Mann Verlust an Todten und Verwundeten. Plan s. Seite 192.

Dort steht der Stab der 72. Inf.-Brig. und Inf.-Regt Graf Dönhoff (7. Ostpr.) No. 44 (mit Ausnahme des 3. Bat.). Die 3. Esk. Kür.-Regt. Herzog Friedrich Eugen von Württemberg (Westpr.) No. 5, reit. Abth. Feld-Art. Regt. No. 35, Bez.-Kom., Prov.-Amt, Garn.-Verw. und Lazareth. — 4. Servisklasse.

Deutsche 12 cm Granate c/80.

Französische 90 mm Sprenggranate.

a Zünder (Az.);
b Mundlochbüchse
c Centrierwulst;
d Führungsband.

Explosionsgeschosse.

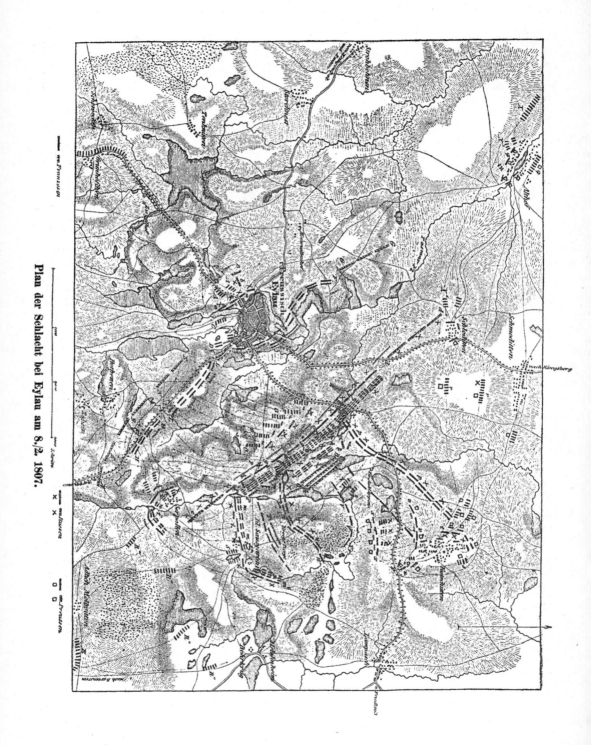

F.

Faber du Faur, württemb. Generallieutenant (1819—1885) war seit 1867 Militär-Bevollmächtigter in Berlin. 1870/71 im Hauptquartier des Kronprinzen von Preussen.

Fabrice, von (1818—91), sächsischer General der Kavallerie und Kriegsminister, trat in das 2. sächsische leichte Reiter-Regiment ein. 1848 bis 1866 im Generalstab. (1864 Generalstabsoffizier der Occupations-Armee von Holstein.) 1870 im grossen Hauptquartier und Kriegsminister, seit 1866 hat er grosse Verdienste um die Entwickelung der sächsischen Armee.

Fabvier, Charles, Baron (1783—1855), führte ein sehr bewegtes Leben; war als französischer Artillerie-Offizier in der Türkei und in Persien beschäftigt, 1809 unter Poniatowski, 1811 bei Marmont, wurde 1812 an der Moskwa verwundet, kämpfte 1813 bei Leipzig, und 1814 bis zur Uebergabe von Paris; spielte als Philhellene im griechischen Befreiungskriege eine Rolle, kommandirte 1830 die Pariser Nationalgarde, nahm 1849 dänische Dienste; war auch Militär-Schriftsteller.

Facen heissen in der Befestigungskunst die beiden Schenkel des ausspringenden Winkels. Bei Bastionen die beiden Linien, die die Spitze der B. bilden.

Fachbaum ist der Name des Balkens, der die Höhe des Wasserstandes bei Wehren oder Schleusen regelt.

Faden, ein früher gebräuchliches Maass von 6 Fuss, nach welchem die Wassertiefe ausgedrückt wurde.

Fadenlinien. Linien in Seekarten, die alle Punkte gleicher Wassertiefe verbinden.

Fagott ist ein flötenartiges Instrument der Militärmusik mit vibrirendem Schilfmundstück.

Fahnen hat jedes Bataillon und Kadre, welches dieser taktischen Einheit entspricht, eine Fahne. Sie ist das heiligste Gut, das eine Truppe besitzt, ihr werden deshalb überall militärische Ehren erwiesen und sie darf nie ohne Begleitung eines Offiziers sein. Ihr Verlust ist das grösste Unglück, das eine Truppe als solche treffen kann. Deshalb haben selbst hohe Führer die Fahne ergriffen (Schwerin bei Prag und Erzherzog Karl bei Aspern), um Truppen zu hohen Anforderungen anzufeuern.

Neuerdings haben auch die Stäbe Standarten, um sie von Weitem zu erkennen.

Die weisse Fahne wird aufgezogen, zum Zeichen, dass man kapituliren will.

Die einzelnen Geschichten der deutschen Fahnen findet man in dem Werke „Fahnen und Standarten".

Fahnen-Abbringen bezw. -Abholen im Garnisondienst ist bekannt; auf Märschen genügt unter Umständen 1 Sergeant mit Offizier.

Fahneneid. Alle deutschen Truppen sind verpflichtet, den Befehlen des Kaisers unbedingt zu folgen. Diese Verpflichtung ist in den Eid aufgenommen. Die bayerischen und württembergischen Truppen sind nur für den Krieg verpflichtet.

In den Deutschen Kriegsartikeln vom 31. Oktober 1872 heisst es: „Die unverbrüchliche Wahrung der im Fahneneide gelobten Treue ist die erste Pflicht des Soldaten." Ferner ebendaselbst Artikel 4: „Dem Soldaten soll seine Fahne heilig sein. Wer dieselbe verlässt oder von der Fahne wegbleibt, um sich seiner Verpflichtung zum Dienst zu entledigen, macht sich der Fahnenflucht (Desertion) schuldig."

Fahnenflucht ist nicht nur bei Desertion vorhanden, sondern auch der, der von einem Truppentheile entweicht und bei einem anderen Dienste nimmt, macht sich der F. schuldig. Die F. verjährt mit dem Eintritte des Mannes in die Jahre, in denen er in den Landsturm treten würde. In Oesterreich verjährt die F. nicht. Die F. ist im Kriege unter Umständen ein todtwürdiges Verbrechen.

Fahnengasse heisst in Zelt- oder Hüttenlagern die Gasse, in der die Fahnenzelte etc. stehen.

Fahuenrotten sind die 3 Rotten, aus denen der Fahnentrupp besteht.

Fahnenwache (s. auch Biwak eines Bataillons) heisst bei der Infanterie die Innenwache in jedem Lager, die hauptsächlich polizeilichen Rücksichten dient. Für ihr Verhalten gelten die Vorschriften des Garnisondienstes. Der Offizier vom Dienst lässt sie aufziehen und revidirt sie.

Fahnenweihe ist ein feierlicher Akt, dem das Nageln vorhergeht. In Preussen schlägt der König den ersten Nagel ein. Dann erfolgt der religiöse Akt der kirchlichen Weihe und schliesst mit der Uebergabe der Fahne an die Truppen durch den Allerhöchsten Kriegsherrn.

Fähnlein wurden bei den Landsknechten die Unterabtheilungen der Regimenter genannt. Jedes F. führte eine Fahne.

Fähnrich, der Träger der Fahne eines Fähnleins deutscher Landsknechte, bis 1807 die unterste Offizierscharge (Fahnenjunker, Junker bei der Infanterie, Kornet bei der Kavallerie, Stückjunker bei der Artillerie). S. Portépéefähnrich.

Fahrbremse. (S. Bremse).

Fahrdorf in Schleswig, 4. u. 5./2. 1864 Geschützkampf der Oesterreicher und Dänen.

Fahren. Fortbewegung von Fahrzeugen durch Zugkraft. Die Fahrleistung ist abhängig von der Fahrbahn, dem Fahrzeuggewicht und der Zugkraft.

Die Fahrbahn begünstigt die Leistung umsomehr, je härter, fester und ebener sie ist und je kleiner daher die Bodenreibung der Räder ausfällt.

Die zur Bewegung eines Fahrzeugs erforderliche Zugkraft beträgt auf:

Asphalt	1/133
gutem Steinpflaster	1/74
guter Kunststrasse	1/40
schlechter Kunststrasse	1/30
festen Landwegen	1/20
Ackerboden und tiefem Sand	1/7

der Zuglast.

Die Zugkraft wird bei den Feldfahrzeugen durch die Bespannung geliefert.

Die tägliche Arbeitsleistung eines mittleren Durchschnittspferdes kann auf eine Zugkraft von 75 kg bei 1 m Geschwindigkeit in der Sekunde (= 1 Pferdekraft) für eine Strecke von 30 km bezw. (bei wechselnder Geschwindigkeit) für eine Zeitdauer von 4 bis 8 Stunden veranschlagt werden.

Es kommt ferner in Betracht, ob die Fahrzeuge vom Sattel oder vom Bock mit 2, 4 oder 6 Pferden gefahren werden. Jedes Sattelpferd verbraucht einen bedeutenden Theil seiner Kraft zum Tragen des Reiters und kann deshalb nur etwa halb soviel Zugkraft äussern wie das Handpferd, statt 75 also höchstens 45 kg, Sattel- und Handpferd zusammen demnach 120 kg.

Ferner lehrt die Erfahrung, dass 4 Pferde nicht doppelt und 6 nicht dreimal soviel ziehen wie 2.

Für Feldgeschütze mit aufgesessener Bedienung wird in der Regel eine durchschnittliche Zuglast des einzelnen Pferdes von 380—400 kg noch für zulässig erachtet, für Train- und Truppenfahrzeuge, sowie für Belagerungsgeschütze 450 bis 600 kg, für Festungsgeschütze auf guten ebenen Strassen noch mehr.

Durch hohe Räder (Halbmesser des Rades = Hebelsarm der Kraft), dünne Achsschenkel und geringe Reibung zwischen Achse und Buchse wird die Fahrbarkeit gleichfalls begünstigt.

Fahrende Artillerie. Feldartillerie, bei welcher die Bedienung auf dem Geschütz fortgeschafft wird. Von den 5 Bedienungsmannschaften des deutschen fahrenden Geschützes sitzen 3 auf der Protze, 2 auf der Lafette auf. Dasselbe ist bei den österreichischen, russischen und italienischen Batterien der Fall. Bei dem französischen 90 mm Feldgeschütz sind Kanoniere auf der Protze untergebracht, die übrigen 2 Kanoniere der Bedienung befinden sich auf dem zugehörigen Munitionswagen.

In allen Artillerien ist die Zahl der fahrenden Batterien bedeutend grösser als die der reitenden theils wegen der ergiebigeren Wirkung der schwereren Geschütze dieser Batterien (Frankreich, Italien, Russland), theils in Rücksicht auf die geringeren Kosten ihrer Aufstellung und Unterhaltung und der Möglichkeit eines schnelleren Ersatzes.

Fahren über Brücken. Die Fuhrwerke haben bei schwachen Brücken grössere Distanzen einzuhalten; solche B. können durch eine starke Auflage von Mist oder Stroh tragfähig gemacht werden.

Fähren sind meist grosse Prähme, die an Ketten, Ankern über den Fluss fahren, hier und da auch durch Staken gestossen oder bei schwachem Strome gerudert werden.

Künstliche Fähren macht man aus Pontons: Die für Infanterie kann 30—40 Infanteristen mit Gepäck, die für Kavallerie und Artillerie kann entw. 8—9 Pferde oder 1 Geschütz aufnehmen. S. auch Brückenbau.

Grössere Fähren, sogenannte fliegende Brücken können nur von Pionieren hergestellt werden, man setzt sie aus 5, 8 und 13 Pontons zusammen, und legt sie an einen Gieranker.

Der Zeitbedarf zum Uebersetzen für je 100 Mann bei 1,5 m Stromgeschwindigkeit:

für Infanterie 1³/₄—2 Min.
für Kavallerie 2½—3⅓ „

ausser der Zeit des Aus- und Einladens.

Was die Tragfähigkeit anbetrifft, so giebt die Tabelle auf Seite 195 darüber Anhalte.

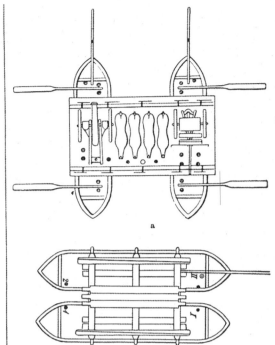

Fähren
(a für Kavallerie und Artillerie, b für Infanterie).

Fahrer sind dazu ausgebildete Mannschaften der Feldartillerie, pro Geschütz 3.

Trainfahrer vom Sattel werden als berittene Mannschaften, Trainfahrer vom Bock als Fussmannschaften eingekleidet.

Fahrpanzer, kleine, leichte Panzerthürme mit Schnellfeuergeschützen kleinen Kalibers (deutsche 5 cm-Kanone); um rasch die Stellung zu wechseln, können die F. mittels einer zweirädrigen Protze (oder eines vierrädrigen Fahrzeugs) in einfacher Weise fahrbar gemacht werden. Sie werden sowohl im Festungs- als auch im Stellungskriege zur Verstärkung von Infanterie-Stützpunkten Verwendung finden.

Beispiel: Grusonscher F. für eine 5,7 cm-Schnellfeuerkanone (Bild a und b, S. 196). Der mit Thür, Boden und 4 Fahrrollen versehene Blechzylinder H^1 ist im oberen Theil durch den Mantelpanzer H verstärkt und durch die Panzerdecke A geschlossen, welche auf 3 Armen der Säule B ruht, die sich unten auf den Spurzapfen a stützt und mittels des Handrades f gedreht werden kann. Der Rohrträger der Kanone ist an der Panzerdecke angenietet, der Rücklauf aufgehoben. Die Höhenrichtung wird mit der Doppelschraube i, die Seitenrichtung mit dem Handrad f durch Drehung der Panzerdecke genommen, welche sich zum Festhalten der Richtung mittels des Hebels h bremsen lässt; um das Bestreichen eines bestimmten Schussfeldes im Schnellfeuer zu erleichtern, kann das Geschütz durch eine Stellvorrichtung um einen

Trag-Vermögen der verschiedenen Arten von Fähren.

No.	Bauart der Fähre	Benutzbarer Flächenraum qm	Fahrmannschaft U.O.	Fahrmannschaft P.	Infanteristen mit Gepäck	Pferde	Artilleristen oder Kavalleristen	Feldgeschütze mit Protzen	Bemerkungen
1.	Einzelnes Ponton			3	12				Auf den Borden sitzend [1] einschl. 1 Steuermannes und 1 Reserve-Fahrers.
2.	Ruderfähre Fig. 44 für Inf.			6[1]	35—40[2]				
3.	Ruderfähre für Kav. u. Art. Fig. 45 u. 46	18							
	a) Kavallerie		1	10		8—9	8—9		[2] Bei stark. Strom, Wind o. Wellenschlag 30—35 M., bei den übrigen Ruder- und Gierfähren in diesem Falle Beladung um 25% ermässigen.
	b) Artillerie		1	10		4	8—9	1	
	Fähren für fliegende Brücken[3]:								
4.	aus 5 Pontons (Fig. 48) .	63							
	a) Infanterie		1	8[4]	160				
	b) Kavallerie		1	8		24—27	24—27		
	c) Artillerie		1	8		16	24	2	[3] Zur Fahrmannschaft für jede Landbrücke 4 Pion.
5.	aus 8 Pontons (Fig. 49) .	110							
	a) Infanterie		2	10	260				
	b) Kavallerie		2	10		42—45	42—45		
	c) Artillerie		2	10		31	34	4	
6.	aus 13 Pontons (Fig. 50)	190							
	a) Infanterie		2	13	425				
	b) Kavallerie		2	13		70—73	70—75		
	c) Artillerie		2	13		50	62	6	

Zu: Fähren.

gewissen Winkel hin- und hergedreht werden. Zum Fahrbarmachen dient eine zweirädrige Protze mit Schienen von der Spurweite der Fahrrollen. Bedienung: 2 Mann (Sitze: e und é); Gewicht des F. mit Kanone: 2300 kg; Protze: 700 kg; Feuergeschwindigkeit: 30—35 Schuss in der Minute; Munition im F.: 80 Schuss. Abbildung s. Seite 196.

Fahrräder stehen den Truppen zur dienstlichen Verwendung und Ausbildung geeigneter Unteroffiziere und Mannschaften im Radfahren zur Verfügung. Im Felde werden Radfahrer bei guten Wegen und grossen Entfernungen zur Uebermittelung von Befehlen und Meldungen auch im Relaisdienst vorzugsweise geeignet sein.

Fahr- und Fahrtscheine s. Eisenbahn.

Fahrzeuge. Im militärischen Sinne theilt man die F. ein in Protzen (s. d.), Wagen (4 Räder) und Karren (2 Räder) und unterscheidet:

1. Nach dem verarbeiteten Werkstoff: stählerne, eiserne, hölzerne F.
2. Nach Gebrauchszweck und Einrichtung: Munitions-, Patronen-, Vorraths-, Lebensmittel-, Futter- und Park-Wagen, Feldschmieden etc.
3. Nach den Waffen- bezw. Truppengattungen, für welche sie bestimmt sind.

Anforderungen an die F.
1. Das Leergewicht des Fs. soll im Verhältniss zu der von ihm fortzuschaffenden nutzbaren Last möglichst gering sein. Als recht günstig ist es zu bezeichnen, wenn z. B. das Gewicht des mitgeführten Schiessbedarfs 60% vom Leergewicht des Munitionswagens beträgt.

2. Die Sicherheit gegen Umschlagen (Stetigkeit), die Lenkbarkeit, Biegsamkeit und Fahrbarkeit soll dem Gebrauchszweck des Fs. entsprechen. Die Geschütze und Munitionswagen der Feldartillerie, sowie die Patronenwagen u. a. müssen in dieser Beziehung den höchsten Anforderungen genügen.

Wichtig für den Gebrauch der F. ist die Art der Verbindung von Vorder- und Hinterwagen. Sie wird durch Protzhaken und Protzöse oder durch Protznagel und Protzloch hergestellt. Erstere Art gestattet eine grössere Biegsamkeit sowie ein schnelleres Auf- und Abprotzen, hat aber eine unruhigere Lage der Deichsel zur Folge.

Je nachdem das Vordergewicht der Deichsel durch den Druck des Hinterwagens aufgehoben wird oder nicht, unterscheidet man:

1. Gleichgewichts- oder Balanciersystem (deutsche Feldartillerie). Protzverbindung liegt in grösserem Abstand hinter der Vorderachse. Deichsel mit angehängter Vorderbracke senkt, ohne Vorderbracke hebt sich.

Vortheile: Grosse Lenkbarkeit und Biegsamkeit, geringe Belastung der Stangenpferde, Vergrösserung des nutzbaren Packraumes hinter der Protzachse (grösserer Protzkasten).

Nachtheile: Auf- und Abprotzen erfordert bedeutende Kraft, weil der zu überwindende Druck der Lafette auf den Protzhaken beträchtlich ist.

2. Lenkscheit-System:
Protznagel auf der Vorderachse. Den hintern Theil des Protzgestells bildet ein Lenkscheit (Lenkschiene), das starr mit der Deichsel ver-

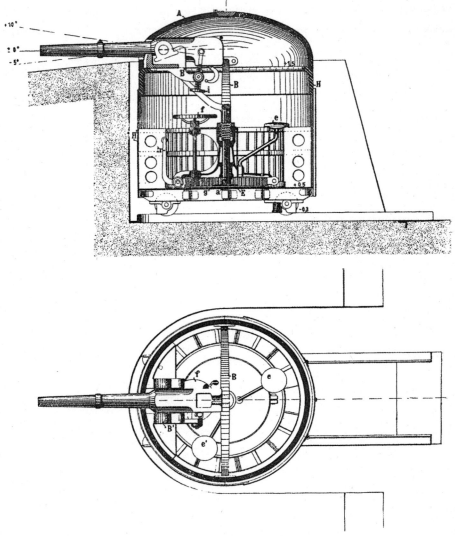

Fahrpanzer (nach Schubert, die Feldartillerie).

bunden ist und auf welchem die untere Fläche des Hinterwagens aufliegt. Das Vordergewicht der Deichsel wird völlig aufgehoben.

Vortheile: Vollständige Entlastung der Stangenpferde; sehr grosser Packraum; zweckmässigste Lagerung der Last.

Nachtheile: Sehr geringe Biegsamkeit; Lenkbarkeit unbedeutend (neuerdings bei einem grossen Theil der deutschen Truppenfahrzeuge durch Ausschnitt im Hinterwagen zum Unterlaufen der Vorderräder verbessert); rasche Trennung des Hinter- vom Vorderwagen nicht möglich.

3. Unabhängigkeits-System:

Protzverbindung dicht hinter der Vorderachse (Haken und Oese), Vordergewicht der Deichsel wird durch den Druck der Lafette nicht aufgehoben, ist demnach so gut wie unabhängig.

Vortheile: Grosse Biegsamkeit.

Nachtheile: Geringere Lenkbarkeit als bei Balancier-System; beschränkter Packraum; erhebliche Belastung der Stangenpferde.

Anwendung: Gleichgewichts- oder Unabhängigkeits-System für Geschütze und Wagen der Feldartillerie (zum Theil auch der Fussartillerie mit Bespannung); Lenkscheit-System für die übrigen Geschütze und Fahrzeuge.

Auf die Beweglichkeit bezw. Manövrirfähigkeit der Fahrzeuge sind hauptsächlich von Einfluss: Die Einrichtungen der Bewegungstheile (Räder und Achsen), die Stetigkeit, Lenkbarkeit und Biegsamkeit, die Längenmaasse des Fahrzeugs; das Verhältniss der Belastung von Vorder und Hinterachse, die Einrichtungen zur Anbringung der Zugkraft (Deichsel, Bracken und Ortscheite), die Beschaffenheit der Fahrbahn und das Verhältniss zwischen Fahrzeuggewicht und Zugkraft.

Faidherbe, französischer Divisions-General (1818—89), kämpfte früher in den Kolonien und in Algier, war 1870 in Constantine. Ihm wurde von Gambetta der Oberbefehl über die bei Amiens geschlagene Nordarmee übertragen, welche er, ohne seinen Gegnern gewachsen zu sein, in allen Kämpfen mit Umsicht und Tapferkeit führte. In kurzer Zeit wusste er seiner Armee eine Organisation zu geben, wie sie von keiner der Armeen der Nationalvertheidigung erreicht worden ist.

Failly, de, französischer General (1810 geb.), zeichnete sich vor Sebastopol und in der Schlacht bei Solferino aus; führte 1870/71 das 5. Korps mit wenig Geschick. Er stand 11. August zwischen Wörth und Spicheren ohne sich zu rühren; liess sich bei Beaumont überfallen, wurde bei Sedan gefangen.

Fairfax, Lord. Zur Zeit der englischen Revolution (1643—1660) vom Parlament an die Spitze des Heeres gestellt. Zu den Royalisten übergetreten, stand F. im Januar 1660 an der Spitze eines königlichen Heeres, mit welchem er York besetzte.

Fair Oaks war eine der 7 Schlachten bei Richmond im nordamerikanischen Sezessionskriege.

Falkenstein, v., s. Vogel v. F.

Falkenberg O/S., Schiessplatz. Dort stehen Garn.-Verw., Bar.-Laz. — 4. Servisklasse.

Falkenhausen, Frhr. von (1821—89), preussischer Generallieutenant. 1866 Generalstabschef der 11. Division bei Königgrätz. 1870 Kommandeur des Regiments No. 85. An der Loire führte er die 36. Infanterie-Brigade bei Artenay und Orleans, (Orden pour le mérite). Er war zuletzt Divisions-Kommandant in Neisse.

Falkirk (in Schottland). Dort wurden die Engländer unter Hawley vom Prätendenten Prinz Karl Eduard am 17./1. 1746 geschlagen, doch war dieses sein letzter Erfolg. Er musste vor dem Herzog von Cumberland nach Norden entweichen.

Fall s. Anziehungskraft der Erde.

Fallblockverschluss s. Blockverschluss.

Fallbrücke, die Zugbrücke bei alten Burgen und Schlössern.

Fallgatter, starkes Gitter, das aufgezogen und niedergelassen werden kann, zur Sperrung von Thoren.

Fallgruben s. Wolfsgruben.

Fallschirmleuchtgeschoss, veraltet (England), bestand aus einem Leuchtballon, welcher an einem Fallschirm befestigt war. Ballon und der zusammengefaltete Fallschirm waren in einer zweitheiligen Hohlkugel untergebracht. Das Geschoss hatte einen Zeitzünder, der die Sprengladung in der Luft entzünden sollte. Die Explosion riss die beiden nur leicht zusammengenieteten Halbkugeln auseinander, Fallschirm und brennender Leuchtballon wurden frei. — Die Abhängigkeit von der Stärke und Richtung des Windes, die leicht bewirkte, dass anstatt des Zielgeländes die eigene Stellung beleuchtet wurde, liess das F. bald als unzweckmässig erscheinen.

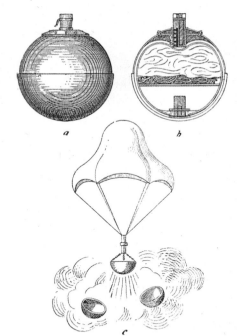

Fallschirmleuchtkugel.

Fallschirmrakete, veraltet. Anfang des Jahrhunderts versuchsweise in Gebrauch gewesen. (England). In der Hülle der Leuchthaube der Rakete war ein Fallschirm mit einem Blechgefäss untergebracht, welches den Leuchtsatz enthielt.

Fallwinkel (Einfallwinkel) wird von der Wagerechten und einer im Endpunkte der Bahn an diese gelegten Berührende gebildet. Bei der parabolischen Bahn gleich dem Abgangswinkel ist er in der ballistischen Kurve stets grösser als dieser und wächst mit der abnehmenden Endgeschwindigkeit des Geschosses.

Famars. Hier wurden am 23. und 24./5. 1793 die Franzosen unter Lamarche vom Herzog von Coburg geschlagen, der Sieg aber nicht ausgenutzt.

Familien-Unterstützungen. Bei Mobilmachung: Ehefrau: Mai bis Oktober 6 M., November bis April 9 M. monatlich, für jedes Kind unter 15 Jahren 4 M. Bei Friedensübungen jede Frau 30 Prozent des üblichen Tagelohnes, jedes Kind 10 Prozent, im Ganzen aber höchstens 60 Prozent.

Die für Kinder bestimmten Sätze können auch gewährt werden für Kinder über 15 Jahre, Verwandte in aufsteigender Linie und Geschwister, wenn diese von dem Eingezogenen unterhalten wurden, oder das Unterhaltungsbedürfniss erst nach erfolgtem Diensteintritt desselben hervorgetreten ist.

Fanal, Signalfeuer; Holzgestell mit Stroh, Theer, Pech, Pulver und anderen raucherzeugenden Gegenständen bekleidet; dient dazu, von weit sichtbaren Punkten aus dem Auge wahrnehmbare verabredete Zeichen bei Tage durch Rauch, bei Nacht durch Feuererscheinung zu geben.

Fanfaren. Abtrupp-Signal der Kavallerie, für Signaltrompeten und Kesselpauken, zu blasen beim Einrücken in das Lager und beim Abbringen der Standarten.

Fangschnur ist eine Verzierung, die die Generale in grosser Uniform, die Offiziere im Gefolge des Kaisers, der Fürsten und Prinzen, ferner die Ulanen und Husaren tragen.

Fanoë, Insel, 11./6. 1659 Einnahme durch die Kaiserlichen.

Fansi, Manfredo (1806—1865), italienischer Kriegsminister, führte 1861 die Expedition nach dem Kirchenstaat.

Farbenblindheit, mehr oder minder beschränkte Fähigkeit des Auges, Farben zu unterscheiden.

Farnese, Herzog von Parma (1547—1592), unterwarf 1578—85 die Niederlande, eroberte 1585 Antwerpen. Er war einer der bedeutendsten Feldherren seiner Zeit.

Farrayut David (1801—1870) nordamerikanischer Admiral, der sich im Sezessionskriege durch seine Forcirung des Mississippi und Einnahme von New-Orleans 1862 auszeichnete. 1863 fuhr er in Port Hudson mit derselben Kühnheit ein und öffnete 1864 gewaltsam die Bai von Mobile. Er war ein Gegner des Panzersystems.

Farre, französischer General, 1870—1871 Generalstabschef Faidherbes hat grossen Antheil an der guten Führung der französischen Nordarmee gehabt.

Fasana, 23./3. 1848 Seegefecht.

Faschinen. Meist 3 m lange, etwa 30 cm starke Bündel von zähem Strauchwerk (Weiden, Birken, Hasel u. dergl.) Das Strauchwerk wird auf einer Faschinenbank — eine Reihe kreuzweise eingeschlagener Pfahl-Paare — mittelst einer Kette zusammengewürgt und mit Eisendrahtbändern gebunden. Die F. werden als Bau- und Bekleidungsmaterial beim Batteriebau und bei Befestigungs-Anlagen verwendet.

Fassbrücke. Fässer werden durch Pichen luftdicht gemacht (am besten die überall zu erhaltenden Petroleumfässer) dann durch Taue und Quer-Holme (Querriegel) zu je 4 paarweise (8 Fässer) fest verbunden und dann ähnlich wie Schiffbrücken weiter gebaut.

Fauler Satz. Langsam brennender Pulversatz, vorwiegend aus Salpeter bestehend. Zur Entzündung von Signalfeuern u. dergl.

Faussebraye hiess eine vor die Courtine der Bastionsfronten vorgeschobene, der Hauptenveloppe parallellaufende niedere Grabenbestreichung, die meist nur aus Erdbrustwehr bestand.

Faustriemen. Er vertritt bei den berittenen Waffen die Säbeltroddel der Infanterie. Derselbe besteht für Husaren und Train aus schwarzem Leder. Bei den übrigen berittenen Truppen aus rothlederem Riemen mit Schieber, offenem Quast von weisser Wolle und farbigem wollenen Kranz (Unteroffiziere Quast und Kranz von schwarz-weisser Wolle). Die Feldartillerie trägt Schieber von farbigem Leder.

Favrat de, preussischer General d. Inf, (1730 bis 1804) wird in den Werken des Königs Friedrich seiner hervorragenden Tapferkeit wegen zitirt.

F. B. O. Abkürzung für Festungs-Bauordnung; davon behandelt II. Theil die Kassengeschäfte, III. Theil die persönlichen Verhältnisse des Festungsbau-Personals — 1892.

Fechterabstand (Mensur) die Entfernung zweier Fechter von einander.

Fechterabzeichen im deutschen Heere. Die zwölf besten Fechter einer jeden Eskadron (3 Unteroffiziere, 3 Mann aus jedem Jahrgange) erhalten alljährlich Fechtabzeichen, welche auf dem rechten Oberärmel — Spitze nach unten — angebracht sind: Bei 1 bis 3 maliger Auszeichnung 1 bis 3 Sparren für Kürassierkoller aus Tuch von der Kragenfarbe, für Dragoner-, Ulanen- und blauer Kürassier-Waffenrock aus schwarz-weisser Bandborte, Attila aus weisser oder gelber Plattschnur; bei 4, 8, 12 maliger Auszeichnung für Kürassierkoller etc. aus schmaler silberner oder goldener Tresse auf Tuch von der Kragenfarbe, für Dragoner etc. aus schmaler silberner Tresse mit schwarzem Streifen in der Mitte, Husaren aus schmaler silberner oder goldener Tresse; bei 5 bis 7, bez. 9 bis 11 maliger Auszeichnung werden Sparren nach den vorbezeichneten Mustern in entsprechender Anzahl verliehen. so, dass bei 5 maliger Auszeichnung 1 Sparren von Tresse und darüber 1 solcher von Tuch oder Borte, bei 6 maliger 1 von Tresse und 2 von Borte u. s. w. getragen werden.

Federhaken. Klammer mit Schraube, hält beim Zerlegen der Hahnschlösser von Handfeuerwaffen die Schenkel der Schlagfeder zusammen.

Federkraft (Elastizität) s. Elastizitätsgrenze.

Fehmarn (Insel), am 15./3. 1864 von den 48ern unter Hauptmann Mellenthin überfallen, die dänische Besatzung wurde gefangen genommen.

Fehrbellin. Dort die berühmte Schlacht 18./7. 1675, in der der grosse Kurfürst die Schweden unter Wrangel gänzlich schlug. Die Schweden hatten am Hakenberge Aufstellung, der

Federhaken.

Kurfürst mit seinen Geschützen eine treffliche Stellung genommen, die die Schweden ihm wieder zu entreissen suchten, durch Vorsendung des Infanterie-Regiments Delwig und einer starken Reiterei. Bei dem Hin- und Herwogen des Gefechtes griff der Kurfürst persönlich ein, es gelang ihm, den Angriff abzuwehren, und das Regiment zu vernichten. Eine völlige Vernichtung der Schweden durch die Reiterei des Prinzen von Homburg misslang. Die Schweden aber belästigten die Mark nicht wieder.

Feigheit wird mit dem Tode bestraft, wenn Jemand im Kampfe davon läuft und gar die Kameraden durch Worte oder Zeichen zur Flucht verleitet. Geringere Fälle können durch hervorragenden Muth bei späteren Gelegenheiten gesühnt werden.

Feld-Apotheken. Siehe Sanitätswesen, auch Apotheker.

Feldarmee ist die im offenen Felde stehende Armee auf Kriegsfuss. Die Stärke derselben in den verschiedenen Grossmächten. S. Heeresstärken der einzelnen Staaten.

Feldartillerie-Abtheilung — Feldbefestigungen

Zusammensetzung des Haupt- und Stabsquartiers. S. Hauptquartier. Es kommen hiernach bei Zusammensetzung der Haupt- und Stabsquartiere in Frage: der Generalstab, die Adjutantur, das Artilleriewesen, das Ingenieurwesen, das Rechtswesen, die Feldpolizei, die Heeresverwaltung (Intendantur), das Etappen- (einschliesslich Eisenbahn-, Telegraphen- und Post-) Wesen, das Lazarethwesen, die Seelsorge. Die besondere Einrichtung dieser einzelnen Gebiete entscheidet darüber, ob in jedem Haupt- und Stabsquartier alle vorstehend aufgeführten Dienstzweige vertreten sein müssen. (S. Hauptquartier, grosses, General-Kommando, Divisions-Kommando, Dienst in den Stäben.)

Feldartillerie-Abtheilung. Im Allgemeinen Kriegs-Departement bearbeitet die F.-A.: Dienstangelegenheiten der Feldartillerie und des Trains, einschliesslich Material und Munition, Feldartillerie Schiessplätze, Waffenmeister, Feldgeräth der Armee und Uebungsgeräth des Trains, Traindepots.

Feldartillerie. In den meisten Grossstaaten gliedert sich die F. in Brigaden, (Korps- und Divisions-Artillerie) Regimenter, Abtheilungen und Batterien (zu 6 oder 8 Geschützen). Auf Kriegsfuss zählt heute die deutsche F. 580 Batterien (einschliesslich 86 Reserve-Batterien) mit 3480 Geschützen, die italienische 276 Batterien mit 1654, die österreichisch-ungarische 224 Batterien mit 1792 die französische 708 Batterien mit 4248 und die russische 583 Batterien mit 4498 Feld- und Gebirgsgeschützen. Die reitenden Batterien machen in der Regel 8—12% der Gesammtzahl aus und werden theils den Kavallerie-Divisionen, theils der Korps-Artillerie zugetheilt. Oesterreich-Ungarn hat auf 224 fahrende Batterien zu 8 Geschützen 68 reitende zu 6 Geschützen und Italien auf 246 fahrende Batterien 6 reitende (auf 1000 Mann 4—5 Geschütze). Ueber Bewaffnung der F. siehe Feldgeschütze.

Feldausrüstung. Ausser dem „Dienstanzug" (s. d.) gehört zur F. für alle Offiziere der Paletot bezw. Mantel, Revolver, Fernglas, schilffarbener Helmüberzug; für Kompagnie- etc. Führer und Lieutenants der Infanterie, Kavallerie, Pioniere — ausschliesslich Adjutanten — die Signalpfeife; für Lieutenants der Infanterie, Jäger, Schützen: Tornister; zur Pferdeausrüstung Marschhalfter und Satteltaschen. Unberittene Offiziere dürfen den Paletot gerollt über der linken Schulter tragen. F. des Offiziers ist in den Preislisten des „Waarenhauses für Armee und Marine", Berlin NW. des Breiteren dargelegt, und ist es den aktiven Offizieren zu rathen, sich die nicht dem Verderben ausgesetzten Gegenstände bereits im Laufe des Friedens allmählich zu beschaffen.

Feldbacköfen. (S. Backöfen.)

Feldbefestigungen. Man befestigt nur eine Linie mit vollen Mitteln, vorgeschobene Posten sind nur Fühler, sie graben sich leicht ein.

Alle Anlagen sind möglichst der Sicht des Angreifers zu entziehen, der Geländeform anzupassen.

Da aber die wirksamste Vertheidigung das eigene Feuer, d. h. die eigene Sicht ist, so ist erste Arbeit, das Vorgelände rein zu machen für wirksames Feuer (Lichten des Vorfeldes).

Die eigenen Brustwehren halte man möglichst niedrig, damit sie überall ein gleichmässiges Aussehen haben; wenn Zeit ist, giebt es allerlei Hilfsmittel diesen Bedingungen nachzukommen.

Die Befestigungen selbst bestehen aus Schützengräben und Deckungen.

Die Artillerie muss ein ausgedehntes freies Schussfeld in das Vorgelände haben. Sie findet meist schon in der Aufstellung Deckung.

Die Infanterie muss alle Befestigungsarbeiten einfacher Art selbstständig auszuführen verstehen; von den Pionieren wird für die schwiegeren Arbeiten technische Beihilfe geleistet.

Die Feldartillerie führt ihre Arbeiten meist selbstständig aus. Fussartillerie erhält Hilfsarbeiter nach Bedarf.

Die Schützengräben müssen (s. Figuren) so tief ausgehoben sein, dass der Infanterist mindestens knieend anschlagen kann, (0,90 m tief); stehend ist natürlich besser 1,40 m. Dieses deckt auch den sitzenden Infanteristen, stehender braucht zur Deckung Manneshöhe.

Die Brustwehren müssen stark sein:

Gegen Gewehr-Feuer.

Sand 0,75 m.
Gewöhnlicher Boden 1 m.
Geschichteter Rasen, torfiger, mooriger Boden 2 m.
Festgestampfter Schnee 2 m.
Korngarben 5 m.
Tannen- und Kiefernholz 1 m, Eichenholz 0,60 m.
Stahlplatten 2 cm.
Ziegelmauerwerk 0,50 m.
Doppelte Bretterwände mit 0,20 m starker Füllung kleingeschlagener Feldsteine.

Gegen Artillerie-Feuer.

Die Deckungen von oben bedürfen der Stärke von 1 m Erde oder 5 bis 10 cm Holz gegen Sprengstücke; gegen Vollschüsse der Feld-Art. doppelt so stark wie 1 m Mauerwerk, oder 8 m Schnee, gegen Festungsgeschütze 3 bis 4 m Erde.

Die Schützengräben werden so ausgehoben, dass sie allmählig immer tiefer und breiter werden. Man beginnt mit Profil Fig. 1, das dem knieenden Schützen Deckung giebt, geht dann zu der Deckung für stehende Schützen über. In Fig. 3 kann der Mann unten sitzen.

Man kann annehmen, dass der Infanterist mit seinem Handwerkszeuge etwa spätestens in 3 Stunden in mittlerem Boden seinen Platz (Fig. 2) für einen Schützengraben ausheben kann. Die Erweiterung auf die Profile (Fig. 3 und 4) kann später geschehen. Will man länger in Befestigungen weilen, verbreitert man sie auf Fig. 5 und 6 und giebt noch Eindeckungen. (S. Eindeckungen).

(Die gegebenen Zeichnungen bedürfen keiner Erklärung.)

Die Artillerie baut ihre Geschützstände selbst.

Einrichten vorhandener Deckungen ist bei Dämmen sehr einfach. Bei Hecken: Schützengraben dahinter; das Ausästen von Schiessschlitzen durch die Hecke, dem Schützen überlassen. Uebrigens schützen beim rauchschwachen Pulver die Hecken schon durch Deckung gegen Sicht.

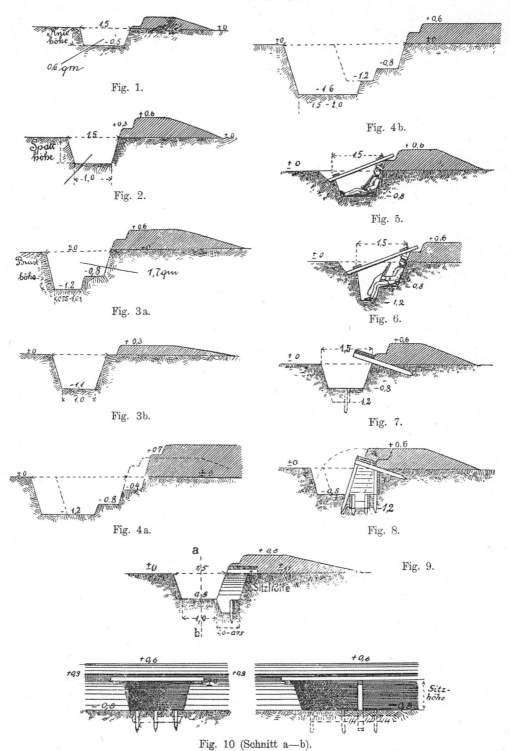

Fig. 10 (Schnitt a—b).
Fig. 1—4b: **Schützen- und Deckungsgräben**, Fig. 5—10: **Eindeckungen**.

Feldbefestigungen

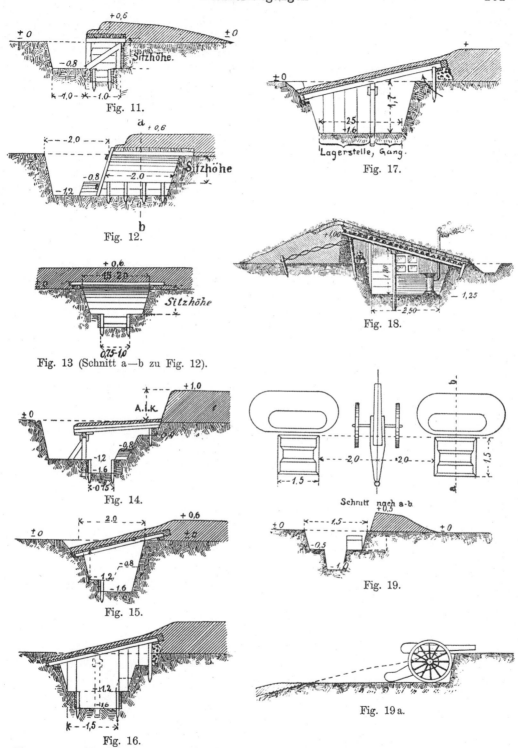

Fig. 11—17: **Eindeckungen**, Fig. 18: **Preussische Winterlagerhütte**, Fig. 19 und 19a: **Artilleriedeckung** (für Feldartillerie), 19a Aufstellung auf rückwärtigen Hängen.

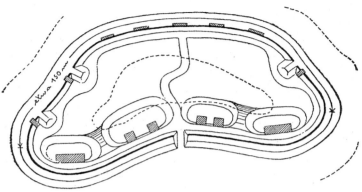

Fig 20.

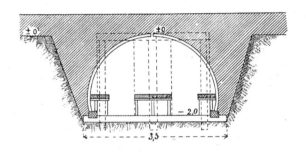

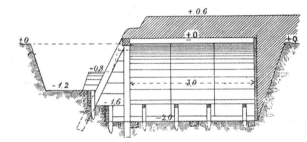

Fig. 21.

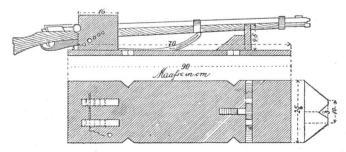

Fig. 22.

Fig. 20: **Schanze**, Fig. 21: **Eindeckungen mit Wellblech**,
Fig. 22: **Einrichtung zum Schiessen bei Nacht.**

Hinter **Mauern** stellt man Gestelle auf, damit man hinüber sieht. Bei genügender Mauerhöhe ist die Anordnung mehrerer Feuerlinien übereinander möglich. Schiest der Angreifer mit Sprenggranaten ist es besser vor den Mauern sich einzugraben, bezw. die Dorfumfassung zu vermeiden. Ebenso bei den Städten. Waldränder sind bei dem rauchschwachen Pulver überaus wichtige Linien. Etwaige Verstärkungen sind so anzubringen, dass der Feind sie nicht erkennen kann, zweckmässig aber vor dem Waldrande.

Stellungen. Man vermeide Schanzen, mache recht lange Linien, sie haben die meiste Feuerkraft, nur bei bestimmten Zwecken lege man geschlossene Schanzen an. Die gebräuchliche Form einer Schanze ist in Fig. 20 dargestellt.

Künstliche **Hindernisse** sind im Ganzen illusorisch; die natürlichen sind zu benutzen. Verhaue sind selten von Nutzen, Drahthindernisse (s. dort) sind die einzig empfehlenswerthen, (s. auch Astverhaue). Das Legen von Eggen, Steinminen und Landtorpedos sind verwerfliche Arbeiten. Man versäume auch nicht Zeit mit Ansuppungen und Ansumpfungen, Stauungen etc. Will man sie anbringen, muss man das Gelände erst von Pioniren abnivelliren lassen, um die Höhe der Arbeit, vor Allem die Möglichkeit der Ausführung bestimmen zu können, die meist sehr in Frage steht.

(Was die Befestigung der Böschungen betrifft, s. Bekleidung).

Für das nächtliche Schiessen richtet man einfache Richthölzer an (Fig. 22). (Abbildungen nach „Pionier-Taschenbuch".)

Feldbinde. Zum Tragen der Kartentasche. Leibgurt aus gefüttertem Schärpenband.

Feldbrückenbau. Brückenstege, 1 m breit, für Ordonnanzen etc.

Laufbrücken für Infanterie in Reihen und Kavallerie abgesessen zu Einem, etwa 2 m breit.

Kolonnenbrücken 3 m im Minimum, sonst besser 6 m, damit Wagen sich ausweichen können, die Mehrarbeit ist nicht so gross und lohnt sich. Bei Wahl der Brückenstelle sind immer die taktischen Rücksichten, auch die Zugänge die **Hauptbedingungen.** Natürlich nimmt man dann möglichst schmale Stellen, mit entsprechenden Verhältnissen. Die schwereren Bauten sind unter Artikel „Brücken" besprochen.

Bei einfacher Uferbrücke (Laufbahn) braucht man Unterstützung, eiserne Klammern sind immer besser wie Seile etc.

Der einfachste Bau für längere Brücken ist die Pfahljochbrücke, bei der die Pfähle nicht einmal tief eingerammt zu werden brauchen, sondern nur soviel, dass sie gerade stehen und bei tüchtigem Schlag mit Schmiedehammer nicht mehr ziehen. Dann verbindet man sie mit über Kreuz angebrachten Hölzern (Schwertern), sägt sie gleichmässig vom Wasser gemessen oben ab, legt Holm drauf, mit Klammern befestigt, und die Streckbalken hinüber. Stützen gegen den Strom sind gut. Die Verlegung des Belages, den man an den Seiten durch Querlatten fest an die Balken nagelt, ist bekannt. Geländer bringt man so gut es geht an. Man suche den Landstoss, wenn es geht, nicht nahe ans Ufer zu legen, und sichere ihn durch Geröll, Faschinen u. s. w.; je fester desto besser.

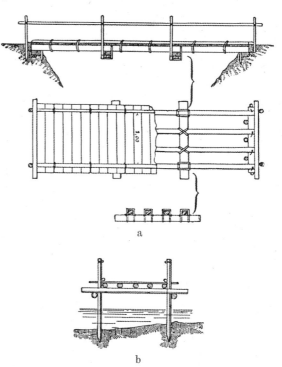

Einfache Uferbrücken
(a Uferbrücke mit Unterzügen, b Querriegel).

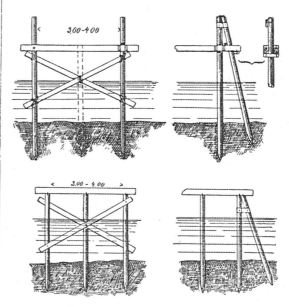

Pfahljochbrücken.

Feldbrücken für grössere Lasten, s. Brücken. (S. auch „Pontonbrücken", „Fassbrücken", „Flossbrücken", „Schiffbrücken").

Felddienst. Der gesammte F. ist in der F.-Ordnung (F.-O.) niedergelegt, deren neueste Ausgabe 1894 erschienen ist. Die verschiedenen Theile desselben sind sämmtlich in den einzelnen Artikeln dieses Lexikons behandelt worden und dort nachzuschlagen.

Er zerfält in 1. Dienst im Felde: Truppenvertheilung, Befehlsertheilung, Nachrichten, Meldungen, schriftlichen Verkehr, Aufklärung, Sicherung, Marsch, Unterkunft, Train, Munitionswesen, Eisenbahn-, Telegraphen- und Feldpolizeiwesen. 2. in die Bestimmungen über die Herbst-Manöver.

F. in grösseren Verbänden bis ein- schliesslich Bataillon etc.: Dienstanzug (s. dort). Fernglas, Signalpfeife; innerhalb der Kompagnie kleiner Dienstanzug (s. dort), Fernglas, Signalpfeife.

Feldequipage, veralteter Ausdruck für die zur früheren Feldausrüstung der Truppen gehörigen Fahrzeuge nebst Geschirr- und Stallsachen, Packsättel nebst Zubehör und Krankendecken.

Feld-Etat bestimmt die Kriegsstärke der Truppen und die vom Tage der Mobilmachung ab zuständigen Gebührnisse des Feldheeres.

Felder heissen die zwischen den kantigen Zügen vorstehenden Theile der Bohrung.

Feld-Distanzmesser sind mathematische Instrumente, mit welchen das indirekte Messen von Entfernungen in abgekürzter Weise vorgenommen werden kann. 1. Gruppe: Gesichtswinkelmesser. Annahme einer durchschnittlichen Objektshöhe. Bestimmung des Gesichtswinkels für dieselbe. Hierher gehören auch die Distanzfernrohre. 2. Gruppe: Distanzmesser mit veränderlicher oder konstanter Basis. Unabhängigkeit von der Objektshöhe. Die hierher gehörigen Konstruktionen sind sehr mannigfaltig; man findet Spiegel, Glasprismen und Fernrohre. 3. Gruppe: Messung der Zeit, die der Schall zum Zurücklegen der zu ermittelnden Distanz bedarf.

Feldfahrzeuge sind die gesammten für das Feldheer benöthigten etatsmässigen Wagen, deren kriegstüchtige Beschaffenheit bei den Musterungen der Truppen etc., sowie durch besondere Besichtigungen geprüft wird. Im Frieden sind die F. möglichst zu schonen. Da aber die bei den Manövern zur Fortschaffung der Friedensbagage gemietheten oder angeforderten Vorspänner nicht geeignet sind, an Stelle der grossen Bagage mobiler Truppen zu treten, so ist gestattet, Theile der kleinen Bagage oder des Trains übungshalber mitzuführen. Trainbespannung wird bis zu ³/₄ des etatsmässigen Pferdebestandes herangezogen. (Brückentrain möglichst mitzuführen.) Die General-Kommandos bestimmen Anzahl der Fahrzeuge. Kavallerie und Artillerie nehmen die Krümperpferde zur Bespannung der Wagen.

Feldflasche wird aus Aluminium hergestellt. Dazu gehört ein abnehmbarer Ueberzug von naturfarbenem braunem Filzstoff, Tragriemen von geschwärztem Leder und ein aus Aluminium gestanzter Trinkbecher, welcher im Brodbeutel mitgeführt wird.

Feldgeschütze. Obgleich für die Weiterentwicklung der Feldkanonen grossentheils ähnliche Gesichtspunkte wie für die Ausgestaltung der Handfeuerwaffen maassgebend geworden sind, (kleinere Seelenweite, höhere Querdichte bei verringertem Gewicht der Geschosse, grössere Geschwindigkeiten, flachere Bahnen, gesteigerte Geschosswirkung, bessere Trefffähigkeit und erweiterter Wirkungsbereich), haben doch die bedeutenden Kosten einer völligen Neubewaffnung und das grosse Risiko der Initiative bisher sämmtliche Staaten abgehalten, allen diesen Anforderungen Folge zu geben. Immerhin hat man die Steigerung der Infanterie-Feuerwirkung und den sich daraus ergebenden taktischen Folgen ziemlich allgemein durch nachstehende Neuerungen zu begegnen gesucht:

I. Gesteigerte Feuerwirkung:
a) Vergrösserung der Schrapnelwirkung. (Geschosshülle aus Stahl; grössere Zahl der Füllkugeln; Kugeln aus härterem Metall.)
b) Einführung von Brisanzgranaten zur Bekämpfung lebender Ziele dicht hinter Deckungen.
c) Zur Steigerung der Feuergeschwindigkeit: Verringerung des Rücklaufs der Geschütze. (Seil-, Anker- und hydraulische Bremse; Sporn.)
Einführung von Fertig-Doppelzündern.

II. Erweiterung des Wirkungsbereichs und der Verwendbarkeit:
a) Grössere Brenndauer des Bz.
b) Doppelzünder.
c) Vergrösserte Beobachtungsfähigkeit durch Erzielen einer grösseren, gut sichtbaren Rauchwolke des zerspringenden Geschosses.
d) Einstellung von Steilfeuergeschützen grösseren Kalibers in die Feldartillerie zum wirksamen Angriff auf vorbereitete und verschanzte Stellungen.

Alle diese Verbesserungen sind indess vorläufige und die wachsende Erkenntniss der Unzulänglichkeit derselben lässt erwarten, dass in nicht zu ferner Zeit neue F. einen erheblichen Fortschritt an ballistischer Leistung aufweisen und zu einem beträchtlich rascherem Feuer als bisher befähigt sein werden. Abbildungen von F. s. Seite 205—207. Die Abbildungen sind nach Schubert „Die Feldartillerie".

Zusammenstellung der wichtigsten Angaben über die F. einiger Staaten s. Seite 208 bis 210.

Feldgottesdienst. Die Ausführung richtet sich nach Gelegenheit, Jahreszeit, Grösse der Truppen-Ansammlung, Sicherheit der Lager u. s. w. Die Militär-Musik wirkt, wenn es möglich ist, mit.

Feldjäger-Aspiranten (Preussen) dürfen zur Wahl zu Reserveoffizieren zugelassen werden, sobald dieselben von dem Kommandeur des reitenden Feldjäger-Korps ein Annahmezeugniss erhalten haben.

Feldjäger-Korps ergänzt sich aus Aspiranten für den preussischen Forst-Verwaltungsdienst. Dazu erforderlich: In Deutschland geboren, Christ, gesund, guter Sitte, unter 23 Jahren, Abiturient (mit unbedingt genügender Mathematik), vermögend, Jäger-Reserveoffizier-Patent, Prüfung. — Geburtsschein, Gesundheitsattest, Abiturientenzeugniss, Vermögensnachweis (1200 M. auf 10 Jahre und Equipirungsgeld von 500 M.) sind einzureichen,

Feldgeschütze

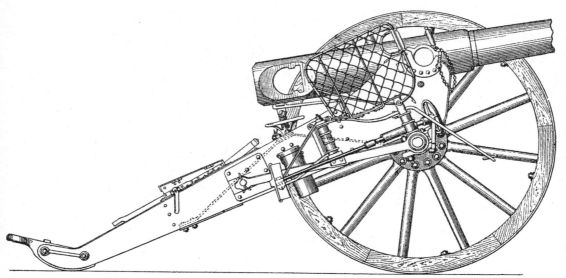

Deutsche schwere Feldkanone c/73.

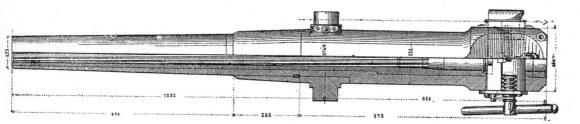

Russisches leichtes Feldkanonenrohr c/77.

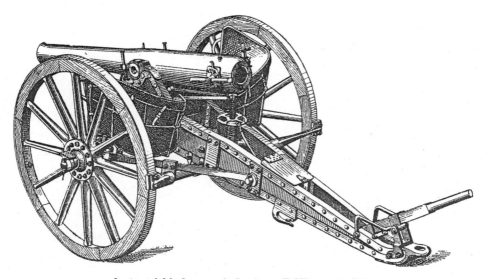

Oesterreichisch-ungarische 9 cm-Feldkanone c/75.

Feldgeschütze

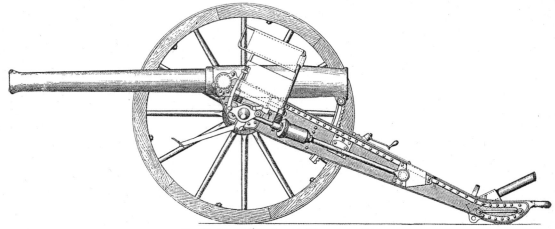

Englische 12 pfünder-Feldkanone c/84.

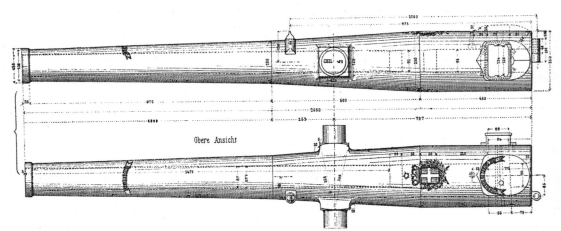

Italienisches broncenes 9 cm-Kanonenrohr c/81.

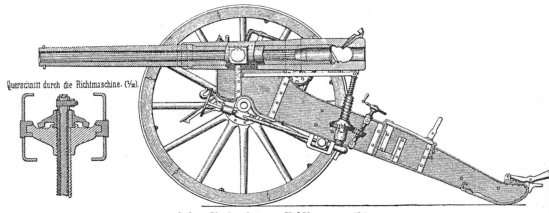

Schwedische 8,4 cm-Feldkanone c/81.

Feldgeschütze

Schweizerische 8,4 cm-Feldkanone c/81.

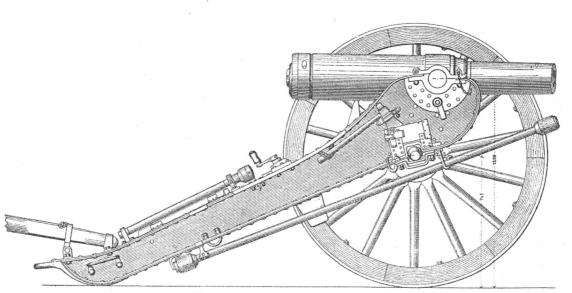

Französische 90 mm-Kanone c/77.

Feldgeschütze

Gegenstand		Deutsches Reich	England	Frankreich		
		Schwere Feldkanone c/73(F.) u. Feldkanone c/73/88. (R. u. F.)	12 pfünder Feldkanone c/84. (R. u. F.)	80 mm Kanone c/77. (R.)	90 mm Kanone c/77. (F.)	kz. 12(Kan((F.
Rohrgewicht (mit Verschluss) kg		c/73 : 450 c/73/88 : 420 c/73/91 : 442	355	425	530	69(
Rohrlänge	m	2,100	2,346	2,280	2,280	
	Seelenweiten	23,8	30,8	28,5	25,3	
Seelenweite ..... cm		8,80	7,62	8,00	9,00	12,
Einrichtung des Rohrs nebst Verschluss		Mantelrohr von Tiegelflussstahl (c/73/91 von Nickelstahl) mit Rundkeilverschluss und kupfernem Liderungsring; Zentralzündung schräg durch den Keil; Geschossraum glatt; Kartuschraum erweitert.	Mantelrohr von Flussstahl mit Schraubenverschluss und plastischer Liderung de Bange; Oberzündung in kupfernem Stollen; Geschossraum gezogen.	Stahlringrohr (Kernrohr von Fluss-, Ringe von Puddelstahl) mit Schraubenverschluss und plastischer Liderung de Bange; Zentralzündung in der Rohrachse durch den Verschluss; Geschossraum gezogen.		Stahl rohr Schr benv schl liegt einer b cen Jacl welch Schild fen t Hyd pneu tisc Roh brems Vo brin
Züge	Drall	Gleichförmig; rechtsgängig.	Zunehmend; rechtsgängig.	Zunehmend; rechtsgängig.		—
	Dralllänge, Seelenweiten	50	120 bis 28	120 bis 25,6	104 bis 25	—
	Drallwinkel (rund) Grad	3,6	1,5 bis 6,5	1,5 bis 7	1,8 bis 7	—
	Gestalt	Rechteckige Keil-	Bogenförm. Parallel-	Muldenförmige Parallel-		
	Zahl	24	18 (bei den älteren Rohren 12)	24	24	
	Tiefe .... mm	1,25	1,02	0,50	0,60	
	Breite ... mm	8,50 bis 6,0	10,2 (bei den älteren Rohren 15,24)	8,0	8,0	
Lafettengewicht	leer .... kg	c/73 u. c/73/88 F. : 565 c/73/88 R. : 525	R. : 570 F. : 620	500	710	—
	mit Rohr, kriegsmässig gepackt kg	c/73 u. c/73/88 F. : 1055 desgl. m. Rohr c/73/91 : 1045 c/73/88 R. : 980	R. : 945 F. : 980	955	1270	14

Bemerkungen: F. = fahrende, R. = reitende Batterien. — K. von Krupp O.: von Obuchoff

Feldgeschütze

Italien		Oesterreich - Ungarn	Russland		
cm Kanone 4. (R. u. F.)	9 cm Kanone c/81. (F.)	9 cm Feldkanone c/75 (F.) und c/75/90. (R.)	Kavallerie- (R.) und leichtes (F.) Geschütz c/77/79.	Schweres (Batterie-)*) Geschütz c/77/79. (F.)	6zöller Feldmörser
300	470	c/75 : 487 c/75/90 : 415	R. K. : 360 a) R. O. : 361 R. S. : 328 F. K. : 445 F. O. : 455 F. S. : 439	K. : 625 a) O. : 621	460
1,780	2,050	2,060	R. O. u. K. : 1.700 F. O. u. K. : 2,100 F. S. : 2,078	2,100	—
23,7	23,5	23,6	R. O. u. K. : 19,6 F. O. u. K. : 24.2 F. S. : 23,9	19,6	9,0
7,50	8,70	8,70	8,69	10,67	15,24
wandiges Rohr von Hart-nce mit stählernem Lide-rungsring und ndkeilver-hluss von Stahl; erzündung in kupfernem ollen; Geschossraum glatt.	Flachkeilver-schluss von gehämmerter Bronce; Kartuschraum erweitert.	Einwandiges Rohr von Hartbronce mit Flach-keilverschluss von Hartbronce und kup-fernem Liderungsring; Oberzündung in kup-fernem Stollen; Ge-schossraum glatt; Kartuschraum er-weitert.	Mantelrohr von Flussstahl c/77 u. c/79 mit Rund-keilverschluss und stählernem Lide-rungsring; c/92 bezw. c/93 mit Schrauben-verschluss und plas-tischer Liderung de Bange; Zentralzün-dung in der Rohr-achse durch den Ver-schluss; dünnwan-diges Seelenrohr kalt eingeschoben; Geschossraum gezogen.	Mantelrohr von Flussstahl mit Rundkeilver-schluss und stähler-nem Liderungsring; Zentralzündung schräg durch den Keil;	Mantelrohr von Fluss-stahl mit Rundkeil-verschluss und stäh-lernem Liderungs-ring.
leichförmig; linksgängig.		Gleichförmig; rechts-gängig.	Zunehmend; rechtsgängig.		
46,7	45	45	R. O. u. K. : 370—36 R. S. : —25 F. : —40	K. : 370—40 O. : 170—40	
3,8	4,0	4,0	R. O. u. K. : 0,5—5 R. S. : —7,2 F. : —4,5	K. : 0,5—4,5 O. : 1,0—4,5	
Keil-12	Parallel-20	Rechteckige Parallel-24	Rechteckige Parallel-24	24	—
1,30 6 bis 12,5	1,25 10,1	1,25 8,4	1,25 8,4	1,25 10,5	
R.: 470 F.: 365	560	R. : 510 F. : 575	R. : 450 F. : 505	575	820
R.: 795 F.: 700	1060	R. : 930 F. : 1080	R.: 850 F. : 990	1235	—

mit Rundkeilverschluss R. S.: c/93 \
F. S.: c/92 / mit Schraubenverschluss.   *) Scheidet aus.

Feldgeschütze

Gegenstand	Deutsches Reich		England	Frankreich		
	Schwere Feldkanone c/73 (F.) u. Feldkanone c/73/88. (R. u. F.)		12 pfünder Feldkanone c/84. (R. u. F.)	80 mm Kanone c/77. (R.)	90 mm Kanone c/77. (F.)	kz. 120 Kano (F.
Einrichtung der Lafette	Gepresste, in ihrer ganzen Länge konvergirende Stahlblechwände mit oberen und unteren Flanschen, durch ein Sprengwerk verstärkt; Stahlachsen mit Mitnehmern; Räder mit Broncenaben; Richtmaschine mit Doppelschraube; Seilbremse; Lafettenkasten; F.: Achssitze.		Stahlblechwände, am oberen Rand durch angenieteten Winkelstahl verstärkt; stählernes Bodenblech; Stahlachse; Mitnehmer mit Schraubenfeder-Puffern; Räder mit Broncenaben und Stahlreifen; Zahnbogen-Richtmaschine, mit dem Rohr verbunden; Lafettenkasten; F.: Achssitze.	Vorn parallele, hinten konvergirende Stahlblechwände mit umgebörtelten Rändern; Deckblech und Bodenblech; broncene Schildzapfenlager; Schraubenrichtmaschine; Stahlachse; Räder mit Broncenaben und 14 Speichen; Seilbremse (Lemoine); keine Achssitze.		Ober- Unte lafette Seite rich masch
Grösste Erhöhung, welche die Richtmaschine auf wagerechtem Boden gestattet . . Grad	16		16	26	25	
Einrichtung der Protze	c/73: Gestell von Holz; Kasten von Eisenblech; Flügelthüren; Stahlachse unter den Armen gelagert. Geschosse zu je 5 in losen eisernen Geschosskasten verpackt.	c/88: Gestell von Stahl; Kasten von Stahlblech; Klappthür; erleichterte Stahlachse in den Armen gelagert.	Gestell von Stahl; 2 hölzerne Kasten; Klappdeckel; hohle Stahlachse.	Gestell und Kasten von Holz; Klappdeckel; Stahlachse mit Holzfutter.	Gestell von Eisen, Kasten von Holz; Klappthür; Stahlachse mit Holzfutter.	—
Gewicht des aufgeprotzten kriegsmässig gepackten Geschützes kg	R.: 1930 F.: 2005		R.: 1865 F.: 1900	1620	2120	23
Desgl. mit aufgesessenen Mannschaften[1] . . . . . . kg (in Klammern: Zahl der aufsitzenden Mannschaften.)	F.: 2395 (5)		R.: 2020 (2) F.: 2210 (4)	—	2433 (4)	2598
Gewicht des kriegsmässig gepackten Munitionswagens . . . kg	c/73: 2150 c/88: 2045 c/88 R.: 2030		1930	1840	2200	
Desgl. mit aufgesessenen Mannschaften[1] . . . . . . kg (in Klammern: Zahl der aufsitzenden Mannschaften.)	c/73: 2620 (6) c/88: 2515 (6) [2]		F.: 2240 (4)	—	2670 (6)	
Durchschnittliche Zuglast eines Pferdes am Geschütz kg (in Klammern: Zahl der Zugpferde.) ohne aufgesessene Mannschaften	R.: 322 F.: 334 (6)		R.: 311 F.: 317 (6)	270 (6)	353 (6)	394
mit	F.: 399		R.: 337 F.: 368	—	393	4
Desgleichen am Munitionswagen kg ohne aufgesessene Mannschaften	c/73 : 358 c/88 F.: 341 c/88 R.: 338 (6)		322 (6)	307 (6)	367 (6)	
mit	c/73 : 437 c/88 F.: 419		F.: 373	—	445	

Bemerkungen. F. = fahrende R. = reitende Batterien. — K.: von Krupp O.: von Obuchoff

---

Bemerkungen: [1] Gewicht eines Mannes zu 78 kg angenommen. [2] Auf den 5 Munitionswagen der II. Staffel sitzen nur je 4—5 M und Futter. [5] Oder 3 Mann. [6] Bezw. 3 oder 6 Mann.

Feldgeschütze

Italien		Oesterreich-Ungarn	Russland		
cm Kanone 4. (R. u. F.)	9 cm Kanone c/81. (F.)	9 cm Feldkanone c/75 (F.) und c/75/90. (R.)	Kavallerie- (R.) und leichtes (F.) Geschütz c/77/79.	Schweres (Batterie-)*) Geschütz c/77/79. (F.)	6 zöller Feldmörser
Eisenblechwände, 'n parallel, hinten konvergirend, mit umgebörtelten ndern; Richtmaschine mit oppelschraube; Stahlachse t Mitnehmern; Räder mit Naben aus Schweisseisen; fettenkasten; Balkenbremse; ter der Protzöse senkrechte Reibschiene; Achssitze.	Stahlblechwände,	Vorn parallele, hinten konvergirende Stahlblechwände, oben und unten durch angenietete Winkeleisen verstärkt; Stahlachsen mit Mitnehmern; Räder mit Broncenaben; Richtmaschine mit Doppelschraube; Lafettenkasten; Balkenbremse; F.: Achssitze.	In ihrer ganzen Länge konvergirende gepresste Stahlblechwände; Stahlachsen im Achslager verschiebbar; Mitnehmer mit Gummipuffern; Räder mit Holznaben; Richtmaschine mit Doppelschraube; Lafettenkasten; Bremssporn am Lafettenschwanz; Hemmseile zum Fahrgebrauch; F.: Achssitze.	Vorn parallele, hinten konvergirende Stahlblechwände; Stahlachsen im Achslager verschiebbar; Mitnehmer mit Gummipuffern; Räder mit Holznaben; Richtmaschine mit Doppelschraube; Lafettenkasten; Bremssporn am Lafettenschwanz; Achssitze.	Vorn parallele, hinten konvergirende Eisenblechwände; Richtmaschine; Schneckenwelle mit Kurbelrad; Zahnbogen am rechten Schildzapfen; Achspuffer; keine Achssitze.
R.: 20 F.: 19	Gestell von Eisen; Kasten von Holz; Klappdeckel; eiserne Achse.	21 Gestell und Kasten von Holz; Klapp- und Flügelthüren; stählerne Achse.	25 Gestell von Eisen; Kasten von Stahlblech; Klappthüren; stählerne Achse.	18 Gestell von Eisen, gefedert; Kasten von Eisenblech mit Klapp- bezw. Flügelthüren; stählerne Achse.	20	47 Kein Protzgestell; Deichsel, Protzhaken etc. unmittelbar am Protzkasten angebracht. Kasten aus Eisenblech mit Achse durch Gummipuffer federnd vorbunden. 12 Geschosse.
R.: 1560 F.: 1280	1925	R.: 1660 F.: 1910	R.: 1665 F.: 1910	2160	2100
: 1590 (4)	2315 (5)	F.: 2300 (5)	F.: 2300 (5)	2550 (5)	2335 (3)
R.: 1620 F.: 1380	2120	R. u. F. 2200 [4])	R.: 1610 F.: 2050	2050	1870
: 1650 (1) [3])	2275 (2)	F.: 2435 (3)	F.: 2360 (4) [5])	2365 (4) [6])	—
.: 260 (6) .: 320 (4) F.: 398	321 (6) 386	R.: 277 (6) F.: 318 (6) F.: 383	R.: 278 (6) F.: 318 (6) F.: 383	360 (6) 425	350 (6) 389
.: 270 (6) .: 345 (4) F.: 365	353 (6) 379	R. u. F.: 367 (6) F.: 406	R.: 268 (6) F.: 341 (6) F.: 393	342 (6) 395	468 (4) —

mit Rundkeilverschluss. R. S.: c/93 F. S.: c/92 mit Schraubenverschluss.   *) Scheidet aus.

uf; diese Wagen wiegen daher je 156 bezw. 78 kg weniger. [3]) Ein zweiter Mann auf dem Stangenhandpferd. [4]) Ohne Mannschaftsgepäck

Feldgeschütze — Feldjäger-Korps

Gegenstand	Deutsches Reich	England	Frankreich		
	Schwere Feldkanone c/73 (F.) u. Feldkanone c/73/88. (R. u. F.)	12 pfünder Feldkanone c/84. (R. u. F.)	80 mm Kanone c/77. (R.)	90 mm Kanone c/77. (F.)	kz. 120 mm Kanone (F.)
Zur Batterie auf Kriegsfuss gehören: Geschütze	6	6	6	6	6
Munitionswagen	9	6	8 / 9 [1]	9	9
Verwaltungs- und sonstige Fahrzeuge (Vorraths-Lafetten und -Wagen, Feldschmieden, Lebensmittel- u. Futterwagen u. a. m.)	5	7	3	3	—
zusammen	20	19	18 [1]	18	—
			[2]		
Zur Gefechtsbatterie gehören: Geschütze	6	6	6	6	
Munitionswagen	4	—	2 / 3 [1]	3	
Gewicht (fertig) kg Schrapnel	7,5	5,675	6,280	8,685	20,35
Sprenggranate	7,5	—	6,080	8,485	20,35
Granate	—	5,675	—	—	—
Mündungs-Geschwindigkeit des Schrapnels	(Schrapnel und Sprenggranate) 442	R.: 468 F.: 524	465	432	—
Endgeschwindigkeit des Schrapnels auf 3000 m . . . . m	233	F.: 251	270	258	—
Grösste Schussweite Schrapnel Bz. . . . . . m	4500 (desgleichen Sprenggranate Bz.)	3000	5800	5600	—
Desgl. Geschosse Az. bei einer Erhöhung von . . . Grad	6500 41,5	5,500 15,5	7000 25,1	7000 26,0	—
Erhöhungs- Winkel für 3000 m	7° 52′	5° 36′	5° 55′	6° 25′	—
Fall-	12° 0′	9° 11,	9° 0′	9° 0′	—
Zielabmessungen für 50% Treffer auf 3000 m Höhere	5,7	3,9	3,0	3.4	—
Breitere	3,3	2,2	2,6	2,8	—
Längere	27	24	19,4	21,4	—

Bemerkungen: F. = fahrende, R. = reitende Batterien. — K.: von Krupp c/77
O.: von Obuchoff c/79

Bemerkungen: [1]) Die oberen Zahlen gelten für die Batterien der selbständigen Kavallerie-Divisionen, die unteren für die Batterien der 12 Lebensmittel-, 1 Marketenderwagen und bei jeder Korps-Artillerie: 4 Gepäck-, 27 Lebensmittel-, 2 Marketender

---

sobald Aspirant bei einem Jäger-Bataillon als Einjährig-Freiwilliger eingetreten ist.

Dann Prüfung: Deutsch, Französisch (englisch und italienisch erwünscht), Mathematik (etwa Prima), vaterländische Geschichte und Reiten.

Die Angenommenen erhalten Offiziersgehalt, Servis und Wohnungszuschuss. Tagegelder nur auf Reisen. Die F. auf der Forstakademie und während der forstlichen Ausbildung erhalten monatlich 36 M. Gehalt. Nach abgelegtem Staats-Examen kann der F. in den Friedensdienst ev. Forstdienst kommandirt werden. Je 5—6 F. reiten bei den Hubertusjagden mit, daher Ausbildung im Reiten erforderlich.

Kurierdienst. Dazu Kurierbuch; muss Alles persönlich übernehmen und übergeben; steht mit Leben und Ehre für die Sicherheit der Depeschen ein; grösste Verschwiegenheit. Vom Empfänger Bescheinigung über alles Abgelieferte. Auf der Reise grösste Beschleunigung. Keine Privat-Aufträge übernehmen.

Im Kriege. Ins grosse Hauptquartier: Der älteste Ober-Jäger und 9 F. (Jeder dieser hat 3 Pferde mitzubringen.)

Zu jedem Oberkommando 3 F. Die übrigen bei den Jägerbataillonen mit ihrer Uniform eingestellt. Sie erhalten „offene Ordre", „gute Karten."
(Ehrenrath und Ehrengericht, s. E. im F.-Korps.)

Feldkessel — Feldlazarath

Italien		Oesterreich-Ungarn		Russland			
cm Kanone 74. (R. u. F.)	9 cm Kanone c/81. (F.)	9 cm Feldkanone c/75 (F.) und c/75/90. (R.)		Kavallerie- (R.) und leichtes (F.) Geschütz c/77/79.		Schweres (Batterie-)*) Geschütz c/77/79. (F.)	6 zöller Feldmörser
		R.	F.	R.	F.		
6	6	6	8	6	8	8	6
6	6	6	8	12	12	16	18
							6 Munitionskarren.
R.: 5 ⎫ 3) F.: 3 ⎭	3	6	5	12	9	9	6
R.: 17 ⎫ 3) F.: 15 ⎭	15	18	21	30	29	33	36
				⎿ 4) ⏌			
6	6	6	8	6	8	8	—
3	3	4		6	4	4	—
4,47	6,96	6,41		6,901		12.505	31
—	—	—		—		—	26
4,28	6,76	6,36		6,960		12,560	—
423	448	430		412	442	374	220
—	236	237		—	—	—	—
3900	4200	3375 (dgl. Esrakitgran. Bz.)		3400		3200	3400
Schrapn. 4400 Gran. 5400	Schrapn. 5300 Gran. 4000	4500		6400		5350	3400
30,25	11,75	15,25		22,0		26.0	32,25
8° 54'	7° 18'	7° 54'		8° 12'	7° 30'	9° 46'	
13° 36'	11° 18'	11° 43'		11° 32'	9° 37'	13° 16'	—
4,5	3,9	—		6,1	4.3	7.8	—
3,5	4,1	5,9		4,9	3,0	3.8	—
18	19	30		31	26	33	—

mit Rundkeilverschluss   R. S.: c/93 ⎫ F. S.: c/92 ⎭ mit Schraubenverschluss.   *) Scheidet aus.

Armeekorps; erstere haben ausser den 8 Munitions- noch einen Patronenwagen. ²) Ausserdem bei jeder Divisions-Artillerie: 2 Gepäck-wagen. ³) Bei R. 1 Vorrathslafette und 3 (F.:2) Lebensmittel- und Futterwagen. ⁴) Bei jeder Batterie 1 Vorrathslafette mit Protze.

Feldkessel. S. Kochgeschirre und Kameradschafts-Kochapparate.

Feldkirch am Ill. Dort hatte sich der österreichische General Jellachich mit wenigen Truppen verschanzt und schlug 23./3. 1799 die Franzosen unter Massena glänzend ab.

Feldkriegskassen heissen die Kriegskassen, die im mobilen Verhältnisse gebildet werden.

Jedes Armee-Korps hat eine F., ebenso das grosse Hauptquartier, jede Etappen-Inspektion und Militär-Eisenbahn-Direktion. Sie stehen unter den bezüglichen Intendanturen. Die F. ist die Geschäftsträgerin der General-Kriegskasse. Personal der F. ist bei einem Armeekorps oder Etappen-Inspektion 1 Kriegs-Zahlmeister, 1 Kassirer, 1 Buchhalter, 1 Kassenassistent und 1 Kassendiener. Bei der F. des grossen Hauptquartiers oder einer Militär-Eisenbahn-Direktion fallen der Buchhalter und Kassenassistent weg. Monatliche Abrechnung mit der General-Kriegskasse Auf Märschen ist Kriegs-Zahlmeister mit Buchhalter an der Spitze des Zuges, Kassirer und Assistent schliessen den Zug. Die F. darf nie verlassen werden.

Feldlazareth. S. Sanitätswesen; auch Militär-Lazareth.) Jedes mobile Armeekorps hat 12 F. für je 200 Verwundete oder Kranke. Jedes F. kann in 2 selbstständigen Sektionen etablirt werden. Der zur Etablirung der F. bestimmte Ort (Gebäude, Gehöft u. s. w.) muss sich möglichst in der Nähe des Hauptverbandplatzes, aber gegen feindliches Feuer gesichert befinden.

Die Unterbringung der F. wird von den General-Kommandos bestimmt. Sie werden durch Flaggen etc. kenntlich gemacht. Abgelöst werden sie vom Kriegs-Lazareth, das ständig ist.

Feld-Mineur-Dienst. S. Miniren.

Feld-Munitionspark. Der Feld-Munitionspark besteht aus Kolonnen, welche je nach Bedarf den Armee-Kommandos bezw. den Artillerie-Generalen derselben unterstellt werden. Die Kolonnen sind wesentlich für die Eisenbahnbeförderung der von ihnen mitgeführten Munition eingerichtet, besitzen indessen auch durch Zutheilung bespannter Munitionsfahrzeuge das Mittel, von dem Etappen-Hauptort Munition nach vorwärts belegenen Punkten vorzuschieben und auf diese Art Munitions-Zwischendepots zu errichten.

Haupt-Munitionsdepot. Die Ergänzung des Feld-Munitionsparks erfolgt aus Haupt-Munitionsdepots, welche in heimischen Festungen mobil gemacht werden und daselbst verbleiben. Sie sind dem General-Inspekteur des Etappen- und Eisenbahnwesens zugewiesen.

Feld-Ober-Postmeister ist zur Herstellung und Erhaltung der Postverbindungen auf dem Kriegsschauplatze da.

Zur Unterstützung des Feld-Ober-Postmeisters dienen zwei Feld-Ober-Postinspektoren.

Dem Feld-Ober-Postmeister sind die sämmtlichen Armee-Postdirektoren und Feldpost-Anstalten unterstellt. Er selbst hat in rein posttechnischen Beziehungen den Anweisungen des Reichs-Postamtes unbedingt Folge zu leisten.

Feldpost bei der k. und k. Armee im Felde befördert Briefschaften und Geldsendungen; Reise-Beförderung wie oberste Leitung versieht die General-Feldpostdirektion. Jede Armee erhält eine Feldpostdirektion zur unmittelbaren Leitung des F.-Dienstes und ein Haupt-Feldpostamt für den ausübenden F.-Dienst, jedes Korps eine F.-Leitung. Auf den Etappenlinien befinden sich Etappen-Postämter.

Die F.-Konducteure erhalten von der Generalverwaltung Armatur und Rüstung, Beamte tragen Säbel.

Feld-Sanitätswesen (s. auch Krankenträger-Ordnung und Etappendienst).

In Deutschl. bildet der Chef des F. die Zentralstelle für das F. Er erhält Anweisungen vom General-Inspekteur, die ihn in Verbindung mit den Etappen- und Eisenbahnbehörden bringen.

Jedem Armee-Oberkommando gehört ein Armee-Generalarzt mit Personal an, welcher die Oberleitung des Sanitätsdienstes bei den Armee-Oberkommandos hat.

Der Korps-Generalarzt leitet nach Weisung des kommandirenden Generals den Sanitätsdienst bei seinem Armeekorps nach Maassgabe der für diese Stelle im Frieden bestehenden und der besonders gegebenen Bestimmungen.

Konsultirende Chirurgen können vorzugsweise der Feldarmee beigegeben werden. Ihre Ernennung erfolgt durch den Kaiser.

Die Verwendung der konsultirenden Chirurgen erfolgt auf Befehl der betreffenden Kommandobehörden. Sie ist meist eine rein wissenschaftlich-technische.

Der Divisionsarzt leitet den Sanitätsdienst bei der Division im Felde.

Bei der Besatzungsarmee sing vorhanden: der Chef des Sanitätskorps bezw. ein Generalarzt als dessen Vertreter für die Leitung des Militär-Medizinalwesens bei der Besatzungsarmee;

bei einem stellvertretenden Generalkommando:
1 stellvertretender Generalarzt und chirurgische Konsulenten,
1 Reservelazareth-Direktor in grösseren Städten.

Bei den Truppen sind Sanitätsoffiziere, Sanitätsoffizier-Dienstthuer, Lazarethgehülfen und Hülfskrankenträger vorhanden. An Sanitätsmaterial werden Truppen-Medizinwagen (-Karren), Krankentragen, Bandagentornister bezw. Sanitätskasten sowie Lazarethgehülfentaschen mitgeführt, ausserdem führt jeder Soldat ein Verbindezeug bei sich.

Mit Hülfe dieses Personals und Materials können an Sanitätseinrichtungen gebildet werden: Krankenstuben, Ortslazarethe und auf dem Gefechtsfelde: Truppenverbandplätze.

(S. die einzelnen Artikel).

Die Feld-Sanitätsanstalten eines Armeekorps bestehen aus 3 Sanitätsdetachements und 12 Feldlazarethen.

Ein Sanitätsdetachement enthält Aerzte, Feldapotheker, Lazarethgehülfen, militärische Krankenträger und Trainmannschaften. Es führt mit sich: 8 zweispännige Krankentransportwagen, 2 zweispännige Sanitätswagen und 2 zweispännige Packwagen.

Verbandplätze.

Bei Beginn eines Gefechts findet zunächst die Errichtung von Truppenverbandplätzen statt, auf welchen die den Truppen beigegebenen Aerzte und Lazarethgehülfen sowie aus der Front entnommene Krankenträger mit rother Binde thätig sind.

Feldlazareth.

Ein Feldlazareth enthält 1 Chefarzt, Stabs- und Assistenz-Aerzte, Feldapotheker, Lazareth-Inspektor, Rendant, Lazarethgehülfen, militärische Krankenwärter u. s. w. Es führt 3 vierspännige Oekonomie-Utensilienwagen, 1 zweispännigen Packwagen, 2 zweispännige Sanitätswagen. Jedes Feldlazareth ist zur Aufnahme von 200 Kranken bezw. Verwundeten eingerichtet und in zwei Züge theilbar.

Die Verwendung der Feldlazarethe bezw. die zeitweilige Zutheilung derselben an die Divisionen erfolgt auf Anweisung des kommandirenden Generals.

Die Krankenvertheilung erfolgt durch die jeder Etappen-Inspektion unterstellte Krankentransport-Kommission.

Krankentransporte.

Diese geschehen durch die Sanitäts- und Krankenzüge.

Die Sanitätszüge dienen der Krankenvertheilung und unterscheiden sich nach ihrer besonderen Einrichtung und Besatzung mit ärztlichem Personal in Lazareth- und Hülfslazarethzüge.

Feld-Sanitätswesen

Lazarethzüge sollen ausschliesslich Kranke aufnehmen, die nur liegend befördert werden dürfen; sie bilden geschlossene Formationen mit etatsmässigem ständigen Personal und Material und werden auf Kosten der Militärverwaltung eingerichtet und ausgestattet.

Hülfslazarethzüge werden für den gleichen Zweck in ähnlicher Art wie die Lazarethzüge, jedoch für eine vorübergehende Benutzung gebildet und ausgestattet.

Krankenzüge dienen zum Transport von Kranken, die sitzend fahren können und werden nach Bedarf und meist ohne Zutheilung ärztlicher Personen zusammengestellt; in dringenden Fällen können auch liegende Kranke in diesen Zügen mitbefördert werden.

Ein Lazarethzug zählt von der Lokomotive ab:
1 Gepäckwagen mit Bremse,
1 Magazinwagen mit Bremse,
1 Arztwagen,
1 Wagen für Lazarethgehülfen mit Bremse,
8 Krankenwagen,
1 Speisevorrathswagen mit Bremse,

Hülfslazarethzug (Grund'sches System)

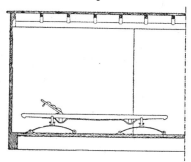
a.
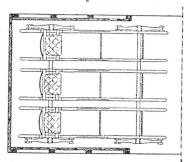
b.
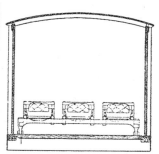

Hülfslazarethzug (Hamburger System).

a. Längenschnitt.

b. Querschnitt.

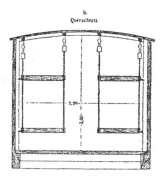

Feld-Sanitätswesen.

1 Küchenwagen,
7 Krankenwagen,
1 Verwaltungs- und Apothekenwagen mit Bremse,
7 Krankenwagen,
1 Küchenwagen,
1 Speisevorrathswagen mit Bremse,
8 Krankenwagen,
1 Wagen für Lazarethgehülfen mit Bremse,
1 Feuerungsmaterialienwagen mit Bremse,

41 Wagen = 82 Achsen,
darunter 30 Krankenwagen mit 300 Lagerstellen.

Hülfslazarethzüge werden nach dem vom Chef des Feld-Sanitätswesens angemeldeten Bedarf von den Krankentransport-Kommissionen zusammengestellt. Dieselben können nach Bedarf in ständige Lazarethzüge umgewandelt werden.

Abbildungen von Hülfslazarethzügen (Grund'sches und Hamburger System) s. oben.

Krankenzüge (s. oben) werden von den Eisenbahnbehörden zusammengestellt. Dieselben gehen geschlossen und gesondert von anderen Transporten. Zur Bildung von Krankenzügen sind bedeckte Wagen jeder Art benutzbar.

Die im Anschluss zu errichtenden Erfrischungs-, Verband- und Uebernachtungsstellen an den Etappenorten dienen dazu, auf der Fahrt befindliche Kranke und Verwundete zu verpflegen.

Leichtkranken-Sammelstellen werden seitens der Etappenbehörden für solche Leichtkranke und Leichtverwundete eingerichtet, welche nicht einer Lazarethbehandlung bedürfen.

Dazu kommen als Reserven die Lazareth-Reserve-Depots und Güter-Depots der Sammelstellen.

Feldschanze s. Befestigung.

Feldherr. Dieses ist kein zu verleihender Titel, sondern ihn verleiht die Geschichte, da eine Fülle aussergewöhnlicher Gaben, auch Gelegenheit dazu gehört, um diese Palme höchsten militärischen Ruhmes zu erlangen. Anleitungen zu geben, die Höhe zu ersteigen, ist ebenso verlorene Mühe, als solche zu ertheilen, ein grosser Dichter zu werden.

Feldscherer hiessen ehemals die deutschen Sanitätsbeamten und Aerzte, die meist ohne wissenschaftliche Bildung waren.

Feldschlagröhre, s. Schlagröhre.

Feldschmiede. Fahrzeug der Feld- und der Belagerungsartillerie. Die F. C/73 der deutschen Feldartillerie besteht aus Protze und Hinterwagen. Der Hinterwagen trägt einen eisernen Herd mit Kapselradgebläse und einem Schraubstock. Die F. enthält ausser einem Vorrath an Kohlen, Hufeisen und Ersatzstücken alle nothwendigen Werkzeuge zur Ausführung von Hufbeschlag und kleineren Schmiedearbeiten im Biwack. Neuerdings sind mehrfach tragbare F. eingeführt worden, die bei erheblich niedrigerem Gewicht doch eine für den praktischen Feldbedarf völlig ausreichende Leistungsfähigkeit besitzen.

Feldtelegraphie. S. Militär-Telegraphie. Im Manöver können bei jedem Korps 4—6 Fahrzeuge der F. mitgenommen werden. Kriegsgemässe Verwendung anzustreben. Kann eventuell auch an Staats-Telegraphen angeschlossen werden.

Feldtruppen sind die zur Feldarmee gehörigen Truppen.

Feldverpflegung, s. Verpflegung auch Etappen.

Feldwachtmeister, früher Anrede, die dem Major der Kavallerie zukam.

Feldwerke sind im Felde aufgeworfene Vertheidigungsabschnitte, die grössere Ausdehnungen haben als die Schützengräben.

Feldzeugmeister (FZ), in Oesterreich steht im Range zwischen dem Feldmarschall (FM) und Feldmarschalllieutenant (FML).

Felixdorf bei Wiener Neustadt, Pulverfabrik.

Fenestrelles. Dort am Eingange des Passes, der von Italien über den Mont Genèvre nach Frankreich führt, haben die Italiener eine Anzahl Forts angelegt. Es wurde 1708 von Savoyen erobert, musste 1796 den Franzosen kapituliren.

Ferdinand Karl d' Este (1781—1850) österreichischer Feldmarschall, schlug sich 1805 bei Ulm durch und kam mit 1500 Mann in Eger an. In der Schlacht bei Austerlitz deckte er den rechten Flügel, kämpfte mit Auszeichnung bei Warschau.

Ferdinand, Herzog von Braunschweig-Lüneburg, preussischer General-Feldmarschall (1721 bis 1792). Ein Schüler Friedrichs d. Gr.; er zeichnete sich in dessen Stabe in den Schlesischen Kriegen aus, erhielt 1757 den Befehl über die westlichen Korps, um gegen Franzosen und Reichsarmee zu fechten, hatte stets mit eigener Minderzahl zu rechnen, schlug dennoch Clermont bei Krefeld, musste nachher zurückgehen, verlor im April 1759 die Schlacht bei Bingen, doch siegte er glänzend im August bei Minden über Contades, suchte trotz schwierigster Verhältnisse bis 1762 seine Stellung im Westen zu erhalten; F. ergriff verstärkt im Frühjahr die Offensive, schlug im Sommer die Feinde bei Wilhelmsthal und Lutterberg und konnte beim Friedensschluss mit voller Ernte einfahren. Infolge von Verstimmungen mit dem Könige zog er sich 1766 vom Dienste zurück.

Fère Champenoise, 25./3. 1814 siegreiches Treffen unter dem Kronprinzen von Württemberg; 13 000 alliirte Reiter und Artillerie, ohne Mithilfe von Infanterie, gegen 33 000 Franzosen, worunter 25 000 Mann Infanterie. Verlust der Alliirten: 4000 Mann. Verlust der Franzosen: todt oder Verwundet 5000 Mann, gefangen 9 Generäle 8000 Mann, 60 Geschütze, 250 Karren erobert.

Fère. (S. La Fère).

Fermor, Graf, russischer General (1704—1771), führte die Russen in der Schlacht bei Zorndorf 1758, wurde nach Verlust der Schlacht Soltikow unterstellt.

Fernglas. Ein gesundes Auge braucht solches erst bei Entfernungen über 4—500 m. Nicht zu viel gebrauchen, weil es das Auge ermattet. Jeder Offizier des deutschen Heeres hat im Felde ein solches zu führen. An je 3 Unteroffiziere für die Kompagnie und Eskadron, wie für alle Geschützführer sind solche auszugeben. Es wird in einer Ledertasche auf der rechten Seite am Säbelkoppel getragen, die Lederschnur an der das Glas befestigt ist, um den Hals, auch wenn das F. in der Tasche ist.

Fernkampf heisst der Kampf bis zum Handgemenge, bezw. letzten Sturmanlauf. Zum wirklichen Erfolge bereitet der F. nur vor, ihn erntet nur der Nahkampf ein. Als F. wird oft auch der durch das Weitfeuer geführte Kampf bezeichnet, während das Feuergefecht auf kleinen Distanzen „Nahkampf", das Eindringen in die feindliche Stellung Entscheidungskampf oder Bajonnetanlauf genannt wird.

Fernsprecher. Jeder Kavallerie-Offzier muss dessen Handhabung gründlich verstehen. Ist möglichst im Felde zu benutzen, seine Anlage anzustreben. Uebrigens ist der F. bis jetzt noch ein unsicheres militärisches Verbindungsmittel.

Fernwaffen. Sollen im Gegensatz zu den Nah- oder blanken Waffen aus der Entfernung den Gegner vernichten und seine Schutzmittel zerstören: Handfeuerwaffen und Geschütze.

Ferrara ist eine italienische Festung alten Styls mit Enceinte und Zitadelle, wurde 1799 von den Oesterreichern genommen. 20./3. 1848 Einschliessung. 14./7. Entsatz; 6./2. 1849 Aufstand, 21./3. Unterwerfung.

Ferrières im Dep. Seine, östlich Paris, 19. September bis 5. Oktober 1870 Hauptquartier des Königs Wilhelm.

Ferrifraktor. Sprengstoff, besteht aus Salpeter und einem aromatischen Nitrokörper, hat bis zu 1,4 Dichte, ist giftfrei, aber stark hygroskopisch und verliert durch Feuchtigkeits-Aufnahme grösstentheils seine Sprengkraft.

Ferrol, spanischer Kriegshafen und Arsenal. Dort nöthigten die Engländer 4 französische Linienschiffe die Flagge zu streichen.

Festetics de Tolna Thassilo Graf, österreichischer Feld-Marschall-Lieutenant. 1866 bei Schweinschädel und Königgrätz Kommandant des 4. Korps. In dieser Schlacht wurde ihm ein Bein zerschmettert.

Festigkeit. Widerstandsfähigkeit der Körper gegen a) Zerreissen (Zug- oder absolute F.) Verhält sich bei gleichartiger Beschaffenheit des Körpers wie die Grösse des beanspruchten Körperquerschnitts. b) Zerbrechen (Bruch- oder relative F.) Wird wesentlich beeinflusst durch den Abstand zwischen dem Angriffspunkt der Kraft und dem oder den Unterstützungspunkten des beanspruchten Gegenstandes. c) Abscheren (Scher-F.). Unterart der Bruch-F. Die Belastung greift unmittelbar neben dem Unterstützungspunkt an. d) Zerdrücken (Druck- oder rückwirkende F. e) Zerdrehen (Dreh- oder Torsions-F.) S. auch Bruchgrenze.

Festlichkeiten und Feiern, öffentliche. Anzug: kleine Uniform.

Festungen nennt man solche Umwallungen von Städten oder wichtigen militärischen Posten, die im Frieden ausgebaut sind und einen grösseren Umfang haben.

Sie dienen zum Schutze der Orte, die sie umschliessen, zum Schutze der Grenze oder Strassen, an der sie liegen, und zum Schutze der Waffen und Depotschätze, die sie umschliessen.

Je weniger beweglich die Kriegführung war, in je engeren Grenzen sie sich hielt, desto grösser war der Werth der Festungen, ja deren Wichtigkeit war in einigen Perioden so gross, dass ganze Kriege sich um ihren Besitz drehten.

Seitdem die Kriege nicht mehr um engere politische Zwecke geführt werden, sondern langgefühlte politische grosse Kontraste der Bestrebungen ganzer Völker zum Austrage bringen, haben sie an Gewalt, Schneid und Grösse der Endziele so zugenommen, dass der Besitz, von selbst wichtigeren Oertlichkeiten, gegenüber den grossen Endzwecken zurücktreten muss. Ebenso hat die Legung der grossen Eisenbahnnetze über den ganzen Kontinent die Verpflegung und damit das Magazinwesen auf neue Grundlagen gestellt, die die Wichtigkeit befestigter Plätze mehr zurücktreten lassen.

Ihre Bauart hat sich bekanntlich seit dem letzten französischen Kriege wesentlich verändert. Statt der geschlossenen engen Umwallungen sind bis auf 5 km vorgeschobene Gürtel von Forts entstanden, die erst so lose geschürzt waren, dass die Zwischenräume zwischen denselben 2—4000 m erreichten. Neuerdings hat man überall begonnen, diese Interwalle durch neue Zwischenwerke zu sichern bezw. durch Vorkehrungen für die Mobilmachung zu verstärken. Auch hat man überall die Geschützwirkung der Vertheidigung aus den anfangs dazu bestimmten Forts herausgenommen und in die Batterien der Zwischenräume zwischen die Forts gelegt; Batterien, die allerdings zum grossen Theile erst bei der Armirung gebaut werden müssen.

Zur nachhaltigen Vertheidigung bedarf eine neuere Festung also nicht nur eine nicht gewöhnliche Zahl von Arbeiten und Arbeitern, sondern auch eine nicht unbedeutende Besatzung, wenn nicht schon der Wachdienst dieselbe völlig aufreiben soll. Erwünscht ist für den lokalen Zweck auch eine gut disziplinirte Truppe, die allerdings der Kriegführung im Felde verloren geht, weshalb man gerne hinter die Wälle Truppen zweiter Güte oder noch fernerer Staffeln zu stellen beliebt. Für nachhaltige Vertheidigung muss man auf den Meter Umfang etwa 2 Mann rechnen, doch pflegen die neueren Dispositionen sich mit 1—1½ Mann zu begnügen. Natürlich sprechen bei solchen Berechnungen die lokalen Verhältnisse ein schweres Wort, weil Festungen mit zum Theil unzugänglichen Fronten entsprechend weniger Vertheidiger nöthig haben.

Dass Festungen bei der grossen Kriegführung nur mit Vorsicht auszunützen sind, zeigt der letzte französische Krieg mit den Vorgängen bei Metz und Sedan. Es ist hier nicht der Ort, Kontroversen auszutragen. Im Allgemeinen muss nur festgestellt werden, dass aktuell verschiedene Auffassungen über die Festungsfragen bestehen, indem die Einen den Festungen einen grösseren Einfluss auf die Kriegführung einräumen und sie für schwer einnehmbar halten, während die Anderen glauben, dass sie nur geringeres Gewicht in die Wagschale des Krieges legen und es deshalb räthlich ist, nicht zu viel Kräfte als Besatzungen lahm zu legen, dass aber die Festungen, die beseitigt werden müssen, in energischerer Weise angefasst werden müssen, als es bisher geschah.

Wir verweisen in dieser Frage auf die reichhaltige Militär-Litteratur, auch auf die militärischen Tageblätter der neueren Zeit, da der Streit noch nicht zu einem völligen Ausgleiche gekommen ist.

Bei Erkundung feindlicher F. ist vorauszusetzen, dass der damit beauftragte Offizier im Besitze eines Planes derselben ist, wenigstens einer allgemeinen Skizze. Hier ist der Zweck der Erkundung das wesentlichste.

Ist man gewillt, die F. bezw. das Fort um jeden Preis so schnell wie möglich wegzunehmen, so ist es nöthig, durch viele einzelne starke Patrouillen feststellen zu lassen, wie weit die Posten vorgeschoben sind und solche ev. zurückweisen zu lassen, um selbst heranzukommen, ferner, ob in der Nähe des Platzes sich feindliche grössere Abtheilungen aufhalten. Sonst sind zu erkunden, die Anmarschwege, wie weit gedeckt und wie weit auch für schwereres Geschütz brauchbar. Die Werke selbst sind meist nach einem Schema gebaut und deshalb meist überflüssig die Details der Bauart zu erkunden, was überdies selten möglich sein möchte.

Ferner sind die Fronthindernisse zu erkunden, wo, wie stark, ob fertig gestellt etc.

Bei Sperrforts sind die neu erbauten Annexbatterien und deren Aussenflanken genau zu beobachten.

Will man eine Festung einschliessen, so sind die Anmarschwege, die Stellungen, in denen die Einschliessungs-Armee sich festlegen kann, genau zu ermitteln und womöglich ein erster Entwurf für die Organisation der Staffeln des Dienstes zu geben.

Sehr ausgedehnte F. mit grosser Einwohnerzahl wie Paris wird man kaum mehr in alter Weise zerniren, sondern die Truppen an den Haupt-Verbindungslinien nach aussen in guten Stellungen versammeln und so die Zufuhrlinien abschneiden etc.

Die Erkundung für eine etwaige feindliche Belagerung ist Sache der technischen Truppen, zu denen Offiziere herangezogen werden müssen.

Ueber die Handhabung des Vorpostendienstes, geben die Feldordnung und Felddienstvorschriften der Armee die eingehendsten Anordnungen.

Festungs-Abtheilung (*Deutschl.*) im Allgemeinen Kriegs-Departement bearbeitet: Dienstangelegenheiten des Ingenieur- und Pionierkorps, Landesvertheidigung in fortifikatorischer Beziehung, Bau und Unterhaltung der Festungen, Elektrotechnik, Telegraphen- und Beleuchtungswesen. Minenanlagen. Brieftaubenwesen. Telegraphenschule, Festungsbauschule. In *Oest.-Ung.* ist dies Sache der 8. Abtheilung des Reichs-Kriegsministeriums.

Festungs-Angriff. Vorgeschrieben sind für denselben in rein technischer Beziehung (Allg. s. Festungskrieg), dass die Infanteriestellungen und Annäherungswege sich keineswegs nach einem Schema, sondern dem Gelände anpassend verschieben, ohne dass sie zusammenhängende Linien bilden.

Alle diese Stellungen und deren Zugangsgräben sind so zu legen, dass sie nicht von der Festung der Länge nach bestrichen werden können. In der Nähe der Festung müssen sie deshalb traversenartig, deckwehrartig geführt werden.

Die Stellungen werden allmählich breiter und tiefer, wie dies in dem Artikel Feldbefestigungen bei der Anlage der Schützengräben näher bezeichnet ist.

Zur Herstellung derselben graben sich die Vorposten so ein, dass die Löcher später benutzbar sind. Die Laufgräben werden meist stückweise unter Schutz der Dunkelheit ausgehoben. Die Anmarschwege, so wie die auszuhebenden Linien sind durch weisse Bänder, Posten etc. deutlich zu bezeichnen. Der Anmarsch geschieht in taktischen Verbänden. Die Truppen bleiben in der Hand der Offiziere, die für die Arbeitsleistung verantwortlich sind. Die Truppen sind vor ihrer Kommandirung in der Arbeit an vorhandenen Laufgräben etc. genau zu unterweisen.

Anmarsch und Arbeit geräuschlos. Bei feindlicher Beleuchtung niederwerfen, sich nicht bewegen. Die Arbeiter haben 2 Schritt lange Gräben auszuheben.

Ist ein ungedecktes Arbeiten nicht möglich, tritt die Erdwalze in ihr Recht. (S. dort.) Bekleidung und Befestigung der ausgehobenen Gräben etc. s. Bekleidung.

Festungsbaupersonal besteht in seiner oberen Stufe aus Festungs-Oberbauwarten und Festungsbauwarten, welche zu den oberen Militärbeamten mit Offiziersrang gehören und nur den ihnen vorgesetzten Militärbefehlshabern untergeordnet sind. Uniform: Helm mit silbernem Beschlag, Waffenrockvorstoss und Epaulettfutter von ponceaurothem Tuch, Achselstücke von silberner Tresse, Ober-Bauwart 2, Bauwarte 1. Klasse 1 goldene Rosette. Gehälter von 1400—3600 M., Wohnungsgeldzuschussklasse V. Die Festungs-Bauwarte ergänzen sich aus den Wallmeistern, welche die Festungsbauschule (s. d.) mit Erfolg besucht haben und durch ihre Vorgesetzten zur Aufnahme in das Beamtenpersonal für geeignet erachtet werden.

Festungsbauschule in Berlin. Dieselbe soll die Anwärter des Festungsbaupersonals für ihre Laufbahn vorbereiten. Annahme-Bedingungen: Pionier-Unteroffizier von guter Führung und Charakter nach 5—6jähriger Dienstzeit, darunter mindestens 3 Jahre als Unteroffizier, Vorprüfung und Verpflichtung zu 2jährigem Dienst für jedes Jahr des Schulbesuches. Lehrgang dauert 1 Jahr $9^{1}/_{4}$ Monat, dann Ablegung der Wallmeister-Prüfung.

Festungsgefängniss. S. auch Festungsstrafe. Gefängnissstrafe über 6 Wochen wird im F. abgebüsst. Die F. unterstehen dem Inspekteur der militärischen Strafanstalten. Zur regelmässigen Beaufsichtigung des Dienstes wird für jedes F. ein Stabsoffizier der Garnison durch den Gouverneur etc. bestimmt. Die verantwortliche Leitung des Dienstes ist in jedem F. einem Offizier übertragen, welcher die Dienstbezeichnung „Vorstand des F." führt. Das Aufsichtspersonal besteht aus den ständigen und den vorübergehend kommandirten Unteroffizieren. Nur beste Kräfte dazu zu verwenden. Die ständigen Unteroffiziere werden durch den Inspekteur (s. dort) ernannt, nach 15 Jahren Vicefeldwebel. Die kommandirten Unteroffiziere verbleiben $1-1^{1}/_{2}$ Jahr. Einige Gefreite werden auf 6 Wochen zur Aushülfe kommandirt. Die monatlichen Zulagen betragen für jeden Offizier- und Sanitätsoffizier

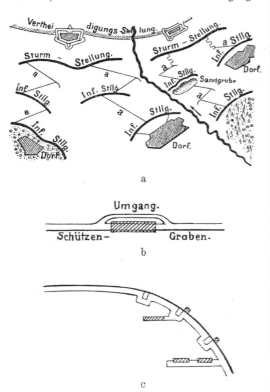

Festungsangriff.
a Infanteriestellungen und Annäherungswege,
b Umgang behufs Verkehrserleichterungen.
c Eindeckung in Längsfeuer ausgesetzten Wegen.

30 M., Feldwebel 21 M., Unteroffiziere, Zahlmeister-Aspirant und Lazarethgehülfen 15 M. F. giebt es in Köln, Danzig, Graudenz, Neisse, Rastatt, Spandau, Strassburg, Torgau, Wesel.

Die Militärgefangenen sind zu regelmässiger angestrengter Thätigkeit anzuhalten. Ihre Beschäftigung besteht hauptsächlich in Arbeiten zu militärischen Zwecken und zwar in Aussenarbeit für die Fortifikation, Artillerie-Depots u. s. w., oder in Innenarbeit (Schneiderei, Schuhmacherei und Polsterei). In letzterer Hinsicht betreiben die F. Köln, Graudenz, Neisse, Rastatt, Spandau, Strassburg i./E., Torgau und Wesel die Anfertigung von Tuch- und Drillich-Bekleidungsstücken, Magazinsäcken, Lazarethpantoffeln, Stiefeln für Militär-Krankenwärter, sowie Ausbesserungen an diesen Fussbekleidungen; ausserdem das F. Torgau die Anfertigung von Halsbinden und das F. Rastatt die Neu- und Umpolsterung von Matratzen für den Garnison- und Lazareth-Haushalt.

Festungsgefängniss-Rendant ist Civilbeamter der Militärverwaltung und dem Vorstande des Festungsgefängnisses, in höherer Instanz dem Inspekteur der militärischen Strafanstalten bezw. dem Kriegsministerium untergeordnet. Gehalt 2300— 2900 M. jährlich, Wohnungsgeldzuschuss-Klasse V. Zur Ausbildung als F.-R. werden zugelassen Militäranwärter von noch nicht zuweit vorgeschrittenem Lebensalter, hinlänglicher Schulbildung, lobenswerther Führung, körperlicher Befähigung, welche 5000 M. Kaution zu stellen vermögen. Anträge an Inspektion mit Zeugnissen über Erfüllung der Bedingungen und Civilversorgungsschein. Im Falle der Annahme 6 monatige informatorische Beschäftigung bei einem Festungsgefängnisse, dann schriftliche und mündliche Prüfung. Von ersterer sind befreit: Zeugfeldwebel mit Offizierbefähigung, Wallmeister, Oberfeuerwerker und Zahlmeister-Aspiranten.

Festungsgeschütze. Meist eine Vereinigung der modernsten Geschütze, wie sie in die Belagerungstrains eingestellt werden, mit veralteten Geschützen, welche aus der Feld- und Belagerungs-Artillerie bereits ausgeschieden sind. Vergleiche „Belagerungs-Geschütze und Belagerungs-Trains." — In neuester Zeit verwendet man der stetig gesteigerten Geschütz- und Geschosswirkung gegenüber vielfach Schnellfeuer-Geschütze in Panzerungen (Drehthürme, Panzerbatterien, Panzerlafetten). Als F. kommt für diese das bei Belagerungsgeschützen so hinderlich hohe Gewicht und die Unbeweglichkeit der schweren Kaliber wenig in Betracht.

Das verschanzte Lager der Sereth - Linie in Rumänien ist mit mehr als 700 3,7 und 5,3 Fahrpanzern, 12 cm Kanonen, 12 cm Schnellfeuerhaubitzen und 12 cm Kugelmörser, Rohr in beweglicher Kugel, in die Panzerdecke eingebaut, sämmtlich in Panzerständen ausgerüstet.

In Bezug auf Geschützarten und Kaliber führen die modernen Festungs-Artillerien lange 12 und 15 cm Kanonen als Haupt-Fernkampfgeschütze mit besonders grosser Schrapnellwirkung, kurze 15 und 21 cm Kanonen oder Haubitzen als Hauptgeschütze für den indirekten Schuss und 15, 21 und mehr cm Mörser als ergiebigste Geschütze für kräftige Minenwirkung; zur Grabenflankirung, Bestreichung des Vorfeldes und zur Unterstützung der Infanterie - Stellungen: Mitrailleusen, Schnellfeuer- und Revolverkanonen. Gegenüber dem grossen Prozentsatz an völlig veralteten, minderwerthigen Geschützen (Glatte Geschütze und Vorderlader) in fast sämmtlichen Festungsartillerien — mit Ausnahme der deutschen — ist nicht ausser Acht zu lassen, dass das in der Defensive befindliche Land zur Vertheidigung der Festungen nicht nur die F., sondern auch die verfügbaren Theile des Belagerungs-Trains heranziehen wird.

Das 9 cm Feldkanonenrohr m/75 wird in der hohen Lafette als Belagerungsgeschütz verwendet.

Festungshaft ist die mildeste Strafe, die für Verbrechen oder Vergehen verhängt wird. Sie wird in allen Fällen gegeben, in denen kein Mangel ehrliebender Gesinnung sich gezeigt hat. Die F. besteht in Freiheitsentziehung mit Beaufsichtigung der Gefangenen.

Festungskrieg. Derselbe ist heute dem Feldkriege immer ähnlicher geworden, da er sich von dem Schematismus losgelöst, der früher demselben noch aus den Zeiten anhing, in denen man geschlossene Enceinten mit glattvisirtem Vorterrain anzugreifen hatte, in denen auch die Zeit, die auf eine Belagerung verwendet wurde, keine wesentliche Rolle spielte. Seit aber die Kriege auch der Dauer nach auf Entscheidung drängen, und dadurch gewaltigere Arten des Abringens in Gebrauch gekommen sind, durfte auch der Festungsangriff nicht zurückbleiben; er musste vorwärts, um sich den strategischen Anforderungen anzuschmiegen und auf gewaltsamere Mittel sinnen. Der Umstand, dass alle neuen Festungen nicht fertig zur Vertheidigung gestellt sind, sondern eine Menge grösserer Vorarbeiten bei der Armirung erfordern, hat die Ueberzeugung wachgerufen, dass der Erfolg des gewaltsamen Vorgehens mit jedem Tage abnimmt, den der Angreifer der Vertheidigung Musse lässt.

Hierzu haben alle neueren Grossmächte einen Theil der Belagerungs-Artillerie soweit mobilisirt, dass sie in den ersten Tagen des Aufmarsches schon in die Front zu treten vermag.

Es sind also drei besondere Dinge, die dem Festungsangriff der Neuzeit den Stempel aufdrücken:

1. Die Abwesenheit eines festen Schemas, das ersetzt werden muss durch einen nach Ort und Umständen zu entwerfenden Angriffsplan.

2. Die Ausnutzung der ersten Momente des Berennens unter Zuhülfenahme mobiler Angriffspacks.

3. Die grössere Energie, mit der man, selbst unter Gebrauch gewaltsamer Angriffe, sich der ersten Sperrungen der feindlichen Eingangspforten zu bemächtigen sucht.

4. Der Gebrauch der Sprenggranaten hat den Aufenthalt in allen geschlossenen Räumen, wie den Höfen eines Forts etc., recht verlustreich gemacht, so dass auch die Vertheidigung immer mehr gezwungen ist, entweder unter Deckungen zu verschwinden oder den Kampf im freieren Felde aufzusuchen.

Der Festungskrieg der neueren Zeit erhält dadurch noch eine wesentliche Vielseitigkeit, dass bekanntlich an der Grenze sich feindliche

Festungsgeschütze Deutschlands.

Geschütz (Abgekürzte Bezeichnung)	Rohrgewicht mit Verschluss kg	Art des Verschlusses[1]	Lafettengewicht kg	Grösste Erhöhung Grad	(Grösstes) Granatgewicht (fertig) kg	(Grösstes) Schrapnelgewicht (fertig) kg	Querdichte der Granate g auf 1 qcm	Ladung Art des Pulvers[2]	Ladung Gewicht[3] kg	Mündungsgeschwindigkeit der Granate[4] m	Grösste Schussweite der Granate Az.[4] m	Grösste Schussweite des Schrapnels Bz.[4] m
3,7 cm Revolver-Kanone (3,7 cm Rev. K.)	211,0	Besondere Konstruktion	257	5	0,46	—	42,8	W. P. (½)	0,018	400	3000	—
5 cm Kanone (5 cm K.)	143,0	Fb.	(Kasernlafette)		1,67	—	75,7	W. P. (2×2×¾)	0,11	457	3000	—
Schwere 9 cm Kanone (s. 9 cm K.)	450,0	R.	760	41	7,00	8,10	115,1	Gesch. Bl. P.	0,64	442	6500	3500
Schwere 9 cm Kanone mit Stahlseelenrohr (s. 9 cm K. St.)	450,0	R.	760	41	7,00	8,10	115,1	Gesch. Bl. P.	0,64	442	6500	3500
Schwere 9 cm Kanone mit Stahlseelenrohr u. Flachkeil (s. 9 cm K. St. Fl.)		Fl.						Grobk. P.	1,50			
12 cm Kanone (12 cm K.)	955,5	Fl.	935 (Holz-)	40	16,20	19,80	143,1	Gesch. Bl. P. / Gesch. P.	0,8 / 1,5	332	6050	5350
Schwere 12 cm Kanone (s. 12 cm K.)	1300,0	R.	1000	40	16,50	20,20	145,2	Gesch. Bl. P.	1,40	445	7250	6000
Schwere 12 cm Kanone mit Stahlseelenrohr (s. 12 cm K. St.)	3365,0	R.	2667	40	42,30	41,20	240,3	Gr. Bl. P.	4,00	497	10200	7350
Lange 15 cm Kanone (lg. 15 cm K.)	4000,0	R.	5345 (mitRahmen)	29	27,5	39,6	156,3	Gr. Bl. P. Prismat. P. c/68	3,0 6,6	476	7300	6150
Lange 15 cm Ring-Kanone (lg. 15 cm R. K.)	3115	R.	1910	37	27,5	39,6	156,3	Gr. Bl. P. Prismat. P. c/68	2,75 5,80	450	7500	6100
15 cm Ring-Kanone (15 cm R. K.)	3020	R.	1666	40	27,5	39,6	156,3	Gr. Bl. P. Prismat. P. c/68	2,75 5,80	450	7500	6100
Schwere 15 cm Kanone (s. 15 cm K.)												
15 cm Stahlkanone (15 cm St. K.)	2506	Fl.	1750 (Holz-)	28,5	27,8	39,6	158,0	Grobk. P.	2,5	334	5900	5150

Festungsgeschütze Deutschlands

Geschütz (Abgekürzte Bezeichnung)	Rohrgewicht mit Verschluss kg	Art des Verschlusses[1]	Lafettengewicht kg	Grösste Erhöhung Grad	(Grösstes) Granatgewicht (fertig) kg	(Grösses) Schrapnelgewicht (fertig) kg	Querdichte der Granate g auf 1 qcm	Ladung Art des Pulvers[2]	Gewicht[3] kg	Mündungsgeschwindigkeit der Granate[4] m	Grösste Schussweite der Granate Az.[4] m	Grösste Schussweite des Schrapnels Bz.[4] m
21 cm Mantel-Kanone (21 cm Mt. K.)	rund 9000	R.	6500 (mit Rahmen)	15	78,0	81,3	226,7	Gr. Bl. P.	8,3	494	9100	6450
Kurze 15 cm Kanone mit Stahlseelenrohr (kz. 15 cm K. St.)	1458	Fl.	1315	41	27,8	39,6	158,0	W. P. (³/₄) Grobk. P. Gesch. P.	0,5 2,0 1,7	265	4850	3750
Kurze 15 cm Kanone mit Flachkeil (kz. 15 cm K. m. Fl.)	1490	Fl.	1113,5	65	42,30	—	240,3	W. P. (2)	0,85	276	6050	—
15 cm Haubitze (15 cm H.)	1075,0						(Wie bei der 15 cm Haubitze.)					
15 cm Thurm-Haubitze (15 cm Th. H.)												
21 cm Thurm-Haubitze mit Stahlseelenrohr (21 cm Th. H. St.)	2174	Sch.	614	65	78,0	81,8	226,7	W. P. (2)	2,4	233	3950	3300
15 cm Mörser (15 cm Mrs.)	670	Sch.	614	65	27,5	39,6	156,3	Grobk. P. Gesch. P.	1,6 1,1			
Langer 15 cm Mörser (lg. 15 cm Mrs.)	754	Sch.	814	65	42,3	—	240,3	W. P. (1¼)	0,65	232	4450	—
21 cm Mörser mit Stahlseelenrohr (21 cm Mrs. St.)	3078,0	Fl.	1920	66,8	79,1	—	229,9	W. P. (2)	2,40	290	6200	—

Anmerkungen.

[1] R.: Rundkeil-, Fl.-Flachkeil-, Fb.: Fallblock-, Sch.: Schrauben-Verschluss.
[2] Gesch. Bl. P.: Geschütz-Blättchen-Pulver.
   Gr. Bl. P.: Grobes Blättchen-Pulver.
   W. P.: Würfel-Pulver. (Die eingeklammerten Zahlen geben die Länge der Seiten des Würfels an.)
   Gesch. P.: Geschützpulver ⎫
   Grobk. P.: Grobkörniges Pulver ⎬ Schwarzpulver
   Prismat. P.: Prismatisches Pulver ⎭
[3] Gebrauchs- bezw. grösste Ladung, die Beiladung abgerechnet.
[4] Bei Anwendung der Gebrauchs- bezw. grössten Ladung.

Festungsgeschütze Oesterreich-Ungarns.

Geschütz	Rohrgewicht mit Verschluss kg	Gattung des Verschlusses	Lafetten-Gewicht kg	Grösstes Gewicht der Pulverladung. kg	Gattung des Pulvers	Grösster Erhöhungs-Winkel in Graden	Grösste Anfangs-Geschwindigkeit in Metern	Hauptgattungen der Geschosse
12 cm Stahlbronce-Belagerungs-Kanone m/80	1700	Flachkeil	1950	4,8	13 mm	30	516	Ecrasit-Granat, Schrapnels.
15 cm Stahlbronce-Belagerungs-Kanone m/80	3200	„	2320	7,8	13 u. 7 mm	28	482	„
18 cm Stahlbronce-Belagerungs-Kanone m/80	2030	„	2830	3,2	7 mm	30	252	„
Stahlbroncene 12 cm Minimalscharten-Kanone m/80	1720	„	4400	4,8	13 mm	24,37	516	Hohlgeschosse, Schrapnels.
9 cm Belagerungs-Mörser m/80	92	„	40	0,14	„	45	137	Ecrasit-Granaten.
15 cm Belagerungs-Mörser m/80	691	„	565	0,52	„	65	127	„
21 cm Belagerungs-Mörser m/80	3530	„	2150	3,2	7 mm	65	186	Ecrasit-Bomben.
9 cm Kanone m/61	699	Kolben	700	0,6	Litt. A.	22	320	Granaten, Brandgranaten.
12 „ „ „	1538	„	940	1,25	7 mm	34½	312	„
15 „ „ „	2940	„	1140	2,35	7 mm	34½	204	Granaten, Schrapnels.
15 cm Batterien-(Panzer-)Mörser m/80	666	Flachkeil	2350	5,9	Litt. A.	60	242	Bomben.
21 cm Batterien-(Panzer-)Mörser m/73	5264	Rundkeil	2350	0,75	5 u. 3 mm	45	291	Granaten, Schrapnels.

Sperrforts befinden, die mit wenig Truppen abzusperren, rings zu umzingeln, von allen Seiten zu beschiessen und zu überschiessen sind. Dass die in engem Raum eingeschlossene Besatzung dieser isolirt liegenden Bauwerke, besonders, wenn Sprenggranaten den Aufenthalt in denselben so unangenehm wie möglich machen, keine grossen Leistungen werden erzielen können, da die Linien auch im Rücken beschossen werden können, ist wohl klar. Wenn diese Forts auch von einigen Panzerthürmen gekrönt sind, so ist doch zu bedenken, dass diese in der Nähe wehrlos sind, da sie nur in die Ferne ihre Hauptwirkung tragen können, und ferner, dass kein übergrosses Wagniss dazu gehört, sie in abmessbar kurzer Zeit unschädlich zu machen bezw. zu erobern

Festungskriegsspiel. Dieses wird von um so grösserer Wichtigkeit je grösser die Freiheit ist, mit der der Angreifer seine Entwürfe zu planen hat, je weiterer Spielraum ihm gelassen ist.

Festungsmanöver. Sie sind mannigfacher Art. Entweder kleinere Uebungen, um die Truppen in der Technik der Angriffsarbeiten, des Batteriebaues, des Minirens, des Baues von Unterkunftsräumen zu üben, oder grössere, in denen auch Versuchsobjekte beschossen werden; die sich aber in den Grenzen der technischen Waffen halten; auch gross angelegte Manöver, um auch die Infanterie mit dem Kriege um Festungen vertraut zu machen. Bei den grösseren Uebungen ist auch der Generalstab betheiligt, um eine immer innigere Verschmelzung zwischen der Armee und den technischen Waffen zu bewirken.

Festungsstrafe. Ihr steht die Gefängnissstrafe gleich, sofern dieselbe in Gefängniss von mehr als 6 Wochen besteht. Die Festungsgefängnisse bestehen in Cöln, Danzig, Graudenz, Neisse, Rastatt, Spandau, Strassburg, Torgau, Wesel.

Feuer. Das Feuer ist das Hauptkampfmittel der Neuzeit, durch dasselbe wird der Erfolg vorbereitet und meist auch herbeigeführt. Der Erfolg im Feuergefechte hängt von der Schiessfertigkeit des einzelnen Mannes, von strenger Feuer-Disciplin und sachgemässer Feuerleitung ab. F. in geschlossener Ordnung. S. Gliederfeuer.

Feuerballen. (Veraltet). Leinensäcke mit leichtbrennbaren Stoffen (Pech, Harz) und Pulver gefüllt; meist mit Explosionsgeschossen versehen, um ein Aufnehmen und Löschen des brennenden F. durch den Gegner zu verhindern. Sie dienten zur Vorfeldbeleuchtung, zum Anzünden von Holzbauten und um in Hohlräumen (Minen) erstickendem Rauch zu entwickeln.

Feuergeschwindigkeit. Durch allgemeine Annahme der Mehrladegewehre ist die Möglichkeit geboten, in der Minute 17—25 gezielte Schüsse und 35—50 in mechanischem Schnellfeuer abzugeben. Von einer so hohen F. wird jedoch in Wirklichkeit kaum jemals Gebrauch gemacht werden; immerhin bildet hohe F. ein werthvolles Mittel zur vollen Ausnutzung einzelner besonders günstiger und rasch vorübergehender Gefechtslagen. Der Gefahr einer nutzlosen Vergeudung des Schiessbedarfs muss die Erziehung der Truppe und ihre Mannszucht im Feuer entgegenwirken.

Bei der Feldartillerie ist die F., während des Einschiessens und des folgenden Regelns der Sprenghöhen, abhängig von der Möglichkeit, die einzelnen Schüsse beobachten und etwa nothwendig werdende Korrekturen ausführen zu können. Nach dem Einschiessen wird je nach der taktischen Lage die F. gesteigert, niemals darf aber hierdurch die Zuverlässigkeit der Bedienung und die Genauigkeit des Richtens beeinträchtigt werden.

Man unterscheidet „gewöhnliches Feuer": Die Batterie (zu 6 Geschützen) giebt in der Minute etwa 4 Schuss ab. Dieses Feuer kann durch das Kommando „kürzere Feuerpausen!" beschleunigt werden. Im „langsamen Feuer" wird die Abgabe jedes einzelnen Schusses durch den Batterieführer bestimmt. Im „Schnellfeuer" giebt eine Batterie etwa 10, im „geschützweisen Feuer" bis zu 15 Schuss in der Minute ab.

Diese Leistungen werden aber nur unter normalen Verhältnissen erreicht werden, und man beabsichtigt daher durch weitere Verringerung des Rücklaufs und durch Beschleunigung des (gleichzeitigen) Ladens und Richtens (Verschluss, fertige Schüsse, Abfeuervorrichtung, vereinfachte Handhabung der Richtvorrichtungen) eine Steigerung der F. zu erzielen. Es hat dies zur Konstruktion von Schnellfeuerkanonen geführt, welche aber bisher noch keinen Eingang in die Feldartillerie gefunden haben, dagegen für Belagerungs-, Festungs-, Küsten- und namentlich für Schiffsartillerie allgemein angenommen sind (Kaliber bis zu 20 cm).

Feuerlinie heisst in den Gefechten meist die vorderste Schützenlinie. In der Festung ist die innere Brustwehrkante die F.

Feuerhöhe. Senkrechter Abstand zwischen der wagerechten Seelenachse und dem wagerechten Geschützstand. Geringe F. erleichtert die Bedienung, verkleinert die Ziel- und Trefffläche, giebt dem Geschütz eine tiefere Schwerpunktslage, sichert also besser gegen Umschlagen. (Feld-, Gebirgs-, Kasematt-, Breitseit-Geschütze und Mörser.) Sie beträgt für Feldgeschütze 100—115 cm.

Grosse F. macht tiefe Scharten für Geschütze auf offenem Wall entbehrlich und gewährt dadurch bessere Deckung. Vorwiegend angewendet bei den Räderlafetten der Belagerungs- und Festungs-Artillerie (180—190 cm) und bei den Rahmenlafetten der Festungs- und Küstengeschütze (200—240 cm).

Feuern ist mit Manöver-Munition nur bis auf 100 m zu gestatten, nachher nur anzudeuten.

Feuertonne (Sprengtonne, Sturmkuffe). Veraltet, früher beim Angriff und bei der Vertheidigung von Festungen gebraucht; mit Kalk, Steinen, Eisenstücken, Brandsatz und Pulver gefüllte Tonne.

Feuertopf (Sturmtopf). (Veraltet.) Mit Brennstoff gefüllte Gefässe, welche als Explosions- und gleichzeitig Leuchtgeschosse im Festungskriege verwendet wurden. Abbildungen s. Seite 223.

Feuerwerker. Unteroffiziere, welche aus der Feld-, Fuss- und Marine-Artillerie hervorgegangen nach einem Kursus auf den Oberfeuerwerkerschulen (Berlin und München) die Prüfung zum Oberfeuerwerker bestanden haben. Die Ernennung zum F. erfolgt durch die Armee-Inspektion der Fussartillerie.

Die F. werden bei der Truppe und den technischen Anstalten und Behörden meist in ihrem besonderen Dienstzweige (allen die Munition und Kriegsfeuerwerkerei betreffenden Angelegenheiten) beschäftigt. Je nach dem Dienstalter der F. erfolgt ihre Beförderung zum Ober-F.

In anderen Armeen (z. B. Oesterreich-Ungarn und Russland) sind die F. Truppen-Unteroffiziere der Artillerie in der Stellung unserer Wachtmeister (Feldwebel) oder Geschützführer (Geschützkommandanten).

Feuerwerkskörper. Im militärischen Sinne alle Spreng- und Zündmittel, sowie die besonderen Kriegsfeuer. S. d. u. Kriegsfeuerwerkerei.

Feuerwerks-Laboratorium. Militärische Anstalt zur Anfertigung der Feuerwerkskörper und Laborirung einzelner Geschossarten. Die Arbeiten werden von Zivil-Arbeitern unter militärischer Oberleitung ausgeführt. In *Deutschl.* befinden sich F.-L. in Spandau, Siegburg und Ingolstadt.

Feuerwerks-Offiziere. Oberfeuerwerker (s. Feuerwerker) können bei genügender Qualifikation und nach Ablegung eines zweiten Berufs-Examens zum F.-Lieutenant und demnächst zum F.-Premierlieutenant und F.-Hauptmann befördert werden. Sie werden dem Allgemeinen Kriegsdepartement, den Feldartillerie-Brigade- und Fussartillerie-Regiments-Stäben, Artillerie-Depot-Inspektionen, Kommandanturen der Truppenübungs- und Artillerie-Schiessplätze, Artillerie-Depots, technischen Instituten der Artillerie etc. zugetheilt.

Feuerwirkung entspricht den dem Gegner durch Geschosse beigebrachten Verlusten an

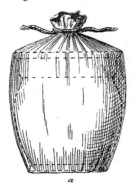  

Feuertöpfe.

Menschen, Pferden und Material, ist bedingt durch die Trefferergebnisse und die Geschosswirkung (s. d.) am Ziel und hängt ab von der Ausbildung, Verwendung und Manneszucht der Truppe, der Feuerleitung, der Leistungsfähigkeit der Waffen, der Dauer und Dichte des Feuers, Schnelligkeit des Feuers, den eigenen Verlusten, der Entfernung, Beschaffenheit und Aufstellung bezw. Bewegung des Ziels, der Kenntniss der Entfernungen, sowie von zahlreichen anderen Bedingungen, die sich grossentheils jeder Voraussicht und bewussten Einwirkung völlig entziehen (s. a. Trefffähigkeit). Für die im Gefecht zu erwartende F. lassen sich daher nur allgemeine Gesichtspunkte geben. In gut geleitetem kräftigen Infanterie- (Artillerie-)Feuer können geschlossene (grössere) Abtheilungen bei mangelnder Deckung auf 800—1000 (1500—2000) m nur dann vorübergehend halten oder sich seitwärts bewegen, wenn das Feuer der eigenen Schützen (Batterien) dem des Gegners einigermassen gewachsen ist. Den mit Infanterie- (Artillerie-) Feuer gedeckten Raum von 800 m ab (zw. 1000 und 1500 m) vermögen geschlossene Infanterie-Abtheilungen, selbst hinter starken Schützenlinien, nur in der Bewegung vor- oder rückwärts, Kavallerie nur in verstärkter Gangart bezw. (von 600 m ab) in der Attacke zurückzulegen. Bis auf 1000 m kann sich die Artillerie des Schützenfeuers noch erwehren; auf kleineren Entfernungen büsst sie ungedeckt sehr bald ihre Bewegungsfähigkeit ein und kann auf 400—500 m überhaupt nicht mehr aufprotzen; eingeschossen vermag sie das Abprotzen überlegener Artillerie bis 2400 m zu gefährden; im Schützenfeuer unter 1000 m ist das Abprotzen nur hinter Deckungen möglich. Die F. zu Fuss fechtender Kavallerie ist der der Infanterie gleichzustellen. Flankir-Feuer begünstigt die F. in hohem Maasse.

Für die Beziehungen zwischen Schusszahl und F. der Infanterie in den neuesten deutschen Kriegen giebt Oberst Spohr folgende Zahlen:

Feldzug gegen Dänemark: Preussische Treffer 1,5 % der Schusszahl; 1 Todter bezw. Verwundeter auf 66 Schuss. (Gefecht bei Lundby: 64 preussische Infanteristen setzten mit 750 Schüssen 88 Dänen ausser Gefecht, 11,7 %; 1 Todter oder Verwundeter auf 8,5 Schuss.)

Feldzug von 1866: Preussische Treffer 1,5 bis 2,6 %; 1 Todter oder Verwundeter auf 66—38 Schuss, je nachdem der Antheil der Artillerie an den Verlusten der Gegner zu 20 oder 5 % der Gesammtverluste angenommen wird.

Deutsch-französischer Krieg: Gesammtverlust der Franzosen auf dem Schlachtfeld schätzungsweise 170000 Mann; Antheil der Artillerie und der blanken Waffen an dieser Zahl mindestens 20 %, 34000 Mannn. Also Verluste durch Gewehrgeschosse 136000 Mann oder, bei einem Gesammtverbrauch von höchstens 22000000 Patronen, 0,6 % Treffer oder 1 Todter bezw. Verwundeter auf 164 Schuss unter den für die Leistung des deutschen Gewehrs ungünstigsten Annahmen.

Feuillave, Herzog de la (1625—1691), und sein Sohn (1673—1725) waren beide französische Marschälle. Der erste durch seinen Zug nach Candia zur Unterstützung der Venetianer gegen die Türken, der letztere wegen seiner missglückten Belagerung von Turin bekannt.

Fgd. O. Abkürzung für Feldgendarmerie-Ordnung. — 1890.

Figueras in Catalonien mit festem Castell, spielte in den Kriegen zwischen Frankreich und Spanien eine nicht unwichtige Rolle. Es kapitulirte 1794 beim ersten Berennen der Franzosen, vertheidigte sich um so ehrenvoller 1811 und ebenso 1823 gegen denselben Feind.

Filemgieri, Carlo, Fürst (1784—1867), 1814 Adjutant Murats, blieb nach dessen Sturz als General-Inspekteur der Infant. in neapol. Dienste, nahm 1848 nach 48 stündigem Kampfe Messina, eroberte Catania und Palermo, war dann Statthalter in Sicilien.

Filit. Italienisches rauchschwaches Pulver für Geschütze. S. Ballistit.

Finale di Modena. 11./6. 1703 Ueberfall des feindlichen Lagers. Feindlicher Verlust 1800 Mann, Verlust der Kaiserlichen nur 45 Mann. Am 24./7. 1706 und 30./4. 1735 siegreiche Gefechte der Kaiserlichen.

Finck, von (1718—66), wurde 1742 von Friedrich dem Grossen aus russischen Diensten übernommen, erhielt schon 1759 den Schwarzen Adler-Orden, wurde bei Maxen umzingelt und mit 12000 Mann nach tapferer Gegenwehr gefangen genommen. Er wurde kassirt und zu Festungshaft verurtheilt, nach deren Verbüssung er in dänische Dienste trat.

Finck von Finckenstein, Graf, preussischer G.-F.-M. (1660—1735) und Sohn (1709—1785), G.-Lt., waren ausgezeichnete Soldaten, die aber nicht selbstständig geführt haben.

Finisterre. Dort fanden zwei Seeschlachten statt. 3./5. 1748 zwischen einem französischen Convoi, das von einer Kriegsflotte begleitet war und einem englischen Geschwader unter Kontre-Admiral Anson. Der Kampf entspann sich spät Abends und endete mit der gänzlichen Besiegung der französischen Flotte. 22./7. 1805 unentschiedene Schlacht zwischen der englischen Flotte unter Calder und einer französisch-spanischen Flotte.

Finstermünz, eine wilde, befestigte Felsenenge, durch welche der Inn aus Graubünden nach Tirol eintritt; beherrscht die Strasse nach Innsbruck.

Finte nennt man einen Anzug zu Hieb oder Stoss, einen Scheinangriff.

Fiume, ungarische Hafenstadt, Marine-Akademie.

Flachbahn s. Flugbahn.

Flachbahngeschütze. G., die vermöge ihrer bedeutenden Geschossgeschwindigkeit eine relativ flache Flugbahn (s. d.) ergeben; alle langen Kanonen sind F.

Fladderminen sind kleine Pulverladungen, die man vor die Front der Werke anlegt und elektrisch zündet (Landtorpedos). Sie haben im Ernstfalle noch niemals rechtzeitig gewirkt.

Flaggen s. Kommando-Flaggen.

Flanke ist Flügel. In der Befestigungskunst die kürzere Linie, welche eine längere in der Front bestreicht.

Flanken der Züge s. Züge.

Flankengeschütze. Leichte Geschütze in den Flanken von Befestigungswerken (Forts, Zwischenwerken und Bastionen) zur Bestreichung des Vorfeldes der Nachbarwerke bezw. der anschliessenden Infanteriestellungen. Zur Flankirung der Gräben verwendet man in Kaponieren bezw. auf den Flanken der Bastionen vorwiegend Kartätsch-, Schnellfeuer-Geschütze und Mitrailleusen.

Flankenmarsch, ein Seitenmarsch in der Nähe des Feindes; schwierig und besonders dann gefährlich, wenn der ihn Ausführende nur über eine Marschlinie verfügt.

Flankiren heisst in der Befestigungskunst eine Linie bestreichen, in der Taktik, den Gegner in die Flanke fassen. Da die Flanke der schwächste Theil jeder Front ist, so ist ihr Gewinnenwollen ein altes taktisches Streben.

Flatow, von, preussischer General der Infanterie (1820—92), trat beim 18. Regiment ein, später Generalstab. War 1866 im grossen Hauptquartier Generalstabsoffizier, führte im Kriege 1870/71 das 3. Brandenburgische Infanterie-Regiment No. 20 (Eiserne Kreuz und pour le mérite), war zuletzt Direktor der Kriegs-Akademie.

Flechtwerk. Damit werden niedere, aber steile Erdböschungen, bezüglich grösserer Haltbarkeit, bekleidet.

Flechtwerkbekleidung, flüchtige. Mangelt die Zeit zur Herstellung regelmässiger Bekleidung, genügt es, mehrere Ruthen zwischen Pflöcke so einzuschieben, dass letztere abwechselnd vor und hinter die Ruthen kommen. Stamm- und Wipfel-Enden müssen hierbei in den Lagen wechseln. Hinter die Bekleidung wird lagenweise die für die Schanze nothwendige Erde festgestampft.

Fleisch. Die tägliche Portion des Soldaten beträgt in der Garnison 150 g, während der Uebungen in Kantonnements, Lagern und Biwaks 250 g (Rohgewicht) oder 150 g Speck oder 150 g Fleischkonserven. Geliefertes F. muss frisch, derb, hellroth, geruchfrei und von gesundem, nicht zu magerem Vieh und vor 24 Stunden ausgeschlachtet sein. F. von Bullen darf nicht geliefert, Köpfe, Geschlinge, Talg und die grossen nicht im Fleisch befindlichen Knochen nicht angerechnet werden. Bei heissem Wetter ist das F. in Salz mit nass zu haltendem Zeuge umwickelt aufzubewahren.

Rohes Fleisch ist vor dem Kochen mindestens 10 Minuten zu klopfen. Will man saftiges F. erhalten, so ist es in kochendem, will man starke Brühe erhalten, in kaltem Wasser anzusetzen. Pökelfleisch ist vor dem Kochen auszuwässern.

Flemming, Graf. preussischer General-Feldmarschall (1632—1706), diente in verschiedener Herren Länder, zeichnete sich beim Entsatze von Wien aus und war bis 1701 Kriegsminister. Sein Neffe, polnischer General-Feldzeugmeister, war rechte Hand August des Starken und in mannigfache Händel verwickelt, ebenfalls tapferer Soldat wie gefährlicher Intrigant (1667—1728).

Flensburg. Dort stehen die Stäbe der 18. Div. und 35. Inf.-Brig.; Stab 1., 2. und 4. Bat. Füs.-Regts. Königin (Schlesw.-Holst.) No. 86, Bez.-Kom., Garn.-Verw., Garn.-Laz. — 1. Servisklasse.

Flesche ist ein isolirtes Werk, welches aus zwei einfachen Facen besteht.

Fleuret, französisches Stossrappier, mit schmaler, vierkantiger Klinge und glockenartigem Stichblatte.

Fleurus in Belgien. 29./8. 1622 schlugen hier die Truppen Mannsfelds und Braunschweigs die Spanier unter Cordova. Herzog Christian büsste seine Hand ein.

Am 1./7. 1690 wurden hier die Verbündeten unter Waldeck von den Franzosen unter Luxemburg gänzlich geschlagen.

Am 16./6. 1794 fand hier eine unentschiedene Schlacht zwischen den Franzosen unter Jourdan und den Verbündeten (Holländer und Oesterreicher) unter dem Erbprinzen von Oranien statt, in der die Franzosen schliesslich den Platz räumen mussten.

Am 26./6. 1794 wurde der Kampf erneuert und endete wieder ohne Entscheidung. Herzog von Koburg, der die Verbündeten kommandirte, trat aber den Rückzug an, da er die Meldung erhielt, dass Charleroi, das er decken wollte, kapitulirt habe.

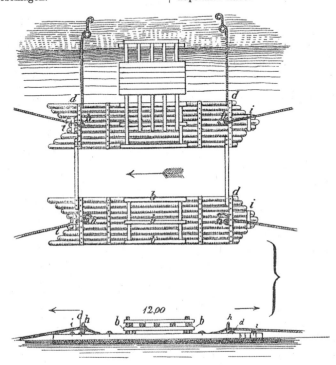

Flossbrücke.

Am 16./6. 1794 waren die Alliirten um mehr als die Hälfte schwächer als ihr Feind. Dieser verlor 8000 Mann, 16 Kanonen, 40 Karren; am 26./6. waren die Verbündeten 32000, die Franzosen 46000 Mann stark. Verlust des Feindes 1500 Mann, 1 Fahne, 20 Kanonen.

Fliegende Brücke besteht aus einem grösseren Wasserfahrzeuge, das an einem am Flussgrunde oder am Ufer befestigten und verankerten Seile, dem Giertaue hängend, durch die Wirkung des Wasserstosses pendelartig von einem Ufer zum andern bewegt wird (giert).

Fliegende Korps sind Frei-Korps, die nur in losem Zusammenhange mit der grossen Armee handeln, denen man es überlässt, die Gelegenheit, dem Feinde Schaden zuzufügen, selbst auszusuchen.

Fliegende oder ambulante Batterien bestehen aus leichten, bespannten Geschützen und sollen im Festungskriege — feldmässig eingeschnitten — die Angriffsarbeiten von häufig gewechselten Stellungen aus unter Feuer nehmen. In früherer Zeit nannte man auch die reitenden Batterien fl. B.

Flinte. (Veraltet.) Infanteriegewehr mit glattem Lauf im Gegensatz zur Büchse (s. d.), noch in der ersten Hälfte des 19. Jahrhunderts überwiegend angewendet.

Florée. 22./9. 1790 siegreiches Gefecht der Kaiserlichen.

Florenne in Belgien. 23./5. 1792 siegreiches Treffen der Kaiserlichen.

Florenz wird Ende Dezember 1529 durch 20000 Deutsche und Spanier eingeschlossen, ergiebt sich 12./8. 1530.

Flores (1801—1864), General in Ecuador, that sich in den Kriegen mit Columbia und den Unruhen der Jahre 1830—1860 hervor, war 1831 bis 1835 Präsident von Ecuador. Ein anderer General desselben Namens, ein Gaucho von Geburt, trat in Uruguay bei den Kämpfen gegen

Lopez in den 60er Jahren hervor und war eine Zeit lang Präsident der Banda del Uruguay und wurde 1868 ermordet.

Floridsdorf. Hier wurden 1866 die ihrer Zeit berühmten provisorischen Werke zum Schutze von Wien auf dem linken Ufer der Donau in Gestalt eines halbkreisförmigen Gürtels von Schanzen erbaut.

Flossbrücken sind nur bei schwächerem Strom zu bauen nach Abbildung. Die Balken werden, wie gezeichnet, durch angenagelte Querbalken verbunden und erhalten ein Traggerüst von einigen übereinander gelegten Hölzern, auf die dann die Streckbalken mit Belag gelangen. Man traue den Flössen nicht zu viel Tragfähigkeit zu, sondern prüfe dieselbe, ehe man die Truppenübergänge regelt, auf ihre Tragkraft.

Abbildung s. Seite 226.

Flucht s. Feigheit.

Flüchtige Artillerie-Deckungen sollen die Bedienungsmannschaft wenigstens gegen Gewehrfeuer, Sprengstücke und Fallkugeln der Feld-Artillerie-Geschosse decken.

Flugbahn der Geschosse. Ueber die ihre Ge-

Flugzeitmesser (Bild a).

stalt bedingenden Einflüsse s. ballistische Kurve. Man unterscheidet Flachbahn und Steilbahn, je nachdem der Abgangs- und Fallwinkel und die Scheitelhöhe der F. an sich und im Verhältniss zur Schussweite kleiner oder grösser sind. Die Flachbahn erfordert eine entsprechend grosse Geschossgeschwindigkeit; sie ergiebt gegen senkrechte, die Steilbahn gegen wagerechte Ziele die grössere relative Trefffähigkeit (s. d., sowie auch Flachbahn- und Steilbahngeschütze). Von der Steilbahn wird in der Regel eine bedeutende Biegsamkeit verlangt, d. h. die Möglichkeit, durch Aenderung der Ladung und der Mündungsgeschwindigkeit gleiche Schussweiten mit erheblich verschiedenen Erhöhungen und Fallwinkeln zu erreichen, um so die F. beim indirekten Schuss den Profilverhältnissen der Deckung bezw. der beabsichtigten Art der Geschosswirkung möglichst anpassen zu können.

Flügel-Adjutanten s. Hauptquartier.

Flügelbatterie. Veraltete Bezeichnung für Batterie-Emplacements auf den Flügeln der ersten Parallele. Sie waren zur Abwehr von Ausfällen mit leichten Geschützen ausgerüstet.

Flügelkappen hiessen bis 1867 die Kolpacks der Landwehr-Husaren, die aus schwarzem Filze hergestellt und mit Tuch umwickelt waren, welches bei Paraden gelöst hinter dem Träger herflatterte.

Flügel vorziehen war ein alter Exerziertürke,

bei dem man im Marsche durch rechtes bezw. linkes Herausziehen der letzten Sektionen und Folgen der anderen aus einer rechts abmarschirten Kolonne eine links abmarschirte bildet und umgekehrt.

Flügelweiser Abmarsch war eine beliebte Bewegungsform Friedrichs des Grossen, um mit den entwickelten Linien grössere Terrainstrecken überwinden zu können. Er liess die Treffentêten in sich in Reihen (rechts oder links) setzen und konnte so selbst in schwierigem Gelände vorwärtskommen, ohne die Schlachtordnung wesentlich zu zerstören; ein einfacher Aufmarsch stellte die Treffen wieder her.

Flugzeit. Giebt an, wieviel Sekunden das Geschoss bedarf, um die einem bestimmten wagerechten Abstand von der Mündung entsprechende Flugbahn zurückzulegen. Die F. hängt daher von der Geschossgeschwindigkeit und der Krümmung der Bahn ab und wächst unter sonst gleichen Verhältnissen stetig mit der zunehmenden Schussweite.

Flugzeitenmesser (Chronograph). Dient zur Bestimmung der Fluggeschwindigkeit der Geschosse aus der Zeit, welche sie zum Durchfliegen einer bestimmten Bahnstrecke gebrauchen. Am gebräuchlichsten ist der vom belgischen Hauptmann Le Boulengé erfundene F., welcher die Flugzeit mittelst des Weges misst, den ein freifallender Körper in derselben Zeit zurücklegt. Vor dem Geschütz sind senkrecht zur Schusslinie zwei 50 m von einander entfernte Gitterrahmen t und r (Bild a) aufgestellt und mit einer Anzahl paralleler Leitungsdrähte bezogen, deren Abstände so klein gewählt werden, dass ein quer durch die Rahmen fliegendes Geschoss mindestens einen Draht in jedem Rahmen zerreissen muss. Von der galvanischen Batterie z (Bild a) führen zwei Stromkreise durch die F. nach den Rahmen. Der eine Strom geht durch den Elektromagneten a (Bild a und b) und den Ausschalter s (Bild a) nach dem ersten Rahmen t; der andere Strom verbindet den Elektromagneten e (Bild b) und den Ausschalter s mit dem zweiten Rahmen r. Der Elektromagnet a trägt, vermöge seiner magnetischen Anziehungskraft, den walzenförmigen Zeitmesser b, auf den die Zinkhülsen c und d aufgeschoben sind; am Elektromagneten e hängt das Gewicht f über dem Teller g des Drückers (Bild c). Die Nase i des zweiarmigen Hebels h hält die Feder k mit dem kreisförmigen Messer l in der dargestellten Lage fest. Das Aufschlagen des Gewichtes f auf den Teller g drückt indess den linken Arm des Hebels h nach unten und löst dadurch die Nase i aus; das Messer schnellt vor und schneidet in die Zinkhülse des fallenden Zeitmessers b einen Markenstrich ein. Sind beide Ströme geschlossen, so beginnt der Zeitmesser in demselben Augenblicke zu fallen, in dem das Geschoss einen Draht des ersten Rahmens zerreisst, da die hierdurch bedingte Stromunterbrechung die Anziehungskraft des Elektromagneten aufhebt; ebenso fällt das Gewicht herab, sobald das Gitter des zweiten Rahmens vom Geschoss durchbrochen wird. Je grösser also die Fluggeschwindigkeit des Geschosses ist und je rascher es demnach den Abstand zwischen beiden Rahmen durcheilt, desto kürzer wird die Strecke,

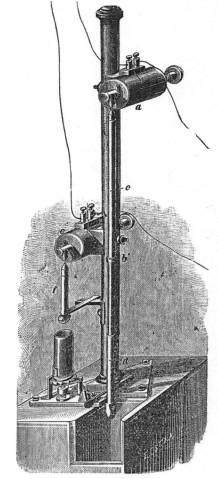

(Bild b.)

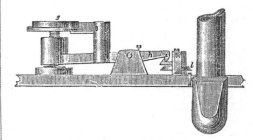

Flugzeitmesser (Bild c).

welche der fallende Zeitmesser zurücklegen kann, bevor er von dem vorschnellenden Messer getroffen wird, und desto näher liegt die eingeschnittene Schussmarke dem Nullpunkt; letzterer ist durch eine Marke gegeben, welche das Messer in die Zinkhülse d schlägt, wenn man es durch einen Druck auf den Teller g gegen den in Ruhe befindlichen Zeitmesser schnellen lässt. Die Fallhöhe, d. h. der Abstand zwischen Nullpunkt und Schussmarke, wird mit einem Massstab gemessen, an dem man die Fluggeschwindigkeit des Geschosses ohne weiteres ablesen kann.

Ein neuerer und vervollkommneter F. ist von Bashforth konstruirt worden. In neuester Zeit hat man auch mit einem Polarisations-Photochromographen erfolgreiche Versuche ausgeführt.

Flur-Abschätzungs-Kommission ist schon während des Manövers in Thätigkeit, um zu sehen, wo nur die Zuschauer die Flurschäden hervorgebracht haben. Sie besteht aus 1 Kommissar der Regierung, 1 Offizier, 1 Militär-Beamten und 2 Sachverständigen.

Flurschäden. Betreten bestellter Felder in Manövern möglichst zu vermeiden; nur gestattet, wenn die Aufträge nicht anders zu erledigen sind. Jeder Führer verantwortlich. Gebäude, Wirthschafts- und Hofräume, Gärten, Parkanlagen, Holzschonungen, Tabakfelder, Dünenanpflanzungen, Hopfengärten und Weinberge, sowie die Versuchsfelder land- und forstwirthschaftlicher Lehranstalten und Versuchsstationen dürfen niemals von den Truppen betreten werden.

Fluss-Dampfer. Fluss-Dampfer fassen:
Auf dem Nieder- und Mittelrhein 600 Mann, (kleinere Dampfer nur 300 Mann),
auf dem Oberrhein von Mainz aufwärts 400 Mann,
auf dem Main und der Mosel bis 400 Mann,
auf der Ems 150 Mann,
auf der Weser 300 Mann,
auf der oberen Elbe 350 Mann,
auf der unteren Elbe 500 Mann,
auf der Trave 200 Mann.
auf der Oder von Frankfurt abwärts 400 Mann,
auf der Weichsel von Thorn abwärts 250 Mann,
über die Haffe gehende Dampfer 400 Mann.
Die Tragfähigkeit der österr. Lloyd-Transport-Dampfer beträgt bis 1800 Mann.

Flussübergang.
Erkundung eines Flussüberganges.
In eigener Vorwärtsbewegung. Stark eingehender Bogen des Flusslaufs, überhöhendes diesseitiges Ufer, welches die Beherrschung des jenseitigen gestattet, verdeckter Anmarsch und Aufstellung, Stützpunkte am jenseitigen Ufer zum brückenkopfartigen Festsetzen der zuerst übergegangenen oder übergesetzten Truppen etc. kommen hier in Betracht. Die Technik verlangt anderweitige in den Breiten-, Ufer-, Strömungs-, Untergrund- etc. Verhältnissen des Flusses begründete Bedingungen.

In jedem Fall bleibt die Möglichkeit des An- und Abmarsches die wichtigste Bedingung.

Dies führt auf die Bedeutung eines Flusses als Fronthinderniss der feindlichen Stellung. Die Ueberschreitung desselben vermittelst Ueberbrückung im feindlichen Feuer ist schwierig. Folgende Punkte Gegenstand der Besichtigung und Berichterstattung:

a) Angabe der Stellen, an denen Brückenschlag und Uebergang möglich oder vortheilhaft ist.

b) Breite, Tiefe und Geschwindigkeit des Flusses; Wechsel des Wasserstandes.

c) Beschaffenheit der Ufer und des Flussbettes.

d) Angabe, ob sich Hülfsmittel für den Uebergang vorfinden etc.

e) Anmarsch- und Abmarschwege. Platz für Ansammlung des nöthigen Geräths.

f) Artillerieaufstellungen auf dem diesseitigen Ufer, Breite des Thales, Bebauung desselben.

g) Ob die Brückenstelle unter feindliches Artilleriefeuer genommen werden kann.

h) Bodenverhältnisse etc. am jenseitigen Ufer.

i) Etwa vorhandene Furten.

Will man in rückwärtiger Bewegung einen Fluss überschreiten, so kommen zunächst bestehende Brücken in Betracht.

FM. bedeutet Feldmarschall, auch General-Feldmarschall.

FML. (*Oest.-Ung.*), Feldmarschalllieutenant, entspricht dem deutschen Generallieutenant, führt gemeinhin eine Division.

FO. Abkürzung für Felddienst-Ordnung. — 1894.

Foca in Bosnien. Garnison: 8. Gebirgs-Brig.-Kom., 1 Bat. Inf.-Rgt. 76.

Föderirte. 1. Verbündete oder Verbundene.

2. Zur Zeit der französischen Revolution jene räuberischen Horden, die von grösseren Städten Frankreichs oder auch vom Lande nach Paris strömten, um daselbst zu morden und zu rauben.

3. Die nordstaatlichen Truppen im Gegensatz zu den südstaatlichen (Konföderirten) im amerikanischen Sezessionskriege 1861—65.

Fogaras, Garnison, 1 Bat. Inf.-Rgts. 50; Staats-Gestüte.

Foksani in Rumänien. Dort wurden die Türken von den verbündeten Oesterreichern und Russen unter Prinz Coburg und Suwarow total geschlagen am 1./8. 1789.

Jetzt sind daselbst provisorische Befestigungen nach dem System Schumann angelegt, bestehend aus Infanteriewerken mit Schumann-Thürmchen aus 3,7 und 5,3 cm Schnellfeuergeschützen und dahinter Werken mit 12 und 15 cm Panzerlafetten. (S. dort.) Die Anlagen sind von Oberst Schumann selbst angeordnet und legen den Grund zur neueren Anlage von provisorischen Befestigungsanlagen. Plan s. Seite 230.

Fontainebleau. 1679 Frieden, 1807 Vertrag von F.; 1813 Konkordat von F. Am 3. April 1814 standen zwischen F. und Paris 40000 Franzosen. Die Marschälle, an ihrer Spitze Caulaincourt, widersetzten sich dem Marsche auf Paris; am 4. April unterzeichnete Napoleon die Abdankungsurkunden zu Gunsten seines Sohnes. Nachdem diese Thronfolge von den Verbündeten nicht angenommen wurde, verzichtete der Kaiser am 11. April darauf und fuhr nach Elba, das ihm als souveränes Besitzthum verliehen wurde.

Fontanelle heisst in der Pferdeheilkunst ein einfaches am Pferdekörper künstlich hervorgebrachtes Geschwür.

Fontaniva. 6./11. 1796 siegreiches Treffen der Oesterreicher. Oesterreichischer Verlust: 1607 Mann, 2 Kanonen. Feindlicher Verlust: 3000 Mann, worunter 1000 Gefangene.

Fontenay. Dort 11./5. 1745 unentschiedene Schlacht zwischen den Franzosen unter Marschall von Sachsen und den Verbündeten (Engländer, Holländer, Hannoveraner und Oesterreicher) unter Herzog v. Cumberland.

Fontenoy. Dort 22./1. 1871 Ueberfall durch Franktireurs.

Forbach spielte in der Schlacht bei Spichern am 6./8. 1870 eine wichtige Rolle.

Dort stehen: Train-Bat. No. 16, Bez.-Komm., Train-Dep., Garn.-Verw., Garn.-Laz. — 3. Servisklasse.

Forcade, v., preussischer Generallieutenant (1699—1765), zeichnete sich in den schlesischen Kriegen, besonders bei Door und 1757 bei der Belagerung von Breslau aus. Er wird in den Werken des Königs wiederholt rühmend erwähnt. 1762 führte er ein Korps unter Prinz Heinrich von Preussen.

Forciren, erzwingen einen Flussübergang, ein Defilé u. dgl.

Forderung s. Zweikampf.

Forey, Marschall v. Frankreich (1804—1872), zeichnete sich in Algier und beim Staatsstreich 1851 aus, kommandirte vor Sebastopol eine Division; that sich mit seiner Division 1859 in der

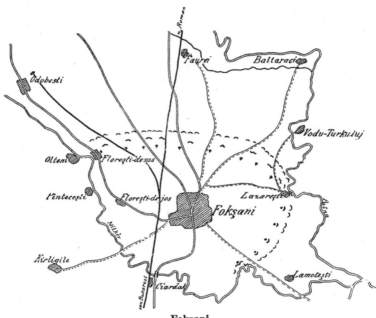

Foksani.

Schlacht bei Montebello hervor, kommandirte das Expeditionskorps in Mexiko, nahm Puebla, wurde aber durch Bazaine ersetzt. F. war bei Ausbruch des Krieges 1870 Gesandter in Petersburg.

Formation, die äussere taktische Ordnung, in der sich eine Truppe in sich und in ihrem Verhältnisse zu den Nachbartruppen befindet. F. wird auch im Sinne von Zusammensetzung gebraucht, z. B. Formation der Reserve, einer Sicherungstruppe u. s. f.

Formen der Beköstigung in den Lazarethen s. Beköstigung.

Formen der Geschützrohre. Da die einzelnen Theile der Stahlrohre aus rohen Gussblöcken durch Schmieden oder Pressen hergestellt werden, so kommt das F. nur noch für Gusseisen- und Broncerohre in Betracht, welche letzteren früher allgemein in Lehmformen gegossen wurden; statt dieser bedient man sich neuerdings fast ausschliesslich eiserner Formen, sogen. Schalen. Der Schalenguss bewirkt eine raschere Abkühlung des Gussstücks und vermindert so die schädliche Entmischung der Bronce während des Erkaltens, wie sie beim Lehmguss eintrat. Es schieden dabei weissliche Zinnflecken aus, d. h. zinnreiche Legierungen, welche bis zu 23 % Zinn enthielten, sehr hart und spröde waren und durch ihren niedrigen Schmelzpunkt rasch zunehmende Ausbrennungen der Seelenwände veranlassten.

Forstlehrlinge sind von der Losung ausgeschlossen. Sie werden durch die Inspekteure der Jäger und Schützen an die Jägerbataillone in erster Linie vertheilt.

Forts. Ein in sich geschlossenes Werk, das selbstständig und sturmfrei ist. Sie haben schon vor 1870 bestanden, sind seitdem aber die Hauptelemente der Befestigung geworden. Unmittelbar nach dem Kriege wurden die Forts für eine bis vier Kompagnien Besatzung angelegt. 4000 bis 6000 m vor der Stadt, unter sich 1500 bis 3500 m entfernt. Sie sollten den gewaltsamen Angriff hindern und in der ersten Zeit den Artilleriekampf führen. Bald kam man davon ab und legte diesen in die Zwischenräume.

Die Einführung der Brisanzgeschosse gefährdeten die Schutzmittel der Forts, so dass man diese durch Betonbauten, die den Geschossen

Widerstand leisten, und Panzer verstärkte; gleichzeitig baute man nach und nach die Zwischenräume immer mehr aus.

Die Forts sind im Durchschnitt derselben Bauart. Brialmont, der Hauptgründer derselben (Antwerpen und die Maassbefestigungen) hat sie fast ganz in Beton gehüllt mit Panzern, aber einer Minimalbesetzung mit Infanterie.

Die Oesterreicher haben ihnen bedeutendere Abmessungen und Besatzungen (z. Th. in 2 Stockwerken) gegeben.

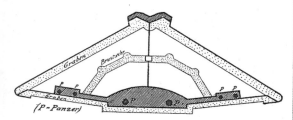

Oesterreichisches Fort.

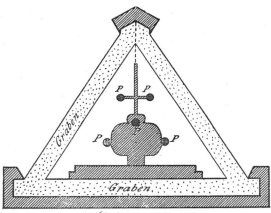

(P=Panzerthürme.)
Das Schraffirte bezeichnet die Kasematten-Korps.

Durchschnitt durch die Panzerthürme.
(b = Beton.)

Brialmonts Fort.

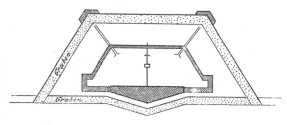

Russisches Fort (ohne Panzer).

Der Russe Wilitzko will sie ohne Panzer bauen.

Die Franzosen haben eine vorgeschobene Wallbrustwehr (hinter dem Graben) für die Infanterie.

Die Sperrforts, die 1—2 Bataillone Infanterie aufnehmen können, sind besonders seitens Frankreich gebaut und liegen ganz isolirt von anderen Befestigungen.

Fort Sumter liegt in der Mitte des Hafens von Charleston auf einem Felsriff. Es wurde im Februar 1861 von den Konföderirten unter Beauregard angegriffen und musste kapituliren. Dies war die Sturmglocke zum Ausbruche des 4 Jahre wüthenden Sezessionskrieges. Charleston und Sumter wurden von 1863—1865 von den Unionisten belagert, Sumter in Trümmer geschossen und auf Booten angegriffen, widerstand aber bis zuletzt. Erst als durch den Marsch Shermans durch Georgien die Besatzung fürchtete abgeschnitten zu werden, erhielt diese den Befehl, sie zu räumen (18./3. 1865).

Fossa Mantovana. 9. 12. 1701 siegreiches Gefecht der Kaiserlichen.

Fossano. Am 4./11. 1799 drängten dort die Oesterreicher die Franzosen unter Championnet nach heftiger Schlacht zurück.

Fouqué la Motte, Heinrich (1698—1773), diente in der preussischen, dann in der dänischen, endlich wieder in der preussischen Armee, verlor am 23./6. 1760 die Schlacht bei Landshut, ward dann General der Infanterie und Gouverneur von Glatz. (Näheres s. Landshut.)

Fourage. Pferdefutter, besteht aus Hartfutter (Hafer, Gerste etc.), Halmfutter (Heu, Stroh etc.), Grünfutter (Gras, Klee) und Knollen- oder Wurzelfutter (Kartoffeln, Rüben etc.), **Hafer** behagt den Pferden am besten; dessen Körner sollen weisslich-gelb oder schwärzlich, **dick und kurz**, dünnschälig, schwer, geruchlos und gut ausgetrocknet sein. Feuchter Hafer ist sehr schädlich. Von dem Halmfutter ist Heu am zuträglichsten. Es soll weichhalmig, blassgrün, fest, rein, angenehm riechend und süsslich sein. Grün- oder Knollenfutter darf Pferden, die sich viel im Stall aufhalten, nur wenig verabreicht werden.

Fouragirung nennt man gewaltsame Beitreibungen von Pferdefutter. Grüne oder trockene Fourage wird aus den Feldern oder Scheunen entnommen.

Bei F. im Felde sind zwei Thätigkeiten zu unterscheiden, das Einheimsen der Vorräthe und das Sichern gegen den Feind.

Eine Schwadron braucht täglich 900 kg Hfaer, 225 kg Heu, ebensoviel Stroh für die Pferde.

Fourichon, französischer Vice-Admiral, 1870 Kommandant der Eskardre in der Nordsee, 1870 und 1876 Kriegsminister.

Foy, Maximilian, französischer General (1775 bis 1825), kommandirte bei Waterloo eine Division, war auch Militär-Schriftsteller.

Fraisirung (veraltet) nannte man in der Feldbefestigung an den Wänden des Grabens der Länge nach angebrachte Hinderniss-Pallisaden.

Frankfurt a/M. Dort stehen die Stäbe der 21. Div., 42. Inf.-Brig. und 21. Kav.-Brig.-Kommandantur, 1. Hess. Inf.-Reg. No. 81, Stab, 1., 2. und 5. Esk. 1. Hess. Hus.-Regts. No. 13, Mil.-Lehrschmiede, Bez.-Kom., Prov.-Amt, Garn.-

Verwaltung, Garn.-Laz. (in Bockenheim). — Servisklasse A.
17.—30./7. 1852 Belagerung durch die Rebellen, 17./11. 1631 und 22./4. 1796 vom Feinde genommen, 18./9.1848 Strassenkampf, 1849 Sitz des deutschen Reichstages unter Erzherzog Johann.

Frankfurt a/O. Dort stehen die Stäbe der 5. Div., 9. und 10. Inf.-Brig., 5. Kav.-Brig., Leib-Gren.-Regt. König Fr. Wilh. III. (1. Brandb.) No. 8, Gren.-Regt. Prinz Carl v. Preussen (2. Brandb.) No. 12. Stab, 1. und 2. Esk. Ul.-Regts. Kaiser Alexander II. v. Rnssland (1. Brandb.) No. 3, Stab, 1., 2. und 3. Abth. Feld-Artill.-Regts. Gen.-Feldzeugm. (2. Brandb.) No. 18, Bez.-Kom., Feld-Artill.-Dep. (zu Küstrin), Prov.-Amt, Garn.-Verwaltung und Laz. — 1. Servisklasse.

3./4. 1631 und 13./5. 1634 vom Feinde erstürmt.

Franctireurs wurden in Deutschland erst als Bestand des Heeres anerkannt, nachdem sie territorialen Divisionen angeschlossen wurden.

Franklin in Tennessee, 30./11. 1864 drängte General Hood mit 30 000 Konföderirten den General Shoefield nach F. zurück. Hier beschloss dieser, sich zu halten. Hood sendete ihm 6000 Reiter in den Rücken und griff selbst frontal an, ward aber geschlagen.

Frankreichs Armee. Die aktive Armee. Oberster Chef der Armee ist der Kriegsminister. Eine Zusammenfassung von Armeen im Frieden findet nicht statt, die Armee-Korps werden bei grossen Manövern etc. von eigens dazu kommandirten Generalen besichtigt.

Generalstab (s. dort). Die Offiziere der höheren Stäbe tragen Armbinden von verschiedener Farbe: der Armee weiss-roth, des Armee-Korps Tricolore, der Division roth, der Brigade blau.

Die Reservetruppen bestehen aus: 145 Regimentern zu je 3 Bataillonen = 435 Bataillonen und 30 Jägerbataillonen, 36 Kavallerie-Regimentern. Die Feldartillerie bildet die Reserveformationen unmittelbar im Anschluss an die aktiven Friedensformen.

Territorial-Armee. 12 Jahre nach Ableistung der Dienstpflicht in Armee und Reserve bleibt die Mannschaft in der Territorial-Armee, wird befehligt von pensionirten Offizieren und Reserve-Offizieren.

Die Territorial-Armee wird regions- (provinzen-) weise geführt. Für 145 Regimenter sind bereits alle Stellen besetzt.

Man rechnet ferner auf jede der 18 Regionen 4—8 Schwadronen Territorial-Kavallerie. Die Offizierstellen sind schon besetzt, ebenso bei der Territorial-Artillerie.

Ferner treten zu ihr 32 000 Mann Forst- und Zollbeamte und 36 000 Mann Marinetruppen.

Die Taktik und der Dienst sind dem in unserer Armee eingeführten sehr ähnlich.

In Bezug auf die Festungen s. Befestigungen und ebenso die betreffenden Artikel über Gewehre und Geschütze.

(Im Uebrigen s. Militär-Literatur die Werke Exners.)

Im Speciellen. Die französischen Korps haben je 2 Infanterie-Divisionen à 2 Brigaden à 2 Regimenter à 3 Bataillone à 4 Kompagnien.

Die Kavallerie-Brigade hat 2 Regimenter à 5 Eskadrons. Die Feld-Artillerie-Brigade à 2 Regimenter à 11—12 Batterien. Zur Kürze werden deshalb in Folgendem die Stärke der Korps nur mit der Anzahl Kompagnien, Eskadrons und Batterien angegeben werden:

		Komp.	Esk.	Batt.	reit. Batt.	Fuss. Batt.
1. Korps	Lille	118	10	22	2	9
2. „	Amiens	100	10	22	2	2
3. „	Rouen	96	10	22	2	1
4. „	Le Mans	96	10	21	4	—
5. „	Orleans	96	10	24	4	—
6. „	Chalons	372	20	41	9	35
7. „	Bésançon	116	10	23	2	14
8. „	Bourges	96	10	22	2	—
9. „	Tours	96	10	24	2	1
10. „	Rennes	96	10	22	2	3
11. „	Nantes	96	10	20	2	2
12. „	Limoges	96	10	22	2	—
13. „	Clermont-Ferrand	96	10	22	2	—
14. „	Lyon	172	10	19 (12 Geb.)	2	11
15. „	Marseille	128	10	15 (9 Geb.)	2	3
16. Korps	Montpellier	96	10	22	2	1
17. „	Toulouse	96	10	20	2	—
18. „	Bordeaux	96	10	20	2	3
19. „	Algier	151	41	3 (6 Geb.)	—	3
	Funesien	47	10	(2 Geb.)	—	1
	Tonking	16	—	—	—	—
	Paris	12	—	20	3	7

Dazu kommen noch 48 Genie- und für jedes Korps 3 Train-Kompagnien. Nur für Algier 9 Train-Kompagnien.

Ferner 7 Kavallerie-Divisionen à 30 Eskadrons. 1. Paris, 2. Luneville. 3. Chalons, 4. Stenay, 5. Reims, 6. Lyon, 7. Melun (25 Eskadrons).

Im Ganzen 2418 Kompagnien, 446 Eskadrons und 421 fahrende, 52 reitende, 23 Gebirgs-Batterien und 3 fahrende, 4 Gebirgs-Batterien in Afrika. 96 Batterien Fuss-Artillerie, 4 Batterien Fuss-Artillerie in Afrika, 88 Kompagnien Genie mit 7 Fahrer-Kompagnien, 72 Train-Kompagnien.

Reserve. Im Frieden sind noch Kommandos vorbereitet für 145 Reserve-Regimenter, 30 Reserve-Jäger-Bataillone, 38 Reserve-Kavallerie-Regimenter, 41 Reserve-Kavallerie-Eskadrons und 216 fahrende Batterien.

Territorial-Armee sind in ebensolcher Weise im Frieden vorgesehen:

145 Infanterie-Regimenter, 72 Eskadrons, 19 Artillerie-Regimenter, 18 Genie-Bataillone, 19 Train-Eskadrons; in Algier 10 Zuaven-Bataillone, 6 Eskadrons, 10 Fuss-Batterien.

Ferner: 13 Jäger-Bataillone, 38 Batterien (Zoll- und Forstbeamte), 67 selbstständige Kompagnien und 56 Sektionen.

Im Ganzen Friedensstärke:
  28339 Offiziere und 532631 Mann.

In Kriegsstärke:
  4 bis 4½ Millionen Mann.

Es werden durchschnittlich auf 1 Jahr eingestellt gegen 44 000, auf 2—3 Jahre gegen 156 bis

157000, etwa 35000 treten freiwillig ein. Es wurden z. B. eingestellt 1894 bei

Infanterie	143193	Mann
Kavallerie	23902	,,
Artillerie	29469	,,
Genie	4870	,,
Train	4039	,,
Verwaltung	7227	,,

Plan der Truppenvertheilung s. S. 234 und 235.

Fransecky, von, preussischer General der Infanterie (1807—1890), trat in's 16. Infanterie-Regiment 1848 im Stabe Wrangels in Schleswig, dann im Generalstab. 1866 focht er mit der 7. Division bei Münchengrätz, Gitschin und Königgrätz (pour le mérite à la suite des 26. Infanterie-Regiments). 1870/71 führte er das 2. Armee-Korps mit Auszeichnung.

Franz-Josephs-Orden, österreichischer Orden, gestiftet 1849.

Franzensfeste, eine Passsperre in Tirol.

Französische Feldgeschütze s. Feldgeschütze.

Französisches Gewehr m 86/93, System Lebel (unter Mitwirkung Anderer); 8.00 mm Kaliber (kein Laufmantel oder Handschutz); konzentrische links gewundene Züge; Treppen- und Rahmenvisir; Kolbenverschluss mit Drehbewegung und zwei wagerechten Stützwarzen; Degenbajonett; Mehrladevorrichtung: Röhrenmagazin im Vorderschaft für 8 Patronen, die einzeln mit der Hand eingeschoben werden; neunter Schuss auf dem Löffel. Patrone mit vorstehendem Bodenrand für den Auszieher; Ladung: rauchschwaches Schiesswoll-Blättchenpulver B. T. (Vieille); Geschoss mit Hartbleikern und Mantel aus Nickelkupferlegierung. Geschossgeschwindigkeit an der Mündung 632 m (nach Oberst de la Llave 610 m), 25 m vor derselben 601 m. Die Feuergeschwindigkeit beträgt bei Einzelladung 9, bei Mehrladung 11 gezielte Schuss in der Minute, die mechanische Schnellfeuerleistung 14 Schuss. Die Unterschiede zwischen m/86 und m/86/93 bestehen hauptsächlich darin, dass bei letzterem der Verschluss mit einem Maskenschirm und mehreren Rinnen versehen worden ist, um bei Hülsenreissern die ausströmenden Pulvergase aufzufangen und eine Verletzung des Schützen zu verhüten; zugleich wurde der Oberring mit einem Dorn (zum Zusammensetzen der Gewehre) versehen, die Befestigung des Visirfusses und der Bajonettklinge verbessert, der Hülsenboden der Patrone verstärkt, die Pulverladung von 2.80 auf 2,75 g herabgesetzt und der Knallsatz des Zündhütchens von 0,03 auf 0,04 g erhöht. S. a. Gewehr.

Französischer Karabiner m/90, Konstruktion Berthier; 8,00 mm Kaliber; Munition und Züge wie bei dem Gewehr m/86/93; Kastenmagazin im Mittelschaft, das durch Einführen des 3 Patronen enthaltenden Rahmens gefüllt wird. Die Geschwindigkeit an der Mündung beträgt 610 m, 25 m vor derselben 586 m. Das für Kürassiere bestimmte Muster unterscheidet sich von dem der übrigen Kavallerie durch die Form und stärkere Neigung des Kolbens, sowie durch die Belegung des Kolbenschuhs mit 2 Lederplatten, auch ist es um eine Kleinigkeit länger und leichter. S. a. Karabiner.

Fraser-Geschütze. Veraltetes englisches System der künstlichen Metallkonstruktion von Geschützrohren. Anstatt der zahlreichen Ringe in mehreren Lagen des Armstrong-Systems erhielt das Kernrohr nur ein vorderes und ein hinteres Mantelrohr, eine Bodenschraube (Hinterlader) und einen Schildzapfenring. — Infolge des einfacheren Verfahrens und der Verwendung billigeren Werkstoffs wurden die F.-G. bedeutend wohlfeiler als die Armstrong-Geschütze. Die geringe Haltbarkeit der Rohre zwang indess zur Aufgabe dieses Systems.

Frasne, Dep. Doubs. 30./1. 1871 Gefecht der Avantgarde des 2. preussischen Korps gegen Abtheilungen der Armee Bourbakis.

Frauenvereine hat die österreichische Gesellschaft vom rothen Kreuz.

Fraustadt. Dort stehen 3. Bat. 3. Pos. Inf.-Rgt. No. 58 (nur vorläufig, s. Glogau), Garn.-Laz., 3. Servisklasse.
13./2. 1706 Sieg von 12000 Schweden gegen 20000 Sachsen und Russen.

Frebault (geb. 1813), zeichnete sich als Artillerie-General bei der Vertheidigung von Paris 1870/71 aus.

Freddi-Selbstspanner s. Selbstspanner.

Fredericksborg, eine Hafenfestung, die, auf den Scheeren erbaut, den Eingang in den Stockholmer Hafen vertheidigt.

Fredericksburg am Rappahannock. Dort 13./12. 1862 die grosse Schlacht des nordamerikanischen Sezessionskrieges, in der General R. E. Lee den Unionsgeneral Burnside entscheidend aufs Haupt schlug.
General Lee hatte auf dem Südufer des Flusses auf den sanft abfallenden Höhen eine sehr starke Stellung. General Burnside mit weit überlegenen Kräften ging über den Fluss und griff diese Stellung, die sich mit dem linken Flügel an die stark besetzte Höhe Maryes Hill lehnte, in der Front an, wurde aber unter furchtbaren Verlusten zurückgeworfen.
Am 3./5. 1863 während der Schlacht bei Chancellorsville (s. dort) griff Sedgwick den auf den obigen Hügeln stehenden General D. H. Hill an, der sich hier vor Lee zurückzog. Beide warfen die Feinde dann vereint bei Banks Furth über den Rappahannock. Am 3./6. 1863 ebendort ein misslungenes Rekognoszierungsgefecht seitens der Unjirten.

Fredericksvaern. Kleine Hafenfestung Norwegens am Eingange des Laurwig Fjords (westlich des Christiania Fjords.)

Freiberg in Sachsen wurde 3./3. 1639 vom Feinde berannt, 20./3. durch die Kaiserlichen entsetzt, 31./12 1642 belagert, 17./2 1643 entsetzt. Dort fand am 29./10 1762 eine der glänzendsten Schlachten des 7jährigen Krieges statt. Prinz Heinrich griff die Armee der Gegner (Reichstruppen und Oesterreicher), die eine Stellung westlich F. inne hatten, auf dem linken Flügel und im Zentrum an, wobei Seydlitz die Kavallerie führte. Die Regimenter des Zentrums wurden über den Haufen geworfen, nur der bei Waltersdorf in starker Stellung befindliche rechte Flügel der Verbündeten hielt sich längere Zeit, doch musste auch er weichen und die Schlacht war

Frankreichs Armee

Stäbe:
- Armee-Korps bezw. Militair-Gouvernement
- Infanterie-Division
- Kavallerie-Division
- Kavallerie-Inspektion
- Infanterie-Brigade
- Kavallerie-Brigade
- Artillerie-Brigade
- Genie-Brigade

Truppen:
- Infanterie-Regiment
- 2 Baons eines Inf.-Regts.
- Infanterie-Baon.
- 2 Kompagnien Infanterie
- 1 Kompagnie Infanterie
- Jäger-Baon zu 4 Kompagnien.
- Jäger-Baon zu 6 Kompagnien.
- Portion centrale eines Inf.-Regts.
- Portion centrale eines Jäger-Baons.
- Marine-Inf. Regt.
- Baon eines Marine-Inf.-Regts.
- Kavallerie-Regiment
- Portion centrale eines Kav.-Regts. und 5. (Depôt) Escadron desselben.
- Fahrende Batterien
- Gebirgs-Batterien
- Reitende Batterien
- Festungs-Art.-Batterien.
- Batterien des Marine-Artill. Regts.
- Genie-Regiment, mit P. Pontonier-, mit E. Eisenbahn-Rgt.
- Genie-Compagnie
- Train-Eskadron

Karte der Friedensvertheilung
Nach einem Plan des Oberstlieutenant z. D.

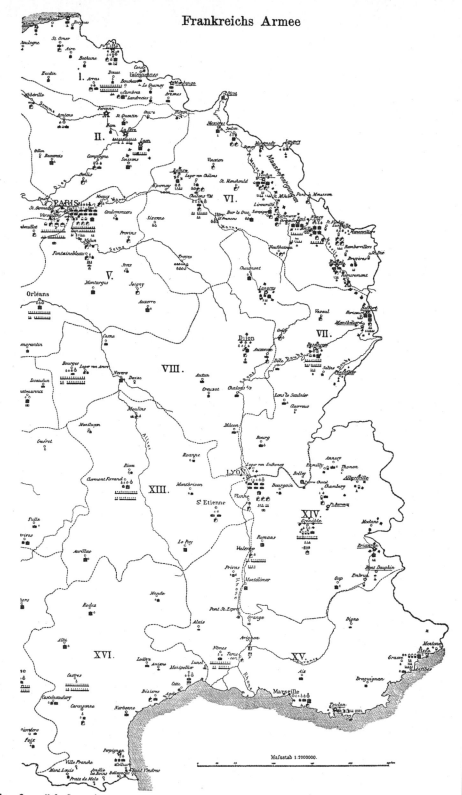

der französischen Armee.
Exner, im Verlage von E. Mittler, Berlin.

gewonnen. Die Reichsarmee zog durch F. über die Mulde ab. — 2. Servisklasse

Freiburg in Baden. Dort stehen die Stäbe der 29. Div. und 57. Inf.-Brig., 5. Bad. Inf.-Reg. No. 113, Bez.-Kom., Prov.-Amt, Garn.-Verw., Garn.-Laz. — 1. Servisklasse.

F. war einst österreichische Festung. Dort schlug Herzog von Enghien im August 1644 die Bayern unter Mercy. 1713 und 1744 wurde es von den Franzosen belagert und genommen. 24./4. 1848 stürmten die Preussen die von den badischen Revolutionären besetzte offene Stadt.

Freikorps sind unabhängige, von entschlossenen Führern geführte Abtheilungen, die sich aus Freiwilligen rekrutiren, sie können nützlich werden (wie im amerikanischen Sezessionskriege) durch Unsichermachen der feindlichen Verbindung. Da sie meist nicht recht disziplinirt sind, so sind deren Erfolge mehr Nadelstiche, die übrigens recht unbequem werden können, wie Friedrich der Grosse dieses in dem 7jährigen Kriege häufig empfand. Sie werden besonders dem Etappenwesen gefährlich, wenn sie gut geführt werden, und machen viel Detachirungen nöthig.

In neuerer Geschichte sind bekannt die Freikorps unter Friedrich dem Grossen, die unter Lützow, Schill, Herzog von Braunschweig, Thielmann, Mosby und Forrest, sowie unter Garibaldi.

Freilager s. Lager.

Freischaaren. Die bei den geringen Heeren früherer Zeiten überschiessenden Kräfte sammelten sich zu F.; so entstanden in Deutschland 1848 und 1849 jene Truppen, die allerdings wenig leisteten, ebenso wie die F. Garibaldis bei Dijon. Die ihnen verwandten Franktireurs waren 1870/71 unbequem, aber ebenfalls bedeutungslos. Die neuen Landsturmformationen saugen diese Elemente in organische Verbände auf.

Frei-Uebungen sind beim Turnen alle Uebungen ohne Geräth, sie dienen zum Geschmeidigmachen der Muskeln und Glieder.

Freiwillige Jäger. Sie rekrutirten sich 1813 beim Aufrufe des Königs aus den gebildeten Elementen Preussens, die sich selbst kleiden und ernähren konnten (17.—24. Lebensjahr). Die Stärke der Kompagnie war mit Offizieren etc. auf 200 Mann festgesetzt. Es kamen 7000 Jäger zu Fuss und 3000 zu Pferde auf diese Weise der Armee zu und trugen wesentlich zu dem idealen Aufschwunge des Volkes bei. Es traten so viele von diesen Korps in die reguläre Armee, dass $1/3$ der Offiziere des preussischen Heeres nach den Feldzügen aus den F. J. hervorgegangen waren.

Freiwillige Krankenpflege. Die leitende Spitze der F. K., welche jedoch keinen selbstständigen Wirkungskreis neben der staatlichen inne hat, sondern der letzteren eingefügt wird, ist der Kaiserliche Kommissar und Militär-Inspekteur der F. K. Derselbe hat sich dauernd mit den bezüglichen Kriegsministerien und dem Chef des Feld-Sanitätswesens in Verbindung zu erhalten, um für seine Thätigkeit die leitenden Gesichtspunkte zu gewinnen. Die F. K. wird in erster Linie in Anspruch genommen für den Sanitätsdienst im Etappenbereich und in den Reserve-Lazarethen der Heimath, für Ueberführung der Kranken und Verwundeten nach der Heimath, Aufnahme von Genesenden in Privatpflege, Sammlung und Zuführung von Liebesgaben u. s. w. Die Mitwirkung der F. K. im Bereiche der Truppen ist von höherer Genehmigung abhängig.

Freiwilliger Diensteintritt. Jeder junge Mann kann sich nach vollendetem 17. Lebensjahre zum freiwilligen Eintritt in die Armee oder Marine melden. Wer freiwillig sich zu 2-, 3- oder 4-jährigem aktiven Dienst bereit erklärt, hat die Erlaubniss zur Meldung bei einem Truppentheil (bei dem Zivilvorsitzenden der Ersatz-Kommission seines Aufenthaltsortes) nachzusuchen. (Einwilligung des Vaters und der Obrigkeit.) Er erhält Meldeschein, der 1 Jahr Gültigkeit hat. (Wer sich erst im Musterungstermin freiwillig meldet, verliert Anrecht auf Wahl des Truppentheils.) Mit dem Meldeschein versehen können sich beim Kommando der zu wählenden Truppe melden. Sie erhalten Annahmeschein und sind der Kontrolle des Bezirks-Kommandos unterworfen.

In Unteroffizierschulen. Vorzeigung des Meldescheins und Verpflichtung zu 4-jährigem Dienst. Er erhält dort Annahmeschein.

S. auch Einjährig-Freiwillige.

Fréjus, an der Küste der Provence, ist dadurch bekannt, dass Bonaparte nach Rückkehr von der Expedition in Egypten 9./10. 1799, und Napoleon I. am 1./3. 1815 dort landete, als er aus Elba zurückkehrte, um Frankreichs Truppen wieder unter seinen Fahnen zu sammeln.

Fremdenlegion, jetzt Fremden-Regimenter genannt, stehen in Oran, doch 4 Bataillone derselben in Tonkin. Der Dienst in denselben wird neueren Mittheilungen gemäss als entwürdigend geschildert. Es giebt deren nur noch zwei.

Fremont, John, amerikanischer General, bewirkte den Anschluss Kaliforniens an die Vereinigten Staaten 1845, erhielt als Ingenieur-Offizier, in einen Streit mit Offizieren verwickelt, kriegsgerichtlich seinen Abschied, wurde im Frühjahr 1862 kommandirender General in Virginien, vertrieb General Jackson aus dem Shenadoah-Thale und lieferte 18./6. 1862 die Schlacht bei Cross-Keys.

Freycinet (geboren 1828), Vertrauter Gambettas im Kriege 1870/71. War seit 1877 mehrmals Minister. 1888—93 Kriegsminister in Frankreich.

Freyre, spanischer General (1765—1835), kämpfte mit grosser Auszeichnung unter Wellington im spanischen Kriege und rückte 1814 mit 3 Divisionen in Frankreich ein und nahm an der Schlacht bei Toulouse Antheil. Er war in die späteren Aufstände verwickelt, später Inspekteur der Kavallerie.

Freyre'sche Liderung. Vom spanischen Artillerie-Hauptmann Freyre für Hinterladerohre mit Schraubenverschluss konstruirt. Im Allgemeinen Prinzip der Liderung de Bange (s. Schraubenverschluss). Ein Stempel, dessen Kopf sich nach hinten verjüngt, wird durch den Druck der Pulvergase auf seine vordere Fläche derart gegen einen inneren kegelförmigen Liderungsring (aus Stahl oder Bronce) gepresst, dass der Ring zum lidernden Anliegen an die Seelenwand bezw den Verschluss gelangt. Die F. L. ist bei den amerikanischen Feldgeschützen und in Spanien eingeführt.

Friant, französischer General-Lieutenant (1758 bis 1829), zeichnete sich als Divisions-Kommandeur unter Napoleon aus, ohne selbstständige Kommandos geführt zu haben. An der Moskwa und bei Waterloo wurde er schwer verwundet.

Friccius, Karl (1779—1856), zeichnete sich, nach Jena in die preussische Armee tretend, in Danzig, bei Dennewitz und besonders an der Spitze des 1. ostpreussischen Landwehr-Bataillons bei der Erstürmung des Grimma'schen Thores vor Leipzig aus, wo ihm 1863 ein Denkmal errichtet wurde.

Fridericia, einstige dänische grosse See-Festung, war 1848 so vernachlässigt, dass die Deutschen, ohne Widerstand zu finden, dort einrückten. Jedoch die Dänen besserten im Waffenstillstande die Werke aus und armirten sie, nun wurde die Festung von den Deutschen mit etwa 10 000 Mann umzingelt, ohne dass jedoch an eine Belagerung gedacht wurde. Die sorglosen Unterlassungen der Cernirung benutzten die Dänen zu einem kräftigen Ausfalle mit doppelt so viel Mann und rollten am 6./7. 1849 die ganze Umschliessungslinie unter grossen Verlusten der Schleswig-Holsteiner auf. Am 8./3. 1864 wurde die Festung wieder berannt, am 20. und 21./3. erfolglos beschossen und später energische Maassnahmen zur Belagerung ergriffen. Jedoch warteten die Dänen die Eröffnung derselben nicht ab, sondern verliessen bald nach dem Sturm auf Düppel am 29./4. die minderwerthigen Werke. Fr. ist jetzt gänzlich aufgelassen.

Friedberg. Dort steht Bezirks-Kommando. — 3. Servisklasse. 13./6. 1743 kapitulirt Fr. an die Kaiserlichen, 1792 Sieg der Franzosen über die Alliirten, 10./7. 1796 siegreiches Treffen der Franzosen gegen die Oesterreicher.

Fr.-Bes.-V. Abkürzung für „Besoldungsvorschrift für das Preussische Heer im Frieden (Friedens-Besoldungsvorschrift)" 1889.

F.-S.-O. Abkürzung für „Friedens-Sanitäts-Ordnung". 1891.

F.-Tr.-O. Abkürzung für den III. Theil der deutschen „Militär-Eisenbahn-Ordnung", enthaltend die „Friedens-Transport-Ordnung". — 1888.

Friedensstärke eines Heeres etc. ist durch die Zahl der Mannschaften und Pferde etc. ausgedrückt, die im aktiven Dienst eingestellt ist. Das Verhältniss der F. zur Kriegsstärke bezeichnet qualitativ die Schlagfertigkeit und Kriegstüchtigkeit eines Heeres, vorausgesetzt, dass die Friedensausbildung eine ausreichende ist. Gegenübergestellte Zahlen s. Heeresstärken der einzelnen Staaten.

Friedland. Dort Schlacht am 14./6. 1807. Die Russen unter Bennigsen hatten die Alle überschritten und standen mit dem Rücken an dem tief eingeschnittenen Flusse in ungünstiger Position, als sie von Lannes angegriffen wurden, statt energisch die Offensive zu ergreifen, um aus dieser Stellung herauszukommen, zögerte von Bennigsen. bis Napoleon seine Armee herbeigeholt, aufgewickelt hatte und gegen Abend mit Einsetzung aller Kräfte die Russen durch die Defileen von F. Strassen und über die Alle werfen konnte, so dass sie 16 000 Mann, gegen 7000 der Franzosen verloren.

Plan s. Seite 238.

Friedlingen bei Basel. Dort unentschiedene Schlacht am 14./10. 1707 zwischen dem Marschall Villars und dem Markgrafen von Baden.

Friedrich III., Kaiser von Deutschland und König von Preussen (1831—88), nahm als Kronprinz 1864 am Feldzuge gegen Dänemark im Stabe Wrangels Theil; führte im Kriege 1866 die 2. Armee, schlug mit seinem 5. Korps die Gefechte bei Nachod, Skalitz, Schweinschädel, mit dem 1. Korps das Treffen bei Trautenau, dessen Verlust durch den Sieg bei Sohr wett gemacht wurde und kam bei Königgrätz rechtzeitig an, um durch das Erstürmen der Höhen von Chlum durch die Garde die Schlacht zu entscheiden.

Im Kriege gegen Frankreich führte er die 3. Armee, siegte bei Weissenburg, Wörth, Beaumont, Sedan umzingelte er und nahm Paris. Er wurde im Oktober 1870 zum G.-F.-M. ernannt, bestieg 1888 schon krank den Thron, den er nur 3 Monate einnahm.

Friedrich, Karl. Prinz von Preussen und General-Feldmarschall (1828—1885), hatte von Kindheit an Neigung und Talent zum Soldatenstande. Er war 1848 im Stabe Wrangels, holte sich im Feldzuge in Baden 1849 den Orden pour le mérite bei einem Reiterangriffe. Er half an der Reorganisation der Armee, auch in Beziehung auf den Geist der Truppe, belagerte 1864 Düppel, führte vom April ab den Oberbefehl, leitete den Uebergang auf Alsen und beendete den Krieg erfolgreich. 1866 führte der Prinz die erste Armee über die siegreichen Gefilde von Münchengrätz, Gitschin, Königgrätz und Blumenau, 1870/71 die zweite Armee mit den Erfolgen bei Spichern, Mars la Tour, Gravelotte; umschloss und nahm Metz, führte seine Armee über Orleans nach der Loire und dem Loir bis Le Mans und weiter, die grossen Armeen der Republik allmählich zertrümmernd.

Friedrich, Landgraf von Hessen-Homburg (1769—1829), österreichischer General der Kavallerie, zeichnete sich schon früh in Kämpfen aus, erwarb sich bei Kalafat das Theresien-Kreuz, führte 1805 und 1809 Kavallerie-Divisionen, wurde beim Sturm auf Dölitz in der Schlacht bei Leipzig schwer verwundet; führte auf dem linken Flügel der Verbündeten den Kampf gegen Augereau und drang bis Lyon vor.

Friedrich, Josias, Prinz von Coburg-Saalfeld, k. k. General-Feldmarschall (1737—1815), focht als Kavallerie-Offizier im 7jährigen Kriege, 1788 und 1789 eroberte er die Festung Chotin im Türkenkriege und siegte mit Suwarow bei Focksany und Machnestje (Maria-Theresien-Grosskreuz) und zog in Bukarest ein. Eine hervorragende Rolle spielte er in den Kriegen gegen die Revolutionsheere in den Niederlanden, siegte 1793 über Dumouriez bei Neerwinden und Loires und zog in Brüssel ein. Auch hatte er Erfolg in der Schlacht bei Famars.

Friedrich, Prinz zu Zweibrücken-Birkenfeld (1724—67), war Kommandeur des Reichsheeres während des 7jährigen Krieges, siegte bei Maxen und Strehlen, und führte die mangelhafte Armee nach besten Kräften.

Friedrich II., Landgraf von Hessen-Kassel, preussischer G.-F.-M. (1720—1785), kämpfte

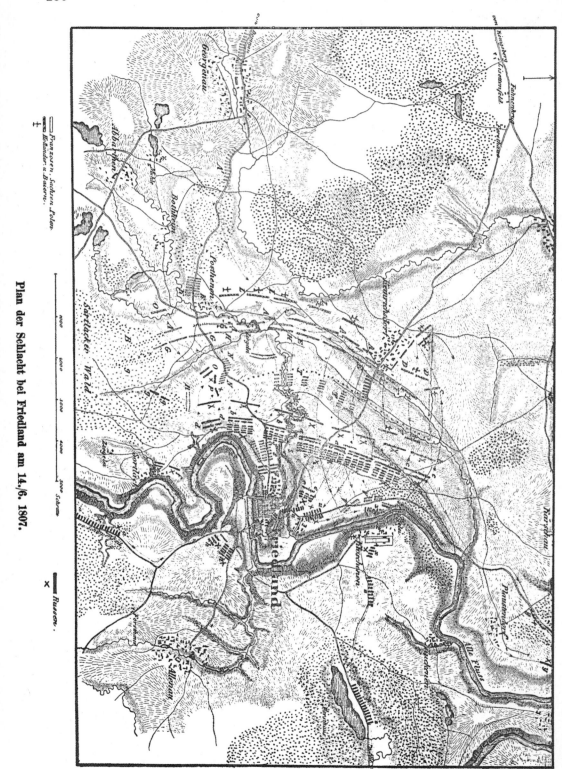

Plan der Schlacht bei Friedland am 14./6. 1807.

in seiner Jugend in Schottland gegen den Prinzen Karl Eduard, trat beim 7jährigen Kriege in preussische Dienste, ohne viel zu wirken.

Friedrich II., der Grosse, König von Preussen (1712—86). Sohn Friedrich Wilhelms I. Militärische Erziehung unter Graf Finckenstein und Oberst von Kalckstein. 1734 Rhein-Kampagne unter Prinz Eugen. 1740 bestieg er den Thron. Führte 1740—42 und 1744—45 die beiden schlesischen Kriege, 1756—63 den 7 jährigen Krieg. 1778—79 den bayerischen Erbfolgekrieg. Er war der Schöpfer einer eigenen, auf starke Offensive sich gründenden Kriegskunst, zu der er die Armee wie seine Offiziere in eigener Schule durch Schrift und Belehrung aufzog.

Friedrich I., König von Preussen (1657—1713). Sohn des grossen Kurfürsten und Louise Henriette von Oranien, machte 1679 Winterfeldzug in Pommern und Preussen mit. Von 1688 als Friedrich III. Kurfürst von Brandenburg. 1689 schlug er die Franzosen bei Ordingen, nahm die Festungen Rheinbergen und Kaiserswerth, belagerte und nahm Bonn, hatte aber sonst wenig Erfolge in dem Kriege. 1701 nahm er die Königswürde an als F. I.

Friedrich I., König von Schweden (1676 bis 1751). Als Erbprinz von Hessen-Kassel that er sich in den Kriegen der Zeit besonders in den spanischen Erbfolgekriegen hervor. 1715 machte ihn Karl XII. von Schweden, mit dessen Schwester er vermählt war, zum Generalissimus und er erhielt die schwedische Krone 1720.

Friedrich II., mit dem silbernen Bein, Landgraf von Hessen-Homburg (1633—1708), trat aus schwedischen 1670 als General der Kavallerie in brandenburgische Dienste, in denen er sich in der Pfalz, bei Rathenow, besonders aber bei Fehrbellin sehr hervorthat. Sein Bein hatte er 1659 bei der Belagerung von Kopenhagen eingebüsst.

Friedrich III., König von Dänemark (1609 bis 1670), machte sich als Kriegsheld einen Namen durch seine hartnäckige Vertheidigung von Kopenhagen gegen die Schweden 1658 und 1659, die am 10. und 11./2. gänzlich geschlagen, von ihrem Vorhaben, die Ostseestadt zu erobern, Abstand nahmen.

Friedrich Eugen, Herzog von Württemberg, preussischer G.-L. (1732—97), von Jugend auf in preussischen Diensten, zeichnete er sich als Reitergeneral schon bei Leuthen aus, bei Hochkirch warf er als Vorhut der Reiterei des Generals Retzow die Oesterreicher und deckte den Rückzug. Bei Kunnersdorf kam er, auf beiden Flügeln zum Kampfe ansetzend, in starkes Feuer und wurde verwundet, ohne attackiren zu können. Bei Torgau half er unter Ziethen den Sieg entscheiden. 1761 sollte er Coblenz decken (s. dort), doch zwang ihn Hunger und Kälte, davon abzustehen. Später kämpfte er in Ziethens Korps, überall grossen Muth und Entschlossenheit entfaltend.

Friedrich Franz II., Grossherzog von Mecklenburg-Schwerin, preussischer General-Oberst. (1823—83). 1864 dem Hauptquartier Wrangels zugetheilt, nahm er an den Gefechten Theil. 1866 wohnte er in der Nähe des Königs Wilhelm der Schlacht bei Königgrätz bei und führte dann das 2. Reserve-Armee-Korps (pour le mérite). 1868 schloss er eine Militärkonvention mit Preussen. Am 18. Juli 1870 erhielt er das Kommando über die mobilen Truppen im Bereiche des 1., 2., 9. und 10. Armee-Korps, doch schon am 26. August wurde er Oberbefehlshaber des späteren 13. Armee-Korps, das der Cernirung von Metz zugetheilt wurde. Im Oktober befand er sich an der Spitze des 13. Armee-Korps kurze Zeit in der Cernirungslinie vor Paris; dann befehligte er die Armee-Abtheilung, welche die Sicherung der Cernirung von Paris zu übernehmen hatte. Nach mehrfachen Kämpfen vereinigte er Ende November seine Armee-Abtheilung mit der Armee des Prinzen Friedrich Karl. Hier kam es zu dem blutigen Rekognoszirungsgefecht bei Villepion, zu der Schlacht bei Loigny und Poupry; in der Nacht vom 4. zum 5. Dezember konnte er in Orleans einrücken. Am 7., 8., 9., 10. Dezember focht die Armee-Abtheilung gegen Chanzy, warf den Feind in verschiedenen Gefechten, so dass sie Ende Dezember die Winterquartiere bei Chartres beziehen konnte. In der dreitägigen Schlacht bei Le Mans unterstützte der Grossherzog die Thätigkeit der II. Armee, am 16. Januar 1871 besetzte er Alençon nach kurzem Gefecht, am 17. Januar marschirte er auf Rouen, wo am 29. die Nachricht des am 31. Mittags beginnenden Waffenstillstandes eintraf. Er wurde später General-Inspekteur der 2. Armee-Inspektion; Chef des 4. brandenburgischen Infanterie- und des Hann. Husaren-Regiments No. 15.

Friedrichsort war schon 1632 unter Christian IV. befestigt und hiess Priessort bezw. Christianspriess, und wurde 1643 durch Torstenson erstürmt, aber im nächsten Jahre von den Dänen wieder genommen und geschleift. Von Friedrich III. wurde es aber bis 1690 wieder befestigt und erhielt den heutigen Namen. 1813 wurde es von den Schweden nach heftigem Bombardement genommen und im Frieden wieder abgetreten. 1864 ging es in den Besitz von Preussen über und ist zum Schutze der Einfahrt in den Kieler Hafen neu befestigt worden. Dort stehen Kommandantur und Fortifikation. 3. Servisklasse.

Friedrichsstift in Steglitz bei Berlin, mit 82 Stellen für Berliner ehelich geborene Militär-Kinder, 6—10 Jahre alt, gesund, aber nicht Doppelwaisen. Anmeldungen an Gouvernement Berlin. Knaben bei Handwerkern, Mädchen als Dienstmädchen untergebracht.

Friedrichstadt (Schleswig). Um diese Stadt fanden in den Tagen vom 25./9. bis 5./10. 1849 wechselnde Kämpfe statt. Nach der Schlacht von Idstedt hatte Villisen F. schwach besetzt. Die Dänen vertrieben die Besatzung und legten Befestigungen um die Stadt an. Als nun deren Sturm von Villisen angeordnet wurde, waren die Linien so stark geworden, dass der Versuch, sie zu nehmen, abgeschlagen wurde.

Friedrich Wilhelm III., König von Preussen (1770—1840). Er machte die Feldzüge 1792 und 1793 am Mittelrhein mit und den Feldzug in Polen 1794. Er arbeitete an der Verbesserung der Armee, ging 1806 ins Feld, doch war zu bescheiden, anzugreifen, obgleich er einer der wenigen wahrhaft Einsichtigen war. Die Katastrophen von 1806 und 1807 trug er mit Würde, reorganisirte das Heer und begleitete es wieder durch alle Schlachten von 1813—1815. 1814 führte er die allgemeine Wehrpflicht in Preussen ein, nachdem er 1813 die Landwehr und den Landsturm gegründet hatte. Er ist der Gründer unserer heutigen Wehrverfassung.

Friedrich Wilhelm, Herzog von Braunschweig und Lüneburg (1771—1815). Er wurde 1792 im Kampfe gegen Frankreich schwer verwundet, gerieth 1808 mit Blücher in Gefangenschaft. 1806 beschloss er, sich (nach der Schlacht bei Wagram) nach England durchzuschlagen, was er mit Energie und Geschick durchsetzte. 1813 in sein Land zurückgekehrt, organisirte er ein trefflliches Korps, mit dem er bei Quatrebras persönlich vorging und dabei, von einer Kugel getroffen, den Tod erlitt.

Friedrich Wilhelm, der grosse Kurfürst (1620 bis 1688). Reorganisator der brandenburgischen Armee nach seiner Thronbesteigung 1640, führte auch eine Art Landesvertheidigung ein. Sein Sieg von Warschau 28.—30./7. 1656 zeugte von der neuen Kraft. Das leuchtende Benehmen seiner Truppen im Türkenkriege (1643—44) vermehrte deren Ruhm. 1672 warf er Frankreich den Fehdehandschuh zu, doch musste er 1673 umkehren, um 1674 den Krieg von Neuem im Bunde mit Kaiser, Reich, Spanien, England, Holland zu beginnen, doch die vielen Köpfe verdarben den Feldzug. Ueberdies musste er 1675 umkehren und die bedrohte Mark beschützen; die Vorgänge bei Rathenow und Nauen wie der Sieg bei Fehrbellin sind bekannt, mit denen er die Mark von den Schweden säuberte, die Eroberung der vorpommerschen Festungen, der Winterfeldzug in Preussen und der Marsch über das Kurische Haff brachten den Feldzug zum glücklichen Ende, wenn auch der Kurfürst später die erworbenen Länder wieder herausgeben musste. Er selbst kam nicht wieder zur Führung eines Krieges, aber die 8000 Brandenburger, die er unter General Schöning gegen die Türken schickte, gaben seinem Namen neuen Glanz.

Friedrich Wilhelm - Institut (Pepinière). (Jetzt „Kaiser Wilhelms-Akademie" genannt.) Staatsangehörige, unter 21 Jahren, diensttauglich mit Gardemaass, die die Abiturientenprüfung bestanden haben, können sich melden. Zulage 40 Mark pro Monat verlangt, sowie zur Beschaffung der Bücher, Geräthe etc. monatlich 16 ²/₃ Mark, zur Ausrüstung als Einjährig-Freiwillige 100 Mark. Nachher Zulage von mindestens 30 Mark bis Stabsarzt. Der Staat sorgt für Ausbildung, Wohnung, Heizung, Erleuchtung und gewährt als Beihülfe zum Lebensunterhalt 30 Mark monatlich Zuschuss. 9 Semester. Bei Reisen Militär-Tarif.

Sie dienen die ersten 6 Sommer-Monate mit Waffe und müssen dann gutes Zeugniss erwerben, sonst entlassen. Sie dienen für jedes Jahr im F. W.-I. zwei Jahre aktiv. Das Freiwilligen-Jahr wird angerechnet.

Anmeldungen, ½ Jahr vor der Abiturientenprüfung, vom Vater (Vormund) bei dem Generalstabsarzt der Armee. Dazu (freigemacht) Geburts- bezw. Taufschein, letztes Klassen-Zeugniss, Berechtigungsschein zum Einjährig-Freiwilligen. Erklärung des Vaters, die Kosten etc. zu bestreiten. Ferner ein besonderes Zeugniss des Direktors über die Befähigung. Militär-Aerztliches Attest. Lebenslauf.

Friesen an Geschützrohren. Alle wulstförmigen Verstärkungen des Rohres zur Erzielung grösserer Haltbarkeit oder als Zierrath. Jetzt nur noch Mundf., namentlich bei Bronce- und Eisen-Rohren gebräuchlich.

Friktionsschlagröhre. Geschützmündung in Form eines Röhrchens, welches in das Zündloch eingesetzt und dessen Pulverladung durch das Hindurchreissen eines Reiberdrahtes durch einen Knallsatz entzündet wird. In der deutschen Artillerie statt F. nur noch die Bezeichnung Schlagröhre (s. d.) bezw. Feldschlagröhre gebräuchlich.

Friktionszündschraube (s. Abbildg.). Zum Einschrauben in den Zündlochstollen des Verschlusses aussen mit einem entsprechenden Schraubengewinde versehen. Beim Abziehen wird der Reiber nicht vollständig herausgerissen, sondern mit seinem kegelförmigen Ansatz in dem ver-

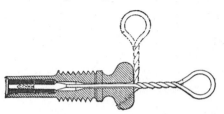

engten Theil der inneren Bohrung festgeklemmt, so dass er das Ausströmen der Pulvergase nach rückwärts hindert. (15 cm Ring- und lange 15 cm Kanone, 15 cm Haubitze, 21 cm Ring- und Mantel-Kanonen und 21 cm Thurm-Haubitze.)

Frimont, österreichischer General der Kavallerie (1759—1831), diente von der Pike auf, zeichnete sich bei Marengo und Caldiero aus. Brienne und Arcis nennen seinen Namen. 1814 war er Gouverneur von Paris. 1815 schlug er Murat in Italien und operirte vortheilhaft in Südfrankreich, dämpfte 1821 den Aufstand in Neapel, 1831 den in Modena und war zuletzt Hofkriegsrathspräfekt.

Fritzlar. Dort stehen 2. Abth. Hess. Feld-Art.-Regt. No. 11 (nur vorläufig, s. Cassel), Garn.-Verw. — 4. Servisklasse.

Front ist die stärkste Seite der Truppe, weil die Quermündung senkrecht zu den Linien die grösste ist. Daher die Schwäche der Flügel. Diese wird aufgehoben durch die Tiefengliederung, die das Frontmachen nach allen Seiten ermöglicht.

Frontrapport wird von dem die Parade Kommandirenden dem Abnehmenden überreicht.

Bei Kaisermanövern wird Seiner Majestät am Tage vor der grossen Parade die Paradeaufstellung und die Vorbeimarschliste überreicht. Das Muster zur Paradeaufstellung ist in der F.-O.

Froschweiler s. Wörth.

Frossard (1807—1875) kämpfte wie alle franz. Offiziere seiner Zeit zeitweise in Algier, war als Ingenieur thätig bei der Belagerung von Rom

1849 und bei Sebastopol 1854 und 1859 Genie-Direktor der Armee in Italien. Ein vollendeter Hofmann, wurde er Gouverneur des jungen Prinzen Louis. verlor jedoch die Schlacht bei Spichern und wurde auch bei Metz geschlagen und gefangen. Später wurde er General-Inspekteur des 1. Genie-Arrondissements.

Frouard ist eine starke Sperrfortbefestigung am Einfluss der Meurthe in die Mosel; sie sperrt die Bahn, die sich von der Metz-Nancy-Bahn nach Paris abzweigt. (S. Maasslinie, auch Befestigungen Frankreichs.)

Frundsberg, Georg v. (auch Frondsberg oder Freundsberg), 1475—1528, berühmter, sehr begabter Landsknechtführer, führte 1510 in der Schlacht bei Pavia die Kaiserlichen, verstärkte 1526 das Heer des Cónnétable v. Bourbon mit 12000 Mann selbstgeworbener Truppen, nahm mit ihnen Rom; führte im schwäbischen Bunde die Truppen gegen Ulrich v. Württemberg und kommandirte in den Niederlanden unter Philibert v. Oranien.

Fruwirth-Gewehr. In Oesterreich zur Bewaffnung der Gendarmerie eingeführt. Prinzip: Kolbenverschluss mit Drehbewegung, seitliche Leisten-Verriegelung. Vorderschafts-Magazin (Röhre), Patronenzufuhr durch einen vom Verschluss aktivirten Zubringer. Repetirsperre.

Fuentes, Graf von, spanischer Feldherr (1560 bis 1643), zeichnete sich schon unter Alba aus, führte im Kriege gegen Frankreich 1635 die spanische Infanterie. In der Schlacht bei Rocroy führte er das Zentrum, das allen Anstürmen Stand hielt, als aber beim Auswechseln der Kapitulationsverhandlungen Schüsse fielen, griffen die ergrimmten Franzosen unter Enghien noch einmal an, durchbrachen die Vierecke und schlugen auch den auf einem Sessel getragenen 83jährigen Führer nieder.

Fuentes d'Onoro. Dort 3./5. 1810 vergebliche Angriffe Massenas auf das von den Engländern besetzte Dorf F. (bei Almeïda). Am 5./5. aber griffen die Franzosen das auf dem rechten Flügel der Engländer befindliche Dorf F. von Neuem an, doch wieder blieben die Erfolge unentschieden, da F. behauptet wurde.

Fugassen oder Steinminen (veraltet) waren trichterförmige Gruben, an deren Sohle ein Pulverkasten ist, der übrige Raum wird zum Theil mit Steinen ausgefüllt, die mit grosser Gewalt nach vorwärts fliegen. F. werden auf dem Glacis, im Graben etc. angewendet. Sie sind ausser Gebrauch gekommen.

Fühlung, abgesehen von der bekannten im Gliede, hat man mit eigenen Truppen, wenn Meldungen sich in solcher Zeit wechseln lassen, dass man sich gegenseitig unterstützen kann. F. mit dem Feind, wenn die äussersten Spitzen in Sehweite von einander sich befinden. Sie ist die wichtigste Sache bei Beginn der Bewegungen; und nach einer Schlacht darf sie nicht verloren gehen.

Fuhren. Deren Leistungsfähigkeit ergiebt die folgende Tabelle:

Leistungsnachweis für zweispännige Fuhren.

Entfernung von	Leistung in einer Stunde	Anzahl der Fuhren an einem Fuhrentag	Im Ganzen an einem Tage zurückgelegte Strecke	an einem Fuhrentage		der einzelnen Fuhren	
				Fahrzeit	Ladezeit	Fahrzeit	Ladezeit
m	m		m	Stunden		Minuten	
8000	4000	2	32000	8	2	240	60
5400	—	3	32400	8	2	160	40
4000	—	4	32000	8	2	120	30
3200	—	5	32000	8	2	96	24
2700	—	6	32400	8	2	80	20
2300	4200	7	32200	$7^3/_4$	$2^1/_4$	66	19
2000	—	8	32000	$7^1/_2$	$2^1/_2$	56	18
1700	—	9	30600	$7^1/_4$	$2^3/_4$	48	18
1500	—	10	30000	7	3	42	18
1200	—	12	28800	$6^3/_4$	$3^1/_4$	33	16
1000	—	14	28000	$6^1/_2$	$3^1/_2$	28	15
900	—	15	27000	$6^1/_4$	$3^3/_4$	25	15
800	—	16	25600	6	4	22	15
700	—	17	23800	$5^1/_2$	$4^1/_2$	20	15
600	—	19	22800	5^1	$4^3/_4$	16	15
500	4300	21	21000	$4^3/_4$	$5^1/_4$	13	15
400	—	24	19200	$4^1/_4$	$5^3/_4$	10	15
300	—	27	16200	$3^3/_4$	$6^1/_4$	8	14

1 Pferd legt eingespannt in 1 Minute 72 m, in 1 Stunde 4320 m zurück.

1 Zweigespann macht auf guten Wegen in 10stündigem Tagewerk 4—5 Meilen oder 30000 bis 37500 m; auf schlechten Wegen, sowie streckenweise querfeldein verringert sich Leistung auf 2—3 Meilen (15000—22500 m) und beträgt Ladung nur 750 kg; ausserhalb der Wege nur 500 kg.

1 zweispännige städtische Lastfuhre ladet auf festem Wege im Mittel 2500 kg.

1 zweispännige Landfuhre 1000—1800 kg.

1 mittlere zweispännige Fuhre ladet in Durchschnitt:

$1^1/_2$—2 cbm Holz,
10—12 Eisenbahnschwellen,
1—200 Bohlen, 300 Bretter,
5—6 Eisenbahnschienen,
3—400 Ziegel,
$1/_2$ cbm Steine,
$1/_2$ cbm Erde.

Führer wird häufig an Stelle des Ausdruckes „Kommandeur" oder „Kommandant" gebraucht. Man unterscheidet auch „untere" und „obere" Führung".

Fuhrpark. Vereinigung von Fuhrwerken, welche im Mobilmachungsfalle zur Ergänzung der Traintransportmittel zusammengezogen werden. Der F. eines Armeekorps wird in F.- und Proviantkolonnen eingetheilt. Zur Ergänzung derselben dienen Etappen-F.-Kolonnen. Im Festungskriege dient im F. dem Vertheidiger sowohl, als dem Angreifer zur Ausführung der nothwendigen Arbeitstransporte.

Führung der Geschosse. Hinterlader haben durchweg gepresste F. ohne Spielraum (Kompressions- oder Pressionsf.), in welche sich die Felder des gezogenen Theils der Seele einschneiden und deren Durchmesser (bei Geschützen) gleich der Seelenweite zwischen den Feldern ist. Bei Handfeuerwaffen bildet die Oberflächenschicht des zylindrischen bezw. schwach kegelförmigen hinteren Geschosstheils selbst die F. Die Geschosse der gezogenen Geschütze waren anfangs von einem Bleimantel (s. d.) umgeben, den seither die Kupfer-F. fast ganz verdrängt hat. Letztere liegen entweder (für gleichförmigen Drall) aus einer Anzahl Ringen von Kupferdraht, die auf die vordere und hintere Grenze des zylindrischen Geschosstheils einzeln bezw. gruppenweise vertheilt sind, oder (für zunehmenden Drall und gezogenen Geschossraum) aus einem kupfernen F.-Band. In diesem Fall liegt der vordere Geschosstheil innerhalb der Züge und wird vorn zwischen den Feldern durch ein kupfernes Zentrirband oder (neuerdings stets) durch eine flache Wulst des Geschosskörpers selbst („Eisenzentrirung") mit sehr geringem Spielraum zentrirt. Die Ringe und Bänder werden in flache Rinnen des Eisenkerns eingepresst bezw. eingewalzt oder auch schon beim Guss in die Form eingelegt. Die Kupfer-F. besitzt eine gleichmässige und für alle Anforderungen grosser Geschossgeschwindigkeiten und Drallwinkel ausreichende Härte, hat einen hohen Schmelzpunkt, ist gegen kleine Fehler und Unregelmässigkeiten im gezogenen Theil wenig empfindlich, behindert das Eindringen der Panzergeschosse fast gar nicht, bedarf nur kleine Führungsflächen und gestattet, diese den jedesmaligen Erfordernissen der F. genau anzupassen; der ganze Geschosskörper liefert wirksame Sprengstücke.

Fuhrwerk s. Fahrzeug.

Fulminatin, Sprengstoff, gehört zur Klasse der Dynamite und besteht aus Nitroglycerin und Nitrozellulose.

Fünen, Insel, 24./11. 1659 Landung und siegreiches Gefecht der Kaiserlichen bei Nyeborg.

Funkenzünder s. Elektrische Zündung.

Fürsorgegesetz für Unfälle etc. hat keine rückwirkende Kraft. (S. Buhnke, Lit.)

Fürstenberg. „Haus Oesterreich schlägt keine Hauptschlacht, in der nicht ein F. fällt," ist ein Sprüchwort in Wien. Graf Egon (1588—1635), F.-Z.-M., führte den linken Flügel der Kaiserlichen bei Breitenfeld 1631. Graf Jakob, F.-Z.-M. (Bruder des Vorigen), blieb bei der Belagerung von Nimburg. Graf Karl Egon (1655—1702), F.-Z.-M., führte im Türkenkriege und am Rhein. Seinohn, Graf Prosper, F.-Z.-M., fiel 1704 bei Landau. Graf Karl Joseph (1760), zeichnete sich in allen Feldzügen 1788—1799 aus, nahm selbstständig den Brückenkopf von Hüningen und fiel bei Stockach.

Fürstenwalde. 4. Esk. Ulanen-Regts. Kais. Alexander II. von Russland (1. Brandenb.) No. 3. — 3. Servisklasse.

Füsiliere heissen ursprünglich die mit dem besseren Flintenstoffe bewaffneten Infanterie-Körper. Später bezeichnete man damit eine für den leichteren Dienst und besonders für das Schützengefecht ausgebildete Truppe. Die vom König Friedrich Wilhelm I. ausgerüsteten Infanterie-Regimenter 28—31 erhielten den Namen „F.-Regt.". Jetzt hat die Bezeichnung einzelner Regimenter als F.-Regt. und deren Mannschaften als F. nur noch historische Bedeutung. Auch die Mannschaften der Unteroffizierschulen heissen F.

Fulda. Dort hatten im Herbste 1759 12 000 Württemberger ein Lager bezogen. Erbprinz Karl von Braunschweig (Neffe des Herzogs Ferdinand) überfiel sie bei F. und nahm ihnen 1250 Gefangene ab, die meist in preussische Dienste traten. Dort Bezirks-Kommando. — 3. Servisklasse.

Funchal, befestigte Hafenstadt auf Madeira.

Funkenmesser, Vorrichtung, um beim reibungselektrischen Zündapparat die Leistungsfähigkeit zu messen. Er misst die Länge des beim Ausgleiche der beiden Elektrizitäten entstehenden Funkens.

Furt. Für Infanterie Wassertiefe von 1,3 m, für Kavallerie und Artillerie von 1 m ausreichend. Sie wird durch den Gebrauch verschlechtert. Wege von beiden Ufern deuten das Vorhandensein von F. an. Im amerikanischen Sezessionskriege spielte deren Kenntniss und Vorhandensein eine erste Rolle.

Fussangeln (veraltet) sind eiserne Vierspitzen, die immer auf drei Spitzen ruhen, während die vierte nach aufwärts gerichtet ist; zur Ungangbarmachung von Furten vortheilhaft.

Fussartillerie. Früher wurden die fahrenden Batterien der Feldartillerie allgemein im Gegensatz zu den reitenden als F. bezeichnet. Im deutschen Heer wird seit 1872 die von der Feldartillerie völlig getrennte Festungsartillerie F. genannt. Sie zählt 37 Bataillone und hat durch ihre Ausrüstung mit Gewehren (m/91) und die in erster Reihe für den Feldkrieg bestimmte Organisation der F. mit Bespannung (s. d.) erheblich an Selbstständigkeit und taktischer Verwendbarkeit gewonnen.

Fussartillerie mit Bespannung. (Schwere Batterien des Feldheeres; Positions-Artillerie.) Zum wirksamen Angriff auf vorbereitete und verschanzte Stellungen und auf Sperrforts, sowie zur Einleitung des förmlichen Angriffs. Man bedarf hierzu grosser, meist brisanter Geschützwirkung und vor allem des Steilfeuers. Die F. m. B. nimmt eine Zwischenstellung zwischen der Feld- und Belagerungs-Artillerie ein; ihre Organisation ist in den einzelnen Staaten sehr verschieden.

Im Deutschen Reich führt die F. m. B. 15 cm Haubitzen, 21 cm Mörser (und schwere 12 cm Kanonen). S. Belagerungsgeschütze.

In Oest.-Ung. sind 5 mobile Belagerungs-Batterietruppen vorhanden. Jede besteht aus 3 Batterien zu vier 15 cm Batterie-Haubitzen.

Frankreich besitzt (ausser der Feldartillerie zugewiesenen kurzen 120 mm Kanone, s. Feldgeschütze) fünf „leichte Belagerungsparks", welche die ersten Abtheilungen der 5 Belagerungstrains (s. dort) bilden. Zu jedem der Parks gehören 3 Gruppen zu je 2 Batterien zu 4 Geschützen. 4 Batterien jedes Parks führen kurze 155 mm Kanonen, 2 Batterien 220 mm Mörser.

In Russland bestehen seit 1895 7 Mörser-Regimenter mit zusammen 20 Batterien zu je 6 15,24 cm Feldmörsern, welche der Feldartillerie zugetheilt sind. S. Feldgeschütze.

Fussartillerie-Schiessschule in Jüterbog. Zweck: Ausbildung im kriegsmässigen Schiessen und im Gebrauch des Materials, Heranbildung von Lehrern, Weiterentwickelung der Schiesskunst, Ausbildung des Lehrbataillons, Ausführung von Versuchen.

Sie ist der General-Inspektion der Fuss-Artillerie unterstellt, die die allgemeinen Direktionen giebt. Im Besonderen untersteht die F.-Sch. der 1. Fuss-Artillerie-Inspektion.

Die F.-Sch. gehört zum Dienstbereiche des General-Kommandos des Garde-Korps, an dessen Herbstparade der Kommandeur, Adjutant und das Lehr-Bataillon der F.-Sch. Theil nimmt. In Bezug auf Garnisoneinrichtungen ist die Schiessschule dem General-Kommando des III. Armee-Korps unterstellt.

An der Spitze der F.-Sch. steht ein Stabsoffizier mit Regiments-Kommandeur-Rang mit Stabsarzt und Zahlmeister. Er wohnt den Sitzungen der Artillerie-Prüfungs-Kommission in Berlin bei.

Das Lehrbataillon führt ein Bataillons-Kommandeur, die Offiziere werden kommandirt von den Fuss-Artillerie-Regimentern aus ganz Deutschland.

Die Unteroffiziere und Gemeinen ebenfalls und sind nur Personen von tadelloser Führung und mit besonderen Eigenschaften auszusuchen. Die Gemeinen werden je zur Hälfte am 15. Mai und 1. Juni wieder zurückversetzt, die Handwerker am 20. September zur Reserve beurlaubt. Die Pferde werden von den auszumusternden der Feldartillerie entnommen.

Die Lehrgänge für ältere Offiziere sind vom 1. Oktober bis 23. Dezember und vom 4. Januar bis 25. April; zu diesen Lehrgängen werden 27 bezw. 28 Offiziere kommandirt. Vom 20. November bis 18. Dezember nehmen auch 15 Stabsoffiziere an dem Lehrgange Theil.

Gleichzeitig findet vom 4. Januar bis 28. Februar ein Lehrgang für 30 Offiziere des Beurlaubtenstandes statt. Ebenso werden je 18 Unteroffiziere zu ihrer Ausbildung als Listenführer, Aufnehmer am Ziel und zur Vorbildung als Batterie-Kommandeure kommandirt.

Auch Seeoffiziere werden zeitweise kommandirt. Die Unteroffiziere und Gemeinen des Lehrbataillons tragen zur Auszeichnung Adlerknöpfe auf den Aermelaufschlägen, die sie behalten.

Fussbekleidung. Da die Füsse der Mannschaften die Organe sind, auf denen die ganze Strategie und Taktik beruht, so ist die F. natürlich eine der hervorragendsten Sorgen der Kriegsverwaltung, weil sie den wichtigsten Theil der Ausbildung darstellt.

Ein guter Stiefel (jetzt in den Korps-Bekleidungs-Aemtern hergestellt) muss mindestens 1 cm länger sein als der Fuss, im Spann fest sitzen, dagegen vorne so breit sein, dass die Zehen sich ordentlich spreizen können, selbst wenn der Fuss fest aufgesetzt wird. Bei neuen Stiefeln ist es zweckmässig, mit dem Stiefel bis zum Spann am Fuss in's Wasser zu treten, bis das Oberleder weich ist, dann den Stiefel am Fusse des Mannes einzufetten, der ihn etwa noch 2 Stunden anbehält. Zum Schmieren sonst empfiehlt sich Provence-Oel oder Vaseline, auch Degras, die man auf das trockene Schuhzeug reibt.

Reservisten, die zur Einziehung eigene gute F. mitbringen, erhalten 3 Mark Entschädigung. Jedermann bekommt ausser den Stiefeln noch ein paar Schnürschuhe aus Segeltuch.

Fussgefecht der Reiterei. Sie ist in ein neues Stadium getreten durch die neuesten Feuerwaffen, die rauchschwaches Pulver, weite Schussweite haben und die Möglichkeit geben, in kurzer Zeit einen Gegner mit Feuer zu überschütten. Dadurch erhält die Kavallerie Gelegenheit, schnelle und überraschende Angriffe auszuführen und sei es nur, um den Gegner irre zu führen, Lager zu überfallen, Etappen zu belästigen oder gar aufzuheben etc. Man kann nur $2/3$ der Truppe absitzen lassen und muss für eine starke Reserve berittener Abtheilungen Vorsorge treffen.

Fussmörser. (Veraltet.) Glatter Mörser, an dessen Rohr unter einem bestimmten Winkel (45°) eine Fussplatte angegossen war, die auf einem Block befestigt wurde. Man erhielt dadurch bei schweren Mörsern eine einfache, haltbare Lafettirung, konnte aber nur unter einem Erhöhungswinkel feuern und daher verschiedene Schussweiten ausschliesslich durch Aenderung der Ladungen erreichen.

Futter s. „Verpflegung"; bei Pferden s. „Rationen".

Futtermauern dienen zum Festhalten von Böschungen und zum Verhindern der Annäherung. Sie sind bei allen Befestigungen an beiden Grabenrändern gebräuchlich. Neuerdings legt man solche in der Höhe von 6—8 m nur an der Contreeskarpe an, da die Zerstörungskraft der neuen Geschosse solche an der Eskarpe bald zertrümmern würden. Die Art ihres Baues ist Sache der Technik.

Futtermeister. In grösseren Ställen wird ein Unteroffizier als F. kommandirt, von dessen Geschicklichkeit viel abhängt. Er erhält das Futter vom Quartiermeister, hält dasselbe unter Verschluss, verausgabt es zur Futterzeit, beobachtet die Pferde beim Fressen und bemisst danach die Rationen nach Meldung über die Wahrnehmungen. Er unterstützt den Wachtmeister in Beaufsichtigung des Stalldienstes.

Füttern. Morgens, Mittags, Abends. Hafer in 3 gleiche, Heu in 4 gleiche Theile (Heu Morgens und Mittags $1/4$, Abends $1/2$). Schlechte Fresser öfter gefüttert. Nach Anstrengungen erst etwas Heu. Krippe jedesmal auswischen, Hafer ausschwingen, mit Häcksel vermischen; nicht anfeuchten; Futterreste entfernen. Erhitzte Pferde vor dem Trinken abkühlen.

Zum Tränken reines Brunnen- oder frisch aufgefangenes Regenwasser. Bei kaltem Wetter ein wenig warm lassen. Trübes Wasser filtrirt man oder lässt stehen, auch Salzzusatz zu emdfehlen.

Streu reinlich. Matratzenstreu vorzuziehen.

F.-V. Abkürzung für Feldbefestigungs-Vorschrift. — 1892.

G.

Gabel bei Zittau. 15./7. 1757 nahmen hier im 7jährigen Kriege die Oesterreicher dem Prinzen Wilhelm von Preussen ein wichtiges Magazin weg, wodurch er bei seinem Bruder in Ungnade fiel. 1./8. 1778 nahm Prinz Heinrich von Preussen die verschanzte Stellung bei G., die die Oesterreicher unter Gyulai besetzt hatten.

Gabelschiessen s. Einschiessen.

Gablenz, Frhr. v., österreichischer General der Kavallerie (1814—1874), zeichnete sich in den italienischen Feldzügen unter Hess und Radetzky aus (bei Kaschau Theresienkreuz). 1864 führte er als Feldmarschall-Lieutenant das österreichische Bundes-Armee-Korps in den siegreichen Gefechten bei Ober-Selk, Oeversee und Veile. Siegte 1866 an der Spitze des 10. Armee-Korps bei Trautenau am 27./6.; führte nachher ein Korps in Ungarn, nahm 1871 den Abschied und endete durch Selbstentleibung im Schwermuthsanfalle.

Gadebusch in Mecklenburg. Dort siegten 20./12. 1712 die Schweden unter Steenbock nach hartem Kampfe gegen die vereinten Dänen, Russen und Sachsen unter König Friedrich IV.

Gaëta, eine Festung mit Hafen in Italien. Im spanischen Erbfolgekriege wurde G. 1707 von Daun 3 Monate belagert und gestürmt. 1743 von König Karl von Neapel nach 5 Monaten erobert. 1806 vom Prinzen von Hessen tapfer 6 Monate gegen die Franzosen vertheidigt. 1815 von den Oesterreichern belagert und genommen. 1860 hat sich König Franz II. dort $3^{1}/_{2}$ Monate vertheidigt. Durch Verrath fiel die Festung und damit das Königthum Neapel.

Gage (1720—1787), englischer General, unter dem der Aufstand der Kolonien (Unionsstaaten) begann.

Gagern, Frhr. v., holländischer General (1794 bis 1848). Nachdem er sich an den Kriegen in den Kolonien und im holländisch-belgischen Krieg 1830—31 ausgezeichnet, übernahm er freiwillig das Kommando der 1848 gegen die Insurgenten aufgebotenen Truppen und wurde während des Parlamentirens erschossen.

Gages, Graf v., spanischer General (1682 bis 1759). Er führte in den 40er Jahren die kleine Armee von Spanien in dem italienischen Krieg mit viel Geschick, nur Verrath der Verbündeten machte ihm mancherlei zu schaffen. 1745 ging er über die Apenninen und kam nach Zurückwerfen der Oesterreicher nach Genua, nahm dann Tortona, Parma, Pavia und bedrohte Mailand, zersprengte die Sardinier bei Bassignana. Er hätte mehr geleistet, wenn nicht die Verbündeten und Mangel an Disziplin im eigenen Heere ihm Hemmschuhe angelegt hätten.

Gaines Mill, eine der 7 Schlachten um Richmond im Sezessionskriege in Nordamerika (1862).

Gala-Anzug. Generale: Gestickter Waffenrock, Helm, Federbusch, Schärpe, lange Hosen aus weissem Kasimir; Kriegsministerium, Generalstabs-, Infanterie- etc., Fussartillerie-, Ingenieur- und Pionierkorps-, Eisenbahntrain-, Luftschifferabtheil.-, Zeug- etc. Offiziere, Invalidenhäuser-, Kadettenkorps- und Sanitäts-Offiziere: Waffenrock, Epaulettes, Helm (Tschako), Haarbusch, Schärpe, lange Hosen aus weissem Kasimir.

Kürassiere: Koller, Epaulettes, Helm, Schärpe, Kartusche, weisse Stiefelhosen, Kürassierstiefel, Stulphandschuhe; (Gardes du corps und Garde-Kürassiere, Abweichungen: rother Waffenrock, Helmadler, weisse Stiefelhosen, Courstiefel mit geraden Sporen, kurze Handschuhe.)

Dragoner, Feldartillerie, Train, reit. Feldjägerkorps, Landgendarmerie, Landwehrkavallerie: Waffenrock, Epaulettes, Helm, Haarbusch, Schärpe, Kartusche, Galahosen.

Husaren: Attila, umgehängter Pelz, Husarenmütze mit Kolpak, Reiher- bezw. Geierbusch, Fangschnur, Leib-Garde-Husaren: Kordons, Husarenschärpe, Adjutantenschärpe, Kartusche, Säbeltasche. Stiefelhosen, Husarenstiefel, (Chefs und Leib-Garde-Husaren: Schreitaschirte Hosen und Stiefel).

Ulanen: Ulanka mit Rabatten, Epaulettes, Czapka mit Rabatte, Haarbusch, Fangschnur, Schärpe, Kartusche, lange dekorirte Hosen.

Ausserdem allgemein: Orden und Ehrenzeichen (grosses Ordensband).

Galatz. Der hier 1791 abgeschlossene Frieden brachte Russland den ganzen Landstrich zwischen Dniester und Bug.

Galen, von, Fürstbischof von Münster und streitbarer Herr (1600—1678), der sich eine Armee schuf, die er persönlich in allen Fehden jener Zeit kommandirte.

Galizyn (Golizyn, auch Galitzin):

1. **Michael**, russischer Feldmarschall (1674 bis 1730) machte die Feldzüge gegen die Türken und Schweden mit, nahm Schlüsselburg ein, siegte über Löwenhaupt und eroberte 1714 Finnland, dessen Gouverneur er wurde.

2. **Nikolai**, russ. Historiker und Generallieutenant. Sein Hauptwerk ist die dreiundzwanzigbändige „Kriegsgeschichte seit den ältesten Zeiten".

Gallas, Graf v. Campo, Herzog v. Lucera (1584—1647), Wallenstein's Nachfolger, zeichnete sich unter Ferdinand III. bei Nördlingen aus, drang 1637 bis an die Ostsee vor, musste jedoch 1638 wieder retiriren. Er trat 1643 ab, wurde aber nach der Schlacht bei Breitenfeld wieder mit dem Oberbefehl betraut, richtete jedoch weder gegen Torstenson noch gegen andere Führer der protestantischen Heere etwas aus. Er begründete den Reichthum der Familie.

Gallegos (Kastilien), dort Reitergefecht zwischen Franzosen und Engländern, 4./7. 1810.

Gallerie heisst eine Reihe durch Fluren verbundener Kasematten. Die Gänge in den Minensystemen heissen ebenfalls G. Die permanenten G. sind in Mauerwerk ausgebaut; die in grösseren Feldern gearbeiteten heissen Getriebs-G., während die Schurz-G. nur geringe Abmessungen haben.

Gallifet, Gaston, Marquis, französicher General, attaquirte 1870 bei Sedan, nahm 1871 an dem Kampf gegen die Kommune Theil, begründete das franz. Kavallerie-Reglement. Er kommandirt jetzt 9. Korps und gilt in Frankreich als einer der tüchtigsten Reiterführer.

Gallina, J. Erich, österreichischer Feldzeugmeister, war durch einige Jahre Chef des Generalstabes, dessen strategische Schriften 1860—1882 in Wien erschienen und in die meisten europäischen Sprachen übersetzt wurden.

Gallipoli am Bosporus. Dort landeten die Verbündeten im Krimkriege 1854.

Galopp. Der G.sprung ist 2—3 m lang, doch muss bei jedem Pferde die Länge ausprobirt werden; in leichtem G. legt man den Kilometer in $2^{1}/_{2}$ Minuten zurück.

Gambetta, Jurist, Staatsmann, Kriegsminister, genuesischer Jude (1838—1882), setzte sich September 1870 an die Spitze der Republik, verliess am 7./10. im Luftballon Paris, eilte nach Tours, übernahm dort die Diktatur und mit ihr die Organisation neuer Armeen, die er aufbrachte und nothdürftig bekleidete, wobei ihn Freycinet eifrig unterstützte.

Er bildete im Ganzen zwölf Armeekorps mit fast einer halben Million Milizen und 1400 Geschützen und predigte den Krieg auf's Messer. Er kostete Frankreich einige 100 000 Menschen, gegen 2 Milliarden Frank und den Verlust von Lothringen.

Gang. Im Zeikampf ist ein G. zu Ende, wenn einer der Fechtenden schwer verletzt ist, oder wenn nach Ansicht der Unparteiischen das Resultat des Kampfes der Sühne entspricht.

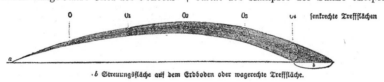

Garbe der Flugbahnen.

Gangbarkeit des Geländes ist für alle Waffen eine andere. Dafür entscheidet die gründliche Untersuchung des Bodens etc. Die G. d. G. für Infanterie ist zum Nachtheil der Angreifer häufig unterschätzt worden.

Ganze, das. Signal im deutschen Heere. Es wird im Felde zum Alarmiren geblasen. Den Befehl ertheilt in der Regel der Ortsälteste, bei Gefahr kann es jede Wache, jeder Offizier thun (wenn nicht stiller Alarm nöthig ist).

Im Manöver machen alle Truppen auf das Signal das G. Halt und warten das Ausführungssignal ab. Erst bei Signal „Halt" begeben sich die Führer zum Leitenden; Infanterie setzt die Gewehre zusammen, Kavallerie und Artillerie sitzen ab. Alles darf sich legen.

Garbe der Flugbahnen. Die Flugbahnen mehrerer aus derselben Waffe unter möglichst gleichen Bedingungen abgegebenen Schüsse divergiren mehr oder weniger und bilden daher in ihrer Gesammtheit eine G., deren Gestalt einem Kegel mit gekrümmter Achse (mittlere Flugbahn) ähnelt und deren Spitze im Mittelpunkt a der Mündung liegt (s. Bild). Aus der Divergenz der Bahnen folgt, dass ihre Ausbreitung oder Streuung mit der Schussweite wachsen muss. Jede senkrecht der Achse der G. stehende Schnittfläche bildet eine Ellipse, deren kleine Achse wagerecht (quer zur Schussrichtung) liegt, weil die Höhenstreuung erfahrungsmässig auf allen Entfernungen grösser ausfällt als die Breitenstreuung.

Garde. Sie entstand in Brandenburg-Preussen unter dem grossen Kurfürsten als Leibwache; Friedrich Wilhelm I. erweiterte sie zum Leib-Grenadier-Regiment. Friedrich II. stiftete das Regiment Garde du corps und Friedrich Wilhelm II. vermehrte die G. um 1 Bat. und schuf das Regt. Gendarmen. Nach 1807 blieben nur 2 Bat. G. und das Regt. G. du corps. Sie wurden 1813 vermehrt bis auf 6 Bat., 8 Esk., 2 Batt. und 2 Komp. Jäger. 1815 wurde das G.- und Gren.-Korps gebildet, bestehend aus 1. G.- und 2 Gren.-Brig. 1860 wurde die G. verdoppelt und besteht aus 9 Regt. Inf., 8 Regt. Kavallerie, 2 Bat. Jäger und Schützen, 2 Regt. Feld-, 1 Regt. Fuss-Art., 1 Pionier- und 1 Train-Bat.

In Sachsen Inf.-Regt. No. 100 und Garde-Reiter-Regt.

In Bayern Leib-Inf.-Regt.

In Baden Inf.-Regt. No. 109 und Drag.-Regt. No. 20.

In Württemberg Inf.-Regt. No. 119.

In Hessen Inf.-Regt. No. 115 u. Drag.-Regt. No. 23.

Das preussische G.-Korps rekrutirt sich aus Preussen und Elsass-Lothringen; den Thüringischen Staaten ist die Betheiligung an der Rekrutengestellung für die G. freigestellt. Grösse der G.-Inf. nicht unter 1,70 m. leichte G.-Kavallerie 1,65 m. Es sind unter den Rekruten die körperlich und geistig begabtesten von untadelhafter Führung

auszuwählen. Daher ist ein Stabsoffizier der G. abwechselnd bei den Aushebungen der oben angeführten Bereiche und zwar alljährlich bei einem Brigadebezirk der betheiligten Armeekorps. Die Dispositions-Urlauber des G.-Korps bleiben diesem zur Verfügung.
Die Reserveoffiziere der G.-Inf.-Regt. treten zu den entsprechenden G.-Landw.-Regt. über. Versetzungen in andere Regimenter bedürfen der Allerhöchsten Genehmigung.

Gardelegen. Dort stehen 3. und 4. Esk. Ul.-Regts. Hennigs von Treffenfeld (Altmärk.) No. 16, Prov.-Amt, Garn.-Laz. — 3. Servisklasse.

Gargnano am Garda-See. 2., 4., 6., 19. Juli 1866 Beschiessung durch die österreichische Flottille.

Garibaldi, Joseph (1807—1882), trat in die Marine, kommandirte südamerikanische Kaperschiffe. 1848 bei der Revolution betheiligt, floh er nach New-York. Kehrte 1854 auf die von ihm gekaufte Insel Caprera zurück, übernahm 1859 den Befehl über die Freischaaren gegen Oesterreich. 1860 landete er auf Sizilien, zwang die königlichen Truppen zum Räumen der Insel, nahm Neapel und übergab dem König Victor Immanuel die Krone. 1862 wurde er bei einem Zuge gegen das von Franzosen besetzte Rom, verwundet. 1866 übernahm er das Kommando über die Alpenjäger. 1870 führte er in Frankreich die Vogesen-Armee mit ärmlichstem Erfolg.

Garnison ist die Friedensbesatzung eines Ortes.

Garnison-Aeltester ist, wenn keine besondere Ernennung erfolgt ist, der im Range Höchststehende aktive Offizier der G.

Garnison-Arzt ist in den Kommandanturen beigegeben. Ihm obliegt die Wahrnehmung aller militär-hygienischen und sanitäts-polizeilichen Verhältnisse der Garnison und des Sanitätsdienstes bei denjenigen Truppen und Anstalten, bei welchen kein Oberstabs- oder Stabsarzt etatsmässig ist, sowie bei den nicht regimentirten Militärpersonen und Beamten der Garnison. Zum Lazarethdienst werden die G. in gleicher Weise wie die Sanitätsoffiziere der Truppen herangezogen.

Garnison-Backmeister. Dem G.-B. liegt die technische Leitung des Bäckereibetriebes einer Garnison-Bäckerei ob. Er zählt zu den unteren Proviantamtsbeamten und untersteht dem betreffenden Proviantamt. Anstellung erfolgt durch Intendantur aus der Zahl geeigneter Militäranwärter, oder beim Fehlen solcher, aus geeigneten Militär-Oberbäckern. Kaution: 1500 M. — Gehalt 1200 bis 1600 M., Wohnungsgeldzuschuss-Klasse VI.

Garnison-Bauinspektor s. Militär-Baubeamte.

Garnisonverwaltungs-Beamte sind Zivilbeamte der Militärverwaltung und zerfallen in obere: Direktoren, Oberinspektoren, Verwaltungsinspektoren, selbstständige und nicht selbstständige Kaserneninspektoren; und untere: Kasernen- und Arrestwärter, Waschmeister, Maschinisten und Heizer. In Vorstandsstellen können angestellt werden: mit Pension und Aussicht auf Zivilanstellung ausgeschiedene noch nicht zu alte Offiziere von tadelloser Führung, völlig geordneten Vermögensverhältnissen und körperlicher Rüstigkeit. Anträge an Militär-Oekonomie-Departement des Kriegsministeriums zu richten, obige Nachweise beifügen. Im Falle der Annahme 1 jährige Beschäftigung bei grösseren Garnison-Verwaltungen — ohne Gehalt —, sodann schriftliche Prüfung. Aufgaben werden von der Intendantur beurtheilt. Bei günstigem Ausfall Notirung als Anwärter. Anstellung zunächst auf 1 Jahr Probe.

Obere Beamte ergänzen sich aus Militär-Anwärtern. Bedingungen: Versorgungsberechtigung, nicht zu alt, gesund und rüstig, tadellose Führung, geordnete Vermögensverhältnisse und Kautionsfähigkeit. Anträge an Intendantur des Bezirks. Diese überweist den Anwärter zur informatorischen Beschäftigung auf 6 Monate einer Garnison-Verwaltung, dann schriftliche und mündliche Prüfung. Von der Prüfung sind befreit: Zeugfeldwebel mit Offiziers-Qualifikation, Wallmeister, Oberfeuerwerker und Zahlmeister-Aspiranten oder bewährte Lazareth-Rechnungsführer. — Kautionsbeträge von 2200 bis 9000 M. — Gehälter 1800 bis 3600 M. und freie Dienstwohnung nebst Feuerungs- und Beleuchtungsmaterialien-Deputat. Uniform: Helm mit vergoldeten Beschlägen, hellblauen Vorstössen am Waffenrock, Epaulettes und Achselstücke mit goldenen Tressen, Stichdegen mit goldenem Portepee. Rechnungsräthe und Direktoren: 2 Rosetten, Oberinspektoren, Verwaltungsinspektoren und selbstständige Kaserneninspektoren: 1 Rosette. Die Anstellung der Unterbeamten erfolgt aus der Zahl der Militär-Anwärter zunächst auf Probe, sodann endgültig auf 6 wöchentliche Kündigung. Gehälter 700 bis 1600 M. und freie Wohnung, Heizung und Beleuchtung.

Garnison-Truppen hiessen früher die nur zum Dienste in der G. stehenden Truppen, zu denen auch die Halbinvaliden gehörten. Jetzt bildet man solche aus älterer Landwehr (Landsturm) zur Bewachung von Gefangenen etc.

Garnisonwachtdienst. An hohen Festtagen (s. Parole, grosse) Paradeanzug; sonst Dienstanzug (s. d.), Beinbekleidung der Wachtoffiziere richtet sich nach den Mannschaften.

Garnitur (Tragezeit) bezeichnet in Preussen die nach ihrer Güte oder Tragezeit klassifizirten verschiedenen Bekleidungs- und Ausrüstungsstücke gleicher Beschaffenheit, die in manchen Regimentern bis zu 6 G. ausgedehnt ist. Die für das Feldverhältniss bestimmten Bekleidungs- und Ausrüstungsstücke bilden in der Regel die „1. G." oder „Kriegs-G.". Man spricht auch von einer „Parade-G." etc.

Garnitur. Aeltere Bezeichnung einiger Beschlagtheile der Handfeuerwaffen. Besteht beim deutschen Revolver 83 aus Abzugsbügel. Tragering und Kolbenschalen nebst Verbindungsschraube mit 2 Rosetten, beim deutschen Gewehr m/71 und m/71/84 aus 3 Ringen, 2 Riemenbügeln, Abzugsblech, Kolbenkappe und mehreren Schrauben. Bctr. Gewehr 88 s. Beschlag.

Gartenanzug s. Hofgartenanzug.

Garzia Hernandez (Kastilien). Dort 23./7 1812 Gefecht, in welchem Wellingtons Kavallerie über die französischen Truppen grosse Erfolge davontrug, wobei die deutsch-englische Legion unter General von Bock sich hervorthat, und 1400 Gefangene gemacht wurden.

Gascheck. Einrichtung an Langgeschossen, welche aus gezogenen Vorderladern verfeuert wurden, zur Erreichung eines gasdichten Abschlusses am Geschossboden und zur Vermittelung der Achsendrehung. Angewendet bei den Armstronggeschützen. Besteht aus einem am Geschossboden angebrachten runden Kupfer- oder Messingnapf (offene Seite hinten), der beim Schuss durch den Druck der Pulvergase ausgedehnt und in die Züge getrieben wurde.

Gasdruck. Das beim Schuss sich zersetzende Pulver geht aus dem festen grösstentheils in gasförmigen Zustand über; die Gase wollen einen viel grösseren Raum einnehmen, als vorher die Ladung ausfüllte, ihre Ausdehnung (Expansion) wird durch die beträchtliche Wärmeentwicklung bei der Verbrennung des Pulvers (mehrere tausend Grad) noch erheblich gesteigert. Da aber die Einschliessung des Verbrennungsraums durch Seelenwände und Geschoss dieser Ausdehnung Widerstand leistet, so entsteht eine bedeutende Spannung der Gase (G.), welche das Geschoss forttreibt und zugleich die Seelenwände zu zertrümmern bestrebt ist. Je rascher das Pulver verbrennt, desto kleiner wird der Zeitunterschied zwischen dem Beginn der Geschossbewegung und dem Eintritt des höchsten G., und desto grösser fällt letzterer im Verhältniss zur Arbeitsleistung aus (Offensivität des Pulvers). Das Endziel der inneren Ballistik besteht darin, mit möglichst geringer Gasspannung und Rohranstrengung möglichst viel Arbeit zu leisten. Das Ideal, d. h. der relativ kleinste G., würde sich nur verwirklichen lassen, wenn man die Spannung vom Beginn der Geschossbewegung bis zum Austritt aus der Mündung stets auf gleicher Höhe erhalten könnte. Dieser **mittlere** G. stellt die Spannungsgrösse dar, welche dem Geschoss die gemessene Mündungsgeschwindigkeit ertheilen würde, wenn sie während der ganzen Dauer der Geschossbewegung im Rohr mit **unveränderlicher** Kraft auf den Geschossboden wirkte. Dies günstigste Verhältniss kann in Feuerwaffen, die mit gegebenen und abgeschlossenen Mengen eines sich selbst verzehrenden Treibmittels arbeiten, naturgemäss nicht erreicht werden, weil die Spannung, der Verbrennung des Pulvers entsprechend, stets mit einem unendlich kleinen Werth beginnt, erst nach Verlauf eines gewissen Zeittheilchens bis zur Höhe des mittleren G. ansteigt und diesen somit in einem weiteren Zeittheilchen nothwendig überragen muss, um dieselbe Mündungsgeschwindigkeit hervorzubringen, welche sich aus dem unveränderlichen mittleren G. ergeben würde. Letzterer hat deshalb nur einen relativen Wert als Maasstab für die ballistischen Eigenschaften des Treibmittels unter bestimmten Bedingungen. Das Pulver ist für den gegebenen Fall um so besser geeignet, und die Beziehungen seiner chemischen und physikalischen Beschaffenheit zum Ladungsverhältniss, zur Ladungsdichte (s. d.), zur Einrichtung der Seele und der Geschossführung sind um so günstiger gewählt, je weniger der mittlere G. den höchsten überschreitet. Den mittleren G. (P.) findet man in kg auf 1 qcm nach dem

Ausdruck: $P = \dfrac{0{,}057\, d\, v^2}{l}$. Darin bezeichnet

d: Querdichte des Geschosses in kg auf 1 qcm;
v: Mündungsgeschwindigkeit in m und l: Länge des Arbeitsweges (Abstand zwischen Geschossboden und Mündung bei geladener Waffe) in m. In Geschützen lag das Verhältniss des mittleren G. zum höchsten bei Schwarzpulver meist zwischen $1:2{,}5$ und $1:3{,}0$; bei rauchschwachem Pulver ist es in den günstigsten Fällen auf $1:1{,}3$ ermässigt, also dem überhaupt erreichbaren Grenzwerth schon sehr nahe gebracht worden; in Gewehren stellt es sich noch jetzt (mit rauchschwachem Pulver) auf $1:3$ und hat sich nur vereinzelt auf $1:1{,}8$ verringert. Der bisher angewendete höchste G. erreicht in Geschützen und Gewehren von rund 8 mm Kaliber gegen 3000, in 6,5 mm Gewehren 4000 Atmosphären und mehr.

Gasdruckmesser: Die möglichst genaue Kenntniss des höchsten Gasdrucks und seiner Zu- und Abnahme ist für die Konstruktion der Feuerwaffen, Geschosse und Treibmittel von grösster Bedeutung; doch lassen die G. und die Ergebnisse ihrer Messungen immer noch manches zu wünschen übrig. Die zur Zeit gebräuchlichsten G. sind der **Schnittmesser** von Bodmar und der **Stauchmesser** (crusher) von Noble. Ersterer (Bild a bis c) besteht aus dem stählernen Messer a mit pyramidenförmiger glasharter Schneide, welches in die Vorderfläche des (Keil-)Verschlusses d so eingesetzt wird, dass sein zylindrischer Schaft in einer Durchbohrung der Stahlplatte c liegt, also den Verbrennungsraum der Seele unmittelbar berührt. Beträgt der Querschnitt des Schaftes 0,657 qcm, so übt jede Athmosphäre der Gasspannung im Rohr einen Druck von $0{,}657 \cdot 1{,}033 = 0{,}679$ kg auf seine Endfläche aus. Dieser Druck, der sich demnach z. B. bei 2000 at Gasspannung auf 1358 kg beläuft, presst die Messerschneide in die hinter ihr liegende Kupferplatte b hinein und bringt in dieser einen Schnitt (Bild c) hervor, aus dessen mikroskopisch gemessener Länge man nach einer, auf maschinellem Wege hergestellten Skala die Höhe des Gasdrucks in der Seele entnimmt.

Bei dem **Stauchmesser** (Bild d) bewirkt der stählerne Stempel a, auf dessen Endfläche die Pulvergase drücken, eine Verkürzung (Stauchung) des hinter ihm im Centriring c gelagerten kupfernen Zylinders b. Aus dem Maass der Verkürzung wird die Grösse der Gasspannung entnommen. Der Stempel hat vorn 0,9677 qcm Querschnitt, so dass der Druck einer at 1 kg entspricht. Der Stauchmesser ist auch (von Vieille) zum **Selbstaufzeichnen** eingerichtet worden: mit dem Stempel ist eine **Stimmgabel** verbunden, deren Zinken bis zum Schluss durch einen Keil auseinander gehalten werden; sobald nach dem Abfeuern die Stempelbewegung beginnt, wird der Keil selbstthätig herausgerissen und die Zinken in Schwingungen versetzt, welche sich auf einem fest angebrachten, geschwärzten Täfelchen verzeichnen. Die Stimmgabel macht in der Sekunde eine genau bekannte Anzahl (mehrere tausend) Schwingungen, die auf dem Täfelchen eine wellenförmige Linie bilden, da sich die Stimmgabel mit dem Stempel fortbewegt; aus der Gestalt dieser Linie wird die Zeit hergeleitet, in der sich die den Kupferzylinder stauchende Pulverkraft entwickelt, und die Werthe, welche sie in den einzelnen Zeittheilchen der Stempelbewegung erreicht.

Die Geschwindigkeit, welche das Geschoss an jeder Stelle seines Weges durch die Seele besitzt, kann ebenfalls dazu dienen, die Grösse der bewegenden Kraft, d. h. den Gasdruck aus der stufenweisen Beschleunigung der Geschossbewegung zu ermitteln. Diesem Zwecke dienen bezw. dienten die Chronoskope (s. d.), Geschütz- und Gewehrpendel (s. d.), Accelerometer, Accelerographen und die selbstaufzeichnenden Geschosse, in denen parallel der Achse ein Stab gelagert ist, welcher vorn ein loses, mit Stimmgabel versehenes Gleitstück, den Läufer, trägt. Beim Schuss wird die Stimmgabel ausgelöst und in Schwingungen versetzt, während der Läufer infolge seines Beharrungsvermögens längs des Stabes bis zum Geschossboden zurückgleitet, also denselben Weg durchläuft, den das Geschoss während der gleichen Zeit im Rohr macht; diese Zeit wird durch die schwingenden Zinken der Stimmgabel wie beim Stauchmesser in die bewusste Fläche des Stabes eingezeichnet.

a

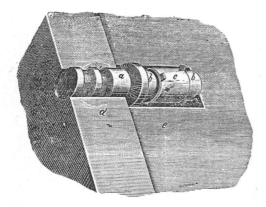

b

Gasdruckmesser.

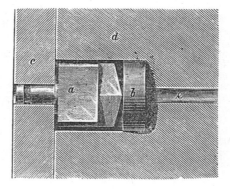

c

Die Beschleunigung der Geschossbewegung lässt sich endlich auch in der Weise ermitteln, dass man ein Rohr wiederholt verkürzt (vorn abschneidet) und jedesmal mit derselben Ladung u. s. w. die Mündungsgeschwindigkeit misst; diese verschiedenen Messungen ergeben dann die Geschwindigkeiten, welche das Geschoss an den entsprechenden Stellen im unverkürzten Rohr besitzt (d'Arcy, 1760; Preuss. Art.-Prüf.-Komm.; Fried. Krupp).

Gassenlaufen war eine harte Strafe für Disziplinarvergehen. Der von einem Kriegsgericht verurtheilte Delinquent musste langsam durch eine doppelte Reihe von Soldaten schreiten, die ihm den nackten Rücken mit Ruthen bearbeiteten (daher auch der Namen Spiessruthenlaufen). Die Anzahl der Gänge und die Länge der Gasse wurde in dem Urtheil ausdrücklich vorgeschrieben. Trommelwirbel übertäubte das Schmerzensgeschrei der Gestraften.

Gassion, de, (1609—1647), Marschall von Frankreich, zeichnete sich bei Rocroi aus, wo er den rechten Flügel unter Condé führte, ebenso bei der Belagerung von Diedenhofen und den Feldzügen in Flandern 1645/46.

Gates, amerikanischer General (1729—1806), kämpfte im Unabhängigkeitskriege gegen die Engländer, nahm Bourgoyne bei Saratoga mit seinem Korps gefangen, wurde von Cornwallis bei Camden geschlagen, abgesetzt, angeklagt und freigesprochen.

Gatling, Eduard. Erfinder der Mitrailleuse, in Amerika G.-Kanone genannt.

Gatling-Geschütz. Von dem Amerikaner R. J. Gatling Mitte der sechziger Jahre konstruirtes Mitrailleusen-Geschütz. Die G.-G. waren mit 6—10 rotierenden Läufen von 10,7 bis 25,4 mm Kaliber versehen und sollten bei grösster Feuergeschwindigkeit 1000—1200 Schuss in der Minute abgeben. Zuerst im nordamerikanischen Sezessionskrieg verwendet, fand das G.-System auch in England, Russland und Frankreich als Festungs- (Revolver-), Schiffs- und Kolonial-Geschütz Eingang. Wenn auch jetzt veraltet, gab doch das G. s Zt. den Anstoss zur Konstruktion der heute gebräuchlichen, vervollkommneten Maschinengeschütze.

Gaudy, v., preussischer Generallieutenant (1725—1788). Flügeladjutant Friedrich II., schrieb ein Tagebuch über den 7 jährigen Krieg, das seine einst autoritäre Bedeutung verloren hat, da man ihm absichtliche Parteilichkeit nachgewiesen hat.

Gebäude im Manöver werden nur markirt besetzt; auch darf nicht gefeuert werden, sobald in der Nähe Brennbares liegt.

Für den Krieg haben die G. durch die Einführung der brisanten Sprengstoffe ihren früheren Werth verloren, ebenso wegen der Durchschlagskraft der Gewehrgeschosse durch Fachwände. Es ist daher von ihrer Vertheidigungseinrichtung meist abzusehen und sind sie jedenfalls mit Vorsicht zu verwerthen.

Gebirgsartillerie. Im alpinen Berggelände würde die Fortbewegung der Feldgeschütze häufig zu sehr erschwert oder ganz unmöglich werden. Alle grösseren Staaten, mit Ausnahme des deutschen Reichs, haben deshalb eine besondere G.

Auf den unfahrbaren Saumpfaden des Hochgebirges werden die einzelnen Theile des zerlegten Geschützes und der Schiessbedarf auf Tragthieren (grösste Traglast gegen 100 kg) fortgeschafft, auf günstigeren Wegen 1 bis 2 Tragthiere mittels Gabeldeichsel unmittelbar vor die Lafette gespannt; Protzen sind nicht vorhanden.

Wenn auch die Konstruktion der Geschütze grosse Aehnlichkeit mit den betreffenden Feldkanonen hat, bedingt doch das Höchstgewicht der untrennbaren Stücke (Rohr) von 100 kg, alle Theile so leicht wie möglich zu halten und hat dem entsprechend eine verringerte Leistung zur Folge.

In der Regel beträgt die Seelenweite 6,5 bis 8 cm, das Geschossgewicht 3 bis 6 kg, die Mündungsgeschwindigkeit 250 bis 300 m und die grösste Schussweite 3000 bis 4000 m.

Um erhöhte Geschützgewichte anwenden und so die Wirkung steigern zu können, hat man mehrfach zerlegbare Rohre konstruirt, ebenso Lafetten, die in der Mitte der Wandlänge theilbar sind.

Neuerdings verwendet man auch Berghaubitzen. Oesterreich hat im Frieden 14 G.-Batterien, im Mobilisirungsfalle können hierzu noch 16 Batterien errichtet werden.

Eine österreichische Gebirgsbatterie hat im Kriege 4 Geschütze, 1 Vorraths-Lafette und 2 zweispännige Wagen. Zum Fortschaffen derselben bedarf sie: 4 Rohr-, 5 Lafetten-, 36 Munitions-, 2 Reserve-, 2 Vorraths-, 11 Futter-, Bagage- und Feldschmieden-Tragthiere.

Frankreich hat 20 Gebirgsbatterien (8 in den Kolonien) zu 6 bis 8 cm Geschützen m/78, Italien 24 Gebirgsbatterien zu 6 bis 7 cm Gebirgsgeschützen, Russland 18 Gebirgsbatterien zu 8—6,5 cm Gebirgsgeschützen c/83.

Abbildungen der verschiedenen Gebirgsartillerie s. Seite 250—254 (sämmtlich nach Schubert, Gebirgsartillerie, Wien).

Gebrauchsladung. Bei Kanonen und Haubitzen der Fussartillerie (Festungsartillerie) die unter normalen Verhältnissen verwendete grösste Ladung im Gegensatz zu den kleinen Ladungen dieser Geschütze, deren Kartuschen zu diesem Zwecke aus Teilkartuschen zusammengesetzt sind. Die G. wird für den direkten Schuss verwendet.

Gebrechen s. Fehler.

Gebrochene Front wird in der Befestigungskunst eine solche Linie genannt, die nicht gradaus geführt ist, sondern Winkel bildet. Dieser Ausdruck lässt sich auch auf Truppen im Felde übertragen.

Gebührnisse s. Gehalt. Gestellung zur Kontrollversammlung begründet keinen Anspruch auf G. Bei freiwilligen Uebungen von Landwehr-Offizieren bei aktiven Truppen stehen ihnen die G. zu.

Geburtszeugniss behufs Anmeldung zur Rekrutirungsstammrolle ist kostenfrei.

Gebweiler. Dort steht Bez.-Kom. — 2. Servisklasse.

Gedeckter Weg (nicht bedeckter) heisst bei Festungen der an der Krete des Glacis am äusseren Grabenrand hinlaufende Weg, der den Truppen völlige Deckung gegen den direkten Schuss gewährt. Er bildet besonders bei dem neuen Gewehr eine nicht zu unterschätzende Infanterie-Vertheidigung. In den neueren Forts ist er hier und da in Wegfall gekommen. Früher bildete der G. W. einen Hauptabschnitt der Vertheidigung, er wurde deshalb pallisadirt und in den ausspringenden Winkeln mit Blockhäusern versehen, da die Bewachung der Festung in erster Linie den Truppen des G. W. übergeben war.

Geestemünde. Dort stehen Kommandantur, Fortifikation. — 2. Servisklasse.

Gefängniss ist im Militärischen nicht mit Arrest zu verwechseln, sondern es ist eine Freiheitsentziehung, verbunden mit Arbeit. Die Strafe kann von 6 Wochen und 1 Tag bis 15 Jahre gegeben werden. Bis zu 6 Wochen Dauer besteht die Freiheitsstrafe in Arrest.

Gefangene stehen unter dem Schutze des Völkerrechts. Ausgewechselt wird nur bei besonderem Uebereinkommen. Dann Rang gegen Rang, Mann gegen Mann. Nach dem Friedensschlusse sind alle G. zu entlassen.

Im Manöver werden nicht einzelne G. gemacht. Bagage, Handpferde, Trains sind dort neutral.

G. vorsätzlich entweichen lassen, oder Mithülfe dazu etc.: Arrest nicht unter 14 Tagen, Gefängniss bis zu 5 Jahren, bei Fahrlässigkeit bis 6 Monate Freiheitsstrafe.

Gefecht ist eine aus Kämpfen zusammengesetzte Thätigkeit. Den Kampf bestimmen die dafür gegebenen Bestimmungen, das G. will geleitet sein.

Gebirgsartillerie
Oesterreich-Ungarn.

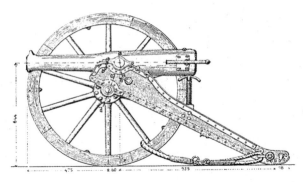

7 cm-Gebirgskanone c/75.

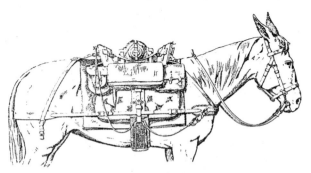

Rohrtragthier.

Bespanntes Geschütz.

Lafettentragthier.

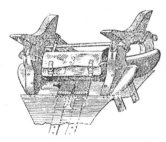

Packsattel für Munition und Gepäck.

Gebirgsartillerie

England.

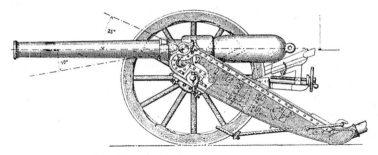

2,5 zöller Gebirgskanone, Muster II.

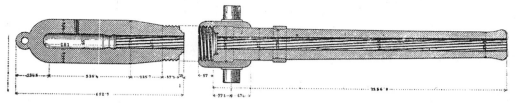

Zerlegbares 2,5 zöller Rohr, Muster II.

1. Rohrtragthier.

2. Rohrtragthier.

Gebirgsartillerie

Frankreich.

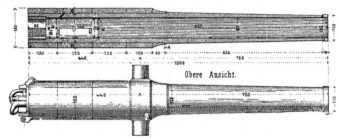

80 mm-Gebirgskanone c/78.

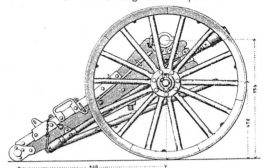

Lafette ohne Schwanztheil.

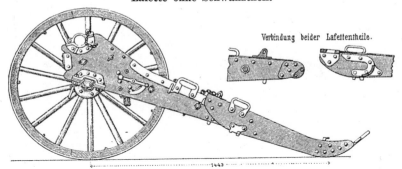

Verbindung beider Lafettentheile.

Zerlegbare Lafette.

Italien.

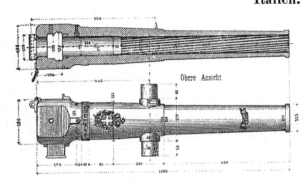

6 cm-Gebirgskanone.

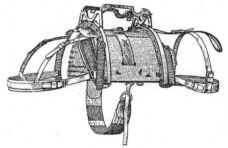

Packsattel.

Gebirgsartillerie

Spanien.

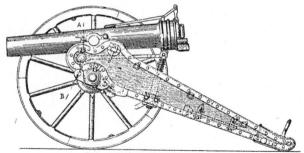

8 cm-Gebirgskanone c/74.

Bespanntes Geschütz.

Russland.

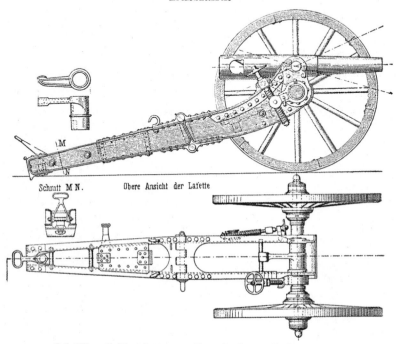

3,5 zöller-Gebirgskanone mit zerlegbarer Lafette.

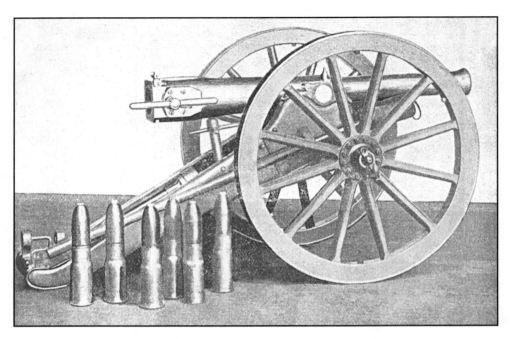

Krupp'sche 6 cm-Gebirgskanone L/21.

Im Vergleiche zur „Schlacht," die mit mehreren Korps geführt wird, pflegt man G. die nur mit etwa einem Armeekorps durchgeführten Kampfhandlungen zu nennen.

Grössere Gefechte, die aber noch nicht den Charakter der Schlacht tragen, werden „Treffen", Kämpfe kleiner Abtheilungen „Scharmützel" genannt.

Gefecht der Artillerie. Wahl der Geschützstellung. Möglichst grösste Wirkung, dann erst Berücksichtigung der Deckung; thunlichst fester Boden, gegen den Feind zu abfallend, Möglichkeit einheitlicher Feuerleitung; Stellungen nahe auf steinigem Boden hinter Mauern und Bäumen oder bei markirten, das Zielen des Feindes erleichternden Objekten sind zu vermeiden; feindlichen Geschützen ist nie die Flanke zu bieten, flankirendes Feuer anzustreben, gerade oder concave Feuerlinie empfehlenswerth; Sicherung der Flanke.

Bei Verstärkung der Feuerlinie ist, wenn thunlich, vor und seitwärts der im Feuer stehenden Abtheilungen aufzufahren, damit sich der Gegner erneuert einschiesse.

Munitions - Ersatz: Aus dem Geschütz- Protzkasten, dann erst aus dem Munitions - Wagen. Zum Ersatze der Munition gehen zwei, bei reitenden Batterien ein der in vorderer Linie eingetheilten Munitions-Wagen zu den Geschützen vor. Die geleerten Munitions - Wagen werden beim Munitions-Park gefüllt.

Gangarten: Schritt, fahrende Batterie 125—130, reitende Batterie 140 Schritte per Minute; Trab 300 Schritte per Minute, Galopp mindestens 450 bis 500 Schritte.

Feuerlinie: Geschütze auf 20 Schritte nebeneinander, erste Wagenstaffel auf 50—100 rück- und seitwärts, Batterie-Intervall 30, zweite Wagenstaffel 500—600 Schritt rückwärts. Bei Bedürfniss Vergrösserung oder Verkleinerung der Distanzen.

Gefechtsbereitschaft (s. auch Alarmquartiere und Biwak). Sie richtet sich nach der Nähe des Feindes und der Stärke der Feldwachen. Letztere müssen jederzeit gefechtsbereit sein, auch wenn sie in bedeckten Räumen untergebracht sind. Die Vorposten-Gros sind ebenfalls nur so unterzubringen, dass sie in kürzester Frist zum Kampfe fertig sind. Beim Alarm in dem Vorpostenbereich eilt alles sofort in die Reihen. Aussenposten sind zur grösseren Sicherheit ausgesetzt.

Gefechtsberichte und Verlustlisten (s. auch Tagesberichte) werden möglichst bald nach Beendigung der Gefechte eingereicht. Unabhängig hiervon sind kurze Meldungen, die unmittelbar nach Abschluss eines Kampfes über das wesentliche Endergebniss desselben erstattet werden.

Es hat jede Kommandobehörde, ohne den Eingang der Berichte unterstellter Behörden und Truppentheile abzuwarten, seine eigenen G. einzureichen.

Dem G. ist anzuschliessen eine Angabe über die erlittenen Verluste an Offizieren, Mannschaften, Pferden und Geräth, über etwa eroberte Siegeszeichen etc.

Man vermeide thunlichst die Worte „rechts", „links", „vor", „hinter", „diesseits", „jenseits" u. s. w.

Verlustliste des ....ten Armeekorps
für den ....ten .... 18.......

	Todt			Verwundet			Vermisst			Zusammen		
	Offiziere	Mannschaften	Pferde	Offiziere	Mannschaften	Pferde	Offiziere	Mannschaften	Pferde	Offiziere	Mannschaften	Pferde

Als Bemerkungen sind hinzuzufügen:
1. Von den leicht Verwundeten sind bei der Truppe verblieben: Offiziere, Mannschaften, Pferde.
2. Von den Vermissten sind vermuthlich todt: Offiziere, Mannschaften.
3. Etwaiger Verlust an Geschützen, Munitionswagen u. s. w.

Ein namentliches Verzeichniss der in der Verlustliste enthaltenen Offiziere wird beigefügt.

Marschübersicht des ....ten Armeekorps
für den .... 18.......

Truppentheil etc.	11	12	13	14
Generalkommando	A	E	J	⎫ Schlacht bei L.
.....te Infanterie-Division . .	A	E	Biwak zwischen	
.....te Infanterie-Division . .	B	F	J und K	⎭
Korps-Artillerie	C	G		
Trains und Kolonnen . . .	D	H	H	Am Nachm. nach K herangezogen.
Entsendungen	R Abtheilung des Oberst O.	F Die Abth. tritt in den Verband d. .....ten Inf.-Div. zurück		

Gefechtspatrouillen der Kavallerie (1 Unteroffizier, 2 Mann) sollen in den Flanken der Schwadronen auch während Attacke beobachten und über Vorkommnisse von Bedeutung Meldung geben.

Gefechtsrelais können von den Meldereitern angelegt werden. Auch Radfahrer werden mit Erfolg zu verwenden sein.

Gefolge hiess früher der den Fürsten persönlich angehörige Theil der Truppen. Heute ist es der persönliche Stab der Fürsten und die in demselben Aufnahme findenden hohe Persönlichkeiten. Ein grosses Gefolge (s. Moltke 1870/71) ist in den Kriegs-Operationen unbequem, andererseits werden durch dasselbe oft wichtige Verbindungen aufrecht erhalten, die die Last wieder aufwiegen.

Gefreite werden von den Regiments-Kommandeuren ernannt. Offizierburschen von guter Führung dürfen zu überzähligen G. mit den Gebührnissen der Gemeinen ernannt werden. Die Entfernung von der G.-Charge gehört zu den Disziplinarstrafen, zu deren Verhängung der Regiments-Kommandeur befugt ist.

Gehalt beziehen Offiziere und die etatsmässig angestellten Beamten. Die übrigen Beamten empfangen Diäten, Remunerationen, Tagelohn u. dergl., Mannschaften erhalten Löhnung. Abweichend von diesen Grundsätzen empfangen auch der Zeugfeldwebel, Zeugsergeanten und Wallmeister Gehalt (anstatt Löhnung).

Die Höhe der Gehälter ergiebt der Etat. In Grenzen des hiernach festzusetzenden Gehaltes erfolgt die Gewährung nach Chargensätzen insofern, als der Satz einer höheren Charge erst nach dem Aufrücken in diese Charge zuständig wird. Charaktererhöhungen haben Gehaltserhöhungen nicht zur Folge. Ebensowenig darf aus der Vordatirung des Patentes ein Anspruch auf Nachempfang des höheren Gehaltes hergeleitet werden.

Aggregirte oder zu den Offizieren von der Armee Versetzte beziehen das bis dahin bezogene Gehalt weiter; erfolgt Aggregirung bei einer Truppe anderer Waffe, so wird G. nach den Sätzen der neuen Waffe gezahlt.

Gehaltssätze:

jährlich ℳ

1. Kommandirende Generale und Divisions-Kommandeure 12 000
2. Brigade-Kommandeure, Landwehr-Inspekteure 9 000
3. Stabsoffiziere im Range der Regiments-Kommandeure:
   beim Garde du Corps-Regiment . 8 112
   im Uebrigen 7 800
4. Andere Stabsoffiziere:
   beim Garde du Corps-Regiment . 6 018
   „ Kriegsministerium, Generalstabe, 1. Garde-Regiment zu Fuss, Lehr-Infanterie-Bataillon, Kavallerie, Artillerie, Ingenieur- und Pionierkorps, Eisenbahntrain, Train, Kriegsakademie, Kriegsschulen und Kadettenkorps 5 700
   im Uebrigen 5 400
5. Hauptleute und Rittmeister I. Klasse:
   beim Garde du Corps-Regiment . 4 224
   „ Kriegsministerium, 1. Garde-Regiment zu Fuss, Kavallerie, Artillerie, Ingenieur- und Pionierkorps, Eisenbahntrain, Train, Kriegsakademie 3 900
   im Uebrigen 3 600
6. Hauptleute und Rittmeister II. Klasse:
   beim Kriegsministerium, 1. Garde-Regiment zu Fuss, Kavallerie, Artillerie, Ingenieur- u. Pionierkorps, Eisenbahntrain, Train, Kriegsakademie 2 520
   im Uebrigen 2 160
7. Premier-Lieutenants:
   beim Garde du Corps-Regiment . 1 338
   „ 1. Garde-Regiment zu Fuss, Kavallerie, Artillerie, Ingenieur- und Pionierkorps, Eisenbahntrain, Train 1 260
   im Uebrigen 1 080
8. Sekonde-Lieutenants:
   bei der Fussartillerie (ausschliesslich von 60 Stellen dieser Waffe), Ingenieur- und Pionierkorps, Eisenbahntrain . 1 188
   „ dem Garde du Corps-Regiment 1 164
   „ „ 1. Garde-Regiment zu Fuss, Kavallerie, Feldartillerie und dem Train 1 008
   im Uebrigen (einschliesslich der 132 jüngsten Sekonde-Lieutenants der Feldartillerie und 60 jüngsten Sekonde-Lieutenants der Fussartillerie, sowie der ausseretatsmässigen Sekonde-Lieutenants des Ingenieur- und Pionierkorps 900
9. Generalärzte I. Klasse 7 800
   „ II. „ 6 600
10. Oberstabsärzte I. Klasse 4 800 bis 5 400
    „ II. „ 3 600

jährlich ℳ

11. Stabsärzte 2 160
12. Assistenzärzte I. Klasse 1 080
    „ II. „ 900

Stelleninhabern, welche nach ihrer Charge oder ihrem Dienstalter zum Empfange des für die Stelle verfügbaren Gehalts nicht berechtigt sind, sowie den Allerhöchst mit Wahrnehmung von Stellen ohne Zubilligung der Gebührnisse derselben beauftragten Offizieren kann der Mehrbetrag des etatsmässigen Stellengehalts gegen das Gehalt der nächst höheren Charge oder Altersklasse durch das Kriegsministerium als Zulage bewilligt werden.

Wegen der Gehälter der Beamten siehe die einzelnen Artikel.

Gehorsams-Verweigerung wird nach Kriegsartikel 19 mit strengem Arrest nicht unter 14 Tagen oder mit Gefängniss oder Festungshaft bis zu 3 Jahren bestraft. Vor dem Feinde Verschärfung bis zur Todesstrafe.

Geismar, Freiherr v., russischer General (1783 bis 1848), ursprünglich in österreichischen, später in russischen Diensten. Er stand Kaiser Nicolaus gegen die Verschwörung auf Seite, nahm General Murawiew und andere Empörer gefangen. Im Kriege gegen die Türkei 1828/29 leistete er Hervorragendes. Weniger Glück hatte er im Kriege gegen Polen 1831. Er starb als General-Adjutant.

Geistliche gehören zu den oberen Militärbeamten s. „Militär-Geistlichkeit".

Geistliches Amt. Unausgebildete Landsturmpflichtige, die ein G. A. bekleiden, werden zur Verwendung in der Krankenpflege etc. ausgehoben.

Ebenso Personen des Beurlaubtenstandes. Einzelnstehende Geistliche sind unabkömmlich. Die abkömmlichen werden von den Feldpröpsten ihrer Konfession einberufen.

Geladene Mundlochbüchse s. Zündladung.

Gelände (früher „Terrain" genannt). Aufnahme s. Landes-Aufnahme.

Geländewinkel. Der von der verlängerten Visirlinie (Visir-Korn-Ziel) mit der Wagerechten gebildete Winkel. Wird die Erhöhung des Geschützes mit dem Aufsatz genommen, so ist durch die Richtung der Visirlinie auf das Ziel (s. Bild a—b₁ und a—b₂) der G. schon von selbst

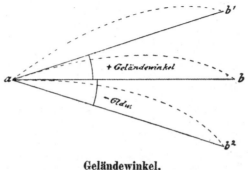

Geländewinkel.
b Ziel in gleicher Höhe wie Geschütz,
b¹ Ziel höher als Geschütz,
b² Ziel tiefer als Geschütz.

berücksichtigt. Richtet man dagegen mit Richtbogen (s. d.) oder Quadrant (s. d.), so muss der, der wagerechten Entfernung entsprechenden Erhöhung der positive G. hinzugezählt, der negative davon abgezogen werden. Beim Richtbogen geschieht dies durch Verschiebung des Libellenstücks („Libellenabweichung in Folge Geländewinkels"), bei den neueren Quadranten der Festungs- und Bel.-Gesch. durch Ausschalten des G.

Geldern. Dort steht Bezirks-Kommando. — 4. Servisklasse.

Geldempfang bei den Truppen mit selbstständiger Kassenverwaltung durch den Zahlmeister, beim Nichtbestehen von Kassenkommissionen durch das zweite Mitglied. (S. Kassenwesen.)

Geldstrafen werden bei Militär-Vergehen nicht verhängt. Bei Umwandlung von sonstigen Vergehen, die mit G. bestraft werden, gilt 1 Tag Festungshaft gleich 1 bis 15 M. In Oesterreich gleich 5 Gulden.

Zuwiderhandlungen gegen die Meldevorschriften im Beurlaubtenstande sind gegen Mannschaften entweder mit Geldbusse von 1 bis 60 M., oder mit Haft von 1 bis 8 Tagen zu bestrafen. Gegen Offiziere ist in solchen Fällen nur Stubenarrest bis zu 6 Tagen zu verhängen. Strafvollstreckung durch Bezirks-Kommandeur.

Wehrpflichtige, welche sich absichtlich dem Dienste durch Verlassen des Bundesgebiets zu entziehen suchen, werden mit Geldstrafe von 150 bis 3000 M., oder Gefängniss von 1 Monat bis 1 Jahr, Offiziere etc. des Beurlaubtenstandes, welche ohne Erlaubniss auswandern, mit G. bis zu 3000 M., oder mit Haft oder Gefängniss bis zu 6 Monaten bestraft.

Gegen obere Militär-Beamte dürfen kommandirende Generale Geldbussen bis 30 M, andere Militär-Befehlshaber bis zu 9 M. verhängen.

Geleise, Fahrbahn, auf welcher die Räder des Fahrzeugs laufen. G.-Breite: Abstand von Mitte zu Mitte der beiden Radreifen. Die G.-Breite muss möglichst klein sein, um schmale Wege durchfahren zu können und die Achse möglichst kurz, leicht und haltbar zu machen; sie muss aber auch genügend gross im Verhältniss zur Lagerhöhe sein, um ein Umschlagen des Fahrzeugs selbst bei grosser seitlicher Neigung zu verhüten. Bei den deutschen Geschützen beträgt die G.-Breite fast ausnahmslos 153 cm.

Gembloux. Dort Schlacht am 31./1. 1578, Juan d'Austria zersprengte das niederländische Heer.

Gemeindesteuern. Offiziere und Servisberechtigte Militär-Beamte haben von Grundbesitz und Gewerbebetrieb die G. voll zu entrichten. Von dem übrigen ausserdienstlichen Einkommen ist der auf diesen Betrag zu berechnende Staatssteuersatz als G. zu entrichten. Die vor dem 1./4. 87 in den Ehestand getretenen Militär-Personen geniessen für denjenigen Theil ihres ausserdienstlichen Einkommens, welchen sie bei Nachsuchung des Heirathskonsenses nachzuweisen verpflichtet waren, Steuerfreiheit. Die Dienstbezüge unterliegen der Steuer nicht. Militär-Personen sind bis zu 750 M. Pension von G. befreit. Zivilbeamte der Militärverwaltung dürfen nur mit der Hälfte des Diensteinkommens zur G. herangezogen werden.

Gemeindevorsteher werden zu den Geschäften der Musterung und Aushebung herangezogen und beordern die Militärpflichtigen zur Musterung, händigen die Loosungsscheine aus und helfen bei Ausübung der Kontrolle.

Gemeine Verbrechen — zum Unterschiede von den unter das Militär-Strafgesetzbuch fallenden militärischen Verbrechen — werden nach den allgemeinen Strafgesetzen bestraft; ebenso Vergehen. Erstere werden die genannt, die von 5 Jahren Festungshaft an aufwärts bestraft werden; Vergehen von da abwärts bis zur Strafe von 150 Mark. Geringere Strafen fallen unter die Rubrik Uebertretungen. Hat eine Person des Soldatenstandes vor ihrem Eintritt in den Dienst eine Freiheitsstrafe verwirkt, so wird diese von den Militärbehörden vollstreckt; hat Beschäftigung des Verurtheilten dabei einzutreten, so geschieht dies zu militärischen Zwecken. Ist Zuchthaus verwirkt, oder wird auf Entfernung aus dem Heere etc. erkannt, so geht die Strafvollstreckung auf die bürgerlichen Behörden über.

Gemappe. Dort am 17./6. 1815 Verfolgungsgefecht nach der Schlacht bei Belle Alliance, in dem die Preussen unter anderer Beute das Privatgepäck Napoleon I. heimführten.

Gendarmen. 1. Leibgendarmen. Von Kaiser Wilhelm II. 1889 neu organisirt. Sie haben als Kommandeur einen Flügeladjutanten. Der 1. Zug, kommandirt von einem Lieutenant der Kavallerie, besteht aus 1 ersten Wachtmeister und 23 Leibgendarmen in grüner Uniform. Der 2. Zug, kommandirt von einem Lieutenant des Kürassier-Regiments Königin No. 2, setzt sich zusammen aus 2 Unteroffizieren und 24 Mann (von den Kürassier-Regimentern No. 1 und 2 gestellt), trägt Uniform in den Farben des Kürassier-Regiments Königin. Der 2. Zug ist für den Dienst Ihrer Majestät der Kaiserin und für den Dienst in den Schlössern bestimmt.

2. Feldgendarmen. Sobald dieselben den Ringkragen tragen, gelten sie als militärische Wachen; ohne diesen haben sie nur die Rechte ihrer Charge. Sie machen Offiziere etc., erforderlichenfalls unter Bitte der Angabe der Persönlichkeit, nur aufmerksam auf Uebertretungen. Ebenso gegenüber Führern geschlossener Abtheilungen. Bei Verbrechen dürfen sie einschreiten. Alle Chargen haben die Pflicht, den G. bei Ausübung ihrer Pflicht beizustehen.

Bei Manövern werden die Feld-G. durch Unteroffiziere und Gefreite der Kavallerie verstärkt zu G.-Patrouillen. Sie haben dem Publikum die Plätze anzuweisen und Feld-Polizeidienst (wegen Flurbeschädigung etc.) auszuüben, auch die Ordnung der marschirenden Truppenbagage, Wagenkolonnen etc. zu überwachen. Ihr Führer hat täglich die Befehle des leitenden Truppenkommandeurs vor Beginn des Manövers einzuholen. Sie dürfen nicht als Ordonnanzen verwendet werden. Auch Zivilpersonen gegenüber haben sie das Recht der Wachen, auch der Verhaftung.

Unordnung bei den Truppenbagagen etc. haben sie nur dem Führer derselben und ihrem vorgesetzten Offizier oder dem Leitenden des Manövers zu melden.

3. **Landgendarmen.** Sie stehen unter dem Landrath und in militärischer Hinsicht unter den Distrikts-Offizieren bezw. der Gendarmerie-Brigade und dem Chef der Landgendarmerie. Rüstige Unteroffiziere, die 9 Jahre gedient haben, können sich dazu melden, wenn sie sich tadellos geführt haben. Eine Prüfung ist erforderlich. Sie können sich dort den Zivilversorgungsschein erdienen.

General der Infanterie, der Kavallerie oder der Artillerie steht meist an der Spitze der Armee-Korps oder in ähnlich hohen Stellungen. (Gehalt, Straf-Befugnisse s. daselbst). F.-.Z.M. (Feldzeugmeister) stehen ihm in *Oest.-Ung.* gleich.

General-Artillerie-Komitee ist durch allgemeine Kabinets-Ordre vom 9./4. 91 aufgehoben.

Generalarzt, Korps-, heisst der einem Armee-Korps beigegebene Leiter des Sanitätswesens. Der Rang ist aber nicht an den Dienststand gebunden. Im Frieden steht er an der Spitze des Sanitätsamts des Armee-Korps. Zu letzterem gehören 1 Assistenzarzt, 1 Korps-Stabsapotheker und 1 etatsmässiger Schreiber.

General-Auditeur ist der höchste Justizbeamte in der deutschen Armee, überwacht die Besetzung der Auditeurstellen und das Militär-Gerichtswesen. Er ist Chef des **Militär-Auditoriats**, das den obersten Gerichtshof bildet. Dieses beaufsichtigt die Militärgerichte und hat etwaige Zweifel über Auslegungen der Gesetze und Kompetenzen dem obersten Kriegsherrn vorzutragen. Er ist die letzte Berufungs-Instanz vor Seiner Majestät. Die Mitglieder des Gerichtshofes führen den Titel „Geheimer Justizrath" oder „Geheimer Ober-Justizrath".

General-Feldmarschall. Chargengehalt monatlich 1000 M. (s. Gehalt.) Etwaige Zulagen hängen von der Dienststellung ab (s. Dienstzulagen), ebenso die Straf-Befugnisse. Es ist die höchste Rangstufe in der deutschen Armee, steht meist gleich dem General-Oberst und dem General-Feldzeugmeister. (S. auch Abzeichen.)

General-Idee s. Herbstübungen.

General-Inspektor der Militär-Erziehungs- und Bildungs-Anstalten hat diese Schulen zu inspiziren, dem Kriegsminister zu referiren und Vorschläge zu machen.

General-Intendant. Ihm liegt, nach den Anweisungen des General-Etappen-Inspekteurs, die allgemeine Leitung der **Verwaltungs-Angelegenheiten** der Feld-Armee ob.

In den inneren Haushalt der einzelnen Korps hat der G.-I. in der Regel **nicht** einzugreifen. Seine Hauptaufgabe ist es vielmehr, Verwaltungs-Anordnungen im Allgemeinen zu treffen, den Armee-Intendanten die Befehle über die Art und Sicherstellung der Armee-Bedürfnisse zu übermitteln und darüber zu wachen, dass die Feld-Verwaltungsbehörden den Zweck erfüllen, die Bedürfnisse des Heeres stets rechtzeitig zu befriedigen.

General-Kapitän. Militär-Gouverneur einer Provinz in Spanien.

General-Kommando heisst die unter einem kommandirenden General stehende oberste Kommandobehörde eines Armeekorps. Die Geschäfte bei einem G.-K. werden eingetheilt in 4 Sektionen;

1. Generalstab, 2. Adjutantur, 3. Auditoriat. 4. Intendantur und Generalarzt.

Der Generalstab eines Armeekorps besteht aus dem Chef des Generalstabes, einem Stabsoffizier und einem bis zwei Hauptleuten. Der Chef des Generalstabes bildet die Spitze des gesammten Stabes. Der Korpsauditeur, der Militär- oder Feldintendant des Armeekorps und der Korps-Generalarzt als Vertreter der betreffenden Sektionen sind ihm unterstellt. Im Felde sind ausserdem der Kommandeur der Stabswache, der Kommandeur der Feld-Gendarmerie, sowie der Feldpostmeister (Vorstand des Feldpostamts) an seine Befehle gewiesen. Mit dem Kommandeur der Feldartillerie und dem Kommandeur der Pioniere des Armeekorps, welche dem kommandierenden General unmittelbar unterstellt sind, unterhält er fortgesetzte Beziehungen, welche ebenso sehr auch im dienstlichen Interesse der genannten Personen liegen.

Generallieutenant (in *Oest.-Ung.* Feldmarschall-Lieutenant) führt eine Division oder hält ähnlich hohe Dienststellen inne. (Abzeichen, s. d.)

In Frankreich ist ausser „Marschall", die unter der Republik noch nicht ernannt sind, augenblicklich die höchste Charge der „général de division".

Generalmajor führt eine Brigade oder füllt entsprechende Funktion aus.

Generalmarsch wird vom Rangältesten, in höchster Gefahr von Offizieren oder Wachen gegeben. Schnellste Gefechtsbereitschaft aller Waffen zu erstreben. Aussenwachen bleiben stehen oder werfen sich auf den Feind. Innenwachen bleiben, räumen auf, ordnen und rücken später nach.

G. in Festungen darf nur von den Höchstkommandirenden (Gouverneur und Kommandanten) veranlasst worden.

Generaloberst, Inspekteur einer Truppengattung mit dem Range eines Feldmarschalls.

Generalquartiermeister heisst der General, der unter Umständen dem Chef des Generalstabes der Armee zur Seite gestellt wird.

Generalstab.

Allgemeines.

Die Thätigkeit des Generalstabes im **Kriege** erstreckt sich über folgende Gebiete:

1. Bearbeitung aller auf Unterkunft, Sicherheit, Marsch und Gefecht der Truppen nöthigen Anordnungen.
2. Mittheilung der Befehle.
3. Einziehung und Bearbeitung aller Angaben, welche die Beschaffenheit und militärische Verwerthung des Kriegsschauplatzes betreffen. Beschaffung der Karten und Pläne.
4. Einziehung der über die feindliche Armee eingehenden Nachrichten.
5. Erhaltung des schlagfertigen Zustandes der eigenen Truppen und Kenntniss über den Zustand derselben.
6. Führung der Tagebücher, der Gefechtsberichte.
7. Besondere Aufträge, namentlich Erkundigungen.

Der Generalstab hat für seine Thätigkeit nach allen vorbezeichneten Richtungen hin den Willen und die Entschliessungen des kommandirenden Generals zur Grundlage zu nehmen, wobei indessen Vorschläge nicht ausgeschlossen, sondern sogar geboten sind.

Der **Friedensdienst** des Generalstabes ist die Bearbeitung der Mobilmachung, der Märsche und Quartiere, der Truppenübungen, der Eisenbahn- und Telegraphenangelegenheiten. Der grosse Generalstab bearbeitet Regelung des Aufmarsches und der Eisenbahnbeförderung, vergleichende Abwägung der Verfassung der verschiedenen Heere Europas, Studium der Kriegsschauplätze, Herstellung der Karten. Ihm liegt die Förderung der Militärwissenschaften, Kriegsgeschichte und Ausbildung der jüngeren Offiziere ob.

Während des Gefechts gehört ein Generalstabs-Offizier zu seinem General, den er nur mit dessen ausdrücklicher Genehmigung verlassen darf und zu dem er stets so schnell wie möglich zurückkehren muss.

Im liegt ob:

Erkundung des Feindes und Geländes; Wahrnehmungen über die dem Auge des Generals entzogene Gefechtsthätigkeit; Führung einzelner Theile des Korps; Ueberbringung wichtiger, erforderlichenfalls im Sinne des Generals abzuändernder Befehle; Sammlung eingehender Meldungen; Zusammenstellung und rechtzeitige Absendung der an eine höhere Befehlsstelle zu erstattenden Meldungen; Beobachtung und Befriedigung der sich aus den Gefechtsverhältnissen ergebenden Bedürfnisse der Truppen (Errichtung von Verbandsplätzen, Fortschaffung von Verwundeten, Ersatz von Munition in der Gefechtslinie, Heranführung von Verpflegung u. s. w.).

In der Vertheidigung ist wesentlich die scharfe Beobachtung des feindlichen Anmarsches, Entwickelung von Truppen, rechtzeitige Schiebung und Heranziehung der Reserven, der geeignete Zeitpunkt für den Uebergang zu einem theilweisen oder allgemeinen Angriff ist im Auge zu behalten.

Nach Beendigung des Gefecht hat der G.-Offizier alles auf die weitere Schlagfertigkeit Bezügliche ins Auge zu fassen.

Der G.-Offizier muss sich nach denjenigen Truppen umsehen, die für die Verfolgung am geeignetsten sind.

Die Möglichkeit, geschlagen zu werden, und die Nothwendigkeit eines Rückzuges ist ins Auge zu fassen.

Im Uebrigen muss der G. unermüdlich sein für Zuweisung guter Wege, Sicherstellung reichlicher Verpflegung und für beste Unterkunft.

Jede Thätigkeit des G.-Offiziers muss sich auf die Zustimmung seines Generals gründen. Aber er wird nicht immer die Aufforderung dazu abwarten, sondern die Erlaubniss zu erbitten haben.

Oesterreich-Ungarn.

Der Chef des G. steht unter den Befehlen des Kaisers Er ist zugleich Hülfsorgan des Kriegsministers und richtet als solcher seine Anträge an diesen, ist jedoch auch befugt, Anträge zu stellen. Ihm obliegen alle operativen Arbeiten und Vorarbeiten für den Krieg. Ihm sind unterstellt das militär-geographische Institut, das Eisenbahn- und Telegraphen-Regiment, die Kriegsschule (in Deutschland Akademie), sowie das Kriegsarchiv. Dem Chef des G. steht ein Stellvertreter zur Seite.

„G. in Wien" verfügt über:

a) **Das Direktionsbureau**; besorgt alle Personal und ökonomischen Angelegenheiten, dann den Dienstverkehr.

b) **Das Bureau für operative und besondere Generalstabs-Angelegenheiten**, die Kriegs-Ordre de Bataille, die Mobilmachung, die Entwürfe für strategische Aufmärsche, die Gutachten und Anträge über Befestigungen; ferner die Angelegenheiten über Organisation und Ausbildung des Heeres, dann Reglements, Instruktionen taktischen und operativen Inhalts, Entwürfe zu den Generalstabsreisen und grösseren Waffenübungen und die darauf bezüglichen Arbeiten.

c) **Landesbeschreibungs-Bureau**.

d) **Evidenzbureau für Evidenthaltung fremder Heere**.

e) **Eisenbahnbureau** (Dampfschifffahrtswesen).

f) **Telegraphenbureau**.

Die Verwendung der G.-Offiziere bei den höheren Truppenstäben erfolgt derart, dass den Korps-Kommandos und den Truppen-Divisions-Kommandos Stabsoffiziere als „Generalstabs-Chefs" zugewiesen und ausserdem noch diesen Behörden nach Bedarf weitere G.-Offiziere zugetheilt sind. Bei jeder Brigade endlich befindet sich ein G.-Offizier.

1. Ausserdem sind Offiziere des G. beim General-Inspektor des Heeres und dem General-Infanterie-Inspektor, bei Festungs-Kommandanten, sowie im Kriegsministerium (Präsidial-Bureau, 5. und 10. Abtheilung) thätig.

2. Bei der 5. Abtheilung des Kriegsministeriums.

3. Die 10. Abtheilung des Kriegsministeriums bearbeitet Militärstatistik, Evidenthaltung des Kriegsausrüstung und Mobilisirungsangelegenheiten.

Folgende besondere Verwendungen sind ausserdem vorzugsweise für Offiziere des G. bestimmt:

Kommando der Kriegsschule;

Direktion des Kriegsarchivs;

Die Stellen in der kriegsgeschichtlichen Abtheilung des Kriegsarchivs;

Die Mappirungsdirektion (in Preussen Chef der topographischen Abtheilung);

Die Unterdirektionsstellen bei der Landesaufnahme;

Die Mitwirkung bei der Landesaufnahme und den triangulatorischen Arbeiten des militär-geographischen Instituts;

Die zum Generalstabsdienst in näherer Beziehung stehenden Lehrfächer an den Militär-Akademien, Kadettenschulen und Fortbildungs-Anstalten, sowie die entsprechenden Dienstverhältnisse im technischen und administrativen Militärkomitee;

Besondere Missionen, Militärbevollmächtigte etc.

Hiernach ergiebt sich der auf folgender Seite angegebene Friedens- und Kriegsstand:

Generalstab

Friedensstand:

Behörde etc.	Vom Generalstabe	Zugetheilte (kommandirte) Oberoffiziere	Kommandirte Offiziere (entsprechend dem preuss. Nebenetat)
Generalstab in Wien	49	7	27
Reichskriegsministerium	12	—	—
Höhere Kommanden	145	140	—
Technisches und administratives Militärkomité	4	—	—
Militär-geographisch. Institut, Vermessungen	20	—	—
Bei den Militär-Bildungs-Anstalten	16	—	—
Bei den k. u. k. Gesandtschaften im Auslande	6	—	—
Bei der Truppe z. Dienstleistung (Frontdienst) eingetheilt	50	—	—
Zusammen	302	147	27

Der Kriegsstand wird wie folgt bemessen:

Kommandobehörde	Generalstabs-Offiziere	Zugetheilte Offiziere	Zusammen
Oberkommando	13	7	20
Armeekommando	16	9	25
Korpskommando	5	2	7
Infanterie-Divisionskommando	2	1	3
Kavallerie-Divisionskommando	2	1	3
Infanterie- bezw. Kavallerie-Brig.-Kommando	—	1	1

Bei einer Mobilmachung des gesammten Heeres ergiebt sich ein Bedarf von Offizieren für die Generalstabsstellungen von rund 500 Köpfen. Dem steht ein Vorhandensein von rund 450 Köpfen gegenüber. Der Mehrbedarf wird gedeckt durch Einberufung der in den verschiedenen Waffen vorhandenen früheren G.-Offiziere und anderer geeigneter Persönlichkeiten.

Im Frieden ergänzt sich der G. durch jene Offiziere, welche die wissenschaftliche Befähigung besitzen und im praktischen Generalstabsdienst erprobt sind.

Zur Ausbildung im praktischen Dienst etc. werden die G.-Offiziere zeitweise zu den verschiedenen Waffen kommandirt. Nach den Bestimmungen der Beförderungsvorschrift darf kein Offizier General werden, der nicht zwei Jahre lang ein Bataillon oder dergleichen oder ein Regiment geführt hat. Die Beförderung erfolgt in allen Chargen durch Allerhöchste Entschliessung.

Der Preussische Generalstab.
Chef des Generalstabes der Armee.
Zentralabtheilung.

Oberquartiermeister I.	Oberquartiermeister II.	Oberquartiermeister III.	Kriegsgeschichtl. Abtheilung
2. Abtheil. Deutschland Eisenbahnabtheilung. Eisenbahnsektion. Deutsche Eisenbahnbrigade.	4. Abtheil. Festungen. Geograph.-statistische Abtheilung. Deutsche Sektion (Kriegs-Akademie und Uebungsreisen).	1. Abtheil., östlich. Russland, Oesterreich, Schweden und Norwegen, Dänemark, Balkan. 3. Abtheil., westlich. Frankreich, England, Italien, Spanien, Holland, Amerika.	

Dem Nebenetat gehören an: Die geographisch-statistische Abtheilung, sowie das unter einen „Chef der Landesaufnahme" (General) gestellte gesammte Vermessungswesen des G. Ferner die Kriegs-Akademie (s. d.).

Ueber die Stäbe bei den Armee-Korps, Divisionen (s. daselbst).

Russische Armee.
1. Das G.-Offiziers-Korps.

Es sind G.-Offiziere:

a) Die Chefs der Militärbezirks-Stäbe und sonst etatsmässige G.-Offiziere.

b) Die Militär-Attachés im Auslande, die Professoren und Adjunktprofessoren an den drei Militär-Akademien (Generalstabs-, Artillerie- und Ingenieur-Akademie), die Chefs der Kriegs- und Junkerschulen.

c) Die Flügeladjutanten des Kaisers, die Adjutanten der Mitglieder der Kaiserlichen Familie oder die zu deren Person kommandirten Offiziere, die Adjutanten bei den Oberkommandirenden und dem Kriegsminister oder die zu deren Person kommandirten Offiziere, die Adjutanten bei dem Chef des Hauptstabes.

d) Die in etatsmässigen Stellen bei den Hauptverwaltungen des Kriegsministeriums stehenden oder die zu anderen Ministerien oder zu Kriegs- und Junkerschulen zeitweise oder dauernd abkommandirten und die bei der Militär-Volksverwaltung des Kaukasus befindlichen Offiziere, wenn sie mindestens 3 Jahre im G. Dienste gethan haben.

e) Die Offiziere in hohen Stellen, wie die Kommandeure der Truppen in den Militärbezirken, die Kommandeure der Divisionen, die Chefs der Hauptverwaltungen im Kriegsministerium, die Direktoren der Militärgymnasien.

Die Uniform des G. tragen indessen nur alle zum G. zählenden Generale und diejenigen Stabs-

und Oberoffiziere, welche unter a und b aufgeführt sind, sowie die abkommandirten G.-Offiziere.

Endlich sind noch eine Anzahl Kapitäns dem G. zugezählt, die zur Deckung des Bedarfs im Kriege dienen.

Die Liste der G.-Offiziere vom 1. Januar 1892 enthält: 28 Generale, 100 Generallieutenants, 113 Generalmajors, 174 Obersten, 147 Oberstlieutenants, 137 Kapitäns, 35 Stabskapitäns.

2. Hauptstab.

Der „Hauptstab" ist dem Kriegsministerium eingefügt. Eine vom Kriegsministerium unabhängige Leitung des G. durch einen Chef des letzteren besteht in Russland nicht. Der Chef des Hauptstabes versieht vielmehr unter dem Kriegsminister diejenigen Dienstverrichtungen, welche in Preussen etwa dem Chef des G. der Armee, dem Direktor des allgemeinen Kriegsdepartements und dem Chef der Abtheilung für die persönlichen Angelegenheiten anheimfallen. Ein „grosser G." ist nicht vorhanden; seine Thätigkeit liegt in Russland im „Hauptstabe".

Der Chef des Hauptstabes hat den Dienstbetrieb zu überwachen und für die Ergänzung des G. zu sorgen.

Der Hauptstab umfasst 9 Abtheilungen, 3 Unterabtheilungen, 2 Komités u. s. w.

Die erste Abtheilung bearbeitet die Feststellung der Etats, ferner alles, was auf Besichtigungen, Erhaltung der Mannszucht u. s. w. Bezug hat.

Die 2. Abtheilung entwirft die Dislokationen, Zusammenziehungen für die grösseren Sommerübungen, macht Vorschläge für die Anlage von Festungen, Militär-Depots, Errichtung stehender Lager, Richtung der zu erbauenden Kunststrassen. Eine Unterabtheilung bearbeitet Reglements und Ausbildung der Truppen.

Zum Dienstbereich der 3. Abtheilung gehört das Natural- und Verpflegungswesen.

Die 4. Abtheilung entspricht unserem Militär-Kabinet.

Der 5. Abtheilung sind die Angelegenheiten der Rekrutirung, Entlassung von Unteroffizieren und Mannschaften übertragen.

Die 6. Abtheilung bearbeitet die Dienst- und Kriegsauszeichnungen, sowie die Belohnungen.

Die 7. Abtheilung: Stärkeberechnung und Ergänzung der Armee.

Die 8. Abtheilung: Beurlaubung und Verabschiedung der Offiziere und Militärbeamten.

Die 9. Abtheilung bearbeitet Kavallerie-Angelegenheiten.

Unterabtheilungen des Hauptstabes sind:
Die asiatische Abtheilung.
Die militär-topographische Abtheilung.
Die Abtheilung für Beförderung von Truppen und Militärgütern.

Unter dem Chef des Hauptstabes besteht ausserdem noch ein besonderer „Rath für Beförderung von Truppen".

Ferner gehören zum Hauptstabe:
Das militär-wissenschaftliche Komité.
Das Komité für die Mobilmachungsarbeiten. Dasselbe hat unter dem Vorsitze des Chefs des Hauptstabes 11 ständige Mitglieder.
Die Redaktionen des „Wajenny Ssbornik" und „Russki Invalid".

Die Militärdruckerei, das allgemeine Archiv, die Bibliothek.
Die Justizabtheilung, die Kanzlei, das Feldjägerkorps.

3. Der Truppen-Generalstab.

Der Truppen-G. besteht im Frieden aus den bei folgenden Stäben in etatsmässigen Stellen befindlichen Generalstabsoffizieren:

Bei den Militärbezirks-Verwaltungen (19 Generale, 65 Stabsoffiziere, 37 Oberoffiziere.

Bei den Gebiets-Verwaltungen: (8 Stabs-, 9 Oberoffiziere).

Bei den Korpsstäben (20 Generale, 21 Stabs-, 40 Oberoffiziere).

Bei den Divisionsstäben (76 Stabs-, 70 Oberoffiziere);

Bei den 5 Armee-Brigaden, der Kaukasischen Eingeborenen- und der 1. und 2. Ostsibirischen Schützen-Brigade, sowie bei den Infanterie-Res.-Brigaden No. 42, 43 und 44 und der Kaukasischen Eingeborenen-Reserve-Brigade (je 1 Stabsoffizier).

Bei der 4. Turkestanischen Linien-Brigade (1 Oberoffizier).

Beim Don-Heer (1 Stabs-, 1 Oberoffizier).

Bei den Festungsstäben (4 Generale, 23 Stabs-, 11 Oberoffiziere).

Beim Chef der Lokaltruppen im Kaukasus (1 Stabsoffizier).

Bei den Verwaltungen der Lokal-Brigaden (22 Stabsoffiziere).

Bei Ueberführung des Heeres auf den Kriegsfuss werden folgende Stellen mit G.-Offizieren besetzt:

Beim grossen Hauptquartier (1 General, 14 Stabs- und Oberoffiziere).

Bei einem Armee-Oberkommando (1 General, 15 Stabs- und Oberoffiziere).

Bei einer Militärbezirks-Verwaltung des Kriegsschauplatzes (7 Stabs- und Oberoffiziere).

bei einem selbstständigen Armeekorps (5 Stabs- und Oberoffiziere).

Bei einem nichtselbstständigen Armeekorps (4 Stabs- und Oberoffiziere).

Bei einer Division (1 bis 2 Oberoffiziere).

4. Ergänzung des Generalstabes.

Die Ergänzung des G. erfolgt nur durch solche Offiziere, welche die Nikolaus-G.-Akademie mit Erfolg besucht haben. Der Lehrgang ist in zwei Klassen ein $2^1/_2$- (für die Geodäten ein $4^1/_2$-) jähriger. Das letzte halbe Jahr (bezw. die letzten $2^1/_4$ Jahre) dient zu praktischen Uebungen. Der Etat gestattet die jährliche Aufnahme von 70 Offizieren in die Akademie und Offiziere aller Waffengattungen werden zum Besuch der Akademie zugelassen.

Der Generalstab der italienischen Armee.

Gegenwärtig zählt der Etat des G. auf Grund des Gesetzes vom 18. Februar 1892:

3 Generale (Chef, Unterchef und einen General zur Verfügung des Chefs des G.),
140 Generalstabsoffiziere (114 Oberste oder Oberstlieutenants, 48 Oberstlieutenants od. Majors, 74 Hauptleute),
110 Hauptleute beim Nebenetat (applicati),
1 Arzt,
6 Zahlmeister,
150 Schreiber.

Diese Etatsstellen vertheilen sich lediglich auf den grossen G., die General- und Divisions-Kommandos und die Festungs-Kommandanturen.

1. Der Chef des Generalstabes
hat im Frieden unter Abhängigkeit vom Kriegsminister die Oberleitung der Erwägungen über die Vorbereitung des Krieges und über die Kriegsführung.

Der Chef des G. bearbeitet Ersatz, Beförderung und Verwendung der Offiziere des G. und ist direkter Vorgesetzter des grossen G.

Ihm ist ferner unterstellt:
Das militär-geographische Institut zu Florenz,
die Kriegsakademie (Scuola da guerra) zu Turin,
das Eisenbahn-Bataillon (brigata ferrovieri) zu Turin.

Im Kriege hat der Chef des G. die Aufgabe, dem Oberfeldherrn alle der Kriegführung nutzbaren Mittel vorzubereiten und zu ordnen und die Ausführung der Letzteren zu überwachen.

Dem Chef des G. steht der Unterchef bei Ausübung seiner Obliegenheiten zur Seite.

Der dem Chef des G. zur Verfügung gestellte General ist bestimmt, im Kriegsfalle die Stelle des Generalinspektors des Etappen- und Eisenbahnwesens oder des Chefs des Stabes der General-Inspektion einzunehmen.

2. Der grosse Generalstab
wird gebildet von:
 3 Generalen (Chef, Unterchef und dem General zur Verfügung des Chefs des G.)
 17 Stabsoffizieren des G.,
 19 Hauptleuten des G.,
 15 Hauptleuten vom Nebenetat,
 6 Zahlmeistern.

Dazu treten à la suite des Generalstabes die Militär-Attachés und die nach Bedarf zum Generalstab kommandirten Offiziere.

Der grosse G. ist eingetheilt in:
 a) die Zentralleitung,
 b) die Hauptabtheilung für Operationen,
 c) die Hauptabtheilung für das Etappen- und Eisenbahnwesen.

Das militär-geographische Institut zu Florenz hat
 1 General,
 3 Stabsoffiziere des G.,
 2 Hauptleute des G.,
 11 Hauptleute der Waffen,
 11 Trigonometer,
 110 Topographen,
 4 Zahlmeiter,
 12 Schreiber.

Es besteht aus der Direktion und 4 Abtheilungen:
 1. Geodätische Abtheilung (für trigonometrische Arbeiten),
 2. Topographische Abtheilung,
 3. Artistische Abtheilung (für Zeichnen, Gravirung und Lithographie),
 4. Photographische Abtheilung.

Wie in Deutschland werden alljährlich Vermessungsarbeiten ausgeführt. Die hergestellten Karten werden jedoch nicht alle zum öffentlichen Verkauf herausgegeben.

3. Die Offiziere des Truppen-Generalstabes.
Bei einem General-Kommando befinden sich:
 1 Oberst oder Oberstlieutenant als Chef,
 1 Major,
 1 Hauptmann,
 1 Hauptmann vom Nebenetat;
bei einer Division:
 1 Oberstlieutenant oder Major als Chef,
 3 Hauptleute vom G. oder vom Nebenetat des G.

Die Geschäfte sind ähnlich wie in Deutschland, jedoch versieht der G. auch den Dienst der Adjutantur.

Ergänzung und Beförderung der G.-Offiziere.

Der G. ergänzt sich lediglich aus solchen Offizieren, welche mit Erfolg die Kriegs-Akademie besucht haben.

Generalstab der französischen Armee.
A. Im Frieden.

1. Der G. der Armee (unserem grossen G. entsprechend).

Ihm gehören an:
 a) brevetirte Offiziere hors cadres,
 b) die 12 höheren Offiziere von dem besonderen Etat der Landesaufnahme,
 c) ausnahmsweise nicht hors cadres gestellte brevetirte oder nicht brevetirte Offiziere, welche für besondere Stellungen geeignet und von ihren Truppentheilen abkommandirt sind,
 d) Archivisten.

Der G. der Armee umfasst das Kabinet des Chefs des G. (2 nicht brevetirte Offiziere, 1 Archivist) und 2 Sektionen, auf welche die verschiedenen Bureaus und Dienstzweige sich vertheilen:

1. Sektion
unter Leitung des 1. Souschefs des G. der Armee.
 2. Bureau: Fremde Armeen, Militärstatistik.
 3. Bureau: Militärische Operationen und allgemeine Ausbildung der Armee.
 4. Bureau: Etappen- und Eisenbahn-Wesen, Truppentransporte.

2. Sektion
unter Leitung des Souschefs des G. der Armee.
 1. Bureau: Organisation und Mobilmachung.
 Sektion für persönliche Angelegenheiten des G.
 Sektion für Material und Rechnungslegung.
 Sektion für Militärtelegraphie.
 Sektion für Kriegsgeschichte.
 Sektion für afrikanische Angelegenheiten.

Der Chef des G. ist stehendes Mitglied des obersten Kriegsraths (Conseil supérieur), der Souschef, welcher das 2. Bureau unter sich hat, ist dem Conseil supérieur als Sekretär beigegeben und hat berathende Stimme.

2. Der Truppen.-G.

Die Stäbe bei den höheren Kommandobehörden werden besetzt:
 a) mit brevetirten G.-Offizieren, die sämmtlich hors cadres sind,
 b) mit Ordonnanzoffizieren.*) G. und Adjutantur ist nicht wie bei uns als Korps streng unterschieden. Der Service d'etat-Major umfasst beide Kategorien,
 c) mit den Offizieren, welche nach Besuch der école supérieure zu zweijährigen Dienstleistungen befehligt sind.

---

*) Die Generale wählen sich die Ordonnanzoffiziere aus den Offizieren ihres Befehlsbereichs aus. Ob sie hors cadres zu stellen sind, bestimmt der Kriegsminister.

B. Im Kriege.
1. Im Innern:
Der G. der Armee (soweit er unter dem Kriegsminister zurückbleibt).
die Stäbe der Regional-Kommandos (Immobile Generalkommandos),
die Stäbe der Depots (Immobile Brigadekommandos),
die Stäbe der Festungsgouvernements.
Bei der Feldarmee:
Der G. des grossen Hauptquartiers,
die Stäbe des Oberkommandos.
die Stäbe des Generalkommandos. Divisionen, Brigaden und anderer im Kriegsfalle etwa formirter besonderer Kommandobehörden.
die Stäbe für Etappen- und Eisenbahndienst bei den Armeen.
Die Zusammensetzung der Stäbe im Kriege ist folgende:

Grosses Hauptqartier:
Unbestimmte Anzahl von G.- und Ordonnanz-Offizieren unter dem Chef des G. der Armee, der als „Major général" dem Höchstkommandirenden beigegeben ist.

Armee-Oberkommando:
1 Divisions- oder Brigade-General als Chef des G.,
1 Brigade-General oder Oberst als Souschef des G.,
3 Stabsoffiziere,
5 Capitaines oder Lieutenants.
2 aktive Ordonnanzoffiziere,
1 der Reserve- oder Territorialarmee,
1 Archivist.

Generalkommando:
1 Oberst oder Oberstlieutenant als Chef des G.,
1 Oberstlieutenant oder Kommandant als Souschef des G.,
1 Stabsoffizier.
4 aktive Hauptleute oder Lieutenants.
1 Hauptmann oder Lieutenant der Reserve- oder Territorialarmee.
2 aktive Ordonnanzoffiziere.
1 Ordonnanzoffizier der Reserve oder Territorialarmee,
1 Archivist.

Infanterie-Division:
1 Oberstlieutenant oder Kommandant als Chef des G.
2 Hauptleute oder Lieutenants,
1 aktiver Ordonnanzoffizier.

Selbstständige Kavallerie-Division:
1 Oberstlieutenant oder Commandant als Chef des G.
3 Hauptleute oder Lieutenants,
1 aktiver Ordonnanzoffizier,
ausserdem 1 Geniehauptmann.

Infanterie-Brigade:
1 aktiver Ordonnanzoffizier.

Kavallerie-Brigade:
1 aktiver Ordonnanzoffizier.
1 Ordonnanzoffizier der Reserve oder Territorialarmee.

Den Stäben sind ausser Ordonnanzen und Schreibern noch Velozipedisten, den höheren Stäben auch ein Dolmetscher zugetheilt.

Der Dienst im Kriege zerfällt in den äusseren Dienst (auf Märschen und bei den Operationen) und den Bureaudienst.
1. Bureau:
Persönliche Angelegenheiten und Märsche.
2. Bureau:
Nachrichten und Politik.
3. Bureau:
Operationen und Märsche.
Ein G.-Offizier versieht den Dienst als Kommandant des Hauptquartiers.

Generalstab der englischen Armee.
I. Das Departement des Generaladjutanten.
Zu dem Departement des Generaladjutanten gehören sämmtliche Angelegenheiten, welche die Armirung der Forts und Batterien, die Bewaffnung und Ausrüstung der Truppen, ihre Ergänzung. Ausbildung, Mannszucht und Diensttüchtigkeit betreffen, ferner die Aufstellung der Grundsätze über die Beurlaubung der Offiziere, Unteroffiziere und Mannschaften und alle auf die Rekrutirung der Armee, die Versetzung und Entlassung der Mannschaften und Remontirung Bezug habenden Angelegenheiten; ferner alle nöthige Kenntniss bezüglich der Geographie. Topographie und Hülfsquellen der verschiedenen Kriegstheater, ferner die Anfertigung und Lieferung aller nöthigen Pläne und Angriffs- oder Vertheidigungsdispositionen. endlich die Oberaufsicht über das Militär-Erziehungs- und -Bildungswesen.

II. Das Departement des Generalquartiermeisters.
Zu dem Departement des Generalquartiermeisters gehören die Anordnungen der Bewegungen der Truppen zu Wasser und zu Lande, das ganze Transportwesen, das Aus- und Einschiffen der Truppen. Anfertigung von Marschrouten, das Kasernen- und Einquartierungswesen, Ausgabe und Abgabe des Lagermaterials und das Army Service Corps, welches den Train und die Verpflegung besorgt.

III. Das Militärsekretariat.
Das Militärsekretariat ist nur bei den höchsten Kommandobehörden vorhanden. Da die englische Armee im Frieden nicht in Armeekorps und Divisionen eingetheilt ist, so müssen bei ausbrechendem Kriege auch sämmtliche Stäbe neu gebildet werden. Dem Oberbefehlshaber wird nach seinem Range und der Grösse seiner Armee der Stab jedesmal besonders bestimmt.

General-Stabsärzte sind in Oest.-Ung. 6 und zwar: Chef des militärärztlichen Offizierskorps, Vorstand der 14. Abtheilung des Reichskriegsministeriums, Chef des ärztlichen Offizierskorps der k. ungarischen Landwehr, dann die Sanitäts-Chefs des 2., 4. und 11. Korps.

General-Stabsarzt der Armee (*Deutschland*) steht an der Spitze des Sanitätskorps, als Chef desselben. Er steht im Range eines Generalmajors, soweit ihm nicht etwa ausdrücklich der Rang eines Generallieutenants verliehen worden ist. Behufs Aufrechthaltung der Disziplin in seinem Dienstbereiche ist ihm die Disziplinar-Strafgewalt eines Divisions-Kommandeurs beigelegt. Alle Beförderungen, Versetzungen etc. von Sanitätsoffizieren werden durch ihn dem

Kaiser und Könige unterbreitet. Derselbe ist zugleich Chef der Medizinalabtheilung des Kriegsministeriums und als solcher Leiter des gesammten Heeres-Sanitätswesens. Gehalt 9000 M., Dienstzulage 4500 M., Servis, Wohnungsgeldzuschuss. (S. auch „Feld-Sanitätswesen".)

Generalstabs-Beamten. Der Bureau-Vorsteher (Gehalt 4200 M., Wohnungsgeldzuschuss, Klasse V.) ist oberer Militärbeamter mit Offiziersrang; der Archivar (3600 M. Gehalt, Wohnungsgeldzuschuss, Klasse II²), die Registratoren (2400 bis 3900 M. Gehalt, Wohnungsgeldzuschuss. Klasse V), Kanzleisekretäre (2100 bis 2700 M. Gehalt, Wohnungsgeldzuschuss, Klasse V), Kanzleidiätare (1425 bis 1725 M. Diäten), Botenmeister. Kanzleidiener, Hausdiener. Pförtner (1100 bis 1800 M. Gehalt, Wohnungsgeldzuschuss, Klasse VI) sind Civilbeamte der Militärverwaltung.

Generalstabskarte. Ihre Vollendung für das ganze Deutsche Reich dürfte im ersten Jahrzehnt des folgenden Jahrhunderts zu erwarten sein; über ihre Vertheilung über das Reich giebt das „Uebersichtsblatt der Karte des Deutschen Reiches im Massstab 1 : 100000" Auskunft. Der Preis eines Messtischblattes beträgt 1 M., eines Blattes der Karte des Deutschen Reiches 1,50 M. — Zum Dienstgebrauch werden die Karten zum Preise von 50 bezw. 30 Pfg. abgegeben. Die Triangulation für die topographische Abtheilung, sowie die Arbeiten dieser selbst erfordern etwa zwei Jahre; weitere drei Jahre beansprucht die Herstellung der Messtischblätter und Gradabtheilungskarten. Es stellt somit jedes Blatt die Arbeitsleistung eines Dezenniums dar.

Generalstabsreisen (jährlich) zerfallen in 3 Klassen:

1. Die grosse G. An ihr nehmen hauptsächlich Offiziere des grossen Generalstabes Theil. Auch 2 Generale, 2 Regiments-Kommandeure und sonstige Generalstabs-Offiziere, sowie 1 oder 2 Militär-Intendanten. Dauert etwa 21 Tage.

2. Korps-G. finden jährlich bei 10 Armee-Korps unter Leitung des Chefs des Generalstabes des betreffenden Armeekorps statt. Der kommandirende General sucht die Theilnehmer aus. Die sämmtlichen Generalstabs-Offiziere des Korpsbezirkes und 1 Intendanturbeamter nehmen an derselben Theil, ferner mindestens 10 Offiziere (auf je 16 Kompagnien, Eskadrons u. s. w., das Korps 1 Offizier), darunter 2 Stabsoffiziere, bei mehr als 13 Theilnehmern 3 Stabsoffiziere, der Rest zur Hälfte Hauptleute (Rittmeister), zur anderen Hälfte Lieutenants. Auch die Lehrer der Kriegsschulen werden berücksichtigt. Dauer etwa 17 Tage.

3. Festungs-G. findet jährlich bei 1 Armeekorps statt. Sie führt der Chef des Generalstabes desselben. Es nehmen Theil: Für die Leitung je 1 Stabsoffizier und 1 Hauptmann des Generalstabes, je 1 Stabsoffizier der Fussartillerie und des Ingenieurkorps, sowie 1 Intendanturbeamter. Zum Angriff und zur Vertheidigung je 1 Stabsoffizier des Generalstabes, im Ganzen 23 Offiziere und Beamte. Dauer der Reise etwa 10 Tage.

Bei allen Reisen werden Tagegelder etc. bewilligt. Für die Festungs-Uebung erhalten die am Orte garnisonirenden Theilnehmer: der Stabsoffizier 5 M., der Hauptmann und Intendanturbeamte 4 M., der Lieutenant 3 M., der Unteroffizier 1 M. täglich.

Generalstabsstiftung. 300000 M. zu militärisch-wissenschaftlichen Zwecken; unbemittelten und strebsamen Offizieren fortzuhelfen event. auch Hinterbliebene zu unterstützen. Gesuche an den Chef des Generalstabes der Armee, Berlin, Königplatz.

Genfer Konvention (Rothes Kreuz auf weissem Felde, s. Neutralitäts-Abzeichen.). Sie ist ein Kulturfortschritt, den wir hauptsächlich der Initiative der Hohenzollern verdanken (s. Dunant). Die Konferenzen (die letzte in Brüssel) haben zu endgültigen Bestimmungen nicht geführt; nur darin sind die Mächte einig, dass die Verwundeten geschont, die Aerzte und Pfleger nicht als Gefangene behandelt werden dürfen. (S. Geschichte der G. K. von Lueder.)

Genola. 4., 5./11. 1799 siegreiche Schlacht der Oesterreicher. Oesterreichischer Verlust: 1 General, 78 Offiziere, 2268 Mann; feindlicher Verlust: todt oder verwundet 4000 Mann, gefangen 180 Offiziere, 4000 Mann, ertrunken 400 Mann; 5 Kanonen, 100 Pferde.

Genua, eine der stärksten Festungen Italiens; kapitulirte 6./9. 1746 an die Oesterreicher, wurde 19./4. 1800 von Engländern und Oesterreichern eingeschlossen, ergab sich 4./6. 1800; G. hat eine sehr reiche Kriegsgeschichte.

Geodäsie s. Landes-Aufnahme.

1. **Georg,** Herzog von Sachsen, General-Feldmarschall.

Geboren 1832, trat er 1846 in das Infanterie-Regiment Prinz Max ein, wurde später zu den Garde-Reitern und zur Artillerie versetzt. 1854 erhielt er das 3. Jägerbataillon, ging dann wieder zur Reiterei. 1863 leitete er eine Armee-Brigade.

Im Feldzuge 1866 führte er mit Auszeichnung die 1. Reiter-Brigade bei Münchengrätz, Königgrätz. Im Feldzuge gegen Frankreich führte er die 1. sächsische Infanterie-Division in der Schlacht bei Gravelotte-St. Privat mit grossem Erfolge, indem er durch seinen schneidigen Angriff bei Roncourt die Garden entlastete; hierauf übernahm er das XII. Armeekorps, welches durch das Gefecht bei Nouart und die Schlacht bei Beaumont die grosse Katastrophe von Sedan einleitete, in welcher die Sachsen die Bayern unterstützten. Bei der Belagerung von Paris besetzte er die Zernirung der Ostfront. In der ersten Schlacht bei Villiers-Champigny eilte er mit seinem Korps den bedrängten Württembergern zu Hülfe; in der zweiten Schlacht bei Villiers schlug er die Franzosen erfolgreich zurück. Nach dem Kriege wurde er 1873 kommandirender General. 1888 General-Feldmarschall und 1892 Inspekteur der 4. Armee-Division.

2. G., Prinz von Hessen-Darmstadt (1670 bis 1705), kaiserlicher F.-M., nahm 1700 Gibraltar durch Handstreich, vertheidigte die Festung glänzend gegen ein französisch-spanisches Heer und fiel bei der Belagerung von Barcelona.

3. G., Herzog von Braunschweig und Lüneburg (1582—1641). Er trat 1630 in schwedische Dienste und leistete im Feldzuge 1632 Hervorragendes. Sein Sieg bei Hessisch Oldendorf und

die Einnahme von Minden (10./11. 1634) bestärkten seinen Ruf als Führnr. Auch 1637 bis zu seinem Tode (man sagt durch Gift) leistete er den Kaiserlichen tapferen Widerstand.

4. G. Wilhelm, Herzog zu Braunschweig und Lüneburg, Sohn des unter 1 Genannten (1624 bis 1705), schlug u. A. 1675 Marschall Crequi an der Conzer Brücke.

Georgenkreuz, Orden. Das G. ist die 5., für Unteroffiziere und Soldaten bestimmte Klasse des St. Georgs-Ordens (s. dort) und wird nur für Tapferkeit vor dem Feind ertheilt.

Georgs-Orden ist ein russischer Militär-Verdienst-Orden. Seit 1855 wird er nur für Tapferkeit vor dem Feind verliehen und steht somit auf ähnlicher Stufe wie der preussische Orden pour le mérite und der österreichische Maria-Theresien-Orden. Er hat 5 Klassen. Das Band ist gelb und weiss gestreift.

Gepäck (s. Feld-Ausrüstung). Ablegen des G. bei Doppelposten kann Führer der Feldwache anordnen. Ebenso bei Feldwachen. Doch behält Jeder Säbelriemen mit den beiden vorderen Patronentaschen, Brodbeutel, Feldflasche. Schanzzeug um. Hülfskrankenträger, kenntlich durch rothe Binden am linken Oberarm, legen G. und Gewehr auf dem Verbandplatz nieder und nehmen dafür Krankentragen und Bandagentornister. Patrouillen können unter Umständen ohne Gepäck und in Mützen vorgeschickt werden. Begleitmannschaften der Bagage dürfen das G. auf den Wagen legen. Fahren des G. (16 zweispännige Wagen pro Bataillon), nur in besonderen Fällen anzuordnen, weil jede Vergrösserung der Bagage zu vermeiden ist.

Gera. Dort stehen 2. Bat. 7. Thür. Inf.-Rgts. No. 96, Bez.-Kom., Garn.-Verw., Garn.-Laz. 1. Servisklasse.

Gerard, Graf. Marschall von Frankreich (1773 bis 1855), focht mit Auszeichnung unter Napoleon, auch 1810/11 in Spanien. 1812 deckte er meist den Rückzug der französischen Armee. Ebenso führte er 1813 eine Division in hervorragender Weise, besonders bei Bautzen den Sieg entscheidend. Bei Ligny 1815 trug er wesentlich zum Erfolge bei, versuchte Grouchy vergeblich zum Marsche nach Waterloo zu bewegen. Später war er mehrmals Kriegsminister, auch führte er 1831 die Expedition, die Belgien zu Hülfe kam. Er war von ritterlichem Charakter.

Gerchsheim im Grossherzogthum Baden, 3./7. 1866 Gefecht der preussischen Division Göben gegen Prinz Alexander von Hessen-Darmstadt. Der Frontangriff der Preussen stösst auf starken Widerstand, ein Theil ihrer Geschütze wird gezwungen, die Position aufzugeben. Rückzug des Bundeskorps, nachdem Brigade Wrangel dessen linke Flanke umfasst. Preussen verfolgen nicht.

Gerichtsaktuar, oberer Militärbeamter mit Offiziersrang, s. „Militär-Justizbeamte".

Gerichtsbarkeit etc. s. Militär-Gerichtsbarkeit etc.

Gerichtsdienst - Anzug. Für die Richter bei Spruch-Ehrengerichten und für die Beisitzer bei Untersuchungs-Gerichten, Dienstanzug; für die untersuchenden Offiziere bei Spruchsitzungen, für Zeugen und Angeklagte, Dienstanzug ohne Schärpe und Kartusche; bei Untersuchungs-Gerichten für die untersuchenden Offiziere und für Mitglieder des Ehrenraths kleiner Dienstanzug.

G. von einem Zivilrichter, kleiner Dienstanzug mit Helm.

Gerichtsverhandlungen. Dienstanzug: Nur Richter und Beisitzer in Schärpe. (S. Gerichtsdienst.)

Germersheim ist eine kleine deutsche Festung am Rhein ohne besondere Bedeutung. — 2. Servisklasse.

Gerona ist eine spanische Festung, die mehrmals belagert wurde. 1809 vertheidigte Mariano Alvarez die Festung auf das Tapferste gegen Augereau, indem er 7 Monate lang alle Angriffe abwehrte.

Gersdorff, von, preussischer Generallieutenant (1809—1870), trat 1827 in das 2. Garde-Regiment, war 1842/43 nach dem Kaukasus kommandirt, machte 1848/49 den Feldzug in Schleswig mit; führte 1866 die 11. Infanterie-Brigade mit Auszeichnung bei Münchengrätz und Königgrätz, die 22. Division bei Wörth unter Bose, dessen Nachfolger er im Kommando des 11. Armeekorps wurde und fiel in der Schlacht bei Sedan nach der Einnahme von Floing.

Gerte, so lang, dass Reiter mit der Spitze Hinterschenkel erreichen kann, ohne Stellung der Hand zu ändern.

Beim Führen in der linken Hand, beim Reiten in der inwendigen rechten Hand, Spitze ab „rückwärts". Hülfen mit der Spitze am inwendigen Hinterschenkel; beim Changiren in die inwendige Hand genommen, bei Strafe beide Trensenzügel in linker Hand und fester Hieb über den Bauch.

Beim Reiten im Thiergarten und auf öffentlichen Reitwegen in Berlin dürfen Offiziere weder Stöcke noch Reitgerten u. s. w. tragen. (S. Peitsche.)

Geschäftszimmer-Gebühr. Es erhalten:

5 G.: die Eisenbahn-Brigade;

3 G.: die 6. Division, die Inspektion der Jäger- und Schützen, der Feldartillerie, der Gewehrfabriken, jede Artillerie-Depot-Inspektion, jedes Eisenbahn-Regiment, jedes Pionier-Bataillon und die besonders bezeichneten Bezirks-Kommandos;

2 G.: jede Division (ausschliesslich der 6. Division), jede Infanterie-Brigade, die Inspektion der Infanterie-Schulen, die Inspektion der Kriegsschulen, jede Fussartillerie-Inspektion, jede Feldartillerie-Brigade, jede Ingenieur-Inspektion, jede Festungs-Inspektion, jedes Kavallerie-Regiment, jedes Fussartillerie-Regiment, jedes Infanterie-, Jäger-, Schützen-, Fussartillerie-, Eisenbahn- und Train-Bataillon, jede Feldartillerie-Abtheilung, jedes Bezirks-Kommando (soweit nicht eine höhere Gebühr zusteht), jede Unteroffizierschule, die Infanterie-Schiessschule, die Offizier-Reitschule, jede Artillerie-Schiessschule und jeder Korps-General-Arzt;

1 G.: jede andere vorstehend nicht benannte Kommando-Behörde u. s. w.

Ist ein Theil der zuständigen G. in fiskalischen Räumen bereit gestellt, aber das gesammte Bureaupersonal darin untergebracht, so wird dem Empfangsberechtigten für die nicht gewährten Räume nur ⅓ des Servises gezahlt.

Geschäftszimmer-Servis. Waren keine Gnadengebühr. Von dem G. werden $^2/_3$ auf den Wohnraum, $^1/_6$ auf die Ausstattung und $^1/_6$ auf Beheizung und Erleuchtung berechnet.

Geschlossene Ordnung jene taktische Form, bei der die Truppe in Linie oder Kolonne steht.

Geschmolzenes Zeug (veraltet). Brandsatz aus geschmolzenem Schwefel, der mit Salpeter und Mehlpulver vermengt wurde. G. diente als Beigabe zur Sprengladung von Brandgeschossen.

Geschossarbeit s. Bewegungsarbeit.

Geschosse. a) Artilleriegeschosse (s. Bild). Man unterscheidet: Granaten, Shrapnels, Spreng- und Minengranaten, Panzergeschosse, Kartätschen, Brand-, Leucht- und Dynamitg. Den G.-Körper (Eisenkern) theilt man ein in Spitze, Führungstheil und Boden. Die Spitze ist gewöhnlich spitzbogenförmig (ogival) und vorn entweder abgeflacht oder scharf auslaufend (Panzergeschosse), Führungstheil walzenförmig und von etwas kleinerem Durchmesser als das Rohrkaliber, Bodenfläche eben, zuweilen auch napfförmig ausgehöhlt. Die innere Höhlung, welche zur Aufnahme der Kugelfüllung, Spreng-, Brand- oder Leuchtladung dient, ist bei der äusseren Form des Geschosses angepasst, bei Panzergranaten enger gehalten, um die Widerstandsfähigkeit des Geschosses nicht zu vermindern.

Von der Abflachung der Spitze zur Sprengladung führt das Mundloch, das den Zünder aufnimmt. Panzerg. haben statt des Mundlochs ein Bodenloch, welches durch die Bodenschraube geschlossen wird. Bei Streugeschossen wird die Wandstärke möglichst gering bemessen, um einen beträchtlichen inneren Raum für die Kugelfüllung (Shrapnels) zu gewinnen, bei Panzergranaten möglichst gross. Je schlanker die Spitze ist, desto leichter kann das G. den Luftwiderstand überwinden. Dem Ogival der Panzergranaten wird für gewöhnlich ein Halbmesser von 2 Kalibern gegeben, welcher genügt, um ihnen eine möglichst grosse Eindringungstiefe im Ziel zu sichern und andererseits ein zu leichtes Abbrechen oder Abgleiten der Spitze zu verhüten.

Mit dem Kaliber wächst bei ähnlichen G. das Geschossgewicht im kubischen, der Geschossquerschnitt im quadratischen Verhältniss; die Querschnittsbelastung (Querdichte) des G. nimmt folglich in einfachem Verhältniss mit dem Kaliber zu oder ab. Sie kann bei unverändertem Kaliber durch Verlängerung des G. vergrössert werden. In neuerer Zeit ist die Länge der G. bis auf 5 Kalibern gestiegen.

Ueber die Führung der G. s. dort.

b) Geschosse der Handfeuerwaffen. Bei den heutigen Gewehren werden fast ausschliesslich Mantelgeschosse verwendet. Der Kern — meist aus Hartblei (s. Blei) — ist einem Mantel von Stahl- oder Nickelkupferblech eingeschlossen. Zum Schutz gegen Rost erhält der Stahlmantel häufig einen dünnen Ueberzug aus Nickelkupferlegirung; die Führung in den Zügen wird hierdurch gleichzeitig glatter und geschmeidiger.

Die G. haben eine ogivale, vorn zuweilen flach abgestumpfte Spitze und einen walzen- bezw. schwach kegelförmigen hinteren Theil; im Boden befindet sich mitunter eine kleine kegelförmige (Expansions-) Höhlung, um das Einpressen des Geschossmantels in die Züge durch den Druck der Pulvergase zu befördern.

Das Gewicht der gegenwärtig gebräuchlichen G. liegt zwischen 16 g (8 mm) und 9 g (6 mm), ihre Länge zwischen 3,8 und 5,0 Laufweiten, die Querschnittsbelastung zwischen 29 und 32 g auf das qcm; die Dichte beträgt durchschnittlich 10,5.

Die G. der Revolver u. dergl. entsprechen theils den neueren Gewehrg., theils den früher auch bei Gewehren allgemein gebräuchlichen nackten Weichbleig. (ohne Mantel). Die Spitze ist meist halbkugel-, der hintere Teil walzenförmig. Das G. der deutschen Revolverpatrone wiegt 17 g.

Geschossfabriken. Technische Anstalten zur Herstellung von Artillerie-Geschossen. Es werden Zivilarbeiter beschäftigt; die Direktion besteht aus Artillerie-Offizieren.

In *Deutschl.* sind staatliche G. in Spandau, Siegburg und Ingolstadt.

Geschosskasten dienen zur Aufnahme und Unterbringung der Geschosse in den Protzen bezw. Munitionswagen. Die deutschen G. sind aus Eisenschienen hergestellt, mit Blechbeschlägen, hölzernen Boden und desgleichen Einlagedeckeln (mit Ausrundungen für die Geschosse) versehen. Die Geschosse bleiben von einander getrennt und

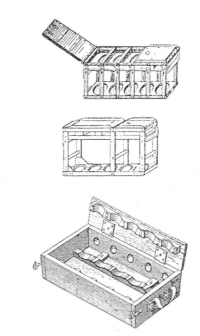

Geschosskästen.

sind dadurch gegen Beschädigungen gesichert. Die G. erleichtern die Bedienung und gestatten einen wesentlich schnelleren und bequemeren Ersatz des Schiessbedarfs. Die G. c/73 des deutschen Feldgeschützes sind zur Aufnahme von je 5 Geschossen eingerichtet. Die Geschosse der Fussartillerie werden für den Transport und zum

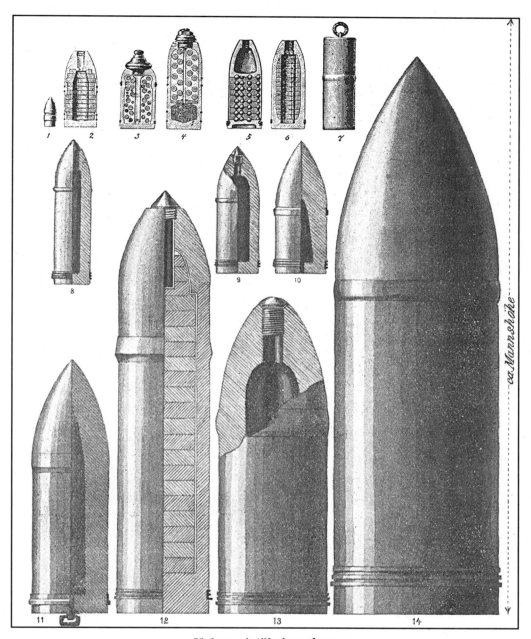

Moderne Artilleriegeschosse.
(Nach „Leitfaden der Waffenlehre für Kriegsschulen", Mittler.)

1. 3,7 cm-Hotchkiss-Revolvergranate,
2. 8 cm-Ringgranate.
3. 8 cm-Hülsenschrapnel,
4. 8 cm-Bodenkammerschrapnel,
5. Obus à mitraille,
6. Obus à balles,
7. 8,8 cm-Kartätsche
8. 10,5 cm-Granate L/3.8,
9. 12 cm-Granate,
10. 15 cm-Hartgussgranate.
11. 21 cm-Stahlpanzergranate,
12. 24 cm-Schiesswollgranate,
13. 30,5 cm-Granate,
14. 45 cm-Stahlpanzergranate.

Gebrauch in der Batterie in Geschosstransportkasten bezw. Körben untergebracht.

Geschossraum. Wird in der permanenten Befestigung in der Nähe der Geschütze angelegt. Er enthält nur den täglichen Bedarf. Absolute Deckung gegen Geschosse und Verbindung mit dem Haupt-Munitionsraum sind erforderlich.

Im Felde, bei Belagerungen oder grösseren Stellungen legt man den Geschossraum möglichst tief und schützt ihn mit Balkenlagen oder Wellblechbauten und Erddecken.

Geschossraum. Der vordere Theil des Ladungsraumes im Geschützrohr nimmt bei geladenem Geschütz das Geschoss auf. Bei gleichförmigem Drall der Züge ist er in der Regel glatt, bei zunehmendem Drall gezogen. Da Letzterer nur an einer Stelle (Boden) des Geschosses eine Führung gestattet (weil sich die Richtung der Felder und ihrer Einschnitte in der Führung fortwährend ändert), kann der vordere mit einer flachen Wulst (Eisenzentrirung) versehene Geschosstheil mit Spielraum zwischen den Feldern vorgeschoben werden. Es wird hierdurch ein zentraler Eintritt des Geschosses in den gezogenen Theil erzielt und die Führung und Treffähigkeit wesentlich günstiger gestaltet als bei glattem G. — Abbildung s. Kartuschraum und Rohr.

Geschossstauchung s. Stauchung.

Geschosswirkung soll genügen, um die Ziele des Feld-, Festungs- und Seekrieges ausser Gefecht zu setzen, bezw. zu zerstören Entsprechend der Verschiedenheit dieser Ziele sind auch die Anforderungen, welche man an die G. stellt, verschieden. —

Die Geschosse der Handfeuerwaffen, welche als Voll- und Einzelgeschosse gegen lebende Ziele und leichte feldmässige Deckungen verwendet werden, sollen eine möglichst grosse Durchschlagleistung ergeben (s. d.). Die gleiche Anforderung stellt man an Panzergeschosse (s. d.), welche in die Panzerdecke eindringen und dieselbe theils durch die dabei entwickelte Geschossarbeit, theils durch ihre Sprengwirkung (bei den mit einer Sprengladung versehenen Panzergranaten) zerstören sollen.

Die Geschosse der Feldartillerie werden — meist auf grosse Entfernungen — gegen lebende Ziele und Deckungen des Feldkrieges verwendet, gegen erstere hauptsächlich das Schrapnel, gegen Ziele dicht hinter Deckungen und gegen die Deckungen selbst (Mauerwerk, Erde, Holz), die Sprenggranate; die Kartätsche zum Nahkampf gegen überraschend auftretende Ziele. Einzelne Staaten verwenden an Stelle der Sprenggranaten Minengranaten (Frankreich), England führt für besondere Fälle Leuchtgeschosse; in der Schweiz ist die Kartätsche ausgeschieden. Das Hauptkampfgeschoss — das Schrapnel — dessen Leistung vorwiegend von der Wirkungstiefe und Dichte seiner Sprenggarbe abhängt, wird meist mit dem Bz. verwendet. Für seine Wirkung ist die Lage der Sprengstücke zum Ziel ausschlaggebend. Liegen dieselben hinter dem Ziel, so ist keine Wirkung zu erwarten; bei zu kleiner Sprengweite kann sich die Sprenggarbe nicht genügend ausbreiten, und man erhält eine grosse Zahl dicht zusammengedrängter Treffer, aber nur wenige getroffene Rotten. Dagegen kann eine zu grosse Sprengweite durch die Tiefenwirkung des Schrapnels in ziemlich weiten Grenzen ausgeglichen werden. Beträchtliche Wirkungstiefe ist demnach von hohem praktischem Werth für den Schrapnelschuss. (S. Schrapnelwirkung.)

Die durch das Zerreissen der Büchse im Rohr freigewordenen Kugeln der Kartätsche fliegen von der Mündung ab in einem Kegelwinkel von etwa 6^0 (Streuungsbreite etwa $1/10$ der Entfernung) auseinander und setzen lebende Ziele noch bis 300 m (Feldggeschütz). 600 m (Geschütze der Fussartillerie) ausser Gefecht. Trockener, fester Boden begünstigt die Wirkung.

Die Wirkung der Minengranaten der Fuss- und Marine-Artillerie wird gegen alle widerstandsfähigen Ziele des Festungs- und Seekrieges (Erd-, Mauer-, Beton-Bauten, Panzerungen etc. verwendet. Sie ist abhängig: von der Grösse und Detonationskraft der Sprengladung, der Art ihrer Einschliessung, der Eindringungstiefe des Geschosses (verlangsamte Zündvorrichtung) und der Beschaffenheit des Ziels. Die noch vorhandenen älteren Konstruktionen von Pulvergranaten haben eine bedeutend geringere Wirkung als die Brisanzgeschosse. Sie werden aufgebraucht bezw. zum Einschiessen verwendet.

Von den Schrapnels und Kartätschen der Fussartillerie gilt das oben Gesagte.

Geschützaufzug, maschinelle Einrichtung in Festungshohlbauten, um Geschütze aus dem tiefer gelegenen Schutzhohlraum schnell in die Höhe des Gebrauchsortes zu bringen. Sie bestehen aus einer Plattform, die meist durch hydraulische Kraft oder Gegengewichte bewegt wird.

Geschützbank. Erdanschüttung an der inneren Brustwehrböschung zur Aufstellung von Geschützen, welche über die Brustwehrkrone hinweg („über Bank", im Gegensatz zum Feuer durch Scharten) feuern sollen. Ihre Abmessungen richten sich nach Raumbedarf, Feuerhöhe und Zahl der aufzustellenden Geschütze. Die G. wird durch Rampen mit dem Wallgang bezw. dem Hof des Werks verbunden.

Geschütze. Sie werden eingetheilt:
1. Nach der Konstruktion:
   a) Einrichtung der Seelen: Glatte und gezogene G.
   b) Ladeweise: Vorder- und Hinterlader.
   c) Metall: Gusseisen, Schweisseisen, Bronce, Hartbronce, Stahl und Nickelstahl.
   d) Beschaffenheit des Rohrkörpers: Massivrohr (Rohr aus einem Stück), Ring-, Mantel-, Mantelring- und Drahtrohre; Broncerohr mit Stahlseelenrohr.
   e) Verschlussart: Kolben-, Keil-, Flachkeil-, Rundkeil- und Schraubenverschluss.
   f) Seelenweite (Kaliber): In cm, mm, Zollen (1 Zoll engl. = 25,4 mm) oder Linien (1 Linie russisch = 2,54 mm) ausgedrückt.
   g) Relative (auf die Seelenweite bezogene) Rohrlänge: Lange Kanonen, kurze Kanonen, Haubitzen und Mörser. Angabe in m oder Kalibern; abgekürzte Bezeichnung: L. (s. d.).
2. Nach der Krümmung der Flugbahn: Flachbahn- und Steilbahn-G. Die langen Kanonen sind Flachbahn-, die übrigen Steilbahn-G.

3. **Nach Ort und Art der Verwendung:** Feld-, Gebirgs-, Belagerungs-, Festungs-, Küsten- und Schiffs-G. (bezw. Wall-, Panzer-, Kasematten- etc. G.).

Geschützführer heisst der Unteroffizier, dem die Leitung eines Geschützes anvertraut wird.

Geschützpendel, (Gewehrpendel). (veraltet). Vorrichtungen zur mittelbaren Messung des Gasdrucks (s. Gasdruckmesser). Die Waffen wurden an einem starken Pendel aufgehängt und beim Abfeuern der Ausschlag des G. mittels eines Gradbogens gemessen; die Ergebnisse waren meist ungenau — ebenso der Ausschlag eines zweiten Pendels, der das verfeuerte Geschoss auffing. Die Ergebnisse waren grossentheils widerspruchsvoll und trugen wenig zur Klärung der Gasdruckfrage bei.

Geschützpforte. Oeffnung in der Schiffswand, durch welche ein Geschütz hindurchschiesst. In den Panzerthürmen sind diese, mit Rücksicht auf bessere Deckung der Geschütze, oft so klein, das vom Innern der Thürme das Ziel nicht gesehen werden kann (Minimal-Scharten).

Geschützpulver unterscheidet sich vom Gewehrpulver in der Regel durch grössere Abmessungen und theilweise auch durch besondere Formen der einzelnen Körperchen (Körner etc.) ebenso besitzt es mitunter eine andere Zusammensetzung und abweichende chemische Eigenschaften. Im Uebrigen s. Pulver.

Die in Deutschland unter dem Namen „G." vorkommende Schwarzpulverart (s. Bild) hat 0,7 bis 1,3 mm Korngrösse und 1,652 Dichte (bei 1 % Feuchtigkeitsgehalt); es wird noch zu den Ladungen sämmtlicher 8 und 9 cm Kanonen verwendet, soweit sie nicht als Flankengeschütze mit rauchschwachem Pulver feuern.

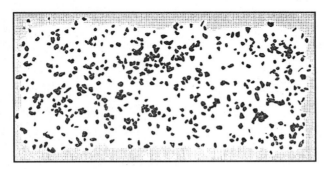

Geschützpulver.

Geschützstand, Platz, auf welchem das abgeprotzte Geschütz zum Feuern aufgestellt wird. Er soll derart beschaffen sein, das die Bedienung des Geschützes möglichst erleichtert wird. Für Feldgeschütze wird der gewachsene Boden durch Einebnen und Erdarbeiten zur Verminderung des Rücklaufs, soweit die Zeit es zulässt, hergerichtet. Schwere Geschütze bedürfen eines besonders hergerichteten G., um das Einsinken in den Erdboden zu verhindern. Diese „Bettungen" werden aus Holz, Stein oder Beton hergestellt.

Geschützzubehör. Das zur Bedienung, Instandhaltung und zur Ausführung kleiner Instandsetzungen am Geschütz nothwendige Geräth. Hierher gehören: Richtbogen oder Quadrant, Richtfläche, Lader, Schlagrohrtasche, Abzugsschnur, Wischer, Kartuschnadel, Seife, Oel, Lappen, Bindestricke, Schienen, Nägel, Zange, Hammer u. dergl.

Geschwister verstorbener Heeresangehöriger haben nur bedingten Anspruch auf Gnadenmonat und Gnadengebührnisse; hülfsbedürftige haben aber auf Gewährung des vollen Betrages Anspruch. Ebenso Geschwisterkinder.

Gesellschaftsanzug, kleine Uniform.

Gessler, Graf von, preussischer F.-M. (1688 bis 1762). Er war es, der bei Hohenfriedberg (4./6. 1715) mit 10 Schwadronen Dragoner 20 Bat. aufrollte und seinem König 67 Fahnen vorbeiführen konnte. Diese That verdiente, wie der König selbst schreibt, mit goldenen Lettern in die Blätter der preussischen Geschichte geschrieben zu werden. Er erkämpfte sich durch diese Leistung den Grafentitel.

Gestellung. Die Rekruten kommen im Allgemeinen in den heimischen Bezirks-Kommandos zur G. Kranke werden zum Nachersatze notirt; bei ganz leichten Fällen und Marschfähigkeit doch ausgehoben. Vorläufige Zurückstellung (gegen Reklamation) kann nur Brigade verfügen. Die Rekruten müssen bei G. mit ausreichenden Oberkleidern, Stiefeln und Hemden versehen sein (ev. Gemeinde).

Die G. Militärpflichtiger zur Musterung hat in Folge öffentlicher Bekanntmachung des Zivilvorsitzenden der Ersatzkommission in ihrem Musterungsbezirke zu erfolgen. Entbindung von der Gestellungspflicht kann durch den Zivilvorsitzenden der Ersatzkommission verfügt werden.

Gestellungs-Befehl. Zu den Uebungen werden die Personen des Beurlaubtenstandes stets durch G. einberufen. Bei einer Mobilmachung kann die Einberufung auch durch öffentliche Aufforderung geschehen, oder an die Stelle der G. können ortschaftsweise Gestellungslisten treten. Die Personen des Beurlaubtenstandes haben dafür zu sorgen, dass etwaige G. etc. sie stets finden.

Gestellungspflicht Militärpflichtiger jährlich höchstens zweimal, dort wo er sich zur Stammrolle melden muss. Sonst ist Antrag nöthig. Gesuche um Entbindung von der G. sind an die Zivilvorsitzenden der Ersatzkommission zu richten. Fehlende oder verspätet Erscheinende verwirken

Geldstrafe bis 30 Mark oder bis 3 Tage Haft, wenn keine genügende Entschuldigung vorhanden ist.

Gestütswärter sind bei der Mobilmachung vorläufig von der Gestellung frei.

Gesuche der Offiziere des Beurlaubtenstandes sind stets an das Bezirks-Kommando zu richten.

Gettysburg in Pensylvanien. (3./7. 1863.) Dort war die unentschiedene Schlacht zwischen den amerikanischen Generalen R. E. Lee und Meade und zwar bei Gelegenheit der strategischen Offensivbewegung des ersteren, die er nach Norden machte. Die Konföderirten konnten keine neue Schlacht wagen, und zog sich Lee deshalb über den Potomak zurück, vom Feind nur schüchtern gefolgt.

Gewährsmängel bei Pferden sind solche, für deren Nichtvorhandensein der Verkäufer für einen gewissen Zeitraum haften muss. Koller, Rotz, Dämpfigkeit, Mondblindheit, Herzschlägigkeit sind die hauptsächlichsten Mängel dieser Art. Der Käufer erhebt die Wandlungsklage (Aufheben des Kaufes) oder Minderungsklage (Herabsetzung des Preises).

Gewehr. Die heutigen Infanterieg. sind den älteren Waffen an Feuergeschwindigkeit und ballistischer Leistung in hohem Maasse überlegen, ersteres durch Annahme der Mehrlader (s. d.), letzteres in Folge Einführung des rauchschwachen Pulvers, dessen beträchtliche Treibkraft bei verhältnissmässig geringem Gasdruck die Verkleinerung des Kalibers unter gleichzeitiger Steigerung der Querdichte und Mündungsgeschwindigkeit des Geschosses, also die Vergrösserung der Endgeschwindigkeiten, bestrichenen Räume, Trefffähigkeit, Durchschlagleistung und des Wirkungsbereichs gestattete. Zugleich konnte die Waffe erleichtert und trotzdem gleichzeitig der Rückstoss vermindert, sowie die Patronenzahl in den Taschen und Fahrzeugen vermehrt werden. Die Vereinigung dieser günstigen Bedingungen hat die Feuerkraft der Infanterie auf ein noch vor wenigen Jahren allgemein für unerreichbar gehaltenes Maass gesteigert. Die G.-Kaliber sind seit 1886 von 11—10 mm auf 8—6 mm zurückgegangen. Die G. von 6,5 und 6 mm sind denen von 8—7,5 mm an Geschossgeschwindigkeit, bestrichenem Raum und Durchschlagvermögen bedeutend überlegen. Eine weitere Verringerung der Laufweite und damit eine abermalige Erhöhung der ballistischen Leistung erscheint nicht ausgeschlossen. In Oest.-Ung. ist bereits ein 5 mm Gewehr mit Erfolg versucht worden. Für die fernere Steigerung der Feuergeschwindigkeit liegt dagegen kein praktisches Bedürfniss vor.

Als Beispiel für die allgemeine Anordnung und Ausgestaltung der modernen G. diene das deutsche G. 88.

Haupttheile: Lauf, Laufmantel, Visireinrichtung, Verschluss, Schaft, Stock, Beschlag und Zubehör. (S. Bild 1.)

1. **Lauf**, hinten in den Hülsenkopf eingeschraubt, verjüngt sich bis zum vorderen walzenförmigen Ende, mit dem er im Mundring des Laufmantels ruht. Das Patronenlager besteht, entsprechend dem äusseren Umriss der Patrone, aus dem schwach kegelförmigen Hülsentheil, der Schweifung und dem Uebergangstheil für das Geschoss. Die steil kegelförmig abgesetzte Schweifung begrenzt den Vorschub der Patrone beim Laden. Der gezogene Theil hat 4 Züge mit Rechtsdrall und 240 mm Dralllänge, Kaliber 7,9 mm. (S. Bild 1 und 6.)

2. **Laufmantel**, walzenförmiges Rohr aus gebräuntem Stahlblech, ist mit seinem verstärkten hinteren Theil, Gewindestück, auf den Hülsenkopf aufgeschraubt und endet vorn im Mundring, auf welchen die Parierstange des Seitengewehres passt. (S. Bild 2, 3. 6.)

3. **Visireinrichtung**, senkrecht über der Seelenachse, bestehend aus Visir und Korn. (Bild 1.) Ein um Visirstift a drehbares Rahmenvisir. (S. Bild 2.) Bild 3: grosse Klappe aufgerichtet.

4. **Verschluss.** Kolben- oder Zylinderverschluss mit Drehbewegung, bestehend aus: a) Hülse mit dem Hülsenkopf, der im Innern die beiden Ausdrehungen für die Kammerwarzen enthält; Patronenlage, an der unteren Seite durchbrochen für den Patronenrahmen; Kammerbahn zur Führung des Schlosses dessen Rückwärtsbewegung durch den Schlosshalter, zugleich Widerlager für den Auswerfer, begrenzt wird; Kreuztheil, durch den die Kreuzschraube die Verbindung mit dem Schaft herstellt. Bild 6. b) Schloss, besteht aus: Kammer (Bild 7) zur Handhabung des Schlosses und zum Abschuss des Laufes mittelst des Verschlusskopfes (Bild 8), der Auszieher (Bild 9) und Auswerfer (Bild 8); Schlagbolzen (Bild 10), dessen Vorschnellen zur Entzündung der Patrone durch die Schlagbolzenfeder (Bild 11) bewirkt wird, geht durch sämmtliche Schlosstheile und verbindet sie mittelst der Schlagbolzenmutter (Bild 12). Schlösschen (Bild 13) hauptsächlich zum Spannen des Gewehrs und zur Aufnahme der Sicherung mit Feder (Bild 14). c) Abzugsvorrichtung, tritt beim Abziehen des Gewehres und beim Spannen des Schlosses in Thätigkeit. Theile: (Bild 15) Abzugsgabel mit Feder, Abzugsstollen und Abzug, Drucknase I liegt an der Hülse, Drucknase II tritt beim Druckpunktnehmen und Abziehen heran. d) Kasten mit Mehrladevorrichtung (Bild 16) ein Kastenmagazin, das gefüllt wird, indem man den Patronenrahmen mit 5 Patronen (Bild 17) hinabdrückt bis der Rahmenhalter (Bild 16) über die Haft des Patronenrahmens greift und ihn festhält, während der Zubringer (Bild 16) auf die Patronen drückt.

5. **Schaft** (Bild 1), bestehend aus Kolben, Kolbenhals und langem Theil.

6. **Stock** (Bild 1) zum Zusammensetzen der Gewehre, im Nothfall zum Reinigen im Felde und beim Versagen des Ausziehers zum Entfernen der Hülse; zu den beiden letztgenannten Zwecken werden 3 Stöcke zusammengeschraubt.

7. **Patronen:** a) Scharfe Patrone mit Eindrehung am Hülsenboden für den Auszieher, ist mit rauchschwachem G.-Blättchenpulver geladen, hat ein Geschoss mit Hartbleikern und Mantel aus nickelkupferplattirtem Stahlblech.

b) Platzpatrone, gleicht der scharfen in der Form, hat ein roth angestrichenes, hohles Holz-

geschoss und eine ringförmige Reifelung an der Hülse. c) Exerzierpatrone alter und neuer Art (a/A u. n./A); erstere hat eine eingelöthete Messingspitze, während die letztere aus einem Stücke besteht und mit Längsrillen über dem Pulverraum versehen ist. (Bilder der Patronen s. unter Patrone, Platzpatrone und Exerzierpatrone.)
Die Geschossgeschwindigkeit des Gewehrs 88 an der Mündung beträgt gegen 645 m, 25 m vor derselben 620 m.

Durch die nachstehenden Zusammenstellungen werden die unter Argentinisches Gewehr u. s. w. bis Spanisches Gewehr (s. d.) gemachten Angaben über die zur Zeit eingeführten Infanteriegewehre in mehreren Punkten ergänzt. (S. a. Durchschlagleistung.)

Andere nicht besonders aufgeführte Staaten bezw. Gewehre und Bemerkungen zur Tabelle auf Seite 318 und 319.

1. **Portugal**: 8 mm Gewehr m/86 (Kropatschek): Länge: 1,32 m ohne und 1.79 m mit Bajonett. Gewicht: 4,55 kg ohne und 5.10 kg mit Bajonett. 4 Züge; Dralllänge: 35 Kaliber; Drallwinkel: 5,1 Grad. Röhrenmagazin für 9 Patronen im Vorderschaft. Länge der Patrone: 82 mm, Gewicht: 35,2 g; Hülse: mit vorstehendem Bodenrand. Geschoss: Kern von Hartblei, Mantel von Kupferblech; Länge: 32 mm, Gewicht: 16 g; Querdichte: 31,8 g auf das qcm Ladung: 4,5 g Schwarzpulver. Mündungsgeschwindigkeit: 532 m.

2. **Serbien** (bisher): 10 mm Gewehr m/78/80 (Mauser-Milovanovic) (s. a. Anl. 3).

3. **Griechenland**: 11 mm Gewehr m/74 (Gras).

4. **Montenegro**: 11 mm Gewehr m/73/74 (Werndl).

5. **Japan**: 8 mm Gewehr m/87 (Murata): Länge: 1,220 m ohne und 1,545 m mit Bajonett. Gewicht: 4,082 kg. 4 Züge; Dralllänge: 34,88 Kaliber; Drallwinkel: 5,1 Grad. Verschluss mit Drehbewegung; Röhrenmagazin für 8 Patronen im Vorderschaft. Länge der Patrone: 73,78 mm, Gewicht: 30,33 g; Hülse mit vorstehendem Bodenrand. Geschoss: Kern von Hartblei; Mantel von Kupferblech; Länge 30,475 mm; Gewicht: 15,42 g; Querdichte 30,7 g auf das qcm. Ladung: 2,33 g rauchschwaches Pulver. Mündungsgeschwindigkeit: 564 m.

*) Im Versuch: Gewehr m/95. Laufweite, Bajonett und Patrone wie bisher; Gewicht — durch Erleichterung von Lauf und Schaft — von 4,49 auf 3,8 kg herabgesetzt; Lauf aus widerstandsfähigerem Stahl; Verschluss mit Geradzug und symmetrischer Verriegelung unmittelbar hinter dem Patronenlager, wie beim Karabiner; hölzerner Oberschaft (Handschutz). Nach m/95 sollen die Vorrathsbestände an Gewehren beschafft werden.

[1]) Dragonergewehr: 3,788 kg.
[2]) „ 1,166 m.
[3]) „ 1,608 „
[4]) Patronenlager: 51,1 mm; davon entfallen auf den Pulverraum 41,8, auf die Schweifung 2,6 und auf den Geschossraum 6,7 mm; grösster und kleinster Durchmesser des Pulverraums: 12,05 bezw. 10,95, der Schweifung 10,95 bezw. 8,85 mm.
[5]) Nach einigen Angaben 778, nach anderen 780 mm; davon entfallen 728,3 (720) mm auf den gezogenen Theil.
[6]) Gezogener Theil: 761, Patronenlager: 75 mm.
[7]) Gezogener Theil: 694,4, Patronenlager: 7,60 mm.
[8]) Gewicht der Hülse: gegen 10 g.
[9]) Cordit-Patrone („Mark I. Cordite"); der von der Hülse eingeschlossene Bodenteil des Geschosses ist mit Bienenwachs überzogen; zwischen Geschossboden und Ladung liegt ein gefirnisstes Holzblättchen. Das Geschoss hat nahe am Boden eine flache Rinne, in die Hülse mit 3 Kerben befestigt wird. Die Hülse ist von Messing gezogen, das aus 70% Kupfer und 30% Zink besteht. — Ausser dieser Patrone giebt es noch eine zweite („Mark II. Black powder"), deren Ladung von 4,5 g Schwarzpulver dem Geschoss 564 m Mündungsgeschwindigkeit ertheilt.
[10]) Länge der Hülse: 53,7 mm.
[11]) Länge der Hülse: 50,2 mm, Gewicht: 10 g.
[12]) Patrone m/1886 M. Die ältere Patrone (m/1886) enthielt 2,80 g Ladung — Zwischen Geschossboden und Ladung liegt ein Blättchen Pappe.
[13]) Geschoss am Boden mit kegelförmiger Expansionshöhlung versehen.
[14]) Einschliesslich Kompagnie-Patronenwagen werden 205, einschliesslich Infanterie-Munitions-Kolonnen gegen 300 Schuss für das Gewehr mitgeführt. 1 Patronenrahmen mit 5 Patronen wiegt 154 g; 1 Packschachtel mit 3 gefüllten Rahmen 500 g; 1 Packhülse mit 15 gefüllten Packschachteln (225 Patronen) 7,7 kg und ein Patronenkasten 88, enthaltend 5 gefüllte Packhülsen (1125 Patronen) 42,7 kg.
[15]) Einschliesslich Kompagnie-Patronenwagen werden 185 und einschliesslich Infanterie-Munitions-Kolonnen und Korps-Park 303 Schuss für das Gewehr mitgeführt. Der Inhalt des Kompagnie-Patronenwagens wird vor dem Gefecht ausgegeben.
[16]) Durchschnitt; höchstes Maass: 3340 m, bei starkem Wind in der Schussrichtung bis gegen 3650 m.
[17]) Punkt des höchsten Gasdrucks: 3 Laufweiten vor dem Ort des Geschossbodens im geladenen Gewehr (früher bei dem Springfield-Gewehr mit Schwarzpulver: 2 Laufweiten vor dem Geschossboden).

8—7,5 mm Gewehre.

I. Waffe.

Gegenstand.	Deutsches Reich.	Argentinien.	Belgien.	Dänemark.
System bezw. **Konstrukteur**	Gewehr-Prüfungs-Kommission	Mauser	Mauser	Krag; Jörgensen
Gewicht ohne blanke Waffe . . . kg	3,8	3,9	3,9	4,25
Länge ohne blanke Waffe . . . m	1,245	1,235	1,277	1,330
mit blanker Waffe . . . m	1,450	1,635	1,525	1,590
Blanke Waffe, Gewicht (ohne Scheide) . g	400	528	450	220
Lauf Laufweite (zwischen den Feldern) mm	7,90	7,65	7,65	8,00
Länge . . . . mm	740	740 [4)]	779 [5)]	836 [6)]
Visier (Aufsatz) Art	Rahmen	Rahmen	Rahmen und Treppen	—
Standvisier für eine Entfernung von . . . . . m	250	250	500	250
Grösste Erhöhung für eine Entfernung von . . . . . m	2050	2000	2000	1400
Züge Zahl	4	4	4	6
Tiefe . . . . mm	0.12	0,125	0,17	0,14
Breite . . . . mm	4,4	4,2	4.446	3,0 (Felderbreite: 1,1 mm)
Drall- länge . . . cm	24,0	25,0	25.0	30,0
. . . Laufweiten	30,40	32,69	32,69	37,5
winkel (rund) . . . Grad	6,0	5,5	5,5	4,8

II. Schiessbedarf.

Patrone Gewicht . . . . g	27,3 [8)]	27,0	28.0	30,0
Länge . . . . mm	82.5	78.0	78,0	76,0
Ladung (rauchloses bezw. rauchschwaches Pulver) Gewicht . . g	2,75	2,65	2,50	2,20
Geschoss Gewicht . . . . g	14,7	13,8 (normal) bis 14,0	14,1	14,05 (früher 15,43)
Querdichte (auf die Laufweite zwischen den Feldern bezogen) auf 1 qcm . . . . . g	30,0	30,0	30.7	28,0
Länge . . . . . mm	31,3	30,8	30.2	30,25 (früher 30,0)
. . . . Laufweiten	3,96	4,02	3,95	3,78
Ladungsverhältniss	0,19	0,19	0,18	0.16
Patronenzahl in den Taschen des Mannes .	150 [14)] (künftig 120)	—	120	—

III. Leistung.

Geschossarbeit an der Mündung . . mkg	312,0	303,6	259,0	284,5
Grösste Schussweite . . . . . . m	gegen 4000	4000	—	3500
bei einer Erhöhung von . . . Grad	rund 32	31	—	35
Feuergeschwindigkeit Normale Leistung; gezielte Schüsse i.d. Minute bei Einzelladung	—	—	—	—
Mehrladung	—	20—25	17	—
Mechanische Leistung im Schnellfeuer; Schüsse in der Minute	—	bis 50	—	—
Rückstossarbeit . . . . mkg	1,45	1,05	1,11	1.10
Höchster Gasdruck . . . . at	3200	3000	2000	2300

Bemerkungen zu dieser Tabelle siehe Seite 271.

Gewehr
8—7,5 mm Gewehre.
I. Waffe.

England.	Frankreich.	Oesterreich-Ungarn *) (Bulgarien).	Russland.	Schweiz.	Türkei.	Vereinigte Staaten. (Landheer.)
Lee; Metford	Lebel (und andere)	v. Mannlicher u. techn. u. admin. Mil.-Komitee.	Mossin	Schmidt; Rubin	Mauser	Krag; Jörgensen (verbessert)
I*: 4,365 II*: 4,195	4,18	4,49 (± 150 g)	3,993 ¹)	4,60	3,900	3,970
1,257	1,307	1,281	1,288 ²)	1,302	1,235	1,247
1,562	1,825	1,524	1,730 ³)	1,600	1,695	1,547
425	400	370	306	430	625	437
7,696	8,00 (7,98—8,20)	8,00	7,62	7,50	7,65	7,62
767	800	765 ⁷)	—	780	740 ⁴)	762
Nahvisier (Treppen) für 180—1650m; seitl. Fernvisier mit Diopter für 1460—2650m	Treppen und Rahmen	Quadrant und seitlich	Treppen und Rahmen	Quadrant	Rahmen	—
	250	225	285	300	250	275
	2000	2250	1920	2000	2000	2010
7	4	4	4	3	4	4
0.102	0,15	0,20	0,152	0,125	0,125	—
Felderbreite: 0,584	4,2	3,5	3,81 (Felderbreite: 1,9 mm)	3,8	4,2	—
		(Felderbreite: 2,2 mm)				
25,4	24,0	25,0	24,0	27,0	25,0	25.4
33,0	30,0	31,3	31,5	36,0	32,69	33,3
5.5	6,0	5,6	5,75	5,0	5,5	5,4

II. Schiessbedarf.

England.	Frankreich.	Oesterreich-Ungarn *) (Bulgarien).	Russland.	Schweiz.	Türkei.	Vereinigte Staaten.
26,7 ⁹)	29,0	m/93 { 28,35 / 76,0 ¹⁰)	25,812	27,5	27,0	26,93
77,0	75,0		76,0 ¹¹)	77,5	78.0	78,69
1,944	2,75 ¹²)	2,75	2,22	2,0	2,65	gegen 2,80
13,932	15,0	15,8	13,73 ¹³)	13,8	13,8	14.25
30,1	29.8	31,4	30,2	31,2	30,0	31,3
31,5	31,0	31,8	30,23	29,0	30,8	32,13
4,10	3,88	4,00	3,97	3,83	4,02	4,22
0.14	0,18	0,17	0,16	0,14	0,19	0,20
115	120 ¹⁵)	100	150	150	150	—

III. Leistung.

England.	Frankreich.	Oesterreich-Ungarn *) (Bulgarien).	Russland.	Schweiz.	Türkei.	Vereinigte Staaten.
264,0	306,0	310,0	281,0	270.6	299,3	270,5
3150 ¹⁶)	3500—3600	—	3060	—	4000	—
—	32	—	31,5 (Fallwinkel: 63,5 Grad)	—	31	—
—	9	—	—	12	—	—
—	11	17	—	20	20—25	—
—	14	35	—	40	bis 50	—
1,02	1,32	1,33	1,12	0,99	1,05	1,17
2800	2970	3000	2900	2600	3000	2675 ¹⁷)

7—6 mm Gewehre.
I. Waffe.

Gegenstand.	Italien.	Niederlande.	Norwegen.
System bezw. **Konstrukteur**	Parravicino; v. Mannlicher; Carcano	v. Mannlicher	Krag; Jörgensen
Gewicht ohne blanke Waffe . . . . kg	3,820	4,100	3,950
Länge { ohne blanke Waffe . . . . m	1,290	1,280	1,270
{ mit blanker Waffe . . . . m	1,590	1,650 [1])	1,530
Blanke Waffe, Gewicht (ohne Scheide) . . . g	340 (mit Scheide 460)	440	240 (mit Scheide 332)
Lauf { **Laufweite** (zwischen den Feldern) . mm	6,5	6,5	6,5
{ Länge . . . . mm	—	790 [2])	765
Visier (Aufsatz) { Art	Quadrant	Quadrant	—
{ Standvisier für eine Entfernung von m	450 (300 [4])	300	—
{ Grösste Erhöhung für eine Entfernung von . . . . m	2000	2100	2000
Züge { Zahl	4	4	4
{ Tiefe . . . . mm	—	0,15	—
{ Breite . . . . mm	—	2,6	—
{ Drall- { länge { . . . . cm	20,0 [5])	20,0	20,0
{ { { . . . . . Laufweiten	30,78 [5])	30,78	30,78
{ { winkel (rund) . . . . Grad	5,8 [5])	5,8	5,8

II. Schiessbedarf.

Patrone { Gewicht . . . . g	22,0	22,45 [7])	23,60
{ Länge . . . . mm	83,0	77,63	80,00
Ladung (rauchloses bezw. rauchschwaches Pulver) } Gewicht . . . . g	1,95	2,35	2,30
Geschoss { Gewicht . . . . g	10,5	10,05	10,1
{ Querdichte (auf die Laufweite zwischen den Feldern bezogen) . g auf 1 qcm	31,6	30,3	30,4
{ Länge { . . . . mm	30,5	31.4	32,0
{ { . . . . Laufweiten	4,69	4,83	4,92
Ladungsverhältniss	0,19	0,23	0,23
Patronenzahl in den Taschen des Mannes . .	162 [9])	160 [10])	150

III. Leistung.

Geschossarbeit an der Mündung . . . . mkg	269,0	273,2	274,6
Grösste Schussweite	über 4000	—	—
bei einer Erhöhung von . . . . . Grad			
Feuergeschwindigkeit { Normale Leistung; gezielte Schüsse in der Minute bei . { Einzelladung	—	18	—
{ { Mehrladung	—	26	—
{ Mechan. Leistung im Schnellfeuer; Schüsse in der Minute	—	40—43	—
Rückstossarbeit . . . . mkg	0,92	0.86	0,89
Höchster Gasdruck . . . . at	gegen 4000	3700	gegen 3800

7—6 mm Gewehre.

I. Waffe.

Rumänien.	Schweden.	Spanien. (Chile; Brasilien; Serbien; Türkei.)	Vereinigte Staaten. (Flotte.)	Bemerkungen.
v. Mannlicher	Mauser	Mauser	(Noch im Versuch)	[1]) Das für die Truppen in Ostindien bestimmte Gewehr hat ein um 10—11 cm kürzeres und um 70 g leichteres Bajonett.
4,010	—	3,9 bis 4,0	3,74	
1,229	—	1,235	—	[2]) Länge des gezogenen Theils: 727,5 mm.
1,447	—	1,484	—	
360	—	405	—	[3]) Länge des gezogenen Theils: 662,35 mm.
6,5	6,5	7,00 + 0,05	5,94 (0,234 Zoll engl.)	[4]) Einschnitt im Visierfuss für 300 m dient beim Scheibenschiessen für alle Entfernungen unter 400 m; Einschnitt in der (rückwärts umgelegten) Klappe für 450 m wird bei kriegsmässigem Schiessen für alle Entfernungen bis einschliesslich 500 m benutzt.
725 [3])	—	738 [6])	686 (Nickelstahl)	
Rahmen 400	—	Rahmen 300	—	
2000	—	2000	—	
4	—	4	6	[5]) Zunehmender Drall; die Angaben über Dralllänge und -winkel beziehen sich auf den Enddrall.
0,15	—	0,125	0,0762	
2,6 (Felderbreite: dgl.)	—	3,9	—	[6]) Länge des gezogenen Theils: 677.8 mm; Zugtiefe: 0.125 mm; Zugbreite: 3,9 mm.
20.0	—	22,0	16,51	
30,78	—	31,4	27.8	[7]) Gewicht der Hülse: 10,05 g.
5,8	—	5,7	6,4	[8]) Länge der Hülse: 53 mm; Gewicht 11,4 g.

II. Schiessbedarf.

22,5	23,14	24,6	—	[9]) Im Frieden: 90; Unteroffiziere, Sappeure und Spielleute im Kriege: 126. Je 3 Patronenrahmen werden in einer Schachtel aus starkem Papier verpackt, welche gefüllt 470 g wiegt. Kriegsmässig ausgerüstet trägt der Mann 2 Schachteln in einer Patronentasche (= 36 Patronen), 5 Schachteln im Tornister (= 90 Patronen) und 6 lose Rahmen (= 36 Patronen) in einer besonderen Tasche.
77,5	—	78,0 [8])	—	
2,35	—	2,45	2,33 (0,9 Hülsenfüllung)	
10.3	—	11,2	8,75	
31,04	—	29,1	31,6	
31,4	—	30,8	—	
4,83	—	4,40	—	
0,23	—	0,22	0,27	[10]) Gewicht der 160 Patronen mit Verpackung: 4,28 kg.
160	—	—	200	

III. Leistung.

288,4	—	287,9	264,0	
Der grössten Visierschussweite (2000 m) entspricht ein Abgangswinkel von 6° 12′ 40″	—	über 4000	—	
18	—	—	—	
26	—	26	5 Schuss in 3 Sekunden	
40—43	—	bis 40	—	
0,95	—	1,01	—	
3900	—	2800 bis 3400	3000 bis 3400	

Gewehr

Trefffähigkeit.

Gewehr.	Entfernung m	Streuung Höhe cm	Streuung Breite cm	Entfernung m	Streuung Höhe cm	Streuung Breite cm
Deutsches Gewehr 88	250	34	26	350	57	37
Argentinisches Gewehr m/91	300	20	15	—	—	—
Belgisches Gewehr m	300	33	25	—	—	—
Russisches Dreiliniengewehr m/91	200	34	26	300	44	39
Schweizerisches Gewehr m/89[1]	300	5,8[1]	4,9[1]	—	—	—
Türkisches Gewehr m/90[2]	200	23	18	300	37	28

50% Treffer erfordern eine Zielhöhe und -breite:

Gewehr.	Entfernung m	Ziel- Höhe cm	Ziel- Breite cm	Entfernung m	Ziel- Höhe cm	Ziel- Breite cm
Französisches Gewehr m 86/93	200	12	—	600	34	—
Oesterreichisch-ungarisches Gewehr m 88/90 und ·/90	300	17	13	600	47	32
Rumänisches Gewehr m/93	300	13,2	8	600	27	23,7
Spanisches Gewehr m/93	200	4,6	3,5	600	26	16
Niederländisches Gewehr m/93	300	13,5	8,0	—	—	—
Schwedisches Gewehr m/93	300	11	9	500	21	14

Bestrichene Räume.

Gewehr.	Entfernung m	Zielhöhe cm	Bestrichener Raum m	Entfernung m	Zielhöhe cm	Bestrichener Raum m
Deutsches Gewehr 88	250	170	250	500	170	500
Belgisches Gewehr m/89	100	200	100	500	200	220
Dänisches Gewehr m/89[1]	250	170	250	500	170	500
Französisches Gewehr m 86/93	200	160	200	500	160	500
Oesterreichisch-ungarisches Gewehr m 88/90[2] und m/90	300	180	300	600	180	98
Russisches Dreiliniengewehr	400	177	410[3]	600	177	502[3]
Schweizerisches Gewehr m/89[4]	396	180	464	483	240	520
Türkisches Gewehr m/90[5]	300	170	300	500	170	500
Rumänisches Gewehr m/93[6]	300	100	300	500	100	305
Spanisches Gewehr m/93	400	180	400	600	180	113,1

Gewehr

Trefffähigkeit.

Entfernung m	Streuung Höhe cm	Streuung Breite cm	Entfernung m	Streuung Höhe cm	Streuung Breite cm	Entfernung m	Streuung Höhe cm	Streuung Breite cm	Bemerkungen.
500	102	53	600	130	64	1000	298	160	[1] 50%ige Streuungen.
—	—	—	—	—	—	1200	264	183	[2] Die Streuung wurde mit 5 Gewehren ermittelt, von denen jedes auf den kleinen Entfernungen je 20, auf den mittleren je 40, auf den grossen je 50—60 Schuss abgab.
—	—	—	600	110	70	1200	250	170	
500	75	76	600	95	88	1000	188	176	
500	10,5[1]	8,6[1]	—	—	—	1000	39,0[1]	21,0[1]	
500	70	53	600	90	63	1000	196	131	

50% Treffer erfordern eine Zielhöhe und -breite:

Entfernung m	Ziel- Höhe cm	Ziel- Breite cm	Entfernung m	Ziel- Höhe cm	Ziel- Breite cm	Entfernung m	Ziel- Höhe cm	Ziel- Breite cm	Bemerkungen.
1000	80	—	—	—	—	—	—	—	
900	94	66	1200	170	116	1500	278	182	
1000	65,4	51	1200	102	70,4	1500	160	120	
1000	73	40	1200	107	56	1500	202	100	
—	—	—	—	—	—	2000	270	200	
1000	80	42	1500	212	124	2000	409	320	

Bestrichene Räume.

Entfernung m	Zielhöhe cm	Bestrichener Raum m	Entfernung m	Zielhöhe cm	Bestrichener Raum m	Entfernung m	Zielhöhe cm	Bestrichener Raum m	Bemerkungen
900	170	44	1500	170	15	2000	170	9	[1] Zielpunkt: Fusspunkt.
1000	200	44	1500	200	20	2000	200	12	[2] Anschlaghöhe: 1,5 m.
1000	170	32	1600	170	12	2000	170	9	[3] Schütze in liegendem Anschlag. Von 1200 m ab hat die Anschlaghöhe keinen Einfluss mehr.
1000	160	35	1500	160	15	2000	160	8	[4] Anschlaghöhe 0,9 m.
1200	180	27	1500	180	18	2100	180	9	[5] Zielpunkt: Fuss des Ziels.
1000	177	70 [3]	1500	177	29	2000	177	16	[6] Anschlaghöhe: 0. Zielpunkt: Fuss des Ziels.
300	90	353	—	—	—	—	—	—	
1000	170	44	1500	170	20	2000	170	12	
1000	100	60	1500	100	19	2000	100	8,5	
1000	180	39,8	1400	180	19,6	2000	180	8,2	

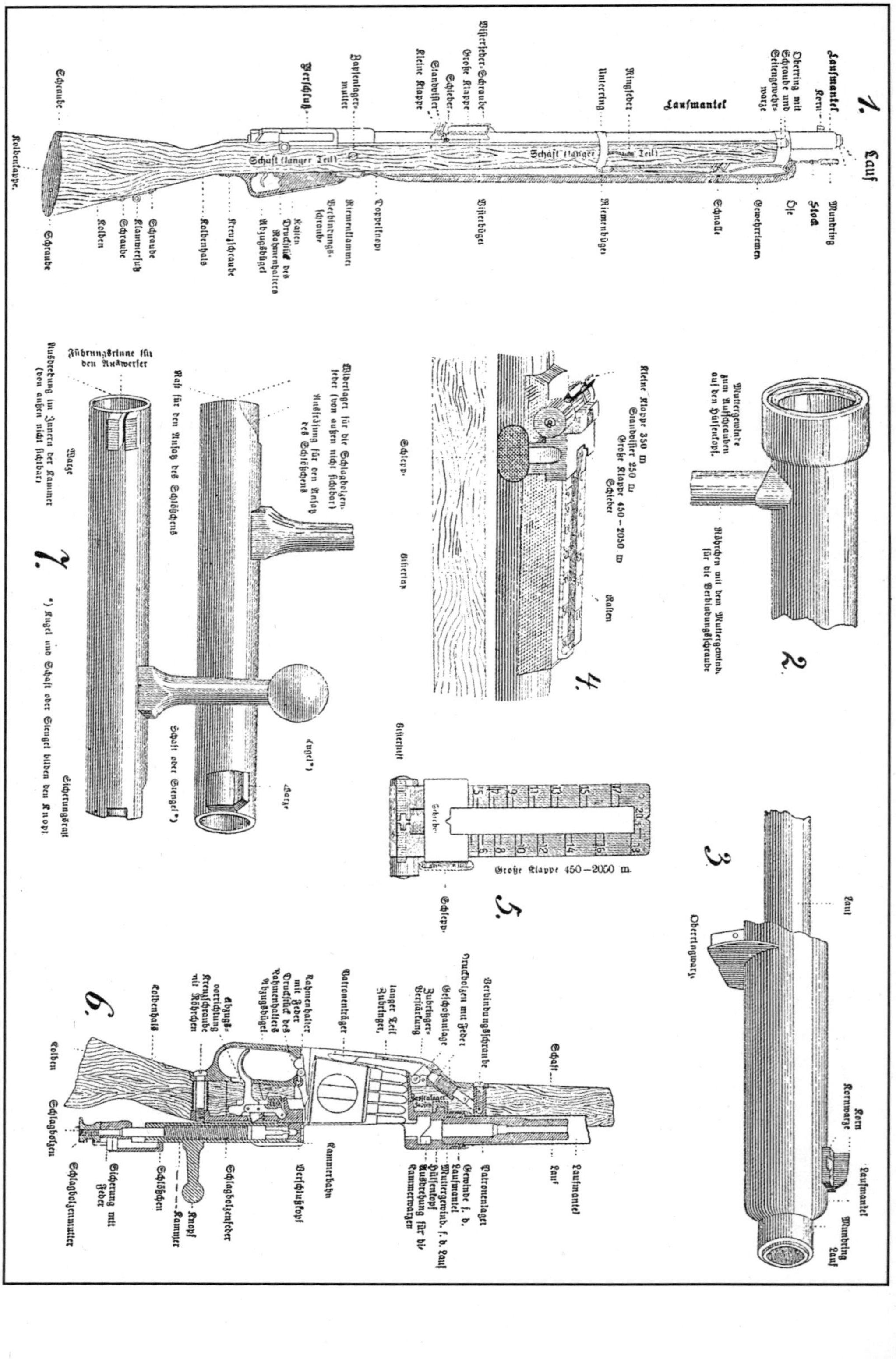

Deutsches Gewehr 88 (Tafel 1).

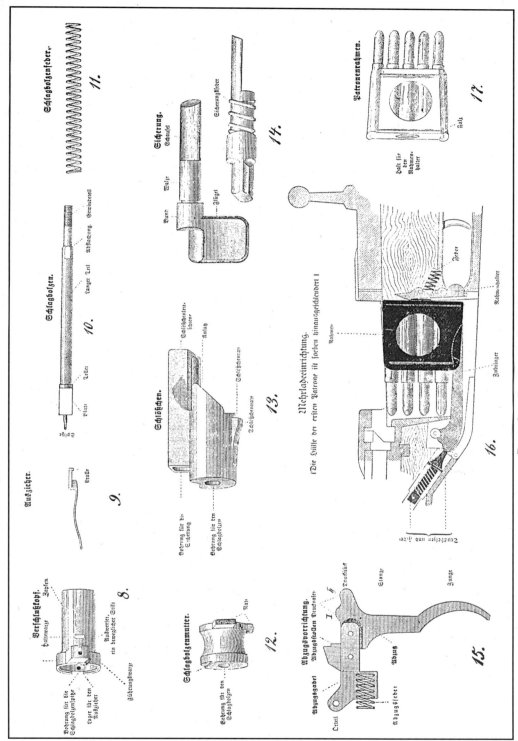

Deutsches Gewehr 88 (Tafel 2).

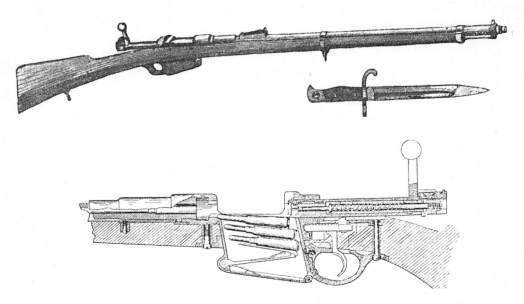

Belgisches Gewehr m/89.

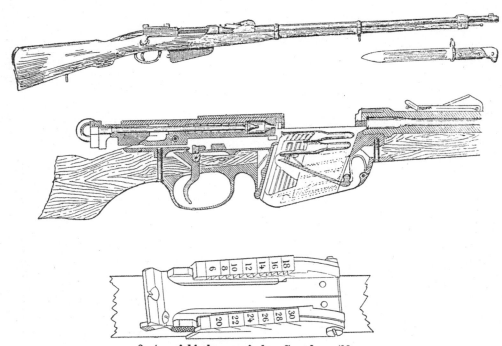

Oesterreichisch-ungarisches Gewehr m/88.
(Nach Les armes à feu portatives.)

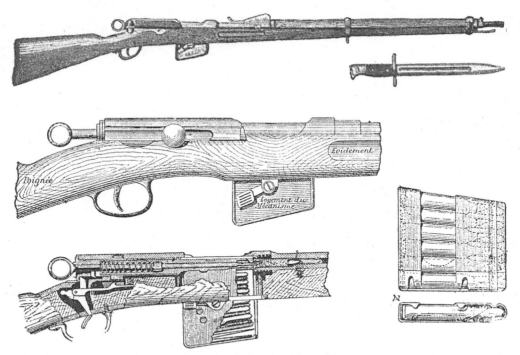

Schweizerisches Gewehr m/89.

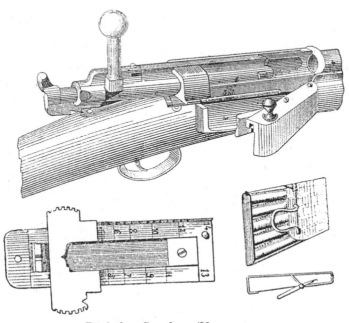

Dänisches Gewehr m/89.
(Nach Les armes à feu portatives.)

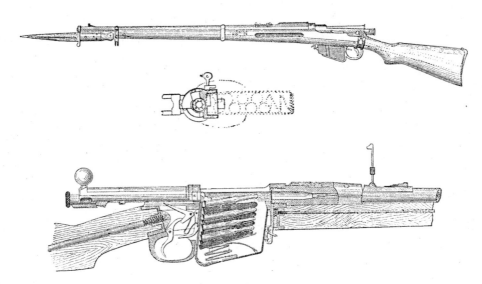

Englisches Gewehr m/89.

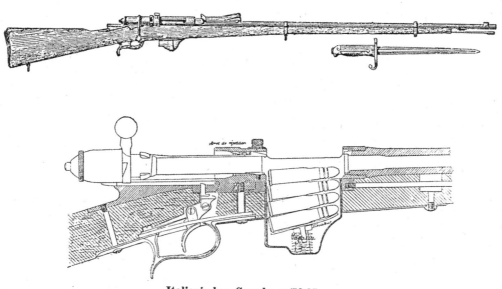

Italienisches Gewehr m/70 87.
(Nach Les armes à feu portatives.)

Gewehr

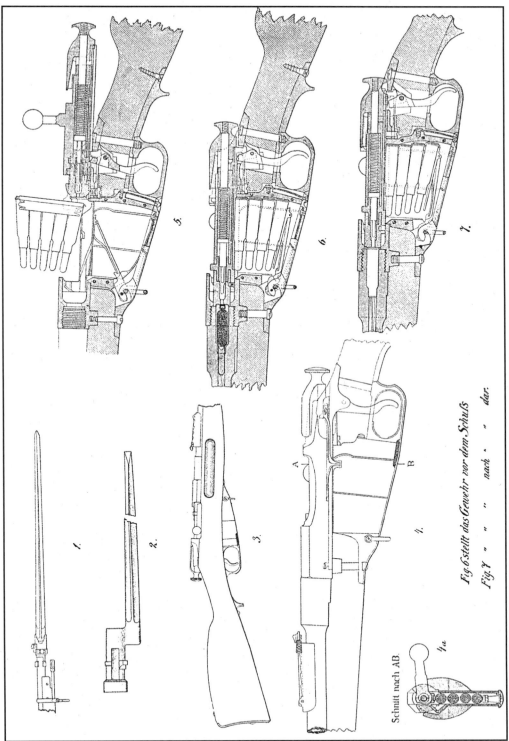

Fig. 6 stellt das Gewehr vor dem Schuß
Fig. 7   "   "   "   nach "   dar.

Russisches Gewehr m/91 (nach Minerva 1893).

Gewehr- und Munitionsfabriken. Staatliche Anstalten unter militärischer Leitung zur Fertigung von Handfeuerwaffen bezw. Patronen durch Zivilarbeiter und Arbeiterinnen. In *Deutschland* bestehen G.-F. zu Spandau, Danzig, Erfurt und Amberg. M.-F. zu Spandau.

Gewehrpendel s. Geschütz- und Gewehrpendel.

Gewehrpulver. Das deutsche „neue G. 71" (Schwarzpulver) hat 0,76—1,6 mm Korngrösse (s. Bild) und mindestens 1,755 Dichte (bei 0.85 % Feuchtigkeitsgehalt; es dient noch als Beiladung (s. d.) in Kartuschen mit rauchschwachem Pulver, als Ladung der Revolverpatronen und als Sprengladung in Schrapnels. Das ältere „G. 71" wird nicht mehr gefertigt. S. im Uebrigen Geschützpulver.

Gewehrschläge s. Kanonenschläge.

Gewehrtrichter, zum Schutze des Gewehrs beim Ausspülen des Laufes, was bei jeder gründlichen Reinigung zu erfolgen hat; der G. soll das Eindringen von Wasser in den Kasten und die Hülsenbohrungen verhüten.

Gewitterwachen werden in grösseren Ställen gegeben, bei kleineren rücken die Mannschaften hin, sobald ein Gewitter Nachts ausbricht.

Gezogene Feuerwaffen. Gezogene Gewehre schon seit Anfang des 17. Jahrhunderts bekannt und zur Bewaffnung besonderer Infanterie-Abtheilungen (leichte Infanterie, Jäger, Tirailleurs) benutzt; die Umständlichkeit der Ladung verhinderte ihre allgemeine Einführung. Erst nach Beseitigung dieser Schwierigkeit in der ersten Hälfte dieses Jahrhundert begann man mit der Annahme gezogener Gewehre für die gesammte

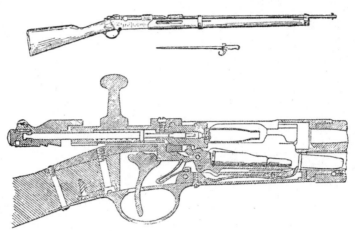

Französisches Gewehr m/86.

Infanterie. Gezogene Geschütze wurden erst seit Mitte dieses Jahrhunderts eingeführt.

Heut ist die ballistische Ueberlegenheit der G. über die glatten unbestritten und letztere durchweg verdrängt.

G.G.O. Abkürzung für „Garnison-Gebäude-Ordnung". I. Theil. Einrichtung der Kasernen. — 1889.

Ghelendschick ist eine kleine Festung.

Ghertwissi, eine Festung in Georgien am oberen Kur.

Gianini, Graf, Marchese Carpeneto-Suavi, österreichischer F.-M.-L. (1719—1775), zeichnete sich als Vertheidiger und Angreifer von Festungen, in ersterem Fache bei Olmütz 1758, in letzterem gegen Schweidnitz 1761 aus. Er war zuletzt Direktor der Ingenieur-Akademie in Wien.

Gibraltar liegt in Spanien auf einem hohen Kalksteinklotze an der Punta de Europa. Die Werke sind meist in den Felsen gehauen, doch nicht nach neuem Systeme armirt. Gibraltar beschützt einen Hafen, der im Kriegsfalle die Flotte gegen Geschützfeuer von dem spanischen Ufer nicht schützt. Der Hauptwerth der Festung liegt in ihrer Bedeutung als gesicherte Kohlenstation. Es hat mancherlei Belagerungen durchgemacht. Von den Engländern wurde G. 1704 durch einen Handstreich genommen. Alle Versuche, die Festung wieder zu nehmen (1704, 1705 und 1727), missglückten, ebenso wie die berühmte Belagerung G. 1779—82, bei der Sir G. Elliot (s. dort) sich ebenso geschickt wie mannhaft vertheidigte und schliesslich die Belagerer mit herben Verlusten abwies.

Gien im Departement Loiret an der Loire. Ausgangspunkt der Operationen des französischen rechten Flügels im November 1870. Hier wurde 15. und 31. Dezember 1870 und 14. Januar 1871 gekämpft, wobei es den Franzosen auch gelang, ihren Gegner vorübergehend zu delogiren.

Giessen. Dort stehen Inf.-Rgt. Kaiser Wilhelm (2. Grossh. Hess.) No. 116, Bez.-Kom., Garn.-Verw., Garn.-Laz. — 2. Servisklasse.

Giffard-Gewehr, von Paul Giffard 1889 konstruirt, benutzt als Schiessmittel verdichtete flüssige Kohlensäure, die in einer unter dem Lauf angebrachten Stahlkapsel enthalten ist. Beim Abziehen öffnet der vorschnellende Hahn ein Ventil der Kapsel und lässt einen Tropfen Kohlensäure austreten; diese verwandelt sich

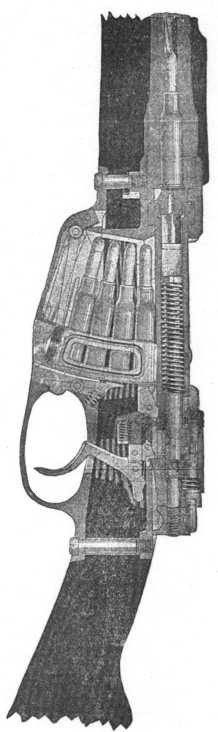

Rumänisches Gewehr.

sofort in Gas, welches durch sein Ausdehnungsbestreben das zuvor mit der Hand in den Lauf eingeführte Geschoss forttreibt. Die höchste Kraft, welche sich auf diese Weise erzielen lässt, ist indess für die Anforderungen einer Kriegswaffe an Mündungsgeschwindigkeit und Geschossarbeit viel zu gering.

Gillmore, amerikanischer General (1828 bis 1888). Er eroberte im Sezessionskriege Fort Pulaski am Savannah und leitete den (erfolglosen) Angriff gegen Charleston.

Gilsa, von, kurhessischer Generallieutenant (1700—1765), ist berühmt wegen der Kaltblütigkeit, mit der er an der Spitze seiner Infanterie die Angriffe der französischen Reiterei bei Krefeld (23./6. 1758) abwies, Friedrich II. schätzte ihn hoch.

Gimri, ein hoch gelegener Ort und Sammelpunkt der Aufständischen in Daghestan, wurde 1832 von den Russen unter Rosen I. und 1834 unter Lanskoi erstürmt.

Giorgewo, ehemals Festung an der Donau, gegenüber Rustschuck. 1790 wurde es vom Prinzen von Coburg. österreichischen F.-M., belagert, jedoch durch einen mächtigen Ausfall der Türken zum Aufgeben derselben gezwungen. 1854 wurden hier die Russen von den Türken geschlagen.

Gipfelpunkt s. Flugbahn.

Girolata, 5./4. 1732 siegreiches Seegefecht der Oesterreicher.

Gislikon, 23./11. 1847 in Luzern, Sieg Dufours über die Sonderbündler.

Gitschin, Treffen 29./6. 1866. In Folge der durch den Prachower Felsen getrennten österreichischen Aufstellung entstanden zwei Gefechte. Die österreichische Brigade Ringelsheim wies zwar wiederholt den ihr unter Lochow vordringenden Gegner zurück, sie brachte auch die feindliche Umgehungs-Kolonne bei Wostruschno zum Stehen. Als es aber den Preussen gelungen war, in dem Thale östlich der Prachower Felsen erfolgreich vorzudringen, gestaltete sich der befohlene nächtliche Rückzug der Oesterreicher zur Verwirrung. die sich noch mehr steigerte, als die Preussen in Gitschin eindrangen. Die Verluste der Oesterreicher und Sachsen betrugen 210 Offiziere, 5230 **Mann** und 222 Pferde. Die **Preussen** hatten einen Verlust von 71 Offizieren, 1485 Mann und 56 Pferden. Von der Armee Friedrich Karls kamen nur die weit vorgezogenen Tête-Divisionen zum Kampfe.

Plan s. nächste Seite.

Glacis ist der künstlich geregelte Abfall von dem äusseren Grabenrande in das Vorgelände. Das G. diente ursprünglich zur Auffüllung des todten Winkels, der vor der äussersten Linie entstehen musste, wenn diese sich einigermaassen über das Gelände erhob. Später legte man hinter dasselbe den gedeckten Weg. (S. dort.) Aehnliche Aufwürfe machte man vor Schanzen etc.

Glatz ist eine der wenigen in Schlesien erhaltenen Festungen. Es liegt auf dem linken Neisse-Ufer, auf dem andern der feste „Schäferberg". Durch kleine vorgeschobene Werke hat man dort ein verschanztes Lager vorbereitet.

G. hat mancherlei Kämpfe durchgemacht. 1622 fiel es durch die Belagerung des Kaisers Ferdinand II., und vergeblich bemühten sich die Schweden 1638 und 1645, es wieder zu nehmen. Erst hundert Jahre später gelang es Leopold von Dessau, G. zu ergreifen, doch nahmen es die Oesterreicher 1760 wieder unter Laudons Führung. 1807 wurde es von Rheinbundtruppen zernirt; es hielt sich aber bis zum Friedensschluss.

Dort stehen Komdtr., St., 1. 3. und 4. Bat. Füs.-Rgts Gen.-Feldm. Graf Moltke (Schles.) No. 38, 3. und 4. Komp. Fussart.-Rgts. von Dieskau (Schles.) No. 6, (nur vorläufig, s. Glogau), Bez.-Kom., Art.-Dep., Fortif., Prov.-Amt, Garn.-Verw., Garn.-Laz. 2. Servisklasse.

Gleichschritt. Ihn kannten schon die Griechen und Römer. Er verschwand im Mittelalter und kam erst mit der Gründung der stehenden

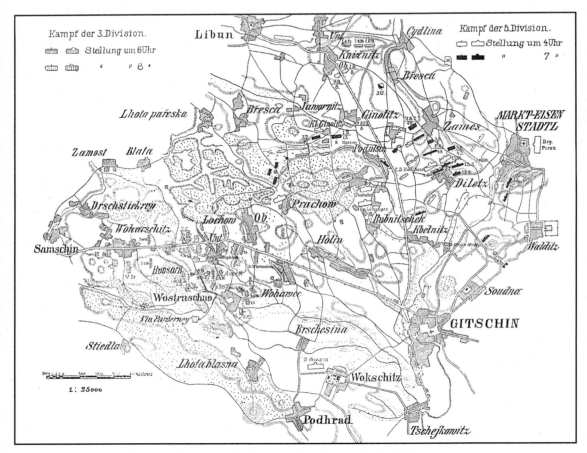

Plan zum Treffen bei Gitschin am 29./6. 1866.

Heere wieder in Aufnahme. Er bietet das beste Mittel, geschlossene Massen ordnungsmässig zu bewegen.

Gläubiger eines Verstorbenen haben k e i n e n Anspruch auf Gnadengebühr.

Gleiwitz. Dort stehen St., 1., 2. und 4. Bat. Inf.-Rgts. Keith (1. Oberschl.) No. 22, St., 1., 3., 4. und 5. Esk. Ul.-Rgt. von Katzler (Schles.) No. 2, Bez.-Kom., Prov.-Amt, Garn.-Verw., Garn.-Laz. 2. Servisklasse.

Glieder-Abstand bei Kavallerie in Kolonnen 1, in Linie oder Frontbewegungen 2, mit Lanze 3 Schritt.

Gliederfeuer. Beim Feuer aus der geschlossenen Ordnung ist das Salvenfeuer, weil es ganz in der Hand der Führer bleibt, wohl vorzuziehen; aber selbst dieses geht bei längerer Dauer leicht in das regellose „Plackerfeuer" über. Es ist besonders gegen Kavallerie wirksam, schon seiner „seelischen" Wirkung wegen.

Gliederung des Heeres. (Ordre de bataille.) Als allgemeiner Gesichtspunkt wird gelten, dass schon die erste Theilung einer grossen Armee möglichst viele Glieder ergiebt, um nicht noch eine Reihe weiterer Zwischenglieder erforderlich zu machen.

Gliederung in Breite und Tiefe. Hierfür sind bestimmend: Gefechtszweck, Gelände, eigene Stärke, Verhältnisse, unter welchen eine Truppe. zu kämpfen hat.

Glogau. Als Brückenkopf wichtige Festung; die nach neueren Grundsätzen ausgebaut ist, ohne jedoch eine Lagerfestung zu sein.

Schon im 30jährigen Kriege war G. eine viel umstrittene Festung. Es wurde 1632 von Arnheim (Sachsen), 1633 von Wallenstein, 1634 von den Schweden erobert, 1642 von den Kaiserlichen vergeblich belagert. Hundert Jahre später von Leopold von Dessau (1741) erstürmt; 1806 nach kurzer Belagerung den Franzosen ausgeliefert. 1813 und 14 von den Verbündeten blockirt und im April genommen.

Dort stehen die Stäbe der 9. Div., 17. Inf.-Brig., 9. Kav.-Brig., Komdtr., 3. Pos. Inf.-Rgt. No. 58 (3. Bat. vorläufig Fraustadt), St., 1. und 4. Abth. Feldart.-Rgt. von Podbielski (Niederschles.) No. 5, 1. Bat. Fussart.-Rgts. von Dieskau (Schles.) No. 6 (3. und 4. Komp. vorläufig in Glatz), Niederschles. Pion.-Bat. No. 5, Kr.-Sch., Bez.-Kom., Art.-Dep., Fortif., Prov.-Amt, Garn.-Verw., Garn.-Laz. 2. Servisklasse.

Glogau (Ober-). Dort stehen 4. Abtheilung Feldartillerie - Regiments von Clausewitz (Oberschles.) No. 21 (vorläufig 1 Neisse), Garnison-Lazareth. 4. Servisklasse.

Glückstadt an der Elbe, war früher Festung, die 1678 von Wallenstein genommen wurde. 1643/44 belagerten es die Schweden vergeblich. 1814 nahmen es die Verbündeten nach längerer Blockirung.

Glühende Kugeln, eiserne Vollkugeln im Ofen geglüht, wurden früher aus glatten Kanonen als Handgeschosse verwendet. Auf die Ladung kam zuerst ein trockener, dann ein nasser Vorschlag von Werg oder Heu, hierauf die g. K.

Glycerin. Propenylalkohol = $C_3H_8O_3$; Grundstoff zur Bereitung des Sprengöls (s. d.); wird auch vielfach zur Füllung hydraulischer Schiessbremsen (s. Bremse) verwendet, da es niemals eintrocknet, überhaupt unveränderlich ist und bei sehr hohen Kältegraden flüssig bleibt.

Wegen seiner Schmierfähigkeit und lösenden Einwirkung auf Pulverrückstand wurden in die Kartuschen der preuss. 8cm. Kanonen c/64 anfangs mit G. gefüllte Kapseln aus Zink- bezw. Kupferblech eingelegt, um das Auswischen entbehrlich zu machen. Die G.-Kapseln bewährten sich nicht dauernd, ergaben aber einen merklichen Zuwachs an Mündungsgeschwindigkeit, was von manchen Seiten der Bildung eines Nitroprodukts beim Schuss zugeschrieben wurde.

Gmünd. Dort stehen 3. u. 4. Bataillon 4. Württb. Infanterie - Regiments No. 122, Kaiser Franz Joseph von Oesterreich, König von Ungarn Bez.-Kom., Garn.-Verw., Garn.-Laz. — 2. Servisklasse.

Gmunden. 10./11. 1626 hier wurden die revoltirenden protestantischen oberösterreichischen Bauern geschlagen und dann schwer bestraft.

Gnadengebührnisse s. Anträge.

Gnadengehalt beziehen die pensionirten Offiziere den Monat nach ihrer Verabschiedung (mit Ausschluss aller Zulagen.)

G. wird auch an die Hinterbliebenen verstorbener Offiziere oder pensionirter Beamten für den auf den Sterbemonat folgenden Monat, an diejenigen im Dienst verstorbener Beamten auf drei Monate (Gnadenquartal) gewährt. Zuständig ist dasselbe an die Wittwe oder die ehelichen Nachkommen. G. kann auch gewährt werden, wenn Eltern, Geschwister, Geschwisterkinder oder Pflegekinder, deren Ernährer der Verstorbene war, in Bedürftigkeit hinterblieben, oder wenn der Nachlass zur Deckung der Kosten der letzten Krankheit und der Beerdigung nicht ausreicht. Ist ein Offizier unter Verhältnissen gestorben, in welchen er nicht das volle oder gar kein Gehalt bezogen hat, so wird doch das G. nöthigenfalls über den Etat so gewährt, als ob der Gehaltsgenuss nicht geschmälert oder unterbrochen gewesen wäre.

Gnadenmonat s. Gnadengehalt.

Gnadenpensionen. Gesuche um G. ausser dem Gnadenmonat und Wittwenpension etc. und Allerhöchste Gnaden-Unterstützungen sind an Seine Majestät den Kaiser, Anträge auf sonstige Unterstützungen an die Unterstützungsabtheilung des Invaliden-Departements zu richten. Von den Allerhöchst bewilligten Gnadenpensionen für Offizierswittwen wird auch der Gnadenmonat gewährt.

Gneisenau, Graf von, preussischer Feldmarschall (1760—1831), wurde in Sachsen geboren, trat in Ansbach-Bayreuthische Dienste, ging mit dem Kontingent 1782 nach Amerika, trat 1785 in preussische Dienste. Seine Vertheidigung von Kolberg begründete seinen Ruhm. Nachher trat er in die Reorganisations-Kommission. Er verliess 1809 den Dienst und trat erst 1813 nach dem Tode von Scharnhorst als Generalstabschef zu Blücher wieder in die Armee.

1815 war es G., der den genialen Entschluss fasste, den Rückzug von Ligny auf Wavre zu nehmen, und so der englischen Armee bei Belle Alliance zu Hülfe zu kommen. Er führte nach dem Kriege das Korps am Rhein, ging nach Schlesien, wurde 1828 Gouverneur von Berlin und starb 1831 bei der Expedition gegen Polen an der Cholera.

Gnesen, im Regierungsbezirk Bromberg, war bis 1320 Krönungsstadt der polnischen Könige.

Dort stehen Stab der 8. Inf.-Brig., 6. Pom. Inf.-Regt. No. 49, Drag.-Regt. von Arnim (2. Brandb.) No. 12, 4. Abth. 2. Pom. Feldart.-Regt. No. 17. Bez.-Kom., Prov.-Amt, Garn.-Verw., Garn.-Laz. — 2. Servisklasse.

Göben, August von, (1816 geb.) preuss. General-Lieutenant, trat 1833 in preussische Dienste, nahm 1836 Dienste in der karlistischen Armee, wurde hier zweimal verwundet und zum Major befördert; 1842 trat er als Lieutenant wieder in die preussische Armee, machte 1860 die Expedition der Spanier nach Marokko mit, führte 1864 gegen Dänemark eine preussische Brigade, 1866 die 13. Division bei der Main-Armee, 1870 das 8. Armee-Korps, nach Manteuffels Abgang zur Süd-Armee den Oberbefehl im Norden und gewann die Schlacht bei St. Quentin; ist auch Militär-Schriftsteller.

Göhrde, Treffen bei der, (16./9. 1813). General Walmoden griff in heftigem Gefechte den (von Davoust detachirten) bei dem Schlosse der G.-Stellung nehmenden französischen General Pecheux, umfassend an, so dass jener nur mit der kleineren Hälfte seiner 4500 Mann starken Abtheilung entkam.

Goercke, D. (1750—1822), preussischer General-Stabsarzt, erwarb sich unvergängliche Verdienste um die Hebung des Sanitätswesens in den Kriegen 1806—15.

Görgey, ungarischer General und Diktator im Revolutionskriege (1818 geboren), ursprünglich Husarenoffizier, dann Chemiker, führte er die ungarischen Truppen gegen Oesterreich 1848 und 1849. Er schlug Windischgrätz bei Gödöllö und nahm Ofen. Fernerer Niederlagen und Zwistigkeiten im Lager wegen, schloss er mit Russland die Kapitulation von Vilagos, wegen derer er heftig angefeindet wurde. Er lebte, begnadigt, der Chemie.

Görlitz. Dort stehen Stab, 1., 3. und 4. Bat. Inf.-Regts. von Courbière (2. Pos.) No. 19, Bez.-Komm., Garn.-Verw., Garn.-Laz. — 1. Servisklasse.

Görz. Garnison: 7. Jäger-Bat., 37. Div.-Art.-Regt., Landsturm-Bez. 74.

Görzke, brandenburgischer General (1611 bis 1682) focht mit Auszeichnung in allen Kämpfen des Grossen Kurfürsten. 1678 vernichtete er in Preussen das Heer des schwedischen Generals von Horn, als er sich vor dem herannahenden Kurfürsten zurückzog.

Göttingen. Dort stehen Stab, 1. und 4. Bat. 2. Hess. Inf.-Regts. No. 82, Bez.-Komm., Garn.-Verw., Garn.-Laz. — 2. Servisklasse.

Götz, Graf, kaiserlicher General (1599—1645), trat aus der evangelischen Partei 1626 zu Wallenstein über. Er wurde 1630 von Gustav Adolf bei dessen Landung auf Rügen zurückgedrängt, brandschatzte 1631 Schlesien und Sachsen, ebenso 1634 Hessen; mit wechselndem Glücke kämpfend erhielt er bei Breisach einige Schlappen. 1644 focht er mit Hatzfeld gegen Torstenson und fiel in der für ihn und Hatzfeld unglücklichen Schlacht bei Jankau 1645.

Götzen, Graf, preussischer General (1767 bis 1820), war 1806 Flügeladjutant des Königs. Seine Hauptverdienste liegen in der Organisation der Streitkräfte in Schlesien 1807—1813. Er war auch Mitglied der Reorganisations-Kommission. Die vorhergegangenen Ueberanstrengungen machten ihm eine Betheiligung am Feldzuge nicht möglich.

Goito. Dort fand ein unentschiedenes Treffen zwischen Radetzky und den Piemontesischen 30./5. 1848 statt, welches zum Entsatze von Peschiera eingeleitet war. Die Festung fiel aus Mangel an Lebensmitteln.

Goldap. Dort stehen Stab, 1., 3. und 4. Bat. Inf.-Regts. Frhr. Hiller v. Gaertringen (4. Pos.) No. 59, 1. Esk. Litthau. Ul.-Regts. No. 12, Bez.-Komm., Prov.-Amt, Garn.-Verw., Garn.-Laz.. — 4. Servisklasse.

Goldberg. Dort siegte am 23./8. 1813 Macdonald über die schlesische Armee unter Blücher.

Golis. Berg bei Pobori in der Herzegowina, 2./5. 1882 Nachtgefecht.

Golowin, Graf (1650—1706). russ. General-Feldmarschall, war ein militärischer Rathgeber Peter des Grossen.

Fürst G. war 1840—42 Kommandeur der kaukasischen Armee. Nach ihm heisst ein Fort in Kaukasien Golowinskaja.

Goltz, Frhr. von der, Georg, preussischer Generalmajor (1707—1747), griff bei Mollwitz mit 14 Schwadronen in die Verfolgung ein, bei Hohenfriedberg zeichnete er sich aus, nahm bei Soor eine österreichische Batterie und half den Tag entscheiden; bei Hennersdorf warf er die sächsische Reiterei, bei Kesselsdorf hielt er die Oesterreicher in Schach. Friedrich der Grosse betrauerte in besonderer Lobrede seinen frühen Tod.

G., Kurt Frhr. v. d., preussischer Generallieutenant (1707—1761), zeichnete sich bei Leuthen und später in selbstständiger Leitung in Schlesien aus.

C., Frhr. v. d., preussischer Generallieutenant, berühmter Militärschriftsteller, schrieb „Leon Gambetta und seine Armee", „Rossbach und Jena", „Das Volk in Waffen" u. s. w.; war Reorganisator der türkischen Armee von 1879 bis 1895, als er die preussische 5. Division erhielt. Er ist seit 1896 kommandirender General des 3. Armeekorps.

Golymin (russisch Polen). Dort Schlacht am 26./12. 1806, in der die Franzosen unter Davoust vergeblich die Russen unter Fürst Galitzin angriffen, obgleich sie doppelt so stark waren. (Höpfner 1806/7.)

Gomez, D. Miguel, karlistischer General, war einer der thätigsten Führer der Karlisten, der durch ganz Spanien den Aufstand zu verbreiten suchte, indem er seine Züge bis Sevilla ausdehnte. Mit Mühe den rings ihn umstellenden Armeen entgehend, kehrte er, nachdem er fast 6000 km zurückgelegt hatte, um. Er hätte Grösseres erreicht. wenn nicht die Thätigkeit Don Carlos' alle Unternehmungen gelähmt hätte.

Gommiers im Departement Eure et Loire, 1./12. 1870, Gefecht des 1. französischen gegen das 1. baierische Korps; letzteres wurde auf Loigny zurückgedrängt.

Gondrecourt, Graf, österreichicher F.-M.-L. (1816). Er führte 1864 eine österreichische Brigade und holte sich bei Ober-Selk das Theresienkreuz. 1866 führte er nach der Schlacht bei Königgrätz das 1. Armee-Korps und trat 1868 in den Ruhestand.

Gorezkowski von Gorzkow, österreichischer General der Kavallerie (1778—1858), berühmt durch seine vorzügliche Vertheidigung von Mantua 1848. Zuletzt war er Gouverneur von Venedig.

Gordon, 1. englischer General (1833—1885), berühmt durch seine Erfolge in der Taiping-Rebellion in China, sein Gouvernement im Sudan (von 1877 ab), seinen Versuch den Mahdi-Aufstand dort zu dämpfen und seine Ermordung in Kartum. 2. Patrick, russischer General en chef (1635—1699), half Peter dem Grossen die russische Armee organisiren und war in den Kriegen gegen die Türken und Tartaren, sowie bei der Unterdrückung des Aufstandes der Strelitzen hervorragend thätig.

Gorgonzola, Strassenkampf 20. 3. 1848.

Gortschakow. 1. Peter (1790—1861), russischer General, kommandirte im Krimkriege ein Armeekorps. 2. Michael (1795—1861), Bruder des Vorigen, zeichnete sich in den Polenkriegen 1831 aus, ebenso im ungarischen Feldzuge 1849. Im Krimkriege führte er die russischen Truppen in den Donaufürstenthümern, belagerte erfolglos Silistria, führte vom März 1855 ab den Oberbefehl in der Krim; den Sturm vom 15. Juni auf Sebastopol wies er ab, konnte aber bei Tschernaja nicht siegen. Er räumte Sebastopol, hielt sich aber bis zum Frieden auf der Nordseite. Schliesslich wurde er Gouverneur von Polen. (Der jüngste Bruder ist der 1890 gestorbene russische Kanzler Fürst G.)

Gorzyce. 12./6. 1809 siegreiches Treffen und Einnahme durch die Oesterreicher.
Goslar. Dort stehen 2. Bat. 2. Hess. Inf.-Regts. No. 82, Garn.-Verw., Garn.-Lazareth. — 3. Servisklasse.
Gosspodincze. 7., 8., 12., 22., 26. April 1849 Vertheidigung der Römerschanze.
Gotha. Dort stehen Stab, 1. und 4. Bat. 6. Thüring. Inf.-Regts. No. 95, Bez.-Kom., Garn.-Verw., Garn.-Laz. — 2. Servisklasse.
Gottesaue (s. Karlsruhe).
Gottesdienst in den Lazarethen ist durch den Geistlichen vorher dem Chefarzte anzumelden. Wünscht ein Kranker geistlichen Beistand, wird er ihm gern gewährt; auch wenn das Leiden eines Kranken eine bedenkliche Wendung annimmt, wird der Geistliche benachrichtigt. (S. auch Kirchenbesuch.)
Gotthard, St. an der Raab, 1./8. 1664 Sieg Montecuculis über die Türken.
Gough, Hugh., Baron, englischer Feldmarschall (1779—1869), kämpfte in den Kolonien und in Spanien; kommandirte 1841 die Truppen in China, 1842 Oberbefehlshaber der Truppen in Indien, 1849 lieferte er die Schlachten von Chilliawallat und Gujerat, wodurch der Pendschab einverleibt wurde.
Gourgaud, Gaspard, Baron de, französischer Feldmarschall (1783—1852). Er war seit 1809 steter Begleiter Napoleons, dem er mit Hingebung diente. Er hat viele Schriften über die Feldzüge verfasst.
Gouvion, St. Cyr, französischer Feldmarschall (1764—1830), musste, nachdem er sich 1812 im russischen Feldzuge hervorgethan, von Napoleon in Dresden im Stiche gelassen, kapituliren. Später war er französischer Kriegsminister und reorganisirte die Armee.
Govone, Giuseppe (1825—1872), diente 1848 1859 gegen Oesterreich, wurde 1855 vor Sebastopol verwundet; 1866 als Generallieutenant nach Berlin gesendet, vermittelte er das Bündniss zwischen Preussen und Italien, führte bei Custozza die 9. Infanterie-Division, 1867 Chef des Generalstabes, 1869 Kriegsminister.
Grabbe, Paul, Graf, russischer General der Kavallerie, machte die Feldzüge 1805, 1806, 1807, 1812, 1813 und 1814 mit, kämpfte 1828 und 1829 gegen die Türken, war im polnischen Feldzuge Generalstabs-Chef des 1. Infanterie-Korps, 1838 im Kaukasus, nahm 1849 als General-Adjutant Theil am Feldzuge in Ungarn kommandirte 1854 in Kronstadt und Esthland; 1862 Nakasmij Ataman der Kosaken des Don.
Grabenschere war eine Brustwehr im Graben zur besseren Bestreichung desselben in dem Bastionair-Tracé.
Grabenvertheidigung geschah bei den alten Tracés von den flankirenden Brustwehren aus. In den neueren permanenten Befestigungen sind dazu besondere Koffer, die bombensicher eingedeckt und gegen den Seitenschuss gesichert sind, bestimmt.
Gradabtheilung. Die Gradlinien des Globus werden durch Projektion, indem man sich im Mittelpunkt der durchsichtigen Erdkugel denkt, auf die Fläche des Papiers übertragen und erscheinen dort als krumme Linien. Bei solchen Karten erscheinen die seitlich liegenden Länder etc. verkürzt. Man hat nun die Landesaufnahmen so getheilt, dass die einzelnen Karten in Meridianen von 10 Minuten und in Parallelkreisen (in Deutschland) von 6 Minuten gewissermassen als gestreckte Stücke der Erdoberfläche erscheinen. Eine Gradabtheilung besteht demgemäss aus 60 Kartenblättern. (S. Landes-Aufnahme.)

Gradbogen s. Reflektor.

Gradlitz an der Elbe, 30./6. 1866 Artillerie-Gefecht.

Gran, früher Festung, an der Donau in Ungarn, wiederholt Schauplatz heftiger Kämpfe, besonders hervorzuheben: 2./1. 1595 Einschliessung, 4./8. Niederlage des türkischen Entsatzheeres, feindlicher Verlust 2700 Mann, 27 Geschütze, 20 Fahnen, 1500 Zelte: 19./9.—10./10. 1604 Vertheidigung gegen die Türken, die sodann die Belagerung mit Verlust von 10000 Mann aufgaben; 16./8. 1685 siegreiche Schlacht der Kaiserlichen; 1706 von den Konföderirten erobert, 9./10. von den Kaiserlichen zurückerobert. Garnison: Infanterie-Regiment 26.

Granate. Pulvergranate, im Gegensatz zur Panzergranate ohne Zünder auch Zündergranate genannt. Meist aus Gusseisen, seltener aus Stahl.

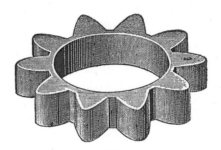

Ring einer Ringgranate.
(Nach Wernigk, Handb. für Einjähr. d. Feldart.)

Die zuerst gebräuchliche einwandige G. wurde durch die Doppelwandg. und letztere durch die Ringg. (von Uchatius erfunden) ersetzt. Da die G. an Wirkung gegen lebende Ziele dem immer mehr vervollkommneten Shrapnel, an Minenwirkung den Brisanzgeschossen bedeutend nachsteht, so hat man in den meisten Staaten die Pulverg. aufgegeben. Die vorhandenen Bestände werden aufgebraucht und an ihre Stelle treten die Spreng- und Mineng. (Abbild. s. nächste Seite.)

Granatfüllung. Der von Deutschland eingeführte brisante Geschoss-Sprengstoff G. c/88 ist nitrirte Karbolsäure (Pikrinsäure, Trinitrophenol). Sie wird in hellgelben, glänzenden Krystallen hergestellt, ist in Wasser löslich, schmilzt bei 122 Grad C., hat einen scharf bitteren Geschmack und wirkt giftig. Zusammensetzung:

$$\underset{\text{Phenol}}{C_6H_6O} + \underset{\substack{\text{Salpeter-}\\\text{säure}}}{3HNO_3} = \underset{\text{Trinitrophenol}}{C_6H_2(NO_2)_3OH} + \underset{\text{Wasser}}{3H_2O}.$$

Bei der Zersetzung liefert die Pikrinsäure:
$$6CO + H_2O + H + 3N.$$

Die G. c/88 wird als Sprengladung für die Sprenggranaten der Feldartillerie und für die

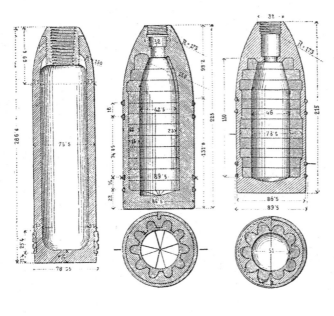
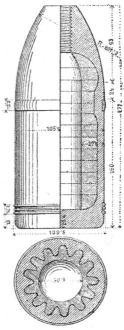

England	Italien	Oesterr.-Ungarn	Russland
12 Pfünder	9 cm	9 cm	Schwere Granate

Feldgranaten.
(Nach Schubert, Die Feldartillerie.)

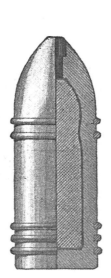
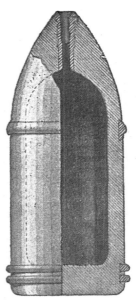
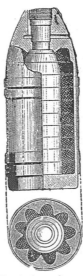

Deutsche 12 cm-Granate C/80 — Deutsche 21 cm-Granate C/80 — Deutsche schwere **Feldgranate C/76** (Ringgranate).

Granaten mit Kupferführung.

neueren Konstruktionen der 12, 15 und 21 cm Granaten der Fuss- und Küstenartillerie verwendet.

Granatkartätsche. In einigen Heeren früher gebräuchliche Bezeichnung für „Shrapnel". (Obus à mitraille.)

Granson, 1476 Sieg der Eidgenossen über Karl den Kühnen von Burgund.

Grant, 1. James, englischer General (1808 bis 1875), diente 1840 bis 41 gegen China, 1857 bis 58 gegen die indischen Rebellen, besetzte 1860 Tientsin und rückte 13./10. siegreich in Peking ein. 2. Patrick, englischer General (1804 bis 1872), 1856 Oberbefehlshaber der Truppen in Madras, 1857 der indischen Armee. 3. Ulysses, machte als Lieutenant die mexikanischen Kriege mit, quittirte dann den Dienst und war von 1854 bis 1861 Farmer und Lederhändler, trat dann in die Armee ein und wurde nach 5 Wochen Oberst; 1864 war er Oberbefehlshaber sämmtlicher Streitkräfte der Union, mit welchen er den Krieg zu Ende führte; 1868 bis 1872 Präsident der Republik, dann Privatmann.

Grape, Graf, französischer Admiral (1723 bis 1788). Er machte sich einen Namen durch die Kämpfe gegen Rodney in den westindischen Gewässern; er hinderte die Engländer mit ihrer Flotte Lord Cornwallis beizustehen (1781) und trug damit zu dessen Kapitulation bei. 1782 wurde er von Rodney bei Guadeloupe geschlagen und nicht mehr verwendet.

Graudenz, Festung, war in den Kämpfen des deutschen Ordens wichtig, wurde vom 16./1. 1806 bis zum Tilsiter Frieden von den Franzosen belagert.

Dort stehen die Stäbe der 35. Div., 69. Inf.-Brig., 35. Kav.-Brig., Kommand., Inf.-Regt. Graf Schwerin (3. Pom.) No. 14, Stab, 1., 2. und 4. Bat. Inf.-Regt. No. 141, Stab, 1.. 2. und 4. Abth. Feldartill.-Regts. No. 35, 2 Bat. Fussartill.-Regt. No. 15, Fest.-Gefängniss, Bez.-Kom., Art.-Dep., Fortif., Prov.-Amt. Garns.-Verw., Garns.-Laz. — 2. Servisklasse.

Graupen und Griese sollen weder Staub, Sand, noch Theile von Unkraut, Hülsenabfälle, ungeschälte Körner und dergl. enthalten, müssen insektenfrei und trocken sein, insbesondere keine Klumpen-Bildungen zeigen, gut riechen und schmecken. Tagesportion in in der Garnison 120, im Kantonnement, Lager etc. 125 g.

Gravelingen war eine bedeutungslose kleine französische Festung am Kanal zwischen Calais und Dunkirchen. Hier erfocht Egmont 1658 einen Sieg über die Franzosen. Es wurde 1644 von den Spaniern 6 Wochen lang vertheidigt, 1652 umgekehrt von den Franzosen gegen die Spanier und schliesslich 1658 von den Franzosen erobert.

Gravelotte (St. Privat). Schlacht 18./8. 1870. Am 14./8. war die Schlacht bei Colombey, östlich Metz, durch die Bazaine sich um Metz fesseln liess; am 16./8. Schlacht bei Mars la Tour-Vionville, südwestlich Metz. Am 17. zogen sich die Franzosen auf St. Privat und hinter die Manceschlucht zurück (150000 Mann). Am 18. stand 7. Korps bei Corny, 8. bei Gorze, 9. bei Flavigny und 3. Korps bei Vionville, 10. bei Tronville (die letzten 3 hatten schon am 16. gekämpft). 12. bei Mars la Tour, Garde bei Habonville. Die Kavallerie zwischen Flavigny und Habonville.

Deutscherseits glaubte man die französische Armee im Abzuge, deshalb wurde die Garde auf Habonville dirigirt, Sachsen in Reserve. Zuerst kam das 9. Korps bei Verneville (Farme Champenoy) in's Gefecht, das 8. und 7. bei Gravelotte an der Manceschlucht (St. Hubert-Ferme), dann stürmte Garde mit Sachsen das Dorf Marie aux Chênes; später die Garde St. Privat, und die Sachsen Roncourt. Dies entschied die Schlacht. Das 2. Korps griff noch Abends bei Gravelotte ein. Plan s. Seite 292.

Gravimetrische Dichte s. Raumgewicht.

Gravina, Herzog, spanischer Admiral (1747 bis 1806). Er kämpfte unter Villeneuve bei **Trafalgar.**

Greene, amerikanischer General (1742—1786), der gegen die Engländer im Unabhängigkeitskriege eine Armee führte und Lord Rawdon bei Eutawsprings 1781 schlug.

Gregorius-Orden, päpstlicher Orden.

Greifen der Pferde, wenn sie im Trab mit den hinteren Hufen die vorderen berühren, was man am Klappen bemerkt. Dies thun überbaute Pferde häufig. (Man nennt es anderswo auch Einhauen.)

Greifswald. Dort stehen 3. Bat. Inf.-Regts. Prinz Moritz v. Anhalt-Dessau (5. Pom.) No. 42, Garn.-Verw., Garn.-Laz. — 2. Servisklasse.

Grenadiere. Das Wort leitet sich von grenades, Granaten, ab. Die im ersten Gliede stehenden Grenadiere trugen kleine Handgranaten, deren Zünder sie in Brand setzten und in die feindlichen Angriffskolonnen warfen. Dazu waren beherzte und starke Leute nöthig, die Zulage und Grenadiermützen bekamen, weil die breiten Hüte beim Werfen (auch die Nachbarn) genirten; auch erhielten die G. allerlei Erleichterungen. Mit der grösseren Beweglichkeit der Taktik gingen sie ein.

Jetzt hat die Bezeichnung einer Anzahl Regimenter als G.-Regimenter und deren Mannschaften Grenadiere nur noch historische Bedeutung. Die G.-Regimenter No. 1—12 tragen im Frieden anstatt der Kinnriemen flache messingene Schuppenketten. Als Friedens-Paradestück tragen diese Regimenter und das Infanterie-Regiment No. 92 zu dem Helme schwarze Haarbüsche; ebenso die G.-Regimenter No. 109 und 110 mit Ausnahme der I. und II. Bataillone, welche bei diesen Regimentern weisse Haarbüsche führen. Die Traggerüste, Leibriemen etc. sind bei den I. und II. Bataillonen der G.-Regimenter No. 1—12 von weisser, sonst überall von schwarzer Farbe.

Grenadiermarsch wird noch jetzt mit Trommel und Pfeife beim Präsentiren geschlagen, ehe der Präsentirmarsch einfällt.

Grenadiermütze (s. auch Grenadiere) wird, wie sie zur Zeit des grossen Königs getragen wurde, in erneutem Modelle (Wilhelm II.) aus Aluminium beim 1. preussischen Garde-Regiment zu Fuss und der Schloss-Garde-Kompagnie bei grossen Paraden geführt.

Die älteren G. sind dem Kaiser Alexander Garde-Regiment No. 1 als Paradestück verliehen worden.

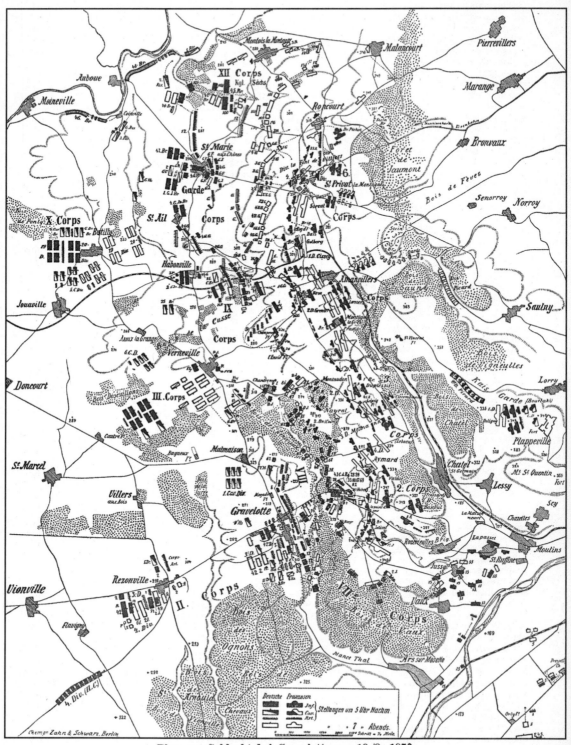

Plan zur Schlacht bei Gravelotte am 18./8. 1870.

Grenoble bildet den nördlichen Zentralpunkt der Alpenvertheidigung gegen Italien. Am Zusammenfluss der Isère und des Drac-Flusses gelegen, schirmt es die Bahn vom Mont Cenis an zweiter Stelle. Alte Befestigungen umschliessen die zwischen den Flüssen gelegene Stadt und sind nördlich bis auf den Rücken des Mont Jalla hinaufgeführt. Das auf die Stadt hinabführende Isère-Thal ist im Norden durch das Fort St. Eynard, auf der felsigen Kante des gleichnamigen Rückens, gebaut, und durch das südlich davon liegende Fort Boarcet geschützt. Im Süden des Flusses beherrscht das Fort du Marier die Bahn, die Strasse und das Thal. Die von dort nach Südosten führende wichtige Gebirgsstrasse wird von dem Fort des Seigneurs beschirmt. Die Lage der Werke ist aus der Karte zu ersehen (s. Seite 294).

Gribeauval, Jean (1715—1789), 1732 französischer Artillerist, studierte 1752 die preussische Artillerie, war dann österreichischer General, zeichnete sich 1760 bei Glatz, 1762 bei Schweidnitz aus, wurde zum F.-M.-L. ernannt, kehrte dann nach Frankreich zurück, wo er sich um das Fortifikations- und Artilleriewesen verdient machte.

Griechenland. Armee.
Im Frieden.
Inf.-Rgt. à 2 Bat. (à 4 Komp.) Kav.-Rgt. zu 4 Esk.

		Komp.	Esk.	Batt.	Bergbatt.
1. Gen.-Kom.	Larisa	40	4	4	3
2. ” ”	Missolonghi	32	4	3	3
3. ” ”	Athen	40	4	4	3
	Sa.	112	12	11	9

Dazu kommen in Athen 8 Komp. Genie-Truppen.

Grobkörniges Pulver.

Friedens-Heeresstärke 22936 Mann.
Im Kriege.

	Komp	Esk	Batt.	Bergbatt.
1. Armee-Korps	72	5	7	3
2. ” ”	72	5	7	3
3. ” ”	72	5	7	3
Sa.	216	15	21	9

Dazu pro Korps 4 Komp. Genie-Truppen.
Kriegsstärke.
Inf. 54000 M.
Kav. 2250 „
Art. 4000 „ 180 Geschütze.
Genie 3000 „
Trains etc. 3000 „
Sa. 66250 M. 180 Geschütze.

Griechisches Feuer, 600 n. Chr. erfundener Brandsatz, der auch unter Wasser fortbrannte. Seine Zusammensetzung ist heute unbekannt. Jetzt werden unter diesem Namen Brandsätze verstanden, die metallisches Kalium, Natrium oder Phosphorkalium enthalten, sich durch Berührung mit Wasser entzünden und auf wie unter dem Wasser weiter brennen.

Griffe. Gustav Adolph und Moritz von Oranien waren die ersten, die Griffe einführten, die nothwendig wurden, um auch dem gemeinen Manne die Handhabung des Ladens beizubringen. 21 Tempos waren bei der Ausbildung im Laden 1849 (mit dem alten Steinschloss) zu erlernen. Sie waren auch nöthig zur Aufrechterhaltung der Ordnung und Disziplin im Feuer. Diese Griffe sind jetzt bekanntlich auf das Engste beschränkt.

Grimm, Dr., preussischer General-Stabsarzt der Armee (1804—1884). Als Organisator bekannt.

Grobkörniges Pulver, für Feld- und andere Geschütze bestimmtes Schwarzpulver von ziemlich hoher Dichte, aus unregelmässigen Körnern bestehend, deren Abmessungen zwischen 4 und 19 mm liegen. Das deutsche G. P. hat 4—10 mm Korngrösse (s. Bild) und mindestens 1,659 Dichte (bei 1 % Feuchtigkeitsgehalt); es wird auch noch zu den Ladungen der leichten und schweren Feldkanonen C/73 (in Festungen) und einiger anderen Geschütze verwendet.

	Korngrösse mm	Dichte
Italienisches G. P No. 1	7—11	1,66—1,68
Oest.-Ung. G. P. (Steiner Würfel-P.)	7,0	1,642
Französisches G. P. (C₁)	6,2—6,8 / ×8—14	1,735
Engl. G. P. (Selected pebble powder)	9,5—19	1,74—1,76

Grochow, Schlacht am 25./5. 1831. Hier schlug F.-M. Diebitsch die Polen unter Chlopicki nach sehr heftigem Kampfe.

Grocka, Schlacht 23./7. 1739; österreichischer Verlust: 10 Generäle, 327 Offiziere, 5191 Mann, 2184 Pferde.

Gröben, Graf v. d., preussischer General der Kavallerie (1817—1894), wurde 1866 als Führer des Kavallerie-Korps der I. Armee verwundet (Orden pour le mérite). 1870/71 führte er die 3. Kavallerie-Division mit Auszeichnung, besonders

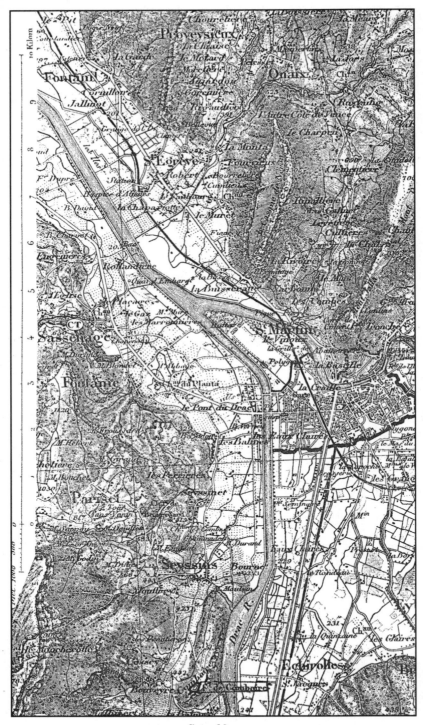

Grenoble.

Grenoble.

im Norden Frankreichs. Zuletzt Kommandeur der 5. Division.

Grösse der Pferde. Geringstes Maass für Kürassiere und Gardes du Korps 1,53 m; Ulanen, Garde-Dragoner und Leib-Garde-Husaren 1,49 m; Linien-Dragoner und Husaren 1,46 m; Artillerie-Zugpferde 1,52 m; Artillerie-Reitpferde 1,48 m.

Grolman, von, preussischer General der Infanterie (1777—1843). Trat theoretisch sehr vorgebildet in die Armee, machte als Adjutant Möllendorffs den Krieg 1806 und 7 mit, wurde dann Mitglied der Reorganisations-Kommission. 1809 ging er nach Oesterreich. 1810 nach Spanien. Ernüchtert kam er 1812 zurück, war 1813 Generalstabs-Offizier bei Kleist und that sich bei Kulm hervor. 1815 war er bei Blücher. 1819—1825 lebte er zurückgezogen, starb als kommandirender General des 5. Armee-Korps.

2. G., Wilhelm von, preussischer General der Infanterie (1829—1893), zuletzt kommandirender General des 11. Armee-Korps, Sohn des vorigen, trat beim 1. Garde-Regiment ein. Im Generalstab der 10. Division bei Nachod und Schweinschaedel verwendet, wurde er schwer verwundet. 1870 mit Elisabeth-Regiment bei St. Privat wurde er von Neuem verwundet, nahm aber an der Einschliessung von Paris und namentlich an den Kämpfen vom 31. Oktober und 21. Dezember wieder Theil. 1888 kommandirender General des 4. Armee-Korps. 1889 in gleicher Eigenschaft zum 11. Armee-Korps versetzt. (Schwarzer Adler-Orden.)

Grossbeeren. Schlacht am 23./8. 1813.

Oudinot marschirte auf Berlin, der Kronprinz von Schweden, dem der Krieg nicht ernst war, führte die Verbündeten. Von den Franzosen war die Division Sahr (Sachsen) vorne, Durutte folgte, Lecocq (Sachsen) machte den Schluss. Sahr nahm G. Als er seine Aufstellung beendet hatte und die übrigen Divisionen im Aufmarsch begriffen (strömender Regen). glaubte von Bülow den Augenblick zum Angriff gekommen; meldete dem Kronprinzen, der ihm den Rückzug befahl; griff trotzdem an, trieb die Division Sahr in den Sumpf, wobei der Kolben der Pommern tüchtig gebraucht wurde. Die Division Durutte eilte erschreckt in den Wald, hier wurde sie von preussischer Reiterei niedergehauen oder gefangen. Lecocq deckte die Flucht. Oudinot ging bis Wittenberg zurück. Die Division Gérard wurde bei Hagelsberg aufgerieben.

Auf der Karte (s. Seite 297) sind die Bezeichnungen Sachsen △ mit denen der Schweden ○ verwechselt, worauf zu achten ist.

Grossbritannien. Armee.

Im Frieden.
1. Stehendes Heer:

	Bat.	Esk.	Batt.	r. Batt.	Gebirgs-Batt.
Im Mutterland	71	69	37	9	1
In Indien	54	36	42	11	8
In den Kolonien	23	8	1	—	1
Zusammen	148	113	80	20	10

Dazu kommen im Mutterlande 69 Depot.-Bat., 11 Depot-Esk., 6 Depot-Batt. Ferner an Fussartillerie und Genie:

Im Mutterlande 22 Komp. (9 Depot) Art. und 41 Komp. Pioniere.
In Indien 27 Komp. Art. und 1 Komp. Pioniere.
In den Kolonien 19 Komp. Art. und 15 Komp. Pioniere.

2. Miliz (im Auslande nicht brauchbar):
134 Bat. Miliz und 210 Bat. Freiwillige, 112 Esk. Yeomanry.

Friedensstärke:
Stehendes Heer 219400 M. davon
s. feldverfügbar 105550 M.
Armee-Reserven 80381 „ davon
s. feldverfügbar 80381 „
Sa. 299781 M. Sa. 185931 M.

Im Kriege.

Verfügbar für einen Krieg ausser Landes sind die im Frieden (s. dort) als stehendes Heer aufgeführten 71 Bat. (69 und 11 Depot-). 80 Esk. und 46 Batt. Art., das sind 195260 M. und 192 Geschütze.

Zur Landesvertheidigung (Milizen, Freiwillige etc.) etwa 495000 M. (eingeschlossen die obigen Truppen).

Die übrigen Truppen sind in Indien und den Kolonien kaum entbehrlich.

Bekanntlich besteht das stehende Heer aus Werbetruppen, von denen z. B. im Jahre 1894 von den 35195 Rekruten 1548 auf längere, 1455 auf 3jährige, 32192 auf 7jährige Dienstzeit eingestellt worden sind.

Gross-Enzersdorf, Garnison: 1 Div.-Drag.-Rgt. 13.

Grosse Parade s. Frontrapport.

Grosses Hauptquartier s. Hauptquartier.

Gross-Görschen, Schlacht am 2./5. 1813, von den Franzosen auch bei Lützen genannt.

Es gelang Wittgenstein, die Truppen Neys aus allen Positionen zu drängen; doch griff die Reiterei nicht ein und so gingen alle Vortheile verloren.

Napoleon kam selbst zu Hülfe, liess Caje stürmen und stellte das Gefecht wieder her. Wittgenstein ging, trotzdem der Rückzug sehr geordnet war, über die Elbe. Sachsen schloss sich nach diesem Siege wieder an Napoleon. (Scharnhorst wurde in der Schlacht verwundet.)

Gross-Jägerndorf, Schlacht am 30./8. 1757 bei Gumbinnen. F.-M. Lehwald griff bei starkem Nebel die dreifach überlegenen Russen an; die Reiterei, Anfangs Vortheile erbeutend, gerieth in Artilleriefeuer und musste zurück; die Infanterie kam bei dem Wetter gänzlich auseinander, sodass der F.-M. die Schlacht abbrach; die Folge war der Abzug der Russen auf Friedland.

Gross-Lichterfelde s. Lichterfelde. 1. Servisklasse.

Grosssachsen. Dort 16./6. 1849 Gefecht zwischen dem General von Peucker mit dem Reichs-Korps gegen badische Insurgenten.

Grossscheuern bei Hermannstadt, 6./8. 1849 siegreiche Schlacht der Russen gegen die Ungarn unter General Bem.

Grosswardein war früher eine starke Festung, bald in den Händen der siebenbürgischen Fürsten, bald türkisch, bald kaiserlich. 1660 eroberten die Ungarn G., 1692 wurde es von den Kaiserlichen genommen.

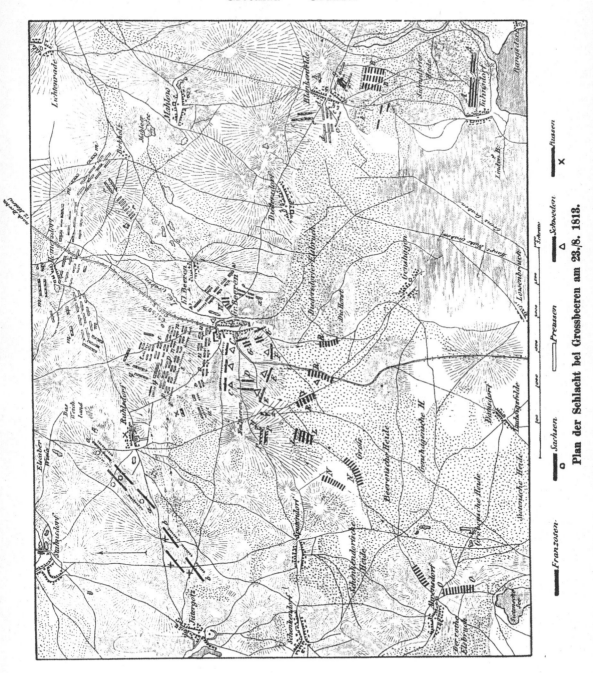

Plan der Schlacht bei Grossbeeren am 23./8. 1813.

Grottkau. Dort stehen 2. Abtheil. Feldart.-Regts. v. Clausewitz (Oberschles.) No. 21, Garn.-Laz. — 3. Servisklasse.

Grouchy, Graf, Feldmarschall von Frankreich (1766—1847), war ein tapferer Führer. Er veranlasste durch seine energische Verfolgung die Kapitulation Hohenlohes und die Siege von Eylau und Friedland. 1808 focht er in Spanien, 1809 in Italien und bei Wagram mit Auszeichnung. Bei Borodino führte er die Kavallerie gegen die Vertheidiger der Schanzen. 1814 zeichnete er sich aus, wurde bei Craonne verwundet. Er folgte nach der Schlacht von Ligny den Preussen nach Wavre, statt sich an Napoleon anzuschliessen, ging 1819 nach Amerika.

Grünhof i. P. besitzt eine vom Militär-Knaben-

Erziehungs-Institut Annaburg errichtete Zweig-Anstalt für katholische Zöglinge.

Grünne, Graf, österreichischer General der Kavallerie (1762—1854). Er war ein bewährter Feldsoldat und Berather des Kaisers, auch des Erzherzogs Karl. Sein Sohn Karl hatte eine ähnliche Stellung des Vertrauens, war aber beim Volke unbeliebt und trat 1875 in den Ruhestand.

Grütze, gelieferte, muss ohne Mieten, Hülsen und fremden Samen sein. Die Tagesportion beträgt in der Garnison 120 g, im Kantonnement, Lager oder Biwak 125 g.

Grund'sches System der Lazarethzüge. Die Betten stehen dabei auf Blattfedern. Für einen Waggon à 6 Schwerwundete sind 4 Paar Blattfedern erforderlich.

Grundjoch. Wenn Pfahljoche so konstruirt sind, dass die unter dem Wasserspiegel abgeschnittenen Pfähle ein besonderes Joch bekommen, auf die die Brückenjoche aufgesetzt werden, so nennt man das untere Joch das G.

Grundlisten bestehen aus den Rekrutenstammrollen (s. dort), den alphabetischen Listen (s. dort) und den Restantenlisten (s. dort). Diese liegen der Musterung zu Grunde und werden bei Gelegenheit derselben berichtigt.

Grundschuss, früher gegen Schiffe angewendet, sollte diese unter oder kurz über dem Wasserspiegel treffen, dadurch Eindringen des Wassers in das Schiff bewirken.

Grundstücke. Gesuche militärpflichtiger Söhne etc. arbeits- oder aufsichtsunfähiger Grundbesitzer, auch solcher, deren Grundstücke ohne ihre Beihilfe zerfallen würden, auf Zurückstellung von der Aushebung dürfen berücksichtigt werden.

Gruppe ist die Bezeichnung für die kleinste

Hülfslazarethzug (Grund'sches System)

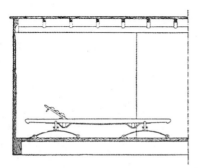 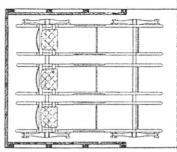 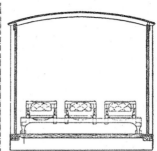

Grund'sches System der Lazarethzüge.

Unterabtheilung einer Schützenlinie, 8—12 Mann vom Unteroffizier geführt.

Gruppe. (Schiessplatz.) Dort steht Garn.-Verw.

Gruppenschiessen s. Einschiessen unter b.

Gruson, Geheim. Kommerzienrath (1828 bis 1895), Gründer der grossen Maschinenanstalt in Buckau-Magdeburg, Erfinder des Hartgusses, Fertiger der grossen und kleinen Panzer-Kuppeln, so wie der Schnelllader (s. Schumann). Die Fabrik hat sich 1893 mit der von Krupp zu einer grossen Aktiengesellschaft verschmolzen, zum Schaden des Reiches.

Gruson-Geschütze. Panzer- und Schnellfeuergeschütze. Kaliber: 3,7, 4,7, 5,3, 5,7, 7,5, 8, 8,2, 12 und 21 cm. L. der Kanonen 25, 30, 35 und 40, der Haubitzen 12 und 13, der Mörser 7 und 6,5.

Die Rohre sind aus Flussstahl. Gruson'schem Hartguss oder Bronze und haben teils den Verschluss der G.'schen Schnellfeuer-Kanonen, der in Bezug auf Dauer und leichte Handhabung ein gutes Verhalten gezeigt hat, theils (Mörser. 8,2 und 12 cm Kanone) einen Schraubenverschluss. Munition: Brisanzgranaten, Schrapnels und Kartätschen, die Schnellfeuergeschütze haben Metallkartuschen. Lafetten: Fahrpanzer, Panzer-L., Panzerthurm und Feldlafetten. Die Mörser sind theilweise als Kugelmörser konstruirt (s. dort).

Mit den Schnellfeuerkanonen kleinen Kalibers lässt sich eine Feuergeschwindigkeit von 40 bis 45 Schuss in der Minute, mit den mittleren Kalibern von 20 bis 25 und mit den 12 cm Haubitzen von 8 bis 12 Schuss in der Minute erreichen.

Grusonwerk. Bedeutende Eisengiesserei und Maschinenfabrik in Buckau bei Magdeburg, hat unter anderem durch Vervollkommnung des Eisenhartgusses für die Fabrikation von Panzerungen und Panzergeschossen Grosses geleistet. Seit 1892/93 ist das Werk an die Gussstahlfabrik Fried. Krupp in Essen zunächst durch Betriebsüberlassungs-Vertrag, dann durch Kauf übergegangen.

Guadalupe-Orden, kaiserlich-mexikanischer Orden, besteht nicht mehr, ist aber noch bei österreichischen, früher mexikanischen Offizieren zu sehen.

Guasco, Graf, österreichischer F.-Z.-M. (1711 bis 1763), aus russischen Diensten in österreichische (1752) übergetreten, zeichnete sich besonders durch seine heroische Vertheidigung von Schweidnitz (1762) aus, für die ihm selbst Friedrich der Grosse seine Hochachtung aussprach. Er erhielt dafür das Grosskreuz des Theresien-Ordens.

Guastalla, 1734 und 1814 Sieg der Franzosen über die Oesterreicher.

Guben. Dort steht Bez.-Kom. 2. Servisklasse.

Gudsoe (bei Fridericia). Treffen 5./7. 1849, in dem General Bonin die Dänen unter Bülow durch Umfassen ihres rechten Flügels zum Zurückgehen auf Fridericia und Snoghoi zwang. (Moltke 1848/49).

Guebriant, Jean, Graf. französischer Marschall, befehligte 1641 Bernhard von Weimars Armee, nahm 1642 die kaiserlichen Generale Lannog und Mercy gefangen, eroberte 1643 Rottweil und fiel in demselben Jahre.

Guerillakrieg. Die patriotischen Gebirgsbewohner, die sich in Spanien gegen das französische Joch auflehnten, thaten sich zu Banden, Guerillas, zusammen. Seitdem heisst jeder Krieg, in dem die Bewohner sich am kleinen Kriege betheiligen, G.

Guhrdynamit s. Dynamit.

Guiden. Es waren ursprünglich junge Offiziere, die im Lande bekannt, den Kolonnen als Führer dienten und sonst den Stäben attachirt wurden. Später wurden die heutigen Stabswachen so genannt.

Guilleminot, Graf, französischer General (1744 bis 1840), machte meist in Stäben die Feldzüge Napoleons mit Auszeichnung mit, verblieb nach der Restauration im Dienste, vielfach diplomatisch verwendet.

Guinegate, 1479 und 1513 Siege unter Kaiser Maximilians I. Führung gegen Frankreich.

Guichen, Graf, französischer Admiral (1712 bis 1790). Nachfolger von d'Estaing, that er den Engländern in den westindischen Gewässern und an der eigenen Küste mancherlei Abbruch, ohne jedoch grosse Erfolge zu erringen.

Guischard gen. von Quintus Icilius (1724 bis 1775), preussischer Oberst. Ein Vertrauter Friedrichs des Grossen, auch als Organisator und Schriftsteller thätig.

Gummipuffer, Platten aus vulkanisirtem Kautschuk. meist walzenförmig und in der Mitte gelocht, dienen an Lafetten und Fahrzeugen zur Abschwächung des Rückstosses beim Schuss (an Rahmenlafetten auch zum elastischen Auffangen der vorlaufenden Oberlafette), sowie zur Milderung der Stösse beim Fahren.

Günther, Freiherr von (1736—1803), preussischer G.-L. Sohn eines Predigers in Neu-Ruppin, zeichnete sich als Reiterführer aus. Er ist der Erste, der bei der Kavallerie die Lanzen zur Geltung brachte. (v. Boyen, Litt.)

Güstrow. Dort stehen 2. und 3. Abth. Holst. Feldart.-Rgts. No. 24 (9. Batt. [Grossh. Mecklenb.] s. Neustrelitz), Prov.-Amt, Garn.-Verw. 2. Servisklasse.

Gumbinnen. Dort stehen Stab der 2. Inf.-Brig., Füs.-Rgt. Graf Roon (Ostpr.) No. 33, St., 1., 2. und 5. Esk. Drag.-Rgts. v Wedel (Pom.) No. 11, 4. Abth. Feldart.-Rgts. Prinz August von Preussen (Ostpr.) No. 1, Bez.-Kom., Prov.-Amt, Garn.-Verw., Garn.-Laz. 3. Servisklasse.

Gustav Adolph, König von Schweden (1594 bis 1632). Er kämpfte 1617 erfolgreich gegen Russland und 1621—29 gegen Polen. Er landete während des 30jährigen Krieges 26./6. 1630 auf Usedom. Erst setzte er sich in Norddeutschland fest, ging 1631 zur Elbe, befestigte ein Lager bei Werben, wo er Tilly schlug; zum zweiten Male entschieden bei Breitenfeld 7./9. 1631 (s. dort) und nahm Winter 1831/32 sein Winterquartier am Main (s. 30jährigen Krieg). 1632 schlug er Tilly bei Rain, konnte aber bei Nürnberg gegen Wallenstein nichts ausrichten; besiegte ihn jedoch 6./11. 1632 bei Lützen, den Sieg mit dem Tode bezahlend.

„Güte" der Gewehre. Professor Hebler (Schweiz) hat eine Formel aufgestellt, nach welcher aus den wesentlichsten Eigenschaften der Gewehre sich deren relative „G." in einfacher Weise berechnen lassen soll. Die Formel liefert indess nur einigermaassen brauchbare Ergebnisse, solange es sich um den Vergleich von Gewehren handelt, die einander hinsichtlich ihrer Leistungen ziemlich nahe stehen. Da sie aber die Grössen, welche die „G." einer Kriegswaffe bedingen, nicht durchweg mit den ihrer wirklichen Bedeutung entsprechenden Werthen in Rechnung stellt, so gestattet sie keine allgemeine Anwendung, und die aus ihr gefundenen „G."-Zahlen geben um so mehr ein verzerrtes und unmögliches Bild, je grösser die Verschiedenheiten der verglichenen Waffen werden.

Guttaperchazündschnur gehört zu den Leitfeuern und besteht aus einem gekörnten, langsam brennenden Satze in einer wasserdichten Umhüllung von Guttapercha. G. kann ohne Nachtheil Stunden und selbst Tage lang in Wasser liegen, wenn die Enden geschützt sind. Brenngeschwindigkeit etwa 1 cm in der Sekunde. Zu längeren Leitungen wird G. in Verbindung mit Schnellzündschnur verwendet.

Guyon, Richard, Graf (1812—1856), ein Engländer, 1832 im österreichischen Dienste, quittirte bald darauf, 1848 im Revolutions-Kriege ungarischer General und Vertheidiger von Komorn, nach der Kapitulation von Vilagos in türkischen Diensten, unter dem Namen Churschid Pascha im Orientkriege 1854 Generalstabschef.

Gyöngyös, Garnison: Hus.-Rgt. 12.

Gyulai, 1. Graf von Maros-Nemeth und Nadaska (1763—1831), österreichischer F.-Z.-M. zeichnete sich durch Heldenmuth und gute Führung 1797 bei Kehl, 1800 bei Hohenlinden. 1809 als Führer des 9. Armee-Korps, 1813 bei Dresden, 1814 bei Brienne und La Feste s. A. aus.

2. G., Franz, Graf von, österreichischer F.-Z.-M. (1798), war 1849 Kriegsminister, hatte den Oberbefehl in Italien im Kriege 1859, den er mit wenig Glück gegen die Franzosen führte. Nach dem Verluste der Schlacht bei Magenta trat er in den Ruhestand.

H.

Haarbüsche. Es führen weisse H.: die mit weissem Lederzeug ausgerüsteten Grenad.-Bat. der 4 Garde-Regtr. z. F. und 4 Garde-Grenad-Regtr., die 1. und 2. Bat. der Bad. Grenad.-Regtr. No. 109 und 110, das 1. und 2. Garde-Drag.-Regt. und die Bad. Drag.-Regtr. No. 20, 21 und 22, sämmtliche Hus.- und Ulan.-Regtr., das 1. und 2. Garde-Feldartill.- und das Garde-Fussartill.-Regt., die Feld- und die Fussartill.-Schiessschulen, die Vers.-Komp. und Artill.-Prüf.-Kommis., das Garde-Train-Bat. und die Stabsordonnanzen des Gardekorps;

schwarze H.: die übrigen Bat. der 4 Garde-Regtr. z. F., der 4 Garde-Grenad.-Regtr. und der Bad. Grenad.-Regtr. No. 109 und 110, das Garde-Füs.-Regt., die Grenad.-Regtr. No. 1—12, die Füs.-Regtr.-No. 86, die Inf.-Regtr. 92 und 145, die Jäger-Bat., das Garde-Schützen-Bat., Garde-Pionier-Bat., die Eisenb.-Brig., die Drag.-Regtr. No. 1—19, die Regts.-Stäbe und reit. Abtheil. der Feldartill.-Regtr. No. 1—11, 14, 15, 31 34, 35, die Train-Bat. No. 1—11, 14—17;

rothe H.: die Spielleute und Trompeter sämmtlicher mit weissen oder schwarzen H. ausgezeichneter Truppen (beim Braunschw. Hus.-Regt. No. 17 mit weisser Spitze);

schwarz-weisse H.: die Unteroffiz. sämmtlicher Hus.- und Ulan.-Regtr.

Die Trageweise der H. ist hängend. Nur das Braunschw. Hus.-Regt. No. 17 trägt die H. aufgerichtet.

Die Länge der H. zu den Helmen der Fusstruppen, Artillerie, Dragoner ist 30 cm. Die Länge der H.-Trichter ist so zu bemessen, dass der H. bei Fusstruppen bis zur Schirmnath reicht, bei den berittenen Mannschaften und Fahrern mit dem unteren Schirmrande abschneidet. Zum Tschako ist der H. 26 cm, zur Husarenmütze und zum Tschapka 30 cm lang.

Haarschnitt kurz verschnitten. Knebel- und Kinnbärte nicht gestattet. Bei Reserve-Offizieren kann darüber beim Erscheinen bei Hofe hinweggesehen werden.

Haarzüge. Sehr feine Züge, die in grosser Zahl früher bei Handfeuerwaffen angewendet wurden. Man hielt sie bei Vorderladern und

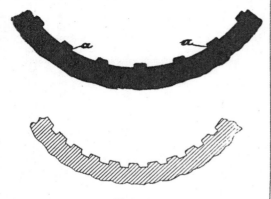

Haarzüge.

den in diesen verwendeten Geschossen (Pflastergeschossen) für vortheilhaft. — Auch die zahlreichen schmalen Züge der älteren englischen Hinterladungs-Geschütze (Armstrong) hiessen H.

Habert, Baron, französischer Divisions-General (1773—1825), Adjutant Napoleons in Egypten; zeichnete sich 1806/7 in Deutschland, 1808 bis 1814 in Spanien aus, wurde bei Belle Alliance schwer verwundet.

Hackets heissen die Wagen, die zum Transport des Brückenmaterials eigens eingerichtet sind (s. Brückenbau).

Hadersleben. Dort stehen 2. Bat. Inf.-Regts. von Manstein (Schlesw.) No. 84, Garn.-Verw., Garn.-Laz. — 2. Servisklasse.

Hadik, von Futak, Reichsgraf, österreichischer Feldmarschall (1710—1790). Ursprünglich zum geistlichen Stande bestimmt, wurde er kühner Streifkorpsführer. Berühmt ist sein Zug nach Berlin 1757 (Grosskreuz des Theresien-Ordens). Schlug Prinz Heinrich 1758 bei Friberg. Erkrankte bei der Einleitung zur Belagerung von Belgrad 1789. Sein Tagebuch ist berühmt. (Schweigerd, Litt.)

Hadschi Loja, bekannter Insurgentenführer, wurde 1878 bei der Erstürmung von Sarajevo verwundet und gefangen.

Hängewerk wird bei Brückenbauten angewandt. Zur Herstellung sind Techniker erforderlich.

Hafer (s. auch Futter). H. muss trocken, glänzend, rein, darf nicht dumpfig, schimmelig, ausgewachsen, mit anderen Sämereien etc. vermischt sein. Schwarzer H. nicht zu verweigern, wenn sonst von tadelfreier Beschaffenheit. Gedörrter Hafer darf nicht verabreicht werden. Glanzloser Hafer hat durch Regen gelitten. — Das Scheffelgewicht muss mindestens 22 kg betragen.

Es gehört zur Haferration:

schweren . .	5500 g	Garnison,	6000 g. Marsch
leichte Garde	5250 „	„	5750 „ ,,
mittleren	5150 „	„	5650 „ „
leichten . .	4750 „	,.	5250 „ „

Bei grossen Uebungen erhalten die Kür.-Regtr. und Zugpferde der reit. Artill. 6400 g, die übrigen Dienstpferde 5750 g H., die Dienstpferde des Regts. der Garde du Korps erhalten eine tägliche Haferzulage von 500 g, bei der Lehr-Batt. und Lehr-Komp. der Artill.-Schiessschulen und Vers.-Komp. der Artill.-Prüf.-Kommis. von 375 g für jedes Zugpferd und von 750 g für jedes Reitpferd (mit Ausschluss der Offizierspferde).

Hagelgeschoss. Im Mittelalter gebräuchlicher Ausdruck für Kartätsche (Streugeschoss).

Hagelsberg. 27./8. 1813 bei Potsdam Sieg des preussischen Generals von Hirschfeld über den französischen General Girard.

Hagen. Dort steht Bez.-Kom. — 2. Servisklasse.

Hagenau. Dort stehen Stab der 62. Inf.-Brig., Inf.-Regt. No. 137, 3. Schles. Drag.-Regt. No. 15, Stab, 1., 2. und 3. Abtheil. des Feldartill.-Regts. No. 31, Bez.-Kom., Prov.-Amt, Garn.-Verw., Garn.-Laz. — 2. Servisklasse.

Hagenau, Truppen-Uebungsplatz. Dort stehen Kommand., Garn.-Verw., Barack.-Laz. — 2. Servisklasse.

Hahn, v., preussischer General der Infanterie, General-Inspekteur der Artillerie (1795—1865). Er zeichnete sich in den Kriegen gegen Dänemark 1848—49 aus, war aber ein Gegner der Einführung der gezogenen Geschütze.

Hahn. Theil der Gewehrschlösser, dient bei Revolvern zum Spannen der Schlagfeder, wobei gleichzeitig die Walze umgesetzt wird und zur Entzündung der Patrone; Theile am deutschen Revolver 83: Kopf mit Spitze und Daumgriff, Hals und Platte. Beim Perkussionsgewehr schlug der H. gegen das auf dem Piston sitzende Zündhütchen und brachte so dessen Knallsatz zur Explosion.

Hainau, Regierungs-Bezirk Liegnitz. Hier überfiel Blücher am 26./5. 1813 Napoleons Avantgarde, die nach der Schlacht von Bautzen allzudreist folgte.

Hake, v. 1. Bayerischer Generallieutenant (1792—1888), hat die Kriege 1809 und 1812 mitgemacht, wurde 1812 gefangen und bis Frühjahr 1814 festgehalten. Zuletzt Kommandant von Bamberg.
2. Preussischer General (1768—1835), erwarb sich schon bei Pirmasens den Orden pour le mérite. 1809 war er Nachfolger Grolmans als Chef des Allgemeinen Kriegs-Departements, Förderer der administrativen Vorbereitungen zum Befreiungskriege. 1815 nahm er Antheil an der Schlacht bei Belle Alliance, leitete die Belagerungen von Mézières, Sedan, Monmedy 1815 und von Glogau 1816, er wurde 1819 Kriegsminister, gründete die heutige Organisation des Kriegsministeriums.

Hakenbüchse. Veraltete Feuerwaffe, die theils auf fahrbarem Bockgestell liegend von 2 Mann, theils auf einem Gabelstück aufgelegt von 1 Mann bedient wurde. Man theilte die Hakenbüchsen in halbe, ganze und Doppelhaken, letztere verfeuerten bis zu 300 g Blei.

Hakenmörser, nicht mehr verwendete kleine Mörser, die mittelst Haken in die Brustwehr eingehängt wurden.

Hakenschwenkungen werden von allen Theilen einer Kolonne an derselben Stelle ausgeführt.

Halberstadt. Dort stehen Inf.-Rgt. Prinz Louis Ferdinand von Preussen (2. Magdb.) No. 27, St., 1., 2., 4. und 5. Esk. Kür.-Rgts. von Seydlitz (Magdb.) No. 7, Bez.-Kom., Prov.-Amt, Garn.-Verw., Garn.-Laz. 2. Servisklasse.

Halbkolonne bei der Kavallerie. Jeder folgende Zug überragt den vorderen nach der Flanke um einige Rotten; näheres Regl.

Hale-Rakete, 1867 in England eingeführte Rakete, welche anstatt des Stabes am hinteren Ende im Schwanzstück mit schneckenförmigen Brandlöchern hatte. Die ausströmenden Pulvergase sollten der R. eine Rotation geben und somit den Achsenstab überflüssig machen. Dies wurde nur unvollkommen erreicht, da die Flugbahn sich als unregelmässig erwies.

Halen, van, spanischer General (1790—1864). Nach einem abenteuerlichen Leben und in alle Verwickelungen der spanischen Halbinsel verflochten, war er eine Stütze Esparteros. Schliesslich war er Präsident des Ober-Kriegsgerichtes in Madrid.

Halexylin, Sprengpulver aus Kalisalpeter, Holzkohle und Sägespähnen, minder brisant als Schwarzpulver.

Halfter wird auch bei Offizierspferden so aufgelegt, dass abkantart werden kann, ohne sie abzunehmen.

Halkett, Freiherr von, hannoverscher General der Infanterie (1783—1863), zeichnete sich in Spanien, 1813 an der Göhrde und 1815 bei Waterloo aus. 1848 führte er in Schleswig das 10. Bundes-Armee-Korps.

Hall, Städtchen in Tyrol, wo die Tyroler unter Speckbacher 12./4. 1809 die Bayern überfielen und gefangen nahmen.

Halle a. S. 17./10. 1806 Sieg Bernadottes über die Preussen unter Eugen von Württemberg, 2./5. 1813 Sieg Bülows über die Franzosen. Dort stehen St., 1., 3. und 4. Bat. Magdeb. Füs.-Rgts. No. 36, Bez.-Kom., Garn.-Verw., Garn.-Laz. 1. Servisklasse.

Halleck, amerikanischer General (1815—1872), war militärisch gebildet. Nach Ausbruch des Sezessionskrieges erhielt er das Missouri-Departement, dann den Befehl über alle Truppen am Mississippi, wurde durch das Vertrauen Lincolns 1862 als General en chef nach Washington berufen.

Haller, Franz, Graf von Hallerkeö (1795 bis 1875), österreichischer General der Kavallerie, 1842 Banus von Kroatien, 1848 Divisions-Kommandant unter Radetzky, 1856 Adlatus des Erzherzogs Albrecht, damaligen Zivil- und Militär-Gouverneurs von Ungarn.

Hallue, Schlacht an der, 23. und 24./12. 1870. Faidherbe hatte 22. und 23. Korps an der H. gesammelt, bedrohte Amiens. Manteuffel griff ihn am 23. an, nahm mit 15. Division Querrieux und Pont Noyelles, Bussy und Davours. Kampf um Pont Noyelles. 16. Division überschritt die H., nahm Behencourt und Bavelincourt. Abends Vorstoss der Franzosen, die das letztere Dorf überrumpelten. Am 24. blieben die Deutschen in Vertheidigung, alle Angriffe abwehrend. 25. hatten die Franzosen das Schlachtfeld verlassen.

Hamburg ward 1807 von den Franzosen besetzt und befestigt, 1813 wurde es vom russischen General Tettenborn besetzt, 1. Juli desselben Jahres nahm es Davoust wieder. Vom Januar 1814 hatte H. die Belagerung durch die Russen zu bestehen bis 14./5. 1814 Davoust kapitulirte. St., 1., 2. und 4. Bat. 2. hans. Inf.-Rgts. No. 76, Bekl.-Amt des 9. Armee-Korps, Bez.-Kom. Servisklasse A.

Hamburger System der Lazarethzüge. Die Betten liegen in Federn an Teufelsklauen. (S. auch Grund'sches System.)
Abbildung s. nächste Seite.

Hamelin, Ferdinand, französischer Vize-Admiral (1796—1864), führte im Krimkriege die französische Flotte und operirte im Schwarzen Meere gemeinschaftlich mit der englischen Flotte.

Hameln. Dort stehen 3. Bat. Inf.-Rgts. von Voigts-Rhetz (3. Hann.) No. 79, Garn.-Laz. 3. Servisklasse.

Hamilton, 1. Alexander, amerikanischer General und Staatsmann (1757—1804), zeichnete sich unter Washington bei Yorktown aus, 1798 General-Inspektor der Armee, 1799 Oberkommandant.

2. H. Schuyler, amerikanischer General, graduirt in der Militär-Akademie zu West-Point, kämpfte mit grosser Auszeichnung im mexik. Kriege, nahm 1855 seinen Abschied, trat 1861 als Gemeiner wieder in die Armee, ward 1862 General und nahm hervorragenden Antheil an den Kämpfen bei New-Madrid, Missouri und Island; schrieb „History of the national Flag".

Hammelburg. 10./7. 1866 entspann sich ein Gefecht, welches zunächst von der Artillerie geführt wurde; H. wurde erstürmt. Die Division Beyer sammelte sich bei H. ohne den Feind zu verfolgen.

Hammerstein, Feldart.-Schiessplatz. Dort befinden sich: Garn.-Verw. und Bar.-Laz. — (Schiessplatz-Verw. s. Danzig.)

Hammerstein, Freiherr von, hannoverscher G.-L. (1735—1811), berühmt durch seine kühne Durchbrechung der 10 hochüberlegenen französischen Linien, um 400 Emigranten aus Menin zu führen (in der Nacht 29. zum 30./4. 1794). Es war ausserdem die erste That Scharnhorsts, der diese Expedition durchführen half.

Hammond, William, im Sezessionskriege von 1862 an General-Arzt der amerikanischen Unionarmee; leistete hervorragende Dienste.

Hanau. Schlacht 30. und 31./10. 1813. General Wrede beschloss, Napoleon bei H. den Rückzug zu verlegen. Es entspann sich am 30. bei der überlegenen französischen Artillerie schliesslich ein hartnäckiger Reiterkampf, der bis zum Abend währte. Napoleon, fortwährend verstärkt, behielt das Feld. Am nächsten Morgen bemächtigte sich Marmonts der Stadt H., um

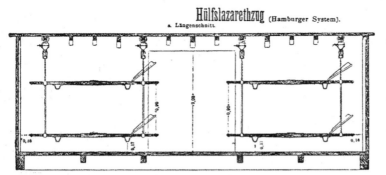
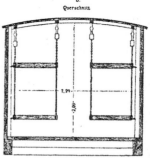

Hamburger System der Lazarethzüge.

den weiteren Rückzug Napoleons zu decken. Wrede wurde beim Versuche, die Stadt wieder zu nehmen, schwer verwundet, und die französische Armee ging ungehindert weiter. Dort stehen 2. Bat. Füs.-Rgts. von Gersdorff (Hess.) No. 80, 3. Bat. 1. Nassau. Inf.-Rgts. No. 87 (nur vorläufig, s. Mainz), Thür. Ul.-Rgt. No. 6, Pulverfabr., Prov.-Amt, Garn.-Verw., Garn.-Laz. 2. Servisklasse.

Hancock Winfield, amerikanischer General, diente 1849—1855 mit Auszeichnung gegen die Indianer, zeichnete sich 1863 bei Gettysburg aus, kommandirte 1864 bei Wilderness, führte 1867 eine Expedition gegen feindselige Indianer.

Handfeuerwaffen, Feuerwaffen, die von einem Mann in jedem Gelände verwendet werden können. Je nach Zweck und Konstruktion theilt man sie in: 1. Gewehre für Infanterie und Pioniere als deren Hauptwaffe. 2. Karabiner für Kavallerie und Fussartillerie als Nebenwaffe. 3. Revolver als Nah- und Nothwaffe.

Handgemenge heisst der Kampf Mann gegen Mann; er wird bei der deutschen Kavallerie nach jeder Attacke, nachdem in Trab übergegangen ist, auch im Frieden dargestellt, indem die Reiter sich im Schritte durcheinander bewegen.

Handgranate (veraltet), kleine Granate mit Säulenzünder. Die H. wurde von den Grenadieren mit der Hand geworfen, nachdem zuvor der Zünder mittelst einer Lunte entzündet war.

Handlungsdiener melden sich dort zur Rekrutenstammrolle, wo sie konditioniren. Im Falle der Reisen der H. haben dieses die Eltern, Vormünder oder der Brodherr zu thun.

Handmagazin, Raum in der Nähe der Geschützaufstellung im Festungskriege zur Aufnahme meist eines Tagesbedarfs an fertiger Munition. Es dient zur Erleichterung des Munitionsersatzes als Zwischenstelle zwischen den Munitionsmagazinen bezw. Ladestellen und den Geschützen.

Handmörser (veraltet), kleiner Fussmörser (s. d.), welcher Mitte dieses Jahrhunderts bei der Festungsvertheidigung zum Beschiessen feindlicher Arbeiten auf dem Glacis bestimmt war.

Handpferd s. Angespann.

Handschreiben sind die privaten Schreiben fürstlicher Personen an Behörden oder Personen.

Handschuhsheim, 24./9. 1795 siegreiches Treffen der Oesterreicher. Feindlicher Verlust: 1. General, 1520 Mann, 8 Geschütze.

Handschutz s. Laufmantel.

Handstreich. Strenge Geheimhaltung, Verbreitung falscher Nachrichten, Kenntniss des Platzes, sehr einfache Dispositionen, entsprechende Ausrüstung der Truppen zur Ersteigung der Wälle, zur Sprengung der Pallisaden, zur Ueberschreitung schmaler Gräben etc. Zur Deckung stets Haupt-Reserve ausscheiden.

Handwerker s. auch Oekonomie-H. H., die unheilbare Gebrechen haben, sind dem Landsturm 1. Aufgebots zu überweisen.

Handwerksburschen, die im Interesse ihrer gewerblichen Verhältnisse wandern, sind vorläufig zurückzustellen.

Handzar, den südslavischen und türkischen Völkern eigenthümliche Hieb-Stichwaffe, welche eine doppelt geschweifte, mit schmalen Hohlschliffen und einer Rückenschneide versehene Klinge besitzt. H. tragen die dalmatinischen Landesschützen und die Serezaner.

Hängende Mörser, veraltete Bezeichnung für diejenigen glatten M., deren Schildzapfen in der Mitte des Rohres befindlich, dem M. eine schwebende Lage in der Lafette gaben. Die Bezeichnung wurde im Gegensatze zu „stehende Mörser" gebraucht. Letztere hatten die Schildzapfen am Bodenstück und ruhten mit dem vorderen Rohrtheil auf den Vorrichtungen zum Nehmen der Erhöhung. Heut sind alle Hinterladungs-Mörser als H. M. konstruirt.

Hankenbiegen wird auf der Stelle geübt, wenn das Pferd gelernt hat, im abgekürzten Galopp das Gleichgewicht zu halten. Zurückgehaltener Oberleib, fest im Sattel, die Schenkel hinterm Gurt, drücken die Hinterhand nach und nach bis unter den Schwerpunkt, während die Fäuste wiederholt anheben und nachgeben.

Hann von Weyhern, preussischer General der Kavallerie (1808—1890). Eingetreten bei 3. Husaren; focht 1848 und führte 1849 1. Dragoner im Feldzuge 1849. 1866 befehligte 2. Kavallerie-Division in Böhmen, auch bei Blumenau. 1870 die 4. Division bei Gravelotte vor Metz; 1871 gegen Garibaldi bei Dijon. Schliesslich 2. Armee-Korps. (Schwarze Adler-Orden. Chef der Blücher-Husaren).

Hannover. Dort stehen 1. Armee-Insp., Gen.-Kom. X. A.-K., Stäbe der 19. und 20. Div., 38. und 39. Inf.-Brig., 20. Kav.-Brig., 10. Feldart.-Brig., Füs.-Rgt. G.-F.-M. Prinz Albrecht von Preussen (Hann.) No. 73, 1. Hann. Inf.-Rgt. No. 74, Königs-Ul.-Rgt. (1. Hann.) No. 12, Mil.-Reit-Institut, St., 1., 2. und reit. Abth. Feldart.-Rgt. von Scharnhorst (1. Hann.) No. 10. (5. [Braunschw.] Btt. in Wolfenbüttel), Hann. Train-Bat. No. 10. St. der 10. Gendr.-Brig., Kr. Sch., Mil.-Lehrschmiede, Bekl.-Amt des X. A.-K., Bez.-Kom., Art.-Dep., Train-Dep., Prov.-Amt, Garn.-Verw., Garn.-Laz. 1. Servisklasse.

Hannoversche Hospital- und Sparkasse sowie Meinhelfsches Legat sind zur Gewährung von fortlaufenden, zeitweisen und einmaligen Unterstützungen an frühere Hannoversche Heeresangehörige und deren Hinterbliebene bestimmt. Anträge an Generalkommando X. Armeekorps zu richten.

Hansen, dänischer Kriegsminister (1788 bis 1874). Er zeichnete sich als Führer im Kriege 1848/49 aus, war dreimal, zuletzt nach 1864, Kriegsminister und trug wesentlich zur Hebung der dänischen Armee bei.

Hanzsaben in Ungarn, 22./7. 1684 siegreiches Treffen der Kaiserlichen gegen die Türken.

Harburg. Dort stehen Schlesw.-Holst. Pion.-Bat. No. 9, Garn.-Verw., Garn.-Laz. 2. Servisklasse.

Hardee, William (1819—1873), konföderirter amerikanischer General, that sich im Sezessionskriege mehrfach hervor; schrieb „Hardee's Tactics", die für den Gebrauch der Vereinigten Staaten eingeführt sind.

Hardegg, 1. Graf, österreichischer General der Kavallerie (1772—1848). Er that sich bei Esslingen und Aspern, sowie bei Wagram durch die Vertheidigung von Baumersdorf hervor. 1813 wurde er bei Dölitz schwer verwundet, auch 1814 zeichnete er sich bei Moret aus.

2. F. von, württembergischer General (1810 bis 1875), ist als Schriftsteller bekannt unter dem Pseudonym J. v. H.

Hardinge, viscount of Lahore, englischer G.-F.-M. (1785—1856), zeichnete sich in Spanien aus, war 1815 im Stabe Blüchers und verlor einen Arm. 1844 führte er als General-Gouverneur von Indien den Pendschabkrieg erfolgreich durch, und wurde schliesslich Viscount und Pair.

Harispe, Graf, französischer Marschall (1768 bis 1855), zeichnete sich in den napoleonischen Kriegen zuletzt als Divisions-Kommandeur aus. Er wurde erst 1851 Marschall.

Harpers Ferry (Maryland). Die Konföderirten nahmen es am 18./4. 1861, und bewaffneten sich aus dem Arsenal, doch nahmen die Unirten es wieder. Beim Einmarsch der Armee Lees nach Maryland im September 1862 nahm General Jackson die Befestigungen durch einen Handstreich und machte 12000 Gefangene.

Harrach, Graf, österreichischer Feldmarschall (1678—1764). Er zeichnete sich 1705 und 1706 im spanischen Erbfolgekriege bereits so aus, dass Prinz Eugen ihn mit der Siegesbotschaft von Turin nach Wien sandte, ebenso in allen den ferneren Kriegen Oesterreichs von 1708 bis 1717, ohne dass er ein selbstständiges Kommando gehabt hätte.

Harrison, amerikanischer General (1775 bis 1841). Er kämpfte 1811 glücklich gegen die Indianer, ebenso 1812—14 gegen die Engländer und Indianer, besonders schlug er General Proctor am 5./10. 1813 am Thames. 1841 wurde er zum Präsidenten gewählt.

Harsch, Graf, österreichischer Feldzeugmeister (1664—1719), ist berühmt durch seine Vertheidigung von Freiburg 1713. Sein Sohn (1704 bis 1792) leitete die Belagerungen von Glatz und Neisse im 7jährigen Kriege. Er war schliesslich Gouverneur von Ober-Schlesien.

Hartblei s. Blei.

Hartbronze (in Oesterreich-Ungarn „Stahlbronze" genannt). Hat einen geringeren Zinngehalt als gewöhnliche Bronze (meist gegen 8%), wird nicht in Lehm-, sondern in eisernen Formen (Schalen) gegossen (s. Formen der Geschützrohre) und durch Aufweiten der Rohrseele mittelst hindurchgepresster Stahlkolben verdichtet. Durch dies Verfahren werden ihre physikalischen Eigenschaften verbessert. Höchste Zugfestigkeit der 9%igen Lehmgussb. = 25 kg, der 8%igen, nicht verdichteten Schalengussb. = 26 kg, der H. = 31 kg auf den qmm. Auch die H. ist für Rohre, die mit starken Ladungen und rauchschwachem Pulver feuern, in denen daher hohe Gasspannung und Wärme auftritt, nicht geeignet.

H.-Rohre mit eingezogenem stählernen Seelenrohr sind für kurze Kanonen, Haubitzen und Mörser sehr wohl mit Vortheil verwendbar, nicht aber für lange Kanonen mit grosser Leistung.

Hartguss. Aus besonders ausgewählten Sorten Holzkohlen-Roheisen in eisernen Schalen (Koquillen) gegossen, um durch die beschleunigte Abkühlung eine sehr harte Oberflächenschicht von weissem Eisen (mit geringer Graphitausscheidung) zu erhalten, welche auch innen allmählich in graues weiches Eisen (mit stärkerer Graphitausscheidung übergeht und deren Stärke sich in gewissen Grenzen regeln lässt. H. wurde früher vielfach zu Panzerschiffen und Panzern, vereinzelt auch zu Geschützrohren verwendet (Grusonwerk, s. d.), ist aber neuerdings grösstentheils durch den verbesserten bezw. gehärteten Stahl verdrängt worden.

Hartmann, von. 1. **Ernst,** preussischer General der Infanterie (1817—1883), trat in das 13. Infanterie-Regiment. Als Kommandeur des 60. Infanterie-Regiments machte er den Feldzug 1864 mit und erhielt für Düppel und Alsen den Orden p. l. m. 1866 gegen Oesterreich bei der Division von Manstein. Beim Kriege 1870 erhielt er das Kommando der 3. Division. An der Spitze derselben hat er am 18./8. 1870 zu dem letzten Erfolge des Tages auf dem rechten Flügel bei Point du jour beigetragen. Vor Paris nahm er Antheil an der Abweisung des französischen Durchbruchsversuches bei Champigny, dann führte er seine Division siegreich bis an die Schweizer Grenze.

2. **Julius,** preussischer General der Kavallerie (1817—1878), war 10. Husar, 1849 Generalstabs-Offizier der 4. Division im Feldzuge in Baden.

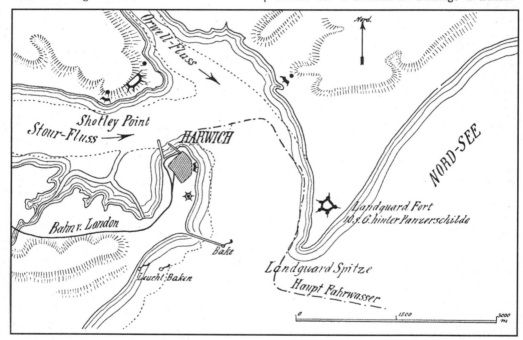

Skizze der Befestigung von Harwich.

1866 führte er die Reserve-Kavallerie-Division, lieferte die Gefechte von Tobitschau und Rokeinitz. 1870 befehligte er die 1. Kavallerie-Division in den Schlachten von Colombey-Nouilly und Gravelotte, sowie während der Zernirung von Metz, nach dessen Kapitulation er mit der II. Armee gegen die Loire rückte. Dem 10. Korps zugetheilt, übernahm er vom Januar ab die selbstständige Führung einer Abtheilung, leitete die Gefechte bis Tours. Nach dem Ende des Krieges wurde er Gouverneur von Strassburg. Er war auch als Schriftsteller thätig.

Hartschiere ist die aus verdienstvollen Offizieren und Unteroffizieren gebildete Leibgarde des Königs von Bayern.

Harvey-Panzer. Stählerne P.-Platten, deren Vorderschicht durch Zuführung von Kohlenstoff gehärtet wird, indem man die an der vorderen Fläche mit kohlhaltigen Stoffen bedeckte Platte unter Luftabschluss glüht. Beispiel: Eine 26 cm starke Panzerplatte erhielt durch das H.-Verfahren eine harte Vorderschicht von 7,5 cm Stärke mit 1 % Kohlenstoff, während der ursprüngliche Kohlenstoffgehalt der Platte nur 0,35 % betrug. Die H.-P. haben bei Schiessversuchen bedeutende Widerstandsfähigkeit gezeigt.

Harwich, befestigter englischer Hafen (s. Plan). Der Eingang ist durch das Panzer-Fort Landguard-Fort an der Spitze gleichen Namens geschützt.

Haspinger, ein Kapuziner, Freund Andreas Hofers, gewissermassen dessen strategischer Beirath, Führer der aufständischen Tiroler 1809 bis 1810.

Hastenbeck, Schlacht am 26./7. 1757. Eine Schlacht zwischen den Franzosen unter d'Estrées gegen den Herzog von Cumberland, nach der beide Theile sich für geschlagen hielten. Die Sache endete zum grossen Leidwesen König Friedrichs des Grossen in der Konvention von Zeven, die ihn um 50000 Verbündete ärmer, und 10000 Feinde reicher machte.

Hastings, Warren (1732—1818). erster englischer Gouverneur von Indien, der den Grundstein zur englischen Macht in Indien legte.

Hatvan in Ungarn, wurde 1594 durch die Kaiserlichen belagert, 3./9. 1596 von ihnen erstürmt.

Hatzfeld, v., kaiserlicher General (1593 bis 1658), that sich im 30jährigen Kriege hervor. Er wurde 1636 von Baner geschlagen, doch nöthigte er mit Goetz jenen, die Belagerung von Leipzig (1637) aufzugeben, schlug 1638 den Prinz Karl Ludwig bei Plotho, nahm 1643 am Ueberfalle von Tuttlingen Theil. 1644 erhielt er den Oberbefehl über die kaiserliche Armee, er wurde 1645 von Torstenson bei Jankau geschlagen und gefangen.

Haubajonnett entstand aus dem Bestreben, die Seitenwaffe der Infanterie mit dem Bajonnett zu vereinigen; erhält je nach der Form seiner Klinge den Namen Säbel-, Schwert- u. s. w. Bajonnett. Ausrüstung der Heere s. unter den entsprechenden Gewehren; Bilder s. auch unter Gewehr.

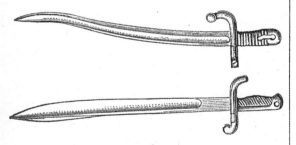

Haubajonnett.

Haubitze. Ein Geschütz, das seiner Verwendbarkeit nach in der Mitte zwischen Kanone und Mörser steht und in seiner Konstruktion der „kurzen Kanone" entspricht. Mit Gebrauchsladung (s. dort) lässt sich die H. als Flachfeuer- mit kleiner Ladung als Steilfeuer-Geschütz verwenden. In der ersten Hälfte des Jahrhunderts unterschied man glatte, kurze und lange H. Erstere 6, letztere 8—9 Kaliber lang. Nach Ein-

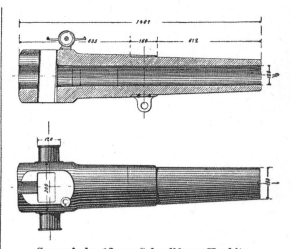

Gruson'sche 12 cm-Schnellfeuer-Haubitze.
Schildzapfen am Verschlussstück, Fallblockverschluss, Visierquadrant (s. dort).

führung der gezogenen Geschütze bezeichnete man die langen H. als kurze Kanonen. Die deutsche Fussartillerie führt jetzt neben der kurzen 15 cm Kanone 15 und 21 cm H. bezw. Thurm-H. Die Rohre sind etwa 10 Seelenweiten lang. Die grosse Verwendbarkeit der H. macht sie besonders für Artillerie-Belagerungs-Trains und Fussartillerie mit Bespannung geeignet.

Haupt-Konservatorium der bayerischen Armee ist eine Archivsammlung und Bibliothek reichhaltigster Grösse, verbunden mit einer Modellsammlung. Alle Monate giebt das H.-K. d. b. A. ein autographirtes Verzeichniss derjenigen Bücher und Karten heraus, welche es in der letzten Periode angeschafft hat und führt dabei den Inhalt der von ihm gehaltenen Militärzeitschriften an. Eine Arbeit von hervorragendem Werthe ist der Realkatalog, in welchem der Inhalt der Werke vorgemerkt wird und welcher den Offizieren für Studien Quellen nachweist. — Für die Verwaltung der umfangreichen Anstalt sind 3 Offiziere etatirt.

Hauptkrankenbesuch nennt man den Dienst der ordinirenden Sanitätsoffiziere, der gemeinhin Morgens 9 Uhr beginnt.

Hauptkrankenbuch ist bei den Feldlazarethen durch den Rendanten in Bezug auf die Personalnotizen und Seitens der Stationsärzte hinsichtlich einer genauen wissenschaftlichen Diagnose zu führen. Die genaue Führung des H. wird durch den Lazareth-Inspektor und den Chefarzt

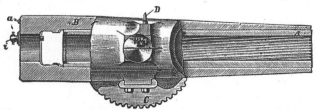

Deutsche 15 cm-Haubitze (Stahl, A Kernrohr, B Mantel).

selbst überwacht. Die Persönlichkeit Bewusstloser und anderer Schwerkranker ist mit Hilfe der Erkennungsmarke und des Soldbuches und wo letzteres fehlt, durch Rückfrage bei dem Truppentheil unter Angabe einer vollständigen Personalbeschreibung möglichst bald festzustellen.

Hauptmeldeamt s. Meldeamt.

Haupt-Sanitäts-Depot in Berlin. (S. Sanitäts-Depot.)

Hauptverbandplatz wird im Felde von dem Sanitätsdetachement (s. d.) angelegt. Mit dem H. werden die Truppenverbandplätze (s. d.) nach Möglichkeit vereinigt, um das Personal und Material der letzteren möglichst bald wieder ihren Truppentheilen anzuschliessen. Der H. hat 3 Abtheilungen. 1. Die Empfangs-Abtheilung, die die Verwundeten lagert, untersucht und anordnet, was weiter mit ihnen geschehen soll. Die Leichtverwundeten werden alsbald mit Verband versehen und zum Sammelplatz (in jeder Division einer) für Leichtverwundete geführt. Tödtlich verwundete werden gepflegt; Schwerverwundete an die 2. bezw. 3. Abtheilung geschickt. 2. Die Verband-Abtheilung hat den schwerer Verwundeten schwierigere und zeitraubendere Verbände, Schienungen etc. anzulegen. 3. Die Operations-Abtheilung (s. dort) führt diejenigen grösseren Operationen aus, welche nach Lage der Verhältnisse durchaus schon auf dem Verbandplatze gemacht werden müssen, um den Verwundeten während des Transportes nicht in Lebensgefahr zu bringen.

Hauptwall nennt man die Hauptumfassung einer Befestigung; die hauptsächlichste Position des Vertheidigers.

Hausen, Freiherr von, sächsischer G.-L. (1819 bis 1887), führte das sächsische Schützen-Regiment No. 108, das sich bei Villiers und Brie s. M. besonders hervorthat. Zuletzt (bis 1883) führte er die sächsische 1. Division.

Haustruppen bestehen heute nur in kleinen Resten. In Preussen die Leibgendarmerie und Schloss-Garde-Kompagnie; in Bayern die Hartschiere; in Württemberg die Schloss-Garde-Kompagnie; in Bückeburg die Leibjäger; in Hessen die Garde-Unteroffizier-Kompagnie. In Oesterreich die k. und k. erste Arcièren- und ungarische Leibgarde, die Trabanten-Leibgarde, die Leibgarde-Reiter-Eskadron und Leibgarde-Infanterie-Kompagnie und ungarische Kronwache. In Russland die Leibgardegendarmerie und die Leibgarde kaukasische Schwadron. In England die Yeomen of Queens guard, die Gentlemen at Arms. Im Vatican die Schweizer- und Nobel-Garde. In Spanien die Hellebardiere und die Eskadron der k. Garde.

Haute Bruyères s. Paris.

Hautpoul-Salette, d' (1756—1807), bewährter Reiterführer, der sich in den Kriegen 1805, 6 und 7 hervorthat und bei Eylau blieb.

Havelberg. Dort stehen 3. Bat. Inf.-Rgts. Grossherzog Friedrich Franz II. von Mecklenburg-Schwerin (4. Brandb.) No. 24, Garn.-Laz. 3. Serviceklasse.

Havelock, Sir, General (1795—1857), berühmt durch seinen mit grosser Hingebung und Kühnheit ermöglichten Entsatz von Lucknow und Cawnpore und seinen Marsch nach Delhi 1857 im indischen Aufstand.

Hawke, Sir, englischer Admiral (1712—1771), besiegte 1759 den französischen Admiral Constans bei Torbay unter Vernichtung von 7 französischen Linienschiffen.

Haxo, Baron, französischer General (1774 bis 1837), war ein berühmter Ingenieur unter Napoleon. Er erfand die Batterien à la H., die von aussen als solche nicht erkennbar waren.

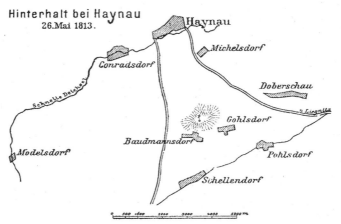

Haye-Sainte, La, ein Gehöft, das vor der englischen Linie Wellingtons in der Schlacht bei Waterloo lag und rings von Mauern umschlossen war. Es war in der Schlacht von der englisch-deutschen Legion besetzt. Der Obstgarten fiel in die Hände der stürmenden Brigade Quist, allein das Haus blieb verschont. Dreimal wurde dieses gestürmt, aber gehalten; endlich musste es wegen Brandes geräumt werden.

Haynau, Freiherr, österreichischer F.-Z.-M. (1786—1853). 1805 und 1809 wurde er bereits schwer verwundet. 1848 zeigte er in Italien seltenen militärischen Scharfblick und Tapferkeit, die von Radetzky gerühmet wurde (Theresien-Orden); schlug 1849 die Aufstände in Ober-Italien nieder. Bssonders in Ungarn ging er siegreich vor.

Haynau. Treffen 26./5. 1813. Die Armee der Verbündeten unter Barclay befand sich, verfolgt von Napoleon, auf dem Rückzuge nach Schlesien. Da Napoleon keine Reiterei hatte, drängte er mit Infanterie nach. Blücher beschloss ihm eine Lektion zu geben und legte einen Hinterhalt zwischen H. und Liegnitz mit 4000 Reitern und 56 Geschützen, der unter Oberst Dolffs die Spitze der gegen Baudmannsdorf heranmarschirenden Division Maison überfiel und sie völlig zu Paaren trieb. Dieser kleine Erfolg hob damals die Stimmung bedeutend. Plan s. oben.

Hebespiegel (veraltet), eine Treibscheibe aus Holz oder Pappe, welche für den Kartätschschuss aus glatten Mörsern zwischen Pulver und Geschossladung eingeschaltet wurde.

Hebezeug, zum Aus- und Einlegen schwerer Geschützrohre. Besteht aus einem Gestell mit Flaschenzug bezw. Differentialflaschenzug und einem durch eine Kurbel drehbaren Räderwerk. Für die schwersten Rohre werden hydraulische H. verwendet.

Hebler-Kruka'sches Hohlgeschoss mit Luftkanal s. Hohlgeschosse, 2.

Hecken haben heute beim rauchschwachen Pulver grosse Bedeutung erhalten, da sie den Schützen vor der Sicht schützen. Eine Verstärkung derselben durch Boden sollte nur feindwärts (am besten gar nicht) geschehen, weil sonst das Gesichtsfeld zu sehr eingeengt und der Gebrauch des Gewehres gehindert wird.

Heckenfeuer, eine im 18. Jahrhundert gebräuchlich gewesene Feuerart der Infanterie, wobei von jedem Halbzuge immer der Reihe nach zwei Rotten auf Kommando feuerten.

Heer, stehendes, die auch im Frieden unter der Fahne befindlichen Theile des Heeres.

Heerordnung vom 22./11. 88 (Neuabdruck 1894) enthält die militärischen Ergänzungsbestimmungen zur deutschen Wehrordnung und behandelt in 2 Theilen das Ersatzwesen und das Kontrollwesen.

Heeresstärken, in Zahlen zu Tausend.

Heeresmacht	Friedensstärke	Ausrückstärke	Leistungsfähigkeit
Frankreich	340	2 500	4 350
Russland	812	2 451	4 000
Deutschland	510	2 417	5 000
Oesterr.-Ung.	337	1 050	1 900
England	220	342	602
Italien	276	1 514	2 237
Belgien	48	128	258
Bulgarien	35	70	200
Dänemark	17	61	91
Spanien	100	300	800
Griechenland	28	70	180
Niederland	25	110	185
Portugal	34	80	154
Rumänien	51	153	286
Serbien	13	80	189
Schweden-Norwegen	24	270	516
Schweiz	24	212	489
Türkei	182	700	1 150

Hegermann-Lindencrone, dänischer G.-L., führte 1864 die 4. Division, nachdem er sich schon in den Kriegen 1848 und 49 hervorgethan hatte, mit grosser Umsicht.

Heidelberg wurde in den Feldzügen des 17. und 18. Jahrhunderts wiederholt belagert. Dort stehen 2. Bat. 2. Bad. Grd.-Rgts. Kaiser Wilhelm I. No. 110, Bez.-Kom., Garn.-Verw., Garn.-Laz. 1. Servisklasse.

Heil-Anstalten s. Arbeitshäuser, Irrenheilanstalten.

Heilbronn. Dort stehen St., 1. und 4. Bat. 4. Württbg. Inf.-Rgts. No. 122 Kaiser Franz Joseph von Oesterreich, König von Ungarn, Bez.-Kom., Garn.-Verw., Garn.-Laz. 2. Servisklasse.

Heiliges Grab, päpstlicher Orden vom H. G., in den Kreuzzügen gestiftet.

Heilsberg. Schlacht 10./7. 1807. Dort hatte sich der russische General von Bennigsen auf beiden Ufern der Aller verschanzt und wurde auf dem linken Ufer von Napoleon angegriffen. Er verstärkte die Vorhut bei Launau und ging unter dem Schutz derselben auf das linke Ufer, alle Angriffe der Franzosen abwehrend. Als am nächsten Tage die französische Reiterei den Rückzug Bennigsens auf dessen rechtem Flügel bedrohte, zog er sich aus seiner Stellung zurück. Die Verluste betrugen auf beiden Seiten gegen 10 000 Mann. Plan s. Seite 308.

Heilverfahren bei Betriebs-Unfällen. Den Verletzten sind nach dem Wegfall des Diensteinkommens die noch erwachsenden Kosten des H. zu ersetzen.

Gänzlich erwerbsunfähig gewordene Personen erhalten zwei Drittel ihres bisherigen Einkommens, die theilweise unfähigen einen Theil davon.

Heimathshaus für Töchter höherer Stände, Berlin SW. Gitschinerstrasse 104/5, stellt sich die Aufgabe, auch die Töchter von Offizieren und Beamten für einen Lebensberuf auszubilden.

Heimath für junge Mädchen und Frauen gebildeter Stände, Berlin, Königgrätzerstrasse 125/26, hat ein Stellenvermittlungsbureau für In- und Ausländerinnen: Erzieherinnen, Lehrerinnen, Gesellschafterinnen, Bonnen, Stützen etc.

Heimatsrecht s. Indigenat.

Heinrich, Prinz von Preussen, General (1726 bis 1802). Der jüngste Bruder Friedrichs des Grossen, zeichnete sich bei Prag und Rossbach aus, behauptete 1758 Sachsen mit Geschick, hielt 1759 Schlesien, hinderte 1761 die Verbindung der Russen mit den Oesterreichern; sein glänzender Sieg bei Freiberg beschloss die ruhmvolle Thätigkeit im 7jährigen Kriege. Er lebte nach dem bayerischen Erbfolgekriege, in dem er ebenfalls seine hohe Befähigung bewies, in Rheinsberg.

Heinrich des Löwen Orden, braunschweigischer Orden für Zivil und Militär.

Heinrichsorden ist ein sächsischer Militär-Orden (8 eckiges goldenes Kreuz mit dem Bilde des Kaiser H.), wird nur vor dem Feind erworben. Das Grosskreuz erhalten nur die Generale, welche ein Korps geführt haben. Goldene und silberne Medaille für Tapferkeit sind für Unteroffiziere und Soldaten bestimmt. Hellblaues Band mit gelben Randstreifen.

Heisler, Graf, österreichischer Feldmarschall (1683—1696), befehligte 1686 in Ungarn, schlug Fököly bei Koros, eroberte Passarowitz und zeichnete sich vor Belgrad aus, nahm 1692 Grosswardein, führte 1694—95 den Oberbefehl in Ungarn, wurde bei Temesvar und Olas schwer verwundet.

Heister, Graf, österreichischer Feldmarschall (1665—1739). Er führte 1708 den Oberbefehl in Ungarn und hatte dort grosse Erfolge.

Helgoland, Insel. Dort steht Kommandantur.

Helgoland. Gefecht 9./5. 1864. Die österreichische Flottille unter Kommodore „Tegethoff"

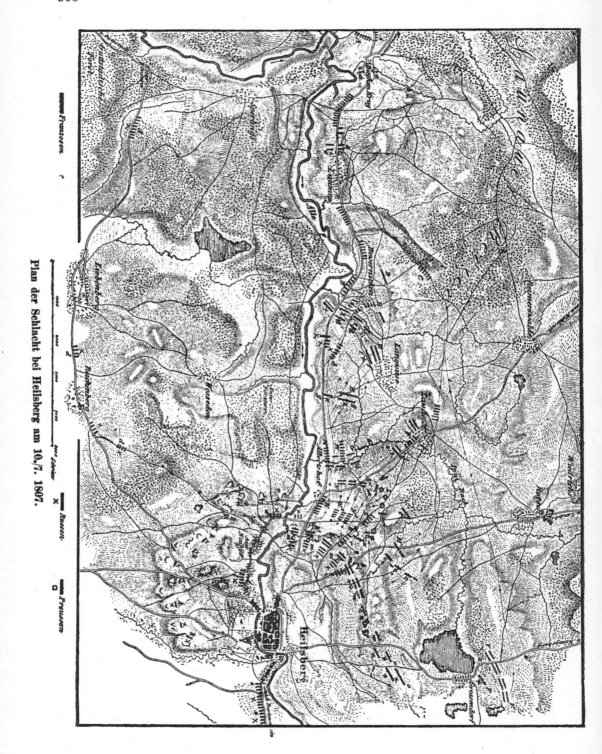

Plan der Schlacht bei Heilsberg am 10./7. 1807.

erreichte am 1. Mai die Elbmündung und vereinigte sich mit 3 preussischen Schiffen. Der dänische Geschwaderchef griff an. Beide Geschwader näherten sich in Kiellinie. Das dänische Geschwader suchte zwischen die Verbündeten und das Land zu kommen. Besonders litt der „Schwarzenberg", auf den sich das Feuer der Dänen konzentrirte. Nachdem schon zwei Feuer auf demselben gelöscht waren, gerieth das Marssegel in Brand und das Feuer war nicht mehr zu dämpfen, so dass die Fregatte gedeckt von Radetzky abfallen musste. Während des Rückzuges wurde das Feuer mit den Heckgeschützen fortgeführt. Die Verbündeten fuhren nach Helgoland, die Dänen gingen nach Norden ab.

Helikon', grosses Blech- (Bass-) Instrument, das quer über die Schulter getragen wird.

Heliotrop, ein Instrument, das bei der Triangulirung verwendet wird, um sich durch Spiegelung des Sonnenlichtes Zeichen auf weite Entfernungen zu geben. Bei hellem Wetter sind die Signale auf 70 Meter sichtbar. (S. Trigonometrische Abtheilung. Dort ist die Abbildung eines H.)

Hellhoffit. Flüssiger Sprengstoff, zur Klasse der Sprengelschen Sprengstoffe (s. dort) gehörig, von Hellhof ausgebildet, besteht aus Dinitrobenzol und Salpetersäure, übertrifft an Wirkung das Dynamit, hat aber den Nachtheil, dass die Flüssigkeit die scharf ätzenden Bestandtheile der Salpetersäure in vollem Maasse

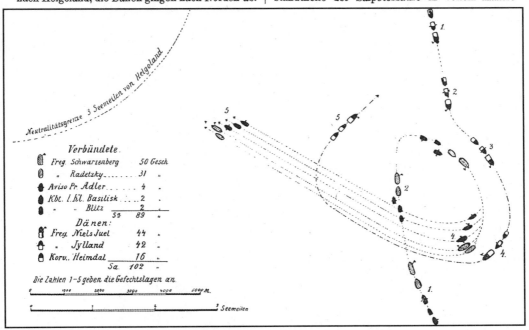

Skizze des Seegefechts bei Helgoland am 9./5. 1864.

besitzt, und dass die Bestandtheile, um eine Selbstzersetzung zu verhüten, erst kurz vor dem Gebrauch gemischt werden dürfen; zur feldmässigen Verwendung ist das H. daher ungeeignet. In Preussen (Grusonwerk) wurden Granaten versucht, in denen das Dinitrobenzol und die Salpetersäure durch eine Scheidewand getrennt waren, die der Stoss der Geschützladung zertrümmerte, so dass die Vermischung erst während des Geschossfluges eintrat.

Helmüberzüge aus schilffarbenem (grüngrauem) wasserdichten Baumwollenstoff, werden beim Manöver zweier Parteien als Unterscheidungszeichen von einer Partei bezw. von dem markirten Feinde angelegt.

Helmstadt, Gefecht 24./7. 1866 (Plan s. unter Rossbrunn). Division Beyer fand Neubrunn von Bayern besetzt; Ort wurde genommen. Bayern auf Helmstadt zurück. Brigade Glümer folgt, Brigade Woyna ging südlich herum, folgte auf Klettenberg. Erstere drängte bayerische Artillerie vom Sesselberge. Nördlich Geisboden griff Prinz Luitpold ins Gefecht ein, doch wurde Helmstadt genommen. Bayern zogen sich in den Uettinger Gemeindewald zurück.

Jetzt kam eine neue bayerische Division in den Kampf auf linken Flügel an Ober-Holz. Angriffe abgewiesen; Gemeindewald, Hohenroth- und Schlehrbergwald von den Preussen genommen. Dunkelheit machte dem Kampfe ein Ende.

Helvig, v., schwedischer General-Feldzeugmeister (1764—1844), war seiner Zeit berühmt als Geschütz-Konstrukteur.

Hellwig, v., preussischer Generallieutenant (1775—1845), machte sich als Führer eines Freikorps bekannt. Bei Grossbeeren, Dennewitz, besonders nahe Leipzig und bei Vippach zeigte er Kühnheit und Entschlossenheit im Angriffe auf feindliche Reiter. Auch bei Wawre und Namur that er sich hervor.

Hemmschuh. Hemmvorrichtung, bestehend aus einer gebogenen Eisenplatte, die mit der

Lafettenwand durch eine Kette (Hemmkette) verbunden und zum Gebrauch unter das Rad gelegt wird. Dadurch verwandelt sich die rollende Bewegung des Rades in eine gleitende und bewirkt, entsprechend der grösseren Reibung, eine Hemmung des Geschützes bezw. Fahrzeuges. Mit H. sind die fahrbaren Belagerungs- und Festungslafetten, sowie in einzelnen Staaten (Frankreich) auch die Feldlafetten ausgerüstet. Im Uebrigen sind die H. neuerdings, ihrer unbequemen und den Marsch verzögernden Handhabung wegen, grösstentheils durch Bremsen ersetzt worden.

Henikstein, Alfred von, österreichischer Feldmarschall-Lieutenant (1810—1882), zeichnete sich im Feldzuge 1859 aus, war vor und in der Schlacht von Königgrätz Generalstabs-Chef Benedeks; wurde nach dieser Schlacht seiner Funktionen enthoben und gleich Benedek vor ein Kriegsgericht gestellt, dessen Verfahren jedoch sistirt worden ist.

Henkel s. Delphine.

Hennersdorf, Katholisch, am 23./11. 1745. Sieg Friedrichs II. über die Sachsen.

Hennigs von Treffenfeld, preussischer Generalmajor (starb 1688), trat Ende des 30jährigen Krieges hervor, verdiente sich bei Fehrbellin den Adel und ward für seine Leistungen im Winterfeldzuge 1678/79 Generalmajor. Das Altmärkische Ulanen-Regiment No. 16 trägt seinen Namen.

Hentzy, von, österreichischer Generalmajor (1785—1848), berühmt durch seine heroische Vertheidigung von Ofen, indem er 20 Stürme abschlug; wurde nach Erstürmung Ofens durch die Ungarn getödtet.

Herat ist strategisch wichtig in einem etwa zwischen Russland und England ausbrechenden Kriege, als Ausgangspunkt gegen Indien.

Herausforderung s. Zweikampf. Wer einen Vorgesetzten aus dienstlicher Veranlassung zum Zweikampfe herausfordert, wird mit Freiheitsstrafe nicht unter 1 Jahr und wenn der Zweikampf stattfindet, nicht unter 3 Jahren bestraft; zugleich Dienstentlassung. Gleiche Strafen treffen den Vorgesetzten, welcher die H. annimmt.

Herbeville, Graf, österreichischer Feldmarschall (1683—1709). Er übernahm das Kommando in Ungarn nach Heister, entsetzte Grosswardein und siegte bei Sibo.

Herbstübungen. Zum Regimentsexerziren sind bestimmt: Bei der Infanterie 5 Uebungstage, bei den nicht in einer Garnison vereinigten Regimentern 7 Uebungstage; bei der Kavallerie 10 Uebungstage.

Zum Brigadeexerziren sind bestimmt: Bei der Infanterie 5, bei der Kavallerie 6 Uebungstage; bei besonderen Kavallerie-Uebungen nur 3 Tage. Dem Brigadeexerziren der Infanterie können 1 oder 2 fahrende Batterien zugetheilt werden. Die Jäger-Bataillone nehmen Theil.

Zu den darauf folgenden Manövern werden sämmtliche Feldtruppen der Armeekorps herangezogen.

Bei den Armeekorps, welche keine Kaisermanöver haben, finden Manöver von 10 Uebungstagen statt.

Davon sind bestimmt:

4 Uebungstage für die Brigademanöver,
4 Uebungstage für die Divisionsmanöver,
2 Uebungstage für die Divisionsmanöver gegen einen markirten Feind.

Den Generalkommandos ist es überlassen, die Brigademanöver auf Kosten der Divisionsmanöver und umgekehrt um einen Uebungstag zu verlängern etc.

Bei den Armeekorps, welche Kaisermanöver haben, treten an Stelle dieser 10 Uebungstage.

3 Uebungstage für die Brigademanöver,
3 Uebungstage für die Divisionsmanöver,
1 Tag für die grosse Parade des Armeekorps, in der Regel 1 Tag für das Korpsmanöver gegen einen markirten Feind und 3 Uebungstage für das Korpsmanöver bezw. für die Manöver zweier Korps gegeneinander.

Ein Quartierwechsel darf während des Regiments- und während des Brigadeexerzirens nicht, während der Manöver, wenn nöthig, täglich, mit Ausnahme des Paradetages, stattfinden.

Zeiteintheilung. Die alljährlich erlassenen Bestimmungen über die H. setzen den Tag fest, bis zu welchem die Fusstruppen in ihre Standorte zurückgekehrt sein müssen. Dieser Tag ist der Zeiteintheilung der gesammten Herbstübungen zu Grunde zu legen. Schema dazu in Felddienst-Ordnung.

Manöveranlage, General- und Spezialideen. Bei den Manövern gegen einen Flaggenfeind beabsichtigt man durch Ersparniss vollzähliger Truppentheile auf der einen Seite die andere Seite möglichst stark auftreten zu lassen. Diese Uebungen geben Gelegenheit, Aufgaben zu stellen, auch die Truppen in bestimmten taktischen Grundsätzen auszubilden.

Dem Führer des Flaggenfeindes soll hierbei möglichst Freiheit belassen werden.

Eine besondere Massregel zur kriegsgemässen Gestaltung der Manöver bildet die kriegsgemässe Einquartierung. Sie besteht darin, dass:

1. die bevorstehenden Quartiere den Truppen jedesmal erst nach Beendigung der Uebung mitgetheilt werden,

2. die Unterbringung im Sinne von Ortschaftslagern stattfindet, indem Unterkunft mit Biwak verbunden wird,

3. sämmtliche Quartiere als im Kriegszustand befindlich betrachtet werden.

Ist Fuss-Artillerie (mit bespannten Geschützen) zu verwenden beabsichtigt, so ist dies bei Vorlage der Zeiteintheilung an Allerhöchster Stelle besonders anzumelden.

Die General-Kommandos, bei denen keine Kaisermanöver stattfinden, die aber Korpsmanöver abzuhalten wünschen, haben dieses dem Kriegsminister 14 Tage nach Eingang der Allerhöchsten Bestimmungen über die Truppen-Uebungen anzuzeigen.

Herkulesbad bei Mehadia, hat ein Militär-Badehaus.

Hermannstadt, 21./1. 1849 siegreiches Treffen der Oesterreicher.

Hersfeld. Dort stehen Kr. Sch., Bez.-Kom. 3. Servisklasse.

Herwarth von Bittenfeld, preussischer G.-F.-M. (Chef des Inf.-Rgts. 13) (1796—1884), trat 1811 in Normal-Bataillon ein. 1813 in 2. Garde-Regiment, machte Schlachten bei Leipzig und bei Paris mit. 1864 führte er das kombinirte Armee-Korps, leitete den Uebergang nach Alsen (Orden pour le mérite). 1866 Elbarmee, besetzte Dresden, kämpfte bei Hünerwasser und Münchengrätz, auf dem rechten Flügel der Armee in der Schlacht bei Königgrätz gegen Sachsen bei Problus und Prim. 1870 General-Gouverneur am Rhein. Ein Fort bei Sonderburg trägt seinen Namen.

Herzog, schweizerischer General (1819 bis 1894), verdient als Waffen-Chef der Armee, bekannt durch die Kapitulation mit der Armee Bourbakis, die sich 1871 über den Jura nach der Schweiz rettete.

Herzogenbusch ward 1629 von den Niederländern, 1794 von den Franzosen, 1814 von den Preussen erobert.

Hess, Freiherr von, österreichischer F.-M. (1788—1870), begründete seinen Ruhm als Generalstabschef in Italien 1848 bei Radetzky. 1859 kam er erst in der Katastrophe zur Armee, ohne sie noch abwenden zu können. Er war zuletzt, 1850—60 Chef des Generalstabes der Armee.

Hessen (Grossherzogthum) bildet einen Ersatz- etc. Bezirk für sich; zerfällt in 2 Infanterie-Brigade-Bezirke. Prüfungs-Kommission für Einjährig-Freiwillige in Darmstadt.

Hetmann, Chef der Kosaken, ist der Grossfürst-Thronfolger. Jedes Woissko hat noch einen stellvertretenden (nakasnyi) H.

Heu (s. auch Futter). Gut gewonnen, ohne viel fremde Beimischungen; nicht dumpf, schwarz oder schimmelig; kräftiger Geruch, frische Pflanzenfarbe. Gutes Kleeheu darf genommen werden. Grummet (Nachmahd) wenn es untadelhaft und lang genug ist, um nicht durch die Raufe zu fallen. Strohseile werden dem Gewichte der Bunde nicht hinzugerechnet.

Zur täglichen Ration gehören in der Garnison 2500 g, auf dem Marsche 1 500 g H.

Heyde, von der, preussischer Oberst (1703 bis 1765) berühmt durch seine zähe Festigkeit beim Halten der Friedrichsburg bei Königsberg und durch die spätere heldenmüthige Vertheidigung von Colberg.

Hickory, amerikanischer Nussbaum (Carya); durch grosse Elastizität, Biegsamkeit und durch Wohlfeilheit zur technischen Verwendung besonders geeignet: Carya tomentosa und C. glabra. Wird in der deutschen Artillerie gebraucht zu Deichseln (Feldartillerie), Bracken, Ortscheiten und Deichselstützen.

Hiebwaffen (Säbel) haben eine stählerne, im vorderen Theil gekrümmte und scharfe Klinge, sollen gegen 85—100 cm lang sein und nicht über 1 kg wiegen. Für die leichte und gewandte Führung der Waffe ist es vortheilhaft, wenn ihr Schwerpunkt dem **Griff** möglichst nahe liegt, letzterer ist mit der **Klinge** durch die Angel verbunden und zum Schutz der Hand mit **Stichblatt (Parierstange)** und **Bügel** oder auch mit **Korb** versehen. Eine sehr stark gekrümmte Klinge und ein einseitig angebrachter Korb (der den Schwerpunkt der Waffe nach der Seite verlegt) bewirken leicht, dass der Hieb flach statt scharf fällt. Die **Scheide** ist gewöhnlich von Stahl und innen mit Holz ausgefüttert, um der Klinge eine feste Lage zu geben und die Schneide zu schonen. Der Gebrauch des Säbels im Handgemenge erfordert weniger Gewandtheit und Fechtkunst, als bei dem zum Stoss und Stich bestimmten Degen; dagegen durchdringt dieser leichter die schützenden Gegenstände und verursacht meist schwerere Wunden.

Hieb- und Stichwaffen. Ihre Form richtet sich danach, ob sie vorzugsweise zum Hieb oder zum Stich bestimmt sind; im ersteren Fall ist die Klinge mehr gekrümmt, im anderen mehr gerade und durch **Rippen** und **Stecken** versteift, während **Hohlbahnen** sie erleichtern und biegsamer machen. Um auch den Säbel zum Stich benutzen zu können, erhält die Klinge vorn 2 Schneiden. Von allen H. u. St. entspricht erfahrungsmässig ein Säbel oder Degen mit **flachgekrümmter** Klinge am besten den Anforderungen des Gefechts.

Hildburghausen. Dort stehen 2. Bat. 6. Thür. Inf.-Rgts. No. 95, Garn.-Verw., Garn.-Laz. 3. Servisklasse.

Hildesheim. Dort stehen St., 1., 2. und 4. Bat. Inf.-Rgts. von Voigts-Rhetz (3. Hann.) No. 79, Bez.-Kom., Garn.-Verw. 2. Servisklasse.

Hill, 1. D. H., konföderirter General (1821 bis 1889), in der Militär-Akademie erzogen, machte er mit Auszeichnung den mexikanischen Krieg mit. Beim Beginn des Sezessionskrieges trat er in die konföderirte Armee und erhielt das Kommando in Leesburg und später über ein Korps von Braggs Armee. Er nahm an allen Kriegsereignissen der Armee von Tennessee Theil bis er sich mit Johnston im April 1865 zu ergeben gezwungen war.

2. A. P., konföderirter General (1825—1865), in Westpoint erzogen, zeichnete sich in allen Schlachten des Sezessionskrieges aus.

Er war einer der tüchtigsten Kommandeure unter R. E. Lee in den Schlachten 1863 und 64 und fiel in den letzten Tagen des Krieges bei der Vertheidigung von Petersburg am 12./4. 1865.

Hiller von Gärtringen, 1. Johann Freiherr, österreichischer F.-Z.-M. (1755—1819), führte 1805 eine Division in Tirol, kommandirte 1809 das 6. Korps, zeichnete sich bei Aspern aus, kämpfte 1813—1814 als Oberbefehlshaber gegen den Vizekönig von Italien.

2. August Freiherr, geb. 1772, nahm als Kommandant der 16. preussischen Infanterie-Brigade Antheil an der Schlacht von Belle-Alliance.

3. Wilhelm Freiherr, preussischer G.-L., machte als junger Offizier die Kämpfe der Russen im Kaukasus mit, führte 1866 die 1. Garde-Division bei Burkersdorf und Königinhof, trug durch seinen Angriff auf Chlum wesentlich zum Ausgange der Schlacht bei Königgrätz bei, fiel hier durch eine Granate.

Hindersin, v., preussischer General der Infanterie, General-Inspekteur der Artillerie (1804 bis 1872) machte 1849 den Feldzug in Baden mit und wurde bei einer Rekognoszirung bei Ladenburg gefangen, war 1864 bei der Belagerung von Düppel thätig. Besonders trug er zur Hebung der Taktik und Organisation der Feld-Artillerie bei.

Hinterbliebene. Wittwen und eheliche oder durch nachgefolgte Ehe legitimirte Kinder eines

Angehörigen des Reichsheeres oder der kaiserlichen Marine erhalten aus der Reichskasse Wittwen- und Waisengeld. Das Wittwengeld besteht aus dem 3. Theil der dem Verstorbenen zuständig gewesenen Pension (mindestens 160 M., höchstens 1600 M.). Das Waisengeld beträgt für jedes Kind $^1/_5$ des Wittwengeldes, für Kinder, deren Mutter nicht mehr lebt, $^1/_3$ des Wittwengeldes. Wittwen- und Waisengeld zusammen dürfen den Betrag der zuständig gewesenen Pension nicht übersteigen. (Näheres s. Buhnke Litt.)

Hintergewicht der Geschützrohre. Entsteht, wenn die Schildzapfenachse vor dem Schwerpunkt des Rohres liegt, so dass letzteres das Bestreben erhält, sich, wenn es nur in den Schildzapfen unterstützt ist, hinten zu senken und vorn zu heben. Das H. beträgt in der Regel 7—12% des Rohrgewichts. Grosses H. befördert die Stetigkeit der Rohrlage beim Fahren und Schiessen, sichert das Aufliegen des Rohrs auf der Richtsohle und schont die Richtmaschine, sowie andere Lafettentheile. Das Rohr hat Gleichgewicht (deutsche 21 cm Ringkanone) bezw. Vordergewicht, wenn die Schildzapfenachse den Schwerpunkt schneidet bezw. dahinter liegt. Gleichgewicht bedingt die feste Verbindung von Rohr und Richtmaschine. Vordergewicht hatten alle glatten Mörser, heute kommt es nur vereinzelt vor.

Hinterhalte (s. Haynau) sind besonders anwendbar bei Arrièregarden für Reiterei; muss gut aufgestellt sein, zielt auf die Flanke des Feindes; ungestümer Angriff und Zurückhalten einer starken Reserve nöthig.

Hinterlader. Haben durch ihre weit überlegenen Leistungen in Bezug auf ballistische Eigenschaften (Trefffähigkeit, Mündungsgeschwindigkeit, Geschossarbeit, bestrichenen Raum, Schussweite) und Feuergeschwindigkeit die Vorderlader vollständig verdrängt. Das anfängliche Vorurtheil, welches die H. wegen der vermeintlichen zu grossen Empfindlichkeit des Verschlussmechanismus für nicht feldmässig erklärte, ist durch die Kriegserfahrung glänzend widerlegt worden. Preussen gebührt das hohe Verdienst, zuerst und allein H. eingeführt und trotz aller Einwände unbeirrt an ihnen festgehalten zu haben, während anderwärts, z. B. in England, H.-Kanonen anfangs angenommen, dann abgeschafft und schliesslich wieder eingeführt wurden.

Hirschberg. Dort stehen Jäger-Bat. v. Neumann (1. Schles.) No. 5, Bez.-Kom., Garn.-Laz. — 3. Servisklasse.

Hirschfeld, v., preussischer General der Infanterie (1746—1818). Er erwarb sich bei Gorkum den p. l. mérite (1787). Er schlug an der Spitze der Landwehr den General Girard bei Hagelberg. Sein Sohn Moritz, preussischer General der Infanterie (1790—1859), machte den Krieg in Spanien und 1849 als Führer des 1. preussischen Korps den Krieg gegen die Insurgenten mit. Er war zuletzt kommandirender General des 8. Armeekorps.

Hirschhals, nennt man den nach vorn gebogenen Hals der Pferde, der eine fehlerhafte Zügelwirkung zur Folge hat. Gute Schenkelwirkung hilft dem Uebelstande allmählich ab. (S. auch Hülfszügel.)

Hirson. Dort französischer Sperrfort. (S. Oise.)
Hissen, das Emporziehen von Segeln, Flaggen etc.
Hitzschlag. Anzeichen: Starker Schweiss, schneller Puls. Beklemmung, Ohnmacht, geschwollene Hände, Bläue im Gesicht, Zittern. **Behandlung: Sofort austreten,** Kleidung lüften, Schatten, Wasser trinken. Kopf und Brust waschen. **Vorbeugung:** Früh marschiren, Pausen, lockere Fühlung, Tornister fahren.

Hobart Pascha, war englischer Kapitän, trat ohne Erlaubniss der englischen Regierung in türkische Dienste, bewältigte den Aufstand in Kreta, war 1877 Admiral der türkischen Flotte.

Hoche, General der französischen Republik (1768—97). Er wurde wegen seiner Tapferkeit früh Divisions-General, beendete den Krieg im Westen und drängte 1797 die Oesterreicher über den Rhein.

Hochverrath begeht, wer versucht, die Person des Landesherrn an Körper, Gesundheit oder Freiheit zu verletzen oder zur Regierung unfähig zu machen, wer es versucht, die Staatsverfassung oder Thronfolge gewaltsam zu ändern. Die Bestrafung dieses Verbrechens erfolgt in der deutschen Armee nach § 56 des Militär-Straf-Gesetzbuches, und den Bestimmungen des Allgemeinen Straf-Gesetzbuches, in der österreichisch-ungarischen Armee nach dem § 334 des Militär-Straf-Gesetzbuches.

Höchst. Schlacht am 10./5. 1622, in der Tilly den Herzog von Braunschweig schlug.

Höchstädt. Gefecht am 20./9. 1703, in dem die Bayern und Franzosen unter Kurfürst Max Emanuel über den kaiserlichen General Styrum siegten. Schlacht am 13./8. 1704, in der Prinz Eugen den oben genannten Kurfürsten glänzend schlug, und ihm am nächsten Tage noch 27 Bataillone und 12 Eskadrons, die kapituliren mussten, abnahm.

Hofer, Andreas (1767—1810). Sohn des Gastwirthes „auf dem Sande" im Passeyerthale. Er war 1809 Anführer des Aufstandes gegen die Franzosen. Am Sterzinger Moor schlug er im April die Bayern, im Mai noch einmal am Berge Isel. Auch über die Franzosen siegte er auf demselben Felde. Nun rückten aber solche Heeresmassen heran, dass die Tiroler Aufgebote erdrückt wurden. H. entfloh, wurde verrathen, gefangen und erschossen, seine Familie in den Adelsstand erhoben.

Hoffestlichkeiten. Zu Hofcouren, Hofbällen für Nichttänzer: Galaanzug; zu grossen Diners, Gratulationen und Militärcouren: Paradeanzug (Garde du Corps und Garde-Kürassire auch in diesen Fällen Gala), sonst nach der Einladungs-Karte: Kleine Uniform.

Hofgartenanzug, ohne Waffe, grosses Ordensband oder Achselband. Generale: Interimswaffenrock, alle übrigen Offiziere: Waffenrock (Attila, Ulanka), Achselstücke, Mütze, weissleinene Hose, Orden und Ehrenzeichen.

Hof-Geismar. Dort stehen Drag.-Rgt. Freiherr von Manteuffel (Rhein.) No. 5, Prov.-Amt, Garn.-Verw., Garn.-Laz. 3. Servisklasse.

Hofkriegsrath. Derselbe bestand in *Oesterr.* und hat viel zu den mancherlei Unfällen auf den Schlachtfeldern beigetragen durch seine Einmischung in die Einzelheiten, die er von

Hogland — Hohlgeschosse

Wien aus nicht übersehen konnte. Seit 1848 ist er in das Kriegsministerium umgewandelt worden; 1867 erhielt dieses den Namen „Reichs-Kriegs-Ministerium".

Hogland (bei Sweaborg). Seeschlacht 17./7. 1788. Unentschiedener Kampf zwischen der russischen Flotte unter Admiral Greigh und der schwedischen unter Herzog Karl von Südermannland.

Hogue, la, Sieg der englisch-holländischen Flotte über die französische im Jahre 1692.

Hohenasperg, veraltete Burgfestung bei Ludwigsburg in Württemberg, wurde 1635 von den Kaiserlichen erobert; 1649 fiel es an Württemberg. 1688 an Melac übergeben, der drohte, Stuttgart einzuäschern, und zerstört; jetzt militärisch völlig unwichtig.

Hohenfriedberg. Schlacht 4./6. 1745. Glänzender Sieg Friedrichs des Grossen über Herzog Karl von Lothringen. Die Sachsen standen auf dem linken, die Oesterreicher auf dem rechten Flügel. Der erste Angriff Friedrichs galt den Sachsen, die näher bei Striegau standen. Zwei kräftige Reiterattacken warfen die sächsische Kavallerie über den Haufen; die gedeckt stehende sächsische Infanterie leistete kräftigen Widerstand, wurde jedoch durch die preussischen Grenadiere in Haufen zusammengedrängt, in die Kürassiere einhieben. Das sächsische Fussvolk war damit aufgerieben. Als Lothringen seine Reiterei angreifen liess, wurde sie nach hartnäckigem Kampfe zurückgeschlagen. 43 österreichische Bataillone standen fest, ohne dass die preussischen Grenadiere Fortschritte machen konnten, da sprengte General Gessler mit seinen Baireuth-Dragonern in glänzender Attacke mitten auf die Front des ersten Treffens los, durchbrach dieses und hieb auf das zweite Treffen ein. Allgemeine Deroute der Oesterreicher erfolgte. In 4 Stunden war die Schlacht entschieden. Plan s. Seite 314.

Hohenkirchen (in Preussen Hochkirch). Schlacht 14./10 1758. Ueberfall des preussischen Lagers bei Morgengrauen. Die preussische Armee verlor an diesem Tage 101 Kanonen, 30 Fahnen, die ganze Bagage und 9000 Mann.

Hohenlinden. Schlacht 3./12. 1800, in der die Franzosen unter Moreau den Erzherzog Johann zurückdrängten. Die Oesterreicher verloren zahlreiche Geschütze und viel Material.

Hohenlohe, 1. Graf, österreichischer F.-M. (1622—1698), nach abenteuerlichem Leben erwarb er sich besonderen Ruhm in der Schlacht am St. Gotthardt 1662.

2. H.-**Kirchberg**, österreichischer F.-Z.-M. (1732—96), war General-Quartiermeister des Prinzen von Coburg.

3. H.-**Ingelfingen** (Friedrich), Fürst (1746 bis 1818), preussischer General, that sich 1792 bis 1794 am Rhein hervor. Er kommandirte in der unglücklichen Schlacht bei Jena 1806 und kapitulirte mit den Resten der Armee bei Prenzlau. Die Geschichte beginnt ihm gerecht zu werden.

4. H.-**Ingelfingen** (Kraft), Prinz zu, preussischer General der Artillerie (1827—92). Er trat in die preussische Garde-Artillerie. 1864 zum Stabe Wrangels kommandirt. 1866 Kommandeur des Garde-Feld-Artillerie-Regiments, entschied bei Chlum. 1870/71 führte er die Garde-Feld-Artillerie-Brigade bei St. Privat und vor Paris. Zuletzt Kommandeur der 12. Division. Hervorragender Schriftsteller.

Höhenmessungen s. Trigonometrische Abtheilung, auch Topographische Abtheilung.

Höhenrichtung. „Ein Geschütz hat H., wenn eine durch den Visirrücken und Zielpunkt gedachte Ebene auch die Kornspitze trifft." (Sch. V. f. d. F.-A. Ziff. 168). Man unterscheidet die direkte H., welche der Richtkanonier mit dem Auge über Visir und Korn nimmt, und die indirekte H., die dem Rohre mittelst des Richtbogens oder des Libellenquadranten gegeben wird. Für die H. der Handfeuerwaffen gilt dasselbe. Das Nehmen einer indirekten H. ist bei denselben jedoch nicht möglich.

Hohentwiel, kleine Burgfestung ohne militärischen Werth. 1800 wurde es, vor Vandamme schmählich kapitulirend, von den Franzosen zerstört, ist wieder hergestellt.

Hohenzollern, Karl Anton Fürst von, preussischer General der Infanterie (Chef des 26. und 40. Regiments) (1811—1885). Er überliess durch Staatsvertrag sein Fürstenthum an Preussen und trat als G.-M. in die Armee ein. Dem Feldzug 1864 wohnte er im Hauptquartier bei. Während des Feldzuges 1866 wirkte der Fürst als Militärgouverneur der westlichen Provinzen. Von seinen drei im Felde stehenden Söhnen erlag Prinz Anton den in der Schlacht von Königgrätz erhaltenen Wunden. Der zweite Sohn. Prinz Karl, aber wurde 1866 zum Fürsten von Rumänien erwählt.

Hohenzollern (Burg). Dort steht 1 Komp. 6. Bad. Inf.-Rgts. Kaiser Friedrich III. No. 114.

Hohenzollernscher Hausorden, 1841 von den Fürsten von Hohenzollern-Hechingen und -Sigmaringen für Zivil- und Militär-Verdienste gegründet, seit 1851 königlicher Hausorden; führt die Devise „Vom Fels zum Meer".

Hohlgeschosse. 1. Geschosse, welche mit einer inneren Höhlung versehen sind. Sämmtliche Geschosse der Artillerie mit Ausnahme der Kartätschen sind H. Die Höhlung dient zur Aufnahme der Sprengladung und — bei Schrapnels — der Kugelfüllung, bezw. der Brandoder Leuchtladung. Panzergranaten ohne Sprengladung erhalten ebenfalls eine Höhlung, um einen besseren, widerstandsfähigeren Guss zu erzielen. Die Anfangs gegen Panzer ausschliesslich verwendeten Vollgeschosse werden nicht mehr angefertigt.

2. Hebler Kruka'sche H. (Geschosse mit Luftkanal) für Handfeuerwaffen. Um den Luftwiderstand zu verringern und das Abfliessen der Luft längs der äusseren Geschosswandungen zu erleichtern, haben Professor H. und Ingenieur K. ein H. vorgeschlagen, das sich nach hinten ebenso wie nach vorn eiförmig verjüngt (s. Bild). Der Geschosskern G ist in den Stahlblechmantel M eingeschlossen und auch der Luftkanal L mit dem Stahlröhrchen R ausgefüttert. (Später wurde empfohlen, das Geschoss ganz aus Stahl zu fertigen.) Die Führung wird theils von der Wulst m, welche unter dem vorderen Rand der Patronenhülse H liegt, theils von dem Spiegel S übernommen, der mit dem

Plan der Schlacht bei Hohenfriedberg am 4./6. 1745.

Zapfen s in den trompetenartig erweiterten hinteren Theil des Luftkanals hineinragt. Der aus Papierstoff u. dergl. gefertigte Spiegel überträgt zugleich die Treibkraft der Ladung auf das Geschoss und soll sich dicht vor der Mündung von selbst abstreifen. Versuche mit diesen H. in Oesterreich-Ungarn u. a. haben die behauptete grosse Ueberlegenheit an Fluggeschwindigkeit und Durchschlagleistung nicht bestätigt, wohl aber die ballistischen Vorzüge der eiförmigen Verjüngung des hinteren Geschosstheils erwiesen.

Hohlklingen, Klingen von Hieb- und Stichwaffen, die zur Erleichterung und Vergrösserung der Biegsamkeit mit Hohlbahn (Hohlkehle, Hohlschliff) versehen sind.

Hohltraversen sind kleine bombensichere Unterkunftsräume auf den Wallgängen neben den Geschützen meist unter den Traversen zum Unterstehen von Mannschaft, Munition etc. Ihre Anlage ist Sache der Techniker.

Holitz (bei Olmütz). Gefecht 17./6. 1758, in dem der preussische General von Meyer von den Oestereichern unter St. Ignon bei Gelegenheit der Einschliessung von Olmütz durch Friedrich den Grossen geschlagen und gefangen wurde.

H. bei Chrudim. Gefecht am 12./7. 1758. Dort siegreiche Abwehr durch preussischen General von Rhetzow, gegen den Versuch des Generals von St. Ignon, den starken preussischen Geschütz- und Fuhr-Train zu nehmen.

Holk, Graf, kaiserlicher F.-M. (1590—1633), machte sich in der ersten Hälfte des 30 jährigen Krieges einen Namen. Bekannt sind seine beiden verheerenden Einfälle in Sachsen, bei dessen zweiten er der Pest erlag.

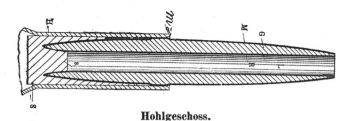

Hohlgeschoss.

Holland. Die Befestigungen H. sind aus der Uebersichtskarte auf Seite 316 ersichtlich. Zu bemerken ist, dass innerhalb der Grenzen noch ein grosser Abschnitt, die sogenannte Festung Holland gebaut ist, deren Grenze im Süden die Maass bildet. Von Gorichem ziehrt sich die Fortlinie, nach Osten ausbiegend, über Utrecht nach Muyden, dann von Edam direkt nach Westen gehend bis zur Nordsee und längs dieser bis Haarlem. Innerhalb dieser Aussenfestung liegt gewissermassen als Reduitstellung eine Linie, die im Bogen von Haarlem nach Süden gehend, und wieder etwa bei Muyden endend, Amsterdam umkreist.

Die Linien sind meist von schwer gangbarem Vorgelände umgeben, und in Bastionairform ausgeführt. (Näheres in De Vesting Holland von Seyffardt. Bröse, Utrecht. 1887. Der Text ist auch dem, der nicht holländisch kann, nach einiger Uebung ganz verständlich.)

Die Bastionsform ist beibehalten, weil besonders die von Utrecht aus bis nach dem Zuyder-See sich hinziehenden Gräben voller Wasser sind, deshalb besonderer Sturmfreiheit weniger benöthigt sind, als der allgemeinen Flankirung.

Die nach der See wirkenden grossen neuen Forts y Muyden (Imuiden) und Maass-Monde haben gestreckte Fronten, um möglichst viel Geschosse direkt in die See tragen zu können.

Holme heissen die Balken, welche auf den Pfahljochen oben die Pfähle verbinden, und auf denen die Streckbalken ruhen.

Holstein - Plon, Herzog, brandenburgischer G.-F.-Z.-M. (1635—99), führte die brandenburgischen Truppen gegen die Türken 1664. Er schlug die Schlacht bei Enzheim 1674 und nahm 1677 Stettin.

H.-Gottorp, preussischer G.-L. und russischer F.-M., führte im 2. schlesischen Kriege und im 7 jährigen Kriege im Osten und im Westen die Reiterei mit Auszeichnung und ging 1762 nach Russland.

Holz s. Biwaks-Bedürfnisse.

Holz. Solange die Metalltechnik noch wenig fortgeschritten und daher Eisen, Stahl etc. bei geringer Güte verhältnissmässig sehr theuer waren, fand das H. eine ausgedehnte Verwendung in der Artillerietechnik, namentlich auch zu Lafetten aller Art, obgleich es dazu durch seine Eigenschaften nur in geringem Maasse geeignet ist. Es besitzt für bedeutende Beanspruchung zu wenig Festigkeit und Härte, gestattet keine rationale vielseitige Formgebung (wie Metalle durch Giessen, Schmieden, Ziehen etc.), ist unter dem Einfluss der Hitze und Feuchtigkeit fortwährenden Veränderungen unterworfen, wird von zahlreichen Insekten angegriffen und durch die Witterung (Nässe) unter ungünstigen Umständen rasch zerstört. Die erheblich gesteigerte Anstrengung der Geschütze durch das eigene Feuer und die bedeutenden Fortschritte in der Metallurgie haben neuerdings dazu geführt, die meisten Theile der Lafetten und auch vieler Fahrzeuge aus Metall (Stahl und Eisen) herzustellen. Von den gebräuchlichsten Nutzhölzern werden noch vorwiegend verwendet: Eiche zu Speichen; Rüster zu Naben; Hickory (s. d.) und Esche zu Deichseln; Rüster, Esche und Eiche zu Fahrzeuggestellen aller Art, Felgen, Brackhölzern, Ortscheiten, Deichselstützen; Weissbuche zu Handgriffen; Nadelhölzer zu Füllbrettern, Packgefässen; Else zu Futtern und sonstigen untergeordneten Gegenständen. Ein Ersatz der hölzernen Radtheile, Deichseln, Bracken etc. ist schon wiederholt versucht worden und

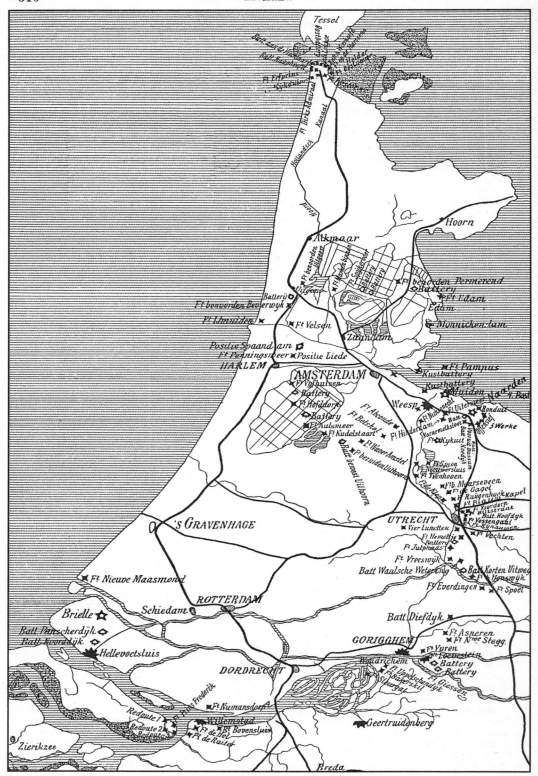

Skizze der Befestigung von Holland.

in Zukunft sicher zu erwarten. Gewehr- und Karabinerschafte fertigt man meist aus Nussbaum.

Holzapfel, Graf, kaiserlicher Feldmarschall (1585—1648). 1646 trat er nach mancherlei Kämpfen in kaiserliche Dienste, wurde in den Grafenstand erhoben, entsetzte Zons, nahm Münster, wurde 1647 Generalissimus des kaiserlichen Heeres, schlug Wrangel bei Eger und verfolgte ihn bis Nossen. Er fiel 1648 bei Zusmarshausen.

Homburg vor der Höhe. Dort stehen 3. Bat. Füs.-Regts. v. Gersdorff (Hess.) No. 80, Garn.-Verw., Garn.-Laz. — 2. Servisklasse.

Hondschoote b. Dünkirchen. Treffen am 8./9. 1793. — Die Franzosen schlugen die Verbündeten unter Walmoden. Die Belagerung von Dünkirchen musste von denselben aufgegeben werden. Auch die Franzosen unter Houchard hatten stark gelitten. so dass der Sieg nicht ausgenutzt werden konnte.

Honneurs heissen die militärischen Ehrenbezeigungen in Preussen.

Hood ist der Name zweier Brüder, brittischer Admirale. 1. Samuel (1724 bis 1794), der sich in Westindien auszeichnete, 1793 Turin nahm und 1794 Korsika eroberte. 2. Alexander (1726—1814) nahm 1794 Theil an der Schlacht bei Brest, nahm 1795 vor l'Orient den Franzosen mehrere Linienschiffe und eroberte 1804 fast das ganze Surinam. Beide Brüden wurden Peers und zu Viscounts erhoben.

Hooker, Jos., amerikanischer General (1815 bis 1879), auch „fighting Joe" genannt, ist bekannt durch seine unzulängliche Führung, in Folge welcher er bei Chancellorsville (1863) von der kaum halb so starken Armee R. E. Lees entscheidend geschlagen wurde.

Hope, Sir James, englischer Admiral, zeichnete sich hauptsächlich vor Peking aus.

Höpfner, v., preussischer General-Major (1797 bis 1858), berühmt durch sein Werk über den Krieg 1806 und 1807.

Horb. Dort steht Bez.-Kom. — 3. Servisklasse.

Horchgang, die vordersten Zweige eines Minensystems, von welchen aus die unterirdischen Arbeiten des Feindes behorcht werden.

Horn. 1. Graf, schwedischer General und Reichsmarschall (1592—1669), Schwiegersohn des Kanzlers Oxenstierna, wurde schon zu Lebzeiten Gustav Adolf's im 30jährigen Kriege zu selbstständigen Kommandos ausersehen und führte dieselben nach dessen Tode selbstständig weiter; häufig vereint mit dem Herzog Bernhard. 1634 wurde er bei Nördlingen geschlagen und gefangen (1642 ausgewechselt).

2. H. v., preussischer Generallieutenant (1762—1829), führte unter York ruhmreich eine Brigade 1812—14, war zuletzt kommandirender General des 7. Armeekorps.

Hornerscher Reflektor s. Reflektor.

Hornwerk kommt in älteren Festungen als Aussenwerk vor und besteht aus 2 Halbbastionen.

Horst, Freiherr v. d., schleswig-holsteinischer General, zeichnete sich in der Schlacht bei Idstedt aus (1792—1867).

Horvatovic, Georg, serbischer Oberst, that sich 1876 im serbisch-türkischen Kriege Kommandant des 4. Korps und Reorganisator sehr hervor.

Hosenband-Orden, britischer Orden, 1350 gestiftet, wird nur an Regenten und Fürsten verliehen, wird unter dem Knie befestigt.

Hospitalschiffe, zu Lazarethen eingerichtete Schiffe, in Häfen oder auch Flotten-Expeditionen beigegeben.

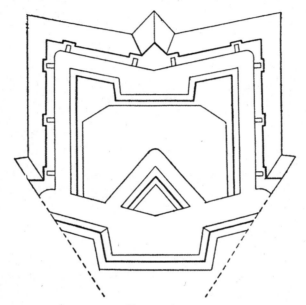

Hornwerk.

Hostalrich, kleine spanische Festung am Tordera.

Hotze, David, österreichischer Feldmarschall-Lieutenant (1739—99), zeichnete sich 1795 unter Wurmser bei Eroberung der Weissenburger Linien aus, that sich 1796 bei Würzburg hervor, schlug 1799 Massera bei Frauenfeld und Winterthur, fiel 25./9. 1799 in der Schlacht an der Limmat.

Houchard, französischer General (1740—1793), wurde 1793 bei Coustray geschlagen, entsetzte mit Glück Dünkirchen, wurde aber trotzdem von dem Konvent verurtheilt nnd hingerichtet.

Houston, Samuel (1793—1863), hielt sich in seiner Jugend 5 Jahre unter den Creek-Indianern auf, trat dann in die amerikanische Südarmee, befreite Texas durch glänzende Siege von der Herrschaft Santa Annas, wurde dann Präsident der Republik.

Houwald, v., (1602—1663), erst in schwedischen, dann in brandenburgischen Diensten, schlug 1657 an der Spitze polnischer Truppen die Russen bei Berestecsko.

Howe. 1. Lord, englischer Admiral (1725 bis 1799), verproviantirte 1783 Gibraltar trotz der Nähe einer überlegenen französisch-spanischen Flotte. schlug 1794 die Franzosen bei Ouessant.

2. Baron, englischer General (1725 bis 1814). der einen Theil der Expedition nach Amerika zur Unterdrückung des Aufstandes führte. Er siegte bei Bunkershill 1775, übernahm 1776 das Ober-Kommando, trieb Washington über den Delaware, nahm 1777 Philadelphia, wo er Winterquartiere bezog und deshalb abgelöst wurde.

Hoyer, Johann v., preussischer Generalmajor (1767—1848), angesehener Militär-Schriftsteller, zeichnete sich bei der Vertheidigung von Wittenberg aus.

Höxter. Dort steht 1. Bat. Inf.-Regts. Graf Bülow v. Dennewitz (6. Westf.) No. 55. — 3. Servisklasse.

Hubertsburg, Schloss bei Leipzig. Hier wurde 15./2. 1763 der Hubertsburger Friede abgeschlossen, der den 7jährigen Krieg beendete und den Grund zu Preussens Grösse legte.

Hubertus-Orden, der vornehmste bayerische Orden, gestiftet 1444.

Hufbeschlag. Rathsam ist es, bei jedem Neukauf den Huf von einem tüchtigen Rossarzt genau untersuchen und etwaige Rathschläge für die Art der Hufe und den Beschlag geben zu lassen.

Die Truppen erhalten zur Bestreitung der Kosten des H. für ein Stangenpferd 85 Pf., für ein Vorder- oder Vorrathspferd 60 Pf., für ein Reitpferd 35 Pf. monatlich. Die hiernach gewährten Beiträge gehören zu dem Selbstbewirthschaftungsfonds der Truppen.

Hufeisentasche für Kavallerie ist von braunem starken Leder, unten abgerundet, gefüllt mit 2 Hufeisen, 32 Nägeln und Steckstollen; die H. gehört zu den Ausrüstungsstücken der Pferde, wird auf der äusseren Breitseite der linken Packtasche befestigt und mittelst eines Riemchens und Schnürlöcher verschlossen.

Hühnerwasser. 2./6. 1866 Gefecht. Ein Bataillon des österreichischen Infanterie-Regiments No. 38, das Hühnerwasser besetzt hatte, wurde von preussischer Infanterie und Artillerie verdrängt.

Hülfskrankenträger werden bei jeder Kompagnie 4 ausgebildet. Sie sind kenntlich an der rothen Binde am linken Oberarm und stehen nicht unter dem Schutze der Genfer Konvention. Sobald die Infanterie ins Feuer kommt, werden die H. zur Verfügung des Arztes gestellt. Sie nehmen die Krankentragen vom Wagen und folgen dem Truppentheil unmittelbar. 2 davon folgen mit den Bandagentornistern des Medizinwagens den Aerzten in's Feuer oder auf den Verbandplatz. Sobald ihre Mithülfe nicht mehr erforderlich ist, treten sie wieder in die Front ihrer Truppe.

Hülfslazarethe werden bei plötzlichem Anwachsen der Krankenzahl. auch bei ansteckenden Krankheiten, die epidemieartig auftreten, eingerichtet.

Hülfslazarethzüge s. Feld-Sanitätswesen, auch Grund'sches und Hamburger System.

Hülfslisten für das Musterungsgeschäft, dienen zur Erleichterung desselben, können vom Bureaupersonal angefertigt werden.

Hülfszügel sind möglichst zu vermeiden. Dient nur das Pferd zu erinnern, dass es mit dem Kopfe in richtiger Stellung bleibt, bei Hirschhälsen zieht man jenen Theil durch die Schlaufen des Stirnriemens.

1. Der **Schlaufzügel** geht vom Gurt zwischen den Vorderbeinen von unten nach oben durch das Kinnstück zur Hand.

2. Der **Martignale** mit einfacher Trense und vier Zügeln, von denen zwei durch die Martignale gehen (besser als Doppeltrense).

3. Auf **Kandare**: Ein Zügel. der vom Kinnstück der Trense durch einen am Herz des Vorderzeugs befestigten Ring über den Hals zum Kinnstück zurückgeht. (Hülfszügel immer in volle Hand!) Sprungzügel sind wenig zu empfehlen.

Hülse: 1. der Patrone (s. dort und Metallpatrone) vereinigt Pulverladung, Geschoss und Zündmittel zur Einheitspatrone und dient gleichzeitig als Liderung; 2. am Gewehr dient zur Aufnahme des Schlosses und Verbindung desselben mit dem Lauf, siehe auch unter Gewehr: Gewehr 88.

Hülsen, v., preussischer General und Gouverneur (1693—1767), zeichnete sich im 7jährigen Kriege besonders bei Torgau aus. wo ihm der König nach seiner Verwundung den Oberbefehl übertrug. Er war zuletzt Gouverneur von Berlin.

Hülsenfrüchte dürfen nicht dumpfig, wurmstichig oder dickhülsig, auch müssen sie ohne fremde Beimischungen sein.

An H. (Erbsen, Linsen, Bohnen) gehören 230 g zur kleinen und 250 g zur grossen Tages-Viktualienportion.

Hülsenfüllung s. Metallpatronen.

Hülsenkopf. Der vorderste Theil der Hülse, in den beim Gewehr 88 der Lauf ein-, der Laufmantel aufgeschraupt ist; er enthält im Innern zwei Ausdrehungen für die Kammerwarzen, die im Verein mit dem senkrecht unter dem H. befindlichen Zapfen den Rückstoss zentral auffangen und auf den Mittelschaft übertragen. (S. Gewehr.)

Hünerbein, Freiherr v., preussischer Generallieutenant (1762—1818), führte mit Auszeichnung eine Brigade bezw. Division 1813—14.

Hünfeld. Treffen 4./7. 1866. Division Beyer stiess nördlich H. auf bayerische Kavallerie unter Fürst Taxis. Beim Zusammenstoss bemächtigte sich der Kavallerie eine Panik, die sie bis Fulda zurücktrieb. Preussen rückten in H. ein. Dieselbe Reiterei bewies später Bravour.

Hüningen bei Basel, war bis 1815 ein befestigter Brückenkopf (Schiffbrücke); es wurde 1797 durch Erzherzog Karl genommen.

Hüttenbau, Hüttenlager s. Biwakshütten. Für die Hüttenlager gelten die Bestimmungen der Biwaks (s. dort).

Hullin, Pierre (1758—1832), war Uhrmachergehilfe. dann Leibjäger, Deputirter; 1796 General-Adjutant Bonapartes, 1802 Kommandant der Konsulargarde, wurde 1809 Graf und Gouverneur von Wien, dann Kommandant von Paris; wurde nach der 2. Restauration in Verbannung gesandt, da er dem Kriegsgerichte über Herzog v. Enghien präsidirt hatte; kehrte 1819 wieder nach Frankreich zurück.

Humaita, Festung am Paraguay bei Assuncion, vom Präsidenten Lopez 1855 angelegt und 1867 bis 1868 auf das zäheste vertheidigt. Ihr Fall beendete in der Hauptsache den Krieg gegen Paraguay.

Humbert, König von Italien, geb. 4. März 1844, nahm 1859 und 1866 am Kriege Theil; ist Chef des österreichischen 28. Infanterie-Regiments und des preussischen 11. Husaren-Regiments.

Hund (Minenhund), ein hölzerner, auf Schienen laufender Kasten zum Herausfördern der in den Gallerien gewonnenen Erde.

Hunde werden jetzt für Aufsuchen von Verwundeten, für Ueberbringen von Meldungen, als Wachhunde etc. dressirt.

Hundheim im Grossherzogthum Baden, 23./7. 1866 unentschieden gebliebenes Gefecht zwischen badischen und preussischen Truppen.

Hürden, aus Reisig und Pflöcken erzeugte Flechtwerke zur Bekleidung von Böschungen, zum Belegen des Bodens oder einer Decke.

Hurst-Castle. Eingangsfort zur Befestigung des Hafens von Yarmouth auf Insel Wight. S. Wight.

Hurst-Kanone s. Merga-Patrone.

Husaren dürfen nur im Maasse von 1,57 bis 1,72 m ausgehoben werden und nicht über 65 kg schwer. Zum preussischen Kontingente gehören 1 Leib-Garde-H.- und 17 Linien-H.-Regimenter.

Huyn, Graf, österreichischer F.-Z.-M. (1812 bis 1889). Aus der Militär-Akademie hervorgegangen, war er bei Ausbruch der Märzrevolution in Mailand 1848 im Generalstabe Radetzkys und bethätigte seine glänzenden Eigenschaften auch in höheren Kommandos während der Kriege 1859 und 1866. Im Jahre 1870 wurde er als Feldzeugmeister kommandirender General in Budapest.

Hyder Ali, der Vater des Tippo Sahib, der von den Franzosen die Kriegskunst erlernt hatte, war der energischste Gegner der Briten in Indien; er schlug die Engländer 1766, 67 und 80, wurde jedoch dann von den Engländern unter Sir Coote total geschlagen.

Hydraulischer Mörtel besteht aus hydraulischem Kalk, Sand und Wasser.

J.

Jachmann, Eduard, befehligte 1864 die preussische Marine in der Ostsee, lieferte am 17. März der dänischen Flotte das Gefecht bei Jasmund, war 1870—71 Kommandant der ganzen deutschen Seemacht.

Jackson (Stonewall), conföderirter General (1826—63). In Westpoint erzogen zeichnete er sich im Kriege gegen Mexiko aus (1846). Er trat beim Ausbruche des Sezessionskrieges zur conföderirten Armee, that sich schon bei Bull Run hervor, führte 1862 den berühmten Feldzug im Virginienthale gegen drei überlegene feindliche Heere siegreich durch und half dann die Siege R. E. Lees bei Richmond entscheiden, schlug Pope an den Cedar mountains, im Verein mit Lee in der Schlacht von Manassas, überfiel Harpers Ferry, schlug sich in der Schlacht bei Antietam mit Auszeichnung, ebenso im Dezember bei Fredericksburg dem Feinde Abbruch thuend. Er fiel im Mai 1863, siegreich in der Schlacht bei Wilderness vordringend.

Jäger. Deutschland hat 25 Jäger- und ein Schützen-Bataillone. Die Jäger und Schützen haben Waffenrock und Feldmütze von dunkelgrünem Tuch mit rothen Schulterklappen und Vorstössen, tombakene Knöpfe, Tschako mit gelben Beschlägen und schwarzem Haarbusch, schwarzes Lederzeug und Tornisterklappe von rauhem Dachsfell mit nachgeahmtem Dachskopf. Die Jäger haben rothe schwedische Aermelaufschläge, rothe Kragen und Mützenbesätze; die Garde-Schützen schwarze brandenburgische Aermelaufschläge mit dunkelgrünen geschweiften Patten, sowie schwarze Kragen und Mützenbesätze. Garde-Jäger und -Schützen tragen gelbe Litzen und am Tschako als Zierat den neusilbernen Gardestern.

Jäger-Rekruten dürfen nur Maass von 1,54 bis 1,75 m haben, sie dürfen nicht zu schwer, müssen aber gewandt und kräftig sein.

Die Jäger der Klasse A verbleiben 12 Jahre in der Reserve und verpflichten sich bis zu einer 8jährigen aktiven Dienstzeit.

Jähns, Max, geb. 1837, preussischer Oberstlieutenant, angesehener Militär-Schriftsteller und Kulturhistoriker.

Jahresklassen. Bei nöthigen Mehreinberufungen werden die Mannschaften des Beurlaubtenstandes nach den Jahresklassen, mit den jüngsten beginnend, einberufen.

Alle Truppenstammrollen (Grundbuchsblätter) werden nach J. geführt, ebenso die Reservisten etc. bis zum Landsturm in J. eingetheilt. Auch die Entlassung folgt naturgemäss nach den J.

Jaice. 7./8. 1878 siegreiches Gefecht, durch welches der Weg auf Sarajevo frei wurde.

Jalons sind zum Abstecken von Linien dienende Fähnchen, deren Schaft unten eine eiserne Spitze hat. Sie dienen zum Markiren von Netzpunkten bei Aufnahmen, bei Nivellements etc.

Janitscharen waren eine Haustruppe der türkischen Sultane, die zuletzt so übermüthig auftrat, dass sie nach mehreren misslungenen Versuchen, sie zu unterdrücken, schliesslich mit Gewalt 1826 durch Muhamed II. unterworfen und niedergemetzelt wurde. 10 000 wurden niedergehauen, 30 000 exportirt.

Janitscharenmusik steht gegenüber der Blechmusik. Sie hat auch Holzinstrumente.

Jankau. Schlacht am 24./2. 1645. Die Schweden unter Torstenson stürmten eine Höhe, drangen weiter vor und erfochten einen völligen Sieg über die Kaiserlichen, von denen General Goetz fiel und Hatzfeld gefangen wurde, nachdem sie ungeheure Verluste erlitten hatten.

Japan. Armee.
Im Frieden (Brig. zu 2 Regt. zu 2 Bat.):

		Bat.	Esk.	Batt.	Gebirgs-Batt.
Garde-Division	Tokio	8	3	4	—
1.	„ Tokio	12	3	4	2
2.	„ Sendai	12	3	4	2
3.	„ Nagoya	12	3	4	2
4.	„ Osaka	12	3	4	2
5.	„ Hiroshima	12	3	4	2
6.	„ Kumamoto	12	3	4	2
	Sa.:	80	21	28	12

Dazu (gleichmässig vertheilt) 20 Komp. Pioniere, 12 Komp. Fussartillerie, von denen 8 in Tokio und 4 in Kumamoto stehen.

Friedensstärke:
Infanterie: 2872 Offiziere, 44 448 Mann,
Kavallerie: 126 Offiziere, 3255 Mann,
Artillerie: 242 Offiziere, 4112 Mann, 112 Geschütze, 48 Gebirgsgeschütze,
Pioniere: 121 Offiziere, 2420 Mann,
Train etc. 94 Offiziere, 3878 Mann.
Sa.: 3455 Offiziere, 58 113 Mann, 112 Geschütze und 48 Gebirgsgeschütze.

Im Kriege bleiben die Formationen dieselben, jedoch werden die Divisionen durchschnittlich auf 12 000 Kombattanten gebracht, so dass die Kriegsstärke 82 000 Köpfe beträgt.

Nach den Jahresberichten verfügte 1893 die japanische Armee über 269 748 Köpfe; von denen waren:
4 358 Offiziere, 54 771 Mann Linie,
11 704 Unteroffizierie, 91 190 Mann Reserve,
1 637 Beamte, 106 088 Mann Landwehr.

Die japanische Armee hat die allgemeine Wehrpflicht eingeführt und die Armee-Reorganisation 1872 begonnen und 1889 zu Ende geführt.

Jarotzky, v., preussischer Generallieutenant (1831—1894). Erst Ingenieuroffizier, machte er 1866 im Stabe des 5. Armeekorps, 1870/71 im Generalstabe der 2. Division die Feldzüge mit. Zuletzt Kommandeur der 65. Infanteriebrigade und später Herausgeber der Jahresberichte.

Jasmund. Kleines Seegefecht am 17./3. 1864 zwischen 4 dänischen und 3 preussischen Schiffen, das ohne Resultat verlief.
Plan s. Seite 322.

Jauer. Dort stehen 2. Bat. Inf.-Reg. v. Courbière (2. Pos.) No. 19. Bez.-Kom., Garn.-Laz. — 3. Servisklasse.

Jauré Guiberry, französischer Admiral (1815), führte vom Dezember 1870 ab das 16. Armeekorps (der Gambettaschen Armee) mit Auszeichnung bei Beaugency, Vendôme und Le Mans.

Ibrahim Pascha, ägyptischer Feldherr, Sohn Mehemed Alis, Vizekönigs von Egypten (1780 bis 1848). Ein glänzendes militärisches Genie. Er eroberte 1816—19 Mekka und Medina, nahm 1824 im Kriege gegen Griechenland Morea und drang bis Nauplia. Seine Flotte wurde 1827 von den Verbündeten bei Navarino vernichtet. 1832 nahm er Akre mit Sturm, schlug die Türken bei Homs und 1839 bei Nisib. Sein Rückzug von Damaskus nach Gaza 1840 hat die Bewunderung aller Sachverständigen erregt.

Identität ist bei im Auslande befindlichen Personen nachzuweisen. Bei Gestellungen ist im Falle des Zweifels der I. der Rekrut vorläufig zurückzustellen. Der Zivil-Vorsitzende der Ersatzkommission hat sie zu prüfen.

Idstedt. Schlacht am 24. und 25./7 1850, in der Willisen von den Dänen zurückgedrängt wurde.

Jean s. Erve (St.). Verfolgungsgefecht 15./1. 1871. S. Le Mans.

Jeetze, v., preussischer General-Feldmarschall (1673—1752), führte mit Auszeichnung im 7 jährigen Kriege ohne gerade selbstständige Kommandos zu haben.

Jefferson Davis, Präsident der conföderirten Staaten Nord-Amerikas (1808—1889). Er war eine hervorragende Erscheinung seiner Zeit, auch ein tüchtiger Soldat (Mexiko 1846/47).

Jellacic de Buzim, Graf, österreichischer Feldzeugmeister (1801—1859). Er focht mit hingebender Umsicht und Tapferkeit 1848 gegen die Ungarn.

Jemappes. Schlacht 6./11. 1792. Hier siegte Dumouriez über die Oesterreicher unter Herzog Albrecht von Sachsen-Teschen. 13 000 Oesterreicher gegen 52 000 Franzosen.

Jena. Schlacht am 14./10. 1806, welche die Preussen und Sachsen unter Hohenlohe gegen Napoleon verloren. Die Stellungen sind aus dem Plane ersichtlich. Früh Nebel. Lannes griff Tauentzien an, nahm Closwitz und Lützerode; Holtzendorff führte seine Truppe gegen Closwitz vor, wurde aber nach Stobra zurückgedrängt. Hohenlohe, von allen Seiten angegriffen, befahl den Rückzug, der in wilde Flucht ausartete.
Plan siehe nächste Seite.

Dort stehen 3. Bat. des 5. Thür. Inf.-Reg. No. 94 (Grossherzog von Sachsen), Garn.-Laz. 2. Servisklasse.

Jermolow, russischer General (1777—1852), zeichnete sich schon 1812 aus. 1816 führte er den Oberbefehl im Kaukasus, kämpfte gegen die Tschetschenzen und besiegte 1826 ein persisches Heer.

Jervis (Lord Vincent), englischer Admiral (1734—1823), bekannt durch seinen Sieg über die spanische Flotte 1797 bei Cap St. Vincent.

Jicin (s. Gitschin).

Immediatvorträge bei Seiner Majestät dem Kaiser. Anzug: Kleine Uniform mit Achselstücken.

Impfung. Sämmtliche, in den aktiven Dienst eintretenden ausgehobenen und freiwilligen Mannschaften einschliesslich der zur ersten Uebung eingezogenen Ersatz-Reservisten sind unmittelbar nach ihrer Einstellung zu impfen, wenn sie nicht nachweisen, dass sie innerhalb der letzten zwei Jahre die natürlichen Pocken überstanden haben oder mit Erfolg geimpft worden sind.

Indigenat (Heimathsrecht). Das Recht auf den Bezug des Wittwen- und Waisengeldes etc. ruht, wenn der Berechtigte das deutsche I. verliert, bis zur etwaigen Wiedererlangung desselben.

Indirekter Schuss. Schussart, bei welcher die Waffe die Höhenrichtung oder auch Höhen- und Seitenrichtung nicht über Visir (Aufsatz) und Korn, sondern durch besondere Richtvorrichtungen (Richtbogen, Richtlatte und Richt-

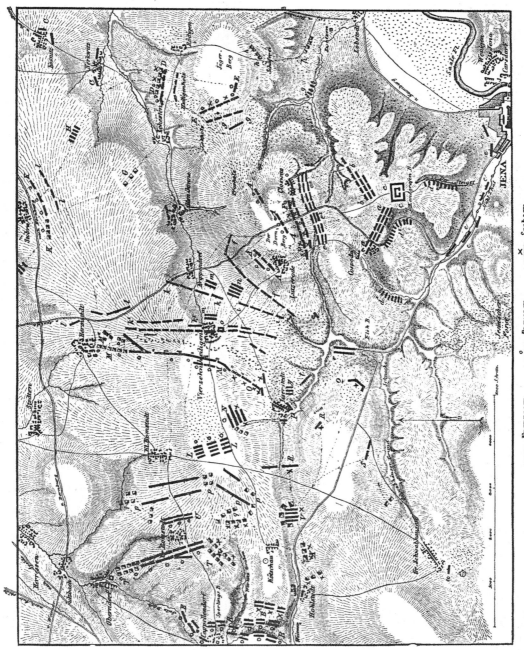

Plan zur Schlacht bei Jena am 14./10. 1806.

Indirekter Schuss.

fläche bei der Feldartillerie, Libellenquadrant und Richtskalen bei der Fussartillerie) indirekt erhält. Die Infanterie nennt einen Schuss, der einen zwischen dem Schützen und dem unsichtbaren Ziel liegenden Punkt als Hülfsziel nimmt, einen i. S. Bei Anwendung desselben müssen zur Ermittelung der Visirstellung bekannt sein Entfernung, Schütze-Ziel, Schütze-Hülfsziel und Höhe des Hülfs-Zielpunktes senkrecht über dem Schützen. S. Abbildung, a-Schütze, b-Ziel, c—d-Höhe des Hülfsziels.

Während die Infanterie das indirekte Feuer nur im Festungskriege unter günstigen Verhältnissen anwendet, bedient sich die Artillerie des i. S. in allen den Fällen, wo:

a) das Ziel über Visir und Korn nicht zu sehen ist;
b) das Ziel schlecht sichtbar ist;
c) der Aufsatz nicht ausreicht (über 4200 m).

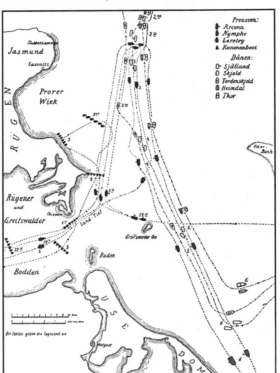

Skizze zum Seegefecht bei Jasmund am 16./3. 1864.

In Folge des Bestrebens, sich der gesteigerten Wirkung des direkten Feuers durch Schutz- und Deckungsmittel möglichst zu entziehen, hat der i. S. in neuerer Zeit eine erheblich grössere Bedeutung als früher erlangt und eine systematische Ausbildung erfahren.

Infanterie-Abtheilung des Kriegsministeriums bearbeitet Dienstangelegenheiten der Infanterie, Jäger, Schützen, infant. Anstalten, Garnisonschulen, Armeemusik, Truppenschulen, Handwaffen und Munition einschliesslich Fabriken, Gewehr-Prüfungs-Kommission, Büchsenmacher.

Infanteriedeckungen s. Feldbefestigungen.

Infanterie-Division im Kriege nimmt eine Frontlänge von etwa 2000 m ein. Das Bestreben, möglichst frühzeitig mit starker Artillerie aufzutreten, hat zur Vermehrung der Divisions-Artillerie geführt. Heute ist eine deutsche Infanterie-Division mit einem Feldartillerie-Regiment zu 2 Abtheilungen zu 3 fahrenden Batterien (im Ganzen 6 Batterien zu 6 Geschützen) ausgerüstet.

Infanterie-Rekruten (ausser Garde), kleinstes Maass 1,54 cm. Fehler s. daselbst.

Infanterie-Taktik. 1. Angriff. Eine starke Schützenlinie ohne Schuss und schnell in wirksame Schussweite bringen bezw. Eröffnung des Feuers auf 6—800 m, dann sprungweises Vorgehen, wobei alle Terrainvortheile benutzt werden, wenn möglich auch auf feindliche Artillerie wirken.

Vorbereitendes Feuer beginnt auf 600 m.

Nähren des Feuergefechtes durch die hinteren Staffeln.

Hineindrängen geschlossener Abtheilungen.

Erspähen des Anlaufes.

Sturm mit Hurrah! Sichern!

Zum Verfolgen frische Kräfte.

2. Vertheidigung. Nur eine Linie vertheidigen. Es lohnt sich oft, den Angreifer erst auf wirksame Schussweite heranzulassen. Nähren des Widerstandes. Eingedrungene Truppen mit aller Energie mit dem Bajonnett vertreiben. Hauptsache ist ein rechtzeitiger Gegenstoss!

Ingenieure 1. u. 2. Klasse bei den technischen Instituten der Artillerie zählen — ebenso wie die Oberingenieure — zu den oberen Zivilbeamten der Militärverwaltung. Anträge auf Anstellung sind an die betreffende militärische Fabrik etc., oder direkt an die technische Abtheilung des Kriegsministeriums zu richten.

Ingenieur-Korps umfasst die sämmtlichen Offiziere der Fortifikationen und der Pioniertruppen. Es ist eingetheilt in zwei Gruppen, die aber wechselnd besetzt werden können. An der Spitze steht die General-Inspektion des Ingenieur- und Pionierkorps der Festungen. Von ihr ressortiren unmittelbar: Ingenieur-Komitée, Festungs-Bauschule, Inspektion der Militär-Telegraphie, Militär-Telegraphenschule.

I. Ingenieur-Inspektion: Berlin mit
    1. Festungs-Inspektion: Königsberg, mit Danzig, Pillau, Boyen, Memel.

2. **Festungs-Inspektion:** Kiel, mit Friedrichsort, Cuxhaven, Helgoland, Geestemünde, Wilhelmshaven, Swinemünde.
II. **Ingenieur-Inspektion:** Berlin mit
3. **Festungs-Inspektion:** Posen, mit Glogau, Neisse, Glatz, Breslau.
4. **Festungs-Inspektion:** Thorn, mit Graudenz, Küstrin, Spandau, Magdeburg.
III. **Ingenieur-Inspektion:** Strassburg
5. **Festungs-Inspektion:** Strassburg, Neubreisach, Bitsch und Ulm.
6. **Festungs-Inspektion:** Metz mit Diedenhofen.
7. **Festungs-Inspektion:** Köln mit Coblenz, Mainz, Wesel.
I. **Pionier-Inspektion:** Berlin, dazu das Garde-, 2., 5., 6. und 17. Pionier-Bataillon, sowie das Kommando der Pioniere I. Armeekorps mit dem 1. und 18. Pionier-Bataillon.
II. **Pionier-Inspektion:** Mainz, dazu das 11., 13., 14. Pionier-Bataillon, sowie die Kommandos der Pioniere XV. Armeekorps mit dem 15. und 19., sowie XVI. Armeekorps mit dem 16. und 20. Pionier-Bataillon.
III. **Pionier-Inspektion:** Magdeburg, dazu das 3., 4., 7., 8., 9. und 10. Pionier-Bataillon.

Eine immer innigere Verschmelzung des Ingenieur-Korps mit der Armee wird von beiden Seiten angestrebt und ist auf dem Wege der Durchführung.

Ingenieur-Schule s. Vereinigte Artillerie- und I.-Sch.

Ingolstadt, Festung an der Donau, war lange Zeit Residenz der bayerischen Herzoge, wurde 1504, 1522, 1546 belagert, 1632 durch Gustav Adolph vergeblich, 1704, 1742, 1744 durch die Oesterreicher mit Erfolg angegriffen. Moreau sprengte die Werke. Nach 1870—71 wurde beschlossen, aus I. ein verschanztes Lager zu machen.

Inhaber (Oberst-I.). In letzter Zeit ist diese Würde, die einst auch pekuniäre Vortheile brachte, lediglich eine Ehrenstellung geworden, die nur Fürsten regierender Häuser und deren nächsten Anverwandten verliehen wird. In Preussen giebt es die Stellung nicht.

Initiative heisst dem Gegner die Gesetze des Handelns vorschreiben, durch eigene rechtzeitige Entschlüsse, die energisch in's Leben gerufen werden. Hier finden die innigsten Berührungspunkte zwischen politischen und strategischen Bewegungen statt. Eine richtige politische I. erleichtert — wie dies 1864, 1866 und 1870 geschehen — die strategische Einleitung, ebenso wie eine zuversichtliche strategische I. die taktische Offensive fast selbstverständlich im Gefolge hat. Wie beim Schachspiel, so muss auch in der kriegerischen Handlung jeder suchen, die Initiative in die Hand zu bekommen.

Inkerman. Hier Schlacht 5./11. 1854, in der die zum Entsatze von Sebastopol heranahende Armee Mentschikoffs von den Verbündeten zurückgeschlagen wurde. Während der Schlacht fand das unglückliche Reitergefecht der Engländer statt.

Innere Linien heissen alle Linien, die innerhalb einer gebogenen Front liegen. Die österreichische Armee stand 1866 bei Beginn des Krieges auf der i. L., die preussische auf den äusseren L. Die i. L. sind stets kürzer als die äusseren.

Inowrazlaw. Dort stehen Inf.-Regt. No. 140, Bez.-Kom., Prov.-Amt, Garn.-Verw., Garn.-Laz. — 3. Servisklasse.

Inspicirungsrecht hat im deutschen Reiche der Kaiser. Dasselbe hat der Bundesfürst bezw. der Senat innerhalb seines Staates. In Bayern hat der Kaiser sich mit dem Könige behufs Inspizirung zur Prüfung der Schlagfertigkeit des Heeres in Verbindung zu setzen.

Instanzenweg heisst der Dienstweg, welchen ein an eine höhere Behörde gerichtetes Schriftstück einschlägt, um durch alle Zwischenbehörden an seine Adresse zu gelangen.

Insterburg. Dort stehen Stab der 37. Kav.-Brig., 1. Bat. Inf.-Regts. von Boyen (5. Ostpr.) No. 41, Stab, 2., 3., 4. und 5. Eskadron Litthau. Ul.-Regts. No. 12, Stab, 1., 2. und 4. Abth. Feld-Artill-Regts. Prinz August von Preussen (Ostpr.) No. 1, Bez.-Kom., F. d. Artill.-Dep. in Königsberg i. Pr., Prov.-Amt, Garn.-Verw., Garn.-Laz. — 2. Servisklasse.

Instradiren (veraltet) hiess das „Inmarschsetzen" von Einzelnen oder Truppen mittelst Marschrouten.

Insubordination kann bestehen in Achtungsverletzung, lauter Beschwerdeführung, Widerrede, wissentlichem Unwahrheitssagen, Beleidigung des Vorgesetzten, Ungehorsam, ausdrücklicher Verweigerung des Gehorsams, gewaltsamen Nöthigen des Vorgesetzten, thätlichem Angriff gegen ihn, Meuterei, militärischer Aufruhr u. s. w. Der Mannigfaltigkeit dieser Vergehen und Verbrechen entsprechend sind auch die Strafen sehr verschieden. Sie variiren vom Arrest bis zur Todesstrafe.

Intakt (unberührt) nennt man Truppenkörper, welche während eines Gefechtes noch nicht oder nur wenig im Feuer gewesen sind.

Intendantur. Bei jedem Armeekorps wirkt eine Korps-Intendantur als Provinzialverwaltungsbehörde. Den Divisionen sind Divisions-Intendanturen zugetheilt. Die Korps-Intendanten und die Vorstände der Divisions-Intendanturen bearbeiten die bei den Generalkommandos bezw. Divisionen zu erledigenden Verwaltungsangelegenheiten auf Grund und in Grenzen der reglementarischen Vorschriften im Sinne der in den einzelnen Fällen ausgesprochenen Willensmeinung der kommandirenden Generale bezw. Divisionskommandeure. Die ausführenden örtlichen Verwaltungen sind die Proviantämter, die Garnison- und Lazarethverwaltungen, sowie die Garnison-Baubeamten und die Korpsbekleidungsämter. (S. Militär-Intendanturen, Militär-Intendantur-Beamte, auch Etappenwesen.)

Interims-Uniformen, die von Offizieren ausser Dienst oder auch im kleinen Dienst getragenen Uniformen.

Intervall in der Befestigungskunst ist der Zwischenraum zwischen zwei Forts in den Fortgürteln. In der Taktik die seitlichen Abstände zwischen den einzelnen Leuten oder ganzen Abtheilungen. Der Ausdruck macht dem deutschen „Zwischenraum" immer mehr Platz.

Inundation (Ueberschwemmung), wird bei Festungswerken auch künstlich erzeugt. Die unzeitige I. der Festungswerke von Königgrätz winkte beim Rückzuge der Oesterreicher 3./7. 1866 sehr verhängnissvoll.

Invaliden. Man unterscheidet Halb-I., die noch zum Garnisondienst fähig sind, und Ganz-I., zu keinerlei Militärdienst mehr tauglich.

Die Anerkennung eines I. hat den Invaliditäts-Nachweis (s. dort) zur Voraussetzung.

Dauernde Ganz-Invaliden scheiden ohne Rücksicht auf die Dauer der Dienstzeit aus dem aktiven Dienste oder dem Beurlaubtenverhältnisse aus. Die I. erhalten beim Ausscheiden Angaben in den Militärpässen bezw. in die Ueberweisungs-nationale. (Werden in den Stammrollen gestrichen.) Beurlaubte, die glauben dienstuntauglich zu sein, haben sich den Ersatzbehörden vorzustellen, die Entscheid treffen; dann bedarf es einer nochmaligen ärztlichen Untersuchung nicht. (S. Invaliditäts-Nachweis und I.-Pensionen.)

Invalidendank (Stiftung in Berlin) unterstützt — durch Vermittelung des Departements für das Invalidenwesen — ehemalige Angehörige des Heeres und deren Hinterbliebene.

Invaliden-Departement s. D. für das Invalidenwesen im Kriegsministerium.

Invalidenfonds wurde nach dem Kriege 1871 aus den Kriegskostenentschädigungen mit 561 Millionen Mark gestiftet. Jährlich erstattet die Reichstags-Schulden-Kommission Bericht über Verwendung und Bestand des Fonds.

Invalidenhaus-Beamte, Rendant und Inspektor zählen zu den oberen Zivilbeamten der Militär-Verwaltung.

Invalidenhäuser bestehen zu Berlin. Stolp und Carlshafen, ferner zum preussischen Militär-Kontingent gehörig: die Grossherzoglich Mecklenburgische Invaliden-Abtheilung in Schwerin.

Invaliden-Pensionen für Offiziere werden bemessen nach der Dienstzeit und der mindestens während eines Jahres bekleideten Charge oder Gehaltsklasse. Sie beträgt z. B. nach 10 jähriger Dienstzeit für:

Sek.-Lieut. 487 M. m. jährl. 32-33 M. Steigerung,
Pr.-Lieut. 532 „ „ „ 35-36 „ „
Hauptl. II. 898 „ „ „ etwa 60 „ „
„ I. 1258 „ „ „ „ 84 „ „
Bat.-Komd. 1633 „ „ „ „ 109 „ „
Reg.-Komd. 2331 „ „ „ „ 155 „ „

so dass sie nach 40 jähriger Dienstzeit betragen:
für Sekonde-Lieutenants 1460 M.,
„ Premier-Lieutenants 1595 M.,
„ Hauptleute II. 2693 M.,
„ „ I. 3773 M.,
„ Bataillons-Kommandeur 4898 M.,
„ Regiments-Kommandeur 6993 M.,
„ Brigade-Kommandeur als General-Major 8973 M.,
„ Divisions-Kommandeur als General-Lieutenant 11572 M.,
„ kommandirende Generale 16493 M.

Bei Berechnung der Dienstjahre werden Kriegsjahre doppelt gezählt. Jeder Offizier, welcher nachweislich durch den Krieg invalide geworden ist, erhält eine Erhöhung der I.-Pens., wenn letztere 1650 M. und weniger beträgt, um 750 M., bei 1650 bis 1800 M. auf 2400 M., bei 1800 bis 2400 M. um 600 M., bei 2400 bis 2700 M. auf 3000 M., bei 2700 und mehr um 300 M. jährlich. — Ausserdem wird bei Verlust einer Hand, eines Fusses, Verlust oder Erblindung eines Auges, wenn gleichzeitig das andere nicht völlig gebrauchsfähig ist, bei Verlust der Sprache, bei Störung der aktiven Bewegungsfähigkeit einer Hand oder eines Armes, sowie eines Fusses in dem Grade, dass sie dem Verluste des Gliedes gleich zu erachten ist und ausnahmsweise auch bei aussergewöhnlicher Pflegebedürftigkeit, die in schweren Funktionsstörungen ihren Grund hat, eine Verstümmelungszulage von je 600 M. gewährt. Letztere darf aber — abgesehen von Erblindung — den Betrag von 1200 M. nur dann übersteigen, wenn die Invalidität durch Verwundung oder äussere Beschädigung herbeigeführt ist.

Offizieren des Beurlaubtenstandes wird nur die Zeit als Dienstzeit gerechnet, in welcher sie aktiven Militärdienst gethan haben. Die Gewährung von Verstümmelungszulagen kommt auch bei Militär-Beamten zur Anwendung.

Für Mannschaften werden die I.-P. nach Chargen und Pensions-Klassen festgesetzt und zwar erhalten:

	Feldw.	Sergt.	Uffz.	Gem.
1. Klasse	42 M.	36 M.	33 M.	30 M.
2. „	33 „	27 „	24 „	21 „
3. „	27 „	21 „	18 „	15 „
4. „	21 „	15 „	12 „	9 „
5. „	15 „	12 „	9 „	6 „

monatlich. Ohne Nachweis der Invalidität wird gewährt: die Pension 1. Klasse nach 36-, 2. Klasse nach 30-, 3. Klasse nach 24-, 4. Klasse nach 18 jähriger Dienstzeit; ausserdem 1. Klasse nach 25 jähriger Dienstzeit oder durch Dienstbeschädigung gänzlich erwerbsunfähig geworden, fremder Wartung und Pflege bedürftiger Ganzinvaliden, 2., 3. oder 4. Klasse: Ganzinvaliden, welche nach 20-, 15- bezw. 12 jähriger Dienstzeit oder durch Dienstbeschädigung gänzlich, grösstentheils oder theilweise erwerbsunfähig geworden sind; 5. Klasse: Ganzinvalide nach 8 jähriger Dienstzeit oder äussere Dienstbeschädigung, Halbinvalide nach 12 jähriger Dienstzeit oder äussere Dienstbeschädigung.

Ganzinvalide Unteroffiziere erhalten nach zurückgelegtem 18. Dienstjahre für jedes weitere Dienstjahr monatlich 1.50 M. Zulage. Invaliden mit körperlichen Gebrechen erhalten an Stelle des Zivilversorgungs-Scheines monatlich 12 M. Pensionszulage.

Invaliditäts-Nachweis ist von allen Offizieren zu führen, welche entweder vor Vollendung ihrer Dienstpflicht oder mit Pension ausscheiden wollen. Der I.-N. wird geführt durch die Bescheinigung des Dienstvorgesetzten, dass er den Betreffenden nach pflichtmässigem Ermessen zur Fortsetzung des aktiven Militärdienstes für unfähig hält und durch ein militärärztliches Zeugniss. Wenn Pensionserhöhungen nicht beansprucht werden, so sind Generale von Beibringung ärztlicher Zeugnisse und Offiziere, welche das 60. Lebensjahr zurückgelegt haben, von Führung des I.-N. überhaupt befreit. Anspruch auf Pension kann nur nach mindestens 10jähriger aktiver Dienstzeit oder in Folge von Dienstbeschädigung erhoben werden. Beruht die Invalidität auf eine vor dem Feinde erlittene Verwundung oder äussere Beschädigung, so wird Pension auf Lebenszeit, sonst nur auf Zeit gewährt.

Mannschaften erwerben Ansprüche auf Invalidenversorgung, wenn sie durch Dienstbeschädigung invalide geworden sind, oder nach mindestens 8 Jahren (Kriegsjahre doppelt) ganzinvalide, nach mindestens 12 Jahren halbinvalide sind, nach 18jähriger Dienstzeit ohne Nachweis der Invalidität. Unteroffiziere nach 12jähriger Dienstzeit erhalten bei fortgesetzt guter Führung den Zivil-Versorgungs-Schein.

Die Dienstunbrauchbarkeit und Erwerbsunfähigkeit werden durch den Militärarzt festgestellt. Das ärztliche Zeugniss muss sich über den Grad der Dienstunbrauchbarkeit und darüber aussprechen, ob und inwieweit die Erwerbsfähigkeit beeinträchtigt ist, ob Verstümmelung u. s. w. vorliegt und ob der Zustand ein dauernder oder vorübergehender ist. (S. Invaliden-Pension.)

Invasion d. h. feindlicher Einfall in fremdes Gebiet. Man nennt Invasionskriege: strategisch offensiv begonnene Kriege.

Inversion. Bei jeder Normal-Aufstellung eines Truppentheils besteht eine gewisse feste Ordnung. In früheren Zeiten hielt man selbst in grösseren Verbänden an dieser Ordnung fest und mussten oft (z. B. im 7jährigen Kriege) künstliche Abmarschformen angewendet werden, um beim Wiedereinschwenken in richtiger Front in die Schlachtordnung zu kommen. Aehnliches geschah auch z. B. noch im amerikanischen Sezessionskriege, bei den doch nur oberflächlich ausexerzirten Truppen.

Neuerdings hat man die Truppen durchaus daran gewöhnt, auch ohne diese Ordnung, d. h. in der „Inversion" zu marschiren, zu manöveriren, zu kämpfen. Dass mit dieser Dienstbildung eine ausserordentliche Vereinfachung zum Aufmarsch, zur Entwickelung zum Gefecht, wie zu jeder Bewegung im Kampfe, und dadurch die heute nicht hoch genug anzuschlagende Schnelligkeit der Gefechtsbereitschaft erzielt wird, braucht wohl nicht erst bewiesen zu werden.

Joche heissen bei Feldbrücken die aus eingerammten oder sonst befestigten Pfählen gebildeten Unterlagen, auf denen die Streckbalken ruhen.

Johann, Erzherzog von Oesterreich und Feldmarschall (1782—1859), ward 3./12. 1800 bei Hohenlinden, 14./12. bei Salzburg geschlagen, befehligte 1805 ruhmvoll in Tirol, schlug 1809 wiederholt den Vizekönig Eugen, befehligte 1815 die österreichischen Reserven am Oberrhein und zwang Hüningen zur Kapitulation; war 1848 bis 20./12. 1849 deutscher Reichsverweser in Frankfurt.

St. Johann. Dort steht Bezirks-Kommando. — 2. Servisklasse.

Johanniter-Orden in Preussen, widmet sich der Pflege Kranker und Siecher im Frieden wie im Kriege; hat in den letzten Feldzügen hervorviel geleistet.

John, Franz, Freiherr, österreichischer Feldzeugmeister (1815—1876), erwarb sich 1848 in Italien den Maria-Theresienorden, war 1859 Generalstabschef in Südtirol, 1866 bei Erzherzog Albrecht, wurde 1867 Reichskriegsminister, führte die Heeresreform auf Grund der allgemeinen Wehrpflicht durch, war dann Chef des Generalstabes der Armee.

Johnston 1. Jo. E. (1807—1891), konföderirter General, Berufssoldat. Im Mexikanischen Kriege war er Kommandeur eines freiwilligen Voltigeur-Regiments. Beim Ausbruch des Sezessionskrieges erhielt er den Oberbefehl über die Truppen in Virginia. In der Schlacht bei Fair-Oaks 1862 wurde er schwer verwundet. Sein Versuch, 1863 Vicksburg zu entsetzen, schlug fehl. Als 1864 Sherman den Marsch durch Georgien antrat, versuchte J. ihn aufzuhalten; er wurde aber geschlagen und musste sich nach Atlanta zurückziehen. In Folge dieser Misserfolge musste er das Kommando an General Hood abtreten. Erst im Februar 1865 wurde er wieder an die Spitze der konföderirten Truppen in Süd-Karolina gestellt und kämpfte mit Umsicht und Tapferkeit gegen Sherman, musste indessen am 27. April kapituliren.

2. A. Sidney, konföderirter General (1803 bis 1862), in Westpoint gebildet, zeichnete sich gegen die Indianer und in Mexiko aus. 1861 ging er zu der Konföderation und besiegte Grant bei Shiloh, wurde schwer verwundet und legte dadurch den Grund zur Niederlage der Konföderirten am nächsten Tage (1./6. 1862).

Jomini, russischer General (1779—1869), war ein fähiger Offizier, meist im Stabe Neys, ein Gegner Berthiers, fühlte sich 1813 schwer verletzt und trat in russische Dienste, vom Kaiser Alexander sehr geehrt. Er schrieb militär. Werke, die ihrer Zeit Aufsehen erregten.

Josefstadt, als Festung seit 1867 aufgehoben.

Josias, Friedrich von Sachsen-Koburg. (1737 bis 1815) österreichischer Feldmarschall, schlug 1788 die Türken bei Martinesti und besetzte Bukarest, schlug 1793 die Franzosen bei Neerwinden, eroberte 1794 Condé, Valenciennes, Le Quesnoy und Landrecy, wurde dann aber bei Maubeuge und Fleury geschlagen und nahm in Folge dessen seinen Abschied.

Joubert, französischer General (1769—1798), Er operirte 1798 selbstständig in Italien, zwang es zu dem Frieden von Sardinien; bei Novi wurde er von Suwarow geschlagen und fiel; von Napoleon hoch geschätzt.

Jourdan, französischer Feldmarschall (1762 bis 1833), 1793 erhielt er den Oberbefehl über die Nord-Armee, siegte bei Wattignies. 1794 führte er die Sambre- und Maas-Armee, schlug die Oesterreicher bei Fleurus, schloss 1795 Mainz ein, musste über den Rhein zurückgehen, drang 1796 wieder vor, wurde aber bei Amberg und Würzburg vom Erzherzog Karl und dann noch einmal an der Lahn geschlagen. Er trat zurück. 1799 führte er die Donau-Armee, wurde aber vom Erzherzog Karl wiederum bei Ostrach und noch einmal bei Stockach geschlagen. Dann trat er nicht wieder selbstständig auf.

Irreguläre Truppen (stehen im Gegensatz zu den organisirten), wie Landsturm, Freischaaren, Franktireurs, Guerillas und früher die Kosaken. Man sucht sie neuerdings immer mehr in den Heeresorganismus einzufügen.

Irrenheilanstalten werden Kranke überwiesen, wenn der Zustand gemeingefährlich ist und in dem Lazareth Einrichtungen fehlen, wenn durch eine Verzögerung der Aufnahme in die I. das Heilverfahren beeinträchtigt und wenn es sich bei einem Verdächtigen darum handelt, über das Vorhandensein einer Geisteskrankheit Gewissheit zu erhalten. Anträge sind an das Sanitätsamt zu richten. (Genehmigung des General-Kommandos.) In den I. dürfen die Militär-Bekleidungsstücke nicht getragen werden. Alle Kosten werden von der Intendantur angewiesen.

Ist ein geisteskranker Soldat als dienstunbrauchbar anerkannt, so erhält die I. Nachricht. Unvermögende sind dem gesetzlich verpflichteten Armenverband zu überweisen.

Isel (bei Innsbruck). Dort kapitulirten am 13./4. 1809 die von den Pusterthaler Tirolern verjagten Franzosen unter General Bisson und die Bayern unter Oberstlieutenant Wrede, vor den sie umstellenden Tirolern. Am 25./5. 1809 unentschiedenes Treffen der verbündeten Tiroler und Oesterreicher gegen die Bayern unter General Deroy. Vom 11. bis 13./8. hartnäckige Gefechte derselben gegen die Franzosen unter General Lefèbre und Deroy. Am 1./11. wurde der Tiroler Landsturm dort durch die Division Wrede (Bayern) gänzlich niedergeworfen, womit der patriotische Aufstand endete.

Isohypsen (veraltet). [Schichtenlinien.]

Isly in Marokko. Schlacht am 14./8. 1844. Dort wurden die Angriffe der Reitertruppen Abdelkaders vom französischen General Bugeaud, der grosse Carrees bilden liess, abgeschlagen, das Lager der Marokkaner gestürmt, und der Friede erzwungen.

Ismael an der Donau, 22./12. 1790 durch Suvarow erstürmt, kam 1812 an Russland; 23./10. 1853 Kampf zwischen Russen und Türken.

Italien, Armee. Im Frieden. (Eintheilung wie in Deutschland.)

		Komp.	Komp. Alpenj.	Esk.	Batt.	Reit. Batt.	Geb. Batt.
1. Armeek.	Turin	108	21	12	16	—	5
2. „	Alessandria	108	22	18	16	—	—
3. „	Mailand	108	12	24	16	4	—
4. „	Piacenza	108	—	6	24	—	—
5. „	Verona	132	20	24	16	2	4
6. „	Bologna	96	—	12	24	—	—
7. „	Ancona	96	—	—	16	—	—
8. „	Florenz	108	—	12	16	—	—
9. „	Rom	132	—	6	16	—	—
10. „	Neapel	120	—	28	24	—	—
11. „	Bari	72	—	—	—	—	—
12. „	Palermo	108	—	2	8	—	—
	Summa	1296	75	144	192	6	9

Dazu kommen 68 in den Festungen vertheilte Fuss-Artillerie-Kompagnien, 69 Genie-Kompagnien und Trains.

Die Friedensstärke beträgt:

Infanterie	6468 Offiz.	150399 M.	
Kavallerie	873 „	25812 „	
Feld-Artill.	1046 „	25550 „	858 Gesch.
Fuss-Artill.	263 „	7496 „	
Genie	327 „	8222 „	
Trains etc.	379 „	4203 „	
Summa	9356 Offiz.	221682 M.	858 Gesch.

Im Kriege bildet das stehende Heer: 12 Armeekorps zu 108 Kompagnien, 6 Eskadrons, 16 Batterien, 2 Kompagnien Genie, 2 Kompagnien Train und zwar:

Stehendes Heer	837057 Köpfe
Mobil-Miliz	489800 „
d. h. Feldarmee	1326857 Köpfe.

Dazu treten für die Landesvertheidigung:

Territorial-Miliz	1986544 Köpfe
Sardinische Miliz	20281 „
	2006825 Köpfe.

(Man beginnt seit 1894 an dem Stande der Armee zu rütteln, hat 8 Generalsstellen eingehen lassen, 2 Remonten desgleichen und 3 Inspektionen, Fabriken.)

Gesammtdauer der Dienstzeit 19 Jahre in 3 Kategorien:
1. Stehendes Heer (2—5 Jahre aktiv); 2. Ersatzreserve mit kurzer Dienstzeit; 3. Landsturm.

a) Stehendes Heer (aktiv 2-5 Jahre, Rest auf Urlaub), setzt sich auch aus Ersatzreserve zusammen. Von den 95000 Rekruten dienen 39000 Mann 2 Jahre, 9000 nur kurze Zeit, der Rest voll.

b) Mobil-Miliz (Landwehr), aus Kategorie 1 und 2 und zwar 4 Jahresklassen.

c) Territorial-Miliz (Landsturm), nimmt den Rest auf, kann im Nothfalle im offenen Felde verwendet werden.

Mobil-Miliz. 48 Regimenter Infanterie, 18 Bataillone Schützen, 22 Alpen-Kompagnien, 12 Feld-Artillerie-Abtheilungen (à 4 Batterien), 3 Abtheilungen Gebirgs-Artillerie (à 3 Batterien), 14 Train-Kompagnien, 11 Abtheilungen Festungs-Artillerie (à 3 Kompagnien), 31 Kompagnien Genie und 4 Train.

Territorial-Miliz. 320 Infanterie-Bataillone, 22 Alpen-Bataillone, 100 Festungs-Artillerie-Kompagnien, 30 Genie-Kompagnien.

Ferner auf Sardinien eine eigene Miliz (10 Bataillone und 1 Schwadron) mit 2 Batterien etc.

Afrika. 6 Kompagnien Jäger, 16 Kompagnien Eingeborene Infanterie, 2 Schwadronen Kavallerie, 2 Batterien etc., die neuerdings verstärkt sind.

In Bezug auf die Feld-Artillerie ist zu bemerken, dass die schweren wieleichten Feld-Batterien im Frieden 4, im Kriege 6, und die reitenden im Frieden wie im Kriege 6 Geschütze haben, die Munitionswagen etc. sind nicht bespannt.

Italienische Befestigung. Die ältere zeigt lange Linien, hohes Profil und den Anfang zu Bastionen, um diese Linien zu flankiren, zu denen sie senkrecht stehen. Aussenwerke fehlen noch.

Die neuere zeigt kürzere Kurtinen, grössere Bastionen, hier und da Raveline, auch machen sich die Anfänge zum gedeckten Wege bemerkbar. Abbildung s. nächste Seite.

Italienische Feldgeschütze s. Feldgeschütze.

Italienisches Gewehr m/70/87 (Vetterli-Vitali). Der italienische Einzellader m/70 (Vetterli), nach dem Vorschlag des Major Vitali in einen Mehrlader (mit Bündeln zu 4 Patronen im Mittelschaft); Feuergeschwindigkeit: in der Minute 25 Schuss bei Einzel-, 15 bei Abtheilungsfeuer; Mündungsgeschwindigkeit: 615—620 m, hauptsächlich durch Erleichterung des Geschosses erzielt, welches daher in Folge seiner geringen

Querdichte (19 g auf das qcm) nur auf nahen Entfernungen befriedigende ballistische Leistungen ergiebt. Die bei dem grossen Kaliber (= 10,85 mm) ziemlich schwere Munition gestattet nur 96 Patronen in den Taschen. Bild s. Gewehr.

Italienisches Gewehr m/91. System bezw. Konstrukteur Parravicino, v. Mannlicher, Carcano; 6,5 mm Kaliber; Säbelbajonett, kein Laufmantel oder Handschutz; rechts gewundene Züge mit zunehmendem Drall; Kolbenverschluss mit Drehbewegung und zwei senkrechten Stützwarzen; Mehrladevorrichtung: Kastenmagazin im Mittelschaft, das mit 5 Patronen durch Einführung des dieselben enthaltenden Rahmens gefüllt wird. Die Patrone mit Eindrehung am Hülsenboden für den Auszieher ist mit rauchschwachem Pulver (Ballistit) geladen und hat ein Geschoss mit Hartbleikern und Mantel aus Nickelkupfer-Legierung (20 Nickel, 80 Kupfer). Die Geschossgeschwindigkeit an der Mündung beträgt 709 m, 25 m vor derselben 685 m. S. auch Gewehr.

Iturbide (1783—1824) schloss sich 1821 der Revolution an und rückte im Herbst als Befreier des Volkes in Mexiko ein und liess sich zum Kaiser ausrufen; schon im nächsten Jahre wurde er verlassen und ging nach Italien; kehrte zurück, als neue Aufstände losbrachen, wurde gerichtet und erschossen.

Itzehoe. Dort stehen Stab, 2., 3. und reitende Abth. Schlesw. Feldartill.-Regt. No. 9 (reitende Abth. vorläufig in Neumünster). Prov.-Amt, Verw., Garn.-Laz., Verwaltung des Feldartillerie-Schiessplatzes Lockstedt. — 3. Servisklasse.

Itzenplitz, preussischer General-Lieutenant (1693—1759), zeigte sich als Vertheidiger von Dresden im 7jährigen Kriege sehr geschickt, machte 1759 einen erfolgreichen Vorstoss auf Bamberg, wurde bei Kunersdorf schwer verwundet und starb.

Juan d'Austria, Sohn Philipp II. (1629 bis 1679). Er kämpfte mit grossem Erfolge in Catalonien, wo er den Aufstand niederschlug. In den Niederlanden wurde er dagegen 1658 in den Dünen völlig geschlagen und sein Heer bei Oudenaard fast vernichtet. Auch wurde er im Kriege gegen Portugal vom Feldmarschall Schomberg fortwährend besiegt.

Juarez, Präsident der Republik Mexiko (1809 bis 1872). Ein Mestize, wurde 1861 Präsident, kam in mancherlei Verwickelungen und dies führte zu der französischen Expedition unter Bazaine 1863—66. Er wurde aus dem Lande gedrängt, erhielt aber nach Abzug der Franzosen die Uebermacht, griff den inzwischen als Kaiser proklamirten Erzherzog Maximilian von Oesterreich in Queretaro an, liess ihn und zwei vornehme mexikanische Generale vor ein Kriegsgericht stellen und erschiessen. Er blieb Präsident bis zu seinem Tode.

Juel Niels, dänischer Admiral (1629—1697). Er eroberte 1676 Gulland, half die Schweden, bei Oeland vereint mit der holländischen Flotte unter Tromp besiegen u. schlug dann in zwei glänzenden Seeschlachten die überlegene schwedische Flotte bei Moën und in der Kjöger Bucht.

Jülich. Dort stehen Unteroffizier-Schule, Unteroffizier-Vorschule, 2. Abtheilung Feldart.-Regts. von Holtzendorff (1. Rhein.) No. 8 (nur vorläufig, s. Saarlouis), Bez.-Kom., Prov.-Amt, Garn.-Laz. — 3. Servisklasse.

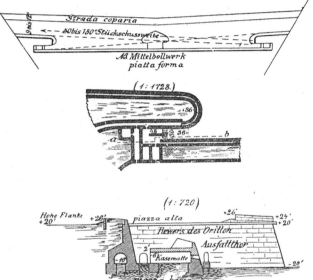

Italienische Befestigung.

Junkerschulen in Russland (17) dienen zur Heranbildung des Offiziers-Nachwuchses.

Junot (Herzog von Abrantes) französischer General (1771—1813), war ein Begleiter Napoleons, ohne indessen Hervorragendes geleistet zu haben.

Ivrea in Italien. Von Oesterreichern besetzt, wurde es nach 18tägiger Belagerung den 22./9. 1704 von den Franzosen erobert.

Justizbeamte s. Militär-Justizbeamte.

Jüterbog. Dort stehen Feldart.- und Fussart.-Schiessschule, Eisenbahn-Regt. No. 3 (vorläufig in Berlin), Bez.-Kom., Filiale der Art.-Dep. in Spandau, Prov.-Amt, Garn.-Verw., Garn.-Laz. — 3. Servisklasse.

Truppen-Uebungsplatz J. Dort steht eine Kommandantur.

Izaszèg. 6./4. 1849 siegreiche Schlacht der Oesterreicher.

K (siehe auch C).

Kabul, Hauptstadt von Afghanistan, war von den Engländern im Kriege mit diesem Reiche zeitweise besetzt.

Kadence (Takt). Die Zeitdauer des Schrittes ist beim Parademarsch $1/114$, im Sturmschritt $1/120$ Minute (also $1/2$ Sekunde); beim Laufschritt $1/170$ Minute. Voller Lauf ist nur von einzelnen Leuten durchführbar, kann bis $1/240$ gesteigert werden.

Kadettenkorps (Aufnahme-Bedingungen etc.). (*Deutschl.*) Das K. besteht aus den Kadettenhäusern in Köslin, Potsdam, Wahlstatt, Bensberg, Plön, Oranienstein und Karlsruhe mit den Lehrklassen von Sexta bis einschliesslich Ober-Tertia (10 bis 15 Jahren), aus der Haupt-Kadettenanstalt in Gross-Lichterfelde mit den Klassen Unter-Sekunda bis Ober-Prima, sowie einer Selekta.

Die Klassen entsprechen den Klassen eines preussischen Realgymnasiums; die Selekta einer Kriegsschule.

Das K. enthält:
1. Stellen mit vollem Erziehungsbeitrage von von 800 M. für Inländer.
2. Stellen mit Erziehungsbeitrag von 450, 300, 180 und 90 M., für Söhne von Angehörigen Preussens, Württembergs etc., sofern die Väter Anspruch auf Berücksichtigung erworben haben.
3. Freistellen im Falle besonderer Bedürftigkeit.
4. Stellen mit erhöhtem Erziehungsbeitrag von 1500 M. für Ausländer.

Sämmtliche Zöglinge empfangen Unterhalt.

Die Aufnahme erfolgt durch den Kommandeur des K.

Alle aufzunehmenden Knaben müssen das 10. Lebensjahr vollendet, das 15. aber noch nicht überschritten haben (Prüfung).

In Stellen mit vermindertem Erziehungsbeitrag oder in Freistellen erzogen werden:

A. Im Bereiche des Offizierstandes:
1. die Söhne vor dem Feinde gebliebener, an ihren Wunden oder den Anstrengungen eines Feldzuges verstorbener oder durch im Dienst erlittene Beschädigung invalide gewordener Offiziere;
2. die Söhne während der aktiven Dienstzeit verstorbener Offiziere;
3. die Söhne der Offiziere des Friedensstandes;
4. die Söhne mit Pensionsberechtigung ausgeschiedener, gut gedienter Offiziere des Friedens- und des Beurlaubtenstandes;
5. die Söhne verstorbener, ohne Pensionsberechtigung ausgeschiedener Offiziere in dem Falle, dass diese Offiziere an einem Feldzuge Theil genommen haben;
6. auch die Söhne der begnadeten Personen, wenn diese eine aktive Dienstzeit von 25 Jahren auf ausserordentlichem Wege mit dem Offizierrange erreicht haben und nach Berücksichtigung der übrigen Anwärter aus dem Offizierstande Stellen offen sind.

Ferner, insofern Stellen offen sind:

B. im Bereiche des Unteroffizierstandes:
die Söhne solcher Unteroffiziere, welche entweder vor dem Feinde geblieben sind oder in Folge von Verwundungen eine Verstummelungszulage beziehen oder mindestens 25 Jahre gut gedient haben.

C. Im Bereiche des Civilstandes:
Die Söhne verdienter Personen, dazu Allerhöchste Kabinets-Ordre nöthig.

Die Anmeldung beim Kommando des K. erfolgt zwischen dem 8. und 10. Lebensjahre, dazu ist Geburts- und Taufzeugniss und eine nach besonderem Schema anzufertigende Stammliste beizufügen.

Einberufung in der Regel zu Anfang April jeden Jahres.

Die Erziehungsgelder werden in halbjährlichen Theilzahlungen im Voraus bezahlt.

Nach Besuch der Ober-Sekunda erfolgt Fähnrichsprüfung; die besser Bestandenen gehen zur Selekta, die anderen werden charakterisirte Fähnriche, Schwächere nach Unter-Prima versetzt.

Nach Besuch der Unter-Prima werden die Kadetten entweder patentirte Fähnriche oder nach Ober-Prima versetzt. Nach Ableistung der Abiturienten-Prüfung (nach Lehrplan der Realgymnasien) können die Kadetten als Fähnriche gleich zum Besuch der Kriegsschule vorgeschlagen werden.

Selektaner, die die Prüfung bestanden haben, treten, wenn sie körperlich tauglich sind, als Offiziere in die Armee.

Kadre ist der Rahmen einer Truppeneinheit. Je mehr die Friedens-K. der Kriegsform sich nähert, desto besser kann die Ausbildung durchgeführt werden. Je länger die Dienstzeit, desto grösser sind bei derselben Rekrutenzahl die K. Staaten mit schwachen finanziellen Mitteln führen das K.-System ein, indem sie im Frieden schwache K. ausbilden, an die sich nachher die Milizen und Aufgebote ankrystallisiren müssen.

Käferthal. 15./6. 1849 Gefecht zwischen General von Peucker (Reichskorps) und den badischen Insurgenten.

Kähler (Pascha). (1830—1885) Erst Pionier, dann 1. Dragoner, machte er den Krieg 1866 im Stabe der 12. Division mit. 1870 im Stabe der 2. Kavallerie-Division Graf Stolberg. 1876 führte er das 6. Husaren-Regiment, ging 1882 zur Türkei als Instruktor. Er ist bekannt durch seine tüchtigen Schriften über Reiterei. Er war preussischer Generalmajor und türkischer General-Lieutenant.

Kaffee ist ebenso gesunde, wie durstlöschende Kost.

Zur grossen Friedens-Viktualien-Portion des Soldaten gehören 15 g gebrannter Kaffee; im Kriege 25 g. Bei Abnahme von Kaffee ist darauf zu sehen, dass er keine öligen Bohnen oder fremde Bestandtheile enthält, auch nicht gefärbt ist. Er darf weder zu scharf, noch zu wenig gebrannt sein. Beim Biwak sind am besten einige Kochgeschirre für das Kaffeekochen besonders zu reserviren und die Portion der Besitzer in anderen Geschirren mit zu kochen, da der Geschmack des K. sehr leidet, wenn die Geschirre nicht absolut fettfrei sind.

Kaiserabzeichen s. Schiessauszeichnungen.

Kaiserin Augusta-Stiftung in Charlottenburg. Aufnahme von Töchtern deutscher Offiziere etc., die im letzten Kriege gefallen oder an den Folgen desselben gestorben sind, demnächst Töchter solcher Offiziere etc., die im letzten Kriege thätig gewesen sind, oder der in früheren Kriegen gefallenen oder gestorbenen Offiziere und Militärärzte. Sind später verwaiste Töchter solcher Offiziere nicht vorhanden, werden solche verdienter Offiziere, Beamten etc. in ganze oder halbe Freistellen genommen. Es können auch ganze Pensionen bezahlt werden. Aufnahme-Bedingungen: 12—13 Jahre alt, nicht konfirmirt, gesund (Taufschein, ärztliches Attest und Schulzeugniss). Ganze Freistellen bezahlen jährlich 180 M., halbe 900 und Ganzpensionärinnen 1800 M., dafür volle Verpflegung etc.

Ferien wie üblich. Aufnahme Donnerstag nach Ostern. Nach der Konfirmation Entlassung.

Bewerbungen um ganze und halbe Freistellen an den General der Infanterie von Strubberg, Berlin W., Bayreutherstrasse 27, und an Kammerherrn B. v. d. Knesebeck, Berlin NW., Schiffbauerdamm 27, wegen Pensionärinnen Aufnahmegesuche an Fräulein v. Grünewaldt (Charlottenburg), Oberin, zu richten.

Kaisermanöver (s. Herbstübungen). Es sind so viel Mannschaften einzuziehen, dass die Truppen mit der in den Friedensverpflegungs-Etats vorgesehenen Stärke ausrücken. Zur Kavallerie nur so viele einziehen, als reitbare Pferde verfügbar sind. Junge Remonten bleiben daheim. Einziehung so, dass die Einberufenen noch 6 tägige Uebung vor dem Regiments-Exerziren mitmachen. Für die K. wird Manöverkarte angefertigt. General-Kommandos erhalten mindestens 6000 Stück kostenfrei. Parade (s. Frontrapport). Die General-Kommandos reichen bis zum 15. November Bericht über die K. an das Kriegsministerium und den Chef des Generalstabes der Armee ein. Ebenso die Schiedsrichter dem Ober-Schiedsrichter und dem Chef des Generalstabes der Armee.

Kaiserslautern (bayer. Pfalz). 1. Schlachten am 28., 29. und 30./8. 1793 zwischen dem Herzog von Braunschweig und Hoche, in welchen die Franzosen siegreich zurückgedrängt wurden, doch ward der Sieg nicht ausgenutzt. Die Preussen, besonders die Kavallerie unter Blücher, zeigten grosse Manövrirfähigkeit.

2. Treffen am 23./5. 1794. Möllendorff marschirte gegen die kleine Schaar Amberts (Franzosen) auf, die ihm nach Verlust von 2000 Mann aus den Fingern glitt.

3. Gefecht am 18., 19. und 20./9. 1794. Auch hier siegten die Verbündeten, wobei sich Blücher wieder mit Ruhm bedeckte, doch Möllendorff verstand den Sieg nicht auszunutzen.

4. 13./12. 1795 Treffen der Oesterreicher (siegreich).

Kaiserpreis s. Schiesspreise.

Kaiserstandarte 80 cm im Geviert. Auf goldenem Grunde das Eiserne Kreuz mit Mittelschild, in diesem der Reichsadler, auf dem Brustschilde der Preussische Adler. Mittelschild trägt deutsche Kaiserkrone und ist umgeben von der Kette des Schwarzen Adler-Ordens. Eckfelder je 1 Kaiserkrone, umgeben von 3 Reichsadlern.

Kaiser-Wilhelms-Akademie s. Friedrich-Wilhelms-Institut.

Kaiser-Wilhelm-Stiftung für deutsche Invaliden. Berlin (Hohenzollernstrasse 3).

Zweck: Im Kampfe gegen Frankreich erwerbsunfähig gewordene Krieger etc. und deren Hinterbliebene oder Angehörige unterstützen in solchen Fällen, in denen Staatshülfe ausgeschlossen oder eng beschränkt ist. Daher erforderlich: Abgewiesen sein von gesetzlicher Beihülfe. Bewerber sollen sich an Zweigvereine (Landräthe etc.) wenden. Militärpass, Entlassungsschein, Bescheid der Militärbehörde, ärztliche Zeugnisse, Rechnungen, Dürftigkeitsatteste etc. sind einzusenden.

Kalafat. 26./6. 1790 Erstürmung des türkischen Lagers durch die Kaiserlichen.

Kalaraschi, die Kavallerie der Territorial-Armee Rumäniens.

Kalbfleisch soll zart und schmackhaft sein, lichte Farbe, keine zu grosse, nicht zu harte Niere besitzen, letztere nur mässig mit zartem Fett überwachsen sein. Das Fleisch kranker Thiere ist meistens blass, weich, wässerig und geschmacklos oder übel schmeckend, zwei bis acht Wochen alte Kälber sind die besten.

Kalckreuth, Graf von, preussischer General-Feldmarschall (1737—1818), that sich im bayrischen Erbfolge-Kriege hervor, erwarb sich aber besonderen Ruhm durch seine glänzende Vertheidigung von Danzig.

Kalckstein, von, preussischer General-Feldmarschall (1682—1759), zeichnete sich, ohne selbstständige Kommandos zu führen, im 7 jährigen Kriege aus.

Kaliber s. Seelenweite.

Kalibermassstab. Prismatischer Massstab, welcher einen festen und einen verschiebbaren Querarm (mit Nonius) trägt, mit dem daher sowohl die äusseren Abmessungen von Körpern als auch die Durchmesser von Hohlräumen (Rohrseele, daher der Name) gemessen werden können.

Kalisch. 27./2. 1813 Bundesvertrag zwischen Russland und Preussen, später trat auch Oesterreich dem Bunde bei.

Kalmücken (Buddhisten). Sie sind Reste der alten Mongolen, die von China zum Theil unterjocht, zum Theil vertrieben, sich mit einem Theile an der unteren Wolga ansiedelten und nach langen schweren Kämpfen dort ansässig wurden, ein nomadenhaftes Leben führend. Sie zählen in Russland etwa 160 000 Mann und bilden treue Anhänger der Dynastie. Ein tüchtiges Reitervolk, welches besonders an den Kämpfen in Asien Theil genommen, wird immer mehr der regulären Armee einverleibt, auch zum Christenthume überführt.

Kalpak, auch Kolpak, heisst der farbige Tuchdeckel, der die Pelzmützen der Husaren schliesst und beutelartig an der linken Seite herabhängt.

Kamaschen (Gamaschen), sind Schäfte von Leder oder Tuch, die über die Hosen fest angeknüpft werden, um das Eindringen der Nässe in das Schuhwerk zu verhindern. Jetzt sind die K. in fast allen Armeen den Stiefeln gewichen. Da die Anpassung derselben viel Zeit und Peinlichkeit in Anspruch nahm, nennt man den um Kleinigkeiten sich abspielenden Dienst heute noch K.-Dienst.

Kameke, von, preussischer General und Kriegsminister (1817—1893). Trat in das Ingenieurkorps. 1856—61 Militär-Attaché in Wien, dann Kommandeur des 11. Regiments. 1863 Chef des Generalstabes des 7., 1865 des 2. Armeekorps (das Kronprinz Friedrich Wilhelm bis zum Kriege 1866 führte) bis 1867 (pour le mérite), dann Chef des Ingenieurkorps. Im Kriege 1870 Führer der 14. Division, als welcher er die Schlachten bei Spichern, Colombey und Nouilly eröffnete, nahm dann die Festungen Diedenhofen und Montmedy und führte die Belagerung von Paris, dessen Kommandant er während der Einnahme war. 1871 Chef des Ingenieurkorps, 1873 bis 1883 Kriegsminister. (Schwarzer Adler-Orden, Chef des 77. Regiments, Fort Kameke bei Metz nach ihm genannt.)

Kamenski, Graf, russischer F.-M. (1730 bis 1809), zeichnete sich im 7 jährigen Kriege und in den Türkenkriegen (1769—74) aus.

Sein Sohn (russischer General) suchte 1809 vergeblich Danzig zu entsetzen, wurde 1812 bei Borodino schwer verwundet.

Kameradschafts-Diebstahl. Bezeichnung für Diebstahl an den Sachen eines Kameraden; in allen Armeen als ein sehr gemeines Vergehen betrachtet, demgemäss auch streng bestraft.

Kameradschafts - Kochapparat besteht aus 3 Kesseln — dem äusseren, mittleren und inneren — mit Handgriff zum Einhaken und Deckel, 10 Essnäpfen mit losem Griff, Riemen zum Zusammenschnallen der Essnäpfe, Schaumlöffel und Füllkelle mit festem Griff.

K.-K. sind nur für Feld- und Reserve-Batterien, die Munitions-Kolonnen und Ersatz-Batterien an Stelle der Kochgeschirre der Mannschaften etatsmässig.

Kammer. 1. Bei den deutschen Geschützrohren mit Schraubenverschluss bildet die K. den zylindrischen Hohlraum in der stählernen Verschlussschraube (Kammerstück), der die Pulverladung aufnimmt und einen kleineren Durchmesser als die Rohrseele hat. Abbldg. s. Schraubenverschluss.

2. An den Gewehren mit Kolbenverschluss bezeichnet man in *Deutschl.* mit K. einen Theil des Schlosses, welcher zur Handhabung desselben dient und mit sämmtlichen Teilen desselben in Verbindung steht. Mittelst des Verschlusskopfes verschliesst die K. beim Gewehr 88 den Lauf durch Eintreten der K.-Warzen in die entsprechenden Ausdrehungen des Hülsenkopfes, wodurch der Rückstoss zentral aufgefangen und im Verein mit dem Zapfen des Hülsenkopfes auf den Mittelschaft übertragen wird. Bild s. Gewehr.

Kammerbüchse. (Veraltet.) Eine Art Hinterladungs-Wallbüchse oder Doppelhaken. Gegen das hinten offene Rohr wurde mittelst Keils oder Schraube eine Kammer geschoben, welche die Ladung enthielt. Mehrere geladene Kammern konnten zur Beschleunigung des Feuers bereit gehalten werden.

Kammergewehre. Von Delvigne konstruirter gezogener Vorderlader, enthielt am Seelenboden einen verengten Pulverraum (Kammer). Die auf dem Rande der Kammer aufliegende Rundkugel (s. Bild) wurde durch Ladestockstösse gestaucht, so dass sie sich im hinteren Umfang erweiterte und beim Schuss Führung im gezogenen Theil erhielt.

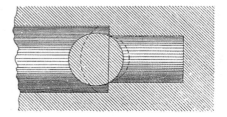

Gewehrkammer.

Kammern. Ist die Einquartierung in K. untergebracht, so hat der Quartierwirth den Soldaten etc. zu gestatten, in seinen eigenen Wohnzimmern oder einem bis 9 Uhr Abends erleuchteten und geheizten Wohnraum sich bei Tage aufzuhalten. Ist dieses nicht möglich, müssen statt Kammern Stuben abgegeben werden. Für jede Kammer (bezw. Stube) ist für je 4 Köpfe ein Tisch, etwa 1 m im Quadrat, mit Verschluss, ein Schrank oder verdeckte Vorrichtung zum Aufhängen der Sachen, 2 Stühle und 2 Schemel (für jeden Gemeinen 1 Schemel), Wasch- und Trinkgeschirr zu liefern.

Kammerstück. Die stählerne Verschlussschraube bei Schraubenverschlüssen mit Kammer. (Deutscher 15 cm und langer 15 cm Mörser.) S. Schraubenverschluss.

K. wurden auch die schon während der ersten Entwickelung des Geschützwesens vorkommenden Rohre genannt, deren Ladevorrichtung die gleiche war wie bei den Kammerbüchsen (s. d.).

Kammer-Unteroffiziere, neuere Benennung des einstigen Capitain d'armes, hat bekanntlich die Aufsicht über die Munitions-Kammer, die Aufbewahrung und Ausgabe der Bekleidungs- und Ausrüstungsstücke, Einkleidung der Mannschaften, Führung der Kammerbücher etc. Dieselben erhalten eine monatliche Dienstzulage von 3 M. bei den Fusstruppen, 3,50 M. bei der Feldartillerie, 4 M. beim 1. Garde-Regiment zu Fuss, 5,50 beim Regiment der Gardes du Corps und 4,50 bei den übrigen Kavallerie-Regimentern und dem Train.

Kampf ist das Ausringen der Kräfte. Der K. wird eingeleitet durch die strategischen und taktischen Bewegungen bezw. das Gefecht. Der K. zeigt in dem Angriffe die drei Stufen: Vorbereitung, Durchführung und Ausnutzung. Die Vertheidigung hat nur die ersten beiden Stufen zu durchgehen; kommt sie zur dritten Stufe, wird sie zum Angriffe.

Kampirleine diente ehemals zur Befestigung der Pferde, indem sie zwischen den Picketpfählen festgebunden und an ihr die einzelnen Pferde angekoppelt wurden. Sie wird heute durch Fouragirleinen ersetzt.

Kanalwage (Wasserwage) ist das einfachste Nivelirinstrument für nicht zu weite Entfernungen.

Man blickt über die Wasserflächen, die sich in zwei senkrecht stehenden Glaszylindern deutlich markiren, hinweg und legt mittelst aufrecht gestelltem Maassstabe etc. die Nivelirung nach bekannter Art fest.

Kanaris (1785—1877), griechischer Seeheld und schliesslich Ministerpräsident. Er sprengte 1822 mehrere türkische Schiffe in die Luft.

Kandern in Baden, 20./4. 1848 Gefecht zwischen Freischaaren unter Hecker und hessisch-württembergischen Truppen unter General von Gagern.

Kandia, während des griechischen Befreiungskrieges (1821—1830) der Schauplatz blutiger Kämpfe; ebenso wütheten da Unruhen von 1866 bis 1869, die Omer Pascha barbarisch bekämpfte.

Kanonen, Geschütze, deren nutzbare Rohrlänge die Verwerthung eines grossen Ladungsverhältnisses zulässt und mit denen man daher grosse Mündungsgeschwindigkeiten und Schussweiten, eine gestreckte Flugbahn und gute Treffähigkeit erzielt. Diese Eigenschaften machen die K. für Flachbahnfeuer mit grossem Wirkungsbereich besonders geeignet und haben ihre Verwendung für alle die Zwecke zur Folge, bei denen bedeutende Geschossarbeit und gestreckte weitreichende Flugbahn von Vortheil ist. Es sind dies die Feld- und diejenigen Geschütze der Fuss- und Marineartillerie, welche theils Streugeschosse auf grosse Entfernungen, theils Panzergeschosse gegen sehr widerstandsfähige Ziele verfeuern sollen. Die Seelenlänge der K. beträgt gegenwärtig bei Schnellfeuer-K. bis 47, bei den übrigen K. von 17 bis 28 Kaliber.

Kanonensattelwagen dienen zum Transport schwerer Geschütze, die auf Märschen nicht in ihren Lafetten fortgebracht werden können.

Kanonen- und Gewehrschläge. Behälter aus Blech, Holz, Papier u. dergl. in Kasten- oder Hülsenform mit einer Pulverladung und Zündleitung; ihre Entzündung erfolgt entweder durch ein Lauffeuer oder durch Schlagröhre und Abzugsschnur. Die K. und G. werden bei Friedensübungen zum Darstellen des Feuers aus Gewehren und Geschützen (Zielfeuer oder markirter Feind) oder der Aufschläge von Geschossen verwendet (Beobachtungsübungen).

Kanten der Züge. Linien, welche die Sohlen und Flanken der Z. begrenzen. Neuerdings werden, namentlich in Handfeuerwaffen kleinen Kalibers, scharfe Kanten, besonders an der Zugsohle, gern vermieden und möglichst weitgehende Ab- und Ausrundungen bevorzugt, theils um die Beanspruchung des Geschossmantels zu vermindern, theils um die Reinigung der Läufe zu erleichtern.

Diejenigen K. (bezw. Flanken-Seitenflächen) der Felder, welche den Stoss des von der Pulverkraft zunächst geradlinig vorwärts getriebenen Geschosses aufnehmen, heissen **Führungsk.** bezw. -Flanken- oder -Flächen. Bei Rechtsdrall sind die **rechte** K. (Fläche) des obersten, die **linke** des untersten Feldes und die entsprechenden K. der übrigen Felder Führungsk. (-Flächen).

Kappengeschosse. Panzergeschosse, auf deren Spitze eine ähnlich geformte dünnwandige Kappe aus weichem Stahl aufgesetzt ist, welche entweder durch magnetische Anziehung (daher auch „magnetische Geschosse", Abbildung s. dort), oder mittelst Schrauben oder durch Warmaufziehen am Geschoss haftet. Bei russischen Panzerschiessversuchen haben die K. eine erheblich höhere Durchschlagleistung und grössere Haltbarkeit als die gewöhnlichen ergeben, namentlich bei senkrechtem oder wenig schrägem Auftreffen. Man will dies darauf zurückführen, dass die Kappe dem Geschoss als Puffer diene und es vor den zerstörenden Schwingungen, welche beim Stoss gegen die harte Vorderschicht des Panzers (s. Harwey-Panzer) entstehen, so lange schütze, bis es in die weiche Stahllage eingedrungen und dadurch der gefährlichen Einwirkung jener Schwingungen entzogen sei.

Kantine. Bezeichnung für das in Kasernen bestehende Verkaufslokal, wo der Soldat alle kleinen Bedürfnisse erhält.

Kantonnement. Offiziere und Beamte erhalten bei K. von mehr als 6 monatlicher Dauer den Servis zur Selbsteinmiethung einschliesslich Burschen. Für die Mannschaften von Feldwebel abwärts muss auf Erfordern Naturalquartier gewährt werden, an Raum: Feldwebel 22, Portepeefähnriche 15 bis 18, 2 Unteroffiziere 18 qm für alle übrigen Chargen nur Schlafkammern. Bis 10 Uhr Abends erleuchtet und im Winter geheizt. Während des Tages muss der Quartiergeber den in Kammern Einquartierten gestatten, sich in geeignetem Wohnzimmer aufzuhalten. Die Mannschaften sind so zu legen, dass für jeden Mann ein Raum von etwa 13 Kubikmetern bleibt. An Geräth, Wäsche etc. ist zu gewähren: je eine Bettstelle nebst Stroh, Unterbett, Kopfkissen, Betttuch und Decke, ein Handtuch, sowie Tische, Stühle und Waschgeräth, Benutzung der Kochgeräthe des Quartiergebers.

Bei Kantonnements von nicht länger als 6 monatlicher oder von unbestimmter Dauer, sowie bei Märschen und Kommandos muss auch den Offizieren und Beamten Quartier gewährt werden. Es erhalten: Generale etc. 3 Zimmer und 1 Gesindestube; Stabsoffiziere etc. 2 Zimmer und 1 Gesindestube; Hauptleute, Rittmeister und Lieutenants je 1 Zimmer und ein Burschengelass; Mannschaften vom Feldwebel abwärts das Quartier wie in der Garnison, wobei jedoch Portepeefähnriche und ihnen gleichstehende Personen zu je zweien in ein Zimmer gelegt werden können und die Gemeinen sich mit einer Lagerstätte aus frischem Stroh in einem gesicherten Obdach begnügen müssen.

Der Offizier hat Anspruch auf reines Bett, Spiegel, einige Stühle, einen Schrank, Wasch- und Trinkgeschirr. Einjährig-Freiwillige werden auf Märschen und im Kantonnement unentgeltlich einquartirt.

Kanton-Verfassung, in Preussen 1733 eingeführt, war erster Grundstein zur allgemeinen Wehrpflicht. Damals war die preussische Armee eine Werbe-Armee. 1733 wurde das Werben im Inlande verboten und den Regimentern bestimmte Bezirke (Kantons) zugewiesen, aus denen sie ihren Rekrutenbedarf entnehmen durften. Ein Infanterie-Regiment hatte 5000, ein Kavallerie-Regiment 1800 Feuerstellen zur Auswahl. Der Rest wurde angeworben. Damals waren ausgeschlossen von der Aushebung die Söhne der Adeligen und Grundbesitzer die 18—30000 M. besassen. einzige Söhne, wichtige Industriezweige etc., auch grosse Industriestätten wurden geschont.

Kapitain hiessen früher die Hauptleute auch in Deutschland. Bei den romanischen Völkern hat K. auch den Sinn von Heerführer. General-K. war und ist in Spanien noch eine Charge, die gleich nach dem Marschalle rangirt.

Kapitale nennt man in der Befestigungskunst die (imaginaire) Halbirungslinie der ausspringenden Winkel. Sie ist die von den Geschützen der Facen eines Werkes am schwersten zu erreichende Linie, weshalb man auf ihr die (Approchen) Annäherungsgräben vorzuführen suchte.

Kapitulantenschule giebt es in Bayern zur Ausbildung für besondere Anstellungen (Wachtmeister etc., auch für den Zivildienst).

Kapitulantenschulen. Die Leitung wird einem oder mehreren älteren Offizieren (möglichst wenig wechselnd) übertragen. Die Klasseneintheilung ist Sache der Truppe. Unterricht beginnt Mitte Oktober, geht dem Dienste nach. Deutsch, Lesen, Schreiben, Rechnen durch geprüfte Elementarlehrer, Geographie u. Geschichte von Offizieren. — 1. Stufe: Schreiben, Lesen. Elemente von Rechnen etc. Alljährliche Prüfungen. Die Theilnahme an der 2. Stufe (nach bestandener Prüfung) ist freiwillig, doch muss sie, begonnen, den Jahreskursus durchhalten. Unteroffiziere, die nicht 6 Jahre dienen, sind zuzulassen, wenn sie zu besonderen Stellungen zu empfehlen sind. Unteroffiziere, die länger als 8 Jahre dienen, sollen möglichst nicht 2 Jahre von K. zurückgehalten werden. (Deutsch, Rechnen, Geographie, Geschichte, Anfertigung von Berichten, Zeichnen). Die in Prüfung bestandenen erhalten hierüber Zeugniss, wenn sie Zivilanstellung nachsuchen. Mit Büchern zu unterstützen.

Kapitulation ist die Uebergabe einer Festung oder einer Truppe. In der Brüsseler Konferenz 1874 wurde festgesetzt: „Die Bedingungen der K. werden durch die Unterhandlungen der kämpfenden Parteien festgesetzt. Sie dürfen der militärischen Ehre nicht zuwider laufen und müssen, einmal zu Stande gekommen, heilig gehalten werden."

Früher galt eine K. für ehrenvoll, wenn eine gangbare Bresche geschossen war.

Neuerdings wird mit Recht statt K. ein Durchschlagen der Besatzung empfohlen, wenn alle Vertheidigungsmittel erschöpft sind.

K. im freien Felde. Untergebene Truppen sind an die Bedingungen der Kapitulation nicht gebunden, so lange sie die Waffen in der Hand haben. Bekannte K. im freien Felde sind: 1677 der Franzosen bei Höchstedt (27 Bat.) und die von Zeven 1757, Sachsen 1756 bei Pirna, 1759 Fink bei Maxen. 1806 Preussen bei Prenzlau und Lübeck. 1813 St. Cyr bei Dresden, 1865 General Lee am Appomattox, 1870 Franzosen bei Sedan, Metz, Pontarlier, 1877 Türken bei Plewna und am Schipka-Passe. Ueber die moralische Bedeutung einer K. ist kein Offizier im Zweifel.

Kapitulations-Handgeld. Mannschaften, welche zum ersten Male kapitulieren, empfangen ein K.-H. von 100 M. Eine solche erste Kapitulation liegt vor, wenn die Betreffenden — gleichviel bei welcher Waffe — sich zu einer mindestens 4 jährigen, ehemals 1 jährig-Freiwillige zu einer 3 jährigen, 4 jährig-Freiwillige zu einer 5 jährigen Gesammtdienstzeit verpflichten. Der Anspruch erwächst mit dem Zeitpunkte der Erfüllung der gesetzlichen aktiven Dienstpflicht (Reserveentlassungstag). Ehemalige Unteroffizier-Schüler, Rossarzt-Aspiranten, Hülfsmusiker, Offiziers-Burschen, Oekonomie-Handwerker, Militär-Krankenwärter und Militär-Bäcker erhalten das K.-H. nicht.

Kapituliren ist freiwillige Verlängerung der Dienstpflicht und steht meist die Gegenleistung einer Beförderung mit ihr im Zusammenhange, daher bilden die Kapitulanten den Grundstock für das Unteroffizierpersonal.

Mit der Kapitulation ist bei Gemeinen und Gefreiten die Erhöhung der Löhnungsgebühr verbunden. Ausserdem erhalten Mannschaften, welche zum ersten Male k., ein Kapitulations-Handgeld von 100 M. (s. d.).

Kaponnieren, auch Grabenkoffer genannt, sind kasemattirte Räume, zum Bestreichen der Festungsgräben bestimmt: a volle Saillant-K., b halbe Schulter-K., c volle Kahl-K., d und e sind Konterscarpen-K. Eine K. in der Mitte eines langen Grabens der Enceinte heisst Graben-K. Skizzen verschiedener älterer K. s. oben.

Kápolna, 26., 27./2. 1849 siegreiche Schlacht der Oesterreicher. Oesterreicher 21500, Ungarn 40000 Mann.

Kappzaum ist ein zur Dressur dienendes Nasenband, das auf dem Nasenbeine oberhalb der Nüstern angebracht und durch ein Kopfstück gehalten wird. Er dient nur noch bei der Arbeit des Pferdes an der Longe.

Bei halsstarrigen, hartmäuligen Pferden, auch bei Durchgängern, bedient man sich des K., auch

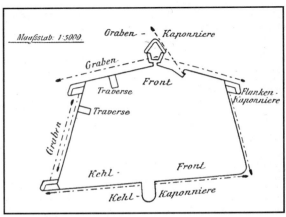

Kaponniere.

schnallt der Reitlehrer die Longe in den mittleren Ring oder der Reiter bedient sich der Schlaufzügel, die durch die Seitenringe gehend, etwas stärker als die Trensenzügel anstehen.

Kapua, befestigte Stadt nördlich von Neapel, hat Arsenal, Militär-Schulen und -Werkstätten.

Karabiner ist in der Vervollkommnung seiner ballistischen Eigenschaften naturgemäss dem Entwicklungsgange des Infanteriegewehrs gefolgt, mit dem er die gleiche Munition gemein hat. Da er am Pferde fortgeschafft und niemals als blanke Waffe gebraucht wird, so bedarf er geringere Länge und weniger Gewicht; infolge der kleineren Lauflänge besitzt er eine schwächere ballistische Leistung als das Gewehr (weniger Mündungsgeschwindigkeit, Bahnanfang, Wirkungsbereich und Durchschlagleistung). Beispiel: Deutscher K. 88 (Gewehr 91 der Fussartillerie); unterscheidet sich in folgendem vom Gewehr 88: Kürzerer Lauf; Verbindung des Laufmantels mit dem Lauf durch den Oberring, der keine Seitengewehrwarze hat; Visir kleiner, reicht nur bis 1200 m; zwei Schutzhaken am Oberring gegen Bestossungen des Korns; Kammerknopf nicht gerade und am Ende kugelförmig, sondern hakenförmig gebogen (Bild 1); Stock fehlt und ist beim Gewehr 91 durch einen hakenförmigen Beschlag zum Zusammensetzen der Gewehre an der unteren vorderen Schaftseite ersetzt; Mündungsdeckel beim Gewehr 91 und K. 88 für Fussmannschaften greift nicht über das Korn und fehlt beim K. 88 für Kavallerie ganz; K. 88 für Kavallerie hat eine Visirkappe, an deren Stelle beim Train die Schlosskappe tritt; Gewehrriemen befindet sich an der linken Seite des Schaftes, um den K. 88 über den Rücken hängen zu

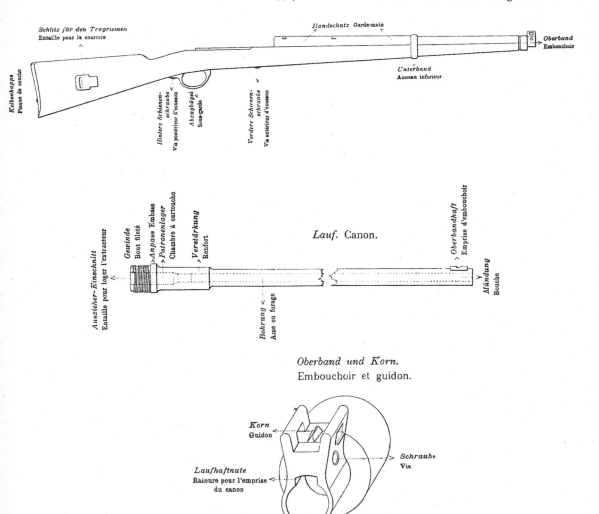

Schweizerischer Karabiner m/93.

Karabiner

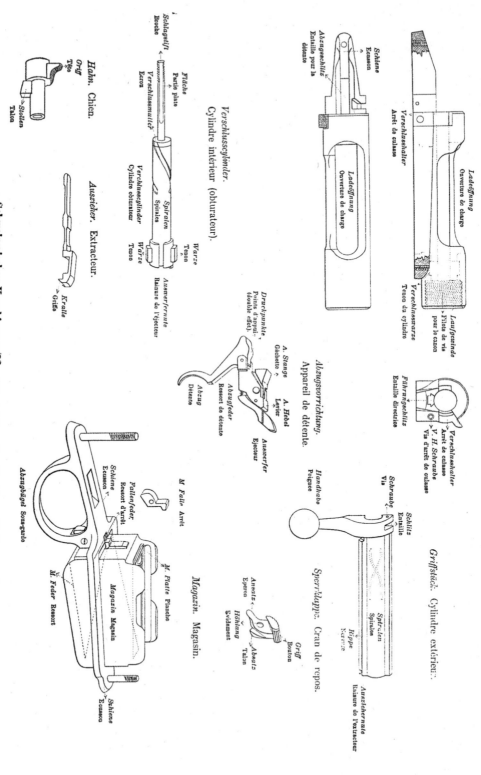

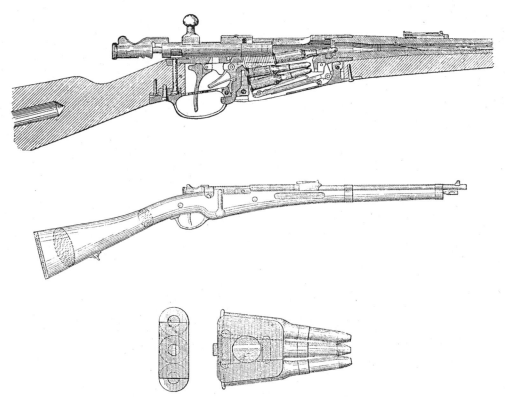

Französischer Karabiner m/90.

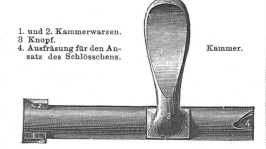

1. und 2. Kammerwarzen.
3. Knopf.
4. Ausfräsung für den Ansatz des Schlösschens.

Kammer.

können. Im Uebrigen sind Gewehr- und Munitionstheile wie beim Gewehr 88. Die Geschossgeschwindigkeit an der Mündung beträgt 500 m, 25 m vor derselben 570 m.

Durch die Zusammenstellungen auf Seite 336 und 337 werden die unter deutscher K. 88 etc. bis Schweizer K. m/93 (s. d.) gemachten Angaben ergänzt.

Karabinier-Regiment heisst seit 1876 das sächsische 3. Reiter-Regiment und gehört zur schweren Kavallerie (ohne Kürass).

Karaczay, Graf, österreichischer Feldmarschall-Lieutenant (1744—1808), wird in den Feldzügen 1787, 1794—1800 vielfach genannt. Er wurde 1800 bei Engen schwer verwundet.

Karaïkakis (1782—1827) seit 1826 voll für die Sache der Griechen eintretend, hatte er bedeutende Erfolge über die Türken, fiel bei Athen 1827.

Karkasse, ein früher in Verwendung gestandenes Brand- oder Leuchtgeschoss.

Karl, Erzherzog von Oesterreich, Generalissimus der österreichischen Armee (1771 bis 1847), Sohn Leopold I. Sorgfältig erzogen, wirkte in den Niederlanden, deren Statthalter er 1794 wurde und an deren Kriegen er lebhaften Antheil nahm. 1796 erhielt er den Oberbefehl in Deutschland, führte die Armee von Sieg zu Sieg bis zur Einnahme von Kehl. 1799 siegte er bei Ostrach und bei Mannheim und Neckarau, entsetzte Philippsburg. Reorganisirte die Armee. 1805 siegte er bei Caldiero. 1809 schlug er die berühmten Schlachten bei Aspern und Wagram. Es war das erste Mal, dass dem Kaiser Napoleon ernstliche Hindernisse in den Weg gelegt wurden. Seine Schriften sind berühmt.

K. Johann von Schweden (Bernadotte) (1764—1844), Bernadotte war 1799 französischer Kriegsminister, 1800 in der Vendée. 1804 Marschall, 1805 zeichnete er sich bei Austerlitz aus, indem er die Schlacht durch Niedermachung des Zentrums entschied; 1810 wurde Bernadotte zum Thronfolger in Schweden erwählt.

Er trat 1813 zu den Verbündeten. Sein Verhalten bei Grossbeeren und Dennewitz war

Bestrichene Räume.

Karabiner

Karabiner	Entfernung m	Zielhöhe cm	Bestrichener Raum m	Entfernung m	Zielhöhe cm	Bestrichener Raum m	Entfernung m	Zielhöhe cm	Bestrichener Raum m	Entfernung m	Zielhöhe cm	Bestrichener Raum m	Bemerkungen
Oesterreichisch-ungarischer Karabiner m/95*)	300	180	300	600	180	90	900	180	42	1200	180	25	*) Anschlagshöhe 1,5 m.

50% Treffer erfordern eine Zielhöhe und Breite von:

Karabiner	Entfernung m	Ziel-höhe cm	Ziel-breite cm	Entfernung m	Ziel-höhe cm	Ziel-breite cm	Entfernung m	Ziel-höhe cm	Ziel-breite cm	Entfernung m	Ziel-höhe cm	Ziel-breite cm	Bemerkungen
Deutscher Karabiner 88[1])	250	11,25	9,50	400	19,25	16,00	600	34	27	1000	84	54	[1]) Diese Leistungen gelten zugleich für das Gewehr 91 der Fuss-Artillerie.
Oesterreichisch-ungarischer Karabiner m/90	300	12	9	600	30	25	900	63	55	1200	133	102	
Schweizer Karabiner m/93	300	8	7	600	2?	14	900	55	23	1200	133	36	

Karabiner

Gegenstand		Deutsches Reich	Argentinien	Frankreich	Oesterreich-Ungarn	Schweiz	Bemerkungen
Konstrukteur			Mauser	Berthier [1]	v. Mannlicher	v. Mannlicher	[1]) Das für Kürassiere bestimmte Muster unterscheidet sich von dem der übrigen Kavallerie durch die Form und stärkere Neigung des Kolbens, sowie durch Belegung des Kolbenschuhs mit zwei Lederplatten; es wiegt 2,9 × kg und ist 95,0 cm lang. [2]) Anschlaglänge: 31,5 cm. [3]) 7,98 mm (Abnahme) bis 8,20 mm (Unbrauchbarkeit). [4]) Länge des gezogenen Theils: 377,5 mm; Länge des Patronenlagers: 72,5 mm. [5]) Länge des gezogenen Theils: 436,4 mm; Länge des Patronenlagers: 61,6 mm. [6]) Länge des gezogenen Theils: 476,0 mm. [7]) Metallstärke: 8,4 mm.
Gewicht	kg	3,100	3,272	3,000 [1]	3,300	3,03	
Länge	cm	95,0	94,0	94,5 [1]	100,5	105,0 [2])	
Lauf { Laufweite zwischen den Feldern	mm	7,90	7,65	8,00 [3]	8,00	7,50 [3])	
Lauf { Länge	mm	488,0	448,0	453,4 [4]	498,0 [5]	550,0 [6])	
Lauf { Durchmesser { am Korn	mm	13,4	15,5	13,0	15,0		
Lauf { Durchmesser { am Gewindetheil	mm	23,0	25,0	30,0	[7]		
Visier { Art		Rahmen	Rahmen	Treppen und Rahmen	Klappen	Quadrant	
Visier { Aufsatz							
Standvisier für eine Entfernung von	m	250	250	200	225	300	
Grösste Erhöhung f. eine Entfernung von	m	1200	1200	2000	1800	1200	
Bewegung des Verschlusses (Kolbenverschluss)		Dreh-	Dreh-	Dreh-	Geradzug (s. Anl. 2).	Geradzug	
Züge (Querschnitt, Zahl, Abmessungen, Drall)		Wie bei dem Gewehr	Wie bei dem Gewehr	Wie bei dem Gewehr	Wie bei dem Gewehr	Wie bei dem Gewehr	
Magazin { Art der Füllung				Kasten im Mittelschaft (Patronenrahmen). Einführen des gefüllt. Patronenrahmens in den Kasten.			
Magazin { Inhalt (Patronenzahl)				3		6 (in 2 Reihen nebeneinander) mit Lauf 7	
Gewicht des leeren Patronenrahmens (Ladestreifens)	g			8,0		—	
Patrone		Wie bei dem Gewehr	Wie bei dem Gewehr	Wie bei dem Gewehr	Wie bei dem Gewehr		
Geschossarbeit an der Mündung	mkg	257,5		284,8	271,2	235,2	
Grösste Schussweite bei einer Erhöhung von	m	3200					
bei einer Erhöhung von	Grad	35					
Rückstossarbeit	mkg	1,48		1,70	1,53	1,4	
Höchster Gasdruck	at						

Belgien ist seit längerer Zeit in Versuche mit einem, dem Gewehr m/89 entsprechenden Karabiner eingetreten.
In England steht das neue Muster des **Lee-Metford**-Karabiners noch nicht fest; vorläufig sind **Martini-Metford-***) und ausserdem auch die älteren **Martini-Henry**-Karabiner noch in Gebrauch.
In **Italien** ist durch Erlass vom 15. Juli 1893 ein 6,5 mm Karabiner m/91 (moschetto da cavalleria m/1891) eingeführt worden.
Rumänien hat einen, in erster Reihe für die Husaren-Regimenter bestimmten 6,5 mm Karabiner m/93 angenommen.

*) Der Martini-Metford-Karabiner hat — wie das Gewehr m/89 — 7,696 mm Laufweite, 542 mm = 70,4 Kaliber Lauflänge, einen für Entfernungen von 183—1280 m (200—1400 Yards) eingerichteten Aufsatz und mit Cordit 549 m Mündungsgeschwindigkeit; Züge und Patronen wie bei dem Gewehr m/89. Es giebt fünf verschiedene Muster von Martini-Metford-Karabinern: 1. Artillerie-Karabiner Muster I, aus Martini-Henry Muster I umgearbeitet; 2. Artillerie-Karabiner Muster II, aus dem Martini-Henry-Gewehr Muster II umgearbeitet (in geringer Anzahl gefertigt); 3. Kavallerie-Karabiner Muster I, aus Martini-Henry Muster I umgearbeitet; 4. Kavallerie-Karabiner Muster II, aus dem Artillerie-Karabiner Martini-Henry Muster I umgearbeitet; 5. Kavallerie-Karabiner Martini-Henry Muster III, aus dem Martini-Henry-Gewehr Muster II umgearbeitet.

unverzeihlich, ebenso das in den Tagen vor der Schlacht bei Leipzig. Nach der Schlacht schwenkte er mit seiner Armee nach Norden gegen Dänemark ab, ohne indessen auch dort Glänzendes zu vollbringen. Seine Regierung, unter der Schweden nach heftigen Kämpfen mit Norwegen verschmolz, war eine glückliche.

Karl, Herzog von Mecklenburg-Strelitz, preussischer General der Infanterie (1785 bis 1837), zeichnete sich in den Freiheitskriegen aus. Er ist der berühmte Erzieher der preussischen Garde, die er kommandirte und deren „Garde-Vorschriften" von ihm herausgegeben sind.

K., Herzog von Braunschweig, preussischer Generalfeldmarschall (1735—1806). Trat 1773 in preussischen Dienst. Seine Expedition in Holland machte ihn bekannt; auch 1792 führte er Anfangs den Feldzug in die Champagne erfolgreich; wurde aber 1794 durch Pichegru über den Rhein zurückgedrängt. Bei Auerstädt 1806 führte er die preussisch-sächsische Armee, wurde zum Beginn der Schlacht durch die Augen geschossen und starb bald darauf.

K. Eduard Stuart, Kronprätendent in England; Sohn Jakobs III. (1720—1788), landete 1745 in Schottland, drang bis Manchester vor, wurde aber zurückgedrängt, schliesslich bei Culloden entschieden geschlagen, irrte noch monatelang im Norden umher, ging nach Frankreich und starb, auch hier ausgewiesen, in Rom. Er ist der Nationalheld der Alt-Schotten.

K. Alexander Herzog von Lothringen, österreichischer Feldmarschall (1712—1786), wurde in den schlesischen Kriegen bei Czaslau, Hohenfriedberg und Soor durch Friedrich den Grossen, in den Niederlanden bei Raucourt geschlagen. 1757 wurde er bei Prag wiederum besiegt und endlich bei Leuthen nochmals gründlich geschlagen, was ihn endlich veranlasste, seinen Degen an den Nagel zu hängen.

K., Markgraf von Brandenburg-Schwedt (1705—1762), als Markgraf K. in den Kriegen Friedrichs des Grossen mannigfach erwähnt, schlug sich 1745 mit seinem Korps von Jägerndorf nach Neustadt durch, wurde vom Könige meist zu Bereitschaftszwecken verwendet und stand bei ihm in hohem Ansehen.

K. XII. von Schweden (1682—1718). Seine Thaten gehören der Geschichte an; er kämpfte gegen die Polen, Sachsen und Russen, wurde schliesslich 1709 bei Pultawa gänzlich geschlagen, blieb bis 1713 in der Türkei, eilt durch ganz Europa nach Stralsund, das er aber nicht zu halten vermochte, er fiel bei der Belagerung von Friedrichshall, wie man sagt, durch Meuchelmord. Er war einer der bedeutendsten Feldherren seiner Zeit. (S. Litt. Jonas.)

K., Herzog v. Lothringen, österreichischer Feldmarschall (1643—96), zeichnete sich in den Türkenkriegen 1684—87 durch glänzende Führung aus. 1689 eroberte er Mainz und galt als einer der hervorragendsten Führer seiner Zeit.

Karl Friedrich's Verdienstorden (militärischer), badischer, 1807 gestiftet (4 Klassen). Weiss emaillirtes Kreuz mit Krone. In der Mitte Namenszug des Stifters mit blauer Einfassung. Affiliirt eine Medaille „K.F.V." für die unteren Chargen.

Karlsbad hat ein Militär-Badehaus.

Karlsburg, österreichische Festung in Siebenbürgen, wurde 1849 vom 25./3. bis 25./7. durch die Oesterreicher vertheidigt, dann Aufhebung der Belagerung.

Karlskrona, schwedische Hafenfestung, vertheidigt durch die Forts Drottningskär und Kungsholm.

Karlsruhe und Gottesaue. Dort stehen: V. Armee-Inspekt., Gen.-Kom. XIV. Armeekorps, Stäbe der 28. Div., 55. Inf.-Brig., 28. Kav.-Brig., 14. Feldart.-Brig., Kommandantur, 1. Bad. Leib-Grend.-Regt. No. 109, 1. Bad. Leib-Drag.-Regt. No. 20, 1. Bad. Feldart.-Regt. No. 14 (in Gottesaue), Kadettenhaus, Militär-Lehrschmiede, Bekl.-Amt des XIV. Armee-K., Bez.-Kom., Artill.-Dep., Traindep., Prov.-Amt, Garn.-Verw., Garn.-Laz. — Servisklasse 1.

Karlsschule in Württemberg, bestand von 1770 bis 1794, war eine militärisch organisirte Erziehungsbildungsanstalt, mit dem Charakter einer Universität. Aus ihr gingen berühmte Staatsmänner, Militärs und Gelehrte hervor.

Karlstadt, kleine österreichische Festung in Kroatien (bastionirtes Sechseck).

Karre s. Fahrzeug.

Karrenbüchse war in Schweden eingeführt; ein leichtes, durch Mannschaft bewegtes Hinterladungsgeschütz, mit karrenartiger Lafette.

Kars, Festung in Armenien. 1807—12 vergeblich von den Russen blokirt. 1828 schlug Paskiewitsch die Türken und nahm die Festung. 1854 von den Engländern ausgebaut und unter General Williams vertheidigt, wurde sie im Herbst 1855 von den Russen unter Murawjew genommen. Nach dem Kriege wurde die Festung erweitert, doch 1877 von den Russen in glänzendem Anlauf unter General Graf Loris-Melikoff gestürmt.

Der Sturm von Kars wurde in der Nacht vom 17. zum 18. November bei hellem Mondschein in 7 Kolonnen (s. Plan) ausgeführt. Die Kolonnen 1, 6 und 7 sollten nur Scheinangriffe machen, jedoch nahm Kolonne 1, nachdem Fort Karaday gefallen war, das Fort Arab. Kolonne 2 nahm (statt Hafis) die Forts Karaday, den Thurm Siaret und die Tesi-Batterie. Kolonne 3 die Tesi-Batterie und Kanli; Kolonne 4 die Werke westlich Kanli; Kolonne 5 das Fort Suwari, ging über den Fluss und stürmte noch das Fort Tschim des linken Ufers. Der Angriff der Kolonne 7 auf Tepesi wurde abgeschlagen, sonst gelang der Sturm glänzend. 17000 Gefangene und 303 Geschütze fielen in die Hände der Sieger.

Plan s. nächste Seite.

Kartätsche. Blechbüchse, mit losen oder durch Schwefel- bezw. Kolophonium-Einguss festgelegten Zink- oder Hartbleikugeln gefüllt. Die K. wird schon im Rohr durch den Stoss der Pulvergase zertrümmert, so dass ihre Kugelgarbe bereits von der Mündung ab wirksam werden kann. Da die Kartätsche einen kleineren Durchmesser als das Rohrkaliber hat, so muss ihr Vorschub beim Ansetzen durch ein umgelegtes Band oder eine vortretende Wulst der Büchse begrenzt werden (s. Seite 339 Bild a). Die deutsche Feldk. (s. Seite 339 Bild b) ist

Kars — Kartätschgeschütze

aussen etwa in halber Höhe mit einem kupfernen **Dichtungsring** versehen, dessen Widerstand im gezogenen Theil die Gase des Blättchenpulvers zu voller Kraftentfaltung zwingt. Um der Büchse, welche vorn durch die Schluss-, hinten durch die Treibscheibe geschlossen ist, genügende Widerstandsfähigkeit gegen die Stösse und Erschütterungen beim Fahren zu geben, sind zwischen Büchse und Kugeln 3 Zinkblechsegmente eingelegt, die zusammen einen Zylinder bilden. In Deutschl. sind die Feldgeschütze die 3,7- und 5 cm-Schnellfeuerkanonen und die 9 cm-Kanonen

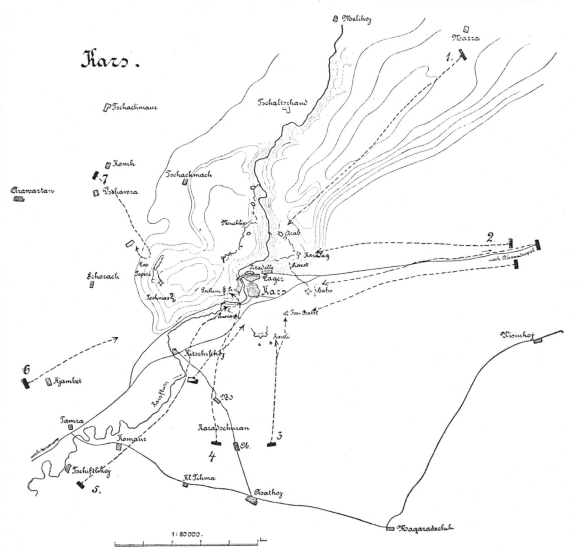

Plan zur Erstürmung der Festung Kars.

der Fussartillerie mit K. ausgerüstet. Die sehr beschränkte und durch Annahme der gezogenen Hinterlader eher verringerte als gesteigerte Wirkung lässt ihr allmähliches Ausscheiden aus der Feldartillerie und ihren Ersatz durch ebenfalls ladefertige (mit Fertigzündern versehene) Schrapnels erwarten; in der schweizerischen Feldartillerie sind sie bereits abgeschafft. Die früher neben den **Büchsenk.** noch gebräuchlichen **Beutelk.** (Kugeln in Zeugbeutel mit Spille und Spiegel kommen nicht mehr vor.)

Kartätschgeschütze (Canons à balles, Mitrailleusen, „Kugelspritzen"). Die Vereinigung mehrerer Gewehrläufe auf einem fahrbaren oder tragbaren Gestell, welche so eingerichtet sind, dass sie entweder alle gleichzeitig oder in rascher Folge einzeln geladen und mittelst einheitlicher Zündung abgefeuert werden können.

Schon im Mittelalter wurden K. gebraucht. Zunächst die Orgelgeschütze, später die Espingols, letztere bewiesen, obgleich in verbesserter Form, 1864 bei Düppel ihre geringe Brauchbarkeit. Diesen folgte — eine wesentliche Vervollkommnung — die Requa-Batterie, welche der Waffennoth im nordamerikanischen Bürgerkrieg ihre Entstehung verdankte und vor Charleston in einzelnen Fällen gut gewirkt haben soll. Fast gleichzeitig entstand das Gatling-Geschütz, dem sich

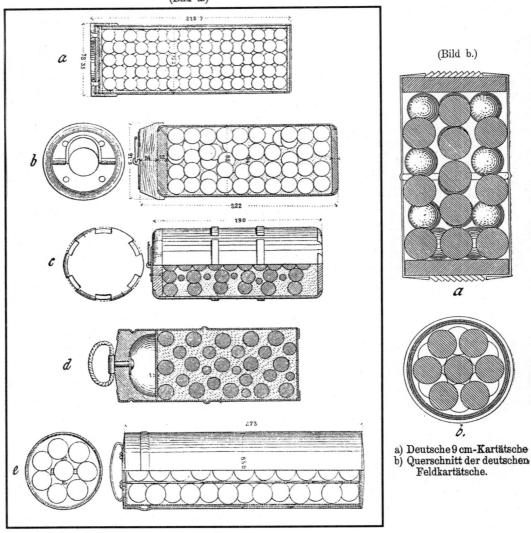

(Bild a.)

(Bild b.)

Feldkartätschen.
a) England, 12 pfünder; b) Frankreich, 90 m/m; c) Italien. 9 cm; d) Oesterreich-Ungarn, 9 cm; e) Russland, leichte.
(Nach Schubert, Feldartillerie.)

a) Deutsche 9 cm-Kartätsche
b) Querschnitt der deutschen Feldkartätsche.

bald das Claxton-Geschütz, das System Manceaux, die Canons à balles Napoleons III., die Mitrailleusen, das System Christophe und Montigny, das M.-System Maxim, dann System Nordenfeldt und jene Systeme Erzherzog Salvator und Dormus und das Feldl'sche K. anschlossen. Die K. sind allmählich aus der Feldausrüstung der Heere ausgeschieden, da der Aufwand für die Organisation und Ausrüstung besonderer K.-Batterien in keinem Verhältniss zu deren Leistungen stand, die lediglich der Wirkung des Gewehr- oder Kartätschfeuers entsprachen. Dagegen finden sie noch als Flankengeschütze und an Bord von Schiffen Verwendung, werden aber auch hier von den leistungsfähigeren Maschinen-Geschützen und Gewehren verdrängt.

Kartaune, einst der Name für Kanone.

Kartell ist ein Vertrag. Im Kriegswesen mit Bundesgenossen oder mit Gegnern, auch mit Neutralen. Ein K. mit Gegnern bezieht sich auf Auswechselung der Gefangenen, Kaper, Rothes Kreuz u. s. w.

Kartellträger heisst derjenige, der beim Zweikampfe die Forderung überbringt bezw. die Formen vereinbart.

Karten für die Manöver werden in Deutschland seitens der kartographischen Abtheilung hergestellt und sind (Kupferdruck) für 75 Pf., (Schwarzdruck) für 30 Pf., in Partien über 200 Stück à 12 Pf. zu haben. Sie dürfen von Privatanstalten nicht nachgedruckt werden. Die Karte des Kaiser-Manövers wird den betreffenden General-Kommandos in mindestens 6000 Exemplaren kostenfrei geliefert.

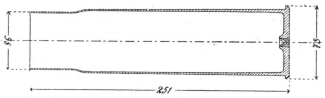

Kartuschhülse der Gruson'schen 5,7 cm-Schnellfeuerkanone.

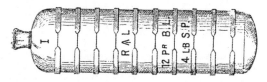

Schwarzpulver-Kartusche des englischen Feld-12pfünders.

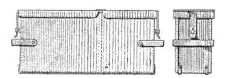

Russischer Kartuschtornister.

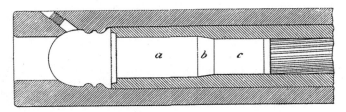

Kartuschraum.

Karten-Maassstäbe. Topographische Karte von Preussen: 1:100000; der Rheinprovinz: 1:80000; von Hessen und Hohenzollern: 1:50000; von Sachsen: 1:100000; Frankreich: Neue Karte: 1:80000, Uebersichtskarte: 1:320000; Russland: Topographische Karte: 1:126000, Spezialkarte: 1:420000.

Kartentasche (nach Probe) wird an der linken Seite der Feldbinde befestigt.

Kartenwesen s. Landesaufnahmen.

Kartographische Abtheilung. Die Arbeiten dieser dritten Abtheilung der Landesaufnahme bestehen in der technischen Herstellung:
der „Messtischblätter" im Maassstab von 1:25000,
der „Karte des Deutschen Reiches" im Maassstab 1:100000.
der Uebersichtsblätter der trigonometrischen Punkte, Nivellementsnetz etc.,
der Manöverkarten, der Garnisonumgebungskarten und sonstiger speziell im Generalstabsdienst vorkommenden Karten.
endlich in der Kurrenthaltung der Karten, d. h. Nachtragung der Veränderungen in den Aufnahmegebieten durch Natur und Menschenhand, deren Ermittelung zum Theil durch Offiziere der Topographischen Abtheilung erfolgt, theils durch die Verpflichtung der Orts- und sonstigen Behörden, über vorgekommene Veränderungen dieser Art an die Kartographische Abtheilung Mittheilung gelangen zu lassen, ermöglicht wird. (S. Generalstabskarte.)

Kartuschen. Die Pulverladung der Geschütze, welche abgewogen in „Kartuschbeutel" oder „Kartuschhülsen" gefüllt wird. Die Kartuschbeutel, aus Seidentuch oder einem anderen Gewebe gefertigt, haben eine dem Ladungsraum des Geschützes entsprechende zylindrische Form. Sie werden an einer Seite durch einen eingenähten Boden und an der anderen durch Zusammenschnüren (kröpfen — Kropfkartusche) oder durch einen zweiten Boden geschlossen. Die Kartuschhülsen sind meist aus Messing in Patronenform gefertigt. Geschütze, welche nur mit einer (Gebrauchs-) Ladung feuern, haben einfache K.; kurze Kanonen, Haubitzen und Mörser, die als Steilfeuergeschütze verschiedene Ladungen bedürfen, sind mit zusammengesetzten K. ausgerüstet, deren Theilk. durch einen Netzbeutel zusammengehalten werden.

Kartuschnadel. Stahlnadel mit Griff, welche zum Anstechen der Kartusche durch das Zündloch (Zündlochschraube) hindurch gebraucht wird, wenn bei feuchter Witterung oder nach längerem Schiessen die sichere Feuerübertragung durch die Schlagröhre gefährdet erscheint. Die K. gehört zum Geschützzubehör.

Kartuschraum, der bei einigen Geschützen (z. B. deutsche Feldkanone) vorkommende erweiterte hintere Theil des Ladungsraumes; nimmt die Kartusche auf und schliesst sich vorn mit einem Uebergangskegel an den Geschossraum an. Im Uebrigen ist K. gleichbedeutend mit Pulverraum und Verbrennungsraum (s. d.).

Kartuschtornister, ein gewöhnlich aus Leder gefertigter Behälter in Form eines länglichen Kastens, in welchem die Kartuschen in den Fahrzeugen fortgeschafft und beim Feuern an das Geschütz herangetragen werden. Bei der deutschen Feldartillerie trägt der Kanonier 4, den K.-Riemen. Für die Belagerungs- und Festungs-Geschütze werden die Kartuschen gewöhnlich in Kasten oder Tonnen transportirt.

Kasaken (Kosaken). Einst wurden die Kasaken-Regimenter nur aus den Ansiedlern am Don, der Wolga etc. gebildet, die ein eigenes Pferd, auch eigene Waffen mitbrachten. Inzwischen ist bei jenen Volksstämmen das Leben ansässiger und das Pferd mehr durch das Rind verdrängt worden. Infolgedessen das russische Reich gezwungen, den Stellungspflichtigen Pferde und auch Waffen zu stellen, hat dafür den Vortheil erreicht, die Kasakenbrigade der regulären Armee einzuverleiben. Es stehen:
In Warschau: 2 Schwadr. Kub.-Kas.-Div.
In Samost: 1 Don-Kas.-Div.
In Kamenez-Pod: 1 komb. Kas.-Div.
In Simferopol: 1 Krim-Tartaren-Div.
In Astrachan: Astrach.-Kas.-Rgt.
In Nowo-Tscherkask: das 12. Don.-Kas.-Rgt.
In Tiflis: die Kauk.-Kas.-Div.
In Jekaterinodar: 1 Kub.-Kas.-Brig.
In Wladikawkas: 1 Perek-Kas.-Brig.
Zwei Regimenter in Sibirien vertheilt.

Kaschau, 3./1. 1849 siegreiches Treffen der Oesterreicher.

Kasematten ist der Name für gemauerte bombensichere grössere Unterkunftsräume. Durch die neuen Brisanzgeschosse erfordern sie ausser Betonschichten noch Erdvorlagen bis 5 m. Dieser neueren Geschosse wegen sind sie unentbehrlich geworden. Je gedeckter sie liegen, desto mehr Sicherheit gewähren sie, desto mehr aber leidet die Einheitlichkeit der Führung, des Feuers und damit auch die Offensivkraft. Ihre Anlage ist Sache des Festungsbaues.

Kaskett, ursprüngliche Bezeichnung des Visirhelmes, im Gegensatze zu dem Helme ohne Visir (Sturm- oder Pickelhaube), heute heisst K. der kleine Lederhelm mit Raupenkamm, wie ihn die Engländer tragen und früher die bairische Armee hatte.

Kassation ist die Strafe der Entlassung eines Offiziers oder Militär-Beamten aus dem Dienst. Sie besteht noch in Frankreich (Fall Dreyfuss). Die Dienstentlassung im deutschen Heere schliesst den Bestraften aus dem Heere ganz aus.

Kassen-Abtheilung im Kriegsministerium bearbeitet die allgemeinen Etats- und Kassen-Angelegenheiten, General-Militär-Kasse und das Kautionswesen. sowie die Angelegenheiten der „General-Direktion der Militär-Wittwen-Pensions-Anstalt" unter dieser Firma.

Kassenordnung. Jeder grössere Truppentheil hat Kassenverwaltung. Der Zahlmeister führt die Kassenverwaltung selbstständig und unter alleiniger Verantwortung. Der Kommandeur führt Dienstaufsicht, kann jeden Augenblick Kasse prüfen, muss dieses jeden 1. des Monats thun. Die Kassenverwaltung untersteht der Intendantur. Der Kommandeur kann bei Nichteinverständniss die Anordnungen der Intendantur dem Kriegsministerium unterbreiten. Das Geld wird durch Vorschussanträge erhoben. Kassenbestände werden im Kassenkasten aufgehoben, zu dem der Zahlmeister den Schlüssel allein besitzt. Der Kassenkasten ist auf einer Wache in verschliessbarem Raume (Schlüssel dazu Zahlmeister) aufzubewahren. Empfang und Absendung der Gelder Sache des Zahlmeisters, der einen Bestand von über 300 Mark sofort einlegen muss. Zahlungen finden am 1., 11. und 21. jeden Monats statt.

Der Zahlmeister hat für kleinere Auslagen Vorschuss von 150 M. zu entnehmen, an jedem Zahltage vorzulegen.

Alle Hinterlegungen (Heirathsgut, Abzüge, Kleiderkasse, Pferdegelder etc.), die dienstlich erlaubt sind, sind in den Kassen unterzubringen, unter Verantwortung der Kassenverwaltung. (Die übrigen Einzelheiten s. K.-O., Mittler, Berlin.)

Kastelle sind insolirte permanente Befestigungen in dominirender Lage.

Kasten der Batteriebrustwehr, Theil der B. zwischen 2 Scharten oder zwischen einer Flügelscharte und dem Endprofil der B.

Kasten des Gewehrs s. Gewehr und Mehrlader.

Kastenmagazin s. Mehrlader.

Kattowitz. Dort steht Bez.-Kom. 2. Serviskiasse.

Katy. 7./6. 1849, siegreiches Treffen der Oesterreicher.

Katzbach. Dort Schlacht am 26./8. 1813. Blücher hatte den Befehl, keine Schlacht anzunehmen; um jedoch den in Folge der Rückbewegungen erzeugten Missmuth zu beseitigen, beschloss er am 26. die Franzosen anzugreifen und nahm an der K. Stellung. Seine Armee stand von Hennersdorf bis Mahlitsch. Sorglos kamen die Franzosen unter Macdonald über die Neisse und drängten die vorgeschobenen Truppen des Zentrums (York) zurück. Doch nun ging Blücher mit beiden Korps (Saucken rechter Flügel und York Zentrum) vor. Es entwickelte sich ein hartnäckiger Reiterkampf und darauf folgend, auch Nahkampf der Infanterie, da der Regen die Munition verdorben hatte. Die französischen Reiter wichen, wurden auf die Infanterie und mit dieser den Abhang nach der wüthenden Neisse hinunter geworfen, die hoch angeschwollen ein Grab für viele Franzosen wurde. Der linke Flügel (Russen unter Langeron) war hart bedrängt und konnte erst durch die Preussen wieder flott gemacht werden. Die Verfolgung vernichtete das Heer Macdonalds. Vervollständigt wurde der Sieg durch die Energie, mit der Langeron am 29. die ihn umgehen sollende Division Puthod bei Löwenberg vollständig zu paaren trieb. General Blücher wurde in Folge des Sieges zum Fürsten von Wahlstatt erhoben.

Katzeler, v., preussischer General (1765—1834), hervorragender Kavallerieführer 1813 und 14. Thätig bei Borna, Leipzig, Katzbach, Hochkirch, Bischofswerda, Möckern und in Frankreich.

Kaub am rechten Rheinufer. Hier überschritt Blücher in der Neujahrsnacht 1813—14 den Rhein.

Kaufleute, deren grössere Geschäfte bei Abwesenheit zerfallen würden, dürfen auf Ansuchen (Reklamation) bei der Aushebung vorläufig zurückgestellt werden.

Kaufmann, russischer General der Infanterie (1818—1882). Er nahm 1868 Samarkand, 1873 Chiwa, leitete 1875 erfolgreich den Feldzug nach Kokand. Das ganze Gebiet wurde zu einem Gouvernement Turkestan vereinigt, an dessen Spitze K. trat. Derselbe war nicht nur tüchtiger Soldat, sondern zeichnete sich durch eine weise, versöhnende Verwaltung aus.

Kausler, Franz v., württembergischer Oberst und bedeutender Militär-Schriftsteller (1794—1848).

Kautionen haben zu leisten: General-Militärkasse: Rendanten 18000 M., Oberbuchhalter 5700 M., Kassirer 5500 M., Hülfskassirer 2800 M., Kassenboten 800 M.; Militär-Pensionskasse: Rendanten 9000 M., Kassirer 5000 M., Kassendiener 800 M.; Militär-Magazin-Verwaltung: Proviant-Amtsdirektor und Proviantmeister 9000 M., Proviant-Amtsrendant 6000 M., Proviant-Amtskontrolleur 3000 M., Mühlenmeister 1500 M., Backmeister 1500 M.; Korps-Bekleidungsämter: Rendant 6000 M., Assistent 2500 M.; Garnison-Verwaltung: Direktor 9000 M., Ober-Inspektor 6000 M., Garnison-Verwaltungs-Inspektor selbst 5400 M., sonst 2700 M., Kasernen-Inspektor selbst 4600 M., andere 2200 M.; Lazarathverwaltung: Ober-Inspektor 6500 M., Lazareth-Verwaltungs-Inspektor 5400 M., alleinstehender Lazareth-Inspektor 4600 M., die übrigen Lazareth-Inspektor 2200 M.; Remonte-Depot: Administrator 9000 M., inter. Vorstand 4500 M.; Kadettenhäuser: Rendant der Haupt-Kadettenanstalt 9000 M., die übrigen 6300 M.; Knaben-Erziehungs-Institut Annaberg: Rendant 6600 M., Inspektor 2100 M.; Unteroffizier-Vorschule: Rendant 5100 M.; Festungs-Gefängniss: Rendant 5000 M., Festungs-Baukasse: Rendant 2500 M., Kontrolleur 2000 M.; Zahlmeister: 2500 M. Für nebenamtliche Kassenverwalter: Zweijähriger Betrag der Entschädigung.

Die Hinterlegung darf theilweise im Wege des Abzugsverfahrens vom Gehalt erfolgen.

Kavalier nannte man ein im Bastion befindliches höher aufgeschüttetes Werk, meist derselben Gestalt, das einen erhöhten Ueberblick über das Vorgelände erlaubte.

Kavalierperspektive zeigt nicht wie die gewöhnliche Perspektive die Seitenflächen verkürzt, sondern in ihrer ganzen Ausdehnung, wie die nebenstehende Skizze beweist. Die K. wird bei der Darstellung kleiner Gegenstände (Geschütz-, Gewehrtheile etc.) angewendet, damit der Konstrukteur darnach die Ausdehnung der einzelnen Theile unmittelbar abmessen kann.

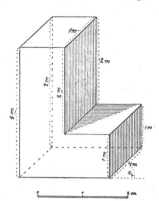

Kavallerie. Sie zerfällt in den meisten Armeen in „Kavallerie-Divisionen" (s. daselbst) und „Divisions-Kavallerie". Erstere dienen hauptsächlich strategischen Zwecken, den Gegner aufsuchen und an ihm kleben, bis er zum Kampfe kommt; ferner in weiterem Bezirke die eigene Armee zu sichern; endlich gegen die Verbindungen, Etappen etc. der feindlichen Armee zu wirken. Die „Divisions-K." dient zu taktischen Zwecken, Erkundigungen und Sicherungen in unmittelbarer Nähe der Truppen. Sie sollte aus den am meisten durchgebildeten Regimentern mit zahlreichem Offizierkorps gebildet werden.

Das Verhältniss der Kavallerie zur Infanterie in Deutschland verhält sich etwa wie 1:5, in Oesterreich-Ungarn wie 1:8.

Kavallerie-Abtheilung im Kriegsministerium, bearbeitet Dienstangelegenheiten der Kavallerie, Militär-Reitinstitut, Militär-Veterinärwesen, Gendarmerie, Feldjäger, Postwesen, inneren Dienst, Garnisondienst, Polizei, Geschäftsführer der Armee, Militär-Erziehung- und Bildungswesen, Ergänzung der Offiziere des Friedensstandes, Militär-Bibliotheken, Pferdegelder.

Kavallerie-Division. Die Kavallerie-Division wird in Deutschland in der Regel aus drei Brigaden zusammengesetzt. Jede Brigade besteht aus zwei Regimentern.

Eine derartige Gliederung und Stärke entspricht in gleicher Weise der doppelten Bestimmung der Kavallerie-Division als Gefechtskörper und als Armeemitglied zum Zweck der Aufklärung. Für das Gefecht muss sich ein Kavalleriekörper der Regel nach in drei Treffen gliedern, wofür die drei Brigaden hintereinander ohne Weiteres die Grundlage gewähren, dazu 2 Batterien von der Feldartillerie.

In Frankreich verfährt man nach deutschem Muster, jedoch mit dem Unterschiede, dass in Frankreich die an Schwadronen der deutschen gleichkommende Division grundsätzlich mit einer Abtheilung zu drei reitenden Batterien versehen wird. In Oesterreich-Ungarn, in Russland und in Italien zieht man die Zweitheilung der Division der Dreitheilung vor. Eine Kavallerie-Division besteht dort aus zwei Brigaden zu zwei Regimentern, letztere zu sechs Schwadronen.

Kay (bei Züllichau). Dort Schlacht 23./7. 1759. Dort unentschiedener Kampf zwischen den Preussen (27500 Mann) unter Wedel gegen die Russen (73000 Mann). Doch musste sich Wedel nach Krossen zurückziehen, langsam gefolgt von den Gegnern.

Kegel der Sprenggarbe. Die Ausbreitung der Geschosssprengtheile nach dem Zerspringen des Geschosses in der Luft erfolgt in Form eines Kegels, dessen Spitze im Geschosssprengpunkt liegt und dessen Achse mit dem Theil der Flugbahn nahezu zusammenfällt, welchen das blind gehende Geschoss vom Sprengpunkte ab zurücklegen würde. Von der Neigung der Achse des K. und von dem Kegelwinkel ist die Art der Wirkung und Verwendbarkeit des Geschosses abhängig. Von dem gegen ungedeckte Ziele des Feldkrieges verwendeten Shrapnel fordert man eine geringe Neigung der Achse und einen Kegelwinkel, welcher bei der zu erwartenden Wirkungstiefe noch eine genügende Trefferdichte der Sprengtheile ergiebt; bei der gegen Ziele dicht hinter Deckungen verwendeten Sprenggranate dagegen ist ein grosser Winkel des Ks. d. Sp. erwünscht, um das Ziel von oben her auch bei steilem Deckungswinkel noch erreichen zu können. Die Grösse des Kegelwinkels ist hauptsächlich durch das Verhältniss der fortschreitenden. zur Drehungsgeschwindigkeit des Geschosses bedingt. Erstere ist bestrebt. die Sprengtheile in Richtung der Flugbahn-Tangente, letztere, sie in senkrechter Richtung. seitwärts der Bahn, fortzuschleudern. Da die Geschossgeschwindigkeit mit wachsender Entfernung stetig abnimmt, die Drehungsgeschwindigkeit sich aber nicht verringert, so wachsen die Kegelwinkel mit der zunehmenden Schussweite. Bei Geschossen mit Sprengladung in Mittelkammer wird die Ausbreitung der Sprengtheile durch die Kraftäusserung der Sprengladung noch befördert. Das Schrapnel c/91 der deutschen Feldartillerie ergiebt im Mittel einen K. von 21 bis 22°, die Sprenggranate c/88 einen solchen von durchschnittlich 110°.

Kegelwinkel s. Kegel der Sprenggarbe.

Kehl, der Brückenkopf der Festung Strassburg auf dem rechten Ufer des Rheines, war von jeher ein Zankapfel zwischen Franzosen und Deutschen. 1678 von den Franzosen genommen, wurde es befestigt, kam 1697 an Baden, 1703 an Spanien, 1733 von den Franzosen erobert; 1797 wurde es vom Erzherzog Karl genommen, doch in demselben Jahre von Franzosen zurückerobert. 1808 wurde es ganz französisch. 1814 kam es an Baden. Nach 1870/71 ist K. in die grosse Lagerfestung Strassburg mit hineingezogen und ist durch 3 Forts geschützt.

Dort stehen 3. Bad. Inf.-Regt. No. 143 (nur vorläufig, s. Strassburg i. E.), Bad. Pion.-Bat. No. 14. — Servisklasse 2.

Kehle ist die Rückseite jedes selbstständigen Werkes. Ist dieselbe zur Vertheidiguug hergestellt, heisst das Werk ein geschlossenes, sonst ein offenes. Die Kehlbrustwehren der neuen Forts dienen zur Deckung grösserer kasemattirten Korps, die unter denselben angelegt sind. Die K. bildet den schwächsten Theil eines befestigten Raumes. Die Vertheidiger der Kehlbrustwehren sind dem Rückenfeuer des Angriffes ausgesetzt.

Keilstücke. Feuerwaffen des Mittelalters von kleinem Kaliber, welche ähnlich den Kammerstücken (s. dort) mit einer besonderen Ladungskammer ausgestattet waren. Zur Verbindung der letzteren mit dem Rohr dienten Keile, welche zwischen dem Boden der Kammer und der Lafette eingetrieben wurden.

Keilverschluss. Man unterscheidet K. im engeren Sinne (Doppelk.), Flachk. und Rundk. Bei letzterem (Bild a) hat der Keil eine zylinderprismatische Grundform, entsprechend der Gestalt des Keillochs im Rohr. Gegen die Vorderfläche, welche senkrecht zur Seelenachse liegt. ist die hintere Fläche um etwa 2 Grad geneigt. Der Keil wird parallel der hinteren (schrägen) Keillochfläche geführt, erhält daher beim Herausziehen (Oeffnen) vorn Spielraum, der beim Hineinschieben (Schliessen) wieder beseitigt wird, so dass der Verschluss dann im Verein mit der Liderung die Seele abschliesst. Zur Handhabung des Verschlusses dient eine zweiarmige Kurbel, deren Rechtsdrehung die Verschlussschraube in Bewegung setzt, welche (bei den schwereren Kalibern mittelst einer aufgeschraubten Verschlussmutter — Bild b) in entsprechende Einschnitte des Rohrkörpers eingreift und so den Keil fest in das Keilloch hineinpresst. Beim Oeffnen findet der entgegengesetzte Vorgang statt. Die Gewindegänge sind an der einen Seite glatt fortgeschnitten, so dass sie sich nach erfolgter Linksdrehung mit dem Keil vergleichen und dessen Bewegung im Keilloch nicht behindern. Zur Erleichterung des Ladens dienen Ladebüchsen (Blechzylinder, teils lose, teils fest mit dem Keil verbunden), Ladeschalen und Ladeklappen (15 cm-Haubitze). Das Herausziehen des Keils über die Ladestellung hinaus verhindert z. B. bei den Feldkanonenrohren c/73 (Deutschland) die Zündlochschraube, bei anderen eine Ziehklinke, Grenzketten. -schrauben, -stollen oder -riegel. Das Hineinschieben wird durch die Verschlussplatte begrenzt, welche sich beim Schliessen gegen das Rohr legt. Feldgeschütze bedürfen einer Sperrvorrichtung. welche das Lockern des Verschlusses beim Fahren verhütet. Die Liderung besteht aus einem zum Rohre gehörigen Metallring, der, an der Hinterkante des Ladungsraumes eingesetzt, sich gegen den vorstehenden Rand der in der Vorderfläche des Keils befindlichen Stahlplatte lehnt. Es sind 3 Arten Ringe in Gebrauch: Broadwellring, stählerner und kupferner Liderungsring (s. d.).

Der **Flachk.** (Bild c) unterscheidet sich vom Rundk. im wesentlichen nur durch seine rein prismatische Grundform (hintere Keil- und Keillochfläche eben statt gewölbt); da diese Form eine minder günstige Beanspruchung des Verschlussstückes durch die Rückwirkung des Schusses bedingt, so wird er vorwiegend nur bei Bronzerohren angewendet, deren Zähigkeit

Keilverschluss

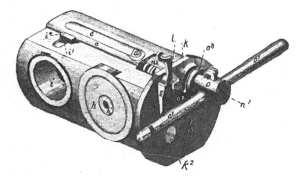

(Bild a.) **Verschluss der s. F.-K C/73.**

- a Führungsleiste,
- d Zündlochliderungslager,
- e Nuth an der oberen Keilfläche,
- f Schutz für die Führungsstifte der Ladebüchse,
- h Stahlplatte,
- h^1 Futter der Stahlplatte,
- i Ladebüchse,
- i^1 Führungsstift der Ladebüchse,
- i^2 Kopf des Führungsstiftes,
- k Verschlussplatte,
- k^1 Ansatz an der Verschlussplatte,
- k^2 Verschlussplattenschraube,
- l Sperrklinke,
- m Sperrfeder,
- n^1 Kurbelzapfen ⎱ der Ver-
- n^2 Gewindetheil ⎰ schlussschraube,
- o Kurbelhals,
- o^1 Kurbelarm,
- o^2 Nase am Bund der Kurbel,
- o^3 Bund der Kurbel.

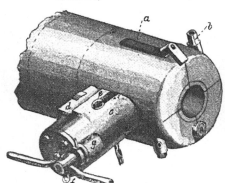

(Bild b.) **s. 12 cm K-St.**

- a Quadrantebene,
- b Aufsatzhülse,
- c Verschlusskeil,
- d Prismatischer Ansatz,
- e Führungsleisten,
- f Haken für die Grenzkette,
- g Verschlussmutter.

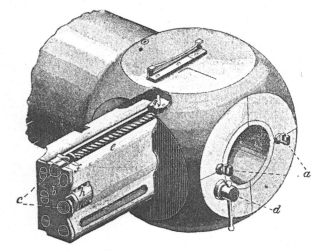

(Bild c.) **21 cm Mrs.-St.**

- a Geschosstragehaken,
- b Verschlussplatte,
- c Verschlussschraube.
- d Knebelschraube,
- e Transportschraube,
- f, linkes und
- g rechtes Lager zur Transportschraube.

Keilverschluss

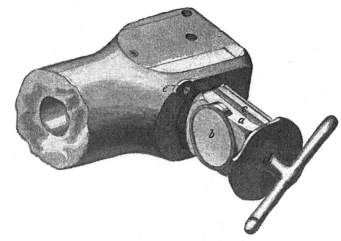

a Vorderkeil,
b Stahlplatte,

c Hinterkeil,
d Kurbel,
e Grenzstück.

(Bild d.) **Verschluss der 8 cm St.-K. C/64 und 9 cm St.-K. C/64.**

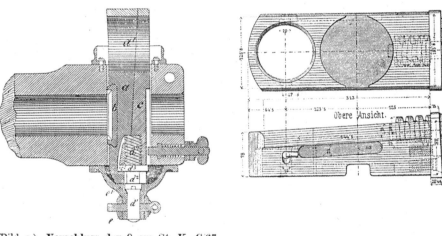

(Bild e.) **Verschluss der 8 cm St.-K. C/67 und 9 cm St.-K. C/67.**

a Vorderkeil,
a¹ Ladeloch,
b Stahlplatte,
c Hinterkeil,
d Spindel,
e¹ Kurbelscheibe,
c Schaft und
c¹ Kopf der Ziehklinke.

Flachkeilverschluss des italienischen Feldgeschützes.

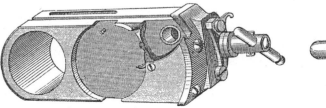 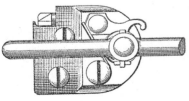

Rundkeilverschluss des schweizerischen Feldgeschützes.

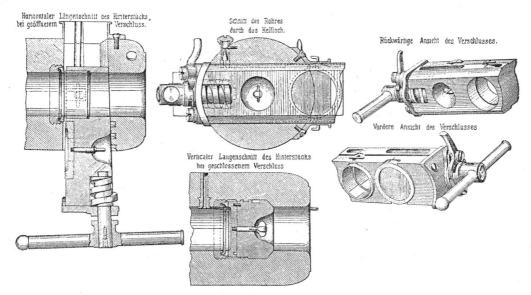

Flachkeilverschluss des österreich-ungarischen Feldgeschützes.

die Gefahr eines Bruchs über oder unter der hinteren Keillochfläche ohnehin erheblich verringert. Bei den Flachk. und Rundk. der schwereren Kaliber wird zum Herausziehen und Hineinschieben des Keils eine besondere **Transportschraube benutzt** (Bild c), die mit steilem Gewinde versehen ist und daher rasch arbeitet.
Der K. (Doppelk. Bild d und e) besteht aus Vorder- und Hinterkeil, welche zusammen ein vierseitiges Prisma bilden; vordere und hintere Keillochfläche sind daher parallel; beim Oeffnen wird der nöthige Spielraum zwischen K. und Keilloch durch Verschiebung des Hinterkeils nach links gewonnen, umgekehrt beim Schliessen. Bei Neufertigung von Rohren wird der K. nicht mehr angewendet. Seine Liderung siehe unter Kupferliderung.

Keilzüge. Züge, bei denen die Sohlenbreite nach der Mündung zu ab-, die Felderbreite also zunimmt. K.-Winkel, um welchen die beiden Kanten eines Feldes nach vorn divergieren, in der Regel = 4 Minuten. Die k. sollen einerseits das erste Einschneiden der Felder in die Geschossführung erleichtern, andererseits durch die fortwährende Verbreiterung der eingeschnittenen Rinnen eine straffere Führung im vorderen Theil der Seele ergeben. Dieser mehr theoretische Vortheil wird indess durch manche Nachtheile mindestens ausgeglichen.

Keilzündung (Zentralzündung). Da die Oberzündung (Zündkanal durch das Rohrmetall gebohrt — Bild a) für die Haltbarkeit und Dauer, namentlich der stählernen Geschützrohre wenig günstig ist, hat man das Zündloch bei den meisten neueren Rohren durch den Verschluss geführt (K.; Z.) und zwar, entweder schräg von oben (Schrägzündung — Bild b) oder in Richtung der Seelenachse (Achsiale Zündung — Bild c). Zum Schutz des Verschlusses liegt der Zündkanal durchweg in leicht ersetzbaren kupfernen Hohlkörpern (Futtern) und ist bei Schrägzündung da, wo er Grenzflächen durchschneidet, zum Theil durch eine besondere Liderung abgedichtet.
Abbildungen s. nächste Seite.

Keith, preussischer Feldmarschall (1698 bis 1758), erst in russischen Diensten hervorragend thätig, trat 1747 in preussische Dienste. Sein Rückzug nach Sachsen nach der Schlacht bei Kolin, sowie seine entschlossene Haltung 1757 daselbst, die dem Könige Leipzig rettete, sichern ihm eine erste Stellung unter den Führern des Königs, der ihn sehr hoch schätzte. K. fiel bei Hochkirch.

Kellermann. Marschall von Frankreich (1735 bis 1820), schloss sich der Revolution an, kämpfte siegreich bei Valmy (dafür Herzog von Valmy), wurde von der Schreckensherrschaft gefangen gesetzt, dann an die Spitze der Alpen-Armee gestellt, von Napoleon aber als unbequemer Nebenbuhler immer mehr bei Seite geschoben.
Sein Sohn (1770—1835), französischer General, zeichnete sich bei Marengo durch die Führung der Kavallerie in hohem Grade aus; wurde 1805 schwer verwundet (bei Austerlitz). Er kommandirte 1813 und 14 mit Auszeichnung die Kavallerie.

Kelleys Furt. Dort Schlacht am 7./11. 1863. K. F. war ein viel umstrittener Uebergang über den Rappahannock, in der die Nordarmee unter General Meade den Brückenkopf stürmte und General R. E. Lee zwang, sich hinter den Rapidan (Nebenfluss) zurückzuziehen.

Kempten. 17./9. 1796 siegreiches Treffen der Oesterreicher, wobei 4000 Franzosen fast aufgerieben wurden.

Kenesaw Mountain (Georgien). Hier wurde im amerikanischen Sezessionskriege Sherman von

Johnston geschlagen. Als ersterer aber die Stellung Johnstons umging, zog sich letzterer nach Atlanta zurück.

Kerim Pascha, türkischer Generalissimus, vollendete seine militärischen Studien in Wien, wo er als scharfer Denker und bester Mathematiker seiner Klasse galt; er nahm Theil am Krimkriege, kommandirte 1876 die Armee gegen Serbien und spielte auch 1877 eine Rolle.

Kernrohr. Inneres, die Seele enthaltendes Rohr, bei den nach der „künstlichen Metallkonstruktion" (s. d.) hergestellten Geschützrohren; es nimmt entweder die ganze Rohrlänge ein (Ringrohre) oder reicht nur von der Vorderfläche des Verschlusses bis zur Mündung (Mantelrohre).

Kernschuss. Schuss, bei welchem die verlängerte Seelenachse den Zielpunkt schneidet; seine Anwendung ist durch die natürliche Krümmung der Geschossbahn auf die nächsten Entfernungen beschränkt.

Kerpen, Freiherr von, österreichischer Feldzeugmeister (1741—1823). Er führte selbstständig 1797 ein Korps in Tyrol, das er vom

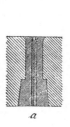
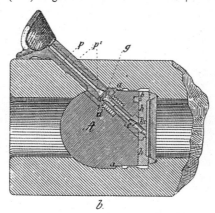
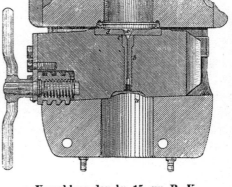

a **Zündloch mit Zündlochfutter.**

b **Verschluss der s. F.-K. G/73.** (Centralzündung, Schrägzündung.)

    A Verschlusskeil,
    a Führungsleiste,
    b Stift zur Stahlplatte,
    c Zündlochfutter,
    d Zündlochliderungslager,
    g Zündlochliderung,
    h Stahlplatte,
    h^1 Futter der Stahlplatte,
    p Zündlochschraube,
    p^1 Stahlfutter.

c **Verschluss der lg. 15 cm R.-K.** (Centralzündung, Achsiale Zündung.)

    a Ausdrehung im Keil,
    b Zündlochstollen,
    c Nase des Zündlochstollens,
    d Stahlplatte,
    d^1 Durchbohrung der Stahlplatte.

Feinde frei machte, war später aber meist in der Verwaltung thätig.

Kertsch. Die Festung beherrscht die Einfahrt in das Asowsche Meer. Sie ist stark befestigt und hat viele bombensichere Räume. Die Landbefestigungen bestehen aus den 3 Forts Totleben (Mitte) Minsk und Wolhynio.

Kesselsdorf. Dort schlug 15./12. 1745 Leopold von Dessau in hartnäckiger Winterschlacht in Eis und Schnee die Sachsen unter Rutowsky. K. war von den Sachsen besetzt und mit starken Batterien versehen. Die preussischen Grenadiere rückten, ohne Schuss zu thun, vor, wurden mehrmals zurückgewiesen, ergriffen trotz Verstärkung schliesslich die Flucht. Die Sachsen ergriffen die Offensive, ihre Batterien mussten schweigen, da sie nur maskirt waren. Nun sprengte Oberst Lüderitz mit seinen Dragonern in die losen Massen der Angreifenden, brachte sie in Verwirrung, die Infanterie unter General Lehwald stürmte das Dorf mit den Batterien und richtete deren Feuer auf die heransprengende sächsische Kavallerie; auf dem andern Flügel drang Moritz (Sohn des Fürsten von Dessau) durch die schneeigen Gewässer des Zschonengrundes und warf auch dort den Feind.

Kettenkugeln waren zwei mittelst einer Kette verbundene Hohl- oder Vollkugeln, gleichzeitig aus einer Kanone geschossen. Die Kette war während des Fluges ausgespannt, zerriss aber meist.

Kettenstrafe. Reste derselben bestanden in der Festungsbaugefangenschaft. An ihre Stelle ist Zuchthaus getreten.

Kettler, von, preussischer G.-L. (1812—1893). Er trat in das 13. Infanterie-Regiment ein, führte 1864 das 18. Regiment beim Düppelsturm (pour le mérite); ebenso bei Gitschin und Königgrätz 1870 machte er sich einen Namen durch die harten Kämpfe, die er mit seiner 8. Brigade 21. und 23./1. bei Dijon glänzend ausfocht. Er nahm schon 1871 den Abschied.

Kexholm, befestigte kleine Insel im Ladoga-See. Jetzt ohne Bedeutung.

K. H., Abkürzung (= Kurzer Hand), steht statt des früheren br. m. (s. auch U.).

Khevenhüller, Graf, österreichischer F.-M. (1683—1742), ist einer der wesentlichsten Förderer der kaiserlichen Armee s. Z. gewesen, führte 1734 in Italien, 1737 im Türkenkriege mit Auszeichnung, ebenso im österreichischen Erbfolgekriege, in dem sein Name viel genannt wurde.

Khiwa s. Chiwa.

Kiel, grösster Kriegshafen Deutschlands; 1627 Einnahme durch die Kaiserlichen, 1628 vergebliche Belagerung durch die Dänen, 1648 Wegnahme durch die Schweden, 1849 Blockade durch die Dänen.

Dort stehen Komdtr., 2. Festgs.-Insp , 3. Bat. Inf.-Rgts. Herzog v. Holstein (Holstein.) No. 85, St. d. 9. Gend.-Brig., Bez.-Kom., Marine-Laz. Servisklasse 1.

Kienmayer, Michael, Freiherr (1750—1828), österreichischer F.-Z.M., kommandirte 1805 am Lech und an der Donau, entging der Niederlage Macks und führte bei Austerlitz die Arrièregarde.

Kieselguhr, farblose oder grau gefärbte mehlige Masse aus Kieselpanzern mikroskopischer Organismen, bildet, als guter Saugstoff, mit Nitroglyzerin vereint, das K.-Dynamit.

Kieselpulver, englisches Schwarzpulver (pebble powder) mit grossen unregelmässigen Körnern und hoher Dichte.

Kiew ist eine der Hauptfestungen der Russen. Auf dem rechten Ufer des Dniepr befindet sich eine starke Zitadelle mit fünf Forts. Auf dem linken Ufer ist nur ein Erdwerk angelegt. In neuerer Zeit ist für die Verstärkung der Festung viel gethan. Dort stehen vom 9. Armee-Korps die 33. Inf.-Div., 4 Inf.-Regt., 1 Ul.-Regt., 1 Feld-Art.-Regt. etc.

Kilmaine, französischer Kavallerie-General (1749 bis 1799), kämpfte mit Lafayette in Nordamerika, als General 1790 bei Jemappes, erhielt 1798 den Oberbefehl über die Expeditionsarmee nach Irland, dann über die Armee in der Schweiz.

Kimme, dreieckiger Einschnitt am Visir (Aufsatz) zum Nehmen der Seitenrichtung durch Einstellen der Kornspitze auf die Mitte der K. und der Höhenrichtung durch genaues Abschneiden der Kornspitze mit dem oberen Visirrand.

Kinetische Energie, entbehrliches Fremdwort für Bewegungsarbeit (s. d.).

Kinetit, Sprengstoff, besteht aus einer mit Nitrobenzol dargestellten Nitrozellulosegelatine nebst Chloraton und Nitraton, ist an Wirkung dem Dynamit ungefähr gleichwerthig.

Kinsky, Fürst, österreichischer F.-M. (1726 bis 1792), war zuletzt Artillerie-Direktor.

K., Joseph, Graf, österreichischer F.-M. (1731 bis 1804), war ein tüchtiger Kavallerist.

K., Franz, Graf, österreichischer F.-Z.-M. (1739—1805), war Beförderer des Militär-Erziehungswesens und der Kriegswissenschaften. Alle drei haben sich auch in den Kriegen ihrer Zeit hervorgethan.

Kippregel s. Topographische Aufnahmen.

Kirby-Smith, konföderirter General (1825 bis 1893). Zögling von Westpoint, machte den Krieg von Mexiko 1845—47 mit Auszeichnung mit. Ging bei Ausbruch des Sezessionskrieges zu den Südstaaten, that sich schon bei Bul-Run mit seiner Brigade hervor (schwer verwundet). Er führte später mit vielem Geschick den Krieg gegen überlegene feindliche Kräfte im Westen weiter.

Kirchbach, Graf v. (1809—1887), preussischer General der Infanterie, trat ins 26. Infanterie-Regiment ein. Er führte die 10. Division glänzend in den Tagen von Nachod, Skalitz, Schweinschädel im Jahre 1866. Im französischen Kriege siegte er bei Weissenburg und leitete mit seinem (5.) Korps durch kräftige Initiative die Schlacht bei Wörth ein. (Schwarzer Adler-Orden. Fort „Kirchbach" bei Strassburg. Chef des 46. Regiments.)

Kirchenbesuch nur bei einem seiner Konfession entsprechenden Gottesdienste, ausser bei feierlichen Gelegenheiten, denen die geschlossenen Truppentheile beiwohnen. An hohen Festtagen werden Abordnungen aller Truppentheile zur Kirche geführt. Zu den hohen Festtagen evangelischer Konfession zählen: die beiden Weihnachts-, Oster- und Pfingstfeiertage, der Charfreitag, der Busstag, der Himmelfahrts- und Neujahrstag. Für diejenigen katholischer Konfession: die beiden Weihnachts-, Oster-und Pfingstfeiertage, der Himmelfahrtstag, Neujahrstag und Frohnleichnamstag. An den vorgenannten hohen Festtagen, sowie am Geburtstage des Kaisers tritt Befreiung von jedem Dienst ein, der nicht unerlässlich ist. Es ist jedoch auch an den nachbezeichneten katholischen Festtagen, wie dem heiligen Dreikönigstage, dem Allerheiligentage, Mariä Lichtmess, Mariä Verkündigung, Peter-Paulstage und Mariä Empfängniss, dem religiösen Bedürfniss der Mannschaften möglichst Rechnung zu tragen. Soldaten jüdischer Religion sollen an den jüdischen Feiertagen möglichst vom Dienst befreit bleiben. Der Anzug zur Kirche ist Waffenrock und Helm, Offiziere mit Epauletts; an den beiden Weihnachts-, Oster- und Pfingstfeiertagen, am Neujahrs- und Himmelfahrtstage, sowie an den Geburtstagen des Kaisers und der Kaiserin der Paradeanzug. Beim kaltem oder ungünstigem Wetter werden die Mäntel zur Kirche umgehangen oder angezogen.

Kirchgangs-Anzug. An hohen Festtagen (s. grosse Parade) und Charfreitag: Paradeanzug (Husaren ohne umgehängten Pelz), an Sonntagen und Busstag: kleine Uniform; Offiziere vom Kirchendienst und bei Feldgottesdienst: Dienstanzug.

Bei freiwilligem K. in der Garnison-Kirche wie vorstehend; in anderen Kirchen Vormittags mit Helm; bei der eigenen Trauung Paradeanzug; beim heiligen Abendmahl wird Waffe und Paletot vor dem Herantreten an den Altar abgelegt.

Kieselpulver.

Kirchner, Baron (1766—1813), französischer Ingenieur-General, der sich bei der Belagerung von Danzig auszeichnete. Er fiel bei Bautzen durch eine russische Kanonenkugel, die auch General Duroc tödtete.

Kirgisen sind nicht mehr rein erhalten, man nannte die nomadisirenden Stämme am Ural K.; sie vermischen sich in Russland immer mehr mit den Kasaken.

Kissingen (Gefecht 10./7. 1866). General von Göben sandte die Brigade von Kummer auf Garitz, gefolgt von den Brigaden Wrangel und der Reserve unter General von Tresckow. Die Batterie Coester nahm eine Stellung an der alten Burg; es gelang, eine zerstörte Brücke in einen Laufsteg zu verwandeln; mehrere Kompagnien gingen über diesen Steg und stürmten das Städtchen. Die Bayern zogen sich auf die Höhen von Winkels zurück, von wo aus sie die Stadt bombardirten.

Gefecht bei Winkels. Gegen diese ging nun die Brigade Kummer vor. Der Angriff, durch die Brigade Wrangel unterstützt, war von solchem Erfolge, dass die Bayern von Stellung zu Stellung bis Nüdlingen gedrängt wurden. Auch Nüdlingen wurde genommen. Die bayrische Division Stephan wurde beauftragt, die Stadt wieder zu nehmen, aber der Sion- und der Schlegelberg wurden trotz namhafter Verluste der Preussen genommen und die Bayern auf Nüdlingen zurückgedrängt. Die Nacht machte den Kämpfen ein Ende.

Klagenfurt. Garnison: 12. Inf.-Brig., Inf.-Rgt. 17; Jäger-Bat. 8, 9 und 20, Erg.-Bez-Kom. Inf.-Rgt. 7, 8. Hus.-Rgt.; 9. Art.-Rgt., Land.-Inf.-Rgt. 4.

Klapka, Georg, trat 1838 in die österreichische Artillerie ein, schloss sich 1848 der ungarischen Revolution an, befestigte Pressburg und Komorn, ward dann Generalstabschef bei der im Banat kämpfenden Armee, entwarf den Operationsplan für 1849, kämpfte bei Kápolna, bei Sraszègh, Nagysaslo und Komorn, wurde dann Kommandant von Komorn, zeichnete sich in den Kämpfen an der Waag und bei Komorn aus, vertheidigte diese Festung glänzend; erhielt, nach seiner Rückkehr aus dem Auslande, 1868 den Rang eines F.-M.-L. der Honvèd. K. war auch Militär-Schriftsteller.

Klappenverschluss, Gewehrverschluss, der sich entweder seitlich öffnet (Dosenverschluss, Tabatière-, Snider- und Kruka-Gewehr), oder nach vorn, um ein zur Laufachse senkrechtes Gelenk drehbar ist (Gewehr Berdan I in Russland, Wänzl in Oesterreich, Albini-Brändlin in Belgien, Milbank-Amsler in der Schweiz). Bei modernen Gewehren findet der K. keine Verwendung mehr.

Klappvisir, zum Schiessen auf weitere Entfernungen, besteht aus einer oder mehreren Klappen, die um eine wagerechte Welle drehbar sind und bei Nichtbenutzung flach auf den Lauf niedergelegt werden. Zur Vereinfachung der Visireinrichtung hat man diese Klappen mit besonderen Einrichtungen zum Nehmen der Erhöhung versehen und unterscheidet danach: Rahmen- (Schieber- oder Leiter-) Visire, Quadranten-Visire, Treppen- und Rahmen-Visire (s. d.).

Klapsyder (Wasseruhr); Flugzeitenmesser von le Boulengé, bei welchem das Ausfliessen von Quecksilber als Zeitmesser benutzt wird. Zwei mit Elektromagneten (vergl. Flugzeitenmesser) verbundene Fallhebel bewegen ein Ventil, das ein mit Quecksilber gefülltes Gefäss abschliesst. Der erste Hebel öffnet das Ventil — das Quecksilber fliesst ab. Der andere Hebel schliesst das Ventil. Die abgeflossene Quecksilbermenge wird gewogen und daraus die Flugzeit des Geschosses bestimmt. Die K. wird besonders zur Messung grösserer Flugzeiten benutzt, da bei den mit Fallgewichten aufzeichnenden Apparaten infolge der wachsenden Fallgeschwindigkeit Ungenauigkeiten in der Messung entstehen.

Klarinette, Holzblasinstrument, das in den Militär-Kapellen die Oberstimmen vertritt.

Klasse 2 des Soldatenstandes. Der Bestrafte verliert Kokarde, Orden und Ehrenzeichen; wird bei gemeinen Verbrechen (Diebstahl etc.) erkannt, auch bei Wiederholung militärischer Vergehen innerhalb 6 Monaten. Bei Unteroffizieren muss neben Versetzung in die 2. Klasse des Soldatenstandes gleichzeitig auf Degradation erkannt werden. (Militär-Strafgesetz § 37—40.) Mannschaften, welche unter der Wirkung der Ehrenstrafen stehen, dürfen zu Ehrenposten, Posten vor den Kasernen und den mit Patronen ausgerüsteten Posten nicht verwendet werden. An Pulver- und Munitionsarbeiten haben Mannschaften der 2. Klasse des Soldatenstandes nicht Theil zu nehmen.

Klauenfett oder Knochenöl dient beim Gewehr zum Einfetten der Schlosstheile, der Abzugsvorrichtung, überhaupt aller Reibestellen, des Laufinnern und des Visirs.

Klausenburg. Hier wurde 1660 Georg Ràkaczy durch die Türken geschlagen und verwundet; er starb an seinen Wunden in Grosswardein.

Kleber (1753—1800), Sohn eines Maurers, erst Architekt, dann in bayrischen Diensten. 1792 trat er in die Revolutions-Armee; focht in der Vendée mit wechselndem Glücke; 1794—97 führte er am Unterrhein bezw. Maass, zog sich zurück. Bonaparte nahm ihn nach Aegypten, wo er hervorragende Dienste leistete und nach Bonapartes Rückkehr nach Europa die Operationen glänzend leitete. Er fiel durch muselmännischen Meuchelmord. Seine Statue steht in Strassburg.

Kleiner Dienst-Anzug besteht in Waffenrock (Generale: Interimswaffenrock) oder Ueberrock mit Achselstücken (Ulanen: zur Ulanka oder Ueberrock Epaulettes, wenn Mannschaften dieselben anlegen), Mütze, Stiefelhosen und hohe Stiefel (stets zu Pferde) oder lange Tuchhosen.

Husaren: Attila oder angezogener Pelz oder Interimssattila, Mütze, Stiefelhosen, Husarenstiefel. Allgemein ist auch angezogener Paletot (Mantel) gestattet.

Offiziere der Stäbe und Adjutanten tragen auch beim Befehlsempfang im K. D. die Schärpe.

K. D. wird angelegt: zum Felddienst, Exerzieren, Schiessen und kleinen Dienst innerhalb der Kompagnie; bei Besichtigungen in der Einzelausbildung (aussch. Exerzieren); bei den Untersuchungsgerichten für die untersuchenden Offiziere und die Mitglieder des Ehrenraths; für

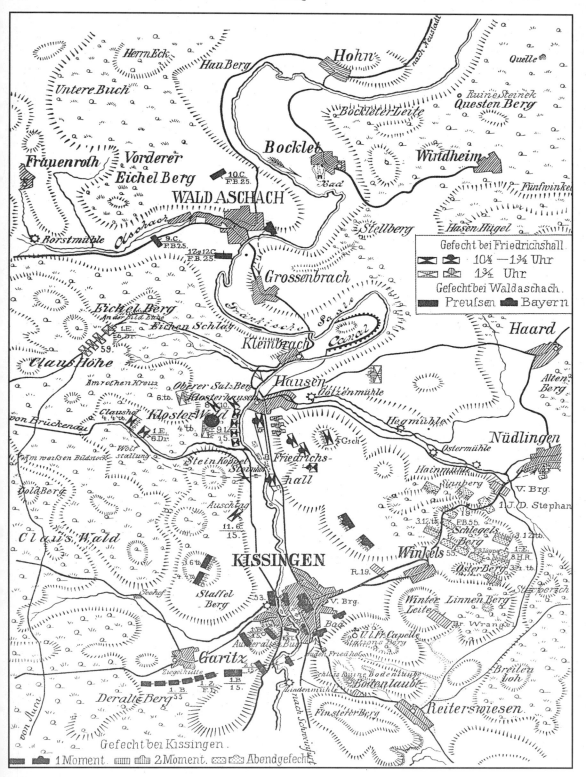

Plan zum Gefecht bei Kissingen am 10./7. 1866.

Generale und deren Stäbe, Offiziere des Kriegsministeriums und Generalstabes bei Dienst- und Erkundigungsreisen.

K. D. mit Helm wird angelegt: von Zuschauern bei Besichtigungen im Exerziren und von Offizieren, welche als Zeugen oder sonst vor einem Zivilgerichte erscheinen.

Kleiner Krieg. Alle kriegerischen Unternehmungen, die ausser den grossen Operationen der Hauptarmee während eines Krieges vorkommen. Der k. K. wird von zeitweise von der Hauptarmee getrennten oder ihr gar nicht angehörenden Truppen geführt.

Kleine Uniform besteht in Waffenrock (Interimswaffenrock, Ulanka), Epaulettes, Helm (Tschako, Czapka), langen Tuchhosen, Orden und Ehrenzeichen. Hauptleute und Lieutenants der Fusstruppen tragen weissleinene Hosen, wenn solche die Mannschaften anlegen. Kurassiere dürfen ausser Dienst den Stichdegen tragen.

Husaren: Attila (oder im Winter angezogener Pelz), Husarenmütze mit Kolpak, Fangschnur aufgerollt, Stiefelhosen, Husarenstiefel, Säbeltasche (nur bei dienstlichem Anlass), Orden und Ehrenzeichen.

Kl. U. wird angelegt bei kleinem Empfang des Kaisers oder fürstlicher Personen, zum Kirchgang an Sonntagen und Busstagen; bei Begräbnissen ohne militärische Trauerparade (Paletot gestattet); bei öffentlichen Feiern und Festlichkeiten (ausgenommen Rekrutenvereidigung); zu Privat-Gesellschaften; zu Besuchen von offiziellem Charakter; zu Hoffestlichkeiten nach Maassgabe der Einladungskarte; zu königlichen Theatern an den Geburtstagen des Kaisers, der Kaiserinnen und am Ordensfest. Bei Aufführungen auf Allerhöchsten Befehl und den Gesellschaftsabenden im Opernhause: Kl. U. mit Mütze. Sonst im Opernhause: Kl. U. mit Achselstück und Mütze.

Kleist, v. Ewald, preussischer Major und vaterländischer Dichter (1715—1759), fiel bei Kunnersdorf.

K. v. Nollendorf, Graf, preussischer F.-M. (1763—1823), vertheidigte 1813 die Höhen von Burg in der Schlacht bei Bautzen gegen grosse Uebermacht. Bei Kulm fiel er bei Nollendorf hinabkommend, dem Korps Vandamme in den Rücken, dessen gänzliche Vernichtung herbeiführend. Bei Leipzig hielt er sich wacker bei den Angriffen auf Markkleeberg und Wachau am 16., wie bei den blutigen Stürmen auf Probstheida am 18. Oktober. Auch bei Laôn that er sich 1814 hervor.

Klettern der Pferde über steile Abhänge kann geschehen, indem der Reiter auf dem Pferde bleibt oder es führt. Beim Hinaufreiten ist der Oberleib vorzulegen und die Mähne festzuhalten, die Zügel sind ganz freizugeben. Beim Hinaufführen ist es eine Erleichterung sich am Backenstücke anzuhalten, an welchem ihn das Pferd leicht mitzieht. Die Pferde sollen ruhig klettern und manchmal auf der Böschung stehen bleiben. Beim Hinabreiten hat der Reiter den Oberleib gut zurückzunehmen und die Zügel so frei zu geben, dass das Pferd sich selbst den Weg suchen kann. Sehr steile Böschungen, die nicht höher als vier Meter sind, werden am leichtesten erklettert, wenn man scharf anreitet; hohe Abhänge müssen sehr ruhig und langsam erklettert werden.

Klinge, unmittelbar wirksamer Theil der blanken Waffen, der den Gegner kampfunfähig machen soll. Ihre Form richtet sich nach dem Zweck; für eine Hiebwaffe ist eine stärkere Krümmung im Verein mit genügender Elastizität vortheilhaft, während die K. der Stosswaffe gerade und wenig geschmeidig sein muss. Man unterscheidet die Klingenschärfe oder -Schneide, den Rücken und die Seitenflächen; durch die Angel wird die K. mit dem Griff verbunden.

Klingspor, Graf, schwedischer F.-M. (1744 bis 1814), führte 1790 gegen die Russen, war wegen Zurücksetzung beleidigt, und nahm Theil an dem Sturze Gustavs IV. vom Throne; war nachher Kommandeur der schwedischen Nord-Armee, ohne Besonderes zu leisten.

Klissow. Hier schlug 1702 Karl XII. das sächsisch-polnische Heer unter August II.

Kljuc. Beschiessung und Besetzung durch die Oesterreicher 9. bis 20. Oktober 1878.

Klobuk. Beschiessung und Einnahme durch die Oesterreicher 24. bis 28. September 1878.

Kloster Camp (bei Wesel). Gefecht 12./6. 1758, das Herzog von Braunschweig ohne grössere Resultate gegen Graf Clermont (Franz.) durchführte. Der Herzog konnte nun ungestört Wesel belagern.

Gefecht 16./10. 1760; ein ebenfallswenig entscheidender Kampf zwischen dem Herzog von Braunschweig und den Franzosen unter Castries. Die Belagerung von Wesel kam nicht zu Stande.

Knallsatz, ein durch Reibung, Anstich, Stoss oder Schlag leicht und kräftig explodirender Stoff, welcher zum Entzünden der Ladungen in Feuerwaffen, der Geschosszünder und Sprengstoffe dient (Schlagröhre, Zündhütchen, Sprengkapsel). Ausser chlorsaurem Kali und Schwefelantimon (Schlagröhre) wird als K. hauptsächlich Knallquecksilber verwendet, welches auch allein zur Hervorrufung einer Detonation (s. d.) brisanter Sprengstoffe geeignet ist.

Knebel v. Treuenschwert, Freiherr, österreichischer F.-Z.-M (1817—1890), zeichnete sich bei Trautenau 1866 hervorragend aus durch seine energische Wegnahme der Höhe an der St. Johannes-Kapelle mit der Brigade, an deren Spitze er sich gestellt hatte.

Knesebeck, v. d., preussischer G.-F.-M. (1768 bis 1848). Er war einer der Rathgeber Friedrich Wilhelms III. in den schweren Zeiten, galt als Hemmschuh der Reformen.

Knick ist ein etwa einen Meter hoher Damm, meist mit Strauchwerk bedeckt, der auf der cimbrischen Halbinsel die Felder einfasst und den Kriegen in Schleswig und Dänemark ein eigenes Gepräge verlieh.

Kniehöhe, Höhe der Schartensohle über dem Geschützstand.

Kniehöhe ist die Brustwehrhöhe vor einem Geschütz, die von dessen Konstruktion und Feuerart (Kanonen, Mörser etc.) abhängig ist.

Knobelsdorf, v., preussischer F.-M. (1723 bis 1799), nahm an den Kriegen Preussens von 1741—95 Theil; übernahm 1793 den Befehl über die preussischen Truppen an Stelle des Prinzen von Coburg; später war er mit seinem Korps dem Herzog von Braunschweig unterstellt.

Knochenöl (s. Klauenfett) ist für das Einfetten der Schlosstheile, besonders der Reibestellen, des Laufinnern und Visirs gebräuchlich.

Knyphausen, Freiherr von, (starb 1800), that sich als hessen-kasselscher General in dem amerikanischen Unabhängigkeitskriege 1776—82 hervor.

K.-O. Abkürzung für „Kassen-Ordnung für die Truppen vom 1. Februar 1894."

Kochen ist als Dienst zu betreiben, für welchen Korporalschaftsführer und Zugführer verantwortlich sind. Das rohe Fleisch muss, um beim Kochen weich zu werden, mindestens 10 Minuten geklopft sein. Will man saftiges Fleisch erhalten, so ist es in kochendem Wasser, will man eine gute Brühe erzielen, so ist es in kaltem Wasser beizusetzen. Pökelfleisch ist vor dem Kochen auszuwässern. Hülsenfrüchte sind, wenn möglich, in Regen- oder Flusswasser einzuweichen, bezw. durch Klopfen auseinanderzuschlagen.

Kochlöcher. Für die Kompagnie etwa 10 bis 15 laufende Meter lang.

Kochrinnen sind beliebig lange, 0,25 m breite,

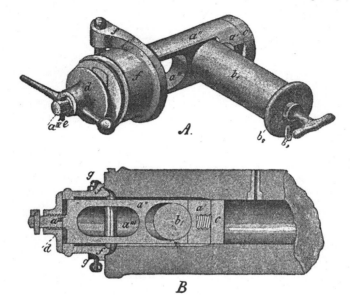

Kolbenverschluss.

a Verschlusskolben, c Stahlansatz, f Verschlussthür,
b Querzylinder, d Kurbel, g Gelenkbolzen.
  e Splintkeil.

0,15—0,2 m tiefe Gräben, welche in der Windrichtung ausgehoben werden; längs deren beiderseitigen oberen Rändern stellt man die Kochgeschirre auf.

Koffer (s. Kaponieren). Die offenen Graben-K. zur Vertheidigung trockener Wallgräben werden nicht mehr angewendet.

Koffer. Infanterie, Kavallerie und Ingenieurkorps:

für Lieutenants 59, 35, 28 cm 21 kg,
„ Hauptleute etc. 69, 35, 28 „ 25 „

Feld- und Fussartillerie:

für Lieutenants 60, 38,5, 36,5 cm,
„ Hauptleute 76, 38,5, 36,5 „

Erlaubtes Gewicht für Mantel und Decke 7 kg.

Offizierkoffer werden auf dem Kompagnie-Packwagen (grosse Bagage) untergebracht. Verpackung: Deckel innen: Waschzeug, Messer, Licht, Bürste. Einsatzkasten: lange Stiefel, lange und Stiefelhosen. Unten: 1 Waffenrock, kurze Stiefel, 3 Halsbinden, 2 Paar Unterhosen, 1 Aermelweste, 6 Paar Strümpfe, 3 Paar graue Handschuhe, 3 Hemden, Handtuch, Karten, Schreibzeug, Sohlen.

Die höheren Chargen haben mehr Raum.

Kohle. Bestandtheil des Schwarzpulvers, nimmt als leicht brennbarer Stoff die Entzündung in erster Reihe auf, pflanzt die Flamme fort und dient zur Zersetzung des Salpeters, mit dessen Sauerstoff sich der Kohlenstoff verbindet und zur Vergrösserung der entwickelten Gasmenge beiträgt. Die K. heisst 25-, 30- oder 70%ig, wenn aus 100 kg Holz 25, 30 oder 70 kg K. gewonnen werden. In Deutschland stellt man die K. aus Faulbaum (Gewehrp.) oder Erlenholz dar, welches für 25%ge K. in festliegenden, für 30%ge (Gewehrp.) in drehbaren eisernen Cylindern über Kohlenfeuer geglüht, für 70%ge (braunes prismat. P. c/82) mittelst Wasserdampf gedörrt. Gehalt der K. an reinem Kohlenstoff erheblich schwankend, in 25%ger K. 75—95%.

Kohlendynamit hat ausser Nitroglycerin und Kieselguhr noch Holzzeug und Salpeter in sich, wirkt in weicheren Gegenständen besser als stärkere, an Nitroglycerin reichere Dynamite.

Kokan (Mittel-Asien), ein ehemaliges Chanat mit der Hauptstadt gleichen Namens, wurde 1873—74 vom General Kaufmann erobert, wobei sich schon der Oberst Skohlew hervorthat. Es ist jetzt die russische Provinz Fergana geworden.

Kokarde. In der deutschen Armee trägt jeder Kontingent die eigenen Landesfarben als K. Die in die preussische Armee übernommenen badischen und thüringischen Regimenter tragen die preussische K. und darüber (am Helm etc. links) die Landesk. Die Marine führt die deutsche K. Bei Aberkennung der bürgerlichen Ehrenrechte oder Versetzung in die 2. Klasse des Soldatenstandes verliert der deutsche Soldat die K.

Kolben. Theil des Gewehr- und Karabiner-Schaftes, dient zum Anlegen der Waffe an die Schulter des Schützen.

Kolbenhals. Theil des Gewehrschaftes, dient beim Gebrauch des Gewehrs, besonders beim Anlegen, als Handhabe.

Kolbenverschluss der Geschütze. (s. Bild a u. b S. 353). Besteht aus Verschlusskolben und Quercylinder b; sobald ersterer durch die hintere Rohröffnung in die Seele eingeführt ist, wird b quer durch die vordere Durchbohrung des Kolbens hindurchgeschoben und dieser mittelst Rechtsdrehung der Kurbel d so weit zurückgezogen, dass er sich fest gegen b lehnt; die Rückwärtsbewegung der Kurbel beim Oeffnen begrenzt der Splintkeil e. Der Verschlusskolben wird beim Schliessen und Oeffnen von der, um den Gelenkbolzen f nach links drehbaren Verschlussthür f geführt bezw. getragen. Das Hineinschieben des Quercylinders begrenzt dessen Scheibe b_3, sein Herausziehen die in den Haken b_2 eingehängte und an der rechten Rohrseite befestigte Quercylinderkette. Der K. wird schon seit längerer Zeit nicht mehr neu gefertigt, weil die Bedienung (durch 2 Mann) unbequem und die Liderung (s. Pressspanboden) mangelhaft ist.

Kolbenverschluss der Gewehre = Cylinderverschluss (s. d.).

Kolberg. Festung in Pommern, war im 30jährigen Kriege von grosser Bedeutung; wurde im 7jährigen Kriege von den Russen belagert; 1760 von Russen und Schweden angegriffen, vom General Werner entsetzt; 1761 durch General Heyden 4 Monate lang gegen die Russen vertheidigt, dann durch Hunger zur Kapitulation gezwungen; 1807 gegen die Franzosen von Gneisenau bis zum Tilsiter Frieden gehalten.

Dort stehen Stab, 1., 2. und 4. Bat. Inf.-Regts. v. d. Goltz (7. Pom.) No. 54, Prov.-Amt, Garn.-Verw., Garn.-Laz. — Servisklasse 2.

Kolding. 1. Dezember 1658 von den Kaiserlichen erstürmt.

2. Treffen 13./4. 1849. Der dänische General von Bülow griff hier die deutschen Truppen unter Bonin überraschend an und drängte sie aus Kolding über das Aathal zurück; doch als das Gefecht zum Stillstand kam, ergriff Bonin die Offensive und erfocht einen vollen Sieg über die fast fluchtartig zurückfluthende dänische Armee.

Kollateralwerke sind die Werke, die nicht direkt angegriffen, den Belagerer beschiessen können.

Koller, Freiherr von, österreichischer Feldmarschall-Lieutenant (1767—1826), zeichnete sich bei Aspern aus (Theresienkreuz) und war 1813 bis 1814 Stabschef bei Fürst Schwarzenberg; begleitete als Kommissar Napoleon nach Elba. Sein Sohn (1813—1890) zeichnete sich 1848 in Ungarn, 1859 in Italien aus, war 1874—1876 Kriegsminister.

Koller ist eine Gemüthskrankheit der Pferde. Man unterscheidet Dumm- und rasenden K. Ersterer ist oft schwer festzustellen. Bei zum K. neigenden Pferden vermeidet man Hitze und Erhitzung, giebt ihnen keinen Anlass zu Widersetzlichkeit. Kühler Stall, kühles Futter kalte Umschläge um den Kopf etc.

Koller heisst der Waffenrock der Kürassiere. Er ist aus weissem Kirsey gefertigt. Im Schnitte entspricht er dem Waffenrock. nur findet der Verschluss auf der Brust anstatt durch Knöpfe, durch Haken und Oesen statt.

Kollin. Schlacht am 18./6. 1757. König Friedrich II. belagerte Prag. Daun rückte zum Entsatze herbei, der König ihm entgegen, traf ihn auf einer Höhe westlich von Kollin in guter Stellung, griff dieselbe auf deren rechten Flügel an, hatte anfänglich Erfolg, ging auch mit dem Zentrum vor; da jedoch Daun seine Truppen unbemerkt massiren konnte, auch die Versuche der preussischen Reiterei, die Flanke der Oesterreicher zu gewinnen, durch deren Batterien und Truppen, die dort einen Eichbusch besetzt hatten, abgewiesen wurde, so unterlagen auch die Angriffe des Zentrums. Unter grossem Verluste trat die preussische Armee, gedeckt durch die schneidige Haltung Ziethens, den Rückzug an, die Belagerung von Prag wurde aufgegeben, Böhmen geräumt.

Kollodiumwolle. Dinitrocellulose (s. Nitrocellulose). Grundstoff für die Darstellung der meisten Nitroglycerinpulver (s. Pulver).

Kolonial-Geschütze. Gegen Wilde und Halbwilde, die selbst keine Geschütze führen und deren Feuer in hohem Maasse scheuen, genügen Kanonen von geringer Leistung und Wirkung, während überdies in tropischen Gegenden, wo es an gebahnten Wegen und an Zugthieren mangelt, nur sehr leichte Geschütze brauchbar sind, die sich rasch in einzelne Traglasten zerlegen und wieder zusammensetzen lassen. Revolverkanonen und Maschinengeschütze (Hotchkiss bezw. Maxim) werden vielfach verwendet. Für den Kongostaat hat die Gesellschaft Nordenfelt zu Paris eine 4,7 cm-Schnellfeuerkanone konstruirt, deren Rohr 86,5 kg wiegt und der 1,5 kg schweren Granate mit 105 g Cordit 410 m Mündungsgeschwindigkeit ertheilt. Das ganze Geschütz (Protze fehlt) hat 241,5 kg Gewicht und lässt sich in 5 Minuten in Traglasten für 9 Träger zerlegen und ebenso schnell wieder schussbereit machen. Jeder Munitionskasten (aus Aluminium) mit 10 Schuss, bildet ebenfalls eine Traglast.

Die Krupp'sche 3,7 cm-„Buschkanone" hat ein 84 cm langes, 40 kg schweres Rohr auf Stahllafette von 46 kg (Räder und Achse zusammen = 11 kg) und ertheilt der mit der Metallkartusche verbundenen, 0,45 kg wiegenden Granate durch 0,07 kg Schwarzpulver 405 m

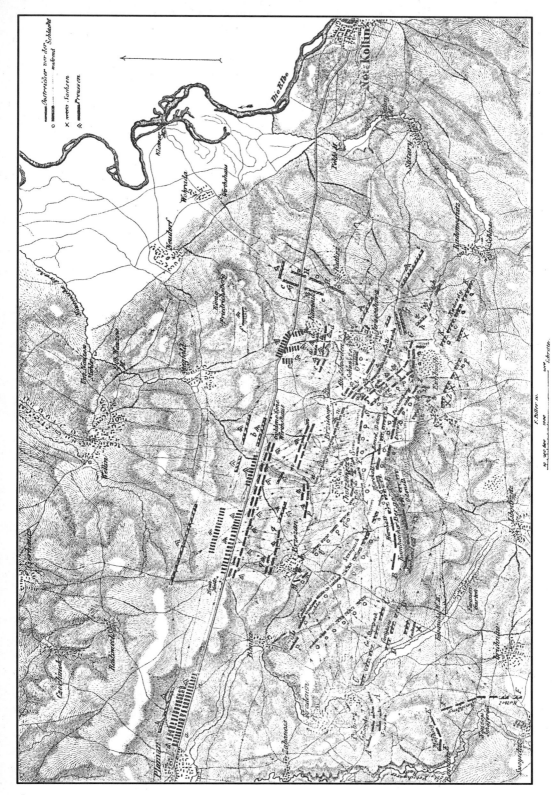

Plan zur Schlacht bei Kollin am 18./7. 1757.

Mündungsgeschwindigkeit; Schussweite bei der (grössten) Erhöhung von $10^0 = 2500$ m.

Der gleichfalls für Kolonialzwecke bestimmte **Krupp'sche tragbare 7,5 cm-Mörser** mit 48 cm langem, 50 kg schwerem Rohr, verfeuert unter $25—40^0$ stählernen Granaten und Schrapnels (je 4,3 kg), sowie stählerne Minengranaten (6,5 kg; 0,8 kg Sprengladung) mit 0,2 kg Schwarzpulver und 200 bezw. 160 m Mündungsgeschwindigkeit; grösste Schussweite unter $45^0 = 3270$ bezw. 2400 m.

Kolokotronis (1770—1843), hervorragender Führer im griechischen Befreiungskriege, als Parteigänger brauchbar, kämpfte mit wechselndem Erfolge, war aber unzuverlässigen Charakters.

Kolonnenbrücken (s. Feldbrücken). Sie sind mindestens 3 m breit und für alle Waffen benutzbar.

Kolonnenjäger waren reitende Feldjäger, die zu Friedrich des Grossen Zeiten oft zur Führung von Truppen abkommandirt wurden, da Karten mangelten.

Kolonnenwege sind solche, auf denen Truppen in Sektionsbreite marschiren können; Gefechtskolonnenwege zu Aufmärschen etc. werden meist erst vor dem Gebrauch hergestellt und durch Zeichen kenntlich gemacht, sie haben natürlich entsprechende Breite.

Kolumbiaden. Bezeichnung der ehemaligen glatten Geschütze schwersten Kalibers in den Ver-

4,7 cm Nordenfelt-Kanone und ihre Fortschaffung durch Träger.

einigten Staaten von Nordamerika. (Gusseiserne Rohre von 20—50 cm Kaliber nach Rodmans System.)

Kombattanten sind diejenigen Mannschaften (auch Offiziere) die sich am Gefecht betheiligen. Die Aerzte, Geistlichen, Beamten rechnen zu Nicht-K. (Trains sind K.). Die Nicht-K. erhielten die Orden und Ehrenzeichen der letzten Kriege am weissen, schwarzgerändertem Bande.

Kombinirt (zusammengesetzt) nennt man aus für gewöhnlich nicht zusammengehörigen Truppentheilen gebildete Truppenkörper. So wird auch zur Uebung mit Kriegskörpern aus 2—3 Regimentern eins gebildet.

Kommandant heisst nur der Befehlshaber einer Oertlichkeit (Festung, Stadt, Lager), die Behörde heisst Kommandantur.

Kommandeur heisst der Führer einer Truppe. In anderen Staaten heissen letztere häufig Kommandanten.

Kommandeurruf. Bis Bataillons-Kommandeur und Adjutant zum Leitenden. Truppen Wasserholen und Pferdetränken, wenn in $^3/_4$ Stunden zu machen.

Kommandobehörden heissen die sämmtlichen Truppenstäbe u. s. w. zum Unterschiede von den „Verwaltungsbehörden".

Kommandoflaggen. Um den Stand der höheren Stäbe anzugeben für Meldungen u. s. w. haben dieselben Flaggen nach bekanntem Muster. (Kaiser- und Königs-Standarte s. die betreffenden Artikel.)

Kommandowechsel bei den Manövern wird bei Gelegenheit der Besprechung veranlasst.

Kommandozulage wird Offizieren, deren Besoldung diejenige eines Regimentskommandeurs nicht übersteigt, sowie servisberechtigten Militärbeamten beim Verlassen der Garnison zu Uebungszwecken, auf längstens 6 Monate, sowie bei Unterbringung in Lagern, Zelten, Baracken u. s. w. ohne Fristgrenze, gewährt. Sie beträgt für Stabsoffiziere und Sanitätsoffiziere dieses Ranges, Militär-Intendanten, Korps-Auditeur, Militär-Oberpfarrer, Intendantur-Rath, Divisions-Auditeur als Rath 4. Klasse 5 M., für Hauptleute, Rittmeister, Sanitätsoffiziere im Hauptmannsrange, Intendantur-Assessor, Divisions-Auditeur, Divisions-Pfarrer 4 M., Lieutenants, Assistenzärzte, Intendantur-Sekretär, Registrator und Assistenten, Zahlmeister, Korps- und Ober-Rossärzte, Rossärzte, Korps-

Stabsapotheker 3 M., Militärküster, Büchsenmacher, Waffenmeister und Sattler 2 M. täglich.

Nicht zuständig ist die K. bei Kommandos, deren längere als 6 monatliche Dauer von vornherein feststeht, wenn anderweite Zulagen gewährt werden, bei Kommandos auf Wunsch des Betreffenden, für die Dauer etwaigen Tagegelder-Empfanges und bei Garnisonübungen, mit welchen eine höchstens 24 stündige Abwesenheit vom Garnisonsorte verbunden ist. Erreicht die mit einem Kommando verbundene Zulage nicht die Höhe der K., so darf für 2 Monate der Mehrbetrag gewährt werden.

Kommune. Kampf mit der K. in Paris 1871. Vom 25. April bis 30. Mai dauerten die blutigen und mörderischen Kämpfe eines greulichen Bruderkrieges in den Strassen und Gassen der Stadt Paris. Dieser Aufstand trug wesentlich dazu bei, das Friedensgeschäft zu erleichtern.

Kommunikationen sind Wasser- und Landwege (s. Militär-Eisenbahn und -Wege). In Festungen die von einem Werke zum anderen führenden Strassen, bezw. die im Innern der Werke angelegten Verbindungen, meist gedeckter Natur.

Komorn. Grosse Festung an der Donau, auf der Insel Schütt mit Brückenköpfen auf dem rechten Donauufer. K. wurde 1849 von den Oesterreichern blockirt; zweimal kam es in der Nähe der Festung in demselben Jahre zu Kämpfen zwischen den Insurgenten und den Oesterreichern und Russen unter Haynau. Schliesslich kapitulirte die Festung, die Klapka vertheidigt hatte.

Kompetenz. Der Kreis der Wirksamkeit und Geschäftsbefugniss eines Kommandos, einer Behörde oder eines Gerichtes.

Kompresse (Schleifbremse). Veraltete Schiessbremse für Rahmenlafetten. Mehrere unter dem Boden der Oberlafette senkrecht angeordnete Eisenplatten greifen in die Zwischenräume einer Anzahl eiserner Schienen ein, welche zwischen den Rahmenträgern parallel gelagert sind und mittelst einer Schraubenspindel zusammengepresst werden können, so dass sie die Platten zwischen sich festklemmen und den Rücklauf der Oberlafette bremsen.

Kompression s. Führung.

Komprimirte Nahrungsmittel spielten vor Einführung der Konserven eine grössere Rolle. Hier und da wird das Heu komprimirt, um dessen Transport zu erleichtern. (S. Konserven.)

Komprimirtes Pulver s. verdichtetes Pulver.

Koncentriren (veraltet) bedeutet Vereinigung von Truppen oder ihrem Feuer auf einen Punkt.

Kondition wird meist für Rennpferde in dem Sinne angewendet, dass sie alle Bedingungen eines guten Training erfüllen, gewissermassen völlig fest für die Bahn sind. Auch die Reitpferde der Armee müssen jährlich in K. gebracht werden. Mittel sind: allmählich wachsende Arbeit, nach ihr geregelte Fütterung und gute Stallpflege.

Konduitenlisten waren geheime Personalakten der Truppenführer und Vorgesetzten über die ihnen untergebenen Offiziere oder Beamten. Sie sind allgemein aufgehoben. Die Berichterstattung erfolgt jetzt durch die Qualifikationsberichte (S. d.).

Konföderation ist eine losere Verbindung als die Föderation. K. nannte sich der im Sezessionskriege sich lösende Bund der Staaten von Nordamerika, der am 4./2. 1861 in Mongomery seinen Anfang nahm. Den ersten 6 Staaten Süd-Carolina, Georgia, Alabama, Louisiana, Florida und Mississippi schlossen sich bald Texas, Virginien, Nord-Carolina, Arkansas, Missouri, Tennessee und Kentucky an. Präsident wurde Jefferson Davis. Die K. kämpfte vier Jahre lang heiss um ihre Existenz, bis die Kapitulation der Armeen von Lee und Johnston dem Kriege ein Ende machte, und die K. in die alte Union wieder überging.

Koniah. Dort Schlacht am 21./12. 1832, in der Ibrahim Pascha mit dem ägyptischen Heere die Türken unter Redschid Pascha entscheidend schlug, und da das türkische Heer das letzte war, das die Pforte aufzubringen vermochte, diese zum Frieden von Kintahieh zwang, in welchen die Grossmächte sich einmischten.

Königinhof. 29./6. 1866 Gefecht. Zum Schutze der Passirung der Elbbrücke durch das österreichische 10. Armeekorps nahm Oberst Stocklin Stellung nördlich der Stadt. Die Avantgarde der 1. preussischen Garde-Division vertrieb die österreichische Arrièregarde. Der gesicherte Uebergang des 10. Korps war aber mittlerweile schon erreicht.

Königgrätz, österreichische Festung, 1789 fertig gestellt; 8 Bastions, mit 3 vorgeschobenen Lünetten im Ueberschwemmungsgebiet der Elbe. Seit 1875 geschleift.

Dort Schlacht 3./7 1866 (s. Plan).

Benedek, dessen einzelne Korps schon mehrfach geschlagen waren, nahm nördlich der Elbe, nordwestlich von K. Stellung, auf den Höhen zwischen der Trotina und der Bistritz; die Sachsen bei Prim und Problus auf dem linken Flügel. Die I. Armee des Prinzen Friedrich Karl griff den linken Flügel Benedeks von Maslowed bis Prim an, wobei heftige Kämpfe im Swiepwald und in dem Hotawalde stattfanden, ohne jedoch Erfolge zu erringen. Da traf Mittags die II. Armee des Kronprinzen von Norden her ein, brach durch das im Swiepwalde engagirte Zentrum, und nahm mit der Garde Chlum und Lipa, womit die Schlachtordnung der Oesterreicher durchbrochen war. Es entspannen sich hier heftige Reitergefechte, die mit dem Rückzuge der österreichischen Kavallerie endeten. Unter den opferwilligen Eintreten der österreichische Artillerie vollzog sich der Rückzug der Armee, der schliesslich in völliger Auflösung nach Olmütz zu stattfand. Der Sieg war entscheidend für den Feldzug.

Königsberg, preussische Festung, 1843—73 nach neuem System befestigt. 1874—82 von 12 detachirten Forts umgeben (43 km Umfang). Der Pegel ist durch ein Werk bei Hollstein gesichert.

Dort stehen Gen.-Kom. I. A.-K., Stäbe der 1. und 2. Div., der 1. und 4. Inf.-Brig., 1. Kav.-Brig., 1. Feldart.-Brig., 1. Festgs.-Insp., Kom. d. Pion. I. A.-K., Komdtr., Grd.-Rgt. König Friedrich III. (1. Ostpr.) No. 1, Grd.-Rgt. König Friedrich Wilhelm I. (2. Ostpr.) No. 3, (Füs.-Bat. vorläufig in Braunsberg), St., 1., 3., und 4. Bat. Inf.-Rgts. Herzog Karl von Mecklenburg-

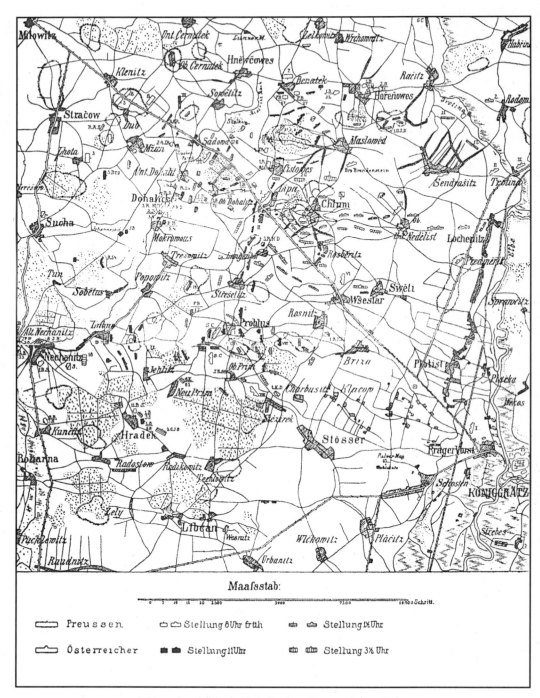

Plan der Schlacht bei Königgrätz am 3./7. 1866.

Strelitz (6. Ostpr.) No. 43, Kür.-Rgt. Graf Wrangel (Ostpr.) No. 3, 3. Abth. Feldart.-Rgts. Prinz August von Preussen (Ostpr.) No. 1, St., 1., 3., und 4. Abth. Westpr. Feldart.-Rgts. No. 16, Fussart.-Rgt. v. Singer (Ostpr.) No. 1, Pion.-Bat. Fürst Radziwill (Ostpr.) No. 1, Pion.-Bat. No. 18, Ostpr. Trainb. No. 1, St. d. 1. Gend.-Brig., Mil.-Lehrschmiede. Arbeit.-Abth., Bekl.-Amt des I. A.-K., Bez.-Kom., Art.-Dep., Fortif., Train.-Dep., Prov.-Amt, Garn.-Verw., Garn.-Laz. — Servisklasse 1.

Königsberg in Schleswig, 2./2. 1864 von der österreichischen Brigade Gondrecourt unter dem Feuer der Danewerke erstürmt.

Königsegg-Rothenfels, Graf, österreichischer F.-M. (1673—1754). Er war mehr guter Staatsmann als Soldat. Er führte selbstständig in dem Kriege 1737 gegen die Türkei, auch 1745 in der Schlacht bei Fontenay war ihm das Glück nicht günstig.

Königsmark, Graf, schwedischer F.-M. (1600 bis 1663), ursprünglich Brandenburger, trat er in schwedische Dienste und führte die Armee als Nachfolger Bauers im 30jährigen Kriege mit Erfolg. Sein Sohn, ebenfalls schwedischer F.-M. (1639—1688), wurde 1676 Wrangels Nachfolger im Kommando der schwedischen Armee in Deutschland, vertheidigte Stralsund auf das Tapferste 3 Jahre lang; ging 1685 zur kaiserlichen Armee nach Ungarn, und ein Jahr später in venetianische Dienste; dort eroberte er Navarin, besiegte die türkische Flotte und starb bei der Belagerung von Negroponte.

Königsstandarte (Preussen), 80 cm im Geviert. Auf purpurrothem Grunde das Eiserne Kreuz mit Mittelschild, in diesem der Preussische Adler, umgeben von der Kette des Schwarzen Adler-Ordens; in jedem der 4 Eckfelder 3 Adler und 1 Krone.

Königstein, kleine sächsische Festung auf dem Felskegel an der Elbe. Sie gilt als uneinnehmbar.

Königswartha. Dort Treffen 19./5. 1813 zwischen den Verbündeten unter Barclay und Ney. Allerdings wurde die französische Division unter Peri bei K. auseinandergesprengt, doch konnten sich die Verbündeten gegen die grosse Uebermacht nicht wehren und mussten den Rückzug antreten.

König Wilhelm-Verein, Berlin N., Schloss Monbijou 6—9, für Krieger 1866 und 1870/71, die erwerbsunfähig geworden sind, und deren Hinterbliebene.

Konische Pendelung (kegelförmige P.) entsteht aus der Wechselwirkung zwischen der Geschossdrehung um die Längsachse und dem Luftwiderstand, der das Geschoss in Drehung um eine Querachse zu versetzen strebt. Unter dem Luftdruck, welcher die Geschossspitze zu heben sucht, weicht diese (bei Rechtsdrall) nach rechts aus; demzufolge wirkt der Luftdruck nunmehr mit gesteigerter Kraft auf die linke Seite der Geschossspitze und dreht sie nach unten. Auf diese Weise erhält das Geschoss eine ähnliche Bewegung, wie man sie an tanzenden Kreiseln beobachten kann d. h. die Geschossachse bewegt sich in zwei Kegelmänteln, deren gemeinsamen Gipfel der Schwerpunkt des Geschosses und deren Achse die Berührende der Flugbahn

bildet (s. Bild). Die Geschwindigkeit der k. P. ist so gering, dass die Geschossachse auch bei den grössten Schuss- bezw. Flugzeiten keine volle Umdrehung, sondern nur eine Schwingung von 90 bis höchstens 180 Grad macht.

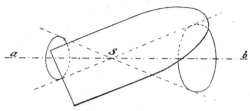

Konische Pendelung.

Konitz. Dort steht Bez.-Kom. Servisklasse 3.

Konnetable. Die Würde war in Frankreich bis zur Zeit Napoleons I. gebräuchlich und bekleidete der K. den höchsten militärischen Rang in den Staaten. Auch Spanien, Portugal und Neapel kannten früher diese Würde.

Konserven. Erfolgt bei Naturalgewährung der grossen Friedens-Viktualienportion die Verabreichung in K., so werden gewährt: 150 g Fleischkonserven und 112,5 g Gemüsekonserven nebst 750 g Kartoffeln und 10 g Salz. Wird frisches Fleisch neben Gemüsekonserven verabreicht, so erhöht sich die Salzportion auf 15 g.

Konsigniren der Truppen heisst deren Bereitschaftstellung in den Kasernen etc., um in kürzester Zeit marschfähig zu sein. Man pflegt es hauptsächlich in unruhigen Zeiten anzuwenden.

Konskription. Sie bestand in Oesterreich bis 1867, in Frankreich vor der 1872 eingeführten allgemeinen Wehrpflicht. Sie erlaubte eine Menge Ausnahmen (Loskauf etc.), wenn sie im Grossen auch den Grundsatz der Dienstpflicht aufrecht erhielt.

Konstanz. Dort stehen 6. Bad. Inf.-Rgt. Kaiser Friedrich III. No. 114 (1. Komp. Burg Hohenzollern), Prov.-Amt, Garn.-Verw., Garn.-Laz. — Servisklasse 2.

Konstrukteure 1. und 2. Klasse bei den technischen Instituten der Artillerie (Art.-Konstr.-Bür.) gehören zu den oberen Zivilbeamten der Militär-Verwaltung.

Konsuln müssen bei der militärischen Kontrolle mitwirken. Sie tragen Uniform nach besonderen Bestimmungen. Sie bescheinigen die ärztlichen Untersuchungen, Identitätsnachweise etc. der Ausländer.

Konsultirende Chirurgen s. Feld-Sanitätswesen.

Kontergarden waren ausspringende Winkel der Aussenwerke, die mit den Bastionen, Ravelinen und sonstigen Saillants parallel liefen und eine abschnittsweise Vertheidigung ermöglichten.

Kontermarsch. Derselbe bezeichnete eine doppelte Schwenkung (also im Halbkreise) einer tiefen Kolonne (auch der zu 2 oder 3 Rottenbreiten), durch welche der rechte Flügel an die Stelle des linken kam oder umgekehrt. Seit der Einführung der Invasion ist die künstliche Bewegung völlig verschwunden.

Konterminen sind die Minengänge (permanent ausgebaute oder in Holzbau zu bauende), die von der Konterscarpe einer Festung ins Vorgelände führen, um den Minenangriff des Angreifers (durch Quetschminen) abzufangen. Sie werden mit den neuen Sprenggranaten etc. wohl völlig aus der Kriegführung ausscheiden.

Konterscarpe ist die äussere Böschung jedes Grabens einer Befestigung. Man macht sie in den neueren Forts so tief, das sie die Sturmfreiheit erwirkt. Die K. hat den Vortheil, dass sie dem feindlichen Feuer fast ganz entzogen ist, daher viele Festungsbauer die Grabenflankirungen der Facen gern in die K. legten. Von ihr aus gehen die Minengallerien in das Vorgelände.

Kontingent hiessen im deutschen Bunde bis 1866 die Grössen der Heerestheile, die die einzelnen Staaten im Falle des Reichsaufgebots zu stellen hatten. Nach der Verfassung des Deutschen Reiches vom 16./4. 71 bildet die gesammte Landesmacht des Reiches ein einheitliches Heer, welches in Krieg und Frieden unter dem Befehle des Kaisers steht. Den Kontingentsherren ist überlassen, äussere Abzeichen (Kokarden etc.) zu bestimmen. Der Kaiser ist berechtigt, sich jederzeit durch Inspektionen von der Verfassung der Truppen der einzelnen Kontingente zu überzeugen und Abstellung etwaiger Mängel anzuordnen. Der Höchstkommandirende eines K., sowie alle Offiziere, welche Truppen mehr als eines K. befehligen und alle Festungskommandanten werden vom Kaiser ernannt. Der Kaiser ist berechtigt, behufs Versetzung mit oder ohne Beförderung für die von ihm im Reichsdienste, im preussischen Heere oder in anderen K. zu besetzenden Stellen aus den Offizieren aller K. des Reichsheeres zu wählen. — In Bayern und Württemberg gelten diese Bestimmungen nach Maassgabe des Bündnissvertrages vom 23./11. 70 bezw. der Mil.-Konvent. vom 21., 25./11. 70.

Die Landeskontingente Badens, Braunschweigs, der Hansastädte, Oldenburgs und der Thüringischen Staaten sind vollständig in die preussische Armee übernommen.

Kontreapprochen sind Schützengräben, die der Vertheidiger vortreibt; besonders gegen die Flanken des Angriffs gebräuchlich.

Kontrebande im eigentlichsten Sinne sind im Kriege die Waffen und die Munition. Der Begriff wird sehr oft weiter gefasst und dazu alles gerechnet, was den feindlichen Heeren zur Erhaltung dienen kann. Die neutralen Staaten haben sich der Uebermittelung der K. in den Kriegen zu enthalten, sowohl zu Wasser wie zu Lande.

Unter uneigentlicher K. versteht man Zufuhr von Mannschaften, Depeschen etc.

Die Bedeutung der K. kommt hauptsächlich zur See in Betracht und spielte im Sezessionskriege bei den blockirten Häfen, Blockadebrechern, Kaperschiffen etc. eine grosse Rolle; denn das Transportmittel, das K. führt, ist der Wegnahme unterworfen, selbst wenn es neutralen Mächten angehört.

Kontrebatterien hiessen bei den glatten Geschützen, die den indirekten Schuss nicht kannten, die letzten, oft die Breschbatterien begleitenden Batterien, die den letzten Kampf mit den die Bresche vertheidigenden Geschützen aufrecht zu erhalten hatten.

Kontreordre, Gegenbefehl. „Ordre, contre-ordre, désordre" ist in Bezug auf den Werth der K. ein sehr beherzigenswerther Spruch Napoleons.

Kontributionen. Sie sind im feindlichen Lande geforderte Leistungen zur Unterhaltung der eigenen Heere. Geld-K. legt man als Strafe für Kriegsvergehen auf. Sie dürfen nur von den höchsten Führerstellen ausgehen.

Kontrollbezirke sind die Bezirks-Kommandos, unter ihnen die Hauptmelde- und Melde-Aemter (s. d.), sowie die Bezirksfeldwebel. Aenderungen der K. dürfen, sofern es sich nicht um solche innerhalb ein und desselben Landwehrbezirks handelt, nur mit besonderer Genehmigung des Kriegsministeriums vorgenommen werden.

Kontrolle ist im deutschen Heere die Bereitschafthaltung der Stammrollen und deren Vergleichung mit den Rekruten bezw. den Personen des Beurlaubtenstandes. Dazu geben die Kontrollversammlungen den Anhalt, die alljährlich mindestens einmal stattfinden.

Bei der K. wirken die Zivil-Polizei und Gemeindebehörden amtlich mit.

In Bezug auf alle Zweige der Militär-Oekonomie liegt innerhalb eines Korpsbezirks die K. der Intendantur ob. (S. Milit.-Det.)

Kontroll-Entziehung wird durch Verlängerung der Dienstpflicht, durch Versetzung in eine ein oder mehrere Jahre jüngere Jahresklasse bestraft. Kann bei Böswilligkeit ausserdem im Disziplinarwege oder gerichtlich bestraft werden.

Kontrolloffiziere werden von den General-Kommandos ernannt, und zwar aus den Hauptleuten und älteren Lieutenants des Beurlaubtenstandes. Auch Offiziere zur Disposition können dazu genommen werden. Die K. müssen im Kontrollbezirke wohnen, in denen Melde-Aemter sind, sogar in demselben Wohnplatze. Beim Verziehen der K. in andere Bezirke müssen an ihrer Stelle neue K. ernannt werden.

Die K. halten die Kontrollversammlungen ab; ihnen wird ein Bezirksfeldwebel beigegeben.

Kontrollstellen heissen diejenigen Organe, welche den Zweck haben, die Erfüllung der militärischen Pflichten der nicht zum aktiven Heere gehörigen Wehrpflichtigen zu beaufsichtigen. Es sind dies die Ersatzbehörden und die Landwehrbehörden.

Bei diesen K. haben die Rekruten ihre Aufenthaltsveränderungen an-, die abgemusterten Mannschaften sich zurückzumelden; Auswanderungsanzeigen sind dort niederzulegen.

Kontrollversammlungen. Die Festsetzung derselben bedarf der Genehmigung der Brigade-Kommandeurs bezw Landwehr-Inspekteurs. Sie werden durch Bezirks- oder Kontroll-Offiziere (s. dort) eventuell durch überzählige Stabsoffiziere u. s. w. abgehalten. Bei ihnen geschehen Versetzungen aus Reserve in Landwehr u. s. w. Bei ihnen wird die militärische Kontrolle aufrecht erhalten. Befreiung von K. siehe Befreiung.

Konversions-Salpeter. Der Natronsalpeter (Chilisalpeter $= NaNO_3$) ist erheblich wohlfeiler als Kalisalpeter (KNO_3) und würde im Schwarzpulversatz dieselben chemischen Aufgaben erfüllen, wenn er nicht aus der Luft begierig Feuchtigkeit aufnähme. Seit Entdeckung der Kalisalzlager bei Stassfurt benutzt man ihn indess zur Darstellung des Kalisalpeters im grossen, indem man heisse gesättigte Lösungen von 8 Theilen Natronsalpeter und 7 Theilen Chlorkalium ($KClO_3$) mit einander vermischt und erkalten lässt; dabei krystallisirt Kalisalpeter (sogenannt. K.) heraus, während Chlornatrium (Kochsalz = $NaCl$) in der Lauge zurückbleibt.

Konvoi. Früherer Ausdruck für Transporte von Gefangenen, Lebensmitteln, Munition etc.

Koordinaten-Methode. Sie wird beim genaueren Aufnehmen kleinerer Flächen, die zugänglich sind, häufig angewendet, indem man eine günstig gelegene Mittellinie für die Abscissen legt und von den Eckpunkten der Fläche die Ordinaten auf oben erwähnte Linie fällt und misst.

Bei Uebertragung der trigonometrischen Netzpunkte auf die Bildfläche der Messtischplatte berechnet man die geraden Linien der Bogen und trägt mittelst Abscissen und Ordinaten die Netzpunkte auf die Platte, da die Ränder der Platten nach den Gesetzen der Gradabtheilungsprojektion bestimmt worden sind.

Kopenhagen. 1807 musste das nur wenig befestigte K. nach 3 tägigem Bombardement der Engländer kapituliren. Seit dem Jahre 1887 wird K. neu befestigt und ist nach dem Lande zu so weitläufig angelegt, dass die ganze dänische Armee zur Vertheidigung der Hauptstadt kaum hinreichen möchte. Nach der Seeseite zu ist es durch das grosse Middlegrund-Fort und andere schwere Strandbatterien gegen Bombardements als geschützt zu betrachten. Der Sund ist mit diesen Werken nicht gesperrt.

Die Landbefestigung besteht im Norden aus drei modernen aber kleinen Panzerforts, im Westen in der nördlichen Hälfte aus Batterien und Werken und in der südlichen aus einer langen kremaillirten Erdbrustwehrlinie mit nassem Graben und kremaillirten Grabenvertheidigungsanlagen.

Kopf der Geschützrohre. Der verstärkte vorderste Theil des langen Feldes; kommt nur bei einigen (vorwiegend älteren) Rohren vor, dient ebenso wie die ihm sehr ähnliche Mundfriese, sowohl zur Verstärkung des Mündungstheiles, als auch zur Anbringung des Kornes (bei langer Visirlinie) und der Mündungskappe.

Kopfstellung. Normalstellung lässt sich nicht angeben, doch wird für die meisten Pferde die zweckmässigste K. jene, in welcher der Kopf beinahe senkrecht und die Nase in gleicher Höhe mit den Hüften steht. Die beste K. ist immer die, in welcher das Pferd mit möglichster Annehmlichkeit für sich und den Reiter geht.

Kopiren von Plänen geschieht mittelst Durchzeichnens, Durchstehens der Hauptschnittpunkte etc. oder auch durch Photographie.

Koppeln 1. der Pferde. Man befestigt 2 bis 3 Pferde mittelst Zügel oder Stricken, jedes an die Halfter des nebenstehenden Thieres. Zum Koppelzeuge gehören für jedes Pferd 1 Halfter, 1 Trense und ein $1^1/_2$ m langer Strick.

2. K. der Pontons zu Uebersetzmaschinen geschieht bei Infanterie durch Querhinüberschnüren von Belagbrettern über je 2 Pontons. Für Artillerie und Kavallerie etc. durch Querüberschnüren von je 5 Streckbalken über 2 Pontons und bedecken der Balken mit fest gerödelten Brettern. Erstere Maschinen können 30—40 Mann tragen, die letzteren 1 Geschütz mit Protze, 4 Pferde und 8 Mann bezw. 8—9 Kavalleriepferde.

Kordon nennt man bei allen Festungsmauern einen am oberen Rande derselben hervorspringenden schmalen ($^1/_2$ Stein starken) Sims, der das Ablaufen des Wassers von den Brustwehren etc. an der Mauer verhindert.

Früher nannte man das grosse Band zu hohen Ordensklassen K.

Kordonsystem. Es will ein Land durch eine breiteste Grenzaufstellung nach allen Punkten hin vertheidigen. Solch ein System zersplittert die Kräfte, ist leicht zu durchstossen und macht kräftige Massenstösse unmöglich. Wer Alles decken will, wird Nichts decken. Es ist aus der heutigen Kriegführung insofern verdammt, als man höchstens durch vorgeschobene Kavalleriekorps etc. einen möglichst breiten Schleier vor sich ausbreitet, um etwaige Annäherungen möglichst bald zu erfahren. Die betreffenden Kavallerie-Theile haben den Kampf nur unter ganz günstigen Verhältnissen aufzusuchen oder anzunehmen. Das ist dann ein K. der Beobachtung und nicht des Widerstandes.

Man wendet das K. heute bei Grenzsperren (Viehseuchen, gegen Kontrebande), auch in insurgirten Ländern an. Im 18. Jahrhundert war das K. im Schwange, sogar in den Kriegen der deutschen Verbündeten in den Revolutionskriegen sehen wir es noch ausgebildet. Die Grenzbefestigung des heutigen Frankreichs ist noch ein Nachklang jenes K.'s.

Korinth in Mississippi. 6., 7./4. 1862 Sieg Grants über die Konföderirten. 5., 6./10. 1862 Sieg Rosecrans über dieselben.

Korn. Bildet mit seiner Spitze oder Kante den einen Endpunkt der Visirlinie. Je nach der Stellung des K. nahe der Mündung oder weiter zurück (Schildzapfenscheibe) unterscheidet man bei Geschützen lange oder kurze Visirlinie. Bei Handfeuerwaffen sitzt das K. nicht immer senkrecht über der Seelenachse, sondern ist mitunter um eine Kleinigkeit nach der Seite verschoben, um die durch das aufgepflanzte Bajonett hervorgerufene Seitenablenkung des Geschosses auszugleichen.

Die Form des K. ist bei Handfeuerwaffen meist dachförmig, bei Geschützen meist spitzbogen „W" oder (bei einigen) ebenfalls dachförmig. Die Befestigung auf dem Laufe erfolgt durch Einschieben des Kornfusses in eine auf dem Laufe aufgelötete Kornwarze; bei Geschützrohren wird das Korn mittelst Schwalbenschwanz oder durch Einschrauben (in die Schildzapfenscheibe) befestigt. Zur Prüfung der richtigen Stellung des Korns sind Einhiebe bezw. Striche im K.-Fuss und Warze bezw. im Rohrmetall angebracht. — Bei einigen älteren Geschützen ist ein niedriges und ein hohes Korn zu einem Klappkorn vereinigt. (S. Bild a—d auf nächster Seite.)

Dachförmig. Spitzbogenförmig.

W-förmig (Klappkorn).

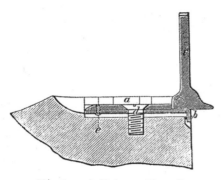

a Kornfuss, b Feder, c Doppelkorn,
d Befestigungsschraube, e Niete zur Befestigung
der Feder an dem Kornfuss (2 Stück).

Körner, Theodor (vaterländischer Dichter), trat 1813 in das Lützowsche Freikorps, fiel 26. August — kaum 22 Jahre alt — bei Gadebusch in Mecklenburg im Kampfe gegen die Franzosen; bei Wöbbelin, unweit Gadebusch, wurde ihm ein Denkmal gesetzt.

Körpergewicht der Rekruten darf bei der schweren Kavallerie und reitenden Artillerie 70 kg; bei der leichten Kavallerie 65 kg nicht übersteigen, bei der Garde-Kavallerie sind 5 kg (nicht mehr) darüber gestattet.

Körpergrösse. Geringstes Mass ist 1,54 m; für den Dienst ohne Waffe kann es kleiner bemessen werden. (Die K. wird ohne Fussbekleidung festgestellt.)

Anforderungen an K.	Grösstes Maass	Kleinstes Maass
Garde (Inf., Art. u. schw. Kav.)	—	1,70 m
ausnahmsweise	—	1,67 „
leichte Garde-Kavallerie	—	1,65 „
Infanterie der Linie	—	1,54 „
Jäger	1,75 m	1,54 „
schwere Kavallerie	1,75 „	1,67 „
leichte Kavallerie	1,72 „	1,57 „
reitende Artillerie	1,75 „	1,62 „
fahrende Artillerie	—	1,62 m
Fuss-Artillerie	—	1,67 „
Pioniere und Eisenbahn	—	1,62 „
ausnahmsweise (Schiffer, Bergleute)	—	1,57 „
Luftschiffer	—	1,62 „
ausnahmsweise für Handwerker	—	1,57 „
Train	1,75 m	1,57 „
ausnahmsweise	—	1,54 „

Von den Garderekruten (ausser leichter Kavallerie) muss wenigstens die Hälfte 1,75 m und darüber messen.

Körperlage des Führers in der Schützenlinie, muss der der Schützen angemessen sein, um nicht von Weitem die Lage der Linien zu verrathen. Er muss sich so legen, dass er von seinen Leuten gut verstanden bezw. gut gesehen werden kann.

Körperliche Strafen sind in der deutschen Armee abgeschafft, ausser im Felde bei Ermangelung von Arrestlokalen, dann ist Anbinden auf Stunden zulässig. In diesem Falle gilt täglich 2 stündiges Anbinden einem Tage strengem Arrest gleich. Das Anbinden geschieht auf eine der Gesundheit des Arrestanten nicht nachtheiligen Weise, in aufrechter Stellung, den Rücken nach einer Wand oder einem Baume dergestalt, dass er sich weder setzen noch legen kann. Strafvollstreckung unter militärischer Aufsicht an einem vor den Augen Unberufener möglichst geschützten Orte.

Körperpflege. Reinlichkeit Hauptsache. Im Sommer baden, Mund rein, Zähne putzen. Füsse beim Beschneiden der Nägel sehr vorsichtig behandeln, oft waschen in lauem Wasser, auch mit Spiritus etc. Blasen aufstechen (nicht Wollfaden). Gegen Schweissfüsse Salicyltalg, Strümpfe bezw. Fusslappen einfetten.

Korps. (S. Armeekorps. Korpsmanöver s. Herbstübungen.)

Korpsartillerie. Im Mobilmachungsfalle die nicht den Divisionen unterstellte Feldartillerie, welche zur Verfügung des Generalkommandos steht. Sie wird meist bei der Mobilmachung durch Abgaben der die Feldartillerie-Brigade des Korps bildenden Regimenter zusammengestellt. Mit Ausnahme von Russland stellen die Grossmächte des Kontinents im Kriegsfalle K.- und Divisions-Artillerie übereinstimmend in Stärke von je 48 Geschützen auf. In *Deutschl.* (ebenso in Frankreich) ist jedes K.-Regiment 2 fahrende Abtheilungen zu je 3 Batterien und 1 reitende Abtheilung zu 2 Batterien stark.

Korps-Bekleidungsämter. Verbilligen die Beschaffung durch grössere Ankäufe und Herstellungen. Bessere Ausführung.

1. Personal. Vorstand: 1 aktiver oder inaktiver Stabsoffizier, 2 Mitglieder aktiver oder inaktiver Hauptleute (Lieutenants), 1 Rendant und Assistent, 1 Zahlmeister-Aspirant, 3 Sergeanten (Handwerksmeister), 60 Schuhmacher, 20 Schneider, 4 halbinvalide Unteroffiziere zum inneren und Bureau-Dienst, 3 Burschen, 1 Ordonnanz, 1 Tischler. Dann 1 Packmeister, 1 Maschinist, 2 Lagerdiener und etwa zu komman-

direndes Hülfspersonal. Sie stehen unter General-Kommando. Technisch unter Bekleidungs-Abtheilung des Kriegs-Ministeriums. In Kassen- und Rechnungssachen haben sie den Anordnungen der Korps-Intendanturen nachzukommen.

2. **Wirthschaftsbetrieb.** Jedes K. eisernen Bestand an den nöthigen Tuch- und Lederstoffen etc. Für Abgänge, Neubeschaffungen. Herstellung mit Hülfe von Maschinen.

Wäsche wird nach auswärts an militärische Strafanstalten, an Soldaten-Frauen etc. zum Zuschneiden und Anfertigen vergeben.

Im Mobilmachungsfalle wird der Betrieb nach feststehendem Plan verstärkt.

Korps-Bekleidungsamts-Beamte sind Zivilbeamte der Militär-Verwaltung. Die Vorschriften über die Anstellung verabschiedeter Offiziere als Rendanten, sowie über Annahme und Prüfung der übrigen Anwärter entsprechen im Allgemeinen denjenigen über die Zulassung zum Garnison-Verwaltungs-Dienst. Nur müssen die Bewerber ausser sonstiger körperlicher Befähigung auch den Nachweis führen, dass sie nicht farbenblind sind. Bei der Prüfung sind 1 Intendantur-Mitglied, der Vorstand und der Rendant des Bekleidungs-Amtes die Examinatoren.

Einkommen: Rendanten 2400 bis 4500 M., Assistenten 1800 bis 2200 M. Gehalt und Wohnungsgeldzuschuss. Kaution: Rendanten 6000 M., Assistenten 2500 M. Uniform: Waffenrock mit schwedischen Aufschlägen und Kragen von dunkelblauem Tuch, ponceaurothen Vorstössen, gelben Knöpfen mit Wappenschild, Epaulettes mit gepresstem goldenen Kranz, goldener Tresseneinfassung, rothen Feldern und dunkelblauem Unterfutter; Helm mit vierblättriger Spitzen-Unterlage, vergoldeten Beschlägen; Achselstücke von goldener Tresse mit blauseidenen Längsstreifen; Infanterie-Offiziers-Degen älterer Art (Stichdegen), mit Portepee von Gold mit blauer Seide. Rendanten 2 Rosetten in Epaulettes und Achselstücken.

Korps-Brückentrain s. Brückentrain.

Korps-Generalarzt s. Feld-Sanitätswesen, auch Sanitätswesen.

Korpsmanöver s. Herbstübung.

Korps-Stabsapotheker obere Militärbeamte mit Offiziersrang, bei jedem Armeekorps (Sanitätsamt) eine Stelle. Gehalt 1800—3000 M., Servis, Wohnungsgeldzuschuss. — Es werden nur solche Apotheker zugelassen, welche die Approbation zum selbstständigen Betriebe einer Apotheke besitzen, ihrer aktiven Dienstpflicht als Einjährig-Freiwilliger genügt haben, schuldenfrei und felddienstfähig sind. Anträge an das Kriegsministerium, Medizinal-Abtheilung. — Probezeit in der Regel 6 Monate.

Korsakow, russischer General, kommandirte unter Zubow in Persien; 1799 wurde er mit 40000 Mann bei Zürich von Massena vollständig geschlagen.

Kosciusko, polnischer Heerführer (1746—1817), ein in Frankreich ausgebildeter Offizier, erwarb sich in den Befreiungskriege und als Adjutant Washingtons frühen Ruhm. 1783 ging er nach Polen, kämpfte dort mit Auszeichnung unter Poniatowski. 1794 zum Diktator und Führer der polnischen Armee erhoben, schlug er die Russen bei Raslawice, wurde aber bei Macieowice von der russisch-preussischen Armee besiegt und gefangen. Freigelassen, fuhr er nach Amerika, kehrte jedoch bald nach Frankreich zurück und starb in der Schweiz, nachdem er die Aufforderung Napoleons, den Aufstand in Polen zu organisiren, abgelehnt hatte.

Kost. Die gemischte, aus Fleisch und Vegetabilien zusammengesetzte Kost ist die beste. Für gewöhnlich wird Brot, Fleisch und Gemüse nebst einer Kaffeeportion verabfolgt. Wird statt des Fleisches Speck geliefert, so empfiehlt es sich, als Gemüse Erbsen, Bohnen oder Linsen zu wählen. Frische Gemüse sind für die Verpflegung des Soldaten im Felde sehr zuträglich (s. Verpflegung).

Kosten. Dort steht Bezirks-Kommando. — Servisklasse 4.

Kotentafeln. Hat man auf dem Messtische hinreichend viele Koten (Höhenpunkte) festgestellt, so kann man vermittelst der K., die auf der Benutzung der Sinus- und Tangentenformeln der Böschungs-Dreiecke beruhen, leicht die Horizontalen festlegen.

Kotoyiren, veralteter Ausdruck für Flankenschutz geben, durch rückwärtige, den Vormarsch begleitende Echelons. Man braucht den Ausdruck heute nur noch bei Paraden, indem die höheren Vorgesetzten der vorbeimarschirenden Truppentheile diese auf dem rechten Flügel bis zu dem Parade-Abnehmenden begleiten. Sie ziehen nicht den Degen, sondern grüssen mit der Hand.

Kowno. Hier lieferten die Russen den Polen 26./6. 1831 ein siegreiches Treffen. K. ist in neuerer Zeit stark befestigt worden, und zwar durch einen Gürtel vorgeschobener Werke. Die Stadt selbst ist ohne Enceinte. Im Ganzen sind 11 Werke angelegt, durch die besonders das linke Ufer des Niemen stark vertheidigt ist, indem dort 7 Werke angelegt sind. Das rechte Ufer ist durch 3 Werke östlich, 1 Werk südlich der Wilia befestigt. Der ganze Gürtel ist etwa 4 km von der Stadtumfassung entfernt. (S. Planskizze.)

In K. stehen die 28. Inf.- und 3. Kav.-Div., 4 Inf.- und 1 Kav.-Regiment, 1 Feld-Artill.-Brig. und die nöthigen Festungs-Spezialwaffen; es ist also ein bedeutender Waffenplatz geworden.

Kraft der Geschosse, lebendige Kraft, ist abhängig von der Masse, dem Gewichte des Geschosses und von dessen Geschwindigkeit.

Kraft des Pulvers. Die Grösse der Spannung der sich beim Verbrennen des Pulvers entwickelnden Gase wird durch die Anfangsgeschwindigkeit (Mündungsgeschwindigkeit) ausgedrückt, die dem Geschosse ertheilt wird.

Krag-Jörgensen-Gewehr s. Mehrlader.

Krakau, österreichische Festung, wurde 1655 von Karl XII. von Schweden belagert und genommen. 1768 von den Russen erobert, war nachher stets der Heerd der Unruhen, ist seit 1846 in österreichischem Besitz. K. ist durch vorgeschobene Werke von Brückenköpfen auf beiden Ufern der Weichsel zu einem grossen Waffenplatz ausgebaut.

Krampfaderbruch schliesst nur die Tauglichkeit für den Landsturm nicht aus.

364　Krankenbesuche — Krankenträger

Krankenbesuche der Angehörigen im Lazareth zweimal wöchentlich, Zeit bestimmt Chefarzt, ebenso Ausnahmen. Keine Lebensmittel sind mitzubringen. Geistliche machen dem Chefarzt Mittheilung, auch werden sie benachrichtigt, wenn Kranke geistlichen Beistandes bedürfen.

Krankendecken müssen sich bei allen Bagagewagen befinden. Die Zahl der zu Truppenübungen mitzunehmenden K. wird innerhalb der Etatssätze vom Truppenbefehlshaber bestimmt und gegen Quittung aus dem Lazareth, welches die K. im Frieden aufbewahrt, entnommen.

Krankenküche. Ueber diese giebt es genaue Vorschriften in den Lazarethen. Nach Fertigstellung des Essens erhalten die Krankenwärter die Krankenkost zur Vertheilung an die Kranken. Frühstück wird im Sommer 6½ (Winter 7½), Mittagessen 12, Abendessen um 6 Uhr ausgegeben.

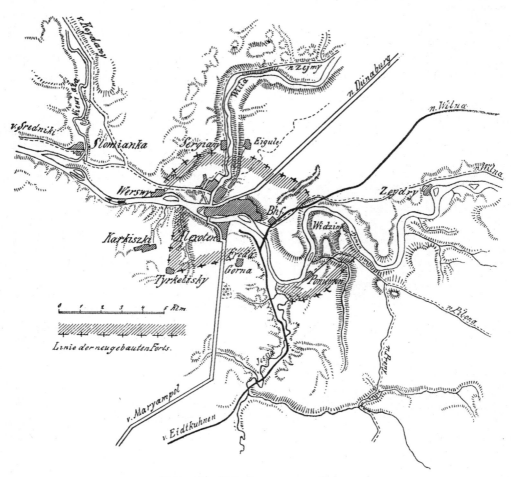

Skizze der Befestigungen von Kowno.

Aussergewöhnliche Beköstigung ordnet der Chefarzt an. Die verschiedenen „Formen" s. Beköstigung.

Krankenlöhnung. Wachtmeister und Feldwebel 50, Vizewachtmeister (Fähnrich) 40, Sergeant 30, Unteroffiziere 20, Gemeine 3 Pfg. pro Tag. Die in Irrenanstalten aufgenommenen Kranken erhalten keine K.

Krankenpflege s. Sanitätswesen, Feldlazareth und freiwillige K.

Krankenstuben sollen im Felde dazu dienen, solche Leichtkranke aufzunehmen, welche der Lazarethpflege nicht bedürfen und ihrem Dienst voraussichtlich in kürzester Frist wiederzugeben sind. Rückt der Truppentheil ab, bevor die Kranken marschfähig sind, so müssen letztere dem nächsten Lazareth oder der Ortsbehörde überwiesen werden.

Krankenträger. (S. K.-Ordnung, Mittler.) Es giebt deren zwei Arten: die K. bei den Sanitäts-Detachements und die Hülfs-K. bei der Truppe (s. Hülfs-K.). Die K. der Sanitäts-Detachements werden aus den im Frieden ausgebildeten Mannschaften und Reservisten genommen. Sie stehen unter dem Schutze des Rothen Kreuzes, dessen Binde sie am linken Oberarm tragen. Sie sind mit Seitengewehr und Revolver bewaffnet. Sie suchen die Verwundeten auf, laben sie, heben sie vom Pferde, nehmen ihnen Gepäck ab, tragen sie zum Truppenverband- und von da event. zum Hauptverband-Platze. Sie begleiten die Verwundeten-Transporte, auch auf Wagen, deren Einrichtung s. Figur. Können in Zeiten der Ruhe auch in den Lazarethen Verwendung finden. Sie stellen den Sanitäts-Detachements in der Etappe die Wachen u. s. w. Sie werden unmittelbar nach den Gefechten von den Hülfskrankenträgern unterstützt. Nur ausnahmsweise sollen die K. die Verwundeten selbst transportfähig machen, da dabei leicht Unheil angerichtet werden kann. (Wegen der Hülfs-K. s. dort.)

Krankentragen sind bei jedem Infanterie-, Jäger-, Schützen-Bataillone und jedem Kavallerie-Regiment in der Regel 4 Stück, bei jeder Feld- und Reserve-Batterie 1 vorhanden (s. Krankenwagen).
Krankentransporte s. Feld-Sanitätswesen.
Krankenvertheilung s. Feld-Sanitätswesen.
Krankenwagen. Bei grösseren Truppenübungen werden nach dem Ermessen des General-Kommandos vom Train-Bataillon bespannte K. nebst Krankentragen und gefüllten Verbandsmitteltaschen aus dem Train-Depot mitgeführt, deren Zahl das General-Kommando bestimmt.
Krankenwärter. Bei Aushebung wird nicht auf Körpermaass gesehen, kleine Gebrechen schlies-

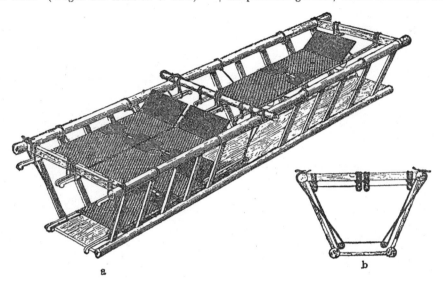

Krankentragen.

sen nicht aus. Sie dienen 2 Jahre, können event. nach 1 Jahre beurlaubt werden. Atteste etc. erhalten sie durch das ärztliche Personal.
Krankenzüge s. Feld-Sanitätswesen.
Krauseneck, v., preussischer General (1775 bis 1850), holte sich 1807 im Gefecht bei Wackeren den Orden p. l. m., zeichnete sich im Feldzuge 1814 als Brigade-Kommandeur aus und war 1829—1848 Chef des grossen Generalstabes. Er war Veranlasser der später verworfenen, 1833 versuchsweise eingeführten 2jährigen Dienstzeit der Infanterie. In politischer Hinsicht neigte er zu liberalen Anschauungen.
Kray, österreichischer Feldzeugmeister (1735 bis 1804), zeichnete sich durch Kühnheit und glückliche Erfolge im 7jährigen Kriege aus, erwarb sich im Türkenkriege das Theresienkreuz. In den Kriegen in den Niederlanden die Vorhut führend, erwarb er sich das Kommandeurkreuz. 1796 siegte er über Kleber bei Wetzlar und erwarb sich in allen Gefechten neuen Ruhm. 1799 schlug er in Italien Scherer bei Verona, Legnago und Magnano und nahm Mantua. Als Nachfolger des Erzherzogs Karl 1800, hatte er kein Glück und trat in den Ruhestand.

Krefeld. Dort Schlacht 23./6. 1758, in der Herzog Ferdinand von Braunschweig den französischen General Clermont, der bei K. Stellung genommen hatte, angriff und ihn nöthigte, die Stellung zu verlassen, ohne indessen den Sieg ausnutzen zu können.
Kreide s. Diphenylamin.
Kremaillirte Werke sind sägeförmig angelegte Brustwehren, die ein Flankiren unmittelbar gestatten. Man wendet diese Form bei der Anlage der gedeckten Wege am Glacis an. Neuerdings haben die Dänen die lange Erdbrustwehr der südlichen Hälfte der westlichen Befestigungsfront Kopenhagens (s. d.) en crémaillère geführt.
Kreneliren heisst mit Scharten versehen.
Krepieren s. Zerspringen.
Krete hiessen die Kanten der Brustwehren (innere und äussere Brustwehr-K.).
Kreutz, Graf, russischer General der Kavallerie (1778—1850), zeichnete sich 1831 in den Kämpfen in Polen um Lublin aus, ohne jedoch grössere selbstständige Kommandos zu führen.
Kreuz, eisernes, gestiftet von Friedrich Wilhelm III. 10./3. 1813 für Auszeichnung vor dem Feinde, erneut im Juli 1870 durch Wilhelm I.

Kreuzburg. Dort stehen: 2. Esk. Drag.-Regt. König Friedrich III. (2. Schles.) No. 8, Bez.-Kom. — Servisklasse 3.

Kreuzen der Marschlinien ist unter allen Umständen zu vermeiden. Ein Vermischen der Verbände ist, indem man die Truppen in ihren Marschrichtungen lässt, unter Umständen vorzuziehen, wie dieses Seitens der Franzosen in dem Anmarsch zur Schlacht bei Aspern ausgeführt wurde. Ist Zeit vorhanden, so kann man das K. durch Regelung der Abmarschzeiten einigermassen vermeiden.

Kreuznach. Dort steht Bezirks-Kommando. — Servisklasse 3.

Kriege.*) (Schlachtenskizzen nur von 1631 ab.)
Uebersicht.

Dreissigjähriger Krieg	1618—1648
1. französischer Raubkrieg	1667—1668
2. „ „	1672—1678
Brandenburg—Schweden	1675
Ueberrumpelung Strassburgs	1681
1. Türkenkrieg	1683—1692
3. französischer Raubkrieg	1688—1697
Nordischer Krieg	1700—1721
Spanischer Erbfolgekrieg	1701—1714
2. Türkenkrieg	1716—1718
1. Schlesischer Krieg	1740—1742
2. „ „	1744—1745
Siebenjähriger Krieg	1756—1763
Nordamerikanischer Freiheitskrieg	1775—1783
England gegen Frankreich, Spanien und Holland	1778—1783
Preussen mit Holland	1787
1. Koalitionskrieg	1793—1797
Bonaparte in Italien	1796—1797
Bonaparte in Aegypten	1798—1799
2. Koalitionskrieg	1799—1801
Englisch-dänischer Krieg	1801
Russisch-persische Kriege	1804—1828
3. Koalitionskrieg	1805
Russisch-türkischer Krieg	1806—1812
Napoleon gegen Preussen und Russland	1806—1807
Krieg in Spanien	1807—1814
Englisch-dänischer Krieg	1807—1814
Napoleon gegen Oesterreich	1809
Krieg in Russland	1812
Englisch-nordamerikanischer Krieg	1812—1815
Befreiungskriege	1813—1814
Krieg in Italien	1813—1814
Befreiungskriege	1815
Russisch-türkischer Krieg	1828—1829
Polnischer Aufstand	1830—1831
Frankreich in Algier	1830—1847
Krieg in Belgien	1831
Türkisch-ägyptischer Krieg	1831—1834
Frankreich gegen Holland	1832
Türkisch-ägyptischer Krieg	1839—1841
Krieg Englands mit China	1840—1844
Krieg in Italien	1848—1849
Krieg in Schleswig	1848—1850
Aufstand in Ungarn	1848—1849
Aufstand in Baden	1848—1849
Westmächte gegen Russland	1853—1856
Englisch-französisch-chines. Krieg	1856—1860
Krieg Frankreichs u. Oesterreichs etc.	1859
Nordamerikanischer Bürgerkrieg	1861—1865
Krieg in Mexiko	1862—1867
Krieg Deutschlands mit Dänemark	1864
Krieg Preussens gegen Oesterreich etc.	1866
Krieg Deutschlands gegen Frankreich	1870—1871
Russisch-türkischer Krieg	1877—1878
Krieg Chile-Peru	1878—1881
Russland- in Mittel-Asien	1879—1881
Serbisch-bulgarischer Krieg	1885
Bürgerkrieg Chile	1891
Chinesisch-japanischer Krieg	1895
Krieg in Erythrea	1896

Dreissigjähriger Krieg (1618—1648).
1618/19 Einleitungen.
1620 Schlacht am weissen Berge bei Prag, die Böhmen werden von der Union geschlagen, die sich auflöst.
1622 Schlacht bei Wiesloch, Tilly von Mansfeld geschlagen.
„ Schlacht bei Wimpfen, Tilly siegt über Markgraf von Baden-Durlach.
„ Schlacht bei Höchst, Tilly siegt über Christian von Braunschweig.
1623 Schlacht bei Lohn, Tilly siegt über Christian von Braunschweig.
1626 Schlacht an der Dessauer Brücke, Wallenstein siegt über Mansfeld.
„ Schlacht bei Lutter am Barenberge, Tilly siegt über Christian IV. von Dänemark.
1628 vergebliche Belagerung von Stralsund durch Wallenstein.
1629 der Kaiser erlässt Restitutions-Edikt.
Beginn der neuen Kriegführung.
1630 Gustav Adolf landet in Pommern und setzt sich fest.
1631 Schlacht bei Breitenfeld (s. d.), Gustav Adolf schlägt Tilly.
1632 Schlacht am Lech, Gustav Adolf schlägt Tilly (fällt).
„ Schlacht bei Lützen, Gustav Adolf (fällt) schlägt Wallenstein.
1634 Schlacht bei Nördlingen, die Kaiserlichen schlagen Bernhard von Weimar und Horn.
1636 Johann von Werth bricht in Frankreich ein.
„ Schlacht bei Wittstock, Baner schlägt die Kaiserlichen.
1638 Breisach und Elsass von Bernhard von Weimar erobert.
1642 Schlacht bei Leipzig, Torstenson siegt über die Kaiserlichen.
1643 Schlacht bei Tuttlingen, Sieg der Kaiserlichen über die Franzosen.
1645 Schlacht bei Jankau, Torstenson siegt über die Kaiserlichen.
„ Schlacht bei Allersheim, Sieg Condés und Turennes über die Kaiserlichen.
1648 Schlacht bei Susmarshausen, Sieg der Franzosen und Schweden über die Kaiserlichen.
„ Königsmark erobert die Kleinseite von Prag.
Westphälischer Friede.

Erster Raubkrieg Ludwigs XIV. (1667—1668).
1667 erobert der König mit Turenne die Niederlande (Lille).

---
*) Nur die wichtigsten Kriege der aussereuropäischen Staaten sind berücksichtigt worden.
Die Schlachten sind im Text, die typischen mit Plänen, behandelt. Besonderes erfrage Litteratur. Anhang.

1668 erobert der König mit Condé die Franche-Comté.

Zweiter Raubkrieg Ludwig XIV. (1672—1678).
1672 fielen die meisten Festungen bis Amsterdam in die Hände der Franzosen.
1673 spielte sich der Krieg lediglich um den Besitz kleiner Festungen ab. Der Kurfürst von Brandenburg nimmt am Kriege gegen Frankreich Theil.
1674 nahmen die Spanier die Franche-Comté, sie wurde ihnen in kurzer Zeit wieder entrissen.
„ Schlacht bei Sinzheim, Sieg Turennes über den Herzog von Lothringen und Caprara.
„ Schlacht bei Ladenburg am Neckar, Sieg Turennes über Bournonville.
„ Schlacht bei Enzheim, unentschiedene Schlacht zwischen den Vorigen.
„ Schlacht bei Mülhausen, Sieg Turennes über Bournonville.
„ Schlacht bei Leneff, zwischen Oranien und Condé in den Niederlanden.
1675 Schlacht bei Türkheim, Turenne schlägt die Verbündeten. (Kurfürst von Brandenburg eilt nach Norden gegen die Schweden.) Hin- und Herzüge zwischen Turenne und Montecuculi.
„ Schlacht bei Sassbach, Sieg Montecuculis über Turenne (fällt).
„ Schlacht an der Conzer Brücke, Crequi wird von den Verbündeten geschlagen, Trier kapitulirt.
1676 erfechten die Franzosen Erfolge zur See, erobern Sizilien. Herzog von Lothringen stürmt Philippsburg. In den Niederlanden erobern die Franzosen eine Anzahl Festungen.
1677 bei Mont Cassel wird Oranien von Ludwig XIV. geschlagen.
„ Monclar schliesst Herzog von Sachsen-Eisenach auf der Rheininsel ein.
„ bei Strassburg wird Herzog von Lothringen von Crequi geschlagen und verfolgt. Freiburg genommen.
1678 Schlacht bei Rheinfelden, Sieg Crequis über den Markgrafen von Baden.
„ Schlacht bei Gengenbach, Sieg Crequis über den Herzog von Lothringen und Einnahme von Kehl.
Der Elsass ging an Frankreich!

Brandenburg gegen Schweden (1675—1678).
1675 eilte der Kurfürst vom Oberrhein nach Brandenburg, in das die Schweden unter Wrangel eingefallen waren. Er nahm am 25. Mai Rathenow überraschend und schlug in der Schlacht bei Fehrbellin (s. d.) 28./6. die Schweden vollständig, verfolgte sie bis an die Küste, ihnen Swinemünde, Wolgast, Stettin, Rügen, Stralsund und Greifswald (1678) abnehmend.
Als auf Anstiften Ludwigs XIV. die Schweden von Livland aus vorgingen, führte der Kurfürst seine Truppen auf Schlitten über das Frische und Kurische Haff und schlug die Schweden gänzlich, den Grund zur Hohenzollerngrösse legend.
1681 Strassburg ergiebt sich an Louvois.

Türkenkrieg (1683—1692).
1683 Rettung von Wien (vertheidigt durch Starhemberg) durch Sobiesky und den Herzog Karl von Lothringen.
1686 Ofen erstürmt von den Kaiserlichen.
1687 Sieg bei Mohacz über die Türken (Karl von Lothringen).
1688 Belgrad erobert von Prinz Eugen und Ludwig von Baden.
1691 Sieg bei Szalankemen über die Türken (Ludwig von Baden).
1692 glänzender Sieg bei Zenta über die Türken (Prinz Eugen).
Friede von Karlowitz.

Dritter Raubkrieg König Ludwig XIV. (1688 bis 1697).
1689 Verwüstung der Pfalz durch Melac.
1690 Schlacht bei Fleurus, Luxemburg schlägt die Verbündeten unter Prinz von Waldeck.
„ Schlacht bei Staffarda (Italien), Catinat siegt über den Herzog von Savoyen.
„ Schlacht an der Boyne, Wilhelm von Oranien schlägt die Franzosen.
1691 bei Leuze wird die Nachhut Waldecks geschlagen.
1692 Schlacht bei Steenkerke zwischen Oranien und Luxemburg, unentschieden.
1693 Schlacht bei Neerwinden, Luxemburg schlägt die Verbündeten.
„ Schlacht bei Marsaglia, in der Catinat den Herzog von Savoyen schlägt.
1694—97 Hin- und Herzüge, Kämpfe um Festungen, bei denen sich Vauban berühmt machte.
Friede von Ryswyk.

Nordischer Krieg (1700—1721).
1700 Landung Karls XII. von Schweden auf Seeland.
„ Schlacht bei Narwa, Sieg Karls XII. über das russische Belagerungsheer.
1706 Schlacht bei Fraustadt, Sieg Karls über die Sachsen.
1709 Schlacht bei Pultawa, Karl wird von Peter dem Grossen geschlagen.
1711 Schlacht am Pruth zwischen Peter dem Grossen und den Türken.
1718 Karl XII. bei Friedrichshall erschossen.
Friede von Nystadt.

Spanischer Erbfolgekrieg (1701--1714).
1701 Schlacht bei Carpi und Chiari, Siege des Prinzen Eugen über Catinat.
1702 Schlacht bei Luzzara, unentschieden, zwischen Prinz Eugen und Vendome.
1704 Schlacht auf dem Schellenberge bei Donauwörth, Sieg Ludwigs von Baden und Marlboroughs über die Franzosen und Bayern.
„ Schlacht bei Höchstedt und Blindheim, Siege Marlboroughs und des Prinzen Eugen über die Franzosen.
1706 Schlacht bei Ramillies, Sieg Marlboroughs über Villeroi und die Bayern.
„ Schlacht bei Turin, Sieg Prinz Eugens (mit Preussen unter Leopold von Dessau) über den Herzog von Orleans.
1708 Schlacht bei Oudenarde, Sieg Prinz Eugens und Marlboroughs über Vendome und den Herzog von Bourgogne.

1709 Schlacht bei Malplaquet, Sieg derselben beiden Feldherren über Villars. (In Spanien.)
1704 die Engländer nehmen Gibraltar.
1706 auch Barcelona.
1707 Schlacht bei Almanza, Philipp V. (Enkel Ludwigs XIV.) siegt über seinen Gegenkönig Karls III. (Sohn des deutschen Kaisers).
Frieden zu Utrecht, Rastatt und Baden.

Zweiter Türkenkrieg (1716—1718).
1716 Schlacht bei Peterwardein, Prinz Eugen schlägt die Türken.
1717 Schlacht bei Belgrad, Prinz Eugen schlägt die Türken.
Friede von Passarowitz.

Polnischer Erbfolgekrieg (1733—1735), ohne hervorragende militärische Ereignisse.
Friede zu Wien.

Erster Schlesischer Krieg (1740—1742).
1741 8. 9./3 Sturm auf Glogau durch den Erbprinzen von Dessau.
1741 10./4. Schlacht bei Mollwitz (s. d.), Friedder Grosse siegt über Neipperg. (Graf Schwerin führt am Schluss die Schlacht.

Zweiter Schlesischer Krieg (1744—1745).
1745 4./6. Schlacht bei Hohenfriedberg (s. d.), Friedrich siegt über Prinz Karl von Lothringen.
„ 30./9. Schlacht bei Soor (s. d.), Sieg Friedrichs über Prinz Karl von Lothringen.
„ 23./11. Schlacht bei Hennersdorf, Friedrich überfällt und schlägt die Sachsen.
„ 15./12. Schlacht bei Kesselsdorf (s. d.), Fürst Leopold von Dessau schlägt die Sachsen unter Rutowski.
Friede von Dresden.

Siebenjähriger Krieg (7 j. Kr.) (1756—1763).
1756 Friedrich rückt in Sachsen ein, Schwerin in Böhmen.
„ 1./10 Schlacht bei Lobositz, die Preussen siegen unter Keith über Brown.
„ 16./10. Kapitulation der Sachsen bei Pirna an Friedrich.
1757 6./5. Schlacht bei Prag, Friedrich siegt über Prinz Karl von Lothringen unter schweren Opfern. (Schwerin fällt.)
„ 18./6. Schlacht bei Kollin (s. d.), Daun siegt über König Friedrich.
„ 30./8. Schlacht bei Grossjägerndorf, von Lehwald gegen dreifach überlegene Russen, ohne bedeutendes Resultat.
„ 26./7. Schlacht bei Hastenbeck, zwischen den Franzosen unter d'Estrées und dem Herzog von Cumberland, ohne rechte Entscheidung.
„ 5./11. Schlacht bei Rossbach (s. d.), Sieg Friedrichs über die Reichstruppen und Franzosen unter Soubise. Verfolgung bis Erfurt.
„ 7./9. Gefecht bei Moys, Nadasdy drängt Winterfeld (fällt) zurück.
„ 24./11. Breslau fällt (Bevern gefangen).
„ 5./12. Schlacht bei Leuthen (s. d.), glänzender Sieg König Friedrichs über die dreifache Uebermacht des Prinzen von Lothringen.
1758 23./6. Schlacht bei Krefeld, Sieg des Prinzen Ferdinand von Braunschweig über die Franzosen unter Clermont.

1758 30./6. Gefecht bei Domstadtl, in dem Daun die Zufuhren abschneidet und König Friedrich zur Aufgabe der Belagerung von Olmütz zwingt.
„ 25./8. Schlacht bei Zorndorf, Sieg Friedrichs über die Russen unter Fermor.
„ 14./10. Ueberfall bei Hochkirch, Daun überrumpelt das preussische Lager. (Keith fällt.)
1759 13./4. Schlacht bei Bergen, die Franzosen unter Broglie siegen über Herzog Ferdinand von Braunschweig.
„ 1./8. Schlacht bei Minden, der Herzog schlägt die Franzosen und Reichstruppen.
„ 30./11. Ueberfall bei Fulda, Erbprinz Karl von Braunschweig überfällt die Württemberger und schlägt sie.
„ 23./7. Schlacht bei Kay, von Wedell wird von den Russen unter Soltikow geschlagen.
„ 12./8. Schlacht bei Kunersdorf (s. d.), Sieg Laudons und Soltikows über König Friedrich.
„ 21./11. Maxen, Uebergabe von Fink.
1760 23./6. Schlacht bei Landshut, Fouqué nach glänzendem Kampf von Laudon besiegt.
„ 15./8. Schlacht bei Liegnitz, Friedrich besiegt Laudon.
„ 9./10. Berlin von Oesterreichern, Russen und Sachsen besetzt, ziehen sich vor Friedrich zurück.
„ 3./11. Schlacht bei Torgau (s. d.), Friedrich siegt über Daun durch Ziethens Eingreifen.
1761 Friedrichs Defensivstellung bei Bunzelwitz.
1762 26./6. Schlacht bei Burkersdorf (s. d.), Sieg Friedrichs über Daun.
„ 29./10. Schlacht bei Freiberg, Prinz Heinrich und Seydlitz schlagen die Reichstruppen.
Hubertusburger Friede.

Nordamerikanischer Freiheitskrieg (1773—1783).
1775 19./4. Treffen bei Lexington, Amerikaner geschlagen, ebenso
„ 17./6. bei Bunkershill.
1777 17./10. der englische General Bourgoyne vom amerikanischen General Gates eingeschlossen kapitulirt bei Saratoga.
1781 19./10. ergiebt sich General Cornwallis an Washington in Yorktown.
1783 20./1. 1783 Friede zu Versailles.

Krieg Englands mit Frankreich, Spanien und Holland (1778—1783).
1778 23./7. unentschiedenes Gefecht bei Ouessant.
In West-Indien nahmen Franzosen Dominique, die Engländer St. Lucia.
In Ost-Indien verloren Franzosen alle Besitzungen bis auf Isle de France und Bourbon.
1779 Seeschlachten mit wechselndem Erfolge in West-Indien. Die Franzosen suchen vergeblich Jersey zu nehmen.
Spanier belagern Gibraltar, von Elliot heldenhaft vertheidigt.
In Amerika Gefechte in Louisiana und Georgia, in denen die Engländer siegen.

Kriege

1780—1783 Seekriege in Ost- und West-Indien, sowie an der Küste West-Afrikas, bei den Kap Verde-Inseln und im Stillen Ozean. Zu Lande wird in Florida und Georgia gekämpft. In Europa Seegefechte an der bretagnischen Insel-Gruppe. England ging mit Ehren aus dem Kriege hervor, dessen Resultate mehr moralischer Art waren.

Krieg Preussens mit Holland (1787).

1787 1./10. Gefecht von Amstelveen, Sieg des Herzogs Karl W. F. von Braunschweig, Amsterdam ergiebt sich.

Nach der französischen Republik.

Erster Koalitionskrieg (1792—1795). Frankreich gegen Preussen und Oesterreich. Die Franzosen fallen in Belgien ein. Der Herzog von Braunschweig hält sich mit dem Angriff auf Festungen auf.

1792 20./9. Kanonade bei Valmy (s. d.), unentschieden, doch müssen sich die Verbündeten zurückziehen. Franzosen nehmen Mainz und Frankfurt.
„ 6./11. Schlacht bei Jemappes. Dumouriez schlägt den Herzog von Sachsen-Teschen und nimmt Belgien.
1793 18./3. Schlacht bei Neerwinden (s. d.), Herzog von Coburg schlägt Dumouriez und nochmals
„ 22./3. bei Löwen. Dumouriez geht zu den Oesterreichern über. Belgien wird von den Franzosen geräumt.
„ 23./5. Schlacht bei Famars. Sieg Coburgs über die Franzosen.
„ 7./8. Gefecht am Cäsarlager. Sieg Coburgs über die Franzosen.
„ 8./9. Schlacht bei Hondschoote. Die Engländer werden geschlagen. (Wendung des Krieges.)
„ 8./10. Reitergefecht bei Avesnes le Sec, in der die Verbündeten Sieger blieben.
„ 15./10. Schlacht bei Wattignies, unentschiedener Kampf zwischen Coburg und den Franzosen.
„ 22./7. Einnahme von Mainz durch die Verbündeten nach 4 monatlicher Belagerung.
„ 14./8. Treffen bei Pirmasenz, siegreich für Herzog von Braunschweig, ebenso
„ 29. und 30./11. Schlacht bei Kaiserslautern. Angriff der Franzosen zurückgeschlagen.
„ 18./12. Uebergabe von Toulon an die Franzosen (Bonapartes erstes Hervortreten).
„ 26./12. Schlacht bei Weissenburg. Sieg Hoches über Wurmser.
1794 25.—30./4. Gefechte bei Mouscron, nachteilig für die Verbündeten (Clerfait), ebenso
„ 16. u. 17./5. die Schlacht bei Tourcoing.
„ 16. und 26./6. Schlacht bei Fleurus. Jourdan geschlagen, doch zogen sich die Verbündeten aus politischen Rücksichten zurück. Pichegru bemächtigt sich nach und nach ganz Hollands.
1795 Friede zu Basel. Das linke Rheinufer geht an die französische Republik über. Preussen tritt zurück.
„ 6./7. kapitulirte Luxemburg.

1795 24./9. Gefecht bei Handschuhsheim. Die Franzosen (Pichegru) von Quosdanowich geschlagen.
„ 18./10. Schlacht bei Mannheim. Sieg Wurmsers über Pichegru.
In Italien fanden unentschiedene Unternehmungen statt.
1796 15./6. Schlacht bei Wetzlar. Sieg des Erzherzogs Karl über Jourdan.
„ 19./6. Gefecht bei Kircheip. Kray gegen die Franzosen (unentschieden).
„ 5./7. Treffen bei Kuppenheim, sowie
„ 9./7. Schlacht bei Malsch. Sieg der Franzosen unter Moreau.
„ 10./7. Treffen bei Friedberg. Graf Wartensleben geschlagen.
„ 11./8. Schlacht bei Neresheim. Der Erzherzog Karl siegt über Jourdan.
„ 22./8. Gefecht bei Teiningen. Der Erzherzog schlägt die Division Bernadotte.
„ 24./8. Schlacht bei Amberg. Der Erzherzog siegt über Jourdan.
„ 31./8. Treffen bei Friedberg. Moreau drängt die Verbündeten unter Latour vom Lech zurück.
„ 1./10. Treffen bei Geisenfeld; die Franzosen unter Desaix von Latour zurückgedrängt.
„ 2./10. Schlacht bei Biberach, Latour von Moreau zurückgedrängt.
„ 13./10. Petrasch erstürmt Kehl, muss es jedoch wieder aufgeben.
„ 20. und 24./10. Schlachten bei Emmendingen und Schliengen; der Erzherzog siegt über die Franzosen und nimmt im Januar Kehl und Hüningen.
„ 29./10. Gefechte bei Neuwied, unentschieden.

Krieg Bonapartes in Italien (1796—1797).

1796 11./4. Gefecht bei Montenotte; Argenteau, der die Oesterreicher führte, geschlagen.
„ 13./4. Gefecht bei Cossaria und Millesimo; die Franzosen schlagen Provera und nehmen ihn gefangen.
„ 14./4. Schlacht bei Dego; Argenteau von Massena und La Harpe geschlagen.
„ 8./5. Gefechte bei Fombio und Codogno, nachtheilig für die Oesterreicher.
„ 10. 5. Niederlage der österreichischen Nachhut bei Lodi. Mantua wurde von den Franzosen (Serrurier) blockirt. Bonaparte hebt Blockade mit Rücklassung des ganzen Belagerungsparks auf, geht Wurmser, der zum Entsatze herankam, entgegen und schlägt ihn
„ 5./8. bei Castiglione (s. d.). Trotzdem verproviantirt Wurmser Mailand und nimmt Belagerungspark mit.
„ im September macht Wurmser einen 2. Versuch, Mantua zu entsetzen, seine einzelnen Truppen-Korps werden aber überall geschlagen.
„ im November wird 3. Entsatzversuch gemacht. Alvinczy schlägt
„ 6./11. bei Bassano an der Brenta den General Bonaparte, und noch einmal
„ 12./11. bei Caldiero.

1796 14.—16./11. Schlacht bei Arcole, Sieg Bonapartes, und ebenso
„ 21./11. Schlacht bei Rivoli, in der er Davidovich schlägt.
1797 Neuer (4.) Entsatzversuch Mantuas.
„ 14./1. Schlacht bei Rivoli, nachtheilig für die Oesterreicher. Alvinczy zurückgetrieben.
„ 4./2. Fall Mantuas.
„ 29./3. die Franzosen rücken nach Oesterreich (Klagenfurt, Laibach etc.) ein.
„ Frieden von Leoben und Campo Formio.

Russisch-persische Kriege (1804—1828).
1804 14./1. Fürst Zizianow (Russe) erobert Festung Gandscha.
„ 15./6. Zizianow schlägt den Perser Abbas Mirza bei Eriwan.
1826 26./9. Perser von Paskiewitsch bei Jelisawetpol geschlagen.
1828 23./2. Friede zu Turkmantschai.

Krieg Bonapartes in Aegypten (1798—1799).
1798 19./5. Einschiffung in Toulon.
„ 9./6. Wegnahme Maltas.
„ 30./6. Landung in Alexandria; Zug nach Kairo.
„ 21./7. Schlacht bei den Pyramiden.
„ 17./8. Schlacht bei Abukir, Vernichtung der französischen Flotte durch Nelson.
„ 21./8. Niederwerfung des Aufstandes in Kairo.
1799 8./3. Eroberung Jaffas. B. muss die Belagerung von Akkon aufgeben.
„ 16./4. Schlacht am Berge Tabor.
„ im Mai verlustreicher Rückzug der Franzosen nach Kairo.
„ 25./7. Schlacht bei Abukir.
„ 23./8. Einschiffung Bonapartes nach Europa, dort Landung 9./10.
1800 20./3. Schlacht bei Heliopolis; siegreich für den Nachfolger (Kleber), welcher verwundet wird; General Menou konnte sich nicht halten, musste kapituliren. Die Reste der gänzlich gescheiterten Expedition wurden von den Engländern nach Frankreich geschickt.

Krieg der zweiten Koalition (1799—1801).
1799 6./3. Erstürmung von Luciensteg durch die Franzosen unter Massena (in der Schweiz).
„ 7./3. schlägt Massena Auffenberg bei Chur.
„ Gefechte bei Martinsbrück, in denen die Oesterreicher zurückgedrängt werden.
„ 4./4. Gefecht bei Tauffers; siegreich für die Oesterreicher. Jourdan überschreitet den Rhein.
„ 21./3. Treffen bei Ostrach, der Erzherzog Karl schlägt Jourdan;
„ 25./3. ebenso in der Schlacht bei Stockach.
„ 4./6. Schlacht bei Zürich zwischen Massena und dem Erzherzog, unentschieden.
„ 1./6. Gefecht an der Teufelsbrücke, siegreich für Lecourbe.
„ 26./3. (Italien) Kämpfe bei Verona unentschieden.
„ 5./4. Schlacht bei Magnano. Sieg Krays über Moreau.

1799 27./4. Schlacht bei Cassano. Sieg der Verbündeten unter Suwarow über Moreau (Serruriers Division streckt die Waffen).
„ 16.—19./6. dreitägige Schlacht an der Trebbia Sieg Suwarows über Macdonald.
„ 13./5. Schlacht bei Novi. Joubert (fiel) von Suwarow geschlagen.
„ 4. und 5./11. Schlacht bei Fossano. Sieg der Oesterreicher unter Melas über Championnet.
„ 25. und 26./9. Schlacht bei Zürich. Sieg Massenas über die Russen.
„ 25. und 26./9. Uebergang über den St. Gotthard durch russische Brigade Strauch.
„ 27./9. Uebergang über die Mutten- und Schächtenthalpässe durch Suwarow.
„ 18./9. Manheim erstürmt durch Erzherzog Karl. (Bonaparte kehrt aus Aegypten zurück.)
1800 14./6. Schlacht bei Marengo; entscheidender Sieg Bonapartes.
„ 3. und 5./5. (in Deutschland) Schlachten bei Stockach, Engen und Moskirch. Siege Moreaus über Kray.
„ 1./10. Gefechte bei Ampfing, siegreich für Erzherzog Johann.
„ 3./10. Schlacht bei Hohenlinden, vollständige Niederlage desselben gegen die Franzosen.
1801 Frieden von Luneville.

Englisch-dänischer Krieg (1801).
1801 2./4. heftige unentschiedene Seeschlacht der englischen Flotte unter Nelson und Parker gegen die dänische bei Kopenhagen.

Krieg der dritten Koalition (1805).
1805 8./10. Gefecht bei Wertingen, glückliches Reitergefecht der Franzosen gegen Division Auffenberg.
„ 11./10. kleine erfolgreiche Gefechte der Oesterreicher bei Hasslach und Jungingen.
„ 14./10. Gefecht bei Elchingen, nachtheiliges Gefecht des Korps Riesch.
„ 20./10. Kapitulation von Ulm (24000 Mann unter Mack.
„ 15.—17./10. Gefechte bei Albeck, Langenau, Herbrechtingen und Neresheim zwischen Werneck und Franzosen; Werneck muss aber
„ 18./10. bei Trochtelfingen kapituliren.
„ 16./10. bei Wallerstein zersprengt Erzherzog Ferdinand feindliche Reiterei und
„ 23./10. Eger erreicht. (Ende des Krieges in Deutschland.)
    In Italien:
„ 29.—31./10. dreitägige Schlacht bei Caldiero. Massena vom Erzherzog Karl besiegt, geht nach Verona.
„ 14./11. Kapitulation von Dornbirn, Jellachich streckt mit 4000 Mann die Waffen.
„ 13./11. Napoleon zieht in Wien ein.
„ 28./11. Treffen bei Wischau.
„ 2./12. Drei-Kaiserschlacht bei Austerlitz.
„ Frieden von Pressburg.

Krieg von 1806 und 1807. Napoleon gegen Preussen und Sachsen.
1806 10./10. Gefecht bei Saalfeld, Prinz Ludwig Ferdinand fällt.

1806 14./10. Schlachten bei Jena und Auerstaedt. Preussen geschlagen.
- 15./10. Spandau kapitulirt.
- 16./10. Erfurt ergiebt sich.
- 16. und 17./10. Rückzugs-Gefechte bei Kreussen und Nordhausen.
- 25. und 26./10. Gefechte bei Stendal, Altenzaun und der Sandauer Fähre, um gegen Soult den Uebergang über die Elbe zu erzwingen; auch bei Zehdenick und Liebenwalde wurden Abtheilungen durch die Kavallerie Murats versprengt.
- 28./10. Kapitulation bei Prenzlau (Hohenlohe mit 10000 Mann) und Hagen bei Pasewalk.
- 29./10. Stettin kapitulirt.
- 30. und 31./10. Kapitulation bei Boldekow (Artillerie-Park) und bei Anklam (von Bila I und II).
- 6./11. Blücher kapitulirt bei Raltkau.
- 8./11. Magdeburg ergiebt sich.
- 11./11. Cüstrin ebenso.
- 22./11. Lecocq kapitulirt in Hameln.
- 19./12. Napoleon zieht in Warschau ein.
- 23. und 25./12. Gefechte bei Biezun, Soldau und Mlawa. Lestocq wird von den Franzosen zurückgedrängt.

1807 25./1. Gefecht bei Mohrungen, Bennigsen (Russen) zurückgewiesen von den Franzosen.
- 5./2. Gefechte bei Willenau, Waltersdorf und Liebstadt, in denen die Preussen zurückgedrängt werden.
- 8./2. Gefecht bei Wackern (L'Estocq unentschieden) und Schlacht bei Pr. Eylau zwischen Bennigsen und den Franzosen.
- 15./2. Gefechte bei Mahnsdorf, Wernsdorf und Lichtenfeld erfolgreich für die russische Kavallerie.
- 24./5. Danzig kapitulirt.
- 5./6. Schlacht bei Braunsberg, unentschieden.
- 10./6. Schlacht bei Heilsberg, Bennigsen zurückgedrängt.
- 14./6. Schlacht bei Pr. Friedland, die Verbündeten geschlagen.
- Frieden von Tilsit.

Russisch-türkischer Krieg (1806—1812).
1807 19./2. Durchfahrt der Engländer unter Duckworth durch die Dardanellen.
1809 3./6. Russen nehmen Basardschick, vertheidigt von Ilik Oglu.
- 10./6. Silistria kapitulirt gegen freien Abzug.
- 23., 24. und 28./6. heftige Kämpfe bei Schumla. Achmed Pascha gezwungen vor Kamensky den Aelteren die Waffen zu strecken.
1811 26./9. Rustschuck ergiebt sich.
- 9./9.—4./10. Achmed vertheidigt sich bei Giurgewo gegen Kutusow, Achmed entflieht 14./10., Tschapan Oglu übernimmt den Oberbefehl und hält sich bis zum Friedenskongress.
1812 28./5. Frieden zu Bukarest.

Englisch-dänischer Krieg (1807—1814).
1807 1./9. Bombardirung von Kopenhagen unter Peymann durch die Engländer unter Cathcart, am

1807 5./9. Uebergabe von Kopenhagen. England erhält Helgoland.

Krieg in Spanien (1807—1814).
1808 7./6. Cordova durch Dupont eingenommen.
- 21./7. Schlacht bei Baylen. Die Franzosen unter Dupont geschlagen.
- 14./7. Gefecht bei Medina del Rio Seco. Cuesta durch Bessières geschlagen.
- 17./8. Gefecht bei Rolica. Laborde durch Sir Arthur geschlagen.
- 21. 8. Gefecht bei Vimiero. Engländer schlagen Junot.
- 28./8. Konvention zu Cintra.
- 31./10. Gefecht bei Zernosa, später bei Guenas, Valmaseda, Espinosa, durch diese Blakes Armee vernichtet.
- 22./11. Gefecht Tudela. Palafox und Castaños geschlagen.
- 6./12. Rosa durch St. Cyr genommen.
- 4./12. Madrid durch Napoleon genommen.
- 24./12. Gefecht bei Almaraz. Sebastiani schlägt die Spanier.
1809 7./1. Gefecht bei Lugo. Soult durch die Engländer zurückgetrieben.
- Mitte Februar Gefechte bei Consuegra und Mora. Herzog von Albuquerque schlägt Marschall Victor.
- 20./2. Saragossa kapitulirt nach tapferer Vertheidigung unter Lannes.
- 26./3. Gefecht bei Carvalho da Este. Soult schlägt Freire.
- 28./3. Gefecht bei Medellin. Victor siegt über Cuesta.
- 17./6. Gefecht bei Santa Maria. Suchet siegt über Blake.
- 22./6. Gefecht bei Payo. Murillo siegt über Ney.
- 27./7. Gefecht bei Talavera de la Reyna; die Franzosen unter König Josef geschlagen.
- 30./7. Gefecht bei Aranjuez, Venegaz schlägt die Franzosen.
- 10./8. Gefecht bei Almonacid, Venegas geschlagen.
- 18./9. Gefecht bei Tamames, Herzog del Parque siegt über Kellermann.
- 19./10. Gefecht bei Ocaña, Ariezaga, die Hauptmacht König Josefs geschlagen.
- 28./10. Gefecht bei Alba de Tormes, Kellermann siegt über del Parque.
- 10./12. Gerona ergiebt sich nach tapferer Vertheidigung unter Don Marian Alvarez an General St. Cyr.
1810 28./1. Gefecht bei Granada, Sebastiani schlägt Ariezaga.
- 31./1. Sevilla ergiebt sich an Soult.
- 4./2. Herzog von Albuquerque gewinnt Cadix.
- 5./2. Gefecht bei Malaga, Sebastiani schlägt wiederum Ariezaga.
- 26./4. Ciudad Rodrigo fällt unter Hervasti an Massena.
- 12. 5. Hostalrich, unter Don Juan de Estrada tapfer vertheidigt, fällt an Augereau.
- 14./5 Lerida ergiebt sich an Suchet.
- 8./6. Mequinenka ergiebt sich an Suchet.
- 23./7. Almeida kapitulirt.
- 27./7. Gefecht bei Busaco, Masséna durch Leith zurückgeschlagen.

1806 30./12. Gefecht bei Trancosa, Claparède zersprengt die Milizen.
1811 1./1. Tortosa ergiebt sich an Suchet.
„ 11./1. Olivenca ergiebt sich an Soult.
„ 19./2. Gefecht an der Gebora, Mortier siegt über Mendizabal.
„ 23./3. Campo Mayor ergiebt sich an Mortier.
„ 3./4. Gefecht bei Sabugal, Wellington siegt über Reynier.
„ 3. und 5./4. Gefechte bei Fuentes d'Onoro, Masséna durch die Engländer zurückgeschlagen.
„ 16./4. Schlacht von Albuera, Soult durch die verbündete Armee geschlagen.
„ 10./5. General Breunier in Almeida belagert, schlägt sich durch.
„ 28./5. Tarragona ergiebt sich den Franzosen unter Suchet.
„ 24./6. Montserrat ergiebt sich den Franzosen.
„ 20./7. Figueras ergiebt sich den Franzosen.
„ 9./8. Gefecht bei Lorca, Blake von Soult geschlagen.
„ 1./9. die Las Mendas-Inseln ergeben sich an Baron Erolles.
„ 26./9. Gefecht bei El Bodon, General Montbrun zwingt den rechten Flügel der Engländer zum Rückzug.
„ 25./10. Gefecht bei Puzol, Blake durch die Franzosen geschlagen.
„ 28./10. Gefecht bei Arroyo de Molinas, General Girard durch Hill geschlagen.
1812 19./1. Ciudad Rodrigo von den Engländern wiedergenommen. General Crawfurt und M'Kinnon fallen.
„ 6./4. Picurina, ein Aussenwerk von Badajoz, durch Wellington gestürmt.
„ 7./4. Fort Christoval unter Philippon ergiebt sich.
„ 19./5. Schiffbrücke bei Almaraz, welche die Verbindung zwischen Marmont und Soult herstellte, durch Hill zerstört.
„ 28./6. Salamanca ergiebt sich an General Clinton.
„ 21./7. Gefecht bei Castalla, O'Donnel von den Franzosen geschlagen.
„ 22./7. Schlacht bei Salamanca (Schlacht bei Arapiles), die Franzosen geschlagen.
„ 23./7. Arrièregarden-Gefecht bei Garzia Hernandes, Franzosen ziehen sich über Valladolid auf Burgos zurück.
„ 12./8. Wellington rückt in Madrid ein.
„ 19./9. Burgos durch Wellington vergeblich belagert.
1813 5./6. Blaguer ergiebt sich an Murray.
„ 12./6. Gefecht bei Estapar, Wellington zwingt die Franzosen Burgos zu verlassen.
„ 21./6. Schlacht bei Vitoria, Wellington schlägt die Franzosen und wirft sie nach Pamplona.
„ 25. und 26./7. die britischen Stellungen an den Pyrenäen durch Soult zurückgeworfen.
„ 30./7. Wellington zwingt Soult, durch den Pass Donna Maria nach Frankreich zu ziehen.
„ 28./8. San Sebastian durch Graham erstürmt.
1813 30./10. Pamplona ergiebt sich.
„ 10./11. Gefecht an der Nivelle, Wellington zwingt Soult zum Rückzug nach Bayonne.
1814 15./2. Gefecht bei St. Palais, Franzosen geschlagen.
„ 26./2. Gefecht bei Orthês, Soult durch Beresford zurückgeworfen.
„ 8./3 Bordeaux durch Beresford besetzt.
„ Arrièregarden-Gefecht bei Vic Bigorre, die Verbündeten siegen.
„ 27./3. Wellington langt in Toulouse an.
„ 18./4. Convention von Toulouse, Wellington mit Soult und Suchet, Einstellung der Feindseligkeiten.

Krieg von 1809.

1809 9./4. Kriegserklärung.
„ 11./4. Gefecht bei Venzone, Volkmann schlägt die Division Broussier.
„ 15./4. Erzherzog Johann schlägt den Vicekönig Eugen bei Pordenone, am 16. bei Sacile und Fontana fredda.
„ 16./4. Uebergang bei Landshut, das 3. und 5. Armeekorps gegen die Division Deroy.
„ 19./4. Gefechte bei Hausen, Thann, Schneidhart und Dinzling, das österreichische 3. und 4. Armeekorps wird von Davoust und den Bayern zurückgedrängt.
„ 19./4. Gefecht bei Raszyn, Erzherzog Ferdinand schlägt die Polen.
„ 20./4. Gefechte bei Offenstetten, Siegenburg, Kirchdorf, Rohr und Rottenburg, Napoleon wirft sich von Abensberg auf die Oesterreicher und treibt sie über die Laaber zurück.
„ 22./4. Gefecht bei Eckmühl, Bessières schlägt Rosenberg.
„ 23./4. Erzherzog Johann nimmt Warschau.
„ 23./4. Napoleon nimmt Regensburg.
„ 24./4. Gefecht bei Neumarkt, Bessières von Hiller geschlagen.
„ 25./4. Gefecht bei Grochow, Poniatowski schlägt die Brigade Mohr zurück.
„ 3./5. Brücke bei Ebersberg von Hiller vergeblich gegen die Franzosen vertheidigt.
„ 8./5. Gefechte an der Piave und bei San Daniele, Venzone, Erzherzog Johann geht über die Grenzen Kärntens.
„ 21. und 22./5. Schlacht bei Aspern und Esslingen, Napoleon durch Erzherzog Karl geschlagen.
„ 31./5. Schill in Stralsund erschossen.
„ 11./6. Gefecht bei Jedlinsko, der polnische General Zajonczek schlägt den Feldmarschall Mondet.
„ 11./6. Am Ende nimmt Dresden, am 29. durch König Jérôme aus Dresden vertrieben.
„ 12. 6. Innsbruck durch die Tiroler unter Major Theimer genommen, der bayrische General Kinkel mit Besatzung gefangen.
„ 12./6. Gefecht bei Gorczyce, Insurgenten durch Schauroth geschlagen. 14. und 15./6. Sandomir erstürmt.
„ 13./6. auf dem Berge Isel ergiebt sich eine französisch-bayerische Abtheilung unter General Bisson an die Tiroler.

1809 14./6. Schlacht an der Raab, Erzherzog Johann und Palatinus durch König Eugen geschlagen.
„ 22./6. Raab kapitulirt.
„ Ende Juni Angriff auf Neapel, Eroberung der Inseln Ischia und Procida, Kastell von Scylla durch General Stuart, muss die Plätze jedoch Ende Juli räumen. Im Oktober erobern die Engländer Zante, Cephalonia, Ithaka und Cerigo.
„ 6./7. Schlacht bei Wagram, Napoleon schlägt den linken Flügel der Oesterreicher unter Erzherzog Karl.
„ 10./7. Gefecht bei Znaim, Waffenstillstandsverhandlungen machen dem Kampfe ein Ende.
„ 15./7. Demarkationsvertrag.
„ 14./9. Friede zu Schönbrunn.

Krieg 1812 in Russland.
1812 31./7. Gefechte bei Kljästizi und Jacubowo; Wittgenstein drängt die Franzosen über die Disna zurück.
„ 32./7. Gefecht bei Gorodetschna, Schwarzenberg schlägt die Russen unter Tormasow.
„ 1./8. Gefecht bei Bojarschtschina, Wittgensteins Avantgarde wird über die Disna zurückgeworfen.
„ 16.—19./8. Schlachten bei Smolensk, Napoleon schlägt die Russen.
„ 5./9. Gefecht bei Schewardino, unentschieden.
„ 7./9. Schlacht bei Borodino, Napoleon vermag Kutusow nicht zu schlagen; doch grosser strategischer Erfolg.
„ 14./9. Einnahme von Moskau.
„ 29. und 30./9. Gefechte bei Ruhenthal und Bauske, York drängt die Russen nach Riga zurück.
„ 14. und 15./10. Nachtgefecht bei Wolkowisk, Sacken überfällt Reynier.
„ 18./10. Wittgenstein unternimmt einen vergeblichen Sturm auf Polozk.
„ 18./10. Gefecht bei Teterinka, Murat versucht vergeblich, die Russen aus dem Lager bei Tarutino zu vertreiben.
„ 24./10. Gefecht bei Malo-Jaroslawez, Napoleon vertreibt Dochtorow aus M.-J.
„ 16./11. Gefecht bei Rschawka, Eugen entkommt den Russen unter Miloradowitsch.
„ 23./11. Avantgardengefecht bei Loschniza, die Avantgarde Tschitschagows über die Beresina geworfen.
„ 26./11. Brückenschlag über die Beresina bei Studenka.
„ 28./11. Wittgenstein und Tschitschagow greifen die Franzosen an beiden Ufern der Beresina an.

Englisch-nordamerikanischer Krieg (1812—1815).
1813 Parry erobert die englische Flotille auf dem Eriesee, Fort Niagara von den Engländern erobert.
1814 24./3. Jackson erobert die von Indianern vertheidigten Schanzen von bei Tohopeake. Zur See hatten die Amerikaner die Oberhand.

1815 8./1. missglückter Angriff der Engländer auf Jacksons feste Stellung bei New-Orleans.

Krieg 1813/14.
Befreiungskriege.
1812 30./12. Uebereinkunft bei Tauroggen zwischen York und den Russen.
1813 3./2. König Friedrich Wilhelm III. ruft das Volk unter die Waffen.
„ 27./2. Bündniss zu Kalisch mit den Russen.
„ 2./5. Schlacht bei Gross-Görschen, Napoleon zwingt die Verbündeten zum Rückzug hinter die Elbe. Scharnhorst fällt.
„ 19./5. Gefecht bei Königswartha, Barclay und York siegen.
„ 20. und 21./5. Schlacht bei Bautzen, durch das Eingreifen Neys zu Gunsten Napoleons entschieden.
„ 26./5. Reiterüberfall bei Haynau, Blücher schlägt die Vorhut Napoleons.
„ 5./6. Gefecht bei Luckau, Oudinot von Bülow geschlagen.
„ 12./8 Oesterreich erklärt Frankreich den Krieg.
„ 23./8. Gefecht bei Gross-Beeren, Oudinot von Bülow geschlagen.
„ 26./8. Gefecht an der Katzbach, Macdonald von Blücher geschlagen.
„ 26. und 27./8. Schlacht bei Dresden, Napoleon schlägt die böhmische Hauptarmee.
„ 27./8. Gefecht bei Hagelberg, Division Girard von Hirschfeld vernichtet.
„ 30./8. Schlacht bei Kulm, Vandamme vernichtet.
„ 6./9. Gefecht bei Dennewitz, Ney von Bülow geschlagen.
„ 16./9. Treffen bei Göhrde, Division Pecheux durch General Wallmoden vernichtet.
„ 27./9. russische Reserve-Armee und böhmische Armee vereinigt.
„ 1./10. dem Königreich Westphalen durch Tschernitschew ein Ende bereitet.
„ 3./10. Schlacht bei Wartenburg, der Elbübergang von Blücher gegen Bertrand erzwungen.
„ 14./10. Reitergefecht bei Liebertwolkwitz.
„ 16.—19./10. Schlacht bei Leipzig.
16./10. bei Wachau vermag die Hauptarmee unter Schwarzenberg nur wenig vorzudringen.
bei Möckern siegt Blücher über Marmont.
Angriff Gyulais auf Lindenau durch Bertrand zurückgeschlagen.
17./10. Friedensunterhandlungen.
18./10. grosse Schlacht bei Leipzig.
19./10. Einzug der Verbündeten in Leipzig.
„ 30. und 31./10. Schlacht bei Hanau, General Wrede von Napoleon geschlagen. Der Rheinbund löst sich auf.
1814 Neujahrsnacht. Schlesische Armee geht bei Caub über den Rhein.
„ 11. und 13./1. Gefechte bei Antwerpen, Bülow operirt glücklich.

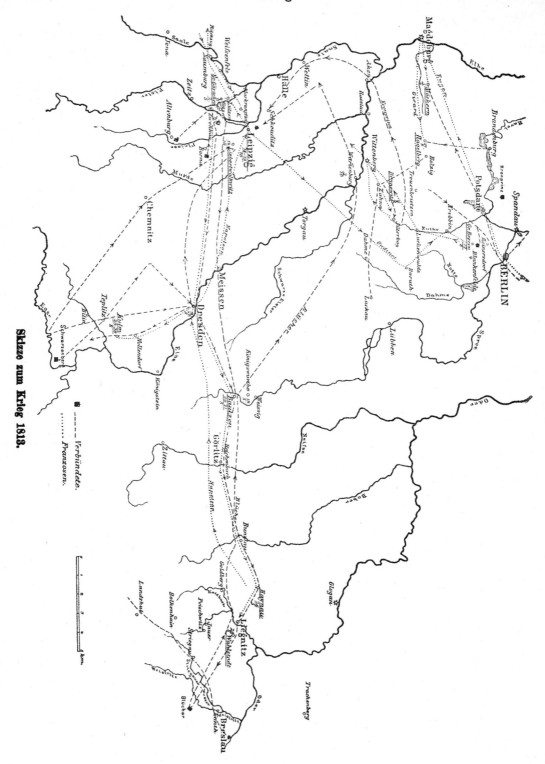

1814 27./1. Gefecht bei St. Dizier, russische General Lanskoy zurückgeworfen.
„ 1./2. Schlacht bei La Rothière, Blücher von Napoleon geworfen.
„ 7./2. Alliirten besetzen Troyes.
„ 14./2. Napoleon schlägt bei Vauchamps Blücher zurück.

1814 17./2. Napoleon schlägt bei Nangis Wittgenstein zurück.
„ 27./2. Bar sur Aube von Wrede wieder eingenommen.
„ 4./3. durch Uebergang über die Aisne Vereinigung des Korps Wintzingerode mit dem Korps von Bülow.

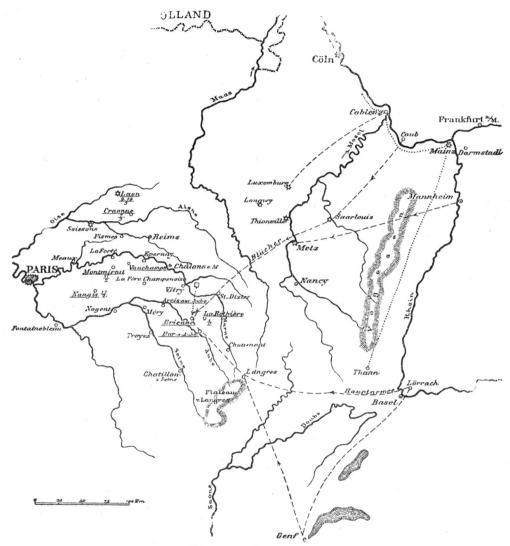

Skizze zum Krieg 1814.

1814 7./3. blutige Schlacht bei Craonne, Napoleon siegt.
„ 18./3. Gefecht bei St. Georges.
„ 20. und 21./3. Schlacht bei Arcis sur Aube, Napoleon von Schwarzenberg geschlagen.
„ 25./3. Gefecht bei Fère Champenoise, Reiterei des Kronprinzen von Württemberg und des russischen Generals Pahlen gegen Marschall Marmont und Mortier; letztere ziehen sich zurück.

1814 30./3. Paris kapitulirt.
„ 31./3. Einzug der Monarchen.

Krieg 1813/14 in Italien.

1813 28./8. Gefecht bei Sappiane, Nugent wirft den G.-L. Garnier auf Materia zurück.

1814 6./9. Gefecht bei Feistritz, die österreichische Brigade Vecsey zieht sich aufs linke Drauufer zurück.
„ 8./9. General Bellotti bei Uttik von der Brigade Fölseis geschlagen.
„ 11./9. die französische Besatzung von den Tirolern aus der Mühlbacher Klause vertrieben.
„ 13./9. Gefecht bei St. Marein.

1814 14./9. die österreichische Brigade Nugent bei Jelschane von der Division Palombini zurückgeschlagen.
„ 25./9. Division Palombini geschlagen bei Grosslaschitz.
„ 28./9. dieselbe geschlagen bei Zirknitz.
„ 3./10. Fenner schlägt die Division Gifflenga. bei Percha.
„ 16./10. Fenner schlägt Gifflenga bei Volano.

Skizze des Krieges 1814.

1814 30./10. Trient ergiebt sich an Fenner.
„ 31./10. Grénier schlägt die Brigade Eckart bei Bassano.
„ 15./11. Vicekönig schlägt Merville aus der Stellung von Caldiero und Colognola.
„ 8./2. Schlacht am Mincio, unentschieden, Vicekönig gegen Bellegarde.
„ 6./3. franco-italienische Vorhut von Murat nach Reggio zurückgeschlagen.
„ 7./4. Franzosen bei Setri di Levante geschlagen.
„ 17./4. Franko-Italiener von Lord Bentinck mit Hülfe der Flotte nach Genua zurückgeworfen.

Krieg 1815 in den Niederlanden.
1815 15./6. Napoleon drängt die Preussen nach Fleurus und St. Amand zurück.
„ 16./6. Schlacht bei Ligny, Blücher von Napoleon geschlagen.

1815 16./6. Ney von Wellington bei Quatrebras zurückgedrängt.
„ 18./6. Schlacht bei Waterloo oder Belle Alliance, Napoleon von Wellington, dem Blücher zu Hülfe eilt, geschlagen.
„ 7./7. Einzug in Paris.
„ 20./11. zweiter Pariser Friede.

Krieg 1815 in Italien.
1815 2. und 3./5. die Neapolitaner unter Murat von der österreichischon Division Bianchi bei Tolentino zurückgeschlagen.
„ 4./5. Murat von Bianchi bei Macerata geschlagen.
„ 3./5. Aquila ergiebt sich.
„ 20./5. Konvention von Casalanza.
„ 5./8. Gaëta ergiebt sich.

Russisch-türkischer Krieg (1828/29).
1828 17./6. Festung Braila unter Soliman kapitulirt an Grossfürst Michael.

1828 20./7. Gefecht bei Kischla, Osmanen bis Schumla zurückgetrieben. Die Verschanzungen unter Hussein Pascha verstärkt. Von Wittgenstein eingeschlossen.
„ 26./7. Hussein überfällt das Lager des Prinzen Eugen bei Marasch. 14000 Türken gehen nach Warna, welches seit 14./7. von Suchtelen, dann Mentschikow und endlich Woronzow belagert wird.
1828 29./6. Gefechte gegen die zum Entsatz

Skizze zum Kriege 1815.

von Warna heranrückenden Türken unter Omer Vrione bei Hassanlar, trotz glücklicher Erfolge fiel 10./10. Warna.
1829 15./2. Adm. Kumani nimmt Sisebol.
„ Silistria, hartnäckig von Mehemed Pascha vertheidigt, fällt.
„ 17./5. Grossvezier Reschid Mehmed durch General Roth nach heftigen Kämpfen bei Eski Arnautlar zurückgetrieben.
„ 11./6. Diebitsch schlägt die Türken bei Tscherkowna.

1829 20./8. Diebitsch rückt in Adrianopel ein.
„ 16./10. Geismar schlägt den Mustafa Pascha bei Arnaut Kaljessi.

Schauplatz in Asien.

„ 5./7. Paskiewitsch nimmt Kars, sein Gros nimmt Akhalkalakhi und Ghertwissi.
„ 27./8. Paskiewitsch nimmt Achalzik, infolgedessen Fall von Azchur und Ardaghan.
„ März erfolgloser Versuch der Türken Achalzik wiederzunehmen.

1829 1./7. Paskiewitsch schlägt den Seraskier von Erzerum bei Kainly.
„ 2./7. denselben bei Milli Duzow.
„ 5./7. Fall von Hassan Kaleh.
„ 9./7. Fall von Erzerum.
„ 8./8. Pascha von Trapezunt geschlagen. Auf dem Marsch nach Trapezunt erreicht Paskiewitsch die Nachricht vom Frieden.

Polnischer Aufstand (1830/31).
1831 26./5 Schlacht bei Ostrolenka.
„ 11./6. Kämpfe um Wilna.
„ 7./9. Einnahme von Warschau.

Frankreich in Algier (1830—47).
1836 13./8. Sturm auf Constantine.
1847 Oktober ergiebt sich Abd el Kadr.

Belgischer Unabhängigkeitskrieg (1831/32).
1831 7. und 8./8. Holländer schlagen die Belgier bei Hasselt und Tongern.
„ 12./8. König Leopold bei Löwen geschlagen.
1832 25./12. Antwerpen ergiebt sich den Franzosen unter Gérard, tapfer vertheidigt von Chassé.

Türkisch-ägyptischer Krieg (1831—34).
1832 27./5. Sturm Ibrahims auf Arce.
„ 8./7. Ibrahim schlägt die Türken bei Homs.
„ 20./19. „ „ „ „ „ Koniah. Die Russen legen sich ins Mittel.

Krieg Englands mit China (1840—1842).
1840 13./7. Insel Tschussan durch Elliot erobert.
1841 7./1. Bremer nimmt die Forts von Tschuenpi und die Festung Tikokto.
„ 26. und 27./2. chinesische Flotte vernichtet.
„ 18./3. Canton fällt. Elliot abberufen, durch Pottinger und Parker ersetzt.
„ 13./4. Einnahme von Ningpo.
„ 16./6. Chinesen bei Wusong und Paoschan zurückgetrieben, infolgedessen Einzug in Shanghai.
„ 27./7. Chinesen bei Tschinkiang geschlagen.
„ 26./8. Einzug in Nanking.

Türkisch-ägyptischer Krieg (1839—41).
1839 24./6. Ibrahim schlägt die Türken bei Nisib. Grossmächte legen sich ins Mittel.
1840 29./12. Rückzug Ibrahims nach Damaskus.

Krieg 1848/49 in Italien gegen Oesterreich.
1848 8./4. unentschiedenes Gefecht bei Goito, österreichische Vorpostenbrigade unter Wolgemuth gegen die piemontesische Division d'Arvillars.
„ 9./4. unbedeutende Gefechte bei Valeggio und Monzambano.
„ 10./4.—30./5. Belagerung von Peschiera, ergab sich aus Hungersnoth.
„ 19./4. vergeblicher Angriff Karl Alberts auf Mantua.
„ 28., 29. und 30./4. Gefecht bei Pastrengo, Radetzki von Karl Albert geschlagen.
„ 6./5. Schlacht bei Sa. Lucia, Oesterreicher siegen über die Sardinier.
„ 19./4.—26./6. Belagerung Palmanuoras, ergiebt sich an Nugent.
„ 22./4. Udine ergiebt sich an Nugent.
„ 27./4.—9./10. Belagerung von Osoppo, die Festung, vom Insurgentenführer Zanini tapfer vertheidigt, ergiebt sich.

1848 24./5. Thurn greift vergeblich Vicenza an.
„ 29./5. Radetzky schlägt die toskanisch-neapolitanischen Truppen unter Laugier bei Curtatone gänzlich.
„ 30./5. Vergeblicher Angriff auf den rechten sardinischen Flügel bei Goito.
„ 10./6. Vicenza ergiebt sich an Radetzky gegen freien Abzug.
„ 13.—27./7. Karl Albert belagert Mantua.
„ 18./7. Gefecht bei Governolo, Oesterreicher durch die Brigade Regina geschlagen.
„ 23./7. Radetzky durchbricht durch dreitägigen Kampf bei Somma Campagna die sardinische Armee und schlägt dieselbe in der Schlacht bei Custozza vollständig am 25./7.
„ 26. und 27./7. Treffen bei Volta, König Karl Albert zu Waffenstillstandsverhandlungen gezwungen.
„ 4./8. Treffen bei Mailand, Italiener durch die Oesterreicher in die Stadt gedrängt.
„ 11. und 12./8. kleine Gefechte bei Bormio, die Freischärler unter Griffini und D'Apice gegen die Schweiz gedrängt, wo sie am 16. und 21. übertraten.
„ 24./8. Garibaldis Vortruppen bei Luino, 26./8. bei Morazzone zurückgedrängt.
„ 25./8. Venedig ergiebt sich.
1849 21./3. Gefechte bei Gambolo und La Sforzesca, die Sardinier ziehen sich auf Vigevano zurück.
„ 21./3. Treffen von Mortara, sardinische Division Durando und Herzog von Savoyen von der österreichischen Division F.-M.-L. Erzherzog Albrecht geschlagen.
„ 23./3. Schlacht bei Novara, Radetzky schlägt die sardinische Armee unter Karl Albert vollständig.
„ 26./3. Waffenstillstandsvertrag bei Vignale.

Krieg Schleswig-Holstein (1848—1850).
1848 24./4. Wrangel schlägt die Dänen am Danewerk.
„ 26./8. Waffenstillstand von Malmö.
1849 5./4. Niederlage der dänischen Flotte bei Eckernförde.
„ 23./4. Bonin schlägt die Dänen bei Kolding.
„ 6./6. siegreicher Ausfall der Dänen bei Friedericia.
1850 24. und 25./7. Willisen von den Dänen bei Idstedt geschlagen.

Aufstand in Ungarn (1848/49).
1848 30./10. Treffen bei Schwechat.
1849 26. und 27./2. Schlacht bei Kopolna.
„ 5./4. bei Jsaszeg.
„ 11./9. bei Komorn.
„ 23./7. bei Schässburg.
„ 6./8. bei Gross-Scheuern.
„ 5./8. bei Szöreg.
„ 9./8. bei Temesvar.
„ 7./9. Peterwardein kapitulirt.
„ 4./10. Komorn ergiebt sich.

Aufstand in Baden (1849).
1849 20. und 21./6. Gefechte bei Wiesenthal und Waghäusel.

1849 25./6. Einzug in Karlsruhe.
„ 30./6. Gefecht bei Kuppenheim.
„ 23./7. Rastatt ergiebt sich.

Krimkrieg (1853—1856).
1853 30./11. Admiral Nachimow überfällt bei Sinope die türkische Flotte unter Osman Pascha.
1854 16./8. Franzosen erobern Festung Bomarsund auf den Alandsinseln.
„ 14./9. Engländer, Franzosen und Türken schlagen Mentschikow an der Alma. Belagerung von Sebastopol (s. d.).
„ 25./10. russischer General Liprandi greift die Engländer bei Balaklawa an, deren Reiterei grosse Verluste erleidet.
„ 5./11. starke Verluste der Engländer bei Inkermann.
1855 17./2. Angriff der Russen unter Chrulew von Omer Pascha zurückgeschlagen.
„ 2./3. Nikolaus stirbt, Alexander II. übergiebt den Oberbefehl an Michael Gortschakow. An Stelle Canroberts wird Pellissier Oberbefehlshaber der Franzosen. Auf Seiten der Engländer tritt für den verstorbenen Raglau General Simpson ein.
„ 16./8. Ausfall zurückgeschlagen.
„ 8./9. Erstürmung Sebastopols.

Englisch-französisch-chinesischer Krieg (1856 bis 1860).
1857 29./12. Canton, nach Bombardement von den Engländern unter Seymour eingenommen.
„ 12./8. Erstürmung der Positionen am Pei-ho, Sinko und Tang-ko durch die Alliirten unter Montauban, Napier und Staveley.
„ 22./8. die ganze Mündung des Pei-ho den Verbündeten eingeräumt.
„ 13./10. nach glücklichen Gefechten bei Tschan-kia-nang 18./9., und Pa-li-kiao 21./9., Einzug in Peking.

Krieg Oesterreichs und Frankreichs (1859).
1859 20./5. Gefecht bei Montebello, die Oesterreicher unter Stadion durch Forey geschlagen.
„ 26./5. F.-M.-L. Urban greift vergeblich Varese an und zieht sich nach Como zurück.
„ 31./5. Garibaldis Handstreich auf Laveno misslingt.
„ 31./5. Gefecht bei Palestro, F.-M.-L. Zobel zurückgeschlagen.
„ 4./6. Schlacht bei Magenta (s. d.), Napoleon kämpft gegen die Oesterreicher, ziemlich unentschieden.
„ 8./6. Gefecht bei Melegnano, österreichischen Divisionen Roden und Böer durch das 1. und 2. französische Korps zurückgedrängt.
„ 15./6. Gefecht bei Castenedolo, Garibaldi von Urban zurückgeworfen.
„ 24./6. Schlacht bei Solferino (s. d.), die Oesterreicher unter Kaiser Franz Joseph (F.-M.-L. Hess) von Napoleon geschlagen, Benedek kämpft noch bis 8 Uhr Abends.
„ 8./9. Waffenstillstand von Villa Franca.

Nordamerikanischer Sezessionskrieg (1861 bis 1865).
1861 fielen 13 (südliche) Staaten von der Union ab und bildeten die Südstaaten (Konföderirte).
Die übrigen Staaten (Nordstaaten) suchten die abgefallenen Staaten wieder in die Union zu zwingen (Unionisten).
1864 Einnahme von Fort Sumter seitens der Konföderirten und damit Eröffnung des Krieges.
„ 21./7. Schlacht bei Bull Run, die uniirte Armee wird von der konföderirten unter Beauregard geschlagen.

Im Westen.
1862 April Einnahme von New-Orleans durch Farragut mit der Flotte.
„ 16./2. Einnahme des Forts Donelson durch Grant und damit Besitz von Tennessee durch die Uniirten.
„ 6./4. Schlacht bei Corinth, die Uniirten siegen unter Grant.
„ 4./10. zweite Schlacht bei Corinth, die Uniirten siegen.

Im Osten.
1862 Februar Seekampf zwischen Merrimak und Monitor.
„ 31./5.—1./7. die 7 Schlachten um Richmond, in denen die uniirten Angriffe unter Mc Clellan von den Konföderirten unter R. E. Lee abgewiesen werden.
„ Juni Kampagne im Virginienthale, in der Jackson drei Armeen der Uniirten abwehrt.
„ 29./8. zweite Schlacht bei Bull Run, Pope von R. E. Lee (Konföderirter) geschlagen. Vormarsch Lees nach Maryland endet mit
„ 16. und 17./9. unentschiedener Schlacht zwischen ihm und Mc Clellan am Antietam (Sharpsburg).
„ 13./12. Schlacht bei Fredericksburg, R. E. Lee schlägt Burnside.

Im Westen.
1863 2./2. Schlacht bei Murfreesborough, unentschieden.
„ Mai, Juni Grant geht gegen Vicksburg.
„ 4./7. kapitulirt Vicksburg an Grant.
„ 19. und 20./9. Schlacht bei Chikamauga, Sieg der Conföderirten.
„ 8./11. Schlacht bei Chattanooga, Sieg Grants.

Im Osten.
1863 1. und 2./5. Schlachten in der Wilderness (Jackson fällt) und
„ 3./5. Schlacht bei Chancellorsville, in denen R. E. Lee die Uniirten unter Hooker und
„ 4./5. unter Sedgwick bei Banks Furth völlig schlägt.
Lees zweiter Vormarsch nach Maryland — Juni — beginnt mit Reiterschlacht bei Brandy Station, endet in Pensylvanien in der
„ 2./7. Schlacht bei Gettysburg, die unentschieden blieb, aber Lee zum Rückmarsche bewog.

Im Osten.
1864 Grant Oberbefehl über Uniirte.
„ 5. und 6./5. Schlachten in der Wilderness.
„ 11. und 12./5. Schlachten bei Spottsylvania.
„ 21. und 22./5. Schlachten am Annaflusse.
„ 3./6. Schlachten Cool Harbour, in denen R. E. Lee siegreich kämpft, aber vor den überlegenen Feinden zurückweichen muss. Er

verschanzt sich in Richmond-Petersburg-Stellung. (Kämpfe bis April 1865 daselbst.)

Im Virginienthale dringt Early erfolgreich vor, muss aber im September den überlegenen Schaaren Sheridans weichen, der das Land verwüstet.

Im Westen.

1864 im Mai scharfe Kämpfe zwischen Johnston und Sherman um Atlanta herum, welches letzterer 1./9. besetzt.
„ November Shermans Marsch durch das unbesetzte Georgien, zwingt, am atlantischen Meere angekommen, Savannah und Charleston zur Räumung.
1865 nach heroischen Kämpfen um die Linien von Richmond und Petersburg muss R. E. Lee die Werke verlassen und am 9./4. mit den letzten Resten seiner Armee bei Appomattox im Walde kapituliren.

Krieg in Mexiko (1862—67).
1862 9./1. Franzosen landen in Mexiko.
„ 17./5. Pueble genommen.
1867 März die Franzosen verlassen das Land.
„ 15./5. Queretaro mit Kaiser Maximilian ergiebt sich.

Krieg Preussens und Oesterreichs gegen Dänemark (1864).

Der Bund besetzte als „Exekution" Holstein. Preussen und Oesterreich beschlossen, Dänemark zur Herausgabe Schleswigs zu zwingen. Die dänische Armee stand an den Danewerken.

Die Bundes-Armee bestand aus dem Korps Friedrich Karl, Korps Gablenz und der combinirten Garde-Division Mülbe. Ober-Kommando hatte General Wrangel.

1864 1./2. Einmarsch in Schleswig.
„ 2./2. Gefecht bei Missunde, um die Danewerke zu umgehen; ohne Erfolg, daher Uebergang
„ 4./2. über die Schlei.
„ 3./2. siegreiches Gefecht der Oesterreicher bei Ober-Selk und Jagel.
„ 5./2. die Dänen verlassen die Danewerke.
„ 6./2. siegreiches Verfolgungsgefecht der Oesterreicher bei Oeversee.
„ 11./2. Düppeler Schanzen blockirt.
„ 8./3. Gefecht bei Fredericia.
„ 8./3. Gefecht bei Veile (Oesterreicher). Mit der Belagerung von Düppel wird Ernst gemacht.
„ 17./3. Gefecht bei Rackebüll.
„ 28./3. Gefecht bei Düppel.
„ 4./4. durch Sturm verhinderter Ubergangsversuch nach Alsen.
„ 15./3. Fehmarn genommen.
„ 19./4. Sturm auf Düppeler Schanzen.
„ 29./6. Uebergang nach Alsen.
„ 3./7. Gefecht bei Lundby.
„ 17./3. Seegefecht bei Jasmund.
„ 9./5. Seegefecht bei Helgoland.
„ 16./11. Friede zu Wien.

Krieg Oesterreichs und der süddeutschen Staaten gegen Preussen (1866).

Oesterreichische Armee rückte in Böhmen vor, vereint mit den Sachsen, die ihr Land verlassen hatten. (Benedek.)

Die Bundestruppen sammelten sich (Bayern) 7. Korps (Prinz Karl von Bayern) bei Schweinfurt, die des 8. Korps (süddeutschen) bei Frankfurt a. M. (Prinz Alexander von Hessen).

Die Hannoveraner waren noch nicht fertig und standen in Hannover, die Kurhessen entwichen nach Mainz. Die österreichische Brigade, die noch in Schleswig war, schloss sich an die Mittelstaaten.

Skizze zum Kriege 1864.

Kriege

Die Preussen bildeten im Osten drei Armeen:
  die I. Armee, Prinz Friedrich Karl, ging durch Sachsen nach Böhmen,
  die II. Armee, Kronprinz, ging von Schlesien übers Riesengebirge nach Böhmen,
  die Elb-Armee, von Herwarth, begleitete die I. Armee auf dem rechten Flügel.

Die Main-Armee, Vogel von Falkenstein, sammelte sich etwa nördlich Hannover.

Kämpfe der I. Armee, alle siegreich für Preussen:
1866 26./6. Gefecht bei Hühnerwasser.
  „ 26./6. Gefecht bei Podol.
  „ 28./6. Gefecht bei Münchengrätz.
1866 28./6. Gefecht bei Podkost.
  „ 29./6. Gefecht bei Jitschin.

In derselben Zeit Kämpfe der II. Armee:
1866 27./6. Treffen bei Trautenau (1. preussische Korps geschlagen).
  „ 27./6. Treffen bei Nachod, (Steinmetz siegt).
  „ 28./6. Treffen bei Soor (Garde siegt).
  „ 28./6. Treffen bei Skalitz (Steinmetz siegt).
  „ 29./6. Treffen bei Schweinschädel (Steinmetz siegt).

Kämpfe des Grafen Wilhelm Stolberg in Oberschlesien. 27./6. bei Oswiecim.

Skizze zum Krieg 1866.

I., II. und Elb-Armee:
1866 3./7. Schlacht bei Königgrätz (Sadowa), siegreich für Preussen.
Reitergefecht bei Tobitschau.
Reitergefecht bei Rockeinitz.
Gefecht bei Blumenau.
Waffenstillstand.

Main-Armee. (Alle, ausser Langensalza, siegreich für Preussen.)
1866 27./6. Gefecht bei Langensalza.
„ 4./7. Gefecht bei Dermbach gegen 8. Korps.
„ 10./7. Gefecht bei Kissingen etc. gegen 8. Korps.
„ 13./7. Gefecht bei Laufach gegen 7. Korps.

1866 14./7. Gefecht bei Aschaffenburg gegen 7. Korps.
Manteuffel übernimmt das Kommando.
„ 23./7. Gefecht bei Hundheim, Werbach gegen 7. Korps.
„ 24./7. Gefecht bei Bischofsheim gegen 7. Korps.
„ 25./7. Gefecht bei Helmstadt gegen 8. Korps.
„ 25./7. Gefecht bei Gerchsheim gegen 8. Korps.
„ 26./7. Gefecht bei Rossbrunn gegen 8. Korps.
„ 28./7. Gefecht bei Würzburg gegen 8. Korps.
Friede von Nikolsburg.

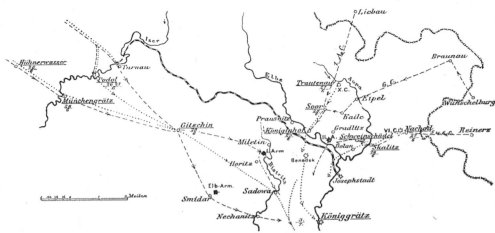

Skizze des östlichen Kriegsschauplatzes.

Krieg Deutschlands gegen Frankreich (1870/71).
Ende Juli standen sich die Armeen gegenüber, an der Grenze Frankreichs, unmittelbar westlich des Rheins.

I. Armee, Steinmetz, auf dem rechten Flügel an der Saar zwischen Saarbrücken und Saarburg.
II. Armee, Prinz Friedrich Karl, in der Mitte in 2. Linie zwischen Mannheim und Bingen.
III. Armee. Kronprinz Friedrich Wilhelm, auf dem linken Flügel von Saarbrücken bis Mazan.

1870 2./8. Treffen bei Saarbrücken, die schwache Besatzung hält die französischen Divisionen zurück.
„ 4./8. III. Armee: Treffen bei Weissenburg.
„ 6./8. III. Armee: Schlacht bei Wörth.
„ 6./8. I. und II. Armee: Schlacht bei Spicheren.
„ 14./8. I. Armee: Schlacht bei Colombey-Nouilly.
„ 16./8. I. und II. Armee: Schlacht bei Vionville-Mars la Tour.
„ 18./8. I. und II. Armee: Schlacht bei Gravelotte-St. Privat.

Maass-Armee unter Kronprinz Albert von Sachsen gebildet.
9./8. Lichtenberg durch Beschiessung genommen:
9./8. Lützelstein, verlassen.
14./8. Marsal, durch Handstreich.

1870 29./8. Maass-Armee: Gefecht bei Nouart.
„ 30./8. Maass-Armee: Schlacht bei Beaumont.
„ 1. und 2./9. III. und Maass-Armee: Schlacht bei Sedan.
Die Armee des Kaiserreiches eingeschlossen, Napoleon III. gefangen.
Genommen: 25./8. Vitry, geräumt.
2./9. Sedan, durch Einschliessung.
1870 31./8. und 1./9. II. Armee: Schlacht bei Noisseville (Metz).
„ 27./10. Kapitulation von Metz an II. Armee.

Krieg mit der französischen Republik.
1870 23./9. Paris völlig eingeschlossen.
„ 30./9. Gefecht bei Chevilly (Paris).
„ 21./10. Gefecht bei Malmaison (Paris).
„ 28. und 30./10. Gefecht bei Le Bourget (Paris).
Genommen: 9./9. Laon. durch Handstreich.
23./9. Toul, durch Beschiessung.
28./9. Strassburg, durch Belagerung.
15./10. Soissons, durch Belagerung.
24./10. Schlettstadt, durch Belagerung.
27./10. Metz, durch Aushungerung

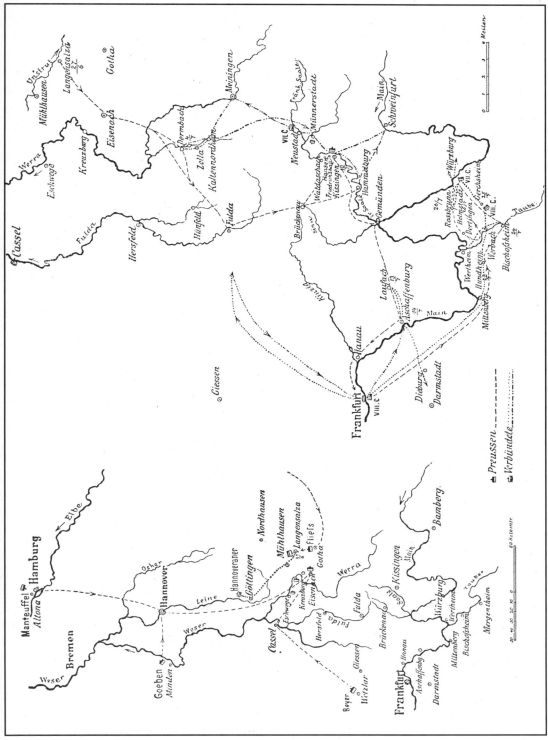

Skizze zum Kriege 1866.

Kriege

An der Loire etc. (II. Armee).	Villers (Württemberger, Sachsen und Pommern).
1870 10./10. Gefecht bei Artenay (Bayern).	„ 21./12. Gefecht bei Le Bourget.
„ 11./10. Treffen bei Orleans (Bayern).	„ 28./12. Wegnahme von Mont Avron.
„ 9./11. Schlacht bei Coulmiers (Bayern).	**An der Loire etc. (II. Armee).**
„ 28./11. Schlacht bei Beaune la Rolande.	„ 7./12. Gefecht bei Meung.
„ 1./12. Gefecht bei Ville pion (Bayern).	„ 8.—12./12. Schlacht bei Beaugency.
„ 2./12 Schlacht bei Loigny-Poupry (Bayern und Grossherzog von Mecklenburg).	„ 15. und 31./12. Gefechte bei Vendome.
„ 3. und 4./12. Schlacht bei Orleans.	„ 30./12. Boltenstern bei Montoire.
Vor Paris (III. und Maass-Armee).	**Im Norden (Manteuffel).**
„ 29./11. Gefecht bei La Hay.	„ 27./11. Schlacht bei Amiens.
„ 30./11. Gefecht bei Mont Mesly.	„ 23. und 24./12. Schlacht an der Hallue.
„ 30./11. bis 4./12. Schlacht bei Champigny-	

Skizze des Krieges 1870.

Genommen: 8./11. Verdun, durch Belagerung etc.	1871 10./11. Kapitulation von Neu-Breisach.
10./11. Breisach, durch Belagerung.	„ 5./1. Gefecht bei Veroul.
24./11. Diedenhofen, durch Belagerung.	„ 9./1. Treffen bei Villerserel.
27./11. La Fère, durch Belagerung.	„ 15., 16. und 17./1. Schlacht an der Lisaine.
30./11. Amiens (Zitadelle), durch Beschiessung.	„ 21. und 23./1. Gefechte bei Dijon.
12./12. Pfalzburg, durch Einschliessung etc.	„ 1./2. Gefechte um Pontarlier.
14./12. Montmedy, durch Belagerung.	„ 1./2. Einnahme von Dijon.
1871 18./1. wurde Wilhelm I. von den deutschen Fürsten zum deutschen Kaiser ausgerufen.	„ 2./2. die Armee Bourbakis tritt in die Schweiz über.
	„ 26./2. Friedensschluss.
	„ 1.—5./3. Einzug in Paris.
	„ 15./9. 1873 Beendigung der Occupation in Frankreich.
„ 19./1. Schlacht am Mont Valerien.	„ 2./3. Friede von Paris.
„ 26./1. Uebergabe von Paris.	„ 24./4.—30./5. Kämpfe zwischen französischem Pöbel und der Regierung in Paris (Kommune-Aufstand).
„ 28./1. Waffenstillstand mit Ausnahme des Ostens.	
Im Osten.	Vom 2./3. 1871 bis 15./9. 1873 Okkupation Frankreichs durch die Deutschen.
1870 14./10. Kapitulation von Schlettstadt.	

Einzelheiten vor Strassburg und Belfort.
1870 11./8. Strassburg eingeschlossen.
„ 23.—27./8. Strassburg bombardirt.
„ 30.—31./8. 1. Parallele.
„ 1.—2./9. 2. Parallele.
„ 10.—11./9. 3. Parallele.
„ 26./9. Breschen geschossen.
„ 28./9. kapitulirt Strassburg.
„ 8./11. Belfort eingeschlossen.
1871 8./1. Danjoutin gestürmt.
1871 18./2. Belfort übergeben (freier Abzug des Vertheidigers).

Russisch-türkischer Krieg 1877—1878).
1877 24. April Ausbruch des Krieges.
Im Balkan: Grossfürst Nikolaus mit 9 Armee-Korps.
In Klein-Asien: Grossfürst Michael mit 5 Kolonnen.
1877 im April. Die Russen rücken an die Donau und in Armenien ein.
, Anfang Mai Gefechte bei Braila und an der Donau-Mündung.
„ 17./5. Ardahan in Armenien von General Davel (Russe) gestürmt.
„ 27./6. Donau-Uebergang.
„ 7./7. Gurko eilt mit Kavallerie weit vorauf und besetzt Tirnowa.
„ 15./7. Gefechte bei Jeni-Sagra, Orisari etc.
„ 18./7. Gurko greift den Schipka-Pass an und besetzt ihn.
„ 20./7. General Schilder-Schuldener greift Plewna an, wo Osman Pascha ein befestigtes Lager erbaut hat und wird blutig abgewiesen.
„ 25./7. die Rumänen stossen zum russischen Heer. Gefechte bei Eserdschi und Lowtscha etc.
„ 29./7. Gefechte bei Jeni-Sagra.
„ 30./7. Krüdener greift Plewna vergeblich an.
„ 31./7. Gefecht Gurkos bei Eski-Sagra (südlich des Balkan).
„ 1./8. Gurko muss über den Balkan zurück.
„ 17./8. Kavalleriegefechte bei Plewna.
„ 20./8. Suleiman Pascha beginnt den Angriff auf den Schipka-Pass, der sich monatelang hinzieht.
„ 22. und 23./8. Treffen bei Ajastar.
„ 30./8. Treffen bei Karahassanskioi. Durch beide Kämpfe gelingt es Mehemed Ali, die Russen vom Schwarzen Lom abzudrängen, ohne jedoch weitere Vortheile aus dem Erfolge zu erzielen.
„ 31./8. Fürst Karl von Rumänien übernimmt den Oberbefehl vor Plewna.
„ 3./9. Erstürmung von Lowtscha.
„ 11./9. Grosser Sturm auf Plewna, bei dem General Skobeleff einige Redouten, die Rumänen die Grivitza-Redoute nehmen. Sonst wird er abgewiesen, auch Skobeleff muss zurück.
„ 1./10. General Todleben wird nach Plewna geholt.
„ 18./11. Kars wird erstürmt.
„ 30./11. die Rumänen nehmen Lom Palanka.
„ 10./12. Plewna kapitulirt.
„ 25./12. Gurko geht wieder über den Balkan.
1878 2./1. Gurkos Truppen berühren Philippopel.
1878 3./1. Antivari wird von den Montenegrinern genommen.
„ 4./8. Skobeleff und Swiatopolk gehen über den Balkan.
„ 9./1. letzter Kampf am Schipka-Pass.
„ 13./1. Adrianopel genommen. Suliman wird verfolgt.
„ 23./1. der englische Admiral Hornby erhält Befehl zum Einlaufen in die Dardanellen.
„ 31./1. Friedenspräliminarien.
„ 3./3. Friede zu San Stefano.

Krieg von Chile gegen Bolivia und Peru (1878 bis 1881).
Anlass: Grenzregulirung und Kampf um Besitz der Salpeterlager in Atacama etc.
1878 4./4. Kriegserklärung an Bolivia. Es entspann sich eine unbedeutende Folge von Seetreffen, in denen sich der peruanische Panzer Huascar hervorthat. Die Landheere hatten nur die Stärke von 6—8000 Mann.
„ 7./10. nehmen die Chilenen den Huascar und erlangen dadurch Oberhand zur See.
1879 14./2. die Chilenen landen 1000 Mann in Bolivia.
„ 4./4. Kriegserklärung an Peru.
„ 19./11. die Alliirten werden von den Chilenen völlig geschlagen bei San Francesco (Dolores); auch Iquique von den Chilenen genommen.
„ 27./12. die Chilenen siegen bei Tarapaca.
1880 26./5. die Chilenen siegen am Alto de Tacua.
„ 7./6. nehmen Arica mit Sturm und
1881 17./1. rücken in Lima ein und besetzen Peru, das sie vorläufig einverleiben.

Krieg Russlands gegen die Achal Teke (1879 bis 1881).
1879 30./7. Vormarsch der Russen unter Lomakin.
„ 28./8. Sturm auf Geok Tepe abgeschlagen, Feldzug aufgegeben.
1881 16./1. Geok Tepe belagert.
„ 24./1. von Skobeleff gestürmt.
„ 30./1. Asschabad besetzt.
„ 6./5. Einverleibung der Achal Teke-Oase seitens Russlands.

Bürgerkrieg in Chile (1891). Präsident Balmaceda gegen die Liberalen.
1891 Februar Landung der (liberalen) Flotte in Pisagua und Iquique.
„ März siegen die Liberalen bei Pozo Almonte.
„ 21./8. ebenso bei Concon (westlich Valparaiso) und einige Wochen später entscheidend bei La Placilla. Balmaceda entleibt sich.

Kriege in Afghanistan (1839—1887).
1839 rückten Engländer aus Indien ein, um die Fehden in Afghanistan zu unterdrücken.
1840 5./11. Dost Mohammed ergiebt sich an die Briten.
1842 neuer Feldzug der Briten gegen Afghanistan; Mohammed eingesetzt.
1878 23./7. rücken Russen in Kabul (freundschaftlich) ein.
„ 21./11. Engländer dringen in Afghanistan ein, schlagen die Afghanen in mehreren Schlachten, rücken

1879 8./1. in Kandahar und
„ 24./7. in Kabul ein.
Neuer Aufstand und Kampf mit den Briten:
1880 17./7. werden die Briten unter Burrow durch Ejub Khan bei Kuschk i Nakhud gänzlich geschlagen.
„ 1./9. schlägt General Roberts Ejub Khan in siegreicher Schlacht. Abd ur Rhaman wurde als Emir eingesetzt.

Serbisch-bulgarischer Krieg (1885).
1885 13./11. die Serben rücken in Bulgarien ein.
„ 19./11. werden von Fürst Alexander total geschlagen bei Slionitza.

Japanisch-chinesischer Krieg (1894—1895).
1894 15./9. Japaner unter Yamagata schlagen die Chinesen bei Pingyang (nahe Söul).
„ 17./9. chinesische Flotte durch Admiral Ito zerstört an der Yalumündung.
„ 10./11. die Japanesen stürmen Port Arthur.
1895 13./2. die chinesische Flotte wird bei Wei-hai-weih zerstört und der Hafen von den Japanern genommen; die Forts auf Insel Zinkung kapituliren.
„ 4./3. Japaner erobern Niushohwang und dann den Hafen von Yinkkau.
Die Japaner erobern Formosa und die Pescadores-Inseln.
„ 17./4. 1895 Friede von Simonosaki.

Krieg in Erythrea (1882—1896).
S. Abessinien.

Kriegerbund-Stiftung, Berlin W., Kurfürstenstrasse 97, unterstützt würdige, arme Wittwen verstorbener Mitglieder des K. und gewährt im Waisenhause Römhild in Meiningen verwaisten Kindern derselben Aufnahme.

Kriegerische Ehren. Abzug mit K.-E. kommt bei Kapitulationen vor, d. h. mit klingendem Spiel und fliegenden Fahnen, z. B. Belfort 1871.

Krieghammer, Eduard v., geboren 1832, General der Kavallerie, machte die Feldzüge 1859 und 1866 mit, war von 1869 bis 1874 Flügel-Adjutant Seiner Majestät des Kaisers, dann Reichs-Kriegsminister.

Kriegsakademie. Der Kursus ist ein dreijähriger. Die Anstalt hat seit 1816 keine wesentlichen Aenderungen erfahren. Die Zahl der Schüler ist der Vergrösserung der Armee entsprechend gewachsen und beträg etwa 400.
Melden können sich völlig gesunde Offiziere, die 3 Jahre Offizierdienst gethan, oder deren Beförderung zum Hauptmann nicht vor 5 Jahren zu erwarten ist, pekuniär geordnet (unter Umständen auch Hospitanten geduldet).
Aufnahme-Prüfung erstreckt sich auf formale und angewandte Taktik, Waffenlehre, Befestigungslehre, Aufnahmen, Krokiren, Geschichte, Geographie. Eine Prüfung in Mathematik wird nur von solchen verlangt, die sich den mathematischen Wissenschaften widmen wollen; im Französischen und Russischen ebenso.
Der der Anmeldung zur Prüfung beizufügende Qualifikations-Bericht muss angeben, ob der Offizier im praktischen Dienste zu Hause, ob wissenschaftlich befähigt, ob gesund, ob charakterfest, ob er Zulage etc. hat. Auch Reitfertigkeit wird verlangt.

Jeder Offizier hat an Prüfungs-Kommission einzureichen: 1. Lebenslauf, 2. Angabe, welche Sprache er treiben will (event. Mathematik), 3. pflichtgemässe Erklärung über die Art der Vorbereitung. Bei Prüfung Logarithmen und französisches Lexikon erlaubt.
Die Vorträge dauern vom 1. Oktober bis letzten Juni. Nach Beendigung von Cötus I und II werden die Offiziere bis 1. Oktober zu anderen Waffen kommandirt (bis zum 20./3. der Direktion die Truppe zu melden).
Die Uebungen im Aufnehmen 3 Wochen lang, nach Schluss von Cötus II.
Nach Schluss des Cötus III dreiwöchentliche Uebungsreise.
Vor Ablauf des 3. Kommando-Jahres wird der Truppe keinerlei Urtheil über die Leistungen der Offiziere mitgetheilt. Nach völliger Beendigung des 3jährigen Kursus kehren sämmtliche Offiziere zu ihren Truppen zurück und erhalten ein Abgangszeugniss, welches sich über die erreichten wissenschaftlichen Ergebnisse auszusprechen hat.

Kriegsartikel sind ein in gemeinverständlicher Sprache verfasster Auszug des Militär-Strafgesetzbuches und der Pflichtenlehre des Soldaten. Sie bestehen unter der Bezeichnung „Kriegsartikel" im österreichischen Heere seit 1855, im deutschen seit 1872; als „Artikelbriefe" haben sie aber schon Karl der Kühne, Kaiser Maximilian, Wallenstein, Gustav Adolf erlassen. Sie dienten zugleich als Werbekontrakt und waren, den damaligen Verhältnissen entsprechend, äusserst streng.

Kriegsbedarf sind die Vorräthe, die nöthig sind, ein Heer vom Friedens- zum Kriegsdienste überzuführen bezw. die Ergänzung der Munitions- und Waffenvorräthe, Bekleidung, Verpflegung u. s. w.

Kriegsdenkmünzen (Feldzugsmedaillen, Erinnerungskreuze). Die bekanntesten sind für Deutschland: Krieg 1870/71 (20./5. 1871). Preussen: Kr. 1813/15 (24./12. 1813). Kr. 1864 (gemeinschaftlich mit Oesterreich 10./11. 1864), Düppelkreuz (18./10. 1864), Alsenkreuz 7./12. 1864), Kr. 1866 (20./9. 1866), Kr. 1848/49 (Hohenzollernmedaille 23./8. 1851).
Der statutenmässige Besitz der K. von 1864 bezw. des Erinnerungskreuzes von 1866 ist massgebend für die Berechtigung der Inhaber zur Doppelrechnung dieser Jahre als Kriegsjahre.

Kriegserklärung geht nach dem Gebrauche des Völkerrechtes jeder Kriegshandlung voraus. Im deutschen Reiche erklärt der Kaiser unter Zustimmung der Bundesfürsten den Krieg.

Kriegs-Etappen-Ordnung. S. Etappenorte, Etappenwesen, Eisenbahnwesen. (Kr.-E.-O. ist erschienen bei Mittler, Berlin 1887.)

Kriegs-Etappenwesen s. Etappenwesen.

Kriegsfeuer s. Besondere K.

Kriegsfeuerwerkerei. Sämmtliche, die Herstellung von Zündungen und besonderen Kriegsfeuern, sowie das Fertigmachen der Munition betreffenden Vorschriften und Arbeiten. Die Vorschriften bestehen in Anleitungen und Zeichnungen, die Arbeiten werden in den Feuerwerkslaboratorien und den Laboratorien der Artillerie-Depots vorgenommen.

Kriegsgebrauch. Wie es kein allgemeines Friedensgericht giebt, so auch kein internationales Kriegsgericht, Der K. jedoch wird von zivilisirten Völkern geachtet. Z. B. Achtung vor den Parlamentär- und Genfer-Flaggen, Verurtheilung des Kampfes von Zivlpersonen, Verbot aller Vergiftungen, explosiver Gewehrkugeln, des Tödtens von Kriegsgefangenen, ausser im Falle eigener Gefahr. Verachtet wird der Bruch des Ehrenwortes seitens der Kriegsgefangenen.

Kriegsgefangene. K. sind Gefangene des Staates, Zivilpersonen werden nicht K., ausser bei Erhebungen der Bevölkerung. Die von dem Genfer Kreuz geschützten Personen dürfen nicht K. werden. Bei Fluchtversuch können K. getödtet, aber nicht nach Vereitelung desselben bestraft werden. K. können zu standesgemässen Arbeiten verwendet werden. Auswechseln der K. (nach Gleichheit des Ranges etc.) wird zwischen den kriegführenden Staaten vereinbart. Nach dem Friedensschlusse erfolgt unbedingte Freilassung der K.

Die Zeit einer Kriegsgefangenschaft in *Deutschl.* ist von der Anrechnung als Dienstzeit bei etwaiger Pensionirung ausgeschlossen. Unter besonderen Umständen kann die Anrechnung jedoch — mit kaiserlicher Genehmigung — stattfinden.

Kriegsgericht. Gegen Personen des Soldatenstandes wird in allen zur höheren Gerichtsbarkeit gehörenden Straffällen durch ein K. erkannt. Vor die höhere Gerichtsbarkeit gehören alle Straffälle der Offiziere und der oberen Militärbeamten, der Portepee-Unteroffiziere, wenn eine härtere Strafe als Arrest, der übrigen Unteroffiziere und Gemeinen, wenn eine härtere Strafe als Arrest, Degradation, Versetzung in die 2. Klasse des Soldatenstandes, der unteren Militärbeamten, wenn mehr als Gefängniss oder Arrest im Gesetz angedroht ist; wenn gegen Landgendarmen oder gegen Invaliden auf Entlassung zu erkennen ist. Ein K. besteht aus 5 Richterklassen und dem Auditeur als Referenten. Der Vorsitzende bildet die 1. Klasse. Zusammensetzung des K. über einen Gemeinen: 1 Major als Vorsitzender, 2 Hauptleute etc., 2 Lieutenants, 3 Unteroffiziere, 3 Gefreite oder Gemeine; gegen einen Unteroffizier bestehen die beiden letzten Klassen aus 3 Sergeanten oder Portepee-Unteroffizieren; gegen einen Lieutenant: 1 Oberst-Lieutenant als Vorsitzender, 2 Majore, 2 Hauptleute, 2 Premier- und 2 Sekonde-Lieutenants u. s. w., den höheren Chargen entsprechend. Bei Verbrechen, die mit Todes- oder lebenslänglicher Freiheitsstrafe bedroht sind, müssen — abgesehen vom Vorsitzenden — auch die Richterklassen der Offiziere mit je 3 Personen besetzt werden.

Gegen Militärbeamte: 1 Stabsoffizier als Vorsitzender, 1 Hauptmann, 2 Auditeure, 1 anderer oberer Militärbeamter, womöglich vom Dienstzweige des Angeschuldigten.

Abstimmung klassenweise, die unterste Klasse zuerst. Stimmenmehrheit entscheidet.

Kriegsjahre. Für jeden Feldzug, an welchem ein Offizier oder Beamter im Reichsheere derart Theil genommen hat, dass er wirklich vor den Feind gekommen oder bei den mobilen Truppen angestellt gewesen und mit diesen ins Feld gerückt ist, wird demselben bei dereinstiger Pensionirung zu der wirklichen Dienstzeit ein Jahr hinzugerechnet. Die Bedingungen, unter welchen die Anrechnung stattfindet, werden für jeden Feldzug besonders durch Allerhöchste Verordnung festgesetzt.

Kriegskanzlei (Geheime) ist diejenige, dem Militär-Kabinet zugetheilte Dienststelle des Kriegsministeriums, von der die Personalbogen geordnet, die Ranglisten angefertigt werden.

Kriegskasse s. Feld-Kriegskassen.

Kriegskosten sind in den seltensten Fällen berechenbar; sie haben sich bei den heutigen Massen-Armeen gegen früher bedeutend gesteigert. Mögen einige Beispiele angeführt werden.

An Millionen Mark kostete der

Krimkrieg für England 1500, für Frankreich 1350.

Mexikanische Krieg (1862—1867) für Frankreich 300.

Krieg 1866 für Preussen 282.

Krieg 1870/71 für Deutschland 1024.

Sezessionskrieg 1861—1865 für die Nordstaaten 8000.

Die Verluste bei verlorenen Feldzügen sind eben nicht festzustellen; man nennt dieses die indirekten K., die im letzten Falle in den Vereinigten Staaten erlittenen Einbussen beliefen sich auf 24000 Millionen Mark.

Die Frankreich 1871 auferlegten K. von 4000 Millionen waren ein Aequivalent für die seit Jahrhunderten verübten Schädigungen Deutschlands seitens Frankreichs.

Kriegslazarethe (stehende) werden behufs Ablösung und zum Ersatz eines Feldlazarethes errichtet. Das Personal wird aus dem Inlande und die Einrichtung aus den Lazareth-Reserve-Depots herbeigeholt. Sie sind bis zur Ueberweisung an die Etappen-Inspektion dem bezüglichen Feldlazareth-Direktor als nächster Sanitäts-Instanz unterstellt.

Kriegsleistungen. Darunter versteht man alle für Kriegszwecke bestimmten Leistungen. Das Reichsgesetz vom 13. Juni 1873 verpflichtet alle Staaten Deutschlands zu K.

Kriegslisten spielen nur im kleinen Kriege noch eine Rolle. Bei grösseren Kriegen vielleicht durch Anordnung des strategischen Aufmarsches, Ansagen von Quartieren etc. zu verwirklichen. Unehrenhafte K. sind zu verwerfen, auch sind sie zweischneidige Schwerter.

Kriegsmärsche. Marschirt ein grösserer Heereskörper auf einer Strasse, so treffen die letzten Heerestheile erheblich später ein, als wenn die Masse auf mehrere Strassen vertheilt wird. Man ist daher in ersterem Falle für ein Gefecht thatsächlich, trotz des räumlichen Zusammenhanges der sich folgenden Truppen, weniger versammelt, als in letzterem. Eine angemessene Theilung gewährt also den allgemeinen Vortheil rascherer Entwickelung zum Gefecht und erleichtert überdies Unterkunft und Verpflegung. Die Vorhut (Avantgarde) einer Infanterie-Truppen-Division wird gewöhnlich bestehen aus 2 bis 3 Eskadronen, 1 Infanterie-Regiment, welchem, wenn eine Verstärkung an Infanterie wünschenswerth, das etwa bei der Division befindliche Jäger-Bataillon hinzutritt, 1 Batterie, 1 Pionier-

Kompagnie, oft unter Zutheilung 1 Brückentrains und 1 Sanitäts-Detachement.

Die Haupttruppe (Gros) gliedert sich zumeist so: die Kavallerie-Abtheilung des Gros, höchstens 1 Eskadron, das Infanterie-Regiment, welches mit dem zur Vorhut abgetretenen Regiment im Brigadeverbande steht; die Artillerie der Division, sofern man dieselbe nicht schon in sicherer Erwartung eines Gefechtes hinter das vorderste Bataillon des Gros einfügt; die 2. Infanterie-Brigade, etwa noch die vorhandenen Pioniere, ein Sanitäts-Detachement.

Ein auf einer Strasse vormarschirendes Armeekorps (Korps) nimmt gewöhnlich die Korps-Artillerie zwischen die beiden Divisionen. Von den Umständen wird es dann abhängen, ob die von der vordersten Division vorzuschiebende Avantgarde genügt oder ob eine stärkere Avantgarde zu bilden ist. Im letzteren Falle hätte die vordere Division als Vorhut für das Armeekorps zu bestimmen: 3—4 Eskadronen, 1 Infanterie-Brigade, 1 Artillerie-Regiment, Pionier- und Sanitätstruppe. Die Verbindung zwischen den Divisionen ist stets sorgfältig zu erhalten.

Kriegsmedaille wurde von Seiner Majestät Kaiser Franz Josef I. 1873 gegründet. Es trägt sie Jeder, der seit 1848 einen Feldzug mitgemacht hat.

Kriegsministerium ist die oberste Militär-Verwaltungs-Behörde für die preussische Armee einschliesslich der in preussische Verwaltung übernommenen Kontingente anderer Bundesstaaten. Seine Aufgabe ist, die auf die Vertheidigung des Landes, Ausbildung und Unterhaltung des Heeres u. s. w. erforderlichen Gesetze, Verordnungen u. s. w. auszuarbeiten und der Genehmigung des Kaisers oder den gesetzgeberischen Faktoren auf dem geordneten Wege zuzuführen, nach den Befehlen des Kaisers Ausführungsbestimmungen und die zur Erhaltung der Schlagfertigkeit des Heeres sonst erforderlichen Vorschriften zu erlassen, auch die selbstständigen K. in den Bundesstaaten Baiern, Sachsen und Württemberg hiervon zu unterrichten. Es hat darüber zu wachen, dass die geltenden Bestimmungen überall gleichmässig zur Anwendung kommen und übt die oberste Kontrolle über die gesammte Heeresverwaltung aus.

Obgleich preussisches Ministerium, steht dasselbe doch — wie die ganze Armee — auf dem Reichs-Etat. In seinem Geschäftsbereich ist es die gesetzliche Vertreterin des Reichs-Militär-Fiskus. Es besteht aus 4 Departements:
1. Zentral-Departement mit 2 Abtheilungen.
2. Allgemeines Kriegs-Departement mit 7 Abtheilungen für die Armee-, Infanterie-, Kavallerie-, Feld-Artillerie-, Fuss-Artillerie-, Festungs- und technische Abtheilung.
3. Militär-Oekonomie-Departement mit 5 Abtheilungen: Kassen-, Verpflegungs-, Bekleidungs-, Servis- und Bau-Abtheilung.
4. Departement für Invaliden-Wesen mit 3 Abtheilungen: Pensions-, Unterstützungs-, und Anstellungs-Abtheilung; ferner 2 selbstständigen Abtheilungen:
   a) Remontirungs-Abtheilung,
   b) Medizinal-Abtheilung.

Ausserdem steht auf dem Etat des Kriegsministeriums als Abtheilung für die personlichen Angelegenheiten: das Militär-Kabinet Seiner Majestät des Kaisers — mit der Geheimen Kriegs-Kanzlei.

Vom Kriegsministerium ressortiren:
1. die Inspektion der Infanterie-Schulen mit den Unteroffizier-Schulen (s. d.), und Unteroffizier-Vorschulen (s. d.), Militär-Turnanstalt (s. d.), Infanterie-Schiess-schule (s. d.), Militär-Knaben-Erziehungs-Institut Annaberg (s. d.).
2. Inspektion der Gewehr- und Munitions-Fabriken. Gewehr-Fabriken (s. d.), Munitions-Fabrik (s. d.).
3. Inspektion der Militär-Straf-Anstalten mit den Festungs-Gefängnissen (s. d.) und Arbeiter-Abtheilungen (s. d.).
4. Inspektion des Militär-Veterinärwesens mit Militär-Rossarztschule (s. d.), mit Lehrschmiede (s. d.).
5. Die vier Artillerie-Inspektionen in Posen, Stettin, Cöln und Strassburg i. E.

Ferner (s. die Artikel):
Gewehr-Prüfungs-Kommission Spandau.
Kavallerie-Kommission Berlin.
Artillerie-Prüfungs-Kommission Berlin (s. d.), mit Versuchs-Abtheilung.
Artillerie-Werkstätten, Geschütz-Giessereien, Geschoss-Fabrik, Feuerwerks-Laboratorien, Versuchsstelle für Sprengstoffe, Artillerie-Konstruktions-Bureau und PulverFabriken.
Militär-Reit-Institut Hannover.
Offizier-Reitschule.
Kavallerie-Unteroffizier-Schule.
Zeughaus-Verwaltung Berlin.
Train-Depot-Inspektion Berlin.
Medizin.-chirurgisches Friedrich-Wilhelm-Institut und Akademie, beide Berlin.
Die Feldpropsteien (evangelisch und katholisch) in Berlin.
Direktion des grossen Potsdamer Militär-Waisenhäuser (s. d.).

Chef des K. ist der Kriegsminister, ein aktiver preussischer General (gewöhnlich im Range der kommandirenden Generale) mit Ministergehalt (30000 M.) und Dienstwohnung. Auf ihm ruht die Verantwortlichkeit für alle militärischen Massnahmen den gesetzgebenden Faktoren gegenüber.

Offiziere: die Departements-Direktoren sind General-Lieutenants oder General-Majors, die militärischen Abtheilungs-Chefs General-Majors oder Stabs-Offiziere mit Regiments-Kommandeur-Gebührnissen, die militärischen Referenten Stabs-Offiziere oder Hauptleute. Der Kriegsminister hat 2, jeder Departements-Direktor und der Chef der Remontirungs-Abtheilung 1 Adjutanten.

Uniform: diejenige des Generalstabes, aber Helmbeschlag und Knöpfe von vergoldetem Metall, die Litzen am Waffenrock von Gold.

Abtheilungs-Chef der medizinischen Abtheilung ist der Generalstabsarzt der Armee, die Referenten sind Sanitäts-Offiziere.

Beamte: Die Abtheilungs-Chefs vom Zivil, Zivilreferenten, Geheime expedirende Sekretäre und Geheime Registratoren gehen — mit verschwindenden Ausnahmen — aus den Intendanturbeamten hervor. — S. Militär-Intendantur-Beamte. — Die Abtheilungs-Chefs und Referenten sind Räthe 1., 2. oder 3. Klasse. Alle vorerwähnten Beamten, sowie die ferner noch vorhandenen Kalkulatoren, Kanzleisekretäre gehören zu den oberen, die Kanzlei-, Hausdiener- und Pförtner zu den unteren Zivilbeamten der Militär-Verwaltung.

Bayern 6 Abtheilungen. Zentral-Abtheilung, für persönliche Angelegenheiten, Allgemeine Armee-Angelegenheiten, Militär-Oekonomie-Angelegenheiten, Invaliden-Abtheilung und Militär-Medizinal-Angelegenheiten.

Sachsen, das Königreich, hat 5 Abtheilungen: 1 A, Kommando-Abtheilung, 2 A, Justiz-Angelegenheit, 1 B. Technische Angelegenheit, 2 B, Juristische Angelegenheit, 3. Intendantur-Angelegenheit.

Württemberg, das Königreich, hat 5 Abtheilungen: Zentral-Bureau, Militär-Abtheilung, Oekonomie-Abtheilung, Justiz-Abtheilung und Militär-Medizinal-Abtheilung.

Kriegsplan. Derselbe ist bei Beginn des Krieges aufzustellen, kann nur den ersten strategischen Aufmarsch und das allgemeine Ziel (event. auch politische) des Feldzuges feststellen. Die späteren Massnahmen werden lediglich von den Erfolgen bezw. Gegenmassnahmen des Feindes abhängen. (Muster: die Kriegsentwürfe Moltkes zu den 3 letzten Kriegen.)

Kriegspolizei liegt in den Händen der Feldgendarmerie (s. d.).

Kriegsportion. 750 g Brot oder 500 g Zwieback, 375 g frisches oder 200 g geräuchertes Fleisch, Fleischkonserven, Wurst, Speck, 125 g Reis, Graupe, Grütze oder 250 g Hülsenfrüchte (Mehl), oder 1500 g Kartoffeln oder 150 g Gemüse-Konserven, 25 g Salz, 25 g gebrannten Kaffee oder 3 g Thee mit 17 g Zucker.

Kriegspulvermagazine sind selbst gegen die stärksten Geschosse bombensicher anzulegen. Die grösseren Kr. auch auf den weniger gefährdeten Theilen der Festung. In den einzelnen Werken unterscheidet man Haupt- und Verbrauchsmagazine; die ersteren nehmen 200—1000 Zentner Pulver auf, liegen gewöhnlich unter einer Flanke und werden mit Vorräumen, an möglichst trockenen Orten, die Mauern mit Luftkorridoren erbaut. Der Bau ist Sache der Techniker.

Kriegsranglisten werden nur von den mobilen Truppentheilen geführt. Ihre Grundlage bilden die bereits im Frieden vorbereiteten Mobilmachungslisten. (Vorschriften der Anfertigung etc. der K. findet man in Heeres-Ordnung Anlage 12.)

Kriegsrath ist eine Zusammenberufung höherer Offiziere in Augenblicken grosser Gefahr und dient meist dazu, die Verantwortung für bedenkliche Handlungsweisen von den eigenen Schultern abzuschütteln.

Kriegsration. 6000 g Hafer, 1500 g Heu und 1500 g Futterstroh.

Kriegsrecht. Dieses beginnt mit dem Beginne der Feldzüge, d. h. es kommen dann die für den Krieg erschwerenden Bestimmungen der Militär-Strafgesetze bezw. der Kriegs-Artikel zur Anwendung.

Kriegsreserve sind in den neueren Kriegen die sich in der Heimath bildenden neuen Staffeln (Reserve-Korps, Landwehr, Landsturm). Man nennt auch die Reserven an Kriegs-Materialien, Geschützen, Waffen, Munition und Verpflegung Kr.

Kriegsschauplatz ist jener Theil eines Landes, auf welchem die kriegerischen Unternehmungen stattfinden.

Kriegsschulen. Sie stehen unter der Inspektion der K. in Berlin. Die K. haben bekanntlich den Zweck, die Portépeefähnriche etc zum Offizier-Examen vorzubereiten. Es bestehen solche (Gründungsjahr in Klammern) in Preussen: Potsdam (1860), Glogau (1860), Neisse (1861), Engers (1862), Kassel (1867), Hannover (1867), Anklam (1871), Metz (1871), Hersfeld (1891), Danzig (1893). In Bayern: München.

Schüler. Ausser den Aspiranten, die ein Jahr eine Universität besucht haben, müssen alle die Kr. besuchen. Vorherige Ausbildung im Schiessen und Felddienst erforderlich. Schüler, die dem Unterricht nicht folgen können, oder sonstige unerlaubte Handlungen verüben, werden zurückgeschickt. Die Einberufenen müssen Unteroffizier-Charge besitzen. Anmeldung geschieht durch die Truppen an die Inspektion. Geldverhältnisse genau zu prüfen. Einberufung erfolgt nach Dienstalter. Aerztlich zu untersuchen. (Tragen eigener Mäntel, Helme etc., Seitengewehre verboten.) Im Dienste — mit Ausnahme von Reithose, Mütze und Binde — nur Kommisssachen erlaubt. Kurse dauern 35 Wochen und vier Wochen Ferien für die Offiziere.

Lehrer. Hauptleute, die sich zu Lehrern, Lieutenants. die sich zu Inspektions-Offizieren eignen, werden jährlich von den General-Kommandos namhaft gemacht. (Auch die speziellen Fächer sind anzugeben, in denen von den Gemeldeten Unterricht ertheilt werden kann.) Auf jeder Kr. ein Waffenlehrer der Feld- und Fuss-Artillerie. Die Lehrer etc. bleiben 3—5 Jahre, treten für die Zeit aus der deutschen Truppe. Lehrer der Taktik müssen Kriegs-Akademie besucht haben.

Inspektions-Offiziere ertheilen auch Unterricht in Dienstkenntniss, Exerziren, Schiessen, Turnen, Reiten, Fechten, Schwimmen, sind auch als Hülfslehrer bei den praktischen Uebungen zu verwenden. Einer Bureauchef.

Kriegsspiel gut geleitet, ist überaus lehrreich, von unseren bedeutendsten Führern selbst ausgeübt bezw. beliebt. Man hat es für grössere und kleinere Bewegungen. Neuerdings sind Vorschläge für ein Artillerie-Kr. gemacht, auch Festungs-Kr. sind hier und da beliebt.

Kriegsstammrollen. Die Militärpässe und Führungs-Atteste der einberufenen Mannschaften werden mit ins Feld genommen und dienen bezüglich dieser zur Aufstellung der K. Hinsichtlich der bei der Mobilmachung bereits bei der Fahne befindlichen Mannschaften bildet die beim Ersatz-Truppentheil zurückzulassende Truppenstammrolle die Grundlage für die K.

Kriegsstarke Verbände. Das Ueben in K. V. wird oft wiederholt, weil es hervorragend lehrreich ist und zur Ausbildung der Offiziere wesentlich beiträgt.

Kriegstagebücher. Ihr Werth wächst, je eher sie nach den Ereignissen geführt werden. Zu ihrer Anfertigung sind besondere Bestimmungen jedem K. vorgeheftet.

Kriegszeit ist die Zeit vom Tage einer angeordneten Mobilmachung, auf welche ein Krieg folgt, bis zum Tage der Demobilmachung. Diese Zeit wird als pensionsfähige Dienstzeit auch dann berechnet, wenn dieselbe bei Offizieren etc. vor Beginn des 18., bei Beamten vor Beginn des 21. Lebensjahres fällt.

Kriegszustand s. Belagerungszustand.

Kriegszweck ist ein politischer. Er war 1864, 1866 und 1870 ein völlig verschiedener, denn nicht immer will man das Heer vernichten, mit dem man Kriege führt. K. ist selbst in der lindesten Form Zwingen des Gegners unter den eigenen Willen. In der schärfsten Form: saigner à blanc.

Krimstecher ist ein veralteter Ausdruck für ein Doppel-Fernglas von mittlerer Grösse.

Krippensetzen ist, abgesehen von der wiederlichen Untugend, häufig Ursache von Kolik, auch ansteckend durch Nachahmung. Oft wird es durch Einstellen der Pferde in glatte Boxe verhindert und ihnen allmählich abgewöhnt. Auch Kehlriemen helfen im Beginne der Untugend. — Unter Offizieren ist es Sitte, dem Käufer die Untugend des K. bekannt zu geben.

Kritik s. Besprechung.

Kruka, Ordonnanzmodell des russischen Gewehres, neben Berdan II. M. 1870. K. ist ein gebürtiger Oesterreicher.

Krokiren. Eine Kroki darf nicht zu fein gezeichnet sein, man muss es am Biwakfeuer lesen können.

Der Massstab ist im allgemeinen 1:25000, von wichtigen Punkten 1:12500, grössere Geländetheile 1:50000, oder noch kleiner. Bei Kolonnenwegen, sowie beim Krokiren von Flusslinien, Bächen, Niederungen muss auch noch das nächstumliegende Land auf 500—1000 m angedeutet werden. Begleitende Höhenzüge auf 3000 m mit einzutragen.

K. als Beilage zu einem Gefechtsbericht etc. sind immer mit einer Truppeneinzeichnung zu versehen. Eigene Partei Blau, Gegner mit Roth eingetragen. Aus dem K. herausführende Wege müssen mit der Notiz versehen sein, wohin sie führen, Wasserläufe erhalten Pfeilstrich (Maassstab). Das K. wird in der Regel mit der Nordrichtung nach oben gezeichnet.

Das K. kann schwarz oder bunt sein (Bundstifte), Schrift deutlich. Am Rande wichtige Erläuterungen wie Tiefe und Breite eines Wasserlaufes, Dichtigkeit eines Waldes, Breite und Beschüttung eines Weges, besondere Bodenbeschaffenheit u. s. w. Datum und Name.

Neben derartigen kann eine in einfachster Form entworfene Skizze einen umständlichen Text ersetzen oder ergänzen. Die Nothwendigkeit, solche K. schnell und unter erschwerenden Umständen, vielleicht zu Pferde, zu entwerfen, bedingt, dass dabei alle entbehrlichen Karten-Signaturen fortgelassen werden. In solchem Falle ist auch das Innehalten eines Massstabes nicht nothwendig.

Krokir-Offiziere, die ehedem in den Manövern zur Aufnahme des Manövergeländes kommandirt wurden, fallen fort. Karten-Ausschnitte genügen.

Krone (Deutsch). Dort steht Bezirks-Kommando. — Servisklasse 3.

Kronen-Orden s. Rangliste.

Kronprinz-Stiftung Preussen. (Verwaltung beim Kriegs-Ministerium, Invaliden-Departement.) Für invalide Krieger von 1864 u. deren Hinterbliebene. Anmeldung der Männer am Bezirks-Kommando, der Angehörigen an die Landräthe. Sehr beansprucht.

Kronstadt siehe Plan bezw. Befestigungen Russlands. Abbildungen siehe nächste Seiten.

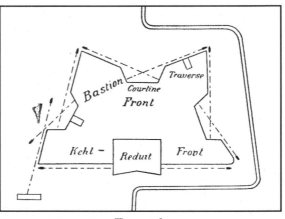

Kronwerk.

Kronwerk, veraltete Konstruktion, dem Hornwerke ähnlich. Es ist ein äusseres Werk mit 1—2 ganzen Bastionen in der Mitte und 2 halben Bastionen je an der Seite desselben.

Krotoschin. Dort stehen Stab, 1., 2. und 4. Bat. Füs.-Regts. von Steinmetz (Westf.) No. 37, Garn.-Verw., Garn.-Laz. — Servisklasse 3. Hus.-Regt. 1, 34. Div.-Artill.-Regt.

Krümperpferde sind über etatsmässige (pro Eskadron 3—4, pro Batterie 2) Pferde, die dazu dienen, um die mancherlei nöthigen Fuhren (Fouragiren u. s. w.) auszuführen. Sie werden bei den jährlichen Ausrangirungen zurückbehalten; treten Lücken ein, können die K. einrangirt werden, ohne ihre Verwendung zu ändern. Im Kriege fallen sie fort. Es sind noch folgende Spezialbestimmungen gegeben: Unentgeltliche Benutzung der K. ist unstatthaft. Verheiratheten Unteroffizieren kann der Regiments-Kommandeur die K. zu Umzügen etc. umsonst leihen. An Private (auch für ärztliche Praxis) nicht zu vergeben. Offiziere können die K. gegen bestimmte Preissätze benutzen, event. auch mit Familien. Kutscher müssen stets Uniform tragen.

Krüppel werden auf Grund eines beglaubigten ärztlichen Attestes von der Gestellung befreit.

Kronstadt

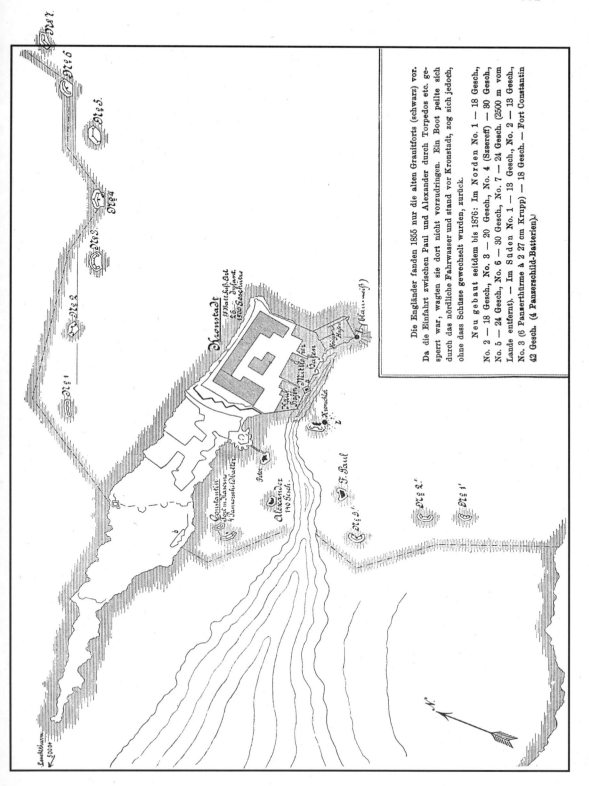

Die Engländer fanden 1855 nur die alten Granitforts (schwarz) vor. Da die Einfahrt zwischen Paul und Alexander durch Torpedos etc. gesperrt war, wagten sie dort nicht vorzudringen. Ein Boot peilte sich durch das nördliche Fahrwasser und stand vor Kronstadt, zog sich jedoch, ohne dass Schüsse gewechselt wurden, zurück.

Neu gebaut seitdem bis 1876: Im Norden No. 1 — 18 Gesch., No. 2 — 18 Gesch., No. 3 — 20 Gesch., No. 4 (Szzereff) — 30 Gesch., No. 5 — 24 Gesch., No. 6 — 30 Gesch., No. 7 — 24 Gesch. (2500 m vom Lande entfernt). — Im Süden No. 1 — 13 Gesch., No. 2 — 13 Gesch., No. 3 (6 Panzerthürme à 2 27 cm Krupp) — 18 Gesch. — Fort Constantin 42 Gesch. (4 Panzerschild-Batterien).!

Kronstadt

Skizzen einzelner Forts.

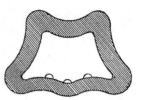

Fort Peter.

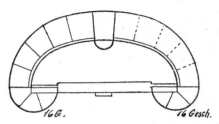

Fort Alexander.
Front 3 Etagen 69 Geschütze,
Plattform   39   „

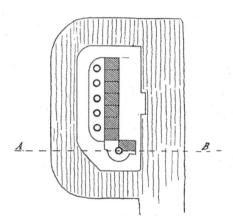

Batterie 3 (südlich), s. Schnitt A, B.

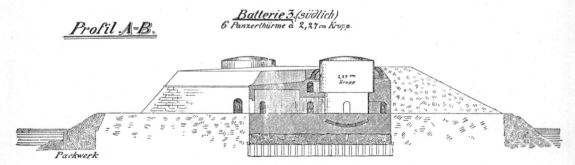

Profil A-B.

Batterie 3 (südlich)
6 Panzerthürme à 2,27 cm Krupp.

Summa 18 Geschütze.

Batterie 3 (südlich), Schnitt A, B.
(1876 war noch kein Thurm montirt.)

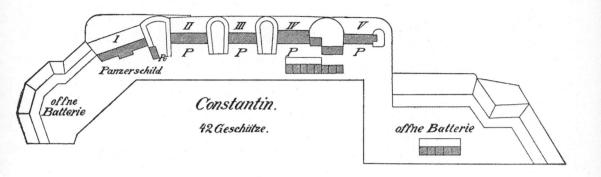

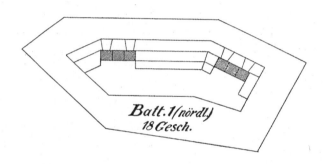

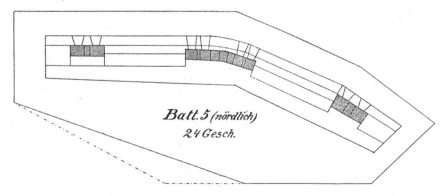

Skizzen einzelner Forts.

Krupp, Alfred (1812—1887). Die Ausnutzung tadellosen Gussstahls zu Waffen begründete seinen Ruf und seinen Reichthum. 1847 lieferte er den ersten 3-Pfünder nach Berlin; erst die gezogenen Geschütze liessen sein Material in voller Brauchbarkeit erscheinen. Sein Rundkeilverschluss 1864 erwarb ihm neuen Zuspruch. Sein Sohn Friedrich Alfred, geboren 1854, hat die Verwaltung der Fabrik in Essen übernommen und seit 1893 mit dem Grusonwerk in Buckau-Magdeburg verschmolzen. Näheres in den weiteren Artikeln.

Krupp-Geschütze. Namentlich ausgezeichnet durch den zu den Rohren ausschliesslich verwendeten vorzüglichen Tiegelflussstahl, dessen Darstellung in grossen Blöcken von der Gussstahlfabrik Friedrich Krupp zuerst ausgebildet und bis zu einer auch heut noch unübertroffenen Vollkommenheit gebracht worden ist. In Chicago 1893 hatte die Firma ausser einigen Feld-, Gebirgs- und Belagerungs-Geschützen, Schnellfeuerkanonen und Panzerplatten (aus Nickelstahl), auch 21-, 24-, 28-, 30,5- und 42 cm-Küsten- bezw. Schiffskanonen ausgestellt, welche durch gediegene Konstruktion und hohe Leistung die bemerkenswerthen Eigenschaften der schweren K.G. veranschaulichten. Der 42 cm verfeuert 1000 und 1140 kg schwere Geschosse, ertheilt ersteren mit 410 kg braunem prismatischen Pulver 604 m Mündungsgeschwindigkeit oder 18594 m Arbeit, erreicht mit 10.5° Erhöhung 8850 m Schussweite und durchschlägt (bei senkrechtem Auftreffen) nahe der Mündung 107.8, auf 2000 m 91,9 cm Schweisseisen. Die 24 cm-Küsten-Kanone, welche bis 45° Erhöhung nehmen kann, hat damit bei 640 m Mündungsgeschwindigkeit des 215 kg wiegenden Geschosses die grösste, bisher wirklich erschossene (nicht blos errechnete) Schussweite von 20226 m ergeben; Flugzeit: 70,2 Sekunden; Scheitelhöhe der Bahn: 6540 m oder 1730 m höher als der Gipfel des Montblanc.

Abbildungen s. Seite 395—398.

Krupp'sche Gussstahlfabrik. Das bedeutendste Stahlwerk der Erde, gleich hervorragend durch den ausserordentlichen Umfang seines Fabrikationsbetriebes, wie durch die ausgezeichneten technischen Eigenschaften seiner Erzeugnisse. Die artilleristischen Fabrikate der K. G. haben in fast allen europäischen und zahlreichen transatlantischen Ländern Eingang gefunden; fast alle Stahlrohre des deutschen Heeres und der Flotte sind von ihr geliefert. Im Jahre 1810 von Friedrich K. begründet, hat sich die Firma unter Alfred K. aus den bescheidensten Anfängen zu ihrer heutigen ungeheueren Ausdehnung und weltumfassenden Bedeutung entwickelt. Nach dem Tode Alfred K. (geboren 1812, gestorben 14. Juli 1887) wurde 1890/92 die Panzerplatten-Fabrikation begonnen und mächtige Schmiedepressen in Betrieb gesetzt, 1893 die 6. Kanonen- und 6. Lafettenwerkstatt fertiggestellt und 1892/93 das Grusonwerk (s. d) übernommen. Ausser diesem und der riesenhaften G. in Essen gehörten der Firma 1893: das Stahlwerk zu Annen, 547 Eisensteingruben in Deutschland und mehrere dergleichen bei Bilbao, 4 Hüttenwerke am Rhein, 3 Kohlengruben, mehrere Steinbrüche, Thon- und Sandgruben, 4 Seedampfer, verschiedene Arbeiterkolonien mit zusammen 3626 Wohnungen, 1 Arbeiter-Kaserne, 1 Arbeiter-Speise-Anstalt. 1 Krankenhaus und 2 Baracken-Lazarethe, ferner der Schiessplatz bei Meppen, der 16,8 km lang ist und bis auf 24 km zu feuern gestattet. Der gesammte Grundbesitz in 1891 betrug 978,5 ha. Allein zu Essen waren 1893 in Thätigkeit: 263 stehende Dampfkessel, 421 Dampfmaschinen mit zusammen 33149 Pferdekräften (stärkste Maschine = 3500 Pferde), 22 Walzenstrassen, 11 Dampfhämmer mit zusammen 226630 kg Fallgewicht, 2 hydraulische Pressen von je 100000, 1 von 40000 und 1 von 24000 Zentnern Druckkraft, 1500 verschiedene Oefen, Schmiedefeuer u. s. w., 3000 Werkzeug- und Arbeitsmaschinen, 430 Krähne mit zusammen 4662200 kg Tragfähigkeit (grösster Krahn = 150000 kg) und 33 Lokomotiven mit 1217 Wagen auf 50 km normal- und 35 km schmalspurige Geleise, sowie Wellen- und Wasserleitungen, Telegraphen- und Fernsprechnetze von entsprechendem Umfang nebst zahlreichen Konsum-Anstalten. Auf den K.'schen Werken wurden 1892 25301 Personen beschäftigt (davon in der G. 16956), welche 60290 Angehörige besassen; von diesen 85591 Köpfen wohnten 25799 in Gebäuden der Firma.

Krusemark, v., preussischer General-Lieutenant (1767—1822), war eine der hervorragenden Erscheinungen des Befreiungskrieges, die weniger als Führer wie als Diplomat und Rathgeber sich hervorthat. Er war kein Mann der kühnen Aktion und deshalb Blücher nicht sympathisch.

K. Tr. O. Abkürzung für den I. Theil der „Militär-Eisenbahn-Ordnung", enthaltend die „Kriegs-Transport-Ordnung", den „Militärtarif" und die „militärischen Ausführungs-Bestimmungen". 1887.

Kubisches Gewicht s. Raumgewicht.

Kubisches Pulver s. Würfelpulver.

Kugel. Jetzt nur noch als Füllgeschosse für Schrapnels (obus à balles) und Kartätschen verwendet. Die K. müssen möglichst dicht und hart sein, um eine gute Durchschlagleistung zu ergeben und gegen Formveränderungen durch Stösse und Anschläge gesichert zu sein; sie werden meist aus Hartblei oder Zink gefertigt. Die K. des deutschen Feld-Schrapnels wiegen bei einem Durchmesser von 13 mm 11,1 g, die der deutschen Feldkartätsche mit 26,5 mm Durchmesser 69 g. Sie werden im Geschoss durch Schwefel- oder Kolophoniumeinguss, durch Füllplatten mit entsprechenden Aussparungen (obus à balles) festgelegt oder liegen lose (deutsche Feld- und 9 cm-Kartätschen).

Kugelkopfkanone. Erfindung der Krupp'schen Gussstahlfabrik, für Panzerstände bestimmt, in Italien eingeführt. Der Kopf des Geschützrohrs ist kugelförmig abgerundet und in einer entsprechenden Ausrundung der Panzerscharte drehbar gelagert, so dass der Rücklauf beim Schuss vollständig aufgehoben und die Schartenöffnung geschlossen wird, während die gelenkartige Verbindung des Rohrs mit dem Panzer das Nehmen der Höhen- und Seitenrichtung gestattet.

Kugelmörser. Eine Art Panzermörser (Konstruktion des Grusonwerks), deren Rohr mit einem kugelförmigen Panzer versehen ist, welcher

Krupp'sche 15 cm-Kanone L/30 in Belagerungslafette.

Krupp'scher 15 cm-Mörser L/6,4.

Krupp'sche 28 cm-Haubitze L/12 in Küstenlafette.

Krupp'sche 21 cm-Haubitze L/12 in Mörserlafette.

Krupp-Geschütze

Krupp'sche 10,5 cm Kanone L/35 in Belagerungslafette.

Krupp'sche 15 cm-Kanone L/35 in Schiffslafette.

Krupp'sche 24 cm-Kanone L/40 in Küstenlafette.

Krupp'sche 12 cm-Feldhaubitze L/12.

die in der Panzerdecke des Mörserstandes befindliche Schartenöffnung abschliesst. Die Züge sind bei einigen K. unmittelbar in die dem Mörserrohre entsprechende Bohrung der Panzerkugel eingeschnitten.

Als Vortheile der K. werden geltend gemacht: Völliger Abschluss der Panzerscharte; Widerstandsfähigkeit des Geschützes gegen den Demontirschuss; leichte Beweglichkeit des Rohres beim Richten; einfache Fortschaffung durch Rollen bei nöthig werdender Ortsveränderung.

Kugelspritze. Volksthümlicher Ausdruck für Mitrailleuse, Kartätsch- oder Maschinengeschütz.

Kuhhessig (kuhfüssig) nennt man die Pferde, deren Sprunggelenke sich bei den Hinterschenkeln sehr nähern (X beinig). Man hält es, abgesehen von der Unschönheit, für eine Schwäche der Gelenke.

Kuhn, Freiherr v., österreichischer Feldzeugmeister (geb. 1817), zeichnete sich schon 1848/49 in Italien aus. 1859 war er Chef des Generalstabes der Armee in Italien. 1866 vertheidigte er Tyrol mit Erfolg. 1869—74 war er Kriegsminister und legte den Grund zur Regeneration der Armee. Dann hatte er das Generalat in Graz.

Kulm. Schlacht 29. und 30./8. 1813. Vandamme folgte dem bei Teplitz in das Egerthal hinabsteigenden General Ostermann und stellte ihn bei K. mit überlegenen Käften. Prinz Eugen von Württemberg wehrte sich aufs hartnäckigste.

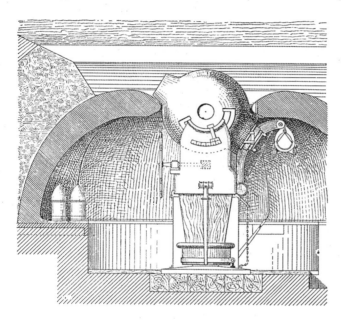
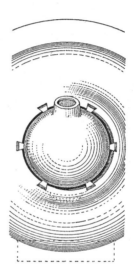

Kugelmörser.

Der erbitterte Kampf endete am ersten Tage unentschieden. Am zweiten Tage eilte Barclay mit den Oesterreichern von Süden, und unvermuthet Kleist von Nollendorf und von Norden herbei und umzingelten das französische Korps. Nur die Kavallerie, von der Brigade Ziethen zersprengt, und ein Theil der Infanterie entkam. Vandamme und der Rest wurden gefangen genommen.

Kundschafter (s. Spione). Es giebt auch Kundschafter, die es sind, ohne daraus Erwerb zu treiben, so Landes-Einwohner, die zufällig den Feind gesehen haben. Auch die Erkundungspatrouillen gehören zu den K. in weiterem Sinne.

Kundschaftswesen. Bei den ersten kriegerischen Anzeichen bildet sich ein „Zentral-Kundschafts-Bureau" (in den einzelnen Heeren verschieden bezeichnet. — In der deutschen Armee ist z. B. die 3. Abtheilung des Generalstabes des grossen Hauptquartiers mit dem Nachrichtenwesen beauftragt). Es entsendet Agenten und Kundschafter, unterhält Verbindungen mit dem Ministerium des Aeussern, den Militär-Attachees, den Gesandtschaften, den inländischen Polizei- und Grenzbehörden und bleibt mit dem Leiter des K. bei der Armee ununterbrochen in telegraphischem Verkehr. Den Kundschaftsdienst bei der Armee leitet ein höherer Offizier des Generalstabes; er erhält seine Aufträge vom Chef des Generalstabes der Armee. Er erhält Generalstabsoffiziere, Feldgendarmen und Polizeibeamte zugewiesen. Mittel für den K.: Nachrichten vom Zentral-Kundschafts-Bureau, Zeitungen aus dem feindlichen Gebiete, Briefschaften, Befragen der Behörden, Verhören von Deserteuren, Gefangenen, Reisenden, Jägern, Schmugglern, Wirthen, Fuhrleuten, Entsendungen von Kundschaftern mit bestimmten Aufgaben, Gefechts-Relationen, Nachrichtendienst durch die Truppen, Streifungen, gewaltsame Rekognoscirungen.

Kunersdorf. Schlacht am 12./8. 1759. Der König ging gegen die Stellung der Russen bei K. vor, warf den linken Flügel derselben und

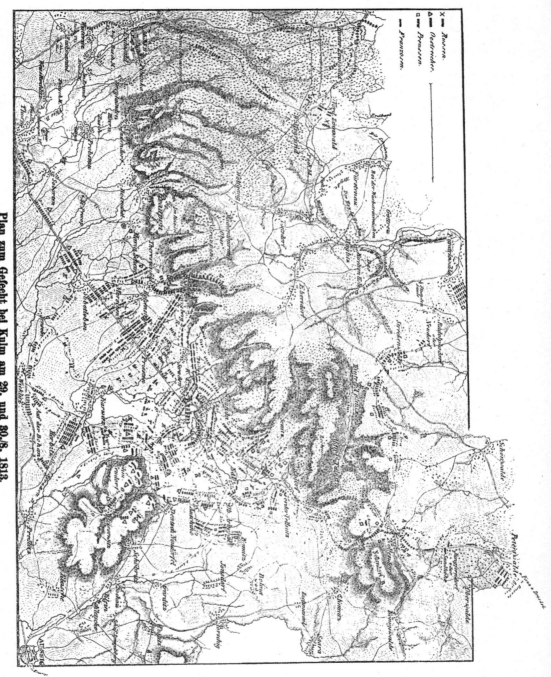

Plan zum Gefecht bei Kulm am 29. und 30./8. 1813.

gelangte bis zum Kuhgrunde, der auf das hartnäckigste vertheidigt wurde. Es gelang, ihn zeitweise zu nehmen, doch die Infanterie kam nicht vorwärts, auch eine auf gemessenen Befehl des Königs unternommene Attacke Seydlitz's mit 33 Schwadronen ging gänzlich fehl, da sie dem vollen Geschützfeuer ausgesetzt war (Seydlitz verwundet). Ein von Laudon rechtzeitig angesetzter Kavallerieangriff zwang die preussische Infanterie den Kuhgrund aufzugeben, die österreichische und russische Infanterie folgten scharf, und in grösster Unordnung fluthete die preussische Armee auf die Oderbrücken zurück; der König selbst war nahe daran, gefangen zu werden (Rittmeister von Prittwitz von den Ziethen-Husaren bewog ihn zum Verlassen des Schlachtfeldes). Die Verluste der Preussen waren gross.

Künetten sind die kleinen Gräben in den trockenen Hauptgräben, die das Wasser abfliessen lassen. bezw. auch als Hinderniss dienen.

Künstler und **kunstverständige Arbeiter** dürfen bis zum 24. Lebensjahre zurückgestellt werden, können auch bei Befähigungsnachweis als Einjährig-Freiwillige angenommen werden.

Künstliche Glieder werden den Mannschaften des aktiven Dienstheeres vor ihrer etwaigen Entlassung verabreicht. Ist die Verabreichung K. G. in Folge Verstümmelung durch eigenes Verschulden des Kranken herbeigeführt, so ist Entscheidung des General-Kommandos über die Zulässigkeit der Verabreichung einzuholen. Inaktive Mannschaften, welche bei ihrem Ausscheiden in Folge Dienstbeschädigung K. G. für Rechnung der Militär-Verwaltung erhalten haben, können auch Instandsetzung oder Ersatz derselben durch Antrag beim Bezirksfeldwebel nachsuchen.

„**Künstliche Metallkonstruktion**" der Geschützrohre. Vermöge der Elastizität des Rohrmetalls erfahren die inneren Schichten der Seelenwandung beim Schuss eine stärkere Ausdehnung durch den Gasdruck als die äusseren und tragen daher auch mehr zur Widerstandsfähigkeit des Rohres bei. Letztere wächst deshalb bei Massivrohren keineswegs in gleichem Verhältniss mit der Wandstärke und erfährt, wenn diese 1,5 Kaliber überschreitet, überhaupt keinen nennenswerthen Zuwachs mehr. Die in neuerer Zeit beträchtlich gesteigerte Leistung und Anstrengung der Rohre nöthigte deshalb zur Anwendung der K. M., welche darin besteht, dass man den ganzen Rohrkörper oder wenigstens den hinteren, am meisten beanspruchten Theil aus mehreren konzentrischen Lagen aufbaut und diesen eine bestimmte gegenseitige Spannung giebt, um so die in den einzelnen Lagen verkörperten Widerstände thunlichst gleichmässig in Anspruch zu nehmen und die gesammte im Rohr enthaltene Widerstandsfähigkeit möglichst vollkommen auszunutzen. Jede äussere Rohrlage erhält vor dem Zusammenbau einen kleineren inneren (lichten) Durchmesser, als der äussere Durchmesser der von ihr umschlossenen inneren Rohrlage beträgt. Dieser Unterschied heisst **Schrumpfmaass** und wird nach den physikalischen Eigenschaften des Rohrmetalls aus Versuchen und durch Rechnung sorgfältig ermittelt, da von seiner richtigen Bestimmung die Brauchbarkeit der Konstruktion wesentlich abhängt. Um die äusseren Rohrlagen trotz ihrer geringeren lichten Weite auf die inneren aufziehen zu können, werden ihre Durchmesser durch Erwärmen vergrössert. Nach dem Aufbringen erkaltend, ziehen sie sich wieder zusammen und üben dadurch einen **Druck auf die inneren Lagen** aus, welcher der Gasspannung beim Schuss entgegenwirkt und die Widerstandsfähigkeit des Rohrkörpers bedeutend erhöht. Nach den gebräuchlichen Arten der K. M. unterscheidet man Ringrohre (s. d.), Mantelrohre (s. d.), Mantelringrohre (s. d.) und Drahtrohre (s. d.).

Kunto-Scholai, japanischer Verdienstorden, gestiftet 1875.

Kupee-Aeltester wird für jeden Wagen (Kupee) eines Militärzuges besonders bestimmt.

Kupfer. Hauptbestandtheil der Bronze, dehnbar, zähe und schwer schmelzbar; Zugfestigkeit: 17 kg auf 1 qmm. Wird auch zu den Führungsringen und -bändern der Geschosse, zu Liderungsringen, Zündlochfuttern u. a. m. verwendet.

Kupferliderung. Liderung des Doppelkeilverschlusses (s. Bild und unter Keilverschluss). Der kupferne Ring c von trapezförmigem Querschnitt ist in die zylindrische vordere Ausdrehung der im Vordertheil liegenden Stahlplatte a eingesetzt; beim Schuss wirken die Pulvergase gegen die hintere schräge Fläche des Ringes c, pressen dadurch seinen vorderen ebenen Rand gegen die vordere Keillochfläche des Rohres und stellen so den gasdichten Abschluss der Seele her.

Die Zündlochliderung bei Schrägzündung (s. Keilzündung) hat dieselbe Form.

Stahlplatte mit Kupferliderung.

Kupferner Liderungsring. Bei den deutschen Feld- und anderen Geschützen angewendet, hat vor dem Broadwellring (s. d.) und dem stählernen Liderungsring (s. d.) den Vorzug, dass er sich dem Ringlager am vollkommensten und innigsten anschmiegt, und daher Ausbrennungen am besten verhütet (s. Bild).

Kupferner Liderungsring.

Kupüren heissen in den älteren Formen der Befestigungskunst Einschnitte quer durch die Brustwehr (zu Verbindungswegen u. s. w.).

Kürasse werden bei Kaiserparaden im Manöver nicht getragen. Das Regiment der Gardes du

Corps trägt zu bestimmten Anlässen **schwarze** K. von Eisen mit einer Einfassung von rothwollener Schnur. Verbindungsriemen mit schwarzen eisernen Schuppen.

Kürassiere. Die Rekruten (s. Körpermaass) müssen kräftig sein und mit Pferden umzugehen verstehen.

Kuren s. Bade- und Brunnenkuren.

Kurier (reitende Feldjäger). Im Sezessionskriege hiessen die Meldereiter und Ordonnanzen, die während des ganzen Krieges bei den Stäben blieben, K. (meist Söhne grösserer Grundbesitzer auf eigenen Blutpferden).

Kurs. Die Richtung, in welcher ein Schiff nach dem Kompass steuern soll.

Kurtine hiess im Bastionair-Tracé die Linie, die zwei Bastionen verbindet.

Küstenartillerie. Führt kleinkalibrige Schnellfeuerkanonen zur Abwehr von Landungen, mittlere Kanonen, deren Rohre denen der Belagerungsartillerie ähnlich oder gleich sind, zum Kampfe gegen Ziele ohne Panzerschutz und endlich Kanonen schwersten Kalibers, welche an Seelenweite und Leistungsfähigkeit die der Fuss-Artillerie (Festungs-Artillerie) um ein bedeutendes Maass überragen; letztere zum Beschiessen von Panzern. Neben den Kanonen werden auch kräftige Steilfeuergeschütze (Haubitzen und Mörser bis zu 28 cm und mehr Seelenweite) gegen die Panzerdecks der Schiffe verwendet. Demselben Zweck sollen auch die Dynamitgeschütze (s. d.) dienen.

Die deutsche Fuss-Artillerie führt folgende Küstengeschütze: Schwere 12 cm-Kanone, dieselbe mit Stahlseelenrohr, lange 15 cm-Ring-Kanone, 21 cm-Ring-Kanone, langer 15 cm-Mörser, 21 cm-Mörser mit Stahlseelenrohr. Betreffs der Einrichtung und ballistischen Leistungen dieser Geschütze vergleiche „Belagerungs- und Festungsgeschütze." Die Kampfgeschütze der K. stehen theils in Panzerbatterien oder -thürmen, theils (auf Rahmenlafetten von grosser Feuerhöhe) in offenen Batterien mit starkem Brustwehrprofil, zahlreichen Traversen und ausgedehnten Hohlräumen für Mannschaft und Munition.

Küstenvertheidigung. Die Art der K. richtet sich nach der Beschaffenheit der Küsten. Sind dieselben nur an den Häfen zugänglich, so ist eine fortifikatorische Verstärkung derselben erwünscht, oft nothwendig. Sind die Küsten aber offen, wenigstens durch Landungsboote überall zu erreichende, so ist eine direkte K. nicht möglich, denn man würde (s. Kordonsystem) seine Kräfte in langen Linien zersplittern, und dieses um so mehr, als eine Flotte etwa 5 Mal grössere Bewegungsgeschwindigkeit hat, als ein Landheer. Daher bewacht man die Küsten sehr scharf, hält ein gut funktionirendes Signal- (Telegraphen)-netz im Gange, sammelt die massirten Truppen so, dass sie in hinreichender Stärke jedem begonnenen Landungsversuch offensiv entgegentreten können.

Hineinziehen der meist patriotisch gesinnten Küstenbevölkerung zur Bewachung etc. ist sehr zu empfehlen.

Küstrin s. Cüstrin.

Kutusow, russischer Feldmarschall (1745—1813), focht unter Suwarow, zeichnete sich durch hervorragende Talente und Kühnheit in allen Kriegen aus. Er bekam 1805 den Oberbefehl über die russische Armee nach der Katastrophe von Ulm. Bei Austerlitz führte er nur nominell. 1811 unterwarf er in scharfen Schlägen die Türken. Im August 1812 übernahm er den Oberbefehl über die russische Armee, die er bis Moskau zurück, aber auch siegreich über die Grenze vorführte; dann starb.

Kyau (1708—1759), preussischer General-Lieutenant. Er führte den berühmten Reiterangriff bei Lobositz (Orden pour le mérite und Schwarzer Adler Orden). Er zog sich 1757 die Ungnade des Königs zu, dass er die Armee nicht nach dem bedrohten Breslau, sondern nach Glogau führte. Er starb während des Festungs-Arrestes.

L.

L. Abgekürzte Bezeichnung für die relative, d. h. in Kalibern ausgedrückte Länge von Geschützrohren und Geschossen; Kanone L/45: Geschütz, dessen Rohr 45 Kaliber lang ist; Panzergranate L/3,5: Geschoss welches eine Länge von 3,5 Kalibern hat.

Labedoyère (1786—1815), französischer General, zeichnete sich bei Jena, Eylau und Friedland aus, wurde 1806 Adjutant Eugens, kämpfte dann in Spanien und Russland, erhielt nach Rückkehr Napoleons von Elba, dem er sofort sein Regiment zugeführt hatte, die Grafen- und Generalswürde; wurde 15./8. 1815 kriegsrechtlich erschossen.

Labeflasche hat jeder Lazarethgehülfe und Krankenträger bei sich zu führen, um Verwundete oder Marode zu stärken.

Labinzow, russischer General der Infanterie (1802—1883). Er hat den grössten Theil seiner Dienstzeit im Kaukasus zugebracht und sich hier den Ruf des „Tapfersten der Tapferen" erworben.

Laboratorien bestehen in Spandau und Siegburg.

La Croix. Gefecht 12./1. 1871. S. Le Mans.

Lacy, Graf, österreichischer Feldmarschall (1725—1801). Bei Lobositz führte er eine Brigade, ebenso bei Prag, Breslau und Leuthen. 1760 führte er ein selbständiges Corps und operirte mit den Russen gegen Berlin. Nach dem unglücklichen Feldzuge 1788 zog er sich zurück.

L., Luis de, spanischer General-Kap. (1775—1817). trat in Folge von Misshelligkeiten in französische Dienste, kämpfte 1807 in den Niederlanden. 1808 trat er in spanische Dienste, kämpfte gegen die Franzosen. 1817 eine Revolution planend wurde er gefangen und erschossen.

Ladenburg. 15. Juni 1849 Gefecht zwischen General v. Peucker mit dem Reichskorps gegen die badischen Insurgenten.

Ladesicher nennt man die Geschosszünder, deren Beschaffenheit bezw. Zustand das Schussfertigmachen und Laden des Geschosses ohne die Gefahr einer unbeabsichtigten Entzündung gestattet. Im allgemeinen leidet die Ladesicherheit der Zünder nur auf dem Transport. Da die Fertigzünder (deutsche Doppelzünder C/91 und C/92) mit Vorrichtungen versehen sind, welche die stete Ladesicherheit gewährleisten, so ist eine Prüfung dieser Zünder vor dem Laden des Geschützes nicht nöthig. Anders ist es bei den Zündern, welche, wie die älteren Aufschlag-, Brenn- und Doppelzünder, getrennt vom Geschoss bezw. von dem im Geschoss befindlichen Zündertheil mitgeführt werden. Bei diesen findet vor dem Einschrauben in das Geschoss eine Prüfung des Zünders statt auf die unveränderte gegenseitige Lage des Trägers der Entzündung und des Erregers derselben (z. B. Zündhütchen und Nadelbolzen).

Ladestock. Diente bei Vorderladegewehren zum Hinabtreiben des Geschosses in den Lauf bezw. zum Stauchen desselben, anfangs aus Holz, später (zuerst in Preussen — Fürst Leopold von Anhalt-Dessau, 1698) allgemein aus Eisen hergestellt, wodurch das Laden erheblich beschleunigt wurde (Mollwitz).

Ladestreifen. Ebener oder flachgekrümmter Blechstreifen mit umgebörtelten Rändern, welche die zu einer Füllung des Kastenmagazins der Mauser-Mehrlader (s. Mehrlader) gehörenden Patronen am Boden umfassen und bis zum Abstreifen in dem Kasten festhalten. Die innen am Boden des L. (s. Bild: Gefüllter L. des sogenannten 7 mm Gewehres m/93) liegende Feder w drückt die Patronen gegen den umgebogenen Rand des L., welcher in die Eindrehung für die Auszieherkralle eingreift, so dass die Patronen festgelegt sind und nicht von selbst herausfallen können.

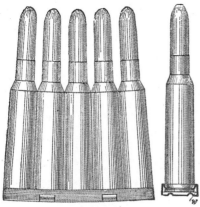

Ladestreifen.

Ladezeit auf Eisenbahnen wird berechnet für einen Militärzug für Infanterie 1 Stunde, Kavallerie und Artillerie 2 Stunden, Kolonnen und Trains 3 Stunden.

Ladezeug. Alle Geräthe, die zum Laden und Entladen, zum Richten und Abfeuern wie zum Reinigen der Geschützrohre erforderlich sind: der Wischer zum Reinigen des Rohres, Keilloch-Bürsten, Stahlplattenwischer, Kartuschnadel, Zündlochaufreiber, Zündlochbürste, Kratzeisen zum Reinigen des Verschluss- und einzelner Rohrtheile, Patronentornister, Geschossheber zur Entnahme der Geschosse aus der Protze oder dem Munitionswagen, Tempir- und Stellschlüssel, Tempirgabel, um die Zünder der Shrapnels auf die erforderliche Brennlänge zu reguliren; Ladebüchse für schwere Kaliber ist ein Hohlcylinder, der in den hinteren Rohrtheil eingesetzt und nach dem Einbringen der Ladung wieder entfernt wird; Geschosstrage zum Transport schwerer Geschosse, Lader und Ansetzer zum Einschieben der Geschossspitze in den gezogenen Theil des Rohres, Richt- und Hebebäume, Aufsatz, Quadrant, die Entlader — am Wischer befestigt oder lose Hohlcylinder — die mit dem Wischer in das Rohr eingeführt werden und das Geschoss herausdrücken.

Ladmirault, de, französischer General (1808—1894) befehligte im italienischen Feldzuge 1854 mit Auszeichnung eine Division (Solferino). 1870 sollte er mit dem 4. Korps die Linie Metz-Diedenhofen vertheidigen, war am Tage bei Vionville hervorragend thätig gegen das 10. preussische Korps, bei Gravelotte gegen das 9. Korps, ebenso in der Schlacht bei Noisseville und im Sturm auf Servigny. Er wurde mit Bazaine eingeschlossen; erhielt nach dem Frieden die Territorialdivision von Paris und that sich im Kampfe gegen die Kommune hervor.

Ladon. Dort Gefecht 18./11. 1870. General von Voigts-Rhetz fand die Orte Ladon und Maizières vom Feinde besetzt, und es kam zu einem siegreichen Gefechte, bei welchem die 91er, 78er und einige Batterien, auch zwei Pionier-Kompagnien des 10. Bataillons zur Thätigkeit kamen.

Ladung. Pulverladung. Bei Feuerwaffen die zu einem Schuss verwendete Gewichtsmenge des Treibmittels. Man unterscheidet Theil- oder Kleine und Gebrauchs- oder Maximalladungen, die ersteren für Steilfeuergeschütze mit biegsamer Flugbahn, die letzteren für Flachfeuergeschütze mit starrer Flugbahn. Die Ladungen der Feuerwaffen befinden sich in Patronenhülsen, Kartuschhülsen und Kartuschbeuteln. — Bei Sprengarbeiten werden die Ladungen entweder frei auf- oder angelegt oder innerhalb des Spreggegenstandes in einer Kammer untergebracht (Minen); Bohrlöcher ladet man durch Einschieben des Sprengstoffes in Patronenform (Bohrpatrone).

Ladungsdichte. Verhältniss des Gewichts der Pulverladung zur Grösse des (anfänglichen) Verbrennungsraums (s. d.).

Ladungsraum. Der zur Aufnahme der L. bestimmte Theil eines Geschützrohres; ist bei gezogenen Rohren glatt und besitzt bei Hinterladungsrohren einen etwas grösseren Durchmesser als der gezogene Theil, mit dem er sich konisch verbindet.

Ladungsverhältniss. Verhältniss des Gewichts der Pulverladung zum Geschossgewicht. Beispiel:

Ladung = 0,64 kg, Geschossgewicht = 7,5 kg, L. = $\frac{1}{11,7}$ = 0,085. Je grösser das L., desto grösser, unter sonst gleichen Bedingungen, die Mündungsgeschwindigkeit. Im allgemeinen haben lange Kanonen das grösste, Mörser das kleinste L.

La Fayette. Französischer General (1757—1834). Er nahm Dienste in der amerikanischen Armee unter Washington. Er betheiligte sich am Kriege gegen England, führte mit Erfolg in Virginien und war bei Yorktown hervorragend thätig. 1789 wurde er (liberalisirend) Führer der

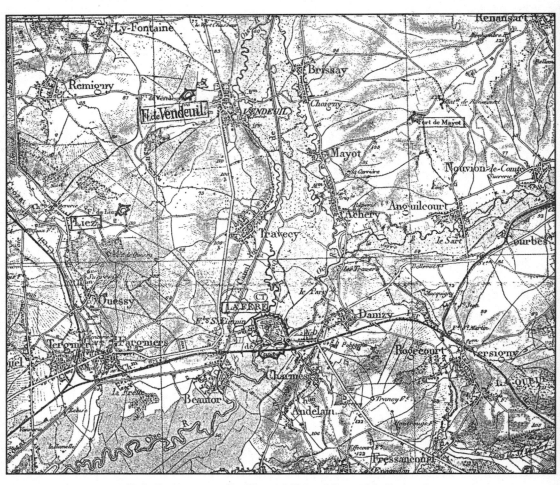

Befestigungen von La Fère (südlich schliesst sich Laon an).

Pariser National Garde, doch schützte er mit ihr den König Ludwig XVI. gegen den Pöbel. 1792 führte er die Ardennenarmee. Da er den Uebermuth der Pöbelherrschaft nicht länger ertragen mochte, floh er. 1830 war er politisch thätig.

La Fère. Die Festung La Fère wurde am 25. November durch die 4. Infanterie-Brigade eingeschlossen. Am 26. wurde der Angriff gegen die Ostfront eröffnet, und die Festung kapitulirte. Heute ist L. Festung ersten Ranges (s. u. Laon).

La Ferté, Herzog v., französischer Marschall (1599—1681) hat zwar nicht selbständig geführt, war aber meist unter Turenne kämpfend ein hervorragender General seiner Zeit.

Lafette. Das Schiessgerüst des Geschützrohrs dient häufig auch zu seiner Fortschaffung. Man theilt sie nach Kaliber, Geschützart, Werkstoff, Art und Zweck der Verwendung, Feuerhöhe, Bewegungsfähigkeit, Konstruktion und Gebrauchsort ein. — Am meisten werden die L. durch den Schuss beansprucht. Der hauptsächlich in der Verlängerung der Seelenachse sich äussernde Rückstoss des Rohres bewirkt in wagerechter Richtung den Rücklauf. Dieser beansprucht besonders die Achse und den Obertheil der Lafette, äussert sich aber auch durch Stauchen in der Längsrichtung auf alle übrigen Lafettentheile. Die zur Erleichterung der Bedienung angebrachten Brems- und Hemmvorrichtungen verringern den Rücklauf, vermehren dadurch aber die Wirkungen des Rückstosses. In senkrechter Richtung wirkt die Rückstossarbeit auf Schildzapfenlager und Richtmaschine, beansprucht den Obertheil der L. und die Räder. Sie nimmt mit wachsender Erhöhung des Rohres zu, weshalb man Mörser in der Regel ohne Räder feuern lässt. Hohes Rohrgewicht — ein Verhältniss zur Leistung des Geschützes — trägt wesentlich zur Schonung der L. bei.

An die verschiedenen Arten der Lafetten stellt man nachstehende Anforderungen:

1. Feldlafetten in Verbindung mit der Protze: Stete Feuerbereitschaft, leichte und einfache Be-

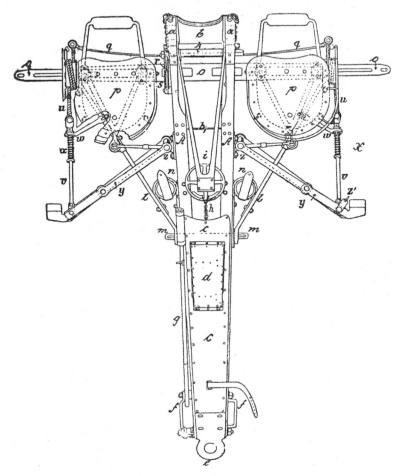

Deutsche schwere Feldlafette c/73 (von oben gesehen, ohne Räder).
A Wände, a Schildzapfenlager, b Stirnriegel, b_1 Mittelriegel, c Deckblech, d Lafettenkasten, e Protzöse, f Handgriffe, g Richtmaschine, i Richtsohle, k Richtsohlbolzen, l Mitnehmer, m Mitnehmerbolzen, n Kartätschfutterale, o Achse, p Achssitze.

dienung, Leichtigkeit, Fahrbarkeit, Beweglichkeit, genügende Ausrüstung mit Schiessbedarf, Vorkehrungen zum Mitführen der Bedienungsmannschaft.

2. Belagerungslafetten:
Widerstand gegen grössere Beanspruchung beim Schuss, genügende Fahrbarkeit für den Transport zum Park bezw. Batterie, Feuerbereitschaft, bedeutende Erhöhungsfähigkeit, grosses Schussfeld, ausgiebige Deckung, leichte und rasche Bedienung.

3. Lafetten der Fussartillerie mit Bespannung: Grössere Beweglichkeit, sonst wie unter 2.

4. Festungslafetten:
Je nach den den Festungsgeschützen zufallenden Aufgaben von verschiedener Konstruktion. Für die eigentlichen Kampfgeschütze dienen dieselben Lafetten wie für Belagerungsartillerie. Wallgeschütze für Fernfeuer erhalten Rahmenlafetten, Panzergeschütze haben Panzerlafetten (Minimalscharten-L., Fahrpanzer). Die Flankengeschütze sind je nach ihrer Aufstellung verschieden

lafettirt. Für besondere Zwecke sind Senk- (Masken-, Verschwindungs-) und Depressionslafetten vorhanden.

5. Küstenlafetten:
Für die schwersten Kaliber, bei dauernder Aufstellung rasche und leichte Aenderung der Richtung. Theils Panzer-, theils Rahmenlafetten.

6. Schiffslafetten:
Sehr verschiedenartig: Breitseit-, Thurm-, Drehscheiben-, Bug- u. s. w. Lafetten. Für leichte Kanonen: Boots- und Landungslafetten.

Die Haupttheile der L. im allgemeinen sind: a. Die Wände. Aus gepresstem Stahlblech, gewalztem Façon-Eisen oder Schweisseisenblech. Riegel (an beide Wände angenietete Blechplatten) und Bolzen verbinden die Wände zu einem Gerüst; b. Die Räder und Achsen; c. Die Richtmaschine. In der deutschen und österreichisch-ungarischen Artillerie sind Richtmaschinen mit Schraube (Doppelschraube) und mit Zahnbogen gebräuchlich; d. Die Bremsvorrichtung; e. Zubehör und Beschläge; f. Für Rahmenlafetten kommt noch der Rahmen hinzu.

Deutsche schwere Feldlafette C/73 (s. Abbildung). Die Wände aus gepresstem Stahlblech mit Flanschen, die Riegel sind oben ausgeschnitten, der Stirnriegel für das Rohr, der Mittelriegel für die Richtsohle, der Richtbaum ist beim Nichtgebrauch umgelegt und wird durch einen Richtbaumhaken festgehalten, die Protzöse

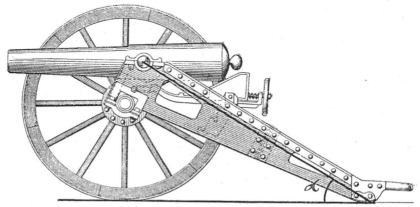

Lafettenwinkel.

greift lappenartig um die Lafettenwände nach oben und unten herum, der untere Lappen ist verstählt, die Mitnehmer sollen die Achse gegen Verbiegungen schützen und dienen der Bremsvorrichtung und den Achssitzen gleichzeitig als Stütze, die Kartätschfutterale aus Eisenblech, innen mit Leder ausgeschlagen, unten mit einer Regenausflussöffnung, oben durch Lederstreifen verschliessbar. Im Uebrigen s. Abbildung und die Beschreibungen der Theile a. a. O.

Teile der Seilbremse: Spannschiene q ist mittelst eines gabelförmigen Gehänges an einer unterhalb des Richtsohlbolzens k in beiden Lafettenwänden drehbar befestigten Welle aufgehängt. Am linken Ende der Welle der Stellhebel r, wird in der jedesmaligen Stellung durch den Zahnbogen s festgehalten. Beim Spannen wird q von der Achse fortgedrückt, dadurch werden die Drahtseile u fest an die Seiltrommel der Nabe gezogen und wickeln sich beim Drehen der Räder in Richtung der Deichsel auf. Die Zugstangen v werden angezogen und die an den bei z drehbaren Bremshebeln y befestigten Bremsklötze gegen den Radreifen gepresst. Beim Vorbringen des Geschützes, also bei entgegengesetzter Drehung der Räder, wickeln sich die Drahtseile wieder ab und die Bremsklötze werden durch die Schraubenfeder x, die sich gegen die Zugstangenhalter w stützt, von den Radreifen entfernt. —

Gebirgslafetten sind aus Holz oder Eisenblech erzeugt und in den Dimensionen schwächer gehalten, als die Feldlafetten. Neuerer Zeit werden für Gebirgsgeschütze von grösserer ballistischer Leistungsfähigkeit auch zerlegbare Lafetten verwendet, indem der Lafettenschweif als ein vom übrigen Lafettenkörper abtrennbarer Theil angeordnet ist. Die Richtmaschine der G.-L. besteht zumeist aus einer einfachen Richtschraube mit Richtkranz und aus einer im Richtmaschinenriegel der L. eingelassenen Mutter. Soll das Gebirgsgeschütz fahrend fortgebracht werden, benutzt man die beiderseits des Lafettenschwanzes angebrachten Einleg- oder Einhängvorrichtungen, zur Anbringung der Gabelstangen.

Kasemattenlafetten bestehen gewöhnlich aus zwei kurzen, niederen Wänden, 2 oder 3 Riegeln, einer vorderen und hinteren oder bloss vorderen Achse mit Rollen oder mit Blockrädern. Zur Bewegung der L. vor- oder rückwärts haben manchmal die Blockräder Löcher, in welche eiserne Handspeichen eingelegt werden. Die Richtmaschine der Kasemattenlafette ist eine Schraubenrichtmaschine. Behufs der für Seitenrichtung erforderlichen Verschiebung liegt die Kasemattenlafette mit ihrem rückwärtigen Theile auf einem Lenkbalken, der um ein vorderes Pivot drehbar ist.

Verschwindungs- (Senkungs-) Lafetten bleiben nur so lange oberhalb der Kammlinie sichtbar, als es das Richten und Abfeuern erfordert.

Für Schnellfeuergeschütze bestehen Dreyfuss- oder Rädergestell, für die schweren schnellfeuernden Kanonen Schlittenlafetten.

Lafettenwinkel. Winkel, den die Verbindungslinie, Mittelpunkt: der Schildzapfenachse — Auflagepunkt des Lafettenschwanzes, mit dem wagerechten Geschützstand bezw. mit der oberen Fläche des Rahmens, bei Rahmenlafetten, bildet. Je kleiner der L., desto geringer ist die Beanspruchung der Lafette durch den Rücklauf, um so kleiner fällt aber auch bei sonst gleichen Abmessungen die Feuerhöhe aus. Bei Feldgeschützen beträgt der L. zwischen 27 und 36 (deutsches Feldgeschütz 33 Grad), bei den übrigen Geschützen zwischen 40 und 47 Grad. S. Bild K -L.

Abbildung s. Seite 406.

Laffeld (bei Mastricht). Dort siegte am 2./7. 1747 der Marschall von Sachsen über den Herzog von Cumberland.

Lage. Die von einer Batterie bei einmaligem Durchfeuern abgegebenen Schüsse. Die Schusszahl der L. entspricht daher normal der Geschützzahl. Im lagenweisen Feuern werden die abgefeuerten Geschütze erst auf besonderes Kommando wieder geladen. Diese Feuerart wird beim Schiessen mit Bz.-Geschossen angewendet, um wenn nothwendig nach jeder Lage in einfacher Weise Korrekturen vornehmen zu können.

Lager. S. Biwak.

Lagerausmittelung und Vorbereitung. S. Generalstab.

Lagerbauten. S. Biwak, auch Biwakhütten, Kochlöcher, Latrinen pp.

Lagerfestung s. Verschanztes Lager.

Lagerhöhe der Geschütze. Senkrechter Abstand zwischen der Schildzapfenachse und dem wagerechten Geschützstand. L. und Feuerhöhe (s. d.) sind nur dann verschieden, wenn der Lagerpunkt (s. d.) versenkt oder erhöht ist.

Lagerhütten s. auch Windschirme. Die einfachste Lagerhütte ist folgende, die jeder bauen kann, der eine Biwakhütte (s. dort) zu errichten versteht.

Preussische Winterlagerhütte (Abbildung s. Feldbefestigung Fig. 18) schützt gegen Kälte, bei tüchtigem Erdaufwurf auch gegen Granatsplitter. Sie ist etwa 6 m lang, braucht in der Mitte einen (0.2 m) starken Unterzug mit ebenso starken Säulen. Sonst 8 Sparren quer, 30 Rundhölzer faustdick der Länge nach zu legen. Strauch, Pfähle, Bretter und Nägel. Sie kann von 10 Pionieren in 10 Stunden fertig gemacht werden. Die tragbaren Zelte ersetzen vielfach die L.

Lagerpunkt der Geschützrohre. Schnittpunkt der Schildzapfenachse mit der senkrechten Ebene durch die Seelenachse. Der L. ist verglichen (neuerdings ausschliesslich angewendet), versenkt oder erhöht, wenn die Schildzapfenachse die Seelenachse schneidet, bezw. unter oder über derselben liegt. Versenkter L. kam früher bei Belagerungs- und Festungs-Geschützen häufig vor, um die Deckung der Lafette durch die Brustwehr und die Erhöhungsfähigkeit des Geschützes zu vergrössern; Nachtheil: die Anstrengung der Lafette durch das eigene Feuer wird beträchtlich gesteigert.

Lagerstroh wird bei Biwaks geliefert. Es wird gewährt

für Offiziere vom Hauptmann aufwärts	40 kg
„ den Lieutenant	10 „
„ Unteroffiziere und Soldaten	5 „

Nach dem Biwak muss das L. von den Truppen aufgebunden in Haufen gelegt und bis zum Verkauf bewacht werden.

Laguat im südlichen Algier wurde Ende 1852 von den Franzosen unter Yussuf angegriffen und genommen.

La Hogue (am Kanal), Seeschlacht am 31./5. 1692, in der die Engländer unter Russel die französische Flotte unter Tourville total schlugen, verfolgten und fast vernichteten.

Lahr, v., preussischer Generallieutenant (1734 —1816). Er ist Gründer der preussischen Minierkunst; zeichnete sich im 7jährigen Kriege als Ingenieur in mannigfacher Weise aus.

Lake, Gerard Viscount (1714—1808), trat 1758 in die englische Garde, diente während des 7jährigen Krieges in Deutschland, 1781 in Amerika, 1793—1794 in Frankreich, 1796 gegen die Insurgenten in Irland, die er bei Vinegar-Hill schlug, besiegte 1803 bei Delhi die Mahratten, Scindia und Holkar und schloss den Frieden von 1806.

Lallemand, Baron, französischer General, (1774 —1839). Machte als Kavallerieführer die Feldzüge Napoleons mit. Trat nach der Restauration 1815 wieder zu Napoleon über, wurde zum Tode verurtheilt, entfloh, kehrte erst 1830 zurück.

La Malmaison. Gefecht bei, s. Paris.

La Marmora. Italienischer General. (1804— 1878). Schon 1848 und 49 sich auszeichnend, wurde er am Schlusse des Jahres Kriegsminister, leitete den Feldzug 1854 ein, betheiligte sich aktiv 1856 in der Schlacht an der Tschernaja. 1856—59 wieder Kriegsminister, führte 1858 in der Schlacht bei Solferino, wurde dann Ministerpräsident. 1866 verlor er die Schlacht bei Custozza und nahm bald darauf den Abchied.

Lamberg, Graf, österreichischer Feldmarschall-Lieutenant (1791—1848). Wurde von Wien mit geheimen Aufträgen und Vollmachten nach Ungarn gesandt und ihm auch die Garnison der ungarischen Hauptstadt unterstellt. Als L. am 27. September 1848 sich in Civil gekleidet von Ofen nach Pest begeben wollte, um die Auflösung des Reichstages zu vollziehen, wurde er auf der Schiffbrücke vom Volke erkannt und auf schauerliche Weise niedergemacht.

Lambert. Englischer General (1620 bis gegen 1700). Zeitgenosse und Stütze Cromwells, den er überlebte. Doch war sein Ehrgeiz grösser als sein Können, und daran scheiterte der begabte Soldat und Parteistifter.

Lamoricière, de, (1806—1865). Suchte in der Februar-Revolution 1848 die Krone für die Orleans zu retten, später den Aufstand als Kriegsminister niederzuschlagen, war ein Gegner Louis Napoleons, wurde verbannt. 1860 Oberbefehlshaber der päpstlichen Armee. Er wurde als solcher aber bei Castelfidardo geschlagen und musste in Ancona kapituliren. Er zog sich dann nach Frankreich zurück.

La Motterouge, de, französischer General (1804 geb.). Kämpfte bei Inkermann, vor Sebastopol, besonders aber beim Sturm auf den Malakoff mit hervorragender Tapferkeit. Alle Schlachten im Feldzuge 1859 machte er mit Auszeichnung mit. 1870 erhielt er wegen antibonapartischen Gefühlen kein Kommando. Doch erhielt er das von Gambetta gegründete 15. Korps, das er aber verlor, als er bei Orleans nicht siegte.

Lamsdorf. Feldartillerie-Schiessplatz. (Sch. Verw. s. Neisse), Garn.-Verw., Bar.-Laz.

Landau war bis 1866 deutsche Bundesfestung. Es kapitulirte 12./11. 1704 nach 69 tägiger Belagerung.

Landbrücken (Landschwellen) nennt man die beim Feldbrückenbau zuerst zu errichtenden feststehenden Theile, die der Brücke den Halt an den Ufern geben. Auch die für Uebersetzmaschinen (Fähren etc.) gefertigten Landungsstege etc. werden so genannt.

Landesaufnahme. Die L. legt zunächst ein trigonometrisches Netz über das Aufnahmegebiet, dessen Seiten die Grundlagen für die topographische Aufnahme bilden. Die trigonometrischen Netze bestehen meisthin aus einer Aneinanderreihung von Dreiecke, deren Endpunkte entweder durch künstliche Beobachtungsstationen, wie Holzthürme, Steinpfeiler, gekennzeichnet sind oder auf bereits vorhandenen

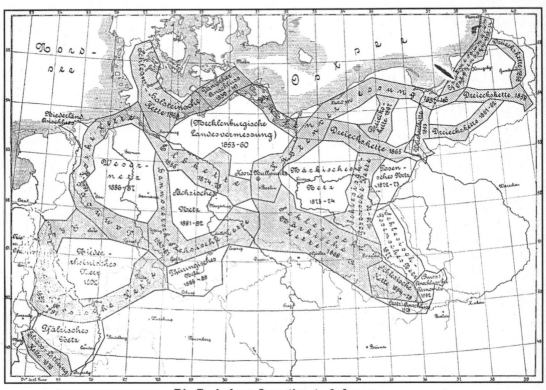

Die Dreiecksconfiguration 1. Ordnung.

Bauwerken, wie Kirch- und Schlossthürmen, liegen.

Die höhere Geodäsie umfasst insbesondere:

A. Die Messung der Grundlinie für die Ableitung der Seitenlängen und Dreiecksnetzen. Die Längen der Grundlinien schwanken zwischen 2 und 20 Kilometer und werden mittelst besonderer Basismessapparate gemessen.

B. An trigonometrischen und nivellitischen Aufnahmen:

1. Abstandsbestimmungen unter Verknüpfung der Dreiecke zu einer oder mehreren Ketten und Einschaltung von Dreiecksnetzen zwischen diese Ketten. Die Dreieckswinkel werden auf jedem der drei Endpunkte gemessen mit den Winkelinstrumenten, welche die Ablesung von Bruchtheilen der Sekunden gestatten.

2. Höhenmessungen. In erster Linie durch sogenannte Präzisionsnivellements.

3. Geographische Ortsbestimmungen oder Orientirungsmessungen. Sie bezwecken die Einfügung der gemessenen Landestheile in das Koordinatennetz des Erdkörpers.

Geographische Ortsbestimmung und Dreiecksmessung vereint dienen zur Ermittelung des Abstandes nach Grad- und Längenmaass zweier Parallele oder Meridiane oder der Gradmessung.

Die topographische Aufnahme vom Standort aus mittelst entfernungsmessender Kippregel und Distanzlatte. Von den so nach Lage und Höhe bestimmten Standorten aus lässt sich nun die Detailaufnahme im Umkreis von etwa 600 m bewerkstelligen, unter Anlegung an eine Reihe charakteristischer Punkte.

(*Oest.-Ung.*) Das militär-geographische Institut hat die astronomischen und geodätischen Vermessungen, die Militär-Landesaufnahme (Mappirung) und die Anfertigung der für den militärischen Dienst nothwendigen Karten, Pläne und Zeichnungen durchzuführen; es gliedert sich in die astronomisch-geodätische, Mappirungs-, topographische, technische und Verwaltungs-Gruppe. Das Personal besteht aus Stabs- und Oberoffizieren, technischen und werkführenden Beamten und Mannschaft.

Zur einheitlichen Durchführung der militärgeographischen und strategisch-taktischen Beschreibung des In- und Auslandes ist das Landesbeschreibungs-Bureau bestimmt. Die militärisch-statistische und militärisch-technische Landesbeschreibung wird theils vom technischen und administrativen Militär-Komitee, dann den Inten-

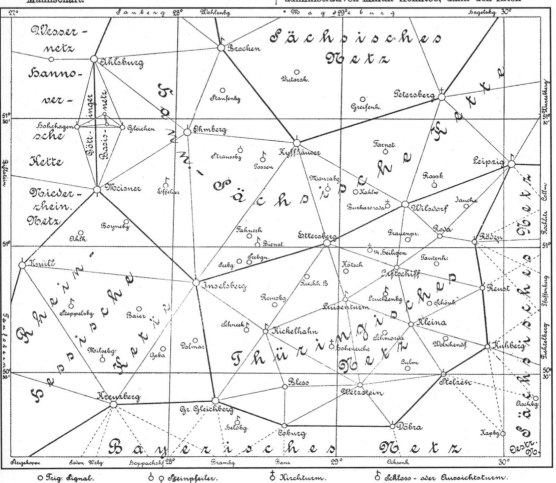

Triangulationen 1. Ordnung.

danz- und Sanitäts-Chefs der Korps-Kommanden, die Beschreibung der Flüsse vom Pionierregiment besorgt; das Landesbeschreibungs-Bureau nimmt aber darauf, sowie auch auf alle das Strassen-, Befestigungs- und Karten-Wesen bezügliche Angelegenheiten in strategischer und taktischer Beziehung Einfluss. Das Landesbeschreibungs-Bureau zerfällt in: 1. Oesterreichisch-deutscher Kriegsschauplatz, 2. österreichisch-russischer Kriegsschauplatz, 3. österreichisch-türkischer Kriegsschauplatz, 4. österreichisch-italienischer Kriegsschauplatz, 5. Kriegsschauplätze Frankreich, Belgien, Niederlande, Schweiz, 6. Landesbeschreibungs-Archiv. Das Personal besteht aus Offizieren des Generalstabskorps und zum Hilfsdienste kommandirten Offizieren des Truppen- und Armeestandes.

(*Deutschl.*) Die königliche Landesaufnahme in Preussen verfolgt zwei Ziele: einerseits soll sie eine einheitliche, für militärische Zwecke brauchbare Karte des Staatsgebietes herstellen und erhalten; anderseits schafft sie durch die von ihr der Lage und Höhe nach bestimmten Punkte die Grundlage für alle übrigen staatlichen Messungen. Sie gliedert sich in:

1. **Die trigonometrische Abtheilung** (näheres s. Trigonometrische Abth.). Diese legt das Dreiecksnetz über den aufzunehmenden Landestheil. Ferner führt sie die Haupthöhenbestimmung aus.

2. Die **topographische Abtheilung** (näheres s. Topogr. Abth.), welche die Detailaufnahme des Geländes zwischen den trigonometrischen Punkten zufällt, ausgeführt im Anschluss an diese mittelst Messtisches mit Kipprégel und Distanzlatte.

3. Die **kartographische Abtheilung**, deren Hauptaufgabe die technische Herstellung der Generalstabskarten und sonstige Bearbeitung sowie die Kurrenthaltung derselben.

Der Chef der Landesaufnahme ist dem Chef des Generalstabes der Armee unterstellt; Mitglied des Zentral-Direktoriums der Vermessungen.

Die **trigonometrische Abtheilung** soll ein Hauptdreiecksnetz über den ganzen Staat legen, die vollständige Netzlegung (in der Quadratmeile 10 versteinte Punkte neben Bestimmung sonst geeigneter Gegenstände) unter gleichzeitiger Ausführung von Höhenmessungen bewirken und in denjenigen deutschen Staaten, mit denen dieserhalb eine Uebereinkunft abgeschlossen ist, die topographische Aufnahme vorbereiten. Die Abtheilung besteht aus

1 Abtheilungschef } Offiziere des General-
6 Vermessungsdirigenten }   stabes,
1 Vermessungsdirigenten (Beamten),
6 kommandirten Offizieren,
26 Trigonometern und Hülfstrigonometern.

Die **topographische Abtheilung** hat die topographische Aufnahme von Preussen und den übrigen deutschen Staaten (ausgenommen Bayern, Württemberg und Sachsen) zu bewirken und die Original - Messtischblätter (Maassstab 1 : 25 000) auszuzeichnen. Das Personal besteht aus

1 Abtheilungschef   } Offizieren des
9 Vermessungsdirigenten } Generalstabes,
   bezw. Recognoscenten
23 kommandirten Offizieren,
84 Topographen und Hülfstopographen.

Der **kartographischen Abtheilung** ist die Anfertigung und Richtighaltung sämmtlicher vom Zentraldirektorium genehmigten bezw. vom Chef der Landesaufnahme befohlenen Karten und der dazu gehörigen Druckplatten u. s. w. sowie die Vorbereitung und Herstellung der Kriegskarten übertragen. Ausserdem fertigt die Abtheilung alle Druckarbeiten und Zeichnungen für den Generalstab an. Sie besteht aus

1 Abtheilungschef \ Offiziere des General-
2 Dirigenten   /   stabes,
2 Dirigenten (Beamten).
31 Kartographen und Hülfskartographen,
3 technischen Inspektoren,
1 Vorstand der Druckerei,
1 Oberphotographen,
49 Lithographen und Kupferstechern einschliesslich 2 Photographen,
2 Photographen,
11 Druckern (darunter 1 Glasdrucker, 1 Kupferdrucker),
1 Galvanoplastiker,
11 Gehülfen,

ausserdem Kupferstecher, Lithographen und Koloristen.

Landesvermessung. S. Landesaufnahme.

Landesvertheidigungs-Kommission. Präses: Generalfeldmarschall Prinz Albrecht von Preussen. Dazu gehören gemeiniglich der Oberkommandeur der Marken, die kommandirenden Generale des Garde- und III. Armeekorps, der Chef des Generalstabes, der Direktor des Allgemeinen Kriegs-Departements, die General-Inspekteure der Fuss-Artillerie, des Ingenieur- und Pionierkorps und der Festungen und des Militär-Erziehungs- etc. Wesens, der kommandirende Admiral der Marine, der Direktor des Marine-Departements und andere allerhöchsten Orts herangezogene Mitglieder.

Land-Etappenort. S. Etappen.

Landrière und Le Tertre. Gefecht am 11./1. 1871. S. Le Mans.

Landrecies. Französische Festung mit bastionirter Enceinte und Aussenwerken, von geringer Bedeutung. 18. 7. 1647 durch Erzherzog Leopold erobert.

Landsberg. Der ältere und der jüngere haben in der Befestigungskunst die tenaillirten Systeme eingeführt und vervollkommnet. Sie lebten im 17. Jahrhundert.

Landsberg a. W. Dort steht 4 Abth. Feldart. R. Gen.-Feldzeugmeister (2. Brandbg.) No. 18, Bez.-Kom. Serv. Kl. 2.

Landshut an der Isar. 16./4. 1809 drängten die Oesterreicher unter Erzherzog Karl die Bayern zurück. 21./4. schlug Napoleon die Oesterreicher unter Hiller.

Landshut. Gefecht 22./5. 1745, welches Winterfeld dem General Nadasdy lieferte und in dem auch Seydlitz sich schon als Rittmeister hervorthat.

Gefecht 24./8. 1757. General v. Janus trieb mit österreichischen Truppen hier eine vorgeschobene preussische Abtheilung unter General v. Kreytzen zurück.

Gefecht 22. 12. 1757. General Baron Fouque vertrieb die österreichische Nachhut.

Schlacht 23./6. 1760.

Der preussische General La Motte Fouqué war entschlossen, den Angriff stehend zu empfangen. Der offensive Laudon packte die preussische Position um 2 Uhr morgens in der linken Flanke. Binnen einer Stunde waren die Preussen vom Doctor- und Buchberg vertrieben; durch intakte Truppen verstärkt stellten sie sich auf dem mit Redouten bewaffneten Kirch- und Galgenberg wieder. Das Gefecht wurde jetzt hartnäckig; die vorzügliche Artillerie-Wirkung der Oesterreicher und ihr fortgesetzter Druck gegen des Feindes linke Flanke entschieden den Tag. Drei Generale, darunter auch Fouqué, wurden gefangen, 9000 Mann streckten die Waffen. Nach der Schlacht bei L. erstürmte Laudon Glatz.

Gefecht 20./6. 1761. Wuthenow wurde dort überfallen und verlor 100 Pferde.

Landsturm, in Russland „Reichswehr", in Italien „Territorial-Miliz", in Frankreich „Reserve der Territorial-Armee" genannt, dient zur Unterstützung des Heeres und der Landwehr (1. und 2. Linie) namentlich zur Bekämpfung des in das Land eingedrungenen Feindes. Der L. hat — abgesehen von sonstigen Verwendungen — den Garnisons- und Besatzungsdienst vollständig zu übernehmen.

L. nimmt am Kriege Theil, kann auch zur Ergänzung des Heeres herangezogen werden. Er besteht aus allen dem Heere pp. nicht an-

gehörigen tauglichen Wehrpflichtigen vom vollendeten 17.—45. Lebensjahre. Den L. ruft der Kaiser ein.
1. **Aufgebot** bis 39 Jahre Lebensalter, Rest ist 2. Aufgebot.
Ausgeschlossen sind alle ehrlosen Personen. Alle unausgebildeten L., die nicht die Wehrpflicht erfüllt haben, werden ärztlich untersucht, auch wegen Würdigkeit und Abkömmlichkeit in besonderer Musterung entschieden. Körpermaass ist nicht vorgeschrieben.
Die Ueberführung von Offizieren pp. des Beurlaubtenstandes zum L. findet nur auf Grund Allerhöchster Genehmigung auf einzureichende Abschiedsgesuche statt. Die Verabschiedung der oberen Militärbeamten des Beurlaubtenstandes ist beim Kriegsministerium zu beantragen.

Landsturm-Rollen. S. Stammrollen.

Landsturmschein dient als Zeugniss der Ueberweisung zum Landsturm 1. Aufgebots.

Landtorpedo. Mit Sprengstoff gefüllte Behälter, die mit einem Zünder versehen sind, welcher bei jeder Berührung wirksam wird. Im Festungs- und Positionskriege in ähnlicher Weise wie Flatterminen verwendet, indem man sie nahe unter der Erdoberfläche eingräbt.

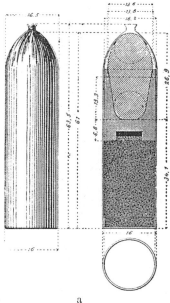
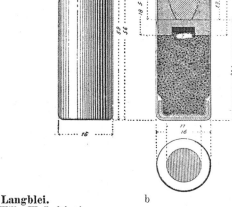

a **Langblei.** b
(Nach Wille, Waffenlehre.)

Landung s. Küstenvertheidigung. Die L. kann entweder unmittelbar aus den Schiffen oder auf Booten geschehen. Die Hauptsache ist mit dem ersten Transport soviel Truppen abzusetzen, dass sie sich auf dem Lande festsetzen können, event. befestigen. Je flacher die Küsten desto schwieriger die L., auch weil die Unternehmung nicht von der Flotte aus direkt unterstützt werden kann.

Landwehr s. Dienstpflicht. Reserve-Offiziere pp. werden nach denselben Grundsätzen wie die Mannschaft (durch die Bezirks-Kommandos) in die L. 1. Aufgebots versetzt. Die der Garde-Infanterie-Regimenter treten zu entsprechenden Garde-L.-Infanterie-Regimentern über.

Wer freiwillig in der Reserve bleiben will, hat dies dem Bezirks-Kommando zu melden. Ist der Truppentheil einverstanden, wird dieses bewilligt.

Die Versetzung der Offiziere pp. in L. 2. Aufgebots erfolgt nach erfüllter Dienstpflicht auf eigenen Antrag der Offiziere oder wenn der Dienst es gebietet.

Ueberführung von Offizieren pp. des Beurlaubtenstandes zum Landsturme findet nur auf einzureichende Abschiedsgesuche statt.

Für Offiziere, die ihre Landwehrpflicht erfüllt haben, ist die Ueberführung in den Landsturm nachzusuchen, wenn sie nicht freiwillig länger im Dienst bleiben wollen.

Landwehrbehörden sind die Bezirks-Kommandos.

Landwehr-Dienstauszeichnung hat 2 Klassen:
1. Klasse silbernes Kreuz am kornblumenblauen Bande; erhalten Offiziere, die freiwillig und mit Eifer 20 Jahre, schliesslich in der Landwehr I. Aufgebots, gedient haben (Kaiser verleiht).
2. Klasse kornblumenblaues Band mit F. W. IV. in eiserner Einfassung, für 1 Feldzug, oder 3 Monate aktiven Dienst in der Beurlaubtenzeit, oder wer 3 Monate nach Ableistung der Dienstpflicht Kapitulant war.

Anspruch geht verloren durch Versetzung in die 2. Klasse des Soldatenstandes, durch jede Bestrafung wegen einer Handlung, die mit Verlust der bürgerlichen Ehrenrechte bedroht ist, durch jede militärgerichtliche Bestrafung, durch Nichtbefolgung eines Gestellungsbefehles oder Versäumniss einer Kontrollversammlung, durch Bestrafung mit strengem Arrest im Beurlaubtenstande.

Landwehr-Inspekteur in Berlin. Er steht an der Spitze des Berliner Aushebungsgeschäftes und zwar als Vorstand der „Ober-Ersatz-Kommission im Bezirke der Landwehr-Inspektion" Berlin. Die früher noch anderweitig bestandenen Stellen von L.-Inspekteuren sind wieder aufgehoben worden.

Landwehrpflicht. S. Dienstpflicht.

Langblei. Geschoss des preussischen Zündnadelgewehres, besass eine ballistisch (für Ueberwindung des Luftwiderstandes) sehr günstige Form (Bild a), indem es sich von der Mitte nicht nur nach vorn, sondern auch nach rückwärts ei- bezw. kegelförmig verjüngte, wodurch das Abfliessen der Luft wesentlich befördert wurde. Die Führung in den Zügen übernahm der Pappzündspiegel von Papiermasse, der vorn das Geschosslager und im Boden die Zündpille enthielt. Das ursprüngliche Gewicht des L. von 30,42 g (grösster Durchmesser = 13,6 mm) wurde bei Umänderung des Zündnadelgewehrs 1869 auf 21,15 g (grösster Durchmesser = 12 mm) veringert (Bild b), um auf den näheren Entfernungen eine flachere Flugbahn zu erzielen.

Abbildung s. Seite 411.

Längenabweichung s. Streuung.

Langenbeck, v., preussischer Generalarzt 1. Klasse (1810—1887), trat 1864 als consultirender Generalarzt zur mobilen Armee; 1866 und 1870/71 sahen ihn abermals im Felde. Auch auf organisatorischem Gebiete war er thätig.

Langensalza. Treffen am 27./6. 1866. Hannoveraner unter General von Arentschild hatten Stellung an der Unstrut genommen, Langensalza besetzt. General von Fliess nahm die Stadt, Thamsbrück Kallenbergs Mühle und ging auf Merxleben über. Die Hannoveraner gingen zur Offensive über, die Preussen zogen sich langsam zurück. Die 11er mehrmals vergeblich von hannöverscher Reiterei attackirt.

Plan s. nächste Seite.

Langer Theil des Gewehrschaftes. Schafttheil vor dem Kolbenhals, bildet das Lager für Verschluss, Lauf (Laufmantel) und Stock und ist dazu mit verschiedenen Einlassungen und Nuten versehen.

Langes Feld. Vorderster und in der Regel auch schwächster Theil der Geschützrohre, meist kegelförmig, wird vorn von der ebenen Mündungsfläche begrenzt und geht hinten in das Ringoder Zapfenstück über.

Langgeschoss. Allgemeiner Ausdruck für die Geschosse der gezogenen Feuerwaffen im Gegensatz zu den Rundkugeln der glatten.

Langeron, Graf v., russischer General (1763—1831). Schon beim Sturm an Ismail erhielt er den Ehrensäbel, nachdem er im Unabhängigkeitskriege in Amerika mitgefochten und wegen der Revolution ausgewandert war. 1813/14 führte er ein russisches Korps. Seine Vorsicht kam oft in Konflikt mit Blüchers Heftigkeit; doch vernichtete er an der Katzbach die Division Puthod. Er war ein tüchtiger Soldat. 1828 führte er eine mit Erfolg gekrönte Expedition im türkischen Kriege.

Langfuhr s. Danzig.

Langgranaten wurden früher diejenigen Pulvergranaten genannt, deren Länge das anfangs ausschliesslich angewendete Maass von rund 2 Kalibern merklich überstieg. Neuerdings ist die Bezeichnung L. in Deutschland auf die mit Granatfüllung c/88 geladenen stählernen 15 und 21 cm-Granaten c/83 (L/4 bezw. L/5) übergegangen.

Langiewicz Morgan, diente in der preussischen Artillerie, nahm 1860 Theil am Feldzuge Garibaldis in Sizilien, wurde 1863 im polnischen Aufstande zum Oberbefehlshaber proklamirt, und von den Russen geschlagen, in Oesterreich internirt, 1866 in Freiheit gesetzt, lebt er in der Schweiz.

Langres, eine mit einzelnen vorgeschobenen Werken versehene Festung im Departement der Marne, die 1870/71 durch ihre Lage hätte gefährlich werden können. Doch waren die Ausfälle nur schwacher Natur und nicht weit hinausgeführt (s. Beiheft Mil.-W.-Bl.). Jetzt ist Langres zu einem bedeutenden Waffenplatz umgeformt.

Es liegt auf dem bekannten Plateau de L. und ist ein Knotenpunkt von vier sich dort treffenden Bahnlinien. 1870 wurde L. nur beobachtet. Vor dem Kriege war die auf einen Felsen liegende Festung L. sowie die Forts de la Bonnelle und de Peigny erbaut. Während des Krieges begonnen wurde das Fort Buzon und die Batterie Brevoines auf der Westseite des Reviers am Boucle, die Batterie des Franchises, die das Fort de Peigny unterstützt, sowie das Fort Marnotte, das 1800 Meter südlich von der Zitadelle liegt. Diese liegen alle etwa höchstens 2 Kilometer von der Festung entfernt. Die neuen Werke gehen bis 15 Kilometer in das Gelände hinein. Das Thal der Mouche ist von den Batterien der Pointe du Diamant geschützt; im Süden sichern die Batterien beim Crois d'Artes und du Mont die Strasse nach Dijon. Das Fort X von Cognetot mit der Batterie von Peilly wirken in das Saônethal hinein.

Am weitesten nach Norden vorgeschoben ist das grosse Fort Dampierre; im Westen schützen die Forts Montlandon und Plesnoy die Bahn, die längs der Saônequellen dahingeht. Das Fort St. Manges schützt direkt im Norden, das von den Batterien der Pointe du Diamant flankirt wird.

Die Forts wären im Ernstfalle leicht anzugreifen, weil sie sich kaum unterstützen.

Langtau. Tau, welches mit einem Haken um die Achse der Lafette befestigt wird, an den anderen Ende eine Schlaufe hat und zum Fortschaffen des abgeprotzten Geschützes auf kürzere Strecken durch die Bedienung gebraucht wird. Bei Nichtgebrauch ist es zusammengelegt an der Lafette befestigt.

Launes, Herzog von Montebello, Marschall von Frankreich (1769—1809), bekannter General Napoleons; in Italien und Aegypten that sich der ursprüngliche Färbergeselle in hohem Grade hervor; siegte bei Montebello und führte glänzend bei Marengo. 1805 führte er das 5. Korps mit Erfolg; 1806 schlug er den Prinz Louis Ferdinand bei Saalfeld, focht bei Jena und Friedland. In Spanien 1808 siegte er bei Toledo und nahm schliesslich Saragossa. 1809 fiel er bei Aspern.

Lanze besteht aus Klinge (mit Flagge), Stange mit Armriemen und Schuh. Die Spitze der Klinge liegt zweckmässig in der Achse der L. und deren Schwerpunkt beim Gebrauch nahe der Hand des Reiters. Das Gewicht der L. soll 2 Kilogramm nicht überschreiten und ihre Länge so gross sein,

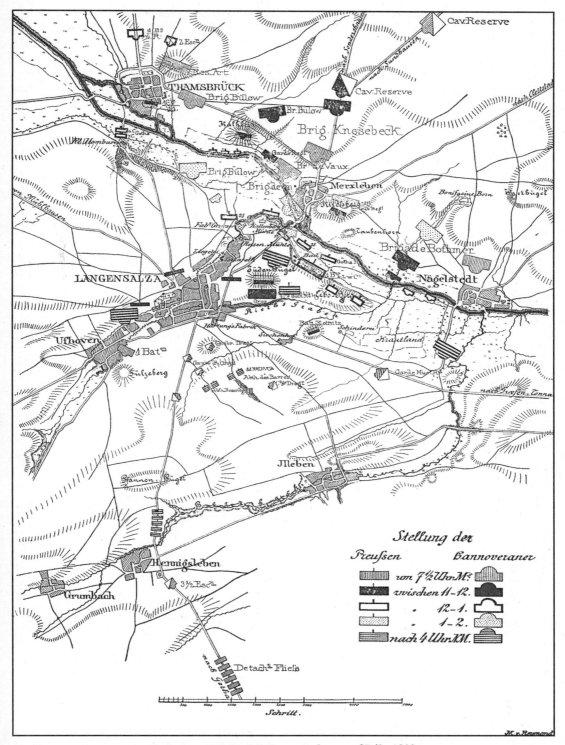

Plan zum Gefecht bei Langensalza am 27./6. 1866.

wie es die sichere Führung im Kampf irgend gestattet. Die Stange ist entweder aus zähem Holz (Esche) oder in neuerer Zeit aus Stahlblechrohr. Längen einiger Lanzen: Deutschland 3,52, Oesterreich-Ungarn (Ulanen) 2,63, russische Kosakenlanze 3,16, Frankreich 3,29 m.

Befestigungen von Laon (schliessen sich nordwestlich an La Fère an).

L. 1. im Biwak wird ½ Schritt rechts neben dem Seitengewehr in den Boden gesteckt. 2. Bei Sicherungen reitet die Kavallerie in der Regel mit Lanze auf der Lende. 3. Bei Eisenbahntransport werden die Lanzen an der Ladestelle des Gepäckwagens dem Zugbeamten übergeben und dort nach seiner Angabe verladen.

Laon hatte bis 1871 nur eine Zitadelle, jetzt ist es Mittelpunkt einer grossen befestigten Linie Laôn—La Fère geworden.

Diese Linie, geschützt im Westen durch die sehr starke Position der Höhen des Forêt de St. Gobain soll einen grossen befestigten Bezirk (région fortifiée à la Brialmont) bilden, in dem sich eine ganze Armee sammeln könnte. Die Festung La Fère mit den 3 Forts de Liez, Vendeuil und de Mayot sollen den Norden, Laôn mit den Batterien de Bruyères, St. Martin und St. Vincent bildet den Kernpunkt einer Gruppe von Forts — de Montberault, Laniscourt und Condé s. A., — die den Süden schützen. Der Plan giebt die nähere Lage der Werke an, die fast völlig isolirt liegen.

Dort fand am 9. und 10./3. 1814 die Schlacht statt zwischen dem damals erkrankten General Blücher und Napoleon. Blücher stand in und bei Laôn. Am 9. beschloss Napoleon die feste Zitadelle direkt anzugreifen, von Soissons kommend. Es entwickelte sich ein heftiger Kampf um die Dörfer Clacy, Semilly und Ardon. Blücher hatte die Meldung, dass Marschall Marmont über Fetieux herankäme, auf den Napoleon schon ungeduldig gewartet hatte. Er liess deshalb, um letzteren zu fesseln, die Russen gegen Clacy offensiv vorgehen und zog seine Truppen gegen Marmont zusammen, der das Dorf Athies nahm. In der Nacht überfielen York und Bülow die Truppen Marmonts und warfen sie, unterstützt von einem Reiterangriffe Ziethens in wilder Flucht zurück, ihnen alle Geschütze nehmend. Der Angriff der Russen auf das inzwischen stark verschanzte Clacy hatte keinen Erfolg; Napoleon versuchte noch einen vergeblichen Angriff auf Laôn und ging dann nach Reims, das er nahm. Blüchers Unwohlsein verhinderte eine energische Ausnutzung des Sieges.

1870 wurde Laôn vom Herzog von Mecklenburg durch Kapitulation genommen. Durch die Sprengung der Zitadelle durch den Kommandanten verlor er eine Anzahl Mannschaften.

Lapoype, Baron, französcher General (1758—1851), machte sich durch die tapfere Vertheidigung von Wittenberg (April 1813 bis Januar 1814) einen Namen. General Tauentzien musste nachher noch Haus für Haus nehmen.

La Rochejaquelein, Graf (1772—1794), war der gefeierte Held der Vendeé, in deren Kämpfen er grossen Muth entwickelte, doch fehlten ihm die militärischen Kenntnisse. Er fiel in einem Gefechte 1794.

La Rochelle. Befestigter Kriegshafen Frankreichs. Die Lage der Batterien ist aus der Skizze ersichtlich.

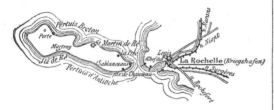

La Rothière, 1./2. 1814. Schwarzenberg stellt 130000 Mann Blücher zur Verfügung, wodurch es diesem gelingt Napoleon (40000 Mann) zu besiegen.

Lasalle, Graf, französischer General (1775—1809), war einer der tapfersten Reiterführer Napoleons, der die Schlacht bei Rivoli mit 200 Reitern entscheiden half. Bei Austerlitz und bei der Verfolgung der Preussen 1806 (er nahm Stettin) zeichnete er sich ebenso aus wie 1808 in Spanien und 1809 gegen Oesterreich, in welchem Kriege ihn bei Wagram der Tod ereilte.

Latrinen. Stangenkreuze von 2 zu 2 m, runde Sitzlatten 10 cm stark. Für ein Bataillon 25 laufende Meter. Alle 2 Tage zu schütten, bei heisser Witterung täglich mit Asche, Sand. Bei längeren Lagerungen äusserste Reinlichkeit.

In Kasernen werden für Verheirathete und für Unteroffiziere besondere L.-Abtheilungen hergerichtet.

Latour, Graf Baillet v., österreichischer Feldzeugmeister (1780—1848), dessen Vater sich in allen Kriegen 1792—96 oft in selbstständiger Stellung ausgezeichnet hatte, that sich in den Befreiungskriegen 1813—14 hervor; wurde als Kriegsminister von dem Wiener Pöbel grausam ermordet. Er war ein pflichttreuer Soldat.

Latour-Maubourg, Marquis (1768—1850), Reiterführer Napoleons, der an allen bedeutenden Schlachten, besonders bei Borodino sich hervorthat. Er wurde als Führer eines Kavalleriekorps bei Leipzig schwer verwundet. 1820 Kriegsminister.

Lattenarrest. Eine in Preussen bestandene Strafe. Die scharfkantigen Latten machten dem Bestraften das Stehen wie das Sitzen und Liegen schmerzhaft. L. wurde 1872 aufgehoben; war seit 1832 nur noch gegen Festungsgefangene gebräuchlich.

Lauban. Dort steht Bez.-Kom. Servisklasse 3.

Lauer, von, preussischer General-Stabsarzt der Armee (1808—1889) Er nahm 1848 an dem Kriege gegen Dänemark, 1849 an der Bekämpfung des Aufstandes in Dresden, sowie an den Feldzügen 1866 und 1870/71, in letzterem im Grossen Hauptquartier Theil. Die Schlachten von Königgrätz, Gravelotte, Beaumont und die Gefechte vor Paris fanden ihn an der Seite seines Monarchen. 1879 wurde er General-Stabsarzt der Armee, Chef des Sanitätskorps und der Medicinal-Abtheilung des Kriegsministeriums und Direktor der militärärztlichen Bildungsanstalten.

Laufach, Gefecht 13./7. 1866. Bei Laufach stiessen die Hessen auf die Vorhut der Division v. Goeben. Die Hessen leiteten den Angriff mit Artillerie ein und gingen dann in 3 Kolonnen mit trefflicher Bravour auf Frohnhofen vor. Auf etwa 150 Schritt herangekommen, stutzten sie aber vor dem verheerenden Feuer der noch schwachen preussischen Linien und prallten auf Weiberhöfe zurück. Ein zweiter Angriff nahm genau denselben Verlauf. Jetzt bekamen die Hessen Hülfe, ebenso' die Preussen. Als die 2. hessische Brigade noch einmal in Kompagnie-Kolonnen vorbrach, erhielt sie auf nahe Entfernung ein so vernichtendes Feuer, dass sie den Kampf aufgab. Die Preussen folgten bis gegen Aschaffenburg.

Plan s. Seite 416.

Lauf. Haupttheil der Handfeuerwaffen; Röhre aus festem, zähem und hartem Stahl (neuerdings auch Nickelstahl), deren Wandstärken bezw.

äussere Durchmesser nach der Mündung zu abnehmen. Entsprechend der Länge der jetzigen Gewehre von 120 bis 130 cm (ohne Bajonett) schwankt die Lauflänge zwischen 70 und 80 cm. Diese Maasse sollen sowohl den Gebrauch als Stosswaffe begünstigen, als auch ein mehrgliedriges Feuer ermöglichen. In Bezug auf ballistische Leistung (Mündungsgeschwindigkeit) macht eine Verkürzung, z. B. um 10 cm, nur sehr wenig Unterschied. Die Seele des L. zerfällt in das Patronenlager und den gezogenen Theil, dessen Felder am rückwärtigen Theil allmählich verlaufen, um den Eintritt des Geschosses in die Züge zu erleichtern. Mit dem Kaliber ist man zur Zeit von 8 auf 6 mm zurückgegangen. S. a. Drall, Gewehr, Kanten der Züge und Züge.

Laufbrücken (s. Feldbrückenbau) sind für Infanterie in Reihen und Kavallerie abgesessen zu Einem, etwa 2 m breit.

Laufgrabenwachen werden nach den Grundsätzen der militärischen Vorschriften ausgesetzt. Es schreitet die ganze Organisation des Wachdienstes mit dem Fortschreiten der Laufgräben entsprechend vorwärts.

Laufgräben nennt man die Gräben, die zum Angriff auf eine Festung angelegt sind und theils

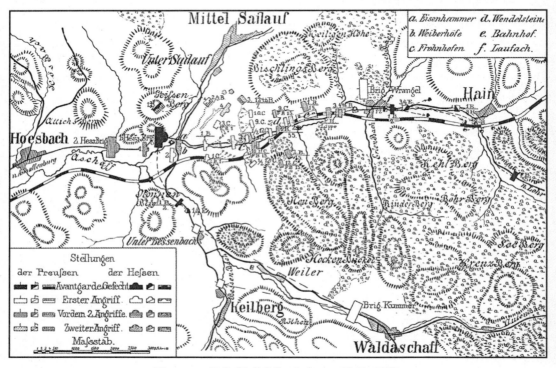

Plan zum Gefecht bei Laufach am 13./7. 1866.

gedeckte Annäherungswege, theils vertheidigungsfähige Schützengräben sind.

Laufmantel dient dem Lauf zum Schutz gegen äussere Beschädigungen und gegen die Einwirkungen des Schaftes, erleichtert die Handhabung des heiss gewordenen Gewehres und gestattet dem Lauf freie Schwingung und Ausdehnung; er umgiebt letzteren mit einigem Spielraum von der Hülse bis zur Mündung.

Statt des stählernen L. wird, um das Anfassen der erhitzten Waffe zu erleichtern, bei mehreren Gewehren ein hölzerner Handschutz angewendet, der die obere Seite des Laufes umgiebt und für das Visir ausgeschnitten ist (s. Bild auf nächster Seite).

Laufschritt. 165—175 Schritt in der Minute, darf bei trainirten Leuten ohne Gepäck nicht über 4, mit demselben nicht über 2 Minuten ausgedehnt werden (also auf 250—500 m).

Lauriston, Marquis, französischer F.-M. (1768 bis 1828). Schulgefährte Napoleons; später in dessen Stabe zu diplomatischen Sendungen und kleinen Expeditionen ausgeschickt, ohne Hervorragendes zu leisten.

Lauterstall. Pferdekrankheit (Urinirsucht), wird durch schlechten Hafer hervorgerufen, geht bei gutem Futter von selbst vorüber.

La Valette mit S. Elmo, eine starke Festung und Hafen auf Malta (englisch), wichtige Kohlenstation nach Indien und im Mittelmeere.

Lawrence. Englischer General (1806—1857). Ist berühmt geworden durch seine Vertheidigung von Lucknow beim indischen Aufstand; er starb infolge der dort erhaltenen Verwundung. Sein Bruder, der sich ebenfalls im indischen Kriege hervorthat, war seit 1863 Vize-König von Ost-Indien.

Lawrow'sche Stahlbronze. Nach dem Erfinder, dem russischen Oberst L. benanntes Geschützmetall, das, ähnlich der österreichischen Stahlbronce, mittelst des Coquillen- oder Schalengusses hergestellt und dann verdichtet wird.

Lazarethapotheken erhalten Garnisonlazarethe mit einer Normalkrankenzahl von mindestens 71 Kranken. Vorstand ist Ober-Stabs- oder Stabs-Arzt. Er ist der Vorgesetzte der Einjährig-Freiwilligen Militär-Apotheker, die das Sanitäts-Amt dem Lazareth zuweist. Auf je 120 Kranke rechnet man 1 Apotheker.

Die L. hat zwei Abtheilungen, die Arznei-Abtheilung, die für die Versorgung mit Arznei sorgt und die Verbandsmittel-Abtheilung, die für alle ärztlichen Instrumente etc. aufzukommen hat.

Lazareth-Einrichtungen bei Uebungen. Die Eisenbahnen, welche die Zurückführung der irgend beförderungsfähigen Kranken in die Garnisonlazarethe ermöglichen, haben die Nothwendigkeit besonderer Lazareth-Einrichtungen während der Uebungen erheblich beschränkt.

Lazarethgehülfen werden eingetheilt in Ober-L. (Sergeanten), L. (Unteroffiziere), Unter-L. (Gefreite) und L.-Schüler (Gemeine). Sie sind den Militärärzten zur Hülfsleistung zugetheilt.

L.-Schüler werden, wenn L. fehlen, aus dem Etat gelöhnt. Unter-L. und L., welche Nichtkapitulanten sind, erhalten 16,50 M. bis 19,50 M. Löhnung, L. als Kapitulanten 25,50 M., Ober-L. 37,50 M. monatlich.

Bis zum Beginn des Gefechtes bleiben sie in

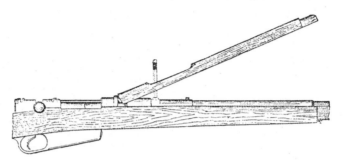

Laufmantel des spanischen 7 mm-Gewehres m/93.

der Front. Sie haben bei sich Arznei und Verbandstoffe (s. dort) und Labeflasche.

Lazareth-Inspektoren gehören zu den Zivilbeamten der Militär-Verwaltung (s. L.-Verwaltungs-Beamte).

Lazarethverwaltungs-Beamte gehören zu den Zivilbeamten der Militär-Verwaltung, welche die Geschäfte der Oekonomie-Verwaltung in den Lazarethen wahrzunehmen haben. Sie unterstehen dem Chefarzt und in höherer Instanz der Intendantur. Zu den oberen L.-B. gehören: a) L.-Ober-Inspektoren, 2400—3000 M. Gehalt, b) L.-V.-Inspektoren, 2100—2700 M. Gehalt, c) L.-Inspektoren, 1800—2200 M. Gehalt und freie Dienstwohnung mit Feuerungs- und Beleuchtungsmaterial-Deputat. Kautionspflicht: zu a 6500, zu b 5400, zu c alleinstehende 4600, sonst 2000 M. Uniform: Waffenrock mit kornblumenblauen Vorstössen und gleichfarbigem Epaulettfutter, goldene Wappenknöpfe, goldener Helmbeschlag und goldgepresster Epaulettkranz, goldenes Portépée zum Stichdegen. Alle selbständigen Inspektoren tragen 1 Rosette, solche mit dem Rechnungsrath-Charakter 2 Rosetten.

Ueber Zulassung und Prüfung von Bewerbern gelten dieselben Bestimmungen wie über die zur Garnison-Verwaltungs-Laufbahn; nur müssen die L.-B., die zur Wahrnehmung einer Feld-Lazareth-Beamtenstelle erforderliche körperliche Rüstigkeit besitzen. Verabschiedete Offiziere dürfen bei Bewerbung nicht über 40 und nicht unter 30 Jahre alt sein. Die informirende Beschäftigung der sonstigen Bewerber (Militär-Anwärter) beim Garnison-Lazareth dauert in der Regel 3 Monate.

Prüfung findet schriftlich und mündlich statt. Als Examinatoren fungiren ein Intendantur-Mitglied und ein oberer L.-B.

Zu den L.-Unterbeamten gehören: die Zivilkrankenwärter und Hausdiener, 700—1100 M. und die Maschinisten und Heizer 1200—1600 M. Gehalt — neben freier Wohnung und Deputat.

Lazarethzüge s. Feld-Sanitätswesen.

Lebel, französischer Oberst (1843—91). 1866 in die Armee eingetreten, machte er 1870/71 den Feldzug bei der Nord-Armee mit. Entwarf unter Mitarbeit anderer Offiziere und des Pulver-Ingeniers Vieille die Konstruktionsgrundzüge für ein neues kleinkalibriges Gewehr, dessen Annahme 1886 erfolgte und mit dem die gesammte französische Infanterie bewaffnet wurde.

Lebendige Kraft, vielfach üblicher, aber unzutreffender Ausdruck für kinetische Energie, Geschoss- oder Bewegungsarbeit (s. d.).

Lebensmittelausgabe muss möglichst schnell erfolgen.

Lebensmittelwagen hat jedes Bataillon und jedes Kavallerie-Regiment 4 zweispännige, jede Batterie einen zweispännigen (grosse Bagage). Sie dienen zur Fortschaffung einer vollen Portion und einer dreitägigen Theeportion für den Mann, einer Hafer-Ration für Offiziers-Reitpferde der Infanterie etc., ferner der Geräthe zum Schlachten und Backen. Ein fünfter Lebensmittelwagen ist zur Mitführung von Marketenderwaaren bestimmt und heisst daher Marketenderwagen. Zur Fortschaffung einer Haferration für die gesammten Dienstpferde dienen die Futterwagen.

Lebensrettung. Sanitätsoffiziere erhalten bei wirklicher L. einer für erfroren, erstickt, ertrunken etc. erachteten Militärperson eine Belohnung von 30, Lazarethgehülfen von 15 Mark; auch wenn Selbstmordversuch vorlag.

Lebensversicherung für Armee und Marine hat günstige Bedingungen für die Offiziere auch für den Kriegsfall. Macht Vorschüsse bis auf einen Theil der eingezahlten Beträge; hat Sparkasse. Sehr zu empfehlen. (Linkstrasse 42, Berlin W.)

Zur L. bei der Anstalt sind berechtigt die Offizieer und Sanitäts-Offiziere des aktiven und Beurlaubtenstandes des Heeres und der Marine, die oberen Militärbeamten und die etatsmässigen oberen Zivilbeamten, sämmtlich auch a. D., ferner die Unteroffiziere und die unteren Beamten des aktiven Dienststandes. Zulässig ist lebenslängliche Zahlung der Beiträge (Prämien), oder Zahlung der Prämien auf einmal, oder bis zum 50., 55. und 60. Lebensjahre (abgekürzte Prämienzahlung). Die Versicherungssumme darf nicht unter 500 Mark, nicht über 30000 Mark betragen und muss durch 500 theilbar sein.

Die Versicherung kann nur zu Gunsten bestimmt bezeichneter Personen beantragt werden. Dem Antrage sind beizufügen ein hausärztliches und von einem aktiven Obermilitärarzt ausgestelltes Attest. Wer unmittelbar nach seiner Ernennung zum Offizier der Anstalt mit der geringsten Versicherungssumme beitritt, braucht keine ärztlichen Atteste.

Der Versicherungsabschluss findet statt alle Quartals-Ersten. Die Versicherungssumme wird fällig, wenn der Tod des Versicherten nach Beginn des Tages erfolgt, von dem die Polize datirt ist, und der Versicherte um jenen Zeitpunkt gesund war.

Die Prämie muss pränumerando eingezahlt werden. Polizen, für welche mindestens 6 Jahre lang die Prämien gezahlt worden sind, können bis zu $^2/_3$ der Höhe ihrer Prämienreserve gegen 5 Prozent Zinsen und gegenseitige vierteljährliche Kündigung beliehen werden.

Näheres enthält das Statut vom 10./6. 1893. (S. Prämientarif).

Leboeuf, Marschall von Frankreich (1809), zeichnete sich in der Schlacht an der Alma aus. War 1869 Kriegsminister, der das Wort „Archiprêt" aussprach. Er kämpfte mit dem 3. Korps tapfer am 16. und 18./8. vor Metz und bei Noisseville. Er wurde mit der Armee Bazaines gefangen.

Le Bourget. |1. Gefecht am 28. und 30./10. 1870. Die Franzosen bemächtigten sich mit Handstreich des vorgeschobenen Dorfes. Es wurde von General von Budritzki mit 9 Bataillonen des Franz-Alexander- und Elisabeth-Regiments, wie der Garde-Schützen und Garde-Pioniere nach hartnäckigem Kampfe, der selbst im Orte noch wüthete, wieder genommen.

2. Gefecht am 21./12. 1870. 2 Bataillone des Elisabeth-Regiments und Garde-Schützen halten den Ort gegen die Angriffe der Franzosen mit 20 Bataillonen. Als noch 12 Kompanien des Alexander- und Elisabeth-Regiments zu Hülfe kamen, wurden die Feinde verjagt.

Lebrun, französischer Divisions-General (1809 bis 1889). Bei der Neubildung der Armee von Châlons mit dem Kommando des XII. Armee-Korps betraut, führte er dasselbe in der Schlacht bei Sedan, in der seine Truppen Bazailles und Balan vertheidigten. Nach Rückkehr aus der Kriegsgefangenschaft zum Präsidenten des Generalstabs-Komités ernannt, wurde er 1873 an die Spitze des III. Armee-Korps berufen, das er bis 1879 befehligte.

Lech. Schlacht am L. zwischen Gustav Adolph und Tilly 15./4. 1632, in der letzterer fiel.

Le Chêne und Chanteloup. Gefechte 10./1. 1871. S. Le Mans.

Leclerc, Victor, französischer General (1772 bis 1802), wurde vor Toulon, wo er das Fort Farin erstürmte, Bonapartes General-Adjutant, zeichnete sich bei der Nord- und Rhein-Armee wie in Italien aus, nahm im Zuge nach Aegypten Theil, half Bonaparte am 18. Brumaire, wurde 1797 — kaum 25 Jahre alt — Brigadier und heirathete Pauline, die Schwester Napoleons, siegte 1800 bei Landshut, starb als General-Konsul von Haïti.

Lecocq, Karl (1760—1815), sächsischer General, zeichnete sich bei Wagram aus, kommandirte 1812 das sächsische Hülfskorps gegen Russland, dann bei Grossbeeren und Dennewitz.

Lecourbe, französischer General (1760—1815), zeichnete sich in den Revolutionskriegen, besonders beim Rückzuge von Mainz und bei Rastatt 1796 aus; dann durch seine musterhafte Kriegführung in der Schweiz. Er war kein Günstling Napoleons.

Ledenice (Herzegowina), 9./2. 1882 Gefecht.

Lederne Kanone. (Veraltet — 17. Jahrhundert.) Ein Kupferrohr, welches von eisernen Reifen umgeben und mit mehreren Lagen von Stricken, Kitt und Leder überzogen war. Der Vortheil der Leichtigkeit der l. K. wurde durch die sich aus der Konstruktion ergebenden Nachtheile (starker Rücklauf, schnelle Erhitzung, geringe Haltbarkeit und Dauer) beträchtlich vermindert.

Lee, Robert E., Ober-Kommandeur der Armee der konföderirten Staaten in Nordamerika (1805 bis 1870). Aus vornehmer Familie, Gatte der einzigen Nachkommin Washingtons, zeichnete er sich schon im mexikanischen Kriege aus. 1862 an die Spitze der Süd-Armee gestellt, schlug er Mac Clellan Juni, Juli, in mehreren Schlachten um Richmond, am Antietam, 16./9. in unentschiedenem Kampf, vernichtete Burnsides Armee bei Frederiksburg 13./12. Erfocht am 1. bis 3./5. 1863 glänzende Siege über Hooker bei Wilderness und Chancellorsville, doch gelang es ihm nicht, bei Gettysburg 3./7. den Sieg über Meade zu erringen. Gegen Grants Uebermacht wehrte er sich 1864 am 4./5. in der Wilderness, 5. bis 12./5. bei Spotsylvania, 23./5. beim Annaflusse und brachte ihm bei Cool Harbour eine fast vernichtende Schlappe bei. Vertheidigte sich 11 Monate lang, bis April, in den Verschanzungen von Richmond und Petersburg gegen die übermächtigen Heere Grants und musste, umzingelt und von allen Mitteln entblösst, am 12./4. 1865 bei Appomattox l. H. kapituliren. Er war später Direktor der Militär-Akademie in

Lexington. Lee bildet eine der edelsten Erscheinungen jenes Krieges.

Leeren, Messgeräthe in Form von Rahmen, Stempeln u. a. m. zur schnellen und sicheren Prüfung der Abmessungen von Waffen- und Munitionstheilen, bei welchen nur geringe Verschiedenheiten in bestimmten Grenzen gestattet sind. Man hat Maximal-L. mit den grössten zulässigen Abmessungen und Minimal-L.; für die kleinsten desgleichen. Die Theile müssen die eine L. ohne Zwang passiren können, die andere nicht. Bei der modernen Massenfertigung von Geschossen, Patronen, Gewehrtheilen etc. hat die systematische Anwendung der L. einen ausserordentlichen Umfang erreicht, weil sie die Revision und Abnahme ungemein beschleunigt und die Fabrikation und Prüfung identischer bezw. vertauschbarer Stücke mit verhältnissmässig geringem Zeitaufwand ermöglicht.

Lefèbvre, Herzog von Danzig, Marschall von Frankreich (1755—1820), belagerte und nahm Danzig, ging 1808 nach Spanien, 1809 gegen Oesterreich. Focht 1812 an der Spitze der Garde, war auch 1814 mit Auszeichnung thätig. Sohn eines Soldaten, hat er von der Pike auf gedient.

Legirung, Vereinigung verschiedener Metalle in flüssigem Zustande zu einem neuen Stoff, in welchem sie jedoch meist nur ein mechanisches Gemenge, keine chemische Verbindung bilden. Bronze: Kupfer und Zinn; Messing: Kupfer und Zink; Nickelstahl: Stahl und Nickel. Die physikalischen Eigenschaften (Festigkeit, Elastizität u. a.) der L. sind denen der Urstoffe nicht selten bedeutend überlegen.

Legnago, 26./3. 1799 siegreiches Treffen der Kaiserlichen. Feindlicher Verlust 2511 Mann, 14 Kanonen.

Lehr-Infanterie-Bataillon in Potsdam. Das Bataillon tritt im September jedes Jahres zusammen und wird nach der Rückkehr von den Herbstübungen aufgelöst. Die zu kommandirenden Offiziere und Unteroffiziere werden auf 1 oder 2 Jahrgänge gegeben. Unteroffiziere, Gefreite, Gemeine und Spielleute auf 1 Jahr. Von den Unteroffizieren sind 24 auf ein zweites Jahr erforderlich. Die Auswahl derselben trifft der Kommandeur des L.-I.-B. Von den Mannschaften können nach Auflösung des B. die zur Kapitulation zugelassenen auf ein weiteres Jahr beim B. belassen werden. Alle melden sich bis 3 Uhr Nachmittags am Tage des Zusammentritts in der Augusta Victoria-Kaserne. Hauptleute dürfen nicht nahe am Major sein. Lieutenants 3 Jahre Offizier und unverheirathet. Gemeine etc. tadellose Führung, 1645—1835 mm gross, aus dem jüngsten Jahrgange, ärztlich zu untersuchen. Beförderungen können stattfinden. Bekleidung und Ausrüstung der Leute muss Ia sein.

Lehrschmieden, Militär-, (s. dort und Rossarztschule).

Lehwaldt, von, preussischer F.-M. (1685 bis 1768), war ein tüchtiger General, im 7jährigen Kriege 1757/58 in Pommern thätig, doch wenig energisch; konnte ohne höhere Direktive nicht gut führen.

Leib-Batterie, die 1. Batterie des 1. Garde-Feld-Artillerie-Regiments. **Leib-Eskadrons,** die 1. Eskadron des Regiments der Gardes du Corps und des Leib-Garde-Husaren-Regiments. **Leib-Kompagnie,** die 1. Kompagnie des 1. Garde-Regiments zu Fuss. **Leib-Regimenter** heissen von den unter preussischer Verwaltung stehenden Heereskontingent: das Leib-Grend.-Regt. König Friedrich Wilhelm III. (1. Brandenburg.) No. 8, das 1. Bad. Leib-Grend.-Regt. No. 109, das 1. Grossh. Hess. Inf.- (Leib-Garde) Regt. No. 115, das 3. Grossh. Hess. Inf.-Regt. (Leib-Regt.) No. 117, das Leib-Küirass.-Regt. Grosser Kurfürst (Schles.) No. 1, das 1. Bad. Leib-Drag.-Regt. No. 20, das 2. Grossh. Hess. Drag.-Regt. (Leib-Drag.-Regt.) No. 24, das Leib-Garde-Hus.-Regt., das 1. Leib-Hus.-Regt. No. 1, das 2. Leib-Hus.-Regt. Kaiserin No. 2.

Leibbinde. Wenn bei Epidemien durch Warmhalten des Unterleibes Schutz gegen Erkrankung erwartet werden kann, ist die Verausgabung von L. an die Mannschaften auf Grund militärärztlicher Bescheinigung zulässig.

Leichenbegängnisse mit militärischen Ehrenbezeugungen Paradeanzug. Bei inaktiven Generalen, die Ritter des Schwarzen Adler-Ordens waren, haben die Ritter dieses Ordens den Paradeanzug ohne Schärpe, dafür mit der Ordens-Kette anzulegen. Bei L. ohne Parade sind Waffenrock, Epaulettes und Helm anzulegen. Bei sonstigen L. kleine Uniform (s. dort), Paletot gestattet. (S. Beerdigung.)

Leichte Truppen. Heute giebt es eigentlich nur eine Art Infanterie und Kavallerie und die muss leicht, d. h. beweglich sein. Nominell rechnet man Jäger und Schützen, auch die reitende Artillerie zu den l. T.

Leichtkrankensammelstellen s. Feld-Sanitätswesen, auch Etappe.

Leicht-Traben s. Englisch-Traben.

Leinölfirniss, Schutzmittel für Gewehrschäfte gegen Witterungseinflüsse, muss aus säurefreiem Leinöl hergestellt sein.

Leipzig. Schlacht vom 18.—19./10. 1813. Die durch die Kämpfe vom 16. und 17. erfochtenen Vortheile der Verbündeten (s. Wachau) hatten Napoleon veranlasst, seine Macht mehr an die Stadt heranzuziehen, umsomehr, da er von doppelter Uebermacht umstellt war. Sein rechter Flügel lehnte sich bei Lössnig an die Pleisse, von da ging die Front über Probstheida, Holzhausen, Melkau, Stüntz, Sellerhausen nach Schönefeld an der Parthe, dann den Bach entlang bis nach Leipzig. Auf der Nordseite war Blücher durch die Einnahme der Dörfer Gohlis und Eutritzsch bis nahe an die Thore Leipzigs gelangt. Die alte Garde stand bei Stötteritz.

Der Kampf entspann sich erst um Dölitz und Lössnig, die trotz heftigen Gefechtes im Besitz der Oesterreicher und Russen blieben. Daneben begann Mittags der furchtbare Streit um Probstheida, das Napoleon zu einem starken Punkte ausgestattet hatte und hartnäckig vertheidigte, dort ganze Korps Victor war dort versammelt. Prinz August von Preussen stürmte selbst an der Spitze mehrerer Bataillone vor. Wenn man auch hier und da in das Dorf eindrang, es konnte bis zum Abend nicht gehalten werden. Offensivstösse der Franzosen wurden aber abgewiesen.

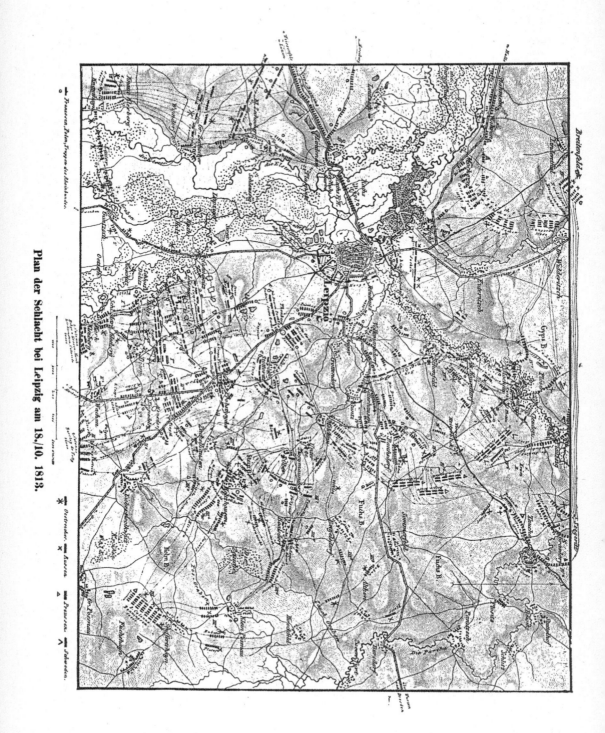

Die nächste Kolonne griff die Dörfer rechts bis zur Parthe an. Hier wurden die Dörfer Zuckelhausen (von Badensern vertheidigt), Holzhausen, Baalsdorf und Paunsdorf genommen. (Hierbei fielen die Sachsen von den Franzosen ab.)

Rechts davon traten die Korps Bülow und Langeron gegen die Absicht ihres zweifelhaften Führers, des Kronprinzen von Schweden, ins Gefecht, nachdem sie über die Parthe gegangen waren. Später wurde auch Stüntz und Melkau gestürmt. Bei Volkmarsdorf gelang es den Franzosen, sich zu setzen. Schönfeld wurde nach blutigem Kampfe spät Abends erst genommen.

Im Norden griff Sacken Leipzig (Pfaffendorf) an. Blücher schickte das Yorksche Korps, das dort nicht mehr Platz zum Angriff fand, nach Westen, um die Rückzugslinie der Franzosen zu treffen. Napoleon hatte aber schon Lindenau, den wichtigsten Brückenkopf, besetzt.

Nur die Stellung bei Stötteritz, in deren Nähe

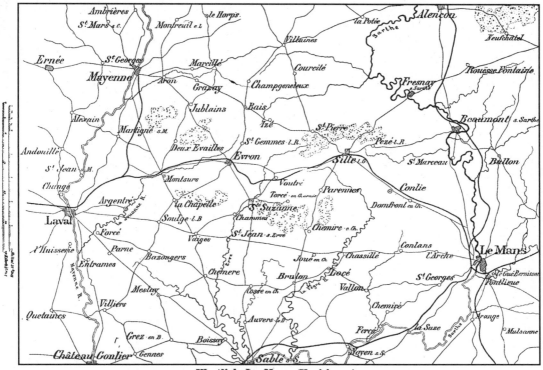

Westlich Le Mans (Verfolgung).

er alle Truppen massirte, hatte Napoleon behauptet, überall sah er mit sinkendem Tage seine Truppen zurückweichen.

In der Nacht schon begann der Rückzug.

Am 19. wurde Leipzig gestürmt. Durch zu frühzeitiges Sprengen der Elsterbrücke wurden viele französische Truppen abgeschnitten. Die Hauptarmee der Franzosen zog nach Westen ab.

Leistenbruch (einfacher) schliesst die Einstellung zum Dienst ohne Waffe nicht aus.

Leistungen s. Lieferungen.

Leistungsfähigkeit s. Fuhren.

1 Mann trägt 25 kg. — pro Minute 50—80 m —, 1 Mann trägt auf Trage bis 50 kg, 1 Mann schiebt auf Karre bis 75 kg, 1 Pferd zieht 4 bis 500 kg. Es fassen 1 Schubkarre 0,05 cbm Boden, 1 Fuhre (zweispännig) 0,5 cbm Boden, also 10mal soviel — pro Stunde 800 m mit Auf- und Abladen.

Leistungsfähigkeit der Bahnen. Ein hundertachsiger Eisenbahnzug befördert durchschnittlich 1600 Mann oder 300 Pferde oder 50 Fuhrwerke (Geschütze) oder 400 Tonnen.

Leitern (Sturmleitern), entweder gewöhnliche oder eigens zu diesem Zwecke vorbereitete, von 3—4 m Länge, sind leicht von je zwei Mann fortzubringen, können an Ort und Stelle zu grösserer Länge zusammengesetzt werden.

Leitervisir s. Rahmenvisir.

Leitfeuer. Durch dieses wird die am Heerde der Mine hervorgerufene Entzündung bis zum Minenofen fortgepflanzt. (S. Mine.)

Le Mans. Schlacht vom 10.—14./1. 1871. (S. Plan Seite 422.)

General Chanzy, der die französische Armee befehligte, war nach den Kämpfen des Januar am 10. früh bis an die Sarthe zurückgedrängt. Hatte mit dem rechten Flügel das flüchtig befestigte Le Mans besetzt, während sein linker Flügel sich bis nach Lombron, Sillé und La Mouchetière (s. Plan) ausdehnte. Prinz Friedrich Karl drängte ihn bei Le Mans mit dem 3. Korps, dem das durch Gefechte zurückgehaltene 10. Korps bald folgte. Rechts vom 3. Korps traten das 9. und 8. Korps, auf dem rechten

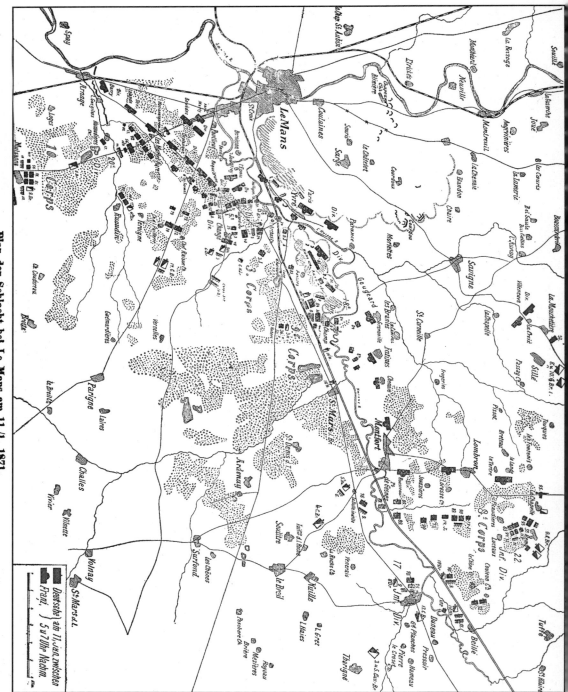

Plan der Schlacht bei Le Mans am 11./1. 1871.

Flügel das 13. Korps (17. und 22. Division) und Kavallerie in die Front.

Am 10. wurde vom 3. Korps von der 9. und 11. Brigade Parigné genommen; dann Change mit Hülfe der 10. Brigade. Die 12. Brigade nahm Champagné.

Das auf dem rechten Flügel vorgehende 13. Korps erstürmte Schloss Couleon und Chanteloup.

Das 10. Korps (linker Flügel) war noch im Anmarsch.

Am 11. Das 9. Korps nahm rechts von dem 3. die Höhen von Auvours. Die Jäger les Arches.

Das 3. Korps nahm nach schwerem Kampfe La Landrière und Le Tertre im Zentrum.

Das 9. Korps besetzte einige Gehöfte des rechten Ufers des Huisne-Flusses.

Das 13. Korps nahm Le Chêne und Les Cohernières, ging über den Guébach und rechts bis La Chapelle. Das 10. Korps kam in die Front bei Mulsanne, marschirte in der Dunkelheit weiter bis Les Mortes Aures, das in der Nacht genommen wurde.

Am 12. Die Deutschen waren im Allgemeinen bis zum Ochsenweg vorgedrungen.

Das 9. Korps nahm den Rest der Höhen von Auvours, das 13. ging über Lombron, Monfort und Guesnes gegen Corneille und trieb den Feind bis über Parance zurück. Auf dem rechten Flügel wurde La Croix genommen.

Beim 3. und 10. Korps schwere Kämpfe, doch wurde bei Les Fermes die französische Linie durchbrochen und der Feind nach Le Mans geworfen. Noch in den Strassen heftiger Kampf, doch glänzender Sieg.

(Verfolgung.) S. Plan Seite 421.

In 3 Kolonnen. General Schmidt auf Laval, Oberst Lehmann auf Mayenne und 13. Korps auf Alençon.

Schmidt schlug die Armee bei Chasillé und bei St. Jean sur Erve, dann bei Soulge le Bruant und am Jouannebache und verfolgte sie bis zum Mayennebache.

Lehmann nahm das Lager bei Conlie und schlug den Feind bei Sillé le Guillaume.

Das 13. Korps nahm Alençon. Hier endigten die Verfolgungen. Die französische Armee hatte 25 000 Mann verloren.

Lemoine-Bremse, Seilbremse, s. Bremse.

Lenkbarkeit bezeichnet die Möglichkeit, die Deichsel eines aufgeprotzten Fahrzeugs auf ebener Fahrbahn aus der Mittellinie nach der Seite zu bewegen. Die L. wird durch das Anstossen der Protzräder an die Lafette bezw. den Hinterwagen begrenzt. Die hierbei erreichte Abweichung der Deichsel von der Mittellinie ist der Lenkungswinkel. (Bei den Feldgeschützen in der Regel 80—90 Grad; Italien nur 50—58 Grad). Die L. wird umso grösser, je niedriger die Vorderräder, je schmaler der Lafettenkörper (Hinterwagen) und je grösser der Abstand der Protzverbindung von der Vorderachse ist.

Lenkscheitsystem s. Fahrzeuge.

Lenkungswinkel s. Lenkbarkeit.

Lennep. Dort steht Bez.-Kom. Servisklasse 3.

Leobschütz. Dort stehen Stab. 1., 2., 4. und 5. Esk. Hus.-Rgts. Graf Cötzen (2. Schlesisches) No. 6, Prov.-Amt, Garn.-Verw. und -Laz. — Servisklasse 3.

Leonberg. Dort steht Bez.-Kom. Servisklasse 3.

Leopold, Fürst von Anhalt, preussischer F.-M., der „alte Dessauer" (1676—1747), trat 1694 in preussische Dienste. Erfinder des eisernen Ladestockes und Gründer des exakten Exerzierens der preussischen Infanterie. Er verbot das Schiessen der Kavallerie, wollte nur mit dem Degen in der Faust attakiren. Führte die preussischen Truppen unter Eugen 1704—1707 mit Auszeichnung; zwang 1709 Douay zur Uebergabe und nahm 1712 Mörs. Mit der Regierung Friedrich Wilhelms I. begann Ls. Thätigkeit als Organisator und als Ingenieur. Die Erstürmung Glogaus 1741 durch seinen Sohn, den Erbprinzen, unter Friedrichs II. Regierung hob sein Ansehen. aber noch mehr die Siege bei Chotusitz und Kesselsdorf, nach welchem letzteren der König das Schlachtfeld besuchte, vom Pferde stieg. mit entblösstem Haupte dem Fürsten entgegenging und ihn umarmte zum Danke für den unvergleichlichen Sieg.

L, Sohn des Vorigen (1700—1751), preussischer F.-M., nahm 1741 Glogau durch energischen Angriff ein. Zeichnete sich bei Mollwitz, bei der Einnahme von Glatz, Chotusitz, Czaslau, Hohenfriedberg und Soor aus.

L., Erzherzog von Oesterreich (1614 bis 1662). verlor gegen Torstenson die Schlacht bei Breitenfeld 1641, zeichnete sich später in den Niederlanden aus, wo er 1646—1655 Statthalter war.

L., Erzherzog von Oesterreich, geb. 1823, that sich 1849 bei der Belagerung von Malghera hervor, war von 1855 bis 1866 Genie-Inspektor, von 1865 bis 1869 auch Flotten-Inspektor, 1866 Kommandant des 8. Armee-Korps.

Les Cohernières. Gefecht 11. 1. 1871. S. Le Mans.

Lescure, Marquis v. (1766—93). Ausgezeichneter Führer in der Vendée, zuletzt oberster Kommandeur des Aufstandes, wurde in der unglücklichen Schlacht bei Cholet tödlich verwundet.

Les Mortes-Aures. Gefecht 11./1. 1871. S. Le Mans.

L'Estocq, v., preussischer General der Kavallerie (1738—1815). Erkämpfte sich schon bei Langensalza unter Ziethen (1761) den Orden pour le mérite. Er war 1806 in Ostpreussen und ist bekannt durch sein energisches Eingreifen in der Schlacht bei Preussisch-Eylau.

Lestwitz, v., preussischer General (1688 bis 1767), zeichnete sich in vielen Schlachten aus, erwarb des Königs Ungnade durch die Kapitulation von Breslau 1757.

Sein Sohn (1718—1788), preussischer G.-M., erfocht sich bei Lobositz den Orden pour le mérite, ist berühmt durch sein schneidiges Auftreten in der Schlacht bei Torgau, wo er den Sieg Ziethens erfechten half.

Le Tertre. Gefecht 11./1. 1871. S. Le Mans.

Leuchtenberg, Eugen, de Beauharnais. Herzog, Fürst von Eichstädt (1781—1824), Stiefsohn

Napoleons I. und Sohn Josefinens, nahm Theil an den Feldzügen in Italien und Aegypten, ward 1805 Vicekönig von Italien, that sich 1806 bei Jena hervor, zeichnete sich 1813 bei Bautzen aus, musste 1814 die Lombardei und Mantua an die Oesterreicher abtreten, erhielt dann von seinem Schwiegervater, dem Könige von Baiern, die Landgrafschaft Leuchtenberg.

Leuchtfeuer, zur Beleuchtung bestimmter Geländetheile dienende besondere Kriegsfeuer. Leuchtraketen, C/78 und 8 cm, für mässige Entfernung und kurze Dauer, Leuchtfackeln und solche C/77 für die Nähe und längere Dauer. Letztere bestehen aus Zinkhülsen, die mit einem Gemenge von Salpeterschwefel, Mehlpulver nnd Schwefelantimon vollgeschlagen sind. Brennzeit 10—12 Minuten. Rakete s. d.

Leuchtgeschoss. Mit kleiner Sprengladung, Leuchtkörpern und Brennzünder geladenes, dünnwandiges Hohlgeschoss, das in angemessenem Abstand über dem Ziel zerspringen und dasselbe durch die niederfallende Garbe der brennenden Körper einige Zeit beleuchten soll. Die Wirksamkeit der L. ist von sehr vielen, grossentheils zufälligen Bedingungen abhängig und daher stets unsicher; sie werden deshalb nur spärlich verwendet, seitens der deutschen Artillerie gar nicht mehr, bei der Feldartillerie nur noch in England (s. Bild: L. des englischen Feldzwölfpfünders). Vergl. auch Fallschirm-L.

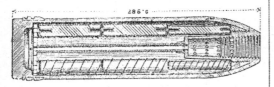

Leuchtgeschoss des englischen Zwölfpfünders.

Leuthen. Schlacht am 5./12. 1757. Plan s. Seite 425.

Die Oesterreicher unter Prinz Karl von Lothringen hatten eine Stellung zwischen Sagschütz (linker Flügel) und Nypern (rechter Flügel) genommen. Das Zentrum war bei Leuthen und Kavallerie nach Borne vorgeschoben. Die Kavallerie wurde von der preussischen Avantgarde sofort heftig angegriffen und nach Frobelwitz zurückgeworfen. Dann marschirte der König um den linken Flügel der Oesterreicher herum bis Schriegwitz, liess links einschwenken, nahm die Batterien, bezw. trieb sie zurück und stürmte gegen Leuthen los. Als hier der Kampf zweifelhaft war, da die Oesterreicher schleunigst die Front gegen den König genommen hatten, stürzte sich Driesen mit 50 Schwadronen auf den linken Flügel der Oesterreicher, warf und verfolgte ihn bis Lissa hin. Die österreichische Infanterie brach zusammen und floh nach Breslau zu. Diesen glänzenden Sieg erfocht der König mit 32 gegen 80 000 Oesterreicher. Die Nacht brachte er in Lipa zu.

Leuze (Belgien). Dort 18./9. 1691 Schlacht, in der Fürst Waldeck die Nachhut des Marschalls von Luxemburg, die Tilly befehligte, angriff, doch ohne besonderen Erfolg.

Levée en masse, das Aufgebot der gesammten männlichen Bevölkerung einer Nation, wurde 1870/71 in Frankreich dekretirt.

Lewenez, 20./7. 1663 siegreiche Schlacht der Kaiserlichen, feindlicher Verlust 6000 Mann, das ganze Geschütz. Stärke der Kaiserlichen 12000, der Türken 25000 Mann.

L'Hay, Gefechte bei, s. Paris.

Libellen dienen zur Bestimmung einer horizontalen Ebene. Es sind mit Schwefeläther gefüllte Dosen oder Röhren, deren konvexe Gläser eine Luftblase sichtbar machen, nach deren Stellung man die Horizontale erkennen kann. Sie sind nur auf kleine Entfernungen sicher. Man hat Dosen- und Röhren-L.

Libellenquadrant. Geräth zum Nehmen der Höhenrichtung bei Geschützen. Der deutsche L. C/82 besteht aus einer Messingplatte in Gestalt eines Viertelkreises, an dessen unteren Halbmesser ein rechtwinklig abstehender Lappen zum Aufsetzen auf das Rohr angegossen ist. Längs des bogenförmigen Randes Gradtheilung (0—90°), vom Nonius (s. d.) des Libellengehäuses bestrichen, dessen Führungsstück am entgegengesetzten Ende seinen Drehpunkt hat und durch eine Klemmschraube festgestellt werden kann. Mittelst der Stellschraube stellt man den Nonius nebst Libellengehäuse nach Ausschaltung des Geländewinkels auf die befohlene Erhöhung an der Gradtheilung ein, setzt den L. auf das Rohr und hebt oder senkt letzteres durch die Richtmaschine, bis das Luftbläschen der Libelle auf die Mitte der in die Glasröhre eingerissenen Theilstriche einspielt. Das Libellengehäuse liegt dann wagerecht und das Rohr hat die verlangte Erhöhung.

Licenzschein heisst in Sachsen die königliche Genehmigung zur Verheirathung eines Offiziers.

Lichtenberg, elsässisches Städtchen mit Bergschloss, übergab sich 9./8. 1870, nach tapferer Vertheidigung an die Württemberger.

Lichterfelde (Gr.), Haupt-Kadettenanstalt. Dort liegt auch das Garde-Schützen-Bat. (S. Kadetten.) Serviskl asse I.

Liderung (Abdichtung; veraltet: Obturation), gasdichter Abschluss des Seelenbodens in Hinterladern. Für Geschütze mit Kolbenverschluss napfförmiger Pressspahnboden, mit Keilverschluss metallener Ring (s. Broadwell-, stählerner und kupferner Liderungsring und Freyresche L.), bei Schraubenverschluss (s. d.) in der Regel die plastische L. de Bange. Die Grundbedingung für ein befriedigendes Verhalten aller metallischen L. ist genaues Zusammenpassen mit ihrem Lager im Rohrkörper und andauernd sorgsame Behandlung, um ein Durchschlagen der Pulvergase thunlichst zu verhüten und, wenn es dennoch eintritt, dem Entstehen von Ausbrennungen sofort durch wirksame Gegenmassregeln vorzubeugen. Die plastische, bei Keilverschluss nicht anwendbare L. hat manche Vorzüge vor den metallischen. Eine vollkommene L. ergeben indess nur hinlänglich widerstandsfähige Metallpatronen und Kartuschen, wie sie bei den Handfeuerwaffen

Leuthen

Plan der Schlacht bei Leuthen am 5./12. 1857.

und den meisten Schnellfeuerkanonen Verwendung finden.

Liebenau, 26./6. 1866 Gefecht zwischen der preussischen 8. Division Horn und der 1. österreichischen Kavallerie-Division Edelsheim, durch welche das Defilé Turnau in die Hände der Preussen gerieth.

Liebertwolkwitz (bei Leipzig). Reitergefecht 14./10. 1813. Graf Pahlen III. griff hier mit 6000 Reitern die ebenso starke Kavallerie Murats an und warf sie vollständig über den Haufen, sodass der König von Neapel mit Mühe entkam.

Liechtenstein, Joseph, Fürst, österreichischer F.-M. (1696—1772), ist bekannt durch seinen glänzenden Sieg 16./6. 1746 bei Piacenza über die Franzosen und Spanier. Er war nachher (auch aus eigenen Mitteln) Regenerator der österreichischen Artillerie.

Alois, österreichische F.-Z.-M. (1780—1833), in allen Schlachten von 1801 (Theresien-Kreuz) bis 1814 erwarb er sich Ruhm und ebensoviel Wunden.

Johann, österreichischer F.-M. (1760—1836). Eine der herrlichsten Soldatenerscheinungen seiner Zeit; als Reiterführer glänzend, zeichnete er sich in allen Kämpfen von 1788—1809 aus. In 132 Treffen wurden 24 Pferde unter ihm erschossen. (Oesterr. Mil.-Ztschr. 1827.)

Lieferungen und Leistungen. (Zunächst für die Korps-Bekleidungs-Aemter.) Bedingungen etc. sind an den in der Ausschreibung bezeichneten Stellen einzusehen; Abschriften können zum Selbstkostenpreise gegeben werden.

Die Angebote müssen alle Angaben enthalten, welche bei der Ausschreibung verlangt werden, und rechtzeitig eingehen.

Die Einsendung hat ohne Preisangabe und ohne Nennung oder Kennzeichnung des Absenders stattzufinden. Die Bezeichnung der Muster ist lediglich durch eine sechsstellige Zahl zu bewirken, welche vom Unternehmer zu wählen und bei jeder neuen Verdingung zu wechseln ist.

Muster, auf welche der Zuschlag ertheilt wird, bleiben aufbewahrt und können auch bei späteren Lieferungen dienen.

Die Bewerber bleiben an ihr Angebot gebunden.

Wenn nichts Anderes durch die Ausschreibung bestimmt ist, hat der Unternehmer innerhalb acht Tagen nach der Ertheilung des Zuschlages die nach den Bedingungen etwa erforderliche und daselbst bezifferte Kaution zu bestellen, widrigenfalls der Truppentheil etc. befugt ist, von dem Vertrage zurückzutreten und Schadenersatz zu beanspruchen.

Baares Geld, welches als Kaution hinterlegt worden ist, wird nicht verzinst.

Aehnliche Festsetzungen bestehen auch für andere Verwaltungszweige: z. B. für Verdingungen von L. und L. bei den Artillerie-Depots, ferner im Bereiche des Festungsbauwesens, des Garnisonbauwesens etc. Die bezüglichen Bestimmungen sind im Buchhandel (Mittler, Berlin) käuflich zu haben.

Liegnitz. Schlacht 15./8. 1760. Sieg Friedrichs II. mit 14000 Mann gegen Laudons 31000 Mann starke Armee. Der König, durch Laudon plötzlich angegriffen, nahm Stellung am Wolfsberge. Die angreifenden Oesterreicher wurden hier mit Ungestüm angegriffen und geworfen. Wedell ging gegen Panten vor und warf den österreichischen linken Flügel. Der König griff nun auch den rechten Flügel an und gewann hier den Sieg. Eine angeordnete Umgehung Lacys kam nicht zum Austrage. Ziethen vernichtete am Töpferberge 18 Schwadronen Reiterei unter Ried.

Dort stehen der Stab der 18. Inf.-Brig., Grend.-Rgt. König Wilhelm I. (2. Westpr.) No. 7, Bez.-Kom., Garn.-Verw. und Laz. — Servisklasse 2.

Ligne, Karl, Fürst von Aremberg, österreichischer F.-M.-L. (1735—1814), zeichnete sich bei Leuthen, Breslau und Hochkirch aus, führte im baierischen Erbfolgekriege die Avantgarde unter Laudon; erhielt für eine besondere Mission nach Petersburg 1782 den Titel eines russischen F.-M., wurde 1788 von Kaiser Josef zum Grossmeister der Artillerie ernannt; war ein angesehener Militär-Schriftsteller: Memoires sur le Roi de Prusse, vie du Prince Eugen, Lettres et Pensées etc.

Lignose, Sprengstoff, besteht aus Nitroglyzerin und nitrirtem Holzmehl (-spähnen); desgleichen Sebastin.

Ligny. Schlacht am 16./6. 1815. Blücher, auf den Beistand der Engländer hoffend, die bei Quatre-Bras im Kampfe standen, nahm bei L. den Kampf an. Mit grosser Wuth wurde um den Besitz der Dörfer St. Amand und Ligny gekämpft, die schliesslich von den an Zahl überlegenen Franzosen genommen wurden, doch waren sie nicht stark genung, mit einbrechender Nacht den dahinter liegenden Mühlberg zu nehmen. Blücher fiel bei einer Attacke unter sein Pferd; sammelte seine Truppen, die durchaus nicht demoralisirt waren, und nahm den Rückzug über Tilly und Wavre, direkt an dem linken Flügel des Feindes vorbei, um den Engländern zu Hülfe zu kommen, was bekanntlich bei Belle-Alliance in der erfolgreichsten Weise geschah.

Plan s. Seite 427.

Lille, französische Festung, seit 1871 ausgebaut. Da die Gegend flach ist, so hat man einen regelmässigen Fortgürtel um die Stadt gelegt, dessen Anordnung aus dem Plane ersichtlich ist. Die einst bastionirte Enceinte um die Stadt ist bedeutend erweitert und nach neuen Grundregeln ausgebaut. L. ist ein Knotenpunkt wichtiger Bahnen.

Plan s. Seite 428 und 429.

Limmat, 25. und 26. September 1799 Kämpfe zwischen Oesterreichern und Franzosen.

Lineartaktik. Sie bestand in der Verwendung fester, feuernder Linien, die der Kolonnen- und Schützentaktik Platz machte. In gewissem Sinne sind wir wieder zur L. zurückgekehrt, nur ist sie flüssig geworden; denn die Kolonne ist wieder in ihre Eigenschaft als Bewegungsform ausserhalb des Feuers zurückgegangen.

Beachtenswert ist, dass die Abessynier im Gefechte bei Adua gegen die Italiener in allen Treffen mit eingliedriger Linie vorgingen, wie dies manche europäische Schriftsteller vorschlagen.

Lingen. Dort steht Bez.-Kom. Servisklasse 3.
Linien (befestigte). (S. Kordonsystem.) Die
L. haben bis vor einem Jahrhunderte noch eine
glänzende Rolle gespielt, indem bis dahin die
Kriegführung an verschanzte Stellungen, Festungen etc. sich anlehnte. Die grosse Kriegs-

Plan der Schlacht bei Ligny am 16./6. 1815.

anschauung Napoleons, die heutigen Massenaufgebote und die grosse Energie der Kampfarbeit haben sie lzu Grabe tragen lassen. Die L., die noch zuletzt eine Rolle spielen sollten, die Danewerke, wurden eiligst verlassen, als der leiseste Druck ihren Rücken bedrohte.

Dennoch ist die L., besonders bei den weit und sicher tragenden Waffen der neuesten Zeit, wieder die Grundform der Befestigung geworden, die um so rationeller ist, je mehr Feuergewehren sie Gelegenheit giebt, ihre Wirkung in das Gelände zu tragen. Die neuen L. unterscheiden

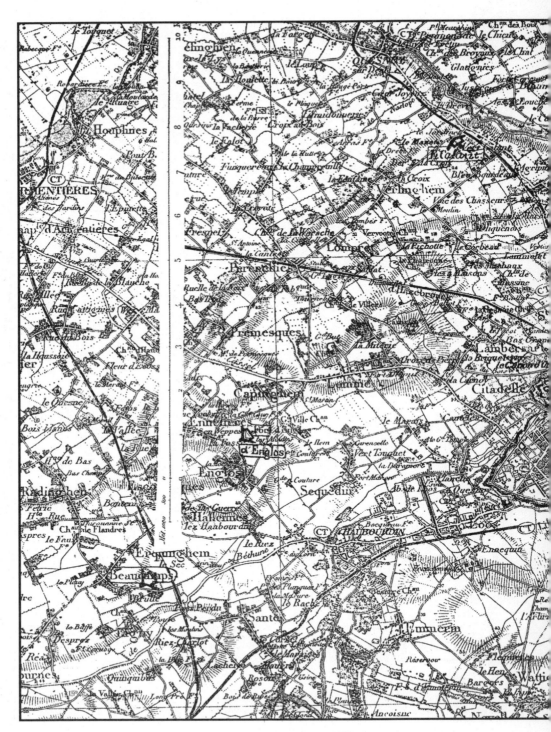

Befestigungen von Lille.

Befestigungen von Lille.

sich von den älteren dadurch, dass sie keine kunstvollen Grundformen, wie Bastionär-, Tenaillen- oder cremaillirte Tracés brauchen, sondern einfach sich dem Zweck, den sie haben, und dem Gelände, in dem sie angelegt sein sollen, anschmiegen.

Die in der Geschichte bekanntesten Linien sind:

1. die in den **Niederlanden**, in den Kriegen 1588—1697 und im spanischen Erbfolgekriege 1701—13.

2. Im **Schwarzwald** und am **Ober-Rhein**: die Schwarzwald-, Bühl-Stollhofener, Ettlinger, Moder-Hagenauer, Lauter-Weissenburger, Aurich- und Speyerbach-Linien.

3. Die Grenzbefestigungen Baierns 1701—1704.

Linien-Kommandanten. S. Militär-Eisenbahn u. s. w. Das den Linien-Kommandanten beigegebene, die Kommandantur bildende Personal besteht aus:
1 Adjutanten,
1 höheren Eisenbahn-Beamten nebst Hülfspersonal,
1 Zahlmeister,
Unterpersonal.

Die Linien-Kommandanturen ordnen und überwachen den Dienst der unterstellten Bahnhofs-Kommandanturen.

Linienplan s. Militäreisenbahn etc.

Linz war einst befestigt (mit den berühmten Maximilian-Thürmen), ist heute offene Stadt. Dort siegte 17./5. 1809 Bernadotte an der Spitze sächsischer und württembergischer Truppen über die Oesterreicher unter Kolowrat.

Lippe-Biesterfeld-Weissenfeld, Graf v., Edler Herr zu, sächsischer General der Kavallerie (1820—80). Im Feldzuge 1866 führte er das Garde-Reiter-Regiment. Während des Feldzuges 1870/71 in Frankreich stand er an der Spitze der sächsischen Kavallerie-Division. Er führte die Division bis vor Paris und übernahm dann die Deckung der Maas-Armee gegen die sich im Norden formirenden französischen Truppen. Bis zum Eintreffen der I. Armee wusste er mit nur schwachen Kräften dem immer mehr anwachsenden Feinde Stand zu halten, schloss sich dann der I. Armee zur Kooperation gegen die französische Nordarmee an und kommandirte bei St. Quentin auf dem äussersten rechten Flügel.

Lippenkanonen (veraltet — Schweden). Glatte Rohre, deren Seele sich an der Mündung kegelförmig erweiterte, wodurch die Trefffähigkeit verbessert werden sollte.

Liprandi, russischer General (1796—1862). Er befehligte im Krimkriege (1854) das Blokade-Korps von Kalafat, doch musste er die Blokade aufgeben; siegte dafür im Herbste bei Kadikoi, wo er die türkischen Linien erstürmte. Auch in der Schlacht bei Traktir that er sich hervor.

Lisaine. Schlacht an der L. 15.—17./1. 1871. (S. Plan auf Seite 431.) Dort hatte das Korps Werder mit seinen 4 Reserve-Divisionen und den badenschen Truppen Aufstellung genommen. Den linken Flügel bildete das stark besetzte Monbéliard, den rechten die badische Division. Die vor der Front fliessende Lisaine war zugefroren.

15./1. Vier Armee-Korps der Franzosen unter Bourbaki, vom rechten Flügel ab: das 15., 24., 20. und 18. Korps, griffen an. Sie wurden auf der ganzen Front abgewiesen. Nur Chagey wurde zeitweise genommen, doch wieder verloren. Bei Chenebier hatten die Franzosen einige Vortheile erkämpft.

Am 16. nahmen die Franzosen Chenebier und Frahier, hatten aber auf der übrigen Front keine Erfolge.

Am 17. wurde Frahier wieder genommen, doch die Angriffe der Deutschen auf Chenebier und die Gehölze dahinter schlugen fehl. Ebenso aber auch alle Versuche der Franzosen, über Chenebier und auf Chagey vorzudringen.

Da die Franzosen die drei Nächte in der Kälte biwakiren mussten, hatten sie genug und traten 18. den Rückzug an, der ihnen dann von Manteuffel so unangenehm verlegt wurde.

Lisière, der Rand, Saum, die Umfassung eines Waldes oder Dorfes.

Lissa. Dort stehen 3. Bat. 3. Niederschles. Inf.-Rgts. No. 50, 3. und 4. Abth. Pos. Feldart.-Rgts. No. 20, Prov.-Amt, Garn.-Verw. und Laz. Servisklasse 2.

Lissa. Seeschlacht 20./7. 1866. Admiral Tegethoff schlug daselbst die italienische Flotte.

Lister Tief. (An der Westküste Schleswigs.) Dort ergab sich Hammer 19./7. 1864 mit seiner kleinen Wattenflottille.

Litewka heissen in Preussen die Uniformröcke, die sich dem Körper nicht fest anschliessen. Sie sind für Garde, Linien- und Landwehr, Infanterie, Pioniere, Eisenbahntruppen, sowie für Landsturm-Mannschaften etatsmässig, für Fussartillerie ausseretatsmässig (neben der Drillichjacke) und werden blousenartig von **dunkelblauem** Molton gefertigt. Für Jäger und Schützen ist die L. von demselben Schnitt, aber von **grauem** Molton etatsmässig.

Die L. der Offiziere ist von dunkelblauer (bei den Jägern etc. von grauer) Serge; Länge bis zur Beinspalte, Ueberschlagkragen vom Grundstoff, vorn 6 schwarze Hornknöpfe, zu beiden Seiten und auf dem linken Bruststück je eine Tasche, Schulterknöpfe und Achselstückenöse wie beim Waffenrock.

Lithofrakteur (Steinbrecher), Sprengstoff, besteht aus Kieselguhr-Dynamit mit Barytsalpeter, Schwefel, Zellulose, Braunstein und doppelkohlensaurem Natron.

Livorno. 11./5. 1849 Einnahme durch die Oesterreicher unter d'Aspre, nach eintägiger Beschiessung.

Lloyd, Heinrich (1729—1783), General und angesehener Militär-Schriftsteller (Geschichte des 7jährigen Krieges). Diente in England, Oesterreich, Preussen, Russland und Frankreich.

Lobau, eine Donauinsel, über die Napoleon 1809 den Uebergang zur Schlacht bei Aspern erzwang.

Lobkowitz, Fürst **Wenzel**, österreichischer F.-M. (1609—77), that sich im 30jährigen Kriege hervor, war später Staatsmann, wurde aber verbannt.

Johann, österreichischer F.-M. (1686—1755), machte sich einen Namen durch die Vertheidigung von Messina; führte später unter Herzog Karl von Lothringen.

Josef, österreichischer F.-M. (1725—1802,) zeichnete sich im 7jährigen Kriege besonders bei Pegau (1762) aus, war später Diplomat.

Lobositz — Lodi

Rudolf, Prinz, österreichischer F.-Z.-M., geb. 1840, Kommandant des 4. Korps, nahm Theil am Feldzuge 1859 und 1866.

Lobositz. Schlacht 1./10. 1756. Improvisirte Schlacht, ohne entscheidenden Ausgang. Friedrich II., der bei Aussig stand, wurde von den Oesterreichern unter Browne angegriffen, nahm auf den Höhen nördlich L. Stellung. Nebel verhinderte genaues Erkennen. Der König liess die Kavallerie angreifen, diese wurde abgeschlagen; darauf griff er mit Infanterie L. an, doch ohne Resultat, da die Oesterreicher lebhaft

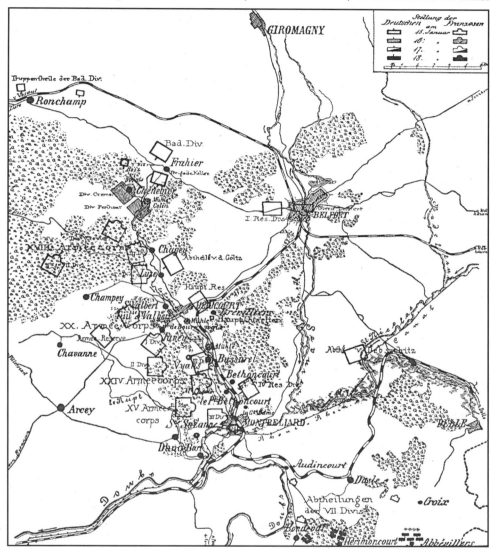

Plan zur Schlacht an der Lisaine am 15., 16. und 17. Januar 1871.

die Offensive ergriffen. Beide Armeen kehrten in ihre Stellungen zurück. Der Erfolg für den König war nur ein strategischer.

Loburg, Truppen-Uebungsplatz. Kommandantur (in Alten-Grabow). Garn.-Verw.

Locken geschieht eine Viertelstunde vor dem Zapfenstreich; ebenso bei dem Parademarsche, durch die Trommeln, ehe die Musik einfällt.

Lockstedt, Feldart.-Schiessplatz. Sch.-Verw.

s. Itzehoe, Fil. d. Art.-Dep. in Rendsburg, Garn.-Verw., Bar.-Laz. — Servisklasse 4.

Lodi. Schlacht am 10./5. 1796. Bonaparte nahm die Stadt Lodi am Po und verhinderte von dort aus die Zerstörung der Brücke seitens der Oesterreicher, die den Uebergang über dieselbe ebenfalls verhinderten. Erst als Massenas Schützen sich durch den Fluss gearbeitet und das linke Ufer erreicht hatten, gelang es, die

Oesterreicher zurückzudrängen und der Division Augereau den Uebergang über die Brücke zu ermöglichen. Die französische Legende hat sich der Schlacht bemächtigt, um Bonaparte zu verherrlichen.

Löffler, preussischer General-Arzt (1815—74), war Armee-General-Arzt in den Feldzügen 1864, 1866 und 1870/71. Er hat grosse Verdienste um die Reorganisation des preussischen Militär-Sanitätswesens.

Löhnung erhalten alle Mannschaften. Während des Aufenthalts im Lazareth wird an Stelle der L. die Krankenlöhnung (s. d.) gewährt. Beurlaubte Kapitulanten verbleiben bis zu 3 Monaten im Genusse der L.; darüber hinaus nur in Ausnahmefällen. Für Nichtkapitulanten beträgt diese Grenze 8 Tage. An Untersuchungs-Arrestanten und im gelinden Arrest oder Haft wird volle L. gezahlt, bei mittlerem und strengem Arrest 15 Pf. und bei Gefängnissstrafe 30 Pf. täglich ohne Unterschied der Charge. Bei Kommandos zur Probedienstleistung in Zivilstellen haben Militär-Anwärter (s. d.) ein Gesammteinkommen zu beanspruchen, welches beträgt:

für Feldwebel	verh.	100 M.	unverh.	90 M.
„ Vizefeldwebel	„	90 „	„	75 „
„ Sergeanten	„	80 „	„	60 „
„ Unteroffiziere	„	70 „	„	50 „
„ Gefr. u. Gemeine	„	60 „	„	40 „

Mit der Beendigung der Probezeit fallen die Zuschüsse aus Militär-Fonds fort.

Die Chargen-Löhnungssätze sind nach den Waffengattungen verschieden. Dieselben betragen monatlich:

für Feldwebel, Wachtmeister	60—64,50 M.
„ Vizefeldwebel, Vizewachtmeister	45—49,50 „
„ Portépéefähnriche	27 „
„ Sergeanten, Feuerwerker	36—40,50 „
„ Unteroffiziere, Oberjäger etc.	25,50—30 „
„ Stabshoboisten, Stabstrompeter etc.	45—49,50 „
„ Hoboisten, Trompeter etc.	16,50—22,50 „
„ Hülfshoboisten	12 „
„ Kapitulanten	16,50—19,50 „
„ Gefreite und Obergefreite	12—18 „
„ Gemeine	10,50—13,50 „ (bezw. 16,50)

und zwar die niedrigsten Sätze stets bei der Infanterie, die höchsten beim 1. Garde-Regiment zu Fuss oder beim Regiment der Garde du Corps.

Löhnungs-Zuschüsse erhalten: a) die Familien der Kapitulanten für die Zeit, in welcher sich der Ernährer in einem Lazareth oder einer Heilanstalt befindet und b) die Familien aller Unteroffiziere für die Zeit der dienstlichen Abwesenheit ihrer Ernährer.

Zu a beträgt der L.-Z.:

für Feldwebel	1 M.	50 Pf.
„ Vizefeldwebel	1 „	20 „
„ Sergeanten		90 „
„ Unteroffiziere		60 „
„ etatsmässige Hoboisten und Kapitulanten		50 „
„ Hülfshoboisten		30 „
„ Gemeine Kapitulanten ohne deren Gebührnisse		20 „

Zu b wird ohne Unterschied der Chargen 50 Pf. täglich gewährt.

Lörrach. Dort steht Bez.-Kom. — Servisklasse 3.

Lötzen. Dort stehen Komdtr., 1. Bat. 8. Ostpr. Inf.-Regt. No. 45, Bez.-Kom., Art.-Dep., Fortif., Prov.-Amt, Garn.-Verw. u. Laz. — Servisklasse 4. Zu L. gehört die Feste Boyen.

Löwen. 22., 23./3. 1793 siegreiches Treffen der Oesterreicher. Feindlicher Verlust 2000 Mann.

Loewenfeld, v. (1808—1880), preussischer General der Infanterie, führte die 9. Division ruhmvoll bei Nachod und Skalitz.

Löwenhaupt, Adam Graf, schwedischer General (1659—1719), schlug die Russen bei Liesna und in der Ebene von Severien, gerieth bei Pultawa in Gefangenschaft, in der er starb.

Logement war der Ausdruck für eine grössere Einnistung des Angreifers im Festungskriege. Besonders nannte man die Verbauung in gesprengtem Minenkessel oder in einem besonderen Graben, von dem aus man den Minenangriff vorstiess, das „Minen-L." Ebenso „logirte" man sich in gewonnenen Werken, Breschen etc. ein.

Lohe. Schlacht an der Lohe, 22./11. 1757, wird auch Schlacht bei Breslau genannt, in der Herzog von Bevern durch ein überlegenes österreichisches Heer unter Prinz Karl von Lothringen aus Breslau zurückgedrängt wurde. Der Herzog gerieth in Gefangenschaft. Sein Heer zog sich auf Glogau zurück. Breslau kapitulirte.

Loigny (-Poupry). Schlacht am 2./12. 1870. Nach einem kleinen Erfolge bei Villepion und dem verbreiteten Gerücht, dass General Duccot sich aus Paris durchgeschlagen habe, machten die Franzosen mit 3 Korps (15., 16. und 17.) einen Versuch um Paris zu durchbrechen. Der Grossherzog von Mecklenburg, der das erste bayrische Korps, sowie die 17. und 22. Division führte, warf mit Hülfe der Kavallerie-Division Prinz Albrecht die Franzosen nach mancherlei Kämpfen, die in der Mitte gegen Loigny und auf dem linken Flügel gegen Poupry sich abspielten (Schlachtplan s. Seite 433).

Loir. Nebenfluss der Sarthe i. NW. Frankreichs.

Loire. Hier fanden die hauptsächlichsten Schlachten zwischen den neu aufgestellten Heeren der Republik, den Bayern und der Armee des Prinzen Friedrich Karl 1870/71 statt.

Lokalgefecht ist veralteter Ausdruck für Ortsgefecht.

Lokalisiren heisst einen Krieg auf den Schauplatz ohne Einmischung fremder Mächte beschränken. Dazu sind hauptsächlich diplomatische Gewandtheit, in militärischer Beziehung schnelle und entscheidende Erfolge die Werkzeuge. Die Kriege 1854 in der Krim, 1859 in Italien, 1864 in Dänemark und 1866 in Deutschland sind Beispiele neueren Datums. Auch der Krieg 1870/71 ist in gewisser Beziehung dazu zu rechnen. Die Verbündungen grosser Staaten verhindern das L., aber ebenso auch den Ausbruch der Kriege aus lokalen Gründen.

Lokaltruppen heissen jene, die nicht mobil, als Besatzung bestimmter Plätze bestimmt werden. So waren die Besatzungen von Josefstadt und Königgrätz L., ihr Brigadier hiess Lokal-Brigadier. Auch Russland hat noch Lokaltruppen in Friedensformationen.

Lom. Gefechte am L. mit Mehemed Ali 1877.

Lomont. An der Schweizer Grenze haben die Franzosen sich auch sichern zu müssen geglaubt, und auf den Parallelketten südlich Blamont eine Anzahl Werke angelegt. Das Hauptwerk Fort du mont Lomont besteht aus einer in einer Geländefalte des felsigen Gebirgsrückens gebauten bombensicheren Kaserne, die nach allen Seiten von starken Batterien geschützt ist. Die östlichen heissen die de la Roche-Gela und des Estabons, die westlichen, den Doubs beherrschenden heissen die des Roches und de Saussis. Sie machen den Durchgang bei Pont de Roide nicht möglich, ohne die Werke zu nehmen.

Lonato. Treffen am 3./8. 1796, in dem sich die österreichische Brigade Ocskay, von Bonaparte umschlossen, ergab.

London. Der Vertrag von L., 8./5. 1852, sicherte dem Prinzen Christian von Schleswig-Holstein-Glücksburg die Nachfolge in Dänemark

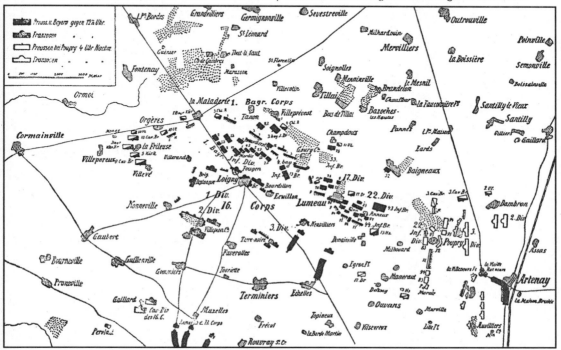

Plan der Schlacht bei Loigny-Poupry am 2./12. 1870.

und den Herzogthümern. Dieser succedirte als König Christian IX. im Jahre 1863.

Longe war ehemals ein beliebtes Instrument, um junge Pferde an Gangart, Sattelzeug und regelmässige Bewegungen zu gewöhnen; sie kommt immer mehr ab.

Longstreet., conföderirter General (1821), war einer der tüchtigsten Führer unter R. E. Lee. Ihm wurde die Schuld an dem Misslingen des Angriffs auf die Höhen bei Gettysburg gegeben; auch verübelte man ihm, dass er bald nach dem Kriege im Norden eine einträgliche Stellung annahm.

Longwy, kleine französische Festung, wurde 25./1. 1871 von den Preussen nach kurzer Belagerung genommen.

Lopez, Feldmarschall und Präsident der Republik Paraguay (1827—1870). Sohn des Präsidenten Lopez, wurde er zur Ausbildung für den Staatsdienst nach Europa geschickt, lernte dort das Heerwesen kennen. Er erklärte 1862, nachdem er den Präsidentenstuhl eingenommen, Brasilien, Argentinien und Uruguay den Krieg. Die acht Jahre einer ebenso genialen wie energischen, fast grausamen Kriegführung sichern ihm eine Stelle unter den Heerführern.

Lorient (in der Bretagne), französische Festung zweiter Klasse. Guter Kriegshafen. Dort steht

Plan der Einfahrt von Lorient.

62. Linien-Infanterie-Regiment. Einfahrt s. Plan auf Seite 433. Ob die projektirten Batterien ausgeführt sind, konnte diesseits nicht ermittelt werden.

Loris-Melikow, Graf, russischer General-Adjutant (Minister des Innern), 1826—1888. Im Kaukasus thätig. An 180 Gefechten nahm er rühmlichen Antheil. Auch im letzten russisch-türkischen Kriege zeichnete er sich als Führer auf dem asiatischen Kriegsschauplatz aus. Die Einnahme von Ardaghan und Kars sind sein spezielles Verdienst. Durch die Erstürmung von Kars hat er sich einen unvergänglichen Namen erworben. Er war Minister des Innern, als Alexander II. ermordet wurde, trat dann ins Privatleben.

Losung. Die L. wurde früher im Felde und in den Manövern nebst Feldgeschrei täglich ausgegeben. Jetzt wird es nur bei besonderen Gelegenheiten den Höchstkommandirenden anempfohlen sie für den Verkehr in der Dunkelheit auszugeben. In diesem Falle fordert der Posten, nachdem er auf „Halt! — Wer da?" eine genügende Antwort erhalten hat. den Ankommenden die Losung ab, die nur halblaut gesprochen wird. Ist keine od r unrichtige L. gegeben. so wird die betreffende Person an den Durchlassposten gewiesen; sucht sie zu entfliehen, wird sie niedergeschossen.

Der Verrath der Losung oder des Feldgeschreis, als Geheimniss des Postens, wird als Kriegsverrath mit dem Tode bestraft.

Losung. Zur Bestimmung der Reihenfolge, in der die Militärpflichtigen ausgehoben sind, werden sie nach der Musterung und L. rangirt. Die Losung findet im ersten Militärpflichtjahre statt. Die gezogene Nummer verbleibt jedem während der Dauer seiner Militärpflicht. Termin wird öffentlich bekannt gemacht. (Näheres W.-O. § 66.)

Die wegen hoher Loosnummer der Ersatzreserve überwiesenen Mannschaften sind als Nachersatz zu den Uebungen nicht heranzuziehen.

Im Kriege findet keine L. statt.

Losungsscheine werden nach stattgehabter Losung ausgetheilt (s. dort). Sie sind bei allen Anmeldungen und Gestellungen vorzuzeigen, und werden dann durch die Ersatzkommission vervollständigt.

Lottum, Graf, preussischer F.-M. (1650—1719), zeichnete sich an der Spitze der brandenburgischen Truppen bei Oudenarde und Malplaquet aus; er war bei König Friedrich Wilhelm I. als Organisator des Fussvolks hochgeschätzt.

Loudon, Freiherr, österreichischer Feldmarschall (1717—90). Zuerst in russischen Diensten sich auszeichnend, nahm er (von Friedrich II. abgewiesen) 1744 Dienste in Oesterreich. Er stieg im 7jährigen Kriege schnell von Stufe zu Stufe; seine Ueberfälle von Hirschberg 20./2. 1757, bei Domstädtl (1758) und Hochkirch (1759), an dem er wesentlichen Antheil hatte, machten ihn bekannt. Er wendete bei Kunersdorf den Sieg auf Seite der Russen, schlug 1760 Fouqué bei Landeshut, wurde bei Liegnitz von Friedrich, aber nicht entscheidend, geschlagen; eroberte 1761 Schweidnitz und begleitete später Joseph II. bei dessen Begegnung mit dem Könige. 1789 beendete er den Türkenkrieg durch die Eroberung von Belgrad. (Stern des Grosskr. d. Ther.-Ord.)

Sein Neffe, österreichischer Feldmarschall-Lieutenant (1762—1822), zeichnete sich in allen Kriegen, besonders bei Austerlitz aus, nahm 1809 den Abschied.

Louvois, François (1641—1691), französischer General und Kriegsminister, erwarb sich Verdienste um die Organisation des Heeres, bewog Ludwig XIV. zum Kriege gegen Holland, gab Turenne den Befehl zur Verwüstung der Pfalz, eroberte Strassburg durch Ueberfall.

Lübben. Dort stehen Brandenb. Jäger-Bat. No. 3, Garn.-Laz. Servisklasse 3.

Lübeck. Dort stehen: 3. Bat. 2. Hanseat. Inf.-Reg. No. 76, Bez.-Komm., Garn.-Laz. Servisklasse 1.

Nach der Schlacht bei Jena vertheidigte sich Blücher in L. und kapitulirte am 7./11. 1806.

Lüben. Dort stehen Drag.-Regt. von Bredow (1. Schles.) No. 4, Prov.-Amt, Garn.-Verw., Garn.-Laz. Servisklasse 4.

Lucan, Earl of, englischer Feldmarschall (1800 bis 1888), führte eine Kavallerie-Division in den Schlachten an der Alma, von Balaclawa und Inkerman.

Lucia, Sa., 6./5. 1848, Karl Albert greift die österreichischen Stellungen an, wird vollständig zurückgeworfen.

Luckau. Gefecht 4./6. 1813. in welchem Bülow mit zäher Hartnäckigkeit den beabsichtigten Vormarsch Oudinots auf Berlin aufhielt.

Luckner, Graf, Marschall von Frankreich (1722—94), zeichnete sich als hannoverscher Offizier im 7 jährigen Kriege aus; ging 1763 nach Frankreich, schloss sich der französischen Revolution an, wurde 1791 Marschall, führte die Rheinarmee mit wenig Erfolg und starb 1794 unter der Guillotine.

Lucknow, Hauptstadt von Audh in Ostindien; 1857 der Schauplatz erbitterter langer Kämpfe zwischen den Rebellen und Engländern.

Ludwig IV., Grossherzog von Hessen und bei Rhein, preussischer Generaloberst der Infanterie (1837—1892). Als Kommandeur der Reiter-Brigade befehligte er während des Krieges vom Jahre 1866 im Verbande des VIII. Bundes-Armeekorps im Mainfeldzuge. An die Spitze der Grossherzoglich Hessischen Division gestellt, kämpfte er unter Prinz Friedrich Karl in den Kämpfen vor Metz und bei der Einschliessung der Feste, später im Loirefeldzuge.

L. Ferdinand, Prinz von Preussen (1772—1806). Liebling des Heeres und Volkes, fiel an der Spitze seiner Truppen in dem unglücklichen Gefechte bei Saalfeld.

L., Markgraf von Baden, österreichischer Feldmarschall (1655—1707), machte sich im Türkenkriege kekannt, und übernahm 1689 den Oberbefehl über die kaiserlichen Truppen, führte den Krieg an der Donau mit seltenem Geschicke und siegte 19./8. 1691 glänzend bei Slankemen, eroberte Grosswardein und Gradiska. Ebenso meisterhaft führte er den Feldzug am Ober-Rhein. 1702 nahm er Landau, siegte 1704 im Verein mit Marlborough am Schellenberge. Er nahm an 26 Feldzügen, 25 Belagerungen und 13 Schlachten, nirgends besiegt, Theil. Er war einer der grössten Feldherrn seiner Zeit.

Ludwigsburg. Dort stehen die Stäbe der 52. Inf.-Brig. (2. Württ.) und 13. Feldart.-Brig. (Württ.), Inf.-Regt. Alt-Württemberg (3. Württ.) No. 121, Drag.-Regt. Königin Olga (1. Württ.) No. 25, Ulan.-Regt. König Wilhelm I. (2. Württ.) No. 20, 4. Abth. Feldart.-Regt. König Karl (1. Württ.) No. 13 (nur vorläufig, s. Ulm). 2. Württ. Feldart.-Regt. No. 29 Prinzregent Luitpold von Bayern, Württ. Train-Bat No. 13, Bekleid.-Amt des XIII (Königl. Württ.) Armeekorps, Bez.-Komm., Württ. Art.-Dep., Württ. Train-Dep., Prov.-Amt, Garn.-Verw. u. Laz. — Servisklasse 2.

Ludwigslust. Dort stehen 1. Grossherzoglich Mecklenburgisches Drag.-Regt. No. 17, Prov.-Amt, Garn.-Verw. u. Laz. — Servisklasse 3.

Lichtmaschine s. elektrische Beleuchtung.

Luftschifffahrt. In Deutschland besteht eine Luftschiffer-Abtheilung, welche die sachgemässe Ausbildung von militärischen Luftschiffern zur Aufgabe hat, die Festungen mit Ballons und erfahrenen Luftschiffern versieht und alljährlich zwei vierzehntägige Uebungen mit gefesselten und freien Ballons, sowie Transportübungen vornimmt.

Luftwiderstand. Das elastische flüssige Mittel der athmosphärischen Luft setzt der Geschossbewegung einen Widerstand entgegen, dessen Grösse mit dem Geschossquerschnitt in gleichem, mit der Geschossgeschwindigkeit in wechselndem Verhältniss zunimmt und der überdies vom Luftgewicht (Mittelwerth 1,205 kg auf 1 cbm) beeinflusst wird. Bei kleinen Geschossgeschwindigkeiten verhält sich der L. wie deren Quadrate; bei mittleren (von etwa 250—400 m) wächst er in viel höherem Verhältniss; bei grossen (von mehr als 550 m) nimmt er bedeutend langsamer als das Quadrat der Geschwindigkeit zu. Je grösser die Querdichte des Geschosses, je schlanker die Spitze (bezw. je ähnlicher die Spitze kleinsten Widerstandes — s. d.) und je glatter seine Oberfläche, desto leichter überwindet es den L. Dieser verringert nicht nur die Geschwindigkeit, sondern ändert dadurch auch die Bewegungsrichtung des Geschosses: er verwandelt die parabolische Bahn (s. d.), welche es im leeren Raum beschreiben würde, in die ballistische Kurve (s. d.). Aus der Wechselwirkung zwischen der Geschossdrehung um die Längsachse und dem L., welcher das Geschoss in Drehung um eine Querachse zu versetzen strebt, entsteht ferner die kegelförmige Pendelung des Geschosses und dessen seitliche Ablenkung aus der Schussebene in der Richtung des Dralls bezw. der Drehung, also bei Rechtsdrall nach rechts.

Lüders, Graf, russischer General (1790—1874), nahm hervorragenden Antheil an allen Kriegen seiner Zeit, und wurde Ende 1855 oberster Führer der russischen Armee. Er galt als einer der tüchtigsten Generäle Russlands.

Luisenstift, Berlin SW, Hollmannstrasse 15, zur Erziehung und Erhaltung von Knaben (8 Jahre alt), deren Eltern unvermögend sind.

Luisenstiftung, Berlin SW, Markgrafenstrasse 10, zur Erziehung von Töchtern aus gebildeten Ständen (12—15 Jahre alt eintretend) zur unentgeltlichen Ausbildung von Erzieherinnen im Alter von 18—22 Jahren.

Luisenstiftung, 1776—1876, Berlin W, Potsdamerstrasse 5, gewährt begabten und bedürftigen Kindern Unterstützungen zu Erziehungszwecken.

Lund (Schweden), 1676 unentschiedene Schlacht zwischen Christian V. von Dänemark und Karl XI. von Schweden.

Lüneburg. 2./4. 1813 Sieg Dörnbergs über die Franzosen unter Morand.
Dort stehen Stab, 1., 2., 3. u. 5. Esk. d 2. Hann. Drag.-Regts. No. 16, Bez.-Komm., Prov.-Amt. Garn.-Verw. u. Laz. — Servisklasse 2.

Lünette. Sie waren zur Zeit der Bastionairtracé als selbstständige oder Aussenwerke beliebt. Sie hatten meist die Form einer Bastion.

Lunte dient zum Entzünden nicht selbstzündender Geschützzündungen, besteht in einem in den Luntenstock eingeklemmten Hanfstricke, der, mit Bleizucker und Wasser getränkt, langsam glimmt.

Lutternberg in Hannover, Treffen am 10./10. 1758, in dem die Franzosen unter Soubise glücklich gegen den General Obert kämpften, doch war der Sieg nicht entscheidend.
Ein zweites ebenfalls wenig resulatreiches Treffen fand daselbst am 23./7. 1762 statt, in welchem Oberst Gilsa gegen die Sachsen erfolgreich focht.

Lüttich s. Befestigungen Belgiens.
Plan s. Seite 438.

Lutz, von, bayrischer Generallieutenant (1810 bis 1893). Als Kriegsminister (1863—66) viel genannt.

Lützen. 6./11. 1631 unentschiedene Schlacht, in der König Gustav Adolph fiel. Wallenstein ging mit den Kaiserlichen nach Leipzig zurück.

Lützow, Freiherr v. (1782—1834), preussischer Generallieutenant, bekannt als Führer des Freikorps, der wilden, verwegenen Jagd. Wenn er auch mit seinem auf Scharnhorst's Anregung gebildeten Freikorps (nichtpreussische Freiwillige) keine grossen Lorbeeren im Felde erkämpfte, auch überdies in Verletzung des Waffenstillstandes 17./6. 1813 bei Kitzen überfallen, sein Korps theils zersprengt, theils gefangen wurde, so hat sich dennoch die Volkspoesie seiner Person und seines Korps bemächtigt und ist sein Wirken daher nicht ohne Einfluss auf die Erweckung des deutschen Nationalgefühls geblieben. Er wurde 16./9. im Treffen an der Göhrde verwundet, 1814 gefangen. Auch 1815 bei Ligny verwundet und gefangen.

L. u. W. V. Abkürzung für „Lager- und Wegebau-Vorschrift". — 1894.

Luxemburg, de Montmorency, Herzog von L., Marschall von Frankreich (1628—1695). Ein Schüler Condés und hervorragendster Feldherr Ludwigs XIV., der Sieg auf Sieg erfocht, unter ihnen den glänzenden bei Fleurus (1./7. 1690). Dennoch hat der Herzog in Folge der Ränke Louvois' 10 Jahre im Kerker schmachten müssen.

Luzzara. 15./8. 1702 siegreiche Schlacht der Kaiserlichen. Feindlicher Verlust 1 General, 6 Obersten, 4000 Mann.

Lyck. Dort stehen Stab, 2., 3. u. 4. Bat. d. 8. Ostpr. Inf.-Regts. No. 45, Ulan.-Regt. Graf zu Dohna (Ostpr.) No. 8, Prov.-Amt. Garn.-Verw. u. Laz. — Servisklasse 3.

Lyddit. Sprengstoff (England), besteht vorwiegend aus Pikrinsäure (s. d.).

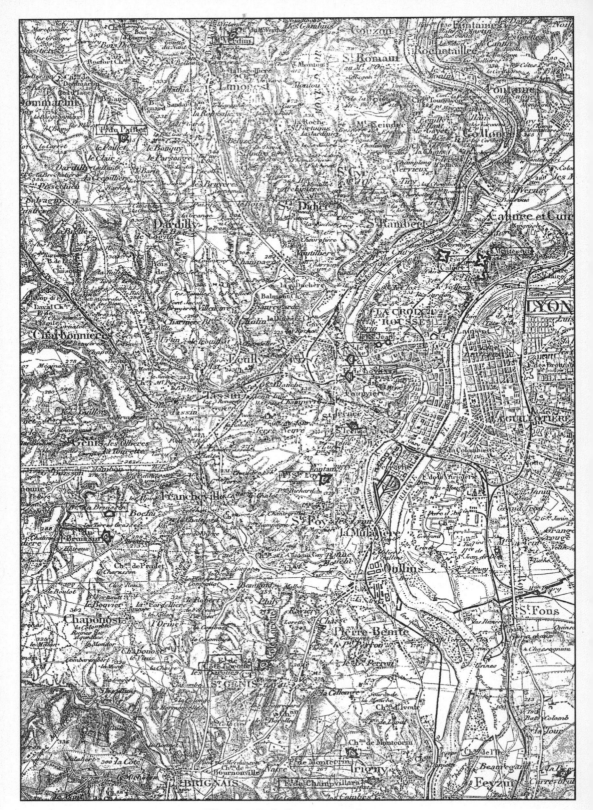

Plan der Befestigungen von Lyon.

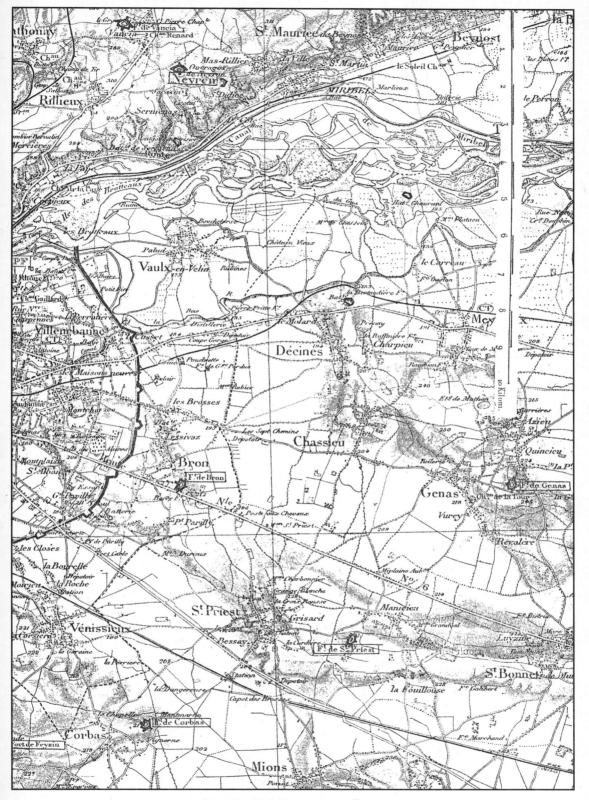

Plan der Befestigungen von Lyon.

Lyon. Eine grosse französische Festung. Man hat die noch 1871 vorhandenen alten Werke (1840 erbaut) abgerissen und ein befestigtes Lager erbaut, zu dessen Besetzung 60000 Mann erforderlich sind; auch die Stadt selbst mit einer neuen vorgeschobenen Enceinte versehen. (S. Plan.) Westlich der Stadt erheben sich die Vorberge des Côte d'or und sind diese auf günstigen Vorsprüngen mit Forts versehen, von denen wir im Norden das starke Fort Mont Verdun, auf dem Hügel gleichen Namens erbaut, nennen, das von den Batterien des Carnères und de la Freta unterstützt, die zahlreichen Strassen und die Nordbahn schützen. Das Fort du Paillet mit dem Tour de Salvagny beherrscht mit dem Fort de Bruissin die westlich einlaufenden Bahnen, die noch besonders durch 2 weiter rückwärts liegende Forts beherrscht

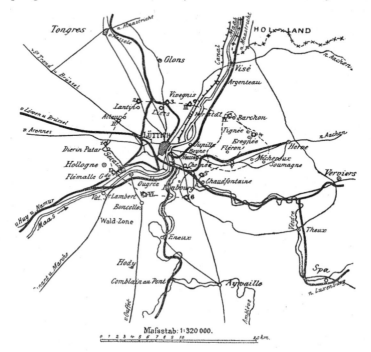

Befestigung von Lüttich.

werden. Auf der südlichen Westseite liegen noch die Forts Côte Lorette und de Montcorin, die von der starken Batterie Champvillard gestützt werden.

Auch die ebene Ostseite Lyons ist mit Werken dicht besät. Im Süden ist gegenüber der letztgenannten Batterie das starke Fort de Feyzin erbaut, die gemeinschaftlich die Südbahnen und die nach Grenoble unter Feuer haben. Die Bahn nach Grenoble, sowie die östlichen Zugänge sichert Fort St. Priest mit zwei starken Nebenbatterien, ferner die auf einem hervorspringenden Hügel gelegenen Forts de Gemas und de Meyzieu, die zwischen sich noch das Werk Fortin d'Azieu liegen haben. Auch hinter dieser Linie sind noch 2 starke Batterien erbaut. In dritter Linie liegt das auf der Höhe von Bron liegende starke Fort gleichen Namens mit den Seitenbatterien de Lessignaz und de Parilly. Das grosse Fort de Vancia mit 2 grossen Batterien de Feyron und de Sermenaz decken im Nordosten die Linien nach Vesoul und Genf.

Man sieht, welch' grosse Anstrengungen die Franzosen gemacht haben, eine Stadt, die mitten im Lande, von Alpenketten geschützt liegt, noch zu sichern.

Plan s. Seite 436 und 437.

Lyons, Baron, britischer Admiral (1790—1858), befehligte 1854 die brittische Flotte im Schwarzen Meere, und leitete den Transport der Verbündeten nach der Krim. Sein Angriff auf Fort Konstantin missglückte.

M.

M. Abgekürzte Bezeichnung für Muster oder Modell, verbunden mit der Jahreszahl der Konstruktion bezw. Einführung; im Auslande allgemein, in Deutschland früher bei Handfeuerwaffen angewendet, neuerdings aber fortgelassen; früher: Gewehr m/71/84; jetzt: Gewehr 88.

Maass der Mannschaften s. Körpergrösse.
Maass der Pferde s. Remonten.
Maasarmee hiess die Armee, welche 1796 unter Jourdan als linker Flügel gegen den oberen Main operirte, bei Würzburg durch Erzherzog Karl geschlagen und auf den unteren Rhein

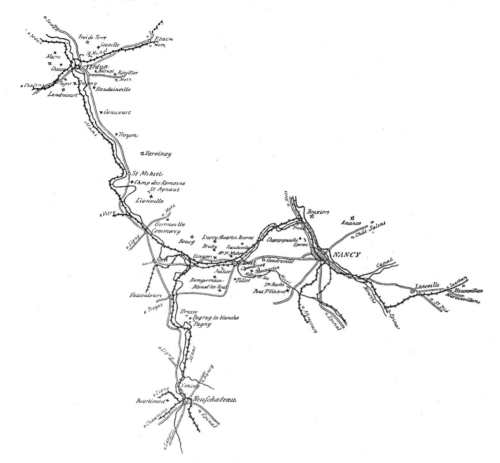

Maasbefestigungen.

zurückgeworfen wurde. Nach der Schlacht bei Gravelotte 1870 wurden die preussische Garde, das 4. und 12. Korps, die 5. und 6. Kavallerie-Division als M. unter die Befehle des Kronprinzen von Sachsen gestellt.

Maasbefestigungen in Frankreich. So heisst bei den Franzosen der Theil der Befestigungen, der auf dem Plateau von Woëvre angelegt ist zwischen Verdun und Toul.

Sie bestehen aus starken selbstständigen, meist mit einem Bataillon besetzten Sperrforts, die im Norden mit dem verschanzten Lager von Verdun, im Süden mit dem von Toul fast enge Fühlung haben.

Das nördlichste dieser Forts, de Génicourt, so wie das südlich desselben liegende Troyon, beherrschen Thal und Bahn der Maas, indem sie auf Vorbergen des Maasthales angelegt sind. Das starke Fort du camp des Romains, das dicht bei St. Mihiel liegt, sichert die Stadt und den durch diese gehenden Bahntraject. Die südlich desselben, östlich Commercy liegenden Forts de Liouville, de Gironville und Jouy sous les côtes, haben die Sicht in die östlich des Woëvre-Plateaus sich ausbreitende Ebene. Nur die letzten beiden Werke können sich gegenseitig unterstützen; alle übrigen können völlig isolirt angegriffen werden, wenn ja Jemand Lust haben sollte, gerade hier die Grenzmauern zu durchbrechen. Plan s. umstehend und bei Troyon.

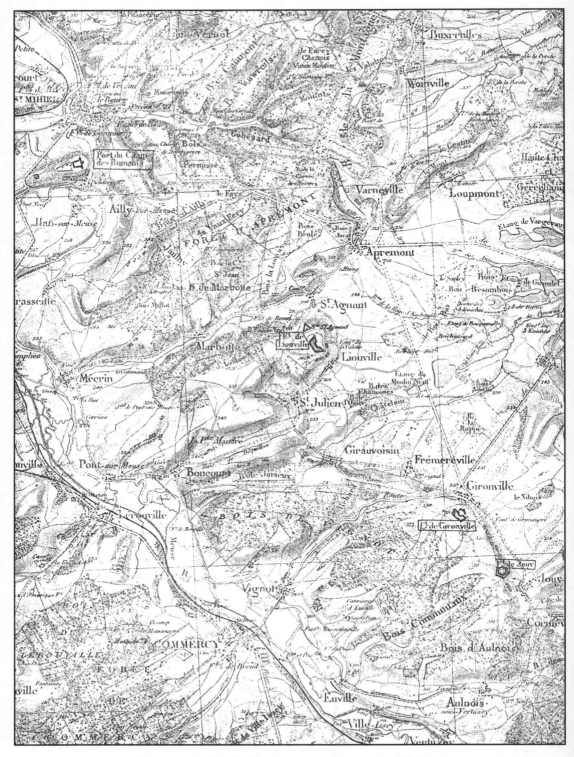

Französische Maasbefestigung südöstlich von St. Mihiel.

Maasbefestigungen s. Befestigungen Belgiens.

Maat. Bezeichnung für Unteroffiziere in den meisten Kriegsmarinen, stammt ab von dem englischen Worte mate, Gehilfe.

Mac Clellan, nordamerikanischer General, geb. 1826, war ein tüchtiger Organisator. Er versuchte Richmond von der Halbinsel aus zu nehmen, wurde aber im Jahre 1861/62 in 7 Schlachten von R. E. Lee total geschlagen. Da sein Nachfolger, Pope, der von Norden her den Anmarsch versuchte, noch viel schlimmere Erfahrungen machte, wurde M. C. noch einmal mit dem Oberbefehl betraut. Als er aber am Antietam eine unentschiedene Schlacht schlug, wurde er, auch aus politischen Gründen, seines Kommandos enthoben.

Macdonald, 1. englischer General (1785—1893), einer der Letzten von Waterloo, wo er 1815 schwer verwundet wurde.

2. Etienne, Herzog von Tarent, Marschall von Frankreich (1765—1840), war 1799 Befehlshaber in Neapel gegen die österreichisch-russische Armee, wurde an der Trebbia geschlagen, hatte hervorragenden Antheil am Siege von Wagram, schlug 1810 mit einem Armeekorps die Spanier bei Cervera, führte 1812 das 12. Armeekorps, ward an der Katzbach geschlagen, deckte bei Leipzig den Abzug der französischen Armee, nahm Theil an der Vertheidigung von Paris, unterwarf sich dann den Bourbonen; 1815 Napoleon entgegengeschickt, verliessen ihn die Truppen, während er Ludwig XVIII. treu blieb.

Mac Dowell, nordamerikanischer General (1818 bis 1885), erhielt beim Ausbruch des Sezessionskrieges die Potomak Armee, die er 1861 in der unglücklichen Schlacht bei Bull Run führte. Später befehligte er ein Korps und betheiligte sich in tüchtiger Weise bei den Schlachten 1862 liess sich vor ein Kriegsgericht stellen, das ihn freisprach.

Mack, Freiherr von Leiberich, österreichischer Feldmarschall-Lieutenant, 1752—1828. Ohne hervorragend im Kriege thätig gewesen zu sein, wurde er 1799 von den Franzosen gefangen, und 1805 an die Spitze der kaiserlichen Armee gestellt. Durch seine Kapitulation von Ulm war war der Krieg schon ebenso unheilvoll begonnen wie er auch endete. M. wurde verurtheilt, später begnadigt.

Mac Mahon, Herzog von Magenta, Marschall von Frankreich (1808—1893), kämpfte in Algier, stürmte 1855 mit seiner Division den Malakoff; verwaltete (1857—58) Algier. 1859 holte er sich den Marschallstab und den Titel eines Herzogs von Magenta. 1870 wurde er bei Wörth mit seinem 1. Korps und bei Sedan mit seiner Rheinarmee geschlagen, unterdrückte im Mai 1871 den Kommuneaufstand in Paris und war 1873—79 Präsident der französischen Republik.

Madagaskar, anfänglich französische Kolonie, ist durch den Krieg von 1895—96 von Frankreich völlig annektirt worden.

Mädchenheim, Berlin SW. Tempelhofer Ufer 29, gewährt unvermögenden Töchtern gebildeter Stände Aufnahme und Unterstützung (vom 14.—20. Jahre). Kuratorium im Rathhause.

Magazin der Mehrlader s. Mehrlader.

Magazinrohr s. Mehrlader.

Magazinsperre s. Mehrlader.

Magazin-Verpflegung. In früheren Zeiten war man von den Magazinen abhängig, was so weit ging, dass ganze Feldzüge zur Lösung der Verpflegungsfrage sich abspielten. Napoleon führte das Requisitionssystem ein. Die heutige grosse Massirung der Armeen wird dahin führen, zur M.-V. zurück zu kommen, mit dem Unterschiede, dass durch die Bahnen die Magazine weniger an den Raum gebunden sind, sich zum grossen Theile in der Heimath befinden können, wodurch der Intendantur eine grössere Freiheit in der Handhabung der Verpflegung dargeboten ist. Ueber die Einzelheiten s. Militär-Verpflegung, besonders auch Etappen.

Im Frieden tritt die M.-V. in der Regel nur während der Herbstübungen ein. Zu diesem Zwecke errichten die Intendanturen besondere Manöver-Magazine. In der Garnison beschränkt sich die M.-V. zumeist auf die Verabreichung des Brotes und der Fourage.

Magdala, Bergfestung in Abyssinien, die von den Engländern im Feldzuge Napiers erstürmt wurde.

Magdeburg. Dort stehen Gen.-Kom. des IV. A.-K., Stäbe der 7. Div., 13. und 14. Inf.-Brig., 7. Kav.-Brig., 4. Feldart.-Brig., 3. Pion.-Insp., Kommdtr., Inf.-Regt. Fürst Leopold von Anhalt-Dessau (1. Magdeb.) No. 26, 3. Magdeb. Inf.-Rgt. No. 66, St., 1. und 3. Abth. Magdeb. Feldart.-Rgt. No. 4, Fussart.-Rgt. Encke (Magdeb.) No. 4, Magdeb. Pion.-Bat. No. 4, Magdeb. Train-Bat. No. 4. St. der 4. Gend.-Brig., Arbeiter-Abth., Bekl.-Amt des 4. A.-K., Bez.-Kom., Art.-Dep., Fortif., Traindep., Prov.-Amt, Garn.-Verw., Garn.-Laz. Serviskklasse 1.

Zerstörung 20. und 21./5. 1631. Im April nahm Tilly die Aussenwerke, dann die Krakauer und Buckauer Schanzen. Ende des Monats die Befestigungen auf den Elb-Inseln. 17./5. Bombardement. 20./5. Sturm, schreckliche Plünderung und Gemetzel.

11./11. 1806 ergab es sich an ein schwaches Blockade-Korps. 1814 wurde es von den Franzosen geräumt.

M. ist jetzt eine Festung ersten Ranges mit vorgeschobenen Werken.

Magenta. Schlacht 4./6. 1859 (35 000 Franzosen gegen 32 000 Oesterreicher). Kampf um die von Clam Gallas vertheidigten Uebergänge über den Naviglio, die die Franzosen erzwangen. Trotz der Anstrengungen der Oesterreicher (3. Korps), die Brücken wieder zu gewinnen, gelang es nicht; der Kampf dauerte bis zur Nacht. Obgleich die Schlacht ziemlich unentschieden blieb, zog sich Gyulai doch zurück und Napoleon konnte am 7. in Mailand einziehen.

Plan s. Seite 442.

Magistrale heisst die Hauptkonstruktionslinie eines fortifikatorischen Werkes.

Magnano (Venetien). Schlacht 5./4. 1799, in der F.-M.-L. Kray die Franzosen unter Scherer zurückdrängte.

Magnesium, alkalisches Erdmetall mit Sauerstoff verbunden, dient als Aufsaugestoff für das Sprengöl in den Nitroglyzerinpulvern und wirkt konservirend.

Magnetische Geschosse s. Kappengeschosse.

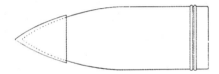

Mahmud II., türkischer Soldat (1785—1839) Sultan seit 1808, schaffte die Janitscharen ab und legte den Grund zur Neuorganisation der türkischen Armee nach modernem Muster.

Mähnen sind sorgsam zu behandeln, damit nicht Haare ausgerissen werden, daher entwirrt man sie am besten mit den Fingern und durch Glattbürsten. Beim Kämmen hält man die Wurzelenden mit der Hand fest. Anfeuchten

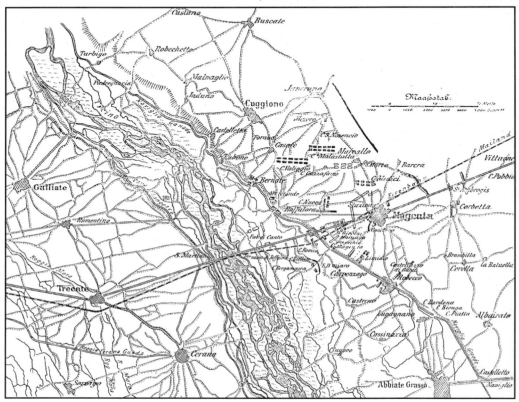

Plan der Schlacht bei Magenta am 4./6. 1859.

befördert Wachsthum und macht die Haare glänzend. Man pflegt die Mähnen auf die linke Seite zu gewöhnen.

Maillebois, Marquis de, Marschall von Frankreich (1682—1762), nahm 1739 Corsika in Besitz, zeigte aber in den späteren Feldzügen 1742—46 wenig Energie, sodass er durch Bellisle ersetzt wurde.

Mainz. Dort stehen St. der 41. Inf.-Brig., 2. Pion.-Insp., Gouv. und Komdtr., 1. Nassau. Inf.-Rgt. No. 87 (3. Bat. vorläufig in Hanau), 2. Nassau. Inf.-Rgt. No. 88 (2. Bat. von Herbst 1894 ab vorübergehend in Diez), 3. Grossh. Hess. Inf.-Rgt. (Leib-Rgt.) No. 117. St., 1. und 4. Bat. 4. Grossh. Hess. Inf.-Rgts. (Prinz Carl) No. 118, 3. und 4. Esk. 1. Hess. Hus.-Rgts. No. 13, St., 1., 3. und 4. Abth Nassau. Feldart.-Rgts. No. 27, Fussart.-Rgt. General-Feldzeugmeister (Brandb.) No. 3, Hess. Pion.-Bat.

No. 11, Arbeiter-Abth., Bez.-Kom., Art.-Dep., Fortif., Prov.-Amt, Armee-Kons.-Fbr., Garn.-Verw., Garn.-Laz. Servisklasse 1.

Mainz wurde 1631 von Gustav Adolf genommen, 1635 nach hartnäckiger Vertheidigung von den Kaiserlichen erobert. 1644—48 in französischem Besitze. Dann neu befestigt bis 1676 (14 Bastione). 1688 von Boufflers eingenommen, 1689 von den Deutschen wieder erobert. 1713—34 als Reichsfestung ausgebaut.

M. kapitulirte 1792 an Cüstine. 1793 wurde es vom Herzog von Braunschweig nach tapferer Vertheidigung von d'Ogre wieder genommen. 1795 belagert, nicht genommen. Plan s. nächste Seite. M. ging 1797 bezw. 1801 an die Franzosen, 1814 an Hessen, 1816 Bundesfestung. 1866 preussisch. Heute ist M. durch vorgeschobene Werke zur Festung ersten Ranges erhoben.

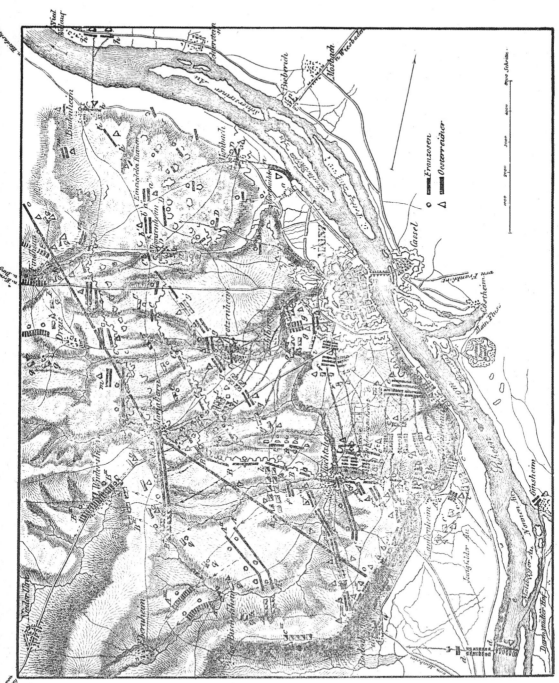

Plan zum Entsatz von Mainz am 29./10. 1795.

Maiquire, Graf. österreichischer F.-Z.-M. (1706 bis 1767), stürmte im 7jährigen Kriege Gabel, that sich bei Lobositz und Prag hervor, ebenso bei Breslau und Leuthen (wo er verwundet wurde), belagerte und vertheidigte nachher Dresden tapfer. (Maria-Theresien-Orden.)

Maison, Marquis, Marschall von Frankreich (1770—1840), kämpfte unter Napoleon, ist bekannt durch seine glückliche Expedition nach Morea 1828—29.

Maison militaire hiess in Frankreich das kaiserliche Hauptquartier unter Napoleon III. Vor der Restauration bestand das M. m. aus einer grossen, sehr kostspieligen Körperschaft.

Malachowski, 1. Kasimir. Graf (1765—1845), betheiligte sich am Aufstande 1794, trat später in französische Dienste, zeichnete sich 1812 an der Beresina aus, wurde bei Leipzig gefangen, führte 1831 zeitweise den Oberbefehl über die polnischen Insurgenten, ergab sich dann den Preussen.

2. M. D., v., preussischer Militär-Schriftsteller der Neuzeit, besonders bekannt durch seine Werke: „Frontalschlacht und Flügelschlacht" und „Scharfe Taktik und Revuetaktik".

Malaga. Schlacht 24./8. 1704, zwischen der französischen Flotte unter Toulouse und der englischen unter Rook, nach der es letzterem gelang, Gibraltar zu verproviantiren und zu verstärken.

Malakoff, ein Hauptwerk der Festung Sebastopol, das nach dreiwöchentlicher Belagerung von den Franzosen 8./9. 1855 unter Pelissier (Herzog v. M.) erstürmt wurde.

Malghera, Fort bei Venedig, gerieth 1848 in die Hände der Aufständischen, wurde aber 1849 von den Oesterreichern wieder genommen. Kam 1866 an Italien.

Mallet, Claude, entwarf während des Feldzuges 1812 in Russland den Plan, Napoleon zu stürzen und die Republik zu proklamiren, wurde verhaftet und erschossen.

Malmaison, 21./10. 1870 heftiges Ausfallgefecht von 10000 Franzosen mit 120 Geschützen, zurückgewiesen durch die 10. preussische Division.

Malmedy. Komdtr. des Truppen-Uebungsplatzes Elsenborn.

Malplaquet, eine der bekanntesten Schlachten seiner Zeit, 11./9. 1709 zwischen Eugen mit Marlborough gegen Villars. (90 gegen 80000 Mann.) Villars hatte sich bei M. verschanzt. Die Linien der Franzosen wurden vornehmlich durch die im Zentrum vorbrechende Kavallerie genommen. Die Franzosen nahmen den Rückzug in voller Ordnung.

Maltheser-Ritter haben in Oesterreich eine ähnliche Aufgabe im Kriege, wie in Deutschland die Johanniter. Sie haben hauptsächlich die Verwundeten-Transporte (auf Bahnen und Unterkunft in den Bahnhöfen) übernommen, stehen mit dem Reichs-Kriegsministerium in Verbindung.

Maltheser-Ritterorden. Der Sanitätsdienst des M. erstreckt sich auf Mitwirkung beim Transport von Kranken und Verwundeten; er stellt Sanitätszüge bis zur Maximalzahl 12 auf.

Malvern Hill. Dort tobte Ende Juni 1862 die letzte der 7 Schlachten um Richmond, in denen Mac Clellan zum Rückzuge nach dem James-Flusse gezwungen wurde. Die erfolgreiche Abwehr der Angriffe Lees auf M. H. machten es Mac Clellan möglich, seine Truppen allmählich einzuschiffen.

Mamelucken, ursprünglich aus Sklaven gebildete Leibgarde der ägyptischen Herrscher, bildeten im 13. bis 16. Jahrhundert den Kern des Heeres, wurden, zu mächtig geworden, 1811 durch Mehemed Ali grausam ausgerottet.

Mammuthpulver, in den Vereinigsten Staaten 1862 für schwere Geschütze eingeführtes Schwarzpulver in groben Stücken (bis 26 mm).

Manganbronze, Bronze mit einem Zusatz von Mangan, der ihre phisikalischen Eigenschaften verbessern sollte. Für den Geschützguss sind mit der M. bisher keine bedeutenden Ergebnisse erzielt worden. Mangan (Mn): röthliches bis stahlgraues Metall von 8,0 Dichte.

Mannheim wurde im 30jährigen Kriege befestigt. 1688 von Melac zerstört, dann neu aufgebaut und mit einem Brückenkopfe am Rhein versehen, kam 1795 in französischen Besitz, wurde im selben Jahre von den Oesterreichern genommen, 1798 von den Franzosen wieder erobert, 1799 nahm Erzherzog Karl M. ein, nach seinem Abmarsche besetzten es wieder die Franzosen, 1801 kam es an Baden.

Dort stehen St., 1., 3. und 4. Bat. 2. Bad. Grend.-Rgts. Kaiser Wilhelm I. No. 110, Bez.-Kom., Prov.-Amt, Garn.-Verw., Garn.-Laz. — Servisklasse 1.

Mannlicher-Gewehr. Die charakteristischen Eigenthümlichkeiten der Mehrladevorrichtung bei dem M. s. Mehrlader. Das neueste vom Ritter Ferd. v. M. (Wien) konstruirte 6,5 mm G. (m/95) hat einen Kolbenverschluss mit Drehbewegung und symmetrischer vorderer Verriegelung durch 5 hintereinanderliegende Stützwarzen (Leisten) auf jeder Seite. Das Hahnschloss ist vom Verschluss vollständig getrennt, liegt unter demselben und dient zugleich als Verschlusshalter; der Hahn wird durch Linksdrehen des Verschlusses von dem Oeffnen mittelst einer an dem hintere Ende des Verschlusskolbens angeschnittenen Schraubenfläche gespannt. Der Verschluss trägt nur den Auszieher und enthält in zentraler Durchbohrung den (nicht gefederten) Schlagbolzen, welcher beim Abfeuern durch den Schlag des Hahns bethätigt wird. Als Sicherung dient die Ruhrast des Hahns. Der Patronenrahmen für 5 Schuss entspricht dem M.-System, ist aber sehr schmal, bezw. kurz und leicht (Leergewicht nur 7 g) und liegt schräg (vorn höher als hinten) im Magazinkasten, dessen untere Fläche daher eine sanft ansteigende, nirgends scharf abgesetzte schiefe Ebene zwischen Abzugsbügel und Schaft bildet. Der entleerte Rahmen fällt durch eine kleine Oeffnung im Kastenboden heraus. Das Magazin — mit seitlicher Lage über dem Zubringer — gestattet das Füllen bezw. Nachfüllen mit losen Patronen, sowie den Gebrauch der Waffe als Einzellader und verhindert Doppelladen. Die obere Seite des Laufs ist von der Hülse bis zum vorderen Schaftende mit einem hölzernen Oberschaft (Handschutz) umgeben.

Mannlicher-Selbstspanner s. Selbstspanner.

Mannschafts-Untersuchung nach der Aushebung. Nach erfolgter Uebernahme der ausgehobenen Rekruten durch die Truppentheile wird eine sorgsame ärztliche Untersuchung veranlasst. Nach dem Ergebniss derselben werden die Nationallisten erforderlichenfalls berichtet.

Mannschaftszelt besteht aus einem kegelförmigen Zeltdache, zwei runden Seitenwänden und zwei das Zelt an den Eingängen abschliessenden Eingangswänden. Sie sind über ein Gerippe gespannt. Die Befestigung geschieht mittelst Stricken und Pflöcken. Um das Zelt herum ist ein Wasserabzugsgraben.

Mannszucht s. Disziplin.

Manometer. Instrumente zur Messung höherer Gasspannungen, nach den Prinzipien der Aneroïden konstruirt.

Manöver s. Herbstübungen. S. auch die nächsten Artikel.

Manöveranzug. Feldmarschmässig — Dienstanzug (s. d.), Fernglas, Signalpfeife, Tornister, Marschhalfter und Satteltaschen, Kartentasche —; bei den Kaisermanövern mit Schärpe. Die höheren Stäbe, ausser bei den Paraden, im Ueberrock. Die Schiedsrichter und das ganze Personal legen weisse Binden an. Die zum Gendarmerie-

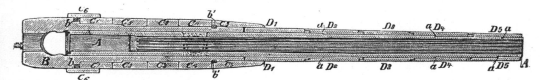

Deutsche lange 15 cm-Kanone (Mantelringrohr).
A Kernrohr, B Mantel, C und D Verstärkungsringe,
a Absätze, b Füllring, b¹ Diebelring.

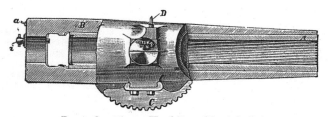

Deutsche 15 cm-Haubitze (Mantelrohr).
A Kernrohr, B Mantel, C Zahnbogen, D Korn (spitzbogenförmig).

dienst kommandirten Mannschaften legen Ringkragen an.

Manöverfeld. Rücksichten, welche bei Auswahl eines M. zu beachten sind. Die Ansammlung grosser Truppenmassen auf verhältnissmässig engem Raum wird hier wie bei Auswahl der Exerzir- und Paradeplätze (s. dort) auch die Bedingung der Möglichkeit der Unterkunft erfordern, doch nicht in gleichem Maase. Bei den Manövern ist durch das Biwakiren der Truppen, da dieses ja an und für sich einen Gegenstand der Uebung bildet, Gelegenheit gegeben, auch ein Uebungsfeld zu benutzen, welches mit Ausnahme der vorgenannten Bedingung vielleicht alle sonstigen Forderungen erfüllt. Man kann und darf auch bei den Manövern nicht immer biwakiren, schon des Kostenpunktes wegen.

Von viel wesentlicherer und ganz in den Vordergrund tretender Bedeutung dagegen ist es, dass das Gelände dem eigentlichen Zweck der Manöver entspricht.

Manöverplätze. Man wird im Interesse der eigentlichen Uebungen und der von den Soldaten hierzu an Ort und Stelle mitzubringenden und zu verwendenden Kraft darnach streben müssen, dass kein Quartier der Infanterie weiter als 8 Kilometer, der Kavallerie weiter als 12 Kilometer von dem Uebungsplatz entfernt liege. Die hiermit immer noch erforderlich werdende Marschleistung von 16 bezw. 24 Kilometern beeinträchtigt sicherlich schon den eigentlichen Zweck. Es ist daher auch zu rathen, in derartigen Fällen bei Belegung der näher gelegenen Ortschaften bis an die Grenze der überhaupt zu ermöglichenden Dichtigkeit zu gehen.

Manövriren heissen alle Bewegungen, die einem Kampfe vorhergingen oder durch die man glaubt, einen Gegner unter seinen Willen zu zwingen.

Mansfeld (1580—1628). ein kühner Parteigänger im 30jährigen Kriege auf protestantischer Seite, schlug Tilly bei Wiesloch, wurde 25./4. 1626 bei Dessau von Wallenstein total geschlagen.

Manstein. preussischer General der Infanterie, (1805—77), trat in das Infanterie-Regiment Nr. 3, führte 1864 die 6. Division vor Düppel und nach Alsen (p. l. mérite), 1866 holte er sich das Eichenlaub dazu in der Schlacht bei Königgrätz, 1870 bis 1871 führte er das 9. Korps bei Gravelotte und Le Mans (schw. Adler-Orden, Fort bei Metz nach ihm benannt, Chef des Infanterie-Regiments Nr. 84).

Mantelringrohre. Gleich den Mantelringrohren (s. d.); nur ist der Mantel noch ebenso wie das Kernrohr der Ringrohre (s. d.) durch warm aufgezogene Ringe verstärkt. S. Abbildung.

Mantelrohre. Geschützrohre, deren Kernrohr (s. d.) von der Mündung bis zum Verschluss (Keilloch) reicht und in seiner ganzen Länge oder nur im hinteren Theile von einem warm aufgezogenen Mantel umgeben ist, der die Schildzapfen aufnimmt (s. Bild). Im übrigen s. künstliche Metallkonstruktion.

Manteuffel, Frhr. von, preussischer Feldmarschall (1809—85), trat bei den Garde-Dragonern ein, 1857 Chef des Militär-Kabinets. Diplomatisch vielfach verwandt. Er beendete den Mainfeldzug 1866 als Nachfolger des Generals Vogel von Falkenstein, führte in Frankreich das 1. Armeekorps bei Colombey und Nouilly, dann die 1. Armee vor Metz und im Norden von Paris, ging mit dieser durch ganz Frankreich nach dem Jura, wo er Bourbaki über die Schweizer Grenze drängte. 1871 Oberbefehlshaber der Occupations-Armee. 1874 Statthalter von Elsass-Lothringen. Fort bei Metz trägt seinen Namen. Er besass die höchsten militärischen Orden.

Mantua, starke Festung am Mincio. Am linken Ufer Zitadelle mit Kronwerk. Im Süden befindet sich ein verschanztes Lager. Durch Inundationen ist die Festung zu verstärken.

M. war schon in alten Zeiten Streitobjekt. 1630 eroberten es die Kaiserlichen. 1701 nahmen es die Franzosen. 1707 ging es nach vergeblicher Berennung an die Kaiserlichen über. 1796 wurde es vergeblich von den Franzosen belagert; dagegen 1797 nach tapferer Gegenwehr seitens Wurmsers von den Franzosen gewonnen, 1801 wieder abgetreten. Seit 1866 ist es im Besitze Italiens.

Marburg. Dort stehen Hess. Jäger-Bataillon Nr. 11, Bezirks-Kommando, Garnison-Verwaltung. — Servisklasse 2.

Marceau, französischer General, entschied 1794 den Sieg bei Fleurus, nahm Aachen, Bonn und Koblenz, rettete 1796 bei Limburg das Korps Moreaus, wurde am 20./9. bei Koblenz verwundet und gefangen, starb am 23./9. 1796.

Maréchal de camp, früher in Frankreich, jetzt noch in Spanien als Titel für General-Major gebraucht.

Marées, v., preussischer Oberstlieutenant (1834 bis 1888). 1870 durch preussische Granate bei Verdun eines Beines beraubt, war er bis 1882 im Nebenetat angestellt, dann Bezirks-Kommandeur in Jüterbog. 1874 bis zu seinem Tode war er als Redakteur der Jahrbücher für Armee und Marine und auch sonst militär-literarisch thätig. Er gab u. a. die militärischen Klassiker des In- und Auslandes heraus. Umfassende Kenntnisse zeichneten ihn aus.

Marengo. Schlacht am 14./6. 1800. Diese Schlacht war von den Oesterreichern unter Melas fast gewonnen und die Franzosen bereits auf dem Rückzuge, als Bonaparte eine neue Stellung nahm und aus ihr die Reiterei Kellermanns plötzlich hervorbrechen liess. Dieser Angriff liess die Verfolgung der Oesterreicher stutzen; sie wurden auf ihre rückwärtigen Treffen geworfen und damit ein glänzender Sieg erfochten.

Maret, Hugo (1763—1839). Anfangs Advokat, dann Staatssekretär der Konsule, erhielt 1811 den Titel Herzog v. Bassano, leitete unter dem Kaiserreiche die auswärtigen Angelegenheiten, war 1812 Chef des Verpflegungswesens der grossen Armee, 1813 Kriegsminister, wurde 1815 verbannt, später von den Orleans zum Pair ernannt, 1834 unter Thiers Minister des Innern.

Marga-Patrone. Vom belgischen Hauptmann M. vorgeschlagen (s. Bild). In der Mitte der P.-Hülse ist das Metallröhrchen T gelagert, dessen Verbindung mit dem (gegen sonst bedeutend verstärkten) P.-Boden durch die Kapsel C bewirkt wird. Diese nimmt den Knallsatz e auf und ihr vorderer Rand greift in die Einschnürung b des Röhrchens T hinein. Das Geschoss läuft hinten in eine kegelförmige Spitze aus, welche die vordere Oeffnung von T schliesst. Die Explosion des Zündhütchens theilt sich zunächst nur dem in T befindlichen Theil der Ladung mit, dessen Gase das Geschoss in die Züge treiben und gleich-

zeitig das im äusseren Raum der Hülse enthaltene Pulver entzündet. Durch diese Anordnung soll eine vollkommene Verbrennung der Ladung erzielt, der Gasdruck im hinteren Teil der Seele vermindert und der Lauf weniger erhitzt werden, während die Spannung der Gase mit der allmählich fortschreitenden Zersetzung des Pulvers in wachsendem Verhältniss zunimmt und eine grössere Mündungsgeschwindigkeit ergiebt. Ueber die praktischen Erfolge der M.-P. wurden anfangs sehr günstige Nachrichten verbreitet, die aber später verstummten.

Dasselbe gilt von der amerikanischen Hurst-Kanone, deren Ladung ganz ähnlich wie in der M.-P. angeordnet ist.

Maria-Theresien-Orden, gestiftet 18./6. 1757 zur Feier des Sieges bei Kolin, mit 3 Klassen (Gross-, Kommandur- und Ritter-Kreuz). Weiss emaillirtes Kreuz mit der Inschrift Fortitudini (s. Orden).

Mariazell, 8./11. 1805 Niederlage eines österreichischen Korps auf dem Rückzuge vom Inn.

Marienburg. Dort steht Bez.-Kom. — Servisklasse 2.

Marienwerder. Dort stehen Unteroff.-Schule, 3. Abth. Feld-Art.-Reg. Nr. 35, Garn.-Verwalt., Garn.-Laz. — Servisklasse 3.

Marineamt. Oberste Reichsbehörde, hat die Verwaltungs- etc. Interessen der Marine in derselben Weise zu vertreten wie das Kriegsministerium für die Armee. Die Kommandobehörde heisst Oberkommando der Marine. (Beide in Berlin.)

Marketenderwagen gehört zur grossen Bagage, bildet gewissermassen den 5. Lebensmittelwagen eines Bataillons oder Kavallerie-Regiments und ist zur Mitführung von Marketenderwaaren bestimmt.

Markirter Feind. Abzeichen: schifffarbener Ueberzug über Helm. Soll nicht überraschend auftreten, sondern in der Wirklichkeit angemessenen Verhältnissen. Der M. F. giebt Anhalt zu besonderen Aufgaben; er enthält entweder allgemeine Massregeln oder handelt nach eigenem Ermessen. Die Truppenstärken werden durch 1 qm grosse Flaggen an 2,50 m langen Stangen markirt. (Infanterie roth. Kavallerie weiss, Artillerie gelb.) Oft wird die Kavallerie auch in voller Stärke verwendet. Reichliche Munition. Führer muss vollzählige Stäbe haben. Der M. F. muss sich möglichst sichtbar machen, darf daher nie plötzlich auftreten oder Deckung nehmen, sondern soll die Markir-Fahne hoch halten.

Markirung der Zielobjekte der Artillerie bei Manövern. Rothe Fahnen für Infanterie, weisse für Kavallerie, gelbe für Artillerie.

Marlborough, Herzog von, englischer Feldmarschall (1650—1722). erst König Jakobs treuer Diener ging er nach dessen Landung zu Wilhelm von Oranien über. Seine Glanzperiode beginnt, nach mancherlei Kämpfen vorher, mit seiner Kriegführung in den Niederlanden, in denen er 1702 das Kommando übernahm. Nachdem die ersten Feldzüge nach damaliger Sitte sich um den Besitz von Festungen abgespielt hatten, schlug M. den bayrischen Feldmarschall Arco 2./7. 1704 am Schellenberg (bei Donauwörth) und die Franzosen und begann am 13./8. d. J. bei Höchstädt, wo er den General Tallard gefangen nahm. Zum deutschen Fürsten erhoben. 1706 schlug er wieder die Franzosen bei Ramilliers, 1708 noch einmal bei Oudenaarde, 1709 bei Malplaquet. Er fiel trotz seiner glänzenden Siege in Ungnade. Georg I. nahm ihn 1714 wieder auf. Er ist einer der militärischen Meteore seiner Zeit.

Marmont, de, Herzog von Ragusa, Marschall von Frankreich (1774—1852), zeigte im Feldzuge 1809 sein Führertalent. 1811 vertraute ihm Napoleon den Befehl über die reduzirte Armee in Spanien an. 1812 wurde er bei Salamanca geschlagen und durch den Verlust des rechten Armes schwer verwundet. Schon 1813 führte er das 6. Korps bei Hanau und Lützen, sowie bei Bautzen. Bei Möckern wurde er wieder verwundet und führte nach Leipzig die Trümmer der Korps nach Frankreich, wo er sich in dem Feldzuge 1814 wieder hervorthat, Paris vertheidigte und dort die Konvention schloss. 1830 kämpfte er in Paris gegen die Revolution.

Marmora, La, Alfons, 1849—1855 piemontesischer Kriegsminister, kommandirte 1855 das piemontesische Hülfskorps in der Krim. 1859 an der Seite König Viktor Emanuels, 1864 Präsident des Ministeriums, als welcher er die Allianz mit Preussen schloss, war 1866 Chef des Generalstabes der italienischen Armee, entsagte dann allen seinen Aemtern; 1870 General-Gouverneur Roms.

Marodeure. Das Marodiren wird nach dem deutschen Militär-Strafgesetz mit Zuchthaus bis zu 10 Jahren bedroht, wenn die Handlung von Mehreren begangen wird, die sich zur fortgesetzten Bedrückung der Bewohner verbunden haben und wenn das Marodiren in Plünderung etc. ausartet. Bei Verübung einer derartigen Handlung gegen einen Deutschen oder einen Angehörigen eines verbündeten Staates ist auf erhöhte Strafe zu erkennen.

Maroicic di Madonna del Monte, Freiherr, österreichischer Feldzeugmeister (1812—82), zeichnete sich schon unter Radetzky in Italien aus. (Maria-Theresien-Orden.) 1866 führte er das 7. Armeekorps. Am Vorabende von Custozza hatte er einen wesentlichen Antheil an der Erringung des Sieges. 1881 trat er in den Ruhestand.

Marsaglia. Schlacht 4./10. 1693, die Herzog von Savoyen gegen die Franzosen unter Catinat verlor.

Marschabstand s. Marschtiefen.

Marschall (Marschalk, Pferdeknecht), Feldmarschall. In Deutschland und Oesterreich werden sie Feldmarschall genannt. Gleichen Ranges mit Generaloberst oder Generalfeldzeugmeister.

In Brandenburg-Preussen sind ernannt worden zu G.-F.-M.: 1657 Sparr; 1670 Johann Georg II. von Anhalt-Dessau, Derfflinger; 1687 Schomberg; 1690 Spaen; 1691 Flemming; 1696 Barfus; 1702 Wartensleben; 1712 Leopold Fürst von Anhalt-Dessau; 1713 Friedrich Ludwig Herzog v. Holstein-Beck, Lottum, Dohna; 1728 Arnim; 1730 Natzmer; 1733 Finck v. Finckenstein; 1737 Grumbkow, Borcke; 1739 Röder; 1740 Schwerin; 1741 Friedrich Wilhelm Herzog von Holstein-Beck, Glasenapp, Schmettau (in preussischem Dienst eigentlich nur General-Feldzeugmeister); 1742 Christian August Fürst v. Anhalt-Zerbst, Leopold Max Erbprinz v. Anhalt-Dessau; 1745 Buddenbrock, Flans, Dossow; 1747 Kleist, Dohna, Dietrich Fürst v. Anhalt-Dessau, Kalckstein, Jeetze, Keith; 1751 Gessler, Lehwald; 1757 Prinz Moritz v. Anhalt-Dessau; 1758 Ferdinand Herzog v. Braunschweig; 1760 Friedrich Erbprinz v. Hessen-Kassel; 1798 Knobelsdorf, Kalckstein; 1800 Ludwig Prinz v. Württemberg; 1805 Brünneck (Brünning); 1807 Kalckreuth, Courbière; 1813 Blücher; 1818 Wellington; 1821 York, Kleist; 1825 Gneisenau; 1847 Müffling, Boyen; 1850 Baskewitsch; 1853 Dohna; 1856 Wrangel; 1870 Friedrich Karl Prinz v. Preussen, Friedrich Wilhelm Kronprinz v. Preussen; 1871 Moltke, Albert Kronprinz v. Sachsen. Herwarth v. Bittenfeld, Steinmetz; 1873 Roon, Manteuffel; 1888 v. Blumenthal. Prinz Georg v. Sachsen, Prinz Albrecht v. Preussen. Zu General-Obersten mit General-Feldmarschallsrang: Grossherzog Friedrich v. Baden, v. Pape, Graf Waldersee, Grossherzog Karl von Sachsen und Bismarck.

Frankreich. Die M. Napoleons I. waren: Augereau, Bernadotte, Berthier, Bessières, Brune, Davout, Duroc, Grouchy, Jourdan, Kellermann, Lannes, Lefèbvre, Macdonald, Marmont, Masséna, Moncey, Mortier, Murat, Ney, Oudinot, Perignon, Poniatowski, Saint-Cyr, Serrurier, Soult, Souchet, Victor. —

Seit 1839 durften in der französischen Armee nur 6 M. sein. Napoleon III. ernannte zu M.: Vaillant, Magnan, Baraguay d'Hillers, Hamelin, Pelissier, Randon, Canrobert, Regnaud de St. Jean d'Angély, Mac Mahon, Niel, Defossés, Forey, Rignault de Genouilly, Bazaine, Le Boeuf.

In Russland im 18. Jahrhundert: Mentschikow, Repnin, M. M. Galitzin, Sapieha, Bruce, Dolgoruky, J. J. Trubetzkoi, Münnich, Lacy, Anton Ulrich Prinz v. Braunschweig. Ludwig Wilhelm Prinz v. Hessen-Homburg, K. A Rasumowski, N. J. Trubetzkoi, Buturlin, A. G. Rasumowski, Apraxin, Saltikow, A. J. Schuwalow, P. J. Schuwalow, Prinz Peter August Ferdinand v. Holstein-Beck, Prinz Georg v. Holstein, Bestuschew, A. M. Galitzin, Rumjänzow, S. G. Tschernitschew, Potemkin, Suworow, N. J. Saltikow, N. W. Repnin, J. G. Tschernitschew, J. P. Saltikow, Mussin-Puschkin, Kamenski, Elmt, Broglio; 19.

Jahrhundert: Prosorowsky, Gudowitzsch, Kutusow, Barclay de Tolly, Wittgenstein, Osten-Sacken, Diebitsch, Paskewitsch, Radetzky, Wolkonski, Woronzow, Barjätinsky, Berg. Friedrich Karl Prinz v. Preussen. Friedrich Wilhelm Kronprinz des Deutschen Reichs. Moltke. Friedrich Franz Grossherzog v. Mecklenburg-Schwerin. Grossfürsten Nicolai und Michael.

Marschbefehl. Ein solcher hat die Marschtiefen (s. unten), die Marschfähigkeit der Truppen. sowie die von den Quartieren bis zum Sammelplatz zurückzulegenden Entfernungen zu beachten. (S. auch Marschtiefen.)

Marsch-Colonnen s. Märsche.

Märsche. Ein Infanterie-Bataillon braucht bei gutem Wege und günstiger Witterung auf den Kilometer 10 Minuten, auf 10 Kilometer also 100 Minuten. (Grössere Truppenverbände brauchen unter günstigen Umständen etwa 12 Minuten für den Kilometer.)

Die Schrittbewegung der Kavallerie und Artillerie ist schneller als die Marschgeschwindigkeit der Infanterie, etwa im Verhältniss von 6:5. Beide Waffen werden daher durch Einfügung in die Marschkolonne einer Infanterieabtheilung zu einer Verlangsamung ihrer Bewegung genöthigt. Es ist daher für diese Waffen stets unbequem. im unmittelbaren Zusammenhang mit der Infanterie zu marschiren. Kann man ihnen keine besonderen Wege überlassen, so weist man sie in der Marschordnung an die Spitze, oder man bestimmt für sie eine spätere Aufbruchsstunde.

Beim Marsch gegen den Feind ist es vortheilhaft, die Kavallerie zu Zwecken der Aufklärung vorn zu haben und auch den grössten Theil der Divisionskavallerie an die Spitze der Marschkolonne zu nehmen.

Ebenso ist die Artillerie möglichst weit nach vorn zu verweisen, damit sie zur Einleitung eines Gefechtes schnell zur Hand ist.

Gestatten die Verhältnisse, diesen beiden Waffen besondere Wege anzuweisen, so können sie den Marsch in etwa $2/3 - 3/5$ der Zeit, welche die Infanterie braucht. zurücklegen.

Für eine in einer Kolonne marschirende Division rechnet man auf $22^1/_2$ km 7—8 Stunden.

Es empfiehlt sich unter Umständen bei stärkeren Kolonnen auf einer Strasse die Versammlungspunkte der einzelnen Abtheilungen beim Beginn des Marsches räumlich auseinander zu halten.

Eine Verlangsamung der Bewegung tritt schon bei 15—20 Grad Wärme ein, man kann auf je 10 km 25—30 Minuten Marschzeit hinzurechnen.

Der starken Hitze wegen Nachtmärsche anzuordnen, empfiehlt sich nicht; ist man aus anderen Gründen zu solchen genöthigt. so kann man die Hälfte der sonst für den Marsch erforderlichen Zeit hinzurechnen.

Starke Kälte belästigt beim Marsch nicht.

Sandiger und schlüpfriger Untergrund verzögern, namentlich bei Infanterie und Artillerie, die Marschgeschwindigkeit um 20—30 Minuten für 10 km; in gleicher Art halten Gegenwind um 40—60 Minuten, starker Regen oder Schnee um 15—20 Minuten auf.

Im Gebirge kann man, sofern es sich nicht um eine mit nur geringen Steigungen versehene Thalstrasse handelt, wegen der beim Abmessen auf der Karte schwer richtig zu schätzenden vielfachen Biegungen und je nach den vorhandenen Steigungen 30—60 Minuten auf je 10 km hinzurechnen.

Die Kriegsmärsche geschehen mit den nöthigen Sicherungsmassregeln. Sache des Führers ist die Eintheilung in Staffeln. Versammeln in grossen Verbänden bietet den Vortheil, die Truppen in der Hand zu haben, den Nachtheil des schwierigeren Ueberganges zu der Marschkolonne, deshalb empfiehlt sich bei Truppenstärken, die mehr als eine Division ausmachen, sie in mehreren Gruppen abmarschiren zu lassen: Vorhut, ein Infanterie-Regiment mit Feld-Artillerie und dann die andere Brigade.

Die Vorhut sichert auf dem Marsche. Das Gros nimmt die Infanterie-Brigade-Truppe, die in der Vorhut vertreten ist, meist an die Spitze, lässt dann die Feld-Artillerie folgen; bei langen Kolonnen mit eingeschobener Infanterie, dann schliesst die Infanterie. Die zweiten Staffeln der Batterien folgen hinter den Artillerie-Verbänden. Der Divisions-Brückentrain wird bei in Aussicht stehenden Ueberbrückungen entsprechend vorgeschoben. Die übrigen Wagen s. Bagage (s. Marscherleichterungen).

Marsch-Erleichterungen. Die Spitze nimmt die bequemste Seite, alle hinteren Rotten folgen. Bei Begegnungen rechts ausweichen! Platz für einzelne Reiter muss bleiben. Bequemlichkeiten des Anzuges werden vom Führer rechtzeitig angeordnet. Geordnetes Trinken! Fahren der Tornister wegen Beschwerung der Bagage nur in nöthigsten Fällen anzuordnen. Es gehören dann 16 zweispännige Wagen zum Bataillon. Geringste Marschtiefe ist die Hauptsache, aber nicht durch Aufschliessen, sondern Verbreiten der Kolonnen, wo es geht. Infanterie marschirt, wenn angängig in Sektionskolonne à 4 Rotten, die Kavallerie in Kolonne zu 4 oder 2. Gleiches Tempo ist wesentlich.

Rasten (Rendezvous) sind ausser der kurzen Pause nach dem Abmarsch auf der 2. Hälfte des Marsches (bei grossen Leistungen auch 2) einzulegen. Nicht Abkochen. Bei sehr langen Kolonnen ist das Rasten besondes zu regeln, auch durch früheren Abmarsch der vordersten Kolonnen.

Marsch-Gebührnisse bei der Einberufung. Bis 20 km muss der Weg zum Gestellungsorte umsonst zurückgelegt werden. Für jede weiteren (auch angefangenen) 20 km 1 M. Ueberfahrtsgelder von deutschen Inseln werden stets vergütet. Weitersendung vom Gestellungs- bis zum Bestimmungsorte: Bei Bahnen, bei Einzelreisen (über 20 km) wird ausser Militärfahrschein vergütet für jede auch angefangene 300 km Schienenweg: für Gemeine 1 M., Unteroffiziere 1,50, Portepée-Unteroffiziere 2 M. Bei Entfernungen von nur 100 km oder weniger die Hälfte. Transportmannschaften erhalten die volle Verpflegung und ausserdem pro Tag 20 Pfg., Unteroffiziere 70 Pfg. und Portepee-Unteroffiziere 1,20 M. Bei der Entlassung kommen die für die Einberufung geltenden Bestimmungen sinngemäss ebenfalls in Anwendung. Wegen Verpflegung der Truppen auf Märschen siehe Marschverpflegung, wegen der Offiziere und Beamten siehe auch Reisegebührnisse.

Marschleistungen. Als grösste zweitägige Leistung würde sich ergeben: für die Infanterie 70 km, für berittene Waffen 100 km, denen allenfalls noch 15 bezw. 30 km hinzuzurechnen wären, wenn in der Nacht vom zweiten zum dritten Tage der Marsch bis 6 Uhr Morgens fortgesetzt werden müsste, hiermit aber einen vorläufigen Abschluss fände. Anderenfalls kann man nach voller Nachtruhe für den dritten Tag wohl auf eine Marschleistung von 30 bezw. 40 km rechnen, wobei man noch für den vierten Tag kampf- und marschfähig bleibt.

Marschmagazine werden während der Operationen an den Marschlinien angelegt, zur Ansammlung der requirirten oder auf andere Weise herbeigeschafften Vorräthe.

Marschordnung s. Märsche.

Marsch-Regimenter (Bataillone) nannte man in Frankreich die Reserve-Formationen der Infanterie.

Marschrouten werden den Truppentheilen bezw. dem einzelnen Manne mitgegeben; dieselben enthalten Bestimmungen über die Stärke des Kommandos, den einzuschlagenden Reiseweg oder Marsch und enthalten die Aufforderung an die in Betracht kommenden Zivilbehörden oder Gemeinden, so weit nöthig, Quartier und Verpflegung nach den gesetzlichen Bestimmungen herzugeben. Auf der Eisenbahn gilt der Militär-Fahrschein als Ausweis.

Marschtiefen. Man rechnet beim Manöver, zu welchem die Truppen in der Friedensstärke erscheinen: Für ein Bataillon Infanterie (der Zug zu 18 Rotten) in Sektionen etwa 150 m, in Reihen etwa 300 m. Hierbei sind drei Kompagnieabstände von 8 m und ein Bataillonsabstand von 16 m eingerechnet.

Für eine Eskadron (der Zug zu 11 Rotten) zu Vieren 75 m, zu Zweien 130 m, wobei jedesmal ein Eskadronsabstand von 16 m mit berechnet ist.

Für eine Feldbatterie zu 4 Geschützen 150 m und für eine reitende Batterie zu 4 Geschützen 200 m einschliesslich Batterieabstand von 16 m.

Man rechnet ferner Abstände: Nach einem Regiment oder einer Artillerie-Abtheilung 30 m, nach einer Brigade 60 m, nach einer Division 250 m.

Für Berechnung von Trains, Bagage u. s. w. dienen folgende Maasse: Ein zweispänniges Fahrzeug 11 m (8 m Tiefe, 3 m Abstand), ein vierspänniges Fahrzeug 15 m, ein sechsspänniges Fahrzeug 19 m (s. auch Marschbefehl).

Marschunfähig sind Mannschaften, die ihrem marschirenden Truppentheile nicht folgen oder die ihnen vorgeschriebenen Etappen nicht erreichen, bezw. bei ihrem Ausscheiden aus dem Dienste auch nicht in kleinen Tagemärschen den Entlassungsort erreichen können. Sie erhalten Attest vom Stabsarzt nach vorgeschriebenem Muster. Leichtkranke, die voraussichtlich in wenigen Tagen wieder marsch- und kampffähig sind, verbleiben bei der Truppe. Mitführen mittelst Vorspanns nur ausnahmsweise zulässig.

Marschverpflegung wird grundsätzlich durch die Quartiergeber für jeden Marsch- und bestimmungsmässigen Ruhetag gewährt, sobald der Soldat nicht an demselben Tage die verlassene Garnison wieder erreicht, oder bei Manövern die Märsche nicht nur einen Theil der Uebung bilden. Die M. wird den Quartiergebern mit denjenigen Beträgen vergütet, welche innerhalb der Grenzen von 80 Pfg. bis 1 M. für die volle Tageskost am Schluss jeden Jahres für das nächste Jahr amtlich (Reichsanzeiger, Armee-Verordnungsblatt) bekannt gemacht werden.

Die Vergütung vertheilt sich bei einem

Vergütungsatze von:	80₰	85₰	90₰	95₰	100₰
volle Tageskost mit Brot	80 „	85 „	90 „	95 „	100 „
„ ohne „	65 „	70 „	75 „	80 „	85 „
Mittagskost mit Brot	40 „	43 „	46 „	49 „	52 „
„ ohne „	35 „	38 „	41 „	44 „	47 „
Abendkost mit Brot	25 „	26 „	27 „	28 „	29 „
„ ohne „	20 „	21 „	22 „	23 „	24 „
Morgenkost mit Brot	15 „	16 „	17 „	18 „	19 „
„ ohne „	10 „	11 „	12 „	13 „	14 „

Die Vergütung für die den Offizieren u. s. w. gewährte Naturalverpflegung beträgt: für die volle Tageskost 2,50 M., für die Mittagskost allein 1,25 M., für die Abendkost allein 75 Pfg., für die Morgenkost allein 50 Pfg. und wird an die Quartiergeber durch Vermittelung der Gemeinden entrichtet. Bei Einquartierung in Städten darf für Offiziere nur die Morgenkost gefordert werden.

Marschzelt besteht aus einem zwillichenen Zeltdache, welches über ein Gerippe gespannt, am Boden befestigt wird. Als Halter des Zeltes kann auch das Gewehr verwendet werden. Das M. wird von der Mannschaft getragen.

Mars la Tour. Schlacht am 16./8. 1870. Siehe Vionville.

Martinestie (Rumänien). Schlacht 22./9. 1789, in der die Russen unter Suworow im Verein mit den Oesterreichern die Türken vollständig aufs Haupt schlugen.

Martingale, s. Hülfszügel, ist stets mit Vorsicht zu gebrauchen, weil er die Vorderhand der Pferde leicht mitnimmt.

Martini-Henry, M. 1871, in England, der Türkei und den Vereinigten Staaten von Nordamerika gebräuchlich gewesene Handfeuerwaffe.

Maschinengeschütze. Geschütze kleinen Kalibers, welche insofern nach Art einer Maschine arbeiten, als ihr gesammter Lade- und Abfeuermechanismus lediglich durch eine rein mechanische Kraftäusserung (Drehung einer Kurbel), oder durch die Rückwirkung der Pulvergase selbst (Maxim) in Thätigkeit gesetzt wird, so dass sie bei genügender Patronenzuführung ein ununterbrochenes Schnellfeuer unterhalten können. Ihre Feuergeschwindigkeit an sich (unter den günstigsten Verhältnissen) überschreitet meist das praktische Bedürfniss, ist indess von viel geringerer Bedeutung, als ihre Unempfindlichkeit gegen störende, im Felde unvermeidliche Einflüsse (Witterung, Staub, Sand, Rost, unrichtige Behandlung). In dieser Beziehung lassen die meisten M. noch viel zu wünschen übrig. Die besseren Muster sind für den Festungs- und Seekrieg sehr brauchbar. Ihre Geeignetheit für den Feldkrieg ist noch unbewiesen. Konstrukteure: Gatling, Feldl, Hotchkiss, Gardner, Maxim, Erzherzog Karl Salvator und Major v. Dormus und Andere mehr.

Maschinisten-Abtheilung besteht in Kiel und Wilhelmshafen als Stamm-Abtheilung zur Versorgung der auszurüstenden deutschen Kriegsschiffe mit Maschinen-Personal.

Maskenlafette s. Senklafette.

Maskiren kann die eigene Truppe das eigene Feuer. Aber auch dem Feinde den Stand der Truppen (Reserven) verbergen. Im strategischen Sinne durch weites Vorausschieben der Kavallerie und Verschleiern der eigenen Absichten und Bewegungen. Auch Oertlichkeiten können die eigenen Truppen und den Feind je nach den Umständen glücklich oder unangenehm maskiren. M. heisst auch Schützengräben oder Batterien durch Truppen oder Terraingegenstände dem Einblicke des Feindes entziehen. Erdwerke werden durch Gesträuche, Gras, Getreide bedeckt (maskirt), um erstere weniger auffallend, der Umgebung ähnlicher zu machen.

Massena, Herzog von Rivoli, Fürst von Essling, Marschall von Frankreich (1758—1817). Hervorragend sind sein Feldzug in der Schweiz 1799 und seine Vertheidigung von Genua 1800, seine Massnahmen 1809. Da er aber 1810 (Torres Vedras) in Spanien scheiterte (ihm folgte 1811 Marmont), wurde er nicht wieder verwendet. Er war niederer Geburt und Sitten.

Massenaufgebot bezeichnete früher ein Aufbieten auch von Milizen und unausgebildeten Personen. Heute ist jede gründliche Mobilmachung der grossen europäischen Mächte ein M. Nachtheile sind: Schwierigkeit der Führung, Schwerfälligkeit der Bewegung und der Verpflegung, Gefahr epidemischer Krankheiten.

Massenbach, von, preussischer Oberst (1758 bis 1827), hat als Generalstabschef Hohenlohes 1806 eine traurige Berühmtheit erworben. Er lebte noch in den abstrakten Theorien alter Zeit.

Massentaktik. Sie hat durch die neuen Feuerwaffen ihre Chancen verloren

Musslowski, russischer General (1848—1894), als Schriftsteller auch in Deutschland hochgeschätzt.

Maassstäbe sind verschieden, je nach dem Zwecke. Bei Globen sind es viele Millionstel. Bei Landkarten ebenso. Die Generalstabskarten sind 1:100000, die Sektionskarten 1:25000. Die Reimannsche Karte ist 1:200000. Oesterreich 1:75000, Frankreich 1:80000, Russland 1:120000.

Bei Spezialzeichnungen braucht man grosse Maassstäbe, um die Einzelheiten zu erkennen, und bedient sich der Transversalmaassstäbe.

Mastricht, niedersächsische Festung. 1632 vom Prinzen Friedrich von Oranien genommen; 1673 desgleichen von den Franzosen; 1676 von den Niederländern vergeblich belagert. 1748 vom Marschall von Sachsen erobert; 1793 von den Franzosen vergeblich blockirt, 1794 genommen; 1814 an Preussen übergeben.

Maubeuge, seit 1871 zu einem befestigten Lager verwandelt. Die alte Festung (bastionirt) war von allen Seiten eingesehen, doch hat man auf den beherrschenden Höhen auf beiden Ufern der Sambre starke Werke angelegt, die aus dem Plan zu ersehen sind. Es sind dies auf dem südlichen Ufer die 3 Forts de Haumont, de Bourdieu, de Cerfontaine und die Werke de Rocq.

Auf dem nördlichen Ufer bilden die Fortsetzung die Forts de Bonpois, etwas vorgeschoben de Salmagnes, des Sarts, de Leveau und die Batterien de Greveau. Diese Werke, vereint mit der (mässigen) Stadtbefestigung, sichern ausserdem die Bahnen, die in M. zusammenlaufen.

In M. stehen 2 Bataillone Infanterie und 3 Fuss-Batterien. Es wurde 1793 erfolglos von den Oesterreichern belagert. 1814 unter Prinz August von den Preussen belagert und genommen.

Plan s. nächste Seite.

Mauerwerk ist gegen Infanteriegeschosse nur dann ein Deckungsmittel, wenn die Mauer wenigstens einen Stein stark ist; sobald mit Brisanzgeschossen gefeuert wird, ist ein Verlassen der Mauer und Stellung im freien Felde vorzuziehen. Man lasse sich nicht verleiten, Scharten brechen zu wollen, sondern begnüge sich mit Banketts oder Stellagen, bei niedrigem Mauerwerk mit dem Vorschütten von Boden zur Deckung der Mauer gegen die Geschosse.

Mauke ist eine schmerzhafte Pferdekrankheit, die meist an der Hinterseite der Hinterfesseln erscheint, kühlende Salben und Leinsamen-Umschläge mit peinlicher Reinlichkeit, sowie Grünfutter sind gute Gegenmittel.

Maulesel bezw. **Maulthier** ist für Trains und Tragen von Lasten das vorzüglichste Geschöpf. Zähe, hart, genügsam und ausdauernd, erträgt es die Strapazen viel leichter als das Pferd. Im Gefechte sind die Thiere der Panik leicht zugänglich.

Maurienne und Montgilbert. Das Thal der Maurienne läuft vom Mont Cenis hinunter nach der Isère und ist deshalb befestigt, wie der beistehende Plan es angiebt. Eine Reihe von Linien, deren Mitte die Batterie de Tête Lasse bildet, deren rechter Flügel als Batterien de Coucheron (nach dem Col gleichen Namens) in den französischen Schriften bezeichnet werden, bilden die Front. Dahinter liegt die starke Fort Mongilbert. Auf dem rechten Flügel liegt die Batterie des Plachaux. Auf dem anderen Ufer liegt fast im Thale an der Mündung das Fort d'Aison. Oben das Fort du Mont Perches (auch Fort du Crepa genannt), zwischen beiden liegen die Batterien de Frépertuis.

Plan s. Seite 452.

Mauser-Gewehr. Die charakteristischen Eigenthümlichkeiten der Mehrladevorrichtung bei dem M.-G. s. Mehrlader. Das neueste von Mauser (Oberndorf a. N.) konstruirte Muster zeigt gegenüber den älteren Waffen zahlreiche Verbesserungen, die namentlich bei dem spanischen 7 mm Gewehr m/93 Anwendung gefunden haben. Sie betreffen hauptsächlich die Anordnung des Ausziehers, des Schlagbolzens mit Mutter, des Schlösschens, der Abzugsvorrichtung, des Magazinkastens (Patronen in 2 Reihen gelagert, daher Kasten flach und mit dem Schaft verglichen) und des Ladestreifens; der stählerne Laufmantel ist durch einen hölzernen Handschutz ersetzt, und der Lauf im Unterring mit Spielraum geführt, um seine Ausdehnung beim Warmwerden nicht zu hindern. (Näheres siehe in Wille, Fortschritt und Rückschritt des Infanteriegewehres; Berlin 1894, S. 86—93.)

Maxen. Treffen 20./11. 1759. Der preussische General Fink kapitulirt mit 5000 Mann.

Maximalladung s. Ladung.

Maximal-Steigungen bei Feldeisenbahnen. Im Flachlande 1:120 (0,8%), im Hügellande 1:80 (2,3%), im Gebirgslande 1:40 (2,5%).

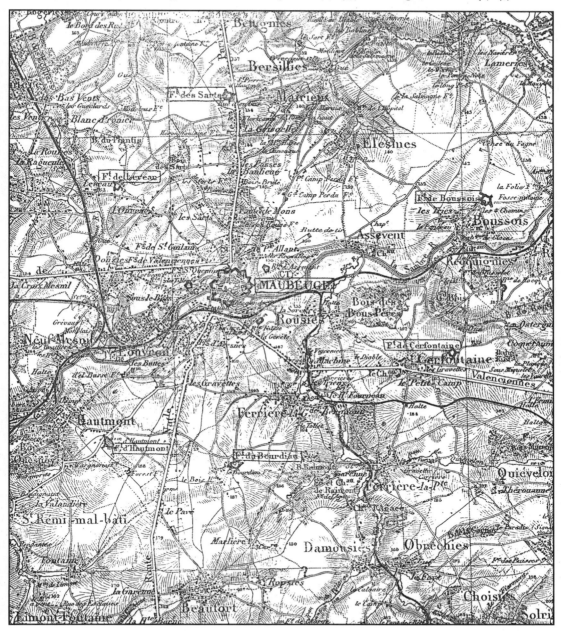

Plan der Befestigungen um Maubeuge.

Maximiliansthürme wurden 1830—36 zur Bildung eines befestigten Lagers rings um Linz erbaut. Sie wurden mit Einführung der gezogenen Geschütze unbrauchbar.

Maxim-Maschinengewehr. Der Amerikaner Hiram Stevens M. war der erste, welcher ein M. konstruirte, in dem die Pulvergase nicht nur zum Fortschleudern des Geschosses, sondern auch, gleich dem Wasserdampf in der Dampfmaschine, zum Betrieb eines äusserst sinnreichen Mechanismus nutzbar gemacht werden, dessen Bewegung das Oeffnen, Auswerfen, Patronenzuführen, Laden, Schliessen und Abfeuern selbstthätig besorgt. Die Patronen sind auf einem Zeuggurte befestigt, der quer zur Längenachse des Laufes vorgeschoben wird; der Rückgang des Stossbodens, welcher beim Schuss unter dem Druck der Gase nach hinten ausweicht, liefert die erforderliche Betriebskraft; ist der erste Schuss mit der Hand abgefeuert, so schiesst die Maschine — falls keine Betriebsstörungen eintreten — mit einer Geschwindigkeit, die sich bis auf

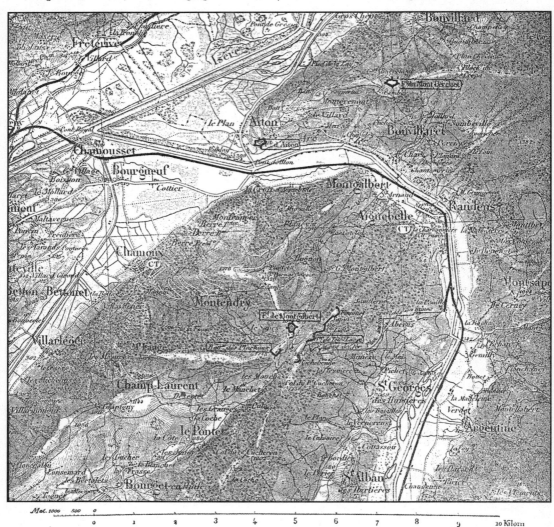

Befestigungen von Maurienne und Montgilbert.

600 Schuss in der Minute steigern und nach Bedarf regeln lässt, ununterbrochen weiter, bis sie abgestellt wird oder bis die Patronenzufuhr aufhört. Das M.-M. ist in der deutschen Marine, Oesterreich-Ungarn („8 mm Mitrailleuse m/89"), England, der Schweiz u. a. m. eingeführt. Dem geistreich erdachten und geschickt ausgeführten Mechanismus des M.-M. wird von manchen Seiten vorgeworfen, dass er ziemlich empfindlich gegen störende Einflüsse sei, die leicht sein plötzliches Versagen in entscheidenden Augenblicken herbeiführen können.

Maxim-Schupphaus-Pulver. Rauchschwaches P., von Hudson M. und Robert S. erfunden, besteht aus 90 % sehr hoch nitrirter Schiesswolle, gegen 9 % Nitroglycerin und 0,5—1,0 % Harnstoff (oder Harnsäure), bildet eine vollkommen amorphe Gallerte von grosser Beständigkeit und wird in Form länglicher Cylinder dargestellt, die von zahlreichen kleinen Kanälen durchsetzt sind, um beim Schuss die für ein günstiges Verhältniss der Gasentwickelung und der Spannungen besonders wertvolle progressive Vergrösserung der Brennflächen zu sichern. Bei den im Sommer 1895 Seitens der nordamerikanischen Artillerie auf dem Schiessplatze von Sandy Hook ausgeführten Versuchen hat das M.-S.-P. eine sehr gleichförmige Arbeitsleistung (Mündungsgeschwindigkeit) bei ungemein niedriger Gasspannung ergeben. Das Verhältniss des mittleren Gasdrucks zum höchsten erzielte in einzelnen Fällen das bisher noch nie erreichten Werth 1 : 1,28 (s. Gasdruck).

Mazange. Gefecht 6./1. 1871 s. Azay.

Meade, nordamerikanischer General (1815 geboren), war nach Meinung der Gegner der befähigste Führer der Nordarmee. Er ist bekannt durch seinen Erfolg bei Gettysburg, durch den er den Zug Lee's nach Pensylvanien aufhielt. Man warf ihm vor, Lee nicht verfolgt zu haben und er wurde Grant unterstellt, behielt jedoch das Kommando seiner Armee.

Mechanische Zeitzünder. Ein Nachtheil aller Brennzünder, besteht in der ungleichmässigen Brenndauer des Satzes, deren Verschiedenheiten durch längere Aufbewahrung, Anziehung von Feuchtigkeit aus der Luft, wechselnde Witterungseinflüsse u. s. w. zunehmen und entsprechende Abweichungen in der Lage der Sprengpunkte ergeben. Man hat deshalb schon mehrfach M. Z. vorgeschlagen und versucht, bei denen der Arbeit fester, flüssiger oder gasförmiger Körper bezw. mechanischer Vorrichtungen, welche durch die Geschossbewegung oder den Luftwiderstand in Thätigkeit gesetzt werden, die Entzündung der Sprengladung binnen einer bestimmten Zeit nach dem Abfeuern des Schusses herbeiführt.

Mechterstedt bei Gotha. Zusammenstoss hannoverischer und preussischer Truppen 24./6. 1866.

Medaille, goldene, erhielt die Fahne des 1. Bataillons 2. Romanen-Grenz-, nunmehrigen 50. Infanterie-Regiments für standhaftes Ausharren in der beschworenen Treue im Jahre 1848.

Medellin. Schlacht am 28./3. 1809, in der die jungen spanischen Truppen unter Cuerta von den Franzosen unter Viktor erst durch Artillerie abgewiesen und dann von Kavallerie mit grossen Verlusten zu Paaren getrieben wurden.

Medina del Rio Seco. Schlacht 14./7. 1808. Marschall Bessieres (16000 Mann) griff die jungen spanischen Truppen (20000 Mann) unter Cuesta an, die sich anfänglich mit ihrer tüchtigen Artillerie gut wehrten, schliesslich aber der überlegenen Angriffen der durchgebildeten französischen Reiterei nicht Stand halten konnten und flohen.

Medizinal-Abtheilung ist eine selbstständige Abtheilung des Kriegsministeriums, deren Chef der Generalstabsarzt der Armee ist. Geschäftskreis: das gesammte Heeres - Sanitäts- und Lazarethwesen im Frieden und im Felde.

Medizinkarren s. Medizinwagen.

Medizin- und Bandagekasten gehören zur Feldausrüstung der nicht mit Medizinwagen oder Karren versehenen Truppen: Batterien, Pionier-Kompagnien und Kolonnen. Die Fortschaffung derselben geschieht auf Vorrathswagen oder auf einem der etatsmässigen Fahrzeuge. Die erste Füllung geschieht durch die Dispensiranstalten der Garnisonlazarethe.

Medizinwagen ist zweispännig und gehört zur kleinen, d. h. in's Gefecht mit zu führenden Bagage. Jedes Bataillon und Kavallerie-Regiment ist mit einem M. ausgerüstet, der ausser Arznei- und Verbandmitteln die Krankendecken und Krankentragen und 2 Bandagentornister, sowie das Gepäck der Aerzte aufzunehmen hat. Wegen der übrigen Truppen s. Medizin- und Bandagekasten.

Medjidié - Orden, kaiserlicher ottomanischer Orden, wird in 5 Klassen verliehen.

Meerheimb. Freiherr von, preussischer General (1823—82). Er war als tüchtiger Militär-Schriftsteller von umfassenden litterarischen Kenntnissen bekannt und hat grosse Verdienste um die Generalstabs-Bibliothek, der er die grosse Büchersammlung von Metz einverleibte u. s. w.

Mehadia. 15./7. 1738 siegreiches Treffen der Kaiserlichen.

Mehemed-Ali, Vice-König von Aegypten (1769 bis 1849), als Führer der ägyptischen Armee entledigte er sich der Mamelucken, später der Albanesen, focht für die Pforte gegen Griechenland, schuf sich eine tüchtige Armee und erklärte den Türken den Krieg; eroberte 1833 Syrien, schlug die Türken 1839 bei Nisib (Moltke) und ward Herr der türkischen Flotte. Die Grossmächte intervenirten, doch machte er sich unabhängig von der Pforte und schuf damit das heutige Khediventhum.

2. M. A., Pascha (1827—78) [zu Magdeburg geboren], wurde 1877 Führer der türkischen Armee in Bulgarien, vertheidigte 1878 die Lomlinie und wurde im Kampf gegen die Albanier getödtet.

Mehl. Brotbackmehl ist zumeist Roggen- und Weizenbackmehl, Zwiebackmehl ist Weizenmehl, Kochmehl aus Weizen oder Mais erzeugt. Das M. im allgemeinen soll trocken, entsprechend kleinefrei, von Sand, Insekten und Unkraut frei sein, keine schwarzen Flecken haben, nicht Klumpen bilden. Beim Zusammendrücken mit der Hand soll sich das M. ballen, es darf nicht dumpfig riechen und schmecken.

Mehlpulver, zerriebenes Kornpulver, das sehr leicht entzündlich, als Beimengung zu verschiedenen Feuerwerkssätzen verwendet wird.

Mehrlader. Handfeuerwaffen, welche gleichzeitig eine grössere Zahl Patronen aufnehmen können, die beim jedesmaligen Oeffnen und Schliessen der Reihe nach in das Patronenlager eingeführt werden. Anfangs befand sich der Patronenbehälter im Kolben oder im Vorderschaft unter dem Lauf. Da aber das Füllen dieses Röhrenmagazins (Magazinrohr) zu umständlich und zeitraubend war, auch die Patronen leicht Beschädigungen erlitten, wurde es durch das Kastenmagazin im Mittelschaft ersetzt und findet sich heut nur noch bei dem französischen, portugiesischen und japanesischen Gewehr vor. Man unterscheidet hauptsächlich 3 Arten Kastenmagazine:

1. v. Mannlicher (deutsches Gewehr 88 — Bild s. Gewehr): Senkrechter, unten offener Magazinkasten; die darin übereinanderliegenden Patronen werden durch einen schachtelförmigen Patronenrahmen zu einem Packet

vereinigt; sobald die letzte Patrone verfeuert ist, fällt der leere Rahmen von selbst nach unten aus dem Kasten. Ausnahmsweise können die Patronen auch einzeln mit der Hand eingeführt werden. Bei den neueren Konstruktionen v. Mannlichers (z. B. bei dem rumänischen Gewehr m/93, III) ist der Patronenrahmen bedeutend verkürzt bezw. erleichtert und demgemäss durch die Oeffnung im Kastenboden verkleinert worden (s. v. Mannlicher-Gewehr).

2. **Mauser**: Senkrechter, unten geschlossener Kasten; die zu einem Packet gehörenden Patronen werden durch einen spangenförmigen Ladestreifen (s. d.), der nur die Patronenboden umfasst, zusammengehalten; der Schütze streift sie beim Füllen des Magazins durch einen Fingerdruck von dem, in einen Ausschnitt der Verschlusshülse eingeschobenen Ladestreifen ab und in den Kasten hinein; der leere Streifen wird fortgeworfen. Die Patronen liegen in einer Reihe lose übereinander im Kasten. Es kann auch mit einzelnen Patronen geladen werden. Das neueste Mauser-Gewehr hat einen flacheren und breiteren Kasten (Bild a und b),

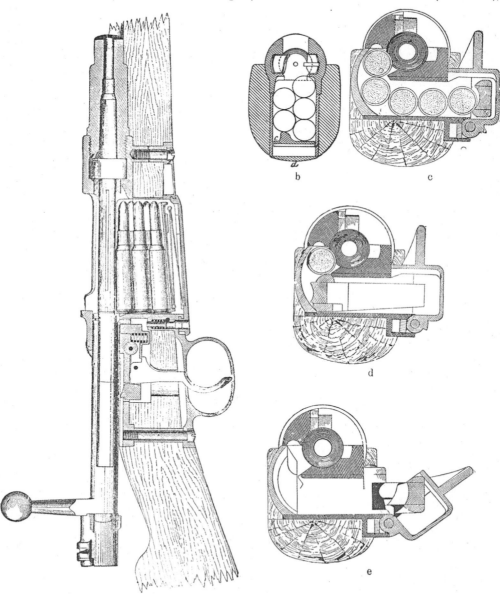

Mehrlader.

dessen untere Fläche sich mit dem Schaft vergleicht und der 5 Patronen in 2 Reihen nebeneinander aufnimmt. Ein zunächst für Karabiner bestimmtes Kastenmuster ist tiefer, fasst 10 Patronen ebenfalls in 2 Reihen und wird mit 2 Ladestreifen gefüllt.

3. Krag-Jörgensen (Bild c—e): Wagerechter Kasten mit seitlicher, nach unten früher nach vorn) sich öffnender Thür. Die Patronen werden aus einem an die Thüröffnung angelegten Blechbehälter in den Kasten eingebracht, liegen darin nebeneinander und werden durch den Zubringer, dessen Feder erst beim Schliessen der Kastenthür in Thätigkeit tritt, von links vor die Lauföffnung geschoben. Die Patroneneinlage der Hülse hat daher keinen Durchbruch und das Laden einzelner Patronen mit der Hand geht in derselben Weise, wie bei jedem Einzellader vor sich.

Ueber die Vorzüge und Nachtheile dieser 3 Kastenmagazine gehen die Ansichten weit auseinander. Die abweichende Mehrladeeinrichtung des schweizerischen Gewehrs m/89 (und Karabiners m/93), sowie des englischen Gewehrs m/89 s. d.

Durch Annahme der M. ist die Handhabung des Gewehrs im Feuer bedeutend erleichtert, vereinfacht und beschleunigt worden; immerhin wird von vielen Seiten die Nothwendigkeit betont, jedem M. nach Belieben ohne Schwierigkeit und ohne Zeitverlust auch als Einzellader gebrauchen zu können, theils um einer nutzlosen Vergeudung des Schiessbedarfs vorzubeugen, theils um beim Versagen der Mehrladeeinrichtung nicht in Verlegenheit zu gerathen.

Meiningen. Dort stehen Stab, 1., 2. und 4. Bat. Thür. Inf.-Rgts. No. 32. Bez.-Kom., Garn.-Verw., Garn.-Laz. — Servisklasse 2.

Meissen. Gefecht 21./9. 1759 zwischen Hadick und den preussischen Generalen v. Fink und v. Wunsch, welche den Angriff der Oesterreicher abwiesen und sich vor der überlegenen Macht geschickt an Prinz Heinrich heranzogen.

Melas, Freiherr, österreichischer General der Kavallerie (1735—1806), machte den 7 jährigen Krieg und die Türkenkriege mit und zeichnete sich 1795 bei Mainz und Mannheim aus. 1797 selbstständig, nahm er Tortona, siegte mit Suwarow an der Trebbia und Novi. Focht erfolgreich gegen Championnet und 1800 gegen Massena. Er erlag aber Bonaparte bei Marengo, nachdem er den Sieg sicher in der Hand zu haben schien und zog sich darauf vom Dienste zurück.

Meldeämter stehen wie die Hauptmeldeämter und Bezirksfeldwebel unter der Leitung des Bezirks-Kommandos (Bezirks-Kommandeur). Sie werden an Orten errichtet, an denen mehrere Kompagnie-Bezirke ihren Stationsort haben. Die M. an den Stationsorten der Bezirks-Kommandos heissen „Hauptmeldeämter."

Kontroll-Bezirke sind die Landwehr-Bezirke und innerhalb derselben die Kompagnie-Bezirke bezw. die Bezirke der Haupt-M. und M.

Meldeformulare. Für die Mannschaften des Beurlaubtenstandes sind zur Erleichterung der schriftlichen Meldungen M. bei den Ortsvorständen zur kostenfreien Benutzung niedergelegt, und diese angewiesen, den Meldepflichtigen behilflich zu sein bei Ausfüllung derselben.

Meldekarten nach bekanntem Schema ausgegeben, bilden ein mächtiges Hilfsmittel zur gegenseitigen Aufklärung. Meldungen sind kurz und bestimmt zu fassen. Datum in Zahlen, „Mittags" und „Mitternachts" auszuschreiben. Der Ausdruck „Nachts" zu vermeiden, dagegen „Abends" und „Morgens" zu setzen. Ortsnamen lateinisch. Strassen nach den zwei Orten, woher und wohin zu bezeichnen. Befehle nach der Karte zu ertheilen; diese auch zu bezeichnen. Bei Höhen nicht nur die Meterzahl, sondern auch deren Lage angeben. Bei Aufstellungen beginnt man die Beschreibung vom rechten Flügel. Truppenkörper werden ähnlich abgekürzt wie hier im Lexikon. Absendende Stelle wird nicht mit Namen, sondern mit Truppentheil ausgefüllt. Adresse kurz. Seitenränder dürfen nicht beschrieben werden, da sie zum Ankleben bestimmt sind.

Meldepflicht. Nach Beginn der Militärpflicht (s. Dienstpflicht) hat jeder Wehrpflichtige sich zur Aufnahme in die Rekruten-Stammrolle (s. d.) anzumelden. Dies muss in den Tagen vom 15. Januar bis 1. Oktober erfolgen und zwar bei der Ortsbehörde, bei der der Betreffende seinen dauernden Aufenthalt bezw. seinen Wohnsitz hat. Geburtszeugniss beizufügen. In Abwesenheit des Wehrpflichtigen müssen Eltern, Brodherr etc. die Meldung ausführen. Meldung alljährlich zu wiederholen. Versäumniss der M. wird bis 30 M. (bezw. Haft) bestraft.

Auch die Mannschaften des Beurlaubtenstandes können sich mündlich oder schriftlich melden (s. Meldeformulare). Die Meldungen gehen unter „Militaria" mit Siegel der Ortspolizei portofrei.

Die unausgebildeten Landsturmpflichtigen der vom etwaigem Aufruf betroffenen Jahresklassen melden sich sofort (unter Vorzeigen der Militärpapiere) bei der Ortsbehörde zur Landsturmrolle.

Die ausgebildeten Landsturmpflichtigen werden von den Bezirks-Kommandos einberufen, Militärpapiere mitbringen. Offiziere etc. haben sich innerhalb 48 Stunden bei dem Bezirks-Kommando zu melden.

Meldereiter sind seit 1895 etatsmässig eingeführt und zwar in einer Stärke von über 300 Mann, die besondere Uniform haben und in 3 Detachements formirt sind, von denen je eines einem Kavallerie-Regiment der Garde, I. und XV. Armeekorps zugetheilt ist. Die M.-Detachements werden durch ihre Führer unter Aufsicht des Kavallerie-Regiments-Kommandeurs ausgebildet. Zu den grossen Uebungen erfolgt ihre Vertheilung zu den Stäben der Kommandobehörden zum Dienst als M. Nach den Herbstübungen werden sie wieder vereinigt.

Die M. bleiben beim Begegnen von Vorgesetzten in der angenommenen Gangart. Absitzen zum Befehlsempfang bezw. Abgabe der Meldung nicht erforderlich. Die Schnelligkeit (mit Vorsicht zu gebrauchen) wird bekanntlich durch 1—3 Kreuze angegeben.

Die M. müssen von allen Posten ohne Weiteres durchgelassen werden. Sie können zum

Patrouillendienst verwendet werden. Die den Schiedsrichtern im Manöver zugetheilten M. legen wie diese eine weisse Binde an.

Auf Vorposten dürfen die M. nicht absatteln, sondern nur einzeln umsatteln, füttern und tränken. Sie werden bei der Kompagnie und von derselben verpflegt.

Meldeschein s. Freiwilliger Diensteintritt.

Meldungen bei Sr. Majestät dem Kaiser und Könige, sowie wenn sie Beförderung oder Ordensverleihungen anbetreffen stets in Paradeanzug, sonst Dienstanzug, ohne Schärpe und Kartusche. (S. „Dienst in den Stuben" und „Nachrichten", auch „Einj. Frw. Dienst".)

M. bei Urlaub möglichst bei Paroleausgabe, und zwar nur dann, wenn länger als 48 Stunden in einer Garnison; auch genügt bei Urlaub von 8 Tagen einmalige Meldung. In Festungen und grossen Städten meldet man sich beim Gouverneur und Kommandanten; sonst bei den Garnison-Aeltesten. (Helm, Schärpe, Achselstücke.) In Berlin melden sich nur die Offiziere der Garde und des III. Armeekorps bei dem kommandirenden General. Die übrigen schreiben sich in die Meldebücher des Gouverneurs bezw. der Kommandantur deutlich mit Wohnungsangabe ein. Die von Berlin beurlaubten Offiziere haben sich weder beim Gouverneur noch der Kommandantur abzumelden. Meldeformulare werden bei allen Truppen vorräthig gehalten und können dort gegen Bezahlung entnommen werden.

Die Krankmeldungen gehen schriftlich an den nächsten Vorgesetzten, eventuell mit Angabe des behandelnden Arztes bezw. etwaiger Dauer der Krankheit.

Für die M. auf Wache sind in jeder Garnison besondere Bestimmungen gegeben. Meist melden die kleineren Wachen an die Hauptwache, die die M. sammelt.

Im Beurlaubtenstande melden die Offiziere an die Bezirks-Kommandos, sobald sie Reisen von längerer als 14tägiger Dauer antreten unter Angabe, an wen etwaige Ordres etc. adressirt werden sollen. Mannschaften des B. richten diese Meldungen an die Hauptmeldeämter, Meldeämter oder Bezirksfeldwebel. Derartige Meldungen werden (mit Ausnahme des Stadtpostverkehrs) portofrei befördert, wenn dieselben aussen mit „Militaria" bezeichnet und offen, oder mit Stempel der Ortsbehörde verschlossen, abgesandt werden.

Beurlaubte Soldaten haben sich während der Reise nur dann bei Offizieren zu melden, wenn sie letzteren auf der Landstrasse begegnen; auch haben dieselben am Urlaubsorte nur beim Kommandanten bezw. Garnisonältesten — an Orten ohne Garnison, in welchen sich ein Meldeamt befindet, bei dem demselben vorstehenden Bezirksoffizier, in sonstigen Orten ohne Garnison bei der Ortsbehörde — Meldung zu erstatten.

Meldungs-Anzug. Dienstanzug; Generale und obere Stäbe: kleiner Dienstanzug; bei Sr. Majestät: Paradeanzug; bei Gesuchen in persönlichen Angelegenheiten: Dienstanzug ohne Schärpe und Kartusche.

Melegnano. Gefecht am 8./6. 1859. M. wurde nach tapferer Gegenwehr der österreichischen Brigaden Roden und Boër vom 1. und 2. französischen Korps genommen.

Plan s. Seite 457.

Melinit, französischer Sprengstoff, besteht in der Hauptsache aus Pikrinsäure (s. d.)

Memel. Dort stehen 3. Bat. Inf.-Rgts. von Boyen (5. Ostpr.) No. 41, d. Art.-Dep. in Pillau, Fortif., Garn.-Verw., Garn.-Laz. Servisklasse 2.

Menage ist die gemeinsame Speisewirthschaft für Unteroffiziere und Mannschaften, für die ein Löhnungsantheil und der Verpflegungszuschuss zu leisten ist. Die Verwaltung des aus diesen Geldern zu bildenden Menagefonds wird nach der Instruktion vom 15./12. 84 durch eine bei jedem Truppentheil zu bildende M.-Kommission ausgeübt. Der gesammte M.-Betrieb wird bei der ökonomischen Musterung der Truppe geprüft und dechargirt.

Mengungsverhältniss des Schwarzpulvers. Um das bestmögliche Ergebniss der Zersetzung beim Schuss zu erzielen, müsste das Schwarzpulver 74,81 % (Gewichtstheile) Salpeter, 13,33 % Kohle und 11,86% Schwefel enthalten; dies Gemenge würde 59,21% gasförmige und 40,79% feste Zersetzungsstoffe liefern. Verschiedene Einflüsse bedingen indes zum Theil nicht unerhebliche Abweichungen von diesem theoretisch besten M., und in Wirklichkeit erhält man meist nur ein Drittel gasförmige (nutzbare), dagegen zwei Drittel feste (schädliche) Zersetzungsstoffe. Die deutschen Schwarzpulver-Arten haben folgende Zusammensetzung:

Pulverart	Salpeter %	Kohle %	Schwefel %
Geschützp.	74	16	10
Prismat. P. C/68	74	16 [1])	10
„ „ C/75	74	16	10
Neues Gewehrp. 71	76	15 [2])	9
Braun.prismat.P.C/82	78	19 [3])	3

[1]) 25% g. K.   [2]) 30% g. K.   [3]) 70% g. K.

Menin. Dort wurde der hannoversche General v. Hammerstein mit gegen 8000 Mann, darunter 400 Emigranten von Moreau eingeschlossen. Hoffnung auf Entsatz war nicht vorhanden, deshalb beschloss man, auszubrechen, was mit Hilfe von Scharnhorst, der dort seine ersten Lorbeeren erfocht, ausgeführt wurde (Verlust 431 Mann). 30./4. 1794.

Menkow (1814—1875), russischer General-Lieutenant, Redakteur der militärischen Journale „Wojenny Sbornik" und „Russky Invalid". 1850 bis 1853 dem Feld-Marschall Paskiewitsch in Polen attachirt, während des Orientkrieges beim Fürsten Gortschakow.

Menou, Jaques (1750—1810), wurde 1793 in der Vendée von Larochejaquelin geschlagen, führte nach Klebers Tode den Oberbefehl in Aegypten, wurde in Alexandrien von den Engländern zur Kapitulation gezwungen, vor ein Kriegsgericht gestellt, freigesprochen; starb als Gouverneur von Venedig.

Mensdorf-Pouilly, Alexander, Graf, österreichischer General der Kavallerie (1813–1871). 1850 Bundeskommissär in Holstein, 1852 Gesandter in Petersburg, 1859 Kommandant einer

Kavallerie-Division, 1864 Minister des Aeusseren, als welcher er die Politik leitete, die zum Kriege von 1866 führte.

Mentschikow, Fürst (1672—1729), niederer Herkunft, Günstling Peter des Grossen, nahm 1702 Schlüsselburg, wurde 1707 gefürstet, siegte bei Poltawa und bei Riga, eroberte 1713 Stettin. Er starb in Verbannung in Sibirien. Sein Urenkel (1789—1872), eroberte 1828 Anapa und Warna, hatte grosse Verdienste um die Hebung der russischen Marine. Verlor 1854 (im Krimkriege) die Schlachten an der Alma und bei Inkermann, vertheidigte Sebastopol mit Glück; erkrankte, trat den Oberbefehl an Fürst Gortschakow ab.

Mensur. Bei enger Mensur fast Korb an Korb, bei mittlerer M. kreuzen sich die Klingen, bei weiter M. berühren sich die Enden

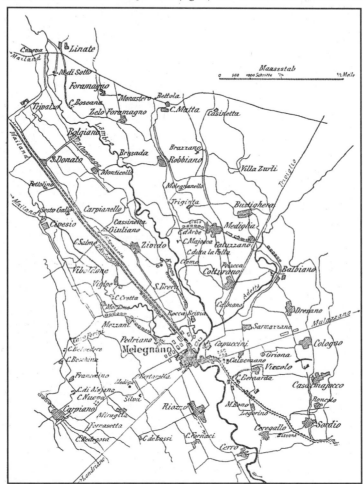

Melegnano.

derselben (Bajonnett-M.). Bei fester M. steht der Hinterfuss wie eingewurzelt, bei beweglicher sind Sprünge etc. erlaubt.

Mentana bei Rom. Niederlage Garibaldis durch die Franzosen unter Failly, 4./11. 1867. Zur Erinnerung stiftete der Papst die M.-Medaille.

Mergentheim. Schlacht 5./5. 1645, in der Mercy über Turenne siegend fiel. Dort stehen 2. Bat. 4. Württb. Inf.-Regts. No. 122, Kaiser Franz Joseph von Oesterreich, König von Ungarn, Bez.-Kom., Garn.-Verw., Garn.-Laz. — Servisklasse 3.

Mérite, Orden pour le. gestiftet 1740 von Friedrich dem Grossen, der ihn aus dem 1665 gegründeten Orden de la générosité schuf und seit den Schlesischen Kriegen als einen Militär-Orden betrachtete. Er ist heute die höchste militärische Auszeichnung. stand 1870/71 über dem Eisernen Kreuze I. Klasse. Blücher 1815, der Kronprinz und Prinz Friedrich Karl 1866 erhielten den Orden als Stern mit dem Bilde Friedrich des Grossen.

Merrimac war von den Konföderirten im Sezessionskriege aus einem genommenen Kriegsschiffe in ein Panzerschiff (mit schrägen Deckplatten) verwandelt worden, das mit 10 Geschützen und einem Sporne versehen, Schrecken in der Unionsflotte verbreitete, indem es binnen kurzer Zeit in Hampton Roads zwei Fregatten in den Grund bohrte und ein Schiff schwer verletzte. Indessen war in denselben Tagen ein Gegner mit Panzerthurm, **Monitor**, fertig geworden, der den Kampf mit dem schwerfälligen M. aufnahm und ihn zur Aufgabe seiner Thätigkeit zwang. Von jenen Tagen datirt die Gründung von Panzerschiffen.

Mercy, Freiherr v., bayerischer General (1594 bis 1645), focht im 30jährigen Kriege erfolgreich in der Zeit Turennes und Condés, fiel bei Allersheim. Sein Enkel, Graf, österreichischer Feld-Marschall, zeichnete sich in den Türkenkriegen, besonders bei Peterwardein aus und fiel bei Parma (1666—1734).

Merseburg. Dort stehen Stab, 3., 4. und 5. Esk. Thür. Hus.-Regts. No. 12, Prov.-Amt, Garn.-Laz. — Servisklasse 2.

Merveldt, Graf, österreichischer General der Kavallerie (1764—1815), holte sich schon 1793 bei Neerwinden den Maria Theresienorden, nahm an allen Kriegen Theil; fiel 1813 bei Leipzig schwer verwundet in die Gefangenschaft, wurde aber von Napoleon als Uebermittler von Friedensbedingungen alsbald an den Kaiser Franz geschickt, doch hatten die Verhandlungen keinen Erfolg.

Meschede. Dort steht Bez.-Kom. — Servisklasse 4.

Mess (englisch) bezeichnet dasselbe wie unser Offizier-Kasino, auch der Mittagstisch der Offiziere wird in der englischen Armee kurz die „Mess" genannt.

In der deutschen Marine heisst das Kasino „Messe".

Messen der Wassergeschwindigkeit. Senkrecht auf den Stromstrich werden im Abstande von 150—300 m Stangen in den Boden gesteckt, dann ein Brettstück in das Wasser geworfen und beobachtet, wie viel Sekunden dieses zur Zurücklegung der in Metern abgesteckten Strecke bedarf.

Messtisch s. topographische Aufnahme.

Metallkartuschen s. Kartuschen und Metallpatronen.

Metallpatronen. Haben die früher üblichen Papierp. der Handfeuerwaffen gänzlich verdrängt, weil sie viel widerstandsfähiger sind (namentlich auch gegen Nässe) und vor allem eine besondere (mehr oder weniger unzuverlässige) Liederung am Verschluss entbehrlich machen. Nachtheile: Grosses Gewicht und hoher Preis. Das Gewicht der Hülse (todte Last) beträgt durchschnittlich bei 11 mm Gewehren 29, bei 8 mm 36 und bei 6,5 mm 42% des Patronengewichts. Versuche mit Hülsen aus Aluminium-Legirungen und aus brennbaren Stoffen (Celluloid) haben auch keine befriedigenden Ergebnisse geliefert. Die Hülse der M. wird durch Ziehen und Pressen aus runden Messingplatten hergestellt (Bild 3. Patrone). Sie hat eine flaschenförmige Gestalt und zerfällt in den Boden, den schwachkegelförmigen Pulverraum, die steilkegelförmige Schweifung und den walzenförmigen Geschossraum; letzterer nimmt den hinteren Theil des Geschosses, der Pulverraum die Ladung auf, neben der noch ein Luftraum verbleibt. 0,8 „**Hülsenfüllung**" bedeutet: der Pulverraum ist 0,8 mit Pulver, zu 0,2 mit Luft gefüllt. Der Luftraum ermässigt den Gasdruck und ergiebt eine gleichförmigere Kraftäusserung. In der Mitte des Bodens ist die Zündglocke mit Amboss, Zündöffnungen und Zündhütchen angebracht; letzteres enthält den Zündsatz (Knallsatz). Am äusseren Bodenrand befindet sich für die Kralle des Ausziehers entweder eine rinnenförmige Eindrehung (deutsche Patrone), oder eine vorstehende ringförmige Wulst. Ueber die Vorzüge und Nachtheile dieser beiden Einrichtungen sind die Ansichten noch getheilt.

Die **Metallkartuschen** für Schnellfeuerkanonen sind ganz ähnlich wie die M. eingerichtet, aber nicht immer mit dem Geschoss verbunden, um an Länge und Gewicht der Hülse bezw. des fertigen Schusses zu sparen; der Luftraum befindet sich dann zwischen der vorn geschlossenen Kartusche und dem Geschossboden.

Metallstärke (Wandstärke) der Feuerwaffen: Ist gleich dem Abstand des äusseren Rohr- oder Laufumfangs von der Seele in Richtung des Halbmessers und wird gewöhnlich in Kalibern ausgedrückt. Sie hängt ab von der Grösse des örtlichen Gasdrucks beim Schuss, den physikalischen Eigenschaften des Rohrmetalls und der Konstruktion des Rohrkörpers. S. auch künstliche Metallkonstruktion.

Meterkilo, Metertonne (mkg, mt). Ausdrücke für die gebräuchlichen Krafteinheiten. 1 mkg (mt) bezeichnet eine Kraft, welche in 1 Sekunde 1 kg (t), 1 m hoch zu heben vermag. 75 mkg = 1 (maschinelle) Pferdekraft. mkg und mt bilden den üblichen Massstab für die Bewegungsarbeit (s. d.) der Geschosse. In Ländern, die auch nicht nach metrischem System rechnen (wie England, Nordamerika und Russland), werden meist die verwandten Begriffe Fusspfund und Fusstonne angewendet. 1 Fusstonne englisch = 310,36 mkg.

Metz. Dort stehen Gen.-Kom. des XVI. A.-K., Stäbe der 33. und 34. Div., der 66., 67. und 68 Inf.-Brig., 33. und 34. Kav.-Brig., 16. Feld-Art.-Brig., 3. Fuss-Art.-Brig., 6. Festgs.-Insp., Kom. der Pion. XVI. A.-K., Gouv. und Komdtr., 4. Magdb. Inf.-Regt. No. 67, Inf.-Regt. No. 98, Inf.-Regt. 130 (1. Bat. vorläufig in Saargemünd), Inf.-Regt. No. 131, Königs-Inf.-Regt. No. 145, 1. Hann. Drag.-Regt. No. 9, Schlesw.-Holst. Drag.-Regt. No. 13, Stab, 1., 3. und 4. Abth. Feld-Art. Regt. No. 33 (4. Abth. vorläufig in St. Avold), Stab, 1., 3. und reit. Abth. Feld-Art.-Regt. No. 34, Rhein. Fuss-Art.-Regt. No. 8 (8. Komp. Diedenhofen), Sächs. Fuss-Art.-Regt. No. 12, Stab. 1. und 3. Bat. Bayer. 2. Fuss-Art.-Regts., Pion.-Bat. No. 16, Pion.-Bat. No. 20, Kriegsschule, Bekl.-Amt des XVI. A.-K., Bez.-Kom., Art.-Dep., Fortif., Prov.-Amt, Garn.-Verw., Garn.-Laz. Stab der Kgl. Bayer. 10. Inf.-Brig., 4. Bayer. Inf.-Regt. König Wilhelm v. Württemberg, Bayer. 8. Inf.-Regt. vacant Prankh. — Servisklasse A.

Die Enceinte ist nach altem System (bastionirt) gebaut, dagegen sind die zum Theil von den Franzosen begonnenen vorgeschobenen Forts weiter ausgebaut. Vor der zum Theil mit nassen

Gräben versehenen Stadtenceinte liegen kleinere Aussenwerke, von denen die bastionirten Forts Voigts-Rhetz und Steinmetz die bedeutendsten sind. Acht detachirte Forts beherrschen die Umgegend. Nach Frankreich zu (auf dem St. Quentin) die Feste Prinz Friedrich bastionirte Fort Manteuffel, das Fort Zastrow und Goeben, im Thal selbst liegt das Fort Karl mit dem Fort Manstein und den Verbindungslinien, seitwärts davon Fort Alvensleben, nordöstlich davon das Fort Kameke (neue Manier). Auf dem niederen rechten Ufer findet man das

Plan der Befestigungen von Metz.

Prinz August von Württemberg und die „Kanalbatterie".

Metz ging im westphälischen Frieden 1648 an die Franzosen. Neuerdings ist es durch den Krieg 1870 wieder berühmt geworden. Es wurde dort zur Falle, in der die ganze Armee Bazaines sich gefangen gab.

Nachdem die Armee Bazaines sich durch die Schlacht bei Colombey-Nouilly (s. Colombey) bei Metz hatte festhalten und durch die Schlacht bei Vionville-Mars la Tour (s. Vionville) wie bei Gravelotte (s. eben d.) in die Festung hineindrängen lassen, wurde es eng zernirt.

Die Einschliessung. Prinz Friedrich Karl umschloss die Festung, indem er die Dörfer und Hänge stark befestigen liess, besonders im Norden der Festung, wo man einen Ausfall erwartete. Auf dem rechten Moselufer verschanzten sich 3. Reserve-Division, das 1. und 7. Armee-Korps; auf dem linken Ufer das 8., 2., 9., 10. und 3. Korps (Reserve). Die Kavallerie-Division von der Gröben sicherte nach rückwärts.

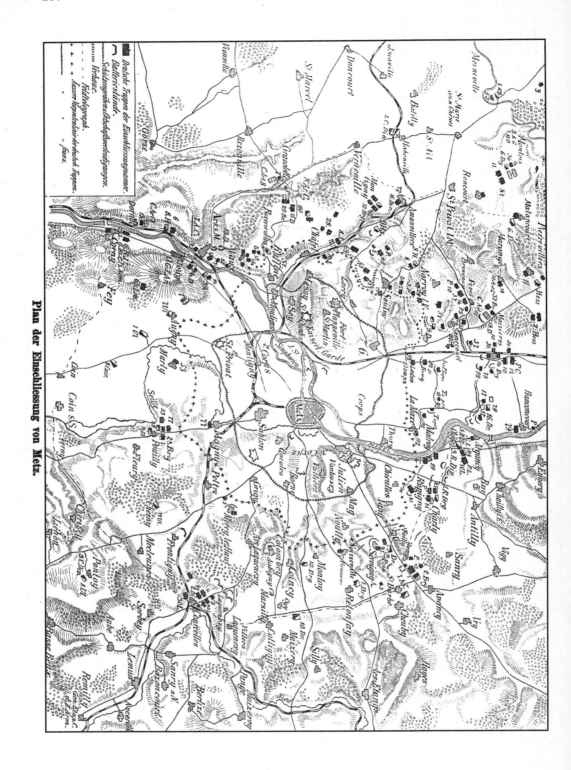

Plan der Einschliessung von Metz.

Ende August fand das grosse Ausfall-Gefecht Bazaines nach Osten statt, das in der Schlacht bei Noisseville (s. d.) seinen Ausgang fand. Auch am 22., 23. und 27. September versuchte Bazaine sich aus der festen Umkettung zu ziehen, auch die Dörfer auszufouragiren.

Am 28. Oktober kapitulirte Metz. 173000 Mann, 54 Adler, 622 Feld- und 876 Festungsgeschütze nebst 72 Mitrailleusen fielen in die Hände der Deutschen. Die Besatzung wurde kriegsgefangen nach Deutschland abgeführt.

General-Feldmarschall Moltke wurde in den Grafenstand erhoben. Der Kronprinz und Prinz Friedrich Karl wurden zu General-Feldmarschällen ernannt.

Meung. Gefecht 7./12. 1870. Der Grossherzog von Mecklenburg liess mit der 17. und 1. Bayerischen Division Meung nehmen, doch machte die einbrechende Dunkelheit den weiteren Kämpfen ein Ende. Das Gefecht bildete den Eingang zu der Schlacht bei Beaugency.

Meuterei ist eine Verabredung von mehreren Personen des Soldatenstandes zum Ungehorsam oder auch zur Widersetzlichkeit, oder gar Thätlichkeit.

Meza, de, dänischer General (1792—1865), ursprünglich Artillerist (getaufter Jude), war 1864 mit der Vertheidigung der Dannewerke betraut, und verliess sie verständiger Weise auf eigene Verantwortung freiwillig, als der Uebergang des Korps Friedrich Karl über die Schlei ihm den Rücken bedrohte.

Mezières wurde 1870 am 19./12. durch General von Kameke eingeschlossen und kapitulirte nach kurzer Beschiessung 1./1. 1871. Die Einnahme von Mezières öffnete den Deutschen die Bahn im nördlichen Frankreich.

Das Befestigungssystem „Schule Mezières" bestand in einer verbesserten Bastionairtracé mit vorgeschobenen Lünetten, kasemattirten Blockhäusern im gedeckten Wege u. s. w. (Mitte des 18. Jahrhunderts.) Es fand in Deutschland mannigfache Anwendung.

Miaulis war ein Seeheld im griechischen Befreiungskriege (1786—1835).

Michailowski-Danilewski, Alexander, russischer G.-Lt. (1790—1848). 1812 Adjutant Kutusows, 1829 Kommandant einer Brigade, schrieb über den Türkenkrieg 1806—12, über den Feldzug 1813 und 1814.

Michaud, französischer General (1751—1835). Führte die Rhein-Armee nach Pichegrus Abgang nach den Niederlanden 1794—95. Er that sich bei der Vertheidigung von Danzig 1813—14 hervor.

Michel, französischer General (1772—1815), zeichnete sich 1814 bei Monmirail aus und fiel an der Spitze der jungen Garde bei Waterloo.

Mieroslawski, Ludwig, polnischer General und Schriftsteller, wurde 1847 im Polenprozess zu Berlin zum Tode verurtheilt; zu Gefängniss begnadigt, leitete er, 1848 befreit, den Aufstand in Posen, führte die Insurgenten bei Miloslaw, war 1849 Oberbefehlshaber der badischen Revolutionsarmee, lebte dann in Frankreich.

Miethsentschädigung darf bei Versetzungen und diesen gleich zu achtenden Kommandos (von mehr als 6 monatlicher Dauer) längstens auf 9 Monate gewährt werden, und in dieser Grenze nur für die Zeit, für die Miethsverbindlichkeiten nachgewiesen sind; sie darf bei Offizieren das Doppelte des Betrages nicht übersteigen, der den Versetzten nach seiner Charge etc. im alten Standorte nach Sommerservis zukam. Für Beamte ist die Zahlung der Miethsentschädigung in Höhe der wirklichen Miethe zulässig. Ist das Kommando von Offizieren sowie Militär-Beamten einer Versetzung nicht gleich zu achten, so darf der Servis der Garnison nur für den Abgangsmonat, für die Folgezeit aber nur Miethsentschädigung bis zur Dauer von 3 Monaten nach dem Sommerservissatze gewährt werden. Bei Mobilmachungen giebt es keine M. (Da Krieg die Kontrole aufhebt.)

Wenn Selbstmiether im Laufe eines Monats in die Kaserne ziehen müssen, verbleibt ihnen für den Monat des Wohnungswechsels der volle Selbsmiether-Servis. Für die Folgezeit kann eventuell M. gewährt werden. (Näheres im Servis-Reglement.) Die M. ist erst nach Ablauf des Zeitraumes, für den dieselbe gewährt wird, zahlbar.

Milazzo. Dort fand siegreiches Gefecht 17./7. 1860 zwischen Garibaldi und Bosco statt, der die neapolitanischen Truppen führte.

Milderungs-Umstände bei Beurtheilung der Strafbarkeit der That sind: Unmündigkeit, Schwachsinnigkeit, unbescholtene Vergangenheit, Verübung der That aus Gehorsam oder Furcht, Sinnenverwirrung, drückende Noth, Eifer im Gutmachen des verübten Schadens, eigenes Geständniss, ungenügende Kenntniss der Pflichten des eigenen Standes.

Milford, Hafen, befestigter Küstenplatz Englands. S. Pembroke.

Milhaud, französischer General (1766—1833), ausgezeichneter Reiterführer, der bei Austerlitz, bei der Verfolgung der preussischen Armee 1806 und bei Friedland sich auszeichnete. 1808—12 die Kavallerie in Spanien führte, bei Leipzig angriff, 1814 in Frankreich sich hervorthat, 1815 bei Ligny Blüchers Mitte durchbrach und bei Waterloo wieder seinen Säbel in die Wagschale des Schlachtenglückes legte.

Militär-Akademie zu Westpoint in Nordamerika, aus ihr geht die Hälfte des Offiziersersatzes hervor.

Militär-Aerzte. (S. Sanitätswesen und Feld-Sanität.) Die M.-Ae. sind Personen des Soldatenstandes. Der einjährig-freiwillige Arzt und der Unterarzt stehen im Range des Portepee-Unteroffiziers, der Assistenzarzt 2. Klasse im Range des Sekonde-Lieutenants, der Assistenzarzt 1. Klasse im Range des Premier-Lieutenants, der Stabsarzt und Oberstabsarzt 2. Klasse im Range des Hauptmanns (2. bezw. 1. Klasse), der Oberstabsarzt 1. Klasse, der Lazareth-Direktor, der Divisionsarzt im Range des Majors, der Generalarzt 2. Klasse im Range des Oberstlieutenants, der Generalarzt 1. Klasse im Range des Obersten, der Generalstabsarzt der Armee im Range eines Generalmajors, soweit ihm nicht persönlich ein höherer Rang beigelegt ist. Ueber die Ergänzung. Dienstverhältnisse. Beförderungen, Verabschiedung u. s. w. der M.-Ae. enthält die Verordnung über die Organisation des Sanitätskorps vom 6. Februar 1873 das Nähere (Mittler. Berlin).

Militär-Attaché heissen Offiziere, welche den im Auslande unterhaltenen Botschaften oder Gesandtschaften zugetheilt werden, um die militärischen Verhältnisse des betreffenden Landes zu studiren.

Militär-Bäckerabtheilung. Bei jedem Armeekorps besteht eine M.-B., welche das Arbeitspersonal für die Garnisonbäckereien und den Stamm für die Feld-, Reserve- und Etappen-Bäckerei-Kolonnen bildet. Stärke und Vertheilung des Personals im Frieden richtet sich nach den vom Kriegsminister festgestellten Verpflegungs-Etats der M.-B. Die Militärbäcker sind Personen des Soldatenstandes. Sie werden eingetheilt in: Oberbäcker 1. Klasse (Sergeanten), Oberbäcker (Unteroffiziere), Schiesser (Gefreite) und Bäcker (Gemeine). Die Militär-Bäcker sind in Bezug auf militärdienstliche Verhältnisse, Verpflegung und Bekleidung den Train-Bataillonen, in Bezug auf den Backdienst den zuständigen Proviantämtern und in höherer Instanz den Intendanturen unterstellt. Die zur Ergänzung der Militär-Bäcker erforderlichen Bäcker werden aus denjenigen Mannschaften der Infanterie, welche das Bäckerhandwerk erlernt und bereits 1 Jahr mit der Waffe gedient haben, entnommen. Die Beförderung zu Schiessern (nach halbjährigem Dienst als Militär-Bäcker) und zum Oberbäcker (nach mindestens 3 jährigem Dienst als Militär-Bäcker) verfügt das Train-Bataillon auf Vorschlag der Intendantur. Die Militär-Bäcker erhalten die schwere Brotportion von täglich 1000 g und Backzulage

Militär-Baubeamte sind Zivilbeamte der Militär-Verwaltung, von denen die Inhaber und Bauräthe (4200—6000 M. Gehalt) als Mitglieder der Intendanturen, die Garnison-Bau-Inspektoren (3600—4800 M. Gehalt), von denen die Mehrzahl den Charakter als Baurath führt, als Lokal-Organe des Garnison-Bauwesens fungiren. Neben dem Gehalte Wohnungsgeldzuschuss. Uniform entspricht derjenigen der Intendantur-Mitglieder, nur dass sie die Abzeichen der Zivilbeamten — Wappenknöpfe und goldenes Portépée — tragen. Den M.-B. liegt die Projektbearbeitung und Bauaufsicht über alle Garnisonbauten — mit Ausschluss der Festungsarbeiten — ob. Zugelassen werden nur geprüfte Regierungs-Baumeister, welche bereits längere Zeit als solche in der Militär-Bauverwaltung beschäftigt gewesen sind.

Militär-Beamte sind alle im Heere bezw. in der Marine dauernd oder zur Zeit angestellten Beamten, die nicht zum Soldatenstande gehören, aber einen militärischen Rang haben, gleichgültig, ob sie den Diensteid geleistet haben oder nicht. Die M.-B., die Offizierrang haben, heissen „obere", die anderen „untere" M.-B. (im Range der Mannschaften und Feldwebel abwärts).

Eintheilung. 1. M.-B., welche nur den ihnen vorgesetzten Militär-Befehlshabern untergeordnet sind: a) obere M.-B.: Bureauvorsteher bei dem Chef des Generalstabes der Armee, Festungsoberbauwerke und Festungsbauwerke, Zahlmeister, Korpsrossärzte, Ober-Rossärzte und Rossärzte, Oberapotheker; b) untere M.-B: Zeughausbüchsenmacher, Büchsenmacher, Waffenmeister und Sattler bei den Truppen.

2. M.-B., welche den ihnen vorgesetzten Militär-Befehlshabern und den ihnen vorgesetzten höheren Beamten oder Behörden untergeordnet sind: a) obere M.-B.: Korps-Intendanten und Vorstände der Divisions-Intendanturen, sowie deren Vertreter, Auditeure, Militärgerichtsaktuarien, Militärpfarrer, Korps-, Stabsapotheker; untere M.-B.: Unterapotheker und Pharmazeuten (einschliesslich der einjährig-freiwilligen Pharmazeuten), Militärküster.

3. M.-B., welche nur den ihnen vorgesetzten höheren Beamten und Behörden untergeordnet sind: a) obere M.-B.: General-Auditeur der Armee, Räthe (Mitglieder) des General-Auditoriats, Intendantur-Räthe, Assessoren, Referandarien und Sekretäre, soweit dieselben nicht unter 2 a fallen, Registratoren, Sekretariats- und Registratur-Assistenten, evangelischer und katholischer Feldpropst der Armee; b) untere M.-B. keine.

Das Einkommen der M.-B. besteht ausser Gehalt und Wohnungsgeldzuschuss in dem regulativmässigen Servis. Die im Offiziersrange stehenden oberen M.-B. tragen zum Offizier-Seitengewehr (Stichdegen) das silberne Portépée (Faustriemen) mit dunkelblauer Seide durchwirkt. Bezüglich der Anstellung, Disziplinarverhältnisse, Pensionirung u. s. w. kommt das Reichsbeamten-Gesetz vom 31 März 1873 und die Disziplinar-Strafordnung für das Heer in Anwendung. Sie sind hinsichtlich ihres Diensteinkommens von allen direkten Gemeindeabgaben befreit. In kirchlicher Beziehung gehören sie zur Militärgemeinde. Die besondere Militär-Gerichtsbarkeit beschränkt sich auf Strafsachen. Im Kriege zählen auch alle diejenigen Zivilbeamten der Militär-Verwaltung, welche den Truppen in's Feld folgen, zu den M.-B.

Militär-Bildungsanstalten. 1. Für Unteroffiziere: Ober-Feuerwerker-Schule zu Berlin, Festungsbauschule, Berlin; Militär-Telegraphen-Schule, Berlin.

2. Für Offiziere: Artillerie- und Ingenieur-Schule, Berlin (Charlottenburg) und München; Kriegs-Akademien, Berlin nnd München.

3. Für einzelne Dienstzweige: Lehr-Infanterie-Bataillon zu Potsdam; Infanterie-Schiessschule in Spandau und Augsburg; Militär-Turn-Anstalt, Berlin; Feld- und Fuss-Artillerie-Schiess-Schulen in Jüterbog; Militär-Reit-Institut, Hannover; Equitations-Anstalt in München; Militär-Reit-Anstalt, Dresden.

(S. auch die betreffenden einzelnen Artikel.)

Militär-Dienstpflicht s. Dienstpflicht.

Militär-Dienstversicherung, von der Norddeutschen Lebensversicherungs-Bank in Berlin in's Leben gerufene Einrichtung, mit dem Zwecke, den Angehörigen der einberufenen Soldaten Ersatz für die entzogene Arbeitskraft zu verschaffen, dem Einberufenen selbst Zuschüsse zu leisten, dem Entlassenen Existenzmittel zu bieten, dem Berufssoldaten das erste Equipirung zu erleichtern.

Militär-Ehrenzeichen. 30./9. 1806 von Friedrich Wilhelm III. für persönliche Auszeichnungen vor dem Feinde gestiftet, wird an Militärpersonen vom Feldwebel abwärts als M.-E. 1. und 2. Klasse und als Militär-Verdienstkreuz verliehen.

Militär-Eisenbahn (s. sämmtliche mit diesem Stichwort beginnende Artikel, so auch Eisenbahn, Feld-Eisenbahn und Etappen.).

Militär-Eisenbahn-Betriebs-Inspektion. Zur Ausführung des Betriebes werden der Militär-Eisenbahn-Direktion eine Anzahl M.-B.-I. unterstellt und die nöthigen Eisenbahn-Betriebs-Kompagnien überwiesen.

Militär-Eisenbahn-Direktion. An der Spitze einer M.-E-D. steht ein Stabsoffizier (Regiments-Kommandeur). Er leitet sowohl das Transportwesen als auch den Betrieb und die Verwaltung. Der Eisenbahn-Direktor verfügt dazu über das Personal und Material der seinem Bezirk angehörigen Bahnen, sowie über die militärischen und technischen Kräfte. Eine Militär-Eisenbahn-Direktion gliedert sich in:
den Militär-Eisenbahn-Direktor,
die Transport-Abtheilung,
die Betriebs-Abtheilung,
die Feld-Intendantur.
Mitglieder der Direktion sind:
a) der Direktor,
b) ein Unteroffizier,
c) zwei Bau- und Betriebstechniker,
d) ein Maschinentechniker,
e) ein höherer Verwaltungsbeamter.
Dem Direktor wird ein Adjutant und ein Zahlmeister überwiesen.

Vorstand der Transport-Abtheilung ist der vorgenannte Stabsoffizier. Ihm sind zugetheilt:
1 Hauptmann (Adjutant),
1 Stabsarzt,
1 Intendanturbeamter (von der Feld-Intendantur der Militär-Eisenbahn-Direktion.)

Die Betriebs-Abtheilung wird zusammengesetzt aus der vorstehend unter c, d, e erwähnten Eisenbahnbeamten, welchen das erforderliche Personal für
ein Administrations-Bureau,
ein technisches Zentral-Bureau,
die Hauptkasse und
die Telegraphen-Inspektion
zugetheilt wird.

Militär-Eisenbahn-Linienplan. Ihm sind zu Grunde zu legen:
1. die auf denselben angewiesenen Truppenverbände und dergl.,
2. die Stand- bezw. Einschiffungsorte derselben,
3. die Ausschiffungspunkte,
4. der Achsenbedarf,
5. die möglichen Betriebsleistungen der in Betracht kommenden Strecken.

Als Grundsatz gilt hierbei, dass fechtende Truppen den Kolonnen und Trains desselben Verbandes vorgehen, d. h. im Armeekorps diejenige Division, innerhalb dieser diejenige Brigade, und so fort, den Vorzug hat, welche zuerst in sich versammelt sein kann, dass Divisionskavallerie möglichst vor oder doch mit den vordersten Abtheilungen der Infanterie, Divisionsartillerie mit der 1. Infanterie-Brigade oder doch mit der Mitte der Infanterie, Pioniere möglichst früh (Vermehrung der Ausladevorrichtungen), Sanitätsdetachements mit dem Divisionsstabe oder am Ende der Infanterie (dann mit einigen Feldlazarethen) zu befördern sind.

Einige Verpflegungszüge sind mit einzurechnen. Ein Zug kann den zweitägigen Bedarf eines Armeekorps befördern.

Die Ein- und Ausschiffung der Truppen, namentlich aber der Trains erfordert Zeitaufwand, der bei Aufstellung des Linienplanes zu berücksichtigen ist.

Für die Stärke der einzelnen Züge ist das Maass von 110 Achsen möglichst nicht zu überschreiten, von 120 Achsen unbedingt nicht anzusetzen, dagegen von 100 Achsen oder nahe darunter zu erzielen. Unter der Voraussetzung, dass auf der Achse zur Beförderung gelangen: 10 Offiziere und Beamte oder 16 Mann oder 3 Pferde und 1 Mann oder $1/2$ vierrädriges Geschütz oder Fahrzeug oder $1/3$ Hacket, ist der Achsenbedarf jeder einzelnen Truppenformation u. s. w. zu ermitteln.

Militär-Eisenbahntruppen. Bei der Rekrutirung kann von der Reihenfolge abgewichen werden, um diese mit geeignetem Personal voll zu besetzen. Die Rekruten der Eisenbahntruppe dürfen nicht weniger als 1,62 cm Grösse haben, müssen ferner gewandte Leute, womöglich Techniker, der deutschen Sprache mächtig sein und die Farben Roth, Weiss und Grün unterscheiden können.

Militär-Eisenbahnwesen (s. Eisenbahn und alle Artikel der Militär-Eisenbahn.)

Aufgabe des Eisenbahnwesens und Wirkungskreis der Militär-Eisenbahnbehörden ist ausser den Aufgaben, die ihm die Heeresleitung stellen wird, auch den Neubau von Strecken zu unternehmen; und zwar unabhängig von den Etappenbehörden angeordnet.

An der Spitze des M.-E. steht der Chef des Feld-Eisenbahnwesens. Er leitet den Eisenbahndienst für Kriegszwecke nach den höheren Anweisungen. Ihm sind unterstellt: Militär-Eisenbahn-Direktionen für Bahnen im Militärbetriebe; die Eisenbahn-Abtheilung des stellvertretenden Generalstabes der Armee für die Regelung der Militärtransporte auf den im Friedensbetriebe befindlichen Bahnen; die Linien-Kommandanturen für die Regelung der Militär-Transporte auf bestimmten im Inlande gelegenen Bahngebieten; die Bahnhofs-Kommandanturen.

Ausser den vorgenannten Organen verfügt der Chef des Feld-Eisenbahnwesens über die Militär-Betriebs-Inspektionen, Eisenbahnbau-, Betriebs- und Arbeiter-Kompagnien, theils zur Herstellung, Erweiterung u. s. w. der Bahnlinien und Betriebs-Einrichtungen, theils zur Betriebsführung.

Benutzung der Eisenbahnen. Man muss vermeiden, sich über den Grad der Benutzbarkeit der Eisenbahnen zu erhebliche Vorstellungen zu machen. Zunächst kommt in Betracht, dass die Eisenbahnen auch im Kriege dauernd nicht ganz und gar dem gewöhnlichen Verkehr entzogen werden dürfen, denn das Leben der Bevölkerung ist theilweise auf sie gestellt.

Militär-Eisenbahnzüge werden eingetheilt im Frieden in:
1. Militär-Fakultativzüge, welche — zwischen den Militär-Eisenbahnbehörden und den Eisenbahnbehörden und den Eisenbahnverwal-

tungen im Voraus vereinbart — zur jederzeitigen freien Verfügung der ersteren stehen.

2. **Militärzüge**, welche erst im Bedarfsfalle seitens der Militär-Eisenbahnbehörden mit den Eisenbahnverwaltungen vereinbart werden, und

3. **Militär-Extrazüge**, welche bei Gefahr im Verzuge die Militärbehörden, ohne Mitwirkung der Militär-Eisenbahnbehörden, bei den Eisenbahnverwaltungen anfordern.

Jeder Militär-Transport muss mit Militär-Fahrschein versehen werden. (Einlade- und Ausladeort, wie Zwischenstationen.) Ausserdem erhält er von der vorgesetzten Behörde noch eine Fahrtliste.

Militär-Erziehungs-Anstalten.
1. Für Soldatenkinder. Militär-Waisenhaus (s. d.) zu Potsdam für Knaben und zu Pretzsch für Mädchen, „Haus Nazareth" zu Höxter i/W. für Kinder katholischer Konfession, Militär-Knaben-Erziehungs-Institut zu Annaberg (s. d.). Für Sachsen: M.-E.-A. zu Struppen.
2. Zu Unteroffizieren: 7 preussische und eine sächsische Unteroffizierschule (s. d.); 4 Unteroffizier-Vorschulen.
3. Zu Offizieren: Kadetten-Korps (s. d.) zu Potsdam, Köslin, Wahlstatt, Bensberg, Plön, Oranienstein und eine Haupt-Kadetten-Anstalt zu Gross-Lichterfelde. Kriegsschulen (s. d.) zu Potsdam, Glogau, Engers, Kassel, Hannover, Anklam. Metz, Hersfeld, Danzig und München (9—10 Monate).
4. Zu Aerzten: Friedrich Wilhelm-Institut (Pepinière) und medizinisch-chirurgische Akademie zu Berlin.
5. Zu Rossärzten: Militär-Rossarzt-Schule in Berlin.
6. Zu Beschlagschmieden: Die Lehrschmieden (s. d.) in Berlin, Breslau, Königsberg, Gottesaue, Hannover, Frankfurt a/M., München und Dresden.

(Weitere Fortbildung s. Militär-Bildungs-Anstalten.)

Militär-Etat umfasst denjenigen Theil des Reichshaushalts-Etats, welcher die Grundlage für sämmtliche Einnahmen und Ausgaben der Militärverwaltung im Laufe eines Etatsjahres (1./4. bis 31./3.) bildet. Die Feststellung des M.-E. erfolgt alljährlich mittelst des Etatsgesetzes auf Grund eingehender möglichst genauer Berechnungen des voraussichtlichen Geldbedarfs für die verschiedenen Bedürfnisse Armee und deren Verwaltung.

Eintheilung:
A. Einnahmen: Kap. 9. Eigene Einnahmen der Militär-Verwaltung (Beiträge aus Spezialkassen, Miethen, Pachtgelder, Verkaufserlöse, Strafgelder u. s. w.).

B. Fortdauernde Ausgaben: Kap. 14. Kriegsministerium, Kap. 15. Militär-Kassenwesen, Kap. 16. Militär-Intendanturen, Kap. 17. Militär-Geistlichkeit, Kap. 18. Militär-Justizverwaltung, Kap. 19. Höhere Truppenbefehlshaber, Kap. 20. Gouverneure, Kommandanten und Platzmajore, Kap. 21. Adjutantur und Offiziere in besonderen Stellungen, Kap. 22. Generalstab und Landesvermessungswesen, Kap. 23. Ingenieur- und Pionierkorps, Kap. 24. Geldverpflegung der Truppen, Kap. 25. Naturalverpflegung, Kap. 26. Bekleidung und Ausrüstung der Truppen, Kap. 27. Garnisonverwaltung und Serviswesen, Kap. 28. Garnison-Bauwesen, Kap. 29. Militär-Medizinalwesen, Kap. 30. Verwaltung des Traindepots und Instandhaltung des Feldgeräths, Kap. 31. Verpflegung der Ersatz- und Reserve-Mannschaften u. s. w. auf dem Marsche, Kap. 32. Ankauf der Remontepferde, Kap. 33. Verwaltung der Remontedepots. Kap. 34. Reisekosten, Tagegelder, Vorspann- und Transportkosten, Kap. 35. Militär-Erziehungs- und Bildungswesen, Kap. 36. Militär-Gefängnisswesen, Kap. 37. Artillerie- und Waffenwesen, Kap. 38. Technische Institute der Artillerie, Kap. 39. Bau und Unterhaltung der Festungen, Kap. 40. Wohnungsgeldzuschüsse, Kap. 41. Unterstützungen für aktive Militärs und Beamte, Kap. 42. Zuschuss zur Militär-Wittwenkasse, Kap. 43. Verschiedene Ausgaben.

Die Kosten für grosse Bauten, umfangreiche Neueinrichtungen werden durch den Etat besonders genehmigt und unter besonderen Kapiteln für „Einmalige Ausgaben" verrechnet.

Für ordnungsmässige und zweckentsprechende Verordnung der bewilligten Etatsmittel ist der Kriegsminister verantwortlich.

Aehnlich das Militär-Budget in Oesterreich-Ungarn.

Militär-Geistliche. An der Spitze stehen der evangelische und der katholische Feldpropst der Armee, welche den Rang der Räthe 1. Klasse besitzen und direkt dem Kriegsministerium unterstehen. Für beide Konfessionen sind bei den Korps, Divisionen und in den grösseren Garnisonen Militär-Geistliche angestellt, welche die Amtstitel: Militär-Oberpfarrer, Divisions- oder Garnisonpfarrer führen. Dieselben sind obere Militärbeamte im Offiziersrange und als solche sowohl ihrem vorgesetzten Militär-Befehlshaber, als auch ihrem vorgesetzten höheren Beamten u. s. w. untergeordnet. Der Dienstanzug der M.-G., soweit die Dienstverrichtungen nicht die Anlegung des Talars bez. der liturgischen Gewänder erfordern, besteht für evangelische M.-G. in schwarzem Ueberrock (Amtsrock) mit Stehkragen, 1 Reihe Knöpfe, schwarzen Beinkleidern und Handschuhen, Zylinder- oder rundem schwarzem Filzhut nach Probe, für katholische M.-G. bei festlichen Anlässen in anliegender, römischer Soutane mit Schärpe, sonst Soutanelle von schwarzem Tuch, wie Ueberrock u. s. w., ähnlich wie für evangelische, dazu Seidenhut nach Probe.

Militär-Geographie. Je mehr sich die Kriegsführung vom Raume trennt, je mehr die Technik im Stande ist, die räumlichen Hindernisse zu überwinden, je vollkommener die Karten geworden sind, desto mehr verliert die M.-G. ihren Werth. Die äussere Gestaltung des Geländes, soweit es nicht Hinderungen für die Bewegung und durch seine geringe Kulturfähigkeit für die Verpflegung bietet, hat nicht mehr die grosse Bedeutung, die man ihr in den vornapoleonischen Kriegen beilegte. Dagegen ist die Kenntniss der Gegenden durchaus erforderlich, die der eigensten Kraft der heutigen Kriegsführung, der Bewegung, Schranken oder Hemmungen entgegenstellen; ein Studium der Geographie also durchaus dringend nöthig, ohne dass es gerade M.-G. zu sein braucht.

Militär-geographische Beschreibungen der Kriegsschauplätze enthalten: Gestaltung, Bedeckung und Gangbarkeit des Bodens, Gewässer, Eisenbahnen, Strassen und Wege, Klima, Unterkunfts-Verhältnisse, Ernährungs- und Bekleidungsmittel, Ausrüstung, Bedürfnisse des Pionierdienstes, Eisenbahnbetriebsmittel, Post- und Telegraphenwesen, politisch-geographische Notizen.

Militär-Gerichte bestehen aus Korps-Divisions- Regiments- und Garnisons-Gerichten (s. Militär-Gerichtsbarkeit, Militär-Justizbeamte).

Militär-Gerichts-Aktuar gehört zu den oberen Militär-Beamten im Offiziersrange. Gehalt 1800—2600 M., ausserdem Servis- und Wohnungsgeldzuschuss. (S. Militär-Justiz-Beamte.)

Militär-Gerichtsbarkeit beschränkt sich auf Strafsachen der Militärpersonen (Offiziere einschliesslich derjenigen zur Disposition, Aerzte, Militärbeamten, Kapitulanten, Freiwilligen und ausgehobenen Rekruten).

Die M.-G. ist entweder die höhere (s. Kriegsgerichte) oder die niedere (s. Standgerichte). Vor die höhere M.-G. gehören alle Strafthaten der Offiziere und oberen Militärbeamten, die Portopee-Unteroffiziere, wenn mehr als Arrest im Gesetz angedroht ist, der Unteroffiziere ohne Portopee und Gemeinen, wenn mehr als Arrest, Degradation, Versetzung in die 2. Klasse des Soldatenstandes angedroht ist, der unteren Militärbeamten, wenn mehr als Gefängniss oder Arrest angedroht ist. Alle übrigen Straffälle gehören der niederen M.-G. an. Verwaltung: General-Auditoriat, Korps-, Divisions-, Regiments-, Garnisongerichte. Personal: der betreffende Kommandeur als Gerichtsherr und ein Auditeur oder — bei den Regimentsgerichten — der untersuchungsführende Offizier.

Militär-Gerichtsstand. Für Militärpersonen gilt hinsichtlich ihres M.-G. der Garnisonort als Wohnsitz.

Militär-Heilanstalten s. Brunnen- und Churanstalten.

Militär-Intendant heisst der Chef einer Korps-Intendantur. Derselbe ist oberer Militärbeamter mit Offiziersrang. Gehälter von 6900 bis 8100 M. neben Servis- und Wohnungsgeldzuschuss oder Dienstwohnnung (s. Militär-Intendantur-Beamte). Geht aus den Intendantur-Räthen oder den vortragenden Räthen des Kriegsministeriums hervor. Von Mannschaften etc. zu grüssen.

Militär-Intendantur-Assessor, oberer Militär-Beamter mit Offiziersrang. Gehalt von 1800 bis 3000 M. neben Servis- und Wohnungsgeldzuschuss. Ist von Mannschaften zu grüssen. (S. Militär-Indendantur-Beamte.)

Militär-Intendantur-Beamte. Die Militär-Intendanten, Militär-Intentanturräthe, Assessoren, Referendare, Sekretäre, Registratoren, Sekretariats- und Registratur-Assistenten — sämmtlich obere Militär-Beamte mit Offiziersrang (s. d.) —; Intendantur- und Bauräthe, Garnison-Bauinspektoren (s. Militär-Baubeamte), Kanzlisten, Diätare, Bureaudiener und Pförtner — Zivilbeamte der Militär-Verwaltung (s. d.) —.

Die Militär-Intendanten und die Vorstände der Divisions-Intendanturen stehen in doppeltem. Unterordnungsverhältniss — dem Truppenbefehlshaber und ihrem vorgesetzten Beamten gegenüber — alle übrigen M.-I.-B. sind nur ihrem vorgesetzten Beamten untergeordnet.

Annahme-Bedingungen:

1. Zur höheren Laufbahn werden zugelassen: geeignete aktive Offiziere (Premier- und Sekonde-Lieutenants), welche mindestens 6 Jahre als Offizier gedient haben. Auditeure, Gerichts-Assessoren und Referendare, die Offiziere des Beurlaubtenstandes, müssen günstige Zeugnisse über mindestens zweijährige Ausbildung bei den Gerichten beibringen und die Sicherstellung standesgemässen Unterhalts auf weitere 3 Jahre nachweisen. Felddienstfähigkeit. — Annahme erfolgt durch Kriegsministerium. Nachher Ausbildung in allen Zweigen der Militär-Verwaltung und schliesslich schriftliches und mündliches Staatsexamen vor der Ober-Prüfungs-Kommission im Kriegsministerium.

2. Zur Sekretariats-Laufbahn: Zahlmeister-Aspiranten, welche als Einjährig-Freiwillige und dann noch 1 Jahr als Unteroffizier mit der Waffe, oder, wenn sie aus zwei- bezw. dreijährig dienenden Mannschaft hervorgegangen — mindestens 3 Jahre —, davon 1 Jahr als Unteroffizier in der Front gedient haben, unverheirathet, nicht über 28 Jahre alt und das Reifezeugniss für Obersekunda eines preussischen Militär-Gymnasiums oder ein diesem gleichstehendes Schulzeugniss besitzen. Von dem Nachweise der Schulbildung werden nur entbunden Zahlmeister-Aspiranten mit hervorragender Befähigung, welche die Zahlmeister-Prüfung „vorzüglich" bestanden haben. Annahme durch die Militär-Intendanten. Nachher Ausbildung in allen Zweigen der Militär-Verwaltung und dann zweites schriftliches und mündliches Examen vor der Intendantur-Prüfungs-Kommission. Felddienstfähigkeit. — Militär Anwärter nur, wenn Bedarf sonst nicht zu decken.

3. Zur Registratur-Laufbahn: Militär-Anwärter, welche eine genügende Schulbildung besitzen, noch nicht zu alt, in geordneten Verhätnissen sind und von denen zu hoffen ist, dass sie einen Gewinn für den Dienst abgeben werden. — Garnisondienstfähigkeit. Annahme durch die Militär-Intendantur. Dann sechsmonatige Informations-Beschäftigung in der Registratur einer Korps-Intendantur und Prüfung.

Uniform-Abzeichen. Die zu den oberen Militärbeamten zählenden M.-I.-B. tragen zum Waffenrock karmoisinrothe Vorstösse, Kragen und Aufschläge von dunkelblauem Sammt, (die Intendanten, Räthe und Assesoren mit silbernen Litzen) Knöpfe und Helmbeschläge von Silber, Intendanten und Räthe: Epauletten mit silbernen Franzen. Intendanten als Wirkl. Geh. Kriegsräthe und Räthe 2. Klasse tragen ausserdem am Waffenrockkragen die gestickte silberne Randborte der Räthe 2. Klasse und im Epaulett 2, die übrigen Intendanten 1, die Assessoren 1, Sekretäre und Registratoren als Rechnungs- oder Kanzleiräthe 2, sonst 1 goldene Rosette. Achselstücke dieselben Rosetten. (S. Militär-Beamte.)

Militär-Intendanturen sind an Stelle des früh»ren Ober-Kriegskommissärs und dessen Geschäftspersonals mit der Bestimmung ins Leben gerufen worden, über alle in dem Kommandobezirke des Generalkommandos, welchem sie zugetheilt sind, befindlichen Zweige der Militärökonomie, namentlich über die Proviantämter,

Lazarethe, Bekleidungsdepots, über das Kassen- und Rechnungswesen bei den Truppen u. s. w. uneingeschränkte Aufsicht zu üben, sie zu kontrolliren und für sie die Verantwortlichkeit zu übernehmen. Jedem Generalkommando ist zu diesem Zwecke eine Korpsintendantur zugetheilt, welche die Provinzialinstanz für Militär-Verwaltungsangelegenheiten bildet. Ausserdem sind zur Erledigung der militärisch-ökonomischen Angelegenheiten der im Divisionsverbande stehenden Truppen Divisionsintendanturen errichtet, welche einerseits dem betreffenden Divisionskommando in ähnlicher Weise zugetheilt sind, wie die Korpsintendanturen den Generalkommandos; andererseits aber auch den zuständigen Korpsintendanturen unterstehen. Zur Intendantur des Gardekorps gehört ferner eine Intendantur der Eisenbahntruppen. Die M.-I. haben ein zwiefaches Verhältniss, nämlich das zu dem Kriegsministerium und das zu den Truppen und deren Befehlshabern. Als Deputationen des Kriegsministeriums haben sie darauf zu sehen, dass alle Zweige der Oekonomie bei den Truppen nach den gegebenen Vorschriften besorgt und verwaltet werden. Sie müssen dafür sorgen, dass in ihrem Bereich die Truppen und jeder Soldat, was ihm zusteht, richtig, gut und zur gehörigen Zeit erhalten, sie haben aber auch zu verhindern, dass Ueberhebungen geschehen. Sie müssen überhaupt das Interesse der Königl. Kasse wahrnehmen. Der Chef der Korpsintendantur hat dem kommandirenden General, oder dem Chef des Generalstabes, der Vorstand der Divisionsintendantur dem Divisionskommandeur über die militärisch-ökonomischen Angelegenheiten Vortrag zu halten und die in das ökonomische Gebiet fallenden Befehle und Verfügungen für die Truppen zu bearbeiten. Jede Korpsintendantur zerfällt in 5—6 Abtheilungen, ungefähr nach der Eintheilung des Militär-Oekonomiedepots (s. d.) und einer Lazarethabtheilung. — Im Kriege bleibt ein Theil der Friedensintendanturen als Provinzialintendanturen zurück, um die Sorge für die Ersatz- pp. Truppen und die Nachschübe zu übernehmen, ein anderer Theil rückt als Feldintendantur mit den zugehörigen Stäben ins Feld, um die Verpflegung der mobilen Truppen zu leiten. — Das Personal der M.-I. besteht aus Militärintendanten (Chef der Korpsintendantur), Militärintendantur-Räthen, -Assessoren, -Referendaren, -Sekretären, -Registratoren, -Sekretariats- und -Registraturassistenten — sämmtlich obere Militärbeamte mit Offiziersrang (s. d.) —; ferner Intendantur- und Bauräthen, Garnison-Bauinspektoren (s. Militär-Baubeamte), Kanzlisten, Diätaren, Bureaudiener und Pförtner — Zivilbeamte der Militärverwaltung (s. d.) —, (s. Etappenwesen, Militär-Intendanturbeamte).

Militär-Intendantur-Rath. Oberer Militärbeamter mit Offiziersrang. Gehalt von 3600 bis 5400 M. neben Servis- und Wohnungsgeldzuschuss. Geht aus den Militär-Intendanturassessoren hervor (s. d. und Militär-Intendanturbeamte). Von Mannschaften zu grüssen.

Militär-Intendantur-Registrator und -Assistent. Oberer Militärbeamter mit Offiziersrang. Einkommen wie Militär-Intendantursekretär und -Assistent (s. d. und Militär-Intendanturbeamte).

Militär-Intendantur-Sekretär. Oberer Militärbeamter mit Offiziersrang. Gehalt 1800—3300 M. neben Servis- und Wohnungsgeldzuschuss. Assistenten haben 1500—1900 M. Gehalt (s. Militär-Intendanturbeamte).

Militär-Intendanz s. Intendanz.

Militär-Invaliden etc. s. Invalide etc.

Militärische Wassertiefe ist bei festem Boden 1,65 m, bei morastigem Grunde entsprechend weniger gross.

Militär-Justiz-Beamte. Dazu gehören: Der Generalauditeur, 13700 M. Gehalt, die Räthe des Generalauditoriats, 5600—7500 M. Gehalt, die Korpsauditeure und der Gouvernementsauditeur in Berlin, 5100—5600 M. Gehalt, die Divisions- und Garnisonsauditoren, 2100—5100 M. Gehalt, die Aktuarien, 1800—2600 M. Gehalt, und sämmtlich Servis- und Wohnungsgeldzuschuss — obere Militärbeamte mit Offiziersrang — ferner die Geheim- etc. Sekretäre und -Registratoren des Generalauditoriat, 2400—4200 M. Gehalt, die Kanzleisekretäre das. 2100—2700 M. Gehalt und die Kanzleidiener das. 1100—1500 M. Gehalt und Wohnungsgeldzuschuss — Zivilbeamte der Militärverwaltung. Zu der Stelle eines richterlichen M.-J.-B. (Auditeur) kann nur berufen werden, wer die Befähigung zur Bekleidung des Richteramts in einem Bundesstaate erworben hat; nach darauffolgender mindestens 6 monatlicher Beschäftigung bei einem Militärgerichte und bei Erlangung der Zufriedenheit seines Vorgesetzten darf erst die Anstellung als Auditeur erfolgen. Von den zu den oberen Militärbeamten gehörigen M.-J.-B. stehen die Auditeure und Aktuarien in einem doppelten Unterordnungsverhältnisse — einerseits dem betr. Militärbefehlshaber, andererseits dem vorgesetzten höheren Beamten gegenüber. Alle übrigen M.-J.-B. einschliesslich des Generalauditeurs sind nur den vorgesetzten Behörden untergeordnet. Uniform der Militärbeamten: Waffenrock mit je 2 silbernen Litzen an Kragen und Aermelaufschlägen, ponceaurothen Vorstoss und Epaulettenhalter-Unterfutter. Epauletten mit gepresstem silbernen Kranz, dunkelblauen Feldern, die Räthe von 4. Klasse aufwärts mit silbernen Franzen, die übrigen Auditeure mit 2 Rosetten, Aktuarien 1 Rosette, wenn Kanzleirath, 2 Rosetten, sämmtlich mit Wappenschild, Portepee von Silber mit dunkelblauer Seide, Stichdegen. Die Bestimmungen des Reichsbeamten-Gesetzes über die Versetzung in ein anderes Amt, über die einstweilige und über die zwangsweise Versetzung in den Ruhestand, über Disziplinarbestrafung und über vorläufige Dienstenthebung finden auf die richterlichen M.-J.-B. (Auditeure) keine Anwendung.

Militär-Kabinet Seiner Majestät des Kaisers und Königs. Unter dieser geschäftlichen Firma der früheren Abtheilung für persönliche Angelegenheiten im Kriegsministerium erfolgt die Bearbeitung der Offizier-Personalien der Armee, Offizier-Ersatzangelegenheiten, Kommando- und gerichtlichen Angelegenheiten der Armee. Dem M.-K. ist unterstellt: die Geheime Kriegskanzlei.

Militär-Konvention. Nach Abschn. XI. Art. 57 bis 68 der Deutschen Reichsverfassung soll die gesammte Landmacht des Reiches ein in Bezug auf Organisation, Ausbildung, Bewaffnung, Ausrüstung und Uniformirung einheitliches Heer bilden, welches den Befehlen des Kaisers untersteht; doch ist den einzelnen Staaten die Militärhoheit über die von ihnen zu stellenden Kontingente, abgesehen von einzelnen dem Kaiser durch die Verfassung ertheilten Rechten (Dislokationsrecht, Ernennung des Kontingents-Kommandeurs, Anlage von Festungen, Mobilisirung u. s. w.) belassen. Sämmtliche deutschen Staaten, mit Ausnahme von Braunschweig und Bayern, haben indess mit dem Könige von Preussen, bezw. dem Norddeutschen Bunde, bezw. dem Deutschen Kaiser und Könige von Preussen Verträge abgeschlossen, durch welche die Bestimmungen der Reichsverfassung theils erweitert, theils im Partikularinteresse beschränkt sind. Diese Verträge heissen M.-K.en. Württemberg nach M.-K. vom 21./25. November 1870 und Sachsen nach M.-K. vom 7./2. 1867 haben nicht weitergehende Beschränkung ihrer Militärhoheit erfahren, als es die Reichsverfassung bestimmt. Sie haben einen vom preussischen Militär-Etat abgesonderten Etat, bilden abgeschlossene Armeekorps unter eigener Verwaltung, nehmen jedoch an den unter preussischer Verwaltung stehenden Centraleinrichtungen des Gesamtheeres (Generalstab, Militär-Bildungs- und Lehr-Instituten, Prüfungs-Kommissionen u. s. w.) theil. Die Offiziere ernennt der Landesherr, den Kontingents-Kommandeur in Württemberg der König unter Zustimmung des Kaisers, in Sachsen der Kaiser auf Vorschlag des Königs. Durch Kommandirung von preussischen Offizieren nach Sachsen und Württemberg und umgekehrt soll die Gleichmässigkeit in der Ausbildung und dem inneren Dienste der Truppen befördert werden. Die Uniformirung erfolgt in Sachsen nach § 63 der Reichsverfassung, in Württemberg ist sie den Bestimmungen des Königs bis auf Einführung der preussischen Gradabzeichen überlassen. — Die Kontingente von Hessen (M.-K. vom 13./6. 1871), Mecklenburg-Schwerin (M.-K. vom 24.7. 1868, erneuert 19./12. 1872) und Mecklenburg-Strelitz (M.-K. vom 9./11. 1868, erneuert 23./12. 1872) sind (Hessen als geschlossene Division) in Bezug auf Kommando und Verwaltung in den Verband der preussischen Armee aufgenommen. Die Offiziere werden vom Kaiser ernannt, erhalten jedoch neben den preussischen auch grossherzogliche Patente und führen das Prädikat: „Grossherzoglicher Offizier". In militärgerichtlicher und in disziplinarer Hinsicht, sowie in Bezug auf die Uniform, die Ausrüstung und die äusseren Abzeichen haben sich die Kontingentsherren ihre verfassungsmässigen Rechte gewahrt. — Die M.-K. mit Baden vom 25./11. 1870 unterscheidet sich von den vorigen dadurch, dass der Kaiser gegen Ueberlassung der das Grossherzogtum bundesverfassungsmässig treffenden Summe für das Bundeskontingent alle Rechte und Pflichten des Kontingentsherren übernommen hat. Die Offiziere sind königlich preussisch, die Uniform ist, abgesehen vom badischen Wappen am Helme und von der Landeskokarde, die preussische; die Offiziere tragen daneben die preussische Kokarde, Schärpe und Portepee in den Landesfarben. Das badische Kontingent bleibt als Ganzes bestehen und ergänzt sich aus dem Grossherzogthume. — Die Kontingente von Anhalt (M.-K. vom 16./9. 1873), sowie sämmtlicher thüringischer Staaten mit Ausnahme von Schwarzburg-Sondershausen befinden sich im Verhältnisse wie Baden, nur findet Aushebung für preussische Kavallerie und Spezialwaffen statt. — Das oldenburgische Kontingent ist ganz in den Verband der preussischen Armee übergetreten, trägt preussische Uniform und nur die Landeskinder daneben die Landeskokarde. — Die Kontingente von Schwarzburg-Sondershausen, Lippe, Lübeck, Hamburg, Bremen und Waldeck existiren nicht mehr als geschlossene Truppentheile. — Allgemeines: Mit Ausnahme der sächsischen und württembergischen Offiziere leisten alle den Eid dem Kaiser und verpflichten sich nur dem Landesherrn. Die Mannschaften leisten den Fahneneid mit der Einschaltung betreffend die Gehorsamspflicht gegen den Kaiser und ihren Landesherrn. Den Landesfürsten ist, wenn sie die Militärhoheit an den Kaiser abgetreten haben, zu den in ihren Staaten garnisonirenden Truppentheilen die Stellung eines kommandirenden Generals vertragsmässig zugestanden. Ebenso haben sie freie Verfügung über die innerhalb ihres Gebietes stehenden Truppen zu Zwecken des inneren Dienstes. Die M.-K. mit Württemberg, Sachsen, Hessen, beiden Mecklenburg, Baden, Oldenburg und den Hansestädten können nur unter gegenseitigem Einverständniss aufgehoben oder geändert werden; die mit Anhalt, sämmtlichen thüringischen Staaten und beiden Lippe müssen mindestens 2 Jahre vor beabsichtigter Auflösung gekündigt werden. Die bayerische Armee bildet einen in sich geschlossenen Theil des deutschen Heeres unter Militärhoheit des Königs von Bayern. Der Kaiser hat das Inspizirungsrecht. Im Kriege sind die bayerischen Truppen verpflichtet, den Befehlen des Bundesfeldherrn unbedingt Folge zu leisten.

Militär-Küster, als Divisions- und Garnisonküster, sind untere Militär-Beamten, welche sowohl dem vorgesetzten Militär-Befehlshaber, als auch dem vorgesetzten Militär-Beamten (Militär-Pfarrer) untergeordnet sind. Die Stellen werden durch geeignete Militär-Anwärter besetzt. Gehalt 1000—1500 M., ausserdem Servis- und Wohnungsgeldzuschuss.

Militär-Lazareth im Frieden. Für den Krieg s. Feld-Lazareth.

Sie stehen unter dem Befehl von Chefärzten, ausnahmsweise von Lazarethkommissionen (Lokalbehörde).

Die Krankenbehandlung liegt den Sanitäts-Offizieren der Truppen ob.

Die Verwaltung besorgen Lazareth-Inspektoren. Dazu treten von Truppen kommandirte Lazarethgehülfen, wie Militär- und Zivil-Krankenwärter.

Die M.-L.e werden eingetheilt in
1. Garnison-Lazarethe bei mindestens 600 Mann Besatzung. Auf je 100 Mann etwa 4 Stellen. die sogenannte Normalkrankenzahl;
2. Hülfs-Lazarethe bei Vermehrungen, Epidemien etc.;
3. Orts-Lazarethe für grössere Truppenübungen etc.;
4. Baracken-Lazarethe auf den Artillerie-Schiessplätzen;
5. Zivil-Heil-Anstalten zur Aushilfe und bei geringer Besatzung.

Militär-Lebensversicherungs-Anstalt in Berlin hat den Zweck, Kapitalien von 500 bis 20000 M. auch für den Kriegsfall zu versichern und steht unter Oberaufsicht des Kriegsministeriums.

Militär-Lehrschmieden bestehen in Berlin, Breslau, Königsberg i. Pr., Hannover, Gottesaue und Frankfurt a. M. und haben den Zweck, für die berittenen Truppen Fahnenschmiede auszubilden. Vorsteher sind Offiziere, technische Leiter der Korps-Rossarzt, bezw. Oberrossärzte und Beschlagschmiede.

Militär-Litteratur. Ein Ueberblick befindet sich im Anhange.

Militär-Max-Josephs-Orden, bayerisch, gestiftet 1./1. 1806 für tapfere Thaten von Offizieren. Ordens-Kapitel. 3 Klassen. Goldenes (Gross-), weiss-emaillirtes (Kommandeur-), silbernes (Ritter-) Kreuz, bezw. silberner Stern. Selbstbewerbung. Band: schwarz mit blau und weisser Einfassung.

Militär-Medikamenten-Anstalten s. Med.-Amt.

Militär-Oberpfarrer — evangelisch — sind bei jedem Armeekorps einer am Sitze des Generalkommandos angestellt. Ausserdem ist einer Anzahl katholischer Divisions- und Garnisonpfarrer der Rang als M.-O. verliehen worden. Die Gehälter betragen 3600—4800 Mark jährlich. (S. Militär-Geistlichkeit.)

Militär-Oekonomie-Departement im Kriegsministerium umfasst die Kassen-, Verpflegungs-, Bekleidungs-, Servis- und Bau-Abtheilung, s. d.

Militär-Pass s. Pässe.

Militär-Pfarrer zerfallen in Militär-Oberpfarrer, Divisions- und Garnison-Pfarrer. (S. d. und Militär-Geistlichkeit.)

Militärpflicht s. Dienstpflicht.

Militär-Reit-Anstalt zu Dresden ertheilt Reitunterricht an die Lieutenants der Infanterie, dressirt auch Pferde für dienstlich berittene Infanterie-Offiziere.

Militär-Reit-Institut zu Hannover. Zerfällt in zwei von einander unabhängige Abtheilungen: die Offizier-Reitschule und die Kavallerie-Unteroffizier-Reitschule. Zur Offizier-Reitschule kommandirt jedes Kavallerie- und Feldartillerie-Regiment 1. zusammen die Kavallerie abwechselnd jährlich 42 bezw. 41 Offiziere, die Feldartillerie jährlich 19 Offiziere (auf 2 Jahre); kräftiger Körper, aber nicht zu schwer, gute Reiter, mindestens 3 Jahre Offizier erforderlich. Reitende Artillerie und Kavallerie bringen das eigene und Chargenpferd mit, die übrigen Artillerien nur das Dienstpferd. Zur Kavallerie-Unteroffizier-Reitschule werden Unteroffiziere und Gemeine und zwar von jedem Kavallerie-Regiment 1 Unteroffizier oder Kapitulant (Gefreiter) von guter Führung etc. kommandirt. 18 Unteroffiziere dürfen ein zweites und drittes Jahr bleiben, müssen nach Ablauf der Zeit 2 Jahre kapituliren.

Der Chef des M.-R-I. hat darauf zu achten, dass sich bei den Rennen etc. keine Missbräuche einschleichen, ist deshalb berechtigt, in die nöthigen Korrespondenzen zu treten etc.

Militär-Sanitätswesen. Im Frieden s. Sanitätswesen, im Kriege s. Feldsanitätswesen.

Militär-Schiessschule zu Spandau hat die Bestimmung, die Handfeuerwaffen zu vervollkommnen, neue Waffenkonstruktionen zu prüfen, Schiesslehrer für die Armee auszubilden.

Militär-Schmieden s. Militär-Lehrschmieden und Rossarztschule.

Militär-Sekretariat s. Generalstab der englischen Armee.

Militär-Statistik hat den Zweck über Rekrutirung, Remontirung, Ausrüstung, Erkrankungen, Todesfälle und dergl. statistische Daten zu sammeln.

Militär-Steuer s. Wehrsteuer.

Militär-Strafanstalten. In Preussen gehören dazu die Festungsgefängnisse, die Festungs-Gefangenanstalten, die Festungsstuben-Gefangenanstalten und die Militär-Arrestanstalten (Garnisongefängnisse, Arrestlokale) der einzelnen Garnisonen. Die Festungsgefängnisse unterstehen dem Inspektor der militärischen St., die übrigen vorgenannten Anstalten dem Gouverneur, Kommandanten oder Garnisonältesten (s. d. einzelnen Artikel). Arbeiterabtheilungen (s. d.) gehören nicht zu den militärischen St.

Militär-Strafgesetzbuch des Deutschen Reiches vom 20. Juni 1872 enthält nur militärische Verbrechen und Vergehen und die Strafen dafür, während die gemeinen Verbrechen und Vergehen nach dem bürgerlichen Strafgesetzbuch bestraft werden; das österreich-ungarische M.-St.-G. vom 15. Januar 1855 hingegen enthält auch alle gemeinen Verbrechen und Vergehen.

Militär-Strafvollstreckungs-Vorschrift vom 9./2. 88 ist bei E. S. Mittler & Sohn in Berlin käuflich.

Militär-Telegraphendienst. In den Festungen findet im Winterhalbjahr (Oktober bis Januar) Ausbildung im M.-T. statt. Diese Ausbildung geschieht an den Festungs-Telegraphensystemen und untersteht der Aufsicht des Gouverneurs bezw. Kommandanten. Sie wird von der Fortifikation geleitet, unter Hilfe eines Telegraphen-Wallmeisters und Hilfslehrers, die 15 M., bei 3 Monaten 20 M. Zulage erhalten. Unteroffiziere und Gemeine (2. Jahre) von guter Führung, die gut schreiben etc. können, werden kommandirt.

Militär-Telegraphen-Schule hat den Zweck, die zu ihr kommandirten 20—30 Lieutenants der Kavallerie, 54 Unteroffiziere und Mannschaften der Kavallerie und 90 der Pionierbataillone in allen Zweigen des Feldtelegraphendienstes auszubilden. Die Schule untersteht der Generalinspektion des Ingenieur- und Pionierkorps und der Festungen. Das Lehrpersonal setzt sich zusammen aus 1 Stabsoffizier als Direktor, 1 Hauptmann als Direktionsmitglied, 1 Premierlieutenant als Direktionsoffizier, 11 Lieutenants als Lehrer, dazu einige Unteroffiziere und Gefreite als Hülfslehrer und Verwaltungspersonal. Die Schülerzahl übersteigt 200 nicht. Die Schüler verbleiben, wie das Lehr- und Verwaltungspersonal, im Etat ihrer Truppen. Die Bestimmungen über Auswahl, Prüfung der Schüler und die Dauer des Kursus lauten: Die Unteroffiziere dürfen das siebente Dienstjahr nicht überschritten haben und müssen zur Kapitulation auf mindestens ein Jahr Schüler der Pionierbataillone, welche weder Unteroffiziere noch Kapitulanten sind, müssen am Anfange ihres zweiten Dienstjahres stehen. Mechaniker, Uhrmacher, Techniker, Metallarbeiter sind besonders geeignet. In der Eintrittsprüfung nicht bestehende Kommandirte werden ausgetauscht. Der Kursus dauert für die Unteroffiziere und Mannschaften vom 1. Oktober bis 30. Juni einschliesslich, und kann für einzelne Schüler bis 21. August verlängert werden. Die Lehrgegenstände erstrecken sich auf theoretischen Unterricht, auf praktische Uebungen im Telegraphendienst, sowie daneben auf Exerzier- und gymnastische Uebungen. Der Kursus für Kavallerie-Offiziere dauert 5 Monate (2. Januar bis 31. Mai). Ausserdem werden 54 Unteroffiziere und Mannschaften der Pioniere, welche bereits einen 4 monatlichen Kursus am Festungstelegraphen durchgemacht haben, zu einem $2^2/_3$ monatlichen Zwischenkursus zur M.-T.-Sch, kommandirt.

Militär-Telegraphie. Die Regelung des gesammten Telegraphenwesens auf einem jeden Kriegsschauplatze liegt dem Chef der M.-T. (Stabsoffizier des Ingenieurkorps) ob. Der Chef wird dem Generalstabe des grossen Hauptquartiers zugetheilt. Er steht unter dem Chef des Generalstabes der Feldarmee und dem Generalquartiermeister und erhält sich wegen der Etappentelegraphie dauernd mit dem Generalinspekteur in Verbindung. Auf die Thätigkeit der den einzelnen Armeen beigegebenen Telegraphenabtheilungen wirkt er nur durch die Inanspruchnahme der Armee-Oberkommandos etc. ein, dagegen verfügt er unmittelbar über die Telegraphenabtheilung des grossen Hauptquartiers. Bei der Inspektion der M.-T., (Berlin) die aus einem Ingenieuroberst und zwei Ingenieuroffizieren besteht, wird jährlich eine Zahl Offiziere ausgebildet. Jeder Telegraphenabtheilung werden nur einige Beamte der Reichstelegraphie zugetheilt, während die Etappentelegraphie nur Beamte verwendet. In dem letzten Kriege war der Mangel an Telegraphenstationen etc. schwer empfunden worden. Um diesem Uebelstande abzuhelfen, ist man neuerdings zu einer vermehrten Anzahl von Etappen- und Feldtelegraphen-Formationen erfolgreich geschritten. Erschwert wird die Durchführung dieser Aufgabe durch den Umstand, dass der Telegraphendienst auch heute noch in der deutschen Armee nur als ein Nebendienstzweig bei den Pionierbataillonen betrieben wird. Von diesen Bataillonen werden jährlich einige Unteroffiziere und Pioniere als Feldtelegraphisten ausgebildet. Diese Ausbildung geschieht bei der Militär-Telegraphenschule (s. Militär-Telegraphendienst und -Schule).

Militär-Transport s. Militär-Eisenbahnzüge.

Militär-Turnanstalt. Die Kurse dauern 5 Monate, und zwar vom 1./10 bis 1./3 und 1./3. bis 1./8. (excl.). Kräftige, gewandte Offiziere, die 3 Jahre dienen und einigermassen Turnen können, sind Mitte Februar und Mitte September anzumelden.

Es erhalten der Hauptmann als Lehrer 75, der Premierlieutenant als Lehrer 60, die übrigen Offiziere (Lehrer und Kommandirten) je 45 M. Zulage von der M.-T. ausgezahlt. (Die übrige Abrechnung geschieht mit den Truppen.)

Militär-Verdienst-Kreuz. (Mecklenburg.) In 2 Klassen (goldenes Kreuz).

Militär-Verwaltung vereinigt sich in den Händen des Kriegsministeriums. Sie erstreckt sich auf die gesammten Bedürfnisse der Armee und ihrer Hilfsmittel.

Militär-Waisenhaus (grosses) Potsdam für bedürftige, elternlose oder vaterlose Soldatenwaisen, die während des aktiven Militärdienstes des Vaters bei preussischen Truppentheilen ehelich geboren sind, oder deren Vater als Soldat bei diesen Truppentheilen gestorben ist, gewährt: Aufnahme in eine Erziehungsanstalt und Bewilligung eines Pflegegeldes.

1. Kinder im Alter vom zurückgelegten 6. bis zum 12. Lebensjahre können, wenn sie ganz gesund sind, im Militär-Knaben-Waisenhause zu Potsdam, im Militär-Mädchen-Waisenhause zu Pretzsch, — Kinder katholischer Konfession in der katholischen Erziehungsanstalt „Haus Nazareth" in Höxter — untergebracht werden, soweit der Raum und die Mittel es gestatten.

2. Die Knaben finden zu Ostern und Michaelis, die Mädchen nur zu Ostern jeden Jahres Aufnahme.

3. Die Auswahl der Aufzunehmenden erfolgt nach Massgabe der militärischen Verdienstlichkeit der Väter und Bedürftigkeit.

4. Soldatenwaisen, für welche das gesetzliche Waisengeld aus Staats- oder Reichsfonds zahlbar ist, finden nur unter der Bedingung Aufnahme, dass der Betrag an die Waisenhauskasse in Berlin abgeführt wird.

Das Pflegegeld wird auf jedes dazu angemeldete Kind bewilligt, bis zum vollendeten 14. Lebensjahre der Kinder oder bis zu ihrer etwaigen Aufnahme in eine Erziehungsanstalt.

Anträge sind an das Direktorium des Potsdamschen grossen M.-W. in Berlin zu richten. (Militärpapiere des Vaters, Sterbeurkunde desselben, Geburtsschein, Dürftigkeitsattest etc.)

Militär-Werkstätten sind die verschiedenen technischen Institute der Artillerie, und zwar: das Artillerie-Konstruktionsbureau, die Artillerie-Werkstätten, Geschützgiesserei, Geschossfabrik, Feuerwerks-Laboratorium, Pulverfabriken und die Versuchsstelle für Sprengstoffe. Als M.-W. können ferner betrachtet werden die Werkstätten der Korps-Bekleidungsämter und der Truppentheile, Schmieden, Büchsenmacher-Werkstätten, sowie die Werkstatt-Betriebe der militärischen Strafanstalten. (S. Militär-Anstalten.)

Militär-Wittwenkasse in Berlin (Militär-Wittwen-Pensionsanstalt) geht allmählich ein, nimmt seit 1837 keine neuen Mitglieder an, die vorher Aufgenommenen können dort weiter geführt werden. (S. Wittwen.)

Militaria ist der Inbegriff aller militärischen Dinge. Man schreibt auf „Dienstbriefe" oder „ex offo" — behufs Erlangung der Portofreiheit für dieselben —, links unten auf die Adresse: „Militaria", Name und Charge des Absenders werden unter dem Worte angegeben. Auch setzt man statt des Siegels den Vermerk darunter: In Ermangelung eines Dienstsiegels: N. (Name und Charge). Ein Militärbrief darf nicht über 250 gr wiegen. Dienstbriefe in Privatform, ferner Stadtpostbriefe müssen stets frankirt werden.

Militsch. Dort stehen St., 1., 2., 4. und 5. Esk. Ul.-Reg. Kais. Alexander von Russland (Westpr.) No. 1, Prov.-Amt, Garn.-Laz. — Servisklasse 4.

Miliz. Man bezeichnet hiermit in der Regel Truppen oder Heere, die wenig oder keine militärische Ausbildung haben.

Miljutin, Graf, russischer General (1816 geb.) war 1861—1881 Kriegsminister voll hoher Verdienste um die Hebung der russischen Wehrmacht, Einführung der allgemeinen Wehrpflicht (1874), Errichtung von Schulen für die Offizier-Aspiranten u. s. w.

Millesimo. Gefecht 13. und 14./4. 1796. Hier musste sich General Colli mit sardinischen Truppen an Angereau ergeben.

Miloradówitsch, Graf, russischer General der Infanterie (1770—1826) führte 1812 nach Borodino das Korps-Bagnation, griff bei Gross-Görschen nicht entscheidend ein, führte die preussisch-russischen Garden, that sich bei Kulm, Leipzig und Paris hervor. Er starb durch Meuchelmord.

Mina. Spanischer (1784—1836) Guerillaführer im Kampfe gegen Napoleon; organisirte 1820 den Aufstand in Navarra, schlug 29./11. 1822 die sogenannte Glaubens-Armee, wurde 1834 von der Königin Christine zum Befehlshaber der Nordarmee ernannt.

Minden. Dort stehen Stab der 26. Inf.-Brig., Inf.-Regt. Prinz Friedrich der Niederlande (2. Westf.) No. 15, 2. Abth. 2. Westf. Feldart.-Regt. No. 22, Hann. Pion.-B. No. 10, Bez.-Kom., Fil. d. Art.-Dep. i. Münster, Prov.-Amt, Garn.-Verw., Garn.-Laz. — Servisklasse 2. Schlacht am 1./8. 1759. Herzog Ferdinand von Braunschweig schlug hier den an die Festung M. sich anklammernden Contades, der die Franzosen führte, total, hauptsächlich durch die Tapferkeit der englisch-hannoverschen Infanterie. Wäre die englische Kavallerie schneidiger gewesen, konnte die ganze französische Armee aufgerieben werden.

a Zünder (Az.); b Mundlochbuchse; c Centrirwulst; d Führungsband.

Französische 90 m/m Minengranate (obus allongé).

Minengranate. Langes, dünnwandiges Stahlhohlgeschoss, meist von grösserem Kaliber, mit Anzünder und detonirendem (brisantem) Sprengstoff geladen, zur Zerstörung widerstandsfähiger Ziele (Erde, Mauerwerk, Beton u. a. m.) bestimmt, in denen sie vermöge ihrer sehr beträchtlichen Sprengkraft eine minenartige Wirkung hervorbringen. (Deutsche 15 und 21 cm-Granaten c/83.

Minenzündapparat s. Elektrische Zündung.

Mineure sind die in den Minenarbeiten ausgebildeten Soldaten der Pionier- oder Artillerie-Truppe. Sie wurden früher aus Bergknappen gewählt und ergänzt und waren in eigene Korps formirt.

Minié, französischer Oberst (1804—1879), Erfinder des sogenannten Miniégeschosses, das durch ein eisernes Kulot im Langgeschoss sich kennzeichnete, welches das Blei beim Entzünden des Pulvers ausdehnte, so dass das Geschoss sich besser in die Züge drückte. Sein System war bekanntlich zeitweise auch in Preussen eingeführt.

Minié-Gewehr. Allgemeine Benennung für gezogene Vorderlader, welche, im Gegensatz zum Dorngewehr (s. d.), dem Langgeschoss durch Expansion Führung gaben. Zu diesem Zweck hatte das Geschoss am Boden eine kegelförmige Höhlung, in die meist noch ein Näpfchen oder Kegel eingesetzt wurde; der Druck der Pulvergase beim Schuss bewirkte eine Aufweitung der Geschosswandungen, hob dadurch deren Spielraum in der Seele auf und bewirkte ihren Eintritt in die Züge.

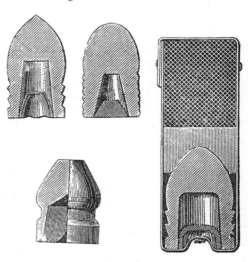

Minié-Gewehr.

Minimal-Radien der Kurven der Feldeisenbahnen: Im Flachlande 280 m, im Hügellande 190 m, im Gebirgslande 150 m.

Minimalscharte. Panzerscharte von so kleinem Querschnitt, dass sie vom Kopf des Geschützrohrs nahezu ausgefüllt und daher das Eindringen von Geschossen, Sprengstücken u. s. w. in das Innere des Panzerstandes möglichst verhindert wird. Die M. erfordert, um die Richtung wechseln zu können, eine besondere Minimalscharten-Lafette. (S. diese.)

Minimalscharten-Lafette. Der Drehpunkt des Rohrs liegt nicht, wie sonst, in der Schildzapfenachse, sondern in oder dicht an der Schartenöffnung; zum Wechsel der Höhenrichtung muss daher stets das Rohr gehoben oder gesenkt werden, was durch hydraulischen Druck, Hebel, Schrauben oder Zahnbogen (mit Gegengewicht) geschieht; um die Seitenrichtung zu nehmen, ist entweder der Panzerstand selbst drehbar, oder der Drehpunkt des Lafettenrahmens liegt senkrecht unter der Rohrmündung. Beispiel: Gruson'sche M.-L. c/84/89 (Bild a—e). In Bild a ist B die Oberlafette (Rohrträger), B' der Rahmen, B" ein aus Stahlblechen zusammengenieteter Mantel, der mittels Querstücks den hydraulischen Hubzylinder d' mit Kolben d trägt und, durch Handpumpe oder Accumulator betrieben, die

Minimalscharten-Lafette

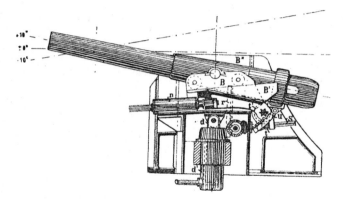

Bild a (1:30).

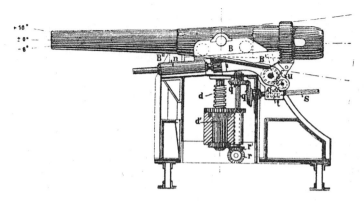

Bild b (1:30).

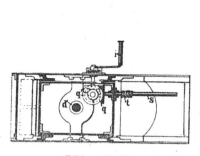

Bild c (1:30).

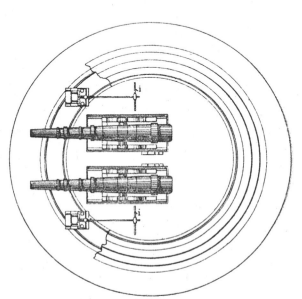

Bild d (1:100).

Hebung und Senkung des Geschützes bewirkt. Damit sich hierbei das Rohr stets um eine in der Schartenenge gedachte Achse dreht, setzt, sobald die Bewegung des Rahmens B' beginnt, die an diesem befestigte Zahnstange r durch verschiedene Zahn- und Schraubenräder den mit dem Rohr verbundenen Zahnbogen u in entsprechende Bewegung nach oben oder unten; n: hydraulische Rücklaufbremsen. In Bild b und c ist statt des hydraulischen Hubzylinders eine Schraube d angewendet, welche durch Drehung der Mutter d' angetrieben wird. Diese Drehung überträgt sich durch q, q', r, r', s und t ebenfalls auf den Zahnbogen u und das Rohr. Bild d und e: Hartgusspanzerthurm für zwei 15 cm Kanonen. A: Panzerkuppel, H: Vorpanzer, C: schweisseiserner Unterbau, a: Rollen der Rollbahn, f: Gangspill, welches, von 4 Mann bedient, durch Zahnräder den mit der Rollbahn verbundenen Zahnkranz g antreibt und die Kuppel zum Nehmen der Seitenrichtung in Drehung versetzt. C: Bremsen mit Bremsschuhen h, um bei Einzelfeuer die willkürliche Drehung des Thurmes zu verhindern.

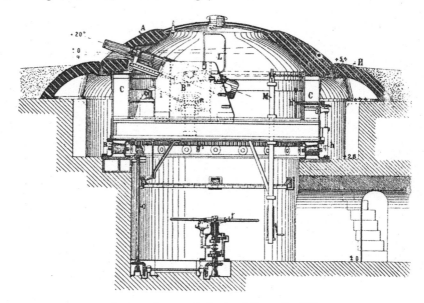

Minimalscharten-Lafette. Bild e (1 : 100).

Miniren. Es ist kaum anzunehmen, dass die künftigen Festungskriege den Minenkrieg treiben werden, weil die neuen Brisanzstoffe einen neuen Untergrund für alle Zerstörungen geben. Dennoch ist nicht ausgeschlossen, dass hier und da für Demolirungen, Brunnen etc. der Mineur angesetzt wird. Dazu dienen

1. für Forts: die sogenannten Schurzgallerien bezw. Schurzschächte. Diese werden gebildet aus Schurzrahmen, s. Fig. 1. Feldmässig Fig. 2.
-Eingebaut (von 3 Pionieren) gehen sie als Schurz-Gallerie oder Stollen mehr wagerecht, als Schurzschacht mehr senkrecht (s. Fig. 3).
Die Ladung wird am Schlusse seitwärts angebracht und die Gallerie auf 2 m zugedämmt. Zündleitung, Zündschnur (von Technikern elektrisch).

2. Für Mauerwerk sind nöthig: Keilhauen, Setzeisen und eiserne Brechstangen.

3. Für festes Gestein sind Meissel-, Kreuz- und Kronbohrer nöthig, Raumlöffel, Bohrzangen und Besetzer.

Dann werden Bohrlöcher 0,5—0,75 m tief gebohrt und das Loch etwa unter $50°$ angesetzt, nachher brisante Stoffe eingethan, die etwa $1/5$ bis $1/4$ des Loches ausfüllen. Dynamit (am besten) wird mit einer Zündpatrone gezündet. Bei Pulverladung muss man das Loch bis zur Hälfte füllen. Auf die Ladung Lehmbesetzung; bei Dynamit vorsichtig mit Holz einschieben.

Bei Tunneln zeigt die Fig. 5 die Anbringung der Ladungen bei Benutzung einer vorhandenen Kammer.

Etwa 2 Zentner in jede Mine stecken.

Bei Häusern

Mit 5 kg Kartuschen.

Bei Thoren weniger. (S. Fig. 8.)

Das Zünden geschieht mit Zündschnur (von Technikern mit elektrischer Zündung).

(S. auch Sprengungen.)

Bei Eisenbahnen nimmt man für kleine Sprengungen Dynamit und legt es wie Fig. 9 angiebt.

Miribel, de, französischer General (1831—93), nahm 1855 am Orient-Kriege und an der Erstürmung von Sebastopol Theil, ebenso 1859 an der Schlacht bei Magenta und 1863 an der Expedition gegen Mexiko. Er war dann Militär-Attaché in Petersburg. 1870 betheiligte er sich an den Ausfällen von Paris und war später mehrmals Chef des Generalstabes der französischen Armee.

Miniren

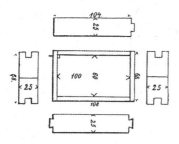

Fig. 1.

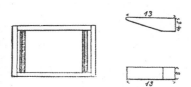

Fig. 2.
Minengänge (mittelst Schurzrahmen).

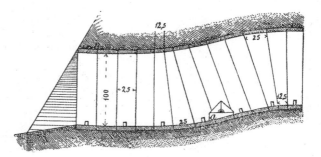

Fig. 3.
Schurzstollen.

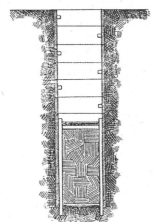

Fig. 4.
Schurzschacht.

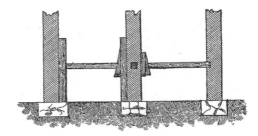

Fig. 5.
Tunnel.

Fig. 6.
Arbeiten in festem Gestein.

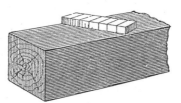

Fig. 7.
Balken.

Fig. 8.
Sprengung von Thoren.

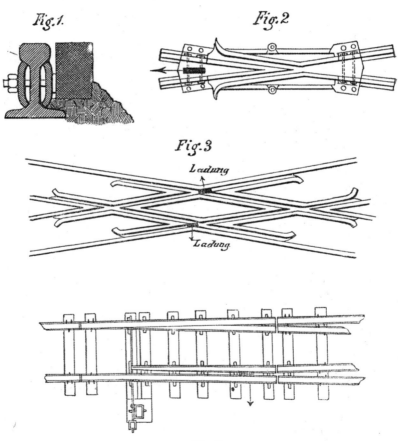

Fig. 9.
Sprengung bei Eisenbahnen.

Misshandlung Untergebener wird neuerdings hart bestraft, da die Beschwerdeführung (s. dort) sehr erleichtert worden ist. Das Militär-Straf-Gesetz bedroht die M. U. mit Gefängniss von 6 Wochen bis zu 3 Jahren, in minder schweren Fällen mit Arrest nicht unter 1 Woche. Insbesondere wird untersucht, ob die M. U. auf den Geist der Truppe einen schlechten Einfluss ausüben konnte u. s. w., und wird danach die Strafe abgemessen.

Missolunghi, griechische Festung, wehrte sich tapfer gegen zwei überlegene türkische Angriffe, das erstemal, 1822/23, wurden die Türken gänzlich abgeschlagen. Das zweitemal stürmte Ibrahim Pascha die Festung, nachdem sie durch Hunger halb überwältigt war, und machte fast die ganze Besatzung nieder (1826).

Missunde, Gefecht am 12./9. 1850, ein missglückter Versuch der Schleswig-Holsteiner, die Schanzen zu stürmen. Gefecht am 2./2. 1864. Ein ebenso vergeblicher Versuch des Prinzen Friedrich Karl, die Werke durch Feld-Artillerie niederzukämpfen. Der Artillerieangriff, mit 64 Geschützen (24 gezogenen) unternommen, führte zu keinem Resultate, da der zunehmende Nebel keine Beobachtung zuliess; daher wurde das Gefecht abgebrochen.

Plan s. nächste Seite.

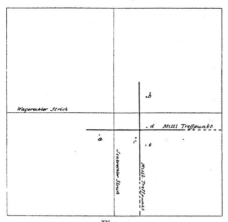
Fig. a.

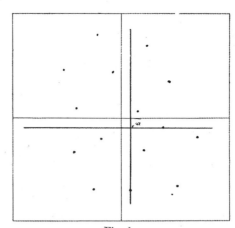
Fig. b.

Mittlerer Treffpunkt.

Mitnehmer. Eiserne Stangen, welche von der Mitte der Lafettenwände nach den Stossflächen der Achse geführt sind und zwischen diesen Theilen eine feste Verbindung bilden. Sie zwingen die Achsschenkel mit den Rädern, dem Rücklauf der Lafette zu folgen, ohne dass ein Verbiegen oder Brechen der Achse eintreten kann. Bei den englischen und russischen Feldlafetten sind die M., bezw. der ihre rückwärtigen Enden verbindenden Mitnehmerbolzen mit Gummipuffern versehen, um die Wirkung des Rückstosses abzuschwächen. Bild s. Lafette.

Mitrailleuse s. Kartätschgeschütze.

Mittagskost auf Märschen für Mannschaften 40 bis 52 Pf., ohne Brod 35 bis 47 Pf., für Offiziere 1,25 M. (jährlich festgestellt). S. Marschverpflegung.

Mittelpferde s. Angespann.

Mittelster Treffpunkt s. Mittlerer Treffpunkt.

Mittenwald (Oberbayern), Pass aus Bayern nach Innsbruck. Dort bemächtigten sich 18./10. 1805 die Tiroler des Passes. Marschall Ney liess ihn 2./11. durch Umgehung wieder freimachen. Im Mai 1809 überfielen die Tiroler die Bayern unter Arco und brachten ihnen grosse Verluste bei.

Mittlerer Treffpunkt. Nullpunkt bei Bestimmung der mittleren Geschossabweichungen (s. Streuung); kann durch Rechnung oder graphisch gefunden werden. Eine senkrechte quadratische Trefffläche (Scheibe) sei durch einen senk- und einen wagerechten Strich in vier gleich grosse quadratische Felder getheilt (s. Bild). Man zählt die Abstände aller über und ebenso die aller unter dem wagerechten Strich liegenden Treffpunkte von diesem Strich zusammen, zieht die kleinere Summe von der grösseren ab und theilt den Rest durch die Trefferzahl, ebenso wird mit allen rechts und links vom senkrechten Strich liegenden Theilen verfahren. Zieht man nun durch den ersten der so gefundenen Punkte eine wagerechte, durch den anderen eine senkrechte Linie, so bildet der Schnittpunkt beider Linien den M. T. Dieser liegt im wagerechten Trefferbild da, wo eine vom Punkt der mittleren Schussweite auf die Linien der parallelen Seitenabweichung gefällte Senkrechte jene Linie schneidet.

Graphische Bestimmung des M. T.: Die Scheibe enthält 15 Treffpunkte; zählt man von diesen die 7 obersten und die 7 untersten, sowie die 7 am weitesten rechts und die 7 am weitesten links liegenden ab, so befindet sich in beiden Fällen der 15. T. zwischen der oberen und unteren bezw. zwischen der rechten und linken Treffergruppe. Zieht man nun durch den T., welcher in senkrechter Richtung die Mitte bildet, eine wagerechte Linie, sowie durch den in wagerechtem Sinne die Mitte einnehmenden Schuss eine senkrechte Linie, so liegt der M. T. im Schnittpunkt dieser beiden Linien (s. Bild b). Das graphische Verfahren

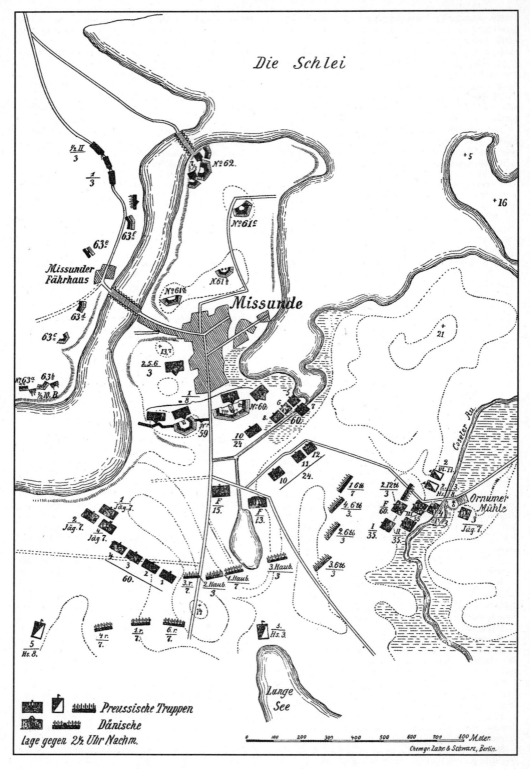

Plan zum Gefecht bei Missunde am 2./2. 1864.

steht dem rechnerischen an Genauigkeit nicht nach. Der graphisch festgelegte Punkt wurde früher in der Regel als Mittelster T. bezeichnet, und diese Benennung wird auch jetzt noch theilweise angewendet, obwohl der Ausdruck Mittlerer t. logisch wie mathematisch den Vorzug verdient.

Mobile (Seehafen) in Alabama, wurde 23./2. 1864 ohne Erfolg vom Admiral Farragut angegriffen, der aber 5./8. mit 8 Panzerschiffen, 9 Holzfregatten und 10 Kanonenbooten den Eingang zum Hafen erzwang, wobei 1 Panzer in die Luft flog. Die Stadt selbst hielt sich bis zum Ausgange des Krieges.

Mobile Belagerungs-Batteriegruppen werden von bestimmten, schon im Frieden hierzu ausgewählten Fuss-Artillerie-Kompagnien errichtet und bestehen aus mehreren mobilen Belagerungs-Batterien und einem mobilen Belagerungs-Munitionspark. Mehrere Batteriegruppen bilden einen mobilen Belagerungspark.

Mobile Kolonne, gleichbedeutend mit „fliegendes Korps", eine zeitweise zu besonderem Zwecke von der Haupttruppe entsendete Abtheilung.

Mobilgarden wurden zuerst 1848 in Frankreich gebildet und vertheidigten die Republik im Innern. Obgleich man diese Truppen nach Ablauf ihrer Dienstzeit auflöste, wurde der Name vielen der 1870/71 während der Republik gebildeten Formationen beigelegt. Heute ist der Name verschwunden. Die Formen der 2. Staffel heissen Reserve-Regimenter, die der 3. Territorial-Regimenter.

Mobilmachung ist der Uebergang vom Friedens- zum Kriegszustande. Dazu ist bei den Grossmächten alles im Frieden so vorbereitet, dass in wenigen Tagen die Heere kriegsbereit an den Grenzen stehen können. Preussen hat aus der Sorgfalt, mit der es in den 60er Jahren den Mobilmachungsplan, d. h. die Anordnung der Kriegsrüstung, ausgearbeitet hatte, 1864—1871 reiche Früchte gezogen, indem es eher vollgerüstet auf dem Plane erscheinen konnte, als die Gegner ihre Kadres bereit zu stellen vermochten. Heute ist eine ähnliche Arbeit in allen Heeresverwaltungen der grösseren Armeen ausgeführt worden, und der erhebliche Vorsprung Deutschland verloren gegangen.

Mobilmachungs-Pferde messen: für Kürassiere nicht unter 1,62 m. für die übrige Kavallerie, reitende Artillerie und Reitpferde 1,57 m, Artillerie- und Train-Stangenpferde und Kolonnen-Zugpferde nicht unter 1,62 m, Artillerie- und Train-Vorderpferde nicht unter 1,57 m. (M.-Pf. werden mit dem Bandmaasse gemessen.) Wenn auch nöthigenfalls zum Theil Pferde von geringerem Maass als vorangegeben angenommen werden können, so dürfen doch in der Regel nicht unter 1,55 m, äussersten Falls bei Reitpferden der Fusstruppen und Trains auch solche von einer Grösse von 1,53 m angenommen werden, wenn sie sonst den Anforderungen entsprechen. Dem Alter nach sind Pferde zwischen 6 und 14 Jahren am geeignetsten für den Kriegsdienst.

Moblot ist der Poebel. Englisch mob.

Möckern. Gefecht bei 5./4. 1813. General Wittgenstein überfiel hier die Franzosen in 3 Kolonnen, die unter York bei Dannigkow, unter Borstell bei Vehlitz und unter Bülow bei Zehdenick siegreich fochten. Murat wurde gezwungen, auf das andere Elbufer zu gehen nachdem er viele Verluste erlitten hatte.

Schlacht 16./10. 1813. Napoleon hatte seine Armee um Leipzig massirt. Seine Scheinmanöver auf Berlin hatten nur Bernadotte getäuscht, Blücher und Langeron gingen von Halle auf Leipzig vor, dessen nördliches Gelände von Ney und Marmont gehalten wurde. Da jedoch Napoleon bei Wachau hart angegriffen wurde, und von Blüchers Armee noch Nichts zu sehen war, ging Ney zur Unterstützung nach Süden, und Marmont war, später von der Division Delmas unterstützt, nicht im Stande, die Höhen gegen die Uebermacht zu vertheidigen; nach hartnäckigem Kampfe wurde Möckern von den Preussen, Widderitsch von den Russen gestürmt und Marmont gezwungen, sich auf Gohlis-Entritzsch zurückzuziehen.

Plan s. nächste Seite.

Mohacs. Schlacht 12./8. 1687. Die Türken wurden hier durch Herzog Karl von Lothringen gründlich geschlagen und in wilde Flucht getrieben, indem er die noch unvollendeten Schanzen der Moslems erstürmen liess.

Mohilew. Gefecht am 23./7. 1812, in dem Davout die Russen unter Bagration zurückdrängt.

Molitor, Graf, Marschall von Frankreich (1770 bis 1849). nahm mit hervorragendem Erfolge an den Kriegen 1792—1800 Theil, focht 1805 unter Massena, nahm 1807 Stralsund, zeichnete sich 1809 bei Aspern durch Standhaftigkeit aus. 1811 bis 1813 befehligte er in Holland, führte 1814 unter Macdonald und beendete den Krieg in Spanien 1823 durch seine Geschicklichkeit und Energie. Er war zuletzt Kommandant des Invalidenhauses.

Möllendorf, von, preussischer Feldmarschall (1724—1816), erwarb sich schon bei Leuthen den Orden pour le mérite, erstürmte bei Torgau die Siptitzer Höhen u. s. w. 1794 führte er die Rheinarmee. 1806 folgte er als Greis der Armee, wurde gefangen, aber bald entlassen.

Mollwitz. Schlacht 10./4. 1741. Sieg der Armee Friedrichs II. über Neipperg. Es war die erste grössere Schlacht, der der König beiwohnte. Da die österreichische Kavallerie die Infanterie nach Rückwerfung der preussischen Reiterei hart bedrängte und der König in Gefahr gerieth, bewog ihn Schwerin, das Schlachtfeld zu verlassen. Er griff dann den Feind mit seiner noch nicht erschütterten Infanterie an, deren vorzügliche Feuer- und Gefechtsdisziplin den Gegner aus allen Stellungen warf.

Molsheim. Dort steht Bez.-Kom. — Servisklasse 4.

Moltke, Helmuth, Graf von, preussischer Feldmarschall (26./10. 1800—24./4. 1891). In Parchim geboren, Privatunterricht, 1811—17 in der Kadetten-Akademie Kopenhagen, 1819 Sekondelieutenant, 1822 in preussische Dienste (8. Infanterie-Regiment), 1823—26 Kriegsschule (Akademie), 1836—39 in der Türkei (Orden pour le mérite) (Schlacht bei Nisib), 1845—46 Adjutant bei Prinz Heinrich, 1855—57 Adjutant des Kronprinzen. Von da ab Chef des Generalstabes der Armee. Leitete als solcher 1864 den Schluss des Feldzuges, 1866 und 1870/71 die Feldzüge in Oesterreich und Frankreich. Nach dem letzten Feldzuge wurde er in den Grafenstand erhoben.

Monbéliard (Mömpelgart), bekannt durch die Schlacht an der Lisaine, linker Flügel. Es ist neuerdings stark befestigt durch ein Werk, das

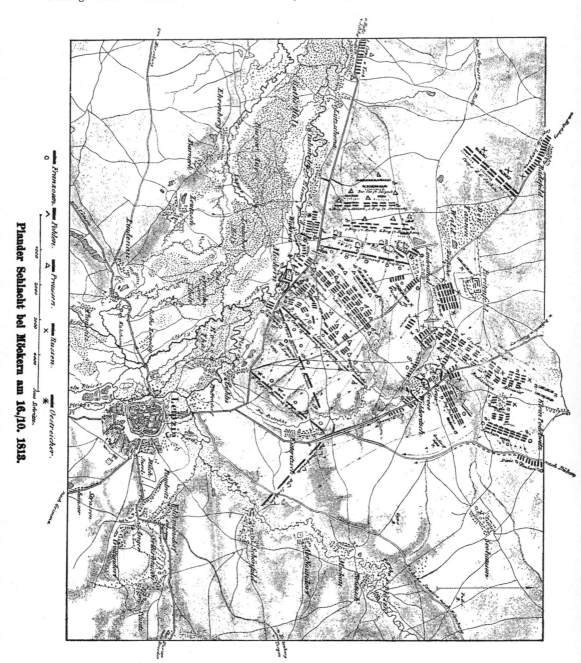

Plan der Schlacht bei Möckern am 16./10. 1813.

NO. liegt, Fort de la Chaux, und durch das starke Fort du Mont Bart, das die Eisenbahn und das Thal des Doubs beherrscht. Die Forts haben andere Fronten als auf der Zeichnung, die der französischen General-Stabskarte entnommen sind.

Plan s. nächste Seite.

Moncey, de, Marschall von Frankreich, Herzog

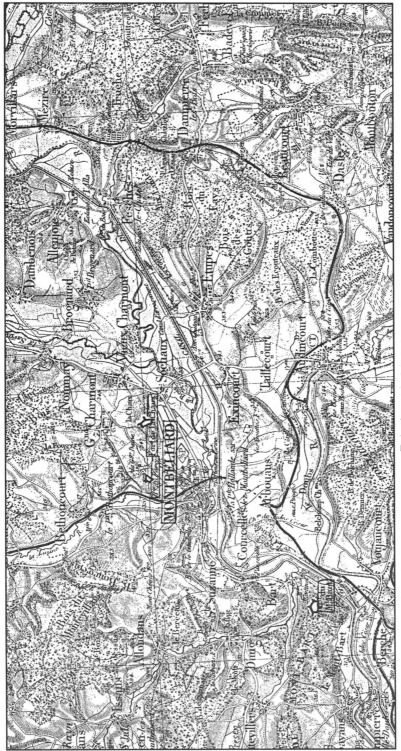

Befestigungen bei Monbéliard.

von Conegliano (1754—1842), tapferer Soldat aber Gegner der Kriegspolitik Napoleons, hat er nur in Spanien hervorragende Thätigkeit entwickelt, nicht nur 1808—10, sondern auch 1823.

Moncriefflafette, nach dem Erfinder benannte Lafette, basirend auf dem Prinzipe des Gegengewichtes. Der obere Theil der M. senkt sich, unmittelbar nach Abgabe eines Schusses, durch den Rückstoss nach hinten, nach dem Laden durch ein Gegengewicht wieder in die Schussstellung. M. ist das älteste Muster der modernen Senklafette (s. d.), in England mehrfach und für verschiedene Kaliber ausgeführt.

Mondel, Freiherr v., österreichischer Feldzeugmeister, Generaladjutant (1821—1886), nahm an den Kriegen 1848 und 1849 in Italien Theil, ebenso 1859 im Gefolge des Kaisers an der Schlacht von Solferino. Bei Trautenau 1866 leistete er den Hauptwiderstand gegen das I. preussische Korps, focht auch mit seiner Brigade bei Sohr und Königgrätz. Bei Blumenau war er wieder ruhmvoll thätig.

Mondovi, Treffen und Schlacht 20.—22./4. 1796. Am 20. griff Serrurier Colli bei M. vergeblich an. Am 22. wich Colli dem überlegenen Vorstosse Bonapartes geschickt aus und zog sich unter heftigen Reitergefechten nach Fossano zurück.

Mongilbert s. Maurienne.

Monitor, nordamerikanisches Panzerschiff, bekannt durch seinen Sieg über das bis dahin unbesiegte südstaatliche Panzerschiff Merrimac 9./3. 1862 bei Hampton. Der M. führte nur 2 Geschütze in einem mit achtzölligen Platten gepanzerten Thurme, sein Deck war nur 18 Zoll über Wasser, der Bug hatte einen Sporn zum Rammen, die Takelage fehlte gänzlich. Auf offener See wenig widerstandsfähig, ging er in einem Sturme zu Grunde. Man baute in vielen Staaten ähnliche Schiffe, für welche M. als Gattungsname eingeführt wurde. Auf der Donau bestehen M. als gepanzerte Flussschiffe.

Monk (1608—1670) setzte als Oberbefehlshaber der republikanischen Armee 1660 Karl II. auf den Thron von England.

Mons, belgische Festung, 1746 von den Franzosen genommen. 1748 von Oesterreich erworben, 1792 von den Franzosen erobert und geschleift, seitdem wieder neu befestigt und mit Aussenwerken versehen.

Montalembert, Marquis de (1714—1800), war der Begründer der linearen (polygonalen) Befestigung, die heute noch die Grundform der Enceinte bildet. Er begünstigte mehrstöckige Kasematten etc., die der neuen Artillerietechnik zum Opfer fallen mussten, ebenso wie die meisten übrigen Vorschläge des genialen Konstrukteurs, der seiner Zeit genüge gethan hat.

Montauban, de, Graf Palikao, s. Palikao.

Mont Avron s. Paris.

Montbéliard s. Belfort und Monbéliard.

Montbrun, Graf, französischer General (1770 bis 1812). Hervorragender Reitergeneral, der bei Borodino fiel.

Montcalm, Marquis de, französischer General (1712—1758). Er vertheidigte Canada gegen die Engländer mit vielem Muth, aber ohne Erfolg. Er fiel bei der Vertheidigung von Quebek.

Mont Cenis. Die aus dem Tunnel des M. C. nach Frankreich einlaufende Bahnlinie ist durch starke Werke geschützt, deren Lage aus dem Plane (nächste Seite) ersichtlich ist. Auch die grosse Strasse im Maurienne-Thal ist befestigt.

Monte-Baldo. Hier führte Alvinczy in den Tagen vor seiner Niederlage bei Rivoli siegreiche Kämpfe.

Montebello, Gefecht am 9./6. 1800. Lannes von den Oesterreichern unter Ostermann angegriffen, war am Unterliegen als das Korps Victor eintraf, mit dem vereint er die Oesterreicher zurückwarf. Er ward später dafür Herzog von M.

Schlacht 20./5. 1859. Forey griff hier die Oesterreicher mit Erfolg an und warf sie auf Casteggio zurück.

Plan s. Seite 482.

Montecuculi, Graf, österreichischer Generallieutenant (1608—1680) ist einer der hervorragendsten Führer jener Zeit. Nach glorreicher Laufbahn befehligte er 1660—1663 mit wenig Erfolg, weil mit unzureichenden Kräften, in Ungarn. 1664 erfocht er den glänzenden Sieg am St. Gotthardt. Er war ein würdiger Gegner Turennes von 1672—1675, dem er an Klugheit und in der Handhabung der Kriegskunst jener Zeit gleich kam.

Montenegro. Armee: Sie besteht aus 43 Bataillonen, deren Stärke zwischen 500 und 1100 Mann schwankt. Sie bildet 8 Brigaden in 8 Bezirken.

Die I. Klasse der Wehrpflichtigen (20—40 Jahre alt) hat die Stärke von etwa 28000, die II. Klasse (40—50 Jahre alt) etwa 12000 Köpfe, so dass die Armee etwa 40000 Mann stark ist.

Montenotte, Gefechte 11. und 12./4. 1796. Am 11. versuchten die Oesterreicher die verschanzten Höhen zu nehmen, die die Vereinigung Argenteaus mit Beaulieu ermöglichen sollten, doch gelang es ihnen nicht. In der Nacht darauf überfiel Bonaparte in höchst geschickter Anordnung unter dem Schutze des Frühnebels die Oesterreicher so, dass das Korps Argenteaus fast aufgerieben wurde.

Montereau, Treffen 18. 2. 1814. Die Württemberger widerstanden hier allen Angriffen; als jedoch Nachmittags Napoleon selbst eintraf und einen gesammelten Vorstoss gegen sie ausführen liess, mussten sie unter furchtbaren Verlusten den Rückzug antreten.

Montes Claros, Schlacht 17./6. 1665. Sieg der Portugiesen, Engländer und Franzosen unter Schomberg gegen die Spanier.

Montholon, Karl, Graf, französischer General, theilte freiwillig den Aufenthalt Napoleons auf St. Helena, war dessen Testamentsvollstrecker, gab Napoleons „Memoiren" heraus und schrieb: „Récits de la captivité à St.-Hélène."

Montirungsstücke (veralteter Ausdruck für Bekleidungsstücke).

Ansprüche auf Bekleidung und Ausrüstung haben die Mannschaften vom Wachtmeister abwärts, mit Ausschluss der Einjährig-Freiwilligen.

Ein jedes Stück hat seine etatsmässige Tragezeit, die Waffenröcke u. s. w. der Unteroffiziere des Friedensstandes haben nur ½ Tragezeit.

Mit Klein-Bekleidungsstücken werden die Mannschaften nach Bedarf versehen, an den

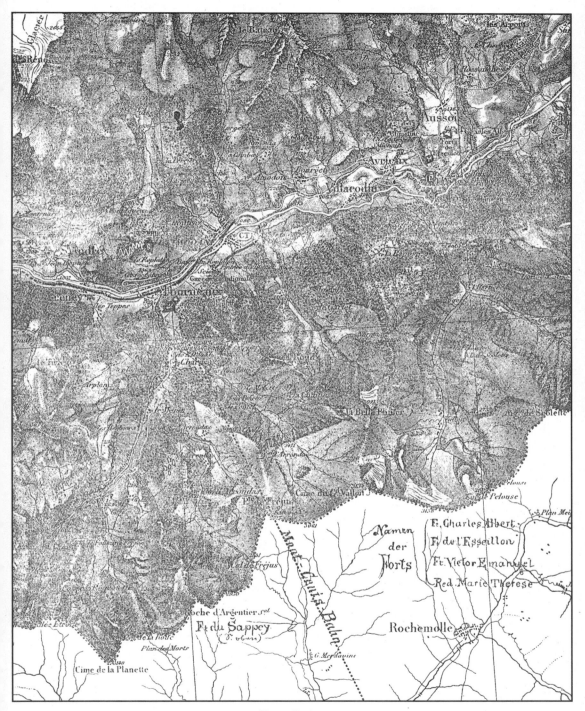

Mont Cenis.

ausgetragenen Sachen haben sie kein Eigenthumsrecht. Letzteres steht dagegen den Unteroffizieren, etatsmässigen Trompetern und Kapitulanten zu, wenn sie nicht mit Geld abgefunden werden, zu welchem Zweck für die betr. Gegenstände bestimmte Preise festgesetzt sind. Unteroffiziere und etatsmässige Trompeter, welche sich diese Gegenstände selbst beschaffen, erhalten einen Zuschuss von monatlich 1,75 M. bei der Kavallerie, Feldartillerie und Train, 75 Pf. bei den Fusstruppen, welcher ihnen auch im mobilen Verhältniss belassen wird, während dessen die Klein-Bekleidungsstücke allgemein und nach Bedarf in natura gegeben werden.

Den nach Ableistung der gesetzlichen Dienstpflicht entlassenen, sowie den durch den Dienst invalide gewordenen Soldaten wird nach Bedarf ein Entlassungsanzug (ausgetragene Stücke) mitgegeben.

Das Putz- und Reinigungsmaterial, mit Ausnahme des zur Konservirung des Reitzeuges erforderlichen, ist aus der Löhnung zu bestreiten.

Zu den Klein-Bekleidungsstücken gehören: Lange Stiefel, kurzschäftige Stiefel, Schnürschuhe, Halbsohlen mit Absatzflecken, Hemden.

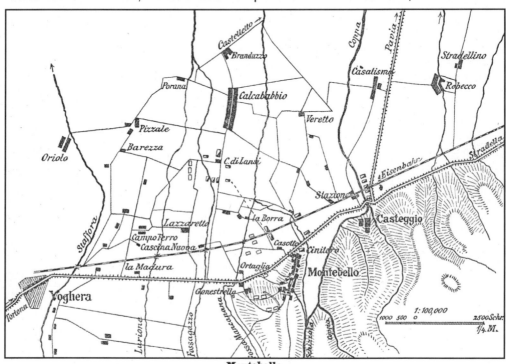

Montebello.

In Sachsen gehören die langschäftigen Stiefel zur grossen Bekleidung.

Gross-Bekleidungsstücke. Feldmütze mit Kokarde; Waffenrock, Koller, Attila (auch Pelz), Ulanka mit Leibbinde (bei den sächsischen Ulanen Pass) und Rabatten; Drillichjacken für Gemeine, im Felde auch für Unteroffiziere; Halsbinde; Kirsey- und Tuchhose, Reithose, Stallhose; zwei Unterhosen; Mantel; für Unteroffiziere Leder-, für Gemeine Tuchhandschuhe; Ohrenklappen, Litewka.

Die Unteroffiziere haben neben der Feldmütze eine Schirmmütze.

In Bayern ist die Schirmmütze allgemein eingeführt, statt der Drillichjacken werden in Sachsen Röcke, in Mecklenburg blauwollene Blusen getragen.

Es ist gestattet, den Unteroffizieren Drillichröcke mit einer Borte am oberen Kragenende zu geben; die Kürassier-Regimenter dürfen für den Garnisondienst blaue Waffenröcke statt der weissen ausgeben.

Montjoie. Dort steht Bez.-Kom. — Servis-Klasse 5.

Montmartre. Dort fanden 30./3. 1814 die letzten Kämpfe der Armee Napoleons vor dessen Abdankung statt. Blücher mit 3 Korps griff die Trümmer der französischen Armee an, die sich verzweifelt schlugen. Langeron erstürmte den M. Es waren schon während der Kämpfe Verhandlungen wegen einer Waffenruhe im Gange gewesen.

Montmédy, französische Festung, liegt auf einem Hügel mitten im Chiersthal und ist von allen Seiten von Höhen umschlossen. Am 5./12. 1870 standen unter Kameke 12 Bataillone, 7 Schwadronen und 6 Batterien zur Belagerung bereit; am 7./12. begannen die Belagerungsarbeiten, am 12. eröffneten 42 schwere und 20 Feldgeschütze ihr Feuer gegen die Festung, die sich den Deutschen am 14. ergab.

Man scheint die Festung nicht ausgebaut zu haben.

Mont-Mesly, Gefecht in der Nähe. (S. Paris.)
Montmirail. Treffen 11./2. 1814. Hier hielt Sacken trotz der Gegenvorstellungen Yorks einen Angriff Napoleons aus, der jedoch so sehr zu seinen Ungunsten endete, dass York ihn nur mit Einsetzen seines ganzen Korps und grossen Verlusten zu retten vermochte.

Mont-Valerien war eine bastionirte Redoute (Forteresse) im Süden von Paris.

Moor und Morast sind selten und nur für einzelne Infanteristen passirbar, ausser in hartgefrorenem Zustande.

Ist ein Reiter gezwungen, über unsichere Stellen zu reiten, dann dem Pferd möglichst Luft geben, rechte Hand an Mähne, Gesäss aus dem Sattel. Am besten absitzen und führen an langem Zügel.

Mörchingen. Dort stehen Stab der 65. Inf.-Brig., Inf.-Regt. Graf Barfuss (4. Westf.) Nr. 17, Inf.-Regt. Nr. 144, 2. Esk. 2. Hann. Ul.-Regt. Nr. 14, 2. Abth. Feldart.-Regt. Nr. 34, Proviant-Amt, Garn.-Verw., Garn.-Laz. — Serv.-Kl. 3.

Moreau (1763—1813), einer der hervorragendsten Führer seiner Zeit. 1796 führte er die

Krupp'scher 15 cm-Feldmörser L/8,4.

Rheinarmee bis zur Donau vor. Als Erzherzog Karl aber den Jourdan zurückdrängte, musste auch M. sich zurückziehen, was in meisterhafter Weise geschah.

Sein glänzender Feldzug 1800 machte ihn zu einem gefürchteten Nebenbuhler Bonapartes, dessen Händen er sich 1805 durch eine Reise nach Amerika und 1812 durch den Uebertritt ins Lager Kaiser Alexanders entzog, den er begleitete. 1813 riss ihm bei Dresden eine französische Kugel beide Beine fort, ihn tötend.

Moreno, Vincenz, war im Kriege 1808—12 gegen die Franzosen einer der hervorragendsten Guerillaführer, 1813 Generallieutenant, Vizekönig von Granada. Die Reaktion unter Ferdinand VII. trieb ihn ins Ausland; von 1835 führte er den Oberbefehl über das Karlistenheer in den spanischen Nordprovinzen mit Geschick, schloss 1839 die Kapitulation von Vergara mit Espartero ab, die den Karlistenkriege ein Ende machte.

Morgan, konföderirter General in Amerika (1826—64), war Führer eines Freikorps, das er mit grossem Geschick leitete.

Morgenkost auf Märschen etc. Satz für dieselbe 15 bis 19, ohne Brod 10 bis 14 Pf., Offizier 50 Pf. (Wird jährlich festgesetzt.) S. Marschverpflegung.

Morillo, Graf v. Cartagena, spanischer General (1777—1837), kämpfte mit grosser Auszeichnung gegen die Franzosen in Spanien von 1809—13. 1815 führte er den Krieg in Südamerika, nahm Cartagena und focht mit wechselndem Erfolge bis zum Waffenstillstand 1820. 1830 trat er gegen Don Carlos erfolgreich ins Feld.

Moritz, Prinz zu Anhalt-Dessau, preussischer Feldmarschall (1712—60), war ein ausgezeichneter Unterführer, der durch seine tapferen Thaten bei Leuthen, Zorndorf und Hochkirch, wo er gefangen wurde, sich einen Namen gemacht hat.

M., Prinz von Oranien (1567—1625), Statthalter der Niederlande. Neben seinen Siegen und glücklichen Kämpfen ist er bekannt als Schöpfer der neuen beweglichen Kriegführung, an dessen System sich Gustav Adolph, später auch der grosse Kurfürst anlehnte. Auch bei den zahllosen Kämpfen um Festungen suchte er das offensive Element bei der Vertheidigung zu beleben.

M., der berühmte Marschall von Sachsen, in seinem viel bewegten, kriegerischen Leben, als nicht legitimer Sohn vergebens nach dem Throne seines Vaters (August des Starken) strebend, erwarb sich unvergänglichen Ruhm 1745 durch die Einnahme von Tournay, von Brüssel 1746, den glänzenden Offensivsieg bei Raucourt und den Feldzug 1747. Er war ein schöpferischer Geist und als militärische Autorität durchaus anerkannt. Seine hinterlassenen Schriften sind noch heute von spannendem Interesse. (S. Litt.)

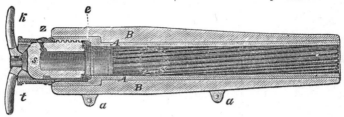

Deutscher langer 15 cm-Mörser.
A Stahlseelenrohr, B Mantelrohr (Hartbronze), a, a Lappen für Zahnbogen der Richtmaschine, e Einlagerung, s Kammerstück, k Kurbel, t Verschlussthür, z Zündloch.

Morozowicz, v., preussischer Generallieutenant (1821—82). Bekannt ist er als Chef der Landesaufnahme, wozu er 1875 ernannt wurde.

Mörser. Kurze Geschütze (Seelenlänge = 5 bis 10 Kaliber), die mit kleinen, wechselnden Ladungen unter grossen Erhöhungen feuern und daher eine stark gekrümmte, biegsame Flugbahn mit steilen Fallwinkeln ergeben. Sie sind vorzugsweise bestimmt, Ziele hinter Deckungen kampfunfähig zu machen und die letzteren selbst durch Geschosse mit grosser Sprengwirkung (Minengranaten) zu zerstören. Durch die weitgehende Ausbildung des Steilfeuers haben die M. in neuerer Zeit eine erheblich gesteigerte Bedeutung für den Festungs- und Küstenkrieg, sowie für den Kampf um vorbereitete Stellungen im Felde gewonnen. Die deutsche Feldartillerie ist mit langen 15- und mit 21 cm-M. ausgerüstet; die österr.-ungarische Festungs-Artillerie führt 9-, 15- und 21 cm-M., in anderen Artillerien sind Kaliber von 9—28 cm vertreten. Bild s. oben und Seite 483.

Morseschrift und Dienstzeichen. Für die Länge des Punktes als Einheit ist:
1. Ein Strich gleich drei Punkten;
2. Der Zwischenraum der einzelnen Zeichen eines Buchstabens gleich einem Punkt;
3. Der Zwischenraum zwischen je zwei Buchstaben gleich drei Punkten;
4. Der Zwischenraum zwischen je zwei Worten gleich fünf Punkten.

a .—
ä .—.—
b —...
c —.—.
ch ————
d —..
e .
é ..—..
f ..—.
g ——.
h ....
i ..
j .———
k —.—
l .—..
m ——
n —.
o ———
ö ———.
p .——.
q ——.—
r .—.
s ...
t —
u ..—
ü ..——
v ...—
w .——
x —..—
y —.——
z ——..

1 .————
2 ..———
3 ...——
4 ....—
5 .....
6 —....
7 ——...
8 ———..
9 ————.
0 —————

Abgekürzt: oder: .—

Bruchstrich —..—
Punkt .
Komma ,
Semikolon ;
Kolon ——...
Frage ?
Ausrufung !
Unterstreichung unt
Klammer kk (
Anführung af „
Bindestrich —
Apostroph '
Absatz al
Anruf

(ungebräuchlich)

Fertig	ft	.—.—
Dringend	dd	—..—..
Kommen	k	—.—
Bringen	br	—...
	(ungebräuchlich)	
Warten	as	.—...
Verstanden		...—.
Trennung		— — —
Schluss	ar	.—.—.
Quittung	rrr	.—.—..—
Irrung, Unterbrechung		....
Staats-Telegramm	s	......
Telegraphen-Dienst-(Amts-Telegramm a .—		

Zeit der Aufgabe:
Vormittags   m — —
Nachmittags s ...

Mortara bei Novara, 21./3. 1849, Sieg der Oesterreicher unter Erzherzog Albrecht und Wratislaw über die Piemontesen.

Mortes-Quures, (Les) Gefecht 11./1. 1871. S. Le Mans.

Mortier, Herzog von Treviso, Marschall von Frankreich (1768—1835), focht in allen Kriegen der Revolution und Napoleons, 1812—1814 führte er die junge Garde. (Er verlor sein Leben durch eine Höllenmaschine.)

Mosbach. Dort steht Bez.-Kom. Servisklasse 3.

Mosby, konföderirter Oberst in Amerika (1833 geboren), war einer der ausgezeichnetsten Parteigänger im Sezessionskriege, der mit 9 Mann seine Siege begann und mit einem wohl ausgerüsteten und gut disziplinirten Regimente das Ende des Krieges sah.

Mosellinie. Wenn auch Epinal, Belfort und Montbéliard besonders dargestellt sind, so ist die Darstellung der ganzen Befestigungs-Linie der Mosel im Zusammenhange zum Verständniss erforderlich und hier wieder gegeben. Die Lage der einzelnen Werke ist aus den besonderen 3 Artikeln zu ersehen. Plan s. nächste Seite.

Moskirch (Baden). Schlacht 5./5. 1800. Heftiger Kampf zwischen den Oesterreichern unter Kray und den Franzosen unter Moreau; er blieb unentschieden, wenngleich Kray sich nach der Donau zurückzog.

Motterouge, Josef, zeichnete sich 1854 und 1859 aus, ward 1870 als Kommandeur der Loire-Armee von General v. d. Tann bei Artenay und Orleans geschlagen und deshalb seines Kommandos enthoben.

Mouton, Georg (1770—1838), trug viel zum Siege von Eckmühl bei, erhielt für Aspern den Titel Graf von Lobau, organisirte nach 1812 gemeinsam mit Napoleon ein neues französisches Heer, befehligte bei Lützen und Bautzen das 6. Armee-Korps, gerieth bei Dresden in Gefangenschaft. Während der 100 Tage zum Pair ernannt, führte er bei Ligny und Waterloo das 6. Armee-Korps, ward abermals gefangen; 1831 Chef der Nationalgarde und Marschall.

Mouzon. (S. Beaumont.)

Moys. Gefecht 5./9. 1757, in dem General von Winterfeld tödtlich verwundet, seine Abtheilung von Nadasdy geworfen wurde.

Müffling, Freiherr von, preussischer Feldmarschall (1773—1851), machte den Rheinfeldzug mit, war 1806 in Blüchers Stabe, in dem er auch 1813/14 blieb. 1821—1829 war er Chef des grossen General-Stabes, dann kommandirender General des 7. Armee-Korps. Er ist Erfinder der bekannten „M.'s Manier" des Bergstrich-Zeichnens. Sie ist für die Bezeichnung flacher Hänge praktisch, kommt aber immer mehr ausser Gebrauch.

Mühlbauer, von, bayerischer General (1816 bis 1888), zeichnete sich 1866 bei Rossdorf und Kissingen aus. 1870/71 führte er das 5. bayerische Infanterie-Regiment rühmlichst bei Weissenburg, Wörth, Sedan und Paris. Er verlor 4 Söhne in dem Feldzuge.

Mühlhausen i/Th. Bez.-Kom. Servisklasse 2.

Mülhausen i/E. Dort stehen Stab der 58. Inf.-Brig., 4. Bad. Inf.-Regt. Prinz Wilhelm No. 112, St., 1., 3. u. 4. Bat. 7. Bad. Inf.-Regts. No. 142, 3. Bad. Drag.-Regt. Prinz Karl No. 22, Bez.-Kom., Prov.-Amt, Garn.-Verwaltung, Garn.-Laz. — Servis-Klasse A.

Mülheim a/Ruhr. Dort steht Bez.-Kom. — Servis-Klasse 2.

Mulden, künstliche, sind senkrecht oder schief zur Strassen-(Weg-)Axe angelegte, ausgepflasterte Rinnen, welche das Niederschlagswasser in die Seitengräben abführen, um Auswaschungen der Fahrbahn vorzubeugen.

Müller. Ludwig (1744—1804), berühmter Ingenieur, Fortifikateur und Militär-Schriftsteller aus der Zeit Friedrichs des Grossen.

Münchengrätz. Treffen 28./6. 1866. Hier schlugen die Oesterreicher ein Rückzugsgefecht gegen die andrückende Elbarmee, wobei die Stadt Münchengrätz nach zweimaliger Durchfurtung der Iser von der letzteren genommen wurde.

Plan s. Seite 487.

Mundlochfutter c/83. Metallröhre, die eine 4 cm hohe Salzsäule aus verdichtetem Kornpulver enthält, deren Brenndauer 2 Sekunden beträgt. Anwendung s. Zündladung.

Mündung. Vordere Oeffnung der Seele von Feuerwaffen. Eine Verstärkung des Mündungstheils der Rohre heisst Mundfriese oder Kopf. Zur Vermeidung von Beschädigungen wird die Kante, welche die Seelenwände mit der Mündungsfläche bilden, abgeschrägt oder abgerundet.

Mündungsdeckel. Schützt den Mündungstheil der Gewehre und Karabiner gegen Beschädigungen

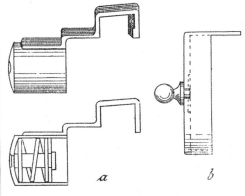

Mündungsdeckel.

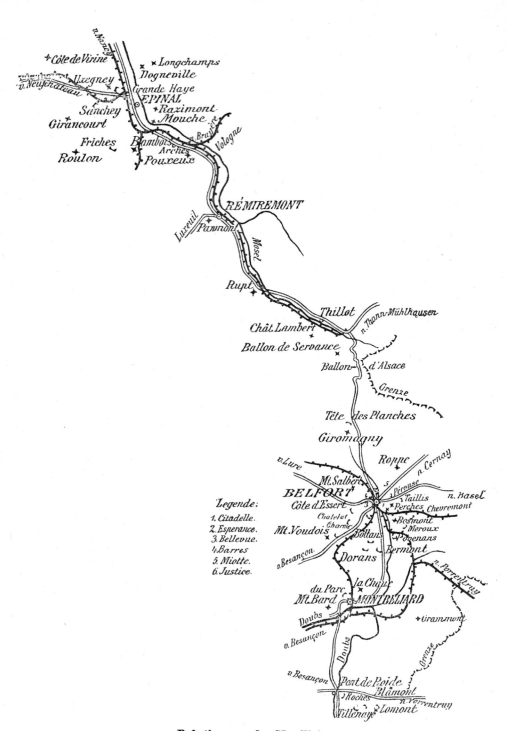

Befestigungen der Mosellinie.

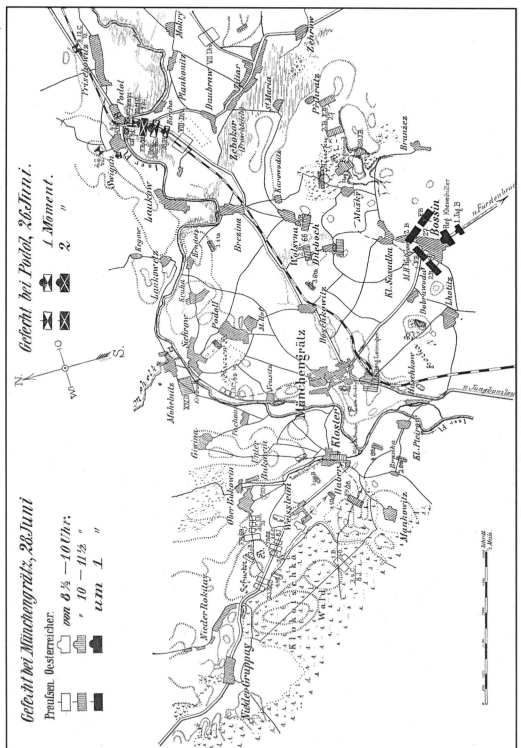

Plan zum Gefecht bei Münchengrätz am 28./6. 1866.

und das Laufinnere gegen das Eindringen von Fremdkörpern; dient beim deutschen Gewehr 88 auch zum Schutz des Kornes (Bild a): Walzenförmige Messingkappe (Mantel), auf die eine nach rückwärts vorstehende stufenförmige Eisenschiene aufgelöthet ist; letztere (Korngehäuse) umfasst das Korn und sichert im Verein mit der in der Kappe angebrachten Schraubenfeder nebst Platte und Bolzen den festen Sitz des M. auf dem Lauf. Die abweichende Form des M. für das Gewehr 91 (Fussartillerie) s. Bild b.

Mündungsfläche. S. Langes Feld.

Mündungsgeschwindigkeit. Siehe Anfangsgeschwindigkeit.

Mündungskappe. Aus Leder gefertigte, runde Kappe, welche beim deutschen Feldgeschütz mit dem Riemen der M. am Stirnriegel der Lafette befestigt ist und, über die Rohrmündung geschoben, zum Schutze der Seele gegen Witterungseinflüsse und Verschmutzen dient.

Munition. Die Gesammtheit der zum Gebrauch der Feuerwaffen erforderlichen Geschosse, Ladungen, Patronen, Kartuschen und Zündungen. Die zu Sprengarbeiten dienenden Sprengkörper bilden die Sprengungen.

Munitionsarbeiten. An Pulver- und Munitionsarbeiten haben Mannschaften der 2. Klasse des Soldatenstandes nicht Theil zu nehmen.

Munitionsausrüstung. S. Ausrüstung.

Munitions-Ersatz. Die dauernde Regelung des M.-E. liegt innerhalb des Armeekorps dem Kommandeur der Feldartillerie, bei selbstständigen Divisionen dem Feldartillerie-Regiments-Kommandeur ob. Anträge an Behörden und Truppen sind unmittelbar an die Genannten zu richten.

Die im Verbande des mobilen Armeekorps befindlichen Munitionskolonnen sind derart eingerichtet, dass sie den Bewegungen der Truppen stets folgen können.

Die Kolonnen des Feldmunitionsparks finden dagegen im engsten Anschluss an das Vorrücken der Etappenverbindungen den gleichen Schutz mit letzteren. In der Hauptsache auf Eisenbahnbeförderung angewiesen, sind sie durch Ausstattung mit einer Zahl von Gespannen befähigt, sich auch allmählich auf Landstrassen vorzuschieben, auf diese Weise zwischen dem Etappen-Hauptort und den Truppen Munitions-Zwischendepots zu bilden.

Die Hauptmunitionsdepots befanden sich weit rückwärts und der Regel nach ihren Standort nicht wechselnd, in vollständig gesicherter Lage. Sie schickten nach Bedarf die in Kisten verpackte Munition mit der Eisenbahn vorwärts bis zu dem Standpunkt der Kolonne des Feldmunitionsparks bezw. bis zu demjenigen Bahnhofe, von welchem aus die Abholung durch leere Fahrzeuge dieser Kolonne erfolgte.

1. M.-E. der Infanterie. Vor Eintritt in das Gefecht wird der Inhalt der Kompagnie-Patronenwagen (gegen 50 Schuss für den Mann) an die Truppe vertheilt und entweder aus der Munitionsreserve des Führers (Patronenwagen der noch nicht im Gefecht befindlichen Truppen) oder aus der ersten Staffel der Munitionskolonnen ersetzt, deren leere Wagen gegen gefüllte umgetauscht werden; die leeren Fahrzeuge der letzteren gehen zu den Feldmunitionsparks zurück.

Die im Gefecht befindlichen Truppen nehmen den Todten und Verwundeten die Patronen ab, und auf Befehl des Bataillons-Kommandeurs wird ihnen von Leuten der in Reserve befindlichen Kompagnien Munition zugetragen (2 Mann tragen den Inhalt eines Patronenkastens = 5 Packhülsen = 1125 Patronen); auch bringt jede neu in die Feuerlinie einrückende Truppe überschiessende Munition mit. Die Patronenwagen haben ohne Rücksicht auf Zugehörigkeit Munition zu leisten. Im Vertheidigungsgefecht werden Patronenkasten in der Feuerlinie bereit gestellt.

2. M.-E. der Feldartillerie. Jede Batterie hat 9 Munitionswagen. Der 1. bis 7. mit je 75 Shrapnelschuss, der 8. und 9. mit je 75 Sprenggranatschuss ausgerüstet. (Vergl. Ausrüstung mit Schiessbedarf. S. d. über Kartätschen.) Mit den 6 Geschützen sind normal die ersten 4 Munitionswagen, welche die I. Staffel bilden, zur Gefechtsbatterie vereinigt. Die übrigen 5 Munitionswagen gehören zur II. Staffel, die auf dem Marsche abtheilungsweise gesammelt an der Spitze der Artillerieverbände bezw. der Sicherungsabtheilungen folgt.

Für die ersten Schüsse wird die Munition den Protzen entnommen. Sobald zwei Munitionswagen der I. Staffel hinter den Geschützen aufgestellt, erfolgt der M.-E. aus diesen. Die Protzen sind indessen zur I. Staffel zurückgeführt, welch letztere, gegen Sicht und feindliches Feuer möglichst gedeckt, höchstens 200 m von der Batterie entfernt aufgestellt wird. Leere Munitionswagen der I. Staffel werden durch gefüllte der II. Staffel ersetzt. Diese fährt ebenfalls möglichst gedeckt so nahe der Feuerstellung auf, wie dies ohne Gefährdung des geordneten M.-E. zulässig ist, bei offenem Gelände nicht weiter als etwa 600 m.

Die Ergänzung der II. Staffel erfolgt aus den Artillerie-Munitionskolonnen, die der letzteren aus den Feldmunitionsparks.

3. M.-E. der Belagerungsartillerie. Die Höhe und Art der Munitionsausrüstung wird für jede Batterie täglich durch Artilleriebefehl bestimmt. Mit den Artillerie-Belagerungstrains werden Munitions-Fuhrparkkolonnen mobil, die einen 8- bis 14tägigen Munitionsbedarf für jedes Geschütz gleichzeitig mit diesen zu den Belagerungsparks schaffen. Dort wird die Munition in besonderen Munitionsparks vereinigt und fertiggestellt. Bei Besetzung der Batterien erfolgt auch die Ausrüstung derselben mit einem 2- bis 3 tägigen Munitionsbedarf. Jede Ablösung der Besetzung hat für den M.-E. Sorge zu tragen. Als Hülfsmittel dienen hierbei Munitionszwischendepots und Förderbahnen.

4. M.-E. der Festungsartillerie. Zu den Aufgaben der Armirung gehört die Fertigstellung der Munition. In den permanenten Werken wird die fertige Munition aus den Ladestellen, Munitionsmagazinen und Verbrauchsmagazinen durch Hebevorrichtungen auf den Wall geschafft und dort in der Nähe der Geschütze in Hohltraversen bezw. Munitionsnischen untergebracht. Für die in den Zwischen-Batterien aufgestellten Geschütze sind schon im Frieden Munitions-Haupt-, theilweise auch Zwischendepots angelegt. Diese werden bei der Armirung ergänzt

und durch Förderbahnen mit den Magazinen bezw. Batterien verbunden. Der M.-E. findet im Uebrigen in gleicher Weise wie bei der Belagerungsartillerie statt.

Munitionsverbrauch. Nach Oberst Spohrs eingehenden Untersuchungen (Militär-Wochenbl. No. 26 v. 94 und 10. Beih. v. 81) ist der M. durch die Hinterlader mit bedeutend gesteigerter ballistischer Leistung und Feuergeschwindigkeit im Grossen und Ganzen nicht vermehrt, sondern vermindert worden; auch nehme der relative M. mit der Ueberlegenheit der eigenen Waffe über die gegnerische, sowie mit der Schulung der Truppe und ihrer Manneszucht im Feuer bedeutend ab. Beispielsweise soll die nur 180000 Mann zählende Infanterie bei Leipzig ungefähr die gleiche Patronenzahl (12000000) verbraucht haben, wie die 12 preussischen Armeekorps und die Grossherzoglich hessische Division zusammen 1870/71. Andererseits wird der durchschnittliche M. eines Heeres während der ganzen Dauer eines Feldzuges von dem bei einzelnen Truppentheilen in den Brennpunkten des Kampfes eintretenden M. sehr oft bei weitem übertroffen werden; auch 1870/71 hat der M. in einem Gefecht den Taschenvorrath wiederholt erheblich überschritten. (Bei Beaune la Rolande, Westseite des Friedhofes, wurden über 200 Patronen für das Gewehr verbraucht.) Da nun ein — rechtzeitiger — Ausgleich zwischen verschiedenen Truppentheilen mit grösserem bezw. geringerem M. fast immer unmöglich ist, und da die Einführung der Mehrlader (bezw. der Schnellfeuerkanonen für Feldartillerie) den künftigen M. jedenfalls nicht vermindern wird, so ist es geboten, die Ausrüstung mit Schiessbedarf (s. d.) in den Taschen und Fahrzeugen schon von vornherein so reichlich zu bemessen, wie es die Gewichts- und Belastungsverhältnisse irgend gestatten und überdies für einen möglichst raschen, gesicherten und ausgiebigen Munitionsersatz (s. d.) auch in der vordersten Linie Sorge zu tragen.

Munitionswagen. Fahrzeuge der dem Feldheere zugetheilten Artillerieformationen (Feld-Artillerie, Fuss-Artillerie mit Bespannung, mobile Belagerungs-Batteriegruppen) zum Transport von Munition. Da sie den Geschützen auf das Gefechtsfeld folgen sollen, müssen sie denselben Ansprüchen auf Fahrbarkeit etc. entsprechen, wie diese. Es sind entweder zweirädrige Karren oder Fahrzeuge, die aus Protze und Hinterwagen bestehen. Bei einigen Feldartillerien (z. B. Frankreich) marschirt ein Theil der Geschützbedienung mit dem M. Die Munitionsausrüstung der M. der Feld-Artillerie s. unter Ausrüstung mit Schiessbedarf. (Die Abbildungen auf Seite 490 und 491 sind nach Schubert, Feld-Artillerie.)

Münnich, Graf, russischer General - Feldmarschall (1683—1767), ursprünglich in hessischen, von 1718 in russischen Diensten, nahm 1734 Danzig, bemächtigte sich 1736 der Krim, erstürmte im Kriege gegen die Türken 1757 Otschakoff, erfocht 1739 den grossen Sieg bei Stawutschane, wurde 1742 gestürzt und nach Sibirien verbannt, von wo er 1762 wieder zurückgerufen und in seine Würden eingesetzt wurde.

Münster. Dort stehen: Gen.-Kom. des VII. A.-K., Stäbe der 13. Div., der 25. Inf.-Brig., 13. Kav.-Brig., 7. Feldart.-Brig., Inf.-Regt. Herwarth v. Bittenfeld (1. Westf.) No. 13, Kür.-Regt. v. Driesen (Westf.) No. 4, Stab, 1., 3. und 4. Abth. 2. Westf. Feldart.-Regts. No. 22 (4. Abth. vorläufig im Lager, Uebungsplatz Wesel), Westf. Train-Bat. No. 7, Stab der 7. Gend.-Brig., Bez.-Kom. I Münster, Bez.-Kom. II Münster, Art.-Dep., Train-Dep., Prov.-Amt, Garn.-Verw., Garn.-Laz. — Servisklasse 1.

Münster, Truppen-Uebungsplatz. Dort stehen Komdtr. (s. Soltau), Garn.-Verw.

Münsterberg. Dort steht Bez.-Kom. — Servisklasse 4.

Murat, König von Neapel (1771—1815). Der bekannte tapfere Reitergeneral war von niederer Herkunft. Er begleitete Bonaparte nach Aegypten, sprengte den Rath der 500, erhielt die Hand der Schwester des Konsuls, zeichnete sich 1800 in Italien als Führer der Vorhut aus, nahm 1805 Werneck mit seinem Korps gefangen, zeichnete sich 1806 durch seine energische Verfolgung und 1812 im Kriege gegen Russland aus, obgleich er nach Neapel zu gehen wünschte, dessen König er 1808 geworden. Auch 1813 finden wir ihn bei Dresden und Leipzig wieder an der Spitze seiner Reiter, doch kehrte er darauf nach Italien zurück, spielte eine zweifelhafte politische Rolle, wurde bei einem Putschversuche ergriffen und in Pizzo erschossen.

Murawiew, russischer General (1793—1860), nahm an den Kämpfen in Klein-Asien und gegen Aegypten Theil, ist ausgezeichnet durch die Führung der kaukasischen Armee 1855 und den glänzenden Sturm auf Kars (s. d.).

Murfreesborough in Tennessee. 1./1. 1863 Schlacht, in der General Bragg mit den Konföderirten den Angriff der Unionisten unter Rosenkranz nach blutigem Kampfe abschlug.

Muriatisches Pulver. Von Berthollet 1788 erfundenes Schwarzpulver mit Zusatz von chlorsaurem Kali, wegen seiner hohen Gefährlichkeit und Offensivität als Schiessmittel unbrauchbar.

Mukhtar Pascha, Sohn des Sultan Abdul Aziz, war 1862 im Feldzuge gegen Montenegro Brigade-General, bekämpfte 1875 als General-Gouverneur den Aufstand in Bosnien und in der Herzegowina, führte 1877 das Ober-Kommando in Klein-Asien mit grosser Energie, vertrieb die Russen aus ganz Armenien, war dann Lehrer an der Militär-Schule Harbije-Mekteb, übersetzte auch einige Werke in's Türkische.

Musik-Inspicient s. Armee-Musik.

Muskau. Dort steht Bez.-Kom. — Servisklasse 4.

Musketiere wurden die mit Musketen bewaffneten Mannschaften im Gegensatz zu den mit Piken versehenen Pikenieren genannt. In *Deutschl.* heissen bekanntlich die Infanteristen, die nicht der Garde oder Grenadier-Regimentern oder den Füsilier-Bataillonen angehören, heute noch „Musketiere", ohne dass sich ihre Bewaffnung etc. von den übrigen Infanteristen unterscheidet.

Mustahfis, Landsturm der türkischen Armee.

Musterung. Die Landwehr-Bezirke sind in Hinsicht auf Ersatz noch in Aushebungs-Bezirke und letztere (wenn nöthig) in M.-Bezirke getheilt.

Munitionswagen

Oesterreich-Ungarn 9 cm c/75.

Deutschland, schwerer, c/73.

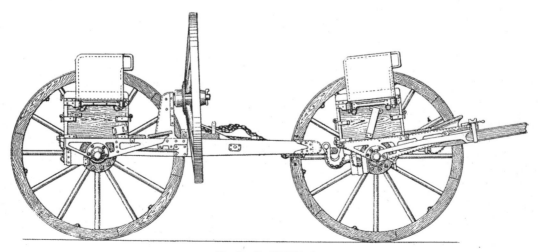

England, 12-Pfünder.

Munitionswagen

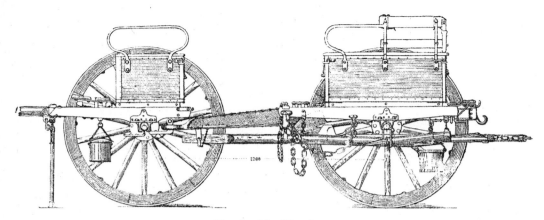

Frankreich, 90 m/m.

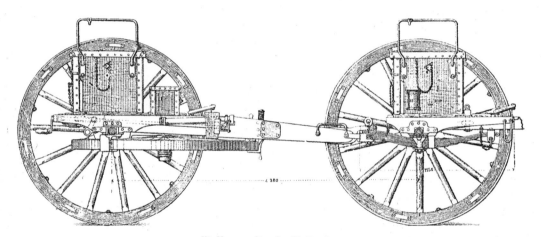

Italien, reitende Batterie.

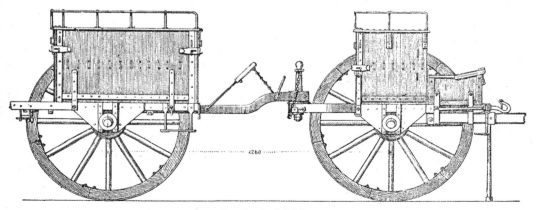

Russland, leichter.

Die M.-Orte sind so zu wählen, dass die zu Musternden nicht länger als einen Tag ihren Geschäften entzogen werden.

Ihre Festsetzung ist Sache der Ober-Ersatz-Kommission.

M.-Reise. Reiseplan, Berufung des M.-Personals, Beorderung der M.-pflichtigen. Sie bestimmt der Infanterie-Brigade-Kommandeur, darnach bestimmt der Bezirks-Kommandeur seinen Reiseplan. (M. an Sonn- und Feiertagen und an Wahltagen zu vermeiden.) Täglich nur 200 zu mustern. Reiseplan veröffentlicht.

M.-Personal ist Bezirks-Kommandeur, 1 Offizier, 1 Arzt und Schreiber etc., ferner Zivil-Vorsitzende, 4 bürgerliche Mitglieder der verstärkten Ersatz-Kommission, Gemeinde-Vorsteher, Führer der Stammrollen u. s. w.

Militärpflichtige werden durch Gemeinde-Vorsteher beordert.

M.-Geschäft. Die Militärpflichtigen werden einzeln gemustert, körperlich untersucht, ohne Stiefel etc. gemessen, nach bürgerlichen Verhältnissen gefragt; können sich freiwillig melden (s. freiwilliger Diensteintritt). Rangirung. Die Loosung (s. daselbst) beendet das M.-Geschäft.

Durch Krankheit an der M. verhindert, oder sonst abwesend gewesene Militärpflichtige, unsichere Personen u. s. w. werden auch ausserterminlich gemustert.

Während des Krieges werden stellvertretende Behörden mit der M. beauftragt, und wird das Aushebungs- mit dem M.-Geschäft vereinigt.

Musterungen, ökonomische, finden alle 2 Jahre bei jeder Truppe statt. Die Kommission besteht aus einem Brigade-Kommandeur und einem Intendantur-Beamten. Sie besichtigen das gesammte Friedens- und Kriegs-Material, einschliesslich Bekleidung, Kassen, Bücher u. s. w., um festzustellen, ob die Truppen den ihnen auf dem Gebiete des Bekleidungswesens gestellten Aufgaben nachkommen, ob die Bekleidungs- und Ausrüstungsstücke den Proben und Grössenmaassen entsprechen ob die Aufbewahrung aller Vorräthe eine sachgemässe und die schnelle Verausgabung im Mobilmachungsfalle gewährleistet ist, ob der gesammte Wirthschaftsbetrieb und die Verwaltung der Selbstbewirthschaftungs-Fonds den Bestimmungen entspricht und ob die Waffen, das Artilleriematerial und Feldgeräth vollzählig und kriegsbrauchbar ist. Zur Beurtheilung in letztgedachter Hinsicht treten der M.-Kommission bei den M. der Eisenbahntruppen, Pionier-Bataillonen und Train-Depots noch als Sachverständige ein Artillerie- oder Train-Offizier, technischer Beamter, ein Arzt oder der Korps-Stabsapotheker hinzu.

Mutkurow, bulgarischer General (1852—1891), steht als Organisator der bulgarischen Armee dort in dankbarem Andenken.

Mutter. Zugehöriger Theil aller Bolzen und Bewegungsschrauben, deren Spindelgewinde durch das M.-gewinde derart ergänzt wird, dass die drehende Bewegung des einen Theils stets eine gradlinig fortschreitende des anderen herbeiführt.

M.-V. Abkürzung für „Musterungs-Vorschrift". — 1891.

M.-W.-O. Abkürzung für die „Militär-Waisenhaus-Ordnung" (für Potsdam u. Schloss Pretzsch). — 1894. (Mittler-Berlin.)

N.

Nachdienen. Einjährig-Freiwillige müssen die Zeit eines Urlaubs von mehr als 14tägiger Dauer bei der Fahne bleiben. Ebenso muss von allen Mannschaften die Zeit von Freiheitsstrafen über 6 Wochen nachgedient werden.

Nachersatz. Bei Nachgestellungen wird auf die Ueberzähligen zurückgegriffen. Für Abgang an Mannschaften sämmtlicher Jahresklassen, der von der Einstellung bis zum 1. Februar entsteht, muss N. gestellt werden.

Nachhut wird neuerdings die Arrièregarde benannt.

Nachhutstellungen s. Stellungen.

Nachimow, russischer Admiral (1801—1855). war durch die Schlacht bei Sinope 30./11. 1853, in der er die türkische Flotte vernichtete, berühmt, ebenso durch die hingebende Tapferkeit, die er mit seinen Mariniers bei der Vertheidigung von Sebastopol bewies und bei der er fiel.

Nachkommandiren. Wenn die Stimme des Zugführers nicht genügt, die Feuerleitung durchzuführen, haben die Gruppenführer nachzukommandiren; doch darf dies nur in den nothwendigen Fällen geschehen, da sonst die Aufmerksamkeit leicht abgezogen bezw. abgestumpft werden kann.

Nachkommen — Deszendenten — s. Aszendenten, Hinterbliebene.

Nachlass der Verstorbenen in den Lazarethen wird dem Truppentheil oder, wenn der Verstorbene einem Truppentheil der Garnison nicht angehörte, dem Garnisonältesten bezw. Kommandanten zur Ueberlieferung an die Angehörigen ausgehändigt.

Nachlassgelder verstorbener Offiziere werden vorläufig in der Truppen- oder Lazarethkasse aufbewahrt. Von der Versiegelung sind ausgeschlossen die Dienstpapiere und Staatseigenthum, Bekleidung, Orden und Ehrenzeichen.

Nachod. Treffen 27./6. 1866. Das 5. preussische Korps war aus dem Passe bei Nachod herausgekommen. Die 9. Division griff die Oesterreicher an, wobei auch die Kavallerie attackirte. Der Kampf tobte um Wisokow und die Waldparzellen. Die 10. Division entschied das Treffen. Die Oesterreicher unter Feldzeugmeister Ramming gingen gegen Skalitz zurück.

Plan s. nächste Seite.

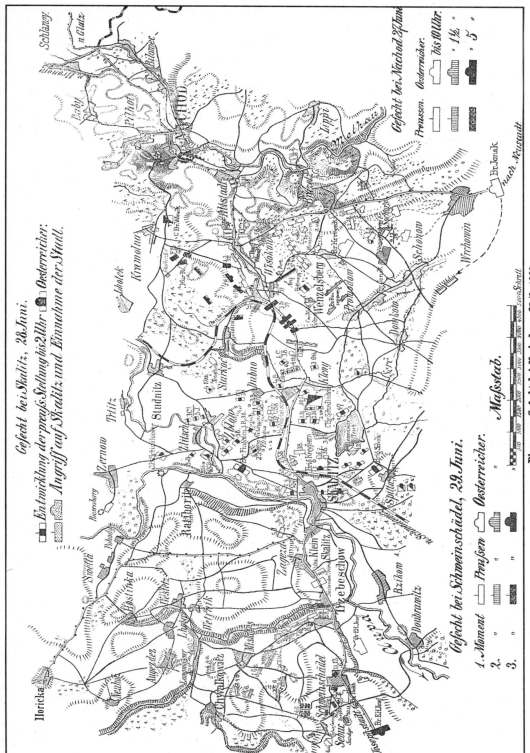

Plan zum Gefecht bei Nachod am 27./6. 1866.

Nachrichten und Meldewesen. Im Frieden Sache des Generalstabes. Gesandtschaften, Reisen der Offiziere, Studiren der fremden Presse sind Mittel. Nöthig: Kenntniss der feindlichen Armee, Bahnnetze, Mobilmachungspläne etc.

Im Kriege. Kombiniren der feindlichen Absichten. Kenntniss der Ordre de Bataille; der Quartiervertheilung, Stimmung und Zustand der Truppen. Gefangene.

Spione mit Vorsicht; am besten Leute, die aus moralischen Gründen sich zur Verfügung stellen. Briefliches zu vermeiden. Mehreren Spionen dieselbe Aufgabe stellen. Wichtige Nachrichten gut zu belohnen. Die sicherste Nachrichtenquelle ist die Kavallerie. Auch deren Berichte sind zu sichten und zu vergleichen.

Wichtige Nachricht eiligst melden, unter Umständen gleichzeitig an verschiedene hohe Kommandos.

Nachtgefechte werden bei den neueren Feuerwaffen hier und da befürwortet, besonders auch im Festungskriege. Sie können natürlich nicht grössere Manöver einschliessen, sondern nur kürzere Bewegungen erheischen; ferner ist es räthlich, bei etwaigen Irrungen nicht neue Wege einzuschlagen, sondern auf den Feind zu marschiren, wo man ihn trifft. Genaue Kenntniss der Gegend und Wege nöthig, die man möglichst bei Tage sich schon angesehen hat. Ferner ist zu empfehlen, das Gefecht so einzuleiten, dass die Ausnutzung desselben beim ersten schimmernden Tageslichte vor sich gehen kann. Bestimmtheit der Befehle und Bereithaltung von Reserven ist erforderlich, ebenso Bezeichnung der Aufstellung der Kommandeure durch Laternen u. s. w., damit die Meldungen sie finden können. Berühmt sind die Nachtgefechte von Podol (1866), der Strassenkampf in Villersexel (9. und 10./1. 1871), der Ueberfall des Dorfes Sevigny (Schlacht von Noisseville 1870), der Kampf auf dem rechten Flügel an der Lisaine (1871); ferner die Gefechte bei Brienne, le Rothière, Eloges (1814), bei Gitschin (1866), le Mans (bei la Tuilerie) (1871), Château Robert le Diable (1871), bei Laon (1814), 2. Armeekorps bei Gravelotte (1870), bei Hochkirch (1758), Tarulino (1812).

Um Festungen, die Wegnahme von Danjoutin und Kampf um Pérouse und die Perches (vor Belfort) (1870), die Kämpfe um Le Bourget, besonders aber der glänzende Sturm auf die Festung Kars (17. zum 18./11. 1877).

Nachtmärsche. Dieselben werden möglichst vermieden besonders bei jungen Truppen, weil einmal die Marschleistungen um die Hälfte geringer sind als die des Tages, das Schuhwerk leidet und die Truppen so marode werden, dass ihre Gefechtsthätigkeit sehr beeinträchtigt wird. Man sucht deshalb lieber die Tage auszunutzen.

Nachtrupp. Die Arrièregarde gliedert ihre Marschkolonnen in Haupttrupp und N. Die Fühlung mit dem Feinde hält die Kavallerie. Der N. ist nicht zu schwach zu bemessen. Besonders ist reitende Artillerie hier sehr am Platze.

Nachtübungen. Auf dieselben wird in neuerer Zeit in allen Armeen besonderes Gewicht gelegt.

Nádasdy, österreichischer Feldmarschall (1708 bis 1783). Sein Leben war eine Kette von Gefechten, sein Name ist berühmt geworden durch seine Leistungen im 7jährigen Kriege, indem er bei Kollin den Sieg entschied, das Gefecht bei Moys mit Erfolg durchführte und Schweidnitz einnahm; bei Leuthen deckte er den Rückzug.

Nadelbolzen. Bei dem grössten Theil der Geschosszünder wird die Entzündung durch den Zusammenstoss von Zündhütchen und Nadel hervorgerufen. Ist das Zündhütchen im Zünder festgestellt, so muss die Nadel derart beweglich sein, dass sie in Folge des Beharrungsvermögens bei dem Beginn oder der plötzlichen Unterbrechung der Geschossbewegung mit kräftigem Stoss das Zündhütchen anstieht. Um diesem Stoss grössere Kraft zu verleihen, verbindet man die Nadel meist mit einem schweren Bolzen (Schlagbolzen) zu einem N. S. Bild, a = Zündhütchen, b = Nadelbolzen.

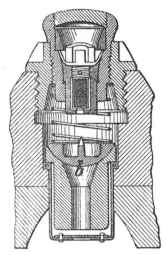

Italien. Aufschlagzünder c/78 nach dem Schuss.

Nahkampf ist der Kampf mit Nahwaffen (s. dort); es wird aber auch der Kampf der Feuerwaffen auf den kleinen Distanzen darunter verstanden.

Nahrungsmittel s. Kost und die einzelnen Artikel.

Nahwaffen. Gleichbedeutend mit blanken Waffen (Hieb-, Stichwaffen und Waffen für Hieb und Stich).

Namslau. Dort stehen 4. und 5. Esk. Drag.-Regts. König Friedrich III. (2. Schles.) No. 8, Prov.-Amt, Garn.-Laz. Servis-Kl. 4.

Namur s. Befestigungen Belgiens.

Nancy s. Maassbefestigungen Frankreichs. Die Stadt ist nicht befestigt, dagegen sind die Bahnlinien, die bei Frouard und Jarville sich abzweigen, durch zwei starke Sperrforts vertheidigt. Das erstere, Fort de Frouard, auf dem Plateau de Haye gelegen, beherrscht die beiden Thäler Mosel und Meurthe, sowie den Lay de St. Christophe, in dem die Angreifer anmarschiren müssten; seine starke Batterie beherrscht das Moselthal.

Plan s. Seite 495.

Sehr fest ist auch das zweite Fort de Pont-St.-Vincent, das am linken Moselufer auf den

Felsen der Barbes gegründet ist; es beherrscht Mosel- und Marne-Thal und ist mit zwei starken Batterien verstärkt, Plan s. nächste Seite.

Nangis. 17./2. 1814 Sieg Napoleons über die Russen.

Nansouty, Graf (1768–1815), französischer Divisions-General, that sich unter Napoleon so hervor, dass er 1813 die Garde-Kavallerie kommandirte. Sein Name glänzt in den Kämpfen um Leipzig, Hanau und Montmirail; er musste krankheitshalber 1814 den Dienst quittiren.

Napier, Sir, britischer General (1782—1853), war ein hervorragender Führer in Indien, wo er die Feldzüge von 1843—47 mit glücklichem Erfolge leitete. Zwei Brüder desselben zeichneten sich ebenfalls in der britischen Armee aus, ebenso ein Vetter in der Marine (Vize-Admiral). Am bekanntesten ist der Baron N. von Magdala

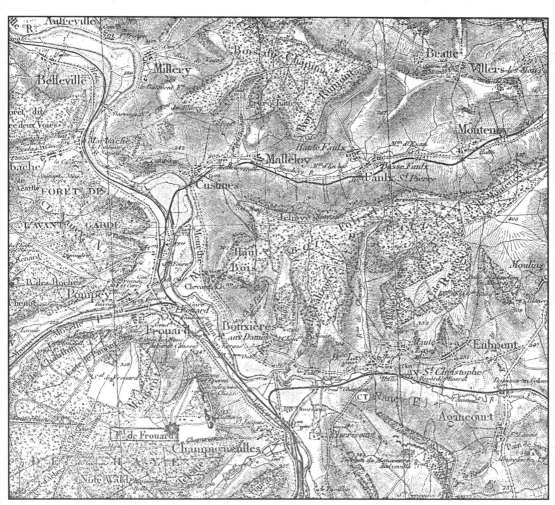

Befestigungen bei Nancy. Fort de Frouard.

und Caryngton (1820—1890), britischer Feldmarschall, der sich schon in Indien einen Namen machte und 1865 bereits Oberbefehlshaber der Bombay-Armee war. Sein berühmtester Zug ist der nach Abessinien, wo er im Beginn des Jahres 1868 landete, trotz der grössten Schwierigkeiten in Eilmärschen gegen die Hauptstadt des Kaisers Theodor nach Magdala ging, diese stürmte und den Krieg so energisch beendete (der Kaiser entleibte sich selbst).

Napoleon I., französischer Kaiser (15./8. 1769 bis 5./5. 1821). Erzogen in der Militär-Akademie zu Brienne, 1785 Lieutenant in der Artillerie. Er betheiligte sich an den Unruhen in Korsika, zeichnete sich 1793 vor Toulon aus; operirte als Brigade-General glücklich in Italien 1794, schlug 1795 energisch den Aufstand in Paris nieder, kämpfte 1797 glänzend in Italien, ebenso 1798—99 in Egypten, wurde, zurückgekehrt, nach Sturz des Direktoriums Erster Konsul von Frankreich, ging

1800—1801 siegreich in Italien vor. 1804 liess er sich zum Kaiser krönen, besiegte 1805 Oesterreichs und Russlands Heere, schlug 1806 und 1807 die preussisch-russischen Truppen und begann 1807 den Krieg mit Spanien. 1809 kämpfte er glücklich gegen Oesterreich. 1812 führte er den unglücklichen Zug nach Russland aus, wurde 1813—14 von den verbündeten Heeren (Preussen-Oesterreich-Russland) geschlagen, nach Elba verbannt, kam 1815 nach Frankreich zurück, wurde aber von den Heeren Englands und Preussens entschieden geschlagen, gefangen und nach der Insel St. Helena überführt, wo er 1821 starb.

N. III., französischer Kaiser (1808—1873). Er machte 1840 einen verunglückten Versuch, sich der Krone Frankreichs zu bemächtigen, wurde in Ham gefangen gehalten, entwich 1846 nach England, wurde 1848 zum Präsidenten der fran-

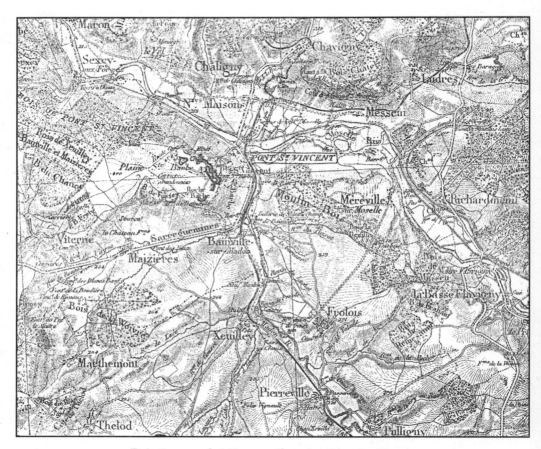

Befestigungen bei Nancy. Forts bei Pont St. Vincent.

zösischen Republik erklärt, machte sich 1852 zum Kaiser der Franzosen. Einen glücklichen Krieg führte er 1854—55 gegen Russland im Bunde mit England und der Türkei, liess seine Truppen sich 1856—60 in China, 1858 in Japan, 1858—62 in Anam, 1860—61 in Syrien Lorbeeren holen; führte 1859 den glücklichen Feldzug in Italien und 1861—64 den wenig glücklichen Krieg in Mexiko. 1870 von den deutschen Truppen in einigen Schlachten gänzlich geschlagen, wurde er bei Sedan gefangen und in Wilhelmshöhe bei Kassel internirt. Nach dem Kriege ging er nach England.

Narvaez, Herzog von Valencia, spanischer Marschall (1800—1868), stürzte Espartero, war beständig in politische Umtriebe verwickelt, bald exilirt, bald Minister.

Narwa. 30./11. 1700 Sieg Karls XII. über ein zehnfach überlegenes russisches Heer.

Naseby. Dort Schlacht 14./5. 1645, in der Cromwell die Royalisten vollständig schlug, besonders durch das Ungestüm seiner Reiterangriffe.

Nassau, Prinz von (1745—1808), durchstreifte die Wüsten Afrikas, befehligte 1782 in französischen Diensten eine der schwimmenden Batterien von Gibraltar, wurde spanischer General, dann russischer Vize-Admiral, als welcher er der türkischen Seemacht grossen Schaden zufügte.

Nassau-Siegen, Graf, Feldmarschall (1604 bis 1697), zeichnete sich in niederländischen Diensten

1632 bei Mastricht aus, eroberte einen grossen Theil Brasiliens und afrikanische Gebiete, trat dann in die Dienste des grossen Kurfürsten und wurde Statthalter von Cleve.

„Nationaldank", Stiftung für Veteranen, beim Kriegsministerium, giebt Unterstützung für ehemalige preussische Soldaten vom Feldwebel abwärts, und den Hinterbliebenen, die nicht Pension beziehen. Fortlaufende oder einmalige Beihilfe wird gegeben, den älteren Jahrgängen gebührt Vorzug, zunächst also Veteranen etc. von 1813/15 dann deren Wittwen und unverehelichten Töchtern, demnächst die Kriegstheilnehmer von 1848/49. Anträge an Landrath oder Polizeiverwaltung, oder direkt an die Unterstützungsabtheilung des Kriegsministeriums zu richten. Beizufügen die Militärpapiere, aus denen Theilnahme des Bittstellers u. s. w. an einem Feldzuge hervorgehen muss, Atteste über Würdigkeit und Bedürftigkeit.

Nationale sind Auszüge aus den Truppenstammrollen. Sie enthalten gewöhnlich Namen, Geburtstag und Ort, Stand, Religion, ob verheirathet, Diensteintritt und Truppentheil, Versetzungen, Beförderungen, Datum der Entlassung, Orden, Feldzüge, besondere militärische Ausbildung (Schiessklasse), Führung u. s. w.

Nationalgarde hiess seit der französischen Republik bis 1870 die Bürgerwehr Frankreichs.

Nationalliste. Die N. der Rekruten wird durch die Bezirkskommandos für jeden Truppentheil besonders — für die Garde waffenweis! — angefertigt und den Truppen vor dem Eintreffen der Rekruten übersandt. Sie enthält Namen, Geburts-Tag und -Ort, Wohnsitz, Religion, Stand, Grösse, Brustmass, Fehler, Ausscheidung der Ober-Ersatz-Kommission, Aushebungsbezirk etc., Tag des Eintritts in die Verpflegung etc.

Natrium, Alkalimetall, wird bei Bereitung der modernen brisanten Sprengmittel verwendet, welchen man kleine Mengen von Soda zufügt, um sie chemisch stabil zu machen.

Naturalleistungen im Frieden (Gesetz 21./6. 1887).

1. Vorspann.

Zur Vorspannleistung sind alle Pferdebesitzer verpflichtet, in erster Linie diejenigen heranzuziehen, welche aus dem Vermiethen ihrer Thiere und Wagen oder dem Betriebe des Fuhrwesens ein Gewerbe machen.

Befreit sind:
1. Mitglieder der regierenden Familien, bezüglich der für ihren Hofhalt bestimmten Wagen und Pferde,
2. die Gesandten und das Gesandtschaftspersonal fremder Mächte,
3. Staats- und Privatgestüte, sowie die Militärverwaltungen hinsichtlich ihrer Zuchtthiere und Remonten,
4. Offiziere, Beamte im Reichs-, Staats- oder Kommunaldienste, sowie Seelsorger, Aerzte und Thierärzte hinsichtlich der zur Ausübung ihres Dienstes oder Berufes nothwendigen Pferde,
5. die Posthalter hinsichtlich derjenigen Pferde, welche von ihnen zur Beförderung der Posten vertragsmässig gehalten werden müssen.

Die Stellung von Vorspann kann nur gefordert werden für die auf Märschen, in Lagern oder in Kantonnirungen befindlichen Theile der bewaffneten Macht und nur insoweit, als es nicht gelingt, den Bedarf rechtzeitig gegen einen Preis sicherzustellen, welcher den vom Bundesrath für den betreffenden Lieferungsverband festgestellten Vergütungssatz (s. No. 4) nicht übersteigt.

In der Regel soll der Vorspann nicht länger als einen Tag benutzt werden; nur in den dringendsten Fällen ist eine längere Benutzung zulässig.

2. Naturalverpflegung.

Zur Verabreichung der Naturalverpflegung ist der Quartiergeber verpflichtet. Dieselbe kann nur gefordert werden für die auf Märschen befindlichen Truppen. Der mit Verpflegung Einquartirte — sowohl der Offizier, Beamte als Soldat — hat sich mit der Kost des Quartiergebers zu begnügen.

Für Offiziere etc. darf die Verabreichung von Verpflegung auch in Kantonnirungen gefordert werden, bei Einquartirungen in Städten jedoch nur die Morgenkost.

In engen Quartieren nicht.

3. Fourage.

Zur Verabreichung von Fourage sind alle Besitzer von Fouragebeständen verpflichtet. Dieselbe kann nur gefordert werden auf Märschen. Wenn am Quartierorte Magazinverwaltungen etc. vorhanden sind, darf die Verabfolgung der Fourage nicht gefordert werden.

Sofern die Menge der von einem Besitzer aus seinen Beständen gelieferten Fourage den Bedarf für 25 Pferde übersteigt, kann derselbe nach seiner Wahl Bezahlung oder Rückgewähr in dem nächsten Militärmagazin beanspruchen.

4. Vergütung.

Bei Vorspann erfolgt sie tageweise nach festgesetzten Preisen. Dabei wird die Fahrt vom Wohnort bis zum Stellungsort hin und zurück dazu gerechnet; mindestens wird $1/2$ Tag berechnet. Ausserdem sind alle Beschädigungen zu ersetzen.

Für Verpflegung: Die Vergütung für Naturalverpflegung beträgt für Mann und Tag:

	mit Brot	ohne Brot
a) für die volle Tageskost	80 Pfg.	65 Pfg.
b) für die Mittagskost	40 „	35 „
c) für die Abendkost	25 „	20 „
d) für die Morgenkost	15 „	10 „

Wenn der Preis des Winterroggens nach dem Durchschnitte der November-Marktpreise in Berlin, München, Königsberg und Mannheim für 1000 kg mehr als 160 M. beträgt, so wird im folgenden Jahre für je 10 M. dieses Mehrbetrages die Vergütung der vollen Tageskost mit Brot um 5 Pfg. bis zum Satze von einer Mark erhöht und tritt entsprechende Erhöhung der übrigen Sätze ein.

Die zur Anwendung kommenden Vergütungssätze werden durch den Reichsanzeiger öffentlich bekannt gemacht.

Die Vergütung für die den Offizieren, Militärärzten im Offiziersrang und oberen Militärbeamten gewährte Naturalverpflegung beträgt:

für die volle Tageskost 2,50 M.,
für die Mittagskost allein 1,25 „
für die Abendkost allein 0.75 „
und für die Morgenkost allein 0,50 „
und wird den Quartiergebern durch Vermittelung der Gemeinden entrichtet. Dieselbe Vergütung wird entrichtet, wenn Offizieren etc. in engen Quartieren freiwillig Verpflegung gewährt und von ihnen angenommen wird.

Die Vergütung für verabreichte Fourage erfolgt mit einem Aufschlage von fünf vom Hundert nach dem Durchschnitt der höchsten Tagespreise.

5. Besondere Verpflichtungen der Besitzer von Grundstücken etc.

Wenn kultivirte Grundstücke zu Truppenübungen benutzt werden sollen, so sind die Ortsvorstände zu benachrichtigen, damit die zu schonenden Ländereien durch Warnungszeichen kenntlich gemacht werden.

Ausgeschlossen von jeder Benutzung bei Truppenübungen bleiben Gebäude, Wirthschafts- und Hofräume, Gärten, Parkanlagen, Holzschonungen, Dünen-Anpflanzungen, Hopfengärten und Weinberge, sowie Versuchsfelder.

Die Besitzer von Brunnen und Tränken sind verpflichtet, Truppen zur Mitbenutzung der Brunnen und Tränken zuzulassen, auch wenn zu diesem Zwecke Wirthschafts- und Hofräume betreten werden müssen.

Die Besitzer von Schmieden sind verpflichtet, marschirende, biwakirende und kantonirende Truppen zur Mitbenutzung der Schmieden gegen angemessene Vergütung zuzulassen.

Alle durch die Benutzung von Grundstücken zu Truppenübungen entstehenden Schäden werden aus Militärfonds vergütet Die Feststellung derselben, sowie der eintretenden Vergütungen erfolgt, sofern über den Betrag eine Einigung nicht stattfindet, endgültig unter Ausschluss des Rechtsweges auf Grund sachverständiger Schätzung.

Für Vorspann-Vergütung ist Deutschland in 4 Klassen eingetheilt, je nach der Höhe der ortsüblichen Preise und sind die Einzelheiten aus dem Naturalleistungsgesetz zu ersehen. Folgendes Verzeichniss giebt einen Ueberblick der Preise:

Klassen-Eintheilung der Vergütungssätze.

Klasse	Vergütungssätze für			Es entfallen also auf Wagen und Führer (Differenz von II u. III)
I	II ein mit einem Pferde bespanntes Fuhrwerk mit Führer	III jedes weitere Pferd	IV ein mit zwei Pferden bespanntes Fuhrwerk mit Führer (Summe von II u. III)	V
	ℳ	ℳ	ℳ	ℳ
1	10	6	16	4
2	9	5	14	4
3	8	4½	12½	3½
4	7	3½	10½	3½

Der in Kolonne V aufgeführte Satz wird zur Hälfte für den Wagen und zur anderen Hälfte für den Führer gerechnet.

Welchen Klassen die verschiedenen Lieferungsverbände (Kreise) zugetheilt worden sind, ist durch den Bundesrath bestimmt und durch Reichsanzeiger und Amtliches Verordnungsblatt veröffentlicht.

Natural-Verpflegung des Soldaten besteht in einer täglichen Brodportion; die übrigen Verpflegungs-Bedürfnisse werden aus seiner Löhnung und den Verpflegungs-Zuschüssen bestritten. S. Naturalleistungen, auch Kost, Marschverpflegung.

Naugard. Dort steht Bez.-Kom. — Servisklasse 3.

Naumburg a. S. Dort stehen 2. Bat. Magdb. Füs.-Regts. No. 36, Bez.-Kom., Garn.-Verw., Garn.-Laz. — Servisklasse 2.

Navarin. Seeschlacht 20./10. 1827. Dort wurden 55 Schiffe der türkisch-egyptischen Flotte von dem englisch-russisch-französischen Geschwader in Grund und Boden geschossen oder in die Luft gesprengt. Sie war der Beginn des griechischen Unabhängigkeitskrieges.

Nebenkosten wird diejenige Entschädigung genannt, welche Offizieren oder Beamten bei Dienstreisen für jeden Zu- und Abgang zur Eisenbahn oder Dampfschiff und zwar für Offiziere und obere Beamte mit je 3 M., für Militärpersonen der unteren Chargen mit je 1 M. gewährt wird. S. Reisegebühren.

Neerwinden. Schlacht 29./7. 1693. Hier wurde König Wilhelm III. von England mit einem verbündeten englisch-holländisch-spanisch-hannoverisch-brandenburgischen Heere von d$\frac{e}{n}$ Franzosen unter dem Marschall von Luxemburg empfindlich geschlagen.

Schlacht am 18./3. 1793. Hundert Jahre später schlugen die Oesterreicher unter Coburg die Franzosen unter Dumouriez hier sehr empfindlich. Nach wechselndem Glücke der sehr hitzigen und blutigen Kämpfe, an denen sich der junge Erzherzog Karl hervorragend betheiligte, wurde die französische Armee überwältigt und durch unaufhaltsames Nachdringen in den nächsten Tagen fast gänzlich aufgerieben. Hier erhielten Erzherzog Karl und der junge Artillerie-Oberlieutenant Smola (berühmt als Mathematiker) das Theresienkreuz.

Plan s. nächste Seite.

Nehrhoff v. Holderberg, sächsischer General der Infanterie (1808—1890), führte die 24. Division 1870/71 in Frankreich mit Auszeichnung bei St. Privat und Sedan, sowie bei Villers (vor Paris).

Neipperg, österreichischer Feldmarschall (1684 bis 1774), bekannt als Führer der österreichischen Armee in der Schlacht bei Mollwitz.

Neisse, preussische Festung mit grossem Inundations-Gebiete, wurde im Hussitenkriege erfolgreich vertheidigt, im 30 jährigen Kriege mehreremal erobert, 9./10. 1741 von Friedrich dem Grossen eingenommen, widerstand 1758 siegreich der österreichischen Belagerung, fiel 16./6. 1807 in französische Hände.

Dort stehen: Stäbe der 12. Inf.-Div., der 23. und 24. Inf.-Brig., 12. Kav.-Brig., Inf.-Regts. von Winterfeldt (2. Oberschl.) No. 23, Stab, 1., 2.

und 4. Bat. 4. Oberschl. Inf.-Regts. No. 63, Stab, 1., 3. und 4. Abth. Feldart.-Regts. von Clausewitz (Oberschl.) No. 21 (3. Abth. vorläufig in Neustadt in Oberschl., vom 1./10. 1894 ab vorläufig Ober-Glogau, Stab und 2. Bat. Fussart.-Regts. von Dieskau (Schles.) No. 6, Schles. Pionier-Bat. No. 6, Kriegsschule, Festg.-Gefäng., Bez.-Kom., Artil.-Dep., Fortif., Prov.-Amt, Garn.-Verw., Garn.-Laz. — Servisklasse 2.

Nelson, englischer Admiral (1758—1805), zeichnete sich schon als Führer einzelner Schiffe aus, verlor 1794 bei Calvi ein Auge, 1797 bei Santa Cruz den rechten Arm, vernichtete die französische Flotte 1798 bei Abukir, war die Seele des englisch-dänischen Krieges 1801 und fiel 21./10. 1805 in der Schlacht bei Trafalgar.

Neresheim (Württemberg). Schlacht 11./8. 1796 zwischen Erzherzog Karl und Moreau, die

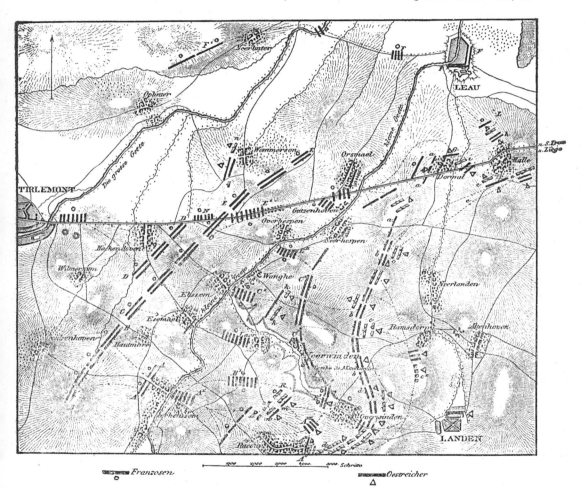

Plan zum Treffen bei Neerwinden am 18./3. 1793.

unentschieden blieb. Einstellung des Kampfes auf beiden Seiten wegen Mangels an Munition.

Nettelbeck, Joachim, Bürger von Kolberg (1738—1824), unterstützte den Grafen Gneisenau 1807 bei Vertheidigung jener Festung mit Rath und That, leitete die Wassermanöver und Feuerlöschanstalten, opferte sein Vermögen zur Erhaltung Kolbergs und erhielt nach dem Tilsiter Frieden die Admiralitätsuniform.

Netz (trigonometrisch), s. Landesaufnahme.

Neubreisach. Dort stehen Komdtr., 2. Bat. 7. Bad. Inf.-Regts. No. 142, Unteroffz.-Vorsch.,

2. Abth. 2. Bad. Feldart.-Regts. No. 30, 4. Komp. Bad. Fussart.-Regts. No. 14, Art.-Dep., Fortif., Prov.-Amt, Garn.-Verw., Garn.-Laz. — Servisklasse 4.

Neufchateau s. Maasbefestigungen Frankreichs.

Neufahrwasser s. Danzig.

Neu-Giorgiewsk s. Nowo-Giorgiewsk.

Neuhaldensleben. Dort steht Bez.-Kom. — Servisklasse 4.

Neuhaus. Dort stehen Komdtr. des Truppen-Uebungsplatzes Lenne, 1., 3. und 4. Eskd. 1. Westf. Hus.-Regts. No. 8., Garn.-Verw. — Servisklasse 3.

Neuhaus in Böhmen, 75. Inf.-Regt.

Neuhäusel in Ungarn, ehemals Festung, spielte in den Türkenkriegen und in den Kämpfen mit Bethlen Gábor und Rakoczy eine *bedeutende Rolle*.

Neumann, 1. von, preussischer Generallieutenant (1805—1881). Seiner 28jährigen Wirksamkeit bei der Artillerie-Prüfungs-Kommission verdankt die preussische und deutsche Artillerie zum Theil ihre Leistungsfähigkeit und ihre Erfolge in den Kriegen von 1864 und 1870/71.

2. von, preussischer Generalmajor (1737 bis 1807), hervorragend durch seine energische Vertheidigung von Kosel 1806—1807, obgleich er eine ganz unzuverlässige und schwache Besatzung kommandirte. Seine Nachkommen wurden durch den Namen Neumann-Kosel ausgezeichnet.

Neumarkt an der Sulz in Bayern, 23./8. 1796 Sieg Erzherzog Karl's über Bernadotte. N. an der Rott in Bayern, 24./4. 1809 Sieg der Oesterreicher unter Hiller über die Franzosen und Bayern.

Neumünster. Dort stehen 2. Bat. Inf.-Regt. Herzog von Holstein (Holstein) No. 85, reit. Abth. Schlew. Feldart.-Regt. No. 9 (vorläufig s. Itzehoe), Prov.-Amt, Garn.-Verw., Garn.-Laz. — Servisklasse 3.

Neupreussische Befestigung war bis 1870 in Anwendung. Statt des bisher üblichen Bastionär-Tracis zeigte sie gestreckte Linien mit Grabenflankirung aus der Mitte; durch Caponieren. Sie besass zahlreiche Hohlräume, ist aber durch die neuere Befestigungsart durch vorgeschobene Forts wieder überflügelt; wird modifizirt noch bei den Stadtumwallungen angewendet.

Einige Beispiele sind durch Zeichnungen auf Seite 501 in Erinnerung gebracht.

Neu-Ruppin s. Ruppin.

Neusalz a. O. Dort steht Bez.-Komm. Servisklasse 4.

Neuss. Dort steht Bez.-Komm. — Servisklasse 3.

Neustadt i. W.-Pr. Dort steht Bez.-Komm. — Servisklasse 4.

Neustadt i. Oberschlesien. Dort stehen 3. Abth. Feldart.-Regt. R. von Clausewitz (Oberschles.) No. 21 (vorläufig s. Neisse). Garn.-Laz. — Servisklasse 3.

Neustettin. Dort steht Bez.-Komm. Servisklasse 3.

Neustrelitz. Dort stehen 2. Bat. Grossherz. Mecklenb. Grd.-Regt. No. 89, 9. (Grossh. Mecklenb.) Battr. Holstein. Feldart.-Regt. No. 24, Bez.-Komm., Garn.-Laz. Servisklasse 2.

Neutomischl. Dort steht Bez.-Komm. Servisklasse 4.

Neutralität. Sie ist bei hinreichender Wehrkraft eine bewaffnete, bei ungenügender eine geduldete, bezw. durch Kontrakte gesicherte, die die Staaten so lange schützt, als diese Kontrakte gehalten werden. Die neutralen sind oft wirkungsreiche Puffer zwischen feindseligen Staaten, ebenso oft aber waren sie die Felder, auf denen die Armeen sich bewegten und schlugen.

Neutralitäts-Abzeichen ist das rothe Kreuz auf weissem Felde. Es wird getragen von dem gesammten Sanitätspersonal einschliesslich Geistlichen und von den freiwilligen Krankenpflegern, nicht aber von den Hülfs-Krankenträgern. Auch das Sanitätsmaterial und die dem Sanitätsdienst gewidmeten Gebäude werden damit versehen.

Neutralquartiere. Ist es nöthig, dass im Manöver die Ortschaften zwischen den beiderseitigen Vorposten belegt werden müssen, so werden dieselben für neutral erklärt.

Neuwied. Dort steht Bez.-Komm. — Servisklasse 3.

New-Orleans. Am 24./4. 1862 erzwang Admiral Farragut im Sezessionskriege die Einfahrt in den Mississippi, indem er zwischen den feindlichen Forts hindurchsegelte und, alle Hindernisse überwindend, in N.-O. landete.

Ney, Herzog von Elchingen, Fürst von der Moskwa, Marschall von Frankreich (1769—1815), geringer Leute Kind, erregte durch seine ausserordentlichen militärischen Talente die Aufmerksamkeit Napoleons, kommandirte 1805—1807 das 6., 1812 und 1813 das 3. Korps, mit welchem er sich an der Moskwa, besonders aber auf dem Rückzuge unvergänglichen Ruhm erwarb. Bei Dennewitz wurde er aber geschlagen, bei Leipzig verwundet, 1814 wieder an die Spitze grösserer Truppen gestellt. Er schloss sich nach Napoleons Verbannung nach Elba den Bourbons an, ging aber 1815 mit deren Truppen zu Napoleon über, siegte bei Quatrebras, kämpfte mit bekannter Hingebung bei Waterloo, wurde dann als Hochverräther erschossen.

Nickel. Fast silberweisses, glänzendes Metall (Ni) von 8,9 Dichte, schmiedbar, schwer schmelzbar, magnetempfindlich, wird in der Waffentechnik zur Fertigung von Geschossmänteln (Kupfernickel), zum Vernickeln von Eisentheilen, zur Veredelung des Stahls (s. Nickelstahl) u. a. m. verwendet. Der Preis des N. ist seit 1874 von 36 auf 4 M. für das kg gesunken. Gegenwärtig werden in Neucaledonien und Kanada zusammen gegen 10 Millionen kg jährlich gewonnen.

Nickelstahl. Legirung aus Stahl und Nickel, wird neuerdings vielfach zu Geschützrohren, Gewehrläufen und Panzerplatten verwendet. Besitzt hervorragende physikalische Eigenschaften. Amerikanische Geschützrohre aus N von den Bethlehem-Eisenwerken zeigten gegenüber gewöhnlichem Kanonenstahl einen Zuwachs von 10% an Festigkeit und eine um 22—28% höhere Elastizitätsgrenze. Quadrat. Stäbe aus Nickeleisen von 5×5 cm Querschnitt, auf 0,5 m freiliegend, bedurften nahezu die doppelte Belastung wie nickelfreies Eisen, um eine bleibende Durchbiegung hervorzubringen (8652 gegen 4648 kg) (Versuche von Moulan in Seraing). N. mit 0,3% Kohlenstoff und 15% Nickel ergab 150 kg Festigkeit auf 1 qmm, die durch Härten in Oel auf 195 kg (Elektrizitätsgrenze = 117 kg) stieg, während Streckung und Zusammenziehung naturgemäss rasch abnahmen. Ebenso verhielt sich Nickeleisen mit 2,5% Nickel und 0,25—2,5% Chrom; der höchste Festigkeitswerth betrug 180 kg (Versuche von Cholat und Harmet in St. Étienne.

Nicolai (Nicolajevitsch), Grossfürst, russischer Feldmarschall (1831—1891). Sohn Nicolaus I. Grosse Verdienste um die Organisation der russischen Armee, besonders der Kavallerie. War 1877/78 nicht besonders glücklicher Oberführer der russischen Truppen in der Türkei.

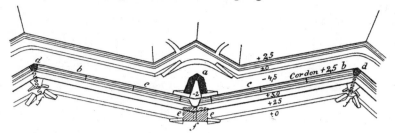

Fig. 1.

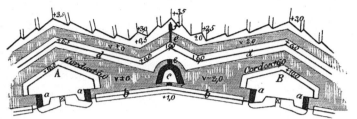

Fig. 2.

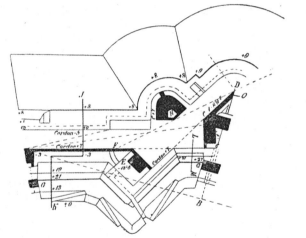

Fig. 3.

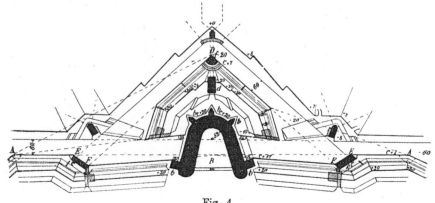

Fig. 4.
Neupreussische Befestigungen.

Niederlande, Armee. Im Frieden. Die Armee ist nach den drei Vertheidigungsstellen (s. Befestigungen) in 3 Militärabtheilungen formirt:

Abth.	Komp.	Eskdr.	(Depot)	Batt.	reitende Batt.	Fest.-Komp.
1.	60	15	5	18	—	40
2.	60	—	—	—	2	4
3.	60	—	—	—	—	—
Sa.	180	15	5	18	2	44

Dazu 12 Kompagnien technischer Truppen.
Friedensstärke: 1583 Offiziere, 61375 Mannschaften, 120 Geschütze. Dazu die Schütterei: 2180 Offiziere, 138070 Mannschaften. Summa 3763 Offiziere, 199445 Mannschaften, 120 Geschütze.
Im Kriege wird 1. eine Feldarmee aus 3 Divisionen gebildet, die zusammen stark sind: 144 Kompagnien, 15 Eskadronen, 18 Batterien, 2 reitende Batterien und 3 Pionier-Kompagnien.
2. Besatzungstruppen: 9 Batterien, 44 Kompagnien Fuss-Artillerie, 2 Torpedo-Korps und 4 Genie-Korps.
1. Feldtruppen sind stark an Kombattanten: 696 Offiziere, 34876 Mannschaften, 120 Geschütze.
2. Besatzungstruppen: 360 Offiziere, 16734 Mannschaften.

Niederländische Befestigungsmanier war den Eigenthümlichkeiten des Landes angepasst. Erdwälle, nasse Graben, bastionirter Grundriss.

Niederländisches Gewehr m/93. System von Mannlicher, 6.5 mm Kaliber, Dolchbajonett, hölzerner Handschutz, konzentrische rechts gewundene Züge, Quadrantenvisir, Kolbenverschluss mit Drehbewegung und zwei senkrechten Stützwarzen. Kastenmagazin im Mittelschaft, wird durch Einführen des 5 Patronen enthaltenden Patronenrahmens in den Kasten gefüllt. Die Patrone ist mit vorstehendem Rand am Hülsenboden für den Auszieher versehen, mit rauchschwachem Troisdorfer Pulver geladen, Geschoss mit Hartbleikern und Mantel aus vernickeltem Stahlblech. Die Geschossgeschwindigkeit beträgt an der Mündung 730 m, 25 m vor derselben 700 m. Feuergeschwindigkeit: als Einzellader 18, als Mehrlader 26 gezielte Schüsse in der Minute, mechanische Schnellfeuerleistung 40—43 Schuss in der Minute. S. auch Gewehr.

Niel, Marschall von Frankreich (1802—1869), ist der berühmte Belagerer von Sebastopolis, der auch ein hervorragendes Werk über die Kämpfe geschrieben hat. Im Kriege 1859 in Italien führte er das 4. Korps, mit dem er bei Magenta und Solferino sich hohen Ruhm erwarb. 1866 wurde er Kriegsminister und starb als solcher 1869.

Nienburg a/W. Dort steht Bez.-Kom. — Servisklasse 3.

Niet. Metallstift, in der Regel walzenförmig, zur Verbindung von Lafettentheilen u. a. (s. Bild a und b). Besteht aus Setzkopf a, Schaft b und Schliesskopf c. Der Setzkopf wird schon beim Schmieden oder Pressen des N. mit hergestellt, der Schliesskopf erst mittelst Kopfgesenk oder Nietmaschine an den Schaft angestaucht, nachdem dieser durch das Nietloch in den zu verbindenden Theilen hindurchgesteckt ist. Man unterscheidet halbrunde (a), flache und versenkte Nietköpfe. Bei allen stärkeren N. (über 8 mm) wird der Schliesskopf warm angestaucht. Im Gegensatz zu den Bolzen werden N. angewendet, wenn eine häufige Trennung der verbundenen Theile ausgeschlossen ist.

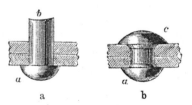

Nikolaus I., Kaiser von Russland (1796 bis 1855), reformirte die Armee und Flotte.

Nikopolis, türkische Festung an der Donau, im 14., 15. und 16. Jahrhundert von Kreuzfahrern, Ungarn und Türken viel umstritten, 1810 von den Russen genommen, die 1829 hier die türkische Donauflotille zerstörten; 15./7. 1877 vom russischen General Krüdener erstürmt.

Niksic, türkische Festung und Stützpunkt der Operationen gegen Montenegro, hatte 1875 bis 1877 in den Kämpfen der Türken gegen Herzegoviner und Montenegriner grosse Bedeutung.

Nisam, Linientruppen der türkischen Armee.

Nisch. Schlacht am 24./9. 1689, in der der Seraskier Arat Pascha durch Markgraf Ludwig von Baden total geschlagen und sein Heer fast vernichtet wurde. (Die Türken sollen 10000, die Kaiserlichen 400 Mann verloren haben.)

Nisib. Schlacht 24./6. 1839, in der die Türken unter Hafis Pascha von den Aegyptern unter Ibrahim-Pascha total geschlagen wurden. Die Schlacht ist dadurch bekannt, dass Hauptmann von Moltke dem türkischen Hauptquartier attachirt war.

Nistkasten für Brieftauben sind praktisch so einzurichten: Die Dächer sind schräg zu halten, damit die Tauben sich nicht daraufsetzen und sie verunreinigen können. Die Kasten sind 50 cm tief, 60 cm hoch und haben 180 cm Länge. Die Einflugthüre hat 20 cm im Gevierte.

Nitrate. Salpetersaure Salze durch Einwirkung der Salpetersäure auf Metalloxyde entstanden; häufig wird indes auch die Nitrocellulose (s. d.) als Nitrat im Gegensatz zur Nitroverbindung bezeichnet.

Nitrobenzol. Mit Salpetersäure behandeltes Benzol, höhere Nitrirungsstufe: Dinitrobenzol. (S. Hellhoffit.)

Nitrocellulose. Grundstoff der meisten rauchschwachen Pulver und einiger detonirender (brisanter) Sprengstoffe. Wird durch Behandlung von Pflanzenzellstoff (Baumwolle) = $C_6H_{10}O_5$ mit einem Gemisch aus konzentrirter Salpetersäure (HNO_3) und Schwefelsäure dargestellt. Der grössere oder geringere Gehalt von Stickstoff (N), den die Baumwolle hierbei aufnimmt, ist massgebend für die Kraftäusserung bei der Zersetzung der N. Nach dem N.-Gehalt unterscheidet man 3 Nitrirungsstufen und Unterarten der N.: Tri-, Di- und Monon. Die Trin. bezeichnet man als Schiesswolle (s. d.), die nächstschwächere

Din. als Kollodiumwolle. Im allgemeinen enthält erstere mehr, letztere weniger als 12,5% Stickstoff. Der höchste, chemisch überhaupt mögliche N.-Gehalt der Trin. beträgt 14,14 %.

Nitroglycerin. S. Sprengöl.

Nitromennit. Knallsatz, entsteht durch Nitriren (Behandeln mit Salpetersäure) des Mannazuckers ($C_6H_{12}O_6$). N. = $C_6H_8(NO_2)_6O_6$.

Nitroxylin aus nitrirtem Holz, salpeter- oder auch chlorsauren Salzen in Marchegg bei Wien von Volkmann erzeugter Sprengstoff, ähnlich dem Schulze'schen Schiesspulver.

Niveau ist die Lage eines Punktes in Bezug auf die Höhe desselben (über dem Meeresspiegel). Auf gleichem N. stehen also Punkte, die gleich weit über dem Meeresspiegel liegen.

Niveau-Linien sind diejenigen Linien, die entstehen würden, wenn alle gleichhoch in einem Gelände liegenden Punkte verbunden würden, bezw. Linien, die Wasserstände von bestimmter Höhe als Uferränder abzeichnen würden.

Die Original-Aufnahmen werden neuerdings durch N. vervollständigt, aus dem man mit einiger Uebung die Form des Geländes genau erkennen kann. Die genaueren Bestimmungen der Böschungen erkennt man aus den Böschungsmassstäben. Preussen nimmt die Normalschichthöhe für die Niveau-Linien, ausser für Gebirge (20 m), auf 5 m Höhe an, so dass also alle Terrainschichten als von 5 zu 5 m Höhe durchschnitten gedacht und mit N. versehen werden. Die Art der Feststellung derselben s. Landesaufnahme.

Nivelliren. Mit Setzwaage, einer geraden Latte und einem Meterstabe. Man setzt die Latte

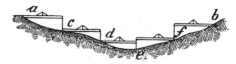

Nivelliren mittelst Setzwaage und Setzplatte.

wagerecht (mit Waage) und liest die Höhen ab, notirend, wenn man von c nach b messen will:

```
Punkt c —  65 cm
  „   d —  40  „
  „   e —  25  „
  „   f      + 26 cm
  „   b      + 51  „
           ─────────
           — 130 + 80 cm
```

Also liegt Punkt c — 60 cm, also 60 cm unter a.

Denkt man sich statt der Latte eine Kanalwaage, Quecksilberwaage (s. dort) oder Nivellirfernrohr (s. dort), so muss man vorwärts und rückwärts die Höhen ablesen von Maassstäben mit Quertafel oder wenn man diese nicht hat, mit daran gehaltenen hellen Gegenständen (Papier etc.).

Man macht sich folgende Tabelle:

Station	Visirhöhe		Steigen	Fallen	Summa		Bemerkungen
	rückwärts	vorwärts			Steigen	Fallen	
I	1,80	2,30		0,50		0,50	
II	1,50	1,70		0,20		0,70	
III	3,20	1,20	2,00		1,30		
Summa	6,50	5,20	2,00	0,70	**1,30**		

Die Steigung beträgt im Ganzen 1,30 m, was man an den übrigen Summen kontrolliren kann.

Nivellirfernrohr wird durch Libelle c gestellt, die durch Schraube g von Zeit zu Zeit korrigirt wird (durch Mechaniker), a b ist Fernrohr, Schraube d zur Vertikal-, e zur Horizontal-Bewegung, f Stellschrauben.

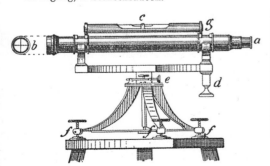

Nivellirfernrohr.

Nizza ist seit 1871 ein grosses befestigtes Lager oder vielmehr ein befestigter Bezirk geworden. Nicht nur die von Breil herankommende Alpenstrasse ist durch das Panzerfort Barbonnet (s. d.) gesperrt, sondern auch die aus dem Innern Frankreichs herabkommenden Chausseen sind durch die grossen Werke Mont Chauve d'Aspermont und Mont Chauve de Colomas vertheidigt. Die grosse Strasse an der Riviera ist sogar durch eine ganze Kette von Batterien, des Feuillerins, de la Drette, die Forts de la Revère und de la Tête de chien, völlig versperrt. Die Stadt selbst wird von der Landseite durch die Batterien bei Ville Franche, der Hafen von den Batterien du Mont Bacon und du Cap Ferrat geschätzt. Auch sollen noch Werke bei Rimiés und Brec angelegt werden, um die unteren Thalausgänge ganz unzugänglich zu machen.

Den ganzen Befestigungsbezirk nennen die Franzosen häufig „Lignes de l'Aution". Plan s. nächste Seite.

Nobels Sprengpulver. Schwarzpulver mit Sprengöl (Nitroglycerin).

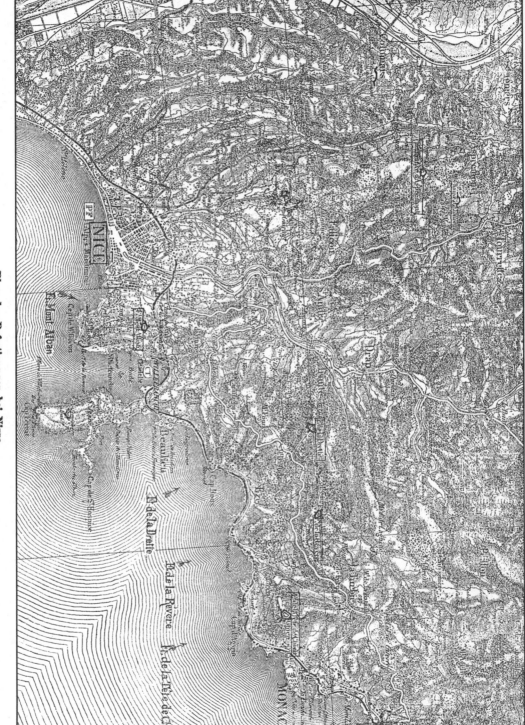

Plan der Befestigungen bei Nizza.

Nobelsche Dynamite (No. 2, 3 und 4). Kieselguhr-D. mit salpetrisirtem Holzmehl. No. 2 mit dem kleinsten Holzmehl und dem grössten Nitroglyceringehalt ist am kräftigsten, No. 4 am schwächsten.

Noisseville. Schlacht am 31./8. und 1./9. 1870.

Bazaine suchte, um dem herbeimarschirenden Mac Mahon die Hand zu reichen, den Ring, den die Armee des Prinzen Friedrich Karl um Metz geschlossen hatte, zu sprengen. Er führte seine Armee auf das rechte Moselufer und eröffnete

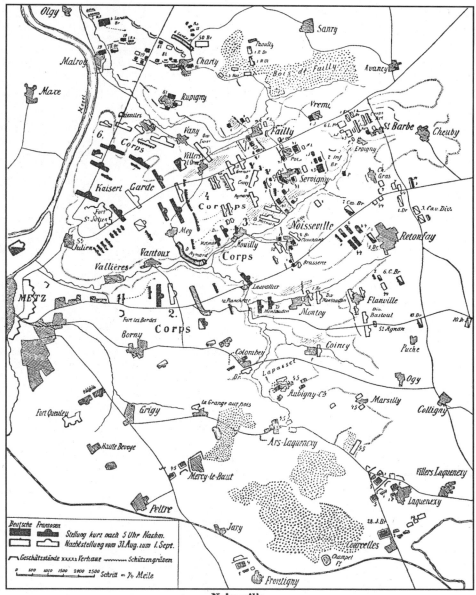

Noisseville.

den Kampf, der sich von Colombey bis Joilly ausdehnte und gewann bis zur Nacht die Orte Servigny, Noisseville, Coincy und Aubigny. Am nächsten Tage warf Manteuffel, der mit dem 1. Armeekorps den Vorstoss aufgehalten hatte, mit Unterstützung des Nachbarkorps die Franzosen wieder in die Festung hinein. Es kämpften 40000 Deutsche gegen 120000 Franzosen.

Nollendorf, 29. und 30./8. 1813 Gefecht, bildete einen Theil der Schlacht bei Kulm. Nach diesem erhielt der preussische General von Kleist den Zunamen von N.

Nonius. Hilfsskala an Quadranten, Richtbogen und Maassstäben zum Ablesen kleinerer Zwischenstufen, als die Theilung selbst angiebt. Beispielshalber hat der N. des deutschen Libellenquadranten c/82 (s. d.) 32 Theile, welche zusammen die gleiche Bogenlänge einnehmen wie 31 Grade der Gradtheilung, so dass halbe Sechszehntelgrade abgelesen werden können. In nachstehender Figur sind N. für gebräuchliche Maassstäbe abgebildet: 9 Theile des Maassstabes entsprechen 10 Theilen des N., daher zeigt N. $^1/_{10}$. Ferner 11 Kreisbogengrade beim N. in 12 Theile, zeigt also $^1/_{12}$ Grad = 5 Minuten.

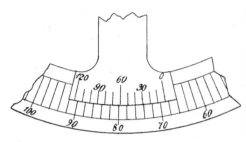

Gradbogen (Limbus) mit Nonius.

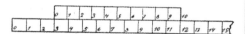

Maassstab mit Nonius.

Nordamerikanisches Gewehr m/92 des Landheeres. System Krag-Jörgensen (verbessert), 7,62 mm Kaliber; Kolbenverschluss mit Drehbewegung; Mehrladevorrichtung: wagerechter Kasten im Mittelschaft mit seitlicher, sich nach unten öffnender Thür; wird durch Entleeren des Patronenbehälters oder mit einzelnen Patronen gefüllt, nimmt 5 Schuss auf. Die Patrone ist mit vorstehendem Rand am Hülsenboden für den Auszieher versehen und mit rauchschwachem Schiesswoll-Blättchenpulver geladen; Geschoss mit Hartbleikern und Mantel aus Nickelstahlblech. Geschossgeschwindigkeit an der Mündung: 610 m, 25 m vor derselben: 592 m. S. a. Gewehr und Mehrlader.

Nordamerikanisches Gewehr m/95 der Flotte. 5,94 mm Kaliber, Dolchbajonett. Die Versuchskommission hat von den für Schloss, Verschluss und Magazin vorgelegten vier Mustern die Lee-Konstruktion mit einigen Aenderungen zur Annahme empfohlen, jedes Nitroglycerinpulver abgelehnt und den Nickelstahllauf angenommen. Geschossgeschwindigkeit an der Mündung: 770 m, 25 m vor derselben: 748 m; Feuergeschwindigkeit: 5 gezielte Schuss in 3 Sekunden. S. a. Gewehr.

Nordenfelts excentrischer Schrauben-Verschluss s. Schraubenverschluss.

Nördlingen. Schlacht am 6./9. 1634, verloren von Bernhard von Weimar und Horn gegen König Ferdinand. Die Verbündeten kämpften ohne gemeinsamen Plan.

Normalformation. In der N. sind die Truppen, wenn die einzelnen Kadres vom rechten zum linken Flügel nach ihrer Nummer geordnet sind.

Normalkrankenzahl der Lazarethe beträgt 3,5—4 $^0/_0$ der etatsmässigen Garnison-Kopfstärke.

Normal-Marschordnung. Die Reglements setzen diese für alle Truppen- und Heereskörper, sowie für den Train fest. In der Anwendung wird die N.-M. durch Verhältnisse mannigfachster Art Aenderungen erfahren.

Normalpulver. Pulver, welches den ballistischen und sonstigen Anforderungen in besonders hohem Maasse entspricht und daher bei der Prüfung des neu gefertigten oder längere Zeit gelagerten Pulvers der gleichen Gattung als Vergleichsmaassstab dient.

Northon'scher Brunnen, anwendbar, wenn Tiefe der Wasserschichte 9 m nicht übersteigt. Bei 6 m tiefer Schicht in etwa 2 Stunden hergestellt. Bei reichhaltiger Wasserschicht 17—20 Hektoliter trinkbares Wasser per Stunde.

Norwegen. Armee. Im Frieden. Die Organisation ist unzulänglich. Man rechnet selbst bei erhöhten Einziehungen die Friedensstärke nur auf 12000 Mann.

Für den Krieg (nach den Jahresberichten) stellt es auf: Linie 25000 Köpfe, Landwehr 24000, Landsturm 23000. Für den Offensivkrieg ist nur auf die Linie mit etwa 25000 Mann (schwaches Armee-Korps) zu rechnen.

Norwegisches Gewehr m/93. System Krag-Jörgensen; 6,5 mm Kaliber; Dolchbajonett; Kolbenverschluss mit Drehbewegung und 2 senkrechten Stützwarzen; Mehrladevorrichtung: wagerechter Kasten im Mittelschaft mit seitlicher, sich nach unten öffnender Thür im Mittelschaft; wird durch Entleeren des 5 Patronen enthaltenden Patronenbehälters oder mit einzelnen Patronen gefüllt. Ladung: Schiesswoll-Blättchenpulver, Geschossgeschwindigkeit an der Mündung: 730 m, 25 m vor derselben: 700 m. S. a. u. Gewehr und Mehrlader.

Nostitz, Graf, preussischer General der Kavallerie (1780-1866), hat sich durch die Rettung Blüchers bei Ligny einen Namen gemacht.

Nothrampen. Jeder Eisenbahnzug mit Truppen der Feldarmee wird zum Bau von Nothrampen durch die Truppe, mit

10 langen } Kreuzhölzern,
10 kurzen
24 Bretttafeln,
20 Klammern

ausgestattet.

Die Nothrampen werden entweder lose an die Wagen angelegt oder feststehend hergerichtet. S. auch den „Transport" und „Wagen für Militär-Eisenbahnzüge" und Etappenwesen.

Novara, 23./3. 1849, kriegsgeschichtlich berühmter Sieg Radetzky's über Karl Albert von Sardinien.

Novi. Schlacht am 15./8. 1799. Dieselbe wurde von Suwarow gegen Moreau, aber nur nach schweren Opfern, gewonnen.

Nowo-Georgiewsk (Modlin), russische Festung. An der Mündung des Narew in die Weichsel. Sie liegt 30 m über der Weichsel auf einem Plateau. Den Kern bildet eine Defensivkaserne,

Nothrampen

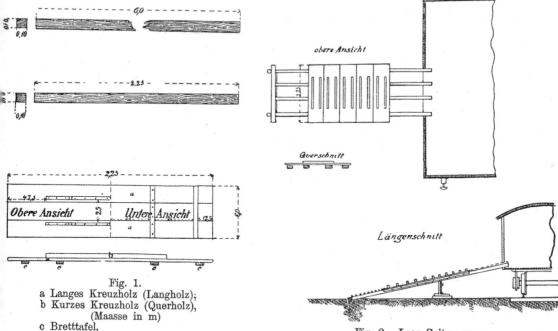

Fig. 1.
a Langes Kreuzholz (Langholz);
b Kurzes Kreuzholz (Querholz),
   (Maasse in m)
c Bretttafel,
   (Maasse in cm).

Fig. 2. Lose Seitenrampe.

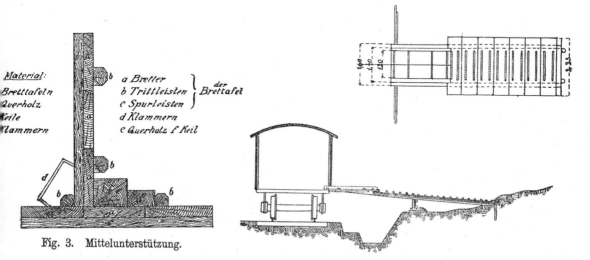

Material:
Bretttafeln
Querholz
Keile
Klammern

a Bretter
b Trittleisten } der Bretttafel
c Spurleisten
d Klammern
e Querholz f Keil

Fig. 3. Mittelunterstützung.

Fig. 4. Bei niedrigen Wagenthüren.

Nothrampen.

Nothrampen

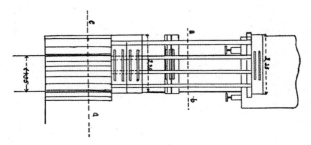

Fig. 5. Kopframpe (s. auch die Abbildung zu Etappenwesen).

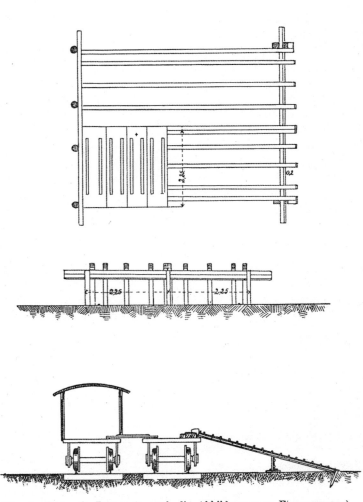

Fig. 6. Stehende Rampe (s. auch die Abbildungen zu Etappenwesen).

Nothrampen.

zweistöckig, die am Wasser von 3 grossen Caponieren vertheidigt wird. Die Landseite ist durch eine 5½ Fronten zählende Vertheidigung gedeckt. Etwa 1000 m vor derselben befindet sich eine zweite Linie, die 8 Fronten zählt (von Weichsel bis Narew heissen diese: Pariser, Fürst von Warschau, Borodino, St. Georg, Poltawa und Ostrolenka). Auf dem anderen linken Weichselufer liegt ein Kronwerk, genannt die „Warschauer Fronten". Auf dem linken Narewufer liegen die Nowydwor Schanzen, die die Brücken schützen.

Vor dieser Zentralstellung ist nun ein Gürtel von Forts vorgeschoben, der etwa 7 km von der ersteren absteht: Wir finden vor der Hauptbefestigung (rechtes Ufer) die Forts Pomiechowo, Wymysty, Zakroczym. Am linken Ufer die Forts Grochale, Cybulice, Czasnow, Debina und auf dem linken Ufer des Narew das Fort Janowieck.

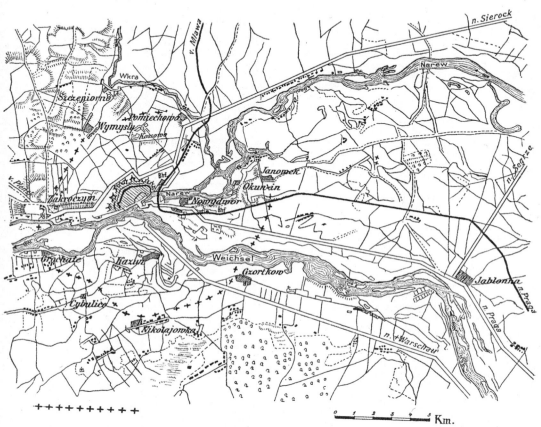

Linie der neuerbauten Forts.   **Nowo-Georgiewsk.**

N.-G. wurde 1807 von Napoleon angelegt, 1./12. 1813 an russische Truppen übergeben und 1830/31 von Ledochowski heldenmüthig vertheidigt.

Noyau (veraltet), der Kern eines modernen Waffenplatzes, soll nach dem Durchbruche der Gürtellinie eine neue intakte Position bilden; in der Regel fällt aber mit dem Verluste der Aussenforts auch das N.

Nürnberg. 24./8. 1632, siegreiche Schlacht Wallensteins gegen Gustav Adolf. Die Kaiserlichen 60000, die Schweden 70000 Mann stark.

Nugent, Fürst, österreichischer Feldmarschall (1777—1862), war 1805 und 1809 in den Generalstäben der Erzherzöge Karl bezw. Johann thätig; zeichnete sich 1813—1815 gegen Murat in Italien aus. Auch 1848—1849 war er hervorragend thätig in der Unterdrückung von Aufständen.

Nuits. Gefecht am 18./12. 1870 der badischen Division unter Glümer gegen Cremer. Die Badenser in 3 Kolonnen gingen gegen die feste Stellung der Franzosen vor, stürmten den Bahndamm und nahmen dann nach blutigen Kämpfen die Stadt N.

Nullpunkt. Bei allen kleinen Plänen, Nivellirungen, Bauzeichnungen etc. nimmt man einen bestimmten Punkt (bei letzteren allgemein den Bauhorizont) als Nullpunkt an, um, ohne grosse Zahlen schreiben zu müssen, die Höhenunterschiede klar zu legen. Bei kleinen Plänen pflegt man den tiefsten Punkt, womöglich ein stehendes Gewässer, als N. anzunehmen.

O.

Obduktionen verstorbener Militärpersonen unterbleiben nur dann, wenn die Angehörigen bei dem Chefarzt dagegen Einspruch erheben. Dieser Einspruch wird hinfällig, sobald das Gericht aus juristischen, oder der Chefarzt aus sanitäts-polizeilichen Gründen dieselbe für erforderlich erachtet. Die O. ist von dem ordinirenden und assistirenden Sanitätsoffizier der Station auszuführen und darüber ein Protokoll aufzunehmen.

Ober-Apotheker gehören zu den oberen Militärbeamten (des Beurlaubtenstandes), welche nur den ihnen vorgesetzten Militärbefehlshabern untergeordnet sind. Der einjährig-freiwillige Militärapotheker hat sich in der letzten Woche seiner Dienstzeit einer mündlichen Prüfung zu unterwerfen und wird ihm, wenn er bestanden hat, die Befähigung zum O.-A. ertheilt. Er tritt dann als Unter-Apotheker in die Reserve. Wenn er 2 Jahre in dem Beurlaubtenstande sich tadellos geführt hat, wird er auf den Vorschlag des Korps-Generalarztes durch das Kriegsministerium zum O.-A. befördert. Zu diesem Zwecke hat der Betreffende einen Antrag an das zuständige Bezirkskommando zu richten.

Oberbäcker sind Unteroffiziere, O. 1. Klasse sind Sergeanten der Militär-Bäckerabtheilungen (s. d.).

Oberbau (Eisenbahn). Zur Auskunft dient die Vorschrift: „Anleitung zur Herstellung kriegsmässiger O." bei Mittler, Berlin, und „Technischer Unterricht für das k. k. Eisenbahnregiment", Wien, Staatsdruckerei.

Oberbauwarte (Festungs-) sind obere Militärbeamte mit Offiziersrang, s. Festungsbaubeamte.

Ober-Ersatz-Kommission s. Ersatzbehörden. Die verstärkte O.-E.-K. besteht ausser den ständigen Mitgliedern aus einem bürgerlichen Mitgliede. Letzteres wird auf 3 Jahre gewählt. Es darf nicht zugleich Mitglied einer Ersatzkommission sein.

Ober-Fahnenschmied heisst die Sergeanten charge der Fahnenschmiede (s. d.). Abzeichen: Doppeltes Hufeisen von Tresse oder Borde unten auf dem linken Aermel des Waffenrocks u. s. w.

Ober-Feuerwerker heissen die dem Feldwebelrang und die entsprechenden Abzeichen führenden Feuerwerker. Dieselben müssen die O.-F.-Schule besucht haben. Löhnung 61,50 M. monatlich.

Ober-Feuerwerkschule zu Berlin, Invalidenstr. 57. Sie bildet Mannschaften für das Feuerwerkspersonal aus, prüft dazu und zum Feuerwerks-Lieutenant. Sie untersteht der 1. Fuss-Artillerie-Inspektion. Direktor ist 1 Stabsoffizier der Fuss-Artillerie; Kompagniechefs: je ein Hauptmann der Feld- und Fuss-Artillerie; Lehrer: 4 Offiziere der Fuss- und 5 der Feld-Artillerie, die benöthigte Anzahl Feuerwerksoffiziere des Landheeres, 1 Lieutenant zur See, ferner 1 Feuerwerksoffizier und 2 Oberfeuerwerker (Hilfslehrer) der Marine und Zivillehrer.

Die Schule ist für etwa 180 Schüler eingerichtet. Landheer bildet 8 Abtheilungen, Marine bildet die 9. Abtheilung. Gute Schüler der Regimentsschulen werden einberufen, kapituliren auf 3 Jahr.

Unterrichtszeit 1 Jahr. Unterricht beginnt 1. September als vorbereitender, um zu sehen, ob Anwärter fähig sind, dem Lehrgange zu folgen, bis 10. Oktober. Dann bis 30. Juni theoretisch, dann 2 Monate praktisch.

Der Unterricht umfasst: Kriegsfeuerwerkerei, Artilleriedienst, Verwaltung, Mathematik, Physik, Chemie, Dienstkenntniss, Zeichnen, Krokiren, Schreiben.

Die praktischen Uebungen bestehen im Laboriren, Kriegsfeuerwerkerei, Untersuchungsdienst, Gelände-Aufnahme, Besichtigung von Fabriken. Die Ausbildung schliesst mit der schriftlichen Prüfung, nach deren Bestehen die Schüler als Feuerwerker an die Truppen vertheilt werden.

Oberg, v., hann. General d. Inf. (1692 bis 1778), zeichnete sich 1758 bei der Eroberung von Minden aus und ebenso in der Schlacht bei Krefeld, in der er die Mitte führte; wurde aber, als er selbstständig führte, bei Luttemberge von Soubise geschlagen.

Ober-Gefreite kommen nur bei der Fussartillerie vor. Sie tragen als besondere Abzeichen den Auszeichnungsknopf der Sergeanten und das Säbeltroddel der Unteroffiziere. Löhnung 16,50 M. monatlich.

Obergewehr. Sammelbegriff für alle hoch getragenen Waffen (Gewehr, Lanze) im Gegensatz zum Seitengewehr.

Ober-Ingenieure sind Zivilbeamte der Militärverwaltung, welche bei den technischen Instituten der Artillerie (Artillerie-Werkstatt, Geschütz-Giesserei, Pulver-Fabrik) Verwendung finden. Ein O. fungirt als technicher Referent im Kriegsministerium.

Ober-Inspektoren. S. Garnison- und Lazareth-Verwaltungs-Beamte.

Oberjäger heissen die Unteroffiziere der Jägerbataillone. Sie tragen Säbeltroddel von grüner Seide mit Silber durchwirkt.

Oberlahnstein. Dort steht Bezirks-Kom. — Servis-Klasse 4.

Ober-Lazarethgehülfen heissen die zu Sergeanten beförderten L. (s. d.) — Sie erhalten 37,50 M. Löhnung monatlich.

Ober-Militär-Examinations-Kommission in Berlin, hat den Zweck, die Portepeefähnrichs- und Offiziers-Prüfungen abzuhalten und die damit im Zusammenhange stehenden Geschäfte zu besorgen.

Ober-Pfarrer. S. Militär-O. und Militär-Geistlichkeit.

Ober-Postmeister. (S. Feld-O.-P.)

Ober-Prüfungs-Kommission im Kriegsministerium nimmt das sogenannte „Staatsexamen" von den Kandidaten für den höheren Intendanturdienst ab. Die O.-P.-K. besteht aus dem jedesmaligen Chef des Militär-Oekonomie-Departements als Vorsitzenden und 4 Mitgliedern (Abtheilungs-Chefs bezw. vortragenden Räthen des Kriegsministeriums, darunter 3 Zivilräthen). — Auf Grund bestandener Prüfung werden die Kandidaten zu Intendantur-Assessoren ernannt — die Offiziere, nachdem sie zuvor verabschiedet worden sind.

Ober-Quartiermeister. (S. Generalstab.) Sie finden bei jedem grösseren Manöver Verwendung als Schiedsrichter.

Oberschiedsrichter. Als O. ist bei jedem Manöver der Leiter thätig. Er belehrt die Schiedsrichter über den Gang und Zweck der Uebung etc., er vertheilt sie auf die Flügel, Waffen etc. Ihm haben diese Herren nach dem Manöver (bis zum 15. November) über ihre Entscheidungen zu berichten.

Ober-Stabs-Apotheker bei der Medizinal-Abtheilung des Kriegsministeriums gehört zu den Zivilbeamten der Militär-Verwaltung. — Gehalt 3000 bis 5400 M., Wohnungsgeldzuschuss.

Ober- und Korps-Auditeure, obere Militärbeamte mit Offiziersrang, s. Militär-Justiz-Beamte.

O. Bkl.-V. Abkürzung für „Bekleidungs-Vorschrift für Offiziere und Sanitäts-Offiziere des königlich preussischen Heeres". I. Theil: Anzugsbestimmungen. II. Theil: Beschreibung und Abzeichen des Anzuges. — Entwürfe 1895.

Obrigkeitliche Bescheinigungen sind nöthig bei Reklamationsprüfungen, bei Meldungen zum freiwilligen Dienst bezw. zur Einjährig - Freiwilligen - Prüfung, sowie bei unvorhergesehener Verhinderung an der Theilnahme der Kontrollversammlung.

Observations-Armee ist zur Beobachtung aufgestellt und kann den verschiedensten Zwecken dienen: der Beobachtung, der Aufrechterhaltung der Neutralität, der Drohung u. s. w. Sie wird meist aus politischen Rücksichten zusammengezogen.

Obturation. Entbehrliches Fremdwort für Liderung (s. d.).

Ocanna (Kastilien). Gefecht 10./11. und Schlacht 20./11. 1809. Der spanische General Ariezaga zwingt am 10. den französischen General Milhaud zum Rückzuge, wird aber von diesem und König Joseph am 20. total geschlagen, zum grossen Theile durch eigene Unentschlossenheit. Er lässt 14000 Gefangene in den Händen der Franzosen.

Oczakow am Dniepr wurde im Juli 1737 vom Feldmarschell Münnich (67000 Mann) erstürmt. Ein zweites Mal nahm Feldmarschall Fürst Potemkin 1788 die Festung.

O'Donnell, Graf, österreichischer General der Kavallerie (1715—1771), in den Türken- und Erbfolgekriegen thätig, trat er im 7 jährigen Kriege bei Kolin, Leuthen und Hochkirch als Führer der Reiterei hervor und machte sich besonders bei Torgau durch den erfolgreichen Angriff auf die preussische Kavallerie berühmt; übernahm nach Dauns Verwundung den Oberbefehl. 1762 wurde er von Bevern bei Reichenberg geschlagen und war von da ab Gouverneur in den Niederlanden und Siebenbürgen.

O'Donnell, spanischer General-Kapitän (1769 bis 1834), zeichnete sich 1809—13 in dem Kriege gegen die Franzosen aus. Später in politische Ränke verwickelt, zog er sich nach Frankreich zurück. Sein Sohn, Graf von Luzena und Herzog von Tetuan, ebenfalls spanischer General-Kapitän (1808—1867), spielte eine hervorragende Rolle als Soldat und Staatsmann; schlug Cabrera in verschiedenen Schlachten (1837—40). Nach mannigfachen politischen Kämpfen, in denen er zeitweise Ministerposten bekleidete und die ganze Politik Spaniens leitete, führte er die Expedition nach Marokko (wofür er Herzog von Tetuan wurde) erfolgreich durch. Er hat sich um die Hebung der spanischen Armee und des Landes verdient gemacht.

Oels. Dort stehen 2. Schles. Jäger-Bat. No. 6, Stab und 1. Eskd. Drag.-Regts. König Friedrich III. (2. Schles.) No. 8, Bez.-Kom., Garn.-Verw., Garn.-Laz. — Servisklasse 3.

Oesterreich-Ungarns Armee. Sie ist seit 1868 neu organisirt durch Einführung der allgemeinen Wehrpflicht.

Die bewaffnete Macht gliedert sich in das Heer, die Kriegsmarine, die k. k. österreichische und k. ungarische Landwehr und den Landsturm. Heer und Landwehr haben als integrirenden Theil die Ersatz-Reserven.

Die aktive Armee ist in Militär-Territorial-Kommandos getheilt (die den deutschen Armee-Korps entsprechen) und giebt die Tabelle auf Seite 512 einen Ueberblick.

Dem 15. Korps-Kommando sind die 39. und 40. Infanterie-Brigade direkt unterstellt; die 1. Division dieses Korps hat 2 normale und 2 Gebirgs-Brigaden, die 18. Division 4 Gebirgs-Brigaden. Die Gebirgs-Brigaden bestehen aus 3 bis 4 Bataillonen, nur die 1. Gebirgs-Brigade in Mostar hat 6 Bataillone.

Die Kommandanten sämmtlicher 15 Korps führen den Titel „Korps-Kommandant und kommandirender General", der oberste General des Militär-Kommandos in Zara wird Militär-Kommandant benannt. Diesem unterstehen direkt die 94. und 96. Infanterie-Brigade.

Was die innere Gliederung und den Stand der Hauptquartiere der grösseren Kadres anbetrifft, so giebt die Tabelle auf Seite 513 und 514 einen Ueberblick. Ueber die Einzelheiten derselben geben die betreffenden Artikel Auskunft.

Das Armee-Ober-Kommando gliedert sich analog wie ein Armee-Kommando in das gerirende Hauptquartier und das General-Etappen-Kommando.

Friedensstärke der Armee.

Infanterie: 102 Regimenter mit 408 Bataillonen und 102 Ersatz-Kadres, 4 Tiroler Jäger-Regimenter mit 16 Bataillonen und 4 Ersatz-Kadres, 26 Feldjäger-Bataillone mit 26 Ersatz-Kadres, 4 bosnisch-herzegowinische Infanterie-Regimenter zu je 15 Kompagnien und 4 Ersatz-Kadres. 462 Bataillone mit 148 Ersatz-Kadres = 10696 Offiziere. 173877 Mann, 1916 Pferde.

Kavallerie: 15 Dragoner-, 16 Husaren- und 11 Ulanen-Regimenter. Summa 42 Regimenter mit 252 Eskadronen und 42 Ersatz-Kadres = 1848 Offiziere, 45864 Mann, 43218 Pferde.

Feld-Artillerie: 14 Korps-Artillerie-Regimenter mit 56 Batterien und 14 Ersatz-Depots, 42 Divisions-Artillerie-Regimenter mit 168 Batterien und 42 Ersatz-Depots, 8 reitende Batterie-Divisionen mit 16 Batterien und 16 Ersatz-Kadres, 14 Gebirgs-Batterien und 1 Ersatz-Depot-Kadre. Summa: 254 Batterien mit 1048 Geschützen, 57 Ersats-Kadres = 1458 Offiziere, 27318 Mann, 6751 Pferde.

Festungs-Artillerie: 3 Regimenter zu 2 Bataillonen, 3 Regimenter zu 3 Bataillonen, 3 selbstständige Bataillone und 18 Ersatz-Kadres. Zusammen 3510 Offiziere, 6682 Mann, 68 Pferde.

Oesterreich-Ungarns Armee

Militär-Territorial-Kommando	Amtssitz	Geographisch-politische Abgrenzung	Abgrenzung nach Ergänzungs-Bezirken	Umfasst die Infanterie-Truppen-Divisions-Kommanden:
1. Korps-Kommando	Krakau	West-Galizien, Schlesien und Nord-Mähren	1., 13., 20., 54., 56., 57., 93., 100.	5., 12.
2. „	Wien	Nieder-Oesterreich und Süd-Mähren	3., 4., 8., 49., 81., 84., 99.	4., 13., 25.
3. „	Graz	Steiermark, Kärnten, Krain, Triest, Istrien, Görz und Gradisca	7., 17., 27., 47., 87., 97.	6., 28.
4. „	Budapest	Ungarn	6., 23., 32., 38., 44., 52., 68., 69., 86.	31., 32.
5. „	Pressburg	Ungarn	12., 19., 26., 48., 71., 72., 76., 83.	14., 33.
6. „	Kaschau	Ungarn	5., 25., 34., 60., 65., 66., 67., 85.	15., 27.
7. „	Temesvár	Ungarn	29., 33., 37., 39., 43., 46., 61., 101.	17., 34.
8. „	Prag	Böhmen	11., 28., 35., 73., 75., 88., 91., 102.	9., 19.
9. „	Josephstadt	Böhmen	18., 21., 36., 42., 74., 92., 94., 98.	10., 29.
10. „	Przemyśl	Mittel-Galizien	1., 3., 8., 54., 81., 93., 99., 100.	2., 24.
11. „	Lemberg	Ost-Galizien und Bukowina	15., 24., 30., 41., 55., 58., 80., 95.	11., 30.
12. „	Hermannstadt	Ungarn	2., 31., 50., 51., 62., 63., 64., 82.	16., 35.
13. „	Agram	Croatien, Slavonien und Fiume	16., 53., 70., 78., 79., 96.	7., 36.
14. „	Innsbruck	Tirol, Vorarlberg, Ober-Oesterreich und Salzburg	14., 59. und 4 Tiroler Jäger-Regimenter	3., 8.
15. „	Sarajevo	Occupations-Gebiet	4 bosnisch-herzegowinische Infanterie-Regimenter	1., 18.
Militär-Kommando in Zara	Zara	Dalmatien	22. und Kriegsmarine	

Gliederung eines Korps-Hauptquartiers.		Gliederung eines Infanterie-Truppen-Divisions-Stabsquartiers.	
A) Generalstabs-Abtheilung	Generalstabschef, 6 Generalstabs-Offiziere, 1 Offizier des Geniestabes, 1 Offizier und 1 Mann als Dolmetscher, Personal-Adjutant und 3 Ordonnanz-Offiziere des Korps-Kommandanten, Feld-Gendarmerie-Abtheilung, Platz-Kommando (Kommandant der Stabs-Kompagnie) { Proviant-Offizier, Quartier regulirender Offizier, Truppen-Rechnungsführer, Stabstruppen, Marketender und Fleischhauer, Feldpost-Leitung (zugleich Feldpost-Expositur), Train-Kommandant des Korps-Hauptquartiers, Stabswagenmeister.	A) Generalstabs-Abtheilung	Generalstabschef, 4 Offiziere des Generalstabs, Ordonnanz-Offiziere, Feld-Gendarmerie-Abtheilung, Platz-Kommando (Kommandant der Stabs-Kompagnie) { Proviant-Offizier, Quartier regulirender Offizier, Truppen-Rechnungsführer, Stabstruppen, Feld-Arrest, Marketender und Fleischhauer, Feldpost-Expositur, Kommandant des vereinigten Bagage-Trains, Train-Kommandant des Divisions-Stabsquartiers, Divisions-Proviant-Offizier.
Hülfs-Organe	Artillerie-Brigadier, Pionier-Stabsoffizier, Korps-Train-Kommandant, Korps-Chefarzt.	Hülfs-Organe	Kommandant der Divisions-Artillerie, ev. Kommandant der Pionier-Kompagnie, Divisions-Train-Kommandant, Divisions-Chefarzt, Militär-Gericht, Militär-Seelsorge.
B) Korps-Intendanz	Korps-Intendant mit 4 Beamten und Hülfsarbeitern, Personale der Operations-Kasse, Zivil-Kommissär mit Hülfsbeamten.	B) Divisions-Intendanz	Intendanzchef, 1 Unter-Intendant, 1 Rechnungs-Offizial, 1 Unteroffizier als Schreiber.
	Hierzu: eine Train-Eskadron, eine Landwehr-Kompagnie, ein Zug Stabs-Kavallerie, } Stabstruppe.		Hierzu: eine Train-Eskadron, eine Kompagnie Infanterie, ein Zug Stabs-Kavallerie, } Stabstruppe.
	Der Stand eines Korps-Hauptquartiers, einschliesslich der Stabstruppen, wird nach Bedarf modifizirt; in der Regel beziffert er sich mit: Offiziere und Militär-Beamte . . . . . 43 Personen Mannschaft . . . . 345 „ Summe 388 Personen. An Pferden . . . . 248 41 Fuhrwerke.		Der Gesammtstand eines Infanterie-Truppen-Divisions-Stabsquartiers, einschliesslich der Brigadestäbe und der Stabstruppen, beziffert sich mit: Offiziere und Militär-Beamte . . . . . 31 Personen Mannschaft . . . . 308 „ Summe 339 Personen. An Pferden . . . . 196 33 Fuhrwerke.

514　Oesterreich-Ungarns Armee

Gliederung der Armee-Kommandos.

Armee-Hauptquartier.		Armee-General-Kommando-Hauptquartier.	
Generalstabs-Abtheilung.			
A) Operations-Abtheilung (Kanzlei)	1 Generalstabschef, 8 Generalstabs-Offiziere, 2 Offiziere als Dolmetscher, 2 Intendanten.		1 Generalstabschef, 5 Generalstabs-Offiziere, 1 Dolmetsch, Ordonnanz-Offiziere des Chefs des Armee-General-Kommandos, Feld-Gendarmerie-Abtheilung.
B) Detail-Abtheilung (Kanzlei)	1 Stabs-Offizier des Generalstabs als Chef, 3 Generalstabs-Offiziere, Flügel-Adjutanten und Ordonnanz-Offiziere, Feld-Gendarmerie-Abtheilung.		
Hülfs-Organe	Platz-Kommando (Kommandant der Stabstruppe) { Proviant-Offizier, Quartier regulirender Offizier, Truppen-Rechnungsführer, Stabstruppen, Marketender und Fleischhauer, Feldpost-Expositur, Train-Kommandant des Armee-Hauptquartiers, Stabswagenmeister.		Platz-Kommando (Hauptmann der Stabstruppe) { Proviant-Offizier, Quartier regulirender Offizier, Truppen-Rechnungsführer, Stabstruppen, Feld-Arrest, Marketender und Fleischhauer, Feldpost-Direktion, Feldpost-Expositur, Haupt-Feldpostamt, Feld-Telegraphen-Direktion 2. Linie, Train-Kommandant des Hauptquartiers, Stabswagenmeister.
	Artillerie-Chef (General der Artillerie), Genie-Chef (General oder Oberst der Genie-Waffe), Armee-Chefarzt (General-Stabsarzt oder Ober-Stabsarzt), Armee-Auditor (Auditor der Stabsoffiziercharge), Feld-Telegraphen-Direktion.	**Intendanz**	Intendanz-Chef mit 9 Unterbeamten und 3 Unteroffizieren, Personale der Operations-Kasse.
		Militär-Abtheilung	
		Hülfs-Organe	Stabs-Offizier des Genie-Stabes, Zivil-Landes-Kommissär, Armee-Train-Inspektor, Sanitäts-Chef, Militär-Gericht, Militär-Seelsorger, Feld-Eisenbahn-Transportleitung, 5 Delegirte des rothen Kreuzes.

Hierzu: der 1. Zug der Train-Eskadron, Infanterie-Kompagnie, 1 Zug Stabs-Kavallerie, } Stabstruppe.

Der Stand des Armee-Hauptquartiers und des Armee-General-Kommandos richtet sich nach dem numerischen Umfange der Armee, und beziffert sich in der Regel, einschliesslich der Stabstruppe, wie folgt:

Stand des Armee-Hauptquartiers:
Offiziere und Militär-Beamte . . . . . . 50 Personen
Mannschaft . . . . 387　„
　　　　　　　　　　　Summe　437 Personen.
An Pferden 309
　　　　　　　　　　　　　　　50 Fuhrwerke.

Hierzu: der 2. Zug der Train-Eskadron, Infanterie-Kompagnie, 1 Zug Stabs-Kavallerie, } Stabstruppe.

Stand des Armee-General-Kommandos:
Offiziere und Militär-Beamte . . . . . . 70 Personen
Mannschaft . . . . 430　„
　　　　　　　　　　　Summe　500 Personen.
An Pferden 300
　　　　　　　　　　　　　　　70 Fuhrwerke.

Reserve-Anstalten einer Infanterie-Truppen-Division.

Anmerkungen bezüglich der Standpunkte und Leistung	Schritte	Gefechtslinie	Anmerkungen bezüglich der Standpunkte und Leistung
	500		Die **Kompagnie-Munitionswagen** der Fusstruppen verbleiben sowohl am Marsche, als auch während des Gefechtes bei ihren Truppenkörpern und enthalten per Gewehr 40 Schuss.
	1000		
Die **Hülfsplätze** werden beiläufig 1000—1500 Schritte hinter der Gefechtslinie etablirt; bei denselben befinden sich 1—2 Aerzte, ein Detachement Sanitätstruppen und 4 Blessirtenwagen.	1500	Hülfsplatz Hülfsplatz	
	2000		
	2500		
	3000	Divisions-Munitions-Park	Der **Divisions-Munitions-Park** steht während des Gefechtes 2000 bis 3000 Schritte hinter der Mitte der Gefechtslinie und enthält per 9 cm Geschütz 110 Schuss, per Infanterie-Gewehr 68 Patronen. Er hat 84 Fuhrwerke, hierzu ev. 60 2spännige Landesfuhren.
	3500		
	4000		
	4500		
Der **Verbandplatz** wird beiläufig auf 3000—5000 Schritte hinter der Mitte der Gefechtslinie aufgestellt; bei demselben befinden sich der Divisions-Chefarzt, die dahin bestimmten Aerzte, 10 Fuhrwerke, darunter 3 Blessirtenwagen und ein Detachement Sanitätstruppen.	5000	Verbandplatz	
	5500	Divisions-Sanitäts-Material-Res.	Die **Divisions-Sanitäts-Material-Reserve** hat auf dem Verbandplatze oder in der Nähe desselben ihren Aufstellungspunkt und enthält Vorräthe an Medikamenten und Verband-Material etc.
Die **Infanterie-Verpflegs-Kolonne** gliedert sich in 5 Verpflegsstaffeln. Staffel 1—4 führt je eintägige Nachschubsverpflegung, Staffel 5 (Reservestaffel) dreitägige Reserveverpflegung (Konserven, Rum zur Verbesserung des Trinkwassers). Die Verpflegsvorräthe sind auf Landesfuhren verladen unter Führung einer Train-Eskadron. Der Train besteht aus 483—538 Fuhrwerken. Wo diese Feld-Verpflegs-Anstalten während des Gefechtes Aufstellung nehmen, hängt davon ab, wie die Theile des Verpflegs-Trains beim Uebergang aus der Marsch- in die Gefechtsform in die Kolonne einrangirt waren. — Entweder hält die vereinigte Verpflegs-Kolonne als 1. Staffel circa 6000 Schritte hinter der Gefechtslinie, während die Reservestaffel 7,5 bis 15 Kilometer rückwärts bleibt, oder es nehmen die **vereinigten Kolonnen** auf 7,5—15 Kilometer hinter der Gefechtslinie Aufstellung. Nebenstehend ist der erste Fall dargestellt.	6000	Vereinigte Proviant-Kolonne (1. Staffel)	
	6500		
	7000		
	7500		
	8000	Ambulanz- (eventuell) Feld-Sanitäts-Kolonne des deutschen Ritter-Ordens	Die **Ambulanz** wirkt unmittelbar am Verbandplatze mit: sie kann aber auch als Mittelglied zwischen dem Verbandplatze und den rückwärtigen Sanitäts-Anstalten, beziehungsweise Abschubsstationen, dienen. Sie verfügt über 3 Aerzte, 1 Sanitäts-Abtheilung und 12 Fuhrwerke, darunter 4 Blessirtenwagen. Die **Feld-Sanitäts-Kolonne** des deutschen Ritter-Ordens findet in der Regel ihre Eintheilung bei der Divisions-Ambulanz.
	8500		
	9000		
	9500		
	10000		
	10500		
		Feld-Verpflegs-Bagage-Kolonnen und der Train	

Pioniere: 15 Bataillone. Jedes Bataillon hat 5 Kompagnien und Zeugreserve und 1 Ersatz-Kompagnie-Kadre = 525 Offiziere, 9300 Mann, 75 Pferde.

Eisenbahn- und Telegraphen-Regiment mit je 3 Bataillonen zu je 4 Kompagnien. 1 Ersatz-Bataillon-Kadre und 1 Telegraphen-Ersatz-Kadre = 69 Offiziere, 1416 Mann. 17 Pferde.

Train: 3 Regimenter zu 5 Train-Divisionen. Im Ganzen 85 Train-Eskadronen, 5 Gebirgs-Train-Eskadronen und 8 Ersatz-Depot-Kadres = 318 Offiziere, 2706 Mann, 1842 Pferde.

Oesterreichische Landwehr: 23 Infanterie-Regimenter, 3 Landesschützen-Regimenter mit 92 Bataillonen, 26 Ersatz- und 26 Reservekadres. 6 Ulanen-Regimenter zu je 6 Eskadronen und je 1 Ersatz-Kadre und 1 berittene Tiroler Landesschützen-Division zu 2 Eskadronen und 1 Ersatz-Kadre, 1 Eskadron Dalmatiner Schützen = 2600 Offiziere, 18800 Mann, 1956 Pferde.

Ungarische Landwehr: Kronwache, 28 Infanterie-Regimenter mit 94 Bataillonen und 28 Ersatz-Kadres, 10 Husaren-Regimenter zu je 6 Eskadronen = 2600 Offiziere, 17400 Mann, 2884 Pferde.

Friedens-Gesammtstärke (ohne Generale, Behörden, Anstalten etc.): 672 Bataillone, 351 Eskadronen Kavallerie, 254 Batterien, 90 Train-Eskadronen = 19522 Offiziere, 268965 Mann, 48567 Pferde.

Jährliches Rekruten-Kontingent sammt Kriegs-Marine 103100 Mann.

Kriegsstärke des Heeres   800000 Mann
„   der k. k. Landwehr 164000   „
„   der k. ung.   „   164000   „
                Zusammen 1128000 Mann.

Kriegsstärke des Landsturmes dürfte beiläufig 6 Millionen Mann betragen, von welcher etwa 15 bis 20 Prozent ausgebildet sind. Die Batterien der Korps- und Divisions-Regimenter, die im Frieden nur je 4 Geschütze haben, zählen im Kriege je 8, die Gebirgs-Artillerie wird um 14 Batterien vermehrt u. s. w.

Oesterreichisch-ungarische Feldgeschütze. S. Feldgeschütze.

Oesterreichisch-ungarisches Gewehr m 88/90 und m/90. System bezw. Konstrukteur von Mannlicher und technisches und administratives Militär-Komitee, 8,00 mm Kaliber, Dolchbajonett, muldenförmige, rechts gewundene Züge; Quadranten- und seitliches Visir, Kolbenverschluss mit Geradzug und Verriegelung durch Fallriegel unten, Mehrladevorrichtung, Kasten im Mittelschaft, wird durch Einführen des 5 Patronen enthaltenden Patronenrahmens gefüllt. Die Patrone mit vorstehendem Rand am Hülsenboden für den Auszieher ist mit rauchschwachem Schiesswoll-Blättchenpulver geladen (m/92-Scheibchen). Geschoss mit Hartbleikern und Mantel aus Stahlblech, der gefettet ist. Geschossgeschwindigkeit an der Mündung: 620 m, 25 m vor derselben: gegen 600 m. Die Feuergeschwindigkeit beträgt bei Mehrladung 17 gezielte Schuss in der Minute, mechanische Schnellfeuerleistung 35 Schuss in der Minute. Erleichtertes Gewehr m/95 eingeführt. S. a. Gewehr.

Oesterreichisch-ungarische Karabiner m/90: von Mannlicher; 8,00 Kaliber; Klappenvisir; Geschossgeschwindigkeit an der Mündung: 580 m, 25 m vor derselben: 562 m. Patrone, Züge und Drall wie bei dem Gewehr. S. a. Karabiner.

Ofen (Buda), Festung, wurde im 16. und 17. Jahrhundert oft belagert, kam 2./9. 1686 definitiv an Oesterreich, wurde 1849 vom österreichischen General Hentzi mit geringer Besatzung heldenmüthig vertheidigt, 21./5. 1849 von den Ungarn erstürmt; ist jetzt ein Theil von Budapest.

Offenbach. Dort stehen 3. Bat. 4. Grosshrzl. Hess. Inf.-Regts. (Prinz Karl) No. 118, Garn.-Verw. — Servisklasse 1.

Offenburg. Dort steht Bez.-Kom. — Servisklasse 3.

Offensive ist die Form der Truppenverwendung, die unmittelbar die Vernichtung des Gegners bezweckt; dieser Zweck hat nur mit der völligen Vernichtung des Feindes eine Grenze. Es muss also beim Abringen der Kräfte für die O. noch ein Ueberschuss an Kraft vorhanden sein. Da, wo die O. sich nicht bethätigt, kann von einem Siege im eigentlichen Sinne des Wortes keine Rede sein.

Bei der O. der Infanterie sind drei Zonen zu unterscheiden. Die erste Zone ist die der Wirksamkeit des feindlichen Geschütz- und Gewehrfeuers (12—2400 m), in der die Truppe bereits zum Kampfe entwickelt sein muss.

Die zweite Zone ist das Fortschreiten bis zur vollen Ausnutzung des eigenen Feuers (1200 bis 200 m).

Die dritte Zone die des Angriffes mit der blanken Waffe.

Bei der Kavallerie giebt es nur eine O., keine Defensive; sie attackirt oder verfolgt.

Bei der Artillerie giebt es keine Offensive im eigentlichen Sinne, sie ist Trägerin der grössten Widerstandskraft, und kann und muss als solche allerdings der O. die wesentlichsten Dienste leisten. (Litt. s. Scherff.)

Offensivität s. Gasdruck.

Offizier. 1. O. vom Biwakdienst dienen zur Unterstützung des Kommandanten.

2. O. vom Dienst des Truppentheils werden im Felde ausser dem

3. O. vom Ortsdienst für jedes Infanterie-Bataillon und Kavallerie-Regiment 1 O. kommandirt, sobald Lager oder Ortschaften bezogen werden. Die O. ad 3 revidiren die Innenwachen.

4. Bei Eisenbahntransporten werden jedem O. eine Anzahl Wagen zugetheilt, in denen er auch pro Abtheil einen Aeltesten ernennt. In der Nähe des Feindes wird 1 O. zur Unterstützung des Zug- oder Lokomotivführers kommandirt.

5. O.-Patrouillen s. d.

6. O. im Quartier soll womöglich mit der Menage des Wirthes Vorlieb nehmen.

7. O.-Ergänzung (s. Avantageur) im Beurlaubtenstande (s. Aspirant).

8. O.-Wahl (s. d.).

Offiziere a. D. treten in die Zivilgerichtsbarkeit über und haben politisch völlige Freiheit, soweit es mit der Standesehre vereinbar ist; auch schriftstellerisch können sie ungehindert wirken. Sie gehören zur Zivil-Kirchen-Gemeinde, in der sie wohnen, und zahlen daher Kirchensteuer.

Anzug. Die mit Uniform verabschiedeten Offiziere tragen die Uniform weiter; nur ist die Tresse der Epaulettenhalter, die auch auf dem Ueberrocke getragen werden muss, schwarz-silber geschildert. Stabs-Offiziere und Husaren-Offiziere Geflecht aus diesen Tressen. Bei der gestickten Generalsuniform besteht die Raupe aus 2 silbern verschlungenen, mit der geschilderten Tresse durchwirkten Kandille. Schärpe und Kartusche werden nicht getragen.

Anstellung. Die O. a. D., welche sich um Anstellung in der Militär-Verwaltung bewerben, beschaffen sich zur Orientirung den „Taschenkalender für Militär-Beamte von Siekmann (4 M.), erschienen bei A. Bath, Berlin.

Offizier-Darlehns-Fonds werden vom Kriegs-Ministerium, Zentral-Departement, nach besonderen Bestimmungen verwaltet.

Offiziere hors cadres sind die nicht bei den Truppen oder in Festungen angestellten französischen Offiziere (s. auch Generalstab der französischen Armee).

Offiziere z. D. Sie werden in den Ranglisten der Bezirks-Kommandos geführt, ihre Personalbogen vollständig erhalten. Sie müssen deshalb Quartierwechsel anzeigen.

Sie gehören der Militär-Gerichtsbarkeit und der Militär-Gemeinde an, bezahlen keine Kirchensteuer, dürfen sich am politischen Leben, Vereinen, Versammlungen etc. betheiligen. Sie werden bei der Mobilmachung durch die Bezirks-Kommandos einberufen.

Anzug. Die O. z. D. tragen die Schärpe, die Monde der Epaulettes sind weiss, wenn sie gelb waren und umgekehrt. Die Epauletteneinfassung und Tresse des Epaulettenhalters (die auch auf dem Ueberrock getragen werden muss) sind mit einem schwarzen Streifen durchzogen.

Generale z. D. tragen die silberne Raupe auf der gestickten Uniform mit Gold durchflochten; die Sterne in Gold.

Husaren-O. z. D. tragen statt der Achselstücke 2 Epaulettenhalter-Tressen nebeneinander, Stabsoffiziere das Achselgeflecht von Silberschnur, nur die äusserste Schnur ist schwarz durchflochten.

Pension (s. d.).

Die O. z. D. dürfen über militärische Dinge nur schreiben, wenn sie ihrem General-Kommando und dem Kriegs-Ministerium Mittheilung gemacht haben.

Anstellungsberechtigung. Alle O. z. D., die sich über Einkommen, Annahme-Bedingungen, Prüfungen, Kautionen etc. der Militär-Verwaltungs-Beamten unterrichten wollen, lassen sich am besten kommen: „Taschenkalender für Militär-Beamte" von Siekmann, A. Bath, Berlin (4 M.).

Offiziersburschen wird in der Regel gestattet, bürgerliche Kleidung zu tragen. (In Bayern heissen sie „Diener". Bei Berittenen „Pferdewärter".) Sie müssen im Dienste völlig ausgebildet sein und ein Manöver mitgemacht haben. Nur die Burschen der berittenen Offiziere sind dienstfrei, doch zur Ausbildung hier und da heranzuziehen.

Offizier-Patrouillen sind seit 1870 eingeführt, aus den Bedürfnissen des Krieges hervorgegangen.

Kenntniss der allgemeinen und besonderen Kriegslage, gutes Auge, gutes Pferd, dreistes Reiten, kühnes Wagen verbunden mit Vorsicht und Uebung im Erkennen feindlicher Bewegung sind Erfordernisse für die Führer solcher O.-P. Sie bilden das Auge der Kavallerie-Divisionen bezw. der Armee.

In besonders wichtigen Fällen werden General-Stabs-Offiziere zu Führern von O.-P. verwendet. Die Stärke derselben hängt von den Verhältnissen ab, um etwa kleinere feindliche Patrouillen abzuschieben. Beweglichkeit ist Grundbedingung des Erfolges. Da der Zweck der O.-P. Aufklärung ist, so ist der wesentliche Theil des Dienstes die Meldung nach rückwärts, und zwar so bald und so oft als möglich, wenn irgend Ereignisse im Gange sind, auch Meldungen, dass nichts bemerkt worden ist, sind von Zeit zu Zeit zu schicken, um auch die Fühlung mit dem Kommando nicht zu verlieren.

Alle Führer von O.-P. werden dafür verantwortlich gemacht, dass die Fühlung mit dem Feinde nicht verloren geht.

Sie geben bei Rückkehr durch die Vorpostenlinie dort die etwa erkundeten Dinge zur Kenntniss.

Offizier-Reitschule s. Militär-Reit-Institut Hannover.

Offizier-Stellvertreter tragen im Mobilmachungsfalle Seitengewehr und Portepee der Offiziere und als Abzeichen eine Einfassung der Schulterklappen an Waffenrock und Mantel von goldener oder silberner Tresse (bezw. an den Epaulettenfeldern der Ulanka, an den Attilas eine solche Tresse unter den Achselschnüren). O.-St. der Fusstruppen tragen die Offizierstornister.

Offizier-Unterstützungen. Für die O.-U. giebt es einen:

1. Allerhöchsten Dispositions-Fonds bei der Militär-Pensions-Kasse, bestimmt zu Gnadenpensionen für Offizierswittwen, Hinterbliebene, besonders auch für die Karenz-Unterstützungen. Anträge sind an Seine Majestät den Kaiser zu richten.

2. Kaiserlicher Dispositions-Fonds beim Reichs-Invaliden-Fonds. (Anträge an Unterstützungs-Abtheilung im Kriegsministerium.) Für Krieg 1870/71 Hinterbliebene. Ehe muss vor dem Kriege geschlossen sein; Verstorbener muss in Folge der Strapazen etc. heimgegangen sein. Würdigkeit. Für Ascendenten haben Anträge nur noch ganz ausnahmsweise Aussicht auf Genehmigung, wenn der Verstorbene thatsächlich eine wesentliche und nachhaltige Stütze seiner Eltern oder Grosseltern war und diese sich in dringender Nothlage befinden.

Offizier-Unterstützungs-Fonds. Friedensstand. Theilnehmer: Lieutenants und Hauptleute 2. Klasse. Anträge an Dienstbehörde sind zulässig: Bei Krankheiten (im Dienst) Kurkosten, bei Brand oder Diebstahl nothwendiger Sachen, bei kostspieligen Kommandos, bei Verlust eigenen Dienstpferdes (im Dienst, wenn nicht Ersatz in Geld oder Natur auf Grund der Bestimmungen über Gewährung von Pferdegeldern zusteht), bei Einkleidung, bei Aenderung der Dienstausrüstung, auch bei Versetzungen unter besonderen Umständen. (S. auch Generalstabs-Stiftung.)

Im Beurlaubtenstande nur für die zum Dienst einberufenen Offiziere und Sanitäts-Offiziere des Beurlaubtenstandes vom Hauptmann und Stabsarzt abwärts. Bei Krankheit, Brand, Diebstahl und sonstigen Unglücksfällen in Folge der Dienstleistung.

Kriegs-Akademie, auch zur Erhöhung der Tischgelder und Beihilfe zu Dienstreisen. Bei besonderen Gelegenheiten müssen sie sich an die Truppen wenden.

Offizierswahl. Ein Fähnrich, der die Prüfung bestanden hat, wird Sr. Majestät zur Beförderung zum Offizier vorgeschlagen (Schuldenfreiheit nöthig), nachdem das Offizierkorps seines Truppentheils ihn für würdig erachtet, in seine Mitte zu treten, er auch gutes Dienstzeugniss erworben hat. Ist die Mehrzahl gegen die Aufnahme, wird sogleich der Nächstfolgende zur Wahl gestellt. Hat die Minderheit Bedenken, so entscheidet das Generalkommando etc., ob diese Berücksichtigung verdienen. Prüfung mit Allerhöchster Belobigung lässt das Patent des Betreffenden den gleichzeitigen Aspiranten vorgehen.

Ohlau. Dort stehen Stab, 1., 2. und 5. Esk. Hus.-Reg. v. Schill (1. Schles.) No. 4, Prov.-Amt, Garn.-Laz. Servisklasse 3.

Oise. In der sogenannten Trouée de l'Oise haben die Franzosen an dem Knotenpunkt der von Belgien einlaufenden und an der Nordgrenze Frankreichs entlang führenden Bahnen bei Hirson

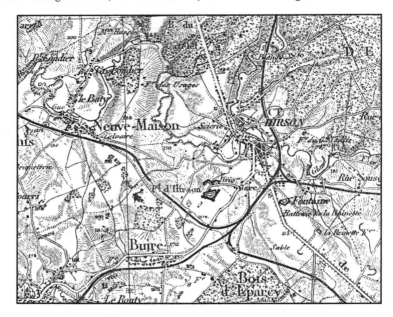

Befestigungen im Trouée de l'Oise.

auf der Höhe des linken Ufers der O. ein grosses Sperrfort mit zwei anstossenden Batterien erbaut.

Oekonomische Musterung wird alle zwei Jahre durch den Brigade-Kommandeur etc. unter Mitwirkung eines Mitgliedes des Korps- oder des Vorstandes der Divisions-Intendantur veranstaltet. (Musterungs-Vorschrift vom 15./10 1891.) Für junge Hauptleute praktisch das Büchlein „Die Oe. M.", Mittler, Berlin. S. auch Musterung, ökonomisch.

Okkupation ist die militärische Besetzung eines Gebietes, als Pfand. (Die staatsrechtlichen Fragen, S. Heffter, Bluntschli, Litt.)

Oldenburg. Dort stehen Stäbe der 37. Inf.-Brig., 19. Kav.-Brig., Oldenburg. Inf.-Reg. No. 91, Oldenburg. Drag.-Reg. No. 19, 1. Abth. Stab, 1., 2. (Oldenb.), 3. (Oldenb.), Batt. 2 d. Hann. Feldart.-Reg. No. 26, Bez.-Komm. I Oldenburg, Bez.-Komm. II Oldenburg, F. des Art.-Dep. in Hannover, Prov.-Amt, Garn.-Verw., Garn.-Laz. Servisklasse 2.

Oldendorf (Hessen). Schlacht am 8./7. 1633. in der die Kaiserlichen unter Gronsfeld und Merode vom Herzog Georg von Braunschweig-Lüneburg total geschlagen wurden.

Ollech, v., preussischer General der Infanterie (1811—1884), führte das Kadettenkorps und wurde in Anerkennung seiner Dienste geadelt. 1866 zeichnete er sich an der Spitze der 17. Infanterie-Brigade bei Nachod aus (verwundet). Nicht wieder felddienstfähig war er im Generalstab thätig, zuletzt Gouverneur des Invalidenhauses. Als Taktiklehrer und Schriftsteller hat er sich seiner Zeit einen Namen gemacht.

Olmütz. War bis 1867 Festung, gegenwärtig als solche aufgelassen; wurde 1758 von Friedrich dem Grossen belagert, doch musste er, da Daun ihm den sehnlichst erwarteten Transport bei Domstadl (s. d.) theils abschnitt, theils vernichtete, die Belagerung aufgeben.

Olustee (Florida). Schlacht 20./2. 1864. Dort wurden die Unionisten, beim Versuche, Florida zu erobern, gründlich geschlagen. (Sezessionskrieg in Amerika.)

Omer-Pascha (Renegat) (1806—71), wurde besonders zur Unterdrückung von Aufständen verwendet; war im Orientkriege oberster Führer der Donau-Armee, ohne durch besondere Thaten hervorzutreten.

Operation, veraltetes Wort für militärische Bewegungen mannigfacher Art. Man verstand unter O.-Armee den für den reinen Feldgebrauch verfügbaren Theil eines Heeres; unter O.-Basis die Linie, in der die Magazine etc. für Sicherung der Verpflegung, Munition angelegt waren,; O.-Front steht senkrecht zur Richtung, in der die muthmasslichen Bewegungen der Armee geschehen werden; O.-Objekt, das Ziel der militärischen Thätigkeit auf dem O.-Gebiete; O.-Plan, der Entwurf zum Feldzugsplan unter Zugrundelegung der politisch-militärischen Lage und der Kampfmittel. Das Generalstabs-Werk sagt sehr treffend: „Kein O.-Plan kann mit einiger Sicherheit über das erste Zusammentreffen mit der feindlichen Heeresmacht hinausreichen. Nur der Laie glaubt in dem Verlaufe eines Feldzuges die voraus geregelte Durchführung eines in allen Einzelheiten festgestellten und bis an das Ende eingehaltenen ursprünglichen Planes zu erblicken. Gewiss wird der Feldherr seine grossen Ziele stetig im Auge behalten, unbeirrt darin durch die Wechselfälle der Begebenheiten, aber die Wege, auf welchen er sie zu erreichen hofft, lassen sich nie weit hinaus mit Sicherheit verzeichnen."

Operations-Abtheilung des Feldsanitäts-Detachements (s. d.) führt diejenigen grösseren chirurgischen Operationen aus, die durchaus schon auf dem Verbandplatze gemacht werden müssen. (Unterbindung der Schlagadern, Luftröhrenschnitt, Amputationen, die nicht aufschiebbar sind etc.)

Operations-Befehl s. Befehl.

Operations-Entwurf. Dessen Grundlage besteht in der Summe aller Berichte über den Feind und die eigene Armee, ergänzt durch Feld-Elaborate, Karten und persönliche Anschauung des Terrains. Die erste Frage dieses Entwurfes ist das Operations-Ziel und dessen Entfernung; sehr schwierig ist es, volle Sicherheit zu erlangen, wo die feindliche Hauptkraft zu finden ist. Die Verfasser des O.-E. müssen zu kombiniren wissen, was, bevor der eigene Entschluss gefasst wird, der Feind thun könnte. Hierbei ist immer der Gegner für mindestens ebenso energisch und vernünftig zu halten, als man selbst ist. Uebergrosse Vorsicht führt zum Anklammern an die eigene Schwerlinie; wer sich also zu sehr dem Vorgehen des Gegners anbequemt, verliert seinen Entschluss. Unabhängigkeit von dem Willen des Gegners! Eine Hauptrolle spielt die Gruppirung der Kräfte für den Zusammenstoss und die Zeit, die hierzu nöthig ist. Mehr Truppen in Thätigkeit bringen, als der Gegner. Der O.-E. muss elastisch sein, um veränderten Verhältnissen Rechnung tragen zu können. (1870 Marsch auf Paris, dann auf Sedan.) Einfache, sichere Anlage, Kraft, Schnelligkeit, Ausdauer, gut geregelter Nachschub der Verpflegung!

Opoltschonie, russische Reichswehr.

Oppeln. Dort stehen Stab, 3. und 4. Bat. Oberschl. Inf.-Regts. No. 63, Bez.-Kom. — Servisklasse 3.

Oppeln (von), Bronikowski, preussischer General der Infanterie (1826—94), führte 1870/71 die 8. Jäger mit Auszeichnung bei Gravelotte und im Norden Frankreichs. Zuletzt Gouverneur von Metz.

Oppen, von, preussischer General-Lieutenant (1762—1834), führte die Vorhut Bülows bei Möckern mit Auszeichnung.

Optische Telegraphie s. Signalstationen.

Oranienstein. Dort steht Kadetten-Haus.

Orden. Sämmtliche Orden findet man in der Rangliste. Die Reihenfolge der an der Schnalle zu tragenden O., Ehrenzeichen und Denkmünzen ist folgende:

1. das eiserne Kreuz 2. Klasse,
2. das Ritterkreuz vom Königlich Hohenzollern'schen Hausorden,
3. der Rothe Adler-Orden 3. oder 4. Klasse,
4. der Kronen-Orden 3. oder 4. Klasse,

} mit Schwertern bezw. am weissen Bande,

5. das Militär-Verdienstkreuz, 6. das Militär-Ehrenzeichen 1. Klasse. 7. das Militär-Ehrenzeichen 2. Klasse, 8. die Rettungsmedaille, 9. die ad 2, 3 und 4 aufgeführten mit statutenmässigen Bande in der bezeichneten Folge, 10. das Allgemeine Ehrenzeichen, 11. das 25jährige Dienstauszeichnungskreuz, 12. das Fürstlich Hohenzollern'sche Ehrenkreuz 2. und 3. Klasse mit und ohne Schwertern, 13. das Düppelkreuz, 14. das Alsenkreuz, 15. die Kriegsdenkmünze für 1813/15, 16. die Erinnerungsmedaille von 1863, 17. die Kriegsdenkmünze für 1870/71, 18. das Erinnerungskreuz für 1866, 19. die Kriegsdenkmünze für 1864, 20. die Hohenzollern'sche Denkmünze für 1849, 21. die Krönungsmedaille.

Fremdherrliche O. werden den preussischen O. und Ehrenzeichen links angeschlossen.

Die rechte Ecke des (4 cm hohen) Ordensbleches schneidet mit den Knopflöchern ab.

Die Dienst-Auszeichnungsschnalle wird auf der linken Brust so getragen, dass die Verlängerung des Namenszuges auf den 3. Knopf von oben trifft.

Zur Anlegung verliehener nichtpreussischer O. bedarf es der Allerhöchsten Genehmigung.

Ordnung. Geschlossene und zerstreute. Die geschlossene O. hat den Vortheil, dass die Führer die Truppen in der Hand haben, die Handlung deshalb eine einheitliche und darum wirksamere wird, als die vereinzelte es je sein kann. Die geschlossene O. bietet aber den neuen Feuerwaffen so günstige Ziele, dass man gezwungen ist, im Feuerbereich die O. zu lösen und die sogenannte zerstreute O. anzunehmen. Diese giebt dem einzelnen Manne nicht nur Gelegenheit, die Vortheile des Geländes voll auszunutzen, sondern auch die Feuerwaffe in vollster Kraft zur Wirksamkeit zu bringen; ferner multiplizirt sie bei Heeren mit tüchtig ausgebildeten und tapferen Einzelsoldaten die Intelligenz und damit die Schlagkraft der vorderen Kampftheile. Sie birgt anderseits die Gefahr, dass bei üblen Lagen, bei entstehenden Paniken die unmittelbare Einwirkung des Führers fehlt, dass auch bei etwaigen Vorstössen eine kompakte Wirkung nicht gut zu erzielen ist. Man sucht deshalb, wenn irgend möglich, den letzten Vorstoss mit der blanken Waffe (s. Offensive, 3. Zone) in möglichst geschlossenen Formen zu bewirken.

Ordonnanzen, sowohl Offiziere wie Unteroffiziere und Gemeine können im Felde zu den höheren Stäben bis event. Regiment kommandirt werden, doch Masshalten dringend geboten. Sie müssen sich möglichst in der Umgegend, Stand der höheren Kommandos und der Truppen orientiren. Sie werden im Manöver auch den Führern der Bagage beigegeben, um mit den Truppen in Fühlung zu bleiben.

Ordre de Bataille. Unter dem Worte versteht man die Eintheilung eines grösseren Truppenkörpers. Der Kaiser giebt mit der Mobilmachung die O. d. B. des Heeres, durch die die Befehls- und Verwaltungs-Verhältnisse für den ganzen Feldzug geregelt sind und nur durch Allerhöchste Anordnung geändert werden können.

Im Felde. Nach der O. d. B. besteht das Feldheer aus mehreren Armeen, diese aus Armee-Korps, Kavallerie-Divisionen und Reserve-Divisionen.

Das Armee-Korps besteht aus 2 Infanterie-Divisionen, der Korps-Artillerie, den Munitions-Kolonnen und Train, sowie Korps-Telegraphen-Abtheilung, das Jäger-Bataillon bezw. Divisions-Telegraphen-Abtheilung wird nur an Divisionen zugetheilt.

Eine Infanterie-Division besteht aus 2 Infanterie-Brigaden, 1 Kavallerie-Regiment, 1 Feld-Artillerie-Regiment, 1—2 Feld-Pionier-Kompagnien mit Divisions-Brücken-Train und Sanitäts-Detachement.

Eine Kavallerie-Division besteht aus mehreren Kavallerie-Brigaden, reitender Artillerie und Pionier-Detachement.

Organische Bestimmungen stellen die Organisation der Armeekörper fest.

Orgelgeschütze (Todtenorgeln, französisch orgue, orgue à serpentins). Mittelalterliche Maschinengeschütze, bei welchen mehrere Gewehrläufe auf einem fahr- oder tragbaren Gestell vereinigt und so eingerichtet waren, dass sie entweder alle gleichzeitig oder in verschiedenen Abtheilungen mittelst einheitlicher Zündung abgefeuert werden konnten.

Orientirbussole wird zur ersten Aufstellung des Messtisches gebraucht. Neuerdings wird die mit Lineal versehene Kippregelbussole gebraucht.

Orientiren geschieht mit Uhr nach Sonne oder nach der Karte. in grossen Waldungen (Amerikas) nach der Beschaffenheit der Stämme, nach hervorragenden Thürmen, Kuppen, Baumgruppen, Gewässern etc. Die Karten werden, wenn nicht besonders vermerkt, nach Norden orientirt.

In grossen Wäldern ist der Kompass zu fragen. Nachts geschieht das O. nach dem Polarstern, auch nach dem Monde mit Hilfe der Uhr. Bei Vollmond steht derselbe Nachts 12 Uhr im Süd-Zenith. Bei erstem Viertel Abends 6 Uhr, beim letzten Viertel Morgens 6 Uhr. Darnach sind die übrigen Richtungen event. zu bestimmen. Das O. des Messtisches geschieht mit Bussole bezw. nach den in der topographischen Aufnahme (s. d.) gegebenen Massregeln.

Orléans. 1. Treffen am 11./10. 1870 (Plan s. Coulmiers). General von der Tann beschloss Orleans zu nehmen, liess das bayerische Korps von Norden, 22. Division von Nordwesten her vorgehen. Letztere nahm Biffaudières, La Borde und Ormes, Bayern nahmen Saran. Heftige Kämpfe am Bahnhof. Abends die Stadt genommen.

2. Schlacht am 3. und 4./12. 1870 (s. Uebersichtsplan). Prinz Friedrich Karl ging mit 3. Korps (Loury), 10. (Boynes), 9. Korps (Artenay) 20. folgend, gegen Orleans vor. Der Grossherzog (1. bayerische Korps, 17. und 22. Division) griff von Poupry aus an. 3. Dezember. Das 3. Korps nahm Chilleurs, 9. Korps Neuville und Chevilly, 17. Division Chevaux, Bayern Huêtres. 4. Dezember. 3. Korps bis Vorstadt St. Loup, 9. Korps bis zum Bahnhof. Grossherzog nahm Boulay. Kavallerie-Division Stolberg Ingré. Bayern kamen bis Orleans. Franzosen zogen eiligst nach Süden ab. Plan s. nächste Seite.

Orlow, Fürst, russischer General-Adjutant und Gesandter am deutschen Hofe (1827—85). Nach militärisch bewegter Lebenszeit erhielt er bei dem Sturm auf Silistria 16.—17./5. 1854 neun Wunden, verlor das linke Auge und einen Theil der linken Hand. Er wurde von nun ab in der Diplomatie verwendet und war seiner Zeit eine in Berlin bekannte und beliebte Persönlichkeit.

Ortelsburg. Dort stehen Jäger-Bat. Graf Yorck von Wartenburg (Ostpr.) No. 1, Garn. Verw., Garn.-Laz. — Servisklasse 4.

Orthes in den Pyrenäen. Schlacht 26./2. 1814, in der Wellington den französischen General Soult gründlich schlug.

Ortsbiwak. Marschunterkunft in der Nähe des Feindes.

Das Bestreben muss darauf gerichtet sein, in den Tagen grösserer Spannung so viel als angängig die engste Unterkunft statt des Biwaks zu ermöglichen. Die Wahl der täglichen Marschziele müsste diesem Gesichtspunkte Rechnung tragen.

Die Truppe belegt die Ortschaft so dicht als möglich; die nicht unterzubringen biwakiren. Ein Gutshof mit zahlreichen Ställen und Scheunen nimmt meist mehr auf, als ein Dorf mit einer vierfach stärkeren Einwohnerzahl. Ländliche Ortschaften stehen für Unterbringung von Pferden den städtischen, welche hauptsächlich nur Infanterie fassen, voran.

Ortscheit. Aus Holz oder Stahlrohr hergestellt und an der Bracke meist gelenkig befestigt,

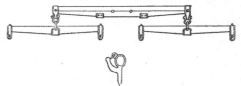

tragen sie an den Enden Kappen mit Oesen für die Tauhaken. Man bedient sich der beweglichen O. bei festen Hinterbracken, um bei Wendungen und seitlicher Neigung der Fahrbahn die verschiedene Lage beider Taue des Pferdes auszugleichen.

Ortsdienst — Ostermann-Tolstoi

Ortsdienst. Die Quartiere des Orts-Kommandanten und der höheren Kommandanten bei Tage durch Fahnen oder Strohwiepen, bei Nacht durch Laternen, diejenigen der Spielleute durch strohumflochtene Reifen oder Signalhörner, kenntlich zu machen. An den Ausgängen und bei Zweigstrassen sind Wegweiser anzubringen. Bei grösseren Truppen per Bataillon ein Offizier, bei Kompagnien ein Unteroffizier vom Dienst und für den ganzen Ort ein Offizier vom O. zur Verfügung des Kommandanten. Näher am Feinde werden die bekannten Sicherheitsmaassregeln getroffen, auch Innenwachen gestellt.

Ortslazarethe werden nur für die Dauer grösserer Truppenübungen, Kantonirungen, Lagerungen etc. angelegt, wenn die Ueberführung Schwerkranker in ein Garnisonlazareth oder eine Zivilheilanstalt wegen zu weiter Entfernung etc. ausgeschlossen ist. Die besondere Grösse (bis 1 % der Truppenstärke), Einrichtung etc. richtet sich nach den örtlichen und sonstigen Verhältnissen. Ihre Anlage wird durch die General-Kommandos bestimmt.

Im Felde werden unter gleichen Voraussetzungen „Kantonnementslazarethe" eingerichtet, und zwar unter gewöhnlichen Verhältnissen bis

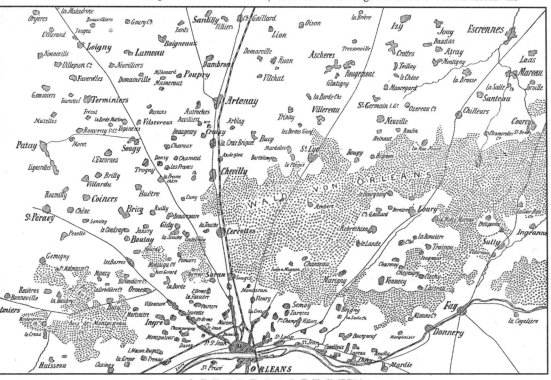

Orléans.

zu einer Krankenzahl von 3 %, der auf dieselben angewiesenen Truppen. Auf diese Lazarethe finden die für Feldlazarethe gegebenen Bestimmungen Anwendung.

Ortsnamen sind deutlich, möglichst in lateinischen Buchstaben zu schreiben.

Ortsunterkunft (früher Kantonnement) ist gebräuchlich, wenn der Feind nicht in unmittelbarer Nähe steht, stuft sich ab bis zum engen Ortsbiwak, je näher man dem Gegner steht, und breitet sich aus bis zu bequemer Unterkunft, je weiter die Truppen vom Aktionsfelde entfernt sind. (Näh. Deutsche F.-O. und einzelne Artikel.)

Ortsverbindungen s. Wege, Eisenbahnen etc.

Ortsvorstand. Der O. ist zur Mitwirkung bei der militärischen Kontrolle verpflichtet. Er hat unter Kontrolle der Ersatzbehörden Rekrutirungs-stammrollen — auf Grund der ihm vom Standesbeamten zugehenden Geburts- und Todesfälle männlicher Personen — zu führen oder unter seiner Verantwortung führen zu lassen. — Der O. beordert die Militärpflichtigen zur Musterung. Bei Einquartierung, Beitreibungen u. s. w. hat sich die Truppe an den O. zu wenden.

Osnabrück. Dort stehen St., 1., 2. und 4. Bat. Inf.-Rgts. Herzog Friedrich Wilhelm von Braunschweig (Ostfries.) No. 78. Bez.-Kom., Garn.-Verw., Garn.-Laz. — Serviskasse 2.

Osterach in Hohenzollern. Treffen am 20. und 21./3. 1799, in dem Erzherzog Karl den General Jourdan nach kühnem Ansturm durch die hohe Osterach zum Rückzuge zwang.

Ostermann-Tolstoi, russischer General (1772 bis 1837), zeichnete sich in den Kriegen 1805,

1806, 1807, 1812 aus, besiegte 1813 bei Kulm den dreifach überlegenen General Vandamme.

Osterode. Dort stehen Inf.-Rgt. von Grolmann (1. Pos.) No. 18, Bez.-Kom., Prov.-Amt., Garn.-Verw., Garn.-Laz. — Servisklasse 3.

Ostrolenka. Schlacht am 26./5. 1831, in der die Russen unter F.-M. Diebitsch die Polen nach hartnäckigem Kampfe und mit grossen beiderseitigen Verlusten besiegten.

Ostrowo. Dort stehen 3. Bat. Füs.-Rgts. von Steinmetz (Westfäl.) No. 37, 5. Esk. Ul.-Rgts. Kaiser Alexander III. von Russland (Westpr.) No. 1, Bez.-Kom., Garn.-Verw., Garn.-Laz. — Servisklasse 3.

Otto, v., österreichischer General der Kavallerie (1735—1811), war ein hervorragender Führer im kleinen Kriege, in welchem er in den Feldzügen von 1788—93 sich glänzend bewährte.

Oudenarde (Belgien). Schlacht 11./7. 1708, in der die beiden berühmten Feldherren, Prinz Eugen und Marlborough, die Franzosen unter dem Herzog von Burgund gründlich schlugen, der sich verleiten liess, aus seiner guten Stellung zu frühzeitig zum Angriffe überzugehen.

Oudinot, Herzog von Reggio, Marschall von Frankreich (1767—1847), (Kaufmannssohn), zeichnete sich in den Revolutionskriegen aus. Bei Wagram wurde er Marschall und Herzog. 1812 führte er das 2., 1813 das 12. Korps, mit dem er bei Grossbeeren und Dennewitz (in letzterer Schlacht unter Ney führend) gründlich von Bülow geschlagen wurde. Am 16. Oktober leistete er bei Leipzig hervorragende Dienste. 1814 wurde er verwundet. Er schloss sich 1815 nicht an Napoleon an, blieb bis zu seinem Tode im Dienste.

Sein Sohn nahm 1849 Rom, erhielt aber nicht den Marschallstab, da er sich im Dezember 1851 gegen die Pläne Napoleons III. erklärte.

Outram, James (1803—1873), englischer General, führte 1847 die Expedition gegen Persien, vertheidigte im Seprykriege die Stadt Cawnpore, schlug 1858 die indischen Rebellen bei Alumbagh.

Overkirk, Graf Nassau-O., holländischer F.-M. (1642—1708), war, ohne selbstständig zu führen, ein hervorragender Soldat seiner Zeit, der besonders bei Oudenarde sich auszeichnete.

P.

Packpferde sind nur noch in Gebirgs-Kadres im Gebrauch, da das Pferd beim Tragen weniger zu leisten vermag und doch mehr leidet als beim Ziehen. Man nimmt daher zu Tragthieren lieber Maulesel.

Packwagen sind vorhanden pro Regiment ein zweispänniger P., pro Bataillon ein zweispänniger P., pro Kompagnie oder Eskadron ein zweispänniger P., die alle zur grossen Bagage gehören.

Pacthod, Graf, französischer Divisions-General (1764—1830), wurde 1814 bei La Fère Champénoise umzingelt und gefangen; und wehrte sich so tapfer mit seinen zwei neuen Divisionen, dass er die Bewunderung der Gegner erregte.

Paderborn. Dort stehen Stab, 2. und 5. Esk. Hus.-Rgts. Kaiser Nikolaus II. von Russland (1. Westf.) No. 8, Bez.-Kom., Garn.-Verw. und -Laz. 2. Servisklasse.

Paixhans, Henry (1783—1854), französischer Artillerie-General, konstruirte einen 80 pfd. Mörser, aus welchem Granaten geworfen wurden, nach ihm P. benannt; war auch Militär-Schriftsteller.

Pajol, Graf, französischer Divisions-General (1772—1844), war ein geschätzter Reiterführer unter Napoleon, der besonders den Sicherheitsdienst trefflich handhabte; er wurde 1813 bei Wachau schwer verwundet, zeichnete sich 1814 bei Montereau aus, ebenso 1815 bei Ligny und Wavre.

Paketladung s. Mehrlader.

Palestro. Schlacht 31./5. 1859. Schon am Abend vorher stiessen die Oesterreicher dort mit den Sardiniern zusammen, ohne dass sie besondere Resultate erzielt hätten. Am 31. Angriff der Oesterreicher auf P. in 2 Kolonnen und auf Confienza. Letzterer wurde zurückgeschlagen.

Der Angriff wurde durch Zuaven, die auf dem linken Flügel überraschend erschienen, lahm gelegt, der Rückzug auf Rivoltella durch eben dieselben beschleunigt.

Plan s. nächste Seite.

Paletots sollen nicht weniger als 8 und nicht mehr als 12 cm unter den unteren Rand der Kniescheibe reichen. Das Umhängen des P. ist zum Kirchgang (wenn nicht angezogener Paletot befohlen ist) und ausser Dienst gestattet. Mantel kann an Stelle des P. getragen werden von unberittenen Offizieren zur Kirche, ausser Dienst und zum kleinen Dienstanzug, von berittenen Offizieren ausserdem im Felde und bei allen feldmässigen Uebungen. P. von schwarzer Farbe dürfen von den Offizieren und Sanitäts-Offizieren im kleinen Dienst und ausser Dienst aufgetragen werden. Eine Neubeschaffung schwarzer P. ist unzulässig. In der Front stehende Offiziere sollen stets gleichmässig gekleidet sein.

Palfy, Graf, österreichischer F.-M. (1657 bis 1732), that sich beim Entsatze Wiens und Belgrads 1688 hervor. Zuletzt Palatin von Ungarn.

Sein Bruder, österreichischer F.-M. (1663 bis 1751), auch bei Wien thätig, trug wesentlich zur Beruhigung Ungarns bei. 1716 schlug er 20 000 Spahis bei Peterwardein, zeichnete sich 1717 bei Belgrad aus und war ebenfalls Palatin von Ungarn.

Palikao, Graf, cousin de Montauban, französischer Divisions-General (1796—1878), zeichnete sich in Algier aus. Führte die französiche Expedition nach China 1860; schlug die Chinesen bei Palikao (daher der Name) und bereicherte sich durch Plünderung. War 1870 Kriegsminister vom 9./8.—4./9.

Palisaden wurden in den früheren Feldbefestigungen zur Vertheidigung und als Hindernissmittel angebracht.

Pallasch. Blanke Waffe mit meist gerader Klinge, zuweilen an der Spitze leicht gekrümmt, so dass letztere entweder in der Mittellinie der Klinge oder in der Verlängerung des Rückens liegt. Der P. ist mehr zum Stich als zum Hieb geeignet und vorzugsweise Waffe der schweren Kavallerie, in Preussen nur der Kürassiere (Kürassierdegen).

Pallières, de, französischer Divisions-General (1823—76), kämpfte tapfer bei Bazeilles, führte bei Coulmiers eine Division und später das 15. Armee-Korps.

Panaritium, Gelenkleiden und Fingergeschwüre, werden besser im Lazareth behandelt, weil sie leicht zu Complicationen führen können.

Pancsowa an der Donau, 30./7. 1739 und 1./1. 1849 Sieg der Oesterreicher.

Panduren war der Name irregulärer, in Ungarn und Kroatien geworbener Truppen, die im

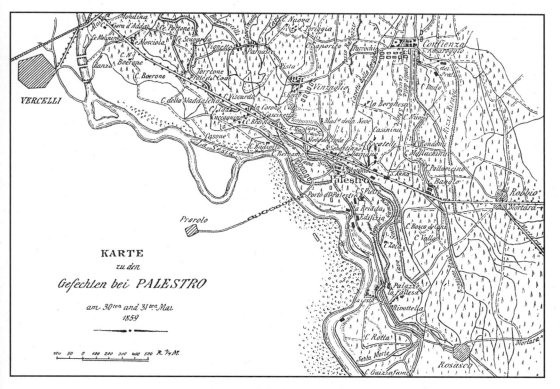

Palestro.

spanischen Erbfolgekriege, in den Türkenkriegen und im österreichischen Erbfolgekriege kämpften. Sie waren, namentlich unter v. d. Trenk 1744, der Schrecken der Bewohner, oft aber auch der der Feinde. Im 7jährigen Kriege waren sie schon den österreichischen regulären Truppen ähnlicher, 1756 wurden sie zum gegenwärtigen 53. Infanterie-Regiment umgeformt.

Pantograph (Storchschnabel) wird zum Verkleinern bezw. Vergrössern von Plänen, Entwürfen etc. gebraucht.

Pantopollit. Sprengstoff, Dynamit mit Naphtalin.

Panzer. Die P.-Platten, welche zuerst im Krimkriege auf französischen schwimmenden Batterien eine Rolle spielten, wurden anfangs aus gewalztem Schweisseisen hergestellt, das bei der bedeutenden Stärke und Grösse der Platten häufig eine minderwerthe Beschaffenheit zeigte und der stetig gesteigerten Leistung der Geschütze nicht gewachsen war. An seine Stelle trat zunächst der Verbund- (Compound-) P., aus 2 unter der Walze vereinigten Platten bestehend, die vordere (etwa $1/3$ der Gesammtstärke) von Stahl, die hintere von Eisen. Dann folgten die durchweg stählernen P.; den weichen Stahl löste bald der harte ab und diesen wieder der Nickelstahl (s. d.), welcher neuerdings noch mit einer gehärteten Vorderschicht versehen wird (s. Harvey- und Tresidder-P.). Nebenher fanden in Festungen und Küstenwerken auch vielfach P.-Kuppeln aus Gruson'schem Eisenhartguss Verwendung. Da die Verbesserungen der P. stets auch von gleichwerthigen Fortschritten der Geschütze und Geschosse begleitet waren, so ist die Ueberlegenheit im Kampfe zwischen Artillerie und P. bisher vielfachen Schwankungen unterworfen gewesen.

Panzergeschosse. Die anfangs aus Gusseisen, dann aus Eisenhartguss hergestellten Vollgeschosse wurden später allgemein durch Stahlgranaten ersetzt; heute verwendet man fast ausschliesslich Tiegel-Chromstahl, welcher der wesentlichsten Anforderung an P.: grosse Härte im Verein mit bedeutender Festigkeit und Zähigkeit am besten entspricht. Chromstahl mit 0,8 bis 1,15 % Kohlenstoff und 2,2 % Chrom (Putiloffwerke, Russland) ergab 41—50 kg Elastizitätsgrenze 86—97 kg Festigkeit auf 1 qmm und 6,5—8 % Streckung. Die Gussstücke werden, um Rissbildung zu verhüten, unter Asche abgekühlt und bei höchstens 1000° C. ausgeschmiedet. 15—34 cm Geschosse aus solchem Stahl (Gewicht 45—643 kg) haben gegen 25—45 cm starke Platten bei 400—580 m Treffgeschwindigkeit ein gutes Verhalten gezeigt. (S. a. Geschosse und Kappengeschosse.)

Die Geschossarbeit (A), deren die P. zum

Krupp'sche Nickelstahlplatte, 300 mm stark, mit gehärteter Vorderschicht,
nach 3 Schuss aus 30,5 cm-Kanone mit 4726, 5482 und 6078 m Treffarbeit; Geschosse zerbrochen; keins durchgeschlagen; Platte rissfrei.
Diese Platte hat eine bis jetzt nirgends erreichte Widerstandsfähigkeit gezeigt.

Durchschlagen von Harvey-Nickelstahlpanzern bei senkrechtem Auftreffen bedürfen. ergiebt (nach Weaver) der Ausdruck:

$$A = 13{,}82 \; n^2 d^2 t$$

Panzerlafette. Panzerstand mit Geschütz (kleinen oder mittleren Kalibers), beide derart zu einem Ganzen vereinigt, dass den Anforderungen an Wirkung und Deckung, Raum- und Gewichtsersparniss, leichte Handhabung und rasche Bedienung in möglichst ausgiebigem Maasse entsprochen wird. (Erfinder: Preussischer Oberst-Lieutenant Schumann). Beispiel: Gruson'sche P. für eine 12 cm-Kanone (Bild a und b), P.-Decke A und Lafettenwände B ruhen auf der hohen, senkrecht verschiebbaren Pivotsäule D, welche unten mit Gewinde in der Stellmutter F gelagert ist, die sich auf der Fussplatte G drehen lässt. Der das Geschützrohr in der Mitte umfassende Rohrträger wird mit seitlichen Gleitstücken in den kreisbogenförmigen Bahnen der Lafettenwände geführt. Das Gewicht der Kanone ist durch das Gegengewicht J ausbalanzirt, welches an einem durch die Höhlung der Säule D und über die Seilscheibe c geführten Drahtbande hängt, dessen oberes Ende an dem mit dem Rohrträger verbundenen Zahnbogen d befestigt ist. Um Höhenrichtung zu nehmen, setzt man mittelst des Handrades i den Zahnbogen in Bewegung, der sich durch den Bremshebel f in jeder Lage feststellen lässt, und liest die Erhöhung auf einem Theilbogen an der Innenseite der linken Lafettenwand ab. Um Seitenrichtung zu nehmen, hebt man durch Drehung der Stellmutter F mittelst Ratsche k die Panzerdecke A vom Hartgussvorpanzer H ab und setzt durch Handrad f mit der Pivotsäule verbundenen Zahnkranz g in Drehung, der einen Theilring zum Ablesen der Richtung trägt. Bedienung: 3—4 Mann; Gewicht der P. mit Verpanzer ohne Kanone: 59400 kg; Gewicht des Vorpanzers: 29700 kg; Rohrgewicht mit Verschluss: 1425 kg; Geschossgewicht: 18 kg; Mündungsgeschwindigkeit: 475 m; Feuergeschwin-

 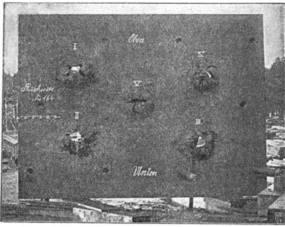

Vorderseite. Rückseite.

Krupp'sche Nickelstahlplatte 164, 300 mm stark,
nach 5 Schuss aus 28 cm-Ringkanonen L/22 mit je 2590—2660 m Treffarbeit. Grösste Eindringung: 505 mm. 4 Krupp'sche Stahlgranaten unversehrt zurückgeworfen; 1 Hartgussgranate zerbrochen; Kopf in der Platte. Platte rissfrei.

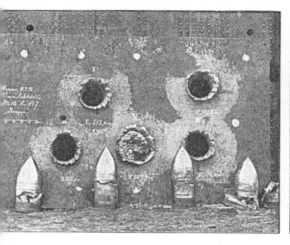 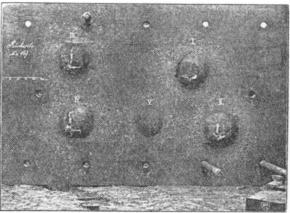

Vorderseite. Rückseite.

Krupp'sche Nickelstahlplatte 147; 400 mm stark,
nach 5 Schuss aus 30,5 cm-Kanone L/22 mit je 4290—4430 m Treffarbeit. Grösste Eindringung: 500 mm. 4 Krupp'sche Stahlgranaten zurückgeworfen und zerbrochen; 1 Hartgussgranate zersplittert; Kopf in der Platte. Platte rissfrei.

digkeit: 1- Schuss in der Minute. S. auch Fahrpanzer, Kugelmörser und Senklafette. (d: Geschossdurchmesser, t: Plattenstärke, beide in cm; n = 3,125 + 0,043307 [t—d]). Bei schrägem Auftreffen vergrössert sich die erforderliche Geschossarbeit; übersteigt der Treffwinkel (s. d.) 60°, so gleiten die P. erfahrungsmässig ab. Die amerikanische 40 cm-Kanone vermag bei 30° Treffwinkel auf 3700 m mit 14 068 mt Geschossarbeit 35 cm und auf 5500 m mit 11 861 mt Geschossarbeit 30 cm Stahl zu durchschlagen.

Panzerthurm besteht aus einer P.-Kuppel, aus dem schmiedeeisernen Unterbau mit Drehvorrichtung und aus einem zum Schutze des Unterbaues bestimmten Vorpanzer, welcher durch eine aus Mauerwerk und Erde bestehende Brustwehr gedeckt ist. Weiter gehören zum Thurme: die Thurmumdrehungsskala, die Visirvorrichtung, der Munitionsaufzug und die Einrichtung zur Ableitung des Regenwassers.

Die P.-Kuppel besteht aus der P.-Wand und der P.-Decke. Die P.-Wand ist aus einer Schartenplatte — mit 2 Minimalscharten — und 4 Seitenplatten zusammengesetzt.

Die Hartguss-Panzerdecke besteht aus 2 halbkreisförmigen P.-Platten, welche in der Mittellinie des Thurmes zusammenstossen. In der P.-Decke ist ein Rauchabzugloch, der gedeckte Schartenschlitz und die durch eine Stahlplatte gedeckte Oeffnung für den Kopf des Visirenden.

Der Unterbau des Thurmes enthält den ringförmigen Gitterträger und den Fussboden des Geschützraumes. Der Obertheil des Gitterträgers trägt die P.-Kuppel, auf dem Untertheile ist der gusseiserne Laufkranz; auf diesem, aussen nach dem ganzen Thurmumfange, die Skalaplatte festgeschraubt; diese hat eine Eintheilung — die Thurmumdrehungsskala —, auf welcher vom Nullpunkte aus nach rechts und links jeder zehnte Theilstrich mit 1, 2 etc., jeder hundertste fortlaufend 10, 20 etc. bis 310 bezeichnet ist. Der zugehörige Zeiger ist am Schutzbleche der Rollbahn des Thurmes befestigt.

Der gusseiserne, auf einem Träger des Fussbodens mit seiner Fussplatte aufgeschraubte Reihbock bildet mit der rückwärtigen Schwenkschiene die Bettung des Geschützes. Der Pfostenbelag des Fussbodens ist für die Presszylinder rinnenartig vertieft. Eine Treppe führt aus dem Geschützraume in die Ringgallerie, eine zweite zum Kommandantenstand.

Die Drehvorrichtung des Thurmes besteht aus hohlen, gusseisernen Rollen, die auf der Rollbahn des Thurmfundaments laufen, aus dem Zahnkranze, welcher an dem Laufkranze befestigt ist und aus der Kurbel mit der Räderübersetzung. Durch Drehen der Kurbel in der Richtung der Bewegung des Zeigers einer Uhr oder entgegengesetzt, wird der Thurm von rechts über vorn nach links oder entgegengesetzt gedreht. Der Vorpanzer übereerdeckt die um den Thurm führende Ringgallerie.

Die Visirvorrichtung dient zum ersten Einstellen des Thurmes und ist in der Schartenschlitze angebracht.

Der Munitionsaufzug führt vom Munitionsraume in die Ringgallerie.

Bei Kasematten mit Minimalscharten ist in der Stirnmauer ein Panzerschild mit einer Minimalscharte eingesetzt.

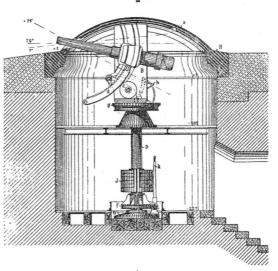

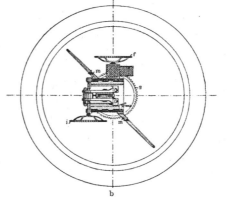

Panzerlafette.

P.A.O. Abkürzung für Proviantamts-Ordnung. Entwurf 1893.

Pappenheim, Graf, österreichischer F.-M. (1594—1632). Einer der Helden des 30 jährigen Krieges, half 1629 bei der Blockirung, 1631 bei der Belagerung von Magdeburg, verleitete Tilly zur Schlacht bei Breitenfeld, wurde bei Lützen tödtlich verwundet. Ein Bravster der Braven seiner Zeit.

Parabel, Flugbahn im leeren Raum; wird nur durch Mündungsgeschwindigkeit, Schwerkraft und Richtung der Seelenachse bestimmt, während für die Gestalt der ballistischen Kurve (s. d.) oder Flugbahn im lufterfüllten Raum noch der Luftwiderstand in Betracht kommt. Die parabolische Bahn kennzeichnet sich hauptsächlich durch folgende Eigenschaften: der aufsteigende Ast ist kongruent dem absteigenden; also liegt der Scheitelpunkt in der Mitte der Bahn, und der Fall- ist gleich dem Abgangswinkel; Mündungs- und Endgeschwindigkeit sind einander gleich, die Gipfelgeschwindigkeit ist kleiner als beide; die halbe, doppelte, dreifache etc. Mündungsgeschwindigkeit ergiebt auch die halbe, doppelte etc. Fluggeschwindigkeit in jedem beliebigen Punkte der Bahn; bei gleichen Abgangswinkeln verhalten sich die Schussweiten wie die Quadrate der Mündungsgeschwindigkeiten. Die parabolische Theorie gestattet wesentliche Rückschlüsse auf die wirkliche Flugbahn im lufterfüllten Raum und theilweise sogar eine unmittelbare praktische Verwerthung.

Parade. Schema zur Aufstellung des Frontrapports ist in der F.D.O. gegeben. (S. Frontrapport.)

Paradeanzug für alle dienstlich Betheiligten und Zuschauer: Waffenrock (Generale gestickter Waffenrock, Husaren umgehängter Pelz). Epauletten, Helm ev. mit Haarbusch (Federbusch etc.), 1. Garde-Regiment zu Fuss und Kaiser Alexander-Garde-Grenadier-Regiment 1 Grenadiermützen, Schärpe, Stiefel-Hosen und hohe Stiefel, Orden und Ehrenzeichen; bei der Kavallerie ausserdem: Kartusche, bei Kürassiren Kürass, Helmadler, Stutzhandschuh, bei Husaren Fangschnur, Kordons, Säbeltasche, bei Ulanen Rabatte, Fangschnur. Bezüglich Paletots und weissleinener Hosen (für Hauptleute und Lieutenants der Fusstruppen, welche nicht zu Pferde steigen) ist Anzug der Mannschaften maassgebend. Generale, Stabsoffiziere und Adjutanten: Paradeanzug und Satteluberdecke. Kürassire als Zuschauer ohne Kürass.

Parade-Aufstellung. Am Tage vor der grossen Parade ist dem Kaiser eine Uebersicht der P.-A. nachdem bekannten Muster, so wie die Vorbeimarschliste (s. dort) zu überreichen. Bei der Parade selbst wird Sr. Maj. der Frontrapport durch den kommandirenden General überreicht (s. d.).

Paraden beim Reiten müssen auf der Hinterhand, nach schnellen Gangarten, besonders auf hartem Boden, mit Vorsicht gemacht werden.

Paradeplatz. Für die Berechnung der Frontlänge gilt, dass man ansetzt:
 für die Rotte der Infanterie oder der Kavallerie 4/5 Meter,
 für das Geschütz oder Fahrzeug 5 Meter.
Hierzu treten dann noch die durch das Reglement der einzelnen Waffen vorgeschriebenen Zwischenräume, welch letztere auch den Raum für die Stäbe, Musikkorps etc. mit enthalten.

Paradesachen. Den General-Kommandos ist überlassen, zur Mitnahme der P. zu den vor Sr. Majestät dem Kaiser und Könige stattfindenden Paraden und Manövern die Transportmittel in Grenzen der Gewichtssätze von 75 Ztr. für ein Kavallerie-Regiment, 50 Ztr. für ein Bataillon, 8 bezw. 12 Ztr. für eine Batterie zu 4 oder 6 Geschützen, 15 Ztr. für eine Eskadron und 12,5 Ztr. für eine Kompagnie zu bewilligen. Berittene Truppen sollen übrigens den Transport ihrer P. von den Bahnhöfen in die Kantonnements und zurück möglichst durch ihre Krümpergespanne unentgeltlich besorgen.

Parallelen waren Angriffslinien, die in den Entfernungen von 600—1000, 3—500, 150 bis 250, 50—120 Meter vor der Festung angelegt, parallel mit den angegriffenen Fronten lagen. Man ersetzt sie neuerdings durch Schützengräben, die man nach Lage des Geländes anlegt und ebenfalls so schnell wie möglich, aber nicht schematisch, vorschiebt.

Parallelzüge. Im Gegensatz zu den Keilzügen (s. d.) sind die Felder und Züge in ihrer ganzen Länge gleich breit; P. werden vorwiegend angewendet, stets bei zunehmendem Drall.

Parchim. (Geburtsort Moltkes.) Dort stehen 2. Grossh. Mecklenb. Drag.-Rgt. No. 18, Prov.-Amt, Garn.-Verw. und -Laz. 3. Servisklasse.

Parforce-Jagd, -Rennen und wirkliche Parforce-Jagden. — Die mitreitenden Offiziere können im rothen Rock erscheinen. (S. Rennen.)

Parigné l'Evêque (S. Le Mans). Gefecht 10./1. 1871.

Paris. Ist neuerdings in grossartigem Maassstabe zu einem Lagerplatze für Armeen umgeformt worden. Der Plan giebt einen Ueberblick über die Anlagen. Natürlich kann P. nicht wieder so zernirt werden, wie dieses 1870 geschah, man wird es deshalb wohl nur von befestigter Stellung aus beobachten und die herauskommenden Theile einzeln angreifen.

Einschliessung 17./9. 1870 bis 29./1. 1871. (S. Plan.) Durch die III. Armee von Süden und Westen, durch die Maas-Armee im Norden und Osten. Während der Zeit Gefechte bei Petit Bicêtre und Chatillon seitens der Bayern. und des 5. Korps. Später Gefechte bei Chevilly (30./9.) gegen 6. Korps. Gefecht bei Bagneux (13./10.) Ausfall gegen die Bayern. Gefecht bei La Malmaison (Plan) 21./10. gegen 5. Korps. Gefechte bei Le Bourget (28. und 30./10.) gegen die Garde. Gefecht bei L'Hay (29./11.) gegen 6. Korps. Bei Mont-Mesly (30./11.) gegen Württemberger und 2. Korps, an demselben Tage bei Epinay. Schlacht bei Champigny-Villers (s. Champigny). Zweites Gefecht bei Le Bourget 21./12. (s. dort). Artillerie-Angriff begann 27. September mit 273 Geschützen. Ausfälle gegen die Linie von Clamart 10./1. 1871, gegen Le Bourget 13. und 15./1. 28./1. Waffenstillstand. Uebergabe der Forts. 3./3. Einzug durch einen Theil von P. 25./4.—30./5. 1871 Kommune-Aufstand in P.

Pläne s. Seite 528, 529 und 530.

Park. Vereinigung von Geschützen, Fahrzeugen, Munition, Schanzzeug und anderem Geräth zur geordneten, übersichtlichen Unterbringung, Verwaltung und Ausgabe desselben. Man unterscheidet Geschütz-, Munitions-, Fuhr-, Artillerie-Belagerungs-, Ingenieur-Belagerungs-Park u. a. m.

Parkiren der Fahrzeuge in Kantonnements ist Sache der Orts-Kommandantur. Parkirt die Bagage geschlossen, so fahren Patronen-, Medizin-Parkwagen in einer Linie mit 5 Schritt Zwischenraum der Deichsel auf; in zweiter Linie 4 Schritt Abstand von der vorderen Linie, die Lebensmittel- und Futterwagen.

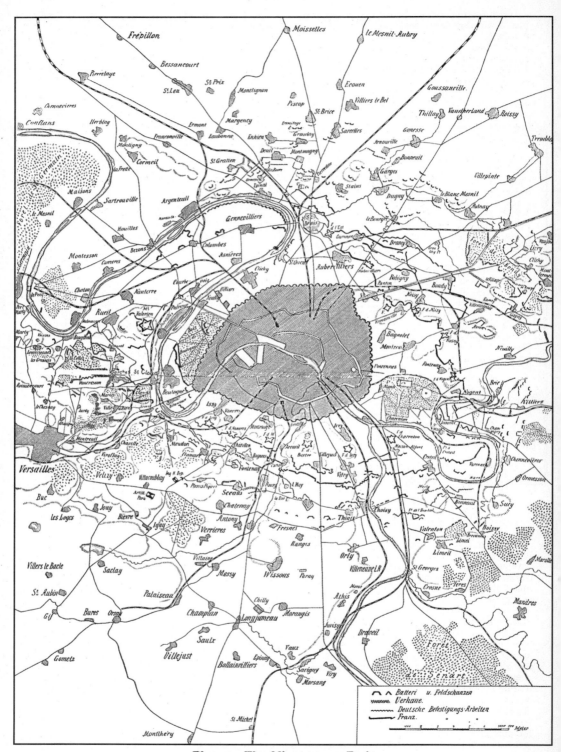

Plan zur Einschliessung von Paris.

Geschütze und Fahrzeuge der Munitionskolonnen und Trains parkiren auf der dem Feinde abgekehrten Seite des Ortes.

Parkwachen heissen bei der Artillerie die Innenwachen. Ihre Stärke richtet sich nach der Zahl der zu stellenden Posten, gewöhnlich 1 für Kommando und Fahrzeuge, 1 vor Gewehr.

Die Parkwache im Biwak wird sofort nach Aufstellung der Batterien ausgeschieden.

Für das Verhalten der Posten gelten die Festsetzungen des Garnisondienstes.

Parlamentäre werden im Felde nicht als Feinde behandelt, sondern zum Durchlassposten geführt. Ihnen werden — ohne jede Unterhaltung — die Augen verbunden und sie zur Feldwache bezw. Kompagnie gebracht, dann von dort dem Vorposten-Kommandeur zugeführt.

P. s. auch Unterhandlungen.

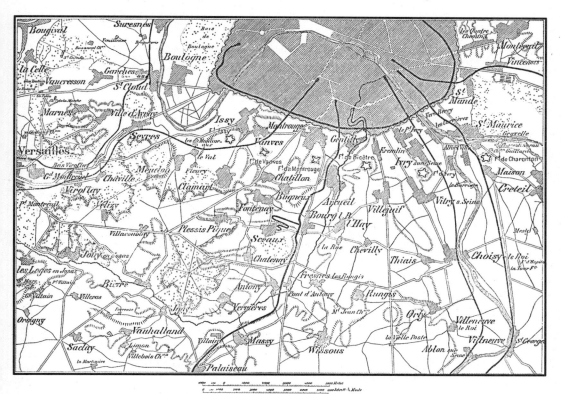

Im Südosten der Pariser Einschliessung.

Parole-Ausgabe. An Feiertagen und Allerhöchsten Geburtstagen etc. Paradeanzug (angezogener Paletot ist besonders zu befehlen), sonst Dienstanzug ohne Schärpe. Im Winter mit Ueberrock oder angezogenem Paletot bez. Pelz.

Parrot-Kanonen. Von Parrot konstruirte amerikanische gezogene Vorderlader, aus Gusseisen nach Rodmans System (s. Rodman-Kanonen) und am Bodenstück mit einem Verstärkungsring von Schweisseisen versehen. Kaliber: 7,4—25,4 cm. Ihre Haltbarkeit liess viel zu wünschen übrig; während des amerikanischen Bürgerkrieges zersprang eine grosse Zahl.

Parteigänger nennt man unabhängige Streifkorps, wie sie 1813/14 unter Colomb, Lützow, Tettenborn, Platow auftraten und im Sezessionskriege unter Mosby, Morgan und Forrest (partisanrangers) sich berühmt machten. Zu den Führern gehören kühne, wettererprobte, unermüdliche, tüchtige Soldaten.

Partikular-Bedeckung wird heute nur noch Artillerie-Bedeckung genannt. S. dort.

Partisane s. Hellebarde.

Pascha gab es früher von 1, 2 und 3 Rossschweifen; jetzt theilt man die militärischen P. in Muschirs (Feldmarschälle), Feriks (Generallieutenants) und Liwas (Generalmajore) ein.

Pasewalk. Dort stehen Kürass.-Regt. Königin (Pomm.) No. 2, Prov.-Amt, Garn.-Verw. u. Laz. 3. Servisklasse.

Paskiewitsch, Graf Eriwansky, Fürst von Warschau, russischer Feldmarschall (1782—1856), focht schon 1812—15 mit Auszeichnung; unterwarf 1827 Eriwan, führte siegreich 1828—1829 im russisch-türkischen Kriege, eroberte 1830 Daghestan, warf 1831 die polnische, 1849 die ungarische Insurrektion nieder; war jedoch 1854 nicht glücklich, gab den Oberbefehl an Menschikoff ab.

Passagere Befestigung, s. Befestigungskunst.

Passaro (Cap auf Sizilien), Seeschlacht 11./8. 1818, in der die spanische Flotte unter Admiral Castaneta von der englischen unter Byng völlig geschlagen wurde (verlor 17 Schiffe).

Pässe. Ersatzreserve-P. dienen zur Ueberweisung zur Ersatzreserve; durch diese können sich beurlaubte Freiwillige und Rekruten ausweisen. Sie werden vom Bezirks-Kommando ausgehändigt, und zwar alsbald bei der Ueberweisung zur Ersatz-Reserve. In diese P. werden alle Meldungen der Mannschaft und sonstige Veränderungen vermerkt; auch die Annahme bei einem Truppentheil für die 1. Uebung.

Militärpässe erhalten alle oben nicht bezeichneten Mannschaften des Beurlaubtenstandes; neben diesen auch Führungszeugnisse. Diese sind bei allen Meldungen vorzulegen, zu den Kontroll-Versammlungen mitzubringen. Alle aus dem aktiven Dienst entlassenen Mannschaften erhalten Militär-P. vom Regiment (bezw. Korps-General-Arzt).

Die Eintragungen in den Militär-P. dehnen sich auf alle Einzelheiten der Ausbildung etc. des Mannes aus.

Auch die Zurückstellung unter Vorbehalt entlassener Mediziner wird in die Militär-P. eingetragen.

Uebertritt zur Landwehr 1. und 2. Aufgebotes wird ebenfalls dort vermerkt.

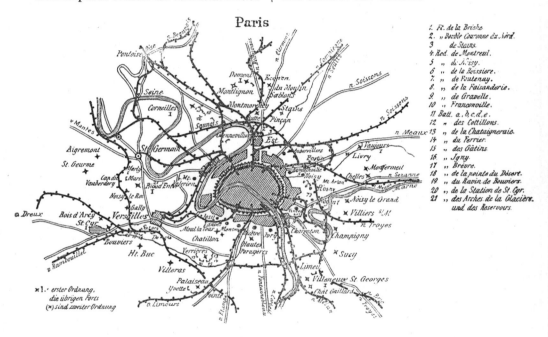

Die Militär-P. werden mit in's Feld genommen.

Urlaubs-P. dienen als Ausweise für die beurlaubten Rekruten und werden den ausgehobenen Rekruten ausgehändigt. Den zur Nachersatzgestellung ausgehobenen Rekruten, die bis zum 1. Februar keinen Gestellungsbefehl erhielten, werden sie wieder abgenommen.

Reise-P. werden für den Aufenthalt Militärpflichtiger in's Ausland ertheilt, aber nur für die Dauer der den Militärpflichtigen bewilligten Zurückstellung.

Pässe s. Engwege.

Passiren von Engwegen. Wo möglich Benützung gangbarer Stellen im Nebenterrain; Erweiterung sehr enger Stellen mittelst des Schanzzeuges oder — wenn thunlich — die Räder der einen Seite auf der Böschung des Engweges laufen lassen; Befreiung in tief ausgefahrenen Geleisen eingeklemmter Räder mittelst Hebbäumen oder einer Wagenwinde, nöthigenfalls durch Ausgraben, auch durch das Zugseil, an welchem die Bedienungsmannschaft anzieht, während gleichzeitig die Pferde angetrieben werden, kann man ein festgeklemmtes Rad befreien.

Passiren von Furten. Wenn zulässig, zuerst Fusstruppen, dann Batterien und Train, zuletzt Kavallerie; vor dem Durchschreiten Untersuchung der Furt durch einzelne Reiter, ihre Richtung am jenseitigen Ufer markiren; Bewirkung des Ueberganges von Geschützen und Fuhrwerken zu Zweien; Vergrösserung der Distanzen zwischen den Abtheilungen; Aneinanderschliessen und Händereichen der Mannschaft; Blick gerade vor sich nach dem Ufer; Geschütze und Fuhrwerke nehmen kleine Intervalle; wo nöthig, Ausladen der Munition und Ueberschiffung derselben; Untersuchung der Tragfähigkeit gefrorener Gewässer.

Passiren von Wegsteilen. Grössere Distanzen zwischen den einzelnen Geschützen (Fuhrwerken); Absitzen der gesammten Mannschaft und Führen der Sattelpferde an der Hand; zur Erholung öfter halten, dann Stein oder Holzstück unter die Hinterräder legen. Beim Berg abfahren: Bremsen; die Stangenreiter bleiben zu Pferde, die Vor- und Mittelreiter sitzen ab und verhüten, dass ihre Pferde ziehen; nach Zulässigkeit im Zickzack fahren; bei längeren Strecken Abnehmen der Bracke (Zugwage), um das Geschütz durch die Stangenpferde fortbewegen zu lassen.

Pataczin (Serbien). Schlacht 30./8. 1689, in der Markgraf Ludwig von Baden die Türken empfindlich schlug und ihnen die ganze Artillerie abnahm.

Patent ist die Bestallung durch den Kriegsherrn. Dessen Datum stellt die Rangordnung des Inhabers innerhalb seiner Charge fest. Die P. der am gleichen Tage Beförderten werden ausserdem nach Ziffern und Buchstaben rangirt.

Patrone der Infanterie. Die zum Ernstgebrauch bestimmte scharfe P. besteht aus Geschoss, Pulverladung, Hülse und Zündhütchen. Zwischen Ladung und Geschossboden ist zuweilen noch eine Zwischenlage aus Holz, Pappe oder dergl. eingeschaltet. Allgemeine Einrichtung und Theile s. Metallpatronen. Vergleiche auch unter Gewehr und Argentinisches u. s. w. bis Spanisches Gewehr. Deutsche P. 88 s. Bild.

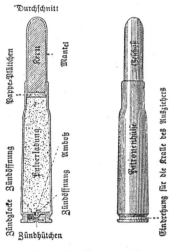

Deutsche Patrone 88.

Patronen-Ergänzung ist eine der wichtigsten Bedingungen des modernen Kampfes. Beim Anmarsch zum Gefecht ist der Inhalt der Patronenwagen an die Mannschaften zu vertheilen. (Unterbringung in Taschen, am Leibe etc.) Wiedergefüllte Patronenwagen folgen den Truppen so dicht wie möglich ohne Ansehen der Verluste. Jede neue Verstärkung versorgt die feuernden Linien mit neuer Munition; sonst müssen einige Leute in die Front geschickt werden. Je zwei Mann tragen den Inhalt eines Patronenkastens à 6 Packhülsen. Jeder trägt zwei Packhülsen über der Schulter und eine in der Hand.

Den Gefallenen und Verwundeten werden die Patronen abgenommen. Jedermann muss suchen, die Munition zu vervollständigen.

Bei Vertheidigungs-Stellungen müssen Vorkehrungen für wettersichere Unterkunft der Munition in den vorderen Linien getroffen werden.

Für Ersatz der Munition in den Patronenwagen sorgt die Bataillons-Kommandantur. Auch ist rechtzeitig in den Patronenwagen nach rückwärtigen Truppen eine bereite Reserve zu sichern. Etwaige Hindernisse etc. sofort dem Kommandeur der Feld-Artillerie melden.

Die Kompagnie-Patronenwagen sind 2 spännig und gehören zur kleinen Bagage, die den Truppen unmittelbar folgt.

Die Kavallerie-Patronenwagen (nur bei Kavallerie-Divisionen mitgeführt) befinden sich bei der reitenden Batterie.

Patronenlager, der zur Aufnahme der Patronen bestimmte hintere Theil der Laufseele; ist dem äusseren Umriss der Patrone entsprechend geformt mit geringem Spielraume zur Erleichterung des Einführens. Es besteht aus: 1. dem schwach kegelförmigen Hülsentheil, 2. der steil kegelförmig abgesetzten Schweifung, die das Vorschieben der Patrone begrenzt, sofern letztere nicht mit vorstehendem Bodenrand versehen ist, der dann an eine entsprechende Ausfräsung an der Hinterkante des Patronenlagers anstösst, 3. dem Uebergangstheil für das Geschoss, in dem sich die Züge verflachen, um den allmählichen Geschosseintritt zu bewirken.

Bei einigen Gewehren befindet sich an der Vorderfläche des Verschlusses eine napfförmige Vertiefung, die die Verlängerung des Patronenlagers bildet und den Patronenboden aufnimmt. S. auch Gewehr.

Patronenrahmen s. Mehrlader und Gewehr.

Patronenwagen nimmt die zur ersten Ergänzung des Taschenvorraths der Infanterie und Kavallerie bestimmten Patronen auf. Die früher gebräuchlichen Bataillons-P. sind in neuerer Zeit meist durch 2 spännige Kompagnie-P. (Deutschland C/87) ersetzt worden, welche den Munitionsersatz erleichtern und beschleunigen und vermöge geringen Gewichts, grosser Lenkbarkeit und Biegsamkeit den Truppen auch ausserhalb der Strasse leicht und rasch folgen können. Haupterforderniss: hohe Verwerthung (s. dort) des Fahrzeugs, um eine im Verhältniss zur Zugkraft möglichst grosse Zahl von Patronen fortschaffen zu können.

Patrouillen. (S. auch Offiziers-P.) Bei Ablösung der Feldwachen gehen P. der alten und neuen Wache, um letztere mit den Verhältnissen vertraut zu machen, gemeinsam (meist gegen Tagesanbruch).

Nach dem Gefecht gehen P. zur Aufsuchung von Verwundeten und Abwehr von Gesindel.

Jeder Feldwachhabende (Hauptposten-Kommandant) hält sich P. für alle Vorkommnisse bereit. Je 2 Mann unter gewandtem Führer.

Auf den Märschen werden die Infanterie-Seiten-P. womöglich durch Kavallerie-Aufklärung ersetzt.

Verhalten der P. Führer muss sich schnell im Gelände zurechtfinden, unermüdlich, geistesgegenwärtig und findig sein. P. vorsichtig, geräuschlos, viel horchen und sehen. Andere Wege zurück als hin. Bei Infanterie oft ohne Gepäck, in Mütze. Alle P. melden bei den Vorposten beim Ausgange, Richtung etc. ihres Vorgehens, beim Eingange, was sie bemerkt haben.

Bei kurzen Entfernungen vom Feinde zieht man Infanterie-P. vor.

Die Kavallerie-P. gehen auch bei Nacht, damit die Fühlung mit dem Feinde nicht verloren geht. Gewandte Führer hängen sich dem Feinde an auf längere Zeit, senden aber fortwährend Nachrichten.

Gendarmerie-P. S. dort.

In Orten in Feindesland ist regster P.-Dienst einzuleiten, die P. verkehren nicht nur in dem Orte und dessen Grenzen, sondern werden auch auf den Zugangsstrassen nach aussen vorgeschickt.

Die Verbindungs-P. innerhalb der Postenlinie und zu den benachbarten Feldwachen etc. sind nur 2 Mann stark zu machen.

Die selbstständigen Unteroffiziersposten erhalten einige Mann zum P.-Dienst, doch darf dieser nicht zu weit ausgedehnt werden.

Pauken dürfen von den Kavallerie-Regimentern nur zu den Kaisermanövern und vom Regiment Gardes du Corps auch zur grossen Herbstparade bei Berlin mittelst je einer einspännigen Vorspannfuhre herangeschafft werden. Sollte der Eisenbahntransport — unter Versicherung als Werthstück — billiger sein als das besondere Fuhrwerk, so ist der Eisenbahntrans-port vorzuziehen.

Peabody. Das System dieses Amerikaners bildete das Ausgangsmodell für alle Blockverschlüsse.

Pebblepulver s. Kieselpulver.

Perto-Alexandrowsk war eine kleine russische Festung am rechten Ufer des Amu-Darja, einst von Wichtigkeit, jetzt nach Unterwerfung von Merw in Chiwa von untergeordnetem Werthe.

Peitsche (Gerte) führt der Offizier nur beim Reiten ausser Dienst, wenn er ein Pferd abrichten will. Dies darf nie auf öffentlichen Promenaden etc. geschehen. Die Gerte: So lang, dass der Reiter mit der Spitze den Hinterschenkel erreichen kann, ohne die Stellung der Hand zu ändern. — Beim Führen: Mit den Zügelenden in der linken Faust, Spitze rück- und abwärts. Um anzutreiben: Ohne stehen zu bleiben oder sich umzusehen, von hinten eine Hülfe mit der Spitze. — Nach dem Aufsitzen ergreift die rechte Hand, ehe sie den Zügel nimmt, über die linke weg, dicht hinter dieser, die Gerte mit einem Paar Finger, bringt sie, mit der Spitze nach hinten in die Höhe, auf die rechte Seite, dreht sie zwischen den Fingern mit der Spitze ab- und rückwärts, fasst das dicke Ende in die volle Hand, ergreift den Zügel. — Zum Absitzen legt die Rechte den Zügel in die Linke und giebt ihr die Gerte zurück. — Beim Reiten: In der inwendigen Hand, Spitze ab- und rückwärts. — Hülfen: Mit der Spitze am inwendigen Hinterschenkel. — Beim Changiren wird die Gerte wie oben der betreffenden Hand übergeben. — Gebrauch als Strafe: Wenn die Schenkel nicht ausreichen. Nachdem die Linke beide Trensenzügel ergriffen hat, von oben herab kräftiger Hieb unter den Bauch. — Das dicke Ende darf nicht oberhalb der geschlossenen Hand hervorragen.

Pélissier, Herzog von Malakow, Marschall von Frankreich (1794—1864). Ein rüder, aber tüchtiger Soldat, der sich in Algier hervorthat und 1854 Sebastopol eroberte; als Nachfolger von Canrobert. Er war zuletzt Gouverneur von Algier.

Pelletpulver. Englisches Schwarzpulver in Zylinderform mit Kugelabschnitten an den Grundflächen (s. Bild).

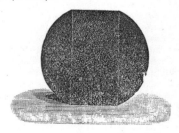

Englisches Zylinder- (Pellet-) Pulver.

Peloton hiess früher der Zug einer Kompagnie, P.-Feuer das zugsweise Salvenfeuer, das zur Zeit Friedrichs des Grossen von den Flügeln nach der Mitte lief, so dass zuerst der 1., dann der 8., 2., 7., 3., 6., 4., 5. Zug die Salven auf Kommando abgab.

Pelzbesatz (s. Pelzkragen) am Paletot im Friedensdienst nicht gestattet. Nur ausser Dienst und im Felde.

Pelze tragen neben den etatsmässigen Attilas ausser dem Leib-Garde-Husaren-Regiment auch das 1. Leib-Husaren-Regiment No. 1 und das 2. Leib-Husaren-Regiment Kaiserin No. 2. Die P. dürfen von den Regimentern aus Ersparnissen der Bekleidungswirthschaft dauernd unterhalten werden.

Pelzkragen bezw. Pelzklappenfutter zum Paletot oder Mantel darf im Frieden von den bei den Truppen eingetretenen Offizieren nicht getragen werden; im Uebrigen — in unauffälliger Form — gestattet.

Pembroke, befestigter englischer Hafen. (Milford Hafen.) Ausser älteren Werken ist der Eingang durch das auf dem Felsen liegende Panzerfort Stack Rock gesperrt, geschützt von den Batterien von South Hook (Moncrieffgeschütze) und Chapel Bay-Batterie. Die an den felsigen Ufern erbauten Panzerwerke Hubberstone und Popton schützen den Kanal, der nach Milford und Pembroke führt.

Plan s. nächste Seite.

Pendelquadrant. Veraltete und minder brauchbare Form der Quadranten. Während bei dem Libellenquadranten (s. d.) die Grundlinie der Winkelmessung eine, durch das Einspielen der Libelle bezeichnete Wagerechte ist, bildet sie bei dem P. eine Senkrechte, die Mittellinie eines Pendels, welcher an der mit Gradtheilung versehenen Platte frei herab- und daher im Ruhezustand senkrecht hängt.

Pension erhalten die aktiven Offiziere, Sanitätsoffiziere und Beamte, welche Gehalt beziehen, sobald sie nach wenigstens 10jähriger Dienstzeit in Folge eines körperlichen Gebrechens u. s. w. oder Schwäche der Geisteskräfte zur Fortsetzung des aktiven Dienstes bezw. Erfüllung ihrer Dienstpflichten unfähig geworden sind. Vor vollendeter 10jähriger Dienstzeit wird P. nur gewährt, wenn die Dienstunfähigkeit durch Dienstbeschädigung, Verwundung u. s. w. verursacht ist. Die Dienstunfähigkeit eines Offiziers, Sanitätsoffiziers oder Beamten muss von dem Dienstvorgesetzten ausdrücklich bescheinigt werden. Nur Offiziere und Sanitäts-Offiziere, welche das 60. Lebensjahr zurückgelegt haben, sind von dem Nachweise der Invalidität befreit, wenn sie nicht Anspruch auf Pensionserhöhungen haben, und bei Beamten, welche das 65. Lebensjahr erreicht haben, ist eingetretene Dienstunfähigkeit nicht Vorbedingung des Anspruchs auf Pension.

Die P. der Offiziere und Sanitäts-Offiziere wird bemessen nach der Dienstzeit und der mindestens während eines Jahres bekleideten etatsmässigen Charge. Liegt Dienstbeschädigung vor, so wird die P. stets nach der augenblicklich bekleideten Charge bemessen. Sätze s. Art. Invaliden.

Bei Beamten beträgt die P. mit vollendetem 10. Dienstjahre $15/60$ und steigt mit jedem vollendeten weiteren Dienstjahre um $1/60$ des Diensteinkommens bis zum Höchstbetrage von $40/60$. Hierbei wird das zuletzt bezogene Diensteinkommen, soweit dasselbe nicht zur Bestreitung

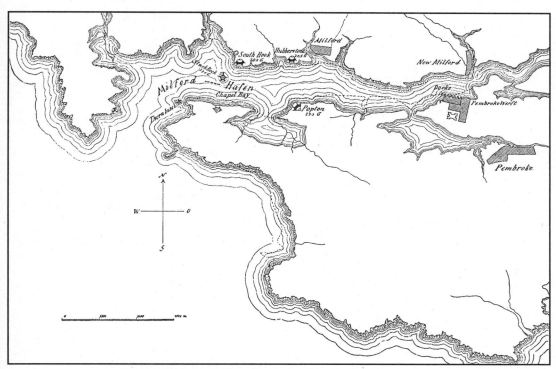

Skizze der Befestigungen vom Pembroke.

von Repräsentations- oder Dienstaufwandskosten gewährt wird, zu Grunde gelegt, Servis und Wohnungsgeldzuschuss nach dem Durchschnittssatze der Servisklassen I. bis V. Für diejenigen servisberechtigten Militär-Beamten, welche, wie die Militär-Intendantur-Beamten, Auditeure, Militär-Geistlichen u. s. w. auf die Garnisonorte der Chargen vom Brigadekommandeur einschliesslich aufwärts angewiesen sind, wird nur der Berliner und der Servis der Klassen I und II in Betracht gezogen und bei denjenigen Beamten, für welche der Servis der Klasse IV und V der gleiche ist, bleibt die Klasse V ausser Betracht. Für Beamte, welche Anspruch auf freie Dienstwohnung, sowie auf Deputate haben, ist der bei der Pension in Anrechnung zu bringende Werth dieser Emolumente im Etat vorgesehen. Die Dienstzeit wird vom Tage des Diensteintrittes an gerechnet. Für Offiziere und Sanitäts-Offiziere bleibt die Friedens-Dienstzeit vor Beginn des 18. Lebensjahres, für Beamte vor Beginn des 21. Lebensjahres ausser Berechnung. Feldzugsjahre werden doppelt berechnet (s. Kriegsjahre). Wegen Gewährung von P. an die als Ganz- oder Halbinvaliden anerkannten Mannschaften vom Feldwebel abwärts s. Invalidität.

Pensions-Abtheilung heisst die 1. Abtheilung des Departements für das Invalidenwesen im preussischen Kriegsministerium. Zu ihrem Geschäftskreise gehört insbesondere die Anerkennung der Offiziere, Aerzte und Beamten der Militär-Verwaltung zu den gesetzlichen Pensionen. Kürzung, Einziehung von Pensionen. Rekursgesuche der Militärpersonen der Unterklassen in Invaliden-Anerkennungssachen.

Pensions-Empfänger. Hinterbliebene (s. Aszendenten) haben 1 Gnadenmonat zu beanspruchen. Dieser bezieht sich auch auf Pensionserhöhungen und **Pensionszulagen.** Beide letztere kommen bei Wittwen- und Waisengeldern nur dann in Betracht, wenn sie in Stellungen erworben sind, die im Militär-Hinterbliebenen-Gesetze vorgesehen sind. (Verstümmelung hat keinen Einfluss auf Wittwen- und Waisengeld.) **Pensionszuschüsse** geniessen keinen Gnadenmonat.

Pensions- und Versorgungsansprüche der zu den Bezirks-Kommandos gehörenden Mannschaften sind dieselben wie beim stehenden Heere. Offiziere und Mannschaften des Beurlaubtenstandes, sowie die ohne Pension ausgeschiedenen zum Dienst wieder eingezogenen Offiziere u. s. w. erlangen P.-V. nur durch etwa im Dienst erlittene Verwundung oder sonstige Dienstbeschädigung. Ansprüche müssen innerhalb 6 Jahren nach der Entlassung geltend gemacht werden.

Perches. Hautes und basses P. S. Belfort.

Perczel, Moritz, war ungarischer Ministerialrath, errichtete 1848 ein ungarisches Freikorps, schlug die Oesterreicher in mehrfachen Gefechten, kämpfte dann mit wechselndem Erfolge, wurde als Kommandant der ungarischen Nord-Armee nach Szegedin gedrängt, in Opposition gegen Görgey, abgesetzt und flüchtete 1849 nach der Türkei.

Pered (Ungarn). Gefecht 20./6. 1849, in dem die Ungarn unter Görgey von den verbündeten Oesterreichern und Russen geschlagen wurden.

Pérignon, Marquis, Marschall von Frankreich (1754—1818), zeichnete sich in Spanien und bei Novi aus, wo er schwer verwundet wurde (1799), und von da ab dienstunfähig blieb.

Perkussionsgewehr. Vorderlader mit Hahnschluss und Zündhütchen, ersetzte gegen 1840 das Steinschlossgewehr und wurde nach 1866 allgemein durch den Hinterlader verdrängt.

Perkussionskraft. Ungenauer Ausdruck für Durchschlagleistung (s. d. und Bewegungsarbeit).

Perkussionsringzünder M. 1866/80 (*Oest.-Ung.*) wird in das Mundloch der Schrapnels der Belagerungskanonen eingeschraubt; er unterscheidet sich von dem P. M. 1866 mit dem Perkussionsapparat M. 1878 nur durch den Zünderkörper, der aus Messing ist. In dem Mundloche der 9 cm-Schrapnels ist der P. M. 1875 eingesetzt. Er besteht aus dem Zünderkörper, der Satzscheibe, der Deckplatte, der im Zünderkörper eingeschraubten Zündnadel, dem Schläger mit dem Zündhütchen, welcher durch den Vorstecker, dessen Ring über den Kopf der Schraubenmutter gelegt ist, in dieser festgehalten wird, endlich aus der Versicherungshülse, die nach dem Entfernen des Vorsteckers das vorzeitige Zusammentreffen des Zündhütchens mit der Zündnadel verhindert. Die Zünder werden bei der Adjustirung für 600 Schritt vortempirt. Beim Stosse der entzündeten Pulverladung stösst der Schläger mit seinem Zündhütchen auf die Zündnadel, wodurch sich das Zündhütchen und durch dessen Feuerstrahl der Satzring von innen an der Anfeuerungsöffnung entzündet.

Perkussionszünder s. Aufschlagzünder.

Perleberg. Dort stehen: 1., 3. und 4. Abth. Feldart.-Regt. General-Feldzeugmeister (1. Brandenbg.) No. 3 (1. Abth. nur vorläufig, s. Brandenburg a./H.), Bez.-Kom., Filiale der Art.-Dep. in Brandenburg a./H., Prov.-Amt, Garn.-Verw. und Laz. — 3. Servisklasse.

Permanente Befestigungen sind im Frieden bereits ausgebaute Werke.

Péronne, kleine Festung an der Somme, wurde 27./12. 1870 zernirt, vom 1./1. 1871 ab mit Belagerungs-Geschützen beschossen, kapitulirte am 9./1.

Persönliche Meldungen bei Parole-Ausgabe üblich; wenn länger als 24 Stunden dienstlich in fremder Garnison; wenn weniger als 8 Tage nur eine Meldung erforderlich.

Beurlaubte Offiziere sind, wenn sie länger als 48 Stunden in der Garnison oder Festung verweilen, zu einer einmaligen Meldung verpflichtet. Dieselbe kann persönlich oder schriftlich erstattet werden. Zu letzterem Zwecke liegen Formulare bei allen Truppen zur Entnahme gegen Bezahlung bereit.

Von den Militär-Intendantur-Beamten haben der Intendant und die Räthe und Assessoren die Verpflichtung, bei dem Antritt und der Rückkehr von Dienst- und Urlaubsreisen sich bei dem kommandirenden General persönlich zu melden. Sämmtliche Militär-Intendantur-Beamte sind verpflichtet, bei dienstlicher Anwesenheit in einer Garnison den Gouverneur, Kommandanten, Divisions-Kommandeur und Garnison-Aeltesten von dem Zwecke und der Dauer ihrer Anwesenheit persönlich in Kenntniss zu setzen. Bei unvermutheter Kassenrevision hat die Meldung erst nach Aufnahme der Kassenbestände zu erfolgen. Sinngemäss finden diese Bestimmungen auch auf die übrigen Beamten der Militär-Verwaltung Anwendung. Die für Offiziere gegebenen Festsetzungen bezüglich der p. M. gelten allgemein auch für Militär-Beamte.

Personalbogen werden für jeden Offizier, Portépeefähnrich und Sanitätsoffizier des Friedensstandes zweifach angefertigt; davon wird das eine Exemplar bei der Geheimen Kriegskanzlei, das andere beim Truppentheil aufbewahrt. Für Offiziere à la suite sind beide Ausfertigungen bei der Geheimen Kriegskanzlei. Bei erster Anfertigung erfolgt Anerkennung der Richtigkeit durch Unterschrift des Offiziers etc. Berichtigung erfolgt durch Truppentheil und Geheime Kriegskanzlei; letztere erhält zu diesem Zweck allmonatlich Veränderungs-Nachweise. Jeder P. erhält eine Nummer, welche von der Geheimen Kriegskanzlei dem Truppentheil mitgetheilt wird. Die P. dienen bei Versetzungen und Abkommandirungen von mindestens einjähriger Dauer als Ueberweisungspapier.

Personal- und Qualifikations-Berichte sind 1848/49 in Preussen, jetzt in ganz Deutschland eingeführt. Die P.-B. sind nach einem bei der Reichsdruckerei vorräthigen Muster anzufertigen und enthalten alles über die persönlichen Verhältnisse der Offiziere, Eltern etc. Wissenswerthe nach bestimmten Grundsätzen eingetragen. Sie werden seit 1./1. 82 nur noch von 4 zu 4 Jahren an des Königs Majestät eingereicht. Die P.-B. sind nicht geheim, sondern auch den Betheiligten auf ihren Wunsch zur Einsicht vorzulegen. Das Entwurfs-Exemplar wird beim Regiment etc. verwahrt und bei Versetzungen dem neuen Truppentheil überwiesen. Wegen der Qu.-B. s. d.

Peschiera, kleine italienische Festung am Gardasee. 1848 von den Italienern durch Kapitulation genommen, nachher wieder zurückgegeben. (Waffenstillstand von Mailand.)

Pestalozzi-Stiftung in Pankow bei Berlin, übernimmt Erziehung verwaister Kinder (allerdings in erster Linie von Lehrern).

Petarden. (Veraltet.) Gefässe in Kasten- oder Röhrenform mit Sprengladung und Zündvorrichtung. Sie wurden zum Sprengen von Thoren, Pallisadirungen, Gittern u. a. gebraucht.

Peterwardein, österreichische Festung. Schlacht 5./8. 1716, in der Prinz Eugen die Türken völlig auf's Haupt schlug. Von März bis September 1849 Zernirung bis zur Uebergabe der sie vertheidigenden Insurgenten.

Petit Bicêtre, Gefecht bei, s. Paris.

Petralit. Sprengstoff, bestehend aus Nitroglycerin, Nitrozellulose, Salpeter und Holzkohle.

Petrazit. Sprengstoff, bestehend aus Nitroglycerin, nitrirter Melasse (Rückstand der Zuckerfabrikation) und salpetrisirtem Holzmehl.

Petroleum darf nur im Felde an Stelle des Vulkanöls (s. d.) bei den Metalltheilen des Gewehres zur Verwendung kommen.

Peucker, v., preussischer General der Infanterie (1791—1876). Artillerist (Schlesische Brigade) 1812 in Russland. 1813—14 im Yorkschen Korps. 1848 Reichs-Kriegsminister unter Reichsverweser Erzherzog Johann. Oktober 1849 Chef des Stabes beim Militär-Gouvernement von Rheinprovinz und Westphalen. 1854 General-Inspekteur des Militär-Erziehungs- und Bildungswesens. Schöpfer der Kriegsschulen.

Pfalzburg. Dort stehen 3. und 4. Bat. Inf.-Rgts. No. 99 (4. Bat. nur vorläufig, s. Zabern), Prov.-Amt, Garn.-Verw. — 4. Servisklasse.

Pfarrer s. Militär-Pfarrer.

Pfeffer. Die Körner sollen fest, schwer, nicht mit Staub vermengt sein und nicht salzig schmecken.

Pferde. (Aus- und Einladen s. Eisenbahn.) Im (Friedens-) Biwak liegenden berittenen Offizieren kann vom Biwaks-Kommandanten gestattet werden, ihre Pferde für die Nacht auf eigene Kosten in den nächsten Ortschaften unterzubringen.

Pferdearzneigeld für Dienstpferde beträgt monatlich 15 Pfg. pro Pferd. Der Truppentheil erhält diesen Betrag als Pauschsumme zur Selbstverwaltung.

Pferde-Aushebung im Mobilisirungsfalle. Zur Beschaffung und Erhaltung des kriegsmässigen Pferdebedarfs der Armee sind alle Pferdebesitzer verpflichtet, ihre zum Kriegsdienst für tauglich erklärten Pferde gegen Ersatz des vollen von Sachverständigen unter Zugrundelegung der Friedenspreise endgültig festzustellenden Werthes an die Militärbehörde zu überlassen.

Befreit hiervon sind nur:
1. Mitglieder der regierenden deutschen Familien bezüglich der zu ihrem persönlichen Gebrauch (nicht auch im Wirthschaftsbetriebe derselben) bestimmten Pferde;
2. die Gesandten fremder Mächte und das Gesandtschaftspersonal;
3. Beamte im Reichs- oder Staatsdienste hinsichtlich der zum Dienstgebrauch, sowie Aerzte und Thierärzte hinsichtlich der zur Ausübung ihres Berufes nothwendigen Pferde;
4. die Posthalter hinsichtlich derjenigen Pferdezahl, welche von ihnen zur Beförderung der Posten kontraktlich gehalten werden muss;
5. die Königl. Staatsgestüte.

Sofort nach Eingang des Mobilmachungsbefehls theilt der Landrath dem mit Leitung der Geschäfte beauftragten Mitgliede der Musterungskommission (3 pferdekundige Personen und, wenn möglich, ein Thierarzt) ein Verzeichniss der zu gestellenden Pferde nach den verschiedenen Kategorien mit und bezeichnet demselben Tag und Stunde der Musterung und Aushebung. Gleichzeitig Aufforderung der Pferdebesitzer zur Gestellung ihrer Pferde. Unterlassung der Pferdevorführung wird streng bestraft. Ausnahmen nur zugelassen, wenn Pferde nachweislich an die Militärbehörde, Offiziere, Sanitäts-Offiziere oder Militärbeamte für den Mobilmachungsbedarf verkauft worden sind. Gemeinde- und Gutsvorsteher sind verpflichtet, bei der Musterung zu erscheinen. Die Musterungskommission prüft die gestellten Pferde und sondert die kriegsbrauchbaren aus. Aus letzteren ist sodann das vom Bezirk zu gestellende Kontingent und auf je 3 Pferde ein 4. als Zuschlag auszuwählen und mittelst National an den Landrath zu bezeichnen.

Für die Aushebung und Abnahme der Pferde bildet jeder Kreis etc. einen Aushebungsbezirk. Für jeden wird eine Aushebungskommission gebildet, bestehend aus dem Landrath oder dessen Vertreter, einem oder zwei vom Generalkommando ernannten Offizieren, einem Rossarzt oder Thierarzt, drei von der Kreisvertretung auf je 6 Jahre zu wählenden Taxatoren und je einem Stellvertreter. Die Taxatoren müssen unbescholtene Sachverständige sein. Sie werden vor Beginn der Abschätzung durch den Landrath vereidet.

Die bei der Musterung ausgewählten Pferde werden der Aushebungskommission vorgeführt. Die nicht kriegsbrauchbar befundenen werden sofort entlassen. Ausser dem Kontingent werden 3% Zuschlag als Reserven ausgewählt, abgeschätzt und in Nationalen verzeichnet.

Als Schätzungswerth ist der Friedenswerth in's Auge zu fassen. Aus den Taxen der 3 Sachverständigen wird der Durchschnitt gezogen. Kommen eigene Pferde der Taxatoren in Frage, so hat der Stellvertreter einzutreten. Nach Abschätzung findet Uebernahme der Pferde durch den Militär-Kommissar statt. Jedes Pferd muss mit Halfter, Trense, zwei mindestens 2 m langen Stricken und gutem Hufbeschlag versehen sein. Ein Mangel hieran wird bei Auszahlung der Taxsumme in Abzug gebracht. Vom Zeitpunkt der förmlichen Abnahme treten die Pferde in die Verpflegung der Militärverwaltung. Die bisherigen Eigenthümer erhalten schriftliche Anerkenntnisse, auf Grund deren sodann die Gelder zur Anweisung gelangen.

(S. Mobilmachungspferde.)

Pferde-Aushebungskommission. Die in jedem Pferde-Aushebungsbezirk (Kreis etc.) im Mobilmachungsfalle zu bildende P.-A.-K. besteht aus dem Landrath als Zivilkommissarius und einem vom kommandirenden General zu ernennenden Offizier als Militärkommissarius, dem ein zweiter Offizier beigegeben werden kann. Zuzutheilen sind der P.-A.-K. ein militärischerseits zu kommandirender Rossarzt oder vom Landrath zuzuziehender Thierarzt und drei von der Kreisvertretung auf je 6 Jahre zu wählende Taxatoren. Letztere müssen sachverständige, unbescholtene Personen sein, welche das volle Vertrauen der Eingesessenen besitzen. Dieselben werden vom Landrath vor Beginn der Abschätzung vereidet. Neben den drei Taxatoren werden drei Stellvertreter für den Bedarfsfall gewählt.

Pferdebeschaffungsgelder für die Zahlmeister der Kavallerie werden jährlich nachträglich mit 96 M. beim Regiment Gardes du Corps, 84 M. bei den Kürassieren, 75 M. bei den leichten Garde-Kavallerie- und Ulanen-Regimentern und 72 M. bei den Dragoner- und Husaren-Regimentern gezahlt. Die Liquidationen sind dahin zu bescheinigen, dass der Zahlmeister für die betreffende Zeit im Besitze eines Dienstpferdes gewesen und die Ration für dasselbe in Natur bezogen haben. Bei eintretendem Wechsel in der Besetzung der Zahlmeisterstellen bei den Kavallerie-Regimentern kommt die Geldvergütung völlig in Wegfall.

Pferde-Depots s. Etappen-Wesen.

Pferdegelder. (Pfg.-V. 30./3. 95.) Aktiven rationsberechtigten Offizieren der Fusstruppen, fahren den Artillerie und Trains aufwärts bis (ausschl.) Regiments-Kommandeur, steht P. zu. Auf 8 Jahre (Turnus) 1500 M.; wird monatlich nachträglich mit 15,62 M. fällig und in vollen Monatssätzen gewährt.

Monatliche Pferdegelder werden ferner gewährt: Stellvertretern und kommandirten Offizieren, die beritten sein müssen, soweit etatsmässige Rationen zuständig sind.

Bei Neueinstellung eines Pferdes kann Vorschuss in Höhe der wirklichen Beschaffungs- und Nebenkosten geleistet werden. (Abgezahlt in Monatsraten, die einbehalten werden.) Bei Wechsel von Pferden nur, wenn voriges Pferd abgezahlt war. Ausscheidende und Erben haben den Rest innerhalb von 3 Monaten zu decken. Verkaufserlöse zur Vorschusstilgung heranzuziehen.

Für nicht gehaltene Pferde giebt es kein Geld.

Von jedem Pferde ist National aufzunehmen.

Für im Dienste verunglückte Pferde wird Entschädigung geleistet. Wird vom Regiments-Kommandeur bescheinigt.

Bei nicht im Dienste geschehenen, aber vom Besitzer unverschuldeten Beschädigungen, die das Pferd unbrauchbar machen, kann der Kriegsminister Ersatz genehmigen.

Pferdetransport auf Eisenbahnen. S. dort.

Pferdeverbesserungsfonds besteht bei jedem Kavallerie- und Feldartillerie-Regiment, bei jedem Train-Bataillon und dem Militär-Reitinstitut.

Er wird gebildet:
a) aus dem Erlöse für die zum eigenen Wiederersatz verkauften Remontepferde;
b) aus der Rationsvergütung für solche Pferde;
c) aus den Einnahmen für die Berittenmachung der Einjährig-Freiwilligen.

Ein zum eigenen Wiederersatz verkauftes Pferd (Remonten der beiden letzten Jahrgänge, welche nicht einschlagen) darf in der Regel nur ein Jahr unersetzt bleiben. Verzögert sich die Ersatzbeschaffung, so muss nach Ablauf des Jahres ein Krümper in den Etat der Dienstpferde eingestellt werden.

Ueber den Pf.-V.-F. haben die Truppen alljährlich zum 15. Februar an die Intendantur Rechnung zu legen, welche nach Prüfung der Remontirungs-Abtheilung eingereicht wird.

Pfg.-V. Abkürzung für „Pferdegelder-Vorschrift". — 1895.

Pflegekinder haben nur bedingten Anspruch auf Gnadenmonat und Quartal.

Pfünder, 4, 6, 12, 60 etc. hiessen früher die Geschütze nach dem Gewicht, der aus ihnen geschossenen oder geworfenen Kugeln. So sagt man 12 pfündige Kanone, 9 pfündige Haubitze, 60 pfündige Mörser etc. Das Gewicht der Hohlkugeln wurde nicht nach eigener Schwere, sondern nach jener gleich grosser massiver Steinkugeln bemessen. Heute wird das Kaliber zumeist durch den Seelendurchmesser des Geschützes bezeichnet.

Pharmazeutischer Dienst bei dem Sanitäts-Amte wird vom Korps-Stabs-Apotheker, bei den Lazareth-Apotheken von den daselbst beschäftigten Einjährig-Freiwilligen Militärapothekern versehen.

Philipp, Markgraf von Brandenburg-Schwedt, preussischer General-Feldzeugmeister (Sohn des grossen Kurfürsten, 1669—1711), suchte die Wissenschaft in der Artillerie einzuführen.

Philippovich v. Philippsberg, Freiherr, österreichischer Feldzeugmeister (1818—1889), zeichnete sich 1859 unter Benedek bei San Martino und 1866 bei Blumenau aus, wo er das 2. Armee-Korps führte, das den Zugang zu Pressburg verlegte. Von 1878 ab war er in Bosnien thätig.

Philippsburg in Baden spielte im 30 jährigen Kriege, dann 1688, 1734, 1737, 1796, 1799 und 1800 wiederholt eine Rolle als Festung; 20./6. 1849 wurden hier die badischen Insurgenten geschlagen.

Phosphorbronze. Bronze mit geringem Phosphorzusatz, welcher namentlich eine gleichmässigere und innigere Vermengung von Kupfer und Zinn herbeiführen sollte (Beseitigung der Zinnausscheidungen, „Zinnflecken"). Die Ph. bewährte sich indess für den Geschützguss gar nicht, da sie übermässige Ausbrennungen ergab.

Phull, Freiherr v., russischer General-Lieutenant (1757—1826), trat aus preussischem in russische Dienste, entwarf 1812 den Plan, das von den französischen Heere zu durchschreitende Land zu verwüsten, um es durch Mangel an Verpflegung umkommen bezw. an verschanzten Stellungen erlahmen zu lassen. Bekanntlich wurden Theile des Planes ausgeführt; Ph. aber musste damals weichen und nach England gehen, da die Vorschläge Missstimmung im Lande erregten. Er trat später in russischen Staatsdienst.

Piacenza, Festung am Po. 16./6. 1746 und 16./3. 1849 Siege der Oesterreicher.

Piccolomini, d'Aragona, österreichischer General der Kavallerie (1599—1656), focht bei Lützen mit Auszeichnung, war ein Gegner Wallensteins, bekam zum Lohn für dessen Beseitigung Nachod, that sich dann im 30 jährigen Kriege, sowie 1645 in den Niederlanden als Heerführer auf das Glänzendste hervor.

Pichegru, französischer General (1761—1804), trat 1794 an die Spitze der Nordarmee und hatte Erfolge. 1795 an der Spitze der Rhein- und Moselarmee betrieb er den Krieg lau, so dass er von Moreau 1796 abgelöst wurde. 1795 Präsident der 500, agitirte er gegen das Direktorium, wurde deportirt, entkam, kehrte zurück, konspirirte gegen Bonaparte, wurde gefangen und im Temple erdrosselt.

Picketts. Die Kavallerie sichert durch Kavallerie-P.'s die eine oder einige Kavallerie-Feldwachen, oder selbstständige Unteroffizierposten oder Beides abzweigen. Sie werden meist im Anschluss an eine der Vorposten-Kompagnien Aufstellung nehmen. Das P. stellt Schnarrposten aus, der weiten Ueberblick hat, bei Tage hoch (Baum, Haus), doch so nahe, dass er die Abtheilung mit Stimme erreicht. P. können event. in bedeckten Räumen Unterkunft finden. (Kavallerie-Feldwache nie!)

Picton, englischer General (1758—1815), führte unter Wellington in Spanien eine Division, wurde auch bei Quatre-Bras verwundet, fiel bei Waterloo an der Spitze der englisch-hannoverschen Division.

Pikrinsäure. Gehört zur Klasse der Sprengel'schen Sprengstoffe (s. d); betreffende Zusammensetzung und Zersetzung s. Granatfüllung.

Pilgern s. Schrägwalzen.

Pillau, Festung. Dort stehen: Komdtr., 2. Bat. Inf.-Rgts. Herzog Karl von Mecklenburg-Strelitz (6. Ostpr.) No. 43, 3. Bat. Fussart.-Rgts von Hindersin (Pom.) No. 2, Art.-Dep., Fortif., Prov.-Amt, Garn.-Verw., Garn.-Laz. — Servisklasse 3.

Pillenlicht. Kurze walzenförmige, mit Brandsatz gefüllte Papierhülse, vorn mit einer Zündpille versehen. Die Entzündung erfolgt durch ein Zündschloss (s. d.), dessen gespannte Schraubenfeder eine Nadel in die Zündpille hineintreibt. Man verwendet die P.e zum Entzünden von Raketen und anderen Kriegsfeuern.

Pionier - Detachement wird den Kavallerie-Divisionen bei den Herbstübungen zugetheilt und auf Fahrzeugen befördert. Letztere werden meist vom Train gestellt. Pioniere sollen in den Manövern möglichst verwendet, einzelne Offiziere dazu nach Bedarf beritten gemacht werden.

Pionier - Uebungsgelder - Fonds erhalten die Pionier-Bataillone alljährlich zur Selbstbewirthschaftung. Aus demselben sind zu bestreiten die Kosten für:
Abhaltung der praktischen Uebungen, Ersatzbeschaffung und Instandsetzung der Uebungsgegenstände;
Instandsetzung und Auffrischung des zu den regelmässigen Uebungen benutzten Kriegsgeräths — ausschliesslich Pontons;
Instandsetzung sämmtlicher bei den Bataillonen befindlichen Pontons;
Unterrichtszwecke, soweit andere Mittel nicht ausreichen.
Der Verwendungs - Nachweis ist nur in den Büchern zu führen, besondere Rechnung aber nicht zu legen.

Pirch, v., preussischer General der Infanterie, (1733—1813), nahm Theil an dem bayerischen Erbfolgkriege und den Krieg gegen Rep. Sein Sohn Georg, preussischer General-Lieutenant (1763—1838), „P. I.", war 1806 Adjutant bei Hohenlohe, führte 1813/14 eine Brigade, 1815 das 2. Armee-Korps mit Auszeichnung. Sein 2. Sohn Otto, preussischer General-Lieutenant (1765—1824), „P. II.", war nach 1807—1813 Gouverneur der Prinzen (später Friedrich Wilhelm IV. und Wilhelm I.), 1814 führte er eine Brigade (schwer verwundet), ebenso 1815. Zuletzt Kommandeur des Kadettenkorps.

Pirmasens, unentschiedenes Treffen 14./9. 1793 zwischen Moreau und dem Herzog von Braunschweig.

Pirna. Einschliessung des sächsischen Heeres 10./9.—15./10. 1756. Feldmarschall Graf Rutowski hatte sich bei P. verschanzt, als Friedrich II. in Sachsen einrückte. Das Entsatzheer der Oesterreicher schlug er bei Lobositz. Die Sachsen, die vergebliche Versuche zum Durchschlagen gemacht hatten, mussten sich ergeben, 13000 Mann und 49 Geschütze.

Piski. 9./2. 1849 siegreiche Schlacht der Oesterreicher.

Pistole, kurze und leichte, ein- oder zweiläufige Handfeuerwaffe (Vorderlader) mit Stein- oder Perkussionsschloss, zum einhändigen Gebrauch auf die nächsten Entfernungen; ist durch den Revolver vollständig verdrängt worden. Neuerdings hat man Mehrlade-P. konstruirt, die mit einem ähnlichen Kastenmagazin wie die Mehrladegewehre versehen sind.

Pivot = Drehpunkt. P.-Bolzen = Drehbolzen s. Rahmenlafetten.

Place d'armes (veraltet), Waffenplätze (auch Paradeplätze), nannte man jene Stellen einer Festung, wo stärkere Abtheilungen Raum fanden, sich zu sammeln; sie lagen zumeist in einspringenden Winkeln des gedeckten Weges.

Places du moment (veraltet), waren feldmässig rasch an den Hauptvorrückungslinien hergestellte, für Kriegsvorräthe dienende Depotplätze. Entweder werden die Lisièren eines Ortes hierzu eingerichtet oder vorwärts derselben, im Umkreise, durch Hindernisse miteinander verbundene Feldwerke erbaut.

Plackage (Plackung). Entweder wilde, bei flacheren Böschungen, durch Feststampfen von Lehmboden oder Gartenerde, oder regelmässige, bei steileren Anlagen durch Einlegen von Quecken in Schichten von 12 oder 15 cm Höhe.

Plackwerk (Plackage) ist die aus Erde gebildete Bekleidung der Erdböschungen. Das P. kann durch Besamung oder Bepflanzung widerstandsfähiger gemacht werden.

Plankammer steht unter einem Direktor und ist ein Zweig der Landes-Aufnahme.

Planschiessen. Geschütz-Schiessvorschrift für die Fussartillerie, Ziff. 6. „Als Batteriepläne eingerichtete Pläne ermöglichen das Beschiessen von Zielen, gegen welche jedes Einrichten und jede Beobachtung ausgeschlossen ist. Dieselben sind bei genügender Zeit aus vorhandenen Plänen in folgender Weise herzurichten":
Ziff. 7. „Zunächst ist die Lage der eigenen Batterie im Gelände möglichst genau in dem Plane zu bestimmen. Sodann sind die Grenzen des Schussfeldes in den Plan einzutragen. Hierauf sind nach geeigneten festen Punkten, welche

vor- bezw. rückwärts der Geschützstellung in möglichst grosser Entfernung liegen, so viele Richtungen zu ermitteln, dass. unter Benutzung der Skala (s. Richtskalen), das ganze Schussfeld unter Feuer genommen werden kann. Diese Hauptrichtungslinien, welche von links mit I, II etc. zu bezeichnen sind, werden in den Plänen roth eingezeichnet und auf den Bettungen festgelegt. Der Geschützstellung gegenüber wird auf dem Plane eine Gradeintheilung mit dem ihr entsprechenden Halbmesser angebracht. Diese Gradeintheilung ist so zu beschreiben, dass alle Hauptrichtungslinien Nulllinien werden. Die Pläne werden mit einer Quadrirung von in der Regel 500 m Seitenlänge versehen." (S. Abbildungen.)

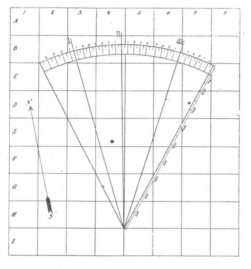

Das Schiessen auf Grund von Plänen zerfällt in das Einschiessen nach der Seite und dem nach der Länge.

Ziff. 93 der angezogenen Vorschrift sagt: „Ist ein scharf hervortretender Hülfsrichtpunkt im Gelände erkennbar und auf dem Batterieplane eingetragen, so werden die Geschütze auf denselben eingerichtet. Der seitliche Abstand des Zieles vom Hülfsrichtpunkte wird auf dem Gradbogen bei Berücksichtigung der schusstafelmässigen Seitenverschiebung entnommen, oder es wird die seitliche Lage des Zieles zur nächsten Hauptrichtungslinie am Gradbogen ermittelt."

Ziff. 94. „Die Entfernung wird dem Batterieplane entnommen . . . ."

Ziff. 95. „Von der festgestellten Entfernung und Seitenrichtung ausgehend ist lagenweise nach Länge und Seite um je 50 m zu streuen . . ."

In ähnlicher Weise dienen der Feuerleitung sowohl der Vertheidigungs-, als auch der Angriffsartillerie „Uebersichts-" und „Abschnittspläne".

Das Schiessen nach Plänen wird in ähnlicher Weise auch von der österreich-ungarischen Festungs-Artillerie geübt.

Plastomenit, rauchschwaches Pulver der W. Güttler'schen Pulverfabriken in Reichenstein; besteht hauptsächlich aus Di- oder Trinitrituloul und nitrirtem Holzstoff; es soll beständig, gefahrlos und unempfindlich gegen Witterungseinflüsse sein, sowie wenig Rückstand und relativ niedrigen Gasdruck ergeben.

Platen, v., preussischer General der Kavallerie (1713—1787), war ein hervorragender Reiterführer im 7jährigen Kriege.

Platow, Graf, Hetmann (1757—1818). In allen Kriegen seiner Zeit hervorragend thätig, war er besonders 1812—14 als Hetman der Kosaken der Schrecken der Franzosen.

Plattform (Geschützbank) heisst die unmittelbar an die Brustwehr anschliessende Erdanschüttung, die zur Placirung der Geschütze dient. Die Grösse der P. richtet sich nach der Tiefe und Breite, welche die Geschütze in Feld-, Festungs- oder hohen Lafetten, zu ihrer Aufstellung benöthigen. und beträgt 4—8,20 m Breite, 5—7,60 m Tiefe. Schiesst das Geschütz, um ein grösseres Schussfeld zu beherrschen, über Bank. so ist die P. höher als Kniehöhe, schiesst es durch Scharten, so ist die P. niedriger. P. wird auch die ebene, mit Erde bedeckte und mit einer Brustwehr versehene Dachfläche eines Thurmes oder einer Defensions-Kaserne genannt.

Plätze für Exerzieren, Parade, Biwak etc. S. dort.

Platzpatrone der Infanterie für Manöverzwecke; unterscheidet sich von der scharfen theils durch die abweichende Beschaffenheit des Pulvers. theils dadurch, dass an die Stelle des Geschosses eine Vorlage tritt, welche beim Schuss in eine grosse Zahl einzelner Theilchen zerrissen wird, die so klein und leicht sein müssen, dass sie schon in geringem Abstand von der Mündung einen Menschen nicht mehr verletzen können. Die deutsche P. (s. Bild) ist mit einem hohlen, hinten offenen Holzgeschoss versehen und durch eine ringförmige Reifelung der Hülse von der scharfen Patrone unterschieden. Das Feuern mit P. bei Manövern muss, weil gefährlich, auf 100 m vom Gegner eingestellt werden. Ebenso ist im Frieden ein Feuern in der Nähe feuergefährlicher Gebäude, Heuschober u. dergl. untersagt.

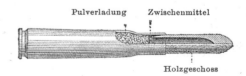

Platzpatrone.

Pleasant Hill (Luisiana). Schlacht 9./4. 1864 im amerikanischen Sezessionskriege zwischen Banks (Uniirte) und Hill (Konföderirte), die unentschieden endete, aber für ersteren den Rückzug frei machte, der ihm bedroht war.

Pless. Dort steht 2. Esk. Ul.-Rgts. v. Katzler (Schles.) No. 2. - 3. Serviskl asse.

Plewna. Osman Pascha hielt sich hier im Jahre 1877 durch 147 Tage, er wies wiederholte Angriffe des russischen Heeres blutig zurück, wollte oder konnte aber nicht die Offensive gegen die Russen ergreifen, und darum endete seine starre Vertheidigung mit Kapitulation. S. die Skizze und den Plan (nächste Seite).

Plön. Dort befindet sich ein Kadettenhaus. — 3. Servisklasse.

Ploennies, v., hessischer Major (1828—1871), hat sich um die Gestaltung der neueren Handfeuerwaffen durch Versuche, theoretische Berechnungen und Schriften grosse Verdienste erworben.

Plongieren, veralteter Ausdruck für senken, dem Geschützrohr Senkung (Inklination) geben.

Pneumatische Geschütze, gleichbedeutend mit Dynamitgeschütze (s. d.).

Podbielski, von, preussischer General der Kavallerie und General-Inspekteur der Artillerie (1814—1879). War 1864 Oberquartiermeister bei Wrangel. 1866 Generalquartiermeister der Armee, ebenso 1870/71. Dann zum General-Inspekteur der Artillerie ernannt, führte er mit ebenso energischer, wie sorgender Hand die Trennung der Artillerie in Feld- und Fuss-Artillerie durch, sowie die Neubewaffnung der ersteren Waffe.

Podewils, Freiherr von, bayrischer G.-L. (1809 bis 1885). Früh durch Verlust eines Armes invalide geworden, hat P. das seiner Zeit ausgezeichnete seinen Namen tragende Gewehr M/58 erfunden. Der rationelle Bau des Laufes, sowie

Karte zur Schlacht von Plewna
Maasstab 1:300.000

die sinnreiche Anordnung des Zündkanals in Richtung der Seelenachse, verschafften dem Gewehre eine allseitig anerkannte Schusswirkung.

Podewils Gewehr, bayrische Infanterie-Feuerwaffe M/58 mit vom Artillerie-Oberst P. konstruirtem Expansionsgeschoss.

Podkost im nordwestlichen Böhmen. Hier wies 28./6. 1866, den Rückzug des österreichischen 1. Korps von der Iser auf Gitschin in der rechten Flanke deckend, General Ringelsheim den Angriff eines preussischen Detachements glücklich ab.

Podol an der Iser, 26./6. 1866 verlustreiches Nachtgefecht der Oesterreicher, durch welches die Preussen in den Besitz der Iserübergänge gelangten.

Plan s. Münchengrätz.

Pökelfleisch, gesalzenes Fleisch, muss in Farbe, Geruch und Geschmack gut sein, keinen Schimmel zeigen. Tagesportion pro **Mann** beträgt in 375 g.

Pola. Kriegshafen Oesterreich-Ungarns.

Polizei. Mannschaften ausser Dienst haben den polizeilichen Anordnungen Folge, ev. Hülfe zu leisten. Zuwiderhandelnde werden der nächsten Militärwache überliefert.

Offiziere werden auf die Bestimmungen aufmerksam gemacht, nur bei Ausführung von Verbrechen einzuschreiten! Bei geschlossenen Truppen hat sich P. nur an den Führer zu wenden.

Bei Aufforderung der P. muss Hülfe geleistet werden, sonst bis 150 M. Strafe.

Militär-Personen in Zivil werden als Zivilisten behandelt, bis sie sich amtlich ausgewiesen haben.

Poltawa (Ukraine). Schlacht 27./7. 1709. Es war der letzte Versuch Karls XII. von Schweden, sich zu halten, und vielleicht wäre es ihm, bei dem hohen Muthe, mit dem sich seine Truppen in der Offensive schlugen, gelungen, einen Sieg gegen die Uebermacht der ihn rings umschliessenden Russen zu erkämpfen, wenn nicht Munitionsmangel alle Kräfte lahm gelegt hätte. Er trat den Rückzug an, doch waren die Schweden so ermattet, dass sich der Rest seines Heeres am 30. ergab.

Polygonalsysteme. Das Tracé folgt der Hauptumfassung der Polygonseite; die Feuer liegen also ganz in der Polygonseite, oder greifen, in stumpfem Winkel aneinanderschliessend, nur wenig vor oder hinter die Mitte der Polygonseite. Die

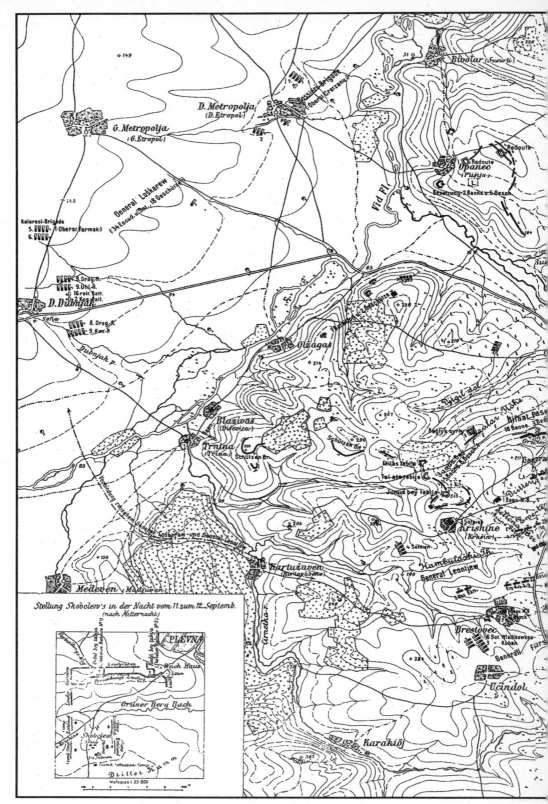

Plewna.

Plewna.

P. lassen sich leicht dem Terrain anschmiegen, besitzen eine kräftigere Frontalwirkung, als die bastionirten Fronten, gestatten aber im Gegensatze zu diesen keine gegenseitige Grabenbestreichung der einzelnen Linien vom Walle aus. Es sind hierzu Grabenkoffer (Flankirungs-Kasematten) nothwendig.

Polygonal-Tracé zeichnet sich durch gestreckte Fronten aus, deren Flankirung durch Graben-Kaponièren erfolgt. Das P.-T. bildet die Grundform zur neupreussischen Befestigungsmethode (s. d.).

Polygonalzüge s. Vieleckzüge.

Poniatowski, Fürst, Marschall von Frankreich (1762—1813), ursprünglich in österreichischen Diensten, nahm er am polnisch-russischen Kriege Theil, führte unter Napoleon 1809 und 1812 (bei Smolensk durch Sturz verwundet); erhielt 1813 das Kommando über das 8. Armee-Korps, bei dem die Polen eingestellt waren und ertrank beim Rückzuge aus der Schlacht bei Leipzig, als er versuchte, die Elster zu durchschwimmen.

Pönitz, von, sächsischer Hauptmann (1795 bis 1858), war durch seine ausgezeichneten Schriften, „Pz" gezeichnet, seiner Zeit ein vielgelesener Beförderer gesunder militärischer Ideen.

Pontarlier. Befestigungen. Vergleiche Text unter „Doubs".

Plan s. nächste Seite.

Pont à Chin (Belgien). Gefecht 22./5. 1794, in dem die Alliirten die Angriffe Pichegrus abschlugen, ohne grössere Resultate zu erlangen.

Pontonbrücken. Ihre Herstellung ist Sache der dazu bestimmten Truppe. Unter gewöhnlichen Verhältnissen kann man rechnen, dass eingeschlossen das Anfahren der Hackets, Abladen, Ordnen des Materials etc. bei grösseren Brücken pro Minute 1 m gebaut wird. Also eine Brücke 200 m Länge in $3^1/_2$ Stunden fertig wird, liegen alle Verhältnisse sehr günstig, kann dies in einer Stunde geschehen; bei schwierigen Verhältnissen wird es bedeutend länger dauern.

Die D i v i s i o n s t r a i n s haben bei Normalspannung nur Brückenlänge von 30 m, die K o r p s t r a i n s eine solche von 120 m bei sich. Genaueres ergiebt die unterstehende Uebersicht.

Während des Ueberganges müssen die Pontons je nach Umständen mit Ablösung besetzt sein, auch empfiehlt es sich, Laufbretter über die Kuffen zu legen

Die Uebergänge über die Brücken regelt der Kommandeur der Pioniere. Infanterie geht ohne Tritt zu 4, Kavallerie abgesessen, Reiter nach aussen, Geschütze (Fahrer aufgesessen) mit 8 m Abstand.

Popowka waren kreisförmige Panzerschiffe, die der russische Admiral Popow in den 70er Jahren baute, die seitdem ihre Unzulänglichkeit bewiesen haben und deshalb abgeschafft sind

Leistungsfähigkeit der Brückentrains bei einem Armeekorps.

Nr.	Art der Brücke	Grösste Brückenlänge in m		Böcke		Pontons		Streckbalken Strecken		Knaggbalken Strecken		Bemerkungen
		Div.-Br.-Tr.	Korps-Br.-Tr.	Div.-Br.-Tr.	Korps-Br.-Tr.	Div.-Br.-Tr.	Korps-Br.-Tr.	Div.-Br.-Tr.	Korps-Br.-Tr.	Div.-Br.-Tr.	Korps-Br.-Tr.	
1.	Reine Bockbrücke	20	20	3	3					4[1])	4[1])	[1]) zu 5 m.
2.	Desgl., Streckbalken zur Rödelung	25	25	4	4					5[1])	5[1])	[2]) 2 Landstrecken zu 4,25 m. 1 Strecke zu 3,5 m.
3.	Reine Pontonbrücke (Normalspannung)	30	120			6	26	4	24	3[2])	3[2])	[3]) 1 zum Vorrath. [4]) 2 zum Vorrath. [5]) 2 Landstrecken zu 5 m. 2 Landstrecken zu 4,25 m.
4.	Gemischter Bau (Normalspannung)	36,5	122	2	2	5[3])	24[4])	4	23	4[5])	4[5])	[6]) 4 Landstrecken zu 5 m. 2 Landstrecken zu 4,25 m.
5.	Desgl., Bockbeine, Uferbalken etc. zur Rödelung (4,8 m Spannung)	42,5	148,5	2	4	6	26	5	25	4[5])	6[6])	Zeitbedarf bei nicht ungünstigen Verhältnissen mit Pionieren. 1. wenn Depot-Bildung möglich: Abladen für Wagen 5, Pontonstrecke 3, Bockstrecke 6 Minuten; 2. wenn keine Depot-Bildung möglich: für Pontonstrecke 5, Bockstrecke 10 Minuten.
6.	3 Brücken-Tr. eines A. K.		195—233,5									
7.	Desgl., bei 3,3 m Spannung o. sechsbordig u. doppeltem Belage	21,8 rd. 120	70—75									

(Zusammensetzung des Brückentrains s. daselbst.)

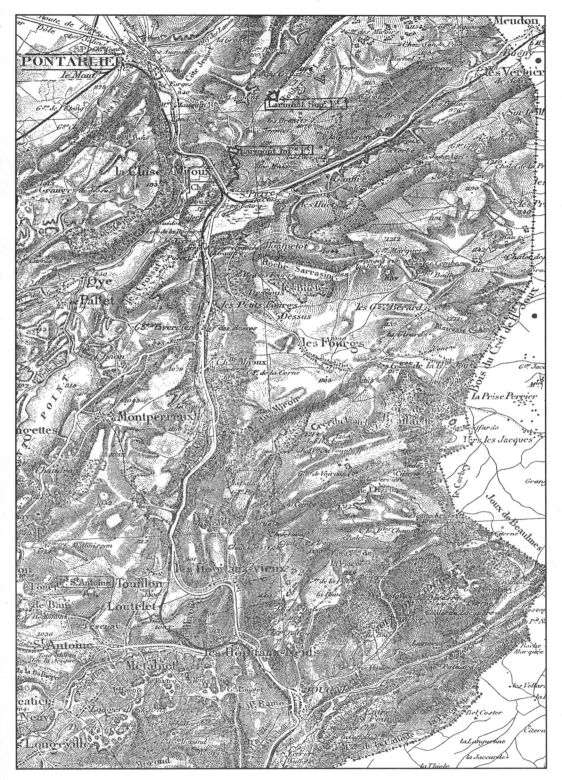
Pontarlier.

Portépée in den Landesfarben. Preussen: für Offiziere von Silber mit schwarzer Seide, für Militär-Beamte von Silber mit dunkelblauer Seide, für Zivilbeamte der Militär-Verwaltung von Gold mit dunkelblauer Seide.

Portion. Die Kriegs-P. besteht aus: 750 g Brod oder 500 g Zwieback; 375 g frisches oder gesalzenes Fleisch oder 200 g Rauchfleisch, Speck oder Konserven; 125 g Reis, Graupen oder Grütze oder 250 g Hülsenfrüchte, Mehl oder 1500 g Kartoffeln oder 150 g Gemüse-Konserven; 25 g gebrannten Kaffee oder 3 g Thee mit 17 g Zucker; 25 g Salz. — Im Feindesland treten nach Möglichkeit Getränke, Zigarren etc. hinzu.

Portland, englischer Hafen. Die Rhede ist durch zwei Panzerforts gedeckt: Portland Breakwater-Fort und Nothe-Fort. Die übrigen Befestigungen, meist veraltet, sind aus dem Plane ersichtlich.

Portofreiheit s. Postsendungen.

Portovergünstigungen s. Postsendungen.

Portsmouth, befestigter englischer Hafen. S. Wight.

Portugal. Armee. Im Frieden:
In 4 Militär-Divisionen und Kommandos.

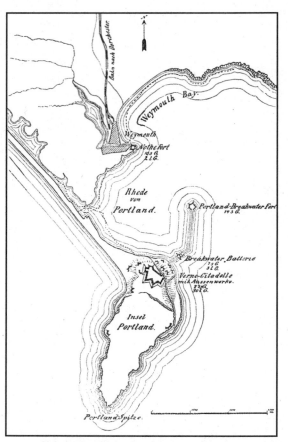

Skizze der Befestigungen von Portland.

	Komp.	K. Jäger	Esk.	Batt.
1. Div. Lissabon	48	40	12	30
2. „ Vizeu	48	—	3	—
3. „ Porto	56	16	6	2
4. „ Evora	32	8	9	—
Kom. Madeira	—	8	—	—
„ Azoren	—	16	—	—
Sa.	184	88	30	32

Dazu treten 16 Kompagnien Fussartillerie und 8 Kompagnien Genie.

Friedensstärke etwa 30000 Mann.

Im Kriege werden die Bataillone auf 888 Mann und dadurch die **Kriegsstärke** auf etwa 100000 Mann gebracht.

Posen, Festung. Dort stehen Stäbe des Generalkommandos V. Armeekorps, der 10. Division, d. 19. und 20. Inf.-, d. 10. Kav.- und d. 5. Feldart.-Brig., 3 Fest.-Insp., Komdtr., Gren.-Rgt. Graf Kleist von Nollendorf (1. Westpr.) No. 6, Inf.-Rgt. Graf Kirchbach (1. Niederschl.) No. 46, 2. Niederschl. Inf.-Rgt. No. 47, 2. Leib-Hus.-Rgt. Kaiserin No. 2, Stab, 1. und 2. Abth. Pos. Feldart.-Rgts. No. 20, Niederschl. Fussart.-Rgt. No. 5, 1. Art.-Dep.-Insp., Niederschl. Train-Bat. No. 5, Train-Dep. V. A.-K., St. d. 5. Gend.-Brig., Bekleid.-Amt V. A.-K., Bez.-Kom., Art.-Dep., Fortif., Prov.-Amt, Garn.-Verw. u.-Laz. — 1. Servisklasse.

Positions-Artillerie (s. Fussartillerie mit Bespannung).

Positions-Befestigung s. Feld-Befestigung.

Posten im Felde muss P. im Felde unausgesetzt nach dem Feinde spähen, auf verdächtige Zeichen achten, sofort melden. Bei Gefahr mehrere Male schiessen. Er lässt bei Tage passiren Offiziere, Patrouillen, Meldereiter und Ordonnanzen. Alle übrigen werden an Durchlassposten verwiesen. — Bei Dunkelheit anrufen, bei Nicht-Antwort schiessen. Als Erkennungszeichen der Posten unter sich besondere Pfiffe oder sonstige verabredete Dinge.

Auf Bahnhöfen werden bei längerem Halten der Truppen-Transporte P. an den Ausgängen aufgestellt.

P. in den Bahnzügen in dem Gepäckwagen, der die Fahnen etc. beherbergt.

P. vor der Fahne und vor den Fahrzeugen bei Innenwachen, in Ortsunterkunft und in Biwaks machen Honneurs etc. wie in der Garnison.

P. vor Gewehr bei Feldwachen dient zur Sicherung, ruft nicht heraus, erweist keine Ehrenbezeigung. Ist die Feldwache in bedecktem Raume, ist ein Doppel-P. vor Gewehr.

P. als Relais s. dort.

Postenkrieg ist der um Räumlichkeiten (Festungen, Winterquartiere, Flussübergänge) geführte Krieg, der bei den neueren Grundsätzen, nach denen die Vernichtung der feindlichen aktiven Wehrkraft das Ziel der Strategie ist, immer mehr zurücktritt. Die Grösse der Armeen, die Kostbarkeit des Faktors Zeit machen eine so intensive Kriegführung nöthig, dass der Werth des räumlichen Besitzes dagegen fast ganz verschwindet.

Post-Pferde- und Wagen-Depot s. Feld-Oberpostmeister.

Postsendungen in reinen Militärdienstangelegenheiten geniessen Portofreiheit, wenn sie mit dem Vermerk „Militaria" und amtlichem Siegel oder Stempel oder „in Ermangelung eines Dienstsiegels" mit einer entsprechenden Bescheinigung versehen sind. — Stadtbriefe sind von dieser Vergünstigung ausgeschlossen.

Die in Reih und Glied stehenden Soldaten bis zum Feldwebel aufwärts — einschl. Büchsenmacher, aber ausschl. Einjährig-Freiwillige — geniessen für an ihre Person gerichtete Sendungen folgende Portovergünstigungen:

Briefe bis 60 g und Postkarten sind portofrei;
Postanweisungen bis 15 M., 10 Pf. Porto;
Packete bis 3 kg 20 Pf. Porto.

Die Adressen müssen die Bezeichnung enthalten: „Soldatenbrief. Eigene Angelegenheit des Empfängers."

Potemkin, Fürst Tawritscheski, russischer F.-M. (1736—91), hat sich um die Regeneration der russischen Armee grosse Verdienste erworben. Seine übrigen Thaten gehören der Geschichte an. Er führte praktische Uniformen ein, gründete die Dragonertruppe, besserte die Disziplinargesetze etc.

Poterne ist ein eingedeckter Gang unter den Wällen der Befestigung, mit dessen Benützung man aus dem Innern des Werkes direkt in den Graben, in die Escarpe- und Kontreescarpe-Kasematten, in den Koffer, den Rondenweg etc. gelangt.

Potsdam. Dort stehen Leibgendarmerie, Detach. der Schlossg.-Komp., Stäbe der 1. Garde-Inf.-, 2. und 4. Garde-Kav.-Brig., Komdtr., 1. Garde-Rgt z. Fuss, Garde-Jäger-Bat., Lehr-Inf.-Bat., Unteroffz.-Schule, Rgt. d. Gardes du Corps, Leib-Garde-Hus.-Rgt., 1. und 3. Garde-Ul.-Rgt., 2. Garde-Feldart.-Rgt., Kriegsschule, Kad.-Haus, Gross. Mil.-Waisenhaus, Bez.-Kom., Prov.-Amt, Garn.-Verw. und Garn.-Laz., sowie vorläufig Garn.-Verw. f. d. Truppen-Uebungspl. Döberitz. — 1. Servisklasse.

Potsdamer Waisenhaus s. Militär-W.
Poupry. (Schlacht am 2./12. 1870.) Siehe Loigny.
Prachatitz. Garnison: 6. Jäger-Bat.
Prag. 26./7. 1648 Ueberrumpelung der Kleinseite, dann Beschiessung der Alt- und Neustadt durch die Schweden; 2./11. Abzug des Feindes.

6./5. 1757 Schlacht. Prinz Karl von Lothringen hatte östlich Prag Stellung genommen, die der König, mit Schwerin sich vereinigend, umfasste und angriff. Schwerin fiel mit der Fahne in der Hand.

Plan s. nächste Seite.

Prämientarif bei der Lebens-Versicherungsanstalt für Armee und Marine (Berlin W., Linkstrasse 42). Versicherungssumme 500 Mark, zahlbar beim Tode des Versicherten.

Jahresprämie bei lebenslänglicher Versicherung:

Alter	Prämie ℳ	Alter	Prämie ℳ	Alter	Prämie ℳ	Alter	Prämie ℳ
17—20	7,70	30	9,80	41	13,80	52	21,40
21	7,80	31	10,10	42	14,30	53	22,30
22	8,00	32	10.40	43	14,80	54	23,30
23	8,20	33	10,70	44	15,40	55	24,40
24	8,40	34	11,00	45	16.00	56	25,50
25	8.60	35	11,30	46	16.70	57	26,80
26	8,80	36	11,70	47	17,30	58	28,00
27	9,00	37	12,10	48	18,10	59	29,40
28	9.30	38	12,50	49	18,80	60	30,90
29	9,50	39	12,90	50	19,60		
		40	13,30	51	20,50		

Präzision, ein relativ hohes Maass von Trefffähigkeit bei Feuerwaffen.

Präzisions-Instrumente und Werkzeuge, Geräthe zu besonders genauen Arbeiten und Messungen.

Präzisionswaffen, früher üblicher Ausdruck für gezogene Feuerwaffen, namentlich Hinterlader, im Gegensatz zur glatten Bohrung bezw. zu Vorderladern, die jenen an Trefffähigkeit erheblich nachstanden. Heute ohne Bedeutung, da es nur noch Hinterlader, also P. giebt.

Prellschuss, ein Schuss, der wegen zu schwacher lebendiger Kraft oder zu festen Widerstandes nicht in das Ziel eindringt, sondern abprallt.

Prenzlau. Kapitulation 28./10. 1806. Prinz Hohenlohe ergab sich hier nach aufreibenden Märschen auf dem Rückzuge von der verlorenen Schlacht bei Auerstädt mit 10000 Mann an Murat.

Dort stehen Stab, 1. 2. und 4. Bat. Inf.-Rgts. General-Feldmarschall Prinz Friedrich Karl von Preussen (8. Brandbg.) No. 64, Bez.-Kom., Garn.-Verw. und -Laz. — 3. Servisklasse.

Pressburg. Hier Treffen; s. Blumenau.
Pressiren s. Führung der Geschosse.
Pressspanboden. Liderung des Kolbenverschlusses (s. d.), in Gestalt eines Flaschenbodens (s. Bild) aus bester Holzpappe (Pressspan) gepresst. Im geladenen Geschütz liegt der P. zwischen Kartusche und Verschluss (offene Seite vorn); er wird daher beim Schuss durch den Gasdruck gegen den Kolbenkopf und mit seinem Rand gegen die Seelenwand gepresst und schliesst so die Fuge zwischen der Vorderkante des Verschlusskolbens und der Rohrwandung. Gegen Nässe empfindlich und leicht Beschädigungen ausgesetzt, kann er zu Ladehemmungen Anlass geben und ist für hohe Gasspannungen überhaupt nicht geeignet.

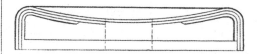

Pressspanboden.

Preussisch-Eylau. Schlacht 7. und 8./2. 1807, zwischen Napoleon und Beningsen (Russen und

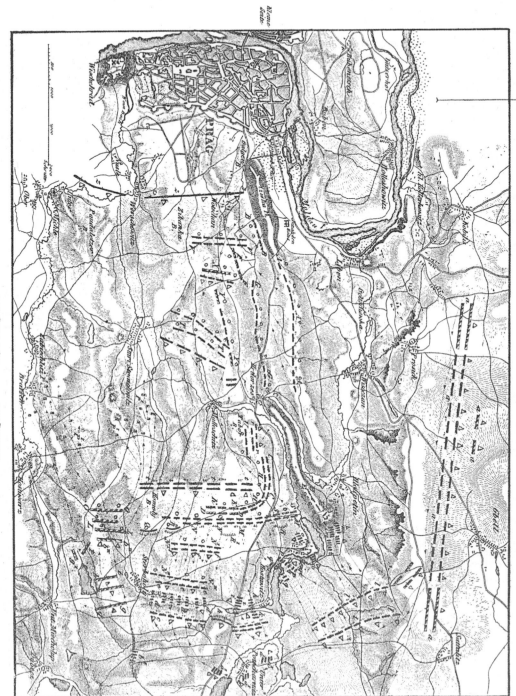

Plan zur Schlacht bei Prag am 6./7. 1757.

Preussen). Dieselbe endete unentschieden, s. auch Eylau und den Plan daselbst.

Preussische Winterlagerhütte s. Lagerhütte.

Preussisch-Stargard (s. St.).

Prim, Graf von Reus, spanischer General-Kapitän (1814—1870), zeichnete sich von früh auf durch grosse Tapferkeit aus, hatte Erfolge in Marokko und beendete durch einen Vertrag 1861 die Expedition nach Mexiko. Er betheiligte sich an den politischen Unruhen, nahm 1868 Cadix, wurde Kriegsminister und General-Kapitän, nachdem die Königin entflohen war. Er war der Anreger der Thronkandidatur des Prinzen von Hohenzollern, die den Krieg 1870 entfachte und wurde im Dezember von den Republikanern meuchlings erschossen.

Prima plana nennt man das Skelett einer Truppe (ohne Mannschaft), das zum besseren Ueberblick der Chargen aufgestellt wird. Auf ihr baut sich das Budget auf.

Prismatisches Pulver, schwarzes bezw. braunes Pulver in Form 6 seitiger Prismen mit einem oder mehreren Kanälen. Seine Bedeutung für die innere Ballistik s. unter Pulver.

In Deutschland sind drei Arten von P. P. eingeführt, deren Prismen sämmtlich 40 mm grössten Durchmesser (über Eck) und 24,8 mm Höhe haben. P. P. c/68: 7 den Seitenkanten parallele, kegelförmige Kanäle von 4,2 mm oberem und 4,7 mm unterem Durchmesser; Dichte = 1,665 (Bild a); P. P. c/75 und braunes P. P. c/82: in der Mitte walzenförmiger Kanal von 10 mm Durchmesser; Dichte c/75 = 1,755. c/82 = 1,86 bis 1,87 (Bild b). Ein Prisma c/68 wiegt 38,1 g, c/75 42,0 g und c/82 45,0 g. In der hier angegebenen Reihenfolge sind die drei Arten P. P.

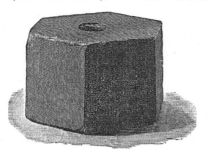

a **Prismatisches Pulver.** b

für Geschütze mittleren (c/68) bis schwersten Kalibers (c/82) bestimmt und bisher nur theilweise durch rauchschwaches P. ersetzt.

Prittwitz und Gaffron, v., preussischer General der Infanterie (1798—1885). Als Ingenieur berühmt durch seine Entwürfe und Musterblätter, seine Befestigungen von Posen und Ulm. Er hat eine Anzahl volkswirthschaftlicher und militärischer Schriften geschrieben und hat seiner Zeit das preussische Ingenieur-Korps wesentlich gefördert.

Pritzelwitz, von, preussischer General der Infanterie (1813—92), führte 1866 das Elisabeth-Regiment und 1870/71 die 2. Infanterie-Division vor Metz.

Privatgesellschaften. Anzug zu P. kleine Uniform.

Probezeit. (S. auch Anstellung auf Probe.) Militär-Anwärter haben während des Kommandos in eine ihnen vorbehaltene Stelle ein Gesammteinkommen zu beanspruchen, welches, je nachdem sie Familie haben oder nicht,

für Feldwebel	100 oder	90 M.
„ Vizefeldwebel	90 „	75 „
„ Sergeanten	80 „	60 „
„ Unteroffiziere	70 „	50 „
„ Gefreite u. Gemeine	60 „	40 „

monatlich beträgt. Aus Militär-Fonds wird auf dieses Einkommen nur derjenige Theil bezahlt, welcher durch die Einnahmen bei der Anstellungsbehörde nicht gedeckt ist.

Probirmörser, veraltetes und den heutigen Anforderungen nicht mehr genügendes Geschütz, zur Bestimmung der relativen Kraftäusserung des Schiesspulvers (verglichen mit Normalpulver) aus der Flugweite eines unter 45° verfeuerten Geschosses.

Profil ist die vertikale Durchschnittsfläche eines Gegenstandes (Werkes, Gebäudes, Instrumentes etc.). Bei Befestigungsarbeiten werden die Erd- und Mauerbauten erst durch eine Anzahl aus Latten hergestellter Profile genau bezeichnet. Deren Anfertigung ist bekannt.

Progressivdrall, steigender oder zunehmender Drall (s. Drall).

Progressivzüge. Die Seelenweite, zwischen den Sohlen der Züge gemessen, nimmt nach der Mündung zu ab, die Züge werden also nach der Mündung zu seichter, so dass sich der Widerstand der Geschossführung im gezogenen Theil allmählich verstärkt. Die P. haben einen mehr theoretischen Werth und werden nicht mehr angewendet.

Projektion ist die Uebertragung einer Linie auf eine Ebene, ist also eine der Katheten zu der Hypotenuse (Linie). Die Zwischenräume a—b und c—d zwischen den Horizontalen auf einem Plane sind die Projektionen der winkligen Ebenen a—c und c—e. S. Fig.

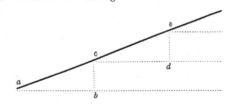

Projektil, entbehrliches Fremdwort für Geschoss (s. d.).

Proklamation wird eine öffentliche Bekanntmachung genannt, welche sich in Feindesland an die Bewohner der besetzten Gegenden mit Verhaltungsmaassregeln oder dergleichen wendet.

Prossnitz. Garnison: 4. Land.-Ul.-Rgt.

Protzen bilden die Vorderwagen der Lafetten und einiger Fahrzeuge. Sie ermöglichen die Fortschaffung der Geschütze durch das Angespann und dienen bei Feld- und einzelnen Geschützen der Fussartillerie zur Mitführung von Schiessbedarf, Mannschaften u. a. m., sowie zum Fahrbarmachen der Fahrpanzer.

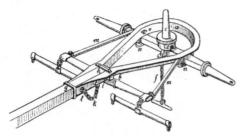

Sattelprotze.

a Lenkschiene, *b* Unterlegklötze, *c* Protzengel, *d* Protzscheibe, *e* Zwinge, *f* Protzkette, *g* vorderes Scheerband, *h* hinteres Scheerband, *i* Deichselbolzen mit *k* Kette, *l* Kloben zur Kette, *m* Brackenstangen, *n* Achszwingen, *o* Blatt zur Verbindung der Lenkschienen mit den Brackenstangen.

Sie werden eingetheilt:
1. Nach dem Kaliber der Geschütze, für welche sie bestimmt sind.
2. Nach dem Werkstoff der Hauptheile: Stählerne, eiserne und hölzerne P.
3. Nach Art der Verwendung: Feld-, Belagerungs-, Festungs- und Landungs-P.
4. Nach der Konstruktion: Kasten- und Sattel-P. Sattel-P. sind Lenkscheitgestelle, welche nur als Vorderwagen dienen, während die Kasten-P. auf dem Protzgestell noch einen Kasten tragen, der zum Fortschaffen von Munition, Zubehör, Vorrathsstücken, Schanzzeug, Hafer u. dergl. dient und auf dem bei der Feldartillerie ein Theil der Geschützbedienung aufsitzt. (S. Bilder, auch unter Munitionswagen.) Die P. der Feldgeschütze sind meist denen der Munitionswagen in Konstruktion und Ausrüstung gleich, um einen nothwendigen Ersatz schnell ausführen zu können.

Auf der Achse ruhen die beiden parallelen Protzarme (Holz oder Stahlblech), welche hinten den Protzhaken tragen, während sie vorn die mit eisernen Querbändern beschlagene Scheere zur Aufnahme der Deichsel bilden. Auf den Armen ist, seitlich durch Kastenträger gestützt, der Protzkasten befestigt. Derselbe, meist aus Stahl- oder Eisenblech, ist nach oben und hinten, bezw. nur nach vorn zu öffnen und enthält besondere Abtheilungen für Geschosskasten, Kartuschtornister, Zubehör u. dergl. Die Kastendecke trägt Rücken- und Seitenlehnen für die aufgesessene Mannschaft. Letztere findet eine Fussstütze an dem Trittbrett, das ebenso wie die feste Hinterbracke an den Armen und Kastenträgern befestigt ist. Schanzzeug wird an den Wänden, Hafer in besonderen Säcken auf dem Deckblech untergebracht.

Proviant. S. Etappen, auch Verpflegung.

Proviant-Aemter befinden sich in allen grösseren Garnisonen, an deren Spitze Proviantamtsbeamte (s. d.) stehen.

In Preussen haben die Fusstruppen, Feldartillerie und Train 3, die Kavallerie 1 eiserne Portion an Mundverpflegung als eisernen Bestand mitzuführen, und zwar: Fusstruppen durch die Mannschaften selbst, Kavallerie auf den Pferden, Feldartillerie und Train theils im Tornister, theils auf Pferden und Fahrzeugen. Futter wird mitgeführt: Kavallerie bis zu 1, Feldartillerie bis zu 2, sonstige Reitpferde 1, Zugpferde 3, bei fahrenden Batterien der Feldartillerie 2, bei reitenden Batterien und Munitions-Kolonne der Feldartillerie 1½ eiserne Rationen. Alle Offiziere sind verpflichtet, auf Erhaltung des eisernen Bestandes unausgesetzt strenge hinzuwirken.

Proviantamts-Aspiranten sind geprüfte Anwärter für obere P.-Beamtenstellen.

Geeignete Unteroffiziere, welche mindestens 6 Jahre in der Armee aktiv gedient haben und nicht über 28 Jahre alt sind, oder den Zivilversorgungsschein besitzen und nicht über 32 Jahre alt sind, können als Anwärter angenommen werden. Nachzuweisen: lobenswerthe Führung, körperliche Befähigung für den Feld-Verwaltungs-Dienst, völlig geordnete Vermögensverhältnisse und ausreichende Schulbildung. Antrag durch Truppentheil bei Korps-Intendantur zu stellen und ausser vorbezeichneten Nachweisen selbstgeschriebener Lebenslauf beizufügen. Schulbildung wird durch Prüfung festgestellt. Nur Intendantur-Sekretariats-Applikanten und Unteroffiziere mit Einjährig-Freiwilligen-Berechtigungsschein davon entbunden. Angenommene werden grösseren Proviantämtern auf 2 Jahre zugetheilt, dann Prüfung durch Prüfungs-Kommission am Sitze der Korps-Intendantur, schriftlich und mündlich. Bestandene werden zu P.-A. und Feldwebeln ernannt; tragen Uniform wie Zahlmeister-Aspiranten, aber mit den gelben Abzeichen der Proviantamts-Beamten und goldenen Tressen, glatte Knöpfe. Anstellung als P.-Beamte erfolgt nach Maassgabe der freiwerdenden Stellen.

Proviantamts-Beamte zerfallen in:

a) obere: P.-Direktoren (3600—4500 M. Gehalt), Proviantmeister (2900—3600 M.), P.-Rendanteu und Kontrolleure (2500—2900 M.), P.-Assistenten (1800—2200 M.), Ingenieure (2400 bis 3800 M.);

b) untere: Mühlenmeister (1500—1800 M.), Backmeister, Fabrik-Oberaufseher, Maschinisten und Heizer (1200—1600 M.), Magazin-Oberaufseher (1100—1500 M.), Magazin-Aufseher (900 bis 1500 M.), Bureaudiener (800—1200 M.), Magazin-Wächter und -Pförtner (700—900 M.).

Das obere Beamtenpersonal ergänzt sich aus:
1. Offizieren, die mit Pension und der Aussicht auf Anstellung im Zivildienste ausgeschieden sind oder denen die Aussicht auf Anstellung im P.-Dienste gnadenweise ertheilt ist;
2. versorgungsberechtigten P.-Aspiranten (s. d.)
3. sonstigen geeigneten Militär-Anwärtern.

Offiziere können zugelassen werden, wenn sie nicht jünger als 26 und nicht älter als 40 Jahre sind, sich moralisch und dienstlich tadellos geführt haben, körperliche Befähigung für den Feld-Verwaltungs-Dienst und völlig geordnete Vermögensverhältnisse nachweisen und zur Stellung der Dienstkaution im Stande sind. Anstellung ist von mindestens 2 jähriger Vorbildung im P.-Dienste und vom Bestehen einer Prüfung abhängig — schriftlich und mündlich —. Anträge auf Zulassung mit obigen Nachweisen und eigenhändig geschriebenem Lebenslauf und Geburtsschein an Militär-Oekonomie-Departement im Kriegsministerium zu richten — für noch aktive Offiziere auf dem Dienstwege. Nach bestandener Prüfung erfolgt Anstellung zunächst als Kontrolleur. Je nach Befähigung kann nach 2 Jahren Beförderung zum Rendanten erfolgen. — Wegen Annahme als P.-Aspirant und deren Anstellung s. d. — Die Annahme und Ausbildung von sonstigen, d. h. inaktiven, Militär-Anwärtern bei einem Proviantamte mit der Aussicht auf Anstellung als Assistent, ist ebenfalls zulässig. Diese Anwärter stellen den Antrag auf Zulassung bei der Korps-Intendantur, in deren Bezirk sie wohnen. Nach abgelegter Prüfung treten sie in ihr früheres Verhältniss zurück und haben ihre Einberufung als Assistenten nach Maassgabe des Tages der Prüfung abzuwarten. Ueber Felddienstfähigkeit, geordnete Vermögensverhältnisse und vorwurfsfreies Verhalten in der Zwischenzeit haben sie sich zuvor noch auszuweisen.

Die Anstellung der Unterbeamten erfolgt durch die Intendantur aus den Militär-Anwärtern. Zu Mühlenmeistern, Maschinisten und Backmeistern sind zuverlässige und tüchtige Fachleute zu wählen. Mühlenmeister und Backmeister auch kautionsfähig. Beim Mangel an geeigneten Militär-Anwärtern für Backmeisterstellen können Militär-Oberbäcker angestellt werden. Die Oberaufseher werden durch die Intendantur aus den Aufsehern ausgewählt. Unterbeamte werden nur auf 3 monatige Kündigung angestellt. Die Intendantur kündigt aber nur, wenn Dienstvernachlässigung etc. vorliegt. Die P.-B. zählen zu den Zivilbeamten der Militär-Verwaltung. — Die oberen Beamten sind verpflichtet, im äusseren Dienst und im sonstigen Verkehr mit den Truppen und anderen Behörden, beim Erscheinen vor ihren Vorgesetzten, bei Revisionen, Besichtigungen und sonstigen dienstlichen Veranlassungen in Beamten-Uniform zu erscheinen. Die letztere besteht in Waffenrock von dunkelblauem Tuch mit Kragen und schwedischen Aermelaufschlägen von gleichem Tuch, Vorstösse von gelbem Tuch, gelben Knöpfen mit Wappenschild; Ueberröcke mit gleichen Abzeichen; Epaulettes mit gepresstem Kranz von Gold mit Feldern von gelbem Tuch mit goldenem Wappenschild, Direktoren, Proviantmeister 2 silberne Rosetten, Rendanten und Kontrolleure 1 silberne Rosette, Einfassung goldene Tresse; Achselstücke aus goldener Tresse mit zwei dunkelblauen seidenen Streifen in der Mitte mit Abzeichen wie Epaulettes; Helm mit 4 blättriger Unterlage der Spitze und vergoldeten Beschlägen; Beinkleider mit ponceaurothem Vorstoss; Infanterie-Offiziers-Degen älterer Art (Stichdegen); Portepée von Gold mit blauer Seide; Paletot von grauem Tuch.

Die Höhe der Kautionen beträgt:
für P.-Direktoren u. Proviantmeister   9000 M.
„ P.-Rendanten   6000 „
„ P.-Kontrolleure   3000 „
„ Mühlenmeister und Backmeister   1500 „

Proviantkolonnen (event. durch Fuhrparke verstärkt) bilden die beweglichen Verpflegungsreserven in der Hand der Führer, denen sie zugetheilt sind.

Proviantmeister s. Proviantamts-Beamte.

Proviantoffizier. Die Ausübung des Verpflegsdienstes ist bei jedem Truppenkörper einem in diesem Dienste unterrichteten Truppenoffizier übertragen.

Provisorische Befestigungen werden dort angewendet, wo man längere Zeit Besitz von einem Bezirke nehmen will. Ihre Bedeutung ist in neuerer Zeit gewachsen, weil die schnellen Bewegungen der modernen Strategie und die Intensität der Kriegführung das Kampffeld so oft wechseln lassen, dass die Fesseln derselben an gewisse Räume (Festungen etc.) fast unmöglich wird. Will ein Armeetheil mit schwächeren Kräften Bezirke halten, um an anderen Orten desto stärker auftreten zu können, so treten die P. B., auch „Improvisirte Befestigungen" genannt, in ihr Recht.

Sie werden unterstützt durch die Anwendung von Wellblech, Drahtgitter, Panzerlafetten etc., besonders aber durch die grosse Defensivkraft des neuen Gewehres.

Die P. B. haben in dem Sezessionskriege (Vicksburg, Charleston, Richmond, Petersburg) eine grosse Rolle gespielt. Neuerdings im türkisch-russischen Kriege bei Plewna und am Schipkapasse. Früher bei Colberg und Sebastopol. Die Details ihrer Anlage liegen in den Händen der Ingenieur-Offiziere.

Prüfungskommission für Einjährig-Freiwillige. Siehe dort.

Przemysl, grösste Lagerfestung Oesterreich-Ungarns.

Puebla in Mexiko vom 24./3.—27./5. 1863 von den Franzosen unter Forey belagert und genommen.

Pugatschew, Jemeljan. Ursprünglich Kasak; nahm im 7 jährigen Kriege preussische Dienste, kämpfte dann in der österreichischen Armee gegen die Türken, gab sich später für Peter III. aus, bemächtigte sich 1737 Kasans, überschritt die Wolga und bedrohte Moskau, wurde gefangen und 1775 hingerichtet.

Pultusk, 1703 Sieg Karls XII. von Schweden über die Sachsen unter Steinau.

Schlacht 26./12. 1806, in der Bennigsen mit den Russen und Preussen über die Franzosen siegte, ohne seinen Sieg auszunutzen.

Pulver. Sobald der Gasdruck beim Schuss eine gewisse Höhe erreicht hat, ertheilt er dem Geschoss eine an Geschwindigkeit stetig zunehmende Bewegung; der von den treibenden Pulvergasen hinter dem Geschoss angefüllte Raum wird daher rasch grösser; soll die Spannung nicht sinken, so muss auch die Gasentwickelung dauernd im gleichen oder steigenden Verhältniss mit der Raumerweiterung wachsen. In Wirklichkeit findet aber das gerade Gegentheil statt, weil die brennende Oberfläche der Pulverkörner und somit auch die aus ihnen entstehende Gasmenge fortwährend kleiner wird. Da sonach der Gasdruck schnell abnimmt, so muss er, um an der Mündung eine bestimmte Arbeit leisten zu können, schon bei Beginn der Verbrennung eine unverhältnissmässige Höhe erreichen, was ballistisch sehr unvortheilhaft (starke Beanspruchung der Waffe, ungleichmässige Kraftäusserung, mangelhafte Führung und Trefffähigkeit). **Die wesentliche Aufgabe der Pulverkonstruktion besteht deshalb darin, den Eintritt der höchsten Spannung und ihre Abnahme thunlichst zu verzögern.** Diesen Zweck suchte man beim Schwarzpulver zunächst durch Steigerung der Dichte und Vergrösserung der Körner zu erreichen (grobkörniges, Kiesel-, Mammuth-, Pellet- u. s. w. Pulver), weil das **grössere und dichtere Korn** die relative (im Verhältniss zum Inhalt bezw. Gewicht) kleinere Oberfläche bezw. anfängliche Brennfläche hat, also eine langsamere Gasentwickelung ergiebt. Noch wirksamer erwies sich das **hohle, röhrenförmige Korn** (prismatisches P.). Bei einem **Hohlzylinder**, der an der **Innenfläche** entzündet wird, nehmen, da die Verbrennung von innen nach aussen fortschreitet, Brennflächen und Gasentwickelung naturgemäss stetig zu. Dieser Vortheil wird indess dadurch verringert, dass es unmöglich ist, den Hohlzylinder nur innen und nicht auch gleichzeitig aussen zu entzünden. Auf chemischem Wege, durch Verwendung von brauner Kohle und Ammonsalpeter (Amidpulver) erzielte man ebenfalls eine günstigere Verbrennung und Kraftäusserung.

Diese immerhin bedeutenden Fortschritte des Schwarzpulvers in neuerer Zeit wurden jedoch durch das **rauchschwache P.** (1886) bei weitem übertroffen, dessen für die Wirkung charakteristische Eigenschaften hauptsächlich darin bestehen, dass es beim Schuss fast vollständig vergast wird, eine höhere Verbrennungswärme ergiebt (welche die Treibkraft vergrössert) und sich — bei hinlänglich grossem Verbrennungsraum — **langsamer zersetzt**. Daher liefert es nicht nur relativ viel grössere Gasmengen, sondern deren Entwickelung schreitet auch anfangs verhältnissmässig weniger schnell, später rascher als beim Schwarzpulver fort. In Folge dessen erzielt **es eine bedeutend grössere Arbeitsleistung mit geringerem Gasdruck.** Um aus einer Waffe bei gleichem Geschossgewicht dieselbe Mündungsgeschwindigkeit zu erhalten, bedarf man durchschnittlich etwa **dreimal so viel** Schwarzpulver wie rauchschwaches. Die Verbrennung des letzteren kann durch die Abmessungen und Gestalt der Körner (Blättchen, Würfel, flache Prismen, runde Scheiben, Fäden, **Röhren**) auch dem Gebrauchszweck entsprechend geregelt werden, weniger durch die Dichte, welche bisher allgemein 1,6 nicht viel überschritten hat. Abbild. d. Pulverarten s. unter d. einzelnen Artikeln.

Pulverabnahme. Die Untersuchung des neu gefertigten (bezw. längere Zeit gelagerten) Pulvers erstreckt sich hauptsächlich auf folgende Punkte: Aeussere Beschaffenheit (glatte, feste Körner, Prismen ohne bedeutende Abbröckelungen, frei von Staub und Fremdkörpern), Körnerform und Grösse (durch Siebzylinder, bei Prismen durch Leeren ermittelt), Dichte (mittelst Dichtmesser und Quecksilberwaage bestimmt), Feuchtigkeitsgehalt (Wägung vor und nach dem Trocknen), Raumgewicht (Wägung einer bestimmten abgemessenen Pulvermenge). Ausser diesen physikalischen werden auch die ballistischen Eigenschaften durch Messen der Fluggeschwindigkeit und des Gasdrucks festgestellt (s. Flugzeiten- und Gasdruckmesser). Bei rauchschwachem Pulver tritt noch die chemische Prüfung der Bestandtheile (namentlich des Stickstoffgehaltes), die Ermittelungen fremder Beimengungen und die Untersuchung der chemischen Beständigkeit hinzu. Letztere wird durch allmählich steigende Erwärmung einer geringen Pulvermenge geprüft; dabei darf die Entwickelung der von freigewordener Säure herrührenden Dämpfe und demnächst die Verpuffung (vollständige Zersetzung) erst bei bestimmten Wärmegraden und nach einer gewissen Zeit eintreten.

Pulverfabriken. Staatliche Anstalten unter militärischer Leitung zur Fertigung von Schiess- und Sprengmitteln durch Zivilarbeiter und Arbeiterinnen. P. in *Deutschl.*: Spandau, Hanau, Ingolstadt und Gnaschwitz. P. in *Oest.-Ung.*: Stein nächst Laibach, Blumau in Niederösterreich.

Pulverfertigung s. rauchschwaches Pulver und Schwarzpulver.

Pulverkammer heisst der in den Belagerungsbatterien zur Aufbewahrung des Pulvers und der Geschosse dienende Raum.

Pulverkasten dienen, besser als die Pulverfässer, zur Aufbewahrung des Pulvers. Das prismatische Pulver wird in hölzernen, mit Filzplatten ausgelegten, am Boden und Deckel verschraubten Kasten, das Geschütz- und Gewehrpulver in quadratischen, hermetisch abgeschlossenen kupfernen P. aufbewahrt.

Pulvermagazine. Die Friedens-P. müssen abgesondert vom grossen Verkehr angelegt werden, Blitzableiter erhalten, Lüftungseinrichtungen und Fenster mit Drahtgittern besitzen, auf dem Boden mit Haardecken belegt sein. Kriegs-P. in den Festungen, vom Feinde nicht eingesehen oder beschossen, liegen zumeist als bombensichere Räume unter dem Wall. In der Nähe der Geschützaufstellungen werden überdies kleinere Verbrauchsmagazine errichtet.

Pulverposten. Als solche sind 6 Artillerie-Zeugsdepots aufgestellt.

Pulverraum. Theil der Patrone zwischen Schweifung und Boden; bei Geschützen Seelentheil zwischen Geschossboden und Verschluss, gleichbedeutend mit Verbrennungsraum (s. d.).

Pulversignale können, in Ermangelung von Signalraketen, angewendet werden. Hierzu wird 0,3—0,5 kg Pulver auf einem freien, möglichst erhöhten, gut sichtbaren Platze frei aufgeschüttet und mittelst Zündschnur entzündet.

Pulvertransport wird zu Land, zu Wasser oder mit der Eisenbahn bewirkt. Zu Land wird das Pulver in doppelten Tonnen oder in Tonnen und Säcken verpackt, die Tonnen werden mit

Strohseilen umwickelt, der Wagen mit einem Plantuch gedeckt und mit einer schwarzen Flagge versehen. Dampfschiffe sollen zu P. nicht verwendet werden, die Tonnen dürfen im unteren Schiffsraume nicht über 5 Lagen hoch verladen werden und müssen gegen Feuchtigkeit geschützt sein. Die Pulverschiffe führen eine schwarze Flagge mit weissem P. Auf Eisenbahnen dürfen nur gedeckte Güterwagen benutzt werden, zwischen Lokomotive und den mit Pulver beladenen Wagen, müssen 4 sogenannte Schutzwagen eingestellt werden, ebenso hinter den Pulverwagen.

Als Führer der Begleitkommandos fungirt gewöhnlich ein Offizier.

Pyramiden. Schlacht 21./7. 1798. Bonaparte siegte hier über die Mamelucken, die grosse Verluste hatten.

Pyropapier. Aus Strohpapier bereitete Nitrocellulose.

Pyroxylin (nitrirte Holzfaser) dient als Kollektivbegriff aller durch Einwirkung konzentrirter Salpetersäure auf Holzfaser — Holzspähne, Stroh, Papier, Baumwolle u. s. w. — gebildeter Produkte.

Q.

Quadrant. Winkelmessgeräth zum Nehmen der Höhenrichtung bei den nicht mit Richtbogen ausgerüsteten Geschützen, wenn der Aufsatz nicht anwendbar ist; man unterscheidet Libellen-Qu. und Pendel-Qu. (s. d.); letztere sind veraltet. S. auch Visirquadrant.

Quadrantenebene heisst jener Theil des Hinterstückes des Geschützes, auf welchen der Quadrant aufgestellt wird.

Quadranten-Visir. Visir mit verstellbarem Blatt und radialer Anordnung der Entfernungsmarken und -zahlen. Beispiel: Visir des schweizerischen Karabiners m/93 (s. Bild): Es besteht aus zwei senkrechten Wangen, zwischen denen ein Blatt drehbar ist, das oben die gleichfalls drehbare Visirklappe trägt. In die Innenfläche der einen Wange sind die Stellrinnen und in die Oberkante die zugehörigen Entfernungszahlen eingeschnitten; der scharfe Rand der Blattfeder greift in die Stellrinnen ein und hält dadurch das Blatt in der gewünschten Lage fest.

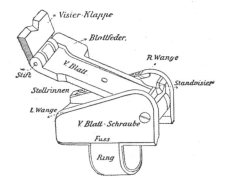

Quadranten-Visir.

Qualifikationsberichte bilden seit dem Wegfall der Konduitenlisten (1848) eine nothwendige Ergänzung der Personalberichte (s. d.) und die Grundlage für die Beurtheilung der Offiziere. Sie werden in den geraden Jahren über alle Offiziere, in den ungeraden Jahren nur über Generale und Stabsoffiziere, sowie über diejenigen Offiziere vom Hauptmann etc. abwärts an des Königs Majestät vorgelegt, welche:

1. zur vorzugsweisen Beförderung empfohlen werden,
2. zur weiteren Beförderung nicht geeignet sind,
3. ihre Stellung nicht mehr ausfüllen,
4. wesentlich anders beurtheilt werden, als dies im letzten Qu. geschehen ist,
5. nicht felddienstfähig sind,
6. zum Kriegsministerium,
7. zum Generalstabe,
8. zur höheren Adjutantur (für Prinzen besonders),
9. als Kommandeure von Jäger-Bataillonen und Unteroffizierschulen,
10. zur Verwendung bei Militär-Erziehungs- und -Bildungsanstalten unter Angabe der Stellen,
11. zur Verwendung beim Militär-Reitinstitut,
12. zur Verwendung bei der vereinigten Artillerie- und Ingenieurschule, den Schiessschulen der Artillerie und der Artillerie-Prüfungs-Kommission geeignet erscheinen,
13. zu Bezirks-Kommandeuren und Bezirks-Offizieren,
14. zu Vorständen und Mitgliedern von Korps-Bekleidungs-Aemtern,
15. zu Eisenbahn-Linienkommissaren und Eisenbahn-Kommissaren,
16. zur Versetzung zum Train in Vorschlag gebracht werden.

Für jede dieser Kategorien ist eine besondere namentliche Liste alljährlich einzureichen. Die Qu. über die Stabsoffiziere, Hauptleute etc., Premier- und Sekonde-Lieutenants sind von den Regiments-Kommandeuren aufzustellen. Für Offiziere vom Regiments-Kommandeur aufwärts stets der nächsthöhere Vorgesetzte. Die Brigade- und Divisions-Kommandeure, sowie die kommandirenden Generale sind verpflichtet, in den Qu. ihr Urtheil über die sämmtlichen untergebenen Generale und Stabsoffiziere niederzulegen; für Hauptleute und Lieutenants sind sie hierzu berechtigt. Wenn sie in Betreff dieser Letzteren keine Bemerkungen machen, wird angenommen, dass sie dem Urtheile des Regiments-Kommandeurs beipflichten. Die Betheiligten dürfen Mittheilung des Inhaltes der Qu. nicht verlangen. Sobald der neue Qu. erstattet, wird das Akten-Exemplar des früheren sorgfältig vernichtet. S. Personal-Berichte.

Quarrée. Diese früher übliche Formation der Infanterie zur Vertheidigung gegen Kavallerie hat heute fast ganz der entwickelten Schützenlinie Platz gemacht.

Quartier. (S. auch Kantonnement.)

Bei weitläufiger Unterkunft auf dem platten Lande rechnet man auf eine Feuerstelle 1 Mann Infanterie oder $1/2$ Mann Kavallerie oder reitende Artillerie oder $2/3$ Mann Feldartillerie.

Dies ergiebt für ein Bataillon auf Manöverstärke etwa 500 Feuerstellen, für eine Eskadron etwa 200 dergleichen, für eine Feldbatterie 70 dergleichen.

Eine Feuerstelle gleich 4 bis 5 Einwohnern zu setzen.

Kavallerie und Artillerie nicht in Städte. Grosse Städte mit Arbeiterbevölkerung haben eine geringe Belegungsfähigkeit.

Quartierleistung durch die Gemeinden kann gesetzlich gefordert werden: für Truppen in Garnisonen, so lange die Kasernen noch nicht vorhanden sind und in Kantonnements von länger als 6 monatiger Dauer: nur für Mannschaften und Dienstpferde; bei Kantonnements von kürzerer Dauer, Märschen und Kommandos: Quartiere für Offiziere, Beamte und Mannschaften, Stallung für alle Pferde, für welche Rationen etatsmässig sind, sowie Geschäfts-, Arrest- und Wachtlokale.

Es haben bei Märschen etc. zu fordern:

Generale etc. 3 Zimmer und 1 Gesindestube,
Stabsoffiziere etc. 2 Zimmer und 1 Gesindestube,
Hauptleute, Lieutenants 1 Zimmer und 1 Burschengelass.

Jeder Offizier etc. hat Anspruch auf angemessene Ausstattung des Zimmers, zum mindesten auf ein reines Bett, einen Spiegel, für jedes Zimmer auf einen Tisch und einige Stühle, auf einen Schrank und Wasch- und Trinkgeschirr. Quartiergeber hat die Zimmer zu beheizen, zu beleuchten, auch Benutzung des Kochfeuers und Essgeschirrs zu gestatten.

Quartier-Verpflegung. (S. Verpflegung.)

Für Offiziere etc. kann die Verpflegung auch in Kantonnements gefordert werden, in Städten jedoch nur die Morgenkost; für enge Quartiere gilt diese Berechtigung nicht. Die Verpflegung der Offiziere etc. hat in einer angemessenen Bewirthung zu bestehen. Eine Verpflichtung der Offiziere, die Verpflegung von den Quartierwirthen zu entnehmen, liegt nicht ob. Zu entrichten sind folgende Beträge:

für die volle Tageskost 2 M. 50 Pf.
„ „ Mittagskost 1 „ 25 „
„ „ Abendkost — „ 75 „
„ „ Morgenkost — „ 50 „

Wird die Beköstigung in engen Quartieren freiwillig verabfolgt, so gelten vorstehende Sätze ebenfalls.

Qu.-V. für Mannschaften.

Die grosse Portion wird bei allen Uebungen auf die ganze Dauer gegeben. Während des Marsches hat der Quartiergeber den Soldaten zu verpflegen, wogegen in Kantonnements entweder der Truppentheil oder die Militärverwaltung die Verpflegung beschafft, und der Quartiergeber nur die Benutzung des Kochfeuers, sowie Koch- und Essgeräthe herzugeben hat.

Wenn Quartierwirth Verpflegung liefert, haben sich die Einquartierten mit der Kost des Quartiergebers zu begnügen. Zu verlangen ist: 1000 g Brod, 250 g Fleisch (Gewicht des rohen Fleisches) oder 150 g Speck; ferner 125 g Reis bezw. 125 g Graupen (oder 250 g Hülsenfrüchte oder 1500 g Kartoffeln), sowie 25 g Salz und 15 g gebrannter Kaffee. Weiteres Getränk nicht zu fordern. Die Brodportion vertheilt sich gleichmässig auf Morgen, Mittag, Abend. Des Morgens ist ausser dem Brod Kaffee oder eine Suppe zu fordern, Mittags Brod mit Fleisch und Gemüse, Abends Brod und Gemüse. Trifft der Einquartierte erst Abends ein, so erhält er noch die ganze Tageskost ausschl. Frühstück, sofern nicht die Marschroute ausdrücklich anders bestimmt.

Einjährig-Freiwillige und Offizierbediente bezahlen die Verpflegung in die Truppenkasse nach demselben Einheitssatze, nach welchem der Truppentheil für die übrigen Mannschaften die Marschverpflegung an die Gemeinde bezahlt. Dieser Einheitssatz wird für jedes Jahr durch das Reichskanzleramt bekannt gemacht.

Für das Jahr 1896 beträgt dieser Satz:

	mit Brod	ohne Brod
für die volle Tageskost	80 Pf.	65 Pf.
„ „ Mittagskost	40 „	35 „
„ „ Abendkost	25 „	20 „
„ „ Morgenkost	15 „	10 „

Die Vergütung sofort gegen Quittung der Gemeinden zu bezahlen.

Quatrebras. Treffen 16./6. 1815 zwischen den Franzosen und den Engländern unter Piston und den Niederländern unter Perponcher, der den ersten Ansturm Neys aushielt. Herzog von Braunschweig fiel; nach und nach eintreffende Verstärkungen auf beiden Seiten nährten den Kampf, der mit dem Siege der Alliirten endete.

Quecksilber-Waage. (S. Nivelliren.) Durch die auf dem Quecksilber der Röhre c schwimmenden Diopter a (Okular), b (Objektiv), die in den Kästen d untergebracht werden, sieht man die Horizontale.

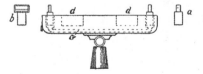

Quecksilber-Waage.
a (Okular) und b (Objektiv) Elfenbeindiopter, c Kommunikationsröhre für das Quecksilber. d Räume zur Aufbewahrung der Diopter.

Quedlinburg. Dort stehen 3. Esk. Kür.-Rgts. von Seydlitz (Magdeb.) No. 7. — 2. Servisklasse.

Queenstown (Irland) mit dem befestigten Hafen von Cork. Den Eingang verwehren drei gepanzerte Werke: Carlisle-Fort und Camden-Fort, die rechts und links der zwischen Felsenriffen liegenden Einfahrt angelegt; das dritte auf der Spike-Insel liegt mitten in dem Eingangs-Kanal. Die übrigen Anlagen sind aus dem Plane ersichtlich.

Querbaum heisst ein Turngeräth zu Rüstübungen für alle Truppen. Es ähnelt dem Reck, die Stange ist aber stärker (8—10 cm hoch und 5,5—7 cm breit) und nur an der oberen Fläche abgerundet.

Querdichte (Querschnittbelastung), Geschossgewicht (in g), getheilt durch den Geschossquerschnitt (in qcm oder qmm). Bei ähnlich konstruirten Geschossen von gleicher Dichte nimmt die Qu. mit dem Kaliber in demselben Verhält-

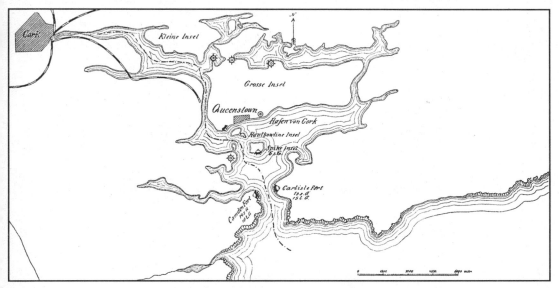

Skizze der Befestigungen von Queenstown.

niss zu und ab. Da aber die Geschosse, um den Luftwiderstand leichter und mit geringerem Kraftverlust zu überwinden, desto mehr Qu. bedürfen, je grösser ihre Fluggeschwindigkeit ist, so hat man neuerdings in der Regel und mit gutem Grund bei verkleinertem Kaliber (und gesteigerter Mündungsgeschwindigkeit) eine höhere Qu. angewendet, die durch Vergrösserung der relativen (in Kalibern ausgedrückten) erreicht wurde. Ueber Erhöhung der Qu. durch Anwendung dichteren Geschossmetalls s. Wolframgeschosse.

Queretaro. Hier befestigte sich nach dem Abzuge der Franzosen Kaiser Maximilian; er wurde dort von den Liberalen eingeschlossen, die Stadt durch Verrath genommen, der Kaiser gefangen und erschossen.

Queue ist das Gegentheil der Spitze einer Kolonne.

Quiberon, Halbinsel in der Bretagne. Hier landete 1795 ein Korps von Royalisten, statt sich mit dem Aufstande in der Vendee in Verbindung zu setzen. Das die Halbinsel deckende Fort Penthièvre wurde von den Republikanern erstürmt, die Expedition vernichtet.

Quosdanovich, Freiherr, österreichischer F.-M. (1738—1802), war im bayrischen Erbfolgekrieg berühmter Parteigänger, zeichnete sich auch in der Türkei und in den Kriegen am Rhein aus. In Italien operirte er unglücklich.

R.

Raab in Ungarn. 28./6. 1849 Erstürmung durch die Oesterreicher, bei welcher Kaiser Franz Josef I. als jugendlicher Prinz die Feuertaufe erhielt.

Rabenhorst, von, sächsischer General und Kriegsminister (1801—1873), von 1849 bis 1866 Kriegsminister, war er ein Hauptförderer der Schlagfertigkeit der sächsischen Armee.

Rabutin, Graf Bussy-, österreichischer Feldmarschall (1642—1710), focht unter Eugen und 1696 in Siebenbürgen, kämpfte mit wechselndem Glücke 1705—1706 in Ungarn, er unterwarf Siebenbürgen 1708.

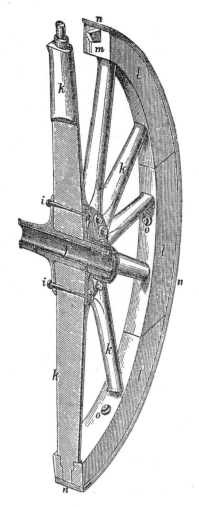

Rad c/73 der deutschen Feldartillerie.

Protz- und Wagenrad; bei dem Lafettenrad ist die lose Scheibe mit einer Seiltrommel für die Seilbremse versehen.

Rad. Man unterscheidet Speichen- und Blockräder. Letztere (runde, in der Mitte für die Achse durchbohrte Holz- oder Metallscheiben von geringer Höhe) werden nur an Mörser und Rahmenlafetten als Schiess-, Lauf- und Schwenkräder verwendet. Die Speichenräder (s. Bild) bestehen aus Nabe mit Büchse, Speichen k, Felgen l und Reifen n nebst Beschlag. Die Felgen sind durch Scheibendiebel m gegen seitliche Verschiebung gesichert und durch Radbolzen o mit dem Reifen verbunden. Die in den Felgenkranz eingezapften Speichen liegen nicht in einer senkrechten Ebene, sondern sind nach aussen geneigt (Stürzung des Rades). In neuerer Zeit hat man bei der Feldartillerie und theilweise auch bei anderen Geschützen und Fahrzeugen die früher allgemein üblichen Holznaben durch zweitheilige metallene (Bronze) ersetzt, welche dauerhafter sind und namentlich einen viel rascheren und leichteren Ersatz unbrauchbarer Speichen gestatten. Sie bestehen aus der festen Scheibe i mit Rohrtheil, welcher 2 Buchsringe mit Schmierkammer enthält und auf der inneren Stossseite des Rades die lose Scheibe; beide Scheiben, durch die Nabenbolzen verbunden, pressen die keilförmigen Enden der Speichen fest zwischen sich zusammen.

Beim Fahren bildet der Halbmesser des Rades den Hebelarm der Kraft; je höher also das R., desto geringer die erforderliche Zugkraft; ebenso befördert ein breiter Felgenkranz und Reifen die Fahrbarkeit, weil er das Einsinken in weichen Boden erschwert. Die Radhöhe beträgt bei der deutschen Feldartillerie 140, bei den Belagerungs- und Festungslafetten rund 155 cm, bei anderen Feldartillerien 126—152 cm. Das Gewicht der Feldräder schwankt zwischen 55 und 106 kg, die Reifenbreite zwischen 6 und 7,6 cm (deutsches R. c/73: 87 kg und 7,5 cm).

Radetzky de Radetz, Graf, österreichischer Feldmarschall (1766—1858), war 1813—15 Generalstabschef Schwarzenbergs. 1848/49 führte er den Feldzug in Italien glänzend. Seine edle Natur und seine Thaten haben ihn über seine Zeit berühmt gemacht.

Radfahrer sind auf guten Strassen und auf längeren Strecken den Meldereitern an Schnelligkeit überlegen, daher möglichst zu benutzen, auch für Relaisdienst. Ebenso zur Verbindung der grösseren Gliederungen; zur Verbindung der Vorposten-Abtheilungen. Beim Quartiermachen sind R. vorauszuschicken, um die Sache schnell zu erledigen.

Weiche Strassen, nasser Strassenschmutz, lockerer Schnee, grosse und lange Steigungen beeinflussen die Geschwindigkeit und erfordern mehr Kraftaufwand; ebenso das Ankämpfen gegen den Wind. Als zufriedenstellende Leistung für die Ausbildung ist zu bezeichnen, wenn bei günstiger Witterung und guten Strassen 30 Kilometer in 2 Stunden zurückgelegt werden.

R. sind in den Manövern eingestellt, erhalten für mitgebrachte Fahrräder Entschädigung wegen Abnutzung. Das R. ist allen Chargen gestattet

Die Seitengewehre werden an einer Schlinge an der Lenkstange mit dem unteren Ende befestigt, unter Umständen an derselben ganz angebracht.

Sie werden mit Revolvern bewaffnet und sind damit ausgebildet. Munition: 10 scharfe und 10 Platz- (Exerzier-) Patronen.

R. machen Honneurs (Ehrenbezeugung) durch stramme Haltung und etwas langsameres Fahren.

Radowitz, Josef (1797—1853), preussischer General, Staatsmann und Militär-Schriftsteller, diente in der Artillerie des Königreichs Westfalen, machte die Schlacht bei Leipzig auf französischer Seite mit, ward 1830 Generalstabschef der preussischen Artillerie, 1836 Bevollmächtigter beim Bundesrathe, besass das Vertrauen Friedrich Wilhelms IV. in hohem Maasse und leitete dessen Politik, bis ihn 1850 Manteuffels Einfluss beseitigte; ward dann General-Inspektor des Militärerziehungs- und Bildungswesens.

Rädelsführer sind die moralischen Urheber von Unruhen, Verbrechen etc., deshalb hervorragend strafbar; besonders bei Hochverrath, Unruhen, Plünderung etc. R. oder Anstifter zur Fahnenflucht oder militärischem Aufruhr im Felde werden mit dem Tode bestraft.

Radziwill, Fürst, preussischer General der Infanterie (1797—1870), war, nachdem er das 4. Armeekorps kommandirt hatte, Chef des Ingenieurkorps und hatte als solcher grosse Verdienste um Hebung der Waffe aus der reinen Technik.

Raglan, Lord (1788—1855), verlor bei Waterloo (im Stabe Wellingtons) einen Arm. Er führte im Krimkriege die englische Armee, soll aus Schmerz über den missglückten Sturm auf Sebastopol gestorben sein.

Rahden, Baron, carlistischer Brigadegeneral (1793—1860). Ursprünglich in preussischen Diensten ging er nach Spanien und kämpfte mit den Carlisten. Berühmt sind seine ausgezeichneten Schriften. (S. Litt.)

Rahmen. Untertheil der Rahmenlafetten (s. d.).

Rahmenlafetten schliessen jeden raschen Ortswechsel aus, daher nur für dauernde Geschützaufstellungen (Festung und Küste) geeignet; Vortheile: weites Gesichtsfeld, rascher Richtungswechsel, Festhalten der Seitenrichtung, beschränkter Rück- und selbstthätiger Vorlauf, grosse Feuerhöhe, daher ausgiebige Deckung. R. werden durchweg aus Eisen (Stahl) gefertigt. Oberlafette mit Rollrädern versehen, die sich selbstthätig hoch und tief stellen lassen, so dass die Lafette auf dem schräg nach vorn geneigten Rahmen beim Rücklauf gleiten, beim Vorlauf rollen kann. Rahmen läuft mit Schwenkrädern auf 2 kreisförmigen Schwenkschienen und ist vorn (oder in der Mitte) mit dem in der Betonbettung befestigten Drehblock verbunden. Die Seitenrichtung (in der Regel 90—120 Grad möglich) wird mittelst eines Schwenkwerks genommen, dessen Zahnradvorgelege eine Kettenrolle dreht, in deren Vertiefungen sich die Schaken der längs der hinteren Schwenkschiene geführten und an den Enden befestigten Schwenkkette einlegen. Hydraulische Bremse und Gummipuffer beschränken den Rücklauf bez. fangen den Vorlauf auf. Die Geschosse werden mit einem drehbaren Krahn gehoben.

Zum Nehmen der Höhenrichtung dient meist eine Zahnbogenrichtmaschine (s. Bild a). Leichte Kasematten-(Flanken-)Geschütze werden ebenfalls häufig in einfacher konstruirten R. mit kleiner Feuerhöhe verwendet.

Rahmen-(Schieber- oder Leiter-) Visir. Gebräuchlichste Form des Visirs (Bild siehe unt. Gewehr), auch beim deutschen Gewehr 88 angewendet. Die Klappe bildet einen rechteckigen Rahmen (Leiter), in dessen lange Schenkel die Entfernungszahlen und -marken (Visirmarken) eingeschlagen sind. Längs des Rahmens gleitet ein mit Kimme versehener Schieber auf und nieder; mittelst eines Sperrstücks (Schlegge), das in Ausschnitte (Rasten) an der einen Rahmenkante eingreift, lässt er sich auf die befohlene Entfernung einstellen.

Raid (Streifzug). Ein amerikanischer Ausdruck für Züge, die die Reiterei oft bis hinter den Rücken der feindlichen Armee herum ausführte. Zerstörung der feindlichen Magazine und Stören der rückwärtigen Verbindungen waren Zweck; auch Requisitionen, Aushebung von Pferden und von Rekruten in befreundeten Bezirken wurden durch Raids bewirkt. Der Urheber dieser Züge war General J. E. B. Stuart, der zu dem Zwecke eine Anzahl (600—1200) bester Pferde und schneidigster Reiter mitführte, bei grösseren Unternehmungen auch einige Geschütze mitnahm. Sie sind nicht mit den Zügen Mosbys, Morgans, Forsters, die meist in nicht oder dünn besetzten

a. Deutsche 21 cm-Küstenlafette.
a Wände, b Bodenblech, c Riegel, f Zahnbogen, i und k Rahmenträger, l Laufkeile, p hydraulische Bremse, t hinteres Trittbrett, u Schwenkräder, v Schwenkschienen, y Schwenkwerk, z Kettenrollen.

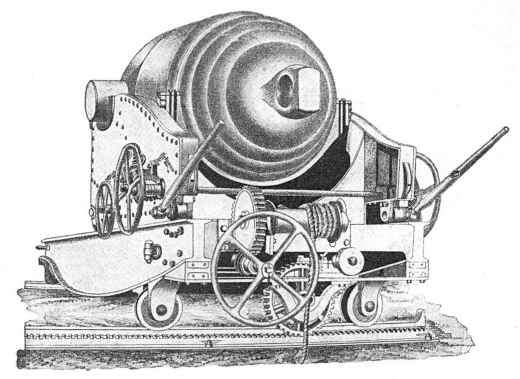

b. **Englischer 22 Ton-Vorderlader in Woolwich-Lafette.**

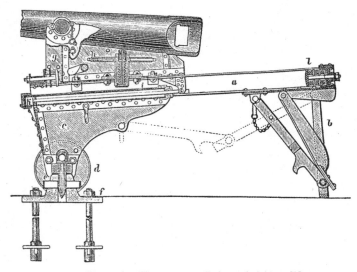

c. **Deutsche Kasematten-Rahmenlafette c./73.**
a Laufschwellen (I-Eisen), b Strebe, c Rahmenträger, d Schwenkräder. e Keil zum Drehbolzen, f Drehblock, g Wände, h Richtmaschine (einfache Richtschraube, auf deren Kopf das Rohr ruht; Kurbelrad greift durch Schlitze in die Wände), i Bremszylinder, k Kolben, l Gummipuffer. Lafette bedarf wenig Raum, ermöglicht grösste Feuergeschwindigkeit (5 Schuss in der Minute) und raschen Ortswechsel: für Flankengeschütze in Hohlräumen.

Territorien sich sehr nützlich machten, zu verwechseln.

Rakete. (S. Bild a—c deutsche Leuchtrakete.) Besteht aus der mit verdichtetem Pulver (Treibsatz) gefüllten Hülse B, in deren Mitte sich ein Hohlraum, die Seele S, befindet; der massive Theil Z des Satzes (vor der Seele) heisst Zehrung. Wird der Satz am hinteren offenen Ende mittelst des Zünders D entzündet, so treibt die Rückwirkung der sich in der Seele entwickelnden und ausströmenden Gase die R. vorwärts. Letzterer dient während des Fluges der in die dreiarmige Stabgabel G eingeschraubte Holzstab C als Steuer, um die Regelmässigkeit der Bahn zu sichern. Die vorn an der R. befestigte Leuchthaube A ist mit Magnesium-Leuchtsternen gefüllt, welche im Gipfelpunkt der Bahn (gegen 300 m Steighöhe) durch die brennende Zehrung, deren Flamme sich einem Zünder mittheilt, in Brand gesetzt wird. Die aus der zertrümmerten Haube herabfallenden Sterne beleuchten während 10—11 Sekunden das Gelände

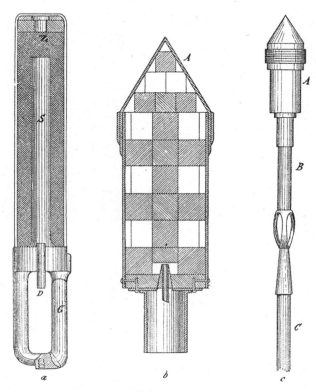

Rakete.

in einer Ausdehnung von 300—1000 m. Zum Abfeuern der R. benutzt man das Raketengestell (Mittelstütze mit Leitrinne und 2 Seitenstützen).

Raketen-Batterien. Oesterreich hatte bis 1867 ein besonderes Raketeur-Regiment; auch die englische, russische und schweizerische Artillerie hatten R.-B. In England bestanden selbst reitende R.-B. Gegenwärtig existiren sie nirgends mehr.

Rakoczy, Fürst (1676—1735), agitirte mit Glück in Ungarn, zu dessen Herzog er 1703 gewählt wurde. Er kämpfte mit Glück bis 1708, als verschiedene Niederlagen sein Heer auflösten.

Ralliirung. Darunter versteht man das Sammeln aufgelöster Abtheilungen in Kolonnen oder entwickelte Linie.

Ramillies (Belgien). Schlacht 23./5. 1706, in der Marlborough die Franzosen unter Villeroy und die Bayern unter Max Emanuel besiegte.

Ramming, Freiherr von Riedkirchen, österreichischer Feldzeugmeister (1815—1874), früher Stabschef bei Haynau, kämpfte 1859 bei Magenta, 1866 mit dem 6. Armeekorps bei Skalitz.

Rampe, Auffahrt. S. Nothrampen.

Randon, Graf, Marschall von Frankreich (1795 bis 1871), in Algier hervorragend, 1859 Kriegsm.

Randzündung. Kam bei älteren Metallpatronen vor, deren Zündsatz im Bodenrand der Hülse angebracht war; ist bei Kriegsgewehren durch die Zentralzündung (Zündhütchen in der Mitte des Hülsenbodens) vollständig verdrängt worden.

Rapp, Graf, französischer Divisions-General (1772—1821). Sohn eines Portiers, that sich durch die glorreiche Vertheidigung von Danzig 1813 und seine Kriegführung im Elsass 1815 hervor. Er besass einen edlen Charakter.

Rasant — bestreichend — ist die Flugbahn in jenem Theile, in welchem das Geschoss sich innerhalb der Zielhöhe befindet; es ist dies der bestrichene Raum. Nimmt die Grösse der Einfallwinkel der Geschosse zu, so wird der bestrichene Raum kleiner und umgekehrt.

Rasanz s. Trefffähigkeit.

Rasen, zur Bekleidung dienend. Bei steilen Böschungen legt man viereckige Rasenstücke mauersteinartig übereinander (Kopfrasen); bei flachen Abhängen deckt man die Fläche ähnlich wie auf der Wiese mit dem Rasen zu, den man mit 2 Holznägeln befestigt. Fleissiges Begiessen nach der Arbeit fördert Wachsthum und Festigkeit.

Rasiren heisst das Schleifen von Festungswerken, das Abtragen von Dämmen, Häusern etc. Rasirt wird, was den Ausschuss behindert oder ein dem Feinde abgenommenes Werk, das man ihm nicht mehr überlassen will und doch für die eigene Armee keinen Werth hat.

Rastatt ist in Bezug auf die Enceinte nach neueren Prinzipien befestigt, auch die auf einige hundert Meter vorgeschobenen Lünetten sind nach Prittwitz'schen Plänen gearbeitet. Auf dem rechten Murgufer ist ein kleines befestigtes Lager aus 4 grösseren, durch Linien verbundenen Lünetten gebildet. Nasse Gräben sichern die inneren Werke. Rastatt ist seiner Lage wegen von geringer Bedeutung.

Dort stehen: Stab der 56. Inf.-Brig., Komdtr., Inf.-Rgt. v. Lützow (1. Rhein.) No. 25, Inf.-Rgt. Markgraf Ludwig Wilhelm (3 Bad.) No. 111, Stab, 1., 3. und 4. Abth. d. 2. Bad. Feldart.-Rgts. No. 30, Fest.-Gef., Bez.-Kom., Art.-Dep., Prov.-Amt, Garn.-Verw. und -Laz. — Servisklasse 2.

Rasten auf dem Marsche (s. dort).

Rastenburg. Dort Bez.-Kom. — Servisklasse 2.

Rath, Freiherr, österreichischer Feldmarschalllieutenant (1772—1852), zeichnete sich bei Belgrad und durch seine tapfere Vertheidigung von Peschiera 1848 aus.

Rathenow. Dort fand der berühmte Ueberfall durch Derfflinger am 14./6. 1675 vor der Schlacht bei Fehrbellin statt.

Daselbst stehen: Hus.-Rgt. von Ziethen (Brandenb. No. 3, Prov.-Amt, Garn.-Verw. und -Laz. — Servisklasse 2.

Ratibor. Dort stehen: 3. Bat. d. 3. Oberschles. Inf.-Rgts. No. 62., 3. Esk. d. Hus.-Rgt. Graf Götzen (2. Schles.) No. 6, Bez.-Kom., Garn.-Verw. und -Laz. — Servisklasse 2.

Rationen. Die schwere Kriegs-R. beträgt:
6000 g Hafer,
1500 g Heu,
1500 g Futterstroh.

Die leichte Kriegs-R. enthält nur 5250 g Hafer, 2500 g Heu und 3500 g Stroh.

Mobile Truppen und Heeresangehörige erhalten schwere, die immobilen leichte Kriegs-Rationen.

Bei Eisenbahnfahrt wird für das Pferd ein Zuschuss von 3000 g Heu für jeden Kalendertag, an welchem die Fahrt mindestens 4 Stunden dauert, gewährt.

An Stelle des Hafers darf im Kriege Mais, bis zu einem Drittel auch Gerste, Roggen oder Erbsen verabreicht werden.

Bei ausserordentlichen Anstrengungen kann der kommandirende General die Hafer-R. um 500 g erhöhen.

Die Friedens-Rationssätze betragen:

a) in der Garnison: Hafer Heu Stroh
schwere R. 5500 g
leicht. Garde-Kav.-R. 5250 g
mittlere R. 5150 g } 2500 g 3500 g
leichte R. 4750 g
R. d. schweren Train-
Zugpferde 8500 g 7500 g 3500 g

b) auf dem Marsche:
schwere R. 6000 g
leicht. Garde-Kav.-R. 5750 g
mittlere R. 5650 g } 1500 g 1750 g
leichte R. 5250 g
R. d. schweren Train-
Zugpferde 9200 g 7100 g 1750 g

Es empfangen:
1. schwere R.: die Generalität, der Generalstab, die Adjutantur, die Offiziere des Kriegsministeriums, die beiden Garde-Kürassier- und die Garde-Ulanen-Regimenter, das Militär-Reit-Institut, die reitende Garde-Artillerie, die Kommandostäbe der beiden Garde-Feldartillerie-Regimenter, die Kürassier-Regimenter, die Zugpferde der Artillerie, die Leibgarde, die Intendantur, die Zugpferde des Trains;
2. leichte Garde-Kavallerie-R.: das Leib-Garde-Husaren-Regiment und die Garde-Dragoner-Regimenter;
3. mittlere R.: die Ulanen-Regimenter;
4. leichte R.: alle übrigen Truppen, Offiziere, Sanitäts-Offiziere und Militär-Beamte.

Die Dienstpferde des Regiments der Garde du Corps erhalten eine tägliche Futterzulage von 500 g Hafer, 1500 g Heu, die Dienstpferde der Lehr-Batterien und Lehr-Kompagnien der Artillerie-Schiessschule und der Versuchs-Kompagnien der Artillerie-Prüfungs-Kommission eine solche von 375 g Hafer für jedes Zug- und von 750 g Hafer für jedes Reitpferd.

Reserve-Offiziere erhalten während der Einberufung zu Uebungen etc. für die mitgebrachten Pferde die R. ihrer Regimenter, Landwehr-Offiziere die R. derjenigen Regimenter, bei denen sie Dienste leisten.

Bei Eisenbahn- und Dampfschiff-Transporten wird für jedes Pferd ein Heuzuschuss gewährt von:
bei Fahrten bis 8 Stunden Dauer 1500 g
über 8—24 „ „ 3000 g
„ 24—48 „ „ 6000 g
„ 48—72 „ „ 9000 g

Bei Kommandos oder Kantonnements von voraussichtlich längerer als vierwöchiger Dauer wird die Garnison-R., bei solchen von kürzerer Dauer und bei den Uebungen der Truppen die Marsch-R. gegeben. Wenn Truppen an den mit den Herbstübungen verbundenen Uebungen im Regiment von der Garnison aus theilnehmen, bleibt es ihnen überlassen, während dieser Zeit die Garnison- oder Marsch-R. zu empfangen.

Bei den Uebungen der Armeekorps oder Kavallerie-Divisionen empfangen auf die Dauer von je 4 Wochen, aber nicht über die Dauer der Uebungen hinaus: die Kürassier-Regimenter, die Zugpferde der reitenden Artillerie und der an deren Stelle an den Kavallerie-Divisions-Uebungen theilnehmenden nicht reitenden Batterien eine erhöhte R. von 6400 g Hafer, 1500 g Heu, 1740 g Stroh, die übrigen Kavallerie-Regimenter und die Reitpferde der reitenden Abtheilungen der Batterien der Linien-Artillerie eine solche von 5750 g Hafer, 1500 g Heu und 1750 g Stroh.

S. auch Remonten-R., Streustroh.

Ratkau. Kapitulation 7./11. 1806. Blücher ergab sich nach hartnäckiger Gegenwehr (4050 Mann und 3750 Pferde) an Murat.

Ratzeburg. Dort stehen Lauenb. Jäger-Bat. No. 9, Garn.-Verw. und -Laz. — 3. Servisklasse.

Rauch, v., preussischer General der Infanterie (1774—1841), nahm an den Kriegen 1806/7 Theil, war 1813 Generalstabschef bei York, dann Chef des Ingenieur-Korps, blieb aber Stabschef bei Blücher. Nach dem Kriege wurde er auch noch General-Inspekteur der Festungen, 1836 Kriegsminister.

Rauchen. R. der Vorposten kann Feldwachhabender gestatten. Auf der Bahn verboten in Pferde- und Futterwagen und solchen mit Munition. Auf Märschen darf nach dem Signal „Abschlagen!" (bei der Infanterie) oder „Rührt Euch!" (bei den übrigen Waffen) auch geraucht werden.

Rauchfleisch soll frei von Schimmel und Insekten, nicht zu trocken und nach Geruch und Geschmack unverdorben sein. Für den Nachschub an Proviant ist R. bei warmer Jahreszeit wenig geeignet.

Rauchschwaches (rauchloses) Pulver. Den Grundstoff aller R. P., soweit sie bis jetzt für Kriegszwecke zur Einführung gelangt sind, bildet (mit vereinzelten Ausnahmen) die Nitrozellulose in Form von Schiess- oder Kollodiumwolle. Man unterscheidet reine Schiesswollpulver und Nitroglyzerinpulver. Zu ersterem gehören die in Deutschland, Frankreich u. a. m. eingeführten Blättchenpulver (s. d.). Die Schiesswolle wird durch Zusatz von Essigäther (essigsaurem Aethyloxyd) und gründlichen Durchkneten des zähen Breies (mittels Knetmaschinen) in eine gallertartige Masse verwandelt (gelatinirt), welche man durch weitere mechanische Bearbeitung in die gewünschte Körperform überführt. Das Gelatiniren erhöht die ballistische Arbeitsleistung und chemische Beständigkeit des P. und ermässigt den Gasdruck.

Die Nitroglyzerinpulver bestehen aus Kollodiumwolle (oder Schiesswolle) und Nitroglyzerin, welches die Kollodiumwolle auflöst. Die Bearbeitung der entstandenen Gallerte durch Kneten, Walzen, Pressen, Zerschneiden etc. geht meist in ähnlicher Weise wie beim Schiesswollpulver vor sich. Zu dieser Klasse gehören: das von Nobel erfundene Würfelpulver c/89, Ballistit und Filit (Italien), Kordit (England), österreich-ungarische 2 mm Geschützpulver m/93 u. a. m. Frankreich und Russland haben sich bisher gegen die Nitroglyzerinpulver ablehnend verhalten.

Die wesentlichsten Eigenschaften der R. P. gegenüber dem Schwarzpulver sind: Fast vollständige Vergasung beim Schuss, daher sehr wenig Rauch und Rückstand; langsamere Zersetzung und grössere Leistung im Verhältniss zum höchsten Gasdruck und zum Ladungsgewicht; höhere Verbrennungswärme (namentlich bei Nitroglyzerinpulver); geringere Entzündlichkeit, deshalb kräftigeres Zündmittel oder Beiladung von Schwarzpulver in der Kartusche erforderlich; Unfähigkeit, durch Berührung mit gewöhnlichem Feuer ohne feste Einschliessung zu explodiren, also verminderte Gefahr; viel geringere Empfindlichkeit gegen Nässe, aber grössere gegen hohe Wärmegrade, welche die chemische Beständigkeit gefährden. (S. a. Pulver.)

Raucourt. Schlacht 11./10. 1746, in der der Marschall von Sachsen den Prinzen von Lothringen schlug.

Raum. Bestrichener Raum befindet sich vor jeder Linie, unbestrichener R. vor jedem ausspringenden Winkel.

Raum ist ein Faktor der Kriegführung, der in früheren Feldzügen eine grössere Rolle spielte; die Sensibilität und Nervosität des Faktors Zeit, hervorgerufen durch den Drang, die Kriege schnell und energisch zu Ende zu bringen, ist eine natürliche Folge der allgemeinen Wehrpflicht, die die Völker bis in die Tiefen beunruhigt und die deren wirthschaftliches Leben auf Monate hin in Frage stellt, auch die grossen Kosten der Kriege drängen zur raschen Entscheidung, damit die kriegführende Macht nicht an den Kriegen selbst zu Grunde geht, ohne erst durch Schlachten besiegt zu werden.

Die hiermit Hand in Hand gehende Entwerthung des Faktors Raum hat zugleich den Werth der örtlichen Deckungen (Festungen, Ströme, Gebirge) heruntergesetzt und den Kriegen einen Stempel der Energie aufgedrückt, der in diesem Jahrhundert sich von Feldzug zu Feldzug gesteigert hat. Die Kriege 1866 und 1870/71 waren die hervorragendsten Typen dieser Art Kriegführung.

Raumbedarf für Truppen-Versammlungen:

Infanterie-Brigade 180 zu 100 m Tiefe.
Kavallerie-Brigade 170 zu 60 m „
Infanterie-Division 300 zu 500 m „
Kavallerie-Division 170 zu 350 m „

Raumgewicht (kubisches Gewicht, gravimetrische Dichte) giebt an, welches Gewicht körniger Körper (mit Zwischenräumen — s. a. Dichte) eine bestimmte Maasseinheit aufzunehmen vermag. Beispiel: das deutsche grobkörnige Pulver hat 970 g R., d. h. ein Liter wiegt 970 g.

Raumnadeln dienen zum Untersuchen des Zündloches und zum Entfernen eines darin stecken gebliebenen Friktionsröhrchens.

Ravelin hiess im Bastionirtracé der ausspringende (fleschenartige) Winkel, der von der Schulter der nebeneinander liegenden Bastionen nach vorwärts strebend, die Bastions-Facen flankirte und selbst von jenen flankirt wurde. Sie traten bald nach Einführung des Bastionstracés in Wirkung.

Ravensburg. Dort steht Bez.-Kom. — 2. Servisklasse.

Ravin, veralteter Ausdruck für Hohlweg, Schlucht.

Rawitsch. Dort stehen Stab, 1., 2. und 4. Bat. 3. Niederschl. Inf.-Rgts. No. 50, Bez.-Kom. Garn.-Verw. und -Laz. — 3. Servisklasse.

Rayon ist der Schutzbezirk vor den Festungen, um die Anbauung vor den Fronten zu verhindern, wodurch sie vertheidigungsunfähig würden.

Realschulen. In Preussen gehören die R. der Regel nach zu denjenigen Lehranstalten, bei welchen das Bestehen der Entlassungsprüfung als Bedingung für die Erlangung der Berechtigung zum Dienst als Einjährig-Freiwillige gefordert wird.

Rechnungshof s. Oberster R.

R. des deutschen Reiches in Potsdam ist die oberste Rechnungs-Revisionsbehörde für die gesammte Militär-Verwaltung. Alle Dienststellen sind verpflichtet, Auskünfte zu geben, welche auf das Revisionsgeschäft Bezug haben, und etwaige Erinnerungen zu erledigen und zu beantworten.

Recklinghausen. Dort steht: Bez.-Kom. — 3. Servisklasse.

Recognoscirungen s. Erkundungen.

Redan ist ein Saillant, vorspringender Winkel, in einer geschlossenen Front. Bei Sebastopol waren einige solche eingeführt, zur Flankirung der Front.

Redern, v., preussischer Generallieutenant

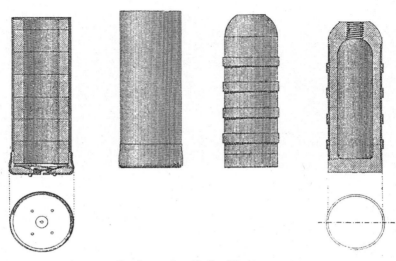

Geschosse der Reffye-Kanone.

(1819—1886), Gardedragoner. 1866 als Kommandeur der 2. Gardedragoner Feldzug in Böhmen. 1870/71 führte er die 13. Kavalleriebrigade in den Schlachten um Metz und vor Paris.

Redoute ist eine stärkere Schanze, die von allen Seiten geschlossen ist. (Plewna.)

Reduits spielen im Kampfe um Objekte wie im Festungskriege eine Rolle. Man versteht darunter solche Punkte oder Abschnitte, die eine Erneuerung des Kampfes ermöglichen, wenn auch schon die Hauptstellung aufgegeben werden musste. Zu R. werden im Feldkriege solche Abschnitte oder Gebäude hergerichtet, die nach Lage, Beschaffenheit und Bauart zähen Widerstand und Unterstützung durch rückwärtige Truppen gestatten. Lagerwerke, der gedeckte Weg, Bastionen, Raveline etc. besitzen meistens R., Defensions-Kasernen, Zitadellen und dergl.

Reduktion der Karten ist ihre Uebertragung auf einen kleineren Maassstab; geschieht heute oft mit Hülfe der Photographie. Sonst auch durch Quadrirung des Papiers, oder durch Storchschnabel.

Reffye-Kanone, Canon de 7 (kg), der erste Hinterlader der französischen Feldartillerie, auch canon Trochu genannt. Nach der Konstruktion des Oberst Reffye wurde 1870 eine grössere Anzahl Geschütze gefertigt und fanden zum Theil noch während des Krieges Verwendung. Das Bronzerohr mit Schraubenverschluss hatte 8,5 kg Seelenweite, wog über 600 kg und war mit 14 Keilzügen von 25 Kaliber Dralllänge versehen. 1,15 kg Pulver (6 gepresste Ringe) ertheilten der 6,85 kg schweren Granate (dünner Bleimantel, Sprengladung = 0,38 kg) nahezu 400 m Mündungsgeschwindigkeit. Die aus Papier und Baumwollstoff hergestellte Kartusche enthielt vor der Pulverladung einen ringförmigen Fettpfropf und war mit einem lidernden napfförmigen Messingboden (Zündloch in der Mitte) versehen (Vorläufer der Metallkartusche). Später traten noch canons de 5 (kg) hinzu. Da die Liderung grosse Schwierigkeiten verursachte und die ballistischen Leistungen den gesteigerten Anforderungen der Neuzeit nicht mehr genügten, wurden die R.-K. durch die 80 und 90 mm Feldkanonen c/78 ersetzt, verblieben indes noch lange in den verfügbaren Beständen der Feldartillerie, um dann in den Festungen Verwendung zu finden.

Reflektor. Man blickt durch das Diopter e nach dem Gegenstande (Baum) i und dreht den Spiegel g, an dem der Gradbogen c^1 sich bewegt, vermittelst der Stange um so lange, bis der zweite Gegenstand (Mühle) k sich in dem Spiegel f reflektirt, und handhabt so lange, bis (s. Fig. 3) im Spiegel f der direkt (ohne Spiegel) gesehene Gegen-

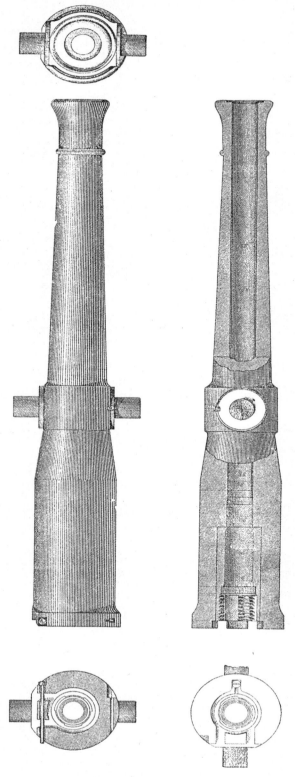

Reffye-Kanone.

stand i — Baum — genau über dem durch zwei Spiegel geschauten Gegenstand k — Mühle — steht. Dann liest man am Gradbogen c^1 mit Nonius (s. dort) den Winkel ab, den von der Stellung des Beobachtenden aus die Gegenstände i und k bilden.

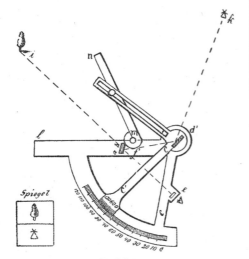

Reflektor.

Regensburg. 26./7. 1634 Uebergabe an die Kaiserlichen; Verlust derselben in 7 Stürmen 8000 Mann.

Einnahme 23./4. 1809 durch Napoleon gegen Erzherzog Karl, der sich nach Böhmen zurückzog und mit der Nachhut R. vertheidigte.

Regiments-Artillerie wurde im 30jährigen Kriege den Infanterieregimentern beigegeben und bestand aus leichten 3—6pfündigen Geschützen. Die R.-A. hat sich bis in das 18. Jahrhundert erhalten.

Regimentsarzt s. Sanitätswesen.

Regimentsbrand (Pferde) wird sämmtlichen Remonten auf die linke Hinterbacke gegeben.

Regiments-Exerzieren bildet den Anfang der Herbst-Uebungen. Dazu bei Infanterie: 5 Tage, bei solchen, die mehrere Garnisonen haben, 7 Tage (davon 2 Tage Uebungen im Gelände); Kavallerie: 7 Tage im Sommer und 3 im Herbst (Summa 10 Tage). Vor grösseren Uebungen nur Summa 8 Tage.

Registrande heissen die bekannten bis 1881 von der geographisch-statistischen Abtheilung des grossen Generalstabes zu Berlin herausgegebenen Quellennachweise für die Geographie und ihre Hilfswissenschaften.

Regnault de St. Jean d'Angely, Graf, Marschall von Frankreich (1794—1870), focht in der Krim und ward bei Magenta Marschall.

Rehabilitirung. Die Wirkungen der Versetzung in die zweite Klasse des Soldatenstandes werden durch die von Allerhöchster Stelle erfolgende R. aufgehoben.

Die erste R. darf nachgesucht werden: wenn die Strafe, neben welcher auf die Versetzung erkannt wurde, in Geldstrafe besteht, nach einem Jahre seit Verbüssung der Strafe, im Uebrigen erst nach Ablauf eines der Hälfte der verbüssten Strafe gleichkommenden Zeitabschnittes, jedoch nicht vor Ablauf eines Jahres seit Verbüssung und vor Wiedererlangung der bürgerlichen Ehrenrechte.

Eine zweite R. darf unter Beobachtung der obigen Bestimmungen erst zwei, eine dritte ausnahmsweise drei Jahre nach verbüsster Strafe beantragt werden.

Anträge auf Wiederverleihung der durch die Versetzung verlorenen Kriegsdenkmünzen sind an besondere Bedingungen geknüpft, solche auf Wiederverleihung von Orden und Ehrenzeichen sind unstatthaft.

Rehabilitirungen werden in die Pässe eingetragen, Vorschläge zu denselben bei den Kontrollversammlungen aufgenommen.

Reiche, v., preussischer General der Infanterie (1775—1855), 1806 Stabschef des Herzogs von Weimar, 1813 im Stabe von York, dann unter Bülow. 1815 Stabschef bei Ziethen.

Reichenbach. 16./8. 1762 Gefecht zwischen König Friedrich und Daun, der Schweidnitz entsetzen wollte. 22./5. 1813 Rückzugsgefecht der Verbündeten (Duroc und Kirchener fielen).

Reichenberg. Gefecht 21./4. 1757, in dem Bevern die Oesterreicher unter Lazy zurückdrängte, so dass er sich mit Feldmarschall Schwerin bei Münchengrätz vereinigen konnte.

Reichsangehörigkeit bedingt die Wehrpflicht. Solche Personen, die die R. verloren, fremde noch nicht erworben haben und sich in Deutschland aufhalten, sind heranzuziehen, auch deren Söhne.

Angehörige fremder Staaten bedürfen zur Einstellung kaiserlicher Genehmigung. Irrthümlich eingezogene dieser Kategorie sind zu entlassen. (S. auch Auswanderung.) Wehrpflichtige, die im Kriege auf Aufforderung nicht heimkehren, können der R. verlustig erklärt werden.

Reichsformat (Papier) ist 33 zu 21 cm, ist im Verkehr der Militärbehörden allgemein anzuwenden, soweit zu Büchern. tabellarischen Uebersichten und dergl. nicht ein grösseres Format unvermeidlich ist.

Zu Kabinets-Ordres werden Bogen von 26,5 zu 21 cm Grösse verwendet (Briefformat).

Reichshofen s. Schlacht bei Wörth.

Reifezeugnisse für die Universität, sowie für die 1. Klasse der Gymnasien und diesen gleich gestellten Lehranstalten genügen als Befähigungsnachweis für den Einjährig-Freiwilligendienst.

Reihenfolge der Orden s. dort.

Reims, ein Knotenpunkt von 5 Bahnlinien, liegt in der Ebene. 10 km südwestlich zieht sich das Gebirge von R. von Südosten nach Nordwesten.

In der Ebene liegen einzelne kleine Höhengruppen, die zur Anlage von Vertheidigungen benutzt sind, während R. eine offene Stadt ist. Im Nordwesten ist die Berggruppe zur Anlage des starken Forts de St. Thierry ausgenutzt, während bei Pouillon das Reduit de Chenay die Vertheidigung unterstützt. Im Norden liegt ein Fort Brimont mit 2 starken Batterien auf einem Hügel. Oestlich davon in der Ebene das Fort de Fresnes. Die etwa 60 m über die Ebene aufsteigende Höhe von Barru ist gekrönt von den Batterien der vigie de Barru, mit Reduit und dem grossen Fort Nogent l'Abbesse mit Annex-Batterien, während im Norden das Fort de Vitry die Ebene beherrscht.

Die Bahn nach Chalons und die Gefilde der berühmten Sillery werden vom Fort de la Pombelle aus unter Feuer genommen, während das Fort de Montbré im Süden die Bahn nach Epernay schützt. Plan s. Seite 564 und 565.

Reinigen des Geschützrohres. Hierzu dienen reines oder Seifenwasser. Putzhadern; Oel für Richtschrauben und Maschinenlager. Blankputzen untersagt.

Reis muss rein, nicht staubig oder mehlig sein, ganze, ungebrochene Körner enthalten, dem Geruche und Geschmacke nach unverdorben sein.

Reise-Gebührnisse. (S. Gehalt.) Offiziere und Portepéeunteroffiziere (Nichtportepéeträger nur in ausnahmsweisen Fällen), sowie Beamte, ferner inaktive Offiziere, welche zu den Uebungen einberufen werden, haben bei Dienst- und Versetzungsreisen im Frieden Anspruch auf R.-G., sofern die zurückzulegende Entfernung mindestens 2 km von der Grenze des Garnison- (Quartier-, Lager-) Ortes beträgt. Bei geringeren Entfernungen können — wenn ein Fuhrwerk benutzt werden musste —, ausnahmsweise die Fuhrkosten erstattet werden. Die R.-G. setzen sich zusammen aus Tagegeldern (s. dort) und Fuhrkosten. Letztere betragen bei Eisenbahn- und Dampfschifffahrten: für Offiziere — sämmtlich — und für Beamte mit einem Tageldsatze von mindestens 9 M.: für ein km 13 Pf. und für jeden Zu- und Abgang 3 M.; Beamte mit einem Tageldsatze von 6 M.: für ein km 10 Pf. und für jeden Zu- und Abgang 2 M.; die übrigen Personen des Soldatenstandes und die Unterbeamten: für ein km 7 Pf. und für jeden Zu- und Abgang 1 M. Haben Offiziere vom Hauptmann ab und Beamte mit einem Tageldersatze von 12 M. ab aufwärts einen Burschen oder Diener auf die Reise mitgenommen, so kann für denselben 7 Pf. für jedes km beansprucht werden. Bei Dienstreisen, welche nicht auf Dampfschiffen oder Eisenbahnen zurückgelegt werden können, erhalten:

Offiziere vom Stabsoffizier und Beamte von den Mitgliedern der Reichsbehörden ab aufwärts . . . . 60 Pf.
die übrigen Offiziere und oberen Beamten . . . . 40 Pf.
Unteroffiziere und Gemeine, sowie Unterbeamte . . . . 30 Pf.

für jedes km der nächsten fahrbaren Strassenverbindung.

Die verrechnete Kilometerzahl jeder Dienstreise wird derart abgerundet, dass angefangene für volle km berechnet werden. Bei Rundreisen erfolgt die Abrundung erst am Schluss der ganzen Reise.

(S. auch Umzugskosten.)

Reisemarsch s. Märsche. Sie werden durchschnittlich auf etwa 22 km bemessen.

Reisswitz, v. (1794—1827), ist Erfinder des Kriegsspieles.

Reitbahnen, bedeckte, erhalten in der Regel im Hufschlag gemessen eine Länge von 37 m bei 17 m Breite. Die Zahl der in jedem Falle zu gewährenden b. R. richtet sich nach der Anzahl der darauf angewiesenen Truppen und deren Dienstverhältnisse.

Mit den R. werden gewöhnlich Kühlställe verbunden, in welchen Standraum für 18 Pferde vorzusehen ist.

Der Boden der R. wird aus einer 15 cm starken, geschlagenen Lehmschicht und darüber aus einer 25 bis 30 cm starken nicht zu feinkörnigen reinen Sandschicht hergestellt, zu welcher auf Wunsch der Truppen Sägespähne, Lohe oder andere Mischungen hinzutreten können. Die Anlage erhöhter Standplätze für Besichtigungen ist zulässig.

Die in der R. erforderlichen Arbeiten zur Instandhaltung des Planums müssen die Truppen unentgeltlich ausführen, auch Krümpergespanne stellen. Diejenigen Truppen, welche keinen Düngerfonds haben, können von der Intendantur Averse bis zur Höhe von 36 M. jährlich bewilligt erhalten.

Reitbesatz von Leder an der Stiefelhose ist für Paraden, Besichtigungen und bei Meldungen nicht statthaft.

Reitende Artillerie, Feldartillerie, bei welcher die Bedienungsmannschaften beritten sind. Zur Bedienung des Geschützes sitzen Letztere ab und geben ihre Pferde an die als Pferdehalter bestimmten Reservenummern. Diese verbleiben bei den Protzen. Die R. A. ist in Bezug auf Beweglichkeit und Marschleistungen der fahrenden Feldartillerie überlegen, wie sich dies in deutsch-französischen Kriege mehrfach gezeigt hat. Ihre Schiessleistungen sind abhängig von der ballistischen Leistungsfähigkeit der Geschütze, die in einigen Heeren (zur Erzielung geringerer Gewichte) denen der fahrenden Batterien nachsteht. Vergl. Feldgeschütze. Die Zahl der reitenden Batterien ist meist durch die bedeutenden Kosten und die Schwierigkeit des Ersatzes und der Ausbildung beschränkt. Man verwendet sie bei den Kavallerie-Divisionen und gegebenenfalls in der Korps-Artillerie.

Deutschland hat 17 reitende Abtheilungen zu je 2 und 1 reitende Abtheilung zu 3 Batterien. Ausserdem 1 reitende Abtheilung des 25. Feldartillerie-Regiments = 38 reitende Batterien.

Reitende Feldjäger s. Feldjäger-Korps.

Reitgerte s. Peitsche und Gerte.

Reithalfter verhindert Aufsperren und Verschieben des Maules; nie so fest zu schnallen, dass das Pferd dieses nicht bewegen und etwas öffnen kann.

Reitzenstein, Freiherr v. (1809—85), württembergischer G.-L. Führte 1866 das 8. Infanterie-Regiment bei Tauberbischofsheim. 1870/71 nahm er hervorragenden Antheil an allen Kämpfen der württembergischen Division.

Reklamationen geschehen durch die Wehrpflichtigen und deren Angehörige. Im Allgemeinen werden zurückgestellt: Einzige Ernährer, einziger Sohn, der Gut, Pacht etc. erhalten kann, nächstältester Bruder eines Gefallenen, Grundbesitzer, deren Nahrung bei ihrer Abwesenheit zerfallen würde, ebenso in Fabriken und Gewerbe solche, die dauernden Aufenthalt im Auslande, katholische Theologen. (Ausnahme und

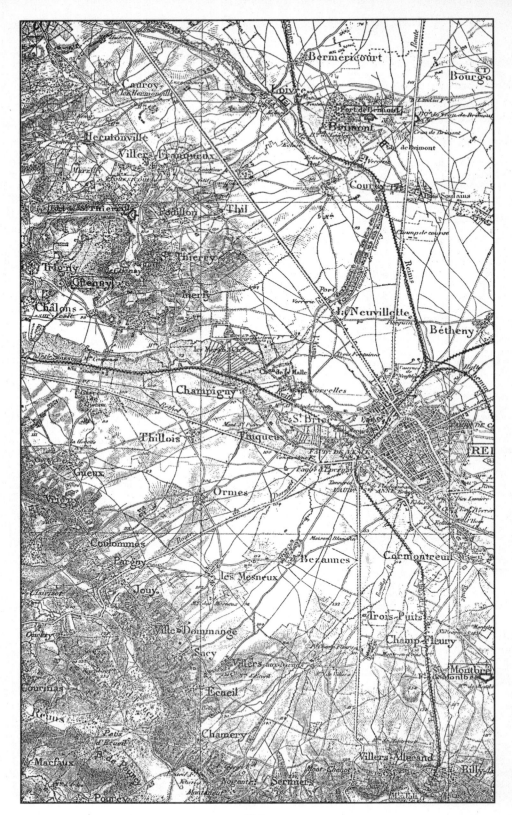

Reims.

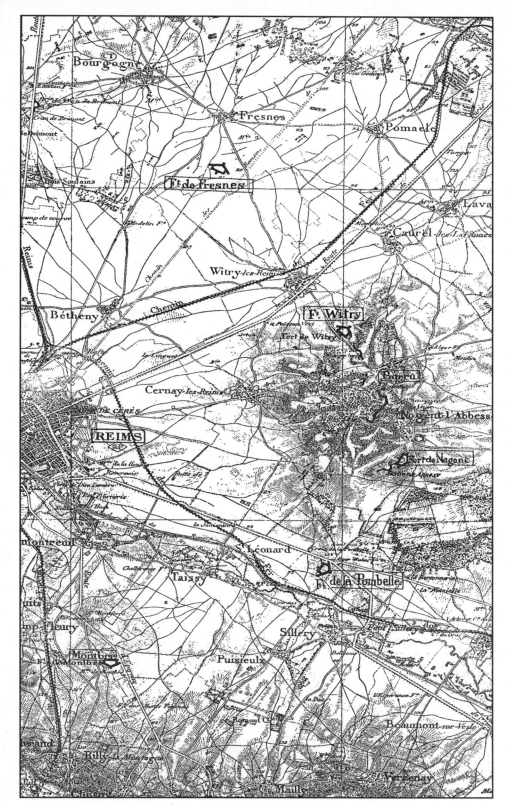

Reims.

besondere Beurtheilung S. § 33 der W.-O.) Endgültige Entscheidung giebt die Ober-Ersatz-Kommission. Die R. sind spätestens beim Musterungstermin mit Belegen beizubringen, die obrigkeitlich beglaubigt sind. Epileptische drei Zeugen oder ärztliches Attest.

Nachträgliche R. kann die Ober-Ersatz-Kommission annehmen, wenn noch nicht eingestellt sind. (Ueber weitere R. auch eingezogener Leute S. W.-O. 82, 83 und H.-O. 14, 4.)

Im Kriegsfalle. Alle R. bei der Einberufung zur Mobilmachung sind unzulässig, nur im äussersten Nothfalle können bei mobilen Truppen befindliche Soldaten reklamirt werden.

Landsturmpflichtige, die sich dauernd im Auslande befinden etc., können bei Konsulatsbescheinigung befreit werden.

Befreiung bezw. Abkürzung von Uebungen etc. der Reserve-Offiziere können nur vom kommandirenden General verfügt werden.

Rekruten s. Aushebung.

Der Vorsitzende der Ober-Ersatz-Kommission entscheidet über die Tauglichkeit und Vertheilung der R. Die Kontrolle der R. haben die Bezirks-Kommandos. Die R. müssen deshalb Aufenthaltsort angeben.

R. bedürfen zur Verheirathung Genehmigung des Bezirks-Kommandos.

R. stellen sich in ihrem Bezirk, angethan mit ausreichenden Kleidern, Stiefeln und Hemde. Ortsvorsteher sorgt dafür. Nach nicht gestellten R. sofort polizeiliche Nachsuchungen und dann eingezogen. Sie werden nach Reihenfolge (Loos) ausgehoben, erhalten Urlaubspässe, die nicht Ausgehobenen bleiben „Ueberzählige". Den Ersatzreservisten (s. dort) ist der Tag der Einziehung bis 15. Juli bekannt zu geben.

Einberufung der R. erfolgt durch Bezirks-Kommando. Sie werden an den Gestellungsorten den Transport-Kommandos übergeben.

Nach Einstellung bei der Truppe ärztliche Untersuchung.

Rekrutenvereidigung. Anzug: Paradeanzug (s. dort).

Rekrutirung. S. die verschiedenen Heere, auch Ersatzwesen.

Rekrutirungs-Stammrollen s. Stammrollen.

Relais sind kleine Etappen zur schnellen Beförderung von Nachrichten, die von berittenen Leuten, auch frischen Pferden gebildet werden. Man kann auch Wagen-R. stellen, wie sie Falckenstein 1864 in Dänemark einführte.

Einrichtung: Reiter nicht über 10 km entfernt, bei wichtigen R. kleine Posten, von denen ein Drittel stets bereit ist, ein Drittel abgezäumt füttert, ein Drittel absattelt Ein Posten beobachtet Strasse etc. Unsichere Ortschaften sind zu vermeiden. Stand der R.-Posten (Nacht und Tag) stets kenntlich zu machen. Postenführer (Unteroffizier) regelt den Dienst und hält R.-Buch laufend. Bei guten Strassen auch Radfahrer einzustellen.

Relation, veralteter Ausdruck für Bericht.

Rem.-O. Abkürzung für Remontirungsordnung. — 1894.

Remington, m/67 Infanterie-Feuerwaffe der dänischen, m/71 der norwegischen und spanischen Armee; ist auch in den Vereinigten Staaten von Nordamerika gebräuchlich.

Remiremont, Festungswerk an der Mosel südlich von Epinal. Nördlich liegt das Fort d'Arches. Plan S. 567.

Remonte-Depot-Beamte sind Zivilbeamte der Militär-Verwaltung. Eintheilung:

	Gehalt	Kaution
Administratoren	2700—3600 M.	9000 M.
Rechnungsführer	1000—1600 „	4500 „
Wirthschafts-Inspekt.	900—1900 „	für interi-
Oberrossärzte	2000—2400 „	mistische
Futtermeister	400—800 „	Vorstände

Für Rechnungsführerstellen sollen Militär-Anwärter, welche die Zahlmeisterprüfung abgelegt oder doch längere Zeit im Zahlmeisterbureau gearbeitet haben, vorzugsweise zur Berücksichtigung kommen.

Anstellung der Beamten erfolgt durch die Remontirungs-Abtheilung im Kriegsministerium.

Remonte-Depots s. Remontirung.

Remonte-Kommando. Der Remontetransport erfolgt durch Eisenbahn, Fussmarsch oder Beides.

Der Kommandoführer ist im vollständigen Dienstanzuge, die Mannschaften in Mütze mit gerolltem Mantel und Brodbeutel, Unteroffiziere mit Säbel. Beim Fussmarsche ist die Pferdeausrüstung feldmarschmässig; die Mannschaft in Mütze mit Säbel, ohne Schusswaffe. Auf je drei Mann auf Bahn ein Tränkeimer und für längere Fahrten für jeden Mann eine Futterschwinge mitzugeben. Der Offizier erhält Reisegebühren und für die von ihm zu machenden Fahrten einen Wagen, auf welchem der Rossarzt mitzunehmen ist.

Wenn unterwegs ein Reitpferd krepirt oder unbrauchbar wird, so ist der Kommandoführer berechtigt, von einem Kavallerie- oder Feldartillerie-Regiment, dessen Garnison er berührt, ein zur Ausrangirung bestimmtes Ersatzpferd in Anspruch zu nehmen.

Auf ärztliche Anordnung dürfen Gerstenschrot, Mehl, Steinsalz u. dergl. gekauft werden.

Für den Rückmarsch eines auf den Fussmarsch angewiesenen R.-K. steht demselben ein Fuhrwerk zu, mit zwei Pferden bespannt, zur Fortschaffung des Rossarztes, des Offiziersburschen, des Koppelzeuges etc., nöthigenfalls eines erkrankten Mannes oder eines solchen, dessen Pferd vorübergehend nicht geritten werden kann.

Zum Transporte von den Märkten nach den Depots dienen Remonte-Schlepp-Kommandos.

Jedes Remontepferd wird mit einer rindledernen Trense, einer Gurt- oder Strickhalfter und zwei hanfenen Strängen übergeben. Auf drei Remonten ein Mann; also besteht jede Koppel, einschliesslich des Dienstpferdes, aus vier Pferden.

Remonten. Preussen: Eine gute R. muss edles Blut, gute Beine und Hufe, einen tragfähigen Rücken, wobei es weniger auf Kürze, als auf Geschlossenheit und gute Nieren ankommt, und regelmässigen, schwunghaften Gang haben. Erwünscht ist nur tiefe und schräge Schulter mit langem Querbein, ein ausgeprägter Widerriss, ein gut angesetzter Hals, breite Brust, starke Kruppe mit gutem Schweifansatz, muskulöser Vorarm mit kurzen Röhren und trockenen

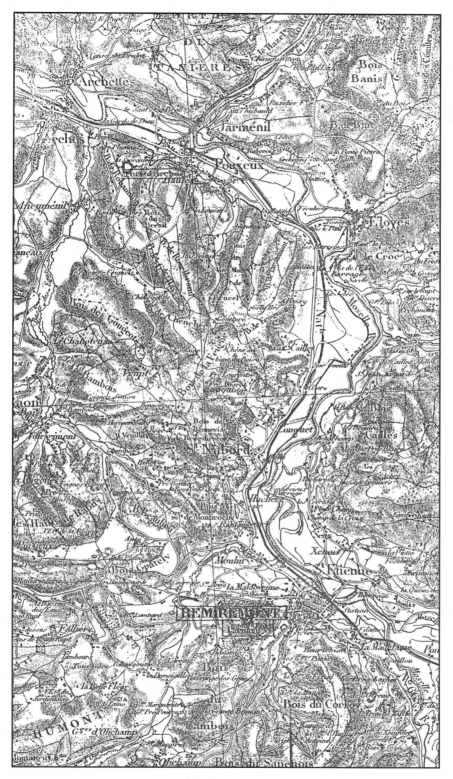

Remiremont.

Sehnen, starke Schwunggelenke und gut gestellte, weder weiche noch steile Fesseln.

Mindestmaasse nach dem Stockmaasse:
für Kürassiere und Garde du Corps . 1,53 m
„ Garde- und Linien-Ulanen, Garde-
Dragoner und Leib-Garde-Husaren 1,49 „
„ Linien-Dragoner und Husaren . . 1,46 „
„ Artillerie-Zugpferde . . . . . . 1,52 „
„ Artillerie-Zugpferde . . . . . 1,48 „
Näheres s. Remontirung.

Remonten-Ankauf. Preussen: Die Remonten werden im Alter von 3—4 Jahren durch die R.-A.-Kommission angekauft, ein Jahr in den Remontedepots aufgestellt und im Alter von 4—5 Jahren an die dazu berechtigten Truppen vertheilt.

R.-A.-Kommission besteht aus einem ständigen Präses und je einem ersten und zweiten Hülfsoffizier der Kavallerie- und Feldartillerie. Als Hülfspersonal gehört zu jeder Kommission ein Rossarzt und 1—2 Ordonnanzen. Näheres s. Remontirung.

Remontenwesen. (S. Remontirung, auch Pferdegelder.)

Remonte-Rationen. Vom Tage der Uebernahme durch den Transportführer bis zur Einstellung in den Truppen-Etat erhalten die Remonten folgende Rationssätze:

	Hafer	Heu	Stroh
Küraß.- u. Garde-Ul.-Rgtr., Mil.-Reit-Inst., Art.-Zugpf. . . .	5250 g		
leicht.Garde-Kav.-Rgtr.	5000 g	3500 g	1750 g
Lin.-Ul.-Rgtr. . . .	4900 g		
Lin.-Drag.-, Hus.-Rgtr. u. Art.-Reitpferde	4500 g		

Der letztere Rationssatz findet auch auf die Remonte-Aufstellungs-Pferde Anwendung, die sich auf dem Marsche von den Ankaufsmärkten nach den Depots oder von einem Depot in das andere befinden.

Nach Einstellung in den Etat darf für die Remonten bis höchstens auf ein volles Jahr ein täglicher Haferzuschuss von 400 g zur schweren und leichten Garde-Kavallerie-Ration, 750 g zur mittleren Ration gewährt werden.

S. auch Ration.

Remontirung oder die Ergänzung der Pferde geschieht nach den Anordnungen der Remontirungs-Abtheilung des Kriegsministeriums für Preussen und Württemberg durch Remonte-Ankaufs-Kommissionen, deren zur Zeit vier, unter einem Remonte-Inspekteur, bestehen. Die Kommissionen kaufen die Pferde 3- bis 4 jährig. Dieselben werden zunächst den Remonte-Depots übergeben und von dort nach einem Jahre, also in der Regel 4-5jährig, durch Kommandos der Regimenter abgeholt. In Bayern ist der Inspekteur der Kavallerie zugleich Remonte-Inspekteur; in Sachsen werden die meist volljährig von den Händlern gekauften Remonten den Regimentern unmittelbar überwiesen.

16 preussische Remonte-Depots: Jurgaitschen, Neuhof-Ragnit, Kattenau, Brakupönen, Preussisch-Mark, Sperling, Liesken, Weeskenhof (Ostpreussen), Bärenklau (Brandenburg), Neuhof-Treptow a. R., Ferdinandshof (Pommern), Wirsitz (Posen). Wehrse (Schlesien), Arendsee (Provinz Sachsen), Hunnesrück, Mecklenhorst (Hannover); 4 bayerische: Steingaden, Schwaiganger, Benediktbeuern, Fürstenfeld.

Für den jährlichen Ersatz wird die Friedensetatsstärke, sowie eine Durchschnittsdauer (bei der Kavallerie 10, Feldartillerie 9, Militär-Reit-Institut 7—8 Jahre) zu Grunde gelegt; von der hiernach für Kavallerie sich ergebenden Zahl werden jedoch 4 Pferde bei jedem Regiment in Abzug gebracht. Train-Bataillone ergänzen ihren Bedarf an Dienstpferden aus überzähligen Pferden der Kavallerie und Artillerie. Die Pferde kaltblütigen Schlages werden zum 10. Theil durch Ankauf volljähriger Pferde ersetzt.

Geringste Grösse für preussische [Remonten: Garde du Corps, Garde- und Linien-Kürassiere 1.53; übrige Garde-Kavallerie und Linien-Ulanen 1,49; Linien-Dragoner und Husaren 1,46; Artillerie-Zug- 1,52, Reitpferde 1,48 m.

Zum Empfange von Chargenpferden sind alle Lieutenants der Kavallerie, sowie diejenigen Rittmeister, welche nicht das Gehalt ihrer Charge oder entsprechende Zulage beziehen, berechtigt, wenn sie in etatsmässigen, mit Rationsberechtigung versehenen Stellen sich befinden und Gehalt empfangen, ausgenommen persönliche Adjutanten. Der Geldwerth eines Chargenpferdes wird zu 606 M. angenommen. In Rennen und Dauerritten um Geldpreise dürfen Chargenpferde nicht geritten werden. Auswahl und Ueberweisung geschehen durch eine Kommission des Regiments aus den zwei Jahre zuvor eingestellten Remonten, soweit letztere nicht für besondere Zwecke erworben sind. Dauer eines Chargenpferdes 4 Jahre; nach Ablauf derselben wird das Pferd Eigenthum des Inhabers. Zutheilung nach Beendigung der Herbstübungen; bei deren Ausfall: im September. Neuernannte Offiziere erhalten sofort ein Chargenpferd. Bei Verzichtleistung auf ein Chargenpferd wird eine Geldentschädigung von 660 Mark gezahlt. Umtausch eines Chargenpferdes darf in der Regel nur einmal und im ersten Jahre stattfinden.

Im Kriege. Diejenigen Pferde, um welche der Feldetat die Friedensrationsgebühr des Offiziers übersteigt, werden in natura geliefert. Der Offizier hat an sie die Rechte eines Leihers. Stellt er sie selbst, so erhält er für jedes, nachdem es kommissarisch gut gethan ist, eine Beihülfe von 300 Mark. Unverschuldete Verluste an Pferden werden in natura ersetzt. Trifft den Besitzer eigene Schuld, so hat er für nicht selbstbeschaffte Pferde deren Taxwerth, für selbstbeschaffte den Taxwerth der Ersatzpferde zu zahlen.

Remontirungs-Abtheilung, selbstständige Abtheilung des Kriegsministeriums. Geschäftskreis: Bearbeitung der auf die Remontirung der Armee und Ueberweisung von Chargenpferden bezügliche Angelegenheiten, sowie Aufsicht über die Remonte-Depots. Chef der Abtheilung ist der Remonte-Inspekteur. Unter der Abtheilung stehen die Remonte-Ankaufs-Kommissionen (s. d.).

Rencontre, veralteter Ausdruck für Begegnung.

Rendez-vous, veralteter Ausdruck für Sammelplatz, bezw. für die Marschhalte.

Rendsburg. Dort stehen: Stab d. 36. Inf.-Brig., Stab, 1. und 4. Bat. Inf.-Rgts. Herzog von Holstein (Holst.) No. 85, 1. Abth. Schlesw. Feld-

Art.-Regts. No. 9, Schlesw.-Holst. Train-Bat. No. 9. Train-Dep. des IX. Armeek., Bez.-Kom., Art.-Dep., Prov.-Amt, Garn.-Verw. und Laz. — Servisklasse 2.

Rennen, Adjustirung. Alle beim Pferderennen, bei Schnitzel- und Schleppjagden betheiligten aktiven Offiziere und Sanitäts-Offiziere (auch Zuschauer) müssen — selbst auf den Reisen dahin — Uniform tragen. Reiter legen Waffenrock ohne Achselstücke an. Wegen Parforce-Rennen s. d.

Renten für Hinterbliebene. (S. Ascendenten.)

Renvers heisst der Seitengang des Pferdes in der Reitbahn, wenn die Kruppe gegen die Bande gestellt wird. (Im Gegensatz zum Travers.)

Renvoi, veralteter Ausdruck für die am Rande eines Planes oder Krokis gegebenen Erklärungen, Zusammenstellungen etc.

Repetirgewehr s. Mehrlader.

Requisition s. Beitreibungen.

Reserveartillerie (veraltet). Bezeichnete früher einen beträchtlichen, theilweise sogar den grösseren Theil der Artillerie eines Armeekorps, welcher auf dem Marsch und in den ersten Stadien des Gefechts grundsätzlich zurückbehalten wurde, um später entweder die Batterien der vorderen Linie zu verstärken, oder als geschlossene Masse selbstständig aufzutreten. Ersteres führte stets zur Zersplitterung, letzteres meist zu verspäteter Verwendung der Kräfte. Häufig konnte die R. überhaupt nicht am Kampf Theil nehmen, weil sie sich in der Marschsäule hinter allen anderen fechtenden Truppen unmittelbar vor dem Tross befand. Nach dem Feldzug von 1866, in welchem die R. auf preussischer Seite fast ausnahmslos eine höchst bescheidene Rolle gespielt hatte, wurde diese verfehlte Organisation beseitigt und durch die Korpsartillerie ersetzt.

Reserve-Depot. S. Lazareth-R.-D.

Reserve-Divisionen sind aus den Reservetruppen der Armee gebildete Abtheilungen, die den Ober-Kommandos zur Verfügung gestellt werden.

Reserven sind die in der Hand des Führers zurückgehaltenen Truppen, die je grösser sie sind, desto mehr ein Eingreifen desselben in die Kampfhandlung erlauben; da die Führung einer Schlacht, je grösser sie ist, sich immer mehr auf die Verausgabung und Direktion der R. beschränken wird. Zu viel zurückbehaltene R. schwächen anderseits die Front. Napoleon hat eine grosse Anzahl von Schlachten nur durch die geschickte Benutzung der R. gewonnen, die er erst ausspielte, wenn der Kampf eine gewisse Mattigkeit erwirkt hatte.

Reserve-Offizier s. Aspiranten. Die Wahl erfolgt durch das Offizierskorps des Landwehrbezirks, im Kriege durch das Offizierskorps des Truppentheils. Zur Wahl werden nur diejenigen Vizefeldwebel etc. gestellt, welche sich schriftlich einverstanden erklären, eine gesicherte bürgerliche Existenz besitzen (Studenten gehören nicht hierzu). Der Vorschlag zum Offizier wird für alle Offizieraspiranten des Beurlaubtenstandes, welche nicht zum Dienst im Kriegsfalle einberufen sind, durch den Bezirkskommandeur zur Allerhöchsten Entscheidung gebracht. Offizier-Aspiranten haben sich schriftlich zu verpflichten, nach Ernennung noch mindestens drei Jahre in der Reserve zu verbleiben. Offizier-Aspiranten der Reserve, welche im Kriegsfall einberufen sind, werden zu Reserveoffizieren dieser Truppentheile vorgeschlagen. Offizier-Aspiranten der Landwehr 1. Aufgebots dürfen zu Landwehr-Offizieren nur dann in Vorschlag gebracht werden, wenn dieselben sich schriftlich verpflichtet haben, nach Ernennung eine besondere Uebung bis zur Dauer von 8 Wochen abzuleisten. Mit der Ernennung zum Landwehr-Offizier erfolgt stets der Eintritt in die jüngste Jahresklasse der Landwehr 1. Aufgebots. Beförderungen von Offizier-Aspiranten der Landwehr 2. Aufgebots erfolgen im Frieden grundsätzlich nicht. Die Reserve-Offiziere heissen beispielsweise: „Sekondelieutenant der Reserve des ... ten ...... schen Infanterie-Regiments No. ...", oder „Lieutenant der Reserve des ... . (... Garde-Regiments z. F.".

Reservepflicht (s. Dienstpflicht).

Reserve-Schlachtvieh-Depots dienen zur Ansammlung und zum Nachschube des Schlachtviehs zu den mobilen Schlachtvieh-Depots.

Reservestand. Dazu gehören alle nichtaktiven Angehörigen der Reserve.

Retraite bei der Kavallerie, entsprechend dem Zapfenstreich bei der Infanterie, wird in Biwacks nur bei grösserer Entfernung vom Feinde geblasen.

Retranchements nennt man im Allgemeinen Erdbrustwehren, oder wenigstens niedere Wälle, die einen Gelände-Abschnitt umschliessen.

Rettungskasten sind in allen militärischen Badeanstalten etc. anzubringen. Sie enthalten alle Mittel zur Belebung Ertrunkener nebst Rettungsanweisung und werden von den Lazarethen gefüllt, bezw. von diesen gegen Empfangsbescheinigung für die Dauer der Badezeit überwiesen.

Reutlingen. Dort steht Bezirks-Kommando. — Servisklasse 2.

Reveille. Signal-Bezeichnung für Wecken wird in den Biwaks nur bei grösserer Entfernung vom Feind geblasen.

Revers, die dem feindlichen Feuer abgewendeten Mauer- oder Brustwehrflächen. Reverskasematten und Gallerien sind solche, die in der Conterscarpe liegen, ebenso die Revers-Kaponièren zur Bestreichung des Grabens. Auch in den Laufgräben heissen die entsprechenden Grabenwände „R".

Revierdienst umfasst die militär-ärztliche Untersuchung der sich krank meldenden Unteroffiziere und Mannschaften, die Behandlung leicht Kranker, sowie die Fürsorge und Beobachtung versuchsweise eingestellter Leute.

Leitung: Assistenz- und einjährig-freiwillige Aerzte unter Aufsicht der Oberstabs- und Stabsärzte des Truppentheils.

Zeit des R.-D. bestimmt Truppenführer in Uebereinkunft mit dem ältesten Sanitätsoffizier in der Regel des Morgens vor Beginn des Dienstes. Ort hängt von den Verhältnissen ab.

Hülfsmittel: Instrumente der Aerzte und das Verbandszeug der Lazareth-Gehülfen. Ferner die vorhandenen Materialien, Bürsten, Eiterbecken, Irrigatoren etc., Verbandsmittel und die einfacheren Arzneimittel.

Geschäftsverkehr: Soldat, der sich krank fühlt, meldet sich beim Korporalschaftführer etc., dieser dem Feldwebel, der ihn in's Revierkrankenbuch einträgt und Lazarethschein giebt, dann in der Revierkrankenstube erst vom Lazarethgehülfen befragt, gereinigt etc., dann vom Assistenzarzt behandelt etc.

Aerztliche Untersuchung sehr sorgfältig, ev. in's Lazareth oder in Station (bei ansteckenden Krankheiten).

Aerztliche Entscheidung giebt der Stabsarzt.

Arznei- und Verbandmittel, die nicht vorräthig sind, werden aus der Lazareth-Apotheke etc. bezogen.

Beobachtung von schwer krank Gewesenen gehört ebenfalls zum Revierdienst.

Revierkrankenstuben. In ihnen ist der Lazarethgehülfe der Stubenälteste.

Revolver (Drehpistole). Die älteren sehr unhandlichen R. mit mehreren (6) Läufen wurden zunächst durch einläufige mit hinten geschlossener Trommel (Colt) verdrängt, deren 6 Bohrungen man von vorn mit losem Pulver und Geschoss mittels eines hebelförmigen Ladestocks lud (B. in Bild a). Dies zeitraubende und unbequeme Verfahren wird durch das Lefaucheus-System vermieden, bei dem die Trommel (Walze) für Hinterladung eingerichtet und mit beweglicher Ladeklappe versehen ist. Bei einigen R. (Shmith-Wesson) lassen sich Lauf und Trommel zum Laden und Entladen mittels eines Gelenks nach vorn umlegen (Bild b), bei den anderen ist die Trommel, um ein rasches Wiederladen zu Pferde u. s. w. zu ermöglichen, auswechselbar (Bild c, Katzung und Schmidt, D. R.-P. 73051). Die Hahnschlösser sind in der Regel so eingerichtet, dass sich der Hahn nicht nur, wie gewöhnlich, mit dem Daumen, sondern auch durch einen kräftigen Druck des Zeigefingers auf die Abzugszunge spannen lässt (sog. Selbstspanner, wodurch indes ein gutes Abkommen meist vereitelt wird. Um die Treffähigkeit durch sicheren Anschlag zu befördern, hat man zuweilen einen leichten Schulterkolben Bild d), oder auch die R.-Tasche zugleich als Anschlagtasche benutzt (Oberst Schmidt am schweizerischen R. m/82 — Bild e) — und A. Garcia Reynoso).

Der deutsche R. 83 (Bild f) ist 0,258 m lang, hat 10,6 mm Laufweite, 4 Züge von 54 Kaliber Dralllänge und verfeuert mit 1,35 g neuem Gewehrpulver 71 ein 17 g schweres Weichbleigeschoss; Länge der Patrone 36,7 mm; Gewicht 24,17 g.

Der Uebelstand, dass die Fuge zwischen Walze und Laufmundstück Pulvergase entweichen lässt, hat sich besonders bei rauchschwachem Pulver durch merkliche Verringerung der ballistischen Leistung fühlbar gemacht. Um dies zu verhüten, hat man neuerdings der Walze beim Schuss eine selbstthätige Vorwärtsbewegung gegeben, während gleichzeitig die das Geschoss vorn überragende Patronenhülse die schädliche Fuge überbrückt (Oesterr. Waffenfabrik Steyr, Gilthay, Pieper). Dieser Konstruktion gehört auch der 1895 eingeführte russische Dreilinien-R. (von Nagant) an. Kaliber: 7,62 mm, Länge 23 cm, Gewicht 0,78 kg. Geschossgewicht (Kupfernickelmantel) 7 g, Ladung (rauchschwaches Pulver) 0,8 g, Patrone 12,5 g, Mündungsgeschwin-

digkeit rund 275 m, Durchschlagleistung auf 142 m mindestens 2,5 cm Tannenholz.

Revolverkanonen. Mehrläufige Maschinengeschütze, bei denen eine mit der Hand bewegliche Kurbel das Laufbündel in Drehung um seine Achse und zugleich den Lade-, Spann- und Abfeuer-Mechanismus in Thätigkeit versetzt. Deutsche 3,7 cm R. (Hotchkiss — s. Bilder). Die mittelst einer aufgesteckten Kurbel in Bewegung gesetzte Triebwelle a dreht durch die mit ihr verbundene Schnecke β das Rohrbündel A, unterbricht jedoch diese Drehung jedesmal, so oft der mittlere Schneckentheil, welcher keine Steigung hat, in Thätigkeit tritt. Zugleich spannt ein auf der Triebwelle rechts angebrachtes Excenter die Schlagfeder r; endlich setzt die Triebwelle durch den Kulissenhebel γ den Ladestempel δ und den Auszieher η in Bewegung. Sobald ein Lauf vor die Laderinne tritt, fällt eine Patrone in diese hinein, wird soweit vorgeschoben, dass sie vor die Schussplatte gelangt, und durch den Schlagbolzen abgefeuert. Bei der weiteren Drehung erfasst die Kralle des Ausziehers η die leere Hülse und befördert sie rückwärts aus dem Lauf. Rohrgewicht 211 kg, 12 Parallelzüge von 6° Drallwinkel; Länge des gezogenen Theils 62,7 cm; Geschosse: Granate und Kartätsche 460 bezw. 470 g schwer, mit der messingenen Patronenhülse verbunden; Sprengladung der Granate 23 g Schwarzpulver; Ladung 18, für die Kartätsche 21 g rauchschwaches Würfelpulver; Mündungsgeschwindigkeit 400 m; Lafetten: Lagerplatte mit Schiessbock und Kasematten-Lafette, welche 0,79 bezw. 1,08 m Lagerhöhe haben und 156 bezw. 257 kg wiegen; die Kasematten-Lafette hat 0,6 m Geleisebreite; ihre Grundplatte wiegt 103 kg.

Die Hotchkiss-Kanonen sind auch in der österreichisch-ungarischen Kriegsmarine und in der Kriegsflotte aller Grossmächte eingeführt. Sie dienen überdies als Aushülfsgeschütz für Küstenarmierung, Vertheidigung von Hafen-Einfahrten u. s. w. (Weiteres siehe Schnellfeuer-Kanonen.)

Revolver-Munition wird auf den Patronenwagen und bei den Infanterie-Munitions-Kolonnen mitgeführt.

Revue ist das französische Wort für Besichtigung, Parade, das im Sprachgebrauch auch jetzt noch angewendet wird.

Revuegeschenk erhalten im Falle besonderen Befehls Sr. Majestät des Kaisers und Königs alle Personen des Soldatenstandes vom Feldwebel abwärts, welche an der Besichtigung vor Sr. Majestät oder an der nachfolgenden Kriegsübung Theil genommen haben und auf dem Uebungsfelde einschl. der Kantinen und Magazinorte an irgend einem Tage der Revue aus Anlass derselben dienstlich thätig gewesen sind. Es beträgt für Unteroffiziere 1 Mk., für Gemeine 50 Pf., Einjährig-Freiwillige nach ihrer Charge.

Reyher, v., preussischer General (1786—1857), war in den Feldzügen 1813—15 in Stabsstellungen, wurde 1848 Kriegsminister auf 1 Monat und dann Chef des Generalstabes der Armee.

Reynier, Graf, französischer Divisions-General (1771—1814), führte 1813 bei Leipzig das 7. Armee-

Revolver

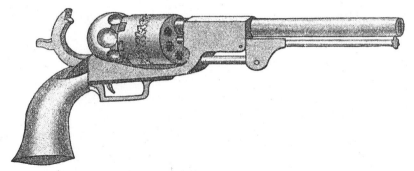

Fig. a.

Fig. b.

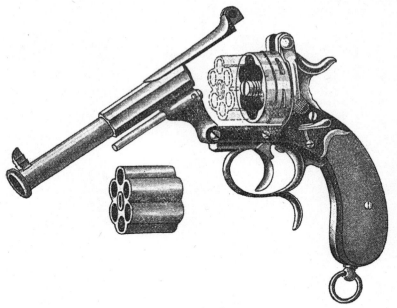

Fig. c.

Fig. d.

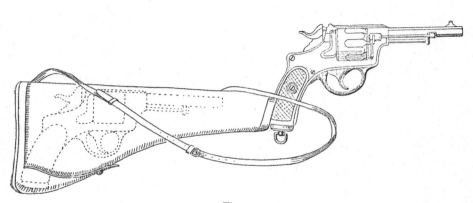

Fig. e.

korps, bei dem die Sachsen, die in der Schlacht zu den Verbündeten übertraten, zugetheilt waren; er wurde am 19./10. gefangen.

Rezeptur. Jedes Rezept, das in der Lazareth-Apothéke aufgegeben wird, hat der Militär-Apotheker durchzulesen und den Namen des Patienten zu vermerken. Bei irgend welchen Bedenken (giftige Stoffe) ist dem Sanitätsoffizier Anzeige zu machen.

Rezonville. (Siehe Gravelotte-St. Privat.) Die Franzosen nennen die dort geschlagene Schlacht vom 18./8. 1870 die von R.

Rheinbaben, Freiherr v. (1813—1880), preussischer General der Kavallerie. Führte 1866 die 1. leichte Kavallerie-Brigade in Böhmen; 1870/71 die 5. Kavallerie-Division in den Schlachten um Metz und vor Paris. Im Januar 1871 im Norden von Paris bis Rouen. Zuletzt General-Inspekteur des Militär-Bildungswesens etc.

Rheinbund entstand 12./7. 1806 zu Paris und mussten die kleinen deutschen Staaten (ausser Oesterreich und Preussen) dem Kaiser Napoleon 120680 Mann stellen, mit denen er die übrigen Deutschen bekämpfte. Die Truppen wurden

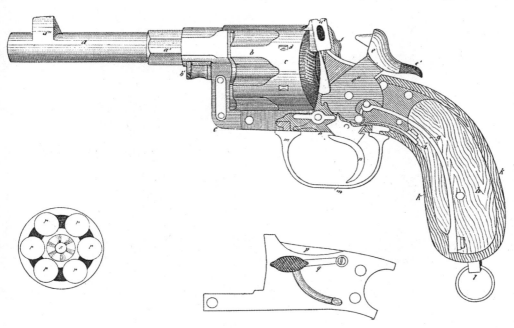

Fig. f. **Deutscher Revolver 83.**

a Lauf, a' Achtkant, a'' Korn und Visir, b Walze, b' Walzenachse, c Schlosskasten, d Rast, e Hahn, e' Daumgriff, e'' Umsatzhebel, f Ladeklappe, g Schlagfeder, h Kolbenschale, i Abzugsfeder, k Kolben, l Tragering, m Abzugsbügel, n Abzug, o Arretirhebel, p Schlossblech, q Sicherung, r Patronenlager, s Loch für die Walzenachse.

einfach einzeln in die französischen Korps gesteckt. Die Auflösung erfolgte, als die Alliirten 1813 ihre ersten grossen Siege erfochten.

Rheinfelden. Treffen 28./2. 1638, in dem Bernhard von Weimar mit den Kaiserlichen vergebens um den Erfolg des Tages rang, den er sich am 3./3. in einstündigem Kampfe gegen diese, die Johann van Werth führte, in glänzender Weise holte.

Richmond, Virginien, Sitz der konföderirten Regieruug im Sezessionskriege, war das Ziel der Bewegungen der Nordarmee. Mc Clellan verlor 1862 gegen R. E. Lee vor dieser Stadt die 7 Schlachten um R. 1864 wurde R.-Petersburg, das inzwischen befestigt worden war, angegriffen. Dort hielt sich R. E. Lee bis 2./4. 1865, verliess erst die Werke, als seine rückwärtigen Verbindungen abgeschnitten zu werden drohten. Am 5. musste er mit den Resten seiner Armee bei Appamottax kapituliren.

Richtbogen. Geräth zum indirekten Nehmen der Höhenrichtung. Der R. des deutschen Feldgeschützes (s. Bild) besteht aus dem Bogenstück a, das mit der Grad- und Meter-Theilung versehen und durch das Verbindungsstück mit der Fussplatte verbunden ist. Seine obere schwalbenschwanzförmige Fläche dient zur Führung des saugend verschiebbaren Schlittens b, welcher oben mit einer von 10—40 reichenden Plattentheilung[*], an den Seiten mit Pfeilstrichmarken und zwei mit — 10 bezw. + 10 bezeichneten Strichmarken versehen ist. Der Schlitten nimmt das Libellenstück c

---

[*] „Plattentheilung" genannt, weil die Erhöhungs-Aenderung um einen Theilstrich = der Korrektur um eine Aufsatzplatte ist.

nebst Libelle auf; ersteres lässt sich durch Triebrad d und Zahnstange im Schlitten vor- und zurückschieben. Im Boden des Schlittens ist an einer Seite ein viereckiger Ausschnitt mit Nonius zum Einstellen auf die Gradtheilung angebracht. Diese reicht von 0 bis 28 Grad und soll gegebenen Falls die auf den beiden Seitenflächen des Bogenstücks befindlichen Metertheilungen ergänzen. Die Theilung für Granaten (jetzt für Schrapnels c/91 und Spruenggranaten gebraucht) reicht von 0 bis 5600 m, diejenige für Schrapnels c/82 (ausgeschieden) von 0 bis 3500 m.

Zum Gebrauch des R. wird der Schlitten auf die befohlene Entfernung mit der Pfeilstrichmarke eingestellt, ein etwa vorhandener Geländewinkel mit der zum Einspielen gebrachten Libelle ermittelt und ebenso wie fortgenommene oder untergelegte Platten berücksichtigt. Der R. wird dann auf die durch Schraubenköpfe und eingerissene Striche begrenzte Richtbogen-Ebene des Rohrs gestellt und das Rohr derart gerichtet, dass die Libelle einspielt. Reicht die Plattentheilung nicht aus, so wird an Stelle des Pfeilstrichs die betreffende 10 Strichmarke auf die

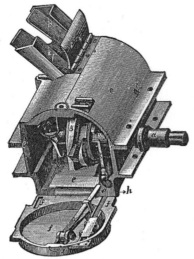

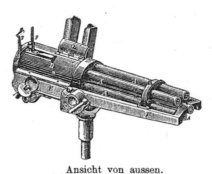

Ansicht von aussen.
A Rohrbündel (5 Rohre aus Stahl), C Bündelscheiben, D Bodenstück mit Mechanismus, E Schildzapfenrahmen.

e Bodenstück, f Bodenklappe, h Gelenkbolzen zur Bodenklappe, i Laderinnendeckel, k Ladetrichter, α Triebwelle, β Schnecke, γ Kulissenhebel, δ Ladestempel, ε Kulisse, ζ Schlagbolzen, η Auszieher, ν Schlagfeder.

Revolverkanone.

befohlene Entfernung eingestellt. Der R. arbeitet weit schärfer als der Quadrant, hat eine weitläufigere, also deutlichere Theilung als dieser und gestattet einen ausgedehnteren Gebrauch, sowie ein genaues und gleichmässiges Nehmen der Erhöhung für verschiedene Geschütze, unabhängig von den Verschiedenheiten der individuellen Beanlagung der Richtkanoniere. Die österreichisch-ungarische Feldartillerie führt den 9 cm-Richtbogen M/90.

Richten. Soll dem Geschütz die zum Treffen des Ziels nothwendige Lage nach der Höhe und Seite geben. Es geschieht dies entweder direkt über Visir (Aufsatz) und Korn (direktes R.) oder indirekt unter Zuhülfenahme von Richtbogen, Quadrant, Richtfläche, Richtlatte u. s. w. (s. Richtvorrichtungen) (indirektes R.). Die Artillerie bildet für das R. besondere Richtkanoniere aus.

Im Allgemeinen ist die Richtung gegen vom Geschütze aus sichtbare Truppen mittelst Aufsatz, beim Schiessen gegen andere Ziele mittelst des Quadranten und der Richtvorrichtung zu ertheilen. Beim Schiessen unter grossen Senkungswinkeln, dann gegen Truppen, welche vom Geschütz aus nicht sichtbar sind, sowie zum Schnellfeuer ist die Richtung am Gradbogen zu ertheilen.

Richtfläche. Geräth der deutschen Feld-Artillerie zum indirekten Nehmen der Seitenrichtung (s. Bild). Eine rechteckige Platte a mit 2 runden Löchern (zum Aufsetzen der R. auf entsprechende Stahlstifte am Verschlussstück) hat oben auf den schmalen Seiten 2 Gradbogen (0—30 und 30—60), sowie ein drehbares Visirlineal b mit 2 Visirklappen c (Kimmen- und Fadenvisir). Zum Gebrauch werden diese hochgeklappt, die R. bei Lage des Hülfsziels vorwärts der Batterie gleichlaufend der Seelenachse aufgesetzt und das Hülfsziel mit dem Visirlineal anvisirt, nachdem das betreffende Geschütz zuvor die ungefähre Richtung auf das Ziel erhalten hat. Das eingerichtete Visirlineal stellt man mit der Stellschraube d fest und überträgt die genommene Richtung auf die übrigen Geschütze der Batterie. Liegt das Hülfsziel seitwärts der Batterie, so wird die R. rechtwinklig zur Seelenachse aufgesetzt. Je nach den sich ergebenden Abweichungen der Schüsse nach der Seite erfolgen die Korrekturen mit der R. durch entsprechende Aenderung der Gradzahl.

Richtlatte. Runde hölzerne Stange, unten mit eisernem Schuh und Fusstritt zum Eintreiben in den Erdboden, ist von oben nach unten abwechselnd schwarz und weiss (gerade Geschütze) bezw. roth und weiss (ungerade Geschütze) gestrichen. Sie wird als künstliches Hülfsziel in einiger Entfernung hinter oder vor dem Geschütz ausgesteckt. In der deutschen und österreichisch-ungarischen Feld-Artillerie gebräuchlich.

Richtmaschine. Mechanische Vorrichtung, welche dem Geschützrohr durch seine Drehung um die Schildzapfenachse die verlangte Höhenrichtung giebt. Sie greift entweder unmittelbar am Rohr oder an der ebenfalls drehbaren Richtsohle an, auf welcher das Verschlussstück des Rohres aufliegt. Hauptarten: R. mit einfacher

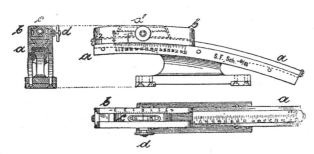

Richtbogen des deutschen Feldgeschützes.

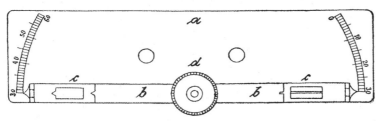

Richtfläche.

Schraube, mit Doppelschraube und mit Zahnbogen. Bei Neukonstruktionen wird die einfache Schraube in der Regel überhaupt nicht mehr, dagegen der Zahnbogen vorwiegend angewendet. Letztere R. hat den Vortheil, dass sie auch für grosse Unterschiede in der Höhenrichtung (bei Haubitzen und Mörsern rund 0—65°) verhältnissmässig wenig Raum in senkrechter Richtung bedarf; auch ist sie (bei geringem oder gar keinem Hintergewicht des Rohrs) zu sehr raschem Arbeiten befähigt, bedarf dann aber einer Bremse zum Feststellen nach genommener Richtung.

Beispiele: Einfache Schraube (Bild A): Die Drehung des Kurbelrades schraubt die Richtschraube aus dem Muttergewinde der mit der Richtwelle verbundenen Einsatzmutter heraus (bezw. hinein) und hebt (senkt) dadurch die Richtsohle, welche den hinteren Rohrtheil trägt.

Doppelschraube (Bild B und D): Die hohle äussere Richtschraube, deren Bewegung ebenso wie bei der einfachen Schraube erfolgt, ist mit Muttergewinde für die innere Richtschraube versehen; da letztere oben mit der Richtsohle fest verbunden, sich nicht drehen kann, so wird sie gleichzeitig mit der äusseren heraus- bezw. hineingeschraubt, also die Schnelligkeit der Rohrbewegung, aber auch der nöthige Kraftaufwand bedeutend vergrössert. Bei schwereren Geschützen dienen 2 seitliche Kurbeln zur Drehung der Mutter für die äussere Richtschraube mittelst eines Zahnradvorgeleges (Bild C und E).

Zahnbogen: Einfachste Form (Bild F): Die mittelst der Schraubenwelle im Richtriegel gelagerte Schraube ohne Ende oder Schnecke greift in die schräg gestellten Zähne des Zahnbogens ein, welcher das mit ihm verbundene Rohr in Bewegung setzt. Zusammengesetzte Form (Bild G—I): Zwischen Kurbel (Greifrad, Kurbelrad) und Zahnbogen ist ein Zahnrad- bezw. Schnecken-Vorgelege eingeschaltet, das die Rohrbewegung zwar verlangsamt, aber auch entsprechend an Kraft spart und (bei Schneckenvorgelege) eine besondere Bremsung der R. beim Schuss entbehrlich macht. Der Zahnbogen ist nicht immer am Rohr, sondern zuweilen (Bild H) mit seinem oberen (hinteren) Ende an der Richtsohle befestigt.

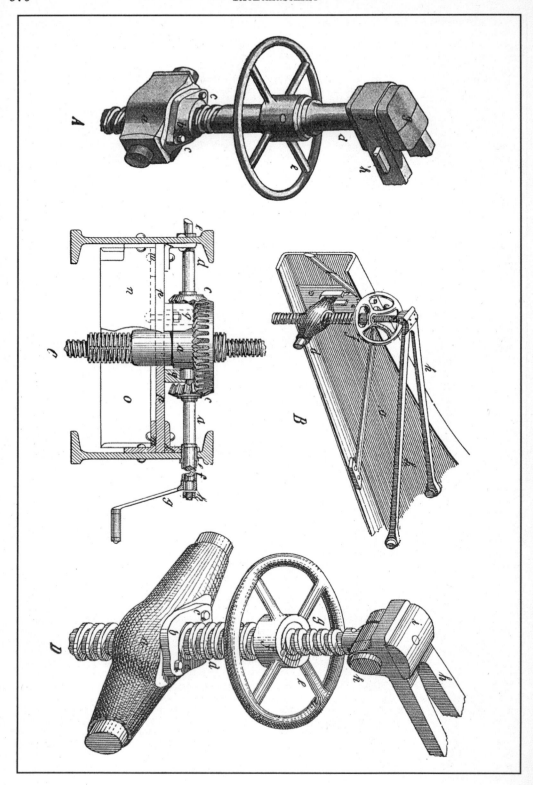

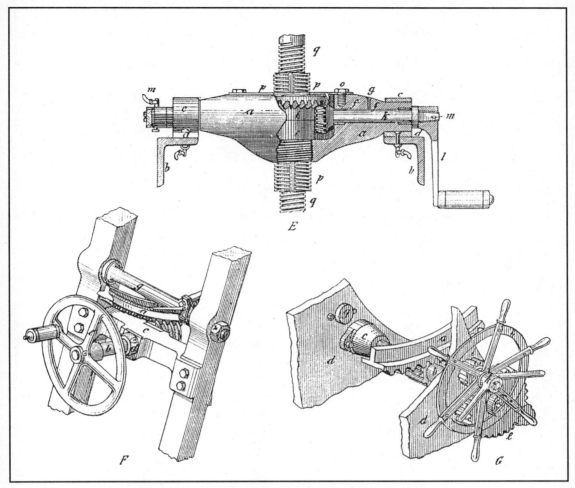

A Richtmaschine der 9 cm-Lafette C 64.
a Richtwelle, b Einsatzwelle, c 2 Bolzen, d Richtschraube, e Kurbelrad, f Richtsohle, Richtkissen, h Richtkissenkeil.

B Doppelschrauben-Richtmaschine des deutschen Feldgeschützes.
a Linke Lafettenwand, d Richtwelle, g innere Richtschraube, f Kurbelrad der äusseren Richtschraube, h Richtsohle.

C Richtmaschine der 15 cm-Ringrohrlafette C/72.
a Richtwelle, b grosses, c kleines kegelförmiges Rad, d Kurbelwellen, e Lagerbüchsen zur Kurbelwelle, f Hülse, g Kurbel mit Handgriff, h Mutter, i äussere, k innere Richtschraube, l obere, m untere Seitenwinkel des Richtkegels, n vordere, o hintere Querwinkel des Richtriegels, p Platte des Richtriegels, q Richtwellenlager.

D Richtmaschine der eisernen kurzen 15 cm-Lafette.
a Richtwelle, b Einsatzmutter, c Bolzen, d äussere Richtschraube, e Kurbelrad, f Richtschraube zur Befestigung des Kurbelrades mit der äusseren Richtschraube, g innere Richtschraube, h Richtsohle, i Richtkissen, k Drehbolzen.

E Richtmaschine der deutschen schweren 12 cm-Lafette.

F Richtmaschine der langen 15 cm-Mörserlafette.
a Zahnbogen mit Gradtheilung, b Schneckenwelle, c Richtriegel, d Mutter zur Schneckenwelle, e Kurbelrad, f Zeiger, g vorderer liegender Bolzen.

G Richtmaschine der eisernen 21 cm-Mörserlafette.
a Zahnbogen, b Richtwelle, c Lager zur Richtwelle, d Lafettenwände, e Vorgeleberäder, f Kopfschraube, g Bremsspindel, h Greifräder, i Vorgelegetrieb, k Bremskurbel, l Unterlegscheibe.

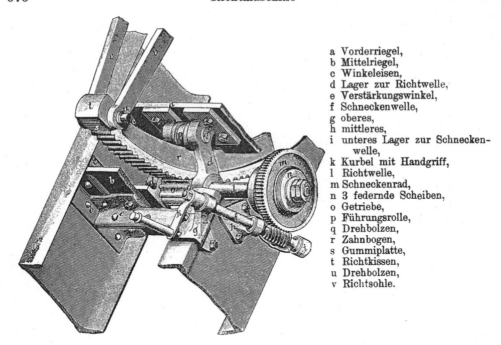

a Vorderriegel,
b Mittelriegel,
c Winkeleisen,
d Lager zur Richtwelle,
e Verstärkungswinkel,
f Schneckenwelle,
g oberes,
h mittleres,
i unteres Lager zur Schneckenwelle,
k Kurbel mit Handgriff,
l Richtwelle,
m Schneckenrad,
n 3 federnde Scheiben,
o Getriebe,
p Führungsrolle,
q Drehbolzen,
r Zahnbogen,
s Gummiplatte,
t Richtkissen,
u Drehbolzen,
v Richtsohle.

H **Richtmaschine der langen 15 cm-Lafette.**

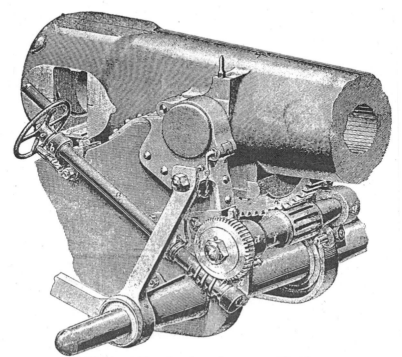

I **Richtmaschine der deutschen 15 cm-Haubitze.**
a Schneckenwelle, b, c, d Lager der Schneckenwelle, e Kurbelrad,
f Zahnkranz der Richtwelle, h Schneckenrad, k Zahnbogen.

Seiten-R., welche der Oberlafette bezw. dem Rohr eine selbstständige seitliche Drehung gestatten, werden bei Schnellfeuerkanonen vielfach, bei Feldgeschützen (französische kurze 120 mm-Kanone) bis jetzt nur vereinzelt angewendet.
Abbildungen s. die Seiten 576—578 (zum Theil nach Weigelt, Handbuch für die Fussartillerie).

Richtskalen. Vorrichtungen zum Festlegen bezw. Aendern der Seitenrichtung bei den auf Bettung feuernden deutschen Belagerungs- und Festungsgeschützen (Bild a — d); zwei Messingbleche mit einer rechts beginnenden Gradtheilung ($1/_{16}$); das vordere hängt an einem aufklappbaren Pendel von der Lafettenachse bis zur Bettung herab, das hintere ist am Schwanzriegel befestigt. Unter den Blechen sind auf die Bettung zwei eiserne Richtplatten aufgenagelt, deren scharf abgesetzte Kanten in einer geraden Linie liegen, welche ungefähr der Schussrichtung entspricht. Das Geschütz behält dieselbe (bezw. eine parallele) Seitenrichtung bei, wenn man ihm auf der Bettung eine solche Stellung giebt, dass der Unterschied der auf die Kanten der Richtplatten einspielenden Theilstriche beider Skalen stets der gleiche bleibt (Bild d: Seelenachse S A parallel $S^1 A^1$). Um die Seitenrichtung zu ändern, wird der Unterschied entsprechend vergrössert oder verkleinert.
Abbildungen s. Seite 580 (nach Weigelt).

Richtungsebene ist die lothrechte Ebene, welche man sich durch die Mitte des Geschützstandes und das Ziel gelegt denkt.

Richt-Vorrichtungen bei Handfeuerwaffen Visir (Aufsatz) und Korn. Bei Geschützen: Für Höhen- und Seitenrichtung Aufsatz und Korn (Visirquadrant); für Höhenrichtung

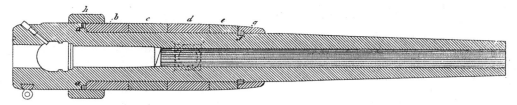

Deutsche 15 cm-Ringkanone C/72.
a Uebergangsring, b, c, d, e, g Verstärkungsringe, f Diebelringe, aus zwei Hälften, h Verstärkungsring (2. Lage).

Richtbogen, Quadrant, Gradbogen, Richtmaschine; für Seitenrichtung Richtfläche-, -Latte, -Skalen, Gradbogen, Schwenkwerk (an Rahmenlafetten), Seitenrichtmaschine, Richt- und Hebebäume, Drehvorrichtung an Panzerthürmen. Die Richtung ohne Zuhülfenahme des Geschützaufsatzes über Visireinschnitt und Korn heisst Metallrichtung. Sie wird nur auf Entfernungen bis auf 300 Schritt angewendet.

Rideau, Vorhang, Maske, ist ein veralteter Ausdruck für Deckung gegen Sicht.

Riedesel, Freiherr von, braunschweigischer General (1738—1800), zeichnete sich in Nordamerika 1770 in den Kriegen unter Clinton und Bourgoyne aus; wurde durch die Kapitulation von Saratoga kriegsgefangen. Starb als Kommandant von Braunschweig.

Riesenburg. Dort stehen: Stab, 1., 2., 4. und 5. Esk. Kürass.-Rgts. Herzog Friedrich Eugen von Württemberg (Westpr.) No. 5, 2. Esk. vorläufig in Rosenberg, Westpr.), Proviant-Amt, Garn.-Verw. u. Laz. — Serviskasse 4.

Rikoschettbatterie. Eine, ähnlich den Enfilierbatterien, in Verlängerung der zu beschiessenden Linie angelegte Batterie, die vorwiegend mit Haubitzen und kurzen Kanonen ausgerüstet war. Vergl. Rikoschettschuss.

Rikoschettschuss. Rollschuss der glatten Belagerungsgeschütze gegen verdeckte Wallgänge der bastionsfreien Ziele; das Geschoss sollte nach dem ersten Aufschlag hinter der deckenden Brustwehr in mehreren Sprüngen längs der zu bestreichenden Linie gegen die dort aufgestellten Geschütze wirksam werden. Später verwendete man den R. mitunter auch zum Abkämmen der Deckungen. In neuerer Zeit hat das wirksamere Steilfeuer den gekünstelten R. verdrängt.

Rimpler (1620—1683) schlug eine Befestigung mit Mittelbollwerken und vielen Hohlbauten vor. Er fiel bei der Vertheidigung von Wien.

Rindfleisch. Gesundes R. ist fest, derb, elastisch, von lebhaft rother Farbe und hat natürlichen Fleischgeruch; das Fett gesunder Thiere ist fest, in der Regel weiss oder nur wenig gelblich. Das Fleisch kranker Thiere ist meistens blass, weich, wässerig, blutleer, ohne Fett oder mit sulzigem Fett durchzogen und ist auch nach Geruch und Geschmack zu erkennen. Das Fleisch alter Thiere ist dunkelroth, hart, zähe.

Ringgranate s. Granate.

Ringrohre. Geschützrohre, deren Kernrohr (s. d.) die ganze Rohrlänge einnimmt und vor dem Verschluss — bis zur Mündung oder nur im hinteren Theil — durch eine oder mehrere Lagen warm aufgezogene Ringe verstärkt ist (s. Bild); ein Ring trägt die Schildzapfen. Im Uebrigen s. künstliche Metallkonstruktion.

Ringstück s. Zapfenstück.

Ringzünder. Brennzünder, dessen Satz die Form eines Ringes hat, welcher an einer Stelle (bei W) durch das massive Metall des Satzstücks, die sogenannte Brücke, unterbrochen ist, so dass der durch das Brandloch B entzündete Satzring nur nach einer Richtung (Pfeilstrich) abbrennen kann, bis das Feuer die auf die Schlagladung eingestellte Marke der Theilung erreicht und die Sprengladung des Geschosses entzündet. Fällt bei Doppelzündern das Kreuz

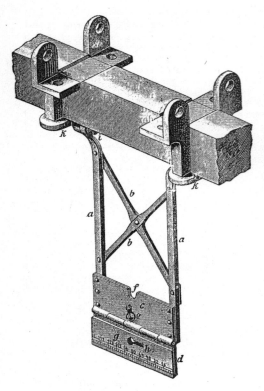

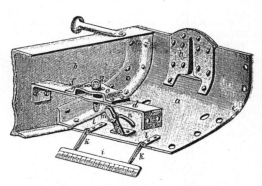

C Hintere Richtskala der schweren 12 cm-Lafette.

a Schwanzblech, b Lafettenwand, c Winkeleisen, d oberer, e unterer Theil des Protzhebelhalters, f Kloben mit Ring, g Vorstecker mit Ring und Kette, h Verstärkungsplatte, i hintere Skala, k Arme, l Gelenkstück, m Halter, n Handgriff, o Stütze.

A Pendel mit vorderer Skala.

a Arme, b Streben, c Gelenkbandtheil, d Skala, e Vorreiber, f Ausschnitt zur Erleichterung des Niederklappens der Skala, g Skalablech, h Loch für den Vorreiber, i Drehbolzen, k Achszwinge.

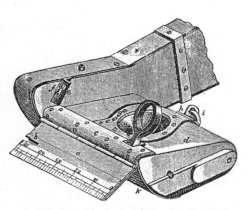

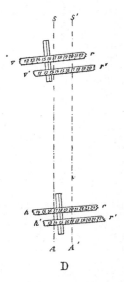

B Hintere Skala und Schwanzriegel der 9 cm-Lafette C/64.

a Bewegliche Klappe, b Loch für den Vorreiber, c Gelenkbandtheil, d Schwanzriegel, e Auflagewinkel, f Vorreiber, g obere, h untere Protzscheibe, i Protzkettenhaken, k Schwanzriegelblech, l Richtring.

D

(am oberen Rande) mit dem Zeiger am Zünderteller zusammen, welcher den Ort der Schlagladung bezeichnet, so wird letztere von der Brücke bedeckt; der Brennzünder ist unwirksam gemacht („Todtstellung") und es kann nur noch der Aufschlagzünder thätig werden. Im Uebrigen siehe „Doppelzünder". Die R. haben die früher allgemein üblichen Säulenzünder vollständig verdrängt. Bei dem französischen Doppelzünder befindet sich der Satz in einem Metallröhrchen, welches schraubenartig in mehreren Gängen um eine kegelförmige Spindel gewickelt ist.

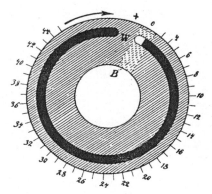

Ringzünder.
In der Mitte Entstehungsort des Feuerstrahles.

Rippach. Gefecht 1./5. 1813 zwischen Franzosen und Verbündeten zur Einleitung der Schlacht bei Gr.-Görschen (Bezières fiel).

Ristow Pascha. General-Adjutant des Sultans (1844—91). Preussischer Artillerie-Offizier. 1866 kämpfte er in Böhmen, 1870 bei Gravelotte, vor Paris und im Jura. 1882 als Artillerie-Instruktor nach der Türkei.

Rivoli, ein viel umstrittenes Gefilde am Abfalle des Monte Baldo. 31./5. 1796 Rückzugsgefecht der Oesterreicher nach dem Treffen am Mincio. 29./7. Erstürmung der vom Massena eingenommenen Stellung bei R. durch die Oesterreicher. 7./8. Rückzugsgefecht nach der Schlacht bei Castiglione. Am 17. und 21./11. unentschiedene Treffen zwischen den österreichischen und französischen Korps. Schlacht am 14. und 15./1. 1797. Hier zeigte Bonaparte seine Tüchtigkeit, trotz mannigfacher Misserfolge die Vorhand nicht aus der Hand zu geben.

Roburit. Ein dem Ferrifraktor (s. d.) ähnlicher Sprengstoff.

Rochefort, Kriegshafen unweit der Mündung der Charente. Hier begab sich 15./7. 1815 Napoleon I. an Bord des englischen Schiffes Bellerophon.

Rocroi. Aeltere französische Festung. S. Plan auf nächster Seite. Dort schlug Condé die Spanier unter Melos am 19./5. 1643.

Rödelbalken sind diejenigen Balken, die auf die äusseren Brettenden eines Brückenbelages gelegt, um letzteren durch Taue mit Würgeknüppeln (Rödeltaue und Knüppel) oder durch Nageln mit dem unten liegenden Brückenbalken zu verbinden.

Rodman-Geschütze. Amerikanische, nach Rodmans Verfahren über hohlen Kern mit innerer Wasserkühlung gegossene Eisenrohre schweren Kalibers (s. a. Kolumbiaden).

Roeder, v., preussischer General-Lieutenant (1808—89). Eingetreten im Kaiser Franz-Regiment; focht 1848 gegen die Rebellen in Berlin und in Schleswig. Führte die 12. Brigade 1864 vor Düppel auch beim Sturm. (Orden pour le mérite.) 1866 Kommandant von Frankfurt. Sein einziger Sohn fiel bei Sedan.

Roerdansz, v., preussischer General der Artillerie (1828—92), trat in das 29. Infanterie-Regiment. 1846 zur 8. Artillerie-Brigade. Er wurde 1887 General-Inspekteur der Fussartillerie und geadelt. Er hat grosse Verdienste um die Artillerie-Technik.

Rohrbremse. Hydraulische Schiessbremse an Geschützrohren, die mittelst Jacke oder Schlitten beweglich in der Lafette gelagert, einen selbstständigen Rücklauf gestattet. Mit der R. ist meist eine Schraubenfeder (Vorbringer) verbunden, welche durch den Rücklauf gespannt wird und nach dessen Beendigung das Rohr wieder in die Feuerstellung vorführt. (Vergl. a. Schnellfeuerkanonen.)

Rohre. Werden bei allen, für grosse Anstrengungen bestimmten Geschützen aus Stahl (Nickelstahl) in künstlicher Metallkonstruktion gefertigt, bei anderen (Haubitzen, Mörser und ältere Kanonen) auch aus Bronze, zum Theil mit Stahlseelenrohr; gusseiserne Rohre sind veraltet. Die Abmessungen der R. sind nach Art und Abmessungen sehr verschieden; ihre relative Länge bewegt sich in den Grenzen von 50 (Kanonen) bis 5 Kal. (Mörser). Der Rohrkörper (s. Bild) ist aussen meist in langes Feld, Zapfen- oder Ringstück und Verschlussstück gegliedert, innen in die Seele und das Keil- bezw. Ladeloch; die Seele zerfällt in den Ladungsraum (Kartusch- und Geschossraum) und den gezogenen Theil, beide durch Uebergangskegel verbunden. Zur Lagerung der R. in der Lafette dienen die Schildzapfen bezw. Jacke (Muffe) oder Rohrträger.

An der Aussenfläche der R. befinden sich Vorkehrungen zum Nehmen der Richtung und zur Anbringung von Verschlusstheilen, bei einigen R. auch zur Erleichterung des Ladens und zur Verbindung des Rohres mit der Richtmaschine. Ausser verschiedenen auf die Anfertigung Bezug habenden Bezeichnungen und einigen Verzierungen sind meist Linien zur Bestimmung der Seelenachse, der Visirlinie u. a. m. eingerissen. Die einzelnen Arten und Theile der R. s. d. Abbildung s. nächste Seite.

Röhrenmagazin s. Mehrlader.

Roketnitz. Gefecht 15./7. 1866 (Plan s. Tobitschau). Gleichzeitig mit dem Gefecht bei Tobitschau fand auch ein Gefecht der Oesterreicher mit der Husarenbrigade des Generals v. Witzleben an der Beczwa statt, das unentschieden endete.

Rolf Krake, dänisches Panzerschiff mit vier 60-pfündigen Armstronggeschützen armirt, erschwerte durch sein flankirendes Feuer am 28./3. 1864 das Vorgehen der Brigade Raven gegen Düppel;

beim eigentlichen Sturme am 18./4. griff er zu spät in den Kampf ein. Beim Uebergange nach Alsen that das Schiff nicht seine Schuldigkeit und wurde der Eskadrechef zu Arrest verurtheilt. Der R. K. hatte einen Panzer von 10 cm Stärke.

Rollbomben. Mit Sprengstoff und Brennzünder geladene Hohlkugeln, die im Festungs- und Gebirgskrieg zur Vertheidigung todter Winkel benutzt werden, indem man sie, nachdem der Zünder in Brand gesetzt ist, mittelst hölzerner Rinnen über die Deckung hinweg dem Angreifer entgegenrollt.

Rollschuss. Eine bei den ehemaligen glatten Geschützen mit Vorliebe angewendete Schussart. Die mit nahezu wagerechter Richtung verfeuerte Kugel machte schon in geringer Entfernung einen Aufschlag und ging dann in mehr oder minder flachen Sprüngen weiter. Da letztere gänzlich von der Gelände-Beschaffenheit abhing, so beruhte der Erfolg des R. in den meisten Fällen lediglich auf Zufallstreffern und seine häufige Anwendung war mehr ein durch die sehr geringe Trefffähigkeit der glatten Geschütze auf grössere Entfernungen bedingter Nothbehelf.

Rocroi.

Rom. 25./5. bis 2./7. 1849 von den Franzosen belagert und genommen. 30./7. 1870 von ihnen geräumt. 10./9. 1870 von den Italienern nach kurzem Gefecht besetzt.

Romanzow, Peter, Graf, russischer Feldmarschall (1730—1797), nahm 1761 Kolberg, fiel 1769 mit dem 2. Armeekorps in Bessarabien ein, schlug 1770 die Tartaren und Türken, nahm 1771 Giurgewo, überschritt 1773 die Donau, konnte jedoch Silistria nicht nehmen, ging über die Donau zurück, drang 1774 abermals in Bulgarien ein, umschloss die Türken im Lager von Schumla und diktierte ihnen den Frieden von Kutschuk; befehligte 1787 ein Hülfskorps für die Oesterreicher, richtete aber damit wenig aus; überwarf sich mit Potemkin und nahm 1789 seine Entlassung.

Rondel waren flankirende runde Thurmplattformen, die später zu den Bastionen umgeformt wurden.

Rondengang befindet sich hinter freistehenden Gräben oder Eskarpemauern, dient zur Aufstellung von Posten und Schützen.

Ronde-Offiziere treten in Biwaks und Quartieren grösseren Umfanges zu den Offizieren vom Ortsdienst.

Roon, Graf v. (1803—79), preussischer General-Feldmarschall, trat in's Infanterie-Regiment No. 14. (Geograph.) Gouverneur des Prinzen Friedrich Karl; 1848 Generalstab und Chef des Generalstabes des 8. Korps im Feldzug in Baden 1849, bearbeitete die Armee-Reorganisation, die er als Kriegsminister 1859—66 siegreich durchführte und damit die Erfolge der Kriege 1866 und 1870/71 vorbereitete. 1873 Feldmarschall.

Rosenberg (Westpr.). Hier steht nur vorläufig die 2. Esk. Kürass.-Rgts. Herzog Friedrich Eugen von Württemberg (Westpr.) No. 5 (demnächst in Riesenburg). — Servisklasse 4.

Rosenkranz, amerikanischer General (1819–1866), führte in West-Virginien nicht ohne Geschick, schlug 1./1. 1863 die unentschiedene Schlacht bei Murfreesborough, wurde 20./9. 1863 von Bragg bei Chikamauga geschlagen, worauf Grant den Oberbefehl erhielt.

Rossärzte. Das rossärztliche Personal ergänzt sich der Regel nach durch Zöglinge der Militär-Rossarztschule. Es zerfällt in Korps- und Ober-Rossärzte — obere Militärbeamte im Offiziersrange — (Unter-Rossärzte sind Portépée-Unteroffiziere). Uniform: Waffenrock und Ueberrock von dunkelblauem Tuch mit karmoisinrothen Vorstössen und gelben glatten Knöpfen, Helm mit vergoldeten Beschlägen, Epaulettes mit Einfassung von goldenen mit blauer Seide durchwirkten Tressen, Felder mit Wappenschild, Korps-R. mit 2, Ober-R. mit 1 silbernen Rosette, Achselstücke von goldener Tresse mit den gleichen Abzeichen, Beinkleider mit karmoisinrothem Vorstoss und gewöhnliche Stiefel. Für den Dienst zu Pferde: Bein- und Fussbekleidung der Dragoner- und Ulanen-Offiziere; Kavallerie (Offiziere): Säbel mit vergoldetem Gefäss (Löwenköpfe); Koppel von schwarzem Blankleder; Faustriemen von Silber und blauer Seide; Reitzeug der Militär-

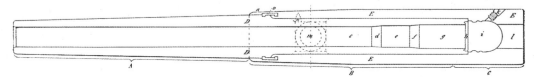

Deutsches Feldkanonenrohr C/73.
A langes Feld, B Ringstück, C Verschlussstück, D Kernrohr, E Mantelrohr, a Deck- oder Schlussring, b getheilter Einlage- oder Diebelring, c gezogener Theil, d vorderer Uebergangskegel, e Geschossraum, f hinterer Uebergangskegel, g Kartuschraum, h Ringlager, i Keilloch, k Durchbohrung für die Zündlochschraube, l Ladeloch, m Schildzapfen mit Schildzapfenscheiben, n Korn (spitzbogenförmig).

beamten. Einkommen: Korps-R. 2400—2700 M., Ober-R. 2000—2400 M., R. 1200—1400 M. Gehalt, Servis- und Wohnungszuschuss. — Für Mitwahrnehmung vakanter R.-Stellen können Zulagen gewährt werden.

Rossarztschule. Aufnahme-Bedingungen: Meldung unter Einsendung des Geburtsscheines, der Schulzeugnisse und eines Sittenzeugnisses bei der Inspektion des Militär-Veterinärwesens, dabei nachzuweisen Zeugniss der Reife für die Prima eines Gymnasiums oder einer als gleichstehend anerkannten Lehranstalt. Eintritt als dreijährig Freiwilliger bei der Kavallerie, der Feldartillerie oder dem Train. Anwärter darf am 1. November des Aufnahmejahres als Eleve in die Militär-Rossarztschule das vierundzwanzigste Lebensjahr nicht überschritten und muss mindestens ein Jahr aktiv gedient haben und sich — abgesehen von der gesetzlichen Dienstzeit — zu einer besonderen Dienstverpflichtung bereit erklären, welche das doppelte der in der M.-R. zugebrachten Zeit ausmacht. Mannschaften, welche diesen Bedingungen genügen, sich gut geführt haben und die Aufnahme als Eleven in die Militär-Rossarztschule nachsuchen, sind bis spätestens zum 1. Juli jedes Jahres vom Truppentheil direkt bei der Inspektion des Militär-Veterinärwesens unter Beifügung folgender Papiere anzumelden: a) Nationale und Führungs-Attest nebst Strafverzeichniss; b) Annahme-Attest der Inspektion des Militär-Veterinärwesens nebst Schulzeugnissen; c) Bericht über die Prüfung im Hufbeschlage. Von den angemeldeten Mannschaften wird durch die Inspektion des Militär-Veterinärwesens die erforderliche Zahl zu einem Lehrkursus zur Lehrschmiede Berlin einberufen. Gleichzeitig wird durch die Inspektion des Militär-Veterinärwesens mitgetheilt, ob die nicht einberufenen Mannschaften Aussicht haben, später und event. wann einberufen zu werden. Die Einberufenen heissen „Rossarzt-Aspiranten". Diejenigen, welche sich zur Ausbildung in der Lehrschmiede nicht befähigt erweisen, werden von der Inspektion dem Truppentheil zurückgeschickt. Während des Lehrkursus in der Lehrschmiede beziehen die Aspiranten ihre sämmtlichen Geld- und Natural-Verpflegsgebührnisse und eine Zulage von 6 M. von der Militär-Lehrschmiede. Nach Beendigung des Kursus Prüfung im Hufbeschlage. Bestehen sie dieselbe, so erfolgt Einberufung zur Militär-Rossarztschule als „Eleven". Aspiranten, welche die Prüfung im Hufbeschlage nicht bestanden haben, können nach Verlauf eines Jahres zu einem zweiten Kursus zur Lehrschmiede Berlin einberufen werden. Die „Eleven der Militär-Rossarztschule" sind Personen des Soldatenstandes und gehören zur Klasse der Gemeinen. Sie geniessen unentgeltlichen Unterricht auf der thierärztlichen Hochschule zu Berlin in Gemeinschaft mit deren Civil-Eleven. Löhnung und Bekleidung erhalten sie nach Maassgabe des Etats der Militär-Rossarztschule, ausserdem Verpflegungs- und Garnisonzuschuss. Unterkunft im Kasernement derselben und die zum Studium erforderlichen Bücher. Letztere werden, insoweit sie in der Praxis erforderlich sind, den nach bestandener Prüfung als Unterrossärzte zum Truppentheil zurücktretenden Eleven, ebenso wie eine mit Instrumenten versehene Veterinärtasche, als freies Eigenthum übergeben. Die Eleven legen nur bei militärischen und feierlichen Gelegenheiten Uniform an, sonst dürfen sie stets, namentlich aber bei dem Besuch der Vorlesungen, Civilkleider

584 Rossbach — Rostopschin

tragen. Die Dauer des Aufenthalts in der Militär-Rossarztschule richtet sich nach dem Unterrichtsplane der thierärztlichen Hochschule.

Rossbach. Schlacht 5./11. 1757. Marschall Soubise rückte mit dreifacher Uebermacht (Franzosen und Reichstruppen) gegen Friedrich den Grossen heran, um ihn zu umschliessen. Der König, der die Bewegung beobachtete, liess die Infanterie gedeckt rückwärts gehen, gegen die Spitze der vorrückenden Kolonnen einschwenken und sie durch die Kavallerie (Seydlitz), die um den Janushügel herumtrabte, plötzlich überfallen,

Plan zu den Gefechten bei Rossbrunn am 26./7. und Helmstadt am 25./7. 1866.

so dass die Gegner in panischer Flucht davoneilten. Plan s. nächste Seite.

Rossbrunn. Gefecht 26./7. 1866. Die Bayern hatten feste Stellung an der Leite, wurden vom General Fliess angegriffen und geworfen, leisteten noch bei R. hartnäckigen Widerstand, doch wurde auch dieser gebrochen. Verfolgung fand nicht statt.

Rostock. Dort stehen: Komdtr., Stab, 1., 3. und 4. Bat. Grossherz. Meckl. Füs.-Regts. No. 90, Bez.-Kom., Garn.-Verw. und Laz. — Servisklasse 2.

Rostopschin, Grf., russischer General (1785 bis 1826), war bekanntlich 1812 Gouverneur von Moskau, und wird ihm die Urheberschaft des Brandes der Stadt zugeschoben, was er in einer

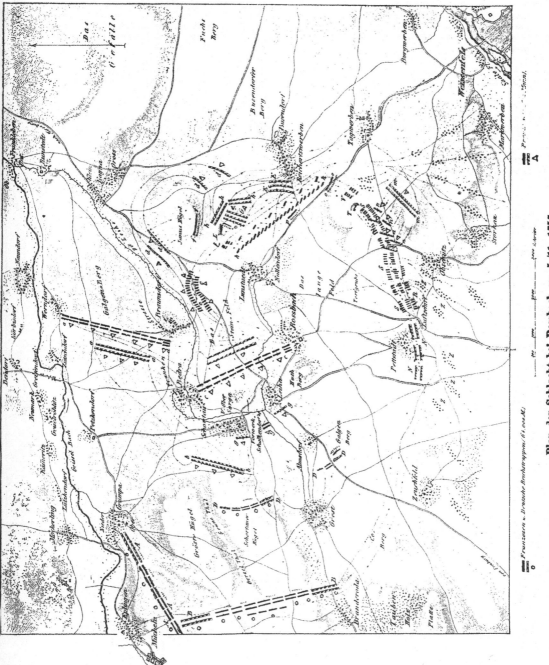

Plan der Schlacht bei Rossbach am 5./11. 1757.

Schrift abgelehnt hat: „La verité sur l'incendie de Moscou." Paris 1823.

Rotation heisst die drehende Bewegung des Geschosses. Die sphärischen, aus glatten Waffen geschossenen Geschosse rotiren um die quer zur Flugrichtung gedachte Geschossachse, die Langgeschosse gezogener Waffen um ihre Längenachse. Die Langgeschosse erhalten ihre R. durch die Züge, sie erfolgt nach der Seite der Drallrichtung. Die R.-Geschwindigkeit wird ausgedrückt durch die Anzahl der Umdrehungen, die das Geschoss in einer Sekunde vollführt. Sie ist abhängig von der Windung der Züge und der dem Geschosse gegebenen Geschwindigkeit. Die konstante Abweichung nach der Seite wird Seitenabweichung (Derivation) genannt; sie wächst mit der Flugzeit und der Krümmung der Geschossbahn.

Rothenburg, Graf, preussischer General-Lieutenant (1710—51), trat in die französische Armee, ging 1740 in die preussische und zeichnete sich in den Reiterkämpfen in den beiden schlesischen Kriegen aus.

Rother-Stiftung (Berlin W., Jägerstrasse 64, Stiftshaus Belle-Alliancestrasse 1/2) dient zur Aufnahme bezw. Unterstützung von Töchtern von Offizieren und Beamten, die über 40 Jahre alt sind.

Rothes Kreuz (s. Genfer Konvention).

Rothmaler, v., preussischer General der Infanterie (1814—1884), trat in's Infanterie-Regiment No. 26; 1866 führte er das Infanterie-Regiment No. 35 in Böhmen, 1870/71 die 11. Infanterie-Brigade in den Schlachten um Metz und vor Paris (Orden pour le mérite). Zuletzt 8. Division.

Rottenfeuer ersetzte das Salvenfeuer; es wurde entweder Rotten- oder Zugweise abgegeben, z. B. alle ungeraden, dann alle geraden Rotten Feuer gebend. Es wurde dadurch ein gleichmässiges Schiessen ohne Uebereilung bewirkt. Es ist nicht mehr gebräuchlich.

Rottweil. Dort steht: Bez.-Kom. — Servisklasse 3.

Rotz und Wurm. Rotz entsteht bei Pferden durch Ansteckung. Mit Rücksicht auf den Sitz unterscheidet man „Nasen-" und „Hautrotz" (sprachgebräuchlich „Rotz" bezw. „Wurm"); beide können chronisch oder akut verlaufen.

Chronischer Rotz: Nasenausfluss, anfänglich wässerig, grauweiss oder grüngelb, später schleimig oder schleimigeitrig, krustig, zuweilen grünliche klare Tropfen, in der Regel einseitig. Nasenschleimhaut anfangs geröthet, geschwollen, später auf derselben gelbe Knötchen und Geschwüre, welche bald wachsen, grünen Grund und ausgenagte Ränder zeigen. Lymphdrüsen im Kehlgange vergrössert, zuerst weich, dann hart, in der Regel an der Seite des Nasenausflusses. Allgemeinbefinden oft lange ungestört, später schlechte Ernährung, schlecht im Haar; dann Husten und Athembeschwerden. Zuweilen Schwellungen der Haut, auch Geschwüre an verschiedenen Körpertheilen.

Akuter Rotz: Nasenausfluss gelblich, zähe, meist stinkend, blutige Masse oder Gewebsfetzen enthaltend, Nasenschleimhaut stark geschwollen, und geröthet, im Gewebe derselben Blutergüsse und gelbe Flecke (Rotzknoten); zuweilen Absterben der grau oder dunkelroth gefärbten Schleimhaut; aus den Flecken entstehen Geschwüre. Lymphdrüsen im Kehlgange stark geschwollen, oft empfindlich, über die Backen ausgebreitet; Athmungsbeschwerden; Anschwellungen an verschiedenen Körpertheilen; Geschwüre in den Lymphdrüsen; Fieber.

Chronischer Wurm: Linsen- bis erbsengrosse Knoten, meist gruppenweise, an verschiedenen Stellen; brechen auf, bilden Geschwüre, welche zuweilen vernarben und wieder aufbrechen. Entzündung der Lymphgefässe, Erkrankung der Lungen, dann Rotz.

Akuter Wurm: Schnellerer Verlauf; Fieberzustände.

Zeigt ein Pferd derartige Erscheinungen, so ist es sofort abzusondern und durch eine Kommission zu untersuchen. Erklärt diese das Pferd für rotzkrank, für verdächtig, für nicht rotzkrank, so wird es bezw. getödtet, abgesondert beobachtet, dem Dienste zurückgegeben.

Pferde, die mit rotzkranken in Berührung gekommen sind, getödtet oder abgesondert. Abgesonderte Pferde werden täglich an abgesonderten Stellen an der Longe bis zum Schweissausbruche bewegt. Gesunderklärung durch eine Kommission.

Mannschaften, welche offene Wunden, namentlich an unbedeckten Stellen haben oder an Katarrhen leiden, dürfen nicht zu dergleichen Pferden kommandirt werden. Vor dem Anprusten hüte man sich, event. wasche man sich mit Seife. Einreibungen nicht mit blosser Hand; Vermeiden der Berührung mit dem Nasenschleime. Beim Verlassen des Stalles Waschen der Hände mit einer Lösung von 50 Theilen Karbolsäure oder 1 Theil Sublimat in 1000 Theilen Wasser.

Alle nicht abgesonderten Pferde der betreffenden Eskadron werden sechs Monate lang nach dem letzten Rotzfalle beobachtet; im Dienst, aber nur unter sich, gebraucht; behalten den nämlichen Platz im Stalle und im Gliede, erhalten Matratzenstreu.

Rouen war 1870/71 der Stützpunkt für den linken Flügel der I. deutschen Armee, während ihrer Operationen zum Schutze der Cernirung von Paris.

Roveredo (Tyrol). Gefecht 4./9. 1796, in dem die Franzosen unter Massena und Vaubois die Oesterreicher auf Trient zurückdrängten. Gefecht 6. und 7./11 1796, in dem die Franzosen geschlagen wurden.

Rüchel, v., preussischer General der Infanterie (1754—1823), kommandirte in der Schlacht bei Jena. Das anfänglich harte Urtheil über ihn hat sich im Laufe der Zeit durch Eröffnung neuerer Quellen wesentlich zu seinen Gunsten geändert.

Rückkehr von den Manövern. Der Zeiteintheilung für die Herbstmanöver ist der Tag zu Grunde zu legen, an welchem die Fusstruppen in ihre Standorte zurückgekehrt sein müssen. Fusstruppen werden mit Bahn befördert, wenn zwei Marschtage erspart werden. Sonntag zu vermeiden, wenn nicht durch den Marsch am Sonntag die Garnison erreicht wird.

Rücklauf. Die beim Schuss durch den Druck der Pulvergase auf den Seelenboden hervorgebrachte Bewegung des Geschützes nach rückwärts. Der R. verzögert und erschwert die Bedienung (durch das Vorbringen), besonders auf rückwärts abfallendem Geschützstand, und vergrössert (beim Feuer hinter Deckungen) die treffbare Fläche. Man sucht ihn deshalb durch Bremsen, Hemmtheile, schräge Rahmenstellung, Gummipuffer u. s. w. möglichst einzuschränken und durch selbstthätigen Vorlauf unschädlich zu machen. Für sehr lange Rohre ist es vortheilhaft, wenn sie stets — unabhängig von der Höhenrichtung beim Schuss — in der Richtung der Seelenachse zurückgleiten (Rohr in Jacke, Wiegenlafetten — s. Schnellfeuerkanonen —), weil sich sonst das verhältnissmässig schwache lange Feld beim R. leicht verbiegen kann. S. a. Rückstoss.

Rücklaufkeile sind bei Belagerungskanonen im Gebrauche. Sie vermindern den Rücklauf des rückgespielten Geschützes nach dem Schusse und bestehen aus einfachen, beschlagenen Holzkeilen, die vor dem Schusse rückwärts an die Räder der Lafette geschoben werden.

Rückstoss ist bedingt durch das Gewicht der Waffe (P), des Geschosses (p), der Ladung (l) und die Mündungsgeschwindigkeit (v). Die beim Schuss vom Geschoss und der Waffe zurückgelegten Wege verhalten sich umgekehrt wie die Gewichte oder Massen beider. Gewicht mal Geschwindigkeit des Geschosses und Gewicht mal Geschwindigkeit der Waffe befinden sich daher, während das Geschoss die Seele durchläuft, in jedem Zeittheilchen im Gleichgewicht. Daraus folgt für die Rückstossarbeit (R):

$$R = \frac{\left(p + \frac{1}{2}\right) v^2}{2 g P} \quad (g = \text{Beschleunigung durch die Schwere} = 9{,}8 \text{ m}).$$

(Der Ansatz des halben Ladungsgewichts $\left(\frac{1}{2}\right)$ stellt nur einen Näherungswerth dar, der je nach der Verbrennung des Pulvers mannigfachen Schwankungen unterliegt.)

Für die Rücklaufgeschwindigkeit der Waffe (V) ergiebt sich:

$$V = \frac{\left(p + \frac{1}{2}\right) v}{P}, \quad \text{und für den Rücklauf (r):}$$

$r = \frac{V^2}{2 g f}$, worin f den Reibungswerth bezeichnet, der auf mittlerem Boden bei festgebremsten Rädern = 0,5 anzunehmen ist.

Ruderfähren s. Brücken.

Rüdiger, Graf, russischer General der Kavallerie (1784—1856), kämpfte schon in den Kriegen 1812—14, führte 1828 die Vorhut, 1829 das 7. Korps mit Auszeichnung; ebenso in den Aufstandskriegen in Polen und Ungarn, wobei er Gorgey zur Uebergabe brachte. Er war zuletzt Chef des Garde- und des Grenadier-Korps.

Rudolstadt. Dort stehen 3. Bat. 7. Thüring. Inf.-Rgts. No. 96, Garn.-Verw. und Laz. — Servisklasse 3.

Ruf dient bei Märschen dazu, die eine Seite der Strasse frei zu machen; alles schliesst scharf auf Marschseite an. Bei Eisenbahntransporten ist er Zeichen zum Einsteigen. (Kavallerie, Feldartillerie wendet in diesem Falle das Signal „Appell" an.)

Ruhehalt s. Märsche.

Ruhetage. Im Kriege nach Bedarf. Im Frieden ist Sonntag stets R. Tag vor der Parade. In der Woche ein R., so dass nach 2—3 Uebungstagen ein R. erfolgt. Nur für den Rückmarsch können 5 Marschtage aneinander geschoben werden, wenn mit dem 5. Tage die Garnison erreicht wird.

Rühle v. Lilienstern, preussischer G.-L. (1780 bis 1847), General-Inspekteur des Militär-Erziehungs- und Bildungswesens, ist als befähigter Schriftsteller (1. Red. des Mil.-W.-Bl.) bekannt geworden.

Rum muss mindestens 65 % Alkohol enthalten und fuselfrei sein.

Rumänien. Armee.

Im Frieden.

	Komp.	Esk.	Batt.	r. Batt.
1. Armee-K. (Krajova)	100	20	15	2
2. „ (Bukarest)	100	20	15	2
3. „ (Gallatz)	100	25	15	2
4. „ (Jassy)	100	15	15	2
Division Dobrudscha	24	2	—	—
	424	82	60	8

Dazu 20 Kompagnien Fussartillerie und 28 Genie-Kompagnien.

Friedensstärke: 44 721 Mann.

Im Kriege

werden die Etats erhöht und erhält man dadurch eine Stärke an Kombattanten von 140 352 Köpfen.

Rumänisches Gewehr m/93 III, von Mannlicher, 6,5 mm Kaliber; Dolchbajonnet; hölzerner Handschutz; konzentrische rechts gewundene Züge; Rahmenvisir; Kolbenverschluss mit Drehbewegung und zwei senkrechten Stützwarzen; Mehrladevorrichtung: Kasten im Mittelschaft, der durch Einführen des 5 Patronen enthaltenden Patronenrahmens gefüllt wird. Die Patrone mit vorstehendem Rand am Hülsenboden für den Auszieher ist mit rauchschwachem österreichungarischen Scheibenpulver m/92 geladen; Geschoss mit Hartbleikern und Mantel aus nickelkupferplattirtem Stahlblech. Geschossgeschwindigkeit an der Mündung: 740 m, 25 m vor derselben: 705 m. Die Feuergeschwindigkeit beträgt bei Einzelladung 18, bei Mehrladung 26 gezielte Schüsse in der Minute, mechanische Schnellfeuerleistung: 40—43 Schuss in der Minute. S. a. Gewehr d. e. Bild.

Rumjänzow, russischer General (1680—1749), kommandirte 1728 in Persien, 1739 in der Türkei.

Sein Sohn, russischer F.-M. (1725—1796), führte schon 1770—74 den Oberbefehl in dem Türkenkriege mit grossem Geschicke; erhielt den Beinamen „Sadunaiski" (Donau-Ueberschreiter). Weniger erfolgreich war sein Vorgehen im Kriege 1787—89.

Ruppin (Neu-). Dort stehen Stab, 1., 2. und 4. Bat. Inf.-Rgts. Grossh. Friedrich Franz II. von Mecklenburg-Schwerin (4. Brandbg.) No. 24, Bez.-Kom., Garn.-Verw. und -Laz. — Servisklasse 3.

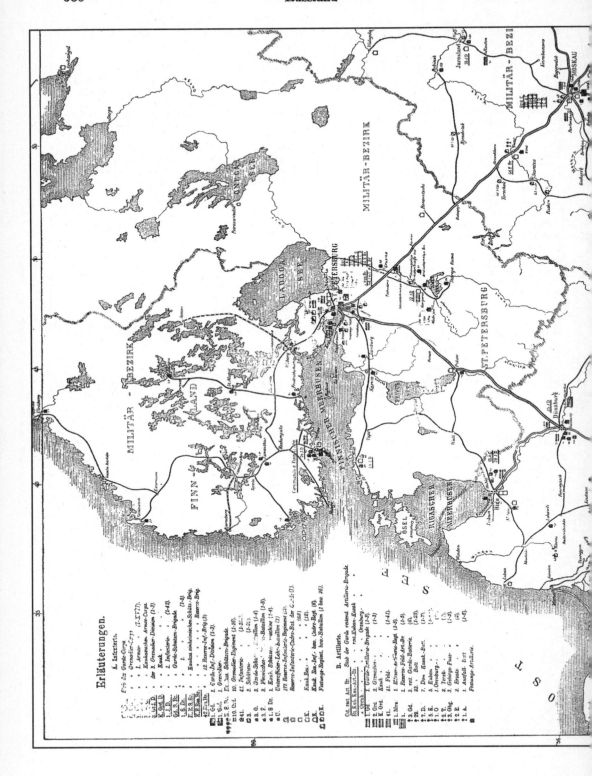

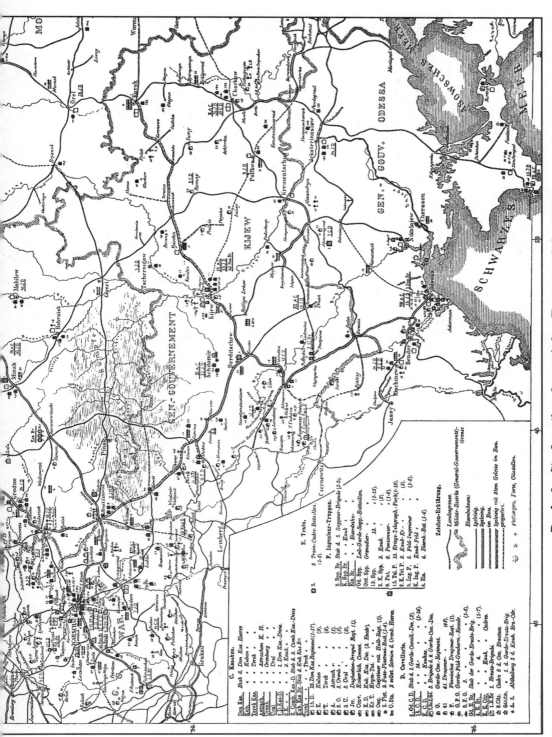

Russland. Standquartiere des russischen Heeres (westliche Hälfte).
(Nach einem Plane im Verlag von R. Eisenschmidt, Berlin.)

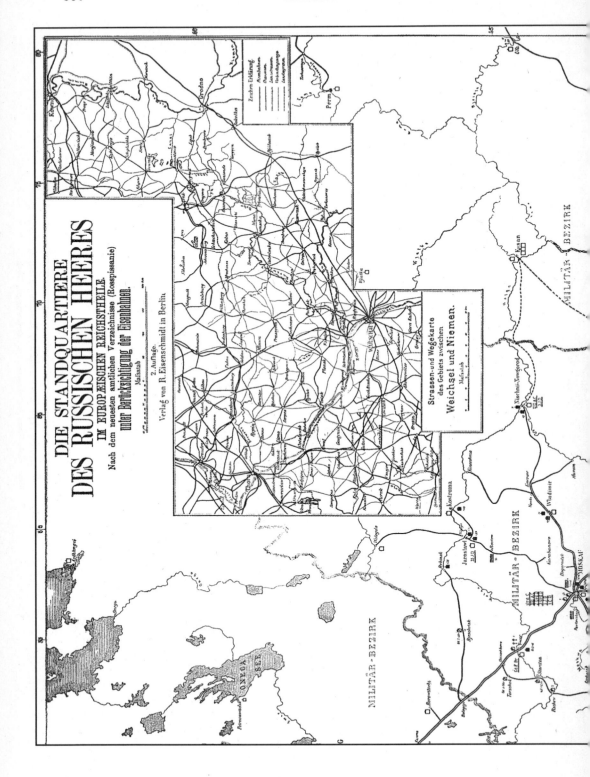

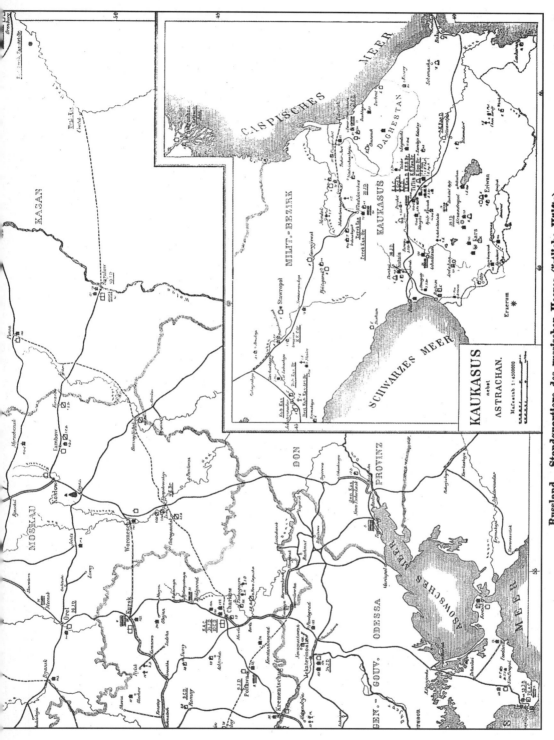

Russland. Standquartiere des russischen Heeres (östliche Hälfte).
(Nach einem Plane im Verlag von R. Eisenschmidt, Berlin.)

Russland

Uebersicht der Eintheilung

Europäische

Militär-Bezirk	№	Stabs-Quartier	Des Armee-Korps			
			Infanterie-Divisionen	Kavallerie-Divisionen	Feld-Artillerie-Brigaden	Reitende Batterien
St. Petersburg	Garde	St. Petersburg	1. Garde St. Petersburg 2. Garde St. Petersburg	1. Garde St. Petersburg 2. Garde St. Petersburg (ausschliesslich 3. Brigade)	1. Garde St. Petersburg 2. Garde St. Petersburg	Garde reitende Artillerie-Brig. (ausschliesslich 3. Batterie) St. Petersburg
St. Petersburg	I.	St. Petersburg	22. Nowgorod 37. St. Petersburg		22. Nowgorod 37. Sselischtschenski Kasernen (Gouvernement Nowgorod)	
St. Petersburg	XVIII.	Jurjew	23. Rewal 24. Pskow		23. Gatschina 24. Luga	
Finnland					Regiment Helsingfors	
Wilna	II.	Wilna	26. Grodno 27. Wilna	2. Ssuwalki	26. Grodno 27. Wilna	3. Ssuwalki 4. Ssuwalki
Wilna	III.	Riga	28. Kowno 29. Riga	3. Kowno	28. Kowno 29. Riga	5. Keidany 6. Keidany
Wilna	IV.	Minsk	30. Minsk 40. Bobruisk		30. Minsk 40. Gomel	
Wilna	XVI.	Witebsk	25. Dwinsk 41. Witebsk		25. Dwinsk 41. Witebsk	
Warschau	Garde	St. Petersburg	3. Garde Warschau	3. Brigade der 2. Garde-Div. Warschau	3. Garde Warschau	3. reitende Garde-Battr. Warschau
Warschau	V.	Warschau	7. Radom 10. Warschau	5. Wlozlawsk	7. Radom 10. Lods	9. Wlozlawsk 10. Sdunskaja Wolja
Warschau	VI.	Warschau	4. Lomsha 16. Bjelostok	4. Bjelostok	4. Sambrow 16. Wolkowysk	7. Bjelostok 8. Bjelostok
Warschau	XIV.	Lublin	17. Lublin 18. Lublin	14. Kjelzy	17. Wlodawa 18. Lublin	21. Tarnoskala 23. Oxa
Warschau	XV.	Warschau	6. Ostrolenka 8. Pultusk	6. Warschau	6. Ostrow 8. Pultusk	11. Ostrolenka 12. Mlawa
Warschau	XIX.	Brest-Litowsk	2. Brest-Litowsk 38. Kobrin	7. Kowel	2. Bjela 38. Prushany	13. Strishewa 14. Turisk

der russischen Armee.

Militär-Bezirke.						
		Nicht im Armee-Korps-Verband stehend				
Infanterie-Truppentheile	Schützen-Brigaden	Kavallerie-Truppentheile	Feld-Gensdarmerie-Eskadrons	Reitende Batterien	Mörser- und Gebirgs-Artillerie-Regimenter, Belag.-Art.	Sappeur-Brigade
	*) Garde St. Petersburg	*) 1. Garde Kuban Kas.Ssotnje Gatschina *) 3. Garde Terek Kas.Ssotnje Gatschina	*) Garde St. Petersburg		4. Mörser-Regt. Murawjewski-Kasernen (Gouv. Nowgorod)	1. St. Petersburg
	2 Bataill.	Finnisches Dragoner-Regiment Wilmanstrand				
	5. Ssuwalki			1. Wilna	1. Mörser-Regt. Dwinsk 1 Bat. Belagerungs-Art.	2. Wilna Eisenbahn-Brigade Baranowitschi
1. Plozk 2. Tschenstochow		13. Kav. Div. Warschau 15. Kav. Div. Plozk 1. Don Kas. Div. Samostje Kuban Kas. Div. 2 Ssotnjen Warschau		2. Warschau	20. Radimin 22. Sserpez 6. Don Kas. Batt. Schtscherbsheschin 7. Don Kas. Batt. Samostje	3. Mörser-Regt. Warschau 1 Bat. Belagerungs-Art. Brest	4. Warschau

*) Die betr. Garde-Truppen stehen im Verbande des Garde-Korps.

Uebersicht der Eintheilung

Europäische Des Armee-Korps

Militär-Bezirk	№	Stabs-Quartier	Infanterie-Divisionen	Kavallerie-Divisionen	Feld-Artillerie-Brigaden	Reitende Batterien
Kiew	IX.	Kiew	5. Tschernigow 33. Kiew	9. Kiew	5. Njeshin 33. Kiew	2. Don Kas. Batt. Shitomir 16. Shitomir
	X.	Charkow	9. Poltawa 31. Charkow	10. Charkow	9. Poltawa 31. Bjelgorod	3. Don Kas. Batt. Tschugujew 17. Tschugujew
	XI.	Shitomir	11. Luzk 32. Shitomir	11. Dubno	11. Rowno 32. Berditschew	4. Don Kas. Batt. Klewan 18. Sslawuta
	XII.	Uman	12. Proskurow 19. Tultschin	12. Winniza	12. Proskurow 19. Winniza	5. Don Kas. Batt. Goloskowo 19. Proskurow
Odessa	VII.	Ssimferopol	13. Ssewastopol 34. Jekaterinoslaw	Krim Div. Ssimferopol 7. Don Kas. Regt. Nikolajew	13. Ssewastopol 34. Cherson	
	VIII.	Odessa	14. Kischinew 15. Odessa	8. Kischinew	14. Kischinew 15. Wosnessensk	1. Don Kas. Batt. Bendery 15. Kischinew
Moskau	Grenadier	Moskau	1. 2. Grenadier Moskau 3.	1. Moskau	1. 2. Grenadier Moskau Pawlowskaja Rostow 3.	1. Twer 2. Twer
	XIII.	Smolensk	1. Smolensk 36. Orel		1. Wjasma 36. Karatschew	
	XVII.	Tula	3. Kaluga 35. Rjasan		3. Kaluga 35. Rjasan	
Kaukasus	Kaukasisches	Tiflis	Grenadier Tiflis 20. Kutais 39. Alexandropol	1. Kaukasische Kasaken Tiflis 2. Kaukasische Kasaken Jelissawetpot	Kaukasische Grenad. Tiflis 20. Achalzych 39. Dshelal-Ogly	2. Kuban Kasaken-Batt. Achalkalaki 5. Kuban Kasaken-Batt. Chan—Kendy
Kasan						
Don Land						

der russischen Armee (Fortsetzung).

Militär-Bezirke.

			Nicht im Armee-Korps-Verband stehend			
Infanterie-Truppentheile	Schützen-Brigaden	Kavallerie-Truppentheile	Feld-Gensdarmerie-Eskadrons	Reitende Batterien	Mörser- und Gebirgs-Artillerie-Regimenter, Belag.-Art.	Sappeur-Brigade
	3. Winniza	2. Gem. Kas. Div. Kamenez-Podolsk	3. Kiew	1. Orenburg Kas. Batt. Schatawa 3. Orenburg Kas. Batt. Jarmolinzy	2. Mörser-Regt. Bjelaja Zerkow Geb.-Art.-Regt.Kiew, dort 1 Batt. Belag.-Art.	3. Kiew
	4. Odessa	3. Selbstständige Don Kas. Ssotnje Jusowo	4. Odessa		6. Mörser-Regt. Odessa	5. Odessa
					5. Mörser-Regt. Kolomna	6. Moskau
21. Infant. Div. Wladikawkas Kuban Fuss Plastun Brig. Tiflis	Kaukas. Tiflis Kaukas. Eingeborene Schützen-Brig. Tiflis	Kauk. Kav. Div. Tiflis Dagestan Reiter-Regt. Temir—Chan—Schura Ossetin'sche Reiter-Div. Grosny 1. Jekaterinodar'sches Kuban Kas. Regt. Jekaterinodar Terek. Kas. Brig. Wladikawkas	5. Tiflis	1. Terek Kas. Batt. Michailowskaja 2. Terek Kas. Batt. Modsok 1. Kuban Kas. Batt. Jekaterinodar 3. Kuban Kas. Batt. Maikop	21. Feld-Art.-Brig. Temir—Chan—Schura 7. Mörser-Regt. Tiflis	Kauk. Tiflis
		Astrachan Kas. Regt. Astrachan				
		1. Selbstständige Don Kas. Ssotnje Nowotscherkask 2. Selbstständige Don Kas. Ssotnje Rostow am Don 4. Selbstständige Don Kas. Ssotnje Makjeewka				

Russisches Alphabet

Druckschrift	Schreibschrift	Benennung	Aussprache*)	Druckschrift	Schreibschrift	Benennung	Aussprache*)
А а	*Аа*	a	a	Р р	*Рр*	r	r
Б б	*Бб*	b	b	С с	*Сс*	s	ss, ss
В в	*Вв*	w	w	Т т	*Тт*	t	t
Г г	*Гг*	g	g	У у	*Уу*	u	u
Д д	*Дд*	d	d	Ф ф	*Фф*	f	f
Е е	*Ее*	e	je — am Anfange ein. Wortes od. Silbe. e — in der Mitte od. am Ende einer Silbe.	Х х	*Хх*	cha	ch
Ж ж	*Жж*	she	sh — wie französisch j in „jardin" oder g in Gendarm.	Ц ц	*Цц*	ze	z
З з	*Зз*	se	s — ganz weich.	Ч ч	*Чч*	tsche	tsch
И и	*Ии*	i	i	Ш ш	*Шш*	scha	sch
I i	*Ii*	i*)	*) nur nach Vokalen gebraucht.	Щ щ	*Щщ*	schtscha	schtsch
Й й	*Йй*	i mit der Kürze	Steht nach Vokalen und wird mit diesen als Diphtong gesprochen; nach ъ und I wird es überhaupt nicht ausgesprochen.	Ы ы	*Ыы*	jerü	ü
К к	*Кк*	k	k	Ѣ ѣ	*Ѣѣ*	jatj	je
Л л	*Лл*	l	l	Э э	*Ээ*	umgekehrtes e	e
М м	*Мм*	m	m	Ю ю	*Юю*	ju	ju
Н н	*Нн*	n	n	Я я	*Яя*	ja	ja
О о	*Оо*	o	o	Ъ ъ	*Ъъ*	hartes } stummes Zeichen	werden nicht ausgesprochen
П п	*Пп*	p	p	Ь ь	*Ьь*	weiches	

*) Von der hier angegebenen Aussprache giebt es viele Ausnahmen, die hier nicht erwähnt sind, da sie für das Kartenlesen ohne Belang si[nd]

Russisch-Deutsche Legion. Gegründet von Peter von Oldenburg; 1813 erschienen 5000 Mann dieser Legion auf dem Felde. Sie ging in englischen Sold, dann zur Armee des Kronprinzen von Schweden und 1814 mit ihm über den Rhein nach Flandern. Nach dem Kriege wurde die R.-D. L. in das preussische Heer übernommen, nachdem sie schon nach preussischem Muster ausgebildet war.

Russische Feldgeschütze s. Feldgeschütze.

Russisches Alphabet s. Seite 596.

Russisches Gewehr. Dreiliniengewehr M/91; Konstrukteur Mossin; 7,62 mm Kaliber; gewöhnliches Bajonett; hölzerner Handschutz; konzentrische, rechts gewundene Züge; Treppen- und Rahmenvisir; Kolbenverschluss mit Drehbewegung und zwei senkrechten Stützwarzen; Mehrladevorrichtung: Kastenmagazin im Mittelschaft, das durch Abstreifen des 5 Patronen enthaltenden Ladestreifens unter gleichzeitigem Hinabdrücken der Patronen in den Kasten gefüllt wird. Die Patrone mit vorstehendem Rand am Hülsenboden für den Auszieher ist mit rauchschwachem Schiesswollpulver geladen. Geschoss mit Hartbleikern und Mantel aus Nickelkupferlegirung, der mit Paraffin-Vaseline gefettet ist. Geschossgeschwindigkeit an der Mündung: Gegen 635 m, 25 m vor derselben 610—620 m (Dragonergewehr: 590—600 m). S. a. Gewehr d. e. Bild.

Russland. S. die Tafeln Seite 588—591: Standquartiere des russischen Heeres, sowie die Tabellen Seite 592—595: Uebersicht der Eintheilung der russischen Armee.

Dazu gehören die Reserve-Infanterie-Brigaden 43—61, 6 Reserve-Artillerie-Brigaden und 7 Reserve-Kavallerie-Brigaden, sowie die Festungstruppen und Ersatz-Kadres.

In Asien stehen:

1. Omsk (West-Sibirien): 1 Infanterie-Brigade und 1 Feldartillerie-Brigade in Wjerny. 3 Bataillone Infanterie in West-Sibirien. 4 Kasaken-Regimenter in Sibirien; vertheilt eine reitende Batterie, sowie Sappeure.

2. Amur (Ost-Sibirien): 2 Schützen-Brigaden in Nikolskoje und Nowokiewskoje. 1 Reiter-Brigade in Nikolskoje, daselbst auch 1 Feldartillerie-Brigade, 10 unabhängige Linien-Bataillone und 5 Kasaken-Bataillone. 3 Kasaken-Regimenter und die Ussuri-Kasaken-Division sind in Ost-Sibirien vertheilt, nebst reitenden Batterien und Sappeuren.

3. Turkestan: 1 Schützen-Brigade zu Taschkent. 3 Linien-Infanterie-Brigaden (Taschkent, Samarkand und Margelan). 1 Feldartillerie-Brigade (Taschkent). 2 unabhängige Bataillone. 4 Kasaken-Regimenter mit reitenden Batterien und Sappeuren, um Orenburg vertheilt.

4. Transkaukasien: 2 Schützen-Brigaden (Aschabad und Merw). 1 Linien-Infanterie-Brigade in Kerki. 1 Reiterbrigade in Aschabad. Turkmenisches irreguläres Reiter-Regiment, reitende Batterien und Sappeure.

Man berechnet die Friedensstärke der europäischen Truppen auf 31000 Offiziere, 785000 Mann und 165000 Pferde; die Kriegs-(Soll-)Stärke auf 60000 Offiziere und 2400000 Mann, sowie 650000 Pferde.

Rüstow, eidgenössischer Oberst (1821—1878), als Militär-Schriftsteller bekannt; betheiligte sich an der Revolution 1848 und entfloh nach der Schweiz.

Rustschuck, Festung in Bulgarien, wurde 1810 von den Russen genommen, 1811 geschleift und von ihnen geräumt. 1853 war R. die Basis der Türken zum Donau-Uebergang.

Rüstübungen hiess das Turnen an Geräthen oder Hindernissen.

Rutowski, Graf, sächsischer Feldmarschall (1702—64), wurde bei Kesselsdorf geschlagen, bei Pirna zur Kapitulation gezwungen, zog sich dann zurück. (Natürlicher Sohn Friedrich Augusts II.)

Ruyter, van, holländischer Admiral (1607 bis 1667), einer der grössten Seehelden seiner Zeit.

Rybnik. Dort steht: Bez.-Kom. — Servisklasse 2.

S.

Saalfeld. Gefecht 10./10 1806. Hier wurde die Avantgarde Hohenlohes unter Prinz Louis Ferdinand von Preussen von überlegenen französischen Kräften angegriffen und zurückgeworfen. Der Prinz fiel bei dem Versuche, durch einen Reiterangriff seinen Truppen Luft zu schaffen.

Saarbrücken. Gefecht am 2./8. 1870. Hier hielt General Graf Gneisenau mit 13 Kompagnien, 3 Schwadronen und 2 Batterien die ganze französische Division Bataille auf. Französischerseits wurde das Gefecht als erster Sieg aufgebauscht. Dort stehen: Stab 32. Inf.-Brig., 8. Rhein. Inf.-Rgt. No. 70, Westf. Drag.-Rgt. No. 7, reit. Abth. Feldart.-Rgt. v. Holtzendorff (1. Rhein.) No. 8 (vorläufig in Saarlouis), Prov.-Amt, Garn.-Verw. u. Laz. — Servisklasse 2.

Saarburg. Dort stehen: Stäbe d. 59. Inf.- u. 30. Kav.-Brig., Inf.-Rgt. No. 97, Ulanen-Rgt. Grossherzog Friedrich v. Baden (Rhein.) No. 7, 2. Brandenb. Ulan.-Rgt. No. 11, reit. Abth. Feld.-Art.-Rgt. No. 15, Prov.-Amt, Garn.-Verw. u. Laz. — Servisklasse 4.

Saargemünd. Dort stehen: 1. Batl. Inf.-Rgts. No. 130 (nur vorläufig, s. Metz), Stab, 1., 2., 3. u. 5. Esk. 5. Bayr. Chevaulegers-Rgts. Erzherzog Albrecht von Oesterreich (4. Esk. in Zweibrücken), Bez.-Kommando, Prov.-Amt, Garn.-Verw. u. Laz. — Servisklasse 2.

Saarlouis. Dort stehen: Inf.-Rgt. Graf Werder (4. Rhein.) No. 30, Stab, 1., 2. u. reit. Abth. Feldart.-Rgts. von Holtzendorff (1. Rhein.) No. 8, (2. Abth. vorläuf. in Jülich, reit. Abth. nur vorläufig hier, demnächst in Saarbrücken), Bezirks-Kommando, Art.-Dep., Prov.-Amt, Garn.-Verw. u. Laz. — Servisklasse 2.

Säbel s. Hiebwaffen.

Säbeltaschen der Husaren müssen mit unterem Rande etwa eine Hand breit über dem Kniegelenk abschneiden.

Sabotkin, russischer Generallieutenant, Chef des Ingenieur-Korps (1837—1894). Nach Totleben der hervorragendste Ingenieur Russlands. Organisator der Genietruppen.

Sachsen (siehe auch Militär-Convention), die Heeresstärke etc. s. deutsches Heer. Die Ersatzangelegenheiten S.'s stehen unter Leitung des Kriegsministeriums in Gemeinschaft mit dem Ministerium des Innern.

Sacile (Venedig). Schlacht 16./4. 1809, in der Erzherzog Johann Murat besiegte.

Sacken, v. d. Osten-, Fürst, russischer Feldmarschall (1752—1837). Bei Zürich verwundet in Gefangenschaft gerathen, zeichnete er sich 1806 und 7 aus. Besonders aber 1813 war er als Korps-Kommandeur der hervorragendste russische General in der schlesischen Armee, und später (1814) unter Blücher kämpfend.

S., Graf, russischer General der Kavallerie (1793 geboren). Gegen Ende des Krimkrieges führte der vielfach ausgezeichnete General den Befehl in Sebastopol.

Sadowa s. Königgrätz.

Sagan. Dort stehen: Reit. Abth. Feldart.-Regts. v. Podbielski (Niederschl.) No. 5, Prov.-Amt. Garn.-Verw. u. Laz. — Servisklasse 3.

Sägeförmige Werke. (Sägewerke oder Crémaillière, Zangenwerke) zusammenhängende, abwechselnd aus- und einwärts gebrochene Befestigungslinien, wo auf eine lange stets eine kurze Linie folgt. Hierdurch sollte das Feuer des Vertheidigers vor den ausspringenden Winkeln vermehrt und die Enfilirbarkeit längerer Befestigungslinien vermindert werden. Sie dienten früher hauptsächlich zur Verschanzung von Lagern; gegenwärtig macht man von diesem Brechen nur bei langen Linien des gedeckten Weges Gebrauch.

Salamanca wurde am 28./6. 1812 von den Engländern erstürmt. Schlacht 22./7. S. Arapiles.

Saldern, von, preussischer Generallieutenant (1719—1785). Als Taktiker unter Friedrich dem Grossen hochgeschätzt.

Salicylsäure (3 Theile S., 10 Theile Stärke und 87 Theile Kalk), eingestreut in Strümpfe etc., auch Salcyltalg gut gegen Schweissfüsse, Wolf etc.

Salpeter. Salpetersaures Kali oder Kaliumnitrat = KNO_3, Hauptbestandtheil des Schwarzpulvers, liefert vermöge seines hohen Gehaltes an Sauerstoff (10) hauptsächlich das Gas und die Kraft; bei der Zersetzung des Pulvers ergiebt er 2 N (Stickstoff), bildet mit dem Kohlenstoff 3 CO_2 (Kohlensäure) und mit dem Schwefel (S) K_2S = Schwefel-Kalium (fester Rückstand). S. auch Konversionss. S. wird auch als Zusatz zu einigen rauchschwachen Schiesspulvern und namentlich zu zahlreichen Nitrosprengstoffen verwendet.

Salvator-Maschinengewehr. Konstruktion des Erzherzogs Karl Salvator und des Majors von Dormus. Die in Oesterreich-Ungarn kürzlich zur Einführung gelangte Waffe („8 mm Mitrailleuse M/93") hat den Lauf des österreichisch-ungarischen Karabiners und verfeuert Gewehrpatronen M/93. Der aus 2 Hebeln bestehende Gelenkverschluss wird durch den Druck der Pulvergase nach rückwärts und unten bewegt. Eine wagerechte Kolbenstange mit Schraubenfeder („Pufferrohr mit Bremse"), welche die Verschlussstütze stetig nach vorn bezw. oben drückt, bewirkt das Schliessen. Während des Oeffnens wird die Schlagfeder des Schlosses gespannt, die leere Hülse ausgeworfen und aus dem über dem Lauf angeordneten Ladetrichter eine neue Patrone eingeführt. Den Kühlmantel („Wasserjacke") versorgt eine Pumpe mit frischem Wasser. Das selbstthätige Abfeuern vermittelt ein Pendel, das beim Oeffnen zurückgeschleudert wird und, wieder nach vorn schwingend, die Abzugstange auslöst. Die Feuergeschwindigkeit lässt sich durch Verkürzen (rascheres Feuer) oder Verlängern des Pendels bezw. der Gelenkstange, die es mit dem Abzug verbindet, beliebig regeln; nach Versuchen genügen für die günstigste Wirkung 250—300 Schuss in der Minute. Mündungsgeschwindigkeit: 550 m; grösste Schussweite: 2250 m. Das S.-M. wird in Panzerkoffern und -ständen auf dem Mitrailleusen-Gestell verwendet. Es hat vor der 8 mm-Mitrailleuse M/89 (Maxim) folgende Vorzüge voraus: Der einfachere, übersichtlichere und zugänglichere Mechanismus gestattet, die Ursachen etwaiger Störungen leichter zu entdecken und zu beseitigen; er ist gegen Staub und Wasser weniger empfindlich und kann durch blosses Einölen, ohne Feuerunterbrechung, dauernd in Betrieb gehalten werden.

Salzwedel. Dort stehen: Stab, 1., 2. und 5. Eskad. Ulan-Rgts. Hennigs von Treffenfeld (Altmärk.) No. 16, Prov.-Amt, Garn.-Verw. und Laz. — Servisklasse 2.

Sammeln (Konzentriren) von Truppen zu Märschen findet grundsätzlich in der Marschrichtung statt. Will man Truppen in Unterkunftszeiten sammeln, ist das Signal „Das Ganze" zu gebrauchen, doch nur von dem Ortsältesten. Nach den Manövern bedeutet dieses Signal „Schluss!"

Sammel-Lazarethe sind grössere Lazareth-Anlagen, die in der Regel in der Nähe des Kriegsschauplatzes angelegt werden und von denen aus die Ueberführung nach der Heimath in grösserem Maassstabe erfolgen kann. Als solche können in erster Linie die Feldlazarethe und die Etappen-Lazarethe betrachtet werden.

Sammelstelle leicht Kranker. (S. Feld-Sanitätswache.) Es sind Warteräume, welche den Kranken und Verwundeten bis zu ihrer Aufnahme in die Züge zum Aufenthalt und Schutz gegen die Witterung dienen, oder in denen sich Leichtkranke etc. bis zu ihrer baldigst wieder zu erwartenden Dienstfähigkeit aufhalten können.

Samter. Dort steht: Bez.-Kom. — Servisklasse 4.

Sandershausen (bei Kassel). Treffen 23./7. 1758, in dem Prinz Ysenburg nach hartnäckigem Kampfe von den Franzosen geschlagen wurden.

Sandsack. Leinener, mit Erde gefüllter Beutel, gegen 15 kg schwer, im Festungskriege zur raschen Herstellung von Scharten und Deckungen, zu Ausbesserungen u. a. m. benutzt.

Sangerhausen. Dort steht: Bez.-Kom. — Servisklasse 2.

Sanität s. Militär-S.

Sanitätsamt. (S. Sanitätswesen.) Das S. und die Korps-Intendantur bilden die Provinzialbehörden für die Militärlazarethe eines Armeekorps. Beide Behörden sind für die Verwaltung gemeinschaftlich verantwortlich. Das S. regelt und berücksichtigt den Sanitätsdienst im Kriegsbereiche. An der Spitze des S. steht der Korps-Generalarzt, welchem ein Assistenzarzt, ein Korps-Stabsapotheker und ein etatsmässiger Schreiber zugetheilt sind. Zur Vornahme mikroskopisch-bakteriologischer Untersuchungen u. s. w. kann ausserdem 1 Stabsarzt der Garnison herangezogen werden.

Sanitäts-Ausrüstung. Assistenz-Unter- und 1 einjährig-freiwilliger Arzt haben ein vorgeschriebenes Taschenverbandzeug vorräthig zu halten. Vom Stabsarzt aufwärts muss jeder Sanitäts-Offizier ausserdem eine Anzahl weiterer ärztlicher Instrumente besitzen. Andere Instrumente und ärztliche Geräthe werden dem Sanitäts-Offiziere leihweise aus den Beständen überwiesen. Lazareth-Gehilfen erhalten ihre Taschen und Verbandzeug nach Vorschrift geliefert.

Der Truppen. Jedes Bataillon etc. hat Medizinwagen mit 4 Krankentragen und 2 Bandagetornister. Einzelne Kompagnien, Batterien etc. besitzen Sanitätskasten und 1 Bandagetornister. Auf allen Wagen der Bagage sind Krankendecken. Jeder Mann hat Erkennungsmarke um den Hals zu tragen und 1 Verbandpäckchen im vorderen linken Rockschoss eingenäht.

Sanitätsdepot der Korps befinden sich bei dem Garnison-Lazarethe am Sitze jedes General-Kommandos. Es besteht aus 1 Arznei-Abtheilung und 1 Verbandmittel-Abtheilung. Es versorgt die Truppen-Lazarethe (s. Sanitätsamt).

Das Haupt-S.-D. beim Garnison-Lazareth No. 1 Berlin hat den Bedarf der S.-D. zu decken, deren überschiessende Bestände aufzunehmen und Neubeschaffungen zu besorgen. Auch für die Mobilmachung ist es die Zentralstelle.

Die technische Ober-Aufsicht hat die Medizinal-Abtheilung des Kriegs-Ministeriums.

Sanitäts-Detachement befindet sich bei jedem Korps und bei jeder Infanterie-Division im Felde. Führer: 1 Rittmeister und 2 Lieutenants. Mitglieder: 1—2 Stabsärzte, Assistenzärzte, Feld-Apotheke u. s. w. Es führt 8 Kranken-, 2 Sanitäts-, 2 Park- und 1 Lebensmittel-Wagen. Alle zweispännig. Es kann in 2 selbstständige Züge zerlegt werden. Es folgt in der Marschkolonne der Truppe unmittelbar, entweder geschlossen oder zugweise getheilt bei der Avantgarde u. s. w. und dem Gros. Es richtet den Hauptverbandplatz zum Aufsuchen und Verbinden der Verwundeten ein. Der Platz ist kenntlich zu machen durch deutsche Flagge und Fahne mit Genfer Kreuz, bei Nacht ausserdem durch rothe Laternen.

Sanitätskorps wird gebildet aus den Militärärzten des aktiven Dienststandes und des Beurlaubtenstandes der Armee und Marine mit den Lazarethgehülfen und militärischen Krankenwärtern und besteht demnach aus:

a) den im Offiziersrange stehenden Militärärzten — dem Sanitäts-Offizierkorps —;

b) den im Unteroffiziersrange stehenden Militärärzten, den Lazarethgehülfen und militärischen Krankenwärtern.

An der Spitze des S. steht der General-Stabsarzt der Armee als Chef desselben.

Sanitätsoffiziere haben den Infanterie-Offiziers-Degen neuen Modells nebst dem dazu gehörigen Portépée am Koppel mit goldenem Tressenbesatz, Unterärzte und Einjährig-Freiwillige Aerzte an einem schwarz lackirten Unterschnallkoppel nach dem Muster für Infanterieoffiziere zu tragen.

Sanitäts-Polizei in Kantonirungen und Lagern. Anlage von Latrinen, Reinhalten der Plätze und Gassen, Erstattung der Meldung vom Auftreten für Menschen oder Thiere ansteckende Krankheiten, Reinhaltung der Brunnen und Quellen (nach Bedarf Aufstellung von Posten), gefallenes Vieh und Schlachtungsabfälle wenigstens 600 Schritte von Orten 2 m tief vergraben, Verabreichung gesunder Lebensmittel durch die Marketender, Verpflichtung der Einwohner und Zivilbehörden zur Mitwirkung, bezw. Ueberwachung.

Sanitätswesen im Frieden. (Im Kriege s. Feld-S.)

Leitung des Sanitätsdienstes im Frieden.

Zentralbehörde für das Heeres-Sanitätswesen ist das Kriegsministerium, insbesondere die Medizinal-Abtheilung des Kriegs-Ministeriums, deren Chef der Generalstabsarzt der Armee ist.

Als Chef des Sanitätskorps leitet der General-stabsarzt der Armee ausserdem die persönlichen Angelegenheiten der Sanitätsoffiziere und Sanitätsoffizier-Dienstthuer des Friedens- und des Beurlaubtenstandes.

In der Medizinal-Abtheilung des Kriegsministeriums sind ferner thätig 1 Generalarzt, 2 Oberstabsärzte, 3 Stabsärzte, 1 Ober-Stabsapotheker und die nöthigen Bureaubeamten.

Das Sanitätsamt — je eins bei jedem Generalkommando — ist die militärärztliche Provinzialbehörde für die ihm im Armeekorps zugewiesenen und zufallenden militärärztlichen Aufgaben.

An der Spitze des Sanitätsamts des Armeekorps steht der Korps-Generalarzt, derselbe ist ärztlich-technischer Referent des Generalkommandos in allen Fragen des Gesundheits- und Krankendienstes, sowie ausführendes Organ der diesen Dienstzweig betreffenden Maassregeln.

Zum Sanitätsamt gehören ein Assistenzarzt und ein Korps-Stabsapotheker. Ausserdem wird ihm in der Regel ein Stabsarzt, der Vorstand der mikroskopischen Abtheilung der hygienisch-chemischen Untersuchungsstation, zugetheilt und, wenn erforderlich, zeitweilig ein Lazareth-Inspektor überwiesen.

Das Sanitätsamt löst die ihm zufallenden Aufgaben, namentlich soweit sie sich auf die Militärlazarethe beziehen, in Verbindung mit der Korps-Intendantur.

Die Divisionsärzte sind die ärztlich-technischen Referenten der Divisionskommandeure und in entsprechenden Fällen ihre ausführenden Organe. Sie bilden eine Dienststelle zwischen den Regiments- u. s. w. Aerzten und den Korps-Generalärzten.

Organe des Sanitätsdienstes.

Dem Regimentsstabe ist ein **Oberstabsarzt als Regimentsarzt** beigegeben, welcher in allen die Regelung und Handhabung des Sanitätsdienstes betreffenden Angelegenheiten technischer Berather und ausführendes Organ des Regiments-Kommandeurs ist. Er ist Vorgesetzter des Sanitätspersonals des Regiments, leitet die Aus- und Fortbildung der Assistenz-, Unter- und einjährig-freiwilligen Aerzte, der Lazarethgehülfen, sowie der Krankenträger und überwacht den Gesundheits- und Krankendienst im Regiment.

Den Bataillonsstäben der Infanterie, Jäger, Schützen, Pioniere, sowie einem Theil der Artillerie-Abtheilungen sind **Stabsärzte als Bataillons- und Abtheilungs-Aerzte** beigegeben. Sie sind dem Regiments-Arzt untergeben, jedoch in Bezug auf Krankenbehandlung selbstständig.

Bei jedem Regimente sind eine Anzahl **Assistenzärzte**, sie haben den inneren und Revierdienst, bei Uebungen besuchen die Soldatenfamilien, helfen überall aus.

Lazarethgehülfen haben nur nach Weisungen der Aerzte zu verfahren.

Den Kommandanturen ist ein Ober-Stabs- oder Stabs-Arzt als **Garnisonarzt** beigegeben, welcher zugleich den ärztlichen Dienst bei mit Sanitätsoffizieren nicht ausgestatteten Truppen etc. versieht. Militär-Lazarethe s. dort.

wein in natura oder im Gelde. Mannschaft zur Badekur entsendet erhält 16 Heller täglich. Die bei Erzeugung von Sprengmitteln beschäftigte Mannschaft erhält ausserdem eine Arbeitszulage von 20 Heller täglich.

Sanitätszüge s. Etappenwesen und Feld-Eisenbahn, Feld-Sanitätswesen.

Sappe. Man unterschied flüchtige, völlige, bedeckte, aufgeschüttete Korb- und Spreng-Sappen. Alle Arbeiten zur Herstellung der Laufgräben bezeichnete man mit „Sappiren".

Je nach ihrer Gestalt unterschied man „Traversen"-, „Würfel"- und „Schlangen-S.".

Ausstecken und Traciren geschahen durch technische Offiziere, zumeist in der Abenddämmerung oder bei Nacht. Die Erdarbeiten besorgt — unter Leitung von Pionier-Unteroffizieren — Infanterie, alle schwierigeren Arbeiten die Pionier- oder Festungs- (Fuss-) Artillerie.

Saragossa ist berühmt durch die heldenmüthige Vertheidigung der Spanier in der damals offenen (nur mit Ringmauer versehenen) Stadt gegen die Franzosen unter Lefebvre, die schliesslich 14./8. 1808 nach einmonatlichen vergeblichen Angriffen unter grossen Verlusten abzogen. Noch hartnäckiger war die zweite Vertheidigung gegen die Angriffe Lannes, dem es schliesslich 20./12. 1808 bis 20./2. 1809 nach zweimonatlicher Belagerung mit regelrechtem Angriffe gelang, die Stadt zu erobern. Die Vertheidigung derselben leitete Palafox. Furchtbare Epidemien hatten in der Stadt gewüthet und die Zahl der Vertheidiger verringert.

Sarajevo. 19./8. 1878 Einnahme durch die Oesterreicher unter Feldzeugmeister Freiherr Philippovich.

Sass, Baron v., russischer General der Kavallerie (1797—1883), zeichnete sich besonders im Kaukasus als Stifter der Labinskischen Linie aus.

Sattel für Offiziere ist der englische Pritschsattel, Offiziere berittener Truppen, deren Mannschaften Armeesättel oder Bocksättel reiten, dürfen auch diese benutzen.

Sattelpferd s. Angespann.
Sattelprotze s. Protze.
Sattelwagen. Vierräderige, niedrige Fahrzeuge von einfacher, kräftiger Konstruktion zum Fortschaffen schwerer Geschützrohre (15 und 21 cm-Kaliber). Demselben Zwecke, aber nur für kleine Entfernungen in Festungen, dienen **Schleppwagen**, bei denen die Rohre unter die nach oben gebogenen Achsen gebunden werden.

Satz. Gemenge aus brennbaren bezw. explosiven und auch trägen Stoffen (Bindemitteln) zur Herstellung von Zündungen und besonderen Kriegsfeuern (Knall-, Zünd-, Leucht-, Brand- u. s. w. S.).

Satzcylinder s. Zündladung.
Satzröhrchen s. Zündladung.
Sauerkraut und saure Rüben dürfen keinen zu sauren, fauligen oder sonst widerlichen Geschmack oder Geruch haben.

Säulenzünder. Veraltete Form der Brennzünder; die cylindrische Satzsäule war in kegelförmige Hülle von Papier, Holz oder Metall eingeschlossen, welche man in das Mundloch des Geschosses eintrieb oder -schraubte, während der Satz durch die Flamme der Geschützladung entzündet wurde. Grösster Nachtheil: das umständliche Fertigmachen des S. am Geschütz, um ihm eine bestimmte Brenndauer zu geben. Dieser Uebelstand wurde bei den preussischen Schrapnelzündern von **Bartsch** beseitigt, welche sich sehr leicht und rasch auf die verlangte Entfernung einstellen liessen.

Saumur an der Loire, französische Reitschule für die aus St. Cyr hervorgehenden Kavallerie-Offiziere. Dort ist auch eine Thierarzneischule.

Savary, Herzog v. Rovigo, französischer Divisions-General (1774—1833), that sich 1807 hervor, und ist beschuldigt, die Hinrichtung des Herzogs v. Enghien beschleunigt zu haben.

Savartine s. Erdmörser.
Schaftbeschläge s. Beschlag.
Schaft des Gewehrs. Besteht aus Kolben, Kolbenhals und langem Theil; ermöglicht den Gebrauch des Gewehrs als Feuer- und blanke Waffe, indem er mittelst der Beschläge alle Theile zu einem Ganzen vereinigt, dieselben grösstentheils vor Beschädigungen schützt und sowohl den zweckmässigen Anschlag, wie die Handhabung des Gewehrs erleichtert. S. auch Gewehr.

Schaftmörser (veraltet). Fussmörser kleinsten Kalibers, mit einer Art Gewehrschaft und Perkussionsschloss versehen, zum Gebrauch in Gewehrscharten der Mauerbauten, war selbst zur Zeit der glatten Geschütze mehr ein Spielzeug.

Schalenguss s. Formen der Geschützrohre.
Schallgeschwindigkeit, durchschnittlich 1050 Schritt in der Sekunde, in festen und flüssigen Körpern bei weitem schneller, in feuchter Luft grösser als in trockener, auch durch Erhöhung der Temperatur nimmt die Sch. zu.

Schamyl (1797—1871) war einer der hervorragendsten Gegner Russlands im Kaukasus.

Schänzel (bayerische Pfalz). Gefecht 13./7. 1794, in dem die Preussen unter dem General-Major Pfau von den Franzosen zum Rückzuge gezwungen wurden. Der Ausgang des Gefechtes machte damals einen ungünstigen Eindruck auf die Verbündeten.

Schanzen. Man verwirft die künstlichen Formen von ehedem (Flesche, Lünette, Sternschanze, Scheere), sondern legt einfache Linien an, deren Feuerwirkung die natürlichste und daher wirksamste ist. Man ersetzt die Gräben durch Drahthindernisse, die man unter Feuer hat, sucht dagegen die bombensicheren Unterkünfte zu vermehren. Durch die geringen Höhen der Brustwehren erspart man neuerdings eine Menge sonst verschwendeter Arbeit.

Schanzkorb. Oben und unten offener walzenförmiger Korb aus Strauchwerk und Pfählen geflochten. Artillerie-Schanzkörbe sind 1 m hoch und haben 60 cm Durchmesser. Pionierschanzkörbe wie vor, doch 1,3 m hoch. Man verwendet sie zum Bekleiden von Erdböschungen.

Schanzzeug, tragbares, wird mitgeführt und zwar: Bei der Infanterie und den Jägern im Bataillon tragbar 400 kleine Spaten, 20 Beile und 40 Beilpicken (auf den Fahrzeugen 20 grosse Spaten, 10 Kreuzhacken, 8 Aexte und 14 Beile).

Bei der Kavallerie im Regiment 32 kleine Spaten und 32 Beile.

Bei der Artillerie (in jeder Batterie) nur auf den Fahrzeugen (41 grosse Spaten, 33 Hacken, 36 Beile, 13 Aexte).

Bei den Pionieren in der Kompagnie 88 grosse Spaten, 18 Beile, 44 Hacken, 45 Aexte, 18 Messbänder (auf dem jeder Kompagnie zugetheilten Schanzzeugwagen 60 grosse Spaten, 30 Hacken, 20 Aexte, 6 Brechstangen, 6 Schrotsägen, 6 Handsägen u. s. w.).

Bei einem Divisions-Brückentrain befinden sich in 3 Schanzzeug- und 1 Werkzeugwagen 614 grosse Spaten, 164 Hacken, 15 Beile und 93 Aexte.

Jedes Fahrzeug der Truppen, der Munitionskolonnen und der Trains ist mit einigem Schanzzeug zu Wirthschaftszwecken versehen.

Eine Infanterie-Division verfügt zu Befestigungsarbeiten über rund 6000 kleine, 1000 grosse Spaten, 400 Hacken, 600 Beilpicken, im Ganzen 8000 Werkzeuge für Erdarbeiten und 800 Beile und Aexte für Holzarbeiten.

In diesen Zahlen ist das Schanzzeug der Batterie, welches für Herstellung von Geschützdeckungen ausreicht, nicht einbegriffen.

Prüfung unbrauchbarer Sch.-Stücke erfolgt bei den ökonomischen Musterungen. Intendantur veranlasst Ueberweisung des erforderlichen Ersatzes in Natur.

Scharfe Patrone s. Patrone.

Scharfschützen nannte man früher die mit besseren Gewehren (Büchsen, Pflasterstutzen) ausgerüsteten Jäger und Schützen, so auch die Tiroler Landesschützen.

Scharnhorst, v., preussischer General (1755 bis 1813), früher in hannöverschen, seit 1801 in preussischen Diensten. 1806 im Stabe des Herzogs von Braunschweig, nachher Blüchers, wurde er bei Ratkau gefangen; trug bei Preussisch-Eylau als Stabs-Chef L'Estocque's zur glücklichen Wendung bei, war Seele der Reorganisation der Armee. 1813 Stabschef Blüchers, wurde er bei Gross-Görschen verwundet und starb auf der Reise nach Wien.

Scharoche. (Veraltet), russische Granate für gezogene Geschütze, deren kugelförmige Spitze mit dem übrigen Eisenkern nur durch eine dünne Metallschicht verbunden war; beim Zerspringen des Geschosses losgetrennt, sollte die Kugel in der ungefähren Schussrichtung weiterfliegen und so eine Art Ersatz für den Rollschuss der glatten Geschütze leisten.

Schartenblende der Mitrailleuse dient zur Deckung des Richtenden, ist aus Stahlblech erzeugt, hat Scharten- und Auslugöffnungen, welche mit dem Gestelle der Mitrailleuse verbunden sind.

Schässburg in Siebenbürgen, 31./7. 1849 siegreiche Schlacht der Russen.

Schätzen von Entfernungen. Von wesentlichem Einfluss auf die Schnelligkeit des Einschiessens und die hierdurch bedingten frühzeitigen Eintritt der Wirkung ist das richtige Schätzen der Entfernung.

Die Mannschaften der Infanterie sollen Entfernungen bis 600 m mit Sicherheit schätzen können und Uebung im Schätzen von Entfernungen bis 1000 m haben. Offiziere, Unteroffiziere und gut beanlagte Mannschaften sollen Entfernungen bis 1000 m sicher schätzen können und im Bestimmen grösserer Entfernungen geübt sein. Für die Offiziere und älteren Unteroffiziere der Feldartillerie ist die Bestimmung der Entfernung von 300 m (Kartätsch-) und 1500 m (Grenze wirksamen Infanteriefeuers) von besonderer Wichtigkeit. —

Das richtige Schätzen der Entfernung wird durch zahlreiche äussere Einflüsse erheblich beeinflusst; auf zu kurz schätzen wirkt hin: greller Sonnenschein, reine Luft, Stand der Sonne im Rücken des Schätzenden, gleichförmige (Wasser-) Flächen, heller Hintergrund, welliges, theilweise unübersichtliches und ansteigendes Gelände; auf zu weit: flimmernde, trübe, neblige Luft, Dämmerung, Sehen gegen die Sonne, dunkler Hintergrund, Wald, abfallendes Gelände.

Scheeren der Pferde ist den Eskadron-Chefs überlassen.

Scheitelabstand. Wagerechte Entfernung des Scheitelpunktes der Flugbahn von der Mündung.

Scheitelhöhe. Senkrechter Abstand des Scheitelpunktes der Flugbahn von einer durch die wagerechte Seelenachse gedachten wagerechten Ebene.

Scheitelpunkt. Höchster Punkt der Flugbahn.

Schell, v., preussischer General-Major. Die Feldzüge machte er in hohen Stäben mit. Verdienstlich sind seine Werke, die er als Lehrer der Kriegsakademie verfasste.

Schellenberg (bei Donauwörth). Gefecht 2./7. 1702; die Bayern wurden von Marlborough geschlagen.

Scherer, französischer General (1747—1804), kämpfte 1794 glücklich in den Niederlanden, zeigte aber 1795—96 in Italien und 1797—99 als Kriegsminister wenig Geschick. Er wurde dann, nochmals Führer in Italien, bei Magnano geschlagen und von Bonaparte ersetzt.

Scherff, v., preussischer General der Infanterie (geb. 6./2. 1834), eingetreten im 2. Garde-Regiment als Offizier 27./4. 1852, thätig 1866 als

2. Generalstabsoffizier der Division v. Beyer im Mainfeldzug. 1870/71 als Generalstabsoffizier der 19. Infanterie-Division in Frankreich (21./12. 1870 verwundet), zuletzt Kommandeur der 18. Division. Militärischer Klassiker.

Scheue Pferde sind geduldig und mit Zureden zu behandeln. Aufenthalt im Freien, auch in hellen Logen etc. mit Fenstern, ist zuträglich. Nur im Nothfalle Gewalt und Strafen.

Schewe'sche (von) Stiftung (Berlin SW., Friedrichstrasse 38). Versorgungsanstalt für Adelige und Bürgerliche aus höheren Ständen. Verwaltungsbehörde: Armee-Direktion.

Schiebervisir s. Rahmenvisir.

Schiebezüge. Besonders in England bei den Woolwich-Vorderladern angewendete Züge von stufenförmigem Profil (shunt grooves — s. Bild). Beide Stufen gingen am Geschosslager flach ineinander über; das Geschoss, dessen Leisten- oder Warzenführung beim Ansetzen durch den Drall an der Flanke der tieferen und breiteren Stufe a Anlehnung fand, wurde beim Schuss, also bei der Bewegung, in entgegengesetzter Richtung, ebenfalls durch den Drall gegen die (Führungs-) Flanke der schmaleren und seichteren Stufe b gedrängt, dadurch sollte das Laden erleichtert, der Spielraum der Geschossführung beim Schuss verringert und die Trefffähigkeit verbessert werden. — Auf einem ähnlichen, aber weit richtiger ausgestalteten Grundgedanken beruhen die Bogenzüge der österreichischen Vorderlader c/63.

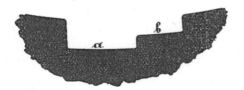

Schiebezüge.

Schiedsrichter. (Der Leitende hört deren Berichte vor der Besprechung.) Ihre Entscheidungen sind Norm für die Manöver. Die Sch. sollen nur die wirkliche Gefechtslage im Auge haben, also den Krieg. Nur der Ober-Sch.- (Leitende) ist zu anderweitigem Eingreifen ermächtigt. Die Sch. können von den Führern Auskunft verlangen, wichtige Entscheidungen sofort den Ober-Sch. zu melden. (Direktor des Allgemeinen Kriegs-Departements und die Ober-Quartiermeister bei den Kaisermanövern stets Sch.) Die Sch., deren Offiziere und Meldereiter tragen weisse Binde um linken Oberarm.

Vor Beginn der Uebung sind Sch. über Gefechtslage zu belehren und zu vertheilen. Für Artillerie- und selbstständige Kavalleriekämpfe besonderen Sch. Die Sch. haben alle Entwickelungen voraus zu sehen, Ueberblick sich zu verschaffen, um rechtzeitig da zu sein. Nie auf eine Entscheidung warten lassen. Erscheint dem Sch. eine Seite durch ungedecktes Vorgehen sehr geschwächt, lässt er Verlustflagge anwenden. — (Vorsichtiger Gebrauch zu empfehlen!)

Die Entscheidung ist dahin zu treffen, dass eine Truppe zurückgehen muss, für einige Zeit kampfunfähig wird. Sch. bezeichnet bei durchgeführten Kämpfen, welche Seite gesiegt hat. Näheres F. O. 460—470. Unnöthige und vorzeitige Entscheidungen sind zu vermeiden.

Sind Truppen bis 100 m aneinandergekommen, so muss das Feuern auf den Gegner eingestellt werden. Der Angreifende rückt zwar bis an den Gegner heran, nimmt aber, wenn dieser sich nicht veranlasst sieht, seine Stellung zu räumen, Gewehr ab, bis zum Spruch des Sch., der dann nicht warten lassen darf. Defileen, die nur durch Rücksicht auf Flurentschädigung entstehen, sind vom Sch. als offenes Gelände zu betrachten. Bericht über die Manöver sind seitens der Sch. bis 15. November einzureichen.

Schiess-Auszeichnungen bestehen bei der Kavallerie, Feldartillerie, Fussartillerie, Train und den Schiessschulen in gleichartigen Fangschnüren wie die Schützenabzeichen der Infanterie (s. d.), nur werden dieselben bei den Kürassieren, Dragonern und Husaren abweichend auf der linken Brustseite getragen. Zum Kürass wird die Sch. nicht angelegt. Es können alljährlich verliehen werden: Kavallerie für jede Eskadron 4 (jede Schiessklasse 1), für die Kavallerie-Unteroffizierschule 2; Feldartillerie für jede Batterie 5, davon 2 für Unteroffiziere und Kapitulanten, 3 für Kanoniere; Fussartillerie für die Unteroffiziere jedes Bataillons 10, für die Gemeinen jeder Kompagnie 8; Train für jede Kompagnie 3, davon 1 für Unteroffiziere und Kapitulanten, 2 für Gemeine bezw. Trainsoldaten.

Ueber den Erwerb werden Bescheinigungen ausgestellt. Die Sch. werden bei Entlassung mitgegeben. Nur vom Truppentheil unterhalb der Rosette gestempelte Abzeichen dürfen angelegt werden. Zum weiteren Ansporn für die Förderung des Schiessdienstes erhält von der Infanterie jedes Armeekorps — von sämmtlichen Jäger- und Schützenbataillonen — von der gesammten Feldartillerie — und von der gesammten Fussartillerie alljährlich diejenige Kompagnie bezw. Bataillon, welche in ihrer Gesammtleistung im Schiessen — bei der Artillerie mit Geschützen — als die beste befunden wird, ein auf dem rechten Oberarm von sämmtlichen Mannschaften der Kompagnie bezw. Batterie zu tragendes Kaiserabzeichen, welches nach Jahresfrist wieder abgelegt wird. Ferner erhält die Kompagnie bezw. Batterie einen dauernd in ihren Besitz übergehenden Kaiserpreis, sowie der Kompagnie- bezw. Batterie-Chef ein bleibendes Erinnerungszeichen.

Schiessbedarf. Die Ausrüstung an Schiessbedarf ist derart bemessen, dass für jedes in Reih und Glied befindliche Gewehr der Infanterie und der Jäger ein einmaliger Ersatz der Taschenmunition auf Fahrzeugen nachgeführt wird, und zwar in den Patronenwagen ein Drittel, in den Infanterie-Munitionskolonnen zwei Drittel. Eine Infanterie-Munitionskolonne, in zwei Halbkolonnen theilbar, mit 23 Patronenwagen und 3 anderen Fahrzeugen, kann nahezu die Munitionsausrüstung von 3 Batterien ersetzen.

Schiessbremse s. Bremse.

Schiessbrillen können dienstbrauchbaren Mannschaften mit Brechungsfehlern der Augen im dienstlichen Interesse auf Entscheidung des Regiments- oder selbstständigen Bataillons-Arztes für Rechnung des Krankenpflege-Fonds verabfolgt werden.

Schiessbuch gehört zu jedem Geschütze; es enthält die Bezeichnung des Rohres. In das Sch. wird nach jedem Schiessen die Anzahl der scharfen oder blinden Schüsse, die aus dem Rohre abgegeben wurden, ferner die Gattung der verwendeten Geschosse und das Gewicht der Ladung eingetragen.

Schiessen. Der Gebrauch der Feuerwaffen gründet sich auf die Schiesslehre oder Ballistik (s. d.). Das Ideal der Schiesskunst gipfelt darin, unter den gegebenen Verhältnissen das mögliche Maximum der dem Gefechtszweck entsprechenden Wirkung zu erzielen. Um dies zu erreichen, genügt es nicht, die durch Schiessversuche und Theorie gewonnenen Ergebnisse auf das praktische Sch. zu übertragen, sondern dessen Erfolg ist überdies noch wesentlich abhängig von gründlicher Ausbildung der Mannschaft, straffer Feuerdisziplin und umsichtiger Feuerleitung. Anzug beim Sch. wie beim Felddienst; s. d.

Schiessplätze der Fussartillerie befinden sich bei Thorn im Bereiche des XVII. Armeekorps und bei Wahn im Bereiche des VIII. Armeekorps. Sie sind in erster Linie für die Uebungen der Fussartillerie bestimmt. Soweit die Interessen dieser Waffe es zulassen, sind die Sch. auch für die anderen Waffen nutzbar zu machen. Das Verfügungsrecht über die Benutzung der Plätze hat — soweit nicht das Kriegsministerium in besonderen Fällen Bestimmung trifft — die Generalinspektion der Fussartillerie. Die Benutzung durch andere Waffen kann nur nach Vereinbarung mit dieser erfolgen. Die örtliche Aufsichtsbehörde ist die Schiessplatz-Verwaltung. Vorsitzender ist ein inaktiver Stabsoffizier mit Regiments-Kommandeur-Rang, welchem die Befugnisse als Lagerkommandant beiwohnen. Wegen der Sch. der Feldartillerie siehe Truppenübungsplätze.

Ueber die Benutzung der im Bereich des XVII. Armeekorps ausserdem vorhandenen Sch.-Gruppe haben sich General-Kommando und Generalinspektion der Fussartillerie zu einigen.

Schiesspreise. Diejenigen Kompagnien bezw. Batterien, welche für beste Leistungen im Schiessen das Kaiserabzeichen (s. Schiessauszeichnungen) auf ein Jahr anlegen dürfen, erhalten einen dauernd in ihren Besitz übergehenden Kaiserpreis, die Kompagnie- bezw. Batterie-Chefs ein bleibendes Erinnerungszeichen.

Alljährlich findet ein Preisschiessen der Offiziere und ein solches der Unteroffiziere statt. Nach dem Ausfall der Schiessergebnisse erhält jedes Armeekorps 1 Preis (XI. Armeekorps 2 Pr.) für den besten Schützen unter den Infanterie-Offizieren und 2 Preise (XI. Armeekorps 4 Pr.) für die besten Schützen der Infanterie-Unteroffiziere im Namen Sr. Majestät. Die Preise bestehen für Offiziere aus einem Degen (Säbel), für Unteroffiziere aus einer Taschenuhr, auf welchen Grund der Beleihung und der Name des Schützen angegeben ist. Jedem Regiment werden ferner für das Preisschiessen jährlich 280 Mark überwiesen.

Schiessschule befindet sich für Infanterie in Spandau (Ruhleben), für Feldartillerie- und Fussartillerie in Jüterbog. Die Schiessschulen bezwecken sämmtlich die Ausbildung von Offizieren und Unteroffizieren, Heranbildung von Lehrern, Weiterentwickelung der Schiesskunst und Ausführung von Versuchen auf dem Gebiete der Schusswaffen.

1. Die für die Zusammensetzung der Kurse bei der Infanterie-Sch. erforderlichen Bestimmungen werden zu Anfang jeden Jahres durch das Armee-Verordnungs-Blatt veröffentlicht. Für 1896 sind zwei Informationskurse für zusammen 45 Oberstlieutenants und Majors der Fusstruppen, ein solcher für 24 Eskadronschefs und ein solcher für 30 Regiments-Kommandeure festgesetzt. Jeder dieser Kurse dauert 12 Tage und findet in Spandau-Ruhleben statt. (Ueberrock, Mütze.) Lehrkurse finden 1896 vier statt. Dazu sind im Ganzen 234 Hauptleute und 84 Lieutenants der Fusstruppen auf je 6 Wochen nach Spandau-Ruhleben zu kommandiren. Die Unteroffizier-Uebungskurse finden für das VIII. und XVI. Armeekorps auf dem Truppen-Uebungsplatz Elsenborn, für das XIII. (Kgl. Württem.), XIV. und XV. Armeekorps auf dem Truppen-Uebungsplatz Hagenau, für die übrigen Armeekorps in Spandau-Ruhleben statt. Dazu sind im Ganzen 420 Unteroffiziere der Infanterie und Pioniere und 120 Unteroffiziere der Kavallerie auf je 6 Wochen zu kommandiren. Zur Stamm-Kompagnie werden 1 Hornist und 88 Gemeine (Schützen) auf 7 Monate und 2 Hornisten, 140 Gemeine als Schützen und 30 Gemeine als Handwerker auf je 1 Jahr kommandirt.

2. Bei der Feldartillerie-Sch. werden an Lehrkursen abgehalten:

Zwei Kurse für ältere Offiziere vom 1./10. bis 10./2. bezw. vom 16./2. bis 31./5. jeden Jahres. Dazu je 72 Hauptleute und Premierlieutenants (einschliesslich Bayern, Sachsen, Württemberg). Zu diesen Kursen werden vom 3./1. bezw. vom 20./4. bis zum Schluss jeden Kurses je 8 Preussische, 1 Bayerischer, 1 Sächsischer oder Württembergischer Stabsoffizier (ausnahmsweise auch Regiments-Kommandeure) kommandirt;

zwei Kurse für Sekonde-Lieutenants vom 1./10. bis 31./1. bezw. vom 10./2. bis 31./5. jeden Jahres. Dazu bis je 80 Lieutenants;

vier Kurse für Offiziere des Beurlaubtenstandes vom 10./11. bis 21./12., vom 4./1. bis 14./2., vom 16./2. bis 29. (28.)/3. und vom 6./4. bis 17./5. jeden Jahres. Dazu je 6 Hauptleute und 30 Lieutenants.

3. Bei der Fussartillerie-Sch. finden an Lehrgängen statt:

zwei für ältere Offiziere vom 1./10. bis 23./12. und vom 4./1. bis 25./4. jeden Jahres; dazu je 27 bezw. 28 Hauptleute und Premier-Lieutenants. An den ersten dieser Lehrgänge nehmen 12 Preussische Stabsoffiziere (darunter 4 Regiments-Kommandeure), 2 Bayerische und 1 Sächsischer Stabsoffizier auf 4 Wochen, in jedem 3. Jahre auch ein älterer Seeoffizier Theil;

einer für Offiziere des Beurlaubtenstandes vom 4./1. bis 28./2. jeden Jahres; dazu 30 Offiziere (einschliesslich 3 Sächsische).

Schiessvorschriften für die Infanterie sind vom 9./9. 1893. Sie enthalten 12 Abschnitte. Der 1. behandelt die Schiesslehre; 2.—5. den Ausbildungsgang und die Lehrmittel; 6.—9. das Schul-, Gefechtsmässige, Belehrungs- und Prüfungsschiessen; 10. das Schiessen mit dem Revolver; 11. Schiessbücher etc.; 12. Anschiessen der Gewehre, Prüfung der Munition. — Für die Feldartillerie ist die Sch. vom 22./5. 1893 massgebend. Sie zerfällt in 2 Theile. 1. Schiesslehre — die ballistischen Eigenschaften des Geschützes, die Schiessregeln; 2. Ausbildung im Schiessen — Ausbildung im Richten, Schiessübungen. — Am 15./12. 1892 wurde die Geschütz-Sch. für die Fussartillerie genehmigt. Der 1. Theil behandelt die Vorbereitungen zum Schiessen, der 2. Theil die Schiessregeln.

Für das Schiessen mit dem Gewehre 91, dem Karabiner 88 und dem Revolver sind besondere Sch. erschienen, die im Wesentlichen die in der Sch. für die Infanterie enthaltenen Bestimmungen wiedergeben.

Schiesswolle. Trinitrocellulose, höchste Nitrirungsstufe der Nitrocellulose (s. d.) = $C_6H_7(NO_2)_3O_5$, enthält 12,5—14,14 % Stickstoff, zersetzt sich theoretisch in $5 CO + 7 CO_2 + 6 N + 8 H + 3 H_2O$ (CO: Kohlenoxyd; CO_2: Kohlensäure; N: Stickstoff; H: Wasserstoff; H_2O: Wasser). Reine Sch. liefert eine zu heftige und ungleichmässige explosive Wirkung, um sie unmittelbar als Schiessmittel verwenden zu können, was früher wiederholt ohne dauernden Erfolg versucht wurde. Sie ist bei gewöhnlicher Wärme unlöslich in Wasser, Alkohol, Aether und Nitroglycerin, dagegen löslich in Essigäther u. a. Diese Eigenschaft hat man benutzt, um die flockenförmige Sch. durch Zusatz von Essigäther und gründliches Kneten zu gelatiniren, d. h. in eine Gallerte zu verwandeln, die auf mechanischem Wege zu rauchschwachem Pulver (s. d.) verarbeitet wird.

Schilder-Schuldner (1816—1878), russischer General, bekannt durch seinen ersten vergeblichen Sturmversuch auf Plewna.

Schildzapfen. Zwei walzenförmige seitliche Ansätze des Rohrkörpers (Bild a), deren Achsen in einer geraden Linie liegen; sie dienen zur Lagerung des Rohrs in der Lafette und gestatten ihm eine Drehung in der senkrechten Ebene zum Nehmen der Höhenrichtung. Sie werden durch die walzenförmigen oder vierseitigen Schildzapfenscheiben verstärkt, welche zugleich das Rohr gegen seitliche Verschiebung in den Schildzapfenlagern, der Lafette sichern. Noch vollständiger wird dieser Zweck durch ringförmige vorstehende Bunde an der Aussenkante der Sch. erfüllt (deutsche 15 cm-Haubitze; englische 12pfünder-Feldkanone, Bild b). Eine kegelförmige Höhlung an der äusseren Grundfläche der Sch. (Bild c) dient zu ihrer Erleichterung, ohne die Festigkeit zu verringern (deutsche Feldkanone c/73/88; österreich-ungarische 9 cm-Feldkanone). Bei schweren Schiffsgeschützen, Panzerlafetten, Schnellfeuerkanonen u. a. ersetzt man die Sch. häufig durch eine Jacke (Muffe), welche ihrerseits mit Sch. oder senkrechten Drehzapfen in der Lafette gelagert ist und in der das Rohr beim Schuss zurück- und vorgleitet. Auch wird die Jacke nicht selten mit dem Rohr (durch ringförmige Rippen und Rinnen) und zugleich mit der Oberlafette fest verbunden; letztere ist dann drehbar eingerichtet.

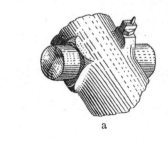

a

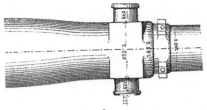

b

Englische 12-Pfünder-Feldkanone.

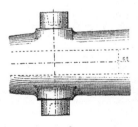

c

Oesterreich-ungarische Feldkanone C/75.

Schilffarbene Helmüberzüge von Stoff legt der markirte Feind immer, sonst ein Theil der gegeneinander manövrirenden Abtheilungen an.

Schill, v., preussischer Major (1774—1809), zeichnete sich 1806/7 bei der Vertheidigung Colbergs mit einem von ihm gebildeten Freikorps aus; versuchte 1809 einen Aufstand in Norddeutschland hervorzurufen. Er focht glücklich bei Dodendorf und Dammgarten, überrumpelte Stralsund, wurde dort aber durch überlegene Kräfte eingeschlossen, welche die Festung stürmten, wobei Sch. fiel.

Schindler'sche Legatenkasse (Berlin C., Friedrichsgracht 57). Unterstützung armer Kinder, Stipendien, Freitische etc.

Schindler'sches Waisenhaus ebendaselbst nimmt begabte evangelische Waisen vom 9. Jahre ab auf. Reife für Sexta verlangt. Später Stipendien.

Schlacht ist der Kampf zweier feindlicher Armeen mit Einsetzung aller Kräfte.

Schlachtvieh (s. Verpflegung). Für Bataillon täglich 2 Ochsen oder 5 Schweine oder 18 Kälber oder 18 Hammel; für Kavallerie-Regiment 1¹/₃ Ochsen oder 3 Schweine oder 12 Kälber oder 12 Hammel; für eine Eskadron oder Batterie ¹/₃ Ochsen oder ³/₄ Schweine oder 3 Kälber oder 3 Hammel, bei minderwerthigem Vieh bis zum Doppelten. Mitführen von Schlachtvieh zur Noth, weil es durch Marschiren leidet, und frisches Fleisch nicht gut gar wird. Sch.-V. soll einige Stunden vor dem Schlachten ruhen und das Fleisch möglichst erst 24 Stunden nach dem Schlachten genossen werden.

Schlagbolzen. Dient zur Entzündung der Patrone und geht beim Gewehr 88 fast durch sämmtliche Schlosstheile hindurch (s. Bild). Auf Spitze und Blatt sitzt der Verschlusskopf, über den langen Theil ist die Schlagbolzenfeder, welche ihr Widerlager am Teller und im Innern der Kammer findet, die Kammer und das Schlösschen geschoben, und auf dem Gewindetheil die Schlagbolzenmutter aufgeschraubt. S. auch das Bild zu Schloss.

Schlagbolzenfeder. Bewirkt das Vorschnellen des Schlagbolzens (s. d.). Beim deutschen Gewehr 88 erfolgt ihre Spannung in drei Stufen: Erste: Verkürzung beim Zusammensetzen des Schlosses, zweite: Spannung beim Linksdrehen der Kammer in der Hülse, dritte: Spannung beim Schliessen des Gewehrs.

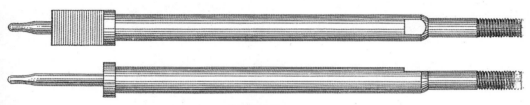

Schlagbolzen.

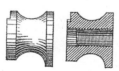

Schlagbolzenfeder.

Schlagbolzenmutter. Dient beim deutschen Gewehr 88 zur Verbindung der Schlosstheile und wird auf den Schlagbolzen aufgeschraubt. Zum Schliessen der Nuten für die linke Kammerwarze und die Schlösschennase gegen zurückschlagende Pulvergase ist die S. mit zwei Nasen versehen.

Schlagbolzenmutter.

Schlagfertigkeit der Armeen. Die Ernährung muss gesichert sein, darum kann eine Armee dauernd einer gesicherten Verbindung mit der Heimath nicht entbehren. Die strategischen Erwägungen fassen daher ebensowohl die Deckung der eigenen, als die Störung der feindlichen Verbindungen ins Auge. Heute gründen wir unsere Verbindungen auf die Eisenbahnen. Leider ist die Benutzung dieses Hülfsmittels in seiner Anwendung überaus empfindlich, die Deckung der Bahnlinien eine schwierige. Wenige entschlossene Männer können leicht eine den Betrieb auf längere Zeit aufhebende Zerstörung ausführen. Zudem tragen die auf einer Eisenbahn in der Fahrt begriffenen Truppen zu deren Deckung nichts bei, da sie während der Fahrt nahezu wehrlos sind. Es ist daher die Verwendung besonderer Truppen zur Deckung der Bahnlinien etc. erforderlich. S. Etappe.

Schläger sind zylindrische Stahlstifte, die, einzeln in den 37 Läufen der Mitrailleuse steckend, durch die Schlägerfedern (Spiralfedern) die Bewegung gegen die Zündstifte erhalten.

Schlagröhre. Geschützzündung für Stoffkartuschen. Bei der deutschen Artillerie sind folgende Sch. im Gebrauch: a) Sch. für Ober- u. Schrägzündung bei Schwarzpulver-Ladungen. Sie besteht (s. Bild) aus dem messingenen Röhrchen A mit flachem, trompetenförmigem Kopf a, am inneren Ende gerauhten, aussen mit einer Oese versehenen Reiber B, der mit Zündsatz gefüllten Zündhülse C (von Papier), der Pulverladung D und dem Papier-Verschluss E. — Zum Gebrauch wird der Reiberdraht wagerecht gebogen und der

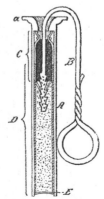

Schlagröhre der deutschen Artillerie.

Haken der Abzugsschnur in die Oese gehakt. Beim Abziehen wird der Reiber herausgerissen, die dadurch bewirkte Reibung entzündet den Zündsatz, dessen Flamme sich der Pulverladung mittheilt.

b) Feldsch. für das schwerer entzündliche rauchschwache Pulver. Das Röhrchen ist von Kupfer, etwa 3 cm länger als bei a) und ausser der Kornpulverladung noch mit 5 gepressten walzenförmigen Pulverkörnern gefüllt.

Schlagzündschraube. Geschützzündung, welche in den Boden der messingenen Kartuschhülse eingeschraubt wird (deutsche 15 cm-Thurm-Haubitze).

Schlaufzügel s. Hülfszügel.

Schlawe. Dort steht vorläufig die 1. Esk. Hus.-Rgts. Fürst Blücher von Wahlstatt (Pom.) No. 5 (s. Stolp), Bez.-Kom. — Servisklasse 2.

Schleichpatrouille, eine ganz schwache Patrouille, soll viel sehen, ohne selbst bemerkt zu werden, fechten nur zu eigener Vertheidigung.

Schleife wird statt der Lafette bei Festungs- und Küstengeschützen gebraucht. Ihre Haupttheile sind 2 Schleifenwände, das mittlere und das rückwärtige Querblech, der Richtsteg, die Richtplatte, die Richtmaschine, die Bremse zum Feststellen des Rohres nach bewirkter Höhenrichtung, Rollen zum Handhaben der Sch.

Schleppbaum ist ein Stück Langholz, das bei Unbrauchbarwerden eines Rades mit dem einen Ende unter den Achsschenkel durch Stricke befestigt wird, das andere Ende auf der Erde schleifen lässt. Nur auf kurze Strecken und auf guten Wegen anwendbar.

Schlepp-Kommandos dienen zum Ueberführen der Remonten von den Märkten zu den Depots.

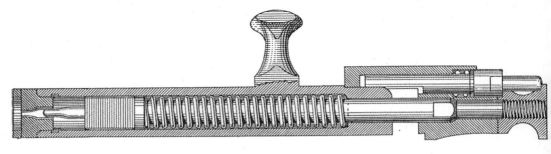

Schloss.

Zu diesem Kommando sind nur solche Leute zu kommandiren, die sich als besonders gute Pferdewärter bewährt haben. S. Remonte-Kommando.

Schleppwagen s. Sattelwagen.

Schleswig. Dort stehen: Stab, 1., 3. und 4. Bat. Inf.-Rgts. v. Manstein (Schlesw.) No. 84, Hus.-Rgt. Kaiser Franz Joseph v. Oesterreich, König v. Ungarn (Schlesw.-Holst.) No. 16, Bez.-Kom., Prov.-Amt, Garn.-Verw. und Laz. — Servisklasse 1.

Schlacht 23./4. 1848, in der Wrangel die Dänen unter Nedemann zurückdrängte.

Schlettstadt. Dort stehen: Rhein. Jäger-Bat. No. 8, Bez.-Kom., Garn.-Verw. und Laz. — Servisklasse 3.

Schlick, Graf, österreichischer General der Kavallerie (1789—1862), that sich schon 1813 als Adjutant des Kaisers hervor. Sein Feldzug 1848/49 ist weltberühmt, auch seine späteren Thaten in den Feldern in Ungarn sind hervorragende Leistungen. Er führte 1859 die 2. Armee bei Solferino.

Schliengen (bei Basel). Schlacht 24./10. 1796, in der Erzherzog Karl den General Moreau schlug und nach Hüningen drängte, wo jener über den Rhein ging.

Schloss. Umfasst alle zur Entzündung der Patrone nothwendigen Theile des Verschlusses und besteht aus Schlagbolzen, Schlagbolzenfeder, Kammer, Schlösschen, Schlagbolzenmutter, Verschlusskopf, Auswerfer, Auszieher, Sicherung und Sicherungsfeder. S. a. Gewehr.

Abbildung s. oben.

Schlösschen. Dient am deutschen Gewehr 88 hauptsächlich zum Spannen des Schlosses und nimmt in seiner Leitschiene die Sicherung mit Feder auf.

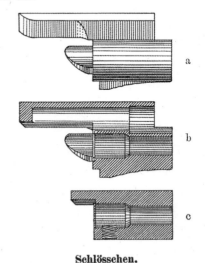

Schlösschen.
a Seitenansicht, b senkrechter,
c Horizontal-Durchschnitt.

Schloss-Garde-Kompagnie in Berlin, Potsdam und Cassel ist stark: 1 Hauptmann, 2 Feldwebel-

Sergeanten, 5 Feldwebel-Unteroffiziere, 62 Unteroffiziere, die Mannschaft gebildet aus Halbinvaliden 12 Jahr gedienter Unteroffiziere; vorzugsweise Feldzugs-Veteranen. Sie wird kommandirt von einem Flügel-Adjutanten. Die zur Dienstleistung kommandirten Offiziere (zur Zeit 5 Premier- und 5 Sekonde-Lieutenants) verbleiben im Etat ihrer Truppentheile.

Schlosshalter. Befindet sich beim deutschen Gewehr 88 in einer Bohrung der linken Hülsenwand, ragt mit dem Haltestollen und der Nase

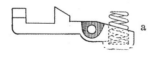

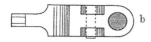

Schlosshalter.
a Seitenansicht (mit Schlosshalter Feder),
b Unteransicht.

in die Kammerbahn hinein und begrenzt durch ersteren beim Oeffnen des Gewehrs die Rückwärtsbewegung des Schlosses, während die Nase dem Auswerfer als Widerlager dient und denselben beim Zurückziehen des Schlosses auf die Patronenhülse wirken lässt. Die Schlosshalterfeder erhält den Sch. in seiner Lage.

Schlotheim, Frhr. v., preussischer General der Kavallerie (1818—1889), war 1866 Generalstabs-Chef der Elb-Armee (Orden pour le mérite), 1870 Chef des Stabes der Maas-Armee. Zuletzt 11. Armeekorps. Auch tüchtiger Kavallerist.

Schmale Wege reiten. Dazu das Pferd völlig beruhigen, möglichst wenig mit Schenkel und Zügel belästigen, frei gehen lassen, doch bereit zu Hülfe bezw. zum Losmachen vom Pferde.

Schmalz. Rind- und Schweineschmalz müssen frisch und ungesalzen sein, dürfen durchaus keinen Schimmelansatz zeigen, nicht ranzig oder sonst übel schmecken oder riechen. Das Rind-Sch. soll in ungeschmolzenem Zustande fest, schwachgelblich sein; das Schweine-Sch. hingegen eine salbenartige Konsistenz und fast schneeweisse Farbe zeigen.

Schmettau, Samuel, Reichsgraf (1684—1751), machte den spanischen Erbfolgekrieg im holländischen Dienste mit, trat 1714 in polnische, 1717 in österreichische Dienste, leitete 1720 die Belagerung von Messina, war 1733 unter Herzog von Braunschweig am Rhein, kämpfte 1737 im Türkenkriege, wurde 1741 Feldmarschall. Von Friedrich II. in preussische Dienste als Unterthan zurückgerufen, wurde er, da er nicht gegen Oesterreich kämpfen mochte, zum Gesandten bei Karl VII. in München und dann zum Gesandten in Paris ernannt. Sch. war ein hervorragender Geograph.

Schmidt, von, Christoph, preussischer General der Infanterie (1809—1876), 1866 führte er die 16. Infanterie-Brigade bei Münchengrätz, Pressburg; 1870 die 10. Division bei Weissenburg, Wörth und Sedan. Zuletzt Gouverneur von Metz.

Karl, von, preussischer General-Lieutenant (1817—1875), zeichnete sich in Frankreich durch die Führung der 6. Kavallerie-Division aus, machte sich verdient um die Ausbildung der preussischen Kavallerie.

Schnackenburg, preussischer Oberstlieutenant, verdienter Militär-Schriftsteller, namentlich auf dem Gebiete der Zeit Friedrichs des Grossen. Herausgeber der „Jahrbücher für die deutsche Armee und Marine".

Schnarrposten heisst ein einfacher Posten, der zur unmittelbaren Sicherung des Kavallerie-Pikets oder einer Kavalleriefeldwache dient. Derselbe muss weiten Ueberblick haben und ist daher auf einen geeigneten Ausspähepunkt (Baum, Haus) zu plaziren, von welchem er, ohne seinen Platz zu verlassen, die Abtheilung durch seine Stimme verständigen kann. Karabiner zur Hand. Der Sch. erweist keine Ehrenbezeugungen.

Schneeschuhe (Ski's). Im Kontinent zum Sport geworden, waren sie in der norwegischen Infanterie eingeführt und nahmen 25./4. 1808 im Gefecht bei Traugen so ausgerüstete Truppen ein schwedisches Bataillon gefangen.

Schneidemühl. Dort stehen: 3. Bat. Inf.-Rgts. No. 129, Bez.-Kom., Garn.-Verw. — Servisklasse 3.

Schneider, preussischer Geh. Hofrath (1805 bis 1878), Schauspieler, dann Gründer des Soldaten-Freundes, Vorleser Kaiser Wilhelms I. Auch als tüchtiger populärer militärischer Schriftsteller bekannt.

Schneider's 7,5 cm - Schnellfeuerkanone. Zeichnet sich unter zahlreichen anderen für Feldartillerie konstruirten Schnellfeuerkanonen besonders durch sehr hohe Leistung und Verwerthung und durch die eigenartige Einrichtung der Lafette aus (Bild c—g). Das 2,5 m = 33,3 Kaliber lange Stahlmantelrohr ertheilt dem 6,5 kg schweren Geschoss mit 0,95 kg Pulver B N_1 580 m Mündungsgeschwindigkeit; mit 1,05 kg Ladung (3000 Atmosphären Gasdruck) wurden rund 630 m erreicht = 132 m Geschossarbeit oder 370 mkg auf das kg Rohr- und 135,7 mkg auf das kg Geschützgewicht. Der 7,5 cm leistet also bedeutend mehr, als irgend ein vorhandenes Feldgeschütz und verwerthet sich höher als irgend ein Geschütz überhaupt. Gewicht des aufgeprotzten, ausgerüsteten Geschützes 1690 kg; Rohrgewicht 355, feuerndes Geschütz 970 kg; Protze nimmt 36 Schuss auf. Die Lafette hat keine Mittelachse; an deren Stelle liegt zwischen den Achsschenkeln das Rohr, welches mit diesen durch die Zwischenglieder der Rohrbremsen und den Querrahmen N verbunden ist, so dass das ganze System um die Mittellinie der Achsschenkel bezw. Räder schwingen kann (Bild d—f); die Lafettenwände bilden vorn eine breite, an den Achsschenkeln gelenkig befestigte Gabel, zwischen deren Armen sich das Rohr frei auf und nieder bewegt. Vortheile: Rohrrücklauf stets in Richtung der Seelenachse (Verbiegung des langen Feldes verhütet — s. Rücklauf); Entlastung der Lafettenwände (kein Hebelsarm, an dem Rückstoss auf Verbiegen oder Brechen wirken könnte); geringes Bäumen des gebremsten Geschützes. Höhenrichtmaschine Kurbel U mit Schnecke, Schneckenrad, Zahnrad

Schneider's 7,5 cm-Schnellfeuerkanone. a

T und Zahnbogen — Bild d) und Visirlinie (hohe) liegen rechts, während der Verschluss nach links öffnet; es kann daher gleichzeitig geladen und gerichtet werden; erst über 3000 m muss man das Verschlussstück beim Laden anheben, um den Verschluss bedienen zu können. Hemmvorrichtungen an der Lafette: Bremssporn unter dem Lafettenschwanz und zwei

Hemmschuhe für die Räder. **Rohrbremsen und Vorbringer** (Bild d—g): Das Rohr ist durch zwei schwalbenschwanzförmig ausgeschnittene Ansätze mit den beiden Bremszylindern P verbunden, die Flüssigkeit enthalten und durch Scheidewände in je eine vordere und hintere

Schneider's 7,5 cm-Schnellfeuerkanone. b

Hälfte getheilt werden. Die Kolbenstangen der zugehörigen 4 Bremskolben Q (Bild g) sind an die vorderen bezw. hinteren Querschienen des Bremsrahmens angebolzt, also unbeweglich. Das beim Schuss zurückgleitende Rohr nimmt die Bremszylinder mit, so dass die vor den 4 Kolben befindliche Flüssigkeit durch die flachen Rinnen q hinter dieselben gedrängt wird. Die durch den Rücklauf (20 cm) zusammengedrückten und gespannten Federn der Vorbringer R unterstützen zunächst die Bremsung und schieben dann das Rohr wieder in die Feuerstellung vor, wo der Querarm M durch die Lederscheiben S aufgefangen wird. Geschosse: Pulvergranaten und Schrapnels (obus à mitraille), mit der Metallkartusche zu fertigen Schüssen verbunden (Bild c). Bei befriedigender Trefffähigkeit kann das Geschütz in der Minute 5—6 Schuss thun; sein Rücklauf ist so gering, dass es erst nach einer grösseren Schusszahl wieder vorgebracht zu werden braucht. Nachtheile: Die kleine Geleisebreite (1,2 m) verringert die Stetigkeit der Protze und der Lenkungswinkel; das die Räder um fast 90 cm überragende lange Feld kann bei der tiefen Rohrlage (Feuerhöhe = 75 cm) in unebenem Gelände (Gräben) leicht anstossen; Bremssporn und Hemmschuhe sind für die Bedienung unbequem; Achssitze fehlen.

Schnellfeuerkanonen. Eine verhältnissmässig neue Geschützart, zuerst (England 1881) aus dem Bestreben hervorgegangen, ein möglichst leichtes und rasch feuerndes Geschütz zu erhalten, das sowohl als Boots- und Landungskanone, wie auch namentlich gegen Torpedoboote verwendbar wäre. Durch stufenweise Steigerung des Kalibers, das anfangs 6 cm nicht überschritt, auf 10, 12, 15, 16, 20,3 bis 30,5 cm (Armstrong) und bedeutende Hebung der ballistischen Eigenschaften gelang es bald, die ursprüngliche Hülfs- in eine Hauptwaffe des Seekrieges zu verwandeln. Die beträchtliche Wirkung der Sch. auch gegen Panzer, ihre gute Trefffähigkeit und vor allem die Schnelligkeit des Feuers, dem das rauchschwache Pulver sehr

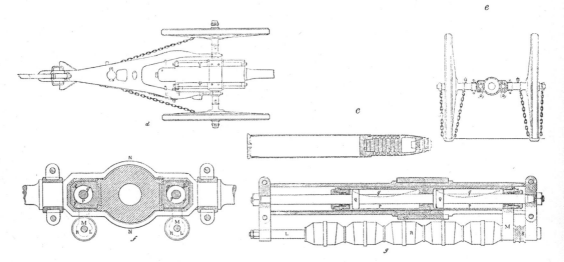

Schneider's 7,5 cm-Schnellfeuerkanone.

zu statten gekommen ist, haben sich derart bewährt, dass sie von allen Seemächten in grossem und noch stetig wachsendem Umfang eingeführt worden sind. In fast allen Seegefechten des japanisch-chinesischen Krieges ist ihre grosse Ueberlegenheit über gewöhnliche Geschütze unverkennbar hervorgetreten. Für die deutsche Marine wurde durch kaiserlichen Befehl vom 28. April 1892 (Schiessplatz Meppen) die Einführung von 15- und 10,5 cm-Sch. L/35, 8,8 Sch. L/30 und 5-cm Sch. L/40 angeordnet. In England waren bis Ende 1892 für 84 Schiffe und Fahrzeuge zusammen 542 Sch. (386 12 cm, 156 15 cm) beschafft; seit 1893 wurde eine grössere Zahl älterer 10-, 12- und 15 cm Rohre in Sch. umgearbeitet; zur Zeit sind sämmtliche nach der Naval defence act gebauten Schiffe mit Sch. ausgerüstet.

Den zahlreichen, bisher konstruirten Mustern, die im Einzelnen erhebliche Verschiedenheiten zeigen, sind hauptsächlich folgende allgemeine und charakteristische Eigenschaften gemeinsam (s. Bilder):

Die Rohre, meist L/35—L/50 und mehr, verfeuern Panzergranaten, Schrapnels und Zündergranaten (zum Theil auch Kartätschen) mit Mündungsgeschwindigkeiten von 650 bis 800 m; in einzelnen Fällen (Canet, Armstrong, Ruelle) sind bei Versuchen sogar 1000 bis über 1400 m erreicht worden. Der Verschluss, vorwiegend Schrauben-, aber auch Fallblock- und Rundkeilverschluss (Krupp), gestattet ein sehr beschleunigtes Oeffnen und Schliessen, welches mitunter auch selbstthätig durch den Rück- bezw. Vorlauf des Geschützes bewirkt wird. Er hat keine besondere Liderung, da die bei allen angewendeten (mit Sn. dem Geschoss verbundenen) Metallkartuschen selbstthätig lidern. Nur schwere Kaliber (Armstrongs 20,3 cm) feuern mit Zeugkartuschen und der plastischen Liderung de Bange (s. Schraubenverschluss), weil die Anfertigung so grosser brauchbarer Metallkartuschen auf Schwierigkeiten gestossen ist. Das Abfeuern geschieht theils mechanisch, theils elektrisch, zuweilen auch selbstthätig durch die letzte Bewegung beim Schliessen des Verschlusses.

Die Lafetten haben den Drehpunkt in der Mitte (Mittelpivot); der Rücklauf wird durch hydraulische Bremsen erheblich eingeschränkt; der Vorlauf ist selbstthätig (Vorbringer: Federn, die der Rücklauf spannt). Das Rohr läuft entweder selbstständig oder gemeinsam mit der Lafette zurück; im ersteren Fall ruht es in einer mit der Lafette gelenkig verbundenen Jacke (Muffe, Mantel) [Wiegenlafetten]; sein Rücklauf findet dann in der Richtung der Seelenachse statt, gleichviel, welche Erhöhung dem Rohr gegeben war. Der Richtkanonier hat den Antrieb der Höhen- und Seitenrichtmaschine, sowie die Abfeuervorrichtung stets unmittelbar zur Hand. Die Seitenrichtmaschine lässt sich mitunter durch eine einfache Bewegung ausschalten, um dem Geschütz mit der Hand rasch eine beträchtliche Drehung geben und einem schnellen Ortswechsel des Ziels leicht folgen bezw. vorauseilen zu können. In Folge dieser Einrichtungen ist die Feuergeschwindigkeit ungefähr fünfmal so gross wie bei gewöhnlichen Geschützen von gleichem Gewicht; sie erreicht für den 10- und 12 cm zwölf, für den 15-, 16- und 20,3 cm, bezw. zehn, acht und vier Schuss in der Minute. Um Kanone und Bedienung auf Deck gegen das Feuer aus Maschinengeschützen, Sprengstücke und Trümmer zu schützen, ist vorn an der Lafette ein schräger oder kastenförmiger Stahlschild angebracht, der sich mit dem Geschütz

Armstrong's 12 cm-Schnellfeuerkanone.

dreht und durch dessen Schartenöffnung das lange Feld des Rohres hindurchragt.

Ausser auf Schiffen werden Sch. auch in Festungen als Flanken- und Kampfgeschütze in Kaponièren, Fahrpanzern und Panzerlafetten verwendet, die kleinsten Kaliber überdies als Kolonialgeschütze (s. d.). Für Feldartillerie liegen ebenfalls zahlreiche Konstruktionen von Sch. vor (s. Schneider's 7,5 cm-Sch.), ohne dass bisher eine zur Einführung gelangt wäre, hauptsächlich wohl deshalb, weil es unmöglich ist, die von vielen Seiten erstrebte gänzliche Aufhebung des Rücklaufs mit einer hinlänglich grossen ballistischen Leistung zu vereinigen und trotzdem die für Feldgeschütze noch zulässige Gewichtsgrenze nicht zu überschreiten.

Schnellzündschnur. Bei Sprengarbeiten der Pioniere benutztes Leitfeuer besteht aus drei nebeneinander liegenden Fäden gewöhnlicher Zündschnur, welche zum Schutz gegen das Abbröckeln der Anfeuerung in einen Streifen Wachsleinwand gehüllt und dann der Reihe nach mit Baumwolle besponnen, mit wasserdichter Kautschukhülle umgeben und mit feinem Bindfaden umsponnen sind; 8 unter diesem Gespinnst liegende Längsfäden geben der Sch., die bei der Zündung einen heftigen Ruck erleidet, Widerstandsfähigkeit gegen Zerreissen.

Schneusen, auch Wildbahnen genannt, sind oft die einzigen Orientirungsmittel in grossen Waldrevieren; meist mit Pfaden, hier und da mit Wegen versehen, sind sie militärisch wichtig.

Schnürschuhe erhält jeder Mann 1 Paar ausser den Stiefeln. Sie werden rechts und links an die Seitenwände des Tornisters geschoben (Sohlen nach oben, Absätze nach dem Boden). Den Infanterie-Regimentern ist gestattet, für den Friedensdienst ausser Sch. auch kurzschäftige Stiefeln zu beschaffen.

Schomberg. Schon vor dem 30jährigen Kriege waren 3 Generationen der Sch. hervorragende Führer: 1 General und 2 Marschalle von Frank-

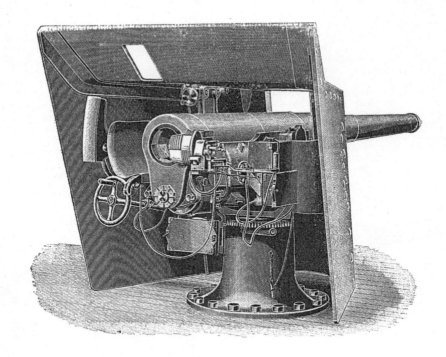

Armstrong's 10 cm-Schnellfeuerkanone.

Schnellfeuerkanonen

Armstrong's 20,3 cm-Schnellfeuerkanone.

Krupp'sche 8,4 cm S. L/40 in Schiffslafette.

Krupp'sche 7,5 cm S. L/25 in Kaponieren Lafette.

Krupp'sche 12 cm S. L/35 in Schiffslafette.

Krupp'sche 15 cm S. L/36 in Schiffslafette.

Schnellfeuerkanonen

10- bis 16 cm Geschütze von Armstrong, Canet,

Gegenstand.		Armstrong.	Canet.	Hotchkiss.	Krupp.	Armstrong.	Canet.		Hotchkiss.	
Seelenweite	cm	10,16	10,0	10,0	10,5	12,0	12,0	12,0	12,0	12,0
Rohrlänge {	m	3,947	4,800	4,410	3,680	4,930	4,800	5,400	4,633	5,345
{	Kaliber	41,5	48,0	42,2	35,0	41,0	40,0	45,0	38,5	44,5
Zahl der Züge		18	30	30	32	22	36	36		
Rohrgewicht mit Verschluss	kg	1676	2100	1650	1200	2083	2800	2930	2150	3320
Gewicht des Verschlusses . .	kg				70					
Gewicht der Lafette ohne Schild	kg	{1727 546}	1860	1530	1835	{1829 546}	3320	3750	2250	3300
Gewicht des Schildes . . .	kg	914		250	380	914	850	890	1800	2200
Grösste Erhöhung.	Grad	20	12			20	20	20	20	20
Grösste Senkung	Grad	7	8			7	7	7	5	5
Grösster Rücklauf des Rohrs	cm	22,9	30,0		31,0	22,9	30,0	32,0		
Geschossgewicht	kg	11,34	13.0	15,0	{12,0 16,0 18,0}	20,4	21,0	21,0	{16,5 25,0}	25,0
Gewicht der Pulverladung . .	kg	2,268	6,5	6,0	2,7	3,54	5,75	6,50	7,8	13,5
Gewicht der Kartuschhülse .	kg			4,0	4,4		7,9	7,9	6,3	6,5
Gewicht des vollständigen Schusses	kg			25,0	19,2		34,65	35,40	{30,6 39,1}	45,0
Mündungsgeschwindigkeit . .	m	740	760	600	747	670	738	782	{695 545}	650
Höchster Gasdruck	at	2457			2365	2205	2688	2762		
Feuergeschwindigkeit (Schusszahl in der Minute) . . .		13	8—10		16	10	12	12		

reich. **Herzog Friedrich**, ebenfalls Marschall von Frankreich (1615—1690), nahm 1650 französische Dienste, zeichnete sich in den Kriegen 1655—58 aus, leistete 1660 den Portugiesen gegen die Spanier vorzügliche Dienste. Sein weiteres Leben 1673 bis 1684 war eine Reihe von militärischen Thaten. 1688 ging er (als Protestant in Frankreich unmöglich geworden) mit Wilhelm von Oranien nach Holland und fiel an der Boyne.

Schöning, v., preussischer Feldmarschall (1641 bis 1696), bekannt als Führer der Brandenburger im Türkenkriege. Später überwarf er sich mit Barfus und ging in sächsische Dienste.

Schrägwalzen oder **Blocken.** Von R. Mannesmann in Remscheid erfundenes Verfahren, Röhren aus massiven Metallblöcken durch Walzarbeit herzustellen. Die Achsen der Walzen 1 und 2 (Bild a) sind so gegen die Wagerechte geneigt, dass Walze 1 vorn tiefer als hinten, Walze 2 hinten tiefer als vorn liegt; ferner sind beide Achsen auch in verschiedenen senkrechten Ebenen so angeordnet, dass sich ihre Verlängerungen nirgends schneiden. Die Walzen drehen sich beide in gleichem Sinne (rechts herum), ertheilen daher dem aus dem Glühofen zwischen sie gebrachten massiven Block 3 eine Linksdrehung und pressen ihn, da er stärker ist als ihr lichter Abstand, zusammen. Zugleich bewirkt ihre Schrägstellung, dass der Block auch gradlinig (in der Pfeilrichtung) vorwärts geschoben wird. Diese Bewegung unterstützen einerseits die in die Mantelflächen der Walzen eingeschnittenen schraubenförmigen Riefen („Treibwülste"), während andererseits der noch ausserhalb der Walzen befindliche Theil

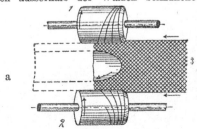

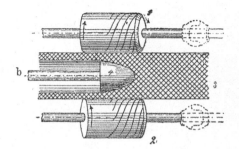

Schrägwalzen.

des Blocks durch die kegelförmig abgeschrägten hinteren Walzenränder, die sich in ihn eindrücken, gebremst und zurückgehalten wird. In

der Schiffsartillerie.

Hotchkiss, Krupp, Maxim-Nordenfelt und Schneider.

Krupp.			Maxim-Nordenfelt.		Armstrong.	Canet.	Hotchkiss.	Krupp.		Maxim-Nordenfelt.	Schneider.
12,0	12,0	13,0	11,5	12,0	15,24	15,0	15,50	14,91	16,0	15,0	15,0
4,200	4,800	4,550	4,570	5,400	6,331	6,750	5,930	5,220	5.600	6,400	6,750
35,0	40,0	35,0	40,0	45,0	41,5	45,0	38,30	35,0	35,0	42,0	45,0
36	36	40	22	36	28	46		44	48	42	48
1900	2112	2500	2644	2898	5842	5700	5500	3888	4750	5237	5580
93	93	131	81,6	91				172	204	115	
3350	2530	2860	2338	2594	6096	5350		5000	4900	4760	4700
1350	1590	1185	500	500	5791(?)	985		1900	1710	1500	2500
			14	14	20	20	7			15	18
			25	25	7	7				8	5
48,0	24,0	44,0	22,9	25,4	33,0	40,0		45,0	48,0	50,8	22,0
18,0	18,0	{23,0	18,2	20,5	45,36	40,0	45,0	{34,5	43,0	45,4	40,0
20,0	20,0	{30,0						{15,0	56,0		
23,75	23,75										
3,45	3,80	5,3	9,0	11,35	6,804	11,0	22,0	6,17	9,2	22,6	16,0
5,26	5,26	7,0	4,5	4,3		14,8	15,0	9,9	11,25	9,9	14,0
26,71	27,06	35,3	31,7	36,15		65,8	82,0	50,57	63,45	77,9	70,0
716	788	738	610	640	673	750	610	734	750	610	820
2350	2405	2415			1937	2645		2345	2350		2600
13	13		16 (?)	20 (?)	6	10		10	8	12	7

Folge dessen kann er der rascheren Vorwärtsbewegung seiner vorderen Oberflächentheile nicht mit gleicher Geschwindigkeit folgen; diese eilen deshalb voraus, und es entsteht zunächst in der Vorderfläche des Blocks eine becherförmige Vertiefung, die sich allmählich in eine durchgehende cylindrische Höhlung verwandelt, was durch Mitwirkung des Dorns 4 (Bild b) noch befördert wird: aus dem massiven Block ist ein Rohr geworden. Durch B. werden neuerdings nur noch dickwandige Rohre hergestellt und diese durch „Pilgern" zu dünnwandigen Röhren aufgeweitet. Das Pilgerwalzwerk ist mit scheibenförmigen Schrägwalzen versehen, welche die Wandungen des zu erweiternden Rohres gegen einen feststehenden kegelförmigen Dorn pressen und es zugleich drehend über diesen hinwegschieben. Das B. und Pilgern, welches zugleich die physikalischen Eigenschaften der Werkstücke erheblich verbessert bezw. eine scharfe Prüfung ihrer Güte einschliesst, dient zur Fertigung von Gewehrläufen, Artilleriegeschossen, Bremscylindern, Lanzenstangen und anderen Gegenständen des Kriegsbedarfs.

Schrapnel. Fernstreugeschoss, Hauptgeschoss der Feldartillerie. Die dünnwandige Geschosshülle (früher Gusseisen, jetzt vorwiegend Stahl) enthält ausser Zünder (Bz. oder Dz.) und Sprengladung eine Anzahl Füllkugeln (Hartblei), die durch Schwefel- oder Kolophoniumeinguss, bei dem französischen obus à mitraille (Bild d rechts) durch gusseiserne Füllplatten mit Aussparungen für die Kugeln, im deutschen Sch. c 91 (Bild a) durch brennbaren Satz festgelegt werden, welcher beim Zerspringen eine weithin sichtbare Rauchwolke liefert; diese erleichtert die Beobachtung des Schusses, während sie zugleich, bei entsprechender Lage des Sprengpunktes, der beschossenen feindlichen Artillerie die Beobachtung wesentlich erschweren kann. Die Sprengladung soll nur das Sch. zertrümmern und die Kugeln frei machen, ohne viel zu ihrer seitlichen Ausbreitung beizutragen, welche schon durch die aus der Achsendrehung des Geschosses sich ergebende Fliehkraft genügend, auf grösseren Entfernungen sogar mehr als erwünscht befördert wird. Die Sprengladung ist daher bedeutend kleiner als bei Granaten. Je nach dem Ort ihrer Anbringung (vorn, in der Mitte oder hinten) unterscheidet man Sch. mit Vorder- oder Kopfkammer (Bild c und d), Mittelkammer (sogenannte Röhrensch. Bild a und g) und Bodenkammer (Bild b, e, f, h und i). Ueber die Vor- und Nachtheile dieser verschiedenen Formen für die Schusswirkung sind die Ansichten noch getheilt. Theoretisch müsste sich die Bodenkammer am günstigsten, die Vorderkammer am ungünstigsten für die Sch.-Wirkung verhalten, weil die Geschwindigkeit der Kugeln in der Richtung der Flugbahn durch die Kraftäusserung der Sprengladung im ersteren Fall (um 40—80 m) beschleunigt, im anderen (um 10—15 m) verzögert wird. (Die den Kugeln durch die Sprengladung senkrecht zur Flugbahntangente ertheilte Geschwindigkeit bei dem deutschen Röhrensch. c/82 40—45 m.) Dagegen verwerthet sich das Bodenkammer-Sch. schlechter

Schrapnel

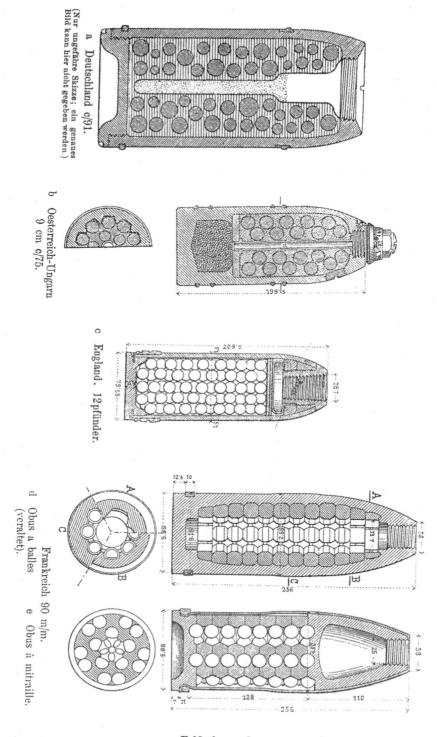

Feldschrapnels.
(Nach Schubert, Feldartillerie.)

Schrapnel

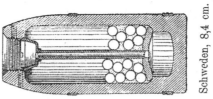

i Schweden, 8,4 cm.

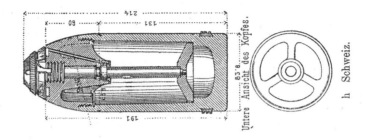

h Schweiz.

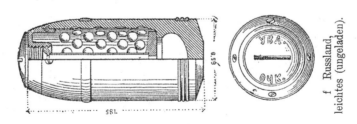

g Spanien, 9 cm.

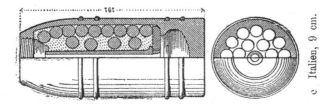

f Russland, leichtes (ungeladen).

e Italien, 9 cm.

Feldschrapnels.
(Nach Schubert, Feldartillerie.)

d. h. das Gewicht der nutzbaren Kugelfüllung ist im Verhältniss zum Gesammtgewicht des Geschosses kleiner als bei anderen Sch. Eine Verwerthung von rund 45 % ist schon als sehr günstig zu betrachten. Die deutsche Artillerie hat nach wiederholten eingehenden Versuchen das Röhrensch. seit Einführung der gezogenen Geschütze (1860) dauernd beibehalten. Das Feldsch. c/91 verwerthet sich mit 41,3 % und liefert beim Zerspringen gegen 300 wirksame Sprengstücke und Kugeln.

Schrapnelgranate. Einheitsgeschoss der 7,5 cm-Schnellfeuer-Feldkanone von Maxim-Nordenfelt (s. Bild). In die Aussenfläche des Eisenkerns sind 10 parallele Längsrinnen eingeschnitten, welche je 11, durch Schwefeleinguss festgelegte Hartbleikugeln enthalten und nach aussen von dem Mantel A aus dünnem Messingblech geschlossen werden. Die Zwitter-Konstruktion der Sch. dürfte keine ihrer beiden Aufgaben befriedigend erfüllen. Der Doppelzünder des Geschosses ist statt des Brennzünders mit einem

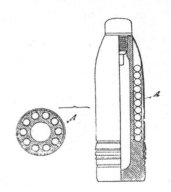

Schrapnelgranate.

mechanischen Zeitzünder versehen, welcher durch ein eingesetztes Metallfähnchen (Windflügel) bethätigt wird.

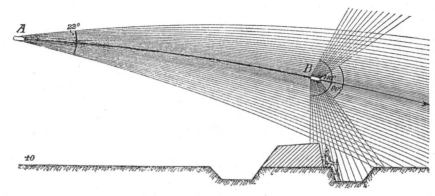

Schrapnelwirkung. (Nach Wernigk.)

Schrapnelwirkung. Unter den die Sch. beeinflussenden Bedingungen sind — soweit sie sich auf Geschütz und Geschoss beziehen — besonders folgende zu berücksichtigen:
Geschossgeschwindigkeit im Sprengpunkt;
Fallwinkel des Geschosses;
Zahl, Gewicht, Grösse, Dichte, Festigkeit und Härte der Füllkugeln und der Sprengstücke;
Kegelwinkel und sonstige Beschaffenheit der Sprenggarbe.
Die Geschossgeschwindigkeit im Sprengpunkt ist ausschlaggebend für die Anfangsgeschwindigkeit der beim Zerspringen des Geschosses frei werdenden Sprengtheile und Kugeln und somit für deren Durchschlagsleistung. Der Fallwinkel des Geschosses bestimmt die Richtung des Kegels der Sprenggarbe und beeinflusst hierdurch die Wirkungstiefe. Durchschlagleistung und Wirkungstiefe sind ferner von dem Gewicht, der Grösse u. s. w. der Sprengtheile abhängig, während die Zahl der Sprengtheile im Verhältniss zur Ausbreitung der Sprenggarbe die Trefferdichte ergiebt. Die 11,1 g schwere Hartbleikugel des deutschen Schrapnels C/91 bedarf einer Treffgeschwindigkeit von 120 m, um lebende Ziele ausser Gefecht zu setzen. Die 13 g schwere Weichbleikugel des deutschen Feldschrapnels C/82, bei gleichem Durchmesser (13 mm) wie C/91, bedarf zu derselben Leistung nur 110 m Treffgeschwindigkeit.
Die Wirkungstiefe beider Schrapnels, soweit sie von der Durchschlagleistung der Kugeln abhängt, ist daher bei der leichteren Kugel des Schrapnels C/91 bedeutend (rund 30 %) geringer.

Anfangsgeschwindigkeit der Kugeln (im Sprengpunkt)	Sprengweite in m, bei welcher die Endgeschwindigkeit	
	d. 13 g schwer. Weichbleikugel	der 11,1 g schweren Hartbleikugel
	auf sinkt	
	110 m	120 m
400 ⎫	436	315
350 ⎪	416	298
300 ⎬ 1)	387	276
250 ⎪	325	230
200 ⎭	245	161

1) Diese Geschossgeschwindigkeiten im Sprengpunkt entsprechen der Reihe nach Schussweiten der deutschen Feldkanone von rund 300, 700, 1350, 2550 und 4500 m.

Die Grösse des Kegelwinkels ist maassgebend für die Ausbreitung der Sprenggarbe (s. Kegel der Sprenggarbe). Die Art der Lagerung der Sprengladung beeinflusst die Ausbreitung der Sprengtheile und zwar derart, dass von den gebräuchlichen Arten — Röhren-, Bodenkammer- und Kopfkammer- (obus à mitraille) Schrapnel — das erstere die grössten und am raschesten zunehmenden, das zweite die kleinsten und am langsamsten wachsenden Kegelwinkel ergiebt.

Der Abgangswinkel der Kugeln vom Sprengpunkt aus wird durch den Fallwinkel des Geschosses und den Kegelwinkel bedingt. Je steiler der positive Abgangswinkel, desto grösser die Flugweite der Kugeln, desto weiter auch die Grenze der möglichen Tiefenwirkung. Zum Ziel ansteigendes Gelände verringert die Flugweite und somit die Wirkungstiefe, zum Ziel abfallendes Gelände vergrössert die Flugweite, aber in Folge der abnehmenden Geschwindigkeit der Kugeln nicht immer die Wirkungstiefe. Die Trefferdichte ist abhängig von der Sprengweite. Der Trefferkreis, d. h. der senkrechte Querschnitt durch die Sprenggarbe, enthält sämmtliche Sprengtheile und das Verhältniss ihrer Zahl zum Flächeninhalt des Kreises ergiebt sonach die auf ein qm durchschnittlich entfallende Trefferzahl oder die mittlere Trefferdichte für eine bestimmte Sprengweite. Als geringstes zulässiges Maass der Trefferdichte betrachtet man gewöhnlich ein Sprengtheil auf 10 qm.

Das deutsche Schrapnel C/91 mit 300 Sprengtheilen ergiebt auf 2000 m Entfernung bei 50 m Sprengweite und 21,5° Kegelwinkel eine Treffer-

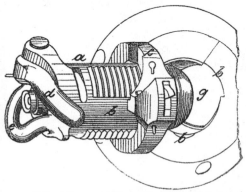

a **Schraubenverschluss der französischen 90 m/m Feldkanone.**

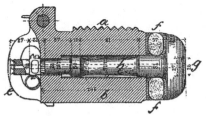

b **Verschlussschraube und Liderung der französischen 90 m/m Feldkanone.**

dichte von 1,06, oder reichlich einen Treffer auf das qm. Auf derselben Entfernung und bei der gleichen Sprengweite beträgt die Trefferdichte des französischen 90 mm obus à mitraille mit 237 Sprengtheilen und 21,1° Kegelwinkel nur 0,874 oder über 20 % weniger als bei dem deutschen Schrapnel. Da der Flächeninhalt des Trefferkreises mit dem Quadrat der Sprengweite wächst, so sinkt die Trefferdichte — bei gleichem Kegelwinkel — ebenfalls im quadratischen Verhältniss mit der Sprengweite. Auf 2000 m hat sonach das deutsche Schrapnel bei 100 m Sprengweite 0,265, bei 200 m 0,066 Trefferdichte.

Entfernung m	Sprengweiten der grössten Wirkung gegen			
	liegende	knieende	stehende	Reiter
	Infanterie			
	m	m	m	m
1000	21	33	42	64
2000	18	28	36	54
3000	16	24	31	47
4000	14	21	28	42

Schraubenverschluss. In Frankreich zuerst angewendet, hat er allmählich eine grosse Verbreitung gefunden, auch den Keilverschluss mehrfach verdrängt. Das Ladeloch des Rohrs (Bild a und b) ist mit Muttergewinden versehen, in das die Verschlussschraube a eingeschraubt wird. Um diese Arbeit zu erleichtern und abzukürzen, sind die Gewindegänge an 2—5 Stellen des Umfangs (bei b) bis auf den Kern fortgeschnitten; es entstehen also 2—5 Lücken, welche mit den stehengebliebenen Gewindegängen abwechseln und je $^1/_4$—$^1/_{10}$ des Umfangs einnehmen. Beim Einführen und Herausziehen des Verschlusses schiebt sich jedes Gewindefeld der Schraube durch die Lücke zwischen 2 benachbarten Gewindefeldern des Rohrs hindurch, und es genügt $^1/_4$—$^1/_{10}$ Umdrehung der Schraube, um sämmtliche Gewindegänge gleichzeitig in bezw. ausser Eingriff zu bringen und so den Verschluss zu schliessen oder zu lösen. Den geöffneten und herausgezogenen Verschluss nimmt die Verschlussthür c auf, die von einem Gelenkbolzen getragen wird und sich seitwärts drehen lässt, um das Ladeloch für das Einbringen von Geschoss und Kartusche frei zu machen. Zur Handhabung der Verschlussschraube dient der an ihrem hinteren Ende gelenkig befestigte Hebel d und der Handgriff e. Die Liderung f (de Bange) ist plastisch und elastisch; sie besteht aus einem (oder 2) ringförmigen Kissen, dessen Leinwandhülle mit einem durch hydraulischen Druck verdichteten Gemenge aus 65 Theilen Asbest und 35 Theilen Hammel-

Schraubenverschluss

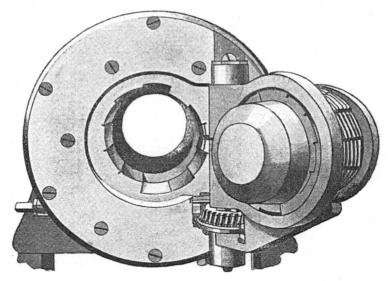

c

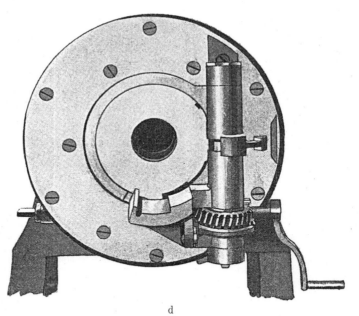

d

e　　　　　f

talg gefüllt ist und das zwischen 2 Metallschalen an der vorderen ebenen Fläche der Verschlussschraube angebracht ist. Vor dem Kissen befindet sich eine kreisförmige, vorn abgerundete stählerne Platte g („Pilzkopf"), deren Schaft h in dem inneren Hohlraum der Schraube drehbar gelagert ist und das achsiale Zündloch aufnimmt. Beim Schuss presst der durch den Druck der Pulvergase zurückgeschobene Pilzkopf das Kissen in der Richtung der Seelenachse zusammen, dehnt es daher in der Querrichtung aus und schliesst die Fuge zwischen Seelenwandung und Verschluss. Nach dem Schuss soll das Kissen vermöge seiner Federkraft wieder die ursprüngliche Gestalt annehmen, was allerdings nicht immer geschieht. (S. auch Freyre-Liderung.)

Bei Schnellfeuerkanonen erfährt diese einfachste Form des Sch. in der Regel folgende Aenderungen: Die Schraube hat eine grössere Zahl von Gewinde- und glatten Feldern und ist vorn kegel- oder spitzbogenförmig (vorn abgestumpft), um die Drehbewegung abzukürzen und das Zurückziehen bezw. Vorschieben beim Oeffnen und Schliessen zu sparen; die Drehung einer Kurbel mit Zahnradvorgelege führt alle Bewegungen des Sch. in kürzester Zeit selbstthätig aus (Bild c und d); da fast immer mit selbstlidernden Metallkartuschen gefeuert wird, fällt die Liderung fort. Mitunter (Armstrong — Bild s. unter Schnellfeuerkanonen) sind die Gewinde- und glatten Felder in 2 Reihen versetzt angeordnet, so dass ein Gewindefeld des vorderen (kegelförmigen) Schraubentheils stets vor einem glatten Feld des hinteren (walzenförmigen) Theils liegt. Daher wird der Rückstoss beim Schuss von dem ganzen — statt sonst nur vom halben — Umfang des Kernrohres aufgenommen.

Einen ähnlichen Zweck verfolgt der bei schwedischen schweren Geschützen (24 cm, 28 t, von Whitworth) angewendete stufenförmige Sch. von Welin (Bild c und d). Schraube und Rohr haben 10 Gewinde- und 2 glatte Felder, die letzteren oben und unten, zwischen ihnen auf jeder Seite 5 Gewindefelder, die alle eine verschiedene Tiefe haben; $^1/_{12}$ Drehung der geschlossenen Schraube bringt jedes Gewindefeld über die nächsttiefere Stufe und die beiden tiefsten über die glatten Felder, so dass der Verschluss herausgezogen werden kann; diese Einrichtung bezweckt die Beanspruchung von $^5/_6$ des Rohrumfangs durch den Rückstoss.

Von Nordenfelts exzentrischem Sch. geben Bild e und f eine schematische Querschnittskizze: Der sichelförmige Verschluss $B^1 B$ ist am äusseren konvexen Umfang (a, a, a) mit Schraubengewinde versehen, dem das in das kreisrunde Verschlusslager des Rohrs $A^1 A$ eingeschnittene Muttergewinde entspricht. Wird der geschlossene Verschluss (Bild e) mittelst des an seinem hinteren Ende angebrachten Handgriffs um 180° gedreht, so gelangt seine innere konkave Fläche (Ladeloch) in die Verlängerung der Seele C (Bild f); der Verschluss ist geöffnet; die entgegengesetzte Drehung schliesst ihn wieder; er bleibt also stets in seinem Lager; das Herausziehen und Hineinschieben fällt fort.

Von deutschen Geschützen sind zwei: der lange 15 cm-Mörser und die 21 cm-Thurm-Haubitze mit Sch. versehen (Bilder s. unter Haubitze und Mörser). Der Sch. des Mörsers unterscheidet sich dadurch von allen anderen, dass die Verschlussschraube („Kammerstück") einen walzenförmigen Hohlraum („Kammer") für die Kartusche enthält.

Schrimm. Dort steht Bez.-Kom. — Servisklasse 3.

Schrittzähler, ein Instrument, das in der Tasche getragen wird und die Zahl der Schritte auf einem Zifferblatte angiebt.

Schroda. Dort steht Bez.-Kom. — Servisklasse 4.

Schulterklappen (Achselklappen) dienen als Unterscheidungszeichen. Sie werden von sämmtlichen Truppen auf Waffenrock und Mantel getragen mit Ausnahme zur Attila der Husaren (Achselschnüre) und der Ulanka der Ulanen (Epauletten). Die Sch. sind von verschiedener Farbe.

Schulterpunkte hiessen bei den früheren Befestigungen die rückwärtigen Endpunkte der ausspringenden Winkel, besonders bei den Bastionen.

Schulterstücke der Husarenoffiziere entsprechen den Achselstücken der übrigen Offiziere. Nur die Sch. der Stabsoffiziere bestehen aus Geflecht von silberner mit schwarzer Seide durchzogener Plattschnur, oben mit einfacher Oese, Breite 6,5 cm.

Schultze-Pulver. Vom preussischen Oberstlieutenant Schultze erfundener, aus nitrirtem Holzstoff (und Salpeter) hergestellter Sprengstoff, der anfangs auch als Schiessmittel benutzt wurde.

Schumann, preussischer Oberstlieutenant (1827 bis 1889), bekannt als genialer Konstrukteur der Panzerthürme und Lafetten im Grusonwerk.

Schumla, einst türkische Festung, heute bulgarisch, ist von strategischer Wichtigkeit als Vereinigungspunkt der von den Donaufestungen über den Balkan nach Rumelien führenden Strassen; es spielte in allen Kriegen der Türkei seit dem 9. Jahrhundert eine Rolle.

Schussebene. Die durch die Seelenachse bezw. die Abgangsrichtung des Geschosses gelegte senkrechte Ebene; s. auch Visirebene.

Schusspräzision. Je näher die Treffer um den mittleren Treffpunkt liegen, je kleiner daher der Raum ist, auf welchem dieselben vertheilt sind, desto grösser ist die Genauigkeit des Schiessens. Zur Beurtheilung der Sch. wird die Höhe, Breite oder Länge jener Zielstreifen angegeben, welche mit ihrer Mitte durch den mittleren Treffpunkt gelegt werden können und die halbe Zahl der Schüsse, und zwar die dem mittleren Treffpunkte zunächst liegenden, enthalten; die Zahlen, welche die Höhe, Breite oder Länge dieser Streifen angeben, heissen 50 prozentige Höhen-, Breiten- oder Längenstreuung. Die 50 prozentigen Streuungen sind im Allgemeinen um so grösser, je grösser die Schussweiten sind, bei gleichen Distanzen beim Werfen grösser als beim Schiessen.

Schussweite. Abstand der Mündung von dem Punkt, in welchem die Flugbahn des Geschosses eine durch die wagerechte Seelenachse gedachte wagerechte Ebene schneidet, wird bedingt durch Erhöhung (Abgangswinkel), Mündungsgeschwindigkeit und Geschwindigkeitsabnahme. Die grösste

Sch. (bei rund 40° Erhöhung), die sich indess, namentlich im Feldkriege, nur sehr selten praktisch ausnutzen lässt, beträgt bei Gewehren 3,5—4,5, bei Feldgeschützen 6—7,5, bei Belagerungs- und Festungsgeschützen 4,5—10,5, bei Küstengeschützen 5,5—16 km. Die Krupp'sche 24 cm-Kanone L/40 erreicht über 20 km Sch.

Schutzbauten s. Feldbefestigungen, auch Baracken.

Schutzbrillen, blaue, an Mannschaften dürfen nur mit Genehmigung des Sanitätsamtes ausgegeben werden.

Schutz der Kommunikationen und Telegraphen. Wo feindliche Zerstörungen zu befürchten sind, empfiehlt es sich, nebst militärischen Maassnahmen auch eine dauernde Ueberwachung durch die nächstliegenden Gemeinden zu veranlassen; wo nothwendig unter dem Zwange von Repressalien — Geldstrafen, Geiseln, Standrecht.

Schützenabzeichen. Früher in Form von weissschwarzen wollenen Borden am Unterarm des Waffenrocks werden sie seit der A.-K.-O. vom 27./1. 1894 in Gestalt von Fangschnüren aus schwarz, weiss- und rother Wolle, von der rechten Schulter nach der Brustmitte zu getragen und unter der Achselklappe und am zweiten Knopf des Waffenrockes befestigt. Offiziere und Kapitulanten jedes Bataillons erhalten zusammen 12 Sch., die Mannschaften der 1. Schiessklasse jeder Kompagnie 7, der 2. Schiessklasse 5 Sch. jährlich. Für die vierten Bataillone werden Sch. nach Verhältniss bei den übrigen Bataillonen verliehen. Beim Lehr-Infanteriebataillon werden die für Gemeine bestimmten 12 Sch. nur an Mannschaften der 1. Schiessklasse verliehen. Es dürfen nur Sch. getragen werden, welche unter der Rosette mit dem rothen Truppenstempel versehen sind. Ausserdem erhalten die Inhaber Bescheinigungen der Truppe. Sch. werden bei der Entlassung mitgegeben. Mannschaften der 2. Klasse des Soldatenstandes dürfen die Sch. nicht anlegen.

Schützengräben s. Feldbefestigung. Sch. sind die einfachste Art künstlicher Deckungen. Ihre Ausführung erfolgt nach der Feldbefestigungs-Vorschrift. In der Vertheidigung ist mit dem Ausheben von Sch. das Abschreiten und Bezeichnen von Entfernungen im Vorgelände zu verbinden.

Schutztruppe. Leute, die zu der Sch. kommandirt werden, sind vorher auf das Sorgfältigste ärztlich zu untersuchen, ob sie den Strapazen wiederstehen können; auch werden sie geimpft.

Schwarzenberg, Fürst, österreichischer Feldmarschall (1771—1820), focht bei Wagram, führte 1812 die österreichische Abtheilung gegen Russland, war 1813 Ober-Kommandirender der Aliirten; führte bei Dresden, Kulm und Leipzig, sowie bei Bar und Arcis s./Aube und La Fère Champénoise.

Schwarzhoff, v. (v. Gross genannt v.), General der Infanterie (1812—1881), führte die 7. Division bei Münchengrätz, Benatek und Blumenau; 1870 bei Beaumont und Paris. Zuletzt kommandirender General des 3. Armeekorps.

Schwarzkoppen, v., preussischer General der Infanterie (1810—1878), 1848 im Kriege gegen Dänemark schwer verwundet. 1866 führte er die 27. Infanterie-Brigade bei Münchengrätz und Problus (Orden pour le mérite). 1870 führte er die 19. Division bei Trouville und bei Einschliessung von Metz. Er führte zuletzt 13. Armeekorps in Stuttgart.

Schwarzpulver. Seit einem halben Jahrtausend ausschliesslich als Schiessmittel benutzt, entspricht es dennoch den Anforderungen eines solchen grösstentheils nur in unvollkommener Weise. Es ist deshalb in neuester Zeit (seit 1886) bei der Mehrzahl der Handfeuerwaffen und Geschütze durch das rauchlose (rauchschwache, Stickstoff-) Pulver ersetzt worden und wird voraussichtlich schon in naher Zukunft von diesem vervollkommneten Schiessmittel gänzlich verdrängt werden. Sch. ist ein mechanisches Gemenge von Salpeter, Schwefel und Kohle (s. Mengungsverhältniss); die zu Staub zermahlenen Bestandtheile werden möglichst innig gemengt (zuletzt unter Läufern oder Kollergängen), auf hydraulischen Pressen mit 100—110 atmosphärischem Druck zu flachen Platten verdichtet, diese gekörnt (Pressen der Prismen in Formen), durch Poliren mit einer glatten dichten Oberfläche versehen, bis auf 0,5 % Feuchtigkeit getrocknet, durch Sieben nach der Körnergrösse sortirt, ausgestaubt und vermengt (s. a. Pulver, die verschiedenen Arten Sch. s. d.).

Schweden. Armee.
Im Frieden in 6 Armee-Divisionen.

		Komp.	Esk.	Batt.	r. Batt.
1. Division	Helsingborg	36	25	6	2
2. „	Linköping	32	5	6	—
3. „	Sköfde	52	5	6	—
4. „	Stockholm	32	5	6	—
5. „	Stockholm	32	5	6	—
6. „	Hernösund	32	5	6	—
Komdo. Gothland		8	—	2	—
		224	50	38	2

Dazu 7 Kompagnien Fuss-Artillerie, 9 Kompagnien Pioniere.

Friedensstärke: 1905 Offiziere, 36265 Mann.

Im Kriege.

		Komp.		Esk.		Batt.		r. Batt.
1. Division	48	Komp.	4	Esk.	6	Batt.	2	r. Batt.
2. „	48	„	4	„	6	„	—	„
3. „	76	„	4	„	6	„	—	„
4. „	48	„	4	„	6	„	—	„
5. „	48	„	4	„	6	„	—	„
6. „	48	„	4	„	6	„	—	„
Gothland	12	„	—	„	2	„	—	„
Kav.-Divis.	—	„	16	„	—	„	2	„

Sa. 328 Komp. 40 Esk. 38 Batt. 2 r. Batt.

Kriegsstärke: 2348 Offiziere, 49741 Mann.
Dazu 1. Aufgebot 184174 Mann, 2. Aufgebot 92802 Mann, aber nur für Landesvertheidigung.

Schwedisches Gewehr M/93. Mauser; 6,5 m Kaliber; Mehrladevorrichtung: Kastenmagazin im Mittelschaft, das durch Abstreifen der Patronen vom Ladestreifen unter gleichzeitigem Hinabdrücken in den Kasten gefüllt wird. Die Patrone ist mit Apyrit geladen. S. a. Gewehr.

Schwedt a/O. Dort stehen: 1. Brandbg. Drag.-Rgt. No. 2, Prov.-Amt, Garn.-Laz. — Servisklasse 3.

Schwefel (S). Bestandtheil des Schwarzpulvers, vervollständigt die Zersetzung und ist zugleich für die Pulverfertigung dadurch von Nutzen, dass er als Bindemittel für die beiden anderen

Bestandtheile, Salpeter und Kohle, dient. S. a. Mengungsverhältniss des Pulvers.

Schweidnitz spielte in den Kriegen Friedrichs des Grossen eine hervorragende Rolle. Er nahm es ohne Kampf und liess es stark befestigen. Oktober 1757 durch Nadasdy eingeschlossen und belagert, kapitulirte Sch. nach 1 monatlichem Angriff. 1.—16. April 1758 belagerten es die Preussen unter Tresckow, stürmten das Galgenfort und bekamen dadurch die Festung. Laudon überrumpelte Sch. 1./10. 1761. Durch Belagerung von Tauentzien 16./8.—9./10. kam es 1762 wieder in preussischen Besitz. 16./2. 1807 kapitulirte es an die Franzosen. 1864 wurde es geschleift.

Dort stehen: Füs.-Bat. Gren.-Rgt. König Friedrich Wilhelm II. (1. Schles.) No. 10, 2. Bat. Füs.-Rgt. General-Feldmarschall Graf Moltke (Schles.) No. 38, 3. und reit. Abth. Feld-Artill.-Rgts. von Peucker (Schles.) No. 6, Bez.-Kom., Filiale d. Art.-Dep. in Breslau, Prov.-Amt, Garn.-Verw. und Laz. — Servisklasse 2.

Schweife der Pferde, Entwirren mit den Fingern, Glattbürsten, sehr vorsichtig kämmen, anfeuchten. Schweif soll unter Warze reichen, das Weitere abzuschneiden. Gekürzte Schweife sind häufig zu beschneiden.

Schweifung. Steil kegelförmiger Absatz zwischen dem Hülsen- und Uebergangstheil des Patronenlagers (s. d.) im Lauf bezw. zwischen dem Pulver- und Geschossraum der Patronenhülse (s. Metallpatronen).

Schweinefett. Dient ungesalzen als vorzügliches Schutzmittel gegen Rost des Gewehrs, ist dagegen zum Einfetten schwer zugänglicher Reibestellen nicht geeignet. S. auch Waffenfett.

Schweine- und Schaffleisch. Gute Hammel, junge Schafe und Schweine haben fettes, elastisches, weiches Fleisch, von frischer blassrother Farbe. Alte Thiere haben ein zähes, wenig schmackhaftes Fleisch, das der alten Widder hat einen unangenehmen Bockgeruch. Das Fleisch alter Schweine ist krankhaft weiss, das Fett trübe.

Schweinschädel. Gefecht 28./6. 1866 (s. Plan von Nachod). Auf dem Marsche nach Gradlitz wurde das preussische 5. Korps unter Steinmetz bei Sch. aufgehalten; griff den Ort an und nahm ihn. Es war der 3. Gefechtstag, dem Nachod und Skalitz vorhergegangen waren.

Schweinsfedern benutzte man bis zum Anfange des 18. Jahrhunderts zum Auflegen der Musketen oder, indem man sie schräg in den Boden stiess, zur Vertheidigung gegen Reiterei, oder auch zur Verpallisadirung des Lagers. Es waren dies 1,50 m lange Stäbe, mit einem eisernen Schuh zum Einstossen in den Boden, einer langen eisernen Spitze an dem anderen Ende und oben mit einem Haken versehen.

Schweiz. Armee. 1. Linie (Auszug vom 22.—32. Jahre):

	Komp.	Esk.	Guiden.	Batt.
1. Armeekorps	312	18	7½	36
2. "				
3. "				
4. "	96	6	2½	12
Verfügbar	8	—	2	2 (Gebirgs).

Dazu treten: 5 Kompagnien Fuss-Artillerie, 24 Kompagnien Genie.

2. Landwehr (Auszug vom 33.—44. Jahr): 416 Kompagnien, 24 Eskadronen, 12 Guiden, 8 Batterien.

3. Positions-Artillerie. 20 Kompagnien, 160 Geschütze, Ersatzreserve von 5 Kompagnien und 64 Geschützen.

4. Landsturm sind die Uebrigen; auf 96 Bataillone etc. geschätzt.

Kriegs- und Friedensstärke sind nicht gesondert, man rechnet die Gesammtstärke auf:
1. Linie oder Auszug auf etwa 120—130000 Mann
2. Landwehr „ „ „ 90—100000 „
3. Landsturm „ „ „ 60— 70000 „

Schweizerischer Karabiner M/93. System v. Mannlicher; Kastenmagazin im Mittelschaft für 6 Patronen in 2 Reihen nebeneinander; Geschossgeschwindigkeit an der Mündung: 580 m, 25 m vor derselben: 562 m; Munition wie bei dem schweizerischen Gewehr M/93; Kolbenverschluss mit Geradzug. S. a. Karabiner.

Schweizerisches Gewehr M/89. System bezw. Konstrukteur: Schmidt-Rubin; 7,5 mm Kaliber; Dolchbajonett; Handschutz aus Holz; konzentrische, rechts gewundene Züge; Quadrantenvisir; Kolbenverschluss mit Geradzug und zwei senkrechten Stützwarzen; Mehrladevorrichtung: ausschaltbares Kastenmagazin im Mittelschaft, das durch Ladeschachtel mit 12 Patronen zu füllen ist. Die Patrone mit Eindrehung am Hülsenboden für den Auszieher ist mit rauchschwachem Schiesswollpulver geladen; Geschoss aus Hartblei, Spitze mit vernickelter Stahlkappe gepanzert, Führungstheil mit besonders bereitetem Papier umwickelt. Geschossgeschwindigkeit an der Mündung: 625 m, 25 m vor derselben: 690 m. Die Feuergeschwindigkeit beträgt bei Einzelladung 12, bei Mehrladung 20 gezielte Schuss in der Minute; mechanische Schnellfeuerleistung 40 Schuss in der Minute. S. a. Gewehr.

Schwelljoch. Dessen Pfähle sind nicht in den Boden gerammt, sondern stehen auf einer im Boden gut befestigten Schwelle.

Schwemmen der Pferde bei heissem Wetter, nachher Trockenreibung erforderlich.

Schwerin, Graf, preussischer Feldmarschall (1684—1757), trat 1720 in preussische Dienste, wusste die sonst verlorene Schlacht bei Mollwitz 10./4. 1741 zum Siege zu gestalten. Er fiel tief betrauert vom Könige, die Fahne in der Hand, bei Prag.

Schwerin. Dort stehen: Stäbe der 17. Div., der 34. Inf.- (Grossh. Meckl.) und 17. Kav.-Brig. (Grossh. Meckl.), Komdtr., Stab, 1., 3. und 4. Bat. Grossh. Meckl. Gren.-Rgts. No. 89, Stab und 1. (Grossh. Meckl.) Abth. Holst. Feldart.-Rgts. No. 24, Grossh. Meckl. Inv.-Abth., Bez.-Kom., Art.-Dep., Prov.-Amt, Garn.-Verw. und Laz. — Servisklasse 2.

Schwetzingen. Dort steht die 4. Esk. 2. Bad. Drag.-Rgts. No. 21. — Servisklasse 3.

Schwimmen der Mannschaften ist auch bei der Kavallerie fleissig zu üben, um möglichst viel Freischwimmer auszubilden. Das Selbstvertrauen der Mannschaften wird sehr gehoben, wenn möglichst viel von Ufer zu Ufer geschwommen wird. Die Uebungen muss ein Fahrzeug begleiten, welches „oberstrom" zu legen ist, um bei Unglücksfällen schnell eingreifen zu können.

Schwimmen der Pferde. Schwimmen können fast alle Pferde von Natur. Eine Vorbedingung zum Sch. d. Pf. am Kahn oder Fallboot liegt in der Anerziehung völliger Furchtlosigkeit beim Hineingehen in tiefes Wasser. Haben die Pferde durch ruhige und sachgemässe Behandlung die Angst vor dem Wasser überwunden, so werden sie sich ohne Widerstreben an den Kahn heranführen lassen. Die im Kahn tiefsitzenden Mannschaften lassen die Pferde, an der Trense haltend, dicht am Kahn schwimmen. Es muss darauf geachtet werden, dass der Hals des Pferdes nicht nach dem Kahn herumgezogen wird, sondern das Pferd die Freiheit behält, ihn in seiner Bewegungsrichtung auszustrecken. An die Spitze zu beiden Seiten ruhige, gut schwimmende Pferde nehmen, das beruhigt die dahinter schwimmenden etwa noch ängstlichen Pferde. Sobald der Kahn durch die Schwimm-Bewegung der Pferde vorwärts kommt, bleiben die Ruderer unthätig, nur der Steuermann muss genau auf die Richtung achten. Wird im Kriege eine Truppe durch den Feind gezwungen, ohne alle Hülfsmittel einen Wasserlauf zu durchschwimmen, so haben sich die Reiter an der Mähne oder am Schweife des Pferdes festzuhalten. Erlaubt es die Zeit, so ist das Obergepäck dem Pferde abzunehmen und zurückzulassen, ausserdem sind die Stiefel auszuziehen. Auf dem Pferde darf der Reiter nicht sitzen bleiben (s. Ueberschreiten von Wasserläufen).

Im Frieden ist das Schw. d. Pf. zu üben, um den einzelnen Pferden die Scheu vor dem Wasser zu nehmen und die Mannschaften mit den Handgriffen vertraut zu machen.

Schwimmende Batterien. Hölzerne schwimmende Batterien (d'Arçon) wurden 1782 gegen Gibraltar mit entschiedenstem Misserfolg verwendet, gepanzerte 1855 im Krimkriege gegen Kinburn mit sehr gutem Erfolg; letztere bildeten den Ausgangspunkt für die Panzerschiffe.

Schwimmende Scheiben werden bei Schiessübungen der Küsten- und Schiffsartillerie gebraucht und hierzu entweder verankert oder an langen Tauen durch Dampfer mit gewisser Geschwindigkeit vor den Schiessenden vorbeigezogen.

Schwimmendes Flottenmaterial gliedert sich in Schiffe der Flotte, Schulschiffe und deren Beischiffe und Hulks (alte als Kasernen-, Depot-, Hafenwachtschiff verwendete Schiffe).

Schwingungen (Vibrationen) der Gewehrläufe. Entstehen durch die Erschütterung beim Schuss, treten in langen und schwachen Läufen am stärksten auf und beeinträchtigen die Treffähigkeit namentlich in Folge der starren und unsymmetrischen Verbindung von Lauf und Schaft, im Gegensatz zu der gelenkigen Lagerung des Geschützrohrs (Schildzapfen) in der Lafette. Einer der Zwecke des bei dem deutschen und einigen anderen Gewehren angewendeten Laufmantels besteht darin, diesen Uebelstand zu vermeiden, indem er ein freies Schwingen gestattet.

Scouts waren im Sezessionskriege Erkundungsreiter, die meist dem Indianergebiet entnommen, sich Nachts durch die feindlichen Linien schlichen und die Stellung des Gegners zu erkunden suchten.

Sebastiani, Graf, Marschall von Frankreich (1772—1851), führte 1812 die Kavallerie, 1813 das 2. und 1814 das Garde-Kavallerie-Korps.

Sebastin s. Lignose.

Sebastopol (Sewastopol). Von Potemkin gegründet, vom Jahre 1828 ab auch befestigt. 1853 bei Ausbruch des Krieges wurde die Stadtbefestigung so gut es ging vervollständigt und bis gegen den Herbst 1854 fertig gestellt. Dennoch war S. sehr mangelhaft befestigt, bis das Genie Tottlebens in kurzer Zeit aus den lose zusammenhängenden Werken ein verschanztes Lager schuf, dessen Natur den verbündeten Angreifern noch viel Blut und Zeit kosten sollte. Glücklicher Weise griffen die Verbündeten die Festung nicht bald nach der Schlacht an der Alma an, sondern gingen an ihr vorbei nach Balaklava. Hierdurch gewannen Tottleben und der mit ihm Hand in Hand arbeitende Admiral Kormilow Zeit, die Werke zu vervollständigen und mit dem Material der Schiffe zu armiren. Fast ein Jahr lang dauerte der Kampf, der von Seiten der Russen mit einer Anzahl von Ausfällen begleitet war, die die Vertheidigung überaus offensiv gestalteten. Die berühmte Vertheidigung wurde durch den Sturm auf den Malakoff und den Abzug der Besatzung geschlossen (8./9. 1855).

Plan s. Seite 627 und 628.

Sedan, Schlacht, 1. und 2./9. 1870. Mac Mahon, der Bazaine aus Metz befreien sollte, wurde am 30./8. bei Beaumont, am 1./9. bei Sedan gestellt, wo er seine 4 Korps auf engstem Raum gesammelt hatte. Am 1. griffen die Bayern bei Bazeilles an mit furchtbarem Strassenkampf, die Sachsen und Garden verlängerten die Linie längs der Givonneschlucht nach Norden. Das 5. Korps umging Sedan über Illy und Floing nach Westen zu. Der Ring wurde nach heftigsten Kämpfen immer enger gezogen; endlich das Holz der Garenne genommen. Abends kapitulirte die Festung und Armee.

Plan s. Seite 630 und 631.

Kaiser Napoleon wurde hier kriegsgefangen. Am 2. wurden die Bedingungen festgestellt.

Seedampfer. Beförderung grösserer Truppenmassen zur See. Die grossen überseeischen Dampfer der deutschen Nordseehäfen fassen (120 bis 130 Köpfe Besatzung) etwa ein Bataillon bezw. eine Eskadron oder Batterie. Solche Schiffe haben eine Länge von etwa 100 Metern, eine Breite von etwa 12 Metern und einen Tiefgang von etwa 6 Metern. Die kleineren Dampfer (etwa 70—80 Meter lang, 9—11 Meter breit, 5—6 Meter tief gehend) fassen etwa zwei Drittheile, die kleinsten (welche oft das Einziehen nur eines Deckes gestatten) kaum ein Drittheil eines Bataillons u. s. w.

Jedes Kielboot fasst durchschnittlich 30 Mann Infanterie. Ein grosses, mit zehn Kielbooten ausgerüstetes Schiff führt daher auf etwa drei durch die Dampfbarkasse zu schleppenden Prähmen oder Flössen mit einem Male 450 Mann an's Land.

Auf diese Art dauert die Landung eines Bataillons (1052 Mann, 36 Pferde, 7 Fahrzeuge) etwa sechs Stunden, welche Zeit um etwa eine Stunde abgekürzt werden kann, wenn man bereits vor Erbauung der Landungsbrücken mit dem Ausschiffen der Mannschaft beginnt; Letztere muss dann von den Ruderbooten aus in's Wasser steigen und an's Land waten.

Sebastopol.

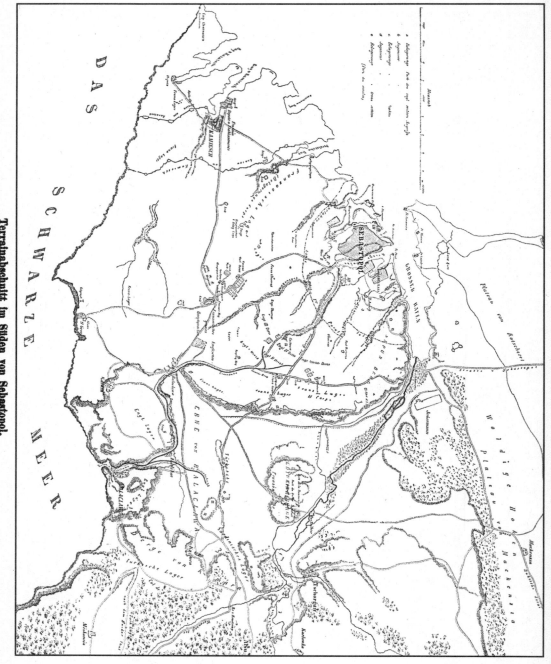

Seele. Innerer Hohlraum der Läufe und Geschützrohre zwischen Verschluss und Mündung, nimmt Geschoss und Ladung auf, dient als Einschliessung für die beim Schuss sich entwickelnden Pulvergase, überträgt deren Treibkraft auf das Geschoss und giebt diesem eine bestimmte Richtung. Sie zerfällt in den gezogenen Theil und den glatten Ladungsraum (Patronenlager). Die ballistisch vortheilhafteste Länge der Seele ergiebt sich theoretisch aus der Grösse der Ladung, den Eigenschaften (Zersetzungsgeschwindigkeit) des Pulvers, dem Geschossgewicht und den Bewegungswiderständen der Geschossführung in den Zügen. Diese Bedingungen können indess, namentlich bei Geschützen und Revolvern, meist nicht genügend berücksichtigt werden, weil Ort und Art des Gebrauchs u. a. m. eine kleinere als die ballistisch beste Länge der S. bezw. des Rohres oder Laufes erfordern. Für die Trefffähigkeit ist die durch thunlichste Ausnutzung der Pulverkraft gebotene und gebräuchliche S.länge der Geschützrohre unter allen Umständen völlig ausreichend. Die grösste S.länge erreicht bei Gewehren rund 120, bei Feldkanonen 30, bei schweren Küstenkanonen 40 und bei Schnellfeuerkanonen 50 Kaliber.

Seelenrohr s. Stahlseelenrohr.

Seelenweite (Kaliber), Durchmesser der Seele zwischen zwei einander gegenüberliegenden Feldern des gezogenen Theils. Die Fortschritte der Schiessmittel (rauchschwaches Pulver), der Geschoss- und der Waffenkonstruktion haben eine allgemeine Verringerung der S. zu Gunsten der ballistischen Leistung und Wirkung des Flachbahnwaffen herbeigeführt. Die grösste übliche S. ist neuerdings zurückgegangen, bei schweren Schiffskanonen von 45 auf 34—30,5 cm, bei Feldkanonen von 12 auf 9 cm, bei Gewehren von 18 auf 8 mm. Eine weitere Verkleinerung der S. besonders bei den beiden letztgenannten Waffenarten ist sehr wahrscheinlich. Ihr wesentlicher Nutzen kommt am Entschiedensten bei dem Infanteriegewehr zur Geltung durch Erhöhung der Mündungsgeschwindigkeit und der Querdichte des Geschosses bei kleinerem Geschossgewicht. Daraus ergeben sich: sehr flache Flugbahnen und grosse bestrichene Räume, also Beherrschung grösserer Strecken des Vorfeldes mit einer Aufsatzstellung und geringer Einfluss der Entfernungsfehler auf die Trefferergebnisse; beträchtliche Durchschlagleistung, durch die grosse Endgeschwindigkeit und den kleinen Durchmesser der Geschosse bedingt; geringer Rückstoss, aus dem kleinen Geschossgewicht folgend, daher verminderte Beanspruchung des Schützen; deshalb niedrigeres Gewicht der Waffe, also Entlastung des Mannes zulässig; kleineres Patronengewicht; dadurch grössere Schusszahl in den Taschen bezw. geringere Belastung des Infanteristen ermöglicht.

Segmentgranate. (Veraltet.) Schrapnel bezw. Einheitsgeschoss der älteren englischen Hinterlader (segment chell); enthielt statt der Bleikugeln gusseiserne Ringsegmente, welche die zur Aufnahme der Sprengladung bestimmte Kammer von Schweisseisen lose umgaben; s. Bild: 12pfünder-S.

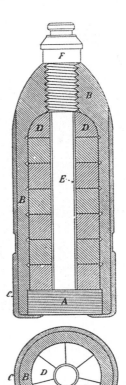

Segmentgranate.
A Boden, D Segmente,
B Eisenkern, E Kammerhülse,
C Bleimantel, F Zeitzünder.

Ségur, Paul, Graf, französischer Generallieutenant und Militär-Schriftsteller, diente im Generalstabe Napoleons, schloss 1805 die Kapitulation von Ulm mit Mack ab, war 1812 bei der Person des Kaisers, 1815 Generalstabsoffizier des Generals Rapp.

Seidentuch. Aus den Abfällen der Seidenkokons hergestelltes Gewebe, das zu Kartuschbeuteln verarbeitet wird und sich hierzu besser eignet, als der früher verwendete Wollstoff.

Seilbremse s. Bremse.

Seitenabweichung s. Streuung der Flugbahnen.

Seitendeckungen. Abtheilungen zur Sicherung marschirender Truppen. Die Stärke derselben richtet sich nach der Grösse der Marschkörper und der Art des Geländes.

Seitengewehr. Das deutsche Infanterie-S. 71 dient, auf das Gewehr aufgepflanzt, als Stosswaffe. Es wird eingetheilt in: 1. Klinge, gerade, vorn zweischneidig, auf jeder Seite eine Hohlkehle; der Rücken ist bei 6% der S. mit einer Säge von 22 Doppelzähnen versehen. Der im Gefäss sitzende Theil der Klinge heisst Angel und hat ein oberes Loch für die Haltefeder-

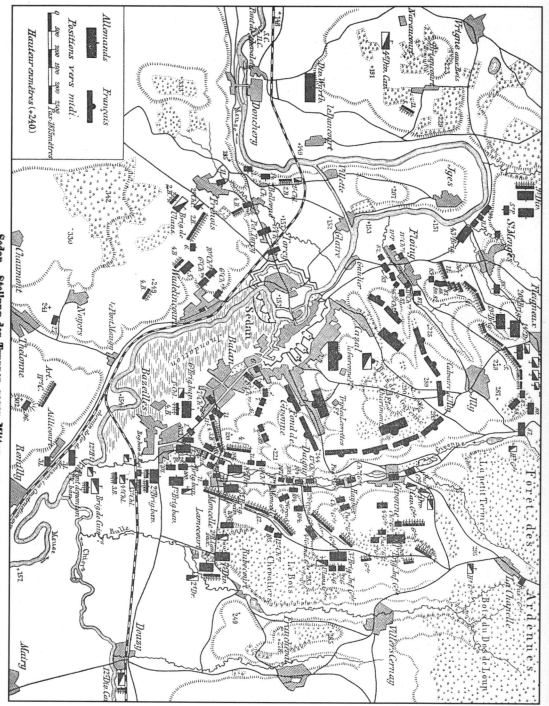

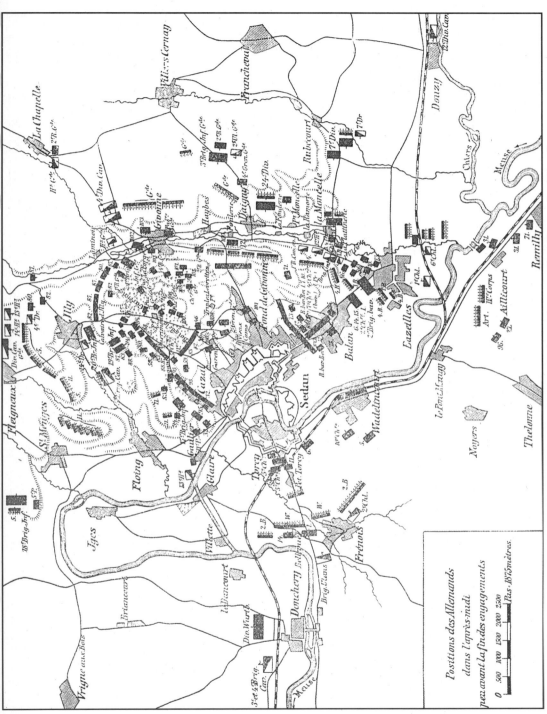

Sedan. Stellung der Deutschen am Nachmittage kurz vor Beendigung der Kämpfe.

schraube, ein unteres für den Niet, welcher Griff und Angel verbindet. 2. Gefäss, zur Handhabung und zum Aufpflanzen des S., besteht aus: a) Parirstange mit Loch für die Angel und Bohrung für den Lauf; b) dem hohlen Messinggriff, mit der Angel oben und unten vernietet, hat im Rücken den Kasten zur Aufnahme der Seitengewehrwarze und trägt im oberen Theil versenkt die mittelst der Haltefederschraube befestigte Haltefeder, welche ihrerseits durch Druck auf den Haltestift das aufgepflanzte S. hält. 3. Scheide aus schwarzem Leder mit folgenden Beschlägen: Mundloch nebst Deckplatte, Federvorrichtung, Mundblechschraube und Ortband.

Seitenrichtung. „Ein Geschütz hat Seitenrichtung," wenn die Visirebene durch das Ziel geht." (Sch.-V. f. d. F.-A. Ziff. 161.) Die direkte S. wird über Visir und Korn unter Berücksichtigung der Seitenverschiebung genommen, die indirekte S. erhält das Geschütz nach Hülfs-

a Visir, b Korn.

richtpunkten unter Anwendung der Richtplatte bezw. Richtfläche (Feldartillerie) oder der Richtskalen (Fussartillerie). Für die genaue S. der Handfeuerwaffen ist es nothwendig, dass der Visirkamm wagerecht liegt. Ist dies nicht der Fall, so erfolgt durch dies „Verkanten" eine Geschossabweichung nach der Seite, nach welcher der Visirkamm geneigt ist. Derselbe Fehler tritt beim „Kornklemmen", d. i. der seitlichen Stellung der Kornspitze zur Mitte der Visirkimme, ein. (S. Bild: Linksgeklemmtes Korn.) Einrichtungen zum indirekten Nehmen der S. sind für Handfeuerwaffen nicht vorgesehen.

Seitenverschiebung. Einrichtung an den Geschützaufsätzen zum Ausgleich der seitlichen Ablenkung der Geschosse (s. d.). Die einfachste Einrichtung der S. besteht in einer schrägen Stellung der Aufsatzstange, so dass bei deren Herausziehen die der Erhöhung entsprechende

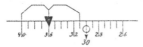

S. selbstthätig genommen wird (deutsche 3,7 cm Revolver-Kanone; österreichisch-ungarische und englische Feldkanone). Dies Verfahren schliesst indess die Berücksichtigung der atmosphärischen Einflüsse (Seitenwind) u. dergl. aus und man wendet daher meist einen Visirschieber mit Kimme an, der im Visirstück des Aufsatzes (s. d.) durch Leitschraube oder Zahnstange und Triebrad um eine bestimmte Zahl von Theilstrichen verschiebbar ist.

Selbsthülfe bei Verwundungen im Kriege. Für die Interessenten ist ein Büchlein des Dr. Deimer (1886) Wartig, Leipzig, zu empfehlen.

Selbstständige Kavallerie wird den Oberkommandos zu strategischen Aufklärungen in grösseren oder kleineren Verbänden zugetheilt. Sie behält deshalb Fühlung mit der Armee (und dem Feinde); auch in der Ruhe. Sie schiebt unter Umständen Eskadrons vor. Sie biwakirt in nach der Flanke abgeschwenkten Eskadrons-Kolonnen, die Eskadrons auf halben Abstand aufgeschlossen.

Selbstständige Unteroffiziers-Posten werden — im Gegensatz zu den Unteroffiziers-Posten — nicht von den Feldwachen, sondern von den rückwärtigen Abtheilungen unmittelbar vorgeschoben: je nach der Wichtigkeit von Offizieren oder auch Gefreiten geführt. Der S. U.-P. hat dieselbe Aufgabe, wie die Feldwache. Er kann ausser der Ablösung des Doppelpostens auch durch Verstärkung an Mannschaften zur Entsendung von Patrouillen selbstständiger gemacht werden. Auch die Kavallerie stellt erforderlichen Falles S. U.-P. aus.

Selbstspanner (automatische Handfeuerwaffen), Gewehre und Pistolen, in denen nach dem Vorgang Krukas und Maxims das Oeffnen, Auswerfen, Spannen, Laden und Schliessen durch mechanische Verwerthung der rückwirkenden Kraft der Pulvergase selbstthätig ausgeführt wird, so dass der Schütze nur das Zielen, Abziehen und Magazinfüllen zu besorgen hat. Die Bedeutung der S. für das Gefecht beruht weit weniger in ihrer ausserordentlichen Feuergeschwindigkeit (bis zu 120 Schuss in der Minute), für die auch die Leistungen der Mehrlader schon reichlich genügen, als vielmehr in der erheblichen geistigen und körperlichen Entlastung des Schützen beim Gebrauch der Waffe. Er kann seine ganze Aufmerksamkeit vorwiegend dem Sehen und Zielen zuwenden und seine Körperkräfte werden um so weniger beansprucht, als sich bei den meisten S. der Rückstoss durch den Betrieb des Mechanismus bedeutend verringert. Die bisher bekannt gewordenen S. gehören 4 grundsätzlich verschiedenen Systemen an:

1. Der Lauf ist nach rückwärts verschiebbar angeordnet und mit dem Verschluss gekuppelt; beide gleiten beim Verschluss eine Strecke weit gemeinsam zurück, trennen sich dann, und während der Lauf durch den Gegendruck einer Feder wieder vorgeschoben wird, setzt der Verschluss seinen Rückgang allein fort und wirft die leere Hülse aus, um schliesslich durch eine zweite Feder ebenfalls nach vorn befördert und verriegelt zu werden, nachdem die Schlagfeder gespannt und die oberste Patrone des Magazins in den Lauf eingeführt ist. Konstruktion von v. Mannlicher, Graf Freddi, Borchardt, Kromar, Maxim, Schwarzlose, Maudry.

2. Der Lauf ist festgelagert; der Verschluss gleitet daher allein zurück; alle sonstigen Vorgänge sind wesentlich dieselben wie bei 1. Konstruktion von v. Mannlicher, Bergmann, v. Dormus, Paulson, Darche.

3. Der Lauf ist festgelagert und nahe der Mündung seitlich angebohrt durch diese Oeffnung strömen beim Schuss Pulvergase in ein unter dem Lauf liegendes Rohr und schieben den darin gleitenden Kolben zurück, welcher den Verschluss öffnet und eine Feder

Senklafette

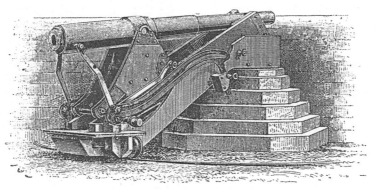

Ladestellung.

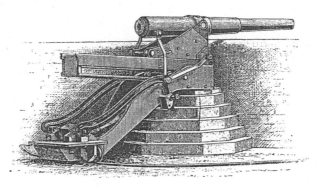

Feuerstellung.

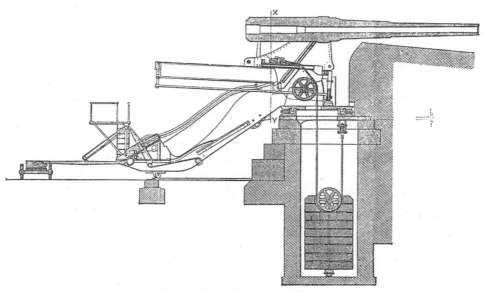

Feuerstellung (Längenschnitt).

a **Mansfields Senklafette.**

Ladestellung.

Feuerstellung.

b **Armstrongs hydropneumatische Senklafette.**

spannt, die nach dem Spannen etc. den Verschluss wieder schliesst. Konstruktion von Cei. Freiherrn v. Odkolek, Clair, Unge.

4. Der Lauf ist nach vorwärts verschiebbar angeordnet; im Ruhezustand durch eine Feder mit seiner hinteren Oeffnung gegen eine feste Stossplatte (Verschluss) gedrückt, wird er beim Schuss vom Geschoss mit nach vorn genommen und spannt hierbei die Feder, deren Gegendruck ihn nach dem Auswerfen der Hülse wieder bis zur Stossplatte zurücktreibt, wobei er sich über die aus dem Magazin hervorgetretene neue Patrone schiebt. Konstruktion von v. Mannlicher. Näheres in Wille, Selbstspanner, Berlin 1896.

Seneff (Hennegau). Schlacht 11./8. 1674, in der Wilhelm von Oranien die Franzosen unter Condé angriff. Die Schlacht dauerte bis in die Nacht, blieb aber unentschieden.

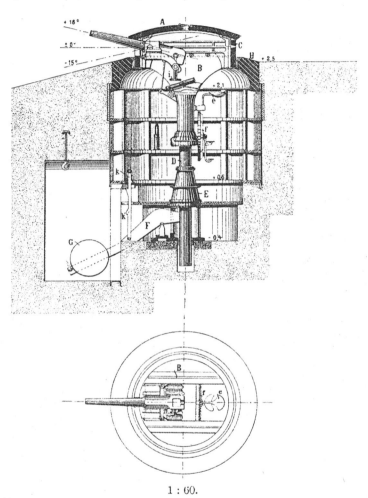

c Gruson'sche versenkbare Panzerlafette.

Senklafette (Masken-, Verschwindungslafette). Das über eine hohe Brustwehr oder Panzerdeckung hinwegfeuernde Geschützrohr wird durch den Rückstoss hinter diese Deckung versenkt, gleichzeitig die in ihm verkörperte Bewegungsarbeit aufgespeichert und dazu benutzt, das Rohr nach dem Laden (und Richten) wieder in die Feuerstellung empor zu heben. Das Aufspeichern der Rückstossarbeit erfolgt durch Hebung eines Gegengewichts (Moncrieff), Zusammendrücken der in einem Hohlraum eingeschlossenen Luft, Spannen von Federn u. a. m. In der Regel stehen die S. auf einem festen Unterbau und bieten dem Steilfeuer eine unverhältnissmässig grosse Trefffläche; diesen Nachtheil vermeidet die Uebertragung der Konstruktion auf Räderlafetten. (System Razskazow.) Leichte Panzerlafetten sind häufig so eingerichtet, dass sie während der Feuerpausen in einen senkrechten Schacht hinabsinken und durch einen Hebel mit Gegengewicht wieder gehoben werden. Beispiel: Gruson'sche versenkbare Panzerlafette für eine

5,7 cm-Schnellfeuerkanone (Bild c). Die Panzerdecke A ruht mit Holzunterlagen auf den Lafettenwänden B, welche mit dem Panzerring C fest verbunden sind. Das Ganze wird von der Pivotsäule D getragen, die im Pivotblock E senkrecht verschiebbar ist und auf dem kürzeren Arm des Hebels F ruht, dessen Belastung G der Lafette das Gleichgewicht hält. Sobald man die Kanone, deren Rohrträger in den Lafettenwänden wagerecht verschiebbar ist, vollständig in den Panzerring zurückgezogen hat, genügt ein Zug an der Stange k, um die Lafette so weit zu senken, dass sich die Panzerdecke auf den Vorpanzer H auflegt, während ein Druck auf k die Lafette wieder hebt. Die Höhenrichtung wird durch die Doppelschraube i, die Seitenrichtung mit dem Speichenrad f genommen, welches die Oberlafette dreht. Bedienung: 2 Mann; Gewicht

d **Krupp'sche 12 cm-Kanone L/25 in Senklafette auf Eisenbahnwagen.**

der Panzerlafette mit Vorpanzer ohne Kanone: 14700 kg; Vorpanzer: 4900 kg; Rohr mit Verschluss: 180 kg: Feuergeschwindigkeit: 30—35 Schuss in der Minute.

Abbildungen s. Seite 633—636

Senkschuss. Ein mit Senkung (s. d.) abgegebener Schuss.

Senkung. Schussrichtung, bei der, im Gegensatz zur Erhöhung, der Abstand der Seelenachse vom wagerechten Geschützstand an der Mündung kleiner ist als am Seelenboden.

Senne. Truppen-Uebungsplatz. Dort befindet sich eine Garn.-Verw. — Die Komdtr. s. Neuhaus.

Sepoy ist der Name für die eingeborenen indischen Soldaten, die unter englischen Offizieren stehen.

Serbelloni, Graf, österreichischer Feldmarschall (1702—78), zeichnete sich bei Collin aus.

Serbien. Armee.
Im Frieden:

1. Division	Morava	16	Komp.	—	Esk.	7	Batt.
2. „	Drina	16	„	—	„	7	„
3. „	Donau	16	„	5	„	7	„
4. „	Schumaja	16	„	3	„	7	„
5. „	Timok	16	„	3	„	7	„
		80 Komp.		11 Esk.		35 Batt.	

Friedensstärke: 15000 Mann.
Im Kriege
werden die Divisionen durch Einziehung auf je 21000 Mann gebracht, so dass die
Feld-Armee 105575 Kombattanten beträgt.

Im Kriege treten noch hinzu 2 Aufgebote, Bans. Die gerechnet werden auf 1. Bans: 123000 Mann, 2. „ 63000 Mann.

Sereschaner (Rothmäntel), waren berittene, den österreichischen Grenzregimentern zugetheilte Soldaten, die besonders im kleinen Kriege gebraucht wurden. Sie gelangten, mit Gewehr, Pistolen und Handjar bewaffnet, im 7jährigen Kriege zu einiger Bedeutung.

Serrano, Franz, spanischer Marschall und Staatsmann, nahm 1830 Partei für die Königin gegen Don Carlos; gehörte 1839 zur Partei des Regenten Espartero, verliess diesen 1842 und wurde Königin Isabella's Günstling, unter Lopez Kriegsminister, 1847 General-Kapitän von Granada und Madrid, 1854 unter Espartero General-Direktor der Artillerie, 1856 General-Kapitän der Armee, 1859 General-Kapitän von Cuba, 1862 zum Herzog de la Torre ernannt, 1865 Präsident des Senats; betheiligte sich dann an dem Aufstande Marschall Prim's, wurde in Folge dessen verbannt, trat 1868 an die Spitze der Revolution, schlug die königlichen Truppen bei Cordova, wurde 1869 Regent, 1873 Minister-Präsident des Königs Amadeus, spielte im jüngsten Karlistenkriege gegen Don Carlos eine Rolle.

Serrurier, Jérôme, Pair und Marschall von Frankreich (1742—1819), kommandirte 1795/96 als Divisions-General in Italien, zwang 1797 Mantua zur Kapitulation, musste sich 1799, bei Cassano von den Russen eingeschlossen, dem General Suwarow ergeben, unterstützte Bonaparte 1799 beim Staatsstreich; 1814 von Ludwig XVIII. zum Pair erhoben, wurde S. wegen Parteinahme für Napoleon 1815 seiner Stellung enthoben.

Servance, Ballon de, Fort. S. Belfort.

Servis s. auch Miethsentschädigung. Der S. wird eingetheilt in: Personen-S., Stall-S., Geschäftszimmer-S., S. für kasernirte Offiziere und Beamte und S. für Dienstwohnungs-Inhaber. Der Personen-S. ist die Geldvergütung, welche entweder den Militärpersonen zur Selbstbeschaffung ihrer Wohnungsbedürfnisse für sich, die Offiziere etc. auch für ihre Burschen oder Diener (Selbstmietherservis), oder den Quartiergebern für die Hergabe dieser Wohnungsbedürfnisse gezahlt wird (Naturalquartierservis). Der Stall-S. umfasst die Vergütung für die Pferdestallung und die dazu gehörigen Geräthe. Zur Unterhaltung der letzteren, sowie für Erleuchtung und Reinigungsmaterial ist der Erlös aus dem Stalldünger bestimmt. Für Geschäftslokale wird — sofern dieselben nicht in Natur gewährt werden — der entsprechende Servis gewährt, von welchen $2/3$ auf den Raum, $1/6$ auf Ausstattung und $1/6$ auf Beheizung und Beleuchtung entfällt. Kasernirte Offiziere erhalten zur Bestreitung kleiner Quartierbedürfnisse eine Entschädigung und zwar: Hauptleute etc. 72 Mk., Lieutenants 45 Mk. jährlich. Die mit Dienstwohnungen versehenen Militärpersonen haben nur auf $1/3$ des jährlich tarifmässigen Personen-S. Anspruch. Dieser Antheil wird in Monatsraten: für die 6 Sommermonate mit $1/4$, für die 6 Wintermonate mit $3/4$ gewährt. S. die Tarife a) für das Selbstmiether-Quartier, b) für das Natural-Quartier unter S.-Tarif.

Servis-Abtheilung im Militär-Oekonomie-Departement des Kriegsministeriums, umfasst als Geschäftskreis die Garnisonanstalten, Dienstrechnungen, Offizier-Speiseanstalten, Unterbringung der Truppen und deren Servisgebührnisse, Garnisonverwaltungen u. s. w., Unterhaltung der Uebungsplätze, Flurentschädigungen.

Servis-Tarif s. Seite 638 und 639.

Setzwaage zur Absteckung wagerechter Linien ist ein hölzernes gleichschenkliges rechtwinkliges Dreieck, von dessen Winkelspitze ein Bleiloth hängt, das unten in eine Vertiefung einspielt, die dazu gehörige Setzplatte (1—2 m lang) muss genau gearbeitet sein.

Seuchenkranke finden in Sonderhäusern eigene Unterkunft. Bei grösseren Epidemien werden besondere Seuchenlazarethe (Baracken) eingerichtet. Dazu gehört auch die Anlage einer Beobachtungsstation, um verdächtige Kranke zu prüfen. Das zu den Stationen bestimmte Ober- und Unterpersonal wird in geeigneten Fällen besonders dazu kommandirt.

Seydlitz (1721—1772), General der Kavallerie. Erzogen beim Markgrafen von Schwedt, wurde er im ersten schlesischen Kriege gefangen. Bei Kollin Orden pour le mérite; bei Rossbach Schwarzer Adlerorden; bei Zorndorf entschied er die Schlacht; bei Hochkirch deckte er den Rückzug; bei Kunersdorf missrieth sein Angriff; bei Freiberg führte er durch seine Reiterattacke den Sieg herbei.

Sheridan, nordamerikanischer General (1831 bis 1888), führte die Kavallerie. Vergeblich suchte er sich im Shenandoahthal zu halten. Erst 1864 konnte er mit überlegenen Kräften West-Virginien erobern, das er verwüstete. Er war 1870 im deutschen Hauptquartier, 1883 wurde er Oberbefehlshaber der nordamerikanischen Armee.

Sherman, nordamerikanischer General (1820 bis 1891). Bekannt durch seinen Marsch durch Georgien 1864, nachdem er die schwachen ihm gegenüberstehenden Kräfte gänzlich geschlagen und keinen Feind mehr gegen sich hatte. 1869 Oberbefehlshaber der Unions-Armee. Er war 1870 im deutschen Hauptquartier.

Shiloah, Schlacht, 6. u. 7./4. 1862 (Sezessionskrieg in Amerika). Hier schlug Beauregard im Verein mit Johnston den General Grant, der die Unirten führte; letzterer erhielt in der Nacht Verstärkungen durch den General Buell und warf die Konföderirten auf die Stadt Corinth.

Sicherung geschieht durch Aufklärung, erst in 2. Linie durch Deckung. Auf den Märschen in der Nähe des Feindes durch Gliederung in Vorhut etc. (s. Märsche).

S. der Ortsunterkunft nach Anordnung eines Kommandanten, der den Dienst je nach Umständen und Vorschriften regelt. In der Nähe des Feindes: Vorposten, Aussenwachen, Wachen an allen Ausgängen bezw. Durchlassposten; fleissige Patrouillen in dem Vorgelände, besonders der Kavallerie. Unter Umständen alles sich kampfbereit halten lassen; Sammel- oder Alarmquartiere.

Sicherung. Verhütet bei Handfeuerwaffen das zufällige Losgehen des Schusses. Hauptanforderung: Leichtes und rasches Sichern und Entsichern, zuverlässige Wirkung der S. Diese besteht bei dem deutschen Gewehr 88 (s. Bild) aus Walze mit Schaufel, Bund und Flügel mit Rippe. Der nach rechts umgelegte Flügel sichert; die auf die Walze aufgeschobene Schraubenfeder (s. Feder) stellt die S. in ihren beiden Lagen fest.

Servis-
für das vorübergehende Quartier,
(Natural-

Laufende No.	Bezeichnung der Chargen.	A. für Berlin.			B. für die I. Ser-		
		Jährlicher Servis-Betrag.	Davon werden gezahlt pro Winter-Monat.	Davon werden gezahlt pro Sommer-Monat.	Jährlicher Servis-Betrag.	Davon werden gezahlt pro Winter-Monat.	Davon werden gezahlt pro Sommer-Monat.
		ℳ ₰	ℳ ₰	ℳ ₰	ℳ ₰	ℳ ₰	ℳ ₰
	A. Aktive Militärs.						
1	General der Infanterie etc. / Generallieutenant etc. / Generalmajor etc.	1314 —	127 80	91 20	972 —	94 50	67 50
2	Oberst etc. / Major etc.	972 —	94 50	67 50	702 —	68 40	48 60
3	Hauptmann etc. / Lieutenant etc.	540 —	52 50	37 50	450 —	43 80	31 20
4	Feldwebel etc.	252 —	24 60	17 40	212 40	20 70	14 70
5	Portepeefähnrich etc.	147 60	14 40	10 20	126 —	12 30	8 70
6	Unteroffizier etc.	106 20	10 20	7 50	84 60	8 10	6 —
7	Gemeiner etc.	54 —	5 10	3 90	45 —	4 50	3 —
	B. Militärbeamte.						
8	General-Intendant, Feldpropst	1314 —	127 80	91 20	972 —	94 50	67 50
9	Intendant eines Armee-Korps etc., Intendantur-Rath etc.	972 —	94 50	67 50	702 —	68 40	48 60
10	Intendantur-Assessor etc., Zahlmeister etc.	540 —	52 50	37 50	450 —	43 80	31 20
11	Militärküster	216 —	21 —	15 —	180 —	17 40	12 60
12	Büchsenmacher, Sattler	126 —	12 30	8 70	108 —	10 50	7 50
	C. Stallung.						
14	Für ein Pferd eines Offiziers oder Militärbeamten	108 —	9 —	9 —	86 40	7 20	7 20
	Bei mehreren dergleichen Pferden für jedes folgende	36 —	3 —	3 —	25 20	2 10	2 10
15	Für ein Dienstpferd	21 60	1 80	1 80	21 60	1 80	1 80
	D. Geschäftszimmer, Wacht- und Arrestlokale.						
16	Geschäftszimmer	180 —	17 40	12 60	144 —	14 10	9 90
17	Für eine einzelne Wacht- oder Arrest-Stube	54 —	4 50	4 50	54 —	4 50	4 50
	Für zwei dergleichen zusammenhängende Lokale	90 —	7 50	7 50	90 —	7 50	7 50
	Für drei dergleichen	144 —	12 —	12 —	144 —	12 —	12 —
	Für vier dergleichen	198 —	16 50	16 50	198 —	16 50	16 50

(Ergänzung umstehend.)

Tarif

sowie für das Garnisonquartier der Mannschaften quartierservis).

	C. für die II.		D. für die III.			E. für die IV.			F. für die V.		
	vis-Klasse.										
Jährlicher Servis-Betrag.	Davon werden gezahlt pro		Jährlicher Servis-Betrag.	Davon werden gezahlt pro		Jährlicher Servis-Betrag.	Davon werden gezahlt pro		Jährlicher Servis-Betrag.	Davon werden gezahlt pro	
	Winter-Monat.	Sommer-Monat.		Winter-Monat.	Sommer-Monat.		Winter-Monat.	Sommer-Monat.		Winter-Monat.	Sommer-Monat.
ℳ ₰	ℳ ₰	ℳ ₰	ℳ ₰	ℳ ₰	ℳ ₰	ℳ ₰	ℳ ₰	ℳ ₰	ℳ ₰	ℳ ₰	ℳ ₰
756 —	73 50	52 50	684 —	66 60	47 40	594 —	57 90	41 10	594 —	57 90	41 10
576 —	56 10	39 90	504 —	48 90	35 10	432 —	42 —	30 —	432 —	42 —	30 —
360 —	35 10	24 90	306 —	29 70	21 30	288 —	27 90	20 10	288 —	27 90	20 10
169 20	16 50	11 70	147 60	14 40	10 20	126 —	12 30	8 70	106 20	10 20	7 50
106 20	10 20	7 50	95 40	9 30	6 60	84 60	8 10	6 —	73 80	7 20	5 10
70 20	6 90	4 80	63 —	6 —	4 50	54 —	5 10	3 90	54 —	5 10	3 90
39 60	3 90	2 70	36 —	3 60	2 40	27 —	2 70	1 80	27 —	2 70	1 80
756 —	73 50	52 50	684 —	66 60	47 40	594 —	57 90	41 10	594 —	57 90	41 10
576 —	56 10	39 90	504 —	48 90	35 10	432 —	42 —	30 —	432 —	42 —	30 —
360 —	35 10	24 90	306 —	29 70	21 30	288 —	27 90	20 10	288 —	27 90	20 10
144 —	14 10	9 90	126 —	12 30	8 70	108 —	10 50	7 50	90 —	8 70	6 30
90 —	8 70	6 30	81 —	7 80	5 70	72 —	6 90	5 10	63 —	6 —	4 50
72 —	6 —	6 —	61 20	5 10	5 10	54 —	4 50	4 50	50 40	4 20	4 20
18 —	1 50	1 50	18 —	1 50	1 50	14 40	1 20	1 20	14 40	1 20	1 20
21 60	1 80	1 80	21 60	1 80	1 80	21 60	1 80	1 80	21 60	1 80	1 80
126 —	12 30	8 70	108 —	10 50	7 50	108 —	10 50	7 50	108 —	10 50	7 50
54 —	4 50	4 50	54 —	4 50	4 50	54 —	4 50	4 50	54 —	4 50	4 50
90 —	7 50	7 50	90 —	7 50	7 50	90 —	7 50	7 50	90 —	7 50	7 50
144 —	12 —	12 —	144 —	12 —	12 —	144 —	12 —	12 —	144 —	12 —	12 —
199 —	16 50	16 50	198 —	16 50	16 50	198 —	16 50	16 50	198 —	16 50	16 50

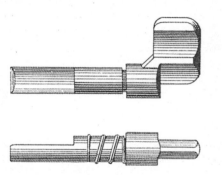

Sicherung mit Sicherungsfeder.

Bei Geschützverschlüssen wird mitunter eine S. angewendet, welche das Abfeuern verhindert, bevor der Verschluss vollständig geschlossen ist; ebenso bei **Schnellfeuerkanonen** und **Maschinengeschützen** eine andere S. gegen die schädlichen Folgen der **Nachbrenner** (verspätete Entzündung der Ladung), denen dadurch vorgebeugt wird, dass sich der Verschluss erst öffnen lässt, nachdem der Schuss abgefeuert ist.

Siegburg. Dort befinden sich Geschossfabrik, Feuerwerks-Laboratorium und Bez.-Kom. — Servisklasse 3.

Siegen. Dort steht Bez.-Kom. — Servisklasse 2.

Sigel, nordamerikanischer General (1824 geboren), floh wegen des Aufstandes in Baden vertrieben nach Amerika, wurde dort im Sezessionskriege General, ohne irgend Bedeutendes zu leisten; er trat 1864 zurück.

Sigmaringen s. Hohenzollern.

Signalbau (s. auch Trigonometr.-Abtheilung). Nach der Auswahl der definitiven Punkte erfolgt der Ausbau der Signale. Dieser wird von den hierzu kommandirten Trigonometern ausgeführt unter Beihülfe von Zimmerleuten. Dabei kommen dreierlei Arten von Signalbau in Betracht:

1. Signale zu ebener Erde. Sie erhalten als Beobachtungsstand für den Theodoliten einen Steinpfeiler, über welchem eine kleine Holzpyramide mit geschwärzter Spitze errichtet wird.

2. Signale, durch Kirch- und Aussichtsthürme dargestellt. Auf Ersteren sind meist bauliche Veränderungen wie Durchbrechungen, Holzgalerien vorzunehmen, um geeignete Standorte für Instrument und Beobachter zu gewinnen.

3. Holzthürme von verschiedener Höhe (10 bis 30 m). Diese stellen die eigentlichen trigonometrischen Signale dar.

Signale. S. dienen zur schnellen Bekanntgabe von Befehlen auf grössere Entfernungen. Bei den Fusstruppen gelangen die S. vornehmlich im Garnisondienst und im inneren Dienst der Truppe (Kaserne, Ortsunterkunft und Ortsbiwak) zur Anwendung. Bei den Uebungen bedient sich der Leitende der S., um das Gefecht zum Abbrechen zu bringen, dasselbe weiterführen zu lassen oder die Kommandeure bezw. die Adjutanten um sich zu versammeln. Im Gefecht selbst sind die S. verboten, mit Ausnahme: Rasch vorwärts! — Seitengewehr pflanzt auf! — und Achtung! — Bei allen Fusstruppen werden die S. von den Spielleuten auf den Signalhörnern geblasen. Bei den berittenen Truppen lässt sich die für die Fusstruppen angeordnete Beschränkung in Anwendung der S. nicht durchführen. Die Art des Dienstes macht die S. zum Theil unentbehrlich. In welchem Umfange aber auch hier nur S. zur Anwendung gelangen, hängt von der Gefechtslage und von der Nähe anderer Truppentheile ab.

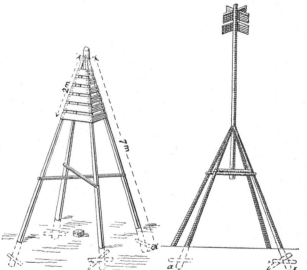

Signalbau.

Die Anwendung von S., welche Missverständnisse bei anderen Treffen zur Folge haben können, ist unstatthaft. Wo es sich um überraschendes Auftreten handelt, ist die Anwendung von S. ebenso wie die lauteren Kommandos ausgeschlossen. Die S. der Kavallerie zerfallen in solche, welche nur von den Regimentskommandeuren und höheren Truppenbefehlshabern ausgehen (Ausführung geschieht erst auf Kommando der Eskadronchefs etc.) und solche, welche von den Befehlshabern jeder selbstständigen Truppe angewendet und dann entweder ohne jedes weitere Kommando ausgeführt werden, sobald sie verstanden sind, oder zu denen auch dann noch das Kommando abgewartet werden muss (Aufsitzen, Absitzen). Die von den höheren Befehlshabern ausgehenden S., denen Kommandos des Eskadronchefs zu folgen haben, werden nur von den bei den Brigade- und Regimentskommandeuren reitenden Trompetern nachgeblasen. Die S. dagegen, welche ohne Kommando auszuführen sind, werden auch von den bei den Eskadronchefs reitenden

Trompetern nachgeblasen. Die übrigen bei den Eskadrons befindlichen Trompeter blasen nur beim Vorgehen zur Attacke die S. für die Gangarten, ferner die zur Beendigung der Attacke, während des Handgemenges, während des Verfolgens und zum Sammeln gegebenen S. Das S.: Divisions-Ruf! wird jedoch nicht nachgeblasen.
Allgemein: Das einzige allen Truppengattungen gemeinsame S. ist „das Ganze". Im Uebrigen haben die Fusstruppen und die berittenen Truppen abweichende S., was sich schon aus der Verschiedenartigkeit der zur Anwendung kommenden S.-Instrumente ergiebt. Die vorkommenden S. sind am Schluss der Exerzierreglements jeder Waffengattung mit den zugehörigen Noten aufgeführt.

Signalfeuer. Zum Geben verabredeter, dem Auge wahrnehmbarer Zeichen. Es dienen hierzu Fanale, Raketen und dergl. Neuerdings sind die S. meist durch Telegraph und Fernsprecher ersetzt worden.

Signalkorps war in der Conf. Armee für jede Armee eingerichtet mit weiss und rothen Flaggen, die von hohen Punkten (Bäumen) Nacht und Tag ziemlich sicher funktionirten.

Signalstationen wurden im Sezessionskriege durch ein eigenes Signalkorps angelegt. Die Signale wurden in farbigen Flaggen (in Wäldern weiss, am Himmel roth) Nachts mit Laternen gegeben.

Signaturen sind bestimmte Zeichen für örtliche Gegenstände und Truppen auf den Karten, die in jedem Lehrbuche zu finden sind.

Silberberg, Festung im Glatzer Gebirge, die 1861 geschleift wurde.

Silistria, bulgarische Festung, 3.—10./6. 1810 von Kamenskoi belagert und genommen. 21./7. bis 10./11. 1828 vergeblich belagert unter Roth. 16./5. bis 30./6. 1829 durch Kapitulation genommen. Juni 1854 ohne Erfolg von den Russen belagert.

Sillé le Guillaume. Verfolgungsgefecht 14./1. 1871 nach Le Mans.

Simulation heisst das Vorschützen von Krankheit mit der Absicht, sich dem Militärdienste zu entziehen.

Sinope. Seeschlacht 30./11. 1853, in der die türkische Flotte von der russischen vernichtet wurde.

Sinsheim (Baden). Schlacht 16./6. 1674 zwischen Turenne und Prinz Karl von Lothringen, in der letzterer zum Rückzuge gezwungen wurde.

Sipka-Pässe (auch Schipka oder Sibka) heisst ein Balkanpass mit grossen Steigungen, schmaler Strasse, der eine bedeutende Rolle im russischtürkischen Kriege 1877/78 spielte. Am 17./7. 1877 griffen die Russen unter Gurko von Norden her die Pässe an, wurden zurückgeschlagen; am 19./7. wurde der Pass durch Kapitulation genommen. Die Russen verschanzten die Stellung (s. Plan Seite 736), wurden am 20. bis 27./8. von Suleiman Pascha, sowie am 17./9. heftig doch vergeblich angegriffen. Vom 7. bis 9./1. 1878 hartnäckige Kämpfe im Südeu des Passes. Die Türken unter Wessel Pascha kapitulirten bei Schejnowo.

Skalitz. Treffen 28./6. 1866. (S. Plan v. Nachod.) Nachdem das österreichische 6. Korps von Steinmetz (5. Korps) bei Nachod geschlagen worden war, nahm das österreichische 8. Korps Stellung bei Skalitz. Trotzdem Steinmetz die ihm zugesagte Hülfe vom Gardekorps (das bei Soor engagirt war) nicht erhielt, liess er unverzüglich den Feind angreifen, Dubenetz und den Eichwald nehmen. Auch der Bahnhof und Zlitsch wurden genommen; dann Skalitz selbst von allen Seiten angegriffen und gestürmt.

Skelett-Exerzieren war früher, als die künstlichen „Deployements" Sitte waren, eine oft wiederholte Uebung, bei der die Chargen und Flügelleute das Bataillon markirten. Es bildete für die jungen Offiziere eine gute Vorschule.

Skio (Chios). 6./7. 1770 Vernichtung der türkischen durch die russische Flotte.

Skizze in einfachster Form statt Kroki kann zu Pferde entworfen werden, um schnell die Lage zu erörtern. Dabei sind entbehrliche Kartensignaturen wegzulassen. Maassstab nicht erforderlich. Entfernungen, die wichtig sind, einzuschreiben, ebenso Breite des Wasserlaufes etc. Die S. soll nur dazu dienen, die Verhältnisse klar zu legen. Sie wird z. B. von den Vorposten-Kommandos, besonders der Kavallerie mitgegeben werden. Auch den Meldekarten sind S. oder Uebersichts-S. neben Kroki beizufügen, wo es nöthig erscheint.

Skobelew, russischer General der Infanterie (1843—1882). Im Feldzuge gegen Chiwa 1873 gab er Beweise seiner hervorragenden Eigenschaften, auch in dem Feldzuge gegen Kokhand 1875/76. 1877/78 zeichnete er sich bei Plewna aus, erhielt das 4. Armee-Korps. 1880 zeichnete er sich in Mittel-Asien besonders beim Sturm auf Geok Tepe aus.

Skrczynecki, Johann, polnischer General (1787 bis 1860), diente mit Auszeichnung in der polnischen Armee in den Feldzügen Napoleons, 1831 zum Oberkommandanten der polnischen Armee erwählt, formirte er diese neu, wurde aber nach 6 Monaten wegen zögernder Haltung vom Reichstage abgesetzt und trat nach Krakau über, lebte in Prag, dann in Brüssel, wo er zeitweilig den Befehl über die Armee übernahm.

Smith, Sir Sidney (1764—1840), englischer Admiral, bekannt durch seine heldenmüthige Vertheidigung von Jean d'Acre 1799. 1807 brach er mit Gewalt durch die Dardanellen und vernichtete ein türkisches Geschwader.

Sobiesky, Johann, König von Polen (1629 bis 1696), schlug 1670 die Tartaren und Kasaken, siegte 11./11. 1673 glänzend bei Choczim über die Türken, trug 1683 viel zur Befreiung Wiens bei.

Soest. Dort stehen 3. Abtheilung 2. Westfälischen Feldartillerie-Regiments No. 22. Bezirks-Kommando. — Servisklasse 3.

Sohrau i. O.-Schl. Dort stehen 4. Eskadron Ulanen-Regiments v. Katzler (Schles.) No. 2. Garn.-Laz. — Servisklasse 4.

Soissons. Belagerung 28./9.—15./10. 1870, ergab sich an den Grossherzog von Mecklenburg.

Sold. S. Löhnung.

Soldbücher dienen als Ausweis über erfolgte Zahlung der Geldgebührnisse an die Soldaten, auch als Ueberweisungspapier. Im Felde erhalten auch Offiziere und Beamte S., in welche die zuständigen Gebührnisse eingetragen werden.

Soldau. Dort stehen: 3. Bat. Inf.-Rgts. Graf Dönhoff (7. Ostpreuss.) No. 44, Garn.-Verw. und Laz. — Servisklasse 5.

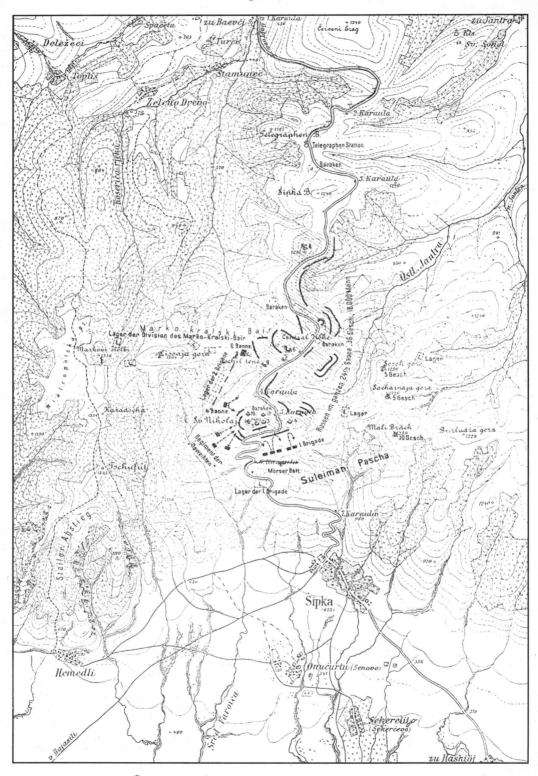

Sipka-Pässe.

Solferino. Schlacht 24./6. 1859 zwischen den Oesterreichern und den mit den Sardiniern verbündeten Franzosen. Anfangs unentschieden gelang es um 3 Uhr Nachmittags den Franzosen, Solferino und Cassiano zu nehmen, damit den Schlüsselpunkt der österreichischen Stellung zu gewinnen und deren Mitte zu durchbrechen. Die österreichische Armee trat um 4 Uhr unverfolgt den Rückzug über den Mincio an. Während das Centrum der Oesterreicher der Gewalt des feindlichen Ansturmes weichen musste, kämpfte deren rechter Flügel sieghaft. Benedek drängte die südlich des Garda-Sees vorgehenden Piemontesen wiederholt zurück und behauptete die Höhe von San Martino. Erst gegen Abend und nur in Berücksichtigung der allgemeinen Schlachtlage trat auch Benedek den Rückzug an. Der Verlust der Oesterreicher betrug 22 350, jener der Franzosen 17 185 Mann.
Plan s. nächste Seite.

Solingen. Dort steht: Bez.-Kom. — Servisklasse 3.

Soltau. Dort befindet sich die Kommandantur des Truppen-Uebungsplatzes Münster. — Servisklasse 5.

Soltikow, Graf, russischer Feldmarschall (1732 bis 1772), führte 1759 gegen Preussen, siegte (unterstützt von Fermor) bei Kay und Kunersdorf, liess 1760 die verbündeten Oesterreicher aus politischen Gründen fast im Stich und trat dann zurück.

Sombacourt. Gefecht 29./1. 1871 der deutschen Südarmee gegen die Franzosen im Jura; der Feind wurde erst aus dem Walde von S., dann aus dem Dorfe S. geworfen und gleichzeitig das Dorf Chaffois von den 53ern erstürmt (19 Geschütze, 4000 Gefangene genommen).

Sommacampagna (nahe Custozza), 23./7. 1848 Gefecht zwischen Oesterreichern und Sardiniern. Von den Oesterreichern erstürmt, am 24. von dem Herzog von Genua wieder genommen, doch am 25. von ersteren wieder zurück erobert. 24./6. 1866 in der Schlacht bei Custozza war S. der Schlüsselpunkt der Stellung.

Sommerröcke (Litewka) sind erlaubt innerhalb der Kasernen, Reitplätze etc., in Ortsunterkunft, im Dienst, wenn die Mannschaften in Drillichjacken etc. erscheinen, beim Turnen, Fechten, auf der Schwimmanstalt und in Bureaus — auf den Strassen verboten.

Somosierra. Gefecht 30./11. 1808. zwischen Spaniern und Franzosen, wurde durch eine glänzende Attacke der polnischen Lanciers gegen eine spanische Batterie zu Gunsten Napoleons entschieden.

Sonderburg-Düppel. Dort stehen: 3. Bat. Füs.-Rgts. Königin (Schleswig-Holstein) No. 86, Garn.-Verw. und Laz. — Servisklasse 2.

Sonderhäuser und Sonderstationen. Siehe Seuchenkranke.

Sondershausen. Dort stehen: 1. Bat. 3. Thüring. Inf.-Rgts. No. 71, Bez.-Kom., Garn.-Verw. und Laz. — Servisklasse 3.

Sonntag ist in den Manövern Ruhetag; auch in den Garnisonen ist er zu achten. Bei der Rückkehr von den Herbstübungen darf der Sonntag zum Marschiren ausnahmsweise dann benutzt werden, wenn mit dem Marsche am S. die Garnison erreicht wird. Muss der Sonntag zum Marschiren benutzt werden, so ist beim Durchmarsch wie beim Einrücken jede Störung des Gottesdienstes sorgfältig zu vermeiden, daher auch zu marschiren, ohne das Spiel zu rühren.

Sonntags- und Festtags-Kirchenbesuch. Die Bestimmung der Garnisondienst-Vorschrift, nach welcher unter gewöhnlichen Verhältnissen kein Soldat an Sonn- und Festtagen am Kirchenbesuch behindert werden soll, erstreckt sich auch auf den freiwilligen Kirchenbesuch.

Soor. Schlacht 30./9. 1745. Die österreichischen Batterien von Trautenau wurden von der preussischen Infanterie gestürmt, ebenso zeigte sich die preussische Kavallerie der österreichischen überlegen. König Friedrich bezeichnete die Schlacht als eine der heissesten, die er geschlagen.

Treffen am 28./6. 1866. (Plan s. Trautenau.) Am 27. war das erste Korps bei Trautenau geschlagen, am 28. ging die Garde auf Burkersdorf vor und gerieth auf die linke Flanke des gestern siegreichen Korps Gablenz. Die Kämpfe spielten sich um die Dörfer Neu- und Alt-Rognitz ab, die schliesslich genommen wurden, worauf die Oesterreicher sich zurückzogen.

Sotnie. In Russland eine Unterabtheilung, gleich der Kompagnie, Eskadron.

Soubise, Prinz von, Marschall von Frankreich (1715—1787). Wurde von Friedrich dem Grossen bei Rossbach völlig geschlagen. Da er Günstling des Hofes war, behielt er das Kommando des Heeres, er holte sich bei Lutternberg den Marschallstab, zeigte von da ab aber seine alte Indolenz und Unfähigkeit.

Souham, Graf, französischer Divisions-General (1760—1837). Führte unter Napoleon von 1794 an ein Korps, meist in Spanien, später auch 1813 und 1814 in Deutschland und Frankreich.

Soult, Herzog von Dalmatien, Marschall von Frankreich (1769—1851). Er führte 1805—1807 das 4. Armeekorps mit Auszeichnung, kämpfte ebenso von 1808 ab in Spanien. Er war später mehrmals Kriegsminister.

Spaen, Freiherr von, preussischer Feldmarschall (1619—1693). Führte 1690 die Brandenburger Truppen in den Niederlanden.

Spahis, ursprünglich irreguläre türkische Reiterei; in neuester Zeit aus Eingeborenen Algiers gebildete, von französischen Offizieren befehligte Kavallerie in arabischer Tracht.

Spandau. Dort stehen: Komdtr., Komdtr. des Truppenübungsplatzes Döberitz, Stab, 1., 2. und 4. Bat. Königin Elisabeth-Garde-Gren.-Regts. No. 3, Königin Augusta-Garde-Gren.-Regt. No. 4, Inf.-Schiessschule, Gewehr-Prüfungs-Kom., Gewehrfabrik, Munitionsfabrik, Stab und 1. Bat. Garde-Fussart.-Regts., Art.-Konstruktions-Bureau, Art.-Werkstatt, Geschützgiesserei, Feuerwerks-Laboratorium, Pulverfabrik, Versuchsstelle für Sprenggeschosse, Brandenburger Train-Bat. No. 3, Festungs-Gefängniss, Bekleidungs-Amt des III. Armeekorps, Art.-Depot, Fortifikation, Traindepot, Proviant-Amt, A. K. F., Garnison-Verwaltung, Garnison-Lazareth. — Servis-Klasse 1.

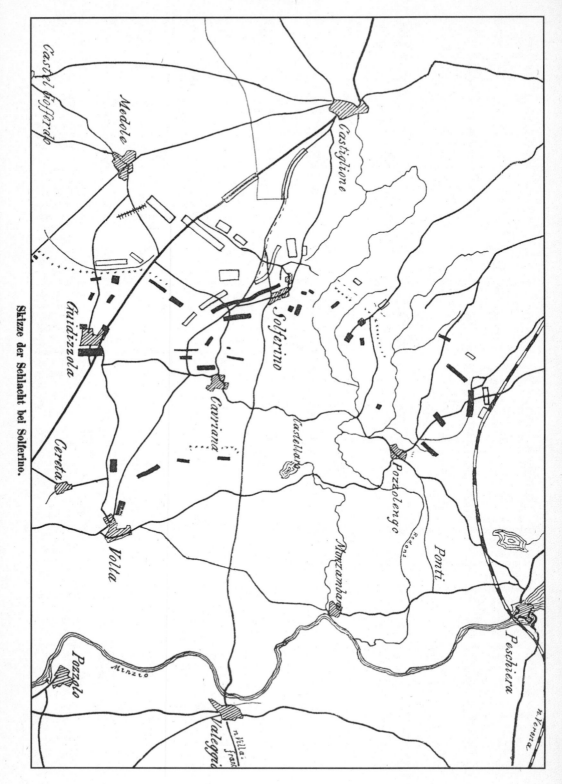

Skizze der Schlacht bei Solferino.

Spanien. Armee. Im Frieden.

			Komp.	Jäger-Komp.	Esk.	Batt.
1.	Armee-K.	Madrid	80	16	28	14
2.	„	„ Sevilla	64	16	16	8
3.	„	„ Valensia	56	8	8	8
4.	„	„ Barcelona	64	16	20	8
5.	„	„ Zaragoza	32	—	8	4
6.	„	„ Burgos	64	16	16	12
7.	„	„ Walladolid	40	8	16	8
		Sa.	400	80	112	62

Ausserdem 4 Batt., 26 Fuss-Art.-Komp. und 32 Pionier-Komp.

Friedensstärke:
In Spanien 82 000 Mann.
Auf Kuba 13 000 „
In Philippinen 11 000 „
In Porto-Rico 7 000 „
Gendarmerie 15 400 „
Zollwächter 14 000 „

Spanien beginnt mit der Reduktion der Armee, besonders in Beziehung auf die Stärke der Kadres.

Im Kriege werden nur die Kadres erhöht, man rechnet auf 176 090 Mann mit 590 Geschütze.

Spanisches Gewehr M/93. Mauser; 7,00+0,05 mm Kaliber, Dolchbajonett, Handschutz aus Holz, konzentrische rechts gewundene Züge, Rahmenvisir, Kolbenverschluss mit Drehbewegung und zwei senkrechten Stützwarzen, Mehrladevorrichtung, Kasten im Mittelschaft, der mit 5 Patronen durch Abstreifen der Ladestreifen unter gleichzeitigem Hinabdrücken in den Kasten zu füllen ist. Die Patrone mit Eindrehung am Hülsenboden für den Auszieher ist mit rauchschwachem Schiesswollpulver (Blättchen) geladen. Geschoss mit Hartbleikern und nickelplattirtem Stahlblechmantel. Geschossgeschwindigkeit an der Mündung: 710 m (von anderer Seite auch 728 m angegeben); 25 m vor der Mündung: gegen 685 m. Die Feuergeschwindigkeit beträgt bei Mehrladung 26 gezielte Schuss, die mechanische Schnellfeuerleistung bis 40 Schuss in der Minute. S. a. Gewehr.

Spannung heisst bei Fahrbrücken die Entfernung von Joch zu Joch bezw. zum Ufer.

Spaten führt jede Infanterie- etc. Komp. 100, jede Kav.-Esk. 8, jede Pionier-Feld-Komp. 88 als tragbares Schanzzeug mit sich.

Spath. Dagegen kalte Umschläge und reizende Einreibungen. Man wende sich bald an einen Rossarzt.

Speck muss reine Farbe haben, nicht ranzig sein; grosse Portion im Frieden 150 g, im Kriege 200 g geräucherten Sp.

Speckbacher (1764—1825) war bekanntlich einer der tapfersten Führer der Tyroler zur Zeit A. Hofers, dessen Schicksal er sich 1809 durch die Flucht entzog.

Speckle (1536—89) war Begründer einer Befestigungsmanier.

Spelerbach (bayrische Pfalz). Schlacht 15./11. 1703, in der die Franzosen unter Tallart die Deutschen, die zum Entsatze von Landau herbeikamen, überraschten und schlugen.

Spencergewehr besteht in den Vereinigten Staaten Nordamerikas.

Sperren. Thal-Sp.: Strassensperre auf der Thalsohle, Flügelwerke auf den Thalhängen, Werke (Blockhäuser) auf sekundären Wegen, Rückenwerke.

Pass-Sp.: Strassensperre im Sattel, manchmal auch Flügelwerke.

Strassen- und Eisenbahn-Sp.: Geschützblockhäuser, im Feuerbereiche gelegene Absperrung der Strasse oder Eisenbahn, Herrichtung derselben zur Zerstörung.

Brücken-Sp.: Einzelne Brückenschanzen, Annäherungshindernisse. Brücke zur Zerstörung vorbereiten.

Fluss-Sp.: Werke, die das Fahrwasser gut beherrschen, Minen im Wasser, versenkte Schiffe etc.

Sperren (Hafensperrungen) zur Vertheidigung von Häfen und Flussmündungen, gebrauchte Annäherungshindernisse, bestanden in alter Zeit aus einer Reihe verankerter mit schweren Ketten verbundener Schiffe, aus unter Wasser eingerammten Pallisadenreihen u. s. w. In neuester Zeit benutzt man als Sp. verankerte Holzflösse aus starkem Bauholze; grosse Netze, wie sie Seefischer verwenden; schwere Drahttaue; grosse versenkte Schiffe. Alle Sp. sollen unter dem Feuer der Küstenbefestigungen liegen. Die besten Sp. sind die Torpedosperren. Im amerikanischen Sezessionskriege spielten die Sp. eine hervorragende Rolle.

Sp. müssen unter Feuer liegen, sonst sind sie leicht zu beseitigen. Man versenkt Schiffe (Sebastopol), wenn man die Sp. dauernd ausführen will. Sonst Torpedos, Ketten, Trossen, Netze, Bäume u. s. w. Torpedos sind mit Vorsicht anzuwenden, da sie bei Ebbe und Fluth entweder sichtbar sind, oder zu tief liegen, um wirken zu können. Ihre Anlage richtet sich nach den örtlichen Mitteln und sonstigen Verhältnissen.

Sperrung von Bahnen auf Wochen und Monate durch Zerstörung darf nur nach Bestimmung der obersten Heeresleitung, der Oberkommandos einer Armee oder des selbstständigen Generalkommandos ausgeführt werden. Gelegentliche Unterbrechung auf Stunden und Tage kann unter eigener Verantwortung von jedem Befehlshaber angeordnet werden; besonders bei Rückzügen. Kavallerie kann solche Unterbrechungen ausführen. Grössere werden durch Pioniere oder Eisenbahntruppen bewerkstelligt. Ist Niemand derselben da, Wegnehmen der Schienen und Bewachen der Stelle.

Spezialidee s. Herbstübungen.

Spezialübungen sind Bewegungen zur Stärkung vernachlässigter Muskeln, auch zur Hebung leichter körperlicher Fehler. Sie müssen unter Aufsicht eines sachverständigen Lehrers geschehen.

Spezialwaffen sind Fuss- und Festungsartillerie, Pioniere, Eisenbahntruppen, Luftschiffer.

Spezifisches Gewicht s. Dichte.

Spicheren. Schlacht 6./8. 1870. General v. Kamecke (14. Division) bemerkte Abzug der Franzosen, beschloss den Angriff, der rechts im Stieringer Waldstück und links 4 km davon auf dem Rothen Berge begann und stets verstärkt von herbeieilenden Truppen der 1. Armee sich auf diesen beiden Theilen fortspann. Besonders hartnäckig auf den Spicherer Höhen, auf denen sich

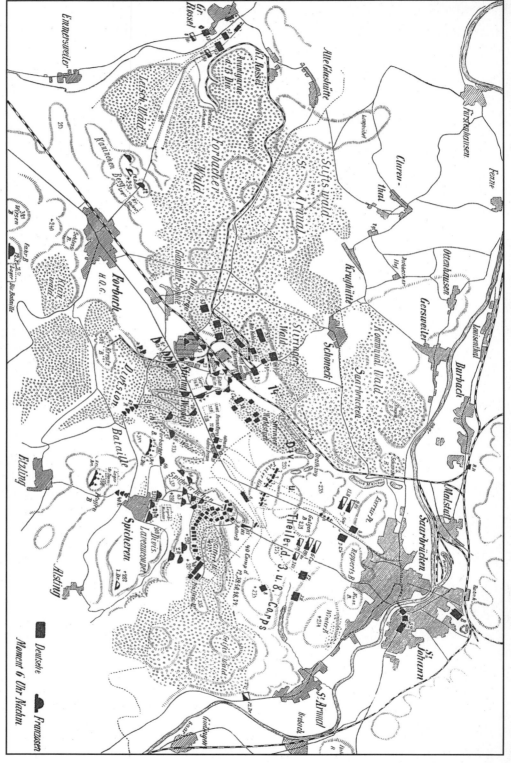

Plan zur Schlacht bei Spicheren am 6./8. 1870.

schliesslich 40 Kompagnien der verschiedensten Regimenter zusammenfanden; die Artillerie auf der **Folsterhöhe**, zwischen beiden fechtenden Theilen, machte die Verbindung. Erst als auf der grossen Chaussee in der Mitte einige Gebäude genommen waren und von hier aus die Spicherer Höhen in die Flanke genommen wurden, auch die Division Glümer bei Forbach im Rücken des Korps Frossard erschien, mussten die Franzosen zurückgehen, obgleich mehrere Korps derselben nahe genug standen, um den bedrängten Divisionen Hülfe leisten zu können. Die Franzosen zogen sich unter Bazaines Kommando vereinigt nach Metz zurück.

Spiegelführung. Giebt Geschossen von kleinerem Durchmesser als die Laufweite Führung in den Zügen; wurde bei dem preussischen Zündnadelgewehr, der Zündnadelwallbüchse m/62 und der Zündnadelstandbüchse angewendet. Der vorn mit Geschosslager, hinten mit Zündpille versehene **Zündspiegel** aus Papiermasse (s. Bilder) übertrug die ihm beim Schuss von den Zügen ertheilte Drehung um die Längenachse durch Druck und Reibung auf das Geschoss, von dem er sich vor der Mündung abstreifte. — Vortheile: erhebliche Schonung der Züge; keine Verschiebungen des Geschossmetalls durch Einschneiden der Felder; grössere Druckfläche der Pulvergase, daher unter sonst gleichen Verhältnissen höhere Mündungsgeschwindigkeit mit geringerem Gasdruck erreichbar; Nachtheil: verminderte Treffähigkeit bei unregelmässigem Abstreifen des Spiegels. Neuerdings ist die Sp. von Oberst **Spohr** empfohlen und bei dem Hohlgeschoss (s. d.) von **Hebler-Kruka** wieder angewendet worden.

Spiegelführung. (Nach Schott, Waffenlehre.)

Spiel. Rühren des Sp. beim Vorpostengros — ausser bei Alarm — verboten. Beim Marsch durch Ortschaften, sowie bei grosser Ermüdung wird zweckmässig das Sp. gerührt. In Biwaks Abends Musik, wenn der Feind so weit ab ist, dass er sie nicht hört. Ist Sonntags Marschiren unerlässlich, wird in Ortschaften kein Spiel gerührt, um den Gottesdienst nicht zu stören.

Spielleute sind die Trommler und Pfeifer einer Truppe (nicht Hoboisten). Den Platz der Sp. auf dem Marsche bestimmt der Bataillonskommandeur. Ein Hornist (Trompeter) marschirt (reitet) hinter dem Bataillon (Eskadron, Batterie), um auf Befehl das Signal „Ruf" zu blasen, wenn das Freimachen der einen Strassenseite besonders wichtig ist. Die Quartiere der Sp. sind besonders zu markiren. Jede Aussen- und Innenwache im Felde und auf Vorposten erhält einen Spielmann.

Spielraum ist der Unterschied zwischen dem Geschoss- und dem Rohrdurchmesser. Er besteht bei allen Vorderladern; bei gezogenen Hinterladern erscheint er damit, dass der Ladungsraum einen grösseren Durchmesser hat, als der gezogene Theil, beseitigt.

Splone. S. Nachrichten und Meldewesen.

Spitze. 300—400 m vor der Vortruppe befindet sich Infanterie-Spitze (1 Offizier und 1 Sektion), ev. in aufgelöster Ordnung, 300 bis 400 m vor derselben marschirt die Kavallerie-Spitze, der ersteren werden bei guten Strassen Radfahrer mitgegeben zur Deckung nach rückwärts. Die Kavallerie-Spitze besteht aus 1 Offizier und 4—6 Reitern, 1 bis 2 bleiben auf der Strasse, mit den anderen spähen sie von etwaigen seitwärtigen Höhen. (Lanze auf Lende, Karabiner an Ort.)

Spitze kleinsten Widerstandes. Geschossspitze, welche die für Ueberwendung des Luftwiderstandes günstigste Form besitzt, also den Geschwindigkeitsverlust des fliegenden Geschosses möglichst verringert. Nach der mathematischen Bearbeitung des Professors F. **August** entspricht dieser Bedingung eine flache Krümmung der Sp., welche sich an die ebene kreisrunde Stirnfläche des Geschosses mit scharfer Kante ansetzt und auch in den walzenförmigen Führungstheil mit einer Kante übergeht (s. Bild). Je länger die so konstruirte Sp. im Verhältniss zum Geschossdurchmesser ist, desto mehr verringert sich natürlich der Luftwiderstand.

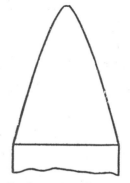

Geschossspitze kleinsten Widerstandes, 1,3 Kaliber lang.

Länge d. Spitze in Geschossdurchmessern	Durchmesser der Stirnfläche	Widerstand in Prozenten des grössten Widerstandes
0,66	0,20	28 %
1,0	0,10	16 %
1,3	0,05	10,5 %

Setzt man den Widerstand dieser Form für alle 3 Längen = 1, so erhält man für die jetzt gebräuchlichen egivalen Spitzen:

		Länge der Sp. in Geschossdurchmessern		
		0,66	1,0	1,3
Widerstände des	abgestumpft. Kreisegivals	1,35	1,44	1,45
	spitzen Kreisegivals	1,41	1,49	1,49

Die Sp.-Form der deutschen 15 cm-Granate C/83 entspricht annähernd der Sp. k. W. Eine vorn abgeflachte Spitze haben auch die französischen Gewehrgeschosse.

Spitzgräben sind Gräben ohne Sohle.

Sponton (Esponton), eine Halbpike, von den Offizieren der Infanterie bis zu Anfang dieses Jahrhunderts neben dem Degen als Paradewaffe getragen. Der Sp. der Unteroffiziere (Partisane) war etwas länger, etwa $2^1/_2$ m. Beide Arten nannte man auch, als Gegensatz zur längeren Pike, „Kurzgewehr".

Spork, Graf, österreichischer General der Kavallerie (1595—1697), führte seiner Zeit die kaiserliche Kavallerie, ohne indess besonders hervorzutreten.

Spörken, von, hannöverischer Feldmarschall (1712—62), führte unter dem Herzog von Braunschweig auch bei Minden.

Spottsylvania in Ost-Virginien. Im Mai 1864 kämpften hier amerikanische Konföderirte unter Lee und Unirte unter Grant erbittert; Grant musste weichen.

s. p. r., auch **s. v. r.** (veraltet), sub, petito, bezw. voto remissionis (bitte bezw. ersuche um Rückgabe) [s. U. R.].

Sprengel'sche Sprengstoffe. Im Jahre 1873 vom englischen Chemiker Sp. entdeckt, bestehen aus den in Salpetersäure gelösten Kohlenwasserstoffen der Benzolreihe (Benzol, Phenol oder Karbolsäure u. a. m.), die sich sämmtlich im Steinkohlentheer vorfinden, aber auch bei der Zersetzung verschiedener organischer Verbindungen entstehen. Zu den Sp. Sp. gehören Hellhoffit (s. d.) und Pikrinsäure (s. d. und Granatfüllung).

Sprengen s. Miniren.

Sprenggarbe. S. Kegel der Sprenggarbe.

Sprenggelatine (Sprenggummi). Horn- oder gummiartige Masse von Leimfarbe, besteht aus 7—10 % Kollodiumwolle, die in 90—93 % Sprengöl (Nitroglyzerin) gelöst wird. Sp. ist das kräftigste aller Dynamite.

Sprenggranate. Starkwandiges, stählernes, mit detonirendem Sprengstoff und Doppelzünder geladenes Geschoss, das sowohl durch seine Sprengstücke gegen lebende, als auch nach Art einer Mine gegen widerstandsfähige Ziele wirken soll. Der sehr grosse Kegelwinkel ihrer Sprenggarbe befähigt sie zur Bekämpfung lebender Ziele hinter Deckungen mit Brennzünder (s. Sp.-Schuss). Die Sp. ist in der deutschen, österreichisch-ungarischen („Ecrasitgranate"), russischen und anderen Feldartillerien eingeführt. Die **verlängerte Granate** (obus allongé — L/4) der französischen Feldartillerie ist dünnwandig, mit beträchtlicher Sprengladung und Anzünder versehen, hat daher mehr den Charakter einer Minengranate (s. d., auch Bild).

Sprenggranatschuss. Die Sprenggranate des deutschen Feldgeschützes liefert gegen 500 Sprengstücke; ihre Garbe bildet einen hohlen Sprengkegel, dessen äusserer Winkel etwa 110 Grad beträgt, während der innere zu rund 90 Grad angegeben wird. Unter Annahme von 110 Grad als Mittelwerth würde der Kegelwinkel betragen:

an der Mündung rund 91 Grad
auf 2000 m rund 119 Grad
„ 4450 „ „ 131 „

und die den Sprengstücken durch die Geschossgeschwindigkeit und die Sprengwirkung ertheilte Geschwindigkeit würde sich ungefähr belaufen:

an der Mündung auf 625 m
auf 2000 m auf 380 m
„ 4450 „ „ 280 „

Die Trefferdichte beträgt — 500 Sprengstücke vorausgesetzt — bei 2,5 — 5 — 10 — 20 — 30 m Abstand vom Sprengpunkt der Reihe nach: 50 — 12,5 — 3,1 — 0,8 — 0,35 Sprengstücke auf 1 qm.

Der obere Theil der Sprenggarbe wird auf allen Entfernungen steil aufwärts geschleudert und ist für die Wirkung daher gänzlich verloren. Auch von dem unteren Theil können nur die Sprengstücke gegen das Ziel wirksam werden, deren seitliche Ausbreitung nicht sehr bedeutend ist. Hieraus ist zu folgern, dass das Sprenggranatfeuer (Brennzünder) gegen Ziele dicht hinter Deckungen nur dann eine gute Wirkung ergeben kann, wenn es gelingt, die Sprengpunkte sehr genau in die vortheilhafteste Lage zum Ziel — dicht vor und über die deckende Krete — zu bringen. Dies erfordert nicht nur ein sehr sorgfältiges Schiessverfahren, sondern auch möglichst geringe Streuungen der Sprengpunkte. Aber selbst unter günstigen Verhältnissen bleibt die Zahl der getroffenen Mannschaften eine geringe, während andererseits der moralische Eindruck der gewaltigen betäubenden Detonation eine wesentliche Ergänzung der Wirkung bildet. Bild s. Schrapnelwirkung.

Sprenghöhe. Senkrechter Abstand des Sprengpunktes von einer durch die wagerechte Seelenachse gedachten wagerechten Ebene (s. auch Sprengweite).

Sprengkapsel. Besteht aus dem Kupferröhrchen a (s. Bild), dessen eines Ende geschlossen

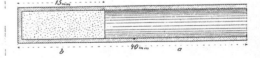

ist und eine Füllung b von 1 g Knallsatz enthält. Dient zum Detoniren von Sprengmunition C/88, Schiesswolle und Dynamit, sowie (in etwas veränderter Form) der mit Granatfüllung C/88 geladenen Hohlgeschosse (s. Zündladung).

Sprengkörper s. Sprengmunition C/88.

Sprengladung der Geschosse. Sehr verschieden nach Zweck, Art und Grösse; soll entweder nur die Geschosshülle zertrümmern und die darin enthaltenen Füllkugeln freimachen (Schrapnel: kleine Schwarzpulverladung), oder die Sprengstücke des Geschosses mit grosser Gewalt fortschleudern (Sprenggranate: detonirender Sprengstoff), oder endlich eine möglichst energische Minenwirkung ergeben (Minengranate: detonirender Sprengstoff; grosse Sp.).

Sprengmittel. Schiesspulver, Kieselguhr-Dynamit, Cellulose-Dynamit, Lithofrakteur, Rhexit, Fulgurit, Schiesswoll-Dynamit und Schiesswolle in komprimirtem Zustande.

Sprengmunition c/88, gepresste Granatfüllung (s. dort) von 1,50—1,55 Dichte, besteht aus Sprengkörpern, Bohrpatronen und Sprengpatronen. Sprengkörper: 7 cm lang, 5 cm breit, 4 cm hoch, wiegt 206 g. Bohrpatrone (walzenförmig): 3 cm Durchmesser, 7 cm Höhe, 73,5 g Gewicht. Beide Körper haben einen Zündkanal zur Aufnahme der Sprengkapsel, sind zum Schutz gegen Feuchtigkeit oberflächlich mit Paraffin getränkt und in paraffinirtes Papier eingeschlagen. Sprengpatrone: vierseitige Zinkblechbüchse, die 5 Sprengkörper in paraffinirtem Papier enthält: in der Mitte des Deckels ein Röhrchen für die Sprengkapsel; zwei auf dem Deckel aufgelötete Drähte dienen zum Befestigen der Zündmittel; Gewicht 1,25 kg.

Sprengöl oder Nitroglyzerin, Sprengstoff, dient hauptsächlich zur Fertigung der rauchschwachen N.-Pulver (Würfelpulver, Cordit, Ballistit und Filit) und der Dynamite (Sprenggelatine). Es wird durch Nitriren von Glyzerin in einer Mischsäure, die 270—300 Theile Salpetersäure und 450—500 Theile Schwefelsäure auf 100 Theile Glyzerin enthält, unter künstlicher Kühlung und stetem Umrühren mittelst eingeblasener Luft dargestellt. Nach beendeter Nitrirung lässt man das Oel und die überschüssige Säure aus den Nitrirgefässen in Bleibottiche ab, wobei die Säure zu Boden sinkt; das sodann in Wasserbehälter abgelassene S. sinkt in diesem ebenfalls zu Boden („Scheidung" und „Nachscheidung"). Es wird schliesslich in Wasser, das gelöste Soda (kohlensaures Natron) enthält, sorgfältig ausgewaschen und, um beigemengte Fremdkörper auszuscheiden, durch Filzfilter filtrirt.

Sprengpatrone s. Sprengmunition c/88.

Sprengpunkt, Punkt, in welchem ein Geschoss-Brennzünder in der Luft zerspringt. Die Lage des S. zum Ziel ist von wesentlicher Bedeutung für das Trefferergebniss und die Wirkung der Sprengtheile (s. Schrapnelwirkung und Sprenggranatschuss).

Sprengstoffe, feste oder flüssige Körper, deren Zersetzung durch Entzündung, Erhitzung, Stoss, Schlag oder Reibung bewirkt wird und die dabei beträchtliche Gas- und Wärmemengen in verhältnissmässig sehr kurzer Zeit entwickeln. Sie bestehen in der Regel entweder aus einem mechanischen Gemenge von Sauerstoffträgern und oxydirenden Körpern (z. B. Schwarzpulver) oder aus chemischen Verbindungen (Nitrate). Man unterscheidet leicht zersetzbare S. (wie Chlor- und Jodstickstoff) und schwer zersetzbare (nasse, d. h. 20% Wasser enthaltende Schiesswolle); ferner detonirende (brisante) und explodirende S. (s. Detonation und Explosion). Die detonirenden S. ergeben eine viel grössere Kraftäusserung als explodirende und haben daher letztere in allen Fällen, wo es ausschliesslich auf eine möglichst ergiebige Sprengwirkung und die Zerschmetterung widerstandsfähiger Gegenstände ankommt, grösstentheils verdrängt. Der durch den starken und vielseitigen Bedarf für Kriegs- und industrielle Zwecke hervorgerufene lebhafte Wettbewerb hat in neuerer Zeit eine ausserordentlich grosse Zahl verschiedener, aber vielfach nahe verwandter S. entstehen lassen, von denen für die Kriegstechnik vorzugsweise Schwarzpulver, Pikrinsäure (Deutschland: Granatfüllung bezw. Sprengmunition c/88, Oesterreich-Ungarn: Ecrasit, England: Lyddit, Frankreich: Melinit und Cresylit), Dynamite und Schiesswolle in Betracht kommen; Schwarzpulver nur noch in Schrapnels, Pulvergranaten und als Minenpulver, weil es sich zu Sprengungen in Erde seiner mehr treibenden Wirkung wegen besonders eignet, die nur dann zur vollen Geltung kommt, wenn das Entweichen von Gasen durch allseitige Einschliessung, wie in Minen, verhindert wird; Pikrinsäure, Dynamite, Schiesswolle und andere in Spreng-, Minen- und Dynamitgranaten, sowie bei allen Sprengarbeiten, für die Schwarzpulver ungeeignet ist.

Sprengungen mit brisanten Stoffen. Die Pioniere haben 1800 Sprengkörper, 250 Bohrpatronen, 36 Sprengpatronen und elektrischen Zündapparat mit.

Bei Balken s. Fig. 1.

Bei Thoren s. Fig. 2, mit etwa 5 bis 10 kg Dynamit.

Bei Eisenträgern, s. Fig. 3, genügen 20—40 g.

Bei Eisenbahnen, in die Weichen 1 Sprengpatrone oder 5 Sprengkörper einlegen.

(S. Dynamit, Sprenggelatine und Miniren.)

Sprengungen dienen im Feld- und Festungskriege folgenden Zwecken: Niederlegen von Mauern, Gebäuden und aufgegebenen Festungswerken, die das eigentliche Gesichts- und Schussfeld beschränken oder der Benutzung durch den Gegner entzogen werden sollen; Zerstören von Ortsverbindungen (Eisenbahnen, Dämme, Brücken, Tunnels, Hohl- und Gebirgswege), deren sich der Feind bedienen könnte; Herstellen bezw. Verbreitern von Durchgängen in Mauern, Thoren, Gittern und anderen Annäherungshindernissen; Erschweren der Annäherung des Gegners durch Land- und Wasserminen und Aufeisen von Gewässern; Verzögern des Angriffs bezw. Bekämpfen der Vertheidigung einer Festung.

Sprengweite, wagerechter Abstand des Sprengpunktes vom Ziel. Der Schusstafel der deutschen Feldkanone ist für alle Entfernungen die einheitliche S. von 50 m zu Grunde gelegt. Dies erleichtert das Schiessverfahren, ergibt im Schrapnelfeuer nahezu die grösste Wirkung gegen stehende Mannschaften, schliesst Sprengpunkte hinter dem Ziel beinahe ganz aus und liefert auch fast gar keine Aufschläge*), die richtige Sprenghöhe vorausgesetzt. Letztere (h) ist durch den Fallwinkel φ und die S. = 50 m gegeben: h = 50 tg φ. Sie beträgt auf 1000 m 1,9, auf 2000 5,3, auf 3000 10,5 auf 4000 17,7 und auf 4500 22,9 m, oder — allgemein ausgedrückt — für Entfernungen unter 2800 m etwas weniger, über 2800 m etwas mehr als $1/300$ und über 4000 m rund $1/200$ der Schussweite (Gedächtnissregel: $1/300$).

In der französischen Artillerie wird die normale Sprenghöhe zu $1/400$ der Entfernung angenommen. Das ergiebt:

Entfernung m	Sprengweite m
1000	75
2000	60
3000	46
4000	40

Sprengwerk wird angewendet als Verbindung mit Hängewerken in Brücken, Wänden, Dächern etc., aber auch zur Uebersetzung eines Kammes,

Einfaches Sprengwerk.

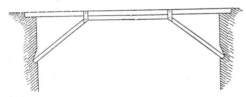

Doppeltes Sprengwerk.

einer schmalen Schlucht u. dergl., um den querüber gelegten Balken durch in den Wänden fussende „Streben" zu unterstützen, zwischen letzteren werden „Spannriegel" angebracht, welche deren obere Enden auseinanderhalten.

Sprottau. Dort stehen 2. u. 3. Abth. Feldart.-Rgts. von Podbielski (Niederschl.) No. 5, Bez.-

*) Nach den Trefffähigkeitstafeln erhält man mit 50 m mittlerer S. und normaler Sprenghöhe:

Entfernung m	Sprengpunkte hinter dem Ziel %	Aufschläge %
1000	0	2
2000	1	2
3000	1	2
4000	4	3
4500	5	5

Kom., Prov.-Amt, Garn.-Verw. und -Laz. — Servisklasse 4.

Sprungkasten. Länge: 1500—1550 mm, Breite 500, mit Polsterung etwa 530 mm.
Höhe: 1. Satz (Deckel) 200 mm ohne Polster,
2. „   . . . 200—250 mm,
3. „   . . . 300 mm,
4. „   . . . 300 mm.
Gesammthöhe: 1000—1050 mm.

Spundwände werden bei Fundamentirungen in Quellboden oder in Gewässern angewendet.

Staar, grauer, schwarzer und grüner, bei Pferden. Es ist rathsam, alsbald einen Arzt zu Rathe zu ziehen. Die Staare bei Pferden sind selten heilbar.

Staatspensionen. S. für Wittwen und Wittwenpensionen sind neben den Beihülfen aus dem Kriegsverhältniss zuständig, schliessen aber den gleichzeitigen Bezug von Wittwen- und Waisengeld aus und umgekehrt. (Näheres Buhrke.) Wittwen haben auf S. einen Gnadenmonat.

Staatssteuern, preussische, werden erhoben als:
a) Einkommensteuer: Die Steuerpflicht beginnt mit einem Einkommen von mehr als 900 M. Von der Besteuerung ist ausgeschlossen das Einkommen aus Besoldungen, Pensionen etc., welche deutsche Militär-Personen und Zivilbeamte und deren Hinterbliebene aus der Kasse eines anderen Bundesstaates beziehen, das Militär-Einkommen der Personen des Unteroffiziers- und Gemeinenstandes, die auf Grund gesetzlicher Vorschrift den Kriegsinvaliden gewährten Pensions-Erhöhungen und Verstümmelungszulagen, sowie die mit Kriegsdekorationen verbundenen Ehrensolde;

b) Ergänzungssteuer (Vermögenssteuer): Befreit sind Personen, deren steuerbares Vermögen den Gesammtwerth von 6000 M. nicht übersteigt und Personen mit nicht mehr als 900 M. Jahreseinkommen bei einem Vermögen von höchstens 20 000 M.

Stab. („Dienst in den Stäben", auch „Hauptquartier", „General-Kommando", „Divisionen").

Stabsapotheker. Bei der Medizinal-Abtheilung des Kriegsministeriums ist ein Ober-St., bei dem Sanitätsamt jeden Armeekorps ein Korps-St. als oberer Militär-Beamter angestellt. (S. Militär-Apotheker.)

Stade. Am 18./6. 1866 von den Preussen überrumpelt.
Dort stehen: 3. Bat. 1. Hans. Inf.-Rgts. No. 75, Bez.-Kom., Filiale d. Art.-Dep. in Schwerin, Garn.-Verw. u. Laz. — Servisklasse 2.

Stadtbefestigung s. Enceinte.

Stadtpostbriefe gehen selbst unter Militaria nicht portofrei.

Staffarda. Schlacht am 18./8. 1690, in der die Franzosen unter Catinat (seine erste Führung) den Herzog v. Savoyen (Spanier und Kaiserliche) schlugen.

Staffeln s. Echelons. Angriffe in St. kommen häufig vor, wenn die Front eine Richtungsveränderung macht und nicht Zeit zum Aufmarsch vorhanden ist.

Man nennt im Grossen in der Organisation der Heere die verschiedenen Aufgebote: in Linie, Reserve, Landwehr, Landsturm, Staffeln der Armee.

Die Artillerie theilt die Munitionskolonnen in Staffeln.

Stahl. Der edelste und technisch am weitesten fortgeschrittene Werkstoff für alle besonders stark beanspruchten Theile der Feuerwaffen (Läufe, Rohre, Verschlüsse, Schlösser, Lafettenwände u. a. m.), sowie für blanke Waffen. Der St. wird unmittelbar aus Eisenerzen oder aus Schweisseisen, neuerdings indess am häufigsten aus Roheisen dargestellt (Flussst.) und unterscheidet sich in der Zusammensetzung dadurch wesentlich vom Eisen, dass er den Kohlenstoff (0,3—1,5 %) in chemisch gebundenem Zustande enthält. Als vorzüglichster St. für Geschützrohre gilt der (in feuerfesten Tiegeln geschmolzene) Tiegelflussst. (Krupp'scher Kanonenst.); doch hat man auch schon mit anderen Flussstahlarten (Martinst. u. a.) sehr gute Ergebnisse erzielt. Die Gussblöcke werden unter schweren Dampfhämmern oder mittelst sehr kräftiger hydraulischer Pressen weiter verarbeitet. Auch kann schon der flüssige St. einer starken Pressung unterworfen werden, welche den Rauminhalt der geschmolzenen Masse um 12 bis 16 % verringert, also eine beträchtliche Verdichtung herbeiführt und zugleich die im Guss enthaltenen Gasbläschen theilweise austreibt (Whitworth). Diese Bläschen bilden in dem erkalteten Gussstück unganze Stellen, sogenannte Gallen, welche beim Ausschmieden zwar flach zusammengedrückt, aber nicht geschlossen werden und als Gallenrische die Haltbarkeit des Rohres gefährden können. Mit dem zunehmenden Kohlenstoffgehalt wächst die Härte des St., der sich indess auch durch Erhitzen in einem Wasser-, Oel- oder Bleibad, Zusatz von Chrom (Panzergeschosse) u. a. m. härten lässt. Dichte des St. gegen 7,8; Schmelzpunkt 1700—1900 °. Der beste Geschützstahl besass früher auf 1 qmm 50 kg Festigkeit und 20 kg Elastizitätsgrenze; durch Verbesserung der Fabrikation stiegen diese Werthe später auf 60 bezw. 30 kg, und seit 1891 verlangt und erhält man z. B. in Frankreich 69 bezw. 40 kg bei 16 % Streckung. Noch wesentlich höhere physikalische Eigenschaften besitzt der Nickelst. (s. dort).

Stahlbronze s. Hartbronze.

Stählerner Liderungsring. Liderung für Rund- und Flachkeilverschlüsse, ebenso wie Broadwell- und kupferner L. (s. d.). Der Druck der Pulvergase auf die konvexe Wölbung f presst die vor und hinter dem federnden Steg b liegenden beiden Liderungsreifen a, a gegen das Ringlager im Rohr, sowie gleichzeitig die hintere Dichtungsfläche dagegen die Stahlplatte und bewirkt so die Abdichtung des Verschlusses (s. Bild). Der st. L. ist elastischer als der Broadwellring und dichtet daher auch in kleineren Kalibern und bei schwächerem Gasdruck, steht jedoch dem kupfernen L. an Wirksamkeit nach.

Stahlseele s. Stahlseelenrohr.

Stahlseelenrohr (zuweilen auch uneigentlich Stahlseele genannt). Dünnwandiger stählerner Hohlzylinder, der bei den meisten deutschen Bronze- (Hartbronze-)Rohren die innerste Schicht der Seelenwandung bildet, um dieser grössere Härte, Widerstandsfähigkeit und Dauer gegen Ausbrennungen und gegen Quetschungen der Felder zu geben. (Bild s. u. Haubitze.) Deutsche 21 cm Thurm-Haubitze m. S. Früher wurden auch Seelenrohre aus Hartbronze gefertigt.

Stainville, Graf, Marschall von Frankreich (1720—1789). Kämpfte im 7 jährigen Kriege auf österreichischer Seite, ging 1759 in französische Dienste, wurde bei Langensalza geschlagen, deckte bei Wilhelmsthal den Rückzug der Armee in geschickter Weise.

Stallupönen. Dort stehen: 3. und 4. Esk. Dragoner-Regiments v. Wedel (Pommern) No. 11, Proviant-Amt, Garnison-Verwaltung und Lazareth — Servis-Klasse 4.

Stallwache. Auf Eisenbahnen pro Wagen 2, bei Gespannen 3 Mann.

Stammrollen 1. Rekrutirungs-St. werden von den Gemeindebehörden geführt, auf Grund der Zivilstandsregister; sind gesichert zu bewahren, bei eintretender Gefahr zu retten. Die Aufsicht hat der Landrath etc.

Die St. werden jahrgangsweise angelegt und alphabetisch geordnet. Alle Wehrpflichtigen haben die Pflicht, sich zur Aufnahme in die St. anzumelden. Unterlassungen werden mit Geld oder Haft bestraft. Die St. sind zur Musterung mitzubringen.

2. Truppen-St. In diese werden die bei den Truppen eingestellten Unteroffiziere und Mannschaften aufgenommen. Sie werden von der Komp., Esk. etc. geführt.

3. Landwehr-St. werden in getrennten Bänden angelegt von den Bezirks-Kommandos.

4. Landsturmrollen. Die unausgebildeten Landsturmpflichtigen melden sich im Falle eines Aufrufs des Landsturms sofort bei der Ortsbehörde zur L. an. Sie werden von den Ortsbehörden in Fluss gehalten.

5. Kriegs-St. werden auf Grund der Truppen-St. und bezüglich der Einberufenen auf Grund der Militär-Pässe und Führungs-Zeugnisse angefertigt.

Standarten. Bei den Stäben der Armee-Ober-Kommandos, General-Kommandos und Divisionen ist stets eine Ordonnanz mit einer Kommandoflagge ausgerüstet, um den jedesmaligen Standort des Führers kenntlich zu machen. Zur Bezeichnung des Aufenthalts Sr. Majestät dient Kaiser-St.

Standartenwache heissen die Innenwachen der Biwaks bei der Kompagnie. — Die Posten ver-

a, a vorderer und hinterer Liderungsreifen, b Steg, c Rille, d hintere Dichtungsfläche, e, e Schmutzrinnen, f Wölbung.

halten sich ebenso wie im Garnisonsdienste. In der Regel wird ein Posten vor dem Kommandeur (zugleich für die Fahrzeuge) und ein Posten vor der Standarte (zugleich vor Gewehr) gestellt.

Standesnachweise. Auf Grund der Landwehr-Stammrollen und Ersatzreserve-Rollen stellen die Bezirks-Kommandos für ihre Bezirke St. zusammen. Diese werden am 25./6. und 25./11. höheren Ortes eingereicht.

Standvisir. Entspricht der niedrigsten Visirstellung und ist meist für 250—300 m eingerichtet; bei den 6,5 mm Gewehren bis 400 m. Das des deutschen Gewehres 88 reicht bis 250 m und hat auf dieser Entfernung Visirschuss; es ist mit der grossen Klappe aus einem Stück gefertigt.

Stangenkugeln waren im Mittelalter zwei durch eiserne Stange verbundene, aus einem Geschütze abgefeuerte Voll- oder Halbkugeln, bestimmt, ähnlich den Kettenkugeln, gegen breite Ziele zu wirken.

Stangenpferd s. Angespann.

Stangenreiter ist der die Stangenpferde leitende, auf dem linken Stangensattelpferde sitzende Fahrer.

Stankkugeln wurden früher gebraucht, um dem Feinde den Aufenthalt in geschlossenem Raume in Folge Entwickelung heftig rauchender nicht einathembarer Gase zu verleiden. Ihr Brand- oder Leuchtsatz war mit Haaren, Arsenik, Federn und dergl. vermengt.

Stargard i. P. Dort stehen: Colberg. Grenad.-Regt. Graf Gneisenau (2. Pomm.) No. 9, Bez.-Kom., Garn.-Verw. u. Laz. — Servisklasse 2.

Stargardt (Preussisch-). Dort stehen: 3 Abth. Feldart.-Regts. No. 36, Bez.-Kom., Prov.-Amt, Garn.-Verw. u. Laz. — Servisklasse 3.

Stärke (Heeresstärken s. dort).
1. St. der Avantgarde etwa $^1/_6$—$^1/_3$ der Infanterie. Kavallerie und die andern Waffen je nach Bedarf;
2. der Feldwachen möglichst geschlossene Züge oder Halbzüge. Stets Offiziere Führer. Auch bei Kavallerie;
3. der Patrouille, hängt lediglich von Umständen ab. Sie kann von einigen Mann hinauf bis Zug und Eskadron steigen;
4. der Posten im Festungskriege so gross, dass die ruhenden Truppen nicht durch jedes Geplänkel in der Vorpostenlinie gestört zu werden brauchen;
5. Stärke-Rapport ist Sr. Majestät bei seinem Erscheinen auf dem Manövergelände vom rangältesten Offizier zu überreichen;
6. der Seitendeckungen richtet sich lediglich nach den Verhältnissen;
7. der Spitze der Infanterie 1 Offizier und 1 Sektion. Bei Kavallerie 1 Offizier und 4—6 Reiter;
8. der Unteroffizierposten in der Regel 1 Unteroffizier 6 Mann bei Infanterie und 1 Offizier 3 oder mehr Reiter bei Kavallerie. Selbstständige Unteroffizierposten um einige Mannschaften stärker zur Entsendung von Patrouillen;
9. der Vedetten 2—3 Reiter;
10. der Vorposten bestimmen die Verhältnisse.

Stärke der Deckungen.

Gegen Gewehrfeuer.
Sand 75 cm.
Gewöhnlicher Boden 1 m.
Geschichteter Rasen, torfiger, mooriger Boden 2 m.
Festgestampfter Schnee 2 m.
Korngarben 5 m.
Tannen- und Kiefernholz 1 m, Eichenholz 60 cm.
Stahlplatten 2 cm.
Ziegelmauerwerk 50 cm.
Doppelte Bretterwände mit einer 20 cm starken Füllung kleingeschlagener Feldsteine.

Gegen Artilleriefeuer.
Gegen Schrapnels und Sprengstücke der
Feldartillerie: Erde 40 cm bis 1 m.
Holz als Schutzdach 5 cm.
Fussartillerie: Erde 1 m.
Holz als Schutzdach 10 cm.
Gegen einzelne Volltreffer der
Feldartillerie: Erde 1—2 m.
Mauerwerk 1 m.
Schnee etwa 8 m.
Fussartillerie: (Kanonen) Erde 3—4 m.

Starhemberg, Graf, österreichischer Feldmarschall (1635—1701), der berühmte Vertheidiger Wiens 1683 gegen die Türken. Sein Sohn, ebenfalls österreichischer Feldmarschall (1654—1737), erwarb sich Lorbeeren bei Zenta. Seit 1703 zeichnete er sich als selbstständiger Führer in den Kriegen in Italien aus. In Spanien führte er mit wechselndem Glücke.

Starkloff, Freiherr v., württembergischer General der Infanterie (1810—92), führte 1866 das Regiment Königin Olga, 1870 eine Brigade ruhmvoll bei Wörth, Sedan und Paris.

Stätische Pferde können nur allmählich geheilt werden. Wer nicht Zeit hat zur Güte, kann Strenge anwenden, Schulter herein, Zurücknehmen und wieder vorgehen, je nach der Natur des Pferdes.

St. Arnauld, de, Marschall von Frankreich (1796—1854), wurde in Folge des Staatsstreiches (Dezember 1851) Marschall, leitete die Schlacht an der Alma und starb bald darauf.

Stauchung der Geschosse wurde in gezogenen Gewehren für Vorderladung durch wiederholte Stösse mit dem Ladestock bewirkt, um das mit Spielraum eingeführte Geschoss im hintern Theil derart zu erweitern, dass es beim Schuss Führung in den Zügen erhielt (s. Dorn- und Kammergewehr).

Auch die Geschosse der Hinterlader, selbst die sehr festen Mantelgeschosse, erleiden beim Schuss durch den plötzlichen Stoss der Pulvergase und den Widerstand der Felder eine Verkürzung und Erweiterung; letztere vermag den ungünstigen Einfluss der nach längerem Gebrauch der Waffe allmählich eintretenden Erweiterung des gezogenen Theils auf die Geschossführung in gewissen Grenzen auszugleichen.

Staunton, Kriegsminister der Union in Amerika während des Sezessionskrieges.

St. Avold s. Avold.

St. Cloud s. Paris.

St. Corneille. Gefecht 12./1. 1871. S. Le Mans.

St. Cyr. Dorf bei Versailles, durch Napoleon I. zur Kriegsschule eingerichtet (gegen 1000 Zöglinge).

St. Denis s. Paris.

St. Dié (Vogesen). 10./1. 1814 Gefecht. Die Bayern schlugen Michaud.

St. Dizier (a. d. Marne). Gefecht 27./1. 1814, in dem Napoleon die Russen unter Lanskoi schlug.

St. Mihiel s. Maassbefestigungen.

Steenkerke. Schlacht am 3./8. 1692, in der Marschall von Luxemburg den König Wilhelm von England schlug.

Steglitz. Dort steht Bez.-Kom. 4, Berlin. — Servisklasse 2.

Steifer (uneigentlich auch Steifschloss genannt). Feine, stellbare Abzugvorrichtung an Schlössern der Handfeuerwaffen, welche das Abziehen mittelst eines ganz leichten Fingerdrucks zu bewirken gestattet; wird bei Kriegswaffen nicht mehr angewendet.

Steigen der Pferde. Vorneigen des Oberleibes, Luft geben, Zurücknehmen der Schenkel. Bei schwachen Hintertheilen nur zum Beginn Hülfen, bei widersetzlichen und starken Pferden starke Schenkelhülfen. Im höchsten Moment Ergreifen der Zügel nahe am Mundstück, Abwärtsziehen und feste Sporen.

Steigender Drall s. Drall.

Steilbahn s. Flugbahn.

Steilbahngeschütze: Mörser und Haubitzen (kurze Kanonen), die mit verhältnissmässig schwacher Ladung unter grossen Erhöhungen feuern; durch Anwendung wechselnder Ladungen können sie ein und dieselbe Schussweite mit wesentlich verschiedenen Abgangs- und Fallwinkeln erreichen; sie besitzen daher eine biegsame Flugbahn, die sich in jedem Einzelfall der Beschaffenheit des Ziels und der beabsichtigten Wirkung mehr oder weniger anpassen lässt.

Steilfeuer s. Flugbahn und Steilbahngeschütze.

Steinau a. O. Treffen 11./10. 1633, in dem Wallenstein den schwedischen General Thum mit 12000 Mann zur Kapitulation zwang.

Steinkugeln. Massive, durch Behauen möglichst harter und fester Bruchsteine hergestellte Rundkugeln, die früher aus glatten Geschützen vielfach verfeuert wurden. Die ehemals für Haubitzen und Mörser übliche Kaliberbezeichnung (7-, 10-, 25-, 50 pfünder) bezog sich auf das Gewicht der kalibermässigen St.

Steinmann, dänischer Generallieutenant (1812 bis 1894), vertheidigte mit der 3. dänischen Division Alsen im Kriege 1864. 1874—75 war er Kriegsminister.

Steinmetz, v., preussischer Feldmarschall (1796—1877), machte 1813/14 im 1. Regiment mit, führte 1866 das 5. Korps von Nachod über Skalitz und Schweinschädel von Sieg zu Sieg. 1870 führte er die 1. Armee, die sich bei Spicheren und Colombey-Nouilly schlug und in den Schlachten vor Metz. Dann erhielt er das General-Gouvernement im Osten.

Steinmine. Mit faustgrossen Feldsteinen geladener Erdmörser (s. d.).

Stein v. Kaminski, preussischer Generallieutenant (1820—94), war im Generalstabe vielfach thätig; 1862—63 nach Mexiko kommandirt zum Feldzug. 1870—71 Stabschef beim 11. Korps. Zuletzt 13. Division.

Stellschlüssel. Geräth zum Einstellen des Satzstücks von Brennzündern auf die befohlene Brennlänge. Ein Stiel trägt vorn ein Maul, das in entsprechende Nuten am Satzstück eingreift. Neuerdings sind mehrfach automatische St. empfohlen und versucht worden, die das Einstellen beschleunigen und Irrungen ausschliessen.

Stellungen. Eine Stellung soll die Unterlage für ein defensives Gefecht geben, denn bei dem offensiven Vorgehen verlässt man die St. Im weiteren Sinne betrachtet, ist aber auch die Offensive ein Vorwärtstragen des Feuers von Stellung zu Stellung.

Die Bereitschaftsstellung muss so gewählt sein, dass man möglichst einfach in die Marschordnung wieder eintreten kann, doch auch so, dass sie bei etwaigem Kampfe Vortheile gewährt, bezw. dass die Truppe dort längere Zeit verweilen und gar lagern kann. Sie muss also sehr vielseitig sein.

Gefechtsstellungen, in denen man sich schlagen will, müssen allen Waffen Gelegenheit zur ausgiebigsten Feuerwirkung geben, dürfen, da man zum Angriffe übergehen möchte, keine Fronthindernisse haben. Sie müssen eine tiefgegliederte Aufstellung ermöglichen, der Grösse der Truppenmacht angemessen sein, auch kein Hinderniss im Rücken haben, vielmehr zahlreiche Wege und Wälder, in denen ein etwaiger Rückzug sich schnell und gedeckt ermöglichen lässt.

Die Flügel deckt man heute durch Reserven, auch durch gute Artilleriestellungen. Der Bericht muss über alle diese Eigenarten und sonstige Erwägungen Auskunft geben, wo möglich vom Kroki mit Truppeneinzeichnungen begleitet sein.

Vorhutstellungen. Sie müssen dieselben Eigenschaften haben wie jede Gefechtsstellung, denn man wird in einer solchen Stellung nur den Kampf annehmen, wenn man sicher ist, das Gros rechtzeitig an demselben theilnehmen lassen zu können, denn eine Vorhut allein fechten zu lassen, hiesse partielle Opfer bringen. Zahlreiche Wege nach rückwärts, die dem nahen Gros Gelegenheit zum Aufmarsche geben, sind daher wünschenswerth.

Nachhutstellungen. Gutes Fronthinderniss, Seitenhindernisse, gute Feuerwirkung, Wälder und viel Wege im Rücken sind angenehme Zugaben zu einer Nachhutstellung. Doch löst sie ihre Aufgabe oft schon, wenn sie den Feind zur Breitenentwickelung, die immer Zeit in Anspruch nimmt, zwingt.

Vorpostenstellungen. Sie dienen seltener der Beobachtung, als der eigenen Sicherung, da die Reiterei heute im Grossen das Auge der Armee sein wird, auch findet sich zur Beobachtung irgendwo ein geeigneter Gegenstand, eventuell auch ein Baum.

Ist man isolirt, muss man die Stellung weiter vor, an die Hauptstrassen schieben, ist man gesichert durch Kavalleriespitzen, so genügen kleine Abtheilungen, die als Stütze dienen und sich ebenfalls sichern. Der Bericht über die Stellung spricht sich über alle einschlägigen Verhältnisse kurz aus.

Stendal. Dort stehen: Magdeburg. Hus.-Reg. No. 10, Bez.-Kom., Prov.-Amt, Garn.-Laz. — Servisklasse 2.

Stephan, v., bayerischer General der Infanterie (1808—75), führte 1866 die erste bayerische Division bei Kissingen, Helmstatt und Würzburg. 1870 zeichnete er sich mit derselben Truppe bei Wörth, Sedan und Coulmiers aus.

Stephans-Orden. Hoher österreichisch-ungarischer Orden, gestiftet von der Kaiserin Maria Theresia.

Sterbegeld. Von Hinterbliebenen, im Dienst Verunglückter, gilt — sofern nicht der Anspruch auf Gnadenquartal oder Gnadenmonat besteht — Betrag des einmonatlichen Diensteinkommens (mindestens 30 M.).

Sterberegister werden jährlich von den Ortsbehörden an den Landrath etc. eingereicht zur Begleichung der alphabetischen Listen, welche aus den Rekrutirungs-Stammrollen zusammengestellt werden.

Sterngucker nennt der Kavallerist die Pferde, die die Nase hoch heben und wagerecht zu halten suchen. (S. Hülfszügel.)

Sterzing, 12./4. 1809 ergaben sich dort die Bayern unter Bisson an Hofer.

Stettin. Dort stehen: Stäbe des Gen.-Kom. II. Armeekorps, der 3. Div., der 5. u. 6. Inf.-, 3. Kav. u. 2. Feldart.-Brig., Gren.-Rgt. König Friedrich Wilhelm IV. (1. pomm.) No. 2, Stab, 1., 2. u. 3. Abth. 1. pomm. Feldart.-Rgts. No. 2, 2. Art.-Dep.-Insp., Pion.-Bat. No. 17, Stab der 2. Gren.-Brig., Bekl.-Amt II. A.-K., Bez.-Kom., Art.-Dep., Prov.-Amt, Garn.-Verw. u. Laz. — Servisklasse 1.

Steuben, v. (1730—94), ursprünglich preussischer Offizier, focht im 7jährigen Kriege, ging nach Beendigung desselben nach Amerika, wurde

Stock.   Stockhalter.

Stock des Gewehres.

oder mehreren in den Führungstheil der Geschosse eingeschnittenen ringförmigen Nuten. Die Schwerpunktlage der gebräuchlichen Langgeschosse bedingt eine schräge Stellung ihrer Achse zur Flugbahntangente (Spitze höher, Boden tiefer), wodurch der Luftwiderstand vergrössert wird. Die durch die Nute bezw. den Bodenreifen gesteigerte Einwirkung des Luftwiderstandes auf den hinteren unteren Geschosstheil sollte das Bestreben der Achsendrehung des Geschosses unterstützen, die Geschossachse in der Bahntangente zu erhalten und zugleich der kegelförmigen Pendelung entgegenwirken. Diese St. d. G. wurde in Preussen an Artillerie-Geschossen ohne sonderlichen Erfolg versucht.

St. Georgs-Orden s. Georgs-Orden.

St. Gotthard. 1./8. 1663 siegreiche Schlacht der Kaiserlichen, wobei 6000 Türken fielen, 8000 ertranken, 40 Fahnen, 15 Kanonen und viele Pauken gewonnen wurden. Christliches Heer 60000 Mann, gegen 130000 Türken.

St. Helena. Aufenthalt Napoleons von seiner Gefangenschaft 1815 bis zu seinem Tode.

Stichwaffen. Bajonnett und Lanze (s. d.). General-Inspektor der Armee, stürmte Stony Point, trug durch die Ausbildung der Truppen zu den Erfolgen Washingtons bei.

Steuern s. Gemeindesteuer, Staatssteuer, Einkommensteuer.

Steuerung der Geschosse. Bestand aus einer

Stiefel, hohe, aus Glanzleder (auch im Fusstheil) sind gestattet, kurze St. aus Glanzleder nur zum Galaanzuge, Hofballanzüge, Hofgartenanzüge und ausser Dienst.

Stiefkinder haben keinen unbedingten Anspruch auf Gnadenmonat (s. Ascendentenbeihülfe).

Stiefsöhne haben bei Reklamationen dieselbe Berücksichtigung wie rechte zu erfahren. Ebenso bei Pensions-Ansprüchen.

Stiehle, v., preussischer General der Infanterie (1823 geb.), erst 21er, focht 1848 in Polen, war 1864 im Stabe v. Wrangels, 1866 im preussischen Hauptquartier, 1870/71 Stabschef des Prinzen Friedrich Karl, zuletzt Chef des Ingenieur-Korps.

Stiller Alarm muss in Ortschaften nahe dem Feinde vorbereitet sein, um erforderlichen Falles ohne Signale alarmiren zu können.

St. Jean s. Erve. Verfolgungsgefecht 15./1. 1871. S. Le Mans.

St. Johann s. Johann.

Stock des Gewehrs. Dient beim deutschen Gewehr 88 zum Zusammensetzen desselben, beim Versagen des Ausziehers zum Entfernen der Patronenhülse und im Felde im Nothfall zum Reinigen. Zu den beiden letztgenannten Zwecken müssen 3 St. zusammengeschraubt werden. Der St. ist unten mit Gewinde zum Einschrauben in den im Schaft liegenden Stockhalter und oben mit Muttergewinde und Schlitz versehen. Abbildung s. oben.

Stockach. Schlacht 25./3. 1799, die Erzherzog Carl von Oesterreich gegen Jourdan, der ihn überraschend angriff, glänzend gewann. Plan s. nächste Seite.

Stoffel, Baron, französischer Oberst (1823 geb.), war Militär-Bevollmächtigter in Berlin (1866—70) und einer der wenigen scharfsichtigeren Franzosen, dessen Berichte aber keine Beachtung fanden. Er wurde bei Sedan gefangen, entwich und vertheidigte den Mont Avron vor Paris.

Stolberg-Wernigerode, Wilhelm, Graf zu, preussischer General der Kavallerie. Er führte 1866 das Detachement, welches Oberschlesien schützte, mit vielem Geschick und im Kriege 1870/71 die 2. Kavallerie-Division mit grosser Auszeichnung.

Plan der Schlacht bei Stockach am 25./3. 1799.

Stollhofener Linien, gingen zwischen Strassburg und Kehl quer über das Rheinthal. Front nach S. gegen die Franzosen angelegt. Spielten im 17. Jahrhundert eine Rolle. Geschleift 1707 von Villars, der sie einnahm.

Stolp. Dort stehen: Hus.-Rgt. Fürst Blücher von Wahlstatt (Pomm.) No. 5 (1. Esk. vorläuf. in Schlawe), Inval.-Haus, Bez.-Kom., Prov.-Amt, Garn.-Verw. und Laz. — Serviskl. 2.

Stossboden heisst der rückwärtige Abschluss des Vorderladerohres; am St. ist ein Ansatz, Traube genannt.

St. Priest, de, Graf, russischer General (1776 bis 1814), verlor 1807 ein Bein, führte 1813 und 14 erst 1 Division, dann das 8. Korps; ward bei Reims geschlagen und bei Corby verwundet.

St. Pölten. Garnison: Militär-Unter-Realschule, 21. Landw.-Inf.-Rgt.

St. Privat. S. Gravelotte.

St. Quentin. Schlacht 9./1. 1871. Die Franzosen unter Faidherbe hatten bei St. Quentin eine Stellung genommen. Die Deutschen, die erste Armee unter Göben, griffen von Süden her an, doch war der Angriff durch den Kanal Crozat in 2 Theile getheilt. Nach hartnäckigen Kämpfen wurde die Rückzugslinie der Franzosen stark bedroht und schliesslich St. Quentin erstürmt und eine Menge Gefangene gemacht. Die Armee Faidherbe's suchte und fand Schutz in den nördlichen Festungen. (Plan s. Bapaume.)

Strafabtheilungen. Seit 1873 aufgehoben oder in Festungsgefängnisse verwandelt.

Strafanstalten. S. Arbeitshäuser.

Zu den militärischen St. gehören die Festungsgefängnisse, die Festungs-Gefangenanstalten, die Festungsstuben und Gefangenanstalten und die Militärarrest-Anstalten (Garnisongefängnisse, Arrestlokale) der einzelnen Garnisonen. Die Festungsgefängnisse sind dem Inspekteur der militärischen St. unterstellt; jedoch üben bezüglich dieser Gefängnisse die kommandirenden Generäle die allgemeinen territorialen, die Gouverneure als Kommandanten dieselben Rechte und Pflichten aus, wie über alle in den betreffenden Garnisonen befindlichen Truppen-Abtheilungen.

Strafgerichtsbarkeit bei der Armee im Felde. Der St. des Armeekommandos unterstehen, ohne Rücksicht auf die Gattung des Verbrechens oder Vergehens, alle Personen, die zum Stande der auf Kriegsfuss gesetzten Armee gehören, alle jene, welche sich in irgend einem Dienst- oder Vertragsverhältnisse bei der Armee befinden oder ihr folgen, sowie die bei der Armee befindlichen Kriegsgefangenen und Geisseln. Derselben St. unterstehen ferner, doch nur mit Rücksicht auf die Gattung der strafbaren Handlung, alle Personen, welche sich im Inlande, im Bereiche der Armee oder im Feindeslande innerhalb des Machtbereiches der operirenden Truppen eines Verbrechens wider die Kriegsmacht oder einen Vortheil für den Feind bezweckender Handlung schuldig machen.

Stralsund. Dort stehen: Stab, 1., 2. und 4. Bat. Inf.-Rgts. Prinz Moritz von Anhalt-Dessau (5. Pomm.) No. 42, Bez.-Kom., Prov.-Amt, Garn.-Verw. und Laz. — Servisklasse 2.

St., einst Festung, die vom 24./2.—4./8. 1628 von Wallenstein vergeblich belagert wurde.

11./10. 1678 vom Grossen Kurfürsten nach kurzer Beschiessung genommen. 9./9.—22./12. 1715 von Karl XII. vertheidigt, von Leopold von Dessau genommen. Der König war entwichen. 1807 von den Franzosen genommen, kurze Zeit, 1809, von Schill, der hier fiel, besetzt und 1876 als Festung aufgegeben.

Strandbatterie (Küstenbatterie) mit schweren Geschützen armirt, zur Vertheidigung von Hafeneingängen und Landungsplätzen.

Strassburg i. E., Festung. Dort stehen: Stäbe des Gen.-Kommandos XV. Armeekorps, der 30. u. 31. Divis., der 60. u. 61. Inf.-, 31. Kav.-, 15. Feldart.- u. 4. Fussart.-Brig., 3. Ing.-Insp., 5. Fest.-Insp., Kommand. d. Pion. XV. A.-K., Gouvern. u. Kommandtr., 6. Sächs. Inf.-Rgt. No. 105 König Wilhelm II. von Württemberg; 8. Württ. Inf.-Rgt. No. 126 Grossherzog Friedrich von Baden, Inf.-Rgt. No. 132, Inf.-Rgt. No. 138, Inf.-Rgt. No. 143 (3. Bat. vorläufig in Kehl), Schlesw.-Holst. Ulan.-Rgt. No. 15, Stab, 1., 2. u. 3. Abth. Feldart.-Rgts. No. 15, Fussart.-Rgt. No. 10, Stab u. 2. Batt. Bad. Fussart.-Rgts. No. 14, 4. Art.-Dep.-Insp., Art.-Werkst., Pion.-Bat. No. 15 u. 19, Train-Bat. No. 15, Train-Depot d. XV. A.-K., Fest.-Gef., Bekleid.-Amt d. XV. A.-K., Bez.-Kom., Art.-Dep., Fortif., Prov.-Amt, Garn.-Verw. u. Laz. — Servisklasse A.

1681 von Ludwig XIV. mitten im Frieden besetzt.

Belagerung St. 18./8.—27./9. 1870. Vertheidiger war General Uhrich mit 7000 Mann zusammengewürfelter Mannschaften. Das Belagerungskorps kommandirte General von Werder (Ingenieur General v. Mertens). Am 18./8. begann die Einschliessung von Strassburg auf dem linken Ufer der Ill. Der Angriff begann mit einem Bombardement aus 160 Geschützen vom 23.—27./8. Dann förmliche Belagerung von Schiltigheim aus gegen die Bastionen 11 und 12 am Steinthor. Am 24./9. waren die Breschen gangbar, am 28. kapitulirte die Festung, am 30. hielt Werder seinen Einzug. (S. Plan.)

Strassburg i. Westpr. Dort stehen: 3. Bat. Inf.-Rgts. No. 141, Garnis.-Verw. und Laz. — Servisklasse 4.

Strasse frei halten s. „Märsche" und „Ruf".

Strassenanzug. An Geburtstagen Seiner Majestät des Kaisers, Ihrer Majestät der Kaiserin und Ihrer Majestät der Kaiserin Friedrich von 9 Uhr Vormittags bis zum Dunkelwerden: Gesellschaftsanzug mit Achselstücken; Paletot gestattet.

Strassenbaudirektor der Etappe s. Wasser-B.

Strassenlokomotiven. Fahrbare Dampf-Maschinen, welche durch sehr breite und mit besonderen Vorrichtungen zur Steigerung der Bodenreibung versehene Räder befähigt sind, sich ohne Schienen auf gewöhnlichen Strassen zu bewegen, ziemlich bedeutende Steigungen zu überwinden und eine grössere Zahl angehängter Lastfahrzeuge zu schleppen. Die im Kriege 1870/71 (vor Paris) benutzten St. bewährten sich in Folge zahlreicher und zum Theil erheblicher Betriebs- und Verkehrsstörungen nur mangelhaft; seither haben in Frankreich, Russland u. a. umfangreiche Versuche betr. militärischer Verwendung der St. mit anscheinend günstigem Erfolge stattgefunden. Bei weiterer Vervollkommnung der Konstruktion

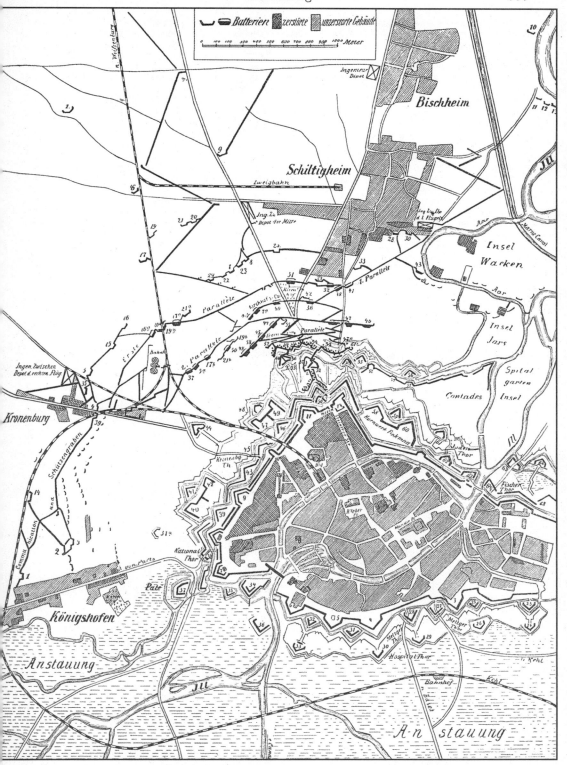

Plan zur Belagerung von Strassburg.

ist die Möglichkeit, sie künftig für Kriegszwecke nutzbar zu machen und dadurch erheblich an Zugthieren zu sparen, jedenfalls nicht ausgeschlossen.

Strathnaim, Baron, britischer Feldmarschall (1803—85), zeichnete sich in Syrien und im Krimkriege, besonders in Indien aus.

Straucharbeiten. Beim Strauchhauen macht der Mann pro Stunde 1 Bund. 30—40 Bund auf eine 2 spännige Fuhre.

Pfähle schneidet der Mann in 1 Stunde 8 bis 10, je nach der Grösse.

Faschinen pro Mann und Stunde 0,50 bis 0,80 m.

Hecken pro Mann und Stunde 0,50 m; ebenso Flechtwerk, das man über die Pfähle hinwegführt.

Die Details der Ausführung sind bekannt, bezw. in Handbüchern zu finden.

Streckbalken heissen die Balken, die von Joch zu Joch, bezw. von Ufer zu Ufer führen und auf denen der Belag liegt.

Strecker (Reschid-) Pascha (1830—90), ging aus preussischen Diensten nach der Türkei, war 1877—78 Gouverneur von Varna.

Streffleur, v. (1808—1870). Gründer der allbekannten „Oesterreichischen Militär-Zeitschrift" und Verfasser anerkannter militärischer Schriften.

Strehlen. Dort stehen: 3. u. 4. Esk. Hus.-Regts. v. Schill (1. Schles.) No. 4, Prov.-Amt, Garn.-Verw. — Servisklasse 3.

Streichen der Pferde ist Zeichen schwacher Hinterhand oder Ermüdung, Einziehen des inneren Hufes und Eisens, auch Streichriemen bezw. Kappen sind Gegenmittel.

Streif-Kommanden. Ihre Aufgaben bestehen in Sicherung von Eisenbahnen und sonstigen Kommunikationen, Deckung grösserer Requisitionen, Entwaffnung feindlicher Bevölkerung, Ueberfällen auf Transporte, Ueberrumpelung kleiner befestigter Objekte, Zerstörung von Eisenbahnen und Telegraphenlinien, Insurgirung von Landestheilen, Herstellung oder Erhaltung der Verbindung mit getrennten Armeekörpern u. dgl. Die Lösung solcher Aufgaben erfordert Unternehmungslust, Findigkeit und Energie.

Strelitzen, Leibwachen der russischen Zaren, 1551 von dem Zaren gegründet, waren ihrer Zeit die Träger der Kraft Russlands. Sie wuchsen zu übermüthiger Willkür auf und wurden deshalb von Peter dem Grossen vernichtet.

Streu. Als solche Matratzenstreu zu empfehlen, wegen reiner Luft und Strohersparniss.

Streustroh. Die Lieferung des nothwendigsten und hausüblichen St. (1750 g für den Tag und Pferd) ist Sache des Quartiergebers. Werden Stallungen ohne Streulage zur Benutzung überwiesen, so sind für den ersten Tag und für jedes Pferd 5 kg St. erforderlich. Für die während der Uebungen und Kantonnements von kürzerer als 4 wöchiger Dauer in fiskalischen oder von der Militär-Verwaltung ermietheten Ställen untergebrachten Pferde darf zur Behebung des Mangels an Streustroh ein Zuschuss zur Marschration von 1750 g Stroh täglich pro Pferd, für den ersten Tag aber, wenn Streu ganz fehlt, ein Zuschuss von 5 kg pro Pferd empfangen werden.

Streuung der Flugbahnen. Die durch verschiedene Fehlerquellen hervorgerufene Ausbreitung der Flugbahnen (s. a. Garbe der Flugbahnen und Trefffähigkeit). Man unterscheidet:

1. Längenstreuung: Abstand zwischen dem weitesten und dem kürzesten Treffpunkt auf der wagerechten Trefffläche („freie Ebene").

2. Breitenstreuung: Abstand zwischen dem am weitesten rechts und am weitesten links liegenden Treffpunkt.

3. Höhenstreuung: Abstand zwischen dem höchsten und tiefsten Treffpunkt in der senkrechten Trefffläche (Scheibe).

4. Mittlere Schussweite: Arithmetisches Mittel aus den Abständen sämmtlicher Treffpunkte auf der wagerechten Trefffläche von der Mündung.

5. Mittlere Längenabweichung: Arithmetisches Mittel aus den wagerechten Abständen sämmtlicher Treffpunkte von der der mittleren Schussweite entsprechenden Punkt.

6. Parallele Seitenabweichung: Summe der Abstände aller rechts der Visirebene liegenden Treffpunkte von dieser, weniger der gleichen Summe für alle links jener Ebene liegenden Treffpunkte, getheilt durch die Schusszahl.

7. Mittlere Seitenabweichung: Arithmetisches Mittel aus den Abständen sämmtlicher Treffpunkte von der der parallelen Seitenabweichung entsprechenden Linie.

8. Mittlere Höhenabweichung: Arithmetisches Mittel aus den senkrechten Abständen sämmtlicher Treffpunkte von mittleren Treffpunkten (s. d.).

Striegau. Dort steht: Bezirks-Kommando. — Servis-Klasse 3.

Stroh. Richtstroh mit den Aehren; nicht dumpfig und mit Disteln vermischt. Roggenstroh. In Magazinen muss $1/6$ Krummstroh genommen werden. Verausgabung erfolgt in Bunden zu 10 kg.

Str. ist in den Quartieren nach je 2 Monaten zu erneuern. In den Biwaks s. d.

Strub in den Salzburger Alpen. Gefecht 11./5. 1809, in dem die Bayern gegen Tiroler Landsturm und Oesterreicher den Durchgang durch den Pass (Achenthal) erzwangen.

1. bis 3. November 1805 behauptete sich im Passe Strub (an der Grenze Tirols und Salzburgs) ein kleines Häuflein Tiroler Landsturms und österreichischer regulärer Truppen gegen eine grosse bayerische Uebermacht und zwang diese zum Rückzuge. (Die wahrhaft heldenmüthige offensive Vertheidigung dieses Passes ist im Jahrgange 1881 des „Organs der militär-wissenschaftlichen Vereine", Wien, sehr lehrreich geschildert.)

Stuart, J. E. B., conföderirter Reitergeneral (1835—64). Ein Kavallerieführer, dessen planvolle Ausbildung seiner Reiterei, kühne Züge und treffliche Taktik selbst in Europa Anerkennung fanden. (Litt. O. Boscke.)

Stubenrauch (v. Tauenburg), österreichischer Feldmarschalllieutenant. (1825—86.) Für seine hervorragenden Leistungen in den Feldzügen 1859, 1866 und 1878 wurde er vielfach ausgezeichnet. In der Armee zählte man den Verblichenen zu den kenntnissreichsten, begabtesten und thatkräftigsten Generalen.

Stück oder Stuck, veraltete Bezeichnung für Geschütz, daher auch der Ausdruck Stuckknechte für Kanoniere.

Stückseelenmesser (veraltete Benennung: Étoile mobile). Geräth zum Messen der Seelenweiten von Geschützen. Die Verschiebung einer in der Seelenachse gelagerten Stange treibt durch 2 flache Keile 2 radial gestellte Stahlspitzen auseinander, bis sie an 2 diametral gegenüberliegende Punkte der Seelenwandung anstossen; an einer auf der Hülse der Stange angebrachten Theilung kann dann die Seelenweite abgelesen werden.

Studenten melden sich dort, wo sie auf Universität etc. sind, zur Einstellung. Sie dürfen als solche nicht zu Reserve-Offizieren vorgeschlagen werden.

Stufenförmiger Schraubenverschluss von Welin. S. Schraubenverschluss.

Stülpnagel, von (1813—1885), preussischer General der Infanterie, bekannt durch sein Verhalten bei Vionville, seine Führung bei Orleans und an der Loire (5. Division). Kommandirender General in Stuttgart, zuletzt Gouverneur von Berlin. Das Infanterie-Regiment No. 48 ist nach ihm benannt.

Sturmanzug. Der Tornister wird abgelegt. (S. Schiessvorschrift No. 143.)

Sturmbalken (veraltet) waren schwere, in wagerechter Lage an Seilen auf der äusseren Böschung hoher Erdwälle aufgehängte Balken, bestimmt, durch Herabrollen die Stürmenden zu zerschmettern; wurden früher namentlich in Gebirgskriegen gebraucht.

Sturmbretter sind starke Bretter, bespickt mit langen Nägeln, verwendet als Annäherungshindernisse.

Sturmfeuer s. besondere Kriegsfeuer.

Sturmfrei ist ein Werk, wenn es nicht ohne technische Hülfsmittel erstürmt werden kann. Trockener 6—10 m tiefer, 12—20 m breiter Hauptgraben, nahezu senkrechte Kontreescarpe, Flankirung der Gräben. Nasse Gräben sind noch widerstandsfähiger, brauchen nur 16 m Breite, 2 m Wasserhöhe.

Sturmleiter besteht in einer leicht transportablen, zum Sturm auf Befestigungen verwendeten Leiter, die auch aus mehreren Stücken verfertigt, von den einzelnen Soldaten getragen und erst knapp vor dem Sturm zusammengesetzt wird.

Sturmpfähle sind von etwas geringeren Dimensionen als Pallisaden und werden in der Grabensohle oder auf der Escarpe von Feldbefestigungen senkrecht oder geneigt eingegraben, um die Erstürmung zu behindern.

Stürzen der Pferde. Geschieht dies nach vorn, Oberleib zurück, Hülfe mit Hand und Schenkel; auf die Seite: lose im Sattel, Schenkel zur Hülfe bereit, Zügel als Stützpunkt. Wenn beim Grabenspringen die Hinterfüsse in demselben bleiben: Zügel frei, Sporen.

Stuttgart. Dort stehen Württ. Kriegs-Minist., Oberrekrut.-Rath, Schlossgarde-Komp., Stäbe des Gen.-Kom. XIII. (Kgl. Württ.), der 26. Div. (1. Kgl. Württ.), der 51. Inf.- (1. Kgl. Württ.) und 26. Kav.-Brig. (1. Kgl. Württ.), Gouvern., Gren.-Rgt. Königin Olga (1. Württ.) No. 119, St., 1., 2. und 4. Bat. Inf.-Rgts. Kaiser Friedrich, König von Preussen (7. Württ.) No. 125, Drag.-Rgt. König (2. Württ.) No. 26, Kom. des Landjägerkorps, Evgl. Feldpropstei, Bez.-Kom., Prov.-Amt, Gern.-Verw. und -Laz. — Servisklasse A.

Stutzen (Stutzer), kurzes gezogenes Gewehr, Jägerbüchse.

St. Vincent. Seeschlacht 14./2. 1797, in der die Engländer unter Jervis nach hartnäckigem Kampfe den Spaniern 4 Linienschiffe abnahmen.

St. Wendel s. Wendel.

Styrum, Graf, österreichischer Feldmarschall (1663—1704). Siegte bei Dietfurt, wurde 1703 bei Nördlingen geschlagen und fiel in der Schlacht am Schellenberg.

Sublimat s. Diphenylamin.

Subordination ist Gehorsam.

Subsidien. Unterstützungsgeld eines Staates an den anderen im Kriege. So zahlte England in dem Kriege gegen Napoleon grosse S. an die Kontinentalmächte, während es sich nur mit geringer Truppenmacht aktiv betheiligte.

Suchet, Louis, Herzog von Albufera, Marschall von Frankreich (1770—1826). Nahm Theil an den Feldzügen 1793, 1797 und 1800 in Italien, an den Kriegen 1805 bei Ulm und Austerlitz, 1806 bei Jena, Pultusk etc., erhielt 1808 den Oberbefehl über das 3. Korps in Spanien, wo er bis 1813 siegreich kämpfte; in diesem Jahre musste er aber Valenzia räumen und sich nach Katalonien zurückziehen; 1814 unterwarf er sich den Bourbonen, 1815 kämpfte er für Napoleon.

Suckow, v., württembergischer General und Kriegsminister (1828—1874). Hat viel zur Ueberführung der Armee in die neuen Verhältnisse gethan.

Sukurs. Unterstützung, Hülfstruppen.

Suleiman-Pascha, türkischer General und Schriftsteller, kämpfte in Bosnien und Montenegro erfolgreich, warf im August 1877 die Russen über den Balkan zurück; griff Ende August und Anfang September wiederholt den Schipka-Pass an, doch ohne besonderes Resultat.

Sumner. Nordamerikanischer General (1796 bis 1863). Führte im Sezessionskriege das 1. Korps.

Sumter. Fort bei Charleston.

Sundewitt ist der Name der Halbinsel, auf der Düppel liegt.

Suppen-Konserven sollen weder im Geruche noch im Geschmacke auf Verderben des beigemengten Fettes schliessen lassen.

Suppenkräuter sollen frisch, die Blätter nicht welk oder angefault sein.

Supponirter Feind ist der bei einem Manöver vorausgesetzte, aber nicht dargestellte Feind.

Suwarow, Fürst, russischer Feld-Marschall (1729—1800), machte sich schon im österreichisch-russischen Kriege 1792 einen Namen (Rimnikski); noch bekannter wurde er durch die Energie, die er 1794 gegen die Polen entwickelte; berühmt aber machte ihn sein glänzender Feldzug in Italien und in der Schweiz.

Svensksund. Seeschlacht 14./8. 1789 ohne Entscheidung zwischen Schweden und Russen, desto entscheidender war die am 9./7. 1790, wo die letzteren von den Schweden gründlich geschlagen wurden und 53 Fahrzeuge verloren.

Sweaborg. Vom König Adolf Friedrich von Schweden erbaute bedeutende Seefestung an der finnischen Küste, kam 6./4. 1808 durch Verrath in russische Hände, wurde vom 8. bis 11. August 1855 von der englisch-französischen Flotte bombardirt.

Swinemünde. Festung. Dort stehen: Komdtr., Stab und 1. Bat. Fussart.-Regts. v. Hindersin (Pommern) No. 2 (Stab nur vorläufig, später Danzig), Art.-Depot, Fortif., Garnis.-Verw. und Laz. — Servisklasse 2.

Swip-Wald s. Königgrätz.

Symmetrie-Ebene heisst die Ebene, welche man sich senkrecht auf die Schildzapfenachse durch die Rohrachse gelegt denkt, weil durch dieselbe das Rohr in zwei gleiche Theile getheilt wird.

Syrien. Kämpfe s. Aegypten.

Szegedin wurde 1526 vom Sultan Soliman, 1686 von den Kaiserlichen erobert; 2./8. 1849 siegreiche Schlacht der Oesterreicher unter Haynau.

Szigeth. Auf einer Donauinsel gelegen; 1566 heldenmüthige Vertheidigung Zrinys gegen die Türken.

Szlankamen. Schlacht 19./8. 1691. Glänzender Sieg Ludwigs von Baden über die Türken, von denen 40000 fielen. Die gesammte Artillerie fiel in die Hände der Oesterreicher.

Szörreg. 5./8. 1849 Sieg der Oesterreicher unter Haynau gegen Dembinski.

T.

Tabor. Schlacht 17./4. 1799, in der Bonaparte die Türken unter Abdallah Pascha gänzlich schlug.

Tabor. 1. Türkisches Bataillon, 2. bei den Hussiten Feldlager, daher der Name „Taboriten", 3. Kämpfe am Berge T. in Palästina im April 1799; die Franzosen schlugen die Türken und Engländer.

Tagegelder wird die Entschädigung genannt, welche Militärpersonen und Beamte bei Dienstreisen (mit Ausnahme von Märschen oder Militär-Transporten) für die Reisetage ohne Beschränkung sowie am Kommandoorte bis zur Dauer eines Monats gewährt werden. Es beziehen:

Generalfeldmarschall, kommandirende Generale u. s. w.	30,— M.
Generallieutenants, Divisions-Generale und dergl.	24,— „
die übrigen Generale, Generalstabsarzt	18,— „
Regimentskommandeure und Generalärzte	15,— „
die übrigen Stabsoffiziere, Oberstabsärzte 1. Klasse, etatsmässige Referenten des Kriegsministeriums, Präsident der Remonte-Ankaufs-Kommission, Bezirkskommandeure etc.	13,50 „
die ersten Hülfsoffiziere der Remonte-Ankaufs-Kommission	12,— „
Hauptleute, Rittmeister, Sanitätsoffiziere dieses Ranges und 2 Hülfsoffiziere der Remonte-Ankaufs-Kommission	9,— „
Lieutenants und Sanitätsoffiziere dieses Ranges	7,50 „
Portepee-Unteroffiziere, etatsmässige	4,50 „
andere Unteroffiziere und überzählige Portepee-Unteroffiziere	3,— „
Gemeine, auch überzählige Unteroffiziere	2,— „

Beim Empfange von T. fällt der Anspruch der Militärpersonen und servisberechtigten Militärbeamten auf Quartier grundsätzlich fort. Wenn jedoch der Empfänger ein leerstehendes Kasernen-, Baracken- oder Lazarethquartier benutzt hat, so kommt von dem T. ein Viertel (für Stabsoffiziere ev. 3,25 M., für Lieutenants ev. 1,85 M., für Portepee-Unteroffiziere ev. 1,10 M.) in Fortfall. Das Gleiche gilt, wenn bei den Truppenübungen von den zum Empfange von T. Berechtigten wegen Ueberfüllung der Gasthöfe oder aussergewöhnlicher Steigerung der Preise Quartier von den Gemeinden — gegen Quartierbescheinigung — in Anspruch genommen wird.

Tagesbefehl und Aufruf. Die Tagesbefehle umfassen Alles, was nicht unmittelbar auf Fortführung der Kriegshandlung Bezug hat; sie vertreten die Parolebefehle der Friedensstandorte und werden auch meist durch die Adjutantur bearbeitet.

Von ganz besonderer Eigenart ist der Aufruf (die Proklamation). Derselbe darf nicht zu oft erlassen werden; er verliert sonst seine Wirkung.

Tagesberichte. T. werden von entsendeten selbstständigen Heerestheilen erstattet und müssen enthalten: Darstellung der Thätigkeit des abgelaufenen Tages, erforderlichen Falls unter Beifügung eines Gefechtsberichts; Zusammenstellung der über den Feind eingegangenen Nachrichten; Darlegung der für den nächsten Tag oder die nächsten Tage beabsichtigten Massregeln mit besonderer Angabe der in Aussicht genommenen Stabsquartiere und der geeignetsten Mittel zur Unterhaltung des telegraphischen bezw. brieflichen Verkehrs.

(S. auch Gefechtsbericht und Tagebücher.)

Tageskost s. Kost. Den Quartiergebern ist zu zahlen: für Offiziere 2,50 M., Gemeine etc. 80 Pf. bis 1 M. mit und 65—85 Pf. ohne Brod für die volle T. je nach den alljährlich öffentlich bekannt zu machenden Sätzen.

Tagliamento (Oberitalien). Gefecht 15./3. 1797, in dem Bonaparte den Erzherzog Karl an den Isonzo drängte. 12./11. 1805 zwischen Erzherzog Karl und Massena.

Taiping, Name einer politischen und religiösen Sekte in China, die 1849 mit Unruhen begann, schliesslich das ganze Gebiet des unteren Yantse Kiang mit Nanking in Gewalt bekam und die Niederlassungen der Engländer bei Shanghai bedrohte. Es gelang dem Oberst Gordon (1862 bis 1864) im Verein mit Li Hung Schan (dem Friedensvermittler 1895) die Revolution gänzlich auszulöschen, deren Chef Tiengmang sich selbst entleibte. (Litt. Gordon.)

Taktik ist die Lehre vom Gefecht.

Talavera de la Reyna (Kastilien). Schlacht 27. und 28./7. 1809 ist eine der besten Defensivschlachten, die Wellington (damals Wellesley) gegen König Joseph auskämpfte. W. holte sich hier den Rang als Herzog.

Tallart, Graf, französischer General (1652 bis 1728), wurde bei Hochstadt gründlich geschlagen (mit den verbündeten Bayern), gefangen und trat nicht mehr im Felde auf.

Tambour war ein von Pallisaden eingeschlossener vertheidigungsfähiger Raum, den man in der Kehle von Schanzen anlegte bezw. unter wilden Völkern als Schutz noch heute erbaut.

Tarragona (Katalonien). Belagerung 4./5. bis 28./6. 1811 und Sturm durch Suchet, nach braver Vertheidigung durch die Spanier unter Contreras. 1813 durch die Franzosen geschleift.

Taschenverbandzeug hat jeder Militärarzt, einschl. der Unter- und Einjährig-Freiwilligen-Aerzte, bei sich zu führen, bezw. zum dienstlichen Gebrauch vorräthig zu halten; die Sanitätsoffiziere vom Stabsarzt aufwärts ausserdem noch eine weitere Anzahl von Instrumenten, zu deren erster Beschaffung bei ihrer Ernennung sie eine Beihülfe erhalten können.

Taubenpost s. Brieftauben.

Tauentzien, v., preussischer General der Infanterie (1710—91), vertheidigte 1760 Breslau glänzend gegen Laudon und eroberte Schweidnitz 1762. Sein Sohn, Graf T. v. Wittenberg (1760 bis 1824) focht 1806 und 1813 (bei Grossbeeren und Dennewitz) mit Auszeichnung, nahm 1813: Stettin, Torgau, Wittenberg (Sturm), 1814: Küstrin und Magdeburg.

Tauglichkeit. Ueber die T. zum Dienen entscheidet der Ober-Ersatz-Kommission. Man unterscheidet T. zum Dienst mit oder ohne Waffe, auch bedingte T.

Technische Abtheilung bei der Inspektion der technischen Institute im Kriegsministerium umfasst als Geschäftskreis hauptsächlich die technischen Institute der Artillerie (s. d.).

Technische Institute. Militärische Anstalten zur Konstruktion und Fertigung von Waffen, Geschossen, Patronen, Zündungen, besonderen Kriegsfeuern, Schiess- und Sprengmitteln und anderem Heeresbedarf. In Deutschland: Gewehr-, Munitions-, Geschoss- und Pulverfabriken; Geschützgiessereien, Artillerie-Konstruktions-Bureau, Artillerie-Werkstätten, Feuerwerks-Laboratorien. Versuchsstelle für Sprengstoffe. Die preussischen T. I. sind seit 1895 einer Inspektion im Kriegsministerium unterstellt.

T. I. der Artillerie bestehen: Das Artillerie-Konstruktions-Bureau in Spandau, die Artillerie-Werkstätten in Spandau, Deutz, Strassburg i/E. und Danzig, die Geschützgiesserei in Spandau, die Geschossfabrik in Siegburg, die Feuerwerks-Laboratorien in Spandau und Siegburg, die Pulverfabriken in Spandau und bei Hanau, die Versuchsstelle für Sprengstoffe in Spandau.

Sie unterstehen der technischen Abtheilung und in höherer Instanz der Inspektion der T. I. im Kriegsministerium (Allgemeines Kriegs-Departement).

Tegetthoff, Wilhelm, Frhr. v. (1827—1871), österreichischer Admiral; nahm 1848—49 an der Blockade von Venedig Theil, sowie an See-Expeditionen gegen die Barbareskenstaaten, befehligte 1862 das österreichische Geschwader in den griechischen Gewässern, zeichnete sich in dem für die österreichische Flagge ehrenvollen Seegefechte 9./5. 1864 bei Helgoland aus, siegte trotz bedeutender Ueberlegenheit der Italiener 20./7. 1866 glänzend bei Lissa.

Telegramm an Vorgesetzte ist gestattet. Dienstliche T. (Militaria) sind gebührenfrei. Kürzeste Form zu brauchen. Stadt-T. sind immer portopflichtig, ebenso wie Urlaubs-Angelegenheiten.

Um die Gebührenfreiheit für Dienst-T. zu erlangen, muss die Sendung mit der Bezeichnung „Militaria" und dem militärischen Siegel oder Stempel und der Firma der absendenden Behörde versehen sein. In Ermangelung eines Dienstsiegels ist entsprechende Bescheinigung erforderlich.

Telegraph (Feldtelegraph) s. Militär-T

Telegraphendienst. Kenntniss für den Kavallerie-Offizier erforderlich. S. Militär-Telegraphie.

Telegraphen-Zerstörung bei Rückzügen von der Arrièregarde event. selbst anzuordnen, sonst nur von Ober-Befehlshabern und selbstständigen Armee-Korps. Nur in dringenden Fällen eigenmächtig. T.-Z. aber sofort oben zu melden. Feld-Gendarmerie hat unnütze T.-Z. zu verhindern.

Telegraphie. S. Militär-T.

Telephon. S. Fernsprecher.

Temesvar. Einnahme durch Prinz Eugen 1716; Vertheidigung durch die Oesterreicher 25./4. bis 9./8. 1849. dann Ersatz.

Tempelhoff, von, preussischer Generallieutenant (1737—1807), ist der Verfasser der Geschichte des 7jährigen Krieges und anderer Schriften (Litt.).

Tempiren nennt man das Reguliren der Brenner der Zeitzünder, damit diese, dem beschossenen Ziele entsprechend, die Sprengladung des Geschosses im richtigen Augenblick entzünden. Die früher meist in Verwendung gestandenen Säulenzünder wurden durch Absägen tempirt; bei den Ringzeitzündern erfolgt das T. je nach der Konstruktion der Zünder, zumeist giebt aber die auf dem Satzstücke enthaltene Eintheilung die Satzlängen für die verschiedene Flugzeit an, wodurch jener Theil des Satzringes bestimmt werden kann, der abbrennen muss, bis die Flamme die Sprengladung ergreift.

Vor dem Laden eines Schrapnels wird dessen Verkappung entfernt und wenn dasselbe nicht als vortempirt geschlossen werden soll, der Zünder tempirt. Hierzu ist die Tempirgabel in der Ebene der Satzscheibe zu halten und mit ihren Zapfen in zwei gegenüberliegende Einschnitte der Satzscheibe einzulegen, durch Drehen nach rechts oder links ist der entsprechende Distanzstrich der Tempirskala in die Verlängerung des Tempirzeigers zu bringen. Der Wirkungsbereich tempirter Schrapnels reicht bis 4500 Schritt, über 3000 Schritt hat er aber nur auf ausgedehnte Ziele Anwendung zu finden. Vortempirte Schrapnels explodiren im Mittel 350 Schritt vor der Mündung der Geschütze; es ist dies die wirksamste Schussart zur Abwehr eines Nahangriffes. Durch Aenderung der Tempirung allein werden Intervall und Sprenghöhe geändert.

Tempirgabeln dienen zum Tempiren des Schrapnels; der Ausschnitt der Gabelarme ist entweder nach einem Sechseck oder nach einem Kreisabschnitte gestaltet.

Tempo = Zeitmaass. Für den Marsch beträgt das T. für Infanterie: Bei gewöhnlichem Marsch 114, bei Sturmmarsch 120 Schritte zu 80 cm Länge, bei Laufschritt 165 bis 170 Schritte zu 1 m Länge in der Minute; für Kavallerie: Im Schritt 125, im Trabe 300, im Galopp 500. im verstärkten Galopp etwa 700 Schritte zu 80 cm Länge in der Minute; für Feld-Artillerie: Bei mittlerem Boden im Schritt 125, im Trabe 300, im Galopp 500 Schritte zu 80 cm Länge in der Minute; für Fuss-Artillerie: Bei gewöhnlichem Marsch 114 Schritte zu 80 cm, bei Laufschritt 165 bis 170 Schritte zu 1 m Länge in der Minute; für Train: Im Schritte 125, im Trabe 300 Schritt zu 80 cm Länge in der Minute. Die Feld-Artillerie und der Train dürfen bei schwierigem Gelände, tiefem Boden und beim Kolonnentrabe auf Strassen die Tempos verkürzen.

Tenaillentracé war eine Grundform der Befestigung, die aus ein- und ausspringenden Winkeln gebildet war, die sich gegenseitig flankirten.

Terceira, Herzog von, Graf Villaflor, portugiesischer Feldmarschall (1790—1860), eroberte die Azoren 1831 und spielte später in den Wirren auf der iberischen Halbinsel eine hervorragende militärisch-politische Rolle.

Tercio waren die grossen viereckigen Haufen. in denen die Kaiserlichen besonders bis Mitte des 30jährigen Krieges kämpften. Ihnen stellte Gustav Adolf die Brigade gegenüber. (S. Breitenfeld.)

Terpentinöl s. Vulkanöl.

Terrain, veralteter Ausdruck für Gelände.

Territorial-Armee bezeichnet in Frankreich die Armee-Aufstellung der rückwärtigen Staffeln im Gegensatz zur aktiven Armee.

Territorial-Abzeichen der Kontingente. Allgemeines: Kokarden, Säbeltroddel der Unteroffiziere, Portepees, Achselstücke und Schärpen der Offiziere werden in Landesfarben getragen; ebenso Schnur der Einjährig-Freiwilligen, das Unteroffizier-Abzeichen auf Patte des Mantelkragens und die Lanzenflaggen der Kavallerie. Im Besonderen: A. Kokarde: Von den in preussischen Truppentheilen dienenden Angehörigen anderer Bundesstaaten, sowie von den Mannschaften der Oldenburgischen und den Offizieren der Infanterie-Regimenter 93 bis 96 und der Hessischen Truppen wird die preussische und die Landeskokarde getragen, am Helm erstere rechts, letztere links, an der Mütze erstere auf dem Besatz, letztere darüber. Die Offiziere der oldenburgischen Truppentheile tragen nur die preussische Kokarde. Die Mannschaften der badischen Truppentheile und der Regimenter 93 bis 96 tragen die Landeskokarde und nur, soweit sie preussische Staatsangehörige sind, daneben die preussische. B. Portepee und Schärpe wird bei den Infanterie-Regimentern 93 bis 96, den oldenburgischen und badischen Truppen mit schwarz und rother Seide durchwirkt getragen. Die übrigen Kontingente Schärpe und Portepee in Landesfarben; statt Weiss jedoch Silber, statt Gelb Gold. Die Landesfarben sind: Preussen schwarz und weiss; Bayern hellblau und weiss; Sachsen und sächsische Herzogthümer grün und weiss; Württemberg schwarz und roth; Baden roth und gelb; Hessen roth und weiss; Grossherzogthum Sachsen schwarz, grün, gelb; Mecklenburg roth, gelb, blau; Oldenburg blau und roth; Braunschweig blau und gelb; Lippe-Detmold roth und gelb; Bückeburg roth, blau, weiss; Anhalt dunkelgrün; Schwarzburg blau, weiss; Waldeck und Reuss schwarz, roth, gelb; Hansestädte roth und weiss; Elsass-Lothringen schwarz, weiss, roth. C. An Helm und Tschako wird von den badischen Truppen an Stelle des Wappenadlers der badische Wappengreif, und von ferner den Oldenburgischen Truppen ein Stern mit dem Landeswappen; von dem braunschweigischen Infanterie-Regiment No. 92: ein Stern mit braunschweigischem Ordenskreuz und Landeswappen; von dem Infanterie-Regiment No. 93 das Anhaltische, von dem Infanterie-Regiment No. 94 das Grossherzoglich Sächsische, von dem Infanterie-Regiment No. 95 und 1. und 4. Bataillon 96 das Herzoglich Sächsische, vom 2. Bataillon No. 96 das Fürstlich Reussische und vom 3. Bataillon No. 96 das Fürstlich Rudolstädtische Wappen auf neusilbernem Stern geführt.

Tessé, Graf, Marschall von Frankreich (1638 bis 1725), zeichnete sich 1692—93 in Italien, später in Spanien aus, wurde vielfach in politischen Angelegenheiten verwendet.

Tête und Queue einer feindlichen Kolonne muss man beobachtet haben, um ihre Stärke zu schätzen. Die T. nimmt bei Märschen die zum Marschiren bequemste Seite der Strassen; die Kolonne hat ihr zu folgen.

Tettenborn, Freiherr von, badischer General (1778—1845); erst in österreichischen, dann 1812 in russischen Diensten, nahm 1813 Berlin (mit Tschernitschew) besetzte im März vorübergehend Hamburg, im Oktober Bremen, er kämpfte 1814 gegen die Dänen. Zuletzt badischer Gesandter in Wien.

Thann. Treffen 5./10. 1638, in dem Herzog Bernhard von Weimar den Herzog von Lothringen auf dem Marsche nach Breisach, das ersterer belagerte, überfiel und schlug.

Theater-Anzug für königliche Theater bei Galavorstellungen: Paradeanzug ohne Schärpe und Kartusche (Garde du Korps und Garde-Kürassiere im Gala-Anzug), an Geburtstagen Sr. Majestät, bei Militär-Festvorstellungen und Opernhausbällen, Gesellschaftsabende im königlichen Opernhause: Gesellschaftsanzug, Mütze; sonst: Gesellschaftsanzug, Mütze.

Thee. Kriegsportion 3 g. Vortheilhaft Trinkwasser (auf Marsch) mit Th. zu kochen.

Zur Herstellung von Theeaufgüssen behufs Verhütung von Ruhrerkrankungen bei mangelhaften Trinkwasserverhältnissen auf dem Manöver-Terrain haben sich die Truppen vor dem Verlassen der Garnison mit einem Quantum Thee

Theilkartuschen — Thierärzte

und Zucker zu versehen. Die Kosten für die nach Bescheinigung verbrauchten Mengen sind bei der Intendantur zur Erstattung zu liquidiren.

Theilkartuschen. Enthalten nur einen Theil der grössten Ladung für Geschütze, die mit veränderlichen Ladungen feuern. Man stellt aus ihnen die zusammengesetzten Kartuschen für den jedesmaligen Gebrauchszweck her, indem man die nothwendige Zahl von Th. durch einen Netzbeutel vereinigt.

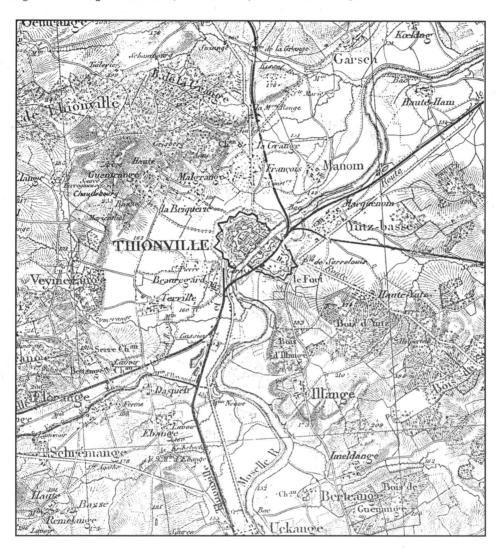

Thionville.

Theilung der Marschkolonnen kann durch starke Seitendeckungen oft zweckmässig erzielt werden.

Theodolith siehe Landes-Aufnahme (Abbildung s. Trigonometr.-Abtheilung).

Theoretische Arbeiten s. Uebungsarbeiten.

Theresienstadt war bis 1866 Festung. Garnison: 29. Inf.-Trupp.-Div. und 57. Inf.-Brig.-Kom.; 18. und 92. Inf.-Rgt.; 1. Drag.-Rgt.; 26. Div.-Art.-Rgt.; 8. Pion.-Bat.; Sanitäts-Abth. 13.

Thielmann, Freiherr von, preussischer General der Kavallerie (1765—1824). Erst in sächsischen Diensten, trat er 1806 zur französischen Armee, zeichnete sich 1812 besonders bei Borodino aus, war 1813 in Torgau im deutschen Interesse, verliess die Festung und ging in russische Dienste, führte ein Streifkorps, und später in Preussen das General-Kommando des 3., 7. und 8. Armeekorps.

Thierärzte s. Rossarzt.

Thierarznei s. Militär-Thierarznei.

Thile, von, preussischer General der Infanterie (1817—94). 1848 im Strassenkampf in Berlin thätig, führte 1866 die 36er bei Uettingen (Orden pour le mérite) und 1870/71 die 42. Brigade bei Weissenburg, Wörth und vor Paris. Zuletzt 8. Armeekorps.

Thionville (Diedenhofen). Geschichte und Garnison s. Diedenhofen. Die Festung, im Thal der Mosel gelegen, ist nach altem Bastionär-System gebaut und hat zum Theil nasse Gräben. Plan s. Seite 663.

Thomas, amerikanischer General (1816—70), siegte 6./12. 1864 bei Nashville.

Thorn, neuerdings befestigtes Lager, das von 7 vorgeschobenen Forts vertheidigt wird.

Dort stehen Stäbe der 70. Inf.- und 2. Fussart.-Brig., 4. Fest.-Insp., Gouvern. und Komdtr., Inf.-Rgt. v. Borcke (4. Pomm.) No. 21, Inf.-Rgt. v. d. Marwitz (8. Pomm.) No. 61, Ul.-Rgt. v. Schmidt (1. Pomm.) No. 4, Fussart.-Rgt. No. 11, St. und 1. Bat. Fussart.-Rgts. No. 15, Pomm. Pion.-Bat. No. 2, Bez.-Kom., Art.-Dep., Fortif., Prov.-Amt, Garn.-Verw. und -Laz. — Servisklasse 1. Fussartillerie-Schiessplatz mit Schiessplatz-Verwaltung.

Thouvenin-Büchse s. Dorngewehr.

Tiefenwirkung s. Schrapnelwirkung.

Tilly, Johann Graf, kurbaierischer und kaiserlicher F.-M. (1559—1632), focht unter Alba in spanischen, dann in österreichischen, 1610 in baierischen Diensten; wurde bei Ausbruch des 30jährigen Krieges Oberbefehlshaber der katholischen Liga, schlug 1620 die Böhmen am Weissen Berge bei Prag, besiegte 1626 den König von Dänemark bei Lutter am Barenberge, erstürmte 1631 Magdeburg, wurde im selben Jahre bei Breitenfeld geschlagen, am Lech tödtlich verwundet.

Tilsit. Dort stehen Stab, 2. und 4. Bat. Inf.-Rgts. v. Boyen (5. Ostpr.) No. 41, Drag.-Rgt. Prinz Albrecht v. Preussen (Litth.) No. 1, Bez.-Kom., Prov.-Amt, Garn.-Verw. und -Laz. — Servisklasse 2.

Tirailliren, veralteter Ausdruck für den Kampf in gelöster Ordnung.

Titulaturen. Bei militärischen Eingaben an Seine Majestät den Kaiser lautet:
1. die Anrede einmal:
   „Euere Kaiserliche und Königliche Majestät" und dann: „Euere Majestät";
2. die volle schriftliche Anrede:
   „Allerdurchlauchtigster, Grossmächtigster Kaiser und König!
   „Allergnädigster Kaiser, König und Herr!";
3. die mündliche Anrede stets:
   „Euer Majestät";
4. die Adresse auf Briefen:
   „An des Kaisers und Königs Majestät", oder die volle Adresse:
   „An Seine Majestät den deutschen Kaiser und König von Preussen".

T.-O. Abkürzung für „Traindepot-Ordnung". — 1893.

Tobitschau. Gefecht 15./7. 1866. Die Oesterreicher stellten gegen die Kavallerie-Division von Hartmann, welche die Blatta überschreiten wollte, bei T. eine Batterie von 20 Geschützen auf. Bei dem Kampfe der 3. Infanterie-Brigade gegen die Stellung gelang es den 5. preussischen Kürassieren, 18 Geschütze der Batterie zu nehmen. Plan s. nächste Seite.

Todtenorgeln = Orgelgeschütze (s. d.).

Todter Gang. Fehler an Bewegungsschrauben, hervorgerufen durch zu grossen Spielraum (Abnutzung) im Gewinde, der bewirkt, dass sich die Mutter um ein gewisses Maass drehen kann, ohne dass eine entsprechende fortschreitende Bewegung der Schraubenspindel eintritt.

Todter Winkel. Begrenzt von der tiefsten Richtungslinie (Senkung) der Feuerwaffen, welche durch das Gelände oder künstliche Deckungen gestattet ist. Alles, was unter dieser Linie liegt (in Gräben, Schluchten, Hohlwegen, an steilen bezw. konkaven Abhängen) und daher dem direkten bezw. frontalen Feuer entzogen ist, befindet sich im t. W.

Tödtungen und körperliche Verletzungen von Menschen auf Eisenbahnen. Hierfür sind die Eisenbahn-Unternehmungen ersatzpflichtig.

Tököly, Tekely, Graf, ungarischer General, focht in türkischen Diensten gegen Oesterreich (1656 — 1693). Er wurde 1686 von Heissler gänzlich geschlagen, blieb aber in türkischen Diensten thätig.

Tolentino (Italien). Schlacht 2. und 3./5. 1815, in der die Oesterreicher unter Bianchi den Prinzen Murat total schlugen.

Toll, Graf, russischer General der Infanterie (1777—1842), war, wenn auch nicht persönlich führend, 1805—14 und später 1830—31 eine maassgebende Persönlichkeit in den russischen Hauptquartieren. (Litt. v. Bernhardi.)

Tollwuth bei Pferden steht unter Seuchengesetz. Der T. verdächtige Hausthiere sind zu tödten oder bis zu polizeilichem Einschreiten sicher einzusperren. Ist die T. festgestellt, so muss die sofortige Tödtung des Thieres sowie aller gebissenen Hunde und Katzen angeordnet werden. Ausnahmen nur zulässig, wenn Antragsteller die Kosten der Absperrung und polizeilichen Ueberwachung trägt.

Tolosa. Gefecht 25./6. 1813, das zwar für die Engländer und Spanier unter Graham siegreich aber verlustreich war. Die Franzosen führte Foy.

Tonit, Sprengstoff, besteht aus Nitrocellulose und Barytsalpeter.

Tonnengewölbe sind halbzylindrische Gewölbe von kreisförmigem oder elliptischem Querschnitte; sie werden im Festungsbau angewendet.

Topographische Abtheilung.

Die Arbeiten der Topographischen Abtheilung.

Der topographischen Abtheilung fällt die Aufgabe zu, unter Anschluss an die trigonometrischen Punkte ein Abbild des Geländes zu schaffen.

Das Arbeitsfeld ist zunächst in kleine Theilgebiete zu zerlegen; dies geschieht durch das über das Aufnahmegebiet gebreitete Netz von Breiten- und Längenkreisen, deren Lage bezw. Richtung im Aufnahmegebiet die Triangulation ergeben hat; und zwar dienen als Theilkreise in westöstlicher Richtung der Meridian von 10 zu 10′ von Ferro ab gerechnet, in südnördlicher die Breitenkreise oder Parallele von 6 zu 6′. Die

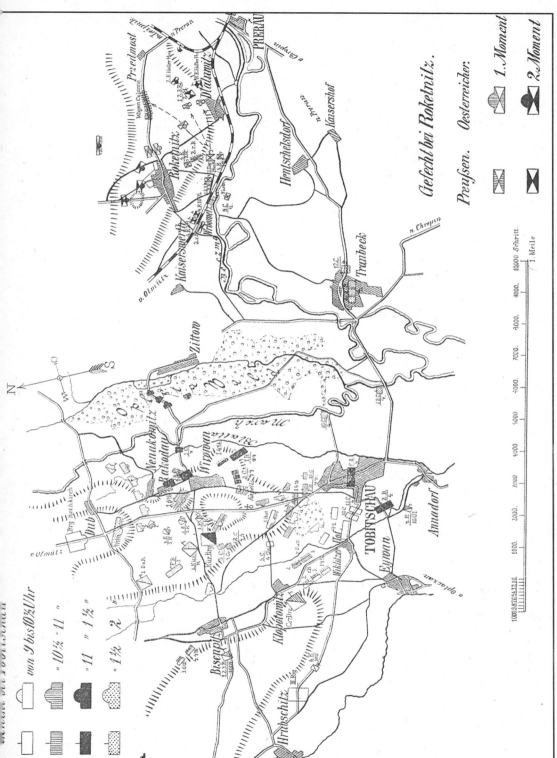

Plan zum Gefecht bei Tobitschau am 15./7. 1866.

Flächenräume der so entstehenden sphäroidischen Trapeze lassen sich bei Zugrundelegung des Massstabes 1:25000 auf der Platte des Messtisches bearbeiten, daher diese Theilflächen als **Messtischblätter** bezeichnet werden.

Der Messtisch.

Die topographische Aufnahme innerhalb dieses Trapezes erfolgt mittelst Messtisches, und zwar in der Weise, dass die natürliche Lage des jeweiligen Messtisch-Standortes sogleich auf die Messtischplatte übertragen und nunmehr Richtung, Entfernung und Höhe einer Reihe messbarer Objekte auf der Platte eingezeichnet wird. Vervollständigung der Aufnahme des Zwischengeländes durch Krokis unter Zuhülfenahme von Flurkarten.

Die Messtischeinrichtung besteht aus drei Hauptbestandtheilen: dem eigentlichen Messtisch, der Kippregel und der Distanzlatte.

Die Abbildung des Geländes auf dem Messtisch.

Die topographische Aufnahme hat zugleich den Namen von Oertlichkeiten, Bergen, Thälern, Gewässern u. a. eine besondere Aufmerksamkeit zu widmen, namentlich die Abweichungen zwischen offiziellen und landesüblichen Namen und deren Schreibweisen sorgfältigst festzustellen.

Die topographische Aufnahme.

Dazu Orientirung des Messtisches nach Lage und Höhe. Ersteres durch Rückwärts-, Seitwärts- oder Vorwärts-Einschneiden.

Torgau. Gefecht 8./9. 1759, in welchem General v. Wunsch die Oesterreicher unter André zurückwarf und ihnen eine Menge Gefangene, 8 Geschütze etc. abnahm.

Schlacht 3./11. 1760, die anfangs für König Friedrich verloren, abends durch das siegreiche Vordringen Ziethens erfolgreich entschieden wurde. Plan s. nächste Seite.

Dort stehen: Stab der 16. Inf.-Brig., 4. Thür. Inf.-Regt. No. 72, 3. Abth. Thür. Feldart.-Regts. No. 19, Pion.-Bat. v. Rauch (Brandenbg.) No. 3, Fest.-Gefäng., Bez.-Kom., Filiale des Art.-Dep. in Wittenberg, Prov.-Amt, Garn.-Verw. und Laz. — Servisklasse 2.

Tornister der auf Märschen befindlichen Kompagnien der Unteroffizierschulen — nicht nur auf den Märschen zum und vom Manöverterrain, sondern auch bei den mit Quartierwechsel verbundenen Märschen — dürfen auf Vorspannwagen fortgeschafft werden. Für die Truppen ist das Fahren der T. bei grosser Hitze ebenfalls zulässig, sobald nach dem pflichtmässigen Ermessen des Befehlshabers voraussichtlich Menschenleben auf dem Spiele stehen.

Wird zur Beschleunigung von Märschen das Nachführen von T. angeordnet, sind per Kompagnie auf Kriegsstärke 4 Fuhrwerke erforderlich.

Torpedo. Bezeichnung für Seeminen und unterseeische Sprengkörper.

Torres Vedras. In den Linien von T. V., die Wellington nördlich Lissabon am linken Ufer der Zizandra anlegen liess, organisirte er 1810 seine Armee im Winter. Die diesem Lager gegenüber ungünstige Lage der Entbehrungen leidenden Franzosen, die nicht stark genug waren, das Lager anzugreifen, bewogen Massena, sich im März 1811 nach Salamanca zurückzuziehen.

Torstenson, Graf, von Ortala, schwedischer Feldmarschall (1603—1651), ist eine der hervorragendsten Erscheinungen des 30 jährigen Krieges.

Tortona (Italien) wurde 9./5. 1799 von Suwarow erobert, 11./9. übergab sich auch die Zitadelle.

Tortosa (Spanien) wurde in früheren Kriegen öfter belagert. 5./7. 1810—2./1. 1811 durch Suchet. Vertheidigt durch Spanier unter Graf Alacha.

Tothuis, berühmter Uebergang der Franzosen über den Rhein 12./6. 1672, den Condé gegen die Holländer erzwang.

Totleben (auch Todleben), Graf v., russischer General (1817—84), geboren in Mitau, kämpfte im Kaukasus, wurde berühmt durch seinen Ausbau und seine Vertheidigung von Sebastopol 1854 bis 1855; baute Kronstadt aus. 1877 leitete er den Angriff auf Plewna (Grafentitel), 1878 Oberbefehlshaber in der Türkei, 1879 General-Gouverneur von Odessa, 1880 von Wilna.

Toul, französische Festung. Es bildet die Südecke der grossen Frontbefestigung, die sich in einer Kette von Werken (s. französische „Maasbefestigung") bis Verdun nach Norden hinaufzieht.

T. liegt in dem Moselthale, dort wo sich der Fluss mit einer kurzen Schleife aus dem Plateaulande, Côtes de Meuse, nach Osten zu herauswindet. Die Stadt ist von 9 Bastionen umgeben, das Vorgelände wurde 1875 schnell befestigt durch die Redouten du mont St. Michel, de la Justice, du Tillot und de Dommartin, die heute theils nur erhalten, theils ausgebaut und mit Annex-Batterien versehen sind, wie dieses besonders mit den Forts St. Michel und du Tillot geschehen ist.

Im Nordwesten der Festung hat man die dort liegende Berggruppe durch die Anlage der starken, von Batterien umgebenen Werke de Lucey und d'Ecrouves zu einer Festung für sich umgewandelt, die dadurch noch vertheidigungfähiger gemacht ist, dass auf dem Vorberge zwischen den genannten Werken die Redoute de Bruley mit einer Gruppe von (4) Batterien angelegt wurde. Im Osten liegen auf dem Hochlande das Fort Villers le Sec mit den Batterien de Gondreville am Moselthale, weiter rückwärts die Redouten de Dommartin und de Chaudeney. Im Südwesten, zum Theil in Felsklippen die Forts de Domgermain und de Blénod. Das Fort du Tillot bildet mit der Redoute de la Justice die 2. Linie der Vertheidigung hier. Ganz im Süden ist noch das grosse Sperrfort Pagny la Blanche-Côte angelegt.

Da T. ein wichtiger Eisenbahnknotenpunkt ist, so ist die Befestigung eine wichtige. Ihre übergrosse Ausdehnung verlangt allerdings eine grosse, dem Kriegstheater abgehobene Besatzung.

T. kapitulirte 20./1. 1814 an die Preussen. Wurde 16./8. 1870 berannt, 23./8. vergeblich beschossen, 11.—23./9. vom Grossherzog von Mecklenburg durch Beschiessung zur Kapitulation gezwungen.

Plan s. Seite 668 und 669.

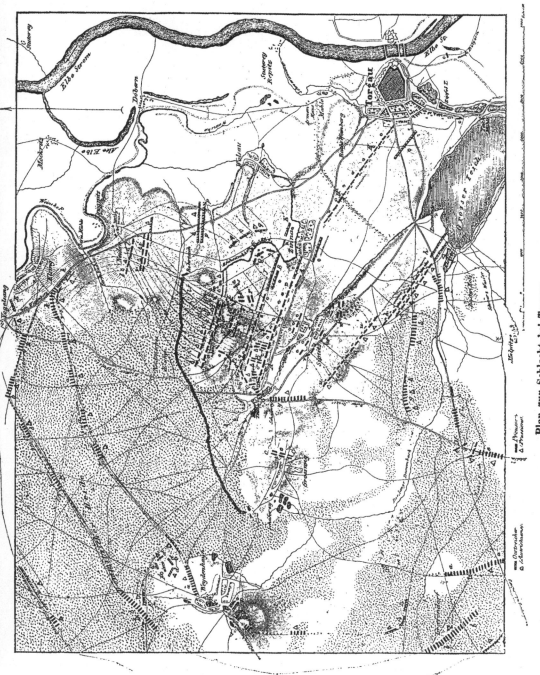

Plan zur Schlacht bei Torgau.

Toul.

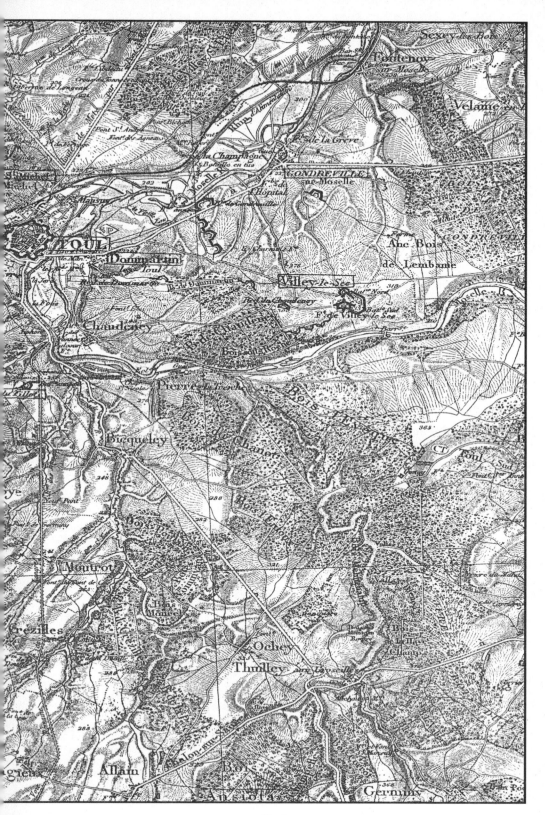

Toul.

Toulon. 26./7.— 22./8. 1707 von Prinz Eugen vergeblich belagert. 28./8.—19 /12. 1793, im Besitze der Engländer, von den Franzosen belagert und genommen, wobei sich Bonaparte auszeichnete.

Toulouse. Schlacht 10./4. 1814, in der Wellington den Marschall Soult schlug. Da am 13. die Nachricht von der Abdankung Napoleons eintraf, schlossen Wellington, Soult und Souchet die Konvention von T., in der die letzteren sich den Bourbonen unterwarfen.

Tourcoing. Schlacht 17. und 18./5. 1794, in der die Verbündeten unter Clerfait von Souham geschlagen wurden und besonders eine schwere moralische Niederlage erlitten.

Tracé. Grundriss einer Befestigung.

Trace ist eine auf dem Gelände sichtbar gemachte (tracirte) Linie, für alle Angriffs- und Befestigungsarbeiten gebräuchlich.

Trachomkranke Stellungspflichtige sind in Zivilspitäler abzugeben.

Traditoren hiessen die meist gebräuchlichen Bauten, in denen Flankengeschütze so gedeckt standen, dass sie erst im letzten Augenblicke in Wirksamkeit treten konnten.

Trafalgar (Spanien). Seeschlacht 21./10. 1805, in der Nelson siegend fiel. Ein Sturm raubte den Engländern viele Früchte des Sieges.

Tragbares Schanzzeug s. Schanzzeug.

Tragen 1. des Gewehrs nach dem Abschlagen kann auf rechter oder linker Schulter, am Riemen oder unter dem Arm geschehen;
2. der Lanze bei Kavallerie-Spitzen ist auf der Lende;
3. des Kranken geschieht durch die Krankenträger (s. d.).

Train braucht nur 4 Einjährig-Freiwillige per Kompagnie anzunehmen. Die Soldaten des Tr. werden in der Regel nach halbjähriger Dienstzeit zur Reserve entlassen.

Trains dürfen nie die Truppenbewegungen beeinträchtigen. In Ortsunterkunft parkiren sie stets an der feindab gelegenen Seite. Nur wo Verkehr nicht behindert wird, oder sonst unter günstigen Verhältnissen können Bagagen im Ort sich aufstellen (ausgenommen Geschütze, Fahrzeuge der Munitions-Kolonnen und T.). T. biwakiren nach der Dienstanweisung. Bei Alarm spannen sie alsbald an.

Auf Märschen folgen sie den Truppen in dem nöthigen Abstande, erforderlichen Falls unter Bedeckung; stehen sonst unter Kommando des General-Kommandos bezw. selbstständiger Divisionen.

In Manövern werden etwa mitgeführte Theile der grossen Bagage, Munitions-Kolonnen und **T.** im Befehl berücksichtigt, die Biwaks- und Friedens-Bagage nicht. Die T. können auch im Manöver zur Beförderung der Pionier-Detachements für die Kavallerie-Divisionen benutzt werden. Gespanne des T.-Bataillons können bis ³/₄ des Bestandes herangezogen werden.

Trajekt, mit Schienensträngen versehene Vorrichtung zum Uebersetzen von Eisenbahnzügen von einem Flussufer auf das andere.

Tranchée, veralteter Ausdruck für Laufgräben. T.-Major heisst der Ingenieur-Offizier, der die Beaufsichtigung über den ganzen technischen Ausbau der Angriffsarbeiten hat. Er pflegt zu wechseln (bei Düppel war der Dienst in einer Hand).

Transporte s. Eisenbahn, Etappen, Remonten etc. Wenn das dienstliche Interesse es erfordert, kann bei sonst marschmässig zurückzulegenden Strecken der Militär-Tr. (Beförderung mit Eisenbahn, Schiff u. s. w.) angeordnet werden:

a) vom Bataillons-Kommandeur etc. oder selbstständigen Kompagnie- etc. Chefs, für einzelne Portepee-Unteroffiziere, welche marschirenden Truppen vorausgesandt werden oder nachfolgen müssen, für einzelne Mannschaften bei Entfernungen von mehr als 30 km, oder bei Entsendung zu und Rückkehr von Ausbildungszwecken, für die zum Ersatzgeschäft oder zur Abhaltung der Kontrollversammlungen kommandirten Mannschaften und zur Listenführung in das Stabsquartier beorderten Bezirks-Feldwebel, für die zur Probedienstleistung, Ablegung von Prüfungen oder Anstellung bei der Militär-Verwaltung, Gendarmerie- und Forstdienst, einberufenen Militär-Anwärter, für als marschunfähig zurückgelassene Pferde, sowie bei einer Entfernung von 45 km und mehr für als Chargenpferde abzugebende oder umzutauschende Pferde;

b) vom Regiments- oder selbstständigen Bataillons - Kommandeur (auch Bezirks - Kommando): für einzelne Mannschaften in anderen Fällen und für Kommandos bis einschliesslich 20 Mann (Pferde);

c) vom Divisions-Kommandeur: für Kommandos bis einschliesslich 90 Mann (Pferde);

d) vom kommandirenden General: für die keinem Divisions-Verbande angehörigen Truppen, sowie für grössere Kommandos und Stäbe bis einschliesslich Regimentsstab abwärts. Genehmigung ist für berittene Truppen nur zulässig, wenn gegenüber dem Marsch keine Mehrkosten entstehen. Im anderen Falle bedarf es der Entscheidung des Kriegsministeriums. Diese Entscheidung ist stets erforderlich, wenn es sich um Beförderung geschlossener Truppentheile zu und von den Artillerie-Schiessplätzen handelt. Bei Militär-T. geschieht auch die Beförderung Einjährig-Freiwilliger und deren Pferde für Rechnung des Militär-Fonds.

Offiziere und Militärbeamte erhalten bei Beförderung im Militär-T. zur Fortschaffung ihres Gepäcks zu und von der Eisenbahn u.s.w. eine Vergütung von 1 M., wenn sie auf Vorspann verzichten.

In verkehrsreichen Städten darf der Transport von Arrestanten in geschlossenen Wagen (Droschken) erfolgen. Bestimmung treffen hierüber ein für alle Male die General-Kommandos.

Transport-Führer auf Eisenbahnen ist verantwortlich für die Ordnung, ohne in den Betrieb einzugreifen; er hat den Anordnungen des Eisenbahnbediensteten in Bezug auf diesen Folge zu leisten. Er erhält von zuständiger Behörde die Fahrtliste, die über den Lauf des Zuges, Stationen etc. Auskunft giebt; hat die Ankunft des Transportes dem Bahnhofs-Kommandanten (Stationsvorsteher) zu melden. Dieser bezeichnet Einladestelle. Der T.-F. stellt Wache aus, bezw. Posten.

Er besichtigt auf Stationen die Waggons, auch die Verladung, erhält vom Bahnhofs-Kommandanten Anweisung, wenn einsteigen. Bei Endstation meldet er sich wieder beim Bahnhofs-Kommandanten, lässt Offiziere, Wache und Arbeitertrupps zuerst hinaus. Auf Signal oder Kommando folgen die Mannschaften. Das Uebrige s. Eisenbahn.

Transport zu Wasser s. Flussdampfer bezw. Seedampfer und Ueberschiffung.

Traube, rundlicher, zuweilen durchlochter Anguss an der Bodenfläche der Vorderladungsgeschütze zur Erleichterung der Handhabung.

Trauerabzeichen werden durch Seine Majestät bestimmt. Gewöhnliche Familien- und Hoftrauer ist Flor am linken Unter-Aermel. Familientrauer kann auch im Dienst, nicht bei Hofe getragen werden.

Abzeichen für eine Armeetrauer (eingeflorte Abzeichen etc.) werden besonders befohlen.

Trauerfeier. Anzug bei militärischen Trauerparaden: Paradeanzug, sonst Gesellschaftsanzug — Paletot gestattet.

Trauerparade. Paradeanzug, auch für die Begleitenden. (S. Beerdigung.)

Traun und Abensberg, Graf, österreichischer F.-M. (1677—1748), führte erfolgreich 1743 in Italien, auch in den schlesischen Kriegen mit grossem, von König Friedrich anerkanntem Geschick.

Trautenau. Treffen 27./6. 1866. Das 1. preussische Armeekorps marschirte in 2 Kolonnen auf T. vor, nahm die Stadt und besetzte den Galgen- und Kapellenberg. Das österreichische 10. Korps unter Gablenz nahm diese Höhen und nöthigte das Korps zum Rückzuge, der bis Schömberg und Liebau ging.

Plan s. nächste Seite.

Trautmansdorff, Sigmund, Graf, österreichischer F.-M. (1636—1706), kämpfte 1683 im Solde des Kurfürsten und auf eigene Hand mit Erfolg gegen die Türken, 1698 gegen die Polen; zeichnete sich im spanischen Erbfolgekriege aus.

Travers, ein Seitengang im Bahnreiten, bei dem das Hintertheil von der Bahn abgedrückt ist. Vorbereitung zum Galopp.

Traversen schützen in der Befestigung gegen Seitenfeuer, sie dienen neuerdings zu Unterkunfsträumen; ihre Anlage ist Sache des Ingenieurs.

Trebbia. Schlachten 17. und 19./6. 1799. Suwarow gegen Macdonald, der schliesslich den Rückzug antrat, bei dem er Verluste erlitt.

Trefferarbeit. Bewegungsarbeit des Geschosses am Ziel (Panzer).

Treffen heisst ein Kampf, bei dem mindestens ein Armeekorps auf jeder Seite in voller Thätigkeit war. Die Gliederung in T. ist nicht mehr so tief als ehedem; selbst die Kavallerie hat nur einen überflügelnden Anhang und verfügbare Reserven (ehedem 3 Treffen). Die erste Linie macht man möglichst stark.

Treffenabstand bei Kavallerie-Divisionen richtet sich nach dem Gelände und beträgt für das 2. Treffen etwa 200 Schritt (160 m), für das 3. Treffen etwa 300 Schritt (240 m) vom 1. Treffen. Unterstützungs-Eskadrons folgen mit einem Abstand von etwa 100 Schritt (80 m).

Trefferbild. Die Geschossaufschläge auf dem Boden oder auf einer vertikalen Wand, welche unter gleichen Verhältnissen abgegeben werden, bilden in ihrer Gesammtheit das horizontale, bezw. vertikale T. In jedem T. sind gegen die Mitte zu die Schüsse dichter gelagert als gegen den Rand; der Mittelpunkt dieser dichtesten Treffergruppe heisst mittlerer Treffpunkt, die durch ihn gedachte Flugbahn mittlere Flugbahn. Die Ausdehnung des horizontalen T. in der Schussrichtung wird grösste Längenstreuung, die Höhe des T. grösste Höhenstreuung, die Breite des T. grösste Breitenstreuung genannt.

Trefferdichte s. Schrapnelwirkung.

Trefferkreis s. Schrapnelwirkung.

Trefffähigkeit. Das aus der natürlichen Streuung der Geschosse unter normalen Bedingungen sich ergebende Verhältniss der Schuss- zur Trefferzahl der Waffe gegen ein bestimmtes Ziel. Die T. wird durch zahlreiche Fehlerquellen beeinflusst und vermindert:

1. Eigenstreuung der Waffe, hervorgerufen durch Abweichungen in der Beschaffenheit der Waffe selbst und des Schiessbedarfs, welche von Schuss zu Schuss verschiedene Mündungsgeschwindigkeiten und Abgangswinkel ergeben.

2. Persönliche Streuung, bedingt durch ungleichmässige, bezw. fehlerhafte Handhabung und Bedienung der Waffe (beim Zielen [Richten], Abkommen, Abziehen, Geschossansetzen u. a. m.).

3. Truppenstreuung. Vergrösserung der Eigen- und persönlichen Streuung durch viele verschieden schiessende Schützen mit ebenso verschieden schiessenden Waffen.

4. Gefechtsstreuung. Einfluss der Feuerleitung, unbekannter Entfernungen, vielfacher Störungen, körperlicher Anstrengung und Abspannung, geistiger Aufregung.

5. Witterungs-Verhältnisse (Tageseinflüsse). Dichte, Druck, Wärme, Feuchtigkeitsgehalt und Strömungen der Luft, Beleuchtung, Dunst, Nebel u. s. w.

Als Maassstab der Trefffähigkeit dienen in der Regel die — aus Schiessversuchen hergeleiteten — Abmessungen, welche das Ziel nach Höhe, Breite oder Länge haben muss, um von 50 % der Schüsse getroffen zu werden, wenn der mittlere Treffpunkt (s. d.) mit der Zielmitte zusammenfällt. Nach der Mitte des Trefferbildes zu liegen die Schüsse in der Regel viel dichter als am Rande, dass etwa die Hälfte der Treffpunkte in einen Raum fällt, welcher dem vierten Theil der gesammten Höhen- (Längen-) bezw. Breitenstreuung entspricht. Statt der Zielabmessungen für 50 % Treffer (Z_{50}, auch 50 % ige oder mittlere Streuung genannt), wird häufig (namentlich in der französischen Art) die mittlere Abweichung (A) (déviation moyenne), oder die wahrscheinliche Abweichung (A) (écart probable) angegeben. Bezeichnet man die (Gesammt-) Streuung mit S, so ist $S = 4 Z_{50} = 6,7632 \ A = 8 \ A$. Der Ausdruck $S = 4 Z_{50}$ giebt indess nur die ungefähre obere Grenze für S an, welches besonders bei kleinen Schusszahlen

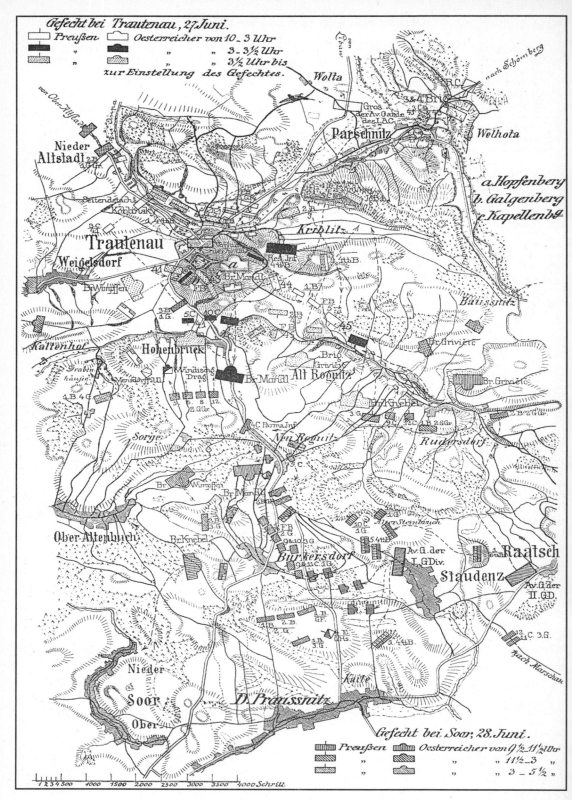

Plan zum Treffen bei Trautenau am 27./6. 1866.

oft einen weit geringeren, zuweilen kaum den dreifachen Werth von Z_{50} erreicht.

Relative T. bezeichnet die Eigenschaft der Waffe, gegen aufrechte, ungedeckte Ziele, lediglich vermöge der flachen Gestalt (Rasanz) der Flugbahnen einen grösseren Prozentsatz Treffer zu ergeben, als er unter dem Einfluss der unvermeidlichen Fehlerquellen von der natürlichen Streuung der Geschosse an sich zu erwarten sein würde. Den Maassstab der relativen Trefffähigkeit bilden die Fallwinkel (φ), durch welche die Länge des vom niedersteigenden Ast der Geschossbahn bestrichenen Raumes (B) gegen eine bestimmte Zielhöhe unmittelbar gegeben ist: $B = \dfrac{h}{\operatorname{tg}} = h \cot g\, \varphi$. Je flacher der Fallwinkel und je länger sonach der bestrichene Raum, desto grösser wird die Wahrscheinlichkeit, das Ziel auch bei fehlerhafter Höhenrichtung und unter dem Einfluss ungünstiger Verhältnisse noch zu treffen.

Grosse Mündungsgeschwindigkeit und hohe Querdichte des Geschosses geben grosse Endgeschwindigkeiten und kleine Fallwinkel, sie sind deshalb namentlich für solche Flachbahnwaffen — Gewehre, Karabiner, Feldkanonen — unentbehrlich, die häufig auf unbekannten, selten auf richtig geschätzte Entfernungen feuern, und bei denen eine ausreichende Beobachtung meist durch vielfache Hindernisse erschwert, oft sogar völlig vereitelt wird, für sie ist daher eine möglichst grosse relative Trefffähigkeit von entscheidender Bedeutung.

Treffgeschwindigkeit. Endgeschwindigkeit des Geschosses am Ziel (Panzer).

Treffpunkt s. mittlerer Treffpunkt.

Treffwahrscheinlichkeit. Nach den Gesetzen der Treffergruppirung (Wahrscheinlichkeits-Rechnung) hat man Wahrscheinlichkeits-Zahlen (Faktoren) ermittelt, welche angeben, um wieviel die Zielabmessungen kleiner sein dürfen für eine niedrigere und um wieviel sie grösser sein müssen für eine höhere Trefferzahl als 50% aller Schüsse (vergl. Trefffähigkeit):

Treffer %	Wahrscheinl.-Zahlen	Treffer %	Wahrscheinl.-Zahlen	Treffer %	Wahrscheinl.-Zahlen
5	0,09	40	0,78	75	1,71
10	0,18	45	0,89	80	1,90
15	0,28	50	1,00	85	2,13
20	0,38	55	1,12	90	2,44
25	0,47	60	1,25	95	2,91
30	0,57	65	1,39	gegen	
35	0,67	70	1,54	100	4,00

Dabei ist vorausgesetzt, dass der mittlere Treffpunkt in der Zielmitte liegt, und dass bei Bestimmung der Zielhöhe oder -Länge die Zielbreite gross genug ist, um Fehlschüsse in dieser Richtung überhaupt auszuschliessen; dasselbe gilt bei Ermittelung der Breite natürlich von der Höhe oder Länge des Ziels.

Beispiele: 1. 50% Treffer der deutschen Feldkanone erfordern auf 1600 m 1,7 m Zielhöhe; um 70% Treffer zu erhalten, muss das Ziel $1{,}7 \cdot 1{,}54 = 2{,}6$ m hoch sein; für 30% genügen $1{,}7 \cdot 0{,}57 = 0{,}97$ m Höhe.

2. Dasselbe Geschütz ergiebt auf 2000 m gegen ein Ziel von 2,5 m Höhe und 1,8 Breite (Abmessung für je 50% Treffer $\dfrac{50 \cdot 50}{100} = 25\%$ Treffer. Gegen 3 m Höhe und 2 m Breite erhält man die Wahrscheinlichkeits-Zahl: für die Höhe $\dfrac{3{,}0}{2{,}5} = 1{,}20 = 58\%$, für die Breite $\dfrac{2{,}0}{1{,}8} = 1{,}11 = 55\%$; folglich ist auf $\dfrac{58 \cdot 55}{100} = 32\%$ Treffer zu rechnen.

Treffwinkel giebt (beim Panzerschiessen) an, um wieviel Grade die Richtung der Geschossbewegung in wagerechtem Sinne von der normalen Treffrichtung (Geschossachse senkrecht zur Vorderfläche der Platte) abweicht. T. = 10° heisst also: eine senkrechte Ebene durch die Bahntangente im Treffpunkt bildet einen Winkel von (90 — 10 =) 80° mit der Plattenoberfläche; der Fallwinkel des Geschosses kommt somit hierbei nicht in Betracht. Ueberschreitet der T. 60°, so gleitet das Geschoss erfahrungsmässig von der Platte ab.

Treibsatz. Heftig verbrennender Satz zu Raketen (Schwärmern), besteht aus verdichtetem Schwarzpulver.

Treideln ist Fortbewegen von Flussfahrzeugen vom Lande aus an T.-Leinen, sei es durch Menschen oder Pferde.

Trenck, Freiherr v. d. (1714—1749). Erst in russischen Diensten, wegen Ungehorsam zum Tode verurteilt, verbannt; führte die Panduren. Zum zweiten Male wegen Greuelthaten zur lebenslänglichen Haft verurteilt, starb er im Gefängniss.

Ein ähnliches abenteuerliches Leben führte sein Vetter (1726—1794), der in preussischen und österreichischen Diensten stand und auf der Guillotine endigte.

Trencsin. 15. ung. Landwehr-Inf.-Rgt.

Trenton. Hier 26./12. 1776 der berühmte Ueberfall, den Washington unter Durchquerung des mit Eis gehenden Delaware gegen die Engländer ausführte.

Treppen- und Rahmenvisir. Visir, dessen rahmenförmige Klappe mittelst einer stufenartigen Vorrichtung in verschiedenen Schräg- bezw. Höhenlagen festgestellt werden kann. Beispiel: Visir des russischen Dreiliniengewehrs (Bild a und b). Das Visir hat 2 senkrechte Wangen A, deren Oberkanten stufenförmig ausgearbeitet sind, also eine Art Treppe bilden. Zwischen den Wangen, deren eine mit Entfernungszahlen versehen ist, bewegt sich der Rahmen B, welcher um die Welle a drehbar ist und den Schieber C trägt; er hat 2 Kimmen, b^1 und b^2; an seiner Rückseite sind gleichfalls Entfernungszahlen und -marken angebracht. Beim Schiessen auf kleinere Entfernungen (bis 1200 Schritt) wird der Schieber auf die entsprechende Stufe der Wangen gelegt und über Kimme b^1 gezielt (Bild b); über 1200 Schritt gebraucht man Rahmen und Schieber ebenso wie beim Rahmen-Visir (s. d.); die

Kimme b^2 ist für die grösste Entfernung (2700 Schritt) bestimmt.

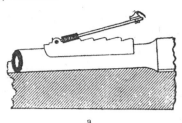

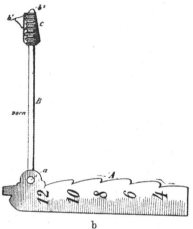

Treppen- und Rahmenvisir.

Tresckow, Hermann v., preussischer General der Infanterie, im Feldzuge 1866 als Generalmajor im Grossen Hauptquartier, that sich 1870 als Divisions-Kommandeur bei Loigny, Orleans, 1871 bei Le Mans hervor, von 1873 an Kommandeur des 9. Armeekorps.

Triangulirung s. Landesaufnahme.

Trier. Dort stehen: Stäbe der 16. Div., der 31. Inf.- und 16. Kav.-Brig., Inf.-Rgt. v. Horn (3. Rhein.) No. 29, 7. Rhein. Inf.-Rgt No. 69, 2. Rhein. Hus.-Rgt. No. 9, 3. Abth. Feldart.-Rgts. v. Holtzendorf (1. Rhein.) No. 8 (vorläufig in Köln), Bez.-Komds. 1 und 2 Trier, Filiale des Art.-Dep. in Saarlouis, Prov.-Amt, Garn.-Verw. und Laz. — Servisklasse 2.

Trigonometrische Abtheilung. Die Arbeiten der trigonometrischen Abtheilung.

1. Die Triangulation. Sie zerfällt in Triangulation erster, zweiter und dritter Ordnung. Diejenige erster Ordnung liefert das Grundnetz zur Bestimmung aller übrigen, und zwar in folgender Weise:

Je nach der Auseinandersetzung der Dreiecke unterscheidet man in ihr **Dreiecksketten** und **Dreiecksnetze**. In den Ketten reiht sich in geradem oder gebrochenem Zuge Dreieck an Dreieck; sie umspannen im Westen ganze Provinzen und bilden gewissermassen den festen Rahmen, welcher die Netze vor dem Verschieben (in Folge Beobachtungsfehler und anderer Ursachen) schützt. Den leeren Raum zwischen den Ketten füllen die Netze aus. Die Dreiecke der Ketten, die die Anschlussseiten für die Netze liefern, bezeichnet man als Hauptdreiecke, diejenigen der Netze als sekundäre Dreiecke erster Ordnung; dem entsprechend auch ihre Punkte. Als dritte Stufe kommen sogenannte Zwischenpunkte hinzu, welche in die Ketten- und Netzdreiecke eingefügt, die Herstellung kurzer Anschlussseiten für die Triangulation zweiter Ordnung bewirken sollen.

2. Die Basismessung. Zur Berechnung der Seitenlängen in den Ketten wurden in bestimmten Theilen des Vermessungsgebietes im durchschnittlichen Abstand von etwa 400 km Grundlinien gemessen, und zwar:

	Die Basis von	gemessen im Jahre	Länge
	Königsberg	1834	1,8 km
für den Osten	Berlin	1846	2,3 „
und Norden	Strehlen (Schles.)	1847	2,8 „
	Braak (Schl.-Holst.)	1871	5,9 „
für die Mitte,	Göttingen	1880	5,2 „
Westen und	Oberbergheim (E.-L.)	1877	7,9 „
Südwesten	Meppen	1883	7,0 „
	Bonn	1892	2,5 „

An den Endpunkten der Grundlinie werden Steinplatten versenkt, welche auf eingelassenem Metall in dem Schnittpunkt zweier eingerissener Graden die eigentlichen Endpunkte tragen. Ueber ihnen sind Gerüste mit Beobachtungsständen aufgestellt. (S. Signalbauten.)

3. Die Auswahl der trigonometrischen Punkte oder die Rekognoscirung. Sie beginnt auf den Anschlusspunkten bereits vorhandener Konfigurationen und schreitet nach innen vorwärts. Ihre Vorarbeiten beginnen, nachdem die Triangulation eines Gebietes angeordnet worden ist, bereits im Winter vor Beginn der eigentlichen Operationen im Generalstabsbureau zu Berlin seitens des Vermessungsdirigenten der Rekognoscirung. Im Frühjahre nach dieser Arbeit erfolgt der Signalbau. S. daselbst.

4. Die Festlegung der trigonometrischen Punkte geschieht dadurch, dass eine Granitplatte in den Erdboden eingelegt wird, die auf ihrer Mitte ein eingemeisseltes Kreuz trägt. Auf diese kommt ein etwa 1 m hoher Granitpfeiler, auf dessen Oberfläche gleichfalls ein Kreuz eingemeisselt, so zu stehen, dass beide Kreuze lothrecht übereinander. Das obere Kreuz dient zur Auffindung der Platte, das untere dagegen stellt den eigentlichen trigonometrisch bestimmten Punkt dar. Dies ist die Festlegung bei den Punkten erster bis vierter Ordnung. Die Steine tragen an zwei entgegengesetzten Seiten die Bezeichnungen △ und T. P.

Die auf Kirchthürmen gelegenen Punkte sind mitunter durch seitlich im Mauersockel oder in die Plattform eingelassene Bolzen festgelegt. Nun folgen die Beobachtungen.

5. Die Beobachtungen. Zum Messen der Winkel dienen Theodoliten und Universal-Instrumente.

Das Heliotrop. Auf weite Entfernungen von 25 bis 30 und mehr Kilometer bedient man sich der sogenannten Heliotropen oder Sonnenspiegel. Abbildung s. Seite 675.

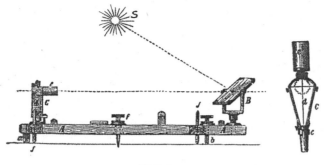

Heliotrop.

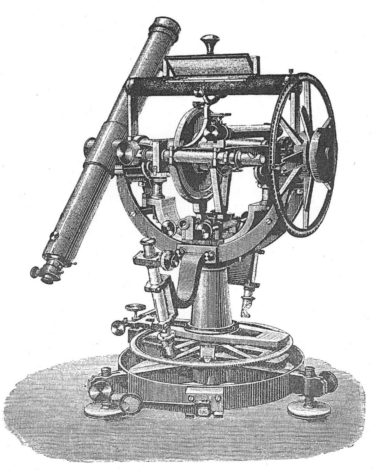

Universal-Instrument für Triangulation I. O.

6. **Die Berechnungen.** In die Monate Oktober bis einschliesslich März fällt die rechnerische Verwerthung des Beobachtungsmaterials.

Die Berechnung der Dreieckseiten erfolgt nach den Formeln, welche die höhere Mathematik für Dreiecke auf dem zu Grunde gelegten Erdsphäroid liefert.

7. **Die Punkte zweiter, dritter und vierter Ordnung und die räumliche Vertheilung der trigonometrischen Punkte.** In das Dreiecksnetz erster Ordnung wird ein solches zweiter Ordnung eingelegt, dessen Seitenlängen zwischen 10 und 20 Kiloschwanken und unter Benutzung der Seiten erster Ordnung berechnet werden. Die Seiten dieses zweiten Netzes dienen wiederum zur Seitenberechnung des Dreiecksnetzes dritter Ordnung mit einer Seitenlänge von 3 bis 10 Kilometer. Die Punkte zweiter u. dritter Ordnung werden gleichfalls durch Signale (Pyramiden aus Kreuzholz) oder Kirchthürme äusserlich dargestellt. Diejenigen Punkte niederer Ordnung, welche auf den Punkten dritter Ordnung nur angeschnitten werden, auf denen also keine Winkelmessungen stattfinden, werden als Punkte vierter Ordnung bezeichnet.

Die Triangulation zweiter bis vierter Ordnung ist im Osten und der Mitte des Staatsgebietes, sowie in Elsass-Lothringen vollendet und zur Zeit in den Provinzen Hannover, Hessen-Nassau und Westfalen angelangt.

Was nun die räumliche Vertheilung der trigonometrischen Punkte anlangt, so ist dieselbe je nach dem Charakter des Aufnahmegebietes Modifikationen unterworfen; im Allgemeinen kann man auf den Flächenraum eines Messtischplattes (zu 125 qkm oder 2¼ Quadratmeile) rechnen:

2—3 Punkte erster und zweiter Ordnung,
    5 „ dritter Ordnung,
  15 „ vierter Ordnung, oder

1 Punkt erster oder zweiter Ordnung auf einen Flächenraum von . . . . . 50 qkm
1 Pkt. dritter Ordn. a. einen Flächenr. v. 25 „
1 „ vierter „ „ „ „ 8 „

8. **Die Höhenbestimmungen.** Zur trigonometrischen Bestimmung des Höhenunterschiedes zweier Punkte bedarf es der Kenntniss des Abstandes Beider und des Höhenwinkels.

Die barometrische Höhenmessung beruht auf der Aufnahme des Luftdruckes mit der Höhe.

Das Universalinstrument u. der Theodolit für Triangulation 1. Ordnung sind in beistehenden Figuren (S. 675 und 676) abgebildet. Beim Theodolit ist der horizontale Limbuskreis um eine vertikale Achse drehbar. Der Vertikalkreis ist fest mit dem Fernrohre verbunden und dreht sich mit diesem zugleich. Die zugehörige Alhidade ist an einem der Fernrohrträger befestigt.

Das Universalinstrument ist ähnlich construirt und kann durch eine event. am Fernrohr befestigte Libelle zum Nivelliren gebraucht werden. Auch dieses hat einen Azimuthal- und einen Höhenkreis.

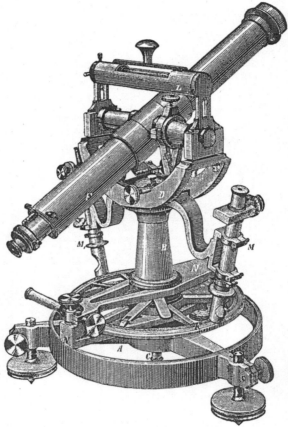

Theodolit für Triangulation I. O.

Trinkkuren s. Bade- und Brunnenkuren.

Trinkwasser im Lager, Quartier und auf Märschen sehr wichtig. Sorge für T. unterstützt die Frische der Operationen, sie ist das beste Mittel, um dem Hitzschlage vorzubeugen. Die Vorhut (Avantgarde) muss, wo es nur immer möglich, veranlassen, dass in den Ortschaften durch die Bewohner Gefässe mit T. auf die Strasse gestellt werden. Wenn es ohne wesentliche Störung der Ordnung geschehen kann, darf es den Soldaten nie versagt werden, sich aus einer nahen Quelle und dergl. mit Wasser zu versorgen. Bei längeren Märschen ist so oft als thunlich, um die Truppen mit Wasser zu versorgen, zu rasten. Damit erfrischt, bringt die Truppe dieses Versäumniss wieder ein.

Schlechtes T. ist besser als gar keines; Essig, Rum, Citronensäure, Kaffee, Thee etc. geben einen guten Zusatz. In jedem Zuge müssen immer einige Feldflaschen gefüllt sein, um Erkrankte laben zu können.

Tritt ist Bezeichnung für Gleichschritt.

Trochu, Ludwig, französischer General und Militärschriftsteller, zeichnete sich 1855 beim Sturm auf Sebastopol, 1859 bei Magenta und Solferino aus, enthüllte 1867 in seinem Werke „L'armée française en 1867" die Schäden der französischen Armee und fiel deshalb bei Napoleon III. in Ungnade; führte 1870 den Oberbefehl in Toulouse, dann in Paris, und stand vom 4./9. 1871 an der Spitze der republikanischen Regierung.

Tromp, niederländischer Admiral. Sohn eines Admirals gleichen Namens (1629—91), war ein gefürchteter Gegner der Engländer und Franzosen.

Troschke, Freiherr v., preussischer Generallieutenant (1810—76), Artillerist, als Militärschriftsteller bekannt.

Troyon. Fort der französischen Maasbefestigungen. Plan s. nächste Seite.

Truppenfahrzeuge. Sie zerfallen in die kleine und die grosse Bagage.

Die kleine Bagage enthält dasjenige, was die Truppe im Gefecht braucht. Sie folgt daher auf Kriegsmärschen den Truppen unmittelbar. Sie besteht aus zweispännigen Medizinwagen (bei jedem Bataillon und Kavallerieregiment ein Wagen), aus zweispännigen Patronenwagen (bei jedem Bataillon vier, bei der Kavalleriedivision sechs), aus den Artillerie- und den Pionierfahrzeugen. Auch die Handpferde werden zur kleinen Bagage gerechnet.

Die grosse Bagage enthält dasjenige, was die Truppe im Zustande der Ruhe braucht. Sie wird auf Kriegsmärschen aus der Marschkolonne ausgeschieden und vom Gefechtsfelde entfernt gehalten. Sie besteht aus den Fahrzeugen der höheren Stäbe und deren Feld-Verwaltungsbehörden, aus zweispännigen Packwagen (für jede Kompagnie, jede Eskadron, für den Stab eines Bataillons, einer Abtheilung, eines Regiments und einer Brigade ein solcher), aus zweispännigen Marketenderwagen (für jedes Bataillon), aus vierspännigen Futterwagen (für jede Eskadron und Batterie ein solcher), aus den Vorrathswagen und Feldschmieden der Batterien. (S. Train.)

Truppen-Stammrollen s. Stammrollen.

Truppenübungsplätze bestehen im Bereiche des

Gardekorps	bei	Döberitz.
I. Armeekorps	„	Arys.
III. „	„	Jüterbog.
IV. „	„	Loburg.
VII. „	„	Wesel und bei Senne.
VIII. „	„	Elsenborn.
IX. „	„	Lockstedt.
X. „	„	Münster.
XI. „	„	Darmstadt.
XV. „	„	Hagenau.

Ausserdem bestehen Feldartillerieschiessplätze im Bereiche des

VI. Armeekorps	bei	Lamsdorf.
XVII. „	„	Hammerstein.

Ueber die T. haben die zuständigen Generalkommandos die Aufsicht und das Verfügungsrecht. Wenn Truppentheile eines anderen Armeekorps auf die Mitbenutzung ausdrücklich angewiesen sind, so haben sich die betreffenden Generalkommandos über die Zeiten der Benutzung zu einigen. Oertliche Aufsichtsbehörden sind für T. die Kommandanturen, von welchen diejenige

für Döberitz	in Spandau,
„ Loburg	„ Alten-Grabow.
„ Senne	„ Neuhaus,
„ Elsenborn	„ Malmedy,
„ Münster	„ Soltau

ihren Standort hat. Die T. Jüterbog, Hagenau, Darmstadt und Wesel gelten in Bezug auf das Verfügungsrecht als Feldartillerie-Schiessplätze wie Lamsdorf und Hammerstein. Diese dienen in erster Linie den Zwecken der Schiessausbildung dieser Waffe; sie sind demnächst auch für die anderen Truppen der zuständigen Generalkommandos nach Möglichkeit nutzbar zu machen. Die Aufsicht über die Feldartillerie-Schiessplätze führt das königliche Generalkommando, die Verfügung über die Benutzung durch die Feldartillerie behält sich das Kriegsministerium vor. Oertliche Aufsichtsbehörden der beiden Feldartillerie-Schiessplätze sind die Schiessplatzverwaltungen, von denen sich diejenige

für Lamsdorf	in Neisse,
„ Hammerstein	„ Danzig

befindet.

Wegen der Schiessplätze der Fussartillerie s. Schiessplätze.

Truppen-Verbandplatz. Sobald sich übersehen lässt, dass das Gefecht einen grösseren Umfang annimmt, errichtet der Truppentheil durch Aufstellung seines Medizinwagens bezw. Sanitätskastens seinen T.-V., auf welchem die vorher zu bestimmende Hälfte der Sanitätsoffiziere und Lazarethgehülfen verbleibt. Bis dahin folgen alle diese, von da ab die übrige Hälfte derselben den Truppen in's Gefecht. Die Hülfskrankenträger legen Gewehr und Gepäck beim T.-V. nieder und die rothe Binde um den linken Oberarm und folgen mit Tragen und Bandagentornister der Truppe.

T.-V. sollen dem Gewehrfeuer, wenn möglich auch dem Geschützfeuer entzogen, und leicht zugänglich sein. Wasser in der Nähe.

Trutzwaffen. Alle zur Schädigung des Gegners bestimmten Nah- und Fernwaffen im Gegensatz zu den der eigenen Sicherung dienenden Schutzwaffen.

Tschernitschew, Graf, russischer Feldmarschall (1745—84), befand sich bei Kolin in der Armee Dauns, führte bei Zorndorf die russischen Grenadiere, besetzte 1760 mit den Oesterreichern Berlin, erleichterte 1761 durch sein neutrales Verhalten Friedrichs Sieg bei Burkersdorf.

Fürst T., russischer General der Kavallerie (1779—1857), 1812 Diplomat in Paris, 1813/14 berühmter Parteigänger, 1828—1852 bewährter General.

Tudela (Navarra). Treffen 8./6. 1808, in dem General Lefebvre die Spanier schlug.

Schlacht 22./11. 1808, in der Marschall Lannes gegen die uneinigen Spanier entscheidend siegte.

Tübingen. Dort stehen: 3. Bat. Inf.-Rgts. Kaiser Friedrich, König von Preussen (7. Württ.) No. 125, Garn.-Verw. und -Laz. — Servisklasse 2.

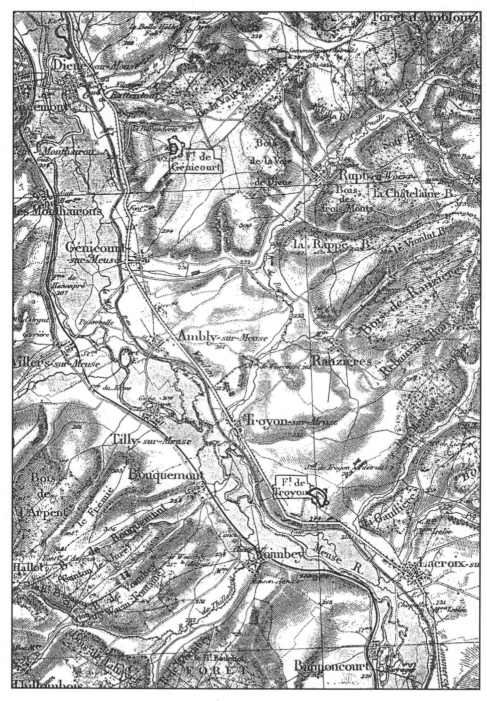

Troyon.

Tümpling, Wilhelm v., preussischer General der Kavallerie, kommandirte im Feldzuge 1864 und 1866 die 5. Division, 1870—71 das 6. Armeekorps.

Türkei. Armee: Friedensstärke wird auf 175 000 Kombattanten geschätzt. Eingetheilt in 7 Armeekorps.

Im Kriege kann die Türkei sogleich 400 000 Mann und im Laufe der Zeit bis 800 000 Mann aufstellen.

Man rechnet auf 286 Bataillone, 195 Eskadrons und 233 Batterien.

Türkheim. Schlacht 5./1. 1675, die Turenne gegen die Verbündeten unter dem Kurfürsten von Brandenburg, Bournonville und dem Prinzen von Lothringen gewann.

Türk'sches Waisenhaus in Potsdam ist keine Militär-Erziehungs-Anstalt im Sinne der Ausführungs-Bestimmungen zum Militär-Hinterbliebenengesetze. Bei Aufnahme eines Kindes in diese Anstalt tritt also eine Kürzung des Waisengeldes nicht ein.

Türr, Stefan, zeichnete sich 1849 als österreichischer Lieutenant bei Custozza aus, ging dann zu den ungarischen Insurgenten über, war 1855 Oberst der englisch-türkischen Legion, wurde in Bukarest von den Oesterreichern gefangen und als Deserteur zum Tode verurtheilt, doch durch englischen Einfluss befreit; kämpfte dann im Kaukasus gegen Russland, 1859 unter Garibaldi, wurde bei dessen Zuge nach Sizilien schwer verwundet, war dann italienischer General.

Turbie (la). S. Nizza.

Turbinengeschosse. (Veraltet.) Gusseiserne Langgeschosse (ohne Spitze) für glatte Geschütze, in Preussen 1854 unter dem Namen „Demontiergeschoss" für glatte 12 und 15 cm-Kanonen eingeführt. Die walzenförmigen T. L./1,7 mit stumpfer kegelförmiger Spitze, hatten im hinteren Theil eine am Boden offene Höhlung, von der aus vorn 4 schraubenartig in gleicher Richtung gewundene Kanäle in der Mantelfläche des massiven Kopfes mündeten. Die hindurchströmenden Pulvergase ertheilten ihnen daher eine Drehung um die Längsachse, während aussen 8 Quernuten zur Steuerung (s. d.) dienten. An Trefffähigkeit waren die T. den Vollkugeln erheblich überlegen.

Turenne, Vicomte, de Latour d'Auvergne, Marschall von Frankreich (1611—1675), Sohn Heinrichs von Bourbon und der Prinzessin von Nassau-Oranien, erhielt, stets siegreich, schon 1643 den Marschalls-Stab, zog von Sieg zu Sieg, wurde nur 1645 von Mercy geschlagen; gehörte dann zur Fronde, wurde aber vom Hofe wieder gewonnen, schlug Condé und die Gegner. Er war der Träger der Grösse Ludwig XIV. in allen Kriegen. 1668 wurde er katholisch, fiel 1675 bei Sassbach im Kampf gegen Montecuculi.

Turin. Schlacht 7./9. 1706, in der Prinz Eugen das von La Feuillade befehligte Belagerungsheer völlig schlug.

Turnanstalt s. Militär-T.

Turnen. Für die Infanterie, Fussartillerie, Pioniere, Eisenbahntruppen und Luftschiffer-Abtheilung schreibt die Turnvorschrift vom 24./10. 1895 besonders Gewehrübungen, Rüstübungen und Uebungen im angewandten Turnen vor. Als Geräthe für die Rüstübungen und das angewandte T. der Fusstruppen dienen: Querbaum, Sprunggestell, Klettergerüst mit Sprossenständer, senkrechter und schräger Leiter, Schwebebaum, Weitsprunggraben, Hürde oder Hecke, Tiefsprungwall (Graben), Barriere, Bretterzaun (Mauer), Festungsgraben, Steigegerüst, tragbare Leitern und Führerleine.

Für die Truppen zu Pferde gilt die Turnvorschrift vom 17./9. 1878, nach welcher die Rüstübungen sich auf Uebungen am Querbaum, Sprunggestelle, Sprungkasten und Voltigirbock erstrecken. Ist der Lehrer sicher, dass die Mannschaften jede Uebung am Voltigirbock genau begriffen haben, dann müssen diese Uebungen auch am lebenden Pferde gemacht werden. Es darf jedoch zur Schonung des Pferdes demselben nie schwer in den Rücken gefallen werden, sondern es muss der Sprung mit den Armen so viel als möglich aufgefangen werden. Zuletzt finden die Uebungen an galoppirenden Pferden statt.

Turniquet ist eine Aderpresse, d. h. ein Gurt mit Schnalle und elastischem aber festem Knebel.

Tuttleben. Dort überfielen 24./11. 1643 die Kaiserlichen unter Johann v. Werth die französisch-weimarischen Truppen und sprengten sie völlig auseinander.

Tweedie-Geschoss. Vom englischen General Tweedie vorgeschlagenes Gewehrgeschoss, dessen Mantel am Boden geschlossen, vorn offen ist, so dass die Spitze des Weichbleikerns aus ihm hervorragt. Beim Eindringen in menschlichen oder thierischen Körper soll die Stauchung und seitliche Ausbreitung der weichen Spitze Wunden hervorbringen, welche die sofortige Kampfunfähigkeit unbedingt sichern, ohne dass die Durchschlagleistung des Geschosses gegen widerstandsfähige Ziele vermindert würde, was allerdings sehr fraglich erscheint.

U.

U. (Urschriftlich) U und R (urschriftlich unter Rückerbittung [früher s. p. r.]).

Ueber Bank feuern nennt man das Schiessen aus hinter einer Brustwehr aufgestellten Geschützen über die Krone der Brustwehr. Es hat dieses zwar den Nachtheil geringerer Deckung gegen feindliches Feuer, gewährt aber ein grösseres Schussfeld, als das Schiessen durch Scharten.

Ueberbringen von Meldungen. (S. Meldungen, auch Relais.)

Uebergangskegel. Vermittelt in der Seele der Geschützrohre den Anschluss des weiteren glatten Ladungsraumes an den engeren gezogenen Theil. Die Felder und Züge laufen im vorderen Theil des U. flach aus, um einen allmählichen Eintritt des Geschosses in die Züge zu ermöglichen. Hierfür ist eine grosse Länge des Ue. vortheilhaft, die aber andererseits den Nachtheil hat, dass das Geschoss beim Ansetzen bald weiter, bald weniger weit vorgeschoben werden kann. Die daraus entstehenden Verschiedenheiten in der Grösse des Verbrennungsraumes beeinträchtigen die gleichmässige Kraftäusserung des Pulvers, also die Trefffähigkeit.

In Rohren mit erweitertem (walzenförmigem) Kartuschraum schliesst sich dieser vorn mit einem hinteren Ue. an den engeren Geschossraum an; der Ue. zwischen letzterem und dem gezogenen Theil heisst dann vorderer Ue. (Bilder s. unter Rohre).

Uebergangstheil. (S. Patronenlager.)

Uebergang über gefrorene Gewässer mit Geschützen. Untersuchung der Tragfähigkeit. Das Eis soll für Feldgeschütze 15 bis 18 cm, für schwere Geschütze 25 cm dick sein. Alles Absitzen, Pferde an der Hand führen, grössere Distanzen halten.

Uebergang zur Ruhe in den Manövern womöglich kriegsmässig zu veranlassen; nur bei grossen Märschen wird gleich bei Eintritt der Pause abmarschirt. Im ersteren Falle ist das Eingreifen des Leitenden erforderlich, da im Frieden eine Verfolgung ausgeschlossen ist.

Ueberläufer sind Soldaten, welche zum Feinde mit der Absicht übergehen, dort Dienste zu nehmen. (Sie werden mit dem Tode bestraft.) Ue. des Feindes haben die Waffen an den Vorposten abzulegen und werden zu dem Durchlassposten geführt. Dieser lässt sie zu der Feldwache bezw. Kompagnie bringen.

Uebermittelung von Befehlen. (S. Befehle, auch Relais.)

Uebernachtungsstellen (bei Transporten). (S. Etappen.)

Ueberröcke von blauer Farbe — früher nur für Offiziere der reitenden Abtheilung der Feldartillerie vorgeschrieben — sind durch Allgemeine Kabinetts-Ordre vom 23./8. 1894 für alle Offiziere der Feldartillerie eingeführt.

Ueberschiessen von Truppen kann in Uebersicht gewährendem Gelände, namentlich wenn die Artillerie höher als die eigene Infanterie steht, stattfinden, in ebenem Terrain solange, als der Batterie-Kommandant die eigenen Truppen vom Gegner unterscheidet; stets aber ist das Feuer einzustellen, wenn die eigene Truppe sich dem Streuungsbereiche der Geschosse nähert. Besondere Vorsicht ist für alle Fälle beim Ue. mit Schrapnels geboten.

Ueberschiffen von Geschützen mittelst Fahrzeugen. Nach Anweisung der Pionier-Offiziere, der Kahn- und Fährmänner. Einzelnes Einsteigen der Mannschaft, bei grösseren Fahrzeugen zu zweien beim Vordertheile; Vorrücken gegen das Steuer. Aneinanderschliessen, Niedersetzen. Reiter sitzen ab, Pferde werden senkrecht auf die Längenrichtung des Fahrzeuges gestellt, in 2 Reihen mit den Köpfen gegeneinander; Pferde halten, springt eins in das Wasser, ist es loszulassen; Geschütze unbespannt in das Fahrzeug. Gleichmässige Vertheilung der Last. Aussteigen beim Vordertheile, und erst, wenn es anbefohlen und ohne Drängen. Besondere Vorsicht beim Uebersetzen mittelst Flössen: die schwersten Geschütze in die Mitte.

Ueberschiffen von Truppenkörpern. Möglichst viele Landungsbrücken und Rampen, Herstellung von Kolonnenwegen auf beiden Ufern. Ermittelung des Fassungsvermögens der Schiffe und Ueberfuhrglieder; ebenso für die Zeit der Hin- und Rückfahrt. Koppelung und Ueberbrückung grosser Schleppschiffsglieder oder Dampfer mit Schlepps für Artillerie und Train.

Durchschnittlicher Fassungsgehalt der Schleppschiffsglieder: Schleppschiffglied aus gewöhnlichem Holzmaterial, unter Deck 32—1440 Personen oder 228 Pferde oder 31 Geschütze oder 38 Fuhrwerke. Schleppschiffglied aus einem Raddampfer und 2 Schleppschiffen, unter Deck 216—920 Personen, auf Deck 1174 Personen oder 195 Pferde oder 40 Geschütze oder 32 Fuhrwerke; Schleppschiffsglied aus einem Schraubendampfer und 2 Schleppschiffen, unter Deck 132 bis 1540 Personen, auf Deck 2060 Personen oder 343 Personen oder 71 Geschütze oder 57 Fuhrwerke; Schleppschiffglied aus einem Schraubendampfer und einem Schleppschiff, unter Deck 116—820 Personen, auf Deck 7248 Personen oder 208 Pferde oder 43 Geschütze oder 35 Fuhrwerke.

Bei Uebersetzen und Verschiffen zu taktischen Zwecken: Vor dem Einschiffen Gefechtsverfassung beibehalten, nach der Ausschiffung rasch wieder in Gefechtsaufstellung. Jedes Convoi muss eine eigene Landbrücke erhalten. Diese Brücken werden entweder von demselben Dampfer, welcher die Glieder bugsirt oder von einem eigenen Dampfer befördert; zum Uebersetzen der Sicherungstruppen bemannte Ruderboote (Pontons). Auf schmalen, schnellfliessenden Gewässern wird ein Remorqueur, selten mehr als ein Glied, auf breiten zwei und mehr Glieder bugsiren können. Reiterei und Artillerie erhält besondere Einschiffungsstellen.

Eine Kriegsbrücken-Equipage überschifft auf einmal $1^1/_4$ Infanteriekompagnie oder $^1/_2$ Kompagnie und 16 Pferde oder $^1/_2$ Kompagnie 8 Pferde und 2 Wagen.

Zum Abladen und Einlassen der Pontons in das Wasser sind etwa 30 Minuten, sollen jedoch Glieder gebaut werden, auch bis 3 Stunden erforderlich; 1200 Mann Infanterie können, bei

Benutzung einer Gliederdecke (34 m Länge, 19 m Breite), in 10 Minuten ein- und ausgeschifft werden. Das Ueberschiffen über ein etwa 130 m breites Wasser bei 2 m Geschwindigkeit dauert mit einzelnen Pontons 1,5, mit gekoppelten 2, mit Gliedern 2,5 Minuten; mit geruderten Gliedern rechnet man bei mittlerem Wasserstande per 150 Schritt Flussbreite 3 Minuten zum Ueberschiffen, Retourfahrt dauert um 2 mal so viel Minuten länger, als das Glied im Hunderte von Schritten abgetrieben wurde. Einmalige Hin- und Rückfahrt mit Dampfern remorquirter Glieder bei 1200 Schritt Strombreite etwa 40 Minuten.

Versuche zeigten, dass unter günstigen Verhältnissen 3 Infanteriebataillone, 1 Eskadron, 1 Batterie und 1 Sanitätswagen in ungefähr 15 bis 20 Minuten auf 4 Schleppgliedern eingeschifft werden können und zum Landen 25 Minuten genügen.

(S. auch Seedampfer.)

Ueberschlagen (der Pferde). Zügel los, seitwärts abgleiten. Gewaltsam umreissen und Trensen nicht zu empfehlen.

Ueberschuhe aus Leder oder Gummi sind bei kaltem oder nassem Wetter auf dem Schiessstande und in der Reitbahn für den Aufsichtführenden gestattet, auf der Strasse nur während der Dunkelheit.

Ueberschwemmung s. Anstauung.

Ueberseeischer Urlaub ist Mannschaften des Beurlaubtenstandes unter Bedingung der Rückkehr auf 2 Jahre zu gestatten. Offiziere müssen Verabschiedung nachsuchen.

Uebersetzen von Truppen auf Kähnen. S. Uebersetzmaschinen.

Auf Flössen können Pferde etc. nur bei doppelter Lage der Balken, mit Dielung und Geländer übergesetzt werden. Herrichtung richtet sich nach dem vorhandenen Material. Man wende sich an Pioniere oder Zimmerleute. (S. auch Faltboote.)

Uebersichtsskizzen sind erforderlichen Falls bei den Uebungsarbeiten dem Kroki beizulegen, Text und Namen auf der Skizze müssen mit einander stimmen.

Ueberzählige s. Rekruten.

Uebungen mit gemischten Waffen müssen in grösseren Garnisonen auch mit Nachbargarnisonen recht häufig abgehalten werden; selbst gemeinsame Schiessübungen sind von grossem Nutzen. Die U. in grösseren Verbänden werden angeordnet (s. Herbstübungen). U. bei Nacht werden in Russland und Frankreich besonders geschätzt. S. auch Aspiranten, sowie A und B.

Uebungsarbeiten. Für Uebungsbericht im Gelände: Kroki und Meldekarten. Für U. im Zimmer: Krokis mit Erläuterung oder Bericht. Bei letzteren quer über gebrochenen Formatbogen „Bericht". Links: Aufgabe und Name des Auftragstellers. Sammelplatz, markirte Truppen, Beginn der Uebung. Rechts: Text. Schriftliche Befehle im Wortlaut, mündliche im Auszuge. Grössere Truppenverbände links auszurücken (Führer nennen). Darstellung muss klares Bild geben. Kroki ist nur Ergänzung. Mittheilungen des Leitenden während der Uebung links aufsetzen. Meldungen aber rechts im Text. Unten Name etc. des Verfassers. Meldekarten auf besonderen Bogen so kleben, dass sie rechts herausgeklappt werden können. Bogen angeheftet. Art der Ausführung des Kroki und Unterrichtsskizze dem Zeichner überlassen. Höhen durch Striche oder in Wischmanier bezeichnen, Flussläufe mit Pfeilstrich. Wegerichtung angeben. Eigene Partei blau, Gegner roth zeichnen. Gefechtsmomente deutlich erkennbar zu machen. Auf dem Kroki werden Erläuterungen (a,a, A,A etc.) gegeben, z. B. Tiefe des Wasserlaufs, Beschaffenheit der Wälder etc. Starkes quadrirtes Papier, Maassstab, nach Karten orientiren, unten rechts Name etc. Lieutenants müssen Kroki selbst fertigen. Das Kroki hinten anzukleben, so dass es seitwärts hinausgeschlagen werden kann. Der Bericht in Umschlag, auf diesen rechts oben Ort, Datum, darunter Name, Charge etc., links oben „West- (Ost-) Detachement" zu setzen, in der Mitte „Felddienst-Uebung am . .ten". darunter: Gegner Lieutenant X. Jede Arbeit wird zurückgegeben.

Für die Winterarbeiten sind dieselben Bestimmungen massgebend.

Uebungsgeräth. U. der Kavallerie besteht bei jedem Kavallerie-Regiment in 2 Faltbooten mit dem zugehörigen Brückengeräth. Dieses Geräth zu Uebungen im Brückenbau und zu Schwimmübungen der Pferde insoweit zu benutzen, dass sichere Handhabung durch Mannschaften gewährleistet ist. Behufs Erhaltung der Kriegsbrauchbarkeit der Faltboote auch andere Kähne zu den Friedensübungen heranzuziehen.

Uebungsmärsche s. Märsche.

Uebungsplätze s. Truppen-Uebungs- und Schiessplätze der Feld- und Fussartillerie.

Uebungsreisen. Die Infanterie- und Kavallerie-U. sind zu befördern, in Bezug auf Generalstab s. Generalstabs-U., in Bezug auf Anfertigung der Berichte s. Uebungsarbeiten.

Uebungstage für Regiments-Exerziren: Infanterie-Regiment in 1 Garnison 5, in mehreren Garnisonen 7 Tage; Kavallerie-Regiment 7 Tage im Frühsommer, 3 Tage im Herbst oder 10 Tage im Herbst (nehmen sie demnächst an besonderen Kavallerie-Uebungen Theil, nur 8 Tage). Brigade-Exerziren: Infanterie 5, Kavallerie 6 Tage. Feld-Artillerie: Gefechtsmässiges Exerziren 3 Tage (ev. mit Scharfschiessen 4 Tage). Armee-Korps: 10 Tage, und zwar 4 Tage für Brigade. 4 Tage für Division, 2 Tage Divisions-Manöver gegen markirten Feind (näh. F.-O. 407 ff.). Kaisermanöver: (s. dort).

Uchatius, österreichischer General-Major (1811 bis 1893). Erfinder der Stahlbronce.

Uchatius-Kanone heisst das in Oest.-Ung. nach den Vorschlägen des General U. aus Stahlbronce erzeugte Feldgeschütz; dem deutschen Feld-Geschütze nachgebildet, unterscheidet es sich durch das Material der Rohre.

Uelzen. Dort steht: 4. Esk. 2. Han. Drag. Rgts. No. 16. — Serviskl. 3.

Uettingen s. Rossbrunn.

Uferbrücken sind diejenigen, die ohne besonderes Mitteljoch von Ufer zu Ufer reichen. Konstruktion siehe Figur zu „Feldbrückenbau". Man nennt sie auch „einfache Brücken".

Uhrich, französischer Divisions-General (1802 geb.). 1870 in die Aktivität zurückberufen, vertheidigte er Strassburg mit Muth und Umsicht 50 Tage lang.

Uhrketten dürfen nicht sichtbar getragen werden.

Ulanen. Früher die einzige mit Lanzen bewaffnete berittene Truppe, ist in Preussen 1808 aus dem damaligen Regiment „Bosniaken" hervorgegangen. Jetzt bestehen im preussischen Militär-Kontingent 3 Garde- und 16 Linien-Ulanen-Regimenter. Die U. bilden ein Mittelding zwischen schwerer und leichter Kavallerie. Die Dienstpferde der Garde-Ulanen beziehen schwere, diejenigen der Linien-Ulanen die „mittlere" Ration. Grösstes Maass der Rekruten 1,75, kleinstes 1,67 m, doch nicht das Gewicht von 70 kg übersteigen; bei der Garde 5 kg mehr gestattet. Mindestmaass für Ulanen-Remonten 1,49 m.

Ulderup. Treffen 6./4. 1849, in der die Dänen unter Bülow die hannöverschen Brigaden Wyneker zurückdrängten.

Ulm. Kapitulation 17./10. 1805. Hier ergab sich Mack, nachdem er durch Hin- und Hermärsche die Truppen ermüdet und in ein Netz geführt hatte, mit 23 000 Mann an Napoleon.

Ulm. Dort stehen: Gouv., Fussart.-Bat. No. 13, Art.-Dep., Fortif., Stäbe d. 27. Div. (2. Königl. Württemb.), der 53. und 54. Inf.-Brig. (3. und 4. Königl. Württemb.), der 27. Kavallerie-Brig. (2. Königl. Württemb.), Grd.-Rgt. König Karl (5. Württemb.) No. 12, Inf.-Rgt. König Wilhelm I. (6. Württemb.) No. 124, St., 1., 3. und 4. Esk. Ul.-Rgts. König Karl (1. Württemb.) No. 19, Feldart.-Rgt. König Karl (1. Württemb.) No. 13 (4. Abth. vorläufig in Ludwigsburg), Württemb. Pion.-Bat. No. 13, Festungs-Gefängniss, Arbeiter-Abth., Bez.-Kom., Württemb. Filial-Art.-Dep., Prov.-Amt, Garn.-Verw., Garn.-Laz. — Servisklasse 2.

Umdrehung der Geschosse. S. Drehungsgeschwindigkeit.

Umfassung ist vorhanden, wenn Front und Flanke gleichzeitig und im Zusammenhange angegriffen werden.

Umgehung. Bei dieser muss auch die Front angegriffen werden; die U. findet durch selbstständige Abtheilung statt und ist ein ebenso beliebtes wie gefährliches Manöver.

Umsatteln. Bei Vorposten-Kompagnien dürfen Kavallerie-Abtheilungen, Meldereiter etc. nur einzeln umsatteln; ebenso bei Feldwachen und Unteroffiziersposten. Die Führer der Vorposten-Kavallerie bestimmen etwa nöthiges einzelnes U.

Umwallungen. Die früheren Befestigungssysteme legten viel Werth auf zusammenhängende U. Die alten Stadt-U. waren oft nur durch die Breite einer Strasse von den Häusern der Stadt getrennt. Heute wendet man zumeist Fortsgürtel an. Die Fortifikateure erkennen zwar alle den Vorzug geringerer Baukosten der Fortsgürtel, manche sind aber der Meinung, dass eine zusammenhängende Vertheidigungslinie — selbstverständlich weiter vorgelegt, als die alten U. — dem Fortsgürtel vorzuziehen sei; sie sagen, der grosse Abstand der letzteren untereinander und die Bebauung des Geländes zwischen und hinter den Forts zwinge den Vertheidiger zur Aufstellung von Truppen in den Intervallen, verlange damit mehr Truppen, als geschlossene Walllinien; die engen Forts könnten in kürzester Zeit von den feindlichen Zerstörungswerkzeugen aufgerissen und zerstört werden u. s. w.

Umzugskosten erhalten Offiziere, Unteroffiziere und Kapitulanten, sowie alle etatsmässig angestellten Reichsbeamten bei Versetzungen in einen andern Garnisons- etc. Ort nach folgenden Sätzen:

	auf allgemeine Kosten	auf Transportkosten von je 10 km
Generale, Generalstabsarzt u. Direktoren der obersten Reichsbehörden	1800 M.	24 M.
Regiments-Kommandeure, Generalärzte, vortragende Räthe der obersten Reichsbehörden	1000 „	20 „
die übrigen Stabsoffiziere, Oberstabsärzte I. Klasse und Mitglieder der höheren Reichsbehörden	500 „	10 „
Hauptleute, Rittmeister, Sanitätsoffiziere dieses Ranges und die Mitglieder der übrigen Reichsbehörden	300 „	8 „
die Sekretäre der höheren Reichsbehörden	240 „	7 „
Lieutenants und Sanitäts-Offiziere dieses Ranges	200 „	6 „
Subalterne der übrig. Reichsbehörden	180 „	6 „
Etatsmäss. Portepee-Unteroffiziere und Unterbeamte	100 „	4 „
Sonstige Unteroffiziere und Kapitulanten	50 „	2 „

Offiziere vom Hauptmann ab aufwärts und sämmtliche Beamte erhalten, wenn sie unverheirathet sind und nicht etwa mit Angehörigen einen eigenen Hausstand bilden, nur die Hälfte der erwähnten Sätze.

	bis 350 km	über 350 km Entfernung
Unverheirathete Lieutenants und Sanitäts-Offiziere dieses Ranges erhalten	40 M.	60 M.
Unverheirathete Portepee-Unteroffiziere	20 „	30 „
Sonstige Unteroffiziere und Kapitulanten	15 „	20 „

Die Entfernungen werden nach dem vom Kriegsministerium herausgegebenen Kilometerzeiger oder nach der nächsten fahrbaren Strassenverbindung berechnet. Abrundung geschieht am Schluss auf volle 10 km. (Wegen Gewährung einer besonderen Entschädigung bei nicht lösbaren Miethsverbindlichkeiten s. „Miethsentschädigung".)

Unabhängigkeits-System. S. Fahrzeuge.

Unabkömmlichkeit. Wegen U. können Beamte hinter die letzten Jahresklassen 2. Aufgebots gestellt werden; die Chefs der betreffenden Behörden müssen U.-Listen den Generalkommandos einreichen. Das Nähere s. 125 und 126 der W.-O.

Unarten oder Untugenden des Pferdes. Zwischen U. und Krankheiten des Pferdes eine genaue Grenze zu ziehen, ist schwer. Die U. sind oft nur durch Bekämpfung der Krankheitsursachen oder durch Geduld mit dem reizbaren, aber selten bösen Pferde zu bekämpfen. Zu den U.

gehören das Aufsetzen, Koppen, auch Köcken genannt. Es verursacht leicht Kolik. Der Aufsetzer (Krippensetzer) presst das Gebiss auf den Krippenrand oder einen anderen Gegenstand, saugt Luft ein und schluckt sie hinunter. Zur Verhinderung dieser U. bindet man das Pferd rückwärts an, giebt ihm einen Maulkorb oder eine Halsbinde; es wird aber doch die Zeit der Fütterung zum Koppen benutzen, überdies sind es oft körperliche Zustände, die dieses hervorrufen, oft ist auch Langeweile die Ursache. Regelmässige, ausgiebige Bewegung kann den Grund dieser U. und auch deren üble Folgen beseitigen.

Beissen und Schlagen im Stalle ist zumeist auf Behandlungsfehler zurückzuführen. Niemals soll das Pferd deshalb von hinten gestraft werden, immer mit Ruhe und Energie von vorn. Freundliches Wort, Liebkosungen, so dass das Thier sich freut, wenn es den Herrn sieht, sind oft die besten Mittel.

Will das Pferd den Wärter an die Barrière drängen, ziehe er dessen Kopf an der Halfter zu sich heran, und treibe es durch kräftige Schläge mit der flachen Hand auf die Kruppe in die Mitte des Standes zurück.

Auch wenn ein Pferd sich nicht beschlagen lassen will, ist meist rohe Behandlung und zu rasches Aufreissen des Fusses die Ursache. Schlägt ein Pferd, weil es kitzlig ist, so vermeide man beim Putzen leise tastende und kitzelnde Bewegungen.

Gegen das Scheuen der Pferde hilft nur Geduld und Sanftmuth, denn es ist die Folge eines Augenfehlers oder der Furchtsamkeit. Man muss das Pferd langweilen, indem man ihm das, vor was es sich scheut, wiederholt vorführt.

Das Steigen ist zumeist die Wirkung schwerer Hand oder zu straffer Zäumung; äussert sich Furchtsamkeit oder Stätigkeit, so halte der Reiter den Oberleib vorwärts und gebe mit den Zügeln Luft. Ein Schlag mit umgekehrter Gerte zwischen die Ohren kann auch wirken.

Durchgehen ist die Folge unruhigen Sitzes, Heftigkeit des Reiters oder unrichtiger Zäumung, oft wird es auch durch Scheuern oder durch Wetteifer in Gesellschaft anderer Pferde veranlasst. Schmeicheln, Beruhigen, Spielen mit dem Mundstücke, rückwärts schreiten lassen sind dagegen gute Mittel. Im allgemeinen handelt es sich darum, den Ursachen für die Neigung zum Durchgehen entgegenzuwirken.

Die Stätigkeit (Störrigkeit) äussert sich damit, dass das Pferd nicht vom Stalle will, nach anderen Pferden hindrängt oder an bestimmten Punkten stehen bleibt, gegen alle Hülfen den Gehorsam verweigert, steigt, zurückkriecht etc. Geht ein solches Pferd auf Güteversuche nicht ein, so muss Strenge angewendet werden. Der Reiter muss das Pferd in den Zügel hereinbringen, vortreibende Hülfen anwenden, bis es die Flucht ergreift. Dabei immer leichte Hand.

Das Durchgehen, Bocken und Steigen des Pferdes ist oft auch Folge des „Gurtenzwanges". Manches Pferd verträgt aus Empfindlichkeit ein unvermitteltes, starkes Anziehen der Sattelgurte nicht. Solche Pferde sind etwa eine halbe Stunde vor dem Gebrauche zu satteln, die Gurte nur leicht anzuziehen, successive das Pferd an stärkeres Anziehen zu gewöhnen. Ist innere Krankheit die Ursache des Gurtenzwanges, dann wird ein solches Pferd als Reitpferd zumeist gar nicht brauchbar.

Eine der gefährlichsten U. der Pferde ist der „Koller"(Tollwuth). Man unterscheidet den „Dummkoller" und den „rasenden Koller". Der erstere bleibt oft wie angenagelt mit weit ausgespreizten Beinen auf der Stelle stehen oder dreht sich rasch im Kreise, schreitet rasch rückwärts, oder wirft sich auch sammt dem Reiter auf den Boden; der rasende Koller geht blindlings und ziellos durch, rast auch über einen Abhang hinunter oder in das Wasser hinein. Beide Koller sind eigentlich Irrsinnige und nicht heilbar; daher gesetzlich unverkäuflich.

Unbescholtenheits-Zeugnisse von den Polizei- und Ortsbehörden bezw. von den Direktoren der Lehranstalten ausgestellt, sind erforderlich: Bei Meldungen zur 1-, 2-, 3- und 4jährig-freiwilligen Dienstzeit, bei Nachsuchung der Berechtigung zum Einjährig-Freiwilligen-Dienst, ebenso zur ersten Uebung der Ersatz-Reservisten, die Einjährigen-Berechtigungsschein haben.

Unbestrichener Raum s. Bestreichen.

Unbrauchbarmachen der Munition geschieht, indem man sie in's Wasser wirft oder die Patrone aufschneidet und das Pulver ausstreut.

Unbrauchbarmachen von Geschützen durch Sprengen des Rohres mittels Sprengpatrone oder durch Niedermachen oder Fortführen von Bedienung und Bespannung und Zerstörung oder Entfernung wichtiger Theile der Geschütze, des Verschlusses, Vernagelu des Rohrs, Abschlagen des Korns u. s. w.

Das U. der Geschütze ist mit den Mannschaften der Kavallerie zu üben.

Unbrauchbarmachung der Wasserbehälter durch Sprengung (Patronen mit brennendem Zünder in den Behälter werfen, gleichviel, ob Wasser darin ist oder nicht). Entfernung der beweglichen Theile von Pumpen und Zertrümmerung der Steigeröhren mit schwerem Hammer. Von Leitungen hebt man besonders Kniestücke aus und zertrümmert sie. Die Aufgrabungen müssen wieder verfüllt werden, um das Auffinden der schadhaften Stelle zu erschweren.

Unfallpension erhalten 1. die in unfallversicherungspflichtigen Betrieben thätigen Diätarien, 2. die darin beschäftigten Beamten (ohne festes Gehalt etc.) und 3. die Arbeiter.

Ganz dienstunfähig gewordene erhalten $^2/_3$ ihres jährlichen Diensteinkommens, die übrigen gemäss der Erwerbsunfähigkeit berechnet. Unfälle sind sofort zu untersuchen und durch die örtlichen Verwaltungsbehörden der vorgesetzten Dienstbehörde zu melden. Anträge wegen Gewährung von Renten für Hinterbliebene durch Intendantur an's Kriegsministerium (Invaliditätsdepot). (Näheres Buhrke.)

Unfallversicherungsgesetze datiren vom 15. 3. 1886. (Näheres Buhrke.)

Ungarische Leibgarde des Königs von Ungarn hat über die Sicherheit des Allerhöchsten Herrscherhauses zu wachen und den Hof bei feierlichen Gelegenheiten zu umgeben; besteht aus 3 Generalen, 43 Stabs- und Oberoffizieren. Die

Garden müssen vor dem Feinde gedient haben und ungarische Staatsbürger sein.

Ungeziefer in Monturen, Wäsche und Bettensorten ist am besten mittels Benzin zu vertilgen.

Unglücksfälle s. Hitzschlag, auch Märsche. Zur Vermeidung von U. ist das Feuern auf den Gegner innerhalb 100 m bei den Manövern verboten.

Ungvár. 29. Inf.-Brig.-Kom.; 65. Inf.-Regt.

Uniform. Der aktive Offizier trägt stets U. in der Garnison. Auf Jagd und im Auslande nicht. Auf Reisen im Inlande (mit Ausnahme zum Rennen, Tennis) darf er Civilkleider anlegen; ebenso während des Kommandos zur Militär-Turnanstalt, bei dienstlichem Radfahren im Gelände (Radfahreranzug) und die zur Landesaufnahme kommandirten Offiziere während der Dauer der Feldarbeiten.

Der Offizier des Beurlaubtenstandes trägt U. nur so lange er eingezogen ist, bei Kontrollversammlungen, an patriotischen feierlichen Gelegenheiten und bei der Hochzeit.

Beim Abschiede wird die Erlaubniss die U. zu tragen besonders gegeben.

Universalgeschoss wurde, als Vereinigung der Wirkungsweise mehrerer Geschosse von Armstrong in seiner „Segmentgranate" angestrebt. Sie bestand aus einer cylindro-ogivalen eisernen Hülle mit dünnem Bleimantel, in deren Längenaxe eine Sprengladungsröhre steckte, um welche gusseiserne Cylindersegmente geschichtet waren. Je nach Benutzungsart des Zünders wirkte dieses Geschoss als Granate, Schrapnel, Kartätsche oder — nach Entfernung des Zünders — als Vollgeschoss. Rücksichtlich der gegenwärtigen Verwendung der Geschosse, nach einander direkt gegenüber stehenden Richtungen, erscheint ein Einheitsgeschoss wohl nicht denkbar. Bei guter Schrapnelwirkung würde es nur eine mangelhafte Wirkung als Hohlgeschoss gegen widerstandsfähige Objekte liefern und umgekehrt.

Unsichere Kantonisten waren meist Erwerbslose, von denen man glaubte, dass sie sich dem Dienste entziehen wollten, man zog sie deshalb unter diesem offiziellen Titel ein.

U. Dienstpflichtige werden diejenigen genannt, welche wiederholt oder in böslicher Absicht sich den Gestellungsterminen entzogen haben. Sie können durch die Bezirkskommandos einem Infanterie-Truppentheil bez. der nächsten Arbeiter-Abtheilung oder dem nächsten Marinetheil überwiesen werden. Die Beurlaubung U. D. zur Disposition der Truppentheile ist zulässig.

Untauglichkeit. Bedeutende unheilbare Krankheiten und Gebrechen schliessen die Heranziehung zum Dienst im stehenden Heere und in der Ersatzreserve aus und machen unter Umständen auch zur Verwendung im Landsturm untauglich. Nur vorübergehend oder zeitig zum Militärdienst Untaugliche werden entweder zurückgestellt, der Ersatzreserve zugetheilt oder dem Landsturm 1. Aufgebots überwiesen.

Unter-Apotheker s. Apotheker.

Unterärzte und einjährig-freiwillige Aerzte haben den Infanterie-Offizierdegen neuen Modells an einem schwarzlackirten Unterschnallkoppel zu tragen. (S. Sanitäts-Offiziere.)

Unterhandlungen mit dem Feinde werden fast stets durch Generalstabsoffiziere geführt. Es kommt dabei darauf an, aus der bestehenden Lage den möglichsten Vortheil zu ziehen. Um dies zu erreichen, wird man dem Feinde in gewandter Weise die eigene Schwäche zu verdecken, die etwa bekannten Schwächen des Feindes dagegen auszunutzen suchen. Auf Dankbarkeit und Gegenliebe hat man nicht zu rechnen.

Der militärische Erfolg ist voll auszubeuten, wobei einem wackeren Feinde gegenüber in der Form jede Ehre zugestanden werden mag, sofern hierdurch nicht gegen die nach Kriegsgebrauch dem Sieger zustehenden Ehren geradezu verstossen wird. Man verletzt sonst das Gefühl des eigenen Heeres. Die Ausbeute eines erfochtenen Sieges kann nie hoch genug gegriffen werden.

Auf Grund der stattgehabten Verabredungen ist dann häufig ein schriftliches Abkommen zu treffen. Für die ehrliche Erfüllung ist jede mögliche Sicherheit zu schaffen.

Ein Waffenstillstands-Vertrag bezweckt, beide Gegner vorläufig zu trennen, wobei die Wiederaufnahme der Feindseligkeiten vorbehalten bleibt. Es handelt sich zunächst um Feststellung einer Trennungs- (Demarkations-) Linie, besser nach einer neutralen Zone, welche von beiden Theilen nicht überschritten werden darf. Die Breite der neutralen Zone kann im Feldkriege einen bis zwei Tagemärsche betragen; einer eingeschlossenen Festung gegenüber muss sie möglichst schmal bemessen werden. Als Trennungslinie, bezw. als Abgrenzung der neutralen Zone ist nicht eine Verkehrslinie, sondern ein Hinderniss zu wählen.

Verhandlungen wegen Uebergabe setzen eigentlich die Unmöglichkeit ferneren Widerstandes voraus. Bei der Uebergabe von Festungen findet zunächst die Besetzung der vorgeschobenen Werke, demnächst die der Thore, statt. Nachdem die bisherige Garnison ausgerückt, entwaffnet und übernommen ist, erfolgt die Uebernahme der Pulvermagazine u. s. w., dann das Einrücken der neuen Besatzung.

Ein zu Unterhandlungen mit dem Feinde entsendeter Generalstabsoffizier ist durch den höchsten zur Stelle befindlichen Truppenbefehlshaber mit Weisung zu versehen.

Das europäische Völkerrecht sichert den Unterhändlern (Parlamentären) den Schutz ihrer Person zu. Die grundsätzlich dem Unterhändler zugestandene Sicherheit legt ihm selbst die Verpflichtung auf, sich in den Grenzen seines Auftrages, welcher stets und allein als an den zur Stelle befindlichen Höchstkommandirenden der feindlichen Truppen gerichtet zu betrachten ist, zu halten und jeden Missbrauch seiner Anwesenheit inmitten der feindlichen Truppen zu vermeiden.

Eine Verpflichtung zur Annahme von Personen, welche unterhandeln wollen, liegt nicht vor. Der Kommandant einer belagerten und zum äussersten Widerstand entschlossenen Festung z. B. wird wohl daran thun, solche gar nicht anzunehmen. Auch im Feldkriege sind Unterhändler bei den Vorposten bis auf weiteren Befehl anzuhalten. Ein Unterhändler, welcher sich mit Aufforderung, sich zu ergeben u. s. w., unmittelbar an einen

Truppentheil statt an dessen Führer wendet, ist sofort niederzuschiessen.

Unterkunft s. Ortsunterkunft, Biwack, Quartier. Der Pickets unter günstigen Verhältnissen in bedecktem Raum.

U. der Vorposten-Gros und Vorposten-Kompagnien bestimmt der Führer je nach den Umständen.

Unterkunftarten im Kriege. Je näher dem Feinde. desto mehr treten operative und taktische Forderungen in Vordergrund; also enges Beisammenhalten der Kraft und entsprechende Gefechtsbereitschaft. Die Unterbringung erfolgt in Kantonirungen (Einzelbequartirung bis zur denkbar engsten einfachen Unterdachbringung), Ortschaftslagern (ein Theil der Truppe, der andere zunächst desselben) und Lagern (Zelte, Laub-, Schilf- oder Strohhütten, Wetter- [Flug-] Dächer oder Windschirme).

Unterleibsbruch, ausgebildeter, macht dienstuntauglich.

Unteroffizier-Posten sind gewöhnlich 1 Unteroffizier und 6 Mann stark, von denen 2 auf Posten stehen. die übrigen als Ablösung in unmittelbarer Nähe verdeckt ruhen. U.-P. werden von den Feldwachen auf besonders wichtigen oder gefährdeten Posten, sowie Durchlassposten ausgesetzt. (S. auch selbstständige U.-P.)

Unteroffizier-Bildungs-Anstalten s. Truppenschulen.

Unteroffizierschulen haben die Bestimmung, junge Leute. welche sich dem Militärstande widmen wollen, zu Unteroffizieren heranzubilden. Aufenthalt in der Anstalt dauert 3, bei besonderer Brauchbarkeit nur 2 Jahre. Ueberweisungen erfolgen nur an Infanterie- und Artillerie-Truppentheile. Wünsche der Betheiligten werden dabei nach Möglichkeit berücksichtigt.

Es bestehen U. in Potsdam, Biebrich, Ettlingen, Marienwerder, Jülich und Weissenfels. Die beiden letztgenannten Anstalten ergänzen sich nur aus Unteroffiziervorschulen, nehmen also Freiwillige nicht auf. In den übrigen Schulen findet die Einstellung jährlich zweimal, und zwar: Potsdam, Biebrich und Marienwerder im Oktober, Ettlingen im April statt. — Meldungen zur Aufnahme beim Bezirkskommandeur des Aufenthaltsortes oder beim Kommandeur der betr. U.

Bedingungen: mindestens 17, aber noch nicht 20 Jahre alt, mindestens 154 cm gross, völlig gesund, frei von körperlichen Gebrechen und brauchbar für den Friedensdienst der Infanterie, tadellose Führung und Uebernahme der Verpflichtung, nach Einstellung bei einem Truppentheil noch 4 Jahr aktiv zu dienen. Während des Aufenthaltes in der Schule können die Füsiliere bei guter Führung einmal bis Löhnung bis zu 4 wöchiger Dauer und mit einer Reise-Entschädigung in die Heimath beurlaubt werden. Die Füsiliere stehen unter den Militär-Gesetzen und haben den Fahneneid zu leisten.

Unteroffizier-Vorschulen haben die Bestimmung, geeignete junge Leute von ausgesprochener Neigung für den Unteroffizierstand in der Zeit zwischen Verlassen der Schule nach beendeter Schulpflicht und dem Eintritt in das wehrpflichtige Alter derart fortzubilden, dass sie für ihren militärischen Beruf tüchtig werden. Ausbildung dauert 1—2 Jahre. Die Zöglinge gehören erst zu den Militärpersonen, wenn sie den Unteroffizierschulen (s. d.) überwiesen werden. Für jeden Monat des Aufenthalts in der U. hat der Zögling die Verpflichtung, 2 Monate über die gesetzliche und die besondere Dienstverpflichtung der Unteroffizierschulen hinaus aktiv zu dienen, oder die Kosten seines Unterhalts in der U. nach dem Jahressatze von 465 Mark zu erstatten.

U. bestehen in Weilburg, Jülich, Neubreisach, Wohlau und Annaberg. Aufnahme von Zöglingen erfolgt bei den U. Neubreisach im April, bei den übrigen U. im Oktober jeden Jahres. Meldung beim Bezirkskommandeur im Alter von 14$\frac{1}{2}$ Jahren. Aufnahme mit 15, nicht über 16 Jahren. Gesunde, kräftige, mindestens 151 cm (bei 16jährigen 153 cm) grosse Leute von tadelloser Führung. Zöglinge tragen Infanterie-Uniform. Waffenrock nur 6 Knöpfe vorn und keine Aufschläge und Patten an den Aermeln, sondern nur rothe Litze. Schulterklappen Neubreisach und Wohlau weiss, Annaberg roth, Weilburg gelb, Jülich blau. Knöpfe: Wohlau weiss, sonst gelb. Stubenälteste tragen goldene Tresse, Stubenzweite schwarzweisse Schnur auf den Schulterklappen.

Unterrichtsanstalten s. Militär-Bildungs- und Erziehungsanstalten.

Unterscheidungszeichen nennt man die leicht erkennbaren Abweichungen in der Uniformirung der verschiedenen Waffengattungen und innerhalb derselben die Kennzeichen der einzelnen Regimenter, Bataillone, Abtheilungen, Kompagnien, Eskadrons und Batterien. Sie bestehen im äusseren Schnitt oder Material der Uniform oder in verschiedenfarbigen Abzeichen sonst gleichartiger Stücke.

Unterstützung bedrohter Artillerie. Bedrohter oder ungeschützter Artillerie muss die Unterstützung von dem Befehlshaber der nächsten Truppe auch unaufgefordert zu Theil werden; um so mehr ist aber jeder diesbezüglichen Aufforderung des Artillerie-Kommandeurs zu entsprechen.

Unterstützungs-Abtheilung im Departement für das Invalidenwesen des Kriegsministeriums. Geschäftskreis: Verwaltung der Staats-Unterstützungsfonds, milde Stiftungen, allerhöchst zu bewilligende Unterstützungen für Offiziere. Beamte, Wittwen u. s. w., Staatsbeihülfen für Hinterbliebene, Fürsorge für Beamte etc. in Folge von Betriebsunfällen und für Wittwen und Waisen des Reichsheeres.

Unterstützungs-Eskadron bei Kavallerieangriffen folgen hinter der Front des 1. Treffens vertheilt mit etwa 100 Schritt (80 m) Abstand. Sie werden in das Handgemenge geworfen, wo es schwankend erscheint und greifen diejenigen feindlichen Abtheilungen an, welche etwa das 1. Treffen durchbrochen haben.

Untersuchung der Rekruten. Es ist ärztlich festzustellen, ob die Gestellten: 1. tauglich (mit oder ohne Waffe), 2. bedingt tauglich, 3. zeitig untauglich, 4. nur noch im Landsturm verwendbar, 5. gänzlich untauglich sind. Für alle diese Fragen sind bestimmte Vorschriften gegeben, die in der Wehrordnung zu finden sind.

U. R. Abkürzung für: „Unter Rückerbittung" oder „Rückforderung".

Urban, Freiherr, österreichischer Feldmarschall-Lieutenant (1802—71), er führte 1859 erfolgreich gegen Garibaldi.

Urlaub. Nächst dem Kaiser ertheilen U. in höchster Instanz:

die Prinzen des königlichen Hauses für ihre persönlichen Adjutanten;

der Kriegsminister für das Kriegsministerium, die ohne Dienststellung befindlichen Offiziere von der Armee, das Militär-Reit-Institut, die Inspektionen der Infanterie-Schulen, das Militär-Veterinär-Wesen, die Traindepot-Inspektionen und deren Anstalten, die Artillerie-Prüfungs-Kommission, Gewehr-Prüfungs-Kommission, die Inspizienten der Waffen und des Artillerie-Materials, die Gewehr- und Munitions-Fabrik und Installirung der Artillerie, das Zeugpersonal, Inspektion der militärischen Strafanstalten und deren Anstalten, das grosse Militär-Waisenhaus Potsdam und Schloss Pretzsch;

der Chef des Generalstabes der Armee für die Offiziere seines Stabes, den grossen Generalstab einschliesslich Neben-Etats und Landesvermessungs-Wesens, der Kriegs-Akademie, die Eisenbahn-Brigade mit Militär-Eisenbahn- und Luftschiffer-Abtheilung, Eisenbahn-Linien-Kommission und Eisenbahn-Kommission;

der General-Inspekteur der Fuss-Artillerie und

der Chef des Ingenieur- und Pionier-Korps für die betreffenden Waffengattungen;

der General-Inspekteur des Militär-Erziehungs- und Bildungs-Wesens;

der Chef des reitenden Feldjägerkorps;

der Chef der Landgendarmerie und

der Gouverneur des Invalidenhauses Berlin für die untergebenen Formationen und Anstalten;

die General-Inspektion der Armee-Inspektionen;

die Gouverneure von Berlin und Ulm für ihre Stäbe;

der Chef des Militär-Kabinets Seiner Majestät für die Offiziere des Militär-Kabinets;

der Kommandant des Hauptquartiers Seiner Majestät gegenüber der Landgendarmerie und Schlossgarde-Kompagnie;

die Kavallerie-Inspektion;

die Inspektion der Jäger und Schützen rücksichtlich ihrer Stäbe;

die Inspektion der Feld-Artillerie rücksichtlich ihres Stabes und der Feld-Artillerie-Schiessschule;

die kommandirenden Generale für alle übrigen Offiziere ihres Befehlsbereichs.

Es dürfen U. ertheilen:

1. ein kommandirender General: den Divisions-, Brigade-, Regiments-Kommandeuren, Gouverneuren, Kommandanten bis zu $1^1/_2$ Monaten, den übrigen Offizieren und Mannschaften bis zu 3 Monaten;

2. ein Divisions-Kommandeur: den Brigade-Kommandeuren bis zu 7 Tagen, den Regiments-Kommandeuren bis zu 1 Monat, allen übrigen Offizieren und Mannschaften bis zu $1^1/_2$ Monaten;

3. ein Brigade-Kommandeur: den Regiments-Kommandeuren bis zu 7 Tagen, den übrigen Offizieren bis 1 Monat, den Mannschaften bis $1^1/_2$ Monaten;

4. ein Regiments-Kommandeur oder selbstständiger Bataillons-Kommandeur: den Offizieren bis zu 14 Tagen, den Mannschaften bis zu $1^1/_2$ Monaten;

5. ein detachirter Stabsoffizier: den Offizieren bis zu 7 Tagen, den Mannschaften bis zu 1 Monat;

6. ein detachirter Hauptmann, Rittmeister oder Subaltern-Offizier: den Offizieren bis zu 7 Tagen, den Mannschaften bis zu 14 Tagen;

7. ein nicht selbstständiger Bataillons- und Abtheilungs-Kommandeur etc.: den Mannschaften bis 1 Monat;

8. der Chef einer Kompagnie, Eskadron, Batterie u. s. w.: den Mannschaften bis zu 14 Tagen.

Sanitätsoffiziere erhalten U.:

vom Generalstabsarzt der Armee bis zu 3 Monaten; von dem Korps-Generalarzt u. s. w. bis zu 1 Monat; von dem nächstvorgesetzten Oberstabsarzt bis zu 14 Tagen; von einem detachirten Stabsarzt bis zu 3 Tagen.

Näheres siehe Bestimmungen, betreffend die Befugnisse zur Beurlaubung von Offizieren, Militär-Aerzten und Mannschaften vom 1./8. 1895.

Beamte können U. erhalten: Vom Kriegsminister ohne Zeitbeschränkung;

vom kommandirenden General (die im Truppenverbande stehenden Beamten und Korps-Rossärzte), vom Chef des Generalstabes der Armee (die Beamten des grossen Generalstabes, des Landesvermessungs-Wesens und des Eisenbahn-Regiments), von den General-Inspekteuren (die unterstellten Beamten), von dem Kommandeur des Kadetten-Korps (die Beamten der Kadetten-Anstalten), vom General-Auditeur der Armee (die sämmtlichen Auditeur-Beamten) bis zu 3 Monaten;

von den übrigen höheren, der obersten Reichsbehörde im Sinne des Reichs-Beamten-Gesetzes vom 31./3. 1873 unmittelbar unterstellten Reichsbehörden bezw. deren Vorsteher: U. bis zu $1^1/_2$ Monat, sofern die Beamten auf Lebenszeit angestellt sind, bis zu 3 Monaten alle anderen Beamten;

von den unmittelbar vorgesetzten Behörden die untergebenen Beamten U. bis zu 14 Tagen.

Es dürfen ferner ertheilen U. bis zu 14 Tagen:

die kommandirenden Generäle an die Militär-Intendanten, Korps-Auditeure und Militär-Ober-Pfarrer;

die Divisions-Kommandeure an die Vorsteher und Divisions-Intendanten, Divisions-Auditeure, Divisions-Pfarrer und -Küster;

die Gouverneure und Kommandanten an die Gouverneur- und Garnisons-Auditeure, Militär-Gerichts-Aktuare, Garnison-Pfarrer und -Küster, wenn diese Beamten sich mit ihren Verwaltungs-Vorgesetzten nicht an demselben Garnisonorte befinden.

Beurlaubte Offiziere erleiden während der ersten $1^1/_2$ Monate des U. keine Gehaltsverkürzung. Für weitere $4^1/_2$ Monate tritt ein Abzug ein, welcher beträgt:

bei jährl. 12000 M. Gehalt   tägl. 16,50 M.
„   „   9000—12000 M. ausschl.   „ 12.— „
„   „   7800— 9000 „   „   „ 9,— „
„   „   5400— 7800 „   „   „ 7,50 „
„   „   3600— 5400 „   „   „ 4,— „
„   „   2160— 3600 „   „   „ 2,50 „
„   „   1860— 2160 „   „   „ 2,25 „
„   „   1440— 1860 „   „   „ 1,75 „
„   „   1080— 1440 „   „   „ 1,25 „
„   „   900— 1080 „   „   „ 1,— „

Nach Ablauf von 6 Monaten, sowie bei U.-Ueberschreitungen hört Gehaltszahlung ganz auf. Die zur Ertheilung eines 3monatigen U. berechtigten Truppenbefehlshaber können ausnahmsweise auch die Gehaltszahlung auf die ganze Urlaubsdauer bewilligen. Bei U. ohne Gehalt tritt für den Abgangsmonat kein Abzug von Gehalt ein. Krankheit zählt nicht als U. Von beurlaubten Mannschaften bleiben Kapitulanten und die Unteroffizier-Schüler bis zu 3 Monaten im Löhnungsgenusse. Nichtkapitulanten darf die Löhnung ausnahmsweise bis 8 Tage und unter besonderen Umständen durch die Regiments-Kommandeure und deren Vorgesetzte selbst bis zu 3 Monaten bewilligt werden; über diese Zeit hinaus nur in Krankheitsfällen, bei kostspieligen Kuren u. s. w. Jede Ueberschreitung des U. hat Verlust der Löhnung im Gefolge.

Beamte erleiden bei einem U. von mehr als $1^{1}/_{2}$ Monat für die darüber hinausgehende Zeit einen Abzug in Höhe der Hälfte des Diensteinkommens. Bei U. über 6 Monate hinaus wird das ganze Diensteinkommen einbehalten. Abweichungen — selbst in Krankheitsfällen — bedürfen der Genehmigung des Kriegsministeriums. Anträge auf U. sind unter Angabe der Veranlassung und des Zweckes der unmittelbar vorgesetzten Behörde bezw. Beamten einzureichen. Ist Krankheit Ursache, so ist ärztliches Attest beizufügen. Beurlaubte haben Sorge zu tragen, dass während des U. Verfügungen der vorgesetzten Behörde sie erreichen können. Im Mobilmachungsfalle erlischt jeder U. sofort.

V.

Vaillant, Marschall von Frankreich (1790 bis 1872). 1813 bei Kulm gefangen. 1854—59 Kriegsminister. 1870 aus Paris gewiesen.

Valée, Graf, französischer Marschall (1773 bis 1846). (Art.) Zeichnete sich in Spanien 1808 bis 1814 aus, führte 1840 in Algier ohne besonderen Erfolg.

Valencia. Dort brachte 11./I. 1812 General Suchet 25000 Spanier, die er in V. eingeschlossen hatte, zur Uebergabe.

Valenciennes, franz. Festung gegen Belgien. (Berühmtes Bastionstracé.)

Valentini, Georg, Freiherr, preussischer General und Militär-Schriftsteller (1775—1834), machte die Feldzüge 1793—94, 1806 in preussischen, 1809 in österreichischen, den Krieg gegen die Türken 1810 in russischen Diensten mit, war während der Freiheitskriege Stabschef unter York und Bülow, 1828 General-Inspektor des Bildungswesens in Deutschland.

Valerien, Mont. Isolirte, stark befestigte Höhe vor der Westfront von Paris auf dem linken Seineufer. 19./I. 1871 Schlacht.

Vandamme, Graf Hüneburg, französischer Divisions-General (1770—1830), schwang sich in den Revolutionskriegen empor, erhielt 1812 das 8. Korps; nahm 1813 Hamburg, ward bei Kulm gefangen. 1815 kämpfte er mit dem 3. Korps bei Ligny und Wavre. Seine Rohheit und Raubsucht trübten seinen Ruhm.

Varna an der Westküste des schwarzen Meeres; Ausgangspunkt des Feldzuges gegen die Krim 1854.

Vaseline. Produkt aus bei Destillation des Rohpetroleums verbleibenden Rückständen, Bestandtheil (5%) des englischen rauchschwachen Pulvers Cordit, soweit es für scharfe Schüsse bestimmt ist; Verbrennungswärme und Gasdruck des Cordit werden durch den Vaselinezusatz wesentlich ermässigt.

V. wird verwendet zur Einfettung von Fleischkonservenbüchsen und als Konservirungsmittel für Armatur und Werkzeuge.

Vaterländischer Frauen-Verein. (Berlin NW., Unter den Linden 13.)

Zweck: Im Kriege die gesammte Fürsorge für die Verwundeten und Kranken durch Unterstützungen aller dazu dienenden Einrichtungen. Im Frieden, auch durch Zweigvereine: 1. Linderung von Nothständen bei Epidemien etc., 2. Förderung der Krankenpflege, Ausbildung von Pflegerinnen etc.

Vauban, le Prêtre de, französischer Marschall (1633—1707). Der grösste Ingenieur seiner Zeit, sowohl als Konstruktor, als auch als Belagerer. Fast die meisten Festungen Frankreichs hat V. nach 1667 erbaut oder umgebaut. Seine 3 Systeme (Manieren) sind bekannt. (S. Skizzen auf nächster Seite.) Er war Erfinder des Ricochettschusses und des Angriffssystems durch Parallelen, das sich bis in unsere Zeit erhalten hat. In 140 Gefechten und 53 Belagerungen konnte V. seine reichen Erfahrungen sammeln.

Vaubois, Graf, französischer Divisions-General (1748—1839), focht unter Bonaparte in Italien und Aegypten. Sein Name ist mit der heldenhaften Vertheidigung Maltas, das 5./9. 1800 kapitulirte, verknüpft.

Vaudoncourt, Wilhelm, Militär-Schriftsteller (1772—1845). 1797 Befehlshaber der Artillerie der cisalpinischen Republik, organisirte 1807 die Armee Ali Paschas in Epirus, war 1815 Inspektor der französischen Nationalgarden, 1821 Oberbefehlshaber der konstitutionellen Armee Piemonts.

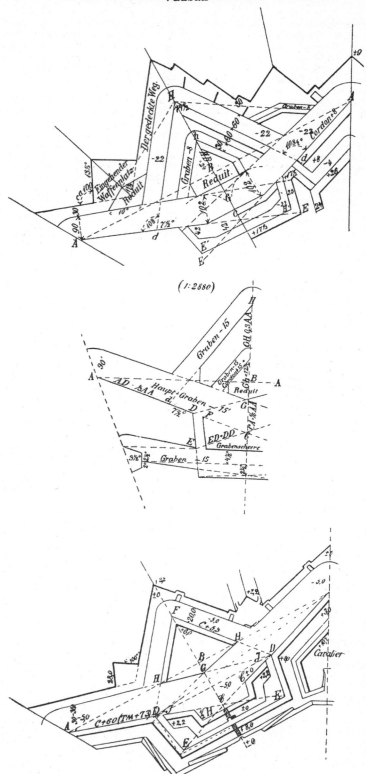

Skizzen der Vauban'schen Befestigungsmethoden.

Vedetten. V. (2—3 Reiter) müssen möglichst weiten Blick in das Vorgelände haben, hauptsächlich in die Strassen. Ausstellung von V. zu empfehlen, weil sie die Feldwache weniger schwächt als Unteroffizierposten.

Vega, Georg, Freiherr (1756—1802), gelehrter österreichischer Artillerist und Mathematiker. Schöpfer der Logarithmentafeln.

Veile. 8./3. 1864 Sieg der Oesterreicher über die Dänen.

Vellinghausen (Westfalen). Schlacht 15. und 16./7. 1761. Am 15. griff Soubise den Herzog von Braunschweig vergeblich in seiner Stellung an, ebenso am 16. und zog sich dann zurück, ohne verfolgt zu werden.

Velocimeter. Konstruirt von Sebert und Deprez, dient dazu, die Entwickelung des Rücklaufs der Feuerwaffen beim Schuss zu bestimmen, welche sowohl für die Kenntniss der Geschossbewegung im Rohr, als auch für die Anstrengung der Lafetten und die Wirkung der Bremsen. Mit dem Rohr (Lafette, Gewehr) ist ein geschwärztes Stahlband unverrückbar verbunden, auf welchem die Zinken einer Stimmgabel, die in der Sekunde eine bestimmte Anzahl Schwingungen machen, die Rücklaufzeiten graphisch darstellen. (S. auch Gasdruckmesser.)

Vendée. Die loyale und christlich-gesinnte Bevölkerung der V. widersetzte sich mit den Waffen den republikanischen Machthabern. Unter ihren tapferen, aber militärisch ungeschulten Führern unterlag nach heroischen Kämpfen die Bewohnerschaft den Massen republikanischer Heere. Der grausam geführte Kampf währte von 1793—96. Kleine Aufstände 1815 und 1832 wurden nach kurzen Kämpfen beendet.

Vendôme, Herzog (1654—1712), focht 1695 bis 1697 erfolgreich in Spanien; nicht so glücklich in Italien 1702—1706. In den Niederlanden wurde er 1708 bei Oudenaarde geschlagen; dagegen hatte er in Spanien 1710 Glück, indem er bei Villa Viciosa siegte und den Krieg beendete.

Venedig, vom 16./6. 1848 an cernirt durch die Oesterreicher; Uebergabe 25./8. 1849.

Venta del Pozo (Kastilien). Gefecht 23./10. 1811. Wellington wurde auf seinem Rückzuge von Castel Burgos von französischer Kavallerie angegriffen, die von der Infanterie (deutsch-englische Legion) abgeschlagen wurde.

Verabschiedete Offiziere sind von der ferneren Ableistung der Dienstpflicht entbunden. Gesuche v. O. um Wiederanstellung im Beurlaubtenstande werden mittelst Gesuchsliste vom Bezirks-Kommando eingereicht. Offizieren des Beurlaubtenstandes, die in aussereuropäischen Ländern feste Anstellung haben, kann bei Bescheinigung von Konsulaten Urlaub unter Befreiung vom Kriegsdienst gegeben werden, dann aber folgt Verabschiedung; die Ausscheidung aus der Staatsangehörigkeit kann einem Offizier bewilligt werden, wenn er seine Verabschiedung auf dem geordneten Wege durch die Militärbehörde bereits erhalten hat.

Verabschiedung. (S. Abschied.)

Verbandmittel-Anstalten. (S. Arznei- und Verbandmittel-Anstalten.)

Verbandpäckchen s. Verbandzeug.

Verbandplatz s. Feld-Sanitätswesen.

Verbandzeug. Für jeden Offizier, Sanitätsoffizier, Beamten und Mann. der Feld-, Reserve- und der Etappentruppen wird ein Verbandpäckchen, bestehend aus zwei antiseptischen Mullkompressen, einer 3 m langen Cambric-Binde, einer Sicherheitsnadel und einem zugleich als Umhüllung dienenden Stück wasserdichten Verbandstoffs, schon im Frieden in den Militärlazarethen vorräthig gehalten.

Diese Verbandpäckchen sind in dem linken Vorderschoss des Waffenrocks, zwischen Futter und Tuch eingenäht, zu tragen.

Die Wunde wird mit beiden Kompressen in achtfacher Lage des Mulls bedeckt, über diese der wasserdichte Stoff gelegt und das ganze mit der Binde befestigt.

Derartige Verbandpäckchen (je 1 auf 100 Mann) können auch bei Uebungen im Frieden (Exerziren, Turnen, Fechten) mitgeführt werden, damit bei etwaigen Verletzungen sofort Nothverbände angelegt werden können.

Verbleien der Feuerwaffen. Beim Verfeuern von nackten Gewehrgeschossen (ohne Umhüllung oder Mantel) aus Weichblei und von Artilleriegeschossen mit Bleiführung blieb stets eine dünne Bleischicht an den Zügen haften, die nach einer grösseren Schusszahl derart zunahm, dass sie die Reibung des Geschosses im gezogenen Theil übermässig vermehrte und die Schussweite verkürzte; sie musste daher von Zeit zu Zeit durch Wasserschüsse oder mittelst besonderer Werkzeuge entfernt werden. Die Verwendung von Mantelgeschossen bezw. Kupferführung schliesst jede dem Verbleien ähnliche störende Erscheinung aus.

V. der Züge gezogener Hinterladungsgeschütze. Beim Durchpressen der Geschosse setzen sich kleine Partikel des Bleimetalls in den Zügen an. Auswischen und Anwendung von Wasserschüssen, Reinigen der Seele mittelst des Entbleiers beheben das V.

Verbrennungsraum (richtiger anfänglicher V.). Der vom Geschossboden und Verschluss begrenzte Theil des Ladungsraums bezw. der Seele. Seine Grösse beeinflusst wesentlich die Zersetzung des Pulvers beim Schuss und ist daher für die gesammte Konstruktion und Leistung der Waffe von Bedeutung. In zu kleinem V. zersetzt sich das Pulver zu rasch, der Gasdruck wächst erheblich, das Rohr wird übermässig angestrengt, Geschossführung und Treffähigkeit leiden. Zu gross beeinträchtigt er die Verwerthung des Pulvers und seine regelmässige Verbrennung; beträchtliche Unterschiede in der Spannung und Mündungsgeschwindigkeit, also ebenfalls Verringerung der Treffähigkeit sind die Folge. Die zweckmässigste Grösse des V. im Verhältniss zum Ladungsgewicht ist durch die Eigenschaften des Pulvers bedingt. Auf 1 kg Schwarzpulver rechnete man rund 1,1 bis 1,5 l V., je nachdem das Pulver mehr zu langsamer oder rascher Zersetzung neigte. Rauchschwaches Pulver bedarf, wenn es sich nicht unvortheilhaft schnell zersetzen soll, einen relativ grösseren V.; vorläufig wählt man in Ermangelung endgiltig abgeschlossener Erfahrungen meist gegen 2 l.

Verden. Dort stehen Stab, 2., 3. u. 4. Abth. 2. Hann. Feldart.-Regts. No. 26, Prov.-Amt, Garn.-Verw., Garn.-Laz. — Servisklasse 3.

Verdichtetes Pulver. Seit Vervollkommnung der Pulverfabrikation wurden sämmtliche Schwarzpulverarten bei der Fertigung unter Walzen-, hydraulischen oder Excenterpressen stark verdichtet. Indess bezeichnete man mit V. P. (komprimirtes Pulver) im engeren Sinne solche Ladungen, die aus einem einzigen Stück von Pulverkuchen oder aus wenigen grossen Platten bestanden. Der Nutzen dieser Körperform für den Vorgang der Verbrennung (s. Schwarzpulver) wurde jedoch häufig durch zu langsame Zersetzung und ungleichmässige Kraftäusserung vereitelt. Immerhin verdient das V. P. Beachtung als Vorläufer der Pulverkörner mit innerer Höhlung (prismatisches Pulver), welche sich aus ihm allmählich entwickelten und die nach der Art ihrer Fertigung ebenfalls als V. P. anzusehen sind.

Verdun. Diese französische Festung liegt im Thale der Maas und ist im Bastionair-Tracé angelegt, auf beiden Seiten des Flusses liegen gegen Westen eine siebenfrontige Citadelle und im Osten ein Hornwerk, die Gräben sind zum Theil nasse, das Vorgelände zum Theil inundirbar.

Neuerdings ist V. zu einer Festung 1. Ranges erhoben worden.

Plan s. nächste Seite.

Im Westen und Osten begleiten Höhenzüge das Thal, im Osten ein wenige Kilometer breiter meist bewaldeter Rücken, der nach der sogenannten Ebene von Woëvre, also nach deutscher Seite hin, steil abfällt. Diesen Rücken haben die Franzosen durch die Forts de Douaumont de Souville, de Moulainville, du Rozellier und im Süden de Haudainville, in der Front stark verschanzt, indem man das Fort de Vaux noch zwischen der ersten Lücke vorgeschoben hat.

Diese starke Vertheidigungslinie ist noch durch eine zweite kräftige Fortsfront vertheidigt, die von Norden beginnend die Werke: Forts de St. Michel, de Belleville und de Belrupt umfasst.

Fast noch reichhaltiger ist die Höhe westlich (sogenannte Höhe Sevry la Perche) befestigt. Hier finden wir im Norden die starken Forts de Marne und des Bois Bourrus, in der Mitte die Werke der Sartelles und du Regret mit vorgeschobenen Batterien, im Süden die Forts de Landrecourt und de Dugny. Die Redouten Choisel und Chapa (weiter rückwärts) füllen die Lücke zwischen den Bois Bourrus und den Sartelles aus.

Die Franzosen halten einen Angriff von der Höhe von Sevry la Perche aus für sehr gefährlich.

23./8. 1870 hatte ein Versuch, V. mit Feldbatterien zur Kapitulation zu bewegen, keinen Erfolg. Als im Oktober mit förmlichem Angriff begonnen wurde, ergab sich V. 8./11.

Verdy du Vernois, preussischer General der Infanterie (geb. 1830), war 1866 (Verfasser des Generalstabswerkes über diesen Krieg) im Hauptquartier der 2. Armee. 1870/71 im grossen Hauptquartier. 1889/90 Kriegsminister. Seine taktischen Werke sind bahnbrechend geworden.

Vereidigung s. Eid.

Vererbung von Gnadengebührnissen etc. s. Ascendenten. — Die Entscheidung darüber, an welchen Erben eines zum Empfange des Gnadenquartals oder Gnadenmonats Berechtigten die Zahlung erfolgen soll, steht der zuständigen Behörde zu.

Verfolgung. Theoretisch ist die V. die Ausnutzung der Siege. Praktisch fehlen nur zu häufig dazu die Kräfte bezw. Normen.

Vergatterung. Zeigt das Schlagen der V. den Augenblick an, in dem die neue Wache ihren Dienst antritt, und zugleich aus dem Befehle der Truppe unter den der Kommandantur tritt. Beim Fehlen eines Spielmanns wird von dem kommandirenden Offizier V. gerufen, sobald „Gewehr über" genommen ist.

Verglichene Geschützrohre. G., deren Visirlinie der Seelenachse parallel ist, die also keinen natürlichen Erhöhungswinkel (Visirwinkel) haben; letzterer wurde früher meist bei glatten Feldgeschützen (unverglichene G.) für die wirksamste Kartätsch-Schussweite angewendet, kommt heute nur noch bei älteren Bronzerohren mit langer Visirlinie und Klappkorn (s. Korn) vor, wenn der niedere Theil des Doppelkorns benutzt wird.

Verhau (Verhack; besteht aus zwei oder mehreren hintereinander gelegten Bäumen oder stärkeren Baumästen, welche dem Feinde die Krone zuwendend und miteinander verknüpft, so dicht und breit hergestellt werden, dass sie ein grosses Bewegungshinderniss bilden. Wird das Material zugeschleppt, heisst der V. Schleppverhau, an Ort und Stelle gefällt „natürlicher Verhau".

Verheirathung. Der Rekrut (auch Beurlaubte) braucht zu seiner V. die Genehmigung des Bezirks-Kommandeurs, dagegen brauchen die Mannschaften des Beurlaubtenstandes keine Erlaubniss.

Die Militärpersonen des Friedensstandes bedürfen zu ihrer Verheirathung der Genehmigung ihrer Vorgesetzten.

Offiziere. Generallieutenants und Offiziere in Immediatstellungen suchen die Erlaubniss Allerhöchsten Ortes direkt nach, melden aber zugleich ihrem nächsten Vorgesetzten. Die übrigen Offiziere legen das Gesuch ihrem Kommandeur vor. Bei Einreichung des Gesuches haben ein sicheres Privateinkommen nachzuweisen:

Hauptleute u. s. w. 2. Klasse von	1500 M.
Lieutenants	2500 „
Gendarmerieoffiziere m. 3000 M. Gehalt	2100 „
„ „ „ „ 4050 „	1500 „
Stabs-, Assistenz- und Unterärzte	750 „

Der Offizier muss pflichtmässig erklären, dass dieses Privateinkommen durch Schulden nicht beeinträchtigt wird.

Unteroffiziere haben ausser der ersten Einrichtung ein Kapital von mindestens 300 M. in die Truppenkassen zu hinterlegen.

Zahlmeister-Aspiranten haben, wenn sie nicht auf dereinstige Anstellung als Zahlmeister verzichten, bei Nachsuchung der Genehmigung zur V. ein sichergestelltes ausserdienstliches Einkommen von mindestens 750 M. jährlich nachzuweisen.

Beamte. Militär-Intendantur-Beamten darf die Genehmigung zur V. nur ertheilt werden, wenn ihr Diensteinkommen mindestens 2400 M.

Plan der Befestigungen von Verdun.

jährlich beträgt, oder durch entsprechendes Privateinkommen auf diesen Betrag ergänzt wird. Unterrossärzte müssen mindestens 750 M. jährliches Privateinkommen nachweisen, Wallmeister, soweit sie nicht auf Anstellung als Festungs-Baurath verzichten, ein Gesammteinkommen von jährlich 1800 M. Ausserdem ist in allen Fällen tadelloser Lebenswandel der Braut nachzuweisen bezw. von den Dienstvorgesetzten darauf zu achten, dass keine unwürdige Ehe eingegangen wird.

Verkappung der Schrapnels. Zum Schutze des Zünders gegen Feuchtigkeit erhalten die Schrapnels eine Verkappung. Dieselbe — aus einer Papier- und darüber gelegten Leinwandscheibe bestehend — ist mittelst Bindfadens derart an das Geschoss befestigt, dass sie mit einem einzigen Zuge entfernt werden kann. Zum Schutze gegen Feuchtigkeit wird die V. mit Pech überzogen.

Verkürzung der Marsch-Kolonnen nicht durch Vermindern der inneren Abstände, sondern nur durch breitere Marschformen zu erzielen.

Verladen von Pferden. S. Eisenbahn.

Verlängerungshebel für Belagerungskanonen wird auf die Verschlusskurbel gesteckt, wenn das Schliessen und Oeffnen des Verschlusses — besonders beim Einlegen des Verschlusses — schwierig wird.

Verleselisten werden den Transportführern der Rekruten mitgegeben.

Verleumdung. V. begeht, wer Jemanden vor der Behörde fälschlich eines Verbrechens beschuldigt, obwohl er weiss, dass jener es nicht verübt hat; 5 bis 10 Jahre schwerer Kerker.

Verlorener Kopf. Walzenförmige obere Verlängerung an den Gussblöcken der Bronze- und Eisenrohre; trägt während des Erkaltens in der Gussform zur Verdichtung des eigentlichen Rohrkörpers bei, theils durch den Druck, welchen sein Gewicht ausübt, theils dadurch, dass er zahlreiche nach oben steigende Gas- und Luftblasen in sich aufnimmt; der V. K. selbst erhält in Folge dessen ein sehr lockeres, undichtes Gefüge und wird bei der mechanischen Bearbeitung des Rohrs abgeschnitten.

Verlustlisten s. Gefechtsbericht.
Die V. sind von den Truppen zur möglichst beschleunigten Veröffentlichung — ohne Innehaltung des Instanzenzuges — direkt an das Kriegsministerium einzusenden. Irrthümliche Angaben sind durch nachträgliche Meldungen zu berichtigen.

Vermisste. Die Hinterbliebenen werden wie die Gefallenen unterstützt, wenn das Ableben der V. zu vermuthen ist.

Vernageln der Geschütze bei Vorderladern durch Eintreiben eines starken 4 eckigen Nagels in das Zündloch. Bei Hinterladern macht ein V. das Rohr nur in dem Falle zeitweise unbrauchbar, wenn das Zündloch auch durch den Verschluss geht und der zur Verfügung stehende Nagel so lang ist, dass er in die Seele hineinragt. Der Nagel muss dann oben dicht über dem Rohrmetall abgeschlagen werden; tritt innerhalb des Rohres ein Stück desselben hervor, so ist dies von vorn umzustossen.

Am sichersten werden Geschütze mittelst Sprengpatronen zerstört (s. Zerstörungszeug). Zu einem Geschütz sind mindestens 3 Sprengpatronen zu verwenden, welche am hinteren Rohrtheile mittelst Bindfadens möglichst aufliegend befestigt werden. Sollen mehrere Geschütze gleichzeitig zerstört werden, so muss das Kommando über alle ein Offizier übernehmen und zur Vermeidung von Unglücksfällen die Entzündung sämmtlicher Zünder auf Kommando erfolgen.

Verona, italienische Festung mit Citadelle, bastionirter Stadtumwallung und verschanztem Lager am rechten Ufer der Etsch. Die Umgegend von V. ist häufig Kampfplatz gewesen. In der Schlachten vom 26./3.—6./4. 1799 wurde die französische Armee unter Scherer von den Oesterreichern wiederholt geschlagen. (S. auch Caldiero.) Radetzky machte V. zur Basis für seine Feldzüge.

Verpfändung des Diensteinkommens etc. s. Abtretung.

Verpflegung. A. Im Felde.
Die Kriege der neuesten Zeit haben zur Unterstützung der V. die Eisenbahnen und die Büchsen-Lebensmittel. Die Heeresverwaltung legt Magazine an und schiebt sie den Truppen nach. In den Zeiten schnellster Bewegung lebt man vom Lande. Für die schwierigsten Augenblicke dienen die Verpflegungskolonnen, sowie endlich der eiserne Bestand, den der Mann bei sich führt. Die Kunst besteht darin, in jeder Lage die angemessenste Form zu finden und nur im Nothfall auf dasjenige zurückgreifen zu müssen, was die Truppen unmittelbar bei sich führen.

Quartier-Verpflegung.
Die Quartierverpflegung setzt die Einquartierung der Truppen voraus. Der Soldat findet, wenn die Quartiere und die beanspruchte Verpflegung vorher angekündigt werden konnte, beim Einrücken in's Quartier meist schon die Mahlzeit bereitet.

In jeder Ortschaft sind im Allgemeinen immer auf mehrere Tage Lebensmittel vorhanden. Man kann daher auf einen Tag eine Einquartierung ohne Schwierigkeit ernähren. Grosse, volkreiche Städte sind besonders geeignet, insofern als sie das Zusammenhalten der Streitkräfte auf engem Raum ermöglichen. Das platte Land bietet weniger günstige Verhältnisse; auf 50—60 Quadratkilometer finden oft nur 3000—4000 Mann ihre Quartierverpflegung für einen Tag. In einem mittelmässig bevölkerten und fruchtbaren Lande kann man ein Heer von 100000—120000 Mann ohne Magazine und ohne besondere Vorbereitungen ernähren.

Magazin-Verpflegung.
Die Füllung der Magazine erfolgt im eigenen Lande durch Lieferung oder Ankauf. Im feindlichen Lande auf Feindes Kosten.

Eine Verpflegung durch unmittelbaren Empfang aus Magazinen wird sich meist auf Zeiten längeren Stillstandes beschränken; im Uebrigen dienen die Magazine zum Ersatz mitgeführter Vorräthe.

Verpflegung durch die Kolonnen.
Die auf den Kolonnen mitgeführten Verpflegungsgegenstände sind als letzte Reserve zu betrachten. Wenn es nothwendig wird, die Kolonne zu benutzen, so muss man darnach

trachten, sie schnell wieder zu füllen und in den unmittelbaren Bereich der Truppen zurückzuführen. Sie fahren daher, sobald sie geleert sind, nach den Magazinen, laden und kehren in Doppelmärschen zur Armee zurück; oft werden sie, um die Strassen frei zu finden, Nachtmärsche machen müssen.

Dass eine Verpflegung durch die Kolonnen im Vormarsch auf die Dauer nicht sicher gestellt werden kann, ist leicht ersichtlich. Für den Rückmarsch erscheint das Verfahren eher ausführbar, aber man hat hier die Möglichkeit der Störung durch feindlichen Druck zu erwägen.

Verpflegung durch Beitreibung aus dem Kriegsschauplatz.

Nöthig ist Abgrenzung des Raumes, welchen ein jeder Truppenverband oder eine Militär-Verwaltungsbehörde einzuhalten hat.

Die grössere Beitreibung erfolgt durch die Intendantur unter Betheiligung der Civilbehörden.

Unmittelbare Beitreibungen mit Ausgabe an die Truppen finden namentlich an Tagen der Biwaks statt. Die im Ausnutzungsraum der Truppen belegenen Ortschaften werden je nach Lage und Leistungsfähigkeit an Erstere vertheilt. Die Beitreibung der benöthigten Mengen hat durch Kommandos, welche von Offizieren befehligt werden, unter möglichster Betheiligung der Ortsvorstände gegen ordnungsmässige Bescheinigung zu erfolgen.

Die Beitreibung durch den einzelnen Soldaten ist unzulässig und als Plünderung zu bestrafen. Fürsorge des Offiziers für seine Mannschaft, auch bezüglich Vermittelung der ihr zustehenden Verpflegung, stärkt das Ansehen des Ersteren und hiermit auch die Zucht und Ordnung.

Im Feindeslande sind Beitreibungen die ergiebigste aller Arten, vom Kriegsschauplatze zu leben. Im Reichsgebiete sind Anforderungen nur nach näherer Bestimmung des Kriegsleistungsgesetzes und nur insoweit zulässig, als das Bedürfniss auf andere Weise nicht befriedigt werden kann. Im verbündeten Lande entscheiden die jedesmaligen Sonderbestimmungen über das Beitreibungsrecht der zuständigen Militärbehörden.

Verpflegung durch den eisernen Bestand.

Der Soldat hat bei sich eine dreitägige Verpflegung, das Reitpferd eine Ration; für die Zugpferde eine dreitägige Ration. Bei den fahrenden Batterien haben die Reit- und Zugpferde 2, bei den reitenden Batterien und bei den Munitionskolonnen alle Pferde $1^1/_2$ Rationen.

Diese Bestände dürfen, abgesehen von etwa nöthig werdender Auffrischung, nur im äussersten Nothfalle angegriffen werden, wenn ihre Verwendung in Ermangelung anderer Mittel zur Verpflegung geboten erscheint. Für sofortige Ergänzung ist Sorge zu tragen.

Anwendung der verschiedenen Formen.

Ganz besondere Schwierigkeiten verursacht die Ernährung der Pferde. Eine zu zahlreiche Kavallerie und Artillerie ist daher unter diesem Gesichtspunkt nicht unbedenklich. Zu reichlich vorhandene Trains gestalten sich sogar zu einer wahren Last: jedes Pferd zu viel bei ihnen ist geradezu vom Uebel. Eine Sparsamkeit auf diesem Gebiete ist hiernach überaus wünschenswerth.

Auf einem Verpflegungszuge kann der zweitägige Bedarf eines Armeekorps und einer halben Kavallerie-Division an Lebensmitteln und an Futter geladen werden. Ein Mehlzug reicht für den achttägigen Bedarf eines Armeekorps. Ein Haferzug fasst den dreieinhalbtägigen Futterbedarf eines Armeekorps, den achttägigen einer Kavallerie-Division.

Die Kriegsportion besteht aus 750 g Brod oder 500 g Zwieback und einer Viktualienportion von 375 g frischem oder gesalzenem Fleisch oder 200 g geräucherten Fleisches, Wurst, Speck oder Fleischkonserven, 125 g Reis, Graupe, Grütze oder 250 g Hülsenfrüchten, Mehl oder 1500 g Kartoffeln oder 150 g Gemüsekonserven, 25 g gebranntem Kaffee oder 3 g Thee mit 17 g Zucker, 25 g Salz. In Feindesland treten hierzu wenn möglich noch Getränke, Cigarren u. s. w.

Bei der Verpflegung durch den Quartierwirth soll sich der Einquartierte im Allgemeinen mit dem Tische seines Wirthes begnügen, sofern dieser nicht weniger als die Kriegsportion bietet.

Die Kriegsration besteht aus 6000 g Hafer, 1500 g Heu und 1500 g Futterstroh.

B. Im Frieden besteht die V. des Mannes aus der Brodportion und der Viktualienportion.

Erstere wird aus Magazinen in Zeiträumen von vier bezw. drei Tagen geliefert und beträgt in der Garnison 750 g, auf dem Marsche, sowie für Arbeitssoldaten, Militärbäcker und Arrestanten im mittleren und strengen Arrest 1000 g.

Die tägliche Viktualienportion dort soll enthalten:

150 g Fleisch (Rohgewicht),
90 g Reis (oder 120 g Graupe oder Grütze oder 230 g Hülsenfrüchte oder 1500 g Kartoffeln).
25 g Salz.

Die grosse Viktualienportion ausserhalb der Garnison besteht aus:

a) 250 g (rohem) Fleisch oder 150 g Speck,
b) 125 g Reis oder Graupe bezw. Grütze oder 250 g Hülsenfrüchten oder 1500 g Kartoffeln,
c) 25 g Salz und
d) 15 g Kaffee (gebranntem).

Wird die grosse Verpflegungsportion ganz oder theilweise in Konserven gewährt, so sind zuständig:

a) für den Fall der Gewährung von Fleischkonserven und Gemüsekonserven nebeneinander:
  150 g Fleisch- ⎫ Konserven unter Zugabe
  112,5 g Gemüse- ⎬ von
  750 g Kartoffeln und
  10 g Salz;
b) für den Fall der Gewährung von nur Gemüsekonserven neben frischem Fleisch:
  112,5 g Gemüsekonserven unter Zugabe von
  750 g Kartoffeln und
  15 g Salz.

Für die Biwakstage erfolgt die Verpflegung grundsätzlich aus Magazinen.

Zuweilen ist es für den Truppentheil vortheilhafter, statt des Empfanges der Verpflegungsgegenstände aus Magazinen, dieselben aus der zu gewährenden Geldentschädigung selbst zu beschaffen.

Die Marschverpflegung ist von den Quartiergebern in der Regel nur auf Grund der von der Civilbehörde auszustellenden Marschrouten zu gewähren mit oder ohne Brod; auch ist es gestattet, eine theilweise Verabreichung der Tagesportion, z. B. nur Abendkost, zu verlangen. Einzelnen Mannschaften und ganzen Truppentheilen kann Geld zur Selbstbeköstigung gewährt werden. Die Vergütung an die Ortsbehörden wird durch den Bundesrath festgesetzt und vertheilt sich wie folgt:

	Bei einem Vergütungssatze von									
	80Pf.		85Pf.		90Pf.		95Pf.		1 Mk.	
	mit	ohne	mit	ohne	mit	ohne	mit	ohne	mit	ohne
	Brod									
a) Volle Tageskost	80	65	85	70	90	75	95	80	100	85
b) Mittagskost	40	35	43	38	46	41	49	44	52	47
c) Abendkost	25	20	26	21	27	22	28	23	29	24
d) Morgenkost	15	10	16	11	17	12	18	13	19	14

Offiziere und die in ihrem Range stehenden Aerzte und Beamten zahlen bei gewährter Naturalverpflegung:

für die volle Tageskost 2,50 Mark,
„ „ Mittagskost allein 1,25 „
„ „ Abendkost allein 0,75 „
„ „ Morgenkost allein 0,50 „

Dieselbe Vergütung wird Offizieren in engen Quartieren gewährt.

Der Soldat erleidet bei Gewährung der Verpflegung in Natur einen Abzug von seiner Löhnung im Betrage von täglich 13 Pfg. Ausserdem werden besonders gewährt: a) zur Beschaffung der kleinen Viktualienportion der für die Bereitung der Morgenkost bestimmte Frühstückszuschuss von 3 Pfg. und der Garnison-Verpflegungszuschuss; b) zur Beschaffung der grossen Viktualienportion der erhöhte Verpflegungszuschuss; c) zur Beschaffung der Marschverpflegung das Marschbrodgeld von täglich 15 Pfg. und der Marsch-Verpflegungszuschuss.

Der auf längeren Eisenbahn- und Dampfschifffahrten zuständige Erfrischungszuschuss wird im Voraus gezahlt. Er beträgt für jede ununterbrochene Fahrt

von 8—15stündiger Dauer 25 Pfg. pro Kopf,
„ 15—31 „ „ 50 „ „ „
„ 31— 9 „ „ 75 „ „ „
„ 39—47 „ „ 1 Mk. „ „
u. s. w.

Was die Verpflegung der Pferde anbetrifft, so erhalten diese während der Märsche etc. **die Marschration**.

Man unterscheidet:
a) die schwere Ration,
b) die Ration der leichten Gardekavallerie,
c) die mittlere Ration,
d) die leichte Ration.

Es empfangen schwere Rationen: die Generalität, der Generalstab, die Adjutantur, die Offiziere des Kriegsministeriums, die beiden Garde-Kürassier- und die Garde-Ulanen-Regimenter, das Militär-Reitinstitut, die reitende Garde-Artillerie, die Regiments- und Abtheilungsstäbe der beiden Garde-Feldartillerie-Regimenter, die Kürassier-Regimenter, die Zugpferde der gesammten Artillerie, die Leibgendarmerie, die Intendantur, die Zugpferde des Trains.

Die Ration der leichten Gardekavallerie wird den Leib-Garde-Husaren- und den Garde-Dragoner-Regimentern gewährt.

Es empfangen mittlere Rationen die Linien-Ulanen-Regimenter.

Die leichte Ration endlich wird allen bisher nicht aufgeführten Truppentheilen und rationsberechtigten Offizieren und Militärbeamten gewährt.

Regimentirte Offiziere und Militärbeamte sowie die Stabsordonnanzen empfangen die Rationssätze ihrer Truppentheile.

In dem Standort beträgt auf den Tag
die schwere Ration 5500 g Hafer ⎫ 2500 g
die Ration der leichten ⎪ Heu
Gardekavallerie 5250 „ „ ⎬ 2500 g
die mittlere Ration 5150 „ „ ⎪ Stroh
die leichte Ration 4750 „ „ ⎭

Die Ration für die schweren Zugpferde der Train-Bataillone beträgt 8500 g Hafer, 7500 g Heu und 3500 g Stroh.

Auf dem Marsche beträgt
die schwere Ration 6000 g Hafer ⎫ 1500 g
die Ration der leichten ⎪ Heu
Gardekavallerie 5750 „ „ ⎬ 1750 g
die mittlere Ration 5650 „ „ ⎪ Stroh
die leichte Ration 5250 „ „ ⎭

Die Ration für die schweren Zugpferde der Train-Bataillone beträgt 9200 g Hafer, 7500 g Heu und 1750 g Stroh.

Die Vergütung für die Gemeinden ermittelt sich nach dem Durchschnitt der höchsten Tagespreise des Kalendermonats im Hauptmarktorte des Lieferungsverbandes, wie dieser von den Civilbehörden festgesetzt ist.

Bei Eisenbahnfahrten bis 8 Stunden Dauer wird ein Heuzuschuss von 1500 g, für volle 24 Stunden je 3000 g Heu für jedes Pferd gewährt. Bei Armeekorps- und Kavallerie-Divisions-Uebungen wird den Kürassier-Regimentern und Zugpferden der reitenden Artillerie die Heuration auf 6400 g, den übrigen Regimentern u. s. w. auf 5750 g für jedes Pferd bis zur Dauer von 4 Wochen erhöht.

Verpflegungs-Abtheilung heisst in die 2. Abtheilung des Militär-Oekonomie-Departements im Kriegsministerium. Geschäftskreis: Naturalverpflegung der Truppen und des gesammten Proviant-Magazinwesens. Beschaffungen für die Magazine, Brod-, Fourage-, Viktualien- und Marschverpflegung der Truppen, Militärbäckerei-Abtheilung und Verproviantirung der Festungen.

Verpflegungs-Beamte für Etappen. Siehe Etappen-Ort.

Verpflegungssätze im Kriege. Die tägliche Viktualienportion besteht: a) an Fleisch in 375 g frischem oder gesalzenem Fleisch (Gewicht des rohen Fleisches) oder in 200 g geräuchertem Rind-, Schweine- oder Hammelfleisch, Speck,

Fleischkonserven und dergleichen; b) an Gemüsen in 125 g Reis, Graupen bezw. Grütze oder in 250 g Hülsenfrüchten (Erbsen, Bohnen, Linsen) oder Mehl oder in 1500 g Kartoffeln oder 150 g Gemüsekonserven; ferner in 25 g gebranntem Kaffee oder 3 g Thee mit 17 g Zucker, ferner 25 g Salz. Die Kriegsration besteht aus 6000 g Hafer, 1500 g Heu und 1500 g Futterstroh.

Verpflegungs-Zuschuss wird für jede Garnison vierteljährlich festgesetzt und durch das Armee-Verordnungsblatt bekannt gemacht. Neben dem Garnison-V.-Z. wird ein Frühstückszuschuss von 3 Pf. täglich gewährt. Sämmtliche Unterofficieren — mit Ausnahme der Lazareth-Gehülfen, welche freien Mittagstisch im Lazareth erhalten — wird der V.-Z. im 1½ fachen Betrage gewährt.

Versager. Werden in Feuerwaffen hervorgerufen durch Unwirksamkeit des Zündmittels der Ladung beim Abziehen. Grund: Mangelhafte Beschaffenheit des Zündmittels (Zündhütchen, Schlagröhre, Zündschraube) bezw. des Schlosses der Waffe oder Bedienungsfehler. Da ein Nachbrennen (verspätete Entzündung) leicht eintreten kann, so ist bei Behandlung von V.n Vorsicht geboten. Versagenden Patronen giebt man vor wiederholtem Abziehen eine andere Lage und ladet sie dann in eine andere Waffe. Bei Schlagröhren unterscheidet man V. mit und solche ohne Feuererscheinung. Jene sind erst nach einer kurzen Beobachtungszeit, letztere ohne Weiteres durch eine neue Schlagröhre zu ersetzen.

Versailles. Die Stadt der Proklamirung König Wilhelms I. zum deutschen Kaiser 18./1. 1871. Gefecht 1./7. 1815, in dem Oberstlieutenant Sohr mit seinen preussischen Reitern umzingelt und gefangen wurde.

Verschanzte Gefechtsfelder. Alle Deckungen sollen dem Feinde möglichst schwer erkennbar sein. Daher scharfe Konturen vermeiden, Fortifikationen so anlegen, dass sie sich vom Hintergrunde nicht abheben; eingeschnittene Schanzen empfehlenswerth. Hauptstützpunkte, auf den Haupt-Vorrückungslinien des Gegners oder dieselben beherrschend, bestehen aus grösseren Erdwerken oder befestigten Objekten, sollen kräftige Offensive ermöglichen, nach allen Seiten Feuer gestatten und in Flanke und Rücken sicher sein. Sekundäre Stützpunkte zwischen und hinter den Hauptstützpunkten; Stützpunkte an den Flügeln; Anlehnung derselben an Terrain-Hindernisse; Lichten des Vorfeldes; Entfernung dem Feinde zur Orientirung dienender Wegweiser, Bildstöcke und dergl.; Gangbarmachen des Gefechtsfeldes; Herstellung von Annäherungs-Hindernissen.

Verschanztes Lager. Solche hat es zu allen Zeiten gegeben, doch nur ausnahmsweise permanent gebaute V. L. Erst neuerdings ist der Bau solcher Anlagen schon im Frieden aufgekommen, indem alle grösseren Fort-Festungen V.L. bilden. Dem Vortheil der Sicherung grösserer Armeetheile in Folge fester Stellungen, die durch starke Ausfälle sehr unbequem werden können, steht der Nachtheil gegenüber, dass sie eine grössere Zahl von Truppen fesseln, die vielleicht im freien Felde das Kriegsglück zu wenden im Stande sind; während sie, eingeschlossen im V. L., häufig zur Unthätigkeit verdammt sein können.

Kleinere Staaten können unter Umständen durch längeren Widerstand in solchen Anlagen ihre Neutralität schützen. Für militärische Grossmächte empfiehlt sich wohl ein grosses V. L. im Aufmarschraume; sonst ist aber mit Anlage von V. L. zu sparen.

Verschluss. Beweglicher Seelen- oder Stossboden der Hinterlader. Bei Gewehren und Karabinern hat der (schon in preussischen Zündnadelgewehr angewendete) Kolben - (Cylinder-) V. alle anderen Systeme verdrängt; bei Geschützen kommen hauptsächlich Flach- und Rundkeil-, Block- (Fallblock) und (am häufigsten) Schrauben-V. vor. Kolben und Doppelkeil-(„Keil"-) V. sind veraltet und werden nicht mehr neu gefertigt. Leichte, rasche und einfache Bedienung, genügende Haltbarkeit und geringes Gewicht neben zuverlässiger Liderung (sofern nicht selbstlidernde Metallkartuschen verwendet werden) sind die wesentlichsten Eigenschaften eines brauchbaren V.

Der Hauptunterschied zwischen den Geschützen des österreichischen und jenen des deutschen Heeres besteht darin, dass erstere den Flachkeil-, letztere den Rundkeil-V. haben. (S. Näheres die einzelnen Artikel.)

Verschluss-Gabel der Mitrailleuse besteht aus zwei parallelen Gabelwänden und aus einem hohlen, mit Muttergewinden versehenen Cylinder; mittelst der letzteren ist die V.-G. auf die Rohrbündel-Hülse aufgeschraubt.

Verschlusskopf. Vorderster beweglicher Theil am Verschlusskolben („Kammer") der Gewehre und Karabiner. Trägt der abnehmbare V. nicht selbst die zur Verriegelung des Verschlusses dienenden Stützwarzen („Kammerwarzen"), so dass ohne sein Vorhandensein überhaupt nicht gefeuert werden kann, so liegt stets die Gefahr nahe, dass er nicht aufgesetzt wird und das Versehen unbemerkt bleibt. Beim Feuern kann dann der Schütze ernstlich verletzt und die Waffe zeitweise unbrauchbar werden. Bei dem rumänischen Gewehr m/93 verhindert ein zahnförmiger Ansatz am Schlosshalter das Einführen des Verschlusses ohne V. (Bild s. unter Gewehr).

Verschlussstück (bei neueren Rohrkonstruktionen auch cylindrischer Theil genannt). Hinterer Theil der Geschützrohre, welcher den Verschluss aufnimmt; meist walzenförmig, bildet es bei einem Theil der Rohre mit Keilverschluss einen Vierkant, der das Widerlager für den Keil und die Zerreissfläche (über und unter dem Keilloch) vergrössert. Die hintere ebene Fläche des V. heisst Bodenfläche; in ihr mündet das Ladeloch, welches die rückwärtige Verlängerung der Seele bildet, zum Einbringen der Ladung dient und bei Rohren mit Schraubenverschluss auch diesen aufnimmt.

Verschwindungs-Lafette. (S. Senklafette.)

Versetzungen sind den Betheiligten möglichst schleunigst bekannt zu machen, damit die etwaigen Miethsverbindlichkeiten rechtzeitig gelöst werden können. Jeder Reichsbeamte muss die Versetzung in ein anderes Amt von nicht geringerem Range und etatsmässigem Diensteinkommen mit Vergütung der vorschriftsmässigen Umzugskosten sich gefallen lassen, wenn es das dienstliche Bedürfniss erfordert.

V. in den Ruhestand (s. Pensionirung).

Versicherung. (S. Lebens-V.)
Versorgung der Hinterbliebenen (s. Beihülfe, Ascendenten, Gnadenmonat etc., Wittwen, Waisen). (S. Buhrke.)
Verstählen heisst das Anschweissen eines Stückes Stahl an Eisen, um diesem grössere Härte und Widerstandsfähigkeit zu geben.
Versteck, s. Hinterhalt.
Verstümmelungszulage in Geld erhält jeder Offizier, Sanitäts-Offizier oder Militär-Beamter, welcher nachweislich durch den aktiven Militärdienst verstümmelt worden oder erblindet ist u. s. w., in Höhe von 600 M. jährlich neben der Pension und Kriegszulage. Sie wird gewährt:
a) bei Verlust einer Hand, eines Fusses, eines Auges (auch Erblindung), wenn gleichzeitig das andere nicht völlig gebrauchsfähig ist;
b) bei Verlust der Sprache;
c) bei Störung der aktiven Bewegungsfähigkeit einer Hand oder eines Fusses oder Armes in dem Grade, dass sie dem Verluste des Gliedes gleich zu achten ist;
d) bei aussergewöhnlicher Pflegebedürftigkeit, die in schweren Funktionsstörungen ihren Grund hat.

Vertheidigung, s. Defensive.
Vertheilung des Ersatzbedarfs. S. Ersatz.
Vertikalfeuer. Aelterer und uneigentlicher Ausdruck für Steilfeuer (s. Flugbahn).
V. ist das Schiessen unter grosser Erhöhung; vorzugsweise hiezu geeignet die Mörser. Früher wurde dies „Wurf" genannt. Angewendet wird das V. zur Zerstörung der Eindeckungen von Hohlräumen und Beschiessung von sehr nahe hinter Deckungen befindlichen Zielen.
Verwaltung des Heeres. Die Zentral-Verwaltungsbehörde für die Armee ist das Kriegsministerium. Als Provinzialbehörde wirkt bei jedem Armeekorps eine Korps-Intendantur. Für die im Bezirk des Garde- und III. Armeekorps vorhandenen, zum Korpsverbande nicht gehörigen Institute, Behörden, Anstalten und einzelnen Offiziere und Beamten ist eine „Intendantur der militärischen Institute" in Berlin seit 1./4. 1896 errichtet. Dieselbe ist einer Kommandobehörde nicht zugetheilt, sondern untersteht direkt dem Kriegsministerium. Den Divisionen sind Divisions-Intendanturen zugetheilt. Die Korps-Intendanten und die Vorstände der Divisions-Intendanturen bearbeiten die bei den Generalkommandos bezw. Divisionen zu erledigenden Verwaltungsangelegenheiten auf Grund und in Grenzen der reglementarischen Vorschriften im Sinne der in den einzelnen Fällen ausgesprochenen Willensmeinung der kommandirenden Generale bezw. Divisionskommandeure. Die ausführenden örtlichen Verwaltungen sind die Proviantämter, die Garnison- und Lazarethverwaltungen, sowie die Garnison-Baubeamten und die Korps-Bekleidungsämter.
Zur Ausführung der Verwaltungsgeschäfte bei den Truppen, Instituten etc. besitzen diese die Zahlmeister, Rendanten und sonstige Verwaltungs-Organe. (S. auch die einzelnen Artikel.)
Verweigerung des Gehorsams s. Gehorsamsverweigerung.
Verweis ist eine Disziplinarstrafe, die verhängt werden kann von allen Vorgesetzten bis zum Kompagnie-Chef, an Offizieren und Unteroffizieren in drei Formen: **einfach** (ohne Zeugen oder im Beisein eines Vorgesetzten), **förmlichen** (vor versammelten Offizieren bezw. Unteroffizieren der Kompagnie), **strengen** (durch Parolebefehl).
Verwerthung. Bezeichnung der nutzbaren Leistung zu dem aufgewendeten Gewicht.
1. **Bei Feuerwaffen und Schiessmitteln:** Verhältniss der Geschossarbeit (s. Bewegungsarbeit) an der Mündung zum Gewicht des Rohrs oder des feuernden Geschützes = Rohr $+$ Lafette bezw. der Ladung. Beispiele: ein Rohr von 400 kg leistet 100 mt Geschossarbeit, verwerthet sich also mit $\dfrac{100000}{400} = 250$ mkg auf 1 kg Rohrgewicht.
1 Feldkanone (Rohr und Lafette) wiegt 1000 kg und giebt 70 mt Geschützarbeit; V. = 70 mkg auf das kg Geschützgewicht.
0,5 kg Ladung (rauchschwaches Pulver) ergeben 80 mt Geschossarbeit = 160 mt auf 1 kg Pulver.
Die höchste bis jetzt erreichte V. von Rohr und Geschütz beträgt rund 370 bezw. 136 mkg (s. Schneiders Schnellfeuerkanone).
2. **Bei Geschossen (Schrapnels):** Verhältniss des Gewichts der Kugelfüllung zum Geschossgewicht (s. Schrapnel).
3. **Bei Fahrzeugen:** Verhältniss der fortgeschafften nutzbaren Last zum Leergewicht des Fahrzeugs. Als eine recht günstige V., die selten erreicht und nur vereinzelt überschritten wird, ist es z. B. anzusehen, wenn das Gewicht des mitgeführten Schiessbedarfs in der Geschütz-(Munitionswagen-) Protze 50%, im Munitions-Hinterwagen 60% und im Munitions-Wagen (Protze $+$ Hinterwagen) 60% des Leergewichts dieser Fahrzeuge beträgt.
Verwundung vor dem Feinde ist nicht jede auf dem Schlachtfelde erlittene Beschädigung durch irgend einen Unfall etc., sondern nur eine direkt oder indirekt durch feindliche Waffen (Steine, Zweige etc.) erhaltene Verletzung. Es muss bei Gefallenen oder in Folge Dienst-Beschädigung im Kriege Verstorbener ein ursächlicher Zusammenhang zwischen Art der V. oder Dienst-Beschädigung oder Tod nachgewiesen werden, um den Anspruch auf die gesetzlichen Beihülfen für die Hinterbliebenen zu begründen.
Veterinärwesen s. Rossarzt.
Vetterli. 1. Italienisches Rückladegewehr, M. 1870 — 10,4 mm Kaliber, Kolbenverschluss. 2. Schweizerisches Repetirgewehr, M. 1871/84, Kolbenverschluss mit Drehbewegung und neutraler Warzenverriegelung, Vorderschaftsmagazin, Patronenzufuhr mittelst eines durch den Verschluss aktivirten Zubringers. 3. V.-Gras, Kolbenverschluss mit Drehbewegung und seitlicher Leistenbewegung ist durch Umgestaltung des Einladers Gras zum Repetirgewehr geworden. Repetirmechanismus dem System Kropatschek ganz ähnlich; es kann als Einlader und Repetirgewehr verwendet werden. 4. V.-Vitali, italienisches Repetirgewehr, M. 1887, aus dem Einlader V. durch Transformation nach Vitali entstanden, ist als Einzellader und Repetirer zu verwenden. Kolbenverschluss, fixes Mittelschafts-

magazin, Packetladung für 4 Patronen, Repetirsperre.

Viblingen. Dort stehen: 2. und 5. Esk. Ulan.-Rgts. König Karl (1. Württ.) No. 19, Garn.-Laz. Wie Ulm: Serviskl. 2.

Vibrationen der Gewehrläufe s. Schwingungen der Gewehrläufe.

Vicenza. Gefecht 3. und 4./11. 1805 der Oesterreicher unter Vogelsang mit der Nachhut Massenas, deren Nachdrängen glänzend abgewiesen wurde.

20./5. 1848 Scharmützel zwischen Oesterreichern und päpstlichen Truppen. Schlacht 10./6. 1848, in der Radetzky die Italiener unter Durando, der kapituliren musste, besiegte.

Vicksburg am Mississippi, der Mittelpunkt ausgedehnter Kämpfe zu Wasser und zu Lande, 1862—1863.

Victor Emanuel. 1. König von Sardinien (1759—1824), kommandirte 1792 die mit Oesterreich alliirte piemontesische Armee, erhielt 1814 Nizza und halb Savoyen, 1815 ganz Savoyen und Genua; legte 1821 in Folge einer Revolution die Krone nieder. 2. V. E., Sohn des Königs Albert. Er schloss nach der Schlacht von Novarra 1849 mit Oesterreich Frieden, dann durch die Politik Cavour ein Bündniss mit Napoleon III., erhielt 1859 die Lombardei, annektirte 1860 Toskana, Parma, Modena und die Campagna, nahm 1861 den Titel König von Italien an, bekam durch sein Bündniss mit Preussen 1866 Venetien und vereinigte 1870 die päpstlichen Besitzungen mit Italien.

Victor Perrin, Herzog von Belluno, Marschall und Pair von Frankreich (1764—1841), trat 1781 als Tambour in die Artillerie, war schon nach 12 Jahren Brigade-General in der Pyrenäen-Armee, nach weiteren 4 Jahren Divisions-General, erhielt den Oberbefehl in der Vendée, focht 1800 bei Marengo als Korps-Kommandeur, 1806 bei Jena und Pultusk, wurde 1807 von Schill gefangen, that sich als Korps-Kommandeur bei Friedland hervor, war zeitweise Gouverneur von Berlin, zeichnete sich an der Beresina aus, kommandirte 1813 das französische Korps in Deutschland, blieb 1815 Ludwig XVIII. treu und wurde Kriegsminister.

Victoria-Lyceum. (Berlin W., Potsdamerstrasse 38/39.) Zur Förderung höherer Bildung und Erwerbsfähigkeit des weiblichen Geschlechtes und Stellenvermittelung.

Victoria-National-Invaliden-Stiftung (Berlin SW., Schönebergerstrasse 26.), ist gestiftet, um Invaliden und deren Hinterbliebenen, Aerzten, die 1866 erwerbsunfähig geworden sind, in dem Falle zu unterstützen, wo Staatshülfe nicht ausreicht oder nicht zuständig ist. Attest über Bedürftigkeit von Polizei oder Landrath. Nicht Kr. M. Berliner Verein der V.-N.-I. ist Berlin SO., Josephstrasse 14 und Filiale der obigen.

Victualienportion wird beschafft aus 13 Pfg. Löhnungsantheil des Mannes, 3 Pfg. Frühstückszuschuss und dem Verpflegungszuschuss. Bei Uebungen tritt die grosse V. in Kraft (letztere hat 100 gr Fleisch und etwas Gemüse mehr, sowie Kaffee). Bei Gewährung der grossen V. wird der Frühstückszuschuss nicht vergütet (s. Verpflegung).

Vieh (lebendes) mitzuführen giebt eine gewisse Sicherheit der Verpflegung; zu bedenken ist, dass die Märsche den Fleischwerth bald herunterbringen und der Nährwerth frisch geschlachteten Fleisches gering ist.

Schlachtvieh soll einige Stunden vor dem Schlachten ruhen und das Fleisch möglichst erst 24 Stunden nach dem Schlachten genossen werden.

Vieleckzüge (Polygonalzüge). Uneigentliche Bezeichnung des von Whitworth in Gewehren und Geschützen angewendeten sechsseitigen Seelenquerschnittes mitgerundeten Kanten, der vom Geschosslager bis zur Mündung eine schraubenförmige Windung beschreibt und dadurch die Achsendrehung der entsprechend geformten Geschosse hervorruft. Dauernde Anwendung haben die V. nicht gefunden.

Vigo (Spanien), grosse Seeschlacht 23./10. 1702 in der Bucht von V., in die die spanisch-französische Flotte (Silberflotte) von der englisch-holländischen Flotte (Rooke) hineingedrängt wurde. Die Mannschaft floh an's Land. Reiche Beute fiel den Siegern in die Hände.

Világos 13./8. 1849 Görgey, zwischen Russen und Oesterreichern stehend, kapitulirte vor dem russischen General Rüdiger. General Klapka vertheidigte sich noch bis 27./9 in Komorn. Der Krieg war beendet.

Villach. 9. Jäger-Bataillon.

Villacoublay. Artillerie-Park 1870/71 vor Paris.

Villaret, de, französischer Vize-Admiral (1750 bis 1812), vertheidigte die Insel Martinique glänzend gegen England 1809.

Villars, Herzog v., Marschall von Frankreich (1653—1734). 1702 und 1703 führte er am Rhein. Ebenso 1705—1707, wobei er die Stollhofener Linien nahm. 1708 in Italien, 1709 bis 1713 in den Niederlanden (wurde bei Malplaquet geschlagen und schwer verwundet) führte er den Krieg mit grossem Geschicke bis zu Ende. 1733 an die Spitze der Armee in Italien gestellt, starb er, ein hervorragender Feldherr.

Villa Viciosa. Schlacht 10. u. 11./12, 1719, in der Starhemberg, um den Engländern Hülfe zu bringen, sich den überlegenen Franzosen unter Vendôme entgegenwarf, doch viel Verluste erlitt.

Villa Viçosa. (S. Montes Claros.)

Villeneuve, de (1752—1806), französischer Vizeadmiral, wurde bei Abukir, Finisterre und Trafalgar geschlagen, entleibte sich selbst.

Villeroi, de Neufville, Herzog, französischer Marschall (1644—1710), wurde 1701 bei Chiari von Prinz Eugen geschlagen, 1702 von ihm überfallen und gefangen, bei Hochstaedt 1704 von ihm ausmanöverirt und bei Ramillies total besiegt.

Villers. (S. Champigny, Schlacht bei.)

Villers Bretonneux. (S. Amiens.)

Villersexel. Treffen 9./1. 1870. Als Bourbaki auf V. vorstiess, um Werder von Belfort abzudrängen, traf er auf dessen Gros. Wenn es ihm auch gelang, die Stadt V. zu nehmen, in der ein besonders heftiger Kampf um das Schloss wüthete, so war sein Plan doch vereitelt und er gezwungen, Werder an der Lisaine in der Front entgegen zu treten.

Vimeiro (Portugal). Schlacht 21./8. 1808 in der Wellesley die Franzosen unter Junot schlug.

Vins, de, österreichischer Feldmarschall (1733 bis 1798), zeichnete sich im 7jährigen und 1788 im Türkenkriege aus; weniger als selbstständiger Führer.

Vionville-Mars la Tour. Schlacht am 16./8. 1870. (Plan.) Bei dem Marsche um Metz herum hatten das 10. und dahinter das 3. Korps erst das linke Moselufer gewonnen. Die deutsche Reiterei weiter voraus, alarmirte früh am 16. die feindliche Armee. Da das 10. Korps mehr westlich marscnirt war, so hatte das 3. Korps unter Alvensleben, nachdem es Vionville und die Trouviller Büsche genommen hatte, die ganze Last des Angriffs des 2., 6. und 3. französischen Korps zu tragen. Nur durch den Opferritt der Reiter-Brigade v. Bredow war es möglich, das Vorgehen der französischen Linien aufzuhalten. Dem herbeieilenden deutschen 10. Korps trat das 4. französische Korps mit Erfolg in der Greyereschlucht entgegen. Doch gelang es, die Linien zu halten, indem auf dem linken deutschen Flügel sich ein grossartiger Reiterkampf entspann,

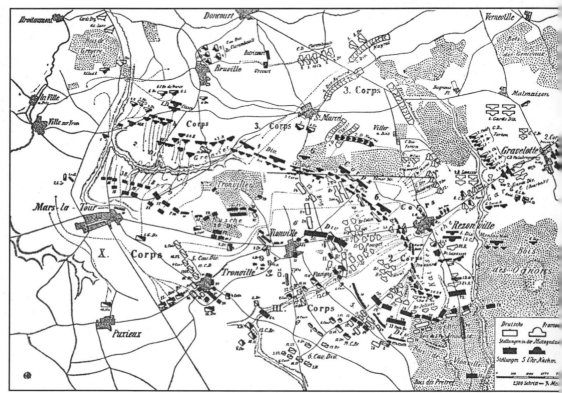

Plan der Schlacht bei Vionville am 16./8. 1870.

der mit Zurückweichen der französischen Kavallerie endete. Die Verluste der beiden deutschen, besonders des 3. Armeekorps, waren grosse, aber die Hingebung und Tapferkeit der beiden Korps sollten erst durch die grossen Erfolge des 18. August bei Gravelotte belohnt werden.

Visir. Richtgeräth an Feuerwaffen. Die Verbindungslinie zwischen dem Einschnitt (Kimme) des am rückwärtigen Theil des Laufes (Rohres) angebrachten V. und der Spitze des vorn befindlichen Korns bildet die Visirlinie (s. d.). Für Gewehre und Karabiner giebt es eine grosse Zahl verschiedener V.-Konstruktionen, gegenwärtig werden indess nur noch Rahmen- (Schieber- oder Leiter-) Visir, Quadranten-V. und Treppen- und Rahmen-V. angewendet (s. dort), die erstgenannten am häufigsten. Ein brauchbares V. muss möglichst einfach und haltbar sein, sich leicht, rasch und sicher stellen lassen, Irrungen und Verwechslungen thunlichst ausschliessen, die einmal gegebene Stellung unverändert beibehalten und sich leicht kontrolliren lassen. Die Anordnung seiner Theile soll dem Auge des Schützen ein freies Gesichtsfeld gewähren; Grösse und Gestalt der Kimme und des Korns sind so zu wählen, dass sie mit Rücksicht auf ihren Abstand von einander und vom Auge des Schützen das rasche Erfassen und sichere Festhalten des Ziels möglichst begünstigen.

Visirblendung (Schartenblende). Stahlschild mit Visirschlitz, der am Rohre zum Schutze der Richtnummer angebracht wird. Jetzt meist durch Panzerschilde ersetzt.

Abbildungen s. nächste Seite.

Visirblendung

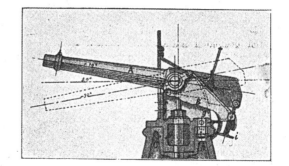

Ansicht von hinten.   Ansicht von der Seite (Querschnitt).

Schartenblende einer 5,3 cm-Schnellfeuerkanone.

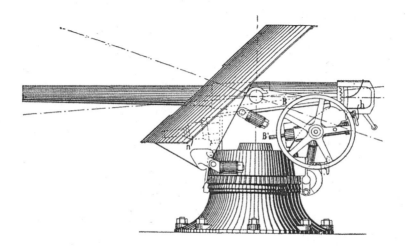

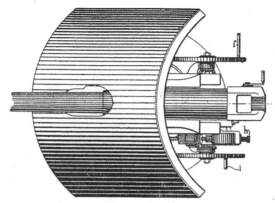

Panzerschild einer 8,2 cm-Schnellfeuerkanone in Schiffslafette.

Visirebene. Die durch die Visirlinie gelegte senkrechte Ebene; divergirt bei gezogenen Feuerwaffen mit der Schussebene (s. d.), die Geschossbahn verlässt in Folge der Achsendrehung und der dadurch bedingten seitlichen Ablenkung die Schussebene unmittelbar vor der Mündung, nähert sich allmählich der V. und schneidet diese am Ziel; bei Rechtsdrall liegt die Schussebene links der V.

Visirklappe. Eine am Visirstück des Aufsatzes der deutschen Feldgeschütze drehbar angebrachte Klappe, welche aufgerichtet die obere Kante des Visirschiebers um $5/16°$ überragt. Sie hat eine Visirkimme und dient beim Brennzünder-Feuer unter 1500 m zur sofortigen Beseitigung von Aufschlägen. Die Wirkung des Richtens über die V. ist fast die gleiche, wie sie durch das Unterlegen von Aufsatzplatten erzielt wird. — Betr. V. an Handfeuerwaffen s. Klappvisir.

Visirlinie (s. Visir). Ihre Verlängerung schneidet bei gerichteter Waffe den Zielpunkt (Haltepunkt). Die V. muss durch Visireinschnitt (Kimme) und Kornspitze scharf bezeichnet sein. Sie heisst verglichen, wenn sie der Seelenachse parallel ist. Bei Geschützrohren befindet sich die lange V. senkrecht über der Seelenachse und das Korn an der Mündungsfläche (Mundfriese); die kurze V. liegt seitlich, das Korn ist an oder nahe einer Schildzapfenscheibe angebracht. Die lange V. gewährt im Allgemeinen die Möglichkeit genaueren Richtens, erschwert aber das rasche Auffassen des Ziels, erfordert für gleiche Erhöhungswinkel bedeutend grössere Aufsatzhöhen, also längere, weniger handliche und haltbare Aufsätze und schliesst die Anwendung fester (dauernd mit dem Rohr verbundener) Aufsätze bei Hinterladern aus, weil diese eine senkrechte Durchbohrung des Rohres nicht gestatten. Bei allen Geschützen,

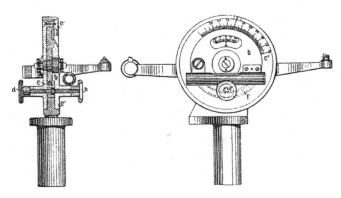

a   **Visirquadrant.**   b

mit Ausnahme der Mörser, wird für Neukonstruktionen ausschliesslich die kurze V. angewendet. Einige (Küsten-) Geschütze haben zwei kurze V., eine rechts, eine links.

Visirquadrant. Die Vereinigung des Visirs mit einem Winkelmesser bietet, gegenüber der getrennten Benutzung des Aufsatzes und des Richtbogens bezw. Quadranten, wesentliche Vortheile für die Geschützbedienung und ist daher schon mehrfach ausgeführt worden. Beispiele: Gressly's V. für den schweizerischen Feldmörser; italienischen Quadrantenaufsatz Pedrazzoli und V. des Grusonwerks für die 12 cm-Schnellfeuer-Haubitze. Letzterer (Bild a und b) besteht aus den 3 Scheiben a, b und c mit gemeinsamer Achse; die mittlere a dient den beiden anderen zur Führung und ist auf der, im Bodenstück des Rohres durch Klemmschraube festgehaltenen Stange befestigt, die vordere Scheibe b trägt die Libelle, die hintere c auf einem Bügel Visir und Korn; an c ist der mit Gradtheilung versehene Ring c' angeschraubt; mittelst der Rädchen d und e, deren Zahntriebe in den mit a verbundenen Zahnkranz f eingreifen, lassen sich die beiden äusseren Scheiben gegen die mittlere verstellen. Indem man d dreht, richtet man über Visir und Korn nach dem Ziel, giebt dann mittelst e der Scheibe b eine solche Drehung, dass die Libelle einspielt, und liest den Geländewinkel an der Gradtheilung ab; dann wird b abermals um einen Winkel gedreht, welcher der schusstafelmässigen Erhöhung $\pm$ Geländewinkel entspricht und dem Rohr durch die Richtmaschine eine solche Lage gegeben, dass die Libelle wieder einspielt: das Geschütz ist gerichtet. Der Nonius giebt $1/16$ Grade an; die Visirlinie ist 23 cm lang.

Visirschuss. Schuss, bei welchem für das gewählte Visir Haltepunkt und beabsichtigter Treffpunkt zusammenfallen. S. a. Visirschussweite.

Visirschussweite. Entfernung, auf welcher sich für das betreffende Visir Visirlinie und Geschossbahn zum zweiten Male schneiden, Haltepunkt und Treffpunkt also zusammenfallen; beim Gewehr 88 für das Standvisir auf 250 m, kleine Klappe auf 350 m und bei den anderen Visiren auf den ihrer Benennung entsprechenden Entfernungen.

Visirwinkel. Bei nicht verglichenen Feuerwaffen der Winkel, unter welchem die Verlängerungen der nach vorn konvergirenden Visirlinie und Seelenachse sich schneiden.

Visoka in Bosnien. 17./8. 1878 Sieg der Oesterreicher.

Vittoria (Spanien). Schlacht 21./6. 1813, die entscheidendste Schlacht, die Wellington in Spanien schlug, und zwar gegen König Josef und Jourdan; die Verfolgung der regellos fliehenden Franzosen wurde nur durch die Uebermüdung der englischen Truppen vereitelt.

Vizeadmiral hat den Rang eines General-Lieutenants (Feldmarschall-Lieutenants) und hisst seine Flagge am Vortopp; sie wird mit 15 Schuss begrüsst.

Vizefeldwebel und Vizewachtmeister. Siehe Aspirant.

Voigts-Rhetz, v., preussischer General der Infanterie (1809—1877), dessen Name mit der Reorganisation der Armee und den Thaten der 1. Armee 1866, deren Stabs-Chef er war und des 10. Armee-Korps, das er 1870/71 führte, in unvergesslichem Zusammenhange stehen, war einer unserer hervorragendsten Führer.

Volksdank für Preussens Krieger (Berlin W., Französische Strasse 36) gewährt verwundeten Kriegern etc. von 1848/49 oder den Hinterbliebenen der Gefallenen bei nachgewiesener Hülfsbedürftigkeit fortlaufende Unterstützungen.

Volksschullehrer und Kandidaten des Volksschulamtes können nach 10 wöchentlicher aktiver Dienstzeit bei einem Infanterie-Regiment zur Reserve entlassen werden. Geben sie den Beruf auf oder werden aus demselben entlassen, können sie vor Ablauf des 25. Lebensjahres zur Ableistung des Restes der Dienstpflicht eingezogen werden. Sie bleiben bei Berechnung des Ersatzbedarfs ausser Betracht. (Einzelstehende V. sind unabkömmlich.) Die V. werden später zu 2 Uebungen à 6 und 4 Wochen herangezogen.

Vollgeschosse. Anfangs aus gewöhnlichem Gusseisen, später aus Hartguss und Stahl hergestellt, wurden die V. früher vorwiegend zum Beschiessen von Panzern verwendet, sind aber in neuerer Zeit allgemein durch Granaten ersetzt worden.

Volta (Italien). Treffen 26./7. 1848 zwischen Oesterreichern und Italienern, in dem letztere geschlagen wurden.

Voltigeurs, leichte Infanterie der französischen Armee, von Napoleon I. per Bataillon in einer Kompagnie aus den kleinsten Leuten errichtet, als Elite-Kompagnie; von Napoleon III. abgeschafft.

Vorbeimarschliste wird stets mit der Uebersicht der Paradeaufstellung am Tage vor der grossen Parade Seiner Majestät überreicht. Sie enthält Reihenfolge der Truppen beim ersten Vorbeimarsch und die Namen der Kommandeure bis einschliesslich Kompagnie-Führer.

Vorderlader, gezogene, waren in allen Staaten, ausser Preussen, die ersten Nachfolger der glatten Gewehre und Geschütze, wurden aber durch die weit überlegene ballistische Leistung bezw. Feuergeschwindigkeit der Hinterlader ziemlich bald (Gewehre nach 1866, Geschütze zum Theil erst Mitte der 70er Jahre, zuletzt in England) allgemein verdrängt, da sich die zahlreichen, vielfach weit hergeholten Gründe, welche von den hartnäckigen Gegnern der Hinterlader zu deren Ungunsten geltend gemacht wurden, als unzutreffend erwiesen.

Vorderpferd s. Angespann.

Vorgeschobene Eskadrons werden neben den Vorposten grosse Wirkung haben. Sie sind beweglich, an keinen Ort gebunden, können durch Besetzung vorgelegener Punkte den Feind aufhalten. Sorgen selbst für ihren Unterhalt. Vorsicht und Entschlossenheit des Führers müssen gepaart sein. Meldungen nach rückwärts!

Vorgeschobene Werke sind die in einer Hauptumfassung vorgelagerten Befestigungen, so auch die detachirten Werke.

Vorgraben heisst ein solcher, der von einer Vertheidigungslinie unter Feuer gehalten (bezw. mit Drahthindernissen gesichert), aber nicht besetzt wird.

Vorhut (s. Avantgarde).

Vorhutstellungen (s. Stellungen).

Vorposten. Im Manöver möglichst kriegsmässig auszustellen, doch nicht zu nahe gegenüber zu legen, um unnützes Scharmützeln, Alarmiren etc. zu vermeiden. (In den Quartieren Friedensdienst.)

Gemischte V.

V. selbstständiger Kavallerie (s. dort).

Vorposten-Abschnitte werden bei breiteren Ausdehnungen angeordnet. Sie müssen Fühlung behalten. Ihre Grenzen dürfen nicht Wege bilden, weil diese einheitlich zu beobachten sind.

Vorpostenbefehle werden vom Kommandeur schon auf dem Wege zur Aufstellung erlassen (vorläufig nach Karte), auch die Orte bestimmt, wo Widerstand geleistet werden soll.

Vorposten-Eskadrons werden zur Sicherung grösserer Kavalleriemassen (Divisionen) besonders dann verwendet, wenn die Kavallerie in grösserer Breite untergebracht ist; sie stellen die Feldwachen und leisten den Patrouillen-Dienst nach den vom Kommandeur der Vorposten ausgegebenen Zielen.

Vorpostengros wählt Platz nahe der Operationsstrasse, an widerstandsfähigem Orte, dient den Vorposten-Kompagnien als Rückhalt. Unterkunft etc. bestimmt Kommandeur, möglichst in Gebäuden mit guten Ausgängen, Bewachung etc. Infanterie legt ab. Kavallerie wird nach Umständen ab- oder umsatteln, Füttern etc. bestimmt. V. sichert nach Bedarf durch Aussenwachen. Kein Spiel (ausser bei Alarm) wird gerührt. Bei Alarm in vorderen Linien sofort Bereitschaft. Bei Kavallerie-Divisionen statt V. häufig Vorposten-Eskadron. (S. dort.)

das Pickett Hauptposten. S. auch Vorpostengliederung und Unteroffiziers-Posten.

Vorposten-Kavallerie befindet sich in vorderster Linie. Rückhalt sind die Vorposten-Kompagnien, mit denen sie stete Verbindung hält. Ihr Dienst ähnelt demjenigen der Vorposten-Infanterie (s. d.). Sie kann sich gliedern in Kavallerie-Picketts mit Feldwachen und selbst Unteroffiziers-Posten. Das Pickett sichert sich durch Schnarrposten, die Feldwache durch Unteroffiziers-Posten, Vedetten, Patrouillen und Schnarrposten. Kavallerie-Feldwache darf nie in umschlossenem Raume stehen. Entbehrliche V.-K. wird zum Vorpostengros zurückgezogen, baldmöglichst einquartiert. Die Stärke der V.-K. ist nach den Umständen zu bemessen. Weit vorwärts zu sehen ist ihre Aufgabe. Der Führer der V.-K. und der Feldwachhabende sind dafür verantwortlich, dass im Falle eines Angriffes durch frühzeitige Benachrichtigung der rückwärtigen Infanterie Zeit gegeben wird, dem Angriffe entgegenzutreten.

Auch bei Beginn der Festungs-Einschliessung ist V.-K. zu verwenden.

Bei Manövern sind der V.-K. nicht zu enge Rahmen anzumessen.

Vorposten-Kompagnien bilden die Hauptsicherungslinie. Ihr Widerstand giebt den Truppen Musse zur Bereitschaft. Sie müssen wissen, ob in ihrer Linie sich die Hauptvertheidigung abspielen soll, oder rückwärts beim Vorpostengros. Sie decken sich durch Feldwachen und selbstständige Unteroffiziersposten, halten dauernde Verbindung nach vorne (auch mit der Vorposten-Kavallerie) und nach rückwärts.

Zahl und Aufstellung nach Umständen, jedenfalls an Hauptwegen. Sie werden nach der Nummer der Hauptkompagnien bezeichnet. Sie rücken sofort in ihre Nachtstellung ein. Führer voraus, um sich über das Gelände zu unterrichten und darnach baldmöglichst die Aufstellung der Feldwachen und Unteroffiziersposten zu bestimmen. Beide an Wegen (vom rechten Flügel aus numerirt) der feindlichen Sicht entzogen. Die Kompagnie ruht und kocht so bald als möglich ab, um zum Widerstand gekräftigt zu sein. Die Kompagnie legt ab, ein Theil in Bereitschaft. Beigegebene Kavallerie sattelt nicht ab, sondern nur um, füttert und tränkt einzeln. Einfacher Posten vor Gewehr, der keine Honneurs macht. Führer der V.-K. ist für Alles, insbesondere dafür verantwortlich, dass ein Angriff die Kompagnie jederzeit gefechtsbereit findet.

Vorposten selbstständiger Kavallerie. Meist haben Ortschaften und Biwaks sich selbstständig zu sichern. Gegen Infanterie sichert die grosse Ausdehnung der Beobachtung. Gegen Ueberfall von Kavallerie Versperren der Wege. In Ortschaften Vertheidigung durch Fussgefecht oft nützlich. Bleibt Kavallerie geschlossen, dann Vorpostenring etc.; bei Unterbringung auf breitem Raum vorgeschobene Eskadrons (s. dort).

Vorpostenstellungen s. Stellungen.

Vorspann s. Naturalleistungen. Für Kommandos bis 90 Mann ein einspänniges, 90 bis 300 Mann ein zweispänniges Fuhrwerk, ebenso für jede weitere 300 Mann zu verlangen. Für kranke Offiziere und Soldaten: bei 1 bis 2 Kranken ein einspänniger, bei 3 bis 5 Kranken ein zweispänniger, bei 6 bis 8 Kranken zwei zweispännige Wagen. Bei Garnisonveränderungen: jedes Bataillon oder Abtheilung ein zweispänniger, jedes Kavallerie-Regiment zwei zweispännige Wagen. Bei sonstigen Märschen geschlossener Truppen: Divisions-Stab bei zwei- bis siebentägiger Abwesenheit: ein zweispänniger, bei längerer Abwesenheit: zwei zweispännige Wagen. Die übrigen Kommando-Behörden je einen zweispännigen Wagen. Geschlossene Abtheilungen von 5 Eskadrons drei zweispännige, 3—4 Kompagnien, Eskadrons oder Batterien zwei zweispännige, 1—2 Kompagnien etc. ein zweispänniger Wagen. Bei Uebungen zur Anfuhr von Verpflegungs- und Biwaks-Bedürfnissen: für eine Belastung bis 600 kg ein einspänniges, für 600—1000 kg ein zweispänniges, für 1000 bis 1400 kg ein dreispänniges, für 1400—1800 kg ein vierspänniges Fuhrwerk. Zur persönlichen Fortschaffung nicht rationsberechtigter Kompagnie-Führer, Transportführer von (mindestens 90 Mann, Verwaltungs-Beamte, Auditeure, Geistliche, Aerzte, Zahlmeister je ein einspänniger Wagen. V. kann nur gefordert werden für die auf Märschen, Lagern oder Kantonirungen befindlichen Truppen etc., wenn es nicht gelingt, denselben rechtzeitig durch die Intendantur sicher zu stellen.

Vorspann für beschleunigte Märsche für ein Bataillon 80—120 Wagen. Die Wagenkolonne nicht grösser als 50—60 Fuhrwerke, da sie nur so 45 km in 10 Stunden zurücklegen kann. Abstände der Wagenkolonnen mindestens $^1/_2$ Stunde. Nach ungefähr 5 Stunden verköstigen und füttern. Um die Wagen im Aufbruchsorte und aus dessen Umkreise aufzubringen, muss zwischen Erhalt des Marschbefehles und Beginn der Bewegung entsprechende Zeit gelassen werden.

Vorstecker. In Deutschland bei den Doppelzündern c/91 und c/92 zur Sicherung gegen ein unbeabsichtigtes Scharfwerden derselben gebraucht. Besteht aus zwei durch eine Platte (Vorsteckerfuss) verbundenen Nadeln, die durch den Zünderkopf hindurchgreifen. Ein am Fusse des V.s angebrachter Ring dient beim Entfernen des V.s als Griff, verhindert beim Transport — über den Zünderkopf gelegt — das Herausgleiten des V.s und wird bei Entnahme der Geschosse als Handhabe benutzt. Vergl. Doppelzünder.

An Geschützverschlüssen, Lafetten und Fahrzeugen nennt man V. die meist gespaltenen Eisenstifte, welche zur leicht löslichen Verbindung auswechselbarer Theile gebraucht werden.

Vortrupp heisst ein Theil der Avantgarde. Er besteht — unter möglichster Festhaltung der Truppenverbände — aus $^1/_4$—$^1/_3$ der Infanterie Kavallerie und Pioniere. Die Kavallerie hat die Seitendeckung ganz zu übernehmen. Der V. marschirt dem Haupttrupp so weit voraus, dass er diesem beim Zusammenstoss mit dem Feinde Zeit zur Entwickelung gewährt; $^1/_2$—1 km. Ein starker V. schiebt nach Kompagnien (Zug etc.) 3—400 Mann vor. Gleiche Entfernung, voraus die Infanteriespitze und über diese hinaus Kavalleriespitze.

Vukassowich, Freiherr, österreichischer Feldmarschall-Lieutenant (1755—1809), zeichnete sich mit einem Freikorps 1789 aus, hat später nicht selbstständig geführt, fiel bei Wagram.

Vulkanöl wird bei Handfeuerwaffen als besonders wirksames Reinigungsmittel zum Lösen von Rost, verharztem Oel, fettigem Schmutz u. s. w. sowohl an den Metalltheilen wie am Schaft angewandt. Dem gleichen Zweck dient Terpentinöl.

V.-V. Abkürzung für „Verdingungsvorschrift", enthaltend die Bestimmungen über Verdingung von Lieferungen und Leistungen für die Bekleidungswirthschaft der Truppen, sowie für den Wirthschaftsbetrieb der Korps-Bekleidungsämter. — 1889.

V. V. d. Pion.-Ueb. Abkürzung für „Vorschrift für die Verwaltung der Pionier-Uebungsgelder". — 1893.

W.

Wachanzug. Die Schuppenketten werden nur wenn Haarbusch getragen heruntergelassen. Die Offiziere Schärpe, ev. über Mantel, ebenso die Kartuche, ohne Tornister. Bei Festtagen bezw. Geburtstagen der Allerhöchsten Herrschaften (bezw. Landesfürsten und Gemahlinnen) Paradeanzug. Ebenso bei Ehrenwachen am 1. Tage. Haarbüsche von 7 Uhr früh bis zum Dunkelwerden.

Wachdienst während der Herbstübungen ist auf das Mindeste zu beschränken. (Details s. Garnison-Dienstvorschriften.)

Wachfeuer zum Wärmen der Truppen. In der Nähe des Feindes oft untersagt, anderseits zur Täuschung in Gang gehalten.

Wachvergehen werden streng bestraft. Das schwerste ist Verlassen des Postens vor dem Feinde. Die gemeineren sind: Plaudern, Sitzen, Schlafen, Trunkenheit auf Posten und dergl. Sie werden vor dem Feinde strenger bestraft als im Frieden.

Waffen s. Angriffs- — Trutz-W.

Waffen-Dienstweg. Der W.-D. läuft von den Bezirks-Kommandos:
a) für Garde-Infanterie durch das entsprechende Garde-Infanterie-Regiment,
für Garde-Kavallerie durch die Garde-Kavallerie-Division,
für Garde-Feldartillerie durch die Garde-Feldartillerie-Brigade,
für Garde-Train durch das Garde-Train-Bataillon an General-Kommando des Garde-Korps;
b) für Provinz-Infanterie durch die vorgesetzte Infanterie-Brigade,
für Provinz-Kavallerie durch die Kavallerie-Brigade der Division,
für Provinz-Feldartillerie durch die Feldartillerie-Brigade,
für Provinz-Train durch das Train-Bataillon an General-Kommando;
c) für Jäger (Schützen) durch das Jäger-Bataillon des Armee-Korps an Inspektion der Jäger und Schützen;
d) für Fussartillerie durch das Fussartillerie-Regiment oder selbstständige Fussartillerie-Bataillon des Korps auf dem Dienstwege an Generalinspektion der Fussartillerie;
e) für Pioniere durch das Pionier-Bataillon des Korps auf dem Dienstwege an Generalinspektion des Ingenieur- und Pionier-Korps und der Festungen;
f) für Eisenbahn- und Luftschiffertruppen durch die Eisenbahn-Regimenter und Luftschiffer-Abtheilungen auf dem Dienstwege an den Chef des Generalstabes der Armee.

Waffenfett. Besteht aus 5 Gewichtstheilen Schweinefett und 1 Gewichtstheil gelbem ungebleichten Bienenwachs, die bei mässiger Wärme durch stetes Umrühren gemengt werden. Dient bei dem deutschen Gewehr 88 zum Schutz des Schaftes gegen Witterungseinflüsse und als Rostschutzmittel für Laufmantel und Hülse in der Schaftlage.

Waffengebrauch des Militärs. (S. auch Auflauf.) Das Militär ist berechtigt, von seinen Waffen Gebrauch zu machen: auf Wachen und Posten, bei Patrouillen, Transporten, Angriffen, Widerstand, zur Vereitelung der Fluchtversuche Gefangener und wenn bei Zusammenrottungen u. dergl. nach zweimaliger Wiederholung des Gebotes oder des durch Trommel oder Trompete gegebenen Zeichens die Waffen nicht abgelegt werden. Von der Schusswaffe ist nur Gebrauch zu machen, wenn die anderen Waffen nicht ausreichend erscheinen.

Waffenplatz nennt man eine grössere, mit Magazinen, Spitälern, Arsenalen etc. für eine Armee oder ein Korps ausgerüstete Festung. W. heisst auch der Sammelplatz des Vertheidigers im gedeckten Wege oder des Angreifers in den Parallelen.

Waffenwirkung. 1. Betreffend Infanterie und Artillerie s. Feuerwirkung. — 2. Kavallerie: Das Gelingen des Angriffs auf feindliche Kavallerie ist weniger von der Ueberlegenheit an Zahl als vom rechtzeitigen energischen Einsetzen möglichst geschlossener Kräfte abhängig und wird durch Umfassung, sowie durch Ueberraschung des noch in der Entwickelung begriffenen Gegners wesentlich begünstigt.

Angriff auf nicht erschütterte Infanterie ist stets mit grossen Verlusten verbunden, erfordert Gliederung in die Tiefe, einheitliches Ansetzen und nachhaltige Durchführung; der vom feindlichen Feuer bestrichene Raum muss schnell zurückgelegt werden, sofern nicht das Gelände gedeckte Annäherung bezw. Ueberraschung gestattet. Gegen erschütterte Infanterie ist Tiefe des Angriffs entbehrlich; selbst kleinere Abtheilungen können wirksam eingreifen.

In Bewegung begriffene und nicht durch andere Truppen gedeckte Artillerie ist gegen Kavallerie wehrlos. Frontangriff auf feuernde Artillerie ist, trotz bedeutender Verluste, bei Tiefengliederung nicht aussichtslos, Angriff auf eine nicht angelehnte Flanke am wirksamsten (F.-O. S. 192/93).

Wagen s. Bagage. Fassungsvermögen der Eisenbahn-W. S. Eisenbahn.

Wagen für Militär-Eisenbahnzüge. Für den Transport von Personen: Personenwagen, gedeckte, offene, hochbordige Güterwagen. Zur Beförderung von Kranken und Verwundeten werden Eisenbahn-Sanitätszüge zusammengestellt und so ausgerüstet, dass sie als ambulantes Spital wirken und unabhängig von äusseren Hülfsquellen eine Fahrt von mehreren Tagen unternehmen können. Für den Transport von Pferden werden hauptsächlich gedeckte Güterwagen, Pferde- oder Stallwagen, für Schlachtvieh offene Güter- und Hornvieh-Wagen verwendet. Für Geschütze und Fuhrwerke eignen sich vorzugsweise Plateauwagen (ohne Borde), dann niederbordige Güterwagen mit umlegbaren oder abnehmbaren Bordwänden. Die zur Befestigung erforderlichen Haken, Klammern, Ringe, Stricke, Unterlagkeile, Nägel und Handwerkzeuge sind durch die Bahnverwaltungen beizustellen. Für Militärgüter werden gedeckte und offene Güter-, sowie Kohlenwagen verwendet. Bei Versendung frischen Brodes müssen die Thüren der Wagen geöffnet bleiben und sind die Thüröffnungen an der Innenseite durch Lattengitter zu verlegen. Explosible Fracht darf

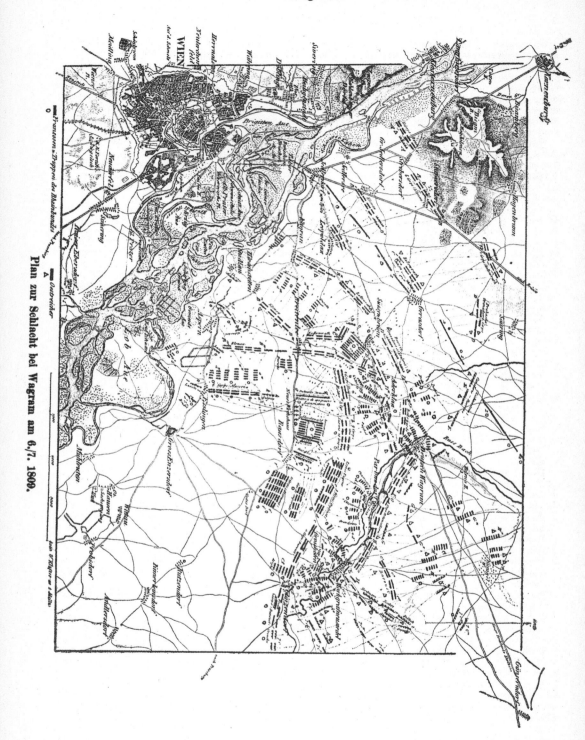

nur in gedeckten Güterwagen mit dichter Verschalung verladen werden; alle im Innern der Wagen vorstehenden eisernen Nägel, Schrauben und dergleichen müssen in das Holz versenkt oder mit Holzleisten verkleidet, wenn sie nicht scharf sind, mindestens mit Packleinwand überdeckt werden. Der Boden solcher Wagen ist mit wasserdichter Leinwand zu belegen, an die Aussenseite der Wagen sind blaue Zettel zu kleben, oder sie sind mit schwarzen Fähnchen kennbar zu machen.

Wagenstaffel. Die 1. Staffel der Batterien stets bei den Geschützen, höchstens 200 m hinter ihnen. Die 2. Staffeln folgen abtheilungsweise unmittelbar der Divisions- oder Korps-Artillerie, nur bei der Avantgarde sind sie an der Queue. Für ihre Heranziehung ist Abtheilungs-Kommandeur verantwortlich. Nöthigenfalls Staffelführer auf eigene Verantwortung vorgehen. Im Gefecht nicht weiter als 600 m hinter Batterien. (Strasse frei halten, leicht zu Händen sein.) 2 Munitionswagen werden sofort zur 1. Staffel vorgeschickt. Leere Munitionswagen der 1. gehen sofort zur 2. Staffel und werden durch volle ergänzt. In besonderen Fällen können auch beide Staffeln den Batterien zugewiesen werden.

Wagram. Schlacht 5. und 6./7. 1809. Erzherzog Karl beschloss sich am Russbache defensiv zu schlagen, weil Napoleon überlegen war. Am 5. wehrte der Erzherzog, der sich einmal selbst an die Spitze der Infanterie stellte, alle Angriffe ab. Am zweiten Schlachttage gelang es Napoleon, nach grossen Opfern die Umgehung des linken Flügels der Oesterreicher durchzusetzen und in der Mitte Gelände zu gewinnen. Erzherzog Karl zog sich in regelrechter Ordnung zurück. Die erwartete Hülfe des Erzherzogs Johann war ausgeblieben. Plan s. vorhergehende Seite.

Wahl s. Offizierswahl.

Wahl des Truppentheils haben die Einjährig-Freiwilligen und diejenigen 3—4jährig Freiwilligen, die sich vor der ersten Musterung melden, W. d. T. (S. Freiwillige.)

Wahlstatt. Dort steht Kad.-Haus. — Servisklasse 4.

Wahn. Fussartillerie-Schiessplatz. Dort stehen Schiessplatz-Verw., Garn.-Verw.

Wahrscheinlichkeit des Treffens s. Treffwahrscheinlichkeit.

Waisen. (S. auch Doppelwaisen.) S. Ascendenten. W. vor 1870 gefallener Offiziere etc. erhalten bis zum 17. Jahre: Sohn 150, Tochter 120 M.

W. gefallener etc. Militärpersonen der Unterklassen bis zu vollendetem 15. Jahre 90 M. jährliche Erziehungsbeihülfe.

Für die W. der im Kriege 1870/71 Gefallenen etc. sind diese Beiträge wie folgt festgesetzt: W. der Offiziere etc. bis zum 17. Jahre: 150 M., Doppelwaisen 225 M.; W. der Unterklassen bis zum 15. Jahre: 126 M., Doppelwaisen 180 M. jährlich.

Im Friedensverhältniss beträgt das Waisengeld $1/6$ des Wittwengeldes oder $1/15$ der Pension des Verstorbenen; für Doppelwaisen erhöht sich der Satz auf $1/3$ bezw. $1/9$ für jedes Kind. Wittwen- und Waisengeld zusammen dürfen aber den Pensions-Betrag des Verstorbenen nicht übersteigen.

Waisenhäuser. Evangelische Militär-Waisen, und zwar Knaben, werden in das grosse Militär-Waisenhaus zu Potsdam, Mädchen in das Militär-Mädchen-Waisenhaus zu Pretzsch aufgenommen. Für Rechnung dieser Stiftung erhalten katholische Militär-Waisen Aufnahme in dem Waisenhaus zu Höxter i/W. etc. In Erfurt, Böhle i/N., Grünhof i/P. und Breslau befinden sich katholische Waisenhäuser als Zweiganstalten des Militär-Knaben-Erziehungs-Instituts zu Annaberg. Für alle diese, sowie für die in das Waisenhaus zu Bunzlau und in Freistellen der mit dem Stift zu Heiligengrabe verbundenen Erziehungsanstalt aufgenommenen Zöglinge fällt die Erziehungsbeihülfe weg.

Walcheren. 1809 versuchten die Engländer W. dauernd zu besetzen, doch zeigte es sich, dass die Lage dazu nicht geeignet war. Krankheit und die Ueberschemmungen liessen sie die Expedition aufgeben.

Wald. Die Wälder haben beim Angriff wie beim Rückzuge den Vortheil, die eigenen, den Nachtheil, die feindlichen Bewegungen zu verschleiern. Den Kampf in grösseren Wäldern sucht man zu vermeiden, wegen der verloren gehenden Leitung und Vermengung der Mannschaften. Man hat bei der Erkundung zu beachten die Art des Bestandes, Lage, Grösse, Saum, Wege, Gestelle, Gangbarkeit u. s. w. In Preussen giebt es grosse und kleine Gestelle, die mit grossen bezw. lateinischen Buchstaben vermerkt sind, was zur Orientirung wesentlich beiträgt.

Waldersee, 1. Graf v., preussischer General und Kriegsminister (1795—1864), Verfasser der Dienstvorschriften.

2. Graf **Alfred** (geb. 1832), preussischer General-Oberst der Kavalerie. 1870/71 im grossen Hauptquartier; später General-Quartiermeister, Chef des Generalstabes der Armee, jetzt kommandirender General des 9. Armeekorps.

Waldungen. Abholzen. Für Verhaue, grosse Verbindungswege durch Wälder, oder zur Aussicht zum Schiessen gelten die auf der nächsten Seite angegebenen Grundlagen.

Wallbüchse. Früher im Festungskriege gebrauchte Handfeuerwaffe grösseren Kalibers. Bild der ehemaligen preussischen W.-Patrone s. unter Spiegelführung.

Wallenstein, Herzog von Friedland, kaiserlicher Generalissimus (1583—1634). Sammelte 1625 ein Heer, das er selbstständig nach Deutschland brachte, schlug 1626 Mansfeld und machte in Ungarn Eroberungen. Ging 1627 nach Norddeutschland, scheiterte 1628 an Stralsund. 1630 abgedankt. Wieder angestellt, befreite er Böhmen, besiegte 1632 Gustav Adolf bei Nürnberg, wurde dann von ihm bei Lützen geschlagen. Liess Thurn bei Steinau kapituliren, erregte durch Ehrgeiz, selbstständiges Handeln und Unterhandeln Misstrauen und wurde 1634 auf Befehl des Kaisers gemordet.

Wallgang heisst der durch die Brustwehr gedeckte, dem Verkehre mit den Geschützaufstellungen dienende Theil des Walles.

Holzbestände und Zeitbedarf für Niederlegung von Gehölzflächen.

Holzart	Alter	Durchschnittliche Stammstärke	Auf einen ha Stammzahl	Holzmenge cbm	1 Stamm abzuholzen Arbeitsstdn.	1 ha abzuholzen Arbeitsstdn.	in 2-6 stünd. od. 3-4 " Schicht = Mann
Kiefern	50	14—18	700—1100	76—224	$1/2$	600	50
	60	19—23	600—1000	90—278	$3/4$	750	60
	70	23—27	500—900	102—324	1	900	75
	80	28—32	300—580	113—369	$1 1/2$	800	70
	90	34—38	260—400	122—410	$1 3/4$	700	60
	100	38—42	220—330	131—347	2	700	60
	110	46—50	160—240	138—479	$2 1/2$	600	50
	120	50—58	120—200	144—508	3	600	50
Fichten	50	12—16	1100—1500	155—324	$1/3$	500	40
	60	18—22	800—1200	205—393	$1/2$	600	50
	70	24—28	500—800	250—483	1	800	70
	80	30—34	400—600	287—581	$1 1/2$	900	75
	90	36—44	310—480	311—678	2	1000	80
	100	40—54	280—360	325—770	$2 1/2$	900	75
Buchen	50	12—16	700—1100	69—206	$1/2$	600	50
	60	16—20	600—1000	89—266	$3/4$	750	60
	70	20—24	500—900	110—328	1	900	75
	80	26—30	300—580	132—394	$1 1/2$	800	70
	90	33—38	260—400	144—461	2	800	70
	100	40—44	220—330	177—529	$2 1/2$	850	70
	110	48—52	160—240	200—595	3	750	60
	120	52—60	120—200	220—659	$3 1/2$	700	60

Anmerkung:
1. Niedrige Zahl bezieht sich auf Bestand bei schlechtem, hohe Zahl auf den bei gutem Forstboden.
2. Stammzahl und Holzmasse für ha bezieht sich auf normal geschlossene, kleine Bestände; bei grossen Flächen vermindert sich Bestand um 20 %.
3. An Werkzeug: für $1/6$ der Arbeiter Baum- (Schrot-) Sägen, für $5/6$ Aexte.

Wallgeschütze. Die auf den Wällen von Befestigungswerken aufgestellten Geschütze. — Die Steigerung der Steilfeuerwirkung und die Thatsache, dass der meist ein gutes Ziel bietende Wall dem feindlichen Feuer besonders ausgesetzt ist, gab Veranlassung, die Hauptkampfgeschütze in Anschluss-, Armirungs- und Zwischenbatterien unterzubringen und den offenen Wall nur in den ersten Stadien der Einschliessung mit schweren Geschützen zu besetzen, welche den Anmarsch und das Festsetzen des Gegners auf den weitesten Entfernungen beschiessen sollen, während beim Vorschreiten des Angriffs die für den Kampf um das nähere Vorfeld geeigneten Geschütze nur vorübergehend auf dem Wall Aufstellung finden. Die zunehmende Panzerausrüstung der Festungen hat indess hierin vielfach Wandel geschaffen.

Wallmoden- (Gimborn), Graf, hannoverscher Feldmarschall (1736—1811), ohne hervorragende Leistungen. Sein Sohn, österreichischer General der Kavallerie (1769—1862), zeichnete sich bei Wagram und in den Kriegen 1813/14 aus, ohne besondere Kommandos zu haben.

Walrawe, preussischer Ingenieurgeneral (1692 bis 1773), war ein genialer Konstrukteur, erbaute Stettin, Magdeburg, Memel und Wesel, baute auch Brieg und Neisse um. Er liebte das Tenaillensystem verbrämt mit dem Bastionair-Tracé, sorgte für Unterkunft und Raumfreiheit durch hohe Kontreescarpen, für die Offensive durch die Art der gedeckten Wege. Auf hartem Boden baute er ohne Fundamente die höchsten Mauern auf. Als Kriegsingenieur wirkte er vor Prag und Brieg. Habsucht richtete ihn zu Grunde. Er starb im Gefängniss.

Walsmühlen (Mecklenburg). Gefecht 5. u. 6./3. 1719 zwischen dem mecklenburgischen General Schwerin und dem hannoverschen General Bülow, das trotz der Schwäche der Mecklenburger unentschieden blieb.

Wanderschaft. Handwerksburschen, die nach beglaubigten Unterlagen sich auf Wanderschaft befinden, können zurückgestellt werden. Sie sind aber von der Meldepflicht (s. dort) nicht entbunden.

Wandsbeck. Dort stehen: Hann. Hus.-Regt. No. 15, Prov.-Amt, Garnis.-Verw. — Servisklasse 2.

Wandstärke s. Metallstärke.

Wänzl. Das 1866 aus dem Vorderladegewehr — System Lorenz — umgestaltete Gewehr hatte ein Kaliber von 14 mm, einen gussstählernen Lauf und einen Bogenaufsatz. Als Abfeuerungsmechanismus diente das gewöhnliche Krappenschloss und ein aus mehreren verschieden starken Cylindern bestehender im Verschlussstück eingelassener Zündstift. Beim Drehen des Verschlussstückes (einfacher Klappenverschluss) nach aufwärts wurde der Patronenzieher zur Funktion gebracht.

Waren. Dort steht Bez.-Kom. — Servisklasse 3.

Warschau. Schlacht 28.—30./7. 1656 zwischen Brandenburg, Schweden und Slaven, in denen letztere völlig geschlagen und fast vernichtet wurden.

Erstürmung W.s 6. und 7./9. 1831 durch die Russen. Paskiewitsch gab den vorzüglichen Plan, Toll führte ihn siegreich durch.

Wartenberg, v., preussischer General-Major (1711—1757), ein vorzüglicher Reiter-Offizier, dessen Verlust der König wiederholt beklagte; fiel bei Alt-Bunzlau.

Wartenburg. Schlacht 3./10. 1813. Dort schlug Blücher den französischen General Bertrand entscheidend und liess ihn scharf verfolgen.

Wartensleben, Graf, preussischer Feldmarschall (1650—1734). 1702 trat der in seiner Jugend vielbewährte Feldmarschall-Lieutenant in preussische Dienste, mehr politischem Leben hingegeben.

W., österreichischer Feldzeugmeister (1734 bis 1796), kein hervorragender Führer, fiel bei Emmendingen.

Washington, George (1732—99). Er schlug als Obergeneral der aufständischen Kolonien von Nord-Amerika 1776—77 die Engländer in verschiedenen Gefechten, wurde dagegen bei Brandywine und Germantown besiegt. 1778—81 schlug er die Engländer bis zur Kapitulation bei Yorktown. Er war die Seele des Aufstandes, der ohne ihn nicht zu Erfolgen geführt hätte.

Wasser. In dünn bevölkerten trockenen Gegenden an besonders heissen Tagen Mitführen von Wasser auf Vorspännern erlaubt. Sonst Adjutanten voraus, bestellen bei grosser Hitze Wasser bei den Einwohnern. Möglichst im Marschiren oder doch nur bei kurzer Rast trinken. W. darf nicht auffallend kalt sein und muss in kleinen Absätzen genossen werden. Erwünscht ist Zusatz von Wein, Essig, Kaffee oder Thee.

W. (durchreiten). Etwas schräg gegen den Strom, Pferd zwischen Schenkel und Zügel. Bei kaltem und flachem Wasser Kinnkette zum Tränken abnehmen, aufpassen, dass das Pferd sich nicht legt oder zu sehr mit den Vorderfüssen haut. (S. Schwimmen der Pferde.)

Wasserholen in Biwaks Sache der einzelnen Truppen. Nach dem Manöver kann W., Tränken und Füttern der Pferde erfolgen, wenn dies innerhalb ¾ Stunden möglich ist.

Wasserschuss. Dient zum Reinigen (bei Geschossen mit Bleiführung auch zum Entbleien) der Rohrseele. Das Rohr wird mit einem Pfropf (aus Lappen, Werg u. dergl.) und der Kartusche geladen, hochgeschraubt, durch die Mündung Wasser eingegossen und abgefeuert. Bei schweren Mörsern bringt man das Wasser in einem Gummibeutel ein.

Wasserspiel s. Ablassen.

Wasserstrassen eignen sich vorzüglich zum Transport der Verwundeten; die Fahrzeuge haben viel Raumfassung, die Bewegung ist eine kaum bemerkbare. Auch für die Verpflegung sind sie nicht zu unterschätzen. Es ist aber stets darauf Rücksicht zu nehmen, dass W. nicht zu jeder Jahreszeit benutzbar sind, indem sie im Winter häufig eingefroren sind, im Hochsommer oft wegen zu geringen Wasserstandes versagen.

Wasserwage s. Kanalwage.

Waterloo. Schlacht 18./6. 1815. Wellington hatte eine Stellung bei Waterloo, die Gehöfte La Haye-Sainte, Hugomont und noch einige (s. Plan zu Belle Alliance) besetzt, gegen diese Front stürmte die Infanterie vergeblich vor. Um 3 Uhr erfolgte der 2. Angriff Napoleons durch Kavallerie, der ebenfalls (Quarrees) abgewiesen wurde. Gegen 5 Uhr erschienen die Spitzen der Blücher'schen Korps, der Planchenoit nahm. Während dessen setzte Napoleon unter Neys opfermuthiger Leitung um 7 Uhr die Garde ein. Der Angriff missglückte. Blücher drückte auf den Flügel und Rücken und in völliger Auflösung, hart verfolgt von Gneisenau und einiger Reiterei, trat die französische Armee ihren Rückzug an.

Wattignies. Schlacht 15. und 16./10. 1793. Eine unentschiedene Schlacht zwischen Jourdan und Coburg, der die österreichisch-englischen Truppen führte. Letzterer musste die von ihm begonnene Blockade von Maubeuge aufgeben.

Waver (Polen). Schlacht 19./2. 1831 zwischen Russen und Polen, die ohne Entscheidung blieb.

Wawre. Treffen 18./6. 1815 zwischen Grouchy und Thielmann, das unentschieden blieb. Nach W., also seitwärts, zog sich Blücher nach der Schlacht bei Ligny zurück, um den Engländern bei Waterloo Hülfe leisten zu können.

Wecken s. Reveille.

Wedel, v., preussischer Generallieutenant (1820 bis 1894), führte die 31er mit Auszeichnung bei Königgrätz (Orden Pour le mérite); 1870/71 die 38. Brigade bei Vionville, während der Einschliessung von Metz, bei Beaune la Rolande und an der Loire. Zuletzt 4. Division.

Wedell, v., preussischer Generallieutenant (1712 bis 1782), hatte bei Leuthen die Spitze beim Angriff, hielt 1758 die Schweden, 1759 die Russen ab, wurde aber bei Kay geschlagen, half im Westen dem Markgraf Karl und kämpfte bei Liegnitz. War schliesslich Kriegsminister. Sein Bruder fiel bei Soor und machte sich einen Namen (preussischer Leonidas) durch seine hingebende Tapferkeit, mit der er die österreichische Armee bei Solonitz (Böhmen) 1744 aufhielt.

Wege. Die Chausseen sind unterhaltene Kunststrassen (Stein-, Lehmchausseen und gepflasterte Strassen).

Unter Landstrassen versteht man die Verbindung zwischen zwei bedeutenderen Wohnplätzen.

Als Weg schlechtweg wird in gleichem Sinne jede fahrbare Verbindung zwischen zwei Wohnplätzen bezeichnet; die Ausdrücke Feldweg, Holzweg, Wiesenweg deuten auf den besonderen Zweck hin und dass derselbe nicht unmittelbar die Verbindung mit einem anderen Wohnplatz vermittelt. Fusssteig oder kurz Steig für Fussgänger. Dient ein Damm zum Schutz für niedrig belegenes Land, so bezeichnet man ihn auch als Deich.

Der Hohlweg bildet einen Einschnitt.

Als Pass bezeichnet man den über den Kamm eines Gebirges fortführenden Weg.

Engweg (Defilee) ist jede Verengung des gangbaren Bodens, z. B. eine Gebirgsstrasse, ein Damm, eine Brücke.

Als Wasserübergänge dienen Brücken, Fähren und Furten.

Die Fähren sind verschieden je nach dem Fassungsvermögen und nach der Art und Weise der Ueberführung.

Wegeengen können von Vorpostentruppen (Eskadrons, Kompagnien) benutzt werden, um dort zeitweise Widerstand zu leisten. Sie sind von Bagagen etc. stets frei zu halten; Alles sucht sie in beschleunigtem Marsch zu überwinden, ev. vor oder nachher Ausbiegen der Wagen.

Wege, die zur Vermeidung von Flurbeschädigung innegehalten werden müssen, dürfen im Manöver nicht als W. betrachtet werden. Der Schiedsrichter hat zu verhindern, dass der Gegner diesen Umstand zu seinem Nutzen ausbeutet.

Wegesperrungen sind beim Rückzuge nicht zu versäumen; je gründlicher, desto besser. Sie dienen, bewacht, als Schutz gegen Kavallerie-Ueberfälle, sind von oben anzuordnen oder dort anzuzeigen, damit die eigene Kavallerie sie kennt und sich an ihnen nicht beschädigt.

Wegweiser, hölzerne, in eigenen Bezirke so viel als möglich. Im feindlichen Land Eingeborene, die man bedroht. Die guten Karten von heute machen letztere meist überflüssig. Moltke sagte zwar, ein orientirtes altes Weib sei besser als jede Spezialkarte.

Wehlau. Dort steht Bez.-Kom. — Servisklasse 3.

Wehrpflicht beginnt mit dem vollendeten 17. und endet mit dem vollendeten 45. Lebensjahre. Sie zerfällt in die Dienstpflicht (s. d.) und die Landsturmpflicht.

Wehrsteuer ist die in manchen Ländern allen jungen Leuten, die vom Dienst wegen Unbrauchbarkeit befreit sind, auferlegte Steuer. Sie scheint auf der einen Seite gerecht und billig, ist auf der anderen für die ideale Auffassung der Wehrpflicht, die glücklicher Weise auf dem Lande in den alten Provinzen noch besteht, eine grosse Schädigung.

Wehr-Systeme. Nach Art der Aufbringung und Ergänzung der Streitkräfte unterscheidet man das Wehr-, das Konskriptions- und das System der allgemeinen Wehrpflicht.

Das Werbesystem wurde schon im vorigen Jahrhundert durch das Konskriptionssystem verdrängt. Die allgemeine Wehrpflicht wurde in Preussen schon 1814, in Oesterreich-Ungarn 1868, in den anderen Staaten 1870—1871 eingeführt. Das Konskriptionssystem besteht nur noch in Belgien, die Werbung in Grossbritannien und in einzelnen Theilen der Kriegsmacht Schwedens und der Niederlande.

Nach Art der Ausbildung der Streitkräfte für den Krieg unterscheidet man das Cadre- und das Miliz-System. Bei ersterem sind die Theile der Kriegsmacht schon im Frieden organisirt. Bei jedem Theile ist der Rahmen oder Stamm — die Berufsoffiziere und Unteroffiziere, sowie ein Theil der wehrpflichtigen Mannschaft — vorhanden. Im Kriegsfalle werden die übrigen Wehrpflichtigen in diese Rahmen eingefügt. Beim Miliz- (Militia, Kriegswesen) System sind im Frieden — mit Ausnahme einiger leitender Persönlichkeiten — keine Cadres; alle Wehrpflichtigen werden erst im Kriegsfalle zur Dienstleistung herangezogen, im Frieden nur kurze Zeit ausgebildet. Reine Miliz-Armeen bestehen nur in der Schweiz und in Montenegro. -

(S. auch Konskriptions-System, Kanton, Cadres, Miliz-System.)

Weigners 5 mm-Gewehr. Die Vorschläge des österreich-ungarischen Artillerie-Hauptmanns W. (Minerva, 1893) betreffen wesentlich folgende Punkte: Grundbedingungen: Möglichst günstige ballistische Eigenschaften, genügende Wirkung gegen lebende Ziele, Leichtigkeit und Einfachheit der Waffe. Kaliber: 5 mm, Gewicht des Gewehrs: 3 kg (kleinere als die gewöhnliche Lauflänge), Vorschluss und Schloss (Selbstspanner

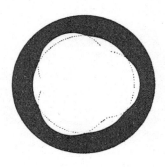

bevorzugt), 3 bogenförmige Züge mit stark gerundeten Felderkanten (s. Bild), steigender Drall und Enddrallänge: 20—25 Kal. Geschoss: Hartbleikern mit Stahlmantel, Länge 35 mm = 7 Kal., Gewicht 7 g, Querdichte 36 g auf 1 qcm, Ladung 2—2,3 g, Gewicht der Patrone 18 g, 220 Patronen auf 4 kg (Aluminium-Hülsen und Wolframgeschosse in Aussicht genommen; dadurch würde Patrone auf 12 g und Geschosslänge [für 7 g Gewicht] auf 4,7 Kal. verringert werden). Mündungsgeschwindigkeit: 850 (800—900) m, Geschossarbeit an der Mündung: 258 mkg, Scheitelhöhen auf 675 m = 1,6 m. auf 750 m = 2,02 m, also vollständig bestrichener Raum = rund 700 m. Der Kern der Flugbahngarbe für 675 m reicht bis 900 m, bis 1500 m genügen 3, höchstens 4 Aufsatzstellungen, im Abtheilungsfeuer sind Entfernungsfehler unter 300 m ohne Bedeutung für die Trefferergebnisse.

Ein dem W.-G. sehr ähnliches 5 mm-Gewehr ist vom österreich-ungarischen Militär-Comité mit sehr günstigem Erfolge geprüft und dem Truppenversuch überwiesen worden.

Weilburg. Dort steht Unteroffizier-Vorschule. — Servisklasse 3.

Weimar. Dort stehen: Stab, 1. und 4. Bat. 5. Thür.-Inf.-Rgts. No. 94 (Grosshrz. v. Sachsen), Bez.-Kom., Garn.-Verw., Garn.-Laz. — Servisklasse 2.

Weingärten sind niederzutreten, wenn sie den Ausschuss hindern.

Weingarten. Dort stehen: Inf.-Rgt. Kaiser Wilhelm, König von Preussen (2. Württemb.) No. 120. Prov.-Amt, Garn.-Verw., Garn.-Laz. — Servisklasse 2.

Weissenburg. Treffen 4./8. 1870 (Plan). Der Kronprinz beschloss W. zu nehmen und beauftragte damit das 2. bayerische Korps, fast gleichzeitig ging das 5. preussische Korps auf Altenstatt, das 11. Korps links davon durch den Niederwald vor. Vertheidigt wurde die Stellung durch die Division Abel Douay (der fiel.) Das Treffen endete mit dem blutigen Sturme auf das Schloss Geisberg durch Theile des 5. und 11. Korps. — Dort stehen: Stab, 1., 3. und 4. Bat. Inf.-Rgts. Markgraf Karl (7. Brandbg.) No. 60, Garn.-Verw., Garn.-Laz. — Servisklasse 3.

Weissenburger Linien (s. Linien).

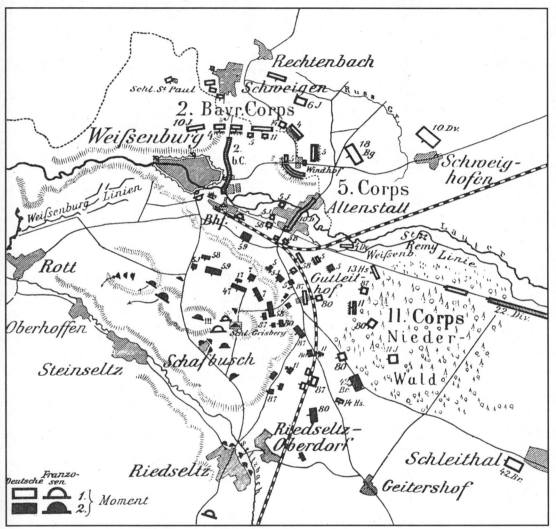

Plan zur Schlacht bei Weissenburg am 6./8. 1870.

Weissenfels. Dort stehen: Unteroffizierschule, 1. und 2. Esk. Thür. Hus.-Rgts. No. 12, Bez.-Kom., Prov.-Amt, Garn.-Laz. — Servisklasse 2.

Weisser Berg bei Prag. 8./11. 1620 Niederlage des vom Fürsten von Anhalt befehligten böhmischen Heeres durch Boucquoy und Tilly.

Welden, Freiherr, österreichischer Feldzeugmeister (1782—1853), machte die Feldzüge 1813/14 mit, unterwarf 1848 Treviso, schloss Venedig ein. Auch als Schriftsteller bekannt.

Wellington, Herzog (Sir Wellesley), britischer Feldmarschall (1769—1852), erntete unvergänglichen Ruhm durch die Führung des Krieges in Spanien 1808—1814. Neue Lorbeeren erwarb er sich durch die Leitung der Schlacht bei Waterloo 1815.

St. Wendel. Dort steht Bez.-Kom. — Servisklasse 3.

Werben (Altmark). Hier organisirte im festen Lager Gustav Adolf im Juli seine Armee und seine Finanzen.

Werder, v., preussischer General der Infanterie, nahm 1842—43 an den Kämpfen der Russen im Kaukasus Theil und wurde bei Kefar schwer verwundet; führte 1866 bei Gitschin als Generallieutenant die preussische 3. Division mit Auszeichnung, kommandirte 1870 erst das badisch-württembergische Armeekorps; daraufführte er das 14. Armeekorps bei Belfort und schlug Januar 1871 die Armee Bourbaki's an der Lisaine.

Werder-Gewehr, 1869 in Bayern eingeführtes Gewehrsystem, hat einen Blockverschluss. Das kastenförmige Gehäuse dient zur Aufnahme des Verschluss- und Abfeuerungsmechanismus; der Verschlussblock bildet einen um eine starke Achse beweglichen Doppelhebel, dessen kurzer Arm für die Bewegung des Hahnes gespalten, der lange Arm zur Aufnahme des Zündstiftes und der Spiralfeder durchbohrt ist. Der Hahn vermittelt beim Spannen gleichzeitig die Herstellung des Verschlusses.

Werkstätten. Beamte und Arbeiter militärischer W. können für den Mobilmachungsfall als unabkömmlich anerkannt werden.

Werndl, verdienstvoller self made man, Waffenfabrikant in Steyer in Oberösterreich, Erfinder des W.-Gewehres, liefert heute die Mannlicher-Gewehre und war auch schon wiederholt mit Lieferungen für das Ausland betraut.

Werndl-Gewehr. System der österreich-ungarischen Handfeuerwaffe M. 1867/77; hat einen Wellenverschluss. Das Verschlussgehäuse ist in den Lauf eingeschraubt, in der vorderen Wand des Gehäuses befindet sich der Patronenzieher. Das Verschlussstück ist ein kurzer massiver Cylinder, durch dessen Mitte die Verschlussachse geht. Der Abfeuerungsmechanismus wird durch ein Kettenrückschloss und Züngel gebildet, der Aufsatz ist ein Treppenrahmenaufsatz. Gegenwärtig sind noch der Train und die Verpflegsmannschaft mit W.-Gewehren bewaffnet.

Werner, v., preussischer Generallieutenant (1707—1785), ein tüchtiger Kavallerist und Parteigänger, entsetzte 1760 Kolberg.

Werth, Freiherr Johann v., österreichischer General der Kavallerie (1592—1650), war ein hervorragender Parteigänger und Reiterführer im 30jährigen Kriege, vor dessen Ende er die ganze kaiserliche Reiterei führte. Die Ueberfälle bei Tuttlingen und Dachau waren sein Werk.

Wertingen (Bayern). Gefecht 8./10. 1805, in dem es Murat gelang, den österreichischen General Auffenberg so einzuschliessen, dass er grosse Verluste erlitt und selbst gefangen wurde.

Wesel. Dort stehen: Kmdtr., Stab 1., 2. und 4. Bat. Inf.-Regts. Vogel v. Falckenstein (7. Westfälisches) No. 56, Inf.-Rgt. Herzog Ferdinand v. Braunschweig (8. Westfäl.) No. 57, Stab, 1., 2. und 3. Abthlg. 1. Westfäl. Feld-Art.-Rgts. No. 7 (2. Abthlg. vorläufig im Lager, s. W. Truppenübungsplatz), Festgs.-Gefängniss, Bez.-Kom., Art.-Dep., Fortifik., Prov.-Amt, Garn.-Verw., Garn.-Laz. — Servisklasse 2.

W. Truppen-Uebungsplatz. Dort stehen: Komdtr., 2. Abth. 1. Westfäl. Feld-Art.-Rgts. No. 7 (nur vorläufig, s. Wesel). 4. Abth. 2. Westfälisches Feld-Art.-Rgts. No. 22 (nur vorläufig, s. Münster).

Westpoint. Militärische Akademie in Nordamerika nahe New-York, hat vorzügliche Zöglinge gebildet.

Wetzlar. Gefecht 15./6. 1796, in dem Erzherzog Karl den linken Flügel des Generals Jourdan schlug.
Dort steht: Bez.-Kom. — Serviskl. 3.

Whitworth-Verschluss. (Für Geschütze; veraltet.) Bestand aus einer innen mit Muttergewinde versehenen Hohlschraube, die (im Gegensatz zu allen anderen Schraubenverschlüssen) auf den äussern Umfang des hinteren Rohrtheiles aufgeschraubt wurde.

Wichmann, von, preussischer General der Kavallerie (1820—1886). Führte 1866 das 8. Dragoner-Regiment bei Nachod (pour le mérite), 1870/71 Chef des Stabes bei dem 2., zuletzt kommandirender General des 6. Armeekorps.

Widdin. Festung an der Donau in Bulgarien, 1689 vom Markgrafen von Baden erstürmt; 1853 waren alle Versuche Gortschakows, den Brückenkopf von Kalafat zu stürmen und damit W. zu bedrohen, erfolglos. Von W. begann Omer Pascha seine Offensive gegen die Russen. Gefechte am 6./1. und 19./4. 1854.

Wiederbeginn eines unterbrochenen Manövers hat kriegsmässig zu erfolgen; dazu den Führern alle Freiheit zu lassen.

Wied-Runkel, Graf, österreichischer Feldmarschall (1712—79), nahm am 7jährigen Kriege Theil, ohne selbstständig zu führen.

Wien. Vergebliche Belagerung durch die Türken unter Saleiman gegen die Oesterreicher unter Salm 24./9. bis 14./10. 1529. Belagerung 1683 durch Kara Mustapha. 1809 kapitulirte die Stadt den Franzosen. 7. bis 30. Oktober 1848 Beschiessung, dann Einnahme der aufständischen Stadt.

Wiesbaden. Dort stehen: St., 1. u. 4. Bat. Füs.-Rgts. v. Gersdorff (Hess.) No. 80, 2. Abth. Nassauischen Feldart.-Rgts. No. 27, Bez.-Kom., Garn.-Verw., Garn.-Laz. — Serv.-Kl. 1.

Wight, englische Insel mit den befestigten Häfen von Portsmouth und Yarmouth. Getrennt vom Festlande durch den Solent-Kanal.
Oestlicher Eingang bildet Rhede von Spithead mit den starken Panzerforts: St. Helena, Nomans-Land, Horse-Sand und Spitbank; schliesst sich mit Southsea-Castle an die Befestigung von Portsmouth-Hafen an, dessen zweiter Eingang durch die Panzerbefestigung Gilkicker-Fort gesperrt ist. Auf der Insel Wight liegt noch das Panzerfort Sandown.
Westlicher Eingang bildet den Hafen von Yarmouth auf der Insel W., die sogenannte Needle's Passage. Sie ist gesperrt durch das Panzerfort Hurst-Castle.

Wilhelm I., König von Preussen, Kaiser von Deutschland (1797—1888), wohnte dem Feldzuge 1814 in Frankreich bei, schlug 1849 den Aufstand in Baden und der Pfalz nieder, setzte die Organisation der Armee 1859—61 durch, führte siegreich die Feldzüge 1864, 1866 und 1870/71 und gründete das Deutsche Reich.

Wilhelm, Erzherzog von Oesterreich, Feldzeugmeister (1827—74). Bekannt als Organisator der Artillerie und der militärischen Krankenpflege. Ein ritterliches Vorbild für die Armee.

W., Prinz zu Schleswig-Holstein-Glücksburg (1816—1893), österreichischer General der Kavallerie, kämpfte 1848 unter Radetzky in Italien.

dann, auch 1849, in Ungarn. 1859 führte er eine Kavallerie-Brigade bei Solferino.

Wilhelmshaven. Dort stehen: Kommandantur, Fortif. — Serv.-Kl. 1.

Wilhelmsthal. Schlacht 24./6. 1762, in der Ferdinand von Braunschweig den General de Castries gründlich schlug.

Williams of Kars, britischer Generallieutenant (1800 geb.), hat sich durch die Vertheidigung von Kars, das schliesslich kapitulirte, in England einen Namen gemacht.

Williamsburg. Hier schlug Magruder im Sezessionskriege am 7./5. 1862 bei seinem meisterhaften Rückzuge auf der Halbinsel nach Richmond die Unionisten unter Hooker.

Willisen, v., preussischer Generallieutenant (1790—1879), nahm 1849 Dienste in der schleswig-holsteinischen Armee, wurde bei Idstedt geschlagen und trat aus der Armee. Seine Schriften sind beachtenswerth (s. Litteratur).

Willmanstrand. Gefecht 3./9. 1741. Die Russen unter Lacy besiegten hier die Schweden unter Löwenhaupt.

Wilsons Creek. Gefecht 10./8. 1861, in dem der gänzlich unfähige Sigel von den Conföderirten im Sezessionskriege geschlagen wurde.

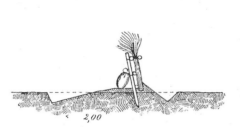

Pro M. 0,5—0,6 m breit.

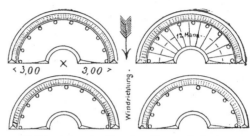

Halbkreisförmig für eine Korporalschaft.

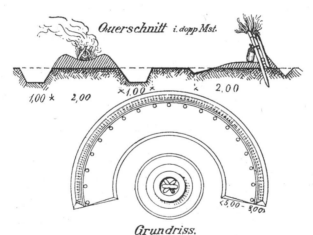

Windschirm.

Wimpfen, Frhr., österreichischer Feldmarschall, hat grosse Verdienste als Stabschef Erzherzog Karls (1797—1865).

W., französischer Divisionsgeneral (1811—1870), zeichnete sich in Algier aus, übernahm bei Sedan den Befehl an Stelle des verwundeten Mac Mahon, 2./9. 1870 musste er die Kapitulation unterzeichnen.

Winckels. Gefecht am 10./7. 1866. Siehe Kissingen.

Windbüchse. Gewehr, dem als Schiessmittel Luft dient, welche mittelst einer Druckpumpe in dem hohlen Kolben der Waffe verdichtet und beim Abziehen durch Oeffnen des vorn am Kolben befindlichen Ventils hinter das Geschoss in den Lauf eingeleitet wird. Eine Kolbenfüllung reicht für mehrere Schüsse aus. In Oesterreich wurde die W. früher als Kriegswaffe benutzt. Ihre Leistung ist nach heutigen Begriffen durchaus unzulänglich.

Windischgrätz, Alfred, Fürst, österreichischer Feldmarschall (1797—1862), avancirte binnen 9 Jahren zum Obersten; unterdrückte 1848 den Aufstand in Prag, schlug die Ungarn bei Schwechat und rückte am 1./11. 1848 in Wien ein, eroberte Pressburg, Raab, 1849 Pest, schlug die Ungarn bei Kápolna; wurde dann, als seine Operationen nicht zum Ziele führten, durch General Welden ersetzt.

Windschirme. 1. Für Korporalschaften à 12 Mann (s. Fig. oben). 2. Für Zug à 40—50 Mann mit Biwaksfeuer in der Mitte.

Winkelgeschwindigkeit s. Drehungsgeschwindigkeit.

Winterarbeiten s. Uebungsarbeiten.

Winterfeldt, v., preussischer Generallieutenant (1707—1757), einer der Vertrauten der Könige Friedrich Wilhelm I. und Friedrich II., fiel bei Moys.

Winterlagerhütte (Preussische) s. Lagerhütte.

Wintzingerode, Freiherr v., russischer General der Kavallerie (1770—1818), siegte 1813 bei Kalisch über die Franzosen, operirte 1814 sehr geschickt.

Wirkungstiefe s. Schrapnelwirkung.

Wischer, Geschützzubehörstück. Die der Länge des Geschützrohrs angepasste hölzerne W.-Stange trägt vorn einen mit Borsten aus Piassava und Kokosfaser bekleideten walzenförmigen Wischkolben. Der W. dient zum Reinigen und Einfetten der Rohrseele. Zum Schutze des W.-Kolbens beim Nichtgebrauch ist ein W.-Ueberzug vorhanden.

Wischstock. Der W. 93 zum deutschen Gewehr 88 wird im Standort zum Reinigen der Laufseele benutzt; er besteht aus federhartem Stahl mit Holzbekleidung und Messingkappen an beiden Enden; an dem einen Ende befindet sich der mit Kerben versehene stählerne Wischer.

Wischstrick. Dient beim deutschen Gewehr 88 zum Reinigen der Laufseele im Felde, im Manöver und bei allen Uebungen ausserhalb des Standortes. Er ist in der Mitte mit einer Schlaufe zur Aufnahme eines Wischpolsters und an beiden Enden mit Senkeln versehen.

Wismar. Dort stehen: 2. Bat. Grossh. Mecklb. Füs.-Rgts. No. 90, Bez.-Kom., Garn.-Laz. — Servisklasse 2.

Wissenschaftliche Befähigung zum „Einjährig-Freiwilligen-Dienst". (S. Artikel Einjährig-Freiwilligen-Dienst.)

Wittenberg. Dort stehen: Inf.-Rgt. Graf Tauentzien v. Wittenberg (3. Brandb.) No. 20, reit. Abth. Magdb. Feldart.-Rgts. No. 4, Art.-Dep., Prov.-Amt, Garn.-Verw., Garn.-Laz. — Servisklasse 2.

W. kapitulirte 1760 nach förmlicher Belagerung vom 8.—14. Oktober. Im Dezember 1813 wurde es von Tauentzien belagert und in der Nacht vom 12.—13. Januar 1814 über die gefrorenen Festungsgräben erstürmt.

Wittenweier (Baden). Eine Brücke mit Brückenkopf vom Herzog Bernhard angelegt, machte W. zu einem Streitobjekt im 30 jährigen Kriege in den Jahren 1637 und 38.

Wittgenstein, Fürst, russischer Feldmarschall (1769—1843), führte 1813 bei Gross-Görschen und Bautzen, später 1828 gegen die Türken ohne sonderlichen Erfolg.

Wittstock. Schlacht am 24./9. 1636, in der Baner die Kaiserlichen nach wechselndem Glücke schlug.

Wittwen. (S. Ascendenten.) Wittwenpensionen und Beihülfen aus dem Kriegsverhältniss sind neben dem Wittwen- und Waisengeld zuständig im Falle des Bedürfnisses. Es erhalten Kriegsbeihülfen, je nach dem es sich um Hinterbliebene von Kämpfern aus dem Feldzuge 1870/71 oder vorher handelt: Die W. der Generale 1500 bezw. 1200 M., der Stabsoffiziere 1200 bezw. 900, der übrigen Offiziere 900 bezw. 600 M. (die Beamten entsprechend). Von den betreffenden Kindern (bis 17 Jahre): 150 M., vor 1870 Sohn 150, Tochter 120 M. jährlich.

Für die Wittwen der im Friedensdienst Verstorbenen beträgt das Wittwengeld $^1/_3$ derjenigen Pension, zu welcher der Verstorbene am Todestage berechtigt gewesen wäre.

Das Waisengeld beträgt $^1/_5$, für Doppelwaisen $^1/_3$ des Wittwengeldes für jedes Kind. Im Ganzen darf aber der Pensions-Betrag des Verstorbenen nicht überschritten werden.

War die Wittwe mehr als 15 Jahre jünger als der Gestorbene, so wird das Wittwengeld für jedes Jahr (von 15—25) um $^1/_{20}$ gekürzt.

W., die W.-Gelder beziehen, können keine Staatspension erheben.

Abtretung von W.-Pension ist ohne rechtliche Wirkung.

Wittwen- und Waisengeld. Das Wittwengeld besteht im 3. Theil der Pension, die der Verstorbene am Todestage bezogen haben würde, und zwar in den Grenzen von 160—1600 M., Kinder $^1/_5$ des Wittwengeldes, beim Tode auch der Mutter $^1/_3$ des Wittwengeldes.

Feststellung und Anweisung geschieht durch das Kriegs-Ministerium.

Anträge Hinterbliebener aktiver Offiziere etc. auf dem Dienstwege an das Invaliden-Departement; für die Hinterbliebenen vom Pensions- etc. Empfänger ausserhalb Berlins Wohnenden an die Unterstützungs-Abtheilung im Kriegs-Ministerium durch die Provinzialbehörde.

Die in Berlin wohnenden, aus der Militär-Pensionskasse daselbst beziehende Hinterbliebenen wenden sich direkt an die Unterstützungs-Abtheilung im Kriegs-Ministerium.

Einzusenden: 1. Geburtsschein der Eltern und Kinder unter 18 Jahren, 2. Trauschein, 3. Todtenschein. (Näheres Buhrke.)

(S. auch Versorgungsansprüche.)

Witzleben, v., preussischer General-Lieutenant und Kriegsminister (1783—1837), war vertrauter Rathgeber Friedrich Wilhelms III.

Wladiwostock. Befestigter russischer wichtiger Hafen am Japanischen Meere, auf der Halbinsel Murawedw.

Wohlau. Dort stehen: Unteroffizier-Vorschule, Bez.-Kom. — Servisklasse 4.

Wohnplätze. Die Erkundung derselben bezieht sich hauptsächlich auf deren Verpflegungsergiebigkeit und Unterkunftsräume. Auch deren Vertheidigungsfähigkeit in Bezug auf Umfassung und Vorland ist zu erkunden, weil man trotz der neuen Sprenggranaten zeitweise die Oertlichkeit benutzen wird, schon weil sie die Truppen der Sicht entziehen. In diesem Falle müsste auch die Grösse einer dann nothwendigen Besetzung in Betracht gezogen werden.

Woldenberg. Dort steht Bez.-Kom. — Servisklasse 4.

Wolfe, englischer General-Major (1726—59), ist bekannt durch seinen Sieg bei Quebec (13./9. 1759), bei welcher Gelegenheit er fiel.

Wolfenbüttel. Dort stehen: 5. (Braunschw.) Batt. Feldart.-Rgts. v. Scharnhorst (1. Han.) No. 10. (s. Hannover) — Servisklasse 3.

Wolffersdorf, v., preussischer General-Lieutenant (1714—1781), bekannt durch seine energische Vertheidigung von Torgau (1759).

Wolfram. (W) Hartes, sprödes, sehr schwer schmelzbares Metall von dunkeleisengrauer Farbe und hoher Dichte: chemisch-rein = 19,13, nahezu rein = 17,0—18,5.

Wolframgeschosse. Vom Major Mieg vorgeschlagene Mantelgeschosse mit Wolframkern; ihre Dichte beträgt reichlich 15, bei Mantelgeschossen mit Hartbleikern nur 10,5, sie haben also bei gleicher Länge das 1,5 fache Gewicht, bei gleichem Gewicht nur $^2/_3$ der Länge der letzteren. Dies gestattet hohe Querdichte bei verhältnissmässig kurzen Geschossen, für die schon ein mässig steiler Drall genügt, um ihnen die für die Regelmässigkeit der Flugbahn erforderliche Drehungsgeschwindigkeit zu ertheilen. Trotz dieser Vorzüge und mehrfacher Versuche ist die Einführung der W. bisher an dem hohen Preise des Wolframmetalls und an Schwierigkeiten der Waffenfertigung gescheitert.

Wolfsgruben (veraltetes Hindernissmittel) waren konische Gruben, in deren Sohle ein zugespitzter Pfahl oder mehrere kleine, spitze Pflöcke eingetrieben wurden.

Woolwich-Geschütze. Englische, in der königlichen Geschützfabrik zu Woolwich konstruirte Vorderlader-Ring- bezw. Mantelrohre mit Warzenführung. Der entschiedene Rückschritt, welcher

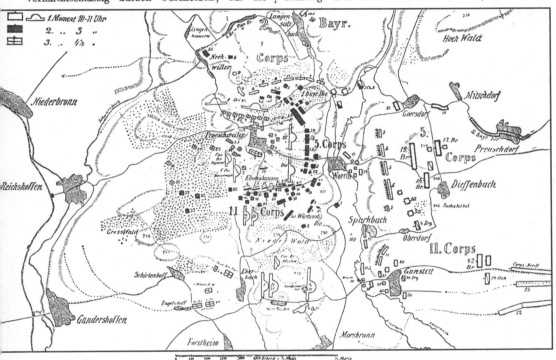

Plan zur Schlacht bei Wörth am 6./8. 1870.

der deutschen Art. im Frühjahr 1868 durch Annahme der W.-G. für die Marine zu drohen schien, wurde durch die überlegene Leistung der Hinterlader mit prismatischem Pulver c/68 verhütet.

Worms. Dort stehen: 2. Bat. 4. Grossherz. Hess. Inf.-Regts. (Prinz Karl) No. 118, Bez.-Kom., Garn.-Verw., Garn.-Laz. — Servisklasse 2.

Woronzow, Fürst, russischer Feldmarschall (1772—1856). Befehligte 1813 ein besonderes Korps (Blockade-Korps), zeichnete sich 1814 aus. Weniger Erfolg hatte er im Kaukasus, dessen Gouverneur er 1844 wurde.

Wörth. Schlacht 6./8. 1870. Der Kronprinz wollte erst 7./8. angreifen, doch entspann sich aus einem Erkundungsgefecht des 5. Korps und einem Eingreifen des 2. bayerischen Korps schon am 6. früh die Schlacht, die nun vom Kronprinzen durchgeführt wurde, indem auf dem linken Flügel auch das 11. Korps und die württembergische Division herangezogen wurden; rechts fügte sich das 1. bayerische Korps an. Mac Mahon hatte die starke Stellung westlich Wörth mit 60000 Mann (mit seinem und dem 7. Korps) besetzt. Der Kampf wüthete um den Besitz der Weinberge, des Niederwaldes und dann der Dörfer Froschweiler und Elsasshausen, die erst nach schweren Opfern genommen wurden. Die französische Armee war zertrümmert, rettete sich aber in eine Aufnahmestellung, die das 5. französische Korps bei Niederbronn genommen hatte.

Wrangel, v., schwedischer Feldmarschall (1587 bis 1643), wird im 30 jährigen Kriege genannt.

Sein Sohn, schwedischer General, Feldherr und Admiral (1613—76). Er war es, der vom Grossen Kurfürsten bei Fehrbellin so gänzlich geschlagen wurde.

W., Graf, preussischer Feldmarschall (1784 bis 1877), erwarb schon bei Heilsberg 1807 den Orden pour le mérite, zeichnete sich 1813/14 wiederholt aus; belebte die Taktik der Kavallerie; führte 1848 den Feldzug in Dänemark, stellte 1849 in Berlin die Ordnung wieder her; führte 1864 den Feldzug gegen Dänemark.

Wrede, Fürst, bayerischer Feldmarschall (1767 bis 1838), übernahm 1805 ein bayerisches Korps, 1812 führte er die Bayern. 1813 versuchte er nach dem Uebertritt zu den Verbündeten Napoleon vergeblich bei Hanau aufzuhalten, führte mit Erfolg 1814.

Würfelpulver. 1. Schwarzpulver von annähernd kubischer Körnerform. 2. W. c/89: Das erste Nitroglycerinpulver, von Nobel erfunden, besteht aus annähernd gleichen Gewichtstheilen Kollodiumwolle (von 12,1—12,3 % Stickstoffgehalt) und

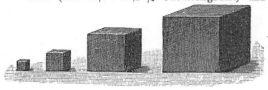

Würfelpulver von 2, 5, 10 u. 15 mm Seitenlänge.

Nitroglycerin, die unter starker Luftverdünnung oder in heissem Wasser gemengt werden; nachdem die Lösung der Kollodiumwolle bei 60—90° Wärme unter Wasser vollendet ist, walzt man die Masse zwischen heissen Walzen zu dünnen Blättern aus, vereinigt deren mehrere zu Platten und zerschneidet diese auf Maschinen zuerst in Streifen, dann in Würfel (s. Bild) oder längliche Prismen. In Deutschland ist W. (W. P.) von $^1/_2$, $^3/_4$, $1^1/_4$, 2 und $2 \times 2 \times ^3/_4$ mm Seite eingeführt.

Württemberg. (S. auch Militär-Konvention. Die Heeresstärke etc. s. deutsches Heer.)

Die Ersatzangelegenheiten W.s stehen unter der Leitung des Kriegsministers; die Ersatzbehörde 3. Instanz wird durch den Ober-Rekrutirungsrath gebildet.

Würzburg. Schlacht 3./9. 1796, in der Erzherzog Karl Jourdan besiegte.

Wundtäfelchen wird jedem Verwundeten nach vollendetem Verband ein W. angeheftet, enthaltend: Verletzung, geleistete Hülfe und Transportfähigkeit. Weisse W. erhalten Verwundete, die sofortiger Lazarethbehandlung bedürfen, rothe W. zeigen, dass Verwundete ohne erhebliche Nachtheile weiter befördert werden können.

Wunsch, v., preussischer General (1717 bis 1788), trat 1756 in preussische Dienste. Ein tüchtiger Soldat.

Wurf, werfen. Früher allgemein für das Schiessen aus Mörsern angewendeter Ausdruck, heute mit Recht nicht mehr gebräuchlich, da zu einer derartigen Unterscheidung zwischen Flach- und Steilfeuer kein triftiger Grund vorliegt.

Wurm s. Rotz.

Wurmb, Julius, österreichischer Feldmarschall-Lieutenant (1804—1875) und Militär-Schriftsteller.

Wurmser, Graf, österreichischer Feldmarschall (1724—1797), machte 1779 den Ueberfall bei Habelschwerdt, führte 1793—95 am Oberrhein, dann in Italien, musste 1797 in Mantua kaputuliren.

X.

Xylander, v. (1794—1854), bayerischer General und Militär-Schriftsteller.

Y.

Yarmouth, englischer Hafen (s. Wight).

Yatagan, der orientalische kurze Säbel, mit konvexer Scheide.

Yeoman, englische Landwehr-Kavallerie.

York, Herzog v. (1763—1827); er führte mit wenig Erfolg 1793 in den Niederlanden und 1799 die englisch-russische Expedition nach Holland (Kapitulation von Alkmaar).

Yorktown (Virginien), hier 19./10 1781 Kapitulation von Cornwallis. An den Linien von Y. vertheidigte sich Magruder (Sezessionskrieg) 1862 Anfangs Mai sehr geschickt gegen Mc. Clellan, den er zum förmlichen Angriff verleitete.

York von Wartenburg, Graf, preussischer Feldmarschall (1759—1830), kommandirte 1806 das Feldjäger-Regiment; 1812 führte er das preussische Korps und schloss den Vertrag von Tauroggen. 1813 siegreich bei Möckern, dann bei Gross-Görschen und Königswartha, befehligte dann das 1. Armeekorps 1813/14 in allen Schlachten und Gefechten mit Erfolg.

Ypern, ehedem belgische Festung, ward 1648 vom Prinzen Condé, 1649 von den Spaniern, 1658 von Turenne, 1724 von Pichegru erobert.

Ypsilanti, Fürst (1792—1828), nahm am griechischen Befreiungskriege Theil, ebenso wie sein Bruder (1793—1832).

Yusuf, französischer Divisions-General (1807 bis 1866), stand in Algier an der Spitze der gesammten eingeborenen Reiterei.

Z.

Zabern. Dort stehen: Stab 1., 2. u. 4. Bat. Inf.-Rgts. No. 99 (4. Bat. vorläufig in Pfalzburg), Garn.-Verw., Garn.-Laz. — Serviskl. 3.

Zahlmeister heisst derjenige obere Militärbeamte im Offiziersrange, welcher jedem selbstständigen Truppentheil als Verwaltungs-Organ zugetheilt ist. Sie werden grundsätzlich aus Z.-Aspiranten ergänzt (s. d.). Sie führen die Kassengeschäfte ihres Truppentheils unter der Bezeichnung „Kassenverwaltung des X. Bataillons und X. Regiments" selbstständig und unter alleiniger Verantwortung und sind bei den mit eigener Bekleidungswirthschaft versehenen Truppen ständige Mitglieder der Bekleidungs-Kommission. Kaution: 2500 M., Gehalt 1700—2900 M., daneben Servis- und Wohnungsgeldzuschuss, Anspruch auf 1 Burschen. Dienstzulagen als Mitglied der Bekleidungskommission 5—30 M. monatlich. Uniform: Infanterie-Waffenrock und Ueberrock mit weissem Vorstoss, Kragen und schwarzem Aermelaufschlag von dunkelblauem Tuch, weisse glatte Knöpfe, Helm mit silbernen Beschlägen, Epaulettes weiss mit silbernen Tressen und einer goldenen Rosette, Infanterie-Offiziers-Degen a/a (Stichdegen). Die Z. sind nur den ihnen vorgesetzten Militär-Befehlshabern untergeordnet.

Zahlmeister-Aspirant heisst eine dem Unteroffizier-Stande angehörige Militär-Person, welche das Zahlmeister-Examen bei der Intendantur abgelegt hat. Bei jedem mit einem Zahlmeister ausgestatteten Truppentheil etc. ist im Allgemeinen auch ein Z.-A. etatsmässig, welcher eine dem Z. ähnliche Uniform, aber mit den Abzeichen der Unteroffiziere trägt. Nach vollendeter achtjähriger Dienstzeit, bei deren Berechnung Kriegsjahre doppelt zählen, werden etatsmässige Z.-A. zu Feldwebeln bezw. Wachtmeistern — mit den Gebührnissen dieser Chargen — befördert. Ihre Anstellung als Z. erfolgt nach Maassgabe der eintretenden Vakanzen in derjenigen Reihenfolge, welche sich aus dem Zeitpunkt der Ableistung der Z.-Prüfung ergiebt. Z.-A., welche auf eine solche Anstellung nicht verzichten, haben vor ihrer Verheirathung ein sichergestelltes Privateinkommen von mindestens 750 M. jährlich nachzuweisen. Die Truppen sollen auf möglichst ausgedehnte Heranziehung von Einjährig-Freiwilligen zur Z.-Laufbahn Bedacht nehmen.

Zahnkunde bei Pferden. Das männliche Pferd hat 40, die Stute 36 Zähne. Zur Bestimmung des Alters dienen die Schneidezähne und Haken; erstere hat das Pferd oben und unten je 6. Ist das Pferd $2^{1}/_{2}$ Jahre alt, so fallen zuerst die Zangen (die beiden mittelsten Schneidezähne), nach einem Jahre die Mittelzähne, nach wieder einem Jahre die Eckzähne aus und werden diese milchweissen Milchzähne durch grössere gelblichweisse Zähne ersetzt. Mit $4^{1}/_{2}$ bis 5 Jahren treten hierzu die Haken, während auch die Backenzähne sich nach und nach entwickeln. Nun haben die Schneidezähne von der Krone bis zum Wurzelende die Gestalt eines dreieckigen Keiles, so dass die Kronen am breitesten sind. Der Schmelz (Glasur) überzieht die Krone und ist grösstentheils mit dem Kitt oder der Rindensubstanz bedeckt. Die Elfenbeinsubstanz erscheint als eine schmale, rund um den Zahn laufende weisse Linie, innerhalb derselben markirt sich die breitere, gelbliche Hornsubstanz, der innere Kern (die Kunde) wird wieder von einem Streifen Elfenbeinsubstanz eingerahmt. Die Kunde, aussehend wie eine sackförmige Vertiefung, ist zunächst ein gutes Merkmal für das Alter des Pferdes, denn je mehr sich der Zahn durch Benutzung abschleift, desto kleiner wird die Kunde, bis sie endlich verschwindet und nur noch ein kleiner, unregelmässiger Kreis mit etwas bräunlich gefärbter Knochensubstanz gefüllt, zu sehen ist. Vom 8. Jahre an nehmen die Kronen mehr und mehr eine eiförmige Gestalt an, deren spitzeres Ende nach innen zu liegt. Diese ovale Form beginnt bei den Zangen mit dem 7. und dauert bis zum Ende des 12. Jahres, bei den Mittelzähnen mit dem 8. und dauert bis zum Ende des 13. Jahres, bei den Eckzähnen mit dem 9. und dauert bis zum 14. Jahre. Hiernach tritt eine Periode ein, in welcher die Reibflächen eine rundliche Form annehmen, die Haken sich abschleifen und anstatt der Spitze eine rundliche Reibfläche zeigen. Die Zangen bleiben rundlich bis zum 18., die Mittelzähne bis zum 19., die Eckzähne bis zum 20. Jahre. Hierauf folgt die Periode der dreieckigen Reibflächen, die bis zum 24. bis 26. Jahre anhält. Die Spitze des Dreiecks liegt nach innen zu. Die gegeneinander senkrecht stehenden Zähne von Ober- und Unterkiefer legen sich vom 14. Jahre an mehr vor und treffen in stumpfem Winkel auf einander. Dies verstärkt sich mit zunehmendem Alter immer mehr.

Zapfenstreich wird in den Biwaks und Ortsunterkünften nur gegeben, wenn Feind ausser Hörweite ist. Im Vorpostengros in den Manövern wird Z. geschlagen und geblasen.

Zapfenstück (Ringstück), mittlerer Theil der Geschützrohre zwischen Verschlussstück und langem Feld, trägt die Schildzapfen. (Bild s. unter Rohr.) Bei kurzen Rohren fehlt das Z. häufig; die Schildzapfen befinden sich dann am langen Feld.

Zara. Mil.-Kom., 96. Inf.-Brig.-Kom., 22. Inf.-Rgt., 23. Landwehr-Inf.-Rgt.

Zarizyn'sche Linien sind 60 km lang gegen die Kirgisen an der Mündung der Zariza in die Wolga angelegt.

Zastrow, v., preussischer General der Infanterie (1801—1875), schrieb gute Werke über die Befestigungskunst, führte 1866 die 11. Division in Böhmen. 1870/71 das 7. Armeekorps, mit dem er an dem Zuge Manteuffels theilnahm.

Zäune schützen gegen Sicht, daher heute nicht ganz zu verachten, wenn man sich hinter ihnen verbergen kann. Bei Vertheidigung hinter ihnen Brustwehren aufwerfen. Z. dienen auch als Annäherungshindernisse.

Zeiteintheilung der Herbstübungen s. dort.

Zeit und Raum sind die wesentlichsten Elemente der Kriegführung und ihre Wandlung ist die einschneidendste Aenderung, die durch die Fortschritte der Technik hervorgerufen worden ist. Schon die Einführung der Feuerwaffen brachte Bewegung in die Massen der Kavallerie und Infanterie, die aus den starren Rüstungen sich herausschälten und durch Beweglichkeit ersetzten, was ihnen an Sicherheit verloren ging.

Die weit und sicher treffenden Waffen der Neuzeit, vor deren Durchschlagskraft weder Mauern noch Panzerschilde ganz schützen, bringen neue Umwälzungen hervor, und nur der Feldherr, der diese Wandlungen durchschaut und sie für seine Zwecke ausnutzt, wird Sieger in den Kämpfen der Zukunft bleiben. Die immer dringendere Nothwendigkeit, sich von der Werthschätzung des Raumes zu trennen und dafür zu suchen, der immer werthvoller werdenden Zeit einen Vortheil abzugewinnen, bilden die Grundlage der modernsten Kriegführung.

Zeitzünder s. Brennzünder, Doppelzünder und mechanische Zeitzünder.

Zelt besteht aus 1 Zeltbahn (1,65 m Quadrat), 2 Leinen, 1 dreitheiligen Stock, 3 Häringen, 2 Hülsen. Wenn nass geworden, trocknen lassen und Schmutz abreiben.

Z. für Verwundete werden alsbald (aus den tragbaren Z. der Gefallenen etc.) aufgeschlagen. Die von den Feldlazarethen mitgeführten etatsmässigen Krankenzelte überspannen eine Fläche von 9:7,5 m bei 1,60 m Höhe der Seitenwände, nehmen je 12 Betten auf und wiegen 8—9 Zentner.

Zeltlager. Alle Bestimmungen der Biwaks gelten auch für die Z. (s. Biwak).

Zenta (Theiss). Schlacht 11./9. 1697, in der Eugen ein Türkenheer völlig schlug und fast vernichtete.

Zentral-Departement im Kriegsministerium. Geschäftskreis: Personal-Angelegenheiten der Offiziere, Mobilmachungs-Angelegenheiten und Archiv des Kriegsministeriums, Darlehnskassen.

1. Abtheilung: Ordensangelegenheiten, Druckvorschriften-Verwaltung, Militär-Statistik, Militär-Litteratur, Armee-Verordnungs-Blatt, Bibliothek und Burschen-Angelegenheit der Offiziere des Kriegsministeriums.

2. Abtheilung: Personal-Angelegenheiten der Beamten des Kriegsministeriums und der Intendanturen, Verwaltung der Remunerations-, Unterstützungs-, Bureau- und Bibliothekfonds des Kriegsministeriums und der Intendanturen.

Justitiare: Bearbeitung der Rechtsangelegenheiten auf dem Gebiete des öffentlichen Rechts, des streitigen Privatrechts, der freiwilligen Gerichtsbarkeit u. s. w.

Zepce in Bosnien. 7./8. 1878, Sieg der Oesterreicher.

Zepelin, Konstantion, v., preussischer General der Infanterie (1771—1848). 1807 in Preussen den Orden pour le mérite, 1813 bei Königswartha und bei Wartenburg schwer verwundet; vertheidigte 1815 den Uebergang bei Wawre über die Dyle gegen Marschall Grouchy und trug damit wesentlich zum Ausgange der Schlacht bei Waterloo bei.

Zeppelin, v., F., Graf, württembergischer Generallieutenant, geb. 1839, bekannt durch seinen kühnen Rekognoszirungsritt 1870, später Militärbevollmächtigter und Gesandter in Berlin, Erfinder des für Kriegszwecke wichtigen lenkbaren Luftschiffes.

Zerbst. Dort stehen 3. Bat. Anhalt. Inf.-Rgts. No. 93, Garn.-Laz. — Servisklasse 2.

Zerlegbare Geschützrohre. Für Gebirgs- und Belagerungs-Artillerie zuweilen angewendet (England, Russland), um die leichtere Fortschaffung möglichst leistungsfähiger und daher entsprechend schwerer Rohre zu ermöglichen. Die Verbindung des vorderen und hinteren Rohrtheils wird entweder durch Ineinanderschrauben beider (Bild s. u. Gebirgsart.) oder mittelst einer besonderen Schlussmutter bewirkt (russische 8 zöller Stahlkanone c/77).

Zerspringen (althergebrachter, aber entbehrlicher Ausdruck: „Krepiren"). Wird bei Schrapnels und Zündergranaten durch das Thätigwerden des Zünders, bei Panzergranaten mit Sprengladung durch Stoss und Reibung beim Auftreffen auf die Platte herbeigeführt. Brennzünder wird nach einer bestimmten Brenndauer des Satzringes, Anzünder durch Verzögerung der Geschossbewegung beim Aufschlag thätig. Der Feuerstrahl des Zünders überträgt sich unmittelbar oder — in Brisanzgeschossen — durch Vermittelung einer besonderen Zündladung (s. d.) auf die Sprengladung, deren Explosion bezw. Detonation das Z. des Geschosses bewirkt. Zu frühes Z. (im Rohr) und zu spätes Z. (sogenannter „Rohr-, Früh- und Spät-Krepierer") können durch fehlerhafte Beschaffenheit des Geschosses bezw. Zünders veranlasst werden.

Vgl. a. u. Aufschlag der Geschosse, Schrapnelwirkung und Sprenggranatschuss.

Zerstören von Eisenbahnen, Telegraphen und Vorräthen nur auf Befehl selbstständiger Kommandeure (Armeekorps; auf Rückzügen können solche Massnahmen auch von den Führern der Nachhut etc. angeordnet werden, wenn Gefahr im Verzuge. Näheres s. Sprengungen, auch Eisenbahn-Zerstörung, Zerstörungszeug, Vernageln der Geschütze.

Zerstörung und Unterbrechung von Kommunikationen. Durch die Zerstörung wird eine Kommunikation auf längere Dauer, durch die Unterbrechung nur vorübergehend, auf einige Stunden oder Tage, unbenutzbar gemacht. Zerstörungen dürfen nur auf Befehl des Armee-Ober-Kommandos erfolgen, Unterbrechungen können von jedem Kommandanten auf eigene Verantwortung angeordnet werden.

Bei Strassen und Wegen wird die Zerstörung an ihren Viadukten, Tunnels, grösseren Brücken u. dergl. ausgeführt; in der Regel sind hierzu technische Truppen nöthig.

Die Zerstörung gemauerter Brücken (Viadukte) erfolgt durch Sprengung ihrer Pfeiler oder ihrer Bogen, die Zerstörung eiserner Brücken zumeist durch Sprengung der Brückenfelder, die hölzerner Brücken durch Sprengung der Brückenfelder oder Joche oder durch Abbrennen. Die Unterbrechung kann bei Brücken durch Abtragen von Brückendecken, sowie durch die Beseitigung von Tragbalken bei kleineren hölzernen Brücken, durch theilweises Abbrechen von Brücken mit schwimmenden Unterlagen — bei voller Erhaltung des Materials — erfolgen.

Eisenbahnen werden in ihrem Unterbaue zerstört, Unterbrechungen sind am Oberbaue und in den Stationseinrichtungen vorzunehmen.

Zerstörungen von Telegraphen- (Telephon-) Linien werden durch Vernichtung des Linien-

und Stationsmaterials, Unterbrechungen mittelst Durchschneidens der Drähte an mehreren Stellen, Entfernen der Stationseinrichtungen u. dergl. herbeigeführt. Unterirdische Leitungen dürfen nicht ausser Acht gelassen werden. Zerstörung wie Unterbrechung von Eisenbahnen, Telegraphen- und Telephon-Linien sind den Behörden mitzutheilen, für Bergung des Materials ist thunlichst zu sorgen.

Zerstörungszeug für kleinere Demolirungen im Felde führt die Kavallerie bei sich. Dasselbe besteht aus: 1 Kreuzschlaghammer, 1 Vorschlaghammer, 2 Brechstangen mit Geisfuss, 6 Meiseln und 2 Meiselstielen, 2 Spaten, 1 Seilrolle mit Drahtzange. Jede Kavallerie-Division führt 2 Garnituren Z. auf 2 Kavallerie-Patronenwagen mit sich. Mit Seilrolle und Drahtzange sind nur die Kavallerie-Regimenter ausgestattet. Ein weiterer Bedarf an Z. kann von dem Pionier-Detachement der Kavallerie-Division gedeckt werden.

Jedes Kavallerie-Regiment führt ferner 8 Taschen à 4 = 32 Sprengpatronen und 8 Taschen mit je 5 = 40 Zündern und 40 losen Sprengkapseln auf dem Faltbootwagen mit sich. Im Gebrauchsfalle werden diese Sprengmittel auf den Pferden der Reiter oder auf Handpferden mitgeführt.

Zu Uebungszwecken erhält jedes Kavallerie-Regiment jährlich 15 Sprengpatronen, 30 Zünder, 30 Sprengkapseln; das General-Kommando ausserdem eine Reserve. Ferner besitzt jedes Kavallerie-Regiment ein Z. zu Uebungszwecken, welches von ihm in Stand zu halten ist.

Zerstörung von Geschützen s. Vernageln.

Zeug ist eine veraltete Bezeichnung für das gesammte Geschützwesen, dessen oberster Befehlshaber Zeugmeister hiess. In Preussen heisst heute noch der Chef der gesammten Artillerie Generalfeldzeugmeister (Rang eines Feldmarschalls).

Zeugnisse (militärärztliche) können nur vom Stabsarzt aufwärts oder deren Vertreter ausgestellt werden. Trägt ein Sanitäts-Offizier Bedenken, selbstständig ein Urtheil abzugeben, wird durch das Generalkommando kommissarische Untersuchung angeordnet. Ein militärisches Z. muss enthalten: Ort und Zeit der Untersuchung und Zweck derselben, Nationale des Untersuchten, Krankheitsgeschichte, Untersuchungsbefund, Urtheil, Datum und Unterschrift. Bei Untersuchung auf Tauglichkeit genügt kurze Bescheinigung der Tauglichkeit oder Untauglichkeit unter Bezeichnung des vorhandenen Fehlers etc. Handelt es sich aber um Dienstunbrauchbarkeit eines Rekruten oder militärisch ausgebildeten oder nicht ausgebildeten Mannes oder um die Invalidisirung eines Soldaten, so ist stets ein **förmliches** Z. auszustellen.

Ziehklinke. Soll das unbeabsichtigte Herausgleiten des Keilverschlusses aus dem Geschützrohre verhindern. Sie ist an der linken Seite der Bodenfläche angebracht und besteht aus dem zylindrischen Schaft, auf dem mit Splint und Knopfriemen ein Kopf befestigt ist. Eine an der Bodenfläche angeschraubte Federplatte schliesst die Bohrung für den Schaft ab. Zwischen Federplatte und einer bundartigen Verstärkung des Schaftes liegt eine Schraubenfeder, welche den Endzapfen des Schaftes in eine Nuth des Verschlusskeils vordrückt. Die Länge der Nuth ist derart bemessen, dass ihre rechte Grenzfläche an dem Endzapfen der Z. anstösst, wenn sich das Ladeloch des Keils in der Verlängerung der Seele befindet. Soll der Verschluss aus dem Rohr genommen werden, so wird der Kopf der Z. so weit zurückgezogen, dass der Endzapfen sich mit der hinteren Keillochfläche vergleicht.

Zielen. Einrichten der Visirlinien der Handfeuerwaffen auf einen bestimmten Punkt, den Ziel- oder Haltepunkt. Je nachdem letzterer im Ziel, an dessen unterem oder oberem Rande liegt, sagt man: „in das Ziel gehen", „Ziel aufsitzen lassen" oder „Ziel verschwinden lassen". S. auch Zielfehler.

Zielfehler. Beim Zielen muss die Kornspitze, in der Mitte der Kimme stehend, mit dem wagerechten Kamm des Visirs abschneiden („gestrichen Korn"). Jede Abweichung von dieser Stellung ist ein Z., und zwar „Vollkorn", wenn die Kornspitze über, „Feinkorn", wenn sie unter dem Visirkamm steht; „rechts geklemmtes Korn", wenn die Kornspitze sich rechts seitlich, „links geklemmtes Korn", wenn sie sich links seitlich von der Mitte der Kimme befindet. Steht der Visirkamm nicht wagerecht, sondern ist rechts oder links gesenkt, so ist das Visir „rechts bezw. links verkantet".

Zielgewehr dient zur Förderung der Schiessausbildung durch Erkennen und Beseitigen der Fehler des Schützen, dessen Zielen durch den Treffpunkt des Geschosses kontrollirt wird; die Benutzung des Z. spart Munition und Zeit und ist nicht an bestimmte Oertlichkeiten gebunden. Das deutsche Z. 88 entspricht äusserlich im Allgemeinen dem Gewehr 88. An der Mündung des Laufes ist ein mit 6 Zügen versehenes Einlegeläufchen aus Aluminiumbronze, 5 mm Kaliber, eingeschoben; es wird festgehalten durch eine auf den Mundring des Laufmantels aufgeschraubte Verschlussmutter und mittelst einer durch den Lauf reichenden Schraube, welche seine Drehung um die Längsachse verhindert. Am hinteren Theil des Läufchens ist ein stählernes Mundstück aufgeschraubt, zu welchem man mittelst einer durch Schieber verschliessbaren Oeffnung im Lauf und Laufmantel gelangt. Der Schlagbolzen ist durch eine in der Mitte mit einem Führungsring versehene Stange verlängert, die am anderen Ende ein kolbenartiges Schlagstück mit Auszieher trägt; ersteres bewirkt beim Vorschnellen die Entzündung der Patrone und zugleich den Verschluss des Läufchens.

Das Geschoss dringt auf 5 m Entfernung 5 bis 6 mm tief in weiches Holz ein und hat eine Gesammtflugweite von 80 m. Eine zehnfach verkleinerte Ringscheibe (8,5 cm hoch und 6,0 cm breit) bringt mit dem Z. auf 5 m hinsichtlich der Treffgenauigkeit etwa die gleichen Verhältnisse zur Darstellung, wie die gleiche Scheibe von vorgeschriebener Grösse auf 100 m bei Verwendung des Gewehrs 88.

Zielmunition. Die Patrone des deutschen Zielgewehrs besteht aus der Kupferhülse mit Rand, die den Zündsatz aufnimmt, dem gefetteten Fliesspappepfropfen und dem Bleigeschoss.

Ziethen, Hans Joachim v., preussischer General der Kavallerie (1699—1786), 1715 Infanterist. 1724 Dragoner, 1729 kassirt (wegen Zwist), 1741 und 1742 thätig, 1745 durch seinen verwegenen Ritt nach Jägerndorf bekannt, machte sich im 7jährigen Kriege einen unvergesslichen Namen. Prag, Kolin, Leuthen, Hochkirch, Liegnitz und Torgau stehen auf seinem Ruhmesschild.

Zivilbeamte der Militärverwaltung heissen — im Gegensatz zu den Militärbeamten — alle diejenigen Beamten, welchen ein Anspruch auf Servisgewährung nicht zur Seite steht, die also im Servistarif bezw. den dazu ergangenen Bestimmungen nicht aufgeführt stehen. Soweit dieselben Uniform zu tragen haben, legen sie das goldene Portepee an. Die Knöpfe sind mit Wappenschild versehen. Während des mobilen Zustandes zählen diejenigen Z., welche den mobilen Heere folgen, als Feldbeamte ebenfalls zu den Militär-Beamten.

Die Z. der Militärverwaltung zählen nicht zu den Militärpersonen und sind daher auch der Militär-Gerichtsbarkeit nicht unterworfen.

Zivilstandsregister bilden die Grundlage für die Rekrutirungs-Stammrollen.

Zivil-Versorgungsschein ist ein Ausweis für Militärpersonen vom Feldwebel abwärts über ihre Berechtigung zur Bewerbung um eine Anstellung im Zivildienste des Reiches, Staates oder der Gemeinden. Inhaber des Z.-V. heissen Militäranwärter. Der Z.-V. wird Unteroffizieren u. s. w. nach Vollendung einer 12jährigen aktiven Dienstzeit bei fortgesetzt guter Führung gewährt. Wenn die Führung nicht tadellos gewesen, kann der Z.-V. nur ausnahmsweise im Gnadenwege nachgesucht werden. Bei Nichterfüllung der 12jährigen Dienstzeit wird der Z.-V. nur an die als dauernd Ganzinvaliden zur Entlassung kommenden Militärpersonen ertheilt. Invalide, welche an Epilepsie leiden, dürfen den Z.-V. nicht erhalten. Sie erhalten ebenso wie sonstige wegen etwaiger Gebrechen zur Verwendung im Zivildienste untauglichen Invaliden an Stelle des Z.-V. eine Zulage von monatlich 12 M., wenn die Unfähigkeit zur Verwendung innerhalb eines Jahres nach Verleihung oder Aushändigung des Scheines eintritt.

Zizianow, Fürst, russischer General, unterwarf 1802—1806 den grössten Theil Transkaukasiens; wurde 8./2. 1806 ermordet.

Zöglinge militärischer Bildungsanstalten. (S. Dienstpflicht.)

Zorndorf. Schlacht 25./8. 1758, in der die Russen unter Fermor nach blutigem Kampfe, der mehrmals die Front wechselte, geschlagen wurden und Seydlitz sich grossen Ruhm durch rechtzeitigen Angriff erwarb. Beide Heere blieben auf dem Schlachtfelde.

Plan s. nächste Seite.

Zuaven. Das Wort stammt von einem Volksstamme in Algier, der im Gebirge bei Constantine wohnt. Auch die Tracht ist zum Theil von dem sehr kriegerischen Stamm entnommen.

Zubehör: a) zum deutschen Gewehr 88 dient zum Schutz und zur leichteren Handhabung des Gewehres und umfasst: 1. Gewehrriemen mit Klammer, Doppelknopf, Oese und Schnalle; 2. Mündungsdeckel (s. d.); 3. Schlossschlüssel zum Auseinandernehmen und Zusammensetzen des Schlosses (zu je 3 Gewehren gehört ein Schlossschlüssel); 4. Schraubenzieher (zu je 10 Gewehren einer).

b) zum Zielgewehr 88: eine Klammer zum Einsetzen der Patrone in das Laufmundstück und ein kleiner Messingstock zum Reinigen des Einlegelaufchens.

Zubringer. Mechanische Vorrichtung im Magazinkasten der Mehrlader, welche die Patronen der Reihe nach einzeln vor die hintere Laufôffnung befördert; der Z. ist entweder als doppelarmiger Hebel konstruirt, dessen längerer, unter den Patronen liegender Arm durch den Druck einer Schraubenfeder auf den vorderen kurzen Arm zu einer Drehbewegung nach oben veranlasst wird (deutsches Gewehr 88), oder seine Bethätigung erfolgt durch eine unmittelbar unter der Platte des Z. liegende Zickzackfeder. (Bilder s. u. Gewehr und Mehrlader.)

Zugbrücke ist der unmittelbar an das Festungsthor anschliessende, an Ketten vertikal aufklappbare Theil der über einen Festungsgraben führenden Brücke.

Züge. Schraubenförmig gewundene Rinnen und Rippen (Felder) in der Seele der Feuerwaffen, welche dem Geschoss die zur Stetigkeit seines Fluges nöthige Drehung um die Längsachse geben. Ihre Konstruktion soll eine sichere Geschossführung bei möglichst geringem Widerstand ergeben. Beide Bedingungen sind jedoch in mancher Hinsicht schwer mit einander zu vereinen. Die sichere Führung erheischt viele, der geringe Widerstand wenige Felder. Bezeichnet man die Zahl der Z. mit n, die Seelenweite (in cm) mit d, so ergiebt $n = 2d + 8$ einen für Geschütze in den meisten Fällen passenden Näherungswerth. In Gewehren beträgt die Zahl in der Regel 4, nur das schweizerische Gewehr m/89 hat 3, das dänische m/89 6 und das englische m/89 7. Je kleiner Laufweite und Seelenumfang, desto weniger Z. darf der Lauf haben, um noch eine genügende Zug- und Felderbreite zu erhalten. Da sich die Felder in Handfeuerwaffen durch längeren Gebrauch verhältnissmässig stark abnutzen, würden möglichst tiefe Z. vortheilhaft sein, wenn sie nicht ungünstige Verschiebungen des Geschossmetalls beim Einschneiden der Felder in den Mantel zur Folge hätten. Die Felderbreite ist häufig gleich der Zugbreite, niemals grösser. Die Geschützrohre haben stets breitere Z. als Felder; da die Zahl der Z. mit der Seelenweite wächst, so ist ihre Breite bei verschiedenen Kalibern meist nicht erheblich abweichend; die Felderbreite darf nicht zu klein werden, um Beschädigungen (durch Verdrücken, Abscheeren) zu verhüten; in Stahlrohren und bei Kupferführung sind durchschnittlich 2 mm, für Bleiführung 3—4,5 mm angemessene Felderbreiten. Die Zugtiefe beträgt bei den meisten Feldgeschützen 1,25 mm (italienische 7 cm 1,3, englische 12 pfünder 1,02, französische 80 und 90 mm 0,5 bezw. 0,6); im allgemeinen wird sie zweckmässig zu höchstens 1% der Seelenweite bestimmt. Das Profil der Z. zeigt in Gewehren und Geschützen vorwiegend 3 verschiedene charakteristische Formen: recht-

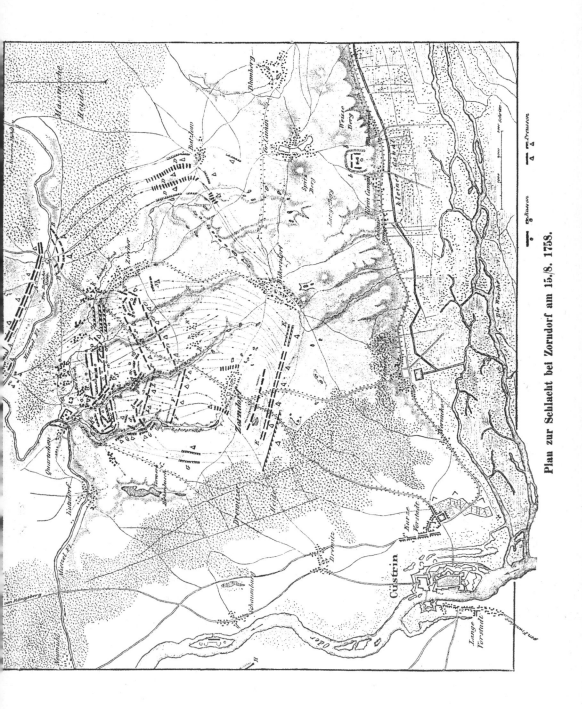

Plan zur Schlacht bei Zorndorf am 15./8. 1758.

eckige (Bild a und d), muldenförmige (Bild b une e) und bogenförmige Z. (Bild c und f). Die rechteckigen Z. heissen auch konzentrische: die Grundflächen oder Sohlen bilden Kreisbogen, deren Mittelpunkt in der Seelenachse liegt; die Seitenflächen oder Flanken jedes Zuges sind einander parallel. Entscheidende Vorzüge der einen oder anderen Profilform für Geschosssicherung und Trefffähigkeit sind bisher nicht hervorgetreten. (Vgl. a. Drall, Kanten der Z., Keil- und Parallelz.)

Abbildungen s. nächste Seite.

Zuglast für Artillerie- und Train-Pferde. Bei 2spännigen Fuhrwerken des Trains und der Munitions-Kolonnen 550—600 kg, bei 4spännigen 450—525 kg per Pferd; bei Feldgeschützen 319 kg, mit aufgesessener Bedienungsmannschaft 61 kg mehr pro Pferd, beim Munitionswagen 362 kg, mit aufgesessener Mannschaft um 24—36 kg pro Pferd mehr.

Es bringen durchschnittlich fort: Ein 2spänniger Wagen 800 Brot- oder 200 Hafer- oder 300 Heuportionen, ein 4spänniger 1200 Brod- oder 300 Hafer- oder 500 Heuportionen; ein 2spänniges Landfuhrwerk 200—400 Heuportionen, ein Tragthier 70—80 kg, ein Maulthier 80—90 kg, ein Esel 50—60 kg. Ein Träger vermag 28 kg zu transportieren.

Zulagen s. Gehalt. An Dienst-Z. werden nach den Besoldungsetats u. s. w. monatlich gewährt: kommandirenden Generälen 1500 M., Divisionskommandeuren 375 M., Brigadekommandeuren 75 M., Lieutenant als Adjutanten 18 M., bei den Bezirkskommandos mit Rechnungsführung 30 M., untersuchungsführenden Offizieren 9 M., bei der Versuchskompagnie der Artillerie-Prüfungskommission und der Luftschifferabtheilung 4,50 M., mit der Bearbeitung der Versorgungsangelegenheiten beauftragten Bezirkskommandeuren 25 M., Bezirksadjutanten 15 M., Bezirksadjutanten für die attachirten Halbinvaliden 9 M., Assistenzärzten bis Korps-Generalärzten 30—45 M.

Kommando-Z., Ehren-Z. s. dort.

Garnison-Z. für Berlin, Potsdam, Charlottenburg und Burg Hohenzollern beträgt 1 Pf. für jeden Mann täglich.

Züllichau. Dort stehen: Ulan.-Regt. Prinz August von Württemberg (Pos.) No. 10, Prov.-Amt, Garn.-Laz. — Servisklasse 3.

Zumala Carregui, karlistischer General (1788 bis 1835), erhielt 1833 den Oberbefehl über die karlistischen Truppen, machte sich durch seine geschickten Bewegungen, in denen er bald den feindlichen Stössen auswich, bald selbst solche austheilte, berühmt. Starb 1835 bei Bilbao schwer verwundet.

Zünder dienen dazu, die Sprengladung in Geschossen und bei Sprengarbeiten, sowie besondere Kriegsfeuer zu entzünden. Hauptsächlichste Anforderung: Sicheres und rechtzeitiges bezw. augenblickliches Thätigwerden (Funktioniren); ferner besonderes bezw. ausschliesslich bei Geschoss-Z.: Einfache, leichte und schnelle Bedienung, Haltbarkeit und Dauer, geringes Gewicht und eine für Ueberwindung des Luftwiderstandes möglichst günstige Form. Die Geschoss-Z. zerfallen in Aufschlag-Z., Brenn-Z. (mechanische Zeit-Z.) und Doppel-Z. (s. dort). Fertig-Z.: Alle Theile des Z. sind dauernd in ihm bezw. im Geschoss vereinigt; um schussfertig zu sein, bedarf An-Z. gar keine Verrichtung, Brenn-Z. nur das Einstellen des Satzstücks auf die betr. Entfernung oder Zeit; der Gebrauch der Fertig-Z. gestaltet sich daher am raschesten und einfachsten.

Zündglocke. Flache oder gewölbte Kapsel am Boden der Metallpatronen und Kartuschen, nimmt hinten das Zündhütchen, vorn den warzenförmigen Amboss auf; durch den Stoss des Schlagbolzens wird der Knallsatz des Zündhütchens gegen den Amboss geschleudert und zur Explosion gebracht, welche sich durch die Zündöffnungen, kleine Löcher in der Vorderwand der Z., der Pulverladung der Patrone mittheilt. Bild s. unter Patrone.

Zündhütchen. Napfförmige, mit Knallsatz geladene Metallkapsel, die in Metallpatronen (-Kartuschen) und Geschosszündern als Zündmittel dient und durch Stoss (Schlagbolzen) oder Stich (Nadel) zur Explosion gebracht wird.

Zündkanal. Walzenförmige, durch Rohrmetall und Verschluss oder durch letzteren geführte Bohrung, welche den Feuerstrahl der Geschützzündung zur Ladung leitet.

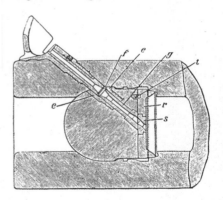

Verschlussstück mit Liderungsring, Verschluss und Zündlochschraube.
Zündlochliderungslager, r Stahlplatte des Verschlusses, t Haltestift der Stahlplatte.

Der Z. des deutschen Feldgeschützes führt durch das Stahlfutter der Zündlochschraube, die Zündlochliderung f, das Zündlochfutter g, das Kupferfutter der Stahlplatte s zur Ladung. S. Bild. Vergleiche auch Zündloch.

Zündladung. Um nasse Schiesswolle oder Granatfüllung c/88 zur Detonation zu bringen, ist der Feuerstrahl der Zündhütchens bezw. die Flamme der Schlagladung der gebräuchlichen Aufschlag- und Brennzünder nicht hinreichend. Die mit dergl. detonirenden Sprengstoffen geladenen Granaten haben eine besondere Z., welche von der unter dem eigentlichen Zünder in das Mundloch des Geschosses eingeschraubten Z.-kapsel r (s. Bild) aufgenommen wird. Sie besteht aus dem walzenförmigen Z.-körper von gepresster trockener Schiesswolle, dessen vordere Ausbohrung die mit Knallquecksilber geladene

Züge

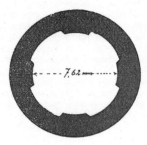

a Russisches Dreiliniengewehr m/91.

b Oesterreich-ungarisches Gewehr m/88.

c Dänisches Gewehr m/89.

Gewehrzüge.

d Deutsche Form.

e Französische Form (de Bange).

f Englische Form (Maitland).

Zugprofile der Geschütze.

Flanken der Züge.

Zündloch — Zündlochschraube

Sprengkapsel v enthält. Soll das Geschoss (Anzünder) beim Aufschlag nicht sofort zerspringen, sondern zuvor möglichst tief in das Ziel eindringen, um seine minenartige Sprengwirkung voll zur Geltung zu bringen, so wird die Z. mit Verzögerung angewendet: Der obere leere Theil der Sprengkapsel nimmt eine zweite kleinere Hülse auf, in die der Verzögerungssatz (verdichtete Kornpulverschicht) t eingepresst ist. Auf ihn überträgt sich zunächst das Feuer des Zünders, und erst nachdem er (in 0,25 Sekunden) verbrannt ist, theilt sich die Flamme der Sprengkapsel mit. Zu gleichem Zweck sind die 15 und 21 cm-Granaten c/83 mit geladener Mundlochbüchse ausgerüstet, welche den Anzünder, ein Satzröhrchen c/84 und einen Satzcylinder aufnimmt und an deren unteres Ende die Z.-kapsel (mit Z.-körper und Sprengkapsel) angeschraubt wird. An Stelle des Satzröhrchens tritt bei der 15 cm-Granate das Mundlochfutter c/83 (s. dort).

Zündloch. Senkrecht (mitunter auch schräg) durch das Rohrmetall geführte Bohrung, welche demselben Zweck wie der Zündkanal dient.

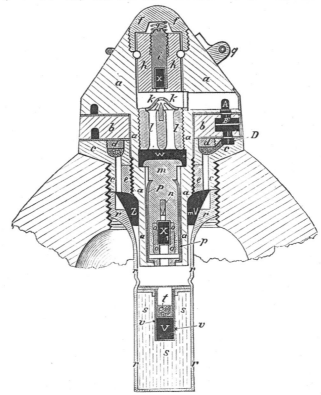

Doppelzünder C/92 mit Zündladung.

Ein möglichst kleiner Querschnitt des Z.s ist vortheilhaft, um den Gasverlust beim Schuss zu verringern.

Zündlochfutter. Kupferne Umhüllung des Zündkanals (Zündlochs), um Rohr bezw. Verschluss der unmittelbaren zerstörenden Einwirkung der Pulvergase zu entziehen.

Zündlochschraube. Bei Schrägzündung zur Aufnahme der Schlagröhre und des oberen Theils des Zündkanals, ist die Z. (s. Bild) in das Rohr leicht lösbar eingeschraubt, mitunter — z. B. bei dem deutschen Feldgeschütz — auch durch eine Sicherungsschraube gegen Verdrehen geschützt. Der untere Theil läuft zapfenförmig aus und bildet bei einigen Geschützen das Grenzstück, welches das Ladeloch des geöffneten Verschlusses in Verlängerung der Seele feststellt. Der obere, das Rohr überragende Theil bildet eine Muschel, die vorn offen, an einer Seite für den Reiberdraht der Schlagröhre und oben für die Kartuschnadel geschlitzt ist. Ein vierkantiger An-

satz am unteren Theil der Muschel dient zur festen Auflage auf dem Rohr und enthält ein Wasserabflussloch. In die Z. ist meist ein auswechselbares Stahlfutter eingeschraubt. Zum Ersatz führt jedes Rohr mehrere Z. S. Bild zu Zündkanal.

Zündmittel (s. auch Zünder). a) Die schnellbrennende Zündschnur ist eine sehr schnell mit starker Detonation brennende Feuerleitung; ihre Seele besteht aus 4 mit einem explosiven Zündsatze umkleideten Baumwollfäden. Nachdem die Seele mit einem Baumwollbande umgeben wurde, wird sie mit einer doppelten Lage von unvulkanisirtem Kautschukbande umwickelt, mit Garn umklöppelt und in Wachs getaucht. b) Englische Zündschnur (Bickford'sche Sicherheits-Saug-Zündschnur) besteht aus einer Pulverseele, welche mit 3 sich kreuzenden Lagen von Jutegarn umsponnen und dann zweimal getheert ist. c) Die Sprengkapsel, welche zur Detonations-Einleitung beim Dynamit verwendet wird, besteht aus einer mit Knallsatz gefüllten Kupferhülse. d) Zeitzünder für Kavallerie-Pioniere besteht aus einer Bickford'schen Band-Zündschnur, an deren einem Ende eine Auflöderung in einer aufgepichten Holzmuschel, und an deren anderem Ende die Sprengkapsel und ein zur Feststellung des Zeitzünders im Kautschukringe der Sprengbüchse dienender Holzpfropf befestigt sind. Auflöderung und Sprengkapsel sind durch Verkappungen geschützt. Die Brenndauer eines Zeitzünders beträgt 100 bis 150 Sekunden. e) Elektrischer Minenzünder enthält eine durch elektrischen Funken leicht entzündliche Substanz, deren Explosion die Entzündung der Sprengladung bewirkt, in welche der Minenzünder eingesetzt ist. f) s. Zündwurst.

Zündnadelgewehr. Von Dreyse konstruirt und nach längeren Vorversuchen, die sich unter anderen auch (1834) auf 1100 Dreyse'sche „Traubengewehre" (Vorderlader mit Zündnadelschloss) erstreckten, 1841 in Preussen eingeführt; Kaliber: 15,43 mm; 4 Züge von rechteckigem Querschnitt und 0,78 mm Tiefe; Zug- und Felderbreite = 6 mm; Dralllänge: 47 Kaliber; Seele: walzenförmiges Patronenlager, kegelförmiger Spiegeleintritt und gezogener Theil, dessen hinteres, etwa 15 mm langes Ende („Fall") gleichfalls kegelförmig war. Ladung: 4,8 g; Mündungsgeschwindigkeit: 296 m; Geschoss: s. Langblei. Grössere Feuergeschwindigkeit: 7—10 Schuss in der Minute und der ballistischen Leistung (erleichtertes Geschoss von kleinerem Durchmesser und veränderter Form; gesteigerte Mündungsgeschwindigkeit; flachere Flugbahn und grösserer Wirkungsbereich: 1200 m); sie wurde 1869 begonnen, kam aber für den deutsch-französischen Krieg nicht mehr zur Geltung.

Zündöffnungen s. Zündglocke.
Zündpatrone s. Zündschloss.
Zündpille. Knallsatz, meist in Walzenform gepresst, durch Umhüllung und Lackirung gegen Feuchtigkeit geschützt, in Ringzündern, Pillenlichten und Zündspiegeln verwendet.
Zündschloss. 1. Geräth zum Entzünden der Pillenlichte; metallene Röhre mit Pistolengriff, enthält eine Schraubenfeder, die mit der Hand gespannt wird und beim Abziehen eine Nadel vorschnellt, welche die Zündpille des vor die vordere Oeffnung des Z. gebrachten Pillenlichtes ansticht.

2. Geschützzündung, unter anderen bei der Schweizer Feldkanone eingeführt (s. Bild). Das mit Drehzapfen in die linke Seite des Verschlusskeils eingesetzte Gehäuse enthält Schlagstift und -Feder; letztere schnellt beim Herausreissen des Abzugskeils, welcher in den Schlitz des Schlagstiftes eingreift, dessen Spitze gegen das Zündhütchen der mit Pulver gefüllten Zündpatrone, deren Flamme sich durch die vordere Oeffnung der Stahlplatte der Kartusche mittheilt. Das Gehäuse ist drehbar im Keil gelagert, um bei geöffnetem Verschluss die verschossene Zündpatrone ersetzen zu können.

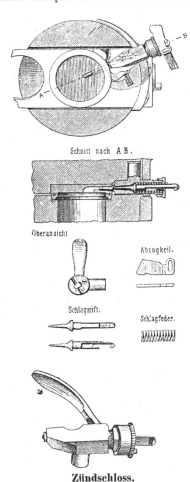

Zündschloss.

Zündschraube. Bildet bei den deutschen Aufschlagzündern den vorderen Abschluss und enthält das Zündhütchen.
Zündspiegel s. Spiegelführung.
Zündungen. Alle mechanischen, elektrischen und chemischen Vorrichtungen, welche dazu dienen, die Entzündung bezw. Explosion oder Detonation von Gewehr-, Geschütz-, Sprengladungen und besonderen Kriegsfeuern unmittelbar herbeizuführen. S. a. Zünder.
Zündwurst. Nothbehelf zur Zündung von Schwarzpulverladungen bei Sprengarbeiten; besteht aus einem 1—2 cm weiten, mit Pulver gefüllten Leinwandschlauch.

Zunehmender Drall s. Drall.

Zürich. 4./6. 1799 unentschiedene Schlacht zwischen Erzherzog Karl und Massena.

Schlacht 25. und 26./9. 1799, in der Korsakow von den Franzosen unter Massena besiegt wurde und viele Geschütze verlor.

Zurlinden. Französischer Divisions-General und Kriegsminister (1837 geb.). Wurde 1870 in Metz gefangen, entkam; führte unter Gambetta ein Kommando. 1895 Kriegsminister Frankreichs.

Zurückstellung heisst nicht befreien, sondern nur auf spätere Jahrgänge übertragen. Z. erfolgt gewöhnlich auf 1 Jahr. Die Ersatz-Kommission kann Einjährig-Freiwillige bis zum 5. resp. 7. Einstellungsjahre zurückstellen. Nach Eintritt der Mobilmachung ist Z. aufgehoben.

Auch zeitige Untauglichkeit begründet Z. Anträge auf Z. spätestens im Musterungstermin. Einjährig-Freiwillige beantragen Z. bei der Ersatz-Kommission bald nach Empfang des Berechtigungsscheines.

Zusammengesetzte Kartuschen siehe Theilkartuschen.

Zusatz s. Trinkwasser.

Zusmarshausen (Bayern). Schlacht 27./5. 1648. Hier wurde Montecuccoli auf einem Rückzuge, den er unter erschwerenden Umständen bewerkstelligen musste, geschlagen.

Z. V. Abkürzung für „Vorschrift, betreffend die tragbare Zelt-Ausrüstung" — 1892.

Zweikampf. Der Herausforderer sendet dem Gegner, wenn Vermittelungsversuche fehlgeschlagen sind, seine Zeugen oder Kartellträger, meist seine späteren Sekundanten. Der Geforderte macht seine Sekundanten nambaft und diese beiden regeln die Sache. Ein Unparteiischer und ein Arzt vervollständigen das Personal. Ein Z. ohne Zeugen ist sehr hart zu bestrafen.

Als Waffen dienen bei Studenten, auch jungen Offizieren die Schläger, bei ernsteren die Säbel (in Frankreich Stossdegen). Nicht Hiebwaffenkundige fordern auf Pistolen, Maximum der Entfernung 15 Schritt. Man unterscheidet feste Distanz mit Feuern beider Gegner auf Kommando oder Barrière mit Vorgehen bis auf 5 Schritt, wobei jedem Gegner frei steht zu schiessen, wann er will. Z. mit gezogenen Pistolen sind unstatthaft.

In der deutschen Armee ist es Sitte, den Ehrenrath zu benachrichtigen. In Deutschland wird die Herausforderung mit 6 Monaten bis 2 Jahren Festungshaft bestraft. Der ausgeführte Z. von 3 Monaten bis 5 Jahren, wenn der Gegner getödtet wurde, nicht unter 2 Jahren.

Die Ordre des Kaisers Wilhelm I. 1874 lautet: „Auf ehrengerichtlichem Wege soll wegen eines Zweikampfes nur dann gegen Offiziere eingeschritten werden, wenn der Eine oder der Andere der Betheiligten bei dem Anlass oder dem Austrag der entstandenen Privatstreitigkeiten gegen die Standesehre gefehlt hat. — Dies muss insbesondere in dem immerhin möglichen Falle geschehen, wenn ein Offizier in frevelhafter Weise einem Kameraden ohne jede Veranlassung eine schwere Beleidigung zugefügt haben sollte. Denn einen Offizier, welcher im Stande ist, die Ehre eines Kameraden in frevelhafter Weise zu verletzen, werde Ich ebensowenig in Meinem Heere dulden, wie einen Offizier, welcher seine Ehre nicht zu wahren weiss."

Hierzu hat Kaiser Wilhelm II. folgende Ergänzung gegeben am 1. Januar 1897:

I. Kommen zwischen Offizieren Privatstreitigkeiten und Beleidigungen vor, die nicht alsbald auf gütlichem Wege standesgemäss beglichen werden, so sind die Betheiligten verpflichtet, unter Unterlassung aller weiteren Schritte, ihrem Ehrenrathe sofort Mittheilung zu machen.

II. Der Ehrenrath hat dann unter Leitung des Kommandeurs den Sachverhalt ungesäumt durch mündliche oder schriftliche Verhandlungen aufzuklären und nach dem Ergebnisse der Ermittelungen, sowie nach Anhörung der Betheiligten schriftlich entweder 1. einen Ausgleichsvorschlag aufzustellen, oder 2. zu erklären, dass er sich nach Lage der Sache ausser Stande sehe, einen Ausgleich vorzuschlagen, dass vielmehr ein ehrengerichtliches Verfahren nothwendig sei, oder aber 3. festzustellen, dass die Ehre der Betheiligten für nicht berührt zu erachten und deshalb weder ein Grund zur Aufstellung eines Ausgleichsvorschlages, noch auch zu einem ehrengerichtlichen Verfahren vorhanden sei. Der Ausgleichsvorschlag hat sich auch über Ort und Frist der Ausführung auszusprechen. Nach Lage des Falles ist insbesondere festzusetzen, ob die Ausführung, ausser vor Zeugen, vor dem Ehrenrath, vor Zeugen, ob sie schriftlich zu erfolgen habe. Ein Ausgleich ist anzustreben, soweit es die Standessitte irgendwie zulässt.

III. Der Beschluss des Ehrenrathes (II.) bedarf der schriftlichen Bestätigung durch den Kommandeur. Bei den Ehrengerichten von Landwehrbezirken, deren Kommandeur nicht den Rang eines Regiments-Kommandeurs besitzt, erfolgt die Bestätigung durch den Brigade-Kommandeur, dem die Verhandlungen und der Beschluss des Ehrenrathes mit einem Gutachten des Kommandeurs des Landwehrbezirkes vorzulegen sind. Der zur Bestätigung Berechtigte ist befugt: 1. den Ausgleichsvorschlag abzuändern, 2. in den Fällen zu II. 2 und 3 seinerseits einen Ausgleichsvorschlag schriftlich aufzustellen, 3. dem Ausgleichsvorschlage oder der Feststellung zu II. 3 die Bestätigung zu versagen und seinerseits die Erklärung nach II. 2 abzugeben.

IV. Den Betheiligten steht gegen den Ausgleichsvorschlag oder die Feststellung zu II. 3 binnen drei Tagen die beim Kommandeur anzubringende Berufung zu. Die Vorgesetzten haben sich hierzu gutachtlich zu äussern und Meine Entscheidung einzuholen.

V. Durch die Ausführung des Ausgleichsvorschlags oder die Feststellung zu II. 3 findet der Streitfall selbst zwischen den Betheiligten, sowie dem Offizierkorps gegenüber seine vollständige Erledigung. Hierdurch ist indess nicht ausgeschlossen, das ehrengerichtliche Verfahren folgen zu lassen, sofern das Verhalten eines der Betheiligten hierzu Veranlassung gegeben hat.

VI. Wird ein Ausgleichsvorschlag nicht aufgestellt oder die Erklärung zu II. 3 nicht abgegeben, so ist ungesäumt nach § 27 ff. der Verordnung vom 2. Mai 1874 zu verfahren. Das Gleiche hat zu geschehen, wenn der endgültig festgestellte Ausgleichsvorschlag nicht ausgeführt wird.

VII. Ueber einen Offizier, der unter Umgehung des Ehrenraths — oder vor endgültiger Entscheidung über den Beschluss des Ehrenraths — oder unter Nichtachtung des endgültig festgestellten Ausgleichsvorschlags oder der Feststellung zu II. 3 — oder vor Meiner Entscheidung auf den ehrengerichtlichen Spruch einen anderen Offizier zum Zweikampf herausfordert oder die Herausforderung eines anderen Offiziers zum Zweikampf annimmt, ist Mir sofort zu berichten.

VIII. Ist einer der Betheiligten ein General, so bleibt die Bestimmung des Kommandeurs und der Mitglieder des Ehrenraths Meiner Entscheidung vorbehalten. Ist einer der Betheiligten ein Stabsoffizier, so ist der Ehrenrath des Ehrengerichts der Stabsoffiziere zuständig. Im Uebrigen wird, wenn die Betheiligten verschiedenen Ehrengerichten unterstehen, der für die Ausgleichsverhandlungen zuständige Ehrenrath durch den nächsten gemeinschaftlichen Vorgesetzten (Dienstweg nach § 27 der Verordnung vom 2. Mai 1874) und, falls ein solcher nicht vorhanden ist, durch Vereinbarung der kommandirenden Generäle (bez. mit dem kommandirenden Admiral der Marine) bestimmt. Wenn nöthig, ist Meine Entscheidung anzurufen.

IX. Geräth ein Offizier mit einem den Ehrengerichten nicht unterworfenen Offizier oder mit einer Privatperson in einen Ehrenhandel, so ist er — sofern nicht alsbald auf gütlichem Wege ein standesgemässer Ausgleich stattfindet — gleichfalls zur umgehenden Anzeige an den Ehrenrath verpflichtet. Letzterer hat auch hier, soweit es die Umstände gestatten. unter Leitung des Kommandeurs auf einen Ausgleich hinzuwirken.

Zwischen-Batterie. Sie bildet bei den neuen Befestigungen die eigentliche Kampflinie, die allerdings erst gebaut werden soll, wenn die Angriffs-Front bestimmt ist. Der Angreifer sucht deshalb die Besatzung über letztere möglich lange zu täuschen.

Zwischenraum ist der seitliche Abstand von Truppen, bezw. von Forts.

Z. im Biwak als Minimum: zwischen den Batterien 10 m, sonst 20 m.

Die Lagerplätze der Kompagnien enthalten 1½ Zugbreite und werden mit Z. von 10 Schritt angelegt. (S. Biwak.)

Zwischen-Werk. Um der Linie der Zwischenbatterien einen Halt zu geben, werden bei grösseren Zwischenräumen zwischen den Forts (2—3000 m) schon im Frieden Z. ausgebaut, die etwa Raum für eine halbe Kompagnie bieten.

Nachtrag.

(Alle Bestimmungen in Bezug auf Anzug, vergl. die Artikel „Anzugsbestimmungen und dergleichen" sind durch die während des Druckes erschienene neue Bekleidungsvorschrift hinfällig geworden, und geben wir die hauptsächlichsten neuesten Vorschriften hier wieder.)

1. Parade-Anzug. a) Für Generale: Gestickter Waffenrock, Helm, Federbusch, Schärpe, hohe Stiefel, Stiefelhose, Orden (grosses Ordensband), Infanterie-Degen (n. M.).

b) Für Infanterie, Jäger etc.: Waffenrock, Helm, Haarbusch, Schärpe, Orden, lange Hosen. Berittene: Hohe Stiefel und Stiefelhose.

c) Kürassiere: Koller, Epaulettes, Helm mit Adler, Küraß (wenn zu Pferde), Schärpe, Kartusch, hohe Stiefel, Stulphandschuhe, Orden u. s. w.

d) Dragoner, Feld-Artillerie etc.: Waffenrock, Epaulettes, Helm, Busch, Schärpe, Kartusch, hohe Stiefel, Orden.

e) Husaren: Attila, umgehängter Pelz, Husarenmütze mit Kolpack, Busch, Fangschnüre etc., Schärpe, Kartusch, Säbeltasche, hohe Stiefel, Orden etc.

f) Ulanen: Ulanka mit Rabatten, Epaulettes, Tschapka mit Rabatten, Busch, Fangschnüre, Schärpe, Kartusch, hohe Stiefel, Orden etc.

2. Dienst-Anzug. a) Generale: Ueberrock bezw. Interimswaffenrock, Achselstücke, Helm, Feldbinde, hohe Stiefel, Orden etc.

b) Infanterie, Jäger etc.: Waffenrock, Achselstücke, Helm, Feldbinde, hohe Stiefel, Orden etc.

c) Kürassiere: Waffenrock, Achselstücke, Helm, Feldbinde, Kartusch, hohe Stiefel, Orden etc. (bei Herbstübungen Koller).

d) Dragoner, Feld-Artillerie etc.: ebenso.

e) Husaren: Attila, Husarenmütze mit Kolpack, Fangschnüre, Schärpe, Kartusch, Säbeltasche, hohe Stiefel, Orden etc.

f) Ulanen: Ulanka, Epaulettes, Tschapka, Feldbinde, Kartusch, hohe Stiefel, Orden etc.

3. Kleiner Dienst-Anzug. a) Generale: Interimswaffenrock oder Ueberrock bezw. Litewka, Achselstücke, Mütze, hohe Stiefel oder lange Hosen.

b) Infanterie, Jäger etc.: Waffenrock oder Ueberrock bezw. Litewka, Achselstücke, Mütze, lange Hosen oder hohe Stiefel etc.

c) Kürassiere: Koller oder Waffenrock oder Ueberrock bezw. Litewka, Achselstücke, Mütze, lange Hosen oder hohe Stiefel (Pallasch bezw. Stichdegen).

d) Dragoner, Feld-Artillerie etc.: Waffenrock oder Ueberrock bezw. Litewka, Achselstücke, Mütze, lange Hosen oder hohe Stiefel.

e) Husaren: Attila oder angezogenen Pelz oder Interimsattila bezw. Litewka, Achselstücke, Mütze, hohe Stiefel.

f) Ulanen: Ulanka oder Ueberrock mit Achselstücken oder Epaulettes bezw. Litewka mit Achselstücken, Mütze, lange Hosen oder hohe Stiefel.

Anmerkung: Die Litewka darf nur getragen werden: In geschlossenen Räumen bezw. Kasernen, zum Dienst, wenn die Mannschaft in Litewka oder Drillichjacken übt. Ausser Dienst auf Truppen-Uebungs- und Schiessplätzen in der Ortsunterkunft, auf dem Lande und im Biwak. Auf der Strasse verboten! Umgehängter Mantel im Dienst nicht gestattet.

An Berichtigungen sind folgende nachzutragen:

Im Schlagworte:

Aach	lies Franzosen	statt	Preussen.
Abensberg	„ Traun	„	Trenen.
Aldringen	„ Colalto	„	Oolatto.
Arcole	„ C. v. B.-K.	„	C. v. Br. R.
Auersperg	„ Lopstedt	„	Loepstedt.
Botruisk	„ Bobruisk	„	Betruisk.
Bothwell-B.	„ Monmouth	„	Monmonth.
Canrobert	„ St. Arnaud	„	St. Amands.
Cardignan	„ Cardigan	„	Cardignan.
Friedrich Wilhelm {	„ 1806	„	1808.
von Braunschweig {	„ 1809	„	1806.
Friedrich Wilhelm {			
der gr. Kurfürst {	„ 1683—86	„	1643—44.

Goltz v. d. C. muss Schlusssatz fortfallen.

Anmerkung: Wir bitten unsere Leser, auf etwaige wesentliche Versehen uns gütigst aufmerksam machen zu wollen.

Die Herausgeber.

Liste der bayrischen Garnisonen.

Amberg. 6. Inf.-Regt. (2. Bat. Sulzbach). Gewehrfabrik. Landw.-Bez., Garn.-Verw. u. Laz.
Ansbach. 2. (Armee-Ko.) Kommandaturbezirk. 2. Ulanen-Rgt., Landw.-Bez., Prov.-Amt, Garn.-Verw.
Aschaffenburg. 2. Jäger-Bat., Landw.-Bez. Garn.-Verw.
Augsburg. Dort stehen Stäbe von 2. Division 3. Inf.- und 2. Kav.-Brigade, Kommdtr. 3. Inf.-Rgt. Prinz Karl (3. Bat. Lindau), Mil.-Schiess-schule, 4. Chevaulegers-Rgt. (4. Esk. Neu-Ulm), 4. Feld-Art.-Rgt. (3. u. 4. Abth. Fürth), Art.-Dep., Landw.-Bez., Prov.-Amt, Garn.-Verw. u. Laz.
Bamberg. Dort steht der Stab der 4. Kav.-Brigade, 5. Inf.-Rgt., 1. Ulanen-Rgt., Landw.-Bez., Prov.-Amt, Garn.-Verw. u. Laz.
Bayreuth. Dort steht Stab der 8. Inf.-Brigade, 7. Inf.-Rgt., 6. Chevaulegers-Rgt. (3. Esk. Neumarkt). Landw.-Bez., Prov.-Amt, Garn.-Verw. u. Laz.
Benediktbeuern. Invalidenhaus.
Dieuze. Dort steht Stab der 5. Kav.-Brigade, 3. Chevaulegers-Rgt.
Dillingen. 2. Chevaulegers-Rgt., Landw.-Bez., Prov.-Amt, Garn.-Verw.
Eichstätt. 1. Bat. 10. Inf.-Rgt., Garn.-Verw.
Erlangen. 19. Inf.-Rgt., Landw.-Bez., Garn.-Verw.
Freising. 2. Abth. 1. Feld-Art.-Rgts., Prov.-Amt, Garn.-Verw.
Fürstenfeldbruck. Unteroffizierschule.
Fürth. 3. u. 4. Abth. 4. Feld-Art.-Rgts., 1. Bat. 4. Inf.-Rgts., Prov.-Amt, Garn.-Verw.
Germersheim. 17. Inf.-Reg. (1. Bat. Zweibrücken), 2. Bat. 2. Fuss-Art.-Rgts., Art.-Depot. Fort, 3. Komp. 2. Train-Bat., Prov.-Amt, Garn.-Verw. u. Laz.
Gunzenhausen. Landw.-Bez.
Hammelburg. Garn.-Verw.
Hof. Landw.-Bez.
Ingolstadt. Dort Gouvern., Komm., Fortif., Stab der 4. Inf.-Brigade, 10. Inf.-Rgt. (1. Bat. Eichstätt), 13. Inf.-Rgt., 1. Fuss-Art.-Rgt. (1. Bat. Neu-Ulm), Geschützgiesserei, Laboratorium, Pulverfabrik, Art.-Depot, 1. Pionier-Bat. (5. Komp. München), Landw.-Bez., Prov.-Amt, Mont.-Depot, Garn.-Verw. u. Laz.
Kaiserslautern. Landw.-Bez.
Kempten. 1. Jäger-Bat., Landw.-Bez., Garn.-Verw.
Kissingen. Landw.-Bez.
Kitzingen. Landw.-Bez.
Landau. Dort steht der Stab der 5. Division u. 9. Inf.-Brigade, Kommdtr. 18. Inf.-Rgt., 5. Feld-Art.-Rgt., Landw.-Bez., Prov.-Amt, Garn.-Verw. u. Laz.
Landsberg. 3. Bat. 2. Inf.-Rgt. Kronprinz. Garn.-Verw.
Landshut. 1. Bat. 16. Inf.-Rgt., 2. schweres Reiter-Rgt., Landw.-Bez., Prov.-Amt, Garn.-Verw. u. Laz.

Lechfeld. Prov.-Amt, Garn.-Verw. u. Laz.
Lindau. 3. Bat. 3. Inf.-Rgt. Prinz Karl von Bayern, Garn.-Verw.
Ludwigshafen a. Rh. Landw.-Bez.
Mindelheim. Landw.-Bez.
Metz. Dort steht Stab der 10. Inf.-Brig., 4. u. 8. Inf.-Rgt., 2. Fuss-Art.-Rgt. (2. Bat. Germersheim).
München. Dort steht General-Inspektion der Armee, Kriegsministerium, Leibgarde, Generalstab, Stab des I. Armee-Korps der 1. Division, 1. u. 2. Inf.- u. 1. Kav.-Brigade, 1. Feld-Art.-Brig., Inspektion der Kavallerie u. Fuss-Artillerie, des Ingenieur-Korps und der Festungen, der Militär-Bildungs-Anstalten; Kommdtr. Inf.-Leib-Rgt., 1. Inf.-Rgt. König, 2. Inf.-Rgt. Kronprinz (3. Bat. Landsberg), 1. schweres Reiter-Rgt., Equitations-Anstalt, 1. Feld-Art.-Rgt. (2. Abth. Freising), 3. Feld-Art.-Rgt., Oberfeuerwerkerschule, Art.-Werkstatt, Art.-Depot, 5. Komp. 1. u. 2. Pion.-Bat., Eisenbahn-Bat., Luftschiffer-Abth., Mil.-Telegr.-Schule, 1. Train-Bat., Landw.-Bez. I u. II, Kriegs-Akademie, Art.- u. Ingenieur-Schule, Kriegsschule, Kadetten-Korps, Mil.-Arzt-Kurs, Lehrschmiede, Gen.-Auditoriat, Gen.-Mil.-Kasse, Prov.-Amt, Garn.-Verw. u. Laz.
Neuburg. 15. Inf.-Rgt., Garn.-Verw. u. Laz.
Neumarkt. 3. Esk. 6. Chevaul.-Rgt.
Neu-Ulm. 12. Inf.-Rgt., 4. Esk. 4. Chevaul.-Rgt., 1. Bat. 1. Fuss-Art.-Rgt., Prov.-Amt, Garn.-Verw. u. Laz.
Nürnberg. Dort stehen die Stäbe der 3. Division, der 6. Inf.- u. 3. Kav.-Brig., Kommdtr. 14. Inf.-Rgt. (1. Bat. Fürth), 1. Chevaul.-Rgt., 3. Abth. 2. Feld-Art.-Rgt., Landw.-Bez., Prov.-Amt, Garn.-Verw. u. Laz.
Passau. 16. Inf.-Rgt. (1. Bat. Landshut). Garn.-Verw. u. Laz.
Regensburg. 11. Inf.-Rgt. (3. Bat. Straubing), Landw.-Bez., Garn.-Verw. u. Laz.
Rosenheim. Landw.-Bez.
Saargemünd. 8. Chevaul.-Rgt. (1. Esk. Zweibrücken).
Schleissheim. Prov.-Amt.
Speyer. 2. Pion.-Bat. (5. Komp. München), Garn.-Verw.
Straubing. 3. Bat. 11. Inf.-Rgt., Landw.-Bez., Garn.-Verw.
Sulzbach. 2. Bat. 6. Inf.-Rgt., Garn.-Verw.
Vilshofen. Landw.-Bez.
Wasserburg. Landw.-Bez.
Weiden. Landw.-Bez.
Weilheim. Landw.-Bez.
Würzburg. Dort stehen Stäbe des 2. Armee-Korps, der 4. Division, der 7. Inf.-Brigade, 2. Feld-Art.-Brigade, Kommdtr. 9. Inf.-Rgt, 2. Feld-Art.-Rgt. (3. Abth. Nürnberg), Art.-Dep., 2. Train-Bat., Landw.-Bez., Prov.-Amt, Garn.-Verw. u. Laz.
Zweibrücken. 1. Bat. 17. Inf.-Rgt., 1. Esk. 5. Chevaul.-Rgt., Landw.-Bez., Garn.-Verw.

Liste der sächsischen Garnisonen.

Annaberg. Bez.-Komm.
Bautzen. Dort stehen 4. Inf.-Rgt. No. 103, Bez.-Komm., Prov.-Amt, Garn.-Verw. u. Garn.-Laz.
Berlin. Dort stehen 7. u. 8. (Königl. Sächs.) Komp. d. Kgl. Pr. Eisenb.-Rgts. No. 2.
Borna. Dort stehen Karabinier-Rgt., Bez.-Komm., Prov.-Amt, Garn.-Verw. u. Garn.-Laz.
Chemnitz. Dort stehen 5. Inf.-Rgt. Prinz Friedr. August No. 104, Bez.-Komm. I Chemnitz, Bez.-Komm. II Chemnitz, Garn.-Verw. u. Garn.-Laz.
Döbeln. Dort stehen Stab, 1., 2. u. 4. Bat. 11. Inf.-Rgts. No. 139, Bez.-Komm., Garn.-Verw. u. Garn.-Laz.
Dresden. Dort stehen Kriegs-Min., Generalstab, Gen.-Komm. d. Armee-Korps, Komm. d. 1. Div. No. 23, Komm. d. 3. Div. No. 32, Komm. d. 1. Inf.-Brig. No. 45, Komm. d. 2. Inf.-Brig. No. 46, Komm. d. 5. Inf.-Brig. No. 63, Komm. d. 6. Inf.-Brig. No. 64, Komm. d. 1. Kav.-Brig. No. 23, Komm. d. 3. Kav.-Brig. No. 32, Komm. d. Feld-Art.-Brig. No. 12, Insp. d. Unteroffizierschule u. Unteroffizier-Vorschule, Insp. d. Mil.-Reit-Anstalt, 1. (Leib-) Gren.-Rgt. No. 100, 2. Gren.-Rgt. No. 101 Kais. Wilh., Kön. v. Pr., Schützen- (Füs.-) Rgt. Prinz Georg No. 108, 2. Jäg.-Bat. No. 13, Garde-Reiter-Rgt., Stab, 1., 2. u. 3. Abth. d. 1. Feld-Art.-Rgt. No. 12, Pionier-Bat. No. 12, Train-Bat. No. 12, Bez.-Komm. Dresden-Altstadt, Bez.-Komm. Dresden-Neustadt, Kommdtr., Kadetten-Korps, Mil.-Reit-Anstalt, Direkt. d. verein. Art.-Werkstätten u. Depots, Art.-Depot, Train-Depot, Art.-Werkst., Sanitäts-Direkt., Mil.-Abth. b. d. thierärztl. Hochschule u. d. Lehrschmiede, Festungs-Gefängniss, Arbeiter-Abtheilung, Bekleidungsamt, Oberkriegsgericht, Prov.-Amt, Garn.-Verw. u. Garn.-Laz.
Freiberg. Dort stehen 1. Jäg.-Bat. No. 12, Bez.-Komm., Prov.-Amt, Garn.-Verw. u. Garn.-Laz.
Geithain. Bis 1. April 1897. Dort stehen 3. u. 4. Esk. 2. Ulanen-Rgts. No. 18, Prov.-Amt, Garn.-Laz.
Glauchau. Bez.-Komm.
Gnaschwitz b. Bautzen. Pulver-Fabrik.
Grimma. Dort stehen 2. Königin-Hus.-Rgt. No. 19, Prov.-Amt, Garn.-Verw. u. Garn.-Laz.
Grossenhain. Dort stehen 1. Königs-Hus.-Rgt. No. 18, Bez.-Komm., Prov.-Amt, Garn.-Verw. u. Garn.-Laz.
Kalkreuth. Remonte-Depot.

Kleinstruppen. Soldatenknaben-Erziehungs-Anstalt.
Königsbrück. Dort stehen Reitende Abth. d. 1. Feld-Art.-Rgts. No. 12, Prov.-Amt, Garn.-Verw. u. Garn.-Laz.
Königstein. (Festung). Dort stehen Kommdtr., Inf.-Besatzung: ein Detachement abwechselnd v. 3. Inf.-Rgt. No 102 u. 4. Inf.-Rgt. No. 103. Art.-Besatzung: ein Detachement vom Fuss-Art.-Rgt. No. 12, Prov.-Amt, Garn.-Verw. u. Garn.-Laz.
Leipzig. Dort stehen Komm. d. 2. Div. No. 24, Komm. d. 3. Inf.-Brig. No. 47, Komm. d. 4. Inf.-Brig. No. 48, Komm. d. 2. Kav.-Brig. No. 24, 7. Inf.-Rgt. Prinz Georg No. 106, 8. Inf.-Rgt. Prinz Johann Georg No. 107, 10. Inf.-Rgt. No. 134, 2. Ulanen-Rgt. No. 18 (v. 1. April 1897 ab), Bez.-Komm., Prov.-Amt, Garn.-Verw. u. Garn.-Laz.
Leisnig. Dort stehen 3. Bat. d. 11. Inf.-Rgts. No. 139, Garn.-Verw. u. Garn.-Laz.
Marienberg. Unteroffizierschule, Unteroffizier-Vorschule, Garn.-Laz.
Meissen. Bez.-Komm.
Metz. Dort steht Fuss-Art.-Rgt. No. 12 (in den Bereich des XVI. Armee-Korps abkommandirt).
Oschatz. Dort stehen 1. Ulanen-Rgt. No. 17 Kaiser Franz Joseph von Oesterreich, König von Ungarn, Prov.-Amt, Garn.-Verw. u. Garn.-Laz.
Pirna. Dort stehen 2. Feld-Art.-Rgt. No. 28, Bez.-Komm., Prov.-Amt, Garn.-Verw. u. Garn.-Laz.
Plauen. Bez.-Komm.
Riesa. Dort stehen 3. Feld-Art.-Rgt. No. 32, Kommandantur d. Truppenübungsplatzes Zeithain, Prov.-Amt, Garn.-Verw. u. Garn.-Laz.
Rochlitz. Dort stehen Stab, 1., 2. u. 5. Esk. 2. Ulanen-Rgt. No. 18, Prov.-Amt, Garn.-Laz.
Schneeberg. Bez.-Komm.
Skassa. Remonte-Depot.
Strassburg i. E. Dort steht 6. Inf.-Rgt. No. 105 König Wilh. II. von Württemberg (abkommandirt zum XV. Armee-Korps).
Wurzen. Dort stehen 3. Jäger-Bat. No. 15, Bez.-Komm., Garn.-Verw. u. Garn.-Laz.
Zeithain. Truppen-Uebungsplatz. Kommandantur (s. Riesa), Garn.-Verw.
Zittau. Dort stehen 3. Inf.-Rgt. No. 102 Prinz-Regent Luitpold von Bayern, Bez.-Komm., Garn.-Verw. u. Garn.-Laz.
Zwickau. Dort stehen 9. Inf.-Rgt. No. 133, Bez.-Komm., Garn.-Verw. u. Garn.-Laz.

Uebersicht

über die

Hauptzweige der Militär-Litteratur.

Vorbemerkung.

Die nachfolgende Uebersicht über die Militär-Litteratur ist in erster Linie bestimmt, dem noch nicht eingehend mit der letzteren Vertrauten einen zuweilen vielleicht nicht unwillkommenen Hinweis auf das für seine Studien und Arbeiten geeignete Quellen-Material zu geben.

Die Auswahl der Werke über **Kriegführung** im weitesten Sinne (**Taktik, Strategie, Generalstabsdienst u. s. w.**), **Heeres-Verfassung, Bewaffnung, Befestigungslehre u. s. w.** ist von dem praktischen Gesichtspunkte aus geschehen, dass nur solche Werke Aufnahme fanden, welche nicht veraltet sind, bez. das Neueste auf diesen Gebieten enthalten

Für denjenigen, welcher das gleichsam unermessliche Feld der heutigen Litteratur überschaut, bedarf es wohl keiner Erklärung, dass viele sonst treffliche Werke nicht Aufnahme finden konnten, ohne den Rahmen des Werkes in einer dessen Bestimmung geradezu hemmenden Weise zu überschreiten. Für die eingehendere Orientirung findet sich alles in der „**Bibliographie der Kriegswissenschaften**", deren hauptsächlichste Quellen der Uebersicht über die Militär-Litteratur vorangestellt sind. Hier sind auch diejenigen Handbücher und Erscheinungen der periodischen Militär-Litteratur aufgenommen worden, welche über die neuesten Veröffentlichungen im Laufenden erhalten und Inhalts-Angaben der Militär-Zeitschriften geben, weil gerade in ihnen der Offizier für seine wissenschaftlichen Arbeiten, Vorträge u. s. w. das brauchbarste Material findet. Reglements, Verwaltungs-Vorschriften, Schriften über den Dienst-Unterricht haben an anderer Stelle Berücksichtigung gefunden, soweit sie überhaupt für die Aufgabe des Militär-Lexikons zur Sprache kommen. Werke in nichtdeutscher Sprache sind nur dann aufgenommen, wenn sie — wie z. B. in der Kriegs-Geschichte — nicht zu entbehren sind, Geschichten einzelner Truppentheile schon um dessentwillen nicht, weil fast jedes deutsche, an kriegerischen Ereignissen betheiligte Regiment eine solche besitzt.

Bibliographie der Kriegswissenschaften.

Hierin enthalten Werke und Zeitschriften, welche eine Uebersicht über die Militär-Litteratur geben, bezw. solche, welche über die neuesten Erscheinungen derselben, einschliesslich der in Zeitschriften u. s. w. enthaltenen militärisch wichtigen Artikel berichten.

Allgemeine Mil. Bibliographie. Rundschau über d. litterar. Erscheinungen d. In- u. Auslandes. Leipzig seit 92.
Baldamus. Die litter. Erscheinungen der Jahre 1845—1864 auf d. Gebiet der Kriegswissenschaften. Leipzig 72.
— Dasselbe Werk. 1875—84. Leipzig 80/85.
v. Gironcourt. Repertorium d. Mil. Journalistik d. 19. Jahrh. bis 1837. Cassel 34/37.
Hirsch u. Kowalski. Repertorium der neueren deutsch. Mil. Journalistik. B. 78.*)
Hirsch. Repertorium d. neueren deutsch. Mil. Journalistik. Köln 82, 85. 89/91.
v. Hoyer. Litteratur d. Kriegswissenschaften u. Kriegsgeschichte. Bln. 32.
M. Jähns. Gesch. d. Kriegswissenschaften, vornehmlich in Deutschld. b. 1800. Köln 82/85, 89/91 u. Fortsetzung.
Kunz. 1160 Themata für Winterarbeiten u. Vorträge nebst Quellen-Angabe. Bln. 95.
Mil. Litteratur-Zeitg. Bln. seit 20 bis heute. Z. Z. Beilage zum Mil.-Wochen-Blatt.
Merres. Handbuch für d. materiellen Gebrauch d. Mil.W.Bl. 1816—59. B. 60.
Pohler. Litteratur der wichtigsten preuss. und deutsch. Kriege d. XIX. Jahrh. System. Uebersicht d. bis Ende 80 ersch. Werke. Lpzg. 81.
Pohler. Litteratur über d. Gesch. d. Festungen, kriegsgesch. denkwürd. Städte u. s.. w. System. Uebersicht bis 80. Leipzig 81.
— Bibliotheca historico-militaris. System. Uebers. bis 80. Kassel 87/90.
Rumpf. Allgem. Litteratur der Kriegswissenschaften. B. 95.
Repertorium der Mil. Journalistik. 76—91. (Aus d. Organ mil.-wiss. Vereine.) Wien.
Scholl. System. Uebersicht d. Mil. Litteratur u. s. w. seit 30. Darmstadt 42.
v. Seelhorst. Deutsch. Mil. Litteratur 1850—60. Bln. 62.
v. Sturmfeder. Repertorium der deutsch. Mil. Journalistik. Cassel 59.
Freih. v. Troschke. D. Mil. Litteratur seit d. Freiheits-Kriegen mit bes. Bezugnahme auf die Mil. Litt.-Ztg. B. 70.
v. Witzleben. Deutschlands Mil. Litteratur im letzt. Jahrzehnt u. Uebersicht d. wichtigsten Karten u. s. w. Europas. B. 50.
Poten. Handwörterbuch d. gesammten Militär-Wissenschaften. B. 77.
Dictionnaire militaire. Encyclopédie d. sciences mil. Paris. Seit 94.
Scheibert. Militär-Lexikon. B. 96.

Ausser den genannten Werken sind mit grossem Nutzen zu verwerthen die in der deutschen, österreichisch-ungarischen und in den fremden periodischen Mil. Litteraturen alljährlich oder in grösseren oder kleineren Zeitabschnitten erscheinenden Uebersichten über die neuesten Erscheinungen der Militär-Litteratur, auch der periodischen.

In dieser Hinsicht sind mustergültig neben der in den „Loebell'schen Jahresberichten" enthaltenen „Uebersicht über d. kriegs- u. heeresgeschichtliche Litteratur" die vierteljährlich im Mil.-Woch.-Bl. erscheinenden „Uebersichten über die period. Mil. Litteratur des In- und Auslandes". — Aehnlich: „Die Rundschau in d. period. Mil. u. technischen Litteratur" aus den „Mittheilungen über Gegenstände des Artillerie- und Genie-Wesens" und „Das Organ d. mil.-wiss. Vereine Oesterreich-Ungarns". Auch bringen viele Zeitschriften, so „Mil.-Woch.-Blatt", „Die Jahrbücher für deutsche Armee und Marine", „Streffleur", „D. Wajennüj Ssbornik", der „Russische Invalide" u. s. w. systematisch geordnete Uebersichten über die in ihnen erschienenen Artikel.

Heeres-Verfassung.

In der nachfolgenden Uebersicht konnten bei der Fülle des Stoffes nur die hauptsächlichsten, bez. die für Studium und Arbeiten des Offiziers wichtigsten und brauchbarsten Werke Aufnahme finden. Bei den andauernden Veränderungen, welche die Organisation aller Heere alljährlich erleidet, giebt es natürlich kein Werk, welches nach allen Richtungen hin in dem Augenblicke seines Erscheinens noch zutreffend ist.

In der Bearbeitung befindet sich ein von den bekanntesten Militär-Schriftstellern der deutschen und österreichisch-ungarischen Armee verfasstes Werk „Die Heere und Flotten der Gegenwart", von welchem der erste, das deutsche Heer behandelnde und von Generallieutenant von Boguslawski bearbeitete Theil soeben (1896) in Berlin erschienen ist. Als Herausgeber wird Dr. von Pflugk genannt.

---

*) Die Namen der sich häufig wiederholenden Verlagsorte sind abgekürzt, z. B.: B. = Berlin. — Ebenso sind die dem gegenwärtigen Jahrhundert angehörenden Jahreszahlen des Verlages nur mit den Endziffern angegeben.

In dankenswerthester Weise dienen der Ergänzung und Richtigstellung der Werke über Heeres-Verfassungen die seit 1875 erscheinenden „v. Loebell's Jahresberichte über Veränderungen und Fortschritte im Militärwesen". In denselben sind nicht nur alle Veränderungen der Gliederung, Bewaffnung, Uniformirung, Ausbildung u. s. w. der Heere berücksichtigt, sondern auch die kriegerischen Ereignisse, die Vorgänge auf militärwissenschaftlichem Gebiete u. s. w. geschildert.

Die deutschen und österreichisch-ungarischen militärischen Journale bringen kürzere Bemerkungen oder auch längere Abhandlungen über die Vorkommnisse auf militärischem Gebiete innerhalb des Jahres.

Heeres-Verfassung im Allgemeinen.

v. d. Goltz. D. Volk in Waffen. B. 90.
Jähns. Heeres-Verfassung und Völkerleben. B. 85.
Köhler. D. Entwickelung des Kriegswesens v. 11. Jahrh. bis zu den Hussitenkriegen. Breslau 86/93.
Meynert. Geschichte des Kriegswesens u. der Heeres-Verfassungen in Europa. Wien 69.
Molard. Puissances mil. des états de l'Europe. Considérations militaires. Organisations défensives u. s. w. Par. 95.

Rau. L'état militaire des principales puissances militaires. Ersch. fast allj. in Par.
v. Stein. Lehre vom Heerwesen. Als Theil d. Staatswissenschaft. Stuttg. 72.
— D. Streitkräfte der bedeutenderen, kontinentalen Staaten Europa's. Wien 82 u. ff.
Vogt. D. europ. Heer d. Gegenwart. Rathenow 86/90.
Knötel. Uniformenkunde. Lose Blätter zur Geschichte der Entwickelung der militärischen Tracht. Rathenow. Seit 1890 im Erscheinen.

Heeres-Verfassung der einzelnen Staaten.

Soweit dieselbe im Nachstehenden nicht berücksichtigt ist, wird auf die betreffenden Abhandlungen in den „Loebell'schen Jahresberichten", sowie auf die oben erwähnte Veröffentlichung „Die Heere und Flotten der Gegenwart" verwiesen, welche auf alle Fragen eingehende Auskunft geben werden.

Deutschland.

v. Boguslawski. Das Deutsche Heer. (1. Theil der „Heere u. Flotten d. Gegenwart".) B. 96.
v. Helldorf. Dienst-Vorschriften. Neue Ausgabe „für die deutsche Armee" im Erscheinen.
K. Pr. Kriegsministerium. Die Militär-Gesetze des Deutschen Reiches. B. Seit 90.

Zur Beurtheilung der deutschen Armee vom Standpunkte des Auslandes siehe u. a.
Heumann. L'armée allemande, son histoire, son organisation actuelle. Paris 95.
Kaulbars. Die deutsche Armee und die Grundsätze ihres Wesens u. ihrer Ausbildung. Russ. St. Petersburg 90.

Im übrigen wird auf die zahlreichen Schriften, welche sich mit dem Heerwesen und dem Dienstbetrieb u. s. w. beschäftigen, wie Poten, Geschichte des Militär-Erziehungs- und Bildungs-Wesens in den Landen deutscher Zunge, B. 89/96; v. Witzleben, Heerwesen u. Infanterie-Dienst; von Pelet-Narbonne, Kavallerie-Dienst und Wehrkräfte des deutschen Reiches u. s. w. verwiesen.

Garnison-Verzeichnisse, Eintheilungs-Uebersichten, Garnison-Karten erscheinen alljährlich und sind nur in den neuesten Ausgaben auch für weitere Kreise brauchbar.

Für die Uniformirung wird verwiesen auf:
Krick u. Lange. D. deutsche Reichsheer in seiner neuesten Bekleidung und Ausrüstung. (Beständig durch Ergänzungen a. d. Laufenden erhalten.)

Oesterreich-Ungarn.

Danzer, Bancalari u. s. w. D. Völker Oesterreich-Ungarns in Waffen. Wien 89.

Glückmann. Heerwesen der Oest.-Ung. Monarchie. Wien 92.
Militär-statistisches Jahrbuch für 1877/95. Wien.
Organisations- und Dislokations-Uebersicht d. k. k. Oest.-Ung. Heeres, Landwehr u. Gendarmerie. Linz 94.
Purschka. Rückblick auf die Entwickelung d. k. k. Heeres. Lembg. 94.
Strobl u. Schreger. Grundzüge des Heerwesens d. Oesterr.-Ung. Monarchie 93.

Berndt. Uebersichtskarte der Dislokation des Oest.-Ung. Heeres. 1:1,500,000. Wien 94.
v. Ottenfeld. D. Oesterr. Armee v. 1700/1867. Im Erscheinen. Wien 96. (Giebt einen Ueberblick über die Entwickelung d. Uniformirung.)

Andere Uniformirungs-Darstellungen sind erschienen 1892 von Barteau, Wien, und Ruhl, Leipzig.

Russland.

Beiträge zur Kenntniss der russischen Armee. Hann. 84.
v. Drygalski. Beiträge z. Orientirung über die Entwickelungs-Geschichte der russisch. Armee. B. 92.
— Die Entwickelung der russ. Armee seit 82. B. 84.
— D. russ. Armee im Krieg u. Frieden. B. 82.
E. S. Russlands Wehrkraft. Wien 87.
D. russ. Armee im Felde. Wien 88.
D. russ. Armee im Krieg u. Frieden. B. 90. (Giebt auch die Uniformirung im Bilde.)
D. russ. Kriegswesen, wie es ist und wie es sein sollte. Russ. St. Petbg. 92. Deutscher Auszug. M.W.Bl. 93, 7/8.

Heeres-Verfassung.

Solotarew. Materialien z. Mil.-Statistik Russlds. Die Bevölkerung als Quelle der Heer-Ergzg. St. Pbg. 89. Deutsch. Wien 91.
v. Tettau's Schriften über Reglements, Schiessausbildung, Felddienst, Kosaken u. s. w. (Hellwing-Hannover, Zuckschwerdt-Leipzig).
Springer. Die Kosaken. Leitmeritz 77.
v. Stein. Gesch. d. russ. Heeres bis Nicolai I. Hann. 85. (Fortsetzung von General Krahmer im Erscheinen.)
Bober. Dislokations-Karten der ges. russ. Armee u. s. w. in Europa u. Asien. B. 95.

Frankreich.
Exner. D. franz. Armee im Krieg u. Frieden. B. 94. (Nach allen Richtungen hin genügend.)
Messin. L'armée française ce qu'elle est, ce qu'elle devrait être. Par. 91.
Mauroy. L'armée franç., sa constitution, son administration, son utilisation u. s. w. Rennes 95.
Schott. D. franz. Heerwesen 94. Ergänzung zu „Frankr. Kriegsvorbereitungen seit 89". (Aus den Jahrbüchern für deutsche Arm. u. Marine.) B. 95.
D. Exerzirreglement d. franz. Infanterie und die neuen Vorschriften über Aufklärungs- und Sicherheits-Dienst. Lpzg. 95.
v. Tröltsch. Dislokationskarte der franz. Armee. B. 91.
Carte de la répartition u. s. w. d. l'armée franç. pour 96. Par. 96.
Lienhardt et Humbert. Les uniformes de l'armée française depuis 1690 jusqu'à nos jours. Lpzg. Seit 95.

Italien.
Hausschild. Beobachtungen über Heeres-Verhältnisse, Land und Leute in Italien. 93.
Schuler. Italiens Wehrkraft. Wien 89.

England.
Le Juge. Das englische Heer, einschliessl. der Kolonial-Truppen Leipzig 1896. (Nach allen Richtungen erschöpfend.)
Die engl. Armee i. ihrer gegenw. Uniformirung. Lpzg. 94.
Schuler. Dislokationskarte d. britischen Streitkräfte in Ost-Indien u. d. russ. Streitkräfte in Asien. 92.

Die Türkei und die Staaten der Balkan-Halbinsel.
Die türkische Wehrmacht und diejenige der Armeen der Balkan-Staaten Bulgarien, Griechenland, Rumänien, Serbien und Montenegro. Wien 92.
v. Felgenhauer. Die Militärbildungsanstalten der Türkei und ihre jüngsten Reformen. B. 87. (Bhft. z. M.W.Bl.)
Die griechische Armee während der Mobilisirung 1880/81. B. 81.
Das serbische Heerwesen u. s. Organisation. B. 93.
Socecu. Die rumänische Armee, ihre Organisation, Eintheilung u. s. w. Lpzg. 95.
Im übrigen siehe auch die zum Theil vortrefflichen mil.-geogr. Schilderungen der Balkan-Staaten, meist von österr.-ungar. Offizieren verfasst, in denen die mil. Verf. sehr eingehend berücksichtigt sind. (Tuma, Filck v. Wittinghausen.)

Schweiz.
Feiss. D. Wehrwesen d. Schweiz. Zürich 96. (Nach den neuesten Veränderungen völlig umgearbeitet.)
Weber. Zur Wehrfrage. Kritische Bemerkungen. Zür. 93.
Die schweizerische Armee. Genf. Seit 94 im Erscheinen. (Vortreffl. ausgestattet. Text von den Waffen-Chefs u. s. w. der Armee.)

Spanien und Portugal.
Hauschild. Beobachtungen über Heeres-Verhältnisse, Land und Leute in Spanien u. Portugal. B. 93.
(Neuerdings sind aus Anlass der Kämpfe Spaniens in d. Kolonien e. Reihe eingehender Abhandlungen in d. „Loebell'schen Berichten" und der deutschen u. österr.-ungarischen periodischen Presse erschienen.)

Belgien und Niederlande.
Abel. Vorschriften betrekkelijk de nationale militie ten dienste van de landmacht. Gravenhage 85.
Darby de Thiersant. L'armée coloniale de l'Inde Néerlandaise. Par. 85.
Baron Smissen. Les forces nationales belgiques. Brüssel 80.
Im übrigen siehe: „Loebell'sche Berichte" und
Hoenig. Die politische und militärische Lage Belgiens u. Hollands in Rücksicht auf Frankreich und Deutschland. B. 78.

Dänemark.
v. Fircks. Dänemarks Streitkräfte zu Lande und zur See. (Bhft. z. Mil.-Woch.-Bl. 78.)
(Siehe auch: „Loebell's Berichte".)

Schweden und Norwegen.
Hilder. Ueber militärische Verhältnisse in Schweden. B. 69.
(Siehe auch: „Loebell's Berichte".)

China.
Exner. China. Skizzen von Land u. Leuten. Lpzg. 94.
D. Heerwesen Chinas. (Bhft. M.W.Bl. 86.)
Putjata. Chinas Wehrkraft und Heerwesen. Deutsch. Wien 95.
Ueber die Chines. Armee. M.W.Bl. 94.

Japan.
Exner. Japan, Skizzen von Land und Leuten. Lpzg. 94.
Die Japanische Armee. M.W.Bl. 94.
D. Japanische Armee in ihrer gegenw. Uniformirung. Lpzg. 94.
(Viel Material über die Armee in Loebell's Berichten.)

Kriegs-Geschichte.

I. Die Kriege vom Beginne des dreissigjährigen Krieges bis zur Thronbesteigung König Friedrichs des Grossen. 1648—1740.
II. Die Kriege im Zeitalter Friedrichs des Grossen bis zum Beginne der Kriege der französischen Republik. 1740—1792.
III. Kriege in der Zeit der französischen Republik und des Kaiserreichs. 1792—1815.
IV. Kriege von 1815—1848.
V. Kriege von 1848 bis zur Thronbesteigung Kaiser Wilhelms des Grossen. 1848—1861.
VI. Kriege im Zeitalter Kaiser Wilhelms des Grossen. 1861—1888.
VII. Kriege der neuesten Zeit. 1888—1896.

I. Die Kriege vom Beginne des dreissigjährigen Krieges bis zur Thronbesteigung König Friedrichs des Grossen. 1648—1740.

Dreissigjähriger Krieg 1618—48.

Ueber diesen Krieg sind in älterer Zeit eine Reihe von zusammenhängenden Darstellungen erschienen, welche zum Theil durch später erschienene Arbeiten auf Grund neu erschlossener Quellen in einzelnen Punkten ergänzt, bez. berichtigt sind. Neuere, die militärischen Verhältnisse in die erste Linie stellende umfassende Schilderungen giebt es nur wenige. Ziemlich zahlreich sind dagegen die Schriften, welche sich mit einzelnen Episoden, mit den Schicksalen einzelner Landestheile, Städte u. s. w., mit den kulturgeschichtlichen Verhältnissen Deutschlands, den Beschreibungen einzelner Schlachten, Treffen und Belagerungen, sowie den Lebensschicksalen, bez. der Betheiligung einzelner hervorragender Offiziere am Kriege beschäftigen. Im Folgenden ist aus der Ueberfülle des Vorhandenen das für die militärischen Studien Wichtigste hervorgehoben worden.

Barthold. Geschichte d. gross. deutsch. Krieges v. Tode Gustav Adolph's ab. Stuttg. 43. (Darstellung d. franz. Einwirkg. auf Deutschlands Verhältnisse.)
Brendel. Schlacht a. weissen Berge. Halle 75.
Brockhaus. D. Kurfürstentag z. Nürnberg 1640. Lpzg. 83.
Chemnitz. Geschichte d. schwed. Krieges in Deutschl. 1636 u. 1641—46. Stockholm 55/59.
Charvériat. Histoire de la guerre d. 30. ans. Par. 78.
v. Clausewitz. Werke Bd. 9. 10. Strategische Beleuchtung mehrerer Feldzüge von Gustav Adolph u. s. w.
Cronholm. Gustav Adolph in Deutschland. A. d. Schwedischen. Lpzg. 75.
v. d. Decken. Herzog Georg v. Braunschweig und Lüneburg. Beitrag z. Gesch. d. 30j. Kr. Hann. 34.
Dudik. Schweden in Böhmen und Mähren. 1640—50. Wien 79.

Dudik. Waldstein u. s. Enthebung bis z. abermaligen Uebernahme d. Armee-Ober-Kommandos 1630—32. Wien 58.
v. Eberstein. General-Feldmarschall Ernst v. Eberstein. B. 92.
v. Fischer-Treuenfeld. Rückeroberung Freiburgs durch die kurbayerische Reichs-Armee 1644. Lpzg. 95.
Fischer. D. Mannsfelders Tod. (E. krit. Beitrag z. Gesch. d. 30j. Krieges.) B. 78.
Feldzug d. Herzogs v. Rohan i. Veltlin 1635. Luzern 82.
Foerster. Wallenstein. Potsdam 34.
— Wallensteins eigenhändige, noch ungedruckte Briefe u.s.w. a. d. Jahren 1627—34. B. 28/29.
Gindely. Geschichte des 30jährigen Krieges. Prag 70.
— D. Berichte über d. Schlacht am weissen Berge. Wien 77.
Grossmann. Des Grafen v. Mansfeld letzte Pläne u. Thaten. Breslau 70.
Gonzenbach. General H. L. v. Erlach. Bern 82.
Helbig. Kaiser Ferdinand u. der Herzog von Friedland während des Winters 1633—34. Dresden 52.
Heilmann. Feldzüge der Bayern 1643—45. Lpzg. 51.
Heyne. Kurfürstentag z. Regensburg. Drsd. 50.
Hofmann. Melander v. Holzappel. Charakterbild aus d. 30jähr. Kriege. München 82.
Helbig. Wallenstein u. Arnim. Beitrag zur Gesch. d. 30jähr. Krieges. Dresden 50.
du Jarrys. D. 30jähr. Krieg v. militär. Standpunkte. Schaffhausen 52.
Irmes. H. G. von Arnim, e. protest. Feldherr u. Staatsmann. Lpzg. 94.
Klopp. Die Katastrophe von Magdeburg 1631. Freiburg 74.
— D. 30jähr. Krieg bis z. Tode Gustav Adolphs. Paderborn 91. (Oft einseitig.)
Lorentzen. Die schwed. Armee im 30jähr. Kriege. Lpzg. 94.

Kriegs-Geschichte.

Loewe. Organisation u. Verwaltung d. Wallenstein'schen Heere. Freiburg i. B. 95.
Lichtenstein. Schlacht b. Lutter a. Barenberge. Braunschweig 50.
Odhner. Die Politik Schwedens im Westf. Friedens-Kongress u. d. Gründung d. schwed. Herrschaft i. Deutschland. Gotha 77.
Opitz. Schlacht bei Breitenfeld 1631. Lpzg. 92.
Opel. Der Niedersächsisch-dänische Krieg. Magdeburg 94.
v. Pufendorf. Sechs und zwanzig Bücher d. Schwed.-deutschen Kriegsgeschichte. Frankfurt a. M. 1688.
Précis des campagnes de Gustave Adolphe en Allemagne 1630—32. Brüssel 87. (Sehr eingehend.)
Frh. v. Reitzenstein. Feldzug 1632 a. Oberrhein und in Westfalen bis zur Schlacht bei Wimpfen.
Ritter. Briefe u. Akten z. Gesch. d. 30jähr. Krieges. München 70/71.
Rietz. Zur Erinnerung an Stralsunds heldenmüthige Vertheidigung gegen Wallenstein 1628. Stralsund 28.
v. Ranke. Geschichte Wallensteins. Lpzg. 69.
Schmidt. D. Belagerung von Hameln u. s. w. 1633. Halle 80.
Stieve. D. oberösterr. Bauernaufstand 1626. München 91.
— Ursprung d. 30jähr. Krieges. München 75.
Struck. Schlacht bei Nördlingen. Stralsd. 93.
Taeglichsbeck. D. Gefechte b. Steinau 1632 und 33. B. 89.
Gf. Uetterodt. Ernst Gf. von Mansfeld 1580 bis 1626. Gotha 67.
v. Vincke. D. Schlacht b. Lützen 1632. B. 32.
Volkholz. Die Zerstörung Magdeburgs 1631 i. Lichte d. neuesten Forschung. Magdebg. 92.
Wittich. Magdeburg, Gustav Adolph u. Tilly. B. 74.
— Dietrich v. Falkenberg. Oberst u. Hofmarschall Gustav Adolphs. Magdebg. 92.
— Pappenheim u. Falkenberg. B. 94.
— Dietrich v. Falkenbergs Ende. Lpzg. 95.
Weinitz. D. Zug d. Herzogs v. Feria i. Deutschland. 1633. Heidelbg. 82.
Zober. Gesch. d. Belagerung Stralsunds durch Wallenstein 1628. Stralsd. 28.

Polnisch-schwedisch-dänisch-brandenburgischer Krieg 1655—60.

Zusammenfassende Werke über diesen Krieg fehlen fast ganz. Man ist beim Studium desselben auf die allerdings zum Theil vortrefflichen Abhandlungen in Zeitschriften pp. angewiesen. Für den brandenburgischen Antheil am Feldzuge muss auf die Monographien über die Schlacht bei Warschau 1656 verwiesen werden.

Droysen. Geschichte d. preuss. Politik III, 2. Lpzg. 63.
— Schlacht bei Warschau. Lpzg. 63.
Lundblad. König Karls X. Gustav Historie. Stockholm 30.
v. Orlich. Gesch. d. pr. Staates i. 17. Jahrhundert, mit besonderer Beziehg. auf d. Leben Friedrich Wilhelm d. Grossen Kurfürsten. B. 39.
— Fr. Wilhelm d. grosse Kurfürst. B. 36.

Riese. D. Schlacht bei Warschau. B. 70.
— Karls X. Gustavs von Schweden Kriegszug über das Eis. B. 61.

Von Beiträgen in Zeitschriften seien erwähnt:
Ledebur's Archiv III 1830, VI. 1831, Deutscher Militär-Almanach 1839, Oesterr. Milit. Zeitschrift 1864, III. u. s. w.

Türkenkriege Leopold's I. 1661—64, 1682—99.

Bigge. D. 3tägige Seeschlacht i. d. Dardanellen 1657. B. 92.
Brock. D. Brandenburger bei Salankemen u. i. Türkenkriege 1691—97. Rathenow 91.
Goertz. Berichte Karl Gustavs, Markgrafen v. Baden-Durlach, über den Feldzug 1685—86. Ofen-Pest 88.
Hassel u. Graf Vitzthum. Zur Geschichte des Türkenkrieges 1683. D. Betheiligung der Kursächsischen Truppen. Dresden 83.
K. k. Kriegs-Archiv. D. Kriegsjahr 1683. Wien 83.
Klopp. D. Jahr 1683 u. d. folgende Türkenkrieg bis 1699. Graz 83.
Kluczycki. König Johann III. Sobieski von Wien. Krakau 83.
Kaufmann. D. Eroberung Ofens und ihre Vorgeschichte. Trier 95.
Martens. Allgemeine Geschichte der Türkenkriege in Europa. Stuttg. 25.
Newald. Beiträge z. Geschichte d. Belagerung Wiens 1683. Wien 83.
Pfister. D. Krieg in Morea 1687—88. Cassel 45.
Renner. Geschichte d. Belagerung Wiens durch d. Türken. Wien 83.
Roeder von Diersburg. D. Markgrafen Ludwig Wilhelm von Baden Feldzüge wider die Türken. Karlsruhe 39/42.
Schroeder. Kampf um Wien 1683. B. 83.
Schwencke. Geschichte der Hannoverschen Truppen in Griechenland 1685—89. Hann. 54.
Gf. Thürheim. Feldmarschall Graf Starhemberg, Wiens ruhmvoll. Verteidiger 1683—1701. Wien 82.

Französische Raubkriege 1667—68, 1672—78, 1688—97.

de Beaurain. Histoire militaire de Flandre depuis 1690—94. Par. 1755.
— Histoire de la campagne de M. le prince de Condé en Flandre 1694. Par. 1774.
— Histoire des 4 dernières campagnes du maréchal de France. 1672—75. Par. 1782.
— Histoire militaire du duc de Luxembourg u. s. w. 1690—94. Haag 1758.
— Carte topographique du cours du Rhin. (Mit Einzeichnung d. Marschlinien u. Stellungen d. franz. u. deutsch. Heere 1674—75.) Par. 1782.
Chotard. Louis XIV., Louvois, Vauban et les fortifications du nord de la France. Par. 90.
Depping. Gesch. d. Krieges d. Münsterer u. Cölner i. Bündnisse m. Frankreich geg. Holland 1672, 73, 74. Münster 40.
Durieux. Le siège de Cambrai par Louis XIV. d'après des documents inédits. Cambrai 77.
Haerle. Die Kriegsereignisse des Jahres 1693 um Heilbronn. Heilbronn 82.
Hennes. Die Belagerung von Mainz 1689. Mainz 64.

Heuser. D. Belagerungen v. Landau 1702—3. Landau 94.
Janke. D. Belagerungen der Stadt Trier 1673—75 u. die Schlacht an d. Conzer Brücke 1675. Trier 90.
Journal du siège de Grave. Paris 90.
Lümkemann. Türenne's letzter Feldzug 1675. Halle 83.
Michel. Histoire de Vauban. Paris 79.
Peter. D. Krieg d. grossen Kurfürsten gegen Frankreich 1672—75. Halle 70.
Pastenacci. D. Schlacht bei Enzheim 1674. Halle 80.
Rocholl. D. Feldzug d. gross. Kurfürsten geg. Frankreich. (Aus Elsäss. Archiven.) B. 79.
Rousset. Histoire de Louvois. Par. 62.
Roy. Turenne, sa vie, les institutions de son temps. Par. 95.
Schulte. Markgraf Ludwig Wilhelm v. Baden u. d. Reichskrieg gegen Frankreich 1693—97. Karlsruhe 92.
Tanera. Deutschlands Misshandlung durch Ludwig XIV. 1672—74. München 91.
Winkler. Antheil d. Bayerischen Armee a. d. Feldzügen in Piemont 1691—96. Münch. 86/87.

Nordische Kriege 1675—1721.

Unter diesem Namen sind die in diesem Zeitraume im Norden Europas geführten Kriege und sonstige kriegerische Ereignisse, auch die gewöhnlich als „Nordischer Krieg" 1700—1721 bezeichneten, zusammengefasst.

Adlerfeld. Histoire militaire de Charles XII. Amsterdam 1740.
Carlson. Karls XII. Russischer Feldzugsplan 1707—9. Deutsch i. Bhft. d. M.W.Bl. 90.
Friedrich der Grosse. Réflexions sur le talent militaire et sur le caractère de Charles XII. B. 1786.
Fischer-v. Unger. Feldmarschall Derfflinger. (Bhfte. M.W.Bl. 84 u. 96.)
Franke. D. krieger. Ereignisse in u. bei Stralsund 1678. Strals. 78.
v. Gansauge. Veranlassung u. Gesch. d. Krieges i. d. Mark 1675. B. 34.
Gudim Lewkowitsch. Kritische Beiträge üb. d. Feldzug 1707—9. Russ. St. Petersbg. 77.
Journal de Pierre le Grand depuis l'année 1698 jusqu'a la conclusion de la paix de Nystadt. (Aus d. Russ.) B. 1773.
Kaehler. D. grosse Kurfürst. B. 75.
Lundblad. Geschichte Karls XII. Deutsch Hambg. 40.
Gf. Lippe. Derfflinger. B. 80.
Manché. D. Brandenburgisch-preussische Reiterei seit den Zeiten d. grossen Kurfürsten. Rathenow 89.
Meyer. Stettin zur Schwedenzeit und die Belagerung 1677. Stettin 86.
v. Mülverstädt. Vom Treffenfeld und seinen Nachkommen. Magdebg. 89.
Oskar, König von Schweden. Karl XII. (ein Vortrag). Deutsch. B. 75.
Pelz. Geschichte Peters des Grossen. Lpzg. 48.
Riese. Des grossen Kurfürsten Winterfeldzug in Preussen u. Samogitien 1678/79. B. 64.
Sarauw. D. Feldzüge Karls XII. Lpzg. 81.
v. Schoening. Friedrich Wilhelm I. gegen Karl XII. i. Feldzuge 1715. B. 41.
Schwedische Darstellung d. Schlacht bei Fehrbellin. B. 73.
Taeglichsbeck. Belagerung v. Anklam 1676. Stettin 92.
v. Witzleben u. Hassel. Fehrbellin. B. 75.

Spanischer Erbfolgekrieg 1701—14.

Campagnes de M. le maréchal de Marsin en Allemagne et du duc de Villeroy et du marq. de Bedmar en Flandre. Amstd. 1762.
Campagne de M. le maréchal de Tallard en Allemagne 1704. Amsterdam 1763.
Duvivier. Observations sur la guerre de la succession d'Espagne. Par. 90.
Gaedeke. D. Politik Oesterreichs i. d. Span. Erbfolgekrieg. Lpzg. 77.
K. K. Kriegs-Archiv. D. Feldzüge d. Prinzen Eugen v. Savoyen. Wien 71—92. (Hervorragende Arbeit in 20 Bänden.)
Kuenzel. Leben u. Briefwechsel d. Landgrafen Georg von Hessen-Darmstadt. E. Beitrag z. Gesch. d. Span. Erbf.-Krieges. Friedberg u. London 59.
Leeb. D. Einnahme v. Ulm 1702. Ulm 82.
Mengin. Siège de Turin par les Français 1706. Par. 32.
Michaelis. E. Stück Kriegsgeschichte aus d. Anfängen d. preuss. Königthums u.s.w. Soest 63.
Roeder v. Diersburg. Kriegs- u. Staatsschriften d. Markgrafen Ludwig v. Baden über d. Span. Erbfolgekrieg. Karlsruhe 50.
Siebigk. Selbstbiographie d. Fürsten Leopold von Anhalt-Dessau. Dessau 60.
de Vallade. Belagerung v. Neuburg a. D. 1703, E. Beitrag z. Gesch. d. Span. Erbf.-Krieges. Neuburg a. D. 89.
de Vault. Mémoires militaires relatifs à la succession d'Espagne sous Louis XIV. extraits de la correspondance de la cour et de ses généraux. Par. 35.

Türkenkrieg Karls VI. 1716—18.

Herchenhahn. Belagerung von Belgrad unter Prinz Eugen. Lpzg. 1788.

Siehe auch für diesen Krieg:

K. k. Kriegs-Archiv. Feldzüge des Prinzen Eugen. Wien 95.
v. Hammer. Geschichte d. Osmanischen Reiches. Pest 1827—35.
Martens. Allgemeine Geschichte der Türkenkriege in Europa. Stuttgart 29.

(Letztere beiden Werke für alle Türkenkriege als Quellen zu benutzen.)

Krieg Karls VI. mit Spanien und Frankreich 1733—35 und Polnischer Thronfolgekrieg.

Akkurate Nachrichten von d. russ.-sächs. Belagerung der Stadt Danzig. Cöln 1735.
Friccius. Geschichte der Befestigungen und Belagerungen Danzigs. B. 54.
K. k. Kriegs-Archiv. Feldzüge des Prinzen Eugen v. Savoyen. (Gerbo. Feldzug 1735 des poln. Thronfolgekrieges.) Wien 92.

Massuet. Histoire de la dernière guerre u. s. w. Amsterdam 1737.
Mémoires de la guerre d'Italie depuis 1733. Paris 1777.
Le Rouge. Théâtre de la guerre en Allemagne contenant toutes les opérations de 1733—35 u. s. w. Paris 1741.
Baron v. Wutginau. (?) Schreiben an die Reichs-Versammlung zu Regensburg über d. Kapitulation v. Philippsburg. Frankf. a. M. 1735.

Krieg Oesterreichs und Russlands gegen die Türkei 1736—39.

de Kerallo. Histoire de la guerre des Russes et des impériaux contre les Turcs en 1736—39 et de la paix de Belgrade. Paris 1780.
Omer Effendi. D. Kriege in Bosnien in den Jahren 1737—39. Deutsch. Wien 1789.
v. Schmettau. Geheime Nachrichten von den Kriegen in Ungarn u. s. w. Leipzig 1772.

II. Die Kriege im Zeitalter Friedrichs des Grossen bis zum Beginne der Kriege der französischen Republik.

Die Kriege Friedrichs des Grossen.

D. vom Pr. Generalstab — unter hochherzigster Unterstützung des K. K. Generalstabes u. d. K. K. Kriegsarchives — unternommene Bearbeitung der Kriege Fr. d. Gr. wird nach ihrer Vollendung (bisher, Juni 96, sind nur die ersten vier Bände, 1. u. 2. Schles. Krieg, veröffentlicht) die beste Quelle für das Studium des Offiziers sein. Der grosse Rahmen, in welchem diese werthvolle Arbeit gehalten ist, lässt es aber dennoch immer wünschenswerth erscheinen, d. Offizier e. Uebersicht über die hauptsächlichsten Erzeugnisse der reichen Litteratur über Fr. d. Gr., seine Thaten u. s. Heer zu geben. — Eine sehr werthvolle Ergänzung werden dieselben erfahren durch die „Kriege der Kaiserin Maria Theresia" seitens d. k. k. Kriegsarchivs. —

Allgemeines.

v. Arneth's Werke (Maria Theresia's erste Regierungsjahre, Wien 63; Maria Theresia u. d. Siebenjährige Krieg, Wien 75 u. s. w.; zuweilen einseitig gegen Friedrich den Grossen).
Mittheilungen des K. k. Kriegsarchivs. Wien. Seit 87 im Ersch.
Politische Korrespondenz Fr. d. Gr. Berlin. Seit 79 im Ersch. Bisher bereits 22 Bände bis z. Hubertsb. Frieden.
Preuss. Urkunden-Buch zur Leb.-Gesch. Fr. d. Gr. B. 32—34.
Preuss. Fr. d. Gr., B. 34, und d. zahlreichen anderen über Fr. d. Gr. von dems. Verf. ersch. Schriften, wie Fr. d. Gr. als Schriftsteller, mit s. Verw. u. Freunden u. s. w.
Friedr. d. Gr. Werke (franz.). B. 46—57.
Koser. König Fr. d. Gr. Stuttg. 90.
v. Sybel u. Schmoller. Preuss. Staatsschriften a. d. Regierungszeit Friedrichs II. B. 92.

Baumgart. D. Litteratur des In- u. Auslandes über Fr. d. Gr. B. 86.
v. Bernhardi. Fr. d. Gr. als Feldherr. B. 81.
v. Bonin. Fr. d. Gr. u. Fürst Anhalt v. Dessau. Bh. M.W.Bl. 78.
Bischof. Gespräche Fr. d. Gr. mit de Catt u. Luchesini. Lpzg. 85.
v. Canitz. Nachrichten u. s. w. über d. Thaten und Schicksale der Reiterei in den Feldzügen Fr. d. Gr. B. 61.
Carlyle. Gesch. Fr. d. Gr. Deutsch. B. 58—69.
Cogniatzo. Geständnisse e. österr. Veteranen. Breslau 1790.
Grünhagen. Aus dem Sagenkreis Fr. d. Gr. Breslau 64.
Klotz. Fr. d. Gr. als Ingenieur. B. 68.
Miscellaneen z. Gesch. Fr. d. Gr. B. 78.
Schnackenburg. Die Freikorps Friedr. d. Gr. Bhft. M.W.Bl. 83. und die anderen zahlr. Schriften u. Aufsätze d. Verf. über Fr. d. Gr.
v. Taysen. Fr. d. Gr. Lehren v. Kriege u. s. w. B. 77, d. militär. Testament Fr. d. Gr., B. 78, d. äussere Erscheinung Fr. d. Gr. u. s. w., B. 91, und die anderen Schriften dess. Verf. über Fr. d. Gr. u. s. Zeit.
Freih. v. Troschke. D. Beziehungen Fr. d. Gr. z. s. Artillerie. B. 65.
Winter. Die kriegsgesch. Ueberliefrg. über Fr. d. Gr. kritisch geprüft. B. 88.

Der I. und II. Schlesische Krieg.

Preuss. Generalstab. Der I. u. II. Schles. Krieg. B. 90—95.
v. Bremen. Schlacht bei Kesselsdorf. B. 88.
Borkowsky. Die Engl. Friedensvermittelung. 1745. B. 84.
Droysen. D. pr. Kriegsberichte d. ersten Schles. Kriege. (Bhft. M.W.Bl. 75—77.)
Duncker. Militär. und politische Aktenstücke zur Gesch. d. ersten Schles. Kriege.
Grünhagen. Gesch. d. I. Schles. Krieges nach Quellen. Gotha 81—82.
Orlich. Gesch. d. Schles. Kriege nach Original-Nachrichten.
v. Roessler. D. Angriffs-Pläne Fr. d. Gr. i. d. beiden ersten Schlesischen Kriegen. (Beiheft M.W.Bl. 91.)
v. Schoening. D. fünf ersten Jahre der Regierung Friedr. d. Gr. bis zum Schluss des 2. Schles. Krieges.

Siebenjähriger Krieg.

Preuss. Generalstab. Geschichte des Siebenj. Krieges. B. 24—47.
v. Archenholz. Gesch. des Siebenj. Krieges. B. 1791.
v. Beaulieu-Marconnay. Der Hubertsburger Friede. Leipzig 71.
Brodrück. Quellenstücke u. Studien über den Feldzug der Reichs-Armee 1757.
Kutzen. Fr. d. Gr. u. s. Heer in der Schlacht b. Leuthen. Bresl. 51.
— Vor hundert Jahren (Kollin und Leuthen). Bresl. 57.

Lehmann. Fr. d. Gr. und der Ursprung des Siebenj. Krieges. B. 94.
(Lebhaften Widerspruch hervorrufend durch die Anschuldigungen d. preuss. Politik, besonders bekämpft durch:)
Naudé. Beiträge zur Entstehungsgeschichte des Siebenj. Krieges. Lpzg. 95.
Lloyd. Gesch. d. Siebenj. Krgs. B. 1.
v. Ollech. Fr. d. Gr. von Kollin bis Rossbach u. Leuthen. B. 58.
Marschall v. Sulicki. Siebj. Krieg i. Pomm. u. d. Marken. B. 67.
Masslowski. Die russ. Armee i. Siebj. Krieg. Deutsch. B. 93. (Giebt sehr interessanten Einblick in d. Verh. d. russ. Kriegsführung.)
Der Plan Fr. d. Gr. zum Feldzuge 57. — Zimmermann, B. 83; Delbrück (Bhft. M.W.Bl. 87) und Caemmerer, B. 83.
Ranke. Ursprung d. Siebj. Krgs. Lpzg. 71.
v. Retzow. Charakteristik d. wichtigsten Ereignisse d. Siebenj. Krgs. B. 2.
v. Schoening. Gesch. des Siebj. Krieges nach d. Originalkorrespondenz Fr. d. Gr. m. d. Prinzen Heinrich u. s. Generalen. Potsd. 51.
v. Taysen. Zur Charakteristik d. Siebj. Krgs. B. 82.
v. Westphalen. Gesch. d. Feldzüge d. Herzogs Ferdinand v. Braunschweig. B. 59—72.
(Ein eigenartiges Werk, schildert die Feldherrnthätigkeit des Hzgs. F. v. Br. auf Grund eines nachgelassenen Manuscriptes seines Privatsekretärs, aber thatsächlichen Chefs d. Generalstabes W., herausgegeben von dessen Enkel, Minister v. W.)
Wilbrand-Buchner. Zur Gesch. des Siebj. Krieges i. Oberhessen. Giessen 85.

Der österreichische Erbfolgekrieg 1740—48.

Ein vortreffliches, grossartig angelegtes Werk, das Alles erschöpfend zu werden verspricht, über diesen Krieg hat 1896 die kriegsgeschichtliche Abtheilung des K. k. Kriegsarchivs durch Herausgabe der „Geschichte des Oesterreichischen Erbfolgekrieges nach den Feld-Akten und anderen authentischen Quellen, Wien 96, I. Band (1. u. 2. Theil)" begonnen. Es ist als eine Fortsetzung der „Feldzüge des Prinzen Eugen" gedacht und wird mit diesem umfangreichen und bedeutenden Werke einen Theil der geplanten „Geschichte der Kämpfe Oesterreichs" bilden.

Crousse. La guerre de la succession dans les provinces belgiques. Par. 85.
Gf. Deroy. Beiträge zur Geschichte des Oesterreichischen Erbfolgekrieges. München 83.
Siehe auch die Quellen über den I. und II. Schlesischen Krieg.

Bayerischer Erbfolgekrieg 1778—1779.

v. Schöning. D. B. Erbfolgekrieg. Potsd. 54.
Reismann. Gesch. d. B. Erbfolgekrg. Lpzg. 69.

Preuss. Unternehmung nach Holland 1787.

Frh. v. Troschke. — Beiheft M.W.Bl. 75.
Senckler. Pr. Feldzug i. Niederlanden. B. 93.

Russisch-Schwedischer Krieg 1788.

Prinz Carl v. Hessen. Denkwürdigkeiten d. Feldzuges gegen Schweden 1788. Altona 1789.
— Geschichte d. letzten Schwed.-Russ. Krieges. Frankf. a. M. 1792.

Russisch-Oesterreichisch-Türkischer Krieg 1788—92.

von Janko. Laudon's Leben u. Thaten. Wien 69.
— Geschichte des Oesterr.-Russ.-Türk. Krieges 1788—92. Lpzg. 1792.
Schels. Kriegsgesch. Oesterreichs. Wien 44/45. (Auch für andere Oesterr. Feldzüge benutzbar.)

Krieg Englands mit Frankreich und Spanien 1778—83.

M. d. L. Histoire impartiale des événéments militaires et politiques d. 1. dernière guerre dans les 4 parties du monde. Par. 1785.
Munro. Gesch. d. Krieges i. Ostindien 1780—83. A. d. Engl. Lpzg. 1791.
Siège de Gibraltar en 1782 sous les ordres du général de Crillon. Cadix 1783.

Nordamerikanischer Befreiungskrieg 1775—83.

Blanchard. Guerre d'Amérique 1780–83. Journal de campagne. Par. 81.
Eelking. Die deutsch. Hilfstruppen i. nordam. Befreiungskriege. Hann. 63.
Gabriel. Le maréchal de camp Desandrouins. Guerre de l'indépendance Américaine. Verdun 87.
Gehe. Leben Washingtons. Leipzig 31.
Johnston. The Yorktown-campaign and the surrender of Cornwallis 1781. New York 81.
Kapp. Leben des amer. Generals v. Steuben. B. 58.
— Friedrich d. Gr. und die Vereinigten Staaten v. Nordamerika. Lpzg. 71.
Pfister. D. nordam. Unabhäng. Krieg. Cassel 64.

Die Kämpfe zwischen Engländern und Franzosen in den Kolonien 1756—63.

Guillon. Port Mahon. La France à Minorque sons Louis XV. 1756—63.
Malartie. Journal des campagnes au Canada de 1755—60. Par. 90.

Russisch-türkischer Krieg 1768—74.

v. Diez. Gesch. d. Krieges zw. d. Russen und Türken 1768—74. Aus d. Türk. B. 13.
— Gesch. d. Krieges zw. Russland u. d. Pforte 1768—74. Wien 1788.

III. Kriege in der Zeit der französischen Republik und des Kaiserreichs 1792—1815.

Kein geringerer als Napoleon I. selbst hat in seinen auf St. Helena diktirten Memoiren ein Gesammtbild seiner Kriege hinterlassen: „Mémoires pour servir à l'Histoire de France sous Napoléon écrits à St. Hélène par les généraux, qui ont partagé sa captivité, publiés sur les manuscrits entièrement corrigés de la main de Napoléon u. s. w." Paris 23. — Anscheinend hat N. mit diesen Memoiren das franz. Volk für sich und seine Dynastie begeistern wollen. Bei interessanten Schlaglichtern auf manche Verhältnisse trägt das Werk doch einen völlig subjektiven Charakter und kann keinen Anspruch auf Zuverlässigkeit machen.

Viel bedeutender und für den Geschichtsschreiber von hohem Werthe ist die von 1858 ab herausgegebene Correspondence de Napoléon I. Von diesem 32 Bände umfassenden Werke ist auf Anordnung des franz. Kriegsministeriums 1876/77 in 10 Bänden die „Correspondance militaire d. N. I." als Auszug herausgegeben worden.

Für das Studium der Feldzüge Napoleons wird es sich immer empfehlen, nicht nur die vorhandenen umfassenden Werke, von denen die von Jomini, Matthieu Dumas, Scheler, Damitz zu erwähnen sind, sondern auch die über die Episoden in einzelnen Feldzügen vorhandenen Werke zu benutzen.

Kriege der französischen Republik.

Das umfassendste Werk: Thiers, Histoire du Consulat et de l'Empire, wie auch dess. Verf.: Histoire de la République française können wegen der einseitigen Tendenz, auf deren Kosten die Zuverlässigkeit in Frage gestellt ist, nicht als brauchbare Quelle bezeichnet werden.

Kriege der 1. Koalition gegen Frankreich 1792—95.

Chuquet's Werke sind vom franz. Standpunkte aus die parteilosesten und gründlichsten: (La première invasion prussienne 1792, Par. 86; Valmy, La retraite de Brunswick, Par. 87; Jemappes et la conquête de l. Belgique, Par. 90; La guerre et la révolution, Wissenbourg 1793, Par. 93; Mayence 1792—93, Par. 92 u. s. w. — Umfassend sind:
Jomini. Histoire critique et militaire des guerres d. la 1. coalition. Par. 24.
Geschichte d. Kriege in Europa. III. Lpzg. 29.

Bockenheimer. Einnahme von Mainz d. die Franz. 1792; Wiedereroberung v. Mainz d. d. Deutschen 1793. Mainz 92—93.
v. Ditfurth. D. Hessen i. d. Feldzügen 1793/95 u. s. w. Kass. 40.
Erinnerungen e. preuss. Offiziers a. d. Feldzügen 1792/94. Lpzg. 33.
Knorr. Blücher's Kampagne-Journal. Hmbg. 66.
Feldzug 1794—95. Aus den hinterl. Papieren d. Erzherzogs Carl. Wien 72.
K. Pr. Generalstab. Pirmasens und Kaiserslautern. (Einzelschr. B. 93.)
v. Minutoli. Feldzug d. Verbündeten i. Frankreich 1792. B. 47.
Scharnhorst. Die Vertheidigung von Menin. Hann. 3.
Wagner. D. Feldzug a. Rhein 1793. Aus d. Papieren d. Herzogs v. Braunschweig. B. 31.

Im Erscheinen begriffen sind zwei Werke, welche über den Antheil Oesterreichs an den Kriegen zur Zeit der französischen Republik und des 1. Kaiserreiches, sowie über die inneren Verhältnisse seines Heeres in diesem Zeitraum interessante Aufschlüsse geben:

von Zeissberg. „Erzherzog Karl von Oesterreich." Wien 95.
von Angeli. „Erzherzog Karl als Feldherr und Organisator. — Wien 96.

Krieg 1795—97.

Erzherzog Carl. Grundsätze der Strategie, erläutert a. d. Darstellung des Feldzuges 96 in Deutschland. Wien 62.
v. Clausewitz. Feldzug 1796 in Italien.

v. Cornaro. Strategische Betrachtungen über die Feldzüge i. Italien 1796—97. Wien 73.
— Strateg. Betrachtungen über den Feldzug in Deutschland 1796. Wien 74.
v. Decker. Feldzug in Italien 1796—97. B. 25.
Jourdan. Mémoires pour servir à l'Histoire de l'armée de la Sambre et Meuse Par. 18.
v. Malachowski. Ueber d. Entwickelung der leitenden Gedanken zur ersten Kampagne Bonapartes. B. 84.
Rüstow. Die ersten Feldzüge Napoleons 1796 bis 1797. Zürich 67.
Pr. Generalstab. Napoleons I. Feldzug 96. (Bh. M.W.Bl. 89.)
Précis des campagnes 1796—97. Brüssel 89.

Kriege 1799—1801.

v. Boguslawski. Zug d. Engländer geg. Kopenhagen 1801. B. 90.
v. Bülow. D. Feldzug v. 1800. B. 1.
Erzherzog Carl. Gesch. des Feldzuges 1799 in Deutschland u. d. Schweiz. Wien 19.
v. Clausewitz. Feldzug 1799 in Italien u. d. Schweiz. B. 31.
v. Danilewski u. Miliutin. D. Krieg Russlands geg. Frankreich unter Paul I. München 58.
Günther. Gesch. d. Feldzuges 1800. Frauenfeld 93.
Hartmann. Antheil d. Russen am Feldzug 99 i. d. Schweiz. Zürich 92.
Heilmann. Feldzug v. 1800 i. Deutschl. B. 86.
v. Natzmer. Suworoff's Zug über die Alpen. B. 47.

Krieg Frankreichs in Egypten und Syrien 1798—1800.

Bertrand. Campagnes de 1798—99. Mémoires de St. Hélène. Par. 47.
Berthier. Relation des campagnes de 1798/99. Dresden 12.
Ordres du jour de l'arm. franç. en Égypte.
West. Napoleon's Feldzug i. Egypt. 40.

Krieg in der Vendée 1793—96.

v. Boguslawski. D. Krieg d. Vendée geg. d. franz. Republik. B. 94.

(Giebt eine einheitliche, auf die besten Quellen gestützte Darstellung dieses meist nur in einzelnen Theilen und oft vom persönlichen Standpunkte aus geschilderten Krieges.)

Polnischer Insurrektionskrieg 1794—96.

v. Dombrowski. Feldzug d. Generals v. D. nach Grosspolen 1794. Deutsch. B. 45.
v. Favrat. Beiträge z. Geschichte d. poln. Feldzüge 1794—96. B. 1799.

v. Falkenstein. Thaddaeus Kosciuszko. Leipzig 27.
v. Treskow. Beiträge zur Gesch. d. poln. Revolutionskrieges 1794. Danzig 36.

Aufstände in St. Domingo 1798 und 1803—9.
Gragnon - Lacoste. Toussaint Louverture. Par 77.
Lemonnier-Delafosse. Seconde campagne de St. Dom. 1803—9. Par. 46.
Métral. Histoire de l'expédition de St. Dom. Par. 25.

Kriege des französischen Kaiserreiches.
Krieg 1805.
Michailowski-Danilewski. Relation de la campagne de 1805 (Austerlitz). P. 46.
Précis de la campagne de 1805 en Allemagne et Italie. Brüssel 86.
Rüstow. Krieg 1805 in Deutschland u. Italien. Frauenfeld 48.
Schels. Kriegsgesch. d. Oesterr. Wien 44.
v. Schönhals. Krieg 1805 in Deutschland. Wien 73.
(Für diesen und den Krieg 1809 wird auf die im „Streffleur" und früheren österr. Zeitschriften enthaltenen vortrefflichen Artikel, auf die Veröffentlichungen Seitens des K. k. Generalstabes und auf die früher erwähnten Biographien des Erzherzogs Karl u. s. w. verwiesen.)

Kriege 1806—1807.
Das bisher beste deutsche Werk von Hoepfner, auf Grund der preuss. Archive, B. 50, mit Ergänzungen im Bhft. M.W.Bl. 53, hat in neuester Zeit durch das Werk: v. Lettow-Vorbeck, Feldzug 1806—7, B. 94, eine sehr werthvolle Ergänzung erfahren. Letzterer konnte die seit 90 von Foucart auf Grund der bisher nicht erschlossenen französischen erschienenen Veröffentlichungen benutzen. (Foucart. Campagne de Pologne 1806—7, Par. 82, Campagne de Prusse 1806, Par. 90.)
Andere Werke:
Beseler. Blüchers Zug nach Lübeck. Bhft. M.W.Bl. 92.
Foucart. La cavalerie pendant la Campagne de Prusse. Par. 80.
Grauert. Operationen an d. Weichsel Nov.-Dez. 1806. (Bhft. M.W.Bl. 90.)
— Winterfeldzug 1807. (Bhft. M.W.Bl. 92.)
v. d. Goltz. Rossbach u. Jena. (Bhft. M.W.Bl. 82—83.)
v. Massenbach. Tagebuch über den Feldzug 1806. Amsterdam 9.
v. Montbé. Chursächsische Truppen 1806. Dresd. 60.
Rühle v. Lilienstein. Bericht eines Augenzeugen u. s. w. Tübgn. 9.
Plümicke. Belagerung von Danzig 1807. B. 77.
v. Lettow-Vorbeck. Verfolgung von Jena bis Prenzlau. (Bhft. M.W.Bl. 93.)
Schmölzl. Feldzug d. Bayern 1806—7. München 56.
Schneider. Erinnerungen aus d. Feldzuge d. Württemberger i. Schlesien. Stuttg. 66.
Schönlein. Gesch. d. Belagerungen Colbergs. Colbg. 67.

Krieg Napoleons I. auf der spanischen Halbinsel 1807—14.
Die spanische Regierung liess nach Beendigung der grossen Kriege ein offizielles Werk erscheinen, welches die Kämpfe der Spanier schildern sollte. Dasselbe führte den Titel (in französischer Uebersetzung): Histoire de la guerre d'Espagne contre Napoléon Bonaparte par une commission d'officiers de toutes armes établie à Madrid par le ministre d. la guerre. Mit grosser Gewandtheit geschrieben, ist es jedoch anscheinend wegen der bald darauf die spanische Armee beschäftigenden inneren Unruhen nicht beendet worden. — Die sehr reichhaltige Litteratur über die spanischen Kriege ist daher wesentlich von an denselben betheiligten fremden Offizieren verfasst (Franzosen, Engländer und die in beiden Heeren kämpfenden deutschen Offizieren).

Beamish. Gesch. d. deutsch. Legion. Hann. 39.
v. Brandt Aus d. Leben d. Generals v. Brandt. B. 69. (Reiche Fülle von Einzelheiten u. treffliche Darstellung.)
Belmas. Journaux des sièges faits ou soutenus par les Français dans la Péninsule 1807—14. P. 37. (Vortreffliches Material für eingehendes Studium des Belagerungskrieges.)
Clerc. Campagne du maréchal Soult dans les Pyrénées occidentales 1813—14. Par. 94.
Foy. Histoire de la guerre de la péninsule sous Napoléon u. s. w. Par. 27. (Ein vorzügl. Werk des ausgezeichneten Verfassers. — Die Schilderung des Zustandes der einander gegenüberstehenden Heere ist meisterhaft. Wegen des frühen Todes des Verfassers nicht beendet.)
Gouvion St. Cyr. Journal des opérations de l'armée de Catalogne en 1808—9. Paris 21. (Klar, ohne französ. Uebherbung, durch die Schilderung eigener Thaten um so werthvoller.)
Lecomte. Guerre d'Espagne. Par. 92. (Werthvoll durch die Verwerthung der neueren archival. und litterarischen Quellen.)
Napier. History of the war in the peninsula, franz. Paris 28/38, engl. neu verlegt Lond. 51. (Umfassend, gründlich und belehrend.)
Suchet. Mémoires sus les campagnes en 1808 bis 14. Par. 28.
(Ebenbürtig dem Werk von Gouv. St. Cyr, nur inhaltlich umfassender u. d. Bedeutung d. Verf. entsprechend.)

Krieg 1809.
Bärsch. Zug Schills. Lpzg. 60.
v. Bremen. Die Tage v. Regensburg, 10.—23. April 9. (Bhft. z. M.W.Bl. 91.)
Exner. Antheil der Sachsen am Feldzug 1809. Dresden 94.
Höfler. Der Feldzug 1809 in Tyrol.
v. Kortzfleisch. Des Herzogs Fr. Wilh. von Braunschweig Zug 1809. B. 94.
Mayr. D. Mann von Rinn (Speckbacher) u. s. w.
Pelet. Mémoires sur la guerre de 1809. Par. 24—26.
Schels. Kriegsgesch. der Oesterreicher. Wien 44.
(Viele und vortreffliche Materialien finden sich auch in dém Werke des Erzherzogs Karl, seinen Lebensbeschreibungen u. im „Streffleur".)

Kriegs-Geschichte.

Schmeidawind. Krieg 1809. Schaffhausen 50.
— Erzherzog Carl v. Oesterr. u. d. Armee unter ihm. Bamburg 40.
Soltyk. Relation des opérations de l'armée aux ordres du Prince Poniatowski 1809 en Pologne. Par. 41.
Feldzug in Süddeutschland. Wien 65.
v. Zwiedineck. Erzherzog Johann im Feldzuge 1809. Graz 92.

Krieg 1812.

Bogdanowitsch. Gesch. des Feldzuges 1812. Deutsch. Lpzg. 63. (Gewandte, wenn auch nicht immer einwandfr. Darstellg. v. russ. Seite.)
Beitzke. Gesch. d. Feldzuges 1812. B. 56.
v. Burkersroda. Die Sachsen i. Russland 1812. Naumburg 46.
v. Bernhardi. Aus d. Leben d. Generals von Toll. Lpzg. 66. (Interessant für Charakteristik d. Verhältnisse in dem Hauptquartier d. Russen, weist die Unrichtigkeiten der russ. Werke von Butturlin u. Danilewski nach.)
v. Clausewitz. Betrachtung d. Feldzuges 1812. (7. Theil s. Werke.)
v. Cornaro. Strategische Betrachtungen über d. Krieg 1812. Wien 70.
v. Ditfurth. Die Schlacht b. Borodino. Mbg. 87.
de Chambray. Nap. Feldzug gegen Russland. Deutsch. B. 24. (Die unparteiischste Darstellung von franz. Seite.)
Eckardt. York u. Paulucci. Lpzg. 65.
v. Fézensac. Journal de la campagne de Russie. Par. 50.
v. d. Knesebeck. Mittheilungen a. d. Nachlasse d. Feldmarschalls v. d. Knesebeck über den russ. Operationsplan 12. (Bhft. M.W.Bl. 48.)
Liebert. Die Rüstungen Napoleons für d. Feldzug 1812. (Bhft. M.W.Bl. 88.)
v. Lindenau. Die badischen Truppen an der Beresina. B. 96.
Okuneff. Considérations sur l. gr. opérations 1812. Par. 29.
v. Petersdorff. Das Leben des Generals von Thielmann. Mbg. 94.
Roth v. Schreckenstein. Die Kavallerie in der Schlacht an der Moskwa u. s. w. Münster 58.
v. Seydlitz. Tagebuch d. Yorkschen Korps 1812. B. 23. (Giebt klaren Einblick i. d. Verhältnisse d. preuss. Hilfskorps u. Yorks Thätigkeit.)
v. Smitt. Zur Aufklärung über d. Feldzug 12. Leipzig 61.
Herzog Eugen von Württemberg. Erinnerungen a. d. Feldzuge 12. Breslau 46.

Eine grosse Anzahl recht wichtiger Monographien finden sich in der periodischen Litteratur, auch in den vielen und vortrefflichen Biographien, welche weiter unten in einem besonderen Abschnitte Aufnahme gefunden haben. So brachte z. B. das M.W.B. 94, 7/8. Bhft. 4 Aufsätze über 1812, darunter 2 zu den „Uebergang über die Beresina". — Dasselbe gilt für die Feldzüge 1813—15. Der Raum verbietet, an dieser Stelle die zum Theil „klassischen" Lebensbeschreibungen von Yorck, Gneisenau, Blücher, Grolmann, Scharnhorst u. s. w. anzuführen. Wir verweisen ausdrücklich auf diese Werke.

Feldzüge 1813—15.
Umfassende Darstellungen.

Neben anderen, früher genannten Werken sind hier zu nennen:
Beitzke. Geschichte d. deutschen Freiheitskriege 1813—15, bearbeitet v. Goldschmidt. Bremen 83. (Gewandte Darstellung; doch in Angabe von Einzelheiten, Stärke-Verhältnissen u. s. w. oft nicht zutreffend.)
v. Plotho. Krieg in Deutschland und Frankreich 1813, 14 und 15. B. 17—18. (Verfasser hat als Kommandant des Kgl. Hauptquartiers viel gesehen und gehört und diese Stellung zur Sammlung werthvoller Nachrichten benutzt, die mit vieler Gewissenhaftigkeit wiedergegeben werden. Eine wichtige Quelle für die Geschichte, wenn auch kein Gesch. Werk.)
v. Ollech. „Aus dem Leben des Generals von Reyher. Beitrag zur Geschichte d. Armee in den Freiheitskriegen." Bhft. z. M.W.B. 1860—76. (Vorzügliche Arbeit. Aus dem ursprünglichen engen Rahmen e. Lebensgesch. Reyhers entstand ein Werk, welches e. wichtigen Beitrag zur Gesch. der Freiheitskriege liefert.)

1813 in Deutschland.

Bogdanowitsch. Gesch. des Feldzuges 1813. Deutsch. St. P. 63—68. (Vom russ. Standpunkte aus, aber bei weitem das sorgfältigst gearbeitete und am meisten objektive Werk der russ. Litteratur.)
C. v. W. (Müffling). Napoleons Strategie 1813 von Gross-Görschen bis Leipzig. B. 27.
v. Bremen. Die entscheid. Tage von Leipzig 4.—14./10. 13. (Bhft. M.W.Bl. 89.)
Cardinal von Widdern. Die Streifkorps im Deutschen Befreiungskriege 1813, B. 95, ergänzt durch v. Petersdorff, „Leben Thielemanns", Mbg. 95, Fabricius, „Der Parteigänger Friedrich v. Hellwig", B. 96 und Colomb., Tagebuch, B. 54.
v. Clausewitz. Feldzug 13 bis z. Waffenstillstande. Kassel 48.
Camprédon. Défense de Danzig 13. Par. 88.
Die französische Armee 1813. B. 89.
Darstellung der Kriegs-Ereignisse bei d. schles. Armee 1813 m. Berücksichtigung der Preuss. Truppen. (Bhft. M.W.Bl. 44—47.)
Geschichte der Organisation d. Pr. Landwehr 1813. (Bhft. M.W.Bl. 57—58.)
Heilmann. Antheil d. Bayern 13 seit d. Vertrage v. Ried. München 57.
v. Hoffmann. Zur Gesch. des Feldzuges 13. Posen 43. (Verfasser war Chef d. Stabes des 2. russ. Inf.-Korps, sehr gründlich.)
v. Helldorf. Z. Gesch. d. Schlacht v. Kulm. B. 56.
v. Kleist. V. Dresden n. Nollendorf, August 13. (Bhft. M.W.B. 89.)
D. Operationspläne Napoleons v. d. Schlacht b. Grossbeeren bis zur Schlacht b. Dennewitz. (Bhft. M.W.Bl. 63.)
v. Odeleben. Napoleons Feldzug i. Sachsen 1813. Dresden 16. (Von sehr einseitiger Bewunderung Napoleons beeinflusst, aber sehr interessant u. lebendig geschrieben, weil Verfasser als sächs. Ordonnanzoffizier i. d. Umgebg. d. Kaisers war.)

v. Schimpff. Napoleon i. Sachsen 13. Dresd. 94. (Berichtigt in vielen Dingen Odeleben.)
v. Quistorp. Gesch. d. Feldzuges d. Nord-Armee 1813. B. 94. (Ergänzt durch „D. Kriegsschauplatz d. Nord-Armee", vortreffliches Werk, aus sorgsamster Quellenforschung hervorgegangen; schildert auch die zweifelhafte Rolle Bernadottes, widerlegt: „Wiehr, Napoleon u. Bernadotte 1813." B. 93.)
Rousset. La grande armée de 1813. Par. 71.
Weil. Campagne de 13. La cavalerie des armées alliées. Par. 86.
Wallmoden. Feldzug in Mecklenburg u. Holstein 13. B. 17.

Ein sehr reiches Material ist über die Schilderung einzelner Schlachten, gerade für 1813, vorhanden. — Leipzig, Bautzen, Katzbach, Dresden, Dennewitz und Grossbeeren, haben ebenso ihren Geschichtsschreiber gefunden wie Kulm, Königswartha, Wartenburg u. s. w.

Ebenso ist der Antheil der Oesterreicher, Sachsen, Hessen u. s. w. in Monographien geschildert, so z. B.: Cerrini, Feldzug d. Sachsen 1813, Dresden 21. Ein Hinweis auf diese Litteratur möge hier genügen!

1814 in Frankreich.

Bogdanowitsch. Feldzug in Frankreich 1814. Deutsch. Lpzg. 66. (Ebenso zu empfehlen wie dess. Verf. Werk über 1813.)
Danilewsky. Feldzug i. Frankreich 14. Deutsch. Lpzg. 37. (Vom russ. Standpunkte aus, nicht objektiv genug, die Leistungen d. Russen verherrlichend.)
v. Clausewitz. Feldzug 1814 in Frankreich.
v. Damitz u. v. Grolmann. Gesch. d. Feldzugs 14. B. 45. (Diese Gesch. und die andere über die Feldzüge 1813—15 ist aus Belehrungen, Vorträgen u. Anleitungen Grolmanns hervorgegangen, ergänzt auch zum Theil die Angabe d. Werkes v. Schels, welches auf österr. Originalquellen beruht.)
Fain. Manuscrit de 14., trouvé dans les voitures impériales prises à Waterloo. Par. 23. (Will franz. Original-Akten geben, freilich zuweilen angezweifelt.)
Houssaye 1814. Par. 88—89.
v. Hiller. Gesch. d. Feldzuges 14 i. Frankreich u. Berücksichtg. d. Anth. d. Württenb. Truppen. Stuttg. 93.
Schels. Operationen d. verb. Heere geg. Paris März 1814. Wien 41. (1838—40 i. Aufsätzen d. ö. Mil.-Zeitschr. zuerst erschienen.)
Tagebuch d. Prinzen Eugen v. Württemberg 1./5.—4./6. 14. (Bhft. z. M.W.Bl. 55.)
Thielen. D. Feldzug d. verb. Heere u. Befehl d. Fürst. Schwarzenbg. Wien 56. (Auf österr. Quellen fussend.)
K. Württ. Generalstab. D. Kommando des Kronprinzen von Württbg. 1814—15. Sttg. 41.
Weil. Campagne de 1814. La cavalerie des armées alliées. Par. 91—92.

Sehr interessante Notizen sind in den grossen biographischen Werken über Blücher, York, Bülow, Gneisenau u. s. w. enthalten. Neuerdings hat Gen. von Conrady in s. Biographie Grolmanns sehr wichtige Aktenstücke für die entscheidenden Tage des Feldzuges 1814 veröffentlicht.

Feldzug 1815.

C. v. W. (v. Müffling). Gesch. d. Feldzuges d. Armee unter d. Herzog v. Wellington u. d. Pr. Armee unter Blücher. 1815.
v. Clausewitz. Werke. Feldzug 15. B.
Blesson. Beitrag zur Gesch. d. Festungskrieges i. Frkr. 1815. B. 18.
Charras. Gesch. d. Feldzuges 1815. Deutsch. Lpzg. 57.
Chesney. Waterloo-Vorlesungen. E. Studie üb. d. Feldz. 15. Deutsch. B. 69.
(Diese Vorlesungen, bearbeitet von der kriegsgesch. Abth. d. preuss. gr. Generalstabs, zeichnen sich dadurch aus, dass e. engl. Offizier, gestützt auf eingehende Studien, mit hoch anzuerkennender Offenheit den nationalen Vorurtheilen s. Landsleute über den Feldzug ebenso entgegengetreten, wie dies von Charras auf franz. Seite geschieht.)
v. Ciriacy. Belagerungs-Krieg des Prinzen August v. Pr. 1815. B. 18.
Grouchy. Observations sur l. relation (d. Napoléon) de la campagne de 15. Par. 18.
Gérard. Bemerkungen hierzu. Par. 30. (Marschall Grouchy weisst nach, dass er nach den Befehlen Napol. garnicht in der Lage war, denselben zu unterstützen. Gérard vertheidigt s. Führung gegen Grouchy.)
v. Ollech. Geschichte d Feldzuges 1815. B. 76. (Entstanden aus d. in Beiheften des M.W.Bl. 1860—76 erschienenen Vorträgen d. Verf. vor den Offizieren d. Generalstabes; der Schluss d. „Lebens d. Generals v. Reyher. Beitrag z. Geschichte d. Armee m. Bezug auf d. Befreiungskriege 13—15".)
E. Quinet. Histoire de la campagne de 1815. Par. 62.
Schneidawind. D. letzte Feldzug u. d. Heldentod d. Herzogs Fr. Wilh. v. Braunschweig 1815. Darmstadt 52.

Feldzug 1813—15 in Italien.

Bade. Feldzug d. Pr. Eugen gegen d. Oesterreicher 13. Hambg. 53.
J. Sassenay. Les derniers mois de Murat. Par. 96. (Auf sorgfältigen archivalischen Forschungen gestützte Schilderung des verhängnissvollen Unternehmens M. im Herbst 15.)
Sporschil. Feldzug d. Oesterreicher 1813/14. Braunsbg. 44.
Vignilles. Précis historique des opérations militaires de l'armée d'Italie 1813/14. Par. 17. (Schilderung der Kämpfe Seitens des derzeitigen Chefs des Generalstabes.)
Villars campagne contre Murat. Wien 21.
v. Welden. Krieg d. Oesterreicher in Italien gegen d. Franzosen 1813/14. Graz 53.

Ausserdem sind in den Jahrgängen der damaligen Oesterr. mil. Zeitschrift 1819 und 1839 sehr werthvolle Artikel über diese durch die entscheidende Bedeutung der Ereignisse auf dem deutsch-franz. Kriegsschauplatze in den Hintergrund gedrängten Kämpfe enthalten.

Kriegs-Geschichte.

Kriege der Engländer in Indien 1803—6.

Hierüber finden sich in der engl. Litteratur in den Lebensbeschreibungen verschiedener Generale u. s. w. recht interessante Daten zerstreut.

Zusammenfassend u. a.:

Thorn. Memoir of the war of India conducted by general Lake and Sir Arthur Wellesley. London 18.
(Siehe Biographien v. Wellington.)

Krieg zwischen Schweden und Russland 1808—9.

Das einzige auf gründlichen archivalischen Forschungen beruhende Werk ist 1890 vom schwedischen Generalstab in schwed. Sprache veröffentlicht:

Sveriges Krigären 1808—9. Stockholm.

Deutscherseits ist früher erschienen:
v. Xylander. Beitrag z. Geschichte d. schwed. Krieges 1808—9. B. 25.

Krieg der Engländer gegen Nord-Amerika 1812—15.

Meist nur Werke in engl. Sprache (von amerikan. Seite: Ingersoll. History of the war between the United States and Great-Britain 1812 bis 15. Philad. 52).

Deutsch: Geschichtliche Darstellung d. Feldzuges d. Briten gegen d. nordamerik. Freistaaten 1814/15 u. s. w. von Nagel. Celle 32.

Krieg Russlands gegen die Türkei 1809—11.

v. Martens. Allgem. Gesch. d. Türkenkriege in Europa 1356—1812. Stuttg. 29.
v. Valentini. Der Türkenkrieg. B. 33.

IV. Kriege von 1815—1848.

Krieg Frankreichs gegen Spanien 1823.

d. l. Brunerie. Précis des opérations militaires dirigées contre Cadix dans l. camp. d. 23. Par. 24.
Duchâteau. Précis historique des opérations des armées françaises et espagnoles 1823. Par. 30.
Pecchio. Tagebuch d. pol. u. mil. Ereignisse in Spanien 1822—33. Stuttg. 34.

Griechischer Befreiungskrieg 1822—29.

Buchholz. Ueber d. Seeschlacht bei Navarin. B. 28.
Chursilchen. D. bayer. Brigade in Griechenland. Nürnbg. 38.
Duheaume. Souvenirs de la Morée pour servir à l'Histoire de l'expédition française 1828/29. Par. 33.
Knapp. Geschichte des Aufstandes der Neugriechen. Elbfd. 28.
Linder. Mittheilungen aus d. Tagebuche eines Philhellenen. Hann. 32.
Müller. Denkwürdigkeiten aus Griechenland 1821/28. Par. 33.
Sutzo. Geschichte d. griech. Revolution. Deutsch. B. 30.

Krieg Russlands gegen die Türkei 1828—29.

v. Bernhardi. Denkwürdigkeiten d. k. russ. Generals Grafen Toll. Lpzg. 66.
de Fonton. Campagnes du maréchal Paskiewitsch 28/29. Par. 40.
v. Hausen. Zwei Kriegsjahre u. s. w. B. 81.
v. Helldorf. Aus d. Leben d. k. r. Generals Prinzen Eug. von Württemberg. B. 62.
v. Moltke. D. russ.-türk. Feldzug i. d. europ. Türkei.
Scherbatoff. Feldmarschall Paskiewitsch. S. Leben u. s. Wirken. St. Ptbg. 88/90 (russ.). Auch Quelle für d. poln. Aufstand 1830/31.
Uschakoff. Gesch. d. Feldzuges i. d. as. Türkei 1828/29. Deutsch. Lpzg. 38.
v. Valentini. D. Lehre v. Kriege. D. Türkenkrieg. B. 30.

Polnischer Aufstand 1830—31.

v. Brandt. Feldzug d. Russen u. Polen zw. Bug und Narew 1831. B. 40.
v. Chlapowski. Lettres sur les événements en Pologne. B. 32.
v. Dankbahr. D. Uebertritt d. poln. Korps Gielgud, Chlapowski, Rybinski u. s. w. Könbg. 32.
v. Dembinski. Feldzug nach u. in Litthauen u. s. w. L. 32.
Kunz. D. poln.-russ. Krieg 31. B. 90.
Erstürmung von Warschau Sept. 31. B. 31.
v. Hausen. Zwei Kriegsjahre u. s. w. B. 81.
Pusyrewski. Der russ.-poln. Krieg 1830/31 (russ.). St. P. 86.
Smitt. Geschichte d. poln. Aufstandes 1830/31. B. 48.
— Feldherrnstimmen aus u. über d. Krieg 30/31. Lpzg. 58.
Uminski. Beleuchtung der Werke von Smitt. Par. 40.
v. Willisen. Theorie d. pr. Krieges in Anwendung a. d. Feldzug 31. B. 40.

Französische Expedition gegen Holland 1832.

Gérard. Journal des opérations de l'artillerie au siège de la citadelle d'Anvers 1832. Par. 33.
v. Reitzenstein. Expedition gegen d. Citadelle v. Antwerpen u. s. w. B. 35.

Krieg in Portugal 1833—34.

Campagnes de Portugal 1833—34. Rélations u. s. w. Par. 35.
Materiaux pour servir à l'Histoire de l'expédition au Portugal. Par. 36.

Carlisten-Krieg in Spanien 1834—40.

v. Goeben. Vier Jahre in Spanien. D. Karlisten, ihre Erhebung u. s. w. Hannov. 41.
Henningsen. D. Ereignisse i. Feldzuge unter Zumalacarregui u. s. w. Aus d. E. Lpzg. 37.
v. Rahden-Cabrera. Erinnerungen a. d. span. Bürgerkrieg. Frankfurt a. M. 40.
— Wanderungen e. alten Soldaten. B. 59.
Miguel. De la guerre civile d'Espagne. Aus d. Spanischen. Par. 36.

Kämpfe der Franzosen in Algier 1830—45.

Bugeaud. Aperçus sur quelques détails d. l. guerre. Par. 41.
Fleury. Journal de l'expédition de Constantine en 37. Par. 38.
Journal des opérations de l'artillerie pendant l'expédition de Constantine en 37. Par. 38.
Marey. Expédition de Laghouat 1844. Algier 44.
de Mont Rond. Histoire d. l. conquête de l'Algérie 1830/47. Par. 47.
Duc d'Orléans. Campagnes de l'armée d'Afrique 1835/39. Par. 70.
— Récits des campagnes 1833/41. Par. 90.
Petzel. Bericht über d. Expedition d. Marschalls Bugeaud gegen d. Kabylen 1844. B. 45.
Rousset. La conquête d'Alger. Par. 79.
Wolff. D. Kampf d. Franz. in Algerien. Lpzg. 45.

Der Sonderbunds-Krieg in der Schweiz 1847.

Dufour. D. Sonderbundskrieg u. s. w. Basel 76.

Krieg in Syrien 1831—33.

d. Cadalvène et Barrault. Histoire de l. guerre de Méhémed-Ali u. s. w. 1831/33. Par. 37.

Kurdenfeldzug 1838. Syrischer Krieg 1839.

v. Moltke. Briefe aus der Türkei. B. 91.
— Vermischte Schriften. B. 92.
Wagner. Moltke u. Mühlbach zusammen unter d. Halbmonde. B. 93.

Kämpfe der Engländer in Ostindien u. Afghanistan.

Durand. The first afghan war and its causes. London 79.
Eyre. Retraite et destruction de l'armée anglaise dans l'Afghanistan en 42. A. d. Engl. Par. 44.
Havelock. Narrative of the war in Afghanistan 1838/39. London 40.
Lake. Journal of the sieges of the Madras army in the years 1817. 1819. Lond. 25.
Ormieux v. Streng. Tagebuch während des Feldzuges in Afghanistan 1838/39. A. d. Engl. Stralsund 44.
Snodgrass. Narrative of the Burmese war 1824—26. London 27.
Zimmermann. D. Kriegsschauplatz in Inner-Asien (Afghanistan, Pendschab, Land am unteren Indus). B. 42.

Französische Expedition nach Mexiko 1838.

Blanchart. Dauzats. St. Juan d'Ulloa ou relation de l'expédition française au Mexique 1838. Par. 39.

Krieg der Engländer in China 1840—44.

Neumann. Gesch. d. englisch-chines. Krieges. Lpzg. 46.

Andere kriegerische Ereignisse in Amerika 1815—40.

v. Grone. Briefe über d. zw. Nordamerika und Mexiko geführten Krieg. Brschwg. 50.
Kobbe. Geschichte d. Freiheitskampfes i. span. u. portug. Amerika. Hannover 32.
Ripley. The war with Mexico. London 50.
Seidler. Brasiliens Kriegs- u. Revolutions-Geschichte 1825—37. Leipzig 37.

V. Kriege von 1848 bis zur Thronbesteigung Kaiser Wilhelms des Grossen 1861.

Aufstände in den Jahren 1848—49.

Aufstand in Berlin 48.

v. Meyerinck. Die Thätigkeit der Truppen während der Berliner Märztage 1848. (Bhft. M.W.Bl. 91.)
Wolff. Darstellung d. Berliner Bewegungen 48. B. 54.

Aufstand in Wien 48.

Die Ereignisse in u. um Wien 48. W. 48.
Fenneberg. Geschichte der Wiener Oktobertage. Lpzg. 49.
Feldmarschall Windischgrätz. B. 86.

Aufstand im Grossherzogthum Posen 1848.

Beiträge zur Geschichte der kriegerischen Begebenheiten im Grossherzogthum Posen 1848. (Bhft. M.W.Bl. 48, 49—55.)
v. Voigts-Rhetz. Aktenmässige Darstellung der Poln. Insurrektion 1848 u. s. w. Posen 48.
v. Willisen. M. Sendung nach d. Grossherzogthum Posen 1848. B. 49—50.

Ungarischer Aufstand 1848—49.

Görgey. Mein Leben und Wirken in Ungarn 1848—49. Lpzg. 51.
Klapka. D. Nationalkrieg in Ungarn u. Siebenbürgen 1848—49. Lpzg. 51.
N. v. H. Bericht über d. Operationen d. Russen geg. d. ungar. Insurgenten 1848. Deutsch. B. 51.
— Oesterr. Kommentar zur russ. Darstellung. Pest 51.
v. Ramming. Feldzug in Ungarn und Siebenbürgen. Sommer 49. Pest 50.
Rüstow. Gesch. d. Ungar. Insurrektions-Krieges 1848—49. Zürich 60.
Vertheidigung der Festung Ofen im Mai 49 durch General v. Hentzi. Wien 93.
D. Winterfeldzug in Ungarn unter Feldmarschall Windischgrätz. Wien 51.

Aufstand in Baden u. d. Pfalz 1849.

v. Andlaw. Aufruhr und Umsturz in Baden. Frbg. 51.
D. Feldzug gegen die badisch-pfälzische Insurrektion 1849 mit Berücksichtigung d. Neckar-Korps u. der Grossh. Hess. Division. Darmstadt 50.
Mieroslawski. Bericht über den Feldzug in Baden. Bern 49.
D. Operationen u. Gefechtsberichte a. d. Feldzügen i. d. Rheinpfalz u. d. Grossherzogthum Baden 1849. (Bhft. z. M.W.Bl. 49, 50, 51.)

Aufstand in Dresden 1849.

v. Montbé. D. Mai-Aufstand in Dresden. (Besondere Berücksichtigung der sächs. Truppen. Dresd. 49.

Kriegs-Geschichte.

Gf. Waldersee. D. Kämpfe i. Dresden 49 mit Rücksicht auf d. Mitwirkung d. preuss. Truppen. B. 49.

Deutsch-dänischer Krieg 1848—50.

Im Allgemeinen.

v. Moltke. Mil. Werke III. 1. Geschichte d. Krieges gegen Dänemark 1848—49. B. 93.
Dänischer Generalstab. Der dän.-deutsche Krieg 1848—50. Kopenhagen 77. (Dän.)
Darstellungen d. Begebenheiten des deutsch-dänischen Krieges 1848—49. (Beihefte zum M.W.Bl. 1848—54.)
Graf Baudissin. Gesch. des Schlesw.-holst. Krieges. Hann. 62.

Feldzug 48.

Ausser Moltke u. d. Bhften. M.W.Bl.:
v. Sichart. Tagebuch d. X. deutsch. Bundes-Armeekorps während d. Feldzuges i. Schleswig-Holstein 48. Hann. 51.

Feldzug 49.

Ausser Moltke u. d. Bhften. M.W.Bl.:
v. Rothenburg. D. Schlachten u. Treffen bei Kolding, Düppel, Gudsoe-Taulow, Fridericia, Veile-Aarhous. B. 50.
v. Wangenheim. D. Res.-Brigade i. Feldzuge 49. Hildburgh. 52.
Authentische Briefe über das Gefecht bei Eckernförde am 5./4. 49. B. 49.

Feldzüge 50.

v. Aberkron. Die Schlacht b. Idstedt. Kiel 90.
v. d. Horst. Zur Geschichte d. Feldzuges der Schleswig-Holsteiner 1850. Die Schlacht bei Idstedt u. d. vorangegangenen Operationen bis zur Schlacht. Ueber einige Verhältnisse i. d. Schlesw.-holst. Armee im Jahre 50 u. s. w. (Bhft. z. M.W.Bl. 51.)
Lütgen. Feldzug d. Schlesw.-holst. Armee u. Marine 1850. Kiel 52.
Gefechte bei Missunde u. Friedrichstadt 1850. (Bhft. M.W.Bl. 51.)
v. Wangenheim. Erinnerungen an Schleswig-Holstein 1850—51. Hildbgh. 52.

Kämpfe in Italien 1848—49.

Der Feldzug der österr. Armee in Italien 48. Wien 52.
Der Feldzug der österr. Armee in Italien 49. Wien 52.
Gavenda. Sammlung all. Armeebefehle u. s. w. mit Bezug auf die Hauptmomente des Krieges 48—49. Prag 56.
Kunz. Feldzüge des Feldm. Radetzki in Ober-Italien 48—49. B. 90.
Oberitalienische Beiträge für d. Feldzug 48—49. Zürich 50.
Précis historique et militaire de l'expédition française en 49 en Italie. Marseille 49.
Rüstow. Oberitalien. Krieg 48/49. Zürich 49.
Siège de Rome en 49 par l'armée française. Journal des opérations de l'artillerie u. s. w. Par. 51.

v. Schönhals. Erinnerungen e. österr. Veteranen. Stuttg. 52.
Ulloa. Faits militaires de Messine 48. Par. 63.
— Guerre de l'expédition italienne 48/49. Par. 59.
v. Welden. Episoden aus m. Leben. Gratz 53.
v. Willisen. D. italien. Feldzug 48. B. 49.

Der Orient- (Krim-) Krieg 1853—55.

Anitschkoff. Feldzug i. d. Krim. Deutsch v. Baumgarten. B. 57.
Bazancourt. L'expédition de Crimée. Par. 56.
Bogdanowitsch. Der orient. Krieg 1853/56. St. Pbg. 76.
v. Bothmer. D. orient. Krieg 1853/56. (Bhft. M.W.Bl. 77.)
Chenu. Rapport au conseil de santé u. s. w. pendant la campagne d'Orient 54/56. Par. 65.
Dépôt de la Guerre français. Atlas historique et topographique de la Guerre de Crimée.
Geffcken. Zur Geschichte d. oriental. Krieges. B. 81.
Rousset. Histoire de la guerre de Crimée. Par. 77.
Rüstow. D. Krieg geg. Russland. Zürich 55/56.
Regenauer. Der russ. Donaufeldzug 1853/54. B. 91.
v. Schweinitz. Expedition gegen d. Alands-Inseln 54. B. 55.
v. Todleben. Die Vertheidigung von Sewastopol. St. Pbg. 64.

Krieg Oesterreichs mit Frankreich und Sardinien 1859.

Dépot de la guerre. Campagne de l'empereur Napoléon III. en Italie. P. 62.
K. K. Generalstabs-Bureau f. Kriegsgesch. D. Feldzug in Italien 59. Wien 72/76.
K. Preuss. Generalstab. D. italienische Feldzug 1859. (Bhft. M.W.Bl. 61/62.)
Duquet. La guerre d'Italie 59. Par. 82.
Comte d'Hérisson. Journal de la campagne d'Italie 1859. Par. 89.
Lebrun. Souvenirs des guerres de Crimée et d'Italie. Par. 90.
Napoléon III. Betrachtungen über d. Ursachen d. Erfolges i. letzten italien. Kriege. Deutsch. Lpzg. 61.
v. Willisen. Die Feldzüge der Jahre 59/66. Lpzg. 68.

Kämpfe in Italien 1860—61.

Garnier. Tagebuch aus d. Belagerung v. Gaëta. Münch. 61.
Garibaldis Feldzug in Sicilien u.s.w. Deutsch. Lpzg. 61.
Rapport du général Lamoricière sur les opérations de l'armée pontificale contre l'invasion piémontaise. Par. 60.
Rüstow. Erinnerungen aus dem italien. Feldzuge 60. Lpzg. 61.

Neuere Kämpfe der Franzosen in Algerien.

Clerc. Campagne de Cabylie 1857. Lille 59.
Herbillon. Insurrection dans le Sud de la province de Constantine. Relation du siège de Zaatscha en 49. Par. 63.
Heym. Gesch. d. Kriege in Algier. B. 61.

Kriegs-Geschichte.

Der spanisch-marokkanische Krieg 1859—60.
v. Goeben. Reise- und Lager-Briefe u. s. w. Hann. 63/64.
Schlagintweit. D. span.-marokk. Krieg 59/60. Lpzg. 63.

Die Kämpfe der Russen im Kaukasus.
Baumgarten. Sechszig Jahre d. Kauk. Krieges mit Berücksichtigung d. Feldz. i. n. Daghestan. Lpzg. 61.
Lapinski (Fefik-Bey). D. Bergvölker d. Kaukasus u. ihr Freiheitskampf. Hbg. 63.
Beschreibung d. Operationen 1839 i. nördl. Daghestan. (Bhft. z. M.W.Bl. 1853.)

Der Aufstand in Indien gegen die Engländer 1857—58.
Kaye. A. history of the sepoy war in India 1857/58. London 74/76.
Runtz-Rees. Selbsterlebtes während d. Belagerung von Lucknow. Deutsch. Lpzg. 50.

Die Expedition gegen China 1860—62.
Der Krieg gegen China vom franz. dépôt de la guerre. Deutsch. Lpzg. 65.
Expéditions des mers de Chine. Publiées par les soins du dépôt de la guerre. Par. 58.
Gf. d'Hérisson. Journal d'un interprète en Chine. Par. 86.

VI. Kriege im Zeitalter Kaiser Wilhelms des Grossen 1861—1888.

Der Bürgerkrieg in den Vereinigten Staaten von Nord-Amerika 1861—65.
D. Nordamerikanische Krieg. (Bft. M.W. Bl. 67.)
Scheibert. D. Bürgerkrieg i. d. Nordamerikan. Freistaaten. B. 74.
Gf. v. Paris. Histoire de la guerre civile en Amérique. P. 74/75.
Blankenburg. D. inneren Kämpfe d. Nordam. Union bis zur Präsidenten-Wahl 68. Lpzg. 69.
v. Borcke u. Scheibert. D. grosse Reiterschlacht b. Brandy-Station. B. 93.
Charleston 1860—65. (Bft. M.W.Bl. 93.)
v. Borcke. Zwei Jahre i. Sattel u. am Feinde. B. 86.
Kriegführung am Mississippi 1862—1863. (Bft. M.W.Bl. 76.)
Frh. v. Meerheimb. Sherman's Feldzug in Georgien. B. 69.
D. Panzerschiffe Merrimac u. Monitor und das Seegefecht bei Hampton Roads 62. Darmstdt. 62.
Scheibert. Sieben Monate i. d. Rebellenstaaten während des Nordamerikan. Krieges 1863. Stettin 68.
Scheibert. D. Zusammenwirken d. Armee u. Marine; erläutert d. d. Kampf um d. Mississippi. 61/63. Rathenow 87.

Die Expedition gegen Mexiko 1861—67.
D. franz. Expedition gegen Mexiko. Bft. z. M.W.Bl. 63.
Niox. Expédition du Mexique 1861—67. Par. 74.
Bourgeois. Historique et critique du siège de Puebla par les Français. Par. 86.
Montlong. Authentische Enthüllungen über d. letzten Ereignisse in Mexiko. Stuttgart 68.
Prinz Salm-Salm. Queretaro. Blätter aus meinem Tagebuche. Stuttg. 68.

Der Aufstand in Russisch-Polen 1863—64.
v. Erlach. Kriegführung d. Polen 1863. Darmstadt 63.
Gesket-Pusyrewski- v. Trotha. D. poln. Aufstand i. Jahre 63 bis zum Zusammenbruch d. Diktatur Langiewitsch. B. 95.
Die Organisation des poln. Aufstandes 1863/64. B. 68.

Deutsch-dänischer Krieg 1864.
K. Preuss. Generalstab. D. deutsch-dänische Krieg. B. 86/87.
K. Dän. Generalstab. Den dansk-tydske Krig 1864. Kophgn. 90/92.
Adler Ballegard u. Alsen. B. 65.
Kauffmann. Rückzug von Danevirke u. s. w. B. 65.
Moltke's mil. Werke III. Krieg gegen Dänemark. B. 93.
Moltke's mil. Korrespondenz 1864. B. 92.
Mil. Wochen-Blatt. Bft. 66 bis 69.
v. Neumann. Ueber d. Angriff auf d. Düppeler Schanzen 15./3.—18./4. 64. B. 65.
Schütze. Brückenbauten u. Meeres-Uebergänge i. Kriege gegen Dänemark. Dzg. 68.
Werner. D. preuss. Marine. Ihre Betheiligung a. deutsch-dänischen Kriege u. s. w. B. 64.

Der Krieg in Deutschland und Italien 1866.
a) Allgemeine Uebersicht; amtliche Darstellungen.

Preuss. Generalstab. Der Feldzug 1866 in Deutschld. B. 67.
K. k. Generalstabs-Bureau f. Kriegsgeschichte. Oesterreichs Kämpfe 1866. Wien 67.
K. Bayer. Generalstab. Antheil d. K. Bayer. Armee a. Kriege 66. München 68.
Offizieller Bericht über d. Kriegs-Ereignisse zwischen Hannover u. Preussen i. Juni 1866. Wien 66.
Feldzugsjournal d. Oberbefehlshabers des 8. deutsch. Bundes-Armee-Korps im Feldzuge 66. Lpzg. 67.
D. Operationen d. 8. deutsch. Bundes-Armee-Korps 66. Lpzg. 68.
Antheil d. Kgl. sächs. Armee-Korps am Feldzuge 66. Dresd. 69.
Antheil d. badischen Feld-Division a. Kriege 66. Lahr 67.
D. Operationen d. österr. Marine. Wien 66.
Uebersicht d. italien. Operationen 1866. B. 67. (Bft. M.W.Bl.)
Italienischer Generalstab. La campagna del 1866 en Italia. Rom 75.
v. Willisen. Feldzüge 1859 u. 1866. B. 67.

Kriegs-Geschichte.

b) Schilderung einzelner Gefechte, Episoden u. s. w.

Dragomiroff. Schilderung des österr.-preuss. Krieges 1866. B. 68.
D. Gefecht bei Oswiecim. (Bft. M.W.Bl. 67.)
v. Goeben. D. Treffen bei Kissingen. Lpzg. 70.
— D. Gefecht bei Dermbach. Lpzg. 70.
v. Goessel. Marschrouten-Karten für d. Divisionen d. I., II. u. Elb-Armee 1866. B. 70.
Jähns. Schlacht bei Königgrätz. Auf Grund der gesammten Litteratur. Lpzg. 76.
Hoenig. Die Entscheidungskämpfe des Main-Feldzuges. B. 95.
Kühne. Kritische u. unkritische Wanderungen über d. Gefechtsfelder d. Preuss. Armee in Böhmen 1866. (Nachod, Skalitz, Schweinschädel, Trautenau, Soor.) B. 70/75.
Kunz. Feldzug d. Main-Armee 1866. B. 90.
Moltke's Feldzugsplan und die Lage Benedek's am 30. Juni u. 1. Juli 66. B. 92.
Moltke's Militär. Korrespondenz 1866. B. 96.
Schlacht von Custozza. (Bft M.W.Bl. 66.)
v. St. Paul-Illaire. D. Seeschlacht von Lissa. B. 67.
Schimmelpfennig. D. kurhess. Armee-Division 1866. Melsungen 92.
Schmidt (dasselbe). Kassel 92.
v. Verdy. Taktische Details aus der Schlacht v. Custozza. B. 76.
v. Verdy. Theilnahme der 2. Armee am Feldzuge 66. B. 66.
v. d. Wengen. Gesch. d. Kriegs-Ereignisse zw. Preussen u. Hannover 66. Gotha 85.
— General Vogel von Falkenstein u. d. hannov. Feldzug 66. Gotha 87.
Ueber d. Verwendung der Kavallerie im Feldzug 66 in Böhmen u. am Main. B. 70.

Krieg Brasiliens und seiner Bundesgenossen gegen Paraguay 1867.

Schneider. Krieg der Triple-Allianz gegen die Regierung v. Paraguay. B. 72/75.
v. Versen. Reisen in Süd-Amerika u. d. südamerik. Krieg. Breslau 72.

Die Expedition der Engländer nach Abyssinien 1867/68.

Hozier. Der brit. Feldzug nach Abyssinien. B. 70.
Gf. Seckendorff. Meine Erlebnisse mit dem engl. Exped.-Korps in Abyssinien. Potsd. 69.
Stumm. Meine Erlebnisse b. d. engl. Exped. i. Abyssinien. Frankfurt a/M 69.

Aufstand in Dalmatien 1869.

v. Pacor. Operationen i. d. Bocche di Cattaro unter Grf. Auersperg. W. 70.
Artikel im Mil.-Woch.-Blatt u. d. Oesterr. Streffleurs'schen Zeitschrift 1869—74.

Der deutsch-französische Krieg 1870/71.

NB. Bei der umfangreichen, täglich noch wachsenden Litteratur über diesen Krieg ist es unmöglich, eine allen Anforderungen gerecht werdende Uebersicht der bezüglichen Litteratur zu geben. —

Nachstehend sind aber so zahlreiche und ausgewählte Quellen gegeben, dass der Offizier an der Hand derselben in der Lage ist, seine Studien durchzuführen.

a) Ueber den ganzen Feldzug orientirende Werke.

Preussisch. Grosser Generalstab. Der deutsch-franz. Krieg. B. seit 72.
Graf Moltke. Geschichte des deutsch - franz. Krieges. B. 91.
v. Goessel. Marschrouten-Karte f. d. deutschen Armeen i. Kriege gegen Frankr. 70/71. B. 73.
Gefechtskalender des deutsch-französischen Krieges. B. 86.
Schulz. Bibliographie de la guerre franco-allemande et de la commune. Par. 86.
Baldamus. Die Litteratur des deutsch-französ. Krieges. B.
Moser. Kurzer strategischer Ueberblick über d. Krieg 1870/71. B. 96.
Scheibert. Geschichte des Krieges 1870/71. B. 93.

Von französischer Seite orientiren:

Chuquet. La guerre 1870/71. Paris 95. Deutsch: Zittau 95. Sachlich und für einen Franzosen parteilos.
Duquet. La guerre de 1870/71. (Im Erscheinen.) Ebenfalls klar und offen gehalten.
Rousset. La seconde campagne de France. Histoire générale de la guerre franco - allemande 1870/71. (Im Erscheinen.) Sehr breit angelegt.
Wachler. La guerre franco-allemande de 1870/71. Paris 95. Verf. warnt seine Landsleute vor der Wiederholung der schweren politischen Fehler.

b) Werke, welche einzelne Theile, Schlachten etc. oder die Thätigkeit einzelner Waffengattungen, Armeen u. s. w. behandeln.

Auch hier ist es selbstverständlich unmöglich, im Rahmen dieses Lexikons die Litteratur erschöpfend zu behandeln. Das nachstehende Quellenmaterial wird aber wohl auch weitgehenden Anforderungen genügen. Zunächst weisen wir hier auf die Veröffentlichungen Seitens des Preussischen, Bayerischen und Sächsischen Generalstabes, wie sie z. B. in den Einzelschriften des ersteren und in den „Darstellungen aus der Bayerischen Kriegs- und Heeresgeschichte" (K. Bayer. K.-Archiv) enthalten und noch in Zukunft zu erwarten sind.

Es folgt hier eine Reihe Werke einzelner Verfasser, aus denen der Offizier für alle Fragen, betreffend den Feldzug 1870/71, Antwort schöpfen dürfte.

Aurelles de Paladines. La première armée de la Loire. Par. 72.
Antheil der unter dem Kommando S.K.H. des Grossherzogs von Mecklenburg - Schwerin gestandenen Truppen am Feldzuge 1870/71. B. 76.
D. deutsche Artillerie in d. 25 Schlachten u. Treffen d. deutsch-franz. Krieges 1870/71. (Bft. z. M.W.Bl. 72.)

Bazaine. Episodes d. l. guerre de 1870 et du blocus de Metz. Madrid 83.
— Armée du Rhin. Par. 72.
— Rapport sommaire sur les opérations de l'armée du Rhin du 13 août au 20 octobre 70. Deutsch. B. 71.
Der Prozess Bazaine. (Bft. M.W.Bl. 74.)
v. Baczko. D. Landwehr d. Division Kummer bei Metz. Glogau 73.
Benedetti. Ma mission en Prusse. Par. 71.
Budde. Französ. Eisenbahnen 1870/71 u. s. w. B. 77.
v. Boguslawski. Taktische Folgerungen aus d. Kriege 70/71. B. 72.
— Neue Studien üb. d. Schlacht b. Wörth. B. 92.
Bordone. Garibaldi et l'Armée des Vosges. Par. 71.
Bonie. Cavalerie française 1870/71. Par. 71. Deutsch. B. 72.
Bibesco. Le 7ième corps de l'armée du Rhin. Par. 72.
Blume. Operationen von Sédan bis z. Ende d. Krieges. B. 72.
Cardinal v. Widdern. D. deutsch - französ. Krieg 70/71. D. Krieg an d. rückwärtigen Verbindungen d. deutsch. Heere u. d. Etappendienst. B. 93.
Chanzy. La 2ième armee d. l. Loire. Par. 72.
Crémer. Ses opérations militaires. Par. 71.
du Chalus. Wissembourg, Froeschwiller, Retraite sur Chalons. Par. 82.
Chenu. Aperçu historique. statistique u. s. w. sur le service des ambulances et des hôpitaux d. la société française de secours aux blessés 1870/71. Par. 74.
— La journée de Sédan. Par. 71.
Ducrot. Guerre des frontières. Par. 73.
Draudt. Thätigkeit d. Detachements Rantzau. Leipzig 74.
Duquet. Wissembourg, Froeschwiller, Retraite sur Chalons. Par. 82.
Engel. Verluste der deutsch. Armeen 70/71. B. 72.
Ernouf. Histoire des chemins de fer français 70/71. Par. 74.
Faidherbe. Campagne de l'armée du nord. Par. 74.
— Réponse à la relation du général Goeben. Par. 73.
Fischer. D. 17. Infanterie-Division im Feldzuge 70/71. B. 72.
v. Fircks. Vertheidigung v. Metz 70, nebst e. Uebersicht d. franz. Rhein-Armee. B. 93.
Failly. Opérations du 5ième corps d'Armée 70. Brüssel 71.
Freycinet. La guerre en province pendant le siège de Paris 70/71. Par. 71. Deutsch. B. 83.
Frossard. Rapport sur les opérations du 2ième corps d'armée. Brüssel 71.
v. d. Goltz. Léon Gambetta und seine Armeen. B. 77.
— Feldzug 1870/71. D. Operationen d. II. Armee an d. Loire. B. 75.
— D. 7 Tage von le Mans vom Standpunkte d. Ober-Kommandos d. II. Armee. B. 73.
Goetze. Thätigkeit der deutschen Ingenieure 1870/71. B. 74.

v. Hahnke. D. Operationen d. 3. Armee. B. 73.
Helvig. D. 1. bayer. Armeekorps v. d. Tann 1870/71. München 72.
Helmuth. D. Schlacht v. Vionville - Mars la Tour u. s. w. B. 73.
— Sedan. B. 74.
Heilmann. D. 2. bayer. Armeekorps 1870/71. München 72.
v. Hoffbauer. Die deutsche Artillerie in den Schlachten u. Treffen d. deutsch-franz. Krieges 70/71. B. 76.
Hoenig. 24 Stunden Moltke'sche Strategie, entwickelt an d. Schlachten von Gravelotte und St. Privat. B. 91.
— D. grosse Hauptquartier u. d. Oberkommandos am 17./18. August. B. 92.
— D. Kampf um d. Steinbrüche v. Rozereuilles. B. 92.
— D. Volkskrieg an d. Loire im Herbste 70. (1. Bis 27. November 70; 2. D. Schlacht v. Beaune la Rolande; 3. D. entscheidenden Tage von Orleans. — Maizières-Villepion, Angriff auf Paris, Loigny-Poupry.)
Jähns. Gravelotte-St. Privat. B. 75.
— D. Armeekorps Werder. B. 76.
Junk. D. Bewegungen u. d. Entkommen d. XIII. französischen Korps Vinoy. B. 94.
Jacquelot. La retraite du XIIIième corps de Mézières à Laon. Par. 92.
Die 49. Infanterie-Brigade bei Vionville-Mars la Tour. B. 85.
Kunz. Die deutsche Kavallerie 70/71. B. 95.
— D. Thätigkeit der deutschen Reiterei 15. bis 18. August 70. B. 91.
— D. Thätigkeit der deutschen Reiterei 19. Aug. bis 1. Sept. 70. B. 92.
— Sind d. deutschen Reiterei vom August 70 Unterlassungen nachzuweisen? B. 92.
— D. Schlacht von Wörth. B. 91.
— Konnte Marschall Bazaine 1870 Frankreich retten? B. 96.
— Einzel-Darstellungen von Schlachten aus dem Kriege Deutschlands gegen d. französische Republik vom Septbr. 70 bis Febr. 71. B. 95. (1. D. grosse Durchbruchs-Versuch der 2. Pariser Armee. 2. Das Gefecht bei Nuits. 3. D. Kämpfe d. Preuss. Garden um Le Bourget. 4. Die Schlacht bei Loigny - Poupry. 5. Die Schlacht von Orleans 3./4. Dezember 70. 6. D. Entscheidungskämpfe d. Generals von Werder im Januar 71.)
— D. Zusammensetzung d. französischen Provinzial-Armeen i. Kriege 70/71.
— D. Schlacht bei Noisseville.
v. Kortzfleisch. D. Feldzug gegen d. Loire u. d. Einnahme von Vendôme 15./16. Dez. 70. B. 92.
v. Kleist. D. Gefechtstage v. Le Mans. 5. bis 12. Januar 71.
Kähler. D. Reiterei am 16. Aug. 70. B. 73. Hannover 80.
Kuhn. Betrachtungen über d. Operationen der französischen Ost-, West- und Nord - Armee Januar 71. Wien 90.
Lingk. D. Etappenwesen bei d. III. Armee. Breslau 88.
Lacroix. L'infanterie de la marine pendant 1870/71. Par. 78.

Kriegs-Geschichte.

Loehlein. D. Operationen d. Korps Werder. B. 74.
Lehautcourt. Campagne de la Loire. Par. 94.
— Campagne du nord. Par. 86.
Lebrun. Bazeilles-Sedan. Par. 84 u. 92.
v. Malachowski. Betrachtungen über d. Gefechtsführung i. d. Schlachten an der Hallue u. b. Amiens. B. 93.

Das Militairwochenblatt bringt in allen seinen Jahrgängen und namentlich in seinen Beiheften seit 1870 eine Fülle hochinteressanten Materials über d. Krieg 70/71. Die sehr übersichtlich geordneten Inhaltsübersichten desselben (jahrgangsweise), auch d. Kataloge der Bibliothek d. grossen Generalstabes (letztere über d. Inhalt der Beihefte) geben ein Bild des Inhalts.

Einige Aufsätze der Beihefte sind in der hier gegebenen Litteratur-Uebersicht aufgeführt. Für alle fehlte es am verfügbaren Raum.

Militair-Medizinal-Abtheilung d. Preuss. Kriegsministeriums. Sanitätsbericht d. deutschen Heere 1870/71. B. 81/90.
Osterberg. Antheil der Königlich. Württemb. Felddivision am Kriege 70/71. Stuttg. 90.
Observations critiques sur l'ouvrage du maréchal comte de Moltke. Par. 92.
Rambaux. Le pont de Fontenoy. Nancy 73.
Secretan. L'armée de l'Est. Neuchatel 95.
v. Scherff. Kriegslehren in kriegsgeschichtlichen Beispielen d. Neuzeit. (1. Betrachtungen über d. Schlacht b. Colombey-Nouilly. 2. Betrachtungen über d. Schlacht von Vionville-Mars la Tour. 3. Betrachtungen üb. d. Schlacht von Gravelotte-St. Privat. 4. Die Cernirung von Metz u. d. Schlacht v. Noisseville.) B. 96.
Scherf. D. Thätigkeit d. 25. (Gr. Hess.) Division i. Feldzuge 7071. Darmstadt 77.
v. Schell. D. Operationen d. I. Armee unter General von Goeben. B. 73.
v. Schmid. D. K. Württemb. Feldbrigade im Kriege gegen Frankreich. Stuttg. 74.
— Die Schlachten b. Villers u. Champigny unter Berücksichtigung d. Antheils d. Württemberger. B. 95.
Schubert. D. XII. (K. Sächsische) Armeekorps während d Einschliessung von Paris 70/71. Dresden 75.
— D. Betheiligung d. XII. Armeekorps an der Schlacht bei Sedan. B. 74.
Bar. Stoffel. Rapports militaires 1866/70. Par. 71.
v. Stiehler. D. V. Armeekorps 1870/71. B. 72.
Strauss. D. evangel. Seelsorge beim Kriegsheere. B. 71.
Verdy du Vernois. Im grossen Hauptquartier. B. 95.
— Studien über den Krieg. Auf Grundlage des deutsch-franz. Krieges 70/71. (1. Theil: Ereignisse in d. Grenzbezirken. B. 92. 2. Theil: Operationspläne. B. 96.)
Graf Wartensleben. Feldzug d. Nordarmee unter General von Manteuffel. B. 72.
— Operationen der Südarmee. B. 72.
v. d. Wengen. Kämpfe um Belfort. Lpzg. 75.
— Villersexel u. Belfort. Lpzg. 76.
v. Wittich. Aus meinem Tagebuche. Cassel 72.
Woide. Ursachen d. Siege u. Niederlagen im Kriege 70/71. Deutsch v. Klingender. B. 96.
v. Wimpfen. Sédan. Par. 72.

c) Festungskrieg.

Allgemeines.

v. Tiedemann. D. Festungskrieg i. Feldzuge 70/71. B. 72.
— Ursachen und Wirkungen i. Festungskriege 70/71. B. 73.
Marcel Poullin. Nos places perdues. Nos pl. assiégées. Par. 73.

Brunner. Vertheidigung v. Strassburg. Wien 71.
Castenholz. Belagerung v. Belfort. B. 75/78.
Deines. Thätigkeit d. Belagergs.-Artillerie vor Paris. B. 95.
Duquet. Paris u. s. w. Par. 10/93.
Ducrot. La défense de Paris. Par. 75/78.
Heyde u. Froese. Gesch. d. Belagerg. von Paris. B. 74.
Müller. Belagerung v. Soissons. B. 75.
Gf. Geldern. Zur Geschichte d. Belagerungen von Belfort u. Paris. Wien 72.
Neumann. Eroberung v. Schlettstadt u. Neu-Breisach. B. 76.
Paulus. Cernirung v. Metz. B. 75.
Spohr. Belagerung v. Mézières. B. 79.
— Belagerung v. Thionville. B. 75.
Thiers et Laurencie. Défense de Belfort. Par. 74.
Uhrich. Documents relatifs au siège de Strassbourg. Par. 72.
Vinoy. Siège de Paris. Opérations du 13e corps et de la 3ième armee. Par. 72.
Viollet le duc. Mémoire sur la défense de Paris. Par. 71.
Wagner. Geschichte d. Belagerg. v. Strassburg. B. 74.
Wolff. Geschichte d. Belagerg. v. Belfort. B. 75.
— Belagerg. v. Longwy. B. 75.
— Bombardement v. Schlettstadt u. Neu-Breisach. B. 74.
v. Werder. Unternehmungen gegen Toul. B. 75.

d) Kämpfe zur See.

Campagne in d. Nord- u. Ostsee (franz.) mit Berichtigungen u. Zusätzen v. e. deutsch. Seeoffizier. Bremen 71.
Köhler. D. Norddeutschen Kriegsschiffe i. Ost-Asien während d. deutsch-franz. Krieges. B. 72.
Livonius. Unsere Flotte i. deutsch-franz. Kriege. B. 71.
René de Pont Jest. La campagne de la mer du Nord et de la Baltique. Par. 71.

Krieg gegen die Kommune in Paris 1871.

v. d. Boeck. Kämpfe d. franz. Armee gegen d. Pariser Kommune. B. 79. (Bft. M.W.Bl. 79.)
Mac Mahon. L'armée de Versailles depuis sa formation jusqu'à la complète pacification d. Paris. P. 71.
v. Meerheimb. Gesch. d. Pariser Kommune. B. 80.
Vinoy. L'armistice et la commune. Opérations de l'armée de Paris et de l'armée de la réserve. Par. 72.

Unternehmung der Russen gegen Chiwa 1873.

Stumm. D. russ. Feldzug nach Chiwa. B. 75.

Kriegs-Geschichte.

Unternehmungen der Russen gegen die Turkmenen 1879—81.

Krahmer. D. Vordringen d. Russen in Turkmenien. B. 81. (Bft. M.W.Bl. 81.)

Der Krieg zwischen Peru und Chile 1879—81.

Arana. Histoire de la Guerre du Pacifique 79/80. Par. 82.

Der serbisch-bulgarische Krieg 1885.

v. Billimek-Waissolm. D. bulg.-serbische Krieg 85. Wien 86.
v. Huhn. D. Kampf d. Bulgaren um ihre National-Einheit. Lpzg. 86.
Möller. D. serb.-bulg. Krieg 85. Hann. 88.
Regenspursky. Die Kämpfe bei Slivnitza. Wien 95.

Die Kämpfe der Franzosen in Tunis u. Tonkin u. s. w. 1884—85.

Garnot. L'expédition française de Formose. Par. 94.
Lecomte. Langson, combats u. s. w. Par. 95.
Lehautcourt. Les expéditions françaises au Tonkin. Par. 88.
Rousset de Pomaret. L'expédition du Tonkin. Par. 94.
Scott. Frankreich in Tonkin. Beschreibung d. Feldzuges 84 u. d. Besetzung Hinterindiens. Deutsch. Ilfeld 86.
Philemon. La 6ième Brigade en Tunisie. Par. 95.

Die Okkupation Bosniens und der Herzegowina 1878—79.

D. Okkupation Bosniens u. d. Herzegowina durch d. kais. kgl. Truppen 78. Wien 80.

Der Aufstand in Süddalmatien u. s. w. 1881—82.

D. Aufstand in d. Herzegowina, Süd-Bosnien u. Süd-Dalmatien 81/82, dargest. i. d. k. k. Abtheilung für Kriegsgeschichte. Wien 83.

Der Krieg Russlands und seiner Verbündeten gegen die Türkei 1877—78 und die demselben vorhergehenden Kämpfe Serbiens, Bosniens und Montenegros.

a) Der Krieg der Türkei gegen Serbien und Montenegro.

Gopcevic. Beiträge z. neueren Kriegsgeschichte der Balkan-Halbinsel. Lpzg. 87.
— Krieg Montenegros gegen die Pforte 1876. Wien 78.
Rüstow. D. Krieg i. d. Türkei. Zürich 76.

b) Der Krieg 1877—78.

Bulgarisches Festungs-Viereck. E. Rückblick auf d. russ.-türk. Krieg. B. 87.
v. Drygalski. Subdetul-Chakaïk. Sammlung ausgewählter Dokumente aus d. türk. Staatsarchiven. B. 80.
Krahmer (Kuropatkin). Kritische Rückblicke auf d. Krieg 77/78. B. 90.

Ott. Studien auf d. Kriegsschauplatz d. Krieges 77/78. Zürich 79.
Springer. D. russ.-türk. Krieg 77/78 in Europa. Wien 93.
Strecker-Pascha. Bemerkungen über d. russ.-türk. Krieg 77/78. (Bft. M.W.Bl. 92.)
Officier supérieur turc. Etude critique des opérations en Turquie d'Asie pendant 1870/71. Constantinople 96.
v. Stuckrad. D. russisch-türkische Krieg 77/78. Hann. 78.
Vacaresco. Rumäniens Antheil a. Kriege 77/78. Deutsch. Lpzg. 88.

(Giebt eine die russ. Darstellungen richtig stellende Schilderung der sehr entscheidenden Unterstützung Seitens der rumänischen Armee bei den Kämpfen um Plewna.)

Zwar keine eingehende Schilderung, aber einen tiefen Einblick in die inneren Verhältnisse der Armeen und der Offizierskorps bieten u. a.:

Graf Pfeil. Erlebnisse e. Preussischen Offiziers i. Russischen Diensten. B. 92.
Bogdanowitsch. D. Garde d. Russ. Zaren auf der Strasse nach Sofia 12./10. 77. Deutsch. Hannover 80.
Macrides. Procès de Suleiman Pascha. Constantinopel 79.
Knorr. Das Russische Heeres-Sanitätswesen während d. Feldzuges 77/78. Hannover 83.
v. Trotha. D. Kaukasische Kosaken-Brigade 1877/78. B. 94.

Karlistenkrieg in Spanien 1872—76.

D. Karlistenkrieg i. Sommer u. Herbst 75. (Bft. z. M.W.Bl. 76.)
de la Llave y Garcia. La guerre des montagnes pendant la dernière insurrection carliste en Catalogne 72—75. Franz. Par. 81.
v. Wedel. D. Karlist. Armee u. Kriegführg. Hann. 76.

Die kriegerischen Ereignisse in Aegypten 1882 und der Aufstand im Sudan 1883—85.

Buchta. D. Sudan u. d. Mahdi. D. Land, d. Bewohner u. d. Aufstand d. falsch. Propheten. Stuttg. 84.
Deutsch. Offizier. D. Aufstand im Sudan, seine Entwickelung u. sein Verlauf. Frankfurt a. O. 85.
Goodrich. Report of the british naval and military operations i. Egypt. 82. Washington 83.
Gordon. The journal of Maj. Gen. Gordon at Kartum. London 85.
Frh. v. Korff. Meine Theilnahme am Sudan-Feldzuge 83. (Bft. M.W.Bl. 85.)
Vogt. D. krieger. Ereignisse in Aegypten während d. Sommers 82. Lpzg. 82.
Slatin-Pascha. Feuer u. Schwert im Sudan 1879—95. Deutsch. Lpzg. 96.

Ausserdem siehe: „Studien über aussereuropäische Kriege jüngster Zeit" von Gopcevic. Lpzg. 87.

VII. Die Kriege der neuesten Zeit.

Der Bürgerkrieg in Chile 1891.

Entscheidungskämpfe i. Chilenischen Bürgerkriege 91. Wien 92.
Kunz. D. Bürgerkrieg i. Chile. Lpzg. 92.
Schaumann. D. mil. Ereignisse während des Chilen. Bürgerkrieges 91. (Bft. M.W.Bl. 92.)

Die Kämpfe der Franzosen in Afrika seit 1888.

Aublet. La guerre au Dahomey 1888-93. Par. 94.
— La conquête du Dahomey 1893—94. Par. 95.
Au Niger, récits de campagnes 1891—92. Par. 95.
Galli. La guerre de Madagascar 1885—95. Par. 95.
Grandin. Le Dahomey. Par. 95.
— Les Français à Madagascar. Par. 95.
Humblet. Madagascar. L'île et ses habitants. La dernière guerre franco-hova. Par. 95.
Marmier. La mission du génie au Soudan 1890—91. Par. 95.

Die deutschen Kolonien und die Kämpfe der Deutschen in und für dieselben.

Die einzelnen Feldzüge, bezw. Kämpfe sind in den „Loebell'schen Berichten" und dem „Milit.-Woch.-Bl." eingehend behandelt. — Für letzteres wird zur näheren Orientirung auf das „Alphabetische Sach- und Namens-Verzeichniss u. s. w." verwiesen.
Von einzelnen Werken seien hier genannt:
von Bülow. Deutsch-Südwest-Afrika. B. 95.
Hessler. Die deutschen Kolonien. Lpzg. 94.
Langhans. Deutscher Kolonial-Atlas. Gotha 96.
Peters. D. deutsch-ostafr. Schutzgebiet. München 95.

v. Wissmann. Afrika-Schilderungen u. Rathschläge. B. 95.
Zintgraff. Nord-Kamerun. B. 94.

Eine zusammenhängende Geschichte des Araber-Aufstandes giebt:
Schmidt. D. Geschichte d. Araber-Aufstandes in Ost-Afrika. Frankfurt a/O. 92.

Der japanisch-chinesische Krieg 1894—95.

Juckichi Jnoupe. D. japan.-chines. Krieg. Deutsch. Lpzg. 95.
v. Kunowski u. Fretzdorf. D. japan.-chines. Krieg. Lpzg. 95.
v. Müller. D. Krieg zw. Japan u. China. B. 95.

Für die Kämpfe der Niederländer in ihren Kolonien und der Spanier auf Kuba wird auf die vortrefflichen Schilderungen in den „Loebell'schen Jahresberichten" verwiesen.

Die Kämpfe der Italiener in Afrika.

v. Bruchhausen. D. Italiener in Afrika. (Bft. M.W.Bl. 95 VII.)

Die Kämpfe der Engländer in Afrika seit 1871.

Siehe Loebell's Berichte 1874 und folgende.
Molyneux. Campaigning in South Africa and Egypt. London 96.

Die Kämpfe der Aegypter gegen den Mahdi u. s. w.

Siehe Loebell's Berichte.
Slatin-Pascha. Feuer u. Schwert im Sudan. Meine Kämpfe m. d. Derwischen u. s. w. 1879 bis 1895. Lpzg. 96.

Strategie.

Das Gebiet dieser Wissenschaft ist schwer zu umgrenzen. Es sind hier die Werke aufgenommen, welche speziell die Str. zum Gegenstande der Behandlung und Untersuchung gemacht haben. — In der Geschichte jedes Feldzuges, besonders aber in der Geschichte (Biographie) jedes Feldherrn oder zum Führer im Grossen berufenen Generals findet der Offizier für seine Studien ein reiches Material, so dass wir auf das Kapitel: „Lebensbeschreibungen" verweisen.

Angeli. Erzherzog Karl als Feldherr u. Organisator. Wien 96. — Im Erscheinen.
(An dies geradezu Epoche machende Werk würden sich die Werke des Erzherzogs und die über ihn früher erschienenen Werke von Dulber, Schneidewind u. s. w. anschliessen.)
Erzherzog Karl v. O. Grundsätze der Strategie. — D. Feldzug von 1796.
Blume. Strategie. B. 86.
v. Clausewitz. Gesammte Werke. B. 74.
v. Cornaro. Schriften über Strategie. Wien.
Delbrück. Friedrich, Napoleon, Moltke. Aeltere und neuere Strategie. B. 92.
(Polemisch beantwortet von v. Bernhardi: Delbrück, Friedrich d. Grosse u. Clausewitz. B. 92.)
Friedrich der Grosse. Oeuvres complètes.

v. d. Goltz. D. Kriegführung. Kurze Lehre ihrer wichtigsten Grundsätze u. Formen. B. 95.
(Hieran anschliessend — von anderen Verf.: Taktische u. strategische Grundsätze d. Gegenwart. Bft. M.W.Bl. 96.)
Prinz Hohenlohe. Strategische Briefe. B. 87.
Liebert. Ueber Verfolgung. B. 95.
Leer. Strategische Aufsätze. Deutsch. Wien 76.
— Positive Strategie. Deutsch. Wien 71.
v. Moltke. Gesammelte Schriften. Militärische Werke, besonders die Militärische Korrespondenz zu den Feldzügen 64/66/70/71.
Pierron. Stratégie et grande tactique 1887/96.
(Ein sehr umfangreiches Werk, welches, alle Seiten der Kriegführung betrachtend, an die Spitze jedes Kapitels nur allgemeine Grundsätze stellt und dann zahlreiche Beispiele aus

Strategie. — Taktik. — Waffenlehre.

der Kriegsgeschichte, Muster von milit. Verfügungen, Befehlen u. s. w. aufführt. Vortrefflich geeignet auch für d. Studium d. franz. Militär-Reglts.)
Rüstow. D. Feldherrn-Kunst des XIX. Jahrhunderts 78/79.
v. Scherff. D. Lehre v. d. Kriegführung. B. 83.
— Kriegslehren. B. 94/96.

v. Taysen. Friedrich d. Grossen Lehre vom Kriege und deren Bedeutung für die heutige Kriegführung. B. 77.
Woide. D. Ursachen d. Siege u. Niederlagen i. Kriege 70 bis Sedan. Deutsch. B. 96.
— D. Selbstständigkeit d. Unterführer i. Kriege. Deutsch. B. 95.
Gf. Yorck. Napoleon als Feldherr. B. 87.

Taktik.

v. Boguslawski. Taktische Darlegungen aus der Zeit 1859—92 m. bes. Beziehg. auf die Infanterie. Bln. 92.
— Kleiner Krieg u. s. Bedeutung für d. Gegenwart. Bln. 81.
— Entwickelung d. Taktik v. 1793 bis zur Gegenwart. Bn. 85.
Bonie. Service d'exploration et de sûreté pour la cavalerie. Par. 79.
v. Brandt. D. kleine Krieg. Bn. 50.
Buddecke. Taktische Entschlüsse u. Befehle. Studie a. d. Operationen e. selbst. Division. B. 95.
Cardinal v. Widdern. D. kleine Krieg u. d. Etappendienst. B. 95.
— Grenz-Detachements-Dienst u. d. Kav.-Unternehmungen in Feindesland während der Mobilmachung. B. 92.
— Nachtgefechte u. s. w.
v. Clausewitz. Vom Kriege.
v. Corvisart. Artillerie-Masse u. Divisions-Artillerie. B. 83.
Griepenkerl. Taktische Unterrichtsbriefe. B.95.
Geist u Form i. Inf.-Gefecht. (Bft. M.W.Bl. 87.)
v. Gizycki. ⎫ Strategisch-taktische Aufgaben.
Taubert. ⎭ B. 89/95.
v. Helvig. Taktische Beispiele. B. 80.
Prinz Hohenlohe. Militärische Briefe. B. 91.
v. Hoffbauer. Applikatorische Studien über Verwendg. d. Artillerie i. grösseren Truppenverbänden. B. 84.
— Taktik d. Feld-Artillerie unter Berücksichtigung d. Erfahrungen 1866 u. 1870/71. B. 76.
Hotze. Gesammelte takt. Aufsätze. Wien 78.
v. Kleist. D. Offizier-Patrouille im Rahmen d. strateg. Aufgabe d. Kavallerie. B. 95.

Kühne. Kritische u. unkritische Wanderungen üb. d. Gefechtsfelder i. Böhmen 1866. B. 77.
— Krieg im Hochgebirge. B. 75.
v. Lettow-Vorbeck. Taktische Beispiele. B. 80.
v. Lütgendorf. Aufgaben-Sammlung. Wien 95.
v. Loë. D. Felddienst d. Kavallerie. Bonn 89.
Litzmann. Beiträge z. takt. Ausbildg. unserer Offiziere. Leipzg. 94/95/96.
Lewal. Tactique des renseignements. Par. 81/83.
Meckel. Taktik. B. 95.
v. Malachowski. Scharfe Taktik und Revuetaktik. B. 92.
v. Mantey. D. Schlacht. B. 82.
D. Mehrlader u. s. Einfluss auf d. Kampf in d. Ausbildg. d. Infanterie. (Bft. M.W.Bl. 87.)
Pochhammer. Ueber d. Führg. d. Artillerie i. Gefechte u. i. Manöver. Hann. 83.
v. Scherff. Studien zur neueren Infanterie-Taktik. B. 74.
— Die Lehre von d. Truppenverwendung als Vorschule für d. Kunst d. Truppenführung. B. 76/79.
v. Schell. Studien über Taktik der Feld-Artillerie. B. 82.
v. Schlichting. Ueber d. Infanterie-Gefecht. B. 79.
Frh. v. Sazenhofen. Taktik d. Reiterei. München 75.
Uebungen i. d. Truppenführg. Wien 95.
v. Verdy. Studien über Truppenführung. B. 1870/92.
— Ueber praktische Felddienst-Aufgaben.
Vollard v. Bockelberg. Instruktionen des Generals von Schmidt. B. 76.
v. Waldstätten. Taktik. Wien 87.

Waffenlehre.

1. Im Allgemeinen.

Capitaine u. v. Hertling. D. Kriegswaffen. Rathenow.
Demmin. Kriegswaffen in geschichtl. Entwickelung. Gera 91.
Lankmayr. Waffenlehre für die k. k. Militär-Akademie. Wien.
Maudry. Waffenlehre f. Offiziere aller Waffen. Wien 95.
Leitfaden für d. Unterricht i. d. Waffenlehre an d. Königl. Kriegsschulen. B.
Marschner. Waffenlehre. Wien 96.
v. Sauer. Grundriss d. Waffenlehre. München 69/75.

v. Sauer. Neue Kriegswaffen (Ergänzung). M. 78.
v. Specht. Geschichte der Waffen. Nachgewiesen u. erläutert durch d. Kultur-Entwickelung u. s. w. B. 77.
Wille. Waffenlehre. B. 96.
Witte. Gemeinfassliche Waffenlehre. B. 87.
— Fortschritte u. Veränderungen u. s. w. (Ergänzung hierzu). B. 95.
Grimbel. Tafeln zur Entwickelungs-Geschichte d. Schutz- u. Trutzwaffen i. Europa. Bad. 95.

2. Handfeuerwaffen.

Beschreibung des franz. Armee-Gewehrs M. 86 (Lebel). Hannover 88.
Dragomirow. D. Kaliberfrg. i. d. europ. Armeen.

Habart. D. Geschosswirkung d. 8 mm-Handfeuerwaffen an Menschen u. Pferden. Wien 92.
Hebler. D. kleinste Kaliber oder d. zukünftige Inf.-Gewehr. Zürich/Leipzig 91.
Instruction sur l'armement, les munitions u. s. w. M. 86/93. Par. 94.
W. v. Ploennies. Neue Studien über d. gezogene Feuerwaffe d. Infanterie. Darmstadt 64.
Repetirgewehre. Ihre Geschichte, Einrichtung u. Leistungsfähigkeit. B. 82/86.
v. Tettan. D. russ. Drei-Linien-Gewehr u. s. Schussleistungen. Hannov. 94.
— Beschreibg. d. russ. Gewehrsystems Berdan No. 2. Hannov. 91.
Thierbach. D. geschichtliche Entwickelung d. Handfeuerwaffen. Dresden 88.
Villaret. Ueber d. Wirkung u. d. kriegschirurgische Bedeutung d. neuen Handfeuerwaffen. B. 94.
Weigner. D. 8 mm-Handfeuerwaffen in Oest.-Ungarn, deren Entwickelg., ballistische Eigenschaften u. s. w. Wien 91.
Wille. D. kleinste Gewehrkaliber. B. 93.
— Selbstspanner (automat. Handfeuerw.). B. 95.
— Fortschritte u. Rückschritte d. Infanterie-Gewehrs. B. 94.
Wuich. Repetirfrage, Kaliberfrage u. Pulverfrage b. d. Handfeuerwaffen. 6 Vorträge. Wien 95.
Ueber den Stand der Bewaffnung der einzelnen Staaten im Jahre 1894 siehe „Loebell's Jahresberichte XXI" S. 375 u. ff.

3. Geschütze.
a) Feld-Artillerie.

Lankmayr. Handbuch der Oesterreichischen Geschützsysteme nebst e. Anhange über d. von d. Grossmächten geführten Feld- und Gebirgs-Geschütze Wien 86.
Müller. D. Entwickelung d. Feld-Artillerie in Bezug auf Material, Organisation u. Taktik von 1815—92. Mit bes. Berücksichtigung d. Preuss. u. Deutsch. Artillerie. B. 93.
Schubert. Feld- u. Gebirgs-Artillerie d. Europ. Staaten. Wien 90.
v. Tscharner. Zur Entwickelung d. Gebirgs-Artillerie mit besonderer Berücksichtigung d. schweizerischen. Wien 91.
Wille. D. deutsche Feldartillerie-Material. B. 90.
— D. Feld-Geschütze d. Zukunft. B. 91.
Ein Beitrag z. Feldgeschütz d. Zukunft. B. 94.
Gf. Thürheim. Studien über Feld-Artillerie. Augsb. 77.

b) Festungs-, Belagerungs-, Küsten-Artillerie.

Grabe. D. Panzergeschütze. Ihre geschichtliche Entwickelung u. d. für d. Kriegsgebrauch zu wählenden Kaliber. B. 84.
Monthaye. Krupp u. de Bange. Deutsch. B. 87.
Müller. D. Entwickelung d. Preuss. Festungs- und Belagerungs-Artillerie in Bezug auf Material, Organisation u. Ausbildg. v. 1815—75.
— D. Entwickelung d. Preussischen Küsten- u. Schiffs-Artillerie v. 1868—78.
Nordenfelt. Schnellfeuer-Kanonen u. Mitrailleusen i Landkriege. Wien 88.
v. Schütz. Hartguss-Panzerungen u. Minimallafetten. Magdeburg 90.
— D. Panzerlafetten auf d. Schiessplätzen des Grusonwerkes b. Magdeb.-Buckau u.s.w. B. 90.
Schumann. D. Bedeutung drehbarer „Panzerlafetten" f. d. Reform d. Befestigung. Potsd. 88.

Ballistik.

August. Ueber die Rotationsfläche kleinsten Widerstandes u. über d. günstigste Form d. Geschossspitze nach d. Newton'schen Theorie. B. 88.
Bender. D. Bewegungserscheinungen d. Langgeschosse u. deren Beziehungen zu d. Eigenschaften d. Feldgeschütze d. Zukunft. Darmstadt 88.
Callenberg. D. Fundamentalwerke d. äusseren Ballistik. B 90.
Dam van Isselt. D. Ballistik d. gezogenen Feuerwaffen. A. d. Holländischen von Weygand. B. 84.
Krupp'sche Tabelle zur Berechnung d. horizontalen Endgeschwindigkeiten u. d. Flugzeiten der Langgeschosse. Essen 75.
Maudry. Leitfaden zum Studium d. elementaren Ballistik. Wien 94.
Prehn. Versuche über d. Elemente der inneren Ballistik der gezogenen Geschütze. B. 66.
Kummer. Ueber d. Wirkung d. Luftwiderstandes auf Körper von versch. Gestalt., insbesondere auf d. Geschosse. B. 75.
Witte. Artillerie-Lehre, I. Theil, Ballistik.
Wuich. Lehrbuch d. äusseren Ballistik. Wien 86.
v. Scheve. Drallgesetze nebst Beispielen zur Entwickelung der Art., sowie Erörterung über d. Anwendung d. verändert. Dralles. B. 92.

Kriegsfeuerwerkerei, Pulver- und Munitions-Fabrikation. Waffen-Anfertigung.

Abel. Rauchlose Sprengstoffe. B. 91.
Böckmann. D. explosiven Stoffe, ihre Geschichte, Fabrikation, Anwendung i. d. Sprengtechnik u. s. w. Wien 80.
Dürre. D. Metalle u. ihre Legirungen i. Dienst d. Heeres u. d. Kriegsflotte. Hannov. 94.
E. v. H. Schiesspulver u. Feuerwaffen. Illustrirte Uebersicht aller auf dies. Gebiete gemachten Erfindungen, Entdeckungen u. s. w. Lpzg. 66.
v. Foerster. Schiesswolle u. ihre militär. Anwendung. B. 88.
Gruson-Werk. Bericht über dessen Schiess-Versuche.

Ballistik. — Schiesslehre. — Befestigungskunst.

Krupp-Fabrik. Bericht über deren Schiess-Versuche.
Künzel. Ueber Bronzelegirungen u. ihre Verwendung für Geschützrohre u. s. w. Dresden 75.
Kaiser. D. Konstruktion d. gezogenen Geschützrohre. Wien 92.
Kriegsfeuerwerkerei. B. 89, mit Atlas.
Geschichte d. Feuerwerkswesens. B. 87.
Lepsius. D. alte u. d. neue Pulver. Leipzig 91.
D. rauchlose Pulver (Versuche mit demselben bei Krupp. Ess. 90, bei Gruson. Magdebg. 90).
Plack. D. gepresste Schiesswolle. Pola 91.
Romocki. 1. Gesch. d. Explosivstoffe. Wien 95.
2. D. rauchschwachen Pulver i. ihrer Entwickelung bis zur Gegenwart. Wien 95.
Volkmer. Ueber Stahlbronze. Wien 75.
Wille. Leitfaden der allgemeinen Maschinenlehre u. d. artiller. Technologie. B. 75.
— Wolfram-Geschosse. B. 90.
Wesen und Behandlung von brisanten Sprengstoffen. B. 88.

Schiesslehre.

Brandeis. Der Schuss. — Erklärung aller denselben u. d. Schusserfolg beeinflussenden Umstände. Wien 95.
v. Brunn. Die Ausbildung der Infanterie im Schiessen. B. 95.
Böhm. D. Schiessen a. e. gefesselten Ballon. B. 86.
Kähne-Zöllner. Erfahrungen beim Schiessen gegen Ziele des Feldkrieges. B. 88.
Klingender. Ueber d. Schrapnelschiessen der russ. Feld-Art. B. 88.
Leydhecker. D. Wurffeuer i. Feld- u. Positionskriege, insbesond. beim Kampfe um Feld-Verschanzungen. B. 87.
Freiherr R. v. Lichtenstern. Schiessausbildung u. Feuer d. Infanterie i. Gefecht. B. 95.
Leser. Schwierigkeiten beim Schiessen d. Feld-Artillerie i. grösseren Verbänden u. ihre Abhülfe. Köln 88.
Müller. D. Wirkung d. Feldgeschütze 1815 bis 1892. B. 94.
Rohne. Schiesslehre f. d. Feld-Artillerie mit bes. Berücksichtigung d. deutschen. B. 95.
— D. Schrapnelschuss d Feld-Artillerie. B. 94.
— D. gefechtsmässige Schiessen d. Feld-Artillerie u. Infanterie. B. 96.
— D. Feuerleitung grosser Artillerie-Verbände, ihre Schwierigkeiten u. d. Mittel, sie zu überwinden. B. 86.
Die Schiessvorschriften der europäischen Mächte. Vergleichende Studie. Leipzig 96.
D. Schiessen d. Reiterei. Leipzig 96.
D. Schiessversuche der Fabriken Krupp in Essen u. Gruson i. Magdeburg-Buckau. Bericht über dieselben. Leipzig 96.
v. Wuich. Gemeinverständliche Vorträge über d. Wirkungsfähigkeit d. Geschütze. Wien 91.

Befestigungskunst.

Dauernde Befestigung.

Brunner. Leitfaden für den Unterricht in d. beständigen Befestigung. Wien.
Schneler. Leitfaden für d. Unterricht in d. Befestigungskunst. Berlin.
La fortification permanente et les explosifs. Par.-Limoges 91.
Henning. Unsere Festungen. B. 92.
Rieger. Urtheile u. Ansichten über Nutzen von beständigen und Stehgreif-Befestigungen. Wien 88.
Schroeder. Schumann und die Panzer-Fortifikation. B. 90.
v. Kamptz. D. Dienst d. Infanterie bei d. Vertheidigung d. Festungen gegen d. gewaltsamen Angriff. Potsd. 55.
— D. Organisation i. Innern e. kriegsbereiten Festung zur Erhaltung u. Schonung der Vertheidiger. B. 69/77.
v. Leithner. D. beständige Befestigung u. d. Festungskrieg. Wien 94.
Meyer. Angriff und Vertheidigung moderner Panzerbefestigungen. Aarau 92.
Mittheilungen über Gegenstände d. Artill.- u. Geniewesens vom k. k. technischen Militär-Komitee. Wien.
Mittheilungen des Pr. Ingenieur-Komitee's. Berlin.
Müller. Geschichte d. Festungskrieges s. Einführung d. Feuerwaffen. B. 92.
v. Prittwitz-Gaffron. Ueber d. Verwendung d. Infanterie b. Vertheidigung d. Festungen. B. 58.
R. V. D. Festungen und d. Kriegführung.
La perte des Etats et les camps retranchés. Par. 88.
Ratz. D. belagerungsmässige Angriff gegen moderne Festungen vom strateg., takt., artill. u. s. w. Standpunkte. Olmütz 81.
Riedl. D. passagere Befestigung i. Kriege u. ihr Einfluss auf d. Kriegführung.
Scheibert. Strategische Streiflichter auf die Festungsfragen. (Bft. M.W.Bl. 91.)
— Die Befestigungskunst u. d. Lehre v. Kampfe. B. 80 88.
Scholl. Das Befestigungswesen der Neuzeit. B. 89.
v. Sauer. Beiträge zur Taktik d. Festungskrieges. B. 82.
— Ueber den abgekürzten Angriff u. d. Vertheidigung fester Plätze. B. 85.
— Studien über den Festungskrieg. B. 81.
— Taktische Untersuchungen über neue Formen d. Befestigungskunst. B. 85.

Welitschko. D. Vertheidigungsmittel der Festungen gegen beschleunigte Angriffe. St. Pet. 92.
Wiebe. Gedanken über d. Artilleriekampf im Festungskriege. B. 89.
v. Willisen. Ueber grosse Landesvertheidigung, über Festungsbau und Heerbildung. B. 60.

Allgemeines. Landesbefestigung. Festungskrieg.

Andeutungen über diejenigen Punkte, welche bei Rekognoszirung fremder Festungen in's Auge zu fassen sind. B. 74.
Brialmont. La défense des États et les camps retranchés. Par. 80.
— La fortification du temps présent. Brüss. 85.
— Les régions fortifiées. Leur application à la défense de plusieurs États européens. Brüss. 90.
v. Bonin. Festungen und Taktik des Festungskrieges i. d. Gegenwart. B. 78. (Bft. M.W.Bl. 78.)
v. Donat. Festungen u. Festungskampf. B. 90.
Heyde. Landesbefestigung. E. Studie. Rathenow 86.

Prinz Hohenlohe. Ideen über Befestigungen. B. 88.
— Ideen über Belagerung. B. 72.

Feldbefestigung und Feldpionierdienst.

Brialmont. La fortification du champ de bataille. Brüss. 78.
— Manuel de fortification de campagne. Brüss. 79.
Brunner. Leitfaden für d. Unterricht in der Feldbefestigung. Wien 93.
Deguise. Études sur les batailles modernes et sur la rôle de la fortification improvisée. Brüss. 89.
Krebs. Kriegsgeschichtliche Beispiele d. Feldbefestigung u. d. Festungskrieges. B. 86/92.
Scheibert. D. Taschenpionier. E. illustrirtes Handbuch für Offiziere u. Unterofficiere der Infanterie und Kavallerie. B. 84.
Schueler. D. Feldbefestigung i. Beispielen für Offiziere aller Waffen. B. 86.

Militärgeographie.

Die Quellen für diese Wissenschaft sind nicht nur in den rein „milit.-geogr." Werken zu suchen. — Diese kranken vor allem daran, dass sie oft des von den Staaten aus erklärlichen Gründen geheim gehaltenen, zuverlässigen Materials entbehren müssen, dann — dass sie oft zu weite Gebiete schildern und daher nicht eingehend genug sind. Endlich darf man nicht vergessen, dass auch das beste Werk in seinen Angaben über Bevölkerung, Verpflegung, Verbindungen u. s. w. leicht veraltet. Aus diesen Gründen ist die beständige Verbindung der Militärgeographie mit der Statistik und der allgemeinen Länderkunde unumgänglich nothwendig. Aber auch die Kriegsgeschichte liefert wichtiges und reiches Material für die Militärgeographie durch die Schilderungen der Kriegsschauplätze, Schlachtfelder, Festungen, Häfen u. s. w., vor allem aber durch die Lehren, welche sich aus dem Einfluss der militärisch-geographischen Verhältnisse auf die kriegerischen Ereignisse für die Militärgeographie ergeben.

Aus allem vorher Gesagten ergiebt sich, dass es zwar eine Zahl recht brauchbarer Monographien, aber wenige einigermassen genügend umfassende Werke giebt und dass unter den unten anzuführenden, namentlich den von Deutschen über Deutschland geschriebenen, eine grosse Zahl mit ihren statistischen etc. Angaben veraltet sind. Vortreffliche Abhandlungen finden sich namentlich in der österreichisch-ungarischen militärischen Presse. Oesterreichisch-ungarische Offiziere haben namentlich das Verdienst, sich sehr eingehend um die militärisch-geographische Erschliessung der Balkan-Halbinsel bemüht zu haben.

In Frankreich und Russland sind einige gute, amtlich veröffentlichte militärisch-geographische Werke auch über das eigene Land, bez. Theile desselben vorhanden.

K. Bayerisch. Generalstab. Milit. Beschreibung von Südwest-Deutschland. München 77. (Sehr klare u. doch erschöpfende Schilderung.)
D. Befestigung u. Vertheidigung d. deutschfranz. Grenze. B. 94.
D. Befestigung u. Vertheidigung d. deutschruss. Grenze.
D. Befestigungen Frankreichs. B. 90.
Biffart. D. Kriegstheater am Ober-Rhein u. d. unteren Donau. B. 63.
Bollinger. Mil. Geogr. d. Schweiz. Zür. 84.
Burow. D. Kriegstheater der dän. Halbinsel. Alt. 54.
Blottière. Mémoire concern. l. frontière de France avec Savoie et Piémont. Grénoble 91.
Brialmont. Situation militaire de la Belgique etc. Brüss. 82.
v. Bruchhausen. D. Italiener in Afrika. B. 95. (Bft. M.W.Bl. 95.)

Bruté de Rémur. La défense des Vosges. Par. 90.
Cambrélin. Essai sur l. défense d. l. Belgique etc. Par. 84.
Cardinal v. Widdern. Rhein u. Rheinfeldzüge. B. 69.
— Nordfrankreich, Belgien, Holland als Kriegsfeld. B. 70.
Démassue. Nos frontières de l'Est, leur rôle dans une guerre prochaine. Vesoul 91.
Didelot. La défense des côtes de l'Europe. Par. 94. (Giebt e. eingehende, durch Zeichnungen erläuterte, wenn auch zuweilen in Einzelheiten abweichende Schilderung d. Küsten Eur.)
Filek v. Wittinghausen. D. Königr. Rumänien. Wien 84.
— D. Königr. Serbien. Wien 83.
K. Pr. Generalstab. D. Kriegsschauplatz d. Nordarmee 1813. (Bft. M.W.Bl. 87.)

v. Haymerle. D. strateg. Verhältniss d. Schweiz. D. strateg. Verhältniss zw. Oesterreich und Russland. (Streffleurs Oesterr. Militär. Zeitschrift.) Wien 82.
Heyfelder. Transkaspien u. s. Eisenbahn. Hann. 88.
Janke. Skizzen aus d. europäisch. Russland. B. 77.
Joanne. Itinéraire général d. l. France. Par. alljährlich.
— Dictionnaire géographique et administratif d. l. France et ses colonies. Par. seit 88.
— Beschreibungen der Departements. Erscheinen dauernd.
Kallée. D. nordostfranz. Kriegsschauplatz. B. 88.
Krahmer. D. russ. Kriegsschaupl. u. s. Einfluss auf d. dort operirenden Armeen 1812 und 1830/31. B. 85.
Frhr. Gemmingen v. Massenbach. Deutschland u. s. Nachbarstaaten. Münch. 61.
Marga. Géographie militaire. Par. 85.
(Eines der besten, umfassenden Werke; reich ausgestattet mit Karten.)
Pollatschek. Militärgeogr. von Mitteleuropa. Wien 68.
v. Roon. D. iberische Halbinsel. B. 39.
(Dieses Werk wichtig wegen der von dem späteren Feldmarschall i. d. Einleitung entwickelten Ansichten über d. Bedeutung der Militärgeogr.)
D. russische Reich in Europa. B. 84.
Russischer „militär - statistischer Sammler" (Wajenno - statistitscheskij Ssbornik) 1867/71, russ.
(Ein grosses unter Leitung d. Gen. Obrutscheff von Offizieren d. russ. Generalstabes bearbeitetes geogr. Sammelwerk, dessen 4. Bd. e. eingeh. Darstellg. Russlands enthält. Polen ist nur sehr flüchtig behandelt.)
Russische militärische Gouvernements - Beschreibungen.
Bearbeitet v. Offizieren des Generalstabes, bis in das Ende der 60er Jahre reichend.

Russ. Intendantur-Verwaltung d. Milit.-Bez. Warschau. Statistische Beschreibg. des Königreichs Polen nach den Zweigen der für die Intendantur wichtigen Industrie. St. Ptbg. 73, russ.
Ssemenow. Geogr.-stat. Lexikon d. russischen Reiches, i. Auftrage d. russ. geogr. Gesellschaft. St. Ptbg. 63—78, russ.
(Grossartig angelegtes Werk. Artikel sehr verschieden bearbeitet.)
Sulimierski. Geogr. Lexikon d. Königr. Polen u. ander. slawischer Länder. Warschau 93, poln.
(National - poln. Unternehmen, welches die sämmtlichen ehemals d. poln. Scepter unterworfenen Länder umfasst.)
Sarmaticus. Von der Weichsel zum Dnjepr. Hann. 86.
Stenzel. Helgoland u. d. deutsche Flotte.
Schwarz. Les Pays-Bas, considérés au point de vue historique, politique, topographique, militaire. Luxbg. 75.
Tuman. D. östl. Balkan-Halbinsel mil.-geogr. Wien 86.
— Griechenland, Makedonien, Süd - Albanien. Hannover 88.
— Serbien mil.-geogr.
(Vortreffliche, v. e. österr. Offizier verfasste Schilderung d. Balk.-Halbinsel.)
Ténot. Les nouvelles défenses de la France. Par. 82.
(Verfasser schildert mit grosser Sachkenntniss und Offenheit die strateg. Grenz-Verhältnisse Frankr. u. Deutschl.)
Terstyánski. Milit. Geographie von Italien. Lembg. 61.
v. Voigts-Rhetz. D. strategische Bedeutung d. Grossherzogthums Posen. B. 48.
Wenjukoff. D. russ.-asiat. Grenzländer. Deutsch. Lpzg. 74.
Wolfram. Anleitung z. Studium d. Mil.-Geographie. Münch. 70.
v. Zepelin. D. Küsten u. Häfen d. russisch. Reiches u. s. w. B. 96.

Generalstabs-Geschäfte.

Aide mémoire de l'officier d'état-major en campagne. Par. 87/92.
Bronsart v. Schellendorf-Meckel. Der Dienst d. Generalstabes. B. 93.
Cardinal v. Widdern. Heeresbewegungen u. Märsche. Lpzg. 92. (Handbuch für Truppenführung und Stabsdienst.)

Fix. Le service dans les états - majors. Par. 91.
Meixner. Hist. Rückblick auf d. Verpflegung d. Armeen i. Felde. Wien 95.
Springer. Handbuch für d. Offiziere d. Generalstabes. Wien 84.

Manöver. Generalstabs- und Kavallerie-Uebungs-Reisen. Taktische Uebungsritte. Kriegsspiel.

v. Boguslawski. Anlage, Leitung u. Durchführung v. Feld-Manövern. B. 83.
Bihály. Applik. Besprechung d. Felddienst- u. Gefechts-Vorschriften. Wien 96.

Fingerzeige, praktische, f. d. Anlage kleiner Manöver. (Bft. M.W.Bl. 90.)
v. Gizycki. Brigade-Manöver. (Heft 7 der strat.-takt. Aufg.)

v. Hagen-Lehnert. Handbuch für Truppenführer. B. 95.
— Taschenbegleiter für Manöver u. s. w. B. 96.
Litzmann. Taktische Uebungsritte. Lpzg. 96.
Meckel. Anleitung zum Kriegsspiel u. s. w. B. 73/75.
Münzenmaier. Gesichtspunkte u. Beispiele für Abhaltung v. takt. Uebungsritten. B. 96.
Naumann. D Regiments-Kriegsspiel. B. 77.
— Direktiven für d. Festgs.-Kriegsspiel. B. 92.
Rohne. D. Artillerie-Schiessspiel. B. 95.
v. Trotha. Anleitung z. Darstellung v. Gefechtsbildern m. d. Kriegsspiel-Apparat. B 74.
v. Verdy. Beitrag z. Kriegsspiel. B. 81.
v. Verdy. Beitr. z. d. Kav.-Uebungs-Reisen. B. 76.
Woide. Friedens-Manöver u. ihre Bedeutung. Deutsch. B. 96.

Für die Vorbereitung zum Examen zur Kriegs-Akademie dienen u. a.:
Kuhn. Aufnahme-Prüfung zur Kriegs-Akademie mit Nachtrag. B. 96.
Meyer. Gesichtspunkte für d. Lösung taktisch-strategischer Aufgaben und Zehn Aufgaben in militärischer Geländebeurtheilung erläutert. B. 96.
— Lösungen der Aufgaben in der Waffenlehre und der Befestigungslehre. B. 96.

Eisenbahnwesen. Verwerthung der Eisenbahnen im Kriege. Telegraphen-Wesen.

(Sehr viel wichtiges Material für das Studium der Leistungsfähigkeit der Eisenbahnen wird von den betreffenden Ressorts geheim gehalten; anderes enthalten die vortrefflichen österreichisch-ungarischen und deutschen Fachzeitschriften, auf welche daher hier verwiesen wird.)

Archiv für Eisenbahnen. B. Seit 81.
Centralblatt für Eisenbahnen u. Dampfschifffahrt d. österr.-ung. Monarchie. Wien. Seit 80.

Budde. D. franz Eisenbahnen i. Kriege 70/71 u. ihre seitherige Entwickelung i. mil. Hinsicht. B. 77.
Ferrarius. Studie über d. heutigen Eisenbahnen i. Kriegsfalle. Lpzg. 92.
Golowatschew. D. Eisenbahnen Russlands. Russ. St. Ptbg. 78.
Grandvallet. Les chemins de fer français au point de vue de la guerre. Par. 89.
Heyfelder. Transkaspien und seine Eisenbahn. Hann. 88.
Heussinger v. Waldegg. Ergänzungshefte d. Organs f. Fortschritte d. Eisenbahnwesens. Wiesb. Seit 72.
Kohn. Eisenbahn-Jahrbuch d. österr. Monarchie. Wien. Seit 68.
Koch u. Brosius. Schule für d. äuss. Eisenbahn-Betrieb. Wiesb. 85.
Krokisius (Westphalen). Kriegführung u. Benutzung der Eisenbahnen und Kampf um Eisenbahnen. Lpzg. 82.
(Sehr eingehend u. vortrefflich geschildert.)
Kühn. D. histor. Entwickelung des deutsch-österr. Eisenbahnnetzes v. 38—81. B. 83.
Lassmann. D. Eisenbahnkrieg. B. 67.
Nienstedt. D. russ. Eisenbahnnetz z. deutsch-österr. Grenze u. s. Bedeutung für e. Krieg. B. 95.
Paulus. Bau u. Ausrüstung der Eisenbahnen. Stuttg. 82.

Mayer. Geschichte u. Geographie d. deutsch. Eisenbahnen. B. 92.
Schwabe. Geschichtl. Rückblick auf d. ersten 50 Jahre preuss. Eisenbahnwesens. B. 95.
Taubert (v. Gyzicki). Strateg.-takt. Aufgaben. 10 u. 11.
Die schmalspurige Feldbahn u. d. Land-Etappenstrassen-Zerstörung, Wiederherstellung und Neubau zu Vollbahnen u. deren Kunstbauten in Feindesland. Lpzg. 96.
Weber. D. Schule d. Eisenbahnwesens. Lpzg. 73.
— D. Praxis und Sicherung des Fahrbetriebes. Lpzg. 76.
Zufuhrwege in Russland (von Koch). B. 96.

Ein sehr reiches Material über d. Entwickelung des Eisenbahnnetzes d. versch. Staaten ist in den geogr. Zeitschriften vorhanden, so z. B. über die sibirische Bahn.

Telegraphen-Wesen.

Buchholtz. Ueber d. Thätigkeit d. Feldtelegraphen i. d. jüngsten Kriegen, ihre Bedeutung f. d. Kriegführung, sowie d. neuesten Erfindungen. B. 80.
v. Chauvin. Organisation d. elektr. Telegraphie in Deutschland f. d. Krieg. B. 84.
v. Fischer-Treuenfeld. D. Fortentwickelung d. deutsch. Feld-Telegraphie. B. 92.
— Kriegstelegraphie, Geschichtliche Entwickelung, Wirkungskreis, Organisation derselben. Stuttgart 79.
Waechter. D. Anwendung der Elektrizität für militär. Zwecke. Wien 83.

Militär-Luftschifffahrt, Brieftauben, Fahrrad u. s. w.

Caustier. Les pigeons voyageurs et leur emploi à la guerre. Par. 92.
v. Lavergue-Peguilhen. Verwendbarkeit d. Luftballons i. d. Kriegführung. (Bft. M.W. Bl.86.)
Moedebeck. Handbuch d. Luftschifffahrt. B. 86.
Orlow. Taktik d. Luftschiffe. Russ. St. Ptbg. 92.
Stadelmann. D. Zweirad i. Kriege. B. 92.
— D. Brieftaube. Verw. i. Festungskriege. B. 92.

Stadelmann. D. Luftschifffahrt i. d. Militärstaaten Europas u. ihre prakt. Verwendung im Kriegsfalle. B. 92.
Frh. v. Puttkamer. Fahrschule für Militär-Radfahrer. Lpzg. 96.
Taubert. Handbuch d. Luftsports. Wien, Pest, Leipzig 83.
Russ. D. Brieftaube, i. Züchtung u.s.w. Hann. 77.
Graf v. Zeppelin. Denkschriften über das lenkbare Luftschiff. Stuttg. 95.

Pferdekenntniss. Reitkunst.

Betrachtungen über d. preuss. Pferdezucht u. d. an sie zu stellenden Forderungen. (Bft. M.W.Bl. 72.)
Baucher. Methode der Reitkunst nach neuen Grundsätzen. Bl. 84.
v. Heydebrand. D. Pferd des Inf.-Offiziers. B. 78.
— D. Behandlung d. Pferdes als Vorbereitg. f. d. Herrensport. B. 82.
— Illustrirte Gesch. d. Reiterei. Wien 92.
Heinze. Pferd u. Reiter. B. 80.
Hertwig. Taschenbuch d. gesammten Pferdekunde. B. 80.
 (Vortreffliches Werk, klar, eingehend. Verf. lange Lehrer a. d. Kriegsakademie u. s. w.)
Jähns. Ross u. Reiter im Leben u. s. w. d. Deutschen. Leipzig 72.
v. Hutten-Czapski. D. Gesch. des Pferdes. B. 91.
Hell. Ueber Lahmheiten d. Gelenke u. Sehnen. (Bft. M.W.Bl. 88.)

v. Monteton. Freimüthige Betrachtungen eines älteren Kavalleristen. Hann. 87.
— Ueber die Reitkunst. B. 79.
Möller. D. Hufkrankheiten d. Pferdes, ihre Erkennung u. s. w. B. 80.
Frh. Mühlwerth. D. Kraftproduktion u. d. Kraftverbrauch e. Pferdes. Teschen 75.
v. Oettingen. Ueber d. Geschichte der Reitkunst. B. 85.
Plinzner. System d. Reiter-Ausbildg. B. 91.
— System d. Pferde-Gymnastik. Potsd. 90.
v. Rosenberg. Zusammengewürfelte Gedanken über unseren Dienst. Rathenow 84.
Seidler. Leitfaden zur system. Bearbeitung d. Kampagne- u. Gebrauchspferdes. B. 82.
Spohr. D. inneren Krankheiten des Pf., ihre Entstehung, Verhütung u. s. w. Hann. 89.
Schönbeck. D. Zähmung d. Pf., Theorie u. Praxis. B. 83.
— Reithandbuch. B. 88.
— Reiten und Fahren. B. 88.
Grf. Wrangel. D. Buch v. Pferde. Stuttg. 96.

Aufnehmen, Kartenzeichnen, Karten-Vervielfältigung u. s. w.

Amann. D. praktische Topograph. B. 72.
D. Erdrinde u. ihre Formen (Erklärung der geogr. u. topogr. Bezeichnungen. Wiedergabe derselben in 37 Sprachen) v. Zaffauk. Wien 85.
Formeln u. Tafeln zur Berechnung der geogr. Coordinaten u. s. w. B. 78.
Jordan u. Steppes. D. deutsche Vermessgs.-Wesen, historisch-kritisch. Stuttg. 82.
Kahle. D. Arbeiten d. Kgl. preuss. Landesaufnahmen. B. 93.
Leitfaden für d. Unterricht in der Feldkunde (Terrainlehre, Planzeichnen, Aufnahmen). Amtlich. B. 94.
Streffleur. Allgemeine Trainlehre in Verbindung mit d. topogr. Zeichnung. Wien 76.
Pauliny. Memoir. über e. neuen Situations-Plan u. s. w. Darstellung. Wien 95.
v. Rüdgisch. Terrainrekognoszirung m. Rücksicht auf Truppenführung nebst Anleitung zum Kroquiren u. s. w. B. 86.
Schulze. Kurze Anleitung z. prakt. Kroquiren für milit. Zwecke. B 91.
Streffleur. Ausführung der Bergzeichnung. Wien 68.
Pr. topogr. Abtheilung. Instruktion für d. Topographen. Musterbl. f. topogr. Aufn. B. 77.
Volkmer. Technik der Reproduktion v. milit. Karten u. s. w. Wien 85.
Zaffauk. Signaturen in- u. ausl. Kartenwerke. Wörtl. Erklärung in 10 Sprachen. Wien 80.
v. Zglinicki. D. Hauptkartenwerke d. Kgl. preuss. Landesaufnahme. (Bft. M.W.Bl. 96.)
 (Giebt einen klaren Ueberblick der Grundlage, auf welcher die 3 Hauptkartenwerke d. preuss. Landesaufnahme beruhen. D. technische Arbeitsleistung ist treffend geschildert.)

Systematische Uebersicht über die Kartographie.

v. Sydow. Uebersicht über die wichtigsten Karten Europas. (Bft. z. M.W.Bl. 64.)
 (Vorzügliche Charakteristik sämmtlicher für den Geographen und Offizier wichtigen Kartenwerke mit 8 erläuternden Beilagen. Ein Werk von höchstem, praktischem Werthe.)

Ergänzt und laufend erhalten wurde diese Arbeit in gewissem Sinne durch die im 4. Jahrgange von „Behm's Geographischem Jahrbuche" (1872) erschienene „Uebersicht der neueren topographischen Spezialkarten europäischer Länder".

In diesem Jahre (96) hat v. Zglinicki unter dem Titel: „**Die Hauptkartenwerke der Königl. Preuss. Landesaufnahme**" eine mit zahlreichen Figuren im Texte erläuterte Uebersicht über die Technik und Anordnung des Stoffes der heute im Gebrauche der Armee befindlichen Kartenwerke veröffentlicht, welche einen klaren Einblick in die Entstehung und die Bedeutung derselben giebt. — Vortreffliches leistet in dieser Richtung auch d. K. K. militär.-geogr. Institut, welchem in Verein mit d. K. k. Generalquartier-Stabe nicht nur eine Reihe von ausgezeichneten Karten-Werken der Monarchie und der Nachbarländer, namentlich der Balkan-Staaten, sondern auch erläuternde und orientirende kartographische Abhandlungen verdankt werden.

Hervorragend sind von diesen:

„**Die Mittheilungen d. K. k. milit.-geogr. Instituts**", welche seit 1881 erscheinen, dann:

Volkmer. Technik d. Reproduktion v. Milit. Karten u. Plänen u. s. w. Wien 85.

— Die Kartographie auf d. m. d. 3 internationalen geogr. Kongresse zu Venedig (81) verbundenen Ausstellung. Wien 81.

Eine kritische Würdigung österr. Kartenwerke findet sich auch in: **Carusso Notice sur les cartes topographiques de l'état-major d'Autriche-Hongrie. Genf 87.**

Sehr schätzenswerthe Zusammenstellungen über Kartenkunde finden sich in den Veröffentlichungen der Schweizer **Siegfried u. Ziegler**; eine vortreffl. **Uebersicht über d. topogr. Kartenwerke** i. d. Kulturstaaten hat Kaupert i. d. Loebellsch. Jahresber. für 95 S. 500 begonnen.

In Russland wird alljährlich im „**Russ. Invaliden**" eine Uebersicht über den Stand der kartogr. Arbeiten, Aufnahmen u. s. w. gegeben. In deutsch. Sprache orientirt: **Schellwitz.** Uebersicht über d. Landesaufnahmen in Russland bis 1885. B. 87.

Ueber Frankreich finden sich orientirende Angaben in: Rouby. La cartographie au dépôt d. l. guerre, notice historique et descriptice u. s. w. Paris 76.

Laufende beurtheilende **Uebersichten über die neuesten Erscheinungen auf dem kartographischen Gebiete aller Länder und Armeen** enthielt in vorzüglicher Weise die „**Registrande der geographisch-statistischen Abtheilung des K. pr. gr. Generalstabes**". Seit ihrem Eingehen 1881 geben die „**Mittheilungen d. K. k. mil.-geogr. Institutes**" regelmässige und erschöpfende Uebersichten. Ausserdem findet der Offizier in den „**Verhandlungen d. Gesellschaft für Erdkunde zu Berlin**", in d. „**Mittheilungen d. k. k. geogr. Gesellschaft zu Wien**", in den „**Peterman'schen Mittheilungen**" u. s. w. ein zuverlässiges Material für d. Beurtheilung d. für seine Zwecke geeigneten Karten.

Die Schwierigkeit, welche Unkenntniss fremder Signaturen, bez. der Sprachen d. Benutzung fremder Kartenwerke in den Weg stellt, zu überwinden — erleichtern die in neuerer Zeit erschienenen Hilfsmittel (**Zaffauk. Signaturen in- u. ausländischer Kartenwerke nebst den Worten u. Wortabkürzungen in 10 Sprachen. Wien 81**).

Die zur Zeit für den Gebrauch des Offiziers geeignetsten Kartenwerke der kontinentalen Militärmächte.

1. Deutschland.

Die von der preussischen Landesaufnahme veröffentlichten Messtischblätter. 1 : 25000.

Die Karte des deutschen Reiches. 1 : 100000.

Die topographische Spezialkarte von Mitteleuropa. 1 : 200000 (früher Reymann).

Liebenow's Spezialkarte von Mittel-Europa. 1 : 300000.

Kgl. bayer. Generalstab. Südwest-Deutschland bis zu den Alpen mit Theilen der angrenzenden Länder. 1 : 250000.

Grossh. bad. Generalstab. Karte des Grossherzogthums Baden mit Nachträgen bis 1889. 1 : 400000.

Kgl. bayer. Generalstab. Positions- (Original-) Blätter des Königreichs Bayern. Seit 1875 im Erscheinen. 1 : 25000.

Kgl. bayer. Generalquartiermeister-Stab. Topographischer Atlas des Königreichs Bayern. Ausgabe 1838—1890 mit Neubearbeitungen. 1 : 50000.

Kgl. preuss. Generalstab. Karte von Elsass-Lothringen (Heliogravüre) 1879. 1 : 80000.

Kiepert. Spezial-Karte des deutschen Reichslandes von Elsass-Lothringen 1888. 1 : 250000.

Alban. Handkarte der Grossherzogthümer Mecklenburg-Schwerin und Mecklenburg-Strelitz 1888. 1 : 300000.

Grossherzoglich Hess. Kataster-Amt. Karte vom Grossherzogthum Hessen. Seit 1886 im Erscheinen. 1 : 25000.

v. Schrenck. Topographische Karte des Herzogthums Oldenburg 1882—88. 1 : 50000.

Königl. sächs. Generalstab. Topographische Karte des Königreichs Sachsen 1874—1896. 1 : 25000.

Königl. Württemb. statist.-topogr. Bureau. Topographischer Atlas des Königreichs Württemberg mit Nachträgen bis heute. 1 : 50000.

Königl. Württemb. statist.-topogr. Bureau. Oberamts-Karten im Erscheinen. 1 : 75000, 1 : 100000.

Königl. Württemb. statistisches Landesamt. Generalkarte d. Königreichs Württemberg. 1 : 200000.

Umgebungs- und Garnison-Karten sind meist im Maassstabe 1 : 25000 und 1 : 50000 von zahlreichen Orten Deutschlands vorhanden.

2. Frankreich.

Dépôt de la guerre. Carte topographique de la France. (Kupferstich und Zinkographie.) 1:80000.

Dépôt de la guerre. Carte de la France. 1:320000.

Dépôt de fortifications. Carte de France. (Lithographie und Farbendruck, theils mit, theils ohne Horizontalen und Wald.) 1:500000. Seit 1873 im Erscheinen.

Ministère de l'intérieur. Carte de la France. (Lithographie und Farbendruck.) Seit 1879 im Erscheinen. 1:100000.

Dépôt de la guerre. Carte de France. (Zinkographie.) Seit 1882 im Erscheinen. 1:600000.

Dieselbe. 1:200000. (Lithographie und Farbendruck.)

Vogel. Frankreich (Kupferstich, kolorirt). 1886. 1:1500000.

Prudent. France. (Lithographirt und Farbendruck.) Seit 1888 im Erscheinen. 1:1000000.

Dépôt des fortifications. Carte de France pour le service du génie militaire. 1891. 1:864000.

Ministère des travaux publics. Carte de la navigation intérieure de la France. (Lithographie und Farbendruck.) 1888. 1:250000.

Dépôt de la guerre. Carte topographique de la France. 1884. 1:50000. (Ist heute aus dem Handel zurückgezogen.)

Un officier d'état-major. Carte de la frontière Nord-Est. (Lithographie und Farbendruck.) 1892. 1:864000.

Umgebungskarten sind in zahlreichen Veröffentlichungen, meist im Maassstab 1:20000 vorhanden.

Ausserdem wird auf die vortrefflichen Kartenwerke von Liebenow und: Reymann — topographische Spezialkarte von Mittel - Europa 1:200000 — verwiesen.

3. Russland.

Mit russischer Schrift und Signaturen.

Militär-topographische Abtheilung des Generalstabes. Kriegstopographische Karte Russlands. 1:126000.

Die bisher erschienenen Blätter (das ganze Werk soll gegen 700 Blätter umfassen) geben das ganze westliche Russland bis zum Ladoga-See, der oberen Wolga und bis zum Don. Russische Schrift. Theilweise Höhenangabe in Saschen. Für das Gelände nur Hervorhebung besonders charakteristischer Formen.

Dieselbe Abtheilung. Spezialkarte vom europäischen Russland. 1:420000.

Ist mit ihren 145 Blättern vollständig erschienen. Sehr schwer leserliche russische Schrift. Gelände in braunen Schraffen ohne Höhenzahlen. Wälder hellgrün. Gewässer blau.

Dieselbe Abtheilung. Militär-Marschrouten-Karte des europäischen Russlands. 1:1050000. 16 Blatt. Erscheint jährlich in Neuauflage.

Dieselbe Abtheilung. Strategische Karte d. europäischen Russlands und Mittel-Europa. 1:680000. Seit 1880.

K. russisches Postdepartement. Postkarte des europäischen Russlands. 1:1680000.

Iljin. 1:2520000. Generalkarte; Tillo, Höhenkarte des europäischen Russlands. 1:2520000.

Von deutschen, bezw. französischen Kartenwerken sind zu empfehlen:

Arnd. Spezialkarte vom europäischen Russland u. s. w. 1:3000000. (Kupferstich mit Farbendruck.) Weimar 1883.

O'Grady. Uebersichtskarte vom westlichen Russland. 1:1750000 (chromolithographirt). 1884.

Handtke. Generalkarte des europäischen Russlands. 1:5000000.

Kiepert. Generalkarte des russischen Reiches. 1:3000000. 1892.

Petermann. Russland und Skandinavien. 1880. 1:10000000.

Tillo. Carte hypsométrique des eaux de la Russie d'Europe. 1:2520000. 1888. (Durch blaue Zahlen ist an den Flüssen die Entfernung von der Mündung von 100 zu 100 Werst, durch rothe Zahlen die Höhe des Mittelwassers von 1 zu 1, 5 zu 5, oder 10 zu 10 Saschen bezeichnet, wodurch für jede beliebige Strecke das Gefälle berechnet werden kann.)

Scheda und Steinhauser. Karte des europäischen Russlands. 1:6000000. Wien 1871.
(Gute Karte, aber für die Verbindungen nicht mehr überall zutreffend.)

Reymann's Spezialkarte hat auf 155 Blättern, Liebenow's Spezialkarte auf 24 Blättern, die vom k. k. militärgeographischen Institute in Wien in 1:200000 veröffentlichte Generalkarte von Mitteleuropa auf 55 Blättern russisches Gebiet.

Ferner hat das k. k. militärgeographische Institut eine Generalkarte des westlichen Theiles von Russland in 42 Blättern im Maassstabe von 1:300000 veröffentlicht.

Rücker. Generalkarte der Ostseeprovinzen (Liv-, Esth- und Kurland). Kupferstich und kolorirt. 1:605000. 1890. Reval.

Lange. Karte der russischen Ostseeprovinzen. Chromolithographisch. 1:750000. 1883. Berlin.

Inberg. Karte von Finnland. 1:1000000. Helsingfors 1876.

Ausserdem veröffentlicht die russ. mil.-topographische Abtheilung Umgebungskarten, meist im Maassstabe 1:10500, 1:21000 und 1:42000.

Russisches Reich in Asien.

Mit russischer Schrift:

Militär-topographische Abtheilung des Hauptstabes. Karte des Asiatischen Russlands mit den angrenzenden Gebieten. 1884. 1:4200000.

Kriegstopographisches Depôt des Hauptstabes. Karte des südlichen Grenzstriches des Asiatischen Russlands. Seit 1887 im Erscheinen. 1:650000.

Mil.-topogr. Abtheilung u. s. w. Kriegswege-Karte des asiatischen Russlands. Erscheint seit 1875. 1:2100000.

Kartenwerke.

Dieselbe Abtheilung. Spezial-Karte des Süd-Ussuri-Gebietes. Lithogr. und Farbendruck. 1885. 1 : 630000.

Dieselbe Abtheilung. Karte des Quellgebietes des Amu-Darja. 1878. 1 : 1260000.

Turkestansches militär-topographisches Bureau. Karte des Turkestanschen Militärbezirks. Lithographie und Farbendruck. 1877. 1 : 1680000.

Asiatische Abtheilung des Hauptstabes. Karte des transkaspischen Gebietes, von Chiwa, u. den angrenzenden Ländern. 1873. 1 : 4200000.

Kriegstopographisches Dépôt. Karte der Insel Sachalin. 1885. 1 : 1650000.

Militär-topographisches Dépôt. General-Karte von Westsibirien und der Kirgisensteppe. 1878. 1 : 2100000.

Schwarz. Karte des Flussgebietes des Amur, des südlichen Theiles der Lena u. s. w. 1861. 1 : 1680000.

Kriegstopographische Abtheilung des Kaukas. Militärbezirkes. Fünf-Werst-Karte des Kaukasus. (Seit 1870.) 1 : 210000.

Dieselbe. Orographische Karte des Kaukasus-Gebirges. 1885. 1 : 1680000.

Kaukasische Abtheilung der Kais. russ. geogr. Gesellschaft. Karte des Kaukasischen Gebietes. 1868. 1 : 1680000.

Kondratjew. Karte des Kaukasischen Gebietes. 1869. 1 : 1080000.

Blaramberg. Karte des Daghestan. 1864. 1 : 210000.

Wenjukow. Ethnographische Karte des Asiatischen Russlands. 1882. 1 : 10500000.

Iljin. Karte des turkestanischen General-Gouvernements, des Gebietes von Ssemirjätschensk, der Chanate Chiwa, Buchara, Kokand mit den angrenzenden Theilen Mittel-Asiens. 1887. 1 : 2100000.

Iljin. Karte der Achal-Teke- und Merw-Oasen und Karte von Mittel-Asien. 1885. 1 : 2520000 und 1 : 8400000.

Militär-topographische Abtheilung des Hauptstabes. Karte des Pamir und der angrenzenden Gegenden. 1880. 1 : 1260000.

Militär-topographisches Bureau. Karte von Mittel-Asien. Ausgabe von 1884. 1 : 4200000.

Grodjekow. Marschrouten-Aufnahme von Patta-Kissar bis Herat. 1878. 1 : 5250000.

Kais. russ. Generalstab. Karte der nordwestlichen Mongolei. 1879. 1 : 2100000.

Mit deutscher Schrift.

Petermann. Nord- und Mittel-Asien. 1884. 1 : 20000000.

Kiepert. Karte der nach Chiwa und Buchara führenden Strassen. 1873. 1 : 3000000.

Skassi. Marschrouten-Aufnahme des Weges der Ferghana-Expedition auf dem Pamir. 1878. 1 : 420000.

K. k. militärgeogr. Institut. General-Karte von Central-Asien. 1875. 1 : 3024000.

Wyld. Military staff map of Central-Asia and Afghanistan. 1891. 1 : 2027520.

Chavanne. Central-Asien. 1880. 1 : 5000000.

Kiepert. Die Landschaft zwischen Kabul und dem Indus.

Lessar. Karte des südwestlichen Turkmeniens. 1885. 1 : 840000.

Handtke. Afghanistan und seine Nachbarländer. 1895. 1 : 1300000.

Herrich. Korea, Nordost-China u. s. w. 1895. 1 : 4500000.

4. Oesterreich-Ungarn.

Von den zahlreichen, meist ganz vortrefflichen Kartenwerken seien hier nur bemerkt:

K. k. militär-geographisches Institut. Spezialkarte der k. k. österr.-ungarischen Monarchie. Seit 1875. 1 : 75000.

Dasselbe Institut. Die österreichisch-ungarische Monarchie mit Bosnien und Herzegowina. 1888. 1 : 900000.

v. Scheda. Karte d. österreichisch-ungarischen Reiches. 1873. 1 : 1000000.

Steinhauser. Uebersichtskarte von Oesterreich-Ungarn. Lithographie und Farbendruck. 1890. 1 : 2500000.

Stieler. Atlas der Oesterreichisch-Ungarischen Monarchie. 1888. 1 : 900000.

Vogel. Oesterreich-Ungarn. 1886. 1 : 1500000.

K. k. militär-geographisches Institut. Militär-Marschrouten-Karten der österreichisch-ungarischen Monarchie. Seit 1877. 1 : 300000.

K. k. General-Inspektion der österreichischen Eisenbahnen. Uebersichtskarte der Eisenbahnen der österreichisch-ungarischen Monarchie nebst den angrenzenden auswärtigen Landestheilen. 1896. 1 : 1000000.

Chavanne. Physikalisch-statistischer Atlas von Oesterreich-Ungarn. 1887. Maassstab verschieden. In 25 Blättern.

Le Monnier. Sprachen-Karte von Oesterreich-Ungarn. 1888. 1 : 1000000.

Generalkarte von Bosnien und der Herzegowina. 1885. 1 : 150000.

Ausserdem giebt es Spezial-Karten der einzelnen Kronländer, zahlreiche Umgebungskarten einzelner Garnisonen und anderer viel besuchter Orte u. s. w.

5. Italien.

Instituto geografico militare. Carta d'Italia (photolithogr.). Seit 1878 im Erscheinen. 1 : 25000 und theilweise 1 : 50000.

Dasselbe. Carta d'Italia (photolithogr.). Seit 1880 im Erscheinen. 1 : 100000.

Dasselbe. Carta d'Italia (Lithogr. und Farbendruck). 1885. 1 : 1000000.

Dasselbe. Carta Corografica del Regno d'Italia e delle regioni adjacenti. (Lithogr. und Farbendruck.) Seit 1889 im Erscheinen. 1 : 500000.

Cerri. Italia. (Kupferstich kolorirt.) 1887. 1 : 864000.

Petermann. Ober-, Mittel- und Süd-Italien. (Kpfstch. kolor.) 1886. 1 : 1850000.

Ufficio tecnico di Stato maggiore. Italia. Carta delle Provincie meridionali. (Photozink.) Seit 1874. 1 : 50000.

Instituto geografico militare. Carta delle ferrovie e delle linee di navigazione del Regno d'Italia. (Photolith.) Erscheint von Zeit zu Zeit. 1 : 250000.

Lebensbeschreibungen, Denkwürdigkeiten, Briefe u. s. w. hervorragender Soldaten.

Sie bilden oft eine sehr wichtige Quelle für die Kriegs- und Zeitgeschichte. Sie gewähren aber auch dem jungen Offizier Einblick in das Ringen und Werden tüchtiger, nachahmenswerther Männer, so gleichsam zu Schriften pädagogischen Charakters im edelsten Sinne des Wortes werdend.

(Abweichend von der sonstigen Anordnung sind hier die Namen der geschilderten Persönlichkeiten vorangestellt, die Verfasser nachgesetzt.)

1. Von 1618—1740.

Gf. Abensperg u. Traun. K. k. Feldmarschall. Von Gf. Thürheim. Wien 75.
Biographisches Lexikon des Kaiserthums Oesterreich. Wien 56.
Bernhard v. Weimar. Von Droysen. Lpzg. 85.
de Berwick. Fr. Marschall. Mémoires. London 1758.
Catinat. Fr. Marschall. Mémoires. Par. 1775.
Catinat. Mémoires et Correspondances. Von de Gervais. Par. 19.
Cromwell. Von Hoenig. B. 86.
Frhr. v. Derfflinger, Feldmarschall. Von v. Unger. B. 96.
Fürst Leopold I. v. Anhalt-Dessau. K. Pr. Feldm. Von v. Witzleben. (Bft. M.W.Bl. 89.)
Prinz Eugen v. Savoyen. Von Arneth. Wien 58.
E. v. Eberstein. Feldmarschall. Von v. Eberstein. B. 92.
v. Falkenberg. Dietrich, Oberst u. Hofmarschall Gustav Adolfs von Schweden. Von v. Wittich. Magd. 92.
Prinz von Homburg. Br. General. Von Jungfer. B. 89/90.
v. Holtz. K. k. Feldmarschall. Von v. Holtz. Stuttg. 92.
König Karls XII. Feldzugsplan 1707—1719. Betrachtet im Lichte heutiger Forschung. Von Carlson. Deutsch. B. 90.
König Karl XII. v. Schweden. Eigenhändige Briefe u. s. w. Von Carlson. Deutsch. B. 94.
König Gustav Adolf von Schweden. Von Droysen. Lpzg. 69/70.
König Gustav II. Adolf v. Schweden i. Deutschland. Von Cronholm. Deutsch. Lpzg. 95.
Louvois. Histoire de. Von Rousset. Par. 62.
Herzog v. Malborough's militärisches Leben. Von Alison. Deutsch. B. 48.
Melander v. Holzappel. Kaiserl. General. Von Hofmann. München 82.
Montecuculi. Memoiren. Lpzg. 1736.
Oesterreichischer Plutarch. Leben d. berühmten Feldherren u. s. w. Wien 7/9.
Graf Moritz von Sachsen. Fr. Marschall. Von Weber. Lpzg. 63.
Grf. Starhemberg. K. k. Feldmarschall. Arneth. Wien 53.
Turenne. Frz. Marschall. Lettres et mémoires. Von Grimoard. Par. 1782.
Vauban. Histoire du maréchal. Lille 48.
Wallenstein. Von Förster. B. 28/29. Potsdam 34.
Wallenstein. Von v. Ranke. Lpzg. 69.
Wallenstein. Verhandlungen mit d. Schweden 1631—34. Von Gindely. Frankf. a/M. 85.
Wallenstein. Während d. ersten Generalats 1625—30. Von Gindely. Lpzg. 86.

2. Von 1740—1792.

Die sehr zahlreichen Werke über Friedrich den Grossen (sie finden sich fast vollzählig in der Bibliothek des grossen Generalstabes zu Berlin). Hier sind einige der wichtigsten erwähnt:
Friedrich der Grosse. Von Koser. B. seit 90.
Fr. d. Gr. als Kronprinz. Von Koser. Stuttg. 86.
Fr. d. Gr. Erinnerungen an ihn mit Bezug auf seine Armee. Von Preuss. B. 54, sowie die übrigen Schriften dieses Verfassers über Fr. d. Gr.
Fr. d. Gr. Aus d. Sagenkreise u. s. w. Grünhagen. Breslau 64.
Fr. d. Gr. als Regiments-Chef in Neu-Ruppin. 1732—40. Von Becher. B. 92.
Fr. d. Gr. D. herrschenden Ideen i. s. Leben. Von Schottmüller. B. 61.
Fr. d. Gr. Moralische Spannkraft im 7 jährigen Kriege. Von Kutzen. B. 67.
Fr. d. Gr. Militärische Thätigkeit während seines letzten Lebensjahres. B. 86 und die zahlreichen anderen Arbeiten des Generals v. Taysen.
Fr. d. Gr. u. Prinz Heinrich v. Preussen. Von Hamilton. Deutsch. B. 82/83.
Prinz Heinrich v. Preussen als Feldherr im 7 jährigen Kriege. Greifswald 85.
Prinz Heinrichs. Bruder Fr. d. Gr. Von v. Crousaz. B. 76.
Herzog Friedrich v. Württemberg. K. k. General. Von Hoppe. B. 89.
Herzog Ferdinand v. Braunschweig im 7 jährigen Kriege. Von v. Knesebeck. Hannover 57.
Prinz Moritz v. Anhalt-Dessau. K. k. General. Von v. Orlich. B. 42.
Frh. v. Seydlitz. K. Pr. General. Von Buxbaum. B. 90.
Gf. v. Schwerin. D. Herren u Grafen. Blätter aus d. Preuss. Geschichte. Schwebel. B. 85.
Gf. zu Wied. K. Pr. General. Von v. d. Wengen. Gotha 90.
Gf. v. Wedell. General u. preuss. Diktator. Von v. Wedel. B. 76.
Hans Joachim v. Zieten. K. Pr. Gen.-Feldm. Von Winter. Leipzig 88.
Vom Gen.-Feldm. Keith und anderen Preuss. Generalen sind Lebensschilderungen von Varnhagen verfasst.
Maria Theresia, Königin v. Ungarn, u. der siebenjährige Krieg. Von Arneth. Wien 75.
Für die österreichischen Feldherren und Generale finden sich Lebensbeschreibungen in „v. Hormayr." Oesterreichischer

Lebensbeschreibungen, Denkwürdigkeiten u. s. w. hervorrag. Soldaten.

Plutarch. Wien 1807—9, so namentlich über Daun.
Daun. D. deutsche Cunctator. Ohne Druckort. 1759/60.
Loudon. K. k. Feldmarschall. Von v. Janko. Wien 69.

Prinz Josias v. Coburg-Saalfeld. Von v. Witzleben. B. 59.
Der regierende Graf Wilhelm Lippe. Wien 89.
v. Steuben. Leben d. amerikanischen Generals. Von Kapp. B. 58.
Washington. Leben u. Briefwechsel. Von v. Raumer. Lpzg. 39.
Washington's Leben. Gehe. Leipzig 31.

3. Von 1792—1815.

Napoleon als Feldherr. Von Gf. Yorck v. Wartenburg. B. 85/86.
Napoleon. S. Jugend u. s. Emporkommen. Böhtlingk. Lpzg. 83.
Napoleon. Von Fournier. Leipzig 86/89.
Napoleon. Von Lanfrey. Deutsch. Minden 87/88.
Napoleon's Correspondances militaires. Par. 76/77.
Nap. Mémoires von Gourgand u. Montholon. Par. 30.
Mémorial de St. Hélène. Las Cases. Par. 23/26.
Jomini. Le général. Von Lecomte. Par. 60.
Jomini et ses écrits. Von Lecomte. Par. 92.
Dumouriez. La vie et ses mémoires. Par. 22/23.
Dumouriez. Mémoires et correspondance inédites du général. Leipzig 35.
Dumouriez. Leben d. G. Von v. Boguslawski. B. 79.
Les grands cavaliers du premier empire. Von Thoumas. Par. 92.
Duc de Bellune, Perrin maréchal. Mémoires. Par. 47.
Bertrand. Vie du maréchal. Par. 27.
Berthezène. Souvenirs militaires. Par. 55.
Bigarré. Mémoires du général, aide de camp du roi Josèphe. Par. 93.
Carnot d'après les archives nationales. Bonnal. Par. 88.
Davout. Le maréchal. Raconté par lui même. Par. 70/80.
Davout. Duc d'Auerstädt. Chenier. Par. 66.
Davout. Le maréchal. Bloqueville. Par. 87.
Deroy. Erinnerungen aus d. Leben d. Generals. Augsbg. 52.
Drouot. Le général. Von Nollet. Nancy 50.
Prince Eugène. Mémoires et correspondances. du Casse. Par. 58/60.
Prinz Eugen, Herzog v. Leuchtenberg u. s. w. in den Kriegen seiner Zeit. Schneidawind. Lpzg. 57.
Le général Eblé. Girod. Par. 93.
Duc de Fezensac, général. Souvenirs militaires. Par. 63.
Gouvion St. Cyr. Vie du maréchal. Vernon. Par. 56.

Gouvion St. Cyr, général. Mémoires. Par. 31.
Grouchy. Le maréchal. Mémoires. Par. 73/74.
Hoche. Sa vie. Cuneo d'Ornano. Par. 92.
Roi Josèphe. Mémoires et correspondances. du Casse. Par. 53/54.
Jerôme. Souvenirs d'un aide de camp du roi. Par. 90.
Kleber. Le général. Pajol. Par. 77.
Lannes, duc de Montebello. Perrin. Par. 9.
Lecourbe. Le général. Par. 95.
Marmont, duc de Raguse. Mémoires. Par. 57.
Masséna, Le maréchal. Par. 64.
Macdonald. Souvenirs du maréchal. Rousset. Par. 92.
Murat. Histoire de. Gallois. Par. 28.
Murat's Ende. Helfert. Wien 78.
Ney. Le maréchal, duc d'Elckingen. Welschinger. Par. 93.
Ney. duc d'Elchingen. Mémoires. Par. 33.
Oudinot. Le maréchal Charles. Nollet. Par. 50.
Pajol. Le général. Par. 74.
Petit. Le général. Mémoires. Par. 24/26.
Rovigo. Le duc de. Mémoires. Par. 28.
Soult. duc de Dalmatie. Mémoires. Par. 54.
Ségur, comte de. Mémoires. Par. 24/26.
Suchet, duc d'Albufera. Mémoires. Par. 28.
Vandamme. Le général. du Casse. Par. 70.
Lebensbilder aus den Befreiungskriegen. Von Hormayr. Jena 41.
Prinz Louis Ferdinand v. Preussen. Baillieu. B. 85.
Prinz August v. Preussen. Erinnerungsblätter an ihn. Gotha 69.
Prinz Wilhelm v. Preussen. Schneidawind. B. 56.
Gebh. Leberecht Fürst Blücher. Blasendorff. Pyritz 89.
(Andere Lebensbeschreibungen von Beitzke, Förster, Scherr, Varnhagen v. Ense, Wiggers u. s. w.)
Blücher als Mitglied d. Pommer'schen Ritterschaft 1777—1817 und beim Heere am Rhein 1794. Anclam 63.
v. Brandt. Aus d. Leben d. Generals v. B. B. 68/69.
v. Brandt. Aus d. hinterlassenen Papieren des Generals. (Bft. z. M.W.Bl. 68.)
v. Boyen. D. Leben d. Generalfeldmarschalls. Meinecke. Stuttgart 96.
Gf. Bismarck. Aufzeichnungen d. Generals. Karlsruhe 74.
v. Boguslawski. Lebensabriss des Generals. v. Boguslawski. (Bft. M.W.Bl. 91.)
v. Boyen. Erinnerungen aus d. Leben d. Generalfeldmarschalls. B. 90.
v. Colomb. Aus d. Tagebuche. B. 25.
v. Clausewitz. General. Schwartz. B. 78.
v. Clausewitz. D. Leben d. Generals u. s. w. v. Bernhardi. (Bft. M.W.Bl. 78.)
v. Günther. Erinnerungen a. dem Leben d. Generals. v. Boyen. B. 34.
v. Günther. General. Grabe. Königsberg 91.
Gf. v. Gneisenau. Gen.-Feldmarschall. Pertz. B. 64/69.
Gf. v. Gneisenau. D. Leben d. Gen.-Feldmarschalls. Delbrück. B. 94.
v. Grolman. D. Leben und Wirken des Generals. v. Conrady. B. 96.

v. Horn. General. Wellmann. B. 90.
v. Holleben. Aus dem Leben des Generals.
 v. Holleben. (Bft. M.W.Bl. 92.)
v. d. Knesebeck. Gen.-Feldmarschall. Bruchstücke aus seinen Papieren. Magdebg. 50.
v. Katzler. General. v. Bock. B. 92.
Gf. Kleist v. Nollendorf. Gen.-Feldmarschall.
 v. Kleist. B. 87.
v. Krauseneck. General. v. Felgermann. B. 51.
v. Krauseneck. General. (Bft. M.W.Bl. 52.)
v. Massenbach. Memoiren g. h. Amsterd. 9.
v. d. Marwitz. Aus d. Nachlasse d. Generals.
 B. 52.
Frh. v. Müffling. Gen.-Feldmarschall. Aus meinem Leben. B. 51.
Frh. v. Müffling. Aus s. hinterl. Papieren. (Bft. M.W.Bl. 68.)
v. Natzmer. Aus dem Leben des Generals. O. v. Natzmer. B. 76.
Nettelbeck. Lebensbeschreibung von ihm selbst. Lpzg. 21/63.
v. Rüchel. General. de la Motte-Fouqué. B. 28.
Rühle v. Lilienstern. General. (Bft. M.W. Bl. 47.)
v. Reyher. General. v. Ollech. (Bft. M.W.Bl. 60/76.)
v. Scharnhorst. General. Klippel. Lpzg. 69/70.
v. Scharnhorst. General. Lehmann. Lpzg. 87.
v. Schill. Haken. Leipzig 24.
v. Schill. Potsdam 60.
v. Sohr. Aus d. Leben d. Generals. Beitzke. B. 46.
v. Tauentzien v. Wittenberg. General. v. Gorszkowski. Frankfurt a/O. 32.
Frh. v. Thielmann. General. v. Petersdorff. Lpzg. 94.
Fürst Wrede. K. B. Feldmarschall. Riedl. Ulm 39.
Derselbe. Heilmann. Lpzg. 81.
v. Wolzogen. Memoiren d. K. Preuss. Generals. Lpzg. 51.
York v. Wartenburg. D. Leben d. GeneralFeldmarschalls. Droysen. B. 51.
Markgraf Wilhelm v. Baden. Denkwürdigkeiten aus d. Feldzügen 1809—15. Roeder. v. Diersburg. Karlsruhe 64.
Landgraf Philipp v. Hessen-Homburg. K. k. Feldmarschall. Gebler. Wien 48.
Nelson's Leben. Southey. Deutsch. Stuttg. 37.
Suworow's Leben. Smitt. Wilna 33.
Westmoreland, Gf. Erinnerungen aus d. ersten Feldzügen d. Herzogs v. Wellington. Deutsch. B. 43.
Wellington. Memoiren d. Herzogs. Deutsch. Hannover 36.
Wellington nach Starke u. Elliot. Lpzg. 17.
Herzog Eugen v. Württemberg. Erinnerungen aus 1812. Breslau 46.
Herzog Eugen v. Württemberg. Memoiren. Frankfurt a/O. 62.
Herzog Eugen v. Württemberg. Aus d. Leben des H. E. v. W. v. Helldorf. B. 61/62.
Erzherzog Karl v. Oesterreich. Zeissberg. Wien 95.
Erzherzog Karl v. Oesterreich als Feldherr u. Organisator. Wien 96.

4. 1815—1859.

Napoleon III. Oeuvres. Par. 54/56.
Napoleon III. Mirecourt. B. 60/61.
Th. v. Bernhardi. Aus d. Leben desselben. Lpzg. 93/96.
Bugeaud duc d'Isly. Le maréchal. Par. 85.
Bugeaud duc d'Isly. Hugonnet. Par. 59.
v. Griesheim. K. Pr. General. Zur Erinnerung an denselben. (Bft. M.W.Bl. 54.)
Frh. v. Haynau. K. k. General. Lebensschilderung. Graz 53.
v. Rohr. K. Pr. General. (Bft. M.W.Bl. 51.)
Gf. Radetzky. K. k. Feldmarschall. Stuttg. 58.
Gf. Radetzky. Wägner. Lpzg. 59.
Gf. Radetzky. Duncker. Wien 96.
Randon. Mémoires du maréchal. Par. 75/77.
Fürst Paskiewitsch. K. k. Gen.-Feldmarschall. — Fürst Tscherbatow. St Petbg. 92. Russisch
Gf. Toll. Denkwürdigkeiten des Generals. v. Bernhardi. Lpzg. 56/66.
Frh. v. Welden. Episoden aus m. Leben. Graz 53.
Fürst Windischgrätz. K. k. Feldmarschall. B. 86.
Gf. v. Wrangel. K. Pr. Gen.-Feldmarschall. (Bft. M.W.Bl. 77.)
Die Generale der österreichischen Armee von 1848 an. Strack. Wien 50.
Die Generale der Chur-Brandenburgischen und Königlich Preussischen Armeen 1640—1840. v. Schoening. B. 40.

5. 1859 bis heute.

Wilhelm I. D. erste deutsche Kaiser. Hahn. B. 88.
Kaiser Wilhelm. E. Umriss s. militärischen Lebens. (Bft. M.W.Bl. 88.)
Kaiser Wilhelm. Aus d. Leben d. Schneider. B. 88.
Kaiser Wilhelm. D. Buch vom. Adami. Lpzg. 88/89.
Kaiser Wilhelm u. Fürst Bismarck. Hocker. B. 79.
Kaiser Wilhelm I. u. s. schriftsteller. Eingreifen bei entscheidenden Fragen u. s. w. Schmitz. Neuwied 92.
Friedrich III. als Kronprinz und Kaiser. Rodd. Deutsch. B. 88.
L'empereur Frédéric. Simon. Par. 88.
Kronprinzen, Des — Tagebuch. 1831—1886. B. 86.
Kaiser Friedrich III. Amtliche Darstellung s. Krankheit. B. 88.
Friedrich d. Edle und s. Aerzte. Mackenzie. Lpzg. 88.
Prinz Adalbert v. Preussen. Batsch. B. 90.
Prinz Friedrich Karl v. Preussen. Delbrück. B. 85.
Prinz Friedrich Karl v. Pr. Gedenkblätter. B. 86.
Prinz Friedrich Karl v. Pr. Hoenig. B. 85.
Prinz Friedrich Karl v. Pr. Mit ihm. v. Borcke. B. 93.
Prinz Albrecht v. Preussen. v. Hagen. B. 95.
König Albert von Sachsen. Fünfzig Jahre Soldat. v. Schimpff. Dresden 93.

Lebensbeschreibungen, Denkwürdigkeiten u. s. w. hervorragender Soldaten.

Friedrich Franz II., Grossh. zu Mecklenburg-Schw. D. Waffenthaten. Bettin. Frankf. a/O. 84.
Fürst Bismarck. Hahn. B. 78/81.
Bismarck. Zwölf Jahre deutscher Politik. Leipzig 84.
Bismarck in Versailles 1870/71. Leipzig 89.
Fürst Bismarck-Register zu einer wissenschaftlichen Biographie. Kohl. Lpzg. 91/92.
Fürst Bismarck. Die politischen Reden desselben. Kohl. Stuttgart 92/93.
v. Moltke. Gen.-Feldmarschall. Selbstbiographie. (Im „Daheim 1891".)
v. Moltke. Unser. (Bft. M.W.Bl. 90.)
de Moltke. Maréchal. Ses mémoires et la guerre future. Lockroy. Par. 92.
v. Moltke. Gesammelte Schriften und Denkwürdigkeiten des Gen.-Feldmarschalls. B. 91/92. (Unter ihnen Band 1 Lebensgeschichte, Bd. 4, 5, 6 Briefe, Bd. 7 Reden.)
v. Moltke's militärische Werke. Gr. Generalstab. — Im Erscheinen seit 92 (darunter militärische Korrespondenz aus den Kriegen 64, 66, 70/71.
Gf. Moltke. Max Jähns. B. 94.
Moltke u. Mühlbach zusammen unter dem Halbmonde 1837—39. Wagner. B. 93.
Gf. Roon. Denkwürdigkeiten d. Gen.-Feldmarschalls. Gf. Roon. B. 92.
Grf. Roon. Kriegsminister als Redner. Gf. Roon. B. 95.
Gf. Roon. Kriegsminister. Sein Briefwechsel mit Cl. Perthes. 1864—67. Breslau 95.
v. Goeben. D. Leben des Generals. Zernin. B. 95.
Freiherr von Manteuffel. Gen.-Feldmarschall. Aus d. Leben des. B. 74.
Freiherr v. Manteuffel. D. General u. seine Gegner. München 70.
Gf. Werder. D. Leben des Generals. v. Conrady. B. 89.

Erzherzog Albrecht von Oesterreich. General-Feldmarschall. Teuber. Wien 95.
Herzog Ernst v. Sachsen-Koburg-Gotha. Aus meinem Leben und meiner Zeit. B. 87/89.
Le prince impérial. (Napoléon IV.) d'Hérisson. Par. 90.

Betz. Aus d. Erinnerungen e. alten Offiziers. Karlsruhe 94.
Canrobert. Le maréchal. Martin. Par. 95.
Chanzy. Le général. Chuquet. Par. 90.
(Cluseret. Mémoires du général. Par. 87/88; interessant für die Geschichte d. Kommune-Aufstandes, nicht wegen der Person.)
Dammers. Erinnerungen d. Hann. Generals, letzten Gen.-Adjutanten Georg V. Dammers. Hannover 90.
v. Edelsheim-Gyulai. General. Leipzig 93.
Gf. Fabrice. General und Kriegsminister. Sein Leben und Streben. Dittrich. Dresden 91.
Fischer v. Wellenborn, General. Erinnerungen aus den Feldzügen 1859—66. Wien 94.
v. Födransperg. Vierzig Jahre in d. Oesterreichischen Armee 1854—94. Dresden 94.
v. Gablentz. K. k. General. Aus d. Leben desselben. Junck. Wien 74.
Garibaldi. Bordone. Par. 91.
Herwarth von Bittenfeld. Gen.-Feldmarschall. Münster 96.
v. Hindersin. General. Bartholomäus. B. 95.
d'Hérisson. Nouveau journal d'un officier d'ordonnance. Par 89.
Jarras. Souvenirs du général. Par. 92.
Bazaine. L'affaire, compte rendu officiel. Paris 74.
Bazaine. Episodes de la guerre de 1870 u. s. w. Madrid 83.
Bazaine. v. Hannecken. Darmstadt 72.
Bazaine. Konnte Marschall B. Frankreich 1870 retten? Kunz. B. 96.
Lebrun. Souvenirs militaires du général 1866 bis 70. Par. 95. Deutsch. Lpzg. 96.
v. d. Marwitz. Die im Preuss. Heere. Maerker. B. 91.
v. Ploennies. Ein Lebensbild. (Bft. M.W.Bl. 89.)
v. Suckow. K. Württemb. General. Lebens-Erinnerungen 1828—66. Baden-Baden 68.
v. Strombeck. General. Fünfzig Jahre aus meinem Leben. Lpzg. 94.
v. Steinmetz. Gen.-Feldmarschall. Aus den hinterlassenen Papieren u. m. e. Lebensskizze v. Conrady. (Bft. M.W.Bl. 78.)
Fh. v. d. Tann. General. v. Helvig. (Bft. M.W.Bl. 82.)

Fürst Alexander von Bulgarien. Koch. Darmstadt 87.
v. Todleben. K. R. General. — Nach russ. Quellen von Krahmer. (Bft. M.W.Bl. 88.)
Wereschtschagin. In der Heimath und im Kriege. Deutsch. B. 86.
(Der Verf. nahm zwar nur einen untergeordneten mil. Rang ein, giebt aber viele, höchst interessante Beobachtungen.)
v. Borke. Zwei Jahre im Sattel u. a. Feinde B. 86.
Grant, Ulysses. Military history of the general. New York 68.
Lee. A life of general Cooke. New York 71.
Stonewall Jackson. General. E. militärisches Lebensbild. (Bft. M.W.Bl. 68.)

Inhalt.

Bibliographie der Kriegswissenschaften.
Heeres-Verfassung.
Kriegs-Geschichte.
Strategie.
Taktik.
Waffenlehre.
Ballistik, Kriegsfeuerwerkerei, Pulver- u. Waffenfabrikation u. s. w.
Schiesslehre.
Befestigungskunst, Festungskrieg u. s. w.
Militärgeographie.
Generalstabs-Geschäfte.
Manöver, Generalstabs-, Kavallerie-Uebungsreisen.
   Taktische Uebungsritte, Kriegsspiel.

Eisenbahnwesen, Verwerthung der Eisenbahnen für militärische Zwecke, Telegraphen-Wesen.
Militär-Luftschifffahrt, Brieftauben u. s. w.
Pferdekenntniss und Reitkunst.
Aufnahmen, Kartenzeichnen, Kartenvervielfältigung u. s. w.
Systematische Uebersicht über die Kartographie.
Die zur Zeit für den Gebrauch des Offiziers geeignetsten Kartenwerke der kontinentalen Militärmächte.
Lebensbeschreibungen u. s. w. hervorragender Soldaten.